AF617445

Lefebvre es una empresa que quiere cuidar el medio ambiente.

Este ejemplar está fabricado con un papel que proviene de bosques gestionados de forma responsable. Nuestro proveedor de papel utiliza las tecnologías más avanzadas con el fin de minimizar emisiones y economizar el consumo de energía y agua.

Además, la cubierta está fabricada con material reciclado y 100% reciclable.

Cuando tenga que deshacerse de este ejemplar, por favor, separe la cubierta, que puede depositar en el contenedor gris, y ponga el bloque interior en el contenedor de papel.

Gracias a la colaboración de todos conseguimos darle cada día más oportunidades a nuestro entorno.

Esta obra ha sido realizada
por la Redacción de **Francis Lefebvre**

LEFEBVRE-EL DERECHO, S.A.
C. Monasterios de Suso y Yuso, 34. 28049 Madrid
clientes@lefebvre.es
www.efl.es
Precio: 91,00 € (IVA incluido)

ISBN: 978-84-19896-77-3
Depósito legal: M-11464-2024

Impreso en España

¿Qué es ACTUM?

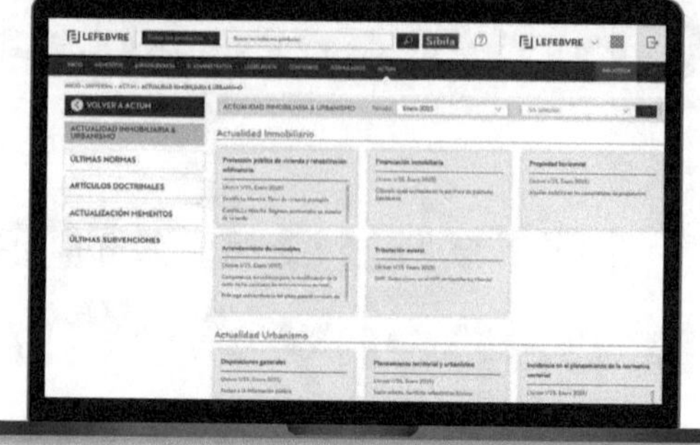

EL SISTEMA DE PUESTA AL DÍA EN MATERIA INMOBILIARIA Y URBANÍSTICA MÁS POTENTE Y EFICAZ DEL MERCADO.

El único sistema que, al igual que los Mementos, permite conocer rápidamente la actualidad y **acceder de forma directa**, sin rodeos, a un análisis práctico y riguroso de aquellas **novedades normativas, doctrinales o jurisprudenciales** que nos interesan.

ACTUM sintetiza la información, la estructura según su importancia y elimina lo accesorio para que vayas **directamente a lo esencial** de la novedad.

¿Qué permite ACTUM?

1 ESTAR INFORMADO DE LA ACTUALIDAD

SISTEMA DE ALERTA VÍA E-MAIL: INMEDIATEZ.
Recibirás periódicamente un e-mail de alerta con los enunciados de las últimas novedades.

CONTENIDOS ON LINE: EXHAUSTIVIDAD.
Desde nuestra web, www.efl.es, o desde los enunciados de las alertas puedes acceder al análisis detallado de las novedades y a los textos de la fuente que las origina.

2 ACTUALIZAR TUS MEMENTOS

BÚSQUEDA ON LINE DE LA NOVEDAD: FACILIDAD
Encontrarás todas las novedades de tus Mementos en la web de ACTUM.

Varios sistemas de búsqueda (por número de párrafo de cada Memento, por texto libre o por sumario) te permitirán acceder de inmediato a los nuevos textos actualizados de todos tus Mementos.

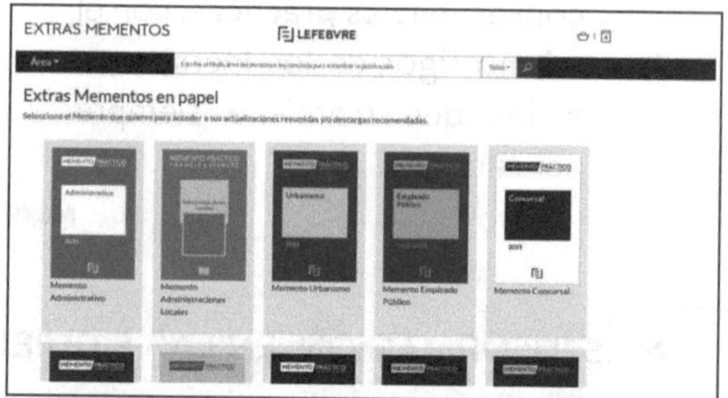

REALIZA TU PEDIDO

Remítenos este cupón de la forma que más te interese.

Fax 91 578 16 17 | Teléfono 91 210 80 00 | E-mail clientes@lefebvre.es | Calle Monasterios de Suso y Yuso, 34 28049 Madrid

Título	Precio*	Uds.	IVA	Total
Actum Inmobiliario-Urbanismo Internet + Email. Suscripción válida durante 12 meses	**99€**			
			21% IVA	
			TOTAL	

*Este precio no incluye 21% IVA.

Si los datos de facturación son diferentes háznoslo saber en el teléfono, fax o e-mail indicados.

Nº cliente: ....

Nombre: .... Apellidos: ....

Empresa: ....

Dirección: ....

C.P.: .... Población.: ....

IMPRESCINDIBLE
N.I.F./C.I.F.: .... Tfno. /Fax.: ....

Profesión: .... Actividad de la empresa: ....

Dpto.: .... Cargo: ....

Firma y fecha:

☐ **TRANSFERENCIA.** Remítenos este cupón y realiza una transferencia a nuestra cuenta (IBAN): ES11-0081-5136-7100 0146 9755. **Importante**: haz referencia al nº de tu factura para identificar tu pago.

☐ **DOMICILIACIÓN BANCARIA.** Titular ....

E S																							

IBAN | Nº Banco | Nº Sucursal | D.C. | Nº Cuenta

☐ **TALÓN NOMINATIVO.** Adjunta talón bancario a nombre de Lefebvre-El Derecho S.A.
Importante: haz referencia al número de tu factura para identificar tu pago.

Información sobre el tratamiento de tus datos personales: el responsable del tratamiento de tus datos es Lefebvre el Derecho, S.A., su finalidad es poder gestionar tu solicitud y la legitimación para hacerlo es la propia ejecución del contrato y prestación de servicios. Los destinatarios de tus datos podrán ser entidades financieras para gestión de pago. Tienes derecho a acceder, rectificar y suprimir los datos, así como otros derechos que puedes consultar en la información adicional y detallada sobre Protección de Datos a tu disposición en https://lefebvre.es/politica-privacidad/.

☐ No deseo el envío de comunicaciones comerciales de Lefebvre el Derecho, S.A.

Servicio gratuito de actualización de marginales en Internet

El Memento Arrendamiento de Inmuebles 2024-2025 incluye un sistema de **verificación de novedades** que te permitirá tomar decisiones con seguridad de forma permanente.

Con este **sistema gratuito** reservado a los compradores del Memento, podrás acceder a nuestra web, y desde allí **verificar** si **el contenido** de un párrafo del Memento Arrendamiento de Inmuebles 2024-2025 ha sido modificado por una novedad normativa, doctrinal o jurisprudencial.

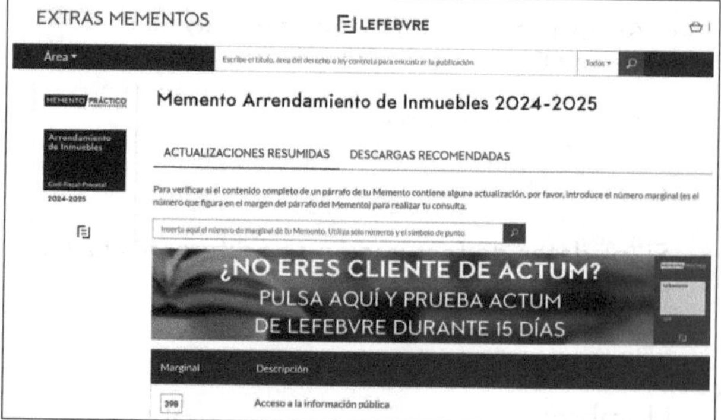

¿Cómo funciona esta puesta al día?

1. Una vez consultado el Memento Arrendamiento de Inmuebles 2024-2025, para verificar si el contenido de un párrafo concreto se ha visto afectado por una novedad normativa, doctrinal o jurisprudencial, entra en nuestra página web, www.efl.es.

2. Dentro de la página principal de nuestra web dirígete al apartado "Iniciar sesión", y después pincha en "Extras Mementos". Haz clic en el Memento Arrendamiento de Inmuebles 2024-2025.

3. Introduce el número marginal que verás en el margen del párrafo del Memento y al instante comprobarás si el párrafo del Memento ha sido modificado. En caso afirmativo, visualizarás de forma inmediata un breve resumen de la información que la sustituye.

Para acceder a un análisis exhaustivo de la novedad de cada marginal, así como a los textos completos de la norma, doctrina o jurisprudencia origen de la novedad, **ponemos a tu disposición ACTUM**. Encontrarás información detallada en las páginas anteriores.

Arrendamiento de Inmuebles

Civil-Fiscal-Procesal

2024-2025

Fecha de edición: 15 de abril de 2024

Plan general

Abreviaturas

AEAT	Agencia Estatal de Administración Tributaria
AN	Audiencia Nacional
AP	Audiencia Provincial
AT	Audiencia Territorial
CC	Código Civil (RD 24-7-1889)
CCC	Código Civil de Cataluña (L Cataluña 5/2006)
CCom	Código de Comercio (RD 22-8-1885)
Const	Constitución Española
CTE	Código Técnico de la Edificación (RD 314/2006)
CV	Consulta vinculante
D	Decreto
DGRN	Dirección General de los Registros y del Notariado
DGSJFP	Dirección General de Seguridad Jurídica y Fe Pública
DGT	Dirección General de Tributos
Dict	Dictamen
Dir	Directiva
DL	Decreto ley
DLeg	Decreto legislativo
EDJ	El Derecho Jurisprudencia
EEE	Espacio Económico Europeo
IAE	Impuesto sobre actividades económicas
IGC	Índice de Garantía de Competitividad
Inf	Informe
Instr	Instrucción
INVIED	Instituto de Vivienda, Infraestructura y Equipamiento de la Defensa
IPC	Índice de Precios al Consumo
IPREM	Indicador Público de Renta de Efectos Múltiples
IRPF	Impuesto sobre la renta de las personas físicas
IS	Impuesto sobre sociedades
ITP y AJD	Impuesto sobre transmisiones patrimoniales y actos jurídicos documentados
IVA	Impuesto sobre el valor añadido
L	Ley
LAR	Ley de arrendamientos rústicos (L 49/2003)
LAR/80	Ley de arrendamientos rústicos (L 83/1980)
LArb	Ley de arbitraje (L 60/2003)
LAU	Ley de arrendamientos urbanos (L 29/1994)
LAU/64	Ley de arrendamientos urbanos (D 4104/1964)
LCGC	Ley de condiciones generales de la contratación (L 7/1998)
LCI	Texto refundido de la Ley del catastro inmobiliario (RDLeg 1/2004)
LCoop	Ley de cooperativas (L 27/1999)
LEC	Ley de enjuiciamiento civil (L 1/2000)
LEF	Ley de expropiación forzosa (L 16-12-1954)
LGDCU	Texto refundido de la Ley general para la defensa de consumidores y usuarios (RDLeg 1/2007)
LGT	Ley general tributaria (L 58/2003)
LH	Ley hipotecaria (D 8-2-1946)
LHL	Texto refundido de la Ley reguladora de las haciendas locales (RDLeg 2/2004)
LIRPF	Ley del impuesto sobre la renta de las personas físicas (L 35/2006)
LIS	Ley del impuesto sobre sociedades (L 27/2014)

LITP	Texto refundido de la Ley del impuesto sobre transmisiones patrimoniales y actos jurídicos documentados (RDLeg 1/1993)
LIVA	Ley del impuesto sobre el valor añadido (L 37/1992)
LO	Ley orgánica
LPH	Ley de propiedad horizontal (L 49/1960)
OM	Orden ministerial
PAC	Política Agraria Común
RD	Real decreto
RDL	Real decreto ley
RDLeg	Real decreto legislativo
redacc	redacción
REF	Reglamento de expropiación forzosa (D 26-4-1957)
Resol	Resolución
RH	Reglamento hipotecario (D 14-2-1947)
RIRPF	Reglamento del impuesto sobre la renta de las personas físicas (RD 439/2007)
RIS	Reglamento del impuesto sobre sociedades (RD 634/2015)
RITP	Reglamento del impuesto sobre transmisiones patrimoniales y actos jurídicos documentados (RD 828/1995)
RIVA	Reglamento del impuesto sobre el valor añadido (RD 1624/1992)
RN	Reglamento notarial (D 2-6-1944)
TCo	Tribunal Constitucional
TEAC	Tribunal Económico Administrativo Central
TJUE	Tribunal de Justicia de la Unión Europea
TS	Tribunal Supremo
TSJ	Tribunal Superior de Justicia
UE	Unión Europea

PARTE I

Contrato de arrendamiento

CAPÍTULO 1

Consideraciones previas

El arrendamiento se define como un contrato bilateral por el que una de las partes se obliga a dar a la otra el goce o uso de una cosa por un tiempo determinado y un precio cierto (CC art.1543). Estos rasgos son los que caracterizan la relación jurídica, en la que se llama **arrendador** al que se obliga a ceder el uso de la cosa, ejecutar obra o prestar servicio, y **arrendatario** al que adquiere la cosa o el derecho a la obra o servicio que se obliga a pagar (CC art.1546). 105
Es un contrato que **se perfecciona** por el mero consentimiento y es tracto sucesivo por extenderse su ejecución durante un período de tiempo.
El **objeto** del arrendamiento puede ser bienes muebles, derechos o bienes inmuebles en general, ya se trate de una finca urbana o de una finca rústica edificadas o no.
Si bien existen diversos **tipos** de arrendamientos, en esta obra abordamos exclusivamente el estudio de los concertados sobre inmuebles, dejando al margen otros cuyo objeto son otro tipo de bienes o derechos, como los financieros o los operativos.

A. Clases de arrendamientos

En el **ámbito inmobiliario**, tradicionalmente se distinguen tres clases de arrendamiento: 120
- urbano;
- rústico; y
- otros arrendamientos.

Arrendamientos urbanos Se rigen por LAU que es una ley de carácter especial por razón de materia. Su contenido amplía la regulación que hace el Código Civil con respecto al arrendamiento. 123
Dentro de los arrendamientos urbanos cabe distinguir:
- arrendamiento **de vivienda**: tiene por objeto una edificación habitable cuyo destino primordial es la satisfacción de necesidad permanente de vivienda del arrendatario; y
- arrendamiento **para uso distinto de vivienda**: es aquel que recayendo sobre una edificación no tiene como destino primordial satisfacer la necesidad permanente de vivienda del arrendatario, p.e. un local comercial.

Precisiones Los arrendamientos urbanos son objeto de tratamiento con **mayor profundidad** en el nº 400 s.

Arrendamiento rústico Los arrendamientos rústicos se **regulan** en la LAR. Consisten en ceder temporalmente una o varias fincas, o parte de ellas, para su aprovechamiento agrícola, ganadero o forestal a cambio de un precio o renta (LAR art.1). Se consideran **incluidos** en este concepto los arrendamientos de explotaciones agrícolas, ganaderas o forestales. 125
Se aplica también la LAR, y no la LAU, a los contratos en los que aunque se arrienda una **finca rústica con casa-habitación**, la finalidad primordial del arrendamiento es el aprovechamiento agrícola, pecuario o forestal del predio (LAU art.5.c).

Precisiones Los arrendamientos rústicos se tratan con mayor profundidad en el nº 3500 s.

Otros arrendamientos Estos arrendamientos conforman una suerte de **categoría residual** con diversos tipos de contratos. Entre ellos se encuentran algunos de los no incluidos, o expresamente excluidos del ámbito de aplicación de la LAU y de la LAR (LAU art.5; LAR art.6 s.). 128

Industria El arrendamiento de industria se caracteriza por constar de dos **elementos**: 130
- el local; y
- el negocio o empresa instalada con los elementos necesarios para su explotación.

En cuanto a la **legislación aplicable**, al arrendamiento de industria o negocio se considera no incluido en el ámbito de aplicación de la LAU por quedar asimilado a los denominados arrendamientos complejos. Los arrendamientos complejos presuponen una relación más complicada que la prevista por el legislador (AP Las Palmas 30-1-03, EDJ 84239); así, su regulación es la contenida en el Código Civil (TS 18-3-09, EDJ 25505; 25-3-11, EDJ 34608).

Precisiones Puede verse los arrendamientos de industria con **mayor profundidad** en el nº 7000 s.

133 **Vivienda para porteros, guardas, asalariados, empleados y funcionarios** (CC art.1280 y 1474 a 1563; LAU art.5.a) Este tipo de arredramiento está expresamente excluido del ámbito de aplicación de la LAU por lo que el **régimen aplicable** es el establecido en el Código Civil.

Precisiones Las viviendas para porteros, guardas, asalariados, empleados y funcionarios son objeto de estudio con mayor profundidad en el nº 6505 s.

135 **Vivienda universitaria** (LAU art.5.d) El arrendamiento de las viviendas universitarias, se somete a las **normas** que establezca la universidad, y no a la LAU, cuando se cumplan los siguientes **requisitos**:
- que hayan sido calificadas expresamente como tales por la propia universidad propietaria o responsable de las mismas;
- que sean asignadas a los alumnos matriculados, al personal docente, de administración o de servicios, por razón del vínculo que se establezca entre cada uno de ellos y la universidad respectiva;
- que el establecimiento de sus normas de uso corresponda a la propia universidad.

137 **Vivienda militar** (L 26/1999; LAU art.5.b; RD 1080/2017) La exclusión del uso de viviendas militares, cualquiera que sea su calificación y régimen, del ámbito de aplicación de la LAU se basa, principalmente, en el carácter público de la vivienda y de los fines que con ellas se persiguen, así como en la gran movilidad territorial de los militares. Estos arrendamientos se **rigen** por su normativa específica, la L 26/1999 y el RD 1080/2017.

Precisiones Las viviendas militares se estudian con mayor profundidad en el nº 6535 s.

140 **Vivienda turística** (LAU art.5.e) A pesar de la naturaleza urbana que puedan tener los inmuebles, los arrendamientos de viviendas amuebladas con fines turísticos quedan expresamente excluidos del ámbito de aplicación de la LAU. Lo que **caracteriza** este tipo de arrendamientos, es que el inmueble esté comercializado o promocionado en canales de oferta turística o de cualquier otra forma y realizada con finalidad lucrativa (nº 4000 s.).
Las **competencias** sobre promoción y ordenación del turismo se atribuyen a las comunidades autónomas dentro de su ámbito territorial (Const art.148.1.18) sin que exista, actualmente, una norma estatal básica que regule esta materia. Así, las distintas **normas autonómicas** establecen una serie de requisitos administrativos relativos a comunicaciones, licencias y condiciones mínimas de la vivienda para la incorporación del inmueble a este ámbito, así como las circunstancias que caracterizan un arrendamiento como turístico.

Precisiones Puede estudiarse el arrendamiento de viviendas turísticas con mayor profundidad en el nº 4000 s.

143 **Edificación y mejora** Los arrendamientos para edificar (*ad aedificandum*) y para mejorar (*ad meliorem*) son atípicos y su **base legal** está en el reconocimiento del principio de autonomía de la voluntad (CC art.1255). Así, se excluyen de la legislación especial de arrendamientos urbanos (TS 13-12-93, EDJ 11317).
Los arrendamientos *ad meliorandum y ad aedificandum* **se caracterizan** porque el arrendatario asume a su costa la obligación de mejorar la cosa arrendada, ya sea reparándola (*ad meliorandum*), o realizando edificaciones (*ad aedificandum*). Al expirar el arriendo, la mejora o edificación quedan en propiedad del dueño del suelo (TS 3-4-84; 10-6-86, EDJ 3971).
En estos arrendamientos, la prestación de mejora o de edificación es decisiva para la celebración del contrato y constituye la **obligación principal** de arrendatario. Suele proyectarse en la falta de renta en metálico o en la estipulación de una renta en cuantía inferior a la normal ya que la prestación sustituye fundamentalmente al precio ordinario del arriendo (AP Tarragona 14-2-00, EDJ 120059).

145 **Cuota indivisa** (TS 4-12-87; 23-12-92, EDJ 11477) Los arrendamientos de cuota indivisa se **rigen** por el Código Civil, ya que no supone la cesión de uso de un espacio real y físicamente delimitado, que es el concepto y presupuesto básico del arrendamiento, sino solo de un derecho representado por la cuota abstracta e ideal.

147 **Plaza de garaje** (AP Madrid 17-2-92, EDJ 13178; AP Murcia 8-6-10, EDJ 14701) El arrendamiento de plaza de garaje es de **naturaleza** *sui generis* si el espacio para aparcar no es uno determinado, sino uno genérico dentro de un local. Se **rige** por la voluntad de las partes y el **plazo** viene determinado por el pago de la renta, anual, mensual, o por días, renovándose por tácita reconducción. No obstante, esta no es una cuestión pacífica.

150 **Solar** El arrendamiento de un solar no se **rige** por la LAU, sino por la regulación del Código Civil. Este contrato se **caracteriza** porque el arrendador cede el uso de un terreno o solar y no de una construcción habitable.

A estos efectos, el solar se puede definir como la superficie no edificada que, aunque pueda tener alguna construcción, esta **no es apta** para vivienda o para una actividad industrial (AP Valencia 17-4-02, Rec 654/2001).
A estos efectos es indiferente que, después de concertado el arrendamiento, se haya permitido al arrendatario construir naves o **edificaciones habitables**, ya que para calificar el contrato hay que retrotraerse al inicio del mismo (TS 11-7-07, EDJ 100744; 9-9-09, EDJ 217416; 3-5-90, EDJ 4616). Las **construcciones posteriores** a la celebración del contrato, efectuadas durante su vigencia, no modifican el régimen normativo aplicable al contrato salvo que conste claramente la voluntad novatoria de las partes (TS 26-6-13, EDJ 136053).
De igual modo, el que, de inicio, en el solar hubiera ya **edificaciones no habitables** no afecta a su calificación como tal (TS 3-5-90, EDJ 4616). Sin embargo, no se trata de un arrendamiento de solar, sino de un arrendamiento para **uso distinto de vivienda** sometido a la LAU, aquel en el que había de origen edificaciones habitables en el terreno alquilado que también fueron formaron parte del arrendamiento (AP Las Palmas 15-3-12, EDJ 189609).

B. Regulación en el Código Civil

La **legislación aplicable** a los contratos de arrendamiento se contiene, tanto en el Código Civil 162
como en diversas leyes especiales según la clase de arrendamiento:

Clase de arrendamientos	Legislación aplicable
Urbanos (nº 400 s.)	• Ley de arrendamientos urbanos (L 29/1994). • Ley de arrendamientos urbanos 1964 (D 4104/1964). • Código Civil, supletoriamente.
Rústicos (nº 3500 s.)	• Ley de arrendamientos rústicos (L 49/2003). • Código Civil, supletoriamente.
De industria (nº 7000 s.)	Código Civil.
Viviendas para porteros, guardas, asalariados, empleados y funcionarios (nº 6500 s.)	Código Civil.
Viviendas universitarias (nº 135)	Normas de la universidad.
Viviendas militares (nº 6535 s.)	• Ley de medidas de apoyo a la movilidad geográfica de los miembros de las Fuerzas Armadas (L 26/1999). • Estatuto del organismo autónomo Instituto de Vivienda, Infraestructura y Equipamiento de la Defensa (RD 1080/2017).
Viviendas turísticas (nº 4000 s.)	Ver cuadro del nº 4010.
De edificación y mejora (nº 143)	Código Civil.

1. Objeto del contrato

165 Objeto del contrato de arrendamiento pueden ser los bienes inmuebles en general, ya se trate de una finca urbana o de una finca rústica, y estén edificadas o no.
En el caso de **fincas urbanas o rústicas**, la regulación del Código Civil se aplica solo de forma supletoria o en los casos de exclusiones del ámbito de la legislación especial.

Aplicación del Código civil	
Fincas urbanas (LAU art.5)	• Viviendas de porteros, guardas, asalariados, empleados y funcionarios (nº 6505 s.). • Arrendamiento de industria (nº 7000 s.). • Viviendas turísticas (nº 4000 s.). • Arrendamientos de edificación y mejora.
Fincas rústicas (LAR art.6)	• Arrendamientos inferiores al año agrícola. • Tierras labradas y preparadas por cuenta del propietario para la siembra o para la plantación. • Fincas adquiridas por causa de utilidad pública o de interés social. • Aprovechamientos de rastrojeras, pastos secundarios, praderas roturadas, montaneras y, en general, aprovechamientos de carácter secundario. • Aprovechamientos encaminados a semillar o mejorar barbechos. • Caza. • Explotaciones ganaderas de tipo industrial, o locales o terrenos dedicados exclusivamente a la estabulación del ganado. • Cualquier otra actividad diferente a la agrícola, ganadera o forestal.

2. Requisitos del contrato

170 En el arrendamiento, una de las partes se obliga a dar a la otra el goce o uso de la cosa por tiempo determinado y precio cierto.

173 **Precio cierto** (CC art.1543) Por la propia naturaleza del contrato de arrendamiento, este no es compatible con el concepto gratuidad. Por ello, el precio o contraprestación por el uso y disfrute por un **tiempo determinado**, ha de ser también una cantidad cierta y determinada o cuanto menos determinable, en cuanto es elemento esencial del contrato.
La falta de exigencia de que el precio del arrendamiento sea en dinero, permite afirmar, como hace un importante sector de la doctrina, que la contraprestación por el uso de la cosa puede consistir en la entrega de **cosa distinta al dinero** o en la prestación de algún servicio por el arrendatario al arrendador.
Para que exista precio cierto es suficiente que pueda **determinarse** el mismo sin necesidad de acudir a un nuevo convenio.
Cabe la posibilidad de que la renta consista en la **prestación de determinados servicios** por el arrendatario, porque la prestación de esos servicios en sí exigibles y con un valor económico determinado, equivale al pago de un precio.
El precio del arrendamiento puede consistir en una parte alícuota y determinada de los **frutos** del inmueble arrendado.

175 **Tiempo determinado** (CC art.1543 y 1581) El requisito de la temporalidad viene dado por la propia **naturaleza del arrendamiento**, en cuanto por su esencia, sus efectos legales y las relaciones jurídicas que crea entre las partes contratantes, es opuesto al concepto de perpetuidad.
El dueño o propietario del inmueble, por el arrendamiento cede la posesión o el aprovechamiento directo del inmueble, por un tiempo determinado, independientemente de que sea más o menos largo ese **plazo** temporal; pero siempre partiendo de la esencia de que el propietario del bien, en un momento futuro, recuperará o recobrará la posesión.
Así se deduce claramente, pues la falta de temporalidad desnaturalizaría, la esencia y naturaleza del vínculo jurídico, lo que claramente conduciría a la ineficacia de aquellas cláusulas contractuales que se refieren a la duración del arrendamiento, recogiendo una **duración incierta**, inoperante en el arrendamiento.
Por consiguiente, el término por un **plazo indefinido** es totalmente incompatible con la propia naturaleza del contrato. Y por ello, el término indefinido representaría la transmisión para siempre del uso que se cede, desmembrándolo del dominio. Esa intemporalidad comporta la **nulidad** radical de la cláusula, que ha de entenderse como no puesta en el contrato.

En cuanto a la duración del mismo, si **no se ha fijado plazo** al arrendamiento, se entiende hecho por años cuando se ha fijado un alquiler anual, por meses cuando es mensual, y por días cuando es diario.
En todo caso **cesa** el arrendamiento, sin necesidad de requerimiento especial, cumplido el término.
Cuando el arrendador de una casa, o de parte de ella, destinada a la habitación de una familia, o de una tienda, o almacén, o establecimiento industrial, arrienda también los **muebles**, el arrendamiento de estos se entiende por el tiempo que dure el de la finca arrendada. Es esta, por tanto, la forma de computar el tiempo de arrendamiento de los bienes muebles anejos, en base al principio de temporalidad del contrato de arrendamiento, norma única y exclusivamente aplicable, en defecto de pacto concreto entre las partes contratantes (CC art.1582).

Precisiones **1)** Es válido el pacto que prevé un **plazo de duración muy largo**, siempre que sea un plazo concreto (AP Las Palmas 11-11-92).
2) No es válido el pacto que prevé como plazo de duración, hasta que a los dueños les haga falta, por ser un **término incierto** (AP Badajoz 10-11-70).

3. Partes

Son partes contratantes en el arrendamiento: **180**
- el arrendador, que cede el uso de la cosa (nº 183); y
- el arrendatario, que adquiere el uso de la misma (nº 205 s.).

a. Arrendador

Puede ser arrendador quien pueda ceder a otro una cosa en arrendamiento, con la seguridad **183**
para el arrendatario de que su posición jurídica no puede ser atacada por un tercero. En definitiva, todo aquel que tenga una titularidad que le atribuya el **uso y disfrute** de la cosa, siempre que ese uso no sea personalísimo o intransmisible.
Se consideran, en general, **titulares** los siguientes sujetos:
• **Propietario** (CC art.1559). El supuesto más habitual es que el arrendador sea el propietario de la cosa ofrecida en arrendamiento, lo que ha llevado a identificar en determinadas normas legales al propietario con el arrendador. Es la persona plenamente facultada para formalizar contrato de arrendamiento sobre la cosa que le pertenece.
• **Usufructuario** (CC art.480). El titular de un derecho de usufructo, y no el nudo propietario, es quien está legitimado para ceder en arrendamiento la cosa usufructuada, en tanto en cuanto las facultades de uso y disfrute están asimiladas a las facultades del usufructuario. Se trata de aquellos supuestos en los que la titularidad sobre el bien se halla dividida entre el nudo propietario y el usufructuario, y es este quién está facultado para arrendar la cosa. En tales supuestos, el contrato de arrendamiento sometido al Código Civil se extingue cuando finalice el derecho del arrendador usufructuario.
• **Titular del derecho de superficie**. El dueño de lo construido en suelo ajeno, como dueño de lo construido, puede arrendarlo, si bien ha de tenerse en cuenta la temporalidad de ese derecho, en tanto en cuanto esas construcciones revierten finalmente al dueño del suelo. Nos encontramos aquí con la misma solución dada por el Código Civil que con el derecho de usufructo. Cuando finalice o se extinga el derecho de superficie, se extingue el contrato de arrendamiento celebrado por el titular del derecho de superficie.

Capacidad (CC art.1548) Para arrendar se ha de tener la capacidad general para contratar. El **185**
contrato de arrendamiento es un **acto de administración**, y no un acto de disposición. Y ello, en tanto en cuanto se conserva la propiedad del bien, tiene como finalidad obtener del mismo un rendimiento económico por la cesión del uso y disfrute de la cosa cedida.
En consecuencia, **no pueden arrendar**:
- la persona necesitada de medidas de apoyo de forma absoluta;
- los menores no emancipados;
- aquellos que, no necesitando medidas de apoyo de forma absoluta, se hallen privados de tales facultades de administración;
- los progenitores o tutores, respecto de los bienes de los menores;
- los administradores de bienes que no tengan poder especial, por término que exceda de 6 años;
- los incursos en concurso de acreedores, al carecer de la facultad de administrar desde la fecha del concurso.

Precisiones Con **entrada en vigor** el 3-9-2021, se aprobó la L 8/2021, que reforma la legislación civil y procesal con la finalidad de que las **personas con discapacidad** puedan ejercer su capacidad jurídica en condiciones de igualdad en todos los aspectos de la vida, facilitándoles el apoyo necesario. Se permite así a las personas con discapacidad **intervenir de forma directa** en la toma de las decisiones que les afectan, con el **apoyo necesario** y proporcional a sus concretas circunstancias, en lugar de ser sustituidas en el ejercicio de su capacidad jurídica.
Se redacta de nuevo el Título XI del Libro Primero que pasa a rubricarse «De las medidas de apoyo a las personas con discapacidad para el ejercicio de su capacidad jurídica» (CC art.249 a 299), de manera que la idea que preside la nueva regulación no es la incapacitación, ni la modificación de la capacidad, sino que la capacidad es inherente a la persona y no puede modificarse, pero ha de darse el **apoyo adecuado y proporcional** a quien lo necesite.
Puede beneficiarse de las medidas de apoyo cualquier persona con independencia de si su situación de discapacidad tiene **reconocimiento administrativo** o no.

187 Sin embargo, **pueden arrendar**:
- los menores emancipados, por sí mismos o con asistencia de sus representantes;
- los usufructuarios;
- los que tengan la administración judicial, legal o voluntaria de los bienes de otro, ya sea por patria potestad, tutela, curatela, administración o mandato; y
- aquellos personas declaradas judicialmente como necesitadas de apoyo parcial, pero facultadas para ello (nº 193).

190 **Plazo** (CC art.1548) El Código Civil hace una clara diferenciación en materia de capacidad para arrendar entre arrendamientos por un plazo o término que exceda de 6 años, o inferior al mismo. Para dar en arrendamiento un bien por un **término superior a 6 años**, se considera que el acto excede de un mero acto de administración. Traspasado dicho límite, los contratos revisten la calificación de acto de disposición o de administración extraordinario y, por tanto, se precisa el consentimiento del titular del derecho sobre la cosa que sirve de soporte al arriendo, o la autorización judicial.

193 **Padres, tutores o curadores** (CC art.287.2) Los progenitores o tutores, respecto de los menores, y los curadores que ejerzan funciones de representación de la persona que precisa medidas de apoyo respecto de sus bienes, así como los administradores de bienes que no tengan poder especial, **no pueden dar en arrendamiento** las cosas por término que exceda de 6 años. En tanto se traspase dicho plazo, el acto se convierte en un acto de administración extraordinaria, y se necesita autorización judicial.
A ello hay que añadir que quedan **fuera de la facultad de administración** de los padres, como titulares de la patria potestad sobre sus hijos, los siguientes bienes (CC art.164):
• Los bienes adquiridos por **título gratuito** cuando el disponente lo haya ordenado de manera expresa. Se cumple estrictamente la voluntad de este sobre la administración de los bienes y el destino de los frutos.
• Los adquiridos por **sucesión** en que el padre, la madre o ambos hayan sido justamente desheredados o no hayan podido heredar por causa de indignidad, que serán administrados por la persona designada por el causante y, en su defecto y sucesivamente, por el otro progenitor o por un administrador judicial específicamente nombrado.
• Los que el hijo mayor de 16 años haya adquirido con su **trabajo o industria**. Los actos de administración ordinaria se realizan por el hijo, que necesita el consentimiento de los padres para los que excedan de ella.

Precisiones Los arrendamientos concertados por los padres o tutores respecto de los bienes de sus hijos o tutelados por un término superior al de 6 años son nulos respecto del término para el que no estaban facultados. Parte de la **doctrina** sostiene por tanto una ineficacia del contrato, pero solamente en el exceso de término o en el plazo para el cual no estaban facultados para actuar, de forma que el contrato es válido por el plazo que no exceda de los 6 años (Fuentes Lojo). Otros autores, apuntan por una **mera** anulabilidad, pudiendo convalidarse el contrato, a posteriori.
No obstante, la **jurisprudencia** se inclina hacia la nulidad absoluta, por lo que el contrato es solo eficaz y válido por el término que no supere los 6 años, e inexistente o nulo en cuanto al resto.

195 **Administradores de bienes** (CC art.1548) Los administradores de bienes que no tengan un **poder especial** respecto de los bienes de los menores, no pueden dar en arrendamiento las cosas por término que exceda de 6 años.
El administrador que ejerza funciones de representación para dar inmuebles en arrendamiento por término inicial que exceda de 6 años, necesita **autorización judicial** para los actos que determine la resolución.

Precisiones Nos inclinamos a mantener que la vulneración de que la norma, de carácter imperativo, de que los administradores de bienes que no tengan un poder especial respecto de los **bienes de los menores o personas que precisan de medidas de apoyo**, no pueden dar en arrendamiento las cosas por término que exceda de 6 años, debe comportar la nulidad radical o de pleno derecho del contrato y no su mera anulabilidad.

Mayores de 16 años Los mayores de 16 años **emancipados** precisan también del consentimiento de sus padres para que complementen su capacidad a fin de formalizar un contrato de arrendamiento superior al término de 6 años. No precisan de la anuencia de sus progenitores, en tanto en cuanto otorguen un contrato de arrendamiento por un plazo inferior o lo que entendemos por un acto de mera administración. 198

En el mismo sentido, también pueden arrendar, entendiendo por acto de arrendamiento el acto de disposición por el plazo máximo indicado, aquellos mayores de 16 años **no emancipados** cuando los bienes a arrendar han sido adquiridos por ellos mismos, con su trabajo o industria.

En la misma línea hay que pronunciarse en cuanto a los contratos de arrendamiento que han sido suscritos por los **apoderados**, en el sentido de que pueden arrendar para el plazo igual o inferior a 6 años y, en cambio, precisan de un poder especial, que les faculte para un acto de administración especial, o de arrendamiento superior a 6 años, al equipararse a un acto dispositivo.

Precisiones Téngase en cuenta que, a partir del 3-9-2021, la L 8/2021, permite que las **personas con discapacidad** puedan ejercer su capacidad jurídica en condiciones de igualdad en todos los aspectos de la vida, facilitándoles el apoyo necesario.
Puede beneficiarse de las medidas de apoyo cualquier persona con independencia de si su situación de discapacidad tiene **reconocimiento administrativo** o no.

Cónyuges Los cónyuges, si se hallan bajo el régimen económico matrimonial de **gananciales** y, en la misma línea, el acto no supera una mera administración ordinaria, es válido el contrato otorgado por cualquiera de ambos cónyuges -arrendamiento por un plazo no superior a 6 años-. 200

Si el plazo del contrato de arrendamiento es superior a 6 años (administración extraordinaria), es necesario el **consentimiento** de ambos cónyuges. Caso de no otorgar uno de ellos el consentimiento, quien desee arrendar, precisa autorización judicial. Como especialidad, el acto de administración extraordinaria, puede ser celebrado por uno de los cónyuges, pudiendo el otro prestar su consentimiento, a posteriori.

Nada de lo anterior es de aplicación en el supuesto de que el bien a arrendar sea de **propiedad privativa** de uno de los consortes, sujeto al régimen ganancial, pues como bien privativo, su titular tiene todas las facultades de disposición sobre el mismo y, por tanto, puede arrendar libremente.

En este caso, o cuando los cónyuges se hallan sujetos al régimen de **separación de bienes**, cada cónyuge tiene todas las facultades de disposición sobre los bienes de su exclusiva propiedad, ya que por este régimen económico matrimonial, cada cónyuge tiene todas las facultades de administración y disposición sobre los bienes de su exclusiva propiedad.

Únicamente, tanto en los regímenes económicos matrimoniales de separación de bienes como en los de gananciales, hay que respetar la excepción de la disposición sobre la **vivienda habitual**. En ese sentido, no puede disponerse de la misma, sin el consentimiento del otro cónyuge o, en su defecto, sin autorización judicial. La **manifestación errónea o falsa** del disponente sobre el carácter de la vivienda no perjudicará al adquirente de buena fe (CC art.1320).

Comunidades de bienes En las comunidades de bienes, para aquellos actos que superan el plazo de mera administración, es decir, contratos de arrendamiento por **plazo superior a 6 años**, se precisa el consentimiento de todos los comuneros o, en su defecto, el comunero que quiera realizar tal acto de administración especial, debe recabar autorización judicial (CC art.398). 203

En los actos de mera administración, o cuando se concierte contrato de arrendamiento sobre la cosa común por un plazo **inferior a los 6 años**, es suficiente con el consentimiento prestado por la mayoría de los comuneros. En este sentido, para la administración y mejor disfrute de la cosa común son obligatorios los acuerdos de la mayoría de partícipes.

Precisiones En **Cataluña** los actos de administración extraordinaria requieren el acuerdo favorable de los comuneros que representen al menos las 3/4 partes de las cuotas y para los actos de disposición el consentimiento de todos. Se plantea, por consiguiente, si para concertar un arrendamiento por un plazo superior a 6 años bastaría el acuerdo de los propietarios que representen las 3/4 partes de las cuotas (CCC art.552).

b. Arrendatario

205 El arrendatario **adquiere el uso** de la cosa por un precio cierto.
La **capacidad legal** exigible al arrendatario para celebrar un contrato de arrendamiento es la general para contratar y obligarse.
No son de aplicación a los arrendatarios las **prohibiciones para contratar** previstas para los contratos de compraventa (CC art.1459), en tanto en cuanto no cabe la extensión analógica de una norma prevista para un acto de disposición.
Pueden ser arrendatarios, tanto una persona física, como una persona jurídica. Siendo personas físicas, pueden ser arrendatarios una o varias personas. De ser **varios arrendatarios**, pueden serlo con carácter mancomunado o solidario. Si nada se indica sobre el particular, lo serán siempre con carácter mancomunado, en tanto en cuanto la mancomunidad es la regla general y la solidaridad la excepción, operando únicamente cuando expresamente se ha estipulado tal solidaridad.

210 **Efectos frente a terceros** (CC art.1549 y 1571) Los arrendamientos de bienes raíces que no estén debidamente inscritos en el **Registro de la Propiedad**, no surten efectos frente a terceros.
En particular, el comprador de una finca arrendada tiene derecho a que termine el arriendo vigente al verificarse la **venta**, salvo pacto en contrario y lo dispuesto en la legislación hipotecaria. Se concede al comprador el derecho a que se extinga el contrato de arrendamiento sobre el inmueble adquirido, dejando a la voluntad del comprador el ejercicio de la rescisión del contrato.
Por **pacto en contrario**, se entiende la renuncia del comprador a ejercitar su derecho a que termine el arriendo sobre el bien que adquiere, renuncia que se contempla entre los pactos del contrato de compraventa (CC art.1255). En ese caso, el comprador asume la subsistencia del arriendo y adquiere los derechos y obligaciones que tenía el vendedor por su condición de arrendador.
Por la **inscripción** en el Registro de la Propiedad del arrendamiento, el comprador no puede ignorar la existencia del contrato, debiendo respetarlo hasta su expiración, quedando subrogado el comprador en los derechos y obligaciones del vendedor, anterior arrendador.
Si el **comprador usa de su derecho**, el arrendatario puede exigir que se le deje recoger los frutos y que el vendedor le indemnice por los daños y perjuicios que se le causen. Queda claro, por tanto, que en los arrendamientos de bienes inmuebles regidos por el Código Civil el arrendamiento solo surte efectos frente al nuevo titular del inmueble, cuando se halle inscrito en el Registro de la Propiedad, o cuando medie un pacto expreso.

Precisiones En este punto la **regulación de la LAU** difiere sustancialmente de la establecida en el Código Civil (nº 453 y nº 665).

4. Derechos y obligaciones

215

a. Obligaciones del arrendador

(CC art.1554 s.)

218 Son obligaciones del arrendador:
- entregar la cosa objeto del contrato (nº 220);
- sanear por evicción y por vicios ocultos (nº 223);
- realizar las reparaciones necesarias en la cosa arrendada (nº 235);
- mantener al arrendatario en el goce pacífico del arrendamiento (nº 238);
- no variar la forma de la cosa arrendada (nº 240).

220 **Entrega de la cosa objeto del contrato** (CC art.1554.1) La entrega de la cosa es la obligación básica a cargo del arrendador.
La entrega debe realizarse en el **momento** de la firma del contrato, a no ser que expresamente en el mismo se disponga otra cosa. Hay que poner al arrendatario en la posesión de la cosa arrendada, siendo a cargo del arrendador los gastos de la entrega de la cosa.
Debe entregarse la cosa arrendada, con todos sus **accesorios**, y en estado de servir para el uso que ha sido pactado.
En caso de que **no tenga lugar la entrega** de la cosa, el arrendatario puede solicitar la resolución del contrato con indemnización de daños y perjuicios o exigir el cumplimiento de la obligación, además de los daños y perjuicios ocasionados por la mora.

Distinto es cuando el incumplimiento o falta de entrega responde al **impedimento de un tercero**, en cuyo caso no responde el arrendador de aquello que no hubiera podido prever, o que, previsto, fuera inevitable (CC art.1105).

Saneamiento (CC art.1553) Las disposiciones generales sobre los contratos de arrendamiento hacen una remisión específica a la aplicación de las disposiciones sobre saneamiento recogidas en la **regulación** del contrato de compraventa. Ello debe interpretarse siempre, salvando las claras diferenciaciones existentes entre el contrato de compraventa y el contrato de arrendamiento, por propia naturaleza. 223
En consecuencia, en los casos en que proceda la **devolución del precio**, se debe hacer la disminución proporcional al tiempo que el arrendatario haya disfrutado de la cosa.
Se distinguen dos **modalidades** de saneamiento:
- por evicción (nº 225); y
- por vicios ocultos (nº 230).

Saneamiento por evicción (CC art.1475, 1478, 1479 y 1483) Tiene lugar la evicción cuando se priva al arrendatario por sentencia firme y en virtud de un derecho anterior al arrendamiento de todo o parte de la cosa arrendada. 225
Como consecuencia de ella, el **arrendatario** tiene los siguientes **derechos**:
- restitución del precio del arriendo abonado, con la disminución proporcional al tiempo que haya disfrutado de la cosa;
- frutos o rendimientos de la cosa;
- gastos del contrato abonados por el arrendatario;
- daños e intereses y los gastos voluntarios o de puro recreo u ornato;
- costas del pleito que haya motivado la evicción y, en su caso, las del seguido con el arrendador para el saneamiento.
En estos términos, cuando tenga lugar la **renuncia del arrendatario** por contrato al saneamiento por evicción, de producirse este, el arrendador debe únicamente reembolsar el precio del arriendo que se haya podido satisfacer por el tiempo no disfrutado. Ello siempre que no se haya renunciado también específicamente con conocimiento de los riesgos de producirse esa evicción y asumiendo sus consecuencias.

En caso de **evicción parcial**, si la parte de la cosa arrendada que se pierde por la evicción es de tal importancia que sin ella el arrendatario no hubiera arrendado, podrá exigir la rescisión del contrato con aplicación analógica de lo dispuesto para la compraventa, esto es, con la obligación de devolver la cosa sin más gravámenes que los que tenía cuando la recibió del arrendador. 228
Lo mismo se aplica si fueron **arrendadas dos o más cosas conjuntamente**, siempre que conste claramente que el arrendatario no habría arrendado la una sin la otra.
Si la **finca** arrendada estuviera **gravada**, sin mencionarlo en el contrato, con alguna carga o servidumbre no aparente de tal naturaleza que, de haberse conocido el arrendatario, no hubiera tomado la cosa en arriendo, podrá pedir la rescisión del contrato o solicitar una indemnización, aplicando analógicamente lo previsto para la compraventa.
Entendemos que no hay evicción, en el supuesto de que el arrendador **venda la cosa a un tercero**, pese a que la venta comporte la extinción del contrato de conformidad con el CC art.1571.

Saneamiento por vicios ocultos (CC art.1484, 1485, 1486, 1488, 1490 y 1553) El arrendador está obligado al saneamiento por los vicios ocultos que tenga la cosa arrendada, si esos vicios la hacen **impropia para el uso** a que se la destina, o si disminuyen de tal modo este uso que, de haberlos conocido el arrendatario, no la habría tomado en arriendo o habría pactado menor precio por ella. Sin embargo, no será responsable de los defectos manifiestos o que estuvieran a la vista, ni tampoco de los que no lo estén si el arrendatario es un perito que por razón de su oficio o profesión debía fácilmente conocerlos. 230
De esos vicios responde el arrendador, aun en el caso de **ignorar la existencia** de los mismos, salvo que se hubiera estipulado lo contrario y el arrendador ignorara los vicios o defectos ocultos de lo vendido.
Debe entenderse que el saneamiento por vicios ocultos, procede únicamente en cuanto a aquellos **vicios o defectos existentes al tiempo del otorgamiento del contrato**.
Hay que partir de la obligación del arrendador de realizar en la cosa arrendada durante el arrendamiento todas las **reparaciones** necesarias con el fin de conservarla en estado de servir para el uso a que ha sido destinada (nº 303). Los arrendamientos sujetos a la LAU también tienen al respecto su propia regulación, que concreta el contenido de esta obligación.

233 Por ello, el vicio oculto se **define** como:
- un defecto de mayor entidad, que no da derecho a exigir una reparación;
- que resulte oculto; y
- que haga la cosa impropia para el uso al que se destina.

El vicio debe manifestarse dentro del **plazo** de 6 meses desde la entrega de la cosa arrendada.
El **arrendatario** tiene como **opciones**:
- desistir del contrato, abonándosele cuanto pagó con disminución proporcional al tiempo que ha disfrutado de la cosa; o
- rebajar el precio o renta proporcionalmente a la merma que pueda suponer el soportar ese vicio.

Si el **arrendador conocía los vicios** o defectos ocultos de la cosa arrendada y no los manifestó al arrendatario, este tendrá la misma opción y además se le indemnizará con los daños y perjuicios si opta por la rescisión.
Si la cosa arrendada tenía algún vicio oculto al tiempo del arriendo y se produce después su pérdida por **caso fortuito o culpa del arrendatario**, este puede reclamar al arrendador el precio que pagó con la disminución proporcional al tiempo del disfrute.

Precisiones En la práctica, resulta muy difícil discernir si nos hallamos ante un supuesto de obligación de saneamiento por vicios ocultos o, por el contrario, ante las obligaciones exigidas a cargo del arrendador de **reparar y mantener** al arrendatario en el goce pacífico de la cosa.

235 **Reparaciones necesarias** (CC art.1554, 1558, 1559, 1561 a 1564, 1568 y 1580) Entre las obligaciones del arrendador se encuentra la de hacer en la cosa arrendada durante el arrendamiento todas las reparaciones necesarias a fin de su **conservación** en estado de servir para el uso al que ha sido destinada.
Hay que distinguir el concepto reparación del concepto **reconstrucción**, alcanzando la obligación del arrendador a reparar, pero no a reconstruir, y marcando la diferencia entre ambas tanto la verdadera naturaleza de las obras como el monto económico de las mismas, en relación al valor de lo arrendado.
La reparación ha de ser una **obra necesaria o indispensable** para conservar la cosa en estado de servir; estando excluidas las obras que puedan considerarse de mejora.
Si durante el arrendamiento es necesario hacer alguna **reparación urgente** en la cosa arrendada que no pueda diferirse hasta la conclusión del arriendo, tiene el arrendatario obligación de tolerar la obra, aunque le sea muy molesta, y aunque durante ella se vea privado de una parte de la finca.
Ante el **incumplimiento** del arrendador de reparar, no cabe, en principio, que el arrendatario repare la cosa a costa de sí mismo, sino que debe requerirlo para que realice las obras y, en caso de no realizarlo, debe resolver el juzgado.
No obstante, el arrendatario puede realizar las **reparaciones urgentes** encaminadas a evitar un daño inminente; pero debe acreditarse la urgencia o la necesidad perentoria.

238 **Goce pacífico del arrendamiento** (CC art.1554.3 y 1556) La **entrega** del objeto arrendado por un tiempo determinado y un precio cierto comporta la obligación al arrendador de mantener al arrendatario en el goce pacífico de la cosa, imponiéndole la obligación de que el arrendatario pueda disfrutar de la cosa de conformidad al destino pactado.
Debe abstenerse el arrendador de realizar aquellos actos que puedan **impedir o perturbar el uso** del objeto arrendado por el arrendatario, respondiendo en su caso de las perturbaciones que sufra el arrendatario. Se considera que se impide o perturba el goce pacífico del objeto arrendado con aquellos actos que constituyen una limitación o entorpecimiento a ese disfrute. Por ejemplo, la constitución de una servidumbre que no existía al formalizarse el contrato de arrendamiento.
En caso de **incumplimiento** de esta obligación, el arrendatario puede interesar la resolución del arrendamiento y la indemnización de daños y perjuicios.

240 **Variación en la forma de la cosa arrendada** (CC art.1557 y 1554.3) La imposibilidad de variar la forma de la cosa arrendada, es una obligación que deriva de la propia naturaleza de los contratos de arrendamiento, pero no puede interpretarse en unos términos absolutos, sino que en cada supuesto particular, hay que valorar si la **variación realizada altera o perjudica el uso** de la cosa arrendada para el destino que fue pactado o, por el contrario, supone simplemente una variación circunstancial (p.e obras de mejora).

b. Obligaciones del arrendatario

(CC art.1555 s.)

El arrendatario viene obligado a: 245
- pagar el **precio** del arrendamiento en los términos convenidos (nº 248);
- hacer **uso de la cosa** arrendada como un diligente padre de familia (nº 250);
- pagar los **gastos** que ocasione la escritura del contrato (nº 253);
- poner en conocimiento del propietario, a la mayor brevedad posible, toda **usurpación** o novedad dañosa (nº 255);
- tolerar las **obras** a realizar por el arrendador (nº 258);
- **devolver la finca** al terminar el arriendo (nº 260);
- responder por el **deterioro o pérdida** de la cosa arrendada (nº 263);
- consentir la **entrada del arrendador** (nº 270).

Además, son exigibles al arrendatario todas aquellas **obligaciones que hayan sido establecidas en el contrato** como consecuencia de la libertad de pacto entre las partes contratantes, por ejemplo, el pacto por el que el arrendatario asume la limpieza del portal o de determinados elementos de la escalera; así como aquellas otras que puedan resultar atendiendo a un criterio de proporcionalidad y a la menor restricción posible de la libertad e intereses del resto de los vecinos y del interés general.

Pago del precio (CC art.1171 y 1574) El arrendatario está obligado a pagar el precio del arrendamiento en los términos convenidos. 248

La prestación o pago del precio es la obligación esencial del arrendatario, en **correspondencia y reciprocidad** a la obligación del arrendador de entregar el uso de la cosa arrendada.

Hay que estar a los términos del contrato en cuanto a la **determinación** de la renta o el precio, forma de pago, tiempo y lugar.

El precio ha de ser **determinado o determinable**, y si bien lo más frecuente es que sea en dinero, ello no es indispensable, pudiendo ser en frutos o en productos.

Es frecuente establecer una **cláusula de estabilización** en los arriendos sujetos al Código Civil, en función del término por el que se haya establecido el contrato.

La obligación de pagar el precio **queda en suspenso** para el arrendatario en el caso de que el arrendador no cumpla con la obligación esencial de entrega de la cosa.

Si nada se dispone en el contrato sobre el **lugar del cobro** del precio, debe entenderse que el mismo es el domicilio del arrendatario.

Y en cuanto al **tiempo** se estará a lo dispuesto en el contrato y, en su defecto, a la costumbre de la tierra.

Precisiones En el caso del arrendamiento de larga duración de un hotel, se aplicó la cláusula ***rebus sic stantibus*** -la alteración sustancial de las circunstancias puede dar lugar a la modificación de las estipulaciones del contrato- por la significativa caída de la demanda del sector con registro de pérdidas de la empresa arrendataria (TS 15-10-14, EDJ 218762).

Uso adecuado de la cosa arrendada (CC art.1555.2) El arrendatario está obligado a usar la cosa arrendada como un diligente padre de familia, destinándola al uso pactado y, en defecto de pacto, al que se infiera de la naturaleza de la cosa arrendada según la costumbre de la tierra. El legislador ha seguido aquí la regla general en cuanto a la **diligencia exigible** en el cuidado de la cosa arrendada (CC art.1104). 250

El uso de la cosa es un derecho y también una obligación, en tanto en cuanto el **no uso o uso esporádico y anómalo** puede causar un daño en la cosa arrendada y, por tanto, un incumplimiento de la obligación de conservación del arrendatario.

La doctrina entiende que el comportamiento como un **diligente padre de familia**, supone (Puig Peña):

• Custodiar la cosa desarrollando en ella la actividad exigida a todo el que tiene la posesión de una cosa ajena, tomando las medidas oportunas para que no perezca ni se deteriore gravemente.

• No hacer un uso abusivo, sea sobre la misma cosa o sobre la relación jurídica existente.

En cuanto al **destino**, hay que estar a lo específicamente pactado en el contrato, y a falta de pacto, habrá de estarse a la naturaleza de la cosa, según la costumbre en supuestos análogos.

El **incumplimiento** por el arrendatario de esta obligación comporta que el arrendador pueda pedir el cumplimiento de lo pactado, reclamando al arrendatario la indemnización de daños y perjuicios o la resolución del arrendamiento a través de la acción judicial.

Precisiones Es **doctrina jurisprudencial** que la falta de uso de la cosa arrendada por parte del arrendatario sin justificación y durante un tiempo prolongado integra la causa de desahucio comprendida en el CC art.1569.4º (TS 16-7-09, EDJ 165894).

253 **Gastos de escritura del contrato** (CC art.1555.3) La obligación de pagar los gastos derivados de la escritura del contrato tiene **carácter dispositivo**, por lo que admite pacto en contrario. El **incumplimiento** de este pacto, en principio, no puede comportar como sanción la resolución del contrato de arrendamiento.

255 **Usurpación o novedad dañosa** (CC art.1559) El arrendatario está obligado a poner en conocimiento del propietario, en el **plazo** más breve posible, toda usurpación o novedad dañosa que otro haya realizado o, abiertamente, prepare en la cosa arrendada. No se exige un plazo concreto, pero sí hay que entender que debe realizarse sin demora a fin de evitar que los daños producidos y las causas generadoras del mismo, puedan ir incrementando el resultado dañoso.

Esta obligación está íntimamente relacionada con la obligación del arrendador de mantener al arrendatario en el **goce pacífico de la cosa** (nº 238), así como con la obligación de saneamiento (nº 223 s.) y la obligación del arrendador de reparar (nº 235).

No se exige una forma expresa en la **notificación** al arrendador, pudiendo ser de cualquier forma, mientras sea eficaz, verbal o escrita.

258 **Obras o reparaciones** (CC art.1558) Si durante el arrendamiento es necesario realizar alguna reparación en la cosa arrendada que no pueda esperar a la conclusión del contrato, tiene la obligación el arrendatario de soportar la obra, aunque le sea muy molesta, y aunque durante la realización de la misma se vea obligado a **verse privado de todo o parte de la finca**.

Es necesario que se trate de una **reparación** que, además de ser necesaria, sea urgente, en el sentido de que no pueda diferirse hasta la conclusión del arriendo.

Esta obligación es correlativa a la **obligación del arrendador de reparar**, consustancial al concepto del contrato de arrendamiento (nº 235). A tal efecto, debe recordarse aquí que el arrendador tiene obligación de realizar las obras de conservación y las reparaciones necesarias a fin de conservar la finca en estado de servir para el uso al que ha sido destinada (CC art.1554.2).

La prestación básica del arrendador integra una **obligación de hacer**, de las llamadas de ejecución duradera, sucesiva continuada o de tracto sucesivo, que consiste en proporcionar al arrendatario durante todo el tiempo de vigencia del contrato el uso o goce pactado de la cosa arrendada.

Si la reparación **dura más de 40 días**, debe disminuirse el precio del arriendo en proporción al tiempo y la parte de la finca de que el arrendatario se vea privado.

Por otra parte, si la obra es de tal naturaleza que **hace inhabitable** la parte del inmueble que el arrendatario y su familia necesitan para su habitación, puede este rescindir el contrato.

El arrendador no tiene aquí solo la obligación, sino también el derecho a realizar las obras. **Si el arrendatario no accede** a tal pretensión, el arrendador puede acudir a los tribunales para que le permita el acceso y, además, en su caso, para que responda de los perjuicios que pueda ocasionar su conducta obstruccionista.

260 **Devolución de la finca arrendada** (CC art.1561) El arrendatario debe devolver la finca al concluir el arriendo en el **mismo estado** en que la recibió, salvo lo que haya perecido o se haya menoscabado por el tiempo o por causa inevitable.

Aunque la norma solo hace referencia a la obligación del arrendatario de devolver la finca al concluir el contrato de arriendo, hay que entender que es de **aplicación** sea cual sea la cosa arrendada.

A falta de expresión en el contrato del estado de la finca en el momento del contrato, **se presume** que el arrendatario la recibió en buen estado, salvo prueba en contrario.

En consecuencia, esta obligación del arrendatario de reponer las cosas a su estado anterior, ha de ponerse en relación con:

- el **estado real del inmueble** en el momento del arrendamiento;
- el **deterioro por el uso normal**, no negligente, de la cosa arrendada; y
- el cumplimiento por el arrendador del **deber de mantenimiento y conservación** del inmueble arrendado.

263 **Pérdida o deterioro de la cosa** (CC art.1563) La obligación consistente en entregar una cosa determinada se extingue cuando esta se pierde o destruye sin culpa del arrendatario **extinguiéndose el contrato**. Se establece una **presunción de responsabilidad** del arrendatario por el deterioro que sufra la finca, que cede ante la acreditación de que el deterioro fue debido a un caso fortuito, sin culpabilidad ni negligencia suya. Ello le obliga a acreditar que empleó toda la diligencia debida o exigible para evitar el evento dañoso.

Entendemos que la responsabilidad del arrendatario en este caso, se extiende a los supuestos de **daños causados sin su intervención**, pero sí generados por una falta de diligencia.

Se entiende que hay pérdida, si las obras a realizar suponen una verdadera **reconstrucción**, ya que el arrendador solo viene obligado a realizar las reparaciones necesarias para conservar la cosa en el estado de servir para el uso a que fue destinada (nº 250).

Personas dependientes del arrendamiento (CC art.1564) El arrendatario es responsable del deterioro causado por las personas de su casa. No es más que una especificación de la regla general de responsabilidad en tanto en cuanto el arrendatario es responsable del cuidado y conservación de la cosa arrendada, respondiendo de los daños causados por una omisión de su **deber** ***in vigilando*** de las personas que, por cualquier circunstancia, ocupen, aunque sea de forma accidental, el inmueble arrendado. 265
Precisamente por ello, el arrendatario es responsable frente al arrendador de los daños producidos por el **subarrendatario**, entendiendo que no ha tenido la necesaria diligencia en la vigilancia del subarrendatario o que existe una responsabilidad por omisión.

Mejoras (CC art.487, 488 y 1573) El arrendatario tiene, respecto a las mejoras, los mismos derechos que los usufructuarios. En consecuencia: 268
- Puede hacer en los bienes objeto de usufructo las **mejoras útiles o de recreo** que tenga por conveniente, con tal que no altere la forma o sustancia, aunque no tiene por ello derecho a indemnización. Puede, no obstante, retirar dichas mejoras, si es posible hacerlo sin detrimento de los bienes.
- Puede **compensar los desperfectos** de los bienes con las mejoras que en ellos haya hecho.

Obviamente, si las partes contratantes no se ponen de acuerdo sobre tal compensación, serán los tribunales quienes dirimirán si procede reconocer en cada caso concreto su aplicación.

Entrada al arrendador (CC art.1554.2) Siempre y cuando exista por parte del arrendador un **interés legítimo** a título de vigilancia o ejercicio de sus derechos como propietario y no se trate de un mero capricho, puede entrar en el inmueble arrendado. Por ejemplo, para cumplir con su obligación de realizar las reparaciones necesarias (nº 235). 270

5. Extinción

Por lo que se refiere a la extinción del contrato de arrendamiento, es necesario hacer referencia a diferentes **situaciones**: 275
- Transcurso del término, existiendo o no pacto al respecto (nº 278).
- Supuestos en que tiene lugar la tácita reconducción (nº 285).
- Pérdida de la cosa (nº 263).
- Incumplimiento de las condiciones pactadas (nº 290).
- Enajenación de la finca arrendada (nº 293).

Transcurso del término (CC art.1543 y 1565) El contrato de arrendamiento, como goce o uso de una cosa por tiempo determinado, se ha de estimar por su propia naturaleza y esencia como un contrato de **vida temporal o tiempo limitado**, ya que el transmitirlo de forma ilimitada o indefinida, constituiría una transmisión indefinida del uso desmembrándolo del dominio, por lo cual, la delimitación del plazo en el contrato es esencial (nº 175). 278
Se ha de **fijar el plazo** del contrato, señalando un periodo cierto y determinado, o bien refiriéndolo a un acontecimiento futuro, pero que irremisiblemente tiene que suceder.
La duración de los contratos de arrendamiento sujetos al Código Civil, se rige por la voluntad de las partes pactada o convenida en el contrato. En este sentido, si el arrendamiento se ha hecho por tiempo determinado, concluye el día prefijado sin necesidad de requerimiento.
A partir del **vencimiento** del plazo pactado, el contrato se extingue, pero podría quedar renovado por tácita reconducción (nº 285 s.).
Si no opera la tácita reconducción, y, de seguir el arrendatario en la posesión una vez extinguido el contrato, se le considera **precarista**, u ocupante sin título. Cabe contra el mismo, a fin de compelerle al desalojo que no cumple voluntariamente, la acción de desahucio por expiración del plazo.
De producirse el **fallecimiento del arrendatario** vigente el contrato y sin haber transcurrido el plazo libremente pactado, pueden continuar en su derecho los herederos, a no ser que medie pacto en contra, hasta el cumplimiento del término convenido.
Transcurrido el plazo determinado en el contrato, el arrendamiento finaliza sin necesidad de **requerimiento** de ningún tipo (CC art.1565).

Ausencia de pacto (CC art.1581) En el supuesto de que los contratantes no hayan establecido un plazo o término, el Código Civil suple esta falta a fin de dejar el contrato subsistente y válido. Así, si **no se estableció** pacto expreso sobre la duración del contrato, este se entiende hecho 280

por años cuando se ha fijado un alquiler anual, por meses cuando es mensual, por días cuando es diario. En todo caso, **cesa el arrendamiento**, sin necesidad de requerimiento especial, cumplido el término. La interpretación de este artículo respecto a la duración de los contratos en los que no se haya fijado plazo es tan clara que no precisa razonamiento alguno. Habiendo señalado las partes una renta mensual, el plazo es mensual, habiendo pactado una renta anual, será el plazo anual. No tiene relevancia, si la costumbre en la zona es esta u otra.
Si se ha dispuesto un **plazo indefinido** o cualquier otro término que impide determinar el plazo temporal del contrato, esta cláusula es nula radicalmente y se aplica la regla anterior con carácter imperativo.

Precisiones Ahora bien, cuando se ha pactado en un arrendamiento que las prórrogas del contrato son a voluntad exclusivamente del arrendatario, si este es una persona jurídica, es **doctrina jurisprudencial** que dicho arrendamiento ha de tener por analogía la misma duración máxima que la duración legal de un usufructo en esas condiciones, es decir, 30 años (TS 9-9-09, EDJ 217416).

285 **Tácita reconducción** (CC art.1566 y 1567) El Código Civil prevé específicamente los **requisitos** que han de darse para que opere la tácita reconducción. Son los siguientes:
• La permanencia del arrendatario en el disfrute de la cosa por 15 días, una vez finalizado el plazo.
• La aquiescencia del arrendador.
• Que no haya precedido requerimiento de desahucio.
La tácita reconducción **constituye** un nuevo contrato perfeccionado por el consentimiento tácito de los contratantes, manifestado en cuanto al arrendatario por la permanencia en el uso y disfrute de la cosa arrendada una vez expirado el término, y en cuanto al arrendador por su aquiescencia a tal permanencia.
En este caso, **cesan** respecto de ella las obligaciones otorgadas por un tercero para la seguridad del contrato principal.

Precisiones Respecto de la **aquiescencia** hay que puntualizar al respecto que:
- la **mera tolerancia** del arrendador, no es aquiescencia, término que expresa conformidad o consentimiento;
- el término aquiescencia no concurre, cuando el arrendador formula la correspondiente **demanda de desahucio**, antes de transcurridos 15 días;
- tampoco hay aquiescencia cuando ha precedido **requerimiento** por parte de alguna de ambas partes contratantes;
- tampoco puede haber aquiescencia, cuando se ha **pactado expresamente la no tácita reconducción**;
- no puede operar la tácita reconducción si el actor comunicó de forma acreditada al arrendatario su voluntad de no prolongar el arrendamiento;
- la aquiescencia tampoco concurre, cuando existe una situación demostrada de **disputas, desavenencia y falta de pago** de la renta pactada;
- no basta para que opere la tácita reconducción que el **arrendatario siga abonando las rentas**;
- el **cobro de las rentas** no significa más que la efectiva contraprestación debida por continuar en la posesión de la cosa, sin relevancia como pago si ya se manifestó su voluntad de dar por extinguido el contrato; y
- no puede operar la tácita reconducción si un mandatario del **arrendador ha denegado la prórroga**, siempre que tal acto sea ratificado por el mandante.

288 **Duración del contrato prorrogado** Cuando en el primitivo contrato **se pactó expresamente** la posibilidad de prórrogas del mismo por un determinado periodo de tiempo, igual o diferente al inicial, hay que estar a lo expresamente pactado.
Cuando la prórroga del primitivo contrato opera por tácita reconducción y, por tanto, **no se pactó** ningún periodo de tiempo por el que opera la reconducción, hay que acudir a los parámetros establecidos y prorrogarse el contrato por años cuando se hubiera fijado un alquiler anual, por meses cuando es mensual, o por días cuando fuera diario (TS 26-9-18, EDJ 588456).

290 **Incumplimiento** (CC art.1101, 1124 y 1556) El incumplimiento de las condiciones estipuladas o pactadas en el contrato, puede comportar la resolución contractual. Para determinar si el incumplimiento de la condición produce efecto resolutorio, hay que estar a lo siguiente:
• A la **intención de las partes**. Al examinar las condiciones que se pacten en el contrato, se apreciará si se trata de condición principal o accesoria, a fin de conocer si las partes le han querido dar al incumplimiento de esa cláusula efectos resolutorios. Si bien, en última instancia, la palabra la tendrán los tribunales, que podrán dar lugar a la resolución contractual en base a cualquier condición, si aprecian la aplicación al supuesto del CC art.1556. Así, por ejemplo, no cabe la resolución del contrato por el incumplimiento del arrendatario de la obligación pactada, cuando se trate del incumplimiento de una condición accesoria o complementaria (TS 26-7-99).

• La **buena o mala fe** en el cumplimiento.
• **La fuerza mayor** que impida el cumplimiento.
• La existencia de **mora** en el arrendador.
• Tratándose de **obligaciones recíprocas**, si se han cumplido o no los requisitos necesarios para la aplicabilidad del CC art.1124.

En caso de incumplimiento, pueden pedirse también la indemnización de **daños y perjuicios**, o solo esto último, dejando el contrato subsistente.

Frente al incumplimiento del arrendatario, el arrendador puede utilizar o no el juicio de **desahucio** (nº 10345 s.), u optar por otras vías judiciales.

Venta de la finca arrendada (CC art.1571) Como **norma general**, el comprador de la finca arrendada tiene el derecho de dar por terminado el arriendo. **Excepcionalmente**, el comprador carece de ese derecho cuando: 293

- el arriendo esté inscrito conforme a lo dispuesto en la legislación hipotecaria; o
- exista pacto en contrario entre el arrendador vendedor y el adquirente.

En cualquier caso, el arrendatario puede exigir que se le deje recoger los **frutos** y que el vendedor le indemnice los **daños y perjuicios** que se le causen. Para esta indemnización de daños y perjuicios, de no ponerse de acuerdo el vendedor y el arrendatario, este debe interponer judicialmente la pertinente reclamación. Para la viabilidad de la acción, se precisará, además de la extinción del contrato, que se hayan producido efectivamente los daños y perjuicios, que han de ser ciertos y acreditados.

Este precepto ha sido duramente criticado por la **doctrina**, pues equivale a un privilegio concedido al propietario, que si quiere eludir el cumplimiento del contrato de arrendamiento, no tiene más que vender a un tercero la finca que previamente había arrendado, y además la existencia de dicho contrato de arrendamiento, tampoco merma sus expectativas económicas, pues no constituyen gravamen para el nuevo propietario, que puede liberarse del arrendatario por el mero hecho de la adquisición.

Además, es totalmente **antagónico a la regulación de la LAU** y los arrendamientos de fincas sujetos a ella, pues el derecho que tradicionalmente tiene el comprador de la finca arrendada, según el Código Civil, a que termine el arriendo vigente, fue modificado sustancialmente en la LAU/64, al determinar que aunque la finca cambie de dueño o titular arrendador, llegado el día del vencimiento pactado en el contrato, el arrendamiento se prorroga obligatoriamente para el arrendador y potestativamente para el arrendatario, sin alteración de ninguna de sus cláusulas que subsisten hasta su finalización, independientemente de la venta de la finca, subrogándose el nuevo titular en la posición del anterior arrendador.

Precisiones 1) Si bien la norma general es la expiración del contrato de arrendamiento al verificarse la venta, el arriendo vigente no termina inmediatamente, sino que es necesario que el comprador manifieste su **voluntad de dar por resuelto el contrato**.
2) No es necesario un **preaviso**, pues la Ley deja a la voluntad del comprador el ejercicio del derecho, pero no lo condiciona a plazo alguno, pudiendo este expresar su voluntad contraria a la continuación del arrendamiento judicial o extrajudicialmente (por ejemplo, mediante un requerimiento).
3) El **nuevo propietario** puede ejercer su derecho desde el momento mismo de la adquisición, sin ser preciso para su legitimación, la previa inscripción en el Registro de la Propiedad del título, pues su título es la propia escritura.
4) La **dación en pago** de un inmueble a un acreedor en pago de su crédito ha sido asimilado por la jurisprudencia a la venta, por tanto, el adquirente tendrá las mismas facultades de considerar extinguido el contrato de arrendamiento.
5) La regulación actual de la **LAU**, difiere sustancialmente en este punto de la del Código Civil (nº 665 s.).

6. Destino de la cosa arrendada

(CC art.1555.2)

La cosa arrendada debe ser **utilizada** por su arrendatario conforme al destino o uso pactado en el contrato de arrendamiento o, no habiéndose pactado, conforme al que se infiera de la naturaleza de la cosa arrendada. 300

Hay tres modalidades que, por vulnerar el destino de la finca arrendada, facultan al arrendador a **rescindir el contrato de arrendamiento**:
• Destinarla a un uso distinto al pactado, o en defecto de pacto, del que resulte de la propia naturaleza de la cosa.
• Usarla sin la diligencia de un buen padre de familia, causándole un deterioro, demérito o perjuicio.
• No usarla y, por tanto, no destinarla al uso pactado.

303 **Modo de utilización** El Código Civil exige, en lo que se refiere al modo de utilización de la cosa arrendada, que se haga destinándola al **uso pactado** y, si **no hay pacto**, según lo que resulte de la naturaleza de la cosa arrendada, según la costumbre de la tierra. Para ello, hay que tener en cuenta sus características peculiares, el destino que acostumbra a darse a cosas análogas, etc. (destino).

Por otro lado, en cuanto a la **intensidad del uso**, se exige que el mismo se realice como un diligente padre de familia.

La realización de un **uso diligente** de la cosa arrendada comprende dos **vertientes**:

• Custodiar la cosa, ejerciendo la actividad exigible a todo el que tiene la posesión de la cosa.

• No ejercer o abstenerse de ejercer un uso abusivo sobre la misma. Es un ejercicio abusivo, el que infringe las condiciones del contrato y destina la finca arrendada a unos fines distintos de los estipulados.

El arrendatario es responsable de los **daños o deterioros** que se hayan causado en la finca por el mal uso, bien por no cuidar con la debida diligencia de la cosa arrendada, bien por destinarla a usos no pactados. Indiscutiblemente, constituye causa de resolución contractual el uso de la cosa arrendada, aun siguiendo el destino pactado o el destino propio por su propia naturaleza, que ocasione en ella daños, desperfectos o cualquier desmerecimiento.

Se entiende igualmente que el arrendatario infringe el destino o el uso pactado, en los supuestos en que se produce una **falta de uso**, pudiendo este no uso ser causa de resolución contractual. Y ello en tanto que, no habiéndose usado la cosa arrendada destinándola a los fines pactados, se ha contravenido la obligación prescrita en el CC art.1555.2, en cuanto a destinar la cosa arrendada al uso pactado, que no es una facultad del arrendatario, sino una obligación.

Si la cosa arrendada se usa para **una finalidad distinta de la pactada**, no hace falta para la resolución contractual que haya un desmerecimiento real en forma de daños, porque el mero cambio de destino, por sí solo, ya constituye causa de resolución contractual. Y ello por la doctrina general de resolución del arrendamiento por incumplimiento de las condiciones pactadas.

306 Precisiones Doctrina y jurisprudencia no son **unánimes** en este punto, dando cabida a la tesis de que el destinar la cosa arrendada a un uso distinto por sí solo, sin que ese uso distinto provoque un desmerecimiento en el objeto arrendado o quebranto en el propietario del objeto arrendado -entendiendo por quebranto, bien un daño material o de otra índole imputable al arrendatario-, no es suficiente para dar por resuelto el contrato; en tanto en cuanto la primera parte de la causa cuarta del CC art.1569 exige que haga desmerecer el objeto arrendado. De este modo:

1) El **uso de la finca sin la diligencia debida**, solo produce la resolución del contrato si se originan como consecuencia daños que la hagan desmerecer. En otro caso, al arrendador puede exigir el cumplimiento del pacto o del uso convenido.

2) No hace falta un **desmerecimiento real** en forma de daños, cuando haya habido un cambio de destino, ya que el cambio de destino está prohibido en el contrato.

3) No puede considerarse **cambio de destino** las nuevas instalaciones en una industria, ya que la ampliación de la industria para la cual fue celebrado el contrato de arrendamiento, no constituye, por sí solo, cambio de destino ni un uso perjudicial.

308 **Exigibilidad del uso** (CC art.1556) El arrendador puede exigir al arrendatario el cumplimiento del pacto o el uso que corresponda a la naturaleza de la cosa, ejercitando la **acción judicial** correspondiente. Es decir, ejerciendo judicialmente su facultad de hacer cumplir al arrendatario con la obligación de seguir destinando la cosa arrendada al uso pactado y solicitando la correspondiente indemnización de perjuicios, en caso de que proceda.

Igualmente puede el arrendador optar, en lugar de lo anterior, por la **rescisión del contrato** de arrendamiento.

7. Subarriendo

(CC art.1550 a 1552)

315 Cabe definir el contrato de subarriendo como un contrato de arrendamiento que el arrendatario, llamado ahora subarrendador, celebra con un **tercero**, llamado subarrendatario, por un precio cierto y un tiempo determinado, sobre parte (parcial) o toda (total) la cosa arrendada. El contrato de subarriendo, en cuanto deriva del contrato de arriendo o más bien del título del arrendatario sobre la cosa arrendada, va siempre **vinculado** a la existencia y vigencia del contrato de arrendamiento en el que se fundamenta o del que proviene.

Por ello, el contrato de subarriendo se sujeta a las mismas **causas de extinción** que el contrato de arrendamiento, extinguiéndose también por la extinción del propio contrato de arrendamiento, del que trae causa.

A diferencia de los arrendamientos sujetos a la legislación de arrendamientos urbanos, los contratos de arrendamiento regulados por el Código Civil, como principio general, **facultan** al arrendatario para subarrendar tanto de forma parcial como total la cosa arrendada, sin perjuicio de su responsabilidad por el cumplimiento del contrato para con el arrendador. Ello tiene su causa en que el Código Civil no regula el contrato de arrendamiento como un contrato personalísimo.
Las partes, no obstante, pueden establecer en el contrato de arrendamiento las cláusulas que estimen convenientes, y entre ellas pueden introducir una expresa prohibición de subarrendar el bien arrendado. En tales supuestos, la vulneración de la **prohibición de subarrendar expresamente pactada** en el contrato de arrendamiento, puede comportar, a instancias del arrendador, la resolución del contrato de arrendamiento y la indemnización de daños y perjuicios, o solo esta última dejando el contrato subsistente (CC art.1255 y 1556).
Por tanto, para otorgar subarriendo en los contratos regidos por el Código Civil, basta con que el arrendador no lo haya prohibido expresamente, mientras que en la **cesión** de arrendamiento se precisa el consentimiento del arrendador.

Objeto Puede ser objeto de subarriendo tanto la cosa arrendada, como parte de ella, constituyendo **subarriendo total o parcial**, y siempre que el uso o aprovechamiento para el que se convenga el subarriendo entre en la esfera del destino pactado en el contrato de arrendamiento del que deriva. **318**

Distinción con la cesión No hay que confundir la figura del subarriendo con la figura de cesión. Además de que en esta última sea necesario el consentimiento expreso del arrendador, en la cesión, el cedente o arrendatario transmite al cesionario la totalidad de los derechos y obligaciones que resultan de su contrato de arrendamiento, subrogándose el cesionario en la posición jurídica del arrendatario. Comporta el **traspaso** del arrendatario de sus derechos y obligaciones a un tercero, quedando desde entonces el cesionario-arrendatario fuera de la relación arrendaticia en su día constituida. Todo ello, exclusivamente sobre el mismo **contrato originario**, que subsiste sin variación, respetándose íntegramente todas sus cláusulas, pero subrogándose el cesionario en la posición del arrendatario originario. **320**
El contrato de subarriendo es en cambio un nuevo contrato de arrendamiento, pero con un cierto **tracto sucesivo** respecto del contrato de arrendamiento concertado en su día por el arrendatario. En consecuencia, al existir un nuevo contrato de arrendamiento que liga al arrendatario con el subarrendatario, hay que acudir al contenido del contrato de subarriendo, a fin de conocer los derechos y obligaciones del subarrendatario y la extensión de su derecho sobre la cosa arrendada. Subsisten, por tanto, **dos contratos**, el de arrendamiento, que liga al arrendador con el arrendatario, y el de subarriendo, que liga al arrendatario-subarrendador con el subarrendatario.

Acciones frente al subarrendatario (CC art.1551 y 1552) Precisamente por la doble contratación existente sobre el mismo objeto en el caso del subarriendo, se preven determinadas **acciones específicas del arrendador** frente al subarrendatario, aunque ellos no hayan celebrado contrato alguno entre sí. **323**
Así, sin perjuicio de su obligación para con el subarrendador, el subarrendatario queda obligado a favor del arrendador por todos los actos que se refieran al **uso y conservación** de la cosa arrendada en la forma pactada entre el arrendador y el arrendatario. Se salva así el que el arrendador, primer interesado en que se respete lo pactado en el contrato de arrendamiento por él otorgado, pueda actuar contra el subarrendatario que lo infrinja, aunque los pactos que él haya alcanzado con el subarrendador sean otros distintos.
Por otro lado, el subarrendatario queda obligado para con el arrendador por el importe del **precio** convenido en el subarriendo que deba al tiempo del requerimiento, considerando no hechos los pagos adelantados de no haber sido verificados con arreglo a la costumbre. Se concede, por tanto, **legitimación expresa** al arrendador para accionar contra el subarrendatario moroso y obtener el pago de la cantidad estipulada como precio del subarriendo. Se establece específicamente una especie de acción subrogatoria para el arrendador.

8. Indemnización de daños y perjuicios

(CC art.1556)

Tanto el arrendador como el arrendatario pueden solicitar en caso de **incumplimiento**, indemnización de daños y perjuicios, unida o no a la rescisión del contrato. **330**
El texto legal guarda un gran paralelismo con la **facultad de resolver las obligaciones recíprocas** por incumplimiento de cualquiera de las partes, pudiendo el perjudicado escoger entre el cumplimiento o la resolución, con el resarcimiento de los daños y el abono de los intereses (CC art.1124).

El precepto prevé la rescisión del contrato de arrendamiento cuando se vulneren las **obligaciones específicas** para los arrendamientos, bastando con el incumplimiento de una cualquiera de las obligaciones para que pueda exigirse la indemnización (CC art.1554 y 1555).
No es preciso para el ejercicio de la acción que se proceda a un previo **requerimiento**, sino que puede acudirse directamente a la acción judicial, decidiendo en esa acción por cuál de las dos **vías legalmente previstas** se actúa:
- resolución e indemnización; o
- indemnización y subsistencia del contrato.
Una vez escogida una vía, no puede optarse por la otra.

333 **Formas de indemnización** La indemnización puede consistir en:
• Daño emergente, traducible en la pérdida que efectivamente se haya sufrido.
• Lucro cesante, o ganancias que se han dejado de obtener.
La doctrina suele dar un **concepto objetivo** de daño, definiéndolo como todo menoscabo material o moral causado contraviniendo una norma jurídica que sufre una persona y del cual haya de responder otra.
A diferencia del **daño emergente**, que como real y efectivo puede acreditarse de una manera clara, el lucro cesante se apoya en la presunción de cómo se habrían sucedido los acontecimientos en el caso de no haber tenido lugar el suceso dañoso, de no haber tenido lugar la resolución por incumplimiento del contrato por parte del arrendador o del arrendatario.
Hay que estar a la **ganancia dejada de obtener** a raíz del incumplimiento de una de las partes contratantes, ganancia que, en caso de litigio, generalmente debe determinarse por un perito, cuyo parecer se valorará por el juez con arreglo a los criterios de la sana crítica.
Los daños y perjuicios hay que **acreditarlos**. Incluso en los supuestos en los que por cláusula contractual se ha fijado una cantidad mínima como indemnización de daños y perjuicios para el caso de incumplimiento, habrá que acreditar el daño o el perjuicio que se ha sufrido.

CAPÍTULO 2

Arrendamiento con opción de compra

340

343 El arrendamiento con opción de compra es un **contrato atípico** que consiste en la inserción de una cláusula por la que el arrendatario presta su consentimiento para comprar el objeto arrendado en el plazo señalado en la misma (TS 6-7-01, EDJ 15262; 3-4-06, EDJ 37225).

Aunque el contrato de opción de compra puede ser principal, por razón de su sustantividad y causa, y único, por no estar acoplado a ningún otro, el supuesto habitual es que este contrato **se incorpore a otro contrato distinto**, siendo el caso típico el de su integración en un contrato de arrendamiento, en el que el derecho de opción recae sobre el objeto arrendado.

Se trata de un **contrato complejo** en el que el derecho de opción es un añadido al derecho subjetivo que el arrendador concede al arrendatario: la facultad de adquirir la propiedad del bien arrendado además del uso del mismo (TS 25-5-92; 29-3-92). De esta forma, arrendamiento y opción de compra aparecen como dos negocios jurídicos coligados, unidos formalmente en un mismo documento (TS 13-7-93, EDJ 7043).

Precisiones **1)** Si bien por separado tanto el arriendo como la opción de compra cuentan con regulación legal, el arrendamiento con opción de compra es un contrato atípico, porque no cuenta con una **regulación específica**: quedan a la autonomía de la voluntad y libertad de pacto de los contratantes y, en lo que estos no prevean, de forma supletoria, por las normas que regulan otros contratos afines y la jurisprudencia (CC art.1091 y 1255).

2) Es posible, aunque ciertamente raro, el **supuesto inverso** de un contrato de opción al que se incorpora un contrato de arrendamiento (TS 5-4-99).

1. Contrato de opción de compra

345 Este contrato carece de una **regulación** propia en nuestro ordenamiento jurídico. Se rige por las disposiciones generales de las obligaciones y contratos y, en ningún caso, por la ley especial de arrendamientos.

Es un convenio por el que el concedente u optatario **concede al optante** o beneficiario la facultad de decidir la celebración o no de otro contrato principal de compraventa, en un plazo cierto y en unas determinadas condiciones. Este contrato puede ir acompañado del pago de una prima por parte del optante (TS 18-2-15, EDJ 16320; 18-5-05, EDJ 76740; AP Sta. Cruz de Tenerife 23-6-06, EDJ 265054).

Se trata de un **contrato consensual**, se perfecciona por el mero consentimiento, sin que sea en principio necesaria la entrega del inmueble para que el título de opción nazca a la vida jurídica. No obstante, integrada la opción en un arrendamiento lo habitual es que el arrendatario esté en posesión de mismo, ocupándolo en esta condición.

Por su parte, la obligación que deriva del mismo tiene **naturaleza unilateral** ya que solo el concedente queda obligado a mantener su oferta y a no disponer del inmueble que va a ser objeto de compraventa, durante un período de tiempo determinado. Al optante le corresponde el derecho a aceptarla o dejarla caducar con plena libertad de decisión durante el mismo plazo (TS 18-10-93, EDJ 9187; 31-7-96, EDJ 5740). Sin embargo, esto no excluye la posibilidad de que se configure como un **contrato oneroso y bilateral** cuando se pacta una prima a modo de reserva (TS 22-6-01, EDJ 13855). En este caso, de no ejercitarse la opción, caducando el derecho, lo habitual es que se pacte que el concedente (arrendador) hace suya la prima.

Precisiones Al concertar la opción de compra, la oferta puede manifestarse con condiciones a las que el oferente da la cualidad de **condiciones esenciales**, de tal manera que, si no se cumplen de modo estricto, no se produce el concurso de la oferta y la aceptación. Ello no contradice la naturaleza del contrato de opción ni su sometimiento a las normas generales de las obligaciones y contratos, pues se aplica el principio de autonomía de la voluntad (TS 17-11-86, EDJ 7369; 9-10-89, EDJ 8887).

346 **Elementos del contrato** De acuerdo con su propia definición, los elementos esenciales de la opción de compra pueden sintetizarse de la siguiente forma:

a) La concesión al optante, de manera expresa, del **derecho a decidir unilateralmente** y de modo exclusivo respecto a la realización de la compra.

Desde un punto de vista funcional, la opción de compra es unilateral, es decir, genera, por su propia dinámica, obligaciones únicamente a cargo del **concedente**. Este está obligado a (TS 5-7-06, EDJ 98683; 14-2-97, EDJ 720):

- tener disponible a favor del optante el bien objeto de la opción durante el plazo convenido;
- no disponer del bien ofrecido;
- mantener la oferta durante el plazo convenido, vendiendo en el momento en el que el optante ejercite su derecho.

El **incumplimiento** por parte del concedente faculta al optante a solicitar la ejecución forzosa de la compraventa (TS 5-6-06, EDJ 80763; 11-4-00, EDJ 5724).

b) La **determinación del inmueble** -objeto- sobre el que recae, de manera que la compraventa futura queda plenamente configurada.

c) El señalamiento del **precio** estipulado para la futura adquisición. Esto tiene especial importancia puesto que la opción se materializa con la simple declaración de voluntad del optante, válidamente transmitida al optatario, sin que sea preciso un nuevo convenio entre las partes. Si el precio no está determinado, no se tratará de un contrato de opción, sino, como mucho, de una simple promesa de celebración futura de la misma.

No obstante, se admite que no se estipule un precio concreto, mientras sea susceptible de concreción, por ejemplo, porque se establezca su determinación por alternativa entre dos precios distintos (DGRN 27-5-03).

Es **elemento accesorio** el pago por el optante de una prima o precio por la opción que, generalmente, se descuenta del precio final a abonar en la compraventa (TS 25-11-11, EDJ 270373; 17-9-10, EDJ 279581; 18-5-05, EDJ 76740). Es decir, puede quedar absorbida por el precio de la compraventa, una vez esta se concluya, u operar con independencia del mismo (TS 18-4-01, EDJ 6375).

En los casos en los que se pacta el pago por este de una prima o precio, la opción de compra deviene **bilateral**, generando obligaciones también para el optante.

d) La concreción de un **plazo** para el ejercicio de la opción.

Precisiones Es válido el contrato de opción de compra en el queda **a criterio del comprador** fijar la cantidad que, del precio ya fijado, ha de pagar una vez hechas las oportunas deducciones (DGSJFP Resol 27-10-20).

347 **Caducidad, renuncia o desistimiento** En caso de renuncia o desistimiento de los optantes a la opción de compra, es necesario que esté expresamente prevista en el contrato la **pérdida de la prima** para que ello se produzca (AP Barcelona 24-1-17, EDJ 237552).

La caducidad de la opción solo produce el efecto de extinguir el contrato y no un incumplimiento del optante al que sea de aplicación el CC art.1124. Esta extinción produce la necesaria consecuencia de **devolver el precio** cuando las partes no han pactado su perdida por falta de ejercicio de la opción, ya que lo contrario supondría un enriquecimiento injusto, máxime en el caso en que la prima debía formar parte del total precio de la compraventa en caso de ejercicio del derecho de opción (TS 19-2-20, EDJ 512948; AP Baleares 16-10-01, EDJ 65984).

Sin embargo, también hay jurisprudencia que sostiene la tesis contraria: la **pérdida de la prima** es inherente en el caso de que el arrendatario-optante no quiera ejercer la opción, aunque no se establezca así expresamente en el contrato. No hay incumplimiento contractual por no ejercer la opción ni por perder la prima: se trata de un efecto natural de este contrato, típicamente especulativo, pues se ejerce la opción si el precio del bien ha subido en el momento del ejercicio con respecto del de la contratación; no se ejercita en caso contrario, y el riesgo para ambas partes se mitiga con la pérdida de la prima para el optante -que a cambio no recibirá un bien infravalorado- y con la ganancia de la prima para el optatario -que a cambio se queda con el bien infravalorado- (AP Córdoba 16-6-17, EDJ 167704).

Precisiones Se ha cuestionado si, para el ejercicio válido y eficaz de la opción de compra, el optante tiene que haber cumplido con su obligación de **pago del precio de la opción** (TS 12-2-99, EDJ 1790); o si a la prima tiene la consideración de aportación eventual cuyo incumplimiento solo faculta para reclamar su pago (TS 29-3-93, EDJ 3091).

348 **Naturaleza jurídica** Se ha discutido sobre cuál es la naturaleza jurídica de la opción de compra. Concretamente sobre si dicho derecho de opción es de naturaleza real o personal, cuestión de gran importancia cuando el derecho se proyecta sobre bienes inmuebles.

La opción no vincula al concedente solo en el sentido de aceptar el contrato proyectado si el optante decide concluirlo, sino que también le impone una **obligación de tipo negativo**, es decir, la obligación de no celebrar otros contratos con un tercero mientras la opción esté vigente. En este sentido:

• Si se considera que el derecho de opción de compra es de **naturaleza personal**, eficaz solo entre las partes, en caso de que el concedente contrate con un tercero en relación con el objeto de la opción, el optante podría únicamente reclamar una indemnización por daños y perjuicios al concedente, no teniendo ninguna acción contra el tercero.

• Si, por el contrario, se considera que el derecho de opción de compra tiene **naturaleza real** y el concedente contrata con un tercero estando vigente la opción, el optante tiene acción directa contra dicho tercero, al haber este adquirido con la carga de la opción.

Al mismo tiempo, insertada la opción de compra en un contrato de arrendamiento, hay que tener en cuenta las implicaciones que una posible transmisión del inmueble a un tercero puede tener sobre el propio arriendo. Ver, para el caso de vivienda, el nº 630.

Efectos En general puede decirse que la opción de compra es un derecho de naturaleza per- **349**
sonal, al que el acceso al Registro de la Propiedad atribuye ciertos efectos reales, sin que estos modifiquen su naturaleza jurídica. Esto implica lo siguiente:

• **Antes de la inscripción**, la opción de compra no tiene eficacia real, pues no otorga ningún derecho inmediato sobre la cosa objeto del contrato, sino solo la facultad de exigir un comportamiento al concedente, y no puede hacerse efectiva contra tercero. Si la opción no ha sido objeto de inscripción, el incumplimiento solo da lugar a la oportuna indemnización de daños y perjuicios. Los contratos celebrados son eficaces y el tercero no tiene que soportar el ejercicio de la opción, sin perjuicio de reputar nulo de pleno derecho, por ilicitud de la causa, el negocio concertado entre el promitente de la opción y el tercero con la precisa finalidad de burlar el derecho del optante.

• **Después de la inscripción**, la opción es oponible frente a terceros adquirentes porque grava la cosa como una carga inherente a la misma, pero sin que la inscripción por sí sola varíe su naturaleza jurídica, pues no concede al optante un poder inmediato sobre la cosa sino solo la posibilidad de decidir su adquisición frente a terceros (Díez Picazo).

Precisiones 1) La **eficacia frente a terceros** implica que, al ejercitarse correctamente la opción, se extinguen todos los derechos y gravámenes establecidos con posterioridad a la inscripción de la opción, pues esto significa la trascendencia real y como consecuencia la cancelación de los asientos registrales -LH art.79.2- (TS 5-11-03, EDJ 146398).
2) La **inscripción** de este derecho se trata en el nº 370.

Distinción de otras figuras afines Aunque la opción de compra tiene reconocido su **350**
aspecto registral (RH art.14), y su regulación se remite en última instancia a las disposiciones generales de las obligaciones y los contratos, que vienen a suplir, en su caso, la voluntad de las partes, no aparece expresamente regulada en el Código Civil (TS 13-11-92, EDJ 11188). Esta falta de concreción hace preciso distinguir la opción de compra de otras figuras afines.

a) Promesa de compraventa. Mientras en la promesa las partes no venden y compran, sino que **se obligan** a vender y comprar mediante el otorgamiento de un contrato de compraventa posterior -es decir, a prestar su consentimiento ulteriormente-, en la opción, el concedente ha ofrecido la venta que será perfeccionada una vez el optante ejercite su derecho -sin necesidad de un nuevo consentimiento por el concedente-.

Además, en la promesa de compraventa **ambos contratantes** pueden compelerse mutuamente al cumplimiento, mientras que en la opción solo el optante tiene esa facultad.

Si bien la doctrina ha considerado que el contrato de opción de compra tiene encaje en la figura de «promesa de venta o compra» (CC art.1451 párrafo 1º) la jurisprudencia, lo ha venido rechazando categóricamente (TS 17-5-93, EDJ 4625; 14-5-91, EDJ 5046).

b) Promesa unilateral no aceptada. Integra dicha promesa la declaración formal de un sujeto de estar dispuesto a vender o negociar una cosa determinada por un precio cierto durante un tiempo igualmente prefijado. Tal declaración puede ir dirigida a un individuo concreto o a una colectividad.

Esta modalidad **se diferencia** en dos aspectos fundamentales:

- en la opción, el promitente concede a un beneficiario la facultad decisoria de modo exclusivo, en la promesa unilateral la oferta se dirige a todos, es genérica;
- por otra parte, mientras la opción es un verdadero contrato, originado por el concurso de varias declaraciones de voluntad, la promesa se constituye única y exclusivamente por una sola declaración de voluntad.

c) Contrato sujeto a condición suspensiva. Lo que decide la **eficacia final** del contrato de opción es la voluntad del optante, mientras que en el contrato sujeto a condición suspensiva es un hecho aleatorio y externo a las partes en el que estas no pueden influir -p.e. la concesión de hipoteca u obtener sentencia favorable en juicio- (TS 5-6-09, EDJ 205327).

354 **d) Contrato sujeto a término suspensivo**. Existe también un contrato formado, pero, mientras que en la opción una de las partes se reserva la facultad de prestar su consentimiento, en el contrato sujeto a término, los **efectos del contrato** están diferidos a la llegada de un determinado día -p.e. se pacta que el pago del precio queda sometido a la culminación de un expediente administrativo- (TS 5-6-09, EDJ 205327).

e) Derecho de tanteo. En la opción, el optante tiene un plazo para decidir si realiza la adquisición, y el concedente se halla pendiente de la **decisión** del optante. Sin embargo, en el derecho de tanteo es el adquirente el que se halla en situación pasiva, a la espera de que el propietario del inmueble decida enajenarlo, momento en el que podrá ejercer su derecho y adquirir el bien, por tener un derecho preferente.

Además, opción y tanteo se diferencian porque en la opción el **precio** es libremente fijado por las partes, mientras que en el tanteo es el que esté dispuesto a pagar un tercero.

f) Precontrato. No puede confundirse la opción de compra -configurada como contrato independiente o como parte de otro contrato- con la del precontrato. Mientras el primero es un contrato en sí -depende de la sola voluntad del optante la celebración de la compraventa, pero esta ya está plenamente configurada en el contrato de opción de compra- la esencia del llamado precontrato, contrato preliminar o preparatorio, es la de constituir un contrato en virtud del cual las partes **se obligan** a celebrar posteriormente un nuevo contrato (el llamado contrato definitivo) que, de momento, no quieren o no pueden celebrar, por lo que la expresada figura contractual del llamado precontrato, gráficamente, consiste en «**quedar obligado a obligarse**» (AP Madrid 17-12-07, EDJ 372752).

357 **Forma del contrato** (CC art.1279 y 1280) El principio general que rige para la opción de compra es la **libertad de forma**, siendo conveniente la forma escrita a efectos de prueba. No obstante:

- cuando sea **accesoria de otro contrato principal**, en este caso el de arrendamiento de un inmueble, por razones de unidad documental, debe revestir la misma forma que el contrato del que forma parte;
- cuando la opción se configura como **contrato autónomo** hay que estar a la exigencia formal del contrato definitivo;
- cuando es **inscribible** en el Registro de la Propiedad (nº 370), la opción de compra debe documentarse en escritura pública.

2. Ejercicio de la opción de compra

360 **Forma** La opción de compra se ejercita **unilateralmente** por el optante, sin necesidad de que concurra un nuevo consentimiento del concedente.

El ejercicio de la opción exige que, dentro del plazo pactado, el optante manifieste su decisión de llevar a cabo el contrato negociado, notificando su voluntad en este sentido al concedente (TS 18-5-05, EDJ 76740).

El ejercicio de este derecho supone una **compraventa conclusa** que no necesita actividad posterior de las partes para desarrollar las bases contractuales contenidas en el convenio. La compraventa futura está plenamente configurada y depende del optante que se perfeccione o no (AP Sta. Cruz de Tenerife 23-6-06, EDJ 265054).

Basta la **expresión de voluntad** del optante para que se perfeccione el contrato de compraventa que, desde el momento en que es conocida por el concedente, queda firme, perfecto, en estado de ejecución y obligatorio para ambas partes, sin necesidad de más actos (TS 14-11-02, EDJ 49705) y sin necesidad de ninguna otra actividad para que se tenga por consumada la opción (TS 11-4-00, EDJ 5724; 18-5-05, EDJ 76740).

La **compraventa** se perfecciona aunque ni la cosa ni el precio se hayan entregado, de modo que en cuanto al requisito del pago o la consignación del precio se trata de una condición, en principio no exigida para el válido ejercicio de la opción, salvo que esa sea la intención contractual de las partes, manifestada en una cláusula clara y terminante (TS 3-2-92, EDJ 888).

En este sentido, es válido el pacto por el que se supedita el efectivo ejercicio del derecho de opción al **pago del precio** de la compraventa dentro del plazo pactado para su ejercicio, de tal manera que, transcurrido este plazo sin abonarse el precio, aunque hubiera llegado a conocimiento del concedente la declaración de voluntad del beneficiario optando a la compraventa, habría caducado el derecho de opción, sin que la compraventa se hubiera llegado a perfeccionar (TS 11-10-02, EDJ 39394; 6-7-01, EDJ 15262). No obstante, esta condición tiene que pactarse con claridad, pues, de no ser así, no puede entenderse supeditado el ejercicio del derecho de opción de compra al pago del precio de la compraventa (TS 20-5-05, EDJ 76754).

Precisiones No cabe alegar una posible **alteración de las circunstancias** tenidas en cuenta a la hora de contratar respecto del tiempo en que se deba ejercitar la opción, diferenciándose por tanto del precontrato, pues es con la aceptación cuando quedan definitivamente fijadas las reciprocas obligaciones que han de exigirse después con el nacimiento y perfección de la compraventa por obra del doble consentimiento, que en el optante es simplemente retardado o pospuesto al termino previsto (TS 9-2-85, EDJ 7150; 17-11-86, EDJ 7369).

Perfección de la compraventa Si bien se ha entendido que esta **manifestación de voluntad** debe ser necesariamente expresa (AP Madrid 27-11-07, EDJ 310881). La tesis mayoritaria es que puede ser también tácita, y ello al no concretarse una específica forma para hacerla efectiva, por lo que si se pacta una habrá que estar a lo pactado (TS 22-9-93, EDJ 8160; 24-10-90, EDJ 9673; 23-12-91, EDJ 12230). El **modo** que más comúnmente se pacta es el acta notarial. **361**

La jurisprudencia se ha decantado por el **carácter recepticio**. La perfección de la compraventa se produce desde el momento en que llega a conocimiento del concedente vendedor la declaración unilateral por la que el optante exterioriza su voluntad de comprar la cosa por el precio preestablecido (TS 21-11-77, EDJ 319). Si bien basta con que el concedente de la opción tenga conocimiento de la declaración del optante, sin más, no siendo preciso, en absoluto, que muestre su conformidad. Aun en el supuesto de oponerse y rechazar categóricamente la opción, se produciría la consumación del contrato.

Es el optante, el que debe **probar la recepción**, por cuanto ello va a servir de base a su pretensión de reconocimiento del derecho a celebrar el contrato de compraventa (AP Madrid 27-11-07, EDJ 310881).

En este sentido, no basta con que la declaración se profiera por el optante dentro del plazo fijado en el contrato de opción para su ejercicio, sino que además es imprescindible que llegue a **conocimiento del concedente** de la opción dentro de dicho plazo. De no ser así, se produce la extinción del derecho de opción por caducidad (TS 4-12-97, EDJ 9855; 16-10-97, EDJ 7495). Sin embargo, es válida la declaración del optante realizada dentro del plazo si la causa por la que llega la notificación al concedente fuera de plazo es imputable al propio concedente. En este caso quedaría consumado el contrato de opción, naciendo el contrato de compraventa, que quedaría perfeccionado (TS 22-12-92, EDJ 12725). Lo que queda confirmado por el CC art.1262.

Plazo de ejercicio La determinación de un plazo para el ejercicio de la opción es **requisito esencial** para la validez del contrato, pues las partes no pueden permanecer indefinidamente vinculadas por el mismo (TS 15-12-97, EDJ 9779). **362**

Transcurrido el tiempo señalado en el contrato para su ejercicio, el derecho de opción se extingue sin necesidad de **declaración judicial** alguna, por caducidad y sin que, una vez extinguido, le pueda ser exigible su cumplimiento al concedente (AP Alicante 14-3-06, EDJ 98967).

Tratándose de un plazo de caducidad no es susceptible de interrupción y, en su caso, esta debe ser acogida de oficio por el tribunal aunque el concedente no lo hubiera alegado (TS 14-2-97, EDJ 720; 21-3-98, EDJ 1405; 15-6-04, EDJ 62142).

Las partes tienen libertad para fijar el plazo de ejercicio de la opción. Para los supuestos en que **no fijen ninguno**, la jurisprudencia ha señalado que el plazo aplicable sería:

- el de 5 años -plazo de prescripción de las acciones personales- (TS 14-4-56; 22-6-79, EDJ 217);
- el que corresponda, atendiendo a la voluntad de las partes, los principios de la buena fe contractual, los usos negociales y demás circunstancias del caso concreto.

Cuando la opción de compra **se incorpora a un contrato principal**, el plazo es el mismo que el de dicho contrato.

No obstante, en el arrendamiento con opción de compra, la duración de la opción puede alcanzar la totalidad del plazo de aquel, pero caduca necesariamente en caso de prórroga, tácita o legal del contrato de arrendamiento (AP Jaén 3-4-03, EDJ 83110).

En este caso, el plazo no puede desentenderse de la duración del contrato de arrendamiento, no puede ser superior al mismo (TS 22-6-78, EDJ 217).

Nada impide, por el contrario, que, pactado un plazo para la opción, otro posterior **modifique** el acordado inicialmente.

Por otro lado, no existe inconveniente en que el derecho de opción de compra se sujete a una **condición suspensiva o resolutoria**.

Este plazo hay que entenderlo en beneficio de ambas partes, lo que supone que no cabe su **ejercicio anticipado** salvo que las partes hubieran previsto esta posibilidad en el contrato (TS 24-2-93, EDJ 1777).

Precisiones Si no figura en el contrato de opción el plazo para el ejercicio de esta y habida cuenta de que tal omisión no es óbice a su **eficacia y validez**, ha de fijarse aquel por los tribunales, aunque siempre a instancia de alguna de las partes (TS 18-5-93, EDJ 4671).

363 **Efectos sobre el arrendamiento** Ejercitada la opción en forma, se produce la extinción del derecho de arrendamiento por la reunión en la misma persona de la condición de arrendatario y propietario (TSJ Cataluña 20-11-95, EDJ 20531). Se produce una **consolidación de derechos**: si un arrendatario compra el inmueble objeto de su arrendamiento, este último queda extinguido (TS 16-5-78, EDJ 158; 23-6-91).

En principio, el **momento** de esta extinción sería el aquel en que se hace efectiva la opción. El ejercicio del derecho de opción de compra produce la inmediata extinción del arrendamiento, con independencia de la forma en que se ejecute la compraventa, la misma está perfeccionada aunque todavía queden pendientes para su plena consumación, el otorgamiento de la escritura pública y el pago de parte del precio (AP Palencia 12-3-18, EDJ 62636).

Ahora bien, la adquisición plena del dominio sobre el bien no se produce de modo automático, pues, aun habiéndose perfeccionado por el simple ejercicio de la opción la compraventa, la **adquisición plena de la propiedad** por el comprador requiere:

- el pago del precio para consumar la compraventa del inmueble; y
- en su caso, la entrega del inmueble por efecto de la compraventa.

Solo al darse estas circunstancias se reúnen en una misma persona la condición de propietario y arrendatario y en consecuencia se extingue el contrato de arrendamiento y las obligaciones derivadas del mismo, como el pago de la renta, por ejemplo (AP Alicante 9-4-08, EDJ 83275).

Sin embargo, en ocasiones el **pago del alquiler** se ha entendido incompatible con el ejercicio de la opción (AP Madrid 10-7-07, EDJ 180438).

3. Resolución del arrendamiento

365 En principio, vigente el derecho de opción de compra, la concurrencia de una causa de resolución del contrato de arrendamiento, cual puede ser la falta de pago de la renta o las obras inconsentidas, **va a resolver el derecho de opción** solo si:

- habiéndose ligado el derecho la opción a la condición de arrendatario del optante, con anterioridad al ejercicio de la opción se haya resuelto el arrendamiento; o
- cuando expresamente se ha establecido en el contrato la caducidad de la opción por incumplimiento del contrato de arrendamiento.

No dándose estas circunstancias, nada impide al optante ejercitar su derecho a pesar del incumplimiento del contrato de arrendamiento.

Al tratarse de un **contrato atípico** tiene especial interés lo pactado entre las partes, que va a primar sobre la aplicación del CC art.1124. Hasta que se ejercita la opción de compra el contrato se desenvuelve como un mero arrendamiento simple.

El ejercicio de la acción resolutoria por el arrendador propietario no le impide exigir el pago de las rentas devengadas hasta ese momento por el uso del bien (nº 9500 s.).

4. Inscripción registral

(RH art.14)

370 Es inscribible en el Registro de la Propiedad el contrato de opción de compra o el pacto o estipulación expresa que lo determine en algún otro contrato inscribible, cual es el de arrendamiento, siempre que, además de las **circunstancias** necesarias para la inscripción, se haga constar:

• El convenio expreso de las partes para que se inscriba.

• El precio estipulado para la adquisición de la finca, y en su caso el que se hubiera convenido para conceder la opción.

• El plazo para el ejercicio de la opción, que no puede exceder de 4 años.

Precisiones **1)** La **indeterminación del precio**, así como su determinación contradictoria, conlleva que nos e inscriba la opción en el Registro de la Propiedad (DGSJFP Resol 14-2-03; 24-4-03).
2) Es necesario identificar con precisión el **objeto de la opción** (DGSJFP Resol 15-4-03).

373 **Doctrina de la Dirección General de Seguridad Jurídica y Fe Pública** En relación con la inscripción del derecho de opción, y aplicable al arrendamiento con opción de compra, la Dirección General de los Registros y del Notariado (actualmente, Dirección General de Seguridad Jurídica y Fe Pública) ha señalado lo siguiente:

• Con la inscripción, por efecto de la publicidad registral, el derecho de opción se impone erga omnes, de suerte que su existencia afecta o perjudica a todo **adquirente posterior** a la inscripción del derecho de opción (DGRN Resol 8-6-98).

• El derecho real de opción inscrito en el Registro de la Propiedad implica una **facultad preferente de adquirir** por parte del optante, más que una prohibición de enajenar. Sin embargo, esto no impide que en el mismo contrato se pacte una **prohibición de disponer**. En estos casos, la calificación registral debe distinguir cuidadosamente los efectos de la opción de los de la prohibición pactada como aneja a ella (DGRN Resol 13-12-55). **373** (sigue)
• Pactada, como duración de la opción, el plazo máximo autorizado de 4 años, es inscribible el **contrato de prórroga** celebrado antes de vencer el plazo, si no se da a ello eficacia retroactiva en perjuicio de tercero (DGRN Resol 30-9-87).
• La inscripción no opera el **cierre del Registro**, pues el propietario de una finca concedente de un derecho de opción, aún después de la inscripción, puede enajenar o gravar la cosa. En este caso, el comprador adquiere el inmueble con la carga de la opción inscrita (DGRN Resol 30-1-06).
• La adquisición de la finca por el optante que tiene su derecho inscrito se produce libre de las **cargas constituidas por el concedente** durante la fase de pendencia de la opción y de las anteriores a la opción que no estuviesen inscritas -LH art.82; RH art.175.6- (DGRN Resol 30-7-90; DGSJFP Resol 18-5-11; 6-3-14).
• La inscripción en el Registro de la venta resultante del ejercicio del derecho de opción, no puede ser obstaculizada por una **inscripción intermedia** de otra compraventa otorgada por el concedente. El asiento de esta venta ha de cancelarse para inscribir aquella. Para proceder a la previa cancelación de un asiento de dominio intermedio debe acreditarse fehacientemente que el derecho de opción se ha desenvuelto con pleno respeto de los términos en que aparece constituido. Declarado tal extremo por una sentencia, esta es título bastante para la cancelación de la compraventa intermedia, sin que se precise un mandamiento judicial específico ordenando la cancelación -aplicación analógica del RH art.175.6- (DGRN Resol 6-5-98).
• La **cancelación** del asiento de inscripción de un derecho de opción no se produce por el mero transcurso de 4 años (por el procedimiento del RH art.353), sino que el asiento continúa publicando un derecho cuyo ejercicio tempestivo o su ejercicio ha de acreditarse extrarregistralmente. Los adquirentes sucesivos del concedente de la opción -de dominio o de derechos limitados- quedan expuestos a las consecuencias de que se acredite ante el Registro que la opción se ejercitó en tiempo oportuno (DGRN Resol 30-7-90; 12-3-09).
• En caso de que con posterioridad a la inscripción de una opción de compra en el Registro de la Propiedad se practique una **anotación de embargo**, para la cancelación de la anotación de embargo es necesario que el optante acredite el depósito del precio de la venta realizada a disposición del vendedor y de todos los titulares de derechos posteriores que de él traigan causa (DGSJFP Resol 18-4-02; 11-6-02).

Los arrendamientos urbanos, son los regulados en la L 29/1994 (**LAU**). En función del destino que se dé al inmueble, la norma distingue entre: 405
- arrendamiento de vivienda; y
- arrendamiento para uso distinto de vivienda.

Aplicación de la LAU (LAU art.4) Aunque la LAU regula con distinto alcance el arrendamiento de vivienda y el arrendamiento para uso distinto de vivienda, en **ambos** hay que tener en cuenta: 407

• Son de **aplicación imperativa** las disposiciones contenidas en la LAU relativas a:
- su propio ámbito de aplicación (LAU art.1 a 5);
- la formalización del contrato (LAU art.37); y
- la fianza (LAU art.36).

• Si las partes quieren **excluir la aplicación** de los preceptos de la LAU, cuando ello sea posible por no tratarse de las normas imperativas mencionadas, han de hacerlo de forma expresa respecto de cada uno de ellos.

410 **Arrendamiento de vivienda** Los arrendamientos de vivienda se rigen por los pactos, cláusulas y condiciones determinados por las partes, siempre en el marco establecido por la LAU art.6 a 28; y, como norma supletoria, por el **Código Civil**, de dos formas a su vez sucesivas:
- aplicando las normas que rigen específicamente los arrendamientos de fincas urbanas y los de cosas en general; o
- aplicando las normas y principios generales de los contratos.

No obstante, como excepción, en el arrendamiento de las denominadas comúnmente **«viviendas suntuarias»**, la voluntad de las partes no queda limitada por las normas de la LAU art.6 a 28, que pasan a ser meramente supletorias de los pactos y cláusulas que estas convengan. Estos arrendamientos, que han de afectar a la totalidad de la vivienda, son (LAU art.4.2):
- los que correspondan a viviendas con una superficie superior a 300 m^2; o
- aquellos cuya renta anual sea superior a 5,5 veces el SMI anual.

Se recupera así, para los contratos suscritos a partir de 6-3-2019, una excepción contenida originariamente en la LAU art.4.2 y suprimida, con efectos desde 6-6-2013, por la L 4/2013 art.1.1. La única **diferencia** entre la redacción original de la LAU y la de la excepción que ahora se incluye, es que actualmente para su aplicación se requiere, expresamente, que el arrendamiento lo sea de la totalidad de la vivienda.

Precisiones **1)** La actual regulación del arrendamiento de **«viviendas suntuarias»** se recogía también en el RDL 21/2018, finalmente no convalidado por el Congreso (nº 417), por lo que únicamente están sujetos de forma imperativa al marco de la LAU los contratos que hubieran sido firmados entre el 6-6-2013 y el 18-12-2018 o entre el 24-1-2019 y el 5-3-2019.
2) Con efectos desde 1-1-2024, el **salario mínimo interprofesional** (SMI) se ha fijado en 37,8 euros diarios o 1.134 euros mensuales (RD 145/2024).

413 **Arrendamientos para uso distinto de vivienda** Los arrendamientos para uso distinto de vivienda se rigen por la voluntad de las partes; en su defecto, por la LAU art.29 a 35; y, supletoriamente, por el Código Civil (nº 1000 s.).

415 **Fecha del contrato: regímenes aplicables** Debido a las sucesivas leyes y reformas en esta materia, conviven actualmente diversos regímenes normativos para el alquiler, aplicables en función de la fecha del contrato al que se sujetan.
La actual LAU (L 29/1994) entró en vigor el **1-1-1995**, siendo sus últimas reformas las llevada a cabo por la Ley por el derecho a la vivienda L 12/2023, con efectos para los contratos suscritos desde el **26-5-2023** y por el RDL 7/2019, con efectos desde **6-3-2019**.
Con la entrada en vigor de la actual LAU, todos los contratos de arrendamientos urbanos ya existentes pasaron a regularse por el régimen transitorio recogido en la misma (LAU disp.trans.1ª a 4ª). Quedando, aunque no totalmente, derogada la LAU/64 (D 4104/1964), que estuvo vigente desde el 1-1-1965 hasta el 31-12-1994.
Por otro lado, dentro del periodo de vigencia de la LAU/64, hay que distinguir entre los contratos celebrados antes y después de **9-5-1985**, fecha de entrada en vigor del RDL 2/1985 («Decreto Boyer»), pues, para los contratos celebrados a partir de esta fecha, dejó de ser obligatorio para el arrendador el régimen de **prórroga forzosa** de la LAU/64 art.57.

Precisiones **1)** Con carácter general, las medidas incluidas en la LAU mediante el RDL 7/2019, ya lo fueron, con mínimas diferencias, en el precedente RDL 21/2018, en un régimen que se aplicó a los contratos firmados entre **19-12-2018 y 23-1-2019**. Tras no ser convalidada por el Congreso, esta reforma quedó derogada y, desde el 24-1-2019 hasta el 5-3-2019, estuvo de nuevo en vigor la anterior redacción de esta norma, de fecha 1-4-2015.
2) Se declaró **inconstitucional** la RDL 7/2019 disp.adic.1ª referida a las medidas para promover la oferta de vivienda en alquiler, porque el Gobierno no había justificado la necesidad de acudir a un real decreto-ley para la adopción de unas medidas para cuya puesta en práctica, en principio, no se aprecia la exigencia de contar con la habilitación de una norma con rango de ley (TCo 14/2020).
3) En la fecha de cierre de esta edición el Tribunal Constitucional ha admitido ocho recursos contra varios preceptos de la **Ley por el Derecho a la Vivienda** (L 12/2023), pendientes aun de resolver (TCo Providencia 26-9-23; 26-9-23; 26-9-23; 26-9-23; 26-9-23; 12-3-24; 9-4-24; 9-4-24).

Además de otras modificaciones de menor calado, las **principales reformas** de la legislación sobre arrendamientos urbanos, que han dado lugar a la superposición de los distintos regímenes aplicables, son las que afectan al **arrendamiento de vivienda** y están expuestas en el siguiente cuadro: **417**

Fecha contrato de arrendamiento	Norma vigente	Régimen aplicable
desde 26-5-2023	LAU redacc L 12/2023	La ubicación de la vivienda en «Zona de mercado residencial tensionado», la situación de «vulnerabilidad del arrendatario» y la de «gran tenedor» del arrendador pueden tener incidencia en: - el **plazo del contrato**, por la posibilidad de solicitar prórrogas extraordinarias; y - la **renta**, que puede llegar a limitarse en determinadas circunstancias y a actualizarse de acuerdo con el índice público.
desde 6-3-2019	LAU redacc RDL 7/2019	**Duración** pactada por las partes con: - prórrogas anuales hasta alcanzar un mínimo de **5 o 7 años**, obligatorias para el arrendador y facultativas para el arrendatario; y - prórroga legal tácita anual hasta un máximo de **3 años** y sucesivos tras los 5 o 7 primeros, salvo denuncia previa de las partes.
desde 24-1-2019 a 5-3-2019	LAU redacc L 2/2015	Se recupera la redacción de la norma vigente desde **1-4-2015**.
desde 19-12-2018 a 23-1-2019	LAU redacc RDL 21/2018	**Duración** pactada por las partes con: - prórrogas anuales hasta alcanzar un mínimo de **5 o 7 años**, obligatorias para el arrendador y facultativas para el arrendatario; y - prórroga legal tácita por **3 años** y sucesivos tras los 5 o 7 primeros, a voluntad de ambas partes.
desde 1-4-2015	LAU redacc L 2/2015	Afecta básicamente a la **revisión de la renta** durante la vigencia del contrato, que debe haberse pactado expresamente.
desde 6-6-2013 a 18-12-2018	LAU redacc L 4/2013	Duración pactada por las partes con: - prórrogas anuales hasta alcanzar un mínimo de **3 años**, obligatorias para el arrendador y facultativas para el arrendatario; y - prórroga legal tácita por **un año** y sucesivos tras los 3 primeros a voluntad de ambas partes.
desde 1-1-1995 a 5-6-2013	LAU	• Duración pactada por las partes y, en su caso, con carácter obligatorio para el arrendador y facultativo para el arrendatario: - prórroga anual hasta alcanzar un mínimo de **5 años**; y - prórrogas legales tácitas de hasta **3 años** tras los 5 años iniciales. • Renovación por **tácita reconducción**, transcurridos los 3 años de prórrogas, a voluntad de las partes.
desde 9-5-1985 a 1-1-1995	LAU/64 y «Decreto Boyer»	Duración pactada por las partes con **prórroga voluntaria** para ambas.
desde 1-1-1965 a 8-5-1985	LAU/64	Duración pactada por las partes con **prórroga forzosa** obligatoria para el arrendador.

CAPÍTULO 3

Arrendamiento de vivienda

Concepto (LAU art.2) Se considera arrendamiento de vivienda el que recae sobre una edificación habitable, cuyo destino primordial es satisfacer la necesidad permanente de vivienda del arrendatario. 427

Por tanto, para que el arrendamiento tenga este carácter se exige el cumplimiento de los siguientes **requisitos**:

- que se trate de una **edificación**, esto es, estructura arquitectónica unida al suelo (CC art.334.1º); y
- que la edificación habitable satisfaga la **necesidad permanente de vivienda** del arrendatario.

El régimen jurídico aplicable al arrendamiento de la vivienda se extiende también a los **anejos** a la misma (mobiliario, trasteros, plazas de garaje, terrazas, jardines...), siempre que se cumplan los siguientes **requisitos** (LAU art.2.2):

- que sean accesorios de la vivienda arrendada, aunque no es preciso que formen parte del mismo edificio, solo se exige que estén ubicados en lugar que permitan ser usados como dependientes de la vivienda; y
- que su uso sea cedido por el mismo arrendador.

Si el arrendador de la vivienda no es el mismo que el del elemento accesorio, el arrendamiento de este último se considera para uso distinto de vivienda.

Precisiones 1) El cumplimiento del requisito de **habitabilidad** no tiene que vincularse necesariamente a que se hayan observado las exigencias administrativas, ni a la concesión de la licencia o cédula de habitabilidad por el ayuntamiento respectivo. Sino a la idoneidad para que la edificación pueda satisfacer la necesidad de vivienda del arrendatario (AP Barcelona 18-5-05, EDJ 99302).

2) No constituye edificación, y por tanto no se regula por la LAU, el arrendamiento de **caravanas o tiendas de camping**, cuya naturaleza es la de cosa mueble (AP Barcelona 10-4-07, EDJ 129949).

3) Para los **anejos y accesorios** a la vivienda -trastero, plaza de garaje y elementos comunes- rigen las mismas normas que para esta, de manera que ha de entenderse que, en el mismo momento en que el arrendatario toma posesión de la vivienda, la toma también de los anejos (AP Madrid 27-1-12, EDJ 26757).

4) Se considera una infracción administrativa muy grave, cuando no constituya una infracción penal, la **denegación del acceso a una vivienda** por la orientación e identidad sexual, expresión de género o características sexuales de la persona (L 4/2023 art.79.4.g y disp.adic.2ª). Asimismo, los prestadores de servicios de arrendamiento, intermediación inmobiliaria, portales de anuncios, o cualquier otra persona física o jurídica que haga una oferta disponible para el público, tienen **expresamente prohibido** (L 15/2022 art.15):

• Rehusar una oferta de compra o arrendamiento, o rehusar el inicio de las negociaciones o de cualquier otra manera de impedir o denegar la compra o arrendamiento de una vivienda o local de negocio, por razón de alguna de las causas de discriminación previstas en la L 15/2022, cuando se hubiera realizado una oferta pública de venta o arrendamiento.

• Discriminar a una persona en cuanto a los términos o condiciones del arrendamiento de una vivienda con fundamento en dichas causas, manteniéndose esta obligación durante todo el periodo posterior de uso de la vivienda, en el caso de los arrendamientos o situaciones asimilables.

Lo relevante y lo que determina que el arrendamiento sea de vivienda es el **objeto** del mismo: la finalidad de satisfacer la necesidad primordial de vivienda (AP Barcelona 8-5-08, EDJ 92040; 7-6-12, EDJ 177104). Esto, y no la duración del contrato, es lo que distingue el arrendamiento de vivienda del arrendamiento de temporada (AP Barcelona 27-4-04, EDJ 84869; AP Málaga 29-9-07, EDJ 394241; AP Pontevedra 10-11-16, EDJ 221636). Por ello, es esencial expresar con claridad la causa en el contrato. En caso de duda, si no se especifica la causa de la temporalidad o del uso distinto de vivienda en general, se va a tender a proteger al arrendatario entendiéndose que el contrato es de arrendamiento de vivienda. 428

Cuando la calificación del arrendamiento como de temporada es **abusiva**, pues claramente pretende eludir el régimen de duración del contrato de vivienda (LAU art.9), nada impide, de

acuerdo con el CC art.6.4, la aplicación de la norma que, precisamente, se quiso eludir (AP Madrid 23-12-04, EDJ 231503).
Por otro lado, ha de atenderse no solo al concepto y significado de lo arrendado, sino al **uso que se le da** efectivamente, con independencia de las previsiones que se documenten en el contrato suscrito. Lo de menos es, por tanto, que en el contrato se haga constar que se trata del arrendamiento de una vivienda o del arrendamiento de una oficina, pues la calificación no depende de lo que indiquen las partes (AP Madrid 19-9-08, EDJ 318169).
Como **excepción**, el arrendamiento de vivienda no pierde esta condición, aunque el arrendatario no tenga en la finca arrendada su vivienda permanente, siempre que en ella habiten su **cónyuge** no separado, legalmente o de hecho, o sus hijos dependientes (LAU art.7). Lo que está en la línea de la protección familiar y el reconocimiento del carácter ganancial del arrendamiento conyugal, aunque formalmente sea titular solo uno de los cónyuges (CC art.1320).
Los **hijos** también pueden ser los únicos usuarios de la vivienda, pero solo los sometidos a patria potestad, incluso prorrogada, que dependan económicamente del arrendatario. Si los hijos que están ocupando la vivienda no dependen del arrendatario, y este ha abandonado la misma como residencia habitual, se trataría de una cesión (AP Barcelona 15-2-08, EDJ 42466; AP Madrid 6-2-08, EDJ 28190; AP Zaragoza 24-10-08, EDJ 334390).
Se incluyen también aquellos a los que se les reconozca el **derecho de alimentos**, ya que el obligado a prestarlos puede optar por recibir y mantener en su propia casa al alimentista.

429 **Partes en el contrato** Arrendador, como perceptor de la renta y arrendatario, como ocupante de la vivienda y obligado al pago de la misma, son las dos posiciones habituales en el contrato del arrendatario.
Si bien es habitual que el **arrendador** sea también el propietario de la vivienda, pueden darse situaciones diversas, como, por ejemplo, que sea solo el usufructuario de la misma.
En relación con el arrendador cobra especial importancia el concepto de **gran tenedor**, definido como la persona física o jurídica titular de (L 12/2023 art.3.k):
- más de diez inmuebles urbanos de uso residencial; o
- una superficie construida de más de 1.500 m^2, excluyendo garajes y trasteros.

No obstante, en las declaraciones de **zona de mercado residencial tensionado** (nº 4690 s.), la comunidad autónoma puede considerar gran tenedor al titular de 5 o más inmuebles urbanos de uso residencial ubicados en dicho ámbito. Esta decisión debe ser motivada la correspondiente memoria justificativa.
Se discute si, obligatoriamente, el **arrendatario** tiene que ser persona física y no una **persona jurídica**, dado que esta última no tiene necesidad de vivienda. En principio, el arrendamiento realizado por un arrendatario persona jurídica no puede considerarse un arrendamiento de vivienda, aunque el contrato se celebre para que la misma sea ocupada por una persona física, por ejemplo un empleado, se trataría entonces de un arrendamiento para uso distinto de vivienda (AP Cantabria 11-2-09, EDJ 79360). No obstante, habría que valorar, en su caso, la protección del «**ocupante**» de la vivienda (AP Barcelona 4-2-15, EDJ 55697).
En contra de este criterio, en ocasiones y para **supuestos muy concretos**, como el destino a vivienda familiar del representante de la persona jurídica arrendataria, se ha admitido la existencia de un arrendamiento de vivienda (AP Madrid 30-4-08, EDJ 108425).
También como excepción podría considerarse arrendamiento de vivienda el realizado por una persona jurídica cuando el destino primordial sea atender la necesidad de vivienda de sus **asociados o afiliados** que, según sus normas internas viven en comunidad. Es el caso, por ejemplo, de una congregación religiosa, siempre que no se dé una situación de subarriendo o de otra naturaleza como un contrato de trabajo o de hospedaje.

Precisiones **1)** La constitución de un arrendamiento por más de 6 años es un acto de disposición de la finca y no de administración ordinaria, porque lo que requiere el consentimiento de **todos los propietarios** de la misma (DGSJFP Resol 27-9-2).
2) Se admite **fiscalmente** que el arrendador aplique en su IRPF la reducción sobre el rendimiento del alquiler de vivienda cuando, siendo el arrendatario una persona jurídica, en el contrato se establezca el uso exclusivo de la vivienda para una persona física determinada (nº 7557).

430 **Formalización del contrato** (LAU art.37; L 12/2023 art.30 y 31) El contrato no tiene que ser necesariamente escrito, se da libertad de forma a las partes, de manera que sirve cualquiera en que haya sido concertado, oral o escrita, siempre que se pueda demostrar su existencia y en él concurran las condiciones esenciales para su validez: consentimiento, objeto y causa (CC art.1261 y 1278). No obstante, las partes pueden compelerse recíprocamente a la formalización del mismo por escrito, en cuyo caso **se debe hacer constar**:
- la identidad de los contratantes;
- la identificación de la finca arrendada;
- la duración pactada;

- la renta inicial; y
- las demás cláusulas que las partes hayan pactado libremente.

Con independencia de la libertad de forma, el contrato de arrendamiento puede contener ciertas cláusulas contractuales que, para su validez, requieran la **forma escrita**, por ejemplo, el pacto sobre los gastos generales (LAU art.20.1 redacc L 12/2023).

Información mínima (L 12/2023 art.31) Asimismo, con efectos desde **26-5-2023**, la Ley por el derecho a la vivienda ha establecido una serie de medidas que aportan transparencia y protección a los consumidores en el arrendamiento de vivienda. En este sentido, la **información mínima** que se ha de aportar al interesado que lo requiera, es la siguiente: **433**

• Identificación del **arrendador** y, en su caso, de la persona física o jurídica que intervenga, en el marco de una actividad profesional o empresarial, para la intermediación en la operación.

• Condiciones económicas de la **operación**: precio total y conceptos incluidos, así como las condiciones de pago que, en su caso, pudieran establecerse.

En caso de arrendamiento de una vivienda que se encuentre en **zona de mercado residencial tensionado**, el propietario y, en su caso, el intermediario, debe indicar tal circunstancia e informar, antes de formalizar el arrendamiento, y en todo caso en el contrato, de la cuantía de la última renta del contrato de arrendamiento de vivienda habitual que hubiese estado vigente en los últimos 5 años en la misma vivienda, así como del valor que le pueda corresponder atendiendo al índice de referencia de precios de alquiler de viviendas que resulte de aplicación.

• Características esenciales de la **vivienda** y del edificio, entre ellas:
- certificado o cédula de habitabilidad;
- acreditación de la superficie útil y construida de la vivienda;
- antigüedad del edificio y, en su caso, de las principales reformas o actuaciones realizadas sobre el mismo;
- servicios e instalaciones de que dispone la vivienda, tanto individuales como comunes;
- certificado de eficiencia energética;
- condiciones de accesibilidad de la vivienda y del edificio; y
- estado de ocupación o disponibilidad de la vivienda.

• **Información jurídica** del inmueble: identificación registral con referencia de las cargas, gravámenes y afecciones de cualquier naturaleza, y la cuota de participación fijada en el título de propiedad.

• Cualquier **otra información relevante** para el interesado, incluyendo los aspectos de carácter territorial, urbanístico, físico-técnico, de protección patrimonial, o administrativo relacionados con la vivienda.

Además de esta información básica, el interesado **puede pedirla** sobre la detección de amianto u otras sustancias peligrosas o nocivas para la salud.

Precisiones **1)** La formalización del contrato se encuentra entre las **disposiciones indisponibles** y comunes para los arrendamientos de vivienda y para uso distinto de vivienda (nº 407). **435**

2) Respecto a los **gastos de formalización** del contrato y gestión inmobiliaria, ver nº 557.

3) Cabe la **inscripción** de los contratos de arrendamiento en el Registro de la Propiedad (nº 443).

4) En el nº 12005 se recoge un **modelo de contrato** de arrendamiento de vivienda; asimismo, se puede utilizar el impreso oficial de contrato arrendamiento de fincas urbanas (OM 4-10-1999), con el que, al tiempo, se estaría ya liquidando, en su caso, el impuesto de transmisiones patrimoniales, del que el arrendamiento de vivienda está actualmente exento (nº 8775).

5) Con anterioridad a la obligación que ahora impone la L 12/2023 art.31, para poder alquilar una vivienda, en algunas comunidades autónomas ya era preciso acreditar que la misma cumple las condiciones de calidad, mediante la entrega de la **cédula de habitabilidad** vigente. Es, por ejemplo, el caso de Cataluña (L Cataluña 18/2007 art.26). La cédula de habitabilidad de una vivienda es un documento que acredita el cumplimento de los requisitos mínimos para que un espacio pueda ser habitado por personas a nivel de salubridad, higiene y solidez, desde el punto de vista administrativo.

Certificado de eficiencia energética (RD 390/2021 art.17; L 12/2023 art.31) El **responsable** de encargar la realización de la certificación de eficiencia energética, y de conservar la documentación sobre la misma, es el propietario de la vivienda, debiendo presentarla al órgano competente de la comunidad autónoma para el registro de estas certificaciones en su ámbito territorial y tenerla disposición de las autoridades competentes que así lo exijan por inspección o cualquier otro requerimiento. **436**

Al formalizar el arrendamiento, se debe entregar al arrendatario una copia de la etiqueta de eficiencia energética como anexo al contrato y una copia del documento de recomendaciones de utilización para el usuario.

Si bien la entrega al arrendatario del certificado, no constituye un requisito formal que afecte a la validez del contrato, sí es un requisito de carácter administrativo cuyo incumplimiento constituye una infracción sancionable por la Administración, de acuerdo con la LGDCU art.47.1.g y u.
Este certificado aporta al arrendatario información objetiva sobre las características energéticas de la vivienda, de forma que pueda valorar y comparar las prestaciones de la misma en este sentido.
No obstante, **está exceptuado** de esta obligación el arrendamiento (RD 390/2021 art.3):
- de edificios protegidos oficialmente por ser parte de un entorno declarado o en razón de su particular valor arquitectónico o histórico, siempre que cualquier actuación de mejora de la eficiencia energética alterase de manera inaceptable su carácter o aspecto, siendo la autoridad que dicta la protección oficial quien determine los elementos inalterables; o
- que se refiera a edificios o partes de edificios aislados de los mismos con una superficie útil inferior a 50 m^2.

437 El certificado lo ha de suscribir un técnico competente y su **contenido** ha de ser el siguiente:
• Identificación del edificio o de la parte del mismo que se certifica, incluyendo su referencia catastral y, en su caso, la existencia de circunstancias especiales de catalogación arquitectónica.
• Indicación del procedimiento utilizado para obtener la calificación de eficiencia energética, de los reconocidos en el RD 390/2021 art.5.
• Indicación de la normativa sobre ahorro y eficiencia energética de aplicación en el momento de la construcción.
• Descripción de las características energéticas del edificio: envolvente térmica, instalaciones técnicas, condiciones normales de funcionamiento y ocupación, condiciones de confort y demás datos utilizados para obtener la calificación de eficiencia energética del edificio.
• Calificación de eficiencia energética del edificio expresada de acuerdo al documento reconocido de calificación de la eficiencia energética de los edificios.
• Documento de recomendaciones para la mejora de los niveles óptimos o rentables de la eficiencia energética de un edificio del RD 390/2021 art.8.2.f.
• Descripción de las pruebas y comprobaciones llevadas a cabo, en su caso, por el técnico competente durante la fase de calificación energética y fecha de la visita del técnico competente.

Precisiones 1) Los **requisitos mínimos** de eficiencia energética de los edificios o unidades de estos se establecen en el Código Técnico de la Edificación (RD 314/2006 art.15).
2) Las condiciones técnicas y administrativas, el método de cálculo para certificarla y la **etiqueta de eficiencia energética** son comunes para todo el territorio nacional (RD 390/2021 art.1.2).

439 **Pactos contractuales** El arrendamiento de vivienda se rige por los pactos, cláusulas y condiciones determinados por la voluntad de las partes, en el marco de lo establecido en la LAU art.6 a 28. En este sentido, la Ley permite pactar, por ejemplo, la renuncia del arrendatario al derecho de adquisición preferente (nº 635 s.) o la no subrogación por fallecimiento del arrendatario (nº 687 s.).
En general, en virtud de la prevalencia de la autonomía de la voluntad de las partes, son **válidas** las cláusulas que mejoren los derechos del arrendatario y **nulas** las que le perjudiquen.
No obstante, también son válidas las que supongan una mejora de los derechos del arrendatario a cambio de establecer otras que empeoren su posición.

440 **Cláusulas nulas** (LAU art.6; CC art.6.3) Son nulas, y se deben tener por no puestas, las estipulaciones que modifiquen en perjuicio del arrendatario las normas que regulan el arrendamiento de vivienda (LAU art.6 a 28), salvo que la propia norma expresamente lo autorice.
No obstante, además de perjudicar al arrendatario, para que la cláusula sea considerada nula, **se requiere**:
- que limiten un derecho concedido por la LAU; y
- que la LAU no haya establecido expresamente que se puede regular de forma distinta.
Con ello, ciertas cláusulas que parecen abusivas y nulas para el arrendatario, pueden ser perfectamente válidas, por lo que en caso de que estén incluidas en el contrato que se firme, las partes están obligadas al cumplimiento de lo convenido.
Únicamente un juez tiene capacidad para declarar nula una cláusula contractual. Su inclusión no invalida el contrato al completo, sino únicamente las partes que puedan llegar a ser consideradas nulas por los tribunales, que, simplemente, se tendrán por no puestas.
Entre otras, **pueden considerase nulas** las cláusulas contractuales que establecen:
- la negativa a la prórroga legal, sin mediar la necesidad de vivienda del arrendador (nº 465 s.);
- la renuncia del arrendatario a la prórroga al firmar el contrato (nº 470);
- el obligado cumplimiento del primer año de contrato (nº 726);
- el pago por adelantado de más de un mes de renta (nº 486);

- el traslado del deber de conservación de la vivienda (nº 565); o
- la reserva por el arrendador de la facultad de acceder a la vivienda para comprobar su estado, por ser contraria a la inviolabilidad del domicilio (Const art.18).

Condiciones generales de contratación Las condiciones generales de la contratación suelen aparecer en los contratos de arrendamiento celebrados por arrendatarios particulares en los que los arrendadores son grandes tenedores y, generalmente, fondos de inversión. 441
En este contexto, se ha declarado la **nulidad por abusivas** de diversas cláusulas incluidas en uno de estos contratos tipo (JPI Barcelona núm 31 9-1-23, EDJ 706936):
• La posibilidad de retener el importe de fianza en caso de que el arrendatario devuelva la vivienda con las **paredes pintadas de un color diferente al blanco** o con agujeros, haciendo que corran a su cargo los gastos de reposición a su estado inicial, porque se limitan de forma desproporcionada los derechos del arrendatario que se ve obligado a mantenerla de ese color durante todo el arriendo o devolverla recién pintada, en un estado mejorado y ya sin el deterioro propio del uso ordinario que, terminado el arrendamiento corresponde asumir al arrendador. Se sobrepasan las obligaciones impuestas al arrendatario por la ley, esto es, las pequeñas reparaciones derivadas del desgaste por el uso ordinario de la misma (LAU art.21.4); y la devolución de vivienda en el estado en que se recibió, a salvo del menoscabo normal debido al paso del tiempo (CC art.1561).
• Una **penalización por demora en el desalojo** del triple de la renta diaria por cada día de retraso, por establecer indemnizaciones o penalizaciones desproporcionadas a un consumidor (LGDCU art.82.4.e y d y 85.6). La redacción de la cláusula debería limitar su aplicación al supuesto en el que se sigue ocupando la vivienda, pero sin pagar la renta pactada, puesto que, si el arrendatario sigue pagando, la demora no está causando ningún perjuicio al arrendador, haciendo la penalidad totalmente desproporcionada.
• La renuncia a ser indemnizado por la **interrupción de los suministros**, debida a causas ajenas al arrendador. Dado que le corresponde a él mantener las condiciones de habitabilidad de la vivienda. Esta cláusula invierte las obligaciones contractuales, pues, implícitamente, lo exonera de cumplir las suyas y niega al arrendatario su derecho, reconocido legalmente, a pedir la resolución del contrato por la falta de habitabilidad del inmueble (LAU art.21.1; CC art.1554.2 y 1556).
• El derecho del arrendador a realizar **visitas periódicas a la vivienda** para comprobar su estado, no respeta la igualdad de derechos y deberes entre las partes (LGDCU art.4.b y f). Se impone una obligación no prevista legalmente, pues es en el momento de la entrega del inmueble, cuando el arrendatario debe restituir el inmueble en el estado que lo recibió (CC art.1561), y solo en ese momento el arrendador puede comprobar que el arrendatario ha cumplido con ese deber contractual.
• La resolución por **incumplimiento no esenciales** y la no devolución de cantidades en caso de **resolución imputable al arrendador** (LGDCU art.82.4.f): la resolución del arrendatario porque el arrendador incumple las obligaciones de conservación de la LAU art.21 le permite solicitar la restitución de la renta pagada, aunque sea con efecto retroactivo, desde el momento en que el arrendador incumplió, como efecto propio y característico legalmente previsto para la resolución de contratos.

• La imposición del pago del **seguro de impago de rentas** al arrendatario (LGDCU art.82.4.e), puesto que la legislación en ningún caso dispone o establece la posibilidad de exigir o de repercutir los gastos que puedan generar las medidas que garanticen la solvencia del arrendatario. 442
El arrendador, dispone de mecanismos que le permiten valorar la solvencia del arrendatario con carácter previo a la suscripción del contrato, por lo que, el hecho de que esta fórmula pueda ser más beneficiosa económicamente para el arrendatario que el que se le exija una fianza personal o un aval bancario, no justifican su falta de proporcionalidad y legitimidad cuando se trata del contrato celebrado entre un consumidor y un empresario («gran tenedor»).
Se hace asumir al arrendatario un gasto que ha sido contratado por el arrendador y que lo beneficia de forma exclusiva a él, quebrantando con ello el equilibrio y proporcionalidad entre los derechos y deberes de las partes de una relación contractual.
• La **bonificación de la renta** vulnera la prohibición de incremento de la renta conforme el IPC cuando deja de aplicarse la misma (LAU art.18):
- En primer lugar, la cláusula no supera el **control de transparencia** previo, al que está obligada dado que su contenido afecta a un elemento esencial del contrato: el precio no fue fijado de forma clara y transparente para que pudiera ser comprendido por un consumidor medio, sino que la renta de los primeros meses se establece en una adenda aparte, separada del contrato, y bajo una promoción comercial de bonificación que puede provocar la confusión en el arrendatario e induce a error en el consumidor medio. Debería haberse incorporado a la cláusula

donde se regula la renta, y haberse dispuesto o calculado la carga real económica que suponía para el arrendatario.
- En segundo lugar, respecto a su **proporcionalidad**, esta cláusula infringe la regulación legal, pues ha buscado una vía para sortear la prohibición legal de actualizar la renta más allá del IPC durante el plazo mínimo legal de duración del contrato (7 años) y amparar contractualmente al arrendador para que pueda incrementar la renta después de los 3 años a una cantidad que, de otra manera, sería contraria a la ley.
• Por último, se considera también nula por abusiva la cláusula que dispone que las cláusulas del contrato han sido **negociadas individualmente** como una imposición o renuncia o limitación de derechos al consumo. Si bien se establece la exclusión de control judicial de las cláusulas negociadas individualmente, la carga de la prueba de esta negociación individual es del empresario que alega que se ha hecho así, con lo cual, esta cláusula es nula por contradecir, las normas legales sobre la carga de la prueba (Dir 93/13/CEE art.3.2; LGDCU art.83).

443 **Inscripción en el Registro** (LAU 13.1; LH art.2.5ª; RD 297/1996) Todos contratos de arrendamiento, cualquiera que sea su duración, pueden acceder al Registro de la Propiedad.
Igualmente son inscribibles los subarriendos, cesiones, subrogaciones, prórrogas y cualquier otra modificación de los arrendamientos inscritos.

Precisiones Los contratos de arrendamiento de fincas urbanas que se destinen a vivienda o a usos distintos del de vivienda, así como sus modificaciones, se benefician de una reducción del 25% de los **honorarios notariales y registrales** que resulten de aplicación conforme al RD 1426/1989 anexo núm 2 y RD 1427/1989 anexo núm 2, respectivamente.

445 **Título inscribible** (RD 297/1996 art.2 a 4) Para la inscripción del arrendamiento o de sus modificaciones en el Registro es preciso que se formalice en escritura pública notarial o bien que se eleve a escritura pública el documento privado en el que se formalizó el contrato.
En el título **deben constar** los datos imprescindibles del contrato formalizado por escrito (nº 430).
Cuando la finca arrendada conste inscrita bajo **folio registral independiente**, se deben consignar por el notario todos los datos sobre la población, calle, número y situación dentro del edificio de la finca arrendada, superficie y linderos de esta, incluso si estos datos no aparecen reflejados en el contrato privado.
Se deben consignar también los datos de inscripción en el Registro de la Propiedad y, en su caso, el número correlativo que tenga asignado la finca arrendada en la propiedad horizontal, así como la cuota de comunidad correspondiente a la misma, cuando se haya pactado que los gastos generales sean a cuenta del arrendatario.
Si la finca arrendada no coincide con la que tiene abierto folio registral y es una parte de la misma, se debe describir aquella, con las mismas circunstancias expresadas, pero no es necesario describir el resto del edificio o vivienda.

Precisiones Respecto a la tributación en el **ITP y AJD** (modalidad AJD) del otorgamiento de la escritura pública, ver nº 8800.

447 **Inscripción** (RD 297/1996 art.6) El contrato inicial y sus modificaciones son objeto de **asiento de inscripción** en el folio registral abierto a la finca arrendada.
No es un obstáculo que suspenda la inscripción del contrato el que la finca arrendada no forme **folio registral independiente** en el Registro, siempre que el edificio en su conjunto o la totalidad de la finca figuren inscritos a nombre del arrendador. Basta en este caso, sin necesidad de segregación o de constitución previa de la propiedad horizontal, que la finca arrendada haya quedado suficientemente delimitada con expresión de su superficie, situación y linderos. La inscripción se practica entonces en el folio abierto para la totalidad del edificio o de la finca.
No obstante, cuando a juicio del registrador, la claridad de los asientos así lo requiera, o cuando lo solicite el presentante, la inscripción del arrendamiento de parte de la finca registral se puede practicar en folio independiente, bajo el mismo número y el de orden correlativo que le corresponda. La apertura de nuevo folio se debe hacer constar por nota de referencia al margen de la inscripción de dominio.

Precisiones La prohibición de realizar actividades que perjudiquen la actividad del arrendatario, en el resto de inmueble no arrendado o en sus aledaños, es manifestación de la obligación que tiene el arrendador de **garantizar el uso y goce pacífico de la finca** y el aprovechamiento o actividad convenida con él y, por ello, cabe inscribir esta cláusula en el registro (DGSJFP Resol 22-5-23).

450 **Cancelación** (RD 297/1996 art.7) A efectos de su cancelación, hay que distinguir entre los arrendamientos de duración inferior o superior al plazo mínimo legal (nº 457):
• La inscripción de los arrendamientos urbanos de duración **inferior al plazo mínimo legal** de 5 o 7 años se cancelan de oficio por el registrador cuando haya transcurrido tanto este plazo como el del periodo de prórroga legal tácita de 3 años desde la fecha inicial del contrato -es

decir, en la actualidad cuando hayan transcurrido 8 o 10 años- y no conste la prórroga convencional de este.

• La inscripción de los **demás arrendamientos** se cancela de oficio, por el mismo procedimiento, una vez que haya transcurrido el plazo pactado y no conste en el Registro la prórroga del contrato.

Respecto a los contratos que se encuentren en situación de **prórroga legal tácita** (nº 470), es título suficiente para la cancelación del arrendamiento:

- la copia del acta notarial por la que el arrendatario notifica al arrendador su voluntad de no renovar el contrato; o

- la copia del acta notarial por la que el arrendador notifica al arrendatario su voluntad de no renovar el contrato, siempre que la notificación se haya hecho en tiempo oportuno y personalmente por el notario en la forma prevista por el D 2-6-44 art.202.

Efectos de la inscripción registral Para los contratos que se hayan suscrito a partir del **6-3-2019**, la eficacia general del arrendamiento, tanto frente a terceros que hayan inscrito su derecho como a los terceros adquirentes, deja de estar condicionada a su inscripción registral. El contrato ya no se extingue aun cuando el adquirente pueda ser considerado tercero hipotecario (nº 667) o se resuelva el derecho del arrendador dentro del plazo mínimo legal (nº 675). **453**

No obstante, para los contratos firmados entre **6-6-2013 y 5-3-2019**, el hecho de que el contrato de arrendamiento se inscriba en el Registro mejora la posición jurídica del arrendatario:

a) Para que el arrendamiento de vivienda surta efectos **frente a terceros** deben inscribirse en el Registro de la Propiedad (LAU art.7.2 redacc L 4/2013).

• Si el arrendamiento estaba inscrito con anterioridad a la **transmisión de la finca,** el adquirente, aun siendo tercero de buena fe (LH art.34), está obligado a mantener al inquilino durante el plazo inicial del contrato, las prórrogas anuales obligatorias y la prórroga legal tácita (LAU art.10.2 y 14.1 redacc L 4/2013).

• La **resolución del derecho del arrendador** por retracto convencional, sustitución fideicomisaria, enajenación forzosa o por el ejercicio de una opción de compra, no produce la extinción del arrendamiento si el contrato hubiera accedido al Registro de la Propiedad con anterioridad a los derechos determinantes de la resolución del derecho del arrendador, continuando el mismo por la duración pactada (LAU art.13.1 redacc L 4/2013).

b) Inscrito el contrato, si se hubiera pactado la resolución del mismo por **impago de la renta** y la restitución inmediata del inmueble al arrendador, dicha resolución tiene lugar de pleno derecho una vez que el arrendador haya requerido judicial o notarialmente al arrendatario en el domicilio designado en la inscripción, instándole el pago o cumplimiento, y este no hubiera contestado dentro de los 10 días hábiles siguientes o hubiera contestado aceptando la resolución (LAU art.27.4).

Precisiones En relación con la **transmisión** de la finca arrendada, ver nº 630 s. y respecto a la **resolución** del derecho del arrendador el nº 675 s.

A. Duración

455

1. Plazo mínimo legal

(LAU art.9)

El plazo mínimo legal de los contratos de arrendamiento actualmente es de 5 años, si el arrendador es una persona física, y 7 años si es una persona jurídica. Se compone del plazo contractual, esto es, del pactado por las partes y, en su caso, de una serie prórrogas anuales hasta alcanzar este período mínimo que indica la norma. **457**

Dado que este plazo ha sido modificado por el legislador en varias ocasiones, hay que atender a la fecha de firma del contrato para fijar el mismo.

Precisiones En protección de las personas vulnerables, para los contratos de arrendamiento cuyo periodo de prórroga anual obligatoria (LAU art.9.1), prórroga tácita (LAU art.10.1) o prórroga por tácita reconducción (CC art.1566) hubiera finalizado **entre el 28-12-2022 y el 30-6-2023**, pudo aplicarse una prórroga extraordinaria de 6 meses contados desde la fecha de finalización de las mismas (RDL 20/2022 art.71 redacc RDL 1/2023). Respecto a un mecanismo similar establecido con ocasión de la crisis sanitaria, se ha determinado que esta prórroga extraordinaria resulta aplicable aun cuando ya de inicio el plazo contractual abarcara todo el mínimo legal -actualmente 5 años-

pues, aunque no finalice la prórroga obligatoria ni la tácita que requiere la aplicación de la norma (en este caso el RDL 11/2020 art.2), no tiene sentido que, si se hubiera pactado un plazo menor, y se vinieran aplicando las prórrogas legales de la LAU art.9.1, hasta el tope legal mínimo cabría aplicarla; y, sin embargo, no fuera factible, en el caso litigioso, por haberse pactado ya inicialmente tal duración mínima legal. S un trato diferenciado que carece de justificación (TS 21-12-23, EDJ 778630).

459 **Plazo contractual** (LAU art.9.1 y 2) La duración del arrendamiento es la pactada libremente por las partes, quedando, en su caso, sujeto el mismo al mecanismo de prórroga anual obligatoria (nº 460).

El **cómputo del plazo** comienza desde la fecha de la firma del contrato. Ahora bien, si la finca se pone a disposición del arrendatario con fecha posterior, el plazo se computa desde ese momento, correspondiendo al arrendatario la prueba de la fecha de la puesta a disposición. Como plazo civil, no se excluyen los días inhábiles (CC art.5.2).

Cuando en el contrato **no se haya estipulado** plazo o este sea indeterminado -por ejemplo, cuando solo se indica que es «de años»-, se entiende que el arrendamiento es por un año, sin perjuicio del derecho del arrendatario a las prórrogas anuales hasta alcanzar el plazo mínimo legal (LAU art.9.2).

Precisiones **1)** Un cuadro resumen del **régimen y normativa aplicable** en función de la fecha de firma del contrato de arrendamiento puede encontrarse en el nº 417.

2) Respecto al plazo contractual **no estipulado o no determinado**, la LAU, al fijar el plazo de un año, se aparta radicalmente del CC art.1581, que, para estos casos vincula la duración del arrendamiento al plazo para el pago de la renta: anual, mensual o diario.

3) Es un contrato verbal, celebrado como continuación de otro anterior, en el que no se puede acreditar la **duración pactada**, en aplicación de las reglas de interpretación de los contratos (CC art.1281 s.), se entiende aplicable la LAU art.9.2 y, por tanto, una duración de un año para el mismo (AP Jaén 12-5-05, EDJ 92234).

4) La expresión «**duración del contrato por tiempo indefinido**» constituye un concepto contrario al arrendamiento, que se caracteriza por su naturaleza temporal (TS 31-3-21, EDJ 520183).

460 **Prórroga anual obligatoria** (LAU art.9.1 y 3) Si bien la duración del arrendamiento es la pactada por las partes, cuando el plazo fijado es **inferior a 5 o 7 años** -según sea el arrendador persona física o jurídica-, una vez concluido el mismo, se produce la prórroga anual obligatoria para el arrendador, hasta que el arrendamiento alcance esa duración. Estas prórrogas son voluntarias para el arrendatario, que puede desistir de las mismas en cualquier momento (nº 737).

El hecho de que la prórroga sea siempre de duración anual, aunque el plazo contractual inicial no lo sea, permite que la duración del contrato pueda ser superior a los 5 o 7 años. Por ejemplo, en el caso de una duración inicial de 18 meses, con un arrendador persona física, el arrendatario tiene derecho a 4 prórrogas anuales, lo que resultará una duración obligatoria para el arrendador de 5 años y medio.

Estas prórrogas automáticas son obligatorias para el arrendador y potestativas para el arrendatario, de tal forma que este último puede no renovar el contrato avisándolo con un mínimo de 30 días de antelación a la fecha de terminación del mismo (nº 725 s.).

463 Estos plazos rigen para los contratos que se celebren a partir del **6-3-2019** y para los suscritos entre el 19-12-2018 y el 23-1-2019, bajo la vigencia del RDL 21/2018.

Para los firmados entre **6-6-2013 y 18-12-2018** o entre el 24-1-2019 y el 5-3-2019 el plazo mínimo legal, obligatorio para el arrendador, es de 3 años. Dicho plazo es voluntario para el arrendatario en idénticos términos a los de la norma vigente.

Precisiones **1)** Para los contratos suscritos entre **1-1-1995 y 5-6-2013**, el arrendamiento de vivienda tiene igualmente la duración que expresamente pactaran las partes. Si bien, de haberse pactado un plazo inferior a 5 años, el contrato se prorroga de forma obligatoria para el arrendador, persona física o persona jurídica, hasta un máximo de 5 años. No obstante, en este caso, aunque para el arrendatario estas prórrogas son también voluntarias, solo puede marcharse cuando se cumpla cada una de las anualidades.

2) Es habitual la inclusión de una cláusula en los contratos estableciendo que el arrendamiento tiene una duración de un año, transcurrido el cual las partes podrán decidir prorrogarlo. Se trata de una **cláusula nula** por ser contraria a la prórroga legal prevista en la LAU art.9.1 (nº 440). También es nula la renuncia del arrendatario a estas prórrogas a la firma del contrato, no así la renuncia cuando ya haya nacido este derecho, si se hace de forma clara, expresa y determinante (AP Madrid 26-9-05, EDJ 186787; AP La Rioja 28-11-14, EDJ 276955).

465 **Denegación de la prórroga** (LAU art.9.3) Como excepción, transcurrido el plazo contractual inicial -p.e. un año cuando se haya pactado una duración anual-, el arrendador puede recuperar el inmueble si necesita destinarlo a vivienda permanente, para sí o para sus familiares en primer

grado, por consanguinidad o por adopción, o para su cónyuge en los supuestos de sentencia firme de separación, divorcio o nulidad matrimonial. Esta posibilidad de recuperación del inmueble por el arrendador, se regula claramente en la Ley como una facultad de **denegación** de la prórroga, y no como una facultad de **desistimiento**, por tanto, es un derecho del que solo puede hacer uso en cada uno de los vencimientos del contrato o sus prórrogas.
Asimismo, con efectos para los contratos suscritos a partir de **6-3-2019**, la denegación requiere:
• Que el arrendador sea una **persona física**. No existe, por tanto, la posibilidad de denegar la prórroga cuando el arrendador es una persona jurídica.
• Que se hubiera hecho constar expresamente en el **contrato** la necesidad de ocupar la vivienda, antes de que transcurra el mínimo de 5 años, para destinarla a vivienda permanente del arrendador o sus familiares.
• Que, de forma expresa, el arrendador especifique la **causa** por la que necesita recuperar la vivienda (para su propia residencia, de sus familiares...).
El arrendador debe **comunicar** esta circunstancia al arrendatario con una antelación mínima de 2 meses a la fecha en la que la vivienda se vaya a necesitar.
Si las partes no llegan a otro acuerdo, el arrendatario está obligado a entregar la vivienda arrendada en ese plazo de 2 meses.
Por su parte, el arrendador o sus familiares deben **ocupar la vivienda** en el plazo de 3 meses desde la extinción del contrato, de no hacerlo así, el arrendatario tiene las siguientes **opciones**:
- ser repuesto en el uso y disfrute de la vivienda arrendada por un nuevo período de hasta 5 años, respetando, en lo demás, las condiciones contractuales existentes al tiempo de la extinción, con indemnización de los gastos que el desalojo de la vivienda le hubiera supuesto hasta el momento de la reocupación; o
- ser indemnizado por una cantidad equivalente a una mensualidad de renta por cada año que quede por cumplir hasta completar los 5 años.
En estos casos no es necesario que el arrendador hubiera actuado con **mala fe**, basta simplemente con que no haya ocupado la vivienda dentro del plazo estipulado (AP Cáceres 12-12-14, EDJ 259822).
Es posible, no obstante, que el arrendador no ocupe la vivienda y, sin embargo, no haya un derecho a reocupación o indemnización para el arrendatario. Son los casos en los que el arrendador no ocupa la vivienda debido a una causa de **fuerza mayor**, es decir, a un suceso:
- al que una norma con rango de ley haya atribuido este carácter;
- que no haya podido preverse; o
- que, aun estando previsto, sea inevitable.

Para los contratos suscritos entre **6-6-2013 y 5-3-2019**, la facultad de denegar de prórroga la tiene cualquier tipo de arrendador, persona física o jurídica y puede ejercitarla con independencia de que se hubiera reflejado o no en el contrato. Asimismo, no es preciso que, al denegarla, el arrendador especifique la causa concreta por la que lo hace. **467**
Dentro de este periodo, para los contratos firmados entre **19-12-2018 y 23-1-2019**, vigente la reforma de la LAU art.9.3 llevada a cabo por el RDL 21/2018, tampoco se exige ninguno de estos tres requisitos. La única novedad introducida entonces fue el concepto de fuerza mayor, que ahora reproduce la norma vigente y la adecuación de los plazos de reocupación y cálculo de indemnizaciones, en caso de no ocupar la vivienda el arrendador que denegó la prórroga, a los establecidos en ese momento como plazo mínimo legal del contrato (5 o 7 años).

Precisiones **1)** La LAU no exige la **demostración** de que la necesidad de ocupación para el arrendador sea cierta al tiempo de producirse, sino que se configura como un mecanismo *a priori* de extinción de la prórroga legal (AP Araba 26-1-01). **468**
2) Aunque no existe un concepto legal de «**necesidad**» la jurisprudencia lo formula afirmando que «por necesario no ha de entenderse lo forzoso, obligado o impuesto, sino lo opuesto a superfluo y en grado superior a lo conveniente para conseguir un fin útil» (TS 18-3-10, EDJ 19163; 22-6-11, EDJ 120445). En **caso de duda**, prima el derecho del arrendador a recuperar su vivienda, pues, constituye también doctrina jurisprudencial que, en los supuestos de colisión de intereses entre arrendador y arrendatario, por necesitar ambos la vivienda, debe prevalecer el derecho de propiedad frente a un derecho de rango inferior como es el arrendamiento. Lo contrario sería tanto como negar el derecho de propiedad. Se ha considerado que existe necesidad cuando la vivienda la va a ocupar para independizarse un hijo del arrendador (AP Baleares 4-3-15, EDJ 37392; 15-7-13, EDJ 148889).
3) Asimismo, para que pueda apreciarse el **abuso del derecho** en la reclamación de la vivienda se requiere que la intención del propietario sea sólo el causar daño sin que le resulte realmente provechoso ejercitar este derecho de recuperación de la misma (AP Barcelona 17-4-18, EDJ 51681).

4) Para los contratos suscritos entre **1-1-1995 y 5-6-2013**, además del plazo de reocupación, que se ajusta a 5 años, de acuerdo con los plazos contractuales vigentes en el momento, hay que tener en cuenta:
• Para que el arrendador pueda denegar la prórroga debe haberse recogido **por escrito** esta posibilidad en el propio contrato de arrendamiento, con la mayor concreción posible cuando esta causa ya es previsible en el momento de su celebración, requisito que ahora se recupera.
Desde 24-12-2009, la necesidad de vivienda se refiere tanto al propio arrendatario, como a sus familiares en primer grado de consanguinidad o por adopción y al cónyuge en los supuestos de sentencia firme de divorcio o nulidad matrimonial -aunque no de separación, que se incluyó a partir de 6-6-2013-.
• No existía en la norma un **plazo mínimo de preaviso** para denegar la prórroga, al que esté sujeto el arrendador, si bien es habitual que el pactado entre las partes hubiera quedado reflejado en el contrato.
• La **indemnización**, en caso de que el arrendador no ocupe finalmente la vivienda y el arrendatario opte por ella, es por la totalidad de la renta del plazo que quede de cumplir.
Desde el 24-12-2009 se exime al arrendador de pagar esta indemnización o de permitir la reocupación del arrendatario cuando medie una causa de fuerza mayor, ahora definida en la propia norma.
Para estos contratos celebrados antes de 6-6-2013, plantean dudas los supuestos de **necesidad sobrevenida** de ocupar la vivienda por parte del arrendador, las que no pudieran preverse al celebrar el contrato. Para algunos autores, si la necesidad no fue prevista expresamente al tiempo de la celebración del contrato, no cabe alegarla para denegar la prórroga (AP Bizkaia 17-2-03, EDJ 34390; AP Gipuzkoa 18-3-11, EDJ 394897).

2. Prórroga legal tácita

(LAU art.10)

470 Al cumplirse los 5 o 7 primeros años y siempre que ninguna de las partes notifique a la otra su voluntad de no continuar con el arrendamiento, el contrato se prorroga, de forma ya obligatoria para el arrendador, por plazos anuales hasta un máximo de 3.
No obstante, esta prórroga de 3 años no es obligatoria para el arrendatario, que puede interrumpirla en el vencimiento de cada una de las tres anualidades si lo avisa con un mes de antelación.
La voluntad de no renovar, transcurrido el plazo mínimo legal de 5 o 7 años **ha de notificarse** antes del vencimiento, con una antelación mínima de, al menos:
- 4 meses, si quien no renueva es el arrendador; y
- 2 meses, si quien no renueva es el arrendatario.
Para los contratos suscritos entre **6-6-2013 y 18-12-2018** o **24-1-2019 y 5-3-2019**, transcurridos los 3 primeros años y siempre que ninguna de las partes haya notificado a la otra que no quiere continuar con el arrendamiento, el contrato se prorroga, de forma obligatoria para el arrendador, por una anualidad adicional, por lo que hablaríamos de una duración de 3+1. Con un preaviso de no renovación de 30 días para ambas partes.
Para los contratos suscritos entre **19-12-2018 y 23-1-2019**, al cumplirse los 5 primeros años, o 7 si el arrendador es una persona jurídica, si ninguna de las partes notifica a la otra, que no quiere continuar con el arrendamiento, el contrato se prorroga durante 3 años más (5 o 7 + 3), sin distinción de anualidades como en la norma vigente. El plazo de notificación es también de 30 días.
Por su parte, para los contratos suscritos entre **1-1-1995 y 5-6-2013**, al cumplirse los 5 años, si ninguna de las partes manifestó su voluntad de resolver el contrato, comenzó una prórroga tácita de 3 anualidades más, cada una de ellas voluntaria para el arrendatario, pero obligatorias las 3 para el arrendador, por lo que hablaríamos de una duración de 5+3 años. Estos son los plazos que recupera ahora la norma vigente.

3. Prórroga extraordinaria

(LAU art.10.2 y 3 redacc L 12/2023)

475 Para los contratos celebrados a partir de **26-5-2023**, una vez finalizado el plazo mínimo legal de 5 o 7 años del contrato (nº 457) o los 3 años de prórroga legal tácita (nº 470), si la hubiera, el arrendatario puede solicitar una prórroga extraordinaria en la que se mantendrán las mismas condiciones establecidas para el contrato inicial. A estos efectos, hay que distinguir en función del lugar en el que se ubique la vivienda.

Precisiones Sin perjuicio de que las partes puedan acordar adaptar sus contratos a esta regulación, los **celebrados con anterioridad a 26-5-2023** se han de seguir rigiendo por el régimen jurídico que les es de aplicación (L 12/2023 disp.trans.4ª).

Zona de mercado residencial tensionado (L 12/2023 art.3.k, 18, 19 y disp.adic.1ª y 3ª; LAU art.10.3 redacc L 12/2023) En aquellos ámbitos territoriales en los que exista un riesgo especial de que la **oferta de vivienda** en condiciones asequibles sea insuficiente para la población, las Administraciones pueden declarar zonas de mercado residencial tensionado para orientar así las actuaciones públicas en materia de vivienda de acuerdo con estas necesidades. 476

Entre otras cosas la **declaración** requiere la elaboración de una memoria que la justifique por producirse una de estas circunstancias:

- que carga media del coste de la hipoteca o del alquiler en el presupuesto personal o de la unidad de convivencia, más los gastos y suministros básicos, supera el 30% de los ingresos medios o de la renta media de los hogares; o
- que el precio de compra o alquiler de la vivienda haya experimentado en los 5 años anteriores, un porcentaje de crecimiento acumulado de, al menos, un 3% por encima del crecimiento acumulado del IPC de la comunidad autónoma correspondiente.

En tanto esté vigente la declaración de zona de mercado residencial tensionado, el contrato puede prorrogarse por plazos anuales hasta un periodo máximo de 3 años más.

Esta prórroga **ha de aceptarse** obligatoriamente por el arrendador -con independencia de que sea o no gran tenedor- salvo que:

- las partes hubieran acordado otras condiciones en el contrato;
- se haya suscrito un nuevo contrato en el que se apliquen las correspondientes limitaciones de renta (LAU art.17.6 y 7 redacc L 12/2023); o
- el arrendador, dentro de los plazos legales, haya comunicado que necesita ocupar la vivienda para destinarla a vivienda permanente (LAU art.9.3).

Precisiones Respecto a la consideración de **gran tenedor** en las zonas de mercado residencial tensionado, ver nº 429.

Fuera de zonas de mercado residencial tensionado (LAU art.10.2 redacc L 12/2023) La prórroga extraordinaria puede ser como máximo de un año. A estos efectos: 477

- El arrendatario tiene que acreditar que se encuentra en **situación de vulnerabilidad económica o social** mediante un informe o certificado servicios sociales de ámbito municipal emitido en el último año.
- Solo si el arrendador es un **gran tenedor** y entre las partes no se hubiera suscrito un nuevo contrato, tiene que aceptar obligatoriamente la solicitud.

4. Prórrogas sucesivas y tácita reconducción

Mientras que la **tácita reconducción** lleva a un nuevo contrato de arrendamiento por consentimiento presunto de ambas partes si, al terminar el contrato, permanece el arrendatario disfrutando de la vivienda sin oposición del arrendador, la **prórroga** de un contrato, supone la subsistencia del mismo con iguales condiciones. Mientras que la tácita reconducción establece el régimen del contrato una vez este ha concluido, la prórroga se plantea antes de la fecha del vencimiento, vigente este (AP Madrid 29-4-08, EDJ 108271; AP Cuenca 27-11-03, EDJ 206066). 478

Se plantea actualmente qué ocurre, una vez haya transcurrido el plazo de prórroga legal tácita, cuando las partes no manifiestan su voluntad de finalizar el contrato:

- Para un sector doctrinal, se abre un periodo **prórrogas sucesivas**, por el mismo período que la prórroga legal tácita aplicable a cada contrato:
  - desde 6-3-2019, de 1 año de duración [(5 o 7 + 1 + 1 + 1) +...];
  - para los contratos suscritos entre 6-6-2013 y 18-12-2018 o bien entre 24-1-2019 y 5-3-2019, de 1 año de duración [(3 + 1) + 1 + 1 + 1 +...]; y
  - si el contrato se suscribió entre 19-12-2018 y el 23-1-2019, de 3 años de duración [(5 o 7 + 3) + 3 + 3 + 3 +...].
- Para otra parte de la doctrina, no se produce tal sucesión de prórrogas, sino que el contrato entra en **tácita reconducción**, por un plazo expuesto acorde con el fijado para el pago de la renta (nº 479).

No plantean sin embargo esta duda los contratos suscritos entre el **1-1-1995 y 5-6-2013**, en los que a partir del octavo año de arrendamiento, ya no hay contrato, por lo que es de aplicación el mecanismo de la **tácita reconducción**, es decir, si arrendador y arrendatario actúan como si el contrato siguiera existiendo durante 15 días desde el transcurso del plazo del arrendamiento, se entiende que nace un nuevo contrato. Para ello, el arrendatario debe continuar abonando la renta y el arrendador permitiendo al arrendatario ocupar la vivienda, dando a entender que, tácitamente -esto es, sin decirlo expresamente-, quieren seguir en un arrendamiento. 479

Respecto al **plazo** de duración de la tácita reconducción, la opinión más generalizada, que además sigue la jurisprudencia mayoritaria de las audiencias provinciales y ha refrendado el Tribunal Supremo, es acudir al previsto en el CC art.1581: por años cuando se ha fijado un alquiler anual, por meses, cuando es mensual, o por días cuando es diario (TS 26-9-18, EDJ 588456; 12-5-17, EDJ 65116).

B. Obligaciones económicas

480

1. Renta

(LAU art.17 a 19)

483 La renta inicial **se estipula** libremente entre las partes. Actualmente no existe ninguna limitación al respecto, salvo que la vivienda se encuentre en una zona de mercado residencial tensionado (nº 485), ni posibilidad de discutirla una vez ha sido acordada (LAU art.17.1).
La renta ha de ser determinada en cuanto a su especie, pero puede ser indeterminada en la cantidad, siempre que sea posible fijarla sin necesidad de un nuevo convenio.
No se excluye la posibilidad de que se haga el **pago en especie**, estipulación que solo se limita en la buena fe, la costumbre o el uso del lugar.
La existencia de renta es un **elemento esencial** del contrato de arrendamiento, que debe establecerse con aceptable concreción y fijeza, en otro caso nos encontraríamos ante otro tipo de contrato (TS 9-2-93, EDJ 1169). No obstante, nada impide a las partes pactar un **periodo de carencia** de rentas, por mudanzas, obras de adaptación u otros motivos.

484 Precisiones **1)** La posibilidad de establecer un **sistema de índices de referencia** del precio del alquiler de las viviendas, como preveía ya en su momento el RDL 7/2019 y finalmente ha hecho la Ley por el Derecho a la Vivienda, desde 26-5-2023, ha sido avalada por el **Tribunal Constitucional**, considerando que recoge criterios orientadores que favorecen la ordenación del mercado de la vivienda (TCo 28-1-20).
2) Respecto a la **reducción y moratoria de pago** como medidas adoptadas durante la crisis sanitaria originada por la pandemia de COVID-19 (RDL 11/2020 art.3, 4, 7 y 8), ver nº 504 s. Memento Arrendamiento de Inmuebles 2022-2023.
3) Con efectos desde 22-9-2020, mediante la aplicación del índice de referencia de precios de alquiler de viviendas, en **Cataluña** se ha querido regular el precio de la renta en los contratos de arrendamiento de vivienda, cuando se trate de la residencia habitual y permanente del arrendatario y la misma se localice en un área declarada con «mercado de vivienda tenso» (L Cataluña 11/2020 art.2 s.). No obstante, todo este régimen, denominado de «**contención y moderación de rentas**» en los contratos de arrendamiento de vivienda (L Cataluña 11/2020 art.6 a 14), ha sido anulado al declararse inconstitucional por vulnerar la competencia estatal sobre las bases de las obligaciones contractuales (TCo 37/2022).
Por su parte, con efectos desde 29-7-2022, **Navarra** reguló la declaración del zonas de mercado residencial tensionado y la contención de precios los arrendamientos de viviendas situadas en las mismas, en términos similares a como lo hace ahora la Ley por el Derecho a la Vivienda (LF Navarra 10/2010 art.97 y 98).
4) Por no existir una renta no constituye arrendamiento de vivienda en el sentido tutelado por la LAU el denominado **arrendamiento *ad meliorem*** (nº 143); tampoco aquel en el que el ocupante de la vivienda asume únicamente el pago de los **impuestos y los suministros** (AP Alicante 16-10-07, EDJ 233940).
5) Respecto a la **tributación** de las rentas en el IRPF del arrendador, ver nº 7150 s.; respecto a las deducciones aplicables en su IRPF por el arrendatario, ver nº 8800 s.

485 **Limitación de la renta en zonas de mercado residencial tensionado** (LAU art.17.6 y 7 y disp.trans.7ª redacc L 12/2023; L 12/2023 disp.adic.1ª.3; SE Vivienda y Agenda Urbana Resol 14-3-24) En los nuevos contratos de arrendamiento de vivienda, celebrados a partir de 26-5-2023, en los que la vivienda se ubique en una zona de mercado residencial tensionado, se establecen los dos siguientes mecanismos para limitar el importe de la renta:
• **Referencia a un contrato anterior**: para acordar la renta inicial del contrato, hay que tener en cuenta la de otro contrato anterior que hubiera estado vigente para esa misma vivienda en los últimos 5 años, de forma que:
- la **renta pactada** no puede superar la del contrato anterior, una vez aplicada la cláusula de actualización anual; y

- no se pueden establecer nuevas condiciones que establezcan la repercusión al arrendatario de **cuotas o gastos** que no estuviesen recogidas en el contrato anterior.
No obstante, en los siguientes supuestos, sí cabría **incrementar la renta** por encima de lo que correspondería por la actualización anual, si bien solo hasta un máximo del 10%:
- cuando se acredite que en los 2 años anteriores a la celebración del nuevo contrato se han hecho obras de **rehabilitación** (RIRPF art.41.1), para la mejora de la **eficiencia energética**, que supongan un ahorro del 30% en energía primaria no renovable o de mejora de mejora de la **accesibilidad**;
- cuando las partes hayan establecido un **plazo del contrato** de 10 o más años; o
- se establezca un derecho de prórroga al que pueda acogerse voluntariamente el arrendatario, que le permita de manera prorrogar el contrato en los mismos términos y condiciones durante un periodo de 10 o más años.

• **Sistema de índices de precios de referencia**: este sistema previsto en la Ley de Vivienda ha sido finalmente aprobado con efectos desde 16-3-2024, para determinar la renta inicial de los contratos de alquiler celebrados a partir de 26-5-2023, actuando como **límite máximo** en dos supuestos (L 12/2023 disp.adic.1ª; LAU art.17.7 y disp.trans.7ª; Resol SE Vivienda y Agenda Urbana 14-3-24):
- cuando el arrendador sea un gran tenedor o, no siéndolo, la comunidad autónoma decida en su declaración de zona tensionada la aplicación de este mismo límite; o
- cuando no hubiera habido otro contrato vigente en los últimos 5 años, siempre que se recoja así en la declaración de mercado residencial tensionado.

Se ofrece un rango de precios máximos y mínimos, de manera que, en zonas de mercado residencial tensionado, el valor superior marcará el límite del precio de la renta y, para el resto, sirve como referencia, a título orientativo, para la fijación del precio en los nuevos contratos.
La fijación del límite máximo de la renta debe realizarse de acuerdo con la **aplicación en línea** a la que se accede a través del portal de Internet del Ministerio de Vivienda y Agenda Urbana: https://serpavi.mivau.gob.es/

Precisiones Hasta el momento, solo **Cataluña**, ha hecho uso de este procedimiento, publicando su relación de municipios afectados y las condiciones aplicables en las zonas de mercado residencial tensionado (Resol SE Vivienda y Agenda Urbana 14-3-24; Resol TER/800/2024):
- la declaración va a estar vigente hasta el 16-3-2027;
- se considera gran tenedor a la persona física o jurídica titular de cinco o más inmuebles urbanos de uso residencial ubicados en la zona ; y
- se aplica el límite de renta para arrendadores que no son grandes tenedores cuando no exista contrato previo en los últimos 5 años.

Pago (LAU art.17.2, 3 -redacc L 12/2023- y 4) Salvo pacto en contrario, el pago de la renta es mensual y debe hacerse en los 7 primeros días del mes corriente y no del mes siguiente al vencido. 486
Es posible pactar la **periodicidad** del pago y el **momento** en que se ha de hacer efectivo, pero el arrendador no puede exigir el pago anticipado de más de una mensualidad de renta, aun cuando se haya establecido el pago trimestral o anual, al margen de la mensualidad de fianza (nº 512). De incluirse, se trataría de una cláusula nula (nº 440).
Esta limitación no impide que se pacte cualquier otra garantía adicional, que no sea el anticipo de más de una mensualidad (nº 545).
Para los contratos celebrados a partir de **26-5-2023**, el pago de la renta ha de hacerse obligatoriamente por **medios electrónicos** y, solo de forma excepcional, cuando una de las partes no tenga acceso a los mismos o no disponga de cuenta bancaria se puede realizar en metálico en la vivienda arrendada. La parte que precise realizar el pago en metálico ha de solicitarlo.
Para los contratos **anteriores a esta fecha**, el pago se efectúa en el lugar y por el procedimiento que acuerden las partes y, en su defecto, en metálico y en la vivienda arrendada. Es válida cualquier forma de pago que deje constancia de su existencia: letras a 30 días, ingreso en la cuenta del arrendador, etc. La norma deja abierto el reconocimiento a futuros medios de pago y su acreditación.

Precisiones **1)** La **obligación de pago** de la renta subsiste hasta el desalojo de la vivienda por parte del arrendatario, aunque se haya extinguido el contrato de arrendamiento (AP Granada 24-4-01, EDJ 14875; AP Tarragona 5-5-99, EDJ 5586).
2) El arrendatario no puede justificar el impago de las rentas, en el incumplimiento por los anteriores propietarios de las normas reguladoras de los **derechos de tanteo y retracto**, en tanto esté vigente la situación de arrendamiento. Sean cuales sean las circunstancias afectantes a la propiedad, el inquilino está obligado al pago de las mismas (AP Palencia 26-6-02, EDJ 40455).
3) El hecho de que exista una sentencia firme que declara un **crédito de la arrendataria contra la arrendadora**, no altera la forma pactada del pago de la renta, ni permite que la propietaria imponga a la inquilina que el pago de la cantidad a la que fue condenada se deduzca del importe de las rentas a medida que se vayan devengando (TS 7-3-22, EDJ 522198).

487 **Recibo** (LAU art.17.4) El arrendador queda obligado a entregar al arrendatario recibo del pago, salvo que se haya pactado que este se realice mediante procedimientos que acrediten el efectivo cumplimiento de la obligación de pago por el arrendatario, p.e. una transferencia bancaria.
El recibo, o documento acreditativo que lo sustituya, **debe contener**, separadamente, las cantidades abonadas por los distintos conceptos de los que se componga la totalidad del pago y, específicamente, la renta en vigor.
Si el arrendador **no hace entrega** del recibo, son de su cuenta todos los gastos que se originen al arrendatario para dejar constancia del pago.
El arrendatario no puede **retener el pago** de la renta hasta que se le entregue el recibo, sino que debe pagar o consignar. Tampoco puede descontar del pago de la renta los gastos ocasionados por la acreditación fehaciente del pago o por la consignación, solo puede proceder contra el arrendador por dicho importe.

490 **Sustitución de renta por obras** (LAU art.17.5) Las partes pueden pactar libremente que, durante un plazo determinado, la obligación de pago de la renta se reemplace, total o parcialmente, por el compromiso del arrendatario de reformar o rehabilitar el inmueble en los términos y condiciones pactadas.
Si las partes han acordado sustituir el pago de la renta por la ejecución de obras, el arrendatario, al finalizar el contrato, no puede pedir **compensación** alguna por el coste de las mismas, pues equivaldría a pedir la devolución de la renta que ha estado pagando.
En estos casos es esencial **definir las obras** que han de hacerse, puesto que estas son la contraprestación del arrendatario en el contrato de arrendamiento, esto es la «renta» que debe abonar, aunque sea en especie. Por ello, la obligación del arrendatario debe entenderse como una obligación de resultado: tiene obligación de realizar todas las actuaciones y asumir todos los costes necesarios para lograr el resultado acordado.
El **incumplimiento** de este acuerdo por parte del arrendatario puede ser causa de resolución del contrato y de desahucio.

493 **Actualización** (LAU art.18) Durante la vigencia del contrato, la renta solo puede actualizarse por el arrendador o por el arrendatario en cada anualidad del contrato y en los términos que hubieran pactado. No obstante, en defecto de **pacto expreso**, no se aplica revisión alguna.
Aunque las partes tienen **libertad** para establecer uno u otro sistema, este ha de conllevar una verdadera actualización, de forma que la renta se revise tanto al alza como a la baja. En caso contrario, lo que se habría pactado es un aumento anual de la renta. No son posibles las **cláusulas** que dejen tanto la elevación como la cuantía de la renta a la pura discrecionalidad del arrendador, porque se estaría dejando el cumplimiento del contrato a la voluntad de una sola de las partes (CC art.1256).
Si las partes pactan un mecanismo de revisión que no detalle el **índice o metodología de referencia**, la renta se revisará, para cada anualidad, por referencia a la variación anual del «Índice de Garantía de Competitividad» a fecha de cada revisión.
Para actualizar la renta es necesaria, pues, la concurrencia de **tres requisitos**:
- que la actualización se haya previsto en el contrato;
- la variación del índice aplicable durante los 12 meses anteriores; y
- la notificación por escrito a la otra parte, indicando el porcentaje de variación y, de exigirlo alguna de las partes, la certificación del Instituto Nacional de Estadística.

El pago de la renta actualizada solo **es exigible** a partir del mes siguiente a la notificación.
La actualización de la renta no es obligatoria, pero cualquiera de las partes puede exigirla. No cabe la renuncia anticipada a la actualización porque en el caso hipotético de disminución del índice aplicable se produciría un perjuicio al arrendatario.
En el caso de que no se proceda a la actualización, se entiende que se renuncia a la misma, pero no a la variación porcentual, que se acumula hasta, en su caso, el momento de su ejercicio efectivo (AP Valencia 8-3-04, EDJ 196710).

Precisiones 1) Es válida la **notificación** realizada en el propio recibo de la mensualidad precedente, mediante nota.
2) Es habitual que en el propio contrato las partes se eximan mutuamente de la obligación de adjuntar **certificación del INE**, a la notificación de actualización de renta.

495 El índice de garantía de competitividad es el sistema que se aplica, en defecto de otros pactos, desde el **1-4-2015**. Para los contratos suscritos entre **6-6-2013 y 31-3-2015**, el régimen aplicable a la actualización de la renta es el vigente en la actualidad, si bien con las siguientes diferencias:
- la principal, es que es posible llevar a cabo la actualización de renta, aunque no se haya pactado expresamente en el contrato; y, por otro lado,

- en caso de que las partes no indiquen un índice de referencia, se usa el IPC en lugar del Índice de Garantía de Competitividad.
Para los contratos firmados entre **1-1-1995 y 6-6-2013** durante los 5 primeros años de vigencia del contrato, la renta solo pudo ser actualizada por referencia al IPC, no caben otros pactos de las partes. A partir del sexto año cabe cualquier tipo de acuerdo al respecto y, solo en defecto del mismo, se sigue aplicando el IPC para la actualización.
Asimismo, a diferencia del régimen actual, cabe la actualización de la renta esté o no prevista expresamente en el contrato.

Cálculo de la actualización El cálculo de la actualización por referencia a un índice, se realiza aplicando a la renta correspondiente a la anualidad anterior la variación porcentual experimentada por el mismo en el período de los 12 meses inmediatamente anteriores a la fecha de cada actualización. **497**
Para la primera actualización se toma como mes de referencia el que corresponda al último índice publicado en la fecha en que se celebró el contrato, y en las sucesivas el que corresponda al último aplicado.
Cuando la tasa de variación del **Índice de Garantía de Competitividad** se sitúe por debajo de 0%, se toma este valor como referencia, lo que equivale a la no revisión; cuando la tasa de variación supere el 2% (objetivo a medio plazo de inflación anual del Banco Central Europeo), se toma este valor como referencia. Es decir, la tasa de variación se va a situar siempre entre el 0 y el 2%.
No obstante, para los todos los contratos celebrados desde **6-3-2019**, si bien las partes tienen igualmente libertad para pactar una u otra forma de actualización, el incremento anual de la renta no puede ser superior al que resultaría de aplicar el IPC como mecanismo de revisión.
Esta misma previsión se establece para los contratos firmados entre **19-12-2018 y el 23-1-2019**, sujetos al plazo mínimo legal de 5 o 7 años (nº 463), pero solo si son considerados de **«renta reducida»**, es decir, de cuantía inferior a la establecida como renta máxima para poder a acceder a una ayuda de alquiler en el Plan Estatal de Vivienda vigente (nº 4588).

Precisiones Los datos relativos a la **variación de índices** se pueden consultar en www.ine.es.

Limitación de la actualización de la renta (LAU disp.adic.11ª redacc L 12/2023; RDL 6/2022 art.46 redacc L 12/2023) Para la actualización anual de la renta de los contratos de vivienda, se establece la obligación del Instituto Nacional de Estadística de publicar el **Índice de referencia para la actualización anual de la renta**, que ha de servir como límite para evitar incrementos desproporcionados de la misma. **498**
Como el incremento cuantitativo de la renta no podrá exceder, en ningún caso, del que resultaría actualizándola de acuerdo con este índice, se establece un doble límite sobre el ya existente en la LAU art.18, que pone ya un techo a esa actualización -se haga por referencia al Índice de Garantía de Competividad o al propio Índice de Precios al Consumo- en la variación porcentual del IPC.
Por otro lado, en los últimos años han venido estableciéndose una serie de **limitaciones extraordinarias y temporales** para la actualización de la renta:
• Así, para los contratos que deban actualizarse entre **1-1-2024 y 31-12-2024**, se ha establecido una en la actualización de la renta, de manera que las partes pueden negociar el incremento de la misma, dentro de las siguientes condiciones (RDL 6/2022 art.46 redacc L 12/2023).
- si el arrendador es un **gran tenedor** el incremento de la renta será el que resulte del nuevo pacto entre las partes, pero sin que pueda exceder del 3%, lleguen o no a dicho pacto;
- si el arrendador **no es un gran tenedor**, el incremento de la renta será el que resulte del nuevo pacto entre las partes. En ausencia de este nuevo pacto entre las partes, el incremento de la renta a aplicar no podrá ser superior al 3%.
• De igual forma, para los contratos que debieron actualizarse entre **29-3-2022 y 31-12-2023** las partes pudieron negociar el incremento de renta a aplicar, dentro de las siguientes condiciones (RDL 6/2022 art.46 redacc RDL 20/2022):
- si el arrendador era un **gran tenedor**, existiera o no un pacto entre las partes, el incremento de la renta, no pudo exceder del resultado de aplicar la variación anual del Índice de Garantía de Competitividad a fecha de dicha actualización; y
- si el arrendador **no era un gran tenedor**, seria válida la cuantía pactada por las partes y, en caso de no existir un acuerdo al respecto, igualmente el incremento de la renta no podía exceder del resultado de aplicar la variación anual del Índice de Garantía de Competitividad a fecha de dicha actualización.
En la práctica esto implicaba que, como máximo, la renta podía llegar a incrementarse en un 2%, respecto a la del año anterior, puesto que cuando la tasa de variación de este índice superase el

objetivo a medio plazo de inflación anual del Banco Central Europeo (2%), se debía tomar este valor como referencia.

Precisiones La publicación del índice de referencia para la actualización anual de la renta, distinto e independiente del Sistema de índices de precios de referencia (nº 485), está aun pendiente a la fecha de cierre de esta edición del Memento.

---

499 Ejemplo Supongamos un contrato de arrendamiento celebrado el 21-1-2023, con vigencia desde el 1-2-2023 y una renta de 1.150 € mensuales, en el que las partes acuerdan la actualización anual de acuerdo con el IPC:

- El último IPC publicado a día 21-1-2023, al formalizar el contrato, era el correspondiente a diciembre 2022.
- La renta de 1.150 € mensuales es actualizable desde 1-2-2024, de acuerdo con la variación del IPC entre diciembre 2022 y diciembre 2023.
- La tasa de variación entre los 2 meses de referencia fue de un 3,1%, por lo que, con efectos desde 1-2-2024, la renta mensual de este alquiler pasaría a ser de 1.185,65 €
  - 1.150 × 0,031 = 35,65 €
  - 1.150 + 36,65 = 1.185,65 €
- No obstante, teniendo en cuenta el límite máximo extraordinario del 3% establecido para la actualización de las rentas que deba llevarse a cabo durante el año 2024, la renta actualizada sería de 1.184,5 €.

---

500 **Elevación por mejoras** (LAU art.19) Respecto a la posibilidad de que el arrendador eleve la renta basándose en las mejoras que ha realizado en la vivienda arrendada, pueden darse **dos situaciones**:

a) Cuando hay un **acuerdo entre arrendador y arrendatario** para realizar las obras de mejora, estas pueden realizarse en cualquier momento desde que comience la vigencia del contrato y dan derecho a elevar la renta. Sin perjuicio del derecho del arrendatario a que le sean indemnizados los gastos que le generen las obras o a que, mientras estas duren, se le reduzca la renta en proporción a la parte de la vivienda que no pueda, en su caso, utilizar (nº 503). Ello no implica la interrupción del periodo de prórroga obligatoria o tácita o un nuevo inicio del cómputo de tales plazos. Esta posibilidad se aplica para los contratos suscritos **desde 6-3-2019** y, en iguales condiciones, para los que lo fueron entre **19-12-2018 y 23-1-2019**.

b) Tratándose de obras de mejora realizadas **por voluntad del arrendador**, que no puedan razonablemente diferirse hasta la conclusión del arrendamiento, este tiene derecho a elevar la renta anual si concurren las siguientes **condiciones**:

- que haya transcurrido el plazo mínimo legal desde la celebración del contrato (nº 463). Las obras de mejora realizadas por exclusiva voluntad del arrendador antes de este plazo, no dan derecho a elevar la renta, ni siquiera después de cumplido ese plazo mínimo legal;
- que se haya notificado por escrito al arrendatario; y
- que no exista pacto en contrario. No se exige que el pacto en contrario deba hacerse por escrito para que sea válido, por lo que puede ser verbal. En todo caso, corresponde al arrendatario la prueba de la existencia del pacto, si el arrendador quiere hacer uso de la posibilidad de elevación.

501 En este caso, el término **mejora** debe entenderse en sentido estricto, por lo que solo puede elevarse la renta cuando se hayan mejorado las condiciones de la vivienda (nº 590) y estas mejoras no sean debidas a reparaciones necesarias (nº 563), pues el arrendador está obligado a realizar todas las **reparaciones** precisas para conservar la vivienda en condiciones de habitabilidad según el uso convenido, sin que ello conlleve el derecho a elevar la renta.

La elevación de renta se produce desde el mes siguiente a aquel en que, ya finalizadas las obras, el arrendador notifique por escrito al arrendatario la cuantía de aquellas. En la notificación debe:

- detallar los cálculos que conducen a su determinación; y
- aportar copias de los documentos de los que resulte el coste de las obras realizadas.

El arrendatario puede negarse a abonar el aumento de la renta por las mejoras realizadas hasta que no se le aporten los documentos indicados.

502 **Cuantía** El incremento anual de la renta **resulta de aplicar** al capital invertido en las obras el interés legal del dinero incrementado en un 3%, teniendo en cuenta:

- del capital invertido hay que descontar, en su caso, el importe de las subvenciones públicas obtenidas para las obras;
- el tipo de interés es el vigente en el momento en que se acaben las obras;
- el incremento de la renta no puede ser superior al 20% de lo que se venía pagando.

Tratándose de obras que afecten a **varias fincas**, se distingue en función de que las mismas se encuentren o no en régimen de propiedad horizontal:
• Cuando la mejora afecta a varias fincas de un edificio **en régimen de propiedad horizontal**, el arrendador debe repartir proporcionalmente entre todas ellas el capital invertido de acuerdo con las cuotas de participación correspondientes a cada una. El porcentaje correspondiente a cada finca, según su participación en la propiedad horizontal, no debe sobrepasar el límite del 20% de la renta vigente para cada una de las fincas mejoradas.
• Cuando los edificios **no se encuentren en régimen de propiedad horizontal**, el capital invertido se reparte proporcionalmente entre las fincas afectadas por acuerdo entre arrendador y arrendatarios. En defecto de acuerdo, se reparte proporcionalmente en función de la superficie de la finca arrendada.

Precisiones Puede entenderse que al hablar solo de **superficie** se trata de la superficie útil, no la construida, pero, en definitiva, esta distinción no tiene trascendencia, porque se reparte el coste de la mejora entre menos metros y corresponde una cantidad a cada uno. Tampoco distingue la Ley entre metros de vivienda y local comercial, cuando el edificio se componga de ambos.

Reducción por obras (LAU art.21.2 y 22.3) Para que opere la reducción de la renta por obras es necesario que el arrendatario se vea privado de una parte de la vivienda, no bastando a tal efecto que simplemente soporte las molestias e incomodidad que puede suponer cualquier obra. 503
Según que las obras sean de conservación o de mejora la reducción de renta opera de distinta manera:
• Las **obras de conservación**, dan derecho al inquilino a la reducción de la renta si:
- duran más de 20 días; y
- le privan de una parte de la vivienda.
Estas obras no dan derecho al arrendatario a obtener una indemnización por los gastos ocasionados.
• Cuando se trata de **obras de mejora**, ser reduce la renta desde el mismo día en que estas comienzan y se indemnizan los gastos provocados al arrendatario.

Precisiones Si la obra es de **conservación** el arrendatario está obligado a soportarla, pero si es de **mejora**, puede desistir del contrato cuando se le comunique que se va a realizar la misma (nº 595).

2. Fianza y garantías accesorias

(LAU art.36)

Fianza (LAU art.36.1 a 4 y 6) En el momento de celebración del contrato es obligatoria la exigencia y prestación de fianza. Se trata una prenda irregular, un contrato de garantía accesorio de la obligación principal. 512
La prestación de esta fianza tiene una doble vertiente, tratándose en realidad de **dos obligaciones** perfectamente separables:
- civilmente, el arrendatario debe esta cantidad al arrendador, aunque no se haya pactado; y
- administrativamente, el arrendador tiene que depositar obligatoriamente la fianza en el organismo público correspondiente si así lo exige la comunidad autónoma en la que radique el inmueble (nº 517).
La fianza se debe prestar en **metálico**, no se admite ninguna otra forma de garantía sustitutoria, sea real o personal, y en una **cantidad** equivalente a una mensualidad de renta.
Siendo una de las disposiciones de la LAU que rigen el contrato **de forma imperativa**:
- es irrenunciable para el arrendador, que está en todo caso obligado a exigirla; y
- no cabe exigir al arrendatario más de una mensualidad de renta en concepto de fianza.
El **incumplimiento** de la obligación de exigir o depositar la fianza puede sancionarse con multa para el arrendador, que, por su parte, puede resolver de pleno Derecho el contrato por falta de pago del importe de la fianza o de su actualización.
En caso de **cesión** del contrato por la arrendataria, no es exigible una nueva fianza al no experimentar ninguna alteración el contrato de arrendamiento cedido, si bien la cesionaria debe hacer entrega a la cedente de la cantidad correspondiente al importe de la fianza que esta última hubiera entregado a la arrendadora al tiempo de celebración del contrato, junto con, en su caso, las actualizaciones.

Precisiones 1) La **regulación de la fianza** forma parte de las disposiciones comunes de la LAU aplicables tanto al arrendamiento de vivienda como al de uso distinto de vivienda (nº 1000), debiendo en este último caso prestarse fianza por una cantidad equivalente a 2 mensualidades de renta. De esta forma no es posible entender que el arrendador ha renunciado tácitamente a que el arrendatario preste fianza, por lo que en caso de que este no cumpla dicha obligación, a pesar de serle requerida, va a prosperar la acción de desahucio (AP Barcelona 14-2-08, EDJ 42461). No 513

obstante, en contra de este criterio, se ha entendido también que, a pesar de la obligatoriedad tanto de su «exigencia» como de su «prestación», nada parece oponerse a la posibilidad de renuncia entre las partes, dado que no se vulneran los límites de la autonomía privada (AP Barcelona 3-3-10, EDJ 103850).
2) Quedan **exceptuadas** de la obligación de prestar fianza, cuando la renta haya de ser satisfecha con cargo a sus respectivos presupuestos (LAU art.36.6):
- la Administración General del Estado;
- las administraciones de las comunidades autónomas;
- las entidades que integran la Administración local;
- los organismos autónomos, entidades públicas empresariales y demás entes públicos vinculados o dependientes de ellas; y
- las mutuas colaboradoras con la Seguridad Social en su función pública de colaboración en la gestión de la Seguridad Social, así como sus centros y entidades mancomunados.

515 **Actualización** (LAU art.36.2 y 3) Durante el **plazo mínimo legal** del contrato, la fianza no se actualiza. Transcurrido ese plazo la actualización es voluntaria: cada vez que el arrendamiento se prorrogue, las partes pueden pedir que se incremente o disminuya hasta igualarse a una mensualidad de la renta vigente en ese momento.
Cuando la duración del contrato de arrendamiento **exceda de dicho plazo** mínimo legal, la actualización de la fianza se regirá por lo estipulado por las partes en el contrato. A falta de pacto especifico, lo acordado sobre actualización de la renta se aplica también para la actualización de la fianza.

Precisiones **1)** Si bien la actualización de la fianza tiene carácter potestativo para las partes, habitualmente las **comunidades autónomas** exigen la actualización de la cantidad depositada en este concepto paralelamente a la actualización de la renta.
2) El **plazo mínimo legal**, durante el que no se actualiza la fianza, varía en función del régimen aplicable al contrato (nº 457).

517 **Depósito** (LAU disp.adic.3ª) Las comunidades autónomas pueden establecer la obligación de que el importe de la fianza se deposite en el organismo correspondiente a disposición de la administración autonómica.
Una vez que el arrendador comunica a este organismo la **finalización del arrendamiento**, este le ha de restituir la fianza, en principio sin devengo de intereses, salvo que hubiera transcurrido más de un mes desde la finalización del contrato, en cuyo caso devengará el interés legal que corresponda en ese momento.
Actualmente, la mayoría de las comunidades autónomas disponen de normativa propia en esta materia y en algunas se ha suprimido la obligación de depósito de la fianza.
En cualquier caso, para favorecer la transparencia y el intercambio de información entre las distintas Administraciones Públicas, la regulación autonómica ha de exigir que el arrendador aporte, como mínimo:
• Los datos que **identifiquen a las partes**, tanto al arrendador como al arrendatario, incluidos sus domicilios a efectos de notificaciones.
• Una identificación de la **finca**:
- año de construcción;
- año y tipo de reforma, en su caso;
- superficie construida de uso privativo, por usos;
- dirección postal;
- referencia catastral; y
- calificación energética.
• Características del **contrato** de arrendamiento:
- renta y sistema de actualización;
- fianza y, en su caso, garantías adicionales;
- plazo del arrendamiento;
- forma de pago de los suministros; y
- si se alquila con muebles.

520 Se incluye a continuación la relación de **normas autonómicas** reguladoras de la obligación de depósito de la fianza o, en su caso, la supresión de la misma, así como el **organismo competente** de esta gestión.

Comunidad/ ciudad autónoma	Obligación de depósito	Normativa	Órgano competente
Andalucía	Si	L Andalucía 8/1997 art.82 s.	Agencia de Vivienda y Rehabilitación de Andalucía (AVRA)

Comunidad/ ciudad autónoma	Obligación de depósito	Normativa	Órgano competente
Aragón	Si	L Aragón 10/1992 art.2 s.	Dirección General de Vivienda y Rehabilitación Departamento de Vertebración del Territorio, Movilidad y Vivienda
Asturias	No	D Asturias 48/2010	
Baleares	Si	L Baleares 5/2018 art.55 s.	Instituto Balear de la Vivienda (IBAVI)
Canarias	Si	L Canarias 2/2014 art.2 a 16 D Canarias 45/1985	Instituto Canario de la Vivienda
Cantabria	No	L Cantabria 9/2017 art.16	
Castilla-La Mancha	Si	D Castilla-La Mancha 6/2022	Junta de Comunidades de Castilla-La Mancha
Castilla y León	Si	L Castilla y León 9/2010 art.37 a 42	Cámaras de la Propiedad Urbana de Castilla y León
Cataluña	Si	L Cataluña 13/1996 D Cataluña 147/1997	Instituto Catalán del Suelo (INCASÒL)
Extremadura	Si	D Extremadura 67/1985	Consejería de Hacienda y Administración pública - Caja general de depósitos
Galicia	Si	D Galicia 42/2011	Instituto Gallego de Vivienda y Suelo (IGVS)
La Rioja	No	L La Rioja 7/2014 art.52	
Madrid	Si	D Madrid 181/1996 L Madrid 12/1997	Agencia de Vivienda Social
Murcia	No	DL Murcia 1/2021 disp.trans 1ª	
Navarra	No	DF Navarra 240/1998	
País Vasco	Si	D País Vasco 42/2016	Servicio Bizilagun - Departamento de Vivienda, Obras Públicas y Transportes
C.Valenciana	Si	D C.Valenciana 46/2022	Consejería de Hacienda y Modelo Económico
Ceuta	Si	D 11-3-1949 (*)	Empresa Municipal de la Vivienda de Ceuta (EMVICESA)
Melilla	Si	Ordenanza de Fianzas (BOME 30-1-01)	Empresa Municipal de la Vivienda y Suelo de Melilla (EMVISMESA)

(*) El D 11-3-1949, regulador del llamado «**papel fianza**» fue derogado por la propia LAU, no obstante, debe considerase todavía vigente en aquellas comunidades autónomas que no cuenten aun con regulación propia sobre el depósito de fianzas (LAU disp.derog.única). Actualmente solo la Ciudad Autónoma de Ceuta carece de regulación propia.

Restitución al arrendatario (LAU art.36.4) El saldo de la fianza en metálico debe ser restituido al arrendatario al finalizar el arrendamiento, puesto que, tratándose de un contrato de garantía accesorio a este, debe regir el principio de extinción de la prenda junto con la obligación garantizada. No obstante, en caso de existir **obligaciones pendientes** (desperfectos, rentas, importe de suministros...), el arrendador puede retener este importe, restituyendo solo la diferencia entre lo entregado y la cantidad en que se calcule la responsabilidad imputable al arrendatario (AP Barcelona 3-3-10, EDJ 103850): **540**

- por impago de la renta, suministros, tasa de basura y otras cantidades que el arrendatario hubiera asumido;
- para la reparación de los **desperfectos** causados en el inmueble, salvo en lo relativo a elementos llamados a deteriorarse con el tiempo y no sean imputables a un uso inadecuado por parte del arrendatario.

La carga de la **prueba** del motivo por el que no se devuelve la totalidad o parte de la fianza una vez extinguido el contrato recae sobre la parte que alega una causa para retenerla, sobre el arrendador, que debe justificar todas las cantidades retenidas (AP Huesca 30-12-11, EDJ 315958).

541 El arrendador está obligado, salvo que existan las obligaciones pendientes referidas, a devolver la fianza **de forma inmediata** a la finalización del arrendamiento. Si transcurrido un mes desde la entrega de llaves por el arrendatario, no se hubiera hecho efectiva la restitución, comienza a devengar el interés legal.
Podría pensarse que esta regulación de la **mora** deriva en realidad de la obligación de depósito administrativo que tiene el arrendador (nº 517), de manera que este no sea gravado con la obligación de pagar intereses durante el período en el que la administración tampoco los abona por estar dentro del plazo legalmente previsto para la devolución, pero, en ningún caso ello implica que la obligación del arrendador de devolver la fianza al arrendatario se pueda demorar también un mes sin existir causa para ello.
Existen por tanto **dos relaciones jurídicas** independientes en relación con la fianza arrendaticia:
- una de carácter civil, entre arrendador y arrendatario; y
- otra de carácter administrativo, entre el arrendador y el organismo autonómico depositario.

543 Precisiones **1)** En la práctica, es útil la firma de un documento de **terminación del arrendamiento** que recoja las facultades de las partes respecto de la fianza. Un **modelo** para el mismo puede encontrarse en el nº 12070 s.
2) Una vez extinguido el contrato, y no constando la existencia de desperfectos en la vivienda arrendada a los que hubiera que aplicar la fianza, cabe en la vía judicial la **compensación** entre la obligación de pago de rentas y otros conceptos del arrendatario, con la obligación del arrendador de restitución de la fianza, evitando así la innecesaria duplicidad de reclamaciones dinerarias (AP Baleares 11-5-10, EDJ 320472). No procede la compensación de la fianza con los gastos normales de reparación que el arrendador ha de hacer antes de celebrar un nuevo arriendo y que son los propios inherentes al mantenimiento de la finca (AP Sevilla 13-10-05, EDJ 255501).
3) La posibilidad de **retener el importe de fianza** en caso de que el arrendatario devuelva la vivienda con las paredes pintadas de un color diferente al blanco o con agujeros, haciendo que corran a su cargo los gastos de reposición a su estado inicial, es una cláusula nula, que hay que considerar abusiva (LGDCU art.82.4.b y f), porque se limitan de forma desproporcionada los derechos del arrendatario que se ve obligado a mantenerla de ese color durante todo el arriendo o devolverla recién pintada, en un estado mejorado y ya sin el deterioro propio del uso ordinario que, terminado el arrendamiento corresponde asumir al arrendador. Se sobrepasan las obligaciones impuestas al arrendatario por la ley, esto es, las pequeñas reparaciones derivadas del desgaste por el uso ordinario de la misma (LAU art.21.4); y la devolución de vivienda en el estado en que se recibió, a salvo del menoscabo normal debido al paso del tiempo -CC art.1561- (JPI Barcelona núm 31 9-1-23, EDJ 706936).

545 **Otras garantías adicionales** (LAU art.36.5) Además de la fianza propiamente dicha, es posible solicitar al arrendatario la prestación de garantías adicionales, que tienen carácter voluntario para el arrendador, y pueden servir **para cubrir** daños en la vivienda, impago de rentas o cualquier otra responsabilidad del arrendatario derivada del contrato.
Para los arrendamientos de vivienda suscritos **desde 6-3-2019** y entre 19-12-2018 y 23-1-2019, cuya duración esté sujeta al plazo mínimo legal de 5 o 7 años, el **valor de esta garantía** adicional no puede exceder de dos mensualidades de renta.
Mientras que la fianza ha de prestarse siempre en metálico, el **contenido** de las garantías adicionales queda a la libre disposición de las partes. Pueden consistir en una prenda, garantías personales de un tercero, como el aval bancario o privado, hipotecas o depósitos en metálico.

3. Gastos generales y servicios individualizados

550 **Gastos generales** (LAU art.20 redacc L 12/2023) Son gastos generales los necesarios para el mantenimiento del inmueble y sus servicios, así como los que le corresponden a la vivienda arrendada y sus accesorios. Son gastos que no están individualizados, por imposibilidad de hacerlo o porque no se ha procedido a ello.
Si la vivienda está situada en un edificio en régimen de **propiedad horizontal** los gastos son los que le corresponden en función de su cuota de participación; si no, son los que le correspondan de acuerdo con su superficie.
Estos gastos **corresponden** en principio al arrendador, si bien las partes pueden pactar que los asuma el arrendatario. Para que estos **pactos** sean válidos se requiere:
- que sean expresos;
- que consten por escrito; y
- que se determine el importe anual de los gastos a la fecha del contrato.
El pacto sobre **gastos de comunidad** afecta a los que sean corrientes u ordinarios, de previsión anual, incluidas las reparaciones ordinarias y reajustes o incrementos de la cuota anual causados por tales conceptos, pero no aquellos extraordinarios, fuera del presupuesto anual,

que dan lugar a derramas extraordinarias (AP Asturias 26-5-08, EDJ 182756; AP Málaga 23-5-05, EDJ 73976). El arrendatario puede negarse a pagar aquellos que considere **gastos no adecuados** o impropios según el pacto realizado. No obstante, únicamente puede mostrar su oposición ante su arrendador, ya que la comunidad es ajena al pacto excepcional de pago de los gastos comunitarios por el arrendatario. Según la normativa de propiedad horizontal el pago de los gastos de comunidad corresponde al propietario.
De existir este pacto, durante el plazo mínimo legal del contrato, actualmente los 5 a 7 primeros años de vigencia del mismo (nº 457), la suma que el arrendatario tenga que abonar por estos gastos generales, **solo puede incrementarse** anualmente, y nunca en un porcentaje superior al doble de aquel en que pueda incrementarse la renta (nº 493).
Transcurrido este plazo, desaparece la **limitación** y el incremento puede ser de cualquier importe, sin posibilidad de oposición por parte del arrendatario.
El pago de estos gastos **debe acreditarse** en la misma forma en que se acredite el pago de la renta (nº 486). El recibo, o documento acreditativo que lo sustituya, debe contener por separado las cantidades abonadas por los distintos conceptos de los que se componga la totalidad del pago.

Precisiones **1)** No pueden dejarse al solo arbitrio del arrendador los **gastos que se repercuten** al arrendatario, siendo necesario que el importe de los mismos quede fijado por algún cauce que incluya (AP Baleares 28-9-98, EDJ 68458; 29-11-00, EDJ 119934):
- la notificación del importe del gasto, acompañando copia u original del correspondiente recibo;
- el otorgamiento al arrendatario de un plazo para contestar, equiparando la falta de respuesta a la aceptación tácita; y
- el transcurso de un plazo razonable para que el arrendatario pueda cumplir la obligación reclamada antes de incurrir en mora.

2) Los gastos extraordinarios, como la **construcción de un garaje**, no son gastos generales a efectos de su atribución al arrendatario, pues no son necesarios para el adecuado sostenimiento del inmueble: el arrendatario no debe hacerse cargo de ellos, aunque se haya pactado su obligación de pagar los gastos de comunidad, e incluso aunque el arrendatario disfrute de su uso durante el arrendamiento, ya que es un beneficio en valor para la vivienda.

3) Se ha declarado inconstitucional y nula la limitación en el reparto de los gastos para los contratos de arrendamiento sujetos al régimen de contención de rentas en **Cataluña**. En concreto, la L Cataluña 11/2020 art.9.3 redacc RDL 50/2020 establecía que, para los contratos sujetos a este régimen, es nulo el pacto que obliga al arrendatario a asumir los gastos generales y de servicios individuales que no habían sido previstos en el contrato de arrendamiento anterior, cuando la vivienda hubiera estado arrendada dentro de los 5 años anteriores a 11-12-2020 -fecha de entrada en vigor del DL Cataluña 50/2020- (TCo 118/2022).
No obstante, esta declaración de inconstitucionalidad no afecta a las situaciones jurídicas consolidadas, solo tiene efectos a futuro, manteniéndose en sus términos los contratos celebrados con anterioridad a la sentencia.

Gastos individualizados (LAU art.20.3 redacc L 12/2023) Los gastos por servicios de la finca, individualizados mediante **contador**, son de cuenta del arrendatario. Estos aparatos pueden ser tanto los instalados por los suministradores públicos, como los que instale el arrendador o la comunidad para determinar el consumo de cada vecino, aun cuando se facture en conjunto por toda la finca. Basta con que estén homologados por la oficina correspondiente. En este caso no se establece limitación para la elevación de la cuantía. La cantidad a pagar está en función tanto del coste del servicio como del uso que de él haga el arrendatario. **553**
No obstante, es válida la cláusula que traslade la obligación de pago de estos servicios al arrendador, pactándose, p.e. que el importe de los suministros quede incluido en el de la renta («alquiler con gastos incluidos»).

Tributos, cargas y responsabilidades (LAU art.20.1) La administración tributaria no se ve afectada por el pacto referido al pago de los tributos, pues ha de reclamar a quien es realmente el obligado tributario: el arrendador. Cuestión distinta es la posibilidad que este a su vez tiene, basándose en el pacto con el arrendatario, de reclamárselos después a este. **555**
No obstante, como excepción, en el caso de la **tasa de basuras**, que se exige en algunos municipios, el obligado tributario, es el arrendatario, mientras que el arrendador es el sujeto pasivo sustituto, por establecerlo así la norma fiscal con independencia de que se haya especificado o no en el contrato (LHL art.20.4 y 23.2.a).

Precisiones Algo similar venía ocurriendo, hasta 5-3-2019, con el **ITP y ADJ**, en el que, siendo entonces obligado tributario el arrendatario, el arrendador que hubiera cobrado el primer plazo de la renta sin exigir el justificante de pago del impuesto pasaba a ser responsable subsidiario del pago del mismo. Ver nº 8785.

557 **Gastos de gestión inmobiliaria y formalización del contrato** (LAU art.20.1 redacc L 12/2023) Cuando en el arrendamiento interviene un tercero, agencia inmobiliaria u otro tipo de intermediario, que presta a las partes diversos servicios (promociona el inmueble, pone en contacto a las partes, asesora, redacta el contrato, etc.), cobra unos honorarios -«comisión de agencia»- que suelen consistir en una mensualidad adicional de renta.
Tradicionalmente, al no existir una regulación al respecto, tanto estos gastos como los de formalización del contrato corrían a cargo del arrendatario. No obstante:
• Desde **26-5-2023**, tanto los gastos de gestión inmobiliaria como los de formalización del contrato han de correr a cargo del arrendador, con independencia de que este sea una persona física o jurídica.
• Para los contratos celebrados entre esta fecha, y el **6-3-2019**, los gastos son de cuenta del arrendador, solo cuando este sea una persona jurídica.
• Esta última regla rige también para los contratos celebrados entre el **19-12-2018 y 23-1-2019**, si bien los gastos no corren a cargo del arrendador cuando, aun siendo una persona jurídica, haya sido el arrendatario quien haya tomado la iniciativa de contratar esos servicios.

C. Obras

(LAU art.21 a 24)

560

1. Conservación

(LAU art.21)

563 En el **concepto** de «obras de conservación», cabe una amplía casuística que abarca, desde la reparación de la estructura del inmueble, su impermeabilización, a la sustitución, por ejemplo, de la caldera de agua caliente. Se incluirían también reparaciones de entidad mucho menor como el atasco en tuberías, cerraduras por rotura o, incluso, pequeños desperfectos en una pared.
Estas obras **se regulan** en la LAU art.21, norma especial de aplicación preferente, que viene a recoger la precedente del Código Civil:
• Deber de conservación para que la vivienda se encuentre en condiciones de ser destinada al uso pactado (LAU art.21.1; CC 1554.2º).
• Comunicación de la necesidad de las obras (LAU art.21.3; CC art.1559).
• Reparaciones urgentes (LAU art.21.2; CC art.1558).
• Pequeñas reparaciones (LAU art.21.4; CC art.1561 y 1563).
Tanto el régimen legal contenido tanto en la LAU como el del Código Civil tienen difícil **aplicación práctica** pues no reflejan la diversidad de casos que pueden darse en la realidad. Por otro lado, dada la cantidad de conceptos jurídicos indeterminados que contienen estar normas, la **jurisprudencia** llega a veces a interpretar un mismo daño o defecto a reparar de forma contradictoria. Asimismo, la cantidad de casos distintos que pueden plantearse hace difícil deducir de esa jurisprudencia criterios que puedan aplicarse de forma general.

Precisiones **1)** La ausencia de **comunicación previa** notificando la necesidad de reparación al arrendador, no altera la naturaleza de obras de conservación que tienen las mismas y, por tanto, no pasan a ser obras a cargo del arrendatario (AP Palma de Mallorca 5-1-17, EDJ 21714).
2) Resulta en este ámbito aplicable la **jurisprudencia** dictada al amparo del LAU/64, respecto a los denominados contratos de «**renta antigua**» (nº 1880 s.).

565 **Obligaciones del arrendador** El arrendador está obligado a realizar las reparaciones necesarias para conservar la vivienda en condiciones de habitabilidad, de forma que esta pueda servir al uso convenido.
La obligación del arrendador es **mantener la vivienda** en las mismas condiciones que estaba cuando se formalizó el contrato, siempre que:
- el arrendatario haya hecho un uso correcto de la vivienda y de su contenido, y no pueda atribuírsele el deterioro, pues en ese caso la reparación le corresponde a él (nº 570);
- sean propiamente obras de conservación y no las pequeñas reparaciones reservadas al inquilino (nº 583); o

- se trate de meras correcciones de los deterioros sufridos por la cosa, no de la reconstrucción o reedificación de la misma, pues en ese caso, el propio estado de la finca daría lugar a la extinción del contrato (nº 793).
Dado que la obligación del arrendador es mantener la vivienda no cabe exigirle la reparación de **defectos que esta ya tenía** en el momento de arrendarla, cuando fueron conocidos y aceptados por el arrendatario que tuvo oportunidad de examinar la finca antes de firmar el contrato (AP Navarra 11-2-00, EDJ 120297; AP Madrid 18-2-15, EDJ 27475). No obstante, estos casos tendrían como excepción los posibles **vicios ocultos** de los que adoleciera la vivienda.
La realización de obras destinadas a conservar la vivienda no da derecho al arrendador a **elevar la renta**.

Precisiones Las **cláusulas contractuales** en las que se obliga al arrendatario a realizar todas las reparaciones con independencia de su origen, trasladan las obligaciones de conservación al arrendatario, siendo contrarias a la LAU y, por tanto, cláusulas nulas, que se han de tener por no puestas (nº 440).

Incumplimiento El incumplimiento de la obligación que tiene el arrendador de realizar reparaciones no suele considerarse en la práctica motivo de **resolución del contrato** por parte del arrendatario, pero sí le da derecho a ser indemnizado por los **daños y perjuicios** que sufra en su patrimonio por responsabilidad contractual derivada del CC art.1101 y 1556 (AP Barcelona 27-7-15, EDJ 124370). 567
El incumplimiento del arrendador no da derecho al arrendatario a suspender el **pago de la renta**. La obligación de conservación del arrendador y la obligación de pago de la renta no son recíprocas y, por tanto, no se condicionan recíprocamente en su cumplimiento. Son obligaciones autónomas (AP Madrid 1-7-01, EDJ 40647; AP Cantabria 15-5-00, EDJ 27394).
El arrendatario **puede exigir** las reparaciones o, sin son urgentes, realizarlas él mismo pidiendo al arrendador que le reembolse su coste, puede incluso llegar a resolver el contrato, pero en ningún caso puede dejar de pagar la renta. Estas son las consecuencias que establece la LAU frente al incumplimiento del arrendador, norma especial de aplicación preferente al principio de reciprocidad del CC art.1124.
Cuestión distinta es que la vivienda, por la falta de reparaciones, sea completamente **inhabitable**, pues en este caso se trataría de una causa de resolución del contrato (nº 757 s.), a partir de la cual el arrendatario no tendría ya obligación de seguir pagando la renta (AP Valencia 30-5-14, EDJ 147732).

Precisiones Es imputable al arrendador la destrucción causada por la **falta de reparaciones necesarias** o por actos de mala fe hacia la finca. No obstante, no se establece correlación entre renta y reparación (TS 5-1-06, EDJ 1859; 11-11-93, EDJ 10158).

Obligaciones del arrendatario (CC art.1563 y 1564) El arrendatario es **responsable** por el deterioro o pérdida de la cosa arrendada, a no ser que pruebe que se ha ocasionado sin culpa suya, y por el deterioro causado por las personas de su casa. En este sentido: 570
- tiene la obligación de **usar la vivienda** como un diligente padre de familia, destinándola a la utilización pactada, y, en su defecto, a la que se infiera de la naturaleza de la finca arrendada, según la costumbre del lugar (CC art.1555.2); y
- el arrendatario, al concluir el arriendo, está obligado a **devolver la vivienda** tal como la recibió (CC art.1561). A este respecto, salvo prueba en contrario, se presume que la recibió en buen estado (CC art.1562).
Cuando el deterioro se produce por el **incumplimiento** del arrendatario de sus obligaciones de mantenimiento, y no al mero transcurso del tiempo, el arrendador queda exonerado de realizar las reparaciones (TS 17-6-15, EDJ 111113; AP Badajoz 8-6-15, EDJ 101140).
Salvo que demuestre lo contrario, se establece una **presunción de culpabilidad** en contra del arrendatario, que le obliga acreditar que el daño o el deterioro no le es imputable (CC art.1563; AP Ourense 20-5-15, EDJ 88392) y que actuó con la diligencia exigible para evitar la producción del evento dañoso (TS 9-11-93, EDJ 10056; AP Barcelona 1-6-05, EDJ 110725). De no hacerlo así ha de responder de todos los daños y perjuicios causados en la cosa arrendada (AP Baleares 23-2-15, EDJ 32549).
La presunción es la misma cuando los responsables del deterioro son las personas que ocupan la casa del arrendatario (CC art.1564).
Si los daños se deben a una **actuación dolosa** del arrendatario, el arrendador puede resolver el contrato y exigir la reparación de los daños y perjuicios sufridos.
Si los daños se deben a la actuación **negligente o culposa** del arrendatario, el arrendador puede requerir la reparación más, en su caso, daños y perjuicios, si bien no parece posible la resolución del contrato.

573 Precisiones **1)** Constituyen **delito de apropiación indebida** y delito de daños la sustracción de muebles y enseres de la vivienda arrendada y los desperfectos causados de forma intencionada en el inmueble antes de abandonarlo (AP Cantabria 20-12-17, EDJ 303581).

2) La posibilidad de retener el importe de fianza en caso de que el arrendatario devuelva la vivienda con las **paredes pintadas de un color diferente** al blanco o con agujeros, haciendo que corran a su cargo los gastos de reposición a su estado inicial, es una cláusula nula, que hay que considerar abusiva (LGDCU art.82.4.b y f), porque se limitan de forma desproporcionada los derechos del arrendatario que se ve obligado a mantenerla de ese color durante todo el arriendo o devolverla recién pintada, en un estado mejorado y ya sin el deterioro propio del uso ordinario que, terminado el arrendamiento corresponde asumir al arrendador. Se sobrepasan las obligaciones impuestas al arrendatario por la ley, esto es, las pequeñas reparaciones derivadas del desgaste por el uso ordinario de la misma (LAU art.21.4); y la devolución de vivienda en el estado en que se recibió, a salvo del menoscabo normal debido al paso del tiempo -CC art.1561- (JPI Barcelona núm 31 9- 1- 23, EDJ 706936).

3) En los contratos celebrados **con anterioridad a 9-5-1985**, para las anualidades iniciadas a partir de **1-1-1995**, el arrendador tiene derecho a repercutir en el arrendatario el importe de las obras de reparación necesarias para mantener la vivienda en estado de servir para el uso convenido (LAU disp.trans.2ª; D 4104/1964 art.108). De esta forma, dado que en estos contratos suele ser habitual la omisión de la cláusula de actualización de la renta, se pretendió estimular la realización de las obras necesarias para mantener las viviendas arrendadas (AP Madrid 9-2-00, EDJ 120017).

575 **Comunicación de la necesidad de las obras** (LAU art.21.3) El arrendatario debe poner en conocimiento del arrendador, en el plazo más breve posible, la necesidad de las obras.

Para ello debe facilitar al arrendador la verificación directa, por sí mismo o por los técnicos que designe, del estado de la vivienda.

De esta obligación del arrendatario puede surgir la **obligación de indemnizar** al arrendador de los daños y perjuicios derivados de:

- la falta de comunicación de la necesidad de las reparaciones; y
- la negativa a facilitar la verificación directa de los daños.

Por otro lado, el hecho de no haber comunicado la necesidad de reparaciones condiciona la posibilidad de que el arrendatario sea indemnizado por **daños y perjuicios**, pues, si no se le ha requerido, es difícil probar una actuación dolosa o negligente del arrendador que no ha llevado a cabo las reparaciones pertinentes (AP Valencia 3-3-15, EDJ 85250).

La **notificación** puede hacerse de cualquier forma que sea suficiente para poner en conocimiento del arrendador la necesidad de las reparaciones (LAU art.21.3; CC art.1559). Al no contemplarse ninguna clase de notificación en especial, es conveniente para el arrendatario realizarla en una forma que permita dejar constancia de su realización.

El **plazo** de notificación se fija con la máxima flexibilidad dependiendo de la naturaleza del desperfecto, el perjuicio al arrendatario y el coste de la reparación.

Precisiones **1)** Se ha desestimado la declaración de responsabilidad contra el arrendador por daños y perjuicios ocasionados al caerse la vivienda, basado en la **falta de reparaciones** para conservarla, al no ser comunicada esta necesidad por el arrendatario que la conoció (TS 10-11-93, EDJ 10092).

2) En caso de **reparación urgente** realizada por arrendatario, la comunicación sirve para acreditar que la obra no se ha hecho de forma voluntaria (AP Salamanca 6-11-14, EDJ 271778).

577 **Deber de soportar la obra** (LAU art.21.2) Dado que una de las obligaciones del arrendador es mantener al arrendatario en el goce pacífico de la vivienda, este está obligado a soportar las obras solo cuando su ejecución no pueda diferirse hasta la conclusión del arrendamiento, porque se pondría en peligro la conservación de la misma.

El arrendatario solo **puede negarse** a su realización si las reparaciones no son imprescindibles para frenar el deterioro del inmueble y evitar así que aumenten los gastos de reparación. La **oposición** del arrendatario, cuando no sea razonable, da lugar a la indemnización de daños y perjuicios.

Corresponde al arrendador **calificar la obra** como no diferible hasta la terminación del arriendo y, en caso de discrepancia, probar esta circunstancia (AP Madrid 21-4-10, EDJ 118055).

Cumpliéndose estas condiciones, el arrendatario está obligado a soportar las obras aunque le sean muy molestas o se vea privado provisionalmente de una parte de la vivienda.

Si la obra dura **más de 20 días**, debe disminuirse la renta (nº 503). No obstante, cuando la ejecución en la vivienda arrendada de estas obras de conservación la hagan **inhabitable**, el arrendatario tiene la opción de suspender el contrato o de desistir del mismo (nº 783).

580 **Reparaciones urgentes** (LAU art.21.3) En todo momento y previa comunicación al arrendador, el arrendatario puede realizar las reparaciones urgentes para evitar un daño inminente o una incomodidad grave, exigiendo de inmediato su importe al arrendador.

A estos efectos, se requiere:

• Una **urgente necesidad**, lo que suponen que:

- las obras han de ser importantes y necesarias para prevenir un daño inminente o una incomodidad grave; y

- el daño no haya sido causado por el propio arrendatario de forma dolosa o culpable.
• Si bien no precisan autorización, si se ha de **comunicar** al arrendador, antes de su ejecución, la necesidad de las obras, para que tenga conocimiento del estado de la vivienda y tenga oportunidad de realizarlas por sí mismo.
La realización de estas reparaciones es una posibilidad que se da al arrendatario, pero en ningún caso una **obligación** del mismo. Realmente el único deber que se impone es comunicar al arrendador la necesidad de llevarlas a cabo (TS 28-1-81, EDJ 1311).
El arrendatario puede **deducir el importe** de la obra del siguiente pago que realice de la renta. Si el arrendador se niega a pagar el importe adelantado por el arrendatario para la reparación, alegando que no tenía carácter urgente, corresponde a los tribunales establecer los límites de la obligación de comunicación y los requisitos de la urgencia (AP Madrid 21-4-10, EDJ 118055).

Precisiones Se han considerado obras de reparación urgente las que afectan a la **seguridad o salubridad** de la vivienda (AP Gipuzkoa 19-7-99, EDJ 27765), como la de la instalación del gas (AP Alicante 7-7-05, EDJ 123541).

Reparaciones menores (LAU art.21.4) Corresponde al arrendatario realizar las pequeñas reparaciones que exija el desgaste por el uso ordinario de la vivienda. 583
La **determinación** de estas reparaciones menores es habitualmente fuente de controversias:
• No se trata de los **daños materiales** producidos por el arrendatario, culposa o negligentemente, de los que, por su intervención directa ya es claramente responsable (CC art.1563).
• Se trata del **mantenimiento ordinario** de la vivienda, obligación derivada de la de usarla de forma diligente (CC art.1555) y devolverla tal y como se recibió, salvo lo que hubiera perecido o se hubiera menoscabado por una causa inevitable (CC art.1561).
Por lo tanto, cabe entender que la obligación del arrendatario incluye reponer el desgaste por el uso ordinario (**mantenimiento**) pero no lo que se menoscabe por el paso del tiempo (**obsolescencia**). Si bien teniendo en cuenta que en ocasiones la vida útil de un objeto se acorta porque se ha utilizado de forma inadecuada o se ha realizado un mantenimiento inadecuado o insuficiente.
Corresponde en cualquier caso a los tribunales concretar el **límite** de las mismas, aunque, en todo caso, hay que considerar la duración del arrendamiento.
El arrendador puede exigir que en el momento de la **devolución de la vivienda** se efectúen todas las pequeñas reparaciones que resulten necesarias para que la vivienda se devuelva en condiciones equivalentes a las que fue entregada, salvo lo que se haya perdido o menoscabado por el transcurso del tiempo o por una causa inevitable (CC art.1561).

Precisiones **1)** La instalación de **aire acondicionado** no puede considerarse necesaria para la habitabilidad de la vivienda, sino como una mejora o utilidad; su reparación debe incluirse dentro de las propias de los electrodomésticos y derivadas del uso de los mismos conforme a lo previsto en LAU art.21.4, correspondiendo como reparación menor al arrendatario (AP Valencia 5-5-06, EDJ 260700).
2) La **revisión del gas** obedece a su utilización ordinaria, siendo a cargo del arrendatario (AP Albacete 24-2-00, EDJ 8717; en sentido contrario, AP Valencia 5-6-12, EDJ 241694).
3) La reparación en los deterioros de la **pintura** corre a cargo del arrendador cuando el uso de las paredes ha sido el normal. Por ejemplo, es normal que haya cercos oscuros alrededor de los interruptores de la luz, no así paredes con graffitis, agujeros o desconchones (AP Las Palmas 26-11-14, EDJ 269352).

2. Obras de mejora

(LAU art.22)

Aunque la ley no contiene una **definición** de las obras de mejora, se entiende que son aquellas que tienen carácter voluntario. Por tanto, obras de mejora son, en principio, las que no se pueden calificar como de conservación o reparación. 590
En este sentido, se consideran mejoras aquellas obras que supongan un resultado apreciable, económica, social o estéticamente que, como consecuencia de la inversión material o jurídica, aumentan duraderamente el valor de la vivienda, la utilidad o el rendimiento (AP Córdoba 16-4-02, EDJ 24184).
No obstante, otro sector de la doctrina considera que solo se puede aplicar la regulación de la LAU art.22 a las **mejoras útiles**, es decir, a las que permiten una mayor funcionalidad o comodidad a la vivienda. Si se admitiera la posibilidad de realizar cualquier obra de carácter suntuario, el arrendador podría estar incumpliendo su obligación de mantener al arrendatario en el goce pacífico del arrendamiento, y la de no variar la forma de la vivienda arrendada (CC art.1554.3 y 1557).

593 **Obligaciones del arrendador** (LAU art.22.2) El arrendador que quiera realizar obras de mejora debe notificarlo por escrito al arrendatario, al menos con 3 meses de antelación al comienzo de las obras. Dicha **notificación** debe contener los siguientes extremos:
• La naturaleza de la obra, para que el arrendatario pueda valorar la posibilidad de diferimiento de la mejora y los inconvenientes que le va a suponer.
• La fecha de comienzo, que no puede ser anterior a los 3 meses de la notificación, salvo autorización del arrendatario que permita su inicio previo.
• La duración, para que el arrendatario pueda valorar el tiempo durante el que tiene que soportar las molestias de la obra.
• El coste previsible, que le permita calcular el aumento que le puede suponer en la renta la realización de aquellas (nº 500).
Ante la notificación del arrendado, las **opciones del arrendatario** son las siguientes:
- desistir del contrato en el plazo de un mes desde la notificación, a menos que las obras no afecten o lo hagan de modo irrelevante a la vivienda arrendada;
- aceptar la realización de las obras;
- negarse a la realización de las obras, alegando y probando que no son justificables y que son razonablemente diferibles.

595 **Obligaciones del arrendatario** (LAU art.22.1) El arrendatario está obligado a soportar la realización de obras de mejora cuya ejecución no pueda razonablemente diferirse hasta la conclusión del arrendamiento.
El **diferimiento** no es posible:
• Para las obras en que se ha obtenido la **subvención** de algún órgano de la Administración municipal, autonómica o estatal, que otorga un plazo para su ejecución, condicionando la subvención al cumplimiento de dicho plazo.
• Las obras impuestas al arrendador por acuerdo de la **comunidad de propietarios** del inmueble en propiedad horizontal.
• Las obras convenientes por **oportunidad estacional**.
La calificación de la relevancia de la mejora, así como de la posibilidad de diferimiento corresponde en principio al arrendador, pero el arrendatario puede ejercitar su derecho de oposición (nº 577).

597 **Efectos de las obras** (LAU art.22.2 y 3) La realización de obras de mejora produce los siguientes efectos:
• En caso de que el arrendatario hubiera optado por el **desistimiento**, por permitirlo la entidad de las obras, se produce la extinción del arrendamiento en el plazo de 2 meses desde que este se produjo. Durante estos 2 meses no pueden comenzar las obras.
• Cuando el arrendatario decida **soportar las obras**, tiene derecho a una reducción de la renta proporcional a la parte de la vivienda de la que se vea privado por esta causa (nº 503) y a la indemnización por los gastos que las obras le obliguen a efectuar.
• Pueden dar lugar, asimismo, al derecho del arrendador a elevar la renta (nº 500).

Precisiones Cuando se ejecuten **obras distintas** de las que fueron notificadas por el arrendador, o las mejoras supongan la privación total de la vivienda, debería poder aplicarse analógicamente lo establecido para los casos de inhabitabilidad de la vivienda (nº 710) y la posibilidad de que el arrendatario resuelva el contrato (nº 783).

3. Obras del arrendatario

(LAU art.23 y 24)

600 **Consentimiento del arrendador** El arrendatario puede realizar **sin autorización**, aunque notificándolo previamente:
- las obras que no modifiquen la configuración de la vivienda o los accesorios de la finca;
- las reparaciones urgentes y las debidas al desgaste; y
- las obras de adecuación de la vivienda a las necesidades de las personas con discapacidad y, desde **6-6-2013**, también de los mayores de 70 años, que vivan en ella de forma permanente.
No obstante, arrendatario queda obligado a reponer la vivienda al estado anterior, si se lo exige el arrendador al término del contrato.
Por otro lado, requiere el **consentimiento escrito** del arrendador cualquier obra que sí suponga esa modificación de la configuración de la vivienda o de los accesorios de la finca (nº 610); sin que, en ningún caso, pueda realizar obras que provoquen una disminución en la estabilidad o seguridad de la misma (nº 620).
Si bien la norma se refiere al consentimiento del arrendador, habría que entender que se refiere al **propietario**, pues puede darse el caso, como ocurre en el usufructo, de que el arrendador no

tenga capacidad de alterar la forma y sustancia de la vivienda (CC art.467). En relación con esta cuestión:

• Cuando la vivienda sea de **varios propietarios**, la autorización para realizar obras que alteren la configuración del inmueble requiere la unanimidad de los comuneros, pues es acto de disposición y no de administración (CC art.397). No obstante, si es uno solo de los copropietarios el que se relaciona con el arrendatario, este no tiene porqué conocer las relaciones entre los codueños, así que su responsabilidad quedaría cubierta con la autorización de este (TS 19-10-93, EDJ 9258).

• Mientras que el **representante legal** puede autorizar estas obras, el administrador o representante voluntario requiere el mandato expreso del propietario pues esta autorización va más allá de un acto de administración.

En cuanto al **alcance de la autorización**, se ha considerado que todo arrendamiento lleva implícita una autorización para efectuar las obras necesarias para la adaptación del inmueble a su destino específico (TS 18-10-91, EDJ 9860), si bien dicha autorización no tiene vigencia indefinida. De esta forma, utilizar la autorización contenida en el contrato de arrendamiento para estas obras de adaptación, pasado el plazo mínimo legal del contrato (nº 487), supone un abuso de derecho (TS 4-7-91, EDJ 7249; 27-4-94, EDJ 3736).

El consentimiento, expresado por escrito, aprobando las obras puede ser anterior, coetáneo o posterior a las mismas. Dado que su incumplimiento no se sanciona con la nulidad, cabe entender que se trata de un requisito con meros efectos probatorios.

Si el arrendador ha dado su consentimiento a estas obras, solo tiene **derecho a exigir la reposición** de la vivienda a su estado anterior en determinadas circunstancias:
- cuando expresamente se haya pactado así al autorizarlas; y
- cuando las obras supongan una disminución de la estabilidad o seguridad de la misma.

Pues el derecho a la reposición de la LAU art.23 solo existe respecto a las obras inconsentidas y las que provoquen un cambio en la configuración o seguridad de la finca (AP Cantabria 27-5-03, EDJ 170844).

Precisiones 1) Incumbe al arrendador la **prueba** de que el arrendatario ha realizado obras que modifican la configuración de la vivienda, y, a este último, demostrar que las llevó a cabo con el consentimiento del arrendador (AP Cantabria 26-7-00, EDJ 67506). Dicho consentimiento ha de ser siempre expreso y por escrito, no es suficiente el mero conocimiento de las obras por parte del arrendador (AP Baleares 27-9-02, EDJ 109306; AP Granada 21-12-07, EDJ 364008). 603

2) La autorización concedida al arrendatario para realizar las obras de reparación y mejora a su costa, no implica una **obligación** para este ni exime al arrendador de hacer las reparaciones procedentes (TS 24-5-95, EDJ 3309).

3) Las obras hechas por el arrendatario en la finca, al **término del arriendo** quedan a beneficio del propietario (AP Asturias 18-3-03, EDJ 119331).

Falta de consentimiento (LAU art.23 y 27.2) La realización de las obras que la requieren sin la autorización del arrendador puede tener por efecto la resolución del contrato, sin perjuicio de lo cual, al término del mismo, el **arrendador puede optar** entre: 605
- exigir al arrendatario la reposición de las cosas al estado anterior; o
- la conservación de la modificación efectuada, sin que este pueda reclamar indemnización alguna.

El arrendador solo puede exigir que se repongan las cosas a su estado anterior cuando finalice el contrato o en el supuesto en que se proceda a la resolución del mismo.

Obras de mejora Las obras de mejora que puede hacer el arrendatario no están reguladas en la LAU, por lo que se rigen por el acuerdo de las partes y, supletoriamente, por el CC art.487 y 488, relativos al usufructo. 607

De esta forma, el arrendatario podría hacer obras de mejora, siempre que no esté **prohibido o restringido** en el contrato de arrendamiento:
- puede realizar mejoras útiles y voluntarias que no alteren la forma o la sustancia de la vivienda y que no disminuyan la estabilidad del edificio o la seguridad de vivienda o sus accesorios;
- no tiene derecho a ser resarcido por el arrendador, pero puede retirar la mejora si no causa detrimento en el inmueble; y
- si tiene que indemnizar al arrendador por los desperfectos causados en la vivienda, los mismos pueden compensarse en todo o en parte con las mejoras efectuadas.

Obras que modifican la configuración de la vivienda (LAU art.23.2) La determinación del **tipo de obras** que modifican la configuración de la vivienda o sus accesorios, exige analizar caso por caso (TS 20-7-93, EDJ 7389). 610

El concepto de **configuración** no se define de forma genérica o abstracta en ninguna norma legal e implica un juicio comparativo de la situación de la vivienda antes y después de realizar las obras: el cambio de configuración no hay que referirlo a la que tuviera la finca al constituirse el arrendamiento, al perfeccionarse el contrato o a cualquier momento posterior, sino a la que tuviera inmediatamente antes de realizar las obras. Además, hay que tener en cuenta las particularidades de la vivienda en concreto (TS 5-4-91, EDJ 22515; 4-7-91, EDJ 7254).

Puede decirse, en principio, que el **concepto jurídico indeterminado** de configuración de la vivienda arrendada debe venir referido a la colocación exterior e interior de los parámetros, determinante del volumen, forma y distribución del recinto correspondiente entre las paredes y techos que delimita el espacio arrendado, tanto en sentido horizontal como vertical.

Por otra parte, la doctrina jurisprudencial sostiene que, en principio, para que la modificación en la configuración el inmueble tenga **trascendencia resolutoria** es necesario que las obras sean de las llamadas fijas o de fábrica, empotradas en suelo y techo, y practicadas con materiales de construcción.

Cuando la modificación de la configuración es **insignificante** no puede justificar la resolución, ya que, de dar lugar a la misma, habría tal desproporción entre la causa y sus consecuencias que se rompería el equilibrio de justicia conmutativa con que debe cumplirse el contrato y se llegaría a una conclusión jurídicamente absurda y, como tal, rechazable (TS 23-11-74, EDJ 127; AP Alicante 5-4-06, EDJ 289589).

613 Precisiones **1)** Se considera que **alteran la configuración** del inmueble y pueden motivar la resolución del contrato si se realizan sin el consentimiento del arrendador:

- la supresión o desplazamiento de tabiques, o la instalación de **falsos techos** no superpuestos sino empotrados en la fábrica del edificio permanentemente (TS 27-9-85, EDJ 7576);
- la apertura de **puertas** en lugares donde antes no existían, pues se ha venido considerando modificación sustancial y más si con ello se amplía el espacio disponible (AP Lleida 6-11-01, EDJ 67879); igualmente la apertura de una **ventana** en un pasillo (AP Barcelona 4-4-03, EDJ 109233);
- las obras de **anexión de una habitación** del piso colindante al suponer una nueva distribución de la vivienda con derribo y construcción de nuevos tabiques; y la transformación de **balcones en ventanas** con construcción de un antetecho pues suponen una alteración de la configuración vertical de la vivienda, además de una modificación de la configuración externa del edificio en que se ubica (AP Madrid 21-6-01, EDJ 71295);
- la construcción de una entrada y una escalera de **acceso independiente** a la vivienda (AP Barcelona 13-7-14, EDJ 127543);
- el cierre de **ventanas** de la fachada principal y la obra de levantamiento de **tabiques e instalación de cuartos de baño** (TS 19-4-13, EDJ 67715).

2) No modifican la configuración de la vivienda las obras que provocan un cambio no meramente accidental y de detalle (TS 11-1-54; 23-11-74, EDJ 127), sino que deben alterar de modo esencial la forma, tanto horizontal como vertical, variando de modo ostensible su aspecto peculiar (TS 5-4-91, EDJ 22515). Se ha considerado que **no alteran la configuración** del inmueble:

- la instalación de un aparato de **aire acondicionado**, teniendo en cuenta que puede separarse del edificio en cualquier momento, sin deterioro del mismo (AP Madrid 29-9-06, EDJ 303840);
- el mero enfoscamiento o sustitución de **revestimiento en fachadas** de mármol por maderas o del pavimento (TS 18-4-95, EDJ 1462);
- el **cerramiento de una terraza** con aluminio y cristal desmontable (AP Barcelona 15-10-04, EDJ 176213);
- las obras de **alicatado** e instalación de sanitarios, agua caliente y calefacción (AP Barcelona 13-7-04, EDJ 127543).

620 **Repercusión en la estabilidad de la finca** (LAU art.23.2) El arrendador puede exigir de inmediato al arrendatario la **reposición** de las cosas a su estado anterior si las obras han provocado una disminución de la estabilidad de la edificación o de la seguridad de la vivienda o sus accesorios. Para exigir la reposición al estado anterior no es preciso esperar a la conclusión del contrato.

Aun cuando el arrendador haya concedido **autorización** para realizar determinadas obras, si estas finalmente provocan una disminución de la estabilidad o seguridad del inmueble, puede exigir la reposición de la cosa al estado anterior, incluso concluido el arrendamiento.

Al contrario del supuesto de obras que modifiquen la configuración de la vivienda, donde la **jurisprudencia** es amplísima, en este caso es escasa, debido en gran parte a que las obras que provocan una disminución de la estabilidad de la edificación o de la seguridad de la vivienda también modifican la configuración de la misma, lo cual es más fácil de probar, generando por ello mayor casuística.

La intencionalidad o no del arrendatario de afectar a la estabilidad o a la seguridad de la vivienda es indiferente a los efectos de la aplicación de esta norma.

D. Modificación de la titularidad

625

Existen diversas circunstancias que, afectando a las partes en el contrato, suponen una modificación en la titularidad inicial del mismo. 627

1. Enajenación de la vivienda arrendada

630

Cuando se enajena una vivienda arrendada, el arrendatario puede ejercitar, de ostentarlo, el **derecho de adquisición preferente** o continuar con el arrendamiento, si bien pasando el adquirente a ocupar la posición del arrendador mediante la **subrogación**. 633

a. Derecho de adquisición preferente

(LAU art.25)

Cuando la vivienda arrendada se ponga a la venta el arrendatario que la ocupa tiene derecho a adquirirla con preferencia respecto a otros posibles compradores. 635
Para el ejercicio de su derecho de adquisición preferente el arrendatario tiene las siguientes **opciones**:
- derecho de tanteo, que opera antes de la transmisión (nº 647); o
- derecho de retracto, que opera después de la transmisión (nº 653).
No obstante, este derecho no tiene carácter absoluto frente a cualquier adquirente y, además, las partes pueden haber pactado su renuncia.

Precisiones Si a efectos de la inscripción registral **se considera suficiente** la mera manifestación del vendedor sobre si la finca está o no arrendada o la identidad del arrendatario, no hay razón para que la validez de dicha manifestación no se extienda a otros elementos del contrato como es la existencia de un derecho de adquisición preferente. Esto se ve reforzado por la propia LAU art.25, al no exigir expresamente que se acredite la renuncia, lo que sí ocurre con las notificaciones a efectos de los derechos de tanteo y retracto (DGSJFP Resol 30-10-23).

El derecho de adquisición preferente del arrendatario debe entenderse aplicable tan solo a la **compraventa**: 637
• La **interpretación restrictiva** se justifica en que el legislador, cuando ha querido introducir supuestos más amplios de aplicación de este derecho, lo ha hecho de forma específica. En este caso, la LAU art.25 se refiere en concreto a la venta.
Si bien en un principio la jurisprudencia otorgaba una **finalidad social** a los derechos de tanteo y retracto, propugnando incluso una interpretación extensiva para los casos dudosos (TS 18-12-54; 26-3-60; 25-4-63), esa orientación ha ido evolucionando hacia posturas opuestas, manteniéndose que la interpretación de las limitaciones del derecho de propiedad, de cuya naturaleza participan inequívocamente los derechos de tanteo y retracto arrendaticios, ha de ser de carácter restrictivo (TS 5-9-91, EDJ 8427).
En igual sentido se manifiesta la DGSJFP, si bien considera que no puede estimarse que la sola **calificación que den los otorgantes** al contrato celebrado sea decisiva a los efectos de determinar la procedencia o improcedencia de estos derechos, prescindiendo de la verdadera naturaleza y caracterización jurídica. Así, procede el ejercicio de los mismos cuando existe un verdadero contrato traslativo de dominio, con independencia del nombre empleado por las partes (DGRN Resol 20-2-92).
• Se descarta la existencia de derechos de tanteo y retracto en estos **otros supuestos**: permuta, donación (incluidas la donación disfrazada de compraventa y la donación remuneratoria), oferta de venta, transmisión de una finca a cambio de una renta vitalicia, aportación de local a una sociedad, la simple división y adjudicación de la herencia (TS 14-11-16, EDJ 201747) o la

venta de derechos hereditarios, adquisición de la finca por derecho de accesión, transmisión gratuita de los derechos personales derivados de una promesa de venta, venta del usufructo al nuevo propietario y cesión solutoria.
Se excluye el ejercicio de este derecho en la **aportación de un inmueble** a una sociedad a cambio de acciones de la misma por no ser tal operación equivalente al supuesto de venta (TS 6-2-91, EDJ 1200; 27-5-00, EDJ 10879).
Las **transmisiones judiciales forzosas** producidas en un procedimiento ejecutivo están sujetas a tanteo y retracto, al considerarse en nuestro sistema jurídico que este tipo de transmisión está comprendido en el concepto de venta (DGRN Resol 22-3-99).

Precisiones No procede el retracto cuando se acredite la existencia de un **contrato simulado** de compraventa que esconde otro con una causa liberal (TS 22-11-94, EDJ 9215; 3-12-96, EDJ 9127).

640 Estos derechos del arrendatario tienen preferencia sobre cualquier otro derecho similar, con la **excepción** de:
- El retracto reconocido al **condueño** de la vivienda. La preferencia otorgada al retracto de comuneros sobre el arrendaticio es lógica, pues la comunidad de bienes se considera un estado antieconómico y transitorio al que se debe facilitar la extinción.
- El retracto convencional a favor de un **propietario anterior** (CC art.1507 y 1518), inscrito en el Registro de la Propiedad antes de celebrarse el arrendamiento, pues no deben recaer las consecuencias de este último sobre quien acudió al Registro para inscribir su derecho de adquisición preferente.

El objeto del derecho de adquisición preferente es la vivienda arrendada, no obstante, cuando se hubieran arrendado además otros objetos accesorios a esta por el mismo arrendador, el ejercicio de este derecho debe hacerse por todos ellos y no solo sobre la vivienda.
Si en el contrato se pactó la **renuncia del arrendatario** a este derecho, el arrendador tiene obligación de comunicar su intención de vender la vivienda con una antelación mínima de 30 días a la fecha de formalización del contrato de compraventa.
Si bien actualmente es posible que las partes acuerden la renuncia a este derecho en todos los contratos, para los firmados entre **1-1-1995 y 5-6-2013**, este acuerdo solo es posible cuando la duración pactada es superior a 5 años, plazo mínimo legal de los mismos (nº 457).

643 El derecho de adquisición preferente **no procede** cuando:
- La vivienda arrendada se vende conjuntamente con las restantes viviendas o locales propiedad del arrendador que formen parte de un mismo inmueble.
- La totalidad de los pisos y locales del inmueble se vendan de forma conjunta por distintos propietarios a un mismo comprador.

A estos efectos es indiferente que el inmueble esté constituido o no en régimen de propiedad horizontal (DGRN Resol 24-7-95; TS 6-3-71, EDJ 96; 15-6-74; 6-10-86).
No obstante, si en el inmueble **solo existe una vivienda**, el arrendatario conserva los derechos de tanteo y retracto, lo cual es lógico, pues las excepciones están pensadas para los casos de ventas múltiples en los que los propietarios que deseen transmitir las viviendas se pueden ver perjudicados por el ejercicio del arrendatario de su derecho de adquisición preferente.

645 Precisiones **1)** Para los contratos suscritos desde **6-3-2019** y entre **19-12-2018 y 23-1-2019**, con la modificación de la LAU art.25.7 llevada a cabo, respectivamente, por el RDL 7/2019 y el RDL 21/2018 ahora derogado, para los casos de **venta conjunta** en los que se suprime el derecho de adquisición preferente del arrendatario (nº 637), se habilita al legislador sobre vivienda para establecer el derecho de tanteo y retracto, respecto a la totalidad del inmueble, en favor del órgano designado por Administración competente en materia de vivienda. En estos casos es aplicable la regulación del derecho de adquisición preferente de la LAU respecto a la notificación y el propio ejercicio del derecho.
2) Cuando el inmueble transmitido constituye una **unidad patrimonial**, ha de negarse el ejercicio de los derechos de adquisición preferente a quien no ostente un derecho arrendaticio sobre la totalidad de aquel, sino solo sobre una de sus partes integrantes (TS 22-10-04, EDJ 152669).
3) El derecho de adquisición preferente no procede cuando el **objeto unitario de la venta** no es solo la finca arrendada. Si se venden por su propietario único a un único comprador varias fincas de un inmueble (no necesariamente todas) con un objeto unitario, no procede el retracto (DGRN Resol 16-10-99).
4) Procede el tanteo y retracto arrendaticio en el caso de **venta de cuotas indivisas** de viviendas o locales, si no se ha hecho uso del retracto de comuneros, pues, de otra forma, podría privarse al inquilino de la adquisición de la propiedad mediante la transmisión sucesiva por cuotas del inmueble (DGRN Resol 27-12-96).
5) En el caso de una **comunidad de arrendatarios**, se ha entendido que el ejercicio del derecho de tanteo es acto de dominio y, por tanto, requiere el acuerdo por unanimidad (TS 23-10-90, EDJ 9624; 10-4-90, EDJ 4010).

Derecho de tanteo (LAU art.25.2) El arrendador que desee vender la finca arrendada debe notificarlo fehacientemente al arrendatario. 647
Cuando al arrendatario se le notifique la decisión de vender la vivienda arrendada puede ejercitar un derecho de tanteo sobre la misma en el plazo de 30 días naturales a contar desde el siguiente a la notificación. Este plazo se considera de caducidad, por lo que no admite interrupción (AP Baleares 10-1-03, EDJ 102879).

Notificación La notificación debe hacerse de modo fehaciente y en ella **deben constar** el precio y las demás condiciones esenciales de la transmisión. 650
Los efectos de esta notificación **caducan** a los 180 días naturales siguientes a la misma. Si transcurrido este plazo desde la notificación, el arrendador no ha formalizado el contrato, en caso de que desee vender la vivienda, ya sea al mismo comprador o a otro, debe volver a notificarlo al arrendatario.
Para inscribir en el **Registro de la Propiedad** la transmisión a un tercero de una vivienda arrendada se debe justificar que se ha practicado esta notificación (LAU art.25.4).

Precisiones **1)** La notificación no es necesaria cuando se pruebe que el arrendatario tuvo **conocimiento de la operación** de venta, así como de todas sus condiciones esenciales (AP Sevilla 12-2-03, EDJ 79500).
2) Existe vinculación legal del arrendador desde la notificación al inquilino de la venta proyectada. El arrendador no puede **desistir de la venta** porque lo hagan de la compra los terceros adquirentes (TS 19-12-91, EDJ 12090).

Derecho de retracto (LAU art.25.3; CC art.1518) El retracto legal es el derecho a subrogarse en el lugar del adquirente de una cosa, por compra o por dación en pago, en las mismas condiciones estipuladas en el contrato. 653
El arrendatario puede ejercitar el derecho de retracto, en los siguientes supuestos:
• Cuando no se le haya notificado previamente la venta por el arrendador vendedor.
• Cuando se haya omitido en la notificación cualquiera de los requisitos exigidos.
• Cuando el precio efectivo de la compraventa resulte inferior al notificado o menos onerosas sus restantes condiciones esenciales.

Precisiones El estudio de la **acción judicial de retracto** se realiza en el nº 10062 s.

Notificación Para poder ejercitar su derecho es preciso que el arrendatario tenga **conocimiento de la venta**. A tal efecto, el adquirente debe notificar de forma fehaciente al arrendatario las condiciones esenciales en que se efectuó la compraventa, mediante entrega de copia de la escritura o documento en que fue formalizada. Esta notificación debe realizarse en todo caso, aunque el arrendador hubiera cumplido correctamente con la obligación previa de comunicar al arrendatario la intención de venta y este no hubiera ejercitado el derecho de tanteo. 655
No determina la ley el **plazo** del adquirente para notificar al arrendatario las condiciones en que efectuó la compraventa. No obstante, le interesa realizar la notificación en el plazo más breve posible al quedar condicionada la inscripción de su compraventa en el Registro de la Propiedad a que se justifique su realización (LAU art.25.5).

Caducidad El derecho de retracto tiene un **plazo** de caducidad de 30 días naturales, contados desde el siguiente a la notificación que el adquirente ha de hacer al arrendatario. 657
Sobre el **cómputo** del plazo de caducidad de la acción de retracto se establece que el conocimiento extrarregistral pleno y circunstanciado por el arrendatario de la transmisión, a través de un medio fehaciente, implica una **renuncia tácita** al derecho a ser notificado por el adquirente. En este caso es a partir de ese momento cuando empieza a correr el plazo de caducidad. Se trata así de evitar que el arrendatario que conoce la transmisión espere a la inscripción registral para, a su amparo formal, ejercitar un derecho ya precluido por no haberlo hecho cuando pudo y debió hacerlo (TS 6-3-00, EDJ 2145).

Precisiones No es admisible como medio para poner en conocimiento del arrendatario la enajenación de la vivienda la **inscripción registral** de la venta por el comprador retraíble (AP Sta. Cruz de Tenerife 17-4-98, EDJ 11573).

Tercero adquirente El ejercicio del derecho de retracto conlleva el **reembolso** al comprador (CC art.1518): 660
• Del **precio de la venta**. En caso de diferencia entre el precio real y el escriturado, el retrayente debe pagar el precio real con independencia del que conste en la escritura (TS 20-5-71; 30-4-91, EDJ 4467; 28-6-91, EDJ 6979).
• De los **gastos de compraventa**, es decir, de los gastos del contrato y cualquier otro pago legítimo hecho por la venta.

• De los **gastos necesarios y útiles** hechos en la cosa vendida. Para el ejercicio del derecho de retracto es requisito indispensable el previo pago o la previa consignación del precio. Dicho pago ha de realizarse en metálico (TS 16-2-04, EDJ 4471). El fenómeno adquisitivo que se deriva del ejercicio de adquisición preferente del arrendatario se produce cuando se realiza el pertinente pago a través de la consignación (CC art.1518 y 1521).

663 **Renuncia** La renuncia al derecho de retracto es válida cuando la misma se efectúa habiéndose concretado el derecho, cuando el mismo ha dejado de ser algo abstracto para ser un derecho objetivo y consolidado, es decir, cuando se produce la transmisión del inmueble arrendado. Es en este momento cuando el derecho se incorpora realmente al patrimonio del arrendatario y hay una posibilidad real de ejercitarlo o renunciar (TS 6-3-00, EDJ 2145; AP Barcelona 24-10-08, EDJ 293650).
No cabe una **renuncia genérica**, anticipada y amplia incorporada a una cláusula del contrato (TS 11-10-01, EDJ 33594). Cuando la renuncia se hace antes de que el derecho haya nacido, se trata más bien de un supuesto de exclusión de la legislación aplicable, lo cual es posible siempre que la propia norma lo prohíba en protección de alguno de los contratantes. En este sentido es perfectamente válida la exclusión de la regulación sobre el derecho de retracto que realiza la LAU (TS 4-3-15, EDJ 21547)

b. Subrogación

(LAU art.14)

665 La subrogación es la situación jurídica en la que una persona adquiere los derechos y los deberes de otra. En lo que a los arrendamientos se refiere, esta modificación en la titularidad del contrato puede darse en relación con ambas partes, arrendador y arrendatario, si bien, al enajenar una vivienda arrendada es la figura del arrendador la que quedaría subrogada.
Por el grado de relevancia que en las distintas regulaciones se ha dado a estos efectos a la inscripción registral del arrendamiento, es en este caso especialmente relevante atender a la fecha de firma del contrato.

666 **Contratos suscritos a partir de 6-3-2019** Para los contratos suscritos a partir de 6-3-2019, cuando se produce la enajenación de la finca arrendada, el adquirente pasa a subrogarse en los derechos y obligaciones del arrendador que se la transmitió, con independencia de que el arrendamiento esté inscrito o no en el Registro de la Propiedad y de que en el adquirente concurran o no los requisitos del tercero de buena fe de la LH art.34.
Si la **duración pactada** en el contrato es superior al plazo mínimo legal -5 o 7 años-, el adquirente queda subrogado por el plazo convenido, salvo que pudiera considerársele tercero de buena fe de acuerdo con la LH art.34, en cuyo caso la subrogación se limitaría al plazo mínimo legal. En este caso, el arrendatario tiene derecho a que el transmitente -arrendador original- le **indemnice** con una cantidad equivalente a una mensualidad de renta por cada año que, superando el plazo mínimo legal, reste por cumplir del contrato.
No obstante, si en el contrato las partes convinieron que la enajenación de la vivienda extingue este, el adquirente solo está obligado a subrogarse durante el plazo mínimo legal.

Precisiones 1) Cabe plantearse en qué momento y en qué casos surge el **derecho del arrendatario a ser indemnizado**, cuando, superando el plazo de duración del contrato el plazo mínimo legal, el adquirente es considerado de buena fe. Parece lógico pensar que se debiera esperar al transcurso del plazo mínimo, sin que el propio arrendatario manifiesta su deseo de finalizar el contrato, y habiendo a su vez el nuevo arrendador notificado su intención de resolverlo.
2) Esta regulación de la subrogación es incluida por primera en la LAU mediante el RDL 7/2019, no constaba en el precedente RDL 21/2018, de ahí que en este caso no exista una regulación diferenciada para los contratos suscritos entre **19-12-2018 y 23-1-2019**.

667 **Contratos suscritos entre 6-6-2013 y 5-3-2019** Cuando el contrato hubiera sido suscrito entre 6-6-2013 y 5-3-2019, tratándose de transmisiones a título oneroso de la vivienda arrendada, se pueden distinguir las situaciones expuestas a continuación:
Cuando el arrendamiento **está inscrito** con anterioridad a la transmisión de la vivienda, el adquirente de la misma tiene obligación de subrogarse en los derechos y obligaciones del arrendador (LAU art.7.2 y 10.2).
Cuando el arrendamiento **no se ha inscrito**, al producirse la transmisión a título oneroso, cabe distinguir a, su vez, las **dos situaciones** siguientes.

668 **Finca inscrita en el Registro de la Propiedad** La transmisión de una finca arrendada que está inscrita en el Registro de la Propiedad, sin que lo esté el arrendamiento, extingue este si al adquirente se le puede considerar tercero hipotecario, es decir, si ha adquirido la vivienda a título oneroso y la inscribe en el Registro de la Propiedad, pues en ese caso se le presume

buena fe (LH art.34). En definitiva, si desconocía la existencia del arrendamiento al adquirir la vivienda.
A este respecto pueden darse diversas situaciones cuyos efectos hay que tener en cuenta:
• Que el adquirente **no inscriba su título** en el Registro. En este caso queda subrogado en los derechos y obligaciones del contrato ya que no tiene la condición de tercero hipotecario de la LH art.34.
• Que el adquirente a título oneroso que ha inscrito, ostentando con ello la presunción de la buena fe que establece la LH art.34, en realidad **conozca la existencia del arrendamiento** anterior a su adquisición, porque se ha hecho constar en la escritura de transmisión. En principio, la interpretación a *sensu contrario* de la LAU art.14.1 parece llevar a la subrogación del comprador en el contrato de arrendamiento por falta del requisito de la buena fe.
Sin embargo, dado que la **eficacia frente a terceros** del arrendamiento requiere «en todo caso» su inscripción registral (LAU art.7.2), la propia norma parece llevar a la conclusión de que prima el principio general «**venta quita renta**» (CC art.1571), pues aquí ya no se exige que el tercero tenga la condición de tercero hipotecario de buena fe, sino solamente que inscriba en el Registro. Es decir, inscrito el título de adquisición en el Registro el arrendamiento anterior no inscrito no le vincula, quedando extinguido.

Precisiones En contra de la aplicación en este caso del principio «**venta quita renta**», cabría argumentar que la LAU art.14, para el caso concreto de enajenación de la vivienda, concreta el principio general de eficacia frente a terceros de la LAU art.7.2, al igual que hace la LAU art.29 para los arrendamientos para uso distinto de vivienda -hay subrogación salvo que el adquirente sea de buena fe por cumplir los requisitos del de la LH art.34-. Es decir, en realidad se está exigiendo un requisito complementario para que no se produzca la subrogación, que sería la regla general. No obstante, parece difícil sostener esta postura por la remisión expresa que hace la LAU art.14.1 a la LAU art.7 y 10 -redacc L 12/2023-. **670**

Finca no inscrita en el Registro de la Propiedad Si la finca no está inscrita en el Registro de la Propiedad, el comprador tiene derecho a que termine el arrendamiento al verificarse la venta, salvo pacto en contrario (LAU art.14.2; CC art.1571). **671**
Si el adquirente usa de este derecho y, por tanto, decide que finalice el arrendamiento, el arrendatario:
- puede exigir que se le deje **continuar en el inmueble** durante 3 meses, a contar desde que el comprador le notifique su propósito;
- debe pagar la **renta** y demás cantidades asimiladas que se devenguen al nuevo propietario; y
- puede pedir al vendedor, anterior arrendador, que le **indemnice** los daños y perjuicios que se causen.
Al arrendatario de la finca no inscrita se le conceden estos dos derechos porque no tuvo **posibilidad de inscribir** el arrendamiento en el Registro, evitando así la extinción del arrendamiento con la transmisión.
Se asimila de esta forma al comprador a un tercero hipotecario de buena fe (LH art.34) preservando en todo caso el derecho del comprador a poner fin al arrendamiento (CC art.1571) por encima del derecho del arrendatario.
Se está aplicando realmente el principio general de **ineficacia frente a terceros** del arrendamiento no inscrito (LAU art.7.2), con compensación de daños y perjuicios al arrendatario afectado que no ha podido inscribir su arrendamiento.

Precisiones Se ha rechazado el **retracto** intentado por el arrendatario que no constaba inscrito en el Registro de la Propiedad, en el caso de un tercero adquirente en **subasta pública** que ignora la existencia del arrendamiento (AP Jaén 7-1-98, EDJ 68475); igualmente, enajenada en subasta pública una finca arrendada sin que conste el arrendamiento inscrito en el Registro de la Propiedad, se extingue el contrato de arrendamiento al no demostrarse que el tercero adquirente -entidad de crédito en un procedimiento de ejecución hipotecaria-, conociera la existencia del arrendamiento (AP Madrid auto 1-4-00, EDJ 120023).

Contratos suscritos entre 1-1-1995 y 5-6-2013 En los contratos suscritos entre 1-1-1995 y 5-6-2013, no existe el **requisito general** de inscripción del arrendamiento, para que este surta efectos frente a terceros. **673**
• El adquirente debió respetar el contrato en todo caso, quedando subrogado en los derechos y obligaciones del arrendador durante los **5 primeros años** de vigencia del mismo, y esto con independencia de que la adquisición hubiera sido a título oneroso o gratuito o que se conociera o no el hecho del arrendamiento (LAU art.14, en su redacción original).
• Si la duración pactada es **superior a 5 años**, el adquirente queda igualmente subrogado por la totalidad de la misma, salvo que se trate de una adquisición a título oneroso inscrita en el Registro de un tercero de buena fe (LH art.34), en cuyo caso se habrían producido los siguientes **efectos**:
- el adquirente solo habrá tenido que soportar el arrendamiento durante el tiempo que restase para el transcurso del plazo de 5 años; y

- el vendedor debe indemnizar al arrendatario con una cantidad equivalente a una mensualidad de la renta en vigor por cada año del contrato que, excediendo del citado plazo de 5 años, reste por cumplir.
En cualquier caso, concurran o no los requisitos de la LH art.34, cuando las partes hubieran celebrado un **pacto de extinción** del arrendamiento por la venta de la vivienda, el adquirente solo debe soportar el arrendamiento durante el tiempo que reste para el transcurso del plazo de 5 años, pues la propia norma, la redacción original de la LAU art.14, excluía su aplicación de existir un pacto de las partes.

Precisiones La función del **pacto de extinción** es doble: por un lado, incide sobre la duración del arrendamiento, con independencia de que el adquirente conozca su existencia, y, por otro, excluye la posibilidad de que el arrendatario pueda reclamar indemnización por los perjuicios sufridos (AP Barcelona 2-3-06, EDJ 262139).

2. Resolución del derecho del arrendador

(LAU art.13)

675 Existen diversas circunstancias que conllevan la desaparición del derecho del arrendador, ya sea este el propietario de la finca, el titular de un derecho de goce o disfrute sobre la misma, o su propietario aparente. En alguno de estos casos, las consecuencias que para el contrato de arrendamiento tiene la resolución del derecho del arrendador, son distintas en función de la fecha en que se haya suscrito este.
Las **circunstancias** que pueden resolver el derecho de propiedad del arrendador son, entre otras, el retracto convencional, la sustitución fideicomisaria, la enajenación forzosa y la opción de compra.

Precisiones **1)** El **retracto convencional**, supone la recuperación de la finca por su vendedor, dentro de un plazo pactado o, en su defecto, de 4 años, tras la celebración de la compraventa (CC art.1507 a 1520 y 1572).
2) En la **sustitución fideicomisaria**, aunque el arrendamiento sea un acto de administración permitido al fiduciario, cuando aquel tenga establecido un plazo de duración excesivo, se asemeja a los actos de disposición. El arrendamiento sustrae, o al menos limita extraordinariamente, el goce y posesión del inmueble, y ello le hace adquirir caracteres prácticos de derecho real, siendo incluso más gravoso que aquellos en determinados casos.
3) La modificación de este régimen se incluye mediante el RDL 7/2019 con efectos a partir del **6-3-2019**. No se contemplaba en el precedente RDL 21/2018, aplicable a los contratos suscritos entre el **19-12-2018 y el 23-1-2019**.

676 **Propietario** (LAU art.13.1) • Para los contratos firmados a partir de **6-3-2019**, la resolución del derecho del arrendador, propietario del inmueble, durante el plazo mínimo legal del contrato de arrendamiento, los 5 o 7 primeros años, no afecta al mismo, pues el arrendatario tiene derecho a continuar con el arrendamiento hasta que se cumpla dicho plazo, sin perjuicio de la facultad de no renovación que tiene en ese periodo (nº 460).
Sin embargo, sí se extinguiría el contrato si el plazo pactado para este hubiera sido superior a ese plazo mínimo legal y ya hubiera transcurrido -p.e., se pactó un plazo de 10 años y el derecho de propiedad se resuelve en el octavo año-, salvo que el contrato se hubiera inscrito Registro de la Propiedad antes que los derechos determinantes de la resolución, pues, en este caso, el arrendamiento va a continuar por la duración pactada inicialmente por las partes -en el ejemplo, 10 años-.
• Para los contratos suscritos entre el **6-6-2013 y el 5-3-2019**, la resolución del derecho del propietario arrendador extingue de inmediato el contrato de arrendamiento, salvo que este hubiera accedido al Registro de la Propiedad con anterioridad a los derechos determinantes de la resolución del derecho del arrendado. En este caso el arrendamiento continúa por la duración pactada.
• Por último, si el contrato se firmó entre el **1-1-1995 y el 5-6-2013**, resuelto el derecho del propietario arrendador, durante el plazo mínimo legal -para estos contratos 5 años-, el inquilino pudo continuar con el arrendamiento hasta cumplirse dicho plazo. Al igual que en el régimen hoy vigente, si el arrendamiento accedió al registro antes que el derecho que da lugar a la resolución, puede aquel continuar por la duración pactada superior a los 5 años de dicho plazo mínimo.

Precisiones El **arrendamiento celebrado en 2014**, queda extinguido y deja de surtir efectos con respecto al tercero adquirente si no está inscrito en el Registro de la Propiedad. Se produce una extinción *ope legis* de la relación arrendaticia, dando lugar a una situación de precario de los ocupantes. En este caso, el **impago de la renta**, iniciado con el cambio de propietario -por la adjudicación de la finca en ejecución hipotecaria- y el aquietamiento durante un periodo de más de 2 años del nuevo propietario, sin instar el desahucio ni reclamar las rentas atrasadas, no se puede pretender que reviva una relación arrendaticia que había quedado extinguida automáticamente por ministerio de la ley (TS 1-3-21, EDJ 510415).

Titular de un derecho de goce (LAU art.13.2) Con independencia de la fecha en la que se firmara el contrato, los arrendamientos otorgados por usufructuario, superficiario y cuantos tengan un análogo derecho de goce sobre el inmueble, **se extinguen** al término del derecho del arrendador, además de por las restantes causas de extinción que resulten de lo dispuesto en la LAU. 677

Surge la duda de determinar a qué se refiere la expresión «**análogos derechos de goce**», pues en este concepto no pueden incluirse ni los de uso y habitación (CC art.525), ni las servidumbres personales. Parece que se hace referencia a los derechos reales de goce creados en virtud del sistema de *numerus apertus*.

Este es el único caso en que el contrato puede tener una duración inferior al plazo mínimo legal, actualmente 5 o 7 años (nº 457), aunque el arrendatario desee su prórroga.

Apariencia de dueño (LAU art.13.3) A partir de **6-3-2019**, los contratos concertados por el arrendatario de buena fe con la persona que aparezca como propietario de la vivienda en el Registro de la Propiedad, o que parezca serlo en virtud de un estado de cosas cuya creación sea imputable al verdadero propietario, continuarán hasta completar su plazo mínimo legal (5 o 7 años), sin perjuicio de la facultad de desistimiento que durante este tiempo tiene el arrendatario (nº 460 s.). A estos efectos es necesario (AP Barcelona 6-3-13, EDJ 67554): 678

• Que el arrendamiento sea **otorgado** por quien no es el verdadero dueño.

• Que se de alguna de las tres siguientes **hipótesis**:

- que, en consonancia con la presunción de exactitud registral y principio de legitimación registral de la LH art.34, el arrendador aparezca como propietario de la finca en el Registro de la Propiedad;

- que, aunque no conste como titular registral, parezca que la persona que otorga el contrato es dueño de la vivienda; apariencia que ha de provenir de un estado de cosas o situación real cuya creación sea imputable al verdadero propietario, lo que induce a pensar que el propietario de la vivienda es la persona que la arrienda; o

- que, bien por la circunstancia de presentarse el arrendador como titular registral, bien por crearse la ficción de ser propietario de la vivienda objeto de arrendamiento, el arrendatario obre de buena fe, siendo intrascendente la buena o mala fe del arrendador.

Al respecto, cabe no obstante plantearse **cuándo se da esa situación** determinante de la apariencia de titularidad dominica y qué debe entenderse por «**estado de cosas**». Hay que ver cada caso concreto atendiendo a la conducta omisiva, más que activa, del verdadero propietario, pues será lo más probable que probable que el «estado de cosas» se deba a que la finca no esté inscrita en el Registro de la Propiedad o, que se haya roto el tracto sucesivo, en una cadena de transmisiones, sin que la inscripción vigente responda a la realidad».

Tras la reforma operada en la LAU art.13 por la L 4/2013, este supuesto se eliminó de la norma, por lo que para los contratos suscritos entre **6-6-2013 y el 5-3-2019**, la destrucción de esta apariencia, supondría la extinción del contrato, al igual que ocurría en el supuesto genérico de resolución del auténtico dueño y arrendador.

El régimen vigente es idéntico al que resulta aplicable para los contratos suscritos entre el **1-1-1995 y el 5-6-2013**, si bien teniendo en cuenta que el plazo mínimo legal era entonces de 5 años, con independencia de quien fuera el arrendador.

Precisiones Dado que el arrendamiento es solo un «**acto de administración**» en el que no se transmite el dominio de la finca objeto de arrendamiento, sino solamente su goce o uso, no se precisa que quien intervenga como arrendador tenga capacidad de disposición sobre la cosa, sino que basta con que la tenga para ceder el goce o uso de la misma (TS 30-3-87, EDJ 2492).

3. Nulidad, separación o divorcio del arrendatario

(LAU art.15)

En los casos de nulidad, separación judicial o divorcio del arrendatario, el **cónyuge no arrendatario** puede continuar en el uso de la vivienda arrendada cuando esta le sea atribuida, de acuerdo con la legislación civil que le resulte aplicable (CC art.90 y 96, en derecho común). 680

El cónyuge a quien se atribuya dicho uso, bien de forma permanente, bien por un plazo superior al que reste por cumplir del contrato de arrendamiento, pasa a ser **titular del contrato**. Se produce la subrogación, desapareciendo del mismo el arrendatario original, al que se le priva del derecho a usar la vivienda. Parece que, al producirse el cambio de titular por imperativo legal, el legislador ha privado al arrendador del derecho a reclamar cualquier incumplimiento contractual, principalmente el de pago de la renta, contra el primer inquilino y titular.

Es necesario **comunicar** al arrendador la voluntad del cónyuge del arrendatario original de continuar en el uso de la vivienda en el plazo de 2 meses desde la notificación de la resolución judicial correspondiente, acompañando copia de dicha resolución o, en su caso, para preservar el derecho a la intimidad, solo de la parte de la misma que afecta al uso de la vivienda.

683 Para los contratos celebrados entre **1-1-1995 y 5-6-2013**, en estas situaciones no se produce ningún tipo de **cesión o subrogación**, pues, aunque el cónyuge al que se le adjudica la vivienda, continúe en ella, no se le llega a considerar titular del contrato (LAU art.15 redacción original). El **arrendatario original** no desaparece de la relación contractual, aunque sí se le priva del derecho a usar la vivienda.

Por tanto, es el arrendatario original el que asume las **obligaciones** frente al arrendador estando obligado al pago de las rentas. De esta forma, el arrendador puede demandar al usuario de la vivienda y al titular del contrato para el pago solidario, sin perjuicio de que en el supuesto de que abone a cantidad adeudada el arrendatario no usuario, en cuanto pago efectuado por tercero, podría repetir frente al otro obligado que ostentara el goce o uso de la vivienda (AP Gipuzkoa 13-2-06, EDJ 72548).

685 Precisiones **1)** Del análisis de la LAU art.12 y 15, debe entenderse que, aunque ambos están pensados para regular situaciones de **crisis matrimonial**, el primero regula la situación de **separación de hecho** de los cónyuges (nº 745), mientras que, si existe **procedimiento judicial** de nulidad, separación o divorcio, debe aplicarse la LAU art.15 desde que se inician los trámites para obtener la correspondiente resolución, bien por las medidas provisionales o provisionalísimas o por un convenio regulador pactado con la finalidad de presentar una demanda de separación o de divorcio (AP Madrid 15-9-03, EDJ 142275).

2) La falta de **comunicación al arrendador** por parte del cónyuge no arrendatario en el plazo de 2 meses, de su voluntad de continuar en el uso de la vivienda, no se considera incumplimiento que permita la resolución del contrato (LAU art.27.1; CC art.1124), porque se dejaría sin efecto lo sancionado en una resolución judicial por el mero incumplimiento de un formalismo, como es el hecho de la comunicación.

4. Fallecimiento del arrendatario

(LAU art.16)

687 En principio, el fallecimiento del arrendatario produce la **extinción** del contrato (nº 790), porque en un tipo de relación contractual como la arrendaticia, la relación personal entre arrendador y arrendatario es relevante para suscribir el contrato. Ahora bien, como excepción, se permite que el contrato de arrendamiento subsista si existen personas con **derecho a subrogarse** que ejercen expresamente este derecho (AP Baleares 21-1-99, EDJ 86957).

En arrendamientos cuya duración inicial sea superior al plazo mínimo legal (nº 457), las partes pueden pactar que no haya derecho de subrogación en caso de fallecimiento del arrendatario una vez transcurrido dicho plazo; o que el arrendamiento se extinga al finalizar el mismo, si el fallecimiento se produce con anterioridad. No obstante, desde **6-3-2019**, no es posible renunciar al derecho de subrogación en caso de que las personas que puedan ejercitar tal derecho (nº 690), se encuentren en situación de especial vulnerabilidad, afecte a menores de edad, a personas con discapacidad o a personas mayores de 65 años.

690 **Beneficiarios** Las personas que **pueden subrogarse** en el contrato de arrendamiento son las siguientes:

- El **cónyuge** del arrendatario que al tiempo del fallecimiento conviva con él.
- La persona que haya convivido con el arrendatario de forma permanente en **análoga relación de afectividad** a la de cónyuge, durante, al menos, los 2 años anteriores al tiempo del fallecimiento, salvo que hayan tenido descendencia en común, en cuyo caso basta la mera convivencia.
- Los **descendientes** del arrendatario que en el momento de su fallecimiento estén sujetos a su patria potestad o tutela o que hayan convivido habitualmente con él durante los 2 años precedentes.
- Los **ascendientes** del arrendatario que hayan convivido habitualmente con él durante los 2 años precedentes.
- Los **hermanos** del arrendatario que hayan convivido habitualmente con él durante los 2 años precedentes.
- Las personas distintas de las mencionadas que sufran una **discapacidad** igual o superior al 65%, siempre que:

- tengan una relación de parentesco hasta el tercer grado colateral con el arrendatario; y
- hayan convivido con este durante los 2 años anteriores al fallecimiento.

El orden expuesto es de prelación, por lo que en caso de **concurrencia** de varias de las personas mencionadas y a falta de acuerdo unánime sobre cuál de ellas debe ser la beneficiaria de la subrogación, es este el que ha de regir teniendo en cuenta las siguientes **salvedades**: 693
- los padres mayores de 70 años se prefieren a los descendientes; y
- entre descendientes y ascendientes, debe tener preferencia el más próximo en grado, y entre hermanos, el de doble vínculo sobre el medio hermano.

Los **casos de igualdad** se resuelven por este orden:
- quien tenga un grado de discapacidad igual o superior al 65%;
- quien tenga mayores cargas familiares; y
- el descendiente de menor edad, el ascendiente de mayor edad o el hermano más joven.

Es el **acuerdo unánime** -no basta mayoría simple ni reforzada- el que decide. Puede haber abuso de derecho, figura que surge con frecuencia en casos de unanimidad, en quien no quiere prestar su conformidad para ello, obligando a otros mecanismos.

La subrogación escapa en este caso al mecanismo de sucesión ordinaria en las relaciones jurídicas:
- el arrendatario no puede **designar su sucesor**, porque esta relación jurídica no se integra en su herencia;
- si recibe varias notificaciones de quienes se consideren beneficiarios, el arrendador tampoco tiene la facultad de **elegir al subrogado**;
- si existe un único beneficiario, este es el único que puede subrogarse y no hay **derecho de sustitución**, ni posibilidad de transmisión a favor de sus propios herederos.

Precisiones **1)** Si arrendatario dedicaba el inmueble a **hogar familiar y ejercicio de su profesión**, conjuntamente, el cónyuge que haya convivido en la vivienda arrendada puede subrogarse, sin que tenga trascendencia a tales efectos cuál es el destino de más entidad o importancia, si el de hogar familiar o el de la actividad profesional (AP Madrid 18-1-99, EDJ 20639). 695

2) La **convivencia** necesaria para la subrogación supone situación de vida en común, con carácter continuado y permanente. No se rompe por ausencias temporales accidentales, pero la intensidad y frecuencia de esas separaciones sí pueden producir la desaparición del vínculo en común (AP Barcelona 3-2-05, EDJ 18233). A falta de convivencia, el orden de preferencia recuerda nuevamente la necesidad de protección familiar. La convivencia puede ser en la vivienda actual o en otra anterior.

3) En aplicación de la tesis de la **cotitularidad de ambos cónyuges** sobre el arrendamiento, se ha entendido que en estos supuestos no se estaría en presencia de un supuesto genuino de subrogación *mortis causa* del contrato de arrendamiento, sino que, habiendo desaparecido por defunción uno de los titulares del arrendamiento concertado, el otro cónyuge no tiene, en realidad, necesidad de subrogarse en su lugar, pues su cotitularidad permanece, criterio este que viene reforzado por el contenido de LAU art.12 s. y CC art.1320 (AP Valencia 10-10-05, EDJ 211667).

Plazo (LAU art.16.3) El arrendamiento se extingue si, en el plazo de 3 meses desde la muerte del arrendatario, el arrendador no recibe **notificación** por escrito del hecho del fallecimiento, con certificado registral de defunción y de la identidad del subrogado, que debe indicar su parentesco con el fallecido y ofrecer, en su caso, un principio de prueba de que cumplen los requisitos legales para subrogarse. 697

Si se produce la **extinción**, todos los que hubieran podido suceder al arrendatario quedan solidariamente obligados al pago de la renta de estos 3 meses, salvo que hayan efectuado la renuncia a su opción notificándolo por escrito al arrendador dentro del mes siguiente al fallecimiento.

Si el arrendador recibe en tiempo y forma **varias notificaciones** cuyos remitentes sostengan su condición de beneficiarios de la subrogación, puede considerarles deudores solidarios de las obligaciones propias del arrendatario, mientras mantengan su pretensión de subrogarse.

La notificación es preceptiva para continuar ostentando sus derechos, aunque posteriormente se tome el acuerdo unánime de designación del beneficiario. Pero este acuerdo no tiene por qué tomarse y notificarse en este período de 3 meses.

Precisiones No es imprescindible que se cumplan rigurosamente los **requisitos formales** para entender que la subrogación se ha producido, ya que, si el arrendamiento mismo puede concluirse sin sujeción a forma alguna, no es lógico que algo que tiene una menor importancia sí se sujete a un rigorismo formal. Lo relevante es que el arrendador tenga **conocimiento** de que la subrogación se ha producido, no si se ha producido la notificación por escrito o no. No se trata de valorar los efectos de la omisión de la forma escrita en esa notificación del hecho de la muerte del arrendatario, sino la existencia misma de la notificación (TS 27-9-21, EDJ 710009; 20-7-18, EDJ 524560).

5. Cesión por el arrendatario

(LAU art.8.1)

700 La cesión implica la desvinculación del arrendatario original (**cedente**) y su sustitución por otra persona (**cesionario**), que se subroga en la posición de aquel frente al arrendador. Al cesionario, le afectan, por tanto, todas las estipulaciones contenidas en el contrato primitivo, incluido el plazo.

No es necesario hacer constar la cesión **por escrito**, ni ningún otro formalismo.

Como no se prohíbe que la cesión tenga **carácter oneroso**, el arrendatario puede percibir contraprestación por la misma. Igualmente, el arrendador puede percibir una prima.

Precisiones **1)** La **cesión** implica la desvinculación del titular arrendatario original y su sustitución por otra persona; mientras que, el **subarriendo** (nº 710) supone la subsistencia del arrendatario y la introducción de un tercero en parte del objeto arrendado, sin desvinculación de aquel.

2) Respecto a la facultad del arrendador de **resolver el contrato** por cesión inconsentida, ver nº 773.

703 **Consentimiento** La cesión inconsentida da derecho al arrendador a resolver el contrato. En principio el consentimiento ha de ser **escrito** (LAU art.27.2.c). No obstante, cabe entender que, si el arrendador presta el consentimiento verbalmente, no puede negarlo ni accionar la resolución del contrato, por ir contra la doctrina de los actos propios.

No se exige que el consentimiento tenga carácter previo a la cesión, puede cederse el contrato y, posteriormente, el arrendador prestar su consentimiento, pero se resuelve de pleno Derecho si no acepta la cesión.

La ausencia de consentimiento no debe entenderse como un supuesto de **nulidad o anulabilidad**, sino como un supuesto de extralimitación del arrendatario en su facultad de disposición sobre su propia posición, no produciendo efectos frente al arrendador hasta que, en su caso, preste su consentimiento, tácito o expreso.

Para entender que se ha producido una cesión es irrelevante que sea a título oneroso o gratuito (AP Barcelona 16-11-04, EDJ 226560; AP Madrid 19-6-17, EDJ 155001); que la ocupación de la finca por el tercero se realice de forma exclusiva y excluyente o compartida con el arrendatario; o de forma total o parcial (AP Barcelona 16-3-17, EDJ 79853).

Corresponde al arrendatario probar la existencia del consentimiento (AP León 24-11-03, EDJ 206364).

705 Precisiones **1)** El simple **conocimiento del arrendador**, no puede identificarse con el consentimiento exigido por la Ley, ni aun unido a la pasividad del mismo, que puede obedecer a circunstancias diversas y admitir interpretaciones diferentes. El mero conocimiento no alcanza la categoría de un acto propio expresivo de la voluntad de crear o modificar ningún derecho, y entre él y el consentimiento que ha de acreditarse no existe el enlace preciso y directo a que se refiere el CC art.1253 para la estimación de las presunciones (AP Toledo 16-6-99, Rec 147/93).

2) No cabe entender que existe un **consentimiento tácito** derivado de que el cesionario haga el pago de los suministros del inmueble, ni los ingresos para el pago del alquiler en la cuenta del arrendador (AP Murcia 18-7-17, EDJ 184300).

3) La mera designación de la vivienda arrendada como **domicilio social** de una entidad, sin que esta tenga realmente actividad en la misma, no puede entenderse como una cesión inconsentida del arrendamiento (TS 13-11-12, EDJ 248607; 5-2-13, EDJ 15625; 20-3-13, EDJ 46677).

4) La cesión del contrato sometiéndola a la **condición suspensiva** de que la acepte el arrendador no es causa de resolución, pues no puede resolverse lo que no ha llegado a existir.

6. Subarriendo

(LAU art.8.2)

710 El subarriendo supone la introducción de un tercero en parte de la vivienda arrendada, con subsistencia del **arrendatario** que no se desvincula del contrato original. Implica por tanto que dicha vivienda debe seguir satisfaciendo la necesidad de vivienda permanente del arrendatario.

La vivienda arrendada solo se puede subarrendar de forma parcial y previo **consentimiento** escrito del arrendador. La falta de consentimiento faculta al arrendador para resolver el contrato de arrendamiento (LAU art.27.2.c).

El **precio** del subarriendo, debe ser el mismo o inferior al que corresponda al arrendamiento, sobre todo cuando lo permitido es el subarriendo parcial, pero nunca puede excederlo: si se fija un precio superior al del arrendamiento, el subarrendatario o los subarrendatarios pueden pedir su reducción pues no está prevista legalmente la renuncia a esta norma.

Pueden subsistir **diferentes subarriendos** parciales, siempre que el arrendatario se reserve una parte de la vivienda para sí, y que el precio exigido a los subarrendatarios no supere, en cómputo global, el del arrendamiento.
Si el subarriendo es total y el arrendatario tiene que abandonar la vivienda, se trata de cesión onerosa y contraria a la Ley.
El subarriendo se regula por la **LAU**, cuando la parte de la finca subarrendada se destine por el subarrendatario para vivienda permanente, de no darse esta condición, se regula por lo pactado entre las partes.

La **extinción** del derecho del subarrendatario se produce, en todo caso, cuando se extingue el del arrendatario que lo subarrendó. 713
Si el arrendatario **renuncia** antes del plazo pactado, también se extingue el subarriendo, dado su carácter accesorio, sin perjuicio de la indemnización de daños y perjuicios que proceda y la posible existencia de convenio fraudulento.
El subarrendatario queda **obligado frente al arrendador** (CC art.1551 s.):
- por todos los actos relativos al uso y conservación de la vivienda arrendada, en la forma pactada entre el arrendador y el arrendatario; y
- por el importe del precio convenido en el subarriendo pendiente de pago en el momento del requerimiento, considerándose a estos efectos no hechos los pagos adelantados no verificados con arreglo a la costumbre.
En principio, el subarrendatario podría a su vez **ceder el subarriendo**, en igual forma y con el mismo alcance que si del arrendatario se tratase, pues la norma no excluye esta posibilidad (Cuatrecasas, Fuentes Lojo).

Precisiones **1)** El subarriendo no puede tener más **extensión** que la del arrendamiento del que depende, por ser principio jurídico fundamental que los derechos derivativos no pueden ir más allá que los originarios (TS 1-3-93, EDJ 1973; AP Castellón 3-12-01, EDJ 69451). 715
2) Respecto a la facultad del arrendador de **resolver el contrato** por subrogación inconsentida, ver nº 773.

E. Terminación y suspensión del contrato

720

A la terminación del contrato, tanto si acaba por desistimiento del arrendatario como por transcurso del plazo o porque se ejercita el derecho a no renovarlo, es conveniente hacer una comunicación escrita a la otra parte señalando la voluntad de darlo por terminado, de esta forma se puede demostrar que se ha cumplido con los plazos de preaviso establecidos en cada caso. 723

Precisiones **1)** El cambio de inmueble arrendado y la elevación sustancial de la renta, aun siendo **prestaciones esenciales del contrato**, no es causa suficiente para considerar este extinguido si no viene acompañado de la expresión de voluntad de las partes en ese sentido (TS 31-3-21, EDJ 520183).
2) Puede resultar útil la firma de un **documento de terminación** del arrendamiento que refleje si existen o no obligaciones pendientes y las facultades de las partes respecto de la fianza:
- si **no hay obligaciones** pendientes de cumplimiento, el arrendamiento se extinguirá totalmente con la firma del acuerdo de terminación, debiendo en dicho momento el arrendador proceder a la devolución de la fianza; y
- si **existen obligaciones** pendientes, será necesario detallarlas en el acuerdo de terminación, estableciendo una regulación completa respecto a cuantificación, plazo para el cumplimiento, obligaciones de las partes y consecuencias de su incumplimiento o, de ser posible, alcanzar un acuerdo transaccional para la cuantificación y liberación completa de las obligaciones.
Un **modelo** para la elaboración de dicho documento puede verse en el nº 12070 s.

1. Desistimiento del arrendatario

(LAU art.11)

La facultad de desistimiento del arrendatario está sujeta a distintas condiciones en función de que la misma se ejerza durante el plazo contractual pactado por las partes o en alguna de las prórrogas legales, en caso de que las hubiera. 725

En cualquier caso, se trata de un derecho potestativo del arrendatario, que no requiere justificación, siendo indiferente el motivo que este alegue (AP Las Palmas 28-5-04, EDJ 60472).

726 **Plazo contractual** Durante el plazo contractual fijado por las partes, con independencia del cual sea este, una vez transcurridos los primeros 6 meses del arrendamiento, el arrendatario puede dejar la vivienda sin necesidad de causa alguna, únicamente avisando al arrendador con 30 días de antelación a la fecha de salida, se haya reflejado o no esta circunstancia en el contrato.

El arrendador no puede **limitar en el contrato** el derecho del arrendatario a terminar el arrendamiento de vivienda una vez transcurridos los 6 primeros meses. Es norma imperativa y se aplica de forma obligatoria, aunque el contrato establezca lo contrario.

No obstante, son perfectamente válidos los pactos que reduzcan el plazo obligatorio, permitiendo el desistimiento unilateral del arrendatario antes de que transcurran esos 6 primeros meses; o que lo eliminen por completo, permitiendo el desistimiento en cualquier momento.

No se establece la forma en que debe hacerse la **comunicación** al arrendador, por lo que se entiende que cabe cualquiera de ellas, incluso la verbal. Sin embargo, por el propio interés del arrendatario, es aconsejable que la efectúe de forma que quede constancia de que ha llegado al arrendador, de la fecha en que fue realizada del contenido de la misma.

El hecho de que el arrendador reciba la comunicación y se haga cargo de las llaves de la vivienda arrendada, no puede ser entendido como **aceptación o consentimiento tácito** de la resolución contractual, ni que actúe contra sus propios actos al ejercitar acciones legales para reclamar la indemnización que le corresponde de acuerdo con el contrato suscrito (TS 20-7-11, EDJ 204892; AP Sta. Cruz de Tenerife 1-2-02, EDJ 8847).

727 Para los contratos suscritos entre **1-1-1995 y 5-6-2013**, el tratamiento del desistimiento es distinto en función del plazo pactado para el contrato, pero es indiferente que el desistimiento se produzca durante el plazo contractual o en alguna de las prórrogas legales obligatorias. Realmente no existía una facultad de desistimiento del arrendatario como en el régimen vigente, tan solo, en su caso, la de no prorrogar el contrato otra anualidad hasta llegar al mínimo de 5 años. Cada plazo contractual o prórroga legal iniciada era de obligado cumplimiento. Originando una indemnización a favor del arrendador la marcha del inquilino sin respetar este plazo.

Para los contratos de duración pactada **superior a los 5 años**, no cabía el desistimiento del arrendatario durante los 5 primeros años. Transcurrido ese plazo ya sí cabe el desistimiento, si bien con un preaviso mínimo al arrendador de 2 meses y una posible indemnización equivalente a la actualmente vigente: una mensualidad de renta por cada año de contrato que reste por cumplir.

729 **Notificación** (LAU art.9.1) En principio no se exige una **forma** especial para la notificación, no se exige la fehaciencia, ni siquiera que se haga por escrito. Si bien, se trata de una declaración recepticia, que ha de ser efectivamente recibida por el arrendador para contar con eficacia (AP Barcelona 25-4-18, EDJ 98906; AP Pontevedra 27-4-15, EDJ 75183), ello tampoco implica que la misma pueda quedar condicionada a la voluntad de la persona a la que afecta, porque, por ejemplo, se niegue a recibir un burofax (AP Baleares 25-7-17, EDJ 180638).

El **plazo** de 30 días establecido en la Ley es un plazo mínimo, de forma que el arrendatario puede notificarlo con mayor antelación si ya decidió no continuar con el contrato (AP Málaga 26-11-07, EDJ 314691). Por otro lado, la notificación **extemporánea** carece de eficacia resolutoria (AP Cáceres 31-1-05, EDJ 25074).

730 **Indemnización** Si el arrendatario se marcha **antes de 6 meses**, dado que este es el plazo mínimo de obligado cumplimiento para el arrendatario, el arrendador puede exigirle que pague las rentas hasta cumplir esos 6 meses, como indemnización por terminación, en un único pago u sin necesidad de que se haya hecho constar en el contrato.

No obstante, en estos casos operaría el límite genérico del **enriquecimiento injusto**, de manera que no cabría indemnización desde el momento en que, dentro de este plazo, la vivienda volviera a alquilarse.

Adicionalmente, si el arrendatario se marcha **transcurridos los 6 meses**, pero antes de que finalice el contrato, el arrendador pueda exigir al arrendatario una indemnización por terminación anticipada:

- La posibilidad de indemnización debe estar expresamente contemplada en el contrato (AP Barcelona 1-9-08, EDJ 265753).
- La cuantía máxima es una mensualidad de la renta en vigor por cada año que reste por cumplir, devengándose proporcionalmente para períodos inferiores al año.

No cabe establecer una indemnización superior a la fijada legalmente, sería una cláusula nula (LAU art.6), aunque sí pueden acordarse indemnizaciones menores (AP Barcelona 9-1-18, EDJ 4210).

Precisiones 1) La mera **aceptación del arrendador** de la resolución unilateral del contrato por el arrendatario, no implica sin más una resolución de mutuo acuerdo, que necesitaría la concurrencia de ambas voluntades para finalizar el mismo. De ahí que la mera aceptación del arrendador no puede excluir las consecuencias pactadas en el contrato para el caso de desistimiento del arrendatario (AP Barcelona 1-9-08, EDJ 265753).
2) Cuando el arrendatario desiste del contrato antes de transcurridos los **6 primeros meses**, lo procedente es la indemnización de los daños producidos al arrendador, aunque esto no se encuentra expresamente regulado en la LAU art.11. Con mayor motivo, si las consecuencias del desistimiento en este período han sido previstas en el contrato, resulta plenamente aplicable la penalización pactada (AP Baleares 24-1-18, EDJ 13815).

Ejemplos 1) En un contrato con **duración de 1 año** y una renta de 1.000 € mensuales, en el que el inquilino se marcha a los 8 meses, la indemnización alcanzaría los 333,33 € **735**
1.000/12 = 83,33 €
83,33 euros x 4 meses = 333,33 €
2) En un contrato **firmado por 3 años**, con una renta de 1.000 € mensuales en el que el inquilino se marcha a los 8 meses, la indemnización alcanzaría los 2.333,33 €
• Por la parte proporcional de lo que queda para cumplir del primer año:
1.000/12 = 83, 33 €
83,33 euros x 4 meses = 333,33 €
• Por los 2 años siguientes:
1.000 euros x 2 = 2.000 €

Prórroga legal obligatoria En los períodos de prórroga legal, obligatorios para el arrendador y potestativos para el arrendatario, que conforman el plazo mínimo legal obligatorio, en principio el arrendatario ya no está limitado con el plazo de 6 meses para ejercer la facultad de desistimiento, puesto que ya ha cubierto dicha obligación y puede hacer uso de la misma en cualquier momento. **737**
Así, por ejemplo, en un contrato que se firmó por un año, durante el segundo año que sigue a este -primera prórroga legal- el arrendatario se podría marchar cuando quisiera sin tener que esperar a que se cumplieran los 18 meses desde que se inició el contrato, es decir, los primeros 6 meses de la segunda anualidad.

Precisiones Respecto a la **notificación** del arrendatario, ver nº 729.

Indemnización Por lo que respecta a la indemnización por desistimiento anticipado, prevista expresamente en el contrato: **740**
- algunos autores entienden que **no es aplicable** durante las prórrogas, puesto que ya ha transcurrido el plazo inicial del contrato y la prórroga es algo distinto que no tiene la consideración de plazo del mismo; y
- para otros, cabe entender que, si el contrato ha previsto la indemnización, el arrendador **puede exigirla** por el plazo de la segunda anualidad que reste por cumplir. El inicio de la prórroga determina que la duración del contrato se ha ampliado por un año completo, por lo que la indemnización por desistimiento será aplicable en esta nueva anualidad, al establecerse la indemnización «por cada año del contrato que reste por cumplir» (LAU art.11), sin hacer distinciones entre duración inicial o prórroga legal. Toda vez que la prórroga del contrato es de una anualidad, ha de entenderse que se ha generado en el arrendador una expectativa de cumplimiento por un año completo, por lo que, en caso de desistimiento anticipado por el arrendatario, corresponderá aplicar la indemnización por desistimiento si fue prevista en el contrato inicial.

Precisiones 1) Una cláusula frecuente, quizás por herencia de regímenes anteriores a la modificación de la LAU art.11 por la L 4/2013, es la que establece que el primer año es obligatorio en todo caso, fijando una determinada penalización. Se trata de una **cláusula nula** (nº 440), pues la LAU expresamente establece que el arrendatario tiene derecho a dar por terminado el contrato en cualquier momento una vez pasados los 6 primeros meses, y la penalización va a estar siempre limitada a lo que la Ley establece.
2) El concepto de **renta en vigor** debe incluir las actualizaciones ya habidas y los aumentos por mejoras, pero no las actualizaciones futuras.

Matrimonio y convivencia (LAU art.12) Existe un supuesto específico de desistimiento y vencimiento en caso de matrimonio o convivencia de la parte arrendataria, cuando se produce la **separación de hecho** de la pareja, y solo la persona que deja la vivienda figura en el contrato como arrendatario: **745**
• Para el caso de que el arrendatario **manifieste su voluntad** de no renovar el contrato o de desistir de él, el arrendamiento puede continuar en beneficio de dicho cónyuge, siempre que se cumplan los siguientes **requisitos** (AP Barcelona 3-10-07, EDJ 245612):
- que la manifestación de no renovación o desistimiento se haya hecho sin consentimiento de la pareja no arrendataria;

- que esta persona conviva con el arrendatario en la vivienda arrendada; y
- que, en caso de requerirle el arrendador para que manifieste su intención respecto al arrendamiento, lo haga en el plazo de 15 días.

Si la **respuesta** es afirmativa solo esta persona pasa a ser arrendataria subrogada en el contrato, desapareciendo del mismo el arrendatario inicial.

Si el cónyuge **no contesta** en un plazo de 15 días, el arrendamiento se extinguirá, debiendo, quien permanece en la vivienda abonar la renta correspondiente hasta la extinción del contrato, si la misma no estuviera ya pagada. El requerimiento es una opción del arrendador que recibe el desistimiento o no renovación del arrendatario inicial (LAU art.12.2), de no hacerlo, cabe entender que tácitamente da su **consentimiento** a la subrogación, no pudiendo extinguir el contrato por este motivo (TS 25-6-13).

• Si el arrendatario abandona la vivienda **sin manifestación expresa** de desistimiento o de no renovación, el arrendamiento puede continuar en beneficio del cónyuge que conviva con él siempre que, en el plazo de un mes desde el abandono, el arrendador reciba notificación escrita del cónyuge manifestando su voluntad de ser arrendatario.

Si el contrato se extingue por **falta de notificación**, el cónyuge queda obligado al pago de la renta correspondiente a dicho mes.

Ambos supuestos son igualmente de aplicación en favor de la persona que hubiera venido conviviendo con el arrendatario de forma permanente, en **análoga relación de afectividad** a la de cónyuge durante, al menos, los 2 años anteriores al desistimiento o abandono, salvo que tuvieran descendencia en común, en cuyo caso basta la mera convivencia, sin necesidad de plazo.

747 Precisiones **1)** Las soluciones que aporta la LAU en supuestos de **crisis matrimonial**, ya sea por separación de hecho (LAU art.12) o por existir un proceso de nulidad separación o divorcio (LAU art.15), se refieren al abandono de la vivienda por parte del miembro de la pareja que figura como arrendatario, favoreciendo la continuidad en la misma del que no lo es, en protección de la vivienda familiar; con independencia de que se trate de un caso de desistimiento (LAU art.11), no renovación transcurrido el plazo mínimo legal (LAU art.10 redacc L 12/2023) o renuncia a la prórroga legal obligatoria durante el mismo (LAU art.9).

2) La facultad de desistimiento que otorga la norma al arrendatario en este caso de matrimonio o convivencia ha de entenderse siempre dentro de la **facultad de desistimiento** que otorga al arrendatario la LAU art.11, no cabe en supuestos que este no permite (AP Asturias 20-6-03, EDJ 178281).

3) El arrendatario que no ha comunicado el desistimiento o su voluntad de no prorrogar el contrato, ni la continuación de la ex-pareja con el arrendamiento no le libera del **pago de las rentas**, que le pueden ser reclamadas por el arrendador, sin perjuicio de una posible acción de repetición (AP Las Palmas 16-1-14, EDJ 25939).

4) La mera **manifestación de convivencia como pareja** no constituye título justificativo suficiente para continuar en el arrendamiento de la vivienda habitual tras el desistimiento por el arrendatario cuando no se prueba dicha circunstancia (TS 16-9-22, EDJ 689170).

2. Falta de habitabilidad

(LAU art.26)

750 Cuando la ejecución de obras de conservación o de obras acordadas por una autoridad competente en la vivienda arrendada la hagan inhabitable, el **arrendatario puede optar** por:
- suspender el contrato; o
- desistir del mismo, sin indemnización alguna.

Las obras han de ser en la vivienda, por lo que no existe posibilidad de elección si se realizan en los **elementos accesorios** a la misma.

La noción de vivienda arrendada debe entenderse en sentido amplio, por lo que tienen cabida aquí los supuestos en los que se realicen obras en el **edificio donde se ubica** la vivienda o en edificios contiguos. Es necesario, no obstante, que como consecuencia de dichas obras la vivienda resulte inhabitable.

Parece lógico pensar -en una interpretación sistemática con la LAU art.21.2-, que debe tratarse de **obras de conservación** que no puedan aplazarse hasta que finalice el contrato de arrendamiento (nº 563).

La inhabitabilidad de la vivienda debe ser consecuencia de la realización de las obras. Por tanto, queda excluido el supuesto contrario, es decir, cuando la vivienda fuera inhabitable y como consecuencia de ello se realizan las obras de conservación. En este último caso estaríamos ante el cumplimiento de las obligaciones de conservación del arrendador frente al arrendatario (nº 565).

En caso de que el arrendatario opte por la **suspensión del contrato**, hasta la finalización de las obras, se produce la paralización del plazo del mismo y la suspensión de la obligación de pago de la renta. Esto supone que no se tiene en cuenta el tiempo de duración de las obras para la

actualización de la renta, extinción del contrato por transcurso del plazo previsto, etc. No obstante, la suspensión no impide la producción de **otros eventos**, como pueden ser su extinción por enajenación de la vivienda, subrogación del cónyuge, tanteo y retracto, etc.
No obstante, la facultad de **suspender el contrato** y de **dejar de pagar** totalmente la renta, requiere que la vivienda sea inhabitable de forma total, cuando puede seguir siendo habitada por el arrendatario, este solo puede pedir una disminución en el precio (AP Barcelona 25-3-14, EDJ 155764; 27-5-15, EDJ 124370).

Precisiones Respecto a las obras de conservación y mejora, que **no afectan a la habitabilidad** de la vivienda, ver respectivamente nº 563 s. y nº 590 s.

3. Incumplimiento

(LAU art.27; CC art.1124)

 755

El incumplimiento por cualquiera de las partes de las obligaciones resultantes del contrato da derecho a la **parte cumplidora** de las suyas a: 757
- exigir el cumplimiento de la obligación; o
- promover la resolución del contrato.

Sin embargo, aun habiendo optado por el cumplimiento, cabe pedir luego la **resolución** si finalmente este es imposible.
En ambos casos con el resarcimiento de daños y abono de intereses.
Esta causa de resolución traslada al ámbito arrendaticio la regla general aplicable en caso de incumplimiento de los contratos bilaterales, la propia LAU remite al CC art.1124 para su aplicación.
No obstante, solo da lugar a la resolución del contrato el incumplimiento por las partes de **obligaciones** que sean esenciales, no las accesorias (TS 30-11-65; 22-10-85; 10-5-89, EDJ 4858).
Además de esta regla general de los contratos bilaterales, la LAU enumera una serie de **causas específicas** de resolución, con las siguientes notas características:
- la parte cumplidora no tiene la posibilidad de exigir el cumplimiento forzoso;
- la resolución es de pleno Derecho;
- el demandante no tiene que probar el cumplimiento de sus obligaciones; y
- el demandado no puede oponer el incumplimiento de la parte demandante.

Como se explica a continuación, la resolución en estos términos puede ser instada tanto por el arrendador (nº 765) como por arrendatario (nº 783).

Precisiones **1)** El **mecanismo resolutorio** previsto por el legislador para el arrendatario es el mismo que el establecido para el arrendador, esto es, el **arrendatario** ante el incumplimiento de cualquiera de sus obligaciones por el arrendador puede ejercitar las acciones del CC art.1124, demandando su cumplimiento forzoso o la resolución del contrato, y, además, puede pedir la resolución de pleno derecho si la obligación incumplida es cualquiera de las especificadas en la LAU art.27.3 (AP León 25-5-02, EDJ 49168). 760
2) Además de los **incumplimientos** contemplados específicamente en la LAU, cabría, a modo de ejemplo, pedir la resolución por la falta de presentación de aval u otras garantías adicionales o de su mantenimiento durante la vigencia del contrato; o por tenencia de animales en la vivienda cuando se hubiera prohibido en el contrato (AP Madrid 27-6-05, EDJ 193567; en contra, por no tratarse de una condición esencial, AP Barcelona 30-6-04, EDJ 95560).

a. Resolución a instancias del arrendador

(LAU art.27.2)

El arrendador puede resolver de pleno Derecho el contrato por las **causas** expuestas en los números siguientes, teniendo en cuenta que la resolución instada al amparo de las mismas solo puede pretender la resolución del contrato. Si se pretende su cumplimiento forzoso, debe realizarse a través del CC art.1124. 765

Precisiones El **cambio de la cerradura** por parte del propietario de la vivienda, sin consentimiento del inquilino, constituye un delito de coacciones, al que no afecta la posibilidad de que este estuviera incumpliendo el contrato de arrendamiento, pues, en su caso, ello debió solucionarse con la rescisión judicial del mismo y no con el empleo de esta vía de hecho sancionada penalmente (TSJ Navarra 5-9-23, EDJ 722840).

767 **Falta de pago** (LAU art.27.2.a y b) Puede resolverse el contrato por falta de pago de la renta, de la fianza o su actualización, o de cualquier cantidad que corresponda pagar al arrendatario por haberla asumido en el contrato (elevación de la renta por mejoras, gastos generales, servicios, tributos, etc.).
Salvo en el supuesto de suspensión del pago por falta de habitabilidad (nº 750) el arrendatario no puede negarse a pagar la renta y demás cantidades si el arrendador ha cumplido con sus obligaciones.
Para que opere esta causa de resolución es preciso que el arrendador no haya impedido el pago, y que, en su caso, haya colaborado facilitando el recibo y concurriendo al lugar de pago pactado o, en su defecto, a la vivienda arrendada.

Precisiones El pago total de la renta del arrendamiento de una vivienda, **fuera de plazo** y después de presentada la demanda de desahucio, no excluye la resolución arrendaticia, o, en su caso, el declarar enervada la acción de desahucio, aunque la demanda se funde en el impago de una sola mensualidad de renta, sin que el arrendador venga obligado a soportar que el arrendatario se retrase de ordinario en el abono de las rentas periódicas (TS 27-3-14, EDJ 42774).

770 **Contratos inscritos en el Registro de la Propiedad** (LAU art.27.4) En contratos inscritos en el Registro de la Propiedad en los que se pacte que la falta de pago de la renta es causa de **resolución y restitución** inmediata del inmueble al arrendador, la resolución tiene lugar de pleno derecho, con los siguientes **requisitos**:
- el arrendador debe requerir judicial o notarialmente al arrendatario en el domicilio designado en la inscripción;
- en el requerimiento debe instarle al pago o cumplimiento;
- el arrendatario tiene 10 días para contestar, si no lo hace o contesta aceptando la resolución de pleno derecho, por medio del mismo juez o notario que le requirió, se producirá la resolución.
Para practicar la **cancelación** en el Registro de la Propiedad es preciso:
- aportar el título y la copia del requerimiento, de la que resulte la notificación; y
- que el requerido de pago no haya contestado o que haya aceptado la resolución de pleno derecho.
Si hay **cargas posteriores** que recaigan sobre el arrendamiento, para su cancelación es, además, preciso:
- justificar la notificación fehaciente a los titulares de las mismas, en el domicilio que obre en el Registro;
- acreditar la consignación a su favor, ante el mismo notario, de la fianza prestada por el arrendatario.

773 **Subarriendo o cesión inconsentidos** (LAU art.27.2.c) Tanto el subarriendo como la cesión requieren el consentimiento escrito del arrendador, la falta de consentimiento faculta al arrendador para resolver el contrato.
La existencia del subarriendo o cesión no exige una **prueba** directa, basta la mera presencia en la vivienda arrendada de un tercero ajeno al contrato, sin título legítimo que justifique su ocupación, para presumir y tener por probada la existencia de un subarriendo o cesión y dar lugar a la resolución del contrato. Para destruir la presunción, el arrendatario habrá de justificar la ocupación de la vivienda con fundamento en un título legal o contractual que la autorice.
No obstante, hay supuestos en los que la introducción de un tercero en la finca arrendada, sin el consentimiento expreso del arrendador, **no presupone subarriendo o cesión**:
- cuando se trata de terceros extraños al contrato, pero integrados en la **unidad familiar** del inquilino, o sometidos a su dirección o autoridad y dependientes de él económicamente, como **servicio doméstico** o empleados;
- cuando se integre en un contexto de **convivencia marital** afectiva estable; y
- cuando se trata de **parientes**, por presumirse que su presencia obedece a relaciones de afectividad y de carácter gratuito.
En estos casos la prueba de existencia de un acto jurídico de subarriendo o cesión inconsentidos, pasa a ser de cargo del arrendador, debiéndose analizar el caso concreto (AP Barcelona 29-10-01, EDJ 54803).
Con todo, no es admisible legalmente que permanezcan en la vivienda parientes del arrendatario cuando este la **ha abandonado definitivamente**, pues en estos casos su permanencia deja de estar amparada por el contrato (AP Madrid 8-3-17, EDJ 50375).
Aun cuando la cesión y el subarriendo son figuras jurídicas distintas, para resolver el contrato de arrendamiento por falta de consentimiento del arrendador no es precisa una exacta **calificación** de las mismas. Dada la dificultad de saber cuál de las dos se está produciendo exactamente que puede tener el arrendador, más cuando el arrendatario hará lo posible por

ocultárselo, puede invocar conjuntamente de forma válida las dos causas resolutorias (AP Toledo 16-6-99, EDJ 26006).

Precisiones 1) A efectos de la resolución del contrato, basta la **introducción de un tercero** en la vivienda, fuera de los casos previstos en la ley, sin que el arrendador haya prestado su consentimiento (TS 23-12-57; 22-2-62; 17-6-88, EDJ 5246).
2) No es cesión de vivienda, y no conlleva la resolución del contrato, el establecimiento de un **domicilio social** en la misma sin ocupación o aprovechamiento real (TS 5-2-13, EDJ 15625; 20-3-13, EDJ 46677). Sin embargo, también se ha entendido que la constitución de una sociedad mercantil por el inquilino con domicilio social en el piso arrendado sin consentimiento del arrendador, supone la introducción de un tercero en la vivienda, posibilitando la resolución del contrato por subarriendo inconsentido (AP Madrid 16-6-00, EDJ 120019).

Daños causados dolosamente y obras inconsentidas (LAU art.27.2.d) El arrendador puede resolver de pleno Derecho el contrato cuando el arrendatario haya causado dolosamente daños en la finca o haya realizado obras no consentidas por el arrendador, en los casos en que tal consentimiento sea necesario (nº 600). 775
La consideración de los daños como dolosos o culpables es una cuestión de hecho que en cada caso han de apreciar los tribunales. Para que esta causa de resolución prospere, el arrendador debe acreditar la producción de este tipo de daños y que exista prueba que permita imputar los mismos al arrendatario.
No se establece expresamente la **obligación de resarcir** los daños y perjuicios, pero pueden exigirse en virtud de la remisión general que hace la LAU art.27 al CC art.1124.

Precisiones 1) El arrendatario **es responsable** del deterioro o pérdida que tenga la vivienda arrendada -a no ser que pruebe que se ocasionó sin culpa suya (CC art.1563)-, y del deterioro causado por las personas de su casa (CC art.1564). Llegado el momento de la **extinción** del contrato, el arrendatario debe devolver la vivienda como la recibió, salvo lo que hubiese perecido o se hubiese menoscabado por el tiempo o por causa inevitable (CC art.1561). Si hay **deterioros o menoscabos** a cargo del arrendatario, debe este repararlos dejando la vivienda en condiciones de servir al uso a que se destina, de modo que pueda gozar de ella el arrendador o cederla en arrendamiento a otra persona (AP Baleares 10-5-02, EDJ 33662).
2) Es causa de resolución el cambio sensible y evidente de la **configuración del local**, por la construcción duradera y estable de las obras, sin que la posibilidad de devolución al estado anterior incida lo más mínimo en la causa resolutoria (TS 11-7-88, EDJ 6057); no cabe la resolución del contrato en caso de **instalaciones desmontables** apoyadas sobre el terreno que puedan ser retiradas fácilmente sin producir menoscabos y sin alterar la configuración de la finca (AP Baleares 20-10-16, EDJ 211258).

Actividades molestas, insalubres, nocivas, peligrosas o ilícitas (LAU art.27.2.e) El arrendador puede resolver el contrato cuando el arrendatario realice en el inmueble arrendado actividades consideradas molestas, insalubres, nocivas, peligrosas o ilícitas (AP Barcelona 16-5-00, EDJ 54344). A este respecto, hay que tener en cuenta: 777
a) La **determinación** de una actividad como molesta, incómoda, insalubre o peligrosa corresponde a los tribunales en cada caso, sin que sea preciso para la resolución contractual que tales circunstancias concurran conjuntamente, lo que constituye una situación de hecho proveniente del uso de la cosa.
b) Es preciso que estas actividades se lleven a cabo en el interior del inmueble de un **modo notorio**, es decir, debe darse evidencia y permanencia en el peligro o en la incomodidad (TS 20-4-67), por lo que no basta uno o varios actos concretos, singulares o determinados más o menos incómodos o molestos, sino que es necesario además de cierta intensidad, que tales actos pertenezcan a una misma serie y se realicen con cierta continuidad.
c) Es necesario que exista un **sujeto pasivo** determinado al que la actividad incómoda, insalubre o peligrosa pueda perjudicar, siendo este las personas que habitan o hayan de permanecer en la misma finca y no personas indeterminadas o inconcretas.
d) Basta con que el comportamiento molesto e incómodo sea **desagradable** para cualquiera que habite en el inmueble o haya de permanecer en él, sin que sea necesario que sea insufrible o intolerable, pero que suponga una afectación de entidad a la pacífica convivencia.
e) La actividad incómoda debe causar una **alarma social** en el entorno de la vivienda, correspondiendo a quien la alega la prueba de tal alarma. La jurisprudencia sostiene que es notoriamente incómodo lo que perturba aquello que es corriente en las relaciones sociales.

Precisiones 1) En relación con estas actividades y la diversa casuística analizada por la jurisprudencia, ver nº 9025 s. Memento Inmobiliario 2023-2024.
2) En el supuesto de que el **arrendador permita las actividades** indicadas y no resuelva el contrato, puede instar su resolución el presidente de la comunidad de propietarios.
3) La tenencia por parte del arrendatario de las correspondientes **licencias administrativas**, no evita el ejercicio de la acción resolutoria por parte del arrendador.

780 **Destino de la vivienda a otros usos** (LAU art.27.2.f) El arrendador puede resolver el arrendamiento cuando la vivienda deje de estar destinada de forma primordial a satisfacer la necesidad permanente de vivienda del arrendatario o de su cónyuge no separado legalmente o de hecho o el hijo dependiente cuando no lo haga él mismo (LAU art.7).
No se establece el **plazo** que ha de transcurrir para que se pueda entender que la vivienda ya no está habitada, por lo que corresponde a los tribunales la determinación de esta cuestión.
El ejercicio en la vivienda de alguna de las actividades señaladas para los arrendamientos para **uso distinto de vivienda** (nº 1000), puede ser causa de resolución solo si el inmueble deja de ser la vivienda primaria y permanente del arrendatario (nº 427).

Precisiones Una **enfermedad** del arrendatario justifica la desocupación de la vivienda siempre que sea previsible que un periodo razonable vuelva a cumplir su destino como tal (AP Barcelona 16-3-17, EDJ 79853).

b. Resolución a instancias del arrendatario

(LAU art.27.3)

783 **Reparaciones** Para que el hecho de que el arrendador no realice las reparaciones de **conservación y habitabilidad** de la vivienda sea causa de resolución del contrato, **es necesario** (AP Madrid 12-4-16, EDJ 66305):
- que se trate de un incumplimiento esencial;
- que se acredite suficientemente que existe defecto en la vivienda; y
- que las deficiencias determinen la inhabitabilidad, no bastando a estos efectos que exista necesidad de reparaciones, si no impiden el uso de la vivienda.

Por otro lado, el **arrendatario** no puede resolver por esta causa si previamente no ha cumplido con su obligación de poner en conocimiento del arrendador, en el plazo más breve posible, la necesidad de las reparaciones (nº 575).

785 **Perturbación del uso** La perturbación de hecho o de derecho realizada por el arrendador en la utilización de la vivienda da la posibilidad de resolver el contrato al arrendatario. Ello deriva de la **obligación del arrendador** de mantener al arrendatario en el goce pacífico del arrendamiento por todo el tiempo del contrato, así como de la buena fe que ha de presidir las relaciones contractuales (CC art.1269 y 1554.3).
Aunque la LAU no contempla expresamente la posibilidad de exigir al arrendador que cese en la perturbación, la remisión al CC art.1124 permite al arrendatario hacerle tal exigencia y, además, que le sean resarcidos los daños ocasionados (nº 757).
Las **perturbaciones de derecho** deben ponerse en relación con la resolución del derecho del arrendador (nº 675) y la enajenación de la vivienda arrendada (nº 630), teniendo además en cuenta que son aplicables a los arrendamientos las normas relativas al saneamiento en la compraventa (CC art.1553). Entre otros casos, podemos citar como **ejemplo**:
- la prohibición por resolución firme de utilizar la vivienda por no cumplir con los requisitos mínimos de habitabilidad impuestos en la normativa urbanística; y
- la extinción del contrato por parte de un nuevo propietario por aplicación de la LAU art.14 (nº 665).

787 Precisiones **1)** La facultad de resolución se refiere al incumplimiento de la obligación de efectuar reparaciones, pero no puede prosperar si la realización de dichas obras exige la **autorización de un tercero** sobre el que el propietario no tiene control. El arrendamiento liga al arrendador y al arrendatario, pero nada permite que se imponga el cumplimiento a personas ajenas a ese vínculo, como, por ejemplo, una comunidad de propietarios sobre cuyos elementos comunes habrían de hacerse las obras (TS 5-12-89, EDJ 10940).
2) La existencia de una cantidad anormal de **cucarachas** que no desaparecen a pesar del tratamiento de desinfección, da derecho al arrendatario a resolver el contrato (AP Madrid 11-11-16, EDJ 227265).
3) El arrendador está exonerado de responsabilidad por la perturbación de mero hecho **de un tercero** en el uso de la finca arrendada, y es el arrendatario quien tiene acción directa contra el perturbador (CC art.1560). No obstante, si el tercero actúa en virtud de algún derecho que le corresponde, es el arrendador quien debe ejercitar las acciones o realizar los actos necesarios para mantener al arrendatario en el goce pacífico de lo arrendado (TS 10-6-85).
4) La falta de alta en los **suministros** constituye un incumplimiento esencial que faculta al arrendatario para resolver el contrato, pues impide el uso y disfrute pacífico que ha de procurarle el arrendador (AP Toledo 29-4-14, EDJ 90268).

4. Extinción

(LAU art.28)

El contrato de arrendamiento se extingue, entre otras **causas**, por: 790
- pérdida de la finca arrendada por causa no imputable al arrendador;
- declaración firme de ruina acordada por la autoridad competente; o
- resolución del derecho del arrendador.

Otras causas por las que puede extinguirse el arrendamiento, son, por ejemplo, la muerte del arrendatario, salvo que se produzca la subrogación en el contrato por quienes tengan derecho a ello (nº 687); o la enajenación de una vivienda arrendada, cuando el arrendamiento no está inscrito en el Registro de la propiedad y no se produce la subrogación del adquirente (nº 665).

Pérdida de la finca (LAU art.28.a) La pérdida de la finca como causa de extinción hace referencia a la pérdida objetiva o destrucción de la misma, siempre que no sea imputable al arrendador. En este caso, debe entenderse por finca la vivienda, porque en nada afecta esta norma a la situación del resto del inmueble. Esta pérdida puede ser total o parcial. 793

Respecto a la pérdida de la finca, no importa su **causa**. Por tanto, quedarían comprendidos:
- los supuestos de pérdida **material o física** del inmueble, que se producen como consecuencia de un acontecimiento catastrófico y de producción instantánea o también como consecuencia de deterioros, pérdidas o averías importantes; y
- los supuestos de pérdida **jurídica** o que venga dada por la existencia de normas, o de actos en ejecución de normas, que prohíban o imposibiliten la utilización de la finca arrendada conforme a su destino. Sería el caso de la expropiación forzosa, al tratarse de una privación coactiva de la titularidad.

La mera **negligencia** del arrendador debe ser únicamente relevante a los efectos de determinar la posibilidad de exigir una indemnización por daños y perjuicios (CC art.1101). Si bien, siendo la causa de la pérdida directamente imputable al arrendador, el arrendatario puede resolver el contrato por no cumplir aquel con su obligación de conservar la vivienda en las condiciones de habitabilidad para el uso convenido (nº 750), más allá de la extinción por pérdida de la finca.

Precisiones 1) La **pérdida de la finca** arrendada viene referida a aquellos supuestos en que la misma deje efectivamente de ser habitable, no cumpliendo así con la finalidad perseguida en el contrato de arrendamiento, siempre que ello no sea imputable al arrendador, quien viene obligado a actuar con una diligencia media realizando en la finca arrendada las reparaciones necesarias (CC art.1554.2º y 3º), para evitar que la misma se deteriore hasta el punto de resultar inhabitable (AP Madrid 25-1-07, EDJ 63708). 795

2) Nada impide la **suspensión del contrato** en caso de producirse la pérdida del edificio, siempre que se acuerde entre las partes la obligación de reconstrucción por el arrendador durante un plazo razonable y la recíproca del arrendatario de obligarse a tomar la vivienda en arrendamiento. Este pacto, sin embargo, parece más probable en los arrendamientos para uso distinto de vivienda (nº 1000 s.).

Derecho de retorno (LAU disp.adic.8ª) Cuando en una **actuación urbanística**, que no suponga la expropiación, sea necesario demoler o rehabilitar de forma integral con conservación de fachada o de estructura un edificio, los arrendatarios que pudieran vivir en el mismo tienen derecho a que el arrendador de la finca les proporcione una **nueva vivienda**: 797
- de una superficie no inferior al 50% de la anterior, siempre que tenga al menos 90 m^2;
- no inferior a la que tuvieran, si no alcanzaba una superficie de 90 m^2;
- de características análogas a aquella; y
- ubicada en el mismo solar o en el entorno del edificio demolido o rehabilitado.

Este derecho lo ostenta el arrendatario con independencia de la fecha del arrendamiento.

Declaración firme de ruina (LAU art.28.b) Se estima producida la ruina de una finca cuando el coste de la reconstrucción exceda del 50% del valor de la misma al tiempo de ocurrir el siniestro, a menos que el exceso de dicho coste esté cubierto por un seguro (LPH art.23.1). 800

La declaración **debe ser acordada** por la autoridad competente según las normas administrativas y ha de ser firme, esto es, no susceptible de recurso.

No corresponde al juez civil entrar a conocer las razones de fondo del **expediente administrativo**, pues la declaración de ruina no es de su competencia. Si la declaración de ruina es firme y ha sido dictada por la autoridad competente, el juez no puede hacer otra cosa que decretar la resolución del contrato (Loscertales).

La **jurisprudencia** ha manifestado respecto a esta cuestión lo siguiente (TS 23-7-01, EDJ 32331):
• Ni la mera declaración de ruina ni la mera inclusión de la finca en el Registro de Solares produce la extinción de los arrendamientos. Se entiende realizada cuando una vez inscrita la finca en el Registro Municipal de Solares, se produzca su enajenación, o el otorgamiento de la licencia para edificar.
• Si el arrendador ha hecho uso de la facultad de resolver el arrendamiento, el arrendatario tiene derecho a indemnización conforme a la legislación de arrendamientos urbanos, correspondiendo a la jurisdicción civil resolver los eventuales conflictos entre arrendador y arrendatario.

Precisiones La ruina es **objeto de estudio** en el nº 1812 Memento Inmobiliario 2023-2024.

805 **Resolución del derecho del arrendador** Para los contratos suscritos a partir de **6-3-2019** la resolución del derecho del arrendador no implica necesariamente la extinción del contrato, como venía siendo hasta ese momento, sino una modificación de la titularidad del mismo.
Desde este punto de vista, un estudio detallado de los **efectos** que tiene en el arrendamiento esta resolución, en función de la fecha del contrato, se realiza en el nº 675 s.

CAPÍTULO 4

Arrendamiento para uso distinto de vivienda

1000

El arrendamiento para uso distinto de vivienda **se define** como aquel que, recayendo sobre una edificación, no tiene como destino principal satisfacer la necesidad permanente de vivienda del arrendatario y sus familiares (LAU art.3.1 y 7.1; AP Barcelona 16-12-04, EDJ 244088). 1005
La **finalidad** del contrato puede ser todo lo diversa que las partes quieran.
En especial, están **incluidos** en este régimen aquellos arrendamientos que se celebren (LAU art.3.2):
- por temporada, sea esta de verano o cualquier otra (nº 1370); y
- para el ejercicio en la finca una actividad industrial, comercial, artesanal, profesional, recreativa, asistencial, cultural o docente.

Por tener estos usos, quedan por ejemplo incluidos en este régimen jurídico, los arrendamientos:
- de una vivienda, si no se usa de forma permanente;
- de local de negocio (nº 1333 s.);
- de almacenes;
- para despachos profesionales;
- para actividades sociales, culturales o recreativas sin ánimo de lucro; o
- de inmuebles arrendados por las Administraciones públicas (nº 1360).

Lo normal es que el inmueble que constituye el objeto del arrendamiento tenga como finalidad principal la explotación o desarrollo en el mismo de una **actividad económica** (industrial, comercial, artesanal, profesional, etc.), excepción hecha de las excluidas expresamente del ámbito de aplicación de la LAU (agrícola, pecuaria, forestal, etc.).
Es frecuente que se especifique y delimite la actividad a que el arrendatario va a destinar el inmueble. Asimismo, es habitual que en el contrato se prevea que la **modificación del destino** pactado sin autorización previa y por escrito del arrendador constituya causa de resolución del contrato. El no uso del local arrendado puede dar lugar también a la resolución.
Si no se pacta un **uso concreto**, se entiende que el arrendatario puede destinar el inmueble durante la vigencia del contrato al que estime conveniente.
Si bien la norma no lo dice expresamente, puede entenderse implícito que el inmueble arrendado para uso distinto de vivienda ha de reunir las condiciones de **salubridad e higiene** necesarios para el ejercicio de la actividad a que va a ser destinado (LAU art.3; AP Girona 19-9-08, EDJ 267420; AP Córdoba 16-4-02, EDJ 24184).

Precisiones **1)** Un modelo de contrato de arrendamiento de local, se recoge en el nº 12080.
2) Respecto al **certificado de eficiencia energética**, ver nº 436 s.

Sea cual sea la actividad pactada -incluso en el supuesto de no pactarse una específica-, en el desarrollo de la misma el arrendatario tiene ciertos **límites**. Así, debe respetar las normas que rigen el funcionamiento de la **comunidad de propietarios** de la que, en su caso, forme parte el local; en particular las prohibidas en los estatutos y las que contravengan las disposiciones generales sobre actividades molestas, insalubres, nocivas, peligrosas o ilícitas. 1008
Es conveniente adjuntar al contrato como anexo, una copia de los **estatutos** por los que se rige la comunidad o, al menos, hacer entrega de la misma al arrendatario.
El arrendador se puede reservar el derecho de acceso e inspección al local para **comprobar el uso correcto** del mismo. En este caso, se suele prever un plazo de preaviso y que el acceso se realice dentro de horarios que no perturben el desarrollo de la actividad.

Precisiones Ante un supuesto de realización de **actividades molestas o prohibidas**, el presidente de la comunidad, a iniciativa propia o de cualquiera de los propietarios u ocupantes, puede requerir a quien realice dichas actividades, la inmediata cesación de las mismas, bajo apercibimiento de iniciar las acciones judiciales procedentes. El requerimiento previo se verifica con el inquilino, pero también se le advierte al propietario de la conducta del arrendatario, para que incluso el mismo sea quien ejerza la acción de resolución del contrato, en virtud de la LAU art.27.2 e.

1011 Quedan **excluidos** del régimen de estos arrendamientos:
- el arrendamiento de industria (nº 7000);
- el arrendamiento de solar;
- las plazas de garaje y trasteros, cuando no constituyan un elemento accesorio o complementario del local arrendado; y
- la cesión temporal de uso de la totalidad de una vivienda amueblada y equipada en condiciones de uso inmediato, comercializada o promocionada en canales de oferta turística (nº 4000 s.).

Precisiones En cuanto a las partes que intervienen en el contrato y su **capacidad para contratar**, ver el nº 180 s.

A. Duración

(LAU art.4.3; CC art.1256 y 1543)

1022 La duración en el arrendamiento para uso distinto de vivienda, se deja a la libre voluntad de las partes, ya que legalmente no se establece un plazo de duración mínimo ni máximo. La temporalidad es algo consustancial al arrendamiento.

Por lo general, el plazo de duración del arrendamiento para uso distinto de vivienda suele ser superior al del arrendamiento de vivienda, permitiendo así al arrendatario recuperar, cuando menos, la inversión realizada al inicio del mismo en las obras de su adaptación y acondicionamiento.

En los contratos de larga duración se suele pactar un **derecho de desistimiento** unilateral para el arrendatario cada cierto número de años, fecha que suele coincidir con la de revisión de la renta a precios de mercado (nº 1090).

Se consideran **cláusulas nulas** las que:
- pactan una duración perpetua o indefinida del arrendamiento, por ser contraria a la naturaleza temporal del contrato; y
- fijan un plazo contractual inicial, pero prevén que a su extinción el arrendamiento puede prorrogarse por la exclusiva voluntad del arrendatario, porque, además de ser contraria a la naturaleza temporal del contrato, lo es a la prohibición de que la validez y el cumplimiento de los contratos queden al arbitrio de una de las partes.

A falta de **estipulación expresa** en el contrato y dado que la LAU no establece nada al respecto, se ha de estar a lo dispuesto en el Código Civil. Así, el arrendamiento se entiende hecho (CC art.1581):
- por años, cuando se haya fijado un alquiler anual, aun cuando el pago se haga mensualmente;
- por meses cuando es mensual; y
- por días cuando es diario.

Precisiones **1)** Aun cuando del tenor de la LAU pudiera entenderse que la duración pactada pudiera ser **indefinida**, esta dicha solución vulnera los preceptos de carácter general que disciplinan los contratos de arrendamiento (TS 9-9-09, EDJ 217416). La expresión «duración del contrato por tiempo indefinido» constituye un concepto contrario al arrendamiento, que se caracteriza por su naturaleza temporal (TS 31-3-21, EDJ 520183).
2) La **perpetuidad** del contrato de arrendamiento es un obstáculo insuperable para recobrar la posesión y el aprovechamiento directo de la cosa cedida por su propietario (AP Valencia 7-12-05, EDJ 288351).
3) Cuando el arrendatario es **persona jurídica** y se pacta una duración que, en la práctica es indefinida -duración prorrogable anualmente a voluntad del arrendatario-, se ha resuelto acudir por analogía a la figura del usufructo, entendiendo que el contrato se ha concertado por el plazo de 30 años (TS 9-9-09, EDJ 217416; 14-11-12, EDJ 248606).

1031 **Periodo de obligado cumplimiento** En los arrendamientos para uso distinto de vivienda es habitual pactar un **plazo mínimo** de duración de obligado cumplimiento.

La duración de este periodo es muy variable, si bien en la práctica suele oscilar entre los 3 y los 5 años, según el contrato se pacte por un plazo de duración inferior o superior a 10 años, respectivamente.

Asimismo, es frecuente que, al término de este periodo, las partes pacten, en caso de que el contrato se prolongue, una revisión de la **renta** al precio de mercado en este momento calculado por medios más o menos objetivos.

Asimismo, las partes pueden llegar a **otros acuerdos** sobre la duración del contrato:
• Establecer un **único periodo** de obligado cumplimiento desde el inicio del contrato hasta un momento determinado, concediendo al arrendatario la facultad de:
- extinguir voluntariamente el contrato a la finalización de dicho periodo, o prolongarlo por uno o más periodos de igual o distinta duración hasta el plazo máximo de duración; u

- optar entre extinguir o continuar con el arrendamiento, de forma que, si se decanta por la continuación, este se prolonga hasta el plazo de duración total estipulado en el contrato.
• Estructurar la duración total del contrato en **dos o más periodos** de obligado cumplimiento consecutivos y de igual o distinta duración, de forma que al concluir cada uno de ellos, si el arrendatario decide continuar con la relación arrendaticia esta quede prolongada por el plazo de duración de cada uno de ellos.
Las anteriores alternativas admiten, a su vez, **múltiples variables** en cuanto a la fijación del plazo de preaviso, las formalidades requeridas para la comunicación por el arrendatario de su decisión, la obligación o no de indemnizar al arrendador por desistimiento unilateral o no prolongación del contrato y otras cautelas que las partes estipulen en cada caso.

Precisiones En relación con el **desistimiento del arrendatario** durante este período, ver nº 1312 s.

Prórroga legal La posibilidad de que, llegado el vencimiento del plazo contractual fijado, el arrendamiento pueda ser prorrogado es una cuestión que queda a la voluntad de las partes. **1037**
En **defecto de pacto**, no se prevé legalmente la existencia de prórroga forzosa, por lo que, vencido el plazo convenido, el contrato se extingue, sin perjuicio de la tácita reconducción (nº 1040 s.).
Las partes pueden **convenir**, pese a haberse pactado una duración determinada, que el contrato se prorrogue, por uno o más periodos de igual o distinta duración a la originalmente estipulada. Se suele fijar un plazo de preaviso durante el cual el arrendatario ha de comunicar al arrendador su decisión de prorrogar el contrato. Transcurrido dicho plazo sin que el arrendatario se manifieste al respecto, el contrato termina.

Precisiones De prorrogarse el contrato, el arrendador puede exigir el incremento de la **fianza** constituida inicialmente adicionando al importe originario el derivado de la actualización de la fianza (AP Madrid 26-9-12, EDJ 223706).

Tácita reconducción (CC art.1566, 1567 y 1581) Una vez finalizado el contrato, este puede entrar en tácita reconducción, relación jurídica que consiste en el nacimiento de nuevo contrato de arrendamiento sobre el mismo inmueble, a partir del consentimiento presunto de ambas partes al permitir que se continúe en el disfrute del mismo al terminar el arriendo. **1040**
El nuevo contrato, reproduce las características del anterior, salvo en el **plazo** de duración. Se entiende hecho por años cuando se ha fijado un alquiler anual -con independencia de que se haya fraccionado su pago en meses-, por meses cuando es mensual, y por días cuando es diario (TS 26-9-18, EDJ 588456; 15-10-96, EDJ 7382).
Los **requisitos** para que se dé la tácita reconducción son:
• Es necesario que haya terminado el **plazo contractual** pactado por las partes, así como las prórrogas convencionales, o legales de la LAU (AP Asturias 27-9-99, EDJ 32505).
• Es necesario que no conste en el contrato la existencia de un **pacto** previo que excluya la aplicabilidad de la tácita reconducción.
• El arrendatario ha de **permanecer** en el inmueble arrendado por 15 días, al menos, una vez terminado el plazo del arriendo o el de la prórroga.
• El arrendador debe prestar su **consentimiento**, entendiéndose que concurre el mismo cuando este no haya manifestado de manera expresa o implícita su voluntad contraria a la continuación del arriendo.
• Es necesario que el arrendador no requiera al arrendatario para finalizar el contrato. Este **requerimiento** debe ser entendido en el más amplio sentido de notificación de voluntad contraria a la reconducción.

Precisiones **1)** No cabe tácita reconducción del contrato cuando esta **se excluyó expresamente** del mismo y el propietario del inmueble manifiesta al arrendatario su voluntad de extinguirlo, aunque se mantenga en su posesión (TS 10-11-20, EDJ 715547).
2) La mera tolerancia del arrendador, que permite la permanencia del arrendatario durante algunos días, por ejemplo, mientras hace la **mudanza**, no supone una ampliación del contrato (AP Badajoz 18-10-04, EDJ 158107).

B. Obligaciones económicas

1045

La obligación principal del **arrendatario** es el pago de la renta en la cuantía, plazo y forma estipulados en el contrato. La renta del arriendo es el elemento diferenciador del mero precario. **1050**

Existe obligación del **arrendador** de prestar la colaboración necesaria a fin de recibir el pago. En caso de no hacerlo se daría un supuesto no de falta de pago, sino de falta de cobro. Tanto si el arrendador ha dejado de prestar la colaboración necesaria para el pago de la renta, como si ha desarrollado una conducta obstativa a que el pago se lleve a efecto, le es imputable un incumplimiento, que le impide solicitar la resolución del contrato.
La **falta de pago** de la renta es causa de resolución del contrato (nº 1297 s.).
Otra de las obligaciones económicas que corresponde al arrendatario para uso distinto de vivienda es el pago de la **fianza**. Su regulación en la LAU es común para ambos tipos de arrendamiento, el de vivienda y el de uso distinto, por ello remitimos a lo expuesto en el nº 512, teniendo en cuenta, no obstante, como particularidad para este tipo de contratos que la fianza ha de ser equivalente a 2 mensualidades de renta, en lugar de una única mensualidad tanto en la prestación inicial como a los efectos de una posible actualización.
En la práctica, también las partes pueden pactar sobre determinados **gastos generales y suministros** (nº 1118 s.).

1. Renta

1060 **Determinación** El **pago** de la renta es obligatorio para el arrendatario, no puede suspenderlo alegando que el inmueble tiene deficiencias para que se permita administrativamente la actividad prevista en el contrato, mientras siga disfrutando del objeto arrendado (AP Pontevedra 16-6-99, EDJ 28557).
En la determinación de la renta rige el principio de la autonomía de la voluntad. Esta libertad de pactos ha dado lugar en la práctica inmobiliaria a ciertas modalidades cuando el destino del inmueble es la realización de una actividad comercial.
Las **modalidades** más características son las expuestas a continuación.

Precisiones **1)** La alteración esencial y sobrevenida de las circunstancias es una de las excepciones que la jurisprudencia viene admitiendo frente al principio de cumplimiento del contrato -**cláusula *rebus sic stantibus***-. Su aplicación permite la modificación del contrato para compensar el desequilibrio de las prestaciones causado por dicha alteración, si bien no tiene efectos rescisorios, resolutorios o extintivos del contrato, salvo cuando no sea posible de otra forma el equilibrio de las prestaciones (JPI Cáceres 11-8-20, EDJ 649046). Se debe reducir la renta pactada inicialmente cuando se ha producido una alteración imprevisible de las circunstancias que ha generado, además, un desequilibrio de las prestaciones a cargo de las partes (JPI Barcelona núm. 20 8-1-21, EDJ 500275).
2) Las comunidades autónomas carecen de competencia para establecer una regulación que incida directamente en la fijación de la renta en los contratos privados de arrendamiento para uso distinto del de vivienda: la determinación de la renta en este contrato está sujeta a la **autonomía de la voluntad** y al principio de **libertad de pactos**, en los términos previstos en la LAU art.4.3 y, supletoriamente, en el CC art.1.255, lo que forma parte de las bases de las obligaciones contractuales, reservadas en exclusiva al Estado por la Const art.149.1.8 (TCo 150/2022).
3) En el contexto de la crisis sanitaria, ocasionada por la **COVID-19** se estableció la posibilidad de las partes llegaran a acuerdos de **reducción o de moratorias en el pago** de la renta con distinto alcance en función de que el arrendador pudiera ser o no considerado «gran tenedor». Dichas medidas, con distinto alcance temporal, fueron establecidas mediante el RDL 15/2020 y posteriormente mediante el RDL 35/2020. Transcurridos 4 meses desde la finalización del estado de alarma -lo que finalmente se produjo el 9-5-2021-, se dio un período máximo de 2 años para el pago de las rentas aplazadas, de forma proporcional a lo largo del periodo, y siempre y cuando continuase vigente el contrato.

1063 **Renta fija** Renta fija es la cantidad dineraria determinada que el arrendatario debe satisfacer al arrendador por el uso y disfrute del inmueble objeto de arrendamiento. Esta renta que, normalmente, percibe el arrendador con carácter mensual, le permite obtener una renta mínima garantizada que puede verse **incrementada** por la renta variable (AP Guadalajara 20-7-09, EDJ 185800).

1066 **Renta variable** La renta variable se determina sobre la base de algún **parámetro objetivo** cuyos valores pueden verse sometidos a oscilaciones. Es frecuente en los arrendamientos para usos comerciales o en los arrendamientos de hoteles.
Así, en los contratos de locales -sobre todo en centros comerciales-, la renta variable se determina sobre la base del volumen de ventas del arrendatario. Estas cláusulas habitualmente contienen una obligación de declarar el **volumen de ventas** por parte del arrendatario y mecanismos que permiten al arrendador comprobar la veracidad de las cifras declaradas. En el caso de hoteles, por ejemplo, la renta variable se puede fijar en función de los niveles de ocupación.

1069 **Renta escalonada o por tramos** La fijación de una renta escalonada implica que el importe se **incrementa** a medida que avanza la duración del contrato, de forma que tiene un importe el primer año, uno mayor el segundo y así sucesivamente (AP Málaga 13-2-06, EDJ 92855; AP Salamanca 15-1-00, EDJ 24049).

Renta en especie o servicios Puede acordarse en el contrato que, durante un plazo determinado, el pago de la renta sea en **especie o servicios**; por ejemplo, la obligación del pago de la renta puede reemplazarse total o parcialmente por el compromiso del arrendatario de reformar o rehabilitar el inmueble en los términos y condiciones pactadas. 1072
Al finalizar el arrendamiento, el arrendatario no puede pedir en ningún caso **compensación adicional** por el coste de las obras realizadas en el inmueble.

Carencia de rentas En los contratos de arrendamientos de oficinas, locales comerciales o naves industriales, es habitual pactar un período al inicio del contrato en el que no se pague la renta, ya que el arrendatario suele tener que realizar algunas **obras en el inmueble** para adaptarlo a sus necesidades e imagen de marca (nº 1133 s.). Esto se hace porque el arrendatario no puede explotar el inmueble mientras duren las obras. 1077
El **plazo** de carencia en el pago puede comprender:
- todo el periodo de ejecución de las obras;
- un determinado periodo independiente del estimado para la ejecución de las obras; o
- hasta la fecha de apertura del local con un límite temporal.

En la práctica, lo más frecuente es pactar un plazo **determinado**, de manera que una vez vencido el mismo, surge la obligación por el arrendatario de pagar la renta.
La falta de devengo es independiente de las acciones que deba realizar el arrendatario y su resultado:
- aunque la carencia se suele justificar por la **necesidad** de hacer algo que impide el uso del inmueble, esto no obliga al arrendatario a llevar a cabo ninguna obra ni actuación para subsanar el defecto alegado; y, por ello,
- la carencia no va vinculada necesariamente a las actuaciones que haya que hacer, por lo que las **modificaciones** en el coste o en la duración no sirven para justificar modificaciones en la carencia.

Precisiones **1)** La **sustitución de renta por obras** es similar a la carencia de rentas en cuanto a sus efectos económicos, puesto que tampoco hay obligación de pagar renta en dinero, pero totalmente distinta en sus efectos jurídicos (nº 490).
2) Cuando el arrendamiento recae sobre un **inmueble comunal**, la reducción del importe de la renta, o la concesión de una determinada carencia temporal en el pago, se deben considerar actos de administración ordinaria, para los que es necesario el acuerdo de la mayoría de los cotitulares (AP Barcelona 29-7-19, EDJ 658021).

Pago El principio de libertad de forma también rige en cuanto a la fijación por las partes de la forma y lugar en que se ha de efectuar el pago de la renta. 1082

Precisiones A estos efectos, puede aplicarse lo establecido para el pago de las rentas derivadas de un **arrendamiento de vivienda** (nº 486).

Actualización La actualización de la renta se somete a la voluntad de las partes. Dado que arrendamientos para uso distinto de vivienda suelen ser de larga duración, es frecuente encontrar en los contratos estipulaciones en las que se establece un mecanismo para la actualización periódica, normalmente cada año, fijando una subida o bajada en relación con un índice de referencia. 1087
Con carácter general, la renta actualizada **es exigible** a partir del mes siguiente a aquel en el que el arrendador comunica el importe de la actualización.
Aunque es menos frecuente, las partes pueden convenir la **exclusión** de la actualización de la renta durante toda la vigencia del arrendamiento o durante un periodo determinado. En estos casos, se suele **compensar** con el pacto de incrementar la renta anualmente en un importe o porcentaje determinado en el propio contrato, con independencia de la fluctuación de los índices oficiales de referencia.

Mecanismos de actualización Las partes no solo son libres para pactar la actualización de la renta, sino también para fijar el mecanismo para determinar dicha actualización. 1090
Así, es frecuente en la práctica que las partes establezcan cláusulas de estabilización de la renta, fijando su incremento o disminución, o solo su incremento, por referencia a **índices objetivos y oficiales**.
Entre dichos índices, el más utilizado en la práctica es el Índice de Precios de Consumo (IPC), sin perjuicio de que se puedan usar otros tales como el Producto Interior Bruto (PIB), el Euribor o, en general, cualquier otro que las partes consideren adecuados a sus intereses, incluyendo el Índice de Garantía de competitividad establecido, en defecto de pacto, para los arrendamientos de vivienda (nº 497).
Otro de los mecanismos comunes para la actualización de la renta es la denominada **revisión de renta**. Es frecuente esta revisión en los contratos de larga duración con el objeto de evitar que la renta quede desfasada.

Dicha revisión consiste en la **comparación** de la renta aplicable en un momento concreto del contrato con las rentas que se están pagando en ese momento en el mercado libre para edificios similares y ubicados en la misma zona.
Esta renta se denomina habitualmente **renta de mercado** y se define, como la renta que se podría obtener en el mercado libre en el caso de que el inmueble arrendado estuviera disponible para arrendar a terceros, teniendo en cuenta la zona en que se encuentra el edificio, su categoría y estado de conservación. Se suele incluir una revisión de la renta en aquellos contratos de larga duración en los que el arrendador se quiere reservar la posibilidad de corregir los desequilibrios que pudieran darse como consecuencia de subidas de precios en el mercado.

1093 Se consideran válidos los **pactos** que establecen que la actualización de la renta se efectuará:
• Únicamente **al alza**, de forma que, si por aplicación del índice de referencia, resulta procedente la reducción de la renta, esta se excluye, manteniéndose el importe vigente en ese momento.
• Aplicando a la renta vigente un **porcentaje fijo**.
• Añadiendo un **margen adicional** al índice de referencia (p.e IPC más tres puntos porcentuales).

1099 **Notificación de la actualización** En el ámbito del arrendamiento para uso distinto de vivienda no se prevé de forma expresa la **obligación** del arrendador de notificar al arrendatario la actualización de la renta. No obstante, es obvio que para que se produzca la actualización, el arrendatario ha de tener conocimiento de la misma de una forma u otra. No se exige que deba ser una notificación **fehaciente**, aunque es conveniente que se utilice alguna forma que deje constancia de haberse practicado la notificación y del contenido de esta.

1104 **Incremento de la renta** Existen diversas **situaciones** en las que se reconoce al arrendador el derecho a elevar la renta pactada.

1107 **Elevación por mejoras** (LAU art.30) Salvo que las partes al contratar dispongan otra cosa, existe la posibilidad de elevar la renta por las mejoras que pueda hacer el arrendador en el inmueble, aplicándose, de forma subsidiaria a la voluntad de las partes, lo establecido al respecto en la LAU para el arrendamiento de vivienda (nº 500 s.).
La elevación efectiva de la renta tiene **efecto** desde el mes siguiente a que se hayan finalizado las obras y se haya notificado al arrendatario la nueva renta a pagar.

1110 **Cesión y subarriendo** (LAU art.32) En caso de cesión o subarriendo (nº 1189) el arrendador tiene derecho a una elevación de la renta en las siguientes **cuantías**:
• En el caso del subarriendo **parcial**, un 10% de la renta en vigor, cualquiera que sea la superficie ocupada por el subarrendatario.
• En el caso de producirse el subarriendo **total** de la finca arrendada, el aumento sería del 20%.
Es habitual el pacto por el que el arrendador **renuncia** a la elevación de la renta en dichos supuestos.

Precisiones Se plantea como hay que gestionar este incremento de la renta en un **subarriendo parcial**, si son varios subarrendatarios. Existen dos posturas doctrinales:
- el aumento será del 10% de la renta **por cada subarriendo** dado que en estos contratos la renta del subarriendo puede ser superior a la renta del arrendamiento principal; o
- se debe aumentar solo un 10% **en total**, cualquiera que sea el número de subarrendatarios, porque de otro modo podría darse una elevación sin límites y, por otro lado, si es indiferente la superficie subarrendada, también debe serlo indiferente el número de subarrendatarios.

1113 **Fusión, transformación o escisión de la sociedad arrendataria** (LAU art.32.3) Cuando se produce la fusión, transformación o escisión de la sociedad arrendataria se reconoce el **derecho del arrendador** a elevar la renta en las mismas proporciones que en la cesión o subarriendo de la finca (nº 1110). No obstante, las partes pueden pactar que no se produzca la misma o, incluso, un porcentaje de elevación de la renta superior al previsto en la Ley.
En estos casos, es lógico que también sea necesaria, aunque la LAU no se refiera a ella expresamente, la **notificación** al arrendador, porque este tiene derecho a elevar la renta desde que se produce la fusión, transformación o escisión de la sociedad.
La falta de notificación tiene como consecuencia la elevación de la renta con **carácter retroactivo**, desde el siguiente mes a aquel en que se produjo la fusión, transformación o escisión, con independencia del período transcurrido.

Precisiones 1) Es habitual encontrar cláusulas en las que además de la fusión, transformación o escisión de la sociedad arrendataria, se establece que el **cambio de control** sufrido en esta última, da derecho a la elevación de renta.

2) El derecho a incrementar la renta se produce desde la inscripción de la **fusión** en el Registro Mercantil (TS 20-7-12, EDJ 154593).

2. Gastos generales y suministros

En los contratos para uso distinto de vivienda, como puede ser el alquiler de oficinas o locales en centros comerciales, es práctica frecuente que, además de la renta y con independencia de las variaciones que esta pueda experimentar, se pacte el pago de otras cantidades, o **cantidades asimiladas a la renta**. 1118
Entre estos gastos, cabe destacar los siguientes:
- gastos de comunidad de propietarios;
- gastos de promoción del centro comercial;
- Impuesto sobre Bienes Inmuebles (IBI);
- limpieza, vigilancia y mantenimiento en general;
- gastos generales para promoción y publicidad.

Habitualmente estos gastos **se repercuten** al inquilino de dichos gastos en función del porcentaje de ocupación que el local representa en el total del edifico o centro comercial.
El **pago** se puede realizar mensualmente y por una cantidad estimada con base en los del ejercicio anterior, realizándose al final del año una regularización en función de los gastos reales que han existido.
La falta de pago de dichas cantidades puede dar lugar a la resolución del contrato (nº 1294 s.).

Los gastos propios del **uso del local** -agua, gas, electricidad, aire acondicionado, teléfono, etc.- son en la inmensa mayoría de los casos, por cuenta del arrendatario, que ha de concertar a su nombre y cargo exclusivo los oportunos contratos con las respectivas compañías suministradoras, no integrándose por este motivo en la renta. 1124
No obstante, cuando dichos **suministros** se encuentren centralizados y gestionados por el arrendador (p.e., centro comercial o edificio de oficinas), nada impide que puedan ser repercutidos por este al arrendatario en función de su consumo individual y del que le sea imputable en los elementos comunes.

C. Obras

(LAU art.30)

En relación con las obras se establece la libertad de pactos para las partes y subsidiariamente la regulación establecida para las obras de conservación o mejora o las propias del arrendatario en arrendamiento de vivienda (nº 560 s.). 1130
En cualquier caso, no basta con renunciar a la aplicación de la LAU, sino que esos pactos han de contener un régimen de obras completo y alternativo a la misma.
Dado que el contrato de arrendamiento para uso distinto de vivienda más frecuente es el de **local**, analizamos a continuación las especialidades derivadas de los mismos.

Obras de adaptación Es frecuente que el inmueble objeto de arrendamiento requiera la realización de obras de adecuación que lo hagan apto para el **desarrollo de la actividad** a la que se va a dedicar. 1133
En otras ocasiones, tales obras responden al lógico deseo del arrendatario de **personalizar** o, incluso a su propósito de reproducir en él, en la medida de lo posible, la configuración de otros locales ocupados por él, cual es el caso, por ejemplo, de las franquicias o, en general, de los negocios con una determinada imagen de marca.
Puede existir o no un **acuerdo entre las partes** en relación con estas obras de adaptación:
• En el contrato de arrendamiento de local para instalar un negocio, es frecuente incluir una cláusula que recoge la **autorización** del arrendador para que el arrendatario pueda, antes de iniciar el desarrollo del mismo, acometer las obras de acondicionamiento del local a la actividad o actividades pactadas.
Asimismo, son usuales **otros pactos** estableciendo que:
- que la realización de las obras sea a cargo del arrendatario, tanto en lo relativo a la obtención de las pertinentes licencias y autorizaciones de obras como en cuanto al coste de su ejecución;
- que las obras realizadas por el arrendatario quedan, a la finalización del contrato, en beneficio del propietario -con o sin derecho de aquel a percibir una indemnización-; o
- que, a la extinción del contrato, el arrendatario debe reponer el local al estado que se encontraba antes de las obras, cuando ello pueda hacerse sin menoscabo del mismo -retirada de

rótulos, mamparas, alarmas, etc.-. El arrendatario debe arreglar los desperfectos que se produzcan como consecuencia de ello.
• Cuando **no haya pacto** sobre las obras, se entiende implícita la autorización para realizarlas en los siguientes casos (TS 19-4-13, EDJ 67715; AP León 7-3-03, EDJ 83292; AP Sevilla 1-7-16, EDJ 217782):
- cuando las obras sean necesarias para la instalación, adaptación o acondicionamiento del local arrendado, de manera que este pueda servir al destino pactado. Esto presupone que el mismo no reúne de inicio las condiciones precisas para la puesta en funcionamiento el negocio;
- cuando las obras sean ejecutadas en fecha próxima a la de celebración del contrato, por lo que no tienen esa consideración si se realizan en fechas muy posteriores.
En estos casos, la **carga de la prueba** de que existe un consentimiento para llevar a cabo las obras recae sobre el arrendatario, y ha de deducirse de manera clara de actos o hechos realizados por el arrendador, que no admitan otra interpretación (TS 15-7-92, EDJ 7902; AP Madrid 25-5-04, EDJ 129586).
La ejecución de **obras no consentidas** por el arrendador, cuando dicho consentimiento es preceptivo (nº 600), faculta a este para instar la resolución de pleno derecho del contrato (nº 10029).
Tanto si existe pacto expreso sobre las obras de adaptación del local como en ausencia del mismo, hay ciertos **límites** que el arrendatario debe tener en cuenta:
- no puede realizar obras que provoquen una disminución en la estabilidad o seguridad del local; y
- no puede ejecutar obras modificativas de la configuración del local sin el consentimiento expreso del arrendador. El concepto de configuración y alteración de la cosa arrendada es algo contingente y circunstancial a examinar en cada caso.

1136 Precisiones **1)** En ocasiones, la autorización de las obras de adaptación de un local suele ir acompañada de la concesión de un **período de carencia** en el pago de la renta (nº 1077).
2) Para que pueda ser estimada la existencia de un **consentimiento tácito**, se precisa una clara evidencia (TS 5-4-96, EDJ 1339).
3) Respecto a los supuestos en los que se ha considerado alterada la **configuración del inmueble** con las obras, ver nº 610 s.
4) El hecho de que el propietario haya consentido ciertas obras, no le vincula para **obras futuras** (TS 5-3-96, EDJ 1339).
5) El propietario puede **condicionar la autorización** a la previa elaboración del correspondiente proyecto técnico (AP Valladolid 31-7-88).

1151 **Licencia de obras** Para la implantación y desarrollo de la actividad es necesario solicitar y obtener las correspondientes licencias urbanísticas (actividad o apertura y obras), sin perjuicio de otras **autorizaciones** procedentes de la legislación sectorial aplicable en cada caso (autorizaciones ambientales, sanitarias, industriales, etc.).
Con carácter general, la legislación urbanística de las comunidades autónomas atribuye la **competencia** para la tramitación de las licencias urbanísticas a los municipios.
La licencia de obras tiene carácter obligatorio tiene carácter obligatorio para todos aquellos negocios que lleven a cabo su actividad en un local que deba ser acondicionado para obtener la licencia de apertura y en todos aquellos que tengan que hacer obras.
Para obtener esta licencia un técnico municipal ha de examinar el local, indicando las modificaciones que se van a realizar:
- si se trata de obras **mayores**, una vez se lleven a cabo, se requiere una inspección para conceder la licencia de apertura; y
- si son obras **menores**, se puede otorgar también una licencia de apertura provisional.
En la práctica, se suele incluir una **cláusula** en el contrato haciendo recaer sobre el arrendatario la exclusiva responsabilidad en cuanto a la obtención de las licencias y autorizaciones administrativas necesarias para el desarrollo de la actividad pactada, así como la ejecución y coste de todas las obras que, en su caso, deban realizarse para ello. No obstante, es frecuente que el arrendador se comprometa a prestar su colaboración para que el arrendatario pueda obtener la oportuna licencia.
Se puede pactar que la denegación de la licencia sea causa de **resolución** del contrato, sin necesidad de que el arrendatario deba indemnizar al arrendador (nº 10053). Por ello es conveniente que, antes del otorgamiento del contrato de arrendamiento, el arrendatario consulte con un técnico en la materia o al órgano competente del ayuntamiento de la localidad donde radica el local, sobre la **calificación urbanística** del inmueble y sus usos y sobre la posibilidad de obtener la pertinente licencia.

Obras posteriores a la adaptación del local Una vez concluidas las obras de adaptación del local, la realización de cualquier obra por el arrendatario -a excepción de las reparaciones urgentes (nº 580)- queda sujeta a los pactos convenidos por las partes en el contrato, o, en su defecto, a los establecidos en la LAU. 1163

Lo más frecuente, a este respecto, es que se condicione la realización de obras a la **autorización** previa y escrita del arrendador, sin que el mero silencio o conocimiento de las obras implique su consentimiento (AP Granada 21-12-07, EDJ 364008; AP Baleares 27-9-02, EDJ 109306).

D. Cambio de titular

(LAU art.34)

Durante la **vigencia del contrato** puede producirse el cambio de titularidad del inmueble arrendado por alguna de las circunstancias expuestas en los números siguientes. 1168

Las partes disponen de absoluta libertad para, mediante pacto excluir, renunciar o modificar las **previsiones** legales.

Precisiones Cuestión distinta es el **subarriendo** del inmueble ya que no supone un cambio en los sujetos titulares de la relación arrendaticia. En el subarriendo surge una nueva relación arrendaticia con subsistencia de la primera (nº 710).

1. Enajenación de la finca arrendada

(LAU art.29)

La trasmisión de la finca arrendada implica un cambio de titularidad en la propiedad y consecuentemente en la persona del arrendador. La condición de arrendador pasa a ser ocupada por el adquirente, que, en principio, se subroga en todos los derechos y obligaciones del contrato (nº 1174). 1171

Además, cuando la transmisión es a título oneroso, se reconoce a favor del arrendatario un derecho de adquisición preferente (nº 1180).

Asimismo, dado que en estos contratos prima la voluntad de las partes, en relación con la transmisión de la finca, estas pueden haber pactado:

- la renuncia expresa del arrendatario a continuar con el arrendamiento si la finca se transmite, en cualquier caso, o en determinados supuestos, lo que implicaría la extinción del contrato desde la adquisición por un tercero; o
- la remisión directa al CC art.1571, conforme al cual la compraventa de una finca arrendada faculta -no obliga- al adquirente para terminar con el arrendamiento.

Precisiones En la adquisición de un local de negocio arrendado mediante una **ejecución hipotecaria** en la que el arrendador no hace uso de su facultad de resolver el contrato, este subsiste, subrogándose el adquirente en la posición del arrendador (TS 15-11-21, EDJ 738547).

a. Subrogación

(LAU art.29)

En principio, si las partes no han pactado otra cosa, el adquirente de la finca se subroga en los derechos y obligaciones del arrendador, salvo que este pueda ser considerado tercero hipotecario (LH art.34), es decir, si ha adquirido la finca a título oneroso y la inscribe en el Registro de la Propiedad, sin que lo estuviera previamente el arrendamiento. En este caso se presume que es **tercero de buena fe** y desconoce la existencia del contrato, por lo que este se puede dar por extinguido. 1174

Se discute en estos casos si la extinción se produce de forma automática o si el adquirente puede optar entre poner fin al contrato de arrendamiento -ejerciendo, en su caso, la acción de desahucio-, o continuar con él, tal y como prevé el CC art.1571, aplicable supletoriamente a la voluntad de las partes y la LAU art.29.

Por otra parte, al verse el arrendatario privado del arrendamiento antes del plazo pactado, se ha de considerar que el arrendador transmitente queda obligado a satisfacerle la correspondiente **indemnización** por incumplimiento de contrato (CC art.1101 y 1571), calculada conforme a las reglas previstas en el CC art.1106 y 1107.
Si el adquirente **conocía la existencia del arrendamiento**, ya sea porque este estuviera inscrito o porque, sin estarlo, hubiera podido tener esta información por otro medio, salvo pacto previo en contrario ha de subrogarse en la posición del primer arrendador y continuar con el contrato, pues ya no concurren en él los requisitos de la LH art.34 (LAU art.29).
Si la adquisición de la finca hubiera sido **a título lucrativo**, por ejemplo, por herencia o donación, se produce también la subrogación y el contrato no queda extinguido, pues este adquirente no goza de más protección registral que la que tuviera su transmitente (LH art.34.3).

Precisiones **1)** Para evitar que se produzca la **subrogación**, es preciso que el arrendador que transmite la finca sea titular registral de la misma y, además, que el contrato de arrendamiento no esté inscrito en el Registro de la Propiedad, cobrando así la inscripción registral del contrato de arrendamiento una excepcional importancia (AP Albacete 13-5-04, EDJ 116475; AP Barcelona 30-9-09, EDJ 351498). Es adquirente de buena fe -y, por tanto, no se produce la subrogación- el que adquiere por título oneroso del titular registral, confiando en el Registro de la Propiedad, en el que no consta la existencia del arriendo e inscribe su derecho en dicho Registro (AP Albacete 13-5-04, EDJ 116475; AP Barcelona 30-9-09, EDJ 351498).
2) La **buena fe** consiste, de una parte, en la creencia por parte de quien pretende ampararse en la protección registral de que la persona de quien adquiere el inmueble es dueña de él y puede transmitir su dominio, y, de otra, en la ignorancia o desconocimiento de la existencia del arrendamiento. El adquirente del inmueble no puede invocar a su favor la buena fe de la LH art.34, al ser **público y notorio** que en el local se encontraba una tienda abierta y funcionando, por lo que una mínima actividad de la compradora le hubiera permitido tener conocimiento del arrendamiento (AP Alicante 22-5-03, EDJ 104016).

b. Derecho de adquisición preferente

(LAU art.25 y 31)

1180 El derecho de adquisición preferente tiene como **finalidad** facilitar al arrendatario el acceso a la propiedad del inmueble que tiene arrendado, con preferencia o en sustitución de un tercer adquirente, en caso de que este se pusiera a la venta.
En el arrendamiento para uso distinto de vivienda este derecho no tiene carácter imperativo, por lo que puede ser excluido o modificado por la **voluntad de las partes**. Asimismo, en defecto de pacto, se aplica lo establecido en la LAU art.25 para el contrato de arrendamiento de vivienda (nº 635).
En la práctica, la **renuncia** al derecho de adquisición preferente en los arrendamientos para uso distinto de vivienda, se exige habitualmente por los arrendadores de los locales comerciales y de ocio, así como en parques comerciales o en edificios de oficinas y, en general, por los arrendadores profesionales para los que la facilidad en la gestión de sus edificios, disponiendo de propietario único, repercute en el valor de sus inversiones.

Precisiones Un **estudio detallado** del derecho de adquisición preferente del arrendatario se realiza en el nº 635 s.

2. Cesión del contrato

(LAU art.32)

1189 La cesión del contrato de arrendamiento supone la transmisión por el arrendatario (cedente) de su **posición contractual** íntegra a un tercero (cesionario), quien, como consecuencia de ello, lo sustituye en el contrato con todos los derechos y obligaciones inherentes al mismo.

Precisiones **1)** El arrendador tiene derecho a un incremento de la **renta** en caso de cesión (nº 1110).
2) La **prestación de servicios** por un tercero dentro del local, que complementarios a los inicialmente previstos en el arrendamiento del mismo, no constituyen una cesión inconsentida. Son admisibles siempre que no se desvirtúe el objeto y el carácter del arrendamiento o se altere la vida económica del negocio por no ser proporcionados a su resultado (AP Alicante 5-6-19, EDJ 648891).
3) Puede verse un **modelo** de contrato de cesión en el nº 12090.

1192 **Requisitos** Salvo pacto en contrario, el arrendatario **puede ceder el contrato** de arrendamiento sin el consentimiento del arrendador siempre que se cumplan dos requisitos:
- que en la finca arrendada se ejerza una actividad empresarial o profesional; y
- que lo notifique al arrendador.

Actividad (LAU art.32.1) Es necesario que en el inmueble arrendado se ejerza una actividad empresarial o profesional, pero no se exige, sin embargo, que junto con el inmueble se ceda también la actividad, ni que esta comporte un contacto directo con el público o con los consumidores o usuarios. 1195

No hay regulación legal respecto a las fincas que no se destinen a una actividad empresarial o profesional. Parte de la doctrina ha interpretado que en estos casos el arrendatario no puede subarrendar ni ceder la finca sin consentimiento. Sin embargo, cuando en el contrato de arrendamiento no se prohíba expresamente, el Código Civil permite que el arrendatario subarriende, en todo o en parte la cosa arrendada, sin perjuicio de su responsabilidad por el cumplimiento del contrato respecto al arrendador (CC art.1550). Podría entonces entenderse que esta posibilidad se extiende a la cesión.

Notificación (LAU art.32.4) La cesión del contrato se ha de notificar al arrendador: 1198

- de **forma** fehaciente, es decir por vía notarial o mediante burofax con certificado de texto y acuse de recibo. Se ha de entender fehacientemente notificada la cesión si el arrendador comparece y firma a tales efectos el documento -público o privado- en que se formaliza la cesión; y
- en el **plazo** máximo de un mes desde que la cesión se hubiera producido.

En cuanto a su **contenido**, en la notificación se ha de indicar la fecha en que la cesión se ha concertado y es eficaz, y los datos de identificación del cesionario -nombre, apellidos o razón social, domicilio y NIF-. No es preciso que en ella se incluya el **precio** de la cesión, salvo cuando en el contrato de arrendamiento exista un pacto en virtud del cual el arrendador tiene derecho a participar en un porcentaje determinado del mismo.

Es importante que en la notificación conste la fecha de **eficacia** de la cesión del contrato, pues es a partir de dicha fecha cuando el arrendador puede elevar la renta (nº 1110).

La LAU no indica quién está obligado a realizar la notificación, por lo que la misma puede realizarla el arrendatario cedente, el cesionario o, incluso, un tercero.

Precisiones **1)** Es dudosa la admisión de **medios de notificación** tales como la carta certificada, el fax, el correo electrónico, etc. Hay que estar al caso concreto y analizar si, dadas las circunstancias, puede concluirse que queda constancia fehaciente de la recepción, de su fecha y del contenido de lo comunicado.

2) Es eficaz la notificación a la entidad arrendadora remitida por burofax al último **domicilio** que constaba como suyo en el Registro Mercantil, dado que el arrendatario no tenía la obligación de conocer el nuevo domicilio (AP Valencia 19-7-11, EDJ 193991).

3) La finalidad de la notificación se entiende cumplida sin necesidad de la misma cuando se emiten los **recibos** a nombre de la cesionaria de manera continuada y dilatada en el tiempo desde su constitución (AP Castellón 1-6-11, EDJ 202963).

4) Un **modelo** de notificación de cesión de local se recoge en el nº 12085.

3. Transformación, fusión o escisión de la sociedad arrendataria

(LAU art.32.3)

No se considera **cesión de contrato** el cambio que se produce en la persona del arrendatario como consecuencia de la fusión, transformación o escisión de la sociedad arrendataria. 1201

Por la propia naturaleza de las operaciones enunciadas, estos supuestos son aplicables únicamente cuando el arrendatario es una **sociedad**, no cuando el arrendatario es una persona física o una entidad sin personalidad jurídica (p.e. comunidad de bienes).

Al igual que ocurre en la cesión, en estos supuestos se reconoce al arrendador el derecho a incrementar la **renta** en los términos del nº 1113, aunque las partes pueden pactar en el contrato otro porcentaje -superior o inferior- e, incluso, la imposibilidad de incrementar la renta.

Precisiones **1)** No existe traspaso inconsentido o cesión ni por el **cambio de nombre** de la sociedad arrendataria, ni por la venta del 99,9% de sus acciones, si no desaparece la persona jurídica (TS 12-12-96, EDJ 9137).

2) La venta de **todas las acciones** de una sociedad anónima a otra sociedad de la misma naturaleza, sin que exista fusión entre ellas, no entraña, por sí sola, la pérdida de la personalidad jurídica de aquella cuyas acciones fueron vendidas, sino que ambas -transmitente y adquirente- conservan sus respectivas personalidades jurídicas. No puede en modo alguno decirse que la sociedad adquirente se haya introducido en el arrendamiento del local del que era arrendataria la sociedad cuyas acciones han sido vendidas, sino que esta continúa conservando esta condición, con su propia personalidad jurídica (TS 4-10-99, EDJ 29510).

3) Un **estudio detallado** de esas modificaciones societarias se realiza en el nº 7550 s. Memento Sociedades Mercantiles 2024.

1204 **Transformación** La transformación es la operación que permite el cambio de **tipo o forma social**, y, por tanto, el régimen jurídico aplicable a la sociedad en el futuro, permaneciendo inalterada su identidad y personalidad jurídica, que continúa subsistiendo bajo la nueva forma. No supone realmente un cambio en la entidad arrendataria, por lo que no cabe hablar de cesión del contrato.

Precisiones Únicamente se regula la trasformación de **sociedades mercantiles**, excluyéndose, por tanto, a las personas físicas y a aquellas personas jurídicas que no son sociedad mercantil. No obstante, la doctrina registral ha admitido la trasformación de una SRL en sociedad civil profesional (DGRN Resol 26-4-16).

1207 **Fusión** La fusión, por absorción o por constitución, es un procedimiento por el que dos o más sociedades mercantiles inscritas se integran en una única sociedad mediante la transmisión en bloque de sus patrimonios. No obstante, únicamente cabe apreciar cambio en la persona jurídica de la arrendataria en el supuesto de:
- fusión por absorción, en los que la entidad arrendataria es absorbida por otra, no en los que es ella la absorbente; y
- fusión por constitución de una nueva entidad.

1210 **Escisión** La escisión de sociedades constituye el proceso inverso al de fusión, esto es, en lugar de una concentración empresarial, se trata de una **disgregación o separación** consistente en la separación del patrimonio de una sociedad mercantil inscrita en dos o más partes, para aportar cada una a otra u otras sociedades.
La escisión puede ser total, parcial o una segregación.

4. Fallecimiento del arrendatario

(LAU art.33)

1214 Salvo pacto en contrario, en caso de fallecimiento del arrendatario se admite la **subrogación** del heredero o del legatario en los derechos y obligaciones de aquel hasta la extinción del contrato.
Esta subrogación *mortis causa* presupone, que el arrendatario es una **persona física**, por lo que ha de entenderse excluida para todos aquellos supuestos en los que aquel tiene la condición de persona jurídica.
Las partes, en aplicación de la autonomía de la voluntad, pueden excluir mediante **pacto** en el contrato la aplicación de la subrogación *mortis causa* en caso de fallecimiento del arrendatario, estableciendo que dicho fallecimiento dará lugar a la resolución del contrato, o limitando la subrogación a determinadas personas, incluso aunque no sean herederos o legatarios.

1217 **Requisitos** Si no existe un acuerdo al respecto de las partes, para que se produzca la subrogación, en caso de fallecimiento del arrendatario, se han de dar los siguientes requisitos:
- actividad empresarial o profesional;
- condición de heredero o legatarios; y
- notificación.

1220 **Actividad empresarial o profesional** (LAU art.33.1) Son actividades empresariales o profesionales las que implican la ordenación por cuenta propia de factores de producción, materiales y humanos, o de uno de ellos, con la finalidad de intervenir en la producción o distribución de bienes o servicios a título oneroso, esto es, mediante contraprestación. Únicamente se prevé la subrogación *mortis causa* en el arrendamiento si en la finca se desarrolla una actividad de este tipo.
Además, es necesario que se continúe la **misma actividad** por el heredero o legatario, lo que excluye, en principio, la posibilidad de cambio de actividad, así como de cesión del contrato o subarriendo del local por parte de estos sin contar con el consentimiento del arrendador.
Por **excepción**, se ha de entender que los subrogados en la posición del arrendatario fallecido pueden modificar la actividad a desarrollar en el local cuando no se especificó un destino concreto -por ejemplo, «cualquier actividad empresarial de lícito comercio»-.
Si para el ejercicio de la actividad empresarial o profesional se requiere estar en posesión de una **titulación** académica o profesional -por ejemplo, una farmacia-, es preciso que el heredero o legatario la tenga.
En caso contrario, no cabe la subrogación y el contrato queda extinguido.

1223 **Condición de heredero o legatario** (LAU art.33.1) La facultad de subrogación *mortis causa* se reconoce a los herederos o legatarios del arrendatario fallecido.
A este respecto, es preciso atender a la **voluntad del causante** arrendatario, de forma que se puede subrogar un heredero o legatario específico designado por él -siempre que además continúe la actividad y, en su caso, tenga la titulación necesaria-.

En defecto de designación expresa, se ha de estar al resultado de la **partición y adjudicación** de la herencia, sin que, en principio, exista obstáculo para que la subrogación sea múltiple (dos o más herederos o legatarios) o que todos los que ostentan este derecho lleguen a un acuerdo y sea la comunidad hereditaria quien se subrogue.
No estableciendo la ley un **límite** cuantitativo en cuanto al número de subrogaciones, se ha de entender que es ilimitado, siempre dentro del plazo de vigencia del contrato.

Notificación (LAU art.33.2) Salvo acuerdo previo de las partes, el sucesor que pretende subrogarse tiene la obligación de notificarlo en el **plazo** de 2 meses desde la fecha de fallecimiento del arrendatario. **1226**
Si dentro de dicho plazo el sucesor o sucesores no están determinados, basta con comunicar el fallecimiento del arrendatario, indicando que, por el momento, el **nuevo arrendatario** es la comunidad hereditaria, sin perjuicio de que con posterioridad se adjudiquen los derechos a una determinada persona.
La notificación ha de hacerse **por escrito**, pero no se exige que sea fehaciente, por lo que se puede realizar por cualquier medio que acredite su recepción (p.e., carta con copia firmada por el arrendador, burofax, telegrama con acuse de recibo, por vía notarial, etc.).
En cuanto al **contenido** de la notificación, parece lógico que en la misma se indique la fecha y el hecho mismo del fallecimiento del arrendatario, la identidad del o los subrogados o posibles subrogados y la manifestación de continuar ejerciendo en el local la misma actividad que el arrendatario fallecido. Aunque, en principio, no parece imprescindible acompañar al escrito los documentos acreditativos del dicho contenido (p.e., certificado de defunción, testamento, etc.), es aconsejable que así se haga.
Esta notificación puede cumplimentarla el representante de la herencia yacente o cualquiera de los coherederos.

Aunque la **falta de notificación** en el plazo establecido determina que la subrogación no se produzca, no se prevé legalmente si este incumplimiento da lugar a la resolución del contrato. **1229**
Aunque la falta de notificación no está incluida como tal entre las causas que dan lugar a la resolución del contrato (LAU art.35), para algunos autores ello significa que no se produce la subrogación y, por tanto, el arrendador puede dar por extinguido el contrato, pues de otra manera se produciría una cesión que este solo está obligado a tolerar si se efectúa de acuerdo con lo previsto en la ley. Sin embargo, para algunos autores, de haberse querido tal efecto se habría incluido expresamente entre las causas de resolución de dicha norma.

Efectos (LAU art.33.1) La subrogación *mortis causa* en la posición del arrendatario fallecido no es una obligación, sino una **facultad**. **1232**
Si se opta por ella, los subrogados pasan a ocupar la posición contractual del arrendatario fallecido, asumiendo los derechos y obligaciones de aquel hasta la extinción del contrato, sin variación de la **renta** ni de las demás condiciones contractuales.
Si ninguno de los herederos o legatarios no se subroga, bien por voluntad propia, bien por no estar en condiciones de continuar con la misma actividad del arrendatario, el arrendamiento se extingue, sin perjuicio de la **responsabilidad** de los sucesores del pago, con cargo al caudal hereditario, de las rentas pendientes y de las que se devenguen hasta la devolución del local al arrendador.

E. Extinción del contrato

(LAU art.35)

1233

La regulación que prima en esta materia es la **voluntad de las partes**. No obstante, se establece una lista de causas que, sin ser una lista cerrada, producen la resolución del contrato. **1235**
Así las partes tienen plena libertad para:
- excluir las causas recogidas en la LAU art.35;
- fijar las causas de la LAU art.35;
- establecer otras causas.
Si las partes no han estipulado nada en este sentido, se está a lo establecido en la LAU.

Ambas partes pueden resolver el contrato de arrendamiento en caso de incumplimiento de la otra de una obligación esencial del mismo (CC art.1556).
Asimismo, en caso de que una de las partes falte al cumplimiento de lo estipulado incurriendo en **dolo**, **negligencia** o **morosidad** o cualquier otra forma de contravención, la otra parte puede reclamarle una indemnización por los daños y perjuicios ocasionados (CC art.1101), o el cumplimiento o resolución con abono de daños e intereses en ambos casos (CC art.1124).

1. Vencimiento del plazo pactado

1238

1240 El contrato de arrendamiento tiene un carácter eminentemente **temporal**, por tanto, una vez cumplido el plazo de duración del arrendamiento pactado, el contrato se extingue. El **arrendatario** debe desalojar el local y entregar su posesión al **arrendador** (nº 1241) y este restituir la fianza arrendaticia prestada por aquel (nº 540).
Además, una vez finalizado el arrendamiento, el arrendador puede quedar obligado a abonar al arrendatario una **indemnización por clientela** (nº 1259 s.).

a. Devolución del inmueble

(CC art.1555.2º, 1561, 1563 y 1564)

1241 Correlativamente a la obligación del arrendador de entregar el local en estado de servir para el uso a que va a ser destinado, es obligación esencial del arrendatario **restituir** dicho local al concluir el arrendamiento. Debe retirar todos los bienes y accesorios que le sean propios y que lo ocupen hasta ese momento (maquinaria, muebles, etc.). Puede el arrendador exigirle que deshaga a su costa las modificaciones introducidas en el mismo, incluso las autorizadas, salvo que se hubiera previsto otra cosa.
La devolución al arrendador de la posesión del local **se materializa** normalmente con la entrega de las llaves del inmueble.
Es desde ese momento cuando el arrendador puede proceder a la verificación del estado del local y los posibles daños o desperfectos ocasionados en el inmueble y adoptar, en su caso, las medidas que estime oportunas.
Es preciso, también en este momento, que la **actuación de ambas partes** se ajuste a los criterios de buena fe, lo que, desde la perspectiva del arrendador, implica el no rehusar la entrega de llaves de manera injustificada y, desde la del arrendatario, la de no aprovechar la entrega para eludir sus posibles responsabilidades.
Si, injustificadamente, **el arrendador se niega** a aceptar la entrega de llaves el arrendatario puede realizar su consignación notarial o, en su caso, judicial.

1244 **Reconocimiento del local** Una vez entregadas las llaves, para poder acreditar la existencia o no de daños o desperfectos en el local es preciso llevar a cabo un reconocimiento del mimo. En este momento, cobra especial importancia el **inventario** y las **imágenes** del estado inicial del local que las partes incorporaron al contrato y que permiten, ahora, un examen comparativo entre el estado del inmueble en el momento de la entrega por el arrendador y el estado que presenta en el momento de la devolución por el arrendatario.
Al objeto de facilitar la **prueba** de los desperfectos en una futura reclamación, es aconsejable que, en el momento del reconocimiento del local, el arrendador recurra, entre otros, al empleo de los siguientes medios:
• La asistencia de **testigos**, preferiblemente perito o experto que tase los daños y redacte un informe en cuanto a la valoración, al menos estimada, del coste de su reparación.
• La utilización de medios técnicos que permitan obtener o grabar **imágenes** del estado del local -cámara fotográfica o video-.
• Requerir la presencia de un notario a fin de que levante **acta notarial** que recoja el estado del inmueble.

1247 Si se comprueba que existen **desperfectos** y el arrendatario no realiza las reparaciones a que está obligado para la entrega del local en buen estado, el arrendador **puede optar** entre:
- reclamar judicialmente el cumplimiento de dicha obligación, así como, en su caso, la indemnización por los daños y perjuicios ocasionados (p.e., pérdida de un nuevo arrendamiento); o

- asumir el coste de las mismas reteniendo o aplicando total o parcialmente la fianza y, en su caso, las otras garantías adicionales constituidas al efecto y, posteriormente reclamar judicialmente el exceso no cubierto.
Corresponde al arrendador acreditar la producción de los daños y su cuantía. Sin embargo, el arrendador se encuentra protegido por una doble presunción, de forma que, salvo prueba en contrario **se presume**:
- la recepción por el arrendatario del local en buen estado, de acuerdo con el uso y destino convenido; y
- la culpabilidad del arrendatario por el deterioro.
Por su parte, el arrendatario puede **desvirtuar la presunción** probando que (TS 30-5-08, EDJ 82721; AP Barcelona 23-4-13; 9-4-14):
- la devolución del local se hace en las mismas condiciones y estado en que lo recibió; o
- el deterioro o pérdida no se ha debido a su actuación culposa, o a la de las personas de quien debe responder, y que ha actuado con diligencia para evitar el daño.

Formalización Aunque no es exigible legalmente, es conveniente que de la entrega y recepción de las llaves quede **constancia documental** del acuerdo extintivo alcanzado y de la liquidación de las obligaciones contractualmente asumidas por cada una de ellas, al objeto de evitar reclamaciones posteriores. **1250**
Normalmente dicho documento es de carácter **privado** y suele ir precedido de algún tipo de comunicación previa entre las partes.
El **contenido** de dicho documento debe recoger, entre otros extremos:
- la devolución de la posesión del local al arrendador mediante la entrega de las llaves;
- el estado en que se encuentra el local;
- la existencia de deudas pendientes de pago; y
- la situación de la fianza.

Precisiones **1)** Los **modelos** del acuerdo de terminación del arrendamiento se encuentran en el nº 1270 s.
2) Respecto a la restitución de la **fianza y otras garantías adicionales**, ver nº 540 s.

b. Indemnización por clientela

(LAU art.34)

Requisitos En determinados casos la extinción del contrato de arrendamiento para uso distinto de vivienda puede dar lugar a una indemnización, a favor del arrendatario del mismo, denominada «indemnización por clientela». No obstante, dado el carácter dispositivo de esta norma, las partes pueden pactar la **exclusión** de la misma. **1259**
Las **circunstancias** que han de darse para que surja el derecho del arrendatario a percibir esta indemnización se exponen a continuación.

Causa de extinción El derecho a la indemnización del arrendatario nace solo si la extinción del contrato se produce como consecuencia del transcurso del plazo de duración pactado, y no por cualquier otra causa, aunque la extinción fuera provocada por el arrendador. **1264**
A estos efectos, dentro del término convencional se entienden comprendidas las sucesivas prórrogas o renovaciones.

Actividad Para que surja el derecho indemnizatorio, se requiere que el arrendatario viniera ejerciendo una actividad **comercial** de venta al público. **1267**
Lo determinante es que se trate de una actividad de venta al público, esto es, que exista un contacto directo con los clientes o consumidores. Se han de entender incluidas a estos efectos la venta de mercancías en una tienda o establecimiento y otras actividades que originen una clientela susceptible de perderse por el arrendatario o ser aprovechada por otros (p.e., restaurante, cafetería, gimnasio, cine, discotecas, etc.).
En principio, se han de considerar **excluidos** los locales destinados a oficinas, almacenes y depósitos cerrados, despachos profesionales, actividades industriales, administrativas, recreativas, docentes y culturales.

Precisiones **1)** No se considera cumplido el requisito de venta al público cuando el local se dedica a la **enseñanza** de idiomas (AP Madrid 17-5-05, EDJ 87485).
2) No se cumple el requisito de actividad comercial de venta al público si el local sirve únicamente como **almacén** (AP Ciudad Real 17-6-04, EDJ 135979).

Plazo La actividad comercial se ha de venir ejerciendo durante los 5 últimos años. Conforme al criterio general de la doctrina, en el **cómputo** de ese plazo se ha de considerar: **1270**
- el **tiempo** de duración del contrato, sumando al plazo inicial las prórrogas voluntarias eventualmente pactadas o, en su caso, el plazo de tácita reconducción; y

- los sucesivos arrendamientos de **distintos arrendatarios** que de manera sucesiva han ejercido en el local una actividad comercial de venta al público, como consecuencia de subrogación *mortis causa*, cesión del contrato o subarriendo.

1273 **Oferta de renovación del contrato** Para que surja el derecho a la indemnización, el arrendatario debe haber manifestado su voluntad de renovar el contrato con, al menos, 4 meses de antelación a la expiración del término convencional. Esta oferta debió hacerse, como mínimo, por:

• Un **periodo** de 5 años más. Legalmente no se fija, sin embargo, un **límite máximo** de duración de la renovación ofrecida por el arrendatario.

• Una **renta de mercado**. A estos efectos se considera como tal:

- la que acuerden las partes; o
- en defecto de pacto, la que determine el árbitro designado por ellas.

La oferta de renovación del contrato se puede efectuar por cualquier **medio** que permita acreditar su recepción por el arrendador -conducto notarial, burofax con certificación de texto y acuse de recibo, etc.-.

La **prueba** del cumplimiento de los requisitos legales, en particular la manifestación de su voluntad de renovación del contrato con 4 meses de antelación, corresponde a quien la solicita, que es el arrendatario (AP Madrid 21-7-06, EDJ 350909).

Si el arrendador **acepta** la oferta de renovación, esta puede considerarse una prórroga voluntaria del contrato de arrendamiento, el cual mantiene el resto de su contenido originario, salvo que las partes acuerden modificaciones adicionales.

Si el arrendador **no acepta** la oferta, el arrendatario tiene derecho a percibir la indemnización por clientela, siempre que, además, se cumplan los restantes requisitos legalmente exigidos.

Precisiones En caso de desacuerdo en el importe de la **renta de mercado**, queda al criterio de un árbitro que no tiene más límites para decidir sobre la materia que su propio sentido de la equidad. No se exige que el árbitro sea un experto o profesional inmobiliario comercial. Su intervención puede ser instada por cualquiera de las partes.

1279 **Cálculo de la indemnización** Para la determinación de la indemnización se tiene en cuenta un margen temporal de 6 meses después de la expiración del plazo y se contemplan las siguientes situaciones:

• Dentro de este plazo el arrendatario inicia en el mismo municipio el ejercicio de la **misma actividad** a la que venía dedicándose. En este caso la indemnización comprende:

- los gastos de traslado; y
- los perjuicios derivados de la pérdida de clientela -lucro cesante- ocurrida con respecto a la que tuviera en el local anterior.

Para ello se tiene en cuenta la clientela que pasa a tener durante los 6 primeros meses de la nueva actividad. En el caso de existir una efectiva pérdida de clientes, se reclama al arrendador.

• El arrendatario inicia dentro del plazo una **actividad diferente** o **no inicia actividad alguna**, y el arrendador o un tercero desarrollan en la finca dentro del mismo plazo la misma actividad o una afín a la desarrollada por el arrendatario. La indemnización es de una mensualidad por año de duración del contrato, con un máximo de 18 mensualidades.

Se consideran **actividades afines** las normalmente aptas para beneficiarse, aunque sea solo en parte, de la clientela captada por la actividad que ejerció el arrendatario.

En caso de **falta de acuerdo** entre las partes sobre la cuantía de la indemnización, se fija por el árbitro que hubieran designado y, en su defecto, por el designado judicialmente en el correspondiente procedimiento ordinario.

Precisiones **1)** El **cómputo del plazo** de 6 meses se ha efectuar de fecha a fecha (CC art.5.1).
2) Ha de tratarse de la misma **actividad**, no de una actividad similar o afín.
3) Es indiferente el **título** en virtud del cual el arrendatario ocupe el nuevo local donde continúe ejerciendo la misma actividad (arrendamiento, usufructo, propiedad).

2. Pérdida o ruina de la finca arrendada

1283 No se contempla en la ley de forma específica la extinción del arrendamiento como consecuencia de la pérdida o por declaración de ruina de la finca. Sin embargo, la doctrina es unánime al considerar que así sucede cuando se produce la **destrucción** del inmueble arrendado, salvo pacto en contrario de las partes (nº 800).

La pérdida de la finca arrendada viene referida a aquellos supuestos en que la misma deje de ser **habitable**, no cumpliendo así con la finalidad perseguida en el contrato, siempre que ello no sea imputable al arrendador. Este viene obligado a actuar con una diligencia media

realizando en la finca arrendada las reparaciones necesarias, para evitar que la misma se deteriore hasta el punto de resultar inhabitable (AP Madrid 25-1-07, EDJ 63708).
Cuestión distinta es la relativa a la causa de dicha destrucción, por cuanto, salvo en los supuestos de **fuerza mayor** o caso fortuito, si dicha destrucción es imputable a una de las partes, la parte culpable ha de satisfacer a la otra la correspondiente **indemnización** por los daños y perjuicios causados por tal motivo.

La pérdida puede ser total o parcial. El concepto de pérdida o destrucción de la finca comprende: **1286**
• La pérdida **material o física** del inmueble, que se produce como consecuencia de un acontecimiento catastrófico y de producción instantánea o también como consecuencia de deterioros, pérdidas o averías importantes.
• La pérdida **jurídica** o que derive de la existencia de normas, o de actos en ejecución de normas, que prohíban o imposibiliten la utilización de la finca arrendada conforme a su destino, por ejemplo, la expropiación forzosa, al tratarse de una privación coactiva de la titularidad de la finca.

Precisiones Para una **parte de la doctrina**, la extinción del arrendamiento para uso distinto de vivienda por pérdida o destrucción del inmueble, se sustenta en la extensión a este tipo de contrato de del supuesto regulado para el arrendamiento de vivienda (LAU art.28), pues, si bien entre las remisiones a la regulación del arrendamiento de vivienda que hace la LAU art.30 no se recoge de forma expresa este precepto, si se hace a la conservación de la vivienda (LAU art.21), que a su vez remite al mismo. De ahí que lo dispuesto en la LAU sobre la extinción del contrato por ruina o pérdida de la vivienda, sea también aplicable a los contratos para uso distinto.
Para **otros autores**, sin embargo, la extinción del arrendamiento por esta causa, no deriva de la LAU, sino de la extinción de las obligaciones por pérdida de la cosa regulada en el Código Civil, de aplicación supletoria (CC art.1568 y 1182).

3. Resolución por incumplimiento

(CC art.1124)

Se entiende por incumplimiento contractual toda **infracción**, total o parcial, de las obligaciones asumidas en el contrato. Ello, no obstante, es doctrina jurisprudencial consolidada que únicamente da lugar a la resolución del contrato el incumplimiento que **frustra la finalidad** del contrato y las legítimas aspiraciones o expectativas de la parte que cumplió (TS 31-5-07, EDJ 40205; 18-10-04, EDJ 159546; 6-3-05, EDJ 71419). **1293**
Ante el incumplimiento por una de las partes de alguna de las obligaciones asumidas en un contrato de arrendamiento, la parte cumplidora tiene la **opción** de:
- exigir el cumplimiento de dicha obligación; o
- resolver el contrato.
Si se opta por el cumplimiento y este resulta imposible, se puede pedir posteriormente la resolución del contrato. Para ambos casos, se puede pedir el **resarcimiento** de daños y abono de intereses.
La **acción resolutoria** se ejercita a través de los procedimientos ordinario o verbal, conforme a las reglas aplicables a cada uno de ellos (nº 9500 s.).

a. Resolución a instancias del arrendador

Legalmente se contemplan una serie de causas que facultan al arrendador para instar la resolución de pleno derecho del contrato. **1294**
No obstante, en esta materia prevalece la voluntad de las partes, por lo que estas pueden libremente:
- recoger en el contrato, de forma expresa o por remisión, las causas de la LAU art.35;
- establecer nuevas causas; o
- excluir todas o algunas de las causas legalmente previstas.

Causas legales (LAU art.35) Salvo pacto en contrario de las partes en el contrato, el arrendador está facultado para instar la resolución del contrato, provocando su extinción, por las siguientes causas: **1297**
- falta de pago de la renta y otros gastos asumidos por el arrendatario;

- daños en el inmueble causados dolosamente;
- obras inconsentidas;
- actividades molestas, insalubres, nocivas, peligrosas o ilícitas; o
- la cesión o subarriendo sin comunicación fehaciente y en plazo al arrendador.

Para los contratos suscritos antes de **6-6-2013**, no se contempla, de forma expresa, como causa de resolución la causación dolosa de daños en el inmueble por el arrendatario, ni la realización de obras que no hubieran sido consentidas por el arrendador, cuando este consentimiento fuera necesario (LAU art.27.2.d).

El **cambio de actividad** no está recogido como causa resolutoria en la legislación especial. Sin embargo, en la normativa civil común -de aplicación supletoria- se prevé como obligación del arrendatario de usar la cosa arrendada como un diligente padre de familia, destinándola al uso pactado. Por tanto, aun en defecto de pacto contractual, el arrendador puede instar la resolución del contrato si el arrendatario incumple dicha obligación, siempre, además, que el cambio de destino sea unilateral y sustancial, con posibles perjuicios para el arrendador.

Precisiones 1) En las **actividades ilícitas** se comprenden, entre otras:
- las actividades de tráfico de drogas tóxicas, estupefacientes o sustancias psicotrópicas en uno de los pisos del edificio (AP Madrid 1-7-98, EDJ 27077);
- el tráfico de armas;
- instalar la sede de una organización o asociación ilegal;
- la actividad de explotación de la **prostitución** por terceros, que introducen a las personas prostituidas en el inmueble. La prostitución voluntaria no puede considerarse actividad ilícita en sentido estricto, sino meramente actividad molesta cuando reúna objetivamente los presupuestos o requisitos que exige tal calificación.

2) Respecto a las actividades que se consideran **molestas, insalubres, nocivas, peligrosas o ilícitas**, ver nº 9025 s. Memento Inmobiliario 2023-2024.

1300 **Causas convencionales** (LAU art.4.3) En aplicación del principio de libre autonomía, las partes pueden recoger en el contrato nuevas causas de resolución del arrendamiento, tales como:
- la cesión o el subarriendo sin consentimiento, previo y por escrito, del arrendador; y
- el cambio del destino pactado; o
- la falta de uso del mismo.

La **eficacia resolutoria** de cualquiera de estas cláusulas u otras de naturaleza similar requiere, no obstante, un incumplimiento grave y esencial y no un incumplimiento que afecte a prestaciones accesorias o complementarias. Delimitar esa cuestión queda a la apreciación de los tribunales ordinarios.

Precisiones 1) La doctrina ha entendido que la **falta de uso** desnaturaliza el propio contrato y su finalidad, cuando se produce en determinadas condiciones de prolongación en el tiempo y siempre que no exista causa que justifique el cierre del local.

2) La colocación de un **cajero automático** de una entidad bancaria en la fachada del local comercial arrendado no constituye una cesión parcial del mismo que dé lugar a la resolución del contrato (TSJ Madrid 18-2-03, EDJ 93311).

b. Resolución a instancias del arrendatario

1309 El arrendatario puede resolver de pleno derecho el contrato por las siguientes **causas**:
- falta de entrega del inmueble;
- omisión del deber de conservación (nº 563 s.);
- que el arrendador incumpla su obligación de mantenerlo en el goce pacífico del arrendamiento (nº 785).

Aunque nada impide que las partes incluyan en el contrato **otras causas** de resolución derivadas de otros incumplimientos del arrendador, lo cierto es que es muy infrecuente en la práctica.

Precisiones La denegación del cambio de titularidad de la **licencia de actividad** a favor del arrendatario, que le impide utilizar el local, le permite resolver el arrendamiento aun cuando se hubiera pactado expresamente que este hecho no afectaría a la arrendadora (TS 20-4-22, EDJ 551157).

4. Desistimiento unilateral del arrendatario

1312 El desistimiento unilateral del contrato por parte del arrendatario constituye un incumplimiento por parte de la obligación de respetar el plazo de duración fijado en el contrato, desvinculándose de forma anticipada de la relación contractual. Genera el derecho del arrendador a resolver el contrato o a exigir su cumplimiento hasta su finalización, con el resarcimiento de daños y abono de intereses en ambos casos.

En el arrendamiento para uso distinto de vivienda no se regula de forma expresa ni se reconoce un derecho de desistimiento unilateral, tal y como se contempla para el arrendamiento de vivienda (nº 725). Por otro lado, la jurisprudencia niega para estos contratos, la **aplicación analógica** de la facultad de desistimiento unilateral en arrendamiento de vivienda (TS 23-7-18, EDJ 526228; 3-10-17, EDJ 196369; AP Madrid 1-3-05, EDJ 43307).
Ahora bien, nada impide la existencia de un **pacto contractual** que faculte expresamente al arrendatario para ejercitar el derecho de desistir unilateralmente a cambio de una contraprestación pecuniaria, en cuyo caso, no se trataría de un incumplimiento contractual.

Precisiones **1)** Atendiendo a las circunstancias concretas se ha aceptado la aplicación a estos contratos del **criterio indemnizatorio** para el desistimiento en el arrendamiento de vivienda (LAU art.11) por considerarse excesivo en el caso concreto obligar al arrendatario a satisfacer el importe de las rentas que se hubieran devengado hasta el final del arrendamiento, en la medida en que no constaba probado que concurrieran circunstancias que hicieran previsible una especial dificultad para encontrar un arrendatario al que se pudiese solicitar una renta similar a la pactada (TS 20-5-04, EDJ 40359). No obstante, no se debe acudir a este criterio orientador de manera indiscriminada, sino cuando por las circunstancias concurrentes no haya otra forma de fijar la indemnización; y, desde luego, en ningún caso cuando resulta ser manifiestamente insuficiente para paliar los perjuicios causados al arrendador (TS 11-2-16, EDJ 9662).
2) Un **modelo** de notificación de desistimiento de local se recoge en el nº 12110.

Indemnización Respecto a las consecuencias del desistimiento unilateral del arrendatario 1315
la jurisprudencia más reciente entiende que la fijación de la indemnización debe realizarse atendiendo a las circunstancias particulares de cada caso. En este sentido, se distinguen varios supuestos:
a) Si **existe pacto contractual** sobre el desistimiento, el mismo puede incluir:
• Una cláusula que otorgue al arrendatario la facultad de resolver el contrato a cambio de pagar al arrendador una determinada cantidad de dinero (**multa penitencial**). Este importe no está sujeto a moderación judicial, ya que, en este caso, no se está propiamente ante una indemnización o una pena convencional, sino del precio pactado por las partes en contraprestación de la concesión al arrendatario de una facultad que la ley no le reconoce (TS 6-11-13, EDJ 219925; 10-12-13, EDJ 261133; 23-12-09, EDJ 299934).
• Una **cláusula penal** para el supuesto de terminación anticipada del contrato por parte del arrendatario. La pena pactada sustituye a la indemnización de daños y al abono de intereses. Entiende la jurisprudencia que la cláusula penal no puede aplicarse de forma completa y automática y que el importe de la cláusula debe ser objeto de moderación. Si el arrendador percibiese la totalidad de la cláusula penal y, además rentas de un nuevo arrendatario se daría un claro enriquecimiento injusto (CC art.1154; TS 18-3-16, EDJ 23782). Sin embargo, también se ha admitido que se exija el pago de la cláusula penal pactada a pesar de que, tras el incumplimiento del arrendatario, el arrendador celebró un nuevo contrato con un tercero de forma inmediata (TS 14-2-18, EDJ 9572).
b) Si **no existe pacto contractual** sobre desistimiento, pueden darse dos circunstancias:
• El arrendatario da por terminado el arrendamiento, pero el arrendador no lo acepta y **pide el cumplimiento**, esto es, el pago de las rentas pendientes hasta la finalización del contrato. El arrendador no reclama una indemnización, sino que insta el cumplimiento de las obligaciones del contrato y el arrendatario puede ser condenado al pago de todas las rentas pendientes hasta la finalización del contrato. No cabe moderación judicial, pues lo solicitado no es propiamente una indemnización ni una cláusula penal, sino el pago de las rentas adeudadas (TS 23-7-18, EDJ 526228).
• El arrendatario manifiesta su voluntad de terminar el arrendamiento y el arrendador **acepta la resolución**, reclamando una indemnización por los daños y perjuicios causados -lucro cesante-. Se admite la moderación de dicha indemnización, atendiendo a las circunstancias concurrentes, como pueden ser, entre otras, la dificultad de obtener un nuevo arrendatario, el descenso o incremento de las rentas en el mercado, así como la demanda de alquileres (TS 9-4-12, EDJ 216658).

Precisiones **1)** La **cuantía de la indemnización** derivada del desistimiento del arrendatario de un negocio no puede calcularse por aplicación analógica de la regla establecida para el arrendamiento de vivienda, cuando de los elementos probatorios es fácilmente deducible perjuicios de mayor calado (TS 19-12-22, EDJ 769904).
2) La **aceptación de la entrega** del inmueble y la firma de un documento de entrega de llaves no implica por sí solo la renuncia por parte del arrendador a la percepción de la indemnización prevista en el contrato para el caso de desistimiento unilateral del arrendatario ni a la percepción de las rentas adeudadas (TS 27-9-13, EDJ 192455).
3) La **prórroga convencional**, libremente pactada, es plazo de duración del contrato, vinculante para las partes (CC art.1091 y 1258; LAU art.4.3). Omitido por la arrendataria el preaviso en el plazo convenido, el contrato se prorroga por un año más, sin que la arrendataria pueda desvincularse del

contrato cuando en el mismo no se le reconoce la facultad de desistimiento unilateral. De acuerdo con lo pactado, la arrendataria consiente en que se inicie una prórroga anual y está obligada al pago de la renta correspondiente a todo el año de duración del contrato. En realidad, no existe cláusula penal que moderar, por lo que no es aplicable el CC art.1154. No se trata tampoco de fijar la indemnización por el incumplimiento contractual, sino de una acción de cumplimiento del plazo convenido de duración del contrato (TS 7-6-18, EDJ 96420).

5. Otras causas

1321 Además de las causas analizadas en los números precedentes, el arrendamiento se extingue o puede extinguirse de forma **sobrevenida** por las siguientes causas:
• La adquisición de la finca arrendada por un adquirente de buena fe (nº 1171 s.).
• La muerte del arrendatario sin que haya derecho a subrogación (nº 1214).
• La extinción del derecho de goce del arrendador, pues los arrendamientos otorgados por **usufructuario, superficiario** y cuantos tengan un análogo derecho de goce sobre el inmueble, se extinguen al hacerlo aquel.
• La voluntad de las partes, pues el **mutuo disenso** constituye una causa de extinción de las obligaciones reconocida por la doctrina y la jurisprudencia (TS 26-5-09, EDJ 120191), de manera que estas son libres para, en cualquier momento y sin otro motivo distinto, poner fin al mismo y, con ello, a las obligaciones recíprocas contraídas.

F. Supuestos particulares

1327

1330 En la enumeración que la LAU art.3.2 hace de las **actividades** a que puede estar dedicada la finca que se arrienda para uso distinto de vivienda, se hace referencia expresa al alquiler por temporada y a las actividades comerciales, industriales, artesanales, profesionales, recreativas, asistenciales, culturales, o docentes. No obstante, esta no es una lista cerrada, pudiendo estar comprendidos en este tipo de arrendamiento todos aquellos cuyo objeto sea una finca urbana que no se va a dedicar a vivienda habitual del arrendatario.
Entre las mencionadas, la actividad comercial, con el arrendamiento de un de local de negocio, es quizás el tipo contractual más habitual y representativo.

1. Local de negocio

(LAU art.3.2)

1333 La normativa vigente omite una referencia expresa al arrendamiento de local de negocio como tal, entendiéndose que dicho concepto se encuentra incluido, de forma implícita, en la categoría de los arrendamientos que, recayendo sobre fincas urbanas, tienen como **destino primordial** un uso distinto al de satisfacer la necesidad permanente de vivienda del arrendatario.
Sobre esta base se puede entender por local de negocio la edificación o parte de la misma de naturaleza urbana, que reúne las condiciones precisas para ser destinada -al menos de forma primordial- a que el arrendatario establezca en ella su **actividad empresarial** o **profesional** de carácter lucrativo.

Precisiones En los contratos de «**renta antigua**» sí se regulaba específicamente el contrato de local de negocio. De hecho, la norma distinguía dos tipos de alquileres, el de vivienda y el de local de negocio (nº 2300).

1336 **Utilización mixta: local y vivienda** En ciertos casos se produce una utilización mixta del inmueble, pues se utiliza tanto como vivienda como para el desarrollo de una actividad profesional. Las características de este contrato son las siguientes:
- existe un solo contrato de arrendamiento;
- que recae sobre una vivienda y sobre un local de negocio; y
- se ha estipulado una sola renta.
En cuanto a la **naturaleza** de los contratos de arrendamiento mixto ha de atenderse al elemento principal o predominante para calificarlos de vivienda o de local de negocio. No obstante, como

norma general, cuando la actividad que ejerce el arrendatario en el local es su único medio de vida, se considera que el de local de negocio es el predominante, cuando la actividad que el arrendatario ejerce en el local constituye su único medio de vida (TS 10-10-88, EDJ 7846).
También es posible que en un arrendamiento mixto **predomine** la vivienda sobre el local; esto ocurre cuando la utilización del local comporte una actividad accesoria o derivada para el arrendatario en relación con la posesión de la vivienda.
Caso distinto es aquel en que el arrendamiento se celebra para uso distinto de vivienda y, posteriormente, el arrendatario fija su vivienda en él. En principio, no serían de aplicación las normas privilegiadas que regulan el arrendamiento de vivienda, salvo que las partes formalicen un **nuevo contrato** o se pueda demostrar el consentimiento tácito del arrendador a la modificación tácita del mismo. En este último caso, el arrendatario puede compeler al arrendador a formalizar por escrito la modificación.

Precisiones **1)** La **calificación jurídica** de un contrato no depende de la denominación que le den las partes, sino de lo que jurídicamente son, correspondiendo dicha calificación en caso de controversia, a los tribunales de instancia (TS 26-11-14, EDJ 204303).
2) Aunque las partes denominaron al contrato como arrendamiento de vivienda, la **arrendataria** es una entidad mercantil y no es posible que una mercantil tenga necesidad permanente de vivienda porque no es una persona física, sino de domicilio social para desarrollar su objeto social. Así pues, nos encontramos ante un arrendamiento para uso distinto del de vivienda (AP Alicante 3-10-02, EDJ 64635).

Distinción con el arrendamiento de industria El arrendamiento de industria es el contrato en virtud del que una de las partes, a cambio de una contraprestación, cede a otra la **explotación de una empresa**, entendida como organización económicamente productiva, integrada por un conjunto de elementos materiales e inmateriales, necesarios para desarrollar dicha explotación. **1339**
Mientras que en el arrendamiento de un local de negocio se cede el elemento inmobiliario, es decir, solo un espacio construido y apto para que en él se explote el negocio, en el arrendamiento de industria el objeto contractual está compuesto por **dos elementos** (TS 21-2-00, EDJ 2110):
- por un lado, el local, como soporte material; y,
- por otro, el negocio o empresa instalada y que se desarrolla en el mismo, con los elementos necesarios para su explotación, conformando un todo patrimonial.

Precisiones El **estudio detallado** del arrendamiento de industria se realiza en el nº 7000 s.

Local ubicado en centro comercial, gran superficie u otro establecimiento **1342**
Aunque en principio se trata de un arrendamiento para uso distinto de vivienda, tiene una serie de **peculiaridades** que lo convierten en un arrendamiento un tanto especial: accesos no directos al local; horario de apertura y de cierre; uso de los elementos comunes del centro; etc.).
Si bien estas circunstancias hacen que se incluyan en el contrato, en virtud de la autonomía de la voluntad de las partes, **cláusulas específicas** que no son habituales en el resto de contratos de local de negocio, ello no desvirtúa la naturaleza arrendaticia del mismo, siempre que su objeto consista en las prestaciones propias de esta relación, en particular, la cesión de uso de un local para el desarrollo y explotación de un negocio, a cambio de un precio cierto fijado en dinero.

Precisiones Pese a las servidumbres derivadas de la integración del local en un centro comercial, no se priva al arrendatario de su independencia organizativa para instalar su negocio, por lo que es de aplicación a este tipo de arrendamiento la **ley arrendaticia** y no la ley común (AP Barcelona 23-6-11, EDJ 183222).

Los contratos de arrendamiento con los comerciantes que se instalen en un centro comercial tienen por regla general una serie de elementos comunes: **1345**
• Se suelen emplear **contratos modelo** con cláusulas-tipo que se imponen al arrendatario, que dispone de muy escasa capacidad de iniciativa o negociación.
• Suelen ser contratos **extensos y complejos**, siendo frecuente incluir en ellos el reglamento de régimen interior del centro y la asunción por el arrendatario de una serie de cargas derivadas de dicho reglamento.
• Aunque el contrato se suele someter a la LAU, es frecuente que recoja **pactos propios** evitando, así, remisiones genéricas a esta norma.
• La **duración** del contrato suele depender del tamaño de los locales, guardando cierta relación proporcional con la superficie arrendada. A mayor superficie, mayor duración pactada.
• Es frecuente en este tipo de contratos establecer un **periodo mínimo** de obligado cumplimiento para el arrendatario, al que se suele ligar una cuantiosa indemnización en caso de incumplimiento o de desistimiento unilateral antes de que dicho periodo concluya.

• Con carácter adicional, es frecuente que, junto a la renta fija mínima, se pacte otra **renta variable**, en función del volumen de ventas en un determinado periodo (año, semestre, trimestre) y liquidable con igual o distinta periodicidad (p.e., anualmente).
La **actualización** de la renta se suele realizar anualmente, en función de las oscilaciones que experimenten el IPC o la renta de mercado.

1354 Normalmente es el arrendador -propietario del centro- quien gestiona los **servicios comunes** referidos a la conservación y cuidado del centro, así como todos aquellos que favorezcan su mejor funcionamiento, máxima afluencia de público y el más alto nivel del mismo. Tales servicios suelen comprender, entre otros, la limpieza, el mantenimiento (dispositivos de prevención incendios, puertas y escaleras automáticas), y la seguridad de las zonas comunes y la promoción y publicidad (promociones, animaciones, institucional).
Por ello, al objeto de maximizar la rentabilidad del centro, lo más frecuente es que en el contrato se estipule la obligación de los arrendatarios de los diferentes locales de contribuir a **sufragar los gastos** que con tal motivo se originan, en función del porcentaje que represente la superficie de cada local o unidad de explotación u otro criterio, mediante el pago de una cantidad asimilada a la renta.

1357 **Local en régimen de propiedad horizontal** (LPH art.13.3 y 17.1 y 6) Nada impide que el local comercial que se encuentra ubicado en un edificio sujeto al régimen de propiedad horizontal y tiene el carácter de **elemento común** pueda ser arrendado por la comunidad de propietarios.
En tal caso, y no teniendo el local atribuido un destino especial en el título constitutivo de la propiedad horizontal, para su arrendamiento **se requiere** acuerdo de la junta de propietarios adoptado por la mayoría cualificada del voto favorable de las tres quintas partes del total de los propietarios que, a su vez, representen las tres quintas partes de las cuotas de participación.
El **otorgamiento del contrato** corresponde al presidente de la comunidad, que es quien ostenta la representación legal de la misma.

Precisiones La jurisprudencia ha interpretado flexiblemente la expresión no tener asignado un **destino específico**, ampliándola al arriendo para actividades que no resulten incompatibles con el destino asignado. Por ejemplo, arrendar parte de un espacio designado como jardín para la instalación de un minigolf (TS 3-6-09, EDJ 112085). Si el local objeto de arrendamiento tiene atribuido un destino específico en el título constitutivo de la comunidad de propietarios y el arrendamiento supone su modificación, se requiere la unanimidad del total de los propietarios (LPH art.17.6).

2. Administración arrendataria

(L 33/2003 art.122 a 128; RD 1373/2009)

1360 Las Administraciones públicas pueden arrendar bienes inmuebles para destinarlos a alojar dependencias públicas. Estos arrendamientos **se rigen** por la LAU, en cuanto arrendamientos para uso distinto de vivienda, con las especificaciones contenidas en la L 33/2003, dado que los derechos derivados del arrendamiento pasan a ser bienes patrimoniales del Estado.
La **competencia** para arrendar los bienes inmuebles que la Administración General del Estado precise para el cumplimiento de sus fines corresponde al Ministro de Hacienda, a petición, en su caso, del departamento interesado.
Del mismo modo es competencia del Ministerio de Hacienda declarar la prórroga, novación, resolución anticipada o cambio de órgano u organismo ocupante.
Una vez concertado el arrendamiento, corresponde al departamento u organismo que ocupe el inmueble el ejercicio de los derechos y facultades y el cumplimiento de las obligaciones propias del arrendatario.
La **instrucción** de estos procedimientos corresponde a la Dirección General de Patrimonio del Estado.

Precisiones **1)** A estos efectos se consideran **Administración** el Estado, las comunidades autónomas, las provincias, los municipios y demás entidades o corporaciones de Derecho Público.
2) Ha de estarse a la legislación de patrimonio de las **comunidades autónomas** o de las **entidades locales** para conocer las especialidades que, en su caso, puedan tener sus arrendamientos.
3) El arrendamiento de bienes inmuebles por los **organismos públicos** vinculados a la Administración General del Estado o dependientes de ella, así como la prórroga, novación o resolución anticipada de los correspondientes contratos se efectúa por los presidentes o directores de aquellos, a los que también corresponde su formalización.
4) Para la conclusión de contratos de **arrendamiento financiero** y otros contratos mixtos de arrendamiento con opción de compra se aplican las normas de competencia y procedimiento establecidas para la adquisición de inmuebles (L 33/2003 art.128).

Procedimiento (L 33/2003 art.124) Los arrendamientos para la Administración **se conciertan** mediante concurso público salvo que, de forma justificada, por las peculiaridades de la necesidad a satisfacer, las condiciones del mercado inmobiliario, la urgencia de la contratación, o la especial idoneidad del bien, se considere necesario o conveniente concertarlos de modo directo. 1363

Una vez concertado el arrendamiento, corresponde al departamento u organismo que ocupe el inmueble el ejercicio de los **derechos y facultades** y el cumplimiento de las obligaciones propias del arrendatario.

Las **propuestas** de arrendamiento, de novación y de prórroga, se someten a **informe técnico**, que debe recoger el correspondiente estudio de mercado, y de la Abogacía del Estado o del órgano al que corresponda el asesoramiento jurídico de las entidades públicas vinculadas a la Administración General del Estado.

En el caso de arrendamientos a concertar por la Administración General del Estado, la solicitud del Ministerio de Hacienda debe ir acompañada de la **oferta del arrendador** y del informe técnico indicado.

La **formalización** de los contratos de arrendamiento de la Administración General del Estado y sus modificaciones se efectúa por el director general del Patrimonio del Estado o por el funcionario en quien delegue. No obstante, el ministro de Hacienda puede encomendar la formalización a los subsecretarios de los departamentos ministeriales.

Los contratos de arrendamiento han de concertarse con **mención expresa** de que el inmueble arrendado podrá ser utilizado por cualquier órgano de la Administración General del Estado o de los organismos públicos de ella dependientes. No obstante, la Dirección General del Patrimonio del Estado, a propuesta del ministerio correspondiente, puede autorizar la concertación del arrendamiento para la **utilización exclusiva** del inmueble por un determinado órgano de la Administración General del Estado o de sus organismos públicos cuando existan razones de interés público que así lo aconsejen.

Resolución anticipada (L 33/2003 art.127) Se reconocen a la Administración las **prerrogativas** de novación, resolución, cambio de arrendamiento, etc. En este sentido, cabe destacar que, en caso de resolución anticipada del contrato por el departamento u organismo ocupante del inmueble, este puede ser ocupado por otro, efectuándose la oportuna notificación al arrendador, pero la novación contractual será obligatoria para este último sin que proceda incremento de renta. 1366

Cuando el departamento u organismo público ocupante del inmueble arrendado prevea dejarlo libre con anterioridad al término pactado o a la expiración de las prórrogas legales o contractuales, lo debe **comunicar** a la Dirección General del Patrimonio del Estado con una antelación mínima de 3 meses a la fecha prevista para el desalojo.

La Dirección General del Patrimonio del Estado, si lo considera conveniente, dará **traslado** de dicha comunicación a los diferentes departamentos ministeriales, que pueden solicitar la puesta a disposición del inmueble, en el plazo de un mes. Sobre tal solicitud resuelve la propia Dirección General del Patrimonio del Estado. Esta resolución se notifica al **arrendador**, para el que la novación contractual es obligatoria, sin que proceda el incremento de la renta.

3. Arrendamiento de temporada

(LAU art.3.2)

Los arrendamientos de temporada se encuentran **incluidos** dentro del ámbito de la legislación especial de arrendamientos urbanos, como uso distinto de vivienda. 1370

En estos arrendamientos concurre una nota de temporalidad que **excluye** el destino permanente de vivienda propio de la LAU art.2.

La temporalidad no deriva del plazo concertado, sino de la **finalidad** de la ocupación. No es el tiempo de duración pactado el que determina si un arrendamiento es o no de temporada, sino si el arriendo pretende satisfacer o no una necesidad permanente de vivienda del arrendatario (TS 15-12-99, EDJ 40446; AP Zaragoza 3-12-08, EDJ 348091).

Cabe incluir aquí los arrendamientos de vivienda para segunda residencia, en el que el arrendamiento puede durar uno o varios años. La principal nota diferencial en este caso radica en el hecho de que el arrendatario utilice simultáneamente otro inmueble para satisfacer su necesidad permanente de vivienda.

La **causa de la temporalidad** tiene que constar en el contrato; debe ser real y verdadera la razón por la que se ocupa la vivienda como residencia transitoria. No basta concertar el contrato por un plazo breve coincidente con una temporada del año para calificarlo como arrendamiento para uso distinto de vivienda (AP Barcelona 1-6-04, EDJ 84805).

Las **consecuencias prácticas** de considerar un arrendamiento de temporada como de uso distinto de vivienda son:
- en cuanto al **plazo de duración**, los arrendamientos de temporada finalizan el día fijado en el contrato sin que pueda acogerse el inquilino a la prórroga del contrato como sí se permite si se tratase de un arrendamiento de vivienda;
- los arrendamientos de temporada **se rigen**, en primer lugar, los pactos que se alcancen en el contrato y después lo dispuesto en la LAU art.29 a 35; en cambio, si bien los contratos de arrendamiento de vivienda se someten a los pactos, cláusulas y condiciones del contrato, estos han de estar siempre en el marco establecido por la LAU art.6 a 28;
- en cuanto a la **fianza**, en los arrendamientos de vivienda debe depositarse un mes de renta, mientras que al considerarse los arrendamientos de temporada de uso distinto del de vivienda, deben de ser dos las mensualidades de renta que constituyan la fianza (LAU art.36).

1375 Precisiones 1) Cabe la **falta temporal** de uso del inmueble arrendado, sin que esta circunstancia implique necesariamente que estamos ante un arrendamiento de temporada. La entidad arrendataria está en su derecho de no abrir su negocio al público durante aquellos meses en que no le resulte rentable económicamente, sin que este hecho afecte al contrato de arrendamiento, configurando su naturaleza, o produzca una novación tácita del mismo (AP Baleares 16-7-02, EDJ 46323).
2) El hecho de que la LAU art.3.2 hable de **edificación** excluye los arrendamientos por temporadas de elementos como puedan ser caravanas, autocaravanas o incluso tiendas de campaña.
3) El arrendamiento ha de realizarse por temporadas, sean estas de verano o cualquier otra, ya que además de los arrendamientos por temporadas de verano, también son **frecuentes** otro tipo de contratos de arrendamiento como puede ser el de apartamentos en estaciones invernales por toda la temporada de esquí, o el de casas de campo durante la temporada de caza.
4) El arrendamiento de temporada se ha de diferenciar del alquiler de **viviendas turísticas** (nº 4000 s.).

4. Local destinado a coworking

1378 El co-trabajo o coworking es una fórmula que habilita un **espacio** para que distintos creadores puedan trabajar ahorrándose el coste de un local propio, accediendo en su lugar a uno compartido en que coinciden varios de ellos.
Los coworkings, por tanto, son locales que ofrecen **servicios básicos** (conexión a redes, espacio físico de trabajo, etc.), y **servicios comunes** a los profesionales que se instalen en dichos locales para realizar sus actividades.
El coworking, como tal, es un arrendamiento en el que el **responsable** ofrece este espacio que el coworker alquila a cambio de un precio, semana o mensual.
El coworker puede tener acceso a **otros espacios** dentro de la organización: servicios, instalaciones comunes para comidas, sala de reuniones, etc. Dichos espacios añadidos están sujetos a algunas indicaciones que permitan el uso compartido de los mismos.
Desde este punto de vista arrendaticio, ha de precisarse con absoluta claridad qué servicios se ofrecen y cuales no; qué acceso tiene el coworker a los mismos, y si esos servicios entran en el precio (renta) o son añadidos que el coworker debe contratar por separado.
La **vinculación** entre el coworker y el responsable, la suya es una relación puramente mercantil y no de otra naturaleza ya que el coworker no trabaja para el responsable, es independiente y actúa por cuenta propia. El responsable no obtiene ningún beneficio del trabajo realizado por el coworker más allá del pago de la renta.

1381 La relación arrendaticia que se da entre las partes genera los deberes típicos. Por un parte el organizador o **arrendador** debe poner a su efectiva disposición los servicios contratados en condiciones de funcionamiento, garantizar el libre acceso y permanencia en las instalaciones del coworker, realizando todas las operaciones que aseguren la idoneidad del espacio o servicios alquilados, tales como realizar las reparaciones pertinentes, o sustituir en su caso, elementos averiados, etc.
Por su parte, el coworker o **arrendatario**, debe pagar el precio acordado, así como utilizar el espacio y servicios arrendados diligentemente. En caso contrario, el coworker responde del uso indebido o del deterioro que pudiera causar de forma culpable en el mismo o en los elementos que hay en él.
Asimismo, el coworker debe informar al arrendador de cualquier incidencia que impida la prestación del servicio y permitir aquellas reparaciones necesarias para mantenerlo en el uso pacífico de su puesto.

CAPÍTULO 5

Contratos de «renta antigua»

Con la entrada en vigor de la LAU vigente, el 1-1-1995, todos los contratos de arrendamiento de vivienda preexistentes pasaron a regularse por el **régimen transitorio** recogido en la misma. 1503
A estos efectos la propia LAU distingue entre los contratos celebrados antes y después de **9-5-1985**, fecha de entrada en vigor del RDL 2/1985 («Decreto Boyer»).
Desde esta fecha y hasta la entrada en vigor de la LAU venían coexistiendo en nuestro ordenamiento dos regímenes distintos en lo que a la duración del contrato se refiere.

SECCIÓN 1

Contratos anteriores al 9-5-1985

A. Arrendamiento de vivienda

Concepto de vivienda El arrendamiento de fincas urbanas comprende el de viviendas y el de locales de negocio, refiriéndose esta última denominación a los contratos de arriendo que recaigan sobre aquellas otras edificaciones habitables cuyo destino primordial no sea la vivienda, sino el de ejercer en ellas, con establecimiento abierto, una actividad de industria, comercio o de enseñanza con fin lucrativo (nº 2305). 1515
El legislador no dice lo que debe entenderse por vivienda, por lo que caber señalar lo siguiente:

• En principio, tiene la condición de vivienda cualquier **edificación habitable** que se destine a morada humana, sea o no de tipo suntuario según la cuantía de la renta (nº 1557 y nº 1559). Más que las características físicas del inmueble, la norma tiene en cuenta el **destino** para el cual se arrendó.
Se plantean dudas sobre el concepto de edificación habitable, que varía según haya de dedicarse a vivienda propiamente dicha, a local de negocio, o asimilados a uno u otro (LAU/64 art.4).

• Tiene la condición de **arrendamiento de vivienda por asimilación** el de un local arrendado a la Iglesia católica, Estado, provincia, municipio, entidades benéficas, asociaciones piadosas, sociedades o entidades deportivas de la L 77/1961 art.32, corporaciones de Derecho público y, en general, cualquier otra que no persiga lucro (LAU/64 art.4); pero siempre que su destino no sea el ejercicio en el mismo, por estas personas, de actividades económicas, ni tampoco sirva de depósito o almacén. Es decir, de un local de los asimilados a viviendas, que ha de regirse por las normas del inquilinato (nº 2705 s.).

• También se tipifica como arrendamiento asimilado a vivienda el local destinado por el arrendatario al ejercicio de su **profesión facultativa y colegiada**. Al fallecimiento del titular del contrato pueden subrogarse en los derechos y obligaciones del arrendamiento, en primer lugar, su cónyuge, y en su defecto o renuncia, sus hijos, siempre que aquel o estos ejerzan la misma profesión que el arrendatario fallecido y en el propio local (nº 2780).
• Al contrato de arrendamiento, aunque recaiga sobre una vivienda, no le será aplicable la LAU/64, cuando esté **excluido** de su ámbito por LAU/64 art.2, o por ser calificado como contrato complejo (nº 1535), como por ejemplo la vivienda arrendada por temporada.

1517 **Diferencia con local de negocio** La calificación del arrendamiento depende, en primer término, de la **intención de las partes** al contratar, puesto que también las edificaciones construidas para viviendas pueden ser destinadas a locales de negocio, y viceversa. El legislador lo reconoce así al prohibir aquella transformación de vivienda a local de negocio (LAU/64 disp.adic.1ª), previendo al propio tiempo las consecuencias de la infracción de la prohibición.
Sin embargo, a veces, aquella intención no se puede determinar, debiendo entonces las partes acudir a **otros factores** como el de la construcción en sí, en condiciones de habitabilidad, servicios o instalaciones de que conste, etc.

Precisiones **1)** Lo que califica y distingue el arrendamiento de local de negocio del de vivienda es el **destino primordial pactado**. No son las características y trazado del local los que determinan que el contrato sea de vivienda o local de negocio, ya que un piso apto para la vivienda puede ser destinado a local de negocio, y viceversa (TS 6-6-53; 8-6-53; 15-11-55; 5-2-64).
2) En presencia de la **relación jurídica mixta** de arrendamiento de industria y de local de negocio, o de negocio y viviendas, sujetos por tanto a distintas normas legales, es preciso mantener la integridad del contrato tal y como lo idearon los interesados, aplicando al conjunto indivisible la legislación que corresponda al elemento objetivo predominante (TS 18-4-50; 25-4-51; 17-1-62; 30-3-62; 30-3-63).
3) El hecho de haberse constituido **fianza doble o sencilla**, tiene relevancia a efectos fiscales, pero no puede influir en la calificación de vivienda o local de negocio. Sí es trascendente, por el contrario, la falta de cédula de habitabilidad, así como el no reunir el local condiciones apropiadas para servir de alojamiento a personas, para la calificación del contrato como de local de negocio (AT Madrid 19-11-62).

1521 **Vivienda amueblada** (LAU/64 art.43 a 46) En este tipo de contrato se arriendan conjuntamente la vivienda y el mobiliario adecuado y suficiente para servir de casa-habitación.
Se determina separadamente la parte de **renta** correspondiente a la vivienda y al mobiliario. En su defecto, se entiende que corresponde a este la mitad de la renta total estipulada (LAU/64 art.44.1).
La parte de renta relativa al mobiliario no puede exceder del importe de la renta que legalmente corresponda a la vivienda. Si excede de este **límite**, el inquilino, mientras continúe vigente el arriendo, puede pedir:
- la revisión de la renta pactada;
- la novación del contrato, dejándolo subsistente solo respecto de la vivienda; y
- el reintegro, cuya acción ha de ejercitarse mientras subsista el contrato.

Si el mobiliario entregado al inquilino es **insuficiente o inadecuado**, este, mientras subsista el contrato, puede exigir del arrendador el complemento de aquel y el reintegro de las cantidades que indebidamente haya abonado por dicha causa (LAU/64 art.45).
Para determinar si existe un mobiliario adecuado y suficiente ha de tenerse en cuenta la superficie de la vivienda y su distribución. Si se pactó un arrendamiento de una vivienda amueblada y, en efecto, en ella existen muebles, aunque sean insuficientes a juicio del arrendatario, no por eso, sin más, dicho arrendamiento ha de estar sometido a las normas generales. Por el contrario, si se pacta un arrendamiento de una vivienda y, al mismo tiempo, el arrendador se compromete a ceder el uso de ciertos muebles que por sí solos no constituyen el mobiliario adecuado y suficiente, entonces sí que habrá que entender que el arrendamiento no fue de una vivienda amueblada.
Aunque no es necesario hacer una **relación del mobiliario** entregado, sería conveniente hacerlo.
Nada impide la **transformación** del arrendamiento de una vivienda amueblada en una no amueblada si, a petición del inquilino, el arrendador retira los muebles.
Ni aun con el consentimiento del arrendador pueden **subarrendarse** total o parcialmente las viviendas amuebladas (LAU/64 art.46). Si el subarriendo se concierta con autorización de aquel, los subarrendatarios pueden, mientras habiten las viviendas, ejercitar la acción para exigir la resolución del contrato de inquilinato del subarrendador y el otorgamiento del mismo a su favor en las mismas condiciones (LAU/64 art.17.1 y 2).
En caso de **varios subarrendatarios** tiene preferencia el que habite en la vivienda con mayor número de familiares.

1. Legislación aplicable

Los contratos de arrendamiento de vivienda celebrados antes del 9-5-1985, **subsistentes a 1-1-1995** se rigen por las normas relativas al arrendamiento de vivienda -también denominado contrato de inquilinato- contenidas en la LAU/64, salvo las modificaciones contenidas en LAU disp.trans.2ª, que afectan, fundamentalmente, a la duración del contrato y a la actualización de la renta (nº 1590 s. y nº 1825 s.). 1525

Al hablar de **arrendamientos subsistentes** a 1-1-1995, ha de interpretarse que lo dispuesto en LAU disp.trans.2ª resulta de aplicación tanto a los contratos que estén en plazo contractual como a los que estén en prórroga forzosa, siempre que se hayan pactado antes del 9-5-1985. Lo dispuesto en LAU disp.trans.2ª **no es de aplicación** a los contratos de arrendamiento celebrados entre **9-5-1985 y 1-1-1995**, ya que están expresamente regulados por LAU disp.trans.1ª, aunque se haya pactado en ellos la prórroga forzosa (nº 2800 s.).

Preceptos de la LAU/64 en vigor La LAU/64 constituye la normativa de aplicación general, salvo en aquellos aspectos modificados expresamente por LAU disp.trans.2ª. Esto supone que siguen rigiendo en su totalidad los preceptos que se indican en el siguiente cuadro: 1527

LAU/64	
Artículos	**Contenido**
1	Arrendamiento de vivienda
4.1	Posibilidad de ejercer en la vivienda arrendada como tal una función pública o pequeña industria doméstica
6	Renuncia a los beneficios legales
7	Aplicabilidad de la LAU/64 a los extranjeros arrendatarios y subarrendatarios
8	Aplicación de la analogía
9	Abuso de derecho y fraude de ley
10 a 21	Subarriendo
23	Prohibición de la cesión de viviendas
24.3, 4 y 5	Subrogación de contratos de arrendamiento a COMUNIDADES AUTÓNOMAS, entes preautonómicos y al Estado
25 a 28	Cesión de viviendas
43 a 46	Viviendas amuebladas
49	Efectos de la notificación a efectos de tanteo
50	Preferencia del retracto del condueño sobre el del arrendatario
51	Prohibición de transmitir hasta que transcurran 2 años
52	Prohibición de enajenar por el adquirente en caso de tanteo o retracto
53	Impugnación del retracto
54	Orden de prelación en las transmisiones
55	Inscripción en el Registro en caso de transmisión de viviendas arrendadas
56	Pago de rentas durante el plazo pactado y efectos en caso de desistimiento
57	Prórroga forzosa
62 a 69 y 76	Excepciones a la prórroga forzosa
78 a 94	Derribo para nueva edificación
95 y 96	Renta base
101	Notificación de aumentos de rentas y repercusiones
106	Caducidad
107, 110, 112 y 113	Obras de reparación y de mejora
114	Causas de resolución del arrendamiento a instancia del arrendador
115 y 116	Resolución del arrendamiento a instancias del arrendatario
117	Resolución del subarriendo
118	Resolución del arrendamiento por pérdida
119	Causa de suspensión de los contratos por obras

1529 No obstante, en la aplicación de la LAU/64, han de tenerse en cuenta las **modificaciones** introducidas por LAU disp.trans.2ª.4 a 11, que afectan a los siguientes preceptos:

LAU/64	
Artículos	**Contenido**
24.1 y 2	Deja de ser aplicable la autorización al inquilino para la cesión de su posición como arrendatario a favor de su cónyuge y determinados parientes («inter vivos»)
47 y 48	Se excluyen de los derechos de tanteo y retracto los casos de adjudicación de vivienda por división de cosa común cuando los contratos de arrendamiento hayan sido otorgados con posterioridad a la fecha de constitución de la comunidad sobre la cosa
58 y 59	Subrogación en caso de fallecimiento
97 y 98	Rentas
99	Repercusión del IBI
100	Actualización de rentas en viviendas
102	Repercusión por servicios y suministros
105	Fianza
108 y 109	Forma de repercutir las obras de reparación necesarias para mantener la vivienda en estado de servir para el uso convenido

1531 Asimismo, continúan rigiéndose por lo establecido en CC art.1543 s. todos aquellos contratos de **arrendamiento excluidos** del ámbito de LAU/64, si subsisten al 1-1-1995 (LAU/64 art.2). Es decir:
- los arrendamientos por temporada (nº 1537);
- los arrendamientos de locales para casinos o círculos de recreo (nº 1545);
- aquellos en los que, arrendándose una finca con casa-habitación, sea el aprovechamiento del predio con que cuente la finalidad primordial del arriendo (nº 1554); y
- los arrendamientos de industria o negocio (nº 2370), y de solares y complejos (nº 2325), que según la jurisprudencia también están excluidos de dicho ámbito.

1533 **Excepciones a la aplicabilidad de LAU/64** (LAU disp.trans.2ª.2 a 10) Lo dispuesto en LAU/64 no se aplica en los supuestos siguientes:
• Desistimiento y vencimiento en caso de **matrimonio o convivencia** del arrendatario.
• **Separación, divorcio o nulidad** del matrimonio del arrendatario (nº 650).
• Arrendatarios con **discpacidad,** descendientes, hermanos legítimos o naturales e hijos adoptivos.
• Derechos de **tanteo y retracto**, regulados en LAU/64 art.47 a 55, en los casos de adjudicación de vivienda por consecuencia de división de cosa común, cuando los contratos de arrendamiento hayan sido otorgados con posterioridad a la constitución de la comunidad sobre la cosa, y en los casos de división y adjudicación de cosa común adquirida por herencia o legado.
• **Subrogación por causa de muerte**, a la que a partir del 1-1-1995 se aplica lo dispuesto en los nº 1790 s.
• Anualidades del contrato que se inicien **a partir del 1-1-1995**, a las que se aplica lo dispuesto en LAU disp.trans.2ª.10, en cuanto a los derechos del arrendador en relación con el valor del inmueble a efectos del **impuesto sobre patrimonio**, repercusión de la **cuota del IBI** y repercusión del coste de las **obras** de reparación de la vivienda y de los **servicios y suministros** correspondientes a la misma (nº 1860 s.).
• Actualización de la **renta**, a la que a partir del 1-1-1995 se aplican las reglas previstas en los nº 1830 s.

1535 **Arrendamientos excluidos del ámbito de LAU/64** La LAU regula los arrendamientos concertados con posterioridad al 1-1-1995, dejando en consecuencia vigente con relación a los concertados con anterioridad al 9-5-1985 que se encontrasen subsistentes a dicha fecha, la LAU/64, salvo en las materias relacionadas en LAU disp.trans.2ª. Al no referirse la citada disposición transitoria a los arrendamientos excluidos del ámbito de LAU/64, a los que hace mención la propia LAU/64 art.2, su contenido se aplica íntegramente, se trate de:
- un arrendamiento o de un subarriendo de **temporada** (nº 1537);
- un local para **casino** o **círculo de recreo** (nº 1545);
- el uso de la **vivienda por razones del cargo** o del servicio que se preste (nº 1550); o
- la **casa-habitación** en una finca rústica (nº 1554).
A cada uno de ellos se hace referencia a continuación.

Arrendamientos de temporada (LAU/64 art.2.1) Están excluidos de la LAU/64 y se rigen por lo pactado y por lo establecido con carácter necesario en el Código Civil o en la legislación foral o civil autonómica, en su caso, los arrendamientos, cesiones y subarriendos de viviendas o locales de negocio, con o sin muebles, de fincas cuyo arrendatario las ocupe únicamente por la temporada de verano, o cualquier otra, aunque los plazos concertados para el arrendamiento sean distintos. **1537**

Precisiones El **alquiler turístico** se trata en el nº 4000 s.

Del citado precepto y de su interpretación por **doctrina** y **jurisprudencia** cabe extraer las siguientes conclusiones: **1539**
• La **intención de los contratantes** es fundamental para precisar si un arrendamiento es o no de temporada (TS 21-4-69; 28-4-70; 14-12-72; 19-2-82; 20-9-85).
• Sigue existiendo arrendamiento de temporada aunque se concierte por **varias temporadas** (TS 21-4-69; 14-12-72).
• Hay que **presumir la existencia** de un arrendamiento de temporada si el arrendatario es vecino de otra ciudad y el apartamento lo utiliza solo en la época estival (AP Castellón 4-3-93; AP Salamanca 16-2-00, EDJ 8704).
• Si el arrendatario de vivienda sujeta al ámbito de la LAU/64 fija su **residencia en otra localidad** o en otro punto de la misma, utilizando la primera solo por temporadas, ya no es posible afirmar que se produjo la transformación del arrendamiento en uno de temporada. El Tribunal Supremo, sin embargo, ha declarado que ni el **traslado** de residencia de un funcionario y su familia con muebles, por cambio de destino, es justa causa para dejar deshabitada indefinidamente una vivienda, ocupada únicamente en temporadas de verano o vacaciones, porque dejaría su arrendamiento fuera del ámbito de aplicación de la legislación especial de arrendamientos urbanos conforme a LAU/64 art.2 (TS 8-6-59).
Llega a la misma conclusión partiendo de la existencia de una **novación** del mismo en virtud de una serie de datos, entre los que se cita como importante el común acuerdo de las partes sobre una nueva renta, aunque se haga figurar también la anterior, nueva renta que aparece causalizada con la expresión «en legítima contraprestación» que usa la cláusula y a su vez garantizado el efecto liberatorio, es decir, justificativo del pago de la renta con la sola posesión del recibo por los arrendatarios (TS 11-3-85).

• En el supuesto de una **ocupación limitada a temporada**, con plazo estipulado de superior duración, como por ejemplo, arriendo por 2 años con ocupación efectiva durante la época estival, transcurridos esos dos años, también podría darse la tácita reconducción, si concurren los requisitos de esta. Ha de observarse que si, por el contrario, el plazo del arriendo se pactase por temporadas con facultad concedida al arrendatario de poder continuar durante el resto del año, en tanto en cuanto no comience una nueva temporada y no transcurran los primeros 15 días de esta, no cabría alegar la tácita reconducción (TS 2-4-80). **1541**
• La frase «**temporada de verano o cualquier otra**», utilizada en LAU/64 art.2, guarda relación no con el plazo o duración simplemente cronológica porque se pacte la duración del contrato, sino con la finalidad a que vaya encaminado, determinante de su utilización (TS 30-3-74).
• Un arrendamiento pactado por temporada puede ser objeto de **novación verbal**, si los contratantes consintieron la continuación del mismo de forma que la vivienda fuera la habitual del arrendatario y de su esposa.
• Cuando el arrendamiento es de temporada o está excluido del ámbito de la LAU por otra causa cualquiera, cabe pactar un **subarriendo** también de temporada, ya que no ofrece particularidad alguna, puesto que la «temporada» es una modalidad del «tiempo determinado» (AT Burgos 20-4-64).

• No es posible pactar en un contrato de arrendamiento de temporada la **sumisión a LAU/64**, por ser materia de orden público (TS 25-4-50; 15-2-51). Pero ello no quita que puedan estipularse, al amparo de la libertad de pactos de todo contrato, cláusulas en las que se recojan derechos o se impongan obligaciones que en la LAU están previstas. Sin embargo, el cumplimiento de las mismas se apoya en ese pacto, no en esta ley. **1543**
• Es preciso distinguir entre el contrato de **alojamiento turístico** y el arrendamiento de **temporada**. La propia naturaleza de los contratos de alojamiento turístico y del arrendamiento de un apartamento revela las diferencias fundamentales entre unos y otro. El contrato de alojamiento turístico es un arrendamiento complejo, por estar constituido por una agrupación de otros más simples y de distinta naturaleza, como el de arrendamiento de cosa, por la cesión del apartamento propiamente dicho, el de arrendamiento de servicios, por los de índole personal que está obligado a prestar y por el contrato de depósito por los efectos introducidos por los clientes en los respectivos alojamientos. Conjunto de contratos estos que están presididos por el indicado de servicios a que se refiere el CC art.1544, al tratarse de una

modalidad hotelera. En él, el arrendador debe prestar la propia actividad para procurar la utilidad que el arrendatario tiene derecho a obtener, no pudiendo concebirse la ejecución del contrato y la atribución de alguna utilidad al arrendatario ni, por consiguiente, la consecución de los fines que este se habría propuesto, sin la continuada colaboración del arrendador que, por su propio esfuerzo, tiene que producir las ventajas prometidas.
El arrendamiento de un apartamento no turístico carece de dicha complejidad por cederse tan solo el uso del mismo por un precio cierto, vaya o no acompañado de la entrega de mobiliario (CC art.1543).
Las dudas pueden surgir en cuanto se trate de los arrendamientos a los que se refiere la L 4/2012, sobre contratos de **aprovechamiento por turno** de bienes de uso turístico, adquisición de productos vacacionales de larga duración, y reventa e intercambio.

1545 **Arrendamientos de casinos y círculos de recreo** (LAU/64 art.2.2) Quedan excluidos del ámbito de LAU/64, rigiéndose por lo pactado y por las leyes comunes, los arrendamientos de locales para casinos o círculos dedicados al esparcimiento o recreo de sus componentes o asociados. Han de comprenderse en el concepto todos aquellos que se dediquen al esparcimiento o recreo de sus componentes o asociados, pudiendo deducirse por exclusión, que ni serán los que se dediquen a una actividad de industria, de comercio o de enseñanza con fin lucrativo, ni tampoco las asociaciones piadosas u otras que no persigan fin de lucro. Su **finalidad exclusiva** ha de ser el esparcimiento de sus asociados, por cuya razón si aquella trata de lograr un fin benéfico, cultural o análogo, el arrendamiento de los locales se reputa vivienda; y si se dedica al ejercicio de una actividad económica, asimilado a local de negocio (LAU/64 art.4.2 y 5.1).

1547 Precisiones **1)** La **finalidad recreativa** no resulta empañada por la circunstancia de que en el local se proporcionen servicios de hostelería, juegos de azar e, incluso, de espectáculos, siempre y cuando ello tenga un mero carácter accesorio. Han de entenderse excluidos aquellos supuestos en los que las actividades lucrativas, como las anteriormente dichas alcancen un volumen tal que no puedan ser reputadas accesorias, sino finalidad principal (Albacar).
2) Contemplando **supuestos concretos**, la jurisprudencia ha declarado que **no encajan** en el precepto:
• Un círculo de recreo de las **clases más acomodadas** de la sociedad, que solamente se refiere, como claramente se desprende de las que cita como ejemplos, a las que persiguen el bien de los demás o el perfeccionamiento moral de sus propios componentes, como sería una cocina económica, un ropero para pobres, un círculo de obreros, una congregación religiosa, una biblioteca popular, etc., y en consecuencia, el círculo M. e I. de Santander, en la obligada asimilación a vivienda o local de negocio, ha de considerarse como este último al efecto de la regulación de su contrato de arrendamiento con la dueña del local que ocupa (TS 22-10-48).
• Una sociedad recreativa amparada por la Ley de asociación de 30-6-1887 y Decreto 25-1-1941, cuyo objeto sea la celebración en sus locales de festejos y otros espectáculos destinados a los socios y público en general, al que se cobraba una cantidad (AT Barcelona 17-1-62; AP Castellón 2-10-93, EDJ 13972).
• El arrendamiento de un local para **Centro Cultural de los Ejércitos** (AT Sevilla 26-11-51).
• El arrendamiento de un local para **Centro Católico y Cultural**, en un supuesto en el que resulta probado que dicho centro no había desarrollado en el cuarto destinado a café, en la sala de recreo y en la bodega que formaba el total de lo arrendado otras actividades que las de recreo o espectáculos de cine, con acceso a este mediante el pago de un donativo, sin que aparezca demostrado -ni aun alegado- que se hubieran creado o establecido en tales locales los servicios de carácter religioso, benéfico o instructivo que se preveían como posibles en los estatutos (AT Barcelona 20-12-65).
• El arrendamiento de un ***stand* en un parque de atracciones** (AP Madrid 20-2-92, EDJ 13180).
3) Con relación a los **locales arrendados para casas regionales**, hay que señalar que el Tribunal Supremo, refiriéndose al Centro Segoviano de Madrid, vino a decir, a pesar de haberse probado con el reglamento del centro aprobado por la Dirección General de Seguridad los fines de la asociación, así como con otros documentos las subvenciones obtenidas de varios organismos oficiales para becas de estudiantes, biblioteca y otros análogos, que siendo el destino principal el de servir de lugar de esparcimiento o recreo, el arrendamiento debía entenderse excluido del ámbito de la LAU/64 (TS 3-3-62). Y refiriéndose a la Casa de Andalucía de Valencia llega a la misma conclusión (TS 18-5-70).
Por otra parte, la AT Barcelona, ocupándose del Centro Gallego de Barcelona, entendió que estaba amparado por la LAU/64 el contrato de arrendamiento, partiendo de las finalidades culturales, benéficas, artísticas, docentes, intelectuales y de mutualidad (AT Barcelona 8-2-64).

1550 **Uso de las viviendas por porteros y asalariados** (LAU/64 art.2.3) Se excluye del ámbito de LAU/64 el uso de las viviendas y locales que los porteros, guardas, asalariados, empleados y funcionarios tengan asignados por razón del cargo que desempeñan o del servicio que prestan.

De la lectura del precepto y de su interpretación por doctrina y jurisprudencia cabe deducir lo siguiente:
En el ámbito de la **doctrina**, distinguen los siguientes supuestos (Castán y Calviño):
• Uso de viviendas y locales **por razón del cargo o servicio**. En este supuesto hay que incluir todos los casos en que el uso de la vivienda o local forma parte íntegramente de la relación jurídica, privada o pública, en cuya virtud se desempeña el cargo o se presta el servicio por el respectivo usuario. Pero, atendiendo a la **razón de la asignación** de la vivienda o local de negocio, hay que subdistinguir dos casos según la vivienda se asigne para la prestación de los servicios; o en contraprestación de los servicios. En este último caso, la asignación puede formar parte integrante de la **retribución económica** del prestador de los servicios (p.e. Ley de contrato de trabajo de 26-1-1944 art.31), que considera salario la totalidad de los beneficios que obtenga el trabajador por sus servicios, no solo lo que reciba en metálico o en especie como retribución directa, sino la obtenida por uso de casa-habitación.
Pero puede también ocurrir que la asignación de la vivienda, teniendo su única causa jurídica en la prestación de los servicios y siendo, por consiguiente, un elemento de la contraprestación de la otra parte, no se conciba como una retribución económica directa de aquellos servicios, como sucede con la asignación de la vivienda a ciertos funcionarios públicos de mayor o menor categoría.
La **extinción de la relación fundamental de servicios** produce la desaparición del título en cuya virtud el prestador de estos usaba la vivienda o local, y da derecho a desposeerle de los edificios que ocupara por razón del cargo que hubiese venido desempeñando o de los servicios que hasta entonces hubiese venido prestando (CC art.1587).
• Asignación de viviendas **subordinada a la relación de servicios**. Comprende esta hipótesis todos aquellos casos en que un contrato de inquilinato se halla ligado a la existencia de una relación de servicios entre el arrendador y el inquilino, pero de tal suerte que el uso de la vivienda no forma parte integrante de la contraprestación debida por tales servicios. La relación de servicios y la relación de inquilinato, aunque coligadas, conservan, en principio, su propia **autonomía** y su peculiar ordenamiento. Como la relación arrendaticia se halla subordinada a la relación de servicios, cesa ineludiblemente la fuerza preceptiva de aquellas normas que disciplinan el inquilinato cuando su aplicación resulta incompatible con la relación de servicios.

La **jurisprudencia**, por su parte, ha declarado lo siguiente: **1553**
• Se excluye del ámbito de aplicación de la LAU el uso de las viviendas que los empleados tengan asignadas por razón del cargo que desempeñen o del servicio que presten y, según los expresados términos, la **causa**, que en los contratos onerosos consiste en la contraprestación, en este caso ha de consistir, por parte del usuario, en la prestación concreta de su cargo o servicio que se convierte así en determinante de los efectos de esta relación. Por tanto, cuando la prestación del usuario consiste en el pago de una renta mensual, y su falta de pago puede ocasionar, como expresamente se pacta, la resolución del contrato, y además en el local del objeto del contrato no se limita la actividad del usuario a la propia del cargo que desempeña al servicio de la otra parte contratante, sino que, por el contrario, ejerce la propia de una profesión colegiada totalmente ajena a aquellas relaciones laborales, no se dan los supuestos legalmente previstos para su exclusión, sino los de un contrato de arrendamiento ordinario, que al ser otorgado por un arrendatario en favor de tercero ha de ser calificado de subarriendo (TS 9-12-61).
• Aunque la vivienda fuera arrendada por la empresa al trabajador por razón o en relación con el contrato de trabajo, de ello no se sigue que todas las cuestiones o conflictos suscitados en torno al arrendamiento deban ser considerados consecuencia del contrato de trabajo, por la naturaleza civil del arrendamiento regulado fundamentalmente en el Derecho civil, siendo por tanto la petición de resolución de este contrato **competencia** de dicha jurisdicción civil y no de la laboral cuando la causa de esa resolución sea ajena al trabajo, como ocurre con la desocupación y la cesión o subarriendo (TS 7-12-71).
• El arrendamiento de uso de vivienda a un **guardia civil** por razón de empleo, está excluido del ámbito de la LAU (TS 3-12-91, EDJ 11482).

Arrendamiento de casa-habitación en una finca rústica (LAU/64 art.2.4) Quedan excluidos del ámbito de la LAU/64, ajustándose a lo dispuesto en la legislación sobre arrendamientos rústicos aquellos contratos en que, arrendándose una finca como casa-habitación, sea el aprovechamiento del predio con que cuente la finalidad primordial del arriendo. Se presume, salvo prueba en contrario, que el **objeto principal** del arrendamiento es la explotación del predio cuando la contribución territorial de la finca por rústica, sea superior a la urbana (nº 3605). **1554**

1555 **Renuncia a beneficios** (LAU/64 art.6) Los beneficios que la LAU/64 otorga a los **inquilinos** de viviendas, con o sin muebles, y a los subarrendatarios, son irrenunciables. Se considera nula y sin valor ni efecto alguno cualquier estipulación que los contradiga.

No obstante, hay que distinguir entre viviendas suntuarias y no suntuarias.

Precisiones **1)** Cuando la LAU/64 art.6 habla de «**renuncia a beneficios**» no se está refiriendo a la renuncia a derechos -renuncia estricta-, sino a estos actos de exclusión del contenido normal establecido en la ley, es decir, exclusión de un derecho que por formar parte del contenido típico de la relación -por estar previsto en una norma dispositiva- existiría si las partes lo excluyeran expresamente. Este precepto no regula -ni prohíbe- la renuncia de derechos como situaciones concretas de poder; lo que regula y limita es la posibilidad de excluir, en uso de la autonomía privada, determinados aspectos del contenido de la relación arrendaticia (las situaciones de beneficio previstas por la ley); y el único **límite** de la renuncia de los derechos adquiridos en virtud de un contrato de arrendamiento, como de toda renuncia, es el orden público y el perjuicio de tercero (Díez Picazo).

2) No desvirtuará la **validez de la renuncia** el pago de las rentas por el arrendatario con posterioridad a la misma (TS 17-1-79).

3) No cabe **presumir la renuncia** a unos incrementos por el retraso en exigirlos (TS 4-5-76).

4) La renuncia puede ser tanto expresa como tácita, pero siempre que se deduzca de **hechos concluyentes** o por **actos inequívocos** (TS 13-6-42; 28-5-56).

5) La aceptación de una renta inicial superior a la legalmente autorizada bajo la Ley de 31-12-1946, implica una **renuncia tácita** a la revisión de las rentas con arreglo a L 31-12-1946 art.120 (TS 13-6-50; 27-1-55).

6) El hecho de haber sido satisfechos durante algunos meses recibos de rentas por cantidades superiores a la declarada legal por la sentencia recurrida, no implica la aceptación de aquella renta por el arrendatario, el cual puede impugnarla mientras no transcurra el plazo que la ley le otorga para verificarlo, ni pueden considerarse tales pagos como una renuncia de los derechos que la LAU atribuye al arrendatario fuera del de prórroga, único que es irrenunciable, porque la renuncia de un derecho, para ser estimada, debe ser hecha **expresamente** y de una manera clara y precisa, o **tácitamente** por medio de actos que revelen de una manera indubitada la voluntad de renunciar, y ni una ni otra manera de renuncia pueden considerarse hechas por el pago de algunos recibos de renta declarada ilegítima por la sentencia objeto del recurso (TS 28-5-56).

7) Es posible la **renuncia temporal** (TS 14-2-49).

1557 En el caso de las **viviendas no suntuarias**, son irrenunciables los beneficios que la ley otorga a inquilinos o subarrendatarios, hasta el extremo de considerarse nula cualquier estipulación que lo contradiga (LAU/64 art.6.1).

Interpretando este principio, **doctrina y jurisprudencia** han declarado:

• Cabe la renuncia de beneficios si se efectúa con posterioridad a la celebración del arrendamiento (TS 26-1-66; 29-12-69).

• Es posible la renuncia si existe una transacción entre arrendador y arrendatario (TS 14-5-82).

• No tiene eficacia jurídica la renuncia de derechos no reconocidos por las leyes en la fecha en que se hace o que estuvieran regulados en aquellas en forma distinta, bien en su alcance, bien en la forma de hacerlos efectivos (TS 13-10-69).

• La renuncia efectuada por el inquilino en perjuicio del subarrendatario no es contraria al orden público (AT Barcelona 27-2-57; AT Valencia 3-4-57).

• La renuncia del arrendamiento efectuada por el marido en fraude de su esposa y de los hijos, que continúan ocupando el piso que aquel dejó por desavenencias familiares, no puede perjudicarles, y, por tanto, es improcedente la acción real fundada en tal renuncia (AT Barcelona 8-7-64).

• Es válido y eficaz el compromiso contraído por el inquilino en el momento de realizarse la venta del piso a un tercero, de no ejercitar los derechos de tanteo o de retracto, porque no quebranta las normas legales constitutivas del contrato de arrendamiento urbano, ni va contra el orden público ni en perjuicio de un tercero, y además porque de lo contrario se prestaría a fraude, porque el acto transmisivo de dominio se efectuó con la garantía que le prestaba el titular del derecho que se comprometía a no perturbarlo, quedando inseguro e incierto el derecho otorgado por quien está investido de facultades para ello (TS 17-10-56).

1559 En las **viviendas suntuarias** son renunciables, salvo el de prórroga, los beneficios concedidos a los arrendatarios o subarrendatarios de viviendas. Esta renuncia debe ser expresa y escrita (LAU/64 art.6.2).

Lo que da el carácter de suntuaria a una vivienda es la íntima conjunción de los dos elementos esencialísimos y vitales existentes al efecto, que son:

- la **ocupación** por vez primera de aquella en una época determinada; y
- el que al fin de ese período de tiempo, es decir, en la fecha tope que se señala, se abone como **renta** arrendaticia la cantidad que se determina.

También incide el **número de habitantes** de la población en la que radique la vivienda. Todo ello conforme a las tablas incluidas en el (LAU/64 art.6.2).
Ello supone que si, por **ejemplo**, la vivienda fue ocupada por vez primera en el año 1930, debe estarse para afirmar si tiene o no el carácter de suntuaria a la renta que se devengara no en ese año 1930, sino en la fecha tope, o sea, el 30-9-1939.

Tratándose del **arrendador**, lo sea de vivienda o de local de negocio, la renuncia de beneficios que la ley le concede es perfectamente válida (LAU/64 art.6.3). **1561**
Sobre la renuncia del arrendador pueden surgir algunas **dudas**. Contemplando supuestos concretos, la jurisprudencia ha declarado:
• Obliga al nuevo titular la renuncia hecha por el arrendador anterior (TS 29-2-64).
• Si el marido obró en la renuncia al derecho de negativa de prórroga como representante de su mujer, y esta dio su consentimiento tácito de un modo indudable con la aceptación del aumento de precio pactado por el marido, es evidente que está obligada por la renuncia de este (AP Madrid 4-7-92).
• Es válida la cláusula contractual en virtud de la cual el dueño, a cambio de la cesión por el arrendatario de ciertas habitaciones, renuncia expresamente a todo derecho que pudiera tener a aumentos del alquiler de la vivienda, así como también a formular desahucio alguno contra dicho arrendatario, si no fuera debido a falta de pago del alquiler pactado (TS 27-4-60).
• Es válida la renuncia por el arrendador a excepcionar la prórroga del arrendamiento (AP Madrid 4-7-62; AP Zaragoza 24-10-59; AP Barcelona 16-5-79; AP Málaga 23-2-93).
• Es válida la renuncia a excepcionar la prórroga forzosa del arrendamiento por las causas previstas en LAU/64 art.62 (AT Barcelona 16-5-79; AP Málaga 23-2-93).
• No supone renuncia por el arrendador a los derechos el pacto de una duración indefinida del contrato (TS 9-12-85).

Requisitos La aplicación del precepto exige, según la doctrina, el cumplimiento de los siguientes requisitos (Castán y Calvillo): **1565**
• Que se pretenda la **aplicación de un beneficio** concedido por LAU/64 al locatario o subarrendatario, comprendiendo el concepto de «beneficio» todas las ventajas jurídicas que a favor del locatario y del subarrendatario derivan de la Ley especial, desde el derecho subjetivo, en sentido técnico, hasta los simples efectos reflejos de las normas excepcionales.
• Que el inquilino, arrendatario o subarrendatario sea **extranjero** en el momento de realización del supuesto al que la ley conecta el beneficio que concede, por ejemplo, muerte del inquilino.
• Que en el país de la nacionalidad del locatario o subarrendatario extranjero no se establezca, en esta materia, la discriminación entre nacionales y españoles de un modo unilateral, sin consideración al **trato recíproco**. No hacen falta leyes excepcionales a favor de los inquilinos, y basta que en el país extranjero no exista discriminación entre nacionales y españoles, y de ahí que los beneficios se apliquen cuando en el país extranjero se hallen equiparados españoles y nacionales, ya sea por convenios o tratados.
• Que los inquilinos, arrendatarios o subarrendatarios extranjeros prueben la existencia del principio de reciprocidad en su país respectivo a favor de los inquilinos, arrendatarios o subarrendatarios españoles. Esta **prueba** puede llevarse a efecto por cualquier medio admisible en Derecho, como el dictamen legalizado de dos jurisconsultos del país extranjero y, acaso, una certificación del representante de España en la nación de que se trate, o bien una declaración del representante de la misma nación en España (González).

Prueba de la reciprocidad Al no especificar el precepto lo que ha de entenderse por reciprocidad, ha de comprender tanto la legislativa como la diplomática y la judicial. La doctrina del Tribunal Supremo estableció, en cuanto al alcance del principio de reciprocidad que exige LAU/64 art.7, no que este se limitase a la prueba de equiparación de trato regulado en CC art.27, sino exigiendo dicha **equiparación en el goce de los derechos y beneficios** en materia de arrendamientos urbanos, de tal manera que resultara probado que la legislación y jurisprudencia extranjeras conceden a los españoles residentes en los diferentes países los mismos derechos y privilegios arrendaticios que a sus nacionales (TS 20-6-59; 6-12-61). A esta conclusión se llegaría igualmente, penetrando en el estudio del fondo de la cuestión planteada, ya que la doctrina jurisprudencial anteriormente expuesta, no puede quedar desvirtuada por la pretensión de que en orden al disfrute de los beneficios de la ley mencionada, haya de exigirse la imposición de nuestra legislación especial en el país extranjero a los efectos de una conformidad legislativa, como base de la reciprocidad (TS 22-5-69). **1567**
Corresponde al extranjero la **prueba de la existencia de la reciprocidad** (TS 4-5-64; 22-12-79). Como ya se ha indicado, para la aplicación del beneficio de la prórroga forzosa no es suficiente la normativa genérica del CC art.27 que atribuye a los extranjeros los mismos derechos civiles que a los españoles, porque añade, «salvo lo dispuesto en las leyes especiales», como en este

caso es la LAU/64, que concede a los extranjeros los beneficios en ella establecidos, «siempre que prueben la existencia del principio de reciprocidad en los países respectivos». Esta reciprocidad puede ser **diplomática**, si existe tratado, convenio o simple canje de notas, o **legislativa**, si legalmente se establece la igualdad, sin discriminación, entre nacionales y extranjeros, bien en leyes de carácter general -al no existir legislación especial de arrendamiento inmobiliario-, o bien en la Ley especial caso de existir; pero siempre, sin necesidad de que comprenda la hipótesis concreta, que así sería el beneficio de la prórroga cuestionada, como proclamó la doctrina legal reiterada, recogida, entre otras, en TS 20-6-59; 6-12-61; 31-10-63; 4-5-64; 28-10-68, EDJ 672; 29-1-69; 22-12-79.

La prueba corresponde al arrendatario que alega la reciprocidad, para lo cual es válido cualquier medio admisible en Derecho entre los que se ha utilizado a veces el de la **certificación del embajador** o cónsul españoles en el país de que se trate (TS 31-10-63; 28-10-68, EDJ 672), destacando, entre todos ellos, como más adecuado, el del **dictamen de dos jurisconsultos** del país respectivo, legalizado por el representante consular español (TS 19-11-1904; 19-12-35; 28-10-68, EDJ 672; 11-7-85).

Precisiones No puede ser discutido en la actualidad que el extranjero miembro de un Estado integrado en la **Unión Europea** tenga los mismos derechos arrendaticios que un español.

1569 **Aplicación analógica de LAU/64** (LAU/64 art.8) En aquellos casos en que la cuestión debatida, no obstante referirse a las materias reguladas por LAU/64, no aparezca expresamente prescrita en la misma, los tribunales deben aplicar sus preceptos por analogía.

Los **requisitos** para la aplicación de la analogía pueden resumirse así (Castán y Calvillo):
- que la cuestión debatida se refiera a una materia regulada en la LAU/64;
- que exista una laguna legal;
- que exista igualdad jurídica esencial entre el caso cuestionado y el previsto en la ley; y
- que de esta no resulte implícitamente la prohibición de ampliarla por analogía.

1571 Para establecer la igualdad jurídica esencial entre los casos contemplados, hay que partir, en materia de arrendamientos urbanos, de una o varias prescripciones concretas y precisas de la Ley especial, para, una vez descubierta su «ratio» o idea fundamental, aplicarlas a la cuestión debatida no prevista expresamente de la misma ley. La analogía autorizada en LAU/64 art.8 no es la llamada **analogía iuris**, sino exclusivamente, la denominada **analogía legis** (Hernández-Gil).

En segundo término, hay que indagar la «**ratio**» de la norma concreta de LAU/64.

En tercer lugar, ha de observarse la coincidencia entre la cuestión debatida y no prescrita expresamente en la Ley especial y los elementos esenciales del supuesto previsto explícitamente por el legislador.

No puede utilizarse la analogía cuando, mediante la interpretación de la norma que pretenda ampliarse a una cuestión análoga, se deduzca que aquella está dada únicamente para el supuesto de hecho descrito en la misma norma, con exclusión de las demás.

Precisiones **1)** La jurisprudencia ha declarado, **haciendo uso de la analogía**, lo siguiente:
• La facultad de repercutir las diferencias por elevación de contribuciones sobre los arrendamientos debe regir también entre el subarrendador y subarrendatario, dada la analogía entre ambas clases de contratos en general (TS 13-12-55).
• El gimnasio para la regeneración del órgano afectado desempeña igual cometido que la clínica o sanatorio, establecimientos estos, que conforme a reiterada doctrina de esta Sala, han sido declarados como local de negocio, por lo que se ha de hacer extensivo al caso discutido de los beneficios que la ley otorga a los herederos de locales de negocio (TS 2-5-59).
2) Por otro lado, en el sentido de **no poder aplicar la analogía**, la jurisprudencia ha señalado:
• El plazo de caducidad fijado para la cesión no es aplicable al subarriendo (TS 13-11-53).
• No cabe alegar la analogía para aplicar otras causas de resolución distintas a las legalmente previstas (TS 7-11-61).
• No es posible ampliar los supuestos de retracto a la constitución de una renta vitalicia (TS 9-12-64).
• Es inaplicable el requisito de la notificación al supuesto de sucesión en locales de negocio (TS 5-10-63).

1573 **Abuso de derecho y fraude de ley** (LAU/64 art.9) El ejercicio de los derechos y el cumplimiento de las obligaciones previstas en la ley debe acomodarse a las reglas de la **buena fe**. Los jueces y tribunales deben rechazar las pretensiones que impliquen manifiesto abuso o ejercicio anormal de un derecho o que constituyan medio para eludir la aplicación de una norma imperativa, que debe prevalecer en todos los casos frente al fraude de la ley.

En esta materia, no debe olvidarse, además, lo dispuesto por el RDLeg 1/2007 para la defensa de los consumidores y usuarios y por RD 515/1989 sobre protección en cuanto a la información a suministrar en la compraventa y arrendamiento de vivienda.

La LAU/64 hace la siguiente **distinción**:
- el uso del derecho con intención de perjudicar o, sencillamente, sin un fin serio y legítimo;
- el uso del derecho de forma anormal, aunque no se dé aquella intención de perjudicar, es decir, cuando se ejercita desviándolo de la finalidad esencial para la que fue creado; y
- el uso del derecho como medio para eludir la aplicación de una norma imperativa, utilizando el llamado fraude de ley.

Por su parte jurisprudencia entiende que la LAU/64 agrupa **tres instituciones jurídicas** distintas, perfectamente diferenciadas por la doctrina: **1575**
- El **abuso de derecho**, que introducida por nuestra jurisprudencia al amparo del CC art.1902 como una manifestación de culpa extracontractual, tiende a impedir que en el ejercicio de un derecho se produzcan daños o perjuicios a un tercero, bien deliberadamente, utilizándose aquellos derechos con una finalidad antijurídica, o por ejercitarse de una forma incivil y desconsiderada con despreocupación de un resultado dañoso que pudo y debió evitarse.
- La **buena fe**, que siendo un principio general en nuestro sistema jurídico recogido en varios artículos del Código civil, y especialmente para el campo contractual en CC art.1258, consiste en el respeto a las normas de conducta colectiva que son propias de toda conciencia honrada y leal y van implícitamente exigidas en cada caso como necesarias para el normal y feliz término de todo negocio jurídico.
- El **respeto a las normas imperativas** que deben prevalecer contra cualquier conducta o maniobra encaminada a eludirlas produciendo un fraude de ley y que llevan en esa finalidad fraudulenta su propia nulidad conforme a lo dispuesto en CC art.4.

El hecho de que estas tres instituciones, que tienen entre sí evidentes **intersecciones**, hayan sido recogidas en un mismo artículo de LAU/64 justifica hasta cierto punto las **confusiones** que en su planteamiento o en su expresión práctica se observan a veces. Así, por ejemplo, en una sentencia recurrida ante el Tribunal Supremo, después de la afirmación doctrinalmente equivocada de que no es admisible como excepción perentoria, es decir, como defensa de fondo del demandado, la existencia de una simulación como subarriendo de lo que realmente es una relación directa de arrendamiento, se califica como abuso de derecho el intento de eludir o menoscabar un interés protegido por la ley, es decir, un derecho, lo que equivale a declarar probada la existencia de circunstancias calificables más bien como fraude de ley. Ello lleva a la desestimación del recurso, dado que contempla exclusivamente otra de las instituciones reguladas en el precepto estudiado, el abuso de derecho, que no es el supuesto declarado por la sentencia que trata de impedir que se violen los derechos nacidos del contrato que relaciona directamente al demandado con el actor y que está obligado por la ley a respetar (TS 3-4-68; 12-5-72).

Precisiones **1)** Los actos realizados al amparo del texto de una norma que persigan un resultado prohibido por el ordenamiento jurídico, o contrario a él, se considerarán ejecutados con **fraude de ley**, y no impiden la debida aplicación de la norma que se haya tratado de eludir (CC art.6.4).
2) Se entiende que constituye **abuso de derecho** o ejercicio antisocial del mismo, todo acto u omisión que, por la intención de su autor, por su objeto o por las circunstancias en que se realice, sobrepase manifiestamente los límites normales del ejercicio de un derecho, con daño para tercero. Estos actos dan lugar a la correspondiente indemnización y a la adopción de las medidas judiciales o administrativas que impidan la persistencia en el abuso (CC art.7.2).
3) Si el **fraude de ley** se caracteriza por tratar de defraudar la finalidad práctica de una ley material, mediante otra cobertura (TS 14-2-86), y el **abuso de derecho** viene determinado por la circunstancia subjetiva de ausencia de finalidad seria y legítima y la objetiva de exceso en el ejercicio del derecho (TS 25-6-85; 5-4-85; 8-7-86), tales aspectos no se producen, cuando, como en el presente caso ocurre, la entidad demandada arrendadora para entablar demanda de resolución arrendaticia del local llevado en arrendamiento por el ahora demandante recurrente en casación, se apoyó en una norma jurídica, como la contenida en LAU/64 art.114.10, no actuando en contra del criterio teleológico finalista de tal precepto, sino con pleno acomodo a él, no actuando, por tanto, con abuso de derecho, antisocialidad del mismo o en situación carente de buena fe, dado que, precisamente, acude al remedio jurídico que el legislador le confiere, conforme tiene reconocido esta sala en (TS 31-3-81; 31-12-81; 2-10-81; 16-12-87; 12-11-88).
4) Existe una clara distinción entre **negocio simulado** y **negocio celebrado en fraude de la ley**, en cuanto que en el simulado se pretende en realidad celebrar el negocio encubierto, mientras que el fraude es en sí querido y lo único que pretenden los interesados es evitar la aplicación de una norma dictada para otro negocio, respetando su letra pero contraviniendo su espíritu (TS 15-12-80).

La doctrina del abuso del derecho está elaborada por la doctrina científica y la jurisprudencia sobre la base del ejercicio de un derecho con la intención de dañar o la utilización del mismo de un modo anormal y contrario a la convivencia (TS 10-6-63). Como remedio extraordinario, no puede dicha doctrina dar facultad a los tribunales para hacer uso de ella más que en **casos patentes y manifiestos** (TS 7-2-64), sin que resulte de provecho alguno para el agente que lo ejercita, solo imbuido del propósito de causar daño a otro interés jurídico (TS 18-1-64). **1578**

Precisiones **1)** No existe ejercicio abusivo del derecho cuando hay una **colisión** entre los derechos del dueño y del arrendatario, en cuyo caso la propiedad lo que hace es usar del que le corresponde (TS 28-2-73; 16-4-74).

2) No cabe **aplicar de oficio** el abuso de derecho (TS 26-2-66; 5-6-75).

3) La doctrina del abuso de derecho no puede aplicarse en los casos en que el derecho que se supone ejercido abusivamente no es un derecho sustantivo, sino un **derecho de carácter procesal** (TS 29-12-51; 23-11-60).

4) No puede admitirse que exista **abuso de derecho** cuando, como en el caso debatido, la acción resolutoria ejercitada se apoya en preceptos legales que avalan su viabilidad y el supuesto perjuicio que la resolución del contrato ocasiona al usuario es consecuencia necesaria de la colisión de intereses entre arrendador y arrendatario que entran en juego cuando se extingue el vínculo contractual, por lo que no es de aplicación lo dispuesto en LAU/64 art.9 como se invoca (TS 6-4-87).

5) A partir de TS 14-2-44, la doctrina jurisprudencial va perfilando y desarrollando la figura del abuso de derecho, concretando su esencia en la **naturaleza antisocial del daño** causado a un tercero, manifestada tanto en su forma subjetiva (intención de perjudicar o aún la existencia de un fin legítimo), como en su aspecto objetivo (anormalidad en el ejercicio del derecho). En la evolución de esta doctrina se concreta más el concepto, exigiéndose que el ejercicio del derecho se haga con la intención decidida de dañar, utilizando el derecho de un modo anormal y sin que resulte provecho alguno para el agente que lo ejercita; como remedio extraordinario que es, la jurisprudencia viene declarando que solo se puede acudir a esta doctrina en los casos patentes y manifiestos (TS 11-6-95, EDJ 24991).

1581 Ocupándose de supuestos concretos, la jurisprudencia ha considerado la **existencia de abuso de derecho** en los siguientes casos:

• Ejercicio de una acción de resolución del arrendamiento por **traspaso**, habiéndose probado que la arrendadora conoció y consintió la ocupación del local por el tercero percibiendo incluso una participación (TS 8-6-92, EDJ 5935).

• **Desahucio por necesidad**, cuando la persona que la alega tiene a su disposición dos pisos de su propiedad, ocupa uno de ellos, arrienda el otro y cede el litigioso al codemandado, perjudicando los intereses de la parte actora innecesariamente, ya que con los dos pisos de su propiedad podía resolver sus problemas familiares (TS 10-1-63). Asimismo:

- si el arrendador tiene a su disposición otra vivienda reclamada en anterior proceso por razón de matrimonio de otro hijo cuyo enlace no llegó a celebrarse (AT Barcelona 27-6-60);
- si uno de los futuros beneficiarios de la vivienda, la nuera del arrendador, alquila dos adecuados y magníficos pisos de características análogas a la vivienda de las *litis*, que habían quedado a disposición del matrimonio para el cual se pedía el de autos en el mismo período de tiempo (AT Barcelona 24-10-66);
- si después de 2 meses del requerimiento denegatorio de la prórroga practicado para iniciar el pleito anterior, quedó libre y a disposición del actor un piso de la finca, y existía la misma situación de hecho que se alega como constitutiva de la necesidad con el piso que tiene a su disposición, que se vende, creando por su propia voluntad esa situación de necesidad y, seguidamente, reclama el mismo piso en aquel primer pleito, solicitud en la que insiste en el presente, que promueve después de haber adquirido la propiedad exclusiva de los pisos primero y segundo en virtud de la venta que de sus participaciones en ellos le hicieron los otros dos condueños (TS 17-5-68);
- si una vez transigido entre las partes el desalojo de la vivienda por causa de matrimonio, después del desalojo no se ocupa, derribando la casa y volviendo el matrimonio a la de los padres (AT Barcelona 12-3-73).

• En el supuesto de que se lleve a cabo una **donación** de la vivienda para alegar la necesidad (TS 21-3-68; 10-5-71).

• Ejercicio de una acción de resolución del arrendamiento por **obras**, si se prueba que el administrador las autorizó teniendo la representación del propietario (TS 6-2-71).

• Ejercicio de una acción por **expiración del término** de un contrato de subarriendo, si se demuestra que este es simulado, encubriendo un arrendamiento (TS 22-12-87).

• Uso de la **permuta** como medio para burlar la norma (TS 21-2-69).

1583 Por el contrario, la jurisprudencia ha considerado **no aplicable** lo dispuesto en LAU/64 art.9 en supuestos como los siguientes:

• Resolución del arrendamiento por traspaso en general (TS 21-1-61; 23-2-62).

• Ejercicio de una acción de resolución:

- por necesidad (TS 17-4-61; 14-6-64; 19-1-68);
- por no uso (TS 2-3-63; 11-2-69; 15-6-74);
- por obras (TS 16-2-62; 16-10-67); o
- por subarriendo inconsentido (TS 9-3-60; 3-4-68).

• Resolución del contrato de subarriendo (TS 6-2-59; 17-1-69; 11-2-74).

• Resolución por derribo (TS 8-3-68; 2-10-70).

• Revisión de la renta por coste de vida (TS 5-7-89).

2. Duración

Con la entrada en vigor de la LAU, los arrendamientos de vivienda concertados con anteriori- 1592
dad al 9-5-1985 y subsistentes a fecha 1-1-1995 se ven sometidos a ciertas reglas o **limitaciones** en cuanto a su duración.
Estos límites afectan, en particular, a las situaciones de **prórroga y subrogaciones**, que no podrán prolongarse indefinidamente tras la entrada en vigor de la LAU.
En consecuencia, las situaciones que podrían plantearse en cuanto a la **extinción** del contrato de arrendamiento serían las siguientes:
- Que el arrendamiento se encuentre **en situación de prórroga legal** a fecha 1-1-1995 (nº 1595).
- Que el arrendamiento se encuentre **en plazo contractual** a fecha 1-1-1995. En este caso la extinción se produce en momentos distintos atendiendo a las siguientes circunstancias:
- que sea posible su prórroga;
- que sean posibles subrogaciones posteriores;
- que no quepa ninguna de las dos posibilidades anteriores.

a. Prórroga forzosa

Conforme a LAU/64 art.57, cualquiera que fuera la fecha de la ocupación de las viviendas, con 1595
o sin mobiliario, y de los locales de negocio, llegado el día del **vencimiento del plazo** pactado, este se prorrogaba obligatoriamente para el arrendador y potestativamente para el inquilino o arrendatario, aun cuando un tercero sucediera al arrendador en sus derechos y obligaciones (nº 1600).
Quedaban **excluidos** de la prórroga forzosa los contratos de arrendamiento que estaban excluidos del ámbito de aplicación de LAU/64 (nº 1535 s.) y también los contratos de subarriendo (nº 2000 s.).
La prórroga forzosa no obstaba a la subsistencia de las cláusulas que se hubieran pactado en el contrato, siempre que no se tratase de **derechos irrenunciables** (nº 1555 s.).
En consecuencia con lo anterior, las **prórrogas voluntarias** establecidas por los propios contratantes después de terminado el plazo contractual resultan nulas de pleno derecho, ya que, en todo caso, lo que opera es la prórroga forzosa. En este sentido, la jurisprudencia ha tenido ocasión de declarar que, una cosa es la prórroga del contrato de arrendamiento prevista a voluntad del arrendatario y otra la forzosa o legal (LAU/64 art.57), ya que, de una parte, mientras el segundo aspecto -prórroga forzosa o legal- tiene una consecuencia de duración mientras la norma que lo apoya subsista y que de ser derogada en su día no amparará su efectividad continuadora de vínculo arrendaticio, el primer aspecto, de convalidarse con efecto de vinculación contractual, evidentemente conduciría a una continuidad arrendaticia intemporal, de acogerse permanentemente a ella y sus efectos el arrendatario, que llevaría a desnaturalizar el contrato creado con carácter de arrendamiento, cuya característica es precisamente la **temporalidad** de la manifestación de expresión de voluntad de los contratantes, convirtiéndolo en otro de distinta naturaleza, y además impediría el ejercicio de derechos conferidos por el legislador para las situaciones de prórroga (TS 17-11-84; 15-6-93).
Esta regulación sigue vigente **con posterioridad al 1-1-1995** para los arrendamientos subsistentes a dicha fecha que hubieran sido celebrados antes del 9-5-1985, en tanto no se extingan por imperativo de lo establecido en LAU disp.trans.2ª a 4ª (TCo 17-3-94).

Precisiones **1)** La palabra prórroga, tanto se trate de la convencional como de la legal, significa la **continuación** de una cosa o el alargamiento de los efectos de un negocio jurídico, por un período de tiempo más o menos determinado, es decir, la ampliación de su vigencia tal y como se había convenido y **sin modificación** de ninguno de sus pactos (TS 26-10-64; 30-6-73).
2) La prórroga forzosa opera también en los casos de **extinción de usufructo**, salvo que el titular del dominio pruebe que las condiciones pactadas para el arrendamiento por el usufructuario anterior fueron notoriamente gravosas para la propiedad (LAU/64 art.114, causa 12).
3) La prórroga forzosa opera aunque en el contrato se pacte que durará en tanto no se produzca el **cumplimiento de una condición** determinada (TS 11-3-64; 6-3-68; 10-3-81).
4) En los contratos de arrendamiento con prórroga forzosa no opera la **tácita reconducción** del CC art.1566 (TS 8-3-48; 14-12-62).

5) El cambio de inmueble arrendado y la elevación sustancial de la renta, aun siendo **prestaciones esenciales del contrato**, no es causa suficiente para considerar este extinguido si no viene acompañado de la expresión de voluntad de las partes en ese sentido (TS 31-3-21, EDJ 520183).

1597 A continuación se hace referencia a algunos supuestos que presentan ciertas particularidades en la aplicación de la prórroga forzosa, como son:
- el cambio en la persona del arrendador o **transmisión** de la finca arrendada (nº 1600);
- el arrendamiento concertado por el **usufructuario** (nº 1602); y
- el arrendamiento concertado por determinadas **personas en situaciones especiales** (nº 1604).

1600 **Transmisión de la finca arrendada** En principio, lo estipulado por el propietario arrendador con un tercero en un documento independiente del contrato de arrendamiento no debe producir efectos de cara a un **nuevo propietario** que se subrogue en dicho contrato.
En este sentido se manifiesta el Tribunal Supremo al declarar que, si bien es cierto que según LAU/64 art.57, el adquirente por compra de una finca arrendada **no es tercero** por cuanto trae causa del propietario anterior, en cuyos derechos y obligaciones se subroga, también lo es que esa cualidad se refiere exclusivamente al contrato de arrendamiento tal y como aparezca reflejado en el documento del que se le haga entrega, pero no ocurre lo propio en relación con aquellos otros documentos que, sin su conocimiento, puede haber otorgado su causante para alterar las condiciones de dicho contrato, pues en cuanto a ellos **es tercero** conforme a lo prevenido en CC art.1227 y puede válidamente impugnar su eficacia, porque de otra suerte quedaría indefenso frente a un posible fraude o simulación (TS 14-10-62).
Se entiende, de todas formas, que si se llega a probar que el nuevo adquirente conoció esas cláusulas en **documentos complementarios**, lo que debe presumirse en la mayoría de los casos, deben obligarle como formando parte del contrato de arrendamiento. La seguridad jurídica exige esta conclusión.

Precisiones 1) El pago de **rentas por adelantado al primitivo arrendador**, no produce efectos respecto a las que se devenguen después de la transmisión al nuevo.
2) El **nuevo arrendador** se subroga en los derechos y obligaciones del causante (TS 25-1-89).

1602 **Arrendamiento concertado por el usufructuario** (CC art.480) Como **regla general**, el usufructuario puede aprovechar por sí mismo la cosa usufructuada, arrendarla a otro y enajenar su derecho de usufructo, aunque sea a título gratuito; pero todos los contratos que celebre como tal se resuelven al finalizar el usufructo.
Como es lógico, esta regla general presenta **excepciones**, de modo que, en el caso del arrendamiento de **fincas urbanas**, es de aplicación la prórroga forzosa aun cuando el arrendamiento haya sido concertado por el usufructuario cuyo derecho se ha extinguido. En este caso, se contempla una **excepción a la excepción**, para el supuesto en que el arrendamiento concertado por el usufructuario resulte notoriamente gravoso para la propiedad. En tal caso, si el propietario, extinguido el usufructo, prueba esa gravosidad, no será de aplicación la prórroga forzosa (LAU/64 art.114). Ver nº 2255.

Precisiones 1) La jurisprudencia ha admitido la posibilidad de la **renuncia tácita** al derecho a dar por terminado el arrendamiento, señalando que, el hecho reconocido de que las actoras, después del fallecimiento de su causante, usufructuario y arrendador, continuaran percibiendo la renta pactada durante más de seis años, sin constancia de reservas ni de reclamación alguna, es claramente expresiva de una declaración de voluntad tácita, pero inequívoca, de que prestaron su asentimiento a una nueva relación arrendaticia, en la que ellas se constituyeron en arrendadoras como dueñas en pleno dominio de la finca arrendada, y es expresiva también de que renunciaron al ejercicio del derecho que se pudiera derivar de la aplicación del CC art.480 (LAU/64 art.114 causa 12). En consecuencia, si ya no se está en presencia de un contrato de arrendamiento hecho por el usufructuario, sino en la de un nuevo vínculo jurídico creado en concepto de titulares de pleno dominio por las demandantes, es notoria la procedencia de aplicar al caso controvertido la prórroga forzosa del arrendamiento (TS 9-7-53).
2) La excepción a la prórroga forzosa establecida en caso de usufructo **no es aplicable** al supuesto de que el arrendamiento se hubiera concertado por la propiedad y a esta le sucediese un usufructuario que, a su vez, fallezca. Ni tampoco, en el supuesto de que se autorizase por dicho propietario un traspaso al transformarse en usufructuario (TS 9-10-56).

1604 Como **excepción**, cabe la extinción del contrato de arrendamiento concertado por un arrendador usufructuario, a su fallecimiento, cuando el titular dominical prueba que las **condiciones pactadas** fueron **notoriamente gravosas** para la propiedad.
La expresión «**condiciones notoriamente gravosas**» ha sido interpretada en el sentido de que puede referirse a:
- una situación fruto de desequilibrio de las prestaciones iniciales o sobrevenida durante la fase de cumplimiento del contrato; o
- la idea de gravamen como contrapuesta a la de acto de mera administración (López Jacoiste).

La jurisprudencia, por su parte, ha declarado que **no son gravosas** condiciones como las siguientes: 1605
• La autorización concedida por la usufructuaria a la arrendataria para convertir un negocio abierto al público al fin de **exposición de productos** (TS 24-9-64).
• Unas estipulaciones en virtud de las cuales se **triplica el importe de la renta** a percibir como arrendador; no siendo de tener en cuenta en absoluto la cantidad reconocida como participación en el traspaso, porque siendo derechos personales, no pueden trascender ni ser invocados por el nudo propietario que carece de interés jurídicamente protegido; y si bien es cierto que el término modificado del contrato es lo que puede afectarle, no puede considerarse notoriamente perjudicial cuando está compensado por el aumento de la cuantía de la renta, muy superior al aumento legal que hubiera podido corresponderle (TS 18-12-73).
• Una cláusula de la que no llegó a hacer uso la arrendataria durante el contrato, en la que se facultaba al arrendador para llevar a cabo en el local arrendado, las **obras de reforma, conservación o mejora** que estimara necesarias o convenientes, las que podría realizar en cualquier tiempo mientras subsistiera el arrendamiento; y otra, en la que se decía que la locataria podía ceder por cualquier título a uno o varios de sus hijos, total o parcialmente, los derechos que en razón de ese contrato adquiría y que, igualmente, podría transmitirlos a favor de sociedad mercantil en la que ella o sus hijos tuvieran participación. En ambos supuestos, la facultad de ceder, era plena y libre de toda obligación para con el arrendador, sus causahabientes o sucesores, sin que estos tuvieran derecho a percibir cantidad alguna por la cesión, ni modificar la renta y restantes condiciones del arrendamiento (TS 22-6-92, EDJ 6690).
• La **fijación de una renta** de 180.000 pesetas anuales en el año 1987 por un local de 847 m^2 con cláusula de estabilización, habiendo tenido que invertir el arrendatario 2.015.000 pesetas en obras (AP Barcelona 4-6-91).

Por el contrario, la jurisprudencia ha considerado que **se produce gravosidad** en supuestos como los siguientes: 1606
• Autorizar el **destino de bar de una vivienda**, tanto por el desgaste que provoca su utilización como por los ruidos que en él se producen (TS 25-5-74).
• Cuando el **usufructuario** arrendador autorice un cambio de destino del inmueble que implique la realización de obras de tal magnitud que implique, incluso, la **alteración de la configuración externa** del edificio o la de su estructura (TS 27-1-93, EDJ 565).
• Autorizar la apertura en el piso de un **hueco para comunicarlo con otro piso**, perteneciente a distinta finca y propietario, porque altera la forma y estructura interna de la cosa, rebasando las simples facultades de administración e infringiendo el clásico límite *salva rerum substantia* por muy impreciso que se estime (AT Barcelona 24-10-74).
• Pactar una renta de 4.000 pesetas al mes en 1975, cuando en 1965 se había arrendado por 7.000 pesetas; todo ello con independencia de la buena o mala fe con que hubiera podido actuar el arrendatario que adquirió en traspaso el local pagando 1.200.000 pesetas (AT Barcelona 20-11-80).
• Pactar las siguientes condiciones:
- la expresiva de que el arrendatario de un inmueble compuesto de tres plantas y arrendado para local de negocio queda autorizado para destinarlo a **otros usos que los propios de local** de comercio;
- la cláusula «**para subarrendar en todo o en parte**» el objeto contractual, porque si bien es cierto que el subarriendo de local de negocio está vedado al arrendatario, puede ser autorizado por escrito por el arrendador (AT Madrid 21-5-87).
• Si no se previó en el contrato la cláusula de estabilización de la renta, se autorizó el **cambio de destino** de la vivienda a local de negocio y se autorizaron **obras importantes** (AP Baleares 18-5-89).
• Si la usufructuaria tenía 98 años al celebrar el contrato y arrienda el piso en 1992 por una renta mensual de 15.000 pesetas sin cláusula de estabilización (AP Lleida 3-5-93).
• Cuando concurran elementos como los siguientes:
- un uso arrendaticio gravoso por las partes, sea por otorgar **facultades extraordinarias** al arrendatario, cambiar el destino pactado en el contrato de arrendamiento, alterar la forma de la cosa, lo que supone infringir el principio salva *rerum substantia*;
- merma de la **rentabilidad** del inmueble;
- contrato gravoso por su **duración** (AP Madrid 13-12-93).
• Si en un contrato celebrado con posterioridad al 9-5-1985 se pacta la **prórroga forzosa** (AP Sta. Cruz de Tenerife 14-6-95).

Arrendamiento concertado por personas en situaciones especiales A continuación se hace referencia a la aplicabilidad de la prórroga forzosa en los arrendamientos concertados: 1608
- por el **fiduciario** (nº 1609);

- por el **concesionario** (nº 1611); y
- en el marco de un **proceso de ejecución hipotecaria** (nº 1613).

1609 **Fiduciario** La **doctrina** entiende aplicable a este supuesto la normativa legal que rige actualmente para el usufructo a la cual nos remitimos (nº 1602).
Por su parte, la **jurisprudencia** ha declarado que el sucesor del usufructuario contratante, si bien normalmente lo será el nudo propietario, no ha de serlo necesariamente, pues puede producirse el supuesto de que lo sea otro usufructuario por sustitución fideicomisaria del anterior dispuesta por el testador al amparo del CC art.787, y aunque este supuesto no está previsto expresamente en LAU/64 art.114.12, es evidente que debe estimarse comprendido porque se dan todos los requisitos exigidos al mismo (TS 16-12-67).

1611 **Concesionario** El obstáculo a la **validez y vigencia** de un contrato de arrendamiento no puede encontrarse en razonamientos de carácter general, basados en que una concesionaria no es propietaria del terreno ni ostenta más derechos que los dimanantes de su concesión. Ello es cierto, pero no lo es menos que, en cuanto titular del uso y disfrute de los bienes que integran la concesión demanial, está facultado si no hay algo expreso que se lo impida (CC art.1543), para concertar un arrendamiento de los mismos, como lo está el usufructuario (LAU/64 art.57 y 114.12), no obstante el plazo fijo de su duración, conectada en ambos casos con la vida del titular o la de la concesión -como proclamó la doctrina jurisprudencial en TS 22-1-58; 26-5-64; 27-10-66; 26-4-67, al marcar la diferencia entre el contrato que vincula al concesionario con la Administración y el estrictamente civil que aquel pueda celebrar con un tercero- (TS 19-12-83).

1613 **Ejecución hipotecaria** Respecto a la adjudicación de la finca arrendada como consecuencia de un proceso de ejecución hipotecaria en numerosas ocasiones, tanto el Tribunal Supremo (TS 20-4-95, EDJ 1965) como el Tribunal Constitucional (TCo 16-1-92), se inclinan por revalorizar la **fuerza del vínculo arrendaticio** constituido con posterioridad a la constitución sobre la finca arrendada de una hipoteca o derecho real limitativo de dominio.
En principio, estos **arrendamientos** han de entenderse **protegidos** según doctrina reiterada, salvo que (TS 9-5-96, EDJ 2170):
- se declare la inexistencia por simulación de la relación arrendaticia;
- se pruebe que ha mediado fraude, dolo o confabulación entre el arrendador y el arrendatario; y
- cuando con el arrendamiento se haya causado un grave perjuicio económico al acreedor hipotecario, disminuyendo el valor de garantía o de subasta de la finca hipotecada, para lo cual puede servir como pauta, salvo prueba en contrario, lo dispuesto en RH art.219.2º.

b. Excepciones a la prórroga forzosa

(LAU/64 art.62 a 69 y 76)

1615 Aunque en LAU/64 art.62 a 94 se hace referencia a las excepciones a la prórroga forzosa, contemplando tanto las relativas a los arrendamientos de viviendas y asimilados a estas, como las relativas a locales de negocio y asimilados, a continuación solo nos ocuparemos de las relativas a los arrendamientos de viviendas, distinguiendo los siguientes **supuestos**.

1617 **Necesidad del arrendador** (LAU/64 art.62.1, 63 a 69 y 76) En el caso de los arrendamientos anteriores al 9-5-1985, el inquilino no tiene derecho a la prórroga legal cuando el arrendador necesite la vivienda **para sí** o para que la ocupen sus **ascendientes o descendientes** legítimos o naturales. Ahora bien, para que proceda la denegación de prórroga por esta causa, el arrendador tiene que justificar la necesidad de la ocupación (LAU/64 art.62.1º y 63.1).
En cualquier caso, la jurisprudencia es unánime al entender que la necesidad del propietario tiene **preferencia** sobre la del arrendatario.
En relación con la necesidad de la vivienda por parte del arrendador o de sus ascendientes o descendientes como excepción a la prórroga forzosa es necesario hacer referencia a diversas cuestiones sobre las que se ha pronunciado la jurisprudencia y que se tratan a continuación.

Precisiones 1) El **concepto de necesidad** ha sido matizado por la jurisprudencia, que ha declarado lo siguiente:
• La necesidad suficiente para denegar la prórroga obligatoria del arrendamiento no puede identificarse con la que se predica en las leyes naturales, sino que ha de referirse a situaciones del hombre en relación con sus cosas, cuyo uso puede serle necesario para realizar un **fin lícito y útil**, no para conseguir comodidades o recreos que sin ellas no tendría, o meramente proporcionales lujo y ostentación (TS 17-2-55; 11-4-55; 24-12-56).
• Ha de reputarse la existencia de necesidad de ocupación de otra vivienda cuando el aumento de las necesidades del arrendador y familiares no permite un normal desenvolvimiento de todas las

actividades que se desarrollan de forma habitual en el hogar, que exigen dormitorios capaces, independientes y suficientes para todos los miembros de la familia, habitaciones de estar, para la permanencia cotidiana y adecuados servicios, de forma tal que estos elementos no respondan de forma adecuada a su finalidad o suponga el número y superficie de que se dispone, **notoria incomodidad o insuficiencia** o **alteración del usual destino** de las diversas dependencias del piso (TS 23-11-72).
• La excepción a la prórroga forzosa por necesidad ha de respetar el **plazo contractual** (TS 25-10-60; 21-2-64; 19-1-65).
2) No es posible hablar de necesidad del arrendador si la **esposa** de este tiene un piso a su disposición, salvo que exista entre ellos una separación de hecho (TS 30-3-67).
3) Es posible entender la existencia de necesidad si una persona ocupó la finca como copropietario y fuera requerido de desalojo por el adjudicatario una vez hecha la **partición** (AT Palma de Mallorca 25-3-61).

En cuanto a la **legitimación**, las personas para las que puede ejercitarse la excepción a la prórroga por necesidad son: **1619**
• El propio **arrendador**. No se distingue si ha de ser una persona natural o jurídica, pero cuando se trate de una persona jurídica no se podría estimar, en principio, que haya de existir causa de necesidad de ocupar una vivienda para el uso que le es propio, de casa-habitación. Habría que contemplar incluso a los arrendadores extranjeros que tengan su residencia fija en España.
• Los **ascendientes o descendientes** del arrendador. No cabe la extensión de esta norma a los parientes por afinidad.
• El **cónyuge** no es mencionado entre las personas beneficiadas. Sin embargo, el Tribunal Supremo ha declarado que la unidad y la indivisibilidad son propiedades esenciales del matrimonio, y mientras el matrimonio subsiste, los cónyuges están obligados a vivir juntos (CC art.56 y 58), razón por la cual, al hablar de que el arrendador necesite para sí la vivienda o el local de negocio, ha de entenderse comprendido implícitamente al cónyuge, sin necesidad de enumerarlo entre los parientes, porque los cónyuges no son parientes, sino la misma persona a tales efectos (TS 18-2-61).

Precisiones **1)** Los **hermanos** no están incluidos en esta posibilidad.
2) El **nudo propietario** no puede excepcionar la prórroga forzosa por necesidad para sí o para un ascendiente o descendiente. Ahora bien, cabría sostener tal posibilidad si actuase con la **autorización de la arrendadora usufructuaria** con base en la doctrina jurisprudencial dictada en relación a la existencia de una copropiedad (AP Barcelona 17-2-98).
3) En el supuesto que la finca arrendada pertenezca a **varios propietarios**, según jurisprudencia reiterada, es posible la excepción a la prórroga si la necesidad se da en alguno de ellos. Es necesario un acuerdo previo adoptado por la mayoría de los copropietarios.

En relación con la necesidad, cabe hacer las siguientes **matizaciones**: **1621**
• No cabe la **prórroga parcial**. El arrendador no puede solicitar la denegación de la prórroga del contrato respecto a una parte de la cosa arrendada (TS 21-3-49).
• No existe **limitación** en el número de viviendas que el arrendador puede reclamar, siempre que el arrendador no pueda cubrir su situación de necesidad con una sola (TS 18-10-69).
• Puede obstar al éxito de la excepción a la prórroga forzosa el hecho de que durante el proceso **desaparezca la necesidad**. Se puede entender una carencia sobrevenida de objeto por falta de interés legítimo si con posterioridad a la demanda quedase desalojada una vivienda sita en el mismo inmueble propiedad del arrendador y de análogas condiciones a la arrendada (AP Barcelona 29-3-05, EDJ 58361).
• En caso de **fallecimiento del arrendador**, no obsta a que el arrendatario deba desalojar la vivienda, el hecho de que la solicitud se realizase por el propietario y su esposa, falleciendo aquel, ya que no se altera el derecho de dicho cónyuge respecto a la ocupación de aquella (TS 14-5-69).
En contra, otros tribunales han considerado que si fallece la persona que reclamó la vivienda para sí, no procede la ejecución de la sentencia y que la demanda debe ser desestimada si fallece durante el pleito la persona para la que se reclamaba la vivienda (AP Barcelona 20-11-65; AP Madrid auto 2-3-70; AP Huelva 11-11-71; AP Sta. Cruz de Tenerife 14-9-88).
• El hecho de que durante la tramitación del pleito quedase **vacante otro piso** del arrendador, no es un obstáculo para que la demanda prospere (TS 20-3-82; 17-2-92; TSJ Cataluña 9-5-94; AP Barcelona 18-9-77).
• No es posible el ejercicio de una acción de desahucio por necesidad para prevenir una **necesidad futura**, aunque sea previsible (AP Las Palmas 14-1-57; AT Valencia 25-6-65).
La jurisprudencia, no obstante, se decanta en forma unánime por admitir la posibilidad de que la necesidad no exista en el momento del requerimiento denegatorio de prórroga, pero sí ha de concurrir **dentro del año** desde el mismo. Por ejemplo, en el caso de necesidad por

matrimonio del beneficiario es suficiente el propósito serio y sincero de contraer matrimonio, aunque este no se haya celebrado todavía.

• No cabe estimar la excepción de cosa juzgada si la causa de necesidad alegada en el pleito anterior no es la misma, por tratarse de **hechos nuevos** (TS 4-1-56; 30-10-61; 5-10-72).

Pero prosperará la excepción de **litispendencia** si al ejercitarse el desahucio por necesidad estuviera pendiente la acción impugnatoria al amparo de LAU/64 art.53 (TS 30-11-62; AT Barcelona 17-2-66).

• No obsta a la necesidad el hecho de que en el piso que se reclame sea precisa la **realización de obras** para que reúna condiciones de habitabilidad (TS 2-2-66; AP Burgos 17-1-77).

• La **instalación provisional en otra vivienda**, aunque sea arrendándola, no puede obstar al éxito de la acción ejercitada (TS 19-6-65; 18-12-69).

• No es posible solicitar la resolución de un arrendamiento de local de negocio para ocuparlo como vivienda por necesidad (AT Sevilla 6-3-87).

• Se presume, salvo prueba en contrario, no acreditada la necesidad cuando con 6 meses de antelación a ser notificada la negativa de prórroga se hubiera **desalojado vivienda de características análogas** en edificio propiedad del arrendador o del familiar de este para quien se reclame.

1623 **Presunción de necesidad** (LAU/64 art.63.2) Se trata de presunciones *iuris tantum*, por lo que admiten **prueba** en contrario que corresponde al arrendatario (TS 2-11-67; 8-11-74).

Se presume que existe necesidad, sin perjuicio de aquellos otros casos en que se demuestre, cuando la persona para la que se reclame la vivienda se halle en alguno de los **casos** siguientes:

a) **Necesidad de domiciliarse en el término municipal en que se ubica la vivienda arrendada.** Con relación a esta primera presunción referida al supuesto en que el solicitante habite fuera del término municipal en que se ubica la finca, ha de tenerse en cuenta lo siguiente:

• El habitamiento ha de referirse a la residencia habitual (TS 26-11-65). No teniendo que coincidir siempre con la vecindad, ni esta es siempre supuesto del derecho del propietario para denegar la prórroga legal del arrendamiento (TS 21-1-61).

• Una visión de conjunto de la jurisprudencia recaída sobre esta presunción, revela que la extensión de la misma se da en beneficio del propietario, puesto que basta instalarse en una determinada localidad, sea por motivo de trabajo, sea por desear pasar en ella los últimos años de su vida para que se entienda que existe la necesidad, ya que lo importante es que aparezca clara la intención de permanecer de un modo fijo en la localidad y no para una temporada o por motivos circunstanciales (AP Girona 25-10-77; AP Las Palmas 7-3-63; AP Madrid 12-2-70).

• Aquellos casos de presunción que la ley establece, no han de entenderse en sentido tan amplio que sean intangibles o inalterables los hechos sobre los que recae, sino que son susceptibles de desvirtuarse por prueba en contrario, y el único efecto que atribuye en beneficio del que lo alega, es que lo releva de su justificación, pero siempre sometiéndose estas presunciones de necesidad a la estimación de esta, pues no en balde se ha afirmado con reiteración, que ha de armonizarse el derecho del arrendador a ocupar su vivienda con la protección dispensada al arrendatario como orientación general de la ley, y que a tal fin de armonía se establece la limitación del derecho de aquel a los casos de necesitarla para sí o para determinados parientes, y a los plazos o indemnizaciones concedidas al arrendatario para desalojarla (TS 2-11-67).

• Aunque en principio ha de demostrarse que se habita fuera del término municipal en que se encuentre la finca, ha de admitirse la excepción con relación a aquellas fincas situadas en ciudades cercanas con buena comunicación entre ellas (AP Barcelona 23-2-67; 5-11-93; AP Valencia 18-6-68; AP Madrid 12-6-92).

Precisiones **1)** Existe situación de necesidad si el hijo de la actora, para quien la última solicita el piso, que, residiendo en un pueblo, posee y explota su negocio directamente en la capital de su provincia, hasta el extremo de llevar personalmente los trabajos de oficina y contabilidad, se ve **obligado a desplazarse diariamente** desde aquel poblado en que habita a la ciudad en que trabaja, con profundo trastorno de su vida y de su negocio, cuya eliminación, si no constituye una causa de necesidad ineludible, excede no solo de lo superfluo, sino de lo conveniente para conseguir un fin útil (TS 1-4-60).

2) Es causa de necesidad el traslado a la ciudad por **carretera concurrida y peligrosa** (TS 8-2-71).

3) El **traslado de un funcionario público**, aunque sea voluntario y a petición propia, es causa de necesidad (AP A Coruña 23-10-75; AP Lugo 10-10-79).

1627 b) **Insuficiencia de la vivienda ocupada por el arrendador**. Se refiere esta presunción a la insuficiencia de la vivienda que venga ocupando el arrendador a causa del **aumento de sus necesidades familiares**. Al respecto, hay que señalar lo siguiente:

• Solo mediante la comparación de la vivienda que se viene ocupando y la que se solicita, puede llegar a determinarse si la necesidad del arrendador existe o no (TS 23-11-72).

• La necesidad puede provenir no solo de la falta de espacio para la instalación de los familiares para los que la vivienda se reclama, sino también para que pueda el arrendador ejercer en la vivienda su profesión (TS 30-1-62; 29-9-65). Pudiendo incluirse también la servidumbre normal (AP A Coruña 2-1-63).
• No puede operar la presunción si las circunstancias personales del arrendador son las mismas que tenía cuando se celebró el contrato de arrendamiento (AT Barcelona 17-3-81).
c) **Celebración de matrimonio con obligación de residir en la localidad en que se ubica la finca arrendada**. En relación con esta presunción cabe señalar lo siguiente:
• No es preciso que el matrimonio esté contraído al efectuarse el requerimiento ni tampoco al presentarse la demanda, bastando que exista un proyecto serio de celebrarlo (TS 6-10-71). Prácticamente las sentencias de todas las audiencias afirman lo mismo.
• No obsta a la existencia de esta presunción que en la vivienda de los padres exista espacio suficiente para el nuevo matrimonio (TS 8-7-52; 12-2-61; 17-10-67).
• El arriendo de otra vivienda para ocuparla el matrimonio provisionalmente mientras no se dispone de la reclamada, no es óbice al desahucio (TS 29-9-58; 19-6-65).
• Aunque se disponga que el que contraiga matrimonio deba residir en la localidad en que esté situada la finca, la jurisprudencia de las audiencias admite en general que puede aplicarse también al supuesto de las ciudades dormitorio o los que formen parte del área metropolitana correspondiente.
• Es necesario demostrar la necesidad de la residencia, pudiendo seguirse en este particular un criterio amplio (TS 6-5-67).
• La separación de los cónyuges no entraña alteración de los elementos personales del contrato de arrendamiento, aunque el auto judicial de separación ordene que la esposa continuará en el uso de la vivienda, dado que el marido sigue siendo el titular (AP Valladolid 24-4-76).
• No opera la causa de necesidad si el matrimonio se celebra con persona distinta a la que aparecía en el requerimiento previo (AP Barcelona 27-2-92).
• Puede aplicarse esta presunción al supuesto de las parejas de hecho (AP Barcelona 16-9-02, EDJ 100672).

d) **Desalojo del arrendador por causas ajenas a su voluntad**. Esta presunción se refiere al **1631**
supuesto en que, estando domiciliado el arrendador en el lugar en que se encuentra la finca, por causas absolutamente ajenas a su voluntad se ve obligado a desalojar la vivienda que habita.
A este respecto, no se exige que la necesidad de ocupar la vivienda por el arrendador se acredite únicamente por sentencia contra la cual se hayan utilizado todos los **recursos legales**, basta que el arrendador esté obligado a desalojar la vivienda (TS 7-1-54). En este sentido, la jurisprudencia ha señalado que, cuando a un arrendatario se le compele a desalojar el local arrendado, por necesitarlo para sí el propietario, es incuestionable que puede ejercitar la acción negatoria de la prórroga, del que a su vez es arrendador, bastando a tal fin que en el juicio demuestre que el requerimiento que se le hizo era tan fundado que legalmente no había términos hábiles para oponerse a él; sin que exista precepto alguno que le obligue a dejar transcurrir el año de preaviso para ejercitar su acción, ni esperar que se le demande o se decrete su lanzamiento, a menos de exponerle a sufrir perjuicios irreparables (TS 28-9-54).
• Supuestos **incluidos** en esta presunción, entre otros muchos:
- jubilación (TS 8-11-74);
- ocupación en precario de una vivienda (TS 1-12-61; 1-6-66);
- declaración de ruina de la finca que viene ocupándose con apercibimiento de desalojo (AP Asturias 29-5-74; AP Valladolid 3-5-76);
- subasta judicial del piso (AP Valencia 31-12-57; AP Ciudad Real 31-1-79);
- portero a punto de jubilarse y un ama de llaves (AP Asturias 30-4-59; AP Barcelona 21-1-61; 24-11-65);
- convivencia con otros familiares. En este sentido, la jurisprudencia ha declarado que constituye causa de necesidad la convivencia con persona extraña sin que sea preciso verse forzado al desalojo, sino que basta la mera voluntad o deseo de no mantenerla por la fundamental razón que la independencia del hogar familiar es el modo normal y constituye la base de la buena organización social (TS 20-5-60; 3-12-65);
- pérdida de la condición de copropietario (TS 10-3-65); o
- extinción o resolución del contrato de arrendamiento.
• Supuestos **no incluidos** en esta presunción:
- mera **inclusión de la finca en el Registro de Solares** (AP Madrid 3-6-61);
- **realización de obras** en el piso arrendado que obligan a desalojarlo provisionalmente (AP Alicante 7-4-79); o
- **resolución provocada** del arrendamiento (AP Murcia 12-12-76).

1639 e) **Enfermedad**. Aunque no está expresamente incluida en las presunciones anteriores, la enfermedad, es de las causas más invocadas, y también de las que más se prestan a fraude. En este sentido, la jurisprudencia ha manifestado, que **existe es causa de necesidad**:
- si la prueba pericial evidencia que el dueño del inmueble padece una enfermedad crónica y necesita ineludiblemente habitar un piso más bajo que el que ahora ocupa, con el fin de **conservar su quebrantada salud** (TS 2-12-50);
- si se trata de **atender y vigilar mejor a su mujer**, que padece una grave enfermedad nerviosa (TS 16-10-52);
- si la demandante padece una poliartritis reumática y una bronquitis húmeda, y según los dictámenes de la Dirección General de Sanidad y los servicios médicos del Ayuntamiento de Madrid, resulta que la altura y clima de Vioero en que aquella reside están contraindicados, siendo los de Madrid altamente **beneficiosos para la curación** (TS 31-5-61);
- si el actor padece artrosis generalizada y bronquitis crónica y si a ello se añade que en la vivienda tiene que subir hasta un quinto **piso sin ascensor**. El tribunal estimaría necesario por lógico, que el actor, después de jubilado y en el momento que le plazca cuando no se lo impidan sus obligaciones profesionales, pretenda vivir en una vivienda de su propiedad, pues no sería justo ni equitativo, que siendo propietario de una vivienda única, se le obligase a vivir en otra ajena (AP Salamanca 15-9-80);
- cuando la avanzada edad y el avanzado estado de arteriosclerosis senil, le obliga residir en la capital, donde existen **hospitales, residencias sanitarias** y un completo cuadro médico, de todo lo que carecía el pueblo en el que vivía (AP Zaragoza 4-2-82);
- la búsqueda de un **clima más benigno** que favorezca el tratamiento médico de la enfermedad del propietario (AP Burgos 8-3-89);
- en atención a que la parte actora, contando en la actualidad el propietario 78 años de edad, hallándose jubilado y residiendo en esta ciudad los tres hijos, en casa de uno de los cuales convive, estando su esposa afecta de neurosis depresiva y, por otro, de bronquitis alérgica al **polen del olivo**, lo que aconsejaba el cambio de residencia, tomara la decisión de trasladarse desde la provincia de Jaén (AP Barcelona 7-10-80);
- el hecho de que la actora padezca una enfermedad crónica, para cuya atenuación necesita habitar un piso de las características que reclama, por reunir las ventajas suficientes sobre la planta baja, al ser más soleado, menos húmedo, con mejor ventilación y tener el **baño dentro de la vivienda** (AP A Coruña 13-12-59);
- el padecer asma con insuficiencia cardiaca, con **necesidad de cambio a clima seco** (AP Barcelona 14-6-61);
- si el arrendador habita en la planta 4ª de un **edificio sin ascensor**, padeciendo diabetes y enfermedad cardiaca que le impide subir escaleras (AP Baleares 11-12-92; AP Madrid 23-3-93); y
- si el arrendador tiene que trasladarse a la capital para someterse a un **tratamiento médico** que viene efectuando desde varios años, con desplazamientos habituales, aunque no pueda determinar el número de estos que necesita al año (AP Tarragona 19-4-01, EDJ 106522).

Por otro lado, el derecho a fijar libremente la residencia es un derecho del máximo **rango constitucional** (Const art.19 y 53.1) que no es posible entender comprometido o cercenado de modo permanente por la relación arrendaticia. Por lo que, a efectos del desahucio por necesidad de una vivienda, no es posible obligar a vivir en un pueblo a los que solicitan la vivienda en otra población por tal motivo a efectos de residencia donde residen sus hijos y en las que existen unas atenciones médicas que exigen no solo la **vigilancia del médico** general, sino también un tratamiento continuo de especialista (AP Madrid 8-10-90).

Asimismo, la jurisprudencia ha manifestado que **no es causa de necesidad**:
- si se estima probado que la enfermedad que se alega como causa del cambio de domicilio al de su madre ha sido **premeditadamente buscada y creada** (TS 31-1-67);
- el caso de enfermedad que necesita asistencia facultativa, cuando la arrendadora vive a **escasa distancia del núcleo urbano** que le permite contar con la referida asistencia en condiciones de prontitud y normalidad (AP Asturias 9-5-65); o
- una enfermedad neurálgica que **no exige traslado a la ciudad ni internamiento**, pudiendo seguirse el tratamiento en el pueblo en que se vive (AP Pontevedra 13-3-76).

1643 f) **Ancianidad**. Se entiende que existe necesidad, si la ancianidad lleva consigo la necesidad de que hayan de utilizarse otras **personas para su cuidado**. Al respecto, la jurisprudencia ha tenido ocasión de declarar:

• La ancianidad no puede ser motivo de discrecionalidad de cara a la necesidad en orden a alegar la posibilidad de tener un hogar independiente (TCo 8-4-91).

• Si no hay variación en el número de personas y solo se alega como alteración el hecho de haber llegado a la ancianidad alguno de los ocupantes de la vivienda que se pretende, es insuficiente, y por tanto improcedente que se pretenda obtener un mayor espacio a costa de privar de su hogar a un arrendatario (TS 21-2-61).

g) **Problemas económicos**. Respecto a esta causa de necesidad, la jurisprudencia ha declarado:

• Incurriría la sentencia recurrida en el error de hecho e infracciones legales que se le atribuyen con solo tener en cuenta que sobre estar documentalmente acreditado en autos que la población en que radica la finca litigiosa es el centro de las continuas gestiones del actor, la propia sala reconoce que, aunque el edificio en que vive el actor se halla sito en el mismo término municipal en que se encuentra el inmueble objeto de litigio, dista cuatro kilómetros y medio de la ciudad, y, evidentemente, el traslado al centro de esta implica considerables **gastos y molestias**, hecha abstracción de los riesgos inherentes a la vida en despoblado (TS 17-2-55).

• No cabe obligar al **propietario de una única vivienda** a tener que continuar morando en situación de arrendatario, con el perjuicio económico de tener que satisfacer merced arrendaticia (AP Lleida 10-12-99, EDJ 86976; AP Girona 16-5-93; AP Tarragona 13-5-93; 19-4-01, EDJ 106522; AP Barcelona 2-3-07, EDJ 25933; AP Madrid 2-11-06, EDJ 385895).

• La **desproporción** entre la merced de la vivienda que ocupó y la que percibe del inquilino, justifica la no aplicación de la prórroga (AP Murcia 21-7-82; AP Córdoba 20-11-80; AP Asturias 23-5-77; AP Alicante 13-5-78; AP Sta. Cruz de Tenerife 6-2-69).

h) **Despido**. Si se declara improcedente el despido de la actora respecto de la empresa donde **1647**
prestaba sus servicios, condenándola a la **readmisión** en el mismo puesto de trabajo que venía desempeñando o a que optara por la correspondiente **indemnización**, al preferir esta última, puso voluntariamente término a la relación laboral que incluía el disfrute de la vivienda, por lo que no cabe afirmar la existencia de necesidad (AP Barcelona 16-5-66).

i) **Vivir en régimen de internado**. A los efectos de denegación de la prórroga del contrato de arrendamiento, es suficiente que el propietario de una vivienda carezca de otra en que habitar, propia o en alquiler, no pudiéndose obligar a nadie a vivir en régimen de internado o a una convivencia no deseada (TS 17-1-64).

j) **Emigrantes que desean volver a España**. Existe la necesidad si el actor regresa a España para desenvolver en este país su vida y proceder a la educación de sus hijos (AP Barcelona 12-2-00; 16-6-92; AP Burgos 13-5-80).

k) **Motivos políticos.** Existe la necesidad, si de la prueba se deduce que la propietaria arrendadora y su familia, perseguidos en su país de origen -República de Cuba- a causa de las circunstancias políticas, fijan su residencia en España, estableciéndose provisionalmente en Madrid, donde se acogieron también sus hijos casados (AP Burgos 22-2-65).

l) **Extranjero que desea residir en España**. Existe la posibilidad de estimar la necesidad si se acredita el propósito serio de establecerse en España, y se **prueba** este propósito (AP Asturias 27-1-83).

m) **Estudios**. Esta materia (causa de estudios) encuentra diferentes **soluciones** en la doctrina y en la jurisprudencia de las audiencias:

- para unos, la ocupación además de real ha de ser estable y permanente a fin de constituir la necesidad protectora de la resolución, lo que no concurre al tratarse de una etapa transitoria e intermitente que contradice la estabilidad y permanencia, con independencia de los supuestos de traslado de toda la familia por causa de estudios de los hijos (atendida la libertad de fijación de domicilio por el arrendador);
- para otros, basta la inexistencia de centro docente en el lugar de residencia familiar, distantes, que requieren un alquiler o ingreso en residencias estudiantiles, para considerarlo como justa causa de la denegación de la prórroga contractual (AP Barcelona 5-2-98).

n) **Separación legal**. Partiendo de la separación legal y cesando en virtud de la misma la convivencia en común, es evidente que a ninguno de los cónyuges puede serle impuesta la residencia en el mismo domicilio en que resida el otro, lo que, por lo demás, sería contrario a la propia esencia de la separación, prevista en el Código Civil en unas situaciones y con unos determinados requisitos, por lo que debe proclamarse el derecho de cada uno a gozar de un hogar propio e independiente (AP Barcelona 8-5-85).

ñ) **Deseo de vivir en hogar independiente**. En relación con esta causa de necesidad, la juris- **1655**
prudencia ha declarado:

• El deseo de una persona de vivir con independencia y no juntamente con sus familiares u otras personas es motivo suficiente para denegar la prórroga por necesidad; sin que este deseo haya de fundamentarse en la existencia de desavenencias familiares, pues constituye un **derecho fundamental** de toda persona mayor que no esté obligada a ello por otras responsabilidades. Y si ello es así, constituye un ataque a ese derecho fundamental que se le niegue tal necesidad con base en que la doctrina anterior se aplica normalmente a personas jóvenes

en las que por su edad, se entiende, sin género de dudas, su deseo de emprender una vida nueva y autónoma (TCo 69/1991).
• La Ley no subordina la aplicación de la causa de necesidad a la **demostración de las buenas o malas relaciones** que la necesitada pueda tener con sus padres, ya que nadie está obligado a llevar una convivencia no deseada por muy buenas que sean las relaciones familiares y es exigencia de la naturaleza humana y del buen orden social la independencia de las familias en sus hogares respectivos, constituyendo, hoy además, un derecho constitucional (Const art.47), «el disfrutar de una vivienda digna y adecuada» (AP Barcelona 19-2-99).
• Se admite como causa de denegación de la prórroga, el deseo constatado de vida independiente de las personas mayores de edad no obligadas legalmente a convivir juntos -CC art.68 y 154.1- para poner fin a situaciones de convivencia con otras personas, aun cuando sean parientes (AP Sta. Cruz de Tenerife 23-3-98, EDJ 17096).
• Debe partirse de la idea de que, siempre que se exteriorice por las personas afectadas ese interés y cuando por la edad y por las circunstancias económicas se evidencia que puede llevar una vida autónoma e independiente, procederá la resolución, sin que sea necesario más acreditación, como por ejemplo una **mala relación familiar** o de otro tipo, no existiendo ninguna norma que obligue a una convivencia no deseada, independientemente del motivo que la genere, aunque se trate de parientes próximos (AP Barcelona 12-12-07, EDJ 301991).
• El deseo de vivir con independencia ha de ir acompañado de una prueba convincente de contar con unos **ingresos mínimos suficientes** para desarrollarla (AP Barcelona 12-5-03).

1663 **Selección en orden a la denegación de la prórroga** (LAU/64 art.64) En las fincas arrendadas por pisos, el arrendador que intente la denegación de la prórroga al amparo de lo previsto en LAU/64 art.62.1, debe ejercitar su derecho siguiendo un estricto orden de prelación sobre las viviendas arrendadas.
El arrendador, como **acto previo** a la denegación de prórroga, puede requerir a los inquilinos para que manifiesten fehacientemente las **circunstancias de posposición** que en ellos concurren. Si estos no lo hacen dentro de los 30 días siguientes, se entiende que aceptan las que les atribuye el arrendador, salvo prueba en contrario.

Precisiones **1)** Desde el punto de vista general, Fuentes Lojo entiende que la interpretación del precepto estudiado supone:
• Una aplicación exclusiva al supuesto que el arrendador sea **propietario de varias viviendas**, puesto que si lo fuera de una sola carecería de objeto, y, además, para eso está el art.69 LAU/64.
• La **necesidad de una vivienda** para ser ocupada por el arrendador o por sus ascendientes o descendientes legítimos o naturales.
• Una vivienda que sea **apta para satisfacer las necesidades** de ese arrendador o de ese ascendiente o descendiente para el que se pide. Han de excluirse, por tanto, del orden de prelación todas las que no lo sean, si el arrendador no se refiere a ellas.
• Un **orden de selección antes del requerimiento de desalojo** en cuanto a la vivienda a desalojar, que ha de dividirse en los siguientes grupos:
- viviendas habitualmente deshabitadas;
- viviendas que no sirvan de hogar familiar;
- viviendas ocupadas por familia menos numerosa; y
- viviendas de los pensionistas y quienes, además de vivir en ellas, ejerzan en las mismas profesión u oficio por el que satisfagan contribución.
• Un **orden de prelación en función de la antigüedad del arrendamiento**, en el supuesto de que haya varios en cada uno de los grupos anteriores.
• Una facultad del arrendador para poder requerir a los inquilinos con el fin de que manifiesten fehacientemente las **circunstancias de posposición** que en ellos concurren, entendiéndose que si no lo hacen dentro del plazo de treinta días, aceptan las que les atribuya el arrendador. Se admite, no obstante, la prueba en contrario.
2) Con relación a la posibilidad del ejercicio con carácter previo a la presentación de la demanda de resolución del arrendamiento por necesidad, de una acción encaminada a la mera **declaración de estar bien hecha la selección** del inquilino que deba desalojar la vivienda, el Tribunal Supremo si bien en TS 9-4-49; 25-10-49, parecía inclinarse por la tesis afirmativa, en TS 7-6-58, parece cambiar de opinión.
3) Si se produce la **donación** de un piso con el fin de burlar la prelación, no produce efecto (TS 21-3-68).
4) La selección ha de ir referida a la **fecha** del requerimiento previo exigido por LAU/64 art.65 (TS 21-1-65, y prácticamente todas las audiencias.

1665 El **orden de prelación** que establece la norma, es el siguiente:
1) Vivienda **habitualmente deshabitada**, siempre que constituya medio adecuado a las necesidades del arrendador. Con la expresión vivienda habitualmente deshabitada se hace referencia no solamente al supuesto de total y permanente desocupación, sino también al de habitual utilización (AP Lleida 29-4-76). Además, para que pueda tenerse en cuenta a los

efectos selectivos es preciso que constituya medio adecuado a las necesidades de la persona para la que se pida.
Si existe una vivienda deshabitada en la finca, pero el arrendador tiene **necesidad de dos viviendas** que están en la misma planta, no hay por qué estar a la deshabitada (TS 13-5-64).
2) Vivienda que **no sirva de hogar familiar**. En cuanto al concepto de familia a efectos de la selección, un sector de la doctrina engloba a la **totalidad de los parientes** que, unidos al inquilino, en grado más o menos distinto, conviven en su misma casa-habitación; y otro sector, entiende que se ha de incluir solo a los parientes en **línea recta y colateral hasta el 4º grado**. La jurisprudencia se ha inclinado por un **criterio amplio**, extendiendo el concepto a la hija casada con sus hijos, si formaban parte de la familia (TS 28-9-64).
En el supuesto de que existan pisos en el inmueble **ocupados por precaristas**, cierto sector de la doctrina se inclina porque no han de ser incluidos en la selección. Alguna jurisprudencia, sin embargo, ha entendido que hay que incluirlos (AP Barcelona 28-6-57).
Según un sector de la doctrina, no hay razón para excluir de la selección al inquilino que sea también **copropietario**. El Tribunal Supremo ha puntualizado, sin embargo, que cuando la ocupación del piso no lo es a título de arrendatario, sino de copropietario, no ha de incluirse en la selección, porque contra él no cabe ejercitar la acción de denegación de la prórroga (TS 30-6-78).
No puede ni debe considerarse que el término **inquilino** excluya a la persona que antes como propietario ocupó el piso, pues lo que no ofrece la menor duda es que la ley quiere proteger al más antiguo en la ocupación de la vivienda, y este espíritu es el que tienen que recoger los tribunales en sus sentencias, que no son resoluciones mecánicas y sí interpretativas del espíritu jurídico y social que informe la legislación (TS 28-9-59).
3) La vivienda **ocupada por familia menos numerosa**.

4) Viviendas ocupadas por: **1673**
a) **Funcionarios públicos**, en activo o jubilados. La preferencia establecida respecto a los funcionarios públicos **en activo** a tener que ser seleccionados en último lugar no es constitucional, por crear una discriminación legal (TCo 14-6-95).
Sin embargo, la inconstitucionalidad no se produce en el supuesto de que el funcionario tenga la condición de **jubilado** (TCo 178/1992).
El **clero** secular ocupa, en el orden de prelación, el mismo lugar que el funcionario público, entendiéndose referido el derecho tanto de unos como de otros al lugar de su destino.
b) **Pensionistas**. Hay que puntualizar lo siguiente:
• La **preferencia** selectiva de que gozan los pensionistas -tratándose de arrendatarios con el status económico de pensionistas- no se acusa en una consideración global de lo establecido en LAU/64 art.64 que constituya en sí una situación de prerrogativa discriminatoria para los arrendatarios que gocen de una posición menos favorable en el orden de prelación o carezcan de esta posición favorable. Quedan comprendidos en este supuestos también a los pensionistas de la Seguridad Social, ya que si se entendiera de otro modo, excluyendo del concepto de pensionistas a los de la Seguridad Social, el precepto obtendría una regla establecedora de una diferenciación entre pensionistas contraria a la Const art.14. Se permite -como es patente si se atiende a la profusión de sentencias en este sentido- la inclusión de los pensionistas de la Seguridad Social, y, una interpretación que comprendiendo a los integrados en el concepto de clases pasivas y en los de la seguridad social, limite la preferencia a los **efectos selectivos**, a aquellos que gozan de la pensión como **único medio de subsistencia**, valorando esta desde una situación de necesidad, justificativa de la preferencia (TCo 2-5-84).
• Es prácticamente unánime la jurisprudencia de las audiencias que entiende que al hablar de pensionistas no solo se refiere a los del Estado, sino que no excluye a los laborales, ya sean públicos o privados, por lo que no distinguiendo la ley, **no puede discriminarse** entre las clases pasivas del Estado, provincia, municipio y entidades paraestatales de los pensionistas de las mutualidades laborales, por cuanto la *ratio* legisla, sin duda, la presunción de que en los mismos concurre una escasez de recursos económicos que los hace acreedores a una especial protección legal.
c) Ejercicio en la vivienda de **profesión u oficio por el que se satisface contribución**. Se refiere el precepto a los inquilinos que ejerzan en la vivienda, además de vivir en ella, una profesión o un oficio por el que satisfagan **contribución** de forma obligatoria, y, además, porque dicha contribución se pague por la actividad que se ejerza en la propia vivienda (TS 16-10-52; 30-4-66).
No opera la prelación si el inquilino se da de **alta** después de haber sido requerido para el **desalojo** (TS 21-1-65).

La jurisprudencia ha ido sentado diversos **criterios para la elección de la vivienda** a la hora de elaborar este orden de prelación para seleccionar la vivienda que debe ser desalojada: **1675**
• En los **casos de igualdad** se resuelve en favor del inquilino más antiguo. Ello no excluye ni pospone, en el concepto de inquilino más antiguo, a los que llevan **más tiempo residiendo** en

la misma finca urbana, independientemente de los pisos que disfrutaron como tales en ella, por la antigüedad relativa de los que lo son respecto a los pisos que habitan en la actualidad, debe rechazarse tal motivo, toda vez que si dentro de nuestro ordenamiento jurídico no se creó excepción alguna al concepto de lo que se entiende normal y usualmente por el inquilino más antiguo, tampoco le es lícito establecerla al intérprete (AP Barcelona 6-7-57).
A efectos del **cómputo** de la antigüedad ha de tenerse en cuenta la fecha del contrato y no la de la subrogación en el arrendamiento (TS 17-6-69, y prácticamente todas las audiencias).
• A efectos de la selección de que no han de computarse **todas las viviendas** que el arrendador posea en la localidad, sino todas las que posea el arrendador en un mismo edificio (TS 26-6-97). Pero ello no quiere decir que la excepción a la denegación de la prórroga por necesidad no se produzca si se dispone de alguna libre y a su disposición apta para satisfacer dicha necesidad aunque se encuentre en otro edificio (AP Barcelona Secc 13ª 10-11-08).
• Si en un mismo inmueble existen **viviendas interiores y exteriores**, el propietario puede denegar la prórroga de la que esté situada en cualquiera de ellos, pero respetando el orden de preferencia (TS 14-12-68).
• Cabe excluir del orden prelativo las viviendas que no sirvan a la **necesidad del arrendador** (TS 13-3-64; 4-4-64; 17-3-65).

1677 **Preaviso en orden a la denegación de prórroga** (LAU/64 art.65) La denegación de prórroga ha de practicarse mediante **requerimiento**, en forma fehaciente, del arrendador al inquilino afectado, con una antelación de un año sobre la fecha en que se necesite la vivienda.
El inquilino, por su parte, debe efectuar su **contestación** de modo fehaciente al arrendador dentro del plazo de 30 días hábiles, indicando si acepta o no la denegación de prórroga.

Precisiones **1)** No existe plazo para ejercitar la **acción judicial de resolución** del arrendamiento transcurrido el plazo del requerimiento, es aplicable el de 15 años, actualmente 5 años, del CC art.1964 (AP Burgos 13-12-00, EDJ 59603).
2) Deja de producir **efecto** el preaviso cuando la persona para quien se reclama la vivienda tenga al tiempo de presentarse la demanda otra **vivienda suficiente** o haya **fallecido** (AP Asturias 12-7-61).

1679 Los **requisitos** del requerimiento por el que se efectúa el preaviso en orden a la denegación de la prórroga forzosa son los siguientes:
• Ha de realizarse en **forma** fehaciente.
• Ha de realizarse **por el arrendador** al inquilino afectado.
• Tiene que incluirse en su **contenido**:
- el nombre de la persona que necesita la vivienda;
- la causa de la necesidad en que se funda; y
- las circunstancias de posposición concurrentes en los demás inquilinos.
• Tiene que efectuarse con un año de **antelación** sobre la fecha en que se necesite la vivienda.
Para la **validez** de este requerimiento no es necesario que la causa de necesidad exista en la fecha del requerimiento, pero sí al cumplirse el año del mismo.
Cumplidos estos requisitos, queda cumplida la previsión legislativa sin necesidad de adicionar otras circunstancias (TS 14-11-69).

Precisiones **1)** Se produce la **fehaciencia** no solo cuando existe un acto de conciliación, sino también cuando se lleva a cabo por otros medios como una **carta certificada** con garantías de autenticidad (TS 30-1-59; 22-6-59). No puede admitirse como fehaciente una simple carta con acuse de recibo si, habiendo negado el destinatario haber tenido noticia del requerimiento, el requirente no prueba que dicha carta lo contenía (AP Pontevedra 5-10-99).
2) Aun permitiendo la posibilidad de practicar requerimiento a través de **correo certificado con acuse de recibo**, es lo cierto que la carta así remitida no produce los efectos de requerimiento fehaciente cuando no se hayan detallado plenamente las circunstancias que motivaron la no aceptación de la comunicación notarial, sin que sea suficiente la utilización de los términos «avisado» y posteriormente «rehusado», pues tales expresiones no evidencian que la diligencia de requerimiento se entendiese con la propia arrendataria, como tampoco que la misma pudiese tener noticia de que quien le enviaba la carta era el propio arrendador y no el notario que interviene en el acta de envío, pues si el documento repetido hubiese tenido tan solo el dato del fedatario público nunca la arrendataria habría tenido noticia cabal de que el documento provenía del arrendador y que podía tener, entre otros contenidos, el requerimiento de denegación de prórroga forzosa (AP Madrid 16-10-97).
3) Se admite como fehaciente la notificación hecha por **telegrama** (AP Madrid 9-5-94; en contra, AP Madrid 2-11-77; AP Gipuzkoa 26-7-78). No se cumple con la fehaciencia hecha por **vía notarial** sin que el notario tenga más intervención que remitir por correo certificado con acuse de recibo la carta en la que se recoge el requerimiento de denegación de prórroga, dicho acuse de recibo es firmado por persona que no se identifica en modo alguno ante el funcionario de correos, cuya firma no corresponde al demandado ni se ha acreditado que pertenezca a familiar o empleado suyo, en consecuencia tampoco se ha probado que dicho requerimiento llegara a poder de la persona requerida

(AP Madrid 24-1-94). Se cumple la fehaciencia si el requerimiento se efectuó a una **vecina** habiendo llegado a conocimiento de la interesada (AP Sta. Cruz de Tenerife 12-11-90).
4) No vicia el requerimiento que el arrendador lo hubiera remitido por **conducto notarial**, pero omitiendo poner en la carta el propio nombre del notario y su dirección como remitente, pues la misiva de dicho requerimiento no es otra que la persona requerida conozca desde el propio acto todos los datos esenciales para tomar una decisión (AP Barcelona 23-5-03, EDJ 136960).
5) Es válido el requerimiento si lo lleva a cabo el **apoderado** del arrendador (TS 19-10-63).
6) No es necesario el **ofrecimiento de la indemnización** a pagar al arrendatario al practicarse el requerimiento (TS 9-2-66; en el mismo sentido, la generalidad de las audiencias).

En cuanto al **contenido del requerimiento** de denegación de prórroga, con carácter general, lo único que se exige aparte su forma fehaciente, es: **1682**
a) La **identificación de la persona que necesita la vivienda.** En el contenido del requerimiento de denegación de prórroga ha de constar la identificación de la persona que necesita la vivienda.
A tales efectos, reúne los requisitos exigidos el requerimiento denegatorio de prórroga, aunque la persona para quien se pida la vivienda sea designada en el mismo tan solo por el **nombre**, siempre que resulte identificada plenamente (AP Barcelona 15-11-85).
b) La **causa de necesidad** invocada. En el requerimiento de denegación de prórroga ha de hacerse contar la causa de necesidad que justifica dicha denegación, ahora bien, la expresión de la causa de necesidad puede hacerse someramente (TS 12-11-65).
No se exige para que el requerimiento sea válido que la **existencia** de la causa de necesidad en la fecha del mismo, pero sí al cumplirse el año, ya que en otro caso habrá que proceder a uno nuevo (AP Araba 24-10-75).
c) El **orden de selección.** En el requerimiento de denegación de prórroga es necesario hacer constar las circunstancias de posposición que llevan a preavisar a ese arrendatario y no a otro.
A este respecto, cabe mencionar los siguientes criterios:
• Si el propietario dirigió al inquilino carta, donde después de expresar que deseaba el piso para que lo habitara su hijo, que iba a contraer matrimonio, le manifestaba que si se había dirigido a él para pedirle el piso había sido porque era el que más tiempo permanecía deshabitado de la casa y que se empleaba generalmente como oficina; si bien es verdad que en dicho requerimiento no se expresan todas y cada una de las **circunstancias del resto de inquilinos**, no es menos cierto que, de modo claro, viene a indicarse que no existen en los mismos circunstancias de prelación para la excepción a la prórroga forzosa del contrato de arrendamiento, sin que pueda decirse que al entenderlo de este modo se haya incurrido por el tribunal en una infracción notoria del precepto legal, máxime cuando el demandado no alega que ningún otro de los inquilinos de la casa se encuentre en condiciones anteriores de prelación con respecto a él para dicha excepción (TS 28-2-53).
• No se cumple con la norma si no se hace constar la razón por la que se ha elegido la vivienda ocupada por el demandado con expresión de las circunstancias de prelación concurrentes en los **restantes inquilinos** (TS 15-10-58).
• El requerimiento no puede tenerse por cumplido si en él se dan **fórmulas alternativas**, pues crea una inseguridad en la parte, sobre quién es la persona en realidad para la que se interesa la vivienda, y una duda al arrendatario respecto a quién es el que por necesidad ha de ocuparlo (TS 7-7-58).

Precisiones **1)** No ha de obstar a la validez del requerimiento de denegación de prórroga que en el mismo no se concrete cuál sea la **profesión del futuro esposo de la hija** del actor, pues es para ella para quien se reclama la vivienda y ya se dice en el requerimiento que la causa de necesidad es el matrimonio que se propone contraer y no disponer de otra vivienda en la ciudad donde siempre ha tenido y tiene su domicilio y se halla enclavada la finca, sin que la referencia que contiene respecto al lugar en que su futuro marido tiene su domicilio y ejerce su profesión afecte a su eficacia y virtualidad (TS 6-5-57). **1683**
2) No invalida el requerimiento el hecho de que se haga constar en el mismo que la actora es la **propietaria**, cuando era la **usufructuaria**, porque no tiene trascendencia jurídica ni en nada perjudicó a la defensa de la demandada (AP Barcelona 10-3-87).
3) Según algunas sentencias de las audiencias, es necesario expresar los nombres y apellidos de los cónyuges, y razón de su necesidad de residir en la localidad donde esté situada la vivienda que se solicita, en el supuesto de **denegación de la prórroga por razón de matrimonio**.
4) Se cumple con la expresión de la causa porque, si bien es cierto que en la notificación notarial se hizo constar únicamente que la actora necesitaba el piso arrendado y que tal necesidad constaba sobradamente al requerido, sin que se concretaran las causas de la misma, no lo es menos que con anterioridad a este juicio se siguió otro entre las mismas partes por la misma causa y que desestimada la demanda se ha reproducido en este juicio en el que fueron alegadas las mismas causas y discutidas, y por ello eran **conocidas del demandado** al efectuarse la notificación (TS 28-2-56).

5) El requerimiento previo y la necesidad deben ser coincidentes en cuanto a la causa de necesidad, sin que sea precisa una información completa, dejando para el litigio la justificación de las **circunstancias de detalle** (AP Barcelona 20-1-95).
6) Si la actora se limita a señalar como fundamento de la denegación la prórroga que necesita la vivienda por encontrarse habitando una casa en **arrendamiento que en próxima fecha tiene que abandonar**, sin especificar los motivos que obligan a esa inminente salida, no se cumple con lo establecido en LAU/64 art.65 (AP Sevilla 25-3-83).
Cuando **no juegan causas de posposición**, al no darse el supuesto que el arrendador tenga varias viviendas en arrendamiento en el mismo inmueble, ninguna mención a las mismas es exigible en el requerimiento resolutorio, como tampoco es obligado señalar la correspondiente indemnización y tampoco el hecho de que se haga referencia al nombre del futuro cónyuge del descendiente de la parte actora, ni su dirección o lugares de trabajo, hace que con ello quede privado de dato inexcusable alguno, pues es para el hijo del demandante para quien se reclama la vivienda, y es en abstracto clara la causa de necesidad alegada y el propósito de la mentada de contraer matrimonio, por lo que ha de considerarse válido, sin perjuicio de la prueba que luego se practique en el procedimiento (AP Barcelona 17-5-91; 12-11-96).

1685 El inquilino debe **contestar** de modo fehaciente al arrendador dentro del **plazo** de 30 días hábiles, indicando si acepta o no la denegación de prórroga.
Según el texto legal, en caso de **aceptación** de la denegación de prórroga, el arrendador puede instar el lanzamiento en su día, ante juez competente, por los trámites de ejecución de sentencia en los juicios de desahucio. Sin embargo esta posibilidad en la actualidad hay que conciliarla con lo establecido en las leyes procesales, y a su tenor no parece que procesalmente sea factible, salvo el supuesto de la aceptación se produzca en acto de conciliación con avenencia. Otra posibilidad sería instar un desahucio por precario, al suponer sin duda la aceptación de la denegación de prórroga una causa extintiva del arriendo; o bien instar un juicio de desahucio por haber concluido el plazo legal del arrendamiento.
En caso de **oposición** a la denegación de prórroga, el inquilino debe exponer las causas en que se funda su oposición, y si no lo hace dentro del plazo antes indicado, el arrendador puede anticipar el ejercicio de su acción y presentar su demanda transcurridos 6 meses desde la fecha del requerimiento, entendiéndose, además, reducida a la mitad la indemnización que pueda corresponderle.
En el requerimiento fehaciente previo al desahucio por necesidad han de aducirse cuantos extremos sean base y fundamento de la acción a ejercitar. En las **causas alegadas** hay que fundar exclusivamente la **demanda de denegación de prórroga**, sin que tengan influencia alguna las posteriores que puedan surgir, modificadoras del derecho de cada una de las partes, debiendo constar en el requerimiento todos los elementos que deciden el derecho del arrendador frente al inquilino, sin que puedan ser sustituidos, alterados o ampliados en la demanda por otros que no se mencionaron en el citado requerimiento, por ser los expresados en este los únicos que pueden ser utilizados como fundamento del juicio y, por tanto, han de coincidir los datos del preaviso con los de la demanda denegatoria de prórroga (AP Córdoba 26-12-79; AP Baleares 28-11-83).
La demanda ejercitando la resolución del arrendamiento ha de basarse en la **misma causa** que la alegada en el requerimiento (AP Asturias 8-6-59; AP Lugo 2-5-79).

Precisiones **1)** No puede considerarse como **causa de oposición** la fórmula de no aceptar el requerimiento por injusto, temerario e improcedente. En cualquier caso, el arrendatario no está obligado a plantear en la futura **contestación a la demanda** las mismas causas de oposición que propuso al contestar el requerimiento (Jiménez Esparza).
2) Si el requerido contesta el requerimiento diciendo que está dispuesto a irse de la vivienda cuando encuentre otra cosa que sea factible a sus disponibilidades económicas, no puede decirse que se haya producido la **oposición** de que habla la norma (AP Almería 14-1-79).
3) Si es cierto que la arrendataria cuando contestó al requerimiento, oponiéndose a la denegación de prórroga, debió manifestar en forma taxativa cuáles eran las causas de su oposición. Al añadir a las enumeradas en su contestación la **fórmula genérica y equívoca** «y por otras causas, como en su día demostraremos, no hay duda de que desatendió el espíritu de la disposición contenida en LAU/64 art.65.3; pero también es igualmente cierto que el defectuoso cumplimiento de tal formalidad no puede ocasionarle las consecuencias pretendidas por el recurrente. Si el no contestar, esto es, el no alegar causas de oposición, únicamente puede sancionarse con un acortamiento del plazo para el ejercicio de la acción contra el inquilino y con una merma en la indemnización que pudiera corresponderle, es obvio que una falta de menor trascendencia, como lo es la ambigüedad en la exposición de las tan repetidas causas, no puede acarrearle una sanción grave, o sea, la de que ya no se pueda apreciar la causa alegada explícitamente en aquel momento procesal (AP Navarra 27-9-60; AP Barcelona 23-2-61).
4) No se expresa la **causa de oposición** a la denegación de prórroga si se manifiesta que se opone a la demanda por temeraria e improcedente (AP Barcelona 18-2-92).

Indemnización al inquilino (LAU/64 art.66 y 67) En caso de que, finalmente, el inquilino sea desalojado por excepcionarse la prórroga forzosa debido a causa de necesidad, hay que indemnizarle conforme a las **reglas** que a continuación se indican. 1687

Para tal caso, se establece que si el inquilino desaloja la vivienda dentro de los **6 meses siguientes al requerimiento**, el arrendador debe indemnizarle con dos anualidades de renta; mientras que si lo hace en el plazo de **un año** solo debe ser indemnizado con una anualidad.

En ambos casos, el inquilino puede reclamar una **indemnización superior** si justifica en el plazo de 3 meses, contados desde el desalojo de la vivienda, que los perjuicios que ha sufrido son superiores.

En el caso de que el inquilino deje transcurrir el plazo de **un año sin desalojar** la vivienda, no mediando justa causa, pierde todo derecho a indemnización.

En cualquier caso, los tribunales pueden **ampliar el plazo para desalojar** la vivienda hasta en 6 meses, atendidas las circunstancias personales de cada caso. Ha de tenerse en cuenta que esta ampliación del plazo por 6 meses obliga a pagar las rentas. También pueden los tribunales acordar el abono por el arrendador de una indemnización que no rebase el importe de seis mensualidades de renta, si no se desalojó la vivienda en el plazo de un año, cuando así lo aconsejen razones de equidad.

El **plazo para reclamar** la indemnización es el de 5 años de cualquier acción personal.

Precisiones **1)** Para fijar la indemnización ha de tenerse en cuenta la **renta** que se viniera pagando de modo efectivo (AP Zaragoza 13-10-56). Y, en el caso del arrendamiento de una vivienda amueblada, la que se pagara con los muebles (AP Navarra 24-1-61).

2) El **daño moral** también puede valorarse, produciéndose este como consecuencia de un cambio de la zona de residencia, con la consiguiente alteración en el modo y hábito de vida (AP Madrid 27-11-00, EDJ 76906).

Derecho de retorno (LAU/64 art.68) Aunque el inquilino haya tenido que desalojar la vivienda arrendada al serle denegada la prórroga como consecuencia de la necesidad del arrendador, la ley le reserva un derecho a volver ocuparla en determinadas circunstancias y condiciones, atendiendo a si la vivienda se ocupa o no una vez desalojada. 1688

A tal efecto se dispone que si durante los 3 meses siguientes de haber desalojado la **vivienda no se ocupa** por la persona para quien se reclamó, el inquilino puede recuperarla dentro de otro plazo igual, reputándose, a estos efectos, subsistente el contrato primitivo. En este caso, ejercitado el derecho de retorno, el arrendador no podrá intentar de nuevo su ocupación hasta que transcurran tres años, contados desde la fecha en que el inquilino volviese a la vivienda.

Del mismo modo, si **ocupada la vivienda** por el arrendador o por la persona para quien la reclamó fuese arrendada o cedido su goce o uso a un tercero dentro de los 3 años siguientes, el inquilino desalojado puede instar su recuperación, adquiriendo nuevamente vigencia el contrato primitivo. La extinción de la acción para el ejercicio de este derecho se produce a los 3 meses siguientes a haber transcurrido los tres años. Tampoco podrá el arrendador intentar de nuevo la ocupación con fundamento en esta causa hasta pasados 3 años desde que el inquilino vuelva a la vivienda.

Todo lo anterior ha de entenderse sin perjuicio del derecho del inquilino a reclamar los **daños y perjuicios** que le hubieran sido causados.

Por otro lado, la prohibición para el arrendador de volver a ocupar la vivienda en el plazo de 3 años, no obsta a que pueda hacer uso de **otras causas resolutorias**.

Aunque el arrendador recupere la vivienda por necesidad, ello no obsta a su **transmisión a un tercero**, pero el nuevo adquirente queda limitado por la prohibición de intentar ocupar la vivienda hasta pasados 3 años del retorno del arrendatario.

La jurisprudencia ha ido perfilando el concepto de **ocupación** a los efectos del ejercicio del derecho de retorno, señalando lo siguiente:

a) La ocupación por parte del arrendador de la vivienda desalojada por el inquilino se pone de manifiesto en el hecho de tomar posesión de ello con el **fin de habitarla**, aunque por circunstancias accidentales como la realización de obras de absoluta necesidad, no se pueda hacer efectivo dentro del plazo de 3 meses (TS 6-3-56).

b) El término «**ocupada**» no es sinónimo del término «**habitada**», en el sentido de que en todo caso deba entenderse que una vivienda solo está ocupada en tanto en cuanto se habita en ella (TS 17-5-67).

c) Desde el momento que resulta evidente que la demandada no le ha dado el uso para el que reclamó la vivienda en el plazo legal, desde el momento que pese a que su hijo se ha empadronado en la vivienda, este mero trámite administrativo no ha sido acompañado de actos de los que inequívocamente pueda deducirse una **voluntad real de ocupación**. Dado que se nos dice que ante el estado en que quedó la vivienda, no puede sufragar los gastos que determina rehabilitarla, pero hemos de tener en cuenta que en su día reclamó una vivienda que estaba siendo efectivamente ocupada, por lo que en congruencia a este hecho, y a su reclamación, hemos de afirmar que la vivienda estaría en condiciones de satisfacer mínimamente las necesidades de una familia, ahora lo que no podemos admitir es que después de hacer desalojar la vivienda, cuyas condiciones y características debemos presumir conocería mínimamente, pretenda dejarla cerrada, hasta que se encuentre en condiciones de rehabilitarla a su gusto de golpe (AP Valencia 25-11-97).

d) La Ley lo que pretende evitar es que se defrauden los derechos del inquilino, y muy especialmente el de la prórroga forzosa, pero siempre que quede acreditada la **voluntad y decisión** del arrendador de ocupar la vivienda, debe entenderse cumplida la exigencia de ocupación (AP Barcelona 29-10-97).

e) Existe ocupación si se han empezado las **obras de acondicionamiento** dentro de los 3 meses siguientes al desalojo (AP Barcelona 15-12-95; AP Ourense 27-2-97).

f) No se cumple con la obligación de ocupar la vivienda, si la misma apareció ocupada desde unos meses por **personas distintas** del demandado y **sin relación de parentesco** con él (AP Bizkaia 14-7-77).

g) Si después de desalojada se produce la **destrucción de la vivienda**, aunque sea por dolo, es evidente que no puede ser ocupada la misma casa que fue desalojada y que el derecho del arrendatario de recuperarla, así como la obligación correlativa del arrendador se han hecho imposibles, convirtiéndose en la de indemnizar conforme al CC art.1101 y concordantes, reclamable según las normas sustantivas y procesales del derecho común (TS 25-6-63; 9-11-63).

Precisiones **1)** Ha de tenerse en cuenta que el **ejercicio** del derecho de retorno solo corresponde al inquilino (AP Barcelona 22-7-99).

2) El precepto estudiado no opera si el desalojo del arrendatario se produjo de forma voluntaria en virtud de una **transacción con el arrendador** (AP Valencia 30-7-92).

1690 **Renuncia** Sobre la posibilidad de renunciar al derecho de retorno entendemos que si la renuncia se hace **en el propio contrato** de arrendamiento, no puede ser válida, por tratarse de un derecho todavía no nacido, pero si se hace con posterioridad al mismo, **después de haberse denegado la prórroga** por necesidad, no vemos por qué no ha de admitirse, ya que puede entonces afirmarse que el posible derecho de retorno ya está en el patrimonio del arrendatario.

1691 **Derribo para nueva edificación** (LAU/64 art.62.2 y 78 a 94) Constituye causa de denegación de la prórroga forzosa el supuesto en que el arrendatario proyecte el derribo de la finca para edificar otra que reúna ciertas **condiciones mínimas**:

- que cuente, cuando menos, con un tercio más de **viviendas**, y una, como mínimo, si no las hay en el edificio que se pretende derribar;
- que respete al propio tiempo el número de **locales de negocio**, si los hay en el inmueble a derribar.

No es posible ejercitar esta causa de excepción por derribo para nueva edificación hasta que termine la **duración inicialmente pactada de todos los contratos**.

No hay que confundir el **ámbito** de esta causa de excepción a la prórroga forzosa con:

- el desahucio que puede proceder como consecuencia de una expropiación forzosa del inmueble dispuesta por autoridad competente (nº 2240);
- el derribo por ruina de la finca decretado por la autoridad municipal (nº 2245);
- el derribo por pérdida o destrucción;
- el derribo que pueda proceder por razones urbanísticas.

Precisiones **1)** En esta materia sigue **vigente** lo dispuesto por LAU/64, al no haber sido modificado por LAU disp.trans.2ª.

2) Ha de equipararse al derribo la **rehabilitación** del inmueble (TS 19-7-99, EDJ 19170).

3) Si la nueva edificación no se proyecta para elevarla sobre el mismo terreno resultante físicamente de la demolición, sino que por razones de distinta índole puede ser conveniente o incluso necesario localizarla en otro lugar materialmente distinto; si en este caso la construcción del nuevo edificio exige el derribo del anterior (para aprovechamiento del volumen correspondiente a la superficie de la edificación antigua, para la realización de la urbanización exigible en relación con la nueva construcción, etc.) concurrirá la **conexión tecnológica** entre derribo y nueva construcción y se cumplirá la finalidad perseguida por el precepto, ya que con la demolición se hace posible la nueva construcción que incrementará el número de viviendas. En estos casos, puede estar justificada la demolición y, por tanto, el otorgamiento de la autorización con cumplimiento de los requisitos legales. Pero será preciso distinguir. Si la reedificación se efectúa materialmente sobre el terreno que ocupaba la construcción antigua, no será preciso probar la necesidad del derribo por ser una necesidad de índole material obvia. En el otro caso, como físicamente resulta posible la nueva construcción sin derribo de la antigua, será imprescindible una completa prueba de los datos de los que derive la necesidad de la demolición, es decir, de que esta se pretende justamente «para» poder construir el nuevo edificio (TS 29-9-86).

4) En principio ha de entenderse válida la **renuncia** por parte del arrendador al desahucio por derribo a cambio de un aumento de renta o por otra causa al amparo de lo dispuesto en LAU/64 art.6.
5) En cuanto al derribo de bienes que formen parte del **patrimonio histórico artístico** ha de estarse a lo dispuesto en L 16/1985.

Requisitos (LAU/64 art.78 y 79) Para que el derribo constituya causa de excepción a la prórroga forzosa del arrendamiento es necesario: **1692**
1) Que el arrendador contraiga, comunicándolo por escrito al delegado del gobierno, el **compromiso** de que las obras de reedificación se realizarán en el plazo que previamente señale dicha autoridad y que la reedificación se verificará de modo que la nueva finca cuente, al menos, con una tercera parte más del número de viviendas de que disponga aquella, respetando al propio tiempo el número de locales de negocio, si existieran en el inmueble a derruir. Y cuando la finca careciera de viviendas o las que existieran fueran dependencias del local o locales de negocio con que cuente, que se comprometa a que la reedificada disponga de una o más viviendas susceptibles de ser utilizadas con independencia plena de los locales de negocio.
2) Que autorizada la demolición por el delegado del gobierno, y con un año de antelación por lo menos al día en que proyecta iniciarla, proceda a la **notificación** en forma fehaciente a todos los arrendatarios del inmueble, lo sean de vivienda o de local de negocio, insertando copia literal de la mencionada **autorización** del delegado del gobierno y expresión de la fecha en que han de ser iniciadas las respectivas obras (LAU/64 art.79.1 y 2).
Esta acción no puede prosperar si el delegado del gobierno no autoriza la demolición del inmueble. Ahora bien, esta autorización, cuando se conceda, no prejuzga la **procedencia** de aquella.
Los delegados de gobierno conceden o deniegan sin ulterior recurso esta autorización, atendiendo a los siguientes **criterios**:
- asesoramientos previos que estimen oportunos teniendo en cuenta la normalidad o escasez de viviendas que haya en cada localidad;
- disponibilidades de mano de obra y de materiales de construcción; y
- especialmente, la existencia o inexistencia de viviendas desalquiladas de renta semejante a las del inmueble que se vaya a derruir.

En este sentido, han de dar **preferencia** a las autorizaciones encaminadas a aumentar, en la mínima proporción que se establece, el número de viviendas de renta más económica, y en caso de igualdad en la renta, a aquellas edificaciones en que el aumento vaya a ser mayor, con prioridad para las que resulten de más amplitud.
Esta autorización ha de señalar un **plazo para iniciar** las obras de demolición y un **plazo para la reedificación** (TS 14-4-70; 5-7-78).
Ahora bien, según la **doctrina**, la autorización gubernativa de derribo no obliga al arrendador a llevar a efecto la nueva edificación.
La autorización del derribo por el delegado del gobierno (gobernador civil) es un **acto administrativo de carácter reglado**, que opera como presupuesto necesario para el ejercicio del derecho de índole civil de denegación de la prórroga arrendaticia, siendo **revisable** en la vía jurisdiccional contencioso-administrativa, única y exclusivamente, la legalidad de dicha autorización, perteneciendo todas las demás cuestiones afectantes a la existencia o no de los requisitos legales para la denegación de la prórroga del arrendamiento al conocimiento de la jurisdicción civil ordinaria. Para la legalidad de la orden de demolición no es necesario que concurran todas y cada una de las circunstancias enumeradas en LAU/64 art.78, 79 y 80, al ser estos preceptos meramente enunciativos y de orientación, debiendo valorarse no de forma aislada sino en su conjunto; siendo los **datos decisivos** el aumento del número de viviendas y el compromiso de cumplir los plazos de reedificación de LAU/64 art.78 (TS 3-6-92, EDJ 5734; 8-7-92, EDJ 7539; 14-6-99, EDJ 14555).
Si, **caducado** el plazo conferido por el delegado del gobierno para iniciar las obras de demolición, estas no se han iniciado, su autorización no produce efecto alguno (LAU/64 art.79.3).

Precisiones **1)** El compromiso ante el gobernador (delegado del gobierno) puede llevarse a efecto, no solo por el arrendador, sino también por el **representante** de este, porque si bien es cierto, que dicho mandato no tiene el carácter de general (CC art.1712), también es verdad que en él se faculta al mandatario para dirigir requerimientos y notificaciones, instar cualquier clase de expedientes gubernativos y comparecer ante cualquier autoridad y centro de Estado, por lo que no es dable sostener que el citado procurador careciese de las que se niegan, máxime cuando la solicitud al gobernador y la notificación a los inquilinos consiguiente a este no tienen otro alcance que el de actuaciones extrajudiciales, pero preliminares al presente juicio (TS 26-5-58).
2) No obsta al ejercicio de la acción por derribo ante los tribunales del orden civil la existencia de un **recurso contencioso-administrativo** (TS 13-12-67; 21-2-69).
3) Es válido un pacto con el arrendatario en el que este se comprometa a ceder el espacio necesario para la construcción de **nuevos pisos sobre el edificio** (TS 2-7-57).

4) Ha de computarse también el piso destinado a **vivienda del portero** (TS 21-1-66). Ahora bien, debe advertirse de todas formas, que solo ha de computarse el piso que el portero utilice, pero no la vivienda que pudiera tener en el local portería como algo integrante de ella, porque en la nueva construcción que se levanta puede incluso prescindirse de ella.

5) Los **delegados de gobierno** en las comunidades autónomas tienen las mismas facultades que correspondían a los **gobernadores civiles** (TS 12-6-88).

6) La petición al gobernador (delegado del gobierno) para la demolición, requiere la misma **legitimación** que para la efectividad de la excepción a la prórroga del contrato y, en cuanto a este, es copiosa y reiterada la jurisprudencia en el sentido de que mientras se permanece en la indivisión, puede cualquiera de los comuneros, en beneficio de la cosa común, ejercitar la acción (TS 13-3-64; 4-3-68; 3-5-78; 14-2-79).

7) La autorización gubernativa de demolición prevista en LAU/64 art.79.2, en relación con LAU/64 art.62 y 78, no es discrecional ya que su materialización exige la observancia del referido precepto, siendo de notar que los requisitos y datos ahí recogidos han de ser valorados en su conjunto sin que sea necesaria la concurrencia de todos y cada uno de ellos, sobre la base del logro de la satisfacción de un **interés público prevalente**, concretado de modo esencial en la finalidad de conseguir un efectivo aumento de viviendas, a través del compromiso de reedificación del edificio a demoler, contribuyendo así a la mitigación del acuciante problema de la falta de viviendas (TS 30-9-88; 27-5-89; 18-2-92, EDJ 1476; 4-5-95, EDJ 5017; 2-1-97, EDJ 309; 11-10-99, EDJ 34052; 29-11-00, EDJ 50030).

8) En la autorización del delegado del gobierno (gobernador civil) ha de respetarse el **número de locales de negocio ya existentes** (TS 2-7-57; 4-3-68; 18-4-80).

9) La intervención gubernativa en la relación arrendaticia para decidir sobre la procedencia o improcedencia de la pretensión de derribo de un edificio por el titular dominical para su posterior reedificación responde a un **interés social superior** a los particulares en conflicto, derivado de la necesidad de resolver el problema generado por la escasez de viviendas, posibilitando la construcción de nuevos edificios que palíen dicha situación. Por ello, la autorización gubernativa necesaria para la demolición de inmuebles en caso de que en estos existan arrendatarios se caracteriza por una nota profundamente finalista: el derribo es un simple medio para hacer posible la construcción de un nuevo edificio que cumpla los requisitos exigidos por LAU/64 art.62.2º (TS 28-2-90; 19-11-91, EDJ 10967; 3-2-92; 11-10-99, EDJ 34052; 5-5-00, EDJ 12238).

1695 La **suspensión** por el tribunal de lo contencioso del acuerdo adoptado por el delegado del gobierno (antes, gobernador civil), no interrumpe ni suspende el plazo legal para el desalojo a los efectos del **derecho de retorno** de la arrendataria (TS 13-12-67; 21-2-69).

Se ha entendido -en interpretación de LJCA art.122.2- que es procedente suspender las resoluciones de los gobernadores civiles o delegados del Gobierno autorizando la demolición de edificios arrendados para su posterior reedificación a los efectos de LAU/64 art.62.2 y 78 s., si bien limitada a la materialidad del derribo en sí y no a las actividades previas a tal fin (TS 3ª 11-2-08, EDJ 9270).

La **notificación a los arrendatarios** ha de llevarse a cabo mediante copia literal de la decisión del delegado del gobierno (gobernador civil) (TS 11-11-67).

En el caso de que existan **varios arrendatarios**, no es necesario que la notificación se haga conjuntamente a todos ellos para que el plazo para iniciar las obras de demolición sea también conjunto (TS 5-12-70).

En cualquier caso, es obligatorio dar **audiencia** a los arrendatarios en el expediente de derribo (TS 8-5-69).

1697 **Plazo de iniciación de las obras** (LAU/64 art.80) Las obras de demolición han de iniciarse dentro de los 2 meses siguientes al **desalojo total** de la finca.

Si transcurrido ese plazo las obras de demolición **no se inician**, los inquilinos y arrendatarios pueden volver a ocupar las viviendas y locales de negocios que en ella tuvieran, sin obligación de pago de las mensualidades transcurridas y con derecho a exigir del arrendador indemnización equivalente al importe de aquellas mensualidades, mediante el ejercicio de la correspondiente acción, que tiene un plazo de caducidad de 6 meses contados desde que volvieron a la finca.

Precisiones **1)** El artículo dispone que en estos casos de derribo de fincas arrendadas, las obras de demolición habrán de iniciarse dentro de los 2 meses siguientes a ser totalmente desalojada la finca, aclarando que, transcurrido este plazo sin empezarlas, los inquilinos y arrendatarios podrán volver a ocupar las viviendas y locales de negocio que en ella tuvieran, por lo que es patente que la impugnada resolución del gobernador (delegado del gobierno), fijando el **plazo** de 18 meses para el derribo en vez del de 2 meses que establece la ley, fue una disposición manifiestamente antijurídica y su invalidación por la sentencia recurrida debe ser plenamente confirmada por esta sala de acuerdo con la reiterada doctrina del Tribunal Supremo (TS 22-5-69; 24-4-70; 2-1-75). El **cómputo** debe hacerse desde la fecha en que quedan totalmente desalojadas las fincas, porque como también ha explicado este Tribunal Supremo no es posible señalar *a priori*, un día fijo en el que hayan de iniciarse las obras de demolición, ya que este depende del evento de que quede desalojada la finca,

momento a partir del cual ha de iniciarse el cómputo del plazo de los 2 meses para comenzar el derribo (TS 19-5-87).
2) A la **preocupación** en el supuesto de que se infrinja este precepto, no tienen derecho los arrendatarios que no estén sujetos a la LAU (TS 10-3-65).
3) Si una vez demolida la finca el propietario **no inicia la reconstrucción** en el plazo indicado, podrían hacer uso los arrendatarios de lo dispuesto en CC art.1128 para que se señale plazo con la consiguiente indemnización de daños y perjuicios (AT Oviedo 8-4-60).
4) El incumplimiento de empezar la demolición entraña un derecho obligacional personal y subjetivo que permite al arrendatario hacerlo efectivo con base en su derecho arrendaticio, y que al no señalar la ley un plazo especial de **prescripción** es signo de que respeta el general de 15 años, actualmente 5 años (TS 26-6-73).
5) No puede obstar a la **indemnización** el hecho de que la finca haya sido incluida en un **expediente de expropiación** (TS 14-11-66).

Subrogación del arrendador (LAU/64 art.94) El deber de cumplir las obligaciones del arrendador derivadas de la denegación de la prórroga forzosa del arrendamiento de viviendas y locales de negocio como consecuencia del ejercicio de la excepción por derribo para levantar nueva edificación no desaparece aunque cambie la persona titular que hubiera comenzado el ejercicio de esta excepción. **1698**

Derecho de retorno (LAU/64 art.81) Es posible que el **arrendatario no desee instalarse** en el inmueble reedificado. En tal caso, ha de entregar al arrendador documento expresivo de su decisión y, al momento de desalojar, debe ser **indemnizado** por aquel con el importe de 6 mensualidades de la renta que viniera pagando (LAU/64 art.81.4). **1700**
Además, se prevén dos **supuestos de pérdida del derecho** de retorno del arrendatario que desee instalarse en el inmueble reedificado:
• **No suscripción del documento sobre el mismo** (LAU/64 art.81.1 y 2). Los inquilinos y arrendatarios que deseen instalarse en el inmueble reedificado, antes de desalojar el que vaya a derruirse, han de suscribir con el arrendador un **documento** que detalle:
- la extensión superficial de las viviendas o locales de negocio que ocupen;
- su renta;
- el número de unas y de otros que existan en el inmueble; y
- un domicilio para notificaciones que les haga el arrendador.
El precepto no puntualiza una **modalidad** especial de documento.
El **cómputo del plazo** del año para desalojar el inmueble y suscribir el documento del retorno ha de efectuarse desde la fecha de la notificación (TS 19-6-68).
Si bien la no suscripción del documento dentro del plazo que se les conceda al efecto, da lugar a la pérdida del derecho de retorno (TS 19-6-68; 25-10-71), la jurisprudencia admite la posibilidad de que se conceda un nuevo plazo o una **prórroga** (TS 30-9-70; 23-11-71; 15-3-74).
En caso de **incumplimiento** de la obligación de suscribir este documento, las consecuencias serán las siguientes:
- si el incumplimiento es imputable al **arrendador**, se aplica lo dispuesto en el nº 1718;
- si el incumplimiento es imputable al **inquilino o arrendatario**, pierde su derecho a instalarse en la finca reedificada.
• **Tener el arrendatario a su disposición otra vivienda o local** (LAU/64 art.62.5 y 81.3). Se produce también la pérdida del derecho de ocupación de vivienda o local de negocio en la finca reedificada y el arrendador queda en libertad de disponer del que le corresponda, cuando el inquilino o arrendatario tenga a su disposición otra vivienda u otro local de negocio.

Precisiones **1)** La suscripción del documento ha de efectuarse **antes del desalojo**, frase a la que, no puede dársele otra interpretación que la lógica y sistemática de que se refiere al plazo de preaviso (TS 10-2-56). **1703**
2) Al exigir que el arrendatario que tuviere su propósito de volver al inmueble reedificado, comunique por escrito certificado un **domicilio para oír notificaciones**, es indudable que lo que se persigue es que el arrendador pueda hacerle saber cualquier acto relacionado con el retorno, fin que se cumple no solo haciéndolo constar en el acto mismo del abandono del local a reedificar; sino en cualquier instante antes de terminar las obras y que el nuevo local quede apto para ser reocupado, esto aparte de que el texto legal no dice que sea en el instante del desalojo (TS 25-4-59; 20-4-60; 29-3-62).
3) El arrendatario tiene que **designar el domicilio** en el acto mismo del abandono del local a reedificar o en cualquier instante anterior a la terminación de las obras y de que el nuevo local quede apto para ser recuperado (TS 29-9-69; 25-10-69).
4) Se perderá el derecho de retorno por no comunicar al arrendador «un domicilio para oír las notificaciones al desalojar la vivienda o el local de negocio, aunque el **arrendador** esté **ausente**, porque esto no justifica el retraso, ya que podía haberse hecho a su apoderado o administrador o al que cobre la renta (TS 6-11-62). No bastando al efecto el **conocimiento** que del mismo pueda tener el arrendador (TS 3-4-59).

5) La obligatoriedad que tiene el inquilino de no dejar pasar el **plazo de preaviso** sin desalojar el inmueble, firmando el documento de reserva dentro de aquel plazo legal, solo es **ampliable** por concesión del arrendador y no es susceptible de ser diferido cualquiera que sea la causa que invoque. El documento de retorno no ha de ser incondicional, sino que debe expresar por contra las coincidencias y discrepancias existentes entre las partes (TS 7-4-67; 25-10-71; 6-6-72).
6) Se producirá la pérdida del derecho de retorno aunque el arrendatario no pudiera entregar las llaves por haberse negado a desalojar un **subarrendatario** porque solo a él corresponde remover los obstáculos necesarios para dejar libre el local (TS 6-11-73).
7) Si fue el arrendador el que hizo caso omiso del **requerimiento hecho por el arrendatario**, en el que señalaba un domicilio para oír las notificaciones, fue él quien incumplió (TS 18-3-69).
8) Si la falta de suscripción del documento fue por **culpa del arrendador**, no es aplicable lo dispuesto en LAU/64 art.81 (TS 25-6-68).

1706 **Reserva de vivienda para el inquilino** (LAU/64 art.82 s.) Reconstruida la finca, han de reservarse en ella a los inquilinos y arrendatarios con derecho a instalarse en la misma las viviendas y locales de negocio que a cada uno corresponda.
El arrendador debe **notificar** notarialmente en el domicilio designado al efecto, que en el **plazo** de 30 días siguientes al recibo de la notificación pueden ocupar los que les hayan sido asignados, detallando sus características, extensión, renta y circunstancias que la determinan, así como el número total de viviendas y locales de negocio que existen en el inmueble.
Si los **arrendatarios no ocupan** dentro del plazo los locales de negocio y viviendas asignados por el arrendador, pierden el derecho a volver a la finca, y aquel queda en libertad para alquilarlo a otros.
Este derecho de reserva que puede calificarse como de retorno, no supone la extinción del contrato de arrendamiento, sino simplemente la **suspensión** del mismo, ya que continúa latente y vigente durante el lapso de tiempo que duren las obras de demolición y reedificación del nuevo edificio (TS 1-4-66; 20-1-69; 2-4-73).
Tienen **derecho de retorno**, tanto el arrendatario como los subrogados en el arrendamiento, si falleciese aquel, aunque el fallecimiento se haya producido entre el momento del desalojo del piso y el momento en que el arrendador notifique a efectos de la ocupación (AP Madrid 3-2-59).
Se produce la **extinción del derecho de retorno** si se le ofreció la vuelta al arrendatario, no habiéndose llevado por este la ocupación, aunque se apoye en la pretensión de reclamar **obras** antes de reanudarse el contrato (TS 9-2-57; 1-3-66; 12-5-67). Y también si se deja de ocupar la vivienda por no estar conforme con la **renta** propuesta (TS 4-2-66).
El derecho de retorno puede ser objeto de **inscripción en el Registro de la Propiedad**. A tal efecto se establece que los inquilinos y arrendatarios que tengan derecho de retorno al piso o local arrendado ya sea por disposición legal o por convenio con el arrendador, pueden hacerlo constar en el Registro de la Propiedad mediante nota al margen de la inscripción de dominio de la finca que se reedifique. Sin esta constancia, no perjudica a terceros adquirentes el expresado derecho. Para extender la nota basta la solicitud del interesado, acompañada del contrato de inquilinato o arriendo y el título contractual, judicial o administrativo, del que resulte el derecho de retorno. Transcurridos 5 años desde su fecha, se produce la **cancelación por caducidad** de dichas notas (RH art.15).
En cuanto a las **condiciones de la vivienda reservada**, ha de disponer, al menos, de (LAU/64 art.83):
- una **extensión** superficial no inferior a las tres cuartas partes de la correspondiente al que anteriormente ocupaba el inquilino o arrendatario;
- iguales **instalaciones y servicios**; y
- estar situada a **altura y posición** análogas, entendiéndose este último aspecto únicamente referido a la situación interior o exterior de la vivienda o local de negocio asignado.

1708 Precisiones **1)** Si no hubo entrega del piso como local **terminado y habitable**, no puede entenderse que esté en disposición de ser ocupado (TS 30-6-72).
2) Al establecer LAU/64 art.82 que, reconstruida la finca, pueden ocupar los inquilinos las viviendas que les hubiesen asignado, es claro que dicha previsión legal se asienta sobre la posibilidad no solo real, sino legal, de poder habitarse el piso reservado por haberse consumado adecuadamente todas las **exigencias de orden material y administrativo** que posibiliten el uso y disfrute de una vivienda en normales condiciones de aprovechamiento y utilización, lo que abarca y comprende no solo la disposición de la morada, sino la definitiva y legal utilización de aquellos servicios que hacen imprescindible su disfrute, tales como, utilización de agua, luz, ascensor, etc., sin que pueda obligarse al inquilino a que acepte unos servicios provisionales, meramente de hecho, desprovisto todavía de toda garantía legal, pues hasta su definitiva y afirmativa aportación, no puede admitirse que la finca sea susceptible de ocupación, y se halle totalmente reconstruida (AP Alicante 3-7-74).
3) Si el **plazo** concedido en LAU/64 art.82 no puede comenzar a contarse sino desde el momento en que la persona llamada a ocuparlo tenga a su **libre disposición** el local mencionado con libre

entrada en el mismo, y como ello, según la resolución recurrida, no ocurrió hasta el día 20-12-1962, en que por parte de los arrendadores fueron entregadas las llaves de una de las puertas de acceso, se hace lógico que, en todo caso, ese lapso de tiempo de 30 días deba computarse a partir del día en que las llaves fueron entregadas, y como la ocupación puede hacerse efectiva con cualquier acto que demuestre la aceptación del local tal y como se encuentre, sin que sea preciso que dentro de aquel plazo esté el arrendatario instalado, por cuanto la vigente ley ya no lo exige, sino que el solo hecho de signos o cosas representativas de lo que se transmite, es suficiente para que se entienda que la cosa queda sometida a la disponibilidad del sujeto en relación con el uso y disfrute de la misma, que es precisamente uno de los modos jurídicos de lograr la posesión conforme al CC art.438 (TS 28-12-64; 1-6-68).

4) No basta la **posesión simbólica** del CC art.1464 para otro supuesto, sino que se exige la ocupación material, que implica la real utilización del objeto referido (TS 20-5-67).

5) Puede reclamarse una **indemnización de daños y perjuicios** si, habiéndose dictado sentencia condenando al propietario a entregar las llaves del piso al arrendatario, resulta imposible hacerlo por haberse vendido a terceros (TS 10-6-89, Rec 57/88).

6) La palabra «**altura**» debe ser indicadora de que el nuevo piso esté a la misma altura de la calle que el del desalojo, aunque sea de distinta manera en el edificio reconstruido, siendo, naturalmente, indiferentes pequeños detalles.

7) La identidad de **servicios e instalaciones** ha de entenderse, no precisamente en el sentido que sean exactos en todos sus detalles, sino que cumplan la misma finalidad. No existe **desigualdad** por el hecho de que falten ventanas en el nuevo local, si faltaban también en el arrendado (TS 27-9-75).

8) El concepto «**situación**» no es otra cosa que disposición de una cosa respecto del lugar que ocupa, de forma que no cabe entender sea idéntica si la tienda que el arrendatario ocupaba en la finca demolida estaba situada en la calle G.M., por la que tenía sus accesos principales, y el local que se entrega está situado en el callejón de los R., porque la situación ha de estar en relación con la disposición de la cosa respecto a su entrada (TS 6-4-65).

9) El nuevo local que se asigne al arrendatario ha de disponer de una extensión superficial no inferior a las tres cuartas partes, que el arrendador debe cumplir su obligación en los términos expresados LAU/64 art.83 y no se puede dejar al arbitrio del mismo el poder asignar imperativamente a los arrendatarios viviendas o locales de negocio que no reúnan las condiciones mínimas exigidas por dicho artículo, y lo que realmente decide es que el locador **no cumple la obligación de reserva** asignando al arrendatario un local cuya extensión superficial sea inferior a dichas tres cuartas partes, sin más que someterse a la sanción legal de reducción de la renta prevenida en LAU/64 art.85.2, sino que su obligación consiste en asignarle un local que reúna las características mínimamente exigidas por LAU/64 art.83, salvo que concurra una causa que haga objetivamente imposible el cumplimiento de su obligación (TS 27-1-65; 20-1-69; 28-11-70).

Aun cuando lo normal es que la **extensión superficial** de una vivienda sea fácil de precisar **1710**
para compararla con la que el arrendador ha de reservar en el edificio a construir o ya construido, existen muchos supuestos en los que por las **circunstancias especiales** del objeto arrendado o por los **elementos o anejos** de que este se compone, resulta difícil saberlo con certeza (Fuentes Lojo).

Del casuismo que han proporcionado **doctrina y jurisprudencia**, pueden extraerse las siguientes conclusiones:

a) Si una **terraza** está construida de forma que puede ser utilizada por el arrendatario, no constituyendo mera cubierta del edificio, ha de ser computada toda su extensión para ser reservada al mismo (TS 15-12-61).

b) Por la misma razón, han de computarse los **patios o jardines** de que venía disfrutando el arrendatario. Debe advertirse, sin embargo, que unos y otros deben estar contenidos en el objeto del arriendo, no debiendo englobarse si su uso es accesorio, o sirven exclusivamente de mera cubierta. La sentencia del Juzgado municipal número 8 de los de Barcelona de 27-2-1965 (*RGD*, julio-agosto, p. 621), declaró sobre este particular que para calcular la superficie antigua en función de la cual debe determinarse la superficie mínima reservable, hay que computar en ella el patio del que en el antiguo inmueble disponía el arrendatario, si bien no es preciso que en el local a reservar haya también un patio, ya que la ley no impone ninguna condición de similitud entre la vivienda vieja y la nueva en cuanto a la composición de dependencias y distribución.

c) Si el objeto del arrendamiento está constituido por **dos habitaciones comunicadas** entre sí, una dedicada a tienda y otra a trastienda, ambas deben computarse para precisar la extensión superficial a tener en cuenta (TS 12-6-65).

d) No parece que deban ser computados los **rellanos, arranques de escalera, o huecos** de esta, cuando el objeto del arrendatario sea una finca compuesta de varias plantas (TS 1-7-68).

e) Tampoco parece que deba ser computada la porción ocupada por la **conserjería y central telefónica** situadas en la planta baja si son de uso común de otros pisos y no se cede en arrendamiento (TS 1-7-68).

f) Debe estarse a la **superficie útil**, siendo indiferente cuál sea la construida (AP Navarra 21-4-70).

1712 Si el arrendador **incumple la obligación de reserva** que tiene impuesta, los inquilinos y arrendatarios procedentes del inmueble derruido pueden tienen dos **opciones** (LAU/64 art.88):
- exigirle la indemnización de cinco anualidades de la renta que al desalojar pagasen; o
- reclamar las viviendas o locales de negocio que elijan en el inmueble reedificado por la renta que satisficieran en el derruido.

El ejercicio de esta acción lleva implícito el **lanzamiento del ocupante** del local de negocio o vivienda elegido, sin perjuicio del derecho de dicho ocupante a obtener del arrendador, de ignorar su incumplimiento, la indemnización de daños y perjuicios que proceda. Dicha indemnización ha de comprender los perjuicios causados al subarrendatario, porque la ley habla en general.

Cabe la aplicación de este precepto en el supuesto de que el primitivo propietario, incumpliendo su obligación de reserva, haya procedido a la **transmisión separada de los pisos**, porque el adquirente ha de entenderse subrogado en los derechos y obligaciones del que se lo transmitió.

Al año de reintegrarse en la finca el inquilino o arrendatario procedente del inmueble derruido, **caducan** las acciones establecidas por incumplimiento de las obligaciones de reserva, que las viviendas asignadas reúnan las características exigidas y compromiso de reedificación, así como la de impugnación de la renta por simulación del capital invertido o de la superficie edificada (LAU/64 art.89).

En el caso, de incumplimiento de la obligación de reserva, el plazo del año se cuenta desde que quede totalmente ocupada la finca reconstruida.

Precisiones **1)** La **acción de recuperación** no tiene necesariamente que dirigirse además de contra el arrendador contra el ocupante del piso que tenga que ser lanzado (TS 23-4-67).

2) Cabe ejercitar la acción de **reclamación de vivienda**, dejando la **fijación** de esta para ejecución de sentencia (AP Barcelona 11-6-63).

3) Al ejercitar el arrendatario la acción de retorno (LAU/64 art.88), debió determinar sobre **qué local de los existentes** en el inmueble recaía su elección, lo que no ha verificado, ya que en el suplico de la demanda se limita a solicitar, en forma inconcreta, un local de superficie no inferior a las tres cuartas partes de la correspondiente al que anteriormente ocupaba y de análogas características, pidiendo se lance a los demandados que resulten ser los ocupantes del local o locales que hayan de ser entregados, premisas, cada una de las cuales basta, por sí sola, para mantener la sentencia recurrida (TS 1-3-66; 1-6-68).

4) El arrendatario no puede, si se da el **incumplimiento total**, solicitar el pago de una renta *sine die* (TS 26-1-90).

5) No puede dejarse al **arbitrio del arrendador** la determinación de que las viviendas y locales reúnen las características mínimas (TS 20-1-69).

6) En el supuesto de que en la vivienda o local obtenido se diesen algunas de las infracciones a lo prescrito en LAU/64 art.83 (nº 1708), algún autor cree que será de aplicación lo dispuesto por LAU/64 art.85, permitiendo las **rebajas de renta** que en el mismo se enumeran, pues no existe razón para su inaplicación, y el hacer caso omiso de las mismas se traduciría en un premio para el propietario incumplidor (Soto Nierto).

7) Es posible ejercitar la acción que concede LAU/64 art.88 antes del año de haber quedado **totalmente ocupado** el inmueble reconstruido (AP Madrid 15-10-59; AP Barcelona 11-6-63).

8) En el modo de **cómputo** del plazo del año, no cabe descontar los días inhábiles (TS 5-10-66).

1718 Respecto a la **renta exigible tras la reedificación**, se distinguen varios supuestos en función de que se cumplan o no los requisitos legalmente exigidos.

a) Si **se cumplen los requisitos previstos en la reedificación**, la renta exigible a los inquilinos y arrendatarios procedentes del inmueble derruido, cuando al reedificarse se cumplan todas las condiciones reclamadas en LAU/64 art.78 s., será la que pagaran al momento de desalojar aquel, **incrementada en un 5%** del capital invertido en la reconstrucción, o sea, sin comprender el valor del solar pero sí lo gastado en la demolición (LAU/64 art.84).

b) Si **se incumplen las características exigibles** en LAU/64 art.83, porque las viviendas asignadas a los arrendatarios no reúnen las características mínimamente exigidas (nº 1708), aquellos tendrán derecho a las **reducciones de renta** siguientes (LAU/64 art.85 y art.86):

• Un 10% si el local de negocio o la vivienda asignada está en **planta distinta** de la que ocupaba el inmueble derruido. Ello sin perjuicio de lo establecido para los arrendatarios de locales de negocio, en cuyo caso, el arrendatario procedente de la finca demolida que ocupe en ella **local de negocio en la planta baja y al exterior**, tiene derecho a ocupar local de igual situación y extensión superficial en la reconstruida cuando demuestre el perjuicio que a su explotación cause la ocupación de otro de distinta situación. Su acción, que caduca a los 30 días de haber ocupado el local asignado por el arrendador, tiene en cuanto al ocupante del local que correspondiese a dicho arrendatario los efectos establecidos en LAU/64 art.88.2, es decir, el lanzamiento del ocupante.

• Si la **superficie** es **inferior a la mínima** exigida o cuenta con **menos instalaciones y servicios** que la vivienda o local de negocio anterior, la renta será la misma que la pagada en la finca derruida, y el 50% de esta si la reducción de superficie equivale a más de la mitad.

• El 40% de la renta anterior cuando, ocupando en la finca demolida **vivienda o local** de negocio al exterior, el asignado sea **interior**.

En el supuesto de que el piso esté afectado por **varias circunstancias** determinantes de la reducción rentística, ha de estarse al arbitrio judicial.

c) Si **se incumple el compromiso de reedificación**, no es exigible a los inquilinos y arrendatarios procedentes del inmueble derruido otra **renta** que la que vinieran pagando, sin perjuicio de la aplicación de lo establecido en los nº 1706 s. (LAU/64 art.87).

La renta de todas las viviendas y locales de negocio de que **pueda disponer el arrendador libremente** será la establecida por LAU/64 art.97, salvo que incurra en el incumplimiento del compromiso contraído con el gobernador (delegado del gobierno), en cuyo caso la renta será la del local de negocio o vivienda que tuviera la renta más baja, incrementada según se ha comentado, pero reconociendo únicamente al capital invertido un interés del 2,5% (LAU/64 art.87 y 90).

Precisiones **1)** El 5% del capital invertido que ha de ser repartido **no** puede ser valorado sobre la reconstrucción de **todo el inmueble**, sino solo en lo que afecte a la vivienda o local de negocio que vaya a ocupar el anterior inquilino o arrendatario (Lacasa Coarasa; AT Granada 17-4-87).

2) El nuevo local que se asigne al arrendatario ha de disponer de iguales instalaciones y servicios de altura y posición análogas y de una extensión superficial no inferior a las tres cuartas partes, sin que conforme a lo dispuesto en CC art.1116, pueda obligar el deudor, en este caso el arrendador, al acreedor, en este caso el titular del derecho de retorno, a que reciba una **cosa diferente** a la que constituye la deuda impuesta por la ley, cuando su cumplimiento sea posible, y si el arrendador incumple voluntariamente dicha obligación de reserva en los términos expresados, es decir, en los previstos en LAU/64 art.83, entra en juego la **sanción** que impone LAU/64 art.88 -nº 1712- (TS 20-1-69).

3) La acción subsidiaria ejercitada al amparo de LAU/64 art.85.3, impone el estudio de lo que ha de entenderse por **exterior** o **interior**, que, en definitiva, es una relación espacial que solo puede intuirse al entender por exterior algo extensible, en contraposición a interior, que es lo que está dentro y oculto; lo que trasladado al arrendamiento urbano lleva consigo la apreciación de exterior a lo que es visible desde fuera, lo que se percibe fácilmente, lo que tiene vistas o salida directa a la calle, e interior lo que carece de esas notas, y apreciando el carácter arquitectónico del local derruido y el reconstruido, se deduce sin gran esfuerzo la diferencia entre uno y otro en cuanto a su carácter interior, por no ser perceptible desde fuera, carecer de vistas a la calle y no tener comunicación directa a la misma (AP Navarra 6-3-67).

4) Si el arrendador incumplió palmariamente el compromiso contraído ante el gobernador (delegado de gobierno) al tener que ser reedificado el edificio en 19-4-1992 y el 28-5-1992 estar las **obras sin concluir**, no llegando a acreditarse que se hubiera realizado la entrega definitiva al arrendatario ni que el retraso habido hubiera sido motivado por causas ajenas a la propia actividad del arrendador, tal incumplimiento lleva aparejada la sanción prevista en LAU/64 art.87 (TS 21-11-97).

5) No es aplicable el precepto si la reedificación no se termina por **causas ajenas al arrendador** (TS 22-2-66).

Edificaciones de más de 100 años de antigüedad (LAU/64 art.81.5) Para poder denegar la pró- **1725**
rroga del arrendamiento por demolición respecto a edificaciones con más de 100 años de antigüedad, es necesario que concurran los siguientes **requisitos** (TS 9-6-72; 27-12-78):

- que se trate de edificaciones destinadas a viviendas o locales de negocio que cuenten con **más de 100 años** de antigüedad;
- que su grado de vetustez, **deficiente estado** de edificación y evidentes razones higiénicas y sociales hagan necesaria su renovación.

Es necesaria la correspondiente **autorización** del delegado de gobierno -antes, gobernador civil- (nº 1726).

Precisiones El **cómputo** de los 100 años de antigüedad ha de realizarse desde la fecha en que la construcción se hubiera terminado, con independencia de la primera ocupación (TS 11-5-68).

En cuanto a las diferencias entre estas fincas de más de 100 años y las que tengan esta anti- **1726**
güedad, el Tribunal Supremo ha tenido ocasión de declarar que la LAU/64 art.62 al desarrollar la causa segunda de las excepciones de la prórroga obligatoria del plazo de vigencia de los contratos de arrendamiento, distingue claramente dos **casos diferentes**:

- el de la demolición de la finca para construir otra con mayor número de viviendas; y
- la misma demolición de aquellos edificios que, contando con más de 100 años de antigüedad, sean deficientes de conservación y que evidentes razones higiénicas y sociales hagan necesaria su renovación.

En ambos casos se exige la **autorización** del gobernador civil (actualmente, delegado de gobierno) previos los trámites que regula; señalando para uno y otro caso **consecuencias diferentes**, tales como (TS 16-12-72):
- la determinación del **plazo en que ha de finalizar la reconstrucción** en el primero y no en el segundo; y
- al determinar la **indemnización al arrendatario** caso de no optar por el retorno (LAU/64 art.81.4), que señala la de seis mensualidades de renta para el primer caso, mientras que para el segundo se marca en diez anualidades de la misma revalorizada (LAU/64 art.81.5.a) y, señalando para el supuesto de optar por el retorno, que el **precio del arrendamiento nuevo** será el antiguo incrementado con el 5% del capital invertido en la reconstrucción en el primer caso (LAU/64 art.84), mientras que en el segundo tal precio será el que, en igualdad de condiciones pagaría un tercero; y en ambos con la obligación del propietario de notificar la reconstrucción a los arrendatarios en la forma prevista en LAU/64 art.82 y la de estos de ocupar lo asignado en el plazo de los 30 días siguientes a la notificación.

Por otro lado, ha añadido el Tribunal Supremo, que los **motivos** en orden a la excepción a la prórroga forzosa de un contrato de arrendamiento por derribo para nueva edificación son distintos, según se trate del supuesto general de LAU/64 art.78 y 79 (nº 1692 s.) y de la norma particular de LAU/64 art.81.5 (nº 1725), puesto que lo decisivo para la autorización gubernativa viene marcado, en el primer supuesto, por un aumento de viviendas y un compromiso de reedificar, mientras que, en el segundo supuesto, se exige que se trate de edificaciones destinadas a viviendas o locales de negocio que cuenten con más de 100 años de antigüedad y que su grado de vetustez, deficiente estado de edificación y evidentes razones higiénicas y sociales hagan necesaria su renovación (TS 15-7-96, EDJ 6277).

El delegado de gobierno (antes, gobernador civil), a solicitud del propietario, con audiencia de los inquilinos y arrendatarios, y habida cuenta además de lo dispuesto en el nº 1692, ha de conceder o denegar la **autorización para demoler**.

En caso de concesión de la autorización se aplican las normas expuestas en los nº 1700 s. en cuanto al **derecho de retorno**, pero teniendo en cuenta las **opciones** con las que cuenta el inquilino o arrendatario en este supuesto (nº 1706 s.).

En orden a la concesión o denegación de la autorización, el Tribunal Supremo ha tenido ocasión de declarar que aunque exista facultad discrecional para la autorización, esa **discrecionalidad** solo sería parcial y con relación a aquellos aspectos del acto en que la Administración puede valorar o decidir libremente lo que sea de interés público, pero que esta discrecionalidad no ocurre en este supuesto que señala los requisitos de hechos muy concretos necesitados de prueba para que la autorización se conceda (TS 9-6-72).

1727 Precisiones **1)** El hecho de que el gobernador civil (actualmente, delegado de gobierno) indicara en su acuerdo el deber que tenían los interesados de dar cumplimiento a lo que se establece en LAU/64 art.81.5.a, no implica que la autorización concedida al propietario para demolerlo y construir otro de las condiciones que expuso en su escrito adoleciera de **nulidad** (TS 3-7-71).

2) La autorización que pueden dar los delegados de gobierno (antes, gobernadores civiles) en este supuesto, es una regulación nueva, que no existía en anteriores leyes arrendaticias, que no puede tener la **finalidad** de incrementar el número de viviendas para resolver el problema de la escasez en los grandes núcleos de población.

3) La remisión de LAU/64 art.81.5 a LAU/64 art.72.2, se contrae a que el gobernador (actualmente, delegado de gobierno) tenga en cuenta, además de las circunstancias simultáneas de que cuente la edificación con más de 100 años de antigüedad y su grado de vetustez, deficiente edificación y evidentes razones higiénicas y sociales que hagan necesaria su renovación, las que detalla LAU/64 art.99.2, es decir, que puntualiza los **elementos valorativos** en la resolución, pero no reenvía para calificar los términos del pronunciamiento de esta a los de LAU/64 art.79.2, sino que los establece propios para el supuesto que en particular enuncia LAU/64 art.81.5, por lo que a estos hay que atenerse (TS 4-5-72).

1728 Con relación al **compromiso del arrendador** (nº 1692), el Tribunal Supremo ha puntualizado:
• Que no exige el artículo **determinadas palabras** para que se entienda cumplido el compromiso, bastando a tal fin que se ofrezca realizar la construcción del inmueble, de acuerdo en un todo con lo prevenido por la ley y llenando todos los requisitos en esta preestablecidos.
• Que requiere la misma **legitimación** que para la efectividad de la excepción a la prórroga del contrato, y que es copiosa y reiterada la jurisprudencia en el sentido de que mientras se permanece en la indivisión, puede cualquiera de los comuneros, en beneficio de la masa común ejercitar la acción (TS 4-3-68; 3-5-78; 14-2-79).
• Que la **vinculación** del solicitante al compromiso de reedificación en el plazo que al efecto señalase el gobernador civil (actualmente subdelegado del Gobierno) vincula al arrendador solicitante, y también a la sociedad posteriormente compradora del inmueble, caso de que esta lleve adelante el proyecto de derribo y de reconstrucción como sucesora en la propiedad de los inmuebles.

En caso de denegación de prórroga por demolición de edificación de más de 100 años de antigüedad, los arrendatarios disponen de las siguientes **opciones**: 1730
- una **indemnización en metálico** no inferior a diez anualidades de la renta revalorizada;
- que el arrendador ponga a su disposición **vivienda en renta adecuada** a sus necesidades y posibilidades económicas, situada en la misma población. Para determinar si una renta es o no adecuada a las necesidades del inquilino, es necesario tener en cuenta, no solo lo que gane, sino también las existentes en la población apropiadas para él. La vivienda puede estar situada en una población que forme parte de la misma área metropolitana. No es suficiente que el arrendador indique que existe la vivienda, sino que concierte el arrendamiento a nombre del inquilino, aunque este tenga que pagar la renta; viniendo obligado el arrendador a pagar los gastos que origine el contrato; o
- la **reserva**, para ocuparla en arrendamiento y en igualdad de condiciones que un tercero, de una vivienda en la finca reconstruida.

Por otro lado, tratándose de un **local de negocio**, el arrendatario tiene derecho a optar entre:
- una indemnización del 50% de lo que normalmente se abone por traspaso en locales similares de la misma zona, señalada por la junta de estimación; o
- en su defecto, ocupar en arrendamiento, en igualdad de condiciones que un tercero, un local de negocio en la finca reconstruida de análogas características al que venía disfrutando.

En todo caso, la **obligación de desalojar** queda subordinada a la entrega o puesta a disposición del inquilino o arrendatario de las contraprestaciones a que haya optado, que cuando impliquen reserva de vivienda o local de negocio en el inmueble reedificado han de consignarse documentalmente antes de desalojar, dando lugar su incumplimiento por parte del propietario o por quien le haya sustituido en sus derechos y obligaciones a la adecuada indemnización de perjuicios.

Derribo de edificios provisionales (LAU/64 art.91) Cuando el derribo afecte a edificaciones provisionales, para que proceda la excepción segunda a la prórroga, solo es necesario: 1732
- que el arrendador efectúe la **comunicación** de su propósito de modo fehaciente a los inquilinos y arrendatarios con un año de antelación al día en que proyecte iniciar la demolición; y
- que al momento en que desalojen la finca proceda a **indemnizar** a los primeros con seis mensualidades de renta y con la renta de un año a los arrendatarios de local de negocio.

Los únicos **requisitos** exigibles al efecto del derribo de edificios provisionales son:
- el **preaviso** con un año de antelación al día en que se proyecte iniciar la demolición; y
- el abono de la **indemnización** correspondiente en el momento del desalojo.

Dado el **carácter excepcional** y la claridad de los términos de la norma, merece una interpretación estricta, y, por lo tanto, entender que al decir que en tal supuesto solo es necesario cumplir los dos requisitos antes mencionados, es porque ha querido excluir la exigencia de aquellos otros que la propia ley requiere cuando el propósito de derribar afecta a una edificación definitiva. **Diversidad de tratamiento legal**, que está justificada por la diferencia existente entre una y otra clase de edificaciones, pues, en tanto que en las provisionales se va a reemplazar una edificación, de esa clase por otra que reúna las condiciones adecuadas, en cambio, tratándose de una edificación, que ya las tiene, como ocurre con las definitivas, es lógico que la satisfacción del derecho e interés del propietario se subordine al cumplimiento por este de aquellos otros requisitos a que se refiere LAU/64 art.62.2, en relación con LAU/64 art.78, entre los que se encuentra el de comprometerse a que la reedificación se verifique de modo que la nueva finca cuente con el número de viviendas que tales preceptos señalan, respetando al propio tiempo el número de locales de negocio, si en el inmueble a derribar los hubiera (TS 21-11-61).

Precisiones 1) Se consideran **edificaciones provisionales** los barracones, casetas, chozas y chabolas. Y se presume que lo es, salvo prueba en contrario, cualquiera otra edificación de naturaleza análoga en cuya construcción no sea preceptiva, conforme a las disposiciones vigentes, la intervención de técnicos. 1734

2) La enumeración de edificaciones provisionales contenida en LAU/64 art.91.2, no constituye un *«numerus clausus»*, ni elimina la posibilidad de incluir en él otros **supuestos semejantes**, atemperando las circunstancias concurrentes en cada caso concreto (TS 17-12-63; 27-9-68), como ocurre, por ejemplo, con:
- las edificaciones que sean desproporcionadas en altura con otras edificaciones vecinas (TS 12-6-61; 11-10-61);
- las edificaciones que no estén en consonancia con las ordenanzas municipales (TS 13-3-64; 14-12-66); o
- aquellas edificaciones en que el valor en venta del solar sea superior a lo construido, cualquiera que sea la calidad y consistencia de los materiales empleados (TS 14-4-61; 22-6-61; 24-10-64; 24-1-69; 19-1-70; 15-4-74).

3) Aunque es cierto que la enumeración de los inmuebles que pueden merecer la conceptuación de provisionales no está agotada en LAU/64 art.91 por ser meramente enunciativa y no exhaustiva, que para calificar una edificación como provisional no solo han de tenerse en cuenta sus **características físicas**, sino también su falta de **adecuación** al lugar de emplazamiento en relación con los inmuebles que se pueden alzar o que estén ya alzados, que no es fundamental a tal objeto el tiempo transcurrido desde su construcción ni la posibilidad de su **permanencia** ni los materiales empleados en su construcción, que es un dato a tener presente la desproporción entre el valor del solar en que se asienta la construcción con la que pueda atribuirse a la edificación, así como el carácter especial de la propiedad, no es menos cierto que no puede considerarse como edificación provisional la que fue realizada, no con un propósito temporal, interino o de transición, sino con una intención de permanencia y con las características propias del lugar del emplazamiento en el momento de su erección, aunque el transcurso del tiempo y la expansión de la ciudad y de los planes de ordenación urbana la conviertan en inadecuada en atención a la altura, volumen y condición de los demás edificios del sector, construidos con posterioridad y adaptados a la nueva normativa planificadora, pues tal circunstancia, trascendental a los efectos de la Ley del suelo no puede dentro del campo de la LAU, transformar en provisional, lo que en su tiempo fue edificación definitiva, pues ello sería tanto como equiparar los conceptos de edificación inadecuada al lugar de situación con el edificio provisional, cuando este último es solo una especie del género de los inadecuados (TS 31-10-85).
4) El **arrendamiento** de edificaciones provisionales está acogido en el ámbito de la LAU (TS 11-12-50).
5) No es preciso señalar el **día inicial** de las obras de demolición (TS 21-11-64).
6) No es necesaria la **reserva de locales** a los arrendatarios en la nueva edificación (TS 12-6-61; 24-1-62).
7) Es necesario que exista **intención de edificar** o de que la edificación sea posible (TS 18-10-61).
8) Está legitimado activamente el **usufructuario** para el ejercicio de la acción basada en LAU/64 art.91 (TS 20-12-67).
9) Es necesario que sea posible la **nueva construcción** para que opere LAU/64 art.91 (TS 6-2-79).

1735 **Obras para elevar o adicionar la construcción** (LAU/64 art.92) El propietario que se proponga efectuar obras para elevar o adicionar la construcción, que tengan por **objeto** aumentar el número de viviendas y que hagan inhabitable temporalmente la vivienda o local de negocio ocupados por el inquilino o arrendatario, puede realizarlas siempre que:
- obtenga previamente **autorización** del gobernador civil (actualmente, delegado de gobierno); y
- realice la correspondiente **notificación** fehaciente a los inquilinos o arrendatarios, manifestando su propósito y la concesión de la autorización gubernativa con 6 meses de antelación, por lo menos, al día que proyecte comenzar las obras.

El **inicio de las obras** debe tener lugar en el plazo de 2 meses, a contar desde el día en que quede desalojada la vivienda o local de negocio, teniendo en otro caso el inquilino o arrendatario los derechos que reconocidos en LAU/64 art.80 s. (nº 1700 s.).
Esto tiene como **efecto** la suspensión del arriendo por el tiempo que duren las obras.
Es posible la **aplicación por analogía** de LAU/64 art.92 al supuesto de que para elevar una edificación aneja deba inutilizarse alguna dependencia de la finca arrendada.

Precisiones **1)** La **autorización** del gobernador civil (delegado de gobierno) para la elevación o la adición de una construcción es una facultad reglada y no discrecional (TS 15-3-89).
2) Cabe hacer uso del precepto si para la realización de las obras se hace inhabitable el local por simple **riesgo** (TS 5-12-68).
3) No pueden constituir un **obstáculo al acuerdo de desalojo** razones subjetivas del desalojado aunque sean de tipo humano y caritativo (TS 27-6-68).
4) El supuesto de LAU/64 art.92 es un **caso particular** de aplicación del precepto general de LAU/64 art.119 (nº 2112).
5) Hay que tener presente al entrar en el análisis del problema, que la **autorización gubernativa del desalojo temporal** del ocupante de un local de negocio o vivienda prevista en LAU/64 art.92 constituye una extensión del supuesto normal imaginado en LAU/64 art.78 (nº 1692), para los supuestos de reedificación, este derribo de la construcción vieja, para sustituirla por otra más moderna y de mayor número de viviendas, en los que el desalojo, como es lógico, deviene inevitable; o visto desde otro ángulo, es una excepción a la regla de no desalojo de los ocupantes de un edificio, cuando se trata de obras de simple reforma o de elevación de una planta. Por lo que nos encontramos en un **supuesto excepcional** necesitado de una interpretación muy estricta del precepto, en cuanto sirve para separarse, aunque solo sea temporalmente, pero con grandes trastornos para las personas afectadas, del principio de prórroga en la vigencia de los contratos locativos de fincas urbanas, sometidos al régimen especial de dicha Ley de 24-12-1964. Teniendo en cuenta que la elevación del piso ha de repercutir directamente en el piso intermedio, al tener que sustituirse la techumbre por el suelo del nuevo piso, mientras que el bajo se encuentra sin relación directa con esas obras, no procede acceder al desalojo del referido bajo (TS 15-4-87).

La doctrina considera que entre las normas previstas para los supuestos de derribo para nueva edificación son **aplicables**: 1737
- LAU/64 art.80, por expresa y justificada mención;
- LAU/64 art.81, en cuanto a la designación de un domicilio para inquilinos y arrendatarios a los efectos de oír las notificaciones que pudiera hacerles el arrendado;
- LAU/64 art.82, adaptándolo al supuesto de LAU/64 art.92; y
- LAU/64 art.88, para el supuesto que el arrendador no cumpla con el deber de reserva, si bien ciñéndose la reclamación, en su caso, a la vivienda o local de negocio sobre el que recae el contrato, meramente suspendido, del locatario reclamante.

Y considera como **preceptos inaplicables**:
- LAU/64 art.81, con excepción de la parte de designación del domicilio;
- LAU/64 art.83, desde el momento en que los inquilinos y arrendatarios tienen derecho a la recuperación de sus respectivas viviendas y locales, cuyos contratos se hallaran en suspenso; y
- LAU/64 art.84, 85, 87 y 89, por carecer de virtualidad, ya que al ser el mismo contrato el que recobra vigor y actualidad, no puede introducirse ninguna alteración en sus condiciones, sin que exista por ello perjuicio para el arrendador, porque obtiene la adecuada compensación y beneficio por los desembolsos precisos para la obra, con las rentas de las viviendas ampliadas, que son de libre fijación y porque, de otro modo, se gravaría indebidamente a los arrendatarios e inquilinos anteriores, que vendrían obligados a contribuir a unas obras de cuyos beneficios no participan.

Falta de uso de la vivienda arrendada (LAU/64 art.62.3) Constituye causa de excepción a la prórroga forzosa del arrendamiento la falta de uso de la vivienda arrendada. 1740

Para hacer uso de esta excepción, se exige que la vivienda no esté ocupada durante un **período** de más de 6 meses en el curso de un año, o el local de negocio permanezca cerrado por plazo igual, a menos que la desocupación o cierre obedezca a justa causa.

Viviendas en particular La **ocupación** ha de ser por el inquilino, sus familiares o personas ligadas a él por algún vínculo contractual. No es suficiente, la mera ocupación material con muebles. En este sentido se pronuncia la jurisprudencia de las audiencias en general. 1742

Precisiones 1) No es posible alegar el no uso si la ocupación se hace por medio de **subarrendatarios** o terceras personas, según la jurisprudencia de las audiencias en general; o si la vivienda se transforma en un **despacho** (TS 11-6-60).

2) El no uso puede deducirse, entre otras causas de la falta de **consumo de agua y electricidad** (TS 11-10-71).

Constituyen **justas causas** para el no uso de una vivienda: 1744

1) Los supuestos comprendidos en el D 31-10-1958 al disponer que, con relación a los **funcionarios** que sean nombrados para un cargo que exija la excedencia o el cambio de residencia se considerarán justas causas para la falta de uso, sin perjuicio de las que judicialmente proceda declarar en cada caso, las siguientes:
- el nombramiento hecho por decreto para un cargo de los que determinan el pase a la situación de **excedencia especial**, o lo determinaría si el nombrado fuera funcionario público, siempre que, en ambos casos, implique cambio de residencia para el interesado (L 15-7-54 art.7);
- el **traslado de funcionarios civiles** a un lugar distinto del de su residencia habitual, advenido durante los 4 años precedentes a la fecha en que legalmente deban cesar en la prestación del servicio activo;
- el **traslado de los militares**, durante los 4 años precedentes a la fecha en que legalmente hayan de cambiar de guarnición como consecuencia de cambio de situación;
- la residencia habitual, por razón de destino público o de actividades mercantiles o laborales de carácter privado en las provincias españolas y plazas de soberanía de **África**.

2) Lo mismo establece el D 13-3-1969 art.1 al declarar que se considera justa causa para la falta de uso de la vivienda arrendada, sin perjuicio de las que judicialmente proceda declarar en cada caso, la **marcha de un trabajador al extranjero** a desarrollar una actividad laboral mediante contrato de trabajo concertado con empresa radicada y de nacionalidad del país de destino, durante todo el período de tiempo de vigencia del contrato de trabajo y un año más, siempre que por medio del Instituto Nacional de Emigración o por otro modo fehaciente notifique al arrendador de la vivienda la existencia del contrato de trabajo para el extranjero, el período de vigencia del mismo y la fecha de abandono del territorio nacional.

3) Además de los indicados, **otros supuestos** que constituyen justa causa para la falta de uso de la vivienda arrendada, son los siguientes: 1746
• El estado de peligro que ofrece la vivienda para quienes la habiten, por su **estado de ruina**, que ha sido apreciada por la misma propiedad, que incluso le dirigió una carta aconsejándole el desalojo (AP Madrid 17-5-63).
• El **peligro de derrumbamiento** con orden de desalojo (AP Barcelona 28-9-77).

• La **necesidad de reparaciones** en el piso necesarias para la habitabilidad de la vivienda (AP Madrid 30-12-64; AP Granada 10-11-71; AP Pontevedra 14-12-72; AP Barcelona 11-11-82).
• La **enfermedad**, siquiera haya que poner de manifiesto que muchas han sido las sentencias dictadas en pro y en contra de su admisión como motivo de excusa, sin que por esto hayan de considerarse contradictorias entre sí, por tratarse de una cuestión que depende del supuesto concreto que ante los tribunales se plantee. Como regla general, debemos advertir que estos debieran ver con prevención tal alegación, pero no desecharla sin más. La clase de enfermedad de que se trate, las circunstancias personales del paciente, las condiciones de la vivienda, la existencia de familiares que puedan atenderlo, etc., serán circunstancias a tener en cuenta.
• **Motivos laborales**, que obliguen al inquilino a un desplazamiento constante (TS 9-3-60). Siendo necesario acreditar no solo que la profesión obligue al arrendatario a deambular continuamente de ciudad en ciudad, sino que, además, no se vea precisado, por una razón legal o de hecho, a fijar su residencia en punto distinto a aquel en que se halle el local arrendado. Necesidad de **asistir a familiares enfermos** (AP Madrid 17-6-59).
• El hecho de que el arrendatario al **quedar solo en la vivienda arrendada** por haberse ausentado su esposa con motivo de un viaje a Venezuela, país donde vive una hija del matrimonio, durante el tiempo de duración de ese viaje busque acomodo en casa de otra de sus hijas, pues es natural el deseo de una madre de visitar una hija ausente en lejanas tierras, y que mientras dura el viaje el padre, que queda solo, busque acomodo en casa de otro hijo (AP Burgos 22-10-57).

1748 **Locales de negocio y asimilados** La doctrina, partiendo de lo preceptuado por LAU/64 art.1, 4 y 5 llega a las siguientes **conclusiones** (Fuentes Lojo):
a) En el caso **locales arrendados para viviendas** propiamente dichas, es necesario para apreciar el no uso que se dé la no ocupación total o al menos sustancial.
b) Si esos locales son arrendados a alguna de las entidades enumeradas en LAU/64 art.4.2, con la finalidad de ser utilizados para un **fin distinto al de almacenes, depósitos o ejercicio de actividades económicas**, es precisa la no ocupación total si se dedicaran a viviendas de los funcionarios, y el no ejercicio de la función que hayan de cumplir, en otro caso.
c) En caso de **locales destinados a negocio** basta el simple cierre al público, aunque sigan desarrollándose en él actividades mercantiles. La misma conclusión debe obtenerse respecto a los locales arrendados por las entidades enumeradas en LAU/64 art.4.2, si la finalidad es el ejercicio de una actividad económica de tipo mercantil o industrial, con **contacto con el público**.
d) Si en el supuesto anterior, se trata de una actividad económica en sentido amplio, o de un local arrendado para almacén o depósito **sin contacto con el público**, es necesario el cierre o cesación de la actividad propiamente dicha, no bastando al efecto el que lo sea al público (TS 14-12-74).
e) Si el local se arrienda para **escritorios u oficinas**, debiendo estar estas abiertas al público, basta para el no uso el cierre al público; pero si no lo estuvieran, se necesitará el cierre efectivo (AT Granada 7-4-73, en un supuesto de local arrendado para oficinas de una compañía de seguros abierta al público, que se convirtió en simple escritorio para el desenvolvimiento interno de la sociedad).
f) Las anteriores conclusiones llevan a otra de un interés práctico indudable: Si bien no es posible esgrimir la causa de **resolución del arrendamiento por transformación** de un local de negocio en almacén o escritorio, por estar prevista en LAU/64 art.114 (nº 2150), sin embargo, podría, una vez expirado el plazo contractual, obtenerse aquel resultado por esta causa 3ª de LAU/64 art.62, en relación con LAU/64 art.114 causa 11ª (nº 2250).

1750 Por otra parte, entre la **jurisprudencia más significativa** al efecto, hay que hacer referencia a:
a) El **Tribunal Supremo** (TS 6-4-92, EDJ 3345) ha declarado que la excepción a la prórroga se asienta en que no merece protección legal el arrendatario que **no necesita del local** según su fin (TS 11-1-63; 20-11-63; 25-2-75), pues con la interrupción del servicio al público se incumple el destino pactado y se lesiona el interés social y el del propio arrendador (TS 12-3-69; 14-12-74), que no queda ajeno a que el local siga en las mismas condiciones que tenía antes del cierre (TS 22-3-74), así como que este se produce por desocupación (TS 12-12-74) o por el simple hecho material de no estar abierto (TS 6-6-62), aunque en su interior se desarrollen actividades esporádicas, accidentales o accesorias (TS 28-11-74; 3-2-75; 4-10-75), por ser tal estado opuesto al concepto de establecimiento abierto al público, constitutivo de la esencia del local de negocio (TS 14-12-74), para cuya determinación en el proceso hay que acudir, en ocasiones, a datos de valor solo significativo, como el consumo de electricidad (TS 30-3-73; 26-2-75), el estado de limpieza del inmueble (TS 30-5-73) o el resultado ocasional de las actas notariales (TS 30-3-73), pero que, en todo caso, es preciso tener en cuenta las características del negocio instalado en el local (TS 26-2-73; 2-4-75). La utilización exclusiva del local como almacén para simple depósito y guarda de mercancías supone una alteración de la integridad

del contrato que posibilita la denegación de la prórroga y consiguiente resolución, pues deja de utilizarse como elemento esencial y necesario del negocio o actividad que la exposición y venta convenida conlleva (TS 13-2-09, Rec 1415/04).

b) En cuando a las **Audiencias**, hay que hacer mención a la AT Barcelona 19-11-86, en la que destacan los siguientes pronunciamientos: **1752**
• Cuando el tema objeto de controversia se circunscribe al examen de la prosperabilidad de una pretensión de resolución de un contrato arrendaticio urbano sujeto a la legislación especial por invocación de la causa de denegación de la prórroga legal, consistente en haber permanecido el local de negocio arrendado cerrado más de 6 meses en el curso de un año, a menos que obedezca a justa causa, puede tener una singular importancia la determinación previa de la naturaleza del negocio, su clase y especiales características, pues hay negocios, como normalmente ocurre con los de tipo comercial al detalle o al por menor, que, por definición o esencia, suponen una relación inmediata y constante con la clientela, esto es, un contacto usual y habitual con el público, y en los casos que, por ende, es relevante que el local esté regularmente abierto, permitiendo el acceso de los consumidores, en tanto que en otros, cual generalmente sucede con los de tipo industrial, no acontece lo mismo, e incluso en otra perspectiva, aplicable a los dos supuestos anteriores, hay que distinguir los negocios que se caracterizan por una actividad ininterrumpida de aquellos en que es lógica una interrupción más o menos larga, y tales diversas posibilidades susceptibles de asentarse en la práctica exigen apreciaciones valorativas diferentes en orden a si se da la situación fáctica apta para originar la facultad resolutoria, pues en tanto unas veces el **concepto legal de cierre** no reclama una inactividad total, sino que simplemente se caracteriza por una «**incomunicación**», entendida como cesación del contacto con el público, en su caso durante la temporada o época de su normal o adecuado desarrollo, en otras, en cambio, se requiere una **real desocupación**, un auténtico no uso, sin que en ninguno de los casos enerve la pretensión resolutoria la realización de meras actuaciones aisladas, que aunque propias de la actividad a que se destinó el local, no reúnan la precisa asiduidad, por cuanto las mismas no son suficientes para justificar la necesidad de la prórroga del plazo contractual.

• Ha de tenerse en cuenta, por todo ello: **1753**
- la **naturaleza y clase de negocio** instalado en el local (TS 22-6-59; 11-12-59; 25-3-66; 29-10-68; 20-10-73); y
- el **amoldamiento a la función negocial** para cuyo fin fue establecido (TS 22-6-59; 3-7-63), ya que el uso se configura en función del destino y finalidad (TS 6-3-65; 27-5-70; 7-6-71).
• En relación con que no es preciso que haya cesado toda actividad, sino que basta no mantener **comunicación con el público** al que anteriormente tuvo abiertas sus puertas (TS 3-6-59; 20-2-60; 27-9-60; 5-4-61; 31-3-62; 20-12-62; 23-1-63; 24-2-64; 22-9-64; 9-4-65; 11-11-65; 10-2-66; 3-2-68; 5-4-68; 2-7-71; 30-3-73), el local ha de estar a disposición y servicio del público de manera regular y normal a lo que es usual en la clase de negocio (TS 28-9-64; 3-2-75), fin especialmente paccionado y legalmente propuesto (TS 6-6-62).
• El cierre legal no se identifica con el **cierre físico** (TS 25-5-66; 4-7-67), pues no es igual desocupación que cierre, existiendo este cuando se interrumpe el contacto referido, sin que obste a ello que se utilice para otros fines (TS 10-2-66; 12-3-69; 3-2-75), es decir el cierre como concepto legal no exige desocupación, pero si se da esta hay cierre (TS 5-4-61; 12-10-74; 3-2-75), y lo mismo ocurre con el «no uso» (TS 30-3-59; 12-3-69; 7-6-71; 3-2-75).
• En cuanto a que la realidad del cierre no se desvirtúa por el hecho de que el local se utilice de forma o modo anormal con relación a como anteriormente se había venido utilizando, pues esa **anormalidad** equivale a un incumplimiento de su propia y natural dedicación (TS 20-2-60; 25-5-66; 7-6-71; 3-2-75), siquiera, por lo general, no se da anormalidad en los casos de «**actividad reducida**» (TS 3-2-65; 25-5-66; 5-4-68; 11-10-69; 29-12-73) o «**cesación de uso parcial**» -de parte del local- (TS 17-5-64; 26-6-64; 12-11-64).

• No es óbice a la resolución que se hayan desarrollado **actividades**: **1754**
- accesorias o intermitentes (TS 15-6-52; 3-6-59; 13-2-60; 20-2-60; 27-9-64; 23-2-70; 11-10-71; 30-3-73; 24-10-73);
- eventuales o residuarias (TS 27-2-60; 11-11-65; 5-4-68; 12-5-69);
- esporádicas o accidentales (TS 23-9-64; 5-10-64; 3-3-70; 27-9-71; 31-10-74, EDJ 493; 3-2-75; 4-10-75);
- de carácter secundario (TS 13-1-61; 14-11-62; 7-5-71);
- usos meramente particulares (TS 4-2-66; 11-10-66; 28-11-74); y
- actividades limitadísimas y sin hora fija (TS 18-12-71; 16-4-73);
prevaleciendo en unos casos -en los que es exigible el contacto con el público- el triple fundamento de la causa de resolución, a saber: destino pactado, interés social del servicio al público

y propio interés patrimonial del arrendador (TS 5-3-61; 3-11-65; 10-2-66; 12-3-69; 8-5-71; 7-6-71; 14-10-74), y, singularmente, el tercer aspecto, al incidir en la desvalorización o desmerecimiento del local (TS 7-5-71; 18-12-71; 22-3-74), por cuanto para el arrendador no es indiferente que se pierda el hábito de una clientela de acudir a aquel potenciando un mayor rendimiento (TS 18-12-64; 3-11-65), y en los demás, la *ratio essendi* de la excepcionalidad del precepto legal, pues si no hay necesidad, no solo hay abuso, sino que resulta carente de sentido la prórroga forzosa (TS 13-1-61; 11-1-63).

• De la doctrina expuesta anteriormente se deduce un **diferente régimen jurídico** según que el local tenga como finalidad y destino una actividad que exija que el establecimiento esté abierto al público en la jornada laboral correspondiente, de tal modo que en este caso la simple interrupción del contacto con la clientela es valorable como cierre, de aplicación cuando el negocio consiste en una actividad comercial de venta de productos al por menor -tienda-, o que en el mismo se desarrolle una actividad industrial de taller en que, fundamentalmente, el trabajo de su titular, con o sin empleados, se verifica en los domicilios de los clientes, en cuyo supuesto no es preciso que el local esté continuamente abierto, y solo su desocupación o no uso normal puede determinar la actuación del efecto resolutorio del contrato.

1756 **Ejercicio de la acción** Para el ejercicio de la acción no es preciso que en el momento de deducirse la misma haya transcurrido un año a partir de la iniciación de la **desocupación**, bastando con que dentro de dicho año se hayan cumplido los 6 meses de no utilización. En este sentido, es uniforme la jurisprudencia de las audiencias.

Precisiones **1)** El nuevo propietario puede **subrogarse** en el ejercicio de la acción que correspondiese al anterior (TS 25-1-69).

2) No es posible ejercitar la denegación de la prórroga durante el **plazo contractual** (TS 8-7-70). Sin embargo, en TS 13-6-89, se ha declarado que no existe incompatibilidad o contradicción entre la facultad resolutoria concedida al arrendador y el uso de la misma durante la vigencia temporal del contrato, ya que la **acción resolutoria** (nº 2115 s.) no viene condicionada, de manera necesaria, a la expiración de la duración contractual del arrendamiento.

3) En cuanto a la **prueba del no uso** habrá que estar a la norma general de distribución de la carga de la prueba (LEC art.217), si bien precisando que los hechos negativos pueden ser probados por los hechos positivos contrarios, y que la norma distributiva de la carga de la prueba no responde a unos principios inflexibles, sino que se debe adaptar a cada caso, según la naturaleza de los hechos afirmados o negados, y la disponibilidad o facilidad para probar que tenga cada parte (AP Barcelona 4-12-07, EDJ 301983). En este sentido la prueba del no uso de una vivienda suele consistir en informes de detectives, consumos mínimos de agua, electricidad y gas, diligencias fallidas de emplazamiento judicial en la vivienda arrendada y de emplazamiento positivo en otra vivienda, etc.

1760 **Tenencia de dos o más viviendas** (LAU/64 art.62.4) El inquilino o arrendatario no tiene derecho a la prórroga legal cuando:

- el inquilino ocupe dos o más viviendas en la **misma población**; y
- el uso de todas ellas no sea indispensable para atender a sus **necesidades** (nº 1764).

En este caso, si existen **varios arrendadores**, el derecho de denegación de prórroga corresponde al primero que lo ejercite; mientras que si es **uno solo**, corresponde al inquilino el derecho de señalar la vivienda o viviendas que haya de desalojar, y si no lo hace dentro del plazo de los 30 días siguientes al requerimiento en forma fehaciente por el arrendador, puede este denegarle la prórroga respecto de cualquiera de ellas.

En el caso de que disfrute **solo una de las viviendas a título de arrendamiento**, el inquilino carece de la citada facultad de elección.

En principio la **duplicidad** de que habla el precepto ha de ser de viviendas, pero si en el local de negocio el arrendatario tiene una vivienda apta y suficiente, cabe entender que la excepción no operará.

Hay que **diferenciar** esta excepción a la prórroga de la falta de uso (nº 1740) y la disposición de otra vivienda (nº 1765). La primera se aplica a la «no ocupación» de la vivienda, o al cierre del local, es decir, a su falta de utilización conforme a su naturaleza o destino; mientras que la que ahora estudiamos hace referencia, por el contrario, a una ocupación y disposición efectiva de vivienda simultaneada con la igualmente disposición y uso de otra u otras viviendas en la misma población, sin que tal uso colectivo sea indispensable para atender las necesidades del inquilino. La segunda atañe a cualquier titular arrendaticio de viviendas que haya tenido otra a su libre disposición dentro del plazo y demás condiciones estatuidas por el precepto, contrayéndose por consiguiente a aquellos casos en que el inquilino no había ocupado o dispuesto para sí de otra vivienda, pese a haberlo podido hacer libremente a la sazón de interponerse la demanda y dentro de los 6 meses anteriores a la fecha de la presentación, pues de haber llegado a aquella utilización sin desocupar a su vez la primera vivienda, es evidente que la situación encajaría de lleno en el apartado anterior (AP Baleares 29-2-66).

Precisiones 1) Por «**misma población**» hay que entender no solo la localidad, sino también otra que se encuentre dentro del área metropolitana, o de términos municipales si están próximos unos a otros y es fácil el desplazamiento para el trabajo (AP Barcelona 28-2-83).
2) No opera el precepto si el demandado es arrendatario de dos casas, pero una de ellas la arrendó para que la **habitase su hija casada** (AP Las Palmas 30-9-58).
3) La **unidad matrimonial** permite incluir en el concepto «inquilino» tanto a la mujer que personalmente concertó el arrendamiento como a su legítimo esposo (AP Cáceres 15-7-60); pero no si la esposa estuviera separada de hecho de su esposo (AP Sevilla 6-4-61; AP Burgos 27-1-76).
4) Es aplicable el precepto si una de las viviendas la tiene asignada el arrendatario **por razón de su cargo** y no la ocupa (AP Barcelona 22-10-65).

Necesidad del arrendatario Hay que entender que **no existe** la necesidad del arrendatario, si se acredita que el uso simultáneo no sirve al fin útil de atender a sus necesidades. Además, debe existir una **ocupación efectiva indispensable** para atender las necesidades del inquilino, con los siguientes matices y **requisitos** (AP Barcelona 5-2-98): 1764

- que se ocupen 2 o más viviendas, entendido en el sentido de que los pisos se encuentran a disposición del arrendatario (doble derecho de disposición);
- que una de ellas sea la arrendada, ocupando la otra con igual o superior título;
- que se disfruten como viviendas para la satisfacción de las necesidades que tal condición comporta;
- que estén en la misma población;
- que el uso simultáneo o conjunto no sea indispensable.

Aquí se hace referencia a la ocupación y uso por el inquilino de dos o más viviendas en una misma población, cuando ello no sea imprescindible para atender a sus necesidades, siendo claro que la distribución de la **carga de la prueba** implica que corresponde al actor el demostrar que el demandado posee dos viviendas en las circunstancias dichas, mientras que es este quien debe, a su vez, demostrar que el uso de ambas viviendas le son indispensables para atender sus necesidades (AP Barcelona 8-9-00, EDJ 119949).

Precisiones 1) Si la **viuda** ocupa la vivienda por subrogación de su finado esposo y el piso libre lo destina al hijo soltero, que es médico y va a contraer matrimonio, no existe el supuesto de LAU/64 art.62.4 (AP Barcelona de 4-6-69).
2) Si de las circunstancias del caso aparece que, en realidad, en la **nueva vivienda** o en los **locales anejos**, existe espacio más que suficiente para vivir y tener su despacho profesional, la excepción a la prórroga ha de prosperar (TS 14-10-67).

Tenencia de otra vivienda a disposición del inquilino (LAU/64 art.62.5) Constituye causa de excepción a la prórroga forzosa del arrendamiento el tener a disposición del inquilino otra vivienda. Por tanto, no tiene derecho el inquilino o arrendatario a dicha prórroga cuando, en el **plazo** de los 6 meses inmediatamente anteriores a la fecha de la presentación de la demanda, haya tenido a su libre disposición, como titular de un derecho real de goce o disfrute, una **vivienda desocupada y apta** para la satisfacción de sus necesidades y de características análogas a la arrendada. 1765

Aunque el inquilino tenga en el plazo de 6 meses, inmediatamente anteriores a la fecha de la presentación de la demanda, a su libre disposición, como dueño, una vivienda desocupada de análogas características, la única interpretación, no ya lógica, sino literalmente gramatical y conforme al espíritu de la norma que cabe hacer no es el de entender que no es preciso que esa situación de doble disposición de viviendas haya de ser **permanente, continuada y sin interrupción o interposición** alguna durante el plazo de los 6 meses, cual pretenden las recurrentes, sino que basta que haya existido o se haya producido, en cualquier momento del transcurso de aquel plazo y por un espacio de tiempo mayor o menor, siempre que sea apto para que, de hecho y materialmente, al haber quedado disponible la vivienda, sea posible su subsiguiente ocupación (AP Asturias 22-1-58).

Por **libre disposición** ha de entenderse que el interesado pueda inmediatamente ocuparla porque haya quedado desocupada. No vemos, sin embargo, la razón por la que no pueda aplicarse esta excepción al supuesto de que, encontrándose en el transcurso del plazo legal o de su prórroga, una vez recaída la oportuna resolución del arrendamiento, no lo ha efectuado.

Precisiones 1) Aún en el supuesto de que el recurrente hubiera **cedido los pisos por él subrogados** a sus hijos el mismo día de la cesión habría dispuesto de tres viviendas diferentes y sería aplicable lo establecido en LAU/64 art.62.5, por lo que debe acogerse dicha causa de denegación de prórroga (TS 27-3-65).
2) Solo se exige únicamente que la **disponibilidad** de la vivienda distinta de la arrendada concurra en algún momento dentro del período de 6 meses anteriores a la demanda, por lo que cuando el inquilino adquiere la vivienda en **propiedad u otro derecho real o de goce** sobre la misma, con antelación superior a 6 meses, pero la conserva dentro de este período, e incluso la conserva en el momento de la presentación de la demanda, es claro que concurre el supuesto legal, tanto

interpretado literalmente, según el sentir de sus palabras, como lógica y teleológicamente, pues la ley no exige que «haya adquirido» en dichos 6 meses, sino que «haya tenido» (AP Segovia 10-12-93, EDJ 13969; AP Madrid 13-10-99).

3) Opera el precepto si el inquilino que tiene a su disposición la vivienda arrendada, posee en **copropiedad** con otra persona un inmueble en el que existan varios pisos vacíos (AP A Coruña 17-1-61; AP Valladolid 4-11-59; AP Madrid 27-6-58).

4) Opera la excepción si es la **esposa** la que tiene a su disposición la otra vivienda (TS 27-3-65).

5) No es posible hablar de que la vivienda de que dispone el arrendatario es de **características análogas** a la arrendada, si esta dispone de los servicios necesarios para su habitabilidad, a diferencia de la primera, además de estar en suelo rústico y no en un núcleo urbano (AP Lleida 6-6-96, Rec 317/96). Ni tampoco si la vivienda arrendada está en el centro de la ciudad y la que se posee en usufructo está en un barrio alejado (AP Asturias 16-10-97).

6) Si la sentencia afirma, sin que su afirmación se haya refutado eficazmente, que tanto el hogar familiar como la profesión facultativa pueden desenvolverse con un chalet en el ensanche y un consultorio clínico en donde, normalmente, y desde antes de alquilar el local de autos, viene dedicándose al ejercicio de su profesión, falta la razón legal de protección al arrendatario, pues el poder atender clientes también en su propia vivienda no puede considerarse más que como una **mayor comodidad** muy distinta de la **necesidad** y que no justifica que se multiplique el disfrute de locales por una sola persona, cuando su carestía fue lo que dio origen a esta legislación especial de privilegio, que, como todos ellos, ha de interpretarse restrictivamente (TS 19-5-65).

7) No es suficiente para la aplicación de la excepción, que puedan hacerse **obras** en la que se tenga a disposición **para adaptarla a las necesidades** del inquilino (AP Barcelona 21-3-92).

8) No sería aplicable el precepto si la ocupación de varias viviendas tuviera como objetivo mantener el principio de la **unidad familiar** (AP Lleida 20-11-89).

1768 Los **requisitos fundamentales** exigidos son los siguientes:

a) Que el inquilino tenga a su disposición como titular de un **derecho real** de goce o disfrute una vivienda.

b) Que la vivienda esté **desocupada**.

c) Que la vivienda sea de **características análogas** a la arrendada y apta para satisfacer las necesidades del inquilino. Es doctrina comúnmente admitida que en la comparación entre la vivienda arrendada y la otra vivienda de que dispone el inquilino, no deben tomarse en cuenta para apreciar la analogía únicamente los datos objetivos relativos a la extensión superficial, características arquitectónicas, o distribución de la vivienda, sino que, al requerir la norma que la vivienda además sea apta para satisfacer las necesidades del inquilino, deben tenerse en cuenta también los aspectos referentes a la situación personal o familiar y a otras posibles **circunstancias subjetivas** del inquilino que puedan concurrir en el caso concreto (AP Barcelona 13-1-05, EDJ 5807).

El ejercicio de la acción no está sujeto al **plazo** de caducidad de 6 meses desde el último momento en que tuviese el inquilino a su disposición, desocupada, otra vivienda de análogas condiciones a la arrendada. De tal suerte que si esta vivienda se ocupa, la acción deberá entablarse en el plazo de los 6 meses siguientes y ya no será posible hacerlo cuando este plazo haya transcurrido.

Precisiones **1)** Para que el inquilino no tenga derecho a la prórroga legal, la vivienda que este hubiese tenido a su libre disposición debía ser apta para la satisfacción de sus necesidades y de características análogas a la arrendada. Se trata de claramente de dos **condiciones distintas**, cuáles son la aptitud para satisfacer las necesidades de habitación del inquilino, y la analogía de características respecto a la vivienda arrendada, debiendo concurrir, por consiguiente, las dos expresadas condiciones, no pudiendo quedar subsumida la aptitud en la analogía de características, no ya solo porque la ley las señala como requisitos indispensables, sino también porque aun siendo las viviendas de características análogas, puede una de ellas no ser apta para satisfacer las necesidades de habitación, al ser necesario realizar en la misma obras para una debida habitabilidad (AP Las Palmas 2-10-64).

2) En el supuesto queda acreditado que el arrendatario es **cotitular de una vivienda**, por lo que concurre el primero de los requisitos enunciados, pero tal vivienda no se encuentra a su libre disposición ni desocupada, ya que en la misma habitan su esposa e hija, y si bien jurisprudencialmente se ha declarado repetidamente que no es óbice para la concurrencia de dicho requisito el que la misma sea ocupada habitualmente por otros familiares del inquilino que, por cualquier título, hayan sido introducidos en la vivienda por este, con el fin de evitar con ello conductas en fraude a los derechos del arrendador, tal doctrina quiebra en los supuestos en los que exista una situación de **crisis matrimonial**, separación conyugal o divorcio, sin que impida tal conclusión, al no existir razón alguna que justifique un tratamiento jurídico distinto, que dicha situación no haya sido legalizada, siempre y cuando, como sucede en el caso de autos, se haya estimado suficientemente acreditada. Faltando tal requisito no es necesario entrar en el estudio de si pueden considerarse análogas las viviendas arrendada y la propia del inquilino atendida su diferente ubicación (AP Barcelona 15-1-99).

3) En el supuesto queda acreditado que la demandada es titular de un **derecho de usufructo** sobre una vivienda ocupada por su hijo en calidad de nudo propietario, por lo que dispuso de una segunda vivienda dentro de los 6 meses anteriores a la presentación de la demanda, ya que es al usufructuario, y no al nudo propietario, a quien le corresponde el disfrute y aprovechamiento de la cosa usufructuada (AP Barcelona 4-5-10, EDJ 151249).

c. Subrogación en el arrendamiento

Antes de entrar a examinar las **limitaciones** que afectan a las subrogaciones en los arrendamientos a partir del 1-1-1995, es necesario hacer referencia a la distinción entre: 1775
- subrogaciones ***inter vivos* o cesión de vivienda**, a la que se hace referencia en los nº 2050 s., posibilidad que actualmente ha desaparecido; y
- subrogación **por fallecimiento**, que es el supuesto al que a continuación va a hacerse referencia, y para el cual se limitan las personas que se pueden subrogar y el número de subrogaciones posibles (nº 1790 s.).

Para facilitar la comprensión de la normativa en materia de **subrogación y extinción a partir del 1-1-1995** de los arrendamientos de vivienda **celebrados con anterioridad al 9-5-1985**, se ha sintetizado en el siguiente cuadro, sin perjuicio de que a continuación se proceda a un examen más detallado de la cuestión:

<table>
<tr><th colspan="4">Subrogación</th><th>2ª o ulterior subrogación</th><th>Extinción</th></tr>
<tr><td rowspan="8">Fallecimiento del arrendatario (LAU disp.trans.2ª.4)</td><td rowspan="4">Cónyuge no separado legalmente o de hecho</td><td rowspan="3">Con hijos del arrendatario conviviendo con él</td><td>Con un grado de discapacidad superior al 65%</td><td>SI</td><td>Fallecimiento</td></tr>
<tr><td rowspan="2">Resto de supuestos</td><td rowspan="2">SI</td><td>A los 2 años de la subrogación</td></tr>
<tr><td>Al cumplir los 25 años, si esta fecha es posterior</td></tr>
<tr><td colspan="2">Resto de supuestos</td><td>NO</td><td>Fallecimiento</td></tr>
<tr><td rowspan="3">Hijos que convivieran con él durante los 2 años anteriores, en defecto del anterior</td><td colspan="2">Afectados por grado de discapacidad igual o superior al 65%</td><td>NO</td><td>Fallecimiento</td></tr>
<tr><td colspan="2" rowspan="2">Resto de supuestos</td><td rowspan="2">NO</td><td>A los 2 años de la subrogación</td></tr>
<tr><td>Al cumplir los 25 años, si esta fecha es posterior</td></tr>
<tr><td colspan="3">Ascendientes a su cargo que convivieran con él durante los 3 años anteriores, en defecto de los dos anteriores</td><td>NO</td><td>Fallecimiento</td></tr>
<tr><td rowspan="4">Fallecimiento del subrogado (subrogación anterior al 1-1-1995) (LAU disp.trans.2ª.5)</td><td colspan="3">Cónyuge del subrogado no separado legalmente o de hecho</td><td>NO</td><td>Fallecimiento</td></tr>
<tr><td rowspan="3">Hijos del arrendatario que convivieran con el subrogado durante los 2 años anteriores a su fallecimiento, en defecto del anterior</td><td colspan="2">Afectados por un grado de discapacidad igual o superior al 65%</td><td>NO</td><td>Fallecimiento</td></tr>
<tr><td colspan="2" rowspan="2">Resto de supuestos</td><td rowspan="2">NO</td><td>A los 2 años de la subrogación</td></tr>
<tr><td>Al cumplir los 25 años, si esta fecha es posterior</td></tr>
</table>

Tanto a los supuestos de subrogación por fallecimiento del arrendatario, como a los supuestos de subrogación por fallecimiento del subrogado, son de aplicación las reglas que se exponen a continuación en los siguientes aspectos: 1777

a) Existencia de convivencia (LAU disp.trans.2ª.9.1º). Para que puedan operar las subrogaciones es necesaria la existencia de convivencia con el arrendatario. Corresponde a las personas que pretendan ejercitar su derecho a la subrogación la **prueba** de la condición de convivencia

con el arrendatario fallecido que para cada supuesto proceda. La condición de convivencia con el arrendatario fallecido debe ser habitual y darse necesariamente en la vivienda arrendada.
En relación con el **período** de convivencia exigido para que pueda operar la subrogación -2 años anteriores al fallecimiento del arrendatario para los descendientes- se han hecho diversos pronunciamientos tanto por la doctrina como por la jurisprudencia:
Según un sector de la **doctrina**, cabe acumular el período de convivencia con el titular original del derecho arrendaticio y el posterior con el cónyuge o pareja de hecho, siempre que la convivencia sea ininterrumpida.

1778 Por su parte, la **jurisprudencia** ha realizado los siguientes pronunciamientos:
• El período de 2 años de convivencia con el titular, precedentes a su fallecimiento, puede considerarse cumplido, sumando a la convivencia continuada del período final, la anterior de **asidua asistencia** al mismo con motivo de su precario estado de salud (TS 21-3-85).
• La convivencia debe ser precisamente en la misma vivienda arrendada, donde ha de observarse una **vida en común y familiar** entre el titular del arrendamiento y los parientes a que el precepto se refiere, situación que no cabe se produzca en aquellos locales conceptuados por la ley como viviendas, pero cuyo destino no es el de servir de morada o habitación a una familia (TS 29-11-55; 25-10-63).
• Por convivencia no cabe entender la permanencia en la vivienda durante las **horas del día**, aun en régimen de actividad familiar derivado de las relaciones paterno-filiales, por exigirse para la misma una **comunidad de habitación y domiciliación efectiva** a todos los efectos (AP Granada 10-2-59; AP Barcelona 15-11-76; AP Huesca 24-2-77).
• La convivencia a la que se refiere LAU/64 art.58.1 no ha de ser entendida de un modo rigorista y absoluto, dando entrada al criterio de que procede la subrogación cuando la exigida convivencia no se ha podido realizar por razones de **fuerza mayor**, o causas que lo justifiquen de una forma plena o absoluta (AP Bizkaia 16-4-85).
• Es convivencia el hecho de estar físicamente en la vivienda sin interrupciones y de forma prolongada y duradera con carácter habitual, no pasajero o transitorio y con la **intención** de formar un hogar con el inquilino ocupante (AP Barcelona 13-5-86).
• Los 2 **años de convivencia** hay que contarlos ininterrumpidamente a partir de la fecha de la defunción (AP Barcelona 5-5-60).
• No cabría hablar de «convivencia» en el supuesto en el que la titular arrendataria, extinguido el arrendamiento anterior, no podía por razón de **obras** habitar ni en la vivienda anteriormente arrendada ni en la posterior que exigió (TS 2-2-88). Este tema sería discutible.

Precisiones **1)** No cabe entender que existe convivencia en el supuesto de **colaboración en el trabajo**, en un despacho de un profesional, otras personas, aunque se trate de hijos (TS 11-2-64).
2) No obsta a la eficacia de la subrogación el que algún tiempo antes del fallecimiento de la inquilina, esta con su hija -cuya subrogación se discute- que había de cuidarla, tuvieran que **establecerse fuera de su domicilio** obligadas por los cuidados especiales que requería su estado de salud y por la limitación de sus movimientos, incompatible con la estancia en un piso tercero, situado en una casa sin ascensor (AP A Coruña 29-2-60; 16-5-73; 5-12-74).
3) Las temporadas que, por razón de los **estudios universitarios** se pasan en la vivienda, no justifican la convivencia habitual (AP A Coruña 22-2-61).
4) La necesidad de la convivencia tiene su **excepción** en el supuesto de los **funcionarios de la carrera diplomática** que por razón de su profesión están obligados a residir fuera de España. Estos funcionarios, cuando al ser destinados al extranjero habiten una vivienda en compañía de sus familiares dentro de los grados a que se refiere LAU/64 art.58 y LAU disp.trans.2ª.4 a 9 conservan los mismos derechos previstos para el caso de que fallezca el inquilino titular del contrato (D 26-5-1950).

1780 **b) Procedimiento y orden de prelación** (LAU disp.trans.2ª.9.3º). Son de aplicación a la subrogación por causa de muerte regulada en LAU disp.trans.2ª.4 a 7, las disposiciones sobre procedimiento y orden de prelación establecidos en LAU art.16 (nº 660).
c) Imposibilidad de renuncia por un beneficiario en favor de otro de distinto grado de prelación (LAU disp.trans.2ª.9.4º). En ningún caso, los beneficiarios de una subrogación pueden renunciarla a favor de otro de distinto grado de prelación.
Ello supone que el **cónyuge** no puede renunciar su derecho a favor de los hijos, ni estos en favor de los ascendientes.
La ley, en este caso, al hablar de grados quiere considerar los tres **grupos** siguientes: cónyuge, hijos y ascendientes del arrendatario, por este orden, siempre que unos y otros reúnan las condiciones exigidas para ello.
Así, si la persona que ocupa el grado de prelación superior **renuncia a la subrogación** el arrendamiento se extingue. No obstante, sí es renunciable la preferencia dentro del mismo grado.

Precisiones 1) El concepto de **carga familiar** no es idéntico al de número de familiares, y sí de carácter económico en el que ha de entrar en juego la mayor o menor fortaleza o debilidad económica, dentro de la cual el número de familiares es solamente un factor a considerar.
2) En caso de **igualdad de grado, parentesco y cargas**, no existiendo minusvalías del 65% o más, se tendrá en cuenta la edad, prefiriéndose entre los descendientes al más joven.
3) En el supuesto de que el derecho a la subrogación corresponda a un **demente**, la voluntad de subrogación está bien manifestada si la hizo quien llevaba la tutela de hecho, si fue ratificada con posterioridad al plazo, por el consejo de familia (AP Zaragoza 25-10-72).

d) Necesidad de notificación al arrendador (LAU art.16.3 y disp.trans.2ª.9.3º). El arrendamiento se extingue si en el **plazo** de 3 meses desde la muerte del arrendatario, el arrendador no recibe notificación por escrito: **1784**
- del hecho del fallecimiento, acompañando certificado registral de defunción; y
- de la identidad del subrogado, indicando su parentesco con el fallecido y ofreciendo, en su caso, un principio de prueba de que cumple los requisitos legales para subrogarse.

No se exige que la notificación sea fehaciente, bastando por tanto que se haga **por escrito** con los demás requisitos legalmente previstos.
Aunque no ofrece duda, la necesidad de la anterior notificación solo se exige para las subrogaciones que se produzcan **a partir del 1-1-1995**, nunca para las anteriores, respecto a las que sigue rigiendo lo dispuesto en LAU/64 art.58.4.
La **jurisprudencia** ha modificado su postura inicial, que venía entendiendo que, para que tenga lugar la subrogación, es imprescindible el cumplimiento del requisito de la comunicación por escrito del fallecimiento y de la identidad de la persona que tiene la voluntad de subrogarse (p.e. TS 23-10-13, EDJ 206248).
Considera que esta doctrina resulta **excesivamente rígida** y que no puede ser mantenida de manera inflexible sin atender en cada caso a las exigencias que impone la buena fe. Por razón de la **buena fe**, el efecto extintivo del contrato puede ser un resultado injusto cuando, a pesar de no haberse llevado a cabo una notificación formal por escrito, el arrendador tiene un **conocimiento efectivo** de que se ha producido el fallecimiento del arrendatario y de la voluntad de subrogación de quien tiene derecho a ello. Lo que pretende la exigencia de notificación es que el arrendador tenga conocimiento en un plazo razonable del ejercicio de un derecho que le afecta. Invocar la falta de notificación para extinguir el contrato cuando el arrendador conoce la voluntad del ejercicio del derecho de subrogarse resulta, por tanto, contrario a la buena fe (TS 20-7-18, EDJ 524560).

e) Resolución del arrendamiento por extinción del contrato y no subrogación.
El problema de la necesidad de demandar a **todos los familiares con derecho** a la subrogación, siempre, naturalmente, que existan varios, desapareció ya estando vigente la LAU/64 ya que solo uno de ellos podrá ser el continuador, siguiendo el orden de prelación legalmente establecido (LAU/64 art.58).

Precisiones 1) Es admisible la **comunicación verbal**, por **actos concluyentes** o incluso por actos propios del arrendador, si de esta manera consta que el arrendador es indubitado conocedor de la subrogación operada en la vivienda arrendada (AP Valencia 11-5-99).
2) La valoración conjunta de todos los elementos fácticos conduce al Tribunal a la conclusión de que efectivamente tuvo lugar la notificación dentro del plazo de los 3 meses, y ello porque sobre lo sospechoso de que no se pusiera en su conocimiento ese hecho cuando la propia actora admite que cobraba la renta en el piso arrendado y que conocía a los demandados, así como que su domicilio estaba muy próximo al de la demandada, tenemos la propia **confesión** de la actora admitiendo que tuvo **conocimiento del hecho del fallecimiento** dentro de los 3 meses de referencia (AP Barcelona 28-4-99).
3) Debe entenderse que existe una **aceptación tácita** pero clara de la subrogación, siendo de aplicar la doctrina de los actos propios, ya que es indudable que quien durante casi un año acepta el pago de rentas cuando tiene constancia del fallecimiento del inquilino y conoce, desde prácticamente 10 meses antes, el nombre de las posibles personas que se podrían subrogar en el contrato, recibe el ingreso de una de las rentas efectuado personalmente por uno de los hijos de la arrendataria fallecida y continúa posteriormente percibiendo el pago de las rentas sin hacer objeción alguna (AP Madrid 19-12-07, EDJ 339579).
4) No constituye una **excepción** a la obligación de notificar la subrogación de la viuda en los bienes arrendados al marido, el hecho de ser estos gananciales (AP Asturias 18-11-57; AP Toledo 7-7-97).
5) El contrato de arrendamiento **concluido por uno de los cónyuges** constante matrimonio no forma parte de los bienes gananciales y es un derecho personal independiente del régimen económico matrimonial, que se rige por lo dispuesto en la LAU en lo relativo a la subrogación por causa de muerte del cónyuge titular del arrendamiento, por lo que al no haberse subrogado la viuda del arrendatario en el período establecido en la Ley (LAU art.16) procede declarar la inexistencia de la subrogación (TS 3-4-09, EDJ 82783; 10-3-10, EDJ 16366; 9-7-10, EDJ 140018; 24-3-11, EDJ 19599).
6) Es válida la renuncia a la expectativa de la subrogación mediante el pago de una **compensación en metálico** (TS 22-10-99, EDJ 33323).

1790 **Subrogación por fallecimiento del arrendatario** (LAU disp.trans.2ª.4) Desde el 1-1-1995 la subrogación por fallecimiento del arrendatario en los arrendamientos celebrados con anterioridad al 9-5-1985 solo puede tener lugar a favor de:
- el **cónyuge no separado** legalmente o de hecho o la pareja de hecho;
- en su defecto, los **hijos** que hubiesen convivido con él durante los 2 años anteriores al fallecimiento;
- en defecto de los anteriores, los **ascendientes** del arrendatario que estuviesen a su cargo y hubiesen convivido con él los 3 últimos años, como mínimo, anteriores a la fecha de su fallecimiento.

En estos casos, la **extinción** del contrato tiene lugar al fallecimiento del subrogado, salvo que este sea un **hijo** del arrendatario no afectado por un grado de discapacidad igual o superior al 65%, en cuyo caso se extinguirá a los 2 años o en la fecha en que el subrogado cumpla veinticinco años, si esta es posterior.
No obstante lo anterior, si el subrogado es el cónyuge, y al tiempo de su fallecimiento hay hijos del arrendatario que conviviesen con aquel, puede haber una **segunda subrogación** a favor de un hijo. En este caso, el contrato se extingue:
- transcurridos 2 años;
- cuando el hijo alcanza la edad de 25 años, si esta fecha es posterior; o
- por su fallecimiento si está afectado por un grado de discapacidad igual o superior al 65%.

Precisiones **1)** Esta normativa, parece referirse solamente al inquilino **titular del contrato** de arrendamiento que lo hubiera pactado, sin embargo, cabe entender que ha de referirse también al **subrogado** en el inquilinato si dicha circunstancia se hubiera producido con anterioridad al 12-5-1956, en que entró en vigor la LAU de 1956, cualquiera que hubiera sido el número de subrogaciones producidas con anterioridad a dicha fecha siempre que hubiera mediado la pertinente notificación al arrendador (AP Madrid 11-10-99).
2) La existencia de meras conversaciones para la celebración de un nuevo contrato no sirven para dilatar los plazos de subrogación (AP Barcelona 4-5-18, EDJ 59102).

1792 A la hora de aplicar el sistema de subrogación previsto en LAU, hay que tener en cuenta las siguientes **reglas**:
1) De la subrogación por fallecimiento del arrendatario se ocupa LAU disp.trans.2ª.4, 7, 8 y 9, modificando lo dispuesto por LAU/64 art.58, pero sin hacer referencia concreta ni tampoco derogar lo dispuesto por LAU/64 art.58.3 sobre la subrogación por fallecimiento del arrendatario que haya destinado la vivienda de modo exclusivo al **ejercicio de su profesión facultativa o colegiada**. En cualquier caso, **no es aplicable** el nuevo sistema de subrogación al supuesto específico contemplado en LAU/64 art.58.3 referido al arrendamiento de local destinado por el arrendatario al ejercicio de su profesión facultativa o colegiada, porque no le afecta lo dispuesto por LAU disp.trans.2ª.
2) No opera la **tácita reconducción** del CC art.1566 si se extingue el contrato por no existir personas con derecho a la subrogación y no ejercita el arrendador la correspondiente acción de resolución, porque la tácita reconducción solo operaría en los contratos de arrendamiento pactados por un plazo determinado, pero no cuando están en prórroga forzosa.

Precisiones No es posible aplicar lo dispuesto en LAU/64 disp.trans.2ª, si el arrendatario fuera una persona jurídica, habiéndose pactado expresamente que la vivienda se destinará a vivienda de los directores de la oficina bancaria de la arrendataria, porque la subrogación opera a favor del **arrendatario persona física**.

1793 **Subrogación del cónyuge** (LAU disp.trans.2ª.4 y 5) Para que quepa esta subrogación es necesario que se cumplan los siguientes **requisitos**:
1) Que se produzca el fallecimiento del arrendatario.
2) Que quien pretenda subrogarse tenga la condición de cónyuge o pareja de hecho.
3) Que dicho cónyuge no esté separado legalmente o de hecho del arrendatario al producirse el fallecimiento.
4) Que al fallecer el arrendatario el cónyuge conviva con él y, además, en la vivienda arrendada.
Los derechos reconocidos en LAU disp.trans.2ª.4 y 5 al cónyuge del arrendatario (como subrogado), también son aplicables respecto de la **pareja de hecho** (nº 1796).
Si **al tiempo del fallecimiento** del arrendatario estuviera **separado** del mismo, la jurisprudencia ha declarado que la LAU es muy clara en este aspecto, limitando la subrogación al cónyuge no separado legalmente o de hecho (AP Barcelona 25-10-00).
En el supuesto de que el contrato se hubiera celebrado **a nombre de ambos cónyuges**, existe un coarrendamiento, y, en consecuencia, al fallecimiento de uno de ellos no se produce subrogación alguna, sino que subsiste el contrato en el supérstite.
No hay que conceder la **condición de cotitular** al cónyuge del arrendatario fallecido si el arrendamiento tiene la condición de ganancial.

El contrato **se extingue** en función de la fecha de la primera subrogación: 1794
• **Anterior al 1-1-1995**, al fallecimiento del cónyuge, salvo cuando exista un **hijo** del arrendatario que se subrogue, no afectado por un grado de discapacidad igual o superior al 65%, en cuyo caso se extingue a los 2 años o cuando el hijo alcance la edad de 25 años si tal fecha es posterior.
• **Posterior al 1-1-1995**, por el fallecimiento del subrogado, con la **excepción** de que al tiempo de producirse dicho fallecimiento, hubiera hijos del arrendatario conviviendo con aquel cónyuge, porque entonces cabe una **segunda subrogación**, extinguiéndose en este segundo caso el contrato:
- a los 2 años, si es mayor de 25 años;
- al alcanzar el hijo la edad de 25 años, si los cumple posteriormente; o
- por su fallecimiento si estuviera afectado por un grado de discapacidad igual o superior al 65%.

En ambos casos queda también a salvo el supuesto de los **hijos mayores de 65 años** o que fueran **perceptores de prestaciones públicas** por jubilación o invalidez permanente en grado de incapacidad permanente absoluta o gran invalidez en el que esta posibilidad de subrogación solo opera durante los 10 años siguientes al 1-1-1995, produciéndose su extinción al fallecimiento del hijo subrogado (LAU disp.trans.2ª.8).

Precisiones 1) Es aplicable también la **extinción** a los 2 años o al cumplirse la edad de 25, si el hijo está afectado por un grado de discapacidad igual o superior al 65%.
2) Tiene derecho a la subrogación el cónyuge de un matrimonio concertado con arreglo a la **Ley de divorcio de 2-3-1932** (AT Barcelona 21-11-61).
3) El hecho de haber contraído matrimonio con el arrendatario ***in articulo mortis*** no da derecho sin más a la subrogación si resulta que nunca existió la convivencia aunque se dieran relaciones sentimentales esporádicas (AP Barcelona 7-5-91).
4) En cuanto al matrimonio celebrado en España con arreglo a la **legislación islámica, evangélica** o **israelita**, se llegó a la conclusión negativa en cuanto a la subrogación del cónyuge al fallecimiento del arrendatario (AP Barcelona 6-7-89). Se entiende, de todas formas, que la tesis anterior no puede sustentarse después de la Constitución de 1978, que consagró como fundamentales los derechos de igualdad y libertad religiosa, que alcanzan no solamente a los derechos individuales de los ciudadanos, sino también, por derivación, a las confesiones o comunidades en que se integran para el cumplimiento comunitario de sus fines religiosos. En el mismo sentido, la LO 7/1980, de libertad religiosa y, en particular, la L 24/1992, por la que se aprueba el Acuerdo de cooperación del Estado con la Federación de Entidades Religiosas Evangélicas de España, reconoce los efectos civiles del matrimonio celebrado ante los ministros de culto de esta iglesia, aunque sea necesaria su inscripción en el Registro; la L 25/1992, por la que se aprueba el Acuerdo de cooperación con la Federación de Comunidades Israelitas de España, que hace el mismo reconocimiento respecto a los ministros del culto de estas comunidades; y la L 26/1992, en relación con la Comisión Islámica de España. Hay que tener en cuenta, además, que la DGRN Instr 10-2-93 sobre la inscripción en el Registro Civil de los matrimonios celebrados por las comunidades indicadas, ya autoriza esta inscripción.

Subrogación de la pareja de hecho (LAU disp.trans.2ª.7) Se reconocen a la persona que sin ser 1796
su cónyuge haya venido conviviendo con el arrendatario fallecido de forma permanente en análoga relación de afectividad con independencia de su orientación sexual los mismos derechos que al cónyuge del arrendatario (nº 1793). Para ello, es requisito indispensable que haya existido **convivencia** durante, al menos, los 2 años anteriores al tiempo del fallecimiento, salvo que haya **descendencia en común**, en cuyo caso basta la mera convivencia.

Los **requisitos** para que la subrogación se produzca pueden resumirse así:
1) Que se produzca el fallecimiento del arrendatario que firmó el contrato.
2) Que quien pretende subrogarse sea una persona que haya venido conviviendo con el arrendatario de forma permanente y, además, en análoga relación de afectividad a la de cónyuge. No importando su orientación sexual.
3) Que la convivencia se haya venido produciendo al menos durante los 2 años anteriores al fallecimiento, exceptuándose de este plazo de convivencia tan solo el supuesto que haya descendencia en común.
4) Que la convivencia lo sea en la propia vivienda arrendada.

Estas personas tienen **preferencia en la subrogación** sobre los hijos del arrendatario. 1798
Es necesario interpretar con sentido muy estricto estas subrogaciones, por su carácter excepcional. En este sentido, hay que advertir que la **prueba** de la convivencia y de la relación de afectividad corresponde a quien pretenda la subrogación, debiendo el arrendador controlar lo que pueda la situación de hecho, para evitar el fraude que pueda producirse.
No debe bastar para justificar la «**convivencia**» un certificado de estar inscrita la «pareja» en el registro que abierto en cada ayuntamiento.

Tampoco cabe comprender en este apartado las relaciones afectivas que impliquen a **más de dos personas**.

Precisiones Para que las **uniones de hecho** puedan generar la aplicación de la normativa legal, deben de cumplir ciertos requisitos que se derivan de su propia naturaleza -coexistencia diaria, estable, practicada de forma externa y pública, etc., a fin de evitar que una interpretación amplia y no debidamente medida desborde y desvirtúe la correspondiente aplicación del derecho. La convivencia *more uxorio* ha de desarrollarse en régimen vivencial de coexistencia diaria, estable, con permanencia temporal consolidada a lo largo de los años, practicada de forma externa y pública con acreditadas actuaciones conjuntas de los interesados, creándose así una comunal vida amplia, intereses y fines, en el núcleo de un mismo hogar (TS 18-5-92, EDJ 4871).

1800 **Subrogación del hijo** (LAU disp.trans.2ª.4 a 9) Los hijos solamente tienen derecho a la subrogación cuando:
- no existe cónyuge o pareja de hecho; o
- existiendo uno u otro, no tengan derecho a la subrogación o hayan fallecido.

Cabe distinguir los siguientes **supuestos**:

a) **Arrendatario fallecido sin dejar cónyuge o pareja de hecho**. Los **requisitos** para que sea posible la subrogación de los hijos en este caso son los siguientes:

• Ha de tratarse de **hijos**, no pudiendo extenderse, por tanto, a otra clase de descendientes como nietos o biznietos, aunque dependieran económicamente del fallecido o estuvieran sometidos a su patria potestad. Ahora bien, el hijo no tiene porqué estar sometido a la patria potestad del arrendatario o depender económicamente de él, al fallecer, porque la ley no lo exige, a diferencia de los ascendientes, en que se exige que estén a su cargo (nº 1815). Con relación a los hijos que no lo fueran del arrendatario, sino del cónyuge o del unido extramatrimonialmente, habiéndose producido el fallecimiento de este último antes del arrendatario, la Ley solo habla de los que conviviesen durante los 2 años anteriores a su fallecimiento. Sin embargo, es posible entender que solo cabe la subrogación de los hijos del arrendatario.

• Ha de darse la **convivencia** del hijo con el arrendatario de forma habitual durante los 2 años anteriores al fallecimiento. Ello con independencia de cuál sea su edad y, por tanto, aunque sean menores y tengan una discapacidad. Lo que resulta excesivo. Y, además, en la vivienda arrendada, necesariamente. Aunque, en principio, la convivencia debe tener lugar en la vivienda arrendada, también debería operar la subrogación si la convivencia no se produce en dicha vivienda por haber sido concedido el cuidado de los hijos al otro cónyuge, que tenga otro domicilio.

• Ha de cumplirse con lo dispuesto en LAU art.16 en orden al **procedimiento** a seguir y al **orden de prelación**, si son varios los hijos con derecho a subrogación (nº 660).

1803 La **extinción del arrendamiento**, tiene lugar.
- a los 2 años de haberse producido la subrogación; o
- en la fecha en que el subrogado cumpla 25 años, si es posterior.

Como **excepción**, si el subrogado es un hijo del arrendatario afectado por un grado de discapacidad igual o superior al 65%, en cuyo caso se extingue al fallecimiento del subrogado.

Por tanto, en el caso de hijo con el grado de discapacidad indicado, el arrendamiento permanece hasta el fallecimiento; tratándose de hijo **menor de 25 años**, el arrendamiento dura hasta que cumpla esta edad; y tratándose de hijo **mayor de 25 años**, dura 2 años, salvo que fallezca antes.

En el supuesto de **discapacidad**, la LAU ya prevé expresamente que la situación de minusvalía y su grado deben ser declarados, de acuerdo con la normativa vigente, por los centros y servicios de las Administraciones públicas competentes (LAU disp.adic.9ª). En principio, la discapacidad debería existir en la fecha del fallecimiento del arrendatario.

Precisiones **1)** El hijo no ha de tener la **condición de legítimo** porque después de la reforma introducida en el Código civil por L 13-5-1981 no cabe hacer distinción entre los hijos legítimos, naturales o ilegítimos.

2) Cabe comprender entre los hijos, también a los **adoptivos** (AP Madrid 13-10-98).

1804 b) **Subrogación del *nasciturus***. En relación con esta posibilidad, algún sector de la doctrina ha entendido que no cabe la subrogación por faltar la convivencia (Capilla Roncero). No obstante, podrían beneficiarse de la **segunda subrogación** (LAU disp.trans.2ª.4.3).

Por otro lado, se ha dicho que parece evidente que el legislador cuando redactó LAU/64 art.58 no estaba pensando en el *nasciturus*. Pero también es cierto que el instituto está reconocido con carácter general en nuestro Derecho civil por imposición expresa del CC art.29. Por ello, es necesario definirse sobre si tiene derecho efectivamente un *nasciturus* a la subrogación en el arrendamiento urbano en algún caso, resultando la respuesta afirmativa, atendiendo a las siguientes **consideraciones** (Fuentes Lastres):

• La generalidad de la dicción -«para todos los efectos que le sean favorables»- del CC art.29 dispensa de dilucidar cuál es la naturaleza de las **facultades concedidas** por LAU/64 art.58,

por cuanto, sea cual sea la naturaleza jurídica de este instituto, es evidente que, en circunstancias de escasez de viviendas, la posibilidad de subrogarse en un inquilinato es un efecto favorable.
• La expresión «**descendientes**» empleada por LAU/64 art.58 es lo bastante indeterminada como para permitir la inclusión del *nasciturus*.
• La exclusión que, al admitir la **analogía** en caso de lagunas, hace LAU art.8, de toda interpretación rigorista y corta de alcances en la hermenéutica de esta ley especial.
En cuanto a la **forma de ejercicio** de este derecho, dado que el *nasciturus* jamás puede gozar de capacidad de obrar, ni jurídica, actúan por él, en calidad de representantes, las personas naturales que ostentarían la patria potestad caso de haberse realizado el alumbramiento. A ellos corresponde, por tanto, hacer la notificación dentro del plazo prescrito.
Para terminar, hay que precisar que, por las razones enunciadas, el *nasciturus* que puede subrogarse en los derechos y obligaciones del arrendamiento, es únicamente aquel que, caso de haber nacido, estaría bajo la **patria potestad del inquilino**. En otro caso, sería necesario el requisito, que obviamente es incumplimentable en este caso, de la convivencia. Ello restringe el ámbito de aplicación práctica del instituto a unos pocos supuestos, que, sin embargo, se dan en la realidad.

Precisiones Un sector doctrinal ha considerado acertado el pronunciamiento de AP Barcelona 22-11-95, que da la razón al arrendatario demandado en un **desahucio por necesidad**, por haber advertido este al efectuársele el preaviso que no le correspondía ser seleccionado por tener **mayor familia** al estar encinta su esposa y justificar en el pleito posteriormente que había nacido ya el hijo (Méndez Pérez).

c) **Arrendatario subrogado antes del 1-1-1995 en virtud de** LAU/64 art.24.1 y 85 (LAU disp.trans.2ª.5). Para que quepa la subrogación de hijos de un arrendatario que se hubiera subrogado antes del 1-1-1995 al amparo de la normativa indicada, son necesarios los siguientes **requisitos**: **1808**
- que antes del 1-1-1995 se haya dado la subrogación por la cesión inter vivos (LAU/64 art.24.1) o por fallecimiento prevista en LAU/64 art.58;
- que no exista cónyuge, o persona unida por relación de afectividad, del fallecido o no tengan derecho a la subrogación;
- que el hijo habite en la vivienda arrendada;
- que el hijo haya convivido con el arrendatario fallecido durante los 2 años anteriores al fallecimiento;
- que se dé cumplimiento a las formalidades previstas en la transitoria para que tal subrogación produzca efectos.

En cuanto a la **extinción** de esta subrogación, esta tiene lugar al fallecimiento del subrogado, salvo que lo fuera un hijo del arrendatario no afectado por un grado de discapacidad igual o superior al 65%, en cuyo caso se extingue a los 2 años o cuando el hijo alcance la edad de 25 años, si esta fecha es posterior.
Esto nos lleva a las siguientes conclusiones:
• Si el hijo subrogado está afectado por un **grado de discapacidad** igual o superior al 65%, el arrendamiento no se extingue hasta su fallecimiento.
• Si el hijo subrogado no está afectado por el grado de discapacidad indicado, y es **mayor de 25 años** el arrendamiento se extingue a los 2 años.
• Si el hijo no está afectado por el grado de discapacidad indicado y es **menor de 25 años**, el arrendamiento se extingue cuando cumpla la edad de 25 años.

d) **Arrendatario fallecido al que haya subrogado una persona que convivió afectivamente con él de forma permanente** (LAU disp.trans.2ª.5). No cabe la subrogación de los hijos del arrendatario fallecido al que haya subrogado una persona que haya venido conviviendo afectivamente de forma permanente con él, ya que en supuestos como este no se autorizan ulteriores subrogaciones. **1812**

e) **Subrogación de hijos mayores de 65 años o preceptores de prestaciones públicas** (LAU disp.trans.2ª.8). Durante los 10 años siguientes a la entrada en vigor de la ley (por tanto, hasta el 31-12-2004), si la subrogación prevista en LAU disp.trans.2ª.4 y 5 anteriores se produjo a favor de hijos mayores de 65 años o que fueran perceptores de prestaciones públicas por jubilación o invalidez permanente en grado de incapacidad permanente absoluta o gran invalidez, la **extinción** del arrendamiento se produce por el fallecimiento del hijo subrogado.
Los **requisitos** para que esta subrogación se produzca son los siguientes:
- que se produzca el fallecimiento del arrendatario que firmó el contrato, o, en su caso la subrogación conforme a lo dispuesto en LAU/64 art.24.1 o LAU/64 art.58;

- que se trate de un hijo que, al producirse el fallecimiento del arrendatario, tenga más de 65 años; sea perceptor de una prestación pública por jubilación o por invalidez permanente en grado de incapacidad permanente absoluta o gran invalidez;
- que conviviese con el arrendatario fallecido o con el subrogado, en su caso, durante los 2 años anteriores al fallecimiento;
- que la convivencia se hubiera producido en la misma vivienda arrendada y de forma habitual;
- que no hayan transcurrido desde la entrada en vigor de la nueva LAU, más de 10 años. Y ello porque esta posibilidad de subrogación solo va a durar esos 10 años, es decir, hasta el 31-12-2004; y
- que se cumpla lo dispuesto en LAU art.16 en orden al procedimiento a seguir y al orden de prelación, si existieran varios hijos con derecho a la subrogación (nº 660).

1815 **Subrogación de los ascendientes del arrendatario** (LAU/64 art.58; LAU disp.trans.2ª.4) Para que pueda tener lugar este supuesto de subrogación se exigen los siguientes **requisitos**:
- que se trate de ascendientes. Lo que quiere decir que se engloban todos los que componen la línea ascendente, desde padres hasta tatarabuelos, sin que importe la edad;
- que se trate de la subrogación prevista en LAU/64 art.58. Lo que quiere decir que no cabe la subrogación si ya hubiera operado este precepto o se hubiera producido una cesión familiar al amparo de LAU/64 art.24.1;
- que el ascendiente estuviera conviviendo en la vivienda con el arrendatario con 3 años, como mínimo, de antelación a la fecha del fallecimiento;
- que el ascendiente haya estado conviviendo con el arrendatario, pero a cargo de este; y
- que se cumpla, en cuanto al procedimiento y al orden de prelación, lo dispuesto en LAU art.16, cuando los ascendientes con derecho a subrogarse sean varios (nº 660).

En este supuesto, la **extinción** del arrendamiento tiene lugar al fallecimiento del subrogado, sin posibilidad de nuevas subrogaciones.

Precisiones **1)** La expresión «**estar a cargo del arrendatario**» ha de entenderse en el sentido de que, en todo caso, no surgirá el derecho a la subrogación si, al fallecimiento del arrendatario, el ascendiente estuviera en condiciones económicas bastantes para poder arrendar otra vivienda.
2) No tendrían derecho a la subrogación los **ascendientes del cónyuge fallecido** del arrendatario que convivieran con este y estuvieran a su cargo, por no extenderse el derecho de subrogación a los parientes afines.

1817 **Posteriores subrogaciones** Nos referimos a continuación a aquellas situaciones en que con anterioridad al 1-1-1995 ya se había producido la subrogación por fallecimiento del arrendatario o la cesión del contrato (LAU/64 art.24.1 y 59), y con posterioridad al 1-1-1995 tiene lugar el fallecimiento de quien se había subrogado por cualquiera de las vías anteriores.

1818 **Fallecimiento del subrogado o cesionario** (LAU disp.adic.2ª.6) Cuando la subrogación o cesión se haya producido **con anterioridad al 1-1-1995** y tenga lugar el fallecimiento del subrogado a partir del 1-1-1995, solo se podrán subrogar:
- el **cónyuge del subrogado** no separado legalmente o de hecho o pareja de hecho; y,
- en su defecto, los **hijos del arrendatario** que habitasen en la vivienda arrendada en el momento del fallecimiento del subrogado y que hubiesen convivido con él durante los 2 años anteriores al fallecimiento.

La **extinción** del contrato tiene lugar al fallecimiento del segundo subrogado (cónyuge del subrogado o hijos del arrendatario), salvo que lo sea un hijo del arrendatario no afectado por un grado de discapacidad igual o superior al 65%, en cuyo caso se extinguirá:
- a los 2 años de producirse la subrogación; o
- cuando el hijo alcance la edad de 25 años, si esta fecha es posterior.

En este caso, no se autorizan ulteriores subrogaciones.

1819 **Fallecimiento del segundo subrogado** (LAU disp.trans.2ª.6) A partir del 1-1-1995 al fallecimiento de la persona que a dicha fecha ocupara la vivienda por segunda subrogación conforme a LAU/64 art.59 no se autorizan ulteriores subrogaciones.

A tales efectos, no se entiende que existió una **segunda subrogación**, si antes de la vigencia de la LAU de 1956, se hubieran producido otras.

Opera también la prohibición si la **primera subrogación** se produjo por actos *inter vivos* (cesión).

d. Desistimiento del arrendatario

(LAU/64 art.56)

Durante el **plazo estipulado** en el contrato, el arrendatario o subarrendatario, lo sea de vivienda o de local de negocio, está obligado al pago de la renta, y si antes de su terminación procede a su **desalojo**, debe: 1820
- **notificar** su propósito por escrito al arrendador o subarrendador con, al menos, 30 días de antelación; e
- **indemnizarle** con una cantidad equivalente a la renta que corresponda al plazo que, según el contrato, quedara por cumplir.

El plazo para el **ejercicio de la acción** reclamando la indemnización es el de 5 años previsto para las acciones personales (CC art.1964).

En la doctrina, Fuentes Lojo entiende, sin dejar de reconocer que no parece clara la tesis, que la naturaleza del derecho de indemnización que se otorga al arrendador, es la de una mera **indemnización de perjuicios** de las previstas en el CC art.1101, siquiera haya de presumirse que la cuantía de esta indemnización, en principio, sea la equivalente a las anualidades de renta que quedaron por cumplir según el plazo pactado. Presunción que, como tal, admite la prueba en contrario por parte del arrendatario, que ha de surgir de una serie de causas extrañas al mismo, entre las que cabe citar, por ejemplo, el hecho de que las rentas pactadas en el contrato hayan sufrido en el mercado inmobiliario en la zona una disminución importante.

No debe olvidarse que, al fin y al cabo, lo que incumple el arrendatario es una obligación consistente en no continuar siéndolo durante el plazo que voluntariamente pactó, lo que según el CC art.1556 da lugar a rescisión del contrato y a la indemnización de perjuicios.

Por otra parte, entiende el autor que cabría la aplicación por el juez, caso de que la arrendadora reclamase la **total indemnización**, siguiendo literalmente lo que, a primera vista, dispone LAU/64 art.56, del principio consagrado en el CC art.7, que proscribe el abuso de derecho o el ejercicio antisocial del mismo, como institución de equidad que es. Ello no supondría más que una aplicación de los principios que informan:
- el enriquecimiento sin causa por dicho arrendador para el supuesto de que procediese a arrendar de nuevo el local durante el período que hubiera dejado de cumplir el arrendatario; o
- el *rebus sic stantibus*, si durante dicho período hubieran cambiado las circunstancias que sirvieron de base a la fijación de la renta al momento de contratar, como, por ejemplo, una importante reducción de esta.

Todo ello, no para negar tal indemnización en su totalidad, sino para aminorarla atendiendo a las **circunstancias de hecho**, en especial cuando dicha indemnización resulte desorbitada a la vista del plazo de duración del contrato que faltara por cumplir.

La jurisprudencia de las audiencias se inclina, en general, a que la indemnización ha de entenderse **limitada** al tiempo en que la finca permanezca sin ser nuevamente arrendada.

Precisiones **1)** La expresión «durante el plazo estipulado en el contrato» ha de referirse no solo al **plazo pactado** en el mismo, sino también mientras esté vigente aunque esté en **prórroga forzosa**.
2) La reclamación de las rentas en caso de **impago** ha de llevarse a cabo conforme al CC art.1555.1 (TS 8-4-80; 22-3-89, EDJ 3296).
3) La indemnización a abonar al arrendador en el supuesto de que durante el plazo pactado en el contrato el arrendatario desista del mismo, pese a la formulación imperativa del precepto, no da al arrendador derecho a la percepción de la **totalidad de las rentas** correspondientes al periodo incumplido del contrato anticipadamente resuelto por dicho arrendatario, aunque el local no hubiera llegado a estar efectivamente desocupado durante la totalidad de dicho tiempo ya que se produciría un **enriquecimiento injusto** para el arrendador (TS 23-5-01, EDJ 5549; 22-5-08, EDJ 73110). Otras sentencias anteriores se habían inclinado por atender al carácter imperativo de LAU/64 art.56 (TS 3-11-92; 28-2-95, EDJ 589).

3. Renta

Al **precio o renta** en general como uno de los requisitos del contrato de arrendamiento y a la obligación de pagarla por el arrendatario, se ha hecho referencia en el nº 248, al cual nos remitimos. 1827

En particular, y en cuanto a su **determinación** cabe señalar aquí que será la que libremente las partes estipulen (LAU/64 art.97).

Por lo que se refiere a la **revisión o actualización** de dicha renta, la vigente LAU se ocupa solo de la actualización de la renta en los arrendamientos concertados con anterioridad al

9-5-1985 (LAU disp.trans.2ª.11), por lo que, por el principio general establecido en LAU disp.trans.2ª.1, que declara vigente lo preceptuado en LAU/64 en lo no regulado por la normativa actual, resulta necesario tener en cuenta en esta materia los preceptos de esta última que no hayan sido afectados o modificados por LAU disp.trans.2ª.

a. Actualización

(LAU disp.trans.2ª.11)

1830 La renta del contrato puede actualizarse a **instancia del arrendador**, previo requerimiento fehaciente al arrendatario (nº 1840).

La elevación de la renta no puede ser **superior** a la establecida en los números siguientes, pero sí inferior.

Precisiones **1)** No procede invocar las normas relativas a la actualización de la renta para solicitar la **actualización de la fianza** (AP León 13-3-98, EDJ 68476).

2) Lo dispuesto en LAU disp.trans.2ª sustituye a lo dispuesto para los arrendamientos de vivienda en LAU/64 art.100.1 y 4.

3) La jurisprudencia es unánime al afirmar que la actualización es aplicable aunque exista **cláusula de estabilización**, siquiera esta cláusula no pueda operar hasta que dicha actualización termine de producirse (TS 17-2-10, EDJ 9922).

4) El plazo de **prescripción** para actualizar la renta es de 15 años, a partir de la fecha en que se podía actualizar la renta, es decir del mes en que se cumpla la primera anualidad del contrato desde la entrada en vigor de la LAU (AP Barcelona 7-3-07, EDJ 36445).

1832 La actualización de la renta **no procede** cuando la suma de ingresos totales que perciban el arrendatario y las personas que con él convivan habitualmente en la vivienda arrendada (con independencia de su relación con el titular arrendaticio) sea inferior a los límites siguientes (LAU disp.trans.2ª.11.7º y 8º):

Número de personas que conviven en la vivienda arrendada	Límite en número de veces el IPREM
1 o 2	2,5
3 o 4	3
Más de 4	3,5

A estos efectos, deben tenerse en cuenta la totalidad de los ingresos obtenidos durante el **ejercicio impositivo anterior** a aquel en que se promueva por el arrendador la actualización de la renta.

Hay que tener en cuenta, por tanto, el año natural vencido al tiempo de proceder a la revisión. Ciertamente, no está previsto el supuesto de variación de los ingresos en el tiempo (aumento o disminución durante el plazo de actualización), pero los términos de la regla 7ª, aunque criticables, son claros e inequívocos, en el sentido de que los ingresos en los que puede fundarse el derecho del arrendatario a la improcedencia de la actualización son los obtenidos durante el ejercicio impositivo anterior a aquel en que se promueva por el arrendador la actualización de la renta, sin hacer distinciones ni matizaciones de ningún género, en esta o en otras reglas. Han de tenerse en cuenta los **ingresos anuales, totales e íntegros** (brutos) sin deducir los gastos necesarios para su obtención, salvo en el supuesto de pequeños empresarios o comerciantes, que actúen como personas físicas y no bajo forma societaria, que en un mismo negocio tengan ingresos totales (por ejemplo, ventas) superiores a los mínimos legales, pero que, al deducir los gastos necesarios (por ejemplo, facturas de proveedores) para la obtención de los ingresos, resulta una base imponible inferior. Hay que tener en cuenta los ingresos obtenidos por todos los conceptos.

1834 A pesar de que **no proceda** la actualización según los límites señalados, cada año puede actualizarse la renta, incrementada en las **cantidades asimiladas** a ella, según la variación experimentada por el Índice General Nacional del Sistema de Índices de Precios al Consumo (**IPC**) en los 12 meses inmediatamente anteriores a la fecha de cada actualización. A estos efectos, el concepto de renta que viene pagando el arrendatario comprende todas las elevaciones legales y contractuales que se hayan efectivamente producido; cantidad a la que han de sumarse las cantidades asimiladas, que se concretan por referencia a la repercusión al arrendatario del aumento de coste de servicios y suministros y la repercusión del coste de las obras (LAU/64 art.102 y 107), para arrendamientos anteriores a la entrada en vigor de LAU/64. Ello parece significar que cualesquiera gastos que por acuerdo de las partes, y no por aplicación de dichos preceptos corresponden al arrendatario por servicios y suministros (tales como agua, calefacción, portería, gas-

tos de comunidad), no constituyen cantidades asimiladas y el arrendatario habrá de seguir abonándolas en el futuro, además de lo que corresponda por renta actualizada, siempre y cuando tales gastos no deban entenderse englobados dentro del propio concepto de renta, es decir, no se trate de que el arrendador los venga prestando a su costa, sin otra contraprestación que la propia renta (AP Barcelona 25-2-97). Por tanto, en el contexto de la regla 8ª, ha de partirse de la renta que viniera abonando el inquilino e incrementarla en las cantidades asimiladas a ella, esto es, sumarlas, y realizada esta operación proceder a la actualización de la cantidad obtenida a tenor de las variaciones experimentadas por el Índice general de precios al consumo en los 12 meses inmediatamente anteriores a la fecha de cada actualización, pero lo que no cabe es tomar como renta la totalidad de la suma de los conceptos incluidos en el recibo actual, aplicar el índice general de precios al consumo sobre dicha suma y volver a repetir el cobro de estos capítulos, los cuales variarán en función de sus propias oscilaciones reales al margen de lo que aumenta el IPC, produciéndose una duplicidad incomprensible, pues, por un lado, al tomarse como renta se actualizarían con las variaciones propias del gasto comunitario o del incremento realizado por la Administración tributaria, situación que obviamente no puede ser la querida por el legislador (AP Barcelona 16-10-96).
La **acreditación** de los ingresos ha de efectuarse dentro de los 30 días que tiene el arrendatario para contestar al requerimiento (nº 1842).
Se presume que procede la actualización, si el arrendatario **no acredita los ingresos** percibidos por el conjunto de personas que convivan en la vivienda arrendada.

Precisiones 1) Por **ingresos totales** del arrendatario han de entenderse los que perciba por todos los conceptos y además sin descuentos ni retenciones (AP Córdoba 5-6-96; AP Pontevedra 2-9-96). 1835
2) La **comparación** que el legislador realiza es entre los ingresos del **ejercicio anterior** y las personas que residan en la vivienda, que habrá también de ser referido, al igual que los generadores de ingresos, al año anterior y salario mínimo, que también ha de referirse al período en que los ingresos se han generado (AP Barcelona 31-10-96; AP Madrid 29-10-97).
3) Cuando la ley se refiere genéricamente a **ingresos económicos** de una persona, hay que acudir a los **brutos**, es decir a los que le correspondería percibir si no tuviera que pagar impuestos, debiendo acudirse a los **líquidos**, una vez deducida la suma pagada por impuestos, solo cuando el legislador así lo proclama de forma expresa, clara y categórica (AP Madrid 29-10-97; AP Barcelona 19-4-02, EDJ 135146).
4) Si los ingresos proceden de una **actividad comercial** no hay que tomar como tales el total volumen de la empresa, sino solo el beneficio que quede una vez deducidos los costes de producción (AP Barcelona 2-7-97).
5) En el supuesto de ingresos que se obtienen como consecuencia de una **actividad empresarial o profesional**, es necesario descartar de los ingresos brutos los gastos de producción, mientras que no pueden deducirse ni los impuestos ni las cotizaciones a la Seguridad Social que cubren atenciones médicas y pensiones (TS 27-2-98; 24-7-98).
6) No solo son computables las prestaciones de arrendatario e hijo, además de los **rendimientos de capital mobiliario**, sino también lo percibido por **herencia**, y ello con independencia de quién sea la persona causante, ya que aun cuando lo fuera la esposa fallecida, que por tanto ella como sus ingresos se excluyen del cálculo, el carácter ganancial conlleva que el patrimonio del arrendatario se incremente en la mitad del dinero depositado y, por consiguiente, deba tenerse en cuenta para la actualización (AP Barcelona 20-1-00).
7) Debe estarse siempre a los **ingresos del arrendatario al efectuarse la actualización**, aunque fluctuantes, en más o en menos, durante los distintos períodos de aplicación. En este sentido se pronuncian la doctrina en general y la jurisprudencia mayoritaria de las audiencias (AP Badajoz 28-3-03, EDJ 82026). Sin embargo, otras audiencias declaran que el arrendador puede todavía actualizar la renta, si los ingresos del arrendatario aumentaran (AP A Coruña 18-9-00, EDJ 119972; AP Barcelona 13-4-99, EDJ 16244; 5-11-99).
8) Los **ingresos a computar** para determinar el período dentro del cual se llevará a cabo la actualización de la renta, son los percibidos en la anualidad anterior a aquella en que se notifique la actualización, pero por las personas que en el momento de tal notificación convivan habitualmente con la arrendataria, lo cual, como ha entendido la jurisprudencia, se apoya, no solo en la interpretación gramatical del texto de la norma, sino en el hecho de haber optado el legislador por un sistema de actualización progresivo y en función de los recursos económicos del inquilino (AP Madrid 14-4-99, EDJ 86993; AP Barcelona 20-3-01, EDJ 106429).
9) El arrendatario puede utilizar, aparte del **certificado de empadronamiento** (convivientes), cualquier medio de prueba admisible en derecho, sin que la ley le vincule a medio de prueba alguno concreto, sino solo al hecho de los ingresos que se perciben, con independencia que los términos de la norma («período impositivo»), que hacen idónea la **declaración del impuesto sobre las personas físicas** (o la certificación negativa de que no se hace), pero pueden utilizarse otros (por ejemplo, certificación del órgano que paga una pensión), sin obligar a su «agotamiento» probatorio y sin perjuicio de que el arrendador pueda acreditar que el inquilino percibe mayores ingresos, que los que este pretende haber obtenido (AP Barcelona 14-12-97).
10) Los **beneficios fiscales** para compensar a los arrendadores que no disfruten del derecho a la revisión de la renta se estudian en el nº 7550.

1838 **Procedimiento** Con carácter general, para la actualización de la renta, ha de seguirse este procedimiento:
1. Determinación de la **procedencia de la actualización**, en función del nivel de renta y del número de personas que convivan en la vivienda arrendada.
2. Determinación del **número de años** en que procede la actualización, en función del nivel de ingresos del arrendatario.
3. **Requerimiento** fehaciente o comunicación de la actualización al arrendatario. La **oposición** del arrendatario a la actualización implica la extinción del contrato en el plazo de 8 años.
4. Certificación del Instituto Nacional de Estadística, de los **índices aplicables** al contrato a actualizar.
5. **Cálculo** de la renta actualizada.
6. Determinación del **porcentaje** de la misma que puede exigirse al arrendatario.
Hasta la total actualización de la renta es preciso repetir el proceso todos los años, calculando la nueva renta actualizada, en función del índice correspondiente, y exigiendo al arrendatario la elevación de renta correspondiente al porcentaje de actualización que corresponda al año de que se trate.
Finalizado el período de actualización, las sucesivas actualizaciones deben hacerse en función del IPC.

Precisiones Establecida la procedencia o improcedencia de la actualización, que es única, las **alteraciones posteriores** en los ingresos del arrendatario no modifican la situación creada con carácter definitivo (TS 15-9-10, EDJ 201446).

1840 **Requerimiento y notificación** Para la actualización de la renta de los contratos celebrados antes del 9-5-1985 se exige el previo requerimiento fehaciente al arrendatario. Este requerimiento ha de efectuarse no solo la primera vez, sino también cada año, mientras la actualización no termine.
Puede realizarse en la **fecha** en que, a partir del 1-1-1995, se cumpla una anualidad de vigencia del contrato. No puede hacerse antes.
Efectuado el requerimiento, en cada uno de los años en que se aplique esta actualización, el arrendador debe notificar al arrendatario el importe de la actualización. Dicha **notificación** debe estar acompañada de un **certificado** del Instituto Nacional de Estadística en el que se señalen los **índices** que determinan esta cantidad.

Precisiones El requerimiento del arrendador en orden a la actualización ha de ser fehaciente, debiendo contener de forma clara la voluntad de actualizar y los datos necesarios para llevarla a cabo, y debiendo constar la fecha de recepción del mismo por el inquilino. Cumplidos estos requisitos surte sus efectos sin que sea preciso que se practique a través de conducto notarial o por medio de acto de conciliación. Es cierto que de esta manera se prueba indiscutiblemente la realidad de la comunicación, pero si se lleva a cabo de otro modo y se puede demostrar que llegó a **conocimiento de su destinatario** se cumple con lo ordenado en la norma (AP Asturias 15-9-99).

1842 **Oposición del arrendatario** (LAU disp.trans.2ª.11.6ª) El inquilino puede oponerse a la actualización de la renta mediante **comunicación fehaciente** al arrendador en el **plazo** de los 30 días naturales siguientes a la recepción de su requerimiento.
En este caso, la actualización de la renta prevista en la LAU disp.trans.2ª no se producirá, limitándose tan solo a una actualización anual de la renta abonada hasta ese momento, incrementada con las cantidades asimiladas a ella, conforme a la variación experimentada por el **IPC** en los 12 meses inmediatamente anteriores a la fecha de cada actualización.
Cuando el inquilino ejercite esta opción, se produce la **extinción del arrendamiento** en un plazo de 8 años, aun cuando se produzca una subrogación, contándose dicho plazo a partir de la fecha del requerimiento fehaciente del arrendador.

Precisiones **1)** El arrendatario no puede oponerse a la actualización en los tramos de aplicación del **porcentaje** correspondiente (AP Valencia 19-7-00, EDJ 68811).
2) Es posible una oposición a la actualización aunque no conste **por escrito** (AP Barcelona 6-11-01, EDJ 106430).
3) La jurisprudencia de las audiencias es unánime al afirmar que la **opción del arrendatario** ha de efectuarse forzosamente al recibir la notificación del arrendador efectuando la actualización.
4) El **plazo para la oposición** por parte del arrendatario de 30 días es de **caducidad** (AP Pontevedra 30-11-95; AP Asturias 18-4-96).
5) La **regla 6ª** se refiere única y exclusivamente al ejercicio por el inquilino del derecho a negarse a una actualización (que procedería sin esa negativa) con la consecuencia de que el contrato de inquilinato se extinga en 8 años y la renta no experimente otros incrementos que los procedentes del índice general de precios de consumo a partir de ese momento. Se trata de una «opción» del inquilino lo que contempla la regla 6ª y nada tiene que ver su regulación con la oposición al incremento cuando su exclusión opera por imperativo legal y no por voluntad del arrendatario.

6) Si el arrendatario hubiera hecho uso del derecho de no actualizar la renta, y durante este período se produce su **fallecimiento** y se subroga un hijo, cabe que este descendiente pueda continuar en el arrendamiento hasta que se cumplan los ocho años, o bien, que el arrendamiento solo tenga una duración de dos años, conforme a lo dispuesto en LAU disp.trans.2ª.4 y 5 (nº 1775 s.). La generalidad de la doctrina se inclina por la tesis de que solamente puede continuar dos años. Sin embargo la AP Asturias Secc 1ª 29-12-00 se inclina por la duración del contrato por los 8 años.
7) Las **alteraciones en los ingresos del arrendatario** posteriores a la actualización no modifican la situación ya creada (TS 15-9-10, EDJ 201446).

Determinación de la cuantía (LAU disp.trans.2ª.11.1ª a 5ª) La actualización debe hacerse de acuer- 1844
do con las siguientes **reglas**:
1) La renta pactada inicialmente en el contrato (**renta inicial**) debe mantener con la **renta actualizada**, durante cada una de las anualidades en que se desarrolle la actualización, la misma **proporción** que el Índice General Nacional del Sistema Índices de Precios al Consumo o que el Índice General Nacional o Índice General Urbano del Sistema de Índices de Costes de la Vida del mes anterior a la fecha del contrato con respecto al índice correspondiente al mes anterior a la fecha de la actualización.
Por tanto, para hallar la renta actualizada es preciso determinar, como regla general, la **variación del índice** general del sistema de índices de precios al consumo entre el mes anterior a la fecha del contrato que dio origen al arrendamiento y el mes anterior a la fecha de la actualización, multiplicándose el resultado por la **renta base**, que es la pactada inicialmente en el contrato que dio origen al arrendamiento, salvo las dos **excepciones** referidas a todos los arrendamientos de viviendas celebrados antes del 12-5-1956 (arrendamientos de viviendas suntuarias y no suntuarias), que se exponen a continuación.
Tal renta actualizada no se puede pretender íntegramente desde el momento en que proceda el requerimiento, sino que se fijan períodos de 10 o 5 años (según los ingresos del arrendatario y las personas que con él convivan) durante los cuales se efectúa un **escalonamiento de los incrementos** hasta llegar al cien por cien de la renta actualizada, siquiera tales plazos hayan de considerarse máximos, puesto que la actualización puede desarrollarse totalmente en menos tiempo del señalado, si resulta que lo que viene pagando el arrendatario más las cantidades asimiladas a la renta supera el porcentaje que debe pagar de renta actualizada, en cuyo caso se pasa al porcentaje siguiente o siguientes, hasta que la cantidad exigible de la renta actualizada sea superior a la que se estuviera pagando (LAU disp.trans.2ª.11.9ª).
Por tanto, al iniciarse el procedimiento de actualización se ha de **comparar** la renta total actualizada con la renta que viniera pagando el arrendatario con las cantidades asimiladas a la renta, bien entendido que:
- el concepto de renta que viniera pagando el arrendatario comprende todas las elevaciones legales y contractuales que se hayan efectivamente producido; y
- a dicha renta han de sumarse las cantidades asimiladas, estableciéndose que se absorberán, desde la primera anualidad, la repercusión del aumento de coste de servicios y suministros y la repercusión del coste de las obras (LAU/64 art.102 y 107), conceptos que han de entenderse referidos tan solo a los arrendamientos subsistentes en el momento en que comenzó a regir dicha ley (1-7-1964; LAU/64 disp.final 1ª.2), pues remitían a los arrendamientos de LAU/64 art.95.
Lo dicho parece significar que cualesquiera **gastos** que por acuerdo de las partes, y no por aplicación de dichos preceptos, correspondan al arrendatario por servicios y suministros (tales como agua, calefacción, portería) o gastos de comunidad, no constituyen cantidades asimiladas y el arrendatario ha de seguir abonándolos en el futuro, además de lo que corresponda por renta actualizada, siempre y cuando tales gastos no deban entenderse englobados dentro del propio concepto de renta, es decir, no se trate de que el arrendador los venga prestando a su costa, sin otra contraprestación que la propia renta.

En los arrendamientos de viviendas **celebrados antes del 12-5-1956** y que devenguen las ren- 1847
tas señaladas en el art.6.2 LAU/64, se toma como renta inicial la revalorizada (LAU/64 art.96.10), se haya exigido o no en su día por el arrendador, y como índice correspondiente a la fecha del contrato, el del mes de junio de 1964.
En los arrendamientos de viviendas celebrados antes del 12-5-1956, pero no comprendidos en el supuesto anterior, se toma como renta inicial la que se viniera percibiendo en el mes de julio de 1954, y como índice correspondiente a la fecha del contrato, el del mes de marzo de 1954.
Cuando la renta actualizada calculada de acuerdo con lo que se acaba de indicar sea superior a la que resulte de aplicar lo dispuesto en el párrafo siguiente, se toma como **renta revisada** esta última. La renta, a estos efectos, debe determinarse aplicando sobre el **valor catastral** de la finca arrendada vigente en 1994, los siguientes **porcentajes**:
• El 12%, cuando el valor catastral derive de una revisión que surtiera efectos con posterioridad a 1989.

• El 24%, para el resto de los supuestos.

Para las fincas situadas en el **País Vasco y Navarra** se aplican sobre el valor catastral los porcentajes del 24% y del 12%, respectivamente.

La forma de actualización en este supuesto será la misma que cuando se trate de aplicar la actualización según la variación de los índices de precios al consumo.

Después de hacer los cálculos pertinentes, la actualización, atendido el valor catastral, ha de resultar positiva.

1849 2) De la renta actualizada que corresponda a cada período anual, calculada con arreglo a lo dispuesto en la regla anterior, solo puede exigirse al arrendatario el **porcentaje** que resulte de lo dispuesto en las reglas siguientes, siempre que este importe sea mayor que la renta que viniera pagando el arrendatario en ese momento incrementada con las cantidades asimiladas.

En el supuesto de que, al aplicar la tabla de porcentajes (LAU disp.trans.2ª.11.9ª) que corresponda, resultara que la renta que el arrendatario estuviera pagando en ese momento fuera **superior a la cantidad correspondiente** en aplicación de tales tablas, se pasaría a aplicar el porcentaje inmediatamente superior o, en su caso, el siguiente o siguientes que correspondan, hasta que la cantidad exigible de la renta actualizada sea superior a la que estuviera pagando.

3) La renta actualizada debe absorber las **cantidades asimiladas** a la renta desde la primera anualidad de la revisión. Se consideran cantidades asimiladas a la renta a estos exclusivos efectos:

- la repercusión al arrendatario del aumento de coste de los servicios y suministros (LAU/64 art.102); y
- la repercusión del coste de las obras (LAU/64 art.107).

En el supuesto de que **no proceda la actualización** porque la renta y las repercusiones supongan una cuantía superior a la renta que resultara de dicha actualización, habrá de tomarse esta última como tope absoluto y nueva renta exigible, pudiendo el arrendador repercutir además la cuota del IBI y nuevos gastos por reparación y servicios que sean exigibles según la propia LAU.

4) A partir del año en que se alcance el **100% de actualización** (LAU disp.trans.2ª.11.9ª) la renta que corresponda pagar puede ser actualizada por el arrendador o por el arrendatario conforme a la variación porcentual experimentada en los 12 meses anteriores por el Índice General del Sistema de Índices de Precios al Consumo (**IPC**), salvo cuando el contrato contenga expresamente otro sistema de actualización, en cuyo caso se aplicará este último.

La nueva LAU no prevé que también las cantidades asimiladas a la renta puedan ser actualizadas. En cualquier caso, si se hubiera pactado en el contrato un sistema de actualización distinto al IPC, el aumento se produciría según lo pactado.

1850 Precisiones **1)** Según jurisprudencia reiterada, si la actualización se hubiera llevado a cabo **erróneamente** en más o en menos, no pueden recuperarse las **diferencias** al practicar el período o períodos siguientes.

2) La renta que viniera pagando el arrendatario al efectuarse la actualización comprende todas las **elevaciones legales y contractuales** que se hayan efectivamente producido; y a dicha renta han de sumarse las **cantidades asimiladas** que se concretan por referencia a la repercusión al arrendatario del aumento de costas de servicios y suministros y la repercusión del coste de las obras (LAU/64 art.102 y 107), siquiera en principio tales repercusiones solo se permiten en la citada LAU/64 para arrendamientos anteriores a su entrada en vigor (AP Barcelona 23-12-96; AP Barcelona 29-4-97; AP Madrid 30-10-97).

3) Cabe la **actualización** aunque el arrendador no haya procedido a exigir en su día la **revalorización** (AP Barcelona 20-3-01, EDJ 106429; 17-12-02, EDJ 94395).

4) Los **impuestos, tributos y repercusiones fiscales** que viniera pagando el arrendatario en virtud de pacto, no tienen la consideración de cantidades asimiladas, pudiendo el arrendador a la entrada en vigor de la LAU, repercutir el total importe de la cuota del impuesto sobre bienes inmuebles que corresponda al inmueble arrendado, sustituyendo al pacto anterior de repercusión por tal concepto (AP Barcelona 2-7-97, Rec 425/96).

5) Para calcular la **renta revalorizada** a que se refiere LAU/64 art.96.10, entendemos que habrá que sumar, en su caso, a la renta contractual los **incrementos legales** previstos, en su caso, en LAU/1946 art.118; D 17-5-1952; D 6-3-1953; D 9-4-1954; D 30-11-1956; D 22-7-1958 y D 6-9-1961; y multiplicar todo ello por el **coeficiente**:

- 4, en los contratos celebrados hasta el 17-7-1936;
- 3, en los celebrados desde el 18-7-1936 al 31-12-1941;
- 2, desde 1-1-1942 al 31-12-1946;
- 1,50 desde el 1-1-1947 al 31-12-1951; y
- 1,25 desde el 1-1-1952 al 11-5-1956.

Pero siempre teniendo en cuenta lo que estas disposiciones dicen con relación a los requisitos para su aplicación. Y para calcular la actualización en las **viviendas no suntuarias** han de tenerse en

cuenta, según el caso, los incrementos que se produjeron como consecuencia de LAU/1946 art.118 -puesto en vigor por D 17-5-1952-; D 6-3-1953; D 8-4-1954; D 30-11-1956; D 22-7-1958 y D 6-10-1961. Pero siempre teniendo en cuenta el contenido de cada una de estas disposiciones y los presupuestos para su aplicación.
6) No afectará a la actualización ya realizada la **alteración de las circunstancias** que se produjeran durante el período o períodos en que ha de producir sus efectos (AP Barcelona 3-7-98; 15-9-98; AP Baleares 14-6-99).
7) En el supuesto de que la actualización afectase a **viviendas de protección oficial** que hubieran pasado ya al régimen ordinario, ha de estarse como fecha inicial a la fecha del contrato y no a la de terminación de la protección (AP Granada 29-3-96; AP Valladolid 3-5-96; AP Barcelona 6-7-98).
8) La actualización de la renta debe ser realizada en los **plazos** establecidos en la LAU disp.trans.2ª.11.9ª.

Tras la actualización, el **recibo** ha de comprender: **1852**
- el **porcentaje** que corresponda a la renta total actualizada, bien entendido que desde la primera anualidad tal porcentaje absorberá las cantidades asimiladas legales (LAU/64 art.102 y 108);
- el **IBI**, que se puede cobrar en su totalidad al inquilino;
- los **gastos y suministros** que correspondan a cada mes tras la actualización; y
- las **repercusiones por obras** que se produzcan tras la actualización (AP Barcelona 24-7-98, EDJ 22376).

Precisiones De los diversos conceptos que aparezcan en el recibo último, al llevarse a cabo la actualización entendemos que deben excluirse las **repercusiones fiscales** y los aumentos consecuencia de un pacto al efecto, como pudieron ser por obras que se hubieran autorizado al arrendatario por el arrendador, sin obligación de hacerlo.

b. Fianza

(LAU/64 art.105)

Esta regulación es de aplicación a los arrendamientos anteriores al 1-1-1995 y, por tanto, también para los concertados con anterioridad al 9-5-1985, a los que se está haciendo referencia. **1855**
En todos ellos, a la celebración del contrato de arrendamiento es **obligatoria** la exigencia y prestación de fianza.
La fianza será una **cantidad** equivalente a una mensualidad de renta en el arrendamiento o subarriendo total de **viviendas** y de dos mensualidades en el arrendamiento de **viviendas amuebladas** y en el arrendamiento o subarriendo total de **locales de negocio**.
En los **subarriendos parciales** la fianza será igual a la mitad de la renta que corresponda al arrendamiento.

Precisiones **1)** El arrendador no puede **renunciar** al derecho que tiene de exigir la fianza, por el carácter imperativo del D 11-3-1949 art.2, que la impone con carácter obligatorio.
2) Con independencia de la fianza, se puede prestar un **aval** o una **fianza solidaria** por un tercero, que dure no solo durante el plazo contractual, sino durante toda la vida del contrato (TS 27-2-81).
3) La **devolución** de la fianza exige la entrega por el arrendatario de la vivienda arrendada.
4) La cuantía de la fianza ha de calcularse por el importe de la renta pactada sin que los **aumentos** que se produzcan por imperativo legal, obliguen a ampliarla (TS 17-12-87).
5) Quedan **exceptuados** de la obligación de exigir y prestar fianza los arrendamientos de locales al **Estado, provincia o municipio** cuya renta haya de ser satisfecha con cargo a sus respectivos presupuestos.

4. Gastos repercutibles al arrendatario

1860

A continuación se hace referencia a aquellos gastos e impuestos repercutibles sobre el arrendatario en los contratos anteriores al 9-5-1985, al margen de la renta propiamente dicha. **1862**

a. Repercusión del impuesto sobre bienes inmuebles

(LAU disp.trans.2ª.10.2)

Para las anualidades del contrato que se inicien **a partir del 1-1-1995**, el arrendador puede exigir del arrendatario el total importe de la **cuota** del impuesto sobre bienes inmuebles que corresponda al inmueble arrendado. Cuando la cuota no esté individualizada se divide en proporción a la superficie de cada vivienda. **1865**

La doctrina en general entiende que el arrendador puede exigir la cuota anual una vez que sea **determinada por el ayuntamiento** respectivo, aunque no haya sido efectivamente pagada.
La repercusión del IBI es de aplicación aunque la **actualización de la renta** según LAU disp.trans.2ª.11 no sea posible en razón de los ingresos del arrendatario.

Precisiones **1)** La **repercusión** del IBI ha de ser **total**, sin que tenga que deducirse necesariamente lo que ya viniera pagándose (AP Barcelona 8-3-00, EDJ 19932).
2) Para el **cálculo de la repercusión** del IBI, cuando la cuota no está individualizada, ha de estarse no solo a la superficie estricta del departamento, sino también a la parte proporcional de los elementos comunes de los que también se beneficia el arrendatario y son necesarios para el uso del objeto arrendado (AP Barcelona 25-9-98).
3) La repercusión exige la **notificación previa** (AP Málaga 13-2-98, EDJ 5546). Aunque otras sentencias se inclinan, sin embargo, porque el art.101 LAU/64 no opera (AP Barcelona 16-9-99).
4) Es posible repercutir el IBI con **efectos retroactivos**, pero sin poder aplicar intereses de demora (AP Cantabria 14-1-02, EDJ 9003).
5) El pago del IBI puede exigirse **en su totalidad**, sin necesidad de ser distribuida **en 12 meses** (AP Málaga 30-3-99; AP Madrid 24-9-99, EDJ 50882).
6) Cabe la repercusión del IBI aunque se pactase en el contrato que la contribución sería **a cargo del arrendador** (AP Madrid 21-4-98, EDJ 26743).
7) El arrendador puede acumular en una sola **reclamación** la repercusión de varias cuotas del IBI que hayan sido giradas sobre el inmueble arrendado a lo largo de **varios períodos impositivos** (AP Madrid 10-6-00, EDJ 120284; AP Pontevedra 30-6-99, EDJ 87001; AP Gipuzkoa 11-5-00, EDJ 27554).

b. Repercusión de gastos por razón de servicios y suministros

(LAU/64 art.102; LAU disp.trans.2ª.10.5)

1870 Los servicios y suministros **antes del 1-1-1995** se regían por lo dispuesto en LAU/64, de modo que, los aumentos por el coste de los servicios y suministros podían ser exigidos por el arrendador a los inquilinos y arrendatarios comprendidos en LAU/64 art.95 del modo fijado en las disposiciones entonces vigentes, sin perjuicio de la aplicación de lo prevenido en LAU/64 art.96.6, 99.2 y 100.4.
Lo anterior deja de ser aplicable **después del 1-1-1995**, momento a partir del cual, el arrendador puede repercutir en el arrendatario el importe del coste de los servicios y suministros que se produzcan a partir de la entrada en vigor de la ley (1-1-1995); exceptuándose el supuesto en que por pacto expreso entre las partes, todos estos gastos sean por cuenta del arrendador (LAU disp.trans.2ª.10.5).
Por **servicios y suministros** hay que entender todos aquellos a los que se hacía referencia en LAU/64 art.102, siendo aplicable, por tanto, toda la doctrina y jurisprudencia que ha venido comentando dicho precepto y, entre aquellos conceptos, por supuesto, los de portería, ascensor, limpieza, etc.; pero no los gastos de administración de las fincas.
Por su parte, los servicios y suministros a que se refiere la LAU disp.trans.2ª.10.5 no se identifican con los **gastos generales** del edificio en régimen de propiedad horizontal que a cada propietario corresponde abonar. Puede ser, y lo será con frecuencia, que aquellos servicios y suministros se comprendan en los gastos generales del edificio, pero sin producirse la identidad entre ambos conceptos. Una cosa son los gastos generales para el sostenimiento del inmueble que, con determinados requisitos, se pueden poner a cargo del arrendatario, y otra cosa el coste de los servicios y suministros, que corresponden en todo caso al arrendatario cuando se individualizan mediante aparatos contadores.
En cualquier caso, se entiende que la repercusión debe hacerse **por meses**.

1872 Precisiones **1)** La de repercusión es una **facultad** que el arrendador puede ejercitar o no, y si lo hace, solo surte efectos para el coste de los servicios y suministros que se produzca con posterioridad a la manifestación de voluntad de repercutirlos, pero no respecto a los ya originados con anterioridad (AP Madrid 6-5-03, EDJ 220555; Secc 12ª 9-7-02). Por el contrario, otros tribunales se inclinan por la posibilidad de reclamarlos con efectos retroactivos, mientras no transcurra el plazo de prescripción (AP Madrid 19-7-05, EDJ 128929; Secc 8ª 10-7-97; AP León 31-1-05, EDJ 13979; AP Barcelona 28-6-02, EDJ 60322).
2) La norma estudiada hace referencia al importe de **todos los servicios**. En el mismo sentido, Vendrell y Ataz López. La Secretaría General del antiguo Ministerio de Obras Públicas y Turismo, en respuesta de fecha 13-3-1995 (sin firmar) a pregunta del Colegio de Administradores de Fincas de Madrid, entiende que el precepto se refiere a los costes de servicios y suministros de que disfrute el arrendatario, con independencia de la fecha en que comenzaron a prestarse.
3) No puede el arrendador repercutir el importe de los servicios y suministros en su totalidad si ya los viniera percibiendo, porque supondría una **duplicidad** y un **enriquecimiento injusto**, pero sí actualizándolos con los incrementos que se produjeran en ellos (AP Barcelona 18-9-97).

4) Con relación a la repercusión de los **gastos de comunidad** entendemos que la Ley habla exclusivamente de los servicios y suministros. Lo cual no es lo mismo que los gastos de comunidad. Precisamente el proyecto de ley originario se refería a los gastos de comunidad, sin embargo prosperó una enmienda parlamentaria y el redactado final solo contempla los servicios y suministros. Dentro de los cuales **no se puedan incluir** los siguientes:
• Los procedentes del servicio de administración.
• Los imperativos.
• El seguro multirriesgo.
• Los derivados de obras.
Y sí están **incluidos** los siguientes:
• Consumo de agua (es un suministro).
• Servicio de desinfectación.
• Servicio de portería y consumos de electricidad y agua de la vivienda portería.
• Servicio de calefacción y agua caliente.
• Mantenimiento y consumo eléctrico del ascensor.
• Limpieza y consumos de la escalera.
• Portero automático (AP Baleares Secc 4ª 18-10-00).
Por su parte, la jurisprudencia de las audiencias ha declarado, en forma mayoritaria, que, de los gastos de comunidad, solo son repercutibles los referidos a los servicios y suministros que beneficien de forma directa al arrendatario.

Según lo expuesto, **desde el 1-1-1995** se darán las siguientes posibilidades en la práctica: **1874**
a) Arrendamientos en los que el arrendatario venga pagando el **importe de los servicios y suministros**, porque así se había pactado. En tal caso, no tendrán la condición de cantidad asimilada a la renta, ni a efectos de absorción ni de comparación, y continuarán siendo de cargo del arrendatario, si bien el arrendador podrá sustituir la cantidad que en tal concepto venía satisfaciendo el inquilino por la superior que corresponda al importe de tales gastos producidos a partir de 1-1-1995.
b) Arrendamientos en que el arrendatario venga abonando solo el **importe de los aumentos experimentados por los servicios y suministros** desde la conclusión del contrato. Tendrán la consideración de cantidades asimiladas, tanto a efectos de absorción como de comparación, lo que no impide al arrendador repercutir al arrendatario el total coste que se produzca a partir del 1-1-1995.
c) Arrendamientos en los que sea el **arrendador** quien los venga prestando a su costa, sin otra contraprestación que la propia renta. El arrendador podrá ahora repercutir la totalidad del coste (AP Barcelona 6-7-98).

Precisiones **1)** La ley concede al arrendador la facultad de repercutir el coste de los servicios y suministros en el arrendatario como un **derecho autónomo**, no vinculado a la actualización progresiva de la renta e independiente de las partidas que queden absorbidas en ella. Lo que pretende el legislador es que el arrendatario pague los servicios y suministros y, además, la renta actualizada, se tarde mayor o menor número de años en lograr la actualización plena y se parta de un porcentaje inicial mayor o menor en el tránsito hacia esa actualización, lo que normalmente dependerá de la existencia o inexistencia de cantidades asimiladas. Finalmente, en todos los contratos el proceso culminará con el pago de una renta íntegramente actualizada y repercusión de los servicios y suministros. En otro caso, de mantenerse el criterio reflejado en la sentencia de instancia, se crearía una desigualdad perjudicial para aquellos arrendadores que venían percibiendo cantidades asimiladas a renta, por ínfimas que fueran, y aunque, por su escasa entidad, ni siquiera influyeran en la determinación del porcentaje de la primera revisión de renta. Si el legislador hubiera querido que lo dispuesto en LAU disp.trans.2ª.10.5 solo rigiera para algunos contratos y no para todos, así lo habría dicho. Si no lo hizo es porque igual solución ha de aplicarse a todos. En la ley no hay desigualdad y tampoco puede producirse mediante interpretaciones no ajustadas a su letra ni a su espíritu (AP Madrid 7-2-97).
2) La finalidad de la norma es que la renta actualizada mantenga íntegramente todo su poder adquisitivo, lo cual no se conseguiría caso de que el arrendador tuviera materialmente que absorber las cantidades relativas a servicios y suministros sin posibilidad posterior de repercusión de las mismas. Por tanto, la posible **contradicción** entre la absorción de estas cantidades y la posibilidad de repercutir las mismas es más aparente que real, ya que la finalidad perseguida por el legislador ha sido definitivamente el que se produzca la actualización de la renta y la repercusión íntegra de los servicios y suministros de que disfrute el arrendatario, refiriéndose LAU disp.trans.2ª.10.5 a la repercusión de los costes que se produzcan tras la entrada en vigor de la ley, pero no exigiendo que los servicios y suministros cuyo coste se repercute, tengan que haber sido creados necesariamente también después de dicha entrada en vigor (AP Barcelona 10-11-97).
3) El Tribunal Supremo ha fijado la siguiente doctrina jurisprudencial: una vez actualizada la renta del contrato -al amparo de la regla 8ª de la LAU disp.trans.2ª.D.11- puede el arrendador repercutir al arrendatario el importe íntegro de los servicios y suministros (LAU disp.trans.2ª.C.10.5), salvo que exista un pacto expreso entre las partes que los ponga a cargo del arrendador, y siempre al margen de la renta actualizada (TS 5-2-10, EDJ 11506).

5. Obras en la vivienda arrendada

1877 En esta materia se aplica lo dispuesto en LAU/64 art.107 a 113. La única modificación introducida por LAU disp.trans.2ª.10.3 ha sido la relativa a la repercusión del importe de las obras de reparación sobre el arrendatario (nº 1893).

a. Obras de reparación

1880 Las **reparaciones necesarias** a fin de conservar la vivienda o local de negocio arrendado en estado de servir para el uso convenido son de cargo del arrendador (LAU/64 art.107).
Es indudable que, en principio, toda obra de reparación que sea necesaria para conservar la vivienda o local en estado de servir para el **uso convenido** puede y aún debe llevarse a cabo por el arrendador por imperativo de lo dispuesto en CC art.1554.2, con la posibilidad de repercutir su importe en la forma y cuantía previstas en LAU/64 art.102 y LAU disp.trans.2ª.10.3 (nº 1870). Es, sin embargo, necesario hacer algunas matizaciones en cuanto al alcance de esta obligación (nº 1882).
No obstante, si no se ha pactado el uso de la cosa arrendada, entra en juego lo dispuesto en CC art.1555.2 al disponer que, en defecto de **pacto respecto al uso**, hay que estar al que se infiera de la naturaleza de la cosa arrendada según costumbre de la tierra.
En cualquier caso, una cosa es exigir la reparación de un elemento de la vivienda existente al contratar, y otra muy distinta el exigir las **instalaciones inexistentes**, aun cuando sean indispensables. Corresponde a la autoridad administrativa imponer estas instalaciones. Después de la LAU/64 podría solicitarse a la autoridad judicial la realización de estas obras al amparo de LAU/64 art.114.3º.7ª.
En cualquier caso, es factible el ejercicio por el arrendatario de una **acción de daños y perjuicios** por no haber procedido en su momento la propiedad a efectuar las reparaciones necesarias (TS 11-3-02, EDJ 3625).

Precisiones **1)** Han de ser de cargo del arrendador todas las reparaciones necesarias para mantener al arrendatario en el uso de la cosa arrendada, pues de conformidad con CC art.1554, que es bien explícito sobre la materia, y cuya doctrina es confirmada por LAU/64 art.107 y 110, constituyen obligaciones futuras del arrendador, las de reparar el local con el fin de mantenerlo apto para servir al uso a que fue destinado, por lo que se hace lógico que ha de recaer sobre el propietario de la finca la obligación de sufragar el importe de todas aquellas obras que se hagan necesarias para tener el local en las condiciones ya mencionadas, por lo que todas las reparaciones, ya proceda su necesidad del mero **transcurso del tiempo**, del **uso ordenado** del arrendatario, **caso fortuito** o **fuerza mayor** o **desgaste natural** de la cosa, serán de cuenta del arrendador, y como en el caso del presente recurso el hecho originador del daño no deriva de una perturbación de mero hecho producido por un tercero, sino de un incendio, no es factible la aplicación al caso del CC art.1560 (TS 9-3-64).
2) Un sector de la jurisprudencia, aunque la doctrina no sea unánime, viene declarando que el arrendador puede quedar **eximido de efectuar las reparaciones** por razones de equidad y aplicación del principio *rebus sic stantibus* si las reparaciones solicitadas por los arrendatarios son cuantiosas y estos satisfacen rentas exiguas (AP Tarragona 15-10-99; AP Madrid 13-2-97; AT Barcelona 6-3-84). El Tribunal Constitucional recoge este principio contractual de **equilibrio de las prestaciones**, recordando que el contrato de arrendamiento es un contrato oneroso conmutativo (TCo auto 249/1995).

1882 **Alcance de la obligación** Con relación al alcance de la obligación del arrendador de realizar las obras necesarias para la conservación de la vivienda o local en estado de servir al uso convenido, la jurisprudencia ha puntualizado lo siguiente:
• Que la obligación de reparar no es la de **reconstruir o reedificar**, porque estas obras son de mayor importancia y no pueden confundirse con los simples reparos (TS 22-12-32). Tesis, sin embargo, que es atenuada en TS 12-3-56, al agregar que en el concepto de reparación puede estar incluida en ocasiones la reconstrucción o reedificación de lo que por haberse deteriorado hay que reparar, como en el supuesto de que el propietario haya ido dejando de efectuar las reparaciones que le correspondían, hundiéndose, como consecuencia, el inmueble parcialmente.
• Que la conservación del techo de la casa objeto del arrendamiento en estado de servir para el uso de almacén a que se destina, con el fin de impedir primordialmente las **filtraciones de aguas**, ha de ser considerada como de carácter necesario (TS 5-10-51).

• Que no puede hablarse de reparaciones por **insalubridad y falta de higiene**, si suponen una reconstrucción en cuantía superior al 50% del valor de la finca, siendo incompetente en este caso la Fiscalía de la Vivienda para ordenarlas (TS 3-12-70; 26-2-71; 27-10-75). En esa línea, el Tribunal Supremo, dejó sin efecto una multa coercitiva impuesta por la Delegación de la Vivienda por no ejecutar el propietario obras para evitar humedades en los cielos rasos, por aparecer probado que al tiempo de imponerla se hallaba ya físicamente el edificio en estado de ruina (TS 4-11-80).

• Que aun cuando los términos literales del precepto hagan referencia a la «cosa objeto del contrato», es indudable que una lógica interpretación nos indica que si esa «cosa» forma parte de un **conjunto edificado**, también tendrá el arrendador que reparar este si de un modo u otro ejercen influencia sobre el local. En este sentido se ha pronunciado el Tribunal Supremo, al decir que siendo a la vez el techo del local piso del patio de la casa, y debiendo afectar las reparaciones en su caso a una parte del edificio no enteramente comprendido en el contrato, no puede entenderse que las solicitadas deban ser de cuenta del arrendatario por ser indudablemente necesarias para que la cosa arrendada pueda ser disfrutada debidamente (TS 5-10-51). **1884**

• Que la conservación del techo de la casa es reparación necesaria, así como el **desplome de la techumbre** (TS 22-10-51; 10-4-78).

• Que hay obligación de reparar los daños en muros y paredes que obedezcan a humedades por el mal estado de los **canales de desagües** (TS 23-11-63).

• Que no es obra de reparación la que tenga por objeto la corrección total de las **conducciones y desagües** (TS 30-11-70).

• Que no son obras de reparación ni pueden ser impuestas al arrendador, las de transformación de una nave para cambiar su **configuración** (TS 2-9-71).

• Que es obra necesaria de reparación la de la **instalación eléctrica** (TS 30-5-87).

Precisiones **1)** No está obligado el arrendador a llevar a cabo las obras y reparaciones que tuvieran su causa en el **cambio de destino del local** por la arrendataria (AP Valladolid 27-11-01, EDJ 106539).

2) En las obras de conservación han de incluirse la de tipo ornamental como la **pintura del portal y de la escalera** de la finca (AP Asturias 25-9-96).

3) Entre las obras necesarias cabe incluir la instalación de un **ascensor** acordada por la junta de propietarios por tratarse de un edificio de 5 plantas (AP León 24-4-01, EDJ 15037).

4) Como **excepción**, el arrendador no viene obligado a realizar las obras si estas tienen por causa la **negligencia del arrendatario** (TS 28-4-65). Este supuesto se expone en nº 1898 s.

Requerimiento al arrendador La interpretación que cabe hacer del contenido de LAU/64 art.110 en cuanto al requerimiento que establece, no es otro que el de su **necesidad**, cuando el inquilino o arrendatario solicita por medio del escrito inicial del pleito, que la realización de dichas obras se lleven a efecto por el arrendador, caso este en el que no cabe requerimiento alguno, ya que este trámite se hace innecesario ante el caso distinto que prevé el precepto citado. Ello, si bien es cierto que el CC art.1559.2, contiene la obligación del arrendatario de poner en **conocimiento del dueño** la necesidad de todas las reparaciones comprendidas en CC art.1554.2, no lo es menos que su incumplimiento no conlleva en sí la exoneración de que por la parte arrendadora se realicen cuando así lo solicite el arrendatario, sino que cumpliendo en todo caso lo preceptuado en LAU/64 art.107, en cuanto a la ejecución de aquellas, conservaría la acción en reclamación de los daños y perjuicios ocasionados por la falta del requisito exigido en CC art.1559.3 (TS 31-10-63). **1888**

Reparaciones urgentes En el supuesto de reparaciones urgentes encaminadas a evitar **daño inminente o incomodidad grave**, no es necesario que el inquilino o arrendatario espere a la falta de actuación o actuación deficiente del arrendador, sino que puede realizar las reparaciones por sí mismo en todo momento. **1890**

Si bien es cierto que se faculta al arrendatario para sustituir la actividad del arrendador en orden al cumplimiento de su obligación en el caso de que las reparaciones sean urgentes para evitar un daño inminente o incomodidad grave, o en el caso de que ordenadas las reparaciones necesarias por la autoridad competente se resista el arrendador a realizarlas, esta facultad, como todo lo que pertenece al campo de lo discrecional, es voluntaria en su ejercicio y no puede escudarse en ella el demandado para eludir el cumplimiento de su obligación.

Según la doctrina el **concepto de «urgencia»** se refiere a obras preventivas, atendiendo a la previsibilidad del daño o de la incomodidad, así como a la inminencia de aquel y a la gravedad de este. Para que la obra de reparación tenga la nota de urgente es necesario que concurran los siguientes **requisitos**:

1) Que se trate de una reparación necesaria, pues la urgencia es una modalidad de la necesidad, cualificada por la perentoriedad de su realización.

2) Que tenga cierta importancia, es decir, que sea grave el daño o la incomodidad, según expresa el texto arrendaticio.
3) Que el daño o la incomodidad no hayan sido causados por el arrendatario dolosa o culposamente, pues en este supuesto serían de su cuenta las reparaciones (nº 1898).
4) Que la reparación se exija con urgencia verdadera y objetiva, lo que será una cuestión de hecho que los jueces y tribunales habrán de apreciar a la vista de varias circunstancias.
5) Que el daño sea en el interior o en el exterior del edificio, o que lo padezcan los elementos comunes. No ha pasado a la LAU la restricción establecida por LAU/64, que refería la urgencia solamente a los daños en el interior del edificio.

Precisiones **1)** El inquilino o arrendatario está facultado para realizar, por su propia autoridad y sin necesidad de requerimiento previo al arrendador, las reparaciones urgentes encaminadas a evitar daño inminente o incomodidad grave, en cuyo supuesto legal encajan las obras ejecutadas en el entramado del techo, porque -según declara la sentencia, sin impugnación en el recurso-, es constitutivo de un caso fortuito o de fuerza mayor, frente al cual el arrendatario ajustó su actuación a los principios de la buena fe y diligencia de un buen padre de familia, adoptando **urgentes medidas de seguridad**, apuntalando primero y consolidando después dicho entramado, que ofrece hoy un más amplio coeficiente de seguridad (TS 30-5-64).
2) Aun mediando la calificación de urgencia, las reparaciones han de ponerse en **conocimiento del dueño** (TS 10-7-96, Rec 3963/92).

1892 **Reparaciones ordenadas por la autoridad competente** (LAU/64 art.110) Las **reparaciones necesarias** ordenadas por la autoridad competente son de cuenta del arrendador. El inquilino o arrendatario ha de requerirle (nº 1888) para que proceda a su ejecución a fin de conservar la vivienda o local de negocio en estado de servir para su uso, si bien, cuando el arrendador deje transcurrir 30 días sin comenzarlas, o 3 meses sin terminarlas, está legitimado para proceder por sí mismo. Esta misma alternativa tiene el arrendador en el caso de las **reparaciones urgentes** (nº 1890), pero en tal caso no será necesario que espere a que el arrendador no actúe o actúe defectuosamente, sino que podrá emprender las reparaciones por sí mismo desde el primer momento.
A estos efectos, es indiferente la fecha en que haya sido ocupada la finca.
En cualquiera de los dos casos, el arrendador queda obligado al **abono del importe** de las reparaciones indicadas, de una sola vez, al inquilino o arrendatario que lo haya satisfecho, dentro de los 15 días siguientes al requerimiento para ello, sin perjuicio de recabar el **aumento** correspondiente en los términos prevenidos en LAU/64 art.108, cuando sea de aplicación.

Precisiones **1)** Las obras pueden afectar no solo a las viviendas y locales de negocio arrendados, sino también a la **seguridad del edificio** (TS 6-2-54; 15-7-55).
2) No cabe incluir entre las reparaciones a que se refiere el precepto comentado la instalación de cualquier **elemento higiénico** obligatorio por disposición administrativa, si no existía en la fecha del contrato (AP Valladolid 18-6-60). Lo que no quiere decir que puedan autorizarse estas obras al amparo de LAU/64 art.114.7ª, conforme se expone en nº 2165 al hacer referencia a esta causa de resolución.
3) El precepto es aplicable aunque las obras ordenadas por la autoridad administrativa no sean de verdadera **necesidad** (AP Sevilla 26-11-63).
4) Si bien es cierto que las obras ordenadas por la autoridad municipal se referían solamente a la reparación y sustitución de las medias formas y correas de cubiertas de las dos naves laterales, de la prueba practicada apreciada en conjunto por la sala sentenciadora y no impugnada eficazmente por el recurrente, resulta que las demás obras realizadas por el arrendatario fueron consecuencia forzosa de la ejecución de aquellas, que todas las que dicho arrendatario llevó a efecto fueron, más que necesarias, **imprescindibles**, y que las mismas tuvieron por causa la negativa reiterada e infundada del propietario para ejecutar las obras que el Ayuntamiento le había ordenado, desobedeciendo tales órdenes en el transcurso de siete años, lo cual agravó el mal estado de las naves arrendadas (TS 24-10-55).

1893 **Repercusión del importe de las obras de reparación sobre el arrendatario**
Se distinguen **dos sistemas** de repercusión, de modo que, el arrendador puede repercutir en el arrendatario el importe de las obras de reparación necesarias para mantener la vivienda en estado de servir para el uso convenido:
- en los términos resultantes de LAU/64 art.108; o
- de acuerdo con las reglas previstas en LAU disp.trans.2ª.10.3.

1894 **Repercusión utilizando el sistema previsto en LAU/64** (LAU/64 art.108; LAU disp.trans.2ª.10.3 y 4) El arrendador puede repercutir en el arrendatario el importe de las obras de reparación necesarias para mantener la vivienda en estado de servir para el uso convenido de forma **proporcional** a la superficie de la finca afectada.
Esta posibilidad solo se prevé para las **obras de reparación** a las que se hace referencia en LAU/64 art.107. No se refiere, por tanto, a las **obras de mejora** de la LAU/64 art.112.

En cualquier caso, se autoriza al arrendador para que pueda utilizar, en lugar de la posibilidad prevista en LAU/64 art.108, el **nuevo sistema de repercusión** (nº 1896), pero cumpliendo las reglas que menciona y, por tanto, los condicionamientos de cada una.
Dadas las expresiones sobre repercusión del importe de las obras «en los términos resultantes del artículo 108» y «con arreglo a lo dispuesto en el artículo 108», contenidas en LAU disp.trans.2ª.10.3 y 4, cabe entender que únicamente pueden **optar** por una u otra forma de efectuar la repercusión, quienes hubieran podido aplicar lo dispuesto en el artículo 108, es decir, aquellos cuyo arrendamiento subsista en la fecha de entrada en vigor de LAU/64, esto es, a 1-7-1964. Y que respecto de contratos que no estén en tal situación puede efectuarse la repercusión en el nuevo sistema establecido, se haya pactado o no en su día en el contrato la repercusión por obras.

Precisiones **1)** Sigue subsistente lo dispuesto por LAU/64 art.107, 108 a 111 y 113. Tan solo se modifica de los anteriores preceptos el artículo 108, pero exclusivamente en la **forma de llevar a cabo la repercusión** que ha de efectuarse, a partir del 1-1-1995, en forma proporcional a la superficie de la finca afectada.
2) Entre las obras de reparación caben las que tengan por objeto eliminar la **aluminosis** que padece la finca, si no superan el 50% del valor del edificio (AP Barcelona 14-7-98, EDJ 68467).
3) Se ha declarado como doctrina jurisprudencial (TS 21-5-09, EDJ 92328) que lo dispuesto en LAU disp.trans.2ª.10.3.c no se opone a que, cuando se trate de un contrato de **arrendamiento de local de negocio**, celebrado durante la vigencia de la LAU/64, no es aplicable LAU/64 art.108, respecto de la repercusión de las obras necesarias en el arrendatario, dada la determinación de la liberalización de las rentas acordada en LAU/64 art.97, ni en los contratos de esta naturaleza con cobertura en disposiciones legales posteriores (RDL 2/1985 y LAU), habida cuenta de que en las mismas se mantiene la **libertad de las partes** para determinar las rentas y sus sistemas de actualización. Esta doctrina puede ser aplicada sin dificultad a los **arrendamientos de vivienda**, lo que implica que para los concertados con posterioridad a LAU no sería aplicable, si no está pactada, la repercusión del coste de las obras de reparación. Esta doctrina implica diferenciar a estos efectos de incremento de renta entre los arrendamientos en situación de **prórroga legal** a la entrada en vigor de la LAU, en los que por imperativo legal es posible efectuar la repercusión, de los posteriores, a los que no les sería aplicable por ley, sino, en su caso, por pacto.

El sistema de repercusión de LAU/64 art.108 ha sido **modificado** en los siguientes aspectos (Lucas Gil): **1895**
a) La posibilidad de acogerse a este sistema se extiende a **todos los arrendamientos**, sean de vivienda o de local de negocio regidos por LAU disp.trans.2ª y 3ª, es decir, a todos los contratos celebrados antes del 9-5-1985, pero dentro de ellos solamente a los que se encontraban en prórroga legal cuando entró en vigor la LAU/64 (nº 1894).
b) En el caso de afectar las obras a una **pluralidad de arrendatarios del mismo edificio**, la suma total a repercutir se distribuirá entre ellos en proporción a la superficie de la finca arrendada en lugar de hacerlo sobre la respectiva renta.
c) En caso de hallarse el edificio en régimen de **propiedad horizontal** se podrá repercutir la parte del gasto de la obra satisfecha por el arrendador respecto de su contribución al gasto comunitario de reparación.
d) El **derecho del arrendador al incremento** nace en el momento en que concluyen las obras de reparación y ha sido satisfecho su importe.
e) En las obras de reparación realizadas **antes de iniciarse el proceso de actualización**, el incremento era absorbido por la renta actualizada desde la primera anualidad de la revisión por LAU disp.trans.2ª.11.3. Si la elevación de la renta tiene lugar **después de completado el proceso de actualización**, se produce un verdadero incremento de la renta, que debe hacerse constar separadamente en el recibo; debiendo distribuirse el incremento por meses, por trimestres, o por años, en función de la periodicidad del cobro de la renta.
f) No se establece de un modo expreso en LAU/64 art.108 el requisito de la **previa solicitud del arrendatario** o arrendatarios como se hace en LAU disp.trans.2ª.10.3.1ª para la nueva modalidad de repercusión que regula.

Precisiones **1)** No es posible la repercusión por razón de **contribuciones especiales** que permitía LAU/64 art.109, porque LAU disp.trans.2ª.10.3 no habla más que de la repercusión por obras (AP Barcelona 16-4-98, EDJ 15658).
2) La **renta a tener en cuenta** en orden a la repercusión cuando esté **en período de actualización** debe ser la que finalmente corresponda pagar. No hay que olvidar que la renta actualizada que el arrendatario ha de pagar es la que resulte de la actualización, siquiera el legislador le hubiera facultado para hacerlo en los porcentajes que indica en las reglas correspondientes. Seguir tesis distinta supondría tratar con desigualdad a los arrendatarios que hubieran aceptado la actualización de golpe o que estuvieran en el último tramo, y a los arrendatarios que no estuvieran en tal situación. El tema tiene importancia en orden, sobre todo, al **límite máximo** del 50% de la renta que impone LAU/64 art.108.

3) Es suficiente a los efectos de las pretendidas repercusiones que el arrendador **notifique al arrendatario** el concepto por el que se pretende la repercusión y el importe total que por cada concepto estime procedente, sin que sea necesario proceder al desglose o concreto detalle de su contenido, sin perjuicio de que el arrendatario pueda formular su oposición a las mismas o solicitar las aclaraciones o justificaciones que estime oportunas (AP Barcelona 8-3-00, EDJ 19932).

1896 **Repercusión utilizando el sistema previsto en LAU** (LAU disp.trans.2ª.10.3) El arrendador puede repercutir en el arrendatario el importe de las obras de reparación necesarias para mantener la vivienda en estado de servir para el uso convenido de acuerdo con las **reglas** siguientes:
1) Que la reparación haya sido **solicitada** por el arrendatario o **acordada** por resolución judicial o administrativa firme. En caso de ser varios los arrendatarios afectados, la solicitud debe haberse efectuado por la mayoría de los arrendatarios afectados o, en su caso, por arrendatarios que representen la mayoría de las cuotas de participación correspondientes a los pisos afectados.
2) Del capital invertido en los gastos realizados, se deducirán los **auxilios o ayudas públicas** percibidos por el propietario.
3) Al capital invertido se le sumará el importe del **interés legal del dinero** correspondiente a dicho capital calculado para un período de 5 años.
4) El arrendatario abonará **anualmente un importe equivalente al 10%** de la cantidad referida en la regla anterior, hasta su completo pago. En el caso de ser varios los arrendatarios afectados, la cantidad referida en la regla anterior se repartirá entre estos de acuerdo con los criterios establecidos en LAU art.19.2, esto es, proporcionalmente en función de la superficie de la finca arrendada.
5) La **cantidad anual** pagada por el arrendatario no podrá superar la menor de las dos cantidades siguientes, ambas consideradas en su cómputo anual:
- cinco veces su renta vigente más las cantidades asimiladas a la misma; o
- el importe del salario mínimo interprofesional.

Precisiones 1) No cabe hacer uso de este sistema cuando se trate de un supuesto de **ruina** previsto en la legislación urbanística.
2) Es aplicable este sistema si, **iniciado en el año 1994 el expediente** por la Administración para obligar al arrendador a efectuar obras de conservación, finaliza en el año 1995 (AP Girona 6-3-98, EDJ 11772).
3) Para el **cálculo del interés** para un período de 5 años, hay que estar al que exista al concluirse las obras.
4) No cabe hacer uso del nuevo sistema si en el contrato anterior al 1-1-1995 **se pactó** que las obras de reparación irían siempre a cargo del arrendador.
5) La **renta vigente** a la que se hace referencia en el apartado **5)** anterior, ha de ser la que conste en los recibos, con excepción de lo que se haga constar en ellos por razón de cantidades asimiladas.
6) Existe la duda de si este sistema de repercusión es aplicable a los **contratos de arrendamiento posteriores** a la LAU/64 (nº 1894).

1897 Para llevar a cabo la repercusión sobre el arrendatario del importe de las obras de reparación utilizando este sistema es necesario que concurran los siguientes **requisitos** (Lucas Gil):
1) Debe mediar un **requerimiento al arrendador**, lo sea por la Administración o por el arrendatario, instándole de modo expreso a la ejecución de determinadas obras de reparación que se reputen necesarias. Con la particularidad de que si fueran varios los arrendatarios habrán de solicitarlo la mayoría numérica de los mismos, y la mayoría de las cuotas de participación si la finca estuviera divida en régimen de propiedad horizontal.
2) El cálculo de los **intereses de los 5 años** debe realizarse de acuerdo con el tipo de interés anual vigente en el momento de terminación de las obras, que se multiplica por cinco, sin tener en cuenta para la determinación de las sucesivas cuotas a abonar por el arrendatario las variaciones que pueda sufrir el tipo de interés legal del dinero en ulteriores anualidades.
3) De superar las cantidades en cómputo anual a repercutir de los **topes máximos** fijados, habrá de reducirse la cuota anual a satisfacer al importe de la menor de las expresadas cantidades. Entendiéndose que, aun cuando el importe de la cuota haya de reducirse en cuanto se sobrepasen los límites aludidos, su abono no debe prolongarse más allá de los 10 años aunque el arrendador no llegue a recuperar totalmente el capital invertido en las obras.
4) El derecho del arrendador a percibir la repercusión por obras, o el incremento de renta compensatorio se transmite activamente a los **sucesores o causahabientes** del arrendador; pero desde el punto de vista pasivo, la obligación de pago solo alcanza a quienes en el momento de realizarse las obras fueran arrendatarios, y se trasmite únicamente a otros en los supuestos de traspaso o cesión que origine su subrogación en el mismo contrato y en los casos de sucesión «mortis causa» del inquilino o arrendatario.

5) Debe considerarse como **causa de desahucio**, ya se trate de contratos anteriores o posteriores a la entrada en vigor de la nueva LAU tanto el impago de la renta como el de las demás cantidades complementarias.
6) Deben entenderse aplicables las **normas generales** de LAU/64 art.101 y 106.

Daños ocasionados por el inquilino (LAU/64 art.111) Las obras de reparación que tengan su origen en daño **doloso o negligentemente** producido por el inquilino o arrendatario o por las personas que con él convivan, son de su cargo, pudiendo el arrendador reclamarle su importe, sin perjuicio de ejercitar, cuando los daños sean dolosos, la acción autorizada por LAU/64 art.114.7ª (nº 2165). 1898

Precisiones **1)** La normativa **no excluye** la aplicación de lo dispuesto en CC art.1563 (TS 12-12-88, Rec 896/87).
2) En un contrato de **arrendamiento que dura casi 25 años**, no es fácil, y menos a través de acta notarial, discernir entre los deterioros del inmueble propios del uso, y los que procedan de dolo o culpa, así como los que pudieran originarse sin dolo ni culpa; que la actora viene obligada a demostrar la culpa o el dolo imputables al arrendatario, por cuanto el régimen jurídico sobre este particular no permite presunción en contra del inquilino, siendo aplicable LAU/64 art.111 en consonancia con CC art.1214 (AP Palencia 20-4-58).
3) Ha de deducirse «iuris tantum» del CC art.1563 la culpabilidad por parte del arrendatario, que ha de ser el obligado a **probar** que la culpa fue de la propiedad (TS 9-2-74).
4) La norma estudiada no es aplicable en caso de **destrucción del edificio** que necesite una reconstrucción (TS 6-12-63).

b. Obras de mejora

(LAU/64 art.112)

Por obras de mejora hay que entender no solo las que contribuyan a la **higiene, salubridad y comodidad** de sus ocupantes, sino también las de **lujo o suntuarias**, porque precisamente por ello exige la **conformidad** del inquilino o inquilinos (nº 1902). Por ello, la LAU/64 en su exposición de motivos señala que se califican como obras de mejora las de mera comodidad o conveniencia de las partes. 1900

Ahora bien, no deben confundirse esas obras de mejora con las **necesarias para el uso** de la cosa a las que se ha hecho referencia en nº 1880 s.

Respecto a los **arrendamientos anteriores al 9-5-1985**, se sigue aplicando en materia de obras de mejora lo siguiente:
1) La realización de obras de mejora autoriza al arrendador para **elevar la renta**, cuando las efectúe de acuerdo con el respectivo inquilino o arrendatario, o de los tres quintos de estos cuando se trate de obras de mejora comunes.
2) Los **inquilinos o arrendatarios no conformes** vienen también obligados a abonar la cuantía del aumento convenido por los demás con el arrendador en proporción a las rentas que, respectivamente, satisfagan.
3) No se requiere el acuerdo al que se ha hecho referencia en el número 1) para la instalación por parte del arrendador de aquellos **aparatos contadores** de los servicios o suministros que existan en la vivienda o local de negocio.
4) Salvo estipulación escrita en contrario, las obras de mejora quedan en **beneficio de la finca**.

Precisiones **1)** Si las obras no son de conservación según LAU/64 art.107, sino de **ampliación del objeto arrendado**, han de entenderse como obras de mejora según LAU/64 art.112, por lo que el incremento debe considerarse a todos los efectos como concepto de renta (TS 27-2-97, EDJ 1252).
2) La norma estudiada ha de entenderse **compatible** con LAU/64 art.114.3º.
3) La obra de mejora consistente en la sustitución del **sistema de suministro de agua** a las viviendas por medio de depósito, por el directo con contadores individuales es posible imponerla al amparo de LAU/64 art.114.7ª.
4) A los efectos de **distribución del aumento** se reputará que el arrendador es inquilino arrendatario de la vivienda o local que ocupe, así como de los desalquilados (LAU/64 art.113).

La doctrina se ocupa de los supuestos a los efectos de determinar cuándo ha de entenderse existente el **consentimiento de los arrendatarios** para la realización de las obras, diciendo (López Alarcón): 1902
a) No ofrece duda que, cuando la mejora afecte a **algunos arrendatarios**, solo se requerirá el consentimiento de todos estos o simplemente de la mayoría de los tres quintos, con exclusión de los no beneficiados.
b) Cuando son **dos los arrendatarios interesados** es preciso el asentimiento de ambos.
c) Si el número de arrendatarios beneficiados no es múltiplo exacto de cinco, será necesario, para que haya **mayoría**, que el número de arrendatarios conforme sea igual, por lo menos, al

cociente por exceso que resulte de dividir por cinco el producto por tres del número de arrendatarios.

Ejemplo Casa con **siete arrendatarios**. El cociente por exceso de dividir por cinco el producto de 7 por 3 es 5

$$\frac{7 \times 3}{5} = 5$$

Por tanto, habrá mayoría cuando cinco arrendatarios de los siete afectados consientan la realización de la obra. El cociente por defecto, es decir, 4, corresponde a la mayoría de los cuatro séptimos, que es inferior en 1/35 a la mayoría de los tres quintos.

d) En alguna ocasión puede quedar **excluida la voluntad de los arrendatarios**. Ahora bien, si algún arrendatario renuncia al uso de la cosa común mejorada, ni está exento de la obligación de contribuir al importe de la obra ni de su derecho a votar para decidir sobre la realización de la obra y la distribución del aumento que se convenga.

Ejemplo Casa con tres pisos, de los cuales uno está ocupado por el propietario, otro por un arrendatario y el tercero desalquilado. Los dos votos del propietario constituirán mayoría y el arrendatario habrá de soportar cuantas mejoras y aumentos correlativos de renta pretenda el propietario sin más defensa que resolver el contrato o denunciar el abuso que de su derecho pudiera hacer el propietario.

6. Enajenación de la vivienda arrendada

1910

a. Aspectos comunes a los derechos de adquisición preferente

1915 La LAU/64 parte, al regular los derechos de tanteo y de retracto, de los siguientes principios generales:

• El **derecho de tanteo** surge cuando, como consecuencia de una venta, una cesión solutoria o una adjudicación de vivienda por consecuencia de la división de cosa común -con la excepción de las adquiridas por herencia o legado, o anteriores al 1-1-1947-, se haya decidido transmitir un piso de forma individual o agrupado en unión de otros de la misma planta.

• El **retracto** no se otorga en todo caso al inquilino de vivienda o al arrendatario de local de negocio, sino tan solo cuando:

- la transmisión se haya realizado sin la notificación previa a los mismos;
- se haya omitido en la notificación cualquiera de los requisitos exigidos;
- resulte inferior el precio efectivo;
- resulten menos onerosas las restantes condiciones esenciales; o
- la transmisión se efectúe a persona distinta de la consignada en la notificación para el tanteo.

• Tanto el tanteo, antes de la transmisión, como el retracto, después, han de ser ejercitados dentro de un **plazo de caducidad** de 60 días naturales, contados en el primer caso, desde el día siguiente a aquel en que se notifique la decisión de vender, y, en el segundo, desde el día siguiente a la notificación que el adquirente debe hacer de las condiciones en que se efectuó. Este plazo no lo interrumpe el hecho del fallecimiento del inquilino operando la subrogación (TS 24-2-61; 25-6-62; 27-6-66).

•Tanto el tanteo como el retracto tienen **preferencia** sobre cualquier otro derecho similar, con **excepción** del derecho de retracto reconocido al condueño de la vivienda o local de negocio transmitido.

1917 • El **precio de venta** es libre y no está sujeto a tasa alguna, aun cuando si excede en las viviendas del **precio de capitalización** al que hace referencia LAU/64 art.53, cabe la impugnación, con el único efecto, no de declarar nula la venta, sino simplemente de que el adquirente no pueda ejercitar el desahucio por necesidad contra el arrendatario.

• El retrayente o el adquirente por derecho de tanteo, así como su heredero o legatario, no puede **transmitir por actos** *inter vivos* el piso adquirido hasta que transcurran 2 años desde la adquisición, salvo si hubiera venido a peor fortuna.

• El adquirente por actos *inter vivos* de una finca urbana compuesta de pisos o departamentos no puede **enajenar como fincas independientes** los que al tiempo de la adquisición estuviesen

arrendados hasta transcurridos 4 años. Ahora bien, la infracción de esta norma no supone la nulidad o anulabilidad de la venta, sino la excepción del inquilino a la denegación de la prórroga forzosa del arrendamiento por causa de necesidad del arrendador.
• En la venta de pisos debe respetarse un **orden de selección**. Su incumplimiento dará lugar a que el inquilino de vivienda afectado pueda oponerse a la denegación de prórroga por causa de necesidad que inste el adquirente.
• No puede efectuarse la **inscripción en el Registro de la Propiedad** de la adquisición de la finca sin justificar haberse efectuado las notificaciones para el tanteo y el retracto.
• Tratándose de un arrendamiento de vivienda propiamente dicha, celebrado **entre el 9-5-1985 y el 1-1-1995**, si a la terminación del plazo pactado hubiera operado la **tácita reconducción** prevista en CC art.1566 por el plazo de 3 años, o la **no renovación** a la que se hace referencia en LAU art.9, tanto el tanteo como el retracto se regirán ya por lo dispuesto en LAU art.25 (LAU disp.trans.1ª.3).
• La LAU no modifica más que lo dispuesto en LAU/64 art.47.3, en cuanto a los arrendamientos **concertados con anterioridad al 1-1-1995**, y, aun así, en muy poca cosa y por imperativo de LAU disp.trans.22ª.3.2º. Por lo tanto, seguirán siendo aplicables los art.47 a 55 LAU/64, con dicha excepción, tratándose de dichos arrendamientos.

Debe advertirse de todas formas que en la LAU, y para los arrendamientos **celebrados a partir del 1-1-1995** o que se celebren en lo sucesivo, habrá de estarse a lo dispuesto en nº 635 s., cuando se trate de arrendamientos para vivienda como destino primordial del arrendatario y a lo dispuesto en nº 1180 s. si de arrendamientos para uso distinto del de vivienda se trata. **1918**

Diferencia entre tanteo y retracto Aun cuando el tanteo y el retracto no se diferencian por su naturaleza y finalidad, tienen notas diferenciales, ya que uno va más encaminado a **impedir una venta** que va a celebrarse, y el otro se dirige a la **subrogación** del arrendatario como comprador en la ya realizada, reintegrándole del precio satisfecho y los gastos ocasionados por la compraventa (TS 9-6-58; 21-1-61; 9-3-61). **1920**

Procedencia del tanteo y del retracto No en todos los casos de transmisión de la finca procede el ejercicio de los derechos de tanteo o retracto, pudiendo distinguirse los **supuestos** que se detallan a continuación. **1922**

Supuestos en que no operan los derechos de tanteo y retracto En primer lugar, no opera el tanteo ni el retracto en las **transmisiones de fincas** que se produzcan por: **1924**
• **Permuta**, salvo que encubra una verdadera compraventa (TS 22-11-57; 26-5-60; 27-1-67).
• **Donación**, salvo si lo que se produjo fue un negocio fiduciario por el que transmitía la propiedad en garantía de determinadas operaciones crediticias, utilizando la compraventa simulada (TS 8-4-59; 21-6-61; 3-12-96, EDJ 9127; 6-3-99, EDJ 5808).
• **Donación** disfrazada de compraventa (TS 19-11-92, EDJ 11447).
• Transmisión de la finca a cambio de una **renta vitalicia** (TS 25-5-57; 9-12-64; 27-11-01, EDJ 44701).
• **Venta con pacto de retro** en tanto no se consume (AP Albacete 19-1-63).
• Derecho de **accesión** (AP Granada 13-6-67).
• **Venta de la nuda propiedad** (TS 12-2-49; 27-11-01, EDJ 44701). Sin embargo, en TS 12-6-58, parece darse una **opinión contraria** al declarar que la venta de la nuda propiedad de una finca con reserva del usufructo vitalicio no supone una desintegración del dominio, pues este pasa totalmente al nudo propietario y el usufructo reservado constituye un mero gravamen o derecho real de una cosa de ajena pertenencia, que es el concepto que en nuestro derecho, esencialmente inspirado en el Derecho romano, le asigna el CC art.469, no teniendo el usufructuario el carácter de titular de un dominio dividido, sino de un derecho real de goce o gravamen del dominio único y abstracto, de todo lo cual se desprende que el actor, como titular del derecho de retracto sobre el piso objeto de la venta, puede ejercitar la acción de impugnación del precio por exceso en el mismo.
• **Aportación de un piso o local a una sociedad** o adjudicación del mismo a un socio al disolverse la sociedad (TS 12-6-64; 27-3-89; 27-5-00).
• Adjudicación de una vivienda como consecuencia de **división de cosa común**, exceptuados los supuestos de división y adjudicación de la cosa común adquirida por herencia o legado, y de adquisición realizada antes del 1-1-1947 (LAU/64 art.47.3). Aquí hay que puntualizar que, tanto para los arrendamientos **concertados antes del 1-5-1985**, como para los celebrados **a partir de esa fecha** (entrada en vigor de RDL 2/1985), se ha modificado el precepto mencionado en el sentido de que no procederán los derechos de tanteo y retracto en los casos de adjudicación de vivienda por consecuencia de división de cosa común cuando los contratos de arrendamiento hayan sido otorgados con posterioridad a la constitución de la comunidad sobre la cosa, ni tampoco en los casos de división y adjudicación de cosa común adquirida por

herencia o legado (LAU/64 art.47.3; RDL 2/1985 disp.trans.1ª.1). Este apartado no es aplicable a los locales de negocio (TS 22-2-94, EDJ 1568).

• Tampoco operarán los derechos de tanteo y retracto en caso de venta de una finca en su totalidad dividida en régimen de **propiedad horizontal**, pero sí en el supuesto de que lo que se transmita sea un complejo comercial compuesto por múltiples dependencias como un todo, dentro del cual se ubican los tres locales arrendados al retrayente (TS 31-1-92, EDJ 804; 8-4-02).

1925 Tampoco operará el tanteo ni el retracto en los siguientes supuestos:

a) La venta de **participaciones indivisas** de una finca. Sin embargo se cita, apoyando la posibilidad, la TS 27-11-47 que, si bien parece opinar así, examinada con profundidad se advierte que se apoya en un supuesto de fraude, al haberse vendido con anterioridad otras participaciones, para burlar la ley. Cabe citar también siguiendo la tesis de esta sentencia: DGRN Resol 27-12-96; AP Madrid 25-11-97.

b) La venta de la **totalidad de una finca** de la que el arrendatario lo es solo en parte (TS 8-10-98, EDJ 68478; 27-10-00; 22-10-04, EDJ 152669; 26-6-07, EDJ 70143).

c) La venta del resto de una casa al **comprador anterior** de un piso (TS 7-3-59; 23-10-59; 3-11-59).

d) La **venta total** de una finca en la que hay tan solo dos inquilinos, aunque ejerciten estos el tanteo conjuntamente (TS 14-1-55; 2-12-63; 23-3-71).

e) Venta de la finca con varias viviendas arrendadas en **un solo contrato**, pero que el inquilino ha subarrendado (TS 21-1-58; 10-10-59; 30-11-59).

f) Venta de la casa arrendada toda ella a una persona, **con excepción de una habitación** ocupada a tercera persona para despacho (TS 3-4-57).

g) Venta de un **solar** con un resto de edificación habitable (TS 24-2-60; 3-5-90, EDJ 4616).

h) Venta de la **mitad vertical** de una casa compuesta de local y piso-vivienda, al propietario de la otra mitad (TS 16-6-62).

i) Venta de un piso en el que el propietario se reserva el **derecho a usar una habitación**, a la que tiene también derecho el inquilino (TS 23-3-64).

j) Venta del **resto de la finca** compuesta de varias viviendas, después de haber sido segregada y vendida una planta (TS 9-10-65).

k) Venta de un **desván anejo** a un piso (AP Asturias 11-11-78).

l) Venta de una vivienda pagando una cantidad y otra por la **parte proindiviso de la portería** (TS 3-3-75).

m) Venta de un local que forma parte de un complejo formado por **diversas naves industriales** concebidas a base de una estructura o idea única y de conjunto, rodeadas de viales privados, aparcamientos, suministros y servicios comunes como el de portería, vigilancia, recogida de basuras, agua procedente de pozo de la propia finca, alumbrado e incluso depósito de gas (TS 5-1-81).

n) Venta de un **solar que fue arrendado** sobre el que el arrendatario construyó un edificio habitable (TS 3-5-90, EDJ 4616).

o) Venta de un pedazo de tierra en la que existían **tres almacenes**, siendo el arrendatario titular de uno de ellos (TS 24-6-94, EDJ 11662).

1926 **Supuestos en los que opera el ejercicio de los derechos de tanteo y retracto** Operan los derechos de tanteo y de retracto, además de en los supuestos citados expresamente en el precepto, en los siguientes:

a) En la venta de **varios pisos agrupados** por un solo precio (TS 12-11-57; 9-2-68; 22-4-69), siquiera sea preciso un dictamen pericial para saber lo que vale el piso o local arrendado (TS 4-11-55; 29-3-58).

b) Venta de pisos o locales ocupados por **diversos arrendatarios y agrupados entre sí**, no por proyecciones horizontales, sino verticales (TS 18-12-54).

c) Venta de **fincas independientes** aunque consten en el Registro de la Propiedad como una sola (TS 7-5-62; 31-3-67; 26-5-88).

d) Venta de una finca urbana compuesta de **vivienda y solar**, si lo arrendado es la vivienda (TS 10-5-57).

e) Venta de un inmueble cuyo arrendatario posea, a su vez, otros en arrendamiento **propiedad del mismo o de distinto propietario** (TS 28-2-61).

f) Venta de una planta en la que existen **varios pisos arrendados** (TS 6-2-68).

g) Venta de finca arrendada aunque conste de **varios pisos**, unos para vivienda y otros para negocio (TS 6-10-67).

h) Venta de una **buhardilla** con servicios higiénicos fuera de ella (TS 11-5-71).

i) Si en el negocio jurídico de compraventa se hacen constar **dos fincas** como objeto de la misma, se venden por un precio que es la suma del valor de cada una. Ciertamente, forman parte de un solo edificio, pero ello no es óbice, sino que es algo corriente en viviendas y locales; precisamente fue el origen de la propiedad horizontal. El retrayente es, pues, arrendatario de una vivienda independiente y puede ejercitar el retracto. Tampoco es óbice que se adquiera el edificio por mitad y pro indiviso por los compradores, pues esta adquisición expresamente la remiten a fincas, en plural y en plural, también, se expresa que componen el inmueble (TS 22-9-03, EDJ 105036).

j) La venta por el arrendador de una de las fincas registrales existentes en un **complejo comercial** (TS 8-4-00, EDJ 5915).

k) Viviendas arrendadas cuya **identificación registral** no coincidía con la realidad (TS 17-3-03, EDJ 4265).

l) Venta en **subasta pública** (TS 30-6-94, EDJ 5711; 12-2-96, EDJ 1308).

Legitimación La ley concede los derechos de tanteo o retracto tan solo al **arrendatario** y al **subrogado** en su lugar, pero siempre que: **1928**

- pruebe la existencia del arrendamiento (TS 9-5-69; 3-7-74); y
- lo ocupe realmente (TS 9-6-69; 2-10-81; 12-6-02, EDJ 22282; 13-5-08, EDJ 66877).

Y ello aunque esté pendiente contra él una **demanda de resolución del arrendamiento** (TS 8-4-54; 24-3-60), e incluso aunque hubiera sentencia en dicho pleito (TS 22-6-67; 17-5-68).

En caso de existir **varios titulares** del arrendamiento, pueden ejercitar el retracto todos ellos (TS 13-7-56; 29-2-64), o bien, uno de ellos en beneficio de la comunidad, pero nunca individualmente (TS 27-3-67; 10-4-90, EDJ 4010).

Precisiones **1)** En el supuesto de la **esposa del arrendatario** que obtiene la vivienda en acuerdo de divorcio o separación, en unos casos se ha entendido que el retracto correspondía a dicho arrendatario y no a la esposa (AT Barcelona 22-10-85), y en otros, que correspondía a la esposa (AP Barcelona 5-3-91).

2) La **sociedad anónima constituida por los hijos del arrendatario fallecido** infringiendo el art.31.1 LAU/64, no le da derecho al retracto (AP Madrid 28-6-90).

3) Tampoco está legitimado para el tanteo el arrendatario que surge de una **relación laboral** (TS 29-12-92, EDJ 12854).

4) Procede el retracto aunque el arrendatario tenga **subarrendado el local**, en cuanto conserva la posesión mediata (TS 2-11-02). Asimismo, aunque el edificio arrendado constituya el domicilio de otras dos sociedades (TS 18-3-10, EDJ 19164).

Notificación al arrendatario (LAU/64 art.49) En cuanto a la obligación del arrendador de notificar la venta del inmueble al arrendatario hay que puntualizar lo siguiente: **1930**

a) Esta exigencia no puede darse por cumplida cuando, como en este caso, el notario, haciendo uso de la facultad que le concede el Reglamento Notarial art.202, remite por el **correo certificado** la carta que le fue entregada por el vendedor, a los efectos de que el inquilino tuviera conocimiento del acto que la originaba, sin acreditar seguidamente el recibo de ella por aquel o, en su defecto, por alguna de las personas a quienes la ley señala, especificándolas con sus nombres y circunstancias, única forma de tener por bien hecha y cumplida la diligencia exigida. Como ello no se hizo constar en el acta notarial, por cuanto el funcionario autorizante dio fe de la imposibilidad de hacerlo por el hecho de haber sido retirado por el vendedor requirente el **acuse de recibo** que consiste en la tarjeta usual que se emplea en estos trámites, se hace evidente que no puede darse validez al simple hecho de remisión de una carta a los efectos de notificación, cuando no se ha demostrado quedara cubierto el **acto de la recepción** con la fe administrativa (TS 18-4-59; 20-10-65).

b) La falta de la determinación de la **persona del comprador** al efectuar la notificación, es algo tan esencial que produce la nulidad de la misma, que no puede producir efecto alguno, considerándose como no practicada (TS 24-2-61; 3-7-61).

c) Si en la notificación para el tanteo se omitió la reserva del derecho al vuelo, que se consignó en la escritura de venta, procede el retracto aun cuando no hayan variado las otras circunstancias, porque se dan **condiciones más favorables** (TS 28-12-63).

d) La **publicidad registral** de la venta no desplaza el deber legal, ni tiene virtualidad de cara a considerar acreditado el conocimiento completo y exacto de las condiciones de la venta (TS 14-12-06).

e) No es necesaria la notificación fehaciente cuando se prueba que el arrendatario **conocía la venta y sus condiciones**, por ejemplo en un acto de conciliación, o al personarse en el expediente de derribo para reedificación (TS 23-1-90; 6-3-00).

Preferencia del derecho de tanteo o del retracto sobre otro similar (LAU/64 art.50) **1932**

El derecho de tanteo o retracto del inquilino o arrendatario tiene preferencia sobre cualquier otro derecho similar, con **excepción** del derecho de retracto reconocido al condueño de la vivienda o local de negocio transmitido.

Precisiones 1) La **condición de condueño** de un piso arrendado ha de entenderse referida al que lo sea propiamente de este bien, por existir en cuanto a él una pluralidad de sujetos en el condominio por indivisión material y división intelectual en las cuotas, o bien por estar la propiedad singular y exclusiva del mismo dividida entre varias personas, pues en uno y otro supuesto es natural que estos condueños del piso en cuestión, del que se quiere disponer, tengan derecho preferente sobre el arrendatario en el ejercicio del tanteo o retracto, por tender a agrupar derechos divididos y así poder dar término a la comunidad (TS 21-2-70).
2) La preferencia del condueño opera aunque haya adquirido su participación en **subasta** (TS 12-3-63).

1933 **Prohibición de transmisión por actos «inter vivos»** (LAU/64 art.51) El retrayente o el adquirente por derecho de tanteo, así como su heredero o legatario, no puede transmitir por actos *inter vivos* el piso adquirido hasta que transcurran 2 años desde la adquisición, salvo que venga a peor fortuna.
El **incumplimiento** de esta prohibición produce la resolución del contrato originario y el de la segunda transmisión, a instancia de parte perjudicada.
Es posible la **transmisión de nuevo al arrendador** ya que lo que se trata de proteger con esta prohibición es precisamente al arrendatario. El problema, sin embargo, no es fácil que se plantee, porque sería este el que podría pedir la resolución del contrato e indudablemente no le interesaría.

Precisiones 1) Como la obligación que contrae el retrayente de no poder transmitir el piso adquirido por actos *inter vivos* hasta que transcurran 2 años desde la adquisición, viene legalmente impuesta, no puede agravarse su cumplimiento o modo de ejecución, exigiendo **requisitos** que la propia ley no establece como lo es el comprometerse en la demanda de retracto y con el rasgo de presupuesto esencial al cumplimiento de tal obligación, pues nuestro ordenamiento jurídico, en retractos de otra naturaleza, cuando lo ha querido exigir expresamente lo ha establecido (AP Barcelona 8-5-90).
2) La frase «**haber venido a peor fortuna**» ha de valorarse según la doctrina en sentido restrictivo, considerando el estado de necesidad como no causado cuando existan en el patrimonio jurídico o económico del arrendatario otras posibilidades de hacerlo desaparecer sin efectuar la transmisión del piso; pero que es evidente que no solo se creará la excepción cuando sea imprescindible tal enajenación para solventar deudas, sino que también es posible surja en la hipótesis de dificultad para satisfacer sus propias necesidades.
3) El término «**piso**» que utiliza el precepto ha de entenderse referido tanto a la vivienda como al local de negocio.

1934 **Prohibición de enajenación de una finca compuesta de pisos o departamentos como fincas independientes** (LAU/64 art.52) El adquirente por actos *inter vivos* de una finca urbana compuesta de pisos o departamentos, no puede enajenar como fincas independientes los que estuviesen **arrendados al tiempo de la adquisición** hasta transcurridos 4 años desde la misma, salvo que haya venido a peor fortuna.
Esta prohibición de enajenar comprende cualquier acto de **transmisión del dominio**, lo mismo a título oneroso que a título lucrativo, pero no a las adquisiciones *mortis causa* (TS 15-4-59; AP Ciudad Real 22-10-73).
Los **efectos** del incumplimiento de esta prohibición son los previstos en LAU/64 art.53 (nº 1936).

Precisiones Son **acciones acumulables**, la impugnatoria por incumplimiento de lo dispuesto en LAU/64 art.52 y las impugnatorias de LAU/64 art.53 (AP Barcelona 24-10-90).

1936 **Impugnación de la transmisión por el arrendatario** (LAU/64 art.53) El inquilino, cuando no haya ejercitado el derecho de tanteo o retracto, puede impugnar la transmisión efectuada en los **supuestos** siguientes:
• Cuando se haya infringido la **prohibición** a la que se hace referencia en el nº 1934.
• Cuando el **precio** de la transmisión, incluido, en su caso, el importe de las cargas, exceda de la capitalización de la renta anual que en el momento de la transmisión pague el inquilino a los siguientes tipos:
- al 3%, cuando se haya ocupado la vivienda por primera vez antes del 1-1-1942; y
- al 4,5%, si la vivienda se ocupó por primera vez con posterioridad a dicha fecha.
Ahora bien, queda **excluido** el ejercicio de la acción impugnatoria, cualquiera que sea el precio efectivo de la transmisión, cuando de la finca transmitida que conste de una sola vivienda, formen parte terrenos de mayor valor que el que realmente corresponda a lo edificado.
Debe tenerse en cuenta que, en caso de prosperar la acción, el adquirente no puede negar la **prórroga del contrato** al inquilino impugnante fundándose en la necesidad para sí de la vivienda o local de negocio o para que los ocupen sus ascendientes o descendientes legítimos o naturales (LAU/64 art.62.1º).

Además de la acción impugnatoria, tanto el inquilino como el arrendatario de local de negocio pueden ejercitar, si procede, la **acción de simulación**.

Precisiones 1) No cabría nunca esta acción impugnatoria, cualquiera que sea el negocio transmisivo, si el comprador de la finca ha efectuado previa **renuncia a la facultad de denegar la prórroga** del arrendamiento respecto al arrendatario, porque perdería su razón de ser, que es precisamente obtener esa denegación (TS 23-4-67).
2) La acción impugnatoria tan solo puede ejercitarla el **arrendatario de vivienda**, pero no el de un local de negocio (TS 3-11-61).
3) Es doctrina reiterada de este tribunal a los efectos de la acción impugnatoria, que ella **no afecta** a la validez del título traslativo, ni al vendedor, ni a las facultades esenciales del dominio, y que al no tener otro alcance que el de limitar la facultad personalísima del arrendador en orden a la alegación de necesidad en relación con la duración de la prórroga obligatoria del contrato, se hace indudable que al carecer el vendedor de todo interés legítimo, no existe razón alguna para obligarlo como parte en el proceso en el que no tiene nada que defender, por lo que a estos efectos impugnatorios deja de ser válida y eficaz, solo **afecta** al comprador (TS 14-10-64; 3-2-65; 25-4-67; 5-12-74).
4) El art.53.3 LAU/64 habla solo del **adquirente**, habiendo declarado varias sentencias que no opera el precepto respecto a un **nuevo propietario** (AP Madrid 7-5-62; AP Barcelona 15-11-72). Operaría, sin embargo, lo dispuesto en LAU/64 art.9, si se tratase de burlar el precepto, como ha declarado el Tribunal Supremo en un supuesto en el que después de obtenida resolución favorable estimando la impugnación, se transmite el piso a un hijo por donación (TS 10-5-71).
5) La acción impugnatoria no cabe contra el comprador de un piso si es una **sociedad mercantil**, porque esta no podría ejercitar el desahucio por necesidad (TS 5-6-72).
6) Los efectos de la acción impugnatoria se extienden a los **herederos del adquirente** (TSJ Cataluña 6-9-10, EDJ 253903).

Respecto a los **requisitos**, para poder ejercitar la acción impugnatoria es necesario que: **1938**
- se produzca la **transmisión de una vivienda**, en cualquiera de las formas que den derecho al tanteo o al retracto;
- el **precio** de la transmisión, incluido, en su caso, el importe de las cargas, exceda de la capitalización de la renta anual legalmente determinada (nº 1940);
- sea cual sea el precio efectivo de la transmisión, si la finca consta de una sola vivienda, no formen parte **terrenos de mayor valor** que el que realmente corresponde a lo edificado;
- esta acción sea ejercitada por el inquilino que tenga **derecho al retracto**;
- se ejercite dentro del **plazo** de los 60 días naturales contados desde el siguiente al de la notificación prevenida en nº 1944.

Precisiones Cabe la acción en caso de **donación** en fraude de ley del piso y también en caso de **venta de la nuda propiedad con reserva de usufructo** (TS 16-12-65; 5-12-74).

Es requisito necesario para poder ejercitar la acción impugnatoria, que el **precio de la transmisión**, incluido, en su caso, el importe de las cargas, exceda de la capitalización de la renta anual que en el momento de la transmisión pague el inquilino a los siguientes tipos: **1940**
- al 3%, cuando se haya ocupado la vivienda por primera vez antes del 1-1-1942; y
- al 4,5%, si la vivienda se ocupó por primera vez con posterioridad a dicha fecha.

Precisiones 1) En el precio de la transmisión, debe incluirse el **importe de las cargas**, sin que la obligación personal que contiene la escritura de que el vendedor se compromete a cancelar la hipoteca que únicamente reconocía pesaba sobre la finca, tenga valor alguno, por cuanto la carga mientras no sea cancelada subsiste y grava el inmueble, y dado que el poner un valor más bajo al que corresponde a la finca vendida silenciando una carga y la otra diciendo que la iba a cancelar, solo comprometió al vendedor que asignaba falsamente un valor inferior al de capitalización de la renta, no siendo cierto tal valor, como queda demostrado, con el importe de las cargas omitidas (TS 10-6-61; 2-6-64; 25-2-66). **1942**
2) Si el vendedor de la finca se hubiere reservado el **derecho de sobreelevación** deberá este valorarse y tenerlo en cuenta a efectos de capitalización (TS 28-12-63).
3) No afectará al nuevo adquirente la **cláusula pactada** entre el propietario y el arrendatario por la que se determine la renta a tener en cuenta a efectos de capitalización (TS 14-10-64).
4) Alguna Audiencia había venido defendiendo, a nuestro juicio con error, la tesis de que debe estarse al **precio del mercado** y no al que resulte de la capitalización (AP Granada 10-12-97) y, en análogo sentido, la AP Barcelona 9-3-00, EDJ 20074, al declarar que no puede interpretarse la norma en el momento presente para estimar la acción impugnatoria cuando el precio de venta del inmueble arrendado no aparece como ficticio o anormal y no resultaría desproporcionado con el módulo de capitalización de la renta establecido al efecto. Esta cuestión ha sido resuelta definitivamente declarando como doctrina jurisprudencial que la LAU/64 art.53 es plenamente aplicable en sus propios términos a los arrendamientos celebrados con anterioridad a 9-5-1995 y el ejercicio de la acción impugnatoria no supone un abuso de derecho (TS 15-1-09, EDJ 8453).

1944 La acción impugnatoria tiene un plazo de **caducidad** de 60 días naturales, contados desde el siguiente al de la notificación para ejercitar el derecho de retracto, cuya notificación es siempre obligatoria (LAU/64 art.48.2).

Precisiones El plazo de 60 días para el ejercicio de la acción es de caducidad, no pudiendo computarse más que los **días naturales** (TS 21-11-55; 20-1-69).

1946 **Orden de prelación en las ventas por pisos** (LAU/64 art.54) En las ventas por pisos debe respetarse el orden de prelación para la denegación de prórroga establecido en LAU/64 art.64, en todos los casos en que haya en la finca pisos de características análogas.

El orden de prelación indicado es el siguiente:

1º Viviendas **habitualmente deshabitadas**, siempre que constituyan medio adecuado a las necesidades del arrendador.

2º Viviendas que no sirvan de **hogar familiar**.

3º Viviendas ocupadas por **familia menos numerosa**.

4º Viviendas ocupadas por **funcionarios públicos**, en activo o jubilados, pensionistas o quienes, además de vivir en ellas, ejerzan en las mismas profesiones u oficio por el que satisfagan contribución.

Se entiende que existe **analogía** cuando el inmueble cuenta con dos o más pisos de renta, superficie, orientación y altura semejantes o parecidas.

Lo dicho, debe respetarse también en el caso de que la transmisión de viviendas se cause **por donación**.

Precisiones **1)** No se aplica esta norma en el supuesto de que el propietario manifieste su propósito de **vender** todos los pisos de la finca **simultáneamente** (TS 17-10-72; 16-5-73).

2) El precepto es aplicable también a las **donaciones** (AP Barcelona 21-1-66).

3) Aquí se identifican pisos con **viviendas**, no entrando en la selección los locales de negocio (TS 30-6-70).

1948 En cuanto a los **efectos** que produce la infracción de dicho orden de prelación, cabe llegar a las siguientes conclusiones (Fuentes Lojo):

1) Cabe la **aplicación analógica** del art.53 LAU/64 (nº 1936), dado que se trata de una prohibición.

2) No es preciso seguir el **orden de prelación** en la venta de los pisos cuando se vendan todos al mismo tiempo, ya que no existiría razón alguna para ello (TS 11-11-64; 17-10-72; 16-5-73).

3) El incumplimiento por parte del arrendador puede ser excepcionado por el arrendatario demandado en el momento de pretenderse contra él la resolución del arrendamiento, por causa de necesidad. Probada la **existencia de otros pisos de características análogas** que hubieran sido vendidos o donados con preferencia, el juez desestimará la demanda. Esta es también la tesis que sigue el Tribunal Supremo, según el cual, si bien la legislación sobre arrendamientos urbanos no regula expresamente la forma en que ha de imponerse por el arrendatario el cumplimiento por parte del arrendador de la prevención del art.54, es evidente que el demandado afectado puede excepcionar el incumplimiento de la selección y la consiguiente ineficacia del requerimiento, si acredita que en la constitución del título en que se apoya, sin perjuicio de su validez entre los contratantes o de su inexistencia, si obedeciese a una simulación, como dice el art.53, no se ha respetado el orden de selección legal ordenado por el art.54 (TS 27-11-63).

4) Si el arrendatario ha venido pagando rentas o realizando actos en los que se reconozca la **cualidad del nuevo arrendador** al adquirente, no cabe hacer uso de lo dispuesto en este precepto, en virtud de la teoría de los actos propios.

5) Los **efectos de la impugnación** han de ser, no la nulidad de la venta, sino el que el comprador no pueda ejercitar el desahucio por necesidad, análogamente a lo que origine la infracción de LAU/64 art.53 (TS 2-12-66; 16-2-93, EDJ 1470).

1950 **Inscripción en el Registro de la Propiedad de los documentos de adquisición** (LAU/64 art.55) Para inscribir en el Registro de la Propiedad los documentos de adquisición a los que se está haciendo referencia, es necesario justificar que han tenido lugar, en sus respectivos casos, las **notificaciones** prevenidas en LAU/64 art.47 y 48, con los requisitos exigidos (nº 1960 y nº 1973). La falta de justificación constituye defecto subsanable con suspensión de la inscripción, pudiendo tomar **anotación preventiva** con vigencia de 180 días naturales, que se convertirá en inscripción si dentro de dicho plazo de vigencia se acredita la práctica de las notificaciones en forma legal.

La **exigencia** de la notificación debe entenderse dentro del contexto de la propia ley, es decir, que la notificación es siempre necesaria para todos los supuestos en que el derecho de tanteo o retracto puede operar (como podría ser incluido si transmitida la cuota de copropiedad a un extraño se ignora si el comunero va o no a ejercitar su derecho), pero no en aquellos otros supuestos en los que dicho derecho queda inoperante al postergar la misma ley el derecho del inquilino al derecho preferente del condueño, que precisamente al haber adquirido directamente al otro comunero ha hecho ya efectiva su preferente adquisición (DGRN Resol 30-1-80). Por otro lado, cuando el piso transmitido **no esté arrendado**, para que sea inscribible la adquisición, el transmitente debe declararlo así en la escritura de venta, bajo pena de falsedad en documento público.

En cuanto al problema formal de determinar si cabe la **suspensión de la inscripción** del testimonio del auto de remate o adjudicación porque falte la declaración del transmitente, en documento público, de que la finca no está arrendada, dadas las peculiaridades de la **adquisición en virtud de ejecución forzosa**, debe tenerse en cuenta que la adquisición no se verifica por un acto de voluntad del que hasta entonces era propietario de la finca, sino por un acto de autoridad, y en el procedimiento no hay trámites especialmente previstos para que la autoridad pueda llegar a hacer, en sustitución del propietario, esta afirmación. En cambio, el nuevo propietario, que por el auto de remate o adjudicación pasa a tener la posesión de la finca, está ya en condiciones de averiguar si el piso adquirido está o no ocupado por arrendatario. Por todo ello, en estos supuestos debe bastar la declaración de que el piso no está arrendado realizada por el nuevo propietario, bien en las actuaciones judiciales, bien ante notario, bien en instancia firmada o ratificada ante el registrador (DGRN Resol 19-11-87; 20-11-87). **1952**

Por otro lado, con relación a la posibilidad de suspensión de la inscripción de una escritura de compraventa en la que los otorgantes manifiestan que la finca transmitida se hallaba arrendada por el comprador a favor de una determinada persona desde una fecha anterior a la del otorgamiento de la escritura calificada, habiéndose **subrogado y sucedido en el arrendamiento por fallecimiento** del inquilino, su esposa, la DGSJFP ha declarado que de la lectura detenida de LAU/64 art.55 se desprenden dos consideraciones (DGRN Resol 18-9-90):

a) Que el registrador con carácter previo a la inscripción, debe cerciorarse de la **verificación de las oportunas notificaciones** siempre que del documento calificado resulte un título traslativo de los previstos en LAU/64 art.47 y la situación arrendaticia sobre el piso o local transmitido.

b) Que la especial declaración que permite **prescindir de la notificación**, se contrae al supuesto exclusivo de vivienda no arrendada y su motivación única es la necesidad de no entorpecer en tal hipótesis la inscripción para, al mismo tiempo, evitar que con la sola afirmación de tal circunstancia quede burlado el especial mecanismo de protección de la efectividad del retracto arrendaticio. En consecuencia, cuando de la manifestación del transmitente resulten aquellos dos presupuestos básicos de este derecho, el registrador no puede obviar la exigencia de la notificación oportuna so pretexto de la invocación de circunstancias adicionales excluyentes del retracto.

b. Tanteo

(LAU/64 art.47)

Además de los **aspectos comunes** a los derechos de adquisición preferente expuestos en el nº 1915 s., en relación con el derecho de tanteo hay que tener en cuenta las **peculiaridades** que se exponen a continuación. **1955**

En los casos de ventas por pisos, aunque se transmitan **por plantas o agrupados** a otros, el inquilino o arrendatario puede utilizar el derecho de tanteo sobre el piso o local que ocupe.

Para ello, cuenta con un **plazo** de 60 días naturales, a contar desde el siguiente a aquel en que se le notifique la decisión de vender o ceder solutoriamente la vivienda o local de negocio arrendado, el precio ofrecido por cada piso o local de negocio, las condiciones esenciales de la transmisión y el nombre, domicilio y circunstancias del comprador.

Cuando en la finca solo exista una vivienda o local de negocio, también tiene el arrendatario el mismo derecho.

Esta regulación se ha visto modificada para los supuestos de adjudicación de vivienda por consecuencia de **división de cosa común** (LAU/64 art.47.3), excluyéndose los derechos de tanteo y retracto en tales supuestos cuando los contratos de arrendamiento hayan sido otorgados con posterioridad a la constitución de la comunidad sobre la cosa, y en los casos de división y adjudicación de común adquirida por **herencia o legado**.

Intención de vender En cuanto a la intención de vender a efectos del ejercicio del tanteo, hay que precisar lo siguiente: **1957**

a) Siendo el derecho real de tanteo la facultad otorgada a la persona en cuyo favor se establece, para adquirir un inmueble preferentemente a un tercero, constituye premisa inexcusable para su formación o nacimiento la existencia del negocio en que se le da trato de preferencia, sobre el que actúan o funcionan los requisitos formales para su efectividad o cumplimiento,

como son la notificación con las circunstancias previstas. De donde se obtiene que el derecho no nace del propósito de vender, porque en este caso es mera oferta obligacional, sino de la **existencia de un convenio condicionado** a la potestad del inquilino de anteponerse en su perfección, esto es, que el negocio no está ultimado, sino sujeto a condición, a diferencia del retracto, que presupone la operación consumada y entrada de la cosa en el patrimonio del adquirente, naciendo el derecho frente a ambos, mientras que el tanteo solo existe en relación con el dueño vendedor, y trata de evitar el doble negocio, de lo que se infiere que el recurrente carece de acción de tanteo, porque no se da el supuesto de hecho que la genera (TS 23-1-57).
b) El tanteo es por su naturaleza un derecho de adquisición preferente, lo que presupone como requisito para su ejercicio, que el vendedor haya **ofrecido en venta** la cosa arrendada a un tercero, porque la preferencia no tiene sentido sin un término de comparación (TS 9-6-58; 27-11-63).

1960 **Efectos de la notificación** (LAU/64 art.49) La **caducidad** de los efectos de la notificación necesaria para el ejercicio del derecho de tanteo tiene lugar a los 180 días naturales siguientes a la misma. Pasado este plazo no puede intentarse nuevamente la transmisión hasta transcurridos 2 años desde la notificación del tanteo.
No cabe decretar la nulidad de la transmisión por infracción de lo dispuesto en este precepto (TS 4-2-60). Sí cabe, en cambio, hacer uso de la aplicación analógica de lo dispuesto en LAU/64 art.53 y, por tanto, poder solicitar que el nuevo adquirente o arrendador no pueda negar al arrendatario la prórroga del arrendamiento por necesidad (AP Barcelona 27-3-74).

1962 **Entrega del precio** De decidirse el arrendatario por el tanteo, no basta con manifestar su voluntad de llevarlo a cabo, sino que es preciso demostrarlo con la entrega del precio (TS 22-12-69).
El ejercicio del derecho de tanteo no exige la **obligación previa** de consignar o de pagar el precio convenido (AP Barcelona 26-11-01, EDJ 72637).

c. Retracto

(LAU/64 art.48)

1965 Además de los **aspectos comunes** a los derechos de adquisición preferente expuestos en el nº 1915 s., en relación con el derecho de retracto del arrendatario hay que tener en cuenta las **peculiaridades** que se exponen a continuación.
El **inquilino o arrendatario** puede ejercitar el derecho de retracto, con sujeción a lo dispuesto en CC art.1518, cuando:
- no se le haya hecho la notificación para poder ejercitar el derecho de tanteo (nº 1955);
- se haya omitido en dicha notificación cualquiera de los requisitos exigidos;
- resulte inferior al precio efectivo de la transmisión, menos onerosas las restantes condiciones esenciales de esta o la transmisión se realice a persona distinta de la consignada en la notificación para el tanteo.

El derecho de retracto tiene que ejercitarse en un **plazo de caducidad** de 60 días naturales, contados desde el siguiente a la notificación que, en forma fehaciente, debe hacer en todo caso el adquirente al inquilino o arrendatario de las condiciones esenciales en que se efectuó la transmisión, mediante entrega de copia de la escritura o documento en que se formalizara (TS 29-5-61; 12-2-81).
El derecho de retracto **puede ejercitarse** cuando:
- no se haya hecho al inquilino o arrendatario la **notificación** para que pueda ejercitar el derecho de tanteo (nº 1955);
- se omita en dicha notificación cualquiera de los requisitos exigidos;
- resulte inferior el **precio** efectivo de la transmisión;
- sean menos onerosas las restantes **condiciones esenciales** de esa transmisión;
- la transmisión se realice a **persona distinta de la consignada** para el tanteo.

En todo caso, es necesario que la venta se haya consumado, no bastando la mera perfección del contrato de compraventa (TS 24-10-61; 7-2-61; 11-10-58).

1973 **Notificación** En relación con la previa notificación fehaciente exigida a la que se ha hecho referencia, la jurisprudencia ha puntualizado lo siguiente (TS 18-3-60; 12-1-62; 6-2-65):
• Ni la inscripción en el Registro ni la notificación notarial son otra cosa que **medios supletorios** del conocimiento de la venta por el inquilino que no necesitan entrar en juego cuando, con independencia de ellos, aquel ha tenido un conocimiento real efectivo y perfecto de la venta y de sus especiales circunstancias y a cuyo conocimiento ni la inscripción ni la notificación aludidas añaden nada de cuanto necesita conocer el inquilino para el ejercicio de su acción (TS 21-3-69).

• El cómputo del *dies a quo* para empezar el plazo de los 60 días para el ejercicio del retracto ha de contarse desde que el arrendatario tuvo conocimiento exacto y completo de la transmisión, lo que se produce si al ejercitarse un **desahucio en precario** se acompaña a la demanda la escritura de venta (TS 21-3-69; 6-3-00, EDJ 2145).
• Si el actor intervino en la **subasta** y conoció la entrega de los títulos de propiedad, fue sabedor de la decisión de transmitir y su condicionamiento, por lo que al no haber ejercitado el tanteo dentro de los 60 días su acción caducó (TS 3-7-74).
• Afirmada en la sentencia recurrida la certeza de que el demandante tuvo conocimiento en el año 1957, por la **copia de la escritura de venta** remitida a su hermana por el notario autorizante de dicha escritura, de la venta y sus condiciones, es evidente que hasta el año 1959 en que se ejercitó la acción de retracto, habían transcurrido los 60 días por cuyo transcurso caduca el derecho de retracto (TS 30-6-62).
• No es indispensable la notificación de la transmisión si el arrendatario tuvo **pleno conocimiento de la venta** de la vivienda, a partir de cuyo momento se computan los 60 días para ejercitar el retracto.

Precio La doctrina jurisprudencial ha establecido que, en los **casos dudosos**, respecto del precio del retracto, cuando no haya constancia del mismo, o sea escandalosamente desproporcionado e inferior al valor de lo vendido, hay que estar, por razón de justicia, al precio real, que es el que debe prevalecer y se ha de reembolsar (TS 11-5-56; 12-6-84; 14-3-85; 20-9-88; 6-10-89, EDJ 8796; 30-4-91, EDJ 4467; 4-12-91, EDJ 11523). **1975**
También es posible, si el precio es desconocido, fijarlo en ejecución de sentencia (TS 31-3-67).
En cuanto a la **consignación del precio**, si bien se establece que para ejercitar el derecho de retracto es preciso consignar el precio de la compraventa y pagar asimismo los gastos e impuestos satisfechos por el comprador, el Tribunal Constitucional ha declarado que la consignación del precio con la demanda de retracto ya no es un requisito procesal para la admisión y tramitación de la misma (TCo 144/2004). En cualquier caso, a efectos del retracto, la consignación del precio no tiene que ser necesariamente en metálico (TS 15-4-98, EDJ 2297).

Precisiones **1)** El hecho de que parte del precio de la venta se satisfaga mediante **hipoteca** no evita que el retrayente consigne la totalidad del valor (AP Barcelona auto 31-7-02, EDJ 94669).
2) «Precio real» no significa «**valor real**», es decir, que no procede estimar el retracto por el valor real de tasación que resulte de la correspondiente prueba pericial, sino que el retrayente ha de pagar el precio realmente abonado por el comprador, una vez se acredite cuál fue. Y «precio real» tampoco significa «**precio actual**», con lo que debe rechazarse también la argumentación acerca de que, como quiera que ha transcurrido tanto tiempo desde la compraventa el precio que el retrayente deba abonar sea el precio actual de la finca, a determinar en ejecución de sentencia (TS 7-7-10, EDJ 140007).

Renuncia Es válida la renuncia al derecho de retracto cuando se efectúa no en el contrato de arrendamiento, sino una vez celebrado este y cuando ya el derecho abstracto ha pasado a ser un **derecho objetivo** por haberse incorporado al patrimonio del titular (TS 17-10-56; 21-1-65; 26-1-94, EDJ 481; 11-10-01, EDJ 33594; AP Barcelona 11-12-93; 15-6-07, EDJ 145376; AP Tarragona 14-5-04, EDJ 98643). **1977**
Sin embargo, la TS 26-6-62 admitió esta renuncia al amparo de LAU/64 art.6.3, referida a locales de negocio (más recientemente, en el mismo sentido AP Málaga Secc 6ª 3-5-06).

Precisiones El **pago de la renta** con posterioridad al ejercicio del retracto no implica una renuncia tácita (TS 2-11-06).

Ejercicio de la acción de retracto Cabe el ejercicio de la acción de retracto hasta el **momento** de dictarse sentencia en la que se resuelva el contrato, pero no después de esta resolución (TS 4-12-57; 30-4-58). **1979**
Para el éxito de la acción de retracto no es preciso dirigir la **demanda** también contra el vendedor de la finca, además de contra el comprador (TS 9-3-62; 30-12-66).
En ninguna parte dice la ley que la **caducidad del tanteo** acarree la del retracto, por lo que si al efectuar la escritura pública se modifica el precio y no se efectúa la notificación en forma, puede prosperar este. La regulación legal del retracto de viviendas tiene carácter especial respecto a la regulación que hace el Código civil para otros retractos legales, donde se habla de «conocimiento de la venta» simplemente, mientras que en el arrendaticio la ley dice de forma inequívoca (TS 20-2-92, EDJ 1581).
La acción de retracto arrendaticio urbano se entiende ejercitada dentro de **plazo legal**, cuyo *dies a quo* es el de la notificación notarial por la que se da cuenta a los arrendatarios del auto de adjudicación de la subasta, teniendo desde entonces estos un perfecto conocimiento no solo de la transmisión, sino de sus condiciones esenciales. Sin que quepa alegar que los arrendatarios conocían la transmisión con anterioridad y el cambio de dueño pagando las

rentas a través de la caja de ahorros, si ya se venía haciendo desde antes de que fuera subastada la finca (TS 9-7-97, EDJ 6171).

Precisiones Se produce la **caducidad** de la acción de retracto si el arrendatario deja pasar 60 días sin ejercitarlo desde que se produjo la subasta, conociendo el embargo y el anuncio de aquella, así como la propia adjudicación aprobando el remate (TS 10-2-93, EDJ 1213).

7. Subarriendo

(LAU/64 art.10 a 20)

2000 El subarriendo supone la **introducción de un tercero** en parte del objeto arrendado, con subsistencia del arrendatario que no se desvincula del contrato original.

2002 **Figuras afines** A continuación se hace referencia a la distinción entre el subarrendamiento y otras figuras.

2003 **Cesión** No puede ofrecer hoy duda en el campo doctrinal ni en el de la jurisprudencia, la diferencia entre subarrendamiento y cesión, desde que el Tribunal Supremo proclamó que los códigos no entienden que los **derechos de goce y uso** del contrato de arrendamiento se consideren como inherentes a la personalidad del arrendatario e inseparables de él, por su propia naturaleza. De aquí que sean susceptibles de **traspaso a una tercera persona**, lo cual puede llevarse a cabo por dos medios, el subarriendo y la cesión (TS 2-6-1927; 7-6-1929).

No es posible confundir estas dos figuras, porque el subarriendo implica un **nuevo contrato** de arrendamiento, y las relaciones que este acto jurídico integra son las propias del arrendamiento, mientras que la cesión significa el traspaso de sus derechos y obligaciones a un tercero, con todas las acciones anejas (nº 2050 s.).

La cesión del arrendamiento es un derecho de simple **tracto**, mientras que el subarriendo lo es de tracto sucesivo.

En la cesión no goza el cedente, por razón del precio, de la **preferencia** establecida en el CC art.1922.7º, mientras que el cesionario no solo no puede pretender que la cosa le sea entregada en buen estado, sino que está obligado a recibirla en el estado en que se encontraba en el momento de la cesión y se elimina por completo la personalidad del arrendatario, una vez que lo acepte el arrendador expresa o tácitamente; en cambio, en el subarriendo el subarrendador goza, por el precio del subarriendo, de la preferencia establecida en el arriendo antes citado, y el subarrendatario puede exigir que la cosa le sea entregada en buen estado, no desapareciendo personalidad alguna, hay dos arriendos y dos relaciones jurídicas diferentes, aunque implícitamente ligados.

Para la cesión se requería el **consentimiento** expreso del arrendador y si no el tácito.

Estas diferencias se reiteran por el Tribunal Supremo en otras sentencias posteriores al declarar que se da la cesión de derechos al pactar la completa **sustitución del primitivo contrato** de arrendamiento por el nuevo, y de un contratante por otro, con la total eliminación de la personalidad jurídica del primero en la relación arrendaticia; mientras que en el subarriendo se arriendan, pero no se enajenan, los derechos nacidos del primer arrendamiento con la completa sustitución de este y continuando la intervención, en todo el tracto de su desenvolvimiento, del antiguo arrendatario y subarrendador (TS 3-4-61; 11-3-61).

A pesar de ello, no puede desconocerse la **dificultad** en la realidad práctica de diferenciar ambas figuras jurídicas, en especial en el supuesto de una cesión parcial y un subarriendo de esta clase también. Ello es consecuencia de la variedad de procedimientos que generalmente las partes utilizan para ocultar al arrendador estos contratos, a fin de evitar el posible ejercicio por este de la acción resolutoria del arrendamiento (LAU/64 art.114.2ª y 5ª). No tiene nada de extraño, pues, que el juzgador se vea obligado a fallar con arreglo a la **prueba de presunciones** admitida por el Código civil y que reconoce nuestro Tribunal Supremo en reiteradas sentencias, cuyo contenido puede verse al estudiar tales causas resolutorias (nº 2125 y nº 2140).

2006 **Arrendamiento de servicios** En el campo doctrinal, la diferencia entre subarrendamiento y arrendamiento de servicios resulta clara atendiendo al **objeto** del contrato.

En la práctica la cuestión es distinta, sobre todo si se defiende la tesis de que el **precio** en el arrendamiento -y por tanto en el subarriendo- no es necesario que sea precisamente en dinero. Debe advertirse que el Tribunal Supremo a través de su Sala de lo Social, viene a admitir la posibilidad de que el precio sea en cosa que no sea dinero, siempre que se le atribuya la función y condición de tal y haya medios de deslindar la posición de cada una de las partes como arrendador y arrendatario, aunque agregue también que ello difícilmente puede lograrse si lo que se da a cambio del goce de una cosa son prestaciones de servicios o de obra (TS 22-12-36).

En cualquier caso, nos remitimos a lo expuesto en relación con el precio en el contrato de arrendamiento en nº 248.

Hospedaje Lo dispuesto en LAU/64 para el subarriendo no se aplica al inquilino que ejerza en la vivienda la **industria doméstica** de hospedaje (LAU/64 art.4.1). **2008**
Existen dos formas de hospedaje:
- una, que podría llamarse de **simple albergue o alojamiento**, en que el fondista no facilita sino aposento y servicios; y
- otra, que constituye el **hospedaje completo** (contrato de pensión, según algunos) e implica asimismo el suministro de víveres.
Cuando los huéspedes sean más de dos, es necesaria la **autorización** expresa y escrita del arrendador (LAU/64 art.21).
Si por el destino del piso arrendado o el número de huéspedes, estos constituyen el **objeto primordial** de aquel, siendo la vivienda del inquilino lo accesorio, o no habitando este en dicho piso, cabe considerar la existencia de un local de negocio, siéndole de aplicación lo expuesto en nº 2150 s., que lleva finalmente a su resolución (LAU/64 art.114.6ª).
También cabe la **subrogación** del huésped en la posición del inquilino, cuando este perciba del primero cantidades superiores a las legalmente autorizadas (LAU/64 art.114.3ª).
El contrato de hospedaje ha de distinguirse del contrato de subarriendo, aunque en ocasiones esta **diferenciación** sea difícil tratándose de subarriendos parciales.
Debe estarse al resultado que arroje la **prueba** practicada. Si en el precio se engloban no solo el uso de la habitación, sino también los servicios y la manutención, hay hospedaje; en otro caso, subarriendo.
La distinción entre el contrato de hospedaje y el de subarriendo estará en el hecho de que por el primero se facilitan, además del local, **ciertos servicios**, al menos de limpieza y arreglo del mismo, como lavado y planchado de ropa, arreglo de la habitación, e incluso desayuno (TS 1-7-52; 4-1-57).
El contrato de hospedaje o alojamiento, si en el hospedaje no se da la manutención del huésped, solo puede producirse para extender las necesidades de tipo ordinario, hogar, servicios de limpieza, luz, etc., a personas físicas, pero cuando se hace cesión de un local por precio a persona jurídica, para que pueda atender, por cuenta propia, sus necesidades negociales, el contrato rebasa los **límites del alojamiento en hospedaje** y entraña el concepto de subarriendo (TS 26-4-51; 18-4-49).

Precisiones 1) Se hace referencia al contrato de hospedaje en el CC art.1783 y 1784, para regular la **responsabilidad del hotelero** por los efectos depositados en las fondas y el plazo de prescripciones de las deudas dimanantes en dichos contratos. Un sector de la doctrina distingue entre una **modalidad** de hospedaje que podría llamarse de simple albergue o alojamiento, en que el fondista no facilita sino aposento y servicios; y otra, que constituiría el hospedaje completo (contrato de pensión, según algunos) e implicaría asimismo el suministro de víveres.
2) No es preciso **notificar al arrendador** el hospedaje previsto en LAU/64 art.21 (AP Barcelona 16-11-61; AP Madrid 22-1-64).
3) El arrendatario ha de **vivir en la vivienda** para estar protegido por LAU/64 art.21 (AP Salamanca 18-12-78).

Coarrendamiento Se produce la figura jurídica del coarriendo en el supuesto de que varias personas arrienden en común una vivienda con una **cotitularidad** a favor de esos varios arrendatarios. **2010**
Sin embargo, lo que es frecuente es que esas varias personas se reúnan para la contribución al arrendamiento de un piso, aun cuando aparezca como arrendataria tan solo una de ellas.
No hay duda que si se pudiese demostrar que se trataba de un arrendamiento conjunto, el problema no tendría dificultad porque existiría un coarrendamiento, siendo posible solicitar del órgano jurisdiccional una sentencia en que se efectúe tal declaración. De ahí que los tribunales hayan declarado que para que exista coarrendamiento es preciso que varias personas arrienden en común una vivienda, lo que establece una cotitularidad en favor de esos arrendatarios, aunque en el contrato que otorguen con el arrendador aparezca como **arrendatario uno de ellos** tan solo (AP Ourense 6-11-72).
Pero es precisa la **prueba** de ello, ya que ante la falta de demostración, el único arrendatario ha de ser el que aparezca en el contrato. El hecho de que los convivientes paguen a partes iguales la renta, no puede entenderse suficiente para considerarlos arrendatarios (AP Bizkaia 19-2-76).
Como al arrendador, por regla general, ese arrendamiento conjunto no le interesa, ante la ley hay que concluir que el único arrendatario ha de ser el que aparece en el contrato. Y de esta forma, el contribuyente, que en la mayoría de los casos paga a medias con aquel el alquiler y demás gastos, no puede conceptuarse más que como un subarrendatario.

2012 **Subarriendos simulados** Para tratar de burlar el principio de la **prórroga forzosa** para el arrendador, era frecuente en la práctica crear subarriendos simulados y pretender darlos por terminados al cumplirse el plazo pactado.
Es posible, probando dicha simulación, evitar la resolución, convirtiendo al que hasta entonces era un subarrendatario en un arrendatario con todos sus derechos.

2014 **Cesión de los servicios de una cantina** Ocurre con cierta frecuencia, sobre todo en los casinos y círculos de recreo, que los servicios de cantina se ceden a un tercero mediante entrega periódica a la entidad de una cantidad fija o de una participación en los beneficios. Surge entonces el problema de determinar su naturaleza jurídica, ya que hay quien opina que el contrato no puede merecer otro calificativo que el de un subarriendo, mientras otro sector se inclina por un **arrendamiento de servicios** (AP Sta. Cruz de Tenerife 8-7-61, defiende esta última tesis).
Por lo que a nosotros respecta, entendemos que habrá que examinar **en cada caso** el contrato que liga a las partes, en relación con las zonas que ocupe y servicios que preste el concesionario. Si a este se le cede el bar, además de otras habitaciones, con carácter exclusivo, a cambio de un precio cierto, existirá un subarriendo. Si, por el contrario, lo que se cede es simplemente el servicio del bar, sin derecho a ocupar con carácter exclusivo dependencias en el local, y bajo el control de la entidad, aquel contrato de subarriendo no se dará.
En relación con esta cuestión, nos remitimos también a lo expuesto en el nº 2335 y nº 2125 s. sobre la cesión de los servicios de bar en los negocios de espectáculos.

2015 **Requisitos** (LAU/64 art.10) El subarriendo de vivienda exige siempre la **autorización** expresa y escrita del arrendador y la entrega al subarrendatario del **mobiliario** adecuado y suficiente para casa-habitación, salvo en el caso previsto en el nº 2040. Además, es necesario hacer referencia al **precio**.

2016 **Consentimiento del arrendador** (LAU/64 art.10 y 22) En cuanto al consentimiento del arrendador para la validez del subarriendo, Fuentes Lojo opina que, como principio general, puede afirmarse, siguiendo con ello una doctrina jurisprudencial que con detalle se cita a continuación, que todo subarriendo que el arrendatario realice de la finca arrendada, sea de una vivienda o de un local de negocio, necesita la **autorización expresa y escrita** del arrendador. El Tribunal Supremo lleva esta doctrina a sus últimas consecuencias al afirmar:
• Que el subarriendo de locales de negocio exige siempre la autorización expresa y escrita del arrendador, de donde se infiere que es contrario a la ley toda cesión de uso hecha por el arrendatario, **sin contar con la anuencia del dueño** (TS 21-11-51; 22-1-59; 22-5-61).
• Que la autorización, que es el acto de conceder facultad para realizar alguna cosa, tiene un **destinatario concreto** que es la persona facultada, y si la autorización ha de concederse necesariamente en forma escrita por exigirlo la ley como elemento constitutivo del negocio jurídico, el documento en que dicha autorización se consigne será la única prueba posible de su realidad y existencia, como ya declaró de una manera inequívoca este Tribunal (TS 22-2-56); doctrina reiterada y completada por posteriores sentencias, declarando que no basta el consentimiento implícito, ni presunto (TS 17-3-62; 19-2-63; 29-5-64).
• Que sin dejar de reconocer que la doctrina de esta sala, ha venido exigiendo, en general, la forma escrita como medio único de probar la autorización del arrendador para el subarriendo, para la resolución del *thema decidendi* que plantea el motivo, ha de partirse de la siguiente premisa: A la exigencia para el subarriendo del local de negocio de la autorización escrita del arrendador, no puede atribuírsele un valor constitutivo o de *condictio iuris* del subarriendo, sino un evidente carácter de **requisito** *ad probationem* y, como tal, la expresada exigencia legal ha de entenderse dirigida, no al arrendador, sino al arrendatario, al ser la forma escrita el medio normal y más fehaciente para la prueba de la prestación de un consentimiento o la concesión de una autorización, pero no impide que el propietario-arrendador (en uso de sus libres y plenas facultades dispositivas) pueda conceder su autorización o prestar su consentimiento en forma verbal, siempre que ello lo pruebe plenamente el arrendatario y tal consentimiento sea expreso (no tácito o presunto), cual exige el precepto citado (TS 14-10-91, EDJ 9663; 25-10-93, EDJ 9525).

Precisiones **1)** Es posible el **consentimiento tácito** del arrendador, a pesar de los términos del precepto que exigen la autorización expresa y escrita. Pero es preciso que este consentimiento resulte claro y concluyente (TS 11-3-61; 11-6-91, EDJ 6142; 22-12-91; 30-6-92, EDJ 7117).
2) Con relación a la autorización del subarriendo por un tiempo determinado, surge la causa de resolución si se produce la **prórroga del plazo** sin la conformidad del arrendador (TS 20-3-63; 18-7-91, EDJ 8030).
3) Respecto a la autorización del subarriendo llevada a cabo **por los administradores**, hay que entender que si estas personas están facultadas para otorgar el arrendamiento, en sustitución del arrendador, e incluso para firmar recibos de renta, también lo estarán para autorizar el subarriendo, puesto

que al fin y al cabo este último participa de la misma naturaleza de aquel. Máxime en aquellas grandes ciudades, como Barcelona por ejemplo, en que tales mandatarios operan como verdaderos propietarios, hasta el extremo de que se desconoce quiénes pudieran ser estos; costumbre que ha de estimarse suficiente, salvo que se demuestre lo contrario, para dar todo su valor a las autorizaciones. Si los **poderes conferidos** por la arrendadora al administrador que otorgó la autorización para el subarriendo son tan amplios que en ellos se comprenden, no solamente los actos propios de la administración, sino los de riguroso dominio, es preciso comprender dentro de la misma no solamente la facultad de autorizar los subarriendos que en lo sucesivo pudieran celebrarse, sino la de confirmar los ya existentes (TS 7-3-62).

Precio del subarriendo (LAU/64 art.12) El precio del **subarriendo total** no puede exceder del doble del que corresponda al arrendamiento, siendo a cargo del subarrendatario el pago de los suministros y servicios de la vivienda, incluso el de los que puedan pertenecer al inquilino. **2017**
En el **subarriendo parcial** el arrendatario no puede percibir por cada habitación objeto del mismo un alquiler superior a la cantidad que resulte de dividir el doble de la renta asignada al piso por el número de habitaciones no destinadas a servicios con que cuente, ni aun con el pretexto de hallarse comprendidos los de agua, luz, gas, calefacción, teléfono o cualquier otro de naturaleza análoga, que serán siempre a cargo del subarrendador.

Precisiones Por **habitaciones destinadas a servicios** a los efectos de la fijación de la renta, algún autor entiende que hay que estar:
- al fin natural de la habitación conforme a la distribución de la vivienda en primer término;
- solo cuando el uso que se haga de ella durante el subarriendo sea distinto, prosperará este y siempre con independencia de cómo se utilizara con anterioridad al subarriendo.

Determinación de la renta Para determinar la renta que habrá de servir de base para fijar la del subarriendo, es necesario empezar por distinguir entre los arrendamientos anteriores al 12-5-1956 o posteriores a esta fecha. **2019**

a) Arrendamientos **anteriores al 12-5-1956**. Se distinguen los siguientes supuestos: **2021**
• Si se trata de fincas **construidas o habitadas por vez primera antes del 18-7-1936**, hay que tener en cuenta:
- la renta vigente a 17-7-1936;
- los incrementos legales que se produjeran desde dicha fecha, porque durante la vigencia de la ley de 1946 no cabía respecto a esas fincas pactar libremente la renta, sino en la cuantía legalmente fijada (L 31-12-1946 art.118 y 120; D 17-5-52; D 30-11-56; D 22-7-58; D 6-9-51);
- las repercusiones tributarias consecuencia de L 31-12-1946 art.99.1 a 3;
- las que resulten de la revalorización prevista en D 24-12-64.
• Si se trata de fincas **construidas o habitadas desde el 17-7-1936 al 2-1-1942**, hay que tener en cuenta:
- la renta pactada en el contrato;
- los incrementos de los Decretos de 1956, 1958 y 1961;
- las repercusiones tributarias de L 31-12-1946 art.99.1 a 3, porque durante la vigencia de la L 31-12-1946 regía el artículo 121 de la misma;
- las que resulten de la revalorización.
• Cuando se trate de fincas **construidas o habitadas por primera vez después del 1-1-1942**, hay que tener en cuenta:
- la renta pactada en el contrato;
- los incrementos impuestos por el Decreto de 1961;
- las repercusiones que procedan con arreglo a L 31-12-1946 art.99.1 a 3;
- las que resulten de la revalorización.

b) Arrendamientos **posteriores al 12-5-1956**. Respecto a estos arrendamientos, por ser su renta libremente pactada y no existir desde que se concertaron aumento alguno, habrá de estarse a ella. **2023**

Revisión de renta (LAU/64 art.13) La renta legal del subarriendo puede ser objeto de **elevación** o **reducción** proporcionalmente al incremento o disminución que experimente la renta del arrendamiento. **2025**
Durante la vigencia del contrato de subarriendo, total o parcial, puede revisarse el precio a instancia del subarrendatario, y si ejercitada la oportuna acción resulta que paga **cantidades superiores a las que autoriza la ley**, puede optar entre resolver el contrato, con abono por el inquilino de lo indebidamente cobrado, o por esto último, sin resolución de aquel. En este caso, con preferencia a cualquier otro acreedor del inquilino, el subarrendatario puede obtener el resarcimiento descontando al hacer sus pagos periódicos la mitad de lo que, periódicamente también, hubiese satisfecho de más, sin que pueda ser compelido a abandonar la

vivienda por vencimiento del contrato hasta obtener el completo abono de tales responsabilidades.
Si ejercitada la acción revisoria resulta el **mobiliario insuficiente o inadecuado**, el ocupante de la vivienda subarrendada puede continuar en ella, obligando al inquilino a reponer los muebles que falten, con devolución de la mitad de lo percibido por merced de subarriendo si el incumplimiento fue parcial, y de toda ella, si fue total. Además, hasta que se complete o reponga el mobiliario, puede limitar sus pagos al importe de la renta del arrendamiento y obtener el resarcimiento en el modo y con las ventajas establecidas en el párrafo anterior, sin que en el interregno quepa tampoco obligarle a desocupar la vivienda por haber vencido el plazo del subarriendo.
Los **plazos** establecidos en LAU/64 art.101 y 106 son aplicables a la facultad del subarrendador de aumentar o disminuir la renta proporcionalmente a la renta fijada para el arrendamiento y, en todo caso, a la acción revisoria del subarrendatario. El plazo para el ejercicio de esta acción revisoria es el de 3 meses a partir de la fecha de celebración del contrato de subarriendo.

Precisiones La referencia hecha en LAU/64 art.13.4 a LAU/64 art.101 y 106, parece a primera vista inducir a **confusión**, porque el artículo 106 se ocupa del término de caducidad de todas las acciones cuyo plazo no esté expresamente fijado en el capítulo IX, concretándolo en 3 meses; y en el artículo 101 se hace referencia a la facultad del arrendador de elevar la renta y al modo de efectuar esa elevación con los consiguientes plazos del inquilino para aceptarla o rechazarla. Sin embargo, esa confusión no existe, ya que el artículo 101 es aplicable al supuesto contemplado en LAU/64 art.13.1, y el artículo 106 al ejercicio de las acciones revisorias de los otros dos apartados.

2027 **Participación del arrendador en el precio del subarriendo** (LAU/64 art.14) La autorización del arrendador para subarrendar no da lugar al aumento de la renta; pero aquel tiene derecho a participar en el precio del subarriendo en la cuantía que convenga con el inquilino, siempre que al autorizarlo reserve su participación y fije la **cuantía o porcentaje** de esta.

2029 **Abono directo de la renta al arrendador** (LAU/64 art.15) En los subarriendos, totales o parciales, el arrendador **puede exigir** del subarrendatario el abono directo de la renta y de su participación en el precio del subarriendo, en cuyo caso, al hacer este el pago al subarrendador hará el oportuno descuento.
Cuando el arrendador **no lo exija** así, el pago hecho por el subarrendatario al inquilino es **liberatorio**, sin perjuicio de la acción que asista al arrendador contra el inquilino para reclamarle la renta y la participación que en su caso corresponda, pero no la resolución del contrato de arrendamiento por la falta de pago de aquella. El arrendador puede pedir la resolución por la falta de pago de la participación que a él le corresponde, no por falta de pago de la renta. La razón de que no pueda el arrendador pedir la resolución del contrato de arrendamiento por falta de pago está en que no puede ponerse de acuerdo con el arrendatario fijando una participación excesiva y contraria a la realidad. El subarrendatario puede negarse al pago por no ajustarse la renta pedida a lo que legalmente corresponda.
En coherencia con lo anterior, el pago efectuado por el subarrendatario al inquilino subarrendador, después que en forma correcta exigió el arrendador directamente el importe de la renta y la participación en el precio del subarriendo **no es liberatorio**, porque si cuando el arrendador no exige el pago directamente del subarrendatario, el efectuarlo por este al inquilino es liberatorio, hay que deducir *a sensu contrario* que si lo exigió no se produce este efecto y puede reclamarlo de dicho arrendatario, salvo en el caso de que el inquilino haya pagado al arrendador en virtud de los principios que regulan el pago en el Código civil.

Precisiones **1)** La referencia que se hace a la **renta**, así como a la participación en el precio de subarriendo, indica claramente que la renta es la correspondiente al arrendamiento.
2) La palabra «**pago**» se emplea por el texto legal, no en el sentido restringido del CC art.1157 s., sino en su concepto amplio de extinción de la deuda por cualquier motivo.

2030 **Reparaciones por deterioros causados por el subarrendatario** (LAU/64 art.16) El arrendador tiene **acción directa** contra el subarrendatario para exigirle la reparación de los deterioros que este haya causado dolosa o negligentemente en la vivienda, sin perjuicio de la acción que le asiste contra el inquilino, pudiendo ejercitarlas simultáneamente.
Por su parte, el inquilino que resulte condenado como consecuencia de deterioros ocasionados por el subarrendatario tiene **acción de repetición** contra el causante de los mismos.
Aunque el precepto no lo diga expresamente, se entienden incluidos los **subarriendos totales y parciales**, no solo porque en LAU/64 art.15 se hace referencia a ambas clases de subarriendos, sino porque donde la ley no distingue no se debe distinguir.
Cabe exigir al subarrendatario el **importe de la reparación** en lugar de la ejecución de esta, porque la norma solo impone la facultad de exigir la reparación, pero si el subarrendatario no la efectúa, puede hacerlo el arrendador, reclamando después su importe del subarrendatario.

La referencia al subarrendatario se entiende hecha a este como contratante, por lo que no hay razón para no poder exigir su responsabilidad cuando los deterioros sean causados por las **personas que de él dependan**, máxime teniendo en cuenta que siguiendo otra interpretación se haría ilusoria la aplicabilidad del precepto.
En cualquier caso, la **responsabilidad de subarrendatario y subarrendador** frente al arrendador es solidaria, al otorgarse al arrendador acción directa contra el subarrendatario y facultarle para el ejercicio de dicha acción conjunta o separadamente con la que le incumbe frente al subarrendador.

Esta regulación se **diferencia** de la contenida en el CC art.1551 en los siguientes aspectos: **2032**
a) El Código civil establece que el subarrendatario queda obligado para con el arrendador por los actos que se refieren al uso y conservación de la cosa arrendada en la forma pactada entre arrendador y arrendatario, además de las responsabilidades que les sean imputables según la ley; y en cambio con arreglo a la LAU/64 solo responde de las que le sean imputables por esta última.
b) El Código civil concede acción directa para reclamar, en relación con las obligaciones referentes al uso y conservación de la cosa, en tanto que la LAU/64 solo lo otorga respecto a esto último, y no totalmente.
c) El Código civil se refiere a la conservación de la vivienda, mientras que la LAU/64 lo hace a la reparación de deterioros que el subarrendatario haya causado; de donde se deduce que, si por pacto recayó sobre el inquilino la obligación de hacer las reparaciones para conservar la vivienda en el debido estado de habitabilidad y conservación, carecerá de acción directa el arrendador para exigirla del subarrendatario.

Prohibición de ceder otra vivienda en subarriendo por el inquilino (LAU/64 art.17) **2035**

El inquilino que subarriende total o parcialmente su vivienda no puede, dentro de la misma o de distinta población, ceder otra en subarriendo. A este respecto, ha de tenerse en cuenta que la expresión legal «ceder otra en subarriendo» se refiere tanto al subarriendo total como parcial.
Si a sabiendas de que incumple esta prohibición, el arrendador de la segunda vivienda consiente que sea subarrendada, el subarrendatario de la misma, mientras la habite, tiene acción contra ambos para exigir la **resolución** del contrato de inquilinato del subarrendador y el otorgamiento del mismo a su favor, bajo idénticas condiciones a las que en él figuren. Aunque el texto legal no exija expresamente que el subarrendatario tenga necesariamente que pedir la resolución del arrendamiento y además el **otorgamiento del contrato a su favor**, y en realidad parezca que no tiene por qué obligarse al subarrendatario a pedir ambas cosas, sin embargo, creemos que es preciso que no solo se pida esa resolución, sino también el otorgamiento del contrato a su favor, porque en otro caso quedaría como un precarista en la vivienda, y se podrían perjudicar otros subarrendatarios que no fueran preferentes.
En este supuesto, los casos de igualdad se resuelven en favor del subarrendatario que habite en la vivienda con mayor **número de familiares**, entendiendo comprendidos entre ellos las personas que por su relación parental con el arrendatario, prescindiendo del grado, dependan económicamente del mismo.
Al producirse la **subrogación del subarrendatario preferente** en el lugar que ocupaba el arrendatario, no existe en realidad una verdadera extinción del contrato que ligaba a este con el arrendador, sino tan solo un cambio meramente subjetivo en la persona de aquel contratante, con lo cual los subarriendos concertados habrán de subsistir en las mismas condiciones que se pactaron, cambiando únicamente el nombre del subarrendador. A este respecto hay que observar que el texto legal indica que el otorgamiento del arrendamiento a favor del subarrendatario que pasa a ser inquilino debe hacerse bajo las mismas condiciones que figurasen en el contrato.
El subarrendatario puede ejercitar la acción mencionada si transcurridos 3 meses desde la fecha de la notificación al arrendador del hecho que la determina, este no ejercita la que le compete.
Por último, cuando esta prohibición sea vulnerada por el subarrendador **sin el consentimiento del arrendador**, este puede resolver el contrato de inquilinato, pero respetando al subarrendatario en el disfrute de la vivienda por el tiempo que falte por cumplir, sin que durante el mismo quepa exigirle otra cantidad como renta que la estipulada entre arrendador e inquilino. En tales casos, el subarrendador está obligado, además, al abono de los daños y perjuicios causados.
La referencia expresa que se hace al subarriendo impide extender el precepto al supuesto en que la otra vivienda se explote en **régimen de hospedaje**. Debe, sin embargo, extenderse la prohibición también al mismo, si se tiene en cuenta que la finalidad del precepto fue el deseo de evitar la especulación de la vivienda.

2040 **Subarriendo sin autorización del arrendador** (LAU/64 art.18) No obstante la exigencia de autorización expresa y escrita del arrendador (LAU/64 art.10), el inquilino puede **subarrendar parcialmente** la vivienda sin necesidad de consentimiento del arrendador ni de prestación de mobiliario, siempre que:
- no exceda de dos el número de subarrendatarios que con el cónyuge y los hijos sometidos a su potestad vayan a ocupar la vivienda;
- no se altere el destino de esta; y
- en el término de los 30 días naturales siguientes a la fecha de celebración del respectivo contrato de subarriendo, lo notifique el inquilino de modo fehaciente al arrendador, con la expresión del nombre del subarrendatario.

La existencia de estos subarriendos supondrá **aumento de la renta** del arrendamiento (LAU/64 art.99.1º.8ª), aunque esta elevación no puede exceder por cada subarriendo del 20% de la renta vigente en la fecha de aquel. Se aplica también a estos subarriendos la **limitación** de renta prevista en LAU/64 art.12.2, esto es, el doble del precio del arrendamiento.

Además, por razones de higiene o moralidad las autoridades administrativas pueden limitar, en cada caso, el **número de personas extrañas** al inquilino que al amparo de este precepto ocupen la vivienda.

Es necesaria la **convivencia** del inquilino y subarrendatario, porque uno de los requisitos para la autorización legal de este subarriendo es que no se altere el destino de la vivienda. Ahora bien, no es precisa la vida en común, pero sí lo es que el subarrendatario destine las habitaciones subarrendadas a vivienda de él y de su familia, no pudiendo instalarse únicamente para poner un despacho, por ejemplo, porque se alteraría el **destino primordial** de la vivienda. Tampoco hace falta, a nuestro juicio, que precisamente el subarrendatario coma en la habitación subarrendada, pudiendo utilizarla tan solo para dormir (AT Burgos 9-11-56).

Para que el subarriendo autorizado por este precepto produzca todos sus efectos, es preciso que sea objeto de **notificación fehaciente** al arrendador en el término de los 30 días siguientes a la fecha de celebración del contrato de subarriendo, con expresión del nombre del subarrendatario. Hay que destacar la necesidad de cumplir con todo rigor este requisito, porque su omisión puede originar la resolución del arrendamiento (LAU/64 art.114.2ª), como ha venido reconociendo la jurisprudencia de las audiencias.

Precisiones 1) El **matrimonio** ha de considerarse como una sola persona. La jurisprudencia de las salas de suplicación siguió la misma tendencia de no tener en cuenta para el cómputo al cónyuge del subarrendatario (AT Barcelona 5-10-59; 21-3-60). En la actualidad puede predicarse lo mismo de la pareja de hecho, o de la persona que conviva con el subarrendatario con relación afectiva, con independencia del sexo.
2) Toda clase de **hijos** están incluidos en el precepto estudiado, si bien siempre que estén sometidos a la potestad del subarrendatario, no debiendo entenderse esta en el sentido jurídico de patria potestad, sino en el vulgar de depender económicamente del cabeza de familia.
3) Al no hablarse expresamente en el precepto comentado de «**personas extrañas al inquilino**», debe concluirse que toda clase de familiares del inquilino han de computarse, si tienen la consideración de subarrendatarios (AP Barcelona 19-12-57).

2042 **Transformación de la vivienda en local de negocio** (LAU/64 art.19) En **ningún caso** el subarriendo de viviendas puede dar lugar a su transformación en local de negocio.

2044 **Subarriendo por el subarrendatario** (LAU/64 art.20) El subarrendatario no puede, a su vez, en ningún caso, celebrar contrato de subarriendo.

Para puntualizar los **efectos** que puede producir la infracción de esta disposición, es preciso distinguir los siguientes **supuestos**:

a) Que ese segundo subarriendo se produzca **sin la autorización del subarrendador**, aunque sí con la del subarrendatario o segundo subarrendador. La doctrina estima que, en este caso, cabe que el subarrendador haga uso de la facultad de resolución (en este caso, del segundo subarriendo), prevista en LAU/64 art.117.A.2ª, por ser responsable de los actos del segundo subarrendatario.

b) Que ese segundo subarriendo se realice **sin la autorización del subarrendatario**. Se entiende que dicho subarrendatario puede pedir el desahucio con arreglo al Código civil, por estar excluido ese segundo subarriendo del ámbito de la LAU/64, por el motivo que se indica a continuación.

c) Que el segundo subarriendo se realice **con el consentimiento del inquilino**. En este caso la doctrina entiende que si este inquilino consiente el segundo subarriendo, no puede resolver el otorgado por él, basándose exclusivamente en la prohibición quebrantada, pero estará expuesto ante el arrendador a la resolución de su contrato de inquilinato.

d) Que ese segundo subarriendo se realice **con el consentimiento del arrendador, pero no del inquilino**. También la doctrina cree que el inquilino que no lo haya autorizado queda a salvo, respecto de su derecho de arrendamiento; pero no será obstáculo para que pueda pedir la resolución del subarriendo que él otorgó, porque el arrendador no tiene facultad para que se quebrante la prohibición legal.

La **cesión de los derechos y obligaciones del subarrendatario**, a un tercero, si no es consentida por arrendador y subarrendador, producirá la resolución del subarriendo (LAU/64 art.27). **2046**

8. Cesión de vivienda

(LAU/64 art.23 a 28)

La cesión implica la **desvinculación del arrendatario original** (cedente) y su sustitución por otra persona (cesionario), que se subroga en la posición del cedente frente al arrendador, afectándole, por tanto, todas las estipulaciones contenidas en el contrato primitivo, incluido el plazo. **2050**

Prohibición (LAU/64 art.23) Se prohíbe el contrato de cesión de vivienda **a título oneroso**, aunque en él se comprenda mobiliario o cualquier otro bien o derecho. **2052**
Por otra parte, la **cesión gratuita** no surte efectos frente al arrendador sin el consentimiento expreso del mismo.
En cualquier caso, es necesaria la voluntad de ceder para que exista verdadera cesión.

Precisiones 1) No es posible la cesión **por causa de muerte** (AP Barcelona 11-12-56).
2) La **violación de la prohibición** contenida en el precepto no es un acto radicalmente nulo, sino irregular, de la especie definida en CC art.1300 (AP Madrid 21-2-58; 5-2-77).
3) La atribución del uso de la vivienda arrendada al **cónyuge separado o divorciado** no es un supuesto de cesión *inter vivos* de LAU/64 art.24 (TCo 126/1989).

Autorización del arrendador Con relación a la autorización del arrendador, cabe destacar, refiriéndose al arrendamiento de viviendas, lo siguiente: **2053**
- Cabe el **consentimiento tácito**, pero debe revelarse por actos del arrendador que lo manifiesten inequívocamente (TS 30-4-58).
- El consentimiento expreso o tácito del arrendador depende de la realidad práctica de actos concluyentes que demuestren la existencia del **conocimiento** del mismo (TS 22-6-94).
- La **elevación de la renta** de 3.000 a 5.000 pesetas al mes, permite deducir que existió la autorización del arrendador (AP Madrid 14-3-79).
- Es posible presumir el consentimiento del arrendador al venir percibiendo este mensualmente el **pago de las rentas** (TS 30-6-92, EDJ 7117).

Precisiones 1) Si se admite que la dueña otorgó su consentimiento para que la portera ejecutase **obras** en la buhardilla para su uso, incorporándola a su vivienda, esto constituye el **reconocimiento implícito** de la cesión de dicho departamento (TS 30-5-62).
2) No debe olvidarse aquí tampoco la jurisprudencia relativa a los arrendamientos de **locales de negocio** a la que se hace referencia en el nº 2570 s.

Cesión a favor del cónyuge, ascendientes, descendientes, hermanos legítimos o naturales, e hijos adoptivos (LAU/64 art.24) **Hasta el 26-11-1994**, no obstante la prohibición indicada, el inquilino que hubiera celebrado el contrato de arrendamiento podía subrogar en los derechos y obligaciones propios del mismo a su cónyuge, ascendientes, descendientes, hermanos legítimos o naturales e hijos adoptivos menores de 18 años al tiempo de la adopción que convivan habitualmente con él en la vivienda arrendada con 2 años de antelación, o con 5 años de antelación cuando se trate de hermanos. La **convivencia** por estos plazos no se exigía cuando se subrogaba el cónyuge. **2055**
Para su eficacia, esta cesión debía ser objeto de **notificación fehaciente** al arrendador dentro de los 2 meses siguientes a su realización.
Las **comunidades autónomas** se entienden subrogadas en los contratos de arrendamiento de los bienes inmuebles que se transfieran por la Administración del Estado y sus organismos autónomos, sin que tal subrogación implique alteración en las condiciones de los mismos.
Idéntica subrogación procede cuando la transferencia se haya producido previamente a favor de los **entes preautonómicos** en los términos previstos en L 32/1981 disp.final 4ª.
Lo mismo se aplica en el supuesto de que se transfiera la titularidad de los contratos de arrendamiento a favor del Estado, así como en aquellos en que la transferencia tenga lugar entre los **entes territoriales**.

Régimen transitorio (LAU disp.trans.2ª.2.1 y disp.trans.2ª.3) **A partir del 26-11-1994**, deja de ser aplicable lo dispuesto en LAU/64 art.24.1, quedando por tanto prohibida a partir de dicha fecha la **cesión familiar** a la que hace referencia tal precepto. **2057**

En cualquier caso, hay que puntualizar lo siguiente:
a) No es posible discutir las **cesiones llevadas a cabo con anterioridad al 26-11-1994**, siempre que se hayan cumplido los **requisitos** exigidos para la eficacia de la cesión, esto es:
1º Que sea el inquilino primitivo que haya celebrado el contrato el que la realice.
2º Que la subrogación se efectúe en favor del cónyuge, o de cualquiera de los demás parientes mencionados.
3º Que exista la previa convivencia durante el plazo que se determina. 4º Que sea notificada la cesión al arrendador de modo fehaciente dentro de los 2 meses siguientes a su realización, no pudiendo hablarse de fraude de ley por el hecho de que se hubiera realizado una cesión *«inter vivos»* celebrada en los últimos meses antes del 26-11-1994.
b) Puede considerarse válida la **cesión producida antes del 26-11-1994**, si se produjese la **notificación** al arrendador dentro de los 2 meses siguientes, haciendo constar en ella que aquella cesión se llevó a cabo antes de dicho día 26. Ahora bien, siempre que aparezca claro y de forma que no pueda ofrecer duda alguna que la cesión se produjo realmente antes de dicho día; pero, además, de forma real con subrogación del cesionario en sus derechos y obligaciones. El Tribunal Supremo ha sentado la doctrina de que la LAU/64 no prevé como necesario que el inicial arrendatario desaloje la vivienda arrendada en beneficio del cesionario para que la subrogación por negocio inter vivos tenga eficacia, y la convivencia de cedente y cesionario en la vivienda objeto del contrato no desvirtúa la subrogación efectuada (TS 15-6-10, EDJ 113293).
c) Operaría el plazo de **caducidad** de 2 meses, si la cesión se hubiera notificado al arrendador y este no reaccionara dentro del citado plazo (LAU/64 art.25).

9. Suspensión y resolución del contrato

2100

a. Suspensión del contrato

(LAU/64 art.119)

2112 Se prevé la suspensión del contrato únicamente para el supuesto en que la autoridad competente disponga la **ejecución de obras** que impidan que la finca siga habitada. Cuando se dé tal supuesto, todos los contratos a que se refiere este capítulo se reputarán en suspenso por el tiempo que duren aquellas, quedando asimismo suspendida por igual período la obligación de pago de rentas.
Este precepto no fue modificado por LAU disp.trans.2ª.

Precisiones **1)** Es válido un pacto de cara a una **indemnización al arrendatario** perjudicado (TS 7-7-76).
2) Es posible la suspensión del contrato en el supuesto del CC art.1558, mientras duren las obras que hagan **inhabitable** la finca, sin perjuicio de la facultad del arrendatario de rescindir el contrato.

b. Resolución del contrato a instancia del arrendador

(LAU/64 art.114)

2115 En relación con las **causas** de resolución del contrato a instancias del arrendador, partiendo de la doctrina y la jurisprudencia, cabe hacer las siguientes afirmaciones de **carácter general**:
a) Las causas de resolución deben ser objeto de una **interpretación restrictiva**, sin ampliaciones que hagan más gravosa la situación del arrendatario (TS 20-1-51; 8-2-55).
b) Las causas de resolución previstas en LAU/64 art.114 son de **carácter exhaustivo** (TS 6-6-64; 22-1-71; 11-3-77; 12-12-90). No cabe por tanto aplicar por analogía otras disposiciones como supletorias.
c) El **incumplimiento de condiciones** del contrato no es por sí sola causa de resolución del contrato de arrendamiento si lo previsto en ellas no encaja en una de las causas previstas en LAU/64 art.114. Ello no quiere decir que no pueda exigirse el cumplimiento de las mismas.
d) Si la resolución del arrendamiento se fundamenta en la normativa reguladora de la **propiedad horizontal**, y no en la de arrendamientos urbanos, es posible aquella (TS 20-2-97, EDJ 724).

e) No impide el ejercicio de la causa de resolución al amparo de LAU/64 art.114, la existencia en el contrato de arrendamiento de una **cláusula penal** (TS 7-6-63).
f) La causa de resolución subsiste aún en el supuesto de que se produzca la **transmisión del piso o local** a un tercero (TS 11-10-71).
g) El plazo para el ejercicio de la **acción de resolución** por el arrendador es el de 15 años del CC art.1964, actualmente 5 años, sin que sea aplicable la normativa foral (TS 12-12-64).
h) Desde que el 8-1-2001, con la entrada en vigor de la LEC/2000, al plantearse una **demanda** en la que se pretenda la resolución de un arrendamiento deben invocarse todas las causas que sean conocidas en el momento de interponerla sin que sea admisible resolver su alegación para un proceso posterior (LEC art.400).

Falta de pago de la renta (LAU/64 art.114.1ª) Cabe la resolución del contrato de arrendamiento urbano, lo sea de vivienda o de local de negocio, a instancia del arrendador en caso de falta de pago de la **renta** o de las **cantidades asimiladas** a esta. **2120**
La posibilidad de hacer uso de esta causa de resolución por el arrendador exige que el arrendatario esté **obligado al pago** de la renta y deje de hacerlo. Por lo que, en cuanto a dicha obligación hay que remitirse a lo expuesto en nº 248, al tratar de los contratos de arrendamientos en general, y concretamente al CC art.1555.1.
Por otro lado, en cuanto a los **aspectos procesales** de la resolución del arrendamiento por falta de pago nos remitimos a lo expuesto en el nº 10200 s.

Precisiones **1)** Entre las **cantidades asimiladas** a la renta cuyo impago determina la posibilidad de resolver el arrendamiento, cabe mencionar:
- el **IVA** a pagar con aquella (AP Baleares 1-11-90);
- el **IBI** (TS 12-1-07; 15-6-09, EDJ 128053);
- el coste de los **servicios y suministros** (TS 15-6-09; 7-7-10).
2) Es suficiente el **impago de una mensualidad de renta** en el plazo contractualmente establecido para que proceda el desahucio, sin que pueda apreciarse abuso de derecho por parte del arrendador que, en caso de impago, ejercita la acción de desahucio (TS 19-12-08; 30-10-09).

Subarriendo (LAU/64 art.114.2ª) El contrato de arrendamiento urbano puede resolverse a instancia del arrendador cuando se haya subarrendado la vivienda o local de negocio, o se tengan huéspedes, **de modo distinto al autorizado** en LAU/64 art.10 a 21. En relación tanto con el subarriendo en general, como con la tenencia de huéspedes en la vivienda arrendada, nos remitimos a lo expuesto en el nº 2000 s. **2125**

Precisiones **1)** Si bien es cierto que la jurisprudencia ha proclamado reiteradamente que cuando la resolución del contrato de arrendamiento se funde en las causas 2ª y 3ª, no debe exigirse al arrendador una **prueba directa del subarriendo**, cesión o traspaso a que tales causas se refieren, porque los que celebran estos contratos se hallan interesados en su ocultación y quedarían ineficaces dichas causas en la casi totalidad de los casos si la demostración concreta de todos los elementos que los integran fuera exigida al arrendador que no fue parte en los mismos. Por ello es suficiente la **presunción** de la existencia de tales elementos contractuales deducida de la prueba practicada. Ahora bien, no es menos cierto que la estimación de la de presunciones ha de ajustarse a lo que la naturaleza de la misma, definida por la ley y por la jurisprudencia, exige. Respecto a ello el CC art.1253 previene que para que las presunciones no establecidas por la ley sean apreciables como medio de prueba es indispensable que entre el hecho demostrado y el que se trate de demostrar haya un enlace preciso y directo según las reglas del criterio humano, y la doctrina de este tribunal ha establecido que tal enlace ha de consistir en la conexión y congruencia entre ambos hechos de suerte que la realidad del uno conduzca al conocimiento del otro por ser la relación entre ellos concordante, y no poder aplicarse a varias circunstancias, así como que si bien la estimación de la prueba de presunciones incumbe por naturaleza al tribunal sentenciador, la casación puede prosperar cuando se impugne la existencia y realidad del hecho base o cuando la deducción no se ajuste a las reglas determinadas del criterio humano, resultando absurda, ilógica o inverosímil (TS 7-5-58; 9-12-74).
2) La **convivencia con el arrendatario de familiares cercanos** sin pagar merced, no es causa de resolución del arrendamiento según jurisprudencia generalizada de las audiencias.
3) Por amplias que sean las concesiones presuntivas en cuanto a prueba de subarriendo o del traspaso, tales conceptos no pueden nunca asimilarse a la **íntima y familiar colaboración fraterna** que en este aspecto se denuncia como infringida, y no son de aplicación al presente caso de autos, por cuanto ellas se sustentan en el vínculo final, de padres a hijos, en una completa dependencia económica y cuando los hijos, menores de edad y bajo la potestad de aquellos, carecen de toda clase de bienes, según se deduce del fundamento de tales resoluciones, circunstancia esta que no concurre en este caso, ya que a estos efectos el hermano del titular arrendaticio ha de considerarse persona ajena a la familia en el concepto de «unidad y dependencia» a la misma cuando, como en este caso, no se han demostrado estas circunstancias, y como es doctrina sentada por esta sala la de que la introducción en un local arrendado de una tercera persona individual o jurídica, sustituyendo al arrendatario o compartiéndolo con este, es suficiente para

estimar la resolución del contrato, al tener a aquel ocupante como persona extraña, se han cumplido correctamente aquellos preceptos legales (TS 15-2-63).

4) Unas **actas notariales**, que nada dicen visto por el notario, sino que solo recogen las manifestaciones ante él, de terceras personas, no pueden tener más carácter que el de declaraciones de las actas, según reiterada doctrina de esta sala, y no tienen el carácter de prueba documental (TS 31-12-65; 24-9-66).

2127 **Necesidad de demandar al subarrendatario** En general, según la jurisprudencia del Tribunal Supremo, no es obligatorio, en principio, demandar al subarrendatario al ejercitar la resolución del arrendamiento.

No obstante, hay que puntualizar lo siguiente:

a) La jurisprudencia del Tribunal Constitucional, reiterando la doctrina constantemente seguida por ella, tiene dicho que siendo el cesionario, al igual que el subarrendatario y adquirente en traspaso, **extraño al contrato** de arrendamiento concertado entre el arrendador y el arrendatario cedente, o subarrendataria o traspasante, y en consecuencia desligado en el aspecto y ámbito personal con el titular que otorgó el arrendamiento con el carácter de arrendador, se hace innecesario dirigir contra el cesionario, como contra el subarrendatario o adquirente en traspaso, la acción resolutoria ejercitada, cuando la ley no lo establece; y sin que a ello obste la Const art.24, pues el principio fundamental que tal precepto contiene, consagrando el derecho a obtener la **tutela efectiva de jueces y tribunales**, hay que entenderlo referido a todo aquel que conforme a las normas del ordenamiento jurídico haya de tener intervención en un determinado proceso, pero no en el caso de que lo en él planteado, cual sucede en el supuesto que ahora se trata, no precise su intervención, por tratarse de problema a dilucidar entre arrendador y arrendatario (TCo 7-7-89; 11-6-91).

b) En el mismo sentido que en el apartado anterior, el Tribunal Constitucional ha señalado, que el **principio constitucional de contradicción** no se opone a que una sentencia pronunciada frente al arrendatario pueda ser oponible y tener **efectos indirectos o reflejos** también frente al subarrendatario, pese a no haber sido este parte en el proceso principal, pero eso siempre que ese subarrendatario haya permanecido legítimamente extraño al procedimiento cuando, como recuerda TCo 112/1987, no pudiera alegar ningún derecho propio frente al arrendador, en cuyo caso la sentencia no podría tener efectos directos e inmediatos sobre su derecho, aunque repercutiera en su situación jurídica. Cierto es que no es preciso, porque la ley no lo impone, a diferencia del juicio por causa de cesión de vivienda, demandar al cesionario del local, adquirente por traspaso, bastando con traer a juicio al cedente o arrendatario que cede o traspasa el local, quizá entendiendo la ley que el cesionario es un tercero totalmente extraño, mientras las estrictas formalidades del traspaso (escritura pública y otras) no se cumplan, es decir, tercero ajeno a la relación jurídica del contrato; doctrina de ambos tribunales que conduce a la desestimación del motivo dado que los cesionarios no ostentan derecho alguno frente al propietario del local al no estar ligados a este por relación contractual alguna que justifique su llamada al proceso en calidad de parte (TCo 58/1988).

c) Es exigible, a la luz de lo establecido en Const art.24 la necesidad de llamada del subarrendatario o cesionario, cuando en el juicio de desahucio se discute sobre la **legitimidad de tal subarriendo** (TS 14-6-94, EDJ 5341).

d) Como en LAU/64 no existe una regulación concreta sobre si en el desahucio de local de negocio por traspaso inconsentido tiene que traerse a la entidad subarrendataria, hay que estar a lo dispuesto en LEC art.1565.1 -normativa supletoria- de donde se infiere que la **legitimación pasiva** corresponde única y exclusivamente al arrendatario. Sin que esta doctrina haya sido contradicha por sentencia alguna del Tribunal Constitucional (TS 31-5-99, EDJ 12521).

2128 **Supuestos concretos** A modo de ejemplo, Fuentes Lojo enumera una serie de supuestos en los que **cabe la resolución del arrendamiento** por subarriendo sin la debida autorización del arrendador:

- **Falta de autorización escrita y expresa** del arrendador.
- Infracción de cualquiera de los requisitos de LAU/64 art.18, tratándose de un **subarriendo obligatoriamente impuesto** al arrendador.
- Haber autorizado el arrendatario la **transformación de la vivienda en local** de negocio hecha por el subarrendatario (LAU/64 art.19).
- Haber autorizado dicho arrendatario que el **subarrendatario a su vez haya subarrendado**.
- Darse el **supuesto de** LAU/64 art.17 (nº 2035).
- Infracción de lo previsto en LAU/64 art.21 respecto a la **tenencia de huéspedes** (nº 2008).

2129 Sin embargo, **no procede** esta causa resolutoria en supuestos como los siguientes:

- Cuando el arrendatario, habiendo obtenido la autorización del arrendador, no entregase, al efectuar el subarriendo, el **mobiliario adecuado**, porque es tan solo el perjudicado el que debe hacer uso de la acción revisoria que le concede LAU/64 art.13.

• Por exigir el arrendatario que hubiese autorizado para subarrendar **precio superior al fijado** en LAU/64 art.12, ya que en este caso existe contra él la causa de resolución 3ª (nº 2130).
• Cuando se infrinja la **prohibición** de LAU/64 art.19, por existir contra él la causa resolutoria 4ª (nº 2135).
• En el **supuesto transitorio** a que se refiere LAU/64 disp.trans.5ª, por no haber notificado, en el plazo de 4 meses a partir de su vigencia, el inquilino al arrendador el nombre de las personas y de los hijos que con él convivan.
• La mera **domiciliación de una sociedad**, sin ocupación o aprovechamiento real. El hecho de que en la escritura fundacional se designe como domicilio social el del inmueble litigioso no es suficiente para resolver el contrato de arrendamiento, siendo preciso e inexcusable que la susodicha entidad se hubiere establecido materialmente en aquel, por lo que solo se ha entendido que ha existido cesión o traspaso inconsentido cuando la domiciliación no era meramente formal, sino que de hecho el inmueble constituía realmente el domicilio de la compañía y en el local radicaba la sede donde se realizaba la vida jurídica de la compañía (TS 16-10-09).

Precisiones **1)** El abandono de la vivienda por el arrendatario dejando en la misma la persona con la que tenía una **relación de convivencia** *more uxorio* no debe configurarse con una desigualdad de trato frente a la que surge si existiera un vínculo matrimonial (TCo 155/1998).
2) La tenencia de un **despacho profesional en el domicilio de los padres** arrendatarios, sin convivir con ellos, ha de entenderse como un subarriendo (AP Valencia 18-2-75; AP Huesca 3-11-75).
3) El **uso del teléfono** y la **domiciliación de la deuda tributaría** por el ejercicio de una profesión u oficio o de una pequeña industria doméstica en la vivienda del local de negocio por un hijo político, no ofrecen por sí solos base suficiente, por inequívoca, a la introducción del subarriendo, de una convivencia familiar con familiares afines (TS 15-10-60).
4) La ocupación de la vivienda arrendada por un tercero que tiene una **unión extramatrimonial** con el inquilino no constituye subarriendo (AP Madrid 22-2-92, EDJ 13181; AP Bizkaia 22-6-89).
5) Ha de presumirse la existencia de un subarriendo si en la vivienda arrendada ejercita un tercero la **abogacía** según una reiterada jurisprudencia de las audiencias. Y también si en la vivienda en la que el arrendatario ejerce su profesión de **médico** ejercen otros (AT Valencia 21-9-79).

Percepción de rentas superiores a las legalmente autorizadas en caso de subarriendo (LAU/64 art.114.3ª) El contrato de arrendamiento urbano, lo sea de vivienda o de local de negocio, puede resolverse a instancia del arrendador cuando en el supuesto de ejercer en la vivienda la **industria doméstica de hospedaje** (LAU/64 art.21) o en los **subarriendos parciales** de vivienda, aunque se hayan celebrado estos con autorización expresa y escrita del arrendador, perciba el subarrendador rentas superiores a las legalmente autorizadas. 2130
Cuando se dé alguna de las anteriores circunstancias, una vez que el arrendador haya recibido **notificación fehaciente** por cualquiera de los subarrendatarios de ser abusiva a la renta percibida por el subarrendador, dentro de los 30 días siguientes debe ejercitar la **acción resolutoria** del arriendo. Si el arrendador no ejercita dicha acción en plazo, el subarrendatario que primero hubiera hecho la notificación, continúe o no en la vivienda, tiene acción contra el arrendador y el subarrendador para subrogarse como inquilino en los derechos y obligaciones de dicho subarrendador, que será lanzado de la vivienda. En el caso de que se esté ejercitando industria doméstica de hospedaje en la vivienda, el mismo derecho que se acaba de exponer asiste a los huéspedes.
La acción resolutoria tiene un plazo de **caducidad** de 3 meses desde la fecha en que pudo ejercitarse.

Precisiones **1)** No es posible hacer uso de esta causa si la inquilina hubiere sido autorizada por la propiedad para concertar subarriendos totales o parciales **sin limitación** de ningún género (AP Madrid 18-9-58).
2) No parece que pueda el subarrendatario, después de emplazado como consecuencia de demanda del inquilino solicitando la **resolución del subarriendo por expiración del término**, pedir la suspensión del curso del juicio hasta que el subarrendador ejercite su acción, sin notificar al arrendador el cobro de rentas abusivas.
3) La acción de subrogación a favor del **huésped** tan solo es posible si al autorizarse al huésped por el organismo correspondiente, se señala un precio determinado.

Falta de ejercicio de la acción resolutoria contra el subarrendatario a requerimiento del arrendador (LAU/64 art.114.4ª) El contrato de arrendamiento urbano, lo sea de vivienda o de local de negocio, puede resolverse a instancia del arrendador, cuando se haya efectuado una **cesión o subarriendo por el subarrendatario**, sin perjuicio de lo dispuesto en LAU/64 art.27 (LAU/64 art.117.A.2ª), y requerido el subarrendador por el arrendador cuando, dentro de los 2 meses siguientes, no se haya ejercitado la acción resolutoria contra el subarrendatario. 2135

En concreto, la causa 2ª de LAU/64 art.117.A, permite resolver el contrato de subarriendo por haberse **resuelto a su vez el contrato de arrendamiento** y, además, por las siguientes causas en el caso del subarrendador:
- falta de pago de la renta pactada para el subarriendo;
- subarriendo o cesión realizados por el subarrendatario, sin perjuicio de lo dispuesto en LAU/64 art.27.

Precisiones **1)** La causa 4ª de LAU/64 art.114 no nace de los actos del subarrendatario, ni del subarrendador como tal, sino del **incumplimiento por el arrendatario** del precepto legal, al no proceder contra el subarrendatario por no querer o por no poder, sin perjuicio de que dicho arrendatario, cuando se ejercite la acción oportuna, pueda justificar su conducta como legítima, por lo cual es inexcusable el incumplimiento del previo requerimiento que el propio precepto legal establece como constitutivo de la acción (TS 7-11-61; 24-11-65).
2) La causa de resolución 4ª de LAU/64 art.114 contempla el supuesto de que la ilegalidad que se trata de sancionar haya sido cometida única y exclusivamente por el subarrendatario y a él le sea atribuible, y tiende a **impulsar al arrendatario** para que resuelva el subarriendo por no tener el arrendador acción directa contra quien no le está contractualmente vinculado, lo cual presupone la ausencia de colaboración en el acto ilícito por parte del arrendatario (TS 15-11-63; 10-6-64).
3) La **acción** que se concede al arrendador para resolver el arriendo está **subordinada** a que el inquilino deje transcurrir 2 meses desde que es requerido por el dueño para que resuelva el contrato de subarriendo autorizado, sin haber ejercitado la acción resolutoria contra el subarrendatario, no pudiendo estimarse extendido el alcance del precepto a que subsiste la causa de resolución para el dueño si la **acción del inquilino no prospera**, ya que solo habla la ley del ejercicio de la acción, no de la resolución judicial con ella conseguida, y sentado en autos como cierto el hecho de que la acción se entabló por el inquilino, aunque sin resultado favorable, no puede por menos de apreciarse que tal ejercicio cierra el paso al propietario para accionar al amparo de esta causa (TS 15-1-63).

2140 **Cesión** (LAU/64 art.114.5ª) El contrato de arrendamiento urbano, lo sea de vivienda o de local de negocio, puede resolverse a instancia del arrendador cuando se realice una cesión de vivienda o un traspaso de local de negocio de modo distinto al legalmente autorizado (nº 2050 s. y nº 2570 s.).
En términos generales, la resolución del arrendamiento puede producirse:
a) Por haberse cedido la vivienda **a título oneroso o gratuito**, siempre que:
- no haya transcurrido el plazo de caducidad de 2 meses desde la notificación de la cesión al arrendador para el ejercicio de la acción resolutoria, debiendo el arrendador demandar también al cesionario (LAU/64 art.25); y
- el arrendador no haya consentido la cesión (nº 2053).
b) Cuando, tratándose de una **cesión familiar**, no se hayan cumplido los requisitos establecidos al efecto (nº 2055).

Precisiones Sobre la cesión de vivienda y los **requisitos** para que esta pueda producirse, nos remitimos a lo expuesto en el nº 2050 s.

2142 Contemplando **supuestos concretos**, los tribunales han tenido ocasión de declarar en el sentido de **dar lugar a la resolución** del arrendamiento, en casos como los siguientes:
• La ausencia del inquilino de la vivienda y la **ocupación por un tercero** es en principio causa de resolución del arrendamiento, según jurisprudencia reiterada (TS 27-10-60; 3-10-67; 12-6-72).
• Ejercicio en un local para **despacho de la abogacía por un tercero** (AP Valencia 15-11-90).
• **Abandono** de la vivienda por uno de los coarrendatarios (TS 13-5-69).
• Cesión de la vivienda al **hijo** sin cumplir con el requisito de la notificación (AP Barcelona 12-3-63).
• La ausencia del inquilino al **marchar al extranjero**, dejando a la hermana en la vivienda (TS 19-1-63).

2144 Y, por el contrario, en el sentido de **no dar lugar a la resolución** por cesión, en los siguientes casos:
• Cuando no existe ni **intromisión** de un tercero, ni **desaparición** del arrendatario, no debe entenderse producida una verdadera cesión, al faltar precisamente uno de los presupuestos de viabilidad de la misma y, por ello, la pretendida subrogación, en tal caso, carece de validez y no puede ser impuesta a la arrendadora, pero, a su vez, aquella tampoco comporta la resolución del contrato de arriendo, pues no cabe ignorar que la jurisprudencia (por ejemplo, TS 23-2-48), viene declarando que para que prospere dicha acción es preciso que la cesión se haya consumado, al referirse el legislador, tal como antes se ha indicado, a la cesión ya realizada y no a la que aún no ha llegado a producirse, cualquiera que sea la causa de ello (AP Barcelona 24-2-97).

• Abandono de la vivienda por el inquilino y su **atribución al otro cónyuge** (AP Madrid 22-5-90; 28-1-91).
• **Traslado al extranjero** del inquilino, dejando en la vivienda a su esposa e hijos (TS 25-2-62; AP A Coruña 22-3-78).

Transformación de la vivienda en local de negocio (LAU/64 art.114.6ª; RDL 2/1985 art.8) El contrato de arrendamiento urbano, lo sea de vivienda o de local de negocio, puede resolverse a instancia del arrendador cuando se produzca: **2150**
- la **transformación** de la vivienda en local de negocio, o viceversa; o
- el incumplimiento por el **adquirente en traspaso** de la obligación de permanecer en el local, sin traspasarlo, durante el plazo mínimo de un año, y destinarlo durante ese tiempo, por lo menos, a negocio de la misma clase al que venía ejerciendo el arrendatario (LAU/64 art.32.1.2).

En particular, en el caso de la transformación de viviendas en locales de negocio, **a partir del 9-5-1985** (entrada en vigor del RDL 2/1985), los propietarios de fincas urbanas y los arrendatarios de estas, con el consentimiento de aquellos, pueden realizar libremente la transformación de viviendas en locales de negocio, salvo disposición contraria, en su caso, de los estatutos reguladores de las comunidades de propietarios, y sin perjuicio de lo dispuesto por LPH art.7.3º en cuanto a actividades estatutariamente no permitidas, dañosas para la finca, inmorales, peligrosas, incómodas o insalubres, y de la obtención de las correspondientes licencias administrativas. No obstante, en las edificaciones sujetas al régimen de viviendas de protección oficial, cuya calificación provisional se efectúe a partir de la fecha indicada, los locales de negocio solo podrán alcanzar una superficie útil que no exceda del 40% de la total.

A partir de la misma fecha, la transformación de una vivienda en local de negocio en el caso de las fincas con **propietario único**, puede llevarse a cabo sin limitación alguna, siempre, naturalmente, que obtenga la correspondiente licencia administrativa, puesto que la permisión de la norma se ocupa de esta transformación desde el punto de vista del derecho privado exclusivamente.

Precisiones Para apreciar si la transformación se produce, hay que **comparar el destino** de la vivienda o local, pactado en el contrato o con posterioridad, con el que tenga en el momento de ejercitar la acción, de forma que aquella se habrá producido cuando lo **principal** se convierta en **accesorio**, y viceversa (TS 30-9-61).

Autorización del arrendador En cuanto a la necesidad de la autorización del arrendador en orden al cambio de destino, la jurisprudencia ha declarado: **2154**
• Es posible el **consentimiento tácito**, pero es preciso que este se deduzca de hechos claros e inequívocos, siendo aplicable lo que dicho al tratar de este consentimiento en las causas 2ª y 5ª (nº 2125 y nº 2140).
• El **administrador de una finca** puede autorizar válidamente al arrendatario para cambiar de destino (AP Barcelona 28-4-61). Advirtiéndolo oportunamente a los arrendatarios, cualquier autorización concedida por los administradores no tendría valor, pero, en tanto en cuanto esa limitación de facultades no se produzca, habrá que presumir el pleno consentimiento del propietario a los efectos discutidos.

Supuestos de transformación Fuentes Lojo resume los supuestos de transformación que cabe concebir, en los siguientes: **2156**
1) El **general** de que arrendado un local para vivienda, se destine a local de negocio, o viceversa.
2) Cuando habiéndose arrendado un local a la **Iglesia católica**, al **Estado**, a la **provincia**, al **municipio**, a una **entidad benéfica**, a una **asociación piadosa**, a una **entidad deportiva** comprendida en Ley 9/1990 de educación física art.32, a una **corporación de Derecho público** o a otra **entidad que no persiga lucro**, con el fin de vivienda o para el cumplimiento de sus fines propios, se destine al ejercicio de **actividades económicas**. Ello, porque en el primer caso la equiparación habría de hacerse siempre a las normas del contrato de inquilinato (art.4.2) y en el segundo a los locales de negocio (art.5.2). Como ejemplo práctico, puede citarse aquel en que, habiéndose arrendado por un ayuntamiento un local para escuela pública, lo destine a almacén de abastos.
3) Cuando, habiéndose efectuado el arrendamiento a las entidades mencionadas en el caso anterior y con la finalidad indicada, se destine el local a **depósito o almacén**, por las mismas razones.
4) Cuando, a la inversa, habiendo sido arrendado el local a las personas antes indicadas, para el ejercicio de actividades económicas o depósito o almacén, se destine a vivienda o **escritorio u oficina** que no suponga el ejercicio de actividades de esa clase.

2158 Por su parte la **jurisprudencia**, refiriéndose a supuestos concretos, ha tenido ocasión de declarar que **procede la resolución**:

• Si un local alquilado para vivienda se dedica a casa de huéspedes (TS 2-1-51; 29-5-54; 17-7-93, EDJ 7268).

• Si se produce la transformación de la vivienda en un comercio de comestibles o algo análogo (TS 13-3-53).

• Si se ejercita en la vivienda la odontología en forma de empresa (TS 2-3-56; 6-4-63).

• Si se implanta en la vivienda una industria de peluquería con dependientas (AT Madrid 3-11-55). Salvo que se trate de una pequeña industria doméstica (AT Madrid 16-2-60; AP Barcelona 22-6-82).

• Si se produce la utilización de una vivienda como medio de vida por el número de subarrendatarios que existen en ella.

• Si se instala en la vivienda un taller de relojería (AP Barcelona 30-1-61; AP Madrid 6-12-61).

• Si se instala en la vivienda una academia de corte y confección y se convirtiese la ocupación principal y la de vivir en ella en algo accesorio (AP Albacete 18-10-79).

• Si se instala en la vivienda una sociedad anónima con finalidad comercial (AP Barcelona 15-11-61).

• Si se produce la transformación de dos de las tres plantas de un inmueble arrendado para vivienda en instalaciones avícolas cuyo número de aves excede de una explotación doméstica (AP Barcelona 6-11-61).

• Dedicar la vivienda totalmente a la enseñanza es transformación (TS 21-11-62).

• Es transformación si el piso arrendado para vivienda del delegado de una sociedad se convierte en la oficina de esta (AP Barcelona 5-2-77; AP Madrid 15-2-73).

• Existe transformación de la vivienda si se ejerce la industria de venta de géneros (AP Barcelona 24-4-80).

2160 Por el contrario, la jurisprudencia ha estimado que no supone transformación y, por tanto, **no es causa de resolución**:

• La instalación de una industria de dulces y helados en el patio de la vivienda, sin cambiar la finalidad de esta (TS 25-2-62). Como tampoco lo es que en la vivienda exista un despacho de leche al público, sin más (TS 21-11-62).

• Tener una guardería infantil en parte de la vivienda, como pequeña industria (AP Barcelona 14-12-71).

• El destino de la vivienda a despacho de abogado (AP Barcelona 27-12-61).

2162 **Supuestos excluidos** No cabe alegar esta causa de resolución cuando:

1) Arrendado un local a las entidades y personas jurídicas mencionadas en el nº 2156 para vivienda de sus empleados, se destine a sus oficinas, si no se ejerce en ellas ninguna actividad económica. Ello se debe a que en uno y otro caso se regirá el arrendamiento por las normas del contrato de inquilinato.

2) Arrendado un local para el ejercicio de actividades económicas, se destine a almacén o a depósito, o viceversa; porque el arrendamiento se regirá por las normas de los locales de negocio.

3) Arrendado un local a una persona (que no sea de las mencionadas en el art.4.2) para local de negocio, se destine por ellas a depósito, almacén, escritorio u oficina; por tener que regirse siempre por las normas de los locales de negocio, como en el caso anterior.

2165 **Daños y obras inconsentidas** (LAU/64 art.114.7ª) El contrato de arrendamiento urbano, lo sea de vivienda o de local de negocio, puede resolverse a instancia del arrendador cuando el inquilino o arrendatario, o quienes con él convivan, causen dolosamente **daños** en la finca, o cuando lleven a cabo, sin el consentimiento del arrendador, **obras** que modifiquen la configuración de la vivienda o del local de negocio, o que debiliten la naturaleza y resistencia de los materiales empleados en la construcción.

Sin embargo, **no procede** esta causa de resolución, cuando el inquilino, antes de iniciar las obras, entrega o pone a disposición del arrendador la cantidad necesaria para volver la vivienda a su primitivo estado:

- si aquellas no debilitan la naturaleza y resistencia de los materiales empleados en la construcción de la finca; y
- su cuantía no excede del importe de tres mensualidades de renta.

Por otro lado, cuando el arrendatario se proponga realizar obras en el local arrendado para mejora de sus instalaciones o servicios, adaptándolos a las necesidades de su negocio, y no obtenga el consentimiento del arrendador, puede ser **autorizado judicialmente** para llevarlas a cabo, siempre que pruebe que las obras proyectadas no debilitan la naturaleza y resistencia de los materiales empleados en la construcción de la finca, y que no afectarán, una vez realizadas, al uso de esta por los demás ocupantes, obligándose, además, a pagar la elevación de renta que la autoridad judicial determine, si así lo pide el arrendador y aquella lo estima justo (nº 2200).

Igualmente, se presume, salvo prueba en contrario, la necesidad de realizar las obras cuando las mismas vienen expresamente **impuestas por decisión administrativa** (nº 2198).

Precisiones **1)** El **plazo** para el ejercicio de la acción resolutoria es el de 15 años, actualmente 5 años, del CC art.1964 (TS 12-7-54; 27-4-68; 12-2-70).

2) Lo dispuesto para esta causa de resolución del arrendamiento ha de ser objeto de una **interpretación restrictiva** (TS 18-10-58).

3) Corresponde al arrendador la **prueba** de que fue el arrendatario o persona que con él conviva quien ha llevado a cabo en la finca arrendada obras que modifican la configuración, correspondiendo a dicho arrendatario, si admite las obras, la justificación de las mismas (TS 8-2-61; 23-12-61; 5-5-62; 23-9-63).

4) No cabe la resolución si las obras no se llevan a cabo en el objeto arrendado como pudiera ser el **soportal** de la finca o los **elementos comunes** de la misma (TS 26-4-63; 26-1-87; 20-12-88, EDJ 9980).

La doctrina ha destacado que son dos los **elementos necesarios** que deben concurrir para la existencia de esta causa de resolución (Fuentes Lojo): **2167**

- por un lado, un elemento de carácter **objetivo**, consistente en la destrucción, deterioro o menoscabo en el objeto arrendado, ocasionando con ello un perjuicio patrimonial a su propietario; y
- por otro, un elemento de tipo **subjetivo**, la existencia de dolo por parte del agente productor de los daños.

Por su parte, la **jurisprudencia** ha tenido ocasión de declarar al respecto lo siguiente:

• Es posible la resolución por **actos dolosos de tipo civil** si existe una voluntad deliberada rebelde al cumplimiento de una obligación de cuya omisión derivan los daños, aunque falte la intención directa de perjudicar, siquiera haya de obrarse con mucha cautela al aplicar la anterior doctrina (TS 9-5-56; 9-3-62; 21-12-63; 31-1-68; 27-4-73).

• Los daños deben ser de una **importación cuantitativa y cualitativa**, no siendo suficiente una condena por daños en un juicio de faltas (AP Barcelona 5-2-57; 30-3-60; AP Burgos 17-6-77; AP Asturias 14-6-78; AP Ciudad Real 1-6-79).

• Opera la resolución si los daños se llevaron a cabo por el **causante del arrendatario** e incluso por un **subarrendatario** sin haberse autorizado el subarriendo. Siquiera en el supuesto del **adquirente por traspaso** deba responder de las transgresiones cometidas por el arrendatario cedente (TS 16-6-62; 5-4-63; 28-4-65).

• No opera la causa resolutoria si los daños fueron causados por **culpa o negligencia** (TS 28-2-49; 3-7-53).

Consentimiento del arrendador No hay duda que si en el contrato de arrendamiento se autoriza la realización de determinadas obras, pueden tanto el arrendatario como sus continuadores legales, al fallecer aquel, si se trata de una vivienda, o su heredero o socio, si se trata de un local de negocio, realizarlas, sin que ello pueda suponer la resolución del contrato. **2170**

Sin embargo, es preciso advertir que si a ese **continuador legal** se le extiende un **nuevo contrato**, pasando por tanto a ser titular arrendaticio, y en este nuevo contrato se prohíbe la realización de obras, aunque sea de un modo general, estas no pueden llevarse a cabo sin la autorización del arrendador, so pena de una posible resolución del arrendamiento (Fuentes Lojo; TS 27-11-62).

En este ámbito la **jurisprudencia** se ha manifestado en el sentido siguiente: **2172**

a) En cuanto a la **extensión en el tiempo** de la autorización:

• Cuando se faculta al arrendatario para realizar las obras tan pronto como esté en condiciones de dejar hacer lo convenido, como ello ha de ocurrir más o menos pronto o más o menos tarde, de no fijarse **fecha determinada**, aquel permiso queda latente a voluntad del arrendatario (TS 4-12-63).

• La autorización de obras concedida en el contrato es válida tanto para el **plazo contractual** como durante el período de **prórroga forzosa** (TS 8-5-61; 21-11-62).

• La autorización para la realización de obras **a perpetuidad** que suele ampararse en la frase «en cualquier tiempo» no puede estimarse en modo alguno con vigencia indefinida y tratándose de un arrendamiento otorgado por un usufructuario por tiempo superior al de la duración de este (TS 22-6-92, EDJ 6690).

b) En cuanto a la **extensión de la autorización** propiamente dicha:

• Es posible someter la autorización de las obras a **limitaciones o condiciones** (TS 21-6-55; 25-2-57; 5-7-60; 21-10-61; 4-5-63; 18-10-66; 24-11-66; 20-1-68; 17-4-89, EDJ 4081).

• Todo arrendamiento lleva consigo una **autorización implícita** para efectuar las obras de adaptación necesarias para adecuar el inmueble arrendaticio a su específico destino, siendo indispensables las obras en razón de la existencia de un incendio anterior, que había dejado el inmueble en pésimas condiciones (TS 18-10-91, EDJ 9860).
• Aun cuando la cláusula autorizando obras sea lo suficientemente amplia para entender que puede el arrendatario llevar a cabo las que estime oportunas, no es suficiente para abrir un **hueco de comunicación** entre el local arrendado y otro distinto (TS 27-9-93, EDJ 8314).
• Ante una cláusula del contrato que decía que se autorizaba al arrendatario a «efectuar las reformas, sin sujeción a plazo, por cuenta y riesgo de la arrendataria, necesarias para adaptar el local a las necesidades del negocio, siempre y cuando no afecten a la seguridad del inmueble o puedan causar daños a terceros», se llega a la conclusión de que procede la resolución del arrendamiento si la sociedad recurrida no se atuvo a la misma y la infringió, rebasando el permiso, habida cuenta de la literalidad de la autorización que lo era para llevar a cabo todas aquellas obras de reforma necesarias para adaptar el local a las necesidades del negocio, es decir, que las obras habrían de tener lugar dentro del **espacio perimetral del local**, pero no extenderlas a la pared divisoria de la finca continua, por la ruptura practicada en la misma para instalar una puerta de comunicación con local ajeno a la disponibilidad dominical del arrendador, que por ello carecía de facultades para otorgar su consentimiento, con lo que las obras, que evidentemente son fijas o de fábrica, o exceden de las de simple reforma y adaptación, por representar una notoria ampliación del espacio objeto del arriendo, al transformar el **tabique divisorio** en elemento de paso, con sustitución de su funcional cierre, que es el que corresponde a su propia estructura constructiva, incluso con proyección a constituir una servidumbre de comunicación, no prevista en el contrato y no autorizada por la propiedad (TS 6-3-97, EDJ 1253).

2176 **c)** En cuanto a la **forma** de la autorización:
• Es posible una **autorización verbal**, incluso en el supuesto de ser sordo (TS 22-12-61; 27-9-66).
• La autorización otorgada por el arrendador anterior surtirá efectos para el que le suceda aunque sea en **documento privado**, pero es preciso que este documento sea reconocido legalmente (TS 14-5-62).
• Es posible el **consentimiento tácito o presunto**, siempre que el arrendatario aporte hechos concluyentes y que la deducción para obtenerlo no sea absurda, ilógica ni inverosímil. No bastando para deducirlo el transcurso del tiempo (TS 30-11-57; 11-11-58; 9-6-61; 18-11-65; 10-2-75).
d) En cuanto a los **sujetos autorizantes**:
• Refiriéndose a un **condueño**, el Tribunal Supremo ha declarado que, si bien se ha declarado por este tribunal que el contrato de arrendamiento es un acto de administración, puede en algunos casos, por la naturaleza de las cosas a que se contraiga, rebasar los límites de la mera administración, como en el caso de autos en que se autorizaron y realizaron obras que alteraron la configuración y estructura del local, por lo que hay que reconocer que los condueños demandados, que solo representaban la mayoría de los dos tercios de la totalidad, no estaban autorizados sin la anuencia de los restantes partícipes (TS 12-5-72).
• Cuando el **condómino coarrendador** al arrendar manifiesta al arrendatario que le concede autorización para la realización de la obra, dicha manifestación libera de responsabilidad a este arrendatario toda vez que no tiene intervención alguna en el régimen interno de la comunidad, ni posibilidad, por tanto, de conocer la forma de adopción de sus acuerdos, por lo que basta con la manifestación del condueño con quien se relacionó normalmente en nombre de la comunidad (TS 19-10-63).
• No es bastante para la realización por el arrendatario de obras que alteran la configuración del local, la autorización concedida por uno o varios comuneros-coarrendadores que ostenten la mayoría de participación en la comunidad, sino que es necesario el **consentimiento unánime de todos los comuneros**. Conocedores los arrendatarios de la situación de condominio a que estaba sometido el local litigioso, no quedaban amparadas frente a los condueños las obras realizadas, modificadoras de la configuración del local arrendado, por la autorización dada por uno de los comuneros, no obstante ser mayoritario, no estando probado en autos que fuese el autorizante el copropietario con quien normalmente se relacionaban aquellos (TS 19-9-97, EDJ 5944).
• Si bien es cierto que, como norma general, el **simple administrador** no puede autorizar la realización de las obras por ser acto de disposición, tratándose en el caso de autos de que la que administra es la propietaria que vive con la usufructuaria contratante y le tiene conferida la gestión de su patrimonio y autorización para hacer obras en las fincas, estimado probado que dio instrucciones de cómo habrán de realizarse las discutidas, no puede dudarse que tales actos inequívocos de consentimiento los realizó en virtud de singular mandato que le

autorizaba para ello y que obligaba a la mandante según el CC art.1627, todo lo que lleva a apreciar que la administradora actuó de acuerdo con sus facultades y que las obras fueron consentidas. El ejercicio de los derechos y el cumplimiento de las obligaciones previstas en la LAU ha de acomodarse a las reglas de la buena fe, y esta última hace presumir, particularmente en materia arrendaticia y según costumbre generalizada, que quien ostentando una representación del propietario concierta un negocio jurídico tan fundamental como el propio contrato de arrendamiento, está expresamente facultado para concretar todo su contenido obligacional cuando en el mismo no se establecen limitaciones, y esto sin exigir al mandatario la justificación documental (TS 23-9-64; 14-12-64; 6-2-71).
• La autorización otorgada por el administrador para proceder al **cambio de destino**, no supone autorización de obras (TS 23-11-74, EDJ 127).
• La autorización de obras hecha por el **usufructuario** además de no constituir causa de resolución del vínculo en debate, afecta a las relaciones con el nudo propietario, pero no a los terceros en el orden civil (TS 10-2-69).

e) En cuanto a las **presunciones** o circunstancias que permiten deducir la existencia de autorización: **2180**
• El hecho de que el propietario tenga su **residencia** en la misma finca en que las obras se llevan a cabo y de la **visita** a las mismas no es suficiente, porque tal actitud no tiene la categoría de un acto propio expresivo de la voluntad de crear ningún derecho, no hay entre esa actitud y el consentimiento que de la misma pretende derivarse el enlace preciso y directo exigido por CC art.1253 para la estimación de las presunciones, ya que si bien los arrendadores pudieron oponerse legalmente a la ejecución de las obras durante las mismas, nada les obligaba a ello, ni tal falta de oposición podía impedirles el ejercicio de las acciones que estimasen procedentes en defensa de su derecho, como la resolución del contrato de arrendamiento que han ejercitado (TS 27-11-52; 5-10-57; 25-1-61; 20-6-62).
• Cabe deducir el consentimiento del hecho de haberse llevado a cabo las **obras a instancia del arrendador** y por obreros que trabajaban a sus órdenes (TS 7-12-64).
• Cabe deducir la autorización si se produjo una extraordinaria **elevación de la renta** (TS 21-3-63; 4-12-63).
• Cabe deducir el consentimiento tácito de **obras realizadas anteriormente** si se autoriza con posterioridad otras de mayor envergadura (TS 28-1-63).
• Si las obras se llevaron a cabo para poder dedicar el local al **destino pactado**, hay que presumir la autorización. Las obras que han de protegerse son exclusivamente aquellas que estén relacionadas con el destino dado al local en el contrato, si este destino consta y aquellas son posibles; pero no las que tengan por objeto, aun relacionadas con dicho destino, un incremento del negocio, una conveniencia del arrendatario o una mayor adaptación de aquel a las circunstancias del momento (TS 18-5-95; 24-6-98, EDJ 7890).

Resolución por obras de cambio de configuración Según tiene declarado la jurisprudencia invariablemente mantenida, debiendo ser referida la **configuración** de un local a la forma del recinto comprendido dentro de las paredes y el techo que limitan ese espacio, tanto en sentido vertical como horizontal, toda alteración en la traza de tales elementos que le dan peculiaridad física entraña modificación en la figura, que se producirá a los efectos de la causa resolutoria 7ª en estudio, con la supresión o desplazamiento de tabiques o la instalación de falsos techos cuando no se trata de componentes meramente superpuestos, sino empotrados en la fábrica del edificio **de modo permanente**; bien entendido que procederá tal causa aunque la pared demolida sin la anuencia del arrendador haya sido construida por el arrendatario (TS 6-12-52; 2-4-54; 29-12-54; 21-5-55; 18-4-56; 25-2-57; 17-10-64; 9-10-65). **2182**
Las obras que determinan el cambio de configuración son de las llamadas **fijas o de fábrica**, **empotradas** en el suelo y techo y practicadas **con materiales de construcción**, sin que por el contrario, quepa aplicar este precepto cuando se trata de obras móviles no adheridas a las paredes, suelo y techo, mediante obras de albañilería (TS 30-1-91).
También se altera la configuración cuando las obras consisten en **modificar otras obras anteriores** realizadas con el consentimiento del arrendador, pues estas quedaron incorporadas al inmueble formando una configuración determinada, que no puede variarse aunque no rebase la distribución primitiva, sin el consentimiento del arrendador (TS 2-4-54; 29-10-59).

Precisiones **1)** No obsta a la existencia de la causa resolutoria la posible **mejora** que por resultado de las obras pueda producirse en el objeto arrendado (TS 6-12-52; 28-5-58; 4-3-72; 2-10-76).
2) El elevado montante económico de las obras (4.500.000 pesetas) evidencia la existencia de modificaciones a las que la jurisprudencia viene atribuyendo la condición de alterar la configuración del inmueble, como es la **elevación de la totalidad del pavimento** en diez centímetros, cambio de ubicación del portón de entrada y construcción de rampas para acceder a los hornos de secado (TS 5-3-96, EDJ 1339).

2184 **Obras que constituyen causa de resolución** La jurisprudencia ha considerado que existe causa de resolución en el caso de que el arrendatario realice, sin consentimiento del arrendador, obras como las siguientes:

• Perforación de un **muro** de una fachada por debajo de la rasante para introducir una tubería de gas (TS 30-10-70).
• La construcción de **altillos o entrepisos** y la sustitución de los mismos (TS 29-5-63; 5-5-60; 6-4-68; 13-2-70).
• La supresión de un **arco principal** (TS 8-6-62; 19-11-64).
• La construcción de un **armario de ladrillo y yeso** (TS 25-1-60).
• La supresión de un **banco de obra** (TS 23-3-66).
• La demolición de una **cabina** (TS 7-11-62; 5-6-64).
• La realización por el arrendatario de obras consistentes en eliminar el **sistema de calefacción** mediante caldera y radiadores de agua caliente, sustituyéndola por radiadores de calor negro, **tabicar** el acceso desde el pasillo, situado frente a la entrada general del piso, hasta la cocina, cerrar dos huecos de paso, abrir uno nuevo y demoler el tabique que separaba el pasillo del cuarto de baño (AP Madrid 22-11-82).
• La colocación de **cobertizos empotrados** en las paredes (TS 3-5-57; 6-11-65; 16-2-68).
• La **supresión de la cocina y fregadero**, que han sido sustituidos por un lavabo, aplicando la salida de humos a desodorización del retrete inmediato, declaración de hecho que no se ataca en el recurso, y esto sentado, se ha de concluir que tales obras alteran sustancialmente la configuración de la cosa arrendada y la instalación de la nueva cocina, sustitución del fregadero y lavadero, más el solado, con baldosas, de comedor, superpuesto al anterior, reduciendo su cubicación- desde el momento que atacan a la configuración de la casa, salen del área de las simples reparaciones que puede efectuar el arrendatario, para entrar en la órbita correspondiente al propietario, consecuencia del dominio que le pertenece (TS 17-5-63; 17-4-64).
• La **variación de un aseo** y el cambio de un tabique (TS 22-3-63), así como el retirar una bañera instalando una ducha (TS 22-2-65). Y el cambio de emplazamiento del WC, haciendo desaparecer los tabiques que delimitaban la primera independencia para unirla a la cocina, construyendo una pequeña habitación en la planta baja para la instalación de un cuarto de aseo (TS 21-11-75).

2186 • El cambio de una **ducha por una bañera**, baño-aseo, el nuevo solado y el consecuente acortamiento de las puertas de las habitaciones y de la entrada (AP Madrid 9-7-93).
• La construcción de un **cuarto de baño** (AP Madrid 31-1-94).
• La construcción de una **chimenea** (TS 6-10-60).
• La construcción de unos **depósitos para almacenamiento de alcohol** (TS 22-3-74).
• Cambio de la **distribución interior** de una vivienda o de un local, con derribo o levantamiento de tabiques (TS 31-1-57; 2-4-64; 26-3-67; 14-2-94, EDJ 1220).
• El derribo o construcción de unas **escaleras** (TS 5-7-60; 26-12-74).
• La transformación o construcción de un **escaparate de obra** y también la sustitución del antiguo con materiales de cristal, madera y basamento de chapa de hierro (TS 7-10-58; 3-7-63; 7-11-68).
• La construcción de unas **estanterías de fábrica de ladrillo**, formando cuerpo con las paredes del local (TS 24-2-65).
• La excavación de un **foso** (TS 7-2-72).
• La construcción de un **forjado** (AP Barcelona 4-5-90).
• El cierre o construcción de una **galería** (TS 29-9-59; 18-4-64).
• La construcción de un **gallinero** de obra en un patio o en una azotea (TS 5-10-56; 11-2-67).
• La apertura de **huecos en paredes** (TS 25-5-71; 6-3-97, EDJ 1253).
• Haber suprimido el **jardín** convirtiéndolo en cosa distinta, arrancando y haciendo desaparecer toda clase de plantaciones y el arbolado, que constituían elementos característicos y fijos del mismo, y cambiando la superficie, sustituyendo la tierra absorbente con un afirmado de arena y cemento, se ha producido un cambio físico y radical en el aspecto exterior de la parte afectada por las obras (TS 24-10-68).
• La **perforación de jácenas** (TS 12-6-69).

2188 • La **separación de uno de los departamentos** o locales integrantes del objeto arrendado, dividiéndolo en dos totalmente independientes y con puertas de acceso distintas -existentes estas con anterioridad- aislamiento y separación total que se ha conseguido, en un tramo, elevando hasta el techo el tabique de madera o mampara que levantó el primitivo arrendatario y clavando el tablex de recrecimiento en el forjado del techo, y, en el tramo restante, haciendo desaparecer una puerta corredera por la que hasta entonces era posible la mutua comunicación de estos dos locales o departamentos, y cerrando el hueco con material fijo, todo lo cual constituye, en principio, la ejecución de unas obras, en el recto sentido de esta

palabra, sin que pueda oponerse con éxito, en primer lugar, que las referidas obras no son de las llamadas de «fábrica», ya que el factor determinante de la aplicación de aquel precepto consiste en el resultado producido por su realización en la configuración del local, puesto que la ley no especifica la naturaleza física de los materiales utilizados para ello, ni, por otro lado, puede estimarse dicha naturaleza como jurídicamente decisiva en el presente caso, ya que el efecto logrado es sustancialmente el mismo, esto es, completar la división de uno de los departamentos, por medio del recrecimiento y prolongación de un tabique, unido de modo fijo a la obra de fábrica del techo y susceptible de continuar levantado por el tiempo indefinido, a fin de disponer de esos dos departamentos totalmente independientes para especular con su subarriendo; en segundo término, que son de «poca monta», toda vez que la trascendencia de unas obras a efectos arrendaticios no se mide por su mayor o menor volumen arquitectónico o crematístico, sino por su incidencia en la configuración esencial del objeto arrendado, y, en tercer lugar, que sea «fácilmente desmontable», dado que, como ya tiene declarado esta sala, la calificación de las obras ha de referirse precisamente al tiempo en que las mismas perduren o subsistan, sin hacerla depender de la posibilidad de reponer la cosa a su primigenio estado ni de la poca o mucha dificultad que entrañe la reposición (TS 18-11-69).
• El cambio de emplazamiento de un **montacargas** de obras (TS 8-4-64; 17-6-69).
• La construcción de un **mostrador de fábrica** (TS 22-2-60; 30-4-65; 28-2-69).
• El **derribo de paredes** (TS 17-1-69).
• **Construcciones fijas en patios** con material de obra (TS 4-3-61; 24-2-62).

• La **elevación sensible del pavimento**, punto concreto que ha sido objeto de numerosas sentencias, y por tanto no puede alegarse ignorancia en el caso de autos en que la elevación fue de 8 a 10 centímetros, siendo menos disculpables estos excesos cuando la ley habilita medios de realizar las obras cuando fueran necesarias para mantener el local en estado de servir al uso convenido si la previa petición de permiso al arrendador se denegara arbitrariamente (TS 17-12-62; 31-10-63; 23-10-65; 20-12-67). **2189**
• La construcción de una **pista de baile** en el terreno no edificado y la transformación de una **pista de motocicletas infantiles** en pista de patinaje (TS 8-4-60; 11-7-90).
• La construcción de un **puente grúa** (TS 17-2-62).
• La apertura, supresión y cierre de **puentes** (TS 5-11-69; 2-10-71).
• La sustitución de **vigas**, la supresión de **frisos, cornisas y tableros** y la instalación de unos **radiadores** (TS 25-3-68).
• El derribo o construcción de **tabiques de mampostería** (TS 24-3-60; 31-5-61; 21-11-95).
• El ensanchamiento de una venta, un **lucernario** o un tragaluz (AT Barcelona 5-11-61).
• El cambio de una **ventana de hierro y madera por una de cristal** disminuyendo sus dimensiones con obras de ladrillo o la apertura (TS 24-5-68; 20-11-73; 17-3-75).
• La colocación de **vigas metálicas** (TS 15-10-71).

Obras que no constituyen causa de resolución La jurisprudencia no ha considerado causa de resolución del arrendamiento la realización por el arrendatario sin consentimiento del arrendador de, entre otras, las siguientes obras: **2190**
• Las obras de **aire acondicionado** con la apertura de un simple hueco (AP Madrid 11-3-92; AP Girona 11-10-93; AP Huelva 25-1-00, EDJ 2290).
• La colocación de **alicatados** como embellecimiento (TS 20-12-88, EDJ 9980).
• El cambio de **baldosas** y el cambio de un **pavimento** (TS 12-12-94, EDJ 9949; AP Barcelona 3-2-03).
• La sustitución de una **caldera de calefacción** a carbón inservible por otra de petróleo (AP Valladolid 31-10-78; AP Ourense 15-6-79).
• La **sustitución de un cielo raso** por el antiguo de madera (TS 17-4-58; 9-10-61; 19-11-64).
• La colocación de una **cabina metálica prefabricada** (AP Barcelona 19-5-77).
• Bajar un techo mediante un **falso techo suspendido** con placas de escayola (TS 27-12-93, EDJ 11893).
• La construcción de un **cobertizo** portátil, provisional y cambiable (TS 14-10-61).

• El simple **cambio de una cocina** de carbón por otra eléctrica o de gas, que haya de colocarse en el lugar que la primera ocupada, no puede constituir cambio de configuración, porque al fin y al cabo este no se produce, ya que todo continuará igual. Y ello aunque las paredes se revistan de azulejos u otro material para mayor limpieza e higiene (TS 30-5-59; 14-12-61; 23-5-62; 28-9-70). **2192**
• La sustitución de **bañeras y demás útiles inservibles para el aseo** e higiene en las habitaciones destinadas a cuartos de baño, necesarias para mantener en constante servicio el negocio de hostelería establecido en el local (TS 14-10-63; 12-12-94, EDJ 9949; AP Barcelona 22-2-02, EDJ 135142).

• El solado del local, el saneamiento de sus humedades, su pintura, el cambio de la llamada «taza turca» por un cuarto de aseo y la reforma de la vieja instalación eléctrica, son **obras de saneamiento y rehabilitación** que favorecen la habitabilidad, la salubridad y la estética del inmueble (AP Madrid 15-11-97).
• Añadir al cuarto de aseo en el que existía solo el inodoro, una mínima **ducha** y un **lavamanos**, no se produce la causa de resolución del arrendamiento, por puras razones de higiene (AP Barcelona 28-3-91).

2193 • La sustitución de **bañeras y demás aparatos sanitarios** en las habitaciones destinadas a cuarto de baño, ni la sustitución de solerías y alicatados, tuberías de desagües e incluso de una **viga** que amenaza derrumbamiento (AP Madrid 9-7-90).
• La abertura de una simple **salida de gases** (AP Barcelona 2-5-82).
• La colocación de una **escalera** para subir a la vivienda por cambio de rasante de la calle (TS 18-10-58).
• La construcción o transformación de un **escaparate** de madera por otro de dimensiones similares (TS 25-1-63).
• La construcción de una **estantería** apoyada o sujeta a la pared (TS 10-3-60; 29-10-73).
• El simple **revestimiento de fachadas** (TS 2-4-74; 30-12-86, EDJ 8748; 20-12-88, EDJ 9980).
• La instalación de un **lavabo** (AP Las Palmas 11-3-59).
• La construcción de un **lavadero**, sin sujeción ni a la pared ni al suelo con obra (AP A Coruña 18-11-69; AP Málaga 11-11-75).
• El empotramiento de **instalación eléctrica** (AP Barcelona 26-11-58; AP Sta. Cruz de Tenerife 5-6-82).
• La construcción de un **tabique divisorio en forma de mampara de madera** sujeta a un soporte mediante tornillo no altera la arquitectura ni los elementos físicos del local ni del edificio por no formar parte del inmueble al no estar adherido de manera fija y ser susceptible de desmontar y trasladar sin menoscabo de la cosa inmueble a que está unido (TS 8-11-58; 20-2-59; 10-2-62; 28-6-74; 30-1-91).
• Sustitución de **pavimentos** (TS 10-2-60; 9-3-62; 6-10-62).

2194 • Las obras consistentes en el cambio de los **rótulos exteriores** del edificio, la instalación de unos **llavines en montacargas** para anulación de la llamada exterior de planta baja y mandato anterior a planta baja, y una nueva distribución de las plantas del edificio ni aisladamente ni en su conjunto suponen una alteración esencial de los elementos del edificio modificando su configuración (AP Madrid 21-5-92).
• La sustitución de unos **sanitarios en mal estado**, sin cambiar su emplazamiento (TS 22-1-60; 25-6-60).
• La instalación de un plato de ducha, un lavamanos y otros sanitarios en un piso que tan solo dispone de inodoro constituye una obra de mejora necesaria según el concepto o criterio arrendaticio y su realización corresponderá, en su caso, al arrendatario quien al justificar su convivencia para la **adecuación a la cultura higiénica actual**, no podrá ver extinguido o resuelto el contrato de arriendo por obras inconsentidas (AP Barcelona 12-7-95).

2196 **Resolución por obras que debiliten la naturaleza y resistencia de los materiales empleados en la construcción** Si bien bajo la LAU art.114.7 se hallan unidas como causa resolutoria de la relación arrendaticia la ejecución de obras que modifiquen la **configuración** de la vivienda y las que debiliten la **naturaleza y resistencia de los materiales** empleados en la construcción, sin embargo, su sentido y alcance son distintos, pues mientras las primeras implican la disposición de las partes que la constituyen y la de su peculiar figura, modificándose cuando se varía de una forma esencial su distribución, forma y aspecto peculiar, el debilitamiento significa una disminución de la seguridad, duración y estabilidad que le dotó el propietario del inmueble. No exige la norma que se comprometa necesariamente su **sustentación**, porque de lo contrario se llegaría a la conclusión de que el arrendatario, por su única voluntad, podría reducir los elementos de sustentación al mínimo indispensable para sostener, contra la voluntad del propietario que, buscando mayor seguridad, duración o posibilidad de aumentar la construcción o el peso, por distinto destino, quiso, a su costa, dar más resistencia que la meramente necesaria para la estabilidad de la construcción (TS 30-6-51).

Precisiones **1)** Podría operar esta causa resolutoria, en el caso de **demolición de parte de una edificación para su reconstrucción** ya que implica tanto el cambio de configuración como un atentado a la naturaleza de los materiales empleados en la construcción, toda vez que al derruir lo existente para levantar otro nuevo, ha desaparecido, aunque temporalmente, sin que exonere o libere de la responsabilidad y sanción legal el hecho de la inmediata reposición al estado anterior, porque la trasgresión o acto lesivo ha sido cometida (TS 14-10-67).
2) La **prueba pericial** es determinante para entender cuándo se ha producido el debilitamiento de la naturaleza y resistencia. Entre la casuística propia de esta materia encontramos sentencias en

las que se afirma que es **obra que debilita la resistencia** de los materiales, la construcción de unas jardineras que ocasionan humedades en las paredes, perjudicando su solidez y contribuyendo a la putrefacción de las cabezas de viga de madera empotradas en la pared (AP Barcelona 16-11-62).

Resolución por obras impuestas por decisión administrativa en cumplimiento de disposiciones legales En general, este tipo de obras tienen la finalidad de llevar a cabo la ejecución de **reparaciones necesarias** a fin de conservar la vivienda o el local en estado de servir al uso convenido por lo que encajan en LAU/64 art.115 (nº 2260). 2198

Si no tienen esta finalidad y se pretende con ellas llevar a cabo **mejoras u otro tipo de obras** que escapen de las reparaciones, pueden ser causa de resolución del arrendamiento a pesar de la decisión administrativa autorizándolas, y siempre que no se haya acudido a la autoridad judicial en orden a su autorización (nº 2200). Ello con la **excepción**, naturalmente, de que las obras ordenadas sean imprescindibles para evitar un daño.

Por tanto, puede afirmarse, siguiendo la jurisprudencia, que si las obras se deben a una **comunicación** de la autoridad gubernativa, cuya desobediencia si el arrendado no las acatase lleva consigo el cierre del local arrendado, no son causa de resolución (TS 16-5-65). Y tampoco cuando las obras se realizan a **requerimiento** de la autoridad gubernativa como puede ser en el caso del desplome de una pared que amenazaba ruina o la modificación de la cubierta del edificio (TS 14-3-66; 24-5-68).

Obras autorizadas por la autoridad judicial Cuando el inquilino o arrendatario se propongan realizar obras en la vivienda o el local arrendados para **mejora de sus instalaciones o servicios**, adaptándolos a sus necesidades o a las de su negocio, y no obtenga el consentimiento del arrendador, puede solicitar autorización judicial para llevarlas a cabo, siempre que pruebe que las obras proyectadas: 2200

- no debilitan la naturaleza y resistencia de los materiales empleados en la construcción de la finca; y
- no afectarán, una vez realizadas, al uso de esta por los demás ocupantes.

Además, en este caso, el arrendatario se obliga a pagar la **elevación de renta** que la autoridad judicial determine, si así lo pide el arrendador y aquella lo estima justo (nº 2210).

En este caso, las **obras realizadas** quedan a beneficio de la finca. El arrendatario está obligado, respecto de las que no hayan supuesto mejora del inmueble, a reponer el inmueble al estado anterior si así lo exige el arrendador a la terminación del arriendo por cualquier causa, debiendo afianzar el cumplimiento de esta obligación, si también lo exige el arrendador, en la forma y cuantía señaladas por la autoridad judicial.

Salvo prueba en contrario, se presume la **necesidad** de realizar las obras cuando las mismas vengan expresamente impuestas por decisión administrativa.

Para conocer qué clase de **obras pueden autorizarse** por el juez cuando no concurra el consentimiento del arrendador, la jurisprudencia ha señalado que no es la inexistencia de **necesidad** lo que estereotipará el marco que tipifique la posibilidad de una autorización judicial para la realización de unas obras, habida cuenta que en LAU/64 art.114.7ª para nada se alude a tal concepto, sino al establecimiento de unas instalaciones o servicios contemplados a la luz de la norma como conjunto de elementos, ajenos a la estructura física y propia del inmueble, que incrustados o simplemente adheridos al cuerpo de la edificación vengan a facilitar el **desenvolvimiento del objeto negocial** o industrial si de un local de negocio se trata o la **finalidad de habitación** propia de un habitáculo. Ello con independencia de si en la vivienda ya existe esa instalación si se constata su insuficiencia (por ejemplo, instalada calefacción individual y admitida pericialmente la insuficiencia de la temperatura que proporciona se pretende reforzarla, complementarla o similar mediante un nuevo sistema de calefacción que satisfaga las necesidades sentidas), merece ser atendida la solicitud, otorgando la autorización suplicada siempre que se cumpla con los demás presupuestos que condicionan el permiso judicial (AP Cáceres 21-12-68). 2202

La **facultad de solicitar** de la autoridad judicial la autorización para la realización de obras no consentidas por el arrendador, que se reconoce al inquilino, no puede ser ilimitada, de tal manera que invada las facultades otorgadas a la propiedad del piso sin ponderación adecuada, cuando el inquilino viene obligado a devolver al fin del arrendamiento la cosa locada, prácticamente, tal como la recibió y, por tanto, conservándola durante el mismo en perfectas condiciones, por lo que, tal como resulta de la norma en que se apoya la pretensión, hay que entender circunscrita la iniciativa del inquilino a aquellos supuestos que impliquen una situación o estado que hacen difícil e incómoda la utilización de la vivienda en general o de los servicios en particular, de acuerdo con el normal disfrute de todo arrendamiento (AP Barcelona 9-6-82).

Precisiones La previsión legal, se remite a los supuestos concretos en que la sustitución de servicios o cambios de materiales o instalaciones por otros más aptos se haga precisa, tanto por razón de su modernidad como de su utilidad o servicio más ventajoso, compaginando la escueta situación de necesidad con la propia de mejora, de acuerdo con **pautas lógicas**, sin perder de vista que tampoco se puede dar al inquilino una patente para que, sobre un arrendamiento de casa antigua con renta reducida, pueda abrir una grave fisura en el **equilibrio de prestaciones** base de todo contrato, de manera que por medio de una autorización generosa de obras, pueda constituir sobre aquella base de arrendamiento modesto el hacerse con una vivienda «aceptable» o modernizada, porque así, se perjudicaría notablemente el respetable interés del arrendador, pese a las mejoras introducidas de modo indiscriminado de su inquilino que se mantendría durante muchos años con una renta, aunque algo incrementada, desproporcionada con el arrendamiento enriquecido (AP Barcelona 9-6-82).

2204 Los **requisitos para obtener la autorización judicial** para la realización de obras por el arrendatario son los siguientes:

1) Que se trate de una **mejora** de las instalaciones o de los servicios del local o de la vivienda, en el sentido indicado en nº 2202.

2) Que no se obtenga el **consentimiento** previo del arrendador para su realización. Este requisito constituye un presupuesto previo a la presentación de la demanda, ya que de otra forma no se concebiría su inclusión en el precepto. Lo importante es que, de una u otra forma, incluso durante el juicio, se pruebe que previamente a la demanda se intentó obtenerlo. Algún autor, cree que debe tener la fehaciencia necesaria y amplitud de datos precisos a fin de que el arrendador pueda apreciar las circunstancias que la ley fija, y que, con pleno conocimiento, deniegue fehacientemente su consentimiento (Ogayar Ayllón).

Sin embargo, resulta más acertado entender que puede acreditarse la oposición del arrendador por cualquier **medio probatorio**, máxime cuando ha de ser emplazado como demandado en el proceso promovido para la obtención de la autorización judicial (Soto Nieto).

Para evitar dudas, sería recomendable intentar una **conciliación previa**.

En cualquier caso, no es suficiente pedir que se autorice la realización de unas obras en general, sino precisamente aquellas concretas que se vayan a solicitar después de la demanda posterior.

Tampoco parece necesario que en esa previa petición del consentimiento al arrendador, sea preciso acompañar **dictamen pericial** alguno de que las obras no debilitarán la naturaleza y resistencia de los materiales empleados en la construcción de la finca, aunque no estaría de más hacerlo, sobre todo pudiendo existir duda sobre ello. Ese dictamen puede servir para acompañar como documento al escrito de demanda.

3) Que las obras proyectadas **no debiliten la naturaleza y resistencia de los materiales** empleados en la construcción de la finca. Al respecto, la jurisprudencia ha declarado que:

• No cabe la autorización judicial si las obras consisten en la demolición de mochones o muros de carga, aunque tal obra sea factible y hacedera desde el punto de vista arquitectónico, por cuanto implicaría el ejercicio de facultades claramente propias y exclusivas del titular dominical, cuya esfera no debe ser invadida (AP Albacete 11-2-74).

• La autorización judicial no puede llegar a más que a lo que en derecho podría imponérsele al arrendador, quien en modo alguno puede ser lesionado en el derecho de propiedad que al mismo asiste, compeliéndole a soportar unas obras que traspasen o excedan del límite natural del derecho de uso del local que al arrendatario corresponde, como lo serían las obras que de algún modo ataquen la solidez y fortaleza de la construcción (AP Burgos 21-11-76).

• La autorización judicial debe concederse con carácter más bien restrictivo, solo para aquellas obras dirigidas a dotar a la vivienda de instalaciones o servicios -o a mejorar los ya existentes-, que sean aconsejables y convenientes en orden a obtener un mejor aprovechamiento de ella -el aprovechamiento que satisfaga el derecho a disfrutar de una vivienda digna y adecuada (Const art.47)-, siempre de acuerdo con el rango y categoría de la finca arrendada, previa ponderación de las razones que mueven al inquilino y cuando conste que la oposición del arrendador a la ejecución de las obras sea injustificada (AP Baleares 14-10-93).

2208 **4)** Que también resulte probado que las obras, una vez realizadas, no afectarán al **uso de la finca por los demás ocupantes**. Es difícil señalar por anticipado cuando ese uso puede quedar afectado, pero se comprende fácilmente que ocurrirá en supuestos como los siguientes que citamos a modo de ejemplo:

- si se intenta mejorar el poder calorífico de los radiadores, existiendo calefacción central, ya que disminuirá el de los demás;
- si se pretende instalar un cuarto de baño o una ducha en una vivienda, de forma que por su sistema de construcción las humedades sean frecuentes en el piso inferior; etc.

5) Que el arrendatario se obligue a pagar la **elevación de renta** que la autoridad judicial determine. El cumplimiento de este requisito supone que en la sentencia se fije la elevación. Esta cuestión se estudia más detenidamente en el nº 2210.

6) Que la autoridad judicial conceda la **autorización** para la realización de esas obras. El **procedimiento** a seguir es el previsto en LEC art.249. Ha de tenerse en cuenta, sin embargo:

• Que en la **contestación a la demanda**, el arrendador ha de pedir la elevación de renta que estime justa, y, en su caso el afianzamiento de reponer el inmueble a su estado anterior.

• Que el juez en la sentencia ha de autorizar o no las obras, pudiendo imponer **limitaciones** a esa autorización o a la clase de las que se vayan a realizar.

• Que al mismo tiempo el juez en la sentencia ha de determinar, si lo estima justo, una **elevación en el alquiler**.

• Que el principio del vencimiento objetivo en materia de **costas** es de difícil aplicación, puesto que en la mayoría de los casos, la autorización de las obras irá acompañada de una elevación de renta, con lo que vienen a estimarse las peticiones de ambas partes.

Uno de los requisitos para que la autorización judicial se conceda consiste en que el arrendatario se obligue a pagar la **elevación de renta** que la autoridad judicial determine, si así lo pide el arrendador y aquella lo estima justo. **2210**

En cuanto a la **cuantía** de la elevación, según Fuentes Lojo, al no establecerse legalmente las bases de la misma, en principio queda al prudente arbitrio del juez, teniendo en cuenta:

- la clase de obras autorizadas;
- su cuantía;
- la trascendencia que hayan de tener en la vida del inmueble;
- las ventajas económicas que hayan de proporcionar al arrendatario;
- las variaciones de configuración que se produzcan; etc.

Es indudable que no cabe aplicar las mismas reglas por autorizar unas obras en una vivienda que en un local de negocio, ni tampoco según supongan el cumplimiento de los más elementales servicios higiénicos o una mejora, con el fin de lograr una mayor productividad o una mejor clasificación administrativa del negocio. Debe advertirse que, incluso, puede la autoridad judicial no estimar justa **ninguna elevación**, puesto que así se prevé en la propia norma comentada.

El juez, por tanto, ha de moverse con absoluta **libertad** en este sentido, partiendo, eso sí, de las pruebas que se practiquen, en especial del reconocimiento judicial y del informe de los peritos, pero haciendo uso en todo caso del principio de **equidad**. Para eso el legislador utiliza la frase «si lo estima justo».

El **incremento**, en su caso, ha de buscarse en (AP Madrid 7-3-91):

- el aumento del nivel de prestigio y de autoridad que producen las obras autorizadas (AP Bizkaia 20-11-79);
- el aumento de presentación, funcionalidad e higiene con el consiguiente y probable volumen del negocio (AP Barcelona 17-3-77); y, en definitiva,
- la clase de las obras realizadas, su cuantía, la trascendencia que hayan de tener en la vida del inmueble, las ventajas económicas que puedan producir al arrendatario y la importancia de las obras (AP Barcelona 24-11-70; AP Lugo 9-7-71; AP Lleida 23-10-73; AP A Coruña 15-10-76; AP Gipuzkoa 31-5-77).

Precisiones **1)** Ha de calcularse la elevación partiendo del posible **beneficio** que el arrendatario va a obtener con las mejoras, el que va a obtener el arrendador al quedar estas en beneficio de la finca y las rentas de locales cercanos similares (AP Asturias 4-3-03, EDJ 74787).

2) El **exceso** del arrendatario al llevar a cabo las obras que el juez autorizó constituye causa de resolución del arrendamiento (TS 4-12-70).

Actividades inmorales, peligrosas, incómodas o insalubres (LAU/64 art.114.8ª) El contrato de arrendamiento urbano, lo sea de vivienda o de local de negocio, puede resolverse a instancia del arrendador cuando en el interior de la vivienda o local de negocio tengan lugar actividades que, de modo notorio, resulten inmorales, peligrosas, incómodas o insalubres. **2215**

La **notoriedad** se refiere a la inmoralidad, peligrosidad, etc., y basta que sea intrínseca, aunque sea excesiva, sabida o conocida de los pocos arrendatarios o inquilinos que constituyen mayoría, si lo solicitan del arrendador, o de alguno de aquellos o de este únicamente con tal de que, en todo caso, se pruebe.

Tiene **legitimación** para ejercitar esta acción el arrendador a su iniciativa o a la de cualquiera de los inquilinos o arrendatarios.

La acción es de **ejercicio obligatorio** para el arrendador cuando lo soliciten la mayoría de los inquilinos o arrendatarios que vivan en la finca, y si se desestima y el arrendador es condenado en costas, le asiste el derecho de repetir contra aquellos inquilinos o arrendatarios que le hubiesen requerido para el ejercicio de dicha acción.

La doctrina admite la posibilidad de que los arrendatarios que solicitaron al arrendador que ejercitase la acción de resolución sin que lo haga, presenten demanda contra el mismo para que el juez le obligue a hacerlo.

Precisiones 1) No es posible ejercitar esta causa de resolución si el arrendador, al concertar el arrendamiento, tenía **conocimiento** de la inmoralidad, la peligrosidad o la insalubridad (TS 4-4-52; 6-7-55; 13-2-56; 28-2-61; 22-10-62).

2) Esta causa de resolución tiene un marcado **carácter social**, porque con ella no se trata de alcanzar los fines particulares del propietario arrendador o de satisfacer su interés privativo; antes bien, lo que la ley toma en consideración es el respeto a las **normas usuales de convivencia**, cuando estas quedan alteradas por las actividades que se desarrollan en el local arrendado, y así, la jurisprudencia ha entendido que actividad notoriamente incómoda significa que, su funcionamiento, en un orden de convivencia, excede y perturba aquel régimen en estado de hecho que es usual y corriente en las relaciones sociales, sin que influyan en la interpretación de la norma circunstancias personales de los afectados (AT Valencia 6-6-88).

3) Cuando el precepto legal habla de las actividades de que las actividades que originen la causa de resolución tengan lugar en el interior de la vivienda o local de negocio, hay que entender que se refiere a todo el ámbito del inmueble, es decir, a todo lo comprendido en el **contorno o perímetro del espacio arrendado**, tanto en las piezas principales como accesorias, a las que puede tener acceso en virtud del contrato el arrendatario, como ocurre en el caso de autos con el patio de uso común, y en donde puede proyectar sus actividades, como así lo ha hecho el demandado, de manera abusiva (TS 30-4-66).

4) No procede la resolución si la actividad se lleva a cabo **fuera del objeto arrendado** (TS 20-12-98).

2217 **Actividades realizadas en un edificio en régimen de propiedad horizontal** (LPH art.7.2) Al propietario y al ocupante del piso o local no les está permitido desarrollar en él o en el resto del inmueble **actividades prohibidas** en los estatutos, que resulten **dañosas** para la finca o que contravengan las disposiciones generales sobre actividades molestas, insalubres, nocivas, peligrosas o ilícitas.

El presidente de la comunidad, a iniciativa propia o de cualquiera de los propietarios u ocupantes, debe efectuar, a quien realice las actividades prohibidas, **requerimiento** para la inmediata cesación de las mismas, bajo apercibimiento de iniciar las acciones judiciales procedentes.

Si el infractor persiste en su conducta, el presidente, previa autorización de la junta de propietarios, debidamente convocada al efecto, puede entablar contra él **acción de cesación** que, en lo no previsto expresamente en el precepto señalado, se sustanciará a través del juicio ordinario.

Presentada la **demanda**, acompañada de la acreditación del requerimiento fehaciente al infractor y de la certificación del acuerdo adoptado por la junta de propietarios, el juez puede acordar con carácter cautelar la cesación inmediata de la actividad prohibida, bajo apercibimiento de incurrir en delito de desobediencia. También puede adoptar cuantas **medidas cautelares** sean precisas para asegurar la efectividad de la **orden de cesación**. La demanda ha de dirigirse contra el propietario y, en su caso, contra el ocupante de la vivienda o local.

Si la **sentencia** es estimatoria, puede disponer, además de la cesación definitiva de la actividad prohibida y la indemnización de daños y perjuicios que proceda, la privación del derecho al uso de la vivienda o local por tiempo no superior a 3 años, en función de la gravedad de la infracción y de los perjuicios ocasionados a la comunidad.

Si el infractor no es el propietario, la sentencia puede declarar la **extinción definitiva** de todos sus derechos relativos a la vivienda o local, así como su inmediato **lanzamiento**.

2219 En **Cataluña**, los propietarios y ocupantes de los elementos privativos no pueden realizar en los mismos **actividades contrarias a la convivencia normal** en la comunidad o que dañen o hagan peligrar el edificio. Tampoco pueden realizar las actividades que los estatutos o la normativa urbanística y de usos del sector donde se halla el edificio excluyen o prohíben de forma expresa (CCC art.553-40).

Si se realizan tales actividades, el presidente de la comunidad, por iniciativa propia o a petición de una cuarta parte de los propietarios, debe **requerir fehacientemente** a quien las realice que deje de realizarlas.

Si la persona requerida persiste en su actividad, la junta puede interponer contra los propietarios y ocupantes del elemento común la **acción de cesación**, que debe tramitarse de acuerdo con las normas del juicio ordinario.

Una vez presentada la **demanda**, que debe acompañarse del requerimiento y de la certificación del acuerdo de la junta de propietarios, la autoridad judicial debe adoptar las **medidas cautelares** que considere convenientes, entre las cuales, la cesación inmediata de la actividad prohibida.

La comunidad tiene derecho a la **indemnización** por los perjuicios que se le causen y, si las actividades prohibidas continúan, a instar judicialmente a la **privación del uso y goce** del elemento privativo por un periodo que no puede exceder de 2 años y, si procede, a la extinción del contrato de arrendamiento o de cualquier otro que atribuya a los ocupantes un derecho sobre el elemento privativo.

Actividades inmorales La actividad inmoral es causa de resolución, no porque sea conocida del público, sino porque sea intrínsecamente tal, aun cuando, naturalmente, la **interpretación** del concepto haya de guiarse por el sentido que le dé la generalidad de las gentes, de forma que puede darse el caso de que un hecho en una determinada situación, lugar, sociedad, etc., sea inmoral y produzca escándalo y, sin embargo, no lo sea en otra u otras. 2221

Entrando en el estudio de **supuestos concretos**, la jurisprudencia ha considerado que entran en el concepto de actividades inmorales:

- el ejercicio clandestino del tráfico sexual (TS 25-1-57; 23-11-65; 13-4-71);
- la dedicación del inquilino a la falsificación de billetes (TS 17-4-61).

Precisiones **1)** Es necesario que los actos sean inmorales por sí mismos, no siendo preciso que sean públicos o sabidos de todos (TS 17-1-59).

2) La notoriedad del acto inmoral se refiere a la esencia o naturaleza de los actos inmorales que realiza el inquilino, bastando por ello la prueba de su realización para que proceda la resolución, siendo intrascendentes a tal fin, las circunstancias de que sean o no de dominio público; por lo que, no siendo tampoco el adjetivo «notoriamente» comprensivo de peligroso, tampoco las actividades que habla la ley sinónimas a dedicación habitual, permanente y continuada, de una persona al fin inmoral denunciado (TS 2-2-55; 9-6-59).

3) No es necesario que la actividad inmoral tenga precisamente carácter delictivo. Y, en cualquier caso, no es suficiente una condena penal para que el tribunal civil estime este motivo de resolución (AP Madrid 23-6-60).

Actividades peligrosas, incómodas o insalubres en general La **determinación** de si una actividad es molesta, incómoda, insalubre o peligrosa corresponde a los tribunales de instancia en cada caso, sin que sea preciso para la resolución contractual que tales circunstancias concurran conjuntamente, y sin que el cumplimiento de formalidades administrativas para una instalación pueda paliar la prohibición en cuanto afecte al orden civil (TS 16-7-93, EDJ 7224). 2225

En esta materia ha de tenerse en cuenta la normativa autonómica en materia de **actividades clasificadas** y el derogado Reglamento de actividades molestas, insalubres, nocivas y peligrosas (D 2414/1961), que mantiene su vigencia en aquellas comunidades y ciudades autónomas que no tengan normativa aprobada en la materia (L 34/2007 disp.derog.única).

Precisiones Se considera **notoriamente incómodo** lo que perturba aquello que es corriente en las relaciones sociales, ocurriendo en el caso que la sentencia recurrida no solo declara esa incomodidad, sino también que la actividad desarrollada en el local resulta **insalubre**, por lo que la comunidad de propietarios al impedir, en uso de su derecho, que para paliar tales circunstancias se realicen obras que afecten a elementos comunes ni actúa subjetivamente de forma inmoral o antisocial, pues no tiene intención de perjudicar, sino de protegerse con un fin serio y legítimo, ni, objetivamente, actúa con exceso o anormalidad, de manera que al reconocerse en la Constitución el derecho de propiedad como subjetivo e individual, aunque con función social, las normas que la amparan no pueden entenderse anticonstitucionales, aunque sean anteriores a la ley suprema de nuevo ordenamiento jurídico que en modo alguno impone el sacrificio de una comunidad de propietarios ante el interés particular de una sociedad anónima, como tampoco permite que un copropietario comunero permanezca en inseguridad jurídica constante para su derecho, que puede verse alterado por la conveniencia de los demás (TS 16-7-93, EDJ 7224).

Actividades peligrosas Para determinar si una actividad entra en el concepto de peligrosa, es erróneo tener en cuenta si se está realizando con **autorización administrativa** y si se han tomado todas las precauciones técnicas tendentes a evitar consecuencias dañosas. Esta sujeción del orden civil al administrativo, carece de toda razón lógico-jurídica, ya que la Administración se limita a tomar medidas preventivas en aquellas actividades en que por sí o por los elementos en su desarrollo, representan un riesgo, pero ello no quiere decir que la licencia administrativa depure al negocio del carácter de peligrosidad, pues dejará de serlo cuando las prevenciones técnicas hayan salvado el riesgo, es decir, que para su conceptuación hay que estar al negocio en sí, independiente de las formalidades administrativas (TS 11-2-57; 29-1-71). 2227

Precisiones La **jurisprudencia** ha declarado que constituyen actividades peligrosas:

- el almacenamiento de petróleo o gasolina (TS 23-5-69);
- el almacenamiento de carburo de calcio en cantidades importantes (TS 18-10-52);
- el almacenamiento de materia plásticas (TS 14-10-57);
- el almacenamiento de paja (TS 7-11-58; 5-2-54);
- el almacenamiento de barnices (TS 29-9-62); o
- el almacenamiento de butano (TS 29-9-62).

Actividades incómodas En términos generales no han de ser calificados de incómodos, aquellos supuestos normalmente tolerables, entendiendo por **tolerabilidad** la física media común, que ha de determinarse en relación con las razones de necesidad y del uso normal de 2230 la propiedad, sin olvidar las consideraciones particulares de lugar y de tiempo. Por eso, hoy día se consideran tolerables y no incómodos los ruidos originados por los aparatos receptores de radio, sin perjuicio de otras medidas gubernativas, etc. Asimismo, pueden considerarse inadmisibles las fiestas de bailes, dadas con cierta frecuencia, máxime si la construcción de los edificios y la situación relativa de los cuartos vecinos son de tal naturaleza que las molestias hayan de resultar inevitables y superiores al límite de tolerabilidad social. El dar fiestas de baile no responde ni a las necesidades de la sociedad humana ni a los fines de un departamento de habitación.

Por otro lado, la **resolución del contrato** por causa de notoria incomodidad no procede en los siguientes casos:
- cuando los locales estén arrendados con destino a oficinas o servicios del Estado, provincia o municipio, Iglesia católica o corporaciones de Derecho público;
- cuando se destinen a colegios o escuelas públicas o particulares, siempre que estas últimas se hallen constituidas y desenvuelvan su labor, ajustándose a las disposiciones vigentes;
- cuando se dediquen a consultorios públicos, casas de socorro e instituciones piadosas o benéficas de cualquier clase que fueran.

Precisiones La clasificación de una **industria** como incómoda ha de hacerse no de un modo apriorístico y solo por las características que ella tenga, sino en el momento de ser otorgada y a consecuencia de las condiciones resultantes de aplicar cuantos medios sean llevados a efecto a fin de evitar la incomodidad, de manera que, a tenor de esta norma primordial, cabe que una industria, de suyo incómoda, llegue a no serlo, con la consiguiente posibilidad legal de ser autorizada su instalación, siempre que esta se haya realizado con todos los procedimientos que la **técnica constructiva e industrial** ofrecen a fin de suprimir las causas determinantes de la incomodidad (TS 25-6-58).

2232 Haciendo referencia a **supuestos concretos**, se han considerado por los tribunales **actividades incómodas**:
• Los ruidos producidos por maquinarias (TS 25-5-61; 17-12-64).
• Almacenamiento de pieles sin curtir que origina molestias (TS 18-1-61).
• Escándalos frecuentes (AP Asturias 11-12-56).
• Insultos, amenazas y agresiones personales, haciendo incómoda la convivencia con otros inquilinos.
• La tenencia de cinco perros en un piso de reducidas dimensiones (AP Madrid 29-4-59; 4-7-63; AP Asturias 2-5-78).
• La tenencia de ocho o diez gatos en el piso con gran cantidad de excrementos y malos y fuertes olores que afectan a los demás vecinos de la finca (AP Barcelona 3-12-96; AP Navarra 21-2-00, EDJ 120034).
• Reuniones ruidosas asiduas a altas horas de la noche, perjudicando el descanso de los convecinos (AP Málaga 9-6-76).
• Hornos y chimeneas que producen excesivo calor (TS 19-6-59; 28-9-93, EDJ 8381).
• Ruidos producidos por bares y cafeterías sobrepasando los decibelios establecidos legalmente.
• Arrojar objetos al patio común, pronunciar palabras soeces y soltar al perro para hacer sus necesidades en las escaleras (AP Barcelona 29-10-65).
• Tener un consultorio de traumatología en el local con continuas llegadas de accidentados e invasión de las escaleras y del ascensor de la finca (TS 18-6-60).

2234 **Actividades insalubres** Para la doctrina es insalubre lo que es contrario a lo saludable, o sea, lo contrario a lo que sirve para conservar o restablecer la salud o es provecho para su fin. Como **supuestos** conocidos en la jurisprudencia de actividades insalubres cabe citar:
a) Las exhalaciones nocivas derivadas del ejercicio de la industria de evacuación de pozos negros.
b) La producción de ruidos, sacudidas, vapores, gases, humo, calor, etc.
c) Los olores nocivos.
d) El polvo nocivo, aunque se ignore su peligrosidad.
e) El anhídrido sulfuroso exhalado por los hornos de fusión.
f) Las emanaciones derivadas del carburo.

Precisiones Es insalubre dedicarse a la **crianza de ganado de cerdo** con sus malos olores (TS 1-12-69).

2240 **Expropiación forzosa** (LAU/64 art.114.9ª) Cabe la resolución del contrato de arrendamiento urbano, lo sea de vivienda o de local de negocio, **a instancia del arrendador** cuando tenga lugar la expropiación forzosa del inmueble, dispuesta por autoridad competente, según resolución que no dé lugar a ulterior recurso.

En este caso, la Administración puede proceder al lanzamiento **por la vía administrativa**, previa la indemnización a los inquilinos o arrendatarios de la finca expropiada, que nunca puede

ser inferior a las dispuestas en nº 1687, declarándolas y haciéndolas efectivas por dicha vía administrativa. El lanzamiento en estos casos ha de tener lugar previo apercibimiento por plazo que nunca puede ser inferior al de 2 meses.
La aplicación de esta causa de resolución no entraña la obligación de **reserva** a los inquilinos de piso o local alguno ni **derecho de retorno** al inquilino como ocurre con el supuesto de derribo para la nueva edificación al que se ha hecho referencia en los nº 1691 s. (TS 17-5-54; 2-1-56).
Para determinar la **indemnización** que ha de abonarse a los arrendatarios, nos remitimos a lo indicado en nº 1687.

Precisiones **1)** En orden a la expropiación **en general**, hay que estar a la L 16-12-1954 y su Reglamento de 1957; y cuando se trate de una expropiación **de tipo urbanístico** hay que estar a la legislación estatal y de las comunidades autónomas.
2) La expropiación no tiene por qué referirse a la **totalidad de la finca** (TS 17-5-54; 21-6-66).

Declaración de ruina de la finca (LAU/64 art.114.10ª) Cabe la resolución a instancia del arrendador del contrato de arrendamiento urbano, lo sea de vivienda o de local de negocio, cuando tenga lugar la declaración de ruina de la finca, acordada por resolución que no dé lugar a recurso y en expediente contradictorio tramitado ante la autoridad municipal, en el cual hayan sido citados al tiempo de su iniciación todos los inquilinos y arrendatarios. 2245
Cuando se declare el **peligro de ruina inminente** por la autoridad competente, aunque la resolución no sea firme, la autoridad gubernativa puede disponer que la finca sea desalojada.
Para proceder al lanzamiento en caso de ruina inminente, es preciso que la Administración siga el **desahucio administrativo**.
La declaración de ruina es de la **competencia** exclusiva de la Administración y no de la autoridad judicial (TS 12-2-64; 28-11-81).
La jurisprudencia señala como **requisitos** para que esta causa pueda prosperar:
1) Que preceda una **resolución administrativa** por la que se declare que la finca se halla en estado de ruina. No es necesario que:
- se declare que la ruina es inminente, bastando que sea incipiente (TS 7-4-48; 19-12-52);
- la declaración de ruina afecte a toda la finca (TS 6-12-55).

Es indispensable, en cambio, que preceda la resolución administrativa de declaración de ruina.
2) Que la declaración haya sido hecha por la **autoridad municipal**, que es la única competente (TS 7-7-48).
3) Que la referida declaración haya sido realizada en **expediente contradictorio**, en el que hayan sido citados, al tiempo de su iniciación, todos los inquilinos y arrendatarios afectados (TS 7-4-48; 8-5-54).
4) Que la resolución municipal no dé lugar a **recurso**.

Precisiones **1)** Para precisar cuándo una finca está en ruina hay que estar a la **legislación urbanística** estatal o, en su caso, de la comunidad autónoma correspondiente, siquiera sea precisa siempre la instrucción del correspondiente expediente administrativo, con notificación de este a los arrendatarios, salvo que la ruina sea inminente y no permita dilaciones (TS 21-12-57; 10-2-58).
2) La declaración de ruina ha de afectar a la **vivienda o local de negocio arrendado** (TS 4-2-63).
3) El ejercicio de esta causa de resolución puede efectuarse por el **usufructuario** sin la conformidad del nudo propietario (TS 16-5-64).
4) Es incompatible la resolución por **ruina** y la ejecución de **obras de reparación**; no obstando a la resolución que se hubieran llevado a cabo obras de reparación en ejecución de sentencia (TS 22-12-61; 13-4-67; 7-2-68).
5) El **retraso en la ejecución de la demolición** después de producida la declaración de ruina no puede obstar a la resolución del arrendamiento (TS 12-11-88; 9-4-99, EDJ 2918).

Haciendo referencia a **supuestos concretos**, la jurisprudencia ha tenido ocasión de pronunciarse en el siguiente sentido: 2248
• Es pertinente considerar que un **agotamiento de las estructuras y elementos básicos**, que supone demoliciones generalizadas para luego reconstruir partes principales, se subsume en el supuesto de la ruina técnica o física, incluso acudiendo a modernos medios de construcción (TS 23-9-92, EDJ 9089; 29-5-95, EDJ 5730; 17-2-00, EDJ 2730).
• Existiendo **unidad predial** importa poco que las deficiencias que den lugar a la ruina se encuentren solo en la mitad del edificio, pues esa unidad arrastra la ruina de todo él (TS 29-5-00; 13-7-00).
• La ruina es una **situación de hecho**, de carácter objetivo, que debe apreciarse y declararse con independencia de las causas que la hayan provocado (TS 23-7-98; 16-5-00, EDJ 12319).
• Las reparaciones a tener en cuenta a los efectos de declarar la **ruina económica** son todas las necesarias para poner el edificio en condiciones de servir adecuadamente a sus fines, de suerte que pueda cumplir su función, sin que deban ser tenidas en cuenta las obras que

persigan conseguir en el edificio una mayor comodidad u ornato superior al que tenía la finca (TS 28-6-99, EDJ 14610). Deben incluirse, no solo los gastos de materiales y mano de obra, sino también los conceptos de beneficio industrial, IVA y tasas municipales a efectos de declarar la ruina económica (TS 24-2-92; 27-3-00, EDJ 3349).
• Si es precisa la demolición de los forjados de los cinco pisos del inmueble y su sustitución por otros nuevos, ello significa la utilización de **medios anormales de reparación**, debiendo entenderse que en tal supuesto se da la razón de que el edificio se encuentra en la situación de **ruina técnica** prevista en LS/98 art.183.2 (TS 5-11-98, EDJ 28653).
• La **ruina técnica** ha de referirse no a deficiencias de los elementos estructurales, sino a situaciones de verdadero agotamiento de las estructuras y elementos básicos que impongan demoliciones generalizadas e importantes para luego reconstruir (TS 1-2-93, EDJ 762).

2249 • Han de prevalecer los informes emitidos por los **técnicos municipales** o por los **peritos designados por el tribunal**, debiendo incluirse en la valoración del IVA, los honorarios técnicos y las tasas municipales (TS 1-2-93, EDJ 768). Ha de darse **preferencia** al informe pericial emitido en autos por el arquitecto insaculado sobre la del técnico municipal, si aquel es exhaustivo y profundo en cuanto al examen efectuado de las distintas estructuras y elementos componentes de la edificación, así como por la valoración económica de los mismos y del importe de las posibles reparaciones (TS 5-11-98, EDJ 28656).
• La **ruina inminente** implica una situación de un edificio o construcción que ofrezca tal deterioro que haga urgente su demolición y exista peligro para las personas o los bienes con la demora que supondría la tramitación del expediente de ruina normal (TS 21-11-90, EDJ 10585).
• El concepto de edificación ruinosa es por regla general un **concepto unitario**, sin que sea necesario que la ruina afecte a todos y cada uno de los elementos que lo componen (TS 2-12-59; 9-12-75; etc.); unidad que no es necesario que sea la jurídico hipotecaria, sino la jurídico física (TS 18-1-74); pudiendo, por excepción, declararse una **ruina parcial** cuando existan cuerpos arquitectónicamente independientes (TS 23-3-64; 9-12-75; 9-12-81).
• A la declaración de ruina procedente no obsta el de que el edificio se halle calificado como **edificio a conservar** en el catálogo de Edificios Conjuntos de Interés, porque lo cierto es que la ruina es una cuestión de puro hecho, de manera que un edificio puede encontrarse en ruina, y así habrá de declararse, no solo con independencia de las causas por las que ha llegado a tal estado, sino con independencia también de la posible calificación jurídica del edificio (histórico, artístico, catalogado de interés, etc.), porque el deterioro de un edificio no se detiene ante consideraciones estéticas o jurídicas. Lo cual no quiere decir, naturalmente, que declarada la ruina de un edificio histórico o artístico la misma haya de ser seguida fatalmente de su demolición, porque, en tales casos, consideraciones culturales pueden imponer la conservación a ultranza del inmueble, con las reparaciones o sustituciones que se estimen precisas, pero que, en todo caso, excederán del genérico deber de conservación. Hay que resaltar el ámbito diferente entre, por un lado, el estado ruinoso de un edificio, y, por otro, su necesaria conservación por intereses comunitarios, concluyendo que ello permite compatibilizar la declaración de ruina formalmente firme con una posible conservación del edificio en función de necesidades espirituales de orden colectivo, todo lo cual constituye un problema posterior y distinto a la declaración de ruina (TS 12-5-78; 1-12-01).

2250 **Inoperatividad de la prórroga forzosa** (LAU/64 art.114.11ª) Cabe la resolución del contrato de arrendamiento urbano, lo sea de vivienda o de local de negocio, a instancia del arrendador cuando:
- no se cumplan los **requisitos** o no se reúnan las circunstancias exigidas para la prórroga forzosa del contrato;
- concurra alguna de las **causas de denegación** de la misma (LAU/64 art.62.1).

Al respecto, nos remitimos a lo expuesto en el nº 1615 s.

2255 **Extinción del usufructo** (LAU/64 art.114.12ª) Cabe la resolución del contrato de arrendamiento urbano, lo sea de vivienda o de local de negocio, a instancia del arrendador en los casos de extinción de usufructo, cuando el titular dominical pruebe que las **condiciones pactadas** para el arrendamiento por el usufructuario anterior fueron **notoriamente gravosas** para la propiedad.
En relación con este supuesto, nos remitimos a lo expuesto en los nº 1602 s.

c. Resolución del contrato a instancia del arrendatario

(LAU/64 art.115 y 116)

El inquilino puede resolver el contrato antes del tiempo pactado por cualquiera de las siguientes **causas**: 2260

1) Perturbaciones de hecho o de derecho que en la vivienda arrendada o en las cosas de uso necesario y común en la finca realice el arrendador, ello sin perjuicio de cualquier otra acción que pudiera asistirle.

Por perturbación **de hecho** ha de entenderse cualquier privación del uso de un elemento o servicio de uso común.

Por perturbación **de derecho** pueden entenderse tanto las relativas al goce como consecuencia de una acción relativa a la propiedad de la cosa, como las que se producen a través de los derechos de terceros perturbadores, respecto de las cuales debe el arrendador responder al arrendatario y prestar las garantías correspondientes (AP Cantabria 24-6-97).

2) No efectuar el arrendador las **reparaciones necesarias** a fin de conservar la vivienda, sus instalaciones o servicios o las cosas de uso necesario o común en la finca en estado de servir para lo pactado en el contrato.

3) Falta de prestación por el arrendador de los **servicios** propios de la vivienda, ya aparezcan especificados en el contrato, ya resulten de las instalaciones con que cuente la finca. Aquí estarían comprendidos todos los servicios prestados de manera definitiva, incluyendo entre ellos el de portería y el de ascensor.

En tales circunstancias, el arrendatario no solo podrá optar por la resolución del contrato, sino que también podrá exigir, además del abono de la **indemnización** correspondiente (nº 2262), que:

- cese la perturbación;
- se ejecuten las reparaciones; o
- se presten los servicios y suministros.

Precisiones El término **irregular** refiriéndose al servicio de calefacción ha de entenderse como no suministración apropiada. La indemnización por el incumplimiento del servicio de calefacción operará aunque sea debido a fuerza mayor (TS 27-4-45).

Indemnizaciones (LAU/64 art.116) Las indemnizaciones previstas para el caso de darse las circunstancias constitutivas de causa de resolución a instancia del arrendatario son las siguientes: 2262

1) En caso de **perturbaciones**, la cuantía de la indemnización no puede ser nunca inferior a una mensualidad de renta y ha de guardar proporción con la importancia o gravedad de la perturbación. Si la perturbación se debe a obras encaminadas a aumentar el número de viviendas en la finca, los arrendatarios no tienen derecho al abono de indemnización, pero sí pueden dejar en suspenso sus contratos (nº 2112).

2) En caso de no efectuarse las **reparaciones necesarias**, la cuantía de la indemnización atenderá a la importancia del daño o incomodidad originado en el uso de la cosa arrendada.

3) Cuando la causa de la resolución sea la no prestación de los **servicios** propios del inmueble arrendado, sea cual sea la causa de la no prestación, incluso aunque se deba a fuerza mayor, se prevén distintos supuestos:

• Si el incumplimiento afecta al servicio de **calefacción**, y este no se presta en absoluto o se presta de forma notoriamente irregular o deficiente, la indemnización será del 20% del importe anual de la renta, salvo que la prestación se especificase separadamente en el contrato, en cuyo caso, de haberse satisfecho su precio, se tendrá derecho a su devolución. Cuando el incumplimiento resulte de entidad menor y el perjudicado demuestre haber tenido necesidad de emplear medios de calefacción supletorios, la indemnización se limitará al importe del gasto originado, pero no al de la adquisición de aquellos.

• Si el incumplimiento del arrendador fuera total o afectara a los **restantes servicios o suministros**, la indemnización será igual al 5% del importe anual de la renta.

En cualquier caso, el percibo de estas indemnizaciones no exime en ningún caso de la obligación de pagar la renta y las cantidades asimiladas a ella.

Respecto a estas indemnizaciones hay que puntualizar que: 2264

• El **plazo** para el ejercicio de la opción durará mientras se den los hechos causantes de la perturbación Entendemos que mientras duren los hechos causantes de la perturbación, mientras no se efectúen las reparaciones, o no se presten los servicios, y siempre que no haya prescrito la acción para reclamar, que debe ser el general de los contratos (TS 15-11-72).

• La **perturbación** de que habla el precepto puede ser **total o parcial**, pudiendo señalarse como tales la no entrega por la arrendadora al arrendatario de la llave del local arrendado y el haberse ejecutado por un hijo político de la arrendadora en el local obras de albañilería (TS 21-10-59).

2265 **Arrendamientos en situación de prórroga forzosa** Una parte de la doctrina discrepa de la TS 21-7-68, que declara que la facultad de resolución a instancia del arrendatario estudiada no puede ejercitarse cuando el contrato de arrendamiento estuviera en prórroga forzosa. Según este autor, no cabe extender la interpretación que la sentencia en cuestión hace de LAU/64 art.115 y 116 al supuesto planteado, ni a cualquier otro en el que se pretenda por el arrendatario la efectuación de reparaciones o la prestación de servicios. Una cosa es la pretensión de **resolución del arrendamiento** instado por dicho arrendatario, concurriendo cualquiera de las causas de LAU/64 art.115, que puede ir acompañada de las indemnizaciones previstas en LAU/64 art.116; y otra distinta, la pretensión, amparada exclusivamente en LAU/64 art.116, cuya finalidad sea obtener el **cese de la perturbación** y las **reparaciones** o la prestación de los servicios y suministros. Pretensión esta que también da derecho al inquilino o arrendatario al abono por el arrendador de las indemnizaciones referidas.
En el primer supuesto, la acción solo cabe en el período contractual pactado, no en el de prórroga forzosa. En el segundo, en uno y otro caso, porque no tendría ya razón de ser aquella exigencia, so pena de hacer inaplicable prácticamente esos art.115 y 116 LAU/64, sustitutorios de CC art.1554 y 1557.

2267 La TS 21-6-68, recayó en un supuesto en el que el arrendatario de un local de negocio optó por la resolución del arrendamiento y la indemnización de daños y perjuicios y, de sus términos literales, aparece claramente que tan solo es aplicable cuando lo que se pretende es esa resolución como cuestión principal.
Los términos literales del considerando de la misma son clarísimos en este particular al decir que si el derecho de indemnización que concede el art.116 LAU/64 es como consecuencia de la facultad de pedir la resolución del art.115 LAU/64, *a sensu contrario*, habrá que entender que esta **indemnización no procede** si la base de la misma no es esa petición resolutoria.
Una cosa es el art.115 LAU/64, dado para sentar la existencia de unas determinadas causas de resolución del arrendamiento de posible alegación por el arrendatario, y otra el art.116 LAU/64, que ya permite a dicho arrendatario optar, o por liberarse del contrato o pasar del plazo contractual, u obligar al cese de las perturbaciones, efectuar las reparaciones o prestar los servicios y suministros; obligaciones estas últimas que ya vienen dadas por LAU/64 art.107 s.
De ahí que se hayan dictado una serie de sentencias haciendo, aplicación de los art.115 y 116 LAU/64, como las TS 27-4-51; 6-4-54; 27-9-55; 5-3-58; 27-6-59; 21-10-59; 16-1-62; 27-1-62; sin que tratasen del problema concreto del plazo contractual, al no ser preciso, discutiéndose como se discutía no la acción de resolución, sino la exigencia de la reparación, el cese de la perturbación o la prestación del servicio.
Seguir la tesis de la meritada sentencia, es llegar a la conclusión de la inaplicabilidad de los art.107 s. LAU/64, en los que claramente se indica que las reparaciones necesarias para mantener el local de negocio o la vivienda en estado de servir al uso convenido son a cargo del arrendador; y, como consecuencia, dejar indefensos a los arrendatarios, colocándolos en la alternativa de resolver el contrato o de soportar las anormalidades durante el período de prórroga forzosa, lo que conduciría al absurdo.

d. Resolución del contrato de subarriendo

(LAU/64 art.117)

2270 La **resolución del contrato de arrendamiento** conlleva inexorablemente la extinción del subarriendo, aunque no haya intervenido el subarrendatario en el proceso resolutorio (TS 22-2-72; 1-3-93, EDJ 1973).
Ahora bien, en tanto el arrendador no recupere la **tenencia del inmueble arrendado** al subarrendatario, no se puede despojar a este del uso del mismo. La jurisprudencia, que ha reiterado que el subarriendo se extingue automáticamente cuando, por cualquier causa, incluso por la de común voluntad de arrendador y arrendatario, el arrendamiento se extingue, ha establecido que, mientras el subarrendador conserva la facultad de usar de la cosa arrendada, incluso si la conserva por adquirir su dominio, no puede extinguirse el subarriendo por tal motivo (TS 2-6-61; 22-2-68; 1-3-93, EDJ 1973). Y ello, sin perjuicio, de la acción por daños y perjuicios que pueda ejercitar el arrendatario subarrendador (TS 14-10-97, EDJ 7665).
Si el arrendatario subarrendador **renuncia al arrendamiento** y se compromete expresamente con el arrendador a entregar el inmueble libre de ocupantes en la fecha concertada, así como a lanzar, si fuera preciso, al subarrendatario que allí existe, no puede aducirse que aquellos hayan perdido la posesión real a los efectos del ejercicio de la acción resolutoria, cuando por culpa del subarrendatario no haya sido posible hacer entrega total al arrendador de lo que fue

objeto del arrendamiento, por lo que, al venir manteniendo aquel una posesión derivada exclusivamente del contrato de subarriendo, le vincula de una manera directa y exclusiva con los subarrendadores (TS 9-7-51; 23-4-58; 12-6-61; 22-2-68).

Precisiones La **confusión de la condición** del arrendatario-subarrendador con la de arrendador, no afecta al subarriendo (TS 1-3-57; 30-10-58; 12-11-59).

Además, el contrato de subarriendo puede resolverse por las siguientes **causas**: 2272
• Para el **subarrendador**:
- la falta de pago de la renta pactada para el subarriendo;
- el subarriendo o la cesión realizados por el subarrendatario, sin perjuicio de lo dispuesto en LAU/64 art.27;
- la transformación de la vivienda subarrendada en local de negocio o viceversa;
- en los supuestos previstos en los nº 2165 y nº 2215, sustituida la referencia a inquilino o arrendatario por la de subarrendatario;
- el vencimiento del plazo contractual, sin perjuicio de lo dispuesto en LAU/64 art.13.2 y 3.
En relación con estas causas de resolución, ha de tenerse en cuenta, por una cuestión de analogía, lo dicho al tratar de las causas de resolución del arrendamiento en nº 2115 s.
• Para el **subarrendatario**:
- estar pagando cantidades superiores a las que autoriza la Ley (LAU/64 art.13.2);
- insuficiencia o inadecuación del mobiliario (LAU/64 art.13.3); y
- las circunstancias que según LAU/64 art.115 permiten al inquilino o arrendatario de local de negocio obtener la resolución, entendiendo referidas la primera y la segunda a las perturbaciones y omisiones imputables al arrendador o al subarrendador, y la tercera, a los servicios y suministros a cargo de cualquiera de ambos.
Es aplicable, además, lo dispuesto en nº 2260 y las indemnizaciones se calcularán sobre la base de la merced que pague el subarrendatario, siendo su abono a cargo del subarrendador, quien, en su caso, puede repetir contra el arrendador.

Precisiones Respecto a la **resolución por subarriendo** llevado a cabo por el subarrendatario, Fuentes Lojo ha señalado que el hecho de que los subarriendos puedan resolverse, al amparo de dicha causa, al expirar el plazo pactado, es causa de que se haya recurrido a la **simulación** de contratos de esta clase para burlar el principio de la prórroga forzosa establecida para los arrendamientos (LAU/64 art.57). 2273
En la práctica, las **formas** utilizadas para burlar aquel principio de la prórroga obligatoria son:
- hacer constar simplemente que el contrato concertado entre las partes es de subarriendo, cuando en realidad lo es de arrendamiento; o
- inventar un contrato de arrendamiento con una tercera persona, que sea la que, a su vez, efectúe el de subarriendo.
En el primer caso, estimamos que si se demuestra en autos que el que cede el uso de la vivienda o del local de negocio por precio cierto y tiempo determinado es el propietario o el arrendador, el contrato, sea cual sea la denominación que las partes le den será siempre de arrendamiento y no de subarriendo. Nos basamos para ello en el principio consagrado por una reiterada jurisprudencia de que «los contratos son los que son, pese al nombre que les asignen las partes, y es a los tribunales a quienes incumbe calificarlos y determinar su naturaleza, conforme a la realidad de los hechos, los términos de lo estipulado y las pruebas practicadas» (TS 9-4-49; 15-2-51).
Probadas dichas circunstancias, el juez o el tribunal puede considerarlo así y no dar lugar a la demanda de resolución, simplemente por no existir el contrato de subarriendo en que la acción se basa.
En el segundo supuesto, creemos que existirá una simulación relativa basándose en persona interpuesta, debiendo, por tanto, ejercitarse por el contratante perjudicado -en este caso el inquilino- una acción encaminada a que se declare tal simulación y, en consecuencia, a que se declare asimismo que dicho contrato es de arrendamiento y no de subarriendo. Para ello, habrá de demandarse no solo a los contratantes del segundo contrato, sino también a los del interpuesto, y seguir el procedimiento ordinario que corresponda según la cuantía de la renta anual pactada, por no basarse la acción en ningún derecho reconocido en aquella Ley arrendaticia (LAU/64 art.151).
El juez o tribunal sin esta declaración previa, no podría a nuestro juicio, estimar esa simulación y dejar de resolver el subarriendo por cumplimiento del plazo. Si acaso, en casos especiales y clarísimos, hacer uso de la facultad de desestimación de la demanda por abuso de derecho, al amparo de LAU/64 art.9.
La **jurisprudencia** del Tribunal Supremo, aun admitiendo, como no podía menos, las acciones encaminadas a la declaración de simulación, da un paso más, y rechaza las demandas de resolución, aun existiendo contrato interpuesto, cuando se prueba que este es simulado. Cabe citar al respecto los siguientes pronunciamientos:
• Como las premisas de hecho que la sentencia recurrida toma en cuenta para estimar que no existió un subarriendo, sino un arriendo directo, porque el supuesto arrendatario no intervino, como tal, más que a los solos efectos de hacerse pago, con los frutos civiles de la cosa, para reintegrarse de un crédito, sustituyendo al arrendador en el cobro de las rentas, no han sido

eficazmente atacadas, hay que concluir estimando correcta la valoración que de tales hechos hace la sentencia recurrida como constitutivos de simulación; debiendo, en consecuencia, ser desestimado el recurso (TS 28-2-67; 21-11-68).
• No cabe hablar de simulación si la entidad arrendataria arrendó unos locales en un complejo hotelero de un tercero, y los subarrendó para mejorar sus ingresos (TS 20-10-75).

e. Resolución del arrendamiento o del subarriendo por pérdida o destrucción del inmueble arrendado

(LAU/64 art.118)

2275 La pérdida o destrucción de la vivienda o local de negocio es **causa común** de resolución de todos los contratos de arrendamiento, equiparándose a la **destrucción** el siniestro que para la reconstrucción de la vivienda o local de negocio haga precisa la ejecución de obras cuyo costo exceda del 50% de su valor real al tiempo de ocurrir aquel, sin que para esta valoración se tenga en cuenta la del suelo.
Por tanto, para la **aplicación** de esta norma hay que estar a la **proporción** entre el valor de lo edificado y la obra de reparación, pero referidos ambos parámetros a cada vivienda o local, individual y aisladamente considerados. Ello no obstante, en la valoración de las obras a realizar en cada departamento, hay que tomar en cuenta la parte proporcional que al mismo corresponda en los elementos comunes. Esta última consideración viene impuesta por la naturaleza misma de los departamentos construidos en régimen de edificios por pisos, al margen de que esté o no constituida la propiedad horizontal, pues si no computáramos en el coste de reparación de cada piso o local su parte proporcional en los elementos comunes, tampoco deberíamos hacerlo en la determinación del valor del mismo, de manera que de ese valor habría que deducir el añadido que le aportan las paredes maestras, cimentaciones, cubiertas, escaleras, bajantes, conducciones, etc. Ello, evidentemente, es absurdo y como tal debe rechazarse. La vivienda o departamento que forma parte de un edificio complejo, debe computar tanto en cuanto a su valor, como en cuanto a sus gastos y mantenimiento, no solo lo que queda delimitado por sus individuales parámetros de cierre, sino también aquellos elementos constructivos comunes a todo el edificio que le afectan (AP Barcelona 6-9-00, EDJ 68978).

Precisiones **1)** Opera la causa aunque la pérdida sea debida a **culpa del arrendador** (TS 30-9-57; 19-12-64).
2) Es posible la resolución del arrendamiento aunque la pérdida afecte solo al local arrendado y **no a todo el edificio** (TS 7-9-94, EDJ 6302).

2277 **Características** Los rasgos característicos de esta causa de resolución contractual son los siguientes (Fuentes Lojo):
1) La causa resolutoria es la **pérdida** del local objeto del arrendamiento. Cada contrato tiene por objeto un local determinado y no el edificio en su conjunto, de tal manera que hay que analizar contrato por contrato si el local concreto que constituye su objeto se ha perdido o no. En definitiva se trata de determinar si subsiste cada uno de los locales arrendados. Lo que en sentido contrario significa que la causa resolutoria no es asimilable a la **ruina económica** del edificio, de la que se distingue precisamente por referirse a cada uno de los locales separadamente. Por ello, al determinar las **obras de reconstrucción** necesarias hay que fijarse únicamente en las que precise cada local concreto. En este sentido se ha pronunciado reiteradamente la jurisprudencia (TS 13-5-74; 7-9-94, EDJ 6302).
2) No debe perderse de vista que se trata de la pérdida de un local. Es decir, no basta con que el mismo requiera **simples reparaciones**, por numerosas que estas sean (pues el arrendador tiene obligación contractual de llevarlas a cabo), sino que las obras han de ser de tal entidad y naturaleza que deban calificarse como de reconstrucción. Es justo ahí donde está el límite de la obligación de conservar y reparar: en la reconstrucción del objeto arrendado. No se trata por tanto de una cuestión meramente cuantitativa (obras de coste superior al 50% de la construcción), sino cualitativa, puesto que las obras han de ser de reconstrucción tal como lo exige, sin lugar, la norma estudiada.
Ha de tenerse en cuenta a este respecto que el mencionado precepto hace referencia «al siniestro que para la reconstrucción del local haga precisa la ejecución de obras...», así pues, tampoco pueden tomarse en cuenta aquellas obras que no puedan calificarse como de reconstrucción (por ejemplo, las que tengan finalidad preventiva o de refuerzo, las de tipo decorativo, etc.). Incluso deben excluirse las que supongan **actualización de instalaciones**, aunque vengan impuestas por normas administrativas. En este sentido, es clara la jurisprudencia emanada de la Audiencia Provincial de Barcelona al declarar que lo que hay que tomar en cuenta son aquellas averías, deterioros o pérdidas importantes que se produzcan en la vivienda o local de negocio arrendado (AP Barcelona 28-4-80; 13-9-84).

3) Por último la propia redacción del precepto establece expresamente que la **comparación del coste de las obras** se ha de hacer en relación con el valor real del local. En este sentido también, AP Barcelona 4-10-89.

De todo lo anterior se desprenden las siguientes **conclusiones**: 2282
• Que debe analizarse individualmente el estado de cada uno de los locales, la resolución de cuyo arriendo se solicita.
• Que solo cabe tomar en cuenta las obras que sean de reconstrucción.
• Que, de las obras en elementos comunes, solo cabe tomar en cuenta las que afectan a elementos comunes que incidan en la cosa arrendada.
• Que hay que tomar en consideración el valor real del local.

Extensión del concepto de siniestro (LAU/64 art.118.2) En el concepto de siniestro se han 2285
de comprender no solo las destrucciones ocasionadas por algún **acontecimiento catastrófico** y de producción instantánea, sino también aquellas **averías, deterioros o pérdidas importantes** que se produzcan en la vivienda o local de negocio arrendado cualquiera que sea la causa que los haya originado, de suerte que todas las obras necesarias para reponer la cosa arrendada al estado que permita su normal utilización conforme al destino pactado han de ser valoradas a fin de determinar si su costo excede o no del 50% antes citado (TS 4-12-65).
La jurisprudencia ha considerado que también ha de computarse el valor de las **obras de limpieza y decoro** (TS 13-5-74) y las partidas correspondientes a **reparaciones puntuales** y **consolidación general y prevención** afectantes a la estructura del edificio en general y a la indispensable consolidación del mismo (TS 7-9-94, EDJ 6302).

Precisiones **1)** Para la **determinación** ha de estarse a los dictámenes técnicos (TS 19-6-68).
2) Si lo arrendado es la **finca en su totalidad**, la valoración ha de comprender no solo las obras derivadas del hundimiento sobrevenido, sino también las necesarias para reparar los deterioros y desperfectos ocasionados por la acción del tiempo (TS 4-12-65).

Ejercicio de la acción resolutoria El ejercicio de esta acción no exige otro **presupuesto**, ni condición, que la pérdida de la cosa arrendada con independencia de la causa a la que su 2287
destrucción sea debida, porque el concepto de pérdida o destrucción total objetiva, material, real y metajurídica no lo configura la Ley especial, que lo recibe de la común o general, que a su vez lo toma de la realidad extrajudicial o física (TS 30-3-57; 17-6-72).
La jurisprudencia del Tribunal Supremo ha establecido reiteradamente que las acciones derivadas de LAU/64 art.114.10 y 118 son de **naturaleza distinta**, ya que, mientras la que contempla el art.118 tiene su origen en la pérdida técnica de la vivienda o el local, la acción resolutoria a que hace referencia la causa 10ª del art.114 tiene su origen en la declaración administrativa de ruina del inmueble (nº 2245).

B. Arrendamiento de local de negocio

2300

Concepto de local de negocio (LAU/64 art.1) Han de considerarse como locales de negocio 2305
los que recaigan sobre edificaciones habitables cuyo destino primordial no sea la vivienda, sino el de ejercer en ellas, con **establecimiento abierto**, una actividad de industria, comercio o enseñanza con fin lucrativo.
A este respecto, es necesario hacer las puntualizaciones que se señalan a continuación.

Distinción entre locales de negocio propiamente dichos o por asimilación y viviendas La 2310
jurisprudencia ha ido fijando los siguientes **criterios de carácter general** para la distinción mencionada:
• Para saber si una finca o un local se arrendó como local de negocio o vivienda ha de estarse al **destino asignado por las partes** contratantes (TS 13-3-65; 26-6-68).

• En el supuesto de un arrendamiento para ser usado como vivienda o local de negocio con **una sola renta**, ha de ser calificado atendiendo al elemento objetivo predominante (TS 17-1-62; 30-3-63).
• Para distinguir entre el arrendamiento de un local de negocio propiamente dicho o de un local asimilado como puede ser un local para almacén o una oficina, hay que estar a la **finalidad** para el que se arrendó.

2312 Entrando en **casos particulares**, cabe hacer mención a los siguientes pronunciamientos:
• El arrendamiento de una **parte de un portal** con destino a servir de comercio, ha de ser calificado como arrendamiento de local de negocio por asimilación (TS 8-2-65).
• El utilizar la palabra «**almacén**» unida a la de «**tejidos o similares**», equivale a tienda o establecimiento abierto al público (TS 20-10-73).
• Al arrendamiento de un local para ser destinado a **bar en un parque municipal**, una estación ferroviaria o una estación pública de autobuses, no es aplicable la LAU ya que ha de calificarse como concesión administrativa (TS 2-6-58; 15-10-60; 24-2-00, EDJ 2580).
• El arrendamiento de un **local para agencia de viajes o comercial**, ha de calificarse como de local de negocio (TS 18-10-66).
• El local arrendado para **gestoría administrativa** no puede calificarse como arrendamiento de local de negocio (TS 17-10-72; 6-10-73).
• El local arrendado para ser ocupado por una **compañía de seguros** ha de ser calificado, en principio, como de local de negocio (TS 11-11-63; 7-11-64).
• El arrendamiento de un local para **sede de una mutua de seguros** ha de calificarse como de negocio (TS 27-10-98, EDJ 28570).
• Un local arrendado para el ejercicio por parte de una **sociedad mercantil** de su actividad de comercio, de industria o negocio que le sea propia, ha de calificarse como arrendamiento de local de negocio propiamente dicho; pero como asimilado si el negocio o la industria tiene su desarrollo en otro local (TS 20-10-53).

2314 • Un local arrendado para **farmacia** ha de calificarse como de negocio (TS 31-1-62; 25-3-64).
• Los locales arrendados para **sanatorio o clínica** han de ser considerados como de negocio (TS 13-3-70; 8-7-70).
• El arrendamiento de un local para **establo o cuadra** no es de local de negocio, sino asimilado.
• El arrendamiento de un local de negocio para **taller de pintura con acceso del público** ha de considerarse como tal (TS 13-3-57).
• El arrendamiento de un local para **estanco o administración de loterías** es de negocio (TS 18-6-62).

2316 • El arrendamiento de un local para la **Compañía Telefónica Nacional de España** para prestar servicio al público es de negocio. No lo es si el arrendamiento es para oficinas (AT Sevilla 2-7-54).
• El arrendamiento de locales para **entidades bancarias con despacho al público** ha de considerarse como de negocio, salvo si se trata de oficinas.
• El arrendamiento de unos **astilleros** es de negocio (TS 12-6-58).
• Un local donde un asentado titular de frutas y verduras de un mercado lleva la **contabilidad y liquidación** de las operaciones que hace, no es de negocio, sino asimilado (TS 29-12-56).
• El arrendamiento de un local para la exposición y venta al público de **fotografías** es de negocio (TS 28-6-61).
• El arrendamiento de un local para industria de **orfebrería** es de negocio (TS 18-10-61).
• Un local para taller de **reparación de automóviles**, es de negocio (TS 4-12-64).
• Un local para servir de **peluquería** es de negocio; pero si se destina a vivienda y solo esporádicamente al ejercicio de barbero, no (TS 11-11-66). No obstando a tal calificación como de negocio el hecho de que parte del piso esté destinado a servir de vivienda familiar del arrendatario y de su familia (AP Barcelona 22-4-02, EDJ 135141).
• El arrendamiento de un **bar en el interior de un cine o teatro**, sin posibilidad de servir más que a los asistentes a este por no tener más salida o entrada que por él, no es local de negocio (TS 31-10-63; 22-11-68; 15-3-76).

2318 • El arrendamiento de un local para ser destinado a **colegio** con fin lucrativo es, en principio, de negocio (TS 5-6-53).
• El arrendamiento de un **espacio en un pasillo** para servir de ventanilla al público no es de negocio (TS 16-2-67).
• Un local arrendado para **laboratorio** y estudio dedicado a fotografía es el negocio (TS 24-10-66).

• Un local arrendado para **clínica veterinaria** es de negocio (TS 29-4-67).
• El arrendamiento de la **pared de un edificio** no es de negocio (TS 2-6-65).
• El arrendamiento de un **local en un complejo hotelero**, no es de los incluidos en el ámbito de LAU/64 art.1 si se trata de una actividad complementaria, un servicio más integrante reglamentariamente de los que constituyen la compleja industria hotelera, sometida al control de la gerencia en precios y horarios y calidad, ejercida dentro del establecimiento del hotel, sin acceso independiente y con la finalidad primordial de atender la clientela del mismo, por carecer de la autonomía necesaria que requiere el local de negocio para que el arrendatario pueda ejercer su propia industria, o sea, el establecimiento abierto (TS 10-3-71; 25-5-92, EDJ 5246).

• Una cosa es el arrendamiento de un local para **taller de prótesis dental** con la finalidad de construir aparatos para cualquier estomatólogo, que ha de ser considerado como de local de negocio; y otra el arrendamiento para el ejercicio de la **profesión de odontólogo colegiado**, que ha de ser calificado como asimilado a vivienda (TS 29-9-73). **2320**
• Local arrendado como **anexo de un hotel** es de negocio (TS 17-1-76).
• El arrendamiento de **tiendas en un aeropuerto** no es de local de negocio, sino una concesión (TS 21-3-89).
• El local arrendado para **exposición de automóviles** es de local de negocio (AT Albacete 18-5-76).
• El arrendamiento de una casa para que la arrendataria la dedique al **alquiler de camas** es de negocio (AT A Coruña 15-11-79).
• El arrendamiento de unas dependencias determinadas de una **casa convento para banquetes** es de negocio (TS 18-4-89).
• El arrendamiento de **apartamentos amueblados** para explotación turística, no encaja en LAU/64 art.1, por ser atípico o complejo (TS 16-1-87; 1-10-89).
• El arrendamiento de una **parada en una galería** organizada como comercial y negocio único para la venta de productos alimenticios y de otra clase, no puede ser calificado como de local de negocio, si tienen dichas paradas su mostrador de mármol, agua, electricidad, balanzas y frigoríficos de conservación sujetando el servicio a prestar al público a la disciplina general de apertura y cierre, y estando encargado el propietario de la limpieza y conservación (AT Barcelona 31-12-84).

• El arrendamiento de varios locales sitos en los **sótanos de un centro comercial** dedicados a la finalidad de parking público y otros fines comerciales están fuera del ámbito de la LAU (TS 27-1-89). **2322**
• El arrendamiento de un **local en un centro comercial** no es de local de negocio comprendida en LAU/64 art.1 (AP Madrid 29-9-92). Sin embargo, se han calificado como local de negocio, partiendo de que las tiendas arrendadas en el centro comercial tenían una total autonomía respecto al funcionamiento de este, en cuanto al acceso y horario (AP Girona 9-6-93).
• En cuanto al arrendamiento de **locales para cajas de ahorro**, se llega a la conclusión de que las ejercitadas por estas entidades son actividades económicas por muy altruistas que sean a veces, por lo que los arrendamientos de los locales donde las llevan a cabo deben calificarse como de locales de negocio.
• Un local arrendado para almacenamiento de tablas en el que se lleva a cabo una actividad de **escuela de windsurf** es de negocio (AP Baleares 13-9-00, EDJ 119935).
• El arrendamiento de **locales para hotel** o de parte del mismo es de negocio (TS 22-2-97, EDJ 1289; 2-9-97, EDJ 5608).
• También es de negocio el arrendamiento de un local para servir de **guardería infantil** (AP Badajoz 20-6-02, EDJ 135131).

Solares Los solares no pueden calificarse como locales de negocio. La **diferencia** esencial y más ostensible entre el solar y el local de negocio se encuentra en que este último ha de ser apto, con construcciones apropiadas de cierto carácter permanente, a fin de servir de sede material o fiscal al ejercicio, con establecimiento abierto, de una actividad de industria, de comercio o de enseñanza con fin lucrativo, mientras que el solar supone una extensión de terreno comprendida en el casco de las poblaciones y sus zonas de ensanche destinada a futura edificación, aunque por el momento esté dedicada a usos y utilidades económicas compatibles con su estado actual y cerrada sobre sí para el mejor aprovechamiento (TS 1-6-59; 22-3-71). **2325**
La nota diferencial es la de que el local sea un **lugar habitable** en el momento de celebrarse el contrato y no después (TS 8-7-77; 3-5-90, EDJ 4616).
En cualquier caso, para calificar si el contrato de arrendamiento es de local de negocio o de solar ha de estarse a la **naturaleza objetiva** de lo arrendado, no al nombre que las partes le hayan dado al celebrar el contrato (TS 17-12-65).

El hecho de que **se levanten edificaciones** sobre el solar arrendado, con o sin la autorización del arrendador, no implica modificación del objeto contractual, de modo que la calificación del contrato inicial debe ser mantenida, sin que se produzca novación alguna (TS 20-6-13, EDJ 136053).

Precisiones **1)** El arrendamiento de una parcela, tierra o terreno no es de local de negocio aunque en él existan, en el momento de la celebración del contrato algunas **pequeñas y rudimentarias construcciones** (un cubierto, otro para depósito, una balsa y un pozo), porque el término legal se refiere a «edificación habitable cuyo destino primordial no sea la vivienda», requisito de habitabilidad absolutamente necesario y preciso (TS 8-6-63; 24-1-68; 18-6-68; 29-3-69; 2-5-69; 10-6-70; 9-10-80, EDJ 921; 24-5-82).

2) No desvirtúa la configuración jurídica del local de negocio y sigue existiendo un arrendamiento de local, el hecho de que después de la celebración del contrato el arrendatario, con autorización de los arrendadores, haya realizado **obras para adaptar el terreno al destino** pactado, tales como: cementado de la pista, cercado del solar, instalaciones higiénicas, podio para orquesta y pequeñas construcciones cubiertas, pues al no existir antes, ni pertenecer al propietario del suelo, no fueron ni podían ser objeto del arrendamiento (TS 22-12-83). Tampoco se desvirtúa la configuración jurídica si el arrendatario por su cuenta levanta, después de celebrado el contrato, un **pabellón industrial** (TS 3-5-90, EDJ 4616).

2327 A modo de ejemplo, como **supuestos excluidos** que la jurisprudencia no ha considerado como arrendamientos de locales de negocio:

• El arrendamiento de un **solar-apartadero con básculas** para el pesaje de vehículos (TS 26-10-56).
• El arrendamiento de un solar con autorización al arrendatario para edificar **construcciones provisionales** (TS 4-11-63; 5-4-68).
• El arrendamiento de un solar dedicado a **almacén** (TS 21-2-58).
• El arrendamiento de un terreno en el **interior de una manzana de casas** (TS 16-3-51).
• El arrendamiento de un **campo de deportes** (TS 29-5-54).
• El arrendamiento de un **jardín o solar cubierto** para fines de industria, con facultad por parte del arrendatario para efectuar obras y utilizar ciertas construcciones (TS 26-11-68).
• El arrendamiento de un terreno para **pista de baile** con pequeñas edificaciones (TS 17-1-62).
• El arrendamiento de un terreno en el que se encuentra una industria de **ladrillería** o una industria de **piedra artificial** (TS 24-1-68).
• El arrendamiento de unas **pistas de tenis** (TS 15-6-66).

2329 • El arrendamiento de un solar-jardín en el que el arrendatario montó su propia industria de **espectáculos** (TS 15-3-74).
• El arrendamiento de una **terraza** para servir a un bar-restaurante (AT Palma de Mallorca 18-4-72).
• El arrendamiento de un solar para ampliación de la fábrica colindante como **zona de expansión** de la misma, o para **depósito de materiales** (TS 7-6-79).
• El arrendamiento de un solar sin edificación alguna para instalar una **estación de servicio** de venta de carburantes o para una **estación de autobuses** (TS 9-4-85, EDJ 7276; AT Valencia 23-5-84).
• El arrendamiento de un **patio de un edificio** como accesorio de un almacén contiguo con el que comunica (AT Madrid 4-2-86).
• El arrendamiento de un terreno para explotar en él un **camping**, salvo que el objeto del contrato abarque también las edificaciones existentes en el mismo (TS 22-7-91; AP Barcelona 28-1-00).
• El arrendamiento de un espacio vallado para ser destinado a **cine de verano**, bar y baile (AT Madrid 30-6-87).
• El arrendamiento de un terreno para instalar una **granja** porcina (TS 13-12-93, EDJ 11317).
• El arrendamiento de un terreno para instalar un **parque de atracciones** (AP Madrid 28-10-98).

2332 Como **supuestos incluidos**, la jurisprudencia sí ha considerado como locales de negocio, entre otros, los supuestos siguientes:

• El arrendamiento de solares en los que existan **edificaciones permanentes o provisionales**, siendo el objeto del arriendo estas edificaciones (TS 5-6-59; 7-11-78).
• El **arrendamiento conjunto** de un solar y una edificación para local de negocio.
• El arrendamiento de un **solar con edificaciones**, para explotar una industria de floricultura (TS 6-3-61).
• El arrendamiento de un terreno y un **pabellón afecto a la explotación** o negociación de una planta de hormigonado (TS 16-6-1929).

Local de negocio con instalaciones (LAU/64 art.3.2) Cuando conforme a LAU/64 art.3.1 el arrendamiento no sea de industria o negocio (nº 2370), si la finalidad del contrato es el establecimiento por el arrendatario de su **propio negocio o industria**, queda comprendido en el ámbito de LAU/64 y conceptuado como arrendamiento de local de negocio, por muy importantes, esenciales o diversas que sean las estipulaciones pactadas o las cosas que con el local se hayan arrendado, tales como viviendas, almacenes, terrenos, saltos de agua, fuerza motriz, maquinaria, instalaciones, y, en general, cualquiera otra destinada a ser utilizada en la explotación del arrendatario. **2335**

Precisiones **1)** Aun cuando el precepto no hable concretamente también de **viviendas**, cabe que estas estén también comprendidas entre las instalaciones (TS 16-4-64).

2) No cabe hablar de que un **arrendamiento** del tipo que comentamos es **complejo** si existe una cesión del uso o disfrute del objeto arrendado por cierto tiempo y precio determinado, sin que al contrato aparezcan incorporadas otras obligaciones o contraprestaciones diferentes que pudieran alterar su naturaleza. La simple discrepancia respecto a si el objeto del arrendamiento es la industria de cine, o el local, no origina complejidad (TS 2-7-75).

Para distinguir el **arrendamiento de industria** del de locales destinados por el arrendatario al establecimiento de su propio negocio o industria, cuando tales locales cuentan con instalaciones aptas para la explotación de la industria o negocio hay que tener en cuenta: **2337**

- La **definición** del arrendamiento de industria contenida en el nº 2370.
- La **norma interpretativa** recogida en el nº 2335, cuyo sentido jurídico no es otro que el de someter al régimen de la Ley especial los supuestos en que el arrendador cede el uso o disfrute de locales de negocio juntamente con otros elementos que, por muy importantes que sean, están faltos de una **organización industrial con vida propia** y susceptible de ser inmediatamente explotada (TS 21-4-51), lo que sucederá cuando se trate de enseres y elementos desarticulados e inertes (TS 7-12-45; 23-5-46; 2-7-49; 14-10-52; 13-1-53; 15-12-53) o inconexos (TS 16-3-53; 7-12-53; 11-5-54; 2-7-54; 9-7-54; 29-9-55; 22-11-55) y de valor independiente (TS 16-3-48) o insuficientes y no debidamente coordinados (TS 8-4-48; 30-11-50; 23-12-52; 20-1-53), no aptos por sí solos para obtener una finalidad industrial, aunque susceptibles de ser utilizados en unión de otros que el arrendatario aporta y organiza para instalar en el local arrendado un negocio o industria que él crea y que al celebrar el contrato no existía (TS 13-1-53; 15-12-53; 11-5-64; 2-7-64; 16-10-64; 29-9-55).

En términos generales, la distinción entre arrendamiento de industria y arrendamiento de local de negocio es fácil de establecer, examinando a este respecto la pretensión del arrendador y la actividad que en la ejecución del contrato corresponde al arrendatario; de suerte que si lo que aquel cede es una variedad de elementos debidamente organizados y aptos para obtener inmediatamente producto económico, se estará en presencia de una unidad patrimonial con vida propia, constitutiva de un arrendamiento de **industria**, y si lo que se cede por el arrendador es solamente el goce o uso de un edificio o local en el que va a instalar el arrendatario su propia industria, el arrendamiento será meramente de **local de negocio**, sin que este último concepto quede desvirtuado porque con el local se cedan otros elementos desarticulados y no aptos para rendir un producto mercantil. En definitiva, la cuestión de si lo arrendado es una industria o un local de negocio con instalaciones o accesorios constituye un problema de interpretación del contrato concluido por las partes, al que, por consiguiente, se aplican las reglas del CC art.1281 s. y jurisprudencia al respecto (TS 25-4-51; 10-3-69; 16-6-69). **2338**

Local para industria o negocio de espectáculos (LAU/64 art.3.3) No obstante lo dispuesto en LAU/64 art.3.1 sobre arrendamientos de industria (nº 2370), el arrendamiento de la industria o negocio de espectáculos que a fecha 1-1-1947 excediera de 2 años de duración o que antes de la entrada en vigor de LAU/64 se hubiera celebrado por plazo igual o superior, queda sujeto a las normas de la LAU/64 sobre **prórroga obligatoria** del arrendamiento de local de negocio, con las especialidades contenidas en el nº 4110, y a los particulares sobre la **renta** establecida en LAU/64 art.104. **2340**

Que el espectáculo ha de constituir la **finalidad única o primordial** del negocio arrendado.

Precisiones No cabe propiamente hablar de espectáculo cuando ninguna distracción se ofrece a los asistentes de modo directo, como en el caso de que los concurrentes sean los propios actores o sujetos activos de la misma, como acontece en un **salón de baile**, por ejemplo. Pero, desde el punto de vista legal, cabe concebir un arrendamiento de espectáculos, aun tratándose de un salón de baile, por existir las mismas razones para el otorgamiento de los beneficios concedidos por LAU/64 art.3.3, ya que precisamente el arrendatario de un local destinado a diversiones o recreos públicos, ha de desarrollar para su mantenimiento y atracción del público, una mayor labor personal y de iniciativa que el empresario arrendatario de un teatro o un cinematógrafo; y, además, porque el Decreto de 1931 art.2 los incluía, y por la referencia que se hace en múltiples disposiciones de índole administrativa.

2342 Respecto a la **normativa aplicable** a estos arrendamientos, Fuentes Lojo, llega a las siguientes **conclusiones**;
1) Que reconociendo el legislador la aplicabilidad de las normas sobre **prórroga forzosa** del arrendamiento de locales de negocio, hay que entender que son aplicables las siguientes disposiciones:
- LAU/64 art.6.3, en cuanto declara irrenunciable dicho derecho para el arrendatario de esos locales;
- LAU/64 art.57, en el que se consagra ese derecho de prórroga;
- LAU/64 art.62, en sus tres primeros casos, porque de otra suerte se perjudicaría al arrendador;
- LAU/64 art.70 a 76, por ser una consecuencia de lo anterior, aun cuando se tenga en cuenta lo que se dispone LAU/64 art.77, al que se refiere LAU/64 art.3.3;
- LAU/64 art.78 a 94, por ser también el desarrollo de la excepción de prórroga de LAU/64 art.62.2;
- LAU/64 art.104, por remitirse a él LAU/64 art.3.3;
- LAU/64 art.106, por tratarse de un plazo de caducidad aplicable a lo dispuesto por LAU/64 art.104;
- LAU/64 art.114.11, por ser resultado de lo dispuesto en LAU/64 art.62.

2344 **2)** Por el contrario, **no pueden aplicarse**, al no tener relación alguna ni con la prórroga forzosa ni con la revisión de renta de LAU/64 art.104, los demás preceptos de la LAU, y en especial:
- LAU/64 art.22, que hace referencia al subarriendo de locales de negocio;
- LAU/64 art.29 a 42 sobre traspaso, ya que este derecho si es reconocido por la ley no lo es por el hecho de que el arrendamiento de local de negocio esté sujeto a la prórroga forzosa, aparte de que el arrendamiento de espectáculos en principio es un arrendamiento de industria;
- LAU/64 art.47 al 55 en materia de retracto, por idéntica razón;
- LAU/64 art.56, por el mismo motivo;
- LAU/64 art.60, por análoga razón, lo que, además, ha sido ratificado por TS 30-10-63;
- LAU/64 art.95 a 103, por excluirlos LAU/64 art.104;
- LAU/64 art.107 a 113, sobre obras de conservación y mejora, por aquella razón;
- LAU/64 art.114.1 a 10, por el mismo motivo; y
- LAU/64 art.115 a 119, también por el mismo motivo.

3) En consecuencia, con excepción de los preceptos aplicables, hay que acudir al Código civil, lo que produce consecuencias interesantes y, a veces, **perjudiciales para el arrendador**, como son:
- que el arrendatario pueda subarrendar, si en el contrato no se le prohibió expresamente (CC art.1550); y
- la no existencia del tanteo ni del retracto, si fue reconocido el traspaso por el arrendador o se dedujera así del contrato, etc.

2348 Entre los arrendamientos de local para industria o negocio de espectáculos, **no cabe incluir**:
- los arrendamientos de espectáculos que a fecha 1-1-1947 tuvieron 2 o menos de 2 años de duración;
- aquellos que antes del 1-7-1964 no se hubieran celebrado por plazo superior a los 2 años;
- los que antes del 1-7-1964 se hubieran celebrado por plazo de 2 años; o
- los celebrados a partir del 1-7-1964, sea cual sea el plazo por el que se pactaran.

2349 Por el contrario, entre los arrendamientos de industria o negocio de espectáculos **es posible incluir**:
• En el caso de los arrendamientos referidos a los **cinematógrafos**, si se arrendó una unidad patrimonial con vida propia y susceptible de ser inmediatamente explotada por reunir los elementos necesarios para poder proyectar películas, hay arrendamiento de industria, sin que pueda afectar a esta conceptuación el buen o mal éxito de la explotación, pues el arrendamiento de una industria no está vinculado a la seguridad de un beneficio económico, ni tampoco a que existan arrendamiento sucesivos, puesto que ni la ley, ni la doctrina, ni la jurisprudencia exigen que la industria establecida en el local y que se da en arrendamiento esté diariamente explotada por el arrendador (TS 10-5-55).
• Los que tengan por objeto **teatros** (TS 20-1-53).
• El arrendamiento de una **plaza de toros**, si se habla de ella y expresamente se establece que se da en arriendo al objeto de llevar a efecto la celebración de corridas diurnas y nocturnas, fiestas de cante flamenco, varietés y cualesquiera otros espectáculos, legalmente autorizados, dejando asimismo bien sentado que al iniciarse el arriendo se entrega la plaza con todas sus dependencias en perfecto estado para la lidia, regulándose también detalladamente el

contenido del contrato, en relación con el servicio de plaza, enfermería, autorizaciones y beneficios en la propaganda, limpieza del ruido, autonomía o sugerencias en la organización, suministro de agua y luz, pago de impuestos, y hasta la reserva gratuita de un palco a favor de la propiedad para presenciar los espectáculos, o sea que lo arrendado no lo constituye solo la plaza, ni sus dependencias, instalaciones y elementos indispensables a toda empresa taurina, sino una unidad patrimonial, dotada de vida propia, susceptible de ser inmediatamente explotada en la forma ya establecida (TS 21-11-52).
• El arrendamiento de un **teatro-circo** (TS 8-10-55).

1. Normativa aplicable

Los contratos de arrendamiento de local de negocio celebrados antes del 9-5-1985, **subsistentes a fecha 1-1-1995**, continúan rigiéndose por las normas de LAU/64 relativas al contrato de arrendamiento de local de negocio, salvo las modificaciones contenidas en LAU disp.trans.3ª. **2350**
Al hablar de arrendamientos subsistentes a la entrada en vigor de la nueva LAU (1-1-1995), lo dispuesto en LAU disp.trans.3ª resulta de aplicación tanto a los contratos que estén **en plazo contractual** como a los que estén **en prórroga forzosa**, siempre que se hayan pactado antes del 9-5-1985.
En consecuencia, lo dispuesto en LAU/64 constituye la normativa de **aplicación general**, salvo en aquellos aspectos modificados expresamente por LAU disp.trans.3ª. Esto supone:
1) Que **siguen siendo de aplicación** los siguientes preceptos de LAU/64:
- art.1, sobre ámbito del arrendamiento de local de negocio (nº 2305);
- art.2.1, sobre arrendamiento de local de negocio por temporada (nº 3802);
- art.3.1, sobre arrendamiento de industria de local de negocio con instalaciones (nº 2370 y nº 2335);
- art.3.3, sobre arrendamiento de industria o negocio de espectáculos (nº 2340);
- art.5, sobre arrendamientos local de negocio por asimilación (nº 2471);
- art.6.3, sobre renuncia de derechos (nº 2380);
- art.7, sobre arrendatarios extranjeros (nº 2384);
- art.8, sobre analogía (nº 2386);
- art.9, sobre abuso derecho y fraude de ley (nº 2388);
- art.22, sobre subarriendo (nº 2560 s.);
- art.29 a 42, sobre derecho de traspaso (nº 2570 s.);
- art.47 a 55, sobre derechos de tanteo y retracto (nº 2555 s.);
- art.56, sobre duración y desistimiento (nº 2400 s.);
- art.61, sobre extinción del subarriendo;
- art.62.1, 2 y 3 y art.76, sobre denegación de prórroga por necesidad (nº 2415 s.);
- art.77, sobre industria o negocio espectáculos (nº 2441);
- art.78 a 94, sobre denegación prórroga por derribo para nueva edificación, si se tratase de arrendamientos anteriores al 9-5-1985 o de posteriores a esta fecha pero anteriores a 1-1-1995 que se encuentren en prórroga forzosa (nº 2445);
- art.101, sobre notificación de incrementos y repercusiones;
- art.106, sobre caducidad de acciones en caso de incrementos o repercusiones;
- art.114, sobre causas de resolución del arrendamiento por el arrendador (nº 2630);
- art.115 y 116, sobre causas de resolución del arrendamiento a instancia arrendatario (nº 2675);
- art.117, sobre resolución del subarriendo (nº 2690);
- art.118, sobre resolución por pérdida del inmueble arrendado (nº 2685);
- art.119, sobre causas de suspensión de los contratos (nº 2625).
2) Que lo dispuesto en LAU disp.trans.3ª no es de aplicación a los contratos de arrendamiento **celebrados entre el 9-5-1985 y el 1-1-1995**, ya que están expresamente regulados por LAU disp.trans.1ª, aunque se hubiera pactado en ellos la prórroga forzosa (nº 2900 s.).

En general, de lo anterior pueden extraerse las siguientes **conclusiones**: **2356**
a) Han de tenerse en cuenta las **modificaciones introducidas por** LAU disp.trans.3ª.2 a 10, que afectan a las siguientes materias de LAU/64:
- duración (LAU disp.trans.3ª.2 a 6; nº 2400 s.);
- actualización de rentas (LAU disp.trans.3ª.7 a 9; nº 2520 s.);
- impuesto sobre el patrimonio (LAU disp.trans.3ª.10; nº 2550);
- impuesto sobre bienes inmuebles (LAU disp.trans.3ª.10; nº 2550);
- repercusión por reparaciones (LAU disp.trans.3ª.10; nº 2550);
- repercusión por servicios y suministros (LAU disp.trans.3ª.10; nº 2550);
- indemnización al arrendatario a la extinción del arrendamiento (LAU disp.trans.3ª.10; nº 2507);

- derecho preferente del arrendatario para continuar en el arrendamiento (LAU disp.trans.3ª.12; nº 2510).
b) Los arrendamientos a los que se refiere LAU disp.trans.3ª son todos aquellos que en LAU/64 se califican como de locales de negocio propiamente dichos y no por asimilación, siempre que hayan sido pactados con anterioridad al 9-5-1985, y que sigan subsistentes el 1-1-1995. De los contratos celebrados con posterioridad a dicha fecha se ocupa LAU disp.trans.1ª.2 (nº 2860 s.).
Están **incluidos**, por tanto, en este ámbito:
• Los arrendamientos recayentes sobre **locales de negocio** a los que se refiere LAU/64 art.1 (nº 2305).
• Los arrendamientos recayentes sobre **locales de negocio con instalaciones**, a los que se refiere LAU/64 art.3.2 (nº 2335).
• Los arrendamientos de **industria de espectáculos** de que se ocupa LAU/64 art.3.3 (nº 2340).
c) Y, en consecuencia con lo anterior, quedan **excluidos** los arrendamientos recayentes sobre los **locales de negocio por asimilación** a los que se refiere LAU/64 art.5, de los que se ocupa LAU disp.trans.4ª (nº 2745 s.).
También quedan excluidos los **arrendamientos de locales de negocio por temporada** que, incluidos en LAU art.2.1, se rigen por el Código Civil.
Por último, se excluyen también los **arrendamientos de industria o negocio**, de la clase que fuera, porque según LAU/64 art.3º.1, se rigen por lo pactado y por lo dispuesto en la legislación civil común o foral; debiendo entenderse existente dicho arrendamiento, cuando el arrendatario reciba, además del local, el negocio o industria en él establecido de modo que el objeto del contrato sea, no solamente, los bienes que en el mismo se enumeren, sino una unidad patrimonial con vida propia y susceptible de ser inmediatamente explotada o pendiente para serlo de meras formalidades administrativas.

2360 **Excepciones a la aplicabilidad de LAU/64** Lo dispuesto en LAU/64 no se aplica en las materias que se indican a continuación, afectadas por LAU disp.trans.3ª.2 a 10:
a) Duración del contrato (nº 2400).
b) Renta y su actualización (nº 2515).
c) Anualidades del contrato que se inicien a partir del 1-1-1995, a las que se aplica lo dispuesto en LAU disp.trans.2ª.10, en cuanto a los derechos del arrendador en relación con el valor del inmueble a efectos del impuesto sobre patrimonio, repercusión de la cuota del IBI y repercusión del coste de las obras de reparación de la vivienda y de los servicios y suministros correspondientes a la misma (nº 2550).
d) Derechos del arrendatario. El arrendatario tiene derecho a una indemnización de una cuantía igual a dieciocho mensualidades de la renta vigente al tiempo de la extinción del arrendamiento cuando antes del transcurso de un año desde la extinción del mismo, cualquier persona comience a ejercer en el local la misma actividad o una actividad afín a la que aquel ejercitaba. Deben considerarse afines las actividades típicamente aptas para beneficiarse, aunque solo sea en parte, de la clientela captada por la actividad que ejerció el arrendatario (nº 2505).

2365 **Arrendamientos excluidos del ámbito de LAU/64** Como ya se ha señalado, la LAU se ocupa de los arrendamientos concertados con posterioridad al 1-1-1995, dejando en consecuencia vigente con relación a los concertados con anterioridad al 9-5-1985 subsistentes a dicha fecha lo dispuesto por LAU/64, salvo en aquellas materias modificadas por LAU disp.trans.3ª.
Al no referirse esta transitoria a los arrendamientos excluidos del ámbito de LAU/64 art.2 y 3, su contenido sigue siendo de aplicación a:
- los arrendamientos de temporada (nº 2367); y
- los arrendamientos de industria (nº 2370).

2367 **Arrendamiento de temporada** (LAU/64 art.2.1) Están excluidos de la LAU/64 y se rigen por lo pactado y por lo establecido con carácter necesario en el Código civil o en la legislación foral, en su caso, y en las leyes procesales comunes, los arrendamientos, cesiones y subarriendos de viviendas o locales de negocio, con o sin muebles, de fincas cuyo arrendatario las ocupe únicamente por la temporada de verano, o cualquier otra, aunque los plazos concertados para el arrendamiento sean distintos.
Del citado precepto y de su interpretación por **doctrina** y **jurisprudencia** cabe extraer las siguientes conclusiones:
1ª) No obsta a la **calificación del arrendamiento** como de temporada:
• El hecho de que el arrendatario conserve en su poder las llaves de la finca durante las épocas en las que la industria instalada en ella no esté abierta al público (TS 8-2-62).

• El hecho de que, habiéndose pactado para ser destinado el local a ser explotado para discoteca por una o varias temporadas, funcione los sábados, domingos y festivos, ocasionalmente (TS 22-12-79).

2ª) No se está ante un arrendamiento de temporada por el hecho de que el arrendatario utilice el local arrendado durante unas **épocas del año**, si consta esta facultad en el contrato (TS 28-5-87, EDJ 4209).

3ª) El concepto de temporada no debe circunscribirse a aquellas coincidentes con las **estaciones del año climatológicas**, aunque la ley cite, a título de ejemplo, la temporada de verano, por ser la más corriente, sino que debe referirse a aquellos períodos de tiempo que se consideren formando un conjunto o durante los cuales se efectúa frecuentemente una cosa. Así por ejemplo, en el arrendamiento de un almacén concertado para la campaña naranjera, porque aquella viene a ser el tiempo que transcurre desde que se inician las operaciones al madurar el fruto a comienzo del otoño hasta que se extingue la naranja a fines de la primavera (TS 6-7-54; 28-1-60).

4ª) Si en el contrato se dice que se trata de un arrendamiento de local de negocio por cinco temporadas y por un precio a pagar en ellas, cuya duración se fija desde el 1 de febrero al 31 de diciembre de cada año, no cabe hablar de arrendamiento de temporada como excluido del ámbito de LAU/64, si no hay una **ocupación estacional** ni **vocación de permanencia** en el tiempo (TS 26-3-97, EDJ 2374).

5ª) Es posible un **arrendamiento de industria** por temporada (TSJ Cataluña 28-2-87).

Al respecto, ver también lo indicado en la nº 1533 s. para el arrendamiento de vivienda.

Arrendamiento de industria (LAU/64 art.3.1) No encajan entre los arrendamientos de locales de negocio a los que hace referencia LAU/64 art.1, aquellos supuestos en los que el arrendatario reciba, además del local, el negocio o industria en él establecido, de modo que el objeto del contrato sea no solamente los bienes que en el mismo se enumeren, sino una unidad patrimonial con vida propia y susceptible de ser inmediatamente explotada o pendiente para serlo de meras formalidades administrativas. **2370**

La **jurisprudencia** ha puntualizado al respecto lo siguiente: **2372**

1) El **objeto** del arrendamiento de industria es un complejo o universalidad de elementos materiales, conectados y adecuados a un uso industrial y apto para funcionar inmediatamente, es decir (TS 16-3-48; 30-6-49; 27-9-49; 11-11-49; 4-6-51; 26-6-51; 24-5-52; 16-3-53; 29-4-53; 19-10-53; 7-12-53; 11-4-55; 30-1-56), un todo organizado para la realización de una finalidad productiva o de un fin económico, organización que constituye una unidad patrimonial, o en otros términos (TS 18-4-52), la industria constituye una entidad compleja, integrada por los enseres, maquinaria, local en que está instalada, y una organización que constituye un todo orgánico para una actividad industrial, según el concepto recogido por la jurisprudencia (TS 16-5-47; 30-11-50; 25-4-51; 30-10-51; 13-11-63; 21-2-00, EDJ 2110).

2) No es aplicable el régimen de arrendamiento de empresa cuando los contratantes presuponen la **desaparición de la industria anterior** para iniciar *ex novo* otra diferente el arrendatario, situación que no se producirá por el hecho de que este amplíe, por su conveniencia, la explotación, añadiéndole un negocio nuevo, o introduzca sensibles mejoras en la maquinaria, menaje o mobiliario de la industria arrendada (TS 14-11-80).

3) Para juzgar cada caso no hay que detenerse en el sentido riguroso o gramatical, sino indagar, fundamentalmente, sobre cuál haya sido la **intención**, así como la **finalidad perseguida** con el negocio jurídico convenido, partiendo de las circunstancias concurrentes y conducta de los interesados, por los actos posteriores y coetáneos al contrato (TS 21-12-81).

4) Si surge alguna duda en cuanto a la aplicación de la Ley civil común o de la especial de arrendamientos urbanos, ha de ser resuelta otorgando **preferencia** a aquella, por su carácter general y atrayente (TS 2-4-51) y que en los supuestos en que exista duda acerca de si la normativa aplicable a un contrato es la general del Código civil o la especial, representada por la Ley de arrendamientos urbanos, es obvio que debe concluirse la aplicabilidad de la legislación general dictada para la mayoría de los casos en lugar de seguir el criterio de la especialidad (TS 10-2-86; 24-1-00, EDJ 167; 15-6-00, EDJ 15183).

5) No pueden confundirse las ideas de **organización** y de **entidad viviente**, pues si bien puede decirse, en general, que es esencial en la industria que exista una organización, no es esencial que esa organización esté en todo momento funcionando como entidad viviente, pues la vida, que solo puede entenderse aquí en sentido figurado o análogo, viene del elemento director que imprime su impulso a la industria, y este elemento director es precisamente lo que no se transmite por el arrendador ni es objeto, por tanto, del contrato de industria, sin que pueda decirse que en el momento en que esta dirección activa cesa, desaparece *ipso facto* la industria, ni cambia la naturaleza, dado que se conserva su propia estructura y finalidad. Si el objeto del arrendamiento es un todo organizado para la realización de una finalidad

productiva, organización que constituye una unidad patrimonial, es indudable que en dicho contrato se arrienda una verdadera industria (TS 30-6-49; 8-4-52; 29-9-55).
6) Resulta intrascendente a los fines de la **calificación del arrendamiento**, que el negocio viniera explotado en régimen de empresas por personas distintas de la arrendadora, puesto que lo esencial a estos efectos es su preexistencia y la posibilidad de continuar el arrendatario la explotación, en igual forma (TS 17-1-57; 21-3-58).
7) No obsta a la calificación como arrendamiento de industria que el arrendatario haya introducido **mejoras** (TS 4-3-85; 4-11-88).
8) Si el contrato de arrendamiento de industria fuere calificado como complejo, estaría fuera de la LAU, siquiera no puede hablarse de tal por la discrepancia acerca de la duración del plazo contractual (TS 21-2-00, EDJ 2110; 3-12-01).

2374 Precisiones **1)** No puede constituir arrendamiento de una unidad patrimonial, aquel al que se despoja -por haber sido vendidos- de los elementos que, como **utensilios, maquinaria, motor, herramientas y muebles**, destinado todo ello al ejercicio de la panadería, y los accesorios que tengan el mismo destino, y que son precisos, para su esencial actividad (TS 30-5-74; 23-12-78).
2) La palabra **industria**, tanto por su etimología, como por su definición lexicológica: maña, destreza, habilidad, y también conjunto de operaciones materiales para la obtención y transformación de un producto natural, o su acepción económica de transformación de primeras materias y producción de riqueza; como en el concepto más vulgar de profesión y oficio, representa una idea sustancialmente integrada por la actividad del factor humano que la sustenta, el cual, con auxilios materiales (trabajo material, maquinaria y artefactos e instalaciones en mayor o menor número, según su desarrollo), económicos (capital, crédito, clientela) o inmateriales (inteligencia, laboriosidad, crédito público), constituye una **unidad patrimonial** propia de la persona individual o colectiva que la produce o mantiene y susceptible de ser transmitida, cedida, traspasada o arrendada por tiempo determinado, a otra u otras personas que, al recibirla como tal industria, no adquieren solamente los elementos auxiliares enumerados, por muy importantes que sean, sino una entidad dotada de vida, según la actividad que la anime y multiforme en sus relaciones jurídicas, derivada de los derechos y obligaciones que le correspondan, como objeto de derecho y elemento económico-social (TS 29-9-55).
3) No puede ser obstáculo a la calificación del contrato como de industria la circunstancia de que, con anterioridad al arrendamiento, no existiera aquella (industria), porque es lo cierto que resulta perfectamente lícito que el propietario proceda al **montaje de una explotación industrial para luego arrendarla** como tal, cuando, como en este caso, lo que se cede es el local dotado de los elementos precisos y debidamente organizados para la obtención de un producto económico y susceptible de explotación inmediata (TS 27-4-66).
4) No obsta a la calificación del arrendamiento como industria que el **mobiliario** y el **menaje** hayan tenido que ser renovados por el arrendatario, ni tampoco que en el contrato se haya pactado un **precio** por el local y otro por los muebles (TS 22-3-59; 29-12-71; 6-2-76; 15-11-85).
5) No existirá el arrendamiento de industria si se lleva a cabo la **venta del negocio** existente en el local arrendado, continuando el arrendatario como tal (TS 31-3-81).
6) La jurisprudencia **ha considerado como arrendamiento de industria**, el que recae sobre:
- la explotación de un hotel (TS 17-9-87);
- un café o un bar (TS 7-3-85);
- una panadería (TS 25-3-73);
- un garaje en marcha (TS 19-1-90);
- una cerrajería (TS 2-10-59);
- una fábrica de tejidos (TS 14-10-52);
- una carnicería (TS 13-6-69);
- un taller mecánico en funcionamiento (TS 18-5-70);
- una fábrica de papel (TS 4-6-51);
- un polideportivo (TS 30-6-85);
- un club hípico (TS 11-11-85);
- un restaurante (TS 17-11-89);
- unas casas de colonias infantiles (TS 15-3-97, EDJ 1098).

2380 **Renuncia a beneficios** (LAU/64 art.6.3) Son **renunciables** los beneficios que la ley confiere al arrendador, lo sea de vivienda o de local de negocio, y a los arrendatarios y subarrendatarios de estos últimos, salvo el de prórroga del contrato de arrendamiento, que no puede ser renunciado por el arrendatario.
En cuanto a la renuncia de beneficios por el **arrendador** nos remitimos a lo expuesto en el nº 1561, pasando a examinar ahora la renuncia por arrendatarios y subarrendatarios.

2382 Se permite la renuncia de beneficios que la LAU/64 confiere a los **arrendatarios o subarrendatarios** de locales de negocio, con excepción del de prórroga del contrato de arrendamiento (LAU/64 art.6.3).

La **jurisprudencia** ha declarado al respecto, con carácter general, lo siguiente:

a) La **prórroga** de los contratos de arrendamiento urbano de los locales de negocio, obligatoria para los arrendadores, e inspirada en la necesidad de proteger a estos últimos, derivada principalmente de la escasez de tales locales, es una norma de derecho necesario que no puede ser modificada por la voluntad de las partes y, por lo tanto, cualquier estipulación contractual que trate de regir la prórroga de tales contratos en forma distinta a la establecida por la ley ha de ser rechazada, y cualquier renuncia hecha por el arrendatario, expresa o tácitamente, a tal beneficio es nula (CC art.4; LAU/64 art.6). Esto establecido, la cláusula segunda del contrato de arrendamiento que se discute, por la que se estipula que, terminado el plazo de su duración se entenderá tácitamente prorrogado por otro igual, y así sucesivamente, mientras no medie aviso de la parte que quiera darle por finalizado, a la otra, notificándoselo con 3 meses de anticipación, en cuanto establece una limitación que se impone a la prórroga legal, condicionándola por la voluntad de las partes, en contra de lo establecido en la legislación de arrendamientos que establece con carácter absoluto que la prórroga, llegado el día del vencimiento pactado, comienza a regir sin alteración de ninguna de sus cláusulas, es nula. Como se ha declarado por el Tribunal Supremo, desde la vigencia de las disposiciones especiales de arrendamientos, la prórroga del plazo pactado solo puede entenderse producida por la voluntad exclusiva del arrendatario en virtud del derecho irrenunciable concedido por aquellas, la única prórroga que rige es la legal y, como consecuencia, hay que declarar que el contrato discutido estaba sometido a la prórroga y gobernado por las disposiciones que a ella se refieren (TS 25-10-60).

b) Para la **validez** de la renuncia a los beneficios otorgados por LAU/64 a los arrendatarios de locales de negocio, cuando la renuncia se hace por persona cuya plena capacidad civil no se ha puesto en duda, ni en LAU/56 art.11 (LAU/64 art.6), ni en ningún otro precepto legal se exigen formalidades, requisitos, ni previas notificaciones de ninguna clase (TS 26-6-62).

Precisiones **1)** Si en el contrato de arrendamiento se había **prohibido el traspaso** y se realizó a pesar de ello, no ha lugar a la resolución del arrendamiento, porque tal cláusula era nula con arreglo a la legislación de la fecha en que se estipuló (año 1943), pero si se hubiese estipulado con posterioridad a la LAU/56 sería válida por la posibilidad de la renuncia al derecho de traspaso que concede LAU/56 art.11 (LAU/64 art.6) (TS 24-2-51; 18-12-52; 6-11-54; 28-9-63).

2) Si de la cláusula del arriendo se infiere que las partes contratantes renunciaron a la revisión durante los 2 años de duración del contrato es obvia la licitud de tal **renuncia**, porque no reviste tal carácter, por ser un elemento esencial para la existencia de la acción (TS 14-2-49; 28-11-53; 14-6-57; 2-2-61).

3) Es válida la cláusula por la que se estipula que si el arrendador ejercitase el derecho de tanteo, solo deberá abonar el 70% del **precio del traspaso**, porque no se opone a la ley ni a la moral; siendo válida también aquella por la que el arrendatario se obliga a satisfacer el **arbitrio municipal de alcantarillado** y la **contribución urbana** que corresponde a dicho local, porque tal obligación no reviste el carácter de una elevación, prohibida, en cuanto es posible estimar que se estipulase como parte del precio (TS 14-6-57).

4) Es válido lo pactado en el contrato, respecto a la obligación por el arrendatario de **conservar el local** a su cargo. Con la particularidad, además, de que si como consecuencia de la falta de reparaciones hubiera de cerrarse el local más de 6 meses, no podría alegarse causa justificativa del cierre (TS 2-11-72).

5) La sola **citación del destino** en el contrato, sin ninguna otra manifestación, no es suficiente para estimar la renuncia, pues no vinculada la arrendataria a la clase de negocio con que inició el arriendo tampoco lo estaba la sucesora y si no lo estaba y el cambio operado no ha sido de negocio en vivienda, que es lo que la ley prohíbe, ni se quebrantó el art.60.1 LAU/64, porque la sucesora hizo lo que pudo hacer su causante, ni tal cambio de actividad que es el previsto en LAU/64 art.114.6°, puede determinar la resolución del contrato (TS 8-4-67).

6) Si bien cualquier **renuncia anticipada** a los beneficios de la ley es nula y sin ningún valor, no lo es cuando, en plena posesión del contrato, el arrendatario consiente voluntariamente en elevar la renta y ratificar los incrementos periódicos que se habían pactado y había venido abonando (TS 23-10-74).

7) Es válida la renuncia al **derecho de retorno** (TS 7-11-70).

8) Si bien es lícita y tiene perfecta validez la renuncia por el arrendatario del local de negocio de los derechos y beneficios que la ley le concede, salvo el de prórroga contractual, no lo es ni tiene eficacia jurídica la de **derechos concedidos por las leyes posteriores**, aun los que, reconocidos con anterioridad, son regulados por aquella en forma distinta, bien en su alcance como en la forma de hacerlos efectivos (TS 13-10-69).

Arrendatarios extranjeros (LAU/64 art.7) Los beneficios que la LAU/64 concede son aplicables a los inquilinos, arrendatarios y subarrendatarios extranjeros, siempre que estos prueben la existencia del **principio de reciprocidad** en los países respectivos a favor de los inquilinos, arrendatarios y subarrendatarios españoles. **2384**

Los **requisitos** para la aplicación de esta normativa, los aspectos relativos a la **prueba** de la reciprocidad se exponen en el nº 1567.

2386 **Aplicación analógica de LAU/64** (LAU/64 art.8) En aquellos casos en que la cuestión debatida, no obstante referirse a las materias reguladas por LAU/64, no aparezca expresamente prescrita en la misma, los tribunales deben aplicar sus preceptos por analogía.
Los **requisitos** para la aplicación se exponen en el nº 1569 s.

2388 **Abuso de derecho y fraude de ley** (LAU/64 art.9) El ejercicio de los derechos y el cumplimiento de las obligaciones previstas en LAU/64 debe acomodarse a las reglas de la **buena fe**. Los jueces y tribunales deben rechazar las pretensiones que impliquen manifiesto abuso o ejercicio anormal de un derecho o que constituyan medio para eludir la aplicación de una norma imperativa, que debe prevalecer en todos los casos frente al fraude de la ley.
Lo relativo a esta cuestión se trata con detalle en los nº 1573 s.

2. Duración

2400

2402 Con la entrada en vigor de la LAU, los arrendamientos de local de negocio concertados con anterioridad al 9-5-1985 y subsistentes a fecha 1-1-1995 se ven sometidos a ciertas reglas o **limitaciones** en cuanto a su duración.
Estos límites afectan, en particular, a las situaciones de **prórroga y subrogaciones**, que no podrán prolongarse indefinidamente tras la entrada en vigor de la LAU.
En consecuencia, las situaciones que podrían plantearse en cuanto a la **extinción** del contrato de arrendamiento serían las siguientes:
a) Que el arrendamiento se encuentre **en situación de prórroga legal** a fecha 1-1-1995 (nº 2405 s.).
b) Que el arrendamiento se encuentre **en plazo contractual** a fecha 1-1-1995. En este caso la extinción se produce en momentos distintos atendiendo a las siguientes circunstancias:
- que sea posible su prórroga;
- que sean posibles subrogaciones posteriores;
- que no quepa ninguna de las dos posibilidades anteriores.

2403 Los contratos anteriores al 9-5-1985 en los que, en la fecha de entrada en vigor de la LAU, **no haya transcurrido aún el plazo** determinado pactado en el contrato, tendrán la **duración** correspondiente al tiempo que reste para que dicho plazo se cumpla. Cuando este período de tiempo sea inferior al que resultaría de la aplicación de las reglas del nº 2500 s., el arrendatario podrá hacer durar el arriendo el plazo que resulte de la aplicación de dichas reglas (LAU disp.trans.3ª.5).
Por tanto, para la aplicación de las reglas indicadas en cuanto a la duración del arrendamiento es necesario que se den los siguientes **presupuestos**:
- que se trate de un arrendamiento de local de negocio de los encuadrados en LAU disp.trans.3ª, que esté subsistente a fecha 1-1-1995 y sea anterior al 9-5-1985; y
- que a fecha 1-1-1995 no haya transcurrido todavía el plazo determinado pactado en el contrato.
En cuanto a la duración del contrato se darán dos situaciones:
1) Si el período de tiempo pactado en el contrato es superior al mínimo señalado en las reglas de LAU disp.trans.3ª.4 para los contratos en situación de prórroga legal, dura hasta que transcurra dicho período.
2) Si el período de tiempo pactado que queda por cumplir a fecha 1-1-1995, fuera inferior al que resultaría de la aplicación de las reglas previstas en LAU disp.trans.3ª.4, según que el arrendatario sea persona física o jurídica, puede el arrendatario hacer durar el arrendamiento hasta el día que fijan dichas reglas.
Mientras el contrato esté en plazo contractual, se le aplicará el **régimen jurídico** de LAU/64.
En caso de que a la expiración del término tenga lugar la **tácita reconducción** del CC art.1566, se aplicarán desde entonces al arrendamiento renovado las normas de la LAU relativas al arrendamiento de fincas urbanas para uso distinto del de vivienda (LAU art.3, 4 y 29 a 37).

Precisiones Al acceso a la modalidad de **jubilación activa** por parte del arrendatario no conlleva la extinción del contrato de renta antigua, dado que se trata de una prolongación legal de la actividad (TS 13-10-20, EDJ 684249).

a. Prórroga forzosa

Conforme a LAU/64 art.57, cualquiera que fuera la fecha de la ocupación de los locales de negocio, llegado el día del **vencimiento del plazo pactado**, este se prorrogaba obligatoriamente para el arrendador y potestativamente para el arrendatario, aun cuanto un tercero sucediera al arrendador en sus derechos y obligaciones. Esta misma regla se aplicaba a los arrendamientos de vivienda anteriores al 9-5-1985, por lo que en esta cuestión nos remitimos a lo expuesto al respecto en los nº 1595 s. **2405**

b. Excepciones a la prórroga forzosa

Aunque en LAU/64 art.62 a 94 se hace referencia a las excepciones a la prórroga forzosa, contemplando tanto las relativas a los arrendamientos de viviendas y asimilados a estas, como las relativas a locales de negocio y asimilados, a continuación solo nos ocuparemos de las relativas a los arrendamientos de locales de negocio, distinguiendo los siguientes **supuestos**: **2410**

- **Necesidad** de ocupación del local por el arrendador (nº 2415).
- **Derribo** para nueva edificación (nº 2445).
- **Falta de uso y cierre** del local arrendado (nº 2447).

Necesidad de ocupación del local por el arrendador (LAU/64 art.62.1 y 70 a 77) En el caso de los arrendamientos anteriores al 9-5-1985, el arrendatario no tiene derecho a la prórroga legal cuando el arrendador tenga **necesidad** de ocupar el local de negocio. **2415**
En cualquier caso, para que proceda la denegación de la prórroga del arrendamiento de local de negocio por esta causa es necesaria la concurrencia de los siguientes **requisitos** (LAU/64 art.70).

Delimitación de la situación de necesidad En relación con esta cuestión hay que señalar que la norma legal se contrae al supuesto de que el arrendador necesite ocupar el local de negocio arrendado, pero no al supuesto de que los locales de que disponga sean *de facto* notoriamente insuficientes para el ejercicio de su industria. **2417**
En cualquier caso, no basta el **mero deseo o conveniencia** para el arrendador de ampliar su negocio para denegar la prórroga (LAU/64 art.71).
La jurisprudencia ha tenido la ocasión de pronunciarse en numerosas ocasiones apreciando o no la existencia de situación de necesidad. A continuación se enumeran algunos de tales supuestos a título de ejemplo.

Precisiones **1)** Cuando a un arrendatario se le compele a desalojar el local arrendado, por necesitarlo para sí el propietario, es incuestionable que puede basarse en la **acción negatoria** de la prórroga efectuada al que a su vez es el arrendador, bastando a tal fin que en el juicio demuestre que el requerimiento que se le hizo era tan fundado que legalmente no tenía términos hábiles de oponerse a él (TS 8-7-52; 24-9-54).
2) La **conformidad con la indemnización** que se ofrezca por el arrendador no es por sí sola un reconocimiento de la necesidad (TS 4-5-61).
3) Es posible estimar la **necesidad por un solo local**, aunque se hubieran solicitado varios arrendados a distintas personas (TS 12-5-67).
4) Cuando en una misma finca exista **más de un local de negocio de análogas características** que satisfaga las necesidades mercantiles o industriales del arrendador, debe ejercitarse el derecho de denegación de prórroga contra el arrendatario más moderno (LAU/64 art.72).

La jurisprudencia ha **apreciado la existencia de necesidad** justificativa de la denegación de prórroga del arrendamiento de local de negocio en **supuestos** como los siguientes: **2419**
a) La necesidad de la actora de **explotar por sí el local arrendado** como teatro para vivir decorosamente en consonancia con su posición social, siendo muy exiguos los ingresos de que dispone (TS 4-5-55).
b) Basta que la ampliación del local venga exigida por insuficiencia, que impida o **atente a la subsistencia del negocio**, evento del caso de autos, en el que según tiene advertido la Jefatura Provincial de Sanidad, está obligada a clausurar la industria si se mantiene en el insuficiente local que ocupa y no se la traslada a otro de dimensiones iguales al menos a las mínimas impuestas por el reglamento que legitima las exigencias del funcionario, quien no puede dejar de cumplirlo y de imponer su cumplimiento, por lo que su actuación constituye una actividad necesaria en cuanto no debe, ni puede omitirla, así como necesaria es la que exige al

industrial, para la busca y hallazgo de otro **suficiente reglamentariamente**, necesidad que no admite más calificativo que la de absoluta, ya que el mismo carácter de forzosa e impuesta y contraria a la espontánea y voluntaria, tiene la actuación imperada en forma de prohibición jurídica por una disposición normativa de carácter necesario, forzoso o coactivo, *ius cogens*, que la necesidad de una ley natural, técnica o económica, necesidad absoluta para que subsista la industria, pues debe ser clausurada y lo sería privándola de existencia al menos temporal, si frente a la Administración y a sus disposiciones protectoras de la higiene y seguridad en el trabajo, deja de ponerse remedio a los defectos de que adolece (TS 14-12-57).

c) Reconocida la insuficiencia del local y las deficiencias que los humos producen, si lo necesario equidista entre lo forzoso y lo meramente conveniente, aquí estamos en tal situación, pues si bien el negocio no parece sin la agregación de lo reclamado en que sería forzosa tal agregación, para que no se perdiera, sí es **superior a la simple conveniencia**, el que se pueda desenvolver con la normalidad de los negocios de su clase, para conseguir su fin de utilidad. Así se viene estimando por esta Sala que la insuficiencia de un local de negocio, y su falta de capacidad para su normal desenvolvimiento, es causa determinante de la necesidad (TS 19-11-66; 21-12-66).

d) Existe la necesidad por el hecho de que la actora sufra **constante aumento de matrícula de alumnos** que reciben enseñanza profesional en los 3 primeros años del grado de aprendizaje y del de maestría y por la necesidad de construcción de unas instalaciones deportivas y un grupo de duchas y vestuarios, expresamente reconocida por la Delegación de Educación Física y Deportes, ajustándose al proyecto aportado (TS 4-12-64).

2421 **e)** Declarado por la sala que el normal funcionamiento de la industria **no permite su instalación adecuada** en el local ocupado, se impone estimar la necesidad de la reclamación del local del recurrente (TS 14-4-64).

f) Aceptada por el recurrente la **falta de espacio** que se alega de contrario como causa de necesidad, no debe ser obstáculo para la estimación de la misma, que aquella provenga del nuevo giro dado al negocio de cerrajería a que el actor se dedicaba y se dedica, por **incorporación de actividades afines**, como son las de la carpintería metálica, al no estar obligada a permanecer al margen de la evolución comercial e industrial, no pudiendo decirse que se trata de mero deseo o conveniencia (TS 11-2-66).

g) Habiéndose acreditado en el caso de autos que el demandante tiene que ejercer actualmente su industria en **local que disfruta en precario**, la necesidad de garantizar la estabilidad en el local propio aparece como evidente y justificada la causa de denegación de prórroga que se esgrime, pues su sede es la lonja en el concepto que la sentencia señala y no tiene la permanencia del local propio que es más que conveniente, aunque no sea forzoso para el negocio (TS 12-6-67).

h) Si por **orden municipal** se obliga al arrendatario a cerrar y demoler el local, existe la necesidad, sin que obste a ello la excepción contenida en LAU/64 art.71, por ser aplicable LAU/64 art.70, aun cuando aquella necesidad proviniera del nuevo giro dado al negocio, por incorporación de actividades afines, puesto que su titular no está obligado a permanecer al margen de la **evolución comercial o industrial**, que no debe quedar invariable o estática (TS 26-1-70).

i) Hay necesidad en quien, emigrada durante 20 años, regresa a su país, no puede obtener por su edad (79 años) empleo remunerado al servicio ajeno, ha ejercido el comercio de modo continuo antes de abandonar España y se da de alta en contribución previamente al ejercicio de las acciones, por ser el comercio la **única forma de subsistir**, extremos tenidos en cuenta por la audiencia y no atacados de manera adecuada, ni formal ni materialmente, ya que el comercio puede ejercerse, además de personalmente, por medio de dependientes (TS 28-2-87).

j) No enerva la acción resolutoria por necesidad el hecho de que aquel para quien se pide el local se hubiera **instalado provisionalmente en otro distinto** (TS 27-10-64).

2423 La jurisprudencia ha **desestimado la causa de necesidad** para justificar la denegación de prórroga del arrendamiento de local de negocio en **supuestos** como los siguientes:

a) Si la causa alegada es la limitación de espacio y reducción de distancias de unas máquinas a otras por la **acumulación transitoria y excesiva de materiales**, subsanable mediante una más ordenada distribución de estos, realizada la cual bastaría para que los trabajos se efectuasen sin incomodidades ni peligro de accidentes para los obreros, como así se ha venido haciendo durante muchos años, no cabe estimar la necesidad, máxime estando acreditado que la entidad actora dispone de otros locales de reciente ocupación y que son factibles las obras de acondicionamiento y ampliación en los propios que ocupa (TS 14-11-50).

b) El hecho de tener el actor repartidas sus existencias comerciales entre dos establecimientos, uno la tienda radicante en la misma planta baja del inmueble de su propiedad donde tiene la suya el demandado, y otro un almacén que lleva en arrendamiento situado en calle distinta y por el que paga un alquiler superior al que percibe por la tienda arrendada al demandado, sí

es suficiente para demostrar la **conveniencia** que para el actor supone el hacer que desaparezca tal situación y, como consecuencia, el poder reunir todas sus existencias en una misma tienda, con mayores facilidades para exhibir los géneros y atender a su clientela, pero no es bastante para caracterizar la necesidad que la ley exige (TS 20-1-50).
c) No cabe estimar la necesidad si se da por probado que, si bien el local que el actor destina a la venta al por mayor de hierros y metales está abarrotado de mercancías, sin embargo, en los otros cuatro locales destinados a la venta al por menor, de estimables **dimensiones**, caben holgadamente más géneros de los que contienen (TS 10-5-62; 12-5-67).
d) No es dable fundamentar la necesidad de ocupar los locales propios, cuando quien los reclama tiene **reservables los resultantes de la reconstrucción** y no se dan en este caso circunstancias que autoricen a hacer excepción a tal principio general, y si se **renuncia al retorno**, esta renuncia fue un hecho voluntario y, por tanto, incompatible con el supuesto de LAU/64 art.63.2.4, que requiere que el desalojo lo provoquen causas absolutamente ajenas a la voluntad (TS 15-2-55; 9-10-64; 3-11-66).
e) No existe la causa de necesidad por la pretensión de instalación de la **industria del hijo con la del padre** (TS 27-11-65).
f) No hay necesidad, sino **conveniencia**, por el hecho de pretender tener la industria en el mismo edificio en el que se tiene la vivienda (TS 24-10-69).
g) No habiéndose reclamado el local para **actividad de comercio o industria**, sino para guarda de los coches de servicio particular de la actora y sus familiares, la reclamación es improcedente por falta de tal requisito esencial, de necesidad del local para actividad de comercio o industria (TS 29-11-68).

Requerimiento de denegación de prórroga (LAU/64 art.65 y 70.2) Para la denegación de la prórroga forzosa del arrendamiento de local de negocio es requisito previo la realización de un **requerimiento fehaciente** al arrendatario, con un año de **antelación**, en el que se le haga saber la persona que necesita ocupar el local y la causa de necesidad. Una información más detallada acerca de este tipo de requerimiento se recoge en el nº 1677 s., al tratar de los arrendamientos de viviendas anteriores al 9-5-1985. **2425**

Precisiones Basta con que la **expresión de la causa** se haga someramente, pues la justificación suficiente de las circunstancias de detalle la exige LAU/64 art.70 en párrafo distinto del referente al requerimiento y, por tanto, ha de entenderse referida al juicio (TS 10-7-52).

Dedicación a actividad de comercio o industria con un año de antelación a la fecha del requerimiento (LAU/64 art.70.3) Para que opere la excepción por necesidad a la prórroga forzosa del arrendamiento de local de negocio, se exige que quien aspire a ocupar dicho local halle establecido en actividad de comercio o industria con un año de antelación, como mínimo, a la fecha en que se practique el requerimiento. **2427**
No se requiere en el ocupante la **condición de comerciante**, sino la clase de **actividad ejercida**.
Este requisito se establece como **garantía** de que realmente existe la necesidad alegada, pero supuestos especiales requieren la adaptación de la ley a la realidad social para que cumpla sus fines, que no pueden entenderse hoy como protectores de una sola de las partes.
El previo ejercicio de la industria **no es exigible** en el supuesto del arrendamiento de espectáculos (nº 2340).

Precisiones **1)** La actividad de **transporte de viajeros** a que se dedica el servicio público de autotaxis es una de las que tienen la consideración de actividad industrial cuando se presta de una manera habitual, tanto directamente como por medio de un empleado (TS 18-2-61).
2) El **ejercicio de la actividad** de negocio no tiene que realizarse precisamente en un local de negocio propiamente dicho (TS 18-5-53).

Indemnización al arrendatario (LAU/64 art.73) El arrendador que ejercite la excepción por necesidad a la prórroga forzosa del arrendamiento de local de negocio, tiene que abonar una indemnización al arrendatario. En tal caso, se contemplan varios **supuestos**: **2429**
- que exista acuerdo al respecto (nº 2431);
- que no exista dicho acuerdo (nº 2433); y
- el supuesto previsto en LAU/64 art.5.2 que conlleva una indemnización de dos anualidades de renta (locales ocupados por la Iglesia Católica, el Estado, los municipios, las provincias, etcétera; los destinados a depósitos y almacenes; y los destinados a escritorios y oficinas; nº 2750 s.).

Precisiones **1)** No es aplicable el **plazo para el desalojo** previsto para las viviendas en nº 1687.
2) No es preciso en orden al cobro de la indemnización la **prueba de daños y perjuicios** no solo en función del valor del derecho de traspaso reconocido a todo arrendatario de estos locales, y de cuyo derecho se ve privado, cuando el arrendador por razones de necesidad recobra el local, cuidando la ley de dejar indemne el patrimonio de aquel del que incuestionablemente se desmembra el valor económico en que consiste este derecho.

3) El supuesto previsto en la causa de **resolución del arrendamiento por expropiación** (nº 2240), es diferente al de LAU/64 art.70, por lo que no es aplicable lo que aquí se expone en cuanto a la indemnización (TS 23-6-92, EDJ 6775).

2431 **Cuando media acuerdo** entre arrendador y arrendatario sobre el importe de la indemnización a percibir por este último, debe serle entregado en el **plazo** comprendido entre la notificación del arrendador y el día que desaloje el local.
Si transcurrido dicho plazo el arrendador **no realiza el pago**, se tiene por prorrogado el contrato sin que pueda volver a reclamar el local hasta transcurridos 5 años desde la fecha en que requirió al arrendatario, todo ello sin perjuicio de la acción que a este compete para resarcirse de los daños y perjuicios que le hayan sido causados.
Por otro lado, cuando el arrendatario que haya prestado conformidad al percibo de la indemnización convenida con el arrendador **no desaloje el local** dentro del plazo marcado, perderá el derecho a la misma y vendrá obligado a resarcirle de los perjuicios que su demora origine.

2433 **A falta de acuerdo** sobre el importe de la indemnización a abonar por el arrendador, este ha de determinarse en la actualidad por los **tribunales o árbitros** (si las partes así lo convinieran) por ser obsoleto el funcionamiento de las juntas de estimación, a que se refiere el texto legal, si bien la acción judicial puede ser entablada por cualquiera de ambos, arrendador o arrendatario con la finalidad de que se declare que la indemnización asciende a una cantidad determinada. A estos efectos, para calcular el importe de la indemnización, se ha de tener en cuenta:
- el precio medio en traspaso de locales destinados al mismo negocio del arrendatario y sitos en la zona comercial en que este se halle;
- la existencia o inexistencia en la expresada zona de locales desalquilados y adecuados al referido negocio;
- además de cuantas circunstancias considere oportuno.

El **importe** de la indemnización, cuando el arrendatario haya adquirido el local por traspaso, no puede ser nunca inferior a lo que haya satisfecho por el mismo.
Señalada la indemnización a satisfacer por el arrendador por la junta de estimación, el **plazo** para el pago y para que el arrendatario desaloje el local se computa desde la fecha en que fue notificada la resolución.

2435 La jurisprudencia ha establecido reiteradamente, en la materia que nos ocupa, que la indemnización a entregar al arrendatario, tanto en el caso de convenio entre las partes como cuando sea fijada por la junta de estimación, ha de ser **previa al ejercicio de la acción de desalojo**, pues así lo da a entender de manera clara el párrafo 4º de LAU/64 art.70, al determinar los requisitos necesarios para la procedencia de la excepción entre los que figura que el arrendatario **sea indemnizado**, tiempo pretérito, esto es, que antes que la resolución o extinción del vínculo por necesidad ha de cumplirse dicha formalidad. Este pensamiento se corrobora por LAU/64 art.73.1, al señalar la sanción en que incide el arrendador si no realiza el pago, o sea la prórroga del contrato, que es tanto como que el vínculo continúe, lo que necesariamente presupone que no ha finalizado su vigencia, al igual que el arrendatario indemnizado si no desaloja el local, se ve privado de la indemnización compensatoria (TS 3-9-65; 15-10-65; 17-4-67; 7-2-95, EDJ 467).
En consonancia con lo anterior, cuando el arrendatario **rechace la indemnización** en el acto conciliatorio de requerimiento no cabe el desalojo, salvo que tenga lugar su entrega o consignación, pues el arrendatario no está obligado al desalojo sin antes ser indemnizado.

2437 **Indemnización al subarrendatario** (LAU/64 art.74) El subarrendatario de local de negocio tiene derecho a **partir por igual** con el arrendatario la indemnización que proceda cuando el arrendador use del derecho que aquí se le reconoce, exceptuándose aquellos casos en que por pacto expreso entre arrendatario y subarrendatario se disponga otra cosa.

2439 **Ocupación y apertura del local por el arrendador** (LAU/64 art.75) Cuando se reclama un local por vía de la excepción a la prórroga forzosa por causa de necesidad del arrendador, dicho local debe ser ocupado y abierto al público por quien lo reclamó en el **plazo** de 6 meses, contados desde el desalojo por el arrendatario.
Si en ese plazo **no se verifica** la ocupación, el anterior arrendatario tiene derecho a recuperar el local dentro de otro plazo igual, readquiriendo vigencia el contrato primitivo. En tal caso, el arrendador no puede **volver a intentar** la ocupación hasta transcurridos 3 años desde la fecha en que el arrendatario volvió al local.
Del mismo modo, si ocupado el local por el arrendador o por la persona para quien lo reclamó, su goce o uso fuese objeto de **arrendamiento o cesión a un tercero** dentro del plazo de tres años, el arrendatario desalojado puede instar su recuperación por volver a regir el

contrato primitivo. La acción para el ejercicio de este derecho se extingue a los 3 meses siguientes al transcurso de los tres años.
En este caso, si el arrendatario desalojado recupera el local, el arrendador no puede intentar de nuevo la ocupación hasta transcurridos 3 años desde que el arrendatario lo recuperó, cualquiera que sea la causa de necesidad en que se funde.

Arrendamiento de industria o negocio de espectáculos (LAU/64 art.77) En los arrendamientos de industria o negocio de espectáculos sujetos a prórroga legal, no es exigible para su denegación, el **previo ejercicio de la industria** con un año de antelación (nº 2427). **2441**
En este supuesto, la **indemnización** prevista es en todo caso la equivalente a una anualidad de renta.

Necesidad de ocupación por el Estado, la provincia, el municipio, la Iglesia Católica o una corporación de Derecho público (LAU/64 art.76) Cuando el Estado, la provincia, el municipio, la Iglesia Católica y las corporaciones de Derecho público tienen que ocupar sus propias fincas para establecer sus oficinas o servicios, no vienen obligadas a **justificar la necesidad**, bien se trate de viviendas o de locales de negocio, pero sí a respetar lo dispuesto, en ambos casos sobre: **2443**
- **preaviso** (nº 1677);
- **indemnizaciones** (nº 1687); y
- **plazos** para desalojar (nº 1687).

Para que las corporaciones de Derecho público gocen del beneficio de exención de prueba es requisito indispensable que tengan reconocido tal carácter por ley y, además, que la declaración de necesidad se haga por el ministro correspondiente.
Si las entidades mencionadas ocupan la **posición arrendataria** en la relación contractual, se aplica lo establecido en el nº 2415 s., según se trate de locales que tengan la consideración de viviendas o de negocio.

Precisiones **1)** Este precepto ha de ser objeto de una **interpretación restrictiva** (TS 1-3-52; 22-5-59).
2) En el precepto no están comprendidas las **entidades benéficas** (AP Baleares 20-6-68).

Derribo para nueva edificación (LAU/64 art.62.2 y 78 a 94) **2445**

En relación con esta excepción a la prórroga de los arrendamientos de local de negocio, nos remitimos a lo dicho al tratar de la misma en los arrendamientos de viviendas celebrados con anterioridad al 9-5-1985 (nº 2445 s.), dado que lo dispuesto por LAU/64 en esta materia no ha sufrido **modificación** alguna en LAU disp.trans.3ª.

Falta de uso y cierre del local (LAU/64 art.62.3) **2447**

Cabe la denegación de la prórroga forzosa del arrendamiento de local de negocio, cuando el mismo permanezca cerrado durante un **plazo** superior a 6 meses, salvo si el cierre obedece a **justa causa** (nº 2452).
Con relación a esta excepción a la prórroga forzosa, en general, nos remitimos a lo expuesto en el nº 1740 s.

Cierre de establecimiento Es doctrina reiterada del Tribunal Supremo que el cierre de un establecimiento abierto, que significa su incomunicación con el público, no se identifica, en **sentido legal**, con el cese de toda actividad en su uso, y que, por tanto, no obsta a la realidad del cierre el hecho de que el local se utilice pero de forma o modo anormal con relación a como anteriormente se había venido utilizando, pues esa anormalidad equivale a un incumplimiento de su propia y natural dedicación (TS 25-5-66). **2450**
A tales efectos, constituye **cierre total** en sentido técnico aquel que comporta la inactividad de la venta al público, sobre todo cuando la denominada **actividad residual** es inconcebible pueda desarrollarse por falta de esos factores físicos y comerciales que los hace necesarios (alumbrado, rótulos, precios, marcas, etc.), por lo que esa actividad que se dice residual solo puede ser de carácter puramente aparente y no efectiva (TS 23-2-87).
Ocurrido el cierre durante el plazo estipulado en el contrato, el arrendador puede ejercitar la **acción declarativa** correspondiente para que quede judicialmente establecido que el arrendatario no tiene derecho a la prórroga legal y llegada esta para resolver el contrato por tal causa -como en el caso de autos se había pedido la resolución por causa de cierre, estando ya el contrato en prórroga legal, se podían hacer los dos pronunciamientos, que no tenía derecho a la prórroga y declarar resuelto el contrato (TS 26-9-63; 29-2-69)-.
En cuanto a la **prueba** del cierre, la jurisprudencia ha señalado que, estando el demandante obligado a probar los hechos normalmente constitutivos de su acción, no puede excusarse este deber procesal alegando las dificultades que entraña; ni tampoco es cierto que el cierre de un establecimiento sea a tales efectos un hecho negativo que baste alegar sin que sea necesario probar, puesto que, dejando aparte que sobre la alegación de un hecho negativo no puede argumentarse una afirmación de su existencia, esta ha de exteriorizarse por

manifestaciones apreciables por los sentidos, ya que de otra forma el mismo demandante que las alega no habría podido conocerlo (TS 27-4-63).
No obstante, en muchas ocasiones, dada la dificultad de prueba de un hecho negativo como es el no uso de local, se ha de acudir a **presunciones**, pudiendo tomarse como hechos-base indiciarios la información de las compañías suministradoras de agua y energía eléctrica porque es contrario a la lógica y la razón que un negocio o actividad pueda funcionar sin agua y con nula o escasa electricidad (AP A Coruña Secc 4ª 3-12-07). A este respecto es preciso tener en cuenta las características del negocio instalado en el local (TS 26-2-73; 2-4-75).

2451 Precisiones **1)** No opera la excepción a la prórroga forzosa por falta de uso y cierre del local, cuando se ha acreditado la **presencia casi diaria y habitual** en el mismo de una de las demandadas, existiendo siempre en el lugar trajes y géneros dispuestos para la venta, afirmaciones tampoco contradichas por el escaso consumo de agua y electricidad, habiéndose realizado también el pago de impuestos y la constante **permanencia del negocio como alta** en las listas contributivas correspondientes (TS 11-10-69).
2) No opera la excepción a la prórroga forzosa por falta de uso y cierre del local, si el arrendatario **abre todos los días el establecimiento** mercantil para sacar del mismo un carro de mano, que sitúa a la puerta del mismo, vendiendo diversas baratijas y chucherías que extrae del mencionado local, constituyendo eso su actividad comercial y utilizando aquel para depósito de la mercancía y para algunas transacciones que realiza en el interior, haciéndolo así porque aquellas chucherías y baratijas tienen como finalidad el ser adquiridas por la población infantil (TS 6-4-97).
3) Opera la excepción a la prórroga forzosa por falta de uso y cierre del local, si habiéndose arrendado el local para el ejercicio de un negocio o industria se produce su **transformación en almacén o depósito** (TS 10-3-73; 28-11-74; 26-5-75; 13-3-09, EDJ 32130).
4) Opera la excepción a la prórroga forzosa por falta de uso y cierre del local, si se dedica a celebrar **juntas de la sociedad arrendataria** y a recibir avisos (TS 29-5-63; 30-3-73).
5) Habiéndose arrendado **dos dependencias en distintos pisos** para ejercer el mismo negocio, no puede implicar cierre el hecho de que para mayor comodidad para el público se mantenga el contacto y el despacho al público en el más bajo (TS 27-5-64). En análogo sentido, el arrendamiento de una planta baja y de un piso, formando ambos unidad al funcionar con destino a restaurante, instalándose en aquella los servicios y en el piso el restaurante propiamente dicho (TS 2-11-67).
6) Cuando se arrienda parcialmente un portal para instalar en el mismo unos escaparates, con el único fin de desarrollar una actividad de negocio, se hace evidente que el **no desempeño** de la misma, o el no uso de la cosa para el fin a que se destinó, constituye un cierre a los efectos de LAU/64 art.62.causa 3ª, ya que no otra cosa significa el **cese de toda actividad** en el local objeto del contrato, por lo que le corresponde plenamente la sanción establecida en aquella norma legal (TS 8-2-65).
7) Los documentos que acreditan el pago de arbitrios, impuestos, patentes, agua, electricidad, teléfono, etc., ni aisladamente, ni en conjunto, dicen por sí, y sin necesidad de razonamientos ni deducciones, que está abierto al público el local de autos al objeto para el que fue arrendado (TS 10-11-65). Los **recibos de consumo** de energía eléctrica son en sí inoperantes por evidenciar la continuidad en el uso pactado del local, frente a lo declarado por el juzgador, que entiende que dicho consumo no es bastante, por existir «otros aspectos probables», entre ellos la propia confesión judicial del recurrente (TS 26-2-75).
8) La excepción a la prórroga forzosa por cierre no opera cuando se trate de un **arrendamiento mixto** de local de negocio con vivienda, no ocupándose esta, pero siguiendo el negocio, porque hay que estar al elemento objetivo predominante (TS 3-2-65; 24-1-68).
9) No constituye cierre del establecimiento un **cambio de actividad** de local de exposición y venta a taller de reparación de máquinas frigoríficas (TS 27-11-67). Tampoco si el primitivo destino del local fue el de compraventa de automóviles usados y guarda de los mismos, y se transformó en escuela de conductores, impartiéndose en el mismo las pertinentes clases teóricas y, al mismo tiempo en local para custodia de los vehículos que dicha academia posee como complemento de las clases, no es posible aplicar la jurisprudencia sobre la transformación de un local de negocio en almacén (TS 24-5-74). Ver precisión **3)**.
10) Opera la excepción a la prórroga forzosa por cierre, si habiéndose arrendado un local para **bar-cafetería**, es este utilizado para el servicio de un **hotel-restaurante** próximo, permaneciendo cerrado para el servicio directo al público más de 6 meses (TS 4-6-74).
11) Cuando no se fija en el contrato de arrendamiento del local de negocio limitación ni condicionante alguno en cuanto al **destino** de dicho local, si después de cesada la actividad del juego del bingo que en él inicialmente se venía desarrollando, se procedió a realizar, durante los 6 meses siguientes, actividades de índole cultural, políticas, rodaje de spots publicitarios, domiciliación de una sociedad de radio y desarrollo de alguna actividad inmobiliaria por el arrendatario de dicho local, cuyas actividades este propiciaba como arrendatario del mismo, dándole en consecuencia a este la **función creadora** que considera la jurisprudencia como elemento esencial para la inexistencia de cierre legal, no cabe considerar, en ese ámbito, que tal cierre se haya producido, tanto porque esas actividades se enmarcan dentro del campo genérico y amplio de destino asignable por el contrato, como porque tales actividades, por sus características, en modo alguno pueden entenderse meramente accesorias e intermitentes, eventuales o residuales, esporádicas o accidentales, de carácter secundario o limitadas, dado que esos módulos

obstativos únicamente son de considerar cuando la actividad que se desarrolle no tenga entidad propia, por venir vinculada a la que tenía como normal destino pactado el local (TS 27-6-89).

Justa causa Con relación a las justas causas del cierre de un local arrendado para negocio, que impiden al arrendador denegar la prórroga forzosa, la jurisprudencia ha tenido ocasión de manifestarse tanto acerca de su **existencia**, como de su **inexistencia**. **2452**

Según la jurisprudencia, **no constituyen justa causa** de cierre del local que impida denegar la prórroga forzosa del arrendamiento, supuestos como los siguientes:

a) La suspensión de pagos o la quiebra del arrendatario -actualmente, **concurso de acreedores** - (TS 6-6-68; 17-10-83).

b) La **suspensión de la producción** por reducción de las exportaciones (TS 24-3-62).

c) El cierre por **sanción gubernativa** (TS 26-1-62; 18-12-68).

d) El **cierre por mala gestión** del negocio (TS 2-4-60).

e) Si en algún caso el **embargo de mercancías** existentes en un local de negocio y el del derecho de traspaso de este puede estimarse como justa causa de cierre del establecimiento, ha de ser mediante la prueba de que el comerciante ha quedado imposibilitado de reponer los géneros embargados, lo que no puede presumirse si con posterioridad a la traba se realizaron nuevas compras. Además, debe probarse que la crisis negocial sea debida a acontecimientos desgraciados ajenos a una negligente conducta mercantil (TS 20-9-66). No puede estimarse el embargo como justa causa obstativa de la resolución de contrato que se pretende, máxime cuando no consta que se haya producido una suspensión de pagos o manifestación de quiebra que haya imposibilitado a dicha empresa para reponer lo embargado, ni que exista crisis en la fabricación de juguetes o que la referida empresa haya atravesado una crisis económica o negocial pasajera, es decir, que no concurre ninguno de los motivos de que pueda emanar la justa causa: ley, fuerza mayor e imperiosa o extrema necesidad (TS 17-4-68).

f) Para que la **enfermedad del arrendatario** justifique el cierre es necesario que influya o repercuta en su aptitud o capacidad para ejercer en el local la actividad negocial que hasta entonces había venido desarrollando, de tal modo que le impida transitoriamente el desenvolvimiento de las actividades necesarias para que el negocio instalado pueda continuar desarrollándose normalmente. Si tal impedimento es permanente, no constituye causa justa del cierre, ya que de no entenderse así se haría definitiva una situación contraria a la propia naturaleza del contrato de arrendamiento, y como en el presente caso, los dictámenes periciales, silencian de una forma absoluta respecto a la duración del tratamiento, el padecimiento que sufre el demandado, produciéndose con ello la consecuencia y posibilidad de no poder volver este a abrir el local arrendado (TS 22-6-60; 26-6-63; 6-3-70; 22-3-74; 30-4-75; 13-3-78).

g) Si el cierre del local de negocio es debido a la **imposibilidad de continuar adelante la explotación de la industria** que en aquel radicaba, ha dejado de cumplir la finalidad perseguida por el contrato el servicio que constituye su razón de ser, por lo que no puede justificarse el cierre con la expectativa de un traspaso (TS 14-12-62).

h) La realización de **obras para modernizar** el negocio (TS 9-2-68).

i) No puede existir el no uso del que habla el precepto cuando el cierre venga impuesto por la naturaleza del negocio, o la interrupción sea debida a **amoldamiento al normal funcionamiento** para cuyo fin fue establecido, como en el supuesto de los balnearios en determinadas épocas del año y las fábricas de molturación de frutas fuera de la época de recolección (TS 22-6-59).

j) La **intención de traspasar** (TS 17-3-69; 6-7-95, EDJ 4673).

k) La omisión del arrendatario de su **obligación de desalojar al subarrendatario** que había sido autorizado, si se prueba que la omisión fue voluntaria (TS 20-12-68).

l) El hecho de **haber solicitado una administración de lotería** no impone tener el local inactivo y cerrado durante casi un año en espera de la concesión de tal negocio, circunstancia que ha de interpretarse debida únicamente a conveniencia del ahora recurrente que no puede perjudicar al arrendador, máxime cuando las justas causas de cierre han de interpretase de modo restrictivo, y sin que se justifique el cierre por la sola conveniencia del arrendatario (TS 24-3-62; 13-12-63).

m) La **crisis** de la empresa o la **inactividad** derivada de la espera de la concesión de la licencia municipal y la comprobación de la efectividad de las medidas correctoras para cortar la transmisión a las viviendas colindantes de ruidos molestos y vibraciones no son hechos ajenos al arrendatario, y no cabe considerarlos como causas apartadas o ajenas a su voluntad (TS 24-2-10, EDJ 12411).

Según la jurisprudencia, **constituyen justa causa** de cierre del local que impide denegar la prórroga forzosa del arrendamiento, supuestos como los siguientes: **2457**

a) Para que la causa alegada justifique el cierre es necesario que influya o repercuta en la **aptitud o capacidad del arrendatario** para ejercer en el local la actividad negocial que hasta entonces había venido desarrollando, de tal modo que le impida **transitoriamente** el desenvolvimiento de las actividades necesarias para que el negocio instalado pueda continuar desarrollándose normalmente. En el caso de autos no se advertía qué relación podía existir entre el estado de viudez de la demandada, sobrevenido años antes de producirse el cierre, y su penuria económica, con la clausura del establecimiento comercial (TS 6-3-70).

b) La existencia de un pleito sobre la entrega del local por **derecho de retorno** (TS 18-2-70).

c) El **incumplimiento del contrato** por el arrendador con relación a las condiciones del local arrendado (AP Barcelona 27-1-68).

d) El **retraso en la apertura** del local por razones administrativas, si se prueba la absoluta falta de culpabilidad en ello por parte del arrendatario (TS 10-5-68).

e) La **negativa del dueño a reconocer el traspaso** y la necesidad de entablar litigio por el arrendatario para conseguir su seguridad jurídica, antes de hacer mayores gastos (TS 19-10-68).

f) La **falta de condiciones para servir al destino convenido**, por humedades abrumadoramente probadas como impeditivas de la exposición y almacenamiento de muebles sin exponerlos a graves deterioros y perjuicios, es causa justa para eximir de responsabilidad al arrendatario que llegó hasta instalar aparatos desecadores (TS 25-11-63).

g) La realización de **obras necesarias** para el desarrollo del establecimiento arrendado (TS 6-10-62; 3-7-63).

h) La intervención del negocio por **embargo del derecho de traspaso** del local, afectando a la actividad comercial al no disponer de mercaderías para la venta (TS 8-6-60; 22-6-64).

i) El cierre del local como consecuencia de un **procedimiento penal** y la constitución de un depósito con los enseres e instalaciones (TS 1-2-62).

c. Subrogación en el arrendamiento

(LAU/64 art.60; LAU disp.trans.3ª.1)

2460 Con carácter general, los contratos de arrendamiento de local de negocio **celebrados antes del 9-5-1985**, subsistentes a fecha 1-1-1995, continúan rigiéndose por las normas de LAU/64, salvo las modificaciones contenidas en la propia LAU, que dado que estos contratos están destinados a extinguirse, crea los mecanismos necesarios para ello, limitando el número de subrogaciones. A estos efectos, la LAU distingue entre:

a) Contratos que se encuentren **en situación de prórroga forzosa** a fecha 1-1-1995.

b) Contratos en los que a fecha 1-1-1995 no haya transcurrido aún el **plazo contractual pactado** en el contrato, en cuyo caso no se prevén limitaciones en cuanto a la subrogación, ni causa de extinción (y conjuntamente subrogación) por jubilación, debiendo estarse, mientras dure el plazo contractual, a lo previsto en LAU/64 art.60, porque lo dispuesto por LAU disp.trans.3ª, 3 y 4, solo se aplica a los contratos que en la fecha de entrada en vigor de la misma se encontraran en situación de prórroga legal.

No obstante, cabe recordar que el **régimen aplicable bajo LAU/64** comprendía las siguientes posibilidades de subrogación al **fallecimiento del arrendatario** ocurrido vigente el contrato, aunque este estuviera en situación de prórroga legal:

1º En primer lugar, al fallecimiento del arrendatario del local de negocio, el **heredero** le sustituía en todos sus derechos y obligaciones.

2º A falta de heredero, o si este no deseaba sustituir al arrendatario fallecido, el **socio** podía continuar el arrendamiento aun en el supuesto de una sociedad civil. Aplicándose también este beneficio a las entidades españolas que absorbieran los negocios de sociedades extranjeras domiciliadas en España.

Los supuestos de subrogación anteriores estaban limitados a **dos transmisiones**, de modo que fallecido el primer sustituto del arrendatario, podía tener lugar la segunda y última subrogación; resultando aplicables estas dos subrogaciones a los contratos de arrendamiento de locales de negocio vigentes a la entrada en vigor de LAU/64, cualquiera que hubiera sido el número de las subrogaciones anteriores (LAU/64 disp.trans.11).

Asimismo, cada transmisión efectuada conforme a lo expuesto daba derecho al arrendador a **aumentar la renta**, aunque el fallecimiento del arrendatario o de alguno de sus sucesivos herederos subrogados hubiera ocurrido antes de la vigencia de LAU/64, salvo que en la fecha de su entrada en vigor hubiera recaído sentencia firme declarando resuelto el contrato (LAU/64 disp.trans.12).

2462 Precisiones **1)** El derecho a la subrogación en el arrendamiento de local de negocio no implicaba un derecho sucesorio en la forma prevista por el CC art.657 y concordantes, sino que se trata de una **prerrogativa** otorgada por la Ley especial al heredero y socio en defensa y reconocimiento del patrimonio comercial, por lo que no constituye un derecho que forme parte del patrimonio del causante transmisible por sucesión desde el momento de la muerte del arrendatario, pues bien claro lo expresa el texto legal al decir «sustituirá», es decir, reemplazar o poner en lugar de otro (TS 16-6-62; 5-5-71).

2) La subrogación no es aplicable si el arrendatario había **cesado** años antes de su fallecimiento **en la actividad mercantil** en el local arrendado (TS 28-10-66; 19-12-68; 22-11-72).

3) No es posible la subrogación si el arrendatario hubiera **subarrendado o cedido** el local a terceros (TS 9-7-64; 28-4-71).

4) No se produce una segunda subrogación en el supuesto de que, arrendado el local a **varias personas conjuntamente**, fallezca una de ellas. Lo que ocurrirá es que los derechos pasarán íntegramente a los que sigan vivos (TS 31-5-85; 18-2-93).

5) Este derecho de subrogación opera también en los **arrendamientos de locales de negocio por asimilación** (TS 21-1-65).

6) Era posible, en este régimen jurídico regulador de las subrogaciones anteriores a 1-1-1995,que al morir el arrendatario le sucedieran varias personas, surgiendo una **comunidad hereditaria**, sin que opere respecto a dicha herencia la preferencia prevista en LAU/64 art.58 para la subrogación en el arrendamiento de viviendas, pudiendo cualquiera de dichos herederos renunciar a su derecho (TS 24-1-57; 18-5-57; 5-12-58; 5-11-91, EDJ 10447). Sin embargo, para las subrogaciones producidas a partir de 1-1-1995, esto ya no es posible, debiendo subrogarse en el arrendamiento un único descendiente, siempre que este continúe la actividad del local (TS 13-1-10).

7) En el supuesto de que al fallecimiento del arrendatario le hubieran sucedido un **heredero en nuda propiedad** y otro en **usufructo**, no se produce una segunda subrogación por muerte del usufructuario (TS 5-7-61).

8) No se produce una segunda subrogación si los herederos efectúan la **partición de la herencia**, adjudicando el local a uno de ellos (TS 9-10-63). Hay que de advertir que una cosa es que los herederos al efectuar la partición adjudiquen el local a uno de ellos, y otra muy distinta que, habiéndose quedado uno con el mismo en concepto de sucesor respecto al negocio, posteriormente renuncie en favor de los demás; supuesto este último que no está protegido por LAU/64 art.60 y puede dar lugar a la resolución del arrendamiento al amparo de LAU/64 art.114.5ª (TS 25-5-68).

Subrogación del arrendatario persona física (LAU disp.trans.3ª.3) Quien ostente la con- **2465**
dición de arrendatario del local de negocio a fecha 1-1-1995, lo sea por el propio contrato o por haberse subrogado en tal condición al amparo de lo expuesto en el nº 2460, y siempre que se trate de un arrendamiento anterior al 9-5-1985, puede continuar en tal condición hasta que se jubile o fallezca.

Ahora bien, tanto en caso de **jubilación** como de **fallecimiento**, no necesariamente se extingue el contrato de arrendamiento, sino que se permite todavía la subrogación del **cónyuge** -si existe- siempre que continúe la misma actividad que se viniera desarrollando en el local (nº 2484 s.).

Incluso, a la jubilación o fallecimiento del cónyuge del arrendatario, o a falta de este, puede continuar la actividad un **descendiente del arrendatario** que continúe con la misma (nº 2496 s.).

Estas posibilidades de subrogación se sujetan a ciertas **limitaciones y condicionantes**, como son:

- Los contratos, en caso de subrogación de un descendiente, no durarán más de **20 años** desde la entrada en vigor de la LAU (1-1-1995), salvo la ampliación de dicho plazo por otros 5 años si concurren determinados requisitos relativos a la actualización de rentas.
- Solo cabe la subrogación si el subrogado continúa con la **misma actividad** económica.

Jubilación del arrendatario Basta la jubilación del arrendatario para que se produzca la **2467**
extinción del arrendamiento, salvo que exista cónyuge y, en defecto de este, un descendiente, si se producen los condicionamientos que se exponen en los nº 2484 s.

El paso, por tanto, a la condición de jubilado del arrendatario, si dicho cónyuge o el hijo no existen, es causa de extinción del contrato. Igualmente, si uno y otro no reunieran los requisitos legales para la **subrogación**.

Sobre los **sujetos comprendidos en el ámbito de la jubilación**, ha de interpretarse en el sentido del que pase a tal condición desde el ángulo tanto privado como de la Seguridad Social, ya que la jubilación a que refiere el precepto es la jubilación laboral, aun cuando se continúe de facto al frente del negocio.

A estos efectos hay que puntualizar que:

a) No existe **edad obligatoria** de jubilación, salvo para los funcionarios públicos (TCo 22/1981). Según el Tribunal Constitucional, es inconstitucional la incapacitación para trabajar desde los 69 años que establecía el ET/95 disp.adic.5ª. La normativa de la Seguridad Social permite el trabajo a partir de los 65 años, esta es solo la edad mínima fijada con carácter general para recibir la correspondiente pensión. A este respecto y, en concreto, en relación con los trabajadores del régimen especial de autónomos, se establece la compatibilidad de la percepción de la pensión con continuar con la titularidad del negocio y el desempeño de las funciones correspondientes al mismo, siempre que la intervención del jubilado no reúna las condiciones de trabajo habitual, personal y directo (OM 31-7-1976 art.93.2). Debe considerarse que se produce la jubilación del arrendatario, con efectos extintivos del contrato de arrendamiento salvo subrogación, si se da la situación siguiente: caso de cobro o concesión de la pensión de jubilación de la Seguridad Social; cuando oficialmente se le declare jubilado según la Ley de Seguridad Social.

b) La jubilación es una institución del Derecho del Trabajo y de la Seguridad Social que se define legalmente como el cese en el trabajo por cuenta ajena a causa de la edad. Esa misma institución se ha ampliado, desde el régimen general de la Seguridad Social, a otros regímenes especiales, entre ellos el de trabajadores autónomos o por cuenta propia, pero con la particularidad de que, en los **trabajadores por cuenta ajena**, la jubilación se puede convertir en un deber (forzosa) cuando el Gobierno señala una edad máxima para la entrada o permanencia en el mercado de trabajo, mientras que en los **trabajadores autónomos o por cuenta propia** la jubilación tendrá un carácter voluntario, al depender de su voluntad el acogerse o no al límite de la edad, pudiendo continuar su actividad una vez rebasado aquel límite (AP Madrid 18-3-99, EDJ 86991).

Precisiones **1)** Si la norma establece la jubilación del arrendatario como causa de extinción del contrato, si se permitiese la **subrogación de quien ya está jubilado**, se produciría un efecto no deseado por la ley a través de un fraude de la misma (AP Cantabria 18-5-00, EDJ 24051).

2) No cabe efectuar una distinción entre la **jubilación laboral** y la **jubilación civil y real**, pues solo hay una jubilación, que es la laboral. La pretendida e inexistente jubilación civil o real en el año 1995 con cesación en la titularidad del negocio y en el desempeño de las actividades propias de tal titularidad pasando a asumirlos su hijo, no es sino una cesión *intervivos* inconsentida (AP Madrid 16-3-98, EDJ 2982).

3) No puede entenderse como subsistente la doctrina jurisprudencial dictada a propósito de la aplicación de LAU/64 art.114.5ª, que admite la compatibilidad de esa jubilación con la **continuación en el negocio**, si sigue el arrendatario estando al frente del negocio por sí o por mandatario. Acaecida la jubilación que al respecto establece el órgano administrativo competente, se produce *ope legis* la **extinción del contrato de arrendamiento**, salvo que se produzca la subrogación, la cual exige el cese del negocio por parte del arrendatario jubilado y su continuación por el cónyuge o por un descendiente (AP Barcelona Secc 4ª 22-6-09).

4) El hecho de que la **pensión de jubilación** se encuentre **suspendida** no implica que el arrendatario no se encuentre jubilado administrativamente (AP Badajoz Secc 2ª 4-12-01).

5) No cabe hacer distinciones sobre la jubilación en una u otra **actividad**, debiendo considerarse que la jubilación es una situación unívoca a todos los efectos (AP Barcelona 22-6-09, EDJ 218292).

2471 La LAU no afecta a la situación de los **arrendatarios que ya estuvieran jubilados** el 1-1-1995 y siguieran al frente del negocio, porque no tiene **efectos retroactivos**. Ello no quiere decir que sea posible una «desjubilación» para poder volver a jubilarse, porque sería absurdo.

El arrendatario jubilado solo podrá continuar hasta su fallecimiento, produciéndose la subrogación del cónyuge, o en su caso, del descendiente cuando ese fallecimiento se produzca.

En el ámbito de la jurisprudencia, la doctrina mayoritaria se pronuncia **en contra** de los efectos retroactivos (AP Zaragoza 30-1-96; AP Tarragona 15-10-99; AP Araba 30-4-96, EDJ 3015; AP Toledo 14-3-96; AP Ourense 6-9-96; AP A Coruña 23-10-96; AP Navarra 13-6-96; AP Granada 5-7-96; AP Araba 30-4-96, EDJ 3015; AP Lugo 24-10-96; AP A Coruña 24-7-97; AP Bizkaia 28-5-97; AP A Coruña 21-9-99; AP Zaragoza 26-10-99).

En principio, no es posible la **equiparación de la situación de invalidez a la de jubilación**, porque la norma habla tan solo de jubilación o fallecimiento. Ahora bien, la contestación sería afirmativa si la invalidez fuera **causa de jubilación**.

Por su parte, la **jurisprudencia** ha tenido ocasión de manifestarse en ambos sentidos:

a) La incapacidad permanente absoluta **no es equiparable** a la jubilación a los efectos de la subrogación (AP Asturias 4-3-98, EDJ 3755).

b) No hay razón que impida la subrogación «intervivos» producida entre los esposos por causa de incapacidad del que fuera arrendatario del local, siendo esta **asimilable a los supuestos legales de jubilación o muerte** por la sencilla razón de que las leyes han de ser interpretadas conforme a la realidad social del momento en el que han de surtir efecto, según dispone nuestro Código civil; por lo que en atención a ello y a que la **incapacidad absoluta** es aún más impedimento para el ejercicio normal de una actividad que la simple jubilación por edad, es por lo que ha de entenderse plenamente aceptable la subrogación producida en el caso de incapacidad (AP Badajoz 19-5-98, EDJ 16654).

En caso de **jubilación de un coarrendatario**, debe entenderse que continuará **como arrendatario**, y no como subrogado, el coarrendatario o coarrendatarios que queden, siguiendo la doctrina jurisprudencial mayoritaria anterior a la LAU vigente, y habida cuenta que en esta se establece la continuidad del socio en caso de fallecimiento del arrendatario.

La falta de previsión de estas situaciones en LAU disp.trans.3ª convierte esta cuestión en dudosa. Ahora bien, cuando se ha pactado la **solidaridad** o se puede entender que existe una solidaridad tácita (cuando aparece de modo evidente una intención de los contratantes de obligarse así o se desprende dicha voluntad de la propia naturaleza de lo pactado, por

entenderse que los interesados habían querido y se habían comprometido a prestar un resultado conjunto, por existir entre ellos una comunidad jurídica de objetivos) no existe tal subrogación, sino la continuidad del arrendamiento a favor de los demás arrendatarios (TS 30-7-10, EDJ 185010).
No se producirá la resolución automática el 1-1-1995 de los contratos de arrendamiento de local de negocio celebrados con anterioridad al 9-5-1985 en los que ya haya tenido lugar una subrogación y **el actual titular y su esposa estuvieran ya jubilados** si continúan en la actividad. Lo importante es que sigan en la responsabilidad del negocio, con todas sus consecuencias.

Precisiones La expresión jubilación que emplea la LAU disp.trans.3ª.3 debe entenderse referida a toda **situación invalidante de carácter permanente**, ya tenga su origen en la edad o en una enfermedad que inhabilite al trabajador para el desempeño de su profesión u oficio de una manera completa (AP Asturias 18-9-99, EDJ 32624).

Fallecimiento del arrendatario También en caso de fallecimiento del arrendatario se produce la **extinción** del arrendamiento, salvo que exista cónyuge y, en defecto de este, un descendiente, si se producen los condicionamientos que se exponen en el nº 2484 s. **2479**
El fallecimiento del arrendatario, por tanto, si dicho cónyuge o el hijo no existen, es causa de extinción del contrato. Igualmente, si uno y otro no reunieran los requisitos legales para la **subrogación**.
Hay que tener en cuenta que ya no opera lo dispuesto por LAU/64 art.60, que permitía la subrogación a favor del heredero o herederos o del socio (nº 2460). Ahora se otorga el derecho a la subrogación no al heredero o al socio, sino al cónyuge, y, en su defecto, al descendiente (nº 2480 s.).
No obstante, hay que **puntualizar** lo siguiente:
a) Si existen **varios arrendatarios** que ocupan dicha posición conjuntamente, hay que esperar al fallecimiento del último, a la vista de la jurisprudencia interpretativa de LAU/64 art.60.
b) Cuando **antes del 1-1-1995** se haya producido la **subrogación del heredero** conforme a LAU/64 art.60, la extinción del contrato no se producirá hasta que este se jubile o fallezca, con la posibilidad, por tanto, de una subrogación más en favor de su cónyuge o del descendiente, en su caso, siquiera en este último supuesto, con la limitación de los 20 años desde la entrada en vigor de la LAU (1-1-1995).
c) Si el 1-1-1995 ya se hubieran producido las **dos transmisiones por muerte** de acuerdo con LAU/64 art.60, no cabría ni siquiera la primera subrogación prevista en LAU disp.trans.3ª.3.
d) Si la **primera subrogación** se produjo **después del 1-1-1995**, la jurisprudencia de las audiencias provinciales es contradictoria, aunque la mayoría se inclina por admitir la posibilidad de la segunda subrogación (AP Barcelona 31-12-01).

Precisiones Si la primera subrogación se produjo en 1957, y la subrogada falleció en 1976, siendo también el contrato de **arrendamiento vigente anterior a la LAU/64**, no se puede pasar por alto lo que establecen las disposiciones transitorias 11ª y 12ª LAU/64 al declarar que:
- Las dos subrogaciones a que se refiere LAU/64 art.60.3 serán aplicables a los contratos de arrendamiento vigentes, cualquiera que hubiese sido el número de subrogaciones anteriores.
- Lo dispuesto en LAU/64 art.60.3 será aplicable aunque el fallecimiento del inquilino, del arrendatario o de alguno de sus sucesivos herederos subrogados hubiera ocurrido antes de la vigencia de LAU/64, salvo que en la fecha de su entrada en vigor hubiese recaído sentencia firme declarando resuelto el contrato.

Es decir, que las anteriores normas transitorias de la LAU/64 conceden a aquellos arrendamientos vigentes en 1964 dos subrogaciones en el local de negocio a partir de la entrada en vigor de esta ley, prescindiendo por completo de las producidas con anterioridad, que no cuentan para el cómputo del máximo de dos establecido en LAU/64 art.60.

Notificación al arrendador Legalmente, no se impone la obligación de notificar al arrendador la subrogación por jubilación o por fallecimiento, ni se fija un plazo para ello. **2480**
Respecto al **plazo para notificar**, si no existe la obligación de hacerlo, no cabe hablar del mismo, pero, en todo caso, no sería el de 3 meses de LAU art.16.3, sino el de 5 años del CC art.1964.
El Tribunal Supremo ha resuelto la cuestión en el sentido de declarar que la **falta de notificación** de la subrogación **carece de efectos resolutorios** declarando que, con independencia de que la notificación sea necesaria para que el arrendador pueda conocer con quién ha de seguir la relación arrendaticia y valorar su ajuste a la legalidad, permitiéndose el ejercicio de las acciones frente a quienes lo ocultan y le impiden la recuperación del local, nunca serán estas las acciones resolutorias de la relación arrendaticia si el cambio de titularidad del antiguo por el nuevo arrendatario se produce en la forma que la ley permite, puesto que ni la transitoria la impone, ni lo hace la LAU/64, ni tampoco ello es posible a partir de una reinterpretación de la doctrina jurisprudencial bajo la consideración de que la nueva Ley establece un nuevo estatuto normativo para esta suerte de contratos, incluido el efecto

resolutorio, convirtiendo en ilegal lo que no lo era para el mismo hecho y los mismos contratos (TS 29-1-09; 10-6-09).
La subrogación se produce, por lo tanto, «ipso iure», con la concurrencia de los **requisitos legales** para apreciarla: muerte o jubilación del arrendatario y continuación de la actividad negocial por el familiar llamado por la Ley a sucederle (nº 2486). De esta manera, si falta el segundo de esos requisitos -la continuación de la misma actividad negocial por el familiar- no se produce la subrogación y el contrato se extingue, aunque continúe tras su jubilación el arrendatario desarrollándola.
Que en el marco de la normativa de la Seguridad Social se permita al **autónomo jubilado** conservar la titularidad del negocio no afecta a la relación arrendaticia, cuya normativa específica no lo permite.

2484 **Subrogación del cónyuge** Cabe la subrogación del cónyuge en el arrendamiento del local de negocio cuando se produce la jubilación o el fallecimiento del arrendatario, siempre que se cumplan las **condiciones** siguientes:
1) Que el arrendatario sea una persona física.
2) Que se produzca la jubilación o el fallecimiento del mismo.
3) Que el cónyuge continúe la misma actividad que desarrollaba en el local el arrendatario jubilado o fallecido (nº 2486).
4) Que no se hayan producido con anterioridad al 1-1-1995 las dos subrogaciones previstas en LAU/64 art.60 (nº 2460).

2486 En principio, no cabe extender el **concepto cónyuge** a la persona que esté unida por **una relación de afectividad** con el arrendatario, porque el precepto habla tan solo de cónyuge, a diferencia de lo que ocurre en LAU disp.trans.2ª, referida a las viviendas. Resulta lógico además que sea así, al tratarse de una actividad negocial y de contenido, por tanto, económico.
En cuanto a si cabría la subrogación del **cónyuge** en el caso de que al tiempo del fallecimiento del arrendatario se encontrase **separado** del mismo, algún autor opina que deben aplicarse por analogía las normas previstas para la legítima y para la sucesión abintestato del cónyuge viudo y, en consecuencia, el derecho del cónyuge a la subrogación solo tendrá lugar cuando, al tiempo de la jubilación o el fallecimiento del arrendatario, los esposos no estuvieran separados legalmente por sentencia firme o de hecho, siempre que, en este último caso, la separación hubiera sido mutuamente aceptada o se deba a la culpa exclusiva del arrendatario. En los casos en que la separación estuviera tramitándose judicialmente, debe esperarse al resultado del juicio para saber si el cónyuge tiene o no derecho a la subrogación (Gómez de la Escalera).
No es preciso que el cónyuge tenga la **condición de comerciante** al producirse la jubilación o el fallecimiento del arrendatario, porque la norma no lo exige. Lo único que dice es que ha de **continuar la misma actividad** que desarrollaba el arrendatario en el local. Lo que, por supuesto, le supondría la necesidad de darse de alta como tal comerciante.
El hecho de que el descendiente viniera ejerciendo una actividad de negocio, en el local arrendado o en otro local, no le otorga ninguna **preferencia** frente al cónyuge de cara a la subrogación, dado que la norma no lo exige.
Por otro lado, la norma no prevé la imposibilidad de que el cónyuge pueda **renunciar a favor del hijo del arrendatario**, a diferencia de lo que ocurre en la subrogación por fallecimiento en el caso de las viviendas arrendadas. Ahora bien, es claro que no será posible tal renuncia si el cónyuge ya continuó la actividad.
Ello no obsta a que pueda subrogarse el descendiente del arrendatario fallecido o jubilado, si el cónyuge no continúa la actividad.
La continuación en la misma actividad desarrollada en el local se produce cuando la jubilación o el fallecimiento del arrendatario **no la interrumpen**, siguiendo el negocio su marcha a pesar de todo. Habría que entender que no opera la continuación de actividad si el negocio no continúa, y, por supuesto, si se produce la baja en la licencia fiscal (AP Pontevedra 22-10-99, EDJ 87000).
En cualquier caso, el cónyuge tiene que ponerse al frente del negocio, aunque tiene la posibilidad de actuar por un **gerente**.
Opera la subrogación del cónyuge que continúe la actividad del arrendatario y, al fallecimiento o a la jubilación de este, la del descendiente, si a la entrada en vigor de la LAU el **arrendatario** estuviera **jubilado**, pero continuando con la actividad comercial por no tener la LAU efectos retroactivos y haber de considerar al arrendatario jubilado como titular si ya no se hubiera producido en su favor alguna subrogación. No debe olvidarse que la jubilación en la LAU/64 no era causa de extinción ni de resolución del arrendamiento.
Sin embargo, no cabe la subrogación, a la muerte del arrendatario o de su jubilación, en favor del **cónyuge** que también estuviera **jubilado**.

Precisiones 1) El cónyuge no tiene derecho a la subrogación si el local estuvo **cerrado** durante más de 6 meses **con antelación al fallecimiento** del arrendatario sin una justa causa al efecto, por considerar aplicable la doctrina jurisprudencial dictada a propósito de LAU/64 art.60 al proclamar, partiendo de que el derecho de subrogación no puede considerarse como un derecho de naturaleza hereditaria, que no cabe esta subrogación si el arrendatario hubiera cesado años antes de su muerte en toda la actividad mercantil en el local arrendado (TS 28-10-66; 19-12-68; 22-11-72) o cuando lo tuviera subarrendado totalmente (TS 6-12-61, EDJ 1748; 9-7-64). 2492

2) El **cónyuge supérstite en segundas nupcias** tiene derecho a subrogarse en el contrato de arrendamiento con preferencia al descendiente, si el negocio que se explota en el local fue ganancial con la primera esposa ya fallecida o divorciada ya que lo que es objeto de discusión es la continuación en la explotación del negocio.

El arrendatario, antes de su jubilación o fallecimiento, o el cónyuge si se hubiera subrogado, tienen la **posibilidad de traspasar el local** de negocio en los términos previstos en nº 2570 s., con las consecuencias que en orden a aumentar el plazo de duración se producen y a las que se hace referencia a continuación (LAU disp.trans.3ª.3.4º). 2494

Debe entenderse que lo que el legislador quiso decir es que al producirse el traspaso se den los requisitos del nº 2590 s. y que el local se hubiera venido explotando ininterrumpidamente el tiempo mínimo de un año, desde que el contrato se celebra; con independencia de que se hubiera cumplido durante la vida del arrendatario o de cualquier subrogado en el arrendamiento, anterior o posterior a la vigencia de la nueva LAU. Y ello, no solo por la finalidad a que obedece el derecho de traspaso como fondo de comercio, sino también porque se hace referencia tanto al arrendatario actual como a su cónyuge, sin hacer distinción ni condicionamiento alguno respecto de este.

En consecuencia, para que pueda realizarse el traspaso del local por el arrendatario o por el cónyuge subrogado, es preciso cumplir con todos los **requisitos** establecidos en nº 2590 s.

La norma no pone **límite** en cuanto al año en que puede efectuar el traspaso el arrendatario o el cónyuge subrogado, por lo que podrían efectuar el traspaso unos días antes de la jubilación.

No se puede hacer uso del traspaso en caso de **renuncia** al mismo, ya que la doctrina jurisprudencial admite la validez de la renuncia a este derecho en el contrato o con posterioridad.

Opera también, en cuanto a la **fecha del traspaso**, el supuesto que se efectúe, no de acuerdo con los términos de la misma, sino por conformidad con el arrendador, es decir, lo que se conoce por traspaso real, porque este tipo de traspaso está reconocido como válido por la jurisprudencia del TS.

Como puede observarse, se admite el derecho de traspaso en estos contratos a realizar a partir del 1-1-1995, pero limitando el número de personas que pueden realizarlo, no permitiéndose cuando el **subrogado sea un descendiente**, lo sea en primera o en segunda subrogación (nº 2496).

Realizado el traspaso, el nuevo arrendatario contará con una **duración** mínima de 10 años, tomándose como referencia la fecha de la escritura del traspaso o, como máximo, 20 años desde la aprobación de la LAU. Con carácter excepcional, si el traspaso se produjo en los 10 años anteriores a la entrada en vigor de la LAU, los plazos anteriores se incrementan en 5 años.

Precisiones Puede llevar a cabo el traspaso la **viuda** que se hubiera subrogado, antes de cumplirse el año desde la subrogación.

Subrogación del descendiente del arrendatario Cabe la subrogación del descendiente del arrendatario en el arrendamiento de local de negocio cuando: 2496

- a la jubilación o fallecimiento del arrendatario, este **no deje cónyuge**;
- este decline su derecho a subrogarse; o
- se produzca la **jubilación o fallecimiento del cónyuge** que se hubiera subrogado.

Para que pueda tener lugar esta subrogación han de cumplirse los siguientes **requisitos**:

1) Que se produzca la jubilación o el fallecimiento del arrendatario, o, en su caso, del cónyuge. A este respecto nos remitimos a lo dicho al tratar de la subrogación del cónyuge, en el nº 2484 s.

2) Que el subrogado ostente la condición de descendiente del arrendatario. No importando, por tanto, el grado.

3) Que no se hayan agotado las dos subrogaciones que autoriza LAU/64 art.60 (nº 2460).

4) Que no hayan transcurrido 20 años desde la aprobación de la LAU (24-10-1994), con la particularidad de que el contrato durará, por el número de años suficientes hasta completar los 20 años a contar desde la entrada en vigor de la nueva LAU.

5) Que el descendiente continúe la actividad desarrollada en el local por el arrendatario y, en su caso, por el cónyuge.

Precisiones 1) Al hablar la norma de descendientes, quedan **excluidos** de la subrogación el heredero o legatario que no tengan tal condición, porque el precepto habla solo de descendiente.
2) Tiene derecho a la subrogación el **hijo** si desarrolla la misma actividad de negocio que el padre en un local de su propiedad, porque lo importante es que continúe la actividad, no prohibiendo la LAU que pueda tener varios negocios.
3) Operará una subrogación a favor del descendiente si se produjo una **a favor de un heredero durante la vigencia de LAU/64**, siempre que no se hubieran agotado las dos subrogaciones previstas en LAU/64 art.60.
4) Si el arrendamiento se concertó con una persona física, pero posteriormente pasó a serlo una **persona jurídica** de acuerdo con el arrendador, entendemos que ha de estarse ante un contrato pactado con una persona jurídica, correspondiendo aplicar lo que se expone en nº 2500 s., en cuanto a la **duración**.
5) Cabe **aumentar la renta en el 15%** previsto en LAU/64 art.60 (AP Barcelona 23-4-97).
6) Sobre si podría el subrogado **cambiar la actividad** de comercio que existía al producirse el fallecimiento del arrendatario, el tema es discutible, porque el cambio de actividad no es causa de resolución del arrendamiento según la doctrina jurisprudencial interpretativa de LAU/64 art.114, causa 5ª, inclinándonos, por este motivo, por la tesis afirmativa.
7) Tendría derecho a la subrogación el descendiente que ocupara el local como **subarrendatario con permiso del arrendador**, porque dicha condición no le hace perder derechos a la hora de subrogarse, siquiera el subarriendo desaparezca.
8) No puede considerarse como descendiente del arrendatario una **sociedad civil particular** constituida con sus hijos (AP Barcelona 31-12-01).

2497 En caso de **pluralidad de descendientes**, el Tribunal Supremo ha fijado la doctrina que solo podrá subrogarse en el arrendamiento de local de negocio, cuando concurran los requisitos establecidos en la Ley, **un único descendiente** del arrendatario fallecido, siempre que este continúe la actividad desarrollada en el local y que no cabe que la subrogación opere a favor de varios descendientes conjuntamente aunque todos ellos participen en la actividad desarrollada por el causante como arrendatario de local de negocio (TS 13-1-10).
Dado que la norma se limita a hablar de un descendiente, si fueran varios habrán de ponerse de acuerdo sobre el continuador. En cualquier caso, no ha de seguirse ningún **orden de prelación** si los descendientes del arrendatario fuesen varios y todos ellos se considerasen con derecho a continuar en la actividad negocial, si se ponen de acuerdo. Cabe la subrogación en favor de un descendiente de grado ulterior, existiendo otro de grado anterior, ya que la norma no impide el salto.
Tampoco tiene derecho de **preferencia** en la subrogación aquel descendiente que estuviera ya ejerciendo la actividad en el negocio. No se exige que el descendiente venga ejerciendo una actividad de negocio, ni en el local arrendado ni en otro local, para poder subrogarse, por lo que tampoco el que lo hiciese le atribuye preferencia alguna de cara a la subrogación.
En caso de fallecimiento o jubilación del titular arrendatario, es válida la **subrogación directa del descendiente, aun existiendo cónyuge**, si este no se opone.
En caso de que sea posible la subrogación a favor de descendiente por **renuncia** a la continuación en la actividad por parte del cónyuge supérstite, la subrogación solo será posible por el **plazo** máximo de 20 años a contar desde el 1-1-1995, cumplido el cual el arrendamiento se extingue (LAU disp.trans.3ª.3.2º).

Precisiones 1) La jurisprudencia mayoritaria entiende que no cabe reconocer derecho de traspaso al **descendiente** que se subroga, ya que la norma solo habla del arrendatario y del cónyuge subrogado (AP Barcelona 28-4-00, EDJ 23904; AP Cantabria 6-10-09, EDJ 256749).
2) La discrepancia entre las partes se ciñe fundamentalmente a la exégesis que en el caso en que al fallecimiento del arrendatario quedara cónyuge supérstite, pero, sin embargo, este no continuara la actividad que el fallecido venía realizando en el local arrendado, en tal caso se permite la subrogación en favor de un descendiente del arrendatario -en el caso, el hijo del inicial titular del contrato- con tal de que continúe desarrollando en el local arrendado la misma actividad que desarrollaba el inicial arrendatario. Por tanto, si habiendo cónyuge supérstite, sin embargo, este no continúa la actividad de su consorte, la subrogación operará en favor de **cualquier descendiente** que continúe la actividad y, en tal supuesto, la duración del contrato será hasta el año 2015, es decir, se extinguirá, sin más subrogación, a los 20 años, contados desde el 1-1-1995 (AP Badajoz 12-3-96; AP Madrid 18-7-96; AP Tarragona 7-10-97, EDJ 9196; AP Salamanca 17-6-97, EDJ 4738; AP Araba 28-2-97; AP Ávila 30-12-99).
3) En caso de que el descendiente se subrogue **en lugar de la madre** por renuncia de esta, la subrogación lo será por el plazo máximo de 20 años.

2499 **Calificación como primera o segunda subrogación** Sobre la posibilidad de considerar como primera o segunda subrogación cuando el negocio que se explota en el **local arrendado** fuera **copropiedad** del arrendatario y su esposa, falleciendo primero uno y después el otro, y continuando el descendiente a la entrada en vigor de la nueva LAU, cabe entender que si el titular del arrendamiento fue uno solo, al fallecer este se produjo la primera subrogación a favor del

cónyuge, y la segunda a favor del descendiente. Si el arrendamiento hubiera estado a nombre de los dos cónyuges, al fallecer uno no se produjo subrogación alguna, por lo que la del descendiente sería la primera.
Otra cosa sería si al fallecer el titular se hubiera producido una **subrogación conjunta** del cónyuge y del descendiente, actuando ambos como herederos conjuntos del primero.

Precisiones Es perfectamente posible la subrogación a favor de un descendiente aunque **con la LAU/64 se hubiera agotado una subrogación**, porque desde el punto de vista puramente gramatical, en LAU disp.trans.3ª.3 se habla de «la primera subrogación prevista en los párrafos anteriores», por lo que se refiere a la primera del conjunto de posibilidades y no a la prevista en el segundo párrafo y, por otra parte, no es lógico que la nueva ley permita dos subrogaciones cuando no se ha producido ninguna y, sin embargo, no permita la del descendiente si ya anteriormente se ha producido una subrogación (AP Cantabria 1-4-97).

Arrendatario persona jurídica (LAU disp.trans.3ª.4) Los arrendamientos de local de negocio anteriores al 9-5-1985, que se encuentren **en situación de prórroga legal**, cuyo arrendatario sea una persona jurídica, se extinguen en plazos diferentes en función de si en el local se desarrollan **actividades comerciales** (nº 2502) o **actividades distintas** (nº 2503). 2500

Precisiones No es aplicable lo dispuesto por LAU disp.trans.3ª al supuesto de que habiéndose arrendado un local para almacén al por mayor, con venta de artículos, se produzca su **transformación por voluntad del arrendatario** en un almacén, no abierto al público, produciéndose las transacciones mercantiles en otro distinto. No pudiendo obstar a la anterior conclusión que la demandada venga tributando por el impuesto de actividades económicas como comprendido en la división 6 de este impuesto, porque no solo han de hacerlo los comerciantes que ejercen en un local un comercio abierto al público, sino también aunque se trate de almacenes propiamente dichos, bastando a tal efecto que tengan relación con la actividad comercial abierta al público que se lleve a cabo en otro local (DGT 27-4-94).

Los arrendamientos de **locales en los que se desarrollen actividades comerciales** se extinguen en el **plazo** de 20 años. 2502
A estos efectos, se consideran **actividades comerciales** las comprendidas en la división 6 de la tarifa del impuesto sobre actividades económicas (comercio, restaurantes y hospedaje, y reparaciones). Esta **división 6** contiene las siguientes agrupaciones:
- Agrupación 61. Comercio al por mayor.
- Agrupación 62. Recuperación de productos.
- Agrupación 63. Intermediarios del comercio.
- Agrupación 64. Comercio al por menor de productos alimenticios, bebidas y tabaco realizado en establecimientos permanentes.
- Agrupación 65. Comercio al por menor de productos industriales no alimenticios realizado en establecimientos permanentes.
- Agrupación 66. Comercio mixto o integrado; comercio al por menor fuera de un establecimiento comercial permanente (ambulancia, mercadillos y mercados ocasionales o periódicos); comercio en régimen de expositores en depósito y mediante aparatos automáticos; comercio al por menor por correo y catálogo de productos diversos.
- Agrupación 67. Servicio de alimentación en restaurantes y otros.
- Agrupación 68. Servicio de hospedaje en hoteles y moteles.
- Agrupación 69. Reparaciones de diversos bienes y de maquinaria industrial.

Quedan **exceptuados** de esta regla locales cuya superficie sea superior a 2.500 m^2, en cuyo caso, la extinción se produce en el plazo de cinco años.

Los arrendamientos de **locales en los que se desarrollen actividades distintas** de las calificadas como actividades comerciales (nº 2502), se extinguen en **plazos** distintos, de acuerdo con la cuota de impuesto sobre actividades económicas que satisfaga cada arrendatario. Así, corresponden los plazos que se detallan a continuación en función de la cuota del impuesto satisfecha: 2503

Cuota del IAE	Plazo de extinción
Menos de 510,86 euros (85.000 pesetas)	20 años
Entre 510,87 euros (85.001 pesetas) y 781,31 euros (130.000 pesetas)	15 años
Entre 781,32 euros (130.001 pesetas) y 1.141,92 euros (190.000 pesetas)	10 años
Más de 1.141,92 euros (190.000 pesetas)	5 años

Las cuotas que deben ser tomadas en consideración a estos efectos son las **cuotas mínimas** municipales o cuotas mínimas según tarifa, que incluyen, cuando proceda, el complemento de superficie, correspondientes al ejercicio 1994.

En aquellas actividades a las que corresponda una **bonificación** en la cuota del impuesto sobre actividades económicas, dicha bonificación se aplicará a la cuota mínima municipal o cuota mínima según tarifa a los efectos de determinar la cantidad que corresponda.

Los **plazos** citados en las reglas anteriores se contarán a partir de la entrada en vigor de la presente ley. Cuando en los 10 años anteriores a dicha entrada en vigor se hubiera producido el **traspaso** del local de negocio, los plazos de extinción de los contratos se incrementan en cinco años, tomando como fecha del traspaso la de la escritura del mismo (nº 2595).

Cuando en un local se desarrollen actividades a las que correspondan **distintas cuotas**, solo se tomará en consideración a estos efectos la mayor de ellas.

Si la empresa estuviera **exenta del pago del IAE o no sujeta** al mismo, habrá de calcularse la cuota que le correspondería pagar conforme a las tablas del impuesto si no estuviera exenta o no sujeta, con la particularidad de que si no existiera un epígrafe concreto en el que encajarla, habría que acudir a la forma de fijar las cuotas según la normativa reguladora de las tarifas a aplicar que consta en el anexo de dicha normativa.

Incumbe al arrendatario la **prueba de la cuota** que corresponda a la actividad desarrollada en el local arrendado. En defecto de prueba, el arrendamiento tendrá la mínima de las duraciones previstas en el cuadro anterior.

Precisiones **1)** La duración de los arrendamientos en los que la tarifa del IAE es de **510,86 euros** (85.000 pesetas) **exactamente** no se prevén en el precepto, ya que se refiere a la de más de 510,86 euros (85.000 pesetas) y a la de 510,87 euros (85.001 pesetas) en adelante. Ahora bien, cabe entender que deben encajarse entre los de duración de 20 años por ser la regla general.

2) En un dictamen emitido sobre la duración del arrendamiento de una finca de varias plantas, que sumaban 1.500 m^2 de superficie, un patio o jardín de 690 m^2 y una zona de aparcamiento de 1.844 m^2, desenvolviéndose en dicha finca 439 m^2 la sala de baile y discoteca y 113 m^2 la de restaurante, pagándose por la primera actividad un IAE de 158.775 pesetas, y por la de restaurante 38.805 pesetas, entendimos que al haberse pactado en el contrato como **destino del objeto arrendado** el de «restaurante, discoteca o similares», explotarse, en realidad, los dos primeros y ser el arrendatario una persona jurídica, podría surgir la duda de si tal arrendamiento ha de calificarse, a efectos de duración, entre los comprendidos como aquellos en los que se desarrollan actividades **comerciales** a los que se señala una duración de 20 años, con la excepción de los que recaigan sobre locales con una superficie superior a 2.500 m^2 que tan solo duran 5 años. O, por el contrario, ha de estimarse comprendido entre los arrendamientos de locales en los que se desarrollan **actividades distintas**, cuya duración depende de lo que se pague por IAE. Esta duda ha de decidirse partiendo de la **actividad predominante** que se lleve a cabo en la finca arrendada (TS 25-4-51; 17-1-62; 30-3-63).

3) En el caso de una empresa arrendataria que se dedica en **parte a una actividad comercial** y en **parte a una actividad distinta**, al tratarse de un contrato único y haberse pactado como destino de la finca arrendada, por un lado una actividad comercial de venta al público y, por otra, el ejercicio de una industria de fabricación de muebles, y estar comprendida la primera en la división 6ª del IAE y, por tanto, en la regla 1ª de LAU disp.trans.3ª.4; y no encajarse la de industria de fabricación de muebles en la división 6ª citada y serle aplicable por tanto la regla 2ª de LAU disp.trans.3ª.4, entendemos que para decidir sobre el plazo de duración del citado contrato de arrendamiento hay que estar al elemento objetivo predominante, aplicando, por analogía, la doctrina jurisprudencial dictada a propósito de los contratos de arrendamiento llamados mixtos que afirma que, en presencia de una relación jurídica mixta de arrendamiento de industria y de local de negocio, o de negocio y viviendas, es preciso mantener la integridad del contrato tal y como lo idearon los interesados, aplicando al conjunto indivisible la legislación que corresponda al **elemento objetivo predominante** (TS 18-4-50; 25-4-51; 17-1-62; 30-3-63; AT Madrid 7-11-88).

4) Cuando el local esté **subarrendado** la actividad a tener en cuenta ha de ser la efectivamente desarrollada en el local, aunque no la lleve a cabo el subarrendatario (AP Valencia Secc 11ª 28-4-06).

5) Es necesario que el arrendatario esté dado de **alta en el IAE** y haya pagado el impuesto correspondiente. El Tribunal Supremo ha fijado como doctrina que LAU disp.trans.3ª.B.4.2ª debe interpretarse en el sentido de que, para determinar la duración de los contratos de arrendamiento de local de negocio destinados a actividades no comerciales y celebrados antes de 9-5-1985, el arrendatario habrá de justificar haber abonado el pago de la cuota del IAE para el año 1994 (TS 8-6-10, EDJ 101837).

2504 Si la empresa arrendataria desarrolla su actividad **en diversos locales**, para determinar el plazo de duración del contrato de arrendamiento del local ha de estarse a la cuota mínima municipal o **cuota mínima** según tarifa incluyendo, cuando proceda, el complemento de superficie, correspondiente al ejercicio de 1994, nunca a la **suma de las cuotas** que la empresa pudiera venir pagando por todos los locales en los que viniera ejerciendo la actividad empresarial, estén estos en la misma o en distinta ciudad, y aunque lo hubieran sido bajo un epígrafe de los comprendidos en la división 6 a la que se hace referencia en el nº 2502 (LAU disp.trans.3ª.4.2ª).

Precisiones En el supuesto de que la industria se lleve a cabo en varias fincas arrendadas a diversos propietarios, explotándose dicha industria como una sola unidad, hay que estar al **destino** que se hubiera dado a **cada local** arrendado según el contrato.

d. Derechos del arrendatario a la extinción del contrato

A la extinción del contrato por el **transcurso de los plazos establecidos** al efecto por LAU disp.trans.3ª, el arrendatario cuenta con dos derechos para el caso de que el local vuelva a arrendarse en el plazo de un año. Estos derechos, que son **incompatibles entre sí** son los siguientes: 2505
- derecho a una indemnización (nº 2507);
- derecho preferente a continuar como arrendatario (nº 2510).

Indemnización (LAU disp.trans.3ª.10) El arrendatario tiene derecho a una indemnización de una **cuantía** igual a dieciocho mensualidades de la renta vigente al tiempo de la extinción del arrendamiento cuando antes del transcurso de un año desde la extinción del mismo, cualquier persona comience a ejercer en el local la **misma actividad o una actividad afín** a la que aquel ejercitaba. 2507

A estos efectos, se consideran afines las actividades típicamente aptas para beneficiarse, aunque solo sea en parte, de la **clientela** captada por la actividad que ejerció el arrendatario.

Los **requisitos** para que surja el derecho a la indemnización son los siguientes:

1) Que se produzca la extinción del arrendamiento por transcurso del plazo.

2) Que antes del transcurso del año desde la extinción de dicho contrato, cualquier persona (incluido el propio arrendador) comience a ejercer en el local la misma actividad o una actividad afín a la que el arrendatario ejercitaba.

El derecho a la indemnización no surge si la resolución del arrendamiento se produce por cualquiera de las causas previstas en el nº 2630 s., porque en estos supuestos no puede hablarse técnicamente de extinción del arrendamiento.

No importa que la extinción del arrendamiento se produzca voluntariamente o por decisión judicial, siempre que se trate de extinción por expiración del término.

Precisiones **1)** No creemos que tenga derecho a la indemnización el arrendatario que hubiera efectuado su **renuncia al derecho de traspaso**, porque la razón del precepto está en gratificar de algún modo ese fondo de comercio creado por él y que surge del derecho de traspaso.

2) La doctrina entiende que la indemnización opera también en el supuesto de que el arrendamiento se hubiera concertado para **despacho profesional**, aunque hay que reconocer que sería muy discutible.

3) Para el **cálculo** de la indemnización no deben tenerse en cuenta las que se venga pagando por cantidades asimiladas a la renta por tributos.

Derecho preferente a continuar en el local arrendado (LAU disp.trans.3ª.11) Extinguido el contrato de arrendamiento por el transcurso de los plazos establecidos en LAU disp.trans.3ª, el arrendatario tiene derecho preferente para continuar en el local arrendado si el arrendador pretende celebrar un **nuevo contrato con distinto arrendatario** antes de haber transcurrido un año a contar desde la extinción legal del arrendamiento. 2510

A tal efecto, el arrendador debe efectuar **notificación fehaciente** al arrendatario de:
- su propósito de celebrar un nuevo contrato de arrendamiento;
- la renta ofrecida;
- las condiciones esenciales del contrato; y
- el nombre, domicilio y circunstancias del nuevo arrendatario.

El derecho preferente a continuar en el local arrendado conforme a las condiciones ofrecidas, debe ejercitarse por el arrendatario en el **plazo** de 30 días naturales a contar desde el siguiente al de la notificación, procediendo en este plazo a la firma del contrato.

El arrendador, transcurrido el plazo de 30 días naturales desde la notificación sin que el arrendatario haya procedido a firmar el contrato de arrendamiento propuesto, debe formalizar el **nuevo contrato de arrendamiento** en el plazo de 120 días naturales a contar desde la notificación al arrendatario cuyo contrato se extinguió.

Si el arrendador no realizó la notificación prevenida u omitió en ella cualquiera de los requisitos exigidos o resultaran diferentes la renta pactada, la persona del nuevo arrendatario o las restantes condiciones esenciales del contrato, el arrendatario cuyo contrato se extinguió tiene derecho a la **subrogación**, por ministerio de la ley, en el nuevo contrato de arrendamiento en el **plazo** de 60 días naturales desde que el arrendador le remita fehacientemente copia legalizada del nuevo contrato celebrado seguido a tal efecto, estando legitimado para ejercitar la

acción de desahucio por el procedimiento establecido para el ejercicio de la acción de retracto (nº 1965 s.).
El arrendador está obligado a remitir al arrendatario cuyo contrato se hubiera extinguido, **copia del nuevo contrato** celebrado dentro del año siguiente a la extinción, en el plazo de 15 días desde su celebración.
Como ya se ha señalado, el ejercicio de este derecho preferente es **incompatible** con la percepción de la indemnización prevista en el apartado anterior, pudiendo el arrendatario optar entre uno y otro.

2512 Los **presupuestos** para que surja este derecho son, en síntesis, los siguientes:
1) Que la **extinción** del contrato de arrendamiento se haya producido por el transcurso de los plazos fijados al efecto en LAU disp.trans.3ª. No opera, por tanto, este requisito si el contrato se extinguió:
- por voluntad de las partes;
- por haberse resuelto por una causa de las previstas en los nº 2630 s. y nº 2675 s.;
- ni, en principio, por haber optado el arrendatario por la no revisión de la renta.

2) Que el arrendador pretenda celebrar un **nuevo contrato** con distinto arrendatario antes de haber transcurrido un año a contar desde la extinción. La necesidad de cumplir este requisito obliga al arrendador a esperar un año para celebrar un nuevo contrato de arrendamiento si no le interesa seguir con el arrendatario antiguo. Lo que no es justo y supone un ataque a los principios de libertad de contratación y de seguridad jurídica.
3) Que el arrendador **notifique fehacientemente** al arrendatario que dejó de serlo ya su propósito de celebrar un nuevo contrato y las condiciones mencionadas en el nº 2510.
4) Que el arrendatario ejercite su derecho preferente en el **plazo** de 30 días naturales a contar desde el siguiente a la notificación. Entendemos que sería aplicable respecto al cómputo de este plazo de caducidad, la jurisprudencia recaída a propósito de LAU/64 art.47 y 48.
5) Que la **firma del contrato** por el arrendatario que dejó de serlo, se lleve a cabo dentro del **plazo** de 60 días.
6) Que el arrendador, si el arrendatario que dejó de serlo no firmase el contrato en el plazo de los 60 días, formalice el nuevo arrendamiento en el plazo de 120 días naturales a contar desde la notificación al arrendatario cuyo contrato se extinguió.
7) Que el arrendador remita dentro del plazo de 15 días de su celebración al arrendatario que dejó de serlo, **copia del nuevo contrato** celebrado dentro del año siguiente.
8) Que el arrendatario no haya ejercitado el derecho a la indemnización previsto en el nº 2507.

3. Renta

2515

2517 Al **precio o renta** en general como uno de los requisitos del contrato de arrendamiento y a la obligación de pagarla por el arrendatario, se ha hecho referencia en el nº 248.
En particular, y en cuanto a su **determinación** cabe señalar aquí que será la que libremente las partes estipulen (LAU art.17).
Por lo que se refiere a la **revisión o actualización** de dicha renta, la vigente LAU se ocupa solamente de la actualización de la renta en los arrendamientos de local de negocio anteriores al 9-5-1985 (LAU disp.trans.3ª.6 a 8), por lo que, por el principio general establecido en LAU disp.trans.3ª.1, que declara vigente lo preceptuado en LAU/64 en lo no regulado por la normativa actual, resulta necesario tener en cuenta en esta materia los preceptos de esta última que no hayan sido afectados o modificados por LAU disp.trans.3ª. Por tanto, cuando nos encontremos ante arrendamientos celebrados con posterioridad al 9-5-1985 y anteriores a la entrada en vigor de la LAU vigente (1-1-1995), será de aplicación, a los efectos de la revisión de su renta, lo establecido por LAU/64.
En consecuencia, es necesario distinguir entre:
- arrendamientos anteriores al 9-5-1985 y subsistentes a 1-1-1995, cuya renta se actualiza conforme a la LAU vigente (nº 2520 s.); y
- arrendamientos posteriores al 9-5-1985 y anteriores al 1-1-1995, cuya renta se revisa conforme a la LAU/64 (nº 2817 s.).

a. Actualización

(LAU disp.trans.3ª.6 a 8)

Como ya se ha señalado, la LAU se ocupa de la actualización de las rentas de los arrendamientos de locales de negocio propiamente dichos anteriores al 9-5-1985, que se encontrasen en vigor el 1-1-1995. A partir de dicha fecha, en la fecha en que se cumpla cada año de vigencia del contrato, la renta de los arrendamientos de locales de negocio puede ser actualizada, **a instancia del arrendador**, previo requerimiento fehaciente al arrendatario de acuerdo con las reglas que se exponen en el nº 2425 s. 2520

Para que pueda tener lugar dicha actualización es necesaria la concurrencia de los siguientes **presupuestos**:

1) Que se trate de arrendamientos anteriores al 9-5-1985.

2) Que a partir del 1-1-1995, se cumpla cada año de vigencia del contrato.

3) Que se produzca el previo requerimiento por el arrendador al arrendatario, que además, debe ser fehaciente (nº 2522).

4) Que la actualización se lleve a cabo de acuerdo con las reglas establecidas al efecto (nº 2524).

Requerimiento al arrendatario Para la actualización de la renta de los contratos celebrados antes del 9-5-1985 se exige el previo **requerimiento fehaciente** al arrendatario. 2522

Este requerimiento ha de efectuarse no solo la primera vez, sino también cada año, mientras la actualización no termine.

Este requerimiento puede realizarse en la **fecha** en que, a partir del 1-1-1995, se cumpla una anualidad de vigencia del contrato. Por tanto, ya en 1995 podía operar la actualización.

Efectuado el requerimiento, en cada uno de los años en que se aplique esta actualización, el arrendador debe notificar al arrendatario el importe de la actualización. Dicha **notificación** debe ir acompañada de un **certificado** del Instituto Nacional de Estadística en el que se señalen los **índices** que determinan esta cantidad.

Actualmente, en cumplimiento de lo dispuesto por LAU disp.final 3ª, el Instituto Nacional de Estadística, al anunciar mensualmente las modificaciones sucesivas del Índice de Precios al Consumo, hace constar también la variación de la proporción con el índice base de 1954.

Previamente se publicó en el BOE una relación de los índices de precios al consumo desde 1954 hasta la entrada en vigor de la LAU (1-1-1995).

Determinación de la cuantía (LAU disp.trans.3ª.6) Para llevar a cabo la actualización de la renta, la LAU establece una serie de **reglas** que se exponen a continuación. Estas reglas sustituyen a lo dispuesto para los arrendamientos de locales de negocio en LAU/64 art.100.1 (LAU disp.trans.3ª.6.7ª). 2524

Para determinar a estos efectos la **fecha de celebración del contrato**, debe atenderse a aquella en que se suscribió, con independencia de que el arrendatario actual sea el originario o la persona subrogada en su posición (LAU disp.trans.3ª.6.8ª).

Regla primera (LAU disp.trans.3ª.6.1ª) La renta inicial pactada en el contrato que dio origen al arrendamiento debe mantener con la renta actualizada la misma **proporción** que el índice general nacional del sistema de índices de precios de consumo o que el índice general nacional o índice general urbano del sistema de índices de costes de la vida del mes anterior a la fecha del contrato con respecto al índice correspondiente al mes anterior a la fecha de cada actualización. 2526

En los contratos celebrados **con anterioridad al 12-5-1956**, ha de tomarse como renta inicial la revalorizada a que se refiere LAU/64 art.96.10, se haya exigido o no en su día por el arrendador, y como índice correspondiente a la fecha del contrato el del mes de junio de 1964.

Por tanto, esta primera regla obliga a distinguir entre los contratos celebrados con anterioridad al 12-5-1956 y con posterioridad a esta fecha.

En cuanto a los primeros, hay que obtener la diferencia entre el índice general nacional del sistema de índices de precios al consumo desde el mes de junio de 1964 hasta el del mes anterior a la fecha de cada actualización.

Respecto a los segundos, se estará a la diferencia entre el índice del mes anterior a la fecha del contrato y la cifra del índice correspondiente al mes anterior a la fecha de la actualización.

A efectos de la **aplicación de la diferencia** entre los índices indicados, ha de tomarse en los contratos anteriores al 12-5-1956 la **renta revalorizada** de LAU/64 art.96.10. Y en cuanto a los posteriores, la **renta del contrato**.

En cualquier caso, la **fórmula** a utilizar será la misma a la que se hizo referencia en relación con los arrendamientos de viviendas anteriores al 9-5-1985 (nº 1844 s.).

Precisiones 1) Para conocer los **índices de precios al consumo**, ha de tenerse en cuenta lo establecido en LAU disp.final 3ª (nº 2522).

2) La **renta inicial** que ha de tenerse en cuenta será la del contrato, aunque se haya producido la subrogación según LAU art.60 o un traspaso (AP Pontevedra 20-11-96, EDJ 8460).

2528 **Regla segunda** (LAU disp.trans.3ª.6.2ª) De la **renta actualizada** que corresponda a cada período anual calculado con arreglo a lo dispuesto en la regla anterior, solo será **exigible** al arrendatario el porcentaje que resulte de las tablas de porcentajes previstas en las reglas siguientes en función del período de actualización que corresponda, siempre que este importe sea mayor que la renta que viniera pagando el arrendatario en este momento incrementada en las cantidades asimiladas a la renta.

En el supuesto de que al aplicar la tabla de porcentajes que corresponda resulte que la **renta** que se estuviera cobrando en ese momento fuera **superior** a la cantidad que corresponda en aplicación de tales tablas, se pasaría a aplicar el porcentaje inmediatamente superior, o en su caso el siguiente o siguientes que correspondan, hasta que la cantidad exigible de la renta actualizada sea superior a la que se estuviera cobrando sin la actualización.

En consecuencia, el cálculo de la diferencia ha de hacerse por **períodos anuales**; y sea cual sea el resultado de este cálculo, solo será exigible al arrendatario el porcentaje que se recoge en la tabla del nº 2530, pero teniendo en cuenta los requisitos de cada una de las disposiciones a que se hace referencia.

La **renta** de que ha de partirse ha de ser, como hemos dicho, la pactada inicialmente en el contrato que dio origen al arrendamiento, salvo que el contrato fuera anterior al 12-5-1956, en cuyo caso habría que tomar como base la renta revalorizada a la que se hace referencia en LAU/64 art.96.10.

Para que pueda aplicarse el porcentaje es necesario que la **cantidad resultante** sea **mayor** que la renta que venga pagando el arrendatario en el momento en que se aplique, incluyendo también en el concepto de renta las cantidades asimiladas a ella, y, por tanto, también lo que se pague por portería.

Si se da la circunstancia de que la **cantidad resultante** es **menor** a la renta que se viene pagando, se pasaría a aplicar el porcentaje inmediatamente superior o al siguiente o siguientes que correspondiesen hasta que la cantidad exigible de la renta actualizada sea superior a la que se estuviera cobrando sin la actualización.

Precisiones 1) Hay que deducir del recibo de renta que se tenga que comparar con la renta actualizada obtenida según la fórmula aplicable, la **cantidad fija que se haya comprometido a pagar el arrendatario**, si se hiciera constar que tal cantidad no podría ser objeto de compensación con ningún incremento legal de renta.

2) La actualización podrá hacerse en cualquier **momento** y aún en el supuesto de que el arrendador no haya requerido al arrendatario al efectuar la revisión el primer año.

2530 **Regla tercera** (LAU disp.trans.3ª.6.3ª) En los arrendamientos de local de negocio cuyo arrendatario sea una persona jurídica, a los que corresponda un período de **extinción de 5 o 10 años**, la revisión de renta se hará de acuerdo con la tabla siguiente:

Actualización a partir del 1-1-1995	Porcentaje exigible de la renta actualizada
1º	10
2º	20
3º	30
4º	40
5º	100

Los arrendamientos a los que se hace referencia aquí son aquellos que recayendo sobre locales de negocio fueran anteriores al 9-5-1985 y subsistieran el 1-1-1995, de los que fuera **arrendatario** una **persona jurídica**, y que tuvieran un período de extinción de 5 a 10 años. Por tanto, se trata de aquellos en los que se desarrollen **actividades distintas a las comerciales**, y cuyas cuotas según las tarifas del IAE sean:

- superiores a 1.141,92 euros (190.000 pesetas), que son los de 5 años; o
- estén entre 781,32 y 1.141,92 euros (130.001 y 190.000 pesetas), que son los de 10 años.

Pero computando las cuotas según lo indicado en nº 2503.

2532 **Regla cuarta** (LAU disp.trans.3ª.6.4ª) En los arrendamientos de local de negocio cuyo arrendatario sea una persona física (nº 2465 s.) y en aquellos cuyo arrendatario sea una persona jurídica a los que corresponda un período de **extinción de 15 o 20 años** (nº 2500 s.), la revisión de renta

se hará con arreglo a los porcentajes y plazos previstos en la LAU disp.trans.2ª.11.9ª, relativo a los arrendamientos de vivienda.
Los arrendamientos cuyo arrendatario sea una **persona jurídica** a los que aquí se hace referencia son los que recaigan sobre locales en los que desarrolle una **actividad distinta a la comercial** a los que corresponda una cuota según las tarifas de IAE:
- entre 510,87 y 781,31 euros (85.001 y 130.000 pesetas), que son los de 15 años; o
- de menos de 510,86 euros (85.000 pesetas), que son los de 20 años.
Pero computándose las cuotas según lo que indicado en nº 2503.

Regla quinta (LAU disp.trans.3ª.6.5ª) La renta actualizada absorberá las **cantidades asimiladas** a la renta desde la primera anualidad de la revisión. 2534
A estos exclusivos efectos, se consideran cantidades asimiladas a la renta la repercusión al arrendatario del aumento de coste de los **servicios y suministros** a que se refiere el nº 1870 y la repercusión del coste de las **obras** a que se refiere el nº 1894.
Las cantidades asimiladas a la renta que absorbe la renta actualizada son todas aquellas que se hubieran producido **hasta la primera anualidad de la revisión**, siquiera se apliquen desde esta primera anualidad.
Los aumentos por servicios y suministros o por razón de obras de reparación **durante el periodo de actualización** quedarán, a su vez, absorbidos por la siguiente actualización anual, y dejarán de serlo las que se puedan producir a partir del momento en que se alcance el 100% de actualización.

Regla sexta (LAU disp.trans.3ª.6.6ª) A partir del año en que se alcance el **100% de actualización**, la renta que corresponda pagar podrá ser actualizada por el arrendador o por el arrendatario conforme a la variación porcentual experimentada en los 12 meses anteriores por el índice general del sistema de índices de precios de consumo (IPC), salvo cuando el contrato contenga de forma expresa otro sistema de actualización, en cuyo caso será de aplicación. 2536
Hay que hacer hincapié aquí en que solo a partir del año en que se alcance el 100% de actualización, la renta que corresponda pagar podrá ser actualizada por el arrendador conforme a la variación porcentual experimentada en los 12 meses anteriores por el índice general del sistema de índices de precios de consumo (IPC). Ello supone que durante los 10 años en que se divide la actualización no se producirá este.
También hay que advertir que la revisión de la renta puede ser exigida tanto por el **arrendador** como por el **arrendatario**, siendo indudable que este último lo solicitará cuando no se haya producido aumento, sino disminución en el índice de los precios de consumo (IPC).

Improcedencia de la actualización (LAU disp.trans.3ª.6.8ª) No procede la actualización de la renta si el **arrendatario opta por su no aplicación** en los siguientes supuestos: 2538
- arrendamiento de local de negocio cuyo arrendatario sea una persona física (nº 2465 s.); y
- arrendamiento de local de negocio cuyo arrendatario sea una persona jurídica y tenga señalado un período de extinción de 15 o 20 años (nº 2500 s.).
En tal caso, el arrendatario deberá **comunicar por escrito** al arrendador su voluntad en un plazo de 30 días naturales siguientes a la recepción del requerimiento de este para la revisión de la renta. No se exige que esta notificación sea fehaciente.
La **extinción** de los contratos de arrendamiento respecto de los que el arrendatario ejercite la opción de no revisión de la renta, se producirá cuando venza la quinta anualidad contada a partir del 1-1-1995. No obstante, un sector de la doctrina entiende que este cómputo debe efectuarse desde que se cumpla la anualidad del contrato.
El hecho de que el arrendatario opte por la no actualización, aunque la norma no lo prevea, no obsta a que durante el periodo de los 5 años que tarda en extinguirse el contrato el arrendatario esté obligado a cumplir con la cláusula del contrato que prevea la **revisión de la renta** según la variación del IPC o el sistema pactado.

Precisiones La **oposición** por el arrendatario a la actualización por improcedencia no tiene los efectos de la extinción a los 5 años (AP Asturias Secc 2ª 7-6-04; AP Ávila Secc 1ª 14-11-03).

Revisión de la renta a instancia del arrendatario (LAU disp.trans.3ª.7) El arrendatario puede instar la revisión de la renta en la primera que corresponda pagar, a partir del requerimiento de revisión efectuado por el arrendador, o a iniciativa propia (nº 2526, nº 2534 y nº 2536). 2540
En este supuesto, el **plazo mínimo de duración** previsto en nº 2460 s. y los plazos previstos en nº 2500 s., se incrementan en 5 años.
Esto se aplica también en el supuesto en que la renta que se estuviera pagando a fecha 1-1-1995 fuera mayor que la resultante de la actualización prevista en nº 2524 s.
Por tanto, el arrendatario puede exigir la actualización de la renta aunque el arrendador no la quisiera llevar a cabo, para con ello obtener el incremento de la duración del contrato 5 años más.

El **adelanto de la actualización** para prolongar la duración del arrendamiento 5 años más puede efectuarse, o cuando el arrendador notifique su intención de hacerlo, o al producirse la posibilidad de la primera actualización. Nunca después de aplicar todos los porcentajes.
No es posible por parte del arrendatario exigir una **disminución de la renta** que se viniera pagando si resultara que la que viniese pagando fuera mayor.
En caso de que el arrendatario opte por la **no actualización** de la renta, el hecho de que lleve a cabo el **traspaso** del local no aumenta la duración del arrendamiento en 5 años más, ya que, en otro caso, no tendría sentido la limitación impuesta por la norma que, no se olvide, ha de llevar consigo la necesidad del desalojo en ese plazo de 5 años.

b. Fianza

2545 En relación con la fianza nos remitimos a lo indicado en nº 1855 s. En concreto, su **cuantía** en los arrendamientos o subarriendos totales de locales de negocios es la correspondiente a dos mensualidades.

4. Obras y gastos repercutibles al arrendatario

2550 Para las anualidades del contrato iniciadas a partir del 1-1-1995, y hasta que se produzca la extinción del mismo, se aplica a los arrendamientos de local de negocio lo previsto para los de vivienda en cuanto a la repercusión de (LAU disp.trans.3ª.9):
- obras de conservación y mejora;
- coste de servicios y suministros; e
- impuesto sobre bienes inmuebles.

Al respecto nos remitimos a lo expuesto en los (nº 1860 s. y nº 1893 s.).

5. Derechos de tanteo y retracto

2555 En cuanto al ejercicio de estos dos derechos de **adquisición preferente**, es de aplicación lo expuesto en los nº 1910 s. para los arrendamientos de vivienda.

6. Subarriendo

(LAU/64 art.22)

2560 El subarriendo de locales de negocio exige siempre la **autorización** expresa y escrita del arrendador. Se establece una garantía en beneficio exclusivamente del arrendador, concediéndole **acción resolutoria** del contrato de arrendamiento si el arrendatario, sin su consentimiento escrito, subarrienda total o parcialmente cediendo la posesión a un tercero ajeno a la relación arrendaticia, lo cual no es obstáculo para que entre las partes contratantes del subarriendo tenga plena vigencia lo dispuesto en CC art.1254, 1258 y 1278, que sientan el principio de la eficacia de los contratos como fuente de obligaciones entre las partes contratantes cualquiera que sea la forma en que se celebren (TS 15-6-68).
Por su parte, el **subarrendatario** no puede celebrar, a su vez, en ningún caso, otro contrato de subarriendo (LAU/64 art.20).
En cuanto a la fijación del **precio** del subarriendo existe la libertad de pactos.
En cuanto al **pago** de la renta, reparación de **deterioros** es de aplicación al subarriendo de local de negocio lo expuesto en los nº 2029 y nº 2030, a los cuales nos remitimos.

Precisiones **1)** El subarriendo concertado **sin autorización** del arrendador es un acto nulo de pleno derecho (TS 22-5-61; 17-3-62; 16-10-65).
2) No son aplicables las normas de **revisión** previstas en LAU/64 para los subarriendos de vivienda (TS 18-2-61; 23-5-69).

2562 El subarriendo de locales de negocio, a **diferencia del que recae sobre una vivienda**:
- no señala límite máximo a la **merced subarrendaticia**;
- los **derechos** que se conceden al subarrendatario son renunciables (nº 2382); y
- cabe el ejercicio de las acciones de **revisión del precio** de subarriendo por insuficiencia de mobiliario.

7. Traspaso

(LAU/64 art.29 a 42)

2570

La regulación del traspaso de local de negocio contenida en la LAU/64 es variada en algunos puntos por lo establecido en la LAU disp.trans.3ª, pero esos cambios solamente afectan a los arrendamientos anteriores al 9-5-1985. En consecuencia, sigue siendo de aplicación para estos arrendamientos lo dispuesto por LAU/64 en tanto no haya sido modificado por lo establecido en la mencionada norma transitoria de la nueva Ley (Fuentes Lojo). 2572

Hay que matizar, sin embargo, lo siguiente:

a) Si el arrendamiento fue concertado **desde el mismo día 9-5-1985** -con arreglo a lo dispuesto en RDL 2/1985 art.9, y se renovó por **tácita reconducción** después del 1-1-1995, ya no rige lo dispuesto por LAU/64 art.29 a 42, dado que se produce una renovación del arrendamiento y ha de regirse por las normas de la LAU relativas a los arrendamientos para uso distinto al de vivienda (LAU disp.trans.1ª.2).

b) Si el arrendamiento fue concertado **desde el mismo día 9-5-1985** y en él se pactó la **prórroga forzosa**, o esta prórroga se entiende que se produjo tácitamente, sigue rigiendo íntegramente lo dispuesto por LAU/64 art.29 a 42.

c) En el caso de arrendamientos de locales de negocio propiamente dichos celebrados **antes del 9-5-1985** y **subsistentes a fecha 1-1-1995**, se sigue aplicando lo dispuesto por LAU/64 art.29 a 42, pero con las siguientes puntualizaciones:

• **Arrendatario persona física**. Tanto el arrendatario que lo fuera en la fecha de entrada en vigor de la LAU (1-1-1995), como su cónyuge que se hubiera subrogado en el arrendamiento al amparo de LAU disp.trans.3ª.3, pueden traspasar el local de negocio en los términos previstos en LAU art.32, permitiéndose, si se produce dicho traspaso, la continuación del arrendamiento por un número de 10 años a contar desde su realización o por el número de años que quedaran desde el momento en que se realice el traspaso hasta completar 20 años a contar desde la aprobación de la LAU (LAU disp.trans.3ª.3.4º y 5º). Al mencionar esta norma legal solamente al arrendatario y a su cónyuge que se subrogue hay que entender que carecerá del derecho de traspaso el descendiente que se subrogue al amparo de esta disposición transitoria (Fuentes Lojo). Cuando en los 10 años anteriores al 1-1-1995 se haya producido el traspaso del local de negocio, los plazos de duración del contrato de arrendamiento se incrementan en 5 años (LAU disp.trans.3ª.3.6º). Siempre debe tomarse como fecha del traspaso la de la escritura pública de otorgamiento del traspaso (LAU/64 art.32; LAU disp.trans.3ª.3.7º).

• **Arrendatario persona jurídica**. Cuando en los 10 años anteriores al 1-1-1995 se hubiera producido el traspaso de local de negocio, los plazos de extinción de los contratos se incrementan en 5 años, tomándose como fecha del traspaso la de la escritura pública de otorgamiento del traspaso (LAU/64 art.32; LAU disp.trans.3ª.4.2ª.3º).

d) Por último, todos los traspasos producidos a partir del día siguiente al de la publicación de la LAU en el BOE, **desde el 26-11-1994**, han de considerarse producidos a partir del 1-1-1995 (LAU disp.final 2ª.3º).

a. Delimitación del concepto de traspaso

(LAU/64 art.29 a 31)

Se entiende por traspaso, a efectos de la Ley, la **cesión** mediante precio del local de negocio, **sin existencias**, hecha por el arrendatario a un tercero, que quedará subrogado en los derechos y obligaciones nacidos del contrato de arrendamiento. 2575

Por tanto, el traspaso consiste, conforme a su significado gramatical, en llevar los derechos sobre la **cosa ajena**, de una parte a otra, de un arrendatario a otro que le sustituya, mientras que respecto de las **cosas propias**, no tiene el transmitente la cualidad de arrendatario, sino de dueño (TS 2-2-61).

Precisiones 1) Todo traspaso legalmente realizado lleva inherente, como consustancial a la propia esencia del mismo la **subrogación del tercero adquirente** en la posición jurídica del arrendatario cedente, sin necesidad de celebración de nuevo contrato de arrendamiento, con lo que la suerte posterior que pueda correr el traspaso (por la posible anulación del mismo por otra causa invalidante, totalmente distinta de la inicial legalidad de la realización con el consentimiento del arrendador) ha de afectar directamente también a la posición arrendaticia (subrogada) del adquirente del traspaso, no existiendo por tanto la posibilidad de declarar la nulidad de este y mantener, sin embargo, aquella posición arrendaticia (TS 14-2-94, EDJ 1236).

2) El concepto de traspaso de que habla el precepto es «a efectos de la Ley», pero ello no quiere decir que no exista un **traspaso real**, de ahí que se venga declarando que la exigencia de la **escritura pública** (LAU/64 art.32.5), hay que entenderla no como un requisito *ad solemnitatem*, sino simplemente *ad probationem* cuando se da la circunstancia de la intervención personal y comprometida del arrendador en el documento privado constatante del traspaso, puesto que la existencia legal de la escritura pública está requerida solamente en protección de los derechos de tanteo o retracto del arrendador, que le vienen atribuidos por LAU/64 art.35 y 36 (nº 2607 s.). Como quiera que el arrendador, en el supuesto de autos, intervino personalmente en el contrato privado de traspaso, que reúne todos los demás requisitos para su virtualidad (nº 2590), pues el que no se cumple -como el del número 2 del precepto- es por renuncia del arrendador a quien precisamente puede afectarle en el orden del prestigio comercial del local, renuncia que es factible, a tenor del art.6.3 de la LAU (TS 23-11-84; 28-11-86).

3) El **traspaso conjunto** de locales que habían sido objeto de dos contratos de arrendamiento, no puede estimarse que infrinja las normas legales que regulan los traspasos, toda vez que, pese a que existían dos contratos, ambos locales formaban objetivamente un todo único destinado a la misma explotación industrial, desde que al arrendarse el segundo local en 1979, se autorizó al arrendatario a derribar la pared o tabique que separaba los locales primero y cuarto de la planta ático que, de hecho, pasaron a formar un local único, y esta unidad de destino o fin lleva a estimar que el traspaso único no está en oposición a lo establecido en LAU/64 art.29 (AP Barcelona 18-5-90).

4) Se está en presencia de un traspaso realizado con el **consentimiento del arrendador**, aunque ello sea instrumentado en la forma de desdoblarlo en dos contratos independientes, el de traspaso o cesión y el de un nuevo arrendamiento a favor del cesionario o adquirente del traspaso, aunque íntimamente conexionados y dependientes entre sí, si así lo evidencian los hechos (AP Barcelona 30-9-00, EDJ 55218).

5) La existencia de una cláusula en el arrendamiento autorizando el traspaso no quiere decir que este pueda ser **gratuito** (AT Cáceres 17-5-88).

2577 **Titulares** El derecho de traspaso corresponde no solo a los arrendatarios de los locales de **negocio** propiamente dichos, sino también a los que lo sean de locales destinados al ejercicio de **actividades económicas**, cuando se trate de la Iglesia Católica, Estado, provincia, municipio, entidades benéficas, asociaciones piadosas, sociedades o entidades deportivas comprendidas en el art.32 de la Ley de educación física, corporaciones de Derecho público y, en general, cualquiera otra que no persiga lucro.

No tiene derecho de traspaso el arrendatario de los locales de negocio destinados a (LAU/64 art.5.2.2º y 3º y 30):

- **depósitos y almacenes**, aunque el arrendatario sea la Iglesia católica, el Estado, la provincia, el municipio, las entidades benéficas, las asociaciones piadosas, las sociedades o entidades deportivas comprendidas en el art.32 de la Ley 9/1990 de educación física, las corporaciones de Derecho público y, en general, cualquier otra que no persiga lucro;
- **escritorios y oficinas**, cuando el arrendatario se valga de ellos para ejercer actividad de comercio, de industria o de enseñanza con fin lucrativo, o para el desarrollo de actividades económicas, aunque dichos locales no se hallen abiertos al público.

Ello lleva consigo que no sea posible embargar los derechos arrendaticios ni quepa la ejecución judicial o extrajudicial de los mismos en pago de deuda, ni puedan hipotecarse, porque la Ley de hipoteca mobiliaria de 16-12-1954 art.19 exige que el arrendatario tenga la facultad de traspasar. En relación con la embargabilidad y ejecutabilidad del derecho de traspaso nos remitimos a lo indicado en nº 2600 s.

Precisiones **1)** El derecho de traspaso es **renunciable** por el arrendatario, pero es preciso para la validez del pacto de renuncia que exista una voluntad clara al respecto, ya que ha de ser interpretado con carácter restrictivo (TS 6-11-65). No pudiendo estimarlo si lo que se renuncia es al subarriendo (TS 30-11-67; 24-5-95, EDJ 3233).

2) No tiene derecho al traspaso el arrendatario que ha tenido el **local cerrado** más de 6 meses o lo tiene subarrendado totalmente (TS 29-12-67).

3) No es válido el traspaso realizado por un **coarrendatario** sin autorización del otro u otros (TS 10-12-66).

2578 **Distinción con el subarriendo** El traspaso ha de distinguirse del subarriendo. El traspaso supone la subrogación de un tercero en los derechos y obligaciones nacidos del contrato de arrendamiento, de forma que se pacte la **completa sustitución** del primitivo contrato de arrendamiento por el nuevo, y del arrendatario por el contratante, con la total eliminación de la personalidad jurídica del primero en la relación arrendaticia (TS 7-6-1929; 23-6-47).

En el subarriendo no se enajenan los derechos nacidos del primer arrendamiento, con la **completa subsistencia** de este y continuando la intervención en todo el tracto de su desenvolvimiento del antiguo arrendatario y subarrendador (TS 23-6-47).

Precisiones El subarrendatario no tiene derecho al traspaso (TS 27-4-62; 15-11-63).

Supuestos excluidos (LAU/64 art.31) No se considera la existencia de traspaso en los siguientes supuestos: 2579
- asociación de hijos del arrendatario (nº 2580);
- cesión del local a una cooperativa u otra unidad sindical (nº 2582);
- transformación de una empresa individual en cualquier forma de sociedad por ministerio de la ley (nº 2584);
- transformación, fusión o escisión de sociedades o entidades públicas o privadas (nº 2586).

A continuación se realiza un examen más detallado de cada uno de ellos.

Asociación de hijos del arrendatario Mientras subsista, no se reputa traspaso la asociación que, exclusivamente entre sí, realicen los hijos del titular arrendatario del local de negocio que haya fallecido, aunque forme parte de ella el cónyuge sobreviviente. 2580

Este privilegio tiene un **carácter exclusivamente personal**, si bien es cierto que dada la acepción genérica que tiene el término asociación, han de entenderse comprendidas dentro de él, no solo a las sociedades de hecho o simples comunidades, carentes de personalidad jurídica, sino también las que la tienen distinta a la de sus asociados, siempre y cuando conserven la nota personal, como acontece con las sociedades colectivas (TS 6-3-64; 19-2-70).

Se debe tener en cuenta que, tras la entrada en vigor de la LAU, para los arrendamientos anteriores a 9-5-1985, rigen para la subrogación «mortis causa» normas específicas (LAU disp.trans.3ª.3), según las cuales la persona que se subrogue solo puede ser el **cónyuge** o un **descendiente** y no el conjunto de ellos.

Precisiones **1)** Este privilegio no alcanza a las **sociedades de responsabilidad limitada** que se constituyen entre dichos familiares; y menos si se admiten nuevos socios (TS 25-5-70; 6-2-71).

2) Se infringe la norma si se admiten **nuevos socios** en la asociación que realicen los hijos del arrendatario fallecido (TS 27-2-57).

3) Resulta indiferente que en el negocio se dé de **alta** tan solo alguno de los hijos, si la asociación sigue existiendo (TS 22-2-61).

4) La asociación ha de llevarse a cabo una vez **fallecido el titular** del arrendamiento (TS 27-11-61).

5) La adjudicación de los derechos de arrendamiento a la esposa, como consecuencia de la **disolución de la sociedad de gananciales**, tras un proceso de separación judicial, no constituye traspaso (TCo 159/1989).

Cesión del local a una cooperativa u otra unidad sindical No se considera traspaso, la cesión que del local de negocio, o del negocio mismo, efectúe el arrendatario a una cooperativa u otra unidad sindical, constituida con mayoría de los productores obreros que en él estuvieran **empleados**, pero sí se reputará existente el traspaso cuando la que haya adquirido el local lo ceda a otro. 2582

La unidad sindical, por su solo carácter de encuadramiento sindical, no requiere para su **constitución** sino la voluntad de los obreros en formarla, de acuerdo con su empresario, y sin otras actuaciones del órgano sindical correspondiente que el tomar nota de su constitución, pero sin que le corresponda a este el comprobarla ni autorizar su funcionamiento (TS 25-5-56; 7-1-91, EDJ 91; 7-12-99).

Cabe aplicar el precepto a los **economatos laborales** (D 21-5-1958; OM 14-5-1958).

Pero no cabe su aplicación a las **sociedades anónimas laborales** (AP Madrid 26-2-91; AP Granada 23-9-91; AP Córdoba 14-5-92) o a una **sociedad irregular** formada por el arrendatario y sus empleados (AP Madrid 22-11-84).

Precisiones Cuando el precepto se refiere a la **mayoría**, lo es de los empleados de la empresa y no de los miembros de la nueva cooperativa, de donde se desprende que en la misma no pueden entrar trabajadores que ninguna vinculación laboral tenían con la empresa arrendataria (AP Barcelona 24-3-96).

Transformación de una empresa individual en cualquier forma de sociedad por ministerio de la ley Cuando por ministerio de la ley una empresa individual deba convertirse en cualquier forma de sociedad, no se reputará causado el traspaso de local de negocio que ocupe. 2584

Este supuesto se refiere exclusivamente a la empresa individual que haya de convertirse por ministerio de la ley en sociedad.

Transformación, fusión o escisión de sociedades o entidades públicas o privadas No se reputa causado el traspaso en los casos de transformación, fusión o escisión de sociedades o entidades públicas o privadas, pero el arrendador tiene derecho a elevar la renta como si el traspaso se hubiera producido. 2586

El traspaso no se produce nunca en los supuestos de transformación de una sociedad anónima en una colectiva, en una comanditaria o en una de responsabilidad limitada, ni en el de una cualquiera de estas en una sociedad anónima, con la única **excepción** de que en la junta general de la sociedad se haya acordado la disolución de la misma y la constitución de otra de distinta forma.
La razón de ello está en que esta transformación no supone **cambio de personalidad jurídica**, y de que sigue subsistiendo bajo la forma nueva, con lo que no habría que cumplir con los requisitos impuestos para el traspaso (nº 2590 s.).
Por tanto, cuando se trate de la transformación, fusión o escisión de una **sociedad mercantil**, no se reputa causado el traspaso. Ahora bien, cuando se trate de una **sociedad no mercantil** cabe plantear la duda, porque en RDL 7/1989 disp.adic.13ª, se hace referencia tan solo a las sociedades, sin puntualizar que sean mercantiles. Por nuestra parte, a pesar de todo, entendemos que debiera interpretarse el precepto muy restrictivamente.

Precisiones **1)** Aunque la arrendataria fuera la **sociedad absorbida** en la fusión, la relación jurídica arrendaticia no se extingue, existiendo una sucesión universal de derechos y obligaciones por parte de la absorbente (TS 8-2-07; 30-5-07).
2) Cabe el **aumento de renta** si lo que se produjo fue una absorción (TS 20-9-97, EDJ 8001).
3) No ha de confundirse la **absorción** y la **escisión** de una sociedad, debiendo estarse en cuanto al concepto de cesión a lo previsto en RDLeg 1564/1989 art.252 s.
4) En el supuesto de **escisión** no existe traspaso (AP Castellón 20-10-97, EDJ 15114; AP Baleares 20-4-01, Rec 79/01).
5) En caso de **transformación**, es indiferente si obedeció a la adaptación necesaria a la legislación mercantil, o a cualquier otra motivación, para generar el derecho al incremento de renta (AP Barcelona Secc 4ª 15-5-01).

b. Requisitos

(LAU/64 art.32)

2590 Para la existencia legal de traspaso se exige la concurrencia de los siguientes requisitos:
1) Que el arrendatario lleve **legalmente establecido**, precisamente en el local objeto del mismo, y explotándolo ininterrumpidamente, el tiempo mínimo de un año (nº 2591).
2) Que el adquirente contraiga la **obligación de permanecer** en el local, sin tras-pasarlo, el plazo mínimo de otro año, y destinarlo durante este tiempo por lo menos, a negocio de la misma clase al que venía ejerciendo el arrendatario (nº 2592).
3) La fijación de un **precio cierto** por el traspaso (nº 2593).
4) Que el arrendatario proceda a la **notificación fehacientemente** al arrendador o, en su defecto, a su apoderado, administrador, y, en último término, al que materialmente cobre la renta, su decisión de traspasar y el precio convenido (nº 2594).
5) El otorgamiento del traspaso por **escritura pública**, en la cual deberá consignarse, bajo la responsabilidad del arrendatario, el cumplimiento del requisito anterior y la cantidad por la que se ofreció el traspaso al arrendador (nº 2595).
6) Que dentro de los 8 días siguientes al otorgamiento de la escritura, el arrendatario efectúe **notificación fehaciente** al arrendador o, en su defecto, a las personas mencionadas en el apartado 4), la realización del traspaso, el precio percibido, el nombre y domicilio del adquirente y que este ha contraído la obligación de permanecer en el local, sin traspasarlo, el plazo mínimo de otro año, para destinarlo durante este tiempo como mínimo a negocio de la misma clase (nº 2596).
El **incumplimiento** de cualquiera de estos requisitos faculta al arrendador a no reconocer el traspaso.

Precisiones **1)** Con carácter general, el **incumplimiento** de cualquiera de los requisitos mencionados es causa de resolución del contrato, salvo que el arrendador hubiera autorizado el traspaso, o tal consentimiento se deduzca del contenido de las cláusulas contractuales, o dicho arrendador haya cobrado su participación en el traspaso (TS 12-2-52; 20-12-52; 1-6-62; 23-9-62; 23-2-88; 7-3-89).
2) Si se produce el **fallecimiento del arrendatario** después de iniciado el proceso del traspaso, puede este continuar por el subrogado hasta su finalización (AP Barcelona 11-2-98).

2591 **Tiempo de explotación por el arrendatario** (LAU/64 art.32.1) Para que tenga lugar un traspaso conforme a la legalidad, es necesario que el arrendatario lleve explotando legalmente el negocio el **tiempo mínimo** de un año de modo interrumpido.
No se entiende cumplido este requisito si la explotación del negocio se lleva a cabo por el **subarrendatario** (TS 1-3-52; 29-12-67).

Precisiones La explotación del establecimiento que para autorizar el traspaso del local de negocio por el arrendatario exige como requisito necesario LAU/64 art.32.1, ha de ser **actual y presente** en el momento de producirse el traspaso (TS 29-12-67; 9-10-68).

Compromiso de permanecer en el local del nuevo arrendatario (LAU/64 art.32.2) El adquirente del traspaso se obliga a permanecer en el local, sin traspasarlo, el **plazo mínimo** de otro año, destinándolo durante este tiempo a negocio de la misma clase al que venía ejerciendo. 2592
Basta con que se haga constar el compromiso en el contrato de traspaso (TS 22-10-53).
No obstante lo anterior, el adquirente por traspaso puede realizar a su vez **otro traspaso**, una vez transcurrido un año desde la fecha del otorgamiento de la escritura y cumpliendo todas las reglas exigidas para el traspaso por LAU/64 (LAU/64 art.34).

Precisiones **1)** El precepto no exige que, verificado el traspaso, el adquirente haya de comenzar a desarrollar en él su actividad industrial inmediatamente **sin solución de continuidad**, porque puede haber justas causas que lo impidan (TS 28-1-58; 28-4-58).
2) No se cumple con el precepto si constituyendo el objeto del arrendamiento un local destinado única y exclusivamente a **garaje**, el adquirente no contrae la obligación de limitar su actividad a este fin, sino que la extiende a industrias que no estaban comprendidas en el contrato de arrendamiento, ni son de la misma clase que estas (TS 29-5-57). Tampoco se cumple si, estando el negocio dedicado a la actividad de **fabricación de galletas y de repostería** y de venta de dulces, no ha seguido con la actividad de fabricación (TS 22-4-95, EDJ 1966).

Precio cierto (LAU/64 art.32.3) El requisito de la certeza del precio excluye toda indeterminación en la fijación de su cuantía, ya que el mecanismo propio de la transmisión del derecho arrendaticio -derecho de tanteo, retracto, participación en el precio del traspaso, etc.- exigen la **determinación y liquidez** del precio desde el momento mismo de la notificación inicial al arrendador. 2593
En consecuencia, debe considerarse **ilícito** a los efectos que no ocupan:
- el traspaso con precio indeterminado;
- el traspaso cuyo precio haya de ser determinado por un tercero o que esté pendiente para su liquidación de operaciones distintas de las puramente aritméticas con cantidades exactamente predeterminadas;
- el precio pactado en especie no dineraria o en moneda sustraída del curso legal, a menos que se señale en forma alternativa el equivalente del mismo en moneda de curso legal;
- el traspaso recíproco -admitido por alguna legislación extranjera- a menos que se señale precio en dinero para cada uno de los traspasos en que se desenvuelve la permuta de derechos arrendaticios, de forma que cada uno de los respectivos arrendadores pueda hacer efectivos los derechos que la ley le concede.

Notificación fehaciente de la intención de realizar el traspaso (LAU/64 art.32.4) El arrendatario ha de notificar de forma fehaciente al arrendador la **cesión** de traspasar y el **precio** convenido. 2594
En la notificación no es obligatorio hacer constar el **nombre y demás circunstancias de la tercera persona** a quien se desea traspasar (TS 5-3-69).
Lo que el legislador valora en orden a la forma de la notificación no es tanto el cauce formal a emplear, sino la seguridad de que su contenido llegue a conocimiento del destinatario (TS 13-4-62).
No es necesaria la notificación de la decisión de traspasar si se faculta en el contrato de arrendamiento para llevarlo a cabo (TS 23-2-88).

Precisiones **1)** El hecho de que tanto el texto de la ley como la jurisprudencia exijan que sea precisamente el **arrendatario** el que lleve a cabo la notificación, no quiere decir que tenga que hacerse constar así al llevarla a cabo, ya que es posible deducirlo de la misma (TS 5-3-69).
2) La notificación ha de tener la condición de fehaciente, es decir, hacer fe por sí misma, siendo válida la hecha por **carta certificada** que el arrendador aceptó al darse por notificado al reclamar el derecho de tanteo, si bien con carácter excepcional, como eficaz (TS 21-7-51; 17-12-51).
3) Si fueran dos los **copropietarios** de una finca valdría la notificación hecha a uno solo de ellos (TS 8-3-57).
4) No basta que el arrendatario desee traspasar por un precio determinado para obligar por ello al arrendador, sino que es preciso, además, que exista una persona con la que haya proyectado el traspaso, sin consumarlo, de forma que al hacer la notificación al arrendador a efectos del tanteo por este, no sea un mero deseo, sino algo ya definido. El vocablo **intención** utilizado, en relación con el contenido global del acto notificativo de referencia, no significa un simple proyecto o deseo remoto, de pretender traspasar el local, sino, al contrario, intención decisiva, es decir el ánimo, propósito, designio, determinación y resolución de realizar la cesión en forma efectiva y materializada (TS 31-3-62).

Otorgamiento de escritura pública (LAU/64 art.32.5) La exigencia de la escritura pública para el traspaso, hay que entenderla no como un requisito *ad solemnitatem*, sino simplemente *ad probationem*, cuando se da la circunstancia de la intervención personal y comprometida del 2595

arrendador en el documento privado constante del traspaso, puesto que la exigencia legal de la escritura pública está requerida solamente en protección de los **derechos del arrendador** en los casos de tanteo y retracto (LAU/64 art.35 y 36).
La **falta de ese requisito** de forma solo conlleva el otorgamiento al arrendador de la facultad de no reconocer el traspaso (TS 28-11-86).

2596 **Notificación fehaciente de la realización del traspaso** (LAU/64 art.32.6) El arrendatario ha de notificar al arrendador de modo fehaciente:
- la realización del traspaso;
- el precio percibido;
- el nombre y domicilio del adquirente; y
- que este ha contraído la obligación de permanecer en el local, sin traspasarlo, durante el plazo mínimo de un año y destinarlo, durante este tiempo por lo menos, a negocio de la misma clase al que venía ejerciendo el arrendatario.

Ha de tenerse en cuenta que la jurisprudencia no admite como válida la notificación hecha **por el adquirente**, siendo causa de resolución del arrendamiento si no la hace el arrendatario traspasante (TS 27-5-59; 18-12-63; 18-11-72).

Precisiones **1)** No se incumplió con lo dispuesto por LAU/64 art.32.6 por no haber notificado dentro los 8 días siguientes al otorgamiento de la escritura la realización del traspaso y sus circunstancias por el hecho de que el actor recibiera en dicho **plazo** copia de la escritura hasta el 11 de marzo, porque el día del otorgamiento de la misma fue el 8 de febrero y el notario remitió copia certificada de la escritura el 12 de febrero, siendo el demandado ajeno al retraso que se produjo en la llegada de la certificación al arrendador, al hacerse la remisión dentro del plazo legal (AP Barcelona 18-5-90).
2) Notificado el traspaso al arrendador, no puede dejarse sin efecto por otra **notificación posterior** (TS 30-4-57).
3) Tanto la doctrina científica como la jurisprudencia (TS 3-5-75, *a contrario sensu* del supuesto en ella contemplado), liberan de responsabilidad al arrendatario de las consecuencias de la notificación, cuando se practica **fuera del plazo** legal por sucesos imprevistos o que previstos sean inevitables, reputando como tales el retraso del notario, a quien se requirió para que llevase a cabo la notificación al arrendador del contenido de la escritura de venta en que cristalizó el traspaso. Ello no comporta una infracción de lo dispuesto por LAU/64 art.32.6.

c. Embargabilidad y posibilidad de ejecución judicial o administrativa en subasta

(LAU/64 art.33)

2600 En el caso de ejecución judicial o administrativa del derecho de traspaso, es necesario **notificar de oficio al arrendador** la mejor postura ofrecida en la subasta o, en su caso, la cantidad por la que el ejecutante pretende la adjudicación, a efectos de que ejercite el derecho de tanteo que la Ley le confiere.
La aprobación del **remate** o de la adjudicación queda en suspenso hasta que transcurra el plazo señalado para el ejercicio del derecho de tanteo por el arrendador.
En este caso, la obligación de contraer el **compromiso de permanecer en el local**, sin traspasarlo, el plazo mínimo de un año, y destinarlo durante ese tiempo, por lo menos, a negocio de la misma clase al que venía ejerciendo el arrendatario, ha de consignarse en los edictos anunciadores de la subasta.
La **entrega del local** al rematante o adjudicatario conlleva el lanzamiento del ejecutado, en su caso.
También en el supuesto de ejecución judicial o administrativa ha de cumplirse con la **notificación al arrendador** prevista en el nº 2594 (TS 11-5-62).
Por último, ha de tenerse en cuenta que no es posible adquirir el derecho de traspaso en subasta judicial con **facultad de ceder a tercero**.

Precisiones **1)** El derecho de traspaso puede ser objeto de **embargo** y, por tanto, de **subasta**. No produciendo efecto alguno esta si el derecho de traspaso no existía (TS 12-3-57; 27-1-60; 20-4-60; 15-12-60).
2) El arrendatario no puede **renunciar al arrendamiento**, ya que la traba del embargo «si no afectaba directamente al local arrendado en cuanto patrimonio de la arrendadora, sujetaba, en cambio, al arrendatario ocupante, impidiéndole desvincularse del mismo sin el consentimiento del acreedor embargante (TS 18-6-55).
3) Si la subasta del derecho de traspaso se llevó a cabo con **ausencia total de la persona de los propietarios**, sin hacer notificación en forma ni a ellos ni a las personas que corresponde, de la postura ofrecida, que se ha de verificar de oficio, caso de ejecución judicial o administrativa, a fin de que puedan utilizar el derecho de tanteo y el de participación en el traspaso (LAU/64 art.35 y 39; tales omisiones, al implicar un evidente perjuicio, llevan consigo unido, a no haber contraído el

cedente ni el cesionario la obligación de mantener el negocio en el local, la ineficacia del procedimiento de apremio tramitado (TS 20-2-63).
4) En caso de subasta de un derecho de traspaso que lleve consigo la **adquisición de la industria instalada** en el local, ello conlleva la obligación de mantener también a los asalariados (TS 21-12-66).
5) En caso de subasta del derecho de traspaso el arrendador no está legitimado para interponer una **tercería de dominio** (TS 12-9-77; 18-10-99, EDJ 29519).

d. Tanteo y retracto

(LAU/64 art.35 a 41)

En el caso de que tenga lugar el traspaso, la Ley prevé a favor del arrendador los derechos de tanteo y retracto, en relación con cuyo ejercicio nos detenemos a continuación. **2605**

Derecho de tanteo (LAU/64 art.35) Sin perjuicio de lo dispuesto en los nº 2600 s. para los casos de ejecución judicial o administrativa del derecho de traspaso, se reconoce al arrendador de local de negocio el derecho de tanteo, que puede utilizar dentro del **plazo** de los 30 días, a partir del siguiente a aquel en que el arrendatario le notifique su decisión de traspasar y el precio que le ha sido ofrecido (nº 2594). **2607**
En consecuencia, hasta que no transcurra este plazo, no puede el arrendatario concertar el traspaso con un tercero.
El **pago o consignación del precio** ha de ser del total, no pudiendo subordinarlo a la conclusión del pleito, ya que, a menos que el contrato lo autorice, no puede compelerse al acreedor a recibir parcialmente las prestaciones en que la obligación consista (TS 23-12-50; 24-1-53; 20-10-55).

Precisiones **1)** Cuando, amparándose en lo aquí expuesto, el arrendador ejerce el derecho de tanteo aceptando la oferta hecha por el arrendatario, el **contrato** que se celebra no es ningún contrato, sino el definitivo de traspaso del local de negocio arrendado, hecho en favor del arrendador, y en cuya virtud queda el arrendatario obligado a entregarle el local (TS 24-1-54; 19-11-75, EDJ 419).
2) Una vez aceptado por el arrendador el ofrecimiento hecho por el arrendatario, la titularidad del local pasa automáticamente con lo que la **acción** que tenga que ejercitar para hacerse cargo del local no puede afirmarse que sea, en realidad, la del tanteo, ni el **plazo** para promoverlo el previsto en el precepto que comentamos, sino una acción de recuperación sujeta a las normas generales de procedimiento, y amparada en derechos no reconocidos en la LAU. En este sentido se pronuncian las audiencias provinciales en general.
3) A efectos del **cómputo** de los 30 días para ejercitar el tanteo no han de computarse los inhábiles (TS 26-1-66; 17-2-75). De esta tesis disiente la AT A Coruña 8-6-82, que pone de manifiesto que el Tribunal Supremo sienta el criterio de que para el ejercicio del derecho de tanteo tienen que computarse los días hábiles (TS 26-1-66; 27-5-71; 17-2-75), pero al hacerlo así contempla siempre supuestos de hecho anteriores a la fecha de 31-1-1974, en que se modificó el título preliminar del Código civil, viniendo a solucionar de forma terminante la contradicción a que se hizo mención, expresando que en el cómputo civil de los plazos no se excluyen los días inhábiles (CC art.5.2). Añade también que, a la conclusión que antecede, no es obstáculo la genérica norma interpretativa de que la Ley especial deroga a la general en cuanto signifique precisamente especialidad, y por ello la regulación específica de los plazos por LAU/64 art.35, 36 y 39, implica la derogación tácita de la norma general, título preliminar del Código civil, pues este razonamiento, que en el orden doctrinal es plenamente válido cede ante una simple exposición de fechas, ya que la Ley especial de arrendamientos urbanos es anterior a la general del Código civil.

Derecho de retracto (LAU/64 art.36) Además del derecho de tanteo, se reconoce en favor del arrendador el derecho de retracto sobre el local de negocio traspasado por el arrendatario, cuando este: **2608**
- no le haya hecho la preceptiva **oferta**; o
- haya realizado el traspaso por **precio inferior** al que le notificó.

También se contempla este derecho a favor del arrendador cuando el traspaso del local se haga por **dación o adjudicación en pago de deuda**.
En cualquier caso, es de aplicación lo dispuesto en CC art.1518, por lo que el arrendador no podrá hacer uso del derecho de retracto sin **reembolsar al adquirente del traspaso** el precio del mismo, así como:
- los gastos del contrato y cualquier otro pago legítimo hecho para la venta;
- los gastos necesarios y útiles hechos en la cosa vendida.

El arrendador debe ejercitar la acción dentro del **plazo** de los 30 días siguientes a contar de aquel en que le fuera notificada por el arrendatario la realización del traspaso. Y en el caso de que la notificación no le hubiera sido hecha, así como en los casos de dación o adjudicación en pago, desde que tenga conocimiento de la transmisión y de sus condiciones esenciales.

Los **efectos** del ejercicio del derecho de retracto son:
- los de carácter general de extinción del arrendamiento;
- la subrogación del arrendador respecto al traspaso en las condiciones totales de este, por muy onerosas o perjudiciales que sean; y
- la resolución del traspaso concertado con el tercer adquirente.

El retracto procede aunque las **condiciones** en que se produjera el traspaso fueran más benignas que las anunciadas en el tanteo.

Precisiones 1) Es **compatible** el ejercicio del derecho de retracto y el de resolución del arrendamiento (TS 1-7-52; 19-11-53).
2) En el **precio del traspaso** a efectos del retracto no han de incluirse los derechos laborales de los trabajadores si aquel fuera una empresa (TS 19-11-93, EDJ 10463).

2609 **Pluralidad de arrendadores** (LAU/64 art.37, 38 y 40) Los coarrendadores no pueden ejercitar los derechos de tanteo y retracto **individualmente**, pero si alguno de ellos no desea hacer uso de ellos, se entiende que renuncia en beneficio del coarrendador que quisiera tantear o retraer.

Ahora bien, sí puede un coarrendador actuar **en nombre y beneficio** de los demás (TS 28-12-50).

El tanteo, el retracto y la participación en el precio de traspaso tienen **preferencia** sobre cualquier otro derecho similar, a excepción del de condueño del negocio.

En el supuesto de que el propietario adquiera el **local de negocio sin existencias**, en virtud de los derechos de tanteo o retracto, este no viene obligado a continuar ejerciendo la industria o comercio en el local.

e. Participación en el precio de traspaso y aumento de la renta

(LAU/64 art.39, 40 y 42)

2610 La realización del traspaso del local de negocio da derecho al arrendador a **aumentar la renta**:
- en la **cuantía convenida** con el cesionario; o
- a **falta de acuerdo**, en un 15% de la renta que satisfaga el arrendatario en el momento de realizarse el traspaso.

A estos efectos, la renta que ha de tenerse en cuenta es la resultante de la actualización que corresponda.

2612 El arrendador que no ejercite su derecho de tanteo o retracto dentro de los 30 días hábiles señalados en los nº 2607 y nº 2608, sobre el local de negocio traspasado, puede reclamar del arrendatario la **participación en el precio** que con él convenga.

A **falta de acuerdo** entre ellos, dicha participación será de:
- un 30%, si el local de negocio se construyó o habitó por primera vez antes del 18-7-1936;
- un 20%, si después del 17-7-1936 y antes del 2-1-1942; y
- un 10% de haberse construido o habitado por primera vez después del 1-1-1942.

Estos porcentajes experimentan el **aumento** de un 50%, cuando el arrendatario por traspaso de un local de negocio, lo traspase a su vez antes de transcurrir 3 años desde la fecha del otorgamiento de la escritura del traspaso (nº 2595).

Para su **abono al arrendador**, las cantidades representativas de los porcentajes anteriores son retenidas del precio del traspaso por el cesionario. En los casos de dación y adjudicación en pago de deudas, la entrega al arrendador de la participación en el precio será a cargo del adquirente.

En orden a la posible **exclusión de la participación** en el precio del traspaso, la LAU/64 hace una distinción según que al ejercitar esos derechos el arrendador adquiera el local con existencias o sin ellas. En el primer caso, no puede hacerse deducción alguna; en el segundo, puede deducir los porcentajes a los que se acaba de hacer referencia del precio atribuido al local (LAU/64 art.41). En relación con el traspaso del local con existencias, nº 2615.

El **incumplimiento por el arrendatario** de su obligación, puede ser causa de resolución del arrendamiento, al preverse que se produce por la realización del traspaso de modo distinto a lo dispuesto en la ley (nº 2646).

La participación en el precio de traspaso tiene **preferencia** sobre cualquier otro derecho similar, a excepción del de condueño del negocio.

Precisiones 1) El adquirente por traspaso no viene obligado para el coarrendador y actor a **pagar participación** alguna del precio de aquel, por ser esta obligación del cedente o traspasante (TS 4-2-61).
2) La **exigencia de la participación** procede aunque no se cumplan los requisitos para el traspaso (TS 25-3-64). Ver (nº 2590 s.).

3) Según el art.31 Ley de **hipoteca mobiliaria** 16-12-1954, el arrendador que dé su conformidad con la hipoteca, tiene derecho, además del aumento de la renta en un cinco por ciento, a incrementar en un diez por ciento la participación que le corresponda en el traspaso con arreglo a la LAU/64; derecho que será ejercitable después de la constitución de cada hipoteca consentida.

f. Traspaso del local con existencias

(LAU/64 art.41)

Para que el traspaso del local de negocio obligue al arrendador cuando el arrendatario, al realizarlo, venda existencias, mercaderías, enseres o instalaciones de su propiedad que en él hubiera, o el negocio mismo, es necesario que, además de observarse las reglas antes expuestas, tanto en la preceptiva oferta al arrendador, como en la escritura que solemnice la cesión, se efectúe la **consignación separada del precio** que corresponda al traspaso del local y del que corresponda a los restantes bienes transmitidos. 2615

En estos supuestos, y aunque la transmisión se deba a dación o adjudicación en pago de deudas, el arrendador conserva los derechos de **tanteo y retracto**, referidos al local exclusivamente, y si no hace uso de ellos, su participación recae también únicamente sobre el precio de traspaso del local. Esto quiere decir que, aun cuando el traspaso del local se efectúe con existencias, mercaderías y demás enseres o instalaciones, el arrendador conserva sus derechos de tanteo o retracto; pero no que no pueda hacerlos efectivos sobre el local y las existencias al propio tiempo (TS 11-2-63).

Cuando el arrendador ejercite los derechos de tanteo o de retracto en este tipo de traspasos, tiene derecho a **deducir del precio** atribuido al local los porcentajes de participación indicados en el nº 2610. Si el arrendador ejercita dichos derechos únicamente sobre el local, no puede hacer deducción alguna.

Precisiones El traspaso debe entenderse del local y únicamente respecto de él es menester que resulte determinado el precio, individualizándolo del resto asignado al conjunto de los elementos que integran la segunda partida del precio, sin necesidad de que se acompañe un **inventario** de cada uno de los efectos, muebles o instrumentos, bastando con que se le asigne su precio global (TS 2-2-61).

8. Suspensión y resolución del contrato

2620

a. Suspensión del contrato

(LAU/64 art.119)

Se prevé la suspensión del contrato únicamente para el supuesto en que la autoridad competente disponga la **ejecución de obras** que impidan que la finca siga habitada. Cuando se dé tal supuesto, todos los contratos a que se refiere este capítulo se reputarán en suspenso por el tiempo que duren aquellas, quedando asimismo suspendida por igual período la obligación de pago de rentas. 2625

Este precepto no ha sido modificado por LAU disp.trans.3ª.

b. Resolución a instancia del arrendador

(LAU/64 art.114)

Son **causas** de resolución del contrato a instancia del arrendador las siguientes: 2630
- falta de pago de la renta (nº 2632);
- subarriendo (nº 2634);
- falta de ejercicio de la acción resolutoria contra el subarrendatario a requerimiento del arrendador (nº 2644);
- traspaso (nº 2646);
- transformación del local de negocio en vivienda (nº 2670);
- daños y obras inconsentidas (nº 2672);
- actividades inmorales, peligrosas, incómodas o insalubres (nº 2672);

- expropiación forzosa (nº 2672);
- declaración de ruina de la finca (nº 2672);
- prórroga forzosa no operativa (nº 2672);
- extinción del usufructo (nº 2672).

A continuación se hace referencia únicamente a las **peculiaridades** que afectan a los arrendamientos de local de negocio en particular. Para el resto nos remitimos a lo expuesto en el nº 2115 s.
Por otro lado, en cuanto a las causas de resolución del arrendamiento **con carácter general**, nos remitimos a lo expuesto en nº 275 s.

2632 **Falta de pago de la renta** (LAU/64 art.114.1ª) Cabe la resolución del contrato de arrendamiento urbano, lo sea de vivienda o de local de negocio, a instancia del arrendador en caso de falta de pago de la **renta** o de las **cantidades asimiladas**.
La posibilidad de hacer uso de esta causa de resolución por el arrendador exige que el arrendatario esté **obligado al pago** de la renta y deje de hacerlo.
Esta cuestión se estudia más detenidamente en nº 2120.

2634 **Subarriendo** (LAU/64 art.114.2ª) Si bien esta causa de resolución se estudia en detalle en los nº 2125 s., al tratar de los arrendamientos de vivienda, a continuación se hace referencia a aquellos aspectos concretos que afectan a los locales de negocio.
La jurisprudencia ha tenido la ocasión de pronunciarse en numerosas ocasiones tanto a favor como en contra de la presunción de existencia de subarriendo.

2635 **Supuestos de existencia de subarriendo** Se ha **presumido la existencia** de subarriendo en supuestos como los siguientes:
• La existencia en la puerta del local de un **rótulo de un tercero**, después de haberse cerrado la industria que antes ejercía el arrendatario (TS 15-11-61; 9-11-64; 13-11-91, EDJ 10740).
• La existencia de una **placa anunciadora de un médico** que recibe clientes (TS 12-11-93, EDJ 10206).
• La ocupación del local por una **sociedad** (TS 11-3-60; 24-3-61; 30-11-68).
• Si los **socios** no se limitan a una participación mediante la aportación de capital, sino que ambos aparecen como dueños del negocio por terceras partes (AP Barcelona 5-12-02).
• La guarda en el local del **coche de un tercero** (TS 24-4-64; 11-4-75).
• Depósito de **objetos de un tercero** en el local (TS 2-11-63; 23-3-64; 9-6-64; 25-5-68).
• Domiciliar el **domicilio de una sociedad** en el local, utilizándolo para las actividades de esta. No siendo, sin embargo, presupuesto suficiente la mera designación del domicilio (TS 30-5-91; 20-12-93, EDJ 11662; 8-6-98, EDJ 7129).
• Utilización de un **sanatorio** por un médico para atender clientes propios (TS 4-6-56; 23-4-57).
• Uso del local para divulgación de **actividades comerciales** (TS 2-7-57).
• Ocupación de parte de un local para la **venta de boletos** (AT A Coruña 21-3-88; AT Burgos 26-10-87).
• La ocupación del local por un **hermano del arrendatario** que ejerce la representación de la Tabacalera y vende labores de esta (TS 21-5-58).
• La cesión de pequeñas **zonas de un hipermercado** a terceros (AP Barcelona 4-5-84).
• La instalación de las **oficinas** de una empresa de autobuses en un café (TS 24-5-61; 1-7-64; 19-4-69).
• Cesión del local destinado a fiestas, para que un partido político dé **mítines** determinados días (AT Barcelona 27-10-84).

2636 • El ejercicio de la **abogacía** en un local arrendado a una sociedad (TS 14-3-63).
• Ejercicio en el local arrendado para **funeraria**, de una **agencia de seguros** (TS 11-12-61).
• Ocupación del local por persona que, además de prestar **servicios en el negocio del arrendatario** tiene establecido en él la sede del propio (TS 28-6-61; 11-12-64).
• Finca arrendada para **clínica** en el que ejercen por su cuenta diversos médicos para atender a clientes propios (TS 22-2-61; 25-10-74; 19-11-92, EDJ 11413).
• Existencia en el local de personas alegando tener la condición de **asalariados del arrendatario con simulación**, al haberse probado la existencia de cuentas indistintamente en los bancos y de hacerse la propaganda del negocio a nombre del arrendatario y del que se dice asalariado (TS 19-6-65; 17-2-68; 20-1-72).
• Instalación en el local de un **despacho de la RENFE** (TS 23-11-62).
• Utilización del **horno de una panadería** para fabricar pan de una dependencia militar (TS 21-11-62).
• Ocupación del local por un **agente de aduanas** (TS 24-3-64).
• Reparación de **tapicerías de coches** en el taller del arrendatario por un tercero (TS 8-10-63).

• Local que sirve para la **recepción de ropas** para entregar a otra empresa que se encarga de limpiar (TS 28-6-63; 10-2-64).
• Local arrendado para **colegio**, corriendo a cargo de un profesor los gastos de una de las secciones (TS 24-4-63).
• Venta en el local arrendado a una entidad por otra distinta, de la **maquinaria** que aquella fabrica (TS 21-6-63).
• Cesión del local para celebración de **banquetes y bailes** por un tercero (TS 17-11-65).
• Local arrendado para **consultorio médico**, en el que ejercen su especialidad los hijos del arrendatario u otros médicos por su cuenta como si fueran extraños (TS 7-2-67; 19-11-92, EDJ 11413).
• Ocupación del local por una **sociedad de responsabilidad limitada** sin que conste inscrita en el Registro Mercantil (TS 14-12-68).
• Local arrendado al Instituto Nacional del Libro, en el que se edita una **revista** de otra entidad (TS 27-10-67).
• Existencia de **cuentas indistintas en los bancos** entre el arrendatario y un tercero, llevando a cabo la propaganda a nombre de ambos (TS 20-1-72; 5-6-75; 23-9-75).
• Instalación de una **sala de bingo** autorizada por el arrendador a una casa regional, que pasa a explotar una sociedad anónima (TS 17-11-84).
• Funcionamiento en el local arrendado de una **asociación** de conferencias marítimas (AP Barcelona 3-1-94).

Supuestos de inexistencia de subarriendo Por el contrario, se ha manifestado la jurisprudencia en el sentido de **no presumir** el subarriendo en supuestos como los siguientes: 2638
• La mera **exposición de propaganda** en el local (TS 12-6-59; 16-5-64; 14-11-69).
• La **tertulia** en un local (TS 25-4-56).
• El ejercicio en el local del **patronato de apuestas mutuas deportivas** por el propio arrendatario (TS 20-2-59).
• El ejercicio del **comercio por la esposa** del arrendatario (TS 14-6-74).
• La explotación en el local por la arrendataria, que lo había arrendado para mercería, de una **expendeduría de tabacos** de la que había obtenido la concesión (TS 13-11-72).
• El hecho de que un tercero participe en los **beneficios del negocio** del arrendatario que se desarrolla por este en el local (TS 22-5-61; 25-11-71).
• La **ocupación transitoria** de un local por una catástrofe (TS 11-11-61).
• Establecimiento en el que prestan servicios **mozos de taberna** (TS 5-6-62).
• **Cocción de picos y rosquillas** en el horno del arrendatario siendo este el que lo caldea por su cuenta y el tercero solo aprovecha este caldeo (TS 28-11-63).
• Ejercicio de su profesión por un **huésped de un hotel**, sin que se le ceda ninguna habitación a tal efecto (TS 19-6-63).
• Transmisión de unas **participaciones de una sociedad limitada** (TS 13-11-90).
• Participación de un tercero en un **porcentaje en el capital invertido** en el negocio por el arrendatario (TS 9-6-92, EDJ 6028).
• Intervención en el negocio como **socio administrador** (TS 7-2-68).
• Intervención de **colaboradores en un centro docente** (TS 23-1-67).
• Instalación en el local arrendado a RENFE del servicio de **canon de coincidencia** (TS 20-11-73).
• Ocupación de la **parte del local de negocio destinado a vivienda** por los empleados de la empresa arrendataria (TS 16-3-64; 19-6-74).

Supuesto especial de instalación de maquinaria recreativa Diversas sentencias se han pronunciado sobre esta circunstancia como **causa de resolución** del arrendamiento, unas en sentido positivo (TS 21-2-91, EDJ 1834), y otras en sentido negativo (TS 10-10-91, EDJ 9578; 31-10-92, EDJ 10699; 18-4-95, EDJ 1536). 2640

La TS 27-12-95 resume el criterio seguido por el Tribunal Supremo en cuanto a la **no conceptuación como subarriendo inconsentido** de la introducción en el local arrendado de máquinas recreativas, a excepción del caso de que lleguen a desnaturalizar el objeto y el carácter del arrendamiento al alterar la vida económica del negocio por no ser proporcionados la instalación de las máquinas al resultado el mismo, cuando se superan los límites que permiten calificar su presencia como elementos auxiliares o complementarios del negocio.

Consentimiento del arrendador En cuanto al consentimiento del arrendador para la validez del subarriendo, Fuentes Lojo opina que, como principio general, puede afirmarse, siguiendo con ello una doctrina jurisprudencia, que todo subarriendo que el arrendatario realice de la finca arrendada, necesita la **autorización expresa** del arrendador. 2642

No obstante también encontramos sentencias que admiten el consentimiento tácito (TS 30-6-92, que entiende que el pago de la renta por el ocupante durante 3 años sin la oposición del arrendador debe interpretarse como consentimiento tácito).

Precisiones La **doctrina del Tribunal Supremo** en esta materia se recoge en el nº 2127 s.

2644 **Falta de ejercicio de la acción resolutoria contra el subarrendatario a requerimiento del arrendador** (LAU/64 art.114.4ª) El arrendamiento de local de negocio puede resolverse a instancia del arrendador cuando se haya efectuado una **cesión o subarriendo por el subarrendatario**, sin perjuicio de los dispuesto en LAU/64 art.27, y requerido el subarrendador por el arrendador cuando, dentro de los 2 meses siguientes, no se haya ejercitado la acción resolutoria contra el subarrendatario. Para más detalles sobre esta cuestión nos remitimos a lo dicho en nº 2135.

2646 **Traspaso** (LAU/64 art.114.5ª) El arrendamiento de local de negocio puede resolverse a instancia del arrendador por el traspaso **realizado de modo distinto del autorizado** en LAU/64 art.29 a 42 (nº 2590 s.).
Al respecto hay que matizar lo siguiente:
a) No es preciso **demandar al adquirente** por traspaso, pero sí al arrendatario (TS 5-10-63; 7-7-89; 11-6-91).
b) El **plazo** para el ejercicio de la acción es el de las acciones personales (TS 7-3-62; 31-10-68).
c) Para deducir si ha existido traspaso cabe acudir a la **prueba de presunciones** (TS 30-5-91; nº 2648 s.).
d) Para que opere la causa de resolución es preciso **que se consume el traspaso**, no bastando con que el contrato se haya perfeccionado (TS 21-6-67; 30-12-74).
Refiriéndose a supuestos concretos la jurisprudencia ha tenido ocasión de manifestarse tanto en el sentido de presumir la existencia de traspaso y estimar la resolución del arrendamiento, como en el sentido contrario.

2648 **Supuestos de existencia de traspaso** En cuanto a la **presunción** de existencia del traspaso y consiguiente **estimación de la resolución** del contrato de arrendamiento, la jurisprudencia se ha pronunciado en supuestos como los siguientes:
• En el incumplimiento de los **requisitos exigidos para la validez** del traspaso en LAU/64 art.32 (TS 25-4-62; 18-11-72; 22-4-91).
• La **introducción de una persona distinta del arrendatario** en el local arrendado, sin la debida justificación del título que legitime su ocupación, llámese cesión, traspaso o subarriendo, determina la resolución del contrato (TS 25-2-61; 1-3-61; 27-10-61; 28-10-61; 2-10-63; 18-11-63; 19-11-63; 24-4-64; 13-10-67; 12-12-68; 1-6-73; 18-10-73; 1-3-74; 17-5-74; 17-5-74; 25-6-83; 28-2-86).
• La aportación del derecho arrendaticio a una **sociedad de personalidad distinta** de la natural del arrendatario y que ha sustituido a este en el goce o uso del local arrendado, constituye una cesión del derecho arrendaticio, contrario a lo pactado y causa de resolución del contrato, si no concurren los requisitos que la identifiquen con el traspaso autorizado (TS 18-11-63; 31-1-72; 29-5-74).
• La constitución de una **sociedad entre el arrendatario y un tercero**. Y ello aunque se trate de una sociedad irregular (TS 11-10-63; 5-2-64; 13-12-76; 2-3-91; 4-4-91).
• La **constitución de una sociedad** por las dos personas a quienes se arrendó el local. Pero no si se trata de una sustitución de dos personas físicas por una forma societaria sin personalidad, de manera que la personalidad jurídica sigue recayendo sobre los propios socios (TS 10-3-62; AP Barcelona 1-2-99; AP Cantabria 9-4-97).
• La **cesión del local** por la sociedad arrendataria a un socio (TS 3-10-55; 4-2-61).
• La **domiciliación de una sociedad** en el local arrendado a un tercero si lleva a cabo sus actividades en el mismo (TS 13-5-62; 4-11-71). Destacando la TS 30-9-97, EDJ 7490, que dice que la verdadera causa de la resolución contractual arrendaticia es la introducción subrepticia, por tanto sin autorización de persona jurídica, independientemente de los socios que la integran (TS 2-3-94), es decir, aunque el recurrente arrendatario ostente participación social en alguna de las mercantiles demandadas, no admitiéndose la utilización compartida (TS 13-11-91, EDJ 10740) y, consecuentemente, la ocupación por terceros, llámese subarriendo, cesión o traspaso (TS 7-1-91, EDJ 91), consistente en la introducción de persona ajena al contrato, lo que ocasiona su resolución, pues lo que resulta decisivo a efectos de la operatividad de LAU/64 art.114.2º y 5º -vigente al tiempo de los hechos-, es que se haya alterado subjetivamente la relación con el acceso ilegal, por prohibido, de terceros al mismo, pues no se autoriza el beneficio o ventaja que pueden obtener estos, cuya actuación resulta sorpresiva para la parte arrendadora y actúa al margen de su voluntad contractual (TS 25-1-88, EDJ 10342; 7-1-91, EDJ 91; 4-4-91; 8-2-93, EDJ 1075; 23-10-95, EDJ 5430).

• La **cesión del local a una entidad**, aunque en él desempeñe el arrendador un despacho dependiente de aquella (TS 6-2-54). 2650
• La **transmisión del negocio**, con el uso del local, produciéndose un cambio personal en la relación arrendaticia a espaldas de la propiedad (TS 18-1-57; 30-6-67; 28-2-72).
• El traspaso disfrazado de **contrato de suministro** (TS 28-4-52).
• **Transmisión de una empresa mercantil** sin cumplir los requisitos legales (TS 2-7-57; 14-10-57).
• La **cesión gratuita del local** a un tercero (TS 18-6-56; 12-6-73).
• Cesión disfrazada de un **apoderamiento** o una **relación laboral** (TS 20-4-75). En el ejercicio habitual del comercio se puede actuar como comerciante autónomo, o como factores, dependientes o mancebos, pero en este caso los apoderados o mandatarios generales negociarán a nombre de sus principales, y en todos los documentos que suscriban a tal evento, expresarán que lo hacen por poder o en nombre de la persona o sociedad que representan. Por tanto, si una persona o personas que ejercen una industria en un local de negocio abierto al público, abonan letras de cambio giradas a su cargo y realizan estos actos, que siempre tienen carácter mercantil, figurando como partes en el contrato de cambio que dichos efectos suponen, es decir, ejercen el comercio en nombre propio habitualmente, como consta que lo hacen las señoritas demandadas, según se acredita en certificaciones bancarias, es no solo presumible, sino forzoso admitir, que actúan como comerciantes auténticos, ejerciendo sus actividades industriales en el local de autos, lo que demuestra una introducción de personas extrañas al contrato de arrendamiento en el local de autos (TS 16-5-64). Hay que presumir la existencia del traspaso si ha quedado suficientemente probada la presencia y actividades del codemandado en el local, no demostrando cumplidamente este que existiera una relación laboral, comercial, contractual o cualquiera otra (TS 20-4-95, EDJ 1596).
• Si un local fue arrendado para una **sociedad limitada** compuesta de un solo socio, y esta se disuelve, continuando en el uso y disfrute del local ese socio, ahora convertido en **comerciante particular**, que se adjudicó el activo y pasivo de aquella sociedad, procede la resolución del contrato por traspaso ilegal, si no se han cumplido los requisitos previstos en la legislación de arrendamientos urbanos (TS 19-11-55).
• La cesión, el abandono o la **renuncia de uno de los arrendatarios** de sus derechos en el local si el arrendamiento se pactó con varias personas (TS 17-6-64; 26-3-90; 28-12-90).
• Si existe una **comunidad de bienes** entre los arrendatarios y se transforma en una sociedad (TS 24-6-61).
• Alta en la **contribución** del negocio por un tercero extraño al contrato (TS 18-10-63; 21-2-64; 23-3-68).

• Constitución de una sociedad entre la **viuda adjudicataria del local y un hijo** de ella (TS 13-11-62). 2652
• El ingreso de **nuevos socios** en la sociedad colectiva arrendataria (TS 11-5-62; 8-3-67).
• La **transformación de una sociedad** en otra distinta: cuando una sociedad capitalista se transforma en otra personalista o viceversa, cuando los arrendatarios crean o introducen una sociedad o cuando esta es sustituida por sus socios (TS 7-1-91).
• La **separación de un socio** de la sociedad colectiva y la venta de su participación social a otros socios (TS 31-10-62; 17-5-65; 18-11-72).
• Si se arrienda el local a una sociedad compuesta por dos socios, y después estos se separan, **dividen el local** por un tabique, y cada uno se dedica a su negocio, hay cambio subjetivo y, por tanto, causa de resolución por traspaso (TS 21-12-63).
• Colocación de un **hermano al frente del negocio** (TS 6-12-63).
• **Jubilación del arrendatario** si se demuestra que el negocio está explotándose por persona distinta (audiencias provinciales).
• **Transmisión del negocio a un tercero**, quedándose como asalariada la arrendataria (TS 17-7-88).
• **Coexistencia de dos sociedades** en el local arrendado a una de ellas (TS 6-4-87).
• Introducción en el local de un **colectivo familiar** (TS 7-1-91, EDJ 91).
• Ingreso en la **cooperativa** arrendataria, sin cumplir los requisitos legales, de nuevos socios (TS 17-3-94, EDJ 7665).
• Cambio de **titularidad** en una **administración de loterías** (AP Sta. Cruz de Tenerife 17-10-98).
• Ocupación por **un tercero**, que hace los pedidos que giran a su nombre y los paga (TS 14-7-98).
• **Disolución** de la sociedad arrendataria (AP Barcelona Secc 13ª 13-5-02; AP Araba 17-5-97).
• Constitución de una **asociación**, acreditado que el contrato de arrendamiento se concertó con una persona individual como arrendatario para destinarlo a residencia geriátrica y que el

arrendatario constituyó una asociación de la que es secretario, y que es la llevadora de la actividad negocial y social de atender a los ancianos (TS 4-4-91).
• **Rótulos**, probada la existencia de placa anunciadora de un médico oftalmólogo que recibe clientela, la consecuencia es evidente, el óptico permitió el ejercicio profesional dentro del local arrendado a persona ajena al contrato (TS 12-11-93).

2654 **Supuestos de inexistencia de traspaso** Por otra parte, en el sentido de no presumirse el traspaso y, por tanto, **desestimarse la resolución** del arrendamiento, la jurisprudencia se ha pronunciado en supuestos como los siguientes:
• Cuando por ministerio de la ley una empresa individual deba convertirse en cualquier forma de sociedad, y cuando las sociedades sufren un **cambio de forma por ministerio de la ley** (LAU/64 art.31).
• La **domiciliación de una sociedad** en el local arrendado a tercero si no se da la institución real y efectiva de este tercero en el goce o uso del local (TS 19-2-58).
• La simple **alta en la contribución** por un tercero, hijo o pariente del arrendatario (TS 30-10-71; 16-6-94, EDJ 5402).
• No cabe presumir el traspaso si la **arrendataria actúa siempre como propietaria** del colegio, limitándose el tercero a dar clases y solicitar de la correspondiente delegación administrativa, la reglamentaria autorización para su funcionamiento legal sin producirse la transmisión a su favor (TS 30-10-71).
• El hecho de que al fallecer la causante originaria, doña D.P., el negocio de loterías se hubiera puesto a nombre de su nuera, la recurrente doña M.G., atribuye a esta una **titularidad administrativa**, acomodada a la normativa especial que rige las Administraciones de Loterías del Estado y, por lo tanto, más bien impuesta y meramente formal, que no es incompatible y menos excluye que concurra una **titularidad civil**, en este caso plural, a favor de los dos hermanos fallecidos, como únicos herederos de la primitiva titular, pues dicho negocio se integra en su haber hereditario y ninguna disposición administrativa lo puede excluir, pues sería contradictoria-frontal a la normativa sucesoria general (TS 22-7-97, EDJ 6182).
• La adjudicación del local al cónyuge por **capitulaciones matrimoniales** (TCo 159/1989).
• Entrega del **cuidado del local a un tercero** en virtud de un mandato, salvo en el supuesto de que el apoderado se transforme en titular del negocio (TS 2-5-61; 10-7-71; 7-11-74).
• La constitución de una **asociación familiar** entre la mujer y los hijos del arrendatario al fallecer este (LAU/64 art.321; TS 14-4-61; 7-2-69).

2656 • Utilización por el arrendatario del local ejerciendo en el mismo la misma **actividad** comercial, si bien **compartida con su esposa** (TS 5-4-89).
• Locales arrendados a **sociedades agrarias de transformación** que se transforman en cooperativas agrarias, y a **sociedades anónimas laborales** que se transforman en cooperativas de trabajo asociado (L 3/1987).
• Transmisión por el arrendatario a un tercero de las **acciones de una sociedad**, salvo si se demuestra la existencia de un fraude (TS 2-5-70; 4-10-99, EDJ 29510; 1-12-95, EDJ 24482; 12-5-98, EDJ 2953).
• **Participación de un tercero en un tanto por ciento** en el negocio del arrendatario (TS 29-3-55; 9-6-92, EDJ 6028).
• Otorgamiento a una hija de una **participación en el negocio** (TS 26-12-59).
• Transmisión de la **nuda propiedad del negocio** por el arrendatario del local (TS 11-2-61).
• Mera **indicación del teléfono** existente en el local arrendado (TS 4-10-62).
• Cambio de la **denominación social** de la sociedad arrendataria (TS 4-4-64; 29-12-92, EDJ 12877).
• La celebración de un contrato de **franquicia** entre el arrendatario y una sociedad franquiciada, salvo que encubra un verdadero traspaso (TS 14-2-98, EDJ 607; 30-4-98, EDJ 2951; AP A Coruña 23-4-02, EDJ 39675).
• Constitución de una **comunidad de bienes** con el correspondiente CIF por los coarrendatarios (AP Pontevedra 11-1-99; AP Madrid Secc 9ª 21-12-05).
• **Fusión, absorción o escisión** de sociedades al amparo de L 19/1989 y RDL 7/1989.

2658 **Consentimiento del arrendador** El incumplimiento por parte del arrendatario de las condiciones y requisitos del traspaso da derecho al arrendador a no reconocerlo y a poder ejercitar la **acción de resolución**. Si aquellos requisitos se cumplen, no tendrá más remedio que reconocer la validez del traspaso, sin otra contrapartida que participar en el precio de aquel o elevar la renta. Es indudable, sin embargo, que el consentimiento por razón del tiempo puede ser **anterior, coetáneo o posterior** al acto del traspaso (PERÉ):
- el primero es el prestado en el propio contrato de arriendo en forma de autorización concedida al arrendatario para la libre realización del traspaso, sin sujeción a las formalidades de la LAU/64;

- el segundo, el emitido en el propio acto de traspaso cuando interviene en el mismo el arrendador para dar su aprobación a tal acto; y
- el tercero es el que se presta con posterioridad al traspaso, convalidándose expresa o tácitamente los efectos del mismo.
En razón de la **forma** del consentimiento, puede ser verbal o escrito y expreso o tácito, siendo eficaz el prestado en cualquiera de estas formas al no establecer la ley limitación alguna; aunque no sea lícito deducir la existencia del consentimiento de la mera pasividad del arrendador en el ejercicio de las acciones que puedan incumbirle en tanto no transcurra el tiempo de prescripción de las mismas. Ahora bien, puede ocurrir que se alegue por el arrendatario al promoverse aquella acción de resolución o al ejercitarse los derechos de tanteo o de retracto, un consentimiento tácito del arrendador al traspaso (si fuera expreso no habría problema). De ahí que la jurisprudencia del Tribunal Supremo haya ido construyendo una verdadera doctrina sobre el particular (Fuentes Lojo).

La **jurisprudencia** ha tenido ocasión de declarar al respecto lo siguiente: **2660**
a) La **inscripción en el Registro Mercantil** de la nueva sociedad, constituida por el inquilino con otra persona a quien se transmitió el local arrendado no supone el consentimiento del propietario (TS 6-2-48).
b) Fuera de aquellos casos en que la ley exigía una declaración expresa, el consentimiento puede ser prestado en tal forma o en forma tácita, pero en ambos casos la **declaración de la voluntad**, emitida de manera directa o indirecta, ha de ser **terminante, clara e inequívoca**, sin que sea lícito deducirla de expresiones o actitudes de dudosa significación, y los hechos declarados probados por la sentencia recurrida no son de tal naturaleza que de ellos haya que deducir lógica y rigurosamente que los arrendadores tuvieran conocimiento de que la sociedad anónima J.L.G. y compañía había sustituido a la limitada del mismo nombre en el goce o uso de los locales arrendados, pero aun admitiendo que tal conocimiento hubiera existido, la abstención, inactividad o silencio de los arrendadores en presencia de tales hechos no es algo de tal manera concluyente que lógica e inequívocamente haya que deducir de tal actitud su consentimiento para la expresada sustitución, pues aquella puede obedecer a circunstancias diversas y admite diversas interpretaciones, sin que del mero silencio de la parte perjudicada por determinados actos quepa en general deducir la prestación de su consentimiento a la realización de los mismos, mientras la acción o acciones que tengan para impugnarlos no haya prescrito.
c) El **consentimiento tácito** debe revelarse por actos que manifiesten inequívocamente dicho consentimiento, pero el hecho de haber estado ocupando el local por el demandado desde 1-1-1953 hasta 21-1-1954 sin que tal lapso de tiempo la parte actora haya manifestado su disconformidad, aunque viviera en un domicilio inmediato a dicho local, no es acto concluyente e inequívoco del consentimiento (TS 30-4-58).
d) Si la arrendadora autoriza a las tres personas que inicialmente advinieron **arrendatarios** del local para que puedan constituir **entre ellos una sociedad** que fuera la continuadora del arrendamiento, esta autorización no permite que puedan ser sustituidos los tres socios que la fundaron por otras personas, pues ello implicará un traspaso; sin que obste que la sociedad venga girando con la misma razón social (TS 7-12-65).
e) Hay que entender existente el consentimiento y, por tanto, válido el traspaso, aun no cumpliendo los requisitos de LAU/64 art.32, si en el contrato de arrendamiento se autorizó al arrendatario para constituir una compañía mercantil encaminada a la mejor explotación del negocio de sala de fiestas, y ello aunque llevase a cabo esta constitución no el titular que firmó el contrato, sino la subrogada por fallecimiento de aquel, y aun tratándose de una sociedad anónima.
f) Si en una de las cláusulas del contrato de arrendamiento se dice «que el arrendatario podrá ceder el uso de sus derechos a una tercera persona siempre que esta sea de **solvencia y agrado del arrendador** y a pesar de ello, dicho arrendatario prescinde totalmente de este último y procede al traspaso, se da la causa de resolución, porque no es lícito a dicho arrendatario aceptar tal cláusula en lo que le conviene y repudiarla en lo demás (TS 14-12-71).
g) El pacto por el que se autoriza al arrendatario a que pueda ejercitar el derecho de traspaso, relevando expresamente al nuevo adquirente de la **obligación de destinar el local a negocio de la misma clase** al que venía ejerciendo dicho arrendatario, únicamente releva de obtener el consentimiento del arrendador pero no exime de cumplir los demás requisitos legales aplicables, pues de no ser así ello implicaría dejar el contrato arrendaticio totalmente al arbitrio del arrendatario en un extremo que afecta al derecho de dominio en cuanto supone disponer del uso y disfrute del inmueble objeto del contrato, y en el aspecto contractual infringe el CC art.1256 (TS 13-5-92, EDJ 4691).
h) La reiteración en el tiempo (casi 3 años) de recibir mensualmente el pago de una renta efectuada por el **tercero ocupante del local**, así como el mantenimiento con el mismo de una

relación epistolar, sin manifestar acto alguno de oposición a esta introducción, solo se puede interpretar en el sentido de que se está consintiendo el cambio de la titularidad arrendaticia. Mucho más cuando algunos de los componentes de la nueva sociedad y el primitivo arrendatario son personas ligadas por cercanos **vínculos familiares**, se vive en la misma ciudad e incluso se utilizan dependencias del local como oficina particular del arrendador o sus hijos (TS 30-6-92, EDJ 7117).

i) Si los hechos específicamente analizados llevan a la convicción de la existencia de una cesión de derechos arrendaticios, consentidos a través de unos recibos de distinta destinataria de las primitivas según las fechas y firmas, siempre por la misma persona, cualquiera que sea su cualidad para hacerlo -cuya relación con el arrendador es cuestión irrelevante para el arrendatario por pertenecer a la integridad, *ad intra*, de las mismas-, que acreditan ese consentimiento, a no querer llegar al absurdo de que el importe de esas rentas arrendaticias mensuales no han ingresado nunca en el patrimonio del propietario, por lo que subsiguientemente, nos lleva a la consideración de que si ese firmante de los recibos, lo ha realizado siempre en lugar del propio dueño, es por efecto de un apoderamiento, expreso o tácito, pero vinculante (TS 26-5-93, EDJ 4998).

j) El consentimiento expreso o tácito del arrendador depende de la realidad práctica de **actos concluyentes** que demuestren la existencia del conocimiento del mismo (TS 22-6-94).

2668 Por otro lado, refiriéndose a la **autorización otorgada por el administrador**, la jurisprudencia ha declarado lo siguiente:

• Si en los autos aparece como hecho cierto que el arrendatario del local lo traspasó al ahora también demandado sin intervención ni autorización de la propiedad de la finca, sino solo con permiso y consentimiento de la persona que actuaba cual si fuera administrador del inmueble, el que con posterioridad otorgó contrato de arrendamiento a favor del cesionario, supuesto litigioso contra ley porque reiteradamente tiene dicho este tribunal, entre otras, en la TS 30-1-63 que cuando tal operación se lleva a cabo con conformidad del dueño se requiere la intervención directa de este o persona expresamente autorizada, sin que sea eficiente a tal efecto el permiso del administrador, porque reconocido a favor del propietario el derecho de rescate mediante el tanteo y el retracto, la autorización lleva implícita la **renuncia del susodicho derecho**, lo que solo es lícito al propietario, y de aquí la invalidez de la operación así como la del contrato de arrendamiento posterior por consecuencia de aquel, ya que mediante el traspaso se establece relación directa entre arrendador y cesionario, desapareciendo el lazo que le unía con el primitivo arrendatario, y el nuevo documento implica la formalización del acto operado dando vida a la nueva vinculación que se generó y perfeccionó a través del traspaso sin efecto en el orden legal (TS 7-2-68).

• Es cuestión resuelta por la constante jurisprudencia de esta sala (TS 31-1-68 y 6-10-70), que la autorización de traspaso, **no es un acto de mera administración**, sino de dominio, en cuanto supone la renuncia de derechos tales como el tanteo y el retracto. Y, por tanto, no basta el poder ordinario para administrar, sino que ha de contener el mandato expreso que exige el CC art.1713 (TS 23-11-74).

Hay que puntualizar, de todas formas, que si se probase que el administrador tenía concedida, según la costumbre de la localidad, facultades amplísimas para todo cuanto se refiere al arrendamiento de los inmuebles del arrendador, como ocurre a veces en Cataluña, podría suponer la existencia de una autorización.

2670 **Transformación del local de negocio en vivienda** (LAU/64 art.114.6ª) El contrato de arrendamiento urbano, lo sea de vivienda o de local de negocio, puede resolverse a instancia del arrendador cuando se produzca:

- la **transformación** del local de negocio en vivienda, o viceversa;
- el **incumplimiento por el adquirente en traspaso** de la obligación de permanecer en el local, sin traspasarlo, durante el plazo mínimo de un año, y destinarlo durante ese tiempo, por lo menos, a negocio de la misma clase al que venía ejerciendo el arrendatario (LAU/64 art.32.1.2).

Esta causa de resolución es objeto de un estudio detallado en los nº 2150 s. al tratar de la transformación de la vivienda en local de negocio. Lo allí expuesto resulta también de aplicación a este supuesto.

2672 **Otras causas de resolución** (LAU/64 art.114.7ª a 12ª) Otras causas de resolución que contempla la LAU/64 son las siguientes:

- los **daños** causados dolosamente en la finca por el arrendatario o sus dependientes (nº 2165 s.);
- la realización de **obras, sin consentimiento** del arrendador, que modifiquen la configuración del local, o debiliten la naturaleza y resistencia de los materiales empleados en la construcción (nº 2165 s.);

- la realización de **actividades inmorales, peligrosas, incómodas o insalubres** por el arrendatario en el local arrendado (nº 2215 s.);
- la **expropiación forzosa** del inmueble dispuesta por autoridad competente según resolución que no dé lugar a ulterior recurso (nº 2240);
- la **declaración de ruina** de la finca acordada por resolución que no dé lugar a recurso y en expediente contradictorio tramitado ante la autoridad municipal, en el que hayan sido citados al tiempo de su iniciación todos los arrendatarios (nº 2245 s.);
- la falta de cumplimiento de los requisitos necesarios para la **prórroga forzosa** del contrato (nº 2250);
- la **extinción del usufructo**, cuando el titular dominical pruebe que las condiciones pactadas para el arrendamiento por el usufructuario anterior fueron notoriamente gravosas para la propiedad (nº 2255).

Todas ellas son objeto de un estudio detallado en los números que se acaban de indicar, siendo lo allí expuesto en relación con los arrendamientos de vivienda también aplicable a los arrendamientos de local de negocio.

c. Resolución a instancia del arrendatario

(LAU/64 art.115)

El arrendatario de local de negocio puede resolver el contrato antes del tiempo pactado por cualquiera de las siguientes **causas**: **2675**

1) Perturbaciones de hecho o de derecho que en el local de negocio arrendado o en las cosas de uso necesario y común en la finca realice el arrendador, ello sin perjuicio de cualquier otra acción que pudiera asistirle.

2) No efectuar el arrendador las **reparaciones necesarias** a fin de conservar el local de negocio, sus instalaciones o servicios o las cosas de uso necesario o común en la finca en estado de servir para lo pactado en el contrato.

3) Falta de prestación por el arrendador de los **servicios** propios del local de negocio, ya aparezcan especificados en el contrato, ya resulten de las instalaciones con que cuente la finca.

Precisiones Un **estudio más detallado** de este tema se realiza en elnº 2260 s. al tratar de los arrendamientos de vivienda. Todo lo allí expuesto resulta igualmente de aplicación a los arrendamientos de local de negocio.

d. Resolución del contrato por concurso del arrendador

Aunque el contrato de arrendamiento, esté inicialmente sujeto al régimen de especial protección de LAU/64, carece de esa situación desde la entrada en vigor de la LAU, por lo que no puede ser excluido de la posibilidad de que **se acuerde judicialmente su resolución** en interés del concurso del arrendador (TS 10-11-16, EDJ 201742). **2680**

Si concurre interés del concurso que justifique la resolución de contrato. El **interés del concurso** es lo que mejor conviene a su finalidad, que es la satisfacción de los créditos y la continuación de la actividad empresarial del deudor concursado. Este interés **legitima al juez** para autorizar al concursado a resolver el arrendamiento, pero, sin olvidar los derechos del arrendatario. Por ello, se prevé el pago, con cargo a la masa, de la indemnización de los daños y perjuicios que puedan representar al perjudicado la resolución contractual.

e. Resolución del contrato por pérdida o destrucción del inmueble arrendado

(LAU/64 art.118)

La pérdida o destrucción del inmueble arrendado es **causa común** de resolución de todos los contratos de arrendamiento, equiparándose a la **destrucción** el siniestro que para la reconstrucción del inmueble haga necesaria la ejecución de obras cuyo coste exceda del 50% de su valor real al tiempo de ocurrir aquel, sin que para esta valoración se tenga en cuenta la del suelo. **2685**

Esta causa de resolución es objeto de un estudio detallado en los nº 2275 s. al tratar de los arrendamientos de vivienda, resultando todo lo allí dicho aplicable también a los arrendamientos de locales de negocio.

f. Resolución del contrato de subarriendo

(LAU/64 art.117)

2690 El contrato de subarriendo puede resolverse por haberse resuelto a su vez el contrato de arrendamiento (nº 2630 s.) y, además, por las siguientes **causas**:
• Para el **subarrendador**:
- la falta de pago de la renta pactada para el subarriendo;
- el subarriendo o la cesión realizados por el subarrendatario, sin perjuicio de lo dispuesto en LAU/64 art.27;
- la transformación del local subarrendado en vivienda (nº 2670);
- en los supuestos de daños y obras inconsentidas y en los de realización de actividades inmorales, peligrosas, incómodas o insalubres;
- el vencimiento del plazo contractual, sin perjuicio de lo dispuesto en LAU/64 art.13.2 y 13.3.

En relación con estas causas de resolución, ha de tenerse en cuenta, por una cuestión de analogía, lo dicho al tratar de las causas de resolución del arrendamiento en nº 2630 s. y nº 2115 s.
• Para el **subarrendatario**:
- estar pagando cantidades superiores a las que autoriza la Ley (LAU/64 art.13.2);
- insuficiencia o inadecuación del mobiliario (LAU/64 art.13.3); y
- las circunstancias que según LAU/64 art.115 permiten al arrendatario obtener la resolución, entendiendo referidas la primera y la segunda a las perturbaciones y omisiones imputables al arrendador o al subarrendador, y la tercera, a los servicios y suministros a cargo de cualquiera de ambos.

Resulta de aplicación aquí lo indicado en los nº 2270 s. para los subarriendos de vivienda.

C. Contratos asimilados

2700

2702 Bajo la denominación de contratos asimilados se encuadraban en la legislación anterior una serie de supuestos que, aunque no podían calificarse propiamente como de arrendamiento de vivienda o de local de negocio, en los términos de la LAU/64, se regían por las normas que dicha Ley establecía para estos.

La especialidad de estos arrendamientos reside en la figura del **arrendatario** (la Iglesia Católica, Administraciones públicas y ciertas entidades sin ánimo de lucro) o en el **destino del local** (depósitos, almacenes, oficinas).

La LAU vigente regula con carácter transitorio los arrendamientos asimilados que, habiéndose celebrado con anterioridad al 9-5-1985, subsistan en el momento de su entrada en vigor (1-1-1995), especialmente en lo que se refiere a su duración y a la actualización de la renta.

Así, en general, se establece que los contratos asimilados **celebrados antes del 9-5-1985** y subsistentes a 1-1-1995, continúan rigiéndose por las normas de la LAU/64 que les sean de aplicación, pero con modificaciones introducidas por LAU disp.trans.4ª, la más relevante de las cuales es el establecimiento de unos plazos concretos de extinción.

Los contratos asimilados que hayan sido **celebrados después del 9-5-1985** y que sigan subsistentes a 1-1-1995 reciben el mismo tratamiento que los arrendamientos de local de negocio celebrados en dicho período (nº 2860).

Pueden distinguirse dos **supuestos**:
- contratos asimilados al arrendamiento de vivienda (nº 2705);
- contratos asimilados al arrendamiento de local de negocio (nº 2770).

A ellos ha de sumarse el arrendamiento de finca urbana en la que se desarrollen **actividades profesionales**, que la LAU equipara con carácter transitorio a los arrendamientos asimilados a los de local de negocio (nº 2780).

1. Arrendamiento asimilado al de vivienda

(LAU disp.trans.4ª.2)

 2705

Se asimilan al arrendamiento de vivienda los arrendamientos de locales para ser ocupados por personas jurídicas de carácter público y ciertas entidades de carácter privado que no persigan ánimo de lucro. 2710

a. Ámbito de aplicación

(LAU disp.trans.4ª.2; LAU/64 art.4.2)

La LAU/64 establecía que son contratos asimilados al arrendamiento de vivienda los que tienen por objeto la **ocupación de locales** por: 2715
- la Iglesia Católica (nº 2717);
- el Estado, la provincia, el municipio (nº 2720);
- las entidades benéficas, las asociaciones piadosas (nº 2725);
- las sociedades o entidades deportivas (nº 2730);
- las corporaciones de Derecho público (nº 2732); y
- en general, cualquier otra que no persiga lucro (nº 2735).

Quedan así excluidos los celebrados por **personas individuales**, empresas, **sociedades** civiles y mercantiles que persigan lucro, entidades dedicadas a casinos o círculos de recreo y, en general, cualquier otra entidad que no aparezca mencionada expresamente en la norma, pues este precepto ha de ser interpretado restrictivamente.

La LAU vigente establece **dos grupos** dentro de ellos, distinción trascendente en cuanto al plazo de duración de los contratos a partir de su entrada en vigor:
• Por un lado, los contratos celebrados por la Iglesia Católica y por corporaciones que no persigan ánimo de lucro (nº 2735), a los que corresponde un plazo de extinción de 15 años.
• Por otro lado, los demás contratos, a los que corresponde un plazo de extinción de 10 años.

Iglesia Católica (LAU disp.trans.4ª.2; LAU/64 art.4.2) La Iglesia Católica es una **corporación de Derecho público**. Se reconoce por el Estado español la **personalidad jurídica** y la plena **capacidad** de adquirir, poseer y administrar toda clase de bienes a todas las instituciones y asociaciones religiosas existentes en España, constituidas según el Derecho canónico, en particular a: 2717
- las diócesis, con sus instituciones anejas;
- las parroquias;
- las órdenes y congregaciones religiosas;
- las sociedades de vida común;
- los institutos seculares de protección cristiana canónicamente reconocidos, sean de Derecho pontificio o de Derecho diocesano;
- los provinciales y sus casas.

La Iglesia Católica ha de entenderse personificada en los institutos enumerados (Soto Nieto).

> Precisiones Por Iglesia Católica ha de entenderse lo que constituye la organización y representación de los intereses generales de la misma, como son la **sede apostólica**, las **diócesis** o las **parroquias**, sin que la norma se extienda a los organismos que supongan una creación de sus jerarquías (TS 12-11-63).

En base a la aconfesionalidad del Estado (Const art.16.3), la jurisprudencia ha extendido el ámbito de aplicación a **otras iglesias y confesiones religiosas** legalmente reconocidas (AP Baleares 1-2-89; 30-10-97, EDJ 59887). 2718

En este sentido, habría que incluir, al menos, los contratos de arrendamiento suscritos por iglesias con las que el Estado ha firmado acuerdos de cooperación, como son: la Federación de **Entidades Religiosas Evangélicas** de España (L 24/1992), la Federación de **Comunidades Israelitas** de España (L 25/1992) y la **Comisión Islámica** de España (L 26/1992).

Administraciones públicas (LAU/64 art.4.2) La Administración pública, ya sea estatal, provincial, municipal y, desde la aprobación de la Constitución, autonómica, puede ocupar fincas como arrendatario. Ha de tenerse en cuenta que la Administración actúa por medio de sus **órganos** y que persigue el cumplimiento de **finalidades** diversas: administrativas, benéficas, culturales, e incluso económicas. 2720

El mismo tratamiento que los municipios deben recibir otras **entidades locales menores**, como los cabildos insulares y las mancomunidades de municipios.
Para incluir estos contratos entre los asimilados al arrendamiento de vivienda habrá que atender, por tanto, al **tipo de actividad** que se vaya a desarrollar en los locales que sirven de soporte físico a su actuación. Así, para la asimilación a vivienda es preciso que el servicio sea público y que carezca de ánimo de lucro, pues en otro caso la asimilación se haría a los arrendamientos de local de negocio.

Precisiones Para que un local ocupado por el municipio resulte protegido por el precepto que comentamos, es preciso que sea una verdadera **oficina municipal** (TS 12-6-62).

2722 Pueden citarse diversos **supuestos** resueltos por la jurisprudencia:
• **Registros públicos**. Por su condición de oficinas públicas, el arrendamiento de locales para el desarrollo de tales actividades se debe regir por las normas del inquilinato (TS 19-2-56).
• **Correos y telégrafos**. Podría discutirse si, atendiendo a la finalidad de transporte que tiene el servicio de correos, cabe encajar los locales ocupados por estos servicios en el marco de los contratos asimilados al arrendamiento de local de negocio. Sin embargo, no debe ser así porque lo que desempeñan es un servicio público, aunque el medio para ello sea el transporte (TS 27-11-61).
• **Centros públicos de enseñanza**. Los locales destinados a escuelas públicas han de recibir la condición de viviendas, puesto que la actividad desarrollada en ellos no es de carácter económico ni tiene ánimo de lucro (AT Madrid 4-4-82).
• **Museos**. Debe tener la consideración de vivienda cualquier local arrendado por el Estado, u otra corporación pública, para la instalación de un museo. Si es organizado y sostenido por una sociedad particular, hay que distinguir según dicha entidad tenga o no ánimo de lucro. En el primer caso, el arrendamiento sería asimilado al de vivienda, en el segundo al de local de negocio. Para la determinación del ánimo de lucro en este supuesto podría atenderse a que la ganancia obtenida por el pago de la entrada a las salas de exposiciones sea excedente, por su cuantía, a la mera compensación o ayuda para el sostenimiento de la actividad (Soto Nieto).

2725 **Entidades benéficas y asociaciones piadosas** (LAU/64 art.4.2) Para determinar qué entidades pueden recibir la calificación de **benéficas** puede servir de orientación la definición contenida en el RD 14-3-1899, que publicaba la instrucción para el ejercicio del protectorado del Gobierno en la beneficencia particular.
Según dicho real decreto las instituciones de beneficencia son los establecimientos o asociaciones permanentes destinados a la satisfacción gratuita de **necesidades intelectuales o físicas**, como escuelas, colegios, hospitales, casas de maternidad, hospicios, asilos, manicomios, pósitos, montes de piedad, cajas de ahorro y otros análogos, y las fundaciones sin aquel carácter de permanencia, aunque con destino semejante, conocidas comúnmente con los nombres de patronatos, memorias, legados, obras y causas pías.
Esta definición es orientativa, puesto que puede haber **otras entidades benéficas** no incluidas en las indicadas.
A las **asociaciones piadosas** se refiere el Código de Derecho canónico, distinguiendo tres clases de asociaciones (Soto Nieto):
- terceras órdenes seculares;
- cofradías;
- pías uniones.
En cualquier caso, debe tenerse en cuenta que cuando los locales se dediquen al **ejercicio de actividades económicas**, el arrendamiento debe calificarse como asimilado al arrendamiento de local.

Precisiones **1)** Este precepto solo se refiere a las entidades que persiguen el **bien de los demás** o el perfeccionamiento moral de sus propios componentes, como serían una cocina económica, un ropero para pobres, una congregación religiosa, una biblioteca popular (TS 22-10-48).
2) Se ha considerado como asociación piadosa la vivienda ocupada por una comunidad de señoritas **operarias parroquiales** (AT Barcelona 14-3-61).

2730 **Sociedades y entidades deportivas** (LAU/64 art.4.2) El precepto que comentamos también se refiere expresamente a las entidades o sociedades deportivas comprendidas en el artículo 32 de la derogada Ley de educación física (L 77/1961).
Estas entidades se regulan actualmente en la L 39/2022 del deporte, así como en la legislación de las comunidades autónomas.

Precisiones Un local ocupado por una entidad deportiva, aunque en el local **no se practique el deporte**, se asimilaría a la vivienda a efectos de arrendamiento, si la sociedad está desprovista de móvil de lucro, se halla federada y sus miembros son aficionados y no profesionales (AP Barcelona 14-7-71).

Corporaciones de Derecho público (LAU/64 art.4.2) No está claro qué debe entenderse por corporaciones de Derecho público a estos efectos. 2732
Para algunos autores, la LAU/64 no emplea el término de corporaciones en este significado específico, sino, al contrario, como sinónimo de toda **persona jurídica de Derecho público**, comprensivo, por lo tanto, de cuantos entes jurídicos ostenten dicha naturaleza.
El problema de si una persona jurídica es **pública o privada** debe resolverse teniendo en cuenta exclusivamente la voluntad del legislador. No es requisito indispensable a estos efectos, como lo es para otros fines (LAU/64 art.76 párr 2º), que las corporaciones de Derecho público tengan reconocido tal carácter por una ley, en sentido formal.
Entre las corporaciones de Derecho público unas son **territoriales**, como el Estado, provincias, municipios, entidades locales menores y mancomunidades y agrupaciones municipales, y otras tienen **carácter institucional**, como las instituciones, corporaciones profesionales, etc. (Castán y Calvillo)
Por su parte Soto Nieto entiende que solo cabe incluir las llamadas personas territoriales (Estado, provincia, municipio) y las instituciones en forma de corporaciones públicas (**colegios profesionales**, cámaras de comercio, de la propiedad, etc.). Si el legislador expresamente reconoce la cualidad jurídica de una entidad, fácilmente tendremos la solución para su inclusión o exclusión del ámbito del precepto.
Los **requisitos** que conducen a hallar la solución más aproximada para la debida catalogación de estas personas jurídicas en orden a la posibilidad de considerarlas comprendidas entre las corporaciones públicas son las siguientes:
- **fin público** a perseguir por las mismas;
- íntima relación, **fiscalización e intervención** en su desenvolvimiento, por parte de la Administración, bien porque promulgue sus normas estatutarias, bien porque tenga su permanente representación en el seno de tales corporaciones;
- **personalidad jurídica autónoma**, a pesar del entronque aludido con la Administración.

Fuentes Lojo entiende que la Ley se refiere tanto a las corporaciones territoriales como a las de **base asociativa** (colegios profesionales, cámaras, etc.), e incluso a los llamados **establecimientos públicos**, quedando, sin embargo, excluidas las empresas públicas.

Pueden citarse diversos supuestos analizados por la **jurisprudencia**: 2734
• Los **bancos oficiales**. Al ser entidades de Derecho público con propia personalidad y plena capacidad para el cumplimiento de sus fines, han de considerarse en el concepto de corporaciones. No obstante, dado que la actividad que desarrollan es de carácter económico, el arrendamiento suscrito por estas entidades se asimila al de local de negocio.
• Las **cámaras de comercio, industria y navegación**. El Tribunal Supremo consideró no aplicable el precepto a estas entidades, puesto que ya son representativas de intereses profesionales o de clase, a pesar de la extensión de los intereses que representan y de hallarse declarado en las leyes y reglamentos que las establecieron y organizaron que se considerarían organismos oficiales, que gozarían de la condición de establecimientos públicos y que serían cuerpos consultivos de la Administración pública para determinados asuntos (TS 22-3-54; 24-10-58). Sin embargo, la AT Madrid sí las incluyó en tal categoría razonando que cumplen funciones de representación, no solo de intereses profesionales, sino también de interés común (AT Madrid 2-11-81).
• La **Organización Nacional de Ciegos**. Según su normativa reguladora, es una entidad de Derecho público y beneficencia general con fines de mutua ayuda y para la resolución de sus problemas específicos (D 13-12-1938 art.1; Rgto 28-10-1939). Los locales ocupados por esta entidad no son, por tanto, dependencias del Estado (AP Burgos 29-5-62).
• Los **colegios profesionales** (de médicos, abogados, arquitectos, etc.).

Corporaciones sin ánimo de lucro (LAU disp.trans.4ª.2) La LAU establece, para los contratos celebrados por la Iglesia Católica y por corporaciones que no persigan ánimo de lucro, un **plazo de duración** de 15 años desde la entrada en vigor de la Ley, a diferencia del atribuido al resto de contratos asimilados al arrendamiento de vivienda (analizado en los números precedentes), que es de 10 años. 2735
Resulta difícil determinar qué debe entenderse por **corporaciones que no persigan ánimo de lucro**. Podemos hacer las siguientes puntualizaciones al respecto:
• No están incluidos en dichas corporaciones los **gremios**, ya que no pueden entenderse como corporaciones, por lo que habrá que encajarlos entre las entidades a las que corresponde un plazo de extinción de 10 años.
• Por ser las **fundaciones** entidades sin ánimo de lucro podrían entenderse amparadas por la disposición.

• La jurisprudencia mayoritaria de las audiencias se inclina por incluir dentro de este concepto las **asociaciones o fundaciones**, sean de naturaleza pública o privada, que no persigan ánimo de lucro, de tal forma que, de cara a los efectos extintivos regulados en LAU disp.trans.4ª, quedarían sometidos al plazo de extinción de 15 años los locales ocupados por la Iglesia católica y las demás entidades sin ánimo de lucro, y sometidos al plazo de 10 años los locales ocupados por las Administraciones públicas, tales como el Estado, la provincia o el municipio (AP Barcelona Secc 13ª 8-3-07; 21-7-06; AP Madrid Secc 21ª 16-4-08; Secc 14ª 17-4-07).
• Los arrendamientos de locales ocupados por las **comunidades autónomas** y sus organismos quedan incluidos en la misma categoría que el resto de las Administraciones públicas (AP Madrid Secc 13ª 15-2-08).

Precisiones El arrendamiento concertado a favor del **INEM** no es el de una corporación sin ánimo de lucro (AP Barcelona Secc 13º 20-7-07). El arrendamiento suscrito con la **Jefatura de Minas** del Distrito Minero de Santander, tampoco (AP Cantabria Secc 4ª 1-2-06).
Un local arrendado por un servicio de urgencias de la **Seguridad Social** hay que asimilarlo al inquilinato.

2737 **Entidades sin ánimo de lucro** (LAU/64 art.4.2) La LAU/64 establece, de forma residual, que han de considerarse contratos asimilados al arrendamiento de vivienda los suscritos por **cualquier otra entidad** que no persiga lucro.
Resulta difícil dar una idea más detallada de lo que debe entenderse por entidades sin ánimo de lucro, debiendo examinar las **características** que concurran en cada caso.
Con carácter orientativo podemos recurrir no obstante a lo dispuesto por la normativa en materia de **asociaciones**. Así, la LO 1/2002 establece que los beneficios obtenidos por las asociaciones, derivados del ejercicio de actividades económicas, incluidas las prestaciones de servicios, deben destinarse, exclusivamente, al cumplimiento de sus fines, sin que quepa en ningún caso su reparto entre los asociados ni entre sus cónyuges o personas que convivan con aquellos con análoga relación de afectividad, ni entre sus parientes, ni su cesión gratuita a personas físicas o jurídicas con interés lucrativo (LO 1/2002 art.13.2).
Pueden calificarse como de **utilidad pública** las asociaciones cuyos fines estatutarios tiendan a promover el interés general y sean de carácter cívico, educativo, científico, cultural, deportivo, sanitario, de promoción de los valores constitucionales, de promoción de los derechos humanos, de asistencia social, de cooperación para el desarrollo, de promoción de la mujer, de promoción y protección de la familia, de protección de la infancia, de fomento de la igualdad de oportunidades y de la tolerancia, de defensa del medio ambiente, de fomento de la economía social o de la investigación, de promoción del voluntariado social, de defensa de consumidores y usuarios, de promoción y atención a las personas en riesgo de exclusión por razones físicas, sociales, económicas o culturales, y cualesquiera otros de similar naturaleza (LO 1/2002 art.32.1.a)

Precisiones **1)** Con estas entidades pueden formarse dos grupos (Castán y Calvillo):
• Entidades de **fines no patrimoniales**, que a su vez pueden ser benéficas (montes de piedad) o piadosas (asociaciones privadas de la Religión católica y asociaciones no católicas).
• Entidades de **fines patrimoniales**.
La cuestión que se plantea es si el concepto de entidades que no persigan fin de lucro alcanza únicamente a los entes de fines altruistas y desinteresados o comprende además las entidades de fines patrimoniales o económicos. De estas dos posiciones, el Tribunal Supremo ha adoptado la más restrictiva en la aplicación del precepto, a la vez la más amplia en la concepción de lucro (TS 22-10-48).
2) Ha de considerarse como asimilado al arrendamiento de vivienda el arrendamiento de un solar, parcialmente cubierto, para que la **comisión de fiestas** del barrio lo destinase exclusivamente a festivales de carácter fundamentalmente benéfico, aun cuando sirva periódicamente para la celebración de juntas y reuniones de los vecinos, de almacenamiento de víveres que todos los años se reparten a las clases necesitadas, de custodia de la carroza procesional, ornamentos y materiales de oficina de dicha comisión, y aunque se celebren bailes para el público en general, si el producto de lo recaudado beneficia a escuelas pobres, niños y entidades necesitadas de ayuda (AP Zaragoza 18-1-61).
3) El arrendamiento de una nave a una **comisión fallera** para celebrar reuniones y juntas, bailes de los componentes de la falla, presentación de falleras mayores y otros festejos, se ha considerado asimilado al arrendamiento de local de negocio (TS 7-2-64).

b. Régimen jurídico

(LAU disp.trans.4ª.2)

2740 Los contratos de arrendamiento asimilados a los de vivienda, celebrados antes del 9-5-1985 y que subsistan a 1-1-1995, **continúan rigiéndose**, en general, por las **normas de la LAU/64**, pero con las modificaciones introducidas en LAU disp.trans.3ª (que está dedicada a los contratos de arrendamiento de local de negocio celebrados antes del 9-5-1985).

La norma **no se aplica** a:
- los arrendamientos de viviendas o inquilinato que recaigan sobre edificaciones habitables cuyo destino primordial sea la vivienda propiamente dicha;
- los que recaigan sobre locales de negocio propiamente dichos;
- los arrendamientos de locales por asimilación;
- los arrendamientos que estén excluidos del ámbito de la LAU/64.
Estos contratos siguen rigiéndose por la LAU/64.
Sin embargo, la LAU/64 deja de ser aplicable a la **duración** y a la **actualización de las rentas**, pues estas cuestiones han sido objeto de tratamiento por las normas transitorias citadas. Por su trascendencia, tratamos la duración en el marginal siguiente y nos remitimos, en cuanto a la renta y a otros derechos del arrendador, a lo que se expone para los arrendamientos de local de negocio celebrados antes del 9-5-1985 (nº 2515 s. y nº 2550 s.).

Precisiones Aunque la citada disposición transitoria de la LAU se refiere solo a los contratos celebrados por la Iglesia Católica y por corporaciones que no persigan ánimo de lucro, sin mencionar expresamente al Estado, la provincia, el municipio y otras entidades incluidas en el ámbito de aplicación, entendemos que resulta aplicable a **todos los contratos** asimilados a los de vivienda, según se definen en la LAU/64 (nº 2715).

En lo que respecta a la **duración y extinción** de los contratos, se distinguen **dos grupos**: **2742**
a) Los contratos celebrados por la **Iglesia Católica** y por **corporaciones que no persigan ánimo de lucro**, se entienden equiparados a los que les corresponda el plazo de extinción de 15 años (según LAU disp.trans.3ª.4 regla 2ª).
b) El **resto de contratos** se entienden equiparados a los que les corresponda un plazo de extinción de 10 años (según LAU disp.trans.3ª.4 regla 2ª).
Esto quiere decir que, con carácter general, los primeros se extinguen en el plazo de 15 años y los segundos en el de 10 años, computados desde el 1-1-1995.
No obstante, hay que tener en cuenta que:
• El plazo de duración señalado **se incrementa en 5 años** en los supuestos siguientes:
- si la **renta** que estuviera pagando el arrendatario a 1-1-1995 fuera mayor que la resultante de la actualización prevista en la norma (nº 2520 s.);
- si el arrendatario acepta la **actualización** de la renta en una sola vez, de tal forma que se pague la totalidad de la renta actualizada a partir del mes siguiente a la fecha de haberse llevado a cabo la actualización (nº 2540).
• Cuando a 1-1-1995 **no hubiese transcurrido el plazo contractual** de duración, lo contratos duran el tiempo que reste para que dicho plazo se cumpla, siempre que la duración sea superior a la que resultaría de aplicar las reglas señaladas.
Debe tenerse en cuenta además que, si el arrendador no ha requerido al arrendatario, se produce la **tácita reconducción** (nº 285).

Precisiones **1)** La **actualización de la renta** puede realizarse a iniciativa del arrendador, mediante requerimiento al arrendatario, o a iniciativa propia de este último, en caso de inactividad del arrendador. En este último caso se plantea la duda de si el arrendatario puede beneficiarse del incremento del plazo de duración cuando, habiendo dejado transcurrir el tiempo, promueva la actualización de una sola vez justo antes de expirar el plazo de duración previsto. Entendemos que ello no es posible.
2) Recuérdese que la categoría de **corporaciones que no persigan ánimo de lucro** no está presente en la definición de los arrendamientos de vivienda asimilados (LAU/64 art.4.2), que se refiere tanto a corporaciones de Derecho público, como a cualquier otra que no persiga ánimo de lucro (nº 2732).

2. Arrendamiento asimilado al de local de negocio

2745

El arrendamiento de local de negocio por asimilación es el que recae sobre locales: **2747**
- ocupados por la **Iglesia Católica, el Estado, la provincia** y el resto de personas jurídicas señaladas en el nº 2715, cuando estén destinados al ejercicio de actividades económicas;
- destinados a **depósitos y almacenes**;
- destinados a **escritorios y oficinas**.
Todos estos arrendamientos, cuando se hayan celebrado antes del 9-5-1985 y continúen en vigor a 1-1-1995, continúan rigiéndose por las normas de la LAU/64 que les sean de aplicación. No obstante, la propia LAU incorpora algunas normas modificativas, relativas fundamentalmente a su duración y a la actualización de las rentas (nº 2770).

a. Ámbito de aplicación

(LAU/64 art.5.2)

2750 En la categoría de los arrendamientos asimilados a los de local de negocio la LAU/64 incluye los siguientes supuestos:

1. Los arrendamientos de locales que sean ocupados por ciertas **personas jurídicas especiales**, como la Iglesia Católica, el Estado y otras personas jurídicas públicas o sin ánimo de lucro cuando se destinen al ejercicio de actividades económicas (nº 2752).

2. Los arrendamientos de **depósitos y almacenes**, en todo caso, aunque el arrendatario sea una de las personas mencionadas en el número anterior (nº 2760).

3. Los arrendamientos de locales destinados a **escritorios y oficinas**, cuando el arrendatario se valga de ellos para ejercer actividad de comercio, de industria o de enseñanza con fin lucrativo, o para el desarrollo de actividades económicas, aunque dichos locales no estén abiertos al público (nº 2763).

Precisiones Cuando se produce un **cambio del destino** de la finca arrendada, pasando a utilizarse como vivienda o como local de negocio, cambia la calificación del arrendamiento, que pasa a ser considerado como de vivienda o de local de negocio, propiamente dichos, siempre que tal cambio haya contado con el consentimiento, expreso o tácito, del arrendador o cuando hubieran transcurrido más de 15 años de prescripción desde entonces, sin que se hubiese entablado acción alguna al efecto.

2752 **Locales arrendados por personas jurídicas especiales** (LAU/64 art.5.2.1º) Se asimilan al arrendamiento de local de negocio los que se realicen sobre locales destinados al ejercicio de actividades económicas por ciertas **personas jurídicas**, que son:

- la Iglesia Católica;
- el Estado, la provincia, el municipio;
- las entidades benéficas, las asociaciones piadosas;
- las sociedades o entidades deportivas;
- las corporaciones de Derecho público; y
- en general, cualquier otra que no persiga lucro.

El rasgo que caracteriza estos contratos y que los distingue del arrendamiento asimilado al de vivienda es el ejercicio en los locales de **actividades económicas**, pues, como ya analizamos, cuando las personas mencionadas no realizan una actividad económica, el contrato se asimila al de arrendamiento de vivienda. Al tratar de estos contratos ya tuvimos ocasión de analizar el concepto de cada una de estas entidades, por lo que a dicho apartado nos remitimos (nº 2705 s.), sin perjuicio de realizar aquí algunas puntualizaciones adicionales.

Al referirse al ejercicio de actividades económicas, se amplía el **campo de aplicación** de lo que hasta ahora venía entendiéndose como el destino de los locales de negocio, es decir, la industria, el comercio o la enseñanza con fin lucrativo.

No es preciso que esas actividades económicas estén organizadas en **régimen de empresa**, pues puede darse aquella actividad y no estar organizada bajo ese régimen empresarial. Este requisito se exigía en el proyecto primitivo de la Ley, pero se eliminó en el texto definitivamente aprobado. Tampoco se incluyó la exigencia de que la actividad realizada fuera con **fines lucrativos**, como se pretendía en una de las enmiendas.

Todo ello nos lleva a pensar que debe realizarse una **interpretación amplia** del concepto de actividad económica, incluyéndose en el mismo, tanto el de los servicios económicos como el de las actividades económicas, propiamente dichas, en la producción y distribución de bienes.

2753 Precisiones **1)** El **ejercicio de actividades económicas** caracteriza no sólo a los contratos suscritos por la Iglesia, el Estado y otras personas jurídicas, sino también al supuesto de arrendamiento de locales destinados a escritorios y oficinas (nº 2763).

2) Téngase en cuenta que, en la actualidad, el término **comercio o industria** resulta insuficiente para caracterizar una finalidad de local de negocio, debiendo ser sustituido por un concepto más amplio, que puede ser precisamente el de actividad económica.

3) La jurisprudencia ha incluido en el concepto los arrendamientos de locales destinados al ejercicio tanto de actividades económicas principales, de creación de riqueza, distribución o cambio y servicios, como de **actividades auxiliares** de aquellas, tales como depósitos y almacenes (TS 22-5-67).

4) Ha de encajarse en este apartado un arrendamiento hecho a favor de un **centro de enseñanza religioso**, porque dicha actividad es constitutiva de negocio.

5) Las actividades ejercitadas por las **cajas de ahorro** son económicas, por lo que el arrendamiento de los locales que ocupan ha de calificarse como de local de negocio (TS 14-3-95, EDJ 852).

2754 **Ejercicio de actividades económicas por la Administración** Se califican como arrendamientos asimilados a los de local de negocio los de locales ocupados, entre otras personas, por el **Estado**, la **provincia**, el **municipio** o las **corporaciones de Derecho público**, siempre que se realicen en ellos actividades económicas.

Entendemos que, como ocurría con los arrendamientos asimilados a los de vivienda, la referencia ha de extenderse a las **comunidades autónomas**, las entidades locales y otros organismos de la Administración territorial e institucional.

Ejercicio de actividades económicas por empresas públicas (L 40/2015 art.103 s.) La Administración actúa en el sector económico a través de dos tipos de entidades: las entidades públicas empresariales y las sociedades mercantiles estatales. 2755

Las **entidades públicas empresariales** son organismos públicos a los que se encomienda la realización de actividades prestacionales, la gestión de servicios o la producción de bienes de interés público susceptibles de contraprestación. Se rigen por el Derecho privado excepto en la formación de la voluntad de sus órganos, en el ejercicio de las potestades administrativas que tengan atribuidas y en otros aspectos específicamente regulados para las mismas en la L 40/2015, en sus estatutos y en la legislación presupuestaria.

Las **sociedades mercantiles estatales**, de participación mayoritaria o exclusivamente pública (estatal, autonómica o municipal), no se integran en la Administración institucional. Se rigen íntegramente, cualquiera que sea su forma jurídica, por el ordenamiento jurídico privado, salvo en las materias en que les sea de aplicación la normativa presupuestaria, contable y de control financiero, así como en ciertos aspectos del régimen de incompatibilidades de los funcionarios y personal al servicio de las Administraciones públicas.

Entendemos que están sujetos a las normas sobre **contratos asimilados** los arrendamientos celebrados por entidades públicas empresariales, en cuanto que forman parte de la Administración institucional. No así los suscritos por sociedades mercantiles, aun cuando su capital sea íntegramente público, pues se trata de **personas jurídicas privadas**. Los locales ocupados por estas últimas siguen las reglas generales, como si se tratara de un particular o de una sociedad mercantil de capital privado.

Precisiones 1) A efectos del **Derecho comunitario** se define a las empresas públicas como cualesquiera empresas en las que los poderes públicos pueden ejercer directa o indirectamente una influencia dominante en razón de la propiedad, de la participación financiera o de las normas que la rigen, presumiéndose dicha influencia en casos -alternativamente- de mayoría pública del capital suscrito o en los votos inherentes a las participaciones emitidas y de poder de designación de más de la mitad de los miembros del órgano de dirección, administración o vigilancia (TJCE 16-7-82).

2) Las **sociedades provinciales o municipales**, como no son más que empresas públicas mercantiles y adoptan la forma de una sociedad anónima o de responsabilidad limitada, siendo las funciones de la junta general asumidas por el ayuntamiento o la diputación, entendemos que están sujetas en el arrendamiento a las normas generales, como si de personas privadas se tratase.

Ejercicio de actividades económicas por los bancos oficiales Los bancos oficiales son **entidades de Derecho público**, con personalidad jurídica y plena capacidad para el cumplimiento de sus fines. Dependen del Gobierno a través del Ministerio de Hacienda, están exentas de contribuciones, su patrimonio es íntegramente estatal y se rigen, en cuanto a sus operaciones, por las normas dictadas para cada una de estas instituciones y, supletoriamente, por las normas de Derecho privado. 2757

Por ello, los arrendamientos de locales por estas entidades han de encajarse dentro de los **contratos asimilados** al arrendamiento de local de negocio.

Ejercicio de actividades económicas por cooperativas El arrendamiento de locales por cooperativas se había considerado jurisprudencialmente asimilado al de local de negocio, ya que el precepto no exige **ningún afán de lucro**, sino el mero ejercicio de actividades económicas, desenvueltas en todo caso y sin la menor duda por dicha cooperativa (AP Navarra 6-11-70). 2759

Sin embargo, en la actualidad, el ejercicio de actividades típicamente comerciales, industriales o de enseñanza, **con fin lucrativo** (p.e., por las cooperativas de trabajo asociado), puede permitir calificar el arrendamiento como de local de negocio y no como asimilado al de local de negocio.

Locales arrendados para depósitos y almacenes (LAU/64 art.5.2.2º) Un **almacén** es un edificio o local donde se depositan géneros de cualquier especie, generalmente mercancías. 2760

Por **depósito** ha de entenderse el lugar o paraje destinado para custodiar los objetos.

Se asimilan al arrendamiento de local de negocio los arrendamientos de locales destinados a depósitos y almacenes, sea cual sea la persona del arrendatario, y también con independencia de que este se valga de ellos para ejercer actividad de comercio, de industria o de enseñanza con fin lucrativo (como se exigía antes de la reforma de 1964).

Desde el punto de vista de la persona del **arrendatario**, este puede ser cualquier persona, individual o colectiva, aunque se trate de una de las personas jurídicas mencionadas anteriormente (Iglesia Católica, Estado, etc.).

En atención al **objeto**, comprende tanto los depósitos o almacenes auxiliares del ejercicio de un comercio, de una industria, de la enseñanza o de cualquier otra actividad mercantil, como los que tengan una finalidad puramente privada, como, por ejemplo, la guarda de un vehículo propio.

Precisiones Los arrendamientos de locales destinados a depósitos o almacenes no se equiparan, sino que **se asimilan**, a los que lo sean para negocios de comercio o industria con establecimiento abierto. Así, aunque se rigen en general por los mismos preceptos, no les resultan aplicables algunas de sus normas, como por ejemplo la que permite el traspaso del local -LAU/64 art.30-, o la que permite la denegación de la prórroga por estar el local desocupado o cerrado durante un año -LAU/64 art.62.3º- (TS 20-2-60).

2761 **Arrendamiento de local para garaje** La calificación del arrendamiento de un local para garaje puede ser:

a) De **arrendamiento local de negocio**, propiamente dicho, cuando el objeto del arrendamiento sea un local para admitir en él la guarda de coches, estando, por tanto, abierto al público y siendo la sede de la actividad comercial del arrendatario.

b) De **arrendamiento de industria**, cuando se ceda al arrendatario un garaje ya en explotación o pendiente de serlo por meras formalidades administrativas, sometido, por tanto, al régimen común.

c) De **arrendamiento de local de negocio asimilado**, cuando su finalidad sea la guarda de vehículos que se utilicen en la industria o el negocio del arrendatario e incluso cuando tenga por finalidad la guarda de un vehículo particular.

d) De **arrendamiento de vivienda**, si con esta se cede el uso de una plaza de garaje formando un solo contrato.

e) De **arrendamiento excluido** del ámbito de la LAU, si lo pactado fue la simple guarda de un vehículo en un garaje en forma de pupilaje.

2762 **Otros supuestos** Pueden citarse otros supuestos cuya calificación como arrendamientos asimilados al de local de negocio presenta alguna duda:

• Arrendamiento de un **patio para almacén**. El Tribunal Supremo ha considerado arrendamiento asimilado al de local de negocio un supuesto en que se arrendaba un terreno o patio con un gran porche, con sólida edificación o nave, con muros de 40 centímetros de espesor, columnas centrales de ladrillo y techumbre de viguería de madera, para almacenar efectos de la industria a que la sociedad arrendataria se dedicaba (TS 2-4-60).

• Arrendamiento de local para **guardamuebles** (AP Madrid Secc 14ª 24-10-06).

• Arrendamiento de local para **guarda de embalajes**. Se ha entendido que la actividad de guardar embalajes excluye por sí misma toda posibilidad de admitir que el arrendatario, con el ejercicio de tal actividad, haya creado patrimonio mercantil, cual sucede con un verdadero establecimiento industrial o comercial. Se trata de un arrendamiento de depósito o almacén, calificable, por tanto, como asimilado al de local de negocio (TS 12-7-62).

• Arrendamiento de un almacén para **comercialización de alimentos**. En un supuesto de arrendamiento de un local para comercialización de fruta, se llega a la conclusión de que es un arrendamiento de local de negocio propiamente dicho, ya que su objeto tiene mayor alcance que el de simple guarda o custodia de una mercancía (AP Valencia 9-9-83).

• Arrendamiento de local para **cría de animales**. El significado gramatical de los términos almacén y depósito, como lugares donde se despachan, guardan o custodian géneros o cosas, supone la exclusión de los locales destinados a la cría o permanencia de animales, como es un desván destinado a palomar, que ni siquiera reúne requisitos de habitabilidad (AP Lleida 12-9-90).

• Arrendamiento de un **espacio cubierto en finca rústica** para guardar vehículos. Se ha considerado un contrato excluido del ámbito de la LAU (AP Zaragoza 8-9-97, Rec 124/97).

• Arrendamiento de local para ejercer una **actividad comercial mayorista**. Debe entenderse que se trata de un arrendamiento de local propiamente dicho, si se prueba tal actividad de comercio, siendo en este sentido importante la declaración del IAE al respecto. El arrendamiento de locales para almacenes de venta al por mayor ha de calificarse como de local de negocio y no como asimilado a este (TS 20-3-67; 22-3-94, EDJ 2617).

2763 **Locales arrendados para escritorios u oficinas** (LAU/64 art.5.2.3º) Reciben la calificación de arrendamientos asimilados al de local de negocio aquellos que recaigan sobre un escritorio o una oficina, cuando el arrendatario se valga de ellos para ejercer **actividad de comercio, de industria o de enseñanza**, con fin lucrativo, o para el desarrollo de actividades económicas, aunque dichos locales no se hallen abiertos al público.

Distinción con el arrendamiento de local de negocio No es clara la distinción entre estos contratos asimilados y el contrato de arrendamiento de local propiamente dicho, es decir, se plantea la duda de si el arrendamiento de una oficina puede considerarse directamente un arrendamiento de local de negocio no asimilado. La distinción es fundamental en orden a la duración de estos contratos después del 1-1-1995 (nº 2770). 2764

Recuérdese que los **arrendamientos de local de negocio** se definen como aquellos que recaen sobre edificaciones habitables cuyo destino primordial sea el ejercicio, con establecimiento abierto, de una actividad de industria, comercio o de enseñanza con fin lucrativo (nº 2305). El criterio distintivo parece ser, por tanto, el hecho de que el establecimiento se halle abierto al público o no:

• Cuando el establecimiento **no esté abierto al público**, es claro que el arrendamiento no puede considerarse de local de negocio propiamente dicho, debiendo calificarse como asimilado.

• Cuando esté **abierto al público**, la norma parece dar a entender que el contrato puede ser calificado de una u otra forma. En estos casos, es jurisprudencia consolidada, coincidente con la doctrina mayoritaria, la de que, cuando el local represente lo **esencial en el ejercicio** de la industria o comercio se está ante un arrendamiento de local de negocio por naturaleza, mientras que, por el contrario, cuando el local sea meramente una **parte secundaria o accesoria** del negocio, que radica en otro lugar distinto, se está ante un arrendamiento asimilado al de local, en la categoría de locales destinados a oficinas, debiendo entenderse estas como una parte accesoria o secundaria del negocio (TS 4-5-66; 22-3-94, EDJ 2617).

Precisiones **1)** No están encajados en este apartado aquellos arrendamientos, sea cual fuere su finalidad, en los que el arrendatario sea la **Iglesia Católica**, el **Estado** u otra de las entidades mencionadas anteriormente (nº 2752).

2) No obstante lo expuesto, Loscertales considera que la calificación como contrato asimilado debe extenderse a **todos los casos** en los que el objeto del arrendamiento consista en un escritorio u oficina, con independencia de si está o no abierto al público y de si el arrendatario desarrolla en él su actividad principal o una actividad complementaria.

3) La calificación, dentro de la LAU, de oficina o de negocio atribuible a la actividad ejercida en un local arrendado depende exclusivamente de cuál sea realmente dicha **actividad**, y de ninguna manera de las operaciones a que destine su capital la persona o empresa arrendataria, ya que para conseguir sus fines mediante tales operaciones puede tener, en el mismo o en distintos locales, industrias, comercios u oficinas, que, en el segundo caso, obligaría a adjudicar a cada uno de dichos locales la calificación que, por las respectivas actividades ejercidas en cada una de ellas, les asigna la Ley (TS 7-1-54).

Supuestos prácticos Pueden citarse algunos supuestos resueltos por la jurisprudencia o comentados por la doctrina: 2765

• Se ha calificado como contrato asimilado al arrendamiento de local de negocio el arrendamiento de una vivienda concertada por un banco para **residencia de sus empleados**, por cuanto dicho destino tiene significación económica tanto para los sucesivos ocupantes como para el propio arrendatario, no siendo más que una forma de contraprestación en especie. Fuentes Lojo, sin embargo, entiende que se trata de un **arrendamiento de vivienda** propiamente dicho, por las siguientes razones:

a) Las disposiciones transitorias de la LAU no establecen modificación alguna en cuanto a la clasificación que hacía la LAU/64 entre arrendamiento de viviendas propiamente dicho, arrendamiento de locales de negocio propiamente dicho y contratos asimilados.

b) La LAU no presume que las viviendas son siempre arrendadas por personas físicas y que las personas jurídicas sólo arriendan locales. No existe precepto alguno en ella que permita obtener esta presunción, ni siquiera por vía analógica. Ni siquiera cabe defender esta conclusión en los arrendamientos concertados a partir de 1-1-1995, pues sólo se distingue entre arrendamientos de fincas urbanas que se destinen a vivienda o a usos distintos del de vivienda, sin que se exija que el arrendatario de vivienda deba ser un persona física.

• Entendemos que no puede considerarse arrendamiento asimilado al de local de negocio aquel en el que la sociedad arrendataria desarrolla una **actividad de empresa** consistente en la confección de estudios y proyectos técnicos y de análisis de organización y de técnicos de gestión para cualquier tipo de empresas o industrias, la venta y suministro de maquinaria y bienes de equipo en general para otras industrias, estando dada de alta en el IAE en el epígrafe «empresas de estudio de mercado». Lo importante para calificar un local arrendado a una sociedad como de local de negocio propiamente dicho es si en el mismo se desarrolla una actividad de comercio, de industria o de negocio que le sea propia, debiendo calificarse como contrato asimilado sólo cuando el negocio o industria tienen su desarrollo en otro local (TS 20-10-53; 14-5-56; 23-3-94).

b. Régimen jurídico

(LAU disp.trans.4ª.2)

2770 Los contratos de arrendamiento asimilados a los de local de negocio, celebrados antes del 9-5-1985 y que subsistan a 1-1-1995, continúan rigiéndose, en general, por las **normas de la LAU/64**, pero con ciertas **modificaciones** introducidas en las normas transitorias de la LAU para los contratos de arrendamiento de local de negocio celebrados antes del 9-5-1985, en los que el arrendatario sea una persona jurídica y en los que, según la actividad realizada, corresponda una cuota del IAE de más de 190.000 pesetas (nº 2503).

Así, la LAU/64 deja de ser aplicable a la **duración** y a la **actualización de las rentas**, pues estas cuestiones han sido objeto de tratamiento por las normas transitorias citadas. Por su trascendencia, tratamos la duración en el marginal siguiente y nos remitimos, en cuanto a la renta y a otros derechos del arrendador, a lo que se expone para los arrendamientos de local de negocio celebrados antes del 9-5-1985 (nº 2515 y nº 2550).

En cuanto a su **duración**, los contratos asimilados al arrendamiento de local de negocio que sigan en vigor se rigen, desde el 1-1-1995, por lo estipulado en LAU disp.trans.3ª.4 regla 2ª para los arrendamientos de local de negocio celebrados antes del 9-5-1985 a los que corresponda una cuota del IAE superior a 190.000 pesetas.

Esto significa que se fija para ellos un **plazo** de duración de 5 años, a partir del 1-1-1995.

No obstante, cuando el **plazo contractual pactado** fuera superior, se aplica este.

Además, el plazo de duración de 5 años **se incrementa** en otros 5 en los supuestos siguientes:

• Cuando en los 10 años anteriores al 1-1-1995 se hubiera producido el **traspaso del local** de negocio.

• Si la **renta** que estuviera pagando el arrendatario a 1-1-1995 fuera mayor que la resultante de la actualización prevista en la norma (nº 2520 s.).

• Si el arrendatario acepta la **actualización de la renta** en una sola vez, de tal forma que se pague la totalidad de la renta actualizada a partir del mes siguiente a la fecha de haberse llevado a cabo la actualización (nº 2540).

Debemos tener en cuenta también que, si al transcurrir el plazo de duración de 5 años, el arrendador no ha requerido al arrendatario, se produce la **tácita reconducción** (nº 285).

Precisiones La **actualización de la renta** puede realizarse a iniciativa del arrendador, mediante requerimiento al arrendatario, o a iniciativa propia de este último, en caso de inactividad del arrendador. En este último caso se plantea la duda de si el arrendatario puede beneficiarse del incremento del plazo de duración cuando, habiendo dejado transcurrir el tiempo, promueva la actualización de una sola vez justo antes de expirar el plazo de duración de 5 años desde el 1-1-1995. Entendemos que ello no es posible.

3. Arrendamiento de finca urbana en la que se realicen actividades profesionales

2780

2782 Los arrendamientos de fincas urbanas en los que se desarrollan actividades profesionales se rigen por lo dispuesto, con carácter transitorio, para los arrendamientos asimilados a los de local de negocio (nº 2745 s.).

Estos arrendamientos no son contratos asimilados propiamente dichos, pues la LAU/64 no los asimila expresamente a los de arrendamiento de vivienda o de local de negocio. Su inclusión como una **categoría independiente** deriva de la LAU, que determina la aplicación a estos supuestos de la norma transitoria prevista para los arrendamientos asimilados a los de local de negocio.

a. Ámbito de aplicación

(LAU disp.trans.4ª.4)

2785 La LAU se refiere al arrendamiento de fincas urbanas en las que se desarrollan actividades profesionales, en general, a diferencia de la LAU/64 que, aunque no se refiere a este arrendamiento como una categoría aparte, lo define, al tratar la subrogación por fallecimiento, como el arrendamiento de local destinado por el arrendatario al ejercicio de su profesión facultativa y colegiada (nº 2794 s.).

Hay que entender **comprendidas en el precepto** todas las actividades profesionales que se mencionan en la Sección 2ª de la tarifa del impuesto de actividades económicas (IAE), que van

desde los doctores y licenciados hasta los restauradores de obras de arte, los guías de turismo, o los administradores.
Hay que **excluir del ámbito de aplicación** de la norma el supuesto en el que se desarrolle en el local una verdadera **actividad empresarial**, aun cuando la actividad sea de tipo profesional.
No obstante, la jurisprudencia anterior a la LAU vigente había limitado el alcance del precepto al ejercicio por el arrendatario de una **profesión facultativa y colegiada**, concepto recogido en LAU/64 como uno de los supuestos de subrogación por fallecimiento (nº 2794 s.).

Pueden señalarse diversos **supuestos prácticos** resueltos por la jurisprudencia o comentados por la doctrina, clarificadores para determinar qué debe entenderse por actividades profesionales a los efectos de la aplicación de la norma: **2787**
• El ejercicio de una actividad de **asesoría empresarial** puede calificarse, en principio, como actividad profesional. Sin embargo, el contrato ha de excluirse del ámbito de aplicación de esta norma (constituyendo un arrendamiento de local de negocio, propiamente dicho) cuando las actividades que se desarrollan en el local no sean las de una simple asesoría, sino las propias de una empresa de servicios, a modo de una agencia comercial, con despacho abierto al público en general, prestando diversos servicios, como seguro, financiación, fiscal, laboral, etc.
• En el supuesto del ejercicio por una persona jurídica de un **despacho profesional**, ha de estarse al destino dado a este despacho como local. Si este es el de oficinas de dicha persona jurídica, se trata de un arrendamiento asimilado al de local de negocio
• En el supuesto de que estando el local arrendado para oficina, sirva como **despacho profesional de un tercero**, debe estarse siempre al destino como oficina. Si la finca se transforma en despacho profesional, con consentimiento del arrendador, se trata de una actividad profesional.
• Entra en el ámbito de aplicación del precepto el caso en que, habiéndose autorizado contractualmente que la finca se destine a **vivienda**, en el momento de entrada en vigor de la Ley, el destino de la misma sea el de despacho profesional.
• No se ha considerado actividad profesional la de **escuela o academia** de enseñanza de yoga. No tiene naturaleza profesional, sino meramente educativa o, en último término, recreativa o incluso cultural, entendiendo este último concepto en un sentido amplio, en todo caso diferente a actividad profesional. La LAU vigente parte, como parece lógico, del mismo concepto que la LAU/64 tenía sobre la misma cuestión, esto es: actividad facultativa o colegiada (AP Asturias 18-7-96).

• Entendemos que **no cabe hablar de actividad profesional** en un supuesto en el que la actividad que efectivamente se desarrolla es la de **prestación de servicios** en un centro médico. **2789**
• Se ha calificado como actividad puramente mercantil la actividad desarrollada en una **farmacia**, debiendo considerarse el arrendamiento como de local de negocio propiamente dicho, pues por mucha especificidad que se den a las relaciones con el público, no dejan de ser actos mercantiles las actividades de una farmacéutico que compra los medicamentos a los fabricantes y los revende a los clientes con ánimo de lucrarse en la reventa. Todo ello a pesar de la intervención y protección estatal, de la titulación exigida y de otras limitaciones en cuanto a horarios comerciales, distancias y márgenes comerciales (AP Barcelona 2-10-97).
• Es dudosa la inclusión en el precepto de la actividad de **zapatero, fontanero, carpintero** y otras profesiones. Un sector doctrinal entiende que la norma ha de tener una interpretación restrictiva y tan sólo en relación a los profesionales que tengan un título específico y una colegiación. El arrendamiento por estos profesionales debería, por tanto, calificarse como de local de negocio. Por nuestra parte, entendemos que no debe ser así y que la actividad de dichas personas debe calificarse como profesional.
• Debe calificarse como arrendamiento de local de negocio el arrendamiento de un local en el que el arrendatario ejerce la actividad de **óptico** (AP Zaragoza 25-10-00, EDJ 72127).
• No puede considerarse dentro del ámbito de aplicación de la norma el arrendamiento de local para ser destinado a la investigación y docencia en acupuntura, así como a servicios clínicos y laboratorios, consultorio y demás **actividades relacionadas con la medicina**, ya que el local no se arrienda sólo para el ejercicio de una actividad profesional, sino también para el ejercicio de la docencia en acupuntura y para llevar a cabo servicios clínicos y de laboratorio y otras actividades. La referencia a actividades profesionales debe de interpretarse en sentido restrictivo, entendiendo únicamente aquellas a las que se refería LAU/64 art.58.3, precepto que constituye el precedente que motivó la introducción de la norma transitoria especial en la LAU.
• El local arrendado para **gestoría administrativa** es de actividad profesional (AP Madrid Secc 20ª 29-5-06).
• Ocurre lo mismo con una **administración de fincas** (AP Málaga Secc 6ª 23-6-04).

• También debe recibir la misma consideración el local arrendado por una **agencia de seguros**, pues según su normativa reguladora, los agentes de seguros tienen personalidad jurídica independiente y están ligados con la aseguradora mediante el correspondiente contrato de agencia, con responsabilidad propia en el ejercicio de su actividad (AP Sta. Cruz de Tenerife Secc 3ª 13-2-04).

b. Régimen jurídico

2790 La LAU establece que los arrendamientos de fincas urbanas en las que se desarrollen actividades profesionales se rigen por lo dispuesto para los contratos asimilados al arrendamiento de local de negocio. Con respecto a estos últimos, recordemos que la propia LAU remite a las normas transitorias previstas para los arrendamientos de local de negocio concertados antes del 9-5-1985, en los que el arrendatario sea una persona jurídica y en los que, según la actividad realizada, corresponda una cuota del IAE de más de 190.000 pesetas.

Así, se aplican estas **normas transitorias** en lo que se refiere a la duración, a la actualización de las rentas y a los derechos del arrendador, pero en todo lo demás estos contratos continúan rigiéndose por las normas de la LAU/64 que les fuesen aplicables.

Analizamos en los números siguientes dos cuestiones de especial interés: la **duración** del contrato a partir del 1-1-1995 (nº 2792) y la posibilidad de **subrogación por fallecimiento** del arrendatario titular (nº 5149).

Por otro lado, nos remitimos a lo expuesto al tratar los arrendamientos de local de negocio celebrados antes del 9-5-1985, en lo que se refiere a la **actualización de la renta** (nº 2520 s.) y a **otros derechos** del arrendador (nº 2550).

2792 **Duración** (LAU disp.trans.4ª.4, disp.trans.3ª.4 regla 2ª, 5 y 7) Los arrendamientos de fincas urbanas en las que se desarrollen actividades profesionales tienen un **plazo** de duración de 5 años, a partir del 1-1-1995.

No obstante, cuando el plazo contractual pactado fuera superior, se aplica éste.

Además, el plazo de duración de 5 años **se incrementa** en otros 5 en los supuestos siguientes:

• Si la **renta** que estuviera pagando el arrendatario a 1-1-1995 fuera mayor que la resultante de la actualización prevista en la norma (nº 2520 s.).

• Si el arrendatario acepta la **actualización de la renta** en una sola vez, de tal forma que se pague la totalidad de la renta actualizada a partir del mes siguiente a la fecha de haberse llevado a cabo la actualización (nº 2540).

Debemos tener en cuenta también que, si al transcurrir el plazo de duración de 5 años, el arrendador no ha requerido al arrendatario, se produce la **tácita reconducción** (nº 285).

Precisiones **1)** El arrendamiento de finca urbana para el **desarrollo de una actividad profesional** no constituye un arrendamiento de local de negocio y se extingue a los 5 años (TS 5-10-22, EDJ 708643).

2) La **actualización de la renta** puede realizarse a iniciativa del arrendador, mediante requerimiento al arrendatario, o a iniciativa propia de este último, en caso de inactividad del arrendador. En este último caso se plantea la duda de si el arrendatario puede beneficiarse del incremento del plazo de duración cuando, habiendo dejado transcurrir el tiempo, promueva la actualización de una sola vez justo antes de expirar el plazo de duración de 5 años desde el 1-1-1995. Entendemos que ello no es posible.

En ese sentido, parte de la doctrina ha entendido que el arrendatario puede tomar la iniciativa de actualizar la renta de una sola vez sólo cuando corresponda el mes de actualización.

2794 **Subrogación por fallecimiento** (LAU/64 art.58.3) La LAU/64 preveía, para cuando el arrendatario ejerciese en el local una **profesión facultativa y colegiada**, la posibilidad de subrogación de determinadas personas, al fallecimiento del mismo:

- en primer lugar, su cónyuge; y
- en su defecto o renuncia, sus hijos.

En todo caso se exige que, tanto uno como otros, **ejerzan la misma profesión** que el arrendatario fallecido y en el propio local.

Esta posibilidad ha de entenderse aplicable a los arrendamientos que analizamos (por la aplicación de la LAU/64), durante toda la vida del arrendamiento. Ello significa que el derecho de subrogación dura tan sólo mientras el arrendamiento no se extinga por el transcurso del plazo señalado.

Precisiones No opera la posibilidad de **subrogación por jubilación** prevista en la LAU para los arrendamientos de local de negocio celebrados antes del 9-5-1985 (LAU disp.trans.3ª.3), puesto que dicha posibilidad está prevista únicamente para el arrendamiento de local concertado por personas físicas y, como se ha señalado, la norma se remite en este caso a las reglas aplicables al arrendamiento de local concertado por personas jurídicas, cuando la cuota del IAE sea superior a 190.000 pesetas.

Local en el que se ejerce la profesión La posibilidad de subrogación se establece con respecto al arrendamiento de los locales **destinados exclusivamente** por el arrendatario al ejercicio de su profesión. No habrán de aplicarse, pues, sus particularidades cuando se trate de una vivienda en la que, además, el arrendatario ejerza su profesión (TS 27-9-67; 13-5-69). 2795

Se plantea la duda de si es posible la subrogación cuando la finca ha sido **arrendada para vivienda**, pese a lo cual, el arrendatario la destina exclusivamente al ejercicio de su profesión facultativa, sin autorización del arrendador. La dicción literal del precepto puede llevarnos a pensar que cabría la subrogación, puesto que se refiere al caso en que el local sea destinado por el arrendatario al ejercicio de su profesión (no de que el arrendamiento haya sido concertado con dicha finalidad). No obstante, siguiendo una interpretación restrictiva debemos negar tal posibilidad, resultando ilógico además que los herederos del arrendatario gocen del beneficio de la subrogación cuando el propio arrendatario transformó el destino de la finca sin contar con el arrendador.

Otro supuesto problemático es aquel en el que el subrogado, una vez efectuada la subrogación a su favor, **convierte el local** exclusivamente en vivienda o **cambia el destino profesional del mismo**. En principio, entendemos que podría seguirse una acción declarativa para obligar al arrendatario subrogado a destinar el local a la profesión para la que se le concedió la subrogación. En cambio, consideramos poco probable que prospere una acción resolutoria contra el arrendatario, pues este supuesto no está previsto como causa de resolución del contrato.

Alcance subjetivo del derecho El cónyuge y los hijos del fallecido, por ese orden, **tienen derecho de subrogación** siempre y cuando, naturalmente, ejerzan la profesión del causante. Se otorga prioridad al cónyuge sobre los descendientes (AP Sta. Cruz de Tenerife 3-11-75). 2796

Por hijos debemos entender tan sólo a los propiamente dichos, sin incluir a otros descendientes, como los nietos, aunque concurran en ellos el resto de requisitos que exige la norma.

Entre los hijos hay que comprender tanto los **legítimos** como los **naturales**, sean varones o hembras, así como los **adoptivos**. No estarían comprendidos los hijos **afines**, como pudiera ser, por ejemplo, el hijo político del arrendatario.

No pueden **subrogarse al mismo tiempo** el cónyuge y los hijos, si uno y otro ejercen la profesión del arrendatario, porque sólo procede la subrogación de estos últimos en caso de que el cónyuge no cumpla los demás requisitos o cuando, cumpliéndolos, renuncie a tal beneficio.

Sin embargo, sí pueden subrogarse al mismo tiempo todos los hijos, porque la Ley no dispone lo contrario.

Profesión facultativa y colegiada La profesión que ejerza el arrendatario ha de ser de carácter facultativo y colegiado. Una interpretación literal de este requisito nos llevaría a la conclusión de que sólo es posible la subrogación cuando el arrendatario ejerce una profesión de tipo intelectual contando con un **título universitario**, como un abogado, un médico, un ingeniero, un arquitecto, etc. 2797

Sin embargo, entendemos la norma ha de interpretarse en sentido más amplio, como profesión que requiere un **esfuerzo principalmente intelectual**, frente a la que exige esencialmente esfuerzo físico y suele llamarse manual o mecánica, siendo necesaria, no obstante, la posesión de un título expedido por un centro oficial superior o de grado medio. Así se ha entendido que el requisito se cumple con respecto a un gestor administrativo (TS 6-10-73).

La profesión, además de facultativa ha de ser **colegiada**, por lo que, de seguirse una interpretación restrictiva del precepto habría de concluirse la exclusión tanto de las profesiones no colegiadas, como de aquellas para cuyo ejercicio no se exige título oficial, aunque los profesionales se encuentren colegiados en el correspondiente colegio profesional (p.e., agentes de la propiedad inmobiliaria).

En cualquier caso, el requisito de la colegiación no es preciso que se cumpla **con anterioridad al fallecimiento** del arrendatario (AP Valencia 2-6-82).

Convivencia profesional Se exige que el cónyuge o los hijos ejerzan la **misma profesión** que el fallecido y en el **mismo local**, es decir, que se dé en este la llamada convivencia profesional (AP Valencia 6-2-68; AP A Coruña 15-6-66). 2798

Dicha convivencia profesional ha de ser **previa al fallecimiento**, de tal forma que si el arrendatario cesó años antes en el ejercicio profesional en el local hasta su muerte, la subrogación no procede (TS 11-5-70; AP Burgos 3-3-79; AP Sta. Cruz de Tenerife 19-5-83). No se da convivencia profesional cuando el familiar ejercía su profesión con independencia del fallecido (AP Barcelona 31-10-67; AP Pontevedra 20-3-73).

Al exigir que el subrogado ejerza la misma profesión, se quiere indicar indudablemente que el cónyuge o los hijos deben continuar con la que venía ejerciendo el fallecido. Por ello ha de entenderse que la profesión debe ser de la misma clase, no de otra distinta, como pudiera serlo de otra facultad, a pesar de que se trate de profesiones afines o complementarias.

La duda puede surgir respecto al **cambio de especialidad** dentro de la misma carrera, como se da con frecuencia con los médicos. Creemos que en este caso cabe sostener la posibilidad de la subrogación, salvo que el cambio sea tal que no puedan ser aprovechados ni el material ni la clientela del fallecido.

Precisiones No se produce la subrogación en el supuesto de que el arrendatario estuviese jubilado en el momento del fallecimiento (AP Granada 31-10-98).

SECCIÓN 2

Contratos celebrados entre el 9-5-1985 y el 1-1-1995

2800

2802 El RDL 2/1985, popularmente conocido como «Decreto Boyer», entró en vigor el 9-5-1985 y establecía, para los contratos que se celebrasen a partir de esa fecha, que los mismos tendrían la **duración** que libremente estipulasen las partes. Dejó de ser necesariamente aplicable el régimen de prórroga forzosa establecido en la LAU/64, pero nada impedía que las partes pudieran pactar la aplicación de del mismo.
En este sentido, los contratos celebrados al amparo de dicha norma y subsistentes a 1-1-1995 no presentan una especial problemática, puesto que el régimen de la relación, en lo que a duración y renta se refiere, se estipuló por la **libre voluntad de las partes**. Por ello, desde 1-1-1995 y hasta su extinción, estos contratos continúan sometidos al mismo régimen al que lo venían estando. No se exceptúan de esta regulación los contratos que se hubiesen celebrado con sujeción al régimen de prórroga forzosa, al derivar este del libre pacto entre las partes (LAU Preámbulo punto 6).
Se pueden dar, por tanto, dos **situaciones** distintas con respecto a los contratos celebrados entre el 9-5-1985 y el 1-1-1995:
- contratos no sujetos a prórroga forzosa;
- contratos sujetos a prórroga forzosa, cuando, de forma expresa o implícita, se haya pactado así.
A su vez, respecto a cada uno de los dos grupos, se pueden distinguir diversos **supuestos**, según que el objeto del arrendamiento sea una vivienda o un local de negocio, propiamente dichos o por asimilación.

A. Contratos no sujetos a prórroga forzosa

2805

Son aquellos arrendamientos celebrados a partir del 9-5-1985 en los que no se hubiese pactado la prórroga forzosa. Estos contratos tienen la **duración** que libremente estipulen las partes.
A partir del 1-1-1995, estos contratos continúan rigiéndose, en general, por las mismas normas que les eran de aplicación mientras dure su plazo contractual, pero se debe tener en cuenta que en el período de tácita reconducción, si se produce, les serán de aplicación las normas de la LAU vigente.
Sobre el **pacto de sumisión** a prórroga forzosa, nº 2905.

1. Disposiciones comunes

2810 **Ámbito de aplicación** (LAU disp.trans.1ª) Las normas transitorias que analizamos se refieren a los arrendamientos celebrados desde el mismo día 9-5-1985 (y, por tanto, sujetos al RDL 2/1985), subsistentes a 1-1-1995.
Lógicamente, tienen que ser arrendamientos **sujetos al ámbito de la LAU/64**. Dentro de ellos, se incluyen los siguientes:
• El **arrendamiento de vivienda** propiamente dicha. Igualmente es aplicable a las viviendas que hayan sido construidas al amparo de leyes especiales protectoras, cuando dejen de estar sometidas al régimen de protección previsto en la legislación especial conforme a la cual fueron construidas.

• El **arrendamiento de local de negocio**. La norma es igualmente aplicable a los arrendamientos de locales con instalaciones (nº 2335) y a los que recaigan sobre una industria o negocio de espectáculos (nº 2340).
• Los **contratos asimilados** al arrendamiento de vivienda o de local de negocio, a los que, a partir del 1-1-1995, se aplica el régimen de los contratos de arrendamiento de local de negocio celebrados desde el 9-5-1985.

Novación de contratos anteriores a 9-5-1985 Con la entrada en vigor del RDL 2/1985, cuyo principal efecto fue, como hemos dicho, la desaparición del mecanismo de la prórroga forzosa, se plantearon ante los tribunales numerosos supuestos en los que se pretendía la aplicación de la nueva norma a **contratos existentes**, en base a la firma de cláusulas modificativas del contrato de las que se podía inferir, directa o indirectamente tal efecto. **2812**

El principal efecto de la novación extintiva sería la **inaplicación de la prórroga forzosa**. Es fundamental, por tanto, determinar en estas situaciones si realmente se ha producido una novación extintiva, en cuyo caso sería aplicable al contrato el nuevo régimen, o si las modificaciones introducidas no permiten considerar el contrato como nuevo, en cuyo caso sigue rigiendo el mecanismo de la prórroga forzosa.

La jurisprudencia ha resuelto estas situaciones de **forma individualizada**. Pueden citarse al respecto algunas resoluciones:
• La novación nunca se presume y es preciso para que exista, o bien que se declare **expresamente**, o que resulte, con toda claridad y evidencia, de los términos del acto que se considera novatorio (TS 23-7-96, EDJ 6105).
• Para estimar la existencia de una novación modificativa basta que el concierto de la misma se desprenda de hechos que tengan virtualidad suficiente para apreciarla **sin necesidad de constancia documental** (TS 27-11-90; 15-3-96, EDJ 1341).

• El concepto de novación es objeto de **interpretación restrictiva** por la jurisprudencia y nunca se presume, de tal manera que no puede declararse en virtud de solo presunciones, por muy razonables que se presenten en estas (TS 25-1-91; 18-3-92, EDJ 2652). **2814**
• La simple **alteración de la renta** no determina necesariamente la renovación del contrato. La referida cláusula adicional no reúne los requisitos de constituir un nuevo contrato que suceda al precedente, ya que, aparte de la forma material como aparece exteriorizada, solo contiene la alteración apreciable de la actualización convenida de las rentas, pues la nueva prórroga que se pactó por un año más al arriendo, está viciada de nulidad, al regir para el mismo el régimen de prórroga forzosa al que no renunció el arrendatario. Asimismo el elemento esencial de la relación arrendaticia, sigue siendo idéntico y similares las condiciones con las que se cedió (TS 23-7-91, EDJ 8231).
• Debe existir en el acuerdo novatorio una **manifestación expresa** de la renuncia al contrato anterior, y una verdadera voluntad novadora (TS 1-12-87; 4-3-94, EDJ 1991; 2-10-98, EDJ 25075).

Precisiones **1)** Ni la Ley ni la jurisprudencia impiden a los arrendatarios, tras gozar del derecho de prórroga, pactar el **termino voluntario del contrato**, renunciando a la prórroga forzosa, y firmar uno nuevo sometiendo al régimen del RDL 2/1985 (TS 17-2-92).
2) La **ampliación del negocio** mediante el arriendo de otro local con posterioridad al 9-5-1985, para destinarlo a la misma finalidad y como una unidad con el anterior, sin que conste expresamente que se haya variado el plazo contractual, no supone un cambio esencial, sino accidental, en el contrato, por lo que no afecta al mecanismo de la prórroga. El nuevo contrato se considera que no sustituye al anterior ni lo extingue, sino que más bien supone una ampliación de aquel (AP Cáceres 18-7-88).
3) La novación consistente en **adaptar un contrato antiguo** al RDL 2/1985, fijando su duración en dos años, no es un acto sin cobertura jurídica, pues está amparado por dicha norma (AP Madrid 18-12-90).
4) Si el **nuevo contrato** no coincide con el anterior, pues se excluye la planta baja, con un nuevo precio y una duración de 3 años, hay que entender aplicable el RDL 2/1985 (AP Girona 8-10-90).
5) Hay **nuevo contrato** si existió cambio de renta, plazo y arrendatario (AP Barcelona Secc 4ª 22-2-06).

Duración (LAU disp.trans.1ª; RDL 2/1985 art.9) Estos arrendamientos tienen la duración que **las partes hayan pactado** en el contrato, sin que les sea aplicable forzosamente el régimen de prórroga que regía, de forma obligatoria, para los contratos celebrados antes del 9-5-1985, y sin perjuicio de la tácita reconducción (nº 2857 y nº 2867). **2815**

Téngase en cuenta, no obstante, que las partes han podido **pactar la prórroga forzosa** del contrato de arrendamiento, en cuyo caso el contrato sigue sometido a este mecanismo (nº 2900).

Precisiones 1) La **posibilidad de pacto** sobre la prórroga forzosa no está prohibida por RDL 2/1985 art.9, al haberse limitado a suprimir el mero automatismo legal, exigiendo el previo consentimiento de las partes para que opere el expresado régimen de prórrogas forzosas (TS 12-5-89).
2) La prórroga forzosa puede haberse **convenido explícita o implícitamente** (TS 31-10-08).
3) Se ha entendido que no rige la prórroga forzosa en un contrato en el que, aun aludiéndose a las disposiciones de la Ley de arrendamientos urbanos sobre prórroga forzosa, se pacta claramente la duración del contrato por un año, así como la posibilidad de unas **prórrogas tácitas** por períodos de 3 meses, prórrogas estas que ninguna relación guardan con la forzosa de la LAU/64 (TS 16-6-93).
4) La expresión «**año prorrogable**» no implica la concesión de un derecho de prórroga forzosa frente a la taxativa declaración de que el contrato concluye en una fecha determinada. Tampoco puede deducirse la sumisión del contrato al sistema de prórroga forzosa por el establecimiento de una cláusula de revisión, que solo habría de entrar en juego en caso de prórroga del contrato, bien por acuerdo expreso de las partes o por la tácita reconducción (TS 15-10-96, EDJ 7382).
5) La expresión «**duración del contrato por tiempo indefinido**» constituye un concepto contrario al arrendamiento, que se caracteriza por naturaleza temporal, y no se puede aceptar la tesis de que la indefinición temporal del contrato equivale a una especie de prórroga forzosa (TS 25-11-08).
6) La cláusula que establece que «el plazo se prorrogará por iguales períodos de tiempo a no ser que en el plazo de un mes con anterioridad al vencimiento correspondiente exista una notificación por parte del arrendatario, es decir que se pacta que las prórrogas del contrato tendrán la duración de un año y se producirán siempre que el arrendatario o notifique con un mes de antelación la resolución del mismo» denota que se ha pactado un sistema de **prórroga forzosa a discreción del arrendatario** (AP Madrid Secc 16ª 18-7-06).
7) La cláusula que establece «**prorrogándose a su vencimiento a voluntad del arrendatario**», sin limitación o condicionante alguno, no puede interpretarse en el sentido de que la prórroga del plazo contractual de 4 años opere una sola vez, sino más bien se aproxima su redacción al texto de LAU/64 art.57 (AP Asturias Secc 4ª 25-1-06).
8) El contrato de arrendamiento celebrado bajo el RDL 2/1985 termina al cumplirse el plazo pactado, bastando que se presente la **demanda de desahucio** dentro de los 15 días posteriores a aquel en que se cumplió el plazo, sin necesidad de un previo requerimiento (AP Barcelona 29-5-90).

2817 **Renta y fianza** (LAU/64 art.95 a 106) Se aplican en estas materias las normas de la LAU/64. En consecuencia:
• Es aplicable el principio de **libertad de renta** y de las cláusulas que se pacten de cara a la revisión de las mismas (nº 1825).
• Son aplicables las normas sobre la **fianza** (nº 1855).
• Es aplicable el plazo de 3 meses de caducidad para el **ejercicio de las acciones** dimanantes de los derechos relativos a la renta y su actualización (LAU/64 art.106).

Precisiones No son aplicables las disposiciones relativas a arrendamientos **anteriores a 1-1-1965** -entrada en vigor de la Ley- (LAU/64 art.95, 96, 99, 100 y 102), salvo que expresamente se hayan pactado en el contrato cláusulas similares.

2820 **Revisión de la renta** (LAU/64 art.98 y 101) Es aplicable el régimen de revisión o actualización de la renta previsto en la LAU/64 para las viviendas y locales de negocio arrendados **después de su entrada en vigor**.
Como hemos dicho, se parte del principio de **libertad de pactos** entre los contratantes en materia de rentas, tanto para su determinación como para su elevación o reducción.
Las **cláusulas de revisión** son perfectamente válidas en los contratos con plazo de duración superior al año, o en aquellos en los que se prevea la prórroga o tácita reconducción del mismo.
Son válidas las cláusulas en las que se prevea tan solo el **aumento**, o se pacte un aumento progresivo y constante, siempre que estas cláusulas operen tan solo durante el plazo del contrato, durante la prórroga por voluntad de las partes o durante la tácita reconducción.
Sin embargo, estas cláusulas pueden dar lugar a la **interpretación** por los juzgados y tribunales de que resulta aplicable al contrato el mecanismo de la prórroga forzosa (nº 2900).
Son válidas también las llamadas «**cláusulas de estabilización**» en sus diversas formas (cláusula «valor oro» o «valor plata», «valor pan», «valor jornal» o coste de vida), que aparecen reconocidas por la jurisprudencia (TS 22-1-88; 20-2-91, EDJ 1794).

Precisiones 1) La **LAU vigente** no establece normas transitorias sobre actualización de la renta en los contratos celebrados entre el 9-5-1985 y el 1-1-1995, a diferencia de lo que ocurre con respecto a los contratos celebrados antes del 9-5-1985 (nº 1830 s.).
2) No es válida una cláusula en la que se prevea la variación según el coste de vida, pero que pueda ser **inferior a la renta pactada** (TS 31-3-77).
3) El **incremento a aplicar** como consecuencia de la cláusula de estabilización ha de producirse, no sobre la renta inicial pactada en el contrato, sino sobre la surgida del incremento o incrementos anteriores, salvo que -como señala de forma uniforme la jurisprudencia de las audiencias- se haya pactado expresamente que se partirá de la inicial pactada (TS 9-9-91, EDJ 8468; 10-4-92, EDJ 3556; 22-5-97, EDJ 4904).

4) El plazo para el ejercicio de la **acción de revisión** basada en una cláusula de estabilización es el general de las acciones personales, sin que opere el de caducidad contemplado en LAU/64 art.101 (TS 13-12-86; 4-2-87; 11-10-91, EDJ 9603).

5) El hecho de que el arrendador en bienios anteriores hubiera sufrido **error en la aplicación de los índices**, produciéndose como resultado una renta actualizada inferior a la que correspondiera, no permite su rectificación en las siguientes actualizaciones.

La elevación de la renta debe ser consecuencia de **pactos libremente estipulados** entre las partes. **2822**

El arrendador puede ejercitar su facultad de elevar la renta en cualquier momento, siempre que no haya prescrito, es decir, que no hayan transcurrido 5 años (CC art.1966.2).

Es preciso que el arrendador efectúe **notificación por escrito** al arrendatario de la cantidad que, a su juicio, deba pagar este como consecuencia del aumento, con la justificación y fundamento pertinente.

Dicha notificación se ha de referir a las obligaciones de pago que se harán efectivas a partir de la misma, puesto que la elevación no puede tener **efecto retroactivo**, salvo que así se hubiese pactado expresamente en el contrato.

El arrendatario dispone de un plazo de 30 días para **comunicar al arrendador**, por escrito, si acepta o rechaza la obligación de pago propuesta, interpretándose su silencio como aceptación tácita.

En caso de **aceptación** expresa o tácita del arrendatario, el arrendador, puede elevar la renta a partir del siguiente periodo que proceda. El importe de la elevación debe figurar en el recibo, separadamente de la cantidad que constituía la renta anterior.

En caso de **rechazo** de la propuesta por el arrendatario, si dicha propuesta fuera legítima, el arrendador dispone del plazo de 3 meses (de caducidad solamente para los aumentos legales, no así para los que tienen su causa en el contrato) para:

- **reclamar las diferencias** desde el día en que debieron serle satisfechas; o
- **resolver el contrato**, si la oposición del inquilino o arrendatario es temeraria.

No procede la resolución si el arrendatario demandado consigna, antes de contestar a la demanda, las diferencias reclamadas.

Repercusión de gastos Al igual que ocurre con los incrementos o revisiones de rentas, en estos arrendamientos se parte del principio de libertad de pactos entre los contratantes, de tal forma que son válidas las cláusulas contractuales sobre repercusión de gastos de **servicios y suministros** del edificio o de la comunidad de propietarios, así como sobre repercusión de **impuestos** que graven la propiedad urbana objeto de arrendamiento -IBI o contribuciones especiales- (nº 1860 s.). **2824**

Precisiones La posibilidad de repercusión de estas cantidades proviene de lo pactado en el contrato, no de una norma legal que conceda este beneficio al arrendador. La distinción es relevante: puede ocurrir, por ejemplo, que no esté prevista contractualmente esta posibilidad y que el contrato esté **sometido a prorroga forzosa** por haberse convenido así. El sometimiento a prórroga, que afecta al plazo de duración, no implica que se puedan repercutir los gastos o que se pueda actualizar la renta, si estas posibilidades de incremento no se han incluido en el contrato.

Otras normas de aplicación (LAU disp.trans.1ª) Como hemos dicho, los contratos celebrados a partir del 9-5-1985 y subsistentes a 1-1-1995 continúan rigiéndose por la LAU/64. **2825**

Se establecen, no obstante, ciertas excepciones a esta regla general:

• No se aplica el mecanismo de la **prórroga forzosa** a no ser que se hubiese convenido de forma expresa o incluso implícita (nº 2900).

• En los **arrendamientos de vivienda** se aplica lo dispuesto en la LAU vigente para los casos siguientes:

- **desistimiento o no renovación** cuando el arrendatario conviva con su cónyuge o pareja de hecho;
- **separación, divorcio o nulidad** del matrimonio del arrendatario;
- arrendatarios con minusvalía:

No se aplica lo dispuesto en la LAU/64 para la **subrogación inter vivos** (nº 2055).

No proceden los derechos de **tanteo y retracto** por división de la cosa común cuando el contrato sea posterior a la constitución de la comunidad o en casos de división de la comunidad hereditaria (LAU disp.trans.2ª.3).

• Los **litigios** relativos a los contratos de arrendamiento se rigen por las normas generales: a partir de 1-1-1995, por lo dispuesto en la LAU, cuyas normas fueron sustituidas posteriormente por las de la L 1/2000 de enjuiciamiento civil (nº 10000 s.).

Por otro lado, aunque no se excluyen expresamente, resulta claro que existen preceptos de la LAU/64 que **no pueden ser de aplicación** a estos contratos, lo cual obliga a puntualizar con cierto detalle cuáles han de ser las disposiciones de esta Ley que resultan aplicables a los mismos.

2826 **Ámbito de la Ley** (LAU/64 art.1 al 5) No puede ofrecer duda la vigencia de los preceptos relativos a la definición de los contratos que han de entenderse sujetos a la Ley, también con respecto a los arrendamientos posteriores a 9-5-1985, dado su contenido y finalidad.
La materia se estudia en el nº 1515 s. y nº 2305 s.

2827 **Renuncia a los beneficios legales** (LAU/64 art.6) Se establece la irrenunciabilidad a los beneficios que la Ley otorga al arrendatario y subarrendatario de vivienda.
Entendemos que este precepto carece de aplicación en los arrendamientos sujetos al RDL 2/1985. Si la prórroga forzosa no juega, y rige el principio de libertad de pacto en cuanto a la duración del contrato, no tiene sentido defender su aplicabilidad.

2829 **Aplicación analógica y abuso de derecho** (LAU/64 art.8 y 9) Ambos preceptos son de perfecta aplicación a los arrendamientos celebrados a partir del 9-5-1985, porque subsiste la finalidad para la que fueron creados.
En relación a la segunda cuestión, cabe señalar que no se puede alegar abuso de derecho en el ejercicio de la acción por la arrendadora para recuperar el local (TS 6-3-95, EDJ 870).

Precisiones La materia **se estudia** en el nº 1569 y nº 1573.

2830 **Subarriendo** (LAU/64 art.10 a 22) Estimamos aplicables estos preceptos relativos al subarriendo, porque no inciden en el principio de la prórroga forzosa ni, por tanto, están afectados por la supresión de esta.

Precisiones La materia **se estudia** en el nº 2000 s.

2831 **Cesión de viviendas** (LAU/64 art.23 a 28) Estos preceptos son aplicables, en tanto en cuanto puedan ser compatibles con el plazo de duración pactado. Por ello, no cabe la cesión de la vivienda **a título oneroso** y es preciso el consentimiento del arrendador para la cesión realizada **a título gratuito**.
No es aplicable, en cambio, la posibilidad de **subrogación inter vivos** de LAU/64 art.24 (LAU disp.trans.2ª.3).

Precisiones La materia **se estudia** más extensamente en los nº 2050 s.

2832 **Traspaso de locales de negocio** (LAU/64 art.29 a 32) Entendemos que estos preceptos son también de aplicación, siempre que el contrato de arrendamiento se hubiera pactado por **plazo** superior al año.
También son de aplicación dichos preceptos en caso de que, por voluntad de las partes o por tácita reconducción, el plazo pactado haya de **prorrogarse** por plazo superior al año.
No obstante, al igual que ocurre con la cesión de viviendas, la existencia del traspaso no puede nunca obstar a que el contrato termine al cumplirse su plazo de duración.

Precisiones La materia **se estudia** en el nº 2570 s.

2833 **Arrendamiento de viviendas amuebladas** (LAU/64 art.43 a 46) Nada hemos de objetar a la aplicabilidad de los preceptos relativos al arrendamiento de viviendas amuebladas, ya que no existe razón alguna en contra.

Precisiones La materia **se estudia** en el nº 1521.

2834 **Derechos de tanteo y retracto** (LAU/64 art.47 a 55) Estos preceptos deben entenderse de general aplicación, con ciertas excepciones:
• No proceden los derechos de tanteo y retracto en los casos de adjudicación de vivienda por consecuencia de **división de cosa común** cuando los contratos de arrendamiento hayan sido otorgados con posterioridad a la constitución de la comunidad sobre la cosa, ni tampoco en los casos de división y adjudicación de cosa común adquirida por herencia o legado (LAU disp.trans.2ª.3).
• Carece de razón de ser la **acción impugnatoria** prevista en la LAU/64 para cuando el precio de la transmisión sea superior al de la capitalización de la renta (nº 1936), pues la única consecuencia de dicha acción es que el adquirente no puede denegar la prórroga forzosa por causa de necesidad, en contra del inquilino impugnante, siendo válido y eficaz el contrato a todos los demás efectos legales (TS 3-7-61; 10-6-61; 20-3-62; 6-3-64; 3-2-65). Sí es posible, en cambio, el ejercicio de la **acción de simulación** prevista en el mismo precepto, que, en caso de prosperar, podría permitir al arrendatario hacer uso del derecho de retracto, si el precio notificado a efectos de tanteo ha sido inferior al que consta en la escritura de venta.
• Sí sería posible la acción impugnatoria si el contrato estuviera **sometido a la prórroga forzosa** por haberlo pactado las partes.

Precisiones La materia **se estudia** en el nº 1910 s.

Obligación de pago de la renta (LAU/64 art.56) Resulta de perfecta aplicación este precepto, ya que precisamente regula la obligación del pago de la renta por parte del arrendatario durante el plazo estipulado, e incluso antes de su terminación si desaloja la vivienda o el local arrendado. 2835

Precisiones La materia **se estudia** en el nº 1820.

Prórroga forzosa (LAU/64 art.57) Resulta clara su inaplicabilidad, ya que es precisamente el mecanismo de la prórroga forzosa lo que el RDL 2/1985 autoriza a suprimir. 2836
Reiteramos, de todas formas, la posibilidad de pactar la prórroga forzosa de modo expreso en el contrato, o incluso implícitamente si la intención de las partes fue en su día esa, intención que puede desvelarse por pactos contractuales incompatibles con la existencia de un plazo mínimo anualmente determinado por aplicación de CC art.1581 (nº 2905).

Excepciones a la prórroga forzosa (LAU/64 art.62 a 94) La supresión de la prórroga forzosa hace inaplicable, en principio, lo dispuesto sobre las **excepciones** a dicha prórroga. 2837
Conviene, sin embargo, hacer algunas puntualizaciones al respecto:
• Las excepciones a la prórroga serían de aplicación si las partes contratantes han **pactado la prórroga forzosa** del contrato (nº 2905).
• Entendemos que es válido el pacto sobre la posibilidad de **resolver el contrato**, antes del transcurso del plazo pactado, si durante el mismo se da cualquiera de las excepciones previstas para la prórroga.

Subrogación por fallecimiento (LAU/64 art.58 a 61) Es de aplicación la subrogación por fallecimiento, en los términos previstos en estos preceptos, a los contratos celebrados a partir del 9-5-1985, siempre que el contrato se encuentre en el **período de duración** pactado o en el de prórroga por voluntad de las partes. Esta subrogación no puede durar más que el contrato en sí. 2838
Sin embargo, no sería posible la subrogación si, por la duración del contrato, el subrogado no cumple el requisito de **convivencia con el arrendatario** durante el tiempo mínimo que se exige.
No es posible la subrogación en los contratos de **subarriendo** de vivienda o local de negocio, contratos que terminan, en cualquier caso, por expiración del plazo pactado.

Precisiones La materia **se estudia** en el nº 1775.

Obras de conservación y mejora (LAU/64 art.107 a 113) Respecto a las normas sobre las obras de conservación y mejora, hemos de puntualizar lo siguiente: 2839
• No son aplicables las normas sobre **repercusión del coste** de las obras al arrendatario por referirse a los arrendamientos anteriores al 1-7-1964 (TS 21-5-09, EDJ 92328).
• Los **preceptos restantes** son aplicables a los arrendamientos celebrados después del 9-5-1985.

Precisiones La materia **se estudia** en el nº 1875.

Resolución por el arrendador (LAU/64 art.114) De las causas de resolución previstas en este artículo, tan solo consideramos inaplicable la 11ª, que hace referencia al incumplimiento de los requisitos de la prórroga forzosa y a las causas de denegación de esta, salvedad hecha de aquellos contratos en que se haya pactado la prórroga forzosa, expresa o implícitamente. 2840

Precisiones La materia **se estudia** en el nº 2115.

Resolución por el arrendatario (LAU/64 art.115 y 116) Nada hemos de objetar a la aplicabilidad de estos preceptos, que se ocupan de las causas de resolución del arrendamiento a instancia del arrendatario, ya que precisamente se prevé la resolución del arrendamiento antes del tiempo pactado. 2841
El arrendatario puede resolver el contrato por:
- las perturbaciones de hecho o de derecho que realice el arrendador en la finca o en las cosas de uso necesario y común;
- no efectuar el arrendador las obras de conservación que sean necesarias;
- la falta de prestación por el arrendador de los servicios propios de la finca.

Precisiones La materia **se estudia** más detalladamente en el nº 2260.

Resolución del subarriendo (LAU/64 art.117) Es perfectamente aplicable este precepto, por referirse a la conclusión del contrato de subarriendo, que ya no está sujeto a la prórroga forzosa. 2842

Precisiones La materia **se estudia** en el nº 2270.

Pérdida de la finca e inhabitabilidad (LAU/64 art.118 y 119) Nada hemos de objetar tampoco a la aplicabilidad de estos preceptos, que hacen referencia a la extinción o suspensión del arrendamiento durante el plazo contractual. 2843

Así, es causa de resolución del contrato la pérdida o destrucción de la finca, a la que se equipara la situación en la que las obras de reconstrucción tengan un coste superior al 50% del valor real de la finca.
Por otro lado, se prevé la suspensión del contrato en caso de que la autoridad competente disponga la ejecución de obras que impidan que la finca siga habitada.

Precisiones La materia **se estudia** en el nº 2275.

2845 **Procesos arrendaticios** (LAU/64 art.120 a 151) A partir del 1-1-1995 ya no son aplicables los preceptos de la LAU/64 que regulaban la jurisdicción, competencia, procedimiento y recursos, pasando a ser de aplicación a todos los contratos de arrendamiento que subsistan a dicha fecha las normas procesales contenidas en la LAU. No obstante, **desde el 8-1-2001** se aplican las normas contenidas en la L 1/2000 de enjuiciamiento civil, que derogó los preceptos de la LAU relativos a estas cuestiones.

Precisiones La materia **se estudia** en el nº 10000 s.

2. Arrendamiento de vivienda

(LAU disp.trans.1ª.1)

2850 Los arrendamientos de vivienda celebrados a partir del 9-5-1985 y subsistentes a 1-1-1995 continúan rigiéndose por lo dispuesto en la LAU/64 para el arrendamiento de vivienda (sobre la aplicabilidad de estas normas, nº 2825 s.).
Se establecen, no obstante, ciertas **excepciones** a esta regla general:
• Sigue siendo de aplicación lo dispuesto en el RDL 2/1985 sobre la supresión de la **prórroga forzosa** (nº 2855).
• Se aplica el mecanismo de la **tácita reconducción** previsto en el Código civil, aunque por un plazo máximo de 3 años (nº 2857).
• Se aplica lo dispuesto en la LAU vigente para el caso de **desistimiento o no renovación** cuando el arrendatario conviva con su cónyuge o pareja de hecho.
• Se aplica lo dispuesto en la LAU vigente para el caso de **separación, divorcio o nulidad** del matrimonio del arrendatario (nº 650 s.).
• Se aplica lo dispuesto en la LAU vigente para el caso de **arrendatarios con minusvalía**.
• No se aplica lo dispuesto en la LAU/64 para la **subrogación inter vivos** (nº 2055).
• No proceden los derechos de **tanteo y retracto** por división de la cosa común cuando el contrato sea posterior a la constitución de la comunidad o en casos de división de la comunidad hereditaria (LAU disp.trans.2ª.3).
• Los **litigios** relativos a los contratos de arrendamiento se regulan, desde el 8-1-2001, por la L 1/2000 de enjuiciamiento civil (nº 10000 s.).

2855 **Duración** (LAU disp.trans.1ª.1; RDL 2/1985 art.9) Estos arrendamientos tienen la duración que **las partes hayan pactado** en el contrato, sin que les sea aplicable forzosamente el régimen de prórroga que regía, de forma obligatoria, para los contratos celebrados antes del 9-5-1985, y sin perjuicio de la tácita reconducción (nº 2857).
Téngase en cuenta, no obstante, que las partes han podido **pactar la prórroga forzosa** del contrato de arrendamiento, en cuyo caso el contrato sigue sometido a este mecanismo, y que en muchos casos, por la oscuridad de los términos empleados o por la falta de concreción del plazo, unido a lo anterior, es difícil llegar a una conclusión clara al respecto (nº 2905).

2857 **Tácita reconducción** (LAU disp.trans.1ª.1 párr 3; CC art.1566; LAU art.10 redacc L 12/2023) Si al concluir el plazo de duración pactado contractualmente, el arrendatario **permanece disfrutando de la vivienda** arrendada durante 15 días, con aquiescencia del arrendador, se entiende que hay tácita reconducción.
En los arrendamientos de vivienda celebrados a partir del 9-5-1985 y que, a 1-1-1995, sigan vigentes por no haber transcurrido el plazo de duración pactado, la tácita reconducción opera por un **plazo** de 3 años. El contrato renovado se rige a partir de ese momento por lo dispuesto en la LAU vigente para los arrendamientos de vivienda.
Para **evitar la tácita reconducción** es preciso que el arrendador denuncie el contrato al menos con un mes de antelación a su vencimiento, mediante requerimiento al arrendatario.
La tácita reconducción por 3 años es obligatoria para el arrendador, y facultativa para el arrendatario.
El precepto es aplicable también si el contrato **ya estaba en tácita reconducción** a 1-1-1995 (AP La Rioja 10-4-96; AP Baleares 18-4-96; AP Valladolid 28-1-97; AP Toledo 20-10-98, EDJ 27388).

Precisiones 1) La tácita reconducción comienza **transcurrido el plazo de 15 días**, a contar desde la fecha de expiración del contrato (AP Araba 17-11-99, EDJ 42704).
2) Según jurisprudencia reiterada, la tácita reconducción no puede operar cuando ha existido un **previo requerimiento** (TS 30-12-81; 6-6-88; AP Guadalajara 8-4-98).

Situación al transcurrir el periodo de tácita reconducción Uno de los problemas que se plantean es el de determinar si, una vez que opera la tácita reconducción al que hace alusión, es posible aplicar al contrato renovado las **normas sobre duración** previstas para los contratos sujetos a la LAU. **2858**
Téngase en cuenta que la Ley vigente establece una **duración mínima** del arrendamiento de 5 años, transcurridos los cuales cabe su prolongación por **prórroga legal tácita** por plazos anuales hasta un plazo de 3 años más, a partir de los cuales resulta aplicable la **tácita reconducción** prevista en el Código civil (nº 285).
Las distintas interpretaciones jurisprudenciales de esta cuestión se resumen en dos **posturas** (Gómez de la Escalera):
• Finalizado el plazo de los 3 años de la tácita reconducción, el mecanismo de prolongación de la relación arrendaticia es la **prórroga legal tácita** (LAU art.10).
• Tras la expiración de los 3 años de dicha tácita reconducción, la continuación del arrendamiento solo puede venir por la vía de la **tácita reconducción** general regulada en CC art.1566, con la duración establecida en CC art.1581.

Precisiones 1) La aplicación al arrendamiento renovado de las disposiciones de la LAU no puede entenderse que se refiera a la duración de los mismos, ya que estos contratos tienen su **propio plazo de duración**. Nos encontramos ante situaciones jurídicas distintas -nuevo contrato, contrato prorrogado- y no puede sostenerse que el legislador haya previsto un régimen para estos contratos tan beneficioso como para que, tras agotar el plazo contractual, se aumente a 3 años el plazo de tácita reconducción y después se aplique la duración mínima de otros 5 años, con posibilidad de una segunda prórroga, si no media notificación de voluntad de no renovación (AP Málaga 23-4-01, EDJ 45609).
2) Según el precepto analizado, el **contrato renovado** se rige por lo dispuesto en la LAU para el contrato de arrendamiento de vivienda. Pues bien, ¿qué dice la Ley para el contrato que se encuentra en esta situación? Expresamente no contempla esa situación, pero entendemos que hay que incardinar esta situación en la previsión de LAU art.10: finalizado el plazo contractual, si el contrato no se denuncia por ninguna de las partes, se abre un periodo de **prórroga anual** hasta 3 años y, finalizado este, a falta de previsión en la Ley especial, hay que acudir al Código civil, por lo que sería aplicable de nuevo la **tácita reconducción** prevista en el mismo.
La remisión que la transitoria hace al régimen de la LAU para el contrato renovado hay que entenderla a la situación equiparable, la de extinción del contrato, de sus posibles prórrogas y de la tácita reconducción. No puede entenderse en el sentido de que el contrato renovado tenga una duración mínima de 5 años.
En este sentido: AP Barcelona 8-6-01, EDJ 106428; 17-12-01, EDJ 72636; 28-5-02, EDJ 135145; 21-6-02, EDJ 64509; AP Bizkaia 15-6-00, EDJ 32846; AP Zaragoza 3-1-00, EDJ 2555; AP Asturias 28-9-01, EDJ 75409.
3) El plazo de 3 años es, en realidad, modificación del plazo de 5 años de duración del arrendamiento a voluntad del arrendatario, actuando la tácita reconducción por un **primer período anual**, a la finalización del cual caben dos prórrogas -ya no tácita reconducción- anuales más, salvo que el arrendatario no lo desee (AP Barcelona 30-4-98).

3. Arrendamiento de local de negocio

(LAU disp.trans.1ª.2)

Los arrendamientos de local de negocio celebrados a partir del 9-5-1985 y subsistentes a 1-1-1995 continúan rigiéndose por lo dispuesto en la LAU/64 para el arrendamiento de local de negocio (sobre la aplicabilidad de estas normas, nº 2825 s.). **2860**
Se establecen, no obstante, ciertas excepciones a esta regla general:
• Sigue siendo de aplicación lo dispuesto en el RDL 2/1985 sobre la supresión de la **prórroga forzosa** (nº 2865).
• Se aplica el mecanismo de la **tácita reconducción** previsto en el Código civil (nº 2867).
• Los **litigios** relativos a los contratos de arrendamiento se regulan, desde el 8-1-2001, por la L 1/2000 de enjuiciamiento civil (nº 10000 s.). Como consecuencia de la aplicación de las normas de la LAU/64, hay que distinguir diversos tipos de arrendamientos incluidos en su ámbito de aplicación:
- de locales de negocio propiamente dichos (nº 2305);
- de locales con instalaciones (nº 2335); y
- de locales para espectáculos (nº 2340).

2865 **Duración** (LAU disp.trans.1ª.2; RDL 2/1985 art.9) Estos arrendamientos tienen la duración que **las partes hayan pactado** en el contrato, sin que les sea aplicable forzosamente el régimen de prórroga que regía, de forma obligatoria, para los contratos celebrados antes del 9-5-1985, y sin perjuicio de la tácita reconducción (nº 2867).

Téngase en cuenta, no obstante, que las partes han podido **pactar la prórroga forzosa** del contrato de arrendamiento, en cuyo caso el contrato sigue sometido a este mecanismo (nº 2905).

2867 **Tácita reconducción** (LAU disp.trans.1ª.2; CC art.1566) Si al concluir el plazo de duración pactado contractualmente, el arrendatario **permanece disfrutando del local** arrendado durante 15 días, con aquiescencia del arrendador, se entiende que hay tácita reconducción.

En caso de tácita reconducción, el arrendamiento renovado se rige por las **normas de la LAU** relativas a los arrendamientos para uso distinto al de vivienda (nº 1000 s.).

Téngase en cuenta que las normas de la LAU vigente sobre los arrendamientos para uso distinto al de vivienda **no tienen carácter imperativo**, por lo que se aplican siempre que no se haya pactado otra cosa en el contrato y cuando no se haya excluido expresamente su aplicación.

Precisiones **1)** No es de aplicación la tácita reconducción en el supuesto de que en el arrendamiento se haya pactado expresamente la **prórroga forzosa**, en cuyo caso es aplicable íntegramente la LAU/64 (nº 2910 s.).

2) No es aplicable la prórroga por tácita reconducción si **se ha pactado lo contrario** en el contrato, porque tal pacto es válido.

3) No existe ningún plazo mínimo para negar la prórroga por tácita reconducción.

4) El régimen jurídico de la LAU vigente, aplicable al arrendamiento renovado por tácita reconducción, admite la **cesión** y el **subarriendo** del local, reduciendo al mínimo los requisitos. Solo es precisa la notificación al arrendador, que tiene el derecho de elevar la renta, en cuantía variable según los casos (LAU art.32: nº 2930).

4. Contratos asimilados

(LAU disp.trans.1ª.2 párr 2)

2870 Es de aplicación a los arrendamientos de vivienda o de local de negocio asimilados, que hayan sido celebrados a partir del 9-5-1985 (y que subsistan a 1-1-1995), lo dispuesto para los arrendamientos de local de negocio celebrados en el mismo periodo temporal (nº 2860 s.).

2872 **Arrendamiento de vivienda asimilado** (LAU/64 art.4.2) Los contratos asimilados al arrendamiento de vivienda son aquellos que recaen sobre locales ocupados por:

- la **Iglesia Católica** (debiendo entender incluidas también las iglesias confesionales no católicas);
- el **Estado**, la **provincia**, el **municipio** (debiendo entender incluidas las **comunidades autónomas**);
- las **entidades benéficas**, las **asociaciones piadosas**;
- las **sociedades o entidades deportivas** reconocidas oficialmente;
- las **corporaciones de Derecho público**; y
- en general, cualquier otra que no persiga lucro.

Estos arrendamientos, cuando hayan sido concertados después del 9-5-1985, se rigen, desde el 1-1-1995, por la normativa que hemos citado al ocuparnos de los arrendamientos de locales de negocio celebrados a partir del 9-5-1985, sin prórroga forzosa (nº 2860 s.).

El ámbito de aplicación de estos arrendamientos se trata más extensamente en el nº 2710 s.

2875 **Arrendamiento de local de negocio asimilado** (LAU/64 art.5.2) Son arrendamientos asimilados al de local de negocio:

• Los que recaigan sobre locales ocupados por las personas mencionadas en el número anterior (Iglesia Católica, Estado, etc.), cuando estén destinados al ejercicio de **actividades económicas**.

• Los de **depósitos y almacenes**, en todo caso, aunque el arrendatario sea una de las personas mencionadas en el número anterior.

• El de los locales destinados a **escritorios y oficinas**, cuando el arrendatario se valga de ellos para ejercer actividad de comercio, de industria o de enseñanza con fin lucrativo, o para el desarrollo de actividades económicas, aunque dichos locales no se hallen abiertos al público.

También hay que considerar asimilados los arrendamientos para **despachos profesionales** (LAU/64 art.58.3).

Estos arrendamientos, cuando hayan sido concertados después del 9-5-1985, se rigen, desde el 1-1-1995, por la normativa que hemos citado al ocuparnos de los arrendamientos de locales de negocio celebrados a partir del 9-5-1985, sin prórroga forzosa (nº 2860 s.).

El ámbito de aplicación de estos arrendamientos se trata más extensamente en los nº 2745 s.

B. Contratos sujetos a prórroga forzosa

Como hemos comentado, el RDL 2/1985 suprimió la obligatoriedad de la prórroga forzosa en los contratos de arrendamiento celebrados a partir del 9-5-1985, lo que no impide que las partes puedan **libremente pactar** la aplicación al contrato de este mecanismo (nº 2905). **2900**
Estos contratos se someten plenamente a las disposiciones de la LAU/64 (nº 2930 s.).

1. Pacto de sujeción a prórroga forzosa

El pacto por el que las partes acuerdan la aplicación al contrato del mecanismo de la prórroga forzosa, su propia **aplicabilidad**, las dificultades prácticas que pueden surgir en la interpretación de la intención de las partes, han dado lugar a diferentes posiciones doctrinales y numerosas resoluciones jurisprudenciales sobre este tema. **2905**
La **validez del pacto** de sumisión a la prórroga forzosa ha sido reconocido por el Tribunal Supremo en diversas sentencias (TS 12-5-89; 14-6-94, EDJ 5334; 15-10-96, EDJ 7382; 6-3-97, EDJ 1287), así como por la jurisprudencia de las audiencias provinciales.
No obstante, para saber si hay un verdadero pacto de prórroga forzosa hay que estar al clausulado del contrato e **intención de ambas partes** contratantes, que debe ser manifestada con claridad.
Exponemos a continuación, de forma resumida, los **principales problemas** que se plantean sobre estas cuestiones.

Interpretación de la intención de las partes A partir del 9-5-1985 hay dos clases de arrendamientos urbanos: **2910**
- los anteriores, sujetos a prórroga forzosa; y
- los posteriores, a los que es de aplicación la tácita reconducción, a no ser que los contratantes hayan convenido, explícita o implícitamente, el sometimiento al régimen de prórroga forzosa, haciendo uso de la libertad de pacto permitida por el propio RDL 2/1985, que se limita a suprimir el mero automatismo legal del expresado régimen de prórrogas forzosas (TS 4-2-92, EDJ 957).

La existencia del acuerdo por el que se somete el contrato a la prórroga forzosa puede caber deducirla **implícitamente** -no tácitamente- de los propios términos del contrato, sin estar establecida en una cláusula específica, pero tal deducción ha de ser clara y terminante para entender que existe ese acuerdo (TS 13-6-02, EDJ 22284).
En este sentido, es necesario **interpretar la voluntad** de las partes en orden a la duración y extinción del contrato, labor que corresponde a los tribunales (TS 17-3-92, EDJ 2604; 18-3-92, EDJ 2652; 20-4-93, EDJ 3711).

Precisiones **1)** Habiéndose pactado en el contrato que la duración sería de un año, contado a partir de la fecha del mismo, y especificado que la prórroga procedería siempre que una de las partes no mostrara su **voluntad contraria** a la misma, no cabe duda sobre la inaplicabilidad de LAU/64 art.57, lo que quiere decir que, con carácter general, ha de estarse a lo convenido por las partes, y que la prórroga forzosa solo cabe admitirla cuando haya sido pactada de manera expresa (TS 18-3-94, EDJ 2499). **2912**
2) No es un supuesto acuerdo de prórroga forzosa la cláusula del contrato que señala que «el plazo de duración del arrendamiento será de indefinido que se establece al amparo del art.9.1 RDL 2/1985». Además, en los contratos de arrendamiento celebrados bajo la vigencia del citado RDL es necesario que el **pacto de prórroga forzosa** conste con toda claridad y sin ninguna duda (TS 22-6-09).
3) No supone sujeción a prórroga forzosa la cláusula por la que se establece la **renovación del contrato** cada 2 años, incrementándose en ese caso el alquiler, según el coste de la vida (AP Madrid 18-1-91).
4) Hay que entender que la intención de las partes en un contrato de arrendamiento celebrado con posterioridad al 9-5-1985 fue la prórroga forzosa si se pacta la duración de un año prorrogable, una **revisión bienal** de la renta y la autorización al arrendatario para realizar **obras de adaptación** del local (AP Barcelona 28-1-92).
5) La **interpretación literal del término «indefinido»** conduce a la aplicación del CC art.1566 y 1581, que establecen la tácita reconducción, lo que ocurre es que este Tribunal ha interpretado el término en la forma que considera más acorde a la voluntad que las partes quisieron expresar, que no era otro que el régimen que hasta entonces y durante muchos años estuvo vigente, el de la prórroga forzosa de LAU/64 art.57 (AP Barcelona Secc 4ª 23-3-07). En el contrato se recoge como tiempo de duración «indefinido», lo que en su literalidad es ajeno a la esencia misma del contrato de arrendamiento, que lo ha de ser por tiempo determinado, por lo que tal término en semántica significación nada aclara en orden a cuál fue la voluntad de las partes, como sí lo aclara que los arrendatarios del contrato a que se contrae la demanda en tiempo anterior y próximo hubieran

arrendado al mismo arrendador un local comercial en el mismo edificio, lo que unido a las obras que se le autorizan en el segundo para casa-habitación y para comunicarlo con aquel, ponen de manifiesto un **propósito común** de una duración superior a un año, como así resulta del pacto de revisión anual de la renta y la forma en que se pacta el pago de los impuestos y tributos, por lo que no hay duda de que los intervinientes en los referidos contratos tuvieron la voluntad de someter sendos arrendamientos a la prórroga forzosa (AP Madrid Secc 18ª 26-1-06).

2913 6) La expresión «**años prorrogables**» hace aplicable el funcionamiento de la prórroga forzosa (AP Barcelona Secc 4ª 17-9-93).

7) Ha sido declarada no aplicable la prórroga forzosa en un contrato en el que se establecía una duración por 12 meses, **sin pacto expreso** de prórroga forzosa. No implica la aceptación de la prórroga forzosa el haber pactado la sumisión a la prórroga por **tácita reconducción** por períodos anuales, con mención al preaviso que han de realizar las partes para que no surta efecto la tácita reconducción, al finalizar el periodo de vigencia del contrato o algunas de sus prórrogas. Es indudable que, de no constar de una manera clara la voluntad de la arrendadora de someterse al régimen de prórroga forzosa, ha de regir el sistema de RDL 2/1985 art.9.

El hecho de que se hayan prorrogado los contratos tácitamente 3 o 5 años después del primer año de vigencia inicialmente pactado supone, pura y simplemente, que las partes contratantes han hecho uso del derecho de prórroga por **tácita reconducción**, sin que tal hecho implique la deducción absurda de entenderse que las partes se han sometido voluntariamente al régimen de prórroga forzosa.

Tampoco del hecho de que el arrendatario haya efectuado fuertes **inversiones en los locales** puede deducirse el sometimiento a la prórroga forzosa, pues en los hechos probados de la sentencia no se hace constar ni la cuantía ni el alcance económico de las inversiones realizadas en los locales, por el arrendatario, que serían en todo caso objeto de **reintegro** en el caso de que fueran mejoras útiles o de recuperación por otros medios (TS 13-6-02, EDJ 22284).

2914 **8)** Sobre la aplicabilidad de la prórroga forzosa en un contrato de arrendamiento celebrado después del 9-5-1985 en el que se incluía una cláusula en la que se establecía que, transcurrido el tiempo de vigencia del mismo, el contrato puede **prorrogarse anualmente**, **obligatoriamente** para ambos en los primeros 5 años y en los siguientes **potestativamente** para el arrendatario y obligatoriamente para el arrendador, se ofrecen, entre otros, los siguientes argumentos (TS 18-10-02, EDJ 42691):

- A partir del 9-5-1985, las prórrogas que se establezcan en los contratos no se pueden llamar legales. Todas son pactadas aunque produzcan los mismos efectos que la establecida en la LAU/64, puesto que, desde dicha fecha, los contratos de arrendamiento que se celebren tienen la duración que **libremente acuerden las partes**, devolviendo así a esta modalidad contractual a su naturaleza de ser un contrato temporal, temporalidad que en parte la había perdido por el régimen de prórrogas legales establecidas en beneficio de los arrendatarios, en épocas que por la precariedad del nivel de vida y la falta de construcciones escaseaban las viviendas y los locales, lo que hacía necesario una protección especial al arrendatario, situación que se entendía había desaparecido a la fecha de publicación del RDL 2/1985.
- La prórroga de las **5 primeras anualidades** no es propiamente una verdadera prórroga sino la fijación del plazo de duración del contrato. Las prórrogas durante las **10 anualidades siguientes**, que obligan únicamente al arrendador, están comprendidas dentro de la filosofía del RDL 2/1985 art.9, y no constituye una prórroga por anualidades indeterminadas, sin sujeción a un tiempo preestablecido, cuando esta modalidad contractual tiene un indudable carácter temporal, de ahí la forma de fijar por ministerio de la ley, su duración, cuando no consta expresamente pactada en el contrato, tal como determina CC art.1581.
- Es **perfectamente válida** la prórroga que obliga por igual a las dos partes contratantes, pues no significa otra cosa que durante las 5 anualidades siguientes a la vigencia pactada del contrato, las partes únicamente pueden resolver el contrato por mutuo disenso, y conteniendo la forma de determinar la duración del contrato, fijada en la redacción modificada a instancia de la entidad arrendataria, un beneficio importante para esta, además de dar estabilidad al mismo, estableciendo una duración de algo más de 15 años. Otra cuestión es la de calcular la forma de **indemnización**, en el supuesto de rescisión del contrato por decisión unilateral del arrendatario en cualquiera de las prórrogas forzosas (LAU/64 art.56), que no se podría calcular como si el contrato concluyese en la fecha pactada contractualmente, sino en razón a la última prórroga.

2915 Pacto de prórroga forzosa con limitaciones en cuanto a las excepciones

Entendemos que es perfectamente válido el pacto en el que las partes se sometan a la prórroga forzosa prevista en la LAU/64, pero puntualizando que no entrarán en juego **todas o algunas de las excepciones** a la prórroga previstas en dicha Ley, o que entrarán en juego en la forma que se regule.

La razón para admitir este pacto es que la Ley permite que el **arrendador** renuncie a los beneficios que la propia Ley le confiere (LAU/64 art.6.3), entre los que deben entenderse comprendidas las citadas excepciones.

Dicha renuncia también ha de entenderse posible por el **arrendatario** después del RDL 2/1985, ya que, si tiene libertad para pactar la duración del contrato por un tiempo determinado, suprimiendo la prórroga forzosa, con mayor razón debe entenderse que puede, aun pactando dicha prórroga forzosa, limitar la extensión de esta.

Ausencia de plazo de duración en el contrato Puede plantearse el supuesto de que no se haya fijado plazo de duración al contratar. Se ha entendido que esta circunstancia es compatible la **exigencia del tiempo determinado**. 2920

Todo arrendamiento ha de pactarse por un período de tiempo o, al menos, ha de ser la intención de las partes, pero, si a pesar de ello, estas no previeron la duración de ese plazo, es la Ley la que ha de fijarlo, por la **presunción legal** según la cual si no se ha fijado plazo al arrendamiento, se entiende hecho por años cuando se ha fijado un alquiler anual, por meses cuando es mensual, y por días cuando es diario (CC art.1581).

Pero recuérdese siempre esa **esencialidad del plazo**: bien señalándolo de un modo cierto y determinado, o refiriéndolo a un acontecimiento futuro, pero que irremisiblemente ha de suceder, ya que el tiempo indefinido es incompatible con la naturaleza del arrendamiento y ha de entenderse aplicable la mencionada presunción cuando no se pactó plazo determinado (TS 21-5-58; 16-11-57).

Precisiones **1)** El dato a tener en cuenta a efectos de lo prevenido en CC art.1581 no es el modo o forma en que se paga la renta, sino el **período de tiempo** que los contratantes hayan tomado como tipo para fijar el alquiler, siendo intrascendente que en algunas ocasiones se hayan girado dos o más mensualidades en un solo recibo (TS 18-3-69; 18-2-69).

2) No corresponde la fijación del plazo **por los tribunales**, según dispone el Código civil para las obligaciones a plazo que no tengan señalado uno determinado -CC art.1128-, puesto que dicho precepto no es aplicable al arrendamiento (TS 30-6-69).

3) El pacto de sometimiento a la prórroga forzosa no debe confundirse con aquel en el que se acuerde que la terminación del contrato queda a la **voluntad de cualquiera de las partes**, porque dicho pacto es nulo en nuestro Derecho (CC art.1255).

4) No es válido un contrato de arrendamiento en el que se pacte la duración del mismo **a perpetuidad**, porque iría contra la esencia del mismo contrato (TS 11-2-1908, EDJ 875).

5) El válido el pacto por el que se acuerda que ha de efectuarse un **requerimiento previo** con 6 meses de anticipación al vencimiento del contrato (TS 10-1-77).

Cláusulas de revisión de rentas Especial problemática presentan aquellos contratos en los que, pese a no pactarse expresamente la prórroga forzosa, se insertan cláusulas de revisión de rentas que pueden dar a entender una **tácita voluntad** en cuanto a la continuación indefinida del contrato. Ello hace necesario interpretar cada contrato de forma individualizada (TS 4-2-92, EDJ 957; 2-10-98, EDJ 25075). 2925

Precisiones **1)** Si el contrato de arrendamiento se pactó por un año, previendo reglas de actualización y revisión de la renta «**en caso de prorrogarse** un año más», ello no quiere decir que esté sujeto a la prórroga forzosa (AP Madrid 14-6-90).

2) La intención, que es el espíritu del contrato, es indivisible, no pudiendo encontrarse en una cláusula o en varias aisladas de las demás, sino en el todo orgánico que lo constituye. Así, mediante la interpretación sistemática del contrato, se llega a la conclusión de que la intención de las partes fue la de someter el mismo al sistema de prórroga forzosa para el arrendador y potestativo para el arrendatario de la Ley de arrendamientos urbanos, conclusión a la que se llega:

• Por la **cláusula de estabilización** pactada, según la cual la venta se revisará anualmente.

• Por la estipulación en la que se acuerda que el local arrendado se dedicará única y exclusivamente a oficinas del arrendatario, sin que tal **destino** pueda ser variado sin permiso escrito del arrendador.

• Por la forma pactada para **pago de la renta**, por semestres anticipados, dentro de los 5 primeros días de cada mes de julio y enero de cada año.

• Por la previsión que se hace respecto a la repercusión de la **contribución territorial urbana** o por el impuesto de carácter local, autonómico o nacional que venga a sustituir o complementar aquella.

Estas estipulaciones solo cobran sentido en un contrato arrendaticio de **duración indefinida**, no de uno sometido al régimen de la tácita reconducción de CC art.1566 (TS 30-11-64; 5-2-85; 21-2-91, EDJ 1834).

2. Régimen jurídico

El principal efecto del pacto de prórroga forzosa consiste en la aplicabilidad al contrato de la LAU/64, **en su integridad**, sin que sean aplicables LAU disp.trans.2ª, disp.trans.3ª y disp.trans.4ª. 2930

La jurisprudencia justifica esta solución del siguiente modo (AP Barcelona 19-7-99; 16-3-00, EDJ 20086):

• Dichas **normas transitorias** se refieren tan solo a los arrendamientos concertados con anterioridad al 9-5-1985.

• Los antecedentes de la LAU vigente ponen de manifiesto que fue esa la **intención del legislador**. El proyecto aprobado por el Consejo de Ministros regulaba los contratos de arrendamiento de viviendas celebrados a partir del 9-5-1985, no sujetos al régimen de prórroga forzosa en LAU disp.trans.1ª, y aquellos sujetos al régimen de prórroga forzosa, juntamente con los arrendamientos anteriores al 9-5-1985, en LAU disp.trans.2ª y disp.trans.3ª. Pero el texto fue variado en el Congreso, como consecuencia de una enmienda presentada por el Grupo Socialista, que propuso el texto actual, justificándola en que los contratos celebrados a partir del 9-5-1985 debían quedar regulados por el mismo régimen que les viniera siendo de aplicación puesto que las condiciones de duración y renta del contrato fueron libremente pactadas por las partes.

2935 **Normas de aplicación** El principio general de inaplicabilidad de LAU disp.trans.2ª, disp.trans.3ª y disp.trans.4ª, y la aplicabilidad, por tanto, de la LAU/64, permite señalar las siguientes consecuencias en orden al régimen jurídico por el que han de regirse los contratos de arrendamiento concertados entre el 9-5-1985 y el 1-1-1995, sujetos a prórroga forzosa:

2936 a) Son **plenamente aplicables** los preceptos que regulan las siguientes materias:
- El **ámbito de aplicación** de la Ley, las clases y características de los contratos (nº 1515 s. y nº 2305 s.).
- La **naturaleza de los derechos** que concede la Ley, los beneficios, la renuncia a los derechos, la aplicación por analogía y el abuso de derecho.
- El **subarriendo** de viviendas (nº 2000 s.), y de locales de negocio (nº 2560 s.).
- La **cesión** de vivienda (nº 2050) y el traspaso del local de negocio (nº 2570 s.).
- La **obligación de pago** de la renta.
- La aplicación de la **prórroga forzosa** y **subrogación** a los contratos de subarriendo (LAU/64 art.61).
- La **fianza** (nº 1855 s.).
- Las causas de **resolución** del arrendamiento (nº 2100 s. y nº 2625 s.) y del subarriendo (nº 2270 y nº 2690).
- La resolución por **pérdida o destrucción** de la finca (nº 2245 y nº 2672).

2938 b) En lo que se refiere a los derechos de **tanteo y retracto**, el régimen jurídico aplicable es el previsto en LAU/64 art.47 a 55, sin que les afecte para nada lo dispuesto en LAU disp.trans.3ª.3. Por tanto, proceden los derechos de tanteo y retracto en todos los casos previstos en la norma, incluso en el supuesto de adjudicación de vivienda por consecuencia de división de cosa común cuando los contratos de arrendamiento hayan sido otorgados con posterioridad a la constitución de la comunidad sobre la cosa, y en los casos de división y adjudicación de cosa común adquirida por herencia o legado.

c) En relación a la **duración** de los arrendamientos, la **prórroga forzosa** y las **excepciones** a la prórroga, rige lo previsto en LAU/64 art.57, 60, 62 a 94. No es de aplicación lo dispuesto en RDL 2/1985 art.9, ni lo previsto en LAU disp.trans.3ª.2 a 5.

d) En cuanto a la **subrogación por fallecimiento** del titular, es de aplicación lo previsto en LAU/64 art.58 a 60 y no lo previsto en LAU disp.trans.3ª.4 a 9 sobre esta cuestión.

No cabe, por tanto, distinguir a estos efectos entre los arrendatarios personas físicas o jurídicas, ni tiene trascendencia el hecho de que las actividades llevadas a cabo en el local sean comerciales o no.

e) En lo que se refiere a la **renta** de las viviendas y locales de negocio, en general, es aplicable lo previsto en LAU/64 art.95 a 104 y 106 y no lo que disponen sobre el particular LAU disp.trans.2ª, disp.trans.3ª y disp.trans.4ª.

f) Las **obras de conservación y mejora** se rigen por LAU/64 art.107 a 113, sin que sea aplicable lo dispuesto en LAU disp.trans.2ª.10.3 y disp.trans.3ª.9.

2940 **Contratos asimilados** Sobre el régimen aplicable a los contratos asimilados celebrados después del 9-5-1985 con sometimiento al régimen de prórroga forzosa, pueden hacerse las siguientes observaciones:
- En los arrendamientos de **viviendas** por asimilación (nº 2705) no opera lo previsto sobre su extinción en LAU disp.trans.4ª.2 (nº 2742). Se les aplica lo dispuesto para los contratos de arrendamiento de viviendas anteriores al 9-5-1985, por lo que opera la prórroga forzosa, con todas sus consecuencias. Estos arrendamientos se mantienen durante el tiempo que subsistan las personas jurídicas arrendatarias y en tanto no opere alguna de las excepciones a la prórroga forzosa o surja alguna de las causas de resolución del arrendamiento o la pérdida o destrucción de la vivienda o local.
- En los arrendamientos asimilados a los de **local de negocio** (nº 2745) no cabe aplicar lo dispuesto en LAU disp.trans.3ª.3 sobre la duración (nº 2770). Su régimen es el general de la LAU/64.
- En relación a la duración de los arrendamientos recayentes sobre un local en el que el arrendatario ejerza su **profesión facultativa y colegiada**, se les aplica plenamente el régimen de la LAU/64. Ello quiere decir que no solo es aplicable la prórroga forzosa, sino también que, al fallecimiento del titular del contrato, pueden subrogarse su cónyuge y, en su defecto o renuncia, sus hijos, siempre que aquel o estos ejerzan la misma profesión que el arrendatario fallecido y en el propio local (nº 2794). No les resulta aplicable lo dispuesto en LAU disp.trans.4ª.4 sobre los arrendamientos en los que se desarrollen **actividades profesionales** (nº 2780 s.).

PARTE III

Arrendamientos rústicos

CAPÍTULO 6

Contrato de arrendamiento rústico

Mediante el arrendamiento rústico se ceden temporalmente, a cambio de un precio o renta: 3510
- una o varias **fincas**, o parte de ellas, para su aprovechamiento agrícola, ganadero o forestal; o
- **explotaciones** agrícolas, ganaderas o forestales.

Normativa aplicable En el **ámbito estatal**, los arrendamientos de fincas rústicas se regulan por: 3515
- las normas de carácter imperativo de L 49/2003 (**LAR**);
- lo expresamente pactado por las partes;
- en defecto de pacto, la parte no imperativa de la LAR; y
- supletoriamente, el Código Civil y los usos y costumbres aplicables.

La LAR, resulta aplicable a los contratos celebrados desde su entrada en vigor, el **27-5-2004**, si bien con diversos regímenes derivados de las siguientes modificaciones de la norma: 3517
- desde 1-4-2015, por la L 2/2015; y
- desde 21-12-2005, por la L 26/2005.

La pretensión de la LAR es modernizar las explotaciones agrarias mejorando su **competitividad** en los mercados y consolidando empresas viables. Desde un punto de vista socioeconómico, se trata de lograr que las explotaciones agrarias tengan una **estructura adecuada**, para lo cual la movilidad de la tierra que puede propiciar el arrendamiento es un elemento fundamental.

Con la **reforma** llevada a cabo sobre esta norma mediante la L 26/2005, se empieza a regular dicha **movilización de tierras** y **recursos agrarios** para posibilitar el aumento de las explotaciones agrarias viables dentro del ámbito de una agricultura técnica llevada y gestionada por auténticos profesionales. Además, se modifican determinados artículos como consecuencia de la **legislación europea** de la Política Agraria Común (PAC) reguladora de las explotaciones agrarias y de la profesionalidad agrícola de los arrendatarios para acceder a los arrendamientos.

Además, la LAR tiene como objetivo lograr una mayor **flexibilidad** del régimen de los arrendamientos rústicos. Se trata de una iniciativa que comenzó con la L 19/1995, de modernización de explotaciones agrarias, que suprimió las prórrogas legales y estableció un nuevo plazo de duración mínima de 5 años frente a los 21 a que daba lugar la anterior regulación de 1980.

Precisiones **1)** La LAR **también deroga** expresamente las siguientes normas: 3520
- La Ley de modernización de explotaciones agrarias (L 19/1995 art.28).
- La prórroga de determinados contratos de arrendamientos rústicos y los plazos para acceso a la propiedad (L 1/1987).
- Registro especial de arrendamientos (RD 2235/1985).
- Contratos-tipo de arrendamientos rústicos (OM 1-12-1981).
- Constitución transitoria de las juntas arbitrales de arrendamientos rústicos (OM 8-10-1982).
- Funcionamiento de las juntas arbitrales de arrendamientos rústicos (OM 8-10-1982).

2) Hay que tener en cuenta la L 35/2011, sobre **titularidad compartida** de las explotaciones agrarias, que pretende garantizar la igualdad de derechos entre mujeres y hombres en el mundo rural, y el reconocimiento pleno de su trabajo a todos los niveles.

Régimen autonómico Algunas comunidades autónomas cuentan con una regulación o con un sistema de fuentes propios. 3525

• **Cataluña** (CCC art.623-1). Con la denominación de **contratos de cultivo**, se regulan los contratos de arrendamiento rústico, aparcería y, en general, todos los contratos cualquiera que sea su denominación, por los que se cede onerosamente el aprovechamiento agrícola, ganadero o forestal de una finca rústica.

Por el siguiente orden, los contratos de cultivo **se rigen** por:
- lo establecido imperativamente por el CCC;
- los pactos convenidos entre las partes contratantes;
- el uso y costumbre de la comarca;
- el resto de disposiciones del CCC.

3530 • **Galicia.** Los arrendamientos de fincas rústicas se regulan en la L Galicia 2/2006, de Derecho civil de Galicia.
El orden de fuentes es (L Galicia 2/2006 art.99):
- los pactos libremente establecidos entre las partes;
- las normas de la L Galicia 2/2006;
- los usos y costumbres que les sean de aplicación;
- el Código Civil.

3533 • **Navarra.** La prelación de fuentes de Derecho es la siguiente (Comp Navarra ley 587):
- lo pactado;
- los usos y costumbres del lugar;
- la LAR;
- supletoriamente la Compilación del Derecho Civil Foral de Navarra.

3535 • **Comunidad Valenciana.** Con **carácter general**, los arrendamientos rústicos se rigen por la LAR. Además, la L C.Valenciana 3/2013 regula un tipo específico de arrendamiento rústico, el **arrendamiento histórico valenciano**. Para que el contrato tenga esta consideración, es necesario que ambas partes acepten, con o sin declaración administrativa o judicial, la condición de arrendamiento histórico valenciano.

Precisiones A diferencia de lo previsto en la normativa estatal para ese tipo de arrendamientos (nº 3540), el arrendamiento histórico valenciano no es un **contrato inmemorial** o que lleve en vigor un largo periodo de tiempo, sino que es una forma tradicional valenciana de regular el contrato de arrendamiento rústico.

3540 **Arrendamientos rústicos históricos** En el **ámbito estatal**, tienen esta consideración legal los contratos anteriores a:
- el Código Civil, cuando el arrendatario trae causa de quien lo era en ese momento;
- la publicación de la L 15-3-1935, cuando el arrendatario sea cultivador personal;
- el 1-8-1942, cuando la renta fue regulada por una cantidad de trigo no superior a 40 quintales métricos y en los que la finca venga siendo cultivada personalmente por el arrendatario.
Se regularon en la L 1/1992, que estableció para ellos una **prorroga única** hasta el 31-12-1997, si bien, preveía una **prórroga complementaria** para el caso de que el arrendatario cultivador personal tuviera 55 años cumplidos a la entrada en vigor de la Ley. En este caso, el contrato se prorrogaba hasta que el arrendatario causara derecho a pensión de jubilación o invalidez permanente, y, como máximo, hasta que cumpliera 65 años.

3543 **Régimen autonómico** En **Galicia** se regulan en la L Galicia 3/1993, que es de aplicación a los arrendamientos constituidos desde tiempos inmemoriales. Quedaron prorrogados hasta el 31-12-2015, sin perjuicio de que, si llegada la fecha de extinción de los arrendamientos o aparcerías, el arrendatario o aparcero cumplía 60 años, se le prorrogaba el contrato de forma excepcional hasta la edad de jubilación.

1. Objeto

(LAR art.1 a 8)

3545 Tanto la legislación estatal como la autonómica, detallan los contratos que se consideran arrendamientos rústicos sometidos a la regulación especial, y aquellos otros a los que esta normativa no les es de aplicación.

a. Contratos incluidos en la LAR

(LAR art.1 a 4)

3550 En el **ámbito estatal**, el objeto del arrendamiento puede consistir en:
- una **finca** susceptible de explotación agrícola, ganadera o forestal;
- el conjunto de los elementos de una **explotación** agrícola, ganadera o forestal, considerada como unidad orgánica.

Arrendamiento de finca Hay arrendamiento de finca cuando esta se cede para que se desarrolle en ella una actividad agraria, ganadera o forestal. El **destino de la finca** a ese tipo de actividad es un elemento configurador del contrato, necesario para que pueda considerarse un contrato de arrendamiento rústico sujeto a la normativa especial. Si la finca se arrienda para una **finalidad distinta**, se trata de un contrato exceptuado del ámbito de aplicación de la LAR (nº 3590). 3555

Salvo pacto en contrario, el contrato incluye además para el arrendatario, los **derechos de producción agrícola** y otros derechos inherentes a las fincas o a las explotaciones que integran el contenido del contrato (LAR art.3).

El **aprovechamiento agrario** debe incluir actualmente, y como de importancia capital, las subvenciones europeas de la Política Agraria Común (PAC), porque tales ayudas constituyen un fruto o rendimiento de la finca (AP Cádiz 8-5-17, EDJ 250969).

Las **ayudas comunitarias PAC** son subvenciones que se conceden por la condición de agricultor en activo del solicitante y en función de los fines objeto del arrendamiento (AP Zaragoza 12-4-11, EDJ 152199). La naturaleza de dicha ayuda siempre se ha incluido como **frutos industriales** (CC art.355). La normativa comunitaria no asigna los derechos a los propietarios ni a las tierras de estos, sino a los agricultores en activo (AP Cuenca 5-10-16, EDJ 206290).

Salvo pacto expreso, en el arrendamiento de una finca para su aprovechamiento agrícola, ganadero o forestal **no se consideran incluidos** aprovechamientos de otra naturaleza, como la caza (LAR art.4.2).

La expresión **aprovechamientos de otra naturaleza** es abierta, la norma solo hace una referencia expresa a la caza, por lo que puede incluirse diversos tipos de aprovechamientos, p.e. los enjambres de abejas y estanques de peces.

Precisiones No queda desvirtuada la naturaleza jurídica del contrato como arrendamiento rústico sometido a la LAR por la circunstancia de que exista en la finca algún **corral o cuadra** para los animales, por ser propio y adecuado al aprovechamiento y no la convierte en una explotación ganadera de tipo industrial (AP Las Palmas 26-4-05, EDJ 64846).

Arrendamiento de explotación Hay arrendamiento de explotación cuando el objeto del contrato es la propia explotación, con el conjunto de sus elementos, considerada como una unidad orgánica. La explotación puede estar constituida antes, al tiempo o después de otorgar el contrato (LAR art.2). 3565

Es necesario que las partes hagan constar expresamente que el objeto del contrato es la explotación. El contrato debe **otorgarse por escrito**, con la posibilidad de que las partes se puedan compeler a otorgar escritura pública.

Se exige la confección de un **inventario** en el que se expresen, detalladamente, los elementos que integran la explotación, el estado de conservación en que los recibe el arrendatario y cuantas circunstancias sean necesarias para el adecuado desenvolvimiento del contrato.

Arrendamientos simultáneos Una misma finca puede ser susceptible de diversos arrendamientos simultáneos, cuando cada uno tenga como objeto distintos aprovechamientos compatibles y principales (LAR art.4). 3568

La **compatibilidad** es presupuesto ineludible para que puedan existir contratos simultáneos. No es necesario que los arrendamientos se concierten un mismo momento, ni que tengan un plazo de duración idéntico, sino que es suficiente que **coincidan en el tiempo**, aunque sea parcialmente, sobre una misma finca.

Dos aprovechamientos referidos a una misma finca son **principales** si no existe uno que necesariamente depende del otro, sino que ambos pueden desenvolverse de forma independiente, sin que uno marque el desenvolvimiento del otro de manera que lo convierta en un aprovechamiento **accesorio** frente al principal. Por el contrario, si entre los aprovechamientos existe una dependencia de forma que se produce una graduación en los aprovechamientos y uno determina al otro, puede hablarse de un aprovechamiento principal y otro accesorio.

Régimen autonómico El objeto del contrato de arrendamiento es el siguiente: 3570

• **Cataluña** (CCC art.623-2). Salvo que las partes los excluyan expresamente, el contenido del contrato de cultivo incluye los derechos de producción agraria y los derechos vinculados a las fincas o las explotaciones. Incluyen la cesión al cultivador del derecho a fertilizar la finca.

El contrato puede incluir una **explotación agraria**, entendida como un conjunto de bienes y derechos que conforman una unidad económica (CCC art.623-1).

Salvo pacto en contrario, el contrato **no se extiende** a:

- las edificaciones destinadas a vivienda que haya en la finca, pero sí al resto de construcciones (corrales, silos), a la maquinaria y a las herramientas existentes, (CCC art.623-3); y
- los aprovechamientos de la finca no vinculados al cultivo, como por ejemplo la caza.

El contrato también puede consistir, únicamente, en la cesión del aprovechamiento de una finca para **pastos** (CCC art.623-35).

3573 Especial es el contrato de **masovería**, en el que el cultivador tiene la obligación contractual de habitar en el «mas» (casa de labor) que hay en la finca. El masovero no paga ninguna contraprestación por el uso del «mas», pero este sigue la suerte del contrato.
El contrato **se rige** por lo que libremente hayan convenido las partes o, en defecto de pacto, por los usos y costumbres de la comarca o, en su defecto, por las normas del arrendamiento rústico, en lo que sea compatible.
El masovero está **obligado** a explotar y cultivar la finca o explotación agraria según uso y costumbre de buen payés y llevar a cabo las demás actividades que le haya encomendado el propietario, de acuerdo con la naturaleza del contrato.

3575 • **Galicia** (L Galicia 2/2006 art.100). El objeto del contrato es el uso y aprovechamiento de fincas rústicas y los elementos vinculados a ellas, en su destino agrícola, pecuario o forestal. Los **aprovechamientos secundarios** pertenecen al arrendatario, salvo pacto o costumbre en contrario.
También regula el arrendamiento de **lugar acasarado**: conjunto formado por la casa de labor, edificaciones, dependencias y fincas, aunque no sean colindantes, así como toda clase de ganado, maquinaria, aperos de labranza e instalaciones que constituyan una unidad orgánica de explotación agropecuaria, forestal o mixta (L Galicia 2/2006 art.119).

3578 • **Comunidad Valenciana** (L C.Valenciana 3/2013 art.32). Sólo pueden darse en arrendamiento histórico las fincas rústicas susceptibles de algún tipo de cultivo o producción agraria, radicadas en la Comunidad Valenciana.
El arrendamiento **se extiende** al cequiaje (tributo de acequia), derechos de riego, derechos de paso, derecho a la percepción de ayudas o subvenciones, otros derechos de producción agrícola y, en general, a todo lo que sea necesario o esté directamente vinculado al cultivo y explotación de la finca.
Se extiende también, salvo pacto, a los **aprovechamientos secundarios** de la tierra, pero no a los cinegéticos u otros ajenos a la explotación agrícola.

b. Contratos excluidos de la LAR

(LAR art.5 a 7)

3580 La normativa estatal relaciona los supuestos a los que no les es aplicable la LAR por alguno de estos tres motivos:
- no considerarlos arrendamientos rústicos;
- exceptuarlos de su aplicación (nº 3590);
- excluirlos expresamente (nº 3605).

3585 **Contratos que no se consideran arrendamientos rústicos** No se consideran arrendamientos rústicos los contratos que tienen por objeto (LAR art.5):
- la **recolección** de cosechas a cambio de una parte de los productos;
- la realización de alguna **faena agrícola** claramente individualizada, aunque se retribuya o compense con una participación en los productos o con algún aprovechamiento singular.
En estos contratos no se pone la finca a disposición del arrendatario para que la explote. Realmente es un contrato de **arrendamiento de servicios** o una relación laboral.

3590 **Contratos exceptuados** Están expresamente **exceptuados** de la aplicación de la LAR los siguientes contratos (LAR art.6):
a) Los que por su índole sean solo de **temporada**, inferior al año agrícola.
No es fácil determinar qué es el **año agrícola**, porque generalmente no coincide con el año natural (p.e. en los cultivos de cereal se suele señalar como año agrícola de San Miguel a San Miguel -29 septiembre-). Incluso puede tener una duración inferior a 12 meses, como sucede en los modernos sistemas de cultivos y con las nuevas técnicas intensivas, donde el ciclo de cultivo se ha reducido notablemente, pudiendo ser de 9 o 10 meses, es decir, de primavera a otoño.
Además, el año agrícola para un mismo cultivo **no coincide** -en su inicio y final- en todas las zonas o regiones.
b) Los de **tierras labradas y preparadas por cuenta del propietario** para la siembra o para la plantación a la que específicamente se refiera el contrato.
En estos contratos el arrendador-propietario efectúa las labores preparatorias del ciclo de cultivo (labrar y preparar la siembra) y el arrendatario realiza las demás faenas agrícolas. Si se dan esas condiciones, se trata de un **arrendamiento de industria** (nº 7000), sometido a las normas del Código Civil (AP Cantabria 18-12-02, EDJ 72138).

c) Los que tienen por objeto fincas adquiridas por causa de **utilidad pública** o de **interés social**, en los términos que disponga la legislación especial aplicable.
La norma exige que concurran ambas circunstancias (TS 13-5-03, EDJ 17130):
- que las fincas hayan sido adquiridas por causa de utilidad pública o de interés social; y,
- que exista una legislación especial que acuerde la exclusión de su arrendamiento del régimen de arrendamiento la LAR.
Corresponde a la parte que lo invoca, la **prueba** de la alegada utilidad pública o interés social y de la existencia de ley especial en virtud de la cual dicha finca ha de estar excluida de la LAR en cuanto a su régimen arrendaticio rústico (TS 21-2-94, EDJ 1515).

d) Los que tienen como **objeto principal**: 3600
• Aprovechamientos de rastrojeras, pastos secundarios, praderas roturadas, montaneras y, en general, **aprovechamientos de carácter secundario**.
Puede diferenciarse el aprovechamiento principal y secundario con base en los siguientes criterios:
- la finalidad contractual del arrendamiento, que se realiza a través de la interpretación de las cláusulas del contrato y demás pruebas practicadas en el litigio;
- la naturaleza de la propia finca (TS 20-7-85, EDJ 7536);
- el predominio de la dedicación de la explotación (TS 30-11-88, EDJ 9451).
• Aprovechamientos encaminados a **semillar o mejorar barbechos**.
Constituyen labores absolutamente secundarias y complementarias de las labores principales de la explotación. Han caído en desuso ante el uso de fertilizantes y nuevas tecnologías de cultivo.
• La **caza**. La Ley admite que el propietario de una finca pueda ceder en arrendamiento distintos aprovechamientos en un mismo contrato, y que puedan incorporarse al contrato otro tipo de aprovechamientos (nº 3568). Se trata de un **único contrato** con distintos objetos a los que no es posible aplicar como un todo el mismo régimen jurídico por constituir relaciones diferenciadas, sometidas a **distinto régimen jurídico** (TS 27-4-10, EDJ 53504).
• Las **explotaciones ganaderas** de tipo industrial o locales o terrenos dedicados exclusivamente a la estabulación del ganado.
Una **explotación industrial** implica la existencia de unos medios personales, materiales, técnicos y organizativos que permiten diferenciarla de la simple cría de ganado para su venta directa (TS 20-7-96, EDJ 6106).
La norma no excluye en general las **explotaciones ganaderas** (incluidas en la LAR art.1), sino sólo aquellas que se desarrollan de manera industrial o por medio de la estabulación del ganado sin el aprovechamiento del cultivo herbáceo mediante el pasto de los animales. Si la finca arrendada únicamente se utiliza para estabular el ganado, sin otro aprovechamiento conocido, el contrato está excluido de la LAR (AP Madrid 10-7-03, EDJ 133484).
Si una vez vigente el contrato, sobreviene esta circunstancia, el arrendador puede poner término al arrendamiento, con un plazo de preaviso de un año, cuando afectan a las fincas que las integran o a otros de sus elementos en una proporción superior al 50% (LAR art.7.2).
• Cualquier **otra actividad** diferente a la agrícola, ganadera o forestal.
e) Los que afecten a **bienes comunales**, bienes propios de las **corporaciones locales y montes vecinales** en mano común, que se rigen por sus normas específicas.
El hecho de que estos bienes están sujetos a un régimen especial comporta la necesidad de excluirlos de la LAR para someterlos a su legislación especial. Para determinar el régimen de los bienes comunales, bienes propios de las corporaciones locales y montes vecinales en mano común, hay que acudir a la normativa respectiva.

Asimismo, están también expresamente excluidos de la aplicación de la LAR los siguientes 3605
contratos (LAR art.7):
a) Los arrendamientos incluidos en el ámbito de aplicación de la **LAU** (nº 407).
b) Los que tengan por objeto, inicial o posteriormente:
- fincas que, conforme a la legislación específica, constituyan **suelo urbano o urbanizable**; o
- fincas **accesorias** de edificios o de explotaciones ajenas al destino rústico, siempre que el rendimiento distinto del rústico sea superior en más del doble a este.
c) Cuando se arrienda una finca que cuenta con **casa-habitación**, la naturaleza rústica o urbana del contrato de arrendamiento depende de la preponderancia de uno u otro elemento (la explotación agrícola o la vivienda) o por la relación de dependencia que entre ellos exista como principal el uno y accesorio el otro, sin que la inscripción registral, ni el origen del predio, ni la calificación de la casa puedan, por sí solos, calificar la finca como rústica o urbana (AP Girona 3-3-05, EDJ 34392).

El examen del precepto y de su interpretación por doctrina y jurisprudencia permiten afirmar lo siguiente:

• En el supuesto de que la finca **tribute por un solo concepto**, ha de estarse a la naturaleza real de la finca (TS 12-5-55).

• Si no existe un solo contrato de arrendamiento para la casa y la finca rústica, sino **dos contratos**, no es aplicable lo dispuesto en LAU/64 art.2.4. Tampoco cuando sea la casa de labor un elemento complementario para el cultivo de las tierras (TS 4-10-63; 26-4-71; 29-10-71).

• La **existencia por separado y con vida propia** de dos contratos de arrendamiento, uno de la parte rústica y otro de la edificación urbana; que tienen entradas propias e independientes; que las rentas se abonan según recibos propios y distintos; y que el primer contrato lo fue el del aprovechamiento de la huerta y, posteriormente, el de la edificación urbana, incluso con cesión de la urbana a otras personas, hace evidente la improcedencia de la calificación de predio rústico (AT Madrid 1-6-63).

• Si la **superficie cultivable** de la finca, de modo notorio, es insuficiente para proporcionar sustento a una familia, mientras que la edificación, compuesta de las piezas y dormitorios antedichos, puede sobradamente albergar a una familia, incluso numerosa, cabe desprender el carácter accesorio de la explotación turística de la finca, con respecto a su destino urbano o de vivienda y, por tanto, incluir el arrendamiento de la finca en el ámbito de la Ley de arrendamientos urbanos (AP Barcelona 17-2-86).

• Si la **superficie cultivable** de la finca, de modo notorio, es insuficiente para proporcionar sustento a una familia, mientras que la edificación, compuesta de las piezas y dormitorios antedichos, puede sobradamente albergar a una familia, incluso numerosa, cabe desprender el carácter accesorio de la explotación turística de la finca, con respecto a su destino urbano o de vivienda y, por tanto, incluir el arrendamiento de la finca en el ámbito de la Ley de arrendamientos urbanos (AP Barcelona 17-2-86).

Si una vez vigente el contrato, **sobreviene** alguna de estas circunstancias, el arrendador puede poner término al arrendamiento, con un plazo de preaviso de un año (LAR art.7.2).

Respecto al **régimen del contrato**, en tanto el arrendador no solicita su resolución, el hecho de que se mantenga el arrendamiento no quiere decir que inevitablemente esté sujeto a la LAR, pues es del todo necesario que las fincas no se encuentren en cualquiera de los supuestos que enumera la LAR art.7 (TS 10-4-06, EDJ 48773).

En otro caso no tendría sentido que la Ley afirme que no se aplican las normas de la LAR a los arrendamientos que tengan por objeto, inicial o posteriormente, fincas en las que concurra alguna de las circunstancias que especifica (TS 12-9-06, EDJ 261509).

3610 Precisiones **1)** Se encuentra en la situación de **suelo urbanizado** el que, está legalmente integrado en una malla urbana conformada por una red de viales, dotaciones y parcelas propia del núcleo o asentamiento de población del que forma parte, y cumple alguna de las siguientes **condiciones** (LS/15 art.21.3):

• Haber sido urbanizado en ejecución del correspondiente instrumento de ordenación.

• Tener instaladas y operativas infraestructuras y servicios necesarios, mediante su conexión en red, para satisfacer la demanda de los usos y edificaciones existentes o previstos por la ordenación urbanística o poder llegar a contar con ellos sin otras obras que las de conexión con las instalaciones preexistentes. El hecho de que el suelo sea colindante con carreteras de circunvalación o con vías de comunicación interurbanas no comporta, por sí mismo, su consideración como suelo urbanizado.

• Estar ocupado por la edificación, en el porcentaje de los espacios aptos para ella que determine la legislación de ordenación territorial o urbanística, según la ordenación propuesta por el instrumento de planificación correspondiente.

También se encuentra en la situación de suelo urbanizado, el incluido en los **núcleos rurales** tradicionales legalmente asentados en el medio rural, siempre que la legislación de ordenación territorial y urbanística les atribuya la condición de suelo urbano o asimilada y cuando, de conformidad con ella, cuenten con las dotaciones, infraestructuras y servicios requeridos al efecto.

2) Está en la situación de **suelo rural** el suelo preservado por la ordenación territorial y urbanística de su transformación mediante la urbanización, que debe incluir, como mínimo (LS/15 art.21.2):

- los terrenos excluidos de dicha transformación por la legislación de protección o policía del dominio público, de la naturaleza o del patrimonio cultural;
- los que deben quedar sujetos a tal protección conforme a la ordenación territorial y urbanística por los valores en ellos concurrentes, incluso los ecológicos, agrícolas, ganaderos, forestales y paisajísticos;
- los que presentan riesgos naturales o tecnológicos, incluidos los de inundación o de otros accidentes graves;
- el suelo para el que los instrumentos de ordenación territorial y urbanística prevean o permitan su paso a la situación de suelo urbanizado, hasta que termine la correspondiente actuación de urbanización;
- cuantos otros prevea la legislación de ordenación territorial o urbanística u no reúnan los requisitos necesarios para ser considerado suelo urbanizado.

Régimen autonómico En **Cataluña**, expresamente se excluyen de la Ley los contratos relativos a fincas rústicas cuando (CCC art.623-4): 3615
- el cultivo para el que se cede la finca es de duración inferior al año agrícola (en Cataluña, de 1 de noviembre a 31 de octubre del año siguiente);
- la finalidad del contrato es la preparación de la tierra para la siembra o plantación u otra prestación de servicios al propietario;
- se cede solamente el derecho a abonar con deyecciones ganaderas;
- se ceden solamente aprovechamientos relativos a la caza;
- se cede una explotación ganadera de carácter intensivo;
- la cesión del uso de la finca no tiene la finalidad de destinarla a una actividad agrícola, ganadera o forestal.

2. Forma

(LAR art.11)

Régimen estatal En el ámbito estatal, se exige que los contratos de arrendamiento consten por escrito (nº 12160). 3620

El legislador no desconoce la existencia del uso o costumbre en ámbitos rurales de pactos verbales y, pese a prevenir que el contrato debe formalizarse por escrito, **presume la existencia** de arrendamiento, a falta de pacto entre las partes y salvo prueba en contrario, cuando el arrendatario esté en posesión de la finca.

Si no consta el importe de la renta, esta es equivalente a las de mercado en esa zona o comarca.

En cualquier momento, las partes pueden compelerse a formalizar el contrato en **documento público**, cuyos gastos son de cuenta del solicitante.

También pueden compelerse a la constitución del **inventario** de los bienes arrendados, que es obligatorio para los arrendamientos de explotación. El inventario **debe describir**:
- los elementos que la integran;
- el estado de conservación en que los recibe el arrendatario; y
- las demás circunstancias necesarias para el adecuado desenvolvimiento del contrato.

El arrendador o titular de la finca o explotación debe **comunicar** los contratos a los órganos competentes de las comunidades autónomas, que remitirán una copia de aquellos al Registro general de arrendamientos rústicos (LAR disp.adic.3).

Precisiones 1) La **inscripción registral** es de especial interés para el arrendatario cuando la duración del contrato es superior al mínimo legal (nº 3690), para que el tercero adquirente tenga que soportar la duración que consta en el Registro, impidiendo de esta forma que ostente la condición de tercero hipotecario y se niegue a prolongar el contrato más allá del plazo mínimo legalmente previsto.

2) La posesión y el elemento indiciario de la declaración en la PAC son elementos de prueba suficientes para la **prueba del arrendamiento**, pese a la obligación legal de que los contratos se hagan por escrito (AP Zaragoza 29-12-17, EDJ 311612).

Régimen autonómico La forma del contrato de arrendamiento tiene la siguiente regulación: 3625
- **Cataluña** (CCC art.623-7). El contrato debe formalizarse por escrito. Las partes pueden exigirse en cualquier momento que el contrato se formalice íntegramente en documento público y que conste en el mismo una descripción de la finca objeto del contrato. También, si procede, un inventario de los elementos y de los derechos vinculados a la explotación que se cede y cualquier otra circunstancia que sea necesaria para desarrollar y ejecutar adecuadamente el contrato. Los gastos son a cargo de la parte que formula la petición.
- **Galicia** (L Galicia 2/2006 art.102). Hay libertad de forma, aunque cualquiera de las partes puede compeler a la otra a formalizar el contrato en documento público o privado.
- **Comunidad Valenciana** (L C.Valenciana 3/2013 art.33). El contrato **debe formalizarse** por escrito, no se presume. La no formalización de estos contratos por escrito constituye infracción leve en materia de contratación agraria (L C.Valenciana 3/2013 art.63).

Todos los contratos deben ser **registrados** en el Registro de operadores, contratos y otras relaciones jurídicas agrarias (L C.Valenciana 3/2013 art.55). Cualquiera de las partes puede exigir la formalización del contrato en documento público, de forma originaria o sobrevenida, con los requisitos y menciones necesarias para su inscripción en el Registro. Los gastos son de cuenta de quien lo exige.

3. Partes

(LAR art.9)

3630 No se establecen normas especiales respecto a la **capacidad** para concertar un arrendamiento, únicamente se necesita la capacidad de contratar conforme al Derecho común.

a. Arrendador

3635 **Régimen estatal** En el **ámbito estatal**, pueden celebrarse arrendamientos rústicos entre **personas físicas o jurídicas**, por lo que puede ser arrendador tanto una persona física como una jurídica, sin que en ningún caso se le exija una capacidad adicional (LAR art.9.1).
El arrendador persona física, tiene que ser mayor de edad, en virtud de lo dispuesto, con carácter general en el Código Civil. Los **menores de edad** pueden celebrar el contrato a través de sus representantes legales, con la particularidad de que no puede otorgarse por más de 6 años (CC art.1548).
Al **emanciparse**, el menor propietario de fincas o explotaciones que hayan sido arrendadas por su padre, madre o tutor, puede poner fin al contrato, siempre que haya transcurrido la duración mínima (nº 3690), y lo comunique al arrendatario en el plazo de 6 meses desde que alcanzó dicho estado o, en su caso, desde que falte un año para que se cumpla el plazo mínimo de duración (LAR art.9.4).
La persona del arrendador suele **coincidir** con la del propietario de la finca o explotación que se arrienda. No obstante, hay supuestos en los que uno y otro pueden no coincidir, o si lo hacen, es de forma parcial.
• **Copropiedad**. La jurisprudencia viene considerando el arrendamiento de la cosa común como típico acto de administración, y como tal sometido al régimen de la mayoría de los partícipes (TS 7-3-96, EDJ 1340). Por el contrario, si la duración del contrato excede de 6 años, se considera un acto de disposición, y se requiere el consentimiento unánime de todos los copropietarios (CC art.397).
• **Derecho de goce**. El arrendador es titular de un derecho de goce sobre la finca o explotación. Puede ser el usufructo, superficie, enfiteusis u otro análogo derecho de goce sobre la finca o explotación (LAR art.10).
El **contrato termina** al extinguirse el derecho del arrendador, excepto si aún no ha concluido el año agrícola, supuesto en el que subsiste hasta que concluya. Si al otorgamiento del contrato **concurre el propietario** junto con el titular del derecho, el contrato subsiste durante el tiempo concertado, aunque se extinga el derecho del arrendador titular de derecho de goce.

3645 **Régimen autonómico** Puede ser arrendador:
• **Cataluña** (CCC art.623-5). No se exige que el arrendador sea propietario de la tierra. Los usufructuarios, fiduciarios, compradores a carta de gracia y demás titulares de derechos limitados sobre la finca pueden concluir contratos de cultivo, con la única particularidad de que una vez extinguido su derecho, el contrato subsiste hasta que finaliza el plazo del propio contrato o de la prórroga en curso.
El mismo régimen se aplica a los contratos de cultivo concluidos por los representantes legales de menores o personas necesitadas de medidas de apoyo cuando se extingue su representación.
• **Comunidad Valenciana** (L C.Valenciana 3/2013 art.33). Para dar tierras en arrendamiento histórico valenciano es necesaria la misma capacidad que para enajenar bienes. No pueden ceder bienes rústicos bajo esta forma arrendaticia las siguientes personas:
- los padres o tutores las de sus hijos o personas necesitadas de medidas de apoyo que estén bajo su patria potestad o tutela;
- los titulares de derechos reales limitados que impliquen facultad de disfrute.

b. Arrendatario

3650 En el **ámbito estatal**, la LAR detalla las personas que pueden y no pueden ser arrendatarios.

3655 **Personas que pueden ser arrendatarias** Pueden ser arrendatarios las siguientes personas:
- personas físicas;
- sociedades mercantiles;
- cooperativas agrarias;
- cooperativas de explotación comunitaria de la tierra;
- sociedades agrarias de transformación;

- comunidades de bienes;
- entidades u organismo de las Administraciones públicas que estén facultados para la explotación de fincas rústicas.

Se exige que el arrendatario **persona jurídica** tenga incluido en su objeto social, conforme a sus estatutos, el ejercicio de la actividad agraria y, en su caso, de actividades complementarias a esta dentro del ámbito rural. A estos efectos, se consideran **actividades complementarias**:
- la participación y presencia del titular en instituciones de carácter representativo, en órganos de representación de carácter sindical, cooperativo o profesional (vinculados al sector agrario);
- las de transformación y venta directa de los productos de su explotación;
- las de conservación del espacio natural y protección del medio ambiente;
- las turísticas, cinegéticas y artesanales realizadas en su explotación.

Precisiones **1)** La LAR ha suprimido el requisito de la **profesionalidad** exigido por la LAR/80.
2) La L 35/2011 regula la **titularidad compartida** de las explotaciones agrarias con el fin de promover y favorecer la igualdad real y efectiva de las **mujeres en el medio rural**, a través del reconocimiento jurídico y económico de su participación en la actividad agraria.

Régimen autonómico Puede ser arrendatario: **3659**
- **Cataluña** (CCC art.623-5). La única limitación para establecer contratos de cultivo es tener capacidad para contratar.
- **Comunidad Valenciana** (L C.Valenciana 3/2013 art.31). Para celebrar contratos como arrendatario histórico valenciano se requiere la capacidad general para contratar, sin que se exija al arrendatario ser profesional de la agricultura.

Personas que no pueden ser arrendatarias
No pueden ser arrendatarios: **3660**
- Las **personas físicas** que, por sí o por persona física o jurídica interpuesta, sean ya titulares de una explotación agraria, o de varias, cuyas **dimensiones** y demás características serán fijadas en las distintas comarcas del país por los órganos competentes de las comunidades autónomas. No pueden exceder en total de 500 hectáreas de secano o 50 hectáreas de regadío. Cuando se trata de finca para aprovechamiento ganadero en régimen extensivo, el límite máximo es de 1.000 hectáreas.
- Las **cooperativas** agrarias y las cooperativas creadas para la explotación comunitaria de la tierra, en el mismo supuesto expuesto para las personas físicas, si bien el límite anterior se multiplica por el número de miembros que las componen. Este límite no se aplica a las entidades u organismos de las Administraciones públicas facultados por sus normas reguladoras para la explotación o subarriendo de fincas rústicas.
- Las **personas y entidades extranjeras**, si bien con las siguientes **excepciones**.
  - las personas físicas y jurídicas y otras entidades nacionales de los Estados miembros de la Unión Europea, del Espacio Económico Europeo, y de países con los que exista un convenio internacional que extienda el régimen jurídico previsto para los ciudadanos de los Estados mencionados;
  - las personas físicas que, carezcan de nacionalidad española, se encuentren autorizadas a permanecer en España en situación de residencia permanente y les sea de aplicación la normativa sobre derechos y libertades de los extranjeros en España (LO 4/2000 art.2); y
  - las personas jurídicas y otras entidades nacionales de los demás Estados que apliquen a los españoles el principio de reciprocidad en esta materia.

Cultivo
(LAR art.8) El arrendatario tiene derecho a determinar el tipo de cultivo de la finca, **3670** siendo nulos los pactos que impongan al arrendatario cualquier restricción sobre los cultivos o sobre el destino de los productos. Como **excepción**, sí se consideran válidos los pactos que tienen por finalidad evitar que la tierra sea esquilmada o que son consecuencia de disposiciones legales o reglamentarias.

Por prescripción legal (CC art.1561 y LAR art.8) la finca **debe devolverse** tal y como se recibe y ello comprende entregarla en condiciones de ser destinada al que era su destino originario (AP Cuenca 26-3-13, EDJ 105300).

Cuando la determinación del tipo o sistema de cultivo implique **transformación del destino** o suponga **mejoras extraordinarias**, solo podrá hacerse mediante acuerdo expreso entre las partes y, en su caso, en cumplimiento de las normas legales o reglamentarias pertinentes.

En el **arrendamiento de explotación**, el arrendatario goza igualmente de plena autonomía en el ejercicio de su actividad empresarial, según contrato, pero asume la obligación de conservar la unidad orgánica de la explotación, en la totalidad de los elementos que la integran y de efectuar, a la terminación del arriendo, su devolución al arrendador.

Precisiones 1) El arrendatario es el **empresario agrario** y, como tal, determina, dirige y administra la explotación de la finca y posee el derecho a la elección de cultivo, lo cual supone que, asimismo, puede cambiarlo (TS 8-6-98, EDJ 6030).
2) Admitir la posibilidad de **esquilmar la tierra** equivaldría a permitir que el arrendatario estropeara la finca arrendada reduciendo su valor de futuro por aumentar a corto plazo su rentabilidad, esto es, su propio y exclusivo beneficio (TS 14-3-04, EDJ 12726).
3) Para la **homologación de las tierras** dentro de la PAC y las ayudas que la misma comporta, los Reglamentos o Directivas comunitarias exigen el mantenimiento de las mismas en las adecuadas condiciones medio-ambientales y fitosanitarias, o la exigencia o conveniencia de dedicar su explotación a determinados cultivos (p.e. Rgto UE/1307/2013).

3675 **Régimen autonómico** La regulación del cultivo de la finca arrendada es la siguiente:
• **Cataluña** (CCC art.623-11). El arrendatario puede cultivar la finca con las plantaciones o siembras que más le convengan para hacer suyos los frutos.
Además, aunque no haya sido pactado expresamente, es obligación derivada del contrato de cultivo la de cultivar según **uso y costumbre** de buen payés de la comarca (CCC art.623-9).
• **Galicia** (L Galicia 2/2006 art.100). Si no existe pacto en contrario, el tipo de cultivo es el que el arrendatario determine, sin perjuicio de su obligación de devolver la finca en el estado en que la recibió.
• **Comunidad Valenciana** (L C.Valenciana 3/2013 art.39). El arrendatario tiene el derecho de elegir la clase de cultivo y el derecho y el deber de cultivar la tierra y de explotarla conforme a su naturaleza y características, de conformidad con la normativa vigente y según las buenas prácticas agrarias. Salvo acuerdo con el arrendador, el arrendatario no puede elegir aquellas clases y tipos de cultivo que impliquen transformación de la finca o mejoras extraordinarias no exigidas por la normativa vigente o impuestas por la administración competente.

3680 **Seguro sobre la producción** Salvo que las partes hayan acordado otra cosa, el arrendatario puede asegurar la producción normal de la finca o explotación contra los **riesgos normalmente asegurables**. A partir del momento en que comunique al arrendador el seguro concertado, puede repercutirle una parte de la prima que guarde, en relación con su importe total, la misma proporción que exista entre la renta y la suma total asegurada (LAR art.16).
La **producción normal** de la finca o explotación, concepto más amplio que el de cosecha, es difícil de determinar, puesto que se encuentra condicionado por múltiples factores, como son: la realización de todos los trabajos y labores que sean necesarios para la explotación de la finca con la diligencia debida, la utilización de técnicas apropiadas, la aplicación de las prevenciones y medidas oportunas que eviten concretos riesgos, la meteorología, etc.
Los **riesgos normalmente asegurables** son aquellos que comúnmente sean asegurados, es decir, los que anteriormente se hayan asegurado en la misma finca y los que vengan siéndolo en la comarca donde esté situada.

4. Duración

(LAR art.12)

3690 **Régimen estatal** Los arrendamientos rústicos tienen un **plazo mínimo** de duración de 5 años. Se tiene por no puesta y es nula cualquier cláusula del contrato por la que las partes estipulen una duración menor.
El **transcurso del plazo máximo** del contrato debe notificarse fehacientemente por el arrendador al arrendatario con un año de antelación. La **notificación** debe ser fehaciente, admitiéndose en la práctica, el acta notarial, el burofax, y el telegrama con acuse de recibo. Los **términos del requerimiento** han de ser claros y contundentes y no deben dar lugar a dudas sobre la voluntad de resolver el contrato (AP Burgos 18-11-11, EDJ 279677).
Si se ha realizado el preaviso, una vez transcurrido el plazo de 5 años, o el fijado por las partes si es mayor, el arrendatario debe **poner a disposición del arrendador** la posesión de las fincas arrendadas. Si el arrendatario no pone las fincas arrendadas a disposición del arrendador, este puede interesar su desahucio.
Si el arrendador no realiza la notificación y el arrendatario no devuelve la posesión, el contrato se entiende **prorrogado** por un período de otros 5 años. Estas prórrogas se suceden indefinidamente en tanto no se produzca la denuncia del contrato.
El plazo de 5 años de las prórrogas entra en vigor solo en el supuesto de que no se haya pactado nada en el contrato o posteriormente respecto a este extremo. Las partes pueden pactar una **duración de las prórrogas** inferiores a los 5 años, que solo regirá en defecto de acuerdo de las partes, ya que el legislador limita la indisponibilidad del plazo a la duración inicial del

contrato, no a sus prórrogas. Si el arrendador puede oponerse a cualquier prorroga realizando el preaviso correspondiente, debe poder pactar prorrogas de plazo inferior (AP Salamanca 1-2-18, EDJ 36794).

Régimen autonómico Se contemplan distintos plazos de duración de los contratos: 3695
• **Cataluña** (CCC art.623-13). Los arrendamientos deben tener una duración mínima de 7 años, si bien las partes pueden establecer una duración superior.
El contrato se prorroga de 5 en 5 años, siempre que una de las partes no avise a la otra, al menos un año antes del vencimiento, de su voluntad de darlo por extinguido.
El arrendatario puede renunciar a la duración mínima del contrato o de la prórroga y abandonar el cultivo de la finca al final de cada año agrícola si notifica esta voluntad al arrendador al menos con 6 meses de anticipación.

• **Galicia**. La duración del arrendamiento será la que libremente pacten las partes y en su defecto, de 2 años agrícolas (L Galicia 2/2006 art.103). 3697
Transcurridos 2 años, y salvo pacto en contrario, el arrendatario puede desistir del contrato sin pagar ninguna indemnización. El ejercicio de este derecho requiere su notificación con 6 meses de antelación a la finalización del año agrícola (L Galicia 2/2006 art.112).
El plazo fijado es prorrogable en estos dos casos:
- acuerdo expreso de las partes;
- tácitamente si al menos con 6 meses de antelación a la finalización del mismo o la de cualquiera de sus prórrogas ninguna de las partes notifica a la otra su voluntad de que el arrendamiento concluya (L Galicia 2/2006 art.104).

• **Comunidad Valenciana** (L C.Valenciana 3/2013 art.34). El contrato es por tiempo indefinido, sin perjuicio de su resolución o extinción por las causas previstas en la ley o determinadas por la costumbre. Cualquier pacto sobre plazo o prórrogas supone la exclusión de esta modalidad contractual y, si es sobrevenido, su novación en arrendamiento ordinario. 3698

5. Renta

(LAR art.13 y 14)

La **determinación** de la renta se deja a la voluntad de las partes, que pueden estipularla libremente. 3700
La renta **debe fijarse** en dinero. Si se fija en especie o parte en dinero y parte en especie, las partes deben proceder a su conversión a dinero.
En defecto de pacto o costumbre aplicable, el **pago** de la renta ha de verificarse en metálico por años vencidos en el domicilio del arrendatario. El arrendador queda obligado a entregar al arrendatario **recibo** del pago.
Si no consta el importe de la renta, se entiende que es la equivalente a las de mercado en esa zona o comarca (LAR art.11).
En las **mejoras de modernización** de explotaciones o de **transformación** de fincas, las partes pueden convenir, al otorgar el contrato o en otro momento posterior, que la renta consista, en todo o en parte, en la mejora o transformación a realizar (LAR disp.adic.1), lo que se denomina contrato *ad meliorandum* (nº 143).

Actualización (LAR art.13.2) Las partes pueden establecer el sistema de actualización de renta que consideren oportuno. No obstante, **en defecto de pacto expreso** no se aplica revisión de rentas. 3705
En caso de pacto expreso entre las partes, sin detallar el **índice o metodología de referencia**, la renta se actualiza para cada anualidad por referencia a la variación anual del índice de garantía de competitividad (nº 493).
Cuando el precio se fija en una **cantidad alzada** para todo el tiempo del arrendamiento, a falta de pacto entre las partes, esta cantidad se divide entre la duración anual pactada para determinar la parte que debe pagarse cada año.

Precisiones **1)** Para contratos anteriores al **1-4-2015** en los que se pactó la actualización, a falta de estipulación en contrario, la renta se actualiza para cada anualidad por referencia al índice anual de precios al consumo (**IPC**).
2) Para contratos anteriores a **27-5-2004**, fecha de entrada en vigor de la LAR, de acuerdo con la L 83/1980 art.38, se publican los **índices de precios** percibidos por los agricultores y ganaderos a los efectos de actualizar las rentas de los arrendamientos rústicos (LAR disp.trans.1ª). Los índices correspondientes a 2023 y su incremento respecto al año 2022, se han publicado mediante la Ministerio Agricultura, Pesca y Alimentación Resol 3-4-24.

3710 **Modificación por obras** (LAR art.18.2 y 3 y 19.2) El **arrendador** tiene derecho a la **revalorización** proporcional de la renta cuando tiene que realizar obras, mejoras o inversiones que exceden de las normales de conservación y suponen una transformación que redunda en una mayor producción y que le son impuestas por:
- disposiciones legales;
- resoluciones judiciales o administrativas firmes;
- acuerdos de la comunidad de regantes sobre la modernización de regadíos para el cambio de sistema de riego.

Si el arrendatario no está de acuerdo con la revalorización, el arrendador puede proceder a la rescisión del contrato (LAR 19.2).
El **arrendatario** tiene derecho a obtener una **reducción** proporcional de la renta en los siguientes casos:
- cuando el arrendador no realiza las **obras y reparaciones necesarias** para la conservación de la finca (nº 3735), en cuyo caso, además, puede reclamar daños y perjuicios;
- cuando por causa de fuerza mayor la finca sufre **daños no indemnizables** cuya reparación tiene un coste superior a una anualidad de renta, y el arrendador no está obligado a dicha reparación.

3715 **Cantidades asimiladas a la renta** (LAR art.15) Desde el momento en que las satisface, el arrendador puede exigir al arrendatario todas las cantidades que tenga que pagar y que, por disposición legal, sean **repercutibles al arrendatario.** Estas cantidades son las derivadas de tributos, gravámenes y gastos que no afectan a la propiedad de la finca o explotación, sino a la posesión de esta, y que, por disposición legal, sean repercutibles. Gastos como luz, agua, riego, etc.
El **impago** de tales cantidades por parte del arrendatario equivale al impago de la renta, por lo que el arrendador tiene la posibilidad de instar la resolución del contrato (nº 3880). Debe expresar el concepto, importe y norma que autoriza la repercusión.
El derecho a repercutir **prescribe** al año de haberse efectuado el pago por el arrendador.

3720 **Régimen autonómico** La renta se regula de la siguiente forma:
• **Cataluña** (CCC art.623-12). La renta de los contratos es la que las partes libremente convienen satisfacer en dinero.
Además, se contemplan las siguientes **posibilidades de pacto** entre las partes:
- el pago en frutos, si bien tienen que fijarlo en una cantidad determinada y no en una alícuota;
- que la contraprestación del arrendatario consista, en todo o en parte, en la obligación de mejorar la finca arrendada.

Respecto a los **tributos** que gravan la propiedad de la finca arrendada, son nulos de pleno derecho los pactos por los que se obliga al arrendatario al pago total o parcial de cualquiera de ellos.
A falta de pacto, la renta **debe pagarse** por anualidades vencidas en el domicilio del arrendador y en el plazo de un mes, o mediante cualquier otra forma de pago de la que quede constancia o, en su caso, según la costumbre de la comarca.
Las partes pueden pactar la **actualización** de la renta cada año agrícola. Si no determinan ningún sistema, la renta se actualiza de acuerdo con el índice de precios percibidos agrarios que el Gobierno publica anualmente en el Diari Oficial de la Generalitat de Catalunya.

3725 • **Galicia** (L Galicia 2/2006 art.101). La renta es la que libremente estipulen las partes, que pueden acordar también el sistema de actualización.
El **pago** ha de efectuarse en la forma, tiempo y lugar pactados. En defecto de pacto, se paga en metálico, por años vencidos y en el domicilio del arrendador.
Las partes pueden convenir también que la contraprestación consista, en todo o en parte, en la mejora de la finca arrendada.

3727 • **Comunidad Valenciana** (L C.Valenciana 3/2013 art.35). La renta se fija siempre en dinero. No es posible la sustitución del pago de la renta por la realización de mejoras.
Salvo pacto en contrario **se paga** en el domicilio del arrendador, al final del periodo por el que se devenga.
Salvo pacto en contrario, la renta se **actualiza** anualmente conforme al índice general para la Comunidad Valenciana de precios al consumo publicado por el Instituto Nacional de Estadística u organismo que lo sustituya (L C.Valenciana 3/2013 art.37).
Además, la renta puede ser **revisada** en los siguientes casos:
- para adaptarla a la renta de mercado de sus mismas características y clase de cultivo, cada 10 años y a instancia de cualquiera de las partes;
- por mejoras en la finca hechas por el arrendador;

- cuando por efecto de alguna actuación expropiatoria o urbanística se reduce la superficie de la finca arrendada o se grava con el establecimiento de alguna servidumbre que desmerece, condiciona o dificulta el cultivo.

6. Obras

(LAR art.17 a 21)

Con carácter general, en el **ámbito estatal**, arrendador y arrendatario están obligados a **permitir** la realización de las obras, reparaciones y mejoras que deba o pueda realizar la otra parte contratante. No se trata solo de las reparaciones urgentes o indispensables para mantener la finca en estado de servir a su destino, sino de todas las reparaciones o mejoras que pueda o deba realizar la otra parte. 3730
Estas reparaciones y mejoras se realizarán en la época del año y en la forma que menos perturben, salvo que no puedan diferirse (LAR art.17).

Arrendador (LAR art.18 y 19) El arrendador debe poner la finca o explotación en posesión del arrendatario y mantenerla en estado de servir al aprovechamiento o explotación a que fue destinada al concertar el contrato. 3735
Debe realizar todas las **obras y reparaciones necesarias** para cumplir dichas obligaciones, sin derecho a elevar la renta por ello.

Estas obras pueden realizarse por voluntad del propio arrendador, pero lo habitual es que sea el arrendatario el que **comunique** al arrendador la necesidad de las obras a realizar. Esta comunicación no tiene por qué ser fehaciente ni escrita, aceptándose, incluso, la forma verbal; pero no cabe duda de que al arrendatario le interesa poder **justificar** que ha practicado dicha comunicación, por lo que es aconsejable la forma escrita (telegrama con acuse de recibo, burofax, acta notarial). 3738
Si el arrendador es requerido y **no realiza** estas obras o reparaciones, el arrendatario puede optar por:
- compelerle judicialmente a realizarlas;
- resolver el contrato;
- obtener una reducción proporcional de la renta (nº 3710); o
- realizar las obras él mismo, en cuyo caso puede reintegrarse los gastos en que haya incurrido compensándolos con las rentas pendientes a medida que vayan venciendo.

También corresponde al arrendador la realización de obras, mejoras o inversiones que vengan **impuestas** por: 3740
- disposiciones legales;
- resoluciones judiciales o administrativas firmes;
- acuerdos de la comunidad de regantes sobre la modernización de regadíos para el cambio de sistema de riego.

El arrendador tiene derecho a **elevar la renta** en los casos previstos en la Ley (nº 3710).

Régimen autonómico El régimen de obras del arrendador es el siguiente: 3745
• **Cataluña**. Son a cargo del arrendador los gastos extraordinarios de **conservación y reparación** de la finca o la explotación agraria, sin que tenga derecho a aumentar la renta por ello. Es una carga derivada de su obligación de mantener la finca en un estado que sirva a la actividad de cultivo. Si el arrendador es requerido a asumir estos gastos extraordinarios y no los asume, puede hacerlo el arrendatario, con derecho a reembolso (CCC art.623-15).
También pueden ser a cargo del arrendador las **obras o mejoras que sean impuestas** por ley, resolución judicial o administrativa firme o acuerdo de una comunidad de regantes u otras entidades similares en las que se integre la finca (CCC art.623-6). Si las obras conllevan un incremento notable en el rendimiento de la finca, como su transformación de secano en regadío, el arrendador tiene derecho a aumentar la renta en proporción al incremento del rendimiento, y el arrendatario tiene el derecho de abandono si no le conviene. Si el arrendador, habiendo sido requerido a efectuar las obras o mejoras obligatorias, no las efectúa, puede hacerlo el arrendatario, con derecho a reembolso.

• **Galicia** (L Galicia 2/2006 art.106 y 107). El arrendador tiene que realizar las obras y reparaciones necesarias a fin de mantener la finca en estado de servir para el aprovechamiento o explotación para los cuales fue destinada. Si resulta urgente, la realización de las obras las puede hacer el arrendatario con derecho al reintegro de lo que haya desembolsado. 3750
Puede realizar las mejoras útiles de que sea susceptible la finca, previa comunicación al arrendatario y si no existe oposición de este.

3752 • **Comunidad Valenciana** (L C.Valenciana 3/2013 art.40). Se aplica el régimen jurídico establecido en la legislación del Estado para los arrendamientos rústicos ordinarios (nº 3735).

3755 **Arrendatario** (LAR art.20 y 21) El arrendatario **está obligado** a efectuar las siguientes reparaciones, mejoras e inversiones:
- las propias del empresario agrario en el desempeño normal de su actividad; y
- las que le vengan impuestas por disposición legal, por resolución judicial o administrativa firmes o por acuerdo firme de la comunidad de regantes relativas a la mejora del regadío que sea también propias del empresario agrario en el desempeño normal de su actividad.

No tiene por ello derecho a disminución de la renta, ni a la prórroga del arriendo, salvo que por acuerdo de las partes o de las propias disposiciones legales o resoluciones judiciales o administrativas, resulte otra cosa.

El arrendatario **no puede**, salvo acuerdo expreso de las partes, hacer desaparecer las paredes, vallas, setos vivos o muertos, zanjas y otras formas de **cerramiento o cercado** del predio arrendado, aunque separen dos o más fincas integradas en una misma unidad de explotación. Como excepción, puede hacerlo en los tramos necesarios para permitir el paso adecuado de tractores, maquinaria agrícola y cuando las labores de cultivo lo requieran, sin perjuicio de lo que establezca la legislación sobre protección del medio ambiente y protección del patrimonio histórico, y de la obligación de devolver las cosas al término del arriendo tal y como las recibió (CC art.1561).

Precisiones La **retirada de piedras** de los cultivos y el **saneamiento de aguas** no son ni gastos de conservación de la finca, ni mejoras voluntarias, sino reparaciones, mejoras e inversiones propias del empresario agrario que forman parte integrante del desempeño normal con el fin de una mejor explotación y productividad del bien arrendado en provecho propio y aunque ello pueda determinar también un beneficio para la finca y, por ende, para el arrendador (AP Burgos 29-12-17, EDJ 316749).

3760 Por lo que se refiere a las **mejoras útiles y voluntarias** de cualquier naturaleza, realizadas por el arrendatario en las fincas arrendadas, debe estarse, en primer término, a lo acordado por las partes al celebrar el contrato o en cualquier otro momento. En defecto de pacto, se aplica el régimen establecido en el Código Civil para el poseedor de buena fe (LAR art.21).

Son mejoras útiles las obras incorporadas a la finca arrendada que aumentan, de modo duradero, su producción, rentabilidad o valor agrario (LAR/80 art.57).

En todo caso, **se presume** que las mejoras hechas durante el arrendamiento se han efectuado a cargo del arrendatario (LAR art.20.2). Es una presunción contra la que cabe prueba en contra (*iuris tantum*).

También puede el arrendatario, previa notificación al arrendador, realizar **obras de accesibilidad** en el interior de los edificios de la finca que le sirvan de vivienda, siempre que no provoquen una disminución de la estabilidad o seguridad del edificio y sean necesarias para que puedan ser utilizados de forma adecuada y acorde con la discapacidad o la edad superior a 70 años:
- del arrendatario;
- de su cónyuge, de la persona que conviva con el arrendatario de forma permanente en análoga relación de afectividad;
- de sus familiares hasta el cuarto grado de consanguinidad que conviva con alguno de ellos de forma permanente; y
- de las personas que trabajen, o presten servicios altruistas o voluntarios para cualquiera de los anteriores en la vivienda enclavada en la finca rústica.

El arrendatario debe devolver la finca, **al terminar el arriendo**, en el estado en que la recibió y conforme a lo legalmente dispuesto en materia de mejoras. Una vez finalizado el contrato de arrendamiento tiene derecho a pedir **indemnización** al arrendador por las mejoras realizadas, siempre que se hayan efectuado con el consentimiento del arrendador.

En el caso de las **mejoras de accesibilidad**, al término del contrato, el arrendatario está obligado a reponer la vivienda a su estado anterior, si así se lo exige el arrendador.

3770 **Régimen autonómico** Las obras del arrendatario en la finca o explotación se regulan de la siguiente forma:

• **Cataluña**. Son a cargo del arrendatario los **gastos ordinarios** de conservación y reparación de la finca o la explotación agraria derivados de la actividad de cultivo, sin que tenga derecho a reembolso. Si el arrendador le requiere a asumir los gastos ordinarios y no los asume, puede hacerlo el arrendador, con derecho a reembolso (CCC art.623-14).

También pueden ser a cargo del arrendatario las **obras o mejoras que sean impuestas** por ley, resolución judicial o administrativa firme o acuerdo de una comunidad de regantes u otras entidades similares en las que se integre la finca (CCC art.623-16). Si las obras conllevan una

mejora notable en la finca que subsiste al final del contrato, el arrendatario tiene derecho a ser compensado por el arrendador por el importe del coste material de la mejora.
El arrendatario puede llevar a cabo **mejoras voluntarias** de la finca, como los accesos, o la supresión de separaciones entre piezas de tierra, previa notificación al arrendador de forma fehaciente (CCC art.623-17). El arrendador puede oponerse a la realización de estas obras en un plazo de 15 días a contar desde el momento en que recibe la notificación. Si no se opone expresamente, las obras se entienden autorizadas. Aunque conlleven una mejora de la finca, el arrendador no tiene derecho a incrementar la renta. En caso de que subsistan en el momento del final del contrato, el arrendatario tiene derecho a ser compensado por el arrendador por el incremento del valor de la finca que las mejoras han generado.
• **Galicia** (L Galicia 2/2006 art.106 y 107). Son de cuenta del arrendatario las reparaciones ordinarias que exija el desgaste normal de la finca.
Si no existe oposición del arrendador, puede realizar las mejoras útiles de que sea susceptible la finca, previa comunicación a la otra parte.
• **Comunidad Valenciana** (L C.Valenciana 3/2013 art.40). Se aplica el régimen jurídico establecido en la legislación del Estado para los arrendamientos rústicos ordinarios (nº 3755).

7. Cambio de titular

3780

a. Transmisión de la finca arrendada

(LAR art.22)

Subrogación En los casos de enajenación de la finca arrendada, el adquirente queda subrogado en todos los derechos y obligaciones del arrendador. Si el adquirente tiene la condición de **tercero hipotecario**, debe respetar el plazo que reste de la duración mínima del contrato o su prórroga tácita (nº 3690) si está en curso. Si no tiene esa condición, tiene que respetar la duración total pactada. 3785

Régimen autonómico En caso de venta de la finca arrendada, la subrogación del comprador en el contrato se sujeta a las siguientes normas: 3788
• **Cataluña** (CCC art.623-23). Los derechos y obligaciones derivados del contrato de arrendamiento subsisten durante el plazo legal, pactado o prorrogado, aunque la propiedad de la finca se transmita por cualquier título o se constituya en la misma un derecho real. Si el adquirente desconoce la existencia del arrendamiento de la finca, ello no priva al arrendatario de sus derechos.
• **Galicia** (L Galicia 2/2006 art.114). La enajenación de la finca no es causa de extinción del contrato, subrogándose el adquirente en todas las obligaciones del arrendador.
• **Comunidad Valenciana** (L C.Valenciana 3/2013 art.41). En caso de transmisión de la finca arrendada, el nuevo titular queda subrogado en la condición de arrendador.
También es posible la división material de la finca o fincas arrendadas entre los distintos condueños. En este caso, potestativamente para el arrendatario y obligatoriamente para los arrendadores, puede:
- escindirse el arrendamiento en tantos nuevos contratos como divisiones se hayan realizado;
- continuar como un único arrendamiento conjunto de varias fincas pertenecientes a distinto dueño o distinta dueña.
Lo mismo sucede cuando el propietario transmite una parte de la finca arrendada.

Derecho de adquisición preferente En caso de transmisión *inter vivos* de la finca rústica arrendada, el arrendatario dispone de los derechos de **tanteo y retracto** con la condición de que sea agricultor profesional o alguna de las entidades que pueden ostentar esta condición. 3790
Si bien la LAR no hace referencia en general al requisito de la profesionalidad, como hacía la legislación anterior, sí que indica que, para ser considerado **agricultor profesional**, a estos efectos, se precisa cumplir estas dos condiciones:
- obtener unos **ingresos brutos** anuales procedentes de la actividad agraria que sean superiores al duplo del indicador público de renta de efectos múltiples (IPREM);
- dedicar directa y personalmente a esas actividades, al menos, el 25% de su **tiempo de trabajo**.
Estos derechos del arrendatario son **preferentes** con respecto a cualquier otro de adquisición, salvo el retracto de colindantes (CC art.1523), que prevalece sobre estos cuando, tanto la finca objeto de retracto como la colindante que lo fundamenta, no exceden de una hectárea (LAR art.22.6).

3792 Como transmisión *inter vivos*, no solo se contempla la compraventa como forma de transmisión, sino que también se incluyen otros **negocios jurídicos** como la donación, la aportación a sociedad, la permuta, la adjudicación en pago y, a modo de cajón de sastre, cualquiera otro distinto de la compraventa.

Hay dos supuestos en los que **no procede** el ejercicio de estos derechos:

- transmisiones a título gratuito, cuando el adquirente es descendiente o ascendiente del transmitente, pariente hasta el segundo grado de consanguinidad o afinidad o su cónyuge;
- permuta de fincas rústicas cuando se efectúa para agregar una de las fincas permutadas y siempre que los predios que se permutan sean inferiores a 10 hectáreas de secano, o una de regadío.

La transmisión puede ser, tanto la de la nuda propiedad del arrendador, como la de una porción determinada o una participación indivisa de la finca.

3794 Expresamente se contemplan estos **casos particulares**:

• Finca de **aprovechamientos diversos** concedido a diferentes arrendatarios sobre la totalidad de la finca. El derecho solo lo puede ejercitar el arrendatario del aprovechamiento principal. Si hay varios, por el que sea agricultor joven, y si hay varios de estos, por el más antiguo en el arrendamiento (LAR art.22.7).

• Varios **arrendatarios de partes diferentes** de una misma finca o explotación. El arrendador tiene que cumplir las obligaciones de notificación con cada uno de ellos, y el derecho lo ejercita cada uno en la porción que tiene arrendada. Si alguno de ellos no quiere ejercitarlo, por su parte, lo puede hacer cualquiera de los demás, teniendo preferencia el que tenga la condición de agricultor joven y si hay varios o ninguno, el más antiguo (LAR art.22.8).

• Finca en la que solo una **parte de su extensión** ha sido cedida en arriendo. El derecho de adquisición preferente del arrendatario se limita a la superficie que tiene arrendada (LAR art.22.9).

Precisiones Se entiende por **agricultor joven** la persona que ha cumplido los 18 años y no ha alcanzado los 40 y ejerce o pretende ejercer la actividad agraria (L 19/1995 art.2).

3796 **Derecho de tanteo** Para que el arrendatario pueda ejercitar su derecho de tanteo, el transmitente ha de **notificarle** fehacientemente su propósito de enajenar. La notificación tiene que incluir los elementos esenciales del contrato y, a falta de precio, una estimación del que considere justo.

El arrendatario tiene un **plazo** de 60 días hábiles desde la recepción de la notificación para ejercitar su derecho de adquirir la finca en el mismo precio y condiciones. Tiene que notificárselo al enajenante de modo fehaciente.

Si el contrato no tiene **precio** y el arrendatario no está conforme con la estimación hecha por el arrendador, se determina por un perito independiente nombrado de común acuerdo por las partes; y en defecto de acuerdo entre ellas, por la jurisdicción civil conforme a las normas de valoración que establece la legislación de expropiación forzosa.

Como **efecto del tanteo**, el arrendatario y el propietario se pondrán de acuerdo para otorgar la escritura de enajenación. En el caso de que el propietario rehúse hacerlo, puede ser compelido por el arrendatario, incluso mediante el ejercicio de las correspondientes acciones judiciales.

3798 **Derecho de retracto** La **escritura de enajenación** se tiene que notificar de forma fehaciente al arrendatario, al efecto de que pueda ejercitar el derecho de retracto si las condiciones de la enajenación, el precio o la persona del adquirente no corresponden de un modo exacto a las contenidas en la notificación previa.

El arrendatario también puede ejercitar su derecho de retracto si el arrendador omite esta notificación o no cumple en forma el requisito de la notificación previa.

Para **inscribir** en el Registro de la Propiedad los títulos de adquisición inter vivos de fincas rústicas arrendadas, se debe justificar la práctica de esta notificación.

El retracto o el derecho de adquisición preferente pueden ser ejercitados durante el **plazo** de 60 días hábiles a partir de la notificación (LAR art.22.3).

3800 Si no hay una notificación expresa y directa, el plazo para el ejercicio del retracto es de 60 días hábiles a partir de la fecha en que, por cualquier medio, el arrendatario ha tenido **conocimiento de la transmisión** (TS 13-12-06, EDJ 331098). El conocimiento ha de abarcar no sólo el hecho de la venta, sino también todos los extremos de la transmisión, como precio, condiciones esenciales de la venta, modalidades de pago, etc. pues solamente en tal caso el titular del retracto puede disponer de elementos de juicio suficientes para decidir sobre la conveniencia o no de ejercitar la acción (TS 14-11-02, EDJ 49705).

Para el **ejercicio del derecho** de retracto, es necesaria la concurrencia de los siguientes **requisitos**: 3802
• Que se trate de un contrato de **arrendamiento incluido** en el ámbito de aplicación de la LAR. Que no sea, por ejemplo, un aprovechamiento secundario de pastos (nº 3600).
• Que el retrayente **acredite** ostentar las condiciones que le permiten acceder al retracto. Debe probar de forma bastante:
- la existencia de un contrato de arrendamiento en vigor suscrito con la parte vendedora (AP Segovia 9-10-17, EDJ 257559).
- su condición de profesional de la agricultura, como hecho positivo y constitutivo de la pretensión ejercitada, de mayor facilidad probatoria para él por estar referida a su propia actividad laboral (AP León 4-12-15, EDJ 256975).
• Que se trate de una **transmisión** de las especificadas en la LAR art.22.1, que sea **válida** en derecho por no adolecer de vicios y reunir todos los requisitos legales para su validez.
• Que el derecho se ejercite dentro del **plazo legal** de 60 días.
• Que el retrayente **reembolse al comprador** (LAR art.22 en relación con el CC art.1518):
- el precio, si lo hay;
- los gastos del contrato;
- cualquier otro pago legítimo;
- los gastos necesarios y útiles hechos en la cosa.
La práctica habitual es sustanciar el derecho de retracto a través de la presentación de la oportuna **demanda judicial** ante los juzgados y tribunales.

Precisiones **1)** La posesión y el elemento indiciario de la declaración en la PAC son **elementos de prueba suficientes** para acreditar la existencia del arrendamiento, pese a la obligación legal de que los contratos se hagan por escrito (AP Zaragoza 29-12-17, EDJ 311612). 3803
2) Si el actor **no acredita** su dedicación directa y personal a la explotación agrícola de la finca rústica que tiene en arrendamiento, no tiene la condición de **profesional de la agricultura** y por tanto carece del derecho de retracto que ejercita (AP Cádiz 29-6-17, EDJ 169703).

Régimen autonómico Los derechos de adquisición preferente, tiene el siguiente régimen: 3805

• **Cataluña**. El arrendatario tiene el derecho de **tanteo y retracto** de la finca arrendada en los casos de enajenación onerosa, dación en pago, aportación a sociedad por el propietario (CCC art.623-27). 3806
Se **exceptúan** los siguientes casos:
- enajenación a favor del copropietario de la finca o de su cónyuge, conviviente como pareja estable, ascendientes, descendientes o parientes consanguíneos o por adopción hasta el segundo grado.
- finca que no tiene la calificación de rústica.
El derecho de tanteo y retracto del arrendatario no puede renunciarse anticipadamente y es **preferente** al retracto legal de colindantes.
En el caso de transmisión de una finca solo **arrendada en parte o a diferentes arrendatarios**, el derecho del arrendatario se limita a la parte de la finca que se tiene en arrendamiento, salvo que el otro arrendatario no ejerza este derecho, supuesto en el cual el derecho del otro arrendatario se extiende a toda la finca.
Si la finca arrendada no se puede **segregar o dividir** por aplicación de la legislación sobre unidades mínimas de cultivo, puede ejercer este derecho el arrendatario que tiene la porción de terreno de menor extensión y, en igualdad de circunstancias, decide la suerte.
El propietario debe notificar fehacientemente al arrendatario la voluntad de enajenar, el precio o valor y las demás circunstancias del acto jurídico de transmisión. Recibida la notificación, el arrendatario puede ejercer el **derecho de tanteo** en los 2 meses siguientes, mediante el pago o la consignación notarial del precio o valor (CCC art.623-28).
Si el propietario no notifica al arrendatario su voluntad de enajenar, dar en pago o hacer aportación a una sociedad de la finca arrendada, o la transmite a un tercero antes del plazo de 2 meses, o lo hace por un precio o unas condiciones sustanciales distintas de las comunicadas, el arrendatario goza del **derecho de retracto** sobre la finca arrendada, que puede ejercitar dentro de los 2 meses siguientes al momento en que tenga conocimiento de la enajenación, o en el momento de la inscripción de esta en el Registro de la Propiedad, si se ha producido antes (CCC art.623-29).

• **Galicia** (L Galicia 2/2006 art.115). En caso de transmisión a título oneroso de la finca rústica arrendada o de porción determinada de la misma, el arrendatario que esté cultivándola de modo personal durante al menos 3 años interrumpidos puede ejercitar el **derecho de tanteo** dentro de los 30 días hábiles siguientes a la notificación fehaciente que ha de realizar el arrendador, indicándole el precio ofrecido y las demás condiciones de la transmisión. 3808

En defecto de notificación, tiene el arrendatario **derecho de retracto** durante 30 días hábiles, a contar a partir de la fecha en que, por cualquier medio, tenga conocimiento de la transmisión y de las condiciones en que se hizo.
Estos derechos de tanteo y retracto son **preferentes** a cualquier otro de adquisición, salvo el retracto de colindantes y el de coherederos y comuneros (L Galicia 2/2006 art.116).
Una vez ejercitados los derechos de tanteo o retracto, no puede el arrendatario enajenar total o parcialmente la finca hasta que transcurran 3 años al menos desde su adquisición, en los cuales la finca tiene que ser cultivada de modo personal. En caso de incumplimiento, el comprador tanteado o retractado puede pedir la reversión de la finca (L Galicia 2/2006 art.117).

3810 • **Comunidad Valenciana** (L C.Valenciana 3/2013 art.42). El arrendatario tiene derecho de adquisición preferente en los supuestos de transmisión de la finca arrendada o de parte de ella en los que medie contraprestación en dinero. Estos derechos son **preferentes** con respecto a cualquier otro de adquisición, salvo el retracto de colindantes, que prevalece sobre aquellos cuando no excedan de una hectárea tanto la finca objeto de retracto como la colindante que lo fundamenta.
El transmitente tiene que **notificar** de forma fehaciente a la persona arrendataria su propósito de enajenar e indicarle los elementos esenciales del contrato.
El arrendatario tiene un plazo de 60 días hábiles desde que recibe la notificación para ejercitar su **derecho de tanteo** para adquirir la finca, notificándoselo a quien enajena de modo fehaciente.
A falta de notificación del arrendador, o si las condiciones de la enajenación, el precio o la persona adquirente, descritas en la escritura de enajenación, no se corresponden de un modo exacto a las contenidas en la notificación previa, el arrendatario tiene **derecho de retracto** durante 60 días hábiles a partir de la fecha en que, por cualquier medio, ha tenido conocimiento de la transmisión.
Cuando son **varios arrendatarios** de partes diferentes de una misma finca o explotación, hay que cumplir la obligación de notificación con cada uno de ellos. El derecho de tanteo y retracto puede ejercitarlo cada uno por la porción que tiene arrendada. Si alguno de ellos no quiere ejercitarlo, por su parte puede hacerlo cualquiera de los demás, teniendo preferencia el que tenga arrendada una colindante; en su defecto o siendo varios, quien tenga la condición de agricultor joven y, en su defecto, o en el caso de ser varios, quien tenga más antigüedad.
En los casos de fincas de las que **solo una parte** de su extensión haya sido cedida en arriendo, estos derechos se limitan a la superficie arrendada. A tal efecto, el documento por el que se formaliza la transmisión de la finca debe especificar, en su caso, la cantidad que del importe total del precio corresponde a la porción dada en arriendo.
En el caso de los arrendamientos que han durado **al menos 75 años**, el arrendatario puede ejercitar el derecho de una de estas dos maneras:
- pagando al contado el precio o contraprestación del contrato proyectado o celebrado, con una reducción del 20% de su importe;
- pagando aplazadamente el importe íntegro de aquel contrato, con entrega al menos de una tercera parte del precio al tiempo de ejercitar el tanteo o retracto, y aplazando el resto durante un periodo máximo de 2 años, con devengo del interés legal del dinero reducido en un punto.

Si las condiciones pactadas en el contrato proyectado o celebrado son más beneficiosas para quien adquiere, a su juicio, la transmisión se realiza con sujeción a las mismas.

b. Subrogación por muerte del arrendatario

(LAR art.24.e)

3815 **Régimen estatal** En principio la muerte del arrendatario extingue el arrendamiento, no obstante, quedan a salvo los derechos de sus **sucesores legítimos**, que pueden subrogarse en su posición.
Si concurren **varios sucesores** legítimos, a falta de designación expresa efectuada por el testador, **tiene preferencia** para subrogarse:
- el que tenga la condición de joven agricultor;
- si hay varios, es preferente el más antiguo;
- si ninguno tiene tal condición, los sucesores tienen que escoger entre ellos, por mayoría, al que se subrogará en las condiciones y derechos del arrendatario fallecido.

Si se da esta última circunstancia, es necesaria la correspondiente **notificación** por escrito al arrendador, en el plazo de un año desde el fallecimiento. No se exige que la notificación sea fehaciente, únicamente que se realice por escrito. Ello excluye la posibilidad de comunicación verbal.

Régimen autonómico La subrogación del arrendatario se somete a las siguientes normas: 3818

• **Cataluña** (CCC art.623-24 y 623-25). El derecho del arrendatario se transmite por causa de muerte a título universal o particular, con la consiguiente subrogación del adquirente en la posición jurídica del arrendatario.
El **adquirente del derecho** a cultivar puede optar por continuar o por extinguir el contrato. Debe **notificarlo** al arrendador dentro de los 6 meses siguientes a la muerte del causante y, en cualquier caso, debe hacerse cargo del cultivo hasta la finalización del año agrícola. Si no se efectúa el aviso dentro de este plazo, el arrendador puede dar por extinguido el contrato.
Si existe una **pluralidad de adquirentes**, a falta de designación efectuada por el causante, los adquirentes deben determinar quién de ellos continúa el arrendamiento y notificarlo al arrendador dentro de los 6 meses siguientes a la muerte del causante. A falta de acuerdo entre los adquirentes, notificado al arrendador dentro de este plazo, puede dar por extinguido el contrato. En cualquier caso, los sucesores deben hacerse cargo del cultivo hasta la finalización del año agrícola.
Si el arrendatario es una **sociedad** y se disuelve, el derecho a continuar el arrendamiento corresponde al socio al que se haya adjudicado este derecho en la liquidación. Esta circunstancia debe notificarse al arrendador. Si no se efectúa la notificación, el arrendador puede dar por extinguido el arrendamiento pasados 6 meses del acuerdo de disolución.

• **Galicia** (L Galicia 2/2006 art.111). En caso de muerte o imposibilidad física del arrendatario, tiene **derecho a subrogarse** en el contrato el cónyuge no separado legalmente o de hecho o la persona que convive con el arrendatario en relación de afectividad análoga a la conyugal. En defecto de cónyuge o pareja de hecho, el derecho a subrogarse corresponde al familiar que convive o convivió con el arrendatario y lo auxiliara en la explotación de la finca arrendada. Si son varios, se establece la preferencia atendiendo a la designación hecha por el arrendatario, y, a falta de esta, por proximidad de grado. 3820

• **Comunidad Valenciana** (L C.Valenciana 3/2013 art.45). Fallecida la persona titular del arrendamiento histórico, **le sucede en el arrendamiento**: 3822
- La persona designada por el titular en testamento o en acto de última voluntad.
- A falta de designación expresa, quien, siendo heredero, legatario o legitimario del causante, fuera cooperador de hecho en el cultivo de la finca al tiempo del fallecimiento. Si hay varios, es preferido el que tenga la condición de joven agricultor, y si hubiere también varios que tengan esta condición, el más antiguo de ellos. Si ninguno tiene esa condición, el elegido por mayoría de entre estas personas.
- Si tampoco hay cooperador de hecho, sucede quien sea cónyuge supérstite no separado legalmente o de hecho, que tenga hijos comunes con la persona causante.
- En defecto de los anteriores, cualquiera de los restantes herederos, siendo preferido el de grado más próximo; a igualdad de grado, el más joven de entre los que sean mayores de edad; y a igual edad, decide la suerte. Si faltan todas las personas anteriores, queda extinguido el arrendamiento.

El que sucede tiene que **cultivar directamente**, aunque no sea profesional de la agricultura, y comunicar fehacientemente su condición al arrendador en el plazo de un año desde el fallecimiento, quedando extinguido el arrendamiento si no lo hace.

c. Cesión y subarriendo

(LAR art.23)

Régimen estatal La **cesión** es un acuerdo de voluntades mediante el cual el cedente (arrendatario original) transmite al cesionario (nuevo arrendatario) la titularidad del arrendamiento, debiendo concurrir el consentimiento del contratante cedido (arrendador). El cedente queda desligado de las obligaciones contraídas, que asume el cesionario, que pasa a relacionarse con el contratante cedido, que conserva siempre su posición originaria (TS 6-4-06, EDJ 37263). 3830
El **subarriendo** es un contrato de arrendamiento que realiza el arrendatario sobre el objeto a él arrendado, por ello ha de tener los mismos elementos estructurales del arrendamiento, entre ellos el tiempo determinado y precio cierto. Implica la pérdida de la posesión inmediata por parte del arrendatario (TS 18-4-95, EDJ 1462).

Precisiones Por ejemplo, no se puede hablar de cesión ni de subarriendo por el hecho de que para cultivar lechugas en una mínima parte de la finca, el arrendatario, **se asocie con terceros por 6 meses**, cuando el contrato es por 15 años, para que los mismos dirijan la plantación de las mismas aportando las plantas, abonos y productos fitosanitarios, manteniendo él en todo momento la dirección de la cosecha, aportando las máquinas necesarias para las faenas agrícolas necesarias para su obtención y los trabajadores, sin perder nunca la posesión inmediata y directa del terreno (AP Sevilla 15-12-16, EDJ 279980).

3832 Para la cesión y el subarriendo, debe estarse a lo pactado por las partes, con tres **condiciones** que deben cumplirse en todo caso:
- debe referirse a la totalidad de la finca o explotación;
- debe otorgarse por todo el tiempo que reste del plazo del arrendamiento;
- la renta no puede ser superior a la pactada entre arrendador y arrendatario.

En cualquier caso, el arrendatario no puede ceder o subarrendar la finca o explotación sin el **consentimiento expreso** del arrendador.
Dicho consentimiento expreso **no es necesario** para la cesión o subarriendo de la finca o explotación cuando se efectúen a favor del cónyuge o de uno de los descendientes del arrendatario. No obstante, el subrogante y el subrogado han de **notificar** fehacientemente al arrendador la cesión o el subarriendo, en el plazo de 60 días hábiles a partir de su celebración.
Si **no se justifica** que el subrogante y el subrogado notificaron fehacientemente al arrendador la cesión, falta la prueba de la existencia de una relación de arrendamiento entre las partes (AP Zaragoza 21-12-16, EDJ 246851).
La **existencia del subarriendo** o cesión no exige una prueba directa, dado el carácter simulativo o clandestino con que en muchas ocasiones se desenvuelven este tipo de negocios, acudiéndose, las más veces, a la **prueba de presunciones**. La ocupación de lo arrendado por una persona extraña al contrato, permite deducir la existencia de un subarriendo con todos los elementos que lo constituyen (TS 8-5-87, EDJ 3605).
La **consecuencia del incumplimiento** de los requisitos fijados en la LAR art.23, no es la nulidad, sino el ser causa de resolución del arrendamiento (nº 3884) a instancia del arrendatario (AP Navarra 19-9-16, EDJ 249679).

Precisiones La no percepción de las **ayudas PAC** constituye una renuncia a un fruto civil de la finca que denota la introducción de terceros, motivando la resolución del arrendamiento rústico (AP Salamanca 18-6-01, EDJ 56809). La prueba de no obtención de las ayudas, unida a la falta de acreditación de cualquier otro aprovechamiento, es base segura para inferir que no se usa la finca para sí, y si se acredita que otros la están usando, la conclusión no puede ser otra que la de haberse producido una cesión prohibida por el título regulador del derecho (AP Ciudad Real 27-4-04, EDJ 46391).

3840 **Régimen autonómico** Se establecen los siguientes sistemas:
• **Cataluña** (CCC art.623.26). El arrendatario no puede subarrendar la finca, salvo autorización en el contrato o consentimiento expreso del arrendador. La cesión de aprovechamientos marginales no es subarrendamiento, siempre que estos no representen más de una décima parte del rendimiento total que se obtiene de la finca.
• **Galicia** (L Galicia 2/2006 art.105). Está prohibido subarrendar y ceder en todo o en parte, la finca arrendada sin el consentimiento expreso del arrendador.
• **Comunidad Valenciana** (L C.Valenciana 3/2013 art.43 y 44). El arrendatario no tiene derecho de **subarriendo**. Se reputa incumplimiento del contrato si se da, y es nulo el pacto contractual que lo establezca o permita.
En caso de jubilación del arrendatario, o de incapacidad física, psíquica o sensorial que le impidan o le dificulten gravemente y de modo previsiblemente definitivo el ejercicio de los derechos y el cumplimiento de las obligaciones propias del contrato, puede **cederlo** a la persona física que designe de entre quienes cooperen de hecho en el cultivo o de quienes podrían sucederle *ab intestato* en caso de fallecimiento. La cesión debe comunicarse fehacientemente al arrendador y es irrevocable. Puede ser onerosa o gratuita.

8. Terminación

(LAR art.24 y 26)

3850 La **legislación estatal** regula detenidamente las causas de terminación del contrato de arrendamiento.
A la terminación del contrato, la **obligación básica** del arrendatario es la devolución de la finca al arrendador en el estado en el que la recibió (CC art.1561).
El **arrendatario saliente** debe permitir al entrante el uso del local y demás medios necesarios para las labores preparatorias del año siguiente y, recíprocamente, el **arrendatario entrante** tiene obligación de permitir al saliente lo necesario para la recolección y aprovechamiento de los frutos (LAR art.27).

La doctrina y la jurisprudencia **equiparan** al arrendatario y arrendador entrante y saliente con propietario entrante y saliente, incluyendo al que ha sido desahuciado (AP Badajoz 14-12-17, EDJ 289664).

En la **legislación autonómica**, la terminación del contrato se regula de la siguiente forma: 3852

Cataluña	**Causas** (CCC art.623-19): - finalización del plazo inicial o de las prórrogas; - resolución del contrato, en los casos establecidos por la ley o convenidos por las partes; - pérdida o expropiación total de la finca arrendada; - denuncia anticipada del contrato por el arrendatario, de acuerdo con lo establecido sobre su duración; - acuerdo de las partes de extinguirlo anticipadamente; - cambio de calificación urbanística de la finca, como suelo urbano o urbanizable, si implica un impedimento de uso para la producción agraria; - demás casos convenidos en el contrato o que resulten del CCC.	**Efectos** (CCC art.623-22). Finalizado el contrato de arrendamiento, el arrendatario tiene derecho a todo lo que sea preciso para recoger y aprovechar los frutos pendientes y debe permitir al nuevo arrendatario el acceso a la finca a fin de preparar el próximo cultivo.
Galicia	**Causas** (L Galicia 2/2006 art.109): - transcurso del plazo, de sus prorrogas o del periodo de tácita reconducción; - pérdida o expropiación de la finca arrendada; - muerte o imposibilidad física del arrendatario para continuar en el uso u aprovechamiento de la finca, salvo que proceda la subrogación.	**Efectos** (L Galicia 2/2006 art.110). El arrendatario saliente ha de permitir al entrante o al arrendador, en su caso, los actos necesarios para la realización de las labores preparatorias del año agrícola siguiente. Asimismo, el arrendatario entrante o el arrendador, en su caso, tienen la obligación de permitir al saliente lo que sea necesario para la recolección y aprovechamiento de frutos. En el cumplimiento de esta obligación recíproca hay que estar, en todo caso, a lo que resulte de la costumbre del lugar.
C.Valenciana	**Causas**: - ejercicio del derecho de recuperación por el arrendador persona física (L C.Valenciana 3/2013 art.46); - transformación urbanística de la finca (L C.Valenciana 3/2013 art.47); - expropiación de la finca (L C.Valenciana 3/2013 art.48); - resolución del contrato (L C.Valenciana 3/2013 art.49).	**Efectos** (L C.Valenciana 3/2013 art.40) Terminado el arrendamiento, el arrendatario tiene derecho a ser indemnizada por el valor actual de las obras, mejoras e inversiones que haya hecho a sus expensas, incluido el derecho a la tierra flor (facultad del arrendatario de llevar consigo, al término del arriendo, la capa más superficial de la tierra de cultivo, determinante de su productividad).

Pérdida de la finca (LAR art.24.a) El arrendamiento termina por la pérdida del total de la finca arrendada. 3855

Por pérdida de la cosa no solamente se entiende su **destrucción material**, completa o parcial, sino cualquier cambio esencial que la haga perder, total o parcialmente, aptitud para el fin al que se destinaba.

A diferencia de la LAR/80, la vigente LAR omite toda referencia a la **culpa** en la pérdida de la cosa arrendada. En ausencia de expreso pacto entre las partes, hay que acudir como derecho supletorio a las disposiciones comunes del Código Civil en esta materia.

El arrendatario es **responsable de la pérdida y deterioro** que tenga la cosa arrendada a no ser que pruebe que se ha ocasionado sin culpa suya (CC art.1563): Es una presunción *iuris tantum* de culpabilidad contra el arrendatario, que le obliga a demostrar que el evento dañoso se produjo sin incurrir en negligencia de clase alguna. Al estar la cosa en poder del arrendatario, su pérdida o deterioro es imputable, en principio, al mismo, si bien puede **eximirse de responsabilidad** probando que la pérdida o deterioro no es debido a culpa suya (TS 12-2-01, EDJ 431).

En caso de **pérdida parcial**, el arrendatario tiene opción para continuar en el arriendo, reduciendo proporcionalmente la renta.

La **opción** para continuar en el arriendo corresponde exclusivamente al arrendatario, no al arrendador. Dicha opción debe ser comunicada, en cualquier caso, al arrendador. Esta comunicación no requiere en la norma forma alguna, admitiéndose incluso la verbal. La cuestión práctica reside en la posterior prueba de la existencia de la notificación.

Precisiones La LAR/80 art.82 establecía **diferentes consecuencias** a efectos de indemnización según cual fuera la causa de pérdida de la finca:
- si se debía a un caso fortuito o fuerza mayor, no había derecho a indemnización para ninguna de las partes;
- si se debía a culpa o dolo de una de las partes, la otra tenía derecho a la indemnización correspondiente.

3859 **Régimen autonómico** En **Cataluña**, si la finca se pierde en parte, el arrendatario puede optar por la extinción total del contrato de arrendamiento o por dejarlo subsistente en la parte que quede de la finca, con la reducción proporcional de la renta (CCC art.623.21).

3860 **Expropiación forzosa de la finca** (LAR art.24.a) La finca expropiada se adquiere libre de cargas (LEF art.8), por lo que la expropiación forzosa produce la extinción de los arrendamientos. Si la expropiación forzosa es sólo **parcial**, el arrendatario tiene opción para continuar en el arriendo, reduciendo proporcionalmente la renta, y tiene derecho a la indemnización que haya fijado la Administración.

Precisiones La **ocupación administrativa** de la finca expropiada sólo puede realizarse cuando los titulares de los derechos han percibido la indemnización que les corresponde (REF art.52).
La autoridad a quien corresponda, **notificará a los ocupantes** de la finca expropiada el plazo en que deben desalojarla, de acuerdo con las circunstancias (REF art.53).
Los **desahucios y lanzamientos** que exija la ocupación de las fincas expropiadas tienen carácter administrativo (REF art.54).

3862 **Indemnización al arrendatario** La Administración o entidad expropiante tiene que abonar al arrendatario, previa fijación por el Jurado de Expropiación, la **indemnización** que corresponda, aplicándose para determinar su cuantía las normas de la legislación de arrendamientos (LEF art.44).
El arrendatario **puede reclamar** al expropiante (LAR disp.adic.2ª):
• El importe de **una renta anual actualizada** y, además, el de una cuarta parte de dicha renta por cada año o fracción que falte para la expiración del período mínimo o el de la prórroga legal en que se halle. Cuando la expropiación es parcial, estos importes se refieren a la parte de renta correspondiente a la porción expropiada.
• El importe de lo que el arrendador deba por **gastos y mejoras.** El expropiante descontará esta cantidad del justo precio que debe abonar al arrendador.
• Que la expropiación forzosa comprenda la **totalidad** de la finca arrendada, si la conservación del arrendamiento sobre la parte de la finca no expropiada resulta antieconómica para el arrendatario, aunque se reduzca la renta.
• El importe de las **cosechas pendientes** que pierda con la expropiación.
• La indemnización de los **daños y perjuicios** que sufra la explotación agrícola de la que el arrendamiento sea uno de los elementos integrantes.
• La indemnización que comporte el **cambio de residencia**, en su caso.
• El **premio de afección** calculado sobre el importe total (en todos los casos de expropiación se abona al expropiado, además del justo precio, un 5% como premio de afección).

3863 **Plusvalor de la finca** En los casos de fincas que tengan la **condición de rústicas** al iniciarse el arrendamiento y adquieran un plusvalor en el expediente de expropiación por corresponderles en tal momento distinta calificación, el **propietario expropiado** debe abonar al arrendatario, con cargo a dicho plusvalor, una doceava parte del precio de la tierra por cada año que le reste de vigencia al contrato, valorada la tierra según el precio que tengan las fincas rústicas similares a la arrendada y sin que lo que abone el propietario pueda alcanzar nunca el valor total atribuido a las fincas ni la mitad del plusvalor.

3865 **Expropiaciones especiales** En los casos de expropiación por causas de **interés social, zonas regables u otros** en los que el arrendatario tenga un derecho preferente a que se le adjudique otra explotación en sustitución de la expropiada debe tenerse en cuenta esta circunstancia para disminuir equitativamente la cuantía de la indemnización.

3867 **Régimen autonómico** Se establecen los siguientes sistemas:
• **Cataluña** (CCC art.623-21). Si la finca es expropiada en parte, el arrendatario puede optar por la extinción total del contrato de arrendamiento o por dejarlo subsistente en la parte que quede de la finca, con la reducción proporcional de la renta.
• **Comunidad Valenciana** (L C.Valenciana 3/2013 art.48). En caso de expropiación total o parcial de la finca arrendada, se produce la extinción del arrendamiento o su modificación, según proceda.

El arrendatario, sin perjuicio de los demás derechos que le atribuye la legislación del Estado para este supuesto, tiene derecho a una indemnización por el concepto exclusivo de extinción o reducción del contrato.

Expiración del plazo (LAR art.24.b) El arrendamiento termina por la expiración del término convencional o legal y de la prórroga (nº 3690), en su caso. **3870**

Aunque en los arrendamientos de cosas en general, si el arrendamiento se ha hecho por tiempo determinado, concluye el día prefijado sin necesidad de requerimiento (CC art.1656), en el caso de los arrendamientos de fincas rústicas, para **recuperar la posesión** de las fincas al término del plazo contractual o de cada una de sus prórrogas, el arrendador debe notificárselo fehacientemente al arrendatario con un año de antelación para evitar que se prorrogue (nº 3690).

Si el arrendatario no entrega la posesión, el arrendador puede acudir al juicio verbal de desahucio (nº 10345).

Desistimiento unilateral del arrendatario (LAR art.24.d) El arrendatario puede poner término al arrendamiento por su propia voluntad siempre que cumpla dos **requisitos**: **3872**

- hacerlo al término del año agrícola;
- notificárselo al arrendador con un año de antelación.

Al no hacer diferencia el texto legal, el desistimiento del arrendatario **puede producirse** tanto dentro del plazo de duración fijado en el contrato, ya sea el mínimo legal (nº 3690) o el más amplio establecido, o durante cualquiera de las prórrogas (nº 3690).

La Ley no exige que la **comunicación** sea fehaciente, por lo que existe libertad de forma, y **puede acreditarse** por cualquier medio de prueba, incluido el de presunciones. Incluso se puede admitir la notificación verbal, siempre que se realice en presencia de varios testigos. No obstante, es recomendable que la notificación se sustancie, al menos, a través de telegrama o burofax con acuse de recibo, a efectos de probar que se ha efectuado y que se ha hecho con el plazo legal requerido.

Si el arrendatario puede acreditar el **cumplimiento** de estos dos requisitos, su desistimiento es acorde a la Ley y no debe abonar indemnización alguna al arrendador.

Si, por el contrario, el arrendatario desiste del contrato **sin cumplir** estos requisitos, debe indemnizar al arrendador por la frustración de sus legítimas expectativas económicas derivadas de su incumplimiento contractual.

Terminación del derecho del arrendador (LAR art.10 y 24.g) Los arrendamientos otorgados por usufructuarios, superficiarios, enfiteutas y cuantos tengan un análogo derecho de goce sobre la finca o la explotación se resuelven al extinguirse el derecho del arrendador. **3875**

Como **excepción**, en el caso de que no haya terminado el año agrícola, subsisten hasta que este concluye.

También **pueden subsistir** durante el tiempo concertado en el contrato, si este excede de la duración de aquellos derechos, cuando a su otorgamiento concurrió el propietario.

Para que el arrendador que pierde su derecho de dominio, deba **indemnizar** al arrendatario, es preciso que se acredite mala fe por su parte (TS 28-9-87, EDJ 6738).

Precisiones El **fallecimiento del arrendador-usufructuario** supone la terminación del contrato de arrendamiento rústico. La muerte del usufructuario extingue el usufructo (CC art.513.1), lo que conlleva la resolución del contrato de arrendamiento (CC art.480). La extinción del contrato de arrendamiento se produce desde el mismo instante del fallecimiento, si bien subsiste hasta la finalización del año agrícola (AP Cáceres 13-9-04, EDJ 135881).

Resolución por el arrendador (LAR art.25) El contrato puede resolverse a instancia del arrendador, en todo caso, si se dan alguna de estas **dos circunstancias**: **3878**

- incumplimiento o conducta inadecuada del arrendatario;
- quedar el contrato fuera del ámbito de aplicación de la LAR (nº 3550 s.).

Incumplimiento del arrendatario (LAR art.25) El **arrendador** puede resolver el contrato si el arrendatario lleva a cabo alguna de las **conductas** siguientes: **3880**

• Faltar al **pago de la renta** y de las cantidades asimiladas a la misma. En el momento en que el arrendatario deja de abonar la renta pactada en la fecha convenida, nace a favor del arrendador el derecho a resolver el contrato utilizando el correspondiente juicio de desahucio (nº 10345).

Con carácter general, el **retraso** de unos días en el pago de la renta no se equipara al impago o incumplimiento, si bien, las circunstancias del caso concreto pueden determinar lo contrario. Por ejemplo, cuando la renta que se paga es la anual y se trata de una situación reiterada (AP Toledo 20-9-04, EDJ 143648).

Una prolongada pasividad por parte del arrendador en el cobro de las rentas se califica como de **falta de cobro** imputable a la parte arrendadora, que excluye el impago reprochable al arrendatario (AP Asturias 15-12-05, EDJ 235670).
Se reconoce al arrendatario el derecho de **enervación de la acción** de desahucio en los mismos términos previstos en las leyes procesales para los desahucios de fincas urbanas (nº 10393).
• Incumplir gravemente la **obligación de mejora o transformación** de la finca, a las que el arrendatario se haya comprometido en el contrato y a aquellas otras que vengan impuestas por norma legal o resolución judicial o administrativa.

3884 • No **explotar la finca**, aun parcialmente, o destinarla, en todo o en parte, a fines o aprovechamientos distintos a los previstos contractualmente, salvo en los casos impuestos por programas y planes, cuyo cumplimiento sea necesario para la percepción de ayudas o compensaciones en aplicación de la normativa estatal, autonómica o comunitaria aplicable.
El arrendatario **tiene el deber** de cultivar la finca y explotarla en el sentido propio de obtener frutos y aprovechamientos. Es connatural con el arrendamiento que el no uso o no cultivo voluntario por parte del arrendatario tiene que llevar a admitir la resolución a petición del arrendador. El abandono del cultivo lleva como consecuencia inevitable al **deterioro de la finca**, el que esta vaya perdiendo utilidad hasta poder perjudicarse de modo casi irreversible, o por lo menos, de modo que sea muy difícil y muy costoso volver a ponerla en explotación, y tiene que permitir al arrendador pedir la resolución del contrato (AP Valencia 9-3-11, EDJ 200416).
• **Subarrendar o ceder** el arriendo con incumplimiento de alguno de los requisitos indicados en el nº 3830.

3886 • Causar graves **daños en la finca**, con dolo o negligencia manifiesta. Para **apreciar los daños** se debe tomar como punto de partida la atención, cuidado, cultivo y tratamiento de las tierras arrendadas (TS 12-4-85, EDJ 7284).
Corresponde al arrendador **probar**:
- la existencia del daño;
- que este tiene su origen en dolo o negligencia manifiesta del arrendatario;
- que el daño tiene gravedad suficiente para dar lugar a la resolución del contrato.

Solo probados estos extremos, puede el arrendador exigir la reparación y proceder al desahucio del arrendatario.
El daño no puede ser justificado por la obtención de una **mayor rentabilidad o productividad** de la finca. No cabe confundir mejora de la productividad a corto plazo, en provecho del arrendatario mientras dure el contrato, con beneficio de la finca, ya que ello supondría sacrificar los derechos del arrendador. Equivaldría a permitir que el arrendatario estropeara la finca arrendada reduciendo su valor de futuro por aumentar a corto plazo su rentabilidad, esto es, su propio y exclusivo beneficio (TS 17-3-04, EDJ 12726).

3887 **Inaplicación de la LAR** Si, vigente el contrato, **sobreviene** alguna de las circunstancias que excluyen la aplicación de la LAR (nº 3550 s.), el arrendador puede poner término al arrendamiento con un plazo de preaviso de un año.
Se aplica igualmente al **arrendamiento de explotaciones**, cuando las circunstancias contempladas afectan a las fincas que las integran o a otros de sus elementos en una proporción superior al 50%.

3889 **Régimen autonómico** Se establece el siguiente régimen:
• **Cataluña** (CCC art.623-20). El incumplimiento por una de las partes de obligaciones contractuales o legales da derecho a la otra, si ha cumplido las que le corresponden, a resolver el contrato. La parte que ha cumplido sus obligaciones tiene derecho a resolver el contrato y a la indemnización por los daños y perjuicios sufridos, si bien también puede optar por reclamar la indemnización y mantener el contrato.
Son **casos de incumplimiento** por parte del arrendatario:
- dejar de cultivar la finca por abandono o destinarla a un uso distinto de los establecidos;
- dañar o agotar gravemente la finca o sus producciones;
- subarrendar la finca sin consentimiento del arrendador;
- no pagar la renta convenida en el contrato;
- no llevar a cabo las mejoras acordadas;
- realizar obras voluntarias de mejora con la oposición del arrendador o sin haber efectuado la notificación correspondiente;
- incumplir las obligaciones convenidas o que derivan de la ley, las buenas prácticas agrarias y el uso y costumbre de la comarca.

• **Galicia** (L Galicia 2/2006 art.113). El arrendador puede resolver el arrendamiento por cualquiera de las causas siguientes: 3890
- falta de pago de la renta o no haberse realizado la mejora convenida;
- no haber respetado el destino de la finca o el tipo de cultivo pactado;
- haber dejado de explotar la finca durante un periodo de, al menos, 2 años consecutivos;
- haber causado graves daños en la finca de forma dolosa o culposa;
- subarrendamiento o cesión inconsentida;
- cualquier otro grave incumplimiento de las obligaciones contractuales o legales.

• **Comunidad Valenciana** (L C.Valenciana 3/2013 art.49). Son causas de resolución del contrato las previstas en la legislación de arrendamientos rústicos del Estado (nº 3878).
En particular, son causas de resolución, a instancias del arrendador el subarriendo de la finca y la cesión del contrato en supuestos distintos de los previstos en la Ley.

Otras causas Además de las indicadas anteriormente, el contrato de arrendamiento puede finalizar por las siguientes causas: 3895

• **Mutuo acuerdo** de las partes (LAR art.24.c). Si el acuerdo de terminación del contrato tiene lugar durante el periodo legal de duración mínima del contrato (nº 3690), con el acuerdo el arrendatario está aceptando la **renuncia** al resto del periodo de contrato. Esta renuncia es perfectamente válida. Cosa distinta es que dicha renuncia se pacte en el contrato, que sería nula.

• **Muerte del arrendatario** persona física (LAR art.24.e), si no se produce la subrogación de sus sucesores (nº 3815).

• **Extinción de la personalidad jurídica del arrendatario** (LAR art.24.e), cuando el arrendatario es una persona jurídica o comunidad de bienes.
La **extinción de la persona jurídica** social se realiza por medio de un proceso de disolución y liquidación que termina la liquidación, en sentido amplio, con la satisfacción de los acreedores, la determinación de la cuota del activo social correspondiente a cada acción o participación y la realización del reparto a los socios (TS 25-7-12, EDJ 197373). No obstante, la cancelación de los asientos registrales de una sociedad no implica la efectiva extinción de su personalidad jurídica, la cual no se produce hasta el agotamiento de todas las relaciones jurídicas que la sociedad entabló (TS 27-12-11, EDJ 338567).

• **Rescisión del contrato** (LAR art.26). Ambas partes pueden rescindir el contrato en caso de **incumplimiento** por parte de la otra de la obligación de satisfacer gastos de conservación y mejoras.

• Contrato **otorgado por representante legal** (LAR art.9.4) Cuando el titular de la finca es un **menor** y el arrendamiento se celebra por su padre o tutor, el menor puede poner fin al contrato una vez **emancipado**, siempre que haya transcurrido la duración mínima legalmente prevista y lo comunique al arrendatario en el plazo de 6 meses desde que alcanzó dicho estado o, en su caso, desde que falte un año para que se cumpla el plazo mínimo de duración. En todo caso, la denuncia del contrato no surte efecto hasta transcurrido un año desde su realización.

CAPÍTULO 7

Aparcería

1. Derecho común

En el contrato de aparcería, el **titular** de una finca rústica o de una explotación agraria cede temporalmente su uso y disfrute o el de alguno de sus aprovechamientos, así como el de los elementos de la explotación, ganado, maquinaria o capital circulante, conviniendo con el **cesionario aparcero** el reparto de los **productos** por partes alícuotas en proporción a sus respectivas aportaciones. 3910

Lo que resulta decisivo para **determinar el contrato** es que no se establezca precio o renta fija alguna, y que la cesión de la finca lo sea a cambio de una parte de los productos, con independencia de que estos se cuantifiquen en metálico (TS 17-2-06, EDJ 15971).

En defecto de pacto expreso, normas forales, Derecho especial y costumbre, el **régimen jurídico aplicable** es el previsto en la LAR art.28 a 32 y, con carácter supletorio, las normas sobre arrendamientos rústicos contenidas en dicha norma sobre: 3912
- partes contratantes (nº 3630 s.);
- formalismos del contrato (nº 3620 s.);
- gastos y mejoras (nº 3730 s.);
- enajenación (nº 3785 s.); y
- subarriendo (nº 3830 s.).

Relación laboral (LAR art.28.2 y 30) Salvo pacto en contrario, **se presume** que el contrato de aparcería no comprende relación laboral alguna entre cedente y cesionario. En el caso de que las partes **pacten expresamente** esa relación, al contrato se le aplica, junto a la LAR, la legislación correspondiente. 3915

Como **excepción**, en los contratos en los que el aparcero aporta únicamente su trabajo personal y, en su caso, una parte del capital de explotación y del capital circulante que no supere el 10% del valor total, se le debe garantizar el IPREM correspondiente al tiempo de la actividad que dedique al cultivo de las fincas objeto del contrato y cumplir, en general, lo dispuesto en la legislación laboral y de Seguridad Social.

Precisiones Aunque la relación laboral no es necesariamente **incompatible** con la aparcería cuando existe pacto expreso sobre el particular, la ausencia de prueba en torno a ese convenio, hace operativa la presunción que contempla la norma, esto es, la de la no coexistencia de ambas modalidades contractuales, de donde se desprende que, admitida expresamente la relación laboral, queda automáticamente excluida la de aparcería (AP Lleida 1-9-98, EDJ 26589).

Duración (LAR art.31) La duración del contrato de aparcería es la **pactada libremente** entre las partes. 3920

A **falta de pacto** relativo a la duración del contrato de aparcería, se estima que dura un año agrícola. Se entiende **prorrogado** por un período de un año, en los mismos términos señalados para los arrendamientos rústicos en el nº 3690.

Si se conviene la aparcería para la realización de un **cultivo determinado**, exceptuándose los leñosos permanentes, y siempre que dicho cultivo tenga una duración superior a un año, el **plazo mínimo** de duración es el tiempo necesario para completar una rotación o ciclo de cultivo.

En los contratos de **duración anual o inferior**, la notificación previa de finalización del contrato debe efectuarse, al menos, con 6 meses de antelación.

Si al finalizar el contrato de aparcería, el titular de la finca pretende realizar un contrato de arrendamiento, el aparcero tiene **derecho preferente**, en igualdad de condiciones, a suscribir el nuevo contrato, así como a las prórrogas legales, deduciendo de las mismas el tiempo que duró, anteriormente, la aparcería.

3925 **Mejoras** (LAR art.28) Con carácter general, el contrato de aparcería se rige por lo establecido para el arrendamiento rústico sobre gastos y mejoras (nº 3730 s.).
Como **excepción**, las mejoras impuestas por ley o por resolución judicial o administrativa firmes o acuerdo firme de la comunidad de regantes correspondiente, deben llevarse a cabo por las partes con arreglo a lo pactado entre ellas o, en defecto de pacto, puede resolverse el contrato a instancia del cedente o del cesionario.

3930 **Obligaciones de las partes** Sigue el mismo régimen establecido en la LAR para el arrendamiento rústico (nº 3730 s.).
Elemento sustancial de la aparcería es la **participación del cedente en los productos**, para lo que se hace indispensable una liquidación de los frutos y productos obtenidos. El arrendatario ha de cumplir con la obligación de liquidar los frutos obtenidos y adjudicarlos al arrendador.
La liquidación se compone de **varias operaciones** destinadas a la entrega al cedente de la parte de los frutos pactada en el contrato:
- relación de los frutos obtenidos con especificación de la clase, cantidad y calidad;
- relación de anticipos realizada por cada uno de los comuneros;
- división contable de los productos según el reparto establecido en el contrato;
- deducción de los anticipos de cada uno de los comuneros;
- separación de los frutos de cada uno de los contratantes;
- adjudicación a cada uno de los contratantes.

La **relación de los frutos** obtenidos con especificación de la cantidad, calidad y número, es la base sobre la que se asientan las posteriores operaciones de liquidación hasta llegar a la adjudicación. Es **obligación esencial** del aparcero comunicar con suficiente antelación al cedente la fecha y hora de la recolección de los frutos para que tenga la oportunidad de comprobar la cantidad, calidad y número de los frutos obtenidos en la cosecha (AP Zamora 30-7-04, EDJ 141282).
La **omisión de las liquidaciones** por parte del aparcero puede dar lugar al ejercicio de las acciones encaminadas a que rinda cuentas de su actividad, pero no existe ningún obstáculo que impida al cedente el ejercicio de las acciones en reclamación de los productos que le corresponden como consecuencia del contrato, toda vez que la determinación del importe de los productos imputables al cedente puede hacerse en el propio pleito mediante la práctica en el mismo de las diversas operaciones que conducen a la fijación del importe líquido de los productos (AP Soria 27-2-04, EDJ 23502).

3933 **Extinción y resolución** El incumplimiento de la **obligación de liquidación** de frutos constituye un incumplimiento grave y es causa de resolución de la relación contractual (LAR art.25 y 29; AP Murcia 1-6-12, EDJ 135807).
También es causa de resolución la existencia de **errores en las cuentas** o la inclusión de **partidas no justificadas** o cuyo importe no le corresponde abonar al propietario, lo que se traduce en la falta de entrega a este de la parte proporcional del producto de las cosechas, lo que es tanto como afirmar la deslealtad del aparcero por el quebranto de la confianza que siempre ha de existir entre ambas partes (AP Granada 20-10-03, EDJ 152214).

Precisiones No es suficiente con dirigir un **burofax** a la otra parte ofreciéndole reunirse con ella para liquidar el año agrícola pasado, es preciso remitir cuenta detallada y justificada de ingresos, anticipos y gastos, con su división y adjudicación, lo que no se cumple cuando se limita a ponerse a su disposición para la liquidación de frutos (AP Zamora 21-2-01, EDJ 1859).

3935 **Aparcería asociativa** (LAR art.32) La aparcería asociativa es el contrato en que dos o más personas **aportan o ponen en común** el uso y disfrute de fincas, capital, trabajo y otros elementos de producción, con la **finalidad** de constituir una explotación agrícola, ganadera o forestal, o de agrandarla, acordando repartirse el beneficio que obtengan proporcionalmente a sus aportaciones.
Se rigen por las reglas de su constitución y, en su defecto, por las del contrato de sociedad, sin perjuicio de que les sean también aplicables, en su caso, las reglas sobre gastos y mejoras establecidas para los arrendamientos (nº 3730 s.).

Precisiones Estamos ante un contrato de aparcería asociativa cuando no se trata estrictamente de la cesión de finca rústica y equipamiento o ganado para la explotación por el aparcero con ánimo de distribuirse las ganancias en la proporción acordada, sino de la **puesta en común** de trabajo y bienes que incluye la participación de la misma entidad propietaria, que se compromete a realizar los trabajos agrícolas de preparación del terreno; lo cual conduce a las propias reglas contractuales y, subsidiariamente, al régimen del contrato de sociedad (AP Granada 2-12-16, EDJ 269497).

2. Cataluña

(CCC art.623-30 a 623-32)

En el contrato de aparcería el propietario cede al aparcero la explotación de una finca rústica a cambio de una participación en los productos obtenidos, con contribución o sin contribución del propietario en los gastos. Las **partes correspondientes** al aparcero y al propietario pueden convenirse libremente sin que deban corresponder al valor de su contribución en la explotación de la finca. 3950

Obligaciones del aparcero (CCC art.623-31) El aparcero debe cumplir las siguientes obligaciones: 3955
• Informar adecuadamente al propietario sobre el **desarrollo del cultivo** y, si procede, sobre las demás actividades de la explotación, independientemente del derecho del propietario a efectuar las comprobaciones que considere convenientes.
• Avisar con anticipación al propietario para que, si quiere, pueda **presenciar la recolección** de los productos obtenidos con el cultivo de la finca.
• Salvo pacto en contrario, realizar la **comercialización** de los productos de la explotación.
• **Rendir cuentas** al propietario con la periodicidad convenida o, en defecto de pacto, según el uso y costumbre de la comarca.

Extinción de la aparcería (CCC art.623-32) Son **causas específicas** de resolución del contrato de aparcería: 3960
- la manifiesta deficiencia en el cultivo de la finca;
- el incumplimiento de los deberes de información y comunicación a cargo del aparcero;
- la deslealtad en perjuicio del propietario en el cómputo de la parte que le corresponde y en la entrega de los productos de la finca.

3. Galicia

(L Galicia 2/2006 art.127 a 146)

Se define como la cesión por un contratante a otro del disfrute de ciertos bienes, conviniendo en repartirse en partes alícuotas los frutos o rendimientos (L Galicia 2/2006 art.127.1). 3970
Se rige por el título constitutivo y, en lo no previsto en el mismo, por las normas de la L Galicia 2/2006. En su defecto, por los usos y costumbres (L Galicia 2/2006 art.127.1).
Pueden ser **objeto** de la aparcería agrícola las fincas rústicas de cualquier clase, sin que pierda su carácter por el hecho de comprender la casa de labor y sus dependencias (L Galicia 2/2006 art.128).

Hay **tres tipos** de contrato de aparcería (L Galicia 2/2006 art.127.2): 3973
- **Lugar acasarado** (nº 3575). Es la que tiene por objeto el conjunto de elementos que constituyen una unidad orgánica de explotación (L Galicia 2/2006 art.129).
- **Pecuaria**. Pueden ser objeto de la aparcería pecuaria los animales susceptibles de aprovechamiento en la agricultura, industria o comercio (L Galicia 2/2006 art.130).
- **Forestal de nuevas plantaciones**. Constituye su objeto la creación, mantenimiento y posterior participación en plantaciones de arbolado (L Galicia 2/2006 art.131).

No se exige una **forma** determinada, el contrato es obligatorio independientemente de la misma. No obstante, las partes pueden obligarse recíprocamente a la formalización del contrato en documento público o privado. Si la aparcería es pecuaria puede obligarse a llevar un cuaderno según es costumbre (L Galicia 2/2006 art.132). 3976

La **duración** de la aparcería es la que estipulen las partes de común acuerdo (L Galicia 2/2006 art.133.1). El plazo de duración fijado en el contrato, solo es **prorrogable** por acuerdo expreso de las partes (L Galicia 2/2006 art.134). 3979
En defecto de pacto y de costumbre, la Ley establece los siguientes plazos para cada tipo de aparcería:

Agrícola	El tiempo necesario para completar una rotación o ciclo de cultivo
Lugar acasarado	5 años
Pecuaria	1 año
Nuevas plantaciones	20 años

En defecto de costumbre, el contrato se **reconduce tácitamente** si al menos con 6 meses de antelación a la finalización del mismo o a la de cualquiera de sus prórrogas ninguna de las partes notifica a la otra su voluntad de que concluya (L Galicia 2/2006 art.135).
La reconducción tiene la siguiente **duración**:
- en la aparcería agrícola y del lugar acasarado, por el tiempo necesario para completar una rotación o ciclo de cultivo; y
- en la aparcería pecuaria, por el plazo de un año.

3980 **Obligaciones del cedente** (L Galicia 2/2006 art.136) El cedente tiene que cumplir las siguientes obligaciones:
- entregar al aparcero las fincas, ganado y todo cuanto constituye la aportación convenida;
- garantizar al aparcero el disfrute pacífico y útil de lo que aporte;
- satisfacer la parte que le corresponda de las contribuciones, seguros, semillas, abonos y otros elementos necesarios para obtener los productos propios de los bienes cedidos.

3982 **Obligaciones del aparcero** (L Galicia 2/2006 art.137 y 138) Además de las obligaciones derivadas de los **usos y costumbres**, en cada tipo de aparcería, son obligaciones del aparcero:
- **Entregar** la parte alícuota de los productos que corresponda, conforme al pacto o uso, en el lugar, plazo y forma convenida. Para ello, el aparcero tiene que comunicar con suficiente antelación al cedente o a su representante la fecha señalada para la percepción de los productos obtenidos. Si dado el aviso, no comparece el cedente o un representante en la fecha señalada, el aparcero puede levantar la cosecha o percibir los productos, adjudicándose la parte que le corresponda.
- **Usar la finca** de conformidad con lo previsto en el contrato, destinándola al cultivo o explotación convenido o a lo más acorde con su naturaleza, y obtener los rendimientos conforme a la diligencia de un buen labrador.
- **Devolver la finca** al concluir la aparcería tal y como la recibió, con sus accesiones y salvo los menoscabos que se hubieran producido por su utilización al uso del buen labrador. Ante la falta de expresión del estado de las fincas en el momento de concertarse la aparcería, se presume que se recibieron en buen estado, salvo prueba en contrario.

3983 **Obras y mejoras** (L Galicia 2/2006 art.139 y 140) Se está a lo establecido para el arrendamiento rústico (nº 3750).

3984 **Derecho de adquisición preferente** (L Galicia 2/2006 art.146) En caso de transmisión, a título oneroso, de una finca o un lugar acasarado cedidos en aparcería, o de porción determinada de los mismos, el aparcero puede ejercitar el derecho de **tanteo y retracto** con los mismos requisitos, condiciones y efectos que para los arrendatarios de fincas rústicas o del lugar acasarado.

3985 **Extinción y resolución del contrato** La aparcería **se extingue** por (L Galicia 2/2006 art.141):
- transcurso del plazo estipulado, de sus prórrogas o del periodo de tácita reconducción;
- pérdida o expropiación de los bienes dados en aparcería.
La **muerte o imposibilidad física** del aparcero para el trabajo no es causa de extinción de la aparcería, que puede ser continuada por aquellas personas y en las mismas condiciones que en el arrendamiento rústico (nº 3820). La aparcería subsiste hasta el final del correspondiente año agrícola.
La **enajenación de la finca** no afecta al contrato de aparcería. El adquirente se subroga en todas las obligaciones del cedente (L Galicia 2/2006 art.143).

3986 Son **causas de resolución** del contrato de aparcería (L Galicia 2/2006 art.142):
- el incumplimiento por el aparcero de lo pactado o, en su caso, de lo que resulte de los usos y costumbres, en lo que respecta a la explotación de los bienes cedidos;
- la deslealtad o el fraude, por parte del aparcero, en la valoración o entrega al cedente de la parte de frutos que le corresponda;
- el daño grave causado, dolosa o culposamente, por el aparcero en los bienes objeto de la aparcería o en sus frutos;
- la extinción del derecho que el cedente tenía sobre los bienes cedidos, subsistiendo los efectos de la aparcería agrícola hasta el final del año agrícola en curso;
- cualquier otro grave incumplimiento de las obligaciones a cargo de alguna de las partes.

PARTE IV

Otros arrendamientos

3995

CAPÍTULO 8

Alquiler turístico

La calificación de un arrendamiento como turístico, excluye la aplicación al mismo de la LAU. Son las **comunidades autónomas** las que regulan las denominadas viviendas turísticas, haciendo uso de sus propias definiciones y terminología. El Código Civil opera como norma supletoria en los aspectos no contemplados por la normativa autonómica, y es de directa aplicación en aquellas comunidades que carecen de ella. 4005

A los efectos de excluirlos de su ámbito de aplicación, la LAU define, con carácter general, lo que ha de considerarse una vivienda de uso turístico (LAU art.5.e):

- la que se cede en su **totalidad** de forma temporal;
- amueblada y equipada en condiciones de **uso inmediato**;
- con una **finalidad lucrativa**; y
- bajo las condiciones establecidas en su propia **normativa sectorial**.

Asimismo, como característica esencial y definitoria de este tipo de arrendamientos, es necesario que la vivienda **se comercialice o promocione** en un canal de oferta turística o de cualquier otra forma.

Precisiones **1)** Desde el **6-3-2019**, la caracterización de un arrendamiento como de vivienda turística, ya no se realiza sobre la circunstancia de que este se comercialice en un canal de oferta turística, sino que, ampliando el **ámbito objetivo**, se produce una remisión al régimen específico que le sea aplicable en función de la normativa sectorial autonómica, con independencia de la forma en que se promocione dicho alquiler. Se mantiene, no obstante, la exclusión en la aplicación de la LAU, una vez se determine por este medio que se trata de un arrendamiento de vivienda turística.

2) Tradicionalmente estas viviendas se alquilaban bajo contratos de arrendamiento para uso distinto de vivienda, en concreto de **temporada**, quedando, hasta 6-6-2013 en que se excluyen, incluidos en el ámbito de aplicación de la LAU.

3) La **Comisión Nacional de los Mercados y la Competencia** se ha pronunciado en diversas ocasiones sobre asuntos relacionados con el alquiler turístico, pues la regulación de esta actividad debe respetar la libertad de empresa de la Const art.38. Asimismo, la CNMC alerta sobre la disparidad normativa y la excesiva regulación, tanto autonómica como local, de este tipo de alojamientos (E/CNMC/003/18).

A continuación se muestra un **cuadro comparativo** que incluye la legislación vigente de cada comunidad autónoma y la terminología usada para este ámbito en cada una de ellas. 4010

Comunidad Autónoma	Normativa	Terminología
Andalucía	• L Andalucía 13/2011, de turismo • D Andalucía 28/2016, de viviendas con fines turísticos	Viviendas con fines turísticos (nº 4096)
Aragón	• DLeg Aragón 1/2016, de turismo • D Aragón 80/2015, reglamento de viviendas de uso turístico	Viviendas de uso turístico (nº 4110)
Asturias	• L Asturias 7/2001, de turismo • D Asturias 48/2016, de viviendas vacacionales y viviendas de uso turístico	Viviendas vacacionales (nº 4120) Viviendas de uso turístico (nº 4124)
Baleares	• L Baleares 8/2012, de turismo	Estancias turísticas en viviendas (nº 4136) Alquiler de vivienda principal (nº 4138)
Canarias	• L Canarias 7/1995 de turismo • D Canarias 113/2015, de viviendas vacacionales	Viviendas vacacionales (nº 4146)
Cantabria	• L Cantabria 5/1999, de turismo • D Cantabria 225/2019, de viviendas de uso turístico	Vivienda de cesión completa (nº 4158) Vivienda de cesión compartida (nº 4160)

Comunidad Autónoma	Normativa	Terminología
Castilla-La Mancha	• L Castilla-La Mancha 8/1999, de turismo • D Castilla-La Mancha 36/2018, de apartamentos turísticos y las viviendas de uso turístico	Viviendas de uso turístico (nº 4168)
Castilla y León	• D Castilla y León 3/2017, de establecimientos de alojamiento en la modalidad de vivienda de uso turístico	Vivienda de uso turístico (nº 4176)
Cataluña	• D Cataluña 75/2020, de turismo	Vivienda de uso turístico (nº 4186)
Extremadura	Sin regulación específica, se aplica: L Extremadura 2/2011, de desarrollo y modernización del turismo D Extremadura 182/2012, de ordenación y clasificación de los apartamentos turísticos	Apartamento turístico (nº 4192)
Galicia	• L Galicia 7/2011, de turismo • D Galicia 12/2017, de los apartamentos turísticos, viviendas turísticas y viviendas de uso turístico	Vivienda turística (nº 4196) Vivienda de uso turístico (nº 4198)
La Rioja	• L La Rioja 2/2001, de turismo • D La Rioja 10/2017, de ordenación de apartamentos turísticos, viviendas turísticas y viviendas de uso turístico	Viviendas de uso turístico (nº 4206)
Madrid	• L Madrid 1/1999, de turismo • D Madrid 79/2014, de apartamentos turísticos y viviendas de uso turístico	Viviendas de uso turístico (nº 4214)
Murcia	• L Murcia 12/2013, de turismo • D Murcia 256/2019, de apartamentos turísticos	Viviendas de uso turístico (nº 4220)
Navarra	• LF Navarra 7/2003, de turismo • DF Navarra 230/2011, de apartamentos turísticos	Vivienda turística (nº 4228)
País Vasco	• L País Vasco 13/2016, de turismo • D País Vasco 198/2013, de apartamentos turísticos • D País Vasco 101/2018, de viviendas y habitaciones de viviendas particulares para uso turístico	Viviendas para uso turístico (nº 4234) Alojamiento en habitaciones de viviendas particulares para uso turístico (nº 4238)
Comunidad Valenciana	• L C. Valenciana 15/2018, de turismo • D C.Valenciana 10/2021, reglamento de alojamientos turísticos	Viviendas turísticas (nº 4248)

4012 **Figuras afines** Existen muchos productos turísticos o vacacionales que guardan parecido con el arrendamiento de viviendas con fines turísticos. Por otro lado, existen modalidades reguladas en alguna **normativa autonómica** que en otras comunidades autónomas se podrían encuadrar como viviendas con fines turísticos (nº 4091). A continuación se exponen algunos ejemplos de estas figuras afines.

4014 **Apartamento turístico** La vivienda de uso turístico se diferencian del apartamento turístico en que aquella se refiere a un inmueble residencial de una persona particular que lo alquila de manera intermitente y no profesional, mientras que el apartamento turístico es una modalidad de **alojamiento extrahotelero** en inmuebles no residenciales, y que forman parte de una explotación turística.

4016 **Hospedaje** El contrato de hospedaje recae, habitualmente, sobre **habitaciones** de un establecimiento turístico hotelero o extrahotelero.

Es un contrato en el que se combina el arrendamiento de un inmueble -en referencia a la habitación-, el suministro de servicios -sanitarios, agua, electricidad-, el arrendamiento de servicios -en relación con los servicios que se prestan- y el contrato de depósito en relación con los efectos o bienes que introducen (TS 20-6-95, EDJ 3618; AP Madrid 26-10-18, EDJ 642686; 30-11-04, EDJ 231755).

En este contrato se regulan las relaciones entre la entidad o persona que presta servicios de alojamiento y el cliente que busca la prestación de los servicios de forma puramente **temporal y transitoria**, sin que exista en él un ánimo de constituir el alojamiento como su residencia habitual.

Se trata de un contrato no regulado en la normativa civil, sujeto por tanto a lo que las partes puedan pactar en el mismo (CC art.1255).
Su **duración** es limitada en el tiempo por su propia naturaleza. El hospedaje no permite la perpetuación ilimitada en el tiempo del uso a favor del huésped (TS 20-6-95, EDJ 3618).
El cliente con **reserva aceptada** o una vez que se le ha admitido en el establecimiento, tiene derecho a permanecer en el uso y disfrute de la habitación durante el tiempo convenido en el contrato. La duración del tiempo de la estancia puede prolongarse o modificarse si hay acuerdo al efecto.

Aprovechamiento por turno de bienes de uso turístico (L 4/2012 art.2 y 3) Las cesiones de alojamiento de viviendas con fines turísticos no son tiempo compartido ni contratos de derechos de aprovechamiento por turnos. **4020**
El contrato de aprovechamiento por turno de bienes de uso turístico, tiene una **duración** superior a un año y, en virtud del mismo, un consumidor adquiere a título oneroso el derecho a utilizar uno o varios alojamientos para pernoctar durante más de un período de ocupación.

Apartamento con servicios hoteleros El apartamento con servicios extrahoteleros es aquel que se ofrece tanto para **periodos de alojamiento** de corta duración como de larga duración, prestando a los clientes servicios propios de una instalación hotelera, como puede ser servicio de recepción, de limpieza de habitaciones o de comida, así como acceso a servicios e instalaciones comunes. **4022**
La **característica** de este apartamento es que combina las propias de las unidades alojativas hoteleras, en cuanto a servicios disponibles, con las de los apartamentos residenciales, que suelen ser de mayor tamaño y con instalaciones propias como cocina, cuarto de lavadora o salón.

A. Contrato de cesión de uso

4024

Los contratos de alquiler turístico de vivienda se suelen instrumentar mediante un contrato específico de cesión de uso. Este contrato rige básicamente la relación entre el **titular de la vivienda** y el **usuario** o huésped de la misma. **4026**
Cada una de las partes tiene obligaciones legales y contractuales distintas y, por tanto, su régimen de responsabilidad es también diferente.

Partes Los distintos **intervinientes** en la comercialización y contratación en la cesión de uso de viviendas con fines turísticos, son los analizados a continuación. **4028**

Propietario o gestor de la vivienda Es el **dueño** del inmueble registrado como vivienda con fines turísticos. Puede ocurrir que otras personas tengan derechos sobre el inmueble que les faculten a la utilización del mismo, como puede ser un usufructuario. **4030**
El propietario o usufructuario de una vivienda no necesariamente es el gestor de la misma, sino que puede hacer **cedido el uso** de la vivienda a otra persona o entidad para que esta a su vez la pueda ceder en alojamiento a terceros.
El gestor es la persona que **explota** la vivienda y además:
• Ordena los medios para la prestación de los servicios de alojamiento en la vivienda con fines turísticos.
• Ofrece y presta el servicio de alojamiento, contratando con los clientes y autorizándolos a que puedan acceder a la vivienda y se alojen en la misma en las condiciones pactadas.
El gestor debe contar con un **título** que le habilite a ceder a su vez la vivienda a los usuarios. En la medida en que dicha cesión del uso al explotador no la realice el propietario, sino otra persona, es importante analizar si el título por el cual el cedente no propietario lo cede al explotador, permite dicha cesión.
Además de la contratación de canales de comercialización, el propietario o el explotador de la vivienda con fines turísticos opta en muchas ocasiones por **externalizar** todos o parte de los servicios turísticos que ofrecen a los clientes, de tal forma que son terceros quienes los prestan. Entre los **servicios** que más se suelen contratar están la seguridad, lavandería, limpieza y mantenimiento de la vivienda.

Precisiones En la **declaración responsable** hay que indicar que la explotación o gestión la realiza un explotador o gestor, disponiendo para ello de un título jurídico habilitante. En el caso que no se comunique a la Administración competente el nombre de un explotador, se presume que el propietario de la vivienda es también quien explota la misma, siendo la **responsable** ante la Administración y las personas usuarias de la correcta prestación del servicio, aunque en la práctica no lo haga.

4034 **Usuario, huésped o turista** El usuario es quien disfruta del servicio de alojamiento y, por tanto, siempre una **persona física**. Es el obligado a pagar las cantidades devengadas por razón del uso de la vivienda con fines turísticos.
Puede darse el caso que la contratación la haga una **tercera persona**, en cuyo caso habría una distinción subjetiva entre el contratante y el beneficiario del servicio.

4036 **Reserva de alojamiento** El contrato de reserva de alojamiento de una vivienda con fines turísticos es el **contrato** por el que el comercializador o el explotador se compromete a alojar a un usuario en un vivienda durante un periodo determinado, a cambio de un depósito monetario, en garantía del compromiso del usuario de utilizar dicho alojamiento y abonar el precio pactado por el mismo.
Es un contrato **preparatorio** del contrato de cesión de uso, de tal forma que cualquier cantidad abonada por la reserva es normalmente aplicada al precio total de la estancia.
Los **intervinientes** en este contrato suelen ser el prestador de los servicios y el cliente, si bien también es muy normal que la reserva sea pactada entre el comercializador y el cliente.
Existen modalidades de contratos de reserva en las cuales el comercializador o intermediario suscribe el contrato de reserva haciendo constar que lo hace en nombre del prestador de los servicios.

4038 **Concertación a través de página web** Conceptualmente la reserva de alojamiento concertada con el propietario de una vivienda que opere a través de una página web no tiene jurídicamente ninguna diferencia con los contratos de reserva analizados, sin perjuicio de que la **contratación** sea electrónica.
No obstante, los usuarios que acceden a las plataformas *on line*, sí suscriben un contrato directamente con dichas plataformas que no es un contrato de reserva de alojamiento.
Las plataformas más conocidas ofrecen sus servicios conforme a unas **condiciones generales de contratación** concertadas directamente entre ellas y los usuarios que visitan la página web, en las cuales se deja claro que los **servicios** que prestan las plataformas *on line* consisten en la creación de:
- **espacios de encuentro** para que los usuarios puedan obtener información y consultar anuncios de propiedades inmobiliarias ofrecidas en alquiler; o
- **mercados en línea** que permite que los oferentes de servicios de alojamientos o eventos publiquen dichos servicios y los usuarios registrados puedan acceder a ellos, y entre ambos se establezca una comunicación directa para gestionar la reservas.

4040 **Derechos y obligaciones** Los derechos y obligaciones de las partes dependen de lo previsto en el **contrato de cesión**, así como en la normativa autonómica administrativa de aplicación. Entre los derechos y obligaciones que se pueden señalar como más habituales, cabe destacar los siguientes:

4042 **Derechos** El **propietario o gestor** tiene los siguientes derechos:
- como derecho principal, percibir el precio convenido por el alojamiento;
- otros derechos son: prohibir el acceso a la vivienda a clientes que no abonen el alojamiento o pretendan alojarse más allá del tiempo convenido y retirar el equipaje de la vivienda cuando el cliente incumpla su contrato o no abandone la misma en el plazo convenido.
Por su parte, el **usuario** de la vivienda tiene los siguientes derechos:
- como derecho principal, disfrutar de la vivienda a los fines de servir de alojamiento temporal así como de las zonas comunes del establecimiento donde se ubique la vivienda, en su caso;
- otro derecho es el acceso a los servicios que el explotador de la vivienda pueda ofrecer, los cuales pueden estar sujetos al pago de precio.

4046 **Obligaciones** Entre las obligaciones del **propietario o gestor** se pueden distinguir:
• Una obligación **principal** que es la cesión temporal de un alojamiento amueblado y equipado en condiciones de uso inmediato.
• Otras obligaciones **accesorias**, que son:
- prestar los servicios adicionales contratados, tales como restauración en régimen de solo desayuno, media pensión o pensión completa;
- facilitar la información relativa a cualquier normativa de aplicación al servicio;

- resarcir los daños y perjuicios que sufra el huésped o sus bienes si existiera culpa o negligencia; y,
- custodiar dinero y objetos de valor en concepto de depositario, siempre y cuando ofrezca el servicio o se pongan cajas fuertes al efecto.

Precisiones La normativa turística autonómica regula en detalle los **servicios turísticos adicionales** que los cesionarios tienen que ofertar. Así, por ejemplo, la persona comercializadora de estancias turísticas en viviendas de uso residencial tiene que garantizar la limpieza periódica de la vivienda, antes de la entrada de nuevos clientes o durante la estancia de estos o el suministro de ropa de cama, lencería, etc. (L Baleares 8/2012 art.51).

La obligación principal del **usuario** es la de pagar el precio pactado por la cesión del uso temporal de la vivienda así como cualquier suplemento o servicio adicional. **4048**
Asimismo, **otras obligaciones** son:
- facilitar al explotador de la vivienda su nombre y el de las personas que se alojen con él en la misma;
- entregar sus documentos de identidad, estando restringido el número de personas que pueden acceder al alojamiento al número de personas contratadas que, a su vez, no pueden exceder el número de plazas alojativas;
- respetar las reglas de funcionamiento y de convivencia de la vivienda;
- conservar la unidad de alojamiento en buenas condiciones sin dañar los elementos en la misma;
- abandonar la vivienda en el plazo convenido.

Incumplimiento del contrato El incumplimiento de las condiciones del contrato de cesión de uso de una vivienda con fines turísticos por cualquiera de las partes determina el nacimiento de la **obligación de indemnizar** a la parte cumplidora por los daños que se causen. **4050**
El incumplimiento da lugar a la **responsabilidad contractual** con la obligación de reparación del daño causado (CC art.1101).
Los posibles incumplimientos del usuario son los siguientes:
- falta de pago del precio;
- falta de diligencia en la conservación y mantenimiento de la vivienda, su mobiliario e instalaciones;
- incumplimiento de las normas de convivencia del edificio donde se sitúe la vivienda turística; y
- falta de identificación.

El incumplimiento de la **obligación de pago**, si tiene lugar con carácter previo a la entrada, como es lo habitual, o la negativa a identificarse, faculta al cedente a denegar la entrada y posiblemente a retener cualquier depósito, en función de los términos que se hayan pactado.
La **falta de diligencia** en la conservación y mantenimiento de la vivienda genera a favor del cedente el derecho a poder reclamar por los daños sufridos frente al usuario.
Pero donde los posibles incumplimientos generadores de responsabilidad se acentúan es desde la perspectiva del **cedente**, el cual debe respetar las obligaciones contractuales, muchas de ellas impuestas legalmente por la normativa sectorial. En estos casos el usuario puede reclamar por los perjuicios que se le causen, así como interponer las correspondientes quejas ante las autoridades de consumo y turísticas.

Precisiones Son varias las normativas autonómicas que imponen a los explotadores y las entidades que comercializan alojamiento de vivienda con fines turísticos, la obligación de suscribir un **seguro para cubrir la responsabilidad civil** por los daños corporales o materiales que puedan sufrir los usuarios de las viviendas durante las estancias en estas, así como, en el caso de viviendas sometidas al régimen de propiedad horizontal, que cubra los daños que eventualmente puedan ocasionar las personas usuarias a la comunidad de propietarios.

Causas de resolución Se pueden dar una serie de causas que permiten a las partes resolver el contrato, las cuales pueden estar justificadas o no. **4056**
Entre los supuestos de incumplimiento del cedente de vivienda que resultarían **no justificados** pueden señalarse los siguientes:
- La **sobreocupación** supone haber contratado reservas por encima de las posibilidades de alojamiento, conducta que conduciría a una imposibilidad en la cesión del uso de la vivienda.
- Otra causa injustificada de incumplimiento es la **cesión del alojamiento en condiciones distintas** a las pactadas o a las exigidas legalmente, pudiendo incluso ceder un alojamiento distinto al contratado.
- Una vez concertado el contrato y habiendo entrado el usuario en la vivienda, la disponibilidad de la misma debe durar el tiempo convenido, no es posible **interrumpir la prestación** del servicio.

Las **consecuencias civiles** de dichos incumplimientos conllevan la responsabilidad por los daños que se causen a los usuarios.

4060 **Incumplimientos justificados** Entre los supuestos de incumplimiento que resultarían justificados se pueden señalar los siguientes:

• La **fuerza mayor**, referida al cedente o al cliente. Este supuesto exonera a la parte incumplidora, y en definitiva a la que sí ha cumplido, de sus obligaciones contractuales dado que el cumplimiento resulta imposible (CC art.1105).

No obstante, la concurrencia de la fuerza mayor puede tener lugar cuando ya ha comenzado a prestarse la cesión, en cuyo caso el cedente tiene derecho a percibir el precio hasta el momento de la fuerza mayor.

• La **muerte del cedente** debido a las características de la cesión de la vivienda puede resultar una causa de incumplimiento justificada si ello implica un cierre de la prestación de los servicios, salvo que se trate de una sociedad. La muerte del **cliente**, debido a las características del contrato de cesión de la vivienda es una causa de incumplimiento justificada.

• La realización de **obras necesarias** son una causa justificada de resolución si las mismas son imprevistas con carácter de fuerza mayor. En caso contrario el cedente debe responder frente al usuario por no facilitar el alojamiento.

• Si el cliente sufre un **accidente o enfermedad** que le impide utilizar el alojamiento, la causa está justificada, pero si no cancela la reserva pudiendo haberlo hecho, con la antelación que las partes hubieran pactado, el cedente puede hacer suyo el anticipo.

B. Comercialización

4062

4063 La empresa comercializadora o intermediaria es la persona física o jurídica que **promociona** la venta de estancias en viviendas con fines turísticos, mediante la puesta a disposición de los gestores o propietarios de los medios de marketing necesarios y la gestión de reservas. No presta los servicios de alojamiento como tal, sino que promociona y vende los mismos.

La normativa **no** distingue claramente entre las distintas formas de comercialización y promoción o intermediación a través de los diversos canales de oferta turística, así como el concepto en el que se realiza. Las normas existentes utilizan terminología e incluso conceptos distintos.

1. Agente comercializador

4065 Existen diferentes formas de comercialización y promoción de las viviendas con fines turísticos.

4066 **Plataforma de comercialización «on line»** Las plataformas *on line* promocionan la comercialización de estancias en viviendas con fines turísticos a través de internet con vocación de crear un **punto de encuentro** entre oferentes y demandantes de dichos servicios.

Se configuran como intermediarios con el claro propósito de actuar como un prestador de servicios a través de las redes de **telecomunicaciones** y la **contratación electrónica**.

Las principales formas de comercialización en internet, establecen en sus condiciones de servicio a los propietarios o explotadores de las viviendas que estas empresas prestan un servicio de mera plataforma de anuncios. Facilitan la comunicación entre cedentes de vivienda y cesionarios, pero no son prestadoras de servicios de alojamiento; por tanto, la responsabilidad sobre el cumplimiento de la normativa sectorial recae sobre los propietarios u operadores de las viviendas.

Las plataformas *on line* a día de hoy no están reguladas, excepto por la pretensión de las normativas turísticas de considerarlas empresas comercializadoras o canales de oferta turística y con ello obligar a que se registren en los respectivos **registros de turismo** de cada comunidad autónoma.

La plataforma presta normalmente **servicios adicionales** a los oferentes y a los demandantes, como son:

- de control y calidad de los productos ofrecidos;
- de servicios de cobro y pago de las reservas y las estancias;
- de procedimientos de liberalización de los pagos a los ofertantes;
- de servicios de atención al cliente en caso de irregularidades e incluso seguros.

Por todos los servicios que presta la plataforma cobra una **comisión** que es un porcentaje del importe de cada reserva. Se suelen cargar varias comisiones, una comisión de entre un 3% y un 5% al propietario o explotador, y una comisión de entre un 6% y un 20% al cliente. La

secuencia de cobro implica que la plataforma cobra el 100% del importe al demandante de una estancia en una vivienda con fines turísticos y abona dicho precio menos la comisión al explotador de la vivienda, expidiendo la propia plataforma normalmente un recibo a favor del cliente. En muchas ocasiones las plataformas también cobran y liquidan los **impuestos locales** vinculados a estancias de turistas.
Las plataformas también ofrecen dentro de sus servicios la concertación de un **seguro** que cubra los riesgos de la cesión temporal cuyo beneficiario sería el propietario o explotador; este seguro puede cubrir riesgos como robo, vandalismo, daños por negligencias graves, pero no suele cubrir la responsabilidad civil, o el robo de dinero, joyas u obras de arte o elementos de cierto valor, ni tampoco pequeños desperfectos.

Precisiones La Administración no puede obligar a una plataforma, que actúa como mera **intermediaria de alquiler turístico**, a controlar el cumplimiento de los requisitos administrativos por parte de sus usuarios. **4067**
La plataforma solo actúa como una plataforma tecnológica con una **posición neutral**, pues se limita a publicar anuncios de sus usuarios, siendo ellos los que determinan la información y el contenido de los mismos.
Tampoco puede ser considerada una **empresa turística**, puesto que no todos los alojamientos tienen uso vacacional; ni tiene obligación de determinar qué alojamientos tienen la consideración de alojamiento turístico, ni dispone de medios para ello, ni puede ser responsable de los eventuales incumplimientos de terceros.
Su actividad es de **intermediación**, propia de la sociedad de la información, y queda regulada por la Dir 2000/31/UE y la L 34/2002, ambas reguladoras de los servicios de la sociedad de la información y el comercio electrónico, y no por la legislación sectorial de alojamientos turísticos.
A mayor abundamiento, el que no solo publique anuncios de alojamientos turísticos, sino también otros que no estarían sujetos a dicha obligación, y la naturaleza de los servicios de intermediación, cuyas prestaciones son meramente accesorias a la actividad subyacente, impiden considerar que la omisión de ciertos **requisitos administrativos** por parte de los anunciantes sea una ilegalidad flagrante que obligue a la plataforma a retirar sus anuncios (TS 30-12-20, EDJ 767228).

Las plataformas suelen tener **términos, condiciones y políticas** que los ofertantes y los demandantes deben comprometerse a aceptar y respetar de tal forma que son dichas plataformas quienes determinan el contenido contractual de la cesión del uso de las estancias. **4070**
En la comercialización de las cesiones temporales a los clientes, las plataformas *on line* suelen incluir en las **reservas** conceptos como:
- fianza o depósito a favor del propietario, para cubrir pequeños desperfectos -la cantidad suele estar establecida por el propietario-;
- opciones de cancelación para el huésped;
- penalización para el propietario si cancela;
- descuentos y promociones, como puede ser la existencia de créditos por recomendar clientes o usuarios o por usar el servicio por primera vez; y
- comisiones por el servicio de limpieza de la vivienda una vez usada.

Pese a la prestación de todos estos servicios, las entidades que gestionan dichas plataformas entienden que su principal servicio es el ***software* de la plataforma** que permite a los explotadores ofertar y a los clientes buscar y encontrar los alojamientos que mejor se ajustan a sus necesidades.
En cuanto a la **responsabilidad** de las empresas de comercialización:
- cuando promueven en nombre de terceros juegan un papel similar a las agencias de viajes minoristas con respecto a los alojamientos hoteleros; y
- si actúan en nombre propio funcionan de forma parecido a la de las agencias de viajes mayoristas. La realidad sin embargo es que las empresas de comercialización que promuevan en nombre propio responden frente a los clientes por incumplimientos en la cesión del alojamiento en la medida que son ellos mismos quienes operan y explotan las viviendas que comercializan.

Precisiones En la normativa sobre **agencias de viaje y viajes combinados** se prevé que tanto el organizador mayorista como la agencia de viajes minorista con la que se contrata son responsables del correcto cumplimiento de las obligaciones derivadas del contrato de viajes combinados, independientemente de si estas las deben ejecutar ellos o los distintos prestadores de servicios -hoteleros, transportistas, etc.- (LGDCU art.161).

Gestor de viviendas con fines turísticos Los gestores comercializan y prestan directamente los servicios de alojamiento en viviendas con fines turísticos, no necesariamente de su propiedad, pero sí disponiendo de un **título** que les habilita a explotar el alojamiento. **4074**
Son, por tanto, empresas que operan dichas viviendas y ofrecen los servicios de alojamiento a los clientes. La principal **diferencia con las plataformas** es que estos gestores no son intermediarios, sino que prestan directamente los servicios turísticos a los clientes.

No obstante, los gestores pueden **operar** sus propias páginas *web* y aplicaciones, así como también pueden recurrir a plataformas como vía de publicitación de su actividad.
Los gestores no cobran una **comisión**, sino que perciben un precio por la prestación de los servicios.
Existen operadores que **combinan** la oferta de alojamientos en las viviendas con fines turísticos explotados directamente por ellos, con la oferta de alojamientos explotados por terceros, de tal forma que a través de sus sistemas y páginas web se puede acceder a ambos tipos de alojamientos. Así, su actividad comprendería la de las plataformas *on line* puras junto con la de explotadores.

4080 **Empresa auxiliar de la plataforma «on line»** Las principales plataformas *on line* que operan en España están **establecidas** en otros países de la Unión Europea considerando que toda la gestión de dichos servicios se realiza por personal y servidores allí ubicados.
Esas sociedades realizan **actividades auxiliares** de la actividad de la sociedad que actúa como plataforma *on line*.
Dichas actividades auxiliares pueden ser muy **diversas** y dependen de cada empresa, pero van desde la promoción y marketing de los servicios de las plataformas y la contratación de anfitriones de viviendas con fines turísticos para la inclusión de su oferta de alojamiento en las plataformas, incluyendo la actividad de soporte a dichos anfitriones, hasta la prestación de servicios que pudieran estar vinculados a la actividad de alojamiento -gestión de llaves, supervisión de la calidad de las viviendas, incidencias que tengan los clientes alojados en las mismas, etc.-.

4082 **Otros comercializadores** La normativa turística autonómica define los **canales de oferta turística** como todo sistema mediante el cual las personas físicas o jurídicas, directamente o a través de terceros, comercializan, publicitan o facilitan, mediante enlace o alojamiento de contenidos, la reserva de estancias turísticas en viviendas con fines turísticos.
Dentro de esta definición caben muchas **entidades** que pueden también comercializar estancias en viviendas con fines turísticos. Se pueden señalar entre otros, las agencias de viajes, las centrales de reserva, empresas de mediación u organización de servicios turísticos, las agencias inmobiliarias; así como la inserción de publicidad en medios de comunicación social, cualquiera que sea su tipo o soporte.

2. Contratos

4084 Los contratos que se pueden dar entre el propietario de la vivienda y los intermediarios en una cesión de uso son los expuestos a continuación.

4086 **Comercialización** El contrato de comercialización de viviendas con fines turísticos se configura como un contrato de **servicios y mandato** en el que el prestador de los servicios de alojamiento encomienda a un tercero la promoción de los mismos.
Además de la realización de **anuncios y ofertas** en plataformas *on line*, se suelen contratar las tareas de comercialización de estancias. Los intermediarios, por una comisión, se encargan de promocionar las mismas usando sus propios medios con el fin de venderlas, siendo así que su papel se limita a actuar como agentes o intermediarios, concertándose el **contrato de alojamiento** entre el propietario o explotador y el usuario final.
La comercialización puede ser en **régimen** de exclusiva o de no exclusiva.
El papel de comercializador puede ser asumido por una variedad de sujetos, tales como inmobiliarias, agencias de viajes mayoristas o minoristas, agentes de la propiedad, comisionistas, prestadores de servicios de telemarketing, etc.

4088 **Gestión** Los propietarios no siempre son los explotadores de las viviendas sino que ceden el uso de las mismas a terceros para que las operen. Dichas cesiones de uso pueden adoptar **tres variantes** principales:
• Cesión por un periodo determinado asumiendo el gestor la obligación de pago de una **renta fija** al propietario durante dicho periodo, de tal forma que todo el riesgo de la actividad lo asume el gestor.
• Cesión de uso de la vivienda por un periodo determinado asumiendo el gestor la obligación de pago de una **renta variable o una combinación** de renta fija y variable al propietario, de tal forma que el riesgo de la actividad es compartido.
• Gestión del operador en nombre y por cuenta del propietario, de tal forma que este asume el **riesgo de la actividad**, aunque la gestión de la vivienda y su comercialización la lleva a cabo el gestor.

Los términos del contrato y las obligaciones de las partes dependen significativamente del esquema contractual elegido:
- en los **dos primeros casos** se está normalmente ante contratos reconducibles a la figura de un contrato de arrendamiento de inmueble;
- en el **tercer caso** se está ante un contrato de prestación de servicios con un componente de mandato, en el que el propietario ha de encomendar al gestor la realización de los actos de comercio necesarios para la explotación de la vivienda, pero asumiendo el propietario el riesgo y ventura de la operación, pactándose unos honorarios por la gestión a favor del gestor.

Publicitación en plataforma «on line» Los propietarios o explotadores frecuente- **4090**
mente suscriben contratos con plataformas *on line* al objeto de publicitar sus ofertas de alojamiento.
Los propietarios o gestores que manejan un cierto número de viviendas suelen desarrollar **páginas *web*** donde ofrecen el alojamiento en las mismas. Es muy habitual, sin embargo, que tanto los propietarios individuales o los gestores que ofrezcan alojamiento en un número amplio de viviendas acudan a plataformas *on line* al objeto de publicitar sus alojamientos en dichas plataformas.
Al efecto, las plataformas *on line* disponen de **condiciones de contratación estándar**.

C. Regulación autonómica de la actividad

4091

Tras la **exclusión** de las viviendas de alojamiento turístico de la LAU, la mayoría de las comu- **4092**
nidades autónomas han aprobado su propia normativa turística para regular el alquiler de estas viviendas.
Las comunidades que han regulado sobre la materia, han establecido distintas definiciones y exclusiones de las viviendas con fines turísticos, requisitos y servicios necesarios para ejercer esta actividad. Esto determina una **diversidad y desigualdad** evidente entre unas comunidades y otras.
A continuación se analiza la regulación de las viviendas con fines turísticos de cada comunidad autónoma.

1. Andalucía

(L Andalucía 13/2011; D Andalucía 28/2016 redacc D Andalucía 31/2024)

Las viviendas de uso turístico se consideran como un **servicio de alojamiento turístico**, de **4094**
conformidad con lo dispuesto en la L Andalucía 13/2011.
Además de su regulación, se trata la formalización del contrato y acceso a la vivienda, y el procedimiento de inicio de la actividad.

Viviendas de uso turístico (D Andalucía 28/2016 art.3.1 redacc D Andalucía 31/2024) Son aquellas **4096**
viviendas **equipadas** en condiciones de uso inmediato, **ubicadas** en inmuebles donde se vaya a ofrecer mediante precio el servicio de alojamiento en el ámbito de la Comunidad Autónoma de Andalucía, de forma habitual y con fines turísticos.

El **servicio turístico** debe prestarse durante todo el año o durante periodos concretos dentro del mismo año, debiendo hacerlo constar en la declaración responsable. Solo puede ser **comercializada** en los periodos indicados, considerándose actividad clandestina la comercialización fuera de los mismos.
Se presume que existe **habitualidad y finalidad turística** cuando la vivienda sea comercializada o promocionada en canales de oferta turística.
Se consideran **canales de oferta turística** las agencias de viaje, las empresas que medien u organicen servicios turísticos y los canales en los que se incluya la posibilidad de reserva del alojamiento.
La **prestación del servicio** supone la efectiva oferta de la vivienda en canales de oferta turística durante los periodos declarados.

4097 **Empresas explotadoras de viviendas de uso turístico** (D Andalucía 28/2016 art.3.2 redacc D Andalucía 31/2024) Son las personas físicas o jurídicas que sean **cesionarias** de la administración y gestión de una o más viviendas de uso turístico con independencia del título habilitante para ello, debiendo figurar como titulares de la explotación en la declaración responsable.
Se presume la **administración y gestión del alojamiento** cuando se desarrollen los principales servicios inherentes al hospedaje y, en particular, cuando se realicen las tareas de entrega de llaves, recepción de huéspedes, atención durante la estancia, conservación y mantenimiento de las instalaciones y enseres de la unidad de alojamiento, limpieza a la entrada y salida o facturación.
La administración y gestión **corresponde** a un único titular cuando se oferten servicios complementarios cuya prestación se lleve a cabo por empresas distintas a la entidad explotadora de aquel, debiéndose informar a la persona usuaria de dicha circunstancia.
A tal efecto, ha de ponerse a disposición de las personas usuarias la **información** con la relación de estos servicios y la identificación de las empresas prestatarias, todo ello sin perjuicio de la responsabilidad de la empresa explotadora.
En los supuestos de **separación entre titularidad y explotación** y cuando la titularidad del inmueble se encuentre en régimen de copropiedad, comunidad o similar, la empresa explotadora debe obtener de todas las personas propietarias el título jurídico válido en derecho que habilite para la explotación.

4098 **Clasificación** (D Andalucía 28/2016 art.5 redacc D Andalucía 31/2024) Las viviendas de uso turístico se clasifican en dos grupos:
a) **Completa**, cuando se cede en su totalidad, sin que pueda ser superior a 15 plazas. En esta categoría, se permiten dos plazas convertibles en el salón de las viviendas en el grupo completo, que computarán para la capacidad máxima de la vivienda.
b) **Por habitaciones**, cuando no se cede en su totalidad, debiendo residir en ella la persona física titular de la explotación o la persona física propietaria o usufructuaria de la vivienda. En estos supuestos, la persona que resida debe estar **empadronada** en la vivienda. No puede superar las 6 plazas, ni exceder, en ambos tipos de 4 plazas por habitación, de las cuales, dos, deben ser en camas que no sean literas.

4100 **Requisitos** (D Andalucía 28/2016 art.6.1 redacc D Andalucía 31/2024) Las viviendas de uso turístico deben cumplir con los siguientes requisitos sustantivos y de habitabilidad:
a) Cumplir con la **normativa** de ordenación urbanística municipal.
La **inscripción de la vivienda** en el Registro de Turismo de Andalucía debe comunicarse con carácter inmediato por la Administración turística a los correspondientes ayuntamientos.
b) Tener una **dimensión mínima construida d**e 14 m^2 por plaza, conforme a la superficie construida de uso principal que conste en la Sede Electrónica del Catastro.
En todo caso, la superficie mínima construida de uso principal será de 25 m^2 o, en su defecto, la que determine el planeamiento urbanístico.
c) Disponer de dos **baños** si el número de plazas es superior a cinco, y de tres baños, si el número de plazas es superior a ocho.
d) Los **dormitorios y salones** tendrán ventilación directa al exterior o a patios ventilados y algún sistema de oscurecimiento de las ventanas.
Este requisito no será exigible cuando la Administración local o autonómica, por razones de competencia, exima de su cumplimiento por motivos de protección arquitectónica.
Las **cocinas y cuartos de baños** tendrán ventilación directa o forzada para la renovación de aire.
e) Disponer de **refrigeración** centralizada o no centralizada por elementos fijos o portátiles en las habitaciones y salones, cuando el período de funcionamiento comprenda los meses de mayo, junio, julio y agosto.
f) Disponer de **calefacción** centralizada o no centralizada por elementos fijos o portátiles en las habitaciones y salones, si el periodo de funcionamiento comprende los meses de

diciembre, enero, febrero y marzo, sin que en ningún caso sean admisibles los elementos incandescentes ni de combustión de líquidos o gases inflamables.

g) Los **demás** previstos en el anexo de la normativa vigente.

Obligaciones de los titulares de la explotación (D Andalucía 28/2016 art.6.2 redacc D Andalucía 31/2024) **4101**

Se enumeran las siguientes:

a) Facilitar a las personas usuarias un **número de atención telefónica** durante las 24 horas del día para atender y resolver de forma inmediata cualquier consulta o incidencia relativa a la vivienda.

b) Realizar la **limpieza** de la vivienda a la entrada y salida de nuevas personas usuarias.

c) Disponer de **hojas de quejas y reclamaciones** oficiales de la Junta de Andalucía a disposición de las personas usuarias.

d) Informar a las personas usuarias de las **normas de convivencia** de la comunidad de propietarios y uso de instalaciones. Debe colocarse en la puerta de la vivienda un plano de evacuación, en caso de existir para la comunidad de vecinos del inmueble.

e) Entregar **justificante de pago** de los servicios y de los anticipos efectuados.

f) Informar a las personas usuarias si se encuentra adherida al **Sistema Arbitral de Consumo**.

Formalización del contrato y acceso a la vivienda (D Andalucía 28/2016 art.7 redacc D Andalucía 31/2024) **4102**

A toda persona usuaria, en el momento de su recepción, le debe ser entregado un **documento** a modo de contrato, en el que conste, al menos:

- el nombre de la persona o entidad explotadora de la vivienda;
- el código alfanumérico de inscripción en el Registro de Turismo de Andalucía;
- el número de personas que la van a ocupar;
- las fechas de entrada y salida; y
- el precio total de la estancia.

Por su parte, para hacer uso de la vivienda, el **usuario** debe presentar su documento de identificación a los efectos de cumplimentar el correspondiente parte de entrada.

La copia de la documentación, una vez cumplimentada y firmada por la persona usuaria, debe **conservarse** por la persona o entidad explotadora estando a disposición de los órganos competentes de la Administración de la Junta de Andalucía durante un año, teniendo valor de prueba a efectos administrativos y la consideración de contrato.

La persona usuaria de la vivienda tiene derecho a su **ocupación** desde las 15 horas del primer día del periodo contratado, hasta las 11:00 horas del día señalado como fecha de salida, pudiendo acordarse individualmente un régimen diferente.

En caso de que la persona explotadora no se encuentre en la vivienda a la hora de llegada o salida de los clientes, se debe concertar previamente la **entrega de llaves**.

Debe **informarse a la persona usuaria**, en el momento de entrega de la vivienda, sobre las **normas de uso** de los elementos e instalaciones comunes del bloque o urbanización, así como sobre el funcionamiento de los aparatos electrodomésticos y otros instrumentos que lo requieran y se le darán las llaves, tarjetas y pases que permitan el acceso y disfrute de dichas dependencias.

Procedimiento de inicio de la actividad (D Andalucía 28/2016 art.9 redacc D Andalucía 31/2024) **4106**

Para que una persona o entidad pueda explotar este servicio, tiene que seguirse el siguiente procedimiento:

• Presentar de forma electrónica una **declaración responsable** ante el órgano competente de turismo, pudiendo publicitarse a partir de este momento como vivienda de uso turístico.

Sin perjuicio de lo que, con arreglo a la normativa comunitaria pueda resultar exigible, la declaración responsable debe contener, como mínimo, la siguiente **información**:

a) Datos correspondientes a la **identificación de la vivienda**, incluida su referencia catastral, y su capacidad máxima de alojamiento.

Solo se admite una vivienda por cada **referencia catastral**, salvo en los casos en los que, de conformidad con la normativa vigente, se pueda acreditar la existencia de dos o más viviendas con una misma referencia catastral.

b) Identificación de la **persona o entidad explotadora y título** que la habilite, incluyendo número de teléfono y correo electrónico a efectos de los avisos de disponibilidad de las notificaciones electrónicas.

c) Identificación de la **persona propietaria o titular** del inmueble, en caso de ser distinta de la persona o entidad explotadora.

d) Manifestación de que la vivienda no está sometida a ningún **régimen de protección pública** o que se encuentra descalificada.

e) Manifestación de que la vivienda resulta **compatible para el uso** como vivienda de uso turístico de conformidad con la planificación u ordenación urbanística aplicable.

f) Autorización expresa para la **cesión e intercambio de datos** por parte de las Administraciones públicas, a efectos del necesario ejercicio de sus respectivas competencias, incluidas las fuerzas y cuerpos de seguridad y las autoridades tributarias.
g) Manifestación de que la vivienda no tiene **prohibida la actividad de vivienda de uso turístico**, de acuerdo con el título constitutivo o estatutos de la comunidad de propietarios.
h) Período o **períodos** de prestación del servicio turístico.
• La comprobación por parte de la Administración turística de la **inexactitud o falsedad** de carácter esencial en cualquier dato, manifestación o documento incorporado a la declaración responsable así como la inexistencia de licencias o autorizaciones exigibles, dará lugar a la cancelación de la inscripción de la vivienda en el Registro de Turismo de Andalucía, previa audiencia de las personas interesadas.

2. Aragón

(D Aragón 1/2023)

4108 En Aragón, las viviendas para fines turísticos se denominan viviendas de uso turístico.
Además de su regulación, se trata en este apartado el procedimiento de inicio de la actividad.

4110 **Viviendas de uso turístico** (D Aragón 1/2023 art.2 a 4 y 9) Son aquellos inmuebles sometidos al **régimen de propiedad horizontal**, viviendas unifamiliares aisladas u otras pertenecientes a complejos inmobiliarios privados que son cedidas de modo temporal por sus propietarios, directa o indirectamente, a terceros para su alojamiento turístico, amuebladas y equipadas en condiciones de uso inmediato, comercializadas o promocionadas en canales de oferta turística y con una finalidad lucrativa.
Las viviendas de uso turístico deben ser **cedidas** al completo y no se permitirá la cesión por estancias.
Se presume que la cesión de uso de una vivienda se encuentra sujeta al Reglamento cuando su **promoción o comercialización** se efectúe a través de canales de oferta turística, o cuando se ceda por un período igual o inferior a un mes por usuario.
Son **canales de oferta turística** las agencias de viajes; centrales de reserva; otras empresas de mediación y organización de servicios turísticos, incluidos los canales de intermediación virtuales; así como la inserción de publicidad en los espacios de los medios de comunicación social relacionados con los viajes y estancias en lugares distintos a los del entorno habitual de los turistas.
La **capacidad alojativa** máxima de estas viviendas es la siguiente:
- 1 persona por cada habitación > 6 m^2;
- 2 personas por habitación > 10 m^2;
- 3 personas por habitación > 14 m^2.

Los estudios dispondrán de una **capacidad máxima** de dos plazas.
Se considerarán **habitaciones**, tanto los dormitorios,como el salón-comedor de las viviendas de uso turístico.
La cesión ha de hacerse de la **vivienda completa**, se prohíbe la cesión por habitaciones.
Se **excluyen** de la sujeción al régimen de las viviendas de uso turístico:
- las casas rurales y los bloques o conjuntos de pisos, casas, villas, chalés o similares que ofrezcan, de manera profesional y habitual, mediante precio, alojamiento turístico, que se regirán por lo dispuesto en su normativa específica;
- los conjuntos formados por dos o más viviendas pertenecientes a un mismo propietario o explotadas por un mismo gestor que estén ubicadas en el mismo inmueble, que deben cumplir con lo dispuesto en la normativa reguladora de los apartamentos turísticos; y
- los arrendamientos de fincas urbanas contemplados en la LAU.

Precisiones Téngase en cuenta que, las personas usuarias de perros de asistencia ostentarán derecho de libre acceso, deambulación y permanencia en los establecimientos turísticos en compañía de ellos en los términos previstos en su normativa reguladora (DLeg Aragón 1/2016 art.31.3 redacc L Aragón 14/2023).

4114 **Requisitos** (D Aragón 1/2023 art.8 a 14) Las viviendas de uso turístico **deben cumplir** los siguientes requisitos:
a) Deben entregarse en las debidas condiciones de **limpieza e higiene**, con todo el mobiliario, cubertería, menaje, lencería y equipamientos inherentes a las mismas.
b) Ha de garantizarse el suministro permanente y adecuado de **agua fría y caliente** sanitaria con una correcta circulación del agua.
c) Debe facilitarse a los turistas un **número de teléfono** para atender y resolver de manera inmediata consultas e incidencias sobre el uso de las mismas, así como garantizarse un servicio urgente de asistencia y mantenimiento de las viviendas.

d) Los **precios** de las viviendas de uso turístico son libres, y deben ser expresados en sus cuantías máximas, con inclusión de impuestos, así como de los descuentos aplicables y de los eventuales suplementos o incrementos. Estos deben ser **comunicados o exhibidos** al público en lugar visible y de modo legible en la propia vivienda y en la publicidad relativa a la misma.
e) Las viviendas han de estar **identificadas** mediante la colocación en el exterior de las mismas de un pictograma con las siglas «VUT».
f) El número de signatura correspondiente a la **inscripción** de la vivienda de uso turístico en el Registro de Turismo de Aragón debe figurar obligatoriamente en toda su publicidad y, en particular, en las acciones de promoción y comercialización a través de canales de oferta turística.

Procedimiento de inicio y ejercicio de la actividad (D Aragón 1/2023 art.15) Con carácter previo al inicio de la apertura, modificación o reforma sustancial de una vivienda de uso turístico, el titular de la misma o su representante debe formular una **declaración responsable** dirigida al órgano competente del departamento en materia de turismo. **4116**
• La declaración responsable ha de contener, como mínimo, la siguiente **información y documentación**:
a) Datos de la vivienda y su **capacidad** legal máxima.
b) Datos de la **persona propietaria** y, en su caso, de la persona gestora.
c) Número de **teléfono** para atender de manera inmediata comunicaciones relativas a la actividad de vivienda de uso turístico.
d) Declaración responsable del **cumplimiento de la normativa vigente** en materia de habitabilidad y seguridad para su uso residencial como vivienda, así como sobre potabilidad y depuración de agua y evacuación de residuales.
e) Declaración responsable acerca de la **compatibilidad del uso** con el planeamiento urbanístico del municipio o, en su caso, la disposición de las autorizaciones municipales que sean necesarias para el ejercicio de la actividad en el inmueble de que se trata.
f) En el caso de las viviendas ubicadas en los inmuebles sometidos al régimen de propiedad horizontal, declaración responsable acerca de que los **estatutos de la comunidad** de propietarios no limitan o condicionan el uso la vivienda impidiendo el ejercicio de la actividad turística.
• Tras la formulación de la declaración responsable, el órgano competente del departamento responsable en materia de turismo solicitará al ayuntamiento correspondiente **informe, con carácter preceptivo y vinculante**, cuyo plazo de emisión será de 10 días, acerca de los siguientes extremos:
a) Si la vivienda de uso turístico tiene **carácter residencial** y es conforme con la normativa municipal sobre edificación.
b) Si la actividad de alojamiento turístico que se propone es **conforme con el uso urbanístico** previsto por la normativa municipal y cumple con las condiciones específicas que, en su caso, sean de aplicación.
c) Si la actividad de alojamiento turístico que se propone es **conforme con las directrices de ordenación territorial** que resulten de aplicación.
• Una vez **formulada la declaración responsable**, y en un plazo no superior a 3 meses, el órgano competente correspondiente procederá, según corresponda, a:
a) Inscribir el acto o hecho declarado en el Registro de Turismo de Aragón a efectos meramente informativos.
b) Prohibir el uso turístico de la vivienda en caso de incumplimiento de los requisitos exigidos por la normativa aplicable, sin que por ello se derive derecho alguno a indemnización.
c) Establecer motivadamente las condiciones en que pudiera tener lugar la actividad del establecimiento, y su correspondiente inscripción.
• Transcurrido el plazo de 3 meses **sin haber efectuado las actuaciones** comprendidas en las letras b) o c) del párrafo anterior, se inscribirá el acto o hecho declarado en el Registro de Turismo de Aragón a efectos meramente informativos.
• Los **actos de inscripción** podrán ser modificados o revocados previa audiencia al interesado y con la debida motivación, cuando se incumplan o desaparezcan las circunstancias que dieron lugar a aquellos o sobrevinieran otras que, de haber existido, habrían justificado su denegación o, en su caso, oposición.

3. Asturias

(L Asturias 7/2001; D Asturias 48/2016)

4118 **Clases de viviendas** Dentro de la actividad turística, en Asturias se regulan **dos tipos** de viviendas: las vacacionales y las de uso turístico.

4120 **Viviendas vacacionales** (L Asturias 7/2001 art.42; D Asturias 48/2016 art.4 s.) Las viviendas vacacionales son aquellas en las que se presta únicamente el **servicio de alojamiento** mediante precio, de forma habitual y profesional con destino vacacional, sin estar clasificadas como establecimientos hoteleros, apartamentos turísticos, alojamientos de turismo rural o albergues turísticos. El alojamiento en este tipo de viviendas debe ser **íntegro** no por habitaciones. La **capacidad** de las viviendas ha de ser como máximo de 14 plazas, pudiéndose distribuir en un máximo de 7 habitaciones.

4122 Las viviendas vacacionales deben disponer de las siguientes **instalaciones y equipamientos mínimos** (D Asturias 48/2016 art.5 s.):
- suministro de agua potable caliente y fría;
- suministro de energía eléctrica garantizada durante 24 horas;
- sistema efectivo de evacuación de aguas residuales;
- servicio de recogida de basuras autorizado por el Ayuntamiento;
- calefacción;
- botiquín de primeros auxilios;
- un extintor por planta;
- teléfono para uso de los clientes;
- acceso señalizado, debiendo ser el camino de acceso a la vivienda practicable para toda clase de turismos hasta el entorno inmediato de la vivienda.

También se regulan, las **características** de las estancias (D Asturias 48/2016 art.6 s.):
- dormitorios: superficie mínima de 10 m^2 los dobles, y 6 m^2 los individuales;
- los servicios higiénicos han de contar ventilación suficiente, directa o inducida y estar estarán equipados con lavabo, bañera o, al menos, plato de ducha, inodoro, espejo, toma de corriente, toallero y repisa para los objetos de tocador;
- el salón en ningún caso podrá ser inferior a 8 m^2;
- la cocina debe contar siempre con ventilación directa.

Además todas las viviendas vacacionales deben exhibir una **placa normalizada** junto a la entrada principal en la que conste la signatura que la Administración le haya asignado.

4124 **Viviendas de uso turístico** (D Asturias 48/2016 art.12 s.) Las viviendas de uso turístico son aquellas viviendas independientes ubicadas en un edificio de varias plantas sometido a régimen de **propiedad horizontal** que son cedidas temporalmente por su propietario o persona con título habilitante, directa o indirectamente, a terceros para uso turístico o vacacional y en las que, se presta únicamente el servicio de alojamiento mediante precio, de forma habitual.
Estas viviendas han de ser **promocionadas** en canales de oferta turística. Y se pueden contratar íntegramente o por habitaciones, sin necesidad de que el propietario de la vivienda resida en la misma.

4126 **Requisitos** (D Asturias 48/2016 art.13) Deben cumplir los siguientes:
- disponer de **cédula de habitabilidad**;
- estar suficientemente **amuebladas** y dotadas de los electrodomésticos y enseres para su ocupación inmediata;
- disponer de **suministro** permanente y adecuado de agua fría y caliente sanitaria, así como de energía eléctrica y calefacción;
- disponer de un **extintor** e iluminación de emergencia;
- las habitaciones deben tener **ventilación** directa al exterior o a patios no cubiertos;
- debe contar con algún sistema de **oscurecimiento de las ventanas**;
- debe haber un **número de baños** proporcional a los usuarios alojados (cómo mínimo un baño por cada 6 plazas);
- las viviendas deben cumplir lo requerido en la normativa que regula las **condiciones técnicas y de calidad** exigibles a las viviendas y en particular las condiciones de habitabilidad y seguridad de las viviendas;
- debe exhibir una **placa normalizada** junto a la entrada principal, con el pictograma «VUT».

4128 **Obligaciones del propietario** Las viviendas vacacionales y las de uso turístico han de cumplir una serie de normas comunes para ambos tipos:
• Como **obligaciones en la publicidad** debe incluirse la signatura que la administración turística le haya asignado a la vivienda (D Asturias 48/2016 art.14.3).

• El explotador de la vivienda vacacional o turística, ya sea persona física o jurídica, debe contar con un **seguro de responsabilidad civil** que cubra los daños y lesiones que sufra la clientela, con una cuantía mínima de cobertura (D Asturias 48/2016 art.26).
• Se debe acreditar que el **destino** de la vivienda vacacional o de uso turístico no esté prohibido (D Asturias 48/2016 art.27.b):
- por la ordenación urbanística de la zona donde se encuentre; o
- por los estatutos de la comunidad de propietarios debidamente inscritos en el Registro de la Propiedad para aquellos edificios sometidos al régimen de la propiedad horizontal.

Procedimiento de inicio de la actividad (D Asturias 48/2016 art.29 a 31) Los **titulares o empresas explotadoras** de las viviendas vacacionales así como las de uso turístico deben cumplir los siguientes requisitos: **4130**
• Presentar la **declaración responsable** ante la administración competente de turismo, que habilita para el inicio de la actividad en el mismo momento de su presentación. Debe contener la siguiente **información**:
- nombre y apellidos del titular o denominación social y, en su caso, del representante, o de la persona encargada o gestora;
- NIF o CIF del solicitante y del representante, si lo hubiere, o, en el caso de personas extranjeras, otro documento oficial acreditativo de su identidad;
- nombre comercial con el que se va a llevar a cabo la actividad;
- fecha del inicio de la actividad como empresa de alojamiento turístico;
- modalidad de empresa de que se trate;
- domicilio de la empresa y del establecimiento, teléfono, fax, web, correo electrónico;
- datos de la vivienda vacacional y su capacidad máxima;
- relación de habitaciones, si se trata de una vivienda de uso turístico, y su capacidad máxima;
- número de teléfono para atender de manera inmediata comunicaciones relativas a la actividad de la vivienda;
- identificación de la empresa de asistencia y mantenimiento de la vivienda, si la hubiera;
- si la vivienda se ubica en un edificio sometido a régimen de propiedad horizontal, declaración de que los estatutos de la comunidad de propietarios no prohíben ese uso o, si existiera tal prohibición, declaración de existencia de autorización expresa por escrito de la misma.
• La declaración responsable debe ir acompañada de la siguiente **documentación**:
- documentación acreditativa de la personalidad jurídica de la persona titular de la explotación;
- copia del título que acredite la disponibilidad de la vivienda;
- licencia municipal de primera ocupación, así como de apertura para el desarrollo de la actividad de vivienda vacacional, o vivienda de uso turístico, que puede exigirse por cada municipio;
- planos de distribución interior de planta en los que se indicará el destino y superficie de cada dependencia;
- relación de las habitaciones, con indicación de superficie, capacidad en plazas, y servicios de que estén dotadas;
- copia de la póliza del seguro de responsabilidad civil de explotación contratado y del recibo acreditativo del pago;
- cédula de habitabilidad;
- si existe una persona gestora, la autorización o título suficiente del propietario para la gestión de la vivienda;
- en relación con las viviendas de uso turístico: en caso de prohibición en los estatutos de la comunidad de propietarios, autorización expresa por escrito de la misma para ejercer la actividad.
• Una vez presentada la declaración responsable, se debe proceder a la **inscripción de la empresa** en el Registro de Empresas y Actividades Turísticas del Principado de Asturias, comunicando a la empresa la signatura correspondiente que identificará la vivienda.

4. Baleares

(L Baleares 8/2012 art.49 a 52; DL Baleares 6/2023 disp.adic.3ª)

Clases de viviendas En las Islas Baleares, las viviendas con fines turísticos pueden adoptar la modalidad de estancias turísticas en viviendas o alquiler de la vivienda principal. **4134**

Estancias turísticas en viviendas (L Baleares 8/2012 art.49) Las estancias turísticas comercializan el alojamiento en viviendas residenciales, en su totalidad, por días o semanas pero como máximo por un mes, en condiciones de uso inmediato y con finalidad lucrativa. **4136**

Dentro de esta categoría se encuentran comprendidas, las estancias en viviendas turísticas:
• En **edificios unifamiliares**. Pueden comercializarse de forma indefinida, excepto si es una vivienda unifamiliar que comparte parcela con otras o si comparte el edificio con locales destinados a otros usos (con más de un propietario).
• En **edificios plurifamiliares**. Pueden comercializarse con el límite de 5 años renovables. Pasado este plazo se puede continuar con la comercialización solo si se siguen cumpliendo todos los requisitos determinados legal o reglamentariamente, incluido que la zona siga siendo apta, por periodos prorrogables del mismo plazo.
Se prohíbe la contratación por **habitaciones**. Las estancias turísticas en viviendas son incompatibles con la formalización de contratos por habitaciones o con la coincidencia en la misma vivienda de personas usuarias que hayan formalizado contratos diferentes.

4138 **Alquiler de vivienda principal** (L Baleares 8/2012 art.50.20) Cuando se comercialice únicamente por personas físicas que sean propietarias de la vivienda, y se comercialicen por un **plazo máximo** de 60 días en un periodo de un año, la comercialización de estancias turísticas puede llevarse a cabo con la modalidad de alquiler de vivienda principal; y ello independientemente de la tipología de la vivienda, sea unifamiliar o plurifamiliar.
Se exigen los siguientes **requisitos**:
- la persona comercializadora debe acreditar, en la presentación de la declaración responsable, que es propietaria de la vivienda;
- debe respetarse el plazo de comercialización, que no puede superar los 60 días al año;
- solo puede presentarse la declaración responsable si la vivienda está ubicada en una zona declarada apta de manera expresa;
- la declaración responsable habilita para el ejercicio de la actividad por un plazo de 5 años, con el mismo régimen y requisitos de autorización y renovación establecidos para las viviendas sometidas al régimen de propiedad horizontal;
- se permite, con carácter excepcional, la convivencia de las personas residentes en la vivienda con las personas usuarias, siempre y cuando se indique correctamente en la publicidad de las viviendas;
- el propietario no puede tener ya más de 2 viviendas comercializadas turísticamente en las otras dos modalidades de estancias en viviendas vacacionales.

4139 **Requisitos comunes** (L Baleares 8/2012 art.50 y 52) Como requisitos comunes que han de cumplir ambos tipos de viviendas, destacan los siguientes:
• Las viviendas residenciales deben haber tenido un **uso residencial privado** durante un plazo mínimo de 5 años.
• Las viviendas deben tener la cédula de **habitabilidad** en vigor o el título de habitabilidad análogo expedido a este efecto por la administración insular competente.
• Deben disponer de, al menos, un **cuarto de baño** por cada 4 plazas.
• Se debe acreditar mediante la obtención de un **certificado energético** que debe ser aprobado. En su defecto, las calificaciones mínimas son las siguientes:
- calificación F para edificaciones anteriores al 31-12-2007;
- calificación D para edificaciones posteriores al 1-1-2008.
• Sistemas de control individualizados de **consumo** de agua y electricidad.
• Cumplimiento de la normativa de **accesibilidad**.
• Prohibición de comercialización de viviendas de **protección oficial** o a precio tasado y las que se encuentren en **suelo rústico protegido**.
• Suscripción de **seguro de responsabilidad civil** con el que cubrir los daños corporales o materiales que puedan sufrir los usuarios de las viviendas durante las estancias en estas. Cuando la vivienda esté sometida al régimen de propiedad horizontal, el seguro debe cubrir también los daños que eventualmente puedan ocasionar las personas usuarias a la comunidad de propietarios.

Precisiones **1)** Se impone a las empresas comercializadoras de estancias turísticas en viviendas la obligación de informar a los clientes, de manera expresa y de la que quede constancia, de las prohibiciones y sanciones establecidas en el DL Baleares 1/2020 art.3.2 y 11 s. en relación con el «**turismo de excesos**»; así como la obligación de expulsar de forma inmediata a los usuarios que lleven a cabo las prácticas prohibidas por esta norma (DL Baleares 1/2020 art.3.1).
2) Las viviendas objeto de comercialización de estancias turísticas que hayan sido **sancionadas por una resolución firme** no podrán ser objeto de resolución de cambio de titularidad en tanto en cuánto la deuda existente con la administración turística sancionadora no haya sido liquidada previamente (L Baleares 8/2012 art.50.4).
3) Como **medida provisional**, se podrá decretar la clausura temporal del establecimiento o de la vivienda de uso turístico cuando se considere necesario para asegurar la eficacia de la resolución, por motivos de urgencia, o para una protección provisional de los intereses implicados (L Baleares 8/2012 art.128.1.b redacc DL Baleares 6/2023).

Procedimiento de inicio de actividad (L Baleares 8/2012 art.23) Para el inicio de la actividad se han de cumplir los requisitos siguientes: 4140

Presentar la **declaración responsable** de inicio de actividad ante el órgano competente en turismo, aportando la siguiente documentación:

- acreditación de la personalidad;
- certificado municipal acreditativo de estar en zona apta, y de que no se ha superado el número máximo de plazas en el municipio;
- certificado acreditativo de la adquisición de las plazas turísticas;
- solo para los alquileres de vivienda principal: certificado de empadronamiento del propietario; y
- solo para las viviendas sometidas al régimen de propiedad horizontal, documentación acreditativa de que en la comunidad de propietarios se permite la comercialización turística.

La presentación de la declaración responsable tiene el efecto inmediato de la **inscripción** en el correspondiente registro insular de empresas, actividades y establecimientos turísticos.

La **inexactitud, la falsedad o la omisión** en cualquier dato, manifestación o documento de carácter esencial que se adjunte o incorpore a una declaración responsable de inicio de actividad implican la cancelación de la inscripción y, por tanto, la imposibilidad de continuar con el ejercicio de la actividad afectada, sin perjuicio de la responsabilidad legal en que pueda haberse incurrido, con instrucción previa del procedimiento correspondiente en el que se dará audiencia a la persona interesada.

Si es la **Administración turística** la que detecta la inexactitud, podrá incoar la instrucción del procedimiento sancionador, sin perjuicio de imponer la restitución de la situación jurídica.

Reconversión y cambio a uso residencial (L Baleares 8/2012 art.78 redacc DL Baleares 6/2023) Se puede instar el cambio de uso a residencial ante la Administración urbanística competente en los establecimientos de alojamiento turístico o **parcelas no edificadas de uso turístico** en los siguientes casos: 4141

- por razones de incompatibilidad del uso turístico con la zona en la que se han situado;
- por tener condiciones o elementos de hecho que justifiquen la inviabilidad turística y económica, especialmente en las zonas definidas en los planes de intervención en ámbitos turísticos;
- por su notoria obsolescencia cuando no estén ubicados en zonas turísticas;
- por tratarse de edificios en los que existe un uso plurifamiliar no incorporado a la ordenación y el planeamiento no lo contempla; y
- porque se trate de edificios o parcelas en los que sean igualmente valoradas la oportunidad y la idoneidad de este cambio.

La Administración urbanística competente **tramitará y resolverá el expediente administrativo**, previo informe de la Administración turística, en el cual quedarán justificadas las mencionadas condiciones y convenientemente valoradas la oportunidad y la idoneidad del cambio de uso.

El cambio de uso se entenderá referido a la **totalidad de la parcela**, incluidas sus edificaciones y/o construcciones.

La **densidad máxima** será de una vivienda por cada 60 m^2 de superficie edificable destinada a usos residenciales, y la propuesta tiene que prever un mínimo del 10% de la edificación destinada a usos diferentes del residencial entre los siguientes: establecimiento público, administrativo, comercial, deportivo, docente o sociocultural. Como mínimo, cada una de las viviendas resultantes del cambio de uso tiene que estar dotada de una **plaza de aparcamiento** en la parcela afectada o como máximo a 200 metros de distancia.

Excepcionalmente, mediante la tramitación de un **expediente administrativo específico e individual por proyecto**, la Administración urbanística competente podrá dispensar, tras el informe previo de la administración turística, el cumplimiento de la dimensión mínima de vivienda autorizable, mediante una resolución motivada, y se determinarán en el mencionado expediente la dimensión mínima de vivienda que se tiene que autorizar, que deberá cumplir con la normativa de habitabilidad, el porcentaje de edificación destinada a otros usos y las plazas de aparcamiento necesarias. Cuando el cambio de uso se produzca sobre una **parcela no edificada**, los parámetros urbanísticos que se aplicarán serán los de su calificación urbanística en el momento de la solicitud del cambio de uso. 4142

Cuando en un **edificio en situación de inadecuación** no resulte viable técnicamente o económicamente la rehabilitación integral del edificio, a instancia de los titulares, podrá acordarse la demolición del mismo para reconstruirlo adaptándose a los parámetros urbanísticos que tenía el edificio sobre el cual procede el cambio de uso.

En todos los casos en los que sea procedente el cambio de uso, el titular del establecimiento deberá **abonar** a la Administración municipal competente el 5% del presupuesto de ejecución material de la rehabilitación integral o reconstrucción del edificio en el que se haya formalizado el cambio de uso. Este **valor de cesión** solo se aplicará sobre la superficie construida

correspondiente al nuevo uso. Estos ingresos se destinarán a actuaciones e inversiones en la zona donde se ha realizado el cambio de uso, tras el informe previo y vinculante de la administración turística competente.
La **documentación** que se tiene que aportar a la Administración turística deberá ser suficiente para valorar todos los aspectos necesarios para adoptar la resolución y deberá incluir, como mínimo, una exposición de los antecedentes y situación urbanística, los documentos gráficos y la justificación del cumplimiento de los requisitos expuestos en este artículo, como también de la solución presentada. Asimismo, la Administración turística deberá someter la propuesta de resolución a **audiencia pública** durante el plazo mínimo de un mes, a los efectos de que se puedan presentar sugerencias o alegaciones.
Las nuevas viviendas resultantes de la aplicación de esta disposición tendrán la condición de **vivienda de precio limitado**.

5. Canarias

(L Canarias 7/1995; D Canarias 113/2015)

4146 **Viviendas vacacionales** (D Canarias 113/2015 art.2 y 12) Las viviendas vacacionales son aquellas viviendas, que amuebladas y equipadas en condiciones de uso inmediato y reuniendo los requisitos exigidos por la normativa, son comercializadas o promocionadas en canales de oferta turística, para ser cedidas temporalmente y en su totalidad a terceros, de forma habitual, con fines de alojamiento vacacional y a cambio de un precio.
La **habitualidad** se da cuando la cesión de la vivienda se hace dos o más veces dentro del periodo de un año o una vez al año, pero en repetidas ocasiones; y por cesión temporal, se entiende toda la ocupación de la vivienda por un periodo de tiempo, que no implique cambio de residencia por parte de la persona.
Solo pueden comercializarse las viviendas sometidas al régimen de **propiedad horizontal** cuando en los estatutos de la comunidad de propietarios no se prohíba la actividad (D Canarias 113/2015 art.12.2).

Precisiones Resulta nula la exclusión de la actividad en edificios situados en **zonas o urbanizaciones turísticas** o mixtas -residenciales y turísticas- del D Canarias 113/2015 art.3.2; así como la prohibición de **uso compartido** de las viviendas con la imposición de la cesión íntegra y a una misma persona del D Canarias 113/2015 art.12.1 (TSJ Sta. Cruz de Tenerife 21-3-17, EDJ 175283; TS 15-1-19, EDJ 505844).

4152 **Requisitos** (D Canarias 113/2015 art.6 y 10) Las viviendas vacacionales deben contar con un **equipamiento mínimo** en cada una de sus dependencias, de forma proporcional al número de ocupantes y acorde a la actividad desarrollada en las mismas. A modo de ejemplo:
- cierre de seguridad en puertas de acceso;
- botiquín de primeros auxilios;
- sistema efectivo de oscurecimiento de cada dormitorio con los que cuente;
- electrodomésticos, etc.

En las viviendas deben figurar expuestos los **precios** del servicio de alojamiento, conteniendo la fecha en que se publiciten o anuncien públicamente y, por tanto, se apliquen. También, se debe exhibir una **placa-distintivo** en un lugar visible en la entrada, siempre que no conste prohibición expresa por parte de las normas de la comunidad de propietarios.

4154 **Procedimiento de inicio de actividad** (D Canarias 113/2015 art.13) Han de cumplimentarse los siguientes requisitos:
• Con carácter previo al inicio de la actividad, los titulares de la misma deben presentar la **declaración responsable** ante el cabildo insular correspondiente, en la que se haga constar:
- que se cumplen requisitos legales exigidos (nº 4152) y que dispone de la documentación que así lo acredita, con el compromiso de seguir haciéndolo durante el periodo que dedique la vivienda a esta actividad;
- en los estatutos de la comunidad de propietarios a la que pertenezca la vivienda no existe prohibición expresa que impida destinarla a la actividad de vivienda vacacional;
- el número de dormitorios y que no se superará la capacidad máxima de ocupación, de acuerdo con las condiciones de la vivienda acreditadas.

• Junto a esta declaración de inicio de actividad se ha de **adjuntar**:
- cédula de habitabilidad o licencia de primera ocupación (D Canarias 117/2006); y
- declaración responsable, en su caso, de que en los estatutos de la comunidad de propietarios existe prohibición que impide la colocación de placas identificativas de la actividad de vivienda vacacional, en el exterior o zonas comunes.

Precisiones Resulta nula la subordinación de la entrega de documentación necesaria para el **inicio de la actividad** a la inscripción en un registro, establecida inicialmente en el D Canarias 113/2015 art.13. 3 (TSJ Sta. Cruz de Tenerife 21-3-17, EDJ 175283; TS 15-1-19, EDJ 505844).

6. Cantabria

(D Cantabria 225/2019)

En Cantabria, la cesión de viviendas con fines turísticos, se regula en la modalidad de **cesión temporal** de viviendas de uso turístico, ya sea de forma temporal o compartida. 4156

Precisiones Con anterioridad a esta fecha, esta actividad no se regulaba de forma específica, por lo que quedaba comprendida dentro del **alojamiento turístico extrahotelero** como actividad a la que pueden dedicarse tanto personas jurídicas como físicas. Lo relevante de esta otra actividad, es que la misma se ejerza de forma habitual o profesional, proporcionando a los clientes residencia en apartamentos turísticos, estudios, bungalows o chalets, comercializados o promocionados en canales de oferta turística con una finalidad lucrativa. Los alojamientos se han de ceder mediante precio y en condiciones de uso inmediato. Este servicio puede ir acompañado de otros complementarios.

Modalidades de alojamiento y requisitos (D Cantabria 225/2019 art.3 s.) Estos alojamientos se consideran un servicio turístico y, además de cumplir con la legislación vigente en esta materia (L Cantabria 5/1999), han de cumplir con las siguientes **características y requisitos**: 4158
• Las viviendas de uso turístico **se ubican** en inmuebles situados en suelo de uso residencial.
• La **cesión temporal y con fines turísticos** se presume siempre que las viviendas se oferten en un canal de oferta turística de cualquier tipo o por cualquier otro medio de comercialización o promoción. A estos efectos, se considera:
- que existe cesión temporal cuando la ocupación no implique un cambio de residencia del usuario; y
- que son canales de oferta turística las empresas de intermediación turística tanto físicas como virtuales -agencias de viajes, centrales de reserva, páginas web de promoción, alquiler o marketplaces-.
• Las viviendas de uso turístico se clasifican en dos **modalidades**:
- de cesión completa, no permitiéndose la cesión por estancias; o
- de cesión compartida, debiendo el propietario residir en la misma.
En ambos casos han de comercializarse en condiciones habitabilidad y de inmediata disponibilidad.

Obligaciones de los propietarios (D Cantabria 225/2019 art.6) Los propietarios de las viviendas están sujetos al cumplimiento de las siguientes obligaciones frente a los usuarios: 4159
• Exhibir, en el exterior de la puerta de acceso de la vivienda de uso turístico, la **placa identificativa**; y, en lugar visible el **cartel informativo** de la disponibilidad de las hojas oficiales de reclamaciones y el número de teléfono previsto para atender de manera inmediata cualquier circunstancia que afecte a la estancia.
• Disponer de **hojas oficiales de reclamación** de la Dirección General competente en materia de turismo. Estas hojas deben estar a disposición de los usuarios en un lugar adecuado dentro de la vivienda de uso turístico.
• Poner en conocimiento del público interesado las **normas de utilización**, así como la temporada de funcionamiento de la vivienda de uso turístico, con expresa mención a las fechas de apertura y cierre y las formas de pago aceptadas.
• Emitir y entregar a los usuarios **justificante de pago** del alojamiento.
• Mantener actualizada la **página web**, si la vivienda dispusiese de la misma, contestando las peticiones de información que lleguen a través de este instrumento de comunicación.
• Exhibir el número de inscripción del **Registro General de Empresas Turísticas de Cantabria**, tras su comunicación al interesado, en toda publicidad que se haga de la actividad turística.
• Prestar el servicio de alojamiento con los muebles y enseres necesarios para su **uso inmediato**.
• Ofrecer la vivienda en perfectas condiciones de **limpieza, higiene y preparación** en el momento de ser ocupada por los usuarios, debiendo efectuarse una limpieza general de la vivienda y cambio de lencería siempre que se produzca una nueva estancia. Los desperfectos y averías que se produzcan durante la estancia se repararán de manera inmediata.
• Exhibir los **precios de los servicios ofertados** en lugar claramente visible y de fácil lectura para el público, con el debido detalle del precio final que será aplicable al usuario, haciendo constar separadamente y con suficiente claridad cada uno de los servicios y conceptos de tal forma que posibilite que el usuario tome una decisión antes de la contratación de un servicio turístico.

4160 **Procedimiento de inicio de actividad** (D Cantabria 225/2019 art.5 s.) Para el inicio de la actividad, previamente se debe presentar ante la Dirección General competente en materia de turismo la preceptiva **declaración responsable** de apertura (D Cantabria 225/2019 anexo I), afirmando, bajo su responsabilidad, que cumple los requisitos establecidos para ejercer la actividad; que dispone de la documentación que así lo acredita; y que se compromete a mantener su cumplimiento hasta el cese en el ejercicio de dicha actividad.
En todo caso, esta declaración responsable se referirá expresamente al cumplimiento de los siguientes **requisitos**:
• Disponer de un extintor por planta, instalado en lugar visible y de fácil acceso.
• Disponer de título jurídico suficiente acreditativo de la propiedad de la vivienda.
• Disponer de cédula de habitabilidad.
• En el caso de viviendas ubicadas en inmuebles sometidos al régimen de propiedad horizontal, declaración acerca de que los estatutos o acuerdos adoptados por la comunidad de propietarios no prohíben ni establecen restricciones del uso del inmueble al destino de la vivienda de uso turístico.
• Declaración acerca de que la vivienda no está calificada como protegida.
Esta declaración, efectuada en estos términos, faculta para el **ejercicio de la actividad turística** desde el mismo día de su presentación, quedando además inscrita la vivienda en el Registro General de Empresas Turísticas de Cantabria, a efectos de control e inspección a posteriori.

7. Castilla-La Mancha

(L Castilla-La Mancha 8/1999; D Castilla-La Mancha 36/2018 redacc D Castilla-La Mancha 253/2023)

4166 En Castilla-La Mancha, las viviendas de alquiler turístico se denominan viviendas de uso turístico. Se analiza además de su regulación, el procedimiento de inicio de actividad.

4168 **Viviendas de uso turístico** (D Castilla-La Mancha 36/2018 art.2.c) Las viviendas de uso turístico **se definen** como aquellos pisos, casas, chalés u otros inmuebles análogos, amueblados y equipados en condiciones de uso inmediato, que son comercializados o promocionados en canales de oferta turística para ser cedidos temporalmente en dos o más ocasiones al año, publicitándose en cualquier tipo de canal de comercialización propio o de tercero, con fines de alojamiento turístico y a cambio de contraprestación.
Las viviendas de uso turístico que realicen la actividad de alojamiento turístico de modo habitual no pueden utilizarse como **residencia permanente** ni con cualquier otra finalidad distinta del uso turístico.

4170 **Requisitos** (D Castilla-La Mancha 36/2018 art.16.1 y 2, 17-redacc D Castilla-La Mancha 253/2023-) Las viviendas de uso turístico tienen la capacidad que se determina en la licencia de primera ocupación y están compuestas, como mínimo, por un salón-comedor, cocina, dormitorio y cuarto de baño. Junto a esto, deben:
- cumplir con lo dispuesto en la normativa vigente en materia de **habitabilidad y seguridad** para su uso residencial como vivienda;
- cumplir con los estatutos de la **comunidad de propietarios**, que no pueden contener prohibición expresa para la actividad de alojamiento turístico;
- disponer de **ventilación directa al exterior** o a patios, con persianas o con algún sistema de oscurecimiento similar en las ventanas;
- estar **amuebladas** y dotadas de todos los aparatos y enseres necesarios para su uso inmediato y acorde al número de plazas de ocupación;
- disponer de **calefacción** y **aire acondicionado** en los dormitorios y salón;
- disponer de **botiquín** de primeros auxilios;
- prestar el **servicio de limpieza** de la vivienda a la entrada y salida de nuevos clientes;
- disponer de ropa de cama, lencería, menaje de casa en general, en función a la ocupación máxima de la vivienda y un juego de reposición;
- poner a disposición de los usuarios un **número de teléfono** para atender y resolver dudas e incidencias relativas a la vivienda de modo inmediato en un lugar visible;
- debe ponerse a disposición de los usuarios de la vivienda, las instrucciones de **funcionamiento de los electrodomésticos** u otros dispositivos que lo requieran para su correcta utilización;
- tener conexión wifi a **internet**;
- poner a disposición de los clientes las **normas internas** relativas al uso de las instalaciones y dependencias de la vivienda, así como la admisión o no de mascotas, restricciones para personas fumadoras, y las zonas de uso restringido.
En la puerta de entrada de cada vivienda de uso turístico, en lugar visible, se ha de exhibir una **placa distintiva normalizada**, de acuerdo a las prescripciones técnicas adecuadas.

Las viviendas de uso turístico ubicadas en los **conjuntos históricos** de las ciudades Patrimonio de la Humanidad deben exhibir, junto a la entrada principal del establecimiento y en sitio visible, la placa distintiva normalizada específica para estas ciudades.
En toda publicidad, actuación de promoción o de comercialización debe aparecer el **código de inscripción** del Registro de empresas y establecimientos turísticos de Castilla-La Mancha.

Procedimiento de inicio de actividad (D Castilla-La Mancha 36/2018 art.6) Las empresas o titulares de la explotación de los apartamentos turísticos y de las viviendas de uso turístico deben: **4172**
• Presentar la **declaración responsable** de inicio de actividad ante el órgano competente de turismo.
• Una vez presentada la declaración responsable se debe inscribir en el **Registro de Empresas y Establecimientos Turísticos** de Castilla-La Mancha.

8. Castilla y León

(D Castilla y León 3/2017)

En Castilla y León, las viviendas con fines turísticos se denominan viviendas de uso turístico. **4174**
Se estudia además de su regulación, el procedimiento de inicio de actividad.

Precisiones El Tribunal Supremo ha refrendado la **validez** del D Castilla y León 3/2017 art.4.c y d, 6, 7 a 12, 25 y 30.4, impugnados por la CNMC que los consideraba obstáculos para la libre competencia (TS 24-9-19, EDJ 693855).

Vivienda de uso turístico (D Castilla y León 3/2017 art.2) Las viviendas de uso turístico son **4176**
aquellos pisos, casas, bungalós, chalés u otros inmuebles análogos, que son comercializados o promocionados en canales de oferta turística con fines de alojamiento turístico, a cambio de contraprestación económica, para ser cedidos en su totalidad a terceros por un **tiempo** que no supere los 2 meses seguidos, de forma habitual.
Se entiende **cesión habitual** facilitar el alojamiento en una o más ocasiones dentro del mismo año natural por un tiempo que en su conjunto exceda de un mes.
Los conjuntos o bloques formados por 2 o más unidades de alojamiento turístico explotados por el **mismo titular** no se consideran viviendas con fines turísticos y se les aplica el régimen legal de los apartamentos turísticos.

Requisitos (D Castilla y León 3/2017 art.7 a 12) Los requisitos que deben cumplir las viviendas de uso **4180**
turístico son los siguientes:
• **Licencia de primera ocupación**. Las viviendas deben cumplir en todo momento las condiciones técnicas y de calidad exigidas a esas viviendas.
• **Instalaciones**. Las viviendas de uso turístico deben contar al menos un dormitorio, salón-comedor, cocina y cuarto de baño o aseo; salvo las que sean tipo estudio, en las que el dormitorio, salón-comedor y cocina ocuparán un espacio común.
• **Servicios comunes**. Las viviendas de uso turístico deben contar con:
- suministro permanente de agua caliente y fría apta para el consumo humano;
- suministro eléctrico adecuado y suficiente;
- calefacción;
- suministro de combustible necesario, en su caso, para procurar el correcto funcionamiento de todos los servicios;
- botiquín de primeros auxilios;
- limpieza y cambio de ropa de cama y baño a la entrada de nuevos clientes;
- conservación y reparación de las instalaciones y equipamiento;
- cunas, cuando sean requeridas por el turista.
• **Placa identificativa**. Se debe exhibir en la entrada de la vivienda (D Castilla y León 3/2017 art.6).

Procedimiento de inicio de actividad (D Castilla y León 3/2017 art.15) Los titulares de estable- **4182**
cimientos de alojamiento turístico deben cumplir los siguientes requisitos:
• Presentar una **declaración responsable** dirigida al titular del órgano competente en turismo, en la que se debe manifestar que el establecimiento cumple con los requisitos previstos en la normativa aplicable, que dispone de los documentos que así lo acreditan y que se compromete a mantener su cumplimiento durante el tiempo inherente al ejercicio de la actividad.
• Para poder presentar la declaración responsable debe disponerse de la **licencia de primera ocupación**, cédula de habitabilidad o autorización municipal correspondiente.
• Una vez presentada la declaración responsable en los términos previstos, el órgano competente inscribirá de oficio la vivienda de uso turístico en el **Registro de Turismo de Castilla y León**.

9. Cataluña

(L Cataluña 13/2002 redacc L Cataluña 3/2023; D Cataluña 75/2020 redacc L Cataluña 3/2023)

4184 En Cataluña, las viviendas con fines turísticos se denominan viviendas de uso turístico. Junto con su regulación, se analiza el procedimiento de inicio de actividad.

4186 **Viviendas de uso turístico** (L Cataluña 13/2002 art.2.h redacc L Cataluña 3/2023, 50 bis; D Cataluña 75/2020 art.221-1, 131.2.1.a redacc L Cataluña 3/2023) Tiene la consideración de vivienda de uso turístico aquella que es **cedida** por su propietario, directa o indirectamente, a terceros, a cambio de **contraprestación económica** para una estancia de temporada y en condiciones de inmediata disponibilidad. Se considera **estancia de temporada** toda ocupación de la vivienda por un periodo de tiempo contiguo igual o inferior a 31 días.
Las viviendas de uso turístico se ceden **enteras** y no se permite la cesión por estancias.
No se pueden ceder viviendas que no estén debidamente habilitadas.
En el caso de que la persona propietaria de un inmueble tenga conocimiento de una **actividad clandestina**, tiene el deber de comunicarlo a la Administración competente, así como de emprender las correspondientes acciones civiles destinadas al cese efectivo de la actividad turística.
El **destino** de una vivienda de uso turístico debe ser compatible con la regulación de los usos del sector donde se encuentre situado y con la normativa civil que le sea de aplicación.
Los **datos** de los alojamientos turísticos que constan en el Registro son los siguientes: titular, nombre dirección, teléfono, correo electrónico, modalidad, grupo, categoría y distintivo, así como número de unidades y de plazas del alojamiento.
En el caso de las viviendas de uso turístico y de los **hogares compartidos**, debe añadirse la referencia catastral del inmueble y el número de la cédula de habitabilidad.

4188 **Requisitos y servicios de la actividad** (D Cataluña 75/2020 art.221-2) Las viviendas no pueden estar ocupadas con más plazas de las indicadas en la cédula de habitabilidad y, en cualquier caso, su capacidad máxima no puede exceder de 15 plazas.
Las viviendas deben estar **suficientemente amuebladas** y dotadas de los aparatos y utensilios necesarios para ser ocupados inmediatamente, con la finalidad de prestar un servicio de alojamiento correcto en relación con la totalidad de plazas de que dispongan, todo en perfecto estado de higiene.
El propietario o propietaria de la vivienda, o la persona gestora en quien delegue debe:
- facilitar a las personas usuarias y vecinos el **teléfono** para atender y resolver de manera inmediata consultas e incidencias relativas a la actividad de vivienda de uso turístico;
- garantizar un **servicio de asistencia y mantenimiento** de la vivienda;
- entregar a las personas usuarias un **documento** que recoja las normas de convivencia acordadas por la comunidad de propietarios donde se integra la vivienda, si lo hay. Este documento debe estar redactado, como mínimo, en los siguientes **idiomas**: catalán, castellano, inglés y francés.

En el caso de que la persona usuaria de una vivienda de uso turístico **atente contra las reglas básicas de la convivencia** o incumpla ordenanzas municipales dictadas a ese efecto, la persona titular de la propiedad, o la persona gestora de la vivienda de uso turístico, debe requerir al cesionario para que abandone la vivienda inmediatamente.
Las viviendas de uso turístico deben exhibir en un **lugar visible y fácilmente localizable** para las personas usuarias la comunicación del NIRTC, su capacidad máxima y el teléfono del servicio de asistencia y mantenimiento. Aquellos que todavía no dispongan del NIRTC, transitoriamente, suplirán su exhibición con la comunicación del **número provisional**.
Los **requisitos turísticos mínimos** constan en el D Cataluña 75/2020 anexo 6.

Precisiones La plataforma de alquiler turístico **Airbnb** debe cumplir la normativa catalana y dejar de anunciar en su portal los pisos en los que no conste el número de inscripción en el Registro de Cataluña (TSJ Cataluña 3-11-19, EDJ 750413).

4189 **Contención de las viviendas de uso turístico** (DLeg Cataluña 1/2010 art.187.1.p y disp.adic.27ª redacc DL Cataluña 3/2023) Con efectos desde **9-11-2023**, en Cataluña se adoptan una serie de medidas sobre el régimen urbanístico de las viviendas turísticas a fin de paliar su incidencia en el mercado de vivienda y, en concreto, en la falta de oferta de las viviendas de uso residencial.
En este sentido se establece, como requisito previo al inicio de la actividad, la obtención de una **licencia urbanística**, con validez por 5 años, para los municipios que se encuentren en una de estas dos situaciones:
• Municipios **con problemas de acceso a la vivienda**, que son los que tengan necesidades de vivienda acreditadas y cumplan al menos uno de los siguientes requisitos:
- que la carga media del coste del alquiler o de la hipoteca en el presupuesto personal o de la unidad de convivencia, más los gastos y suministros básicos, supere el 30% de los ingresos medios o de la renta media de los hogares; o

- que entre 9-11-2018 y 9-11-2023 el precio de alquiler o compra de la vivienda haya experimentado un porcentaje de crecimiento acumulado al menos un 3% superior al porcentaje de crecimiento acumulado del IPC de Cataluña.
• Municipios **en riesgo de romper el equilibrio del entorno urbano** por una alta concentración de viviendas de uso turístico aquellos que presenten una ratio de 5 de ellas por 100 habitantes a 9-11-2023.
El listado de los municipios que en concreto se consideran afectados por estas situaciones, recogido en el DL Cataluña 3/2023 anexo, tendrá una vigencia de 5 años, transcurridos los cuales se procederá a su revisión.
Por otro lado, se establece un **régimen transitorio** para las viviendas que estuvieran debidamente habilitadas y ubicadas en uno de los municipios afectados a modo de **indemnización** por todos los conceptos relacionados con las modificaciones introducidas por la nueva norma. Así:
• En el **plazo de 5 años**, desde 9-11-2023, deben obtener la licencia urbanística de acuerdo con el régimen establecido en el DLeg Cataluña 1/2010 disp.adic.27ª o cesar la actividad, salvo que acrediten que este régimen transitorio no compensa la pérdida del título habilitante de vivienda de uso turístico, en cuyo caso pueden solicitar al ayuntamiento que lo amplíe 5 años más, antes de que finalice ese primer plazo.
• Este mismo régimen se aplica en los municipios que a futuro pasen a formar parte de la lista de afectados por la necesidad de contar con **licencia urbanística previa**, computándose el plazo de 5 años desde que entre en vigor la orden que la recoja.
Por último, en consonancia con estas medidas, se modifica la Ley de Urbanismo de Cataluña, añadiendo estos casos entre los sujetos a licencia urbanística (DLeg Cataluña 1/2010 art.187.1.p) y se establece específicamente el régimen urbanístico de las viviendas de uso turístico (DLeg Cataluña 1/2010 disp.adic.27ª):
- tienen la obligación de disponer de la correspondiente **licencia urbanística** en determinados municipios, independientemente de otras licencias o autorizaciones que sean necesarias;
- el planeamiento urbanístico debe permitir expresamente la **compatibilidad del uso** de vivienda de uso turístico con el uso de vivienda destinada a domicilio habitual y permanente;
- en ningún caso pueden otorgarse más **licencias** que las resultantes de aplicar un máximo de 10 viviendas de uso turístico por 100 habitantes; y
- la **actualización** de la relación de municipios en los que el destino de las viviendas al uso turístico requerirá una licencia previa ha de hacerse mediante orden de la persona titular del departamento competente en materia de urbanismo, previa audiencia a los municipios.

10. Extremadura

(L Extremadura 2/2011; D Extremadura 182/2012)

Apartamento turístico En Extremadura no hay una **regulación** específica de las viviendas de uso turístico. Las mismas quedan dentro de la propia de los apartamentos turísticos. Son tales, los bloques de viviendas, apartamentos, casas y otras edificaciones semejantes, que promocionen o comercialicen en canales de información o comercialización, cualquiera que sea su soporte, mediante contraprestación económica, servicio de alojamiento turístico, y que dispongan de las **instalaciones adecuadas** para la preparación, conservación y consumo de alimentos dentro de cada unidad de alojamiento. 4192
Estos apartamentos **deben**:
- estar dentro de núcleos urbanos;
- estar amueblados y equipados en condiciones de uso inmediato; y
- ser comercializarse y promocionarse en canales de canales de oferta turística.
Por otro lado, la **cesión** de los apartamentos deber realizarse:
- en su totalidad y no por habitaciones;
- con fines de alojamiento turístico y no como vivienda o residencia; y
- con finalidad lucrativa y no de forma gratuita.

Procedimiento de inicio de actividad (D Extremadura 182/2012 art.24 s.) Para realizar la actividad turística de alojamiento en una vivienda residencial se debe presentar al órgano autonómico competente en materia de turismo la **declaración responsable** de inicio de actividad de alojamiento turístico extrahotelero, mediante un impreso formalizado. 4193
A partir de esta presentación, se puede ejercer la actividad por tiempo indefinido.

11. Galicia

(L Galicia 7/2011; D Galicia 12/2017)

4195 En Galicia, hay **dos categorías** de viviendas con fines turísticos:
- vivienda turística; y
- vivienda de uso turístico.

Se analiza, además de la regulación de cada una de ellas, el procedimiento de inicio de actividad de ambas.

4196 **Vivienda turística** (L Galicia 7/2011 art.65; D Galicia 12/2017 art.4) Se entiende por vivienda turística el **establecimiento unifamiliar aislado** en el que se presta servicio de alojamiento turístico, con un número de plazas no superior a diez y que dispone, por estructura y servicios, de las instalaciones y del mobiliario adecuado para su utilización inmediata, así como para la conservación, elaboración y consumo de alimentos dentro del establecimiento.

La **comercialización** de la vivienda turística debe consistir en la cesión temporal del uso y disfrute de la totalidad de la vivienda, por lo que no se permite la formalización de contratos por habitaciones o la coincidencia dentro de la vivienda de usuarios que formalicen distintos contratos.

El **plazo de duración** de la estancia es la que libremente pacten las partes, aunque el periodo de alojamiento continuado no pueda exceder de 3 meses (D Galicia 12/2017 art.9.1).

Las viviendas turísticas deben contar con los siguientes requisitos (D Galicia 12/2017 art.23 s.):
- deben contar, como mínimo, con las siguientes **dependencias**: dormitorio, sala de estar-comedor, cocina y cuarto de baño;
- debe entregarse al usuario en **perfectas condiciones** para su uso;
- debe disponer de **agua potable** de consumo humano así como de tratamiento y evacuación de aguas residuales;
- la **capacidad** de la vivienda, en ningún caso puede superar las 10 plazas;
- debe contar con un sistema de **calefacción**;
- debe **exhibir una placa identificativa** en la parte exterior de la entrada principal, en un lugar muy visible, en la que figure el distintivo correspondiente al grupo y categoría del establecimiento;
- en la **publicidad** o propaganda impresa, facturas y demás documentación debe indicarse, de manera que no induzca a confusión, la categoría en la que está clasificado el establecimiento, así como el número de registro otorgado por la administración turística;
- debe contarse con un **seguro de responsabilidad civil** que cubra los riesgos de las personas usuarias del establecimiento por daños corporales, daños materiales y los perjuicios económicos causados que deriven del desarrollo de su actividad.

4197 **Procedimiento de inicio de actividad** (D Galicia 12/2007 art.30) El empresario que pretenda explotar una vivienda turística, debe cumplir los siguientes requisitos:

• Presentar la **declaración responsable** ante la administración competente de turismo, adjuntando los siguientes documentos:
- memoria, y planos; y
- acreditación del pago de tasas.

La presentación de la declaración responsable habilita para el desarrollo de la actividad desde su presentación.

• La administración competente de turismo del área provincial en la que radique el establecimiento lo inscribirá de oficio en el **Registro de Empresas y Actividades Turísticas de Galicia**.

• Debe presentarse una **comunicación previa** de inicio de actividad ante el ayuntamiento.

4198 **Vivienda de uso turístico** (L Galicia 7/2011 art.65 bis; D Galicia 12/2017 art.5) Las viviendas de uso turístico son viviendas cedidas a terceras personas con una **finalidad turística**. Se entiende que existe esta finalidad cuando la cesión se realice:
- de forma reiterada, esto es, dos o más veces dentro del período de un año;
- a cambio de contraprestación económica; y
- para una estancia de corta duración, es decir, con una duración inferior a 30 días.

La **comercialización** consiste en la cesión temporal del uso y disfrute de la toda la vivienda sin que se puedan formalizar contratos por habitaciones ni coincidir dentro de la vivienda usuarios que han formalizado diferentes contratos.

Dicha comercialización puede llevarse a cabo por empresas turísticas (L Galicia 7/2011 art.33), por el propietario o por su representante.

Para esta comercialización se han de cumplir los requisitos expuestos a continuación.

Requisitos (L Galicia 7/2011 art.65 bis.2; D Galicia 12/2017 art.39) La comercialización de las viviendas de uso turístico tienen que cumplir los siguientes requisitos: 4200
• Deben estar amuebladas y equipadas en condiciones de disponibilidad inmediata.
• Deben cumplir la normativa sobre promoción de la **accesibilidad y supresión de barreras** arquitectónicas, que será el correspondiente a los edificios de uso residencial privado.
• Deben contar con un **seguro de responsabilidad civil** que cubra los riesgos de las personas usuarias del establecimiento por daños corporales, daños materiales y los perjuicios económicos causados que deriven del desarrollo de su actividad.
• Deben tener la **licencia de primera ocupación** o cédula de habitabilidad, o certificado final de obra que acredite que se ejecutaron las obras de conformidad con la licencia otorgada.
• Dado que no se trata de alojamientos turísticos ni de la prestación de servicios turísticos amparados por la normativa sectorial en materia de turismo, y en garantía y protección de los derechos de los usuarios turísticos, estas cesiones no pueden promocionarse, comercializarse ni publicitarse en **canales de oferta turística** o por cualquier otro modo de comercialización, promoción o publicidad como servicios o actividades turísticas o de tal forma que creen confusión con estos servicios o actividades.

Procedimiento de inicio de actividad (D Galicia 12/2017 art.41) Para el inicio de la actividad se deben cumplir los siguientes requisitos: 4202
• Presentar la **declaración responsable**, ante la administración competente de turismo, adjuntando los siguientes documentos:
- memoria y planos; y
- acreditación del pago de tasas.
• La presentación de la declaración responsable habilita para el **desarrollo de la actividad** desde su presentación.
• La administración competente de turismo en la que radique el establecimiento **inscribirá** de oficio el establecimiento en el Registro de Empresas y Actividades Turísticas de Galicia.

Se impone la obligación de **suministro periódico de información** sobre los datos de ocupación de las viviendas de uso turístico, al ser los únicos alojamientos turísticos, respecto de los que la Administración no dispone de tales datos.

Asimismo, se impone la obligación de que en toda publicidad o actuación de promoción de viviendas de uso turístico que se realice, por cualquier medio o canal, figure el código de inscripción correspondiente en el **Registro de Empresas y Actividades Turísticas** de la Comunidad Autónoma de Galicia o, de no disponer de él, el código acreditativo de la presentación de la declaración responsable que facilite la Administración.

12. La Rioja

(L La Rioja 2/2001; D La Rioja 10/2017)

En La Rioja, las viviendas con fines turísticos se denominan viviendas de uso turístico. Además de su regulación, se trata su procedimiento de inicio de actividad. 4204

Viviendas de uso turístico (D La Rioja 10/2017 art.66 s.) Las viviendas de uso turístico son las amuebladas y equipadas en **condiciones de uso inmediato**, objeto de una cesión temporal con destino turístico y en su totalidad, y sean comercializadas o promocionadas con finalidad lucrativa en canales de oferta turística, y no formen parte de un establecimiento de apartamentos. 4206

Con la entrada en vigor de la ley, dejó de estar prohibida la **cesión por habitaciones**, si bien estos casos se han de someter al régimen aplicable a las pensiones requiriendo la comunicación de inicio de actividad como tal.

La **capacidad** máxima de plazas de alojamiento es el doble del número de habitaciones de la vivienda, incluido el salón, y hasta un máximo de 8, incluidas las posibles camas convertibles y supletorias.

La capacidad vendrá determinada por el número total de camas de las habitaciones computándose como dos plazas de alojamiento las camas con una anchura superior a 1,35 metros.

En La Rioja **no se consideran** viviendas de uso turístico las viviendas, aun cumpliendo el resto de requisitos, las que se destinen al alquiler durante un único período consecutivo igual o inferior a 3 meses al año, independientemente de la efectiva ocupación en ese período.

No puede destinarse una vivienda para un uso turístico cuando, en su caso, estuviera prohibido por los estatutos de la **comunidad de propietarios**, o incumpla con la normativa municipal que fuera aplicable para el ejercicio de la actividad. Además, cuando las viviendas formen parte de una comunidad de propietarios no pueden ofertarse servicios e instalaciones complementarios a la actividad de alojamiento u hospedaje susceptibles de ocasionar molestias y

perjuicios a los vecinos. En este sentido, está estrictamente prohibido ofertar la vivienda para fiestas, eventos y similares.
La **gestión** de las viviendas de uso turístico puede realizarse tanto por personas físicas que no se dediquen profesional ni habitualmente a este cometido como por empresas gestoras, teniendo esta consideración las personas físicas o jurídicas, titulares o no de los alojamientos, que realicen de forma habitual y profesional la gestión de la cesión de los alojamientos.
Las viviendas deben cumplir, en todo caso, las condiciones mínimas exigibles por la normativa reguladora de las **condiciones de habitabilidad** de viviendas (D La Rioja 10/2017 art.66.5).

4210 **Procedimiento de inicio de actividad** (D La Rioja 10/2017 art.8 y 9) Para el inicio de la actividad, se debe presentar una **comunicación** de inicio de actividad, que permitirá ejercer la actividad por tiempo indefinido desde el día de su presentación.
No obstante, se han establecido obligaciones adicionales respecto a la **documentación** que se ha de adjuntar a la comunicación de inicio de actividad de los establecimientos. De esta forma, se debe acompañar, la que se requiera para comprobar el cumplimiento de las normas sectoriales que sean de aplicación, en especial de la normativa urbanística, con el fin de proceder a la correspondiente clasificación e inscripción en el Registro de Proveedores de Servicios Turísticos.
En la comunicación de inicio de actividad, se establece la denegación de inscripción en el **Registro de Proveedores de Servicios Turísticos**, junto con la imposibilidad de continuar con la actividad, como consecuencia de la inexactitud, falsedad u omisión esencial de cualquier dato, manifestación o documento aportado.
Asimismo, se define a estos efectos la «**inexactitud, falsedad u omisión esencial**» como la que hubiera fundamentado la inscripción en el registro de proveedores de servicios turísticos o, en su caso, hubiera servido para obtener una categoría superior del establecimiento.
Por otro lado, presentada la documentación se procederá, en su caso, a la **inspección** de los establecimientos a fin de:
- comprobar si procede la inscripción en el Registro de proveedores de Servicios Turísticos; y
- determinar la clasificación correspondiente, dado que las viviendas de uso turístico no tienen categorías, la inscripción se debe realizar conforme con la información aportada en la comunicación de inicio de actividad.

13. Madrid

(L Madrid 1/1999; D Madrid 79/2014)

4212 En Madrid, las viviendas con fines turísticos se denominan viviendas de uso turístico. Se estudia, aparte de su regulación, el procedimiento de inicio de actividad.

Precisiones Con efectos desde 13-4-2019, se **modificó** el D Madrid 79/2014, regulador de las viviendas de uso turístico de la Comunidad, a fin de incorporar, tanto los pronunciamientos judiciales sobre esta norma, como la sentencia TS 10-12-18, EDJ 650792, y los principios que inspiran la regulación europea en esta materia -Dir 2006/2013/CEE y PE Resol 2017/20038/INI-.

4214 **Viviendas de uso turístico** (D Madrid 79/2014 art.2.2) Las viviendas de uso turístico son los pisos, estudios, apartamentos o casas que, amueblados y equipados en condiciones de **uso inmediato**, son comercializados y promocionados en canales de oferta turística, o por cualquier otro medio de comercialización o promoción, para ser cedidos en su totalidad, por su propietario a terceros, con fines de alojamiento turístico y a cambio de un precio.
Esta **actividad** ha de realizarse de forma habitual, lo que ocurre cuando el interesado se publicita por cualquier medio y presenta la preceptiva declaración responsable de inicio de actividad (nº 4216).
No pueden **cederse** por habitaciones, ni de cualquier otra forma que implique segregación o división.

4215 **Requisitos** (D Madrid 79/2014 art.18 s.) Las viviendas de uso turístico deben cumplir los siguientes requisitos:
a) Deben estar compuestas, como mínimo, por las siguientes **dependencias**:
- salón-comedor;
- cocina;
- dormitorio; y
- baño.
b) Se tienen que contratar con los siguientes **servicios mínimos**: amuebladas, equipadas y en condiciones de uso inmediato, debiendo disponer de conexión a medios telemáticos.
c) Se **prohíbe** la cesión por habitaciones.
d) Se deben clasificar en una **única categoría**.
e) En la puerta de cada vivienda de uso turístico, en lugar visible, se debe exhibir la **placa distintiva**.

Procedimiento de inicio de la actividad (D Madrid 79/2014 art.11 y 17 s.) Los titulares de apartamentos turísticos han de cumplir los siguientes requisitos: 4216
• Presentar **declaración responsable** de inicio de actividad de alojamiento turístico ante el órgano competente de turismo.
• A la declaración responsable se debe acompañar un «**certificado de idoneidad**», como documento técnico que ha de emitir un arquitecto o arquitecto técnico -sin necesidad de visado colegial- para garantizar a los usuarios el cumplimiento de los requisitos legales que habilitan el uso turístico (calefacción, suministro de agua, ventilación, extintores, etc.).
• Una vez presentada la declaración responsable, se **inscribirá** en el Registro de Empresas Turísticas de la Comunidad de Madrid, de acuerdo con la L Madrid 1/1999 art.23.

14. Murcia

(L Murcia 12/2013; D Murcia 256/2019)

La viviendas de uso turístico, clasificadas en **categoría única**, se han venido incluyendo en una categoría genérica denominada «alojamientos vacacionales», distintos de los apartamentos turísticos. 4218

Precisiones Desde el 8-11-2019, a los titulares que ya estuvieran ofertando sus viviendas, se les ofreció un plazo de 6 meses para **regularizar su situación**.

Viviendas y habitaciones de uso turístico (D Murcia 256/2019 art.2 s.) Son viviendas de uso turístico las que: 4220
- se ceden temporalmente a terceros;
- con habitualidad -dos más ocasiones por año- y mediante precio;
- amuebladas y equipadas en condiciones de uso inmediato; y
- con fines vacacionales.

Asimismo, es necesario que estas viviendas se comercialicen o promocionen en **canales de oferta turística**, del tipo que sea, siempre que permita publicitar y ofrecer la vivienda -agencias de viajes, centrales de reserva o empresas de mediación organización de servicios turísticos, cualquier servicio de internet, etc.

Estas viviendas se pueden ceder de **dos formas**:
- en su totalidad;
- por habitaciones destinadas a dormitorio.

Los **requisitos** básicos que han de cumplir estas viviendas son los siguientes:
• Cuando se cedan por completo deben contar, como mínimo, con salón-comedor, cocina, dormitorio y cuarto de baño. Cuando salón-comedor y cocina estén integrados el espacio de dormitorio, la capacidad máxima será de dos plazas.
• Si se ceden por habitaciones, deben contar con cocina, cuarto de baño, salón-comedor y, al menos, un dormitorio destinado al alojamiento turístico distinto al reservado al titular, que debe tener en la vivienda su residencia efectiva. No se permiten viviendas tipo estudio.
• Todas las dependencias han de tener la **superficie y equipamiento básico** establecidos (D Murcia 256/2019 art.14 a 18).
• Los **servicios mínimos**, que han de estar incluidos en el precio, son:
- suministro de agua, energía eléctrica y, en su caso, gas;
- conservación, mantenimiento y reparaciones, a excepción de las que excedan del uso normal y diligente;
- recogida de basuras desde la vía pública o recinto especialmente destinado a su depósito;
- limpieza antes de la entrada;
- uso y disfrute de piscinas, jardines, parques infantiles y terrazas comunes, con los elementos que les sean propios;
- uso y disfrute de aparcamientos al aire libre, sin vigilancia, ni reserva de plazas; y
- gastos de comunidad de propietarios.

Procedimiento de inicio de actividad (D Murcia 256/2019 art.28 s.) Con carácter previo a la prestación del servicio, se debe presentar ante el Instituto de Turismo de la Región de Murcia, una **declaración responsable** para la clasificación turística, según modelo normalizado. Desde ese momento se puede se podrá ejercer la actividad turística, debiendo, no obstante, cumplir la normativa que les sea de aplicación y estar en posesión de otras **licencias, autorizaciones** u otros títulos de intervención que sean exigidos por otros organismos en virtud de sus respectivas competencias. 4224

15. Navarra

(LF Navarra 7/2003; DF Navarra 230/2011)

4226 En Navarra, las viviendas con fines turísticos, se denominan viviendas turísticas. Junto con su regulación, se estudia su procedimiento de inicio de actividad.

4228 **Viviendas turísticas** (DF Navarra 230/2011 art.3) Son los apartamentos turísticos tipo casa, villa, chalé, cueva, construcciones prefabricadas o similares de carácter fijo, y los adosados o las partes independientes de un edificio, que se **cede en alquiler** para uso vacacional.
Se **requiere** que:
- cuenten con una superficie útil mínima de 90 m^2;
- que tengan un acceso independiente; y
- que tengan segregación vertical.
Además, se debe exhibir, junto a la entrada principal, una placa normalizada en la que figure el distintivo correspondiente a la vivienda.

4230 **Procedimiento de inicio de actividad** (DF Navarra 230/2011 art.9) Previamente al inicio de la actividad, y a los efectos de inscribir el establecimiento en el Registro de Turismo de Navarra, se debe presentar la siguiente documentación:
• **Declaración responsable** de inicio de actividad por el titular de la vivienda, con sus datos y manifestando que dispone de:
- la documentación legal que le acredite como tal y como propietario del inmueble, arrendatario o cualquier título que acredite su disponibilidad para ser destinado a alojamiento turístico, así como los datos referidos al establecimiento en lo referente a ubicación y capacidad;
- cédula de habitabilidad, licencia de apertura, o documento que lo sustituya; y
- contrato de seguro de responsabilidad civil de explotación.
• Junto con la declaración responsable, deben presentarse los **planos finales** de obra o, en su defecto, con la superficie de cada dependencia.

16. País Vasco

(L País Vasco 13/2016; D País Vasco 101/2018)

4232 En el País Vasco se distinguen dos **tipos** de viviendas con fines turísticos en la normativa:
- las viviendas para uso turístico (nº 4234); y
- el alojamiento en habitaciones de viviendas particulares para uso turístico (nº 4238).
Se analiza el régimen de cada una de ellas, y el procedimiento de inicio de actividad (nº 4242).

4234 **Viviendas para uso turístico** (L País Vasco 13/2016 art.53.1; D País Vasco 101/2018 art.1.2) Las viviendas para uso turístico es cualquier vivienda, independientemente de su tipología, que se ofrezca o comercialice como **alojamiento por motivos turísticos o vacacionales**, y que sea cedida en su totalidad, y temporalmente, de forma reiterada o habitual y en condiciones de inmediata disponibilidad, a cambio de contraprestación económica.
Han de cumplir los siguientes **requisitos**:
- pueden ser **comercializadas** directamente por la persona propietaria, explotadora o gestora, o bien indirectamente, a través de terceros;
- la **habitualidad** se presume cuando se realice publicidad o comercialización de las viviendas en cualquier tipo de soporte, medio o canal de oferta turística o cuando se facilite alojamiento por un periodo de tiempo continuo igual o inferior a 31 días, dos o más veces dentro del mismo año;
- deben disponer de **licencia** de primera ocupación o cédula de habitabilidad;
- deben cumplir la **normativa urbanística**, y han de disponer al menos de cocina, cuarto de baño y una estancia destinada a dormir, considerándose como tal, además de los dormitorios, las salas de estar habilitadas a ese fin.

4238 **Alojamiento en habitaciones de viviendas particulares** (L País Vasco 13/2016 art.54.1; D País Vasco 101/2018 art.1.3) El alojamiento en habitaciones para uso turístico se trata del alojamiento en habitaciones de viviendas particulares, de manera temporal, de modo reiterado o habitual, mediante precio, ofrecido por motivos vacacionales o turísticos.
Se considera vivienda particular el **lugar de residencia** efectiva de la persona titular.
En las habitaciones de viviendas particulares para uso turístico se deben cumplir los siguientes **requisitos**:
- la prohibición de ofertar habitaciones en más de una vivienda;
- solo una persona física puede ser titular de la actividad alojativa;

- deben cumplir con los requisitos en materia de infraestructuras, urbanismo, construcción y edificación, de seguridad, los relativos al medio ambiente, sanidad y consumo, higiene y salud laboral en cumplimiento de la normativa de prevención de riesgos laborales, así como, en su caso, los exigidos por otra normativa que resulte de aplicación.

Procedimiento de inicio de actividad (D País Vasco 101/2018 art.5) Para el inicio de la actividad en ambos tipos de viviendas se ha de seguir el siguiente procedimiento: 4242
a) Presentación de **declaración responsable** de inicio de actividad ante la administración competente de turismo.
Para poder presentar la declaración responsable, la misma debe:
- identificar al **titular** de la actividad, mediante el número de identificación fiscal; e
- identificar la **ubicación** del alojamiento, con la referencia catastral del mismo;
b) Al presentar la declaración responsable, debe acreditarse el cumplimiento de los siguientes **requisitos**:
- titularidad del **derecho de disfrute o gestión** de la vivienda -escrituras de propiedad, contrato de arrendamiento, encargo de gestión de la actividad, documento de constitución de la comunidad de bienes u otros documentos análogos-;
- conformidad de la actividad turística con las **normas municipales** relativas a los usos urbanísticos y la edificación. La vivienda debe contar con licencia de primera ocupación;
- los **medioambientales** exigidos;
- condiciones y régimen de funcionamiento de la actividad según la normativa turística aplicable;
- aseguramiento de la **responsabilidad civil** y último recibo de pago;
- en el caso de viviendas para uso turístico, si la persona titular de la actividad es una **persona jurídica**: escrituras de constitución, escrituras de apoderamiento de la representante legal de la sociedad;
- en el caso de **alojamientos en habitaciones**, deberá acreditarse la residencia efectiva mediante el empadronamiento de la persona titular de la actividad;
- cumplimiento de las **obligaciones tributarias**, y en su caso, de la normativa de higiene y salud laboral, y prevención de riesgos laborales.
c) La declaración responsable debe ir acompañada de la siguiente **documentación**:
- plano a escala, indicando destino y superficie útil -excluidas las terrazas, balcones o tendederos-, distribución y número máximo de plazas;
- fotos de la fachada e interior; y
- fotocopia del DNI de la persona que firma la declaración responsable.
d) La presentación completa de la declaración responsable de inicio de actividad habilita desde ese momento para el desarrollo de la actividad, teniendo como efecto inmediato su **inscripción** en el Registro de Empresas y Actividades Turísticas del País Vasco.

17. Comunidad Valenciana

(L C.Valenciana 15/2018; D C.Valenciana 10/2021)

El reglamento de alojamientos turísticos **unifica en una única norma** la regulación que, hasta el momento de su publicación, se encontraba dispersa para las distintas modalidades de alojamiento: 4246
- el procedimiento de **inscripción** en el Registro de Turismo de la Comunidad Valenciana;
- el régimen de **precios** aplicable a las empresas prestadoras de servicios;
- el régimen de **distintivos** de las empresas y establecimientos de alojamiento turístico; y,
- para todas las modalidades de alojamiento, la **declaración responsable** de inicio de actividad, de modificación de alguna de sus características esenciales, de cese de la prestación del servicio y de cambio de titularidad.

Viviendas de uso turístico (D C.Valenciana 10/2021 art.7 s., 47 y 48) La norma se aplica a los **establecimientos turísticos de alojamiento** y a sus titulares, sean personas físicas o jurídicas, a las personas usuarias de alojamientos turísticos y a las Administraciones y entidades públicas intervinientes. En este sentido, las «viviendas de uso turístico» conforman una de las modalidades integrantes de dicha regulación, con excepción de: 4248
- las viviendas que se arrienden por temporada según lo establecido en la LAU; y
- la promoción, construcción y venta de segundas residencias.
A estos efectos se consideran «viviendas de uso turístico», los **inmuebles completos**, cualquiera que sea su tipología, que, contando con el informe municipal de compatibilidad urbanística que permita dicho uso, se ceda mediante precio, con habitualidad, en condiciones de inmediata disponibilidad, y con fines turísticos, vacacionales o de ocio.

Se presume dicha **habitualidad** cuando se dé alguna de las siguientes circunstancias:
- que se ceda para su uso turístico por empresas gestoras de viviendas turísticas;
- que se ponga a disposición de los usuarios por sus propietarios o titulares, con independencia de cuál sea el período de tiempo contratado y siempre que se presten servicios propios de la industria hostelera;
- cuando se utilicen canales de comercialización turística -operadores turísticos o cualquier otro canal de venta turística, incluido internet u otros sistemas de nuevas tecnologías-.

Estas viviendas se clasifican en las **categorías** superior y estándar, en función del grado de cumplimiento de los requisitos recogidos en el D C.Valenciana 10/2021 anexo II.

Asimismo se consideran «**empresas gestoras de viviendas de uso turístico**» las personas físicas o jurídicas cuya actividad profesional, principal o no, consista en la cesión a título oneroso del uso y disfrute de, al menos, cinco viviendas de uso turístico, con independencia de su ubicación o no en un mismo edificio o complejo, y de cuál sea el título que les habilite para hacerlo. En este sentido se requiere que formalicen una **autorización** para la gestión con el propietario o propietaria y la empresa, indicando expresamente que la responsabilidad por el incumplimiento de las obligaciones es exigible a la gestora.

Junto a la regulación que con carácter general se hace para todos las modalidades de alojamiento, respecto a las viviendas de uso turístico se establece específicamente:

• En relación con el **distintivo**:
- el mismo será un vinilo adhesivo de color rojo pantone 485, con unas medidas de 200x276 mm, de unas 6 micras y cortado mediante plóter con esquinas de radio de 10 mm. En la parte superior se reserva un espacio para el número de inscripción en el Registro de cada alojamiento, con el contorno perfilado de llavero en forma de casa; y
- la exhibición de forma visible a su entrada, en el interior o en el exterior de las mismas.

• Quedan exceptuadas de la obligación de contar con un servicio de **recepción o conserjería**, 24 horas al día.

• La **publicidad** que se efectúe de las viviendas de uso turístico inscritas debe incluir su número de registro. Cuando se trate de empresas gestoras que publiciten conjuntamente distintas unidades de viviendas de uso turístico ubicadas en el mismo edificio, sin que este tenga la consideración de bloque y así figure inscrito en el correspondiente registro, se entenderá cumplida esta obligación con la inclusión del número de registro de la empresa gestora.

4249 **Alojamiento turístico rural** (D C.Valenciana 10/2021 art.64 s.) La vivienda de uso turístico se considera rural cuando la misma **no se encuentra** en un término municipal:
- limítrofe con el mar, salvo que el uso de la zona sea eminentemente agrícola, ganadero o forestal, o que presenten un interés medioambiental, cultural o visual que resulte acorde con la aplicación de otras políticas sectoriales y permita la dinamización económica del entorno;
- incluido o vinculado a un área metropolitana;
- con un modelo de ocupación y uso del territorio urbano y no rural tradicional.

Asimismo, aunque por las características del municipio pudiera considerarse rural, la vivienda no lo será si la misma se ubica, dentro de este, en una **zona residencial**.

Además de la ubicación, para considerar que tiene carácter rural, la vivienda de uso turístico ha de cumplir con los siguientes **requisitos**:
- que la capacidad de alojamiento no sea superior a 16 plazas;
- que el edificio en el que se ubique tenga valor arquitectónico tradicional, histórico, cultural o etnográfico, o responda a las características arquitectónicas de la zona;
- que la localidad donde se ubique sea de menos de 5.000 habitantes; y
- que el mobiliario, equipamiento y ornamentación respondan a la singularidad autóctona de la zona donde se encuentren.

4250 **Procedimiento de inicio de actividad** (D C.Valenciana 10/2021 art.20 a 26) Quienes pretendan desarrollar la actividad de alojamiento turístico, en **cualquiera de sus modalidades**, deben presentar, ante el servicio territorial de turismo de la provincia en la que se ubique el alojamiento, una declaración responsable en la que manifieste el cumplimiento de los requisitos que les sean de aplicación para la tipología pretendida, y, en su caso, clasificación, y el compromiso de mantenerlos durante el tiempo de vigencia de la actividad.

El contenido de la **declaración responsable** para las viviendas de uso turístico y las empresas gestoras de viviendas de uso turístico, ha de ser el siguiente:
- que ostenta la **disponibilidad** de la vivienda para su dedicación al uso turístico y la documentación que lo acredita según el caso -escritura de propiedad del inmueble, contrato de arrendamiento, autorización para la gestión entre persona propietaria y empresa, u otro título válido a estos efectos-.

- que la vivienda dispone de los **requisitos** exigidos por la normativa para su clasificación en la categoría y capacidad comunicada, y que tales requisitos se mantendrán durante la vigencia de la actividad,
- que dispone del **informe municipal** favorable de compatibilidad urbanística que permita el uso turístico;
- que dispone de **licencia de ocupación** de la vivienda;
- que dispone de un **seguro de responsabilidad civil** u otra garantía equivalente para cubrir los daños y perjuicios que puedan provocarse en el desarrollo de la actividad.

Además de adjuntar, en todo caso, la acreditación de la personalidad física o jurídica de la persona interesada o, en el caso de las personas físicas, autorización expresa firmada a la Administración para recabar datos de carácter personal, se ha de acompañar la relación de viviendas, con **informe municipal** favorable de compatibilidad urbanística.

El órgano competente, atendiendo a la declaración responsable efectuada por la persona interesada, clasificará turísticamente el establecimiento y lo **inscribirá de oficio** en el Registro, en el grupo, modalidad, categoría y especialidad indicadas en la declaración responsable, salvo que se hayan omitido datos o no se hayan aportado documentos de carácter esencial. Practicada la inscripción, se comunicará a la persona titular el número de inscripción asignado.

D. Viviendas turísticas en comunidades de propietarios

Solución de conflictos El fenómeno de las viviendas turísticas dentro de las comunidades de propietarios es una de las cuestiones más polémicas surgidas en esta materia. **4252**

El alquiler de una vivienda con fines turísticos no es, en sí misma, una **actividad molesta**, pero en la práctica suele generar problemas de convivencia con los vecinos, por ejemplo, por el uso intensivo de los elementos comunes, que puede entenderse como un uso anormal de los mismos e incrementar el riesgo de que se produzcan daños, o por los ruidos a ciertas horas (TS 27-11-08, EDJ 227743; TSJ Cataluña 20-2-12, EDJ 63769; 19-5-16, EDJ 75412; AP Barcelona 8-10-03, EDJ 138130).

Las **soluciones** que pueden adoptar las comunidades de vecinos ante la problemática de las viviendas turísticas son diversas.

Precisiones **1)** El alquiler turístico de pisos situados en una comunidad donde los demás propietarios tienen su vivienda habitual, es una actividad molesta y peligrosa, siendo el **uso de los elementos comunes** por un gran número de personas un uso anormal de los mismos (JPI Granada 18-9-18, EDJ 576379).

2) El mero alquiler vacacional no puede considerarse alquiler o explotación turística de una vivienda y, por tanto, su **prohibición** requiere la unanimidad de la comunidad de propietarios y no una simple mayoría de tres quintos (DGSJFP Resol 12-12-23).

Prohibición de la actividad (LPH art.17.12) Actualmente las comunidades de propietarios tienen la posibilidad de llegar a **acuerdos** que limiten o condicionen el ejercicio de la actividad de alquiler turístico. Estos acuerdos requieren el **voto favorable** de las 3/5 partes del total de los propietarios que, a su vez, representen las 3/5 partes de las cuotas de participación, con independencia de que modifiquen o no el título constitutivo o los estatutos de la comunidad. Los acuerdos que se tomen en este sentido no pueden tener efectos retroactivos, es decir, no pueden prohibir la actividad a quien ya la viniera ejerciendo. **4254**

Esta flexibilización de las mayorías necesarias para limitar la actividad de alquiler turístico se aplica desde **6-3-2019**. Hasta ese momento, este tipo de restricciones suponían una modificación de los estatutos o del título constitutivo que, como tal, requería el **apoyo unánime** de toda la comunidad (LPH art.17.6). Ello suponía que si ya había algún vecino que viniera destinando una vivienda a alojamiento turístico o tuviera la intención de hacerlo, era prácticamente imposible conseguir un acuerdo contra la misma.

Tras esta modificación normativa se plantea cuál es el alcance de la expresión «**limitar o condicionar**» que contiene la norma, es decir, si las juntas de propietarios pueden, solo con una mayoría de 3/5, prohibir, sin justa causa, el alquiler vacacional, o si solo pueden establecer unos límites o condiciones que el propietario ha de cumplir para poder dedicar la vivienda a esta actividad y, solo en caso de los mismos no se cumplan, prohibir la misma.

A falta de pronunciamiento jurisprudencial al respecto, parece que la **doctrina mayoritaria** se inclina por esta segunda opción:

• La comunidad de propietarios puede establecer diversas **limitaciones** -como, p.e. que los ocupantes no puedan permanecer en las zonas comunes de los ocupantes, que las llaves de la vivienda o del portal, no se puedan dejar fuera del edificio para que las recoja el futuro inquilino, limitar el número de usuarios que puedan estar en la vivienda simultáneamente, etc. En todo caso debe tratarse de condiciones que tengan un **beneficio** para la finca y el resto de vecinos y que

impliquen un claro abuso de derecho o que realmente supongan una prohibición absoluta del destino vacacional de la vivienda.
• Pero la comunidad, aunque alcance la mayoría cualificada de la LPH art.17.12, **no puede prohibir directamente** que uno de los inmuebles particulares se dedique al llamado alquiler vacacional. Cosa distinta es que, establecidas determinadas condiciones para ello, el incumplimiento de las mismas, si afecta de una manera importante al desenvolvimiento normal de la comunidad, pueda considerarse actividad molesta y ser prohibida.
• Interpretar la limitación como una prohibición absoluta constituiría un exceso que vulneraría las facultades dominicales derivadas del derecho del titular de la vivienda salvo que tuvieran su base en una normativa extra comunitaria. La junta de propietarios solo podría **prohibir el uso** cuando la normativa sectorial no permitiera la actividad en el tipo, lugar o tiempo del edificio, en modo tal que en realidad, nada podría añadir a dicha regulación.

Precisiones Para los acuerdos adoptados entre **19-12-2018 y 23-1-2019**, el RDL 21/2018, derogado por falta de convalidación en el Congreso, ya establecía la flexibilización de mayorías actualmente en vigor, por lo que los adoptados durante ese período son plenamente válidos y obligan a la comunidad (LPH art.17.12).

4256 **Incremento de cuotas** (LPH art.17.12) Otra solución que pueden adoptar las comunidades es admitir los pisos turísticos pero obligando a sus propietarios a pagar cuotas especiales de gastos, o bien incrementando las cuotas de participación en los gastos comunes para las viviendas en las que se realice esta actividad. Este tipo de **acuerdos** requieren para su adopción el voto favorable de las 3/5 partes del total de los propietarios que, a su vez, representen las 3/5 partes de las cuotas de participación.
En cualquier caso, el incremento no puede ser superior al 20% de la cuota que se viniera pagando.

4258 **Acción judicial** Si la comunidad considera que el propietario u ocupante del piso desarrolla en él o en el resto del inmueble **actividades prohibidas** en los estatutos, que resulten dañosas para la finca, el presidente de la comunidad, a iniciativa propia o de cualquiera de los propietarios u ocupantes, puede requerir a quien realice las actividades prohibidas la inmediata cesación de las mismas. Si el propietario u ocupante continua desarrollando la conducta dañosa, se puede acudir a la vía judicial para que sean los tribunales los que decidan sobre el asunto (LPH art.7.2).

4260 En relación con las viviendas turísticas, al margen de los acuerdos que puedan tomar las comunidades para, a futuro, prohibir la actividad (nº 4254), la **cuestión que se plantea** en los tribunales respecto a las ya existentes, es si dedicar estas viviendas al alquiler turístico es una actividad prohibida, analizando la regulación en los estatutos y su interpretación.
La postura que actualmente han tomado los tribunales es admitir la **restricción o prohibición** de los pisos turísticos en una comunidad de propietarios solo cuando en el título constitutivo o en los estatutos se contenga una prohibición clara y expresa, que afecte a terceros adquirentes y siempre que la prohibición estatutaria se inscriba en el Registro de la Propiedad. Con tal prohibición la comunidad de propietarios está tomando una medida preventiva a fin de evitar actividades molestas (TS 27-11-08, EDJ 227743; TSJ Cataluña 20-2-12, EDJ 63769; 19-5-16, EDJ 75412; 13-9-18, EDJ 588930).
Las **comunidades autónomas**, a la luz de la polémica surgida con estas viviendas, ha ido regulando esta materia para adaptarla a la situación actual e intentar evitar, en la mediada de lo posible, estos conflictos surgidos en las comunidades de vecinos.

Precisiones Anterior a esta tendencia, se interpretaba que bastaba con que en el título constitutivo o en los estatutos de la comunidad de vecinos se empleara el **término vivienda** para considerar que el único destino admitido del piso era para tal fin, de residencia o de hogar y que, como tal, se contradecía con el del fin turístico (TS 28-4-78, EDJ 127; 10-10-89, EDJ 8957; 23-11-95, EDJ 7017).

4262 **Regulación autonómica** La mayoría de normas autonómicas sobre viviendas turísticas, han ido adoptando el actual criterio de los tribunales, de manera que basta con que **no haya prohibición estatutaria expresa** al respecto, para que sea posible conceder licencia administrativa para el destino turístico de los pisos en un régimen de propiedad horizontal.
• **Aragón**. Los inmuebles sometidos al régimen de propiedad horizontal, deben incluir en la declaración responsable, reconocimiento acerca de que los estatutos de la comunidad de propietarios no prohíben ni establecen restricciones del uso del inmueble al destino de vivienda de uso turístico (D Aragón 80/2015 art.14.2.f).
• **Canarias**. En viviendas sometidas al régimen de propiedad horizontal, solo pueden comercializarse como viviendas vacacionales aquellas en las que expresamente no se prohíba dicha actividad por los estatutos de la comunidad de propietarios (D Canarias 113/2015 art.12.2).

• **Cantabria**. En el caso de viviendas ubicadas en inmuebles sometidos al régimen de propiedad horizontal, se requiere declaración acerca de que los estatutos o acuerdos adoptados por la comunidad de propietarios no prohíben ni establecen restricciones del uso del inmueble al destino de la vivienda de uso turístico (D Cantabria 225/2019 art.5).

• **Cataluña**. El propietario o propietaria de la vivienda, o la persona gestora en quien delegue, debe entregar a las personas usuarias un documento que recoja las normas de convivencia acordadas por la comunidad de propietarios donde se integra la vivienda, si lo hay. Este documento debe estar redactado, como mínimo, en los siguientes idiomas: catalán, castellano, inglés y francés.

En el caso de que la persona usuaria de una vivienda de uso turístico atente contra las reglas básicas de la convivencia o incumpla ordenanzas municipales dictadas a ese efecto, la persona titular de la propiedad, o la persona gestora de la vivienda de uso turístico, debe requerir al cesionario para que abandone la vivienda inmediatamente (D Cataluña 75/2020 art.221.2.5).

• **Galicia**. El destino como vivienda de uso turístico no es posible si está prohibido por los estatutos de la comunidad debidamente inscritos en el Registro de la Propiedad en edificios sometidos al régimen de propiedad horizontal (D Galicia 12/2017 art.41.5).

• **La Rioja**. No puede destinarse una vivienda para un uso turístico cuando, en su caso, esté prohibido por los estatutos de la comunidad de propietarios. En las viviendas que formen parte de una comunidad de propietarios no pueden ofertarse servicios e instalaciones complementarios a la actividad de alojamiento u hospedaje y que sean susceptibles de ocasionar molestias y perjuicios a los vecinos estando estrictamente prohibido publicitar y destinar la vivienda para fiestas, eventos y similares (D La Rioja 10/2017 art.67.1.2).

Precisiones **1)** En otras comunidades autónomas **sin norma expresa** sobre el problema de las comunidades de vecinos, se exige sin más que el titular del piso turístico informe a los usuarios sobre las normas de régimen interno de la comunidad, a fin de asegurar que las cumpla, y se haga un uso diligente y adecuado de los elementos e instalaciones comunes (p.e. D Andalucía 28/2016 art.7.5) **4264**

2) Finalmente, frente al régimen mayoritario, en el caso de **Baleares** se ha adoptado un régimen intermedio. Si el título constitutivo o los estatutos no impiden la comercialización turística de las viviendas o estos no existen, es necesario, para llevar a cabo la comercialización turística, un acuerdo de la junta de propietarios. Este acuerdo se tiene que inscribir en el Registro de la Propiedad, con el fin de informar a terceras posibles personas adquirentes de viviendas (L Baleares 8/2012 art.50.7).

CAPÍTULO 9

Vivienda protegida

El reconocimiento del derecho constitucional a una vivienda digna y adecuada (Const art.47) provoca que los poderes públicos deban facilitar la consecución de este derecho. Tradicionalmente las políticas de vivienda consistían en la promoción -tanto pública como privada- de un tipo específico de vivienda que podía ser objeto de compra o de alquiler. Esta es la denominada **vivienda protegida** que, en la medida en que perviva, está sujeta al régimen establecido por las normas -estatales o autonómicas- que regulan este tipo de viviendas, así como por las normas del plan de vivienda bajo el cual se calificaron. 4502

En su defecto y **de forma supletoria**, se aplica la normativa estatal sobre viviendas de protección oficial que se encontraba vigente en el momento en el que las comunidades autónomas asumieron las competencias exclusivas en materia de vivienda (D 2114/1968; RD 2960/1976; RDL 31/1978; RD 3148/1978). Estas normas solo son aplicables en defecto de normativa propia de las comunidades autónomas y de las ciudades autónomas de Ceuta y Melilla.

Actualmente, en cambio, el fomento del acceso a la vivienda se articula a través de medidas de ayuda para la compra, el alquiler o la rehabilitación, plasmadas en los **planes de vivienda**, tanto estatal como autonómicos.

Ha de tenerse en cuenta que la **LAU** es aplicable, con carácter supletorio, a los arrendamientos de vivienda protegida, al no estar estos incluidos entre los arrendamientos excluidos de su ámbito de aplicación (LAU art.5). Esta Ley contiene una disposición específica aplicable a las viviendas de protección oficial que se califiquen para arrendamiento a partir de su entrada en vigor (LAU disp.adic.1ª), que se refiere básicamente a la duración del régimen legal (nº 4527) y a la renta (nº 4547).

Precisiones **1)** La cuantía del **IPREM**, al que se hace referencia en este capítulo en diversas ocasiones, se establece anualmente en los presupuestos generales del Estado. Si los mismos no se publican, el valor del IPREM se prorroga automáticamente. Las cuantías del IPREM para 2024 son las siguientes (L 31/2022 disp.adic 90ª, prorrogada):

- Mensual: 600 euros.
- Anual -12 pagas-: 7.200 euros.
- En sustitución del SMI anual -14 pagas-: 8.400 euros.

2) El **Parlamento Europeo** ha aprobado una Resolución sobre sobre el acceso a una vivienda digna y asequible para todos, que incluye, como uno de sus ejes básicos, la inversión en viviendas sociales, públicas, asequibles y eficientes desde el punto de vista energético (https://www.europarl.europa.eu/doceo/document/TA-9-2021-0020_ES.html).

SECCIÓN 1

Regulación estatal

Corresponde al Estado la **planificación y financiación** dirigidas a facilitar el ejercicio efectivo del derecho a la vivienda, y la conservación y mejora del parque residencial y de su entorno construido, así como la colaboración en la financiación de los planes que se aprueben por las comunidades y ciudades autónomas. 4516

En el ejercicio de estas competencias, debe prestar especial atención a aquellos **colectivos, personas y familias** con mayores dificultades de acceso o que puedan encontrarse en riesgo de exclusión residencial y con especial atención a aquellas familias, hogares y unidades de convivencia con menores a cargo.

La acción del Estado en esta materia, en el ámbito de sus competencias, debe priorizar la atención y la aplicación de los programas de ayuda a aquellas personas, familias y unidades de convivencia que se encuentren en las situaciones de mayor **vulnerabilidad social y económica** identificadas por los servicios sociales, y en **emergencia habitacional** por estar afectados por procedimientos de desahucio o lanzamiento de su vivienda habitual, debiéndose promover su adecuado realojo y el acceso a una vivienda digna y adecuada, atendiendo a sus condiciones de vulnerabilidad social y económica, así como a sus circunstancias personales y familiares, reforzando para ello los mecanismos de cooperación con las Administraciones territoriales competentes (L 12/2023 art.12).

Desde 2013, el modelo de protección pública a la vivienda establecido por el Estado se dirige principalmente al fomento del alquiler de vivienda y la rehabilitación. Así, el vigente Plan estatal 2022-2025 (aprobado por RD 42/2022) establece principalmente **ayudas económicas** destinadas a personas o unidades familiares con ingresos limitados, con el fin de facilitar su acceso a la vivienda en alquiler o la conservación y mejora de las edificaciones (nº 4585 s).

No obstante, con anterioridad, era habitual la promoción subvencionada de **viviendas protegidas** destinadas a la compra y también al alquiler. Estas viviendas quedaban sujetas a un régimen especial establecido en el plan de vivienda en virtud del cual recibieron financiación. Estas viviendas calificadas definitivamente con algún régimen de protección pública con anterioridad al 26-5-2023 -fecha de entrada en vigor de la Ley de vivienda-, se rigen por lo dispuesto en dicho régimen (L 12/2023 disp.trans.1ª).

Por esa razón exponemos estas normas en el Memento, aun de forma sintética y centrándonos en el último de los planes que contemplaba la promoción de vivienda protegida: el Plan estatal de vivienda 2009-2012 (aprobado por RD 2066/2008).

Por último, se trata el **régimen sancionador** en materia de vivienda protegida, aplicable con carácter supletorio, en defecto de normativa autonómica en la materia (nº 4695 s.).

A. Vivienda protegida para arrendamiento

4517

4518 La Ley de vivienda define la **vivienda protegida** como aquella sometida a un régimen especial para destinarla a residencia habitual de personas con dificultades de acceso al mercado de vivienda, tanto en ámbitos urbanos y metropolitanos, como en el medio rural (L 12/2023 art.3.f).

Por otra parte, el Plan estatal 2013-2016 -último de los planes que contempla la promoción de vivienda protegida- establecía que, a partir de su entrada en vigor y sin perjuicio de las situaciones jurídicas creadas al amparo de normativas anteriores, se debía entender por vivienda protegida toda aquella que contase con la calificación correspondiente de las comunidades y ciudades autónomas, por cumplir los **requisitos** de uso, destino, calidad, precio máximo establecido -tanto para venta como para alquiler- y, en su caso, superficie y diseño, así como otros establecidos en la normativa correspondiente (RD 233/2013 disp.adic.3ª).

El régimen jurídico de las viviendas protegidas hay que buscarlo, por un lado, en la **legislación en materia de vivienda**, tanto estatal (L 12/2023), como de las comunidades autónomas. No obstante, la propia Ley establece que las viviendas que, a 26-5-2023 (fecha de su entrada en vigor), estuvieran calificadas definitivamente con algún régimen de protección pública, se rigen por lo dispuesto en dicho régimen (L 12/2023 disp.trans.1ª). Por ello, ha de acudirse a lo establecido en los distintos planes de vivienda, en los que se contemplaba la promoción de vivienda protegida para venta, especialmente en el último de estos planes: el **Plan estatal de vivienda y rehabilitación 2009-2012** (aprobado por RD 2066/2008).

De ellos exponemos las principales normas que todavía resultan de aplicación a las numerosas viviendas protegidas calificadas a su amparo.

Precisiones Se han admitido diversos **recursos de inconstitucionalidad** contra varios preceptos de la L 12/2023, entre ellos: art.3, 16, 17, 27, 28, 29, 32 a 34 (TCo Providencia 26-9-23; 26-9-23; 26-9-23; 26-9-23; 26-9-23; 12-3-24; 9-4-24; 9-4-24).

Requisitos generales (L 12/2023 art.16; RD 2066/2008 art.8.3) La Ley de vivienda establece los siguientes requisitos generales de las viviendas protegidas, sin perjuicio de las condiciones y requisitos establecidos por la normativa autonómica o municipal, que tiene carácter prevalente: 4519

• **Destino** exclusivo a residencia habitual y **ocupación** mínima de la vivienda durante los períodos de tiempo establecidos en la normativa aplicable.
• El procedimiento de **adjudicación** debe ser transparente, bajo criterios objetivos, y priorizar a los demandantes inscritos en los registros públicos, de acuerdo con el orden establecido en los mismos.
• Los **adjudicatarios** de las viviendas protegidas deben cumplir los requisitos establecidos respecto a los ingresos máximos de la unidad de convivencia y no pueden ser titulares del pleno dominio o de un derecho real de uso o disfrute de ninguna otra vivienda, salvo inadecuación sobrevenida de la vivienda u otras circunstancias objetivas debidamente acreditadas.
• Sujeción a un **régimen de protección pública** permanente, salvo norma autonómica que permita su descalificación por causa justificada, siempre que, al menos, haya transcurrido un plazo de 30 años.
• Limitación de **venta o alquiler** en favor de personas que cumplan los requisitos para acceder a una vivienda protegida, con limitación de precio y previa autorización de la comunidad autónoma, mientras la vivienda siga sujeta al régimen de protección pública.
• Establecimiento de los derechos de **tanteo y retracto** a favor de la Administración, en caso de enajenación.

El Plan estatal 2009-2012 establecía también la limitación de la **superficie** útil máxima de la vivienda a 90 m², sin incluir, en su caso, una superficie útil máxima adicional de 8 m² para trasteros anejos y de otros 25 m² destinados a una plaza de garaje o a los anejos destinados a almacenamiento de útiles necesarios para el desarrollo de actividades productivas en el medio rural.

1. Tipología

Vivienda social y vivienda protegida de precio limitado (L 12/2023 art.3.f) La Ley de vivienda establece las siguientes modalidades de vivienda protegida: 4520

1. **Vivienda social**. Esta categoría incluye:
- la vivienda de titularidad pública destinada al alquiler, cesión o cualquier otra fórmula de tenencia temporal, sujeta a limitaciones de renta o de venta y destinada a personas u hogares con dificultades para acceder a una vivienda en el mercado;
- la vivienda cuyo suelo sea de titularidad pública sobre el que se haya constituido derecho de superficie, concesión administrativa o negocio jurídico equivalente.

Esta modalidad puede desarrollarse sobre **terrenos** calificados urbanísticamente como dotacionales públicos o estar comprendida en edificaciones o locales destinados a equipamientos de titularidad pública y afectos al servicio público.

Su **gestión** se puede realizar de manera directa por las Administraciones públicas o entidades dependientes, por entidades sin ánimo de lucro con fines sociales vinculados a la vivienda, o a través de fórmulas de colaboración público-privada, que sean compatibles con el carácter de la misma.

Se contempla la subcategoría de **vivienda social de emergencia**, que es aquella vivienda social que esté destinada a atender situaciones de emergencia, ofreciendo solución habitacional a corto plazo y de forma temporal, con carácter universal y hasta que se provea de una vivienda alternativa permanente, a personas y familias en situación de pérdida o imposibilidad para acceder a una vivienda adecuada, independientemente de las condiciones documentales y administrativas de las personas afectadas.

2. **Vivienda protegida de precio limitado**. Es la vivienda de titularidad pública o privada, excluida la social o dotacional pública, sujeta a limitaciones de precios de renta y todos los demás requisitos que se establezcan legal o reglamentariamente y destinada a satisfacer la necesidad de vivienda permanente de personas u hogares que tengan dificultades de acceder a la vivienda en el mercado. Esta modalidad debe ser calificada como tal con arreglo al procedimiento establecido por la Administración pública competente.

Vivienda asequible incentivada (L 12/2023 art.3.g y 17) De forma diferenciada de la vivienda protegida, se contempla la categoría de vivienda asequible incentivada, que es aquella vivienda de **titularidad privada**, incluidas las entidades del tercer sector y de la economía social, a cuyo titular la Administración competente otorga **beneficios** de carácter urbanístico, fiscal, o de cualquier otro tipo, a cambio de destinarlas a residencia habitual en régimen de alquiler, o de 4521

cualquier otra fórmula de tenencia temporal, de personas cuyo nivel de ingresos no les permite acceder a una vivienda a precio de mercado.
Estas viviendas pueden ser de **nueva promoción** o bien tratarse de viviendas **ya existentes**, siempre que en cualquier caso cumplan los requisitos legalmente establecidos, que aseguren la adecuación y calidad de las mismas, contribuyendo a favorecer la cohesión social.
Los beneficios públicos que se asignen a estas viviendas están vinculados a las **limitaciones** de uso, temporales y de precios máximos que, en cada caso, determine la Administración competente. Con carácter orientativo y sin perjuicio de lo que establezcan al respecto las Administraciones competentes, se sujetan a las siguientes reglas:
a) Sometimiento de la vivienda a **limitaciones específicas de destino** durante un tiempo determinado y a unos límites máximos de **precios de alquiler**, proporcionales y ajustados a los beneficios públicos que obtenga, sean urbanísticos, fiscales, o de cualquier otro carácter, determinadas por la Administración que los otorgue.
b) Destino de la vivienda exclusivamente a **residencia habitual** de la persona arrendataria, que tenga dificultades para acceder a una vivienda a precios de mercado, de acuerdo con los criterios que fije la Administración competente.
c) Innecesariedad de sujeción de la vivienda al procedimiento formal de **calificación** como vivienda protegida. Sin embargo, sí está sujeta a las reglas procedimentales que determine la Administración competente para garantizar el cumplimiento de las condiciones.

4522 **Parques públicos de vivienda** (L 12/2023 art.13, 27 a 30, 32 y 34) Los parques públicos de vivienda comprenden los distintos tipos de viviendas con protección pública de cada Administración. Deben ser regulados específicamente por la legislación autonómica y pueden estar integrados por:
- las **viviendas dotacionales públicas**;
- las **viviendas sociales y protegidas** construidas sobre suelo de titularidad pública, o en ejercicio del derecho de superficie, usufructo o cesión de uso y para alquiler con opción a compra, durante el tiempo en el que no se active la correspondiente opción;
- las viviendas sociales adquiridas por las Administraciones públicas en ejercicio de los derechos de **tanteo y retracto** y las adquiridas a través de esos mismos derechos, en casos de ejecución hipotecaria o dación en pago de vivienda habitual de colectivos en situación de vulnerabilidad o en exclusión social;
- las viviendas sociales adquiridas por las Administraciones públicas en **actuaciones de regeneración o de renovación urbanas**, incluyendo las integradas en complejos inmobiliarios, tanto de forma gratuita, en virtud del cumplimiento de los deberes y cargas urbanísticos correspondientes, como onerosa;
- cualquier **otra vivienda social** adquirida por las Administraciones públicas con competencias en materia de vivienda, o cedida a las mismas.

Para la **creación, ampliación, rehabilitación o mejora** de los parques públicos de vivienda, pueden utilizarse tanto las fianzas de los contratos de arrendamiento depositadas en los registros autonómicos -salvo la reserva obligatoria de garantía de devolución-, como los ingresos procedentes de las sanciones impuestas por el incumplimiento de la función social de la propiedad y de la gestión y, en su caso, enajenación de bienes patrimoniales que formen parte del parque público de vivienda.
Las viviendas integrantes de los parques públicos de vivienda tienen como **destino** la garantía del derecho de acceso a la vivienda de las personas y hogares con mayores dificultades para acceder a una vivienda en el mercado, en razón de sus circunstancias sociales y económicas, atendiendo a factores específicos de vulnerabilidad como la presencia de menores de edad en el hogar o unidad de convivencia, así como a las características y particularidades del ámbito territorial.
La **ocupación y disfrute** de las viviendas que formen parte de parques públicos pueden producirse en régimen de alquiler, cesión de uso, o cualquier otra forma legal de tenencia temporal, en las condiciones de renta y con los requisitos que establezcan las respectivas Administraciones públicas.
Se establece un compromiso de **accesibilidad universal** en el parque público de vivienda, mediante la articulación de medidas, colaboración con otras Administraciones y garantía del cumplimiento de la normativa sobre esta materia.
El Estado, en la forma que se instrumente de acuerdo con las Administraciones competentes, debe elaborar y mantener actualizado un **inventario** del parque público de vivienda de su titularidad y de sus entes adscritos o dependientes. Asimismo, debe ofrecer información sobre el uso y destino del parque de viviendas de su ámbito territorial.

Categorías del Plan estatal 2009-2012 (RD 2066/2008 art.3 y 22) Este es el último plan de vivienda que estableció categorías de viviendas protegidas. Prevé la siguiente tipología de viviendas: 4523

- **Régimen especial**: viviendas destinadas a adquirentes e inquilinos con ingresos familiares que no excedan de 2,5 veces el IPREM, y cuyo precio máximo de referencia, por metro cuadrado de superficie útil computable a efectos de financiación, es de 1,50 veces el MBE.
- **Régimen general**: viviendas destinadas a adquirentes e inquilinos con ingresos familiares que no excedan de 4,5 veces el IPREM, y cuyo precio máximo de referencia, por metro cuadrado de superficie útil computable a efectos de financiación es de 1,60 veces el MBE.
- **Régimen concertado**: viviendas destinadas a adquirentes e inquilinos con ingresos familiares que no excedan de 6,5 veces el IPREM, y cuyo precio máximo de referencia, por metro cuadrado de superficie útil computable a efectos de financiación es de 1,80 veces el MBE.

Además de las categorías anteriores, dicho Plan de vivienda también preveía la tipología de **alojamientos protegidos**, con una superficie muy reducida y destinados al arrendamiento por colectivos especialmente vulnerables y otros colectivos específicos (universitarios e investigadores).

Asimismo, establecía la categoría de **viviendas usadas**, viviendas libres cuya adquisición a título oneroso, en segunda o posterior transmisión, se consideraba protegida si se cumplían determinadas condiciones.

2. Duración y destino

En el arrendamiento de vivienda protegida hay que tener en cuenta una serie de **limitaciones**, que afectan a la duración del régimen legal, a la duración del arrendamiento y al destino de la vivienda. 4526

Duración del régimen legal y descalificación (L 12/2023 art.16.1.d) Según la Ley de vivienda, las viviendas protegidas están sometidas a un régimen de **protección pública permanente**, con las salvedades que excepcionalmente pueda prever la normativa autonómica, en caso de que exista causa justificada debidamente motivada para su descalificación o para el establecimiento de un plazo de calificación con la fijación del número de años de esta, que como mínimo debe ser de 30 años. 4527

Se considera causa justificada para la descalificación, cuando esta sea posible, la promoción de viviendas protegidas en suelos cuya calificación urbanística no imponga dicho destino y que no hayan contado con ayudas públicas para su promoción.

En caso de **descalificación** puede establecerse la devolución de todas o parte de las ayudas percibidas en caso de enajenación de la vivienda con posterioridad a su descalificación, conforme se establezca en su normativa reguladora.

No obstante, las viviendas protegidas que se promuevan sobre suelos cuyo destino sea el de viviendas sometidas a algún régimen de protección pública -en cumplimiento de lo establecido por la LS/15 art.20.1.b- están sometidas a un régimen de protección pública permanente, con **exclusión de la descalificación**, en tanto se mantenga la calificación de dicho suelo.

Respecto de las **viviendas ya construidas**, se establece que las viviendas que, a 26-5-2023 (fecha de entrada en vigor de la Ley), estuvieran calificadas definitivamente con algún régimen de protección pública, se rigen por lo dispuesto en dicho régimen, de conformidad con lo establecido en la legislación y normativa de aplicación (L 12/2023 disp.trans.1ª). 4528

Así, en las viviendas acogidas a planes estatales de vivienda que preveían la construcción y adjudicación de vivienda protegida en propiedad, la duración del régimen de protección depende del plan de vivienda a cuya financiación se hayan acogido las respectivas viviendas.

Exponemos a continuación las normas que establecían los distintos planes al respecto.

Plan de vivienda	Duración del régimen legal	Descalificación	Referencia normativa
2009-2012	30 años (1)	No	RD 2066/2008 art.6
2005-2008	30 años	No	RD 801/2005 art.5
2002-2005	30 años	No durante los 15 primeros años	RD 1/2002 art.10
1998-2001	30 años	No durante los 15 primeros años	RD 1186/1998 art.12.4

Plan de vivienda	Duración del régimen legal	Descalificación	Referencia normativa
1996-1999 1992-1995 (2) 1988-1992 1984-1987 1981-1983 VPO sujetas al RDL 31/1978	30 años	Sí	RDL 31/1978 art.1; D 2114/1968 art.147
VPO sujetas a regímenes anteriores al RDL 31/1978	50 años	Sí	RDL 31/1978 disp.trans.5ª; RD 3148/1978 disp.trans.8ª; D 2114/1968 art.146 y 147

(1) Si las viviendas y alojamientos han sido promovidos en **suelo destinado a vivienda protegida** por el planeamiento o en suelo dotacional público: de carácter permanente mientras subsista el régimen del suelo y, en todo caso, durante un plazo no inferior a 30 años.
(2) Las viviendas financiadas a cargo del Plan estatal 1992-1995 y anteriores se sujetan a los plazos de duración establecidos por el RDL 31/1978 y el D 2114/1968.

4529 **Duración del arrendamiento** (LAU disp.adic.1ª; RD 2066/2008 art.23) La LAU establece que -en defecto de legislación específica de las comunidades autónomas- el plazo de duración del régimen legal de las viviendas de protección oficial, que **se califiquen para arrendamiento** a partir de la entrada en vigor de dicha Ley (1-1-1995), concluye al transcurrir totalmente el período establecido en la normativa aplicable para la amortización del préstamo cualificado obtenido para su promoción o, en caso de no existir dicho préstamo, transcurridos 25 años a contar desde la fecha de la correspondiente calificación definitiva.
Por otro lado, en las viviendas protegidas sujetas al **Plan estatal 2009-2012**, la duración mínima del arrendamiento puede ser de 10 o de 25 años, contados desde su calificación definitiva.

4530 **Destino** (L 12/2023 art.16.1.a; RD 2066/2008 art.5) Legalmente se establece que la vivienda debe destinarse exclusivamente a **residencia habitual** y estar ocupada durante los períodos de tiempo establecidos como mínimos en la legislación y normativa de aplicación.
De forma similar, tanto el Plan estatal 2009-2012 como los planes anteriores establecen que las viviendas deben destinarse a **residencia habitual y permanente** del propietario o del inquilino, y estar ocupadas por los mismos dentro de los plazos establecidos en la legislación aplicable.
Se exceptúan las viviendas destinadas por las Administraciones públicas y organizaciones sin ánimo de lucro al **alojamiento temporal de colectivos especialmente vulnerables** determinados por las comunidades autónomas y ciudades de Ceuta y Melilla, y a realojos temporales derivados de actuaciones de transformación urbanística.

3. Renta

4535 En el arrendamiento de vivienda protegida, las partes no determinan libremente la renta, sino que esta ya viene **fijada** legalmente.
El **Plan estatal 2009-2012** establecía específicas limitaciones relativas a la renta de las viviendas protegidas en arrendamiento. Alguna de estas previsiones normativas todavía puede resultar aplicable a las viviendas sujetas a dicho Plan, lo que justifica su análisis a continuación.

4537 **Módulo básico estatal** (RD 2066/2008 art.9) Para el **cálculo** de la renta hay que tener en cuenta una serie de elementos. Se debe partir del módulo básico estatal, que cuantifica el precio del metro cuadrado de la superficie útil que tenga la vivienda, a lo que se puede añadir el coste real de los servicios de que disfrute el inquilino y se satisfagan por el arrendador, así como las demás repercusiones autorizadas por la legislación aplicable.

Precisiones La última cuantía aprobada del módulo básico estatal (**2012**) se fijó en 758 euros/m^2 de superficie útil (Secretaría de Estado Planificación e Infraestructuras Resol 13-2-12).

4539 **Precios máximos de referencia para el alquiler** (RD 2066/2008 art.10) Tomando como referencia el módulo básico estatal, las comunidades autónomas y ciudades de Ceuta y Melilla deben establecer los precios máximos de referencia para el alquiler, para cada uno de los ámbitos territoriales que determinen, sin superar los precios máximos fijados para cada programa.

Estos precios máximos deben estar referidos a la **superficie útil total** de la vivienda, y pueden incluir el de un garaje o anejo o aparcamiento de motocicletas y el de un trastero, vinculados en proyecto y registralmente.
Las **superficies útiles computables**, con independencia de que las superficies reales fueran superiores, son, como máximo:
- para los garajes o anejos, en sótano o cerrados en superficie: 25 m^2 y 5 m^2 (para motocicletas);
- para los garajes o anejos en superficie y abiertos: 20 m^2 y 3 m^2 (para motocicletas);
- para los trasteros: 8 m^2.

El precio máximo del **metro cuadrado de superficie útil** computable es:
• En la vivienda, en los trasteros y en los garajes o anejos o aparcamientos de motocicletas, ya sean en sótano o cerrados en superficie, el 60% del correspondiente al metro cuadrado útil.
• En los demás supuestos, el 50%.
Estos precios máximos son también aplicables a los restantes garajes, anejos, aparcamientos de motocicletas y trasteros, aunque no estén vinculados en proyecto ni registralmente a la vivienda.

Los precios máximos de referencia de las viviendas protegidas de **nueva construcción** deben figurar en la **calificación provisional** y no pueden modificarse, ni en esta ni en la calificación definitiva, una vez obtenido por el promotor el préstamo convenido, con la conformidad del ministerio competente en materia de vivienda, incluso si dicho préstamo no se hubiera formalizado. Se **exceptúan** de esta regla los supuestos siguientes: **4543**
• En caso de **alteraciones de las superficies** computables de viviendas y anejos inicialmente tenidas en cuenta.
• Si la vivienda **no se vendiera ni arrendara** en un plazo máximo a determinar por las comunidades autónomas y ciudades de Ceuta y Melilla, en cuyo caso el precio total máximo que corresponda hasta tanto se produzca dicha venta o arrendamiento es el que fijen aquellas.

Ámbitos territoriales de precio máximo superior (RD 2066/2008 art.11) Si la vivienda se ubica en un ámbito territorial de precio máximo superior (ATPMS), su precio máximo, incluyendo los anejos, puede incrementarse en la cuantía correspondiente a dicho ámbito, según el tipo de vivienda. **4545**
La declaración de **nuevos ámbitos territoriales** de precio máximo superior, o la modificación de los existentes, se debe realizar mediante orden del ministerio competente en materia de vivienda, a propuesta de las comunidades autónomas y ciudades de Ceuta y Melilla. Debe elevarse, previa solicitud, por parte de dichas comunidades y ciudades, de informe no vinculante a los ayuntamientos afectados, y debe tenerse en cuenta la capacidad económica de los demandantes de vivienda en sus municipios y su esfuerzo económico para acceder a la vivienda.
En estos ámbitos, las comunidades autónomas y ciudades de Ceuta y Melilla pueden **incrementar el precio máximo** general de venta de las viviendas, en los siguientes porcentajes máximos:

TIPO DE VIVIENDA	Grupo A	Grupo B	Grupo C
Viviendas protegidas de nueva construcción	60%	30%	15%
Viviendas libres usadas y viviendas protegidas de precio concertado	120%	60%	30%

Rentas máximas (LAU disp.adic.1ª; RD 2066/2008 art.24) La LAU establece que -en defecto de legislación específica de las comunidades autónomas- para las viviendas que se califiquen para arrendamiento a partir de su entrada en vigor (1-1-1995), la **renta máxima inicial** por metro cuadrado útil de las viviendas de protección oficial es el porcentaje del precio máximo de venta que corresponda de conformidad con la normativa estatal o autonómica aplicable. **4547**
En ese sentido, la norma estatal determina que la renta máxima anual, por metro cuadrado de superficie útil, es el 4,5% o el 5,5% del precio máximo de referencia de la vivienda protegida en alquiler de que se trate (nº 4539), según la duración del contrato de arrendamiento sea de 25 o 10 años, respectivamente (nº 4529).
Son nulas las cláusulas y estipulaciones que establezcan rentas superiores a las máximas autorizadas.
Dicha renta máxima debe de figurar en la **calificación provisional** de la vivienda, así como en el **visado del contrato** de arrendamiento, expedido por las comunidades autónomas y ciudades de Ceuta y Melilla.
Según la LAU, no se aplicará **revisión de rentas** de las viviendas de protección oficial salvo pacto explícito entre las partes. En caso de pacto expreso sobre algún mecanismo de revisión

de valores monetarios que no detalle el índice o metodología de referencia, la renta se revisará para cada anualidad por referencia a la variación anual del índice de garantía de competitividad. El RD 2066/2008 establece directamente que la renta puede actualizarse anualmente en función de la evolución del IPC.
Además de la renta, el arrendador puede percibir el **coste real de los servicios** de que disfrute el arrendatario y satisfaga el arrendador.

4549 **Rentas máximas de las viviendas protegidas para arrendamiento con opción de compra** (RD 2066/2008 art.26) Las viviendas protegidas para **arrendamiento a 10 años** pueden ser objeto de un contrato de arrendamiento con opción de compra, característica que debe venir expresamente reflejada tanto en la calificación provisional como en la definitiva.
El **inquilino** que haya mantenido esta condición durante **al menos 5 años**, puede adquirir la vivienda una vez que esta última haya estado en régimen de arrendamiento desde su calificación definitiva, al menos por 10 años.
El **precio máximo de venta** una vez transcurridos 10 años debe ser de hasta 1,7 veces el precio máximo establecido en la calificación provisional. Este precio también tiene que actualizarse previamente con la aplicación de la variación porcentual del IPC desde el año siguiente al de la calificación definitiva, y en las condiciones que establezcan las comunidades autónomas y ciudades de Ceuta y Melilla.
Del precio de venta se tiene que **deducir**, en concepto de pagos parciales adelantados, al menos el 30% de la suma de los alquileres satisfechos por el inquilino, en las condiciones que establezcan las comunidades autónomas y ciudades de Ceuta y Melilla.
En el supuesto de que el inquilino **no ejerciera la opción de compra**, el titular de la vivienda puede mantenerla en régimen de arrendamiento o proceder a su venta según el precio máximo establecido.
Las **cuantías máximas** de las rentas establecidas no incluyen la tributación indirecta que pueda recaer sobre las mismas.

4. Recalificación y venta de la vivienda

4568 **Recalificación de vivienda en venta a vivienda en alquiler** (RD 233/2013 disp.adic.4ª) Se puede **modificar la calificación** provisional o definitiva de las viviendas protegidas para venta, procedentes de promociones de viviendas protegidas acogidas a financiación de los planes estatales de vivienda, como vivienda protegida en alquiler.
Esta recalificación no afecta al **préstamo convenido**, otorgado en su día y no legitima la obtención de nuevas ayudas estatales.
La recalificación conlleva:
- para las **viviendas** recalificadas, la adopción del régimen de vivienda protegida y condiciones propias de su uso para alquiler; y
- para el **propietario**, la asunción de las obligaciones y responsabilidades propias de este régimen, de conformidad con el plan estatal de aplicación.

La resolución de recalificación debe acordar lo que corresponda en relación con la **devolución de las ayudas** estatales percibidas. Dentro de estas están, en todo caso, la totalidad de las ayudas económicas directas percibidas, el importe de las bonificaciones y de las exenciones tributarias y los intereses legales correspondientes a ambas.
La resolución se ha de **comunicar** al ministerio competente en la materia, en el plazo máximo de 10 días, y al Registro de la Propiedad competente.

4572 **Recalificación de vivienda en alquiler a vivienda en venta** (RD 233/2013 disp.adic.5ª) Se puede **modificar la calificación** definitiva de las viviendas protegidas para alquiler, procedentes de promociones de viviendas protegidas, acogidas a financiación de los planes estatales de vivienda, como vivienda protegida en venta.
La recalificación no afecta al **préstamo convenido** otorgado como viviendas protegidas para el alquiler y en ningún caso, supone la obtención de nuevas ayudas económicas estatales.
Esta recalificación conlleva:
- para las **viviendas**, la adopción del régimen y condiciones propias de este uso; y
- para el **propietario** la interrupción de las ayudas y la devolución parcial de las mismas.

La Administración General del Estado solo exige la **devolución parcial** de las ayudas económicas estatales recibidas de conformidad con las siguientes reglas:
• Se debe devolver la parte proporcional de la **subvención** recibida correspondiente a los años de calificación en régimen de alquiler, no cumplidos.
• Se deja de percibir la **subsidiación** al préstamo convenido, desde la fecha de la modificación de la calificación, pero no procede la devolución de las ayudas estatales de subsidiación al préstamo recibidas con anterioridad a dicha fecha.

Las comunidades autónomas y ciudades de Ceuta y Melilla deben **notificar** al ministerio competente en la materia, en el plazo máximo de 10 días, las modificaciones de calificación permitidas por esta disposición, con mención expresa de la subvención percibida y del plazo en régimen de alquiler no cumplido.

Se permite la **venta de las viviendas protegidas** para arrendamiento, mientras continúen siendo protegidas, una vez transcurran los **plazos** siguientes desde su calificación definitiva (RD 2066/2008 art.25): **4573**
- **25 años**, al precio máximo que corresponda a una vivienda protegida del mismo tipo y en la misma ubicación. Su calificación provisional se hace en el momento de la venta siguiendo las condiciones que establezcan las comunidades autónomas y ciudades de Ceuta y Melilla.
- **10 años**, a un precio máximo de hasta 1,5 veces el precio máximo de referencia establecido en la calificación provisional de la misma. Este precio se debe actualizar previamente mediante la aplicación de la variación porcentual del IPC desde el año siguiente al de la calificación definitiva, y en las condiciones que establezcan las comunidades autónomas y ciudades de Ceuta y Melilla.

Si el plazo de tenencia en régimen de arrendamiento **se prolonga** por encima de 10 años, dicho precio máximo puede actualizarse anualmente, a partir de ese momento, en función del IPC.

B. Ayudas públicas en materia de vivienda

(RD 42/2022)

Las ayudas públicas estatales para el acceso a la vivienda se articulan a través del Plan estatal de vivienda 2022-2025, que cuenta con los siguientes programas **orientados al alquiler**: **4585**

1. Ayuda al alquiler de vivienda	4588
2. Ayuda a las víctimas de violencia de género, personas objeto de desahucio de su vivienda habitual, personas sin hogar y otras personas especialmente vulnerables	4605
3. Ayuda a arrendatarios en situación de vulnerabilidad sobrevenida	4610
4. Ayuda a las personas jóvenes y para contribuir al reto demográfico	4620
5. Incremento del parque público de viviendas	4625
6. Fomento de viviendas para personas mayores o personas con discapacidad	4640
7. Fomento de alojamientos temporales, cohousing, viviendas intergeneracionales y modalidades similares	4650
8. Puesta a disposición de viviendas de la SAREB y de entidades públicas para su alquiler como vivienda social	4660
9. Fomento de la puesta a disposición de las comunidades autónomas y ayuntamientos de viviendas libres para su alquiler como vivienda asequible o social	4665
10. Ayuda al pago del seguro de protección de la renta arrendaticia	4670
11. Bono alquiler joven (1)	4675
12. Ayuda a la construcción de viviendas en alquiler social en edificios energéticamente eficientes (2)	4680

(1) Regulado por el RD 42/2022 al margen de los programas del Plan estatal 2022-2025.
(2) Forma parte de las ayudas del Plan de Recuperación, Transformación y Resiliencia (RD 853/2021).

El Plan estatal 2022-2025 es de **aplicación** a todas las comunidades autónomas y las ciudades de Ceuta y Melilla, con excepción del País Vasco y Navarra. **4586**

La **gestión** de las ayudas del plan corresponde a las comunidades y ciudades autónomas, en colaboración con el ministerio competente en materia de vivienda, instrumentada mediante los convenios correspondientes, en los que se establecerá la previsión de **financiación** a aportar en cada anualidad por la Administración General del Estado, así como los compromisos de cofinanciación de las actuaciones que, en su caso, asuma la respectiva comunidad o ciudad autónoma, previéndose también aportaciones complementarias por parte de las entidades locales (RD 42/2022 art.21 y 22).

Se prevén mecanismos para el **seguimiento, control y evaluación** del Plan, a través de diversos organismos (nº 4587).

4587 **Órganos de cooperación en materia de vivienda** (L 12/2023 art.21) Se establecen los siguientes órganos de cooperación en materia de vivienda entre las distintas Administraciones públicas:
• **Conferencia Sectorial de Vivienda y Suelo**: máximo órgano de cooperación entre el Estado, las comunidades autónomas y las ciudades de Ceuta y Melilla. Está presidida por el titular del Ministerio de Transportes, Movilidad y Agenda Urbana y se ha de reunir al menos una vez al año.
• **Comisión Multilateral de Vivienda y Suelo**: presidida por el titular de la Secretaría General de Agenda Urbana y Vivienda, se compone de titulares de las direcciones generales competentes en estas materias.
Se debe reunir al menos una vez al año, y en ella se evaluará el cumplimiento de los acuerdos y directrices emanados de la Conferencia Sectorial, y se propondrán los asuntos que se acuerden elevar a ese Órgano.
• **Comisiones bilaterales de vivienda y suelo**: reúnen a las direcciones generales competentes del Estado y cada comunidad autónoma o ciudad de Ceuta y Melilla, con el objeto de hacer seguimiento, adoptar acuerdos, o establecer criterios de coordinación entre ambas Administraciones.
Asimismo, el **ministerio competente** en materia de vivienda, debe:
- coordinar e impulsar las iniciativas que afecten a la vivienda, la rehabilitación, regeneración y renovación urbana y rural, en cooperación con otros ministerios que pudieran abordar aspectos específicos relacionados con esas materias;
- proponer las estrategias o medidas relacionadas con estas materias al Consejo de Ministros, o a la Comisión Delegada del Gobierno para Asuntos Económicos.

1. Ayuda al alquiler de vivienda

(RD 42/2022 art.26 a 34)

4588 Este programa tiene por **objeto** facilitar el disfrute de una vivienda o habitación en régimen de alquiler o de cesión de uso a sectores de población con escasos medios económicos, mediante el otorgamiento de ayudas directas a las personas arrendatarias o cesionarias.

4589 **Beneficiarios** (RD 42/2022 art.27 y 28) Para ser beneficiario de estas ayudas se exige la concurrencia de los siguientes requisitos:
a) Ser persona física mayor de edad, **arrendatario** de un contrato de arrendamiento de vivienda formalizado en los términos de la LAU o de un contrato de cesión de uso o de arrendamiento o cesión de uso de una habitación.
b) Que la vivienda o habitación arrendada o cedida constituya la **residencia habitual y permanente** de la persona arrendataria durante todo el periodo por el que se conceda la ayuda. Ello debe acreditarse mediante certificado o volante de empadronamiento donde consten las personas que tienen su domicilio habitual en la vivienda.
c) Que la suma total de las **rentas anuales** de las personas que tengan su domicilio habitual y permanente en la vivienda arrendada sean iguales o inferiores a:
- 3 veces el IPREM;
- 4 veces el IPREM, si se trata de una familia numerosa de categoría general, de personas con discapacidad o víctimas de terrorismo; o
- 5 veces el IPREM, en caso de familias numerosas de categoría especial o de personas con discapacidad con un grado reconocido igual o superior al 33%.
En el supuesto de alquiler o cesión de habitación solamente se consideran las rentas del arrendatario o cesionario, sin atenderse a las del resto de personas que tengan su domicilio habitual y permanente en la vivienda.
Las **comunidades autónomas** y ciudades de Ceuta y Melilla, en las convocatorias de ayudas, pueden:
• reducir el límite máximo de **rentas anuales** de la unidad de convivencia;
• fijar unos **ingresos mínimos**, también en conjunto, como requisito para el acceso a la ayuda.
d) Que la vivienda objeto del contrato de arrendamiento o cesión lo sea por una **renta arrendaticia o precio de cesión**, igual o inferior a 600 euros mensuales -300 euros en caso de alquiler o cesión de uso de habitación-.
Las comunidades autónomas y ciudades de Ceuta y Melilla, en las convocatorias de ayudas, pueden **reducir** la renta arrendaticia o precio de cesión máximo mensual, en función de las circunstancias sociales, demográficas o económicas que a su juicio lo aconsejen.

También pueden, respecto de determinados municipios, **incrementar** hasta 900 euros el límite de la renta máxima mensual de la vivienda -450 euros en el supuesto de alquiler o cesión de uso de habitación-, cuando así se justifique en base a estudios actualizados de oferta de vivienda en alquiler y previo acuerdo con el ministerio competente. No es preciso este acuerdo cuando la medida se refiera a las familias numerosas o personas con discapacidad.

Impedimentos e incompatibilidades (RD 42/2022 art.27.2 y 29) Son **impedimentos** para la concesión de la ayuda que el solicitante o alguno de quienes tengan su residencia habitual y permanente en la vivienda: **4590**
• Sea **propietario o usufructuario** de alguna vivienda en España, con las siguientes excepciones:
- cuando el derecho recae únicamente sobre una parte alícuota de la vivienda y se ha obtenido por transmisión mortis causa;
- cuando se acredite la no disponibilidad de la vivienda por causa de separación o divorcio, o por cualquier otra causa ajena a su voluntad; o
- cuando la vivienda resulte inaccesible por razón de discapacidad del titular o algún miembro de la unidad de convivencia.
• Tenga **parentesco** en primer o segundo grado -de consanguinidad o de afinidad- con el arrendador o cedente de la vivienda.
• Sea **socio o partícipe** de la persona física o jurídica que actúe como arrendador o cedente, salvo cooperativas de vivienda en cesión de uso y sin ánimo de lucro.

La ayuda de este programa debe destinarse obligatoriamente por la persona beneficiaria al pago de la renta o precio de su vivienda o habitación habitual y no se puede compatibilizar con ninguna **otra ayuda para el pago del alquiler** de este Plan, ni con las que, para esa misma finalidad, puedan conceder las comunidades y ciudades autónomas, las entidades locales u otras Administraciones o entidades públicas.

Sin embargo, **no están afectados** por esta incompatibilidad:
- los supuestos excepcionales en que Administraciones, organizaciones no gubernamentales o asociaciones aporten una ayuda para esa misma finalidad a beneficiarios víctimas de violencia de género, víctimas de trata con fines de explotación sexual, víctimas de violencia sexual, personas objeto de desahucio de su vivienda habitual, personas sin hogar y otras personas especialmente vulnerables;
- los perceptores de prestaciones no contributivas de la Seguridad Social ni los beneficiarios del ingreso mínimo vital.

Características de la ayuda (RD 42/2022 art.30 a 32) La ayuda al alquiler debe destinarse obligatoriamente por el beneficiario al **pago de la renta** o precio de su vivienda o habitación habitual. **4591**

Su **cuantía** puede alcanzar hasta el 50% de la renta o precio mensual.

La ayuda se concede a los beneficiarios por el **plazo** de hasta 5 años.

El acceso a la ayuda se realiza a través de **convocatorias públicas** realizadas por las comunidades y ciudades autónomas, que pueden ser periódicas o una sola convocatoria para toda la vigencia del Plan.

El **abono de la ayuda** se realiza, con carácter general, de forma periódica por los órganos competentes de las comunidades y ciudades autónomas.

Gestión mediante entidades arrendadoras colaboradoras (RD 42/2022 art.34) En los casos en que exista una entidad colaboradora que actúe, además, como arrendadora o cedente de las viviendas o habitaciones, puede acordarse en la convocatoria de la comunidad o ciudad autónoma que la entidad colaboradora gestione directamente lo relativo a la recepción de la ayuda para su directa aplicación al pago del alquiler o precio de la cesión en uso mediante, en su caso, el correspondiente descuento. **4592**

Cambio de las circunstancias (RD 42/2022 art.27.3 y 31) Los beneficiarios de las ayudas están obligados a comunicar de inmediato al órgano autonómico competente cualquier **modificación de las condiciones o requisitos** que motivaron el reconocimiento. En el supuesto de que el órgano competente resuelva que la modificación es causa de la pérdida sobrevenida del derecho a la ayuda, limitará en su resolución el plazo de concesión de la misma hasta la fecha en que se considere efectiva dicha pérdida. **4593**

Las personas beneficiarias de las ayudas están obligadas a comunicar de inmediato al órgano autonómico competente cualquier **modificación de las condiciones o requisitos** que motivaron el reconocimiento.

En el supuesto de que el órgano competente resuelva que la modificación es causa de la **pérdida sobrevenida del derecho** a la ayuda, limitará en su resolución el plazo de concesión de la misma hasta la fecha en que se considere efectiva dicha pérdida. A tal efecto, las convocatorias de ayudas deben concretar el plazo y el cauce por el que llevar a cabo esta comunicación.

Cuando un beneficiario de esta ayuda **cambie su domicilio** a otro ubicado en la misma comunidad o ciudad autónoma, sobre el que suscriba un nuevo contrato de arrendamiento o cesión de uso, queda obligado a comunicar dicho cambio al órgano concedente, en el plazo máximo de 15 días desde la firma del nuevo contrato.
El beneficiario no pierde el **derecho a la subvención** por el cambio, siempre que con el nuevo contrato se cumpla con todos los requisitos, límites y condiciones establecidos, y se formalice sin interrupción temporal con el anterior.
En estos casos, se debe ajustar la **cuantía de la ayuda** a la de la nueva renta o precio, debiendo ser, en todo caso, igual o inferior a la reconocida que se viniera percibiendo.

2. Ayudas a las víctimas de violencia de género, personas objeto de desahucio, personas sin hogar y otras personas especialmente vulnerables

(RD 42/2022 art.35 a 42)

4605 Este programa tiene por **objeto** facilitar una solución habitacional inmediata a las personas víctimas de violencia de género, víctimas de trata con fines de explotación sexual, víctimas de violencia sexual, a las personas objeto de desahucio de su vivienda habitual, a las personas sin hogar y a otras personas especialmente vulnerables.

Precisiones La Ley de vivienda establece que la **acción del Estado**, en el ámbito de sus competencias, debe priorizar la atención y la aplicación de los programas de ayuda a aquellas personas, familias y unidades de convivencia que se encuentren en las situaciones de mayor vulnerabilidad social y económica identificadas por los servicios sociales, y en emergencia habitacional por estar afectados por procedimientos de desahucio o lanzamiento de su vivienda habitual, debiéndose promover su adecuado realojo y el acceso a una vivienda digna y adecuada, atendiendo a sus condiciones de vulnerabilidad social y económica, así como a sus circunstancias personales y familiares, reforzando para ello los mecanismos de cooperación con las administraciones territoriales competentes (L 12/2023 art.12.3).
Asimismo, las políticas en materia de vivienda deben **tener especialmente en cuenta** a las personas, familias y unidades de convivencia que viven en asentamientos y barrios altamente vulnerables y segregados, tanto en entornos urbanos como en zonas rurales, a las personas sin hogar, a las personas con discapacidad, a los menores en riesgo de pobreza o exclusión social, a los menores tutelados que dejen de serlo y a otras personas vulnerables que se definan en el momento de la actuación.
Para ello, las Administraciones competentes en materia de vivienda pueden identificar dentro de su ámbito territorial, las zonas que precisen **actuaciones de regeneración y renovación** urbana para avanzar en la erradicación de situaciones de infravivienda, a través de acciones integradas que prevengan y reparen la exclusión social y residencial de la población residente.
De manera complementaria, con objeto de luchar contra el fenómeno del **sinhogarismo**, corresponde a las Administraciones competentes, de acuerdo con lo previsto en su marco normativo, la programación de medidas específicas para afrontarlo, promoviendo en su ámbito territorial el acceso a soluciones habitacionales de alojamiento en condiciones adecuadas por parte de las personas en situación de sinhogarismo y la plena inclusión de las personas sin hogar desde una perspectiva integrada e intersectorial, y posibilitando una adecuada complementariedad entre las distintas políticas, recursos y servicios, especialmente en el ámbito sanitario, social, educativo y de empleo (L 12/2023 art.14).

4607 **Beneficiarios** (RD 42/2022 art.36 y 38) Pueden ser beneficiarios de las ayudas de este programa:
- las víctimas de **violencia de género**;
- las víctimas de **trata** con fines de explotación sexual;
- las víctimas de **violencia sexual**;
- las personas objeto de **desahucio** de su vivienda habitual;
- las personas **sin hogar**;
- otras personas **especialmente vulnerables** (consideradas como tales por las comunidades o ciudades autónomas previo informe de los servicios sociales);
- por cuenta de las anteriores, las **Administraciones públicas**, sociedades mercantiles con participación mayoritaria pública, entidades de utilidad pública, empresas públicas y entidades benéficas, de economía colaborativa o similares, siempre sin ánimo de lucro, cuyo objeto sea dotar de una solución habitacional a aquellas personas.

Las comunidades y ciudades autónomas pueden regular supuestos específicos de **especial vulnerabilidad**, para que su acreditación sea inmediata; asimismo pueden considerar excepcionalmente, de forma inmediata, situaciones de **sinhogarismo** acreditadas por entidades colaboradoras.
No pueden ser beneficiarias aquellas personas que dispongan de una vivienda en propiedad o en régimen de usufructo, que puedan ocupar tras la acreditación de la condición de víctima de violencia de género, víctima de trata con fines de explotación sexual, víctima de violencia

sexual, o el desahucio de su vivienda habitual o la consideración de especialmente vulnerable y cuya ocupación sea compatible con dichas situaciones.
Se prevé una **ayuda adicional** para las Administraciones públicas y las mencionadas entidades que tengan por objeto dotar de una solución habitacional a los beneficiarios, destinada a colaborar en los gastos de gestión en que incurran por vivienda o solución habitacional efectivamente facilitada.
La **renta arrendaticia o precio de cesión** de la vivienda, alojamiento o solución habitacional debe ser igual o inferior a 600 euros mensuales. En esta cantidad no se incluye el importe correspondiente a anejos (plazas de garaje, trasteros o similares).
Las **comunidades y ciudades autónomas** pueden incrementar este límite máximo hasta 900 euros mensuales cuando así lo justifiquen en base a estudios actualizados de oferta de vivienda en alquiler en contraste con la urgencia de la solución habitacional requerida, previo acuerdo con el ministerio competente en el seno de la correspondiente comisión de seguimiento.

Solución habitacional (RD 42/2022 art.37) Las comunidades autónomas y las ciudades de Ceuta y de Melilla deben poner a disposición de la persona beneficiaria una **vivienda de titularidad pública o privada**, para su disfrute, de forma individual o compartida, en régimen de alquiler, de cesión de uso o en cualquier régimen de disfrute temporal admitido en derecho, respetando, en su caso, los procedimientos de adjudicación de vivienda que tengan establecidos las comunidades y ciudades autónomas para los parques de vivienda de titularidad pública. **4608**
La vivienda debe ser adecuada a sus circunstancias en términos de **tamaño, servicios, accesibilidad y localización**, para ser ocupada en régimen de alquiler, de cesión de uso, o en cualquier régimen de ocupación temporal admitido en derecho.
Si se acredita que no es posible la puesta en disposición de una vivienda según lo expuesto, esta solución habitacional puede consistir en **cualquier alojamiento o dotación residencial**, susceptible de solventar el problema habitacional de los beneficiarios.

Características de la ayuda (RD 42/2022 art.39 a 42) La cuantía de estas ayudas, dentro de los límites de este programa y atendiendo a las circunstancias personales de la persona beneficiaria, puede alcanzar los siguientes importes: **4609**
• Para el **pago de la renta**: hasta 600 euros al mes (900 euros cuando las comunidades y ciudades autónomas hayan incrementado el límite máximo), con el límite del 100% de la renta o precio de la vivienda o solución habitacional.
• Para atender los gastos de **mantenimiento, comunidad y suministros** básicos: hasta 200 euros al mes, con el límite del 100% de los mismos.
La determinación de la cuantía debe contar con el **informe** favorable de los servicios sociales de la comunidad o ciudad autónoma, o de la Administración local correspondiente.
La **ayuda adicional** prevista para las Administraciones públicas y otras entidades (nº 2842), destinada a colaborar en los gastos de gestión, puede ser de hasta 250 euros por vivienda o solución habitacional efectivamente facilitada.
Ambas ayudas se pueden conceder por un **plazo** de hasta 5 años.
El **acceso a la ayuda** se realiza mediante convocatorias abiertas de forma continuada y permanente de las comunidades y ciudades autónomas, aunque se prevé también el acceso a través del reconocimiento de una prestación a las personas que cumplan los requisitos para ser beneficiarias de este programa.
La ayuda se abona, con carácter general, de forma periódica, pero se puede abonar directamente a la persona arrendadora de la vivienda para su directa aplicación al pago del alquiler.
También se prevé la **concesión directa**, por razones sociales y humanitarias, habida cuenta de la evidente y notoria urgencia y necesidad de dotar de solución habitacional a los potenciales beneficiarios de la ayuda.

3. Ayuda a arrendatarios en situación de vulnerabilidad sobrevenida
(RD 42/2022 art.43 a 50)

El **objeto** de este programa es la concesión de una ayuda para el pago del alquiler a las personas arrendatarias de vivienda habitual en el supuesto de vulnerabilidad sobrevenida. **4610**
La ayuda debe destinarse obligatoriamente al **pago de la renta** arrendaticia de la vivienda habitual del beneficiario.

Beneficiarios (RD 42/2022 art.44) Pueden ser beneficiarios de las ayudas las personas físicas mayores de edad que reúnan los **requisitos** siguientes: **4611**
a) Ser titular, en calidad de arrendatario, de un **contrato de arrendamiento** de vivienda formalizado según la LAU.

b) Que la vivienda arrendada constituya la **residencia habitual y permanente** de la persona arrendataria durante todo el periodo por el que se conceda la ayuda. Ello debe acreditarse mediante certificado de empadronamiento en el que consten las personas que tienen su domicilio habitual en la vivienda.
c) Que las **rentas anuales** de las personas que tengan su domicilio habitual y permanente en la vivienda fuesen, antes del devenir de la vulnerabilidad, iguales o inferiores a:
- 5 veces el IPREM, con carácter general;
- 5,5 veces el IPREM, en caso de familia numerosa de categoría general, personas con discapacidad o víctimas del terrorismo; y
- 6 veces el IPREM, en caso de familias numerosas de categoría especial o personas con discapacidad con un grado reconocido igual o superior al 33%.

d) Que la vivienda objeto del contrato de arrendamiento lo sea por una **renta** o precio igual o inferior a 900 euros mensuales.
e) Que la persona arrendataria haya devenido **vulnerable** por:
- haberse reducido, dentro de los 2 años anteriores a la solicitud de la ayuda, los **ingresos** netos del conjunto de la unidad de convivencia de forma sustancial, en un 20% como mínimo, de forma que no superen 3 veces el IPREM; y
- que el esfuerzo para el pago de la renta, incluidas las repercusiones autorizadas por la legislación aplicable, satisfechas por la persona arrendataria, supere el 30% de los ingresos netos de la misma.

El cómputo de los ingresos netos se realiza en cómputo anual aplicando, en su caso, los prorrateos que correspondan.

4612 **Impedimentos e incompatibilidades** (RD 42/2022 art.44.2 y 45) No puede concederse la ayuda cuando la persona solicitante o alguna de las que tengan su residencia habitual y permanente en la vivienda objeto del contrato de arrendamiento se encuentre en alguna de las siguientes situaciones:
a) Ser **propietaria o usufructuaria** de alguna vivienda en España. No se considera que se es propietaria o usufructuaria de una vivienda si el derecho recae únicamente sobre una parte alícuota de la misma y se ha obtenido por transmisión mortis causa. Se exceptúan de este requisito quienes siendo titulares de una vivienda acrediten la no disponibilidad de la misma por causa de separación o divorcio, por cualquier otra causa ajena a su voluntad o cuando la vivienda resulte inaccesible por razón de discapacidad del titular o algún miembro de la unidad de convivencia.
b) Que la arrendataria o cualquiera de los que tengan su domicilio habitual y permanente en la vivienda arrendada tenga **parentesco** en primer o segundo grado de consanguinidad o de afinidad con la arrendadora o cedente de la vivienda.
c) Que la arrendataria o cualquiera de las personas que tengan su domicilio habitual y permanente en la vivienda arrendada sea **socio o partícipe** de la persona física o jurídica que actúe como arrendadora, exceptuando que se trate de cooperativas de vivienda en cesión de uso y sin ánimo de lucro.
La ayuda de este programa no se puede compatibilizar con ninguna **otra ayuda** para el pago del alquiler de este Plan, ni con las que, para esa misma finalidad, puedan conceder otras Administraciones o entidades públicas.

4613 **Características de las ayudas** (RD 42/2022 art.46 a 50) La ayuda puede alcanzar una **cuantía** de hasta el 100% de la renta arrendaticia mensual.
Los servicios sociales de la comunidad autónoma o de la entidad local correspondiente han de informar, de forma preceptiva y vinculante, sobre la **situación de vulnerabilidad sobrevenida** y del seguimiento social que proceda y la comunidad o ciudad autónoma debe determinar la cuantía concreta de la ayuda, atendiendo a dicho informe y a las circunstancias personales de la persona beneficiaria. Esta determinación se puede hacer de forma individualizada o generalizada para supuestos similares.
La ayuda puede ser reconocida desde el primer mes en que se materialice la vulnerabilidad sobrevenida y se concede por el **plazo** en que se mantenga la vulnerabilidad sobrevenida y con el límite de hasta 2 años.
Las personas beneficiarias están obligadas a comunicar de inmediato al órgano competente de la comunidad o ciudad autónoma cualquier **modificación de las condiciones o requisitos** que motivaron tal reconocimiento. Si el órgano competente resuelve que la modificación es causa de la **pérdida sobrevenida del derecho** a la ayuda, limitará en su resolución el plazo de concesión de la misma hasta la fecha en que se considere efectiva dicha pérdida. Las convocatorias de ayudas deben concretar el plazo y el cauce por el que llevar a cabo esta comunicación.

El **acceso a la ayuda** se articula a través de convocatorias abiertas de forma continuada y permanente, realizadas por las comunidades y ciudades autónomas.
Las ayudas también pueden **concederse de forma directa**, por razones sociales y humanitarias, habida cuenta de la evidente y notoria urgencia de posibilitar el mantenimiento en la vivienda de todos los potenciales beneficiarios.
La ayuda **se abona**, con carácter general, de forma periódica por los órganos competentes de las comunidades o ciudades autónomas. No obstante, se puede abonar también de forma directa a la persona arrendadora de la vivienda para su directa aplicación al pago del alquiler mediante el correspondiente descuento y por cuenta de la persona arrendataria.

4. Ayuda a las personas jóvenes y para contribuir al reto demográfico

(RDL 11/2020 art.10 a 12, disp.adic.2ª y 5ª; OM TMA/336/2020)

Este programa tiene por **objeto** facilitar el acceso al disfrute de una vivienda o habitación digna y adecuada en régimen de alquiler o de cesión en uso a las personas jóvenes con escasos medios económicos, mediante el otorgamiento de ayudas directas a la persona arrendataria o cesionaria o facilitando a las personas jóvenes el acceso a una vivienda en régimen de propiedad localizada en un municipio o núcleo de población de pequeño tamaño, mediante la concesión de una subvención directa para su adquisición. **4620**
Tiene también por objeto contribuir al **reto demográfico** de la recuperación de población en municipios o núcleos de población de pequeño tamaño -aquellos con población residente igual o inferior a 10.000 habitantes- (RD 42/2022 art.51).
Este programa regula dos **opciones de ayudas** no simultáneas entre sí (RD 42/2022 art.52):
• Ayuda para el **pago de la renta** del alquiler o precio de cesión en uso de la vivienda o habitación habitual y permanente.
• Ayuda para la **adquisición de vivienda** habitual y permanente localizada en un municipio o núcleo de población de pequeño tamaño.
Exponemos únicamente la primera.

Beneficiarios (RD 42/2022 art.53.1 y 54) Pueden ser beneficiarios de la ayuda para el pago de la renta del alquiler o precio de cesión en uso de la vivienda o habitación habitual y permanente las personas físicas mayores de edad que reúnan los **requisitos** siguientes: **4621**
a) Ser titular o estar en condiciones de suscribir un contrato de **arrendamiento** de vivienda formalizado en los términos de la LAU, en calidad de arrendatario, de un contrato de **cesión en uso** en calidad de cesionario o de alquiler o cesión de uso de habitación en calidad de arrendatario o cesionario.
b) Tener **35 años** o menos, en el momento de solicitar la ayuda.
c) Que la vivienda o habitación arrendada, cedida o a arrendar o ceder, constituya o vaya a constituir la **residencia habitual y permanente** del arrendatario, lo que debe acreditarse mediante certificado o volante de empadronamiento en el que consten, a fecha de la solicitud, las personas que tienen su domicilio habitual en la vivienda objeto del contrato.
En el caso de personas que deseen acceder a un arrendamiento o cesión de vivienda o habitación, el citado certificado o volante debe aportarse en el plazo de 2 meses desde la resolución de concesión de la ayuda, que quedará condicionada a su aportación.
d) Que las personas que tengan su domicilio habitual y permanente en la vivienda arrendada o cedida tengan, en conjunto, unas **rentas anuales** iguales o inferiores a:
- 3 veces el IPREM;
- 4 veces el IPREM, si se trata de personas con discapacidad o de personas que sean hijos de víctimas de violencia de género; y
- 5 veces el IPREM, cuando se trate de personas con discapacidad con un grado de discapacidad reconocido igual o superior al 33%.
En el supuesto de alquiler o cesión de habitación no se incluye al resto de personas que tengan su domicilio habitual y permanente en la vivienda, solamente se considerarán las rentas del arrendatario o cesionario.
e) Que la vivienda objeto del contrato de arrendamiento o cesión lo sea por una **renta o precio** igual o inferior a 600 euros mensuales o a 300 euros mensuales, en caso de alquiler o cesión de uso de habitación.
Las comunidades y ciudades autónomas pueden incrementar hasta 900 euros la renta o precio máximo mensual (hasta 450 euros en caso de alquiler o cesión de uso de habitación), cuando así lo justifiquen en base a estudios actualizados de oferta de vivienda en alquiler o cesión que acrediten tal necesidad y previo acuerdo con el Ministerio de Transportes, Movilidad y Agenda Urbana en el seno de la Comisión de Seguimiento.

Cuando una persona beneficiaria de esta ayuda **cambie su domicilio** a otro ubicado en la misma comunidad o ciudad autónoma, sobre el que suscriba un nuevo contrato de arrendamiento o cesión de vivienda o habitación, queda obligada a comunicar dicho cambio al órgano concedente en el plazo máximo de 15 días desde la firma del nuevo contrato. La persona beneficiaria no pierde el derecho a la subvención por el cambio, siempre que con el nuevo arrendamiento o cesión se cumplan con todos los requisitos, límites y condiciones y que el nuevo contrato se formalice sin interrupción temporal con el anterior. En estos casos, se ajustará la cuantía de la ayuda a la del nuevo alquiler o cesión, debiendo ser, en todo caso, igual o inferior a la reconocida que se viniera percibiendo.

4622 **Impedimentos e incompatibilidades** (RD 42/2022 art.53.1 y 55) No puede concederse la ayuda cuando la persona solicitante o alguna de las que tengan su residencia habitual y permanente en la vivienda se encuentre en alguna de las siguientes situaciones:

a) Ser **propietaria o usufructuaria** de alguna vivienda en España. Se exceptúan de este requisito quienes siendo titulares de una vivienda acrediten la no disponibilidad de la misma por causa de separación o divorcio, o no puedan habitarla por cualquier otra causa ajena a su voluntad o cuando la vivienda resulte inaccesible por razón de discapacidad del titular o algún miembro de la unidad de convivencia.

b) Tener **parentesco** en primer o segundo grado de consanguinidad o de afinidad con la persona arrendadora o cedente de la vivienda.

c) Ser **socio o partícipe** de la persona física o jurídica que actúe como arrendador o cedente, exceptuando que se trate de cooperativas de vivienda en cesión de uso y sin ánimo de lucro.

La ayuda no se puede compatibilizar con ninguna **otra ayuda** para el pago del alquiler o de la cesión en uso de este Plan o que puedan conceder otras Administraciones o entidades públicas.

No se consideran afectados por esta incompatibilidad los supuestos excepcionales en que las Administraciones o las organizaciones no gubernamentales o asociaciones aporten una ayuda para esa misma finalidad a beneficiarios víctimas de violencia de género, víctimas de trata con fines de explotación sexual, víctimas de violencia sexual, personas objeto de desahucio de su vivienda habitual, personas sin hogar y otras personas especialmente vulnerables. Tampoco se consideran afectados por esta incompatibilidad los perceptores de prestaciones no contributivas de la Seguridad Social.

Por otra parte, esta ayuda es expresamente compatible con la ayuda del **Bono Alquiler Joven** (nº 4675), teniendo en cuenta lo que se expone en el apartado siguiente.

4623 **Características de la ayuda** (RD 42/2022 art.56.1, 57.1, 58 a 60) La **cuantía** de la ayuda al alquiler o cesión en uso puede alcanzar el 60% de la renta o precio mensual que se deba satisfacer.

En el supuesto específico de compatibilidad con el **Bono Alquiler Joven** (nº 4675), la cuantía de la ayuda puede ser de hasta el 40% de la diferencia entre la renta o precio mensual que deba satisfacer la persona beneficiaria por el alquiler o cesión de su vivienda o habitación habitual y permanente y la cuantía de 250 euros mensuales correspondientes al Bono Alquiler Joven.

En todo caso, la suma de la ayuda del Bono Alquiler Joven y de la ayuda al alquiler o cesión **no puede ser superior** al 75% del importe de la renta o precio de la vivienda o habitación. A tal efecto y en su caso, la ayuda al alquiler o cesión regulada en este programa se vería reducida en la cuantía necesaria.

La ayuda se concede por el **plazo** de 5 años, aunque puede concederse por un plazo inferior, siempre que haya razones que lo justifiquen.

Las personas beneficiarias de las ayudas están obligadas a comunicar de inmediato, incluso durante la tramitación de la solicitud, al órgano competente que le haya reconocido la ayuda, cualquier **modificación de las condiciones** o requisitos que motivaron tal reconocimiento y que pueda determinar la pérdida sobrevenida del derecho a la ayuda. En este supuesto, el órgano competente debe resolver limitando el plazo de concesión de la ayuda hasta la fecha de la pérdida sobrevenida del derecho.

El **acceso a la ayuda** se realiza mediante convocatorias abiertas de forma continuada y permanente, realizadas por las comunidades y ciudades autónomas.

Esta ayuda **se abona**, con carácter general, de forma periódica por los órganos competentes de las comunidades o ciudades autónomas.

Las ayudas pueden concederse **de forma directa** cuando concurran las razones previstas en la L 38/2003 art.22.2, que deben ser justificadas, en cada caso, por la comunidad o ciudad autónoma.

Cuando exista una **entidad colaboradora** que actúe como arrendadora o cedente de las viviendas, puede acordarse en la convocatoria que dicha entidad gestione directamente la recepción de la ayuda, siempre por cuenta de la persona beneficiaria, para su directa aplicación al pago de la renta del alquiler o precio de la cesión, mediante el correspondiente descuento.

5. Incremento del parque público de viviendas

(RD 42/2022 art.61 a 70)

El **objeto** de este programa es el incremento del parque público de viviendas, mediante la adquisición de viviendas, de forma individualizada o en bloque, por las Administraciones públicas y otras entidades y empresas públicas, para ser destinadas al alquiler o cesión en uso. 4625

Precisiones Los **parques públicos de vivienda** son objeto de regulación en la Ley por el derecho a la vivienda (nº 4522).

Beneficiarios (RD 42/2022 art.63) Pueden ser beneficiarias: 4629
• Las Administraciones públicas, organismos públicos y demás entidades de Derecho público, empresas públicas, público-privadas y sociedades mercantiles participadas mayoritariamente por las Administraciones públicas o en las que se garantice la permanencia y control de las Administraciones públicas en, al menos, el 50% del capital.
• Las fundaciones, empresas de economía social y sus asociaciones, empresas calificadas de promotor social por la comunidad autónoma donde se ubique la vivienda, cooperativas de autoconstrucción, sociedades cooperativas de viviendas en régimen de autopromoción, organizaciones no gubernamentales, asociaciones declaradas de utilidad pública y aquellas a las que se refiere la LBRL disp.adic.5ª, siempre que actúen sin ánimo de lucro.

Impedimentos e incompatibilidades (RD 42/2022 art.67.3) Estas subvenciones son compatibles con cualquier **otra subvención** concedida por otras Administraciones para el mismo objeto, con el límite del precio o coste de adquisición, incluidos tributos, gastos de notaría y registro y cualquier otro gasto inherente a la adquisición de la vivienda o, en su caso, del coste de las obras, incluidos gastos profesionales y tributos. 4630

Requisitos de las viviendas (RD 42/2022 art.62) Pueden obtener financiación con cargo a las ayudas de este programa las viviendas **adquiridas**, de forma individualizada o en bloque, por las Administraciones públicas y otros beneficiarios del primer punto del apartado anterior, que se vayan a destinar al **alquiler o cesión en uso** durante un plazo mínimo, en ambos casos, de 50 años desde la fecha de adquisición de cada vivienda. Este destino y el plazo deben constar en nota marginal en el Registro de la Propiedad. 4632
Las viviendas deben ser **calificadas** como viviendas de protección oficial en cualquiera de los regímenes ya existentes en la comunidad o ciudad autónoma o en nuevo régimen que regulen al efecto, salvo que la comunidad o ciudad autónoma motive la no procedencia de tal calificación.
Las viviendas deben ser **accesibles y habitables**. En caso de no estar en condiciones de ser habitadas, pueden financiarse las obras de habitabilidad, adecuación o accesibilidad con ayudas de este programa.

Características de las ayudas (RD 42/2022 art.67 y 69) La **cuantía** de las ayudas pueden alcanzar hasta el 60% del precio o coste de adquisición, incluidos tributos, gastos de notaría y registro y cualquier otro gasto inherente a la adquisición. 4633
Puede llegar hasta el 100% cuando se aplique a la adquisición de una vivienda propiedad de la Sociedad de Gestión de Activos Procedentes de la Reestructuración Bancaria (**SAREB**), que se lleve a cabo en aplicación del principio de sostenibilidad (RD 1559/2012 art.17.2).
Adicionalmente, en el caso de ser necesarias **obras de habitabilidad, accesibilidad o adecuación**, pueden recibir una ayuda de hasta 6.000 euros por vivienda, con la que pueden sufragar hasta el 75% de las obras, incluidos gastos profesionales y tributos, siempre que consten debidamente acreditados.
El **abono** de la subvención puede realizarse de una sola vez y con anterioridad a la adquisición de la vivienda, si bien expresamente condicionada a su formalización e inscripción en el Registro de la Propiedad. La formalización ha de producirse en el plazo máximo de 3 meses desde la recepción de la ayuda y la inscripción en el Registro en el plazo máximo de 6 meses desde dicha formalización.

Requisitos de arrendatarios y cesionarios (RD 42/2022 art.70) Las viviendas financiadas con cargo a este programa solo pueden ser arrendadas o cedidas en uso a personas cuyas **rentas anuales**, incluyendo los de todas las personas que constituyan la unidad de convivencia, no superen 3 veces el IPREM en el momento de la suscripción de correspondiente contrato de arrendamiento o de cesión en uso. 4634
Esta limitación puede ser modificada por acuerdo adoptado por Ministerio de Transportes, Movilidad y Agenda Urbana y la comunidad o ciudad autónoma de que se trate, suscrito en la comisión de seguimiento del convenio correspondiente.

4635 **Precio del alquiler o cesión en uso** (RD 42/2022 art.68) El precio del alquiler o de la cesión en uso de las viviendas debe ser proporcional a su superficie útil.
Durante el **primer año de vigencia** del RD 42/2022 (hasta el 20-1-2023) no puede superar el importe mensual de 5 euros/m^2 superficie útil de vivienda, más, en su caso, un 60% de dicha cuantía por metro cuadrado de superficie útil de plaza de garaje, de trastero o de cualquier otra superficie adicional anexa a la vivienda, sin inclusión, en ningún caso, de superficies de elementos comunes.
Este umbral del precio del alquiler o de la cesión en uso ha de figurar en la resolución de concesión de la ayuda y debe ser **actualizado** anualmente conforme al IPC.
El umbral de precio señalado es de aplicación en el momento de la suscripción del contrato de arrendamiento o de cesión correspondiente. En dicho contrato se concretará la actualización de dicho precio.
La persona arrendadora/cedente puede percibir, además de la renta inicial o revisada que le corresponda, el **coste real de los servicios** de que disfrute la persona arrendataria/cesionaria y se satisfagan por aquel, así como las demás repercusiones autorizadas por la legislación aplicable. En el caso de cesión en uso asimismo los gastos de comunidad y tributos, también satisfechos por la persona cedente, cuya repercusión sea acordada en la cesión en uso.

6. Fomento de viviendas para personas mayores y personas con discapacidad

(RD 42/2022 art.71 a 80)

4640 El objeto de este programa es el **fomento de la promoción** de alojamientos o viviendas con instalaciones, servicios y zonas de interrelación, para personas mayores y personas con discapacidad, destinadas al alquiler o cesión en uso, tanto de titularidad pública como privada.

4641 **Viviendas y beneficiarios** (RD 42/2022 art.72 y 73) Pueden obtener financiación con cargo a las ayudas de este programa las promociones de alojamientos o viviendas de **nueva construcción o procedentes de la rehabilitación** de edificios que se vayan a ceder en uso o destinar al arrendamiento, en ambos supuestos, por un plazo de, al menos, 20 años, desde la calificación definitiva, declaración responsable de primera ocupación o acto administrativo equiparable.
Las **instalaciones, servicios y zonas de interrelación** han de ser suficientes para proporcionar como mínimo, las siguientes prestaciones y servicios: servicios sociales, atención médica básica disponible veinticuatro horas, limpieza y mantenimiento, dispositivos y sistemas de seguridad, restauración, actividades sociales, deportivas, de ocio y culturales así como terapias preventivas y de rehabilitación.
El diseño de los espacios ha de garantizar la **adecuación y accesibilidad** para permitir el uso por parte de personas mayores o, en su caso, de personas con discapacidad en condiciones de seguridad y comodidad y de la forma más autónoma y natural posible.
Los alojamientos o viviendas de las promociones de nueva construcción o procedentes de la rehabilitación de edificios han de tener una **calificación energética** mínima A, tanto en emisiones de CO_2 como en consumo de energía primaria no renovable.
Estas ayudas pueden solicitarse para la totalidad de los alojamientos o viviendas de una promoción o solo para una parte de ellas.
Pueden ser **beneficiarios** de estas ayudas:
• Las **personas físicas** mayores de edad.
• Las **Administraciones públicas**, los organismos públicos y demás entidades de derecho público y privado, así como las empresas públicas, privadas y público-privadas.
• Las **fundaciones**, las empresas de economía social y sus asociaciones, cooperativas incluidas las de autopromoción o autoconstrucción, las organizaciones no gubernamentales y las asociaciones declaradas de utilidad pública, y aquellas a las que se refiere la LBRL disp.adic.5ª.

4642 **Características de las ayudas** (RD 42/2022 art.75 y 77) Las personas o entidades promotoras de los alojamientos o viviendas o de su rehabilitación pueden obtener una **ayuda directa**, proporcional a la superficie útil de cada alojamiento o vivienda, de hasta un máximo de 700 euros/m^2 de superficie útil.
La cuantía máxima de la subvención no puede superar el 50% de la inversión de la actuación, con un límite máximo de 50.000 euros por alojamiento o vivienda.
Esta subvención es **compatible** con cualquier otra subvención concedida por otras Administraciones públicas para el mismo objeto.
La **inversión** de la actuación, a los efectos de la determinación de la ayuda de este programa, está constituida por todos los gastos inherentes a la promoción de que se trate incluidos tributos. Se incluye el coste del suelo, de la edificación, los gastos generales, de los informes

preceptivos, el beneficio industrial y cualquiera otro necesario siempre y cuando todos ellos consten debidamente acreditados. En el caso de actuaciones de rehabilitación no se admitirá la inclusión del coste del suelo.
Las subvenciones pueden concederse **de forma directa** conforme a la L 38/2003 art.22.2.
El abono de la subvención a la beneficiaria puede realizarse mediante **pagos a cuenta o anticipados**. Para ello, debe acreditarse la titularidad o la condición de cesionaria del suelo o del edificio a rehabilitar, así como estar en posesión de la licencia municipal de obra y el certificado de inicio de obra.

Personas arrendatarias y cesionarias (RD 42/2022 art.79) Los alojamientos y viviendas deben ser arrendadas o cedidas en uso a personas **mayores de 65 años** o a **personas con discapacidad** -con sus familias, en caso de menores tutelados- cuyas **rentas anuales**, incluyendo las de todas las personas que constituyan la unidad de convivencia, no superen 5 veces el IPREM en el momento de la suscripción del contrato de arrendamiento o de cesión de que se trate. **4644**
Estas personas no pueden disponer, en el momento de habitar el alojamiento o la vivienda, de vivienda propia o en usufructo en España. A estos efectos, no se considerará que se es persona propietaria o usufructuaria de una vivienda si el derecho recae únicamente sobre una **parte alícuota** de la misma y se ha obtenido por transmisión mortis causa.
No es exigible la no disposición de vivienda referida en el párrafo anterior en los siguientes casos:
• Cuando la persona titular de la vivienda acredite la **no disponibilidad** de la misma por causa de separación, divorcio o cualquier otra causa ajena a su voluntad.
• Cuando la vivienda resulte **inaccesible** por razón de discapacidad de la persona titular o de algún miembro de la unidad de convivencia.

Limitación del precio del alquiler o de la cesión en uso (RD 42/2022 art.76) El precio del alquiler o de la cesión en uso debe ser proporcional a su superficie útil. **4648**
Durante el **primer año de vigencia** del RD 42/2022 (hasta el 20-1-2023) no puede superar el importe de 10 euros mensuales/m^2 de superficie útil privativa de alojamiento o vivienda. En este precio se incluye el disfrute de los espacios e instalaciones comunes y de interrelación.
Este precio debe figurar en la resolución de concesión de la ayuda y será **actualizado anualmente** conforme al IPC.
El umbral del precio del alquiler o de la cesión en uso es de aplicación en el momento de la **suscripción del contrato** de arrendamiento o de cesión correspondiente. En dicho contrato se debe concretar la actualización del precio que se acuerde.
La persona arrendadora o cedente puede percibir, además de la renta inicial o revisada que le corresponda, el **coste real de los servicios** de que disfrute la persona arrendataria y se satisfagan por la persona arrendadora, así como las demás repercusiones autorizadas por la legislación aplicable.
La persona cedente puede percibir además los gastos de comunidad y tributos, también satisfechos por la persona cedente, cuya repercusión sea acordada en la cesión en uso.

7. Fomento de alojamientos temporales, cohousing, viviendas intergeneracionales y modalidades similares

(RD 42/2022 art.81 a 90)

El **objeto** de este programa es el fomento de la vivienda cooperativa en cesión de uso y otras soluciones residenciales modelo cohousing, alojamientos temporales u otras modalidades similares, destinados al arrendamiento, a la cesión en uso o al disfrute temporal en cualquier régimen admitido en Derecho, ya sean de titularidad pública o privada. **4650**

Viviendas y beneficiarios (RD 42/2022 art.82 y 83) Pueden obtener financiación con cargo a las ayudas de este programa las promociones de alojamientos de nueva construcción, así como las promociones de modalidades residenciales tipo cohousing, de viviendas intergeneracionales o similares que se vayan a **ceder en uso o destinar al arrendamiento** durante un plazo mínimo de 20 años, desde la calificación definitiva, declaración responsable de primera ocupación o acto administrativo equiparable. Se incluyen, en ambos casos, las actuaciones que procedan de la rehabilitación de edificios. **4652**
Las edificaciones deben ser **accesibles**, estar en condiciones de ser habitadas y tener una **calificación energética** mínima A, tanto en emisiones de CO_2 como en consumo de energía primaria no renovable.
Estas ayudas pueden solicitarse para la totalidad de los alojamientos o viviendas de una promoción o para una parte de ellas.

Pueden ser **beneficiarios** de estas ayudas:
• Las **personas físicas** mayores de edad.
• Las **Administraciones públicas**, los organismos públicos y demás entidades de derecho público y privado, así como las empresas públicas, privadas y público-privadas.
• Las **fundaciones**, las empresas de economía social y sus asociaciones, cooperativas, incluidas las de autopromoción o autoconstrucción, las organizaciones no gubernamentales y las asociaciones declaradas de utilidad pública, entidades sin ánimo de lucro y aquellas a las que se refiere la LBRL disp.adic.5ª.

4653 **Características de las ayudas** (RD 42/2022 art.85) La ayuda es proporcional a la superficie útil, tanto privativa del alojamiento o vivienda como de espacios comunes y de interrelación, y puede ser de un máximo de 420 euros/m^2 de superficie útil.
La **cuantía máxima** de esta subvención, en conjunto, no puede superar el 50% de la inversión de la actuación, con un límite máximo de 50.000 euros por alojamiento o vivienda.
Si la ayuda se solicita solamente para una parte de las viviendas o alojamientos de una promoción, el importe máximo de 420 euros/m^2 de superficie útil se aplica a la superficie privativa de las viviendas o alojamientos objeto de la ayuda y a la parte proporcional de la superficie útil de espacios comunes y de interrelación.
Esta subvención es **compatible** con cualquiera otra subvención concedida por otras administraciones para el mismo objeto. No es compatible con las subvenciones que para otros programas de este plan estatal.
La **inversión de la actuación**, a los efectos de la determinación de la ayuda de este programa, está constituida por todos los gastos inherentes a la promoción de que se trate incluidos tributos. Se incluye el coste del suelo, de la edificación, los gastos generales, de los informes preceptivos, el beneficio industrial y cualquiera otro necesario, siempre y cuando todos ellos consten debidamente acreditados. En el caso de actuaciones exclusivamente de rehabilitación no se admitirá la inclusión del coste del suelo.

4654 **Personas arrendatarias y cesionarias** (RD 42/2022 art.89) Los alojamientos o viviendas financiadas con cargo a este programa solo pueden ser alquiladas o cedidas en uso a personas cuyas **rentas anuales**, incluyendo, en su caso, las de todas las personas que constituyan la unidad de convivencia, no superen 5 veces el IPREM en el momento de la suscripción del contrato de arrendamiento o de cesión de que se trate.
Esta limitación puede ser modificada por acuerdo adoptado por Ministerio de Transportes, Movilidad y Agenda Urbana y la comunidad o ciudad autónoma, suscrito en la comisión de seguimiento del convenio correspondiente.

4655 **Limitación del precio del alquiler o de la cesión en uso** (RD 42/2022 art.86) El precio del alquiler o de la cesión en uso de los alojamientos o viviendas debe ser proporcional a su superficie útil, incluida la parte proporcional de superficie de los espacios comunes y de interrelación. El reparto de esta parte proporcional se realiza en función de la superficie privativa de cada alojamiento o vivienda o conforme a otro criterio objetivo que puedan determinar las comunidades o ciudades autónomas.
Durante el **primer año de vigencia** del RD 42/2022 (hasta el 20-1-2023) no puede superar el importe de 8 euros mensuales/m^2 de superficie útil de alojamiento o vivienda, incluida la parte proporcional de superficie de los espacios comunes y de interrelación.
Este precio debe ser **actualizado anualmente** conforme al IPC.
El umbral del precio es de aplicación en el momento de la **suscripción del contrato** de arrendamiento o de cesión correspondiente. En dicho contrato se concretará la actualización del precio que se acuerde de conformidad con la legislación específica de aplicación.
La persona arrendadora o cedente puede percibir, además de la renta inicial o revisada que le corresponda, el **coste real de los servicios** de que disfrute la arrendataria y se satisfagan por la arrendadora, así como las demás repercusiones autorizadas por la legislación aplicable.
La persona cedente puede percibir además los gastos de comunidad y tributos, también satisfechos por la persona cedente, cuya repercusión sea acordada en la cesión en uso.

8. Puesta a disposición de viviendas de la SAREB y de entidades públicas para su alquiler como vivienda social

(RD 42/2022 art.91 a 100)

4660 El **objeto** de este programa es el fomento de la puesta a disposición de las comunidades autónomas y de las entidades locales, así como de sus entidades dependientes o vinculadas, o de entidades y fundaciones sin ánimo de lucro, en cuyos estatutos figure la promoción y/o gestión de viviendas protegidas, de viviendas de la Sociedad de Gestión de Activos Procedentes de la Reestructuración Bancaria (SAREB) y de entidades públicas para su arrendamiento como vivienda social.

Viviendas y beneficiarios (RD 42/2022 art.92 y 93) Pueden obtener financiación las viviendas que la SAREB y entidades públicas cedan en usufructo a las comunidades autónomas o entidades locales, así como a sus entidades dependientes o vinculadas, o a entidades y fundaciones sin ánimo de lucro en cuyos estatutos figure la promoción y/o gestión de viviendas protegidas, para ser destinadas al arrendamiento social durante un plazo de hasta 5 años. **4661**

Las viviendas deben ser **accesibles** y estar en condiciones de ser habitadas. En caso de no estar en condiciones de ser habitadas pueden financiarse las obras de habitabilidad, adecuación o accesibilidad con ayudas de este programa.

Son **beneficiarios** de estas ayudas:

- las comunidades autónomas y las entidades locales, así como sus entidades dependientes o vinculadas;
- las entidades y fundaciones sin ánimo de lucro en cuyos estatutos figure la promoción y/o gestión de viviendas protegidas.

Características de las ayudas (RD 42/2022 art.95) Las entidades beneficiarias pueden recibir una ayuda con una **cuantía** de entre 150 euros y 175 euros al mes por vivienda para hacer frente al precio acordado en la cesión del usufructo realizada por SAREB o entidad pública, por el tiempo que dure tal cesión. **4662**

En el caso de ser necesarias **obras de habitabilidad, accesibilidad o adecuación** pueden recibir una ayuda de hasta 8.000 euros por vivienda para dichas obras, con la que pueden sufragar hasta el 75% de las mismas, incluidos gastos profesionales y tributos siempre que consten debidamente acreditados.

Estas subvenciones son **compatibles** con cualquiera otra subvención concedida por otras Administraciones para el mismo objeto.

Arrendatarios y cesionarios (RD 42/2022 art.99 y 100) Las viviendas solo pueden ser arrendadas a personas cuyas **rentas anuales**, incluyendo las de todas las personas que constituyan la unidad de convivencia, no superen 3 veces el IPREM en el momento de la suscripción del contrato de arrendamiento. **4663**

Han de destinarse con carácter prioritario para satisfacer **soluciones habitacionales** a las víctimas de violencia de género, víctimas de trata con fines de explotación sexual, víctimas de violencia sexual, personas objeto de desahucio de su vivienda habitual, personas sin hogar y otras personas especialmente vulnerables en los términos establecidos en el programa de ayuda a las víctimas de violencia de género, personas objeto de desahucio de su vivienda habitual, personas sin hogar y otras personas especialmente vulnerables.

Limitación del precio del alquiler (RD 42/2022 art.96) Las entidades beneficiarias pueden arrendar las viviendas cedidas a una **renta** de entre 150 y 350 euros al mes. **4664**

La persona arrendadora puede percibir, además de la renta inicial o revisada que le corresponda, el **coste real de los servicios** de que disfrute la persona arrendataria y se satisfagan por la persona arrendadora, así como las demás repercusiones autorizadas por la legislación aplicable.

9. Fomento de la puesta a disposición de viviendas para su alquiler como vivienda asequible o social

(RD 42/2022 art.101 a 109)

El **objeto** de este programa es el fomento de la puesta a disposición o incorporación a programas de movilización de viviendas vacías, de las comunidades autónomas, entidades locales o de sus entidades dependientes o vinculadas, así como de entidades y fundaciones sin ánimo de lucro, en cuyos estatutos figure la promoción y/o gestión de viviendas protegidas, de viviendas de cualquier titularidad, para su alquiler como vivienda asequible o social. **4665**

Precisiones Sobre la definición de la **vivienda social** y de la **vivienda asequible** ver nº 4520 s.

Viviendas y beneficiarios (RD 42/2022 art.102, 103 y 105) Pueden obtener financiación con cargo a las ayudas de este programa las viviendas que se cedan o se incorporen a los **programas de movilización de viviendas vacías** de las comunidades autónomas, entidades locales o sus entidades dependientes o vinculadas, así como de entidades y fundaciones sin ánimo de lucro en cuyos estatutos figure la promoción y/o gestión de viviendas protegidas, para ser destinadas al arrendamiento asequible o social. **4666**

La **cesión** debe de ser por un plazo de, al menos, 7 años y debe constar, en todo caso, en nota marginal en el Registro de la Propiedad. Puede reducirse dicho plazo previo acuerdo de la correspondiente comisión de seguimiento.

Las **beneficiarias** de estas ayudas son las personas o entidades propietarias de viviendas que las cedan a las entidades indicadas.
Las viviendas deben ser objeto de **arrendamiento** como vivienda asequible o social, por las comunidades autónomas, las Administraciones locales o entidades vinculadas y dependientes, por entidades y fundaciones sin ánimo de lucro en cuyos estatutos figure la promoción y/o gestión de viviendas protegidas, o por las personas o entidades propietarias.

4667 **Características de las ayudas** (RD 42/2022 art.106 y 107) La **cuantía** de la ayuda es la mitad de la diferencia entre el alquiler social que determine la comunidad autónoma y el precio de mercado que se acuerde en la comisión de seguimiento.
En el caso de ser necesarias **obras de habitabilidad, accesibilidad o adecuación** pueden recibir una ayuda de hasta 8.000 euros por vivienda para dichas obras con la que pueden sufragar hasta el 75% de las mismas, incluidos gastos profesionales y tributos siempre que consten debidamente acreditados.
La ayuda **se abona**, con carácter general, de forma periódica por los órganos competentes de las comunidades o ciudades autónomas.
Estas subvenciones son **compatibles** con cualquier otra subvención concedida por otras Administraciones para el mismo objeto.

4668 **Personas arrendatarias y cesionarias** (RD 42/2022 art.109) Las viviendas deben de ser arrendadas a personas que consten en los registros de demandantes de viviendas en alquiler autonómicos o locales, cuyas **rentas anuales**, incluyendo las de todas las personas que constituyan la unidad de convivencia, no superen 5 veces el IPREM en el momento de la suscripción del contrato de arrendamiento.
Si no existe el registro de demandantes o no constan demandantes en espera, pueden alquilarse a **cualquier otra persona** cuyos ingresos no superen el límite señalado.

4669 **Limitación del precio del alquiler** (RD 42/2022 art.105) Las viviendas se deben arrendar a la **renta** que determine la comunidad autónoma, que no puede ser superior a 400 euros por vivienda y mes, incrementado en la mitad de la diferencia entre dicho precio social y el precio de mercado que se acuerde en la comisión de seguimiento.
Este precio umbral de 400 euros al mes debe ser **actualizado** anualmente conforme al IPC.
El umbral del precio de alquiler social es de aplicación en el momento de la suscripción del contrato de arrendamiento correspondiente.
La arrendadora puede percibir, además de la renta inicial o revisada que le corresponda, el **coste real de los servicios** de que disfrute la arrendataria y se satisfagan por la arrendadora, así como las demás repercusiones autorizadas por la legislación aplicable.

10. Ayuda al pago del seguro de protección de la renta arrendaticia

(RD 42/2022 art.126 a 132)

4670 El **objeto** de este programa es la concesión de ayudas para un seguro de protección de la renta arrendaticia que cubra el eventual impago la misma.

4671 **Requisitos** (RD 42/2022 art.127 a 129) Los **beneficiarios** de estas ayudas pueden ser los propietarios arrendadores de las viviendas, sea cual sea su naturaleza jurídica, o los arrendatarios que cumplan los requisitos establecidos para el programa de ayuda al alquiler de vivienda (nº 2827)
El **tomador** del seguro puede ser la comunidad o ciudad autónoma o el arrendador.
El **importe mínimo asegurado** ha de ser la renta arrendaticia anual. Si se reconoce ayuda para el alquiler a la arrendataria en cualquiera de los programas de este Plan, el importe mínimo asegurado debe ser la renta arrendaticia anual, menos la ayuda al alquiler anual reconocida a la arrendataria.

4672 **Características de las ayudas** (RD 42/2022 art.130 a 132) La **cuantía** de la ayuda es de hasta el 5% de la renta arrendaticia anual.
Si se reconoce ayuda para el alquiler al arrendatario en cualquiera de los programas del Plan la cuantía de la ayuda sería de hasta el 5% de la renta arrendaticia anual, menos la ayuda al alquiler anual reconocida al arrendatario.
En cualquier caso, la ayuda no puede ser superior al coste del correspondiente seguro de protección de la renta arrendaticia.
La ayuda se reconoce por el **plazo** de un año, pudiendo reconocerse posteriormente en sucesivos plazos de un año durante la vigencia del Plan.
Las subvenciones pueden concederse **de forma directa** conforme a la L 38/2003 art.22.2, por la comunidad o ciudad autónoma y siempre dentro de las disponibilidades presupuestarias.

11. Bono alquiler joven

(RD 42/2022 art.1 a 16)

El bono alquiler joven tiene por **objeto** facilitar el disfrute de una vivienda o habitación en régimen de alquiler o de cesión de uso a las personas jóvenes con escasos medios económicos, mediante el otorgamiento de ayudas directas a las personas arrendatarias o cesionarias. 4675

Beneficiarios (RD 42/2022 art.6 a 8) Pueden beneficiarse de este bono todas las personas físicas mayores de edad que reúnan los requisitos siguientes: 4677

a) Ser persona física y tener **hasta 35 años**, incluidos, en el momento de solicitar la ayuda.

b) Poseer la **nacionalidad** española, la de alguno de los Estados miembros de la Unión Europea, del Espacio Económico Europeo, o de Suiza, o el parentesco determinado por la normativa que sea de aplicación, o hallarse en situación de estancia o residencia regular en España.

c) Ser titular o estar en condiciones de suscribir, en calidad de persona arrendataria, un contrato de **arrendamiento de vivienda** formalizado según la LAU o, en calidad de persona cesionaria, un contrato de **cesión de uso**. En el caso de alquiler de habitación no es exigible que la formalización sea en los términos de la LAU.

d) Disponer, al menos, de una fuente regular de ingresos que le reporte unas **rentas anuales**, incluidos los de las personas que tengan su domicilio habitual y permanente en la vivienda arrendada o cedida o a arrendar o ceder, consten o no como titulares del contrato de arrendamiento o cesión, iguales o inferiores a 3 veces el IPREM.

En el supuesto de alquiler de habitación no se incluyen las rentas de las personas que tengan su domicilio habitual y permanente en la vivienda, solamente se consideran las de la persona física arrendataria.

La **renta arrendaticia o precio de cesión** de la vivienda debe ser igual o inferior a 600 euros mensuales (300 euros mensuales en el caso de alquiler de habitación).

Este límite máximo puede incrementarse por las comunidades y ciudades autónomas hasta 900 euros mensuales (450 euros, en el caso de alquiler de habitación), previo acuerdo con el Ministerio de Transportes, Movilidad y Agenda Urbana, en la comisión de seguimiento.

La comisión de seguimiento puede acordar la aplicación de un límite máximo de la renta o precio de cesión superior a 900 euros mensuales, cuando en la vivienda convivan dos o más personas jóvenes que sean beneficiarias y que hayan suscrito, todas ellas, el correspondiente contrato de arrendamiento o cesión de la vivienda.

Precisiones Se entiende que tienen una **fuente regular de ingresos** quienes estén trabajando por cuenta propia o ajena, el personal investigador en formación y las personas perceptoras de una prestación social pública de carácter periódico, contributiva o asistencial, siempre que puedan acreditar una vida laboral de, al menos, 3 meses de antigüedad, en los 6 meses inmediatamente anteriores al momento de la solicitud, o una duración prevista de la fuente de ingresos de, al menos, 6 meses contados desde el día de su solicitud.

Impedimentos e incompatibilidades (RD 42/2022 art.6.2, 6.7 y 10) No puede concederse la ayuda cuando la persona solicitante o alguna de las que tengan su residencia habitual y permanente en la vivienda objeto del contrato de arrendamiento o de cesión de uso se encuentre en alguna de las siguientes situaciones: 4678

a) Ser **propietario o usufructuario** de alguna vivienda en España. A estos efectos no se considera que se está en tal situación si el derecho recae únicamente sobre una parte alícuota de la misma y se ha obtenido por transmisión mortis causa. Se exceptúan de este requisito quienes, siendo titulares de una vivienda, acrediten la no disponibilidad de la misma por causa de separación o divorcio, por cualquier otra causa ajena a su voluntad o cuando la vivienda resulte inaccesible por razón de discapacidad de la persona titular o alguna otra persona de la unidad de convivencia.

b) Que la persona arrendataria o cesionaria o cualquiera de las que tengan su domicilio habitual y permanente en la vivienda arrendada o cedida tenga **parentesco** en primer o segundo grado de consanguinidad o de afinidad o sea socio o partícipe de la persona arrendadora o cedente de la vivienda.

Tampoco pueden ser beneficiarios de estas ayudas quienes incurran en alguna de las circunstancias previstas en la Ley de subvenciones (L 38/2003 art.13.2), salvo el hecho de no hallarse al corriente en el cumplimiento de las obligaciones tributarias o frente a la Seguridad Social, impedimento que puede ser exceptuado por la comunidad o ciudad autónoma.

Esta ayuda no es **compatible** con ninguna otra ayuda que para el pago del alquiler o cesión, salvo:

• Los supuestos excepcionales en que las Administraciones y entidades públicas, organizaciones no gubernamentales o asociaciones aporten una ayuda para esa misma finalidad a **beneficiarios especialmente vulnerables**, así como las personas perceptoras de prestaciones no contributivas de la Seguridad Social o beneficiarios del ingreso mínimo vital.

4679 **Características de las ayudas** (RD 42/2022 art.11 a 15) La **cuantía** de la ayuda es de 250 euros mensuales, con el límite del importe mensual de la renta arrendaticia o del precio de la cesión.
La ayuda se concede por el **plazo** de 2 años.
El **acceso** a estas ayudas se realiza mediante convocatorias periódicas de las comunidades y ciudades autónomas.
Las subvenciones pueden concederse **de forma directa** conforme a la L 38/2003 art.22.2.
La ayuda **se abona** a la persona beneficiaria o a la entidad colaboradora correspondiente, con carácter general, de forma periódica, a ser posible mensual, por los órganos competentes de las comunidades o ciudades autónomas.
Se pueden hacer **pagos anticipados y abonos a cuenta** sin exigencia de garantía o aval a los beneficiarios.

12. Ayuda a la construcción de viviendas en alquiler social en edificios energéticamente eficientes

(RD 853/2021 art.59 a 70)

4680 El **Plan de recuperación, Transformación y Resiliencia** contiene diversos programas de ayuda en materia de rehabilitación residencial y vivienda social. Entre ellos, tiene incidencia en el arrendamiento el programa de ayuda a la construcción de viviendas en alquiler social en edificios energéticamente eficientes.
Este programa tiene por objeto el fomento e incremento del parque público de **viviendas energéticamente eficientes**, destinadas al alquiler social o a precio asequible, mediante la promoción de viviendas de nueva construcción o rehabilitación de edificios no destinados actualmente a vivienda, sobre terrenos de titularidad pública, tanto de Administraciones públicas, organismos públicos y demás entidades de Derecho público, como de empresas públicas, público-privadas y sociedades mercantiles participadas mayoritariamente por las Administraciones públicas, para ser destinadas al alquiler o cesión en uso.
Son **destinatarios** últimos de las ayudas las entidades y empresas públicas, aunque las actuaciones pueden desarrollarse mediante fórmulas de colaboración público-privada.
Las ayudas de este plan se transfieren por el Estado a las **comunidades y ciudades autónomas**, que son las encargadas de su gestión, así como de la concesión y pago a los beneficiarios últimos de las mismas.
Además, el órgano autonómico competente puede actuar a través de **entidades colaboradoras**, para realizarán las actuaciones que se les encomienden, incluyendo la transferencia o entrega de los fondos públicos a los destinatarios últimos.

4681 **Destinatarios** (RD 853/2021 art.61 a 63) Pueden ser destinatarios últimos de estas ayudas:
- las **Administraciones públicas**, organismos públicos y demás entidades de derecho público;
- las **empresas** públicas, público-privadas y sociedades mercantiles participadas al menos en un 50% por las Administraciones públicas.

Las actuaciones pueden desarrollarse mediante fórmulas de **colaboración público-privada**, a través de derecho de superficie, concesión administrativa, o negocios jurídicos análogos. En este caso pueden ser destinatarios últimos las propias Administraciones públicas, organismos o entidades, atendiendo al carácter de las ayudas de aportación destinada a viabilizar el desarrollo de las actuaciones, o bien, puede tener la consideración de destinatario último de las ayudas la empresa o entidad privada que resulte adjudicataria del derecho de superficie de la concesión administrativa, o del negocio jurídico análogo del que se trate, en el marco del procedimiento establecido en la legislación y normativa de aplicación.
Las subvenciones de este programa son **compatibles** con cualquier otra ayuda pública para el mismo objeto, siempre que no se supere el coste total de las actuaciones y siempre que la regulación de las otras ayudas lo admita.

4682 **Actuaciones subvencionables** (RD 853/2021 art.60, 64 y 69) Son actuaciones subvencionables las necesarias para llevar a cabo la **construcción** de nuevas viviendas o la **rehabilitación** de edificios con uso distinto a vivienda que se destinen al alquiler social, siempre que supongan un incremento del parque público de vivienda en alquiler asequible, y cumplan las condiciones y requisitos establecidos en este programa.
Las promociones de viviendas de nueva construcción o procedentes de la rehabilitación deben destinarse al alquiler social o cesión en uso durante un **plazo mínimo** de 50 años -desde la calificación definitiva, disposición o resolución que fije las condiciones de arrendamiento- extremo que debe constar por nota marginal en el Registro de la Propiedad.

Para poder obtener financiación con cargo a las ayudas de este programa, los edificios que se construyan o rehabiliten debe cumplir con ciertos requisitos en lo que se refiere al **consumo de energía** (RD 853/2021 art.60.
Se establece, como plazo para la **finalización de las obras** correspondientes a actuaciones financiadas con cargo a este programa, el 30-6-2026.

Características y cuantía de las ayudas (RD 853/2021 art.65 y 67) Los promotores de las viviendas pueden obtener una ayuda, proporcional a la superficie útil de cada vivienda, sin que se pueda superar ninguno de los siguientes **límites máximos**: **4683**
- 700 euros/m^2 de superficie útil de vivienda;
- 50.000 euros por vivienda;
- el coste de las actuaciones subvencionables.

La **inversión** de la actuación, a los efectos de la determinación de la ayuda de este programa, está constituida por todos los gastos inherentes a la promoción de que se trate, incluidos el coste de la edificación, los gastos generales, de los informes preceptivos, el beneficio industrial y cualquiera otro necesario, siempre que consten debidamente acreditados.
No son costes subvencionables los correspondientes a licencias, tasas, impuestos o tributos. No obstante, el IVA o el impuesto indirecto equivalente pueden ser considerados elegibles, siempre y cuando no puedan ser susceptibles de recuperación o compensación total o parcial.
El **abono** de la subvención al destinatario último puede realizarse mediante pagos a cuenta o anticipados. En todo caso, previamente a dicho abono, ya sea total o parcial, el destinatario último debe acreditar la titularidad pública del suelo o del edificio a rehabilitar, así como el cumplimiento de los requisitos establecidos en la resolución de concesión.
En caso de que a **30-6-2026** no se hayan cumplido los requisitos establecidos para la ejecución de las actuaciones, la cuantía de la subvención será la resultante de la aplicación de los criterios del programa sobre las viviendas efectivamente finalizadas, debiendo devolverse los recursos entregados como anticipos o abonos a cuenta, que correspondan a actuaciones no finalizadas en dicho plazo. Para ello, debe acreditarse el cumplimiento de los siguientes requisitos de las actuaciones subvencionables:
- estar finalizadas, con aportación del certificado final de obra;
- tener el certificado de eficiencia energética de edificio terminado, firmado por el técnico competente y debidamente registrado;
- anotación registral -nota marginal- del destino al arrendamiento social o a precio asequible por un plazo de al menos 50 años.

Arrendatarios (RD 853/2021 art.68) Las viviendas financiadas con cargo a este programa deben ser arrendadas a personas que vayan a tener su domicilio habitual y permanente en la vivienda, priorizando siempre el criterio social. **4684**
Los **ingresos máximos** de los arrendatarios deben establecerse por la correspondiente comisión bilateral de seguimiento, a propuesta de las comunidades o ciudades autónomas. Este umbral debe recoger condiciones menos restrictivas para las diferentes categorías de familia numerosa y los distintos tipos de personas con discapacidad.

Limitación de la renta (RD 853/2021 art.66) El precio del alquiler o renta de las viviendas debe figurar en la **resolución de concesión** de la ayuda, y está limitado según los criterios establecidos en el acuerdo de la comisión bilateral de seguimiento, que debe establecer el precio máximo por metro cuadrado de superficie útil de vivienda y, en su caso, la cuantía por metro cuadrado de superficie útil de plaza de garaje, de trastero o de cualquier otra superficie adicional anexa a la vivienda. **4685**
Dicha renta inicial es de aplicación en el momento de la **suscripción del contrato de arrendamiento** correspondiente. En dicho contrato se debe concretar su **actualización**, según la legislación aplicable.
El arrendador puede percibir, además de la renta inicial o revisada, el **coste real de los servicios** de que disfrute el arrendatario y se satisfagan por el arrendador, así como las demás repercusiones autorizadas por la legislación aplicable.

C. Zonas de mercado residencial tensionado

(L 12/2023 art.3.k, 18, 19 y disp.adic.1ª y 3ª)

Una de las novedades más importantes de la Ley por el derecho a la vivienda es la previsión de declaración de zonas de mercado residencial tensionado como medio de orientar las políticas de vivienda en cada ámbito territorial. **4690**
Con efectos desde 26-5-2023, en aquellos ámbitos territoriales en los que exista un riesgo especial de que la **oferta de vivienda** en condiciones asequibles sea **insuficiente** para la población,

las Administraciones pueden declarar zonas de mercado residencial tensionado. La declaración de estas zonas tiene como efecto la **limitación de la renta** de los contratos de arrendamiento (nº 485).
El Ministerio de Transportes, Movilidad y Agenda Urbana debe aprobar trimestralmente una resolución que recoja la **relación de zonas** declaradas de mercado residencial tensionado.

Precisiones **1)** Se prevé además la creación de una **base de datos de contratos de arrendamiento** a partir de la información facilitada a los registros autonómicos de fianzas (L 12/2023 disp.adic.1ª).
2) Se han admitido diversos **recursos de inconstitucionalidad** contra varios preceptos de la L 12/2023, entre ellos los que regulan la declaración de zonas de mercado residencial tensionado (TCo Providencia 26-9-23; 26-9-23; 26-9-23; 26-9-23; 26-9-23; 12-3-24; 9-4-24; 9-4-24).

4691 **Procedimiento de declaración** (L 12/2023 art.18, 19 y disp.adic.3ª) La declaración de zonas de mercado residencial tensionado ha de hacerse de acuerdo con los **criterios y procedimientos** establecidos por cada Administración, según su normativa reguladora y en el ámbito de sus respectivas competencias.
No obstante, en la Ley estatal se establecen las siguientes **reglas generales**:
• Antes de declarar una zona de mercado residencial tensionado se debe llevar a cabo un **procedimiento preparatorio** con el que obtener la siguiente información:
- indicadores de los precios en alquiler y venta de diferentes tipos de viviendas y su evolución en el tiempo; e
- indicadores de nivel de renta disponible de los hogares residentes y su evolución en el tiempo.
Con ambos factores se debe medir la evolución del esfuerzo económico que tienen que realizar los hogares para disponer de una vivienda.
En relación con la distribución de los precios de venta, se pueden tener en cuenta los ámbitos territoriales homogéneos de los **mapas de valores de uso residencial** que elabore la Dirección General del Catastro en el marco de sus informes anuales del mercado inmobiliario (LCCI disp.final 3ª).
• Es necesario también llevar a cabo un **trámite de información** para poner a disposición pública la información sobre la que se basa la declaración, incluyendo los estudios de distribución espacial de la población y hogares, su estructura y dinámica, así como la zonificación por oferta, precios y tipos de viviendas, o cualquier otro que permita evidenciar o prevenir desequilibrios y procesos de segregación socio espacial en detrimento de la cohesión social y territorial.
• La **resolución del procedimiento** debe:
- motivarse indicando las deficiencias o insuficiencias del mercado de vivienda en la zona para atender adecuadamente la demanda de vivienda habitual a precio razonable en venta y en alquiler, teniendo en cuenta la situación socioeconómica de la población residente, las dinámicas demográficas y las particularidades y características de cada ámbito territorial; y
- comunicarse a la Secretaría General de Agenda Urbana y Vivienda del Ministerio de Transportes, Movilidad y Agenda Urbana.
• La declaración tiene una **vigencia** de 3 años, pero se puede prorrogar anualmente siguiendo el mismo procedimiento, si continúan existiendo las circunstancias que la motivaron y previa justificación de las medidas y acciones públicas adoptadas para revertir o mejorar la situación desde la anterior declaración.

4692 • Además, la declaración requiere la elaboración de una **memoria** que la justifique por producirse una de estas circunstancias:
- que la carga media del **coste de la hipoteca o del alquiler** en el presupuesto personal o de la unidad de convivencia, más los gastos y suministros básicos, supera el 30% de los ingresos medios o de la renta media de los hogares; o
- que el **precio de compra o alquiler de la vivienda** haya experimentado, en los 5 años anteriores, un porcentaje de crecimiento acumulado de, al menos, un 3% por encima de crecimiento acumulado del IPC de la comunidad autónoma correspondiente.
Estos criterios que identifican las zonas de mercado residencial tensionado han de ser **revisados** con efectos 26-5-2026, para adecuarlos a la realidad del mercado (L 12/2023 disp.adic.3ª).
• A su vez, la Administración competente debe elaborar un **plan específico** proponiendo las medidas necesarias y un calendario de desarrollo.
También en el ámbito de sus competencias estatales, el Ministerio, de acuerdo con la Administración competente, puede desarrollar un plan que modifique o se anexe al **Plan de vivienda estatal**, habilitando al Estado para promover fórmulas de colaboración con las Administraciones competentes y con el sector privado, adoptar medidas de financiación que favorezcan la contención o reducción de los precios y establecer medidas o ayudas públicas específicas adicionales dentro del plan estatal de vivienda.

La declaración de una zona de mercado residencial tensionado tiene como efecto principal la **limitación de la renta** de los contratos de arrendamiento que se suscriban en los municipios incluidos en zonas de mercado residencial tensionado (nº 485).
Hasta el momento, solo **Cataluña**, ha hecho uso de este procedimiento, publicando su relación de municipios afectados y las condiciones aplicables en las zonas de mercado residencial tensionado (Resol SE Vivienda y Agenda Urbana 14-3-24; Resol Cataluña TER/800/2024). La declaración afecta a más de 130 municipios, entre ellos las cuatro capitales provinciales.
La declaración, que tiene **vigencia** hasta el 16-3-2027, considera **gran tenedor** a la persona física o jurídica titular de cinco o más inmuebles urbanos de uso residencial ubicados en la zona. Se prevé la aplicación del límite de renta para arrendadores que no son grandes tenedores cuando no exista contrato previo en los últimos 5 años.

Colaboración de los grandes tenedores de vivienda (L 12/2023 art.19) Con el fin de establecer fórmulas de colaboración con los propietarios que favorezcan el incremento de la oferta de alquiler asequible en una zona, los grandes tenedores de vivienda vienen obligados a colaborar y suministrar información sobre el **uso y destino de sus viviendas** situadas en zonas de mercado residencial tensionado cuando se lo requiera la Administración, en relación con año natural anterior y en los 3 meses siguientes al requerimiento. **4693**
La **información** que han de facilitar es la siguiente:
- identificación de la vivienda y su edificio, año de construcción y de reforma y calificación energética;
- régimen de utilización efectiva de la vivienda;
- justificación de que se cumplen los deberes asociados a la propiedad de la vivienda (L 12/2023 art.11).

Si bien, en principio, los grandes tenedores de vivienda **se definen** por ser titulares de más de diez inmuebles urbanos de uso residencial o una superficie construida de más de 1.500 m^2 de uso residencial -excluyendo garajes y trasteros-, cuando se trate de zonas de mercado residencial tensionado la comunidad autónoma puede considerar como tales a los titulares de cinco o más inmuebles urbanos de uso residencial ubicados en dicho ámbito (L 12/2023 art.3.k).

D. Régimen sancionador

(RD 3148/1978 art.56)

El régimen sancionador estatal en materia de vivienda protegida es aplicable con **carácter supletorio**, es decir, a falta de regulación específica autonómica. **4695**

4696

INFRACCIONES	CAUSA	SANCIÓN
Muy graves	• No obtener la **calificación definitiva** de las viviendas por no ajustarse el proyecto de ejecución final a las condiciones de superficie, diseño y calidad establecidas. • Utilizar la **financiación** proveniente de las ayudas económicas personales para fines distintos de los establecidos. • Desvirtuar el destino de **domicilio habitual y permanente**, o dedicar la vivienda a usos no autorizados, cualquiera que sea el título de su ocupación.	Multas de 1.500 a 6.000 euros
Graves	• El **incumplimiento de los requerimientos** que le hubiesen sido formulados al infractor en resolución dictada en expediente sancionador. • La inadecuación entre el **proyecto de ejecución final** presentado y la obra realizada. • El incumplimiento por parte del adjudicatario de la **obligación de ocupar las viviendas** en los plazos establecidos. • Falsear la **declaración jurada** obligatoria de los promotores de viviendas de protección oficial. • Falsear las **condiciones personales o familiares** en las declaraciones exigidas para el uso de una vivienda de protección oficial de promoción pública. • Falsear los requisitos exigidos para la obtención de la **ayuda económica personal** en la declaración de solicitud.	Multas de 300 a 1.500 euros

INFRACCIONES	CAUSA	SANCIÓN
Leves	• La inexistencia en las obras del reglamentario **libro de órdenes y visitas**. • No mantener **asegurada** la vivienda del riesgo de incendio, en tanto permanezca acogida al régimen legal de viviendas de protección oficial. • No poner en **conocimiento de la Administración pública** las actuaciones a que los promotores o usuarios estén obligados según las normas reguladoras de las viviendas de protección oficial. • No incluir en los **contratos** de arrendamiento de viviendas de protegidas las **cláusulas** establecidas al efecto.	Multas de 30 a 300 euros

Nota: Cuando la infracción cometida consista en la **percepción de precio superior** al legalmente autorizado, puede reducirse la cuantía de la sanción a imponer, sin que en ningún caso sea inferior al quíntuplo de la diferencia entre el precio percibido y el precio legal, cuando se trate de arrendamiento, o al duplo de dicha diferencia en caso de compraventa.

SECCIÓN 2

Regulación autonómica

4700

4701 Corresponde a las comunidades autónomas, con base en su competencia exclusiva en materia de vivienda, regular el **régimen jurídico** de la vivienda protegida en su ámbito territorial.
Además, les corresponde gestionar -y cofinanciar- las ayudas previstas en la normativa estatal, en virtud de **convenios de colaboración** para la ejecución del Plan estatal, firmados con el ministerio competente en la materia.
Adicionalmente, pueden establecer normas y **planes autonómicos** de protección a la vivienda y rehabilitación, con cargo a sus propios presupuestos.

A. Andalucía

4705

4706 El régimen jurídico de la vivienda protegida en Andalucía se comprende, básicamente, en tres **bloques normativos**:
• **Leyes de vivienda**. En Andalucía se han aprobado dos leyes en materia de vivienda:
- la L Andalucía 13/2005, de medidas para la vivienda protegida y el suelo, que establece el marco básico de las políticas de vivienda en Andalucía, regulando, por ejemplo, de forma básica los derechos de tanteo y retracto a los que se sujetan las viviendas protegidas;

- la L Andalucía 1/2010, del derecho a la vivienda en Andalucía, que, de forma pionera, regula el derecho de acceso de los ciudadanos a las viviendas protegidas.
• **Regulación del régimen jurídico de la vivienda protegida**. El D Andalucía 149/2006, por el que se aprueba el Reglamento de viviendas protegidas de Andalucía, contiene el régimen básico de las viviendas protegidas, estableciendo esta regulación con independencia de los planes y programas de viviendas protegidas, intentando establecer un marco normativo estable.
• Establecimiento de ayudas públicas, previstas en los **planes de vivienda**. De forma coordinada con la Administración estatal, Andalucía viene aprobando sucesivos planes de vivienda en los que se regulan las ayudas públicas que se contemplan para cada modalidad de vivienda protegida. El último de los planes aprobados ha sido el **Plan vive en Andalucía, de vivienda, rehabilitación y regeneración urbana de Andalucía 2020-2030**, aprobado por el D Andalucía 91/2020.
Por último, han de tenerse en cuenta ciertas **medidas de emergencia habitacional**, en relación con el desahucio y lanzamiento de la vivienda habitual y con las viviendas desocupadas.

Precisiones Las **viviendas protegidas de titularidad pública** se regulan en las siguientes disposiciones:
- algunos programas del Plan autonómico de vivienda: incorporación de viviendas al parque público, viviendas para realojos, etc. (D Andalucía 91/2020 art.63 s.);
- régimen de las viviendas públicas cedidas en régimen de arrendamiento: D Andalucía 377/2000;
- desahucio administrativo de las viviendas de titularidad pública: L Andalucía 13/2005 art.15 y 16;
- medidas referidas a los ocupantes, sin título, de viviendas de promoción pública pertenecientes a la comunidad autónoma y a la amortización anticipada del capital pendiente por los adjudicatarios (D Andalucía 237/2007).

1. Régimen jurídico de las viviendas protegidas

4710

El régimen jurídico de la vivienda protegida en Andalucía se contiene en el **Reglamento de viviendas protegidas** de Andalucía (aprobado por D Andalucía 149/2006), norma que ha de completarse con las disposiciones del plan de vivienda vigente en cada momento, actualmente el **Plan Vive en Andalucía**, de Vivienda, Rehabilitación y Regeneración Urbana de Andalucía 2020-2030, aprobado por el D Andalucía 91/2020. 4713

Tipología (D Andalucía 91/2020 art.14 y 15 -redacc DL Andalucía 3/2024-) El **Plan autonómico de vivienda** de Andalucía 2020-2030 contiene la estructura principal de las medidas que la normativa andaluza establece para la protección pública al acceso a la vivienda, ya sea en venta o en arrendamiento. 4714
Este plan establece las siguientes **modalidades de viviendas**:
• Viviendas protegidas de **régimen especial**, destinadas a unidades familiares con ingresos que no superen 3 veces el IPREM.
• Viviendas protegidas de **régimen general**, destinadas a familias con ingresos que no superen 4 veces el IPREM (5,5 veces en el caso establecido en el D Andalucía 1/2012 art.11.10).
• Viviendas protegidas de **precio limitado**. Esta tipología tiene por objeto facilitar, mediante la financiación cualificada, la promoción de viviendas protegidas a la que puedan acceder familias con ingresos que no superen 5,5 veces el IPREM (7 veces en el caso establecido en el D Andalucía 1/2012 art.11.10).
Se prevé también la figura de los **alojamientos protegidos**, destinados a personas en riesgo o situación de exclusión social.

Duración del régimen legal (D Andalucía 149/2006 art.9; D Andalucía 91/2020 art.17) Las viviendas y alojamientos protegidos calificados definitivamente al amparo del Plan autonómico de vivienda están sometidas al régimen legal de protección durante un periodo de: 4716
• Viviendas protegidas de **régimen especial y alojamientos protegidos**: 15 años.
• Viviendas protegidas de **régimen general**: 10 años.
• Viviendas protegidas de **precio limitado**: 7 años.

Este periodo de protección no es de aplicación cuando por condición contractual establecida en la enajenación del suelo o como consecuencia de la obtención de financiación, se establezcan **plazos superiores**.
Transcurrido el periodo de protección, **se extingue** el régimen legal de vivienda protegida sin necesidad de una declaración expresa.
Las viviendas y alojamientos indicados no pueden ser objeto de **descalificación**.
La sujeción al régimen legal durante el período de protección conlleva:
- que se ha de mantener el cumplimiento del requisito de **destino de la vivienda** protegida a residencia habitual y permanente;
- que los requisitos, en cuanto al **precio y nivel de ingresos** de los arrendatarios, son exigibles tanto en el primer acceso como en segundos o posteriores arrendamientos o transmisiones de las viviendas.

Precisiones Se regula la **descalificación** de las viviendas que estuviesen protegidas en régimen de propiedad a la entrada en vigor del Reglamento de viviendas protegidas (D Andalucía 149/2006 disp.trans.2ª).

4718 **Destino** (L Andalucía 13/2005 art.4; D Andalucía 149/2006 art.11) Las viviendas protegidas deben respetar unos límites en cuanto al destino que se le da a la vivienda así como a su superficie. Por ello las viviendas protegidas, teniendo en cuenta el límite relativo al **destino**, se deben destinar a residencia habitual y permanente y no pueden destinarse, bajo ningún concepto, a segunda residencia.
No pueden promover para uso propio una vivienda protegida quienes sean titulares del pleno dominio de alguna **otra vivienda** protegida o libre o estén en posesión de la misma en virtud de un derecho real de goce o disfrute vitalicio, salvo las excepciones previstas reglamentariamente.

4725 **Superficie** (D Andalucía 91/2020 art.18) El Plan autonómico de vivienda establece que la superficie útil máxima de la **vivienda protegida** no puede superar 90 m^2 y, cuando las viviendas se encuentren en una edificación que contemple estancias de uso comunitario distintas de las necesarias para el acceso, puede incluirse la parte proporcional de dicha superficie, sin que la superficie útil total pueda superar el límite máximo señalado. No se establecen distinciones según la modalidad de vivienda protegida.
Para los **alojamientos protegidos** se prevé una superficie útil máxima de cada una de las unidades habitacionales de 45 m^2, permitiéndose que hasta un 25% de las unidades alcancen 70 m^2.
Se permite **sobrepasar los límites** de superficie útil establecidos en un 20% en los siguientes supuestos:
- viviendas o alojamientos protegidos reservados a personas con movilidad reducida, por causa de alguna discapacidad, y viviendas convertibles (L Andalucía 4/2017 art.57 y 58);
- viviendas destinadas a unidades familiares o de convivencia compuestas por 5 o más miembros, o en las que haya algún miembro en situación de dependencia.
Cuando la promoción incluya **anejos vinculados**, pueden contabilizarse como máximo por vivienda o unidad habitacional, en caso de alojamiento, un garaje de hasta 25 m^2 útiles y un trastero de hasta 8 m^2 útiles.

4728 **Superficie útil** (D Andalucía 149/2006 art.6) La superficie útil de la vivienda está determinada por el perímetro interior de los **espacios cubiertos y cerrados** descontando la superficie ocupada por las particiones interiores, por elementos estructurales y por las canalizaciones o conductos verticales. Incluye, además, el 50% de la superficie de los **espacios exteriores privativos** de la vivienda, como terrazas, porches, y siempre que el menor de sus lados supere 1 metro y sean cubiertos.
Para los **alojamientos**, la superficie se debe incrementar con las estancias o servicios de uso comunitario, en el porcentaje que establezca el correspondiente programa del Plan de vivienda.
La superficie útil de la **plaza de garaje**, está constituida por la superficie delimitada de la propia plaza más la parte proporcional de las superficies útiles comunes que correspondan a viales de acceso y circulación. Si la superficie es **cubierta pero no cerrada** se computa solo el 50% de la misma.
La superficie útil de los **trasteros y demás anejos** se computa en los mismos términos.

4729 **Superficie construida** (D Andalucía 149/2006 art.7) La superficie construida de la vivienda es la medida dentro de los límites definidos por las **líneas perimetrales** de las fachadas, tanto exteriores como interiores y los ejes de las divisiones entre viviendas u otras dependencias.
La superficie así obtenida se debe incrementar con la superficie de los **espacios exteriores privativos**.

Se debe incrementar, igualmente, con la parte proporcional de las superficies construidas de las **dependencias comunes** del edificio, estableciendo esa proporcionalidad en función de la superficie útil de cada vivienda.

Renta (L Andalucía 13/2005 art.6; D Andalucía 149/2006 art.16; D Andalucía 91/2020 art.19 a 21) La **renta máxima anual** de las viviendas protegidas en arrendamiento será la que determine el correspondiente programa del plan de vivienda. En ese sentido, la renta máxima anual en caso de alquiler se determina en el 4% del precio de referencia (el 4,5% si la vivienda se alquila amueblada). 4730
En el arrendamiento con **opción de compra**, la renta máxima anual es del 5% del precio de referencia.
El arrendador puede percibir, además de la renta, el **coste real de los servicios** que disfrute la persona arrendataria y se satisfagan por la persona arrendadora, así como las demás repercusiones autorizadas por la legislación vigente.
En el caso de **arrendamiento con opción de compra**, la renta máxima anual es el 5% del precio de referencia. En el momento en que se ejercite dicha opción, el precio máximo de venta será el precio de referencia, del que se debe deducir, al menos, la diferencia entre la renta abonada y la renta máxima.

Prohibición de sobreprecio (L Andalucía 13/2005 art.6.2 y 3; D Andalucía 149/2006 art.16.4 y 5) En el caso de arrendamiento: 4732
• Está prohibida la percepción de cualquier sobreprecio, prima o cantidad distinta a las rentas máximos.
• Se consideran nulas las cláusulas o estipulaciones que establezcan rentas superiores a las previstas.

Actualización de la renta (D Andalucía 149/2006 art.16) La actualización de la renta de las viviendas protegidas, se puede llevar a cabo anualmente, en función de la **variación porcentual** experimentada en ese período por el IPC, o indicador que lo sustituya. 4733

Contenido del contrato (D Andalucía 149/2006 art.17) La legislación andaluza establece una serie de **limitaciones** al disponer que los contratos de arrendamiento relativos a viviendas protegidas contengan las cláusulas obligatorias siguientes: 4735
• La prohibición del **subarriendo** total o parcial de la vivienda.
• La obligación del arrendatario de **ocupar** la vivienda en el plazo máximo de 3 meses a partir de la entrega de la vivienda, salvo que el plazo sea prorrogado.
• La **duración** del contrato, que se sujeta a lo establecido en la LAU.
• El **derecho preferente** de las personas arrendatarias de la vivienda en el caso de segundos o posteriores contratos de arrendamiento.

2. Régimen de los arrendatarios

Derecho de acceso a la vivienda protegida (L Andalucía 1/2010 art.5 a 7) Una de las singularidades del régimen jurídico de la vivienda protegida en Andalucía reside en que ha **garantizado por ley** el acceso a la vivienda protegida. En concreto, se establece que las Administraciones públicas se encuentran obligadas a hacer efectivo el ejercicio del derecho a la vivienda a las personas que cumplan los siguientes requisitos: 4740
• Carecer de unos **ingresos económicos** que, computados conjuntamente en su caso con los de su unidad familiar, les permitan acceder a una vivienda del mercado libre en el correspondiente municipio.
• Contar con 3 años de **vecindad administrativa** en el municipio de Andalucía en cuyo registro público municipal de demandantes de vivienda protegida se encuentren inscritas, salvo que el ayuntamiento, motivadamente, exija un periodo de empadronamiento menor.
• No ser titulares del pleno dominio de **otra vivienda** protegida o libre o estar en posesión de la misma en virtud de un derecho real de goce o disfrute vitalicio, salvo las excepciones que se establezcan reglamentariamente.
• Acreditar que se está en situación económica de llevar una **vida independiente** con el suficiente grado de autonomía.
• Estar inscritas en el **registro** público municipal de demandantes de vivienda protegida (nº 4745).
El cumplimiento de este derecho de acceso a la vivienda protegida se articula a través de la elaboración de planes de vivienda y suelo, estableciéndose a estos efectos un plazo de 2 años para la aprobación de estos planes (L Andalucía 1/2010 art.13 y disp.final 2ª).

4741 **Condiciones de acceso de los beneficiarios** (D Andalucía 91/2020 art.15 y disp.adic.1ª redacc DL Andalucía 3/2024) El Plan autonómico de vivienda establece, para acceder a una vivienda protegida, los siguientes **límites de ingresos** anuales de la unidad familiar del solicitante:
- 3 veces el IPREM en el caso de viviendas de régimen especial;
- 4 veces el IPREM para las viviendas de régimen general (5,5 veces en el caso establecido en el D Andalucía 1/2012 art.11.10); y
- 5,5 veces el IPREM en las viviendas de precio limitado (7 veces en el caso establecido en el D Andalucía 1/2012 art.11.10).

4743 Para la determinación de los ingresos familiares o de la unidad de convivencia se parte de las cuantías de la base imponible general y del ahorro del IRPF, con aplicación los siguientes **coeficientes ponderadores**, sin que el coeficiente final de corrección pueda ser inferior a 0,65 ni superior a 1:
a) En función del **número de miembros** de la unidad familiar:

Núm. miembros	Coeficiente
1	1,00
2	0,75
3 o más	0,70

b) En caso de que alguna de las personas integrantes de la unidad familiar esté incluida en alguno de los **grupos de especial protección**, se aplica el coeficiente 0,90, pudiendo acumularse por la pertenencia a más de un grupo, pero no acumularse por el número de los miembros que cumplan el mismo requisito.
c) En los **municipios** incluidos en los grupos 1, 2 y 3 (D Andalucía 91/2020 anexo V) se aplica a los ingresos el coeficiente 0,86.
La cuantía resultante se convertirá en **número de veces el IPREM** en vigor durante el período al que se refieran los ingresos evaluados.

Precisiones Son **grupos de especial protección**: las personas jóvenes menores de 35 años, las mayores de 65 años, las personas con discapacidad o dependencia, personas con dependientes a su cargo, mujeres embarazadas sin recursos (para determinados programas), víctimas de violencia de género, personas jóvenes extuteladas por la Junta de Andalucía que carezcan de vivienda y de recursos suficientes para tenerla, personas sin hogar o en situación de emergencia habitacional, personas y familias que han sido desposeídas de su vivienda habitual por impago de la hipoteca o de la renta, por causas sobrevenidas, personas que se encuentren en situación o riesgo de exclusión social, víctimas del terrorismo (y personas incluidas en L Andalucía 10/2010 art.3.a), familias monoparentales, familias numerosas y unidades familiares con menores a su cargo, personas emigrantes retornadas, y familias con ingresos por debajo del umbral de pobreza (D Andalucía 91/2020 art.5).

4745 **Registro de Demandantes de Vivienda Protegida** (L Andalucía 1/2010 art.16; D Andalucía 149/2006 art.12.2; D Andalucía 1/2012) La selección de las personas a las que van destinadas las viviendas protegidas y la adjudicación de las mismas se realiza, en principio, a través de los registros públicos de demandantes de viviendas protegidas. Estos registros tienen **ámbito municipal**, y son gestionados por cada ayuntamiento de forma independiente.
La Administración autonómica debe coordinar y poner en relación los distintos registros en una base de datos única. Para ello cada registro municipal debe poner a disposición de la comunidad autónoma su propia base de datos.
Para estar **inscrito en un registro** público municipal de demandantes de viviendas protegidas es necesario presentar una solicitud. La **solicitud** puede formalizarse por personas a título individual, o como miembros de una unidad familiar o unidad de convivencia, sin que pueda estar incluida una persona en más de una inscripción en el mismo Registro. En cualquier caso, debe coincidir la adjudicación de la vivienda que se realice con la inscripción registrada.
El **procedimiento de inscripción** en el registro y de cancelación de la inscripción se establecen en el D Andalucía 1/2012.

Precisiones Se excepcionan de la obligación de adjudicación a través del registro de demandantes de vivienda protegida ciertas adjudicaciones destinadas a atender situaciones en el marco de las prestaciones de los servicios de **asistencia y bienestar social** (D Andalucía 149/2006 art.13):
- Actuaciones que tengan como objeto el **realojo** permanente o transitorio motivado por actuaciones urbanísticas, de rehabilitación o renovación urbana. Pueden referirse a promociones completas o viviendas concretas.
- La adjudicación de viviendas y alojamientos a unidades familiares en **riesgo de exclusión social** cuando se justifique su carácter de urgencia.
- La adjudicación de viviendas calificadas en programas de alquiler a **entidades sin ánimo de lucro** para destinarlas al alojamiento de personas sin recursos o en riesgo de exclusión social.

Selección de destinatarios (D Andalucía 1/2012 art.9 y 10) La adjudicación de viviendas protegidas se realiza conforme al **orden de adjudicación** resultante de alguno de los siguientes sistemas, establecidos en las correspondientes bases reguladoras: 4747

- **Baremación** de las solicitudes presentadas conforme a los criterios que deben figurar en las bases reguladoras del registro y que deben justificarse en relación con los objetivos de los planes municipales, autonómicos y estatales de vivienda. Preferentemente, se debe valorar la adecuación de la solicitud a las características de la vivienda, en cuanto a nivel de ingresos y composición familiar, la pertenencia a grupos de especial protección, la antigüedad en el registro y las necesidades específicas de vivienda. Deben preverse los criterios a seguir en caso de igualdad entre dos o más solicitudes.
- **Sorteo** entre los demandantes que cumplan los requisitos establecidos para cada programa.
- **Antigüedad en la inscripción**.
- **Otros sistemas** de adjudicación definidos en las bases reguladoras.

Cuando los planes de vivienda y suelo establezcan para determinados programas criterios de preferencia específicos, los mismos tienen prioridad sobre lo establecido en los párrafos anteriores, y solo en caso de no existir demandantes que cumplan con dichos requisitos se pueden adjudicar las viviendas a otros demandantes inscritos según el orden de preferencia establecido en las bases reguladoras.

Las **bases reguladoras** de cada uno de los registros deben regular alguno de los sistemas de adjudicación señalados, justificando la elección del mismo y pudiendo establecerse sistemas diferenciados en función de los distintos programas de vivienda regulados en el plan andaluz de vivienda y suelo vigente. 4749

En cualquier caso, es necesario establecer de forma diferenciada la adjudicación de **viviendas con características especiales**, como son las viviendas adaptadas para personas con discapacidad de movilidad reducida, y viviendas para las que los planes de vivienda establezcan requisitos especiales, como las viviendas para familias numerosas o que entre sus miembros existan personas con dependencia.

Cuando el adjudicatario seleccionado no haya podido acceder efectivamente a la vivienda por encontrarse en situación transitoria de **desempleo**, o por haber sido rechazada la financiación por la entidad financiera en caso de compraventa, se le puede ofertar la posibilidad de acceder a otra vivienda, en venta o alquiler, en un momento posterior, sin necesidad de participar nuevamente en un proceso de selección.

Cuando los registros apliquen como criterio de preferencia para la adjudicación de la vivienda el **empadronamiento** o cualquier otra vinculación con el municipio, las personas víctimas de violencia de género o del terrorismo y las personas emigrantes retornadas están exentas de cumplir los requisitos para gozar de dicha preferencia en la adjudicación de la vivienda.

Los trámites del **procedimiento de adjudicación** se establecen en el D Andalucía 1/2012 art.11.

3. Ayudas públicas en materia de vivienda

De forma coordinada con la Administración estatal, Andalucía viene aprobando sucesivos planes de vivienda en los que se regulan las ayudas públicas (estatales y autonómicas) que se contemplan para cada modalidad de vivienda protegida. 4750

El último de los planes aprobados ha sido el **Plan vive en Andalucía, de vivienda, rehabilitación y regeneración urbana de Andalucía 2020-2030**, aprobado por el D Andalucía 91/2020.

En lo que se refiere al fomento del alquiler de vivienda, este Plan autonómico prevé los siguientes **programas de ayuda**:

	Programas	Regulación
Programas de vivienda protegida en venta o alquiler	Fomento del parque de viviendas protegidas en alquiler	D Andalucía 91/2020 art.25 y 26
Ayudas al alquiler		D Andalucía 91/2020 art.37 y 38

	Programas	Regulación
Vulnerabilidad residencial	Permutas protegidas de vivienda y bolsa de oferta de viviendas	D Andalucía 91/2020 art.61 y 62
	Incorporación de viviendas al parque público	D Andalucía 91/2020 art.63 y 64
	Apoyo a las personas inquilinas del parque público residencial de la Comunidad Autónoma de Andalucía	D Andalucía 91/2020 art.65 y 66
	Viviendas gestionadas por las Administraciones públicas, entidades públicas y entidades del tercer sector de acción social	D Andalucía 91/2020 art.67 y 68
	Protección de personas afectadas por desahucios, «Nadie sin hogar»	D Andalucía 91/2020 art.69 a 73
	Realojo para afectados por las ejecuciones hipotecarias o procedimientos de desahucio	D Andalucía 91/2020 art.74 y 75
	Apoyo a las situaciones de emergencia residencial	D Andalucía 91/2020 art.76 y 77
	Integración social	D Andalucía 91/2020 art.78 y 79

El procedimiento para la **adscripción de actuaciones** al Programa de fomento del parque de viviendas protegidas en alquiler o de cesión de uso, así como la concesión de ayudas del mismo, se regula por Orden Andalucía 4-5-23.

4753 La aplicación de las ayudas previstas en el **Plan estatal 2022-2025** se rige por el convenio de colaboración suscrito por la Administración del Estado y la Administración de la Junta de Andalucía (Convenio de colaboración 9-8-2022, Resol 23-8-22). Estas medidas se añaden a las establecidas en el Plan autonómico y se gestionan por la consejería competente en materia de vivienda (D Andalucía 91/2020 art.6).
El Plan reconoce además el importante papel de las entidades locales y, en consecuencia, prevé la aprobación de **planes municipales de vivienda** (D Andalucía 91/2020 art.7).

Precisiones Para la aplicación de los programas de protección indicados, la comunidad autónoma aprueba, mediante orden, las **bases reguladoras** de cada programa, en las que se regulan los requisitos y procedimientos que hay que seguir para solicitar las ayudas (p.e. la Orden Andalucía 10-6-22, para la concesión de ayudas de alquiler a las víctimas de violencia de género, personas objeto de desahucio de su vivienda habitual, personas sin hogar y otras personas especialmente vulnerables; o la Orden Andalucía 3-10-22, para las ayudas del Bono Alquiler Joven en Andalucía).

4. Otras medidas públicas en materia de vivienda

4754 Entre las medidas de fomento dirigidas a los propietarios de **viviendas deshabitadas** para promover un uso social de las mismas, se incluyen los programas de cesión de viviendas, en los que se les incentivará para ponerlas en el mercado del alquiler a precios asequibles cediendo temporalmente su gestión a la Administración (L Andalucía 1/2010 art.43).
Se prevé además la **intermediación de las Administraciones** públicas, directamente o a través de entidades públicas instrumentales o entidades intermediarias para favorecer la efectiva ocupación de viviendas libres deshabitadas mediante su arrendamiento (L Andalucía 1/2010 art.44).
Por otro lado, se regula el ejercicio de los **derechos de tanteo y retracto** a favor de la Administración de la Junta de Andalucía para adquirir viviendas procedentes de procesos judiciales o extrajudiciales de **ejecución hipotecaria o dación en pago** para destinarlas al alquiler social. El ejercicio de estos derechos ha de mantener las siguientes premisas (L Andalucía 1/2010 art.72 a 81):
• No cabe cuando se produzca la adjudicación a favor del **anterior propietario**.
• En el plan de vivienda han de delimitarse los **supuestos de aplicación**, que quedarán restringidos a un tipo de viviendas acorde con los objetivos asignados y ejerciéndose el derecho en beneficio de personas con condiciones socioeconómicas de especial vulnerabilidad. Hasta que se definan, pueden ejercerse sobre inmuebles con las características de vivienda protegida y que vayan a destinarse a grupos de especial protección (L Andalucía 1/2018 disp.trans.única).
• El ejercicio de estos derechos se realiza siempre **después de la adjudicación** o **después del lanzamiento** de los ocupantes, en caso de que este último sea necesario, respetando así las normas procesales del Estado.

5. Régimen sancionador

(L Andalucía 13/2005 art.17 a 22)

La legislación andaluza establece dos tipos de **infracciones**: muy graves y graves (L Andalucía 13/2005 art.19 y 20). **4755**

Las infracciones son sancionadas con **multas** en las siguientes cuantías (L Andalucía 13/2005 art.21):

• Las infracciones **graves**, desde 3.001 hasta 30.000 euros.

• Las infracciones **muy graves**, con multa desde 30.001 hasta 120.000 euros.

Además de las multas citadas, se pueden imponer las siguientes **sanciones accesorias** (L Andalucía 13/2005 art.22):

a) La **pérdida y devolución** con los intereses legales de las ayudas económicas percibidas, en caso de infracciones al régimen de financiación protegida en la promoción y adquisición de viviendas.

b) La **inhabilitación** de la persona infractora para promover o participar en promociones de viviendas protegidas o actuaciones protegidas por la comunidad autónoma durante el plazo máximo de 3 años, para las infracciones graves, o de 6 años, para las infracciones muy graves.

c) La pérdida de la condición de **agencia de fomento del alquiler**.

Las reglas para la determinación de los **sujetos responsables** de las infracciones se concretan en la L Andalucía 13/2005 art.17.

B. Aragón

4760

La normativa aragonesa de vivienda protegida se enmarca en dos grandes referencias: **4762**

• Por un lado, la L Aragón 24/2003 establece los **parámetros básicos** sobre la vivienda protegida.

• Por otro, el D Aragón 73/2023, que aprueba el **Plan de Vivienda 2022-2025**, vehículo de aplicación en esta comunidad del Plan estatal 2022-2025 (nº 4840).

La Ley de **dinamización del medio rural** de Aragón obliga a incluir en el correspondiente plan autonómico de vivienda, en coordinación con las entidades locales, medidas específicas de promoción de vivienda de alquiler asequible y alquiler social o de acceso a la vivienda en los municipios rurales, con el establecimiento de medidas de discriminación positiva e incentivos a particulares que faciliten su conservación, rehabilitación o restauración (L Aragón 13/2023 art.51).

Por último, han de tenerse en cuenta las medidas públicas en materia de vivienda reguladas en la L Aragón 10/2016, en relación con el **desahucio y lanzamiento** de la vivienda habitual y con las viviendas desocupadas (nº 4845).

Precisiones La regulación de las **viviendas de promoción pública** se contiene en la L Aragón 24/2003 art.16 s. y 27, así como en el D Aragón 127/2005, en materia de patrimonio constituido por las viviendas de promoción pública y suelo gestionado por el Departamento de Obras Públicas, Urbanismo y Transportes.

1. Régimen jurídico de las viviendas protegidas

4765

El plan autonómico de vivienda vigente, el **Plan aragonés de vivienda 2022-2025** (aprobado por el D Aragón 73/2023) tiene como finalidad incorporar al ordenamiento jurídico de esta comunidad autónoma el Plan estatal de vivienda 2022-2025 (nº 4840). En consecuencia, las medidas que contempla consisten básicamente -como ocurre en el Plan estatal- en ayudas al alquiler y la rehabilitación de vivienda. **4766**

No obstante, el propio Plan establece que la vivienda protegida de Aragón se sujeta, en cuanto al procedimiento de **calificación, tipología, y régimen jurídico** a lo dispuesto en el D Aragón 60/2009, por el que se regula el Plan aragonés para facilitar el acceso a la vivienda y fomentar la rehabilitación 2009-2012 y la Orden Aragón 12-5-2014, por la que se regula la calificación de vivienda protegida de Aragón (D Aragón 73/2023 disp.adic.4ª).

4767 **Tipología** (L Aragón 24/2003 art.7; D Aragón 60/2009 art.3) Las viviendas protegidas de nueva construcción de Aragón deben responder a alguna de las siguientes tipologías:

• Viviendas protegidas de **promoción pública**: promovidas directamente, en el marco de la programación pública de vivienda, por la Administración de la comunidad autónoma y las entidades locales, así como por los organismos públicos que de ellas dependan.

• Viviendas protegidas de **promoción privada**: promovidas, en el marco de la programación pública de vivienda, por cualesquiera entidades privadas, mediando en su caso los correspondientes conciertos o convenios con las Administraciones públicas competentes. Estas viviendas deben ser calificadas expresamente en alguna de las siguientes categorías:

- vivienda de promoción privada de régimen especial;
- vivienda de promoción privada de régimen general;
- vivienda de promoción privada de régimen tasado.

El **acceso** a las viviendas protegidas puede ser en régimen de alquiler, alquiler con opción de compra o compraventa.

4772 **Duración del régimen legal** (L Aragón 24/2003 art.13) El régimen legal de protección de las actuaciones de vivienda es de 30 años desde su calificación definitiva, salvo que se establezca un plazo superior para concretas modalidades de actuación protegida.

Cabe la **descalificación** de las viviendas, a petición de su propietario, una vez transcurridos los siguientes plazos:

- 20 años desde la calificación definitiva de viviendas protegidas de promoción privada concertada o por convenio, si así se prevé en este;
- 10 años desde la calificación definitiva de las viviendas a que se refiere la L Aragón 24/2003 art.6;
- 15 años desde la calificación definitiva de las restantes viviendas protegidas de promoción privada.

Además del transcurso del plazo de protección o descalificación, el régimen de protección se extingue por el transcurso del plazo de **amortización del préstamo** subsidiado para la promoción de viviendas protegidas en régimen de arrendamiento.

Lo expuesto es aplicable sin perjuicio de lo que dispongan los distintos planes de vivienda que se aprueben.

4775 **Destino** (L Aragón 24/2003 art.11) La ley aragonesa establece como primera **limitación** que las viviendas protegidas se deben destinar a residencia **habitual y permanente** de su inquilino con la posibilidad de acceso diferido a la propiedad, y tienen que ser ocupadas en el plazo de 9 meses desde la calificación definitiva.

Si se produce una **modificación sustancial** de las circunstancias que motivaron la recepción de esta vivienda, la Administración pública puede autorizar la no residencia en esa vivienda, o la permuta dentro del territorio aragonés de esta vivienda protegida por otra. Si estas tuvieran distinta valoración pueden darse compensaciones económicas que ayuden a resolver la situación de gravedad.

Es necesario realizar previamente una petición debidamente **justificada y avalada** por servicios sociales de la Administración pública.

4780 **Renta** (D Aragón 73/2023 art.77) El Plan aragonés de vivienda fija los siguientes límites máximos de renta:

- en el caso de la vivienda de **alquiler social**: 3,5 euros/m^2 útil de la vivienda;
- en la vivienda de **alquiler asequible**: 7 euros/m^2 útil de la vivienda.

En el caso de garajes y trasteros, el precio del alquiler o precio de uso es del 60% de la cuantía señalada para la vivienda por metro cuadrado.

4810 **Visado de contratos** (L Aragón 24/2003 art.14) Las viviendas protegidas no pueden ser cedidas en propiedad, arrendamiento, precario o por cualquier otro título sin **autorización administrativa** previa de la Administración autonómica.

La autorización administrativa y visado de contratos se sujetan a las siguientes reglas:

• El cedente debe presentar un **modelo de contrato** que será aprobado por los servicios provinciales del departamento competente en materia de vivienda. La autorización concedida permite al cedente suscribir los correspondientes contratos de arrendamiento.

• Al mismo tiempo que presente el modelo de contrato o con posterioridad a su aprobación, debe acreditar que el futuro arrendatario de la vivienda cumple los **requisitos** de acceso a la vivienda y se halla inscrito en el Registro de Solicitantes de Vivienda Protegida.
• El cedente debe presentar **copia de los contratos**, una vez suscritos, para su visado. Los servicios provinciales deben comprobar que el contrato suscrito coincide con el modelo autorizado.

2. Régimen de los arrendatarios

Condiciones de acceso (L Aragón 5/2015 art.20.1 y 40.2; D Aragón 73/2023 art.76) Cada programa del Plan de vivienda define los requisitos que deben reunir los **beneficiarios** de las diferentes ayudas. No obstante, son aplicables las reglas generales previstas en el Plan estatal 2022-2025 (nº 4589). **4825**
Asimismo, para resultar persona beneficiaria, no se deben tener **deudas pendientes de pago** con la Hacienda de la Administración de la Comunidad Autónoma de Aragón y con la Seguridad Social, requisito que puede excepcionarse en algunos programas de ayudas.

Registro de Solicitantes de Vivienda Protegida (L Aragón 24/2003 art.20 a 23) La inscripción y verificación del **cumplimiento de los requisitos** de adjudicación de viviendas protegidas de promoción pública o privada corresponde a la Administración autonómica, que lleva, a través de la dirección general competente en materia de vivienda y de los servicios provinciales, el Registro de Solicitantes de Vivienda Protegida de Aragón. **4835**
En el caso de promociones de **cooperativas, comunidades de bienes** o entidades de similar naturaleza, junto con la solicitud de calificación provisional deben presentar un listado que incluya los cooperativistas o comuneros que formen parte de la entidad en ese momento.
Si el número de cooperativistas o comuneros es inferior al número de viviendas que se van a promover, la cooperativa o comunidad debe presentar un **plan de viabilidad** de la promoción, cuya viabilidad debe ser constatada por la Administración, en función de las posibilidades sociales, técnicas y financieras de ejecución que ofrezca.

Precisiones **1)** El **Reglamento** del Registro de Solicitantes de Vivienda Protegida y de adjudicación de viviendas protegidas de Aragón se aprobó por D Aragón 211/2008.
2) Con carácter temporal, se ha **suspendido la obligación** de inscripción en el Registro de Solicitantes de Vivienda Protegida (L Aragón 17/2023 disp.trans.3ª,).

Selección de destinatarios (L Aragón 24/2003 art.19 bis) Las **viviendas protegidas en régimen de alquiler** pueden ser adjudicadas por la entidad promotora, directamente o mediante entidad interpuesta. **4839**
Se adjudican **directamente** en los siguientes supuestos:
a) Cuando se trate de viviendas protegidas en régimen de alquiler **promovidas por Administraciones públicas** o sus entidades instrumentales destinadas a domicilio habitual y permanente de personas físicas mediante arrendamiento u otras formas de cesión justificadas por razones sociales, y adjudicadas, especialmente con fines de integración social, entre jóvenes de hasta 35 años, personas mayores de 65 años y sus familias, personas con discapacidad, víctimas de la violencia de género o terrorista, familias numerosas, familias monoparentales o personas con discapacidad y sus familias u otros colectivos en **situación de riesgo o exclusión social**.
Estas viviendas pueden ser adjudicadas por la Administración pública promotora u otras Administraciones públicas o sus entidades instrumentales, así como, por razones de interés público o social, por otras entidades sin ánimo de lucro, siempre que, en este último supuesto, se destinen a domicilio habitual y permanente de personas físicas mediante arrendamiento u otras formas de explotación justificadas por razones sociales, constituyan fórmulas intermedias entre la vivienda habitual y la residencia colectiva y tengan características adecuadas para atender a los colectivos a que se dirijan.
b) Cuando se trate de viviendas de promoción privada en régimen de alquiler destinadas a **trabajadores de la empresa promotora** o de su grupo de empresas, en aquellos supuestos en los que, por la ubicación de la actividad empresarial y los elevados precios de la vivienda en la zona derivados del carácter predominantemente turístico del uso residencial, existan dificultades objetivas de alojamiento.
c) Cuando se trate de viviendas en régimen de alquiler promovidas por Administraciones públicas o sus entidades instrumentales destinadas a **trabajadores con contrato de temporada** en zonas en las que existan dificultades objetivas de alojamiento. Estas viviendas pueden ser adjudicadas por la Administración pública promotora u otras Administraciones públicas o sus entidades instrumentales.

d) Cuando se trate de **viviendas universitarias**, en régimen de alquiler, en cuyo caso puede convenirse con la universidad correspondiente la forma de gestión de las viviendas y el procedimiento de adjudicación.
En todos estos supuestos no es preciso cumplir los requisitos de inscripción en el **Registro de solicitantes** de viviendas protegidas de Aragón ni la inscripción previa de los adjudicatarios. No obstante, la adjudicación debe comunicarse a la Administración pública competente en materia de vivienda para la constancia y control del arrendamiento u ocupación de las viviendas, a los efectos establecidos en su normativa reguladora.

3. Ayudas públicas en materia de vivienda

4840 Aragón cuenta con un plan autonómico de vivienda, el **Plan aragonés de vivienda 2022-2025** (aprobado por D Aragón 73/2023), que tiene como objeto incorporar al ordenamiento jurídico de esta comunidad autónoma el Plan estatal de vivienda 2022-2025 y los programas de ayuda en materia de rehabilitación residencial y vivienda social del Plan de Recuperación, Transformación y Resiliencia (nº 4585 s.).
En consecuencia, las medidas que contempla consisten básicamente -como ocurre en el Plan estatal- en ayudas al alquiler y la rehabilitación de vivienda.
Respecto a los programas del **Plan estatal de vivienda**, además de incorporar el bono alquiler joven, se incorporan plenamente las disposiciones del Plan estatal y solo se regulan aquellos aspectos que suponen algún tipo de aclaración, determinación o singularidad, respecto de aquellas.

4. Otras medidas públicas en materia de vivienda

(L Aragón 10/2016 art.17 a 28)

4845 Se establecen medidas en materia de vivienda con el objetivo de contrarrestar la situación de **emergencia habitacional** en Aragón.
Estas medidas van dirigidas a las personas o unidades de convivencia en **situación de vulnerabilidad**, entendiendo por tales aquellas que se encuentren en situación de riesgo de exclusión social, que sufran o que tengan algún miembro que sufra violencia de género o violencia familiar, que sean o que tengan algún miembro que sea víctima de terrorismo, y aquellas que así se califiquen en virtud de las especiales circunstancias socioeconómicas que les afecten.

Precisiones **1)** Son personas o unidades de convivencia en situación de **vulnerabilidad** aquellas cuyos ingresos totales sean superiores a 1 vez el IPREM e iguales o inferiores a 2 veces el IPREM -superiores a 2 e iguales o inferiores a 2,5 veces en situaciones especiales, como familiar numerosa, víctimas de violencia de género, discapacidad, etc.-.
En situación de **especial vulnerabilidad** se encuentran las personas o unidades de convivencia cuyos miembros padecen una situación de vulnerabilidad agravada por sufrir una situación económica severa, o concurrir otros factores -edad, discapacidad, exclusión social...- (L Aragón 10/2016 art.17).
2) Se ha resuelto **recurso de inconstitucionalidad** contra algunos preceptos de la Ley (TCo 21/2019).

4846 **Medidas en supuestos de desahucio** (L Aragón 10/2016 art.18 a 21) Se garantiza el derecho a una **alternativa habitacional digna** a las personas o unidades de convivencia de buena fe en situación de vulnerabilidad que se vean privadas de su vivienda habitual como consecuencia de un procedimiento de desahucio por falta de pago de la renta.
Hasta que se ofrezca una alternativa habitacional digna por parte de la Administración, se suspenden los **lanzamientos** en los procesos de desahucio por impago de alquiler cuando, concurriendo los requisitos de vivienda habitual y especial vulnerabilidad, el sujeto que ha iniciado el proceso de lanzamiento sea gran propietario de viviendas o persona jurídica adquirente de la vivienda después del 30-4-2008 a causa de ejecución hipotecaria, acuerdo de compensación de deudas o de dación en pago o compraventa, que tengan como causa la imposibilidad de restituir el préstamo hipotecario.
Esta suspensión del lanzamiento debe interpretarse con el **límite temporal** previsto en la L 1/2013 art.1.1 -15-5-2024- (TCo 21/2019).
El órgano judicial o, en su caso, el notario que conozca del asunto debe remitir al órgano autonómico competente en materia de servicios sociales **comunicación de la demanda** de desahucio de arrendamiento o de ejecución hipotecaria admitidas a trámite, indicando además, si le consta, la identidad del demandado y de las personas que habitan habitualmente en la vivienda.
Excepcionalmente, para evitar su desahucio de la vivienda habitual, se prevé que la Administración autonómica pueda **hacerse cargo del pago** de la renta arrendaticia.

Medidas respecto a las viviendas desocupadas (L Aragón 10/2016 art.22 a 28) La Administración autonómica debe desarrollar una política tendente a conseguir un parque público de vivienda suficiente para dar respuesta a la problemática actual. Con esta finalidad, el Gobierno de Aragón puede desarrollar **medidas de intermediación** que favorezcan la concertación de arrendamientos entre propietarios y personas o unidades de convivencia demandantes de vivienda, o convenios para la cesión de viviendas por parte de sus propietarios para integrarlas en el parque público de vivienda social de Aragón. 4847

Igualmente, se pueden suscribir **convenios de colaboración** con las entidades financieras, sus sociedades de gestión inmobiliaria y la Sociedad de gestión de activos procedentes de la reestructuración bancaria, SA (SAREB).

Estas entidades, así como los grandes propietarios de viviendas (propietarios de, al menos, 15 viviendas), están obligados a poner a **disposición de la Administración** autonómica las viviendas desocupadas, situadas en el territorio de Aragón, que sean de su propiedad, cuando, en el caso de las pertenecientes a las mencionadas entidades, provengan de procedimientos de ejecución hipotecaria, de pago o dación en pago de deudas con garantía hipotecaria, siempre que el parque de viviendas del sector público sea insuficiente para dar una adecuada respuesta a las necesidades de alojamiento de personas o unidades de convivencia en situación de vulnerabilidad.

El **órgano administrativo** competente designa a una persona o una unidad de convivencia para ocupar las viviendas desocupadas puestas a su disposición. El titular de la vivienda está obligado a otorgar título suficiente para el uso, bajo la fórmula preferente de arrendamiento.

Se considera que una vivienda está **desocupada** cuando no se haya destinado a uso residencial, bajo cualquier forma prevista en el ordenamiento jurídico, durante 6 meses consecutivos en el curso de un año. La ocupación debe ser efectiva, no siendo suficiente con la existencia de un título jurídico que habilite para ello. Se prevén no obstante ciertas causas justificadas de desocupación.

Se crea un **Registro de Viviendas Desocupadas de Aragón**, en el que se deben inscribir las viviendas que se consideren desocupadas según lo expuesto.

Precisiones Se prevé la constitución del **parque público de vivienda social** de Aragón, con la finalidad de estructurar la oferta de vivienda social existente. Debe incluir, por un lado, las viviendas de las entidades del sector público aragonés -incluido el sector público local- y las viviendas cedidas por las entidades financieras, las sociedades inmobiliarias bajo su control, la SAREB, las personas o entidades que operan en el sector inmobiliario, o por otras personas físicas o jurídicas, afectadas a este fin. Por otro lado, también debe incluir a las personas o unidades de convivencia con necesidad de vivienda de estas características.

5. Régimen sancionador

(L Aragón 24/2003 art.41 a 61)

Infracciones (L Aragón 24/2003 art.41 a 50) Las infracciones se **clasifican** en leves, graves y muy graves (L Aragón 24/2003 art.42 a 44). 4850

El plazo de **prescripción** para las infracciones leves es de un año; para las graves, de 3 años, y para las muy graves, de 6 años.

La **responsabilidad** por las infracciones administrativas recae directamente en el autor del hecho tipificado como infracción cuando exista dolo o culpa. Son responsables de las infracciones tipificadas en esta Ley los agentes de intermediación en el arrendamiento de viviendas protegidas.

Circunstancias modificativas de la responsabilidad (L Aragón 24/2003 art.47 a 49) Son circunstancias que **agravan** la responsabilidad de los culpables las siguientes: 4852

• Haberse prevalido, para cometerla, de la titularidad de un **oficio o cargo público**, salvo que el hecho constitutivo de la infracción haya sido realizado, precisamente, en el ejercicio del deber funcional propio del cargo u oficio.
• La utilización de cualquier tipo de **violencia** o forma de **coacción** sobre la autoridad o funcionario público encargado del cumplimiento de la Ley, o mediante soborno.
• Haberla cometido **alterando los supuestos de hecho** que presuntamente legitimen la actuación, o mediante falsificación de los documentos en que se acredite el fundamento legal de la actuación.
• Realizarla aprovechándose o explotando en su beneficio una **grave necesidad pública** o del particular o particulares que resulten perjudicados.
• No cumplir las **medidas provisionales o definitivas** adoptadas por cualquiera de los órganos competentes en la materia.
• La **reiteración y reincidencia**.

• Realizarla sin contar con **proyecto y dirección de técnico** competente, cuando sean preceptivos, con riesgo para la vida de las personas o para bienes de tercero.
• Ser titular de poderes de representación para el desarrollo de la gestión de la promoción de **comunidades de bienes o cooperativas de viviendas** protegidas sin ser cooperativista o comunero.

4853 Son circunstancias que **atenúan** la responsabilidad de los culpables las siguientes:
• No haber tenido **intención** de causar un daño tan grave a los intereses públicos o privados afectados por el hecho ilegal.
• Haber procedido el culpable a **reparar o disminuir** el daño causado, antes de la iniciación de las actuaciones sancionadoras o de adopción de medidas de restitución de la legalidad infringida.
• El cumplimiento voluntario de las **medidas de restitución** de la legalidad.
Son circunstancias que, según cada caso, pueden **atenuar o agravar** la responsabilidad las siguientes:
• El mayor o menor **conocimiento técnico** de los pormenores de la actuación, de acuerdo con la profesión o actividad habitual del culpable.
• El mayor o menor **beneficio obtenido** de la infracción o, en su caso, el haberla realizado sin consideración ninguna al posible beneficio económico que de la misma se derivare.
• La mayor o menor **magnitud física** del daño producido.
• La mayor o menor **dificultad técnica** para restaurar la legalidad infringida.

4854 **Sanciones** (L Aragón 24/2003 art.51 a 57) Las comisión de las **infracciones tipificadas**, una vez se acredita la culpabilidad y previa instrucción del oportuno expediente administrativo, son objeto de sanción administrativa, sin perjuicio de las responsabilidades civiles, penales o de otro orden que puedan concurrir.
Las sanciones que se impongan a los distintos sujetos por una misma infracción tienen entre sí carácter independiente.
Las infracciones tipificadas dan lugar a la imposición de las siguientes sanciones:
• Las **infracciones leves**: multa de 150 a 3.000 euros.
• Las **infracciones graves**: multa de 3.001 a 30.000 euros.
• Las **infracciones muy graves**: multa de 30.001 a 300.000 euros.
El Gobierno de Aragón puede **revisar y actualizar** la cuantía de las multas establecidas conforme al IPC.
La cuantía de la multa debe ser **proporcionada a la gravedad** de los hechos constitutivos de la infracción, justificándola en atención a las circunstancias modificativas de la responsabilidad que concurran.

4855 Cuando en el hecho concurran una o varias circunstancias **agravantes**, la cuantía de la multa no puede ser inferior a la mitad de la prevista.
Cuando en el hecho concurran una o varias circunstancias **atenuantes**, la cuantía de la multa no puede superar la mitad de la prevista.
Cuando concurriesen circunstancias **atenuantes y agravantes**, estas se compensan de forma racional para la determinación de la sanción, ponderando razonadamente la trascendencia de unas y otras.
Cuando **no concurran** circunstancias atenuantes ni agravantes, la Administración impone la sanción en su tercio intermedio.
Cuando en la comisión de infracciones graves o muy graves concurra la atenuante muy cualificada de cumplimiento voluntario de las **medidas de reparación** de daños o restablecimiento de la legalidad infringida, en atención a las circunstancias concurrentes, la Administración puede imponer la multa correspondiente a las infracciones de gravedad inmediatamente inferior. Cuando en la comisión de infracciones leves concurra dicha circunstancia, la multa se impone en su cuantía mínima.

4857 **Expropiación y desahucio** (L Aragón 24/2003 art.54.1) La imposición de sanciones por la comisión de infracciones graves o muy graves puede dar lugar, independientemente de las sanciones impuestas y sin perjuicio del mantenimiento del régimen de protección de que se trate, a la expropiación por **incumplimiento de la función social** de la propiedad, el desahucio o la pérdida del derecho de uso, que se ejecutan conforme a su legislación específica, así como a la pérdida de los beneficios, ayudas o subvenciones públicas que se disfrutasen por el infractor y a la prohibición de obtenerlos de nuevo por plazo de hasta 6 años en los supuestos de comisión de infracción grave o 12 años en los de infracción muy grave.

Devolución de las ayudas (L Aragón 24/2003 art.54.2) El incumplimiento de las condiciones de acceso o disfrute de las diferentes actuaciones protegidas objeto de financiación cualificada, incluso la no obtención de calificación definitiva, puede conllevar, independientemente de las sanciones impuestas y sin perjuicio del mantenimiento del régimen de protección de que se trate, el reintegro a la Administración concedente de las cantidades hechas efectivas por las mismas en concepto de ayudas económicas directas, incrementadas con los intereses legales desde su percepción. **4859**

Reintegro de la sobrerrenta (L Aragón 24/2003 art.55) Sin perjuicio de las acciones que puedan corresponderles y de las responsabilidades de cualquier orden en que puedan haber incurrido, quienes hayan arrendado viviendas protegidas por **rentas superiores** a los legalmente aplicables en cada caso, pueden dirigirse a la Administración de la comunidad autónoma a fin de que, previa tramitación del correspondiente procedimiento sancionador, en su caso, en el marco del mismo, exija del gestor de la comunidad de bienes, cooperativa o entidad o persona jurídica cuya naturaleza determine que sus socios o partícipes resulten adjudicatarios de las viviendas que promuevan, cuando pueda resultar responsable por la comisión de infracciones tipificadas en esta ley, del arrendador el reintegro, en concepto de beneficio ilegalmente obtenido, de la sobrerrenta percibida, que han de ser reembolsados al arrendador denunciante. **4861**

A tal efecto, el ingreso de la sobrerrenta se ha de realizar mediante **depósito** en la Administración de la comunidad autónoma, que procede a entregarlo a las personas designadas en la resolución que haya puesto fin al procedimiento sancionador.

La Administración de la comunidad autónoma puede utilizar la **vía de apremio** si resulta necesario.

Prescripción de las sanciones (L Aragón 24/2003 art.57) Las sanciones impuestas prescriben en el **plazo** de un año para las leves, 2 años para las graves y 3 años para las muy graves, contados desde el día siguiente a aquel en que adquiera firmeza la resolución por la que se impone la sanción. **4863**

Las sanciones prescritas no pueden ser objeto de **ejecución forzosa** por la autoridad competente, debiendo hacerse constar la prescripción en el expediente administrativo.

C. Asturias

4875

La **regulación** de la vivienda protegida en Asturias se contiene en las siguientes normas: **4877**

- L Asturias 2/2004, de medidas urgentes en materia de suelo y vivienda.
- D Asturias 92/2005, por el que se aprueba el Reglamento de la L Asturias 2/2004.
- D Asturias 11/2006, que regula los precios de venta y renta y la descalificación de las viviendas.

Esta comunidad no cuenta con un plan de vivienda propio en vigor, aunque ha firmado un convenio con el Ministerio de Transportes, Movilidad y Agenda Urbana para la **ejecución del Plan estatal** para el acceso a la vivienda 2022-2025.

Precisiones **1)** La definición de las **viviendas de promoción pública** se regula en L Asturias 2/2004 disp.adic.4ª y su procedimiento de adjudicación en el D Asturias 25/2013.

2) La Ley de **garantía de derechos y prestaciones vitales** recoge, entre otras, las prestaciones vitales para la vivienda, destinadas a cubrir las necesidades básicas relacionadas con el acceso, mantenimiento y habitabilidad de la vivienda o alojamiento habitual (L Asturias 3/2021 art.67 s.).

1. Régimen jurídico de las viviendas protegidas

4880

4882 **Tipología** (L Asturias 2/2004 art.2; D Asturias 92/2005) En Asturias se prevé una categoría propia de vivienda, la **vivienda concertada**. Se contempla además la modalidad de vivienda protegida de precio general.
Ambas deben contar con una **superficie útil máxima** de 90 m^2 útiles, que se puede elevar a 120 m^2, cuando estén destinadas a familias numerosas o cuando las condiciones sociales así lo requieran y se justifique convenientemente.
La principal diferencia entre ambas categorías es el **precio máximo de venta**.

4887 **Duración del régimen legal** (L Asturias 2/2004 art.2; D Asturias 11/2006 art.6 y 7) La duración del régimen legal de las viviendas protegidas se establece en función de la normativa a la que se encuentren sometidas:
• Viviendas de nueva construcción de promoción libre calificadas al amparo del D Asturias 67/1998 art.12 s.: 30 años desde su calificación definitiva.
• Viviendas protegidas reguladas en el D Asturias 80/2002, con calificación provisional anterior a la entrada en vigor de la L Asturias 2/2004: 30 años desde su calificación definitiva.
• Viviendas protegidas reguladas en el D Asturias 80/2002 o en el D Asturias 130/2006:
- calificadas provisionalmente después de la entrada en vigor de la L Asturias 2/2004: hasta la declaración de ruina del inmueble;
- calificadas definitivamente con posterioridad al 1-1-2007 o acogidas a la L Asturias 2/2004 disp.trans.4ª (actuaciones anteriores destinadas a viviendas protegidas): 30 años desde su calificación definitiva, excepto las procedentes de patrimonios públicos del suelo, que será hasta la declaración de ruina del inmueble.
• Viviendas protegidas concertadas:
- calificadas definitivamente antes de 1-1-2007: hasta la declaración de ruina del inmueble;
- calificadas definitivamente con posterioridad al 1-1-2007 o acogidas a la L Asturias 2/2004 disp.trans.4ª (actuaciones anteriores destinadas a viviendas protegidas): 30 años desde su calificación definitiva, excepto si son destinadas a arrendamiento y vinculadas a dicho régimen durante 10 años.

4892 **Destino** (L Asturias 2/2004 art.3 y 4) Las **viviendas protegidas concertadas**, deben de dedicarse a domicilio habitual y permanente del inquilino. Las viviendas que no sean domicilio habitual y permanente de su propietario pueden incluirse en los programas públicos de vivienda promovidos por la consejería competente en materia de vivienda para su destino al alquiler.
El **incumplimiento del destino** como domicilio habitual y permanente de las viviendas protegidas concertadas para uso propio, así como el no ofrecimiento en arriendo o la no inclusión en los programas públicos de vivienda de aquellas destinadas al alquiler, constituyen causas de expropiación forzosa que la Administración está facultada a ejercer.
La resolución por la que la consejería competente en materia de vivienda declare, previa audiencia al interesado, constatada alguna de dichas causas implica la **declaración de utilidad pública** y necesidad de ocupación a efectos expropiatorios.

4895 **Renta** (D Asturias 11/2006 art.5; D Asturias 92/2005 art.9) La renta anual máxima inicial de las **viviendas protegidas** será, durante el período de amortización del préstamo cualificado, la fijada en el plan al amparo del cual fueron financiadas. Una vez amortizado el préstamo, la renta anual máxima será el 4% del precio legal máximo de venta vigente en el momento del arrendamiento.
El precio máximo de alquiler de las **viviendas protegidas concertadas** y anexos, vinculados o no, es el 5% del precio máximo vigente de venta de la vivienda.

4900 **Contenido del contrato** (D Asturias 92/2005 art.10 y 12) En los contratos de arrendamiento de viviendas protegidas -incluidas las viviendas protegidas concertadas- deben **figurar obligatoriamente** la fecha del contrato, los datos identificativos de las partes intervinientes, la renta y plazo de duración del mismo, y los datos de la vivienda y anexos registralmente vinculados.
Igualmente deben constar expresamente el régimen legal de protección, el destino de las viviendas, la duración del régimen legal, los precios máximos de renta y el régimen sancionador.

Transmisión (L Asturias 2/2004 art.3; D Asturias 92/2005 art.11) Con carácter general, las **viviendas protegidas concertadas** no pueden ser transmitidas ínter vivos ni cedido su uso por ningún título, salvo el de arrendamiento, durante el plazo de 5 años desde su adquisición. 4903
No obstante, las viviendas inicialmente adquiridas para uso propio pueden ser destinadas a su cesión en régimen de alquiler, previa obtención de la autorización correspondiente de la consejería competente en materia de vivienda.

2. Régimen de los arrendatarios

Condiciones de acceso Esta comunidad autónoma no cuenta con una regulación propia que establezca de manera permanente los **requisitos de acceso** a la vivienda protegida, por lo que ha de atenderse a las bases reguladoras que se aprueban periódicamente para fijar las condiciones de concesión de las ayudas públicas en materia de vivienda (nº 4940 s.). 4915
Sí se regula, en cambio el **Registro de Demandantes de Vivienda Protegida** y el procedimiento de selección de los destinatarios.

Registro de Demandantes de Vivienda protegida (D Asturias 56/2010 art.2 a 13) Las viviendas calificadas como protegidas en régimen de alquiler, tanto en su contrato inicial como en posteriores, solo pueden ser adjudicadas a **personas inscritas** en el Registro de Demandantes de Vivienda protegida. 4924
Este Registro **no es de aplicación** a las viviendas promovidas por el Principado de Asturias.
La **gestión** del Registro corresponde a la dirección general competente en materia de vivienda.

Inscripción Para la inscripción en el Registro de demandantes han de **cumplirse y acreditarse**, bien mediante declaración responsable, bien mediante aportación de la documentación procedente, el cumplimiento de los siguientes **requisitos**: 4926
• Ser mayor edad o emancipado.
• Si se demanda una vivienda en régimen de arrendamiento se debe acreditar no ser la persona solicitante, ni ninguno de los miembros de la unidad familiar, titular del pleno dominio o derecho real de uso o disfrute de una vivienda protegida, ni de un contrato de arrendamiento de vivienda protegida.

Precisiones Se entiende por **unidad familiar** la definida en la normativa reguladora del IRPF.
Las referencias a la unidad familiar, a efectos de ingresos, se hacen extensivas a las personas que no integradas en una unidad familiar así como a las **parejas de hecho**. Esto se acredita por la inscripción en el registro autonómico o municipal de uniones de hecho, por manifestación expresa, mediante acta de notoriedad o por cualquier otro medio admisible en derecho. En el caso de tener hijos e hijas en común basta con acreditar la convivencia.
Se presume **representante de la unidad familiar** a la persona que figure como primer solicitante.

La **ordenación e instrucción** del procedimiento para la inscripción de los demandantes de vivienda protegida corresponde a la dirección general competente en materia de vivienda, siendo el órgano competente para resolver la persona titular de la consejería competente en materia de vivienda. 4928
La inscripción en el Registro no exime al demandante de vivienda protegida inscrito de la obligación de cumplir con los **requisitos exigidos** en las disposiciones normativas en materia de vivienda de protección pública en el momento de acceso efectivo a la vivienda.
La **resolución** por la que se acuerde la inscripción debe recoger de manera expresa el número de inscripción asignado, el régimen de acceso (compra o arrendamiento) y el concejo o concejos donde se demanda la vivienda.
La inscripción en el Registro tiene una **vigencia** de 3 años contados a partir del día siguiente a la notificación de la resolución administrativa de inscripción.
En los 3 meses anteriores a la finalización del periodo de vigencia señalado anteriormente, la persona interesada puede solicitar la **renovación de la inscripción** practicada, procediendo a la actualización de los datos aportados.

Baja La persona representante de la unidad familiar puede solicitar, en cualquier momento, la baja **voluntaria** de la inscripción registral ante la dirección general competente en materia de vivienda, mediante la presentación de escrito firmado por todos sus miembros. 4930
Se procede a la baja **automática** de la unidad familiar cuando concurra alguna de estas circunstancias:
• Mayoría de edad de alguno de los miembros de la unidad familiar no comunicada a la dirección general competente en materia de vivienda a efectos de modificar los datos de inscripción en el Registro.

- Firma del contrato de arrendamiento por quien resulte adjudicatario de vivienda.
- Constatación por la Administración de datos falsos en la solicitud.
- Falta de aportación de la documentación en el plazo indicado cuando la persona solicitante sea requerida por la Administración a estos efectos.

4933 **Selección de destinatarios** (D Asturias 56/2010 art.14 a 17) Con objeto de ordenar a las personas inscritas en el Registro de Demandantes de Vivienda protegida del Principado de Asturias, con periodicidad al menos anual, se debe hacer un **sorteo** en función del concejo en el que se demande la vivienda y el régimen de acceso elegido. No es necesaria la realización del sorteo en el caso de no existir promociones de vivienda protegida calificadas en el concejo donde se demande la vivienda.

Los **nuevos demandantes** que soliciten la inscripción en el Registro después de haberse efectuado el correspondiente sorteo se tienen que situar en el último lugar de la lista del concejo y régimen de acceso elegidos, asignándoles un número de orden correlativo por riguroso orden de inscripción en el Registro.

Con carácter previo a la comercialización de las viviendas, una vez obtenida la calificación provisional, la entidad promotora tiene que solicitar a la dirección general competente en materia de vivienda por vía telemática un **listado de demandantes** inscritos en el Registro de Demandantes de Vivienda protegida en número igual al de viviendas calificadas como protegidas.

Dicha dirección general debe remitir, por vía telemática, a la entidad promotora el listado correspondiente, confeccionado con los demandantes inscritos voluntariamente en la correspondiente promoción, previa **convocatoria** realizada al efecto, respetando entre ellos el orden establecido tras la celebración del sorteo. Si el número de demandantes presentados es inferior al número de viviendas de la promoción, la lista se debe completar recurriendo por orden a la lista obtenida en el sorteo.

4935 La petición de solicitudes se debe atender por riguroso **orden de entrada** en la aplicación telemática.

Agotado el llamamiento a los demandantes de la lista remitida sin que se haya cubierto el número total de viviendas, la entidad promotora tiene que solicitar un **segundo listado** de demandantes en número igual al de viviendas que hubieran resultado vacantes, el cual se elabora siguiendo el orden de la lista obtenida en el sorteo.

Si terminado el procedimiento de adjudicación hubiese **viviendas disponibles**, estas se deben publicar en la aplicación telemática, estando a disposición de todos los demandantes inscritos en el Registro en fecha anterior a la primera petición de lista por la entidad promotora durante el plazo que se determine.

Finalizado el citado plazo, las viviendas de la promoción que hubieran resultado vacantes pueden ser **ofertadas libremente** por el promotor a cualquier unidad familiar siendo obligatoria la inscripción de esta en el Registro de demandantes con carácter previo a la firma del contrato.

4937 Las viviendas protegidas destinadas a **personas con movilidad reducida** permanente y a **familias numerosas**, deben ser objeto de tramitación independiente, siguiendo el mismo procedimiento descrito.

La entidad promotora dispone de un **plazo** máximo para la adjudicación de las viviendas, que se establece mediante resolución de la persona titular de la consejería competente en materia de vivienda.

Finalizado el proceso, la entidad promotora debe emitir un **informe memoria** que detalle individualizadamente el resultado de las gestiones llevadas a cabo con cada uno de los demandantes de vivienda incluidos en los listados remitidos.

Cada demandante inscrito puede **rechazar las ofertas** recibidas hasta un máximo establecido normativamente. A partir de ese momento, un nuevo rechazo supone la pérdida del orden establecido en el sorteo, pasando a ocupar el último lugar de la lista.

Con carácter excepcional, se pueden autorizar **causas justificativas** de rechazo de la oferta, que han de ser acreditadas documentalmente, y se excluyen del cómputo anterior.

3. Ayudas públicas en materia de vivienda

4940 Asturias no cuenta con un plan de vivienda propio para la aplicación de las medidas previstas en el Plan estatal para el acceso a la vivienda 2022-2025, aunque ha firmado un **convenio** con el Ministerio de Transportes, Movilidad y Agenda Urbana para la ejecución de dicho Plan estatal (Convenio de colaboración 27-10-22, Resol 23-2-23).

La concesión de las concretas ayudas de cada programa se articula mediante convocatorias periódicas.

Prestaciones vitales para la vivienda (L Asturias 3/2021 art.67 s.) La Ley de garantía de derechos y prestaciones vitales recoge, entre otras, las prestaciones vitales para la vivienda, que tienen por objeto atender necesidades concretas de personas y familias en **situaciones de especial vulnerabilidad**, relacionadas con los menores a su cargo, el acceso y mantenimiento de una vivienda digna y habitable o con otros gastos ordinarios o extraordinarios de primera necesidad. 4941

Estas prestaciones tienen carácter subvencional y finalista. En relación con el alquiler de vivienda se prevén:

• Ayudas directas al **alquiler** de la vivienda: destinadas a facilitar el acceso y la permanencia en una vivienda en régimen de alquiler a personas con escasos medios económicos. Pueden ser de carácter periódico y se conceden por la Administración del Principado de Asturias.

• Ayudas de **emergencia social** para la vivienda: destinadas a personas cuyos recursos resulten insuficientes para hacer frente a gastos específicos necesarios para el disfrute y mantenimiento de la vivienda o alojamiento habitual, incluyendo: gastos de alquiler; gastos de pensión o alquiler de habitaciones. Son de pago único y se conceden por los concejos.

4. Régimen sancionador

(L Asturias 3/1995 art.1 a 16; L Asturias 2/2004 art.5 y 6)

La legislación asturiana contempla un régimen sancionador general para las viviendas protegidas y uno específico aplicable a las viviendas protegidas concertadas. 4945

Régimen sancionador general (L Asturias 3/1995 art.1 a 16) Las **infracciones** tipificadas aplicables a todas las viviendas protegidas, salvo las especialidades que analizaremos para las viviendas protegidas concertadas se clasifican en muy graves, graves y leves (L Asturias 3/1995 art.4 a 6). 4946

Las infracciones tipificadas son sancionadas con **multa** en las siguientes cuantías, que pueden ser objeto de actualización mediante decreto del Consejo de Gobierno:

• Las infracciones **leves** con multa de 150 a 600 euros.

• Las infracciones **graves** con multa de más de 600 hasta 3.000 euros.

• Las infracciones **muy graves** con multa de más de 3.000 y hasta 30.000 euros.

Cuando la infracción cometida sea la relativa al **sobreprecio**, la cuantía de la sanción no ha de resultar inferior al quíntuplo de la diferencia entre el sobreprecio, prima o cantidad percibida y el precio máximo legal, cuando se trate de arrendamiento, o al duplo de dicha diferencia en caso de compraventa.

En la **graduación de la cuantía** de la sanción, se tiene especialmente en cuenta el daño producido, el enriquecimiento injusto obtenido, la existencia de intencionalidad o reiteración y la reincidencia por término de un año en más de una infracción de la misma naturaleza cuando así haya sido declarada por resolución firme.

A los autores de infracciones graves y muy graves, se pueden imponer además las **sanciones adicionales**: 4947

• **Descalificación de la vivienda**, con pérdida de los beneficios percibidos cuando se trate de infracciones al régimen de viviendas de protección oficial.

• **Pérdida y devolución** con los intereses legales de las ayudas económicas percibidas, en el caso de infracciones al régimen de financiación protegida en la promoción y adquisición de viviendas.

Las **responsabilidades administrativas** que se deriven del procedimiento sancionador son compatibles con la exigencia al infractor de la reposición a su estado originario de la situación alterada por el mismo, así como con la indemnización por daños y perjuicios causados.

Sin perjuicio de aplicar las sanciones procedentes, en las resoluciones de los procedimientos sancionadores puede imponerse, en su caso, a los infractores la **obligación de reintegrar** a los adquirientes, arrendatarios o cesionarios de las viviendas las cantidades indebidamente percibidas, así como la realización de las obras de reparación y conservación que sean aplicables y las necesarias para acomodar la edificación al proyecto aprobado.

Se establecen los siguientes plazos de **prescripción** de infracciones y sanciones: 4949

Faltas	Infracciones	Sanciones
Leves	6 meses	1 año
Graves	2 años	2 años
Muy graves	3 años	3 años

El plazo de prescripción de las infracciones **comienza a contarse** desde el día en que fuesen cometidas, y para las sanciones comienza desde el día siguiente a aquel en que adquiera firmeza la resolución por la que se impone la sanción.
La prescripción de las infracciones **se interrumpe** mediante la iniciación, con conocimiento del interesado, del procedimiento sancionador, reanudándose el plazo de prescripción, si el expediente sancionador estuviera paralizado más de un mes por causa no imputable al infractor.
La prescripción de las sanciones se interrumpe mediante la iniciación, con conocimiento del interesado del **procedimiento de ejecución**, volviendo a reanudarse el plazo de prescripción si aquel permanece paralizado durante más de un mes por causa no imputable al infractor.
En el caso de infracciones por **vicios o defectos de la construcción** durante el período quinquenal de garantía, el plazo de prescripción no se extingue aunque sobrepase dicho período, siempre que resulte suficientemente probado que los hechos se manifestaron dentro del mismo.

4951 **Régimen sancionador de las viviendas protegidas concertadas** (L Asturias 2/2004 art.5 y 6) Con carácter general, las infracciones se sancionan conforme a las reglas generales, sin perjuicio de las siguientes **reglas especiales**:
• Las infracciones tipificadas como graves relativas al incumplimiento del **domicilio habitual y permanente**, se sancionan con multa del 25% del precio máximo de venta.
• Las infracciones tipificadas como **muy graves**, se sancionan con multa cuya cuantía no ha de resultar inferior al quíntuplo ni superior al décuplo de la diferencia entre el sobreprecio, prima o cantidad percibida y el precio máximo legal, cuando se trate de arrendamiento.

D. Baleares

4955

4957 Esta comunidad cuenta con **regulación legal** de las viviendas protegidas, contenida en la L Baleares 5/2018, de vivienda.
Baleares no ha aprobado un plan propio para la aplicación del Plan estatal 2022-2025, aunque sí ha firmado **convenio de colaboración** con el ministerio competente en la materia, para la aplicación de dicho plan (nº 4995).
Se contemplan asimismo medidas para afrontar la **emergencia en materia de vivienda** y el problema de las viviendas desocupadas (nº 5000).

Precisiones Respecto de las **viviendas de titularidad pública** ha de tenerse en cuenta el DL Baleares 3/2020.

1. Régimen jurídico de las viviendas protegidas

4959

4960 Se considera vivienda protegida cualquier vivienda que reciba algún tipo de beneficio de carácter público en su promoción o construcción, independientemente de la existencia de ayudas al promotor o al adquirente.
Tienen también esta consideración los **elementos asimilables**, que se incluyan en la calificación definitiva de vivienda protegida, p.e. garajes, trasteros y locales (L Baleares 5/2018 art.62).

4961 **Tipología** (L Baleares 5/2018 art.62 y 63) Se consideran viviendas protegidas las que se encuentren en cualquiera de las siguientes situaciones, mientras dure la vigencia de su calificación o declaración:
a) Las viviendas calificadas de **protección oficial**, de promoción pública o privada (al amparo del RDL 31/1978) y las declaradas expresamente **protegidas** en virtud de normativa específica o norma de desarrollo de planes de vivienda de ámbito estatal o autonómico, sea cual sea la fecha de la declaración.

b) Las viviendas que cumplan con los **requisitos o baremos de protección pública** que se determinen reglamentariamente para otros títulos habilitantes de uso de la vivienda que se quieran impulsar y priorizar, como la cesión de uso, el derecho de superficie u otros.
Tienen también esta consideración los **elementos asimilables**, que se incluyan en la calificación definitiva de vivienda protegida (p.e. garajes, trasteros y locales).
Se considera **promoción pública** la llevada a cabo por Administraciones públicas y empresas o entidades públicas. Es **promoción privada** la llevada a cabo por personas físicas o jurídicas privadas, incluidas las promociones llevadas a cabo por medio de convenios de colaboración entre entidades del sector público y promotores privados.
Se prevé la categoría de **viviendas de precio tasado**, que tienen la consideración de viviendas libres, aunque están sometidas a limitaciones en cuanto a su superficie y precio máximo de venta (L Baleares 5/2008 art.1; D Baleares 39/2017).
Asimismo, se regula la creación de **vivienda de precio limitado** de compraventa y de alquiler (DL Baleares 6/2023 art.2), que puede ser de dos clases:

• **Tipo 1**: viviendas creadas a partir de intervenciones en edificaciones existentes, sin incremento de edificabilidad: reconversión de locales en viviendas; incremento de la densidad residencial en las zonas residenciales plurifamiliares; posibilidad de dividir viviendas unifamiliares; y edificaciones inacabadas con licencia caducada.
• **Tipo 2**: obras de nueva planta, con incremento de edificabilidad: incremento de las alturas máximas permitidas por el planeamiento urbanístico; y adecuación de la edificabilidad de las dotaciones públicas y equipamientos privados.

Por último, se contemplan, como modalidades de vivienda de carácter transitorio, los **alojamientos con espacios comunes complementarios**, y los **alojamientos dotacionales** (L Baleares 5/2018 art.4 redacc DL Baleares 6/2023).

Precisiones Las viviendas protegidas, así como los contratos de compraventa, alquiler o cualquier otro título de transmisión o cesión sobre estas deben inscribirse en el **Registro de viviendas protegidas** de Baleares (L Baleares 5/2018 art.71).
Se crea también un registro autonómico de las **viviendas de precio limitado** (DL Baleares 6/2023 art.3 y disp.adic.12ª).

Duración del régimen legal y descalificación (L Baleares 5/2018 art.66; D Baleares 245/1999 art. 7 a 14) **4963**
La duración del régimen de protección de las viviendas protegidas, tanto si son de promoción pública como privada, que sean calificadas **a partir del 27-6-2018** (entrada en vigor de la L Baleares 5/2018), es permanente, sin posibilidad de descalificación voluntaria.
Para el resto de **viviendas anteriores** la normativa balear establece que la duración del régimen legal de las viviendas protegidas es de 30 años desde la calificación definitiva. No obstante, se permite la descalificación de estas viviendas.
Los propietarios, antes de terminar el plazo de duración del régimen legal, pueden pedir la **descalificación voluntaria** de sus viviendas, una vez transcurridos 10 años desde la fecha de calificación definitiva.
Los interesados en la descalificación deben acreditar ser propietarios del inmueble, el cual se encontrará libre de cargas y gravámenes, así como la circunstancia de tener su domicilio habitual.
Los propietarios interesados en la descalificación deben presentar la **solicitud** ante la Dirección General de Arquitectura y Vivienda, que valorará la documentación presentada, proponiendo su resolución al consejero de Obras Públicas, Vivienda y Transportes, con la que quedará agotada la vía administrativa. La **resolución denegatoria** debe ser motivada.
Si el **propietario no reside habitualmente en la vivienda** objeto de la descalificación por haberla cedido en arrendamiento, es imprescindible el consentimiento del arrendatario. La falta de manifestación expresa se entenderá como oposición a la descalificación.
Para obtener la descalificación, el interesado debe previamente reintegrar la totalidad de los **anticipos, préstamos, subvenciones y primas recibidos**, incrementada con los intereses legales, y en su caso, con la diferencia, si existiera, entre el interés estipulado y el legal. Asimismo, debe abonar el importe que proceda de las **exenciones y bonificaciones tributarias** que hubiera disfrutado, con sus intereses legales.
La descalificación se obtendrá, en su caso, previo cumplimiento de los requisitos exigidos mediante **resolución** del consejero competente en materia de vivienda, notificada al solicitante y publicada en el BOIB.

Destino (L Baleares 5/2018 art.62 y 65 bis; DL Baleares 6/2023 art.2) Tanto las viviendas protegidas como las viviendas de precio limitado se han de destinar a **domicilio habitual y permanente** del inquilino y este debe habitar en ellas durante los plazos establecidos en la legislación aplicable. Esta condición no se aplica a las excepciones previstas en el plan estatal de vivienda vigente (nº 4526). **4966**

Las viviendas protegidas no pueden ser objeto de **subarrendamiento** ni de **cesión de uso** total o parcial, sin autorización de la Administración competente.

4968 **Renta** (L Baleares 5/2018 art.62.2 y disp.trans.3ª) Para que una vivienda sea calificada como protegida, tiene que estar sometida a un precio máximo de venta y renta **en función de la superficie** útil total de la vivienda y del resto de requisitos que se puedan establecer reglamentariamente.
Mientras no se desarrolle reglamentariamente la normativa específica autonómica en materia de precios máximos de venta y renta en función de la superficie útil total de la vivienda protegida, son aplicables los **precios máximos** de venta y renta establecidos en el Plan Estatal de Vivienda y Rehabilitación 2009-2012 (RD 2066/2008).
Se dispone igualmente que, mientras no se proceda a dicho desarrollo reglamentario, la **actualización** de dichos precios puede aprobarse por acuerdo del Consejo de Gobierno (y así se ha hecho mediante Acuerdo Baleares 20-6-22).

4974 **Visado de contratos** (L Baleares 5/2018 art.65) Los contratos de arrendamiento de las viviendas protegidas, así como sus anexos, se deben presentar para ser visados ante la consejería competente en materia de vivienda, en el **plazo** de 30 días a contar desde su formalización. También es necesario para la cesión total o parcial del uso de la vivienda. La solicitud de visado debe ser presentada por el titular de la vivienda.
El visado tiene por **objeto** comprobar que se cumplen los requisitos para el arrendamiento de una vivienda protegida y sus anexos vinculados. Los requisitos y las cláusulas obligatorias que deben contener los contratos se fijan reglamentariamente.
El visado es condición para elevar el contrato a **escritura pública** y para su inscripción en el Registro de la Propiedad.

2. Régimen de los arrendatarios

4980 **Condiciones de acceso** (L Baleares 5/2018 disp.trans.3ª) Mientras no se desarrolle reglamentariamente la normativa específica autonómica en materia de **límites máximos de ingresos** de la unidad de convivencia que permita el acceso a la vivienda protegida, son aplicables los establecidos en el Plan estatal de vivienda y rehabilitación 2009-2012 (RD 2066/2008).

4985 **Registro de Demandantes de Vivienda Protegida** (L Baleares 5/2018 art.70 y disp.trans.5ª) Para poder ser adjudicatario de una vivienda protegida, es requisito imprescindible estar inscrito en el Registro público de demandantes de viviendas protegidas de la comunidad autónoma, en la **modalidad de demanda** correspondiente, antes del inicio del procedimiento de adjudicación de que se trate. La inscripción también es exigible a los adquirentes o arrendatarios de viviendas protegidas de promoción privada.
En todos los casos, se ofrecerán estas viviendas a las personas que consten inscritas en el Registro de demandantes, por orden de inscripción, dentro del término municipal donde se haga la promoción.
Puede utilizarse la **adjudicación directa** para satisfacer necesidades urgentes de vivienda derivadas de realojamientos motivados por procesos de rehabilitación pública, por expedientes expropiatorios, por situaciones de violencia de género, por situaciones de emergencia o por otra situación que se establezca reglamentariamente.
Se pueden inscribir en el Registro tanto las personas físicas individuales como las unidades de convivencia, siempre que cumplan los requisitos que establece la normativa de viviendas protegidas para las personas adjudicatarias, vigente en el momento de la inscripción, según la modalidad de solicitud por la que se opte. Los requisitos se tienen que cumplir efectivamente en el momento de la presentación de la declaración responsable para proceder a la inscripción y mantenerse durante toda la vigencia de la inscripción.
La inscripción en el Registro tiene una **duración** de 2 años desde la fecha de presentación de la declaración responsable. Cuando transcurran 3 meses a partir del vencimiento del plazo mencionado sin que la persona interesada haya solicitado renovar su inscripción, la Administración, de oficio, debe proceder a la baja automática de la inscripción. En caso de actualización o modificación de los datos aportados por los demandantes inscritos, el plazo de vigencia se prorroga por 2 años más. Los demandantes inscritos en el Registro pueden solicitar la baja en cualquier momento.
El registro tiene carácter de **registro administrativo**, autonómico, público, integrado, único e informatizado en el ámbito territorial de la comunidad autónoma, en coordinación con los registros municipales en esta materia.

Registro de Viviendas Protegidas (L Baleares 5/2018 art.71) El Registro de Viviendas Protegidas tiene como **objetivo** facilitar la gestión y el control del parque de viviendas protegidas. 4992
El arrendador está **obligado a inscribir** en él la vivienda protegida, así como el contrato de alquiler. También pueden inscribirse los documentos o títulos que se establezcan reglamentariamente.
Este registro es **único** para el territorio de toda la comunidad autónoma y reglamentariamente se deben establecer las condiciones, los requisitos y el funcionamiento del mismo.

3. Ayudas públicas en materia de vivienda

Esta comunidad no ha aprobado un plan propio para la aplicación del Plan estatal 2022-2025, aunque sí ha firmado **convenio de colaboración** con el ministerio competente en la materia, para la aplicación de dicho plan (Convenio de colaboración 26-7-22, Resol 2-8-22). 4995
En lo que respecta a las bases reguladoras para la concesión de subvenciones, tanto estatales como autonómicas, en materia de vivienda, se rigen por la Orden Baleares 22-6-2017, que establece las siguientes **líneas de subvenciones**, respecto al arrendamiento:
- el fomento del acceso a la vivienda mediante alquiler;
- la ayuda al alquiler de vivienda;
- la ayuda a personas en situación de desahucio de la vivienda habitual;
- el fomento del parque de viviendas en alquiler público o privado;
- la ayuda a los jóvenes para facilitar el acceso a la vivienda mediante alquiler;
- el fomento de la construcción de viviendas en alquiler para personas mayores;
- la ayuda a las personas mayores para el alquiler o gastos de la vivienda.

Pueden ser **beneficiarios** de las subvenciones que se establezcan en las distintas convocatorias, cualquier persona física o jurídica, pública o privada, como también las agrupaciones de personas físicas y jurídicas y las entidades sin personalidad jurídica que, además de llevar a cabo la actividad o el objeto que fomente la concesión de la subvención, cumplan los siguientes **requisitos generales** (además de los específicos que recojan las correspondientes convocatorias): 4997

- Las **personas físicas** tienen que ser mayores de edad o emancipadas y residir en las Islas Baleares.
- Las **personas jurídicas** deben estar constituidas legalmente y estar inscritas en los registros correspondientes, así como disponer de la organización, la estructura técnica y la capacidad suficientes y necesarias para garantizar el cumplimiento de la actividad objeto de la subvención.
- Estar al corriente de las **obligaciones tributarias y con la Seguridad Social**.
- Acreditar que no se está en ninguno de los supuestos que impide recibir subvenciones.

Cuando se trate de **agrupaciones de personas físicas o jurídicas**, públicas o privadas, sin personalidad, se harán constar de manera explícita, tanto en la solicitud como en la resolución de concesión, los compromisos de ejecución asumidos por cada miembro de la agrupación, como también el importe de la subvención que aplicará cada uno de ellos, que también tendrán la consideración de personas o entidades beneficiarias. Se debe nombrar a una persona representante o apoderada única de la agrupación.

4. Otras medidas públicas en materia de vivienda

Declaración de emergencia en materia de vivienda (DL Baleares 3/2017 art.3) Como medida para afrontar la emergencia en materia de vivienda, se establece que el Consejo de Gobierno puede acordar la declaración de emergencia en materia de vivienda de un distrito, municipio o isla, si se verifican objetivamente graves dificultades de la ciudadanía en el **acceso a la vivienda**, las cuales pueden identificarse mediante alguno de los **indicadores** siguientes: 5000

- La relación entre el número de personas inscritas como **demandantes de vivienda** pública de alquiler y el total de viviendas públicas en régimen de alquiler del ámbito definido.
- La relación entre los porcentajes de evolución de **precios de alquiler** de vivienda durante dos trimestres consecutivos y el porcentaje de variación del salario medio durante el mismo periodo.
- El multiplicador del IPREM que puede suponer el **alquiler mensual** por metro cuadrado o el precio de compra por metro cuadrado en el ámbito de definición, siempre que se disponga de datos suficientes en este sentido.
- Cualquier otro que acredite de forma objetiva y suficiente la existencia de **problemas de acceso a la vivienda** para la población residente.

La **tramitación del procedimiento** de declaración de emergencia en materia de vivienda corresponde a la consejería competente en materia de vivienda. Es preceptivo el informe favorable del consejo insular y del ayuntamiento o ayuntamientos del ámbito de la zona de declaración.
Junto con la declaración de emergencia, el Consejo de Gobierno tiene que aprobar un **plan de actuación** que recoja las medidas concretas para hacer frente a la problemática identificada y que permita dar una respuesta adecuada a la ciudadanía, así como la duración mínima de la declaración y la periodicidad de los procesos de seguimiento necesarios para comprobar la efectividad de las medidas que se hayan adoptado. Este plan de actuación debe establecer:
- medidas extraordinarias relativas a **ayudas económicas** específicas para facilitar el acceso a la vivienda;
- **otras medidas** que se consideren oportunas para dar una respuesta proporcionada a la situación detectada, respetando en todo caso las competencias de las diferentes Administraciones.

5001 **Medidas respecto de las viviendas desocupadas** (L Baleares 5/2018 art.36 a 42; D Baleares 36/2019) Se regula el régimen de las **viviendas desocupadas** para fomentar su ocupación, como medida de protección de la función social de la vivienda, principalmente en régimen de alquiler.
Se consideran como tales aquellas que permanecen deshabitadas de manera continuada durante un tiempo superior a 2 años, sin ninguna causa que lo justifique. A estos efectos se entiende que hay una **causa justificada** cuando la vivienda:
- esté pendiente de la resolución de algún **litigio** que afecte a los derechos derivados de la propiedad;
- esté **ocupada ilegalmente**;
- esté gravada con algún **derecho real o carga** que impida ocuparla;
- sea **segunda residencia**, siempre que no se encuentre en un área declarada de emergencia habitacional o que no pertenezca a un gran tenedor de viviendas;
- no se utilice durante el **traslado de domicilio** por motivos laborales, estudios, salud, dependencia o de emergencia social o por otras causas acreditadas que impidan de forma justificada la ocupación de la vivienda.
Los **grandes tenedores de vivienda** tienen la obligación de dar un uso habitacional efectivo a las viviendas de su propiedad. El incumplimiento de esta obligación durante un tiempo superior a 2 años, acreditada con la inscripción de la vivienda en el Registro de Viviendas Desocupadas, es causa bastante de interés social para la expropiación forzosa del uso temporal de las viviendas para su cesión. La transmisión entre grandes tenedores de viviendas inscritas en el registro está sujeta al derecho de tanteo y retracto a favor de la Administración autonómica.
Como **medidas** para evitar la desocupación, se prevén las siguientes:
• Fomentar la rehabilitación de viviendas en mal estado para poder alquilarlas.
• Establecer programas de cesión de las viviendas desocupadas a la Administración pública a fin de que las gestione en régimen de alquiler.
• Medidas de carácter fiscal.
• Otras medidas tendentes a evitar un uso inadecuado de las viviendas.
Se crea el **Registro de Viviendas Desocupadas** de Grandes Tenedores, para el control y el seguimiento de las viviendas que se encuentren en situación legal de desocupación y correspondan, por cualquier título, a grandes tenedores de vivienda (D Baleares 36/2019).

Precisiones Se consideran **grandes tenedores de vivienda** las personas físicas o jurídicas que, por sí mismas, de manera directa, o indirectamente a través de la participación en otras sociedades o grupos de sociedades de las que tengan el control efectivo, dispongan de 10 o más viviendas, en el ámbito de Baleares, en régimen de propiedad, alquiler, usufructo o cualquier otro derecho que los faculte para ceder su uso, y que tengan como actividad económica la promoción inmobiliaria, la intermediación, la gestión, la inversión, la compraventa, el alquiler o la financiación de viviendas (L Baleares 5/2018 art.4.i).

5002 Los **grandes tenedores de vivienda** tienen la obligación de comunicar, a la consejería competente en materia de vivienda, sus viviendas desocupadas, a fin de que se inscriban en el Registro.
Se prevé la **cesión de viviendas desocupadas**. Los grandes tenedores que dispongan de inmuebles inscritos en el Registro deben ceder la gestión de las viviendas desocupadas al Instituto Balear de la Vivienda (IBAVI), por el plazo mínimo establecido para un alquiler de vivienda habitual en la LAU, prorrogable por mutuo acuerdo de las partes y con una compensación económica, siempre que se verifiquen las siguientes **circunstancias objetivas**:
• **Necesidad objetiva** de vivienda o dificultades de acceso a la misma por parte de la ciudadanía: que existan personas inscritas en el Registro de Demandantes de Vivienda Protegida cuyas peticiones no se puedan atender.

• Que las **medidas adoptadas** por las diferentes Administraciones públicas para resolver los problemas de acceso a la vivienda no sean suficientes para atender la necesidad objetiva de vivienda.
Se debe garantizar una justa **compensación a los grandes tenedores** por las viviendas desocupadas que se cedan, que puede ser superior a la renta que pague el arrendatario. Esta compensación se debe calcular de acuerdo con la legislación estatal en materia de expropiación forzosa.
La cesión de viviendas desocupadas queda limitada por las **disponibilidades presupuestarias** del IBAVI.
El **desarrollo reglamentario** de estas medidas se realiza por D Baleares 36/2019, por el que se regulan las viviendas desocupadas, el Registro de Viviendas Desocupadas de Grandes Tenedores y el procedimiento de cesión obligatoria por parte de los grandes tenedores.

Alquiler social de viviendas objeto de procesos judiciales o extrajudiciales (L Baleares 5/2018 art.26 bis) Se establece la obligación de los **grandes tenedores de vivienda** de realizar una propuesta de alquiler social a los afectados en los siguientes supuestos: **5003**
a) Antes de adquirir una vivienda resultante de la consecución de **acuerdos de compensación o dación en pago** de préstamos o créditos hipotecarios sobre la vivienda habitual, o antes de la firma de la **compraventa** de una vivienda que tenga como causa la imposibilidad por parte del prestatario de devolver el préstamo hipotecario.
b) Antes de interponer cualquier demanda judicial de **ejecución hipotecaria** o de ejecución de títulos no judiciales.
En ambos casos, los afectados por la adquisición o el procedimiento deben ser personas, unidades familiares o unidades de convivencia que no tengan una alternativa propia de vivienda y que estén en **situación de especial vulnerabilidad**, lo que debe comprobar el demandante, requiriendo previamente la información a los afectados.
Para que la **propuesta** pueda ser considerada de alquiler social debe cumplir los siguientes requisitos:
• Fijar **rentas** que garanticen que el esfuerzo para el pago del alquiler no supera el 30% de los ingresos ponderados de la persona, la unidad familiar o de convivencia.
• Ofrecer preferentemente la **vivienda** afectada por el procedimiento o, alternativamente, una vivienda ubicada dentro del mismo término municipal, salvo que se disponga de un informe de los servicios sociales municipales que acredite que el traslado a otro término municipal no afectará negativamente a la situación de especial vulnerabilidad de la persona, unidad familiar o de convivencia.
La oferta obligatoria de alquiler social se debe comunicar al organismo competente en materia de vivienda, en un plazo de 3 días hábiles desde su realización.
Una vez verificada la situación de especial vulnerabilidad y formulada la oferta de alquiler social, si **los afectados la rechazan**, el demandante no será sancionado por incumplimiento de la obligación de ofrecer un alquiler social si inicia el procedimiento judicial.

Derecho a vivienda en situaciones de especial vulnerabilidad (L Baleares 5/2018 art.3 y 6) El Gobierno de Baleares debe garantizar el **derecho a una vivienda digna y adecuada** para las unidades familiares o de convivencia que se encuentren en situación de especial vulnerabilidad. **5004**
A este respecto, se entiende que están en **situación de especial vulnerabilidad** en materia de vivienda las familias o unidades de convivencia que tengan problemas para acceder o mantener un derecho de uso, por cualquier título admitido legalmente, a una vivienda habitual digna y que, adicionalmente, verifiquen las siguientes **condiciones**:
• No poseer la titularidad de algún derecho que permita disponer el uso de una vivienda (excepto en el caso de mujeres víctimas de violencia machista, cuando ha habido convivencia previa con el presunto agresor).
• Estar empadronado en las Illes Balears.
• No disponer de los recursos necesarios para acceder a una vivienda a precio de mercado.
• Obtener un informe de los servicios sociales donde se acredite esta especial vulnerabilidad en materia de vivienda.
La satisfacción de este derecho por las Administraciones públicas puede verificarse mediante la puesta a disposición en **régimen de alquiler** de una vivienda protegida o, en su caso, dotacional, de titularidad pública, o cualquier otra vivienda de que disponga la Administración a través de los programas de cesión de vivienda, a cambio de la renta o canon correspondiente.
Los **ayuntamientos y consejos insulares** que dispongan de viviendas de protección oficial, alojamientos dotaciones o suelo residencial o equipamiento dotacional calificado con posibilidad de construir alojamientos dotacionales, deben colaborar poniendo a disposición de la consejería estos elementos para el cumplimiento de este derecho por parte de personas empadronadas en el correspondiente término municipal o territorio insular.

Cuando, por problemas de disponibilidad efectiva de vivienda, el Gobierno no pueda proporcionar una vivienda, este derecho puede satisfacerse con carácter subsidiario mediante el establecimiento de un sistema de **prestaciones económicas** complementarias a otras ayudas a las que ya puedan tener derecho las unidades familiares o de convivencia en situación de especial vulnerabilidad en materia de vivienda, de acuerdo con la normativa aplicable.

Precisiones Los requisitos para acreditar la situación de especial vulnerabilidad en materia de vivienda se han de concretar reglamentariamente, teniendo en cuenta y priorizando adecuadamente otras situaciones socio-económicas y familiares objeto de **protección preferente**, como las siguientes:
- discapacidad superior al 33%, dependencia o enfermedad que incapacite para la actividad laboral;
- violencia de género;
- menores al cargo;
- desahucio o lanzamiento;
- jubilados.

5. Régimen sancionador

(L Baleares 5/2018 art.80 s.)

5005 La **potestad sancionadora** se debe ejercer de acuerdo con los trámites previstos por la normativa reguladora del procedimiento que tiene que seguir la Administración de la comunidad autónoma en su ejercicio.
El órgano competente puede adoptar, mediante un acuerdo motivado, las **medidas provisionales** que considere necesarias para evitar que continúe el daño ocasionado por la actividad infractora o para asegurar la eficacia de la resolución final.

5006 **Infracciones** (L Baleares 5/2018 art.85 a 89 y 97) Las infracciones **se clasifican** en leves, graves y muy graves, según la naturaleza del deber infringido y la entidad del bien jurídico afectado.
Las infracciones prescriben en los siguientes **plazos**:
- las infracciones leves, a los 2 años;
- las infracciones graves, a los 4 años;
- las infracciones muy graves, a los 8 años.

El plazo de prescripción se computa desde el día en que se haya cometido la infracción. Interrumpe la prescripción la iniciación, con conocimiento de la persona interesada, del procedimiento sancionador.

5011 **Sanciones** (L Baleares 5/2018 art.90 a 98) Las infracciones tipificadas son sancionadas con las siguientes **multas**:
- Las **leves**, con una multa de 60 a 3.000 euros.
- Las **graves**, con una multa de 3.001 a 30.000 euros.
- Las **muy graves**, con una multa de 30.001 a 90.000 euros.

No obstante, se fijan **multas específicas** para algunas de las infracciones, como por ejemplo respecto de la infracción leve por incumplir los plazos y requisitos formales para el depósito de **fianzas de arrendamiento**, en cuyo caso el importe de la sanción no puede superar el 35% del importe de la fianza o de sus actualizaciones, con el máximo de 3.000 euros.
Además, si el **beneficio resultante** de la comisión de la infracción es superior al de la multa que corresponde, esta se incrementa en la cuantía equivalente al beneficio obtenido.

5013 **Graduación** (L Baleares 5/2018 art.91) Las sanciones se gradúan teniendo en cuenta los siguientes **criterios**:
- La naturaleza y el coste del perjuicio causado, así como, en su caso, el coste de la reparación y la viabilidad que tenga.
- La intencionalidad o la negligencia.
- La reiteración en la conducta de la persona infractora.
- La reincidencia por la comisión, en el plazo de un año, de más de una infracción de la misma naturaleza cuando así se haya declarado mediante una resolución firme.
- El beneficio injusto obtenido con la comisión del hecho.
- Los perjuicios causados a terceras personas.
- Las otras circunstancias de naturaleza parecida que, a juicio razonado del órgano competente, incidan en la gradación.

Son **circunstancias atenuantes** el cese de la conducta infractora de manera voluntaria después de la inspección o la advertencia, así como la realización de obras de subsanación antes de la resolución del procedimiento sancionador.
Son **circunstancias agravantes** el incumplimiento del requerimiento efectuado por el órgano competente o la obstrucción de la función inspectora.

Sanciones complementarias (L Baleares 5/2018 art.92) Además de las sanciones económicas, se pueden imponer a la persona responsable de la infracción, las sanciones complementarias siguientes: 5015
• El **reintegro de las ayudas económicas**, incrementadas con los intereses legales, percibidas por el arrendamiento de la vivienda.
• La **reposición de la situación** alterada por la infracción cometida al estado anterior en los términos concretos y los plazos que indique la resolución sancionadora. No obstante, puede autorizarse el mantenimiento del contrato de arrendamiento para una renta no superior al precio máximo establecido para las viviendas protegidas equivalentes, cuando el arrendatario o algún miembro de la unidad de convivencia se encuentre en situación de especial vulnerabilidad en materia de vivienda.
• La **devolución de las cantidades** percibidas indebidamente a la persona que los haya entregado, siempre que lo haya hecho buena fe.
• La **ejecución de las obras** de conservación cuya no ejecución haya sido objeto de la infracción sancionada en el plazo de tiempo que fije la resolución sancionadora.
• El **desahucio administrativo** de la vivienda protegida y de los anexos vinculados, así como de los garajes y trasteros.
• La **expropiación forzosa** de la vivienda y los anexos vinculados.

Prescripción (L Baleares 5/2018 art.98) Las sanciones prescriben en los siguientes **plazos**: 5017
• Las derivadas de infracciones leves, a los 2 años.
• Las derivadas de infracciones graves, a los 4 años.
• Las derivadas de infracciones muy graves, a los 8 años.
El plazo de prescripción **empieza a contar** desde el día en que sea firme la resolución que impone la sanción. Interrumpe la prescripción de la sanción la iniciación, con conocimiento de la persona interesada, del procedimiento de ejecución.
Cuando **transcurra un año**, sin interrupción, desde la fecha del acuerdo de inicio del procedimiento sancionador sin que se haya dictado y notificado resolución, el expediente se entiende caducado y se archivan las actuaciones. Ello no impide incoar un nuevo expediente si todavía no se ha producido la prescripción de la infracción

E. Canarias

5020

La normativa canaria en materia de vivienda pivota sobre la L Canarias 2/2003, que establece los **parámetros básicos** no solo de la vivienda protegida, sino de la vivienda en general. 5024
Esta comunidad cuenta con un plan de vivienda propio, el **Plan de vivienda de Canarias 2020-2025** (SG Presidencia Canarias Resol 21-12-20), que además recoge la aplicación de las medidas del Plan estatal.
Por último, han de tenerse en cuenta diversas medidas autonómicas en relación con las **viviendas deshabitadas** (nº 5080).

Precisiones La regulación de las **viviendas de promoción pública** se contiene en:
- L Canarias 2/2003 art.42 a 50;
- D Canarias 138/2007, que establece el régimen de adjudicación de las viviendas protegidas de promoción pública de titularidad del Instituto Canario de la Vivienda -aplicable con carácter transitorio (DL Canarias 24/2020 disp.trans.única)-;
- D Canarias 1/2004, que establece el precio máximo de venta y la renta máxima inicial anual de las viviendas protegidas de promoción pública;
- D Canarias 1/2023, que establece medidas de acceso a la propiedad de viviendas protegidas de promoción pública.

1. Régimen jurídico de las viviendas protegidas

5025

5029 **Tipología** (L Canarias 2/2003 art.32, 42, 51, 55 y 57; DL Canarias 24/2020 art.1 redacc DL Canarias 1/2024) Se entiende por **vivienda protegida** aquella que cumple unas determinadas condiciones de uso, destino, calidad, precio máximo establecido y, en su caso, superficie y diseño, así calificadas por la consejería competente en materia de vivienda.

Se distingue entre viviendas de **promoción pública**, de **promoción privada**, viviendas **autoconstruidas** y los **alojamientos** que constituyan fórmulas intermedias entre la vivienda individual y la colectiva, destinados a arrendamiento y otras formas de explotación por razones sociales.

En el marco del Plan autonómico de vivienda 2020-2025 se establecen los siguientes regímenes de viviendas:

• Régimen **especial**: viviendas destinadas a adquirentes o inquilinos con ingresos familiares que no excedan de 2,5 veces el IPREM.

• Régimen **general**: viviendas destinadas a adquirentes o inquilinos con ingresos familiares que no excedan de:

- 5 veces el IPREM;
- 6 veces el IPREM, cuando se trate de familias numerosas de categoría especial o de personas con discapacidad (parálisis cerebral, enfermedad mental, discapacidad intelectual o del desarrollo con un grado de discapacidad reconocido igual o superior al 33% o discapacidad física o sensorial, con un grado de discapacidad reconocido igual o superior al 65%).

Precisiones En el **Registro de Viviendas Protegidas** se han de inscribir las resoluciones que determinen la calificación de una vivienda como vivienda protegida (L Canarias 2/2003 art.129).

5032 **Duración del régimen legal** (L Canarias 2/2003 art.39; DL Canarias 24/2020 art.8 redacc DL Canarias 1/2024) Con carácter general, el **régimen legal de protección** dura el período de amortización del préstamo que permitió el acceso del titular a la vivienda, salvo que la regulación de cada clase de vivienda protegida fije uno diferente. En ningún caso dicho régimen de protección puede exceder de 30 años.

Excepcionalmente, el Gobierno de Canarias puede proceder a la **descalificación** de promociones de viviendas protegidas, con extinción del régimen legal de protección, sin reintegro y previa amortización de los préstamos hipotecarios suscritos por la Comunidad Autónoma, en su caso, cuando concurran razones de interés público o social que lo justifiquen y en los términos y condiciones que se estimen precisas para la consecución de los fines de interés público o social pretendidos.

En el marco del **Plan autonómico 2020-2025** se establece que las promociones de viviendas y alojamientos que se acojan a las medidas de financiación previstas en el plan están sujetas a un régimen de protección pública con duración general de 30 años, estando excluida la descalificación voluntaria, incluso en el supuesto de subasta y adjudicación de las viviendas por ejecución judicial del préstamo.

Como **excepción**, se admite la descalificación -previo reintegro del importe de las ayudas directas- en las viviendas libres que hayan sido calificadas como resultado de actuaciones protegidas de realojo, rehabilitación, o de adquisición, salvo que la calificación estuviera prevista en un convenio urbanístico.

La duración del régimen de protección que en cada caso corresponda debe constar en los correspondientes **títulos de compraventa o de adjudicación** o la declaración de obra nueva, en el supuesto de promoción individual para uso propio, e inscribirse en el Registro de la Propiedad.

5037 **Destino y superficie** (L Canarias 2/2003 art.33 y 34; DL Canarias 24/2020 art.2.1 y 3) Las viviendas protegidas se deben destinar a **domicilio habitual y permanente**, sin que pueda destinarse a segunda residencia o cualquier otro uso.

Se entiende por **domicilio permanente** el que constituya la residencia del titular, bien sea propietario, arrendatario o cesionario y, en su caso, el de la unidad familiar. Se entiende que existe **habitualidad** en la ocupación de la vivienda cuando no permanezca desocupada durante más de seis meses en el período de un año, salvo que medie justa causa, determinada reglamentariamente.

No obstante lo anterior, el Instituto Canario de la Vivienda puede autorizar el ejercicio en la vivienda de una **profesión, oficio o pequeña industria** por su titular, o cualquier miembro de su familia, siempre que esa actividad sea compatible con el uso residencial y su desarrollo no requiera un espacio superior a la quinta parte de la superficie útil.

En el marco del **Plan autonómico 2020-2025** también se establece que las viviendas protegidas deben destinarse a domicilio habitual y permanente del propietario o inquilino y ocuparse en el plazo máximo de 3 meses a partir del otorgamiento de la escritura de compraventa, contrato de alquiler o calificación definitiva en el supuesto de promoción para uso propio.

Las viviendas protegidas deben tener una **superficie útil** comprendida entre los 40 y los 125 m^2. En el marco del Plan autonómico de vivienda se fijan superficies específicas según el tipo de vivienda y en función del número de sus ocupantes (DL Canarias 24/2020 art.3).

Renta (L Canarias 2/2003 art.36; DL Canarias 24/2020 art.4 a 7) La calificación como vivienda protegida determina la sujeción de cualesquiera actos de disposición, arrendamiento o adquisición, a un **precio máximo** tasado, cuya fijación corresponde al Gobierno de Canarias. **5042**

Para la determinación de la renta máxima en los arrendamientos objeto de las ayudas previstas en el **Plan autonómico 2020-2025**, se utilizan los siguientes parámetros:

• El **módulo básico canario** (MBC) como valor de referencia, que comprende el coste de ejecución material de un metro cuadrado de superficie útil de una vivienda tipo inserta en edificio aislado ubicado en las islas de Gran Canaria o Tenerife, sin incluir la repercusión del suelo. La cuantía de dicho módulo se establece en 1.081,00 euros/m^2 de superficie útil (DL Canarias 24/2020 art.4 redacc DL Canarias 1/2024).

• El **precio máximo de referencia** para las viviendas protegidas de promoción privada, que se utiliza para determinar la renta máxima de arrendamiento de una vivienda protegida y se calcula como el resultado de multiplicar el MBC por la superficie útil de la vivienda y por un coeficiente (DL Canarias 24/2020 art.6 redacc DL Canarias 1/2024).

• El **precio máximo aplicable**, que se determina en el momento de la formalización del contrato (DL Canarias 24/2020 art.7).

• Los **ámbitos territoriales de precio máximo superior**, en consideración a la existencia de especiales dificultades de acceso a la vivienda, por el elevado precio medio, en los que puede incrementarse el precio máximo de venta o de referencia de las viviendas protegidas (DL Canarias 24/2020 art.5 y 13).

Así, la **renta máxima anual** depende de la duración del régimen de arrendamiento y se determina como un porcentaje del precio máximo de referencia en el momento de celebrar el contrato:

Viviendas de promoción privada	Duración: 10 años	Duración: 25 años
Régimen especial	3%	3%
Régimen general	5%	4,5%

Para las viviendas protegidas de **promoción pública**, la renta máxima inicial anual no puede superar el 3% del precio máximo de referencia.

Transmisión (L Canarias 2/2003 art.54; DL Canarias 24/2020 art.6.7 redacc DL Canarias 1/2024) Las viviendas protegidas de promoción privada en régimen de arrendamiento pueden ser transmitidas **a los arrendatarios o a terceros** que cumplan los requisitos establecidos en la ley, una vez transcurrido el plazo de 5 años en régimen de arrendamiento y amortizado, en su caso, el préstamo hipotecario correspondiente. **5049**

Por otro lado, las viviendas protegidas para alquiler pueden ser enajenadas por sus promotores, individualizadamente o por promociones completas, según proceda de acuerdo con la normativa aplicable, en cualquier momento del período de vinculación a dicho régimen de uso, previa autorización y en las condiciones fijadas por el Instituto Canario de la Vivienda, **a nuevos titulares** que las sigan destinando a arrendamiento, que se subrogan en los derechos y obligaciones de los anteriores promotores, y que se pueden subrogar, asimismo, en la financiación.

El Plan autonómico de vivienda establece que las viviendas objeto de subvención destinadas a arrendamiento a 10 años pueden ser objeto de un contrato de **arrendamiento con opción a compra**. En este supuesto, el inquilino que haya mantenido esta condición, al menos, durante 5 años puede adquirir la vivienda, una vez que esta última haya estado en régimen de arrendamiento desde su calificación definitiva, al menos por 10 años. El precio máximo de venta no puede superar el precio máximo legal de referencia para una vivienda de similares características y ubicación en el momento de la transmisión.

En el supuesto de arrendamiento a 10 años con opción de compra, se puede acordar entre las partes una **deducción en el precio**, en concepto de pagos parciales adelantados, de un porcentaje de la suma de los alquileres satisfechos por el inquilino. En régimen general este porcentaje será como mínimo del 15%.
En el supuesto de que el inquilino no ejerza la opción de compra, el titular de la vivienda puede mantenerla en régimen de arrendamiento o proceder a su venta según el precio máximo establecido.
En el caso de **arrendamiento por 25 años**, el titular de la vivienda puede, una vez transcurrido dicho periodo, mantenerla en régimen de arrendamiento o proceder a su venta según el precio máximo legal de venta para una vivienda de similares características y ubicación en el momento de la transmisión.

2. Régimen de los arrendatarios

5065 **Condiciones de acceso** (L Canarias 2/2003 art.37 y 53; DL Canarias 24/2020 art.1 redacc DL Canarias 1/2024) El acceso a las viviendas protegidas de promoción privada puede efectuarse por arrendamiento, compraventa, así como por otras formas de cesión de uso previstas normativamente.
Son **requisitos mínimos** para acceder a una vivienda protegida en arrendamiento:
a) Que la vivienda vaya a destinarse a **residencia habitual y permanente** del titular y, en su caso, de su unidad familiar.
b) Que el arrendatario o beneficiario de la vivienda no supere los **requisitos de capacidad económica** que se fijen para cada régimen de viviendas y para cada modalidad de ayudas, incluyendo la renta familiar y el patrimonio de que dispongan, y que tenga su condición de residente en un municipio de Canarias.
c) Que el arrendatario o beneficiario de la vivienda, o cualquier otro miembro de la unidad familiar no sea titular del pleno dominio o de un derecho real de uso o disfrute sobre alguna **otra vivienda** protegida, ni tampoco de una vivienda libre cuando su valor exceda del máximo que fije el Gobierno, salvo en el caso de desplazamiento entre las distintas islas por motivos laborales.
Los **requisitos complementarios** que deban cumplirse para acceder a cada clase de vivienda protegida y para obtener financiación pública se deben fijar reglamentariamente.
En el marco del Plan de vivienda de Canarias 2020-2025, se establecen los siguientes **límites de ingresos** para acceder a viviendas en arrendamiento:
• Viviendas de **régimen especial**: ingresos de la unidad de convivencia que no excedan de 2,5 veces el IPREM.
• Viviendas de **régimen general**: ingresos de la unidad de convivencia que no excedan de 5 veces el IPREM (6 veces el IPREM en caso de familias numerosas de categoría especial o personas con discapacidad de alguno de los siguientes tipos: personas con parálisis cerebral, personas con enfermedad mental, personas con discapacidad intelectual o personas con discapacidad del desarrollo, con un grado de discapacidad reconocido igual o superior al 33% o personas con discapacidad física o sensorial, con un grado de discapacidad reconocido igual o superior al 65%).

5068 **Registro de Demandantes de Vivienda Protegida** (L Canarias 2/2003 art.47; Orden Canarias 24-9-2009) Para acceder a una vivienda protegida se requiere la inscripción en el Registro Público de Demandantes de Vivienda Protegida de Canarias. La inscripción en este Registro supone la adquisición de la **condición de demandante** de vivienda, a los efectos de participar o ser interesado en los distintos procedimientos de acceso a la vivienda protegida, tanto de promoción privada como de promoción pública, ya sea el régimen de acceso el de venta o el de alquiler.
No es exigible la inscripción previa a los posibles adjudicatarios de viviendas protegidas que lo fueran por el cupo para **situaciones excepcionales**.
Para ser inscritos como demandantes de vivienda protegida, los interesados y las unidades familiares en las que estén integrados, han de reunir los siguientes **requisitos** en el caso de viviendas protegidas de promoción privada:
a) Contar con **ingresos** superiores a 1,5 veces IPREM, cuando el régimen de acceso demandado sea compraventa.
b) No ser titular del pleno dominio o de un derecho real de uso y disfrute de una **vivienda** protegida o libre en los términos establecidos en las normas reguladoras de los planes de vivienda que en cada momento le sea de aplicación.
c) Tener la condición de **residente** en alguno de los municipios de la comunidad autónoma de Canarias.

No pueden ser inscritos como demandantes de vivienda protegida los interesados que al momento de la presentación de la solicitud sean **perceptores de cualquier tipo de ayuda** o subvención que, reconocida por la Administración de la comunidad autónoma de Canarias, tenga por finalidad favorecer el acceso a una vivienda. 5070
Únicamente se admitirá una **solicitud** por cada unidad familiar, independientemente del número de miembros que la integren. Asimismo ninguna persona puede figurar inscrita simultáneamente como integrante de dos unidades familiares diferentes.
El Instituto Canario de la Vivienda, en el plazo de 6 meses a contar de la presentación de la solicitud, procederá a dictar y notificar al solicitante la correspondiente **resolución administrativa de inscripción**. Transcurrido dicho plazo sin que haya sido dictada resolución expresa, se entenderá estimada la solicitud de inscripción.
La inscripción en el Registro tendrá un **período de duración** de 3 años a contar de la fecha de la correspondiente resolución administrativa.

3. Ayudas públicas en materia de vivienda

Esta comunidad cuenta con un plan de vivienda propio, el **Plan de vivienda de Canarias 2020-2025** (SG Presidencia Canarias Resol 21-12-20; disponible en www.gobiernodecanarias.org). 5075
Además, ha firmado un convenio de colaboración con el ministerio competente para la aplicación del Plan estatal 2022-2025 (Convenio de colaboración 7-7-22, Resol 12-7-22).
El plan establece los siguientes **programas de actuación** orientados al arrendamiento:
• **Ayuda al alquiler de vivienda**: ayudas directas a los inquilinos a través de las correspondientes convocatorias públicas.
• **Vivienda vacía de Canarias:** con el objetivo de poner más viviendas en el mercado para la población que no puede acceder a los actuales precios de alquiler de mercado libre. Los propietarios (personas físicas o jurídicas) que se incorporen a la bolsa de vivienda cuentan con:
- ayudas económicas para la puesta en arrendamiento, un seguro multirriesgo y otro seguro de impago de las cuotas; y
- ayudas y financiación para realizar obras de rehabilitación.
• **Canarias Prohogar:** este programa consiste en la dotación de mayores recursos para buscar un recurso habitacional a aquellas familias que están en riesgo de perder su hogar, en particular con una bolsa de viviendas destinadas a aquellos casos de especial urgencia y necesidad.
• **Incremento del parque público de viviendas:** se trata de acometer la construcción de vivienda pública, para satisfacer, especialmente, la demanda en modalidad de alquiler. Se llevará a cabo con la cooperación de los ayuntamientos o cabildos insulares, que han de aportar suelo mediante cesiones gratuitas que permitan al Instituto Canario de la Vivienda acometer la redacción de proyectos, dirección y ejecución de obras.
• **Fomento de la promoción de VPO de promoción privada en régimen de arrendamiento**: se trata de incentivar la incorporación al mercado inmobiliario de viviendas a precios de arrendamiento asequibles.
• **Fomento del parque de vivienda en alquiler:** se trata de aumentar el parque de vivienda en alquiler o cedida en uso, durante un plazo mínimo de 25 años, ya sean de titularidad pública o privada, para promociones de viviendas de nueva construcción o procedentes de la rehabilitación de edificios.
• **Plan 20.000**: tiene como objeto incrementar el parque de viviendas de alquiler a precios asequibles para unidades de convivencia con ingresos limitados en aquellos ámbitos en los que este mercado está especialmente tensionado -grandes ciudades y sus áreas metropolitanas y municipios turísticos-.

• **Despoblación del medio rural**: programa centrado en municipios de menos de 20.000 habitantes, que trata de fomentar la construcción de viviendas en régimen de alquiler y la rehabilitación para proporcionar a las viviendas ubicadas en estos enclaves las adecuadas condiciones de habitabilidad, ahorro de consumo energético, elementos estructurales y, en general, obras necesarias para el adecuado mantenimiento de las mismas. 5076
• **Ayuda a los jóvenes canarios**: conjunto de ayudas y ventajas que permitan hacer efectiva la emancipación de jóvenes de hasta 35 años. Se contemplarán ayudas para el alquiler y para la adquisición de vivienda habitual y permanente.
• **Implantación y fomento del *cohousing* y viviendas colaborativas**: se fomentan las viviendas destinadas a determinados colectivos -personas mayores, jóvenes, etc.- junto con las instalaciones y servicios comunes necesarios para ser explotadas, por entidades públicas o privadas, en régimen de alquiler o cesión en uso por un plazo de, al menos, 40 años. Se trata de modelos

de vivienda que combinan espacios privados y espacios comunes (comedores, salas de estar, huertas, etc.).
Se prevé la **participación de los ayuntamientos** en la ejecución del plan de vivienda, previo convenio con el Instituto Canario de la Vivienda o con el cabildo insular correspondiente (L Canarias 2/2003 art.6):
- por un lado, pueden asumir la gestión, administración y conservación del parque público de viviendas que no sea de su titularidad, radicado en su término municipal;
- por otro, pueden asumir la ejecución del Plan de vivienda en su municipio respectivo.

Precisiones Debe tenerse en cuenta asimismo el DL Canarias 2/2024, por el que se adoptan **medidas urgentes en materia de vivienda protegida** para la recuperación económica y social de la isla de La Palma tras la erupción volcánica de Cumbre Vieja.

4. Otras medidas públicas en materia de vivienda

(L Canarias 2/2003 art.80 a 98)

5080 Esta comunidad ha regulado además ciertas medidas dirigidas a evitar la existencia de **viviendas deshabitadas**, como medio de garantizar el derecho a la vivienda. Se presumen viviendas deshabitadas aquellas que no se destinen efectivamente al uso residencial durante más de 6 meses consecutivos en el curso de un año, con exclusión de las edificaciones destinadas a uso turístico, las segundas residencias, y las viviendas arrendadas por temporadas o en las que se ejerza una actividad industrial, comercial, artesanal, profesional, recreativa, asistencial, cultural o docente. También se presume que la vivienda no está habitada cuando no cuente con contrato de suministro de agua o de electricidad o presente nulo o escaso consumo de suministros (L Canarias 2/2003 art.81).
Se establece un detallado **procedimiento contradictorio** para la declaración de viviendas deshabitadas, y se crea el Registro de Viviendas Deshabitadas, como instrumento de control (L Canarias 2/2003 art.83 a 97).

5081 **Medidas de fomento** (L Canarias 2/2003 art.98) Respecto de las viviendas deshabitadas, pueden adoptarse por la Administración principalmente las siguientes medidas de fomento:
- Medidas destinadas a **incentivar la incorporación** de las viviendas deshabitadas al mercado inmobiliario.
- Inclusión en los planes de vivienda o en líneas de actuación específicas medidas para **favorecer el arrendamiento** entre personas propietarias y personas o unidades de convivencia demandantes de viviendas, así como medidas dirigidas al otorgamiento de **subvenciones**, ambas orientadas a las personas físicas titulares de viviendas deshabitadas.
- Medidas de **intermediación en el mercado del arrendamiento** de viviendas, como programas de bolsas de viviendas en alquiler, o convenios con personas jurídicas o físicas propietarias de viviendas deshabitadas.
- **Gestión del arrendamiento** de estas viviendas por la Administración competente o a través de terceros.
- Establecimiento de **subvenciones** para fomentar el acceso a la vivienda mediante la puesta en arrendamiento de las viviendas deshabitadas.

5082 **Convenios de cesión de uso de viviendas desocupadas** (DL Canarias 24/2020 art.14) Se prevé la suscripción de convenios de colaboración por parte del Instituto Canario de Vivienda con las entidades financieras, las sociedades inmobiliarias bajo su control, la Sociedad de Gestión de Activos Procedentes de la Reestructuración Bancaria, S.A., y otras personas o entidades que operan en el sector inmobiliario que sean propietarios de, al menos, 15 viviendas, con el **objetivo** de incrementar la oferta del parque público de vivienda, para dar adecuada respuesta a las necesidades de alojamiento de personas o unidades de convivencia en situación de especial vulnerabilidad.
Estos convenios pueden tener por objeto la **cesión de uso** de viviendas desocupadas por parte de sus titulares.

5. Régimen sancionador

(L Canarias 2/2003 art.99 a 127)

5085 **Infracciones** (L Canarias 2/2003 art.104 a 106) La normativa canaria clasifica las infracciones en leves, graves y muy graves, según la naturaleza del deber infringido y la entidad del bien jurídico afectado.

Sanciones (L Canarias 2/2003 art.112 y 113) Las infracciones tipificadas son sancionadas con multa en las siguientes cuantías: 5089

- Para las **infracciones leves**: desde 60 hasta 3.000 euros.
- Para las **infracciones graves**: desde 3.001 euros hasta 150.000 euros.
- Para las **infracciones muy graves**: desde 150.001 hasta 300.000 euros.

Independientemente de estas sanciones, se prevé además la imposición de las siguientes **sanciones accesorias** a quienes incurran en infracciones graves o muy graves:

- La **inhabilitación** de la persona jurídica o entidad infractora para promover o participar en promociones de viviendas protegidas durante el plazo máximo de 3 años, en los supuestos de infracciones graves, o de 6 años, en los supuestos de infracciones muy graves.
- La **inhabilitación temporal** de hasta 2 años por infracciones graves o hasta 5 por infracciones muy graves, para intervenir en la formación de proyectos o en la construcción de viviendas protegidas en calidad de promotores, constructores, colaboradores, técnicos o encargados de obras. Para imponer esta sanción es necesario dar audiencia al colegio profesional u organismo representativo.

La comisión de infracciones graves o muy graves en materia de viviendas de protección oficial puede dar lugar, independientemente de las sanciones que correspondan, a las siguientes **medidas complementarias**: 5091

- El **reintegro** por los arrendatarios de las cantidades indebidamente percibidas.
- Devolver cuantos **beneficios, ayudas o subvenciones** se hayan obtenido de las Administraciones públicas, en todo caso, con los intereses legales que correspondan.
- Realizar, en el plazo de 30 días, prorrogable por 15 días si existe causa justificada para ello, las **obras de reparación, conservación** y las necesarias para acomodar la edificación a la normativa aplicable o para restablecer la situación alterada. En este caso, la ejecución en plazo de las obras puede dar lugar a la condonación parcial de la sanción hasta un máximo del 50% de su cuantía.

Cuando la comisión de una infracción haya ocasionado **daños y perjuicios** a la Administración pública, en la resolución del procedimiento sancionador se puede exigir su indemnización cuando su cuantía haya quedado determinada en el procedimiento. Si esto último no fuera posible, se instruye un procedimiento complementario cuya resolución es ejecutiva.

Prescripción (L Canarias 2/2003 art.126) Sobre la prescripción se establecen los siguientes **plazos**: 5093

	Leves	Graves	Muy Graves
Infracciones	12 meses	3 años	5 años
Sanciones	12 meses	2 años	3 años

Transcurridos 2 meses desde la fecha en que se inició el procedimiento sancionador **sin haberse practicado la notificación** de este al imputado, se procede al archivo de las actuaciones, sin perjuicio de las responsabilidades en que se hubiera podido incurrir.
Se entienden caducados y se procede al archivo de las actuaciones, a solicitud de cualquier interesado o de oficio por el propio órgano competente para dictar la resolución, cuando haya **transcurrido el plazo de resolución** sin que la misma haya sido notificada al interesado.
A los únicos efectos de su conocimiento, el acuerdo que declare el archivo de las actuaciones por caducidad del procedimiento se debe notificar al interesado.

F. Cantabria

5100

La normativa cántabra de vivienda protegida se encuentra recogida en la L Cantabria 5/2014 que establece el **régimen jurídico básico** de la vivienda protegida (nº 5105). Asimismo, en esta comunidad se establece una **modalidad propia** de vivienda protegida, la vivienda de protección pública en régimen autonómico, regulada a través del D Cantabria 31/2004 (nº 5135). 5101
El último plan propio en materia de vivienda aprobado en esta comunidad es el **Plan de vivienda** de Cantabria 2018-2021 (Consejo de Gobierno Acuerdo 13-12-18). No obstante, Cantabria

ha suscrito un convenio con el Ministerio de Transportes, Movilidad y Agenda Urbana para la ejecución del Plan estatal para el acceso a la vivienda 2022-2025.
Asimismo, han de tenerse en cuenta ciertas medidas para hacer frente a **situaciones de emergencia habitacional** (nº 5185).

1. Régimen jurídico de las viviendas protegidas

5105

a. Régimen general

5106 **Tipología** (L Cantabria 5/2014 art.2) La normativa cántabra establece, de forma genérica, que es **vivienda protegida** aquella que, cumpliendo los requisitos y condiciones de uso, destino, precio y superficie establecidos por la Ley y sus disposiciones de desarrollo, es calificada como tal por un acto administrativo dictado por el órgano competente en materia de vivienda.
Pueden ser además **objeto de protección**, en los términos que se establezcan reglamentariamente:
• Los **terrenos y obras de urbanización** necesarias para llevar a cabo la construcción de las viviendas protegidas, los locales comerciales, garajes, anejos, trasteros y otros elementos de la vivienda.
• Aquellos alojamientos que constituyan **fórmulas intermedias** entre la vivienda individual y la colectiva, como residencias de estudiantes, de deportistas, apartamentos tutelados o alojamientos asistidos para personas de la tercera edad, personas dependientes u otros colectivos cuyas características lo hagan aconsejable.
Por otro lado, en esta comunidad, se establece una **modalidad propia** de vivienda protegida, las viviendas de régimen autonómico. Estas pueden tener una superficie útil máxima de 120 m^2 y deben ser calificadas como tales por el Gobierno de Cantabria (D Cantabria 31/2004 art.1). Ver nº 5135.

5108 **Duración del régimen legal** (L Cantabria 5/2014 art.11 y 16) La duración del régimen de protección relativo al **uso, conservación y aprovechamiento** de las viviendas protegidas es de 30 años a partir de la calificación definitiva como vivienda protegida.
Se establecen, no obstante, las siguientes **excepciones**:
• Cuando el suelo sobre el que se sustente la promoción haya sido adquirido por cualquier título, oneroso o gratuito, de una Administración pública y la promoción o las viviendas no hayan obtenido subvenciones públicas, el régimen de protección dura 20 años.
• Cuando el suelo sobre el que se sustente la promoción no haya sido adquirido de una Administración pública y la promoción o las viviendas no hayan obtenido subvenciones públicas, el régimen de protección dura 10 años.
Solo procede la **descalificación** de las viviendas protegidas, de oficio o a instancia de parte, por razones de interés público vinculadas a las necesidades de la política de vivienda apreciadas por el órgano competente.
La descalificación de las viviendas protegidas comporta el previo **reintegro** de las ayudas económicas percibidas y del importe de las exenciones y bonificaciones tributarias, incrementadas con los intereses legales procedentes.
El procedimiento de descalificación se ha de resolver en el **plazo** de 3 meses, con silencio administrativo negativo.
La resolución de descalificación debe presentarse en el **Registro de la Propiedad** para la cancelación de las notas marginales relativas al régimen de protección.
Las viviendas calificadas como viviendas protegidas de **promoción pública** no pueden ser objeto de descalificación.

Precisiones A partir del 30-12-2014 (entrada en vigor de la L Cantabria 5/2014) dejan de estar sometidas a los beneficios y limitaciones de las viviendas de protección oficial las viviendas de protección oficial de promoción privada que estén **acogidas a regímenes anteriores** al RDL 31/1978 que son consideradas viviendas libres a todos los efectos, siempre que no se encuentren situadas en terrenos obtenidos por expropiación forzosa (L Cantabria 5/2014 disp.adic.4ª).

5111 **Destino y superficie** (L Cantabria 5/2014 art.5, 6 y 10) Las viviendas protegidas deben destinarse a **domicilio habitual y permanente** de sus arrendatarios o de los titulares de los negocios jurídicos que, habiendo sido autorizados, confieren a su titular el derecho a establecer en la vivienda su domicilio habitual y permanente.

La **ocupación** de las viviendas protegidas debe efectuarse en el plazo de 6 meses a contar desde su adquisición, salvo que medie autorización para no ocupar temporalmente la vivienda. Dicho plazo se cuenta a partir de la fecha de notificación de la calificación definitiva cuando se trate de viviendas promovidas para uso propio.
No es necesaria la autorización para no ocupar temporalmente una vivienda protegida cuando su propietario ceda temporalmente el **usufructo** de la misma a la Administración de Cantabria, para que pase a formar parte del parque público de vivienda.
La vivienda no pierde el carácter de domicilio permanente por el hecho de que cualquier miembro de la familia o unidad de convivencia ejerza en ella una **profesión u oficio**, siempre que dicha actividad sea compatible con el uso residencial y se cumplan las condiciones y requisitos que se establezcan. El inicio del ejercicio de la actividad se debe comunicar en el plazo de un mes a la dirección general competente en materia de vivienda mediante una declaración responsable.
Las viviendas protegidas no pueden **subarrendarse** total o parcialmente, ni destinarse a **segunda residencia** o a otros usos incompatibles con la vivienda, salvo que los arrendatarios que destinen la vivienda al alojamiento de personas pertenecientes a colectivos vulnerables.
Se puede autorizar, por el órgano competente en materia de vivienda, que una vivienda protegida **no permanezca ocupada** por un plazo máximo de 2 años, por las siguientes causas debidamente acreditadas:
• Motivos laborales o de estudios.
• Enfermedad del legítimo ocupante de la vivienda que requiera ayuda para realizar los actos diarios de la vida cotidiana.
• Enfermedad grave de un familiar hasta el segundo grado de consanguinidad o afinidad que requiera ayuda para realizar los actos diarios de la vida cotidiana.
El **plazo** mencionado puede ampliarse como máximo un año más, de forma extraordinaria, cuando dentro del segundo año de no ocupación de la vivienda se ponga de manifiesto que por circunstancias que no pudieron ser previstas inicialmente, la causa que motivó la autorización persiste y que finaliza dentro de dicho plazo extraordinario de un año.

Precisiones 1) Se considera **domicilio habitual** aquel que es ocupado de forma efectiva por sus usuarios. Se entiende que existe habitualidad cuando la vivienda permanezca ocupada más de 6 meses seguidos en el término de un año, salvo que medie autorización para no ocupar temporalmente la vivienda.
El **domicilio permanente** es aquel que constituye la residencia de su usuario.
2) Respecto a la **no ocupación de la vivienda**, las causas que motiven deben concurrir en la persona que la solicita con posterioridad a la fecha en que se hubiera formalizado el contrato de arrendamiento de la vivienda.
Las **solicitudes** para no ocupar temporalmente una vivienda protegida deben resolverse en el plazo máximo de 3 meses. Transcurrido dicho plazo sin que se haya notificado resolución expresa se entiende estimada la solicitud de autorización.
No puede otorgarse una **nueva autorización** hasta transcurridos 3 años desde el fin del plazo máximo de desocupación, incluido el periodo extraordinario de prórroga.
Por acuerdo del Gobierno pueden establecerse **causas extraordinarias** que justifiquen la autorización de no ocupación temporal o períodos distintos a los anteriores.

La **superficie útil máxima** de las viviendas protegidas es de 90 m^2. Esta superficie no incluye la del resto de los elementos protegidos vinculados a ellas. 5113
A los efectos de determinar el precio máximo de venta, la superficie útil máxima de los **garajes** es de 25 m^2 y la de los **trasteros** de 8 m^2.

Renta (L Cantabria 5/2014 art.7 y 8) La renta de las viviendas protegidas y demás elementos que se declaren protegidos se fija y revisa por acuerdo del Gobierno de Cantabria. 5116
No obstante, en tanto el Gobierno autonómico dicte el acuerdo correspondiente, las rentas máximas de las viviendas protegidas que se califiquen provisionalmente a partir del 30-12-2014 -entrada en vigor de la L Cantabria 5/2014- se han de fijar con arreglo a las siguientes **reglas** (L Cantabria 5/2014 disp.adic.8ª):
• El **importe anual máximo** de la renta de las viviendas protegidas es el 5% del precio máximo de venta en la fecha de la formalización del contrato de arrendamiento.
• Los elementos como **anejos, garajes o traseros** tienen un precio máximo por metro cuadrado de superficie útil del 60% del precio máximo de venta o renta que corresponda al metro cuadrado útil de vivienda.

Respecto a las viviendas que hubiesen obtenido calificación provisional **antes del 30-12-2014** se establecen las siguientes reglas (L Cantabria 5/2014 disp.adic.9ª): 5118
• El precio por metro cuadrado de superficie útil de renta permanece invariable hasta su calificación definitiva.

• El precio máximo de renta establecido en la calificación definitiva se mantiene inalterado hasta pasado un año desde su resolución de concesión. Una vez transcurrido el plazo, el precio máximo de renta se debe actualizar de la siguiente forma:
- si es de acuerdo a programas no específicos de arrendamiento, es del 5% del valor máximo de venta de la vivienda y sus anejos en el momento de la fecha de la formalización del contrato de arrendamiento;
- si es de acuerdo a programas específicos de arrendamiento es el establecido por la normativa específica, de acuerdo a las que fueron calificadas.

5122 **Sobreprecio** (L Cantabria 5/2014 art.7) Queda **prohibida** la percepción de sobreprecios, cantidades o primas de cualquier especie, superiores a los precios máximos, incluso por mejoras, obras o instalaciones complementarias distintas a las que figuren en el proyecto de obra de la referida vivienda. Esta prohibición se extiende al mobiliario que se integre o se sitúe en la vivienda.
En consecuencia, **son nulas** las cláusulas y disposiciones que establezcan precios superiores a los máximos autorizados.
Si el arrendatario abona cantidades superiores al precio máximo tiene **derecho a reclamar** su devolución.

5132 **Visado de los contratos** (L Cantabria 5/2014 art.22) Las escrituras públicas, así como los contratos privados de arrendamiento que permitan la **ocupación o uso** de las viviendas protegidas, deben someterse a la autorización o visado de la consejería con competencia en materia de vivienda.
Para el visado de los contratos, una vez que han sido formalizados, **deben ser presentados** ante la consejería con competencia en materia de vivienda en el plazo de un mes desde su celebración.
El órgano competente en materia de vivienda debe **resolver las solicitudes** de autorización o visado y notificar a los interesados en el plazo de 2 meses. Transcurrido dicho plazo sin que se haya notificado resolución expresa, esta se entiende favorable.
No pueden formalizarse en **escritura pública** los contratos privados de arrendamiento que no hayan obtenido la autorización o el visado de la consejería con competencia en materia de vivienda.
Los registradores de la propiedad no pueden inscribir en el **Registro de la Propiedad** ninguna escritura pública que no haya obtenido la autorización o el visado.
El **incumplimiento** de estas normas se debe poner en conocimiento del colegio correspondiente y de la DGSJFP, a los efectos oportunos.
Son **nulos** los negocios jurídicos que no hayan obtenido la autorización o visado de la consejería con competencia en materia de vivienda.

b. Viviendas de protección pública en régimen autonómico

(D Cantabria 31/2004 art.1 a 67)

5135 Como se ha comentado, la vivienda de protección pública en régimen autonómico (VPP-RAC) es una modalidad propia de vivienda protegida que debe ser destinada a domicilio habitual y permanente, y no puede tener una **superficie útil** superior a 120 m^2.
Debe recibir específicamente esta **calificación** por el Gobierno de Cantabria a través de la Dirección General de Vivienda y Arquitectura.

5137 **Duración y extinción del régimen legal** (D Cantabria 31/2004 art.44 y 65) El régimen legal de las viviendas de protección pública en régimen autonómico dura 15 años, contados desde la **calificación definitiva** de las mismas.
Mientras esté vigente dicho régimen, el **dominio, uso, conservación y aprovechamiento** de las mismas están sometidos a las prescripciones contenidas en el D Cantabria 31/2004.
Aparte del transcurso del mencionado plazo, el régimen de viviendas de protección pública en régimen autonómico se extingue por **descalificación**, que puede ser acordada en virtud del correspondiente expediente cuando se hayan incumplido los trámites y requisitos establecidos.

5138 **Régimen de uso y acceso** (D Cantabria 31/2004 art.11, 45 y 62) El régimen de uso de las viviendas de protección pública en régimen autonómico puede ser de **arrendamiento o propiedad**.
Estas viviendas pueden ser destinadas a uso propio, arrendamiento, acceso diferido a la propiedad o cesión gratuita en propiedad o en uso.
El objeto de los **contratos de arrendamiento** es exclusivamente la vivienda con los anejos y servicios expresamente definidos como tales en la cédula de calificación definitiva. Se prohíbe:
- el arrendamiento de viviendas con mobiliario;
- el arrendamiento conjunto de vivienda y local de negocio.

Obligación de ocupación (D Cantabria 31/2004 art.48) Las viviendas de protección pública en régimen autonómico, cualquiera que sea el **destino fijado** en la cédula de calificación provisional, deben de estar ocupadas. Transcurridos 6 meses desde que no lo estuvieran, la Dirección General de Vivienda y Arquitectura debe seguir el procedimiento para lograr su **efectiva ocupación**. 5139

Cuando la Administración advierta una situación de **desocupación**, puede instar a su titular a cumplir con la obligación de ocupación personalmente o mediante las posibilidades de cesión o alquiler. La situación de desocupación comporta la retirada y devolución de todas las subvenciones otorgadas, sin perjuicio de la aplicación de las multas y sanciones que procedan.

Queda prohibida la reserva o disfrute para uso propio, por cualquier título, de **más de una vivienda**, aun cuando su titularidad corresponda a distintos miembros de la unidad familiar, mientras estos convivan con los cabezas de familia. Se exceptúan los cabezas de familia numerosa, quienes pueden ser titulares de dos viviendas, siempre que constituyan unidad horizontal o vertical y sin que en ningún caso pueda exceder de 240 m^2 la superficie útil de las viviendas agrupadas.

Entrega (D Cantabria 31/2004 art.23) Los promotores de viviendas de protección pública en régimen autonómico, siempre que medie contrato, están obligados a entregar las viviendas a sus arrendatarios, poniendo a su disposición las llaves de las mismas, en el **plazo** de 3 meses a contar desde la concesión de la calificación definitiva. Este plazo puede prorrogarse excepcionalmente por la Dirección General de Vivienda y Arquitectura, y a instancia del promotor, siempre que medie justa causa. 5141

De la **entrega de llaves** debe dejarse constancia por las partes en un documento, del que el arrendador da traslado a la Dirección General de Vivienda y Arquitectura, en el plazo de 15 días a partir de la entrega de llaves.

Los arrendatarios de las viviendas deben proceder a su **ocupación** en el plazo de 3 meses desde la entrega de llaves, salvo que medie justa causa.

Publicidad del arrendamiento de viviendas (D Cantabria 31/2004 art.54) Para la publicidad del arrendamiento de viviendas de protección pública en régimen autonómico, por medio de anuncios o por cualquier otro **sistema de propaganda**, es necesario que en el texto consten necesariamente los siguientes datos: 5149

• Número del expediente de construcción.
• Régimen legal de protección a que está acogido, con indicación del número de viviendas, emplazamiento y promotor.
• Fecha de calificación definitiva o, en su caso, fechas de calificación provisional y de terminación de las obras.
• Licencia municipal de obras.
• Precio total de venta de cada tipo de viviendas y condiciones de pago, si se hubiese otorgado calificación definitiva; o, en otro caso, además de tal indicación, la de si está autorizado para percibir cantidades a cuenta del precio.
• Expresión de que las viviendas deben dedicarse a domicilio y residencia permanente.
• Los requisitos y condiciones personales y económicas que deben cumplir los arrendatarios de este tipo de viviendas.

Estos datos deben de **componerse en el anuncio**, en tipos perfectamente legibles y de tamaño igual, al menos, que el predominante en la revista o diario en que se inserte.

Contenido de los contratos (D Cantabria 31/2004 art.56 y 62) En los **contratos de cesión en uso** de viviendas de protección pública en régimen autonómico se debe consignar expresamente: 5151

• Los datos del **documento nacional de identidad** de los contratantes y de los familiares que convivan con el cesionario, con mención de su domicilio legal.
• Que la vivienda o viviendas objeto de cesión están sujetas a las **prohibiciones y limitaciones** derivadas del régimen de viviendas de protección pública en régimen autonómico y, por consiguiente, que las condiciones de utilización son señaladas en la calificación definitiva, que los precios de renta no pueden exceder de los límites previstos y que la vivienda ha de utilizarse como domicilio habitual y permanente. En caso de mantener la vivienda habitualmente vacía la Administración puede instarle a cumplir su obligación de ocupación personalmente, mediante la cesión gratuita o mediante contrato arrendamiento con renta limitada.
• Que el cesionario se comprometa a **mantener la vivienda en buen estado** de conservación, policía e higiene, en la forma y medida que le sea imputable tal obligación, y en caso de que la haya de destinar a uso propio, a no utilizar simultáneamente, por cualquier título, ninguna otra vivienda, construida con protección oficial, bien sea como inquilino o usuario.

5153 **Visado de contratos** (D Cantabria 31/2004 art.21) Los contratos de arrendamiento de viviendas de protección pública en régimen autonómico deben de visarse por la Dirección General de Vivienda y Arquitectura, **quedando inscritos** en el Registro de Contratos de Venta y Arrendamiento de Viviendas de Protección Pública en régimen autonómico.
Los contratos originales o, en su caso, la copia notarial autorizada y dos copias simples de los mismos se presentan en la citada dirección general en el **plazo** de 10 días, a partir de su otorgamiento.
En el supuesto de que **se ajusten a los preceptos** reglamentarios, se devuelven, visados y sellados, el original y una copia simple a los interesados; la otra copia queda en poder de la Dirección General de Vivienda y Arquitectura.
Si los contratos **no reunieran los requisitos** exigidos se concede a los interesados un plazo de 10 días para su subsanación.

5155 **Renta** (D Cantabria 31/2004 art.20 y 63) La renta máxima inicial anual de una vivienda de protección pública en régimen autonómico es del 4% del precio máximo de venta que corresponda en el **momento de la celebración** del contrato de arrendamiento.
Además, el propietario, con el mismo concepto de alquiler, puede repercutir en los inquilinos los gastos que se produzcan y él satisfaga por **guardería, limpieza y conservación** de viales, parques, jardines y demás superficies vinculadas a la construcción, hasta que se hagan cargo de los mismos los ayuntamientos o las empresas que hayan de prestar los correspondientes servicios.
En caso de **mejoras** realizadas por el propietario, este tiene derecho a incrementar la renta en los términos establecidos en la LAU.
Las rentas de las viviendas así establecidas pueden ser revisadas anualmente con arreglo a las modificaciones que, en ese período experimente el IPC base 2001.

5157 **Prohibición de primas o sobreprecios** (D Cantabria 31/2004 art.53) Queda absolutamente prohibido el percibo de cualquier sobreprecio, prima o cantidad distinta a las que legal y reglamentariamente corresponda satisfacer al arrendatario. Esta prohibición alcanza al percibo por **cualquier concepto** de cantidad superior o distinta a la renta señalada en la cédula de calificación definitiva, ni aun a título de préstamo, depósito o anticipo no autorizado, ni en virtud de contrato conjunto o separado, con muebles, partes integrantes o pertenencias, o de cuotas por prestación de servicios no incluidos.
Son nulas las **cláusulas y estipulaciones** que establezcan precios o rentas superiores a los máximos autorizados para cada tipo de vivienda de protección pública, sin perjuicio de las sanciones administrativas que, a su vez, procedan.

2. Régimen de los arrendatarios

5165 **Condiciones de acceso** (L Cantabria 5/2014 art.4) Los usuarios de las viviendas protegidas deben cumplir, además de los **requisitos** económicos y personales que se establezcan, los siguientes:
• Carecer de una vivienda en propiedad.
• No ostentar la titularidad de un derecho real de goce o disfrute vitalicio sobre una vivienda.
• Estar debidamente inscritos en el Registro de Demandantes de Viviendas Protegidas de Cantabria.
También pueden ser usuarios de las viviendas quienes, no cumpliendo las condiciones anteriores, se encuentren en alguno de los siguientes **supuestos excepcionales**:
• Haber sido privados del derecho a usar la vivienda como consecuencia de sentencia firme de separación, divorcio o nulidad matrimonial, siempre que se encuentren al corriente de pago de las pensiones alimenticias y compensatorias.
• Viviendas sujetas a expediente de expropiación forzosa.
• Viviendas afectadas por actuaciones de emergencia o remodelaciones urbanas que hayan implicado la pérdida del uso de la vivienda.
Se establece que también **pueden ser arrendatarios** de las viviendas protegidas, siempre que las destinen al alojamiento de personas pertenecientes a colectivos vulnerables que precisen de tutela especial.
• Las Administraciones públicas y cualesquiera organismos públicos y entidades de Derecho público o privado vinculadas o dependientes de las Administraciones públicas.
• Las fundaciones y las asociaciones declaradas de utilidad pública.
• Las asociaciones, organizaciones no gubernamentales y demás entidades privadas, sin ánimo de lucro, inscritas en el Registro de Asociaciones de Cantabria.
• El resto de personas jurídicas privadas.

Requisitos económicos Pueden ser usuarios de una vivienda protegida las personas físicas cuyos **ingresos familiares** no superen 4,5 veces el IPREM, calculado de acuerdo a las siguientes **reglas** (L Cantabria 5/2014 disp.adic.12ª): 5168

• Se parte de la cuantía de la **base imponible** general y del ahorro, obtenida de acuerdo a la normativa reguladora del IRPF, que figure en la declaración presentada por cada uno de los miembros de la unidad familiar correspondiente al último periodo impositivo con plazo de presentación vencido en el momento de la adquisición de la vivienda.
• La cuantía resultante se debe convertir en **número de veces el IPREM** en vigor durante el periodo al que se refieran los ingresos evaluados.
• El número de veces el IPREM obtenido se pondera de acuerdo a los siguientes **coeficientes**, en función del número de miembros de la unidad familiar:

Núm. miembros unidad familiar	Coeficiente
1	1
2	0,95
3	0,85
4 o más	0,75

En lo que respecta a las viviendas protegidas del tipo **régimen especial**, solo pueden ser usuarios de las mismas las personas físicas cuyos ingresos familiares no superen 2,5 veces el IPREM calculado conforme a las reglas anteriores y ponderado de acuerdo a los siguientes coeficientes:

Núm. miembros unidad familiar	Coeficiente
1	0,76
2	0,73
3	0,71
4 o más	0,70

Se consideran **colectivos preferentes**, a efectos del acceso a las viviendas protegidas, los siguientes:
- las víctimas del terrorismo;
- las mujeres víctimas de violencia de género;
- las personas dependientes o con discapacidad oficialmente reconocida; y
- las personas que por circunstancias sobrevenidas han visto reducidos sensiblemente sus ingresos y como consecuencia de ello han perdido su vivienda en un procedimiento hipotecario, judicial o extrajudicial.

Cuando forme parte de la unidad familiar alguna persona que pertenezca a algún colectivo preferente **cuenta doble** a los efectos de determinar el número de miembros.

Registro de Demandantes de Vivienda Protegida (L Cantabria 5/2014 art.20.5; D Cantabria 12/2006 art.27; Orden Cantabria OBR/7/2010 art.1 a 14) La finalidad del Registro Público de Demandantes de Viviendas de Cantabria es la **identificación eficaz** de los solicitantes o potenciales beneficiarios de actuaciones protegidas en materia de vivienda y de las circunstancias económicas, personales y familiares que resulten pertinentes. 5171

Asimismo, los datos incluidos en el Registro se utilizan para la **elaboración y publicación** de listados de diferentes cupos de demandantes para la realización de sorteos públicos de adjudicación de viviendas de protección pública a las que pudieran optar los inscritos.

Para acceder a una vivienda protegida en cualquier régimen de ocupación y, en su caso, a las ayudas que pudieran corresponderle, toda persona o unidad familiar debe estar **inscrita previamente** en el Registro.

Para que se produzca la **inscripción en el Registro**, debe presentarse la correspondiente solicitud en la Dirección General de Vivienda y Arquitectura, en los ayuntamientos con los que la comunidad autónoma haya suscrito el correspondiente convenio.

Las personas inscritas están obligadas a comunicar a la Dirección General de Vivienda y Arquitectura, **cualquier modificación** que se produzca en sus circunstancias económicas, personales o familiares que afecte a los datos contenidos en su inscripción.

La inscripción en el Registro tiene una **duración máxima** de 4 años desde que la misma se produzca.

La Dirección General de Vivienda y Arquitectura puede comunicar al interesado la **fecha de caducidad** de la inscripción, con antelación suficiente para que proceda a renovar su solicitud. Dicha comunicación puede realizarse mediante técnicas telemáticas o telefónicas, incluyendo en este último caso la utilización de SMS certificados o similar.

5173 Las personas que se encuentren inscritas en el Registro Público de Demandantes de Vivienda de Cantabria pueden **solicitar su baja** en cualquier momento. La baja en el Registro se produce de oficio por la Dirección General de Vivienda y Arquitectura cuando:
• Se constate el incumplimiento de los requisitos establecidos en la normativa estatal y autonómica de acceso de los ciudadanos a la vivienda de protección oficial.
• Transcurra el plazo de los 4 años sin que el interesado haya llevado a cabo la renovación de su inscripción.
• El demandante haya accedido a una vivienda en arrendamiento, en la correspondiente sección de arrendamiento.
• Se constate la existencia de datos falsos en la inscripción.
• La persona solicitante o inscrita no aporte la documentación requerida, siempre que la aportación de dicha documentación resultase preceptiva en virtud de una disposición legal o reglamentaria.

3. Ayudas públicas en materia de vivienda

5175 El último plan propio en materia de vivienda aprobado en esta comunidad es el **Plan de vivienda** de Cantabria 2018-2021 (Consejo de Gobierno Acuerdo 13-12-18), cuyas ayudas se desarrollan por el D Cantabria 4/2019, que establece los programas en los que se articulan las actuaciones que serán objeto de subvención, su régimen y el procedimiento para su concesión, así como los requisitos, condiciones y procedimiento para la gestión de los programas de ayudas. Esta norma debe entenderse vigente hasta la aprobación de un nuevo plan de vivienda.
En lo que afecta al arrendamiento, se contemplan **ayudas** al alquiler de viviendas y a la promoción de viviendas para alquilar.
Por otro lado, Cantabria ha suscrito un convenio con el Ministerio de Transportes, Movilidad y Agenda Urbana para la **ejecución del vigente Plan estatal** para el acceso a la vivienda 2022-2025 (Convenio de colaboración 26-7-22, Resol 2-8-22).

Precisiones Desde 1-1-2021 se exonera de la acreditación de estar al corriente en el cumplimiento de las **obligaciones tributarias y frente a la Seguridad Social** para solicitar ayudas públicas en materia de vivienda (L Cantabria 11/2020 disp.adic.2ª y disp.final 2ª).

5180 **Ayudas al alquiler** Dentro de este apartado se regulan los siguientes programas:
• Ayudas al **pago del alquiler de vivienda** (D Cantabria 4/2019 art.16 a 29). Dirigidas a arrendatarios pertenecientes a determinados colectivos preferentes y con escasos medios económicos, para el pago de la renta correspondiente al arrendamiento de la vivienda que previamente haya obtenido la calificación de alquiler protegido. Este programa tiene por objeto ayudar a pagar la renta mensual de la vivienda habitual a los arrendatarios pertenecientes a determinados colectivos preferentes y con escasos medios económicos. La ayuda alcanza hasta el 40% de la renta mensual.
• Ayudas a personas en situación de **desahucio o lanzamiento** de su vivienda habitual (D Cantabria 4/2019 art.30 a 36). Este programa tiene por objeto ofrecer una vivienda a personas afectadas por procesos de desahucio o lanzamiento de su vivienda habitual. La ayuda alcanza hasta el 80% de la renta mensual.
Si bien este programa ha sido sustituido, con efectos **9-5-2020**, por el programa de ayuda a las víctimas de violencia de género, personas objeto de desahucio de su vivienda habitual, personas sin hogar y otras personas especialmente vulnerables, se ha establecido para el mismo un **régimen transitorio,** por el que las ayudas mantienen sus efectos por el plazo total y la cuantía total por las que fueron reconocidas (D Cantabria 28/2020 art.3 y disp.trans.única).
• Programa de ayuda a las víctimas de violencia de género, personas objeto de desahucio de su vivienda habitual, personas sin hogar y otras **personas especialmente vulnerables**, con el que se pretende darles una solución habitacional inmediata. Este programa sustituye al programa de ayuda a las personas en situación de desahucio o lanzamiento de su vivienda habitual (D Cantabria 28/2020 art.4).
• Ayudas a la **movilización de vivienda vacía para su arrendamiento** (D Cantabria 4/2019 art.37 a 50). Este programa tiene por objeto la movilización de viviendas vacías de titularidad privada, para su incorporación al mercado del alquiler. La actividad subvencionable es la contratación de una póliza de aseguramiento, así como, en su caso, las obras de acondicionamiento por los propietarios de viviendas desocupadas para su puesta en alquiler como

domicilio habitual y permanente. La cuantía de las ayudas es del 100% del importe del contrato de aseguramiento, con el límite máximo de 250 euros por vivienda al año, a percibir de forma periódica, durante un plazo máximo de 5 años, así como, una subvención única del 40% del importe invertido en los trabajos necesarios para la adecuación interior de la vivienda, con un máximo de 1.000 euros por vivienda.

Precisiones Por D Cantabria 57/2020 se regula el **procedimiento de concesión y pago** del programa de ayudas al alquiler de vivienda y del programa de ayuda a las víctimas de violencia de género, personas objeto de desahucio de su vivienda habitual, personas sin hogar y otras personas especialmente vulnerables.

Ayudas a la promoción de viviendas Se establecen los siguientes programas: 5182
• Fomento del **parque público de vivienda en alquiler** (D Cantabria 4/2019 art.60 a 71). La actividad subvencionable es la promoción de viviendas de nueva construcción y la rehabilitación de viviendas o edificios, que se vayan a ceder en uso o destinar al arrendamiento durante un plazo mínimo de 25 años. También son subvencionables las viviendas o promociones de viviendas, con obras en curso paralizadas y que reanuden las mismas hasta su completa finalización, siempre y cuando se vayan a ceder en uso o destinar al arrendamiento durante un plazo mínimo de 25 años. Asimismo, las viviendas que, de forma individualizada o en bloque, sean adquiridas por las Administraciones públicas, los organismos públicos y demás entidades de derecho público, así como empresas públicas y entidades del tercer sector sin ánimo de lucro, con objeto de incrementar el parque público y social de viviendas destinadas al alquiler o cesión en uso.
Las viviendas resultantes solo pueden ser alquiladas a unidades de convivencia cuyos **ingresos totales** no superen 3 veces el IPREM de 14 pagas, incluyendo los ingresos de todas las personas que la constituyan. El **precio del alquiler** debe ser proporcional a la superficie útil de la vivienda, sin que pueda superar los 4,7 euros mensuales por m^2 útil, más, en su caso, un 60% de dicha cuantía por m^2 útil de plaza de garaje o anexo.
• Fomento de **viviendas para personas mayores y personas con discapacidad** (D Cantabria 4/2019 art.72 a 79). Este programa tiene por objeto la promoción y construcción de viviendas de nueva construcción y la rehabilitación de edificios que vayan a ser explotados en régimen de alquiler o cesión en uso durante un plazo mínimo de 40 años.
Los promotores de este tipo de viviendas pueden obtener una **ayuda directa** proporcional a la superficie útil de cada vivienda, con un máximo de 400 euros por m^2 útil. La cuantía máxima de la subvención no puede superar, con carácter general, el 40% de la inversión de la actuación.

4. Otras medidas públicas en materia de vivienda

Medidas para situaciones de emergencia habitacional (L Cantabria 5/2014 art.57 a 61) Se consideran como tales las siguientes situaciones, en las que se pueden encontrar las personas y unidades familiares con domicilio fiscal en Cantabria: 5185
• **Sobre endeudadas** de buena fe que carezcan de recursos suficientes para hacer frente al pago de sus deudas y hayan sido lanzadas de su vivienda o se encuentran en riesgo inminente de serlo, en virtud de una orden judicial o venta extrajudicial.
• Que estén habitando en **infraviviendas** o en inmuebles no destinados a vivienda o que carezcan de cédula de habitabilidad y no reúnan las condiciones mínimas para su obtención.
• Que hayan sufrido la pérdida de su vivienda por **circunstancias anormales sobrevenidas** e involuntarias, tales como incendios no intencionados, declaración de ruina inminente, o fenómenos naturales o meteorológicos adversos.
La consideración en situación de emergencia habitacional **exige** que las personas o unidades familiares afectadas carezcan de otra vivienda en propiedad o que, teniéndola, no dispongan del uso y disfrute de ella.
Para paliar estas situaciones de emergencia habitacional, se contempla el **establecimiento de medidas** -con cargo al denominado Fondo de Emergencia Habitacional- que pueden consistir en:
• La creación, dotación y mantenimiento de una **Oficina de Intermediación Hipotecaria** y de emergencia habitacional, para informar, asesorar y dar soporte a las personas con dificultades para hacer frente a los pagos de los préstamos hipotecarios o de la renta de alquiler.
• La concesión de **ayudas directas** a personas, familias o unidades de convivencia.
• La promoción, adquisición, gestión y mantenimiento de las viviendas que integren el **parque público** de viviendas en alquiler.

5186 **Programa de movilización de vivienda vacía (MOVIVA)** (D Cantabria 21/2023) Se establece un programa de movilización de vivienda vacía para facilitar el acceso a la vivienda de los sectores de población que no pueden acceder a una vivienda en alquiler a precios de mercado.
La **incorporación de viviendas** vacías al programa se realiza mediante contrato de cesión por parte de sus titulares a favor de Sociedad Gestión de Viviendas e Infraestructuras en Cantabria, SL (GESVICAN, SL), y por plazo no inferior a 7 años, al objeto de que la vivienda sea arrendada por la mencionada sociedad pública.
Las **viviendas** deben cumplir ciertas condiciones relativas a su habitabilidad y pueden arrendase amuebladas o no.
A partir de la firma del primer contrato de arrendamiento de la vivienda, GESVICAN, SL debe abonar a los titulares del contrato de cesión de las viviendas cedidas una contraprestación económica consistente en un **canon periódico** que se pagará, independientemente de que haya o no personas arrendatarias posteriormente, hasta el fin del contrato de cesión. El canon es el 100% de la renta de la vivienda calculada conforme al Sistema Estatal de Índices de Referencia del precio del alquiler de vivienda, con un máximo de 600 euros mensuales.
Pueden tener **acceso al programa** las personas inscritas en el Registro Público de Demandantes de Viviendas, con ingresos anuales ponderados no superiores a 2,5 veces el IPREM en 14 pagas.
La **renta** inicial anual de las viviendas es del 30% de los ingresos anuales ponderados de la persona o unidad de convivencia arrendataria, con un límite de 450 euros. Esta cantidad puede ser incrementada anualmente con el IPC correspondiente hasta un máximo del 2% anual.
A la celebración del contrato de arrendamiento es obligatoria la exigencia y prestación de **fianza** en cantidad equivalente a una mensualidad de renta.
Los arrendatarios han de destinar la vivienda a **domicilio habitual y permanente** de los arrendatarios.

5. Régimen sancionador

(L Cantabria 5/2014 art.43 a 56)

5190 **Infracciones y sanciones** (L Cantabria 5/2014 art.51 a 56) La normativa cántabra distingue entre infracciones leves, graves y muy graves (L Cantabria 5/2014 art.51 a 53).
Las infracciones se sancionan con **multa** en las siguientes cuantías:
• Las infracciones leves con multa de 100 a 3.000 euros.
• Las infracciones graves con multa de 3.001 a 15.000 euros.
• Las infracciones muy graves con multa de 15.001 a 90.000 euros.
En la **graduación de la sanción** se debe tener especialmente en cuenta el daño producido, el enriquecimiento injusto obtenido, la existencia de intencionalidad o reiteración y la reincidencia por término de 3 años en más de una infracción de la misma naturaleza, cuando así haya sido declarada por resolución firme.
La imposición de sanciones por la comisión de infracciones graves o muy graves puede dar lugar en el mismo procedimiento, además de a las sanciones pecuniarias señaladas, a la **sanción de inhabilitación** para participar en promociones de viviendas protegidas en la comunidad autónoma durante el plazo máximo de 3 años para las infracciones graves, y de 5 años para las muy graves.
Si la inhabilitación recae sobre una persona jurídica, pueden ser también inhabilitadas las **personas físicas** integrantes de sus órganos de dirección, que hubieran autorizado o consentido la comisión de la infracción.

5196 **Prescripción** (L Cantabria 5/2014 art.48) Se establecen los siguientes plazos de prescripción:
• En lo que se refiere a las **infracciones**:
- las leves al año;
- las graves a los 3 años;
- las muy graves a los 5 años.
Estos plazos se cuentan desde el día en que fue cometida la infracción, y se interrumpen con la notificación de la iniciación del procedimiento sancionador al interesado. En las infracciones continuadas se entiende cometida la infracción el día de finalización de la actividad, o el del último acto con el que la infracción esté plenamente consumada.
• Las **sanciones** prescriben por el transcurso del plazo de 4 años desde que adquieran firmeza en vía administrativa.
La prescripción de las sanciones se interrumpe en los términos previstos en la legislación básica estatal.

G. Castilla-La Mancha

La **regulación legal** en la materia está contenida en la L Castilla-La Mancha 2/2002, que tiene por objeto el fomento del acceso a la vivienda y el régimen de las viviendas con protección pública. 5202
Además, el D Castilla-La Mancha 3/2004 aprueba el Reglamento de las viviendas protegidas y establece el **régimen jurídico** de las mismas.
Ha de tenerse en cuenta también el D Castilla-La Mancha 8/2013, de **medidas para el fomento del acceso** a la vivienda protegida, que regula el Registro de Viviendas con Protección Pública, el Registro de Demandantes de Vivienda con protección pública y los procedimientos para la adjudicación de las viviendas con protección pública; así como el D Castilla-La Mancha 109/2008, de medidas para la aplicación del **pacto por la vivienda** en Castilla-La Mancha.
La comunidad no cuenta con un plan autonómico de vivienda, aunque ha firmado un **convenio de colaboración** con el ministerio competente en la materia, para la ejecución del Plan estatal de vivienda 2022-2025 (nº 5280)

Precisiones Las viviendas de **promoción pública** están reguladas en L Castilla-La Mancha 2/2002 art.3 y disp.adic.2ª -redacc L Castilla-La Mancha 1/2023- y D Castilla-La Mancha 3/2004 art.37 s.

1. Régimen jurídico de las viviendas protegidas

Tipología (L Castilla-La Mancha 2/2002 art.2; D Castilla-La Mancha 3/2004 art.2 y disp.adic.12ª -redacc L Castilla-La Mancha 1/2023-) En Castilla-La Mancha se definen como **viviendas con protección pública** las siguientes: 5207

• Las calificadas de **protección oficial**, de promoción privada o pública, al amparo del RDL 31/1978.
• Las que se declaren expresamente **protegidas** en virtud de normativa específica o norma de desarrollo de planes de vivienda de ámbito estatal o autonómico.
• Aquellas que se promuevan sobre suelos que formen parte del **patrimonio público**, que estén incluidos en catálogos de suelo residencial público, o que tengan reconocidas ayudas públicas a la adquisición o urbanización.
• Las que se promuevan sobre suelos en los que el planeamiento urbanístico establezca los requisitos necesarios para la construcción de viviendas en las que la Administración esté habilitada, al menos, para tasar su precio. Son las denominadas viviendas de precio tasado.

Con efectos desde **1-2-2023** se incluyen en el régimen jurídico de las viviendas con protección pública dos nuevos tipos de vivienda protegida:
• Las viviendas objeto del programa de ayuda a la **construcción de viviendas en alquiler social** en edificios energéticamente eficientes (RD 853/2021).
• Las viviendas objeto del programa de **incremento del parque público de viviendas**, de acuerdo con las especialidades de régimen establecidas en el RD 42/2022.

Reglamentariamente se añaden las **viviendas de iniciativa público-privada**, que son viviendas de nueva construcción que hayan sido así declaradas por la Junta de Comunidades de Castilla-La Mancha, promovidas y construidas por promotoras privadas sobre suelos de su propiedad no reservados obligatoriamente a la promoción de viviendas con protección pública. Se regulan por D Castilla-La Mancha 109/2008.

5220 **Duración del régimen legal** (D Castilla-La Mancha 3/2004 art.15 y disp.adic.12ª -redacc L Castilla-La Mancha 1/2023-; D Castilla-La Mancha 109/2008 art.4 y 20.7) La duración del régimen jurídico de las viviendas con protección pública, es la siguiente:

• Para las viviendas de **protección oficial**, 30 años desde su calificación definitiva.
• Para las viviendas que se declaren expresamente protegidas en virtud de **normativa específica** o norma de desarrollo de planes de vivienda de ámbito estatal o autonómico, el que se establezca en la normativa que le sea de aplicación.
• Para las viviendas de **precio tasado**, 10 años desde la declaración definitiva cuando se promuevan sobre los suelos a los que se refiere el D Castilla-La Mancha 3/2004 art.2.3.a, y 15 años desde la declaración definitiva cuando se promuevan sobre los suelos a los que se refieren el D Castilla-La Mancha 3/2004 art.2.3.b.c.
• Para las viviendas de **iniciativa público-privada**, 10 años desde su declaración definitiva. No obstante, si existiese financiación cualificada, el régimen jurídico se mantiene mientras subsista la misma.
• Para las viviendas objeto del programa de ayuda a la **construcción de viviendas en alquiler social** en edificios energéticamente eficientes (RD 853/2021), 50 años.

En todo caso, este régimen legal se mantiene en tanto subsista **financiación cualificada**.
No es posible la **descalificación** voluntaria mientras subsista el régimen de protección de la vivienda.

5223 **Destino** (D Castilla-La Mancha 3/2004 art.8) Las viviendas con protección pública que hayan sido promovidas para alquilar se han de destinar a **residencia habitual y permanente** de las personas inquilinas.
En cualquier caso, el titular de la vivienda debe estar **empadronado** en la ciudad donde esta esté ubicada, debiendo figurar dicha vivienda como domicilio del titular.
La obligación de destinar la vivienda a residencia habitual y permanente de las personas propietarias puede suspenderse por un período de 3 años, pudiendo llevarse a cabo el **arrendamiento de la vivienda**, previa autorización de los servicios periféricos de la consejería con competencias en materia de vivienda, en los siguientes supuestos:
- cuando el propietario de la vivienda esté incurso en situación de desempleo y necesite arrendarla para poder hacer frente al pago de la hipoteca;
- cuando por motivos laborales tenga que desplazar su residencia habitual fuera de la provincia en que se encontraba fijada dicha vivienda; o
- por cualquier otra causa justificada.

Esta autorización no supone un cambio del régimen de cesión de la vivienda establecido en la calificación o declaración definitiva. En la misma se ha de establecer el **precio máximo del arrendamiento**, debiendo ser visado dicho contrato.

Precisiones Se entiende por **residencia habitual y permanente** el domicilio en el que se habite durante al menos 183 días al año, salvo que medie justa causa debidamente autorizada por el servicio periférico provincial de la consejería competente en materia de vivienda.

5225 **Entrega y ocupación** (D Castilla-La Mancha 3/2004 art.24) Los promotores de viviendas con protección pública están obligados a entregar las viviendas a sus arrendatarios en el **plazo** de 3 meses, a contar desde la calificación y/o declaración definitiva. Dicho plazo puede prorrogarse excepcionalmente por la delegación provincial de la consejería competente, a instancia del promotor, siempre que medie justa causa.
El **promotor** debe comunicar por escrito a la delegación provincial, en el plazo de 15 días, que ha entregado la vivienda al arrendatario.
Los **arrendatarios** de las viviendas con protección pública deben proceder a la ocupación de las viviendas en el plazo de 3 meses desde la entrega y, en el caso de promotor individual para uso propio, desde la calificación y/o declaración definitiva, salvo que medie justa causa.

5227 **Superficie** (L Castilla-La Mancha 2/2002 art.4; D Castilla-La Mancha 3/2004 art.2; D Castilla-La Mancha 109/2008 art.3) La superficie máxima y tipología de las **viviendas con protección pública** son las que se establezcan en las normas de desarrollo de planes de vivienda de ámbito estatal o autonómico.
Cuando la superficie no venga determinada por otras leyes o normas reglamentarias, se aplican las siguientes:

• Vivienda con protección pública **90CM**: con una superficie útil máxima de 90 m^2.
• Vivienda con protección pública **120CM**: con una superficie útil máxima de 120 m^2.
• Viviendas con protección pública **135CM**: con una superficie útil máxima de 135 m^2.

Estas últimas, para las que se exigen circunstancias y requisitos especiales, son las que se promuevan en suelos que formen parte del patrimonio público, que estén incluidos en catálogos de suelo residencial público, o que tengan reconocidas ayudas públicas a la adquisición o urbanización.
Para las **viviendas de precio tasado** se establecen las siguientes limitaciones:
• Viviendas de precio tasado 90CM: con una superficie útil máxima de 90 m^2.
• Viviendas de precio tasado 120CM: con una superficie útil mayor de 90 m^2 y menor o igual a 120 m^2.
• Viviendas de precio tasado 135CM: con una superficie útil mayor de 120 m^2 y menor o igual a 135 m^2.
La superficie útil máxima de las **viviendas de iniciativa público-privada** es de 70 m^2.

Renta (D Castilla-La Mancha 3/2004 art.31, 32 y disp.adic.12ª -redacc L Castilla-La Mancha 1/2023-) La **renta máxima** anual inicial por metro cuadrado de superficie útil de las viviendas con protección pública, así como para las viviendas de precio tasado, no puede superar el 7% del precio máximo de venta vigente en la fecha de celebración del contrato, en la correspondiente área geográfica. **5236**
En el caso de las **viviendas en alquiler social en edificios energéticamente eficientes** el precio máximo mensual de la renta o precio de cesión de uso se establece conforme al RD 853/2021 art.66.1.
Además de la renta, los **gastos del arrendamiento** y uso de la vivienda a cargo de arrendador y arrendatario son los establecidos en la LAU, salvo regulación específica en las normas reguladoras de los distintos regímenes a los que pertenezcan las viviendas con protección pública.

Prohibición del sobreprecio (D Castilla-La Mancha 3/2004 art.29) Queda absolutamente prohibido todo sobreprecio o **prima en el arrendamiento** de las viviendas con protección pública. **5248**
Tienen también la consideración de sobreprecio de las viviendas con protección pública:
• Todos aquellos **gastos** que por su naturaleza correspondan al arrendador tales impuesto sobre el incremento de valor de los terrenos de naturaleza urbana y análogos.
• Cualquier cantidad en concepto de **reformas o mejoras** sobre el proyecto presentado para la calificación y/o declaración provisional o definitiva.

Contenido del contrato (D Castilla-La Mancha 3/2004 art.22) Los contratos de arrendamiento de las viviendas con protección pública deben contener: **5250**
• La referencia del **expediente** de calificación y/o declaración de la vivienda.
• La **fecha** de calificación y/o declaración provisional, o definitiva en su caso.
• El **precio máximo** de renta, en su caso.
• La obligación de que las viviendas deben de **destinarse a residencia** habitual y permanente del titular.
• El **plazo** durante el que esté vigente la limitación a la facultad de disponer
• Cualquier otra **cláusula** que establezca el consejero de Obras Públicas en el ámbito de sus competencias.
Los contratos de arrendamiento de las viviendas de protección oficial, y de las viviendas que se declaren expresamente protegidas en virtud de **normativa específica** o norma de desarrollo de planes de vivienda de ámbito estatal o autonómico, deben contener, además, las establecidas en su normativa específica.

Visado de contratos (D Castilla-La Mancha 3/2004 art.23) Se entiende por visado, el necesario **reconocimiento por la Administración**, previo al otorgamiento de la escritura pública, del cumplimiento de los requisitos o condiciones del arrendatario y de las condiciones esenciales del contrato, de acuerdo con lo previsto en el régimen de protección al que esté sujeta la vivienda. Dicho visado debe hacerse constar documentalmente por la Administración. **5261**
Los arrendadores de viviendas con protección pública **deben presentar** en las delegaciones provinciales de la Consejería de Obras Públicas el contrato privado o título de adjudicación para su visado en el plazo de un mes desde su otorgamiento.
Las delegaciones provinciales cuentan con el **plazo** de 3 meses desde la entrada de la solicitud, para el visado del contrato.
La **denegación** del visado debe ser notificada a las partes con indicación de las causas que lo motivan.
El adjudicatario de una vivienda con protección pública **no puede elevar** a escritura pública el contrato de adjudicación de la misma, antes de la obtención del visado.
Excepcionalmente, **a instancia del promotor** y mediante justa causa, la citada delegación provincial puede prorrogar el plazo de elevación a escritura pública.

2. Régimen de los arrendatarios

5265 **Condiciones de acceso** (D Castilla-La Mancha 3/2004 art.18 y disp.adic.12ª -redacc L Castilla La Mancha 1/2023-) Para acceder al arrendamiento de las viviendas con protección pública es necesario reunir los siguientes **requisitos**:

a) Que en la fecha de la presentación del contrato para su visado ninguno de los miembros de la unidad familiar del arrendatario sea **titular** del pleno dominio o de un derecho real de uso o disfrute:

• Sobre otra vivienda **con protección pública** ubicada en cualquier lugar del territorio nacional.

• Sobre otra vivienda **libre** o no sujeta a ningún tipo de protección pública en la misma o distinta localidad (con ciertas excepciones).

b) Que los adquirentes tengan unos **ingresos familiares** corregidos, que no excedan de los límites que se establecen a continuación, en función de cada clase de vivienda:

2,5 veces el SMI	• viviendas de protección oficial de régimen especial • viviendas de 120 m^2 de régimen especial para familias numerosas
5,5 veces el SMI	• viviendas de protección oficial en régimen general • viviendas de 120 m^2 de régimen general para familias numerosas
7,5 veces el SMI	• viviendas de precio tasado • viviendas de iniciativa público-privada

En lo que se refiere al acceso a las **viviendas en alquiler social en edificios energéticamente eficientes**, el límite de ingresos familiares se determina conforme a RD 853/2021 art.68.2.

5268 **Unidad familiar** (D Castilla-La Mancha 3/2004 art.19) Se entiende por unidad familiar:

1) La integrada por los **cónyuges no separados legalmente** y, si los hubiera:

• Los hijos menores de edad, con excepción de los que con el consentimiento de los padres vivan independientes de estos.

• Los hijos mayores de edad incapacitados judicialmente sujetos a patria potestad prorrogada o rehabilitada (actualmente necesitados de ayuda para el ejercicio de su capacidad).

2) En los casos de **separación legal**, o cuando **no existiera vínculo matrimonial**, la formada por el padre o la madre y todos los hijos que convivan con uno u otro y que reúnan los requisitos a que se refiere la regla primera.

Nadie puede formar parte de **dos unidades familiares** al mismo tiempo. Las referencias a la unidad familiar a efectos de ingresos se hacen extensivas a las personas que no estén integradas en ninguna unidad familiar.

La unidad familiar **se determina** atendiendo a la situación existente en la fecha del contrato. Salvo en el caso de **promotor individual** para uso propio o agrupado en **cooperativa** o en **comunidades de propietarios**, en que la unidad familiar se determina en el momento de presentación de la solicitud de calificación y/o declaración provisional, o en el momento de integración en la cooperativa si fuera posterior a aquella solicitud.

5271 **Registro de Demandantes de Vivienda con Protección Pública** (L Castilla-La Mancha 2/2002 disp.adic.única; D Castilla-La Mancha 8/2013 art.3 a 13) El Registro de Demandantes de Vivienda con Protección Pública es el instrumento administrativo que tiene por **objeto** facilitar los datos necesarios para la gestión y control de la adjudicación de viviendas con protección pública en la región, controlar que la transmisión y cesión del uso de las mismas se produce en las condiciones establecidas en la normativa vigente, suministrar información actualizada en la elaboración de estudios, informes y estadísticas sobre la evolución del sector inmobiliario en la región, y evitar que se pueda producir cualquier tipo de fraude en la transmisión de viviendas con protección pública.

El solicitante debe cumplir y acreditar, para ser inscrito, los **requisitos** siguientes:

• Ser mayor de edad o emancipado.

• Tener nacionalidad española, ser ciudadano de un Estado miembro de la UE o tener permiso de residencia.

• Estar empadronado alguno de los miembros de la familia en algún municipio de Castilla-La Mancha. No se exige este requisito cuando la demanda se refiera a una vivienda protegida de promoción privada.

• Cumplir con los requisitos de acceso a las viviendas con protección pública establecidos en la normativa vigente.

• No mantener deudas derivadas de impagos o de responsabilidad por deterioros ocasionados en viviendas adjudicadas al amparo de planes estatales o autonómicos de Castilla-La Mancha.

La inscripción en el registro tiene una **duración** de 2 años renovables.

La **baja** en el Registro de demandantes puede solicitarse en cualquier momento a petición de la persona interesada.
El **procedimiento** para la inscripción en este Registro se regula en el D Castilla-La Mancha 8/2013 art.9 s. y la Orden Castilla-La Mancha 20-2-2013.

3. Ayudas públicas en materia de vivienda

La comunidad no ha publicado un plan de vivienda propio destinado a la aplicación del **Plan estatal 2022-2025**, aunque sí ha firmado un convenio de colaboración con el ministerio competente en la materia para la ejecución de dicho Plan estatal de vivienda (Convenio de colaboración 26-7-22, Resol 5-6-22). **5280**
En consecuencia, la Junta de Comunidades de Castilla-La Mancha aprueba periódicamente **bases reguladoras** para la concesión de las ayudas. En lo que afectan al arrendamiento:
• Ayudas al **arrendamiento de vivienda** (Orden Castilla-La Mancha 80/2018);
• Ayudas al **fomento del parque de viviendas** de alquiler (Orden Castilla-La Mancha 160/2018);
• Ayudas al arrendamiento de vivienda para **víctimas de violencia de género** (Orden Castilla-La Mancha 117/2021).

4. Régimen sancionador

(L Castilla-La Mancha 2/2002 art.8 y disp.trans.1ª -redacc L Castilla-La Mancha 1/2023-; D Castilla-La Mancha 8/2013 disp.adic.2ª)

Con efectos desde **1-2-2023**, se establece en Castilla-La Mancha el catálogo de infracciones y sanciones aplicables hasta que se apruebe la Ley reguladora del régimen sancionador en materia de vivienda. **5300**
Se tipifican las **infracciones** leves, graves y muy graves, para las que se prevén las siguientes **sanciones**:
• para las infracciones leves: multa de 300 hasta 3.000 euros;
• para las infracciones graves: multa de 3.001 hasta 15.000 euros;
• para las infracciones muy graves: multa de 15.001 hasta 60.000 euros.
No obstante, si el beneficio económico de la comisión de la infracción supera los límites máximos establecidos para la sanción, el importe de esta se incrementará hasta la cuantía equivalente al beneficio obtenido por la comisión de la infracción.
En la **graduación de la cuantía** de la sanción se tendrá especialmente en cuenta el grado de culpabilidad o la existencia de intencionalidad, la continuidad o persistencia en la conducta infractora, la naturaleza de los perjuicios causados, el enriquecimiento injusto obtenido por la persona infractora o por terceros y la reincidencia por la comisión, en el plazo de un año, de más de una infracción de la misma naturaleza cuando así haya sido declarado por resolución firme.
Por otro lado, se considera **circunstancia atenuante** el cese de la conducta de modo voluntario tras la oportuna inspección o advertencia, así como la realización de obras de subsanación antes de la resolución del procedimiento sancionador.
Las responsabilidades administrativas que se deriven de este régimen sancionador son compatibles con la exigencia a la persona infractora de la **reposición a su estado originario** de la situación alterada, con el cumplimiento de la norma que le sea de aplicación, así como con la indemnización por los daños y perjuicios causados y la exigencia de la devolución de las cantidades que hubieran sido cobradas indebidamente, incluidos los intereses de demora correspondientes.
En caso de incumplimiento de estas obligaciones en los plazos señalados, se pueden imponer, de forma reiterada y consecutiva, **multas coercitivas** de entre 300 y 6.000 euros, con periodicidad mínima mensual, en tanto la persona infractora no cumpla con la obligación impuesta, incrementándose en un 50% para la segunda multa coercitiva y en un 100% para la tercera y sucesivas.

H. Castilla y León

5320

5325 La regulación de las viviendas protegidas de Castilla y León tiene como base la L Castilla y León 9/2010, de vivienda, desarrollada parcialmente por el D Castilla y León 41/2013, que regula el programa de fomento del alquiler.
Esta comunidad no cuenta con un plan propio en materia de vivienda, pero ha suscrito un convenio de colaboración con el ministerio competente en la materia para la ejecución del **Plan estatal 2022-2025** (nº 5360).
Han de tenerse en cuenta también **otras medidas públicas** para facilitar el acceso a la vivienda, así como para hacer frente a situaciones de deuda por alquiler de vivienda (nº 5365).

1. Régimen jurídico de las viviendas protegidas

5330

5331 **Tipología** (L Castilla y León 9/2010 art.45) Se establecen las siguientes categorías de viviendas protegidas:
a) **Vivienda de protección pública general**. Pueden calificarse de este modo aquellas cuya superficie útil no sea inferior a 40 ni superior a 90 m^2, aunque pueden alcanzar los 120 m^2 cuando sus destinatarios sean familias numerosas, personas con movilidad reducida o bien quienes tengan a su cargo personas en situación de dependencia.
b) **Vivienda joven**. Pueden calificarse como viviendas jóvenes aquellas cuya superficie útil no sea inferior a 40 ni superior a 70 m^2 y cuyos destinatarios sean menores de 35 años; excepcionalmente, cuando resulte acreditado que no existe demanda de menores de 35 años, pueden ser destinatarios de las mismas quienes no ostenten dicha condición.
c) **Vivienda de precio limitado para familias**. Son aquellas cuya superficie útil no sea inferior a 70 ni superior a 120 m^2 y cuyos destinatarios sean unidades familiares que tengan a su cargo hijo o hijos menores o personas en situación de dependencia.
Cuando se trate de **familias numerosas** de categoría especial, la superficie útil máxima es el resultado de sumar a 120 m^2, 15 m^2 más por cada miembro de la unidad familiar que exceda de los considerados para clasificarla de categoría especial, con el límite máximo de 240 m^2. A tal efecto dichas familias pueden adquirir más de una vivienda de protección pública, siempre que horizontal o verticalmente puedan constituir una sola unidad registral.
d) **Vivienda de protección pública en el medio rural**. Pueden calificarse así aquellas viviendas cuya superficie útil no sea inferior a 70 ni superior a 120 m^2, y que estén situadas en las localidades o municipios cuya relación se aprueba mediante orden de la consejería competente en materia de vivienda. Para estas viviendas se aplican las siguientes reglas:
• En su construcción se fomenta la utilización de tipologías de **edificación tradicional** y de materiales procedentes de la zona, así como la aplicación de criterios de sostenibilidad y respeto al medio ambiente y al paisaje.
• Tienen la consideración de **anejos**, que deben estar vinculados a la vivienda, tanto en proyecto como registralmente, aquellos espacios en los que se desarrollen actividades propias del medio rural, tales como las vinculadas a la agricultura, la ganadería, la actividad forestal, la artesanía, la restauración, el alojamiento turístico, las actividades de ocio y tiempo libre, la elaboración de productos alimenticios con métodos tradicionales y otras análogas.

5332 **Duración del régimen legal** (L Castilla y León 9/2010 art.50) La duración del régimen legal de protección de las viviendas de protección pública es de 15 años, contados desde la fecha de otorgamiento de la **licencia de primera ocupación**.

Las viviendas de protección pública de promoción privada pueden ser **descalificadas**, previa solicitud del interesado, cuando se cumplan las siguientes condiciones:
• Que hayan transcurrido el **plazo** 10 años desde la fecha de otorgamiento de la licencia de primera ocupación.
• Que el **suelo** sobre el que se sustente la promoción no haya sido cedido ni enajenado por una Administración pública, salvo en caso de conformidad expresa de dicha Administración.
• Que, en caso de haberse obtenido **ayudas**, las mismas sean previamente reintegradas conforme a la normativa aplicable, y se cancele el préstamo hipotecario obtenido con financiación pública, o se modifiquen sus condiciones adaptándolo a las nuevas circunstancias.

Destino y superficie (L Castilla y León 9/2010 art.45, 55 y 69) Las viviendas de protección pública se han de destinar exclusivamente a residencia **habitual y permanente** de sus arrendatarios y, en su caso, de los miembros de su unidad familiar, debiendo ser ocupadas en el plazo de 3 meses desde la fecha de formalización del contrato de arrendamiento. 5335
Quienes adquieran una vivienda de protección pública destinada a venta pueden solicitar su **cambio de uso** para destinarla a arrendamiento, cuando no puedan ocupar la vivienda por alguna de las siguientes **causas**:
• Falta de adecuación de la vivienda a la composición de la unidad familiar o de la unidad de convivencia, o bien a las necesidades de las personas mayores de 65 años y de las personas con movilidad reducida.
• Cambio de residencia a una provincia diferente por motivos laborales.
• Tener la condición de víctimas de violencia de género o de terrorismo.
• Otras causas justificadas que se determinen reglamentariamente.
Quienes sean propietarios de una vivienda de protección pública destinada al arrendamiento pueden solicitar, en cualquier momento, su **cambio de uso para proceder a su venta**, previamente a la cual deben cancelar o novar el préstamo hipotecario con financiación pública y devolver las ayudas que hubiera podido recibir más los intereses legales desde su percepción.
La **autorización del cambio** de uso no implica alteración o modificación de la duración del régimen legal de protección.
Es **competente** para autorizar los cambios de uso de las viviendas de protección pública el órgano que lo sea para la calificación de la vivienda.
Los límites de **superficie** son los expuestos al tratar la tipología de viviendas con protección pública (nº 5331).

Renta (L Castilla y León 9/2010 art.49 y 51) La renta máxima para el alquiler de las **viviendas de protección pública**, por metro cuadrado de superficie útil, se determina aplicando los coeficientes establecidos por orden de la consejería competente en materia de vivienda al módulo básico estatal vigente, o cualquier otra denominación que le sustituya, o en su defecto al precio básico autonómico que se establezca, en su caso, mediante la citada orden. 5340
Para los **anejos**, vinculados o no, el precio máximo de referencia para el alquiler, por metro cuadrado de superficie útil, no puede exceder del 60% del precio calculado conforme a lo señalado en el párrafo anterior.
Por orden de la consejería competente en materia de vivienda se han de establecer:
• Los **coeficientes** aplicables a los ámbitos territoriales en los que se divida el territorio de la comunidad, en función de las circunstancias sociales, económicas y territoriales.
• Las **superficies útiles máximas computables** de los anejos, a efectos de su precio.
Reglamentariamente se puede **modular el porcentaje** señalado anteriormente en función de la clase de vivienda de protección pública, respetando el máximo previsto.

Precisiones Por Orden Castilla y León MAV/1445/2023 se actualizan los **coeficientes** de precios máximos de venta, adjudicación o precio legal de referencia para el alquiler de vivienda pública.

Contenido del contrato (L Castilla y León 9/2010 art.66) Los contratos de arrendamiento de las viviendas de protección pública **deben formalizarse** por escrito. 5343
En los contratos, han de constar, al menos, los siguientes extremos:
• La **calificación de la vivienda** como de protección pública, en la modalidad que corresponda, con expresa constancia de las prohibiciones y limitaciones a la facultad de disponer y los derechos y prerrogativas de las Administraciones públicas sobre tales viviendas.
• La **identificación de los anejos** que, vinculados o no a la vivienda, son objeto de arrendamiento.
• La indicación de que el arrendatario cumple los **requisitos de acceso** a la vivienda.
• El **precio** de arrendamiento.

Transmisión (L Castilla y León 9/2010 art.65) Las viviendas de protección pública de promoción pública pueden ser objeto de cesión a otras Administraciones públicas o a entidades dependientes de las mismas, para su **arrendamiento** a personas incluidas en los colectivos de especial 5346

protección, previa autorización del órgano competente en materia de vivienda de la Administración promotora.
Las viviendas de protección pública en régimen de arrendamiento pueden ser transmitidas, por **promociones completas** y sin sujeción a los precios máximos de venta, a sociedades que incluyan en su objeto social el arrendamiento de viviendas, o a fondos de inversión inmobiliaria, previa autorización administrativa. El **adquirente se subroga** en las condiciones, compromisos, plazos y rentas máximas previstas en la calificación de las viviendas.
Los titulares de viviendas de protección pública con destino a arrendamiento pueden enajenarlas, teniendo **preferencia para su adquisición** los inquilinos que hayan permanecido al menos 5 años en alquiler en el momento de la venta o del ejercicio de la opción de compra.

5351 **Visado de contratos** (L Castilla y León 9/2010 art.67) Mientras dure el régimen legal de protección y su precio de renta esté limitado, las **transmisiones de viviendas** de protección pública y sus contratos de arrendamiento, así como los de sus anejos, vinculados o no, deben presentarse para su visado ante la consejería competente en materia de vivienda, en el plazo máximo de 15 días desde su formalización. Los obligados a presentar la solicitud de visado son, en la primera transmisión, el promotor, en la segunda y posteriores, el arrendador.
Además del documento en el que se formalice el arrendamiento, debe presentarse la **documentación** acreditativa de que el arrendatario reúne las condiciones exigidas para acceder a este tipo de viviendas, que es determinada por orden de la consejería competente en materia de vivienda.
El visado consiste en una resolución por la que se declara acreditado el cumplimiento de los requisitos objetivos y subjetivos en la adquisición o arrendamiento de una vivienda de protección pública y sus anejos vinculados, y la inclusión de las cláusulas obligatorias. No obstante, en los siguientes casos el visado se limita a comprobar que el **precio de alquiler** no exceda del precio máximo legal vigente en el momento de la transmisión:
• Cuando el arrendador de la vivienda ya sea titular de parte de la misma.
• En caso de arrendamiento de anejos no vinculados a una vivienda de protección pública.
• En el caso de arrendamientos de una vivienda de protección pública a personas jurídicas públicas o privadas.
El **plazo** para resolver y notificar la resolución es de un mes desde que la solicitud ha tenido entrada en el registro del órgano competente para resolver; transcurrido dicho plazo sin que se haya notificado la resolución puede entenderse estimada la solicitud por silencio administrativo. La resolución se notifica al arrendador y al arrendatario.
Los propietarios de las **viviendas con destino a arrendamiento** deben poner las mismas a disposición de los arrendatarios en el plazo máximo de 3 meses desde la fecha del contrato de arrendamiento, salvo que en el contrato se establezca uno inferior.
Excepcionalmente y previa autorización de la Administración autonómica, es posible la **prórroga** del plazo previsto, cuando concurran circunstancias ajenas al titular de las viviendas que impidan su cumplimiento.

2. Régimen de los arrendatarios

5355 **Condiciones de acceso** (L Castilla y León 9/2010 art.63) Los destinatarios o usuarios que arrienden una vivienda de protección pública deben ser personas físicas, unidades familiares o unidades de convivencia, que cumplan los siguientes **requisitos**:
• Estar inscritos en el **Registro** de Demandantes de Viviendas Protegidas de Castilla y León (nº 5356).
• Tener unos **ingresos familiares** que no excedan de 6,5 veces el IPREM, y, en caso de adquisición en primera transmisión, no inferiores a una vez el IPREM, calculados con los criterios que se determinen mediante orden de la consejería competente en materia de vivienda.
• No ser titulares del pleno dominio o de un derecho real de uso o de disfrute sobre **otra vivienda** en España, salvo que no puedan ocupar tales viviendas por causas que no le sean imputables, incluidas situaciones de proindiviso o aquellas otras en el que el puesto de trabajo se localice a más de 50 km de la vivienda.
No obstante, se permite que sean **titulares de otras viviendas** las familias que necesiten una vivienda de mayor superficie por el aumento del número de sus miembros, así como las personas mayores de 65 años, las personas con movilidad reducida y las víctimas de violencia de género o del terrorismo, cuando se trate de acceder a otra vivienda más adaptada a sus necesidades. En todos estos casos, la vivienda anterior **debe ser vendida o alquilada** dentro del plazo de un año, a contar desde la firma del contrato de compraventa o alquiler de la vivienda nueva; plazo que puede prorrogarse cuando la vivienda anterior no haya podido ser vendida o alquilada por causas no imputables al interesado.

Estos requisitos deben cumplirse por los destinatarios de la vivienda en la **fecha** en la que se solicite el visado del contrato de arrendamiento (nº 5351), excepto en el caso de los autopromotores, que deben cumplirlos en el momento de solicitar la declaración de actuación protegida o la calificación.
Cuando se aplique el procedimiento de selección previsto en la normativa reguladora, el requisito de edad debe cumplirse en el momento en el que se dicte la resolución por la que se convoque el proceso de selección.
Estos requisitos no son exigibles en las **adquisiciones** ***mortis causa*** de viviendas de protección pública.
Las **personas jurídicas** públicas y las privadas sin ánimo de lucro pueden ser destinatarias de una vivienda de protección pública en los siguientes casos:

- Cuando en la vivienda se vayan a desarrollar **actividades de interés público o social** previstas en su objeto social.
- Cuando la vivienda se destine a **realojar personas** incluidas en alguno de los colectivos de especial protección.

Precisiones Por Orden Castilla y León FYM/764/2013 se establecen los criterios para la **determinación de los ingresos familiares** en actuaciones en materia de vivienda en Castilla y León.

Registro de Demandantes de Viviendas Protegidas (L Castilla y León 9/2010 art.64; Orden Castilla y León FOM/1884/2006) El Registro Público de Demandantes de Viviendas Protegidas de Castilla y León constituye uno de los instrumentos para contribuir a garantizar a los ciudadanos los principios de igualdad, concurrencia y publicidad en el acceso a una vivienda de protección pública, a fin de eliminar cualquier tipo de fraude en las primeras y posteriores transmisiones de dichas viviendas. 5356
El régimen de la inscripción y del funcionamiento del Registro se establece con base en los siguientes **principios y reglas**:

- Se entiende por **demandantes** de vivienda protegida las personas físicas que, constituyendo o no una unidad familiar estén interesados en acceder a una vivienda protegida en Castilla y León y cumplan los requisitos previstos normativa aplicable (Orden Castilla y León FOM/1884/2006 art.2).
- Únicamente se admite una solicitud de inscripción en el Registro por cada demandante de vivienda protegida (Orden Castilla y León FOM/1884/2006 art.3).
- El **plazo máximo** para resolver y notificar la resolución relativa a la solicitud de inscripción en el Registro es de 3 meses desde la fecha en la que la solicitud haya tenido entrada en el registro del órgano competente para su tramitación. La no resolución dentro del plazo establecido tiene efectos estimatorios (Orden Castilla y León FOM/1884/2006 art.5).
- La inscripción en el Registro tiene una **duración** de 3 años a contar desde la notificación de la resolución administrativa de inscripción en la que debe figurar expresamente esta circunstancia. En los 3 meses anteriores a la finalización del período de vigencia, el interesado puede solicitar la renovación de la inscripción practicada (Orden Castilla y León FOM/1884/2006 art.7).

Selección de destinatarios (L Castilla y León 9/2010 art.64 bis) Quienes deseen acceder a una vivienda de protección pública deben participar en un **procedimiento** de selección con sujeción a los principios de concurrencia, objetividad, publicidad y transparencia. 5358
Con carácter general, el procedimiento para seleccionar a los arrendatarios consiste en un **sorteo** entre las personas inscritas en el Registro de demandantes.
Cuando concurran circunstancias relacionadas con la necesidad de vivienda de personas incluidas en los colectivos de especial protección, las viviendas citadas con anterioridad pueden ser adjudicadas mediante declaración de actuación singular por la consejería competente en materia de vivienda.
Las viviendas citadas que **no hayan podido ser adjudicadas** en su convocatoria pueden ser vendidas o arrendadas por su promotor a cualquier persona que cumpla los requisitos de acceso a una vivienda de protección pública.

Precisiones Por Orden Castilla y León FOM/1982/2008 se regula el **procedimiento** para la selección de los arrendatarios de viviendas protegidas.

3. Ayudas públicas en materia de vivienda

Castilla y León no cuenta con un **plan propio** en materia de vivienda. 5360
En lo que se refiere a la aplicación del **Plan estatal 2022-2025**, esta comunidad ha suscrito un convenio de colaboración con el ministerio competente en la materia para la ejecución de dicho Plan (Convenio de colaboración 26-7-22, Resol 5-8-22).

Las bases reguladoras para la concesión de subvenciones destinadas al **alquiler de vivienda** y a la **mejora de la accesibilidad** de las viviendas, en el marco del Plan estatal, se establecen por Orden Castilla y León MAV/1420/2022.

Además, debe tenerse en cuenta el **programa de fomento del alquiler** que prevé el arrendamiento de viviendas con una renta limitada (nº 5362).

5362 **Programa de fomento del alquiler** (L Castilla y León 9/2010 art.83 a 86; D Castilla y León 41/2013)

Castilla y León cuenta con un programa de fomento del alquiler, en el que se establece que el **precio máximo del alquiler** no puede ser superior al 80% del precio del alquiler de una vivienda de protección pública de régimen general a 10 años situada en el mismo municipio en el que se encuentra la vivienda que se pretende alquilar, calculado conforme a lo previsto en la normativa reguladora para la determinación de los precios máximos de referencia para el alquiler en Castilla y León (Orden Castilla y León MAV/868/2022).

Pueden incluirse en este programa **viviendas** que sean propiedad de personas físicas situadas en municipios de más de 5.000 habitantes y con una superficie inferior a 90 m^2 útiles (120 m^2 cuando vayan destinadas a familias numerosas).

Estas viviendas están destinadas a **arrendatarios** con ingresos -de la unidad familiar- superiores a una vez el IPREM, sin corregir, e inferiores a 6,5 veces el IPREM, corregidos.

4. Otras medidas públicas en materia de vivienda

5365 **Medidas temporales para facilitar el acceso a la vivienda** (L Castilla y León 10/2013 art.19 a 29; Acuerdo Castilla y León 103/2023) Se establecen diversas medidas de carácter temporal dirigidas a proporcionar una solución urgente a la acumulación de un *stock* de viviendas de protección pública. Estas medidas tenían prevista inicialmente una vigencia hasta el 21-12-2015, pero han sido prorrogadas en varias ocasiones, la última hasta el 20-12-2025.

Las que afectan al arrendamiento son las siguientes:

• Flexibilización de los **requisitos de los arrendatarios**. Las viviendas de protección pública pueden ser alquiladas por cualesquiera personas físicas, unidades familiares o unidades de convivencia, que cumplan los requisitos establecidos en la L Castilla y León 9/2010 art.63, con independencia de las condiciones establecidas en la calificación provisional o definitiva o, en su caso, en la correspondiente convocatoria.

• Arrendamiento de **vivienda joven y vivienda de precio limitado para familias**. Pueden ser puestas en arrendamiento las viviendas que hayan sido calificadas provisional o definitivamente como «vivienda joven» (D Castilla y León 99/2005), o como «vivienda de precio limitado para las familias» (D Castilla y León 55/2008).

• Condiciones especiales para **adquirentes de viviendas con destino al alquiler**. No se les exige el cumplimiento de los requisitos establecidos en la L Castilla y León 9/2010 art. 63 a quienes adquieran en primera transmisión una vivienda de protección pública de promoción privada calificada provisional o definitivamente en el momento de dicha entrada en vigor y se comprometan a destinarla durante al menos 5 años al alquiler.

• Adelanto de **opción de compra** para viviendas en arrendamiento. Los arrendatarios de una vivienda joven o de una vivienda de precio limitado para familias, en ambos casos de promoción privada, que hayan suscrito un contrato de arrendamiento con opción a compra sobre tales viviendas pueden ejercer la opción de compra antes de que transcurran los 10 años previstos en su calificación, siempre que exista acuerdo entre el arrendatario y el propietario.

• Alquiler de viviendas de protección pública por **movilidad laboral**. Las viviendas de protección pública destinadas al arrendamiento pueden ser arrendadas por personas que, cumpliendo los demás requisitos de acceso a una vivienda de protección pública, tengan vivienda en otra localidad, cuando estas deban cambiar de provincia de residencia por motivos laborales o por haber obtenido un puesto de trabajo en una provincia diferente al de su residencia habitual y permanente.

• Arrendamiento de **viviendas de protección pública calificadas para venta**. Estas viviendas pueden ser objeto de un contrato de arrendamiento con opción a compra. La duración del contrato se pactará libremente conforme a la LAU. La renta máxima anual es el 5% del precio de venta fijado en la calificación definitiva. La opción de compra puede ejercitarse en cualquier momento durante la vigencia del contrato de arrendamiento. Del precio de venta se deducirá un porcentaje de las cantidades entregadas en concepto de renta: el 80% si la opción se ejercita durante el primer año; el 70% durante el segundo año; el 60% durante el tercer año y el 50% durante el cuarto año y posteriores.

• Extensión del **programa de fomento del alquiler**. Las personas jurídicas que sean titulares de una vivienda pueden incluir la misma en este programa.

Prestación económica frente a situaciones de deuda por alquiler de vivienda habitual (L Castilla y León 4/2018 art.23) Dentro de la **Red de protección e inclusión a personas y familias** en situación de mayor vulnerabilidad, se contemplan diversos recursos destinados a atender las necesidades de acceso y permanencia en la vivienda habitual, y de alojamiento alternativo, en su caso, de las personas en situación de mayor vulnerabilidad. 5367

Entre ellos se prevé una ayuda económica dirigida a atender de forma temporal el **coste del alquiler** de la vivienda habitual, al objeto de evitar el lanzamiento del arrendatario, previa valoración técnica que se realice al efecto sobre la idoneidad del recurso.

Pueden ser **beneficiarios** de esta ayuda aquellas personas o unidades familiares que cumplan los siguientes requisitos:

• Estar **empadronado** en un municipio de Castilla y León con, al menos, 6 meses de antigüedad.

• Encontrarse en situación de riesgo de **impago** o situación de impago de cuotas del contrato de arrendamiento de su vivienda habitual, según informe técnico, siempre que dicha situación no sea imputable a la actuación voluntaria de la persona obligada a su pago.

• Que la **vivienda** habitual esté ubicada en algún municipio de la Comunidad de Castilla y León.

• Que, según informe técnico, no dispongan de **recursos** suficientes para cubrir sus necesidades básicas de subsistencia.

• No superar los **ingresos anuales** la cuantía equivalente a 4 veces el IPREM anual en 14 pagas, incrementada en el caso de unidad familiar o de convivencia, en un porcentaje por cada miembro adicional (20% por el primer miembro, 10% por el segundo y 5% por el tercero y siguientes).

• No **haber sido beneficiario** de esta prestación en el año natural en el que se inicie el procedimiento de su reconocimiento, salvo situaciones excepcionales que comprometan gravemente la subsistencia de la unidad familiar de convivencia, apreciadas por el órgano competente de las entidades locales en el correspondiente informe técnico.

El **importe máximo anual** de esta ayuda económica es del 50% de la cuantía del IPREM anual en 14 pagas. Esta prestación se puede conceder mediante un pago único o fraccionado, siempre que se mantengan las circunstancias que dieron lugar a su concesión.

5. Régimen sancionador

(L Castilla y León 9/2010 art.101 a 108)

La legislación de vivienda de Castilla y León prevé la existencia de **infracciones** leves, graves y muy graves (L Castilla y León 9/2010 art.102 a 104). 5370

Las cuantías de las **sanciones** son las siguientes:

• Las infracciones leves se sancionan con multa de hasta 3.000 euros.

• Las infracciones graves se sancionan con multa de 3.001 hasta 15.000 euros.

• Las infracciones muy graves se sancionan con multa de 15.001 hasta 90.000 euros.

En el supuesto de que el **beneficio por la comisión de la infracción** fuese superior al importe de la sanción, se impone como sanción accesoria una cantidad igual al beneficio obtenido.

En la **graduación de la sanción** se tiene en cuenta el daño producido, el enriquecimiento obtenido injustamente, la concurrencia de intencionalidad y la reincidencia por cometer en un año más de una infracción de igual naturaleza cuando así haya sido declarado por resolución firme.

En cuanto a la **prescripción** de las infracciones y de las sanciones se establecen los siguientes plazos: 5374

	Leves	Graves	Muy graves
Infracciones	1 año	3 años	5 años
Sanciones	1 año	3 años	5 años

• El plazo de prescripción de las **infracciones** comienza el día en que fue cometida la infracción y se **interrumpe** con la notificación de la iniciación del procedimiento sancionador al interesado; se **reanuda** el plazo si el procedimiento sancionador estuviera paralizado durante más de 2 meses por causa no imputable al presunto infractor.

• El plazo de prescripción de las **sanciones** comienza desde el día en que adquiera firmeza la resolución por la que se impone la sanción y se **interrumpe** mediante la iniciación, con conocimiento del interesado, del procedimiento de ejecución; se **reanuda** el plazo de prescripción si el procedimiento de ejecución estuviera paralizado durante más de 2 meses por causa no imputable al infractor.

I. Cataluña

5382 La normativa catalana sobre vivienda pivota sobre dos grandes normas:
- la L Cataluña 18/2007, del **derecho a la vivienda**; y
- el D Cataluña 75/2014, que aprueba el **Plan para el derecho a la vivienda**.

Además, esta Comunidad Autónoma ha suscrito un **convenio de colaboración** con el ministerio competente en la materia para la ejecución del Plan estatal 2022-2025.
Asimismo, han de tenerse en cuenta ciertas medidas para hacer frente a **situaciones de emergencia habitacional** (nº 5460).

Precisiones Se ha resuelto **recurso de inconstitucionalidad** contra algunos preceptos de la Ley. El Tribunal Constitucional ha declarado la inconstitucionalidad y nulidad de L Cataluña 4/2016 art.17.3, 4 y 5 (TCo 8/2019).

1. Régimen jurídico de las viviendas protegidas

5386 **Tipología** (L Cataluña 18/2007 art.77; D Cataluña 75/2014 art.43.2) Desde el punto de vista del alquiler, se considera **vivienda con protección oficial** la que se sujeta a un régimen de protección pública que permita establecer como mínimo el precio máximo de alquiler, y que un acto administrativo dictado por el departamento competente en materia de vivienda califique como tal.
La protección oficial se puede extender a **garajes, anexos, trasteros** y otros elementos diferentes de la vivienda, pero que estén vinculados. Esta extensión de la protección oficial se tiene que regular por reglamento.
También tienen la consideración de viviendas con protección oficial las **viviendas para afectados urbanísticos** (HAUS), creadas y reguladas por el D Cataluña 80/2009, por el que se establece el régimen jurídico de las viviendas destinadas a hacer efectivo el derecho de realojamiento.
La **calificación** de vivienda con protección oficial puede ser:
• **Genérica**, cuando el acceso a la vivienda de las personas usuarias pueda estar en régimen de propiedad, de arrendamiento u otro régimen de cesión del uso sin transmisión de la propiedad.
• **Específica**, cuando el acceso a la vivienda de las personas usuarias esté solo en régimen de arrendamiento.

5389 **Duración del régimen legal** (D Cataluña 75/2014 art.47) La **vigencia** del plazo de calificación de las viviendas con protección oficial se computa desde la fecha de la concesión de la calificación definitiva y es la siguiente:
• En el caso de promociones en **suelo de reserva urbanística** con destino a vivienda protegida y si se obtienen ayudas directas: 30 años.
• En el caso de promociones en **suelos sin reserva urbanística** con destino a vivienda protegida y sin obtener ayudas directas: 10 años.
• En el **resto de supuestos**: 20 años.
Estos plazos **se reducen a la mitad** cuando las viviendas se ubiquen en municipios no incluidos en áreas de demanda residencial fuerte y acreditada, siempre que concurran las mismas circunstancias con respecto al suelo y a la obtención de ayudas.
No es posible la **descalificación** de las viviendas con protección oficial a petición de los propietarios adquirentes de las viviendas en todo el período de protección.

Destino (L Cataluña 18/2007 art.78; D Cataluña 75/2014 art.56) Las viviendas de protección oficial deben destinarse a **residencia habitual** de los propietarios u ocupantes. 5394
En ningún caso pueden destinarse a segunda residencia o a **otros usos** incompatibles con la vivienda.
Las personas arrendatarias de viviendas con protección oficial han de **ocupar la vivienda** en el plazo de 3 meses desde la entrega, a no ser que haya alguna causa justificada.
Se considera que una vivienda no se destina a domicilio habitual y permanente si los titulares de la obligación están 3 meses seguidos al año sin ocuparla y no hay causa alguna que lo justifique. El **incumplimiento** de dicha condición es un incumplimiento de la función social y, sin perjuicio de las sanciones aplicables, legitima a la Administración para ejercer la acción expropiatoria de forma inmediata.
Las viviendas de protección oficial no se pueden **realquilar o alquilar parcialmente**, salvo que sean propiedad de Administraciones públicas, de sus entes instrumentales o de entidades sin ánimo de lucro cuyo objeto sea el alojamiento de colectivos vulnerables que necesitan una tutela especial.

Superficie (D Cataluña 75/2014 art.44) Las viviendas con protección oficial han de tener una superficie útil **máxima** de 90 m^2. No obstante: 5395
- cuando se destinen a familias numerosas, la superficie útil máxima es de 120 m^2;
- en las viviendas reservadas para personas con discapacidad, la superficie útil máxima es de 100 m^2;
- en los municipios no incluidos en las áreas con demanda residencial fuerte y acreditada, la superficie útil se puede ampliar hasta los 120 m^2.

La superficie útil de las viviendas con protección oficial se computa de acuerdo con lo que establece la normativa sobre condiciones de habitabilidad de las viviendas y la cédula de habitabilidad.
En caso de que la vivienda tenga **espacios exteriores** construidos de uso privativo, a los efectos del cómputo de superficie protegible, se puede incluir la mitad de estos espacios, hasta un máximo del 10% de la superficie útil interior.

Renta (L Cataluña 18/2007 art.83 y 83 ter) La renta máxima de una vivienda con protección oficial se determina aplicando al precio de venta máximo obtenido una **tasa anual de rentabilidad** del 4,8%. Esta tasa se puede actualizar mediante la ley de acompañamiento a la Ley de presupuestos de la Generalidad. 5397
Debe tenerse en cuenta, no obstante, que el mencionado precio de venta máximo se determina en función del precio de venta básico y el factor de localización, que deben establecerse periódicamente por el departamento competente en materia de vivienda. En tanto no se establezcan, el DL Cataluña 17/2019 establece **normas transitorias** para la determinación de los precios de venta y de renta máximos (DL Cataluña 17/2019 disp.trans.5ª y 5ª bis).
La renta máxima obtenida se tiene que **reducir** en función de lo que establezcan las ayudas públicas, incluida la cesión de suelo, que se hubieran obtenido para la promoción de la actuación si procede.
En los contratos se puede pactar la **actualización anual** de la renta, sin que se pueda prever un incremento superior a lo que resultaría de aplicar la variación porcentual experimentada por el índice de precios al consumo en la fecha de la actualización.
Las Administraciones públicas competentes pueden establecer **bonificaciones** a la renta en función del nivel de ingresos de los usuarios. En el caso de promociones privadas de las viviendas, las bonificaciones que se establezcan se tienen que compensar a la cedente del uso de la vivienda. Estas bonificaciones son revisables anualmente, de acuerdo con la variación de la situación económica de las personas usuarias.

Prohibición de sobreprecio (L Cataluña 18/2007 art.84) En la **transmisión o cesión de uso** de viviendas de protección oficial por cualquier título, se prohíbe el sobreprecio, la prima o la percepción de cualquier cantidad que altere el precio, renta o canon que corresponda. 5401
Son **nulas de pleno derecho** las cláusulas y estipulaciones que establezcan precios superiores a los máximos que autorizan las normas aplicables. En estos casos, se entiende que la transmisión se ha efectuado por el precio máximo normativamente permitido. El resto del contrato es válido si se cumplen los demás requisitos para la transmisión o cesión de uso de la vivienda de protección oficial.
Si el adquirente u ocupante ha abonado cantidades indebidamente, vulnerando la norma, tiene derecho a reclamar su **reintegro**.

5407 **Transmisión** (L Cataluña 18/2007 art.82) Los propietarios y superficiarios de viviendas de protección oficial **en régimen de alquiler** pueden transmitir sus derechos sobre las viviendas, por promociones completas y sin ningún tipo de limitación en el precio, en cualquier momento del período de vinculación al régimen de alquiler, a sociedades que incluyan en su objeto social el arrendamiento de viviendas, incluidos los fondos de inversión inmobiliaria, siempre que los adquirentes se subroguen en los derechos y obligaciones de los vendedores.

Las viviendas promovidas a iniciativa pública pueden adjudicarse excepcional y justificadamente **a título precario**, sin que los precaristas puedan ceder el uso de la vivienda en ningún caso.

Excepcionalmente puede autorizarse a los propietarios de viviendas de protección oficial a **poner la vivienda en alquiler** o a ceder su uso de otra forma, en casos expresamente motivados por la Administración pública competente y con las condiciones que fije.

5417 **Visado de contratos** (L Cataluña 18/2007 art.85; D Cataluña 75/2014 art.57) Los actos y contratos de **cesión de uso** de viviendas de protección oficial deben ser visados por el departamento competente en materia de vivienda antes de que se otorgue el correspondiente documento público, para comprobar que:

- se ajustan a la legalidad;
- los arrendatarios cumplen los requisitos generales de acceso, especialmente la inscripción en el Registro de Solicitantes de Viviendas con Protección Oficial;
- contienen las cláusulas de inserción obligatoria;
- establecen la duración y modalidad de la calificación; y
- el precio de renta se ajusta a las normas aplicables.

El **plazo** para dictar y notificar la resolución sobre el visado es de un mes desde la entrada de la solicitud correspondiente en el registro del órgano competente para su tramitación. Si vence este plazo sin que se haya dictado ninguna resolución expresa, se entiende que se ha concedido el visado por silencio administrativo y, a petición de la persona interesada, debe expedirse la documentación que lo justifique.

Son **nulas** las cesiones de uso de viviendas de protección oficial por cualquier título sin haber obtenido el visado preceptivo. En caso de nulidad, la Administración debe ejercer la acción de rescisión.

2. Régimen de los arrendatarios

5420 **Condiciones de acceso** (D Cataluña 75/2014 art.55) Para acceder a una vivienda con protección oficial se han de cumplir, además de los límites de **ingresos** según la modalidad de vivienda, las siguientes **condiciones**:

a) No ser titular del pleno dominio o de un derecho real de uso o disfrute sobre una **vivienda sujeta a protección pública**, excepto que la vivienda se convierta en inadecuada de forma sobrevenida por sus circunstancias personales o familiares.

b) No ser titular de una **vivienda libre**, excepto que se le haya privado de su uso por causas no imputables a la persona interesada. En ningún caso pueden acceder los titulares de una vivienda o de un derecho sobre una vivienda que tenga un valor catastral superior al 40% del precio de la vivienda que se quiere adquirir. Este valor se eleva hasta el 60% en los siguientes supuestos:

- personas mayores de 65 años;
- mujeres víctimas de violencia familiar y machista;
- víctimas de terrorismo;
- familias numerosas y familias monoparentales con hijos, condición que se debe acreditar con el correspondiente título;
- personas dependientes, o con discapacidad oficialmente reconocida y las familias que las tengan a su cargo; y
- personas separadas o divorciadas al corriente del pago de las pensiones por alimentos y compensatorias, si procede.

c) Estar inscrito en el **Registro de Solicitantes de Viviendas** con Protección Oficial. Se exceptúa de este requisito el acceso a las viviendas con protección oficial para afectados urbanísticos (HAUS), creadas y reguladas por el D Cataluña 80/2009.

Las condiciones previstas en las letras a) y b) anteriores no son aplicables en el supuesto de viviendas en régimen de alquiler promovidas por personas o entidades promotoras, destinadas a personas **mayores de 65 años**, o **personas con movilidad reducida** que no puedan adaptar su vivienda, siempre que la vivienda de la que sean propietarios sea ofrecida en cesión a una Administración pública, a una entidad que dependa de esta o a cualquiera de las bolsas de mediación para el alquiler social. En este supuesto el canon a percibir y la renta a aplicar cuando se alquile la vivienda, mediante la bolsa correspondiente, no puede superar la renta de una vivienda con protección oficial, en la misma fecha y zona geográfica.

Registro de Solicitantes de Viviendas con Protección Oficial (L Cataluña 18/2007 art.92 a 96; D Cataluña 106/2009) Se exige la inscripción en este Registro, en la correspondiente **modalidad de demanda**, para ser adjudicatario de una vivienda de protección oficial. 5425

Se exceptúan de dicho requisito las adjudicaciones destinadas a hacer frente a las **situaciones de emergencia** en el marco de las prestaciones que corresponden a los servicios de asistencia y bienestar sociales.

Inscripción Tienen derecho a inscribirse en el Registro las personas que, individualmente o como unidad de convivencia, cumplan los requisitos normativamente establecidos. 5429

En todo caso, la persona solicitante debe cumplir, como mínimo, los siguientes requisitos:

• Residir en un **municipio de Cataluña** y acreditarlo mediante el correspondiente certificado de empadronamiento, o bien haber presentado la solicitud de reconocimiento de la condición de persona regresada (de acuerdo con la L Cataluña 25/2002).

• Acreditar que los futuros titulares de la vivienda, o la unidad de convivencia, cumplen unos determinados **límites de ingresos**, de acuerdo con lo que se establezca reglamentariamente. En el caso de la **vivienda en alquiler**, el hecho de que el reglamento no exija unos ingresos mínimos al solicitante o la solicitante de una vivienda para inscribirse en el Registro no implica que no se le puedan exigir en el momento de adjudicársele.

Para tener derecho a estar inscrito en el Registro debe acreditarse la **necesidad de vivienda**. Hay necesidad de vivienda si los solicitantes, o los miembros de la unidad de convivencia, no disponen de forma efectiva de una vivienda adecuada en propiedad, con derecho de superficie o en usufructo, o bien si su patrimonio no les permite acceder a una, en la fecha de solicitud de la inscripción en el Registro, y en los demás supuestos que se establezcan por reglamento.

Las demandas de vivienda de protección oficial efectuadas por personas o unidades de convivencia que **no tengan** los ingresos mínimos exigidos o **no cumplan** los requisitos de capacidad necesarios que establezca la legislación vigente en cada momento, deben gestionarse en coordinación con los servicios sociales correspondientes.

Las **personas inscritas** en el Registro tienen derecho a optar a la adjudicación de una vivienda de protección oficial según las condiciones específicas que se determinen para cada promoción. La inscripción, por sí misma, no da lugar a ningún otro derecho ni supone la adjudicación automática de ninguna vivienda de protección oficial.

Precisiones **1)** Son **unidades de convivencia**, a efectos de poder estar inscritas en el Registro, el conjunto de personas que acreditan que conviven efectivamente en el mismo domicilio o que se comprometen a dicha convivencia efectiva en el futuro. Se presume la convivencia efectiva en el caso de matrimonios, uniones estables de pareja y parejas de hecho inscritas. En el Registro solo debe inscribirse uno de los miembros de la unidad de convivencia.

2) El Reglamento del Registro de Solicitantes de Viviendas con Protección Oficial establece las fórmulas de **cesión de la vivienda inadecuada** a la Administración como requisito para acceder a una vivienda de protección oficial (D Cataluña 106/2009 art.8).

Selección de destinatarios (L Cataluña 18/2007 art.98 a 104) Las personas que hayan manifestado interés por participar en la **adjudicación de una promoción de viviendas** de protección oficial forman el llamado cupo general, salvo que sean objeto de atención dentro de los cupos especiales de reserva. 5434

Para garantizar la compensación entre municipios de la oferta de viviendas de protección oficial, el plan territorial sectorial de vivienda debe establecer, si procede, el porcentaje de **reserva máxima** que los municipios deben respetar en el cupo general en cuanto a personas empadronadas en el municipio.

Para garantizar una mixtura social efectiva en las promociones de viviendas de protección oficial, las condiciones de adjudicación concretas en cada promoción deben establecer sistemas que aseguren que la composición final de los adjudicatarios sea la más parecida a la de la **estructura social del municipio, distrito o zona**, tanto en lo que se refiere al nivel de ingresos como al lugar de nacimiento, y que eviten la concentración excesiva de colectivos que puedan poner la promoción en riesgo de aislamiento social.

La **antigüedad mínima de empadronamiento** exigible a los solicitantes de viviendas en alquiler no puede superar los 3 años.

Cupos especiales de reserva (L Cataluña 18/2007 art.99) Ciertos colectivos son objeto de atención especial: 5436

• Para garantizar a **las personas con movilidad reducida** el acceso a una vivienda, en todas las promociones debe reservarse un porcentaje no inferior al 3% del volumen total para destinarlo a satisfacer la demanda de vivienda para dicho colectivo.

• Las resoluciones de inicio de los procedimientos de adjudicación en promociones de iniciativa pública deben establecer una reserva sobre el número total de viviendas de las promociones para destinarla a cupos especiales de conformidad con las necesidades de cada municipio

y llevar a cabo acciones positivas respecto a las personas y colectivos vulnerables con **riesgo de exclusión social**.
• En el establecimiento de los cupos especiales de reserva, debe velarse para garantizar el acceso a la vivienda a las **mujeres** que se hallan en una situación de violencia o que están saliendo de la misma y a las que se hallan en situación de precariedad económica a causa de esta violencia o necesitan una vivienda para salir de dicha situación.
En un mismo municipio, la reserva de cada promoción, justificadamente, puede sustituirse por un **programa de actuación** que destine un número equivalente de viviendas a los colectivos a los que se refieren los párrafos anteriores.

3. Ayudas públicas en materia de vivienda

5445 Cataluña cuenta con plan propio en materia de vivienda: el **Plan para el derecho a la vivienda**, aprobado por D Cataluña 75/2014, que está vigente hasta que se apruebe y entre en vigor un nuevo plan de la vivienda que lo sustituya.
Además, esta Comunidad Autónoma ha suscrito un **convenio de colaboración** con el ministerio competente en la materia para la ejecución del Plan estatal 2022-2025 (Convenio de colaboración 13-7-22, Resol 20-7-22).

Precisiones En desarrollo de los planes autonómico o estatal, se aprueban periódicamente **bases reguladoras** para la concesión de las ayudas (p.e. Resol Cataluña TER/402/2024, para las subvenciones para el pago del alquiler o precio de cesión de vivienda o habitación; Resol Cataluña TER/1994/2023, para la promoción de viviendas con protección oficial en régimen de alquiler o cesión de uso; Resol Cataluña DSO/1422/2022, para las subvenciones del Bono Alquiler Joven)

5448 **Programas autonómicos de ayudas** (D Cataluña 75/2014 art.2) El Plan para el derecho a la vivienda de Cataluña prevé los siguientes programas de ayudas con relación al alquiler:
a) El programa de **viviendas con protección oficial**, que incluye las siguientes actuaciones:
• La promoción, y calificación de viviendas con protección oficial, destinadas al alquiler, a la venta, a otras formas de tenencia intermedia, o al uso propio (D Cataluña 75/2014 art.41 a 57).
• El alquiler, la adquisición u otras formas intermedias de acceso a las viviendas con protección oficial (D Cataluña 75/2014 art.54), como son la propiedad compartida, el derecho de superficie y otros tipos de propiedad de carácter temporal y la cesión de uso (la que efectúa una cooperativa de cesión de uso a sus asociados).
• La promoción de alojamientos colectivos protegidos para personas especialmente vulnerables y para otros grupos específicos de población (D Cataluña 75/2014 art.58 y 59).
b) El **programa social de vivienda**, que incluye las siguientes actuaciones:
• La mediación en el alquiler social (D Cataluña 75/2014 art.15 a 21), con establecimiento de un sistema de garantías públicas para los propietarios de viviendas desocupadas.
• Las viviendas de inserción (D Cataluña 75/2014 art.22 a 25), destinadas a personas con problemas de inserción, y a arrendatarios de infraviviendas o de viviendas sobreocupadas.
• Actuaciones sociales en áreas de riesgo de exclusión residencial o con degradación urbana (D Cataluña 75/2014 art.26).
c) Como **medidas conexas y complementarias**:
• Apoyo a las oficinas locales de vivienda y bolsas de mediación para el alquiler social (D Cataluña 75/2014 art.60 a 65).
• Régimen de coberturas de cobro de las rentas arrendaticias de los contratos de alquiler de viviendas (D Cataluña 75/2014 art.66 a 71).
• Mesa de valoración de situaciones de emergencias económicas y sociales (D Cataluña 75/2014 art.73 a 75).

4. Otras medidas públicas en materia de vivienda

5460 **Viviendas provenientes de procesos de ejecución hipotecaria** (DL Cataluña 1/2015) Se adoptan medidas dirigidas a movilizar los parques de viviendas sometidos a procesos de ejecución hipotecaria, así como a posibilitar que las familias residentes en estas viviendas puedan permanecer en las mismas en régimen de alquiler. Concretamente:
• Se someten a **tanteo y retracto** a favor de la Administración de la Generalidad la primera y posteriores transmisiones de viviendas adquiridas en un proceso de ejecución hipotecaria o mediante compensación o pago de deuda con garantía hipotecaria (DL Cataluña 1/2015 art.2). El ejercicio de esta medida se limita a los 12 años siguientes a la entrada en vigor de la norma (DL Cataluña 1/2015 disp.final 1ª).
• Se tipifica como infracción grave en materia de calidad del parque inmobiliario, la no ejecución de las obras necesarias para el cumplimiento de los **requisitos de habitabilidad** exigidos

a las viviendas provenientes de ejecuciones hipotecarias o mediante compensación o pago de deuda con garantía hipotecaria (DL Cataluña 1/2015 art.3). La vigencia de esta medida se limita a los 6 años siguientes a la entrada en vigor de la norma (DL Cataluña 1/2015 disp.final 1ª).
• Se prevé la **expropiación temporal** del usufructo de la vivienda por un plazo máximo de 10 años, en los casos de negativa por el titular de ejecutar las obras de rehabilitación necesarias para cumplir las condiciones de habitabilidad (DL Cataluña 1/2015 art.4). El ejercicio de esta medida se limita a los 12 años siguientes a la entrada en vigor de la norma (DL Cataluña 1/2015 disp.final 1ª).
• Se establece el **deber de comunicación** a la Generalidad de las viviendas adquiridas en un proceso de ejecución hipotecaria, tanto si están vacías como si están ocupadas sin título habilitante.

Medidas para evitar las viviendas desocupadas (L Cataluña 18/2007 art.3.d, 41 -redacc L Cataluña 1/2023-, 42 y disp.adic.24ª) La **vivienda vacía** se define como aquella que permanece desocupada permanentemente, sin causa justificada, por un plazo de más de 2 años. A este efecto, son causas justificadas el traslado por razones laborales, el cambio de domicilio por una situación de dependencia y el hecho de que la propiedad de la vivienda sea objeto de un litigio judicial pendiente de resolución. La ocupación sin título legítimo no impide que se pueda considerar vacía una vivienda. **5461**
La desocupación permanente de la vivienda se considera una **utilización anómala** de la misma.
Respecto de estas viviendas, se prevé la adopción de las siguientes medidas:
• El impulso por la Generalidad, en coordinación con las Administraciones locales, de **políticas de fomento** para potenciar su incorporación al mercado, preferentemente de alquiler.
• El impulso de políticas de **fomento de la rehabilitación** de las viviendas que estén en mal estado para ser alquiladas.
• La aportación de **garantías a los propietarios** de las viviendas vacías o permanentemente desocupadas sobre el cobro de las rentas y la reparación de desperfectos.
• La **cesión de las viviendas** a la Administración pública para que las gestione en régimen de alquiler. En contrapartida, debe suscribirse un pacto relativo al cobro y demás condiciones de la cesión, dentro de programas específicamente destinados a dicha finalidad en los planes de vivienda.
• La adopción de **otras medidas** por la Administración, como por ejemplo de carácter fiscal, con los mismos objetivos de incentivar la ocupación de las viviendas y penalizar su desocupación injustificada.
• En el caso de **viviendas de titularidad de personas jurídicas privadas**, si la Administración requiere a la persona responsable para que adopte las medidas necesarias para ocupar legal y efectivamente una o varias viviendas para que constituyan la residencia de personas, debe advertirle en la misma resolución de que, si la vivienda no se ocupa legal y efectivamente en el plazo que establezca, se podrá exigir la ejecución forzosa de las medidas requeridas mediante la imposición de una multa coercitiva. En la situación asimilada relativa a los edificios de viviendas inacabadas, el mencionado requerimiento debe incluir las medidas necesarias para terminar previamente las obras de edificación.
Esta advertencia debe incluir la posibilidad de declarar el incumplimiento de la función social de la propiedad al efecto de iniciar el procedimiento para su **expropiación forzosa**.
• Se crea el **Registro** de viviendas vacías y de viviendas ocupadas sin título habilitante, dependiente de la Agencia de la Vivienda de Cataluña.
• Por último, hay que tener en cuenta el **impuesto sobre las viviendas vacías**, que grava la desocupación permanente de una vivienda durante más de 2 años sin causa justificada (L Cataluña 14/2015).

Precisiones Otras medidas en esta materia incorporadas en la Ley por DL Cataluña 17/2019 han sido declaradas **nulas** por el Tribunal Constitucional (TCo 16/2021).

Medidas para afrontar la emergencia en el ámbito de la vivienda (L Cataluña 24/2015) **5462**
Se establecen básicamente las siguientes medidas:
a) Los consumidores que se encuentren en una situación de sobreendeudamiento derivada de una relación de consumo, así como cualquiera de sus acreedores, pueden solicitar un **procedimiento extrajudicial** para la resolución de dicha situación de sobreendeudamiento, salvo que se encuentren inmersos en un procedimiento judicial concursal. Este procedimiento se gestiona por las comisiones de sobreendeudamiento, cuyas resoluciones, de carácter administrativo, están sujetas a revisión judicial (L Cataluña 24/2015 art.2).

b) Se ha de ofrecer una **propuesta de alquiler social** en los siguientes casos (L Cataluña 24/2015 art.5 redacc L Cataluña 3/2023):

• Con carácter previo a **adquirir una vivienda** por acuerdo de compensación o dación en pago de préstamos o créditos hipotecarios sobre la vivienda habitual o de firmar la compraventa de una vivienda que tenga como causa la imposibilidad del prestatario de devolver el préstamo hipotecario, cuando la adquisición o la compraventa afecte a personas o unidades familiares que no tengan una alternativa propia de vivienda y que estén en riesgo de exclusión residencial.

• Antes de interponer cualquier **demanda judicial** de ejecución hipotecaria o de desahucio por impago de alquiler, cuando el procedimiento afecte a personas o unidades familiares que no tengan una alternativa propia de vivienda y que estén en riesgo de exclusión residencial y siempre que el demandante:

- tenga la condición de gran tenedor de vivienda;
- sea persona jurídica que haya adquirido posteriormente al 30-4-2008 viviendas provenientes de ejecuciones hipotecarias, de acuerdos de compensación de deudas o de dación en pago o de compraventas por imposibilidad de devolver el préstamo hipotecario.

La obligación de acreditar que se ha formulado una propuesta de alquiler social, antes de interponer determinadas demandas judiciales, se hace extensiva en los mismos términos a cualquier **acción ejecutiva** derivada de la reclamación de una deuda hipotecaria y a las **demandas de desahucio** por vencimiento de la duración del título jurídico que habilita la ocupación de la vivienda, por falta de título jurídico que habilite la ocupación de la vivienda, si la falta de título proviene de un proceso instado por un gran tenedor, o por falta de título jurídico que habilite la ocupación de la vivienda, si el demandante tiene la condición de gran tenedor (L Cataluña 24/2015 disp.adic.1ª).

c) Se prevé la **cesión obligatoria de viviendas**, por un período de 7 años, para incorporarlas al fondo de viviendas de alquiler para políticas sociales, para las viviendas vacías propiedad de personas jurídicas y siempre que el propietario de la vivienda (L Cataluña 24/2015 art.7):

- sea sujeto pasivo, obligado al pago del impuesto sobre las viviendas vacías (L Cataluña 14/2015 art.9);
- disponga de viviendas vacías en un municipio en que exista, como mínimo, una unidad familiar en riesgo de exclusión residencial;
- haya incumplido el requerimiento relativo a la obligación de que la vivienda sea ocupada legalmente para constituir la residencia de las personas.

Precisiones El Tribunal Constitucional ha declarado la **inconstitucionalidad y nulidad** de algunos preceptos de esta Ley (TCo 13/2019), así como de otros incorporados a la misma por DL Cataluña 17/2019 (TCo 16/2021) y por L Cataluña 11/2020 (TCo 57/2022).

5464 **Protección de personas en riesgo de exclusión residencial** (L Cataluña 4/2016) Se trata de medidas que tienen por objeto asistir a quienes se encuentren en situación de exclusión residencial como consecuencia de una situación de **sobreendeudamiento** por causas sobrevenidas, o estén en riesgo de encontrarse en dicha situación.

Entre las **medidas de protección** previstas, cabe destacar las siguientes:

a) Las Administraciones públicas de Cataluña pueden adoptar las siguientes **fórmulas de actuación** (L Cataluña 4/2016 art.3):

• La **mediación** en el ámbito del consumo.
• La **expropiación temporal** de viviendas vacías.
• La **obligación de realojamiento**, en determinados supuestos, de personas o unidades familiares en riesgo de exclusión residencial.
• La **expropiación del derecho de uso** en los casos legalmente establecidos.
• La dotación de **ayudas económicas** que permitan mantener el uso de la vivienda habitual.
• La dotación de **ayudas económicas para el realojamiento**.
• La dotación de las ayudas necesarias para garantizar a las familias en situación de vulnerabilidad el **acceso a una vivienda como apoyo básico**.
• El **apoyo** y la **información**, tanto a la Administración de Justicia, como a los particulares implicados en procedimientos que pueden conllevar la pérdida de su vivienda habitual, para evitar la vulneración de sus derechos fundamentales.

b) Se crea la **Comisión de Vivienda y Asistencia para Situaciones de Emergencia Social** (L Cataluña 4/2016 art.5 s.), con el objeto de coordinar la actuación de las Administraciones públicas catalanas en el establecimiento de mecanismos de solución de conflictos y la aplicación de las medidas de acción protectora, con la participación de entidades sin ánimo de lucro representativas de intereses afectados.

c) Fomento de la **mediación** entre las personas deudoras y las entidades acreedoras como medida de protección en situaciones de sobreendeudamiento (L Cataluña 4/2016 disp.adic.2ª)

d) Puede aplicarse la **expropiación forzosa** por incumplimiento de la función social de la propiedad -relativa a la ocupación legal y efectiva de la vivienda-, a efectos de dotar a las Administraciones competentes en la materia de un parque social de viviendas asequibles de alquiler para atender con carácter preferente las necesidades de vivienda de las personas que se encuentran en situación de exclusión residencial o que están en riesgo de encontrarse en esta situación. **5465**

Son Administraciones expropiantes los municipios y el departamento competente en materia de vivienda. Si la expropiación forzosa es solo del uso de la vivienda, la **duración** debe ser por un período de 7 años como máximo (L Cataluña 4/2016 art.15 redacc L Cataluña 3/2023).

Es necesaria la concurrencia de los siguientes requisitos:

• Que los inmuebles estén ubicados en **ámbitos de demanda residencial fuerte y acreditada** (L Cataluña 18/2007 art.12.5) o en municipios que el Gobierno declare por decreto, atendiendo a las necesidades de vivienda y el parque de viviendas disponibles.

• Que las viviendas estén inscritas en el **Registro de viviendas vacías** y de viviendas ocupadas sin título habilitante, o sean susceptibles de estar inscritas, o pertenezcan a personas jurídicas que las hayan adquirido de un titular de viviendas inscritas en el Registro en primera o ulteriores transmisiones, aunque el titular actual sea un fondo de titulización de activos o la adquisición se haya efectuado mediante la transmisión de acciones o participaciones de sociedades mercantiles.

e) Como medida para resolver la falta de vivienda de las personas o unidades familiares en riesgo de exclusión residencial, se prevé la obligación de **realojamiento** en determinados supuestos, principalmente en casos de **ejecución hipotecaria** -o de otro tipo derivada de la reclamación de una deuda hipotecaria- **o desahucio** por impago de las rentas de alquiler, y en casos de transmisión de la vivienda habitual derivada de **acuerdos de compensación o dación en pago** del préstamo hipotecario o la venta de la misma por imposibilidad del prestatario de devolver el préstamo.

En estos casos, los grandes tenedores titulares de viviendas vacías están obligados a ofrecer a los ocupantes el realojo en una vivienda de su titularidad (L Cataluña 4/2016 art.16).

Precisiones El Tribunal Constitucional ha declarado la **inconstitucionalidad y nulidad** de algunos preceptos de esta Ley (TCo 8/2019), así como de otros incorporados a la misma por DL Cataluña 17/2019 (TCo 16/2021) y por L Cataluña 11/2020 (TCo 57/2022).

Limitación de la renta del alquiler de vivienda (L Cataluña 11/2020 art.6 a 13) En **Cataluña,** se estableció un régimen de contención de rentas en los contratos de arrendamiento de vivienda, con efectos desde 22-9-2020, aplicable a los contratos de arrendamiento de vivienda habitual y permanente que se localizasen en un área declarada como «**mercado de vivienda tenso**». **5466**

No obstante, el mismo fue **anulado**, con efectos desde 8-4-2022 (TCo 37/2022). Asimismo, con efectos desde 1-11-2022, el Tribunal Constitucional anuló también la regulación de los acuerdos sobre la asunción de gastos generales y servicios individuales, alcanzados por las partes en el contrato de arrendamiento sujeto a contención de rentas de Cataluña (TCo 118/2022).

Actualmente las zonas de mercado residencial tensionado y las limitaciones de renta en dichas zonas se regula en la **Ley estatal** por el derecho a la vivienda (nº 4690 y nº 485), y Cataluña ha sido la primera comunidad autónoma en declarar estas zonas.

5. Régimen sancionador

(L Cataluña 18/2007 art.108 a 131)

Infracciones (L Cataluña 18/2007 art.122 a 126) Las infracciones previstas pueden ser **leves, graves y muy graves**, distinguiéndose además en cuanto afectan a: **5480**

- la calidad del parque inmobiliario;
- la protección de los consumidores y usuarios de viviendas; y
- la vivienda de protección oficial;
- las medidas de contención de rentas.

Medidas a adoptar (L Cataluña 18/2007 art.109 a 121) Ante la comisión de infracciones, se puede adoptar alguna de las siguientes medidas: **5483**

a) Medidas **provisionales**, entre las que se contemplan:

• Las medidas de cautela en promociones de obra nueva o en actuaciones de rehabilitación.

• La clausura de inmuebles.

b) Medidas **de reconducción**, como:

• La exigencia de obras a los promotores.

• Las multas coercitivas no sancionadoras.

• La devolución del importe del sobreprecio.

c) Finalmente, **medidas sancionadoras**:
• La inhabilitación de los infractores para participar en promociones de vivienda de protección oficial o en actuaciones de edificación o rehabilitación con financiación pública.
• La suspensión, si procede, de la inscripción en el correspondiente registro de homologación de los agentes vinculados con la vivienda.
• La imposición de multas.

5485 Se establece la siguiente **cuantía de las sanciones**:
• Infracciones **leves**: multa de 3.000 a 9.000 euros.
• Infracciones **graves**: multa de 9.001 a 90.000 euros.
• Infracciones **muy graves**: multa de 90.001 a 900.000 euros.
Si el **beneficio** que resulta de la comisión de una infracción es superior al importe de la multa que le corresponde, el importe de la multa puede ser incrementado hasta la cuantía equivalente al beneficio obtenido.
Las multas fijadas se condonan hasta el 80% del importe correspondiente en caso de que los infractores hayan **reparado la infracción** objeto de la resolución sancionadora.
En los supuestos de infracción muy grave, teniendo en cuenta los criterios de gradación, puede imponerse como sanción accesoria la **inhabilitación** de los infractores, durante un plazo de 1 a 3 años, para participar en promociones de vivienda de protección oficial o en actuaciones de edificación o rehabilitación con financiación pública.
Los **agentes inmobiliarios** inscritos en el registro de homologación de los agentes vinculados con la vivienda que sean sancionados como responsables de la comisión de una infracción muy grave o grave causan baja en dicho registro por el tiempo que dura la inhabilitación.

5487 **Prescripción y caducidad** (L Cataluña 18/2007 art.127 a 129) Los plazos de prescripción de las **infracciones** administrativas tipificadas son:
- 2 años para las leves;
- 3 años para las graves; y
- 4 años para las muy graves.

Dichos plazos **se computan** desde que la infracción se ha cometido. En el caso de que se trate de infracciones continuadas, el cómputo del plazo de prescripción se inicia cuando ha finalizado el último acto con el que se consuma la infracción.
Los plazos **se interrumpen**:
• Si se lleva a cabo cualquier **actuación administrativa** que conduzca a la iniciación, tramitación o resolución del procedimiento sancionador, realizada con conocimiento formal del inculpado o encaminada a averiguar su identidad o domicilio, y que se practique con proyección externa a la dependencia en que se origine. No interrumpe la prescripción la notificación de las actuaciones administrativas con carácter exclusivamente recordatorio, que no tenga por finalidad impulsar el procedimiento para imponer la sanción administrativa.
• Si los inculpados interponen **reclamaciones o recursos** de cualquier clase.
Los plazos de prescripción de las **sanciones** administrativas impuestas son:
- 2 años para las leves;
- 3 años para las graves; y
- 4 años para las muy graves.

Estos plazos **se computan** desde que la sanción administrativa es firme.
Se produce la **caducidad** de los expedientes sancionadores en materia de vivienda si, una vez transcurrido el plazo de 6 meses desde la incoación, no se ha dictado y notificado resolución alguna. Ello no impide incoar un nuevo expediente si aún no se ha producido la prescripción de la infracción, a pesar de que los expedientes caducados no interrumpen el plazo de prescripción.

J. Extremadura

5490

5498 La legislación sobre vivienda protegida en Extremadura cuenta con una **norma básica** de referencia: la L Extremadura 11/2019, de promoción y acceso a la vivienda de Extremadura, que establece los principios básicos de la vivienda protegida en esta comunidad autónoma.
El **régimen de la vivienda protegida** debe desarrollarse por norma reglamentaria, pero en tanto esta se aprueba, es aplicable en este aspecto el título III del D Extremadura 137/2013,

que aprueba el Plan de rehabilitación y vivienda de Extremadura 2013-2016 (D Extremadura 17/2019 disp.derog.única.2).
Esta Comunidad Autónoma ha elaborado un **plan de vivienda** propio, el Plan de vivienda de Extremadura 2022-2027 (nº 5540).
Asimismo, han de tenerse en cuenta ciertas medidas para hacer frente a **situaciones de exclusión residencial** (nº 5580).

Precisiones Por D Extremadura 12/2019 se regulan los siguientes **procedimientos administrativos** previos al arrendamiento efectivo de viviendas protegidas:
- Procedimiento de autorización para disponer de viviendas protegidas.
- Procedimiento de comunicación de enajenación onerosa de viviendas protegidas existentes.
- Procedimiento de informe de precio máximo de arrendamiento de viviendas protegidas.

1. Régimen jurídico de las viviendas protegidas

5500

Tipología (L Extremadura 11/2019 art.27 y 28; D Extremadura 137/2013 art.72) Según el **promotor** de la vivienda protegida, se distingue entre viviendas protegidas de promoción pública y de promoción privada. 5502
Según el **tipo de construcción**, se distingue entre:
- vivienda unifamiliar: edificación de uso residencial, desarrollada para ser ocupada en su totalidad por una sola familia, con acceso independiente y exclusivo; y
- vivienda plurifamiliar: edificación de uso residencial que dispone de acceso y servicios comunes para dos o más familias.

El Plan de vivienda 2013-2016 -vigente en tanto en cuanto se aprueba un nuevo Reglamento de vivienda- considera actuaciones protegidas en materia de **vivienda de nueva construcción**, las siguientes:
- viviendas del programa especial;
- viviendas medias;
- viviendas protegidas de régimen especial o general.

Todas las viviendas protegidas de nueva construcción referidas pueden ser calificadas para **uso propio, venta, arrendamiento** o indistintamente para venta o arrendamiento.
Las características concretas de estas viviendas se regulan en el D Extremadura 137/2013 art.83 a 87.

Duración del régimen legal (L Extremadura 11/2019 art.29; D Extremadura 137/2013 art.74) El alcance, contenido y plazo de duración del régimen de protección es el que se determine reglamentariamente, en función de la tipología de vivienda protegida y de su comercialización, del destinatario y de las ayudas públicas percibidas por este, entre otros. 5504
Según el plan de rehabilitación y vivienda de Extremadura 2013-2016 -que en este aspecto mantiene su vigencia hasta la aprobación de un Reglamento de Vivienda- el plazo de duración del régimen de protección de las viviendas protegidas de nueva construcción es de 20 años, a contar desde la calificación definitiva.
Es posible la **descalificación** de la vivienda protegida de nueva construcción cuando hayan transcurrido 10 años, a contar desde la calificación definitiva y siempre que:
- No se aprecien perjuicios para el **interés general** o para terceros interesados.
- La vivienda protegida no se encuentre vinculada a un **régimen de arrendamiento**.
- No concurra ninguna **prohibición específica** de descalificación impuesta por la normativa estatal aplicable.
- La vivienda no se encuentre ubicada en **municipios** donde no exista un parque de viviendas protegidas suficiente.

Destino y superficie (L Extremadura 11/2019 art.34; D Extremadura 137/2013 art.83 a 85) Las viviendas protegidas se han de destinar a **residencia habitual y permanente** del propietario o de un tercero. Reglamentariamente, pueden determinarse las exenciones y prórrogas que, a tal efecto, puedan reconocerse. 5507
La Ley no establece limitaciones de superficie para este tipo de viviendas.

No obstante, el Plan de rehabilitación y vivienda de Extremadura 2013-2016 -vigente en este aspecto hasta la aprobación de un Reglamento de Vivienda- establece las siguientes **superficies máximas**:
- viviendas del programa especial: 80 m^2 útiles;
- viviendas medias: 120 m^2 útiles;
- viviendas protegidas de régimen especial o general: 90 m^2 útiles.

5512 **Renta** (L Extremadura 11/2019 art.33) Las viviendas protegidas están sujetas a un **precio máximo de arrendamiento**, durante el plazo que reglamentariamente se determine, según la tipología de vivienda protegida de que se trate y a la zona geográfica donde radique. A estos efectos ha de tenerse en cuenta el Plan de rehabilitación y vivienda de Extremadura 2013-2016 (D Extremadura 137/2013), vigente en este aspecto hasta la aprobación de un Reglamento de Vivienda.
A efectos de la **determinación del precio máximo**, ha de tenerse en cuenta el D Extremadura 137/2013 y la Orden Extremadura 18-5-2022, por la que se modifican los precios máximos de compraventa o adjudicación de las viviendas protegidas y se actualizan estos.
La **mejora** que hubiera podido experimentar la vivienda protegida en ningún caso puede justificar la exigencia de sobreprecio.
Son **nulas** de pleno derecho las cláusulas que incumplan estas limitaciones.

Precisiones Por D Extremadura 12/2019 se regula el procedimiento de **informe de precio máximo** de compraventa o arrendamiento de viviendas protegidas.

5515 **Contenido del contrato** (D Extremadura 137/2013 art.82) El Plan de rehabilitación y vivienda de Extremadura 2013-2016 -vigente en este aspecto hasta la aprobación de un Reglamento de Vivienda- establece como **cláusulas obligatorias** de los contratos de arrendamiento de viviendas protegidas de nueva construcción de promoción privada, las siguientes:
• Que el arrendamiento de la vivienda protegida, y del garaje y trastero en su caso, se encuentra afectado por un **precio máximo** de renta, con especificación del que se halle vigente al tiempo del contrato.
• Determinación del **precio de arrendamiento** y de la superficie de la vivienda, y del garaje y trastero en su caso, así como de la fórmula de revisión del precio, que debe ajustarse a la normativa aplicable.
• Que el arrendatario se obliga a **no subarrendar** la vivienda, ni el garaje y trastero en su caso, cuyo incumplimiento constituye causa de resolución del contrato.
• El plazo de **duración** del contrato de arrendamiento.
• En su caso, condiciones de la **oferta de venta** de la vivienda, especificando los límites temporales y de precio, que deben ajustarse a la normativa aplicable.

5521 **Visado de contratos** (L Extremadura 11/2019 art.32) El visado es el acto administrativo en virtud del cual la Administración pública reconoce que el adquirente, el adjudicatario o el arrendatario que figura como parte en el contrato de compraventa, en el título de adjudicación o en el contrato de arrendamiento presentado **reúne los requisitos** para acceder, en propiedad o en arrendamiento, a la vivienda protegida a que se refiera.
Los **contratos y títulos** que deban ser objeto de visado administrativo se han de determinar reglamentariamente, así como el contenido mínimo que deben observar aquellos para obtener el preceptivo visado.
En tanto en cuanto se aprueba un Reglamento de Vivienda, es aplicable la regulación del visado de los contratos contenida en el Plan de rehabilitación y vivienda de Extremadura 2013-2016 (D Extremadura 137/2013 art.105 a 107).

2. Régimen de los arrendatarios

5530 Los **requisitos de acceso**, en propiedad o en arrendamiento, a la vivienda protegida se han de determinar reglamentariamente (L Extremadura 11/2019 art.30).
Estos requisitos pueden estar relacionados, entre otros, con la **capacidad adquisitiva** del destinatario y con la propiedad o copropiedad de otra vivienda, sin perjuicio de las exenciones que puedan preverse en la normativa reglamentaria de desarrollo.
Actualmente las condiciones de acceso se regulan en el **Plan de vivienda** de Extremadura 2022-2027 (nº 5540).

3. Ayudas públicas en materia de vivienda

5540 Esta comunidad cuenta con un **plan propio de vivienda**, el Plan de vivienda de Extremadura 2022-2027, no publicado en el DOE, sino en la página web de la Junta de Extremadura (www.juntaex.es). Este plan establece objetivos generales y actuaciones. No obstante, los programas de ayudas deben desarrollarse reglamentariamente.
Además, ha suscrito un convenio de colaboración con el ministerio competente en la materia para la ejecución del **Plan estatal** de vivienda 2022-2025 (Convenio de colaboración 7-7-22, Resol 12-7-22).
Las **bases reguladoras** de las subvenciones contempladas en el Plan estatal se han aprobado por Orden Extremadura 13-9-22.

4. Otras medidas públicas en materia de vivienda

5580 **Medidas contra la exclusión residencial** (L Extremadura 2/2017) Se establecen medidas dirigidas a combatir las situaciones de exclusión residencial, especialmente aquellos casos en que las personas pierden su vivienda habitual con motivo del **desahucio** derivado de procesos de ejecución hipotecaria instados por entidades financieras:

• Suspensión temporal de los **procedimientos administrativos de desahucio** de viviendas de promoción pública. Se suspenden por un periodo de 2 años los procedimientos administrativos de desahucio por impago de la renta del alquiler iniciados respecto de viviendas de promoción pública de la titularidad de la Junta de Extremadura o de sus empresas, siempre que, en los 4 años anteriores, la unidad familiar haya sufrido una alteración significativa en sus ingresos, concretamente, cuando el esfuerzo que represente el pago del importe del alquiler sobre la renta de la unidad familiar se haya multiplicado por 1,5 (L Extremadura 2/2017 art.3).

• Medidas para aliviar el endeudamiento derivado del **impago de rentas de alquiler** de viviendas de promoción pública. Se deben promover medidas tendentes a facilitar el pago de deudas atrasadas en concepto de rentas de alquiler de viviendas de promoción pública, tales como aplazamientos, fraccionamientos y aminoraciones de renta, así como pagos en especie y cualesquiera otras medidas que permitan aliviar la situación de endeudamiento en que se encuentren los inquilinos de dichas viviendas protegidas. El alcance de estas medidas, los requisitos y el procedimiento que deba observarse se deben regular reglamentariamente (L Extremadura 2/2017 art.4).

• Bolsa de viviendas para el **alquiler social**. La Junta de Extremadura debe crear una bolsa de viviendas destinadas al alquiler social y asequible, priorizando las circunstancias de los desahuciados de su vivienda habitual y personas y unidades en situación de riesgo de exclusión residencial (L Extremadura 2/2017 disp.final 5ª). Esta bolsa de viviendas se ha creado por D Extremadura 13/2017.

Precisiones Se planteó **recurso de inconstitucionalidad** contra algunos preceptos de la L Extremadura 2/2017. El Tribunal Constitucional ha declarado la inconstitucionalidad y nulidad de L Extremadura 2/2017 art.2 y disp.trans.1ª (TCo 106/2018).

5581 **Garantías del uso habitacional adecuado de la vivienda** (L Extremadura 11/2019 art.18 a 21 redacc L Extremadura 4/2023) Se considera que la vivienda es objeto de uso habitacional adecuado cuando, cumplidas las condiciones de habitabilidad, seguridad e higiene, de dimensión y superficie, se destina a residencia habitual de personas en condiciones que no constituyen infravivienda o hacinamiento.
A estos efectos:

• Se considera que existe situación de **hacinamiento** cuando se supere el número máximo de personas residentes establecido por la norma, en función de la superficie útil de la vivienda.

• Se considera **infravivienda** la parte de una construcción que se destina a uso residencial, que carece de las condiciones legales para ello por no cumplir las condiciones mínimas de estabilidad y/o superficie igual o superior a la establecida como mínima por la normativa reguladora sobre condiciones mínimas de habitabilidad.

5582 **Medidas de acceso a las viviendas de promoción pública** (L Extremadura 7/2016 art.15 a 19) Asimismo, han de tenerse en cuenta ciertas medidas de acceso a las viviendas de promoción pública reguladas en la L Extremadura 7/2016, de medidas extraordinarias contra la exclusión social:

a. Se implanta como sistema general de **adjudicación de viviendas de promoción pública** el denominado como concurso de valoración (L Extremadura 7/2016 art.15).

b. Se posibilita la participación en los procedimientos de adjudicación de viviendas de promoción pública de las personas que se encuentren **ocupando ilegalmente** una vivienda de promoción pública (L Extremadura 7/2016 art.16).
c. Los adjudicatarios de viviendas de promoción pública en régimen de alquiler pueden solicitar la **minoración de la renta** durante un período inicial de 2 años, prorrogable por otros 2, hasta un máximo de 4 años, cuando el importe de la misma suponga un esfuerzo económico superior al 10% (L Extremadura 7/2016 art.17).
d. Se prevén ayudas, en régimen de concesión directa, para familias afectadas por **ejecuciones hipotecarias** y por ejecuciones inmobiliarias no hipotecarias, que por este motivo tengan derecho a acceder a una vivienda de promoción pública, a fin de que puedan hacer frente al pago de la renta del alquiler de una vivienda en el mercado libre hasta que se resuelva y se haga efectiva la entrega de una vivienda de promoción pública (L Extremadura 7/2016 art.17 bis y 18).
e. Se incorpora el asesoramiento y la mediación e intermediación hipotecaria a los fines del **Instituto de Consumo de Extremadura**, con el fin de impulsar y coordinar medidas de intermediación tendentes a la solución de conflictos sobre ejecuciones hipotecarias o sobreendeudamiento en las familias, para dar solución a los conflictos surgidos entre las entidades bancarias y los deudores de préstamos con garantías hipotecarias (L Extremadura 1/2008 art.6).

5. Régimen sancionador

(L Extremadura 11/2019 art.95 s.)

5590 La Ley de vivienda de Extremadura recoge el **catálogo de infracciones** en materia de vivienda protegida, que se califican en leves, graves y muy graves (L Extremadura 11/2019 art.95 a 97).
La comisión de infracciones da lugar a la imposición de las **multas** siguientes:

Infracciones	Multas en euros
leves	de 400 a 4.000
graves	de 4.000 a 40.000
muy graves	de 40.000 a 200.000

En la **graduación** de la cuantía de la sanción se debe tener especialmente en cuenta:
- el daño producido en el inmueble;
- el enriquecimiento injusto obtenido;
- la existencia de intencionalidad o reiteración y la reincidencia en el término de un año en más de una infracción de la misma naturaleza, cuando haya sido declarada por resolución firme;
- aquellas otras cuestiones que, a juicio razonado de la Administración, deban incidir en la graduación.

En el caso de la vivienda protegida, además de las sanciones anteriores, puede disponerse la **inhabilitación de los agentes** que resulten sancionados para intervenir o promover expedientes de viviendas protegidas, por término de hasta 10 años, y la descalificación de la vivienda, cuando el infractor sea el titular de la vivienda.
Cuando sea el **usuario** el responsable de la infracción, se le debe imponer la sanción en su grado mínimo, salvo en los supuestos de reincidencia.
Las responsabilidades administrativas que se deriven del procedimiento sancionador regulado llevan consigo, cuando proceda, la exigencia por la Administración al infractor de la **reposición a su estado originario** de la situación alterada por el mismo.

5596 Las infracciones y sanciones tienen los siguientes plazos de prescripción (L Extremadura 11/2019 art.107 a 109):

	Leves	Graves	Muy graves
Infracciones	2 años	3 años	4 años
Sanciones	2 años	3 años	4 años

El plazo de prescripción de las **infracciones** comienza a contarse desde el día en que la infracción se hubiera cometido.
La prescripción se interrumpe mediante la iniciación, con conocimiento del interesado, del procedimiento sancionador, y se reanuda si el expediente estuviera paralizado por más de un mes por causa no imputable al presunto infractor.

El plazo de prescripción de las **sanciones** comienza a contarse desde el día siguiente a aquel en que adquiera firmeza la resolución por la que se impone la sanción.
Interrumpe la prescripción la iniciación, con conocimiento del interesado, del **procedimiento de ejecución**, volviendo a transcurrir el plazo si aquel está paralizado durante más de un mes, por causa no imputable al infractor.

K. Galicia

La legislación sobre vivienda cuenta con una gran referencia jurídica en esta comunidad: la L Galicia 8/2012, de vivienda, que establece, con mucho mayor detalle que otras leyes autonómicas, el **régimen jurídico de las viviendas protegidas**. **5608**
Esta comunidad cuenta con un plan propio de vivienda, el **Pacto de vivienda de Galicia 2021-2025**, publicado en la página web de la Xunta (igvs.xunta.gal), que marca las líneas estratégicas en materia de acceso a la vivienda y rehabilitación.
Asimismo, ha suscrito un **convenio de colaboración** con el ministerio competente para la aplicación del Plan estatal 2022-2025 (nº 5650).
Por último, han de tenerse en cuenta ciertas medidas para favorecer la **ocupación de las viviendas vacías** existentes en esta comunidad (nº 5660).

Precisiones: Las **viviendas de promoción pública** se regulan en la L Galicia 8/2012 art.46 a 55 y su adjudicación se desarrolla en D Galicia 1/2010 art.22 a 31.

1. Régimen jurídico de las viviendas protegidas

A los efectos del **régimen de vivienda protegida** en la Ley de vivienda estatal y de las viviendas calificadas con algún régimen de protección pública con anterioridad a 26-5-2023, el destino, régimen de ocupación, duración del régimen de protección y demás aspectos del régimen jurídico aplicable a la vivienda protegida en Galicia es el previsto en la legislación autonómica en materia de vivienda, con independencia de que el suelo sobre el que se edifiquen las viviendas sea o no de reserva (L Galicia 8/2012 disp. adic.23ª a 25ª redacc L Galicia 10/2023). **5612**

Tipología (L Galicia 8/2012 art.45) Las viviendas protegidas, en el ámbito de la comunidad autónoma de Galicia, se clasifican en: **5613**
• Viviendas de **promoción pública**. Son las que el Instituto Gallego de la Vivienda y Suelo promueva como tales o a las que otorgue esta calificación y que cumplan los requisitos que se establezcan reglamentariamente.
• Viviendas de **protección autonómica**. Son las viviendas protegidas promovidas por un promotor público o privado, en ejecución de políticas públicas de vivienda y que, cumpliendo los requisitos que se establezcan reglamentariamente, sean calificadas como tales por el Instituto Gallego de la Vivienda y Suelo. También son viviendas de protección autonómica las promovidas para uso propio por comunidades de propietarios, cooperativas de viviendas, asociaciones legalmente constituidas o por una persona individual con el fin de que constituya su residencia habitual y permanente, y que califique como tales el Instituto Gallego de la Vivienda y Suelo.

5616 **Duración del régimen legal** (L Galicia 8/2012 art.60 y 61) El régimen de protección de las **viviendas protegidas de promoción pública** tiene una duración de 50 años desde la fecha de su calificación definitiva.

El régimen de protección de las **viviendas protegidas de protección autonómica** construidas en un suelo desarrollado por un promotor público, tiene una duración de 30 años desde la fecha de su calificación definitiva. No obstante, estas viviendas, una vez transcurrido el plazo antes señalado, mantienen su régimen de protección mientras sean de titularidad del Instituto Gallego de la Vivienda y Suelo, mientras sus titulares tengan cantidades pendientes de pago a dicho organismo, así como mientras se mantengan vigentes los contratos de copropiedad.

Para el **resto de viviendas protegidas**, la duración del régimen legal de protección se determina en función del ámbito territorial de emplazamiento de las viviendas y de su destino, de forma que:

- para las ubicadas en el ámbito territorial de precio máximo superior: 25 años;
- para las ubicadas en la zona territorial 1ª: 20 años; y
- para las ubicadas en la zona territorial 2ª: 15 años.

Estos plazos se computan desde la fecha de la calificación definitiva

Reglamentariamente se deben determinar los ayuntamientos incluidos en cada zona territorial.

La duración del régimen de protección de las promociones que se califiquen como **viviendas de protección autonómica con destino a alquiler** es de quince años, salvo que se edifiquen sobre un suelo desarrollado por un promotor público.

La duración del régimen de protección de las **viviendas protegidas edificadas en suelo público** por una persona promotora titular de un derecho de superficie puede extenderse hasta conseguir la duración total del derecho de superficie, aunque esta sea superior a 30 años.

5618 El transcurso del plazo de duración del régimen de protección en las viviendas de protección autonómica determina la **extinción del régimen de protección** de la vivienda, que, sin necesidad de declaración administrativa, se considerará libre a todos los efectos si, transcurridos 6 meses desde el cumplimento del plazo de duración del régimen de protección, no consta en el Registro de la Propiedad ningún asiento contradictorio. En estos casos, los registradores deben cancelar de oficio las notas marginales relativas al régimen de protección. En las viviendas de promoción pública es necesaria una declaración administrativa emitida por el Instituto Gallego de la Vivienda y Suelo en la que se determine la extinción del régimen de protección.

Las viviendas protegidas no pueden ser objeto de **descalificación** mientras dure su régimen legal de protección.

En todo caso, para las viviendas que se acojan a **financiación o ayudas estatales**, se ha de estar, en cuanto a la descalificación, a lo que disponga la correspondiente normativa reguladora de las citadas ayudas.

5621 **Destino** (L Galicia 8/2012 art.46.3 y 65) Tanto las viviendas de **promoción pública** como el resto de viviendas protegidas, durante la vigencia de su régimen jurídico, se han de destinar a domicilio habitual y permanente de sus adjudicatarios, adquirentes, promotores individuales para uso propio o arrendatarios, sin que en ningún caso se puedan destinar a segunda residencia ni a ningún otro uso, excepto en los casos previstos legalmente.

No pierden tal carácter por el hecho de que se ejerza o desarrolle en ellas una **profesión u oficio compatible** con el uso residencial y siempre que se cuente con la autorización del Instituto Gallego de la Vivienda y Suelo.

Las viviendas protegidas se deben ocupar en los plazos que reglamentariamente se determinen, salvo que medie justa causa debidamente acreditada y autorizada por la Administración.

5623 **Superficie** (L Galicia 8/2012 art.62) Las viviendas protegidas no pueden superar los 120 m^2 de superficie útil.

Reglamentariamente puede determinarse la superficie útil máxima para cada tipo de vivienda protegida, así como la de sus anexos y, en su caso, la superficie máxima objeto de financiación calificada.

5626 **Renta** (L Galicia 8/2012 art.66) Durante el período legal de protección, cualquier **acto de arrendamiento** de viviendas protegidas en primera o posteriores transmisiones está sujeto al precio de renta máximo, fijado por acuerdo del Consejo de la Xunta de Galicia.

Queda prohibida la percepción de cualquier tipo de **sobreprecio**, cantidades o primas de especie alguna, superiores a los legalmente fijados como precios máximos de renta, incluso por mejoras, obras o instalaciones complementarias distintas a las que figuren en el proyecto de obra de la referida vivienda. Esta prohibición se extiende al mobiliario que se integre o se sitúe en la vivienda por la persona vendedora.

Son nulas las cláusulas o estipulaciones que establezcan **precios superiores** a los máximos autorizados en la normativa aplicable, debiendo entenderse tales estipulaciones referidas a la renta máxima legal aplicable.

Precisiones Por Resol Instituto Gallego de la Vivienda y Suelo 30-7-2021 se fijan los **precios máximos de venta y renta** de las viviendas protegidas de protección autonómica en primera o posteriores transmisiones, de aplicación a las viviendas que se califiquen provisionalmente a partir del 11-8-2021. El precio máximo de renta se calcula aplicando el 4% al precio máximo de venta en primera transmisión. En segundos y ulteriores contratos de arrendamiento se toma como referencia lo que correspondería a las viviendas del mismo tipo que se califiquen como protegidas provisionalmente en la misma zona territorial en la fecha del arrendamiento. La renta máxima inicial es la resultante de aplicar al precio de referencia los siguientes porcentajes:
- el 3,15%, en viviendas de promoción para venta y las destinadas a arrendamiento a 25 años, calificadas con cargo a planes anteriores al 2009-2012.
- el 4%, en viviendas de promoción para venta y las destinadas a arrendamiento a 25 años calificadas con cargo al plan 2009-2012 y las cualificadas provisionalmente hasta el 11-8-2021.

Transmisión (L Galicia 8/2012 art.67.3) Las viviendas protegidas **promovidas para alquiler** pueden ser vendidas, de manera individualizada o por promociones completas, en cualquier momento del período de vinculación a dicho régimen de uso, previa autorización por el Instituto Gallego de la Vivienda y Suelo y en las condiciones fijadas reglamentariamente. 5629
Los **adquirentes**, que tienen que destinar las viviendas a alquiler, se subrogan en los derechos y obligaciones de los anteriores propietarios.

Visado de contratos (L Galicia 8/2012 art.68) Los contratos de arrendamiento de las viviendas protegidas deben contener las cláusulas que se determinen reglamentariamente y presentarse para su visado ante el Instituto Gallego de la Vivienda y Suelo mientras dure su régimen legal de protección. 5637

2. Régimen de los arrendatarios

Condiciones de acceso (L Galicia 8/2012 art.63 y 64) Pueden acceder a una vivienda protegida, en régimen de arrendamiento, las personas que, careciendo de una vivienda en propiedad, acrediten los **ingresos** que, en atención a los criterios determinados reglamentariamente, se concreten mediante resolución de la Presidencia del Instituto Gallego de la Vivienda y Suelo y cumplan los **requisitos** que reglamentariamente se establezcan para el acceso a este tipo de viviendas. 5640
En los casos de **liquidación de la sociedad de gananciales** o de cualquier otro régimen económico matrimonial y de parejas de hecho legalmente constituidas, cuando la vivienda que les hubiese sido adjudicada se atribuya a uno de los cónyuges, no es necesario el cumplimiento de dichos requisitos.
En el supuesto de **fallecimiento del adjudicatario**, después de producida la adjudicación de la vivienda protegida y antes de la firma del correspondiente contrato, se pueden subrogar en esta condición de adjudicatario los miembros de la unidad familiar o de convivencia que figuren en la solicitud formulada, y se aplica, en su caso, y a los efectos de designar a la persona adjudicataria, la orden de prelación establecida en la legislación de arrendamientos urbanos.
Excepcionalmente, pueden acceder a una vivienda protegida quienes sean **propietarios de otra vivienda** cuando esté sujeta a expediente de expropiación forzosa, las personas separadas o divorciadas que se encuentren al corriente en el pago de las pensiones alimenticias y compensatorias y que hayan sido privadas del uso de la vivienda por sentencia o convenio regulador y las que ocupen alojamientos provisionales como consecuencia de actuaciones de emergencia o remodelaciones urbanas que impliquen la pérdida de su vivienda o cualquier otra situación excepcional declarada por el organismo competente en materia de vivienda.

Registro de Demandantes de Vivienda Protegida (L Galicia 8/2012 art.73; D Galicia 1/2010 art.1 a 17) El Instituto Gallego de la Vivienda y Suelo dispone de un Registro Único de Demandantes de Vivienda, en el que se han de consignar **todos los datos** relativos a la demanda de vivienda protegida en la comunidad autónoma, con el fin de facilitar la gestión y coordinación de las políticas públicas de vivienda y de suelo para la vivienda protegida, garantizar la aplicación de los principios de publicidad, transparencia y concurrencia en los procedimientos de adjudicación y contribuir a la programación de las iniciativas privadas en materia de vivienda protegida. 5642
El Registro tiene carácter administrativo y es público. Reglamentariamente se deben determinar el **procedimiento y requisitos** para la inscripción, modificación y cancelación de los datos del Registro, así como los procedimientos de adjudicación.

Es obligación de la persona demandante comunicar cualquier **cambio que se haya producido** en sus circunstancias durante el período de inscripción. El incumplimiento de esta obligación, una vez acreditada, supone la baja automática en el Registro, con la imposibilidad de realizar una nueva inscripción durante el plazo de un año.
Asimismo, supone la baja automática por el plazo de un año la **renuncia a una vivienda** cuando, en un sorteo de una promoción, el adjudicatario renuncie a ella sin concurrir ninguna de las causas justificadas, de acuerdo con la normativa de desarrollo del Registro.

Precisiones El **desarrollo reglamentario** de este Registro se contiene en el D Galicia 1/2010 que, al ser anterior a la L Galicia 8/2012 debe interpretarse conforme a los criterios de esta última norma.

5644 **Reserva de viviendas** (L Galicia 8/2012 art.74) En cada procedimiento de adjudicación, el Instituto Gallego de la Vivienda y Suelo puede reservar viviendas para ser adjudicadas a las unidades familiares o de convivencia que se encuentren en alguna de las siguientes **situaciones**:
• **Movilidad reducida** de alguna de las personas integrantes de la unidad familiar o convivencial con un grado de discapacidad reconocida igual o superior al 33%.
• Familias **numerosas** o unidades convivenciales de tres o más hijos.
• Familias o unidades convivenciales **monoparentales**.
• Familias o unidades convivenciales cuya persona titular tenga **menos de 35 o más de 65 años**.
• Mujeres víctimas de **violencia de género**.
• La concurrencia de cualquier otra circunstancia considerada de atención preferente por el Instituto Gallego de la Vivienda y Suelo, en los términos que se establezcan reglamentariamente.
La suma de todas las reservas **no puede superar** el 30% de las viviendas ofertadas, salvo en los supuestos especiales derivados de programas específicos de interés público o integración social, que se rigen por lo dispuesto en su reglamentación propia, así como las excepciones derivadas de la atención a las mujeres víctimas de violencia de género.

3. Ayudas públicas en materia de vivienda

5650 Esta comunidad cuenta con un plan propio de vivienda, el **Pacto de vivienda de Galicia 2021-2025**, publicado en la página web de la Xunta (igvs.xunta.gal), que marca las líneas estratégicas en materia de acceso a la vivienda y rehabilitación.
En base a este Pacto de vivienda se ha aprobado el programa de movilización de viviendas para el alquiler (IGVS Resol 21-9-22).
Asimismo, ha suscrito un **convenio de colaboración** con el ministerio competente para la aplicación del Plan estatal 2022-2025 (Convenio de colaboración 7-7-22, Resol 12-7-22). Las medidas públicas en aplicación de dicho plan se articulan a través de diversas bases reguladoras:
- subvenciones del Programa de ayuda al alquiler de vivienda (IGVS Resol 29-11-22);
- ayudas del Programa de mejora de la accesibilidad en y a las viviendas (IGVS Resol 23-9-22; Resol 16-5-23);
- ayudas del bono de alquiler social (IGVS Resol 1-7-22);
- subvenciones del Programa de bono alquiler joven (IGVS Resol 27-6-22);
- subvenciones del programa de fomento de alojamientos temporales, modelos cohousing, viviendas intergeneracionales y modalidades similares (IGVS Resol 12-6-23).

4. Otras medidas públicas en materia de vivienda

(D Galicia 17/2016)

5660 Se establecen medidas dirigidas a favorecer la **ocupación de las viviendas vacías** existentes en esta comunidad, entendiéndose como tales aquellas que no sean ocupadas por sus propietarios y en las que, además, no exista una persona usuaria que disponga del correspondiente título que le dé derecho a su ocupación.
En primer lugar se crea el **Censo de Viviendas Vacías**, en el que deben inscribirse todas las viviendas vacías que formen parte de edificios de tipología residencial colectiva o de complejos inmobiliarios situados en ayuntamientos de más de 10.000 habitantes, siempre que sean propiedad de entidades de crédito, de sus filiales inmobiliarias o de las entidades de gestión de activos, incluidos los procedentes de la reestructuración bancaria.

El Censo depende de la Dirección General del Instituto Gallego de la Vivienda y Suelo.
Como medidas para **favorecer la ocupación** de estas viviendas, se prevén las siguientes:
• El Instituto Gallego de la Vivienda y Suelo puede impulsar la firma de acuerdos de colaboración para destinar las viviendas inscritas en el Censo a atender a personas afectadas por procedimientos de **ejecución hipotecaria o por desahucios** por impago de rentas de alquiler.
• El Instituto Gallego de la Vivienda y Suelo puede mediar entre las personas propietarias de las viviendas vacías inscritas y las personas demandantes de vivienda, a fin de favorecer su ocupación, facilitando fórmulas de **concertación de arrendamientos**. Las viviendas vacías inscritas pueden ser ofertadas por su propietario al Instituto para su adjudicación a través del Registro Único de Demandantes de Vivienda, para alquiler.
• Asimismo, con el previo consentimiento de los propietarios, las viviendas inscritas en el Censo pueden ser utilizadas en los programas de **fomento del alquiler** que desarrolle el Instituto o las Administraciones locales.

Precisiones Se regula el **Programa de movilización de viviendas para el alquiler** en ayuntamientos, a fin de colaborar con estos para incorporar al mercado de alquiler el mayor número posible de **viviendas vacías** de titularidad privada con una renta asequible. Asimismo, se establece el **procedimiento** para obtener la condición de colaborador en el programa, a la que pueden acceder todos los ayuntamientos de la Comunidad Autónoma que lo soliciten (Resol Galicia 12-2-24).

5. Régimen sancionador

(L Galicia 8/2012 art.104 a 115)

Infracciones y sanciones (L Galicia 8/2012 art.104 a 108) La legislación gallega distingue entre **infracciones** leves, graves y muy graves. 5670
Las infracciones tipificadas son sancionadas con **multas** en las siguientes cuantías:
• Las infracciones **leves**, con multa de 300 a 3.000 euros.
• Las infracciones **graves**, con multa de 3.001 a 30.000 euros.
• Las infracciones **muy graves**, con multa de 30.001 a 600.000 euros.
Cuando el responsable de la infracción sea un **adjudicatario** de una vivienda protegida, las cuantías de las sanciones son las siguientes:
- infracciones leves: multa de 150 a 1.500 euros;
- infracciones graves: multa de 1.501 a 15.000 euros;
- infracciones muy graves: multa de 15.001 a 30.000 euros.
Si de la comisión de una infracción resulta un **beneficio para la persona infractora** superior al importe de la sanción, dicho importe se incrementa en la cuantía necesaria para alcanzar la equivalente al beneficio obtenido.
En la **graduación de la cuantía** de la sanción se deben tener especialmente en cuenta el perjuicio causado, el enriquecimiento injusto obtenido por la persona infractora o por terceros, la existencia de intencionalidad o reiteración y la reincidencia por la comisión, en el plazo de un año, de más de una infracción de la misma naturaleza cuando así haya sido declarado por resolución firme.
Se considera **circunstancia atenuante** el cese de la conducta de modo voluntario tras la oportuna inspección o advertencia, así como la realización de obras de subsanación antes de la resolución del procedimiento sancionador.
Son **circunstancias agravantes** el incumplimiento de los requerimientos efectuados por la Administración o la obstrucción de la función inspectora. Las circunstancias previstas con anterioridad no se tienen en cuenta a los efectos de graduación de la sanción cuando su concurrencia sea exigida para la comisión de las conductas típicas.
Sin perjuicio de lo previsto en relación con la graduación de las sanciones, el cumplimiento de las obligaciones impuestas en las resoluciones sancionadoras dentro del plazo establecido puede dar lugar a que el órgano que haya dictado la resolución acuerde, por solicitud de la persona interesada, la **condonación parcial**, hasta un 75%, de la multa impuesta, en función del tipo de infracción cometida y de los perjuicios causados a terceros o al interés general.

Medidas complementarias (L Galicia 8/2012 art.109) A los autores de **infracciones graves y muy graves** se les pueden imponer además las siguientes medidas: 5676
a) La **inhabilitación** para participar en promociones de viviendas protegidas de la comunidad autónoma de Galicia durante el plazo máximo de 6 años, para las infracciones graves, y de 10 años, para las infracciones muy graves, contados desde la firmeza de la resolución administrativa o, en caso de haber sido recurrida en vía contenciosa, desde la notificación de la sentencia firme, a la persona responsable de la infracción.

Si la inhabilitación recae sobre una persona jurídica, resultan también inhabilitadas las personas físicas integrantes de sus órganos de dirección que hubiesen autorizado o consentido la comisión de la infracción. Si la persona jurídica se extingue antes de cumplir el plazo de inhabilitación, esta se extiende a las empresas o sociedades en las que aquellas personas físicas desempeñen cargos de toda índole o participen en su capital social, por sí o por persona interpuesta.
El Instituto Gallego de la Vivienda y Suelo debe mantener un registro de los promotores o agentes de la construcción inhabilitados para participar en las promociones de viviendas protegidas por los plazos señalados.
b) La pérdida de las **ayudas económicas y financieras** recibidas, con la consiguiente devolución, con los intereses legales que correspondan, de las cantidades percibidas, en caso de infracciones al régimen de financiación protegida en la promoción y acceso a las viviendas, sin perjuicio de lo que establezca la legislación de subvenciones de Galicia.
c) En las **viviendas de promoción pública**, la resolución del contrato de arrendamiento o la expropiación.

5678 **Prescripción** (L Galicia 8/2012 art.115) Las infracciones y las acciones para exigir las sanciones prescriben en los siguientes plazos:

	Leves	Graves	Muy graves
Infracciones	2 años	4 años	10 años
Sanciones	1 año	2 años	3 años

Los plazos establecidos no pueden ser inferiores, en lo relativo a la aparición de defectos de obra, a los establecidos en los plazos de garantía de la normativa de ordenación de la edificación.
El plazo de prescripción de las **infracciones** comienza a computarse desde el día en que fueron cometidas. En caso de incumplimiento de la obligación de depositar las fianzas, el plazo de prescripción de la infracción comienza a computarse desde la fecha de extinción del contrato.
Este plazo se interrumpe mediante la iniciación, con el conocimiento de la persona interesada, del procedimiento sancionador, y se continúa el cómputo del plazo si el expediente sancionador estuviese paralizado durante un mes por causa no imputable a la presunta persona responsable.
El plazo de prescripción de las **sanciones** comienza a computarse desde el día siguiente a aquel en que adquiera firmeza la resolución por la que se impone la sanción.
Este plazo se interrumpe mediante la iniciación, con el conocimiento de la persona interesada, del procedimiento de ejecución, y se continúa el cómputo del plazo si aquel permanece paralizado durante más de un mes por causa no imputable a la persona infractora.

L. La Rioja

5685

5688 La normativa riojana sobre vivienda se articula en base a la **Ley de vivienda** de la comunidad autónoma (L La Rioja 2/2007) y al Reglamento del **régimen jurídico** de las viviendas protegidas (D La Rioja 33/2013).
La comunidad no cuenta con un plan autonómico de vivienda, aunque ha firmado un **convenio de colaboración** con el ministerio competente en la materia, para la ejecución del Plan estatal de vivienda 2022-2025 (nº 5733).

1. Régimen jurídico de las viviendas protegidas

Tipología (L La Rioja 2/2007 art.44; D La Rioja 33/2013 art.4) Legalmente se distingue entre viviendas protegidas: 5692
• De **promoción pública**: promovidas directamente, en el marco de la programación pública de vivienda, por la Administración de la Comunidad Autónoma, las entidades locales o los organismos públicos integrantes del sector público.
• De **promoción privada**: promovidas, en el marco de la programación pública de vivienda, por entidades privadas, mediando en su caso los correspondientes conciertos o convenios con las Administraciones públicas.
• De **promoción concertada**: impulsada por las Administraciones competentes mediante la adjudicación de suelo a un promotor o la constitución a su favor del derecho de superficie; promovidas sobre suelo urbanizado con ayudas públicas; y promociones de viviendas en régimen de alquiler cuando para su construcción hayan percibido subvenciones a fondo perdido.
Sin embargo, solo se regula **una única tipología** de vivienda de protección oficial sin distinción de regímenes específicos, aunque se prevé que los planes y programas de vivienda aprueben **otras tipologías** de vivienda de protección oficial y regulen su propio régimen jurídico.

Duración del régimen legal (L La Rioja 2/2007 art.48; D La Rioja 33/2013 art.20 s.) El **plazo** de duración del régimen de protección oficial es de 20 años desde la fecha de la calificación definitiva. 5695
Los planes o **programas de vivienda** pueden fijar un plazo de duración del régimen de protección distinto para las tipologías de viviendas de protección pública calificadas al amparo de los mismos.
El régimen de viviendas de protección oficial **se extingue** por alguna de las causas siguientes:
• Por el **transcurso del plazo legal** de duración del régimen de protección. Esta causa determina, automáticamente y sin necesidad de declaración especial, la extinción de cuantas limitaciones impone este régimen legal y, la aplicación de las prescripciones ordinarias de la legislación común, cancelándose en el Registro de la Propiedad las afecciones que se hubieren producido conforme a lo dispuesto en la legislación aplicable.
• Mediante la **descalificación** por parte de la Administración y, a petición del titular de la vivienda, salvo que se trate de viviendas de promoción pública, que en ningún caso pueden ser objeto de descalificación voluntaria.

Descalificación (L La Rioja 2/2007 art.48; D La Rioja 33/2013 art.22 a 25) Los **propietarios de las viviendas** de protección oficial pueden solicitar su descalificación voluntaria pasados 15 años desde la calificación definitiva. No obstante, cuando el propietario haya cedido la vivienda en **arrendamiento**, es imprescindible, con el fin de no causar perjuicio a tercero interesado, que el arrendatario manifieste por escrito su consentimiento a la descalificación. Si, requerido para hacerlo por la Administración, no lo presta en el plazo de 10 días, la falta de manifestación expresa se entiende como favorable a la descalificación. 5697
Si el arrendatario **se opone expresamente** a la descalificación, debe manifestarlo, justificando el perjuicio que le irroga mediante la presentación de declaración jurada por escrito o por declaración ante funcionario competente de la dirección general con competencia en materia de vivienda, que hace constar su declaración por escrito.
La dirección general competente en materia de vivienda debe valorar si la solicitud y documentación de descalificación presentada cumple los requisitos señalados, resolviendo el director general la **concesión o denegación** con carácter discrecional. Esta resolución, que debe ser motivada, se ha de notificar al interesado y a los organismos oficiales que corresponda y se hace pública mediante su inserción en el BOR.
La resolución de la dirección general con competencias en materia de vivienda no agota la vía administrativa. Esta es susceptible de **recurso de alzada** ante el consejero competente en el plazo de un mes.

Destino y superficie (L La Rioja 2/2007 art.44 y 49; D La Rioja 33/2013 art.6 y 7) Las viviendas de protección oficial se han de destinar a **residencia habitual y permanente** de su usuario, y además, en su caso, a otros usos compatibles con la misma. 5700
Las viviendas deben ser ocupadas en el **plazo** de 3 meses desde la firma del contrato del alquiler.

Los **promotores** de viviendas protegidas están obligados a entregar las viviendas a sus arrendatarios, poniendo a su disposición las llaves de las mismas, en el plazo de 3 meses desde el otorgamiento de la calificación definitiva. Este plazo puede prorrogarse excepcionalmente mediante resolución de la consejería competente en materia de vivienda a instancia del promotor, siempre que concurra causa ajena a este (L La Rioja 2/2007 art.49).

La **superficie útil máxima** de las viviendas de protección oficial a efectos de calificación se fija en 120 m^2.

En las **viviendas existentes**, cuando de la documentación exigida a los interesados no se deduzca la superficie útil de la vivienda o esta sea incorrecta, se considera como tal, el 80% de la superficie construida que figure en dicha documentación, salvo prueba en contrario certificada en informe expedido por técnico competente oportunamente visado.

5707 **Renta** (L La Rioja 2/2007 art.47.4; D La Rioja 33/2013 art.40 y 41) Los precios máximos de renta de viviendas de protección oficial se establecen en el D La Rioja 33/2013 Anexo I, que ha sido actualizado por Resol 41/2024.

El precio máximo de alquiler de las viviendas de protección oficial es el vigente en el momento de **presentación a visado** del contrato de alquiler, y este no puede incluir, a costa del arrendatario, el importe del impuesto de bienes inmuebles de la vivienda, ni el de cualquier otro impuesto, tasa o gravamen sobre la propiedad de la vivienda.

Los **anejos no vinculados** a las viviendas de protección oficial, así como los **locales comerciales** de la promoción, tienen precio libre de renta y no precisan el visado administrativo para su cesión de uso.

Los **planes y programas de vivienda** pueden establecer otros criterios para determinar los precios máximos de renta para la tipología de viviendas de protección oficial reguladas en los mismos, incluso establecerlos para sus anejos no vinculados y locales comerciales.

Está prohibido todo **sobreprecio** o prima en el precio de arrendamiento de las viviendas de protección oficial.

El **incumplimiento** de la anterior limitación acarrea las consecuencias administrativas sancionadoras que resulten procedentes y es causa suficiente para no obtener la calificación, sin perjuicio de la exigencia de la responsabilidad que proceda.

5712 **Contenido del contrato** (D La Rioja 33/2013 art.14) Las partes que intervienen en el alquiler de una vivienda protegida tienen libertad para redactar el contrato con arreglo a los **pactos y condiciones** que establezcan, sin más limitaciones que las establecidas en el D La Rioja 33/2013 y en la normativa civil de general aplicación que regula este tipo de contratos.

En todo caso, debe indicarse de forma expresa en el contrato privado el **expediente de calificación** de la vivienda.

Los **planes y programas de vivienda** pueden establecer pactos y condiciones especiales de los contratos privados para la tipología de viviendas de protección oficial reguladas en los mismos.

5721 **Visado de contratos** (L La Rioja 2/2007 art.55; D La Rioja 33/2013 art.16 y 17) Los **contratos de arrendamiento** de viviendas protegidas sujetas a limitaciones de precio de renta deben obtener un visado de la consejería competente en materia de vivienda. La solicitud de visado administrativo del contrato debe expresar el precio y forma de pago proyectados y las demás condiciones esenciales del arrendamiento, así como los datos identificativos de los interesados en el arrendamiento, con referencia expresa al cumplimiento de las condiciones exigidas para acceder a la vivienda protegida y, en especial, la declaración de la inclusión del arrendatario en el Registro de solicitantes. La solicitud del visado, a la que se debe acompañar el contrato de arrendamiento, debe presentarse en el plazo máximo de un mes a partir de la fecha de su formalización.

El **plazo de resolución** de visado de los contratos de arrendamiento de viviendas protegidas es de 2 meses desde la presentación de la solicitud, siendo el efecto del silencio administrativo positivo.

2. Régimen de los arrendatarios

5725 **Condiciones de acceso** (L La Rioja 2/2007 art.45) Para acceder a una vivienda protegida, cualquiera que sea el título y ya sea en primera o posterior transmisión, así como para acceder a financiación pública, es necesario cumplir, al menos, los siguientes **requisitos**:

• Que las viviendas vayan a destinarse a **residencia habitual y permanente**.

• Que el arrendatario o beneficiario de la vivienda reúna los requisitos de **situación económica** que se fijen reglamentariamente para cada modalidad de vivienda protegida y para cada modalidad de ayuda, incluyendo, en su caso, el patrimonio de que dispongan (nº 5726).

• Que el arrendatario o beneficiario de la vivienda o cualquier otro miembro de la unidad familiar no sea titular del dominio o de un derecho real de uso o disfrute de **otra vivienda** en las condiciones que reglamentariamente se establezcan, salvo que se trate de una vivienda inadecuada para las necesidades de la unidad familiar en función de las circunstancias que del mismo modo se determinen.
• Que el arrendatario o beneficiario de la vivienda o cualquier otro miembro de la unidad familiar no haya **transmitido el pleno dominio o un derecho real** de uso o disfrute sobre alguna vivienda o parte alícuota de la misma en las condiciones que reglamentariamente se establezcan.
• Que el arrendatario o beneficiario de la vivienda se encuentre **inscrito en el** Registro de Solicitantes de Vivienda Protegida.
• Que el arrendatario o beneficiario de la vivienda se encuentre **empadronado** en algún municipio de La Rioja, en la fecha de terminación del plazo que se establezca en cada promoción para su inscripción en el Registro de solicitantes.
• Que el arrendatario o beneficiario de la vivienda tenga **permiso de residencia** vigente en el territorio español.

Ingresos máximos (D La Rioja 33/2013 art.12) Se establecen los siguientes ingresos máximos de la unidad familiar: **5726**
• Para acceder a las viviendas de protección oficial de **promoción privada**: 6 veces el IPREM.
• Para acceder a las viviendas de protección oficial de **promoción pública**: 2,5 veces el IPREM.
El **cálculo de los ingresos máximos** de la unidad familiar a estos efectos se realiza de la siguiente manera:
a) Se parte de la cuantía de la **base imponible general y del ahorro** correspondiente a la declaración o declaraciones presentadas por cada uno de los miembros de la unidad familiar relativa al último período impositivo con plazo de presentación vencido, en el momento de la solicitud de visado del contrato. Si el solicitante no ha presentado declaración, por no estar obligado a ello, se pueden solicitar otras informaciones, incluyendo una declaración responsable del solicitante, que les permitan evaluar los ingresos familiares.
b) La cuantía resultante es ponderada mediante la aplicación de los siguientes **coeficientes multiplicativos correctores** en función de los miembros de la unidad familiar:

Miembros de la unidad familiar	Coeficiente corrector
1	1,00
2	0,94
3	0,88
4	0,70

En caso de que algún miembro de la unidad familiar esté afectado con **discapacidad**, en las condiciones establecidas en la normativa del IRPF, el coeficiente corrector aplicable es el del tramo siguiente al que le hubiese correspondido por número de miembros. Cuando en la unidad familiar figuren 2 o más miembros afectados por discapacidad, el coeficiente corrector es el resultante de avanzar tantos tramos como número de miembros afectados figuren en la unidad, a contar desde el tramo siguiente al que le hubiera correspondido por el número de miembros.
A las **familias numerosas** se les aplica en todo caso el coeficiente corrector 0,7.
c) La cuantía resultante se convierte en **número de veces el IPREM** en vigor durante el período al que se refieran los ingresos evaluados.

Registro de Solicitantes de Vivienda Protegida (L La Rioja 2/2007 art.50 y 51; D La Rioja 120/2007) **5728**
El comprador de la vivienda protegida ha de estar necesariamente inscrito en el Registro de Solicitantes de Vivienda Protegida de La Rioja y debe acreditar que reúne todos los **requisitos** exigidos como arrendatario de vivienda protegida en el momento del arrendamiento de esta de acuerdo con la normativa aplicable sobre la materia.
Deben inscribirse todas aquellas **unidades de convivencia** que pretendan acceder a una vivienda protegida en arrendamiento, ya se trate de promociones privadas o de públicas y que cumplan los requisitos y condiciones establecidas por la normativa aplicable sobre la materia.

3. Ayudas públicas en materia de vivienda

5730 La Rioja no cuenta con un plan autonómico de vivienda, aunque ha firmado un **convenio de colaboración** con el ministerio competente en la materia, para la ejecución del Plan estatal de vivienda 2022-2025 (Convenio de colaboración 7-7-22, Resol 12-7-22).
En base a este convenio, la concreta regulación de las ayudas del Plan estatal se articula a través de **bases reguladoras**:
- ayudas a los jóvenes para la compra de vivienda (Orden La Rioja ATP/55/2022);
- ayuda a las víctimas de violencia de género, personas objeto de desahucio de su vivienda habitual, personas sin hogar y otras personas especialmente vulnerables (Orden La Rioja ATP/48/2022);
- ayudas al alquiler de vivienda y a las personas jóvenes para el alquiler de vivienda (Orden ATP/56/2022);
- ayudas al programa de mejora de la accesibilidad en y a las viviendas (Orden ATP/65/2022);
- ayuda para el pago del seguro de protección de la renta arrendaticia (Orden ATP/66/2022);
- ayuda a las personas arrendatarias en situación de vulnerabilidad sobrevenida (Orden ATP/67/2022).

4. Régimen sancionador

(L La Rioja 2/2007 art.65 a 80)

5750 **Infracciones y sanciones** (L La Rioja 2/2007 art.73 a 76) Las **infracciones** se clasifican en leves, graves y muy graves.
Las infracciones tipificadas son sancionadas con **multa** en las siguientes cuantías:
- las infracciones leves: de 150 hasta 3.000 euros;
- las infracciones graves: de 3.001 hasta 30.000 euros;
- las infracciones muy graves: de 30.001 hasta 300.000 euros.

Si el **beneficio** que resulte de la comisión de la infracción es superior al de la multa que le corresponda, debe ser esta incrementada en la cuantía equivalente al beneficio obtenido.
Cuando se instruya expediente sancionador por la **comisión de dos o más infracciones** entre las que exista conexión de causa a efecto se impone únicamente la sanción correspondiente a la más grave, en su cuantía máxima. En los demás casos, se imponen las multas correspondientes a cada una de las infracciones cometidas.

5754 **Medidas complementarias** (L La Rioja 2/2007 art.77) A los autores de **infracciones graves y muy graves** se pueden imponer, además, las medidas complementarias siguientes:
• Pérdida y devolución, incrementada con los intereses legales, de las **ayudas económicas percibidas**.
• Exigencia al infractor de la **reposición de la situación alterada** a su estado originario, medida que es compatible con las responsabilidades administrativas que se deriven del procedimiento sancionador.
Únicamente en circunstancias excepcionales que hagan imposible al promotor la reposición por causas ajenas al mismo, y previa autorización de la consejería competente en materia de vivienda, se puede sustituir esta por su equivalencia económica.
• Obligación de **reintegrar las cantidades indebidamente percibidas**, así como la realización de las obras de reparación y conservación y las necesarias para acomodar la edificación a las normas técnicas que le sean de aplicación, medida que se aplica sin perjuicio de las sanciones procedentes en las resoluciones de los procedimientos sancionadores.

5756 **Prescripción** (L La Rioja 2/2007 art.80) Las infracciones y sanciones tienen los siguientes **plazos** de prescripción:
• **Infracciones**:
- leves, a los 6 meses;
- graves, a los 2 años;
- muy graves, a los 3 años.

El plazo de prescripción de las infracciones comienza a contarse desde el día en que se hubieran cometido o, si se ignoraran, desde el día en que pueda incoarse el correspondiente expediente.
• **Sanciones**:
- las sanciones impuestas por infracciones leves prescriben al año;
- las impuestas por infracciones graves, a los 2 años;
- las impuestas por infracciones muy graves, a los 3 años.

El plazo de prescripción de las sanciones **comienza** a contarse desde el día siguiente a aquel en que adquiera firmeza la resolución por la que se impone la sanción.
Se **interrumpe** la prescripción por la iniciación con conocimiento del interesado del procedimiento de ejecución, volviendo a transcurrir el plazo si aquel estuviera paralizado más de un mes por causa no imputable al infractor.

M. Madrid

5760

La **normativa** madrileña en materia de vivienda se articula principalmente a través de: 5763
- la L Madrid 6/1997, de protección pública a la vivienda;
- el Reglamento de viviendas con protección pública (D Madrid 74/2009);
- la L Madrid 9/2003, que establece el régimen sancionador en materia de viviendas protegidas de la Comunidad de Madrid.

Debe tenerse en cuenta también lo establecido por L Madrid 9/2017, por la que se adoptan medidas en materia de vivienda protegida, que suprime el régimen de vivienda en alquiler con opción a compra.
La Comunidad de Madrid no cuenta con un plan de vivienda propio, pero ha suscrito un **convenio de colaboración** con el ministerio competente para la ejecución del Plan estatal de vivienda 2022-2025 dentro de su ámbito territorial (nº 5805).
Por último, han de tenerse en cuenta ciertas medidas autonómicas relativas a la **emergencia habitacional** (nº 5810).

Precisiones **1)** Las viviendas de protección oficial de **promoción pública** se regulan por D Madrid 74/2009 disp.adic.2ª y D Madrid 52/2016, que crea el Parque de viviendas de emergencia social y regula el proceso de adjudicación de viviendas de la Agencia de vivienda social de la Comunidad de Madrid (desarrollado por Orden Madrid 24-10-2016).
2) Madrid también ha regulado el procedimiento de adjudicación y de cambio de las viviendas vinculadas a **operaciones de realojo** de poblados chabolistas. Este proceso de cambio de vivienda solo puede adjudicar en régimen de arrendamiento (D Madrid 13/2018).

1. Régimen jurídico de las viviendas protegidas

5765

Tipología (L Madrid 6/1997 art.2; L Madrid 9/2017 art.3; D Madrid 74/2009 art.2 y 10) La **vivienda con protección pública** se define como aquella que, con una superficie construida máxima de 150 m^2, cumpla las condiciones de destino, uso, precio y calidad establecidas reglamentariamente y sea calificada como tal por la Comunidad de Madrid. 5767
Se pueden distinguir las siguientes **modalidades** de viviendas protegidas:
- Viviendas con protección pública para venta.
- Viviendas con protección pública para uso propio.
- Viviendas con protección pública para arrendamiento.

Precisiones Aun cuando el D Madrid 74/2009 prevé las viviendas para **arrendamiento con opción de compra**, esta modalidad ha sido suprimida por L Madrid 9/2017.

Duración del régimen legal (D Madrid 74/2009 art.10) En las viviendas con protección pública para **arrendamiento**, el régimen legal relativo al uso, conservación, aprovechamiento y precio máximo de las viviendas con protección pública tiene una duración, a contar desde la calificación definitiva de las mismas, de 15 años. 5770

No obstante, cuando las viviendas hayan obtenido para su promoción o adquisición la financiación prevista en un **plan estatal de vivienda**, y la normativa reguladora del mismo regule la duración del régimen legal de protección, el plazo aplicable es el establecido por dicha normativa.
Las viviendas con protección pública no pueden ser objeto de **descalificación voluntaria**, y las limitaciones que impone el régimen legal de protección pública se extinguen, quedando, en consecuencia, sometidas las viviendas al régimen general establecido en la legislación común, únicamente por el mero transcurso del plazo que corresponda de conformidad con lo dispuesto en los apartados anteriores, y sin que sea necesaria ninguna declaración especial al efecto.

5773 **Destino** (D Madrid 74/2009 art.7) Las viviendas con protección pública han de destinarse a **domicilio habitual y permanente** de sus ocupantes legales, sin que, en ningún caso, puedan dedicarse a segunda residencia o cualquier otro uso, y sin que pierda tal carácter por el hecho de que su titular, su cónyuge o los parientes de uno u otro hasta el tercer grado que convivan con el destinatario, ejerzan en la vivienda y sin perjuicio de la obtención de las licencias y demás autorizaciones que sean preceptivas, una **profesión, oficio o pequeña industria** que sea compatible con el uso residencial.
Se considera domicilio habitual y permanente siempre que la vivienda no permanezca **desocupada** más de 3 meses seguidos al año, salvo que medie justa causa debidamente autorizada por la consejería competente en materia de vivienda.
En el caso de que el adquirente o promotor individual para uso propio de vivienda con protección pública para venta o uso propio **no la pueda ocupar** por causa justificada, puede cederla en arrendamiento. Una vez celebrado el contrato de arrendamiento ha de presentarlo para su visado administrativo (D Madrid 74/2009 art.17).

5775 **Superficie** (D Madrid 74/2009 art.2 y 6) Las viviendas con protección pública deben tener una **superficie construida máxima** de 150 m^2.
Teniendo en consideración la superficie de la vivienda protegida, se entiende por **superficie cerrada de la vivienda**, la limitada por la cara exterior de los cerramientos exteriores y los ejes de los cerramientos medianeros, medida en proyección horizontal, y excluyendo los huecos mayores de 1 m^2 y las superficies cuya altura libre sea inferior a 1,50 m.
Se entiende por **superficie construida** de la vivienda, la constituida por la suma de la superficie cerrada, la mitad de la superficie construida de los espacios exteriores de propiedad privada, y la parte proporcional de la superficie cerrada de los elementos de acceso, comunicación, servicios e instalaciones. El cómputo de la superficie construida de los espacios exteriores se ve limitado al 10% de la superficie cerrada de la vivienda cuando la mitad de la referida superficie construida de espacios exteriores supere el mencionado porcentaje del 10%. Cuando la vivienda se desarrolle en más de una planta, la superficie construida de la vivienda es la suma de la superficie construida de todas las plantas.
Se entiende por **superficie útil** de la vivienda, la del suelo de la misma, cerrada por el perímetro definido por la cara interior de sus cerramientos con el exterior o con otras viviendas y locales o zonas de cualquier uso.

5784 **Renta** (D Madrid 74/2009 art.13) La **renta máxima inicial** anual por metro cuadrado de superficie útil de las viviendas con protección pública para **arrendamiento** es un 5,5% del precio máximo de venta de dichas viviendas vigente a la fecha de celebración del contrato de arrendamiento, cuando se trate de viviendas con protección pública para arrendamiento, o del que figure en la calificación definitiva cuando se trate de viviendas con protección pública para arrendamiento con opción de compra.
En el supuesto de que dichas viviendas hubiesen obtenido **financiación con cargo a un plan estatal de vivienda**, la renta máxima es la establecida por la norma reguladora del mismo.
Si la vivienda se arrienda **amueblada**, de ello no puede derivarse un desembolso para el inquilino superior a la renta máxima indicada.
La renta inicial puede ser objeto de **actualización** anualmente de conformidad con la evolución que experimente el IPC.
El arrendador puede percibir, además de la renta inicial o revisada que corresponda, el **coste real de los servicios** de que disfrute el inquilino y se satisfagan por el arrendador, así como las demás **repercusiones autorizadas** por la legislación aplicable.
El arrendador debe asumir la **administración, explotación y mantenimiento del inmueble** hasta que concluya el período de vinculación al régimen de protección.
Un supuesto especial es el del arrendamiento de la vivienda por el **adquirente o promotor individual para uso propio** que no la pueda ocupar por causa justificada. En ese caso, la renta anual máxima inicial por metro cuadrado de superficie útil a cobrar por el arrendamiento de la

vivienda y, en su caso, anejos, será el resultado de aplicar el 5,5% al precio máximo legal de venta de las respectivas viviendas protegidas para venta o uso propio que esté vigente a la fecha de celebración del contrato de arrendamiento (D Madrid 74/2009 art.17).

Contenido del contrato (D Madrid 74/2009 art.14) Los contratos de arrendamiento deben incluir las siguientes **cláusulas de carácter general**: 5789
• Que la vivienda está sujeta a las **prohibiciones y limitaciones** derivadas del régimen de protección pública y que las **condiciones de utilización** son las señaladas en la calificación definitiva y los precios de renta no pueden exceder de los límites establecidos.
• Que el arrendador se obliga a entregar las **llaves** de la vivienda en el plazo máximo de 3 meses a contar desde la concesión de la calificación definitiva o desde la fecha del contrato, si fuera posterior, salvo que dicho plazo sea prorrogado por la consejería competente en materia de vivienda.
• Que el arrendador se obliga a entregar al arrendatario un **ejemplar del contrato**, debidamente visado por la consejería competente en materia de vivienda.
• Que el contrato se celebra al amparo de la LAU y se somete al **régimen jurídico** previsto en la misma, con la sola excepción de las especificaciones derivadas del propio régimen de protección pública de la vivienda.
• Que el **subarriendo** total o parcial de la vivienda da lugar a la resolución del contrato.

Visado de contratos (D Madrid 74/2009 art.15) Los **contratos de arrendamiento**, que deben ser necesariamente de fecha posterior al otorgamiento de la correspondiente calificación definitiva, deben presentarse por el promotor para su visado en el plazo máximo de 10 días a partir de su celebración. 5797

El visado acredita, en todos los supuestos, que el contrato contiene las **cláusulas obligatorias**. Además, en el supuesto de cesión de uso de la vivienda, cuando el destino original de la misma sea el arrendamiento, el visado debe acreditar que el arrendatario, respectivamente, cumplía a la fecha de su suscripción las **condiciones establecidas para acceder a la vivienda**, por lo que, junto con el contrato debe aportarse la documentación que acredite el cumplimiento de tales condiciones.

A la vista de la documentación aportada, y si se cumplen los requisitos exigidos por la normativa aplicable, la consejería competente en materia de vivienda, en el **plazo** máximo de 6 meses, procede a devolver al arrendador el original del contrato con el correspondiente visado, así como una fotocopia del mismo, para su entrega por parte de aquel al inquilino, quedando otra copia en el expediente.

Transcurrido el mencionado plazo sin que se hubiese procedido en la forma indicada, puede entenderse otorgado el visado por **silencio administrativo**.

Si el contrato no reuniese la totalidad de las cláusulas obligatorias o no se hubiese aportado la totalidad de la documentación que acredite el cumplimiento de las condiciones para acceder a la vivienda, se concede al arrendador un plazo de 10 días para su **subsanación**, transcurrido el cual sin llevarlo a cabo, se deniega el visado.

La **denegación del visado** determina la instrucción, en su caso, del correspondiente expediente sancionador.

2. Régimen de los arrendatarios

Se establecen los siguientes **requisitos económicos** en función de la modalidad de vivienda protegida (D Madrid 74/2009 art.3): 5800
• Viviendas con protección pública para **arrendamiento de precio básico**: ingresos familiares que no excedan de 5,5 veces el IPREM.
• Viviendas con protección pública para **arrendamiento de precio limitado**: los ingresos familiares no pueden exceder de 7,5 veces el IPREM.

Los **ingresos familiares** se calculan de conformidad con lo dispuesto por la normativa estatal de financiación cualificada en materia de vivienda, vigente al tiempo de la celebración del correspondiente contrato de arrendamiento o, en su caso, solicitud de calificación provisional para el supuesto de promoción individual para uso propio.

Además de los requisitos de índole económica, para acceder a las viviendas con protección pública es preciso:
- ser **mayor de edad** o menor emancipado y no encontrarse incapacitado para obligarse contractualmente;
- no ser titular (ninguno de los miembros de su unidad familiar) del pleno dominio o de un derecho real de uso o disfrute sobre **otra vivienda** en todo el territorio nacional.

Precisiones No se considera que se es titular del pleno dominio o de un derecho real de uso o disfrute sobre **otra vivienda**:
• Cuando el derecho recaiga únicamente sobre una parte alícuota de la vivienda no superior al 50% y se haya adquirido la misma por título de **herencia**.
• En los casos de sentencia judicial de **separación o divorcio** cuando, como consecuencia de esta, no se le haya adjudicado el uso de la vivienda que constituía la residencia familiar.

5802 El D Madrid 84/2020 regula el procedimiento de asignación y el uso de viviendas protegidas en régimen de arrendamiento, construidas al amparo de **concesión demanial en suelos de redes supramunicipales** (Plan Vive).
Estas viviendas se han de ajustar a alguna de las **tipologías** de vivienda protegida en régimen de arrendamiento previstas en el D Madrid 74/2009 (nº 5767) y cuyo régimen jurídico y de protección les es igualmente aplicable, aunque también se contemplan algunos **requisitos específicos de acceso**:
- ser mayor de edad o menor emancipado y tener capacidad para obligarse contractualmente;
- nacionalidad española o residencia legal en España;
- ingresos anuales de la unidad de convivencia (último ejercicio fiscal cerrado y disponible) que alcancen un mínimo de 1,5 veces el IPREM y no sobrepasen el límite de 5,5 veces el IPREM (en viviendas con protección pública para arrendamiento de precio básico), ni de 7,5 veces el IPREM (en viviendas con protección pública para arrendamiento de precio limitado);
- importe de la renta anual a abonar que no exceda del 35% de los ingresos netos anuales de la unidad de convivencia;
- ni el solicitante ni ningún otro miembro de su unidad de convivencia pueden tener pleno dominio o derecho real de uso y disfrute sobre otra vivienda en todo el territorio nacional (con ciertas excepciones); y
- un período mínimo de antigüedad de 3 años inmediatamente anteriores a la solicitud, en el empadronamiento o en la localización de su centro de trabajo o de su trabajo.
El concesionario debe elaborar y disponer con carácter permanente, por cada parcela objeto de la concesión, de una **lista abierta de interesados** gestionada electrónicamente. A estos efectos, con una antelación de, al menos, 3 meses a la terminación de las obras de construcción de las viviendas, el concesionario debe publicar un anuncio en, al menos, dos diarios de amplia difusión en la Comunidad de Madrid, en el BOCM y en una página web accesible al público, con la información recogida en el D Madrid 84/2020 art.4.
Una vez abierto el plazo, los interesados deben dirigir al concesionario su **solicitud de inscripción** en la lista, que el concesionario realizará por orden cronológico de presentación, con vigencia de 3 años, transcurridos los cuales, el interesado puede volver a formular nuevas solicitudes.

3. Ayudas públicas en materia de vivienda

5805 La Comunidad de Madrid no cuenta con un plan de vivienda propio pero ha suscrito un **convenio de colaboración** con el ministerio competente en la materia para la ejecución del Plan estatal de vivienda 2022-2025 dentro de su ámbito territorial (Convenio de colaboración 15-9-22, Resol 8-11-22).
Para ello se ha aprobado el **Plan Estratégico de Subvenciones** para el desarrollo del Plan estatal de acceso a la vivienda 2022-2025 (Orden Madrid 3138/2022).
Deben destacarse también las medidas de fomento al alquiler de viviendas -**Plan Alquila**- consistentes en la prestación de servicios por la consejería competente en materia de vivienda, directa o indirectamente, para incentivar el alquiler de viviendas susceptibles de arrendamiento, de los que pueden beneficiarse tanto los arrendadores como los arrendatarios (Orden Madrid 1/2008 redacc Orden Madrid 182/2021).

4. Otras medidas públicas en materia de vivienda

5810 En esta comunidad también se han aprobado algunas normas destinadas a paliar la situación de exclusión residencial que viven numerosas personas. Se crea el **Parque de Viviendas de Emergencia Social**, que tiene como finalidad ofrecer alojamiento temporal de manera inmediata a personas o familias que se encuentren en una situación de grave dificultad habitacional, en particular, en los casos de desahucio, residencia en infravivienda y acontecimientos extraordinarios. Está integrado por un mínimo de 300 viviendas cuya titularidad o gestión corresponde a la Agencia de Vivienda Social (D Madrid 52/2016; Orden Madrid 24-10-2016).
Para poder acceder a una de estas viviendas, es preciso que se haya producido el **desahucio** de la vivienda habitual del interesado como consecuencia de una disminución sobrevenida de los ingresos de la unidad familiar y exista fecha de lanzamiento inminente acordada por resolución judicial, o bien este lanzamiento se haya producido en los últimos 3 meses.

Se considera una **situación de emergencia social**, que da derecho a la adjudicación de una vivienda del Parque de Viviendas de Emergencia Social, la **privación del uso de la vivienda** que constituye residencia habitual de una unidad familiar como consecuencia de su ocupación por personas ajenas a ella, cuando dicha privación pone a estas personas en grave situación de dificultad habitacional (D Madrid 52/2016 art.18.1.c; Orden Madrid 183/2021).

Se han de cumplir los siguientes **requisitos**: 5812
• La **vivienda** debe haber sido ocupada por personas ajenas de forma no consentida y constituir la residencia habitual de la unidad familiar.
• La **unidad familiar** debe:
- tener el pleno dominio o un derecho real de uso y disfrute sobre la vivienda ocupada de forma no consentida;
- no ser titular del pleno dominio o derecho real de uso y disfrute sobre otra vivienda en todo el territorio nacional; y
- contar con unos ingresos familiares anuales máximos de 3,5 veces el IPREM.

La **adjudicación de las viviendas** tiene carácter temporal, y se hará en régimen de arrendamiento, cesión de uso, precario o cualquier otra forma legal, de forma onerosa o a título gratuito, pudiéndose prorrogar siempre que se acredite la pervivencia de las acciones judiciales para recobrar la posesión de la vivienda. No obstante, no hay posibilidad de convertir este tipo de adjudicaciones temporales en definitivas por especial necesidad (D Madrid 52/2016 art.21.3).

5. Régimen sancionador

(L Madrid 9/2003 art.1 a 19)

Infracciones y sanciones (L Madrid 9/2003 art.6 a 9) Las **infracciones** se clasifican en leves, graves y muy graves. Como sanciones se prevé la imposición de **multas** en las siguientes cuantías: 5815
• Infracciones **leves**: de 150 a 1.500 euros.
• Infracciones **graves**: de 1.501 a 6.000 euros.
• Infracciones **muy graves**: de 6.001 a 60.000 euros.

En la **graduación** de la sanción se tiene especialmente en cuenta el daño producido, el beneficio ilícitamente obtenido, la intencionalidad, la reiteración y la reincidencia.

En ningún caso la comisión de la infracción puede suponer un **beneficio económico para el infractor**, por lo que la cuantía de la multa, unida al importe del resto de las medidas que se impongan en la resolución, debe alcanzar, como mínimo, el importe del beneficio obtenido.

En los casos en que no proceda imponer al infractor ninguna **medida accesoria** a la multa, el importe de esta no puede ser inferior al beneficio obtenido por la comisión de la infracción.

Medidas complementarias (L Madrid 9/2003 art.10 y 11) Sin perjuicio de aplicar las sanciones anteriores, puede imponerse además a los infractores las siguientes **sanciones complementarias**: 5818
• La **descalificación** de la vivienda, con pérdida y subsiguiente obligación de **devolución** de los beneficios percibidos, con los intereses legales correspondientes. Durante el plazo de 5 años a contar desde la fecha de la descalificación y, en todo caso, hasta transcurridos 15 años contados desde la calificación definitiva, los usuarios legítimos de las viviendas conservan los derechos derivados del régimen legal de protección. Los propietarios no pueden concertar arrendamientos a precios superiores a los establecidos por la normativa vigente para las viviendas protegidas, debiendo conservar las condiciones de prestación de los servicios sin modificarlas en perjuicio de los usuarios. Transcurrido el plazo expresado, las viviendas quedan sometidas al régimen general establecido en la legislación común, y, en lo pertinente, en la de arrendamientos urbanos.
• La **pérdida** de las ayudas económicas percibidas, con la subsiguiente obligación de devolución con los intereses legales.
• La pérdida, durante el plazo de 3 a 5 años, del **derecho a obtener subvenciones** de la Comunidad de Madrid.
• La **inhabilitación del promotor** declarado infractor para obtener nuevas calificaciones provisionales de promociones de viviendas contempladas en el ámbito de aplicación de esta Ley, durante el plazo de 3 a 5 años, a contar desde la fecha en que la sanción sea firme, por la concurrencia de dos o más infracciones muy graves de distinta tipificación en la misma promoción, o bien por concurrencia de infracciones muy graves cometidas por el mismo promotor en distintas promociones en un período inferior a 2 años.

Además de las sanciones precedentes, se imponen a los infractores, cuando proceda, las siguientes **obligaciones**:
- Adecuar a la legalidad la situación alterada.
- Realizar las obras de reparación y conservación que sean necesarias.
- Reintegrar a los arrendatarios, las cantidades indebidamente percibidas.

Asimismo, la Comunidad de Madrid puede ejercer el **derecho de retracto**, por el precio máximo legal, cuando la infracción cometida dé lugar al acceso a una vivienda protegida a personas que no cumplan los requisitos legales exigidos.

5820 **Prescripción** (L Madrid 9/2003 art.14) Las infracciones y sanciones prescriben en los siguientes plazos:

	Leves	Graves	Muy graves
Infracciones	9 meses	2 años	3 años*
Sanciones	1 año	2 años	3 años

* Excepto las acciones u omisiones de promotores, constructores o facultativos que den lugar a vicios o defectos que afecten a la edificación o habitabilidad (L Madrid 9/2003 art.8.h) que prescriben a los 5 años.

N. Murcia

5825

5829 La normativa sobre vivienda en esta comunidad tiene como referencia principal la L Murcia 6/2015, que regula de forma integral el **régimen jurídico** de la vivienda.
El marco legal se desarrolla, en lo que se refiere a la regulación de la **vivienda protegida de promoción privada**, por el D Murcia 99/2021.
Esta comunidad no cuenta con un plan autonómico de vivienda vigente. No obstante, ha firmado un **convenio de colaboración** con el ministerio competente en la materia para la ejecución del Plan estatal 2022-2025, que sirve de base jurídica para la aprobación de las bases reguladoras de diversas ayudas en la materia (nº 5865).
Deben tenerse en cuenta también las medidas que se establecen para la protección de los deudores hipotecarios y para afrontar la **emergencia en el ámbito de la vivienda** (nº 5870).

Precisiones La **promoción pública** de vivienda se regula en L Murcia 6/2015 art.35 a 50 y en el D Murcia 54/2002, por el que se regula la actuación del Instituto de Vivienda y Suelo en materia de promoción pública de vivienda.

1. Régimen jurídico de las viviendas protegidas

5830

5834 **Tipología** (L Murcia 6/2015 art.24; D Murcia 99/2021 art.3) Las viviendas protegidas, con independencia de quien las promueva, pueden calificarse en las clases que reglamentariamente se establezcan, en función de sus destinatarios, régimen de uso y precios máximos de venta o renta.
Se deben calificar, en todo caso, como viviendas protegidas de **régimen especial** aquellas destinadas a los beneficiarios con menores niveles de ingresos.
No obstante, por vía reglamentaria se establece que las viviendas protegidas de promoción privada se clasifican:
1. Por lo que respecta al **régimen de uso**, en vivienda protegida:
- para venta;
- para uso propio; o
- para arrendamiento, con o sin opción de compra.

2. Por lo que respecta a la **renta** de las personas destinatarias, en viviendas protegidas de:
- **régimen general**: destinadas a personas cuya unidad familiar o de convivencia disponga de unos ingresos máximos de 6,5 veces el IPREM.
- **régimen especial**: destinadas a personas cuya unidad familiar o de convivencia disponga de unos ingresos máximos de 2,5 veces el IPREM.

Duración del régimen legal (L Murcia 6/2015 art.25; D Murcia 99/2021 art.11 y 12) El régimen de protección de las viviendas protegidas tiene una **duración** de 10 años desde su calificación definitiva excepto que la consejería competente autorice el cambio de uso o se ejercite la opción de compra. 5837

En caso de **arrendamiento con opción de compra**, el arrendatario puede ejercer esta opción en cualquier momento, siempre atendiendo a la limitación del plazo de 10 años de duración del régimen de protección.

En todo caso, las viviendas protegidas edificadas sobre **suelos destinados por el planeamiento urbanístico** a la construcción de vivienda protegida están sujetas al régimen legal de protección mientras se mantenga la calificación del suelo.

Las limitaciones que impone el régimen legal de protección pública **se extinguen** por:
- el transcurso del plazo de duración, sin que sea necesaria ninguna declaración especial al efecto;
- la descalificación, ya sea la voluntaria a petición del titular de la propiedad, ya sea la impuesta como sanción.

Una vez extinguida la protección, las viviendas y elementos complementarios, quedan sometidos al régimen establecido por la legislación común.

La **descalificación** a petición del titular de la propiedad se puede solicitar durante la vigencia del régimen legal de protección, una vez transcurrido el plazo de 5 años desde la calificación definitiva.

La consejería competente en materia de vivienda puede concederla siempre que no se deriven perjuicios para terceros y previo reintegro del importe de las bonificaciones tributarias y de otro tipo con los intereses legales correspondientes.

No pueden ser objeto de descalificación las viviendas protegidas calificadas expresamente para **arrendamiento** mientras mantengan dicho régimen de uso.

Destino (L Murcia 6/2015 art.27; D Murcia 99/2021 art.7) Las viviendas protegidas se han de destinar exclusivamente a **residencia habitual y permanente** de sus adquirentes o arrendatarios y, en su caso, de los miembros de su unidad familiar, dentro del plazo de 6 meses desde la fecha de formalización de la escritura pública de compraventa o adjudicación, salvo en el caso de emigrantes, que será de 3 meses desde el retorno. 5840

Reglamentariamente se establece que no pueden dedicarse a segunda residencia o cualquier **otro uso**, y sin que pierda tal carácter por el hecho de que la persona titular o cualquier miembro de la unidad familiar o de convivencia ejerza en la vivienda una **profesión, oficio o pequeña industria** que sea compatible con el uso residencial, sin perjuicio de la necesidad de obtención de las licencias y demás autorizaciones preceptivas.

A estos efectos, la vivienda se considera domicilio habitual y permanente siempre que no permanezca **desocupada** más de 3 meses seguidos al año, salvo que medie justa causa debidamente autorizada por la consejería competente en materia de vivienda.

Superficie (D Murcia 99/2021 art.8) Se fija una **superficie útil máxima** de 90 m^2, para las viviendas protegidas para venta, uso propio o arrendamiento, con o sin opción de compra. Esta superficie se amplía a: 5842
- 120 m^2, en caso de familias numerosas o familias o unidades integradas por alguna persona con discapacidad o dependientes.
- 150 m^2, en caso de familias numerosas de carácter especial con cinco hijos, sumando 10 m^2 adicionales por cada hijo que supere dicho número.

Excepcionalmente, pueden ser destinatarios de las anteriores viviendas quienes no ostenten dicha condición, cuando se acredite que no existe demanda de las citadas unidades familiares o de convivencia.

En las promociones de viviendas de nueva construcción para venta o promoción para uso propio, es obligatoria la vinculación por vivienda de una **plaza de garaje** y un **trastero** cuando estos figuren en el proyecto o las ordenanzas municipales exijan su dotación.

A efectos del cálculo del precio máximo de los anejos, la superficie útil máxima computable es de 25 m^2 para el garaje o anejo y de 8 m^2 metros cuadrados para el trastero, con independencia de que su superficie útil real sea superior.

Se establecen normas para el **cómputo de la superficie** de la vivienda, del garaje y trastero y de los locales.

5845 **Renta** (L Murcia 6/2015 art.26; D Murcia 99/2021 art.16) Respecto del precio máximo de renta, ha de tenerse en cuenta el **precio de referencia** para el alquiler, que se debe establecer por orden de la consejería competente.

La **renta máxima inicial** anual de dichas viviendas es el 5,5% de su precio máximo de venta, por metro cuadrado de superficie útil, vigente en el momento de celebración del contrato de arrendamiento. Esta renta inicial puede actualizarse anualmente de conformidad con el IPC.

La concreta determinación de las rentas máximas se realiza, como se ha comentado, por orden de la consejería competente en materia de vivienda. Han de tenerse en cuenta a estos efectos:

- la Orden Murcia 25-4-2019, aplicable a las viviendas protegidas de **promoción privada**; y
- la Orden Murcia 9-2-2021, aplicable a las viviendas protegidas de **promoción pública o social**.

Se prevé la **actualización** de la renta inicial de conformidad con la evolución que experimente el IPC.

La persona arrendadora debe asumir la **administración, explotación y mantenimiento** del inmueble hasta que concluya el periodo de vinculación al régimen de protección.

2. Régimen de los arrendatarios

5855 **Condiciones de acceso** (L Murcia 6/2015 art.31.2 y 3; D Murcia 99/2021 art.5 y 6) Los destinatarios o usuarios de las viviendas protegidas deben ser **personas físicas**, individualmente consideradas, o unidades familiares que cumplan los requisitos que se establezcan en las disposiciones de desarrollo de la Ley, aunque también se prevé que, excepcionalmente, por razones de interés público o social, puedan ser destinatarias las **personas jurídicas** públicas o las privadas sin ánimo de lucro, con las condiciones establecidas reglamentariamente.

Reglamentariamente se establece que, para acceder en **primera transmisión** a viviendas protegidas, se deben cumplir los siguientes requisitos por el adquirente, adjudicatario, promotor individual o arrendatario:

- no superar el límite máximo de **ingresos familiares** establecidos para cada régimen de vivienda (calculados según el D Murcia 99/2021 art.5) y cumplir los requisitos establecidos reglamentariamente;
- no ser titular del pleno dominio o de un derecho real de uso o disfrute sobre alguna **vivienda en la misma localidad**, salvo que la vivienda resulte inadecuada para sus circunstancias personales o familiares.

Precisiones Se entiende que las viviendas son **inadecuadas** en los siguientes supuestos:
- situaciones de dependencia o discapacidad reconocidas oficialmente, con un grado reconocido igual o superior al 33%, producidas con posterioridad a la adquisición de la vivienda;
- situaciones catastróficas;
- situaciones de violencia de género o de víctima de terrorismo;
- familias numerosas que adquieran una vivienda mayor por incremento del número de hijos.

5859 **Registro de Demandantes de Viviendas Protegidas** (L Murcia 6/2015 art.33) El Registro de Demandantes de Viviendas Protegidas de la Región de Murcia tiene como finalidad contribuir a garantizar, en la adjudicación y adquisición o arrendamiento protegido de viviendas, el cumplimiento de los **principios** de igualdad, transparencia, objetividad y concurrencia.

Constituye un instrumento que debe proporcionar a la Administración regional **información actualizada** que permita programar las actuaciones de vivienda protegida, adecuándolas a las necesidades existentes, y en atención a la reserva de suelo regulada en la legislación urbanística.

3. Ayudas públicas en materia de vivienda

5865 Esta comunidad no cuenta con un plan propio en materia de vivienda, aunque ha firmado con el ministerio competente en la materia un **convenio de colaboración** para la ejecución del Plan estatal 2022-2025 (Convenio de colaboración 2-11-22, Resol 29-12-22).

En aplicación del Plan estatal, periódicamente se aprueban las **bases reguladoras** y convocatorias de las diferentes ayudas.

4. Otras medidas públicas en materia de vivienda

(L Murcia 6/2015 art.59 bis a 59 septies)

La legislación de viviendas de esta comunidad establece medidas para afrontar la **emergencia en el ámbito de la vivienda**. 5870

Se prevé la suscripción de un convenio regional con **grandes tenedores de vivienda** al que se pueden adherir las entidades financieras, las filiales inmobiliarias de estas entidades, los fondos de inversión y las entidades de gestión de activos, incluidos los procedentes de la reestructuración bancaria. Estos grandes tenedores de vivienda adheridos al convenio se obligan a ofrecer a los afectados en riesgo de exclusión residencial una **propuesta de alquiler social**, en las siguientes situaciones:

• Antes de adquirir una vivienda resultante de la consecución de acuerdos de **compensación o dación en pago** de préstamos o créditos hipotecarios sobre la vivienda habitual, o antes de la firma de la compraventa de una vivienda que tenga como causa de la venta la imposibilidad por parte del prestatario de devolver el préstamo hipotecario.

• Antes de interponer cualquier demanda judicial de ejecución hipotecaria o de **desahucio** por impago de alquiler.

La propuesta de **alquiler social** debe cumplir los siguientes requisitos:

- fijar una renta que garantice que el esfuerzo por el pago del alquiler no supere un porcentaje de los ingresos ponderados de la unidad familiar (10, 12 o 18%, en función de los ingresos);
- ofrecer preferentemente la vivienda afectada por el procedimiento o, alternativamente, una vivienda ubicada dentro del mismo término municipal;
- duración mínima del arrendamiento de 3 años.

Las Administraciones públicas deben garantizar, en cualquier caso, el adecuado **realojamiento** de las personas y unidades familiares en situación de riesgo de exclusión residencial que estén en proceso de ser desahuciadas de su vivienda habitual para poder hacer efectivo el desahucio.

Precisiones Se entiende que las personas y unidades familiares se encuentran en situación de **riesgo de exclusión residencial** siempre que perciban unos ingresos inferiores a:
- 2 veces el IPREM, si se trata de personas que viven solas;
- 2,5 veces el IPREM, si se trata de unidades de convivencia; o
- 3 veces el IPREM, en caso de personas con discapacidades o con gran dependencia.

Si los ingresos son superiores a 1,5 veces el IPREM, la solicitud debe ir acompañada de un informe de servicios sociales que acredite el riesgo de exclusión residencial.

5. Régimen sancionador

(L Murcia 6/2015 art.65 a 68)

Infracciones (L Murcia 6/2015 art.65 a 67) La legislación de viviendas de esta comunidad prevé la existencia de infracciones leves, graves y muy graves. 5875

En lo que respecta al arrendamiento, cabe destacar como infracciones **graves**:
- el incumplimiento de los requisitos previos exigibles para proceder a la venta o arrendamiento de una vivienda en proyecto, en construcción o terminada;
- no destinar la vivienda protegida a domicilio habitual y permanente o mantenerla deshabitada sin causa justificada durante un periodo comprendido entre 6 meses y un año.

Se considera infracción **muy grave** la reiteración en la aportación de datos falsos, la reiteración en la inducción a confusión en la publicidad dirigida a la venta o al arrendamiento de vivienda.

Sanciones (L Murcia 6/2015 art.68) Las infracciones son sancionadas con **multas** en las siguientes cuantías: 5877
- infracciones **leves**: de 300 a 3.000 euros;
- infracciones **graves**: de 3.001 a 15.000 euros;
- infracciones **muy graves**: de 15.001 a 90.000 euros.

Por vía reglamentaria se pueden introducir graduaciones al cuadro de sanciones establecidas legalmente que, sin introducir nuevas sanciones ni alterar el límite de las mismas, contribuyan a la más precisa determinación de las sanciones correspondientes.

Ñ. Navarra

5890 Navarra, junto con el País Vasco, presenta la peculiaridad de tener un **modelo propio** de protección pública a la vivienda, diferenciado del modelo estatal, sin contar con financiación estatal, hasta el punto que, por ejemplo, la normativa navarra mantiene la tipología de viviendas de protección oficial, que ya ha desaparecido de la normativa estatal.
Esta comunidad foral dispone de una Ley de vivienda (LF Navarra 10/2010) que, por su detalle y previsión, es el eje vertebral del **régimen jurídico** de las viviendas protegidas, complementada por el DF Navarra 61/2013, que regula las actuaciones protegibles en materia de vivienda (nº 5950).
También resulta de aplicación la LF Navarra 6/2009, de **medidas urgentes** en materia de urbanismo y vivienda.
Deben tenerse en cuenta también las medidas dirigidas a evitar la existencia de **viviendas deshabitadas**, así como para afrontar la **emergencia en el ámbito de la vivienda** (nº 5955).

Precisiones La **promoción pública** de viviendas se regula en el DF Navarra 34/1987, sobre promoción pública de vivienda, y en la OF Navarra 89/2014, por la que se establece el fondo foral de vivienda social.

1. Régimen jurídico de las viviendas protegidas

5895 **Tipología** (LF Navarra 10/2010 art.7) Los tipos de vivienda protegida previstos por la normativa navarra son:
• La vivienda de **protección oficial**, que puede calificarse en régimen de propiedad, en régimen de arrendamiento, en régimen de arrendamiento con opción de compra y en régimen de cesión de uso.
• La vivienda de **precio tasado**, que únicamente puede calificarse en régimen de propiedad.
La promoción de viviendas de protección oficial puede llevarse a cabo por **asociaciones sin ánimo de lucro** en régimen de cesión de uso. Las viviendas así promovidas se rigen por las disposiciones generales aplicables a las viviendas de protección oficial, si bien la duración del régimen de protección será indefinido y no será necesaria la adjudicación de las viviendas a través del censo de solicitantes de vivienda protegida (LF Navarra 10/2010 disp.adic.18ª).
También pueden ser objeto de protección pública:
- los alojamientos que constituyan **fórmulas intermedias entre la vivienda individual y la colectiva**, como viviendas colaborativas, apartamentos tutelados o alojamientos asistidos para personas que hayan alcanzado los 60 años de edad, personas con algún tipo de discapacidad u otros colectivos cuyas características lo hagan aconsejable;
- las viviendas que cumplan los requisitos establecidos respecto del uso de técnicas de construcción que supongan un **menor empleo de materiales contaminantes**, un mayor confort, eficiencia energética y ahorro de recursos naturales, así como aquellas que incorporen todos aquellos elementos necesarios que le den la condición de usabilidad para todas las personas.

5898 **Duración del régimen legal** (LF Navarra 10/2010 art.7.10 y 43; LF Navarra 20/2022 disp.trans.1ª; DF Navarra 61/2013 Anexo 1.2 y 1.3) Para determinar la duración del régimen legal es preciso atender a la normativa vigente en el momento en el que la vivienda se calificó, así como al tipo de vivienda protegida.

Dentro de las **viviendas en régimen de arrendamiento**, hay que referirse a los siguientes supuestos:
• Viviendas calificadas al amparo de la **actual Ley de vivienda** (viviendas con calificación provisional posterior a 29-7-2022): duración indefinida. No se admite la descalificación anticipada. Mantienen de forma indefinida algún régimen de protección pública, pero la duración de su destino al arrendamiento es como mínimo de 21 años desde su calificación definitiva.
• Viviendas de protección oficial de **régimen general** en alquiler: 15 años desde su calificación definitiva.
• Viviendas de protección oficial de **régimen especial** en alquiler: 20 años desde su calificación definitiva.
• Viviendas de **precio tasado** calificadas en régimen de alquiler: 15 años desde su calificación definitiva.
• Viviendas de **precio pactado** calificadas en régimen de alquiler: 10 años desde su calificación definitiva.
• Viviendas de **precio pactado en alquiler con opción de compra**: 8 años desde su calificación definitiva.
La duración del régimen de protección de las viviendas de protección oficial calificadas en **régimen de cesión de uso** es indefinida.

Destino y superficie (LF Navarra 10/2010 art.8 y 9) Las viviendas protegidas se deben destinar a **domicilio habitual y permanente**. En ningún caso se admite el destino para segunda residencia o estancia turística. 5905
Se entiende que existe **habitualidad** en la ocupación de la vivienda cuando esta permanezca ocupada durante al menos 9 meses al año, salvo que medie autorización administrativa de desocupación. Se entiende por **domicilio permanente** el que constituya el lugar de residencia efectiva.
En el caso del alquiler, el **plazo máximo para ocupar** la vivienda es de 3 meses, contado a partir de la fecha de suscripción del contrato de alquiler.
En cuanto a la **superficie**, se establecen los siguientes límites:
• Viviendas de **protección oficial**: superficie útil igual o inferior a 90 m^2, o 120 m^2 (familias numerosas).
• Viviendas de **precio tasado**: superficie útil igual o inferior a 120 m^2, o 140 m^2 (familias numerosas).

Precisiones El detalle de los **límites superficiales** de las viviendas protegidas se regula en DF Navarra 61/2013 art.10.

Condiciones del arrendamiento (DF Navarra 61/2013 art.65) Además de las que se exponen al tratar de la renta (nº 5910), se establecen las siguientes condiciones del arrendamiento de vivienda protegida: 5907
• Las condiciones del arrendamiento se deben ajustar a las **disposiciones generales** del contrato de arrendamiento de viviendas regulado en la LAU.
• Los contratos de arrendamiento de vivienda protegida calificada en régimen de arrendamiento se celebran por el **plazo** de un año, sin perjuicio del derecho de prórroga anual para el arrendatario. No se admiten contratos que establezcan otra duración mayor o menor.
• No están permitidas ni la **cesión del contrato** por el arrendatario ni el **subarriendo** de la vivienda, incluso parcial.
• Cabe el **desistimiento** del contrato por el arrendatario en los términos y con las condiciones de la LAU.
• El arrendador puede solicitar **garantías complementarias** dirigidas a asegurar el cumplimiento del correspondiente contrato. Estas garantías no pueden ser superiores a 6 meses de renta -viviendas de protección oficial de régimen general-, 3 meses de renta -viviendas de protección oficial de régimen especial- (LF Navarra 6/2009 art.15) o una anualidad -resto de viviendas-.
• Debe notificarse al departamento competente en materia de vivienda la **rescisión** del contrato de arrendamiento.

• Se deben **inadmitir** los contratos de arrendamiento de viviendas cuando: 5908
- sean presentados para su visado administrativo con fecha posterior a la entrada en vigor del contrato;
- el arrendador no haya comunicado con anterioridad la baja de los anteriores arrendatarios;
- los inquilinos de la vivienda cuyo arrendamiento se comunica, sigan constando como arrendatarios de otra vivienda protegida sin haberse comunicado su baja.
• Se admite el **alquiler compartido**, cuando se cumplan los siguientes **requisitos**:
- ser menores de 35 años;

- estar inscritos en el Censo de Solicitantes como únicos solicitantes;
- no tener descendientes ni familiares a cargo;
- ingresos ponderados inferiores a 1,7 veces el IPREM;
- ocupar un máximo de un dormitorio.

En caso de alquiler compartido, la renta máxima de la vivienda arrendada es la que corresponda conforme los precios máximos y la actualización de renta aplicable, y cada arrendatario será beneficiario de un importe de subvención en proporción al número de dormitorios de la vivienda. Los arrendatarios beneficiarios de una misma vivienda no pueden tener lazos familiares, ni ser o haber sido matrimonio o pareja estable.

5910 **Renta** (LF Navarra 10/2010 art.10.2; LF Navarra 22/2016 disp.adic.1ª) El **precio máximo de renta** aplicable a los contratos de arrendamiento de viviendas de protección oficial de régimen especial, viviendas de protección oficial calificadas al amparo de la LF Navarra 10/2010, y viviendas protegidas calificadas definitivamente en régimen de propiedad que sean arrendadas por propietarios particulares, es de:
- 5,40 euros/m^2 útil de vivienda (5,1 euros/m^2, en municipios de población inferior a 10.000 habitantes no situados en la subárea 10.4 del área 10 de la Estrategia Territorial de Navarra);
- 60 euros para la totalidad de la superficie del garaje; y
- 2 euros/m^2 útil de trastero y resto de anejos.

Los precios máximos de renta señalados se irán **actualizando anualmente** aplicando al precio vigente la variación porcentual del IPC de los 12 meses inmediatamente anteriores, tomando los últimos datos conocidos a fecha 30 de noviembre de cada año.

El precio máximo de renta de las promociones calificadas para arrendamiento de viviendas de protección oficial de **régimen general**, de viviendas de **precio tasado** y de viviendas de **precio pactado** será el que corresponda conforme a la normativa anteriormente aplicable.

5911 **Actualización de la renta** (DF Navarra 61/2013 art.65.6) La renta puede ser actualizada por el arrendador o el arrendatario en la fecha en que se cumpla cada año de vigencia del contrato, aplicando a la renta correspondiente a la anualidad anterior la variación porcentual del IPC en un período de 12 meses inmediatamente anteriores a la fecha de cada actualización, tomando como mes de referencia para la primera actualización el que corresponda al último índice que estuviera publicado en la fecha de celebración del contrato y en las sucesivas el que corresponda al último aplicado.

5912 **Prohibición de sobreprecio** (LF Navarra 10/2010 art.48) Se prohíbe la percepción de cualquier sobreprecio, prima o cantidad distinta a la que corresponda satisfacer al arrendatario de vivienda sujeta a cualquier régimen de protección pública.

5915 **Obligaciones de información y publicidad** (LF Navarra 10/2010 art.36 y 40) La información y publicidad sobre las características materiales de las viviendas, sus servicios e instalaciones y las condiciones jurídicas y económicas del arrendamiento debe ajustarse a los **principios** de buena fe, objetividad y veracidad, sin omitir datos esenciales o que puedan inducir a error a los destinatarios.

En todo caso, se debe especificar el **estado en que se encuentran** las viviendas a que la publicidad se refiere: en proyecto, en fase de construcción o terminadas.

Las **características y condiciones** ofrecidas en la publicidad sobre viviendas protegidas son exigibles ulteriormente por el arrendatario, aun en el caso de que no se hiciera mención específica en el correspondiente contrato.

Se prohíbe hacer publicidad de viviendas protegidas con carácter previo a la obtención de la correspondiente calificación provisional.

La publicidad debe contener, como mínimo, las siguientes **referencias**:
• La identificación del promotor y emplazamiento del edificio.
• La descripción de la vivienda, la superficie útil, la superficie construida con parte proporcional de elementos comunes y, en su caso, de los elementos vinculados a esta, cuando proceda.
• El precio de arrendamiento y condiciones básicas de financiación, cuando proceda.
• Entidad financiera o compañía de seguros que garantiza las cantidades entregadas a cuenta.

5917 En el arrendamiento de vivienda hay que proporcionar al destinatario información suficiente sobre las **condiciones esenciales de la vivienda**, tanto física como jurídica, así como de las **condiciones básicas del contrato**.

Además de la **información mínima** que debe proporcionarse en cualquier contrato de arrendamiento, en el caso de las viviendas protegidas calificadas en régimen de arrendamiento, el arrendador debe cumplir las siguientes obligaciones:
• Presentar el contrato de arrendamiento ante el departamento competente en materia de vivienda para ser **visado**.

• Cuando se obtenga el visado del contrato, debe posibilitar al arrendatario, durante un plazo mínimo de 15 días, la presentación de **reclamaciones** para comunicar la posible existencia de deficiencias.
• Realizar el **cálculo final del precio** total de renta a entregar por todos los conceptos por el arrendatario.
• Informar al arrendatario sobre los **costes de la comunidad de vecinos**.
• Informar de las posibles **subvenciones** concedidas.
• Informar al arrendatario de la **fecha en que finaliza el régimen de protección** de la vivienda arrendada.
• Informar de los diferentes **suministros** cuando estos no sean individualizables mediante contador, así como el método de imputación o el coste cuando este se determine mediante una cuantía fija.
• Cobrar únicamente por aquellos **gastos de suministros** generados a partir de la fecha en la que entra en vigor el contrato de arrendamiento.
• Individualizar el cobro de **gastos de servicios o suministros**.
• Poner a disposición de los arrendatarios un **tablón de anuncios** donde se proporcione información relevante.
• Remitir al departamento competente en materia de vivienda una copia de las **cuentas anuales** resultantes de la gestión de los elementos comunes del edificio.

Visado de contratos (LF Navarra 10/2010 art.32) En el visado del contrato de arrendamiento, el adjudicatario de la vivienda debe acreditar el cumplimiento de los **requisitos** mínimos de acceso, así como la correcta obtención de **puntuación** otorgada en aplicación del baremo. 5929
En caso de constatarse el **incumplimiento** de algún requisito mínimo de acceso o la incorrecta obtención de puntuación otorgada en aplicación del baremo aplicable, así como la ocultación de datos, la suscripción de declaraciones falsas en la solicitud de inscripción o el falseamiento de documentos, se procede, mediante resolución motivada, a denegar el visado del contrato.
Asimismo, con el visado de los contratos se asegura que el promotor de las viviendas ha cumplido con las **obligaciones informativas** establecidas para el arrendamiento (nº 5915 s.).

2. Régimen de los arrendatarios

Condiciones de acceso (LF Navarra 10/2010 art.17 a 19 y disp.adic.1ª; DF Navarra 25/2011 art.5 a 17) Para acceder a una vivienda protegida, así como a financiación pública, es preciso: 5934
• Acreditar la **necesidad** de vivienda.
• Destinar la vivienda a **residencia habitual y permanente**.
• Estar inscrito en el **Censo de Solicitantes** de Vivienda Protegida.
• Contar con **capacidad legal** para obligarse.
• No ser titular del dominio o de un derecho real de uso o disfrute sobre alguna **otra vivienda** o parte alícuota de la misma, ni haber transmitido el dominio o un derecho real de uso o disfrute sobre una en los últimos 5 años (salvo transmisiones que no hayan generado ingresos superiores a 90.000 euros).
• Estar **empadronado** en algún municipio de Navarra (salvo residentes navarros en el exterior).

Es preciso además reunir los siguientes **requisitos de capacidad económica**: 5936

	Ingresos familiares ponderados inferiores a:
Viviendas de protección oficial	4,5 veces el IPREM
Viviendas de precio tasado	6,5 veces el IPREM
Acceso en propiedad en **segunda transmisión**	
Alquiler de vivienda protegida entre particulares	

Como **ingresos mínimos** a acreditar se exige que la suma de las partes generales de las bases imponibles y las rentas exentas de tributación de los solicitantes y sus cónyuges o parejas estables sea igual o superior a (DF Navarra 25/2011 art.7):
- 3.000 euros, en el caso de que accedan a viviendas protegidas en régimen de arrendamiento, con y sin opción de compra;
- 12.000 euros, si acceden a una viviendas de protección oficial en régimen de propiedad;
- 15.000 euros, para las viviendas de precio tasado.
En las promociones en las que se hayan presentado menos solicitantes que viviendas protegidas a adjudicar, una vez transcurridos 3 meses desde que se declarara desierta la adjudicación de la totalidad o de parte de las viviendas, el promotor puede solicitar al departamento

competente en materia de vivienda, la **exención del requisito** de acreditar ingresos mínimos por parte de los solicitantes, así como del requisito de estar empadronado en algún municipio de Navarra (LF Navarra 6/2009 art.12).

Precisiones Las condiciones de acceso son objeto de **desarrollo reglamentario** en DF Navarra 25/2011 art.5 a 17.

5945 **Censo de Solicitantes de Vivienda Protegida** (LF Navarra 10/2010 art.26 a 30; DF Navarra 25/2011 art.18 a 34) Tienen **derecho a inscribirse** en el Censo de Solicitantes de Vivienda Protegida las personas que cumplan los requisitos mínimos de acceso a las viviendas protegidas. Una misma persona no puede figurar como solicitante de vivienda en más de una solicitud de inscripción en el Censo.

En la solicitud de inscripción se debe indicar necesariamente el **área geográfica** donde interesa la adjudicación de la vivienda protegida, así como la **tipología de la vivienda**.

La inscripción debe renovarse cada 2 años. En tanto se mantenga vigente la inscripción, las personas solicitantes censadas deben comunicar al organismo gestor del censo todos los datos relativos a las **variaciones de su situación** personal, familiar y económica que afecten a los requisitos y a la baremación de las solicitudes, en un plazo de 2 meses contados desde que tales variaciones se produzcan.

La inscripción, por sí misma, no da lugar a ningún otro derecho que los previstos en la normativa de vivienda, ni supone la adjudicación automática de la vivienda protegida. No obstante, la **adjudicación** de viviendas protegidas únicamente tendrá lugar entre quienes figuren inscritos en el censo.

5947 **No es necesaria la inscripción** en el censo en los siguientes supuestos:

- Personas afectadas por **realojos** urbanísticos.
- Adquirentes y arrendatarios de vivienda protegida en **segunda transmisión entre particulares**.
- Promotores de una única **vivienda unifamiliar para uso propio**.
- Personas que accedan a programas específicos de **integración social**.
- Personas que efectúen una **permuta** de sus viviendas protegidas.
- Personas que se acojan a los **tipos especiales** previstos en LF Navarra 10/2010 art.7.6, excepto en la promoción de apartamentos en alquiler para personas mayores de 60 años o para personas con discapacidad.
- Personas que accedan a promociones de asociaciones privadas sin ánimo de lucro de viviendas de protección oficial en régimen de **cesión de uso**, y quienes accedan a viviendas declaradas vacantes tras el procedimiento de adjudicación.

Precisiones El **funcionamiento del censo** y el procedimiento de adjudicación se regulan en DF Navarra 25/2011 art.18 a 34.

5948 **Selección de destinatarios** (LF Navarra 10/2010 art.31) Los **procedimientos de adjudicación** de viviendas protegidas se iniciarán los días 1 de marzo, 1 de junio, 1 de septiembre y 1 de diciembre de cada año, e incluirán todas las viviendas, en régimen de propiedad, a las que se hubiese otorgado la calificación provisional hasta el día inmediatamente anterior a las fechas señaladas.

Cada solicitud será objeto de **valoración** dentro de todas las reservas en las que el solicitante tenga derecho a ser incluido por haber cumplimentado los requisitos exigidos para ello.

A quienes opten a **viviendas especialmente adaptadas** dentro de la reserva de personas con discapacidad motriz grave, así como a **viviendas de más de 90 m^2 útiles** para familias numerosas, se les asignarán estas aunque hayan sido también seleccionados en otras reservas.

Cada **vivienda que no llegue a adjudicarse** dentro de una reserva por falta de solicitantes que cumplan los requisitos exigidos acrecerá, en su caso, la reserva para empadronados en cualquier municipio de Navarra.

Las **viviendas no adjudicadas en el tramo de renta superior** acrecerán el tramo inmediatamente inferior y a la inversa.

Los **empates de puntuación** se resolverán conforme al criterio de favorecer a los solicitantes con menores ingresos familiares ponderados y ante la persistencia del empate se tendrán en cuenta para la adjudicación criterios de composición familiar y discapacidad.

Las viviendas protegidas de **superficie superior a 90 m^2 útiles** se adjudicarán a solicitantes cuya unidad familiar esté compuesta, al menos, por 3 miembros, o a personas con discapacidad que presenten limitaciones graves de movilidad, en especial cuando resulten usuarias de sillas de ruedas, salvo que finalizado el procedimiento de adjudicación las viviendas hubieran quedado sin adjudicar.

Concluido el proceso de baremación de las solicitudes, si el **número de solicitantes supera al de viviendas** a adjudicar, se concederá, mediante anuncio, un plazo de 10 días para que los solicitantes puedan formular alegaciones.
El departamento competente en materia de vivienda, una vez resueltas las alegaciones que, en su caso, se hubieran presentado, procederá a autorizar la **firma** de los correspondientes contratos de compraventa o arrendamiento de las personas incluidas en la **lista provisional** de adjudicatarios.

Precisiones **1)** El procedimiento de adjudicación es objeto de **desarrollo reglamentario** en DF Navarra 25/2011 art.35 a 50.
2) Ha de tenerse en cuenta el régimen de **reservas** regulado en LF Navarra 10/2010 art.20 a 25 y DF Navarra 61/2013 art.18.
3) Se prevé un procedimiento específico de adjudicación para los casos de **cambio de vivienda protegida inadecuada** (LF Navarra 10/2010 art.33).

3. Ayudas públicas en materia de vivienda

Habida cuenta el especial sistema fiscal navarro, no se suscriben convenios de financiación entre el Estado y la comunidad foral, ni son aplicables en esta comunidad las medidas previstas en el Plan estatal de vivienda. **5950**
Esta comunidad cuenta con un plan propio en materia de vivienda, de carácter programático: el **Plan de Vivienda** de Navarra 2018-2028 (aprobado por Acuerdo del Gobierno de Navarra 8-5-2019 y publicado en la web www.navarra.es). Este plan contempla diversos objetivos estratégicos, cada uno con varias líneas de actuación.
En lo que respecta al catálogo de **ayudas económicas** para el arrendamiento de vivienda, se prevén los siguientes programas:
• Ayudas económicas para el **fomento de la vivienda protegida**, que incluye ayudas a los adquirentes y a los arrendatarios (LF Navarra 10/2010 disp.adic.29ª; DF Navarra 61/2013 art.27 a 37).
• Actuaciones protegibles en **viviendas de integración social** (DF Navarra 61/2013 art.66 a 75).
• Fomento del **alquiler de vivienda usada** (DF Navarra 61/2013 art.76 y 77).
• Ayudas a los apartamentos en alquiler para personas **mayores de 60 años** o para personas con discapacidad y otros alojamientos y servicios (LF Navarra 10/2010 disp.adic.16ª redacc LF Navarra 7/2023; DF Navarra 61/2013 art.79 y 80).
• Subvenciones a **promotores de vivienda de protección oficial** calificadas en régimen de arrendamiento sin opción de compra y viviendas de protección oficial calificadas en régimen de cesión de uso (LF Navarra 10/2010 disp.adic.16ª redacc LF Navarra 7/2023).

4. Otras medidas públicas en materia de vivienda

(LF Navarra 10/2010 art.13, 42 bis a 42 sexies, 52, 72 y disp.adic.10ª)

Esta comunidad ha regulado además ciertas medidas dirigidas a evitar la existencia de viviendas deshabitadas, como medio de garantizar el derecho a la vivienda, así como a proporcionar vivienda a personas en especiales circunstancias de **emergencia social**. **5955**
Se consideran **viviendas deshabitadas** aquellas que no se destinen efectivamente al uso residencial durante más de 6 meses consecutivos en el curso de un año, con exclusión de las viviendas habituales, las edificaciones destinadas a uso turístico, las segundas residencias, y las viviendas arrendadas por temporadas o en las que se ejerza una actividad industrial, comercial, artesanal, profesional, recreativa, asistencial, cultural o docente (LF Navarra 10/2010 art.42 bis).
La **declaración** de vivienda deshabitada se somete a un procedimiento regulado legalmente (LF Navarra 10/2010 art.42 quinquies).
Pueden destacarse las siguientes **medidas** para evitar la existencia de viviendas deshabitadas:
a) Se crea un **Registro de Viviendas Deshabitadas** como instrumento para el control y seguimiento de las viviendas que hayan sido declaradas como tales (LF Navarra 10/2010 art.42 sexies).

b) Programa de **intermediación** para el alquiler de viviendas desocupadas: bolsa de alquiler. **5956**
El departamento competente en materia de vivienda puede recibir en arrendamiento o cesión de uso viviendas desocupadas a precios de mercado como medio para proporcionar **alquileres u otras cesiones de uso** a precios protegidos, costeando las correspondientes diferencias de precio. Transcurrido el arrendamiento, el organismo encargado de la gestión debe devolver

la vivienda a su propietario en el mismo estado en que la recibió y libre de inquilinos, excepto cuando el propietario manifieste su conformidad respecto a la aceptación del inquilino (LF Navarra 10/2010 art.13).

c) Se tipifica como **infracción muy grave** no dar efectiva habitación a la vivienda durante 2 años, siempre que el titular de la misma sea una persona jurídica (LF Navarra 10/2010 art.66.1).

d) Se puede considerar causa justificativa de **expropiación forzosa** el hecho de mantener una vivienda deshabitada en los casos en que constituye infracción muy grave (LF Navarra 10/2010 art.52.d redacc LF Navarra 7/2023). Cuando dicha infracción muy grave no haya sido sancionada con expropiación, se debe requerir a la entidad titular para que ponga fin a tal situación en plazo máximo de 6 meses, con apercibimiento de que en caso contrario se impondrán multas coercitivas o de que podrá iniciarse un procedimiento expropiatorio del dominio o del uso de la vivienda (LF Navarra 10/2010 art.72.2).

Precisiones **1)** Se prevé la **autorización administrativa de desocupación** en ciertos supuestos (DF Navarra 61/2003 art.42 y 43).

2) Con efecto 23-6-2018, se declaró la **inconstitucionalidad y nulidad** de LF Navarra 10/2010 disp.adic.10ª.1 y 2, en redacción dada por LF Navarra 24/2013. Esta disposición permitía la expropiación forzosa del uso de la vivienda en el caso de **desahucio** de personas en especiales circunstancias de emergencia social incursas en procedimientos de desahucio por ejecución hipotecaria llevados a cabo por entidades financieras (TCo 16/2018).

5. Régimen sancionador

5960 **Infracciones y sanciones** (LF Navarra 10/2010 art.64 a 67) Las **infracciones** en materia de vivienda se clasifican en leves, graves y muy graves.

La comisión de infracciones da lugar a las siguientes **sanciones**:

- Infracciones **leves**: multa de 300 a 3.000 euros.
- Infracciones **graves**: multa de 3.001 a 30.000 euros.
- Infracciones **muy graves**: multa de 30.001 a 300.000 euros.

Cuando el **beneficio** que resulte de la comisión de la infracción sea superior al importe de la multa, esta es incrementada hasta alcanzar una cantidad que sea, como mínimo, equivalente al beneficio obtenido, y como máximo al duplo del mismo.

Precisiones El DF Navarra 322/1998 regula el **procedimiento** sancionador de las infracciones en materia de vivienda y control de la edificación.

5961 **Atenuantes y agravantes** (LF Navarra 10/2010 art.67.5) Pueden agravar o atenuar la responsabilidad:

- La trascendencia de la infracción para la **seguridad** de las viviendas o la salud de los usuarios.
- Los **beneficios económicos** obtenidos a consecuencia de la infracción.
- La **repercusión social** de los hechos.
- La **intencionalidad** del infractor.
- Los **perjuicios** ocasionados a la Administración o a los usuarios.
- La **reincidencia** en el término de 2 años en una infracción de la misma naturaleza cuando así haya sido declarado por resolución firme en vía administrativa.
- La existencia de **reiteración**.

5962 **Medidas accesorias** (LF Navarra 10/2010 art.67.2) Cuando concurra, al menos, una circunstancia **agravante**, se pueden imponer como sanciones accesorias:

- La **inhabilitación** del infractor para **promocionar** viviendas protegidas o realizar actuaciones de edificación o rehabilitación que se efectúen con ayudas públicas durante un plazo máximo de 1, 3 o 5 años, según se trate de infracciones leves, graves o muy graves, respectivamente.
- La **inhabilitación** del infractor para poder resultar **adjudicatario** de una vivienda protegida durante un plazo máximo de 1, 3 o 5 años, según se trate de infracciones leves, graves o muy graves, respectivamente.
- La **devolución del sobreprecio**, prima y, en general, de cualquier otra cantidad distinta indebidamente percibida, a la persona que las hubiera entregado.
- La **expropiación forzosa** de la vivienda y anejos vinculados (LF Navarra 10/2010 art.52 a 54).

Las infracciones que conlleven incumplimiento de las condiciones establecidas para acceder a viviendas protegidas o a las ayudas públicas dan lugar, además, a la **obligación de reintegrar las ayudas** indebidamente percibidas, previa actualización de sus cuantías.

Medidas cautelares (LF Navarra 10/2010 art.70) Se pueden adoptar las siguientes medidas cautelares: 5964
- La **orden de suspensión** de las obras de edificación, previo requerimiento al promotor.
- La **retirada de los materiales** o de la maquinaria de la obra.
- El **precintado** del local u obra.
- La **interrupción de suministros** de energía eléctrica, agua o gas a locales o viviendas que sean objeto de utilización ilegal.
- La exigencia de **avales o fianzas**.
- La **exclusión en el Censo** de Solicitantes de Vivienda Protegida.

Prescripción (LF Navarra 10/2010 art.69) Las infracciones y sanciones prescriben en los siguientes **plazos**: 5966

	Leves	Graves	Muy Graves
Infracciones	1 año	2 años	3 años
Sanciones	1 año	2 años	3 años

El plazo de prescripción de las **infracciones** comienza a computarse desde el día en que fueron cometidas, o, si se ignorase, desde el día en que se manifestaran señales externas que hubieran permitido incoar expediente. Dicho plazo se interrumpe cuando llegue a conocimiento del interesado la incoación del expediente, o cuando se remitan las actuaciones al órgano judicial competente o al Ministerio Fiscal.
El plazo de prescripción de las **sanciones** comienza a computarse desde el día en que se notifiquen. Dicho plazo se interrumpe cuando se notifique al sancionado, personalmente o por edicto, el inicio del procedimiento de ejecución.
La **acción para el restablecimiento de la legalidad** prescribe a los 10 años.

O. País Vasco

5975

Como ocurre con Navarra, el País Vasco ejerce de forma plena sus **competencias exclusivas** en materia de vivienda, gracias a su especial sistema económico-financiero. 5979
La **normativa** en materia de vivienda protegida está constituida por:
- La L País Vasco 3/2015, de vivienda.
- El D País Vasco 39/2008, sobre régimen jurídico de viviendas de protección pública y medidas financieras en materia de vivienda y suelo, que al ser anterior a la L País Vasco 3/2015, tan solo resulta aplicable, en su caso, en los supuestos que no contradiga a la Ley.
- El D País Vasco 147/2023, del derecho subjetivo de acceso a la ocupación de una vivienda.

Deben tenerse en cuenta también ciertas medidas para garantizar el cumplimiento de la función social de la vivienda y tendentes a proteger a las personas en **situación de emergencia social** (nº 6030).

1. Régimen jurídico de las viviendas protegidas

5982

Tipología (L País Vasco 3/2015 art.20, 21 y 23; D País Vasco 39/2008 art.30 y 31) Tienen la consideración de viviendas de protección pública las viviendas que cumplan los **requisitos y condiciones** de habitabilidad, calidad, superficie, uso y precio o renta establecidos por la normativa aplicable y 5984

que se califiquen como tales por el departamento competente en materia de vivienda del Gobierno Vasco, o por el ayuntamiento correspondiente cuando se trate de viviendas de régimen tasado municipal.
Se prevén dos tipos de **viviendas de protección pública**:
• Vivienda de protección social.
• Vivienda tasada de régimen autonómico o municipal.
Además de las viviendas de protección pública, la normativa vasca contempla el concepto de **alojamiento dotacional**, entendiendo por tal la edificación residencial apta para ser habitada, que se configura como equipamiento o dotación, destinada a resolver de forma transitoria y mediante abono de renta o canon la necesidad de habitación de personas o unidades de convivencia.
En lo que se refiere a la promoción, se distingue entre **promoción pública y privada** y, dentro de esta última, se contempla la **promoción concertada**, que se da cuando una promoción privada ha sido impulsada por la Administración mediante la constitución a favor del promotor de un derecho de superficie sobre suelo público o la concesión a aquel de los beneficios que se establezcan en la correspondiente convocatoria pública o convenio.

5987 **Duración del régimen legal** (L País Vasco 3/2015 art.29; D País Vasco 39/2008 art.11) Las viviendas de protección pública y sus anejos, con independencia de su tipología o promoción, tienen la **calificación permanente** de protección pública.
No obstante, pueden ser objeto de **descalificación** o, en su caso, de establecimiento de un plazo de calificación con la fijación del número de años de esta, en los siguientes supuestos:
• Las viviendas de protección pública adjudicadas en régimen de propiedad para garantizar el derecho al **realojo** al titular de una vivienda libre afectada por una actuación urbanística o expropiatoria. Estas viviendas pueden ser descalificadas a petición de las personas realojadas o sus causahabientes, una vez transcurridos 20 años a contar desde la fecha de su calificación definitiva.
• Las viviendas, anejos y locales comerciales que se hayan acogido voluntariamente a la calificación de protección pública como consecuencia de un proceso de **regeneración, renovación o rehabilitación**.
La descalificación o el establecimiento de un nuevo plazo de duración de la calificación implican la **devolución de las ayudas**, total o parcialmente, según se establezca en la orden que la autorice.
El **plazo de calificación** de las viviendas de protección oficial que no hubiesen sido calificadas con carácter permanente, puede ser ampliado por resolución del delegado territorial a petición del titular de la misma.
El **régimen de cesión** de las viviendas que consta en la calificación no es modificable salvo autorización expresa del órgano competente para otorgar dicha calificación. Cuando el régimen de cesión sea el arrendamiento debe mantenerse durante un plazo mínimo de 10 años, salvo que se pruebe fehacientemente la falta de demanda para la promoción de que se trate.
Puede producirse la **modificación de la calificación** y correspondiente sujeción, tanto al régimen jurídico específico de las viviendas de protección oficial de régimen especial, de régimen general y de régimen tasado mediante orden del consejero competente, considerándose a todos los efectos viviendas de protección oficial sujetas al régimen jurídico que se le atribuya.
Las viviendas obtenidas como consecuencia de **permutas con particulares** son calificadas como viviendas de protección oficial.

5992 **Destino y superficie** (L País Vasco 3/2015 art.22; D País Vasco 39/2008 art.5) Las viviendas protegidas se han de destinar a **domicilio habitual y permanente**. En ningún caso se admite el destino para segunda residencia.
Se entiende por domicilio permanente el que constituya el lugar de **residencia efectiva** durante todo el año natural, salvo autorización expresa al efecto otorgada por el departamento competente en materia de vivienda, por causas que son determinadas reglamentariamente.
Las viviendas deben ser ocupadas en un **plazo máximo** de 6 meses a partir de la adjudicación o transmisión y en las condiciones que reglamentariamente se determinen.
Las **superficies útiles máximas** computables para cada tipo de vivienda, según su número de dormitorios, son las siguientes:
• **1 dormitorio**: 60 m^2.
• **2 dormitorios**: 70 m^2 (90 m^2 en el caso de vivienda adaptada a personas de movilidad reducida).
• **3 dormitorios**: 90 m^2 (120 m^2 en el caso de vivienda adaptada a personas de movilidad reducida).
• **4 o más dormitorios**: 120 m^2.
Igualmente puede ascender a 120 m^2 la superficie útil de las viviendas construidas en áreas de rehabilitación integrada.

Renta (L País Vasco 3/2015 art.25; D País Vasco 39/2008 art.6; Orden País Vasco 30-6-2022) El precio o la renta de referencia de las viviendas de protección pública y sus anejos vinculados, así como el importe del canon de los alojamientos dotacionales, se deben establecer por orden del consejero del departamento competente en materia de vivienda. 5995
Dicha determinación se realiza por Orden País Vasco 30-6-2022, que establece los precios y rentas máximas de las viviendas de protección pública y el canon de los alojamientos dotacionales.

Transmisión y cesión de la vivienda (L País Vasco 3/2015 art.38) No pueden formalizarse actos **de transmisión de dominio o de cesión de uso** de viviendas de protección pública y anejos, en su caso, vinculados a ellas si no se ha obtenido previamente su calificación definitiva. Son nulos los actos que infrinjan esta prohibición. 6001
Las viviendas de protección pública que hayan sido **adjudicadas en propiedad o en derecho de superficie**, cualquiera que sea el tipo de promoción, no pueden ser cedidas en arrendamiento, en precario o mediante cualquier otro título de cesión de uso por su adjudicatario, salvo autorización expresa del órgano competente en materia de vivienda.
Se permiten, no obstante, los **subarriendos coyunturales** y **cesiones temporales de uso** de alguna o algunas habitaciones de la vivienda, siempre que siga manteniéndose esta como residencia habitual y permanente de su adjudicatario o adjudicataria y ello no dé lugar a situaciones de incumplimiento de la función social.
Si se ha accedido a la ocupación legal de una vivienda de promoción pública y, en su caso, sus anejos correspondientes en régimen de **arrendamiento** o por cualquier otro título de cesión de uso, el adjudicatario no puede a su vez ceder su uso a un tercero por ningún otro título.

Visado de contratos (L País Vasco 3/2015 art.37; D País Vasco 39/2008 art.25) El visado tiene por **objeto** comprobar que se adecuan a la legalidad los actos y contratos de primeras o posteriores transmisiones o cesiones de uso, por cualquier título admitido en Derecho, de viviendas de promoción pública y sus anejos, locales o inmuebles que tengan la calificación de protección pública. Para ello se debe contrastar: 6007
- Que los ocupantes cumplen los **requisitos de acceso**.
- Que los **contratos** contienen las cláusulas de inserción obligatoria y establecen la duración y modalidad de calificación.
- Que el **precio** de renta o canon se adecua a la normativa vigente.

Para obtener el visado deben presentarse los siguientes **documentos**:
- el documento en el que se formalice la transmisión o cesión de uso;
- la documentación acreditativa de que el cesionario reúne las condiciones exigidas para acceder a este tipo de viviendas.

Los **notarios**, previamente al otorgamiento de las correspondientes escrituras públicas, deben comprobar la existencia de visado de contratos, y los **registradores** deben denegar la inscripción si no se acredita la concurrencia de este. Ambos deben poner en conocimiento de la Administración competente la inexistencia de visado.
Transcurridos 3 meses desde la presentación de la solicitud de visado sin que se hubiera notificado resolución expresa al solicitante, el visado se entiende concedido por **silencio administrativo** positivo. En ningún caso se entienden adquiridas por silencio administrativo facultades o derechos en contra de la normativa aplicable a las viviendas de protección pública.

2. Régimen de los arrendatarios

6010

Condiciones de acceso (L País Vasco 3/2015 art.7 a 9; D País Vasco 39/2008 art.14 s.) La L País Vasco 3/2015 no regula las condiciones económicas para el acceso a las viviendas protegidas, sino un **derecho genérico de acceso** a la ocupación legal de una vivienda o alojamiento en las condiciones que a continuación analizamos. 6011
Todas las personas con vecindad administrativa en municipios del País Vasco tienen el derecho a disfrutar de una vivienda digna, adecuada y accesible.

El Gobierno Vasco, las entidades locales y demás instituciones públicas con competencias en materia de vivienda, deben velar para la satisfacción de este derecho, promoviendo y adoptando las **disposiciones y medidas oportunas** para el acceso y ocupación legal de una vivienda o un alojamiento dotacional por parte de quienes no dispongan de domicilio habitable o, disponiendo de él, resulte inseguro o inadecuado a sus necesidades.
El Gobierno Vasco y las Administraciones públicas de carácter territorial deben orientar los recursos disponibles en materia de vivienda preferentemente a la promoción de viviendas en **régimen de alquiler**, para destinarlas a los colectivos más desfavorecidos. Dicha preferencia significa que, exceptuando los destinados a rehabilitación, el 80% de los recursos en materia de vivienda se han de destinar a políticas de alquiler, no siendo inferior a ese porcentaje el volumen edificatorio de protección pública.

6012 **Necesidad de vivienda** (L País Vasco 3/2015 art.8 y 9; D País Vasco 39/2008 art.17 redacc D País Vasco 147/2023; Orden País Vasco 15-10-2012 art.9 y 9 bis) Se reconoce el **derecho al acceso** a la ocupación legal estable de una vivienda o alojamiento protegido, a toda persona, familia o unidad de convivencia que se halle incursa en causa de necesidad.
Así, para acceder a una vivienda de protección oficial en derecho de superficie o en arrendamiento, se exige que todas las personas de la unidad convivencial **carezcan de vivienda** en propiedad, nuda propiedad, derecho de superficie o usufructo en las siguientes fechas:
- publicación de la orden que dé inicio al procedimiento de adjudicación;
- calificación provisional;
- presentación a visado del contrato.
También se considera que una persona, familia o unidad convivencial tiene necesidad de vivienda cuando:
- no disponga de alojamiento estable o adecuado y tampoco cuente con los medios económicos precisos para obtenerlo, encontrándose por ello en **riesgo de exclusión social**;
- sean titulares de una vivienda pero se encuentre incursa en un **procedimiento de desahucio** por ejecución hipotecaria y no puedan hacer frente a los pagos del préstamo hipotecario sin incurrir en riesgo de exclusión social;
- sean **arrendatarios** que no puedan hacer frente a los pagos del arrendamiento sin incurrir en riesgo de exclusión social, o bien que sean objeto de desahucio, sin solución habitacional.
La satisfacción del derecho a la ocupación legal de una vivienda digna y adecuada puede ser realizada mediante la puesta a disposición, en régimen de **alquiler**, de una vivienda protegida o de un alojamiento protegido, o incluso de una vivienda libre, en caso de su disponibilidad por causa de programas de intermediación u otros, con la renta o el canon que corresponda en cada caso.
En defecto de vivienda o alojamiento, y con carácter subsidiario, esta satisfacción puede efectuarse mediante el establecimiento de un sistema de **prestaciones económicas**.

6013 **Otros requisitos** (L País Vasco 3/2015 art.9.3; D País Vasco 39/2008 art.19 s.; Orden País Vasco 14-9-2011) Para la exigencia ante las Administraciones públicas competentes del derecho de acceso resulta necesario cumplir la totalidad de los siguientes requisitos:
a) No hallarse en posesión de **vivienda** ni de **alojamiento estable** o adecuado. La no adecuación de la vivienda puede deberse a razones jurídicas, de habitabilidad, de tamaño, de capacidad económica o cualquiera que dificulte una residencia cotidiana y normalizada.
b) Hallarse válidamente inscrito en el **Registro de Solicitantes** de Vivienda Protegida en la condición de demandante exclusivamente de alquiler.
c) Acreditar unos **ingresos anuales** comprendidos entre los siguientes límites:
- para alquiler de viviendas de protección oficial de régimen especial: desde 3.000 a 25.000 euros;
- para alquiler de viviendas de protección oficial de régimen general y de alojamientos dotacionales: desde 3.000 a 39.000 euros;
- para compra y alquiler de viviendas tasadas autonómicas: desde 12.000 a 50.000 euros.
Estos límites de ingresos se deben actualizar el día 1 de enero de cada año teniendo en cuenta el IPC.
En los supuestos de necesidad de vivienda de personas en especiales circunstancias de emergencia social incursas en **procedimientos de desahucio** por ejecución hipotecaria o por impagos de arrendamiento, se puede aplicar el procedimiento de expropiación temporal del uso de la vivienda objeto de aquel, sin ser exigibles los requisitos anteriores.

6014 **Registro de Solicitantes de Vivienda Protegida** (L País Vasco 3/2015 art.13; Orden País Vasco 15-10-2012 art.3 a 24) El Registro de Solicitantes de Vivienda Protegida tiene por **objeto** el puntual conocimiento de las personas demandantes inscritas, sirviendo como instrumento para la gestión y control de la adjudicación de las viviendas protegidas y los alojamientos dotacionales, con pleno respeto a la protección de los datos personales y a los principios de igualdad y no discriminación.

En este Registro se deben diferenciar con claridad la relación de demandantes de vivienda interesados en **compra** y la relación de demandantes de **alquiler**.
Únicamente se considerarán demandantes del **derecho subjetivo a la ocupación legal** de una vivienda digna y adecuada las personas o unidades de convivencia demandantes de alquiler que acrediten los ingresos previstos y cumplan el resto de los requisitos exigidos en él.
En el supuesto de un adjudicatario de vivienda **renuncie a la vivienda** adjudicada, por causa distinta a las excepcionadas en la normativa de desarrollo, debe cursar baja en el Registro y no puede volver a inscribirse hasta transcurrido un año desde la fecha de la renuncia.
Las **entidades locales** de carácter territorial pueden disponer también de sus correspondientes registros de solicitantes, ya sean de naturaleza temporal o permanente, que han de coordinarse con el Registro autonómico. Si estos registros de solicitantes de las entidades locales se integran voluntariamente en el Registro autonómico, se debe respetar por parte de este la antigüedad que las inscripciones tuvieran en el registro de origen.
En su cualidad de registros administrativos, y con absoluto respeto de la normativa en materia de protección de datos de carácter personal, se permite el **intercambio de datos** e información entre los entes del sector público, a los solos efectos del ejercicio de sus atribuciones con relación a la vivienda.

Precisiones La **regulación reglamentaria** de este registro se realiza por Orden País Vasco 15-10-2012.

Selección de destinatarios (L País Vasco 3/2015 art.32, 34 a 36; D País Vasco 39/2008 art.12; Orden País Vasco 15-10-2012 art.25 a 72) Las viviendas de protección pública se deben adjudicar ante fedatario público mediante el procedimiento que se determine reglamentariamente, en el que se deben baremar las solicitudes, otorgando **prioridad** a los solicitantes en atención a la renta disponible y en relación con el número de miembros de la unidad de convivencia. La antigüedad como demandante de vivienda se tendrá en cuenta como criterio accesorio; todo ello sin perjuicio de establecer cupos destinados a resolver necesidades de carácter social. **6015**
En todo caso, se deben garantizar los **principios** de publicidad y libre concurrencia, y el procedimiento de adjudicación no puede iniciarse, en ningún caso, antes de la obtención de la calificación provisional de la promoción.
Se prevé la exclusión del procedimiento de adjudicación y la **adjudicación directa** de viviendas y alojamientos dotacionales que se destinen a garantizar el derecho de realojo, a resolver situaciones de dependencia o discapacidad, y situaciones de riesgo de exclusión social; a víctimas del terrorismo, víctimas de la violencia de género, o a vecinos de ámbitos de actuación en zonas degradadas, a colectivos especialmente vulnerables que hayan sufrido el lanzamiento de su vivienda habitual y otros casos de especial necesidad de vivienda.
También se pueden adjudicar directamente viviendas y locales a Administraciones públicas, sociedades urbanísticas de rehabilitación y entidades privadas sin ánimo de lucro que desarrollen programas sociales relacionados con la vivienda convenidos con otras Administraciones públicas.
Pueden excluirse igualmente del procedimiento de adjudicación las viviendas de protección pública adquiridas en el ejercicio de los derechos de **tanteo y retracto** y que, por su antigüedad, estado de conservación u otras circunstancias, aconsejen un procedimiento de adjudicación específico o su destino a usos provisionales, de equipamiento, de alojamiento dotacional u otros que se consideren oportunos y se adecúen al interés público y función social.

Las diputaciones forales, los ayuntamientos, los concejos y, en su caso, las entidades locales menores, deben establecer las **bases para la adjudicación** de las viviendas de protección pública y alojamientos dotacionales que promuevan. **6016**
• Las bases para la adjudicación de las **viviendas de protección pública** pueden incluir como requisito de admisión el **empadronamiento** previo y con una antigüedad determinada, siempre con respeto a los derechos individuales y a las necesidades derivadas de la cohesión social y territorial, así como de la movilidad geográfica. Las mencionadas bases pueden igualmente prever que el citado requisito de empadronamiento pueda ser suplido por la disposición de un **contrato de trabajo**, de una antigüedad y duración que también se contemple, con puesto de trabajo ya en el propio municipio o en su área funcional.
• La adjudicación de los **alojamientos** se debe realizar siguiendo los principios definidos para las viviendas de protección social en régimen de alquiler. No obstante, teniendo en cuenta su carácter de dotación al servicio de las necesidades de la sociedad, se pueden establecer **procedimientos específicos** para cada actuación en atención a sus características y peculiaridades. Estos procedimientos deben ser aprobados por el órgano competente en materia de vivienda del Gobierno Vasco.

Precisiones El desarrollo reglamentario de los **procedimientos para la adjudicación** de viviendas de protección oficial y alojamientos dotacionales de régimen autonómico se realiza por Orden País Vasco 15-10-2012.

6018 **Derecho subjetivo de acceso** (D País Vasco 147/2023) Se establece un derecho subjetivo de acceso a la ocupación de una vivienda, que se puede satisfacer a través de una de las siguientes modalidades (D País Vasco 147/2023 art.2):
- la **adjudicación de una vivienda** en régimen de alquiler o de un alojamiento dotacional con canon;
- con carácter subsidiario, la concesión de la **prestación económica de vivienda**.
Este derecho subjetivo se reconoce a las personas que cumplan los siguientes **requisitos** (D País Vasco 147/2023 art.3):
a) Ser **mayores de edad** o menores emancipadas.
b) Acreditar un año de **residencia** efectiva, ininterrumpida e inmediatamente anterior a la fecha de solicitud de reconocimiento del derecho subjetivo de acceso, en cualquier municipio de Euskadi.
c) Pertenecer a una unidad de convivencia en la que todos sus miembros tengan **necesidad de vivienda** (nº 6012).
d) Estar en **riesgo de exclusión social**.
e) Hallarse válidamente inscritas en el **Registro de Solicitantes** de Vivienda Protegida y Alojamientos Dotacionales en la condición de demandante exclusivamente de alquiler, con una antigüedad mínima de 3 años ininterrumpidos e inmediatamente anteriores a la fecha de solicitud.

6019 **Riesgo de exclusión social** (D País Vasco 147/2023 art.5 y 6) A los efectos del derecho subjetivo de acceso, se hallan en riesgo de exclusión social, sin necesidad de informe de evaluación alguno, quienes acrediten unos **ingresos anuales** (ponderados) que no superen los siguientes límites:
• En el caso de unidades de convivencia de **tres o más miembros**: 19.000 euros.
• En el caso de unidades de convivencia de **dos miembros**: 17.000 euros.
• En el caso de unidades de **un único miembro**: 13.000 euros.
El **patrimonio** de estas unidades de convivencia no debe ser equivalente o mayor a 5 veces la cuantía de la renta máxima garantizada que les correspondería durante un año.
Se considera acreditado, salvo prueba en contrario, que las personas titulares de la **renta de garantía de ingresos** cumplen lo establecido en los apartados anteriores.
No se hallan en riesgo de exclusión social las personas que residan en **arrendamiento en una vivienda libre** cuya renta sea inferior o igual al 30% de sus ingresos anuales o en una vivienda de protección pública.
El **cómputo**, el sistema de ponderación y la determinación de la procedencia de los ingresos se rigen por lo dispuesto en el D País Vasco 39/2008 art.20 a 24.
No obstante, **se excluyen** del cómputo los porcentajes de ingresos procedentes del trabajo por cuenta propia o ajena previstos como estímulos al empleo y los ingresos y prestaciones de carácter finalista del Sistema Vasco de Garantía de Ingresos y para la Inclusión.

6020 **Duración y extinción del derecho** (D País Vasco 147/2023 art.10 y 23) El reconocimiento del derecho subjetivo de acceso **se mantiene** mientras subsistan las circunstancias que motivaron su reconocimiento.
Su **extinción** se produce por las siguientes causas:
- renuncia de la persona o personas titulares;
- fallecimiento de la persona titular, cuando se trate de unidades de convivencia unipersonales;
- pérdida de los requisitos exigidos para su reconocimiento;
- renuncia a la vivienda o al alojamiento dotacional adjudicado;
- destinar la vivienda o alojamiento adjudicado a usos o fines no autorizados;
- falta de pago de la renta o canon;
- falta de pago de la renta o de la contraprestación económica equivalente por parte de las personas beneficiarias de la prestación económica de vivienda;
- incumplimiento de las obligaciones de los titulares (D País Vasco 147/2023 art.11 y 21.3);
- comprobación de la falsedad, omisión o inexactitud de los datos consignados en la solicitud o en la documentación aportada.
La **ocupación de la vivienda o alojamiento dotacional** tiene la duración establecida en el contrato de arrendamiento o de cesión de uso, mientras subsistan las circunstancias que motivaron su reconocimiento y las personas adjudicatarias cumplan con sus obligaciones.
Al **finalizar el plazo** de arrendamiento de la vivienda, se renovará el contrato a quienes mantuvieran el derecho subjetivo de acceso y hubieran cumplido sus obligaciones. Cuando ello no sea posible, los titulares tienen derecho a una nueva adjudicación o a la prestación económica de vivienda.

3. Ayudas públicas en materia de vivienda

El País Vasco no ha suscrito convenio de financiación del **Plan estatal de vivienda** dado que, habida cuenta su régimen especial de financiación, este Plan no se aplica en esta comunidad. No obstante, aprueba **planes directores** de carácter plurianual en los que se desarrolla la política en materia de vivienda. El último es el Plan Director de Vivienda 2021-2023 (publicado en la web www.etxebide.euskadi.eus), que recoge la filosofía, los programas y los compromisos de la política de vivienda. **6025**

En este marco han de tenerse en cuenta diversas **medidas y programas**:

- actuaciones de fomento al alquiler y otras formas de uso de las viviendas y edificios residenciales;
- programa de intermediación en el mercado de alquiler de vivienda libre;
- programa Gaztelagun de ayudas al alquiler de vivienda dirigidas a jóvenes.

Por otro lado, esta comunidad regula una **prestación económica de vivienda**, de la que pueden ser beneficiarias las personas titulares del derecho subjetivo de acceso (nº 6018), cuando no se les pueda adjudicar una vivienda o alojamiento dotacional.

Medidas de fomento al alquiler y otras formas de uso de viviendas y edificios residenciales (Orden País Vasco 7-12-21) Se regulan medidas destinadas a: **6026**

- La promoción de vivienda de **nueva construcción**, tanto de protección pública como libre, para su puesta en arrendamiento protegido.
- La **rehabilitación**, con adquisición previa en su caso, y puesta en arrendamiento protegido de viviendas y edificios completos.
- La promoción de vivienda de nueva construcción o rehabilitación para **enajenación a un tercero** con destino a arrendamiento protegido.
- La **adquisición** de viviendas y edificios completos, para su puesta en arrendamiento protegido.
- La promoción o rehabilitación de **alojamientos dotacionales** por entidades públicas y personas jurídicas privadas.
- La rehabilitación y puesta en arrendamiento protegido de viviendas en los **medios rurales**.
- La rehabilitación y puesta en arrendamiento protegido de viviendas en medios rurales en situación de **despoblación**.
- La captación y puesta en alquiler protegido de viviendas y edificios de **titularidad privada**.
- La promoción de vivienda de nueva construcción, tanto de protección pública como de viviendas libres, destinadas al **cohousing** y promovidas por asociaciones sin ánimo de lucro y cooperativas de viviendas, en régimen de cesión de uso.
- La rehabilitación, con adquisición previa, en su caso, del edificio completo, de viviendas libres, destinadas al **cohousing** y promovidas por asociaciones sin ánimo de lucro y cooperativas de viviendas, en régimen de cesión de uso.

Intermediación en el mercado de alquiler de vivienda libre (D País Vasco 144/2019) El programa de intermediación en el mercado de alquiler de vivienda libre (ASAP) tiene por **objeto** facilitar que las viviendas de titularidad privada se incorporen al mercado del arrendamiento a un precio asequible para los arrendatarios. **6027**

El departamento competente en materia de vivienda garantizará a los propietarios de las viviendas incluidas en el programa el cobro de las rentas, la defensa jurídica y la reparación de desperfectos derivados de los daños ocurridos y que no sean consecuencia del deterioro por el uso o el paso del tiempo, mediante la contratación de las **pólizas de seguro** necesarias para cubrir estas contingencias.

Asimismo, garantizará a las personas inscritas en el Registro de Solicitantes de Vivienda que las **rentas iniciales** de las viviendas incluidas en él no excedan de los límites establecidos en la presente disposición, sin perjuicio de su actualización de conformidad con lo regulado en D País Vasco 144/2019 art.21.3.

El desarrollo del programa se ha de llevar a cabo por medio de una **red de intermediarios homologados**, que deben actuar como agentes colaboradores del Gobierno vasco (cumpliendo con lo dispuesto en D País Vasco 144/2019 art.3 s.) y a través de su página web, en la que se publicitarán las viviendas y se recibirán las solicitudes de las personas interesadas en acceder a ellas. Además de la figura del agente colaborador, se regulan profusamente los requisitos de las viviendas que pueden incorporarse al programa y los derechos, obligaciones y requisitos de propietarios y solicitantes de viviendas (D País Vasco 144/2019 art.15 s.).

Para poder solicitar una vivienda de este programa, el solicitante debe acreditar unos **ingresos** brutos anuales entre 15.000 y 39.000 euros.

La **renta** de la vivienda no puede superar el 30% de los ingresos brutos anuales del solicitante.

6028 **Programa Gaztelagun de ayudas al alquiler de vivienda dirigidas a jóvenes** (Orden País Vasco 26-4-22) Estas ayudas consisten en el pago mensual de un porcentaje de la renta abonada por el alquiler de una vivienda libre ubicada en el País Vasco.
Los **requisitos** que han de cumplir los beneficiarios son los siguientes:
• Tener entre **18 y 35 años**.
• Acreditar 6 meses de **residencia** efectiva, ininterrumpida e inmediatamente anterior a la fecha de solicitud de la ayuda, en cualquier municipio del País Vasco.
• No ser titular de una **vivienda**, salvo que se acredite la no disponibilidad de la misma por causas de separación o divorcio, o la imposibilidad de habitarla por cualquier otra causa ajena a su voluntad, debidamente acreditada.
• Ser titular de un contrato de **arrendamiento**, a título individual o como coarrendatario, de una vivienda libre ubicada en el País Vasco, que deberá constituir su domicilio habitual y permanente.
• No tener **vínculos familiares** hasta el tercer grado de consanguinidad o afinidad con el arrendado o con cualquiera de los miembros de la unidad convivencial de este.
• Abonar la **renta** mediante transferencia bancaria.
• Acreditar los siguientes **ingresos** brutos anuales:
- título individual: superiores a 3.000 euros e inferiores a 24.500 euros.
- unidad familiar, en su conjunto: superiores a 3.000 euros e inferiores a 30.000 euros; y
- familias numerosas: superiores a 3.000 euros e inferiores a 32.000 euros.
A estos efectos, la **renta mensual inicial** de la vivienda no puede ser superior a:
- en Bilbao, Donostia/San Sebastián y Vitoria/Gasteiz: 800 euros;
- en las áreas metropolitanas de Bilbao y Donostia/San Sebastián y en los municipios de más de 10.000 habitantes: 750 euros; y
- en el resto de municipios: 675 euros.
La **cuantía máxima** de la ayuda no puede superar el 60% de la renta mensual abonada por la parte arrendataria, tanto si se trata de una persona individual como de una unidad familiar. En ningún caso la cuantía de la ayuda a cada persona o unidad familiar beneficiaria puede exceder del límite máximo establecido para la prestación económica de vivienda.
La ayuda se otorga por el **plazo** un año desde la fecha de su concesión, prorrogándose automáticamente siempre que los beneficiarios cumplan los requisitos exigidos.

6029 **Prestación económica de vivienda** (D País Vasco 147/2023 art.26 a 46) Es una prestación periódica que contribuye a que las personas titulares del **derecho subjetivo de acceso** sufraguen la renta correspondiente a un contrato de arrendamiento, subarriendo o alquiler de habitaciones o la contraprestación económica de los alojamientos colectivos, mientras no se les adjudique una vivienda o alojamiento dotacional.
Debe **destinarse** completa y exclusivamente a dicho fin, es intransferible y no puede ofrecerse en garantía de obligaciones, ser objeto de cesión total o parcial, ser objeto de compensación o de descuento -salvo para el reintegro de las prestaciones indebidamente percibidas-, ni ser objeto de retención o embargo, salvo en los supuestos y con los límites previstos en la legislación estatal civil y procesal.
Pueden acceder a la prestación económica de vivienda las personas titulares del derecho subjetivo de acceso que a la fecha de la solicitud cumplan los siguientes **requisitos**:
• Estar empadronadas y tener su **domicilio** en una vivienda libre, en régimen de arrendamiento, subarriendo o alquiler de habitaciones, o en un alojamiento colectivo cuya renta o contraprestación económica equivalente supere el 30% de sus ingresos anuales.
• Figurar expresamente como **parte arrendataria o subarrendataria** en el contrato de arrendamiento, subarriendo o alquiler de habitaciones de la vivienda, o como cliente en un documento emitido por el alojamiento colectivo.
• Abonar la **renta o contraprestación económica** equivalente mediante transferencia bancaria.
La **cuantía máxima** mensual de la prestación económica de vivienda es de 300 euros a lo largo de los doce meses de cada año natural.
Esta prestación es **incompatible** con cualquier otra prestación, ayuda o subvención que puedan conceder las Administraciones públicas para atender la misma necesidad de residencia habitual.
La **gestión** de la prestación corresponde a las delegaciones territoriales de Vivienda, aunque colabora en la gestión la sociedad pública Alokabide, SA.

4. Otras medidas públicas en materia de vivienda

En el País Vasco se prevén ciertas medidas dirigidas a garantizar la **función social** y el uso adecuado de la vivienda, así como para la protección de las personas en las que concurran circunstancias de emergencia social. **6030**

Precisiones Algunos preceptos de la L País Vasco 3/2015 reguladores de estas medidas han sido objeto de **recurso de inconstitucionalidad**. El Tribunal Constitucional ha declarado la inconstitucionalidad y nulidad de L País Vasco 3/2015 art.9.4, 74 y 75.3, así como el inciso «y ante los juzgados y tribunales de la jurisdicción competente» de L País Vasco 3/2015 art.6.1 (TCo 97/2018).

Intervención administrativa por incumplimiento de la función social (L País Vasco 3/2015 art.63 s.) Cuando motivadamente resulte preciso por causa de incumplimiento de la función social, las Administraciones públicas competentes pueden adoptar sobre las viviendas y sus titulares las siguientes **medidas de intervención** administrativa: **6031**

- Ejercicio del derecho de adquisición preferente y del desahucio administrativo.
- Venta o sustitución forzosa.
- Órdenes de ejecución.
- Canon sobre las viviendas deshabitadas.
- Alquiler forzoso en el caso de las viviendas deshabitadas.
- Imposición de multas coercitivas.
- Imposición de sanciones.

Para la imposición de estas medidas es preciso llevar a cabo un **procedimiento administrativo**, con audiencia a los interesados, en el que se deben analizar las diferentes medidas de intervención posibles y justificar que se opta por aquella que, resultando menos gravosa para los derechos de los administrados, garantice en el supuesto concreto el uso adecuado de la vivienda y el efectivo cumplimiento de la función social.

Medidas sobre las viviendas deshabitadas (L País Vasco 3/2015 art.56 a 59; D País Vasco 149/2021) **6032**
Es **vivienda deshabitada** aquella vivienda que permanezca desocupada de forma continuada durante un tiempo superior a 2 años, siempre que no concurra alguna **causa justificada** para la desocupación continuada: viviendas de segunda residencia, traslado de domicilio por razones laborales, de salud, de dependencia o emergencia social o cuando su titular la mantiene en oferta de venta o alquiler a precios de mercado, así como en otras situaciones equivalentes; también cuando el titular de la vivienda sea una entidad sin ánimo de lucro que la destina a un uso concreto, dirigido a determinados colectivos.

Respecto a estas viviendas deshabitadas se establecen las siguientes medidas:

- Un **canon sobre la vivienda deshabitada**, a cargo de los ayuntamientos, cuya imposición recae sobre las personas físicas y jurídicas, titulares del derecho de propiedad de la vivienda deshabitada, y en posesión del derecho de uso. También recae sobre las herencias yacentes, comunidades de bienes y demás entidades sin personalidad jurídica que constituyan una unidad económica o un patrimonio separado, susceptible de imposición. En caso de que el derecho real de goce o disfrute sobre las viviendas deshabitadas no corresponda al propietario, el canon recae sobre los titulares del citado derecho real. El gravamen se fija en 10 euros por cada metro cuadrado útil y año, incrementándose un 10% por año que permanezca en dicha situación, sin que pueda superar tres veces el importe inicial.
- El **alquiler forzoso** de las viviendas declaradas deshabitadas y que se ubiquen en ámbitos de acreditada demanda y necesidad de vivienda, siempre que se trate de viviendas que se mantengan desocupadas transcurrido un año desde su declaración como tales. La imposición del alquiler forzoso se ha de tramitar, por los ayuntamientos, de conformidad con la legislación de expropiación forzosa.
- La **expropiación forzosa** de la vivienda por incumplimiento de la función social.
- Se crea el **Registro de Viviendas Deshabitadas** para el control y seguimiento de las viviendas que hayan sido declaradas deshabitadas.
- Los titulares de viviendas deshabitadas pueden acogerse a los **programas de rehabilitación** que incluyen la concesión de ayudas a los proyectos de intervención encaminados a la mejora de las condiciones de accesibilidad, habitabilidad y eficiencia energética de las viviendas existentes; al **programa de vivienda vacía Bizigune** (D País Vasco 466/2013), dirigido a impulsar su puesta en el mercado de alquiler protegido; al **programa de intermediación en el mercado de alquiler** de vivienda libre ASAP, dirigido a facilitar que las viviendas de titularidad privada se incorporen al mercado del arrendamiento a un precio asequible; así como a los programas de intermediación en el mercado de alquiler y de movilización de las viviendas deshabitadas hacia el alquiler protegido que se impulsen por los ayuntamientos (D País Vasco 149/2021 art.21 a 24).

6033 **Expropiación forzosa de la vivienda** (L País Vasco 3/2015 art.72 a 75; D País Vasco 149/2021 art.27 y disp.adic.) Se prevé la expropiación forzosa de la vivienda, tanto de la libre como de la protegida, por diversas causas:

a) Puede expropiarse la propiedad de las viviendas y anejos que **no tengan la calificación de protección pública** en caso de incumplimiento del deber de conservación y rehabilitación y de la función social de estos, cuando la expropiación resulte necesaria para garantizar su uso adecuado. Son causas suficientes para la expropiación:

• El incumplimiento de los deberes de **conservación, mantenimiento o rehabilitación** cuando aquellos se contengan en los planes urbanísticos, programas, ordenanzas o cualesquiera otros medios legalmente hábiles para ello, siempre que conlleve un riesgo cierto para la seguridad de las personas.

• La situación o estado de **abandono** que, con independencia de su utilización o no, sitúa la vivienda o el edificio en riesgo de declaración de ruina.

• La situación o estado de **desocupación** de la vivienda durante un tiempo superior a 2 años, sin que concurran las causas justificadas previstas como excepción a la declaración de vivienda deshabitada, y que quede acreditada la existencia de demanda de vivienda de protección pública en el término municipal o en su área funcional.

Previamente al inicio de la expropiación debe dictarse orden de ejecución de adopción de las medidas necesarias de seguridad y habitabilidad de la vivienda que garanticen el uso residencial en las debidas condiciones.

b) Procede la expropiación de las **viviendas de protección pública**, sus anejos vinculados, locales y edificaciones complementarias en los siguientes supuestos:

• No destinar la vivienda protegida a **domicilio** habitual y permanente, salvo autorización expresa.

• Mantener la vivienda **deshabitada** sin justa causa por plazo superior a un año.

• Incumplimiento de los **deberes** de conservación, rehabilitación y mantenimiento de las viviendas en las condiciones de habitabilidad establecidas en la presente ley.

• Inobservancia del deber de actualizar los servicios e instalaciones precisos para hacer efectiva la **accesibilidad** prevista por la legislación sectorial.

• **Transmisión** no autorizada de la vivienda o alojamiento.

• **Sobreocupación** de la vivienda.

• Cuando los **ingresos de los adjudicatarios** superen, de forma sobrevenida y durante 3 años consecutivos, el 50% de los ingresos máximos establecidos para poder ser adjudicatario de una vivienda protegida.

5. Régimen sancionador

6035 **Infracciones y sanciones** (L País Vasco 3/2015 art.82 a 85 y 90) La normativa vasca contempla **infracciones** leves, graves y muy graves, para las que se prevén **sanciones** de multa en las siguientes cuantías:

• Infracciones **muy graves**: entre 20.001 y 300.000 euros.

• Infracciones **graves**: entre 3.001 y 20.000 euros.

• Infracciones **leves**: entre 300 y 3.000 euros.

No obstante, si el **beneficio económico** de la comisión de la infracción supera los límites máximos establecidos, el importe de la multa se incrementa hasta la cuantía equivalente al beneficio obtenido por la infracción.

La reparación, voluntaria y por parte del infractor, de los daños ocasionados al interés público con la infracción, cuando se produzca durante la tramitación del procedimiento sancionador y no se interpongan recursos judiciales en relación con él, conlleva una **reducción o condonación** del 50% del importe de la sanción, exceptuando la reincidencia.

Cuando la infracción cometida consista en **no haber depositado fianza** con sus actualizaciones, en los arrendamientos de vivienda, la multa no puede ser inferior al doble del depósito debido. En el supuesto de regularización de la demora en el ingreso de forma voluntaria y sin requerimiento por parte de la Administración, no se impone sanción alguna, sin perjuicio del pago de intereses legales por el tiempo en que se demorase el ingreso.

6038 **Graduación de las sanciones** (L País Vasco 3/2015 art.90.7) En la graduación de la cuantía de la sanción se debe tener especialmente en cuenta las siguientes **circunstancias**:

- el perjuicio causado;
- el enriquecimiento injusto obtenido por la persona infractora o por terceros;
- la existencia de intencionalidad;
- la reiteración y reincidencia, por la comisión, en el plazo de un año, de más de una infracción de la misma naturaleza, cuando así haya sido declarado por resolución firme.

Se considera circunstancia **atenuante** el cese de la conducta de modo voluntario tras la oportuna inspección o advertencia, así como la realización de obras de subsanación antes de la resolución del procedimiento sancionador.
Son circunstancias **agravantes** el incumplimiento de los requerimientos efectuados por la Administración o la obstrucción de la función inspectora.
Estas circunstancias no se tienen en cuenta a los efectos de graduación de la sanción cuando su concurrencia sea exigida para las conductas típicas.

Medidas complementarias (L País Vasco 3/2015 art.91) En los supuestos de infracción grave o muy grave, puede imponerse como sanción accesoria la **inhabilitación** de los infractores para participar en promociones de vivienda de protección pública o de rehabilitación con financiación pública, durante un **plazo** de: **6040**
- 1 año, en caso de infracción grave;
- 1 a 3 años, en caso de infracción muy grave.

El plazo se computa a partir de la firmeza en vía administrativa de la resolución sancionadora.
Si la inhabilitación recae sobre una **persona jurídica**, resultan también inhabilitadas las personas físicas integrantes de sus órganos de dirección que hubiesen autorizado o consentido la comisión de la infracción. Si la persona jurídica se extingue antes de cumplir el plazo de inhabilitación, esta se extiende a las empresas o sociedades en las que aquellas personas físicas desempeñen cargos de toda índole o en cuyo capital social participen, por sí o por persona interpuesta.
Puede levantarse la inhabilitación si los infractores voluntariamente proceden a **reparar las consecuencias** de la infracción, restaurando de ese modo el daño causado al interés público y evitando la sustanciación de recursos administrativos o jurisdiccionales.

Prescripción (L País Vasco 3/2015 art.88 y 89) Las infracciones y sanciones prescriben en los siguientes **plazos**: **6042**

	Leves	Graves	Muy Graves
Infracciones	2 años	3 años	4 años
Sanciones	2 años	3 años	4 años

El plazo de prescripción de las **infracciones** comienza a contarse, en todo caso, desde que se haya cometido la infracción.
En las **infracciones continuadas**, el cómputo del plazo se inicia desde que haya finalizado el último acto con el que se consuma la infracción.
La prescripción de las infracciones **se interrumpe** si se lleva a cabo cualquier actuación administrativa que conduzca a la iniciación, tramitación o resolución del procedimiento sancionador, realizada con conocimiento formal del inculpado, ya sea por notificación personal o por edictos, así como cuando los inculpados interpongan cualquier reclamación o recurso. Continúa el cómputo del plazo si el expediente sancionador estuviese paralizado durante más de un mes por causa no imputable a la persona presuntamente responsable.
El plazo de prescripción de las **sanciones** comienza a contarse desde el día siguiente aquel en que adquiera firmeza la resolución por la que se impone la sanción.
La prescripción de las sanciones **se interrumpe** cuando se lleve a cabo una actuación administrativa dirigida a ejecutar la sanción administrativa, con el conocimiento formal de los sancionados, ya sea por notificación personal o por edictos, o cuando los sancionados interpongan cualquier reclamación o recurso contra la resolución sancionadora. Continúa el cómputo del plazo si el expediente sancionador permanece paralizado durante más de un mes por causa no imputable a la presunta persona responsable.

P. Comunidad Valenciana

6055

6057 La normativa valenciana sobre vivienda protegida se compone básicamente de las siguientes referencias:
- una Ley reguladora de las **reglas básicas** de las viviendas protegidas (L C.Valenciana 8/2004);
- un Reglamento que establece el **régimen jurídico básico** de la vivienda de protección pública (D C.Valenciana 68/2023).

Esta comunidad cuenta con un **plan propio** en materia de vivienda: el Plan 2400 de Vivienda Protegida Pública 2021-2026, y ha suscrito un **convenio de colaboración** con el ministerio competente para la ejecución del Plan estatal 2022-2025 (nº 6100).

A ellos hay que añadir la L C.Valenciana 2/2017, que recoge un paquete de medidas tendentes a garantizar la **función social** de la vivienda y atender a las personas en especiales circunstancias de emergencia social (nº 6115).

Precisiones El régimen de las **viviendas de promoción pública** se contiene en L C.Valenciana 8/2004 art.54 a 58 y en el D C.Valenciana 68/2023 art.20 s. El régimen de cesión y adjudicación de estas viviendas protegidas se regula en el D C.Valenciana 106/2021 art.35 s.

1. Régimen jurídico de las viviendas protegidas

6060

6062 **Tipología** (L C.Valenciana 8/2004 art.46; D C.Valenciana 68/2023 art.5) Legalmente se dispone que las viviendas de protección pública pueden ser destinadas a **venta, uso propio, arrendamiento** u otras formas de explotación justificadas por razones sociales.

Reglamentariamente se prevé que las viviendas de protección pública se clasifican en:
- Viviendas de protección pública de nueva construcción o rehabilitación de **promoción privada**, por personas jurídicas o físicas.
- Viviendas de protección pública de **promoción pública** de nueva construcción, rehabilitación o adquisición por parte de la Administración pública, en cualquiera de las modalidades establecidas en la legislación en materia de vivienda de la Comunidad Valenciana.

Se regulan también las denominadas **viviendas colaborativas** (reguladas por la L C.Valenciana 3/2023), que pueden ser de protección pública o de promoción o renta libre.

Se consideran como tales los edificios o conjuntos residenciales que, además de viviendas o dependencias susceptibles de aprovechamiento privado y elementos comunes, cuenten con espacios o **dependencias para uso común**, al menos en un 20% de la superficie total, para desarrollar algunas de las funciones inherentes al uso residencial, y/o la prestación de servicios comunitarios y sociales (10% en caso de rehabilitación o adquisición de un edificio ya existente, cuando sus características no permitan alcanzar el porcentaje del 20%).

En estas viviendas, la **titularidad** pertenece a una entidad participada por sus usuarios, cuya gestión es compartida, adoptando la forma de cooperativa o de asociación no lucrativas.

6065 **Duración del régimen legal** (D C.Valenciana 68/2023 art.4) Las viviendas y sus anejos con calificación definitiva mantienen su calificación de manera **permanente**.

El plazo de calificación de las viviendas que no lo hayan sido con carácter permanente puede ser ampliado, a petición del titular.

Destino (D C.Valenciana 68/2023 art.2.1.f y 10) Las viviendas de protección pública de nueva construcción se deben destinar a **residencia habitual y permanente** de los titulares del derecho correspondiente, y constituir un domicilio en el padrón municipal, no pudiendo tras su ocupación permanecer desocupada más de 3 meses seguidos, salvo causa justificada. 6068

Las viviendas deben ser **ocupadas** en el plazo de 6 meses a contar desde la fecha de concesión de la cédula de calificación definitiva o desde la fecha de la firma del contrato de arrendamiento o de la escritura de compraventa o arrendamiento con opción de compra.

Este plazo puede ser objeto de **prórroga** justificada por razones de tipo laboral, familiar, u otro tipo de circunstancias suficientemente acreditadas, y ha de ser autorizada por los servicios territoriales competentes en materia de vivienda.

La vivienda no pierde el carácter de residencia habitual y permanente por el hecho de que la persona titular o usuaria, su cónyuge, y los parientes de uno u otro hasta el tercer grado, que convivan con ellos, ejerza en la vivienda o en sus dependencias una **profesión o pequeña industria doméstica**, aunque sea objeto de tributación, siempre que se cumpla con la normativa aplicable, y los estatutos de la comunidad de propietarios y con autorización o consentimiento expreso del arrendador, en su caso, o con lo establecido en los contratos de cesión de uso y los estatutos de la cooperativa o asociación propietaria de las viviendas colaborativas de protección pública, según corresponda.

La residencia habitual y permanente **puede excepcionarse** en programas de integración social o de preparación para la vida independiente, o supuestos de emergencia, o víctimas de violencia de género o terrorismo, que por su naturaleza requieran un alojamiento temporal. Asimismo, cuando la falta de residencia habitual y permanente se deba a razones justificadas, relacionadas con las circunstancias familiares y laborales, se podrá excepcionar dicho requisito.

Superficie (D C.Valenciana 68/2023 art.2.2 y 2.3) La superficie útil máxima de la **vivienda** protegida es de 90 m, incluyendo, en el caso de viviendas colaborativas, la participación correspondiente a la superficie útil de los espacios compartidos en el edificio complementarios a los espacios privativos. 6070

Además, puede incorporar, en su caso, una superficie útil máxima adicional de 10 m por vivienda o vivienda colaborativa para el **local de uso colectivo**, 8 m para **trasteros** anejos, y de otros 25 m destinados a una **plaza de garaje** o a los anejos destinados a almacenamiento de útiles necesarios para el desarrollo de actividades productivas en el medio rural.

Excepcionalmente la superficie útil máxima de la vivienda puede ser de 120 m útiles, cuando se pueda justificar que la **mayor superficie** responde a la necesidad de cumplir los 10 m por persona dentro la misma unidad de convivencia.

La superficie útil computable para las viviendas con protección debe incluir el 50% de la superficie de los **espacios exteriores cubiertos** por la planta inmediatamente superior, tales como balcones, terrazas, etc. No se tendrá en cuenta a estos efectos los cubrimientos mediante voladizos, losas de remate o celosías estructurales cuya anchura sea inferior a 60 cm.

Renta (D C.Valenciana 68/2023 art.19) La renta máxima anual de arrendamiento y el precio máximo de la cesión de uso de las viviendas de protección pública, incluidos los gastos de comunidad ordinarios, se determina según los ingresos de la unidad de convivencia en el momento de la formalización del contrato: 6073

Rentas de la unidad familiar (veces el IPREM)	Renta máxima (en euros/m superficie útil)
inferiores a 2,5	4,5
entre 3,5 y 4,5	7,5
entre 4,5 y 5,5	9
entre 5,5 y 6,5	10,5

Mediante resolución de la conselleria competente se pueden revisar la renta máxima anual de arrendamiento y las diferentes escalas de ingresos de la unidad de convivencia.

Visado de contratos (D C.Valenciana 68/2023 art.14 y 15) El visado del contrato es el acto administrativo por el que se faculta la **persona adquirente o arrendataria** de la vivienda de protección pública a acceder a la misma. 6087

Su **finalidad** es comprobar el cumplimiento de los requisitos de acceso y que el precio de venta o renta se adecua a los máximos vigentes.

Para el caso de viviendas del **patrimonio público de vivienda**, cuya adjudicación se realiza mediante el procedimiento regulado en el D C.Valenciana 106/2021 y su formalización como contrato administrativo especial, se entiende incorporado el visado de contrato en la resolución de adjudicación de la vivienda.
Los contratos de transmisión inter vivos del derecho de propiedad, o del derecho de uso de las **viviendas colaborativas**, tanto en primera como en segunda o sucesivas transmisiones, o que constituya o transmita cualquier otro derecho real sobre las viviendas, a excepción del derecho de hipoteca, se presentarán en los servicios territoriales competentes en materia de vivienda en el plazo de 6 meses a partir de su otorgamiento.
Igualmente se han de presentar ante los servicios territoriales para su visado los **contratos de arrendamiento** de las viviendas de protección pública y sus anejos vinculados.
El visado del contrato es requisito indispensable para la elevación de un contrato de compraventa de vivienda de protección pública a **escritura pública**.

Precisiones El **procedimiento** de visado se desarrolla por Orden C.Valenciana 19/2012, por la que se regula la tramitación del acceso a la vivienda de protección pública y otros procedimientos administrativos en materia de vivienda.

2. Régimen de los arrendatarios

6090 **Condiciones de acceso** (D C.Valenciana 68/2023 art.7 y 8) Para acceder al uso de una vivienda de protección pública es requisito estar inscrito como **persona demandante** en la sección primera del Registro de Vivienda de la Generalitat cumpliendo los requisitos necesarios para ello.
Solamente pueden ser **usuarios** de las viviendas de protección pública las personas físicas. Las personas jurídicas y entidades sin ánimo de lucro pueden acceder a la propiedad de estas viviendas únicamente en los casos en los que vayan a destinarlas a su arrendamiento o cesión de uso.
El **régimen de uso** puede ser el arrendamiento, la propiedad, la cesión de uso y otras formas de explotación justificadas por razones sociales.
El **acceso a la propiedad o al uso** y disfrute de una vivienda de protección pública puede realizarse:
- por compraventa;
- mediante arrendamiento con opción de compra;
- por promoción para uso propio, de personas agrupadas en comunidades de propietarios y propietarias sin personalidad jurídica;
- por promoción a través de cooperativas de viviendas o cualquier otra entidad con personalidad jurídica;
- en segunda o posteriores transmisiones, por cualquier título;
- por cesión de uso.

No pueden ser titulares de otra vivienda de protección pública las personas físicas **propietarias o usufructuarias** de una vivienda de protección pública, salvo que se den las circunstancias siguientes:
- que la vivienda no cumpla las condiciones mínimas de habitabilidad;
- que resulte inadecuada por razón de superficie y no se cumpla el mínimo establecido de 10 m^2 útiles por persona;
- que se genere la necesidad de una vivienda adaptada a las condiciones de discapacidad de alguna persona integrante de la unidad de convivencia;
- que resulte necesario el cambio de ubicación de vivienda para mejorar las condiciones de convivencia, por requerir una mayor atención a familiares con residencia lejana, o porque alguna persona con discapacidad requiera un cambio de domicilio.

6094 **Registro de Vivienda** (D C.Valenciana 106/2021) El Registro de Vivienda de la Comunidad Valenciana consta de dos **secciones**:
• Sección 1ª. Registro de **demanda de vivienda**, en el que se inscriben las unidades de convivencia demandantes de vivienda.
• Sección 2ª. Registro de **oferta de vivienda**, donde se han de inscribir las viviendas del patrimonio público de vivienda de la Generalitat y las viviendas protegidas de promoción pública o privada que se oferten para su venta, alquiler o cualquier otro régimen de uso o acceso.
Asimismo, debe constar en este Registro el **Inventario de viviendas de protección pública**, en el que se inscribirán las viviendas calificadas de protección pública.

La inscripción en el **Registro de demanda** de vivienda es obligatoria para ser adjudicatario de vivienda protegida, tanto de promoción pública como privada. Para acceder a este registro, la unidad de convivencia debe cumplir los siguientes requisitos (D C.Valenciana 106/2021 art.11 redacc D C.Valenciana 68/2023):

- Tener **necesidad de vivienda**.
- **Capacidad económica** no superior a 6,5 el IPREM. Este límite se incrementa, de forma acumulada, atendiendo a la situación específica de cada unidad de convivencia (D C.Valenciana 106/2021 art.14 redacc D C.Valenciana 68/2023):

- 0,5 veces el IPREM por cada persona que tenga declarada discapacidad o diversidad funcional igual o superior al 33%, situación de dependencia o enfermedad que le incapacite acreditadamente de forma permanente, en grado de absoluta o gran invalidez, para realizar una actividad laboral;
- 0,2 veces el IPREM por cada persona menor de edad a cargo en la unidad de convivencia, siempre que sea descendiente en primer grado o persona en acogimiento familiar;
- 0,1 veces el IPREM por cada persona mayor de edad integrante de la unidad de convivencia;
- 0,1 veces el IPREM por cada persona mayor de 65 años integrante de la unidad de convivencia.

- Destinar a la vivienda a **residencia habitual y permanente**.

La incorporación al registro conlleva la adquisición de la **condición de demandante** con derecho a la participación en los procedimientos de adjudicación en función de los requisitos exigidos en cada proceso y la propia adecuación de las viviendas ofertadas a las necesidades de la unidad de convivencia.

En el **Registro de oferta** de vivienda deben inscribirse aquellas viviendas de protección pública de promoción privada que sean objeto de primera transmisión y no hayan sido adquiridas en el momento de la calificación definitiva. La inscripción es potestativa para las segundas y posteriores transmisiones de estas viviendas.

También deben inscribirse aquellas viviendas de protección pública de promoción pública para las que no se haya encontrado adjudicataria o adjudicatario en el plazo establecido al efecto en las normas particulares de cada proceso de adjudicación.

3. Ayudas públicas en materia de vivienda

Esta comunidad cuenta con un plan de vivienda propio en materia de vivienda: el **Plan 2400 de Vivienda Protegida Pública 2021-2026** (publicado en la web https://habitatge.gva.es). Este plan prevé cuatro líneas de actuación: **6100**

1. **Promoción propia** por parte de la Generalitat Valenciana de vivienda pública.
2. Concurso de solares públicos cedidos en derecho de superficie a **promotoras privadas** para crear vivienda protegida en alquiler asequible.
3. Concurso de solares públicos para la promoción y gestión de viviendas en régimen de cesión de uso para **cooperativas** de vivienda.
4. Proyectos piloto de **vivienda sostenible**.

Además, para la aplicación de las medidas previstas en el **Plan estatal 2022-2025**, ha suscrito un convenio de colaboración con el ministerio competente en la materia (Convenio de colaboración 7-7-22, Resol 12-7-22).

Los requisitos y características de estas ayudas se concretan mediante **bases reguladoras**:

- ayudas para facilitar soluciones habitacionales a personas en situación de especial vulnerabilidad a través de las entidades locales (D C.Valenciana 79/2023).
- subvenciones a entidades locales para la adquisición y mejora de viviendas del Programa de incremento del parque público de viviendas (Orden C.Valenciana 5/2023);
- Bono Alquiler Joven (Resol 21-4-2023).

Por otro lado, mediante el Reglamento para la **movilización de viviendas vacías y deshabitadas** (D C.Valenciana 130/2021) se regula:

- El programa de ayudas al alquiler y ayudas al alquiler joven, con dos modalidades:

- las ayudas para el pago del alquiler acogidas a convocatorias públicas periódicas que se establezcan mediante concurrencia; y
- las prestaciones de urgencia para hacer frente al pago de alquiler en situaciones especiales de emergencia;

- El programa de alquiler solidario.
- La Bolsa Habita, cuyo objeto es satisfacer las necesidades habitacionales de personas o unidades de convivencia que se encuentren en situación de emergencia o riesgo de exclusión residencial.

4. Otras medidas públicas en materia de vivienda

(L C.Valenciana 2/2017)

6115 En esta comunidad se han aprobado una serie de medidas para garantizar la función social de la vivienda y atender a las personas en especiales circunstancias de emergencia habitacional. Se contienen básicamente en las siguientes normas:
- L C.Valenciana 2/2017, por la **función social** de la vivienda;
- DL C.Valenciana 3/2023, por el que se adoptan medidas urgentes para hacer frente a las situaciones de **vulnerabilidad y emergencia residencial**;
- D C.Valenciana 130/2021, que aprueba el Reglamento para la movilización de **viviendas vacías y deshabitadas**.

6116 **Derecho subjetivo a disponer de una vivienda** (L C.Valenciana 2/2017 art.2 y 6; DL C.Valenciana 3/2023 art.3) Se establece un derecho subjetivo a disponer de una **vivienda asequible, digna y adecuada** a favor de las personas con vecindad administrativa valenciana, que acrediten un mínimo de residencia de un año, así como los mecanismos para hacerlo exigible ante la Administración valenciana.

Las Administraciones públicas deben garantizar la efectiva satisfacción de este derecho a aquellas unidades de convivencia que cumplan los siguientes **requisitos**:

1. No poseer ningún miembro de la unidad de convivencia la **titularidad u otro derecho real** que les permita poder disponer del pleno uso de una vivienda estable y habitable.

2. Estar **inscritos** en el Registro de Demandantes de Vivienda Protegida.

3. No tener, en el primer ejercicio de aplicación de la ley, **recursos** superiores en referencia al IPREM según lo establecido a continuación:
- más de tres miembros: 2 veces el IPREM;
- más de dos miembros: 1,5 veces el IPREM; y
- un miembro: 1 vez el IPREM.

Dentro de cada grupo, se establecen **prioridades** para unidades de convivencia que tengan entre sus miembros personas con discapacidad, hijos dependientes, menores a su cargo, víctimas de violencia de género, personas mayores de 60 años; o que hayan sido desahuciados por impago de la cuota, por impago del alquiler o por ser avalador de un préstamo hipotecario y no poder hacer frente al mismo.

Otro grupo prioritario es el de las mujeres, hijos e hijas supervivientes de la **violencia machista**, para el cual se debe garantizar una proporción no inferior al 10% del parque público de vivienda en su conjunto.

Se prevé la **ampliación** de estos límites en 0,5 en los siguientes ejercicios, siempre que esta ampliación no comprometa el acceso al derecho a la vivienda a unidades de convivencia con ingresos situados en los tramos de ingresos de aplicación en el ejercicio anterior.

Precisiones Se prevé la **concesión de ayudas directas** para solución habitacional de urgencia a aquellas personas que se encuentren en los supuestos de la L C.Valenciana art.2.2 y hayan obtenido o puedan obtener reconocimiento del derecho a alojamiento de una vivienda (L C.Valenciana 8/2023 disp.adic.36ª).

6117 Las Administraciones públicas locales y la Administración autonómica, por sí o en régimen de colaboración público-privada, deben proveer de una **solución residencial** digna, adecuada, asequible y con vocación de permanencia a las unidades de convivencia en situación de vulnerabilidad residencial, en situación de emergencia residencial ya sea en régimen de propiedad, de alquiler, de cesión de uso o de cualquier otra fórmula legal de tenencia. Asimismo, deben asegurar la debida protección, conservación, rehabilitación y mejora de las viviendas.

La **efectividad de este derecho** genera la obligación jurídica de la Administración autonómica valenciana y de las Administraciones locales de poner a disposición del solicitante la ocupación estable de un alojamiento dotacional, de una vivienda protegida o de una vivienda libre.

Todas las personas residentes en la Comunidad Valenciana pueden **exigir ante los órganos administrativos y judiciales** el cumplimiento efectivo de estas disposiciones normativas:

• Las personas con vecindad administrativa en la Comunidad Valenciana que se encuentren en alguna de las situaciones señaladas y sean titulares del derecho exigible a un alojamiento asequible, digno y adecuado pueden ejercerlo ante la conselleria competente en materia de vivienda, que en un **plazo** máximo de 6 meses debe resolver su solicitud proporcionando alguna de las soluciones habitacionales previstas en esta ley.

• Se establece también la **acción pública en materia de vivienda**, en virtud de la cual todas las personas pueden exigir ante los órganos administrativos competentes el cumplimiento de la normativa en materia de vivienda.

Medidas en supuestos de desahucio (L C.Valenciana 2/2017 art.12; DL C.Valenciana 3/2023 art.5 a 9) 6118

Se establecen las siguientes medidas de protección en la materia:

a) La iniciación del procedimiento de **ejecución hipotecaria**, judicial o extrajudicial, cuando el propietario deudor se encuentre en circunstancias de emergencia social, genera la obligación de la entidad financiera, filial inmobiliaria o entidad de gestión de activos adjudicataria del remate de concertar con el deudor un **arrendamiento con opción de compra** sobre la vivienda, que evite el lanzamiento de la misma.

Entre otros **requisitos** se exige que el esfuerzo de la carga hipotecaria sobre la renta familiar se haya multiplicado, al menos, por 1,5 y ello suponga más de un tercio de los ingresos de la unidad de convivencia, así como que los ingresos no superen 1,5 veces el IPREM (cuando viva una persona sola), 2 veces el IPREM (unidad de convivencia) o 3 veces el IPREM (más de 3 miembros).

La **renta** mensual del arrendamiento se determina por la doceava parte del 2% del precio base de la vivienda o del 3% del precio de mercado. No obstante, el pago de la renta corresponde a la Generalitat durante los 3 primeros años, debiendo el arrendatario abonar a la Generalitat una parte de la renta, que no puede superar el 25% de los ingresos de la unidad de convivencia.

Una vez **finalizado el plazo** de 3 años, el arrendatario puede optar por continuar el arrendamiento por 3 años más o por ejercer la opción de compra. En caso de ejercitarse la opción de compra, las cantidades amortizadas del préstamo hipotecario original se consideran cantidades pagadas a cuenta de precio establecido.

b) Fomento de **sistemas de intermediación extrajudicial**. La Administración autonómica debe fomentar sistemas de intermediación extrajudicial:

- para la resolución de conflictos en materia de vivienda, en especial para prevenir y evitar la **pérdida de la vivienda habitual**, facilitando servicios de intermediación en el alquiler y asesoramiento hipotecario que permitan llegar a puntos de consenso entre propietarios y residentes con el objetivo de evitar procesos judiciales;
- en casos de **desalojo de vivienda**, para prestar asistencia a las unidades de convivencia que se encuentren en situaciones de vulnerabilidad residencial, emergencia o exclusión residencial o riesgo de estas, y requieran de un acompañamiento en el proceso para intentar gestionar una solución residencial y minorar los efectos que pueda provocarles la pérdida de la vivienda.

c) Comunicación de los **grandes tenedores** en situaciones de desahucio. Los grandes tenedo- 6119
res de vivienda (personas físicas o jurídicas con más de 10 viviendas en régimen de propiedad, alquiler, usufructo u otras modalidades de disfrute) deben notificar a la conselleria competente en materia de vivienda toda acción judicial de su parte conducente al inicio de un procedimiento de ejecución hipotecaria o de un desahucio por falta de pago de la renta o por la falta de título.

La notificación debe informar sobre el número y tipo de procedimiento, el juzgado ante el que se sustancia, la identificación de la finca afectada, del ejecutado y su situación socioeconómica.

Los grandes tenedores tienen también la obligación de comunicar anualmente a la conselleria competente la relación de viviendas de las que disponen. A estos efectos, se crea el **Registro de Grandes Tenedores** de viviendas, para el control y seguimiento de estas viviendas (DL C.Valenciana 3/2023 art.10 y 11).

d) Se crea la **Unidad de Ayuda ante el Desahucio y la Emergencia Residencial**, que tiene como objeto la coordinación entre los diferentes agentes que intervienen en las situaciones de emergencia residencial, así como mejorar el proceso de atención a las personas o unidades de convivencia afectadas por el desahucio de su vivienda habitual, y para instaurar nuevas medidas tendentes a evitar las situaciones de exclusión social derivadas de la pérdida de la vivienda.

e) Se crea la **Mesa Antidesahucios** de la Comunidad Valenciana, máximo órgano de coordinación en materia de prevención desahucios de la Generalitat, adscrita a la conselleria competente en materia de función social de la vivienda. Se debe convocar semestralmente, con el objetivo de avanzar en la erradicación de la emergencia residencial.

f) Se establece un sistema transitorio y excepcional para el **realojo** por parte de la Generalitat de las personas o unidades de convivencia vulnerables en situación de exclusión residencial o riesgo de la misma a causa de un desalojo sin alternativa, en el supuesto de falta de una solución permanente pública o privada, mediante un alojamiento dotacional provisional que forme parte del sistema urbanístico de equipamientos comunitarios o, en defecto de este, en otros alojamientos gestionados por las Administraciones competentes en las mismas condiciones de temporalidad reguladas para los alojamientos dotacionales.

6120 **Medidas para evitar la existencia de viviendas deshabitadas** (L C.Valenciana 2/2017 art.14 s.; D C.Valenciana 130/2021) Se entiende por **vivienda deshabitada** aquella que, siendo propiedad de un gran tenedor (nº 6119), sea declarada como tal mediante resolución administrativa, por incumplir su función social, al no ser destinada de forma efectiva al uso residencial legalmente previsto o por permanecer desocupada de forma continuada, sin causa justificada, durante un tiempo superior a un año (L C.Valenciana 2/2017 art.14; D C.Valenciana 130/2021 art.2).

A los efectos de la declaración administrativa de vivienda deshabitada, **se presume** que una vivienda no está habitada cuando (L C.Valenciana 2/2017 art.15; D C.Valenciana 130/2021 art.4):

- no se destine de forma efectiva al uso residencial legalmente previsto;
- esté desocupada de forma continuada durante un tiempo superior a un año, salvo que haya motivo que justifique la falta de empleo o su destino a un uso diferente al residencial.

Concurre **motivo justificado** para la desocupación continuada en los siguientes casos (D C.Valenciana 130/2021 art.8 s.):

• Inmuebles destinados a usos de vivienda de **segunda residencia**, con un máximo de 4 años de desocupación continuada.

• Inmuebles destinados a usos de **vivienda turística o terciarios**, al menos, con una ocupación mínima de un mes al año.

• Inmuebles destinados a **usos dotacionales**.

• Inmuebles destinados a vivienda que sus titulares, personas físicas o jurídicas, ofrezcan **en venta** (un año máximo) o **alquiler** (con un máximo de 6 meses), en condiciones de mercado.

• Inmuebles que se encuentren **pendientes de partición** hereditaria o sometidos a procedimientos de extinción de comunidad de bienes o sociedad de gananciales o cuyo uso esté pendiente de resolución en un proceso judicial o cualquier otra situación que haya impedido su inscripción aun existiendo título jurídico para ello.

• **Traslado temporal** de domicilio por razones laborales, de salud, de dependencia o emergencia social.

Los grandes tenedores deben comunicar a la conselleria competente en materia de vivienda, semestralmente, la **relación de las viviendas deshabitadas** de las que dispongan. Estas viviendas deben ser objeto de inscripción en el **Registro de Viviendas Deshabitadas** (D C.Valenciana 130/2021 art.20 s. y 52 s.).

Una vez que la vivienda ha sido declarada como deshabitada, debe ser **puesta en el mercado** en el plazo máximo de 6 meses, previéndose la imposición de multas coercitivas para aquellos casos en que se incumpla dicha obligación (L C.Valenciana 2/2017 art.19).

6121 Se prevén además las siguientes **actuaciones de fomento** para evitar la existencia de viviendas deshabitadas:

• Sistemas de **ayudas públicas**: ayudas para el pago de alquiler; medidas para garantizar el acceso a los suministros básicos de agua potable, de gas y de electricidad. Se debe establecer un sistema de ayudas para el pago de alquiler a las personas y unidades de convivencia con ingresos bajos o moderados, donde el coste de la vivienda los puede situar en riesgo de exclusión social residencial, de forma que no se supere el 25% de los ingresos (L C.Valenciana 2/2017 art.22 y 23).

• Fomento de la iniciativa privada: **fomento del alquiler** mediante un sistema voluntario de obtención o de oferta de viviendas privadas para su puesta en alquiler, en el que se deben incluir necesariamente las inscritas en el Registro de Viviendas Deshabitadas y las adquiridas a consecuencia del ejercicio de los derechos de tanteo y retracto.

Se debe establecer un sistema de concertación pública y privada para estimular a los propietarios e inversores a poner en el mercado de alquiler viviendas para personas y unidades de convivencia con dificultades para acceder a dicho mercado con ingresos inferiores a 4,5 veces el IPREM. En estos casos, la Administración debe concertar el aseguramiento de los riesgos inherentes a la ocupación habitacional de las viviendas que garanticen el cobro de la renta, los desperfectos causados, la responsabilidad civil, la asistencia del hogar y la defensa jurídica (L C.Valenciana 2/2017 art.24).

Se prevé asimismo el **alquiler solidario** de pisos vacíos que necesitan algún tipo de rehabilitación cuyos propietarios no pueden atender estos gastos (L C.Valenciana 2/2017 art.25).

• La **mediación** en el mercado del arrendamiento de viviendas, para propiciar su efectiva ocupación y garantizar un alquiler asequible, así como la mediación social para prevenir que los ciudadanos pierdan su residencia habitual y permanente (L C.Valenciana 2/2017 art.26 y 27).

• Posibilidad de declarar la utilidad pública e interés social para la **cesión temporal obligatoria del usufructo** de viviendas propiedad de grandes tenedores inscritas en el Registro de Viviendas Deshabitadas por tiempo superior a un año, cuando concurran circunstancias de emergencia habitacional. La cesión se llevará a cabo por un plazo máximo de 5 años, si el gran tenedor es persona física, o de 7 años, si es persona jurídica, debiendo retribuirse mediante una justa compensación (DL C.Valenciana 3/2023 art.13).

Todas estas medidas **se desarrollan** por vía reglamentaria (D C.Valenciana 130/2021 art.64 s.).

5. Régimen sancionador

(L C.Valenciana 8/2004 art.62 a 79)

Infracciones y sanciones (L C.Valenciana 8/2004 art.67 a 72) La normativa valenciana contempla **infracciones** leves, graves y muy graves. 6130

Las infracciones son sancionadas con **multa** en las siguientes cuantías:

• Infracciones **leves**: multa de 150 hasta 600 euros.

• Infracciones **graves**: multa de más de 600 hasta 3.000 euros.

• Infracciones **muy graves**: multa de más de 3.000 hasta 30.000 euros.

Si el **beneficio** que resulte de la comisión de la infracción fuese superior al de la multa que le corresponda, debe ser esta incrementada en la cuantía equivalente al beneficio obtenido.

Graduación de las sanciones (L C.Valenciana 8/2004 art.71.3) En la **graduación** de la multa a imponer se tiene en cuenta: 6132

• La naturaleza y el montante de los **perjuicios** causados, así como el coste de la reparación y su viabilidad.

• La **intencionalidad**.

• La **reiteración o reincidencia** por comisión del hecho en el plazo de un año de más de una infracción de la misma naturaleza, cuando así haya sido declarado por resolución firme, aunque la comisión de los hechos se llevara a término en obras diferentes de viviendas de protección pública, por el mismo promotor, constructor, facultativo o propietario de la vivienda.

• El **enriquecimiento injusto** obtenido por la comisión del hecho.

• Los **perjuicios** causados a terceras personas.

• Aquellas otras cuestiones que, a juicio razonado de la Administración, deban incidir en la graduación.

Medidas complementarias (L C.Valenciana 8/2004 art.72) A los autores de **infracciones graves y muy graves** se pueden imponer, además, las sanciones siguientes: 6134

a) La **descalificación de la vivienda**, con pérdida de los beneficios tributarios obtenidos y su devolución incrementada por los intereses legales correspondientes. Esta descalificación implica la imposibilidad durante el plazo de 10 años, a contar desde la fecha de la descalificación, de poder concertar ventas o arrendamientos a precios superiores a los establecidos para las viviendas con protección pública. Esta medida complementaria no supone, en ningún caso, una reducción del plazo mínimo exigible para solicitar la descalificación a título voluntario que se establezca reglamentariamente.

b) La **pérdida y devolución de las ayudas económicas percibidas**, incrementada con los intereses legales, en el caso de infracciones al régimen de financiación protegida en la promoción y adquisición de viviendas, así como al régimen legal de viviendas de protección pública.

c) La **inhabilitación temporal** de 1 a 5 años para intervenir en la redacción de proyectos, o en la construcción de viviendas de protección pública, o rehabilitación de viviendas con algún tipo de ayuda o financiación protegida en calidad de técnicos, promotores y constructores.

Prescripción (L C.Valenciana 8/2004 art.78) Las infracciones y sanciones prescriben en los siguientes **plazos**: 6135

	Leves	Graves	Muy Graves
Infracciones	6 meses	2 años	3 años
Sanciones	1 año	2 años	3 años

El plazo de prescripción de las **infracciones** comienza a contarse desde el día en que se hubieran cometido.

Cuando se trate de una **infracción continuada**, se toma como fecha inicial del cómputo la del último acto en el que la infracción se consuma.

Se **interrumpe** la prescripción con la iniciación con conocimiento del interesado del procedimiento sancionador, reanudándose el plazo de prescripción si el expediente estuviera paralizado más de un mes por causa no imputable al presunto infractor. Asimismo, es motivo de interrupción de la prescripción la remisión de las actuaciones al órgano judicial competente o al Ministerio Fiscal, reanudándose su cómputo a partir de la fecha en que se dicte sentencia firme o resolución que ponga fin al procedimiento.

El plazo de prescripción de las **sanciones** comienza a contarse desde el día siguiente aquel en que adquiera firmeza la resolución por la que se impone la sanción.

Se **interrumpe** la prescripción por la iniciación con conocimiento del interesado del procedimiento de ejecución, volviendo a transcurrir el plazo si aquel estuviera paralizado más de un mes por causa no imputable al infractor.

CAPÍTULO 10

Empleados y funcionarios

 6500

SECCIÓN 1

Porteros, guardas, asalariados y funcionarios

Se **excluye del ámbito de la LAU** el uso de las viviendas y locales que los porteros, guardas, asalariados, empleados y funcionarios tengan asignados por razón del cargo que desempeñan o del servicio que prestan y por tanto le son de aplicación las normas del Código Civil (LAU art.5.a). 6505

Características Como características comunes de estos contratos de arrendamiento por porteros, guardas, asalariados y funcionarios, pueden tenerse en cuenta las siguientes: 6508
• No existen **requisitos formales**, cabe pacto verbal, a salvo de los actos que obligatoriamente han de constar en documento público (CC art.1280).
• La **duración** puede ser libremente pactada por las partes, pudiendo establecerse por plazo indefinido o con prórroga forzosa.
• Son aplicables las disposiciones sobre el **saneamiento** contenidas en el Código Civil para la compraventa. En los casos en que proceda la devolución del precio, debe hacerse la disminución proporcional al tiempo que el arrendatario haya disfrutado de la casa (CC art.1474 a 1499 y 1553).
• El **destino del inmueble** será el pactado libremente por las partes y, en su defecto, el que se infiera de la naturaleza del bien arrendado, según la costumbre (CC art.1555.2º y 1557).
• En relación con las **obligaciones contractuales**:
- además de la obligación de pago del precio del arrendamiento, al arrendatario le corresponden las obligaciones establecidas en el CC art.1159 a 1563 y la responsabilidad por el deterioro o pérdida a no ser que pruebe que se ocasionó sin culpa suya; y
- el arrendador está obligado además de a la entrega de la cosa y a hacer las reparaciones necesarias para mantener al arrendatario en el goce pacífico del arrendamiento por todo el tiempo del contrato. Esta obligación es imperativa y no puede ser anulada por voluntad de las partes.
• Salvo pacto en contrario, el arrendatario no puede **variar la forma** de la cosa arrendada. En cuanto a las obras de reparación, el arrendatario tiene obligación de soportarla si no pueden diferirse hasta la conclusión del arriendo, aunque le sea muy molesto y se vea privado de parte de la finca. En este aspecto, el régimen del Código Civil exige mayor tolerancia del arrendatario que la LAU, ya que este tendrá derecho a una reducción del precio del arriendo si la obra dura más de 40 días, mientras que en la LAU son 20 días (LAU art.21.2), siendo dicha reducción proporcional al tiempo y a la parte de la finca de que se vea privado.
• No existe obligación legal de establecer **fianzas o garantías**, pero cabe pactarlas libremente por las partes.
• No existe en el Código Civil un precepto que regule o permita la **cesión** de arrendamientos. A falta de acuerdo con el arrendador, la cesión supone una novación prohibida sin consentimiento del arrendador (CC art.1205 y 1257).
• Salvo que se prohíba expresamente, el arrendatario puede **subarrendar** en todo o en parte la cosa arrendada, sin perjuicio de su responsabilidad por el cumplimiento del contrato frente al arrendador (CC art.1550 s.).
• La **extinción** del contrato por transcurso de plazo tiene lugar en la fecha pactada. También termina el contrato por destrucción de la finca o incumplimiento de una de las partes, pudiendo el arrendador iniciar acción de desahucio en los supuestos previstos en el CC art.1569.

Precisiones La **regulación** de los arrendamientos en el Código Civil se trata en el nº 160 s.

6510 **Supuestos** Los causas más habituales en el ámbito de los contratos de arrendamiento por porteros, guardas, asalariados y funcionarios, son las siguientes (Castán y Calviño):

6513 **Uso de inmueble por razón del cargo o servicio** En este supuesto hay que incluir todos los casos en que el uso de la vivienda o local forma parte íntegramente de la **relación jurídica**, privada o pública, en cuya virtud se desempeña el cargo o se presta el servicio por el respectivo usuario. La entrega de una vivienda no solo se constituye en una forma de retribución sino que, para determinadas profesiones, forma parte del modo de prestación de servicios, de tal manera que el trabajador tiene derecho a percibir su uso o cesión de uso y al mismo tiempo la obligación de realizar la prestación de sus servicios mediante la ocupación de dicha vivienda, es el caso de los **guardas o porteros** de fincas urbanas, por ejemplo. Así, el uso de la vivienda conforma **un derecho y un deber** en ambos contratantes (TS 27-5-98, EDJ 7079; TSJ Madrid 4-5-16, EDJ 113931; TSJ Sevilla 27-10-16, EDJ 215094; 26-11-15, EDJ 251624).

Precisiones Al constituirse en un deber del trabajador, puede ser motivo de **sanción** no pernoctar en la vivienda asignada a este como casero, como obligación de disponibilidad inmediata o próxima y de permanencia a los efectos del desarrollo de las funciones debidas dentro de los límites de jornada aplicables (TSJ Sevilla 18-3-99, EDJ 18118).

6518 a) **Consideración de retribución**. La asignación de vivienda puede formar parte integrante de la retribución económica al considerarse salario la totalidad de los beneficios que obtenga el trabajador por sus servicios, no solo lo que reciba en metálico o en especie como retribución directa, sino la obtenida por uso de casa-habitación. Constituye **salario en especie** la puesta a disposición del trabajador de una vivienda o alojamiento a título gratuito, sin pago de alquiler, o a precio inferior al de mercado.

En la práctica puede materializarse a través de alguna de las siguientes **vías**:

- vivienda propiedad del empresario que cede su disfrute al trabajador (TSJ Castilla y León 31-5-94);
- la empresa alquila la vivienda y abona su renta y cede su uso al trabajador (TSJ Murcia 8-2-93);
- el trabajador alquila la vivienda y la renta se abona por el empresario (TSJ Extremadura 17-10-94);
- vivienda cedida en precario por otra empresa perteneciente al grupo de empresas (TSJ C.Valenciana 18-10-07, EDJ 313575);
- la vivienda es un bien de dominio público (TSJ Castilla y León 14-10-10, EDJ 239688).

Precisiones **1)** Para **mayor detalle** sobre la asignación de vivienda como salario ver nº 1212 s. Memento Salario y Nómina 2023.

2) El disfrute de la vivienda, al constituir una de las manifestaciones típicas del salario en especie, si se produce la **destrucción de la vivienda**, el trabajador tiene derecho a percibir una cantidad mensual o a que se le facilite una vivienda de similares características a la desalojada (TS 27-5-98, EDJ 7079).

6523 b) **Extinción del contrato y desalojo**. La vinculación entre el uso y disfrute de la vivienda y el contrato de trabajo determina que las vicisitudes del contrato pueden afectar a esta forma de retribución en especie. En estos casos, **puede distinguirse**:

• **Suspensión del contrato de trabajo**. Aunque supone la suspensión de las principales obligaciones del contrato, entre ellas la de remunerar, no determina la suspensión del derecho al disfrute de la vivienda de modo que el trabajador no puede ser desalojado de la misma (TSJ Madrid 25-10-94, EDJ 24757). En muchos casos, los convenios colectivos expresamente reconocen el derecho del trabajador a permanecer en la vivienda proporcionada por la empresa durante los períodos de suspensión del contrato.

• **Extinción del contrato de trabajo**. Sí determina la extinción del derecho a disfrutar de la vivienda, tanto si es por despido como si la extinción deriva de otra causa -p.e. jubilación del trabajador- (TSJ Aragón 27-5-98, EDJ 15865; TSJ Castilla-La Mancha 18-12-97, EDJ 59397; TSJ Madrid 17-6-97, Rec 448/96; TSJ Galicia 25-2-97, Rec 3328/94). La única **excepción** se produce cuando por previsión expresa del convenio colectivo, por acuerdo entre empresario y trabajador o por decisión unilateral de aquel se permite la continuidad en el disfrute de la vivienda después de extinguido el contrato (TSJ Madrid 15-6-94, Rec 3019/91). En todos estos casos, el trabajador mantiene el derecho a **permanecer en la vivienda** durante un mes, prorrogable hasta dos por el juez, transcurridos los cuales el empresario puede instar el lanzamiento ante el juzgado, según las normas de la LEC (LRJS art.285).

La **competencia** para el eventual **desahucio** es del orden jurisdiccional social y no cabe añadir a la **indemnización** por despido otra proveniente del cese en el uso de la vivienda (TSJ Cataluña 13-10-00, EDJ 43059). No obstante, carece de competencia el orden social cuando el conflicto en torno al uso de la vivienda vinculada a un contrato de trabajo se produce varios años después de la extinción del contrato de trabajo (TS 23-11-00, EDJ 55667; 17-9-02, EDJ 123186).

Precisiones Respecto al **procedimiento de desahucio** en caso de despido, ver nº 6216 s. Memento Procedimiento Laboral 2023-2024.

Vivienda subordinada a la relación de servicios Comprende todos los casos en que un contrato de inquilinato se halla ligado a la existencia de una relación de servicios entre el arrendador y el inquilino, pero de tal suerte que el uso de la vivienda no forma parte integrante de la contraprestación debida por tales servicios. La relación de servicios y la relación de inquilinato, aunque coligadas, conservan, en principio, su **propia autonomía** y su **peculiar ordenamiento**. Como la relación arrendaticia se halla subordinada a la relación de servicios, cesa ineludiblemente la fuerza preceptiva de aquellas normas que disciplinan el inquilinato cuando su aplicación resulta incompatible con la relación de servicios. **6525**

Así, puede ocurrir que la asignación de la vivienda, teniendo su única causa jurídica en la prestación de los servicios y siendo, por consiguiente, un elemento de la contraprestación de la otra parte, **no** se conciba como una **retribución económica** de aquellos servicios, como sucede con la asignación de la vivienda a ciertos **funcionarios públicos** de mayor o menor categoría.

La **extinción** de la relación fundamental de servicios produce la desaparición del título en cuya virtud el prestador de estos usaba la vivienda o local, y da derecho a desposeerle de los edificios que ocupara por razón del cargo que hubiese venido desempeñando o de los servicios que hasta entonces hubiese venido prestando (CC art.1587).

SECCIÓN 2

Vivienda militar

 6535

El uso de las viviendas militares, cualquiera que sea su calificación y régimen está **excluido** del ámbito de aplicación de la LAU, debiendo regirse por lo dispuesto en su legislación específica (LAU art.5.b). **6538**

Ello obliga a exponer, aunque sea de forma sucinta, los distintos regímenes que a este respecto se han sucedido en nuestro derecho.

Precisiones Las medidas previstas para paliar las consecuencias de la **crisis sanitaria por la COVID-19**, sobre los arrendatarios de vivienda, son expresamente aplicables a los usuarios de vivienda militar, que se encuentren en situación de vulnerabilidad económica (RDL 11/2020 disp.adic.6ª). Ver nº 425 s. y nº 4690.

A. Instituto de Vivienda, Infraestructura y Equipamiento de la Defensa

(L 26/1999 art.13 a 17; RD 1080/2017)

De la **fusión** de los organismos autónomos Instituto para la Vivienda de las Fuerzas Armadas y Gerencia de Infraestructura y Equipamiento de la Defensa surgió como organismo el Instituto de Vivienda, Infraestructura y Equipamiento de la Defensa -en adelante, INVIED- (L 26/2009 disp.adic.51ª). **6540**

El **estatuto** del INVIED está contenido actualmente en el RD 1080/2017 tras haberse declarado nulo judicialmente el anterior. Está sometido al **régimen** previsto en la L 40/2015 para los organismos autónomos, con las excepciones en su estatuto respecto a su régimen patrimonial.

Se configura como dotado de **personalidad jurídica** diferenciada, plena capacidad de obrar para el cumplimiento de sus fines, patrimonio y tesorería propios, así como autonomía de gestión.

Este organismo tiene como **finalidad** la cobertura de las necesidades de vivienda del personal militar de carrera en situación de servicio activo (L 50/1998 art.71; L 26/1999).

Precisiones **1)** El Instituto para la Vivienda de las Fuerzas Armadas fue creado como un **organismo autónomo**, adscrito al Ministerio de Defensa (RD 1751/1990 -derogado actualmente, en su integridad por RD 991/2000, que suprimió todos los artículos que permanecían vigentes de acuerdo con lo establecido en la L 26/1999 disp.derog.única-) y vino a sustituir los patronatos de casas militares de los distintos ejércitos que quedaron extinguidos desde ese momento.

En su momento se estableció que el Instituto podía proseguir, con **carácter transitorio**, las actuaciones que los patronatos extinguidos viniesen desempeñando, y solo hasta que concluyese la calificación inicial de las viviendas procedentes de estos (RD 1751/1990 disp.adic.1ª-actualmente derogado en su integridad por RD 991/2000-).

2) La Ley de presupuestos generales del Estado para 1990 autorizó al Ministerio de Defensa a modificar el **régimen de calificación** de las viviendas pertenecientes al organismo autónomo resultante de la **refundición de los patronatos** de casas militares de los distintos ejércitos, cuando dicha refundición se llevase a cabo (L 4/1990 disp.final 7ª).

3) El **estatuto del INVIED** contenido en el RD 942/2015 fue declarado **nulo** por contener regulaciones sobre materias en las que el Consejo de Personal de las Fuerzas Armadas debía emitir previa y preceptivamente su informe (TS 27-4-17, EDJ 58430).

6543 **Funciones** (L 26/1999 art.14; RD 1080/2017 art.8) El INVIED tiene como funciones principales, en referencia a la **movilidad de los miembros** de las Fuerzas Armadas, las siguientes:

- Reconocer y abonar las compensaciones económicas.
- Adjudicar viviendas en régimen de arrendamiento especial al personal militar.
- Mantener, conservar y gestionar las viviendas militares.
- Proponer al ministro de Defensa la cuantía de los cánones de uso o, en su caso, tasas de las viviendas militares y plazas de aparcamiento.
- Conceder, en los términos que determine el ministro de Defensa, ayudas para la adquisición de viviendas por personal militar.
- Promover y apoyar la constitución de asociaciones y cooperativas que ejecuten programas de construcción de viviendas en propiedad para el personal militar.
- Otras funciones atribuidas por ley o su estatuto.

Además de estas funciones principales, corresponde también al Instituto, en el marco del proceso de profesionalización y modernización de las Fuerzas Armadas, la función de contribuir a la **mejora de las condiciones de vida** del personal militar en materia de alojamiento, mediante la realización y ejecución de programas y proyectos para la construcción, rehabilitación o mejora de alojamientos militares en coordinación con los cuarteles generales de los ejércitos y previa aprobación de la Dirección General de Infraestructura del Ministerio de Defensa.

Precisiones Tienen la consideración de **alojamientos militares** las edificaciones y espacios, distintos de las viviendas militares y los pabellones de cargo, que se hallen destinados a satisfacer las necesidades de habitación, hospedaje y otros servicios complementarios, cualquiera que sea el nombre que reciban, según las tradiciones y usos de cada ejército.

6545 **Capacidad legal** (L 26/1999 art.15; RD 1080/2017 art.9) Para el **cumplimiento de sus fines**, el Instituto tiene la más amplia capacidad legal para:

- La adquisición, enajenación y arrendamiento de edificios, locales y terrenos.
- La constitución de gravámenes, permuta, enajenación y disposición a título oneroso de los bienes que constituyen su patrimonio.
- La contratación de la realización de obras y la prestación de servicios, así como la ejecución directa de unas y otros.
- La repercusión a los usuarios de los servicios y suministros que se presten en las viviendas y exigir el pago de los mismos.
- La resolución de las reclamaciones sobre responsabilidad patrimonial que se formulen contra el organismo.

B. Medidas de apoyo a la movilidad geográfica

6550

6553 El **principio esencial** de la ley de medidas de apoyo a la movilidad geográfica de los miembros de las Fuerzas Armadas es facilitar la movilidad geográfica del militar en servicio activo mediante el apoyo a sus necesidades de vivienda por cambio de destino y localidad. Ese principio se concreta a través de una **compensación económica** o, en casos singulares, facilitándole vivienda militar.

El cambio sustancial que se introdujo con esta Ley fue la alteración en el **orden** en el que se citan los tipos de apoyos, compensación o vivienda, y el carácter residual en la concesión de esta última.

Para apoyar la movilidad geográfica de los miembros de las Fuerzas Armadas se establecen las siguientes **medidas** (L 26/1999 art.1):
• Facilitar una **compensación económica** para atender a las necesidades de vivienda originadas por cambio de destino que suponga cambio de localidad o área geográfica.
• Asignar en régimen de **arrendamiento especial** las viviendas militares, en ciertos casos singulares.
• Proporcionar **ayudas** para el acceso a la propiedad de vivienda.
• Racionalizar el **uso y destino de las viviendas** militares, desarrollar las normas para la enajenación de todas aquellas que no se destinen a arrendamiento y determinar las competencias de los órganos superiores y directivos del Ministerio de Defensa en estas materias.

1. Compensación económica

(RD 1080/2017 art.58 s.)

El derecho a percibir una compensación económica por cambio de destino que implique un cambio de localidad es la medida de apoyo a la movilidad aplicable, como **regla general** en la normativa vigente, quedando el derecho de uso de vivienda militar como una medida excepcional. **6560**

Beneficiarios (L 26/1999 art.2; RD 1080/2017 art.60) Se prevé la concesión de una **compensación económica** por cambio de destino a favor de: **6563**
• El militar de carrera de las Fuerzas Armadas.
• El militar profesional de tropa y marinería que mantenga una relación de servicios de carácter permanente, que se encuentre en situación de servicio activo o en la de reserva con destino.
• El militar de complemento y el militar profesional de tropa y marinería que mantenga una relación de servicios de carácter temporal, que se encuentre en la situación de servicio activo y haya cumplido tres años de tiempo de servicios.

Procedimiento de concesión (L 26/1999 art.3; RD 1080/2017 art.61) La **competencia** para reconocer el derecho a percibir compensación económica, previa solicitud de los interesados, corresponde al director general gerente del INVIED. **6565**
La **solicitud** debe formalizar en modelo oficial, acompañando la justificación documental que se determine y dirigirse al director general gerente del INVIED.
Los procedimientos iniciados por las referidas solicitudes deben **resolverse y notificarse** a los interesados en un plazo máximo de 6 meses, contados a partir de su entrada en los registros del Instituto para la Vivienda de las Fuerzas Armadas.
Las relaciones de los perceptores de compensación económica se han de exponer públicamente antes del día 25 de cada mes en edición electrónica en la intranet del Ministerio de Defensa, lo que surte efectos de notificación a los interesados.
Las **inadmisiones o exclusiones** se deben exponer de igual forma y se han de notificar individualmente a los interesados, en el lugar indicado a tal efecto en la solicitud. Contra la inadmisión o exclusión de las citadas relaciones los interesados pueden formular los recursos que procedan.
La compensación económica se reconoce mensualmente a mes vencido, según la situación en que se encuentre el interesado el primer día hábil de cada uno de ellos.

Cuantía y naturaleza (RD 1080/2017 art.62; OM DEF/1777/2011) La cuantía de la compensación económica se fija cada año por orden del ministro de Defensa, teniendo en cuenta los **precios del mercado** de alquiler de viviendas en las diferentes localidades y las equivalencias entre los empleos militares y los siguientes grupos de **clasificación de los funcionarios** al servicio de las Administraciones públicas: **6568**
• General de ejército, almirante general o general del aire a teniente: A1.
• Alférez y suboficial mayor a sargento: A2.
• Cabo mayor a soldado con una relación de servicios de carácter permanente: C1.
• Cabo primero a soldado con una relación de servicios de carácter temporal: C2.
La compensación económica, sin perjuicio de sus efectos fiscales, se considera una **ayuda de carácter no retributivo**.

2. Uso de viviendas militares

6575

6578 El uso de viviendas militares queda configurado, en la normativa actual, como una **medida residual** frente a la compensación económica.
La Ley da regulación al régimen de adjudicación de viviendas mediante contratos de arrendamiento especial. Asimismo, en consideración de los numerosos casos de **viviendas militares** cedidas en virtud de la legislación anterior, regula el régimen aplicable a la cesión de uso de estas viviendas derivado de dicha legislación.

a. Tipos de viviendas

6580

6583 **Viviendas militares** (L 26/1999 art.4 y 5; RD 1080/2017 art.18 y 19) Las viviendas cuya **titularidad o administración** corresponde al INVIED y a los cuarteles generales de los ejércitos, con excepción de los pabellones de cargo, tienen la calificación única de viviendas militares.
Asimismo, el ministro de Defensa puede calificar como viviendas militares cualesquiera **otras viviendas** administradas por unidades, centros y organismos del Departamento, cuando se declaren innecesarias y queden desafectadas para los fines y destinos que tienen asignados.
Dentro de este grupo se pueden distinguir, a su vez, dos **categorías**:
• **Viviendas militares enajenables**. Son todas las calificadas como viviendas militares, con excepción de aquellas que constituyan elemento inseparable de bases, acuartelamientos, edificios o establecimientos militares. Estas viviendas se integran en el patrimonio propio del INVIED y pueden enajenarse en las condiciones y de acuerdo con el procedimiento que se expone en el nº 6680 s.
• **Viviendas militares no enajenables**. Son viviendas militares no enajenables:
- las viviendas militares localizadas dentro de bases, acuartelamientos, edificios o establecimientos militares;
- las que por su ubicación supongan un riesgo para la seguridad de los mismos; y
- aquellas otras que se encuentren en zonas específicas en las que resulte necesario disponer de viviendas para el personal destinado en las mismas, en especial en Ceuta y Melilla.
Solo estas viviendas, no enajenables, pueden ser objeto de **cesión de uso** mediante contrato administrativo especial, formalizado en el correspondiente documento administrativo.
Corresponde al ministro de Defensa determinar, mediante las correspondientes órdenes ministeriales comunicadas, la **relación de dichas viviendas** militares no enajenables. Esta relación puede ser modificada cuando varíen las circunstancias que sirvieron para su elaboración, señalando, en las disposiciones que se dicten al efecto, el uso o destino posterior que han de tener las viviendas militares afectadas.

6585 Precisiones No es aplicable el régimen propio de las viviendas militares a los **inmuebles que han sido transferidos a otros organismos** -en el caso concreto el Instituto Nacional de Industria-. Los ocupantes de esas viviendas deben desocuparlas una vez finalizada la relación laboral en cuya virtud se permitió su ocupación (AP Sevilla 12-4-02, EDJ 36280; 9-10-02, EDJ 96718).

6588 **Gastos** (RD 1080/2017 art.22) Son **de cuenta del INVIED** los gastos derivados de los siguientes conceptos:
- la **conservación y mantenimiento** general de ascensores, patios, jardines, portales, escaleras y demás zonas y elementos de uso común de los edificios;
- las **reparaciones** que resulten necesarias en las viviendas y edificios por averías en las conducciones de agua, electricidad, gas, calefacción, ventilación, salida de humos, etc., salvo las pequeñas reparaciones que exija el desgaste por el uso ordinario de la vivienda;
- las reparaciones de aquellos elementos constructivos que afecten a la **estabilidad y estanqueidad** del inmueble;
- los **suministros** ordinarios de agua y fluido eléctrico para servicios comunes.
No obstante, una vez constituida la **comunidad de propietarios** de un determinado inmueble, se ha de estar a las normas de constitución de la misma, así como a los acuerdos que se adopten en las juntas que se celebren, y el Instituto debe asumir los gastos que le correspondan según su cuota de participación como propietario.

Precisiones 1) Con motivo de un pleito en el que se discutía si el demandado estaba obligado a pertenecer a la **comunidad de vecinos de una colonia militar** en la que estaba ubicada su vivienda, se ha declarado que el derecho de asociación recogido en la Constitución comprende no solo el derecho a asociarse, sino también, en su faceta negativa, el derecho a no asociarse. Ello significa no solo que la demandada tiene derecho a no pertenecer a la mencionada asociación, sino también que, por tratarse de un derecho fundamental de carácter irrenunciable, cualquier cláusula obligacional que lo desconozca es nula y carece de eficacia (AP Madrid 16-6-03, EDJ 211000).
2) Siendo indiscutible el derecho del demandado de pertenecer o darse de baja en la asociación, también lo es que, en cualquier caso, dicho demandado ha de contribuir al pago de los gastos de **mantenimiento de las zonas comunes** generados en la comunidad en que se encuentra su vivienda y de las que se beneficia, pero siempre previa resolución administrativa motivada, dada la condición militar de la vivienda del demandado (AP Madrid 28-4-03, EDJ 159775).

Son **de cuenta de los usuarios** de las viviendas militares los gastos no recogidos en los apartados anteriores y, en particular, los derivados de los siguientes conceptos: **6590**
- los suministros, servicios y consumos individualizados o susceptibles de medición por contador y los tributos que los graven (p.e. internet o servicio de telefonía);
- los servicios de limpieza de zonas comunes interiores;
- los desperfectos, deterioros y averías producidas en las viviendas y zonas comunes del inmueble por mal uso, descuido o negligencia de los usuarios y, en todo caso, los que se constaten fuera del deterioro normal al abandonar la vivienda una vez efectuada la correspondiente comprobación.

La **imputación** de gastos se efectúa mediante la oportuna resolución motivada del director general gerente del Instituto para la Vivienda de las Fuerzas Armadas, en la que se debe indicar el procedimiento para hacer efectivo su importe.
En el caso de que habiten en la vivienda **personas con minusvalía**, resulta aplicable lo dispuesto en la LAU sobre la posibilidad de realización de **obras de adaptación** de la vivienda.

Pabellones de cargo (L 26/1999 disp.adic.1ª; RD 1080/2017 art.33; OM DEF/3242/2005) Reciben la consideración de pabellones de cargo los inmuebles que se destinen para su utilización como **domicilio oficial** y, en su caso, de representación social por autoridades militares del Ministerio de Defensa, atendiendo a la necesidad de una presencia continuada en el interior o en las proximidades de la instalación militar donde se realicen las funciones y a criterios de destacada responsabilidad. **6593**
La **calificación y descalificación** de inmuebles como pabellones de cargo corresponde al ministro de Defensa.
La **competencia** para asignar los pabellones de cargo corresponde al jefe del Estado Mayor de la Defensa, al subsecretario de Defensa, al jefe del Estado Mayor del Ejército de Tierra, al jefe del Estado Mayor de la Armada y al jefe del Estado Mayor del Ejército del Aire, cada uno en sus respectivos ámbitos.

Gastos Se establece el siguiente **sistema** para sufragar los gastos que genera el uso de los pabellones de cargo: **6595**
• Corren por cuenta del **INVIED**:
- los gastos derivados del mantenimiento, conservación y rehabilitación de los pabellones de cargo, salvo cuando estén ubicados en edificios singulares;
- los gastos de agua, luz, gas, comunidad e impuestos, de los pabellones de cargo que no estén ubicados en el interior de bases, acuartelamientos, edificios o establecimientos militares.
• Corren por cuenta del **Estado Mayor de la Defensa**, Subsecretaría de Defensa, Ejército de Tierra, Armada y Ejército del Aire, respecto a los pabellones de cargo de su ámbito competencial:
- la dotación, reposición y reparación del mobiliario, medios informáticos, telemáticos, telefónicos y enseres;
- los gastos de agua, luz, gas, comunidad e impuestos, de los pabellones ubicados dentro de bases, acuartelamientos, edificios o establecimientos militares.
• Corren por cuenta de los **titulares** de los pabellones de cargo:
- los gastos que se determinen derivados del uso de medios informáticos, telemáticos y telefónicos;
- los gastos derivados de la reparación de desperfectos, deterioros y averías producidas en los pabellones de cargo, zonas comunes del inmueble, mobiliario, medios informáticos, telemáticos, telefónicos y enseres, por mal uso, descuido o negligencia.

b. Arrendamiento especial

(RD 1080/2017 art.26 a 32)

6600

6603 Las viviendas militares que se declaren expresamente no enajenables (nº 6585) pueden ser objeto de **cesión de uso** en régimen de arrendamiento especial. La adjudicación, uso y desalojo de estas viviendas **se rigen** por las normas que se exponen a continuación (nº 6605 s.).
Este es el régimen de adjudicación de viviendas militares que rige **a partir del 11-7-1999**, y se aplica sin perjuicio de los derechos de uso adjudicados **antes de dicha fecha**, que continúan en vigor, a pesar del cambio de la regulación (nº 6660).

6605 **Viviendas vinculadas a determinados destinos o cargos** (RD 1080/2017 art.32) El secretario de Defensa, oídos los cuarteles generales de los ejércitos y de los centros directivos del órgano central, debe determinar:
• La relación de las viviendas militares no enajenables que, atendiendo a necesidades operativas, de seguridad o de servicio, quedan **vinculadas a determinados cargos**.
• La relación de las viviendas militares no enajenables localizadas dentro de bases, acuartelamientos, edificios o establecimientos militares, que quedan **vinculadas a los destinos genéricos** de las unidades, centros u organismos ubicados en ellos.
El **régimen aplicable** a ambos tipos de viviendas y a sus usuarios es el general, establecido en el RD 1080/2017, con las **excepciones** que se señalan a continuación:
• Únicamente pueden ser **ofrecidas** al personal que tenga asignado los destinos u ostente los cargos a los que estén vinculadas.
• La **adjudicación** de las viviendas vinculadas a cargos se realizará mediante resolución del director general gerente del INVIED, a propuesta del jefe de la unidad, centro u organismo correspondiente.
• Para la fijación de la cuantía de los **cánones de uso** de estas viviendas se debe tener en cuenta, además de lo establecido con carácter general (nº 6633), su ubicación en el interior de bases, acuartelamientos, edificios o establecimientos militares y su vinculación a cargos concretos o a destinos genéricos de unidades, centros u organismos.
• El **cese en el cargo** o destino al que esté vinculada la vivienda, es causa de pérdida del derecho de uso de la misma, siendo de aplicación lo establecido en general sobre desalojo y desahucio de la vivienda (nº 6643).
• El militar que opte por la ocupación de una vivienda militar no enajenable vinculada al cargo que ostenta, puede mantener el derecho de **uso vitalicio** de la vivienda militar que, en su caso, le haya sido adjudicada con **anterioridad al 11-7-1999**, salvo que esta última haya sido también declarada no enajenable y esté vinculada a un determinado cargo o destino.

6608 Asimismo, puede acceder a las **ayudas para el acceso a la propiedad** de la vivienda (nº 6670 s.), así como a la compra de una vivienda enajenada por el Ministerio de Defensa o sus organismos, por los procedimientos de adjudicación directa o concurso, siéndole de aplicación el resto de incompatibilidades establecidas al respecto.
A las viviendas militares vinculadas a determinados destinos o cargos que se encuentren ocupadas por **personal al que no le corresponda**, así como a sus usuarios, no les son de aplicación las excepciones señaladas.

6610 **Beneficiarios** (L 26/1999 art.2 y disp.adic.7ª; RD 1080/2017 art.27) El INVIED puede adjudicar vivienda militar en régimen de arrendamiento especial al militar de carrera de las Fuerzas Armadas y al militar profesional de tropa y marinería que mantenga una **relación de servicios** de carácter permanente, cuando:
- se encuentren en la situación de **servicio activo o en la de reserva con destino**;
- cambien de destino y ello suponga un **cambio de localidad o área geográfica** respecto de la del primer o anterior destino.
Por razones de economía de medios y mejor aprovechamiento de los recursos disponibles y cuando **no existan peticionarios** que cumplan los requisitos exigidos en la Ley, puede acceder

a vivienda militar en régimen de arrendamiento especial el personal militar que se encuentre en primer destino o en posteriores destinos sin cambio de localidad o área geográfica.

Casos especiales (L 26/1999 disp.adic.6ª; RD 1080/2017 art.27.2 a 7) Se prevén los siguientes: 6613
• El militar al que se le adjudique una vivienda militar y quede en la situación de **servicio activo** pendiente de asignación de destino, por haber cesado en el que tenía, puede continuar ocupándola hasta que se le asigne uno nuevo.
• El militar al que se le adjudique una vivienda militar y pase a la situación de **excedencia voluntaria** por ingresar como **alumno de un centro docente militar** de formación para acceder a una escala de militares de carrera de las Fuerzas Armadas, puede continuar ocupándola en la nueva situación si el citado centro se encuentra en la misma localidad o área geográfica que la vivienda.
• También puede continuar ocupando la vivienda que tenga adjudicada el militar que pase a la situación de **excedencia voluntaria** para atender al **cuidado de los hijos**, por naturaleza o adopción, durante el tiempo de permanencia en esta situación.
• Las **mujeres** militares profesionales víctimas de **violencia de género**, que pasen a la situación de excedencia voluntaria, para hacer efectiva su protección o su derecho a la asistencia integral o las mujeres a quienes los jueces asignen el uso de la vivienda militar como consecuencia de violencia de género, con independencia de la situación conyugal que mantengan respecto del titular de contrato de vivienda militar.

• El militar al que se le adjudique una vivienda militar y pierda el derecho al uso de la misma por haber pasado a la situación de **suspenso de empleo**, si la sanción disciplinaria ejecutada es posteriormente revocada con carácter definitivo, en vía administrativa o jurisdiccional, debe ser repuesto en su derecho cuando cese en dicha situación. En consecuencia: 6615
- si **ha desalojado la vivienda**, debe abonársele la compensación económica correspondiente al tiempo transcurrido desde el desalojo, y se le debe adjudicar de nuevo la vivienda, en el caso de encontrarse aún vacía, u otra en la misma localidad o área geográfica o, en su defecto, debe percibir la compensación económica;
- en el supuesto de que **no haya desalojado la vivienda**, se ha de archivar el expediente de desalojo.
• El militar al que se le adjudique una vivienda militar y pase a la situación de **suspenso de funciones**, puede continuar ocupando la vivienda en la nueva situación por un período máximo de 6 meses. En el caso de sobreseimiento del procedimiento, sentencia absolutoria o terminación del expediente gubernativo sin declaración de responsabilidad, debe ser repuesto en su derecho de igual modo que en los casos de suspensión de empleo.
• Al militar procedente de las situaciones de reserva, servicios especiales, excedencia voluntaria y, sin perjuicio de lo establecido en el apartado anterior, de las de suspenso de empleo o suspenso de funciones que se le asigne un destino, puede adjudicársele una vivienda militar únicamente si la **localidad o área geográfica** de este es **distinta** de la del último destino que haya tenido en situación de servicio activo o de reserva.
• Los derechos que se establecen para los militares en situación de servicio activo, también son de aplicación al personal militar que, a la entrada en vigor del RD 1324/1995 (actualmente derogado por RD 240/2013), estuviera prestando **servicios en el Centro Superior de Información de la Defensa** y no haya causado baja en el mismo, aun cuando pase a la situación de servicios especiales.
• Con respecto al personal militar en situación administrativa **distinta del servicio activo o reserva**, el Gobierno debe determinar reglamentariamente las medidas concretas de apoyo a la movilidad que les son aplicables.

Solicitud (RD 1080/2017 art.28) Para la adjudicación de una vivienda militar en régimen de arrendamiento especial, es **condición previa** e indispensable la solicitud de los interesados. 6618
En cada **localidad o área geográfica** en la que existan viviendas militares no enajenables que puedan serles adjudicadas, los interesados pueden cursar su solicitud, una vez asignado destino a la citada localidad o área geográfica, con independencia de que hayan solicitado o estén percibiendo compensación económica.
La solicitud se debe **formalizar** en modelo oficial, acompañando la justificación documental que se determine y se ha de dirigir al director general gerente del INVIED, el cual puede recabar de los órganos de gestión de personal que corresponda, la acreditación de las condiciones profesionales alegadas por los solicitantes.
Aquellas solicitudes que tengan entrada en cualquier registro del citado Instituto antes del día 15 de cada mes, surten **efectos** al mes siguiente.
Las solicitudes se ordenan, de acuerdo con un baremo, en dos **listas**:
- una, en la que se incluyen los solicitantes que reúnan todos los requisitos; y

- otra, en la que se incluyen los militares que se encuentren en primer destino, o posteriores destinos sin cambio de localidad o área geográfica (nº 6595).

Las relaciones resultantes se han de **publicar** el décimo día de cada mes, o el siguiente hábil, en las correspondientes delegaciones del Instituto para la Vivienda de las Fuerzas Armadas y delegaciones de Defensa, donde los interesados tomarán conocimiento de su inclusión o exclusión y puntuación asignada, al objeto de que, en el plazo de 10 días naturales a partir de dicha publicación, puedan formular reclamaciones que se resolverán antes de producirse el acto de elección de vivienda.

Los solicitantes están obligados a **notificar** al INVIED cualquier modificación de sus circunstancias familiares y profesionales, respecto de las señaladas en su solicitud.

6620 **Baremación** (OM DEF/75/2006) Para determinar el **orden de prelación** de las solicitudes, se aplica el siguiente baremo:

- Por cada trienio cumplido y reconocido: 1,5 puntos (hasta un máximo de 15 puntos).
- Por cada hijo menor de 25 años a cargo del solicitante: 3 puntos.
- Por cada hijo con discapacidad, a cargo del solicitante, con un grado de minusvalía igual o superior al 33%: 3 puntos. (Independientemente de la puntuación anterior).
- Por cada mes en la lista de espera de solicitantes: 0,1 puntos (hasta un máximo de 3,6 puntos).

6623 **Oferta** (RD 1080/2017 art.29) Corresponde al **director gerente** del INVIED determinar las viviendas militares que, en su caso, se van a ofertar en las diferentes localidades en régimen de arrendamiento especial, de acuerdo con las disponibilidades existentes. Para que las viviendas militares puedan ser ofertadas a los solicitantes, es condición necesaria que se encuentren **desocupadas**.

Las viviendas se deben ofrecer y mantener en condiciones de **habitabilidad**, siendo a cargo del INVIED las reparaciones y reposiciones que resulten necesarias en los elementos constructivos internos, externos o comunes, que deben ser repercutidas a los usuarios cuando las mismas sean causa del mal uso o negligencia de estos.

Deben ser establecidas por el **subsecretario de Defensa** las condiciones de habitabilidad, la atribución de gastos y la determinación de la superficie útil y número de dormitorios mínimos en relación con el número de miembros de la unidad familiar.

6625 Junto con la relación de solicitantes, se debe exponer, en su caso, la **relación de las viviendas militares** que serán objeto de ofrecimiento y la orden de convocatoria para el **acto de elección**, indicando para cada una de ellas su identificación, superficie útil, piezas de las que consta, anejos de los que pudiera disponer, importe del canon, grupos de clasificación del personal militar que puede optar a la misma y el número de miembros de la unidad familiar mínimo exigible para poder ser adjudicada.

Los solicitantes o sus representantes debidamente acreditados deben **personarse** en el acto de elección, en el lugar, día y hora fijados en la correspondiente convocatoria, en el que se ofertan las viviendas militares por riguroso orden de baremación y de acuerdo con las características de las mismas.

Las viviendas militares con una **superficie útil inferior a 120 m^2** son ofrecidas a todos los solicitantes. Aquellas cuya superficie útil sea **igual o superior a 120 m^2**, solo pueden ser ofertadas a solicitantes cuya unidad familiar ostente la categoría de familia numerosa de categoría especial.

Ofertada una vivienda militar que reúna las condiciones señaladas de habitabilidad, la **renuncia** por el solicitante a la misma, expresa o por **incomparecencia** al acto de elección, causa únicamente el efecto de su baja en la lista de peticionarios de vivienda militar, a la que no puede incorporarse en tanto continúe destinado en la misma localidad o área geográfica.

De cada acto de elección de viviendas militares se debe levantar el **acta** correspondiente, en el que debe quedar constancia de las aceptaciones y renuncias, así como de cualquier incidencia que en el mismo se produzca.

La opción a **plaza de aparcamiento**, si la hay, es potestativa. El uso de la plaza de aparcamiento puede ser objeto de renuncia en cualquier momento, pero finaliza ineludiblemente al cesar en el uso de la vivienda militar.

6628 **Adjudicación** (L 26/1999 art.8.2; RD 1080/2017 art.30) La adjudicación de las viviendas militares, ofertadas en régimen de arrendamiento especial y que hayan sido objeto de elección, se realiza mediante **resolución** del director general gerente del INVIED y es efectiva desde el momento de su notificación al interesado.

El **contrato de cesión de uso**, de naturaleza administrativa especial, se ha de formalizar en el correspondiente documento administrativo, en los términos y condiciones que se determinen de acuerdo con lo establecido en el RD 1080/2017.

Habida cuenta de la naturaleza de los contratos a suscribir y de sus destinatarios, estos quedan exentos de **prestación de garantía**.
Notificada la adjudicación y formalizado el contrato, se debe proceder a la **entrega** de la vivienda militar, de lo que queda constancia en el acta correspondiente.
A partir de este momento, el adjudicatario dispone de un **plazo** de un mes para su **ocupación**, previa entrega, en su caso, de la vivienda militar que viniese ocupando. Excepcionalmente, por razones derivadas del destino o por circunstancias personales debidamente acreditadas, el director general gerente del Instituto para la Vivienda de las Fuerzas Armadas puede ampliar el citado plazo.
Transcurrido dicho plazo **sin ocupación** de la vivienda por causa imputable al beneficiario, la adjudicación queda sin efecto y aquel no podrá incorporarse a la lista de peticionarios de vivienda militar, ni percibir compensación económica, en tanto continúe destinado en la misma localidad o área geográfica.

El adjudicatario está obligado a abonar el **canon** o, en su caso, la tasa correspondiente al mes en que se le entrega la vivienda militar, si esta se produce en los primeros 10 días y, consecuentemente, deja de percibir la compensación económica del mismo mes, en el supuesto de que viniera percibiéndola. **6630**
Una vez entregada formalmente la vivienda militar adjudicada, si el **beneficiario renuncia** a la misma no podrá incorporarse a la lista de peticionarios de vivienda militar, ni percibir compensación económica, en tanto continúe destinado en la misma localidad o área geográfica.
El adjudicatario de una vivienda militar está obligado a notificar al INVIED, en el plazo de 15 días, el **cese en el destino** que da derecho a su ocupación, así como cualquier cambio en su situación que suponga la cesación o modificación de este derecho.
No pueden resultar adjudicatarios de vivienda militar en régimen de arrendamiento especial, ni percibir compensación económica por cambio de destino los militares que hayan sido **desalojados** en virtud de auto judicial de entrada en domicilio tras la firmeza de la resolución que haya puesto fin a un expediente administrativo de desahucio.

Canon arrendaticio (L 26/1999 art.7; RD 1080/2017 art.21) La **contraprestación** por el uso de las viviendas militares y plazas de aparcamiento consiste en el abono de los correspondientes cánones mensuales. **6633**
El usuario de una vivienda militar está obligado a satisfacer el **canon mensual** que tenga fijado, así como a abonar los **servicios repercutibles**, haciendo efectivo su importe, en el período que corresponda, mediante domiciliación bancaria.
Los citados cánones, así como las cantidades a abonar por servicios repercutibles, tienen la naturaleza de **precios públicos**, salvo que proceda su calificación como tasa, en los supuestos excepcionales determinados, siendo de aplicación, en consecuencia, los procedimientos que para su reclamación o reintegro prevé la legislación reguladora de las tasas y precios públicos.
La **cuantía** de los cánones de uso de las viviendas militares y plazas de aparcamiento que se adjudiquen debe fijarse por el orden del Ministerio de Defensa. Para la fijación de los citados cánones, se han de tener en cuenta:
• En el caso de las **viviendas** militares; los precios del mercado de alquiler de viviendas en las diferentes localidades, la ubicación, superficie y estado dotacional de la vivienda.
• En el caso de las **plazas de aparcamiento**: los grupos de localidades y la consideración de plaza cerrada o abierta.
La **cuantía resultante** no puede superar el 50% del precio medio del mercado de alquiler de viviendas en la correspondiente localidad.

Precisiones En un supuesto de **desahucio** por resolución del contrato, se ha entendido que el canon arrendaticio debe satisfacerse hasta la efectividad de la recuperación de la vivienda por la entidad desahuciante, aun cuando el titular haya cesado en el uso de la vivienda con anterioridad sin entregar las llaves al organismo militar titular de la vivienda y sin informar de la desocupación de la misma (AP Pontevedra 15-2-02, EDJ 11837).

Pérdida del derecho de uso (L 26/1999 art.9; RD 1080/2017 art.31) El derecho de uso de las viviendas militares que se declaren expresamente como no enajenables y se ocupen, en régimen de arrendamiento especial, cesa por las siguientes **causas** si se ocuparon a partir de 11-7-1999: **6635**
• El cambio en la **situación administrativa** que otorgó el derecho al uso de la vivienda, sin perjuicio de lo expuesto para los beneficiarios en casos especiales (nº 6613).
• El cambio de **destino**, cuando implique cambio de localidad o área geográfica o cuando la vivienda esté vinculada al citado destino (nº 6590).
• La pérdida de la **condición de militar** de carrera o de militar profesional de tropa y marinería.

• El pase a **retiro** del titular.
• El **fallecimiento** del titular.
En cualquiera de estos casos, los usuarios de la vivienda deben **desalojarla** en el plazo de un mes a partir de la fecha en que surta efectos la correspondiente disposición declarativa de la causa o del fallecimiento del titular.

6638 **Resolución del contrato** (L 26/1999 art.10; RD 1080/2017 art.23) El INVIED puede resolver de pleno derecho el contrato suscrito relativo a cualquier vivienda militar, cuando concurra alguna de las siguientes **causas**:
- falta de pago del canon arrendaticio de uso o de las cantidades cuyo abono haya asumido o sean repercutibles al usuario, correspondientes a tres mensualidades;
- subarriendo o la cesión del uso de la vivienda;
- realización de daños causados dolosamente en la finca o de obras no autorizadas por el INVIED que modifiquen la configuración de la vivienda y de sus accesorios o provoquen disminución de la estabilidad o seguridad de la misma;
- cuando en la vivienda tengan lugar actividades molestas, insalubres, nocivas, peligrosas o ilícitas;
- cuando la vivienda deje de estar destinada a satisfacer la necesidad de vivienda habitual del beneficiario o se utilice para actividades ajenas a dicho fin;
- cuando el titular disponga de otra vivienda adquirida por los procedimientos de adjudicación directa o concurso;
- fallecimiento del titular si no existen beneficiarios con derecho a subrogarse, o por el fallecimiento de estos, en su caso;
- extinción de las causas por las que se otorgó el derecho de uso de la vivienda.

6640 El contrato cuando **también puede resolverse**:
- por razones de interés público a resultas de la división horizontal de la finca, se modifique el destino del inmueble o la vivienda;
- con arreglo al planeamiento urbanístico en vigor, la parcela en que se ubique la vivienda no haya agotado su edificabilidad;
- haya sido declarada la ruina técnica, económica o urbanística de la vivienda o del inmueble en que se ubica, conforme a lo establecido en la legislación vigente en la materia;
- previa y expresa aceptación por parte del titular del contrato o, en su caso, del beneficiario del derecho de uso, cuando la conservación de la vivienda, debido a su estado o características particulares, sea manifiestamente antieconómica;
- la vivienda se encuentre en el interior de una base, acuartelamiento, edificio o establecimiento militar y el titular del contrato o, en su caso, el beneficiario del derecho de uso, no esté destinado en unidades, centros u organismos ubicados en los mismos.
En estos supuestos, el **titular del derecho de uso puede optar** entre:
- ser realojado en otra vivienda militar de similares características, si hubiese disponibles;
- recibir una indemnización, fijada en el importe de 36 mensualidades del canon máximo vigente o, si fuese mayor, en una cantidad igual al 70% del valor real de mercado de la vivienda cuando el usuario cuente menos de 20 años, minorando, a medida que aumenta la edad, en la proporción de un 1% menos por cada año más, con el límite mínimo del 10%.
Si el afectado es militar profesional con una **relación de servicios permanente**, el realojo puede realizarse en otra vivienda situada en el interior de una base, acuartelamiento, edificio o establecimiento militar, solo en el caso de que aquel esté destinado en unidades, centros u organismos ubicados en los mismos. La vivienda así adjudicada se rige por el **régimen** establecido para las viviendas militares no enajenables.

6643 **Desahucio** (L 26/1999 art.10.4) Producida cualquiera de las causas de resolución del contrato (nº 6638) o de pérdida de derecho de uso (nº 6635), si el usuario **no desaloja voluntariamente** la vivienda en el plazo de un mes, desde el requerimiento que le dirija al efecto el INVIED, se debe incoar el correspondiente expediente administrativo de desahucio, según el procedimiento señalado en la legislación sobre viviendas de protección oficial.

Precisiones 1) Los expedientes abiertos **antes de 11-7-1999**, relativos a la calificación de viviendas de apoyo logístico, incluidos los tramitados en cumplimiento de sentencia y, asimismo, los expedientes de desahucio instruidos por el Instituto para la Vivienda de las Fuerzas Armadas de acuerdo con lo dispuesto en el RD 1751/1990 (institución suprimida por derogación del RD 1751/1990 por RD 991/2000, por cualquiera de las causas señaladas en L 26/1999 art.9, aun cuando sobre los mismos haya recaído sentencia firme, se han de archivar de oficio, manteniéndose vigentes los expedientes de desahucio incoados por cualquiera de las causas señaladas en L 26/1999 art.10 (L 26/1999 disp.trans.1ª).
2) Como consecuencia de un **desahucio en precario**, se ha declarado la procedencia del juicio declarativo ordinario por generarse dudas razonables acerca de la existencia de título posesorio

que ampara el uso de la vivienda, cuestiones complejas que exceden el ámbito de un proceso sumario como es el de desahucio. En el supuesto concreto, el demandado acredita que existen compañeros militares suyos que ocupan dos viviendas contiguas, amparados en un solo contrato y abonando un único canon de uso, de importe idéntico o muy similar al que demuestra pagar el demandado (AP Las Palmas 20-7-98, EDJ 23683).
3) Se ha entendido que la única **jurisdicción competente** para el conocimiento de la demanda es la contencioso administrativa, careciendo la civil de competencia al respecto (AP Barcelona 24-11-00, Rec 964/98).
4) En relación con el **procedimiento** de desahucio, ver nº 10345 s.

c. Uso vitalicio de viviendas militares cedidas antes del 11-7-1999

(L 26/1999 art.6; RD 1080/2017 art.20)

El **titular** del contrato que haya adquirido el derecho de uso de una vivienda militar puede mantenerlo con carácter vitalicio. **6660**
En caso de **fallecimiento** del titular, pueden ser beneficiarios del derecho de uso, también con carácter vitalicio y sin posibilidad de transmitir esta condición a las siguientes personas, siempre que convivieran con el titular durante los 2 años inmediatamente anteriores:
- el **cónyuge**;
- la persona en **análoga relación de afectividad** que el cónyuge;
- los **hijos** del titular con una **minusvalía** igual o superior al 65%;
- los **demás hijos** del titular, pero si el fallecimiento se ha producido con posterioridad al 11-7-1999 solo pueden mantener el derecho de uso 2 años o que alcancen la edad de 25 años, si la fecha es posterior;
- los **ascendientes** del titular en primer grado.

Si existen **dos o más personas con derecho a subrogación**, la condición de beneficiario solo puede recaer en una de ellas, que quedará determinada por el orden en que se citan anteriormente, resolviéndose los casos de igualdad entre los hijos a favor del de menor edad.

Precisiones **1)** El Ministerio de Defensa puede arbitrar medidas tendentes a facilitar el ejercicio del derecho de uso a **retirados, jubilados, viudos**, viudas y en su caso, a los beneficiarios previstos para el caso de fallecimiento del titular, cuyo nivel de recursos económicos individual no supere los límites que reglamentariamente se determinen.
2) Con el objetivo de facilitar el ejercicio del derecho de uso vitalicio a los usuarios de las viviendas militares que lo tengan reconocido legalmente, el Ministerio de Defensa puede autorizar el **realojo** en otra vivienda de similares características, cuando concurran circunstancias excepcionales de carácter humanitario que supongan graves problemas para ejercer el citado derecho en la que tengan adjudicada. Estas circunstancias se han de referir, exclusivamente, al titular, su cónyuge, e hijos que convivan con ellos (L 26/1999 disp.adic.8ª).
3) En los casos de viviendas que, por sentencia firme de **nulidad, separación o divorcio**, o por resolución judicial que así lo declare, se encuentren ocupadas por persona distinta del titular del contrato, el derecho de uso del adjudicatario tiene el alcance que se señale en la correspondiente sentencia o resolución.
4) La adquisición y mantenimiento del derecho de uso de una vivienda militar están condicionados, en todo caso, a que la misma constituya la **residencia habitual** del titular o, en su defecto, del beneficiario que se determine.

A los usuarios de viviendas con **contrato anterior al 11-7-1999**, les son de aplicación las mismas reglas que a los contratos posteriores para: **6663**
- reparto de **gastos** entre el INVIED y el usuario (nº 6588 s.);
- deber del pago del **canon** (nº 6633);
- causas de **rescisión del contrato** (nº 6638 s.).

3. Ayudas de acceso a la propiedad

(L 26/1999 art.11; RD 1080/2017 art.47, 63, 64, 65 y 66)

En orden a facilitar el acceso a la propiedad de vivienda de los miembros de las Fuerzas Armadas, se establecen las siguientes **medidas**: **6670**
• La concesión **de ayudas y subvenciones** a los militares de carrera de las Fuerzas Armadas y a los militares profesionales de tropa y marinería que mantienen una relación de servicios de carácter permanente.
• La **enajenación de suelo a cooperativas** cuyo fin primordial sea la construcción de viviendas en propiedad para los miembros de las Fuerzas Armadas.

Corresponde al Ministro de Defensa determinar los **requisitos y procedimientos** para la aplicación de estas medidas y fijar los criterios de valoración para su concesión, acordes con la finalidad de las mismas.

6673 **Ayudas para la adquisición de vivienda** (RD 1080/2017 art.63) La concesión de ayudas para la adquisición de vivienda en propiedad se debe realizar según la L 47/2003 de gestión presupuestaria y está condicionada, en todo caso, a las disponibilidades presupuestarias de cada ejercicio económico.
Para poder acceder a estas ayudas deben reunirse los siguientes **requisitos**:
- que el solicitante se encuentre en situación de servicio activo; y
- que la vivienda adquirida esté ubicada en territorio nacional.
En los expedientes de tramitación para su concesión se han de tener en cuenta, entre otros parámetros de **baremación** de las solicitudes, el tiempo de servicios en las Fuerzas Armadas y las cargas familiares.

6675 **Enajenación de suelo a cooperativa** (RD 1080/2017 art.46) La enajenación de suelo a cooperativas está sujeta a la disponibilidad de terrenos destinados para esta finalidad por el INVIED y debe cumplir, en todo caso, las siguientes **condiciones**:
- las viviendas a construir por las citadas cooperativas deben ser en régimen de **protección oficial**;
- la **enajenación del suelo** se ha de realizar mediante el procedimiento de concurso;
- el **precio de oferta** del suelo se debe fijar de acuerdo con el módulo legalmente establecido según el régimen señalado anteriormente; y
- la **adjudicación del concurso** se realiza por la aplicación del baremo que a tal efecto se establezca por el ministro de Defensa, en el que se debe primar, entre otras condiciones de los cooperativistas, la de ser militar profesional que mantiene una relación de servicios de carácter permanente, en situación de servicio activo.

4. Enajenación de viviendas militares

6680

Para que las viviendas militares puedan ser enajenadas, deben cumplirse las siguientes **condiciones** (L 26/1999 disp.adic.2ª; RD 1080/2017 art.34):
- que las viviendas estén administradas por el INVIED y formen parte de su patrimonio, previa depuración, en su caso, de su situación física y jurídica;
- que se inscriban en el Registro de la Propiedad, una vez finalizados los trabajos necesarios de segregación, liberación de cargas y división horizontal del inmueble correspondiente;
- que no estén incluidas en las relaciones de viviendas militares no enajenables.

6685 **Calendario de ventas** (L 26/1999 disp.adic.2ª; RD 1080/2017 art.41) El ministro de Defensa debe fijar, en todo caso, los criterios para determinar el **orden de prelación** y los calendarios de venta de las viviendas militares, de acuerdo con los intereses públicos.
Los **contratos de compraventa** que se suscriban como consecuencia de la enajenación de viviendas, locales comerciales y otros inmuebles tienen la naturaleza de contratos privados de la Administración.
Los **precios** de venta para la enajenación por adjudicación directa de las viviendas y locales comerciales y los que se fijen como base de licitación para la enajenación de estos y otros inmuebles por los procedimientos de concurso o subasta, se han de determinar por resolución del director gerente del INVIED y son los que figuren en las respectivas ofertas de venta.
Los adjudicatarios deben **hacer efectivo el importe** de la compraventa al contado, en el momento de formalizar la escritura pública.
Desde el momento en que se enajene en todo o en parte un inmueble, la comunidad de propietarios asume todos los **servicios y elementos comunes** de la finca transmitida. En cada una de ellas se debe integrar el INVIED, como propietario de las viviendas o locales que no hayan sido enajenados.

6688 Las viviendas adquiridas por el procedimiento de adjudicación directa o concurso no pueden ser objeto de **nueva enajenación** hasta que no hayan transcurrido 3 años desde el momento de la compraventa, salvo fallecimiento del adquirente.

Durante el período de 10 años desde la adquisición de la vivienda, la primera transmisión por actos inter vivos de la misma, de parte de ella o de la cuota indivisa, debe ser notificada fehacientemente al INVIED, con indicación del precio y condiciones en que se pretende realizar la compraventa. En el plazo de un mes desde la recepción de la notificación, el referido Instituto debe autorizar la transmisión o ejercer el **derecho de tanteo**.
El tercero adquirente, queda obligado a remitir al mismo organismo una copia de la escritura pública en que se efectuó la compraventa. Si la transmisión se efectúa sin haber practicado dicha notificación o en condiciones distintas de las indicadas en esta, el INVIED puede ejercer el **derecho de retracto** en el plazo de un mes desde la recepción de la escritura pública.

Precisiones Las viviendas y otros inmuebles que, a 11-7-1999, se encontraban **en proceso de enajenación**, mantuvieron las condiciones ya establecidas o comprometidas para su venta. No obstante, transcurridos 2 años a partir de dicha fecha, debió darse por concluido el proceso, siéndoles de aplicación los preceptos establecidos en la nueva normativa (L 26/1999 disp.trans.6ª).

a. Enajenación de viviendas ocupadas

(L 26/1999 disp.adic.2ª.1; RD 1080/2017 art.42)

Se permite la **oferta de venta** de las viviendas militares que estén ocupadas en virtud de contratos de arrendamiento especial. **6690**
La **habilitación** para que pueda procederse a la enajenación de estas viviendas, no debe entenderse como derecho adquirido a favor de los posibles compradores hasta que reciban la correspondiente oferta.

Oferta (RD 1080/2017 art.42.1 y 2) Las viviendas ocupadas pueden ser ofrecidas, además de al titular del contrato, en caso de **fallecimiento** de este, a los beneficiarios que tengan reconocido el derecho de uso con carácter vitalicio (nº 6660 s.). **6693**
En el caso de que la vivienda esté **atribuida a persona distinta del titular** del contrato por sentencia firme de nulidad, separación o divorcio, o por resolución judicial que así lo declare, para la enajenación de la vivienda a dicho titular es preciso hacer constar expresamente, en la escritura pública de compraventa, los extremos relativos a la atribución del uso de la vivienda familiar que figuren en el convenio regulador aprobado judicialmente o, en su defecto, en las medidas tomadas por el juez, así como en todas las modificaciones judiciales dictadas por alteración sustancial de las circunstancias (CC art.90 y 91), y que se produzcan antes del otorgamiento de la citada escritura.
No obstante, la vivienda ocupada debe ser ofrecida a la persona que tenga asignado su uso por sentencia firme de **separación, divorcio o nulidad**, o por resolución judicial que así lo declare, cuando:
- no constituya la residencia habitual del titular del contrato; y
- dicho titular renuncie a ejercer el derecho de compra, una vez recibida la oferta, de forma expresa o de forma tácita, por no manifestar su voluntad de adquisición en el plazo de dos meses desde la recepción de la citada oferta, o cuando proceda a revocar la aceptación de la misma.

En este caso, el titular pierde el **derecho de ocupación permanente** de la vivienda en régimen de arrendamiento especial y le resulta de aplicación lo establecido para las incompatibilidades (nº 6730 s.).
En cualquier caso, la adquisición de la vivienda es **potestativa**, pudiendo el usuario mantener su derecho a la ocupación permanente de la misma, en régimen de arrendamiento especial, sin que puedan efectuarse permutas o cambios de viviendas.

Precio (RD 1080/2017 art.42.3) El precio final de venta de las viviendas ocupadas **se fija** de acuerdo con el valor real de mercado en el momento de su ofrecimiento, al que se le aplica la deducción que señalamos más adelante. **6695**
A estos efectos, se considera como **valor real** de mercado el que se fije por, al menos, dos entidades de tasación, inscritas en el registro correspondiente del Banco de España y seleccionadas mediante concurso público.
Para la fijación de dicho valor se ha de seguir el siguiente **procedimiento**:
1. Las entidades de tasación seleccionadas, a requerimiento del INVIED, deben efectuar sendas **tasaciones** de las viviendas, tomando como base el método de comparación, procedimientos, criterios e instrucciones técnicas señalados en la OM ECO/805/2003.
2. La tasación **debe determinar** el precio medio por metro cuadrado de la superficie total construida del inmueble. En dicha tasación se han de computar los elementos comunes y servicios generales del inmueble.

3. El valor real de mercado de cada vivienda es el que resulte de hallar la media aritmética de las tasaciones y tiene una **vigencia** de 12 meses, a efectos de la oferta de venta a sus usuarios, transcurridos los cuales es necesario determinarlo de nuevo según el procedimiento descrito.
4. Al importe resultante como valor real de mercado se le aplica una **deducción** que, teniendo en cuenta los criterios que han venido rigiendo para fijar los cánones de uso y la ponderación del derecho de ocupación vitalicio de los usuarios (nº 6060 s.), se valora de forma unitaria en el 50%, determinando así el precio final de venta.

6698 **Adjudicación** (RD 1080/2017 art.42.4) Las viviendas ocupadas deben ser enajenadas por el procedimiento de adjudicación directa, con las siguientes **particularidades**:
• El director gerente del INVIED debe dictar la orden de **inicio del expediente** de enajenación, que puede referirse a una vivienda o a un grupo de ellas.
• Autorizada la iniciación del expediente, se ha de **notificar** de forma individual a cada usuario la oferta de venta. En la notificación se debe incluir el precio final asignado a la vivienda que ocupa y las condiciones generales y particulares que se determinen. Asimismo, se les debe comunicar el plazo en el que, si aceptan la oferta en los términos en que se haya realizado, deben ponerlo en conocimiento del INVIED.
• Finalizado el plazo señalado, el director gerente del INVIED ha de dictar la oportuna **resolución** adjudicando las viviendas cuya oferta haya sido aceptada, en el precio y en las condiciones determinadas, lo cual se debe notificar de forma individual a los interesados.
• Una vez adjudicada la vivienda, el INVIED debe proceder a realizar las actuaciones pertinentes para la **formalización** del correspondiente contrato de compraventa.
Si algún **adjudicatario no formaliza** la correspondiente escritura de compraventa en la fecha que se señale, se considera que no acepta la oferta de venta de la vivienda que ocupa.
En cualquier caso, los usuarios que no hubieran aceptado la oferta de venta de la vivienda que ocupan, o no lo hicieran en el plazo dado pueden **solicitar su compra** durante un **plazo** de 5 años a contar desde dicha oferta. En este caso, la **nueva oferta** se realizará cuando no perturbe los calendarios de ventas previstos y el precio final de venta se fija nuevamente de acuerdo con el procedimiento establecido.

b. Enajenación de viviendas vacías

(L 26/1999 disp.adic.2ª.1.f; RD 1080/2017 art.43)

6710 Las viviendas desocupadas, salvo las que, en su caso, el ministro de Defensa opte por asignarlas a otras unidades del departamento, pueden ser enajenadas mediante **concurso** entre personal al servicio del Ministerio de Defensa, de acuerdo con los baremos y procedimiento que determine el ministro de Defensa.
En los citados **baremos** se han de tener en cuenta, entre otros parámetros, la situación administrativa, antigüedad, cargas familiares y proposición económica de los concursantes, ponderando, con carácter prioritario y por este **orden**:
- que el militar se encuentre en la situación de servicio activo;
- la circunstancia, debidamente acreditada, de haber desalojado la vivienda militar que ocupaba, en aplicación del RD 1751/1990 (actualmente derogada por RD 991/2000) como consecuencia del pase a situaciones de reserva.
En el concurso, se fija como **precio de licitación** para cada vivienda el precio final de venta resultante de la valoración efectuada según el procedimiento descrito para el caso de venta de viviendas ocupadas (nº 6695).

6713 **Enajenación por contratación directa** (L 33/2003 art.137.4) Las viviendas desocupadas que no se adjudiquen por el procedimiento de concurso, deben ser enajenadas por **subasta pública**, con sujeción al procedimiento previsto en el RD 1080/2017.
También pueden ser enajenadas por contratación directa cuando:
• El adquirente sea **otra Administración pública** o persona jurídica perteneciente al sector público.
• El adquirente sea una **entidad sin ánimo de lucro**, declarada de utilidad pública, o una iglesia, confesión o comunidad religiosa legalmente reconocida.
• El inmueble resulte necesario para dar cumplimiento a una función de **servicio público** o a la realización de un fin de **interés general**.
• La **subasta o concurso sean declarados desiertos** o resulten fallidos, siempre que no haya transcurrido más de un año desde la celebración de los mismos.
• Se trate de solares que por su forma o pequeña extensión resulten **inedificables** y la venta se realice a un propietario colindante.

• Se trate de **fincas rústicas** que no lleguen a constituir una superficie económicamente explotable o no sean susceptibles de prestar una utilidad acorde con su naturaleza, y la venta se efectúe a un propietario colindante.
• La titularidad del bien o derecho corresponda a **dos o más propietarios** y la venta se efectúe a favor de uno o más copropietarios.
• La venta se efectúe a favor de quien ostente un **derecho de adquisición preferente** reconocido por disposición legal.
• Por razones excepcionales se considere conveniente efectuar la venta a favor del **ocupante del inmueble**.

c. Enajenación de locales comerciales y otros inmuebles

(L 26/1999 disp.adic.2ª.1.h; RD 1080/2017 art.44 y 45)

Los locales comerciales que se encuentren **arrendados** pueden ser enajenados por el **sistema** de adjudicación directa a su legítimo arrendatario en el **precio** que se fije de acuerdo con el procedimiento previsto para la enajenación de viviendas ocupadas, sin aplicación de la deducción del 50% prevista a tales efectos (nº 6695). **6720**
Los locales comerciales y demás inmuebles que **no tengan usuario**, o cuando este no haya aceptado la compra en los términos señalados en el párrafo anterior, pueden ser enajenados mediante subasta, concurso o adjudicación directa (L 33/2003 art.137).

5. Incompatibilidades

(L 26/1999 art.12; RD 1080/2017 art.64, 65 y 66)

Se establecen unas normas sobre incompatibilidad para ser beneficiario de más de una medida. Así, como norma general, son incompatibles (RD 1080/2017 art.64): **6730**
• La **compensación económica** (nº 6560 s.) y la ocupación de un pabellón de cargo (nº 6588 s.) o la titularidad de una vivienda militar (nº 6583 s.).
• La titularidad de **dos viviendas** militares.
• La ocupación un **pabellón de cargo** y el derecho a ser beneficiario de vivienda militar en régimen de **arrendamiento especial** (nº 6600 s.).
• La **adquisición de más de una vivienda** enajenada por el Ministerio de Defensa o sus organismos por el procedimiento de concurso o adjudicación directa (nº 6680 s.) o por cooperativa que la hubiere construido en terrenos enajenados por el extinto Instituto para la Vivienda de las Fuerzas Armadas.

• La percepción de cualquier clase de **subvención o ayuda**, otorgada por el Ministerio de Defensa o sus organismos para la adquisición de vivienda y: **6733**
- el acceso a otra de la misma naturaleza;
- la percepción de compensación económica;
- el uso de viviendas militares en régimen de arrendamiento especial;
- la obtención de ayudas para el acceso a la propiedad de vivienda; ni
- la adquisición de vivienda por el procedimiento de concurso o adjudicación directa.
• La titularidad de **vivienda militar enajenable** y:
- la percepción de compensación económica;
- el uso de viviendas militares en régimen de arrendamiento especial;
- la obtención de ayudas para el acceso a la propiedad de vivienda;
- cualquier otra ayuda otorgada por el Ministerio de Defensa o sus organismos para la adquisición de vivienda; ni
- adquirir vivienda por el procedimiento de concurso.

CAPÍTULO 11

Arrendamiento de industria

 7000

El contrato de arrendamiento de industria, también denominado de **unidad productiva**, de empresa o de negocio, puede definirse como aquel por el cual el titular de una empresa cede el uso o explotación de su empresa por tiempo determinado y mediante el abono de una contraprestación monetaria. **7003**

Este contrato no está expresamente regulado y, por tanto, **se rige** por (TS 18-3-09, EDJ 25505):
- lo estipulado entre las partes;
- las normas sobre el arrendamiento de cosas (CC art.1542 s.); y
- las normas de las obligaciones y contratos en general.

Hay que tener en cuenta que las normas del Código Civil están pensadas para el arrendamiento de fincas rústicas o urbanas y no para el arrendamiento de industria. Por ello, para un **correcto** funcionamiento del contrato, es recomendable que las partes recojan en el contrato todas las cuestiones necesarias para evitar la **aplicación supletoria** del Código Civil (p.e. para evitar el subarriendo sin consentimiento del arrendador).

Precisiones **1)** Aunque la LAU no hace mención al arrendamiento de industria y podría pensarse que está sometido a la **regulación** de los arrendamientos para uso distinto del de vivienda (nº 1000 s.), tanto la jurisprudencia como la doctrina mayoritarias interpretan que se considera un **contrato excluido** de su ámbito de aplicación de la LAU al no ajustarse su objeto a la LAU y exceder del arrendamiento regulado en ella (TS 18-3-09, EDJ 25505; AP Burgos 21-1-99, EDJ 2127).
2) Puede verse un **modelo de contrato** de arrendamiento de industria en el nº 12150.

1. Objeto

El objeto de este contrato está **constituido** por la explotación de una empresa o unidad productiva. **7010**

La **empresa o unidad productiva**, para este tipo de contratos, se define como una unidad patrimonial con vida propia susceptible de ser inmediatamente explotada o a la que le faltan meras formalidades administrativas para poder ser explotada. Está **constituida** tanto por el local como por el negocio (enseres, herramientas, maquinarias, local, clientela, etc.) que forma un todo orgánico para la actividad industrial (TS 7-7-06, EDJ 98668; 12-5-86, EDJ 3108; 24-2-87, EDJ 1503).

No es necesario que el negocio se encuentre en **funcionamiento efectivo** a la hora de firmar el contrato (TS 25-4-97, EDJ 3581; 13-12-90, EDJ 11410). Tampoco importa si el arrendatario **amplía la actividad o introduce mejoras** en el negocio o mobiliario de la industria siempre que subsistan los elementos esenciales, aunque sean escasos, para seguir con la actividad lucrativa -p.e. que se remodele completamente un restaurante- (TS 6-3-87, EDJ 1820; 7-5-85, EDJ 7335; 21-5-84, EDJ 9783).

Precisiones **1)** La exigencia de que la unidad patrimonial arrendada tenga **vida propia** ha llevado a parte de la doctrina a defender que si la industria no está en actividad cuando se arrienda le falta este elemento decisivo. Sin embargo, el **principio de mantenimiento** de la empresa ha llevado a considerar a la mayoría que aunque esté temporalmente paralizada, se está ante un arrendamiento de industria si el esfuerzo de ponerla en marcha es mucho menor que el que hizo el creador de la empresa.
2) Las **formalidades administrativas** pendientes de cumplir para poder explotar la industria pueden ser:
- fiscales (p.e. alta en el impuesto de actividades económicas);
- municipales (licencia de apertura o de obras);
- laborales (inscripción de la empresa en la Seguridad Social, etc.); o
- de registro (p.e. inscripción de la sociedad en el Registro de la Propiedad Inmobiliaria o en el Registro Mercantil).

7013 **Figuras afines** El arrendamiento de industria no debe ser confundido con otros contratos de objetos parecidos. La diferencia principal con el **arrendamiento de local** (nº 1333 s.) es que en el arrendamiento de industria es preciso que el arrendatario reciba tanto el local como el negocio en él establecido.

En los casos en los que se firman dos contratos diferentes, uno para arrendar la maquinaria y otro para arrendar el local, se está ante un arrendamiento de industria (TS 31-1-87, EDJ 783).

En los **casos dudosos** de si se trata de un arrendamiento de industria o no, debe decantarse por aplicar la legislación común del Código Civil en lugar de la LAU (TS 4-10-95, EDJ 5498).

En algunas ocasiones, puede encontrarse contratos de arrendamiento de local a los que se le añaden elementos y que hace más complicado de distinguir con el contrato de arrendamiento de industria. Así, pueden destacarse:

• **Arrendamiento de local y venta simultánea de empresa**. Aquí se plantea la duda sobre qué régimen jurídico ha de aplicarse, si una regulación unitaria para todo el contrato o la normativa específica de cada negocio independiente. Hay que acudir a cada caso concreto y ver si se trata de dos negocios jurídicos independientes relacionados entre sí y plasmados en un único documento o si se trata de un contrato complejo al no poder desligarse en dos contratos independientemente. También pueden surgir problemas de interpretación si una de las partes incumple una obligación contractual, p.e. si el impago del arrendamiento invalida también la venta (TS 8-4-00, EDJ 4365; 21-2-00, EDJ 2110).

• **Arrendamiento de local con entrega de elementos que no se configuran como unidad patrimonial**. No se trata de un arrendamiento de industria, por ejemplo, si el local no reúne las condiciones básicas para la inmediata puesta en marcha de la industria (AP Gipuzkoa 19-10-00, EDJ 53084; AP Barcelona 18-6-98, EDJ 28471).

Precisiones En relación con las **diferencias** entre el arrendamiento de local y el arrendamiento de industria, ver nº 1339.

7018 **Aparcería industrial** Especialmente controvertidos en cuanto a su calificación son los contratos en los que el arrendatario, sin llegar a establecer un negocio distinto del que desarrollaba el arrendador, realiza **modificaciones sustanciales** (p.e. ampliación del negocio a otros conexos, como ampliar una guardería con un espacio para celebrar cumpleaños). La clave en este caso estriba en determinar si dichas modificaciones cambian completamente la naturaleza del negocio.

Cuando el precio del arrendamiento consiste en su totalidad en una **participación de beneficios**, estamos ante una aparcería industrial. La aparcería industrial es un contrato por el cual una parte aporta una industria para obtener unos beneficios de la explotación que otro se compromete a realizar sobre ella. Comparte características tanto del contrato de sociedad como del arrendamiento de industria. Debido a su **atipicidad**, se regula por lo pactado entre las partes y por el Derecho común, siendo inaplicables las normas del contrato de sociedad o de los arrendamientos urbanos (TS 25-4-97, EDJ 3581).

2. Precio

(CC art.1543)

7020 En el contrato debe fijarse un precio (renta) cierto por el arrendamiento, es decir, debe ser determinado o determinable. El precio **puede consistir** en:

- una cantidad fija determinada (lo más común);
- un precio combinado con una parte fija y otra determinable, por ejemplo, en función de los beneficios.

Si la totalidad del precio consiste en una **participación en los beneficios**, el contrato no es un arrendamiento de industria, sino una aparcería industrial (nº 7013).

Aunque no existe obligación legal, es frecuente la estipulación de **cláusulas de estabilización** o actualización de la renta, normalmente con referencia a los incrementos anuales del Índice de Precios al Consumo (IPC) o el Índice de Garantía de Competitividad (IGC).

No existe obligación de prestar **fianza** en esta clase de arrendamientos, aunque sí es obligatoria para los arrendamientos de fincas urbanas (nº 512 s.).

Precisiones En relación con el **Indice de Garantía de Competitividad**, ver nº 493 s.).

3. Obligaciones de las partes

 7025

Obligaciones del arrendador (CC art.1554, 1559, 1560 y 1564) En virtud del contrato de arrendamiento de empresa, y según lo **pactado por las partes**, el arrendador debe: 7030
- entregar la empresa con todos sus elementos (nº 7033);
- colaborar con el arrendador para iniciar la actividad (nº 7035);
- mantener el goce pacífico de la industria arrendada (nº 7038); y
- realizar las reparaciones necesarias (nº 7040).

Es habitual que el arrendador, además, se comprometa a abstenerse de entrar en **competencia** con el arrendatario en empresas de características similares o dentro del sector o ramo donde la empresa arrendada opera.

Entrega de la industria (CC art.1554.1º) Es recomendable elaborar un **inventario** de los bienes y 7033
derechos para evitar problemas en la determinación de la obligación de entrega del contrato.
• Si **se hace el inventario**, la obligación de entrega se extiende a todo lo inventariado.
• Si **no se hace inventario**, deben entregarse, al menos, los elementos que sean esenciales para la explotación de la empresa como el local, los signos distintivos, las patentes (en su caso), los derechos de propiedad intelectual, etc. (TS 20-9-91, EDJ 8777; 8-6-98, EDJ 7126; 21-2-00, EDJ 2110).

La empresa o industria debe entregarse en **condiciones aptas** para el uso pactado. No obstante, el arrendatario puede estar aceptar recibirla en cualquier estado, incluso comprometerse a realizar las reparaciones o modificaciones necesarias para el desarrollo de la actividad (TS 15-3-97, EDJ 1098).

Colaboración con el arrendatario El arrendador está obligado a colaborar con el arrendata- 7035
rio en todo aquello que sea necesario para que pueda comenzar la **explotación del negocio**. A tal efecto, ha de poner a su disposición los documentos (informes, contabilidad, listas de clientes, etc.) precisos para que sea posible la normal explotación.

Goce pacífico (CC art.1554.3º y 1559) El arrendador debe mantener al arrendatario en el goce pací- 7038
fico de la cosa arrendada. Esto se traduce en el deber de responder frente a posibles **perturbaciones de derecho** procedentes de terceros, así como de abstenerse él mismo de realizar actos que perjudiquen el disfrute de la cosa arrendada. El arrendatario está obligado a poner en conocimiento del arrendador, en el plazo más breve posible, toda usurpación o novedad dañosa que otro haya realizado o abiertamente prepare en la cosa arrendada.

Precisiones El arrendador no está obligado a responder de las **perturbaciones de hecho**, pero el arrendatario tiene acción directa contra el perturbador (CC art.1560).

Deber de reparación (CC art.1554.2º y 1559) Durante el tiempo que dure el arrendamiento, el 7040
arrendador debe hacerse cargo de la **conservación** de la empresa, asumiendo las reparaciones que sean necesarias para mantenerla en estado de servir para el uso establecido por las partes, siempre que el deterioro no haya sido causado por el arrendatario o por alguna persona dependiente de él. El arrendatario debe comunicar al arrendador, en el plazo más breve posible, la necesidad de realizar tales reparaciones.

En el caso en que el arrendador **no realice las reparaciones** necesarias, a pesar de que el arrendatario se las requiera de forma fehaciente, el arrendatario no puede dejar de pagar la renta, pero puede exigir judicialmente el cumplimiento de la obligación al propietario o bien instar la resolución del contrato por incumplimiento.

Obligaciones del arrendatario (CC art.1555, 1558, 1559, 1561, 1563 y 1573) La obligación principal 7050
del arrendatario es la de **pagar** la renta o precio pactado y la fianza, si se ha pactado su existencia.
Además, el arrendatario **debe**:
- explotar la industria en la forma pactada (nº 7053);
- conservar la industria (nº 7055);
- restituir lo arrendado al finalizar el contrato (nº 7058).

Explotación de la industria (CC art.1550; 1555.2º y 1573) El arrendatario **debe** explotar la industria 7053
arrendada. Además, la explotación debe hacerse según el **destino** pactado sin alterar su forma o sustancia.

El arrendatario puede hacer **mejoras** en la cosa arrendada. El régimen de mejoras se rige por lo dispuesto para el usufructo por lo que, a la finalización del contrato, el arrendatario no puede reclamar indemnización por las mejoras que ha realizado, pero puede retirarlas o compensar con ellas los desperfectos que haya causado (CC art.487 y 488).

7055 **Conservación** (CC art.1561; 1563 y 1564) El arrendatario debe conservar la industria arrendada en buen estado evitando, en la medida de lo posible, su **deterioro o pérdida**. Se establece la **presunción** de que el arrendatario es responsable, a no ser que pruebe que se ha ocasionado sin culpa suya, ni de sus empleados. No es responsable el arrendatario del deterioro debido al uso y funcionamiento normal de la empresa, durante el tiempo que dure el arrendamiento (TS 28-10-05, EDJ 171672).

El arrendatario está obligado a **notificar** al arrendador, en el plazo más breve posible, las reparaciones que sean necesarias para conservar la empresa en estado de servir para el uso a que ha sido destinada. Está obligado también a tolerar las **reparaciones urgentes** que deban hacerse en la cosa arrendada, siempre que no puedan diferirse hasta la conclusión del arrendamiento. Si la reparación dura más de 40 días, debe disminuirse la renta en proporción al tiempo y a la parte de la finca de la que el arrendatario se vea privado.

Precisiones La **responsabilidad** del arrendatario se basa en la obligación de guarda y custodia que tiene sobre la cosa arrendada en su poder (TS 25-9-00, EDJ 28959).

7058 **Restitución** (CC art.1561) A la finalización del arrendamiento, el arrendatario está obligado a la devolución del objeto arrendado, lo cual **comprende** tanto el local como todos los bienes muebles contenidos en él, en perfecto estado de conservación y funcionamiento, a salvo del **desgaste natural** derivado del uso normal de dichos bienes (AP Asturias 18-4-05, EDJ 53410; nº 583 -desgaste en vivienda-).

4. Extinción

7065 El arrendamiento de empresa se extingue por las **causas generales** de extinción de los contratos -cumplimiento, condonación, confusión, compensación, novación y pérdida de la cosa- (CC art.1156) y por algunas **específicas** derivadas de su especial naturaleza, entre las que cabe destacar:
- expiración del término contractual (nº 7070);
- resolución por incumplimiento (nº 7073);
- pérdida de la industria (nº 7075);
- venta de la industria arrendada (nº 7078);
- subarriendo o cesión inconsentidos (nº 7080).

Precisiones El los arrendamientos de industria, el arrendador puede ejercitar la acción de **desahucio** contra el arrendatario (nº 10345 s.).

7070 **Expiración del término contractual** (CC art.1565) El arrendamiento finaliza en el **plazo** prefijado sin necesidad de hacer ningún requerimiento. Si no se ha fijado un plazo, debe tenerse en cuenta que el arrendamiento se entiende hecho por años cuando la renta fijada es anual, por meses cuando es mensual, o por días cuando es diaria.

Si al terminar el contrato, el arrendatario permanece disfrutando de la industria arrendada durante 15 días con la aceptación del arrendador, se produce una **tácita reconducción**, es decir, el contrato se renueva por los plazos señalados (anual, mensual o diario), según el caso (CC art.1566).

Si expira el contrato y el arrendatario no devuelve la industria arrendada, el exceso en el **uso más allá del término contractual** impide al arrendador el disfrute de la misma y por lo tanto tiene derecho a percibir en concepto de indemnización el precio del arriendo devengado desde la expiración del término hasta el desalojo (TS 8-5-08, EDJ 48899).

7073 **Resolución por incumplimiento esencial** (CC art.1556 y 1568) El incumplimiento de cualquiera de las partes permite a la otra pedir la resolución del contrato y la **indemnización** de daños y perjuicios o solo esto último, dejando el contrato subsistente. El incumplimiento debe ser esencial y no referido a obligaciones accesorias (TS 15-10-02, EDJ 39395).

Precisiones **1)** La **falta de licencia** para la concreta actividad tiene suficiente entidad para entender producido un incumplimiento grave que permite la resolución del mismo (AP Barcelona 19-6-13, EDJ 149895).

2) En caso de **concurso**, si el contrato contenía un sistema de **compensación de créditos** entre arrendador y arrendatario (p.e. que se deduzca de la renta cantidades que debe pagar el arrendatario), a pesar de la prohibición de la compensación de créditos en el concurso (L 22/2003 art.58), debe estarse a la liquidación contractual del arrendamiento, pues, una cosa es la prohibición general de compensación de deudas recíprocas derivadas de diferentes relaciones, y otra, la liquidación de una única relación contractual de la que han surgido obligaciones para una y otra parte (TS 17-10-18, EDJ 607056).

3) En los arrendamientos urbanos, el arrendador puede resolver el contrato por falta de pago de la renta o de cualquiera de las **cantidades cuyo pago ha asumido o corresponde al arrendatario** (LAU art.27.2.a). Esta causa se ha aplicado a los arrendamientos de industria declarando la procedencia del desahucio por la falta de pago del IBI -Impuesto sobre Bienes Inmuebles-, cuando en el contrato se pacta que corre a cargo del arrendatario (AP Madrid 25-1-00, EDJ 8922).

Pérdida de la empresa (CC art.1568) Esta causa de resolución **comprende** tanto a la pérdida material del local o en situaciones en las que no sea posible continuar con la explotación (p.e. por la denegación de la pertinente licencia administrativa). **7075**
Si la pérdida es imputable a la **actuación una de las partes**, no se da esta causa de extinción.

Venta de la empresa arrendada (CC art.1571) Si el arrendador vende la industria a un tercero, el nuevo propietario tiene **derecho** a extinguir del arrendamiento. Sin embargo, no cabe la **extinción** cuando: **7078**
- hay pacto en contrario;
- el contrato está inscrito en el Registro de la Propiedad; o
- es conocido por el comprador al tiempo de la venta.

Subarriendo y cesión inconsentidos (CC art.1550) Si se contempla en el contrato la **necesidad de consentimiento** del arrendador o directamente la prohibición del subarrendar, la cesión realizada de forma no consentida es causa de extinción del contrato (TS 8-11-89, EDJ 9980; 20-7-90, EDJ 7896; AP Barcelona 30-3-02, EDJ 23094). Es decir, se permite el subarriendo siempre que no se prohíba expresamente. **7080**

5. Supuestos particulares

7095

a. Arrendamiento de industria con venta de enseres o maquinaria

Cuando junto al arrendamiento de industria se vende la **totalidad del contenido del local** al arrendador, en principio, no existe arrendamiento de industria. En estos casos, el arrendamiento se circunscribe al local y por tanto se califica como arrendamiento de local de negocio, quedando incluido en el ámbito de aplicación de la LAU. **7100**
Sin embargo, en casos en los que la venta se limita a **utensilios que no son propios** para desarrollar la actividad industrial a la que se dedica el local o son **enseres de poca importancia**, se está ante un arrendamiento de industria siempre que la industria se entregue con los elementos preciosos para su funcionamiento (p.e, en el caso de un restaurante, mesas, manteles, maquinaria, cuberterías, cristalerías, etc.). No importa que el arrendatario adquiera elementos como complemento, por utilidad, o por mera conveniencia o comodidad (AP A Coruña 15-5-09, EDJ 114084; AP Guadalajara 2-10-97, EDJ 7167).

b. Contrato de gestión hotelera

La propiedad y explotación de los establecimientos de alojamiento turístico permiten distinguir entre los siguientes **supuestos**: **7105**
• El titular del establecimiento hotelero explota directamente el hotel.
• El titular del hotel no lo explota por sí mismo, sino que conviene con un tercero (p.e. una cadena hotelera):
- la cesión del inmueble donde se levanta el hotel (arrendamiento de inmueble);
- la cesión temporal del negocio hotelero (arrendamiento de industria).
En ambos supuestos, la gestora asume los **riesgos de la explotación** percibiendo el propietario del hotel el precio del arrendamiento (nº 7020).

Precisiones **1)** En el ámbito de los **apartamentos turísticos** también suele darse el fenómeno de la disociación entre la propiedad y la explotación de los mismos; sin embargo, algunas leyes de turismo autonómicas exigen que la gestión, administración y dirección comercial de los establecimientos de alojamiento turístico se realice con arreglo a lo que se denomina principio de unidad de explotación, según el cual un único empresario debe ostentar la titularidad de la explotación del establecimiento, con todo lo que es inherente a la autorización turística frente a la Administración.

2) Otra posibilidad de colaboración consiste en convenir un **contrato de franquicia** por el que la cadena hotelera asume el papel de franquiciador y, a cambio de un canon, cede su marca y se ocupa de la promoción publicitaria proporcionando, al mismo tiempo, conocimientos técnicos al franquiciado; en estos supuestos el propietario del hotel permanece en la gestión directa del mismo, siendo él quien corra con los riesgos derivados de la explotación.

7108 **Modalidad de contrato de arrendamiento de industria** Existe una modalidad intermedia entre el mero arrendamiento del inmueble y el arrendamiento completo del hotel, es la gestión mediante un contrato de gestión hotelera o *management* hotelero. El contrato de gestión hotelera se puede definir como el negocio jurídico por el que un gestor (normalmente una cadena hotelera), a cambio de una contraprestación económica, se obliga a **administrar un hotel** en nombre y por cuenta y riesgo de su titular, sirviéndose habitualmente para ello de técnicas de gestión y de signos distintivos propios, y siguiendo en lo esencial las instrucciones dictadas por el titular del hotel (Pérez Moriones).

El contrato de gestión hotelera constituye una modalidad del contrato de arrendamiento de industria en el que, debido a que el gestor actúa por cuenta y riesgo del titular, se presenta rasgos característicos de los **contratos típicos de colaboración** (mandato, comisión o agencia). Debido al parecido a los contratos de colaboración, le son de **aplicación supletoria** las reglas propias de estos contratos en los aspectos sobre los que las partes no hubieran establecido pactos expresos.

7110 **Obligaciones de las partes** La principal obligación del **gestor** es la de gestionar y administrar el establecimiento, lo que se traduce, entre otras cuestiones, en:

- la formación del personal;
- la gestión financiera;
- la gestión de suministros y servicios;
- la publicidad y marketing del establecimiento;
- el asesoramiento fiscal, jurídico e informático;
- seguir las instrucciones del titular del establecimiento siempre que no desvirtúen la autonomía operativa del gestor; e
- informar con regularidad de la marcha de la gestión y rendir cuentas periódicamente o al término del plazo pactado.

Por su parte, el **propietario** del establecimiento asume como obligación:

- pagar a la cadena hotelera el precio o comisión pactado;
- proporcionar al gestor los medios económicos indispensables para llevar a cabo la gestión encomendada reembolsándole los gastos que tenga que hacer frente como consecuencia de la gestión desarrollada (CCom art.250 y 278).

7116 **Extinción** El contrato de gestión hotelera se extingue por cualquiera de las **causas** generales sobre extinción de las obligaciones, así como por aquellas convenidas por las partes y las que deriven de la costumbre. Las principales causas de extinción son:

• **Término del plazo de duración**: es un contrato de larga duración (normalmente se acuerda por períodos de 10 o 15 años). Sin embargo, una vez transcurrido el período temporal fijado en el contrato, finaliza la relación jurídica entre el gestor y el propietario del establecimiento sin necesidad de requerimiento (CC art.1565). Es posible prever contractualmente la prórroga automática del contrato a menos que las partes se manifiesten en contra dentro del plazo previsto a estos efectos en el propio clausulado.

• **Denuncia**: las partes en el contrato pueden extinguir la relación jurídica existente mediante un acto libre y voluntario, aunque respetando el plazo de preaviso fijado en el contrato.

• **Incumplimiento**: el contrato puede finalizar a consecuencia del incumplimiento de las obligaciones contractuales; el cumplimiento defectuoso de las obligaciones contractuales, el retraso en el cumplimiento de las obligaciones, si ello frustra la finalidad del negocio; y la desaparición de la base del negocio.

7118 **Obligación de indemnizar** La extinción del contrato puede dar lugar la obligación de indemnizar a la otra parte por los daños y perjuicios causados. Además, esta indemnización es **compatible** con las que pueden recibir, según los casos, las empresas gestoras, por razón de clientela o por inversiones realizadas y no amortizadas en los supuestos de extinción anticipada del contrato (CC art.1101 s. y 1124).

Precisiones La extinción de determinados contratos mercantiles (agencia, distribución, etc.) da lugar, como regla general, a un derecho de **compensación por la clientela** ganada gracias al esfuerzo empresarial de una parte de la que se aprovecha la otra. El derecho de indemnización por clientela se funda en lo injustificado del enriquecimiento o ventaja adquirida tras la extinción del contrato. Se trata de la compensación por el aprovechamiento del esfuerzo ajeno, más que la indemnización a un empobrecimiento de la contraparte (TS Pleno 15-1-08, EDJ 25591; 16-3-16, EDJ 23779).

 7125

CAPÍTULO 12

Delitos inmobiliarios

A. Estafa

(CP art.248 s.)

La **regulación** de las estafas comprende: 7156
- la figura básica (CP art.248);
- dos modalidades impropias (CP art.249);
- una serie de modalidades agravadas (CP art.250); y
- las figuras específicas de estafa del CP art.251.

Dado el objeto de esta obra, se analizan en la misma, junto a algunas cuestiones generales del delito de estafa y las modalidades agravadas, las denominadas **figuras específicas**, pues son estas las que de forma directa inciden en el ámbito inmobiliario y, en concreto, en las relaciones arrendaticias.

Precisiones Un **completo estudio** del delito de estafa se realiza en el nº 11160 s. Memento Penal 2023.

1. Estafa genérica

(CP art.248)

Cometen estafa los que, con ánimo de lucro, utilicen engaño bastante para producir error en otro, induciéndolo a realizar un acto de disposición en perjuicio propio o ajeno. 7163

En cuanto a la **penalidad**, se mantiene un único tipo básico de estafa propia y se diferencia la penalidad por el tipo básico en función de la cuantía. Así, se establece una pena de prisión de 6 meses a 3 años, para cuya fijación se han de tener en cuenta:
- el importe de lo defraudado;
- el quebranto económico causado al perjudicado;
- las relaciones entre este y el defraudador;
- los medios empleados por este; y
- cuantas otras circunstancias sirvan para valorar la gravedad de la infracción.

Si la cuantía de lo defraudado **no excede de 400 euros**, la pena es de multa de 1 a 3 meses (CP art.248).

a. Bien jurídico protegido

En la actualidad, la doctrina mayoritaria considera que el **patrimonio** es el bien jurídico protegido en el delito de estafa. Así lo entiende la ley, que no considera consumado el delito hasta que no se produce un **daño o lesión patrimonial** -cuestión distinta es cómo quede definido este-. 7165

El titular del patrimonio afectado es el **sujeto pasivo** del delito.

Al contrario de lo que ocurre con los delitos contra la propiedad en los que el ataque al bien jurídico consiste en la lesión de un elemento integrante del patrimonio (p.e. propiedad en el delito de hurto), en el delito de estafa la lesión afecta al **patrimonio globalmente considerado**. La comparación del patrimonio total, antes y después del acto de disposición, sirve para determinar el perjuicio que constituye la estafa consumada.

7167 **Acepción de patrimonio** De acuerdo con la **concepción jurídica**, el patrimonio es el conjunto de derechos patrimoniales de una persona. Consecuencia de esta teoría sería, por ejemplo, que no cabe delito de estafa cuando no existe derecho sobre lo defraudado, cuando versa sobre negocio con causa ilícita o cuando se defrauda a otro en una expectativa de derecho, lo que no resulta satisfactorio.

Para la **concepción económica**, patrimonio es el conjunto de bienes que, con valor económico o valor de cambio en el tráfico económico, se encuentran bajo el poder de disposición de una persona. Incluir siempre en el concepto de patrimonio la cosa poseída antijurídicamente, daría una amplitud excesiva al delito de estafa, al dispensar protección penal a posiciones patrimoniales ilegítimas.

Una **variante ecléctica o mixta** entiende que constituyen elementos patrimoniales todas aquellas posiciones de poder sobre cosas, valorables económicamente, que jurídicamente correspondan a una persona porque:

- gozan de la protección, reconocimiento o aprobación del ordenamiento jurídico (Cramer, Welzel);
- gocen de la apariencia de tal aprobación (Bajo Fernández, Valle Muñiz); o
- concurre ausencia de desaprobación jurídica (Burger).

Precisiones La **concepción jurídica** de patrimonio parece haber quedado superada en nuestra jurisprudencia. Así, aun cuando el engaño como elemento constitutivo de la estafa, esté íntimamente ligado a una **acción ilícita** prometida por el sujeto activo y aceptada por la víctima -p.e. el pago para influir en un funcionario que quebrantaría su deber de probidad a favor de aquella-, la conducta es encuadrable en el CP art.248. Que un contrato tenga causa ilícita o que falte acción para reclamar el cumplimiento de una prestación en el orden civil no conlleva la atipicidad penal. Cuestión distinta es la posibilidad de reclamar la **devolución** de lo entregado por la vía de la responsabilidad civil derivada de delito (TS 22-5-18, EDJ 79852).

7170 Desde una **concepción personal** y con motivo de integrar en la estructura del delito de estafa las prestaciones gratuitas unilaterales, se sostiene la estafa por la «frustración del fin».

Inicialmente se partía de la base de que el delito de estafa tradicional quedaba referido a hechos en los que existía una contraprestación asimétrica entre lo dispuesto por la víctima y lo recibido, es decir, se producía en una **relación económica bilateral**, una relación jurídica sinalagmática.

Sin embargo, se producen casos, como el **fraude de subvenciones**, en los que el disponente lo hace de manera gratuita, sin esperar contraprestación ninguna de la otra parte, con desconocimiento del autoperjuicio producido -el autoperjuicio inconsciente-. En estos supuestos, solo podría haber **perjuicio** si el daño se cifrara en la «frustración del fin» pretendido por el disponente.

La cuestión se suscitaría tanto en los casos en que el sujeto pasivo es un particular como si son las Administraciones públicas, porque el fraude de subvenciones -CP art.308- tiene un **límite cualitativo** por debajo del cual debería entenderse aplicable el delito de estafa común -cuando conste la concurrencia de todos y cada uno de sus elementos- (TS 21-6-17, EDJ 124814).

Por último, hay quien entiende el **patrimonio como libertad** y el delito de estafa lesionaría desde esta perspectiva, por una parte, el patrimonio y, por otra, la libertad en la formación de la voluntad en el proceso de toma de decisión sobre la propia disposición patrimonial, es decir, la libertad de disposición.

Precisiones Se ha definido el patrimonio como una unidad personalmente estructurada, que sirve al desarrollo de la persona en el ámbito económico o material. El juicio sobre el **daño patrimonial** debe referirse a componentes individuales del titular del patrimonio, la finalidad patrimonial de dicho titular, asumiéndose un criterio objetivo-individual. De acuerdo con este concepto, en los casos en los que exista una frustración de aquella finalidad, puede apreciarse un daño patrimonial (TS 23-4-92, EDJ 13870, «caso de la Colza»; 8-3-13, EDJ 29996; 2-6-15, EDJ 99203).

b. Elementos

(CP art.248)

7175

Engaño El engaño típico del delito de estafa es la falta de verdad o la inveracidad, pero no como incongruencia entre lo que se piensa y lo que se dice, sino como **incongruencia** entre la realidad y lo que expresa el autor. 7177

La exigencia de que el engaño sea **bastante** para inducir a error y a la vez inductor del acto de disposición patrimonial, pone de relieve la necesidad de que la conducta vaya acompañada de un ardid, una **maquinación o maniobra fraudulenta** que reúna esta característica de susceptibilidad de producir dichos resultados (error y acto de disposición).

Se está exigiendo, pues, algo parecido a la puesta en escena que, en ocasiones, equivale a lo que la jurisprudencia llama **acción concluyente**; es decir, cuando el autor se comporta según determinados usos sociales y comerciales que implican una afirmación de ciertas circunstancias -p.e. en la estafa de hospedaje, quien se presenta en un hotel para usar sus instalaciones, dado que este comportamiento implica comercial y socialmente afirmar el propósito y la posibilidad de satisfacer los gastos- (TS auto 12-5-05, EDJ 63823).

Ha de tratarse de un engaño **precedente o concurrente**, lo que caracteriza al delito de estafa frente a otras infracciones patrimoniales o los meros incumplimientos contractuales que pueden dirimirse en la jurisdicción civil.

Se ha llegado a entender que el autor de una estafa lesiona un **deber de respeto** de la organización de la eventual víctima cuando le presenta una situación de hecho que induce a dicho sujeto pasivo a obtener falsas conclusiones. Así, en los casos en que se propone invertir en su negocio, le corresponde al actor ofrecer información veraz sobre sus elementos básicos, pues, por la posición que ocupa en la relación, será el único que dispone de esta información, que no es normativamente accesible al sujeto pasivo (TS 10-5-12, EDJ 88831).

El engaño bastante se mide, en primer lugar, de **modo objetivo** exigiendo que la maniobra defraudatoria revista apariencia de seriedad y realidad suficiente para defraudar a personas de mediana perspicacia y diligencia (TS 24-5-18, EDJ 511342). 7178

Adicionalmente, en la medida en que los delitos de estafa normalmente exigen por parte del sujeto pasivo cierta credulidad, confianza y buena fe, el módulo objetivo anterior queda completado con un **módulo subjetivo** que determine la idoneidad del engaño también en función de las condiciones personales del sujeto pasivo (TS 20-12-06, EDJ 345623).

La ponderación del **grado de credulidad** de la víctima no puede hacerse nunca conforme a reglas generales estereotipadas (TS 15-7-11, EDJ 166751). Se admite la utilización de cierto contenido de «subjetividad» en la valoración objetiva del comportamiento, con la idea de que no es posible extraer el significado objetivo del comportamiento sin conocer la representación de quien actúa. En el tipo de la estafa esos conocimientos del sujeto devienen fundamentales; así, si conoce la debilidad de la víctima y su escaso nivel de instrucción, engaños que en términos de «normalidad social» resultarían objetivamente inidóneos, sin embargo, en atención a la situación del caso concreto, aprovechada por el autor, el delito de estafa no puede ser excluido.

Por ello ha terminado por imponerse lo que se ha llamado **módulo objetivo-subjetivo** que, en realidad, es preponderantemente subjetivo (TS 24-5-18, EDJ 511342).

Precisiones **1)** La cualificación del engaño como bastante para entenderlo típico, implica **excluir de la tipicidad**: 7180

- el empleo de engaños que sean fantásticos, absurdos, ilusorios y, en definitiva, **increíbles** para la generalidad de las personas con capacidad intelectual y sensatez dentro de la media normal (TS 2-2-02, EDJ 2266);
- aquellas burdas o apreciables **exageraciones** que, en ocasiones, constituyen práctica social extendida y entendida (TS auto 23-9-04, EDJ 203803);
- los **juicios de valor**, entendidos como simples opiniones, y que carecen de entidad suficiente como para constituir el engaño previsto en la ley como elemento del delito de estafa (TS 17-6-03, núm 4206/03 voto particular).

2) No concurre engaño bastante cuando el embuste deje indemne la autodeterminación o la **libertad de decisión** del sujeto pasivo. Es el caso en el que el sujeto pasivo ha sido engañado sobre una circunstancia a la que no le asignaba importancia decisiva, como cuando se trata de la identidad del que dará satisfacción a una obligación contractual que no ha sido acordada *intuitu personae* (TS 14-9-01, EDJ 34717).
3) En atención al mencionado módulo objetivo se ha negado el delito de estafa por **inidoneidad del engaño** en los siguientes casos:
- préstamos concedidos por los bancos sin comprobación de la **solvencia** del prestatario (TS 18-7-91, EDJ 8037);
- préstamos concedidos sin comprobar la **firma** del cliente (TS 29-10-98, EDJ 20390);
- no exigir el vendedor a quien porta una **tarjeta de crédito** robada el correspondiente medio de identificación (TS 3-5-00, EDJ 11265);
- «**compras a ciegas**» de inmuebles, sin efectuar ningún tipo de comprobación (TS 27-11-03, EDJ 209312);
- inversiones o **compra de sociedades** sin efectuar una comprobación de los resultados contables presentados por el vendedor o un proceso de auditoría legal (AP Bizkaia 12-11-15, EDJ 278536).

4) El delito de estafa admite la **autoría mediata** cuando, por ejemplo, el que obra directamente lo hace sin dolo, por ignorancia de los hechos constitutivos del tipo. La estafa no requiere la realización de propia mano de la acción de engaño (TS 17-12-10, EDJ 290487).

7183 **Incremento del riesgo** El engaño debe implicar incremento del riesgo jurídicamente desaprobado, es decir por encima de lo permitido (TS 19-6-18, EDJ 109088).
La valoración de la conducta engañosa difiere si esta se desarrolla sobre un **patrimonio en peligro**, por su actuación en el mercado, o cuando aquel no está en esa situación y la conducta engañosa desplegada por el autor, precisamente, supone su puesta en peligro (TS 24-5-18, EDJ 511342).

7185 **Incumplimiento de deberes de autoprotección** El marco de aplicación del deber de autoprotección -que desplaza la tipicidad de la conducta- debe quedar restringido a aquellos supuestos en los que concurra una **omisión patentemente negligente** de las más mínimas normas de cuidado o porque supongan actuaciones claramente aventuradas y contrarias a la más mínima norma de diligencia (TS 20-6-18, EDJ 109086).
La jurisprudencia más reciente sobre los **límites** de los deberes de autoprotección, a fin de corregir la tendencia expansionista impuesta en la jurisprudencia penal anterior e impedir la «culpabilización de la víctima» en los delitos de estafa, ha venido matizando la doctrina de la exclusión de apreciación de este delito por exigencias de autotutela (TS 10-5-18, EDJ 72510; 19-6-18, EDJ 109088).
En esta línea, a los efectos de medir la cualificación de «**bastante**» exigida para el engaño, se han de tener en cuenta todas las circunstancias del caso concreto, entre las que tiene importancia la conducta observada por el sujeto pasivo y su condición de **consumidor-particular o profesional**; máxime cuando, por ejemplo, lo que se trate de dilucidar sea la relevancia penal cuando el sujeto que ha sufrido engaño sea un profesional que, en el ejercicio de las **funciones propias de su trabajo**, tiene unos deberes concretos. Si el profesional engañado tenía un determinado deber de diligencia que no cumplió, y precisamente por ese incumplimiento fue eficaz el engaño en el caso concreto, puede faltar entonces el elemento «bastante» para considerar los hechos subsumibles en el tipo de la estafa (TS 30-3-12, EDJ 66919).

Precisiones **1)** Se han puesto de manifiesto los peligros que una **concepción expansionista** de la doctrina de los deberes de autoprotección podría acarrear, por cuanto niega la protección penal de quienes precisamente, por su situación de debilidad, más pudieran necesitarla (TS 17-2-15, EDJ 50070).
2) Con relación a los límites a los deberes de **autoprotección**, han de diferenciarse diversos supuestos:
- aquellos en los que quedará **excluido el delito** de estafa porque el engaño ha sido burdo o se comprueba una absoluta falta de perspicacia, estúpida credulidad o extraordinaria indolencia; y
- aquellos casos en que lo que se pretenda indebidamente sea **desplazar la responsabilidad** del engaño sobre el sujeto pasivo bajo el pretexto del modelo de autoprotección o autotutela.

De esta forma, los deberes de autoprotección no pueden llevarse hasta el extremo de significar la imposibilidad real y efectiva de la estafa, toda vez que su eficacia la excluiría en todo caso. Ni tampoco puede conducir a instaurar en la sociedad un principio de desconfianza permanente que obligue a comprobar exhaustivamente toda afirmación de la contraparte negocial (TS 13-11-12, EDJ 248659; 17-2-15, EDJ 50070; 19-10-17, EDJ 215360; 30-1-18, EDJ 36071) a quienes, actuando de buena fe, se mueven en las relaciones sociales, laborales o mercantiles con unos irrenunciables **márgenes de confianza** en los demás, indispensables para la convivencia y el tráfico económico y comercial (TS 8-7-16, EDJ 104643).
4) El **contexto ilícito** en el que puede producirse el engaño o la propia finalidad ilícita o incluso delictiva de quien resulta engañado no impide que el engaño capaz de producir un error y un posterior acto de disposición patrimonial siga resultando típicamente desaprobado y pueda dar lugar en consecuencia a un delito de estafa (TS 9-2-21, EDJ 520184).

Engaño por omisión Es difícil que una omisión cumpla la exigencia típica de **maquinación engañosa** (escenificación) idónea y bastante para inducir a error. Por ello, la doctrina mayoritaria redirige los supuestos de omisión al **ámbito civil** por el menor desvalor de acción que representan. 7187
Sin embargo, la jurisprudencia admite el engaño por omisión cuando el autor se coloca en una **posición de garante**, en el sentido de ostentar el deber de garantizar que la víctima no incurre en tales errores - nº 7240- (TS 13-12-10, EDJ 290500, con relación al CP art.11).

Precisiones El Tribunal Supremo ha mantenido la condena por delito de estafa por la concurrencia de un **engaño cometido por omisión**, cuya concurrencia considera perfectamente posible cuando:
- no se han desvelado graves atipicidades de la situación jurídica en que se encontraban viviendas vendidas (TS 27-3-17, EDJ 32793);
- no se ha comunicado un fallecimiento, para continuar cobrando la correspondiente pensión, antes de que entrase en vigor el CP art.307 ter (TS 28-1-15, EDJ 59655); o
- se ha reclamado un derecho que no le pertenecía, dirigiendo la pretensión frente a personas que conocía fallecidas, para evitar la contradicción procesal -supuesto de estafa procesal- (TS 11-5-12, EDJ 105448).

Error El error es un conocimiento viciado de la realidad (TS 4-4-12, EDJ 66918). El que exige el Código Penal ha de ser consecuencia de un **engaño bastante** y, por otro lado, ha de ser el motivo por el cual el engañado realiza el acto de disposición patrimonial. 7190
A la inversa, el engaño ha de significar un **incremento del riesgo** que toda persona tiene de incurrir en error. El error procede, en suma, de un engaño que supera el riesgo permitido (TS 13-12-17, EDJ 261561); de un engaño que está por encima de lo socialmente aceptado y que es, por ende, jurídicamente desaprobado.
El que duda se encuentra en estado de error debido a que el error que exige el delito de estafa no es «una suerte de creencia inquebrantable» sino un **error activo o error práctico** que determina el acto de disposición, error activo en el que se encuentra quien tiene dudas a consecuencia del engaño (AP Zamora 13-5-13, EDJ 94477).
No hay delito de estafa cuando el error procede de la **ignorancia absoluta** del sujeto o de **creencias previas** adoptadas por el mismo, en cuyo caso el engaño no entraña riesgo típico alguno (AP Badajoz 24-5-13, EDJ 107780).

Acto de disposición patrimonial Inducido por el engaño, y a consecuencia del error, ha de darse un acto de disposición patrimonial. El acto de disposición debe ser consecuencia del engaño y del error, y tiene que aparecer como causa del perjuicio o, lo que es lo mismo, el acto de disposición y el perjuicio han de ser concreción del **incremento del riesgo** por encima de lo permitido que representa el engaño. 7193
El acto de disposición **puede consistir** tanto en hacer entrega de o gravar una cosa -p.e. afectación de un inmueble a la garantía del pago de una deuda- (TS 15-3-16, EDJ 23245), como prestar un servicio. Así, por ejemplo, cometería estafa quien logra, mediante engaño bastante e idóneo, obtener un servicio de un médico con el ánimo de no pagar. El servicio del médico (fuerza de trabajo) es un acto de disposición patrimonial porque implica la realización de un comportamiento con valor económico.

Precisiones El delito de estafa se configura como un delito de **autolesión** (TS 12-7-17, EDJ 143039), por lo que se ha llegado a sostener que el delito de estafa es una autoría mediata tipificada.

Perjuicio propio o ajeno Por perjuicio debe entenderse disminución del patrimonio del engañado o de un tercero y debe ser **realización del riesgo** creado por el engaño. 7195
El engañado aparece exclusivamente como **sujeto pasivo** de la acción, pero no necesariamente como sujeto pasivo del delito con las implicaciones que ello supone a nivel procesal.
La definición del delito de estafa permite que el sujeto engañado y que realiza el acto de disposición sea distinto de aquel que queda en definitiva **perjudicado** por tal acto (TS 4-7-07, EDJ 92335).
El perjuicio se determina tras una **comparación** de la situación del patrimonio antes y después del acto de disposición determinado por el error.

Precisiones Cuando las cantidades entregadas para la construcción a los **promotores de viviendas** no se destinen a la construcción de las viviendas comprometidas con los adquirentes, puede apreciarse un delito de estafa si concurren los elementos del tipo -aplicándose el tipo básico o, en su caso, el CP art.250.1.1º- (Acuerdo TS Pleno no Jrisdiccional 23-5-17, EDJ 124497).

Ánimo de lucro Constituye un elemento subjetivo del tipo de injusto exigido expresamente por la ley. Como tal debe entenderse aquel que persigue la ventaja patrimonial. 7197
La jurisprudencia lo entiende normalmente en un **sentido muy amplio**, como cualquier utilidad, goce, ventaja o provecho (TS 25-4-18, EDJ 65912).

El ánimo de lucro en el delito de estafa no requiere que el autor persiga su propio y definitivo enriquecimiento. Por el contrario, también es apreciable cuando la ventaja patrimonial antijurídica se persigue **para beneficiar a otro** posteriormente (TS 2-10-17, EDJ 208838).
El lucro en la estafa, al igual que en los delitos de apoderamiento, es un **elemento intencional**. No se deduce del tipo penal de estafa la exigencia de un lucro real del sujeto activo correlativo al perjuicio sufrido por el sujeto pasivo.
El **enriquecimiento** no es elemento típico de la estafa y, por consiguiente, la estafa no queda definida como un delito de enriquecimiento -a efectos de consumación- (TS 3-10-17, EDJ 198649; TS auto 17-5-18, EDJ 109089).

Precisiones En la sentencia de referencia no ha quedado probado si el recurrente **concertó el arrendamiento** de obra con el solo propósito de apoderarse de las cantidades que para financiar la misma habrían de entregarle las denunciantes o si, por el contrario, el ánimo **surgió en él con posterioridad**. Lo que si resulta evidente es que hubo un momento en el que seguía interesando la entrega de cantidades, cuando ya no ejecutaba los encargos ni se comunicaba, incluso, con las denunciantes.
A partir del momento en el que fue consciente de que no podía cumplir con su compromiso de ejecutar la obra, y pese a ello, siguió aparentando ficticiamente la realidad de la ejecución del contrato, su **actuación** debe reputarse **fraudulenta** y no queda amparada por el mencionado principio de intervención mínima. Se confirma, por consiguiente, la condena por delito de estafa al albañil, que dejó inacabada la reforma de una vivienda, embolsándose las **cantidades entregadas a cuenta** (TSJ Castilla y León 11-10-23, EDJ 727445).

7200 **Nexo causal e imputación objetiva** Doctrina y jurisprudencia han exigido, entre los distintos elementos típicos del delito de estafa, una **relación de causalidad**, de modo que el error sea consecuencia del engaño, el acto de disposición patrimonial consecuencia del error y el perjuicio consecuencia del acto de disposición. Hoy esta tesis sigue siendo válida y resulta evidente en la propia Ley, ya que se define expresamente el engaño como aquel bastante para producir error y como aquel que induce a realizar un acto de disposición patrimonial.
El CP art.248 recoge solamente este primer requisito de la imputación objetiva del perjuicio al engaño. Ello no empece, sin embargo, a la necesidad del cumplimiento del resto de elementos de la imputación objetiva. Y así el **perjuicio** es imputable a la conducta de engaño no solo cuando exista el nexo causal -primer requisito de la imputación objetiva- sino cuando, además, la conducta signifique **creación o incremento de un riesgo** jurídicamente desaprobado y el perjuicio sea la realización precisamente del riesgo ínsito en el engaño.
Lo que ocurre es que, en la práctica, cuando el riesgo **no se realiza en el resultado** -quien da limosna, no por el engaño del mendigo, sino por compasión- o cuando el engaño no entraña creación de un riesgo jurídicamente desaprobado -quien, sin tener deber de ser explícito, oculta circunstancias no agradables del objeto que vende-, se afirma que el engaño no es causa del perjuicio.

Precisiones **1)** Hay resoluciones que recogen con precisión el pensamiento de la **imputación objetiva** (TS 5-4-18, EDJ 42023; 15-10-18, EDJ 649910; 10-12-19, EDJ 811705; TS auto 11-6-20, EDJ 582177); pero existe una abundante jurisprudencia que se refiere fundamentalmente al **nexo causal**. Así, se ha señalado que el **elemento esencial del delito de estafa** lo constituye una acción engañosa, precedente o concurrente, realizada por el sujeto activo con ánimo de lucro, en virtud de la cual el sujeto pasivo realiza un acto de disposición o de desplazamiento patrimonial en perjuicio suyo o de un tercero, debiendo existir **relación de causalidad** entre el engaño de una parte y el acto dispositivo y consiguiente perjuicio de otra (TS 13-3-18, EDJ 22175; TS auto 31-5-18, EDJ 506217).
2) La doctrina ha **excluido la imputación objetiva** en la estafa de los siguientes casos (TS 16-10-07, EDJ 188957; AP Madrid 28-10-16, EDJ 223733):
- **Negocios de riesgo** calculado o especulativos, por ejemplo, la concesión de créditos sin comprobar el estado patrimonial del solicitante.
- Relaciones jurídico-económicas **entre comerciantes**. Se entiende que existe corresponsabilidad, pues los móviles de diligencia exigidos en este caso son mayores.
- Utilización abusiva de **tarjetas de crédito o débito** por su propio titular, pues siempre hay una actuación negligente del comerciante o de la entidad emisora y pueden ser fácilmente evitables con una mínima diligencia.
- Casos de excesiva **comodidad de la víctima**, en los que hubiera podido evitar el error con el despliegue de una mínima actividad.

7203 **Dolo** El dolo exige **conciencia** y **voluntad** de engañar a otro produciéndole un perjuicio patrimonial a él mismo o a una tercera persona. No habría dolo, por ejemplo, si el autor no es consciente del engaño.
El engaño ha de ser **precedente** o, al menos, **concurrente** al momento en que tal acto tiene lugar. El denominado dolo sobrevenido no es apto para originar el delito de estafa (TS 7-2-18, EDJ 37451; TS auto 15-2-18, EDJ 42041).

Adicionalmente, se ha discutido la relación entre el CP art.248 y el CC art.1269 (Dopico). Consideramos que los dos preceptos no son incompatibles ni excluyentes, sino que el CC art.1269 queda circunscrito a la **responsabilidad civil** derivada del delito, permitiendo, cuando concurran los requisitos para ello, la nulidad de los contratos que se hayan celebrado por haber mediado engaño bastante del sujeto activo del delito de estafa.

Precisiones **1)** Adicionalmente, se ha discutido la relación entre el CP art.248 y el CC art.1269 (Dopico). Consideramos que los dos preceptos no son incompatibles ni excluyentes, sino que el CC art.1269 queda circunscrito a la **responsabilidad civil** derivada del delito, permitiendo, cuando concurran los requisitos para ello, la nulidad de los contratos que se hayan celebrado por haber mediado engaño bastante del sujeto activo del delito de estafa.

2) No es consciente del engaño quien vende una finca creyéndose, erróneamente, propietario de esta. El **dolo característico** de la estafa supone la representación por el sujeto activo, consciente de su maquinación engañosa, de las consecuencias de su conducta, es decir, la inducción que alienta al desprendimiento patrimonial como correlato del error provocado, y el consiguiente perjuicio suscitado en el patrimonio del sujeto víctima, secundado de la correspondiente voluntad realizativa (TS 21-10-02, EDJ 40299).

3) Es preciso distinguir entre el dolo del delito de estafa (previo o concurrente a la celebración del negocio jurídico) y el dolo de incumplimiento. Esto supone distinguir los denominados **negocios jurídicos criminalizados** -el autor simula un propósito serio de contratar cuando solo pretende aprovecharse del cumplimiento de las prestaciones a que se obliga la otra parte, ocultando su decidida intención de incumplir las suyas propias, con claro y terminante ánimo inicial de incumplir lo convenido- constitutivos de un delito de estafa, de aquellos **incumplimientos contractuales** en los que esa voluntad de no cumplir lo pactado -dolo de incumplimiento- surge en un momento ulterior a la celebración del contrato -CC art.1101 y 1102- (TS 25-4-18, EDJ 65912; 10-5-18, EDJ 72510).

Consumación La jurisprudencia viene sosteniendo que el delito de estafa se consuma cuando se ha producido el **desplazamiento patrimonial** a causa del acto de disposición con el consiguiente perjuicio (TS 10-12-13, EDJ 250021; TS auto 14-7-16, EDJ 175129). **7205**

Dada la configuración típica del delito de estafa, en la práctica es muy empleada la doctrina del Tribunal Supremo sobre el **principio de ubicuidad**, en virtud del cual se entiende que el delito de estafa se comete en todas las jurisdicciones en las que se haya realizado algún elemento del tipo (Acuerdo TS Pleno no Jurisdiccional 3-2-05, EDJ 11339). En consecuencia, el juez de cualquiera de ellas que primero haya iniciado las actuaciones procesales será, en principio, competente para la instrucción de la causa.

Precisiones Por lo que se refiere al **lugar de comisión** del delito, hay que estar, no al fuero del lugar donde se produjo el engaño, sino aquel en el que se produjo el desplazamiento patrimonial y consiguiente perjuicio para la víctima (TS 12-6-03, EDJ 49520).

2. Estafas agravadas

(CP art.250)

El delito de estafa se castiga con las **penas de prisión** de 1 a 6 años y multa de 6 a 12 meses, cuando: **7207**

- recaiga sobre cosas de primera necesidad, viviendas u otros bienes de reconocida utilidad social;
- se perpetre abusando de firma de otro, o sustrayendo, ocultando o inutilizando, en todo o en parte, algún proceso, expediente, protocolo o documento público u oficial de cualquier clase;
- recaiga sobre bienes que integren el patrimonio artístico, histórico, cultural o científico;
- revista especial gravedad, atendiendo a la entidad del perjuicio y a la situación económica en que deje a la víctima o a su familia;
- el valor de la defraudación supere 50.000 euros o afecte a un elevado número de personas;
- se cometa con abuso de las relaciones personales existentes entre víctima y defraudador, o aproveche este su credibilidad empresarial o profesional;
- se cometa estafa procesal; o
- concurra reincidencia.

Existen, por tanto, varias **modalidades de agravación**.

Precisiones El estudio de la modalidad agravada de estafa que recae sobre bienes que integren el patrimonio artístico, histórico, cultural o científico, se realiza en el nº 11222 Memento Penal 2023; y el de la estafa procesal en el nº 11235 Memento Penal 2023.

Cosas de primera necesidad y utilidad social (CP art.250.1.1º) La conducta típica es idéntica a la de la estafa genérica (nº 7165 s.). **7210**

El **objeto material** de la conducta lo constituyen las cosas de primera necesidad, viviendas u otros bienes de reconocida utilidad social.

El concepto de cosa está **condicionado** por la necesidad de poder ser objeto de una defraudación y ostentar la categoría de primera necesidad o de reconocida utilidad social.
En esta modalidad se ejemplifica, como cosa objeto de este delito, la **vivienda**.

Precisiones 1) La doctrina ha cifrado las **cosas de primera necesidad** en objetos tales como alimentos, medicamentos, calzado, vestido, productos de limpieza y aseo personal, excluyéndose los artículos de lujo. Podrían incluirse también combustibles para calefacción de viviendas, o agua, electricidad y gas. En resumen, los productos de consumo imprescindibles para la subsistencia o la salud de las personas (TS 21-7-16, EDJ 113590). No concurriría ninguna razón para negar a la energía la categoría de cosa a efectos de este precepto.
Por su parte, el aprovechamiento de la **búsqueda de empleo** por parte de una persona respecto de otras, concurriendo los requisitos de la estafa, supone una agravación de la responsabilidad por el mayor reproche penal que implica una mayor perversidad basada en lo que constituye un bien de primera necesidad como es el trabajo, sobre todo, en momentos de crisis económica, donde se agudiza la mayor vulnerabilidad de quienes buscan un empleo a toda costa (TS 5-7-23, EDJ 624328).
En igual sentido, la **recaudación de fondos** por los padres de una menor con una **enfermedad diagnosticada como «rara»**, valiéndose de engaños para su tratamiento, configura el tipo delictivo de la estafa. Urdir un plan para obtener un lucro patrimonial ilícito, aprovechando la circunstancia de la salud de la menor, integra los elementos del delito, empleando engaño, ánimo de lucro y perjuicio a tercero (TS 29-6-23, EDJ 618201).
2) Por **cosas de utilidad social** se entienden las que satisfacen fines colectivos (TS 30-5-01, EDJ 7174) y si se trata de cosas que integren el **patrimonio artístico, histórico, cultural o científico**, entra en concurso con la circunstancia 5ª, rigiendo el principio de especialidad.

7213 **Vivienda** La doctrina se plantea la oportunidad de aplicar esta agravante a las modalidades de estafa consistentes en la **doble venta**, venta como libre de cosa gravada -CP art.251- (nº 7235) cuando versan sobre vivienda.
Hay que distinguir si se trata de una estafa **propia**, en cuyo caso debe aplicarse el tipo agravado del nº 7210, o se trata de **estafa impropia** en cuyo caso debe aplicarse el CP art.251.
La doctrina mayoritaria defiende como solución más justa la de apreciar un **concurso** a resolver conforme al principio de alternatividad que daría lugar a aplicar siempre el CP art.250.1.1º (nº 7237).

Precisiones La agravación referente a recaer la estafa sobre viviendas solo es apreciada cuando se trata de **vivienda habitual o primera vivienda**, pero no de cualquier edificación que pueda calificarse como vivienda (TS 3-3-16, EDJ 15678; 5-4-18, EDJ 42023).

7215 **Abuso de firma en blanco y actuación sobre documento público u oficial** (CP art.250.1.2º) La **conducta** consiste en abusar de la firma de otro, o en sustraer, ocultar o inutilizar algún proceso, expediente, protocolo o documento público u oficial de cualquier clase.
La expresión **abuso** entraña el desvalor de la acción de este supuesto agravado de estafa e implica que el autor cumplimenta el documento en unas condiciones distintas a las exigidas por el firmante y lo hace en perjuicio ajeno (AP A Coruña 26-1-18, EDJ 10426).
Ya que han de concurrir todos los elementos definidores de la estafa descritos en el nº 7160, hay solo dos **supuestos** subsumibles en este precepto:
a) La estafa consistente en el abuso de firma en blanco después de que el autor haya obtenido la **entrega del documento** mediante engaño.
b) La utilización de este documento con firma en blanco como medio engañoso para producir un **acto de disposición patrimonial** de una tercera persona (AP Sevilla 21-2-18, EDJ 64081).
La **consumación** exige la concurrencia del perjuicio, de modo que el hecho de cumplimentar el documento firmado en blanco no constituye aún delito consumado. La jurisprudencia entiende tales casos punibles como estafas **en grado de tentativa**, cuando, por ejemplo, la interposición de la correspondiente querella impide la ejecución de la letra y, por tanto, el perjuicio.

Precisiones 1) No se apreció el supuesto agravado sino la estafa genérica, en el caso de quien **presenta a la firma** del presidente varios certificados entre los que había un folio con el anverso en blanco y en donde hizo constar un complemento de su contrato de trabajo por el que debía de ser indemnizado en caso de despido con cierta cantidad de dinero, porque aquí la víctima creyó estar firmando un documento distinto, mientras que la estafa agravada comprende los casos de quien hace uso desviado de un documento firmado en blanco desatendiendo las instrucciones recibidas (TS 9-2-04, EDJ 8279).
2) No constituye este delito el caso en que el **documento en blanco** haya sido confiado al autor del delito para rellenarlo (AP Madrid auto 5-5-06, EDJ 100638) o el caso en que el documento haya sido puesto bajo la custodia del autor, pero sin encargarle que lo complete o, por último, cuando el documento firmado en blanco haya sido sustraído o encontrado por el autor (estafas impropias).

Concurso con el delito de falsedad El abuso de la firma en blanco así descrito constituye también un delito de falsedad, conformando un **concurso de leyes** a resolver por el principio de consunción, en el sentido de que el delito de estafa consume o absorbe al delito de falsedad. 7217

Precisiones No es esta la opinión jurisprudencial que aprecia concurso medial de delitos (TS 30-4-07, EDJ 32806). Aunque en otros países se haya discutido la posibilidad de apreciar **falsedad** en estos supuestos, la doctrina y la jurisprudencia españolas no dudan al respecto. Se ha entendido que, al no corresponder el contenido a lo que el firmante quería poner, es evidente la falsedad, añadiendo que, si el contenido del documento no procede del firmante, el quebrantamiento no es solo a la verdad, sino a la autenticidad documental y, por consiguiente, falsedad material.
Téngase en cuenta que los supuestos de abuso de **firma en blanco en donde no medie engaño** no constituyen delito de estafa, por lo que ha de apreciarse únicamente falsedad.

Estafa sobre bienes del patrimonio artístico, histórico, cultural o científico (CP art.250.1.3º) Esta modalidad agravada de estafa constituye uno más de los supuestos en que la ley penal debe sancionar los **atentados contra el patrimonio histórico, artístico y cultural** de los pueblos de España y de los bienes que la integran (Const art.46). 7218

La discusión se centra en determinar si por **cosas de valor histórico, cultural, artístico o científico** deben de entenderse:
- aquellos bienes que integran el patrimonio histórico nacional (L 16/1985 art.1.2);
- aquellos elementos más relevantes que son objeto de inventario y declaración de interés cultural (L 16/1985 art.1.3);
- otros bienes, a determinar por la autoridad judicial caso por caso, con independencia del previo reconocimiento administrativo.

Al igual que ocurre con los hurtos y robos con fuerza agravados (nº 10770 Memento Penal 2023), la jurisprudencia ha optado por asumir el tercer criterio: un **concepto abierto** no dependiente del previo reconocimiento administrativo. No es necesaria la previa resolución administrativa declarando el objeto como de valor histórico, artístico, cultural o científico, sino que lo decidirá el órgano judicial en cada caso (TS 6-6-88, EDJ 4816; 12-11-91, EDJ 10688).

Precisiones **1)** Se ha apreciado valor histórico y artístico en diversas **monedas romanas e ibéricas**, algunas de incalculable valor, «por ser notorio dada su descripción» (TS 8-4-86, EDJ 2391), **tallas e imágenes religiosas** del siglo XVIII incorporadas a un retablo (TS 12-11-91, EDJ 10688); **máquinas fotográficas antiguas** expuestas en un museo (TS 6-6-88, EDJ 4816).
2) Se ha excluido la apreciación de la agravante cuando el objeto del procedimiento eran **cuadros falsamente atribuidos** a pintores de renombre (AP Zaragoza 30-4-04, EDJ 25405; AP Madrid 14-11-08, EDJ 299024) o cuando se trataba de una simple **viguería de madera** de un tejado (AP Burgos 22-7-05, EDJ 232156).

Especial gravedad (CP art.250.1.4º y 5º) Las dos hipótesis que deben comentarse por separado y que pueden dar lugar ya a una agravación independiente son: 7220

• La especial gravedad referida a la valoración del **perjuicio causado** desde un punto de vista relativo-subjetivo, puesto que no solo debe considerarse la entidad del perjuicio en sentido objetivo, sino en función de la situación personal en la que se sitúa a la víctima y su familia (CP art.250.1.4º).

Para apreciar esta circunstancia **se requiere acreditar** la precaria situación económica o de necesidad que el delito haya podido reportar al perjudicado o su familia (TS 15-12-17, EDJ 262685; AP Córdoba 20-6-18, EDJ 505642).

• La especial gravedad de la estafa por el **valor de lo defraudado**, refiriéndose el tipo penal al valor absoluto del perjuicio causado en el patrimonio de la víctima, superior a los 50.000 euros, o bien cuando la estafa afecte a un **elevado número de personas** (CP art.250.1.5º).

Cuando las distintas **cuantías** defraudadas fueran **individualmente insuficientes** para la cualificación del CP art.250.1.5º, pero sí globalmente consideradas, se establece que el delito continuado siempre se sanciona con la mitad superior de la pena y que cuando se trata de delitos patrimoniales, la pena básica no debe referirse a la infracción más grave, sino al perjuicio total causado. La regla de CP art.74.1 queda sin efecto cuando su aplicación sea contraria a la prohibición de la doble valoración (Acuerdo TS Pleno no Jurisdiccional 30-10-07, EDJ 314730). Así, en esos casos, se aplica el CP art.250.1.5º cuando los delitos individualmente considerados no superen los 50.000 euros, pero en conjunto sí; pero no se aplica la regla del CP art.74.1 sino la del CP art.74.2.

Sobre la relación existente entre el CP art.74.2, referido a la «**notoria gravedad**» y el perjuicio a «**una generalidad de personas**» -colectividad difusa o indeterminada superior a la mera pluralidad, a un elevado número de personas- y el CP art.250.1.5º, por afectación a un «**elevado número de personas**», el Tribunal Supremo ha resuelto que cuando la defraudación afecte a un elevado número de personas, la pena será de 1 a 6 años de prisión y cuando los hechos

sean de notoria gravedad y hubieren perjudicado a una **generalidad de personas**, la pena se extenderá entre 6 años y 1 día y 9 años de prisión, si se incrementa en un grado, o entre 9 años y 1 día y 13 años y 6 meses, si se incrementa en dos (TS 23-2-18, EDJ 19985).
Sin perjuicio, pues, de la diferenciación entre elevado número de personas y generalidad de personas, o entre especial gravedad y notoria gravedad, que conduciría a considerar de mayor trascendencia a esta última y a la generalidad de personas frente a la especial gravedad y al elevado número de aquellas, la aplicación del CP art.74.2 no será posible si solo concurre la generalidad de personas, pues exige que, conjuntamente, se aprecie la notoria gravedad.

7223 Precisiones **1)** Dado que se separan las circunstancias que agravan la estafa por su especial gravedad, pareciera poder superarse la anterior cualificación de esta circunstancia como de **tipo mixto alternativo** (TS 10-5-18, EDJ 72510).
2) Las circunstancias previstas en los CP art.250.1.4º y 5º son **perfectamente diferenciables** y están fundadas en razones diversas, por lo que no existe una colisión entre ellas y tampoco existe preferencia en favor de una y en detrimento de la otra.
3) La **mala situación *ex ante* de la víctima** no excluye poder acoger la aplicación de la agravación, lo que puede implicar, en su caso, el adelantamiento de su aplicación por parecer más claro el perjuicio económico cuando recae sobre quien ya, por otros motivos, se encontraba en una situación económica comprometida (TS 20-3-18, EDJ 34320).
4) La referencia a la familia no excluye la posibilidad de aplicar esta agravante cuando el sujeto pasivo sea una **persona jurídica** (TS 20-3-18, EDJ 34320).
5) Respecto a la compatibilidad entre el **delito continuado** y el CP art.250.1.5º (por la cuantía) a efectos de respetar el principio *non bis in ídem*, se ha defendido que el delito continuado no excluye la agravante de los hechos que individualmente componen la continuidad delictiva. Si en uno de los hechos sí concurre esa circunstancia agravante, por ser superior a 50.000 euros, esta debe ser considerada como agravante de todo el delito continuado, aunque en otros hechos no haya concurrido la agravante (TS 24-5-18, EDJ 511342).
6) Se condena por estafa agravada a un hombre que **engañó a una anciana con un trastorno mental** haciéndola creer que el dinero que esta le entregaba periódicamente era ingresado en el «Banco del Cielo» para poder construirse allí una vivienda junto a su madre y esposo ya fallecidos (AP León 5-9-23, EDJ 695119).

7225 Abuso de relaciones personales o de la credibilidad profesional (CP art.250.1.6º)

La circunstancia agravante consiste en cometer el delito con abuso de las relaciones personales existentes entre víctima y defraudador, o aprovechando este su credibilidad empresarial o profesional.
El **fundamento** de la agravante ha de encontrarse en la mayor facilidad para la comisión del delito y el mayor reproche de culpabilidad al autor por el abuso de la relación de confianza, exigiéndose un *plus* que justifique la agravación.
Debe pensarse en supuestos en que sean niños, enfermos mentales o personas ancianas quienes sufren el error, o personas que están condicionadas por circunstancias que las colocan en una **situación de necesidad**, como pudiera ocurrir en los casos de defraudaciones en la venta de viviendas.
En todo caso, ha de tenerse en cuenta que, cuando la **especial relación entre el autor y la víctima** haya sido tomada en cuenta para valorar la idoneidad del engaño, no puede además tomarse en cuenta la concurrencia de esta agravante, por lo que su aplicación es, en la práctica, muy residual -su apreciación es posible pero la presunción es la de la **incompatibilidad** - (TS 13-12-17, EDJ 261561).
Se incluyen en esta agravación también aquellos casos en los que la estafa se realice «aprovechando la **credibilidad empresarial o profesional** de su autor».
El **aprovechamiento**, como el prevalimiento, constituye juicio de valor -no una neutral descripción- y por ello debe justificarse en datos empíricos que justifiquen su valoración (TS 7-2-17, EDJ 6930).
La esencia de esta segunda circunstancia radicaría en las cualidades del **sujeto activo**, cuya consideración en el mundo de las relaciones profesionales o empresariales harían explicable la reducción de las prevenciones normales de cualquier víctima potencial frente a una estrategia engañosa (TS 11-12-17, EDJ 261566; 5-4-18, EDJ 42023).

Precisiones **1)** La referencia a la credibilidad empresarial o profesional que no pone el acento en la relación autor-víctima merece un juicio positivo, ya que contribuye a dotar de mayor protección a la **fiabilidad en el tráfico comercial**, y apuesta por la necesidad de afianzar, incluso a través de la amenaza de la sanción penal, las buenas prácticas empresariales y profesionales.
2) En un supuesto de **abuso de ancianos en una residencia**, se ha entendido que constituye un supuesto paradigmático de abuso de relaciones personales, entre la directora de una residencia de ancianos y las personas confiadas a su cuidado, ante una maquinación engañosa perfectamente urdida, facilitada por las relaciones entre defraudador y víctima pero con sustantividad propia (TS 16-7-03, EDJ 80593).

3) Se ha aplicado la circunstancia agravante cuando existía una relación de **confianza y de amistad** directa y personal preexistente entre la víctima y el sujeto activo, llegando a ser **casi familiar**. Una amistad labrada desde años atrás y que genera la lógica confianza que trascienda a la que puede surgir de una relación comercial o personal normal (TS 30-3-10, EDJ 52586; TS auto 21-1-16, EDJ 7317).

4) Se ha acogido el aprovechamiento de la credibilidad empresarial o profesional en la conducta de aquel que se presenta como una persona con **amplia experiencia e importante prestigio profesional**, con influencias para la obtención de contratos, lo que contribuyó a que los perjudicados suprimieran cualquier reticencia inicial o realizaran cualquier actuación de comprobación previa (TS auto 14-9-17, EDJ 197549).

5) El Tribunal Supremo no descarta cierta **incompatibilidad** entre el CP art.250.1.6º y la pretensión de aplicación del CP art.56: la inaplicación del primer precepto permite la aplicación del segundo (TS 13-12-17, EDJ 261561).

Estafa procesal (CP art.250.1.7º) Incurren en la misma los que, en un **procedimiento judicial de cualquier clase**, manipulen las pruebas en que pretendan fundar sus alegaciones o empleen otro fraude procesal análogo, provocando error en el juez o tribunal -el sujeto pasivo engañado es el titular del órgano jurisdiccional- y llevándole a dictar una resolución que perjudique los intereses económicos de la otra parte o de un tercero. Para que el **engaño sea bastante**, es necesario que la resolución judicial sea consecuencia del engaño que ocasionó el error en el juez **7226**

El **fundamento** de esta agravación se encuentra en que, no solo se daña el patrimonio privado, sino también el buen funcionamiento de la Administración de Justicia, al utilizar como mecanismo de la estafa el engaño al juez, razón por la cual parte de la doctrina entiende que se trata de un delito pluriofensivo (TS 18-11-21, EDJ 748445).

El precepto concreta la conducta típica exigiendo expresamente una **manipulación de pruebas** como modalidad prototípica, o la realización de cualquier otro fraude procesal análogo. Por otra parte, se concreta que, para que se dé la estafa procesal, el perjuicio puede darse sobre los **intereses económicos** de la otra parte o de un tercero -requisito exigido por un importante sector doctrinal y jurisprudencial con anterioridad a la reforma de 2010- (TS 9-2-10, EDJ 14222; 9-12-08, EDJ 262130).

La estafa procesal ha de definirse exactamente del mismo modo que la **estafa genérica**, con la única particularidad de que el engaño se realiza **dentro de un pleito**, dirigiéndose al juez o al tribunal que tenga que decidir sobre algún acto de disposición, quienes incurren en error a consecuencia de aquel y, por tanto, disponen realizar un acto de disposición patrimonial en perjuicio de tercero (TS 29-10-19, EDJ 722105; 6-11-19, EDJ 739771).

Lo importante no es tanto el acto de disposición como tal, sino que se perjudiquen los **intereses económicos** de la otra parte o de un tercero (TS 29-10-19, EDJ 722105).

En los casos de fraude procesal en los que las decisiones del juez **no originen acto de disposición y perjuicio**, puede haber otra clase de fraude procesal -delitos de acusación y denuncia falsa, simulación de delito- pero no estafa, por ausencia de alguno de sus elementos.

Reincidencia (CP art.250.1.8º) Cuando al delinquir el culpable hubiera sido condenado ejecutoriamente al menos por tres delitos de defraudaciones (CP art.248 a 256). **7227**

A estos efectos no se tienen en cuenta los **antecedentes** cancelados o que hubieran debido serlo.

Concurso de modalidades agravadas (CP art.250.2) Se imponen **penas** de prisión de 4 a 8 años y **multa** de 12 a 24 meses, cuando el delito de estafa recaiga sobre cosas de primera necesidad, viviendas u otros bienes de reconocida utilidad social y al mismo tiempo: **7230**

- revista **especial gravedad**, atendiendo a la entidad del perjuicio y a la situación económica en que deje a la víctima o a su familia;
- el valor de la defraudación **supere los 50.000 euros**, o afecte a un número elevado de personas;
- se cometa **abuso de las relaciones personales** existentes entre víctima y defraudador, o aproveche este su credibilidad empresarial o profesional; o
- se cometa **estafa procesal**.

Se establece la misma agravación penológica cuando el valor de la defraudación **supere los 250.000 euros**.

Precisiones Sobre la eventual aplicación del CP art.74, ver lo que se expone en el nº 7220.

3. Estafas específicas

(CP art.251)

7236 Existen tres conductas consideradas como estafas específicas, también denominadas «**estafas impropias**». En cualquiera de los tres supuestos se impone una **pena** de prisión de 1 a 4 años.
Exponemos a continuación las dos que pueden producirse en el contexto de un contrato de arrendamiento.
La estafa consistente en «**ocultar un gravamen o gravar o enajenar la cosa ya vendida**» es objeto de estudio en el nº 11260 Memento Penal 2023.
Como **cuestiones previas** a estas modalidades hay que analizar los siguientes aspectos.

7237 **Relaciones concursales** Aunque no es una cuestión pacífica, cuando los hechos sean subsumibles en las que llamamos **estafas específicas** y a la vez en las denominadas **estafas agravadas** (nº 7207 s.), nos encontraremos en un concurso de normas a resolver por el principio de alternatividad, que obliga a aplicar el precepto que prevea mayor pena (TS 3-11-10, EDJ 246616; 30-1-18, EDJ 36071). No obstante, en ocasiones, los tribunales han atendido al principio de especialidad (AP Málaga 20-3-17, EDJ 113643).
Si bien en la **estafa común** existe un límite cuantitativo (400 euros) para diferenciar el delito menos grave del leve (CP art.249), sorprende advertir que no ocurre aquí lo mismo; de modo que estaríamos ante un delito menos grave (y no leve) aunque el perjuicio sea inferior a esa cantidad.

7240 **Comisión por omisión** Particular importancia tiene la cuestión de la comisión por omisión en cuanto que el CP art.251 se ha invocado en ocasiones como ejemplo de su **admisión en la estafa**.
Es evidente que en las llamadas estafas específicas se pueden imaginar comportamientos que consistan tanto en una **actividad** -quien manifiesta que la cosa está libre cuando en realidad está gravada- como en un **no hacer**, es decir, no manifestar al adquirente la situación real de la cosa.
Así, la jurisprudencia sobre el **ocultamiento de cargas** sobre la cosa (CP art.251.2) advierte que comprende tanto un comportamiento omisivo del vendedor, no transmitiendo al comprador la información normativamente pertinente sobre la existencia de la carga, como una conducta activa, afirmando falsamente que la carga está cancelada.
Es **sujeto activo** aquel vendedor que infrinja su deber de veracidad al ocultar información relevante para la decisión del comprobador -p.e. la existencia de una controversia que afecte a la finca- (TS auto 28-5-15, EDJ 105557).
Es criterio jurisprudencial consolidado el que constituye al vendedor como **garante** respecto del no surgimiento de una falsa representación en el comprador relativa a la ausencia de gravámenes sobre la cosa y, por tanto, el vendedor tiene el deber de informar al comprador sobre tales gravámenes (TS 26-4-12, EDJ 90329; AP Madrid auto 22-3-18, EDJ 83242).
Si el delito de estafa específica es de **conducta tasada**, la omisión tendrá una relevancia residual, relevante cuando la creación de riesgo que se produzca con la omisión no esté tolerada por el ordenamiento jurídico, es decir, no sea un riesgo permitido. Para ello, habrá que examinar el cumplimiento de los **deberes de autoprotección** que afecten a la víctima y los **deberes específicos de información** que pesen sobre el omitente.

Precisiones Sobre la comisión por omisión en el **tipo básico** de la estafa, ver nº 7187.

7243 **Deber de consultar el registro** Afirma la doctrina, en ocasiones, que no hay engaño si la víctima **pudo haber comprobado el fraude** consultando el registro correspondiente, y que por ello no cabe hablar en estos casos de estafa. Sin embargo, la jurisprudencia no abona una interpretación tan injustamente dura con la víctima y tan permisiva con el defraudador (Dopico).
El Tribunal Supremo señala que, de adoptar la tesis de que no hay estafa cuando el comprador o consumidor no consulta el registro, estaríamos vaciando de contenido el CP art.251 (TS 26-4-12, EDJ 90329; en contra, AP Cantabria auto 28-5-15, EDJ 206684). Este precepto se refiere a **datos que tienen que estar en el registro** (titularidad, facultad de disposición, cargas) y el delito descrito en el tipo no lo restringe a los casos en que no estuviesen efectivamente registrados.

a. Enajenar, gravar o arrendar sin facultad de disposición

(CP art.251.1)

La **capacidad de disponer** afecta no solo a los bienes inmuebles, sino también a los bienes muebles. La casuística de enajenación de bienes con engaño es inmensa, siendo objeto de preocupación la cuestión de cómo deben entenderse los términos «facultad de disposición», «enajenación», «gravamen» o «arrendamiento». 7245

En cualquier caso, el **tipo subjetivo** exige que el sujeto conozca que efectivamente carece de las facultades que se atribuye sobre la base de las cuales dispone el bien de que se trate (AP Málaga 20-3-17, EDJ 113643).

Facultad de disposición Una correcta interpretación de la facultad de disposición a que se refiere el tipo exige tener en cuenta que el Derecho civil admite la validez de la **compraventa de cosa ajena**, así como la validez de la **doble venta**. Estas figuras se analizan, respectivamente en los nº 4670 y 4675 Memento Inmobiliario 2023-2024. 7247

La facultad de disposición es algo más que la simple facultad de enajenar o vender, como lo demuestra que el propio precepto considera como tal la acción de gravar o arrendar.

El precepto se refiere a quien **enajena, grava o arrienda**, atribuyéndose falsamente facultades para ello, porque nunca las tuvo o porque ya las ha ejercitado; es decir, quien enajena, grava o arrienda un bien mueble o inmueble cuando nunca tuvo facultades para ello o enajena, grava o arrienda por segunda vez, ocultando la anterior enajenación, gravamen o arrendamiento.

Precisiones **1)** El estudio de la **enajenación sin facultad de disposición** se realiza en el nº 11253 Memento Penal 2023.

2) Se viene exigiendo que la disposición que se finge recaiga sobre un **bien real y existente** porque si no es así únicamente cabe la estafa común (TS 1-2-94, EDJ 747; AP Alicante 17-7-13, EDJ 255246).

Gravar o arrendar sin facultad de disposición El **gravamen** a que se refiere el CP art.251 se viene entendiendo en un sentido cada vez más amplio, no limitado a los derechos reales de garantía. 7250

Así, la jurisprudencia ha ampliado notablemente el concepto de carga o gravamen, incluyendo no solo los derechos reales de prenda (TS 4-6-81, EDJ 4609) o hipoteca (TS 13-12-04, EDJ 219293) o la emisión de obligaciones hipotecarias (TS 6-2-03, EDJ 2106), sino también **otros gravámenes**, como: la anotación preventiva, embargo judicial (TS 1-4-02, EDJ 9583; 6-2-02, EDJ 2573; 13-12-04, EDJ 8299), prohibición de enajenar (TS 23-6-05, EDJ 108797), usufructo (TS 10-11-06, EDJ 311717), garantías de carácter personal u obligación de transmitir (TS 15-1-91, EDJ 275), promesa de no enajenar (TS 7-2-89, EDJ 1184), opción de compra (TS 23-6-05, EDJ 108802), condiciones resolutorias (TS 22-9-97, EDJ 5409), reserva de uso escolar (TS 19-12-95, EDJ 7322), la anticresis, el secuestro y las prohibiciones de enajenar (TS 20-10-83, EDJ 5383), y cualquier gravamen que pudiera pesar sobre la finca, afectando de forma directa su valor de mercado (TS 23-2-04, EDJ 5428; 20-10-06, EDJ 311705).

Por **arrendar** hay que entender el hecho de obligarse a dar a otro goce o uso de una cosa por tiempo determinado y precio (CC art.1543).

Parece que el precepto abarca el caso del arrendatario que, sin facultad para ello, **subarrienda el inmueble**, porque el subarriendo es una forma de arrendamiento y el arrendatario se atribuye falsamente facultades de subarriendo (TS 20-6-13, EDJ 120886).

Precisiones **1)** El concepto de gravamen no puede interpretarse de forma tan laxa como para que queden incluidos en el tipo penal las ocultaciones de la existencia de **expedientes de derribo** por vicios ocultos o un expediente administrativo incoado por exceso de construcción que comporta un menor número de metros cuadrados habitables (TS 23-2-04, EDJ 12813; 20-10-06, EDJ 311705).

2) Se castiga el **arrendamiento de cosa ajena** (TS 31-1-00, EDJ 368) y se aprecia el delito en el arrendatario que arrienda a su vez el local después de haber sido **desahuciado** (TS 24-9-01, EDJ 30370).

b. Otorgar contrato simulado en perjuicio de otro

(CP art.251.3º)

Este supuesto constituye también una **modalidad específica** de estafa, lo que significa la necesidad del cumplimiento de todos los requisitos descritos en el nº 7160 s. 7253

El engaño exigido por el tipo consiste en **simular un contrato** que produce un perjuicio en el patrimonio ajeno. No obstante, la particularidad reside en que el engaño no determina el perjuicio a través de un acto de disposición, sino que sería el mismo acto de disposición lo simulado o fingido en el contrato (TS 26-6-15, EDJ 133438).

Los elementos del tipo penal son:

• **Otorgar un contrato**, extendiendo un documento (público o privado) a través del que se pone de relieve un negocio jurídico sin existencia real alguna (simulación absoluta) o con ocultación del contrato verdadero (simulación relativa).

• El resultado de la simulación debe ser un **perjuicio patrimonial**.
• Debe concurrir **dolo, conciencia y voluntad libre** de la simulación realizada, de la que debe derivarse, con toda claridad, la existencia de un ánimo tendencial dirigido a causar el perjuicio patrimonial.
Dicha infracción penal, contrato simulado o contrato con causa falsa, exige ordinariamente un **acuerdo simulatorio** en el que participan ambas partes (AP Madrid 22-7-16, EDJ 181901).

Precisiones **1)** Pese a que la Ley se refiere a contrato en un sentido genérico, sin exigir **forma documental**, la jurisprudencia ha interpretado el supuesto como falsedad documental o estafa documental (TS auto 19-2-15, EDJ 69497), de modo que ha entendido «otorgar un contrato» como «símbolo de extender un documento público o privado». Así, se consideró estafa, por otorgar contrato simulado en perjuicio de tercero, la simulación de un **contrato de arrendamiento** tendente a hacer ineficaz la adjudicación de una vivienda (TS 14-1-02, EDJ 444).
2) Se ha apreciado estafa por contrato simulado también cuando:
- un cónyuge simula una venta para **disminuir el patrimonio ganancial** (TS 22-1-96, EDJ 107); o
- se contrata un arrendamiento para **impedir el disfrute del bien** ejecutado (TS 27-12-01, EDJ 57559).
3) Se ha descartado el delito de estafa específica, a favor de la aplicación del delito de **falsedad en documento mercantil** -en concurso medial con un delito de estafa agravada- cuando el contrato simulado quede absorbido -consumido- por la emisión de las facturas falsas que sean el elemento determinante para la disposición patrimonial del delito de estafa básico (TS auto 19-2-15, EDJ 69497).

7257 **Consumación** El hecho se consuma, no en el momento de perfeccionamiento del contrato simulado, sino en el momento en que se produce el perjuicio.
La consumación requiere la **producción de un perjuicio** y no puede entenderse consumado el hecho con la sola firma del contrato.

7260 **Perjuicio** El perjuicio exigido en el precepto va referido, tanto a la otra parte contratante, como a cualquier persona ajena a la contratación. Sin embargo, algún autor entiende que carece de relevancia el caso en el que el perjudicado no sea un **tercero** sino solo uno de los **contratantes** (Bajo Fernández).

4. Estafas cometidas por personas jurídicas

(CP art.251 bis)

7263 A diferencia de otros delitos comprendidos en el capítulo de las defraudaciones, como el delito de apropiación indebida o el de administración desleal, en materia de estafa se contiene la previsión de que, cuando una persona jurídica sea responsable de los delitos comprendidos en esta sección (de acuerdo con CP art.31 bis), se le impondrán las siguientes **penas**:
• Multa del triple al quíntuple de la cantidad defraudada, si el delito cometido por la **persona física** tiene prevista una pena de prisión de más de 5 años.
• Multa del doble al cuádruple de la cantidad defraudada, en el **resto de los casos**.
Además, se dispone que -atendidas las reglas establecidas en el CP art.66 bis- los jueces y tribunales pueden asimismo imponer las penas recogidas en las letras b) a g) del CP art.33.7.

Precisiones Ya se han dictado las primeras **resoluciones de condena** a personas jurídicas por el delito de estafa, p.e. AP Albacete 7-1-14, EDJ 6655, AP Madrid 17-12-14, EDJ 270112, y AP Huesca 20-11-17, EDJ 262019.

B. Coacciones

(CP art.172)

7265

1. Delito de coacciones

7267 El delito de coacciones conlleva la **pena** de prisión de 6 meses a 3 años o multa de 12 a 24 meses, que se impone al que, sin estar legítimamente autorizado, impide a otro con violencia hacer lo que la Ley no prohíbe, o le compele a efectuar lo que no quiere, sea justo o injusto.
El tipo de coacciones viene siendo considerado por doctrina y jurisprudencia tradicionalmente como un **tipo de recogida** y, en el afán de utilizarlo cuando no resultan de aplicación otros tipos específicos, se vienen interpretando sus términos en sentido tan amplio que a veces pueden existir serias dudas de **constitucionalidad** por infringirse el principio de legalidad penal (p.e. voto particular TS 15-3-06, EDJ 76612).

Bien jurídico protegido El bien jurídico protegido es la **libertad** de obrar de las personas, sin necesidad de que se tenga que ver afectado su proceso de motivación (TS 7-10-00, EDJ 32428). 7270

Se acepta de forma generalizada que el bien jurídico protegido es la libertad de obrar, la libertad física o libertad de hacer o dejar de hacer algo. Esto es así porque el comportamiento típico va siempre referido a un **hacer**, bien porque se impide o bien porque se compele a efectuarlo. Se incluye por tanto no solo los supuestos en los que el autor actúa obstaculizando el ejercicio externo de una decisión de voluntad ya tomada, sino también aquellos otros en los que anula la propia **capacidad de decidir** por parte del sujeto pasivo.

En la medida en que el delito de coacciones constituye un ataque inespecífico o indiferenciado contra la libertad; es decir, el ataque menos significativo y menos grave contra la libertad, resulta enormemente dificultoso distinguirlo del delito leve de coacciones. Esta diferencia se ha establecido por el Tribunal Supremo atendiendo a la gravedad de la **violencia** empleada, desvalor de acción. Sin embargo, para parte de la doctrina habría que atender al desvalor del resultado, es decir, a la importancia de la conducta que se impide o a la que se compele.

Características Conforme a una reiterada jurisprudencia (TS 15-3-06, EDJ 76612; 2-2-00, EDJ 3590; 2-12-05, EDJ 244434), este delito que protege los ataques a la **libertad de actuación personal** que no estén expresamente previstos en otros tipos del Código y se caracteriza por las siguientes notas: 7273

a) Conducta típica en la que se establece una **conducta violenta**, como medio comisivo determinado, de contenido material, como *vis física*, **o intimidación**, como *vis compulsiva*, ejercida sobre el sujeto pasivo, ya sea de modo directo o de modo indirecto.

b) La finalidad perseguida, como **resultado** de la acción, es la de impedir lo que la ley no prohíbe o efectuar lo que no se quiere, sea justo o injusto.

c) Intensidad suficiente de la acción como para originar el resultado que se busca, pues de carecer de tal intensidad, podría dar lugar al tipo atenuado del delito leve (CP art.172.3).

d) La necesidad de **dolo** consistente en el deseo de restringir la libertad ajena, lógica consecuencia del significado que tienen los verbos impedir o compeler. El tipo subjetivo es doloso y debe abarcar, no solo el empleo de la fuerza o violencia que doblegue la voluntad ajena, sino que debe estar dirigida a restringir de algún modo la libertad ajena para someterla a los deseos o criterios propios.

e) Ilicitud del acto, desde la perspectiva de las normas referentes a la convivencia social y al orden jurídico, es decir, que el acto sea ilícito -sin estar legítimamente autorizado-, que será examinado desde la normativa exigida en la actividad que la regula.

Sujetos El sujeto **activo** puede ser cualquiera, siempre que no se encuentre legitimado para realizar la conducta, lo que nos remite a las causas de justificación (nº 8565 Memento Penal 2023). 7275

El sujeto **pasivo** tampoco reúne características especiales, salvo que tenga capacidad de obrar.

Conducta típica Consiste en no permitir al sujeto pasivo realizar lo que desea u obligarle a hacer algo diferente a lo que ha decidido hacer, pero utilizando para ello la **violencia** como medio comisivo expresamente determinado. 7277

La conducta típica, puede estar compuesta por un **único acto o** por un **conjunto** de actuaciones aunados por el mismo objetivo.

Al respecto, la jurisprudencia, en relación con un supuesto de **violencia doméstica** -que por su propia estructura es de naturaleza de hábito-, señala que no existe problema alguno en que la acción típica de tal delito, se descomponga en una pluralidad de actos, que aunque individualmente puedan no tener la entidad suficiente, sumados, lesionen gravemente al bien jurídico de la libertad personal (TS 4-7-03, EDJ 80588; 14-7-06, EDJ 105613). Igualmente una pluralidad de actos del mismo sujeto activo sobre el mismo sujeto pasivo aunados por el **mismo objetivo** pueden alcanzar la entidad de la que individualmente carecen para quebrantar el bien jurídico libertad.

Precisiones El **cambio de la cerradura** por parte del propietario de la vivienda, **sin consentimiento del inquilino**, constituye un delito de coacciones, al que no afecta la posibilidad de que este estuviera incumpliendo el contrato de arrendamiento, pues, en su caso, ello debió solucionarse con la rescisión judicial del mismo y no con el empleo de esta vía de hecho sancionada penalmente (TSJ Navarra 5-9-23, EDJ 722840).

Modalidades El delito de coacciones presenta dos modalidades comisivas: **impedir o compeler**, conformándose como tipo mixto alternativo, por lo que habrá un único delito independientemente de que se realicen ambas modalidades. 7280

Doctrina y jurisprudencia entienden que se trata del mismo supuesto: imposibilitar la estancia del inquilino en la vivienda se entendería tanto como impedirle continuar viviendo en ella como compelerle a abandonarla.
Así tanto compeler como impedir son conductas referidas a un **hacer positivo**. Sin embargo, aunque en la mayoría de las ocasiones resulte indiferente la utilización de una u otra modalidad, en otras ocasiones solo se podrá utilizar el verbo impedir (p.e. impedir el paso):
• **Impedir** supone no dejar hacer a otro lo que se haya propuesto en el momento en que vaya a realizarlo o esté en condiciones de realizarlo.
En este supuesto, el Código Penal limita las **conductas** que de impedirse supondría la realización de esta modalidad delictiva a aquellas que no estuvieran **prohibidas** legalmente.
De estar prohibidas por la ley, el impedir que se realicen sería entonces o bien una obligación para el sujeto activo, por ejemplo, en caso de miembros de cuerpos y fuerzas de seguridad del Estado, o bien, una facultad de otros ciudadanos.
• **Compeler** es obligar al sujeto a realizar lo que no quiere. Abarca un ámbito de conductas más amplio que el impedir, pues en este caso no se circunscribe únicamente a aquellas conductas que la Ley no prohíbe sino que la cuestión es la legalidad o ilegalidad de la conducta a la que es obligado a realizar resulta indiferente.
La única fuente de legitimidad estará, en este caso, en las **causas de justificación** genéricas, por ejemplo, estar legítimamente autorizado (como encabeza la literalidad del tipo) por lo que en estos casos, si no se utilizan las vías de hecho tipificadas como medio comisivo del CP art.455, ejercicio arbitrario del propio derecho, no sería delito.

7283 **Medios** De los requisitos típicos de las coacciones, quizás el más polémico es el de los medios de comisión.
En principio, se aceptaba únicamente la **violencia física** ejercida sobre las personas (p.e. atar al sujeto pasivo a una silla); pero esta concepción se mezcla progresiva e inconvenientemente con la violencia **psíquica** o intimidación (TS 18-3-00, EDJ 2563).
Finalmente se termina por admitir la **fuerza sobre las cosas** siempre que de alguna forma afecte a la libertad de obrar o a la capacidad de actuar del sujeto pasivo impidiéndole hacer lo que la ley no prohíbe o compeliéndole a hacer lo que no quiere. Así se dice, que la violencia en las cosas puede repercutir en la libertad de las personas para el pacífico disfrute de sus derechos sin necesidad de amenazas ni de agresiones que constituirán actos punibles de otro tipo diferente (TS 21-5-97, EDJ 5458). Por ejemplo, destruir un jarrón, atrancar una puerta, cambiar una **cerradura**, pinchar las ruedas de un **camión** a quien no quiere sumarse a una huelga (TS 11-3-99, EDJ 1595); retener una máquina en reparación (TS 11-7-01, EDJ 25201) aunque realmente algunas de esas conductas no sean realmente violentas en el sentido de operar un cambio brusco de la realidad, pero sí ejercen el efecto deseado en el sujeto pasivo.
Al lado de estas posibilidades admitidas doctrinal y jurisprudencialmente, se han ido sumando otras cada vez más alejadas de un concepto material de violencia, por ejemplo, métodos tendentes a **anular la voluntad** del sujeto pasivo (p.e. utilizando narcóticos), entendiéndose la violencia como todo modo de oposición frontal a la voluntad del otro, que tienda a dejar al sujeto pasivo en la inoperatividad. De este modo, ni siquiera será necesario que el coaccionado se sienta víctima de la coerción de su libertad de obrar (TS 11-7-01, EDJ 25201).
Actualmente y en la práctica, se admite como medios comisivos de las coacciones tanto una **conducta violenta**, como *vis física*, **o intimidación**, como *vis compulsiva*, ejercida sobre el sujeto pasivo, ya sea de modo directo o de modo indirecto. La falta de un criterio delimitador claro se ve, por ejemplo, en la TS 12-3-02, EDJ 9484.
Si el medio comisivo de las coacciones se delimitara claramente a la violencia, como *vis phisica* exclusivamente, se podría diferenciar el tipo más fácilmente del ámbito de las **amenazas** donde la intimidación afectará al ámbito de la libertad de decisión, es decir, al proceso de motivación del sujeto pasivo.

7285 Precisiones El que en este tipo se mencione, de forma exclusiva, a la violencia como medio comisivo, sin mencionar a otras modalidades, como la intimidación que sí figura en otros tipos en los que violencia e intimidación aparecen de forma conjunta, ha propiciado que parte de la doctrina entienda que en este delito solo cabe la **violencia material**, la *vis phisica*, excluyendo la violencia psíquica o la violencia en las cosas como medio comisivo. Esa interpretación restrictiva no ha sido mantenida en la jurisprudencia, que de manera constante, ha mantenido que las coacciones constituyen un «tipo abierto» o un «tipo delictivo de recogida» que alberga distintas modalidades de comisión, pues todo atentado o, incluso, la mera restricción de la libertad de obrar supone de hecho una violencia y por tanto una coacción, siendo lo decisorio el efecto coercitivo de la acción más que la propia acción.
Para la **jurisprudencia mayoritaria**, el no entenderlo así, y referir la violencia solo a la *vis phisica*, dejaría una estrecho margen de aplicación al tipo de las coacciones, limitado entre la atipicidad y el delito de lesiones, pues el empleo de una violencia física que superara el umbral de la mera coerción para producir un resultado lesivo haría de aplicación, por especialidad, el tipo de lesiones.

Delimitación con el delito leve de coacciones (CP art.172.3) El delito de coacciones leves se **castiga** con una pena de multa de 1 a 3 meses y solo es **perseguible** mediante denuncia de la persona agraviada o de su representante legal. 7287

Para la jurisprudencia, emitida sobre la antigua falta de coacciones pero aplicable a este delito, el criterio de delimitación es puramente cuantitativo (TS 18-4-05, EDJ 68314) y su ámbito de aplicación se circunscribe a supuestos caracterizados por la **levedad** de la lesión del bien jurídico; es decir, cuando la intromisión en la voluntad ajena resulte más bien insignificante, por ejemplo, se trata de un delito de coacciones el hecho de obligar a la víctima a sentarse junto a él en el interior de un autobús, exhibiéndole un cuchillo, puesto que no puede entenderse como un episodio de escasa relevancia o entidad, para ser constitutivo de una falta, hoy delito de coacciones leves (TS 12-1-12, EDJ 16713). Si bien el problema no desaparece, sino que se trasladaría a la diferencia entre el delito de coacciones básicas del CP art.172.1 de las coacciones leves del CP art.172.3.

En la práctica se diferencia en función, por ejemplo, de la **intensidad** de los elementos utilizados por el sujeto activo (TS 4-12-81), o las leves coacciones intimidatorias (TS 25-1-02, EDJ 5267).

Para que exista el delito de coacciones, debe concurrir una **intensidad suficiente** de la acción como para originar el resultado que se busca, pues, de carecer de tal intensidad, la conducta se ubicaría mejor en el delito leve.

Desde un punto de vista puramente dogmático, la falta de idoneidad de los medios empleados para conseguir la lesión del bien jurídico debería derivar necesariamente en una **tentativa inidónea**, no en un delito leve, siempre y cuando el dolo abarque la producción del resultado.

Precisiones La **gravedad** de los actos coactivos debe entrar siempre en consideración a los efectos de establecer la diferenciación; a esta finalidad resulta necesario valorar la mayor o menor trascendencia del acto de coacción, la intensidad de la **presión** ejercida y el grado de **malicia y culpabilidad** del agente. Con carácter general, solo las coacciones graves tienen entidad para integrar el tipo base del CP art.172.1, en tanto que las leves serán constitutivas de delito leve del CP art.172.3 párr 1º. Habrá que tener en cuenta la gravedad de la acción coactiva y la idoneidad de los **medios** empleados para la imposición violenta, teniendo en cuenta la personalidad de los sujetos activo y pasivo de la acción compulsiva, sus capacidades intelectivas y todos los factores concurrentes, ambientales, educacionales y circunstanciales en los que se desenvuelve la acción analizada (TS 2-2-00, EDJ 3590; TS auto 20-3-03, EDJ 86480). 7290

Tentativa y consumación El delito de coacciones es un **delito de resultado**, cuya consumación requiere que se lesione efectivamente la libertad de obrar ajena con la imposición por parte del sujeto activo, de una conducta no querida. 7293

En este sentido, se condena por delito consumado al haberse dado todos los elementos necesarios para la consumación, pues la víctima de la coacción resultó obligada a realizar un acto determinado que además realizó bajo la **presión** ejercida sobre su voluntad (TS 28-2-98, EDJ 1539).

También pueden producirse las **formas imperfectas** de ejecución, cuando el sujeto activo utilice la violencia para impedir o compeler al sujeto pasivo a realizar una conducta sin que consiga efectivamente su voluntad; sin embargo, en algunos casos resultará un contrasentido político-criminal su castigo y resulta difícilmente diferenciable de otros delitos, como por ejemplo, unas lesiones.

Tipo subjetivo El delito de coacciones es un delito eminentemente **intencional**, no estando previsto su castigo por imprudencia, por lo que el error de tipo, tanto vencible como invencible derivaría en la impunidad de la conducta. 7295

Y el tipo subjetivo debe abarcar, no solo el empleo de la fuerza o violencia que doblegue la voluntad ajena, sino que es preciso también que esta sea la intención del sujeto activo, dirigida a restringir de algún modo la libertad ajena para someterla a los deseos o criterios propios (TS 15-3-06, EDJ 76612).

Quizás con el objeto de diferenciar las coacciones de otros delitos, se exige un **dolo específico** dirigido a restringir la libertad ajena (TS 17-11-97, EDJ 10009).

Causas de justificación Uno de los requisitos básicos de las coacciones realizadas mediante el «impedir» es la ilicitud del acto desde la perspectiva de las normas referentes a la **convivencia social y al orden jurídico** (TS 17-11-97, EDJ 10009); es decir, parece crearse una causa específica de exclusión de la antijuridicidad que exige para su aplicación que el acto sea **ilícito** -sin estar legítimamente autorizado- que será examinado desde la normativa exigida en la actividad que la regula. 7297

Lo que la Ley prohíbe no se refiere únicamente a la comisión de delitos que, evidentemente, pueden y deben ser impedidos tanto por los miembros de los cuerpos y fuerzas de seguridad

del Estado como por cualquier ciudadano, sino que abarca también cualquier otra prohibición de hacer (es algo más que una colaboración con la Justicia). Por ejemplo, el abogado que no da la venia a otro hasta que el cliente, que ha renunciado a sus servicios, no le pague (TS 7-10-00, EDJ 32428).
Además, el tipo se encabeza por la expresión «El que, sin estar legítimamente autorizado», expresión que supone una cláusula valorativa de la **antijuridicidad**.
Determinar si el sujeto está **legítimamente autorizado** a privar a otro de su libertad de obrar resulta esencial, puesto que establece el límite de la impunidad.

Precisiones Un ejemplo lo encontramos en el denominado «caso Bono», donde, se analiza la relación funcionarial existente y si la medida adoptada, la del funcionario de policía que aparta a un subordinado como instructor de un atestado y de su puesto de jefe de grupo, se integra entre las funciones propias de la jefatura, entendiendo que se trata de una actuación legítima en el marco de una **relación jerarquizada**, dentro de sus competencias legales, pues el nombramiento no está dotado de inamovilidad (TS 5-7-07, EDJ 100314).

7300 **Consecuencia jurídica y relaciones concursales** La **pena** establecida es de prisión de 6 meses a 3 años o alternativamente la de multa de 6 a 24 meses. La elección de una u otra y la cuantía concreta dependerá de la gravedad del hecho o de los medios empleados.
En cuanto a la **gravedad del hecho**, si se refiere a la lesión del bien jurídico, en este caso la gravedad siempre será la misma, por lo que debe referirse a las circunstancias del hecho, una de las cuáles son los medios empleados en su comisión, y a la personalidad del delincuente (circunstancias idénticas a las que se tienen en cuenta conforme al CP art.66.1).
Las coacciones son el **delito subsidiario** por excelencia, así todos los ataques a la libertad que no supongan al mismo tiempo un ataque a otro bien jurídico expresamente tipificado, se castigarán como coacciones; es decir, cuando el comportamiento de que se trate no pueda subsumirse en otro precepto punitivo que lo sancione más gravemente, o que esté más especialmente dedicado a punir el referido comportamiento, teniendo siempre prioridad de aplicación la figura que, entrañando desde luego coacción, sea la prevalente merced al principio de especialidad o al de alternatividad o gravedad (TS 19-9-92, EDJ 21753; 21-9-92, EDJ 8980; 11-3-99, EDJ 1595).
Conforme a la jurisprudencia, el CP art.172 se convierte así en *lex generalis*, por ejemplo, con relación a las **detenciones ilegales** (TS 10-9-01, EDJ 29169), aunque no es una línea pacífica, pues se pronuncia en contra, entendiendo que las coacciones absorben a las detenciones ilegales (TS 9-2-01, EDJ 2991).
Si con ocasión de las coacciones se **lesionan otros bienes jurídicos** como la integridad física o psíquica o la vida, habrá que acudir al concurso de delitos (normalmente ideal) con los correspondientes delitos de lesiones o de homicidio. El Tribunal Supremo no siempre ha estimado que las lesiones son muy leves y que por ello debieron considerarse subsumidas o absorbidas en el delito de coacciones, evidentemente estamos ante un **concurso real** de infracciones y, por tanto, cada una de ellas mantiene su propia autonomía y sustantividad, la conducta de los acusados que se relata en el *factum* consistió en la acción conjunta y coordinada de ambos que exigían, ejerciendo violencia, a la víctima el pago anticipado del alquiler de la habitación para que así el dueño del domicilio pudiera saldar la deuda que tenía contraída con ellos; siendo así que el resultado lesivo producido, en este caso era constitutivo de una de las antiguas faltas, pero, en todo caso, resulta relevante y autónomo del bien jurídico protegido en el delito de coacciones (TS 2-2-12, EDJ 11248).
El CP art.455 desplazará a las coacciones. Por **concurso de leyes** (principio de especialidad), se desplazan a favor de la realización arbitraria del propio derecho (CP art.455).
La **prevaricación** no absorbería las coacciones (en contra, TS 19-6-00, EDJ 13862).

7305 **Subtipo agravado** Se prevé la imposición de las penas en su mitad superior cuando la coacción ejercida tuviera como objeto impedir el ejercicio de un **derecho fundamental** (CP art.172.1 segundo inciso).
Para determinar el **catálogo** de derechos fundamentales debemos acudir al texto constitucional (Const art.53), que se refiere a los derechos y libertades reconocidos en la Const art.14 a 38, en el sentido de que los allí recogidos vinculan a todos los poderes públicos y son objeto para recabar su tutela de un procedimiento basado en los principios de preferencia y sumariedad y, en su caso, a través del recurso de amparo ante el Tribunal Constitucional (TS auto 6-5-10, EDJ 81080).
Por ejemplo, la Constitución española garantiza el **derecho a la libertad y a la seguridad** (Const art.17) desde la perspectiva de que nadie puede ser privado de aquella sino con la observancia de lo establecido en el precepto aludido, y en los casos y forma previstos en la ley, que incluye específicamente la libertad en su manifestación de libre circulación, movilidad o locomoción de la persona, es decir, la libertad ambulatoria, de forma que cuando es esta

manifestación la que resulta afectada por la violencia, intimidación o compulsión que exige el tipo de las coacciones debe ser aplicado el subtipo agravado.
Sin embargo, cuando la coacción se ejerza contra un derecho fundamental **protegido de forma más específica**, por ejemplo, la libertad sexual (CP art.178 s.), se aplicará la regla de alternatividad que recuerda el tipo, relegando este tipo agravado de coacciones para cuando el hecho no tuviera señalada mayor pena en otro precepto.

2. Coacciones en el ámbito inmobiliario

(CP art.172.1)

Se impone la misma pena del tipo base pero en mitad superior -prisión 1 año y 3 meses a 3 años de prisión o multa de 18 a 24 meses- cuando la coacción tenga por objeto impedir el legítimo **disfrute de la vivienda**. **7310**
Este subtipo agravado comparte todas las características del tipo base diferenciándose únicamente en el elemento tendencial, el objetivo de la coacción, que en este caso tendrá por objeto impedir el legítimo disfrute de la vivienda.
Se justifica este párrafo en la necesidad de enfrentarse a las situaciones de **acoso inmobiliario**, para las que se entiende que la aplicación de otros tipos penales no resultaría suficiente.

Perspectiva civil del «mobbing» inmobiliario En los últimos años de *boom* inmobiliario se observaron, sobre todo en las ciudades, ciertas prácticas por parte de **especuladores** inmobiliarios que, ante la escasez de suelo y, como consecuencia, los desorbitados beneficios que se obtienen en las promociones en el centro de las ciudades, hacen lo posible e imposible para hacerse con inmuebles antiguos, con objeto de rehabilitarlos o demolerlos y construir nuevos edificios. **7313**
El método habitual consiste en un conjunto de comportamientos caracterizados por una **violencia psicológica**, aplicada de forma sistemática durante un tiempo sobre otra persona con la cual mantienen un vínculo contractual de arrendamiento urbano, para forzarla a alterar el contrato o a que renuncie a él.
Dichas prácticas suelen comenzar por **incumplimientos** de obligaciones que en principio permanecen únicamente en el ámbito de la normativa civil, principalmente arrendaticia, negándose habitualmente la relevancia penal en las decisiones jurisprudenciales: engaños al **arrendador** para que incumpla sus obligaciones (p.e. el pago del alquiler), y así facilitar su desahucio; o incumplimientos de sus obligaciones de arrendador en cuanto a la conservación del inmueble (nº 563), y que no pueden ser suplidos por los arrendatarios a causa de sus escasos medios económicos, por lo que las condiciones de habitabilidad se resienten hasta hacerse insoportables. En este caso, o bien el arrendatario abandona la vivienda por inhabitable, o las autoridades competentes declaran la **ruina** de la vivienda y se produce la extinción del contrato (nº 800).
Existen vías legales para superar esta situación, pues la dejación del arrendador en el cumplimiento de sus obligaciones legitima al arrendatario para efectuar las obras necesarias de reparación a su costa y exigirle el **reintegro** del importe incluso por vía judicial.
Pero también puede darse el supuesto contrario, porque, por ejemplo, el arrendador considere que es necesario realizar diferentes **obras de mejora** en la vivienda con carácter urgente que tienen como objetivo real causar molestias al arrendatario (nº 590 s.).

Suministros de luz y agua Dentro de las maniobras habituales para imposibilitar un normal disfrute de la vivienda se encuentra el **corte de suministros** de electricidad o de agua cuando el arrendador solicita la baja del servicio, ante lo que el arrendatario debe requerir fehacientemente al arrendador para que dé de alta los servicios cortados, como parte de sus obligaciones de mantenimiento de la habitabilidad de la vivienda (nº 565 s.). **7315**
También puede, por el contrario, **manipular el consumo** -«pinchando» los suministros de electricidad o agua-, para incrementar los gastos propios de la vivienda. El arrendatario entonces debe poner en conocimiento de las compañías suministradoras el ser objeto de un fraude y solicitar una inspección de las instalaciones. En este caso, podrá acudirse incluso a la vía penal por defraudación de fluido eléctrico y análogas del CP art.255, si el valor de lo defraudado supera los 400 euros (AP Barcelona auto 27-4-04, EDJ 67331).

Perspectiva penal del «mobbing» inmobiliario La tónica general será resolver los problemas de incumplimiento contractual por la vía civil, sin embargo, habrá supuestos en que dicha vía no abarque el desvalor de hechos graves y debamos acudir al ordenamiento penal. **7317**
En este caso, podemos encontrarnos ante determinadas **conductas aisladas** que individualmente consideradas pueden comportar consecuencias penales, por ejemplo, allanamiento de morada, daños, robo con fuerza y amenazas (JP Bilbao núm 2, 4-11-08, EDJ 365370); o puede

que ninguno de los hechos aislados tenga en sí mismo relevancia penal, por lo que, de la **consideración conjunta** de los mismos como parte de una única estrategia dirigida a forzar el abandono de la vivienda por su inquilino deriva la gravedad suficiente para dotarle de relevancia penal. Así, se admite un delito de coacciones basado en la existencia de un plan sistemático de acoso contra los vecinos (JI Getxo 19-8-04).

Precisiones Una **anciana arrendataria** sufre la total dejación por parte del propietario de la finca de sus obligaciones como arrendador, pese los múltiples requerimientos que le ha dirigido, con el único propósito de impedirle el ejercicio de los derechos propios de su condición de arrendataria de la vivienda. De forma indirecta pretende **forzarla a abandonar** la vivienda -enclavada en una zona de creciente revalorización urbanística-, por la que la querellante satisface un alquiler muy bajo al tratarse de un contrato indefinido de 1936.
Para forzarle a resolver el contrato, el propietario mantiene la finca en total **abandono**. A título de ejemplo, la puerta de acceso al inmueble durante lleva meses sin cristal ni cerradura, por lo que terceras personas entran y salen a su antojo, defecan y miccionan en la escalera y ocupan la terraza comunitaria del inmueble, privando a la inquilina del legítimo derecho al uso de la terraza. Además, esta no puede entrar sola en la escalera, salir a tirar la basura, recibir visitas en su casa, etc. Por otro lado, debido al abandono en el estado de las cañerías, con roturas y humedades, la arrendataria no puede ni siquiera ducharse.
En relación con este caso, se establecen diferentes mecanismos de reclamación propios y ejecutables ya sea para solicitar el cumplimiento de dichas obligaciones arrendaticias o sea para **reclamar el coste de las obras** que deba realizar el arrendatario debido a la falta de actuación por parte del arrendador. Pero se reconoce, igualmente, que pueden ser contemplados conjuntamente todos los incumplimientos unidos por una única voluntad y el único objetivo de forzar paulatinamente al arrendatario para que resuelva el contrato de arrendamiento y así poder ahorrarse el arrendador la indemnización por resolución locataria. Precisamente, en casos como este, los tribunales se enfrentan a conductas omisivas continuadas del arrendador donde resulta más complicada la aplicación del **delito de coacciones** que cuando la conducta consista en un obrar positivo -p.e. cambiar unilateralmente la cerradura de la puerta de acceso a la vivienda que sería un típico caso de *vis in rebus* equiparable a la violencia personal y plenamente constitutiva del delito de coacciones-. Sin embargo, a pesar de que las dificultades son mayores en los supuestos de omisión, no deben impedir la aplicación de las coacciones en **comisión por omisión**, siempre que se pueda constatar la existencia de indicios que avalen plurales manifestaciones de un plan preconcebido por el autor para impedir el ejercicio de los derechos propios del arrendatario y para obligarle a desalojar la vivienda (AP Barcelona auto 27-4-04, EDJ 67331).

7320 Lo más normal es que se acuda al delito de **coacciones**, pero también, dependiendo de la conducta concreta, pueden concurrir otros tipos penales como allanamiento de morada (CP art.202 s.); defraudaciones de fluido eléctrico y análogas (CP art.255); robos (CP art.237 s.), daños, etc.
El **comportamiento típico** consiste en violentar a otro constriñéndolo a hacer u omitir algo.
El **sujeto activo** no se circunscribe únicamente a los titulares dominicales o dueños de una finca, sino de cualquiera que los cometa con la finalidad de, en este caso, impedir el legítimo disfrute de la vivienda.
Se trata de un **delito de resultado** en el que se exige la modificación del mucho exterior, en el sentido de impedir hacer lo que la ley no prohíbe o compeler a efectuar lo que no quiera, sea justo o injusto. Y, cumpliéndose los requisitos del CP art.11, cabrá la comisión por omisión de la conducta típica.
La **consumación** del delito se producirá cuando el sujeto pasivo haga aquello a lo que se le compele u omita aquello que se le impide.
Caben **formas imperfectas** de ejecución. No debe confundirse la consumación con el agotamiento, que consistiría en conseguir el sujeto activo sus últimos objetivos cuando impide hacer o compele a efectuar.

Precisiones **1)** El Tribunal Supremo viene considerando la existencia de coacciones dentro de la llamada vis compulsiva, en aquellos supuestos de **corte de suministros** al arrendatario (TS 6-10-95, EDJ 5123; 28-2-00, EDJ 1092), conducta que bien puede ser activa, como cerrar la llave de paso, retirar el contador, ordenar el corte de suministro, cambiar la cerradura (AP Cáceres 20-1-20, EDJ 507210; AP Ávila 17-11-21, EDJ 834942), como pasiva, dejando de pagar el suministro, debiendo tratarse siempre de una comisión dolosa. En el acoso inmobiliario, la conducta del propietario está presidida por el propósito de hacer incómoda la situación de los inquilinos, bien para que acepten una serie de condiciones, como puede ser la subida del alquiler, bien para provocar que desalojen el inmueble. Por lo tanto, también se admiten como típicas **conductas de omisión**: la inacción frente a situaciones de precariedad extrema y falta de habitabilidad -por ausencia de agua corriente o luz eléctrica, por la existencia de filtraciones y humedades cuya reparación fue voluntariamente esquivada-, donde los **propietarios** son responsables, en la posición de garante, de cubrir el mínimo de necesidades del inquilino que habita su dominio, mientras no hacerlo impone irremediablemente severos impedimentos de disfrute, sin que importe que todos ellos hayan conciliado su omisión o la hayan llevado a cabo por separado, pues serán autores por lo dejado de hacer que les correspondería, resultando penalmente **irrelevante un previo concierto** o un plan preconcebido mutuo. En tal sentido, se requeriría la **titularidad dominical** que conecta con las obligaciones para con la parte arrendataria y, por supuesto, el conocimiento o la posibilidad de conocimiento del estado de la finca y sus carencias esenciales que, por demás, acaba configurando un deber de todo propietario, no solo por la exigencia social frente a la comunidad en el ámbito de la ruina y los peligros objetivos que ello comporta, incluso, para cualquier transeúnte, sino en particular por los derechos de cualquier arrendatario (JP Barcelona 27-2-12, EDJ 18944; 29-6-12, EDJ 136708). Aunque lo normal es que concurran, tanto comportamientos activos, como omisivos (AP Málaga 4-3-20, EDJ 563564).

2) El **cambio de la cerradura** por parte del propietario de la vivienda, sin consentimiento del inquilino, constituye un delito de coacciones, al que no afecta la posibilidad de que este estuviera incumpliendo el contrato de arrendamiento, pues, en su caso, ello debió solucionarse con la rescisión judicial del mismo y no con el empleo de esta vía de hecho sancionada penalmente (TSJ Navarra 5-9-23, EDJ 722840).

La jurisprudencia se ha inclinado por la admisión de la **intimidación personal** e incluso la violencia a través de las cosas siempre que de alguna forma afecte a la libertad de obrar o a la capacidad de actuar del sujeto pasivo impidiéndole hacer lo que la ley no prohíbe o compeliéndole a hacer lo que no quiere (TS 11-3-99, EDJ 1595); y que los **actos de violencia en las cosas** pueden repercutir en la libertad de las personas para el pacífico disfrute de sus derechos sin necesidad de amenazas ni de agresiones que constituirán actos punibles de otro tipo diferente (TS 21-5-97, EDJ 5458). **7323**

Además de esta interpretación amplia del concepto de violencia, que incluye la intimidación y la fuerza en las cosas, establece que los **requisitos** de las coacciones son:

a) Que, además del dolo, tenga como **finalidad** impedir realizar lo que la Ley no prohíbe u obligarle a efectuar lo que no se quiere, sea justo o injusto.

b) Que la conducta tenga la **intensidad** suficiente para conseguir dicho objetivo, incorporando de esta forma la imputación objetiva del riesgo como requisito del tipo. Si la coacción no es grave, entonces recurriríamos a la coacción leve del CP art.172.3.

c) Que no esté abarcado por las normas de **convivencia social y** el **orden jurídico** (TS 6-10-95, EDJ 5123; 3-10-97, EDJ 7541; 29-9-99, EDJ 28079).

Ausencia de justificación de la penalidad específica Conforme a lo expuesto, se puede entender que resulta innecesaria la incriminación específica del acoso inmobiliario, pues, en el ámbito de las relaciones contractuales, impera el principio de autonomía de la voluntad y, habitualmente, bastará la vía civil para resolver el problema sin necesidad de una tutela penal específica. **7325**

Quizás en los supuestos más graves se puede entender que el recurso penal está justificado pero, entonces, estas conductas tienen perfecto encaje en los tipos de **coacciones, amenazas** y otras figuras delictivas ya conocidas del ordenamiento penal vigente. En este sentido ver jurisprudencia, por ejemplo, defraudación del fluido eléctrico y análogas (AP Barcelona auto 27-4-04, EDJ 67331).

Podría encajar en el tipo atenuado genérico de coacciones leves (CP art.172.3 párr 1º), la conducta de la administradora de una sociedad que tiene la nuda propiedad de cuatro fincas, por lo que, interesándole que no hubiera inquilinos para consolidar el pleno dominio del edificio, ya que era propietaria de la otra mitad, **corta** el **suministro de agua** y pone un candado en el acceso a las tuberías, que posteriormente retiró, manteniéndose solo la tubería de acceso a las oficinas de la sociedad, pero no las demás (AP Barcelona 4-7-05).

De esta forma, la inclusión de este párrafo específico no añade nada a la línea jurisprudencial que se mantiene en la actualidad, pues el tipo de las coacciones en el ámbito inmobiliario requiere los mismos requisitos del tipo básico de coacciones, justificándose la aplicación del **tipo agravado**, que impone la pena en su mitad superior, por afectar a un derecho fundamental como es el legítimo disfrute de la vivienda.

C. Acoso inmobiliario

(CP art.173.1 párr 3º)

7330

El tipo incluye la reiteración de actos hostiles o humillantes que, sin llegar a constituir trato degradante, tenga por objeto impedir el **legítimo disfrute de la vivienda**. **7332**

También se impone en este caso la misma pena del tipo base, es decir, prisión de 6 meses a 2 años.

7333 **Bien jurídico protegido** Es preciso delimitar claramente el bien jurídico protegido por este delito del que tratan de proteger las coacciones en el ámbito inmobiliario (CP art.172.1 párr 3º).

Así, mientras en las **coacciones** se protege la libertad del individuo en la toma de sus decisiones (vertiente interna), y en la realización de esa voluntad dentro de los cauces legales (vertiente externa), el bien jurídico protegido en el **acoso inmobiliario** es la integridad moral.

Y precisamente, la tutela penal de la **integridad moral** es la clave hermenéutica que dota de sentido jurídico a conductas que, de otro modo, aparecían inconexas para el derecho y, por ende, servirá para dar una respuesta global.

Así, no se puede circunscribir el bien jurídico protegido al derecho al **disfrute de la vivienda**, sino que reside en la integridad moral de las víctimas.

7335 **Conducta típica** La conducta típica se conformará con una **sucesión de vejaciones de carácter leve**, pero que, dada su **continuidad** y la **unidad de propósito** en su realización, configuran una única conducta que adquiere la gravedad necesaria para ser considerada trato vejatorio.

La conducta típica, por tanto, puede consistir en una serie de actos que aparentan ser lícitos, o al menos, escapar de la órbita del Derecho penal y, sin embargo, su **valoración conjunta** en la consecución de un propósito criminal le dan relevancia penal.

La **reiteración de actos** de acoso terminará creando un clima asfixiante, lesivo de la integridad moral; máxime cuando muchos de los singulares ataques, ya de por sí, están tamizados por un matiz degradante (p.e. obligar a soportar los excrementos, los parásitos, el desasosiego de no sentirse a salvo en su propia casa).

En la práctica es el supuesto de **especuladores** que presionan a los habitantes de viviendas codiciadas para que las abandonen, luego las adquieren a bajo precio y finalmente se lucran con la reventa.

Como ya se ha visto con relación a las coacciones en ámbito inmobiliario (nº 7310 s.), las **conductas abarcadas** pueden ser de muy diferente naturaleza: desde introducir colectivos marginales en el edificio o en el barrio donde se encuentra el bloque que se pretende adquirir -con lo que los vecinos se marchan y los precios se desploman, y entonces adquieren las viviendas a bajo precio para revenderlas- hasta, en el caso de los arrendadores, desentenderse totalmente del mantenimiento del inmueble.

Por eso, llama la atención que la jurisprudencia no haya sacado provecho del CP art.173.1 y se haya limitado a aplicar un delito de coacciones por los actos individuales en que consiste la conducta global de acoso. Por ello, este tipo penal puede servir para que se valore el daño moral resultante incorporando un **«plus» de antijuridicidad** a las diferentes coacciones individuales.

Estas **vejaciones leves**, individualmente consideradas, antes de la LO 1/2015 podían subsumirse en la falta del CP art.620.2. Actualmente, habiendo sido eliminadas las faltas del ámbito penal, habría que acudir al civil, salvo en el casi inverosímil supuesto en que se pudiera aplicar el tipo de delito leve de vejaciones injustas leves continuadas en ámbito familiar o doméstico (CP art.173.4) o aplicar el delito leve de coacciones del CP art.172.3 párr 1º.

En cualquier caso, son aún muy pocas las resoluciones de la jurisprudencia relativas al acoso inmobiliario y la mayoría de las veces abordan el problema calificando los hechos como **coacciones** en el ámbito inmobiliario (CP art.172.1 in fine).

Como se ha analizado también, no toda **conducta irregular del arrendador** es delito, incluso cuando se trate de una actuación encaminada a dificultar al arrendatario el disfrute del bien arrendado. En principio, el mero incumplimiento contractual encuentra suficiente y exclusivo remedio en la vía civil. El recurso a la vía penal como *ultima ratio* del ordenamiento sancionador solo estará justificado cuando atente contra bienes jurídicos y concurran los elementos antes referidos.

Al tratarse de un tipo de resultado -el menoscabo de la integridad moral- cabe la **realización omisiva** del tipo, siempre y cuando se cumplan los requisitos establecidos en el CP art.11. Esto puede dar respuesta a los supuestos de inacción por parte de los arrendadores obligados por vía contractual.

7337 Precisiones 1) En uno de los primeros casos resuelto por los tribunales, se expone un **comportamiento habitual** en estos supuestos: el propietario de una vivienda quiere que su inquilina, una anciana que paga renta antigua, abandone la vivienda y, como ella no accede, le llena el inmueble con «okupas» y además la somete a frecuentes cortes en el suministro de agua y de electricidad. Se entiende cometido un delito de **coacciones** en comisión por omisión pues «contemplados globalmente estos deliberados incumplimientos puedan responder a un deliberado propósito de forzar paulatinamente la voluntad del arrendatario hasta conducirle, por puro cansancio, a resolver el contrato de arrendamiento que les liga, ahorrándose el arrendador, por esa sutil paciente vía de hecho, la indemnización que en otro caso estaría llamado a satisfacer por resolución locataria» (AP Barcelona auto 26-4-04, EDJ 67331).

2) Otro **ejemplo** puede ser el caso de quien pretendía hacerse con la completa propiedad de un palacete de cuyo piso superior ya era dueño. Como los propietarios inferiores no estaban dispuestos a vender, recogió a unos gitanos de la calle y los alojó en su propiedad. Estos comenzaron un hostigamiento sistemático contra sus vecinos: abrían los grifos para inundarlos, les echaban basura, rayaban los coches, amenazaban, robaban e incluso intentaban contaminar con materia fecal, ya embadurnando los automóviles o mezclándola con las filtraciones de agua que salía del retrete. Pretendía «que perpetrasen cuantos daños fueren menester en el patrimonio de los vecinos hasta que estos, cansados, cedieran a sus propósitos» (JI Getxo núm 6 auto 3-5-05).

3) Aun cuando la víctima tenga **avanzada edad** y la situación le genere preocupaciones y desasosiego, no por ello se puede calificar la conducta de intimidatoria (AP Barcelona 21-6-04, EDJ 84187).

Acoso inmobiliario llevado a cabo por persona jurídica (CP art.173.1 párr 5.6) Desde que se atribuyó la posible **responsabilidad penal** a la persona jurídica (CP art.31 bis), se contempla en el Código Penal el delito de acoso inmobiliario llevado a cabo por estas, estableciéndose una **pena de multa** de 6 meses a 2 años y la posibilidad de que se impongan, de acuerdo con las reglas del CP art.66.bis, las siguientes penas (CP art.33.7.b a g): 7338

• Disolución de la persona jurídica.
• Suspensión de sus actividades por un plazo que no podrá exceder de 5 años.
• Clausura de sus locales y establecimientos por un plazo que no podrá exceder de 5 años.
• Prohibición de realizar en el futuro las actividades en cuyo ejercicio se haya cometido, favorecido o encubierto el delito. Esta prohibición podrá ser temporal o definitiva. Si fuera temporal, el plazo no podrá exceder de 15 años.
• Inhabilitación para obtener subvenciones y ayudas públicas, para contratar con el sector público y para gozar de beneficios e incentivos fiscales o de la Seguridad Social, por un plazo que no podrá exceder de 15 años.
• Intervención judicial para salvaguardar los derechos de los trabajadores o de los acreedores por el tiempo que se estime necesario, que no podrá exceder de 5 años.

PARTE VI

Fiscalidad

CAPÍTULO 13

Fiscalidad del arrendador

 7350

La naturaleza del arrendador -persona física, persona jurídica o entidad sin personalidad jurídica- determina la sujeción de las rentas obtenidas en el arrendamiento a uno u otro **impuesto personal**. Asimismo, el mero ejercicio de la actividad o el tipo de operación, hace que surja, en su caso, la obligación de tributar por las mismas en el IVA o el IAE. 7355
Analizamos a continuación los tributos a los que está sujeto el arrendador, si bien, dado el **objeto de esta obra**, en todos los casos el análisis se hace desde el punto de vista de las operaciones arrendaticias.

Personas físicas Las rentas obtenidas por la persona física que arrienda un inmueble tributan en su impuesto sobre la renta de las personas físicas (**IRPF**) como rendimientos de una actividad económica (nº 7600) o del capital inmobiliario (nº 7400); asimismo, algunos de estos arrendamientos constituyen una prestación de servicios sujeta al **IVA**, en la que el arrendador, exclusivamente a estos efectos, es considerado empresario, y, con ello, sujeto pasivo del impuesto (nº 8430). 7357
Por otro lado, cuando el arrendamiento se ejerce por la persona física como actividad empresarial, quedará sujeto al impuesto sobre actividades económicas (**IAE**) en el correspondiente municipio (nº 8625).

Precisiones **1)** Las personas físicas que no tienen su residencia habitual en España no están sometidas al IRPF. En su lugar, se someten al impuesto sobre la renta de no residentes (**IRNR**), quedando obligadas a tributar en este último por los rendimientos inmobiliarios producidos en territorio español (nº 7550 s. Memento Fiscal 2023). 7358
2) La **regulación básica del IRPF** se encuentra en la L 35/2006 (LIRPF); en su Reglamento, aprobado por RD 439/2007 (RIRPF); y en las Órdenes Ministeriales que regulan cada año la modalidad de estimación objetiva por signos, índices o módulos para pequeños empresarios.
3) Básicamente, el **IVA se regula** en la L 37/1992 (LIVA); el Reglamento del impuesto, aprobado por el RD 1624/1992 (RIVA); y el Reglamento de facturación (RD 1619/2012).
4) La normativa fundamental reguladora del **IAE**, se recoge, a nivel estatal, en el RDLeg 2/2004 (LHL), el RDLeg 1175/1990 (Tarifas del impuesto y su Instrucción) y el RD 243/1995 (Normas de gestión del impuesto).
Asimismo, en el ámbito local las **ordenanzas fiscales** de las entidades locales pueden establecer determinados coeficientes, índices y recargos para este impuesto. No obstante, los mismos no resultan aplicables en el ámbito arrendaticio.

Personas jurídicas Las rentas que obtienen las sociedades y demás personas jurídicas que arriendan un inmueble tributan en su impuesto personal, que es el impuesto sobre sociedades (**IS**), ya sea en su régimen general (nº 7805) o en alguno de los regímenes especiales directamente relacionados con el arrendamiento de inmuebles: el de «Sociedades cotizadas de inversión en el mercado inmobiliario **-SOCIMI-**» (nº 8135) o el régimen especial de «**Entidades dedicadas al arrendamiento de viviendas**» (nº 8310). 7360
Por otro lado, al igual que ocurre cuando el arrendador es una persona física, la actividad puede estar sujeta al impuesto sobre el valor añadido (**IVA**) y va a estar sujeta en todo caso al impuesto sobre actividades económicas (**IAE**). Ver nº 8415 y nº 8625, respectivamente.

Precisiones **1)** Las personas jurídicas que no tienen su residencia habitual en España no están sometidas al IS. En su lugar, se someten al impuesto sobre la renta de no residentes (**IRNR**). Ver nº 7550 s. Memento Fiscal 2024.
2) Respecto al **IS**, el **régimen general** se regula en la L 27/2014 (LIS) y en el reglamento de desarrollo de la misma, el RD 634/2015 (RIS); igualmente está regulado en la LIS el **régimen especial** de las entidades dedicadas al arrendamiento de viviendas. Por su parte, las SOCIMI cuentan con una norma particular, la L 11/2009.
3) Respecto a la regulación básica del **IVA** y el **IAE** que afectan al arrendador persona jurídica, ver nº 7358.

7363 **Entidades sin personalidad jurídica** Las sociedades civiles que no tengan personalidad jurídica, las herencias yacentes, comunidades de bienes y demás entidades que, carentes de personalidad jurídica, constituyan un patrimonio separado susceptible de imposición (LGT art.35.4), están sometidas al **régimen de atribución de rentas**, cuando arrienden inmuebles (nº 8390).

Asimismo, cuando el arrendamiento esté sujeto al impuesto sobre el valor añadido **(IVA)**, estas mismas entidades son sujetos pasivos del impuesto (nº 8415).

Por último, han de tributar igualmente por el impuesto de actividades económicas (**IAE**), cuando realicen la actividad de arrendamiento en el territorio nacional (nº 8625).

Precisiones **1)** El **régimen de atribución de rentas** está regulado en la L 35/2006 (LIRPF) y su reglamento de desarrollo (RD 439/2007 -RIRPF-), con independencia de que los miembros de la entidad sean contribuyentes por el IRPF, el IS o el IRNR.
2) Respecto a la regulación básica del **IVA** y el **IAE** que afectan al arrendador que es una entidad sin personalidad jurídica, ver nº 7358.

7367 **Cuadro resumen** Incluimos a continuación un cuadro con la obligación que tiene el arrendador de tributar por los distintos impuestos en función de su cualidad personal, cuando las operaciones de arrendamiento estén sujetas y no exentas de los mismos.

Impuesto	Personas físicas	Personas jurídicas	Entidades sin personalidad
IRPF	X		
IS (régimen general o especial)		X	
Atribución de rentas			X
IVA	X	X	X
IAE	X	X	X

I. Impuesto sobre la renta de las personas físicas

7370

7373 El IRPF grava la renta de las personas físicas atendiendo a las circunstancias personales y familiares de las mismas (LIRPF art.1).

Su **objeto** es la totalidad de la renta obtenida por los sujetos pasivos, determinada normalmente con carácter anual, mediante la aplicación de normas específicas.

Una vez determinadas las rentas, se integran y compensan las distintas clases para el cálculo de los dos tipos de **bases imponibles** con tributación diferenciada:
- la base imponible general, que se grava con una tarifa creciente; y
- la base imponible del ahorro que se somete también a una escala, aunque con tipos menores.

No se someten a tributación las rentas que no excedan del **mínimo personal y familiar** que resulte de aplicación. Este mínimo se somete técnicamente a gravamen a tipo cero, de forma que contribuyentes con iguales circunstancias personales y familiares obtienen el mismo ahorro.

Rige el sistema de **autoliquidación** por el contribuyente, sin perjuicio de las facultades de la Administración tributaria para su comprobación e investigación.

Precisiones Dado el objeto de esta obra, se analizan en la misma, junto a algunas cuestiones generales de aplicación del IRPF, solo la obtención de **rendimientos netos** procedentes de los arrendamientos, así como las posibles **reducciones** aplicables a los mismos. Un estudio detallado del **procedimiento de liquidación**, en lo que se refiere a la determinación de bases y cuotas del impuesto, puede encontrarse en el nº 2190 s. Memento Fiscal 2024. Se recogen en esta obra, no obstante, las **deducciones autonómicas** en la cuota íntegra del arrendador relacionadas con el arrendamiento (nº 7749 s.).

Territorio de aplicación (LIRPF art.4 y 5) El IRPF se aplica en todo el territorio español: territorio peninsular, Islas Baleares, las Islas Canarias, Ceuta y Melilla y sus dependencias. 7375
No obstante, la organización territorial del Estado en comunidades autónomas y el diferente grado de reconocimiento de competencias tributarias, obliga a tener en cuenta los **regímenes tributarios forales**:
- concierto con los territorios históricos del País Vasco: Araba, Bizkaia y Gipuzkoa;
- convenio con la Comunidad Foral de Navarra.
Por otra parte, las comunidades autónomas tienen competencias normativas en lo que se refiere al mínimo personal y familiar, tarifas y deducciones en la cuota, bajo determinados requisitos y en relación con las personas físicas con residencia habitual en la respectiva comunidad. En consecuencia, se debe tener en cuenta la normativa estatal (que sigue regulando la gran mayoría de los aspectos del impuesto) y también la normativa que, en relación con las citadas materias, haya aprobado la comunidad autónoma en la que se resida.
Además, la posible existencia de situaciones de doble imposición internacional exige condicionar todo lo anterior a lo dispuesto en los **tratados y convenios internacionales** que hayan pasado a formar parte del ordenamiento interno, fundamentalmente, convenios para evitar la doble imposición.

Precisiones Por su incidencia en las operaciones arrendaticias, en esta obra nos referimos a la **regulación autonómica o foral** del IRPF, exclusivamente en relación con las deducciones aplicables por el arrendador (nº 7745) y el arrendatario (nº 8895).

Ámbito personal (LIRPF art.8 s.) El IRPF somete a gravamen a las personas físicas que tengan su residencia habitual en **territorio español**, con independencia de su nacionalidad, y, excepcionalmente, a los diplomáticos y funcionarios en el **extranjero** en determinadas condiciones. 7377
El IRPF grava la totalidad de la renta obtenida, con independencia del lugar donde se haya producido y de la residencia del pagador de la misma.

Precisiones **1)** El concepto de **residencia habitual**, desde el punto de vista fiscal, se estudia más ampliamente en el nº 42 s. Memento Fiscal 2024.
2) Si bien la norma general es la **tributación individual**, la tributación conjunta se mantiene como posible alternativa. En relación con la tributación **familiar**, ver nº 305 s. Memento Fiscal 2024.

Período impositivo y devengo (LIRPF art.12 s.) Con carácter general, el período impositivo coincide con el **año natural**: comienza el 1 de enero y finaliza el 31 de diciembre de cada año. 7380
En este período se deben acumular las rentas que sean imputables al mismo, según los criterios de imputación temporal correspondientes, para determinar la base imponible (nº 7390 s.).
Solo existe un caso en que el período impositivo es inferior al año natural: cuando se produzca el **fallecimiento** del contribuyente en un día distinto al 31 de diciembre. En tal caso, en el día del fallecimiento termina el período impositivo, que habrá durado, por tanto, desde el 1 de enero hasta el día del fallecimiento.
Los **herederos** del fallecido han de presentar, en el año siguiente al fallecimiento y durante el plazo general reglamentario de declaración (AEAT 2-11-09), la correspondiente al fallecido por ese período impositivo -1 de enero hasta la fecha de fallecimiento- que, a causa de su fallecimiento fue, además del último, inferior al año natural.
La **base imponible** del fallecido es la que corresponde a las rentas efectivamente obtenidas o imputables en el período impositivo que finalizó con su fallecimiento, sin que proceda en ningún caso la elevación al año.
El impuesto **se devenga** el 31 de diciembre de cada año, salvo en el caso de fallecimiento del contribuyente en un día distinto, en cuyo caso el devengo se produce en la fecha del fallecimiento.

A. Obligación de tributar

El **hecho imponible** de un impuesto es el presupuesto fijado por la ley cuya realización origina el nacimiento de la obligación tributaria. Lo que en el caso del IRPF sería la **obtención de renta** por la persona física, contribuyente del impuesto. 7383
No obstante, la propia norma puede establecer:
- supuestos de **no sujeción**, en los que se considera que el hecho imponible no ha llegado a producirse; y
- supuestos de **exención**, en los que, habiéndose producido el hecho imponible, no llega a existir la obligación tributaria.

La renta se clasifica e integra en una serie de componentes que se identifican y cuantifican de acuerdo con las reglas específicas que la ley ha previsto para cada categoría. En concreto las rentas obtenidas por una persona física al arrendar un inmueble **se catalogan como**:
- rendimientos de su actividad empresarial; o
- rendimientos del capital inmobiliario.

Precisiones **1)** Más allá del ámbito arrendaticio las rentas obtenidas por los contribuyentes se van a incluir en una de estas **cinco categorías**:
• Rendimientos de trabajo.
• Rendimientos de capital inmobiliario.
• Rendimientos de capital mobiliario.
• Rendimientos de actividades económicas.
• Ganancias y pérdidas patrimoniales.
2) En el **régimen de atribución de rentas**, las obtenidas por la comunidad de bienes que arrienda un inmueble se someten a tributación mediante su asignación a los comuneros, personas físicas o jurídicas, que las integrarán en la base imponible de su propio impuesto -IRPF, IS o IRNR- (nº 8390).

B. Renta gravable

7385

7387 **Determinación** La **base imponible** del IRPF está constituida por el importe de la renta del contribuyente (LIRPF art.15). Para su cuantificación, se sigue el siguiente orden:
1º. Se **califican y cuantifican las rentas** con arreglo a su origen. Los rendimientos netos del capital inmobiliario y las actividades económicas se obtienen por diferencia entre ingresos computables y gastos deducibles (nº 7453 s.).
2º. Se aplican las **reducciones** sobre el rendimiento íntegro o neto que, en su caso, corresponda para cada clase de renta.
3º. Se **integran y compensan** las diferentes rentas según su origen y su clasificación como renta general o del ahorro.
Como resultado de estas operaciones se obtiene la **base imponible general** y la **base del ahorro**, que no supone sino la cuantificación del hecho imponible.

Precisiones En relación con los **métodos** de determinación de la base imponible -estimación directa, objetiva o indirecta-, ver nº 7650 s.

7390 **Imputación temporal** Al ser el IRPF un impuesto de carácter periódico, en el que se tienen en cuenta exclusivamente las rentas producidas en el período impositivo (nº 7380 s.), resulta esencial determinar los criterios o reglas conforme a las que se imputan a cada período los ingresos y los gastos correspondientes. La LIRPF establece para ello una **regla general** y unas **reglas especiales**.

7392 **Regla general** (LIRPF art.14.1) Con carácter general se establecen los siguientes criterios de imputación:
a) Los rendimientos del **capital inmobiliario** se imputan al período impositivo en que sean exigibles por su perceptor. El principio de **exigibilidad** es diferente del principio de caja y del devengo:
• El momento en que un cobro es exigible no se corresponde necesariamente con el momento en que efectivamente se cobra («**caja**»). Así, por ejemplo, si el propietario de un inmueble tiene pactado cobrar la renta el 1-12-2021, pero el arrendatario se retrasa en el pago hasta el 1-1-2022, el propietario debe declarar el ingreso en 2021.
• El **devengo**, generalmente utilizado en contabilidad, imputa a cada ejercicio los ingresos y gastos generados en el mismo, aunque no se haya producido su exigibilidad, utilizando las cuentas de periodificación para recoger los desajustes temporales. La exigibilidad supone, por el contrario, la imputación de la renta total en el momento en que el perceptor puede reclamar su pago, de acuerdo con las normas o pactos exigibles (DGT CV 5-6-17), con independencia de que se haya generado o corrido durante varios ejercicios.

Precisiones El **pago adelantado** de 10 años de renta, genera un rendimiento de capital inmobiliario imputable al año en que se percibe el importe (año en que son exigibles), que se cuantifica por diferencia entre el importe cobrado y los gastos que tengan carácter irregular. Además, puede existir un rendimiento regular negativo por los gastos regulares, que se imputarán a los años en que se produzcan (DGT 10-4-95).

b) Los rendimientos de **actividades económicas** se imputan conforme a la normativa del IS (nº 7985 s.). No obstante, quienes desarrollen actividades económicas por las que no estén obligados fiscalmente a llevar contabilidad y registros de acuerdo a lo previsto en el Código de Comercio, y efectivamente no la lleven así, pueden optar por el criterio de cobros y pagos, el «criterio de caja» y no seguir el procedimiento. Esta opción se ajusta a las siguientes **reglas**: 7393

- Si el contribuyente desarrolla **varias actividades** económicas, la opción tiene que abarcar a todas ellas.
- Los requisitos formales son mínimos y la **aprobación automática**, ya que la opción se entiende aprobada por la Administración tributaria por el solo hecho de que el contribuyente lo manifieste así en la correspondiente declaración del impuesto.
- Esta opción debe mantenerse durante un **plazo mínimo** de 3 años, y pierde su eficacia si, con posterioridad a la misma, el contribuyente debiese cumplimentar, en cualquiera de sus actividades económicas, sus obligaciones contables y registrales de acuerdo a lo previsto en el Código de Comercio.
- En ningún caso, los **cambios de criterio** de imputación temporal o del método de determinación del rendimiento pueden suponer que algún ingreso o gasto quede sin imputar, ni que se impute nuevamente en otro ejercicio.

Precisiones **1)** En caso de **cambio de criterio** de imputación temporal de cobros y pagos por el de devengo, en el primer ejercicio en el que resulte aplicable este último deben computarse los ingresos devengados en ejercicios anteriores y aún no cobrados (DGT CV 11-5-16). La misma solución parece que debería articularse en relación con los gastos devengados en ejercicios anteriores y no cobrados en el momento de empezar a aplicar el criterio de devengo.
2) El establecimiento de un **periodo de carencia** de renta en el arrendamiento de un inmueble como compensación de las obras de mejora que en el mismo ha de realizar el arrendatario genera rendimientos de capital inmobiliario que deben imputarse al periodo impositivo en que dichas obras reviertan en el propietario, una vez finalizado el contrato (DGT CV 15-1-19).

Reglas especiales de imputación (LIRPF art.14.2) En el IRPF existen algunos criterios particulares de imputación de ingresos y gastos. Desde la perspectiva de las rentas derivadas del arrendamiento hay que tener en cuenta los siguientes: 7395

- **Resolución judicial pendiente** (LIRPF art.14.2.a). Cuando no se haya satisfecho una renta, en todo o en parte, por estar pendiente de resolución judicial el derecho a su percepción o su cuantía, los importes no satisfechos se imputan al período impositivo en que la resolución judicial adquiera firmeza.

No obstante, esta regla especial limita sus efectos a los casos en que lo que se halle en litigio sea el derecho a percibir la renta o la cuantía de la misma. Solo en esos casos puede imputarse la renta no cobrada al período impositivo en que la resolución adquiere firmeza. Cuando el litigio se deba a una mera **falta de pago**, la norma especial no es aplicable, y la imputación debió hacerse al ejercicio en que el cobro era exigible.

Precisiones **1)** Esta regla especial tampoco instaura un criterio de cobro efectivo o «caja», ya que la imputación se hace al ejercicio en que la resolución judicial adquiera firmeza, aunque el **cobro** se produzca después (DGT CV 5-9-18; CV 11-7-19).
2) La expresión «**resolución judicial**» debe entenderse en un sentido amplio, incluyendo otro tipo de transacciones judiciales además de la sentencia (DGT CV 30-6-06). Igualmente resulta aplicable a los laudos arbitrales (DGT CV 18-1-19).

- **Cambio de residencia o fallecimiento** (LIRPF art.14.3 y 4 y art.95 bis). Si, por **cambio de residencia**, se pierde la condición de contribuyente por el IRPF, todas las rentas que estuvieran pendientes de ser imputadas, se integran en la base imponible correspondiente al último período impositivo que deba declararse por este impuesto. A tal efecto debe practicarse, en su caso, una autoliquidación complementaria sin sanción, recargo, ni intereses de demora. No obstante, en el caso de traslado de residencia a otro **Estado miembro de la UE**, el contribuyente también puede optar por presentar esta autoliquidación complementaria a medida en que vaya obteniendo cada una de las rentas pendientes de imputación. Dicha presentación se efectúa en el plazo de declaración del período impositivo en el que hubiera correspondido imputar dichas rentas en caso de no haberse producido la pérdida de la condición de contribuyente. 7397

En caso de **fallecimiento** del contribuyente, todas las rentas pendientes de imputación deben integrarse en la base imponible del último período impositivo que deba declararse.

Precisiones En caso de haber fallecido el contribuyente en un período impositivo anterior a aquel en el que ha adquirido **firmeza la sentencia** en la que se le reconoce el derecho a percibir determinada renta, esta última debe imputarse no al ejercicio en el que adquirió firmeza sino al período impositivo en el que falleció el contribuyente mediante la presentación de una autoliquidación complementaria, a presentar en el plazo que media entre la fecha de la percepción de tales cantidades y la finalización del inmediato plazo de presentación de declaraciones por este impuesto (DGT CV 31-1-17).

1. Rendimientos del capital inmobiliario

(LIRPF art.21 s.)

a. Delimitación

7403 Una de las grandes categorías de rendimientos que integran la renta de las personas físicas es la de los rendimientos del capital, en la que se incluyen tanto los rendimientos procedentes del capital mobiliario como los del capital inmobiliario.

Son rendimientos íntegros del capital inmobiliario o, lo que es lo mismo, rendimientos procedentes de la propiedad de inmuebles, rústicos o urbanos, o de derechos reales que recaigan sobre los mismos, los que deriven del arrendamiento o de la constitución de cesión derechos o facultades de uso o disfrute sobre ellos.

Para ello, se requiere:

- que la **titularidad** del bien inmueble o del derecho constituido sobre este sea del contribuyente; y
- que no se encuentren afectos **actividades económicas** realizadas por el mismo.

7405 **Operaciones arrendaticias** Se relacionan a continuación diversas operaciones en las que, por su particularidad, determinar la existencia de un rendimiento del capital inmobiliario puede conllevar mayor complejidad.

7406 **Finca Rústica** Se incluye como capital inmobiliario el importe del arrendamiento de bienes inmuebles rústicos, que no se encuentran afectos a una actividad agrícola, ganadera o forestal.

Con la finca rústica pueden estar alquiladas las naves o instalaciones necesarias para la explotación de la misma, así como maquinaria. En este caso, todo el importe del alquiler se engloba dentro de este concepto.

Precisiones **1)** Se califican como rendimientos del capital inmobiliario los derivados del arrendamiento de una finca rústica a una sociedad de cazadores para el aprovechamiento de los **recursos cinegéticos** de la misma, siempre que no se cuente con medios para el ejercicio de una actividad económica (DGT CV 23-6-08).

2) Cuando se arriendan exclusivamente inmuebles o naves ubicados sobre fincas rústicas para **almacenamiento** de piensos, materiales, estabulación de cerdos, gallinas, conejos, ganado ovino, caprino o vacuno, etc., también se recoge en este concepto.

7407 **Aparcería** Los rendimientos generados por un contrato de aparcería se consideran rendimientos de actividades económicas para el cedente cuando este ordene los medios de producción o los recursos humanos, con la finalidad de intervenir en la producción de bienes. En caso contrario, se califican como rendimientos del capital inmobiliario (DGT 29-9-04). Si la finca rústica forma parte de un **negocio**, los rendimientos tienen la naturaleza de rendimientos del capital mobiliario (DGT CV 6-3-15). Si no es así, con la finca rústica pueden estar alquiladas las naves o instalaciones necesarias para la explotación de la misma, así como maquinaria. En este caso, todo el importe del alquiler se engloba en el rendimiento del capital inmobiliario (DGT CV 26-1-15).

Precisiones En las respectivas Órdenes Ministeriales que aprueban los **signos, índices o módulos** para el método de estimación objetiva, se recogen los que sirven para cuantificar el rendimiento neto que debe declarar el cedente en función de los aprovechamientos que se hubiera reservado.

7410 **Local de negocio** Las rentas obtenidas en el arrendamiento de un local de negocio se califican como rendimiento de capital inmobiliario, o en su caso, de la actividad económica. La participación del arrendador en el **traspaso** también recibe la calificación de rendimientos del capital inmobiliario (DGT CV 18-1-08), sin perjuicio de su consideración de rendimientos producidos de forma irregular en el tiempo (nº 7575 s.), y la cantidad percibida por el arrendatario, de ganancia patrimonial (DGT CV 3-10-08).

La diferencia del arrendamiento de local de negocio con el **arrendamiento de negocio** reside en el hecho de que la renta obtenida en este último caso se considera rendimiento de capital mobiliario o, en su caso, de la actividad económica.

La **doctrina** de la DGT ha sido bastante clara al respecto:
• Arrendamiento de **local de negocio** es el alquiler del espacio, siendo la maquinaria y útiles de trabajo propiedad del arrendatario (DGT CV 28-11-06) o cedidos por el arrendador. Este arrendamiento genera rendimientos del capital inmobiliario o de la actividad económica.
Se ha calificado como rendimiento del capital inmobiliario el derivado del alquiler de una **nave industrial y la maquinaria** (TSJ Madrid 19-2-03, EDJ 93109), aunque dándose las circunstancias señaladas podría calificarse como un arrendamiento de negocio.
• En el **arrendamiento de negocio** el arrendatario recibe, además del local, el negocio o industria en él establecido, de modo que el objeto del contrato es, no solamente los bienes que en el mismo se enumeran, sino una unidad patrimonial con vida propia y susceptible de ser inmediatamente explotada o pendiente para serlo de meras formalidades administrativas. Ello supone la existencia previa de una empresa o negocio que el arrendador explotaba y, posteriormente alquila, generándose en consecuencia rendimientos de capital mobiliario. Es el caso:
- del arrendamiento de una **finca de naranjos**, que incluye el derecho de riego de los árboles, en la que el arrendatario mantiene la misma actividad que venía ejerciendo el arrendador -empresa o explotación económica- (DGT 30-4-01); y
- del arrendamiento de un local que posee las instalaciones necesarias para la **exhibición de películas** (TEAC 7-11-97).

Plaza de garaje Hay que distinguir entre la actividad de **guarda y custodia** de vehículos (IAE epígrafe 751) -que, al ir más allá del simple arrendamiento, ha sido calificada como actividad económica- (DGT CV 10-10-05), de la actividad de alquiler puro y simple de plazas de garaje (IAE epígrafe 861.2) -que, con carácter general, se califica como capital inmobiliario (DGT 20-4-98), salvo que se cumplan los requisitos para ser considerada como actividad económica (nº 7605 s.). **7413**

Arrendamiento con opción de compra En el arrendamiento con opción de compra hay que analizar las distintas operaciones económicas que se producen: **7415**
• Las **rentas** derivadas del alquiler con opción de compra tienen la consideración de rendimiento del capital inmobiliario (DGT CV 26-6-12).
• La **concesión de la opción de compra** sobre un inmueble produce en el concedente una ganancia de patrimonio, que nace en el momento de dicha concesión y que, al no derivar de una transmisión, se clasifica como renta general (TS 18-5-20, EDJ 559656). Su importe se determina por el valor efectivamente satisfecho siempre que no sea inferior al valor de mercado, en cuyo caso prevalece este, deduciéndose los gastos y tributos inherentes a la operación que hayan sido satisfechos por el concedente. La imputación de la ganancia debe efectuarse en el período impositivo en el que tiene lugar la alteración patrimonial, en este caso, en el período impositivo en el que se formalizó el derecho de opción de compra sobre la vivienda.
• Si posteriormente se produce el **ejercicio de la opción de compra**, la transmisión del inmueble va a ocasionar una nueva alteración patrimonial. En este caso, las cuantías recibidas previamente en concepto de precio del derecho de opción de compra sobre dicho inmueble, así como las cantidades satisfechas por el arrendamiento del citado inmueble hasta el ejercicio de opción de compra se han de descontar, si así está pactado, del precio total convenido por la transmisión de dicha vivienda, por lo que las rentas derivadas del arrendamiento de la vivienda así como el precio de la opción recibidos por el concedente han de constituir un **menor valor de transmisión** de la vivienda a efectos del cálculo de la ganancia o pérdida patrimonial que derive de la citada transmisión (DGT CV 7-3-11; CV 10-5-17). Esta ganancia o pérdida patrimonial debe imputarse en el período impositivo en el que se ejercite la opción de compra por el adquirente.
• Por último, la cantidad recibida por el arrendador en concepto de **fianza** del contrato de arrendamiento constituye una garantía de dicho contrato que no implica, por sí misma, una ganancia o pérdida patrimonial, la cual, no obstante, puede surgir, en su caso, a raíz de que se ejecute la misma. En consecuencia, y con independencia de que se hubiese ejecutado la fianza, el importe de la misma entregada al arrendador con ocasión de la formalización del contrato de arrendamiento no se ha de descontar del precio total convenido por la transmisión de dicho inmueble a efectos del cálculo de la ganancia o pérdida patrimonial derivada de la citada transmisión.

Precisiones A los efectos de una **futura transmisión** del inmueble adquirido mediante un alquiler con opción de compra (DGT CV 12-4-11; CV 30-3-15):
- la cantidad entregada en concepto de prima de opción de compra forma parte del valor de adquisición de la vivienda;
- si se hubiese pactado que las cantidades satisfechas por el arrendamiento se descuentan del precio total convenido por la transmisión del inmueble, dichas cantidades no formarán parte del valor de adquisición a efectos de futuras transmisiones.

7417 **Subarriendo** Los rendimientos procedentes del subarriendo de inmuebles, rústicos o urbanos, solo pueden considerarse rendimientos del capital inmobiliario si se perciben por su **propietario o usufructuario**, sin que proceda aplicar sobre el rendimiento neto la reducción por arrendamiento de vivienda (nº 7557 s.). Si se perciben por el **arrendatario**, tales rendimientos se califican como del capital mobiliario, ya que quien los percibe no es titular del inmueble ni del usufructo del mismo, sino de un mero derecho arrendaticio, salvo que los rendimientos obtenidos se califiquen como rendimientos de actividades económicas (DGT CV 26-1-15).

7420 **Indemnizaciones** A lo largo de la vida del contrato de arrendamiento pueden darse diversas situaciones que darán lugar a la indemnización de los daños ocasionados a una de las partes.
a) **Indemnizaciones satisfechas por el arrendador**:
• La indemnización satisfecha por el arrendador para la **resolución del contrato** de arrendamiento de vivienda constituye para el arrendatario una ganancia patrimonial, siendo su período de generación el número de años transcurridos desde la firma del contrato, incluyendo sus prórrogas. Para el arrendador es una mejora que incrementa el valor del inmueble.
•La indemnización que debe satisfacer el arrendador al arrendatario en el caso de extinción de un contrato de **alquiler de un local** en el que se venía ejerciendo una actividad de comercio, se asemeja a una indemnización por pérdida de clientela. En este caso, la calificación de la renta es de ganancia patrimonial para el arrendatario y para el arrendador una mejora, no un gasto.
Si el arrendatario **cedió el inmueble**, con el consentimiento tácito del arrendador, a una entidad mercantil, la indemnización percibida en caso de extinción del contrato es del arrendatario (DGT CV 19-4-06).

7421 b) **Indemnizaciones satisfechas por el arrendatario:**
• La **rescisión unilateral** del contrato por parte del arrendatario da lugar a una indemnización que constituye para el arrendador un rendimiento del capital inmobiliario (DGT CV 26-3-10). Dicha indemnización no tiene período de generación, aun cuando se cuantifique en función de las rentas que se hubiesen percibido desde la resolución del contrato hasta el final del mismo, y este período sea superior a 2 años; tampoco tiene la calificación de renta obtenida de forma notoriamente irregular, dado que no se encuentra dentro de los supuestos contemplados en el RIRPF art.15 (DGT CV 16-9-10); también lo es el abono por el arrendatario de una indemnización por **no desalojar el inmueble**, ya que viene a sustituir parte de la renta de alquiler dejada de percibir (DGT CV 7-10-15).
• Las indemnizaciones que pueda percibir el arrendador del arrendatario por **desperfectos en el inmueble**, constituyen rendimientos del capital inmobiliario (DGT CV 18-1-08), sin perjuicio de su consideración de rendimientos producidos de forma irregular en el tiempo (nº 7575). La **fianza** constituye una garantía de cumplimiento de las obligaciones del arrendatario, no es un ingreso para el arrendador. Sin embargo, cuando dicha fianza se esté aplicando al pago de las últimas mensualidades de alquiler, sí es rendimiento de capital inmobiliario (AEAT 11-1-16).
• El abono de una indemnización por **falta de desalojo del inmueble** por parte del arrendatario se califica como rendimiento del capital inmobiliario, ya que viene a sustituir parte de la renta de alquiler dejada de percibir (DGT CV 7-10-15).
• Las rentas dejadas de abonar por el arrendatario, desde el impago que hasta la fecha de la **sentencia** que resuelve el arrendamiento y le condena a pagar todas las rentas vencidas y no satisfechas hasta el desalojo del local, son rendimientos de capital inmobiliario, imputables al período en que sean exigibles (TS 14-12-21, EDJ 780147).

7423 **Vivienda en expectativa de alquiler** Durante el periodo en que un inmueble está a la espera de ser alquilado se ha de tributar por las rentas imputadas en el IRPF de su propietario, sin que durante ese tiempo se puedan deducir los gastos que el mismo genere (TS 25-2-21, EDJ 513834). En concreto, hay que imputar como **renta inmobiliaria** la cantidad que resulte de aplicar el 2% o, en su caso, el 1,1% al valor catastral, proporcionalmente al número de días que corresponda de cada período impositivo (DGT CV 11-10-06).

Precisiones En relación con la **imputación de rentas inmobiliarias**, ver nº 935 s. Memento Fiscal 2024.

7425 **Obras inconsentidas** (LAU art.23) Las obras realizadas por el arrendatario sin el consentimiento del arrendador pueden pasar a ser **propiedad** de este a la finalización del contrato. En este caso, el valor de las obras es considerado como rendimiento íntegro del capital inmobiliario (DGT 3-3-94; CV 15-1-19).

7427 **Cesión de muebles con el inmueble** (LIRPF art.22.2) Si junto con el bien inmueble se ceden bienes de naturaleza mobiliaria, como es el caso de viviendas alquiladas con muebles, locales con algún tipo de maquinaria o elementos, las fincas rústicas con aperos de labranza u otros útiles, etc., se califica de rendimiento de capital inmobiliario a la parte del arrendamiento que corresponde a los bienes cedidos conjuntamente con el inmueble.

Precisiones A nuestro entender cabe plantearse que, cuando los restantes elementos cedidos no sean **accesorios a la finca**, la calificación puede variar, de tal modo que el rendimiento correspondiente a la parte de la renta arrendaticia percibida por el arrendador se califique, p.e. de arrendamiento de bienes muebles. No es el caso de la renta obtenida por el arrendamiento como alquiler vacacional de dos vagones de tren situados en una finca, que se califican como rendimiento inmobiliario (DGT CV 18-5-17).

Aprovechamiento reservado al propietario Cuando el propietario-arrendador se reserva algún aprovechamiento, se debe imputar una renta por dicho aprovechamiento, que se califica como renta inmobiliaria imputada (nº 935 Memento Fiscal 2024). **7430**

Hospedaje Con carácter general, no se pueden asimilar a los arrendamientos de inmuebles urbanos (DGT 26-4-99), pero el alquiler diario o por plazo superior de viviendas rurales, turísticas, etc., sin que el arrendador preste servicios adicionales o complementarios, se califica de rendimiento de capital inmobiliario, salvo que se trate de una actividad económica (DGT CV 16-4-15; CV 11-4-17). En el mismo sentido, en relación con el arrendamiento de una vivienda inscrita como vivienda vacacional (DGT CV 25-4-05), o como vivienda rural no compartida (DGT CV 23-6-05; CV 13-1-14), o el de parte de una vivienda durante fines de semana y vacaciones (DGT CV 29-6-06). **7433**

Cuando el propietario cede una vivienda a una **entidad que explota un complejo turístico**, la cual cede a su vez dicha vivienda a turistas por días o semanas, siendo esta entidad la que presta servicios adicionales o complementarios (recepción, lavandería, etc.), las rentas obtenidas por el propietario se califican como rendimientos del capital inmobiliario (DGT CV 29-6-10).

Vivienda de uso turístico Por su parte, la AEAT ha informado expresamente sobre la tributación de los **alquileres turísticos** en (AEAT 12-6-18): **7435**

- Con carácter general, los rendimientos derivados del alquiler de apartamentos turísticos se consideran **rendimientos del capital inmobiliario**. Para ello, el alquiler se tiene que limitar a la mera puesta a disposición de un inmueble durante un período de tiempo, sin que vaya acompañado de la prestación de servicios propios de la industria hotelera. No obstante, a modo de ejemplo, no se consideran como tales: los servicios de limpieza realizados antes de la llegada de los inquilinos o tras la salida de estos o la entrega y recogida de llaves en el momento de la entrada y salida de los clientes.
- Los rendimientos obtenidos por el arrendamiento se deben declarar por el **titular** del inmueble o del derecho que le habilita para la cesión -p.e., en el caso de un usufructuario del inmueble que cede el mismo- por la diferencia entre los ingresos íntegros y los gastos fiscalmente deducibles.
- La **reducción** del 60% (nº 7557) no se aplica al rendimiento neto resultante de estos alquileres, puesto que los apartamentos de uso turístico no tienen por finalidad satisfacer una necesidad permanente de vivienda, sino cubrir una necesidad de carácter temporal.
- Los períodos de tiempo en los que el inmueble no haya sido objeto de cesión generan la correspondiente **imputación de renta inmobiliaria**, al igual que cualquier otro inmueble, cuya cuantía se determina aplicando el porcentaje de imputación que corresponda (1,1% o 2%) al valor catastral del inmueble, y en función del número de días que no haya estado cedido con fines turísticos o, en su caso, arrendado.
- El arrendamiento puede considerarse una **actividad empresarial**, en cuyo caso los rendimientos derivados del mismo se considerarán rendimientos de actividades económicas cuando, además de poner a disposición el inmueble, se ofrezcan, durante la estancia de los arrendatarios, servicios propios de la industria hotelera como pueden ser: servicios periódicos de limpieza, de cambio de ropa, de restauración, de ocio u otros de naturaleza análoga o cuando, sin prestar tales servicios, se disponga de una persona con contrato laboral y jornada completa para la ordenación de la actividad.

Garantías percibidas de las sociedades públicas de alquiler (DGT CV 25-3-09) Cuando el propietario-arrendador, además del contrato de arrendamiento con el arrendatario, tiene otro con una sociedad pública de alquiler por la gestión integral e intermediación de dicho alquiler por un período de tiempo determinado, que además garantiza al propietario, durante la vigencia del mismo, las cantidades estipuladas por el alquiler, debe entenderse que el importe total del alquiler que debe satisfacer el arrendatario son **ingresos** del titular de la vivienda, quien, a su vez, puede deducir como **gasto** la cantidad fijada a favor de dicha sociedad, como coste por los servicios y garantías recibidos. **7437**

El mismo tratamiento se da a las rentas percibidas de la sociedad por el propietario en caso de que el arrendatario rescindiese el contrato anticipadamente, dado que están garantizadas por la sociedad las rentas pactadas durante ese período de tiempo, esté la vivienda alquilada o en expectativas de alquiler. Por tanto, estas rentas se califican como rendimientos derivados del arrendamiento de la vivienda, por lo que no procede la imputación de rentas inmobiliarias pese a estar desocupado el inmueble.

7440 **Inmueble de uso mixto** Los rendimientos íntegros correspondientes a elementos patrimoniales, bienes o derechos afectos a **actividades empresariales o profesionales** de manera exclusiva realizadas por el contribuyente se consideran ingresos de las indicadas actividades (nº 7600 s.). En caso de **afectación parcial**, la parte no afecta sí puede generar rendimientos del capital. No obstante, si el elemento patrimonial está afecto a una **actividad**, que no es desarrollada por el contribuyente, sino por un **tercero**, no se pierde el carácter de rendimiento de capital. Así sucede, por ejemplo, si un contribuyente arrienda un inmueble, y el arrendatario destina el inmueble al ejercicio de una actividad empresarial. El rendimiento derivado del alquiler sigue siendo de capital inmobiliario para el propietario (DGT 15-10-85).

Precisiones Si no se cuenta con una persona con contrato laboral y a jornada completa, el **alquiler ocasional de la vivienda habitual** para la grabación de anuncios publicitarios o sesiones fotográficas, no se considera realizado como actividad económica, por lo que los rendimientos percibidos se califican como rendimientos del capital inmobiliario (DGT CV 21-10-21).

7442 **Zonas comunes en las comunidades de propietarios** Las rentas derivadas del arrendamiento de zonas comunes en una comunidad de propietarios son rendimientos del capital inmobiliario que la comunidad debe atribuir a los **copropietarios** en función de su grado de participación en la comunidad, salvo que en los estatutos se disponga otro reparto (DGT CV 27-12-22):

• Las comunidades de propietarios, a efectos de IRPF, son comunidades de bienes no contribuyentes del impuesto. Se configuran como una agrupación de propietarios a los que se atribuyen las rentas generadas en la entidad (LIRPF art.8.3). Las rentas atribuidas a **comuneros** tienen la misma naturaleza que la actividad o fuente de la que proceden (LIRPF art.88).Al determinarse las rentas de la comunidad de propietarios con arreglo a las normas del IRPF, las derivadas del arrendamiento de zonas comunes constituyen rendimientos del capital inmobiliario (LIRPF art.22).• Conforme a la normativa que regula las **obligaciones de información** de las entidades en régimen de atribución de rentas, la comunidad de propietarios debe determinar la renta total de la entidad y la atribuible a cada copropietario y cumplimentar la declaración informativa mediante el modelo 184 (OM HAP/2250/2015) cuando la renta anual exceda de los 3.000 euros anuales (LIRPF art.90; RIRPF art.70).Por su parte, los copropietarios, obligados a declarar los rendimientos que les son atribuidos, **quedan exentos** de hacerlo respecto a las rentas inmobiliarias imputadas con el límite conjunto de 1.000 euros anuales (LIRPF art.96.2.c).

7443 **Individualización de los rendimientos** (LIRPF art.11) En caso de **tributación individual** de los miembros de la unidad familiar, es preciso determinar a quién se deben imputar los rendimientos del capital inmobiliario.

Estos se consideran obtenidos por quien sea titular del inmueble del que provengan. Por tanto, los rendimientos deben imputarse a su **propietario o usufructuario**. Correlativamente, los gastos son deducibles por aquel al que correspondan los ingresos, siempre que sean efectivamente de su cuenta.

Los rendimientos correspondientes al arrendamiento de un inmueble procede atribuirlos de acuerdo con la **titularidad jurídica** del inmueble.

En este sentido, respecto a la **sociedad de gananciales**, hay que advertir:

- si el inmueble **se ha adquirido para la sociedad**, el 50% de los rendimientos le corresponde a cada cónyuge (DGT CV 26-9-16); y
- si el inmueble arrendado tiene **carácter privativo**, no se siguen los criterios propios de la legislación civil, pues, aunque los rendimientos civilmente sean comunes a ambos cónyuges, fiscalmente se entienden obtenidos por el cónyuge titular del bien privativo (DGT CV 27-12-17).

Por otro lado, el titular del **derecho real de uso o disfrute**, al ser quien percibe los «frutos» o rentas, o a quien pertenece el uso, es quien tiene los rendimientos del capital inmobiliario si está arrendado el inmueble o la imputación de rentas en los inmuebles no arrendados (DGT 23-1-04). Así pues, si existe un usufructo, el rendimiento íntegro debe declararlo el usufructuario y no el nudo propietario (DGT CV 15-1-15).

7445 Para determinar la **titularidad de los elementos patrimoniales**, no la titularidad de los rendimientos que proceden de los mismos, han de tenerse en cuenta las siguientes **reglas**:

• La titularidad se determina conforme a las normas sobre titularidad jurídica aplicables en cada caso y en función de las pruebas aportadas por el contribuyente o descubiertas por la Administración.

• En su caso, son aplicables las normas sobre titularidad jurídica de los bienes y derechos contenidos en las disposiciones reguladoras del régimen económico del matrimonio, así como en los preceptos de la legislación civil aplicables en cada caso a las relaciones patrimoniales entre los miembros de la familia.
• La titularidad de los bienes y derechos que, conforme a las disposiciones o pactos reguladores del correspondiente régimen económico matrimonial, sean comunes a ambos cónyuges, se deben atribuir por mitad a cada uno de ellos, salvo que se justifique otra cuota de participación.
• Cuando no resulte debidamente acreditada la titularidad de los bienes o derechos, la Administración tributaria tiene derecho a considerar como titular a quien figure como tal en un registro fiscal u otros de carácter público.

Precisiones 1) Las normas de imputación tienen preferencia sobre las que derivan del régimen de **atribución de rentas**, de manera que, la imputación de rendimientos correspondientes a **comunidades de bienes** solo siguen las reglas de este régimen cuando la comunidad no tenga su origen en normas del régimen económico-matrimonial (TEAC 14-4-93).
2) En caso de **fallecimiento** de la persona titular de un inmueble arrendado, corresponde imputar los rendimientos del capital inmobiliario a la persona fallecida, hasta la fecha de su fallecimiento y después al heredero que haya aceptado tácita o expresamente la herencia (DGT CV 10-4-17).

Ejemplo La Sra. A constituye un derecho real de **usufructo** sobre un bien inmueble de su propiedad en favor de la Sra. B, por un importe de 36.000 €, siendo la duración del derecho de usufructo 6 años. A su vez, la Sra. B -usufructuaria- arrienda el inmueble a la Sra. C por un precio anual de 9.000 € **7447**

Solución:

Sra. A.: obtiene rendimientos de capital inmobiliario, y será el resultado de deducir de los ingresos de 36.000 € los gastos necesarios que correspondan.
Sra. B: obtiene rendimientos de capital inmobiliario por un importe de 9.000 €, deducidos los gastos necesarios que correspondan 36.000/6 = 6.000 €

Prorrateo del rendimiento Cuando un inmueble ha estado arrendado solamente **una parte del año** y durante la otra parte se encuentra a disposición de su propietario o titular del derecho real, se aplican las siguientes reglas: **7450**
• **Rendimientos del capital inmobiliario**: deben computarse como rendimientos íntegros los devengados durante el período de arrendamiento. En cuanto a los gastos deducibles, con carácter general, se consideran los que se hayan devengado durante el período de arrendamiento.
• **Imputación de rentas inmobiliarias**: se determina en proporción al número de días que el inmueble no ha estado arrendado (nº 950 Memento Fiscal 2024).

b. Ingresos íntegros

(LIRPF art.22)

En los arrendamientos **se computan** como rendimientos o ingresos íntegros los importes que, por todos los conceptos, se reciban del arrendatario. Se incluyen, en su caso, los correspondientes a todos aquellos bienes cedidos con el inmueble y se excluye el IVA o, en su caso, el IGIC. **7453**
Por su parte, los **rendimientos netos** del capital inmobiliario se determinan por la diferencia entre los ingresos íntegros y los gastos necesarios para su obtención.

Precisiones 1) Respecto a la **reducción total o parcial del precio del alquiler** por la crisis sanitaria del Covid-19, con independencia del importe de la reducción, el rendimiento íntegro de capital inmobiliario para el arrendador será el correspondiente a los nuevos importes acordados por las partes. Si lo que se pacta es una moratoria de los pagos del alquiler, no procederá reflejar ningún rendimiento de capital inmobiliario durante los meses en los que el pago se ha diferido, ya que no procede imputación de renta cuando esta no es exigible por haberse diferido. En ambos supuestos (reducción o moratoria de los pagos), se admite la deducción de los gastos necesarios para el alquiler incurridos durante el período de modificación o diferimiento de la renta y, en su caso, la reducción del 60% sobre el rendimiento neto (nº 7557). En ningún caso procede la imputación de rentas inmobiliarias (DGT CV 21-4-20).
En caso de impago de las rentas del alquiler a su vencimiento, los saldos de dudoso cobro se incluyen entre los gastos necesarios para la obtención de los ingresos -nº 7500- (DGT CV 22-5-20).
2) En general, en el supuesto de que el arrendamiento de bienes inmuebles se realice a una sociedad con la que existan **relaciones de vinculación**, el contribuyente del IRPF debe efectuar su valoración por el valor normal de mercado (DGT CV 8-11-13).
3) El establecimiento de un **periodo de carencia** de renta en el arrendamiento de un inmueble como compensación de las obras de mejora que en el mismo ha de realizar el arrendatario, no puede considerarse como una cesión gratuita del inmueble, sino que genera rendimientos del capital inmobiliario (DGT CV 15-1-19).

c. Gastos deducibles

(LIRPF art.23 redacc L 12/2023; RIRPF art.13 y 14)

7455 **Determinación** Los gastos que pueden restarse de los ingresos íntegros para determinar el rendimiento neto son los **necesarios** para la obtención de aquellos, incluida la amortización de los inmuebles.

La **justificación** de los gastos puede realizarse por cualquier medio de prueba admitido en Derecho y que va a ser objeto de valoración, en su caso, en las actuaciones de comprobación e investigación (DGT 31-1-95).

No obstante, no son deducibles los gastos que no están **directamente relacionados** con los ingresos (DGT 27-10-94) ni, en ningún caso, los pagos efectuados por razón de **siniestros** (incendio, inundación, hundimiento, etc.) que den lugar a disminuciones en el valor del patrimonio del contribuyente. En estos supuestos se aplica el tratamiento propio de las ganancias y pérdidas patrimoniales.

Tampoco es deducible el importe de las **mejoras** efectuadas en los bienes inmuebles, sin perjuicio de la recuperación de su coste por vía de las amortizaciones.

Si se tienen **varios inmuebles en alquiler**, solo se pueden deducir de los rendimientos íntegros de cada uno de ellos los gastos asociados al mismo. Es decir, se debe calcular el rendimiento neto y, en su caso, las reducciones aplicables, de forma separada para cada inmueble, teniendo en cuenta los límites existentes para la deducción de los gastos por intereses y por reparación y conservación, y sin perjuicio de que posteriormente se sumen los rendimientos netos reducidos obtenidos de cada inmueble para determinar el rendimiento neto reducido total (DGT CV 9-7-19).

7457 Precisiones **1)** En concreto se ha considerado que **es gasto deducible**:

- la indemnización satisfecha por el propietario de un inmueble al arrendatario como consecuencia del **desalojo temporal** del inmueble (DGT 29-10-03);
- la **compensación** por el perjuicio que ocasiona la imposibilidad de utilizar el agua para el riego a los arrendatarios o aparceros que tenían cedidas las tierras junto con los derechos de riego (DGT CV 30-7-08);
- las cantidades cobradas por una **sociedad pública de alquiler** (DGT CV 25-3-09);
- los gastos por las gestiones relativas al alquiler que se contratan con una empresa que se va a encargar, entre otros servicios, de la búsqueda de inquilino, el asesoramiento jurídico y técnico o la puesta a punto de la vivienda, y por las que va a cobrar una determinada cantidad, en la medida que estén correlacionados con la futura obtención de rendimientos (DGT CV 3-1-13).

Por el contrario, **no es gasto deducible:**

- la indemnización satisfecha por el propietario al arrendatario por la **renuncia al contrato de alquiler**, pues se ha considerado como mejora (DGT CV 27-10-04);
- la renta satisfecha en concepto de **alquiler de otra vivienda** donde se reside por temas de edad, discapacidad o por mala situación económica, para la determinación del rendimiento neto del capital inmobiliario derivado de la vivienda en propiedad que, por ese motivo, está arrendada a un tercero (DGT CV 8-4-08; CV 3-10-16);
- el coste de mercado de la **limpieza** del inmueble realizada por el propietario, y no una empresa especializada, al no haberse desembolsado cantidad alguna (DGT CV 4-12-15);
- las cantidades pagadas por el propietario por un **servicio de telecomunicaciones** que incluya teléfono fijo y conexión a Internet correspondiente al inmueble desde el cual gestiona las operaciones que generan rendimientos del capital inmobiliario al no existir relación directa entre el ingreso y el gasto (DGT CV 2-2-15).

2) El valor amortizable en el arrendamiento de **inmuebles adquiridos a título lucrativo** será el valor aplicado en el ISD o el comprobado por la Administración en este gravamen y no el catastral (TS 15-9-21, EDJ 698569).

7463 **Límite** (LIRPF art.23.1.a; RIRPF art.13.a) Los gastos de **intereses** (nº 7475) y de **conservación y reparación** (nº 7507) no pueden exceder conjuntamente, para cada bien o derecho, de la cuantía de los rendimientos íntegros obtenidos.

El **exceso** se puede deducir en los 4 años siguientes con este mismo límite. Es decir, en cada uno de esos ejercicios sigue aplicándose la regla de que los gastos de ese año por financiación, reparaciones y conservación sumados a la cantidad a deducir en ese año por el exceso no deducido de años anteriores no pueden superar los rendimientos íntegros de ese año correspondientes a la vivienda (DGT CV 30-9-08).

No obstante, si existen **varios contratos de arrendamiento** en el año sobre un mismo inmueble, el límite máximo de la cantidad a deducir por intereses y gastos de conservación y reparación se computa considerando las cantidades satisfechas en el año y los ingresos íntegros obtenidos en el año, por lo que, para alguno de los contratos de arrendamiento, la cantidad deducida por intereses y gastos de conservación y reparación puede exceder de los ingresos obtenidos.

Ejemplo La Sra. P, propietaria de una vivienda ha formalizado dos contratos de arrendamiento durante el año 2023 sobre el mismo inmueble: uno con el Sr. A -desde el 1-1-2023 hasta el 31-3-2023- y otro con el Sr. B -por el resto del año-. El desglose de los ingresos íntegros y gastos deducibles en ambos casos es el siguiente: 7465

	Arrendamiento con Sr. A (€)	Arrendamiento con Sr. B (€)	Acumulado de A+B (€)
• Ingresos íntegros	6.200	20.000	26.200
• Gastos deducibles			
- Intereses de capitales ajenos	3.800	8.100	11.900
- Conservación y reparación	4.500	1.400	5.900
- Amortización	900	2.700	3.600
- Otros gastos deducibles	150	750	900

Solución:
Respecto al arrendamiento con el Sr. A, aunque la suma de los intereses de capitales ajenos y de los gastos de conservación y reparación (8.300 €) excede de los ingresos íntegros percibidos (6.200 €), no se aplica la limitación indicada en el nº 7463, ya que, en este caso, existen varios contratos de arrendamiento en el año sobre un mismo inmueble, el límite máximo de la cantidad a deducir por estos dos conceptos se computa considerando las cantidades satisfechas y los ingresos íntegros obtenidos en el año. En definitiva, el cálculo del rendimiento neto tiene una óptica anual para cada inmueble, no es la suma de los rendimientos netos parciales de los contratos de arrendamiento que tengan lugar a lo largo del año.
• Ingresos íntegros: 26.200 €
• Total gastos deducibles: 22.300 €
- Intereses de capitales ajenos: 11.900 €
- Conservación y reparación: 5.900 €
- Amortización: 3.600 €
- Otros gastos deducibles: 900 €
• Rendimiento neto: 3.900 €
• Reducción por destino a vivienda: (3.900 × 60%) = 2.340 €
• Rendimiento neto reducido: 1.560 €
Como se observa, con óptica anual, la suma de los gastos deducibles por intereses de capitales ajenos y por conservación y reparación (17.800) es inferior a los ingresos íntegros anuales (26.200).

Arrendamiento durante parte del periodo impositivo Si el inmueble ha estado arrendado durante una parte del período impositivo, el contribuyente puede deducir de los rendimientos solo los gastos producidos durante el período en el que el inmueble ha estado arrendado. Con carácter general no son deducibles los gastos correspondientes al tiempo en que ha estado el **inmueble vacío**, en los que procede la imputación de rentas inmobiliarias (nº 935 Memento Fiscal 2024) y no se generan rendimientos del capital inmobiliario (DGT 19-6-01; CV 25-4-17). 7467

De esta forma, los gastos que sean de **carácter anual** y no imputables a períodos inferiores concretos, como el IBI o la amortización, se deben prorratear en función del número de días del período impositivo que duró el arrendamiento (DGT 11-12-98).

No obstante, cuando un inmueble se encuentra **en expectativas de alquiler**, los gastos de **conservación y reparación** realizados antes de ser arrendado pueden ser deducibles, siempre que pueda acreditarse la correlación con los posteriores ingresos y que dichos gastos se dirijan exclusivamente a ofrecer el inmueble a terceros y no a su disfrute, siquiera temporal, por el titular (DGT CV 12-11-13; CV 25-4-17; CV 11-12-18).

Si en un ejercicio no se obtienen rendimientos del capital inmobiliario derivados del inmueble, los gastos de reparación y conservación en los que, en su caso, haya incurrido, van a poder ser deducidos en los 4 años siguientes, pero respetando cada año el límite legalmente establecido, de manera que cada año, para calcular el importe máximo deducible, deben sumarse los gastos de los años anteriores con los imputables a ese ejercicio, calculando así un nuevo límite (DGT CV 11-12-18; CV 16-1-19). Por lo que se refiere a las **amortizaciones**, solo van a poder ser deducibles en los períodos en que el inmueble sea generador de rendimientos de capital inmobiliario, dado que en los períodos en que esto no ocurra, habría que imputar la correspondiente renta inmobiliaria proporcionalmente al número de días que corresponda de cada período impositivo (DGT CV 18-12-08; CV 21-4-10).

Asimismo, no son gastos deducibles los **intereses** devengados por capitales ajenos invertidos en la adquisición o mejora del bien inmueble ni la **amortización** correspondientes al período de tiempo en el que el inmueble no se encuentre arrendado (TEAC unif criterio 2-2-06).

7470 Precisiones 1) En sentido contrario, se ha entendido que, aunque los gastos sean anuales (IBI, amortizaciones), si de las circunstancias concurrentes, que deben ser analizadas en cada caso, se deduce que el inmueble **se destina sustancialmente al arrendamiento**, de manera que las interrupciones de tal actividad obedecen a las vicisitudes propias de estos contratos, es decir, al tiempo en que naturalmente se concatenan los arrendamientos, sin que exista una voluntad del arrendador de dar al inmueble un destino distinto, incluida la desocupación, los gastos y amortizaciones deben considerarse deducibles (TSJ Cataluña 19-11-15, EDJ 253883; TSJ C.Valenciana 18-6-13, EDJ 148428; TSJ País Vasco 14-10-15, EDJ 229825).

2) Los gastos de **acondicionamiento de un local**, a requerimiento del futuro inquilino, tienen la consideración de deducibles si responden al concepto de conservación y reparación y no si suponen una inversión o mejora. La deducibilidad está condicionada a la obtención de los ingresos. Si cuando se producen los gastos no se generan rendimientos, es necesaria la existencia de una correlación entre esos gastos de conservación y reparación y los ingresos derivados del posterior arrendamiento del inmueble (DGT 7-4-00; CV 20-6-11).

3) Los **saldos de dudoso cobro**, cuando las circunstancias que acreditan o justifican tal hecho se producen en un ejercicio en el que el inmueble ya no está arrendado, son deducibles en ese ejercicio (DGT CV 26-7-12).

4) En el caso de **dos viviendas contiguas** con accesos y contadores de luz independientes, pero con **una única referencia catastral**, si una de las viviendas está vacía, procede la imputación de rentas inmobiliarias por la misma, sobre la parte del valor catastral que le resulte asignable y atendiendo al período de tiempo en que no ha estado arrendada (DGT CV 8-7-19).

7473 **Gastos habituales** Se examinan a continuación algunos de estos gastos, teniendo en cuenta que su enumeración no es exhaustiva y que, cualquier otro que pueda acreditarse como necesario para la obtención de los rendimientos, debe considerarse deducible de los ingresos obtenidos.

7475 **Intereses y gastos de financiación** (LIRPF art.23.1.a.1º; RIRPF art.13.a) Son gasto deducible los intereses de los capitales ajenos invertidos en la **adquisición o mejora** del inmueble del que procedan los rendimientos y demás gastos de financiación, siempre que efectivamente sean a cargo del propietario o titular del derecho real.

Lo usual es que se trate de un **préstamo hipotecario**, siendo incluso indiferente que la garantía hipotecaria recaiga sobre otro inmueble (DGT 24-10-00), nada obsta a que sea un **préstamo personal**. La diferencia estriba en la mayor dificultad de la prueba del destino del préstamo. A estos efectos, conviene dejar en las cuentas bancarias y en las escrituras de adquisición suficientes indicios. Así, por ejemplo, el ingreso del talón del préstamo en una cuenta corriente y posterior pago del inmueble a cargo de esa cuenta; o la manifestación en escritura pública de que la financiación se efectúa con el crédito personal.

El único requisito para la deducibilidad de los intereses y demás gastos de financiación es que el capital se invierta en la adquisición o mejora del inmueble arrendado, o del elemento generador de los rendimientos del capital inmobiliario (p.e., el préstamo solicitado para la adquisición de un derecho de usufructo sobre un inmueble que posteriormente va a ser arrendado).

7477 Además de los intereses de los préstamos para la adquisición y mejora de los inmuebles, son deducibles los **demás gastos de financiación**, tales como los de comisión de apertura del crédito; los del notario que dé fe del mismo; inscripción de la hipoteca en el registro de la propiedad; sustitución de un préstamo por otro del mismo o de distinto prestamista, etc. Se ha admitido como gasto deducible la **comisión y corretaje** de la apertura del préstamo destinado a adquirir el inmueble, así como el coste de las **letras de cambio** con las que se va a financiar (DGT 29-10-92).

Estos gastos, junto con los de conservación y reparación (nº 7507), **no pueden exceder** conjuntamente, para cada bien o derecho, de la cuantía de los rendimientos íntegros obtenidos (nº 7453).

7480 Precisiones 1) A efectos de la determinación del rendimiento neto del capital inmobiliario, son **gastos deducibles**:

- las comisiones de **cancelación del crédito**, y los gastos de notaría y cancelación de la hipoteca en el Registro de la Propiedad (DGT CV 5-6-18);
- los intereses pagados como consecuencia del fraccionamiento de la cuota del **ISD** devengado por la adquisición hereditaria de un inmueble que se destina al alquiler (DGT 19-6-96);
- los intereses satisfechos por un préstamo obtenido para afrontar los **gastos de urbanización** correspondientes a un proyecto de reparcelación que afecta a una nave arrendada, sin que tal arrendamiento cumpla los requisitos para calificarse de actividad empresarial (DGT 7-6-95);

- los gastos de un **aval bancario** solicitado para garantizar el pago aplazado de la adquisición de un inmueble (DGT 1-8-97);
- los intereses del préstamo hipotecario solicitado sobre la **vivienda habitual** para financiar una segunda vivienda arrendada (DGT 24-10-00); y
- los intereses de los capitales ajenos invertidos en **obras de rehabilitación** que se califiquen como gasto, siempre que se trate de gastos necesarios para la obtención de rendimientos y estén acreditados, con independencia de que el préstamo sea personal o tenga una garantía hipotecaria y que esta opere sobre el mismo inmueble o sobre otro (DGT CV 25-11-05).

2) Sin embargo, **no son deducibles**: **7483**
- los intereses de un préstamo solicitado para hacer frente a una deuda que tiene que satisfacer un contribuyente en su condición de **avalista**, al no existir un nexo de unión con los rendimientos íntegros, aunque los ingresos por alquileres se encuentren embargados como avalista (DGT 15-4-99);
- los intereses de un préstamo solicitado para hacer frente a unas actas de la Inspección de los Tributos (DGT 6-3-00);
- en la **disolución y liquidación de una sociedad patrimonial**, adjudicándose a uno de los socios uno de los inmuebles, no son deducibles los intereses del préstamo solicitado para la adquisición de las acciones, ya que la deducibilidad está limitada a los intereses de los préstamos cuyo importe se destine a la adquisición del bien inmueble o del derecho real sobre el bien del que derivan dichos rendimientos (DGT CV 31-3-09);
- los resultados negativos de las **liquidaciones de un contrato de permuta financiera**, aunque esta se haya contratado vinculada al préstamo para la adquisición del inmueble que se arrienda, pues no pueden conceptuarse como intereses de capitales ajenos ni tienen encaje entre los demás gastos de financiación, ya que dicho instrumento constituye un contrato diferenciado del de préstamo, sin que suponga modificación de los términos de este último, y susceptible de generar resultados tanto positivos como negativos, lo que le aleja de la estricta consideración de gasto de financiación (DGT CV 24-10-11); ni
- el pago de un **legado** que tiene por objeto las rentas de un local arrendado (DGT CV 29-5-17).

La no integración en la base imponible del IRPF de las cantidades devueltas al contribuyente por aplicación de las **cláusulas suelo** (LIRPF disp.adic.45ª) como consecuencia de acuerdos celebrados con entidades financieras o derivados del cumplimiento de sentencias o laudos arbitrales (nº 1780 Memento Fiscal 2024), determina la obligación de regularizar las autoliquidaciones presentadas en ejercicios anteriores cuando tales intereses hayan tenido la consideración de gasto deducible en la determinación del rendimiento neto del capital inmobiliario respecto de los que **no haya prescrito** el derecho de la Administración para determinar la deuda tributaria mediante la oportuna liquidación. **7485**
En este caso, la **regularización** se efectúa mediante la presentación de las autoliquidaciones complementarias correspondientes a tales ejercicios, sin sanción, ni intereses de demora, ni recargo alguno, en el **plazo** comprendido entre la fecha del acuerdo, laudo arbitral o sentencia y la finalización del siguiente plazo de presentación de autoliquidación por el IRPF.
No hay que efectuar regularización alguna respecto de los intereses que hayan sido satisfechos por el contribuyente en ejercicios cuyo plazo de presentación de autoliquidación por este Impuesto no haya finalizado con anterioridad al acuerdo de devolución de los mismos celebrado con la entidad financiera, sentencia o laudo arbitral, en la medida en que aún no se hayan deducido al no haberse presentado todavía la autoliquidación correspondiente. Eso sí, no se podrá practicar deducción alguna en relación con tales cantidades en la autoliquidación del IRPF que se presente posteriormente.

Tributos (LIRPF art.23.1.a.2º; RIRPF art.13.b) Son deducibles los tributos y recargos no estatales, así como las **tasas y recargos** estatales, sea cual sea su denominación, siempre que: **7487**
- tengan incidencia sobre los rendimientos computados o sobre los bienes o derechos que los producen; y
- no tengan carácter sancionador.
Entre los tributos no estatales se encuentran las cuotas del Impuesto sobre Bienes Inmuebles y, entre las tasas más usuales, cabe citar las de limpieza, basuras, alumbrado, etc.
Si los tributos son objeto de **repercusión al inquilino**, su importe es ingreso y gasto deducible.
Al negarse la deducibilidad de los tributos que tengan carácter sancionador, hay que entender deducibles los **recargos** por declaración extemporánea sin requerimiento previo, así como los **intereses de demora** tributarios, ya que los dos carecen de carácter sancionador, pero sólo cuando deriven de los tributos deducibles, en ningún caso el correspondiente al propio IRPF (DGT 6-3-00). Respecto del **recargo de apremio**, al carecer de carácter sancionador, cabría mantener su deducibilidad.

Precisiones **1)** Los tributos que gravan la **adquisición del inmueble** (ITP o IVA) y, en general, las partidas inherentes a la misma (gastos de notaría, registro, gestoría, etc.) no son gasto deducible del capital inmobiliario, sino mayor coste o valor de adquisición (DGT 13-11-95). El Impuesto sobre el Incremento de Valor de los Terrenos de Naturaleza Urbana tampoco es deducible de los rendimientos del capital inmobiliario, pero minora el valor de transmisión del inmueble. **7490**

2) Es gasto fiscalmente deducible la **contribución especial** por costes de urbanización que afectan a un inmueble arrendado (DGT 26-10-99), aunque también se ha considerado mejora y por ello no deducible.
3) Cuando con una sola referencia catastral existen **varios elementos constructivos**, algunos de ellos alquilados y otros no, para el cálculo del rendimiento neto del capital inmobiliario sería deducible la parte de la cuota del IBI que proporcionalmente corresponda a las viviendas alquiladas (DGT CV 9-3-10).
4) No es deducible el Impuesto sobre el patrimonio satisfecho por la tenencia del inmueble arrendado, al tratarse de un tributo estatal (DGT CV 7-6-17).

7495 **Servicios prestados por terceros** (LIRPF art.23.1.a.4º; RIRPF art.13.c) Son gastos deducibles las cantidades devengadas por terceros en **contraprestación directa o indirecta** o como consecuencia de servicios personales, como los gastos de administración, asesoramiento, guarda o vigilante jurado, portería, jardinería o similares.
También son gastos deducibles las cantidades abonadas a montepíos laborales, mutualidades obligatorias y cotizaciones a la Seguridad Social y colegios de huérfanos derivados de tales servicios personales, que pueden derivar de **asalariados.**
Estos gastos son deducibles por el propietario o usufructuario en la parte que a los mismos les corresponde, en función de los coeficientes de propiedad, aunque los gastos estén facturados a nombre de la comunidad de propietarios. Si el inmueble arrendado está en régimen de **propiedad horizontal**, los servicios personales vienen normalmente incluidos en el recibo de gastos de comunidad. Estos han sido expresamente calificados como deducibles (DGT 19-6-01; TSJ Cataluña 9-12-11, EDJ 321821).

Precisiones **1)** En relación con la **repercusión del IVA** por estos servicios, se distinguen dos supuestos (DGT CV 17-4-17):
• Si se trata de arrendamientos **sujetos y no exentos** -locales de negocio, plazas de garaje, arrendamientos a personas jurídicas, etc.- los gastos deducibles deben computarse IVA excluido, pudiendo deducirse esas cuotas de IVA soportado, en la liquidación de dicho impuesto, del IVA repercutido al arrendatario.
• En los arrendamientos de viviendas -**sujetos pero exentos** de IVA-, el IVA que recae sobre los servicios que constituyen gastos deducibles supone un mayor valor de los mismos, siendo deducible como gasto, junto con el precio del servicio sobre el que recae.
2) Son deducibles las cuotas satisfechas a **corporaciones y colegios profesionales**, como las cuotas a la Cámara Oficial de la Propiedad Urbana.
3) No es deducible el pago efectuado a un abogado por la **asistencia a la junta de propietarios** en representación del propietario, al ser su acreditación insuficiente (TSJ Cataluña 9-12-11, EDJ 321821).

7497 **Gastos jurídicos** (RIRPF art.13.d) Son deducibles los gastos ocasionados por la **formalización** del arrendamiento, subarriendo, cesión o constitución de derechos y los de **defensa** de carácter jurídico, relativos a los bienes, derechos o rendimientos derivados de ellos.
Entre estos gastos, cabe citar los derivados de la realización del **contrato** (minuta de abogado o asesor...), o los resultantes de **pleitos** entablados para defensa de su propiedad, para la reclamación y cobro de rentas debidas, para desahucio, etc., tanto el importe de las costas procesales como la minuta del propio abogado (DGT CV 27-10-10).

Precisiones **1)** Son deducibles los honorarios satisfechos a un profesional por **asesoramiento** jurídico, siempre que guarden una relación directa con la obtención de rentas por alquiler de inmuebles (DGT 17-7-02).
2) No son deducibles los honorarios de los letrados en un procedimiento judicial sobre **división de la comunidad de bienes** y asesoramiento en la partición de las cuotas en los inmuebles arrendados pertenecientes a dicha comunidad, al no ser necesarios para la obtención de los rendimientos de capital inmobiliario (TSJ Madrid 17-10-13, EDJ 230070).

7500 **Saldos de dudoso cobro** (LIRPF art.23.1.a.3º; RIRPF art.13.e) Las rentas que el arrendador considere de dudoso cobro, siempre que esta circunstancia quede suficientemente justificada, son gasto deducible. Dicha **justificación** se entiende conseguida:
• Cuando el deudor se halle en situación de **concurso**.
• Cuando entre el momento de la primera **gestión de cobro** realizada por el contribuyente y el de finalización del período impositivo hayan transcurrido más de 6 meses, y no se haya producido la renovación del crédito, sin que sea posible el diferimiento a períodos impositivos posteriores de estos saldos de dudoso cobro (DGT CV 14-4-09; CV 23-1-17).
En los **ejercicios 2020 y 2021**, el plazo anteriormente referido de 6 meses para que las cantidades adeudadas por los arrendatarios tengan la consideración de saldo de dudoso cobro se reduce a 3 meses. Este plazo podrá modificarse reglamentariamente (RDL 35/2020 art.15).
Cuando un saldo dudoso **sea cobrado con posterioridad** a su deducción, se computa como ingreso en el ejercicio en que se produzca dicho cobro (DGT CV 26-3-15).

Precisiones 1) Aunque existe un gasto deducible, no por ello debe dejarse de imputar la **renta pendiente de cobro**, es decir, que como rendimiento íntegro se debe declarar la misma y como gasto deducible se deduce su importe (DGT CV 5-10-16; AEAT 22-11-02). Cuestión distinta es que se haya suscitado un **litigio** de cuya resolución dependa, total o parcialmente, su cobro. Hay que tener en cuenta que, si el litigio es de naturaleza declarativa, es decir, que del mismo depende que se declare tener derecho al cobro o que en el mismo se fije su cuantía, hasta que no exista resolución judicial firme no deberá declararse la renta (nº 7395). **7503**
2) El importe de las **mensualidades impagadas** es gasto deducible para la determinación del rendimiento neto de inmuebles arrendados sólo si tienen la consideración de saldos de dudoso cobro, por cumplir los requisitos. Las cantidades por servicios y suministros y las cuotas de la comunidad de propietarios correspondientes al período en que el inmueble estuvo arrendado son gasto deducible incluso aunque algunas de las mensualidades no hubieran sido cobradas (DGT CV 16-6-05).
3) La **resolución del contrato** supone la desaparición de las obligaciones existentes entre las partes, entre ellas el pago de la renta del alquiler. Si dejan de producirse los rendimientos del capital no puede existir saldo de dudoso cobro (DGT CV 24-1-13).

Ejemplos 1) Si un local estuvo arrendado hasta **31-12-2022**, habiéndose dejado de pagar la renta pactada a partir de noviembre de 2020 y consiguiendo que, tras diversas gestiones de cobro, dicha renta se abone en tres plazos en 2023, conociendo que en las declaraciones del IRPF de los años **2020 y 2021** declaró el importe de las rentas no cobradas como rendimientos íntegros del capital inmobiliario, y en la del año 2021 dedujo como gasto el importe de las rentas no cobradas en 2020, el titular del local ha de proceder así: **7505**
• En **2022**, debe computar como rendimientos íntegros del capital inmobiliario las doce mensualidades correspondientes a ese ejercicio y puede deducir como saldo de dudoso cobro las doce mensualidades declaradas y no cobradas correspondientes a 2021, e incluso, en su caso, las mensualidades no cobradas correspondientes a 2022 que cumplan el requisito temporal de los 6 meses.
• Si en **2023** se cobran todas las cantidades adeudadas, debe computar como rendimiento de capital inmobiliario de dicho año las cantidades deducidas como saldo de dudoso cobro en 2021 y 2022.
2) El Sr. P tiene arrendado un local de negocio desde **1-5-2022 hasta 31-4-2023**, por un importe anual de 1.000 €, renta que ha de satisfacer el arrendatario, según contrato, entre los días 1 y 3 de cada mes. A fecha de **20-3-2023**, el arrendatario debe al Sr. P las mensualidades de noviembre y diciembre de 2022 y las de enero, febrero y marzo de 2023.
El Sr. P debe declarar en el IRPF del año 2022 como rendimiento íntegro del capital inmobiliario un importe de 1.000 × 8 meses = 8.000 €. Sin embargo, aunque haya realizado la gestión de cobro desde el mismo día 4-11-2022, correspondiente al primer impago, como desde esa fecha hasta el **31-12-2022** no han transcurrido más de 6 meses, no podrá dotar cantidad alguna en concepto de saldos de dudoso cobro.

Conservación y reparación (LIRPF art.23.1.a.1º; RIRPF art.13.a) Son deducibles los gastos ocasionados por la conservación y reparación de los bienes productores de los rendimientos. Estos gastos, junto con los gastos de intereses (nº 7475), no pueden exceder conjuntamente, para cada bien o derecho, de la cuantía de los rendimientos íntegros obtenidos. El exceso se puede deducir en los 4 años siguientes con este mismo límite. **7507**
Tienen esta consideración:
• Los que se efectúan regularmente con la finalidad de mantener el **uso normal** de los bienes materiales, siempre que no provoquen la modificación de la estructura, configuración, ni superficie habitable de la finca. A título de ejemplo, la propia norma alude al pintado, revoco o arreglo de instalaciones.
• Los de **sustitución** de elementos, como instalaciones de calefacción, ascensor, puertas de seguridad y otros. Por el contrario, expresamente se señala que **no son deducibles** como gasto, las cantidades destinadas a **ampliación o mejora**. Tales cantidades tienen la consideración de inversión, al suponer un aumento de capacidad o habitabilidad o un alargamiento de la vida útil, y aumentan el valor de adquisición del inmueble, que ha de tenerse en cuenta a la hora de su transmisión para determinar la ganancia o pérdida patrimonial producida (DGT CV 25-11-05; CV 23-1-17).

En la práctica, no siempre resulta sencilla la **distinción** de estas cantidades de las destinadas a la ampliación y mejora. Se entiende por **mejora** el conjunto de actividades mediante las que se produce una alteración en un elemento del inmovilizado, aumentando su anterior eficiencia productiva (ICAC Resol 1-3-13; DGT CV 26-7-01; CV 14-4-14). Constituyen **reparaciones y conservaciones** las destinadas a mantener la vida útil del inmueble y su capacidad productiva o de uso, mientras que las mejoras redundan en un aumento de la capacidad o habitabilidad del inmueble, o en un alargamiento de su vida útil (DGT CV 14-4-14; CV 18-7-16). **7510**
En este sentido, la instalación de **calefacción o un ascensor** donde no existían, constituye una inversión o mejora y no un gasto deducible; por el contrario, cuando ya existen y es preciso,

por razones de mantenimiento del uso normal, sustituirlos, estas sustituciones no son mejora, sino gasto deducible (DGT 10-10-02; CV 30-9-08; CV 18-5-09; AEAT 27-5-03). Así, la renovación de una **instalación eléctrica** obsoleta y poco segura sería un gasto de reparación y conservación. Por el contrario, la instalación eléctrica necesaria para una **nueva planta** que se construye en un chalet, es gasto de ampliación y mejora.
La deducibilidad de los gastos de conservación y reparación **anteriores al arrendamiento** está condicionada a la obtención de unos rendimientos íntegros del capital inmobiliario (nº 7467 s.).
Dentro de los gastos de conservación y reparación deducibles se incluyen los costes de **sustitución de elementos.** Cuando se sustituye un elemento que forma parte del inmueble (p.e., las ventanas, la instalación de calefacción, de luz, etc.), si no se puede conocer la parte del valor de adquisición que corresponde al mismo, lo lógico es estimar que el coste constituye un gasto corriente del ejercicio, pero si, por el contrario, se conoce el valor de adquisición del elemento sustituido y puede amortizarse separadamente del edificio, entonces habría que dar una pérdida o ganancia patrimonial por la diferencia entre el valor de adquisición del elemento sustituido (importe satisfecho menos amortizaciones) y el importe obtenido por su venta o enajenación, al mismo tiempo que el coste del elemento nuevo pasaría a ser una inversión o mejora.

7513 Precisiones **1)** Tienen la consideración de **gastos de conservación y reparación**, a efectos de su deducibilidad de los rendimientos de capital inmobiliario procedentes de inmuebles arrendados, los siguientes:
- **obras** tales como sustitución del cuadro antiguo de electricidad, sustitución de ventanas antiguas, sustitución de tuberías antiguas y de grifería nueva, alicatado y solado del cuarto de baño y cocina, sustitución del parqué desgastado y colocación de nuevo rodapié, reparación de puertas, pintura, retirada de escombros a vertedero y limpieza final de la oficina, etc. (DGT 29-12-99; CV 9-12-09; CV 2-3-10);
- sustitución de la **solera**, **ventanas** y **aire acondicionado** (DGT CV 11-9-12);
- cambio de **ascensor** (DGT 22-2-00);
- reparación de un **tejado**, en la parte proporcional que corresponda a los pisos alquilados (DGT 18-2-00);
- obras de rehabilitación de la **fachada** del inmueble (DGT 9-3-00);
- reparación de **escaleras** (DGT 10-3-00);
- sustitución de la **caldera** comunitaria (DGT CV 18-5-09) y de la instalación de **fontanería** (DGT CV 17-12-12);
- obras en la red de **saneamiento** y en el entronque de la red general, debido a su mal estado (DGT CV 12-5-11).

7515 **2)** Por el contrario, las **mejoras** incorporan cambios en el bien que incrementan su capacidad productiva o de uso, por lo que aumentan su valor de adquisición, de ahí que no pueden ser consideradas como gastos corrientes del ejercicio. Al incorporarse al valor del bien son deducibles a través de su amortización.
En este sentido, la DGT ha considerado como inversiones o mejoras las siguientes:
- las obras de consolidación de la **estructura** del edificio (DGT 3-7-97; CV 27-9-17);
- las obras de rehabilitación de un inmueble que fue declarado en **ruina** por el ayuntamiento (DGT 17-12-99);
- la instalación de un **ascensor** en un edificio que carecía del mismo (DGT 7-3-00; CV 11-9-12; CV 21-6-16) o de una plataforma salva-escaleras entre el portal de la finca y el ascensor para **personas con discapacidad** y la eliminación de barreras arquitectónicas (DGT CV 14-7-10);
- la instalación de sistemas de **calefacción** donde antes no los había (DGT 19-6-01);
- la adquisición de **electrodomésticos** y la instalación de tarifa nocturna con **acumuladores** (DGT 11-6-99);
- el coste de las obras de construcción de un **depósito de agua** para la prevención de incendios forestales en una finca arrendada a una sociedad de cazadores (DGT CV 23-6-08);
- las obras de tratamiento y saneamiento de **pilares** dañados del edificio (DGT CV 12-5-11);
- las obras de **demolición** del edificio y de desescombro (DGT CV 24-1-12);
- las obras de **aislamiento térmico** de las paredes de la vivienda para eliminar la condensación y formación de moho (DGT CV 28-3-16).
3) Como ejemplo de la difusa frontera que entre ambas categorías existe, la jurisprudencia ha calificado las **obras** realizadas en un inmueble para su **transformación** de vivienda a local de negocio como gasto deducible; pero negando que tales obras fuesen conservación, reparación, ampliación ni mejora. Se calificaron, simplemente, de gasto necesario y, por ello, deducible (TS 21-9-90). En el mismo sentido respecto a los gastos de conversión de un ático en vivienda para su posterior arrendamiento, aunque el inmueble no haya sido arrendado en el propio ejercicio en que se hicieron las obras, pues son precisos y previos a la explotación del inmueble en régimen de arrendamiento (TSJ Cataluña 16-5-02, EDJ 55956). Asimismo, la **sustitución de muebles de cocina** se ha calificado como mejora (DGT CV 26-1-05; CV 10-11-08; CV 2-3-10).

Seguros (RIRPF art.13.f) El propietario o usufructuario puede deducir, siempre que sean efectivamente a su cargo, las **primas** de contratos de seguro sobre los bienes o derechos productores de los rendimientos. 7520

Los contratos pueden cubrir la responsabilidad civil, incendio, robo, rotura de cristales o circunstancias de naturaleza análoga.

Cuando se produzca un siniestro y se perciba una indemnización debe calcularse la ganancia o pérdida patrimonial (nº 1830 s. Memento Fiscal 2024).

Precisiones **1)** Es gasto deducible el **seguro de defensa jurídica** para propietarios de viviendas de alquiler, que incluye la defensa jurídica propiamente dicha (cobertura de los gastos judiciales y de servicios de asistencia jurídica, judicial y extrajudicial, derivados de la relación arrendaticia), así como un subsidio para el caso de impago de alquileres y de daños materiales causados por el inquilino en el inmueble arrendado (DGT CV 6-7-09).

2) No son deducibles las primas del **seguro de vida** contratadas con la entidad financiera para evitar un incremento del tipo de interés del crédito hipotecario (DGT CV 7-8-18).

Indemnizaciones La mayor parte de las indemnizaciones que ha de pagar el arrendador al arrendatario son consideradas mejoras y por tanto no son un gasto deducible. Así se ha considerado mejora la indemnización satisfecha por el propietario de un inmueble al arrendatario por la **resolución del contrato** de arrendamiento (DGT 26-3-02; CV 27-10-04) y el importe satisfecho por el propietario de un local de negocio al arrendatario por el derecho de **traspaso** (DGT 17-10-03). Como mayor valor de adquisición, su importe podrá amortizarse mientras el inmueble se mantenga arrendado. Si estas indemnizaciones se financian con un préstamo, los **intereses** satisfechos sí tendrán la consideración de gasto deducible a partir del momento en que el inmueble vuelva a estar arrendado. 7523

Igualmente es una mejora la indemnización satisfecha al arrendatario por el importe de las **obras** realizadas acordada en el contrato en caso de extinción anticipada del mismo (DGT 30-3-04).

Asimismo, también es una mejora la indemnización satisfecha al arrendatario por el desalojo del local comercial con motivo del **estado ruinoso** del edificio, junto con los intereses legales.

Suministros (RIRPF art.13.g) En caso de inmuebles arrendados, son deducibles las cantidades destinadas a la adquisición de servicios o suministros, siempre que corran a cargo del **propietario o usufructuario**. 7525

El arrendador no puede deducir ningún gasto que no haya corrido a su cargo. Si es el arrendatario quien paga los servicios y suministros propios del inmueble -agua, gas electricidad- nada tienen que deducirse el propietario o usufructuario. Sin embargo, en los casos en que el importe de estas partidas se soporte de forma efectiva por el arrendador, en virtud de lo pactado en el **contrato**, son deducibles.

Precisiones **1)** Son deducibles los gastos soportados por los **anuncios** en prensa y por las **llamadas telefónicas** para el alquiler de habitaciones a estudiantes, siempre que el arrendador los soporte efectivamente y exista vinculación entre estos gastos y los ingresos del posterior arrendamiento (DGT 8-9-03).

2) Los gastos derivados de un **servicio de telecomunicaciones** que incluye conexión a Internet y teléfono fijo son deducibles en la medida en que todas las líneas asociadas a dicho servicio se utilicen exclusivamente en el desarrollo de la actividad de arrendamiento (DGT CV 2-2-15).

3) Los gastos de **agua y luz** correspondientes al inmueble desde el que se gestionan unos arrendamientos, no tienen el carácter de necesarios, al no existir una relación directa ingreso-gasto, por lo que no son deducibles en la determinación del rendimiento neto del capital, ya sea este mobiliario o inmobiliario (DGT CV 21-12-10).

Amortización (LIRPF art.23.1.b; RIRPF art.13.h y 14) Las cantidades destinadas a la amortización de los inmuebles arrendados son deducibles si responden a una **depreciación efectiva**. La dificultad que puede suponer la prueba de dicha depreciación efectiva se salva mediante la ficción de que se considera cumplido tal requisito si las amortizaciones no exceden del resultado de aplicar determinados porcentajes. Estos difieren según se trate del propio inmueble o de los bienes cedidos con él. 7527

En todo caso, la amortización se aplica exclusivamente en proporción al tiempo en que el bien se ha tenido arrendado, si el arrendamiento no ha abarcado todo el período impositivo.

Los **bienes amortizables** son: 7530

- **Inmuebles**. El porcentaje máximo de amortización a aplicar en cada ejercicio es el 3%. Dicho porcentaje se aplica sobre el mayor de los siguientes valores:

- el **coste de adquisición** satisfecho; o
- el **valor catastral**.

El coste de adquisición satisfecho incluye los **gastos y tributos** inherentes a la adquisición (notario, registro, IVA, ITP y AJD, etc.) satisfechos por el adquirente (DGT CV 22-12-14; CV 22-1-15).
En ambos casos en el cómputo no se incluye el coste de adquisición ni el valor catastral del **suelo**. Esa parte no se amortiza.
Al adquirir un inmueble normalmente no se diferencia la parte del coste que corresponde al suelo de la que corresponde a la edificación. En este caso, si se utiliza como base el coste de adquisición, la parte del suelo, que no se va a amortizar, puede calcularse **por referencia al valor catastral** del mismo respecto al valor catastral total del inmueble, prorrateando el coste de adquisición satisfecho entre los valores catastrales del suelo y de la construcción de cada año.
Problema adicional es que no todos los recibos del IBI especifican el desglose del valor catastral. En este caso, cabe **solicitar el desglose** al organismo encargado de la gestión catastral. Si tampoco así puede obtenerse la referida valoración, cabe, como solución imperfecta pero razonable, aplicar un **criterio estimativo**. Por término medio, el valor del suelo no amortizable puede situarse entre un 25 y un 40% del total del inmueble.
• **Bienes muebles cedidos con el inmueble**. Tratándose de bienes muebles, susceptibles de ser utilizados por un período superior a un año y cedidos conjuntamente con el inmueble, el porcentaje máximo de amortización es el que corresponda al elemento de que se trate, en función de las **tablas de amortización** aprobadas en relación con los bienes afectos a actividades económicas en el método de estimación directa simplificada (nº 7930). El valor sobre el que se debe aplicar el porcentaje indicado en las tablas es el de adquisición.
• **Derecho o facultad de uso o disfrute**. Si los rendimientos proceden de la titularidad de un derecho o facultad de uso o disfrute, estos pueden amortizarse, siempre que su adquisición haya supuesto coste para el contribuyente:
- si el derecho o facultad tiene **plazo de duración** determinado, la amortización deducible es la resultante de dividir su coste de adquisición entre el número de años de duración;
- si es **vitalicio**, el resultado de aplicar el 3% al coste de adquisición.
El importe anual de la amortización de los derechos o facultades de uso y disfrute no puede exceder, además, de los rendimientos íntegros de cada derecho.
Por último, deben tenerse en cuenta los siguientes **principios** en orden al cómputo de las amortizaciones practicadas:
• La **suma de amortizaciones** efectuadas no puede exceder del valor de adquisición.
• No cabe deducir en un **ejercicio** las amortizaciones correspondientes a otro distinto. No cabe deducir las amortizaciones practicadas después del plazo o período máximo de amortización.

7533 Precisiones **1)** El coste de adquisición satisfecho es distinto del valor de adquisición. En el caso de **inmuebles adquiridos a título lucrativo** (herencia o donación) sólo puede considerarse como coste de adquisición satisfecho el coste de las inversiones y mejoras efectuadas en el inmueble, así como la parte que corresponda a la construcción, de los gastos y tributos inherentes a la adquisición del inmueble, excluidos los intereses, que hayan sido satisfechos por el adquirente (DGT CV 27-5-09; CV 15-9-17). No obstante, recientemente el Tribunal Supremo ha señalado que, en estos casos de adquisición de inmuebles a título gratuito, la amortización se practica sobre el valor del bien determinado según las normas del ISD, esto es, el consignado en la escritura de donación o de adquisición de la herencia o el comprobado por la Administración, junto con los gastos y tributos satisfechos para su adquisición (TS 15-9-21, EDJ 698569).
Cuando en una herencia se incluyen bienes arrendados, los honorarios del **administrador judicial** pueden tener la consideración de mayor valor de adquisición de los elementos patrimoniales -no sólo los inmuebles- que integran la herencia (DGT CV 19-5-15).
2) Al establecerse como base de amortización una magnitud que puede ser superior al valor de adquisición (p.e. si el valor catastral es mayor que el valor de adquisición), se plantea la duda de si se pueden seguir practicando amortizaciones si la **amortización acumulada** excede del valor de adquisición, cuando el resultado de aplicar el porcentaje del 3% sobre la base de amortización dé una cantidad superior al valor de adquisición. Aunque ni la LIRPF ni el RIRPF aclaran nada al respecto, entendemos que la interpretación lógica es negar la posibilidad de practicar amortizaciones cuando el inmueble está totalmente amortizado o cuando el porcentaje del 3% excede del valor de adquisición, ya que en caso contrario se produciría un valor de adquisición negativo.
3) Al computar la base de amortización no se ha de detraer del coste de adquisición satisfecho la parte correspondiente al período de tenencia de los **inmuebles para uso propio** por sus titulares, ahora bien, sí hay que tener en cuenta que la amortización acumulada no puede exceder del coste de adquisición satisfecho (DGT CV 26-9-11).
4) A efectos de la deducibilidad de la amortización, a falta de la correspondiente factura, el coste y fecha de adquisición del **mobiliario**, debe ser acreditada por cualquier medio de prueba admitido en Derecho, correspondiendo la valoración de las pruebas aportadas a los órganos de gestión e

inspección de la Administración tributaria. En caso de no poder acreditarlo, no se va a poder deducir ninguna cantidad por amortización de los mismos (DGT CV 14-6-10).
5) En caso de que se transmita una vivienda arrendada, a efectos del cálculo de la **ganancia patrimonial,** el valor de adquisición se debe minorar en las amortizaciones que fueron fiscalmente deducibles durante el período de arrendamiento. A estos efectos, el porcentaje fijo de amortización que proceda se aplica en función del número de días en que el inmueble hubiera estado arrendado en cada período impositivo (DGT CV 11-12-18).

Ejemplos **1)** Calculamos el gasto deducible como amortización para el propietario de una vivienda que la destina al arrendamiento, **durante todo o una parte del ejercicio**. De las opciones posibles se toma como base de amortización el coste de adquisición de la vivienda, pues es mayor que el valor catastral. **7535**
Coste de adquisición: 131.900 €
• Precio de compra 120.000 €
• ITP y AJD (8%): 9.600 €
• Gestoría y notario: 2.300 €
Valor catastral total: 90.000 €
• Valor catastral del suelo: 35.000 €
• Valor catastral de la edificación: 55.000 €
Para calcular la base de amortización hay que ver la proporción que representa la **edificación** sobre el valor catastral total:
• 100 (55.000/90.000) = 61,1%
Este porcentaje aplicado sobre el valor de adquisición, es la parte amortizable del mismo:
• 131.900 × 61,1% = 80.590,9 €
Puede ocurrir que el inmueble haya estado alquilado todo el período impositivo o solo una parte del mismo.
a) Inmueble alquilado desde 1-1-2022 hasta 31-12-2022.
Como máximo, la amortización anual del inmueble es un 3% de esta base:
• 80.590,9 € × 3% = 2.417,72 €
Este sería el gasto a incluir como deducible.
b) Inmueble desocupado desde el 1-1-2022 hasta el 31-3-2022 y alquilado desde 1-4-2022 hasta el 31-12-2022.
Por la primera parte del año procede la **imputación de rentas inmobiliarias** en proporción al número de días en que el inmueble ha estado a disposición del propietario, aplicando la regla general, un 2% del valor catastral del inmueble:
• 90.000 × 2% = 1.800 €
• 1.800 × 90/365 = 44,83 €
Por el período en el que en inmueble ha estado en alquiler se generan **rendimientos del capital inmobiliario** siendo **gasto deducible** respecto a los mismos la parte proporcional de la amortización anual:
• 2.417,72 × 275/365 = 1821,56 €

2) El Sr. P alquila durante todo el ejercicio un apartamento que le fue **donado** por sus padres. A efectos del ISD el inmueble tiene un valor de 61.500 €, habiendo liquidado el correspondiente impuesto **7537**
Valor catastral total: 36.000 €
• Valor catastral de la edificación: 24.000 €
• Valor catastral del suelo: 12.000 €
Valor de adquisición (liquidación ISD): 6.500 €
Para calcular la base de amortización hay que ver la proporción que representa la **edificación** sobre el valor catastral total:
100 (24.000/36.000) = 66,6%
• Cuota liquidada ISD por la edificación: 6.500 × 66,6% = 4.329 €
Evidentemente la base de amortización va a ser el valor catastral (24.000 €), al ser mayor que el coste de adquisición (4.329 €).

3) El Sr. P alquila un apartamento que no es de su propiedad, sino que tiene un **derecho de usufructo** sobre el mismo por 10 años que adquirió por importe de 90.000 € **7540**
• Ingresos 6.000 €
• Amortización anual: 90.000/10 = 9.000
• Límite amortización anual (ingresos): 6.000 €
• Amortización máxima: 6.000 €
• Rendimiento: 0 €

Compensación fiscal (LIRPF disp.trans.3ª) Para los contratos de «**renta antigua**» anteriores a 9-5-1985, se establece una compensación fiscal. Así, cuando estos contratos no tienen derecho a la revisión de la renta (LAU disp.trans.2ª.11.7ª), se permite incluir adicionalmente, como gasto deducible, mientras subsista tal situación y en concepto de compensación, la cantidad que corresponde a la amortización del inmueble. **7550**

Es decir, que, además de la amortización ordinaria a la que puedan tener derecho, el arrendador puede computar adicionalmente un 3% del coste de adquisición satisfecho.
Para tener derecho a este gasto adicional, es requisito imprescindible que el arrendador se hubiera inscrito en el Censo de arrendadores (LAU disp.adic.6ª; OM 20-12-1994).

d. Reducciones sobre el rendimiento neto

7555 La diferencia entre los **ingresos** íntegros y los **gastos** fiscalmente deducibles, constituye el rendimiento neto previo del capital inmobiliario. No obstante, el rendimiento así calculado puede verse reducido de concurrir las siguientes circunstancias.

Rendimientos íntegros
- Gastos deducibles
Rendimiento neto previo
- Reducción arrendamiento de vivienda
- Reducción por rendimientos notoriamente irregulares
- Reducción por rendimientos generados en más de 2 años
Rendimiento neto

7557 **Arrendamiento de vivienda** (LIRPF art.23.2 y disp.trans 38ª redacc L 12/2023) Los arrendadores de inmuebles destinados a vivienda por sus arrendatarios, tienen derecho a reducir el rendimiento neto obtenido.
Dicha reducción se aplica sobre los rendimientos netos positivos que hayan sido calculados por el contribuyente en una autoliquidación presentada antes de que se haya iniciado un procedimiento de verificación de datos, de comprobación limitada o de inspección que incluya en su objeto la comprobación de tales rendimientos.
Para los **contratos celebrados a partir de 26-5-2023**, hasta el 31-12-2023 el porcentaje de reducción es del 60% y, a partir de 1-1-2024, con carácter general, del 50%. No obstante, también desde esta fecha, dicho porcentaje puede incrementarse en los siguientes supuestos:
a) Se puede aplicar una reducción del **90%** cuando se cumplan los siguientes requisitos:
- que la vivienda esté situada en una zona de mercado residencial tensionado; y
- que la renta inicial se hubiera rebajado en más de un 5% respecto a la renta del contrato celebrado anteriormente sobre la misma vivienda, una vez aplicada la actualización anual.
b) Se puede aplicar una reducción del **70%** cuando, no cumpliendo los requisitos para aplicar el porcentaje del 90%, se esté en uno de los **dos supuestos** siguientes:
• Cuando tratándose de una **zona de mercado tensionado**:
- el contribuyente hubiera alquilado por primera vez la vivienda; y
- el arrendatario tenga una edad comprendida entre 18 y 35 años.
• Cuando el arrendatario sea una **Administración pública o entidad sin fines lucrativos**:
- que destine la vivienda al alquiler social con una renta mensual inferior a la establecida en el programa de ayudas al alquiler del plan estatal de vivienda o al alojamiento de personas en situación de vulnerabilidad; o
- que la vivienda esté acogida a algún programa público de vivienda o calificación en virtud del cual la Administración competente establezca una limitación en la renta del alquiler.
c) Se puede aplicar una reducción del **60%** cuando, no cumpliendo los requisitos para aplicar la reducción del 90 ni la del 70%, la vivienda hubiera sido objeto de una **actuación de rehabilitación** (RIRPF art.41.1) en los 2 años anteriores a la fecha de la celebración del contrato.
Para los **contratos anteriores a 26-5-2023** el porcentaje de reducción sobre el rendimiento neto es del 60%.

7558 Si se produce el **subarriendo**, el propietario o usufructuario no pueden aplicar las reducciones correspondientes al mismo, aunque el subarrendatario utilice el inmueble como vivienda.
En caso de **arrendamiento parcial**, p.e. de una habitación del inmueble destinado a vivienda, se tiene derecho a la reducción respecto del rendimiento neto que corresponda a la parte arrendada (DGT CV 25-11-14; CV 3-12-15). Este mismo criterio se aplica si el arrendatario destina el inmueble a vivienda y al ejercicio de una **actividad profesional**, la reducción solo se aplica sobre el rendimiento neto que corresponda a la parte del inmueble destinada a vivienda (DGT CV 12-11-15).
En principio la reducción no es aplicable cuando el arrendatario es una **persona jurídica**. Sin embargo, se aplica si se acredita que el inmueble se destina a la vivienda de personas físicas determinadas en el contrato. La normativa del impuesto no hace referencia a la condición del arrendatario (TEAC unif criterio 8-9-16; DGT CV 20-4-17).

Precisiones 1) No tienen **derecho a la reducción**, por no considerarse arrendamiento de viviendas: 7560
- cuando se trate de un arrendamiento de **temporada** (TEAC unif criterio 8-3-18), sea esta de verano o cualquier otra, como por ejemplo para estudiantes (DGT CV 27-7-09; CV 5-9-16) o profesores (DGT CV 7-7-10);
- los denominados **alquileres turísticos** (AEAT 12-6-18);
- en los arrendamientos de **casas rurales** (DGT CV 23-6-05; CV 16-4-09);
- las viviendas por **temporada o curso lectivo**, verano o cualquier otra (DGT CV 7-7-10; TEAC unif criterio 8-3-18). Aunque si los contratos de arrendamiento se efectúan por un plazo de 12 meses, con pacto de prórroga acordado por las partes, fiscalmente se ha considerado que el contrato de arrendamiento va más allá de la mera temporada, por lo que procede aplicar la reducción (DGT CV 10-11-16; TEAR Cataluña 22-5-19);
- el arrendamiento de vivienda para residencia de un **funcionario de una embajada** y de su familia, cuando el contrato se realiza con la embajada (DGT CV 22-1-08);
- el arrendamiento de vivienda a una **asociación sin ánimo de lucro** para destinarla a residencia habitual de menores en situación de desamparo o marginalidad (DGT CV 16-9-08; CV 20-5-13).

2) Se equipara a vivienda el **mobiliario, trasteros, plazas de garaje** y otros elementos cedidos como accesorios de la finca por el mismo arrendador (LAU art.2). De esta forma, si se arrienda una vivienda y la plaza de garaje que fueron adquiridas conjuntamente, en la misma escritura pública de compraventa, y están ubicadas en el mismo edificio, y en los contratos de arrendamiento suscritos con los sucesivos inquilinos ha figurado siempre un precio global, la reducción opera sobre la totalidad del rendimiento (DGT CV 16-10-08).

3) Aunque el inmueble esté **inscrito como oficina** en el catastro, se aplica la reducción si el mismo reúne los requisitos para ser utilizado como vivienda y se arrienda directamente a una persona física que lo destina a tal fin (DGT CV 2-10-15).

Rendimientos generados en más de 2 años (LIRPF art.23.3; RIRPF art.15) Cuando los rendimientos del capital inmobiliario tienen un período de generación superior a 2 años, el rendimiento neto resultante de deducir de los ingresos íntegros los gastos deducibles, se ha de reducir en un 30% antes de integrarlo en la base imponible general. La cuantía del **rendimiento neto** susceptible de reducción no puede superar el importe de 300.000 euros anuales. 7563

Aun cuando no tenemos un concepto legal de **período de generación**, en relación con los arrendamientos esta circunstancia se va a producir cuando se perciba de una sola vez la renta correspondiente a varios años de alquiler.

Si el **contrato de alquiler** tiene una duración inferior a 2 años, aunque se perciba de una sola vez al final del mismo el importe total de la renta, nunca podremos entender que el rendimiento tiene un período de generación superior a 2 años.

Si el contrato de alquiler tiene una duración superior a 2 años, sí puede reducirse en un 30% siempre que no se perciba de forma fraccionada.

Para aplicar la reducción se requiere que los rendimientos con un período de generación superior a 2 años se imputen a un único **período impositivo**. Por tanto, en aquellos casos en que los rendimientos se perciban de forma fraccionada en varios períodos impositivos, no resulta aplicable la reducción.

En relación con los **gastos** correspondientes a períodos impositivos en los que no existen **rendimientos íntegros**, porque estos se devengan con un período de generación superior a 2 años, dado que el inmueble está arrendado y existe contrato de arrendamiento, el contribuyente puede deducirse los gastos en los que ha incurrido.

Ahora bien, al operar la reducción sobre el rendimiento neto, debe plantearse si los **rendimientos netos negativos** correspondientes a los años en los que no se perciben ingresos, sino que únicamente existen gastos, deben reducirse también en un 30%. A nuestro juicio la reducción opera tanto si el rendimiento es positivo como si es negativo, pues lo que se persigue es atenuar los efectos de la progresividad.

Esta reducción opera después de la reducción por arrendamiento de inmuebles destinados a vivienda (nº 7557). Es decir, la **base** de la misma opera sobre el saldo resultante de aplicar, en su caso, sobre el rendimiento neto, la reducción por arrendamiento de vivienda. Por tanto, si se aplica la reducción general del 60%, la reducción por este concepto va a ser del 30% sobre el rendimiento reducido en un 60%, de tal manera que la **suma de las dos reducciones** puede llegar a alcanzar un 72% del rendimiento neto previo a la aplicación de las reducciones.

Precisiones 1) Cabe plantearse el tratamiento fiscal aplicable cuando el contribuyente, en un contrato de duración superior a 2 años, conviene con el inquilino el abono del arrendamiento **al final del período** del mismo. A nuestro juicio debería distinguirse: 7565
- Si el pago de la renta es **mensual** (LAU art.17.2), pero el arrendador permite al inquilino el pago al final del período de arrendamiento: no estaríamos ante una renta con un período de generación superior a 2 años, ya que únicamente se ha aplazado el pago de una renta cuyo período de generación es mensual. Este mismo criterio resulta aplicable si el pago de la renta se anticipase al momento inicial (DGT CV 6-2-15).

• Por el contrario, si el pago de la renta no se pactó de forma mensual sí que cabría plantearse la aplicación de la reducción.
2) Aunque las rentas no cobradas por el arrendamiento se encontrasen fijadas con una periodicidad mensual, se aplica la reducción si las mismas se perciben por **sentencia judicial** y corresponden a un período que abarca más de 2 años (DGT CV 14-12-12; CV 2-6-17).

7573 Ejemplo El Sr.P. es propietario de un inmueble que compró por 100.000 € (ITP y AJD incluido), siendo el valor del suelo de 40.000 €.
Lo arrienda por 3 años, con destino a vivienda por el arrendatario con una renta de 6.000 € mensuales que cobra por completo el al inicio del contrato.
Tiene unos gastos de 12.000 € anuales, sin contar la amortización.

Año 1

• **Ingresos** (6.000 × 12 × 3)	216.000 €
Consumos y servicios	12.000 €
Amortización (100.000 - 40.000) × 3%	1.800 €
• **Gastos**	13.800 €
Rendimiento neto	202.200 €
Reducción alquiler vivienda (202.200 × 60%)	121.320 €
Reducción P.G. > 2 años (202.200 - 121.320) × 30%	24.264 €
Rendimiento neto reducido	56.616 €

Años 2 y 3

• **Ingresos**	0 €
Consumos y servicios	12.000 €
Amortización (100.000 - 40.000) × 3%	1.800 €
• **Gastos**	13.800 €
Rendimiento neto	-13.800 €
Reducción alquiler vivienda. No procede	-
Reducción P.G. > 2 años (13.800- 8.280) × 30%	4.140 €
Rendimiento neto reducido	-9.660 €

7575 **Rendimientos notoriamente irregulares** (LIRPF art.23.3; RIRPF art.15) Debido a su especial carácter, en relación con los arrendamientos, se considera que únicamente tienen esta consideración:
• Los importes obtenidos por el arrendador con su participación en el **traspaso o la cesión del contrato** de arrendamiento de locales de negocio (nº 7410).
• Las **indemnizaciones** percibidas del arrendatario, subarrendatario o cesionario por daños o desperfectos en el inmueble.
En estos casos, el rendimiento neto se reduce en un 30%, siempre y cuando, además, se imputen a un único período impositivo.
La **cuantía del rendimiento neto** susceptible de reducción no puede superar el importe de 300.000 euros anuales.

Precisiones **1)** La cantidad percibida por el propietario del nuevo arrendatario como precio por la **resolución del contrato** de arrendamiento anterior no da derecho a la aplicación de la reducción, aun siendo considerada rendimiento del capital inmobiliario (DGT CV 28-7-14).
2) A la indemnización por desperfectos y daños producidos en el inmueble establecida en una **sentencia judicial**, puede resultarle de aplicación la reducción, siempre que se impute en un único período impositivo. Ahora bien, al percibirse la indemnización en ejecución provisional de la sentencia, no procede imputar renta alguna hasta que la resolución judicial adquiera firmeza (DGT CV 8-2-16).
3) Si la propiedad está dividida entre **nudo propietario y usufructuario**, las indemnizaciones de carácter extraordinario sólo las puede percibir el nudo propietario, como propietario del bien, y no el usufructuario, si tienen carácter extraordinario.
4) Los daños o desperfectos en el inmueble deben ser tales que no supongan **pérdidas patrimoniales** en los mismos, ya que, de ser así, las indemnizaciones tendrían el tratamiento correspondiente en el ámbito de las ganancias o pérdidas de patrimonio.

e. Rendimientos estimados

(LIRPF art.6.5, 24 y 40)

7580 **Presunción de onerosidad** Se presumen retribuidas, salvo prueba en contrario, las prestaciones de bienes o derechos susceptibles de generar rendimientos del capital inmobiliario. La valoración de estas rentas estimadas ha de hacerse por su valor normal de mercado Así, producidas dichas prestaciones, la ley presume que se ha generado un hecho imponible, salvo que el contribuyente lo desvirtúe con su actividad probatoria.

Esta presunción tiene su **justificación** en que las prestaciones en general y entre partes independientes se realizan mediante contraprestación. El efecto de la misma estriba en la **inversión de la carga de la prueba** que implica, pero en todo caso son de aplicación los principios generales de nuestro ordenamiento jurídico sobre la carga de la prueba y su valoración, que en este caso pesa sobre el contribuyente por ser quien tiene mayor facilidad para aportar esa prueba.
Al tratarse de la prueba de un **hecho negativo** -no retribución de determinadas prestaciones-, es muy difícil obtener la certeza de la inexistencia de retribución, de manera que si no se admiten los indicios razonables de inexistencia de retribución, pueden cometerse excesos en su aplicación.

Parentesco (LIRPF art.24) Cuando el arrendatario o subarrendatario es el cónyuge o un pariente, incluidos los afines, hasta el tercer grado inclusive, del contribuyente, se establece un rendimiento neto mínimo. **7583**
El grado de parentesco hasta el tercer grado, puede ser en línea directa o colateral.
Para que sea de aplicación esta regla especial no se requiere que los parientes sean quienes concierten de inicio el contrato de arrendamiento, basta con que estos pasen a ostentar la titularidad de la relación, aunque sea por subrogación (TSJ Cataluña 19-11-15, EDJ 253883).
El **rendimiento neto mínimo** a considerar, que como tal regla de valoración no admite prueba en contrario, es el resultado de aplicar al valor catastral del inmueble o, en general, al que resultaría de aplicar las **reglas** propias de la imputación de rentas inmobiliarias:
- el 2%, con carácter general; o
- el 1,1%, en el caso de inmuebles cuyos valores catastrales hayan sido revisados, modificados o determinados mediante un procedimiento de valoración colectiva de carácter general y hayan entrado en vigor en el propio período impositivo o en el plazo de los diez períodos impositivos anteriores.

Precisiones **1)** Si bien la introducción de la **tributación separada** en el IRPF conlleva el reconocimiento, a efectos tributarios, de los contratos que puedan celebrarse entre los miembros de la unidad familiar, las limitaciones a la deducibilidad de gastos, en este caso, mediante el establecimiento de un rendimiento mínimo presunto, no vulnera el **principio de igualdad** constitucionalmente garantizado, ya que el reconocimiento de dichos contratos no impide que el legislador, en atención a la estructura del impuesto, pueda establecer determinadas cautelas o limitaciones al reconocimiento tributario de los contratos celebrados entre miembros de la unidad familiar (TCo 146/1994). **7585**
2) Si el rendimiento neto derivado del **arrendamiento a un hijo**, una vez aplicada sobre el mismo, en su caso, la reducción, fuese inferior al rendimiento mínimo, ha de constar este último (DGT CV 9-12-13; CV 5-10-16).
3) Si son **varios arrendatarios**, el régimen especial en caso de parentesco se aplica a la parte del rendimiento neto que corresponda a los familiares que tengan el grado de parentesco legalmente establecido.
4) Un estudio detallado de la **imputación de rentas inmobiliarias** puede encontrarse en el nº 935 s. Memento Fiscal 2024.

Ejemplo La Sra. P adquiere por herencia una vivienda en 2015, cuyo valor catastral en 2022 es de 29.800 €, del que el un 30% corresponde al valor del suelo (8.940 €) y el resto a la edificación (20.860 €). El inmueble está localizado en un municipio en el que los valores catastrales no han sido revisados. **7587**
Los gastos y tributos inherentes a su adquisición ascendieron a 3.950 €.
Desde el 1-7-2022 arrienda la vivienda a sus padres por 275 € mensuales, habiéndola rehabilitado previamente con el dinero obtenido mediante un crédito bancario.
Los **gastos deducibles** correspondientes al año 2022 son los siguientes:
• Intereses y gastos de financiación: 3.600 € (300 mensuales).
• Conservación y reparación: 950 € (800 en el mes de enero y 150 en noviembre).
• Gastos de comunidad: 600 € (50 mensuales).
• IBI: 300 € (devengado en el mes de noviembre).
• El 15-6-2022 satisface 950 € por la instalación de aire acondicionado.
• El coste de adquisición del mobiliario instalado en la vivienda ascendió en 2013 a 4.300 €. Los coeficientes de amortización máximos del mobiliario y de las instalaciones son del 10%.
Como el arrendatario son los padres de la Sra. MP, el rendimiento neto computable (en este caso, rendimiento neto reducido) no puede ser inferior al rendimiento mínimo computable en caso de parentesco:
Rendimientos íntegros: 1.650 (275 × 6 meses).
Gastos deducibles:
• Intereses y conservación y reparación: 1.950 € → 1.650 €
Excede de la cuantía de los rendimientos íntegros, por lo que se rebaja a este límite pudiéndose deducir el exceso (1.950 - 1.650 = 300 €) en los cuatro años siguientes.
• Gastos de comunidad: 300 € (50 × 6 meses).

• IBI: 150 € (300/12 meses × 6 meses).
• Amortización:
- Vivienda: 50% [3% 20.860] = 312,90 €
- Muebles: 50% [10% 4.300] = 215,00 €
- Instalación de aire acondicionado: 50% [10% 950] = 47,50 €.
Rendimiento neto: - 1.025,40 € (1.650 - 2.675,40).
• Reducción por arrendamiento vivienda: no se aplica por ser el rendimiento neto negativo.
Rendimiento neto reducido: - 1.025,40 €.
b) **Rendimiento neto mínimo por parentesco**:
• Valor catastral: 29.800 €
• 2% valor catastral = 596 €
• Parte proporcional: 297,9 € (596/12 meses × 6 meses)
c) **Rendimiento neto definitivo:** el mayor de los dos valores, en este caso el rendimiento mínimo por parentesco (298 €).

2. Rendimientos de actividades económicas

7600

7605 Desde el punto de vista del IRPF, se consideran rendimientos de la actividad económica del contribuyente:
- los que proceden, conjuntamente, del **trabajo personal** y del **capital** afecto a su actividad, o de uno solo de estos factores; y
- suponen por parte del contribuyente la **ordenación por cuenta propia** de los medios de producción y de recursos humanos, o de uno de ambos, con la finalidad de intervenir en la producción o distribución de bienes o servicios.
Se ha pretendido que no existan grandes diferencias en el trato fiscal de estos rendimientos en el IRPF y en el Impuesto sobre Sociedades (IS). De hecho, con las excepciones que establece la propia normativa del IRPF, hay una remisión en bloque a las normas de este otro impuesto, sobre todo en la estimación objetiva.

Precisiones La LIRPF utiliza la denominación común, para este tipo de rentas, de rendimientos de actividades económicas. No obstante, puede distinguirse entre las actividades **empresariales** en sentido estricto, las **profesionales**, que incluyen artísticas y deportivas y las **agrícolas, ganaderas y forestales**. Es importante esta distinción, ya que tiene trascendencia en relación con el método de determinación del rendimiento neto, las obligaciones formales, la determinación de las retenciones, de los pagos fraccionados, etc.

a. Actividad económica de arrendamiento

(LIRPF art.27)

7610 **Persona empleada** El arrendamiento de inmuebles se realiza como **actividad empresarial** únicamente si para el desempeño de la actividad se tiene, al menos, una persona empleada con contrato laboral a jornada completa.
Cuando la actividad referida no cuente, al menos, con esa mínima organización, las rentas correspondientes deben calificarse de rendimientos del capital inmobiliario (DGT CV 12-12-18; CV 19-12-18; CV 16-1-19). No obstante, contar con una persona contratada funciona como una mera presunción *iuris tantum* de que existe la actividad. Es un requisito mínimo, pero no necesariamente suficiente para que se considere que hay una actividad económica. Si, por ejemplo, no hay una carga de trabajo bastante que justifique contar con esta persona contratada, esta va a considerarse innecesaria para la obtención de los ingresos. Es decir, se trata de un **requisito material** y no meramente formal, no siendo suficiente la concurrencia formal para que se considere que hay actividad económica (TEAC 14-9-06; 7-4-10).

7613 Precisiones **1)** El IRPF facilita un instrumento para delimitar la actividad empresarial de arrendamiento de inmuebles, lo que no impide que, por **otros medios distintos**, se llegue a la conclusión de que existe actividad económica (TS 2-2-12, EDJ 15819). Querer reducir la actividad empresarial a la necesidad de tener empleados no es correcto, ya que la actividad empresarial se define por la actividad que se desarrolla, siendo la existencia de empleados o no un dato a tener en cuenta, pero no lo esencial, que consiste en la ordenación de medios para desarrollar una actividad de beneficio (TS 8-10-12, EDJ 246670; AN 28-2-13, EDJ 19480; TEAC 28-5-13).

2) Cuando el **propietario** de los locales arrendados se da de alta como trabajador **autónomo** para la explotación de dicha actividad, no puede considerarse que la actividad se realiza como una actividad económica porque no cuenta con una persona empleada con contrato laboral y a jornada completa (DGT CV 23-9-13).
3) Hasta el **1-1-2015** los requisitos para considerar el arrendamiento como una actividad empresarial eran dos, pues, además de la persona contratada, se exigía también un local destinado a la misma.

Relación laboral La exigencia de una persona empleada con **contrato laboral** es fácil de probar a través del mencionado contrato. **7615**
Cabe que el empleado sea un **miembro de la unidad familiar**, por ejemplo, cónyuge o hijo, dado de alta en un régimen de la Seguridad Social de trabajadores por cuenta ajena (DGT 19-4-00; CV 17-4-17).
No obstante, **se ha considerado** que:
- no basta con aportar un contrato de trabajo firmado por los **dos cónyuges**, sino que es necesario probar el pago de los salarios (TEAC 12-11-04);
- no es posible que la persona empleada sea un **administrador de fincas**, ya que se trata de un profesional que no tiene contrato laboral (DGT 5-11-93);
- no es posible que la persona empleada sea un **profesional**, ya que no habría contrato laboral (DGT CV 22-9-16);
- no puede ser la persona empleada un empleado de finca urbana, **conserje**, pues el mismo no presta servicios relacionados con la gestión de la actividad de arrendamiento de inmuebles propiamente dicha (DGT CV 27-5-09; CV 29-1-13), ni la persona contratada para la **limpieza y mantenimiento** de los bienes arrendados (DGT 17-1-95).

No existe relación laboral en **socios** cuya participación en una sociedad mercantil de capital sea igual o superior al 50%; ni cuando el socio dado de alta en el **RETA** realice su actividad a jornada completa y mediante retribución fija mensual, pues debe existir un contrato de naturaleza laboral (DGT CV 2-12-05; CV 18-1-06). Si, a pesar de estar incluido en el RETA, el **administrador único** de una sociedad tiene un contrato laboral y jornada completa percibiendo su remuneración por la prestación de servicios propios de su objeto social y, por tanto, distintos de los derivados de su pertenencia al órgano de administración, puede considerarse que el arrendamiento se realiza como actividad económica (DGT 11-12-00; CV 6-7-06; CV 27-5-08). **7617**
Por contra, si los administradores de una sociedad han suscrito un **contrato laboral de alta dirección** y desempeñan únicamente las labores propias de dicho cargo, debe entenderse que su vínculo con la sociedad es exclusivamente de naturaleza mercantil y no laboral (TS 13-11-08, EDJ 243661; DGT CV 8-6-09).
Tratándose de un **contrato en prácticas**, solo se entiende cumplido dicho requisito si el contrato es calificado como laboral por la normativa laboral vigente y es a jornada completa (DGT CV 30-12-08).

Precisiones No existe relación laboral, sino mercantil, cuando los **socios**, titulares del 100% del capital de la entidad, contratan al hijo que convive con ellos, salvo prueba en contrario de la inexistencia de control efectivo de la sociedad (DGT CV 28-2-13). **7620**

Jornada completa La persona contratada ha de estarlo a jornada completa, entendiendo por tal, la establecida en el convenio de aplicación o, en su defecto, la jornada ordinaria máxima legal (DGT CV 2-12-05). **7623**
Este requisito no se cumple cuando se dispone de dos personas contratadas a **media jornada** (DGT 8-2-01; CV 29-5-18), o si el socio dado de alta en el **RETA** realiza su actividad a jornada completa y mediante retribución fija mensual, pues en este caso, debe existir un contrato de naturaleza laboral (DGT CV 2-12-05; CV 18-1-06).
Si la persona contratada a jornada completa para la ordenación de la actividad de arrendamiento se acoge a la **jornada reducida** por razón del cuidado de hijos, solo se cumple el requisito relativo al personal contratado si la normativa laboral vigente lleva a cabo una igualación o equiparación entre el contrato con jornada reducida por cuidado de menor y el establecido a jornada completa (DGT CV 16-1-08). La exigencia de jornada completa se entiende cumplida cuando el trabajador haya sido contratado así, con independencia de que de forma temporal pueda estar en situación de **baja por enfermedad** (DGT CV 6-4-17).

Precisiones **1)** Si para la actividad de arrendamiento de inmuebles se cuenta con una persona contratada a tiempo parcial, pero el **Juzgado de lo Social** declara que debe entenderse que la persona empleada lo estaba a tiempo completo, el arrendamiento debe calificarse como actividad económica y no como rendimientos del capital inmobiliario, por lo que debe regularizarse la declaración del IRPF presentada (DGT CV 21-5-07).
2) Si el contribuyente ejerce otras actividades acogidas al **método de estimación objetiva** e inicia la actividad de arrendamiento de un local, es importante la calificación fiscal que se dé al mismo, ya

que, si se califica como actividad económica, tendría que acogerse al método de estimación directa y, dada la incompatibilidad entre ambos métodos, todas las actividades acogidas a EO se someterían al método de estimación directa (DGT CV 5-9-16).

7625 **Inmuebles afectos a la actividad** (LIRPF art.28.2 y 3 y 29) La consideración de un elemento patrimonial como integrante del patrimonio empresarial o personal tiene importantes consecuencias fiscales:
• En el cómputo de los **ingresos y gastos** deducibles. Así, por ejemplo, los bienes inmuebles afectos a actividades económicas no generan imputaciones de rentas inmobiliarias y los gastos derivados de los mismos son gastos deducibles para la determinación del rendimiento neto derivado de la actividad económica (nº 7650).
• Las **ganancias y pérdidas patrimoniales** derivadas de los elementos patrimoniales afectos a actividades económicas no se incluyen entre los rendimientos de dichas actividades, sino con las restantes ganancias y pérdidas patrimoniales obtenidas por el contribuyente (DGT 24-10-00). No obstante, en el cálculo de las mismas existen importantes diferencias según que los elementos patrimoniales generadores de las ganancias o pérdidas patrimoniales estén afectos o no a la actividad económica (nº 2005 Memento Fiscal 2024).
• Además, las reglas de afectación de los elementos patrimoniales resultan de gran importancia para la aplicación del régimen especial de diferimiento en **aportaciones no dinerarias** y de ramas de actividad previsto en el impuesto de sociedades.
Dadas las distintas **consecuencias** según que el elemento patrimonial esté afecto o no a la actividad, la LIRPF contiene cautelas para evitar el trasvase de elementos entre el patrimonio particular y empresarial por razones puramente fiscales (nº 7640) delimitando claramente el patrimonio empresarial y el concepto de elementos afectos.

7627 **Requisitos** (LIRPF art.29; RIRPF art.22) Un elemento patrimonial **se considera afecto** a la actividad cuando se cumplen los siguientes requisitos:
a) **Necesidad** (LIRPF art.29.1; RIRPF art.22.1). Se consideran afectos los bienes que sean necesarios para el desarrollo de la actividad, como, por ejemplo:
- los inmuebles en que se desarrolla la actividad del contribuyente;
- los destinados a servicios económicos y socioculturales del personal al servicio de la actividad; y
- en general, todos los que sean necesarios para obtener los respectivos rendimientos.
Se excluyen expresamente los bienes de esparcimiento y recreo y, en general, los de **uso particular** del titular de la actividad.

7630 b) **Uso exclusivo para la actividad** (LIRPF art.29.2; RIRPF art.22.2, 3 y 4). Se exige que los elementos patrimoniales sean utilizados para los fines de la actividad.
De esta forma, **no se encuentran afectos** los siguientes elementos patrimoniales:
• Los utilizados de **forma simultánea** para actividades económicas y para necesidades privadas. Aunque existen ciertas **excepciones** establecidas legalmente:
- elementos patrimoniales **divisibles**, que se entienden afectos en la parte que realmente se utilice en la actividad; y
- elementos patrimoniales utilizados en necesidades privadas de **forma accesoria** o notoriamente irrelevante. Así ocurre cuando se destinen al uso personal en días u horas inhábiles durante los cuales se interrumpa el ejercicio de la actividad.
• Los elementos patrimoniales que no figuren en la **contabilidad o registros oficiales** de la actividad que está obligado a llevar el contribuyente (nº 8112 s.), salvo prueba en contrario.

7633 Precisiones 1) En los **elementos patrimoniales divisibles**, solo se consideran afectadas aquellas partes que sean susceptibles de un aprovechamiento separado e independiente del resto. Por naturaleza estos elementos son los inmuebles.
Así, en la medida que se cumpla este requisito, cabe afectar por ejemplo una parte de la **vivienda** a la actividad, usándola como oficina desde la que se gestionan los inmuebles alquilados.
2) No obsta para la afectación que la actividad se desarrolle durante un determinado **período de tiempo**, ya que la norma no prevé la afectación temporal o parcial en el tiempo (AN 5-5-10, EDJ 65599).
3) Los metros cuadrados de la **vivienda habitual y ganancial** destinados a la actividad económica se deben computar en su totalidad, aunque sólo correspondan al cónyuge empresario o profesional en un 50%, tanto para la deducción de los gastos correspondientes a la titularidad de la vivienda, como los correspondientes a los suministros (DGT CV 7-2-23).

7635 c) **Titularidad** (LIRPF art.29.3). Solo pueden considerarse elementos afectos a la actividad económica de un contribuyente los elementos que sean de su titularidad y, en caso de matrimonio, los bienes comunes a ambos cónyuges (TSJ Cantabria 7-5-04, EDJ 49309; DGT CV 27-6-12). En ningún caso procede considerar afectos a la actividad económica los bienes privativos del cónyuge no empresario (DGT 5-2-02).

Precisiones Esta regla se encuentra ligada a la falta de consecuencias legales para la cesión por el **cónyuge no empresario** de su parte en un bien común al cónyuge empresario (nº 7700).

Traspaso de bienes entre patrimonios (LIRPF art.28.3; RIRPF art.23) La afectación o la desafectación de elementos patrimoniales por el contribuyente no constituye **alteración patrimonial**, siempre que los bienes o derechos continúen formando parte de su patrimonio. **7637**
Se toman como **valores** de afectación y desafectación los siguientes:
• Las **afectaciones** se realizan por el valor de adquisición que tengan los elementos patrimoniales en ese momento.
• En caso de **desafectación**, se toma el valor neto contable que corresponda a los elementos patrimoniales en dicho momento, calculado de acuerdo con las amortizaciones que hubieran sido fiscalmente deducibles, computándose en todo caso la amortización mínima.
En el caso de elementos patrimoniales afectados a la actividad **después de su adquisición**, hay que distinguir:

Afectación	Valor de adquisición	Fecha de adquisición
A partir de 1-1-1999	El que tenga en el momento de la afectación (RIRPF art.23.1).	La que corresponda a la adquisición originaria.
Anterior a 1-1-1999	El que resulte de las reglas del IP en el momento de la afectación (L 18/1991 art.41.3).	La fecha de la afectación (RIRPF art.40.2).

Cautelas fiscales (LIRPF art.28.3) Para tratar de evitar los traspasos por motivos puramente fiscales entre el patrimonio empresarial y particular, la LIRPF establece unas reglas cautelares referidas a la afectación y desafectación: **7640**
• **Afectación**: no se entiende producida la afectación cuando los elementos se enajenan antes de transcurridos 3 años desde la fecha de afectación.
• **Desafectación**: la transmisión de elementos patrimoniales afectos a actividades económicas genera ganancias y pérdidas patrimoniales, lo que determina la aplicación del mismo tipo de gravamen que en los elementos no afectos. Esta igualdad de trato implica que no exista regla cautelar general de desafectación, aun cuando existen algunas diferencias de cálculo. No obstante, dado que, transitoriamente, se ha mantenido la aplicación de los **porcentajes reductores** para las ganancias patrimoniales derivadas de elementos patrimoniales **no afectos** a actividades económicas adquiridos antes del 31-12-1994 (nº 1875 Memento Fiscal 2024), se establece como regla cautelar, a estos solos efectos, que solo podrán aplicar estos porcentajes los elementos patrimoniales no afectos cuando la desafectación de estas actividades se haya producido con más de 3 años de antelación a la fecha de transmisión (LIRPF disp.trans.9ª). Este plazo de 3 años es exigible en todo caso, incluso cuando la desafectación se haya producido como consecuencia del **cese** en la actividad (DGT CV 9-2-00; 12-1-01; AN 24-7-13, EDJ 151985).

Precisiones 1) La **primera regla** solo es aplicable cuando se ha producido una afectación, y no cuando el bien se adquiere y afecta de modo inmediato a la actividad y se vende antes de que transcurran 3 años. **7643**
2) Si el bien se transmite antes de transcurrir 3 años desde que fue afectado a la actividad, se entiende que no se ha producido dicha afectación y, en consecuencia, no se podrían practicar **amortizaciones**. Por ello, si el contribuyente hubiera computado, para el cálculo del rendimiento neto de la actividad, las amortizaciones correspondientes al período en el que el bien se utilizó en el ejercicio de la misma, debe regularizar su situación tributaria, incrementando el rendimiento neto en las amortizaciones deducidas por el bien en cuestión.

Individualización de rendimientos (LIRPF art.11.4) Con independencia del miembro de la unidad familiar que sea titular de la empresa o establecimiento mercantil, los rendimientos de estas actividades se imputan a aquel que **desarrolla la actividad**, es decir, a aquel que, de forma habitual, personal y directa, y por cuenta propia, ordena los medios de producción y los recursos humanos afectos a las actividades. Se presume, salvo prueba en contrario, que el empresario o profesional es quien figura como titular de la actividad (p.e. en el IAE). **7645**
Se consagra de este modo el principio de **autonomía entre los ámbitos tributario y civil**, de independencia y sustantividad propia del ordenamiento fiscal respecto al derecho común (TEAC 14-4-93; TCo 146/1994).

Precisiones Los rendimientos de la actividad empresarial se imputan a los **dos cónyuges** cuando el ejercicio de la actividad se realice de forma conjunta, en cuyo caso se imputan en función de su respectiva participación en el negocio. Se presume, salvo prueba en contrario, que la condición de empresario recae en el titular de la actividad a efectos del IAE. Sin embargo, el hecho de que el **alta**

en el IAE esté a nombre de uno de los cónyuges no implica automáticamente que deba entenderse que únicamente él es el empresario, como tampoco supone lo contrario el hecho de que el alta en el IAE esté a nombre de los dos o que ambos cónyuges figuren en el régimen de autónomos de la Seguridad Social. Las obligaciones fiscales que derivan de la titularidad de la actividad (declaración censal, retenciones de trabajadores, pagos fraccionados) deben cumplimentarse por los titulares de la actividad económica (DGT 24-3-98).

b. Determinación del rendimiento neto

(LIRPF art.16; RIRPF art.27)

7650 **Estimación directa** El rendimiento neto procedente del **arrendamiento de inmuebles** ha de determinarse siempre mediante estimación directa, que es el método general de cálculo de los rendimientos netos de las actividades económicas (LIRPF art.16.2.a), y, de forma subsidiaria la indirecta, no estando incluido entre las actividades que pueden someterse a la estimación objetiva.

7653 **Compatibilidad con otros métodos** Con carácter general, los rendimientos de actividades económicas pueden determinarse mediante alguno de estos métodos:
• **Estimación directa**, admitiendo dos modalidades: normal y simplificada.
• **Estimación objetiva**, si se trata de rendimientos de pequeñas y medianas empresas y determinadas actividades profesionales accesorias, y no se superan determinados límites.
• **Estimación indirecta** como método excepcional y subsidiario que se utiliza cuando la Administración no pueda disponer de los datos necesarios para su fijación.

7655 Se establece un principio de **incompatibilidad** entre los diversos métodos y dentro de del método de estimación directa entre las modalidades de simplificada y normal. No obstante, existen las siguientes **excepciones**:
• Cuando, desarrollando una actividad en la **modalidad simplificada**, se inicie otra durante el año por la que se renuncie a dicha modalidad, convivirán hasta el final del año las dos modalidades del método de estimación directa: la simplificada, por la actividad antigua, y la normal, por la actividad nueva. En este caso, la incompatibilidad no surte efecto hasta el año siguiente.
• Cuando, desarrollando una actividad acogida al método de **estimación objetiva**, se inicie otra durante el año no incluida en dicho método o que, sí estando incluida, se renuncie al mismo o se le excluya. En este supuesto, la segunda actividad se sometería, desde su inicio, a la modalidad simplificada del método de estimación directa, conviviendo hasta la finalización del año dos métodos: el de la estimación objetiva (por la actividad antigua) y el de la modalidad simplificada del método de estimación directa (por la actividad nueva). En este caso, la incompatibilidad no surte efecto hasta el año siguiente y ello, aunque la segunda actividad iniciada en el año cause baja en diciembre de ese mismo año (DGT CV 21-1-16; CV 5-9-16).

7657 Precisiones 1) El **orden de prioridad** en la «fuerza de atracción» de los distintos métodos y modalidades es el siguiente:
• Si el contribuyente ejerce diversas actividades económicas, alguna de las cuales (empresarial o profesional) se encuentra en la modalidad normal del método de estimación directa, todas las actividades (empresariales y profesionales) se someterán a la **modalidad normal del método de estimación directa**, aunque aisladamente consideradas algunas pudieran estar en la modalidad simplificada del método de estimación directa o en el método de estimación objetiva.
• Si el contribuyente ejerce diversas actividades económicas (empresariales o profesionales) y:
- ninguna de ellas está sometida a la modalidad normal del método de estimación directa; o
- alguna de ellas está sometida a la modalidad simplificada del método de estimación directa.
Todas las actividades (empresariales y profesionales) se someterán a la **modalidad simplificada del método de estimación directa**, aunque aisladamente consideradas, algunas pudieran estar en el método de estimación objetiva.
2) Si los rendimientos del arrendamiento deben calificarse como rendimientos de la actividad económica desde la **fecha** a la que se retrotraen los efectos de la sentencia del Juzgado de lo Social que declara que la persona estaba contratada a tiempo completo, es desde dicha fecha cuando se entiende efectuado el comienzo de la actividad económica de arrendamiento en estimación directa y, por tanto, en ese ejercicio tal actividad es compatible con otra acogida al método de estimación objetiva. Sin embargo, a partir del **ejercicio siguiente**, deberán declararse ambas actividades en el método de estimación directa (DGT CV 21-5-07).

7660 **Reglas aplicables** En la pretensión de unificar el tratamiento de las rentas económicas, sean personas físicas o jurídicas quienes las obtengan, el rendimiento de actividades económicas ha de determinarse por aplicación directa de las **normas del impuesto sobre sociedades** excluyendo las ganancias y pérdidas procedentes de elementos afectos (LIRPF art.28 y 30).

La remisión no solo se produce respecto a la definición de ingresos y gastos, sino también a las propias normas de imputación temporal de los mismos (nº 7985 s.). Lo que no excluye, desde luego, que se establezcan determinadas disposiciones especiales.

El método de estimación directa se basa en las declaraciones presentadas por el interesado, así como en los datos consignados en los libros y registros contables que está obligado a llevar (nº 8112 s.), comprobados por la Administración.

En la LIS, la base imponible se identifica prácticamente con el **resultado contable**, que se corrige mediante la aplicación de los preceptos de la propia Ley. Ello plantea, en el IRPF, la necesaria distinción entre:

• Contribuyentes del IRPF **obligados a llevar contabilidad**, que han de aplicar directamente la normativa del IS, sin perjuicio de las mínimas diferencias expuestas en el nº 7683 s.

• Contribuyentes del IRPF **no obligados a llevar contabilidad** a efectos del impuesto. Se trata de los empresarios que tributen por estimación directa simplificada, así como los agricultores, ganaderos, titulares de actividades forestales y los profesionales en cualquiera de las modalidades de la estimación directa. En estos casos, a pesar de no llevar contabilidad mercantil, resulta igualmente necesario cuantificar los resultados de acuerdo con las normas contables, incluso en aquellas actividades que no tengan carácter mercantil, y practicar sobre los mismos los ajustes que exigen las normas tanto del IS como del IRPF.

Precisiones Los **libros-registros** obligatorios recogen todos los ingresos y gastos producidos y reflejan los elementos de inmovilizado, así como las provisiones de fondos y suplidos de los profesionales. Permiten, por tanto, realizar una **cuenta de pérdidas y ganancias** en la que se refleje un resultado «cuasicontable», conforme a los principios y normas generalmente aceptados. Dicho resultado podrá corregirse según las normas generales del IS y del IRPF y, en su caso, las normas especiales de incentivos aplicables a las empresas de reducida dimensión. **7663**

Ingresos (LIRPF art.28.4) Si bien en relación con los ingresos la remisión que se realiza al IS es total, hay que hacer, no obstante, algún matiz. Analizamos aquí aquellos ingresos que pudiendo tener conexión con la actividad de **arrendamiento de inmuebles**, conllevan alguna particularidad en el IRPF. **7665**

a) **Prestaciones de servicios**. Las prestaciones de servicios son las que correspondan a la actividad típica y habitual de la empresa. Para la determinación del rendimiento íntegro, al no prever nada la normativa del IS ni la del IRPF, deben aplicarse las normas contables (PGC NRV 14ª). Así, los ingresos se valoran por el valor monetario de o, en su caso, por el valor razonable de la contrapartida, recibida o por recibir, derivada de los mismos, que, salvo evidencia en contrario, es la renta acordada con el arrendatario.

No forman parte de los ingresos:

- los impuestos que gravan las operaciones que se deben repercutir a terceros, como el IVA y los impuestos especiales; ni
- las cantidades recibidas por cuenta de terceros.

Precisiones Hasta **31-1-2021**, los ingresos se valoraban exclusivamente por el **valor razonable** y no por el importe monetario.

b) **Subvenciones** (PGC NRV 18ª; LIS art.17.4.a; LIRPF art.14.2). Con carácter general las subvenciones recibidas constituyen ingreso computable a efectos del IS, en la medida en que también lo son a efectos contables. **7667**

La normativa contable distingue entre subvenciones reintegrables y no reintegrables.

Las subvenciones **no reintegrables** son aquellas en las que, existiendo un acuerdo individualizado de concesión de la subvención a favor del contribuyente, se han cumplido las condiciones establecidas para su concesión y no existen dudas razonables sobre la percepción de la subvención. Se contabilizan inicialmente como ingresos directamente imputados al patrimonio neto y se reconocen en la cuenta de pérdidas y ganancias como ingresos sobre una base sistemática y racional de forma correlacionada con los gastos derivados de la subvención.

Las subvenciones **reintegrables** se registran como pasivos hasta que adquieran la condición de no reintegrables.

A efectos de la imputación en la cuenta de pérdidas y ganancias de las no reintegrables, hay que distinguir, en función de su finalidad, los siguientes **tipos** de subvenciones: **7670**

• Cuando se conceden para asegurar una **rentabilidad mínima** o compensar el déficit de explotación: se imputan como ingresos del ejercicio en el que se conceden, salvo si se destinan a financiar déficit de explotación de ejercicios futuros, en cuyo caso se imputan en dichos ejercicios.

• Cuando se conceden para financiar **gastos específicos**: se imputan como ingresos en el mismo ejercicio en el que se devengan los gastos que están financiando.

• Cuando se conceden para **adquirir activos o cancelar pasivos**, se pueden distinguir los siguientes casos:
- activos del **inmovilizado intangible, material e inversiones inmobiliarias**: se imputan como ingresos del ejercicio en proporción a la dotación a la amortización efectuada en ese período para los citados elementos o, en su caso, cuando se produce su enajenación, corrección valorativa por deterioro o baja en balance; y
- **cancelación de deudas**: se imputan como ingresos del ejercicio en que se produce dicha cancelación, salvo cuando se otorgan en relación con una financiación específica, en cuyo caso la imputación se realiza en función del elemento financiado.
• Los importes monetarios que se reciban sin asignación a una **finalidad específica** se imputan como ingresos del ejercicio en que se reconocen.
Se consideran en todo caso de naturaleza irreversible las correcciones valorativas por deterioro de los elementos en la parte en que estos hayan sido financiados gratuitamente.
La trascendencia práctica de la distinción, a los efectos arrendaticios, se halla en la diferente imputación temporal de ambas modalidades, y en la posible aplicación de coeficientes de reducción a los rendimientos con un período de generación superior a 2 años.

7673 c) **Indemnizaciones.** Si bien la noción de indemnización responde más propiamente a la realización de una alteración patrimonial que tiene su origen en elementos del inmovilizado, hay determinados supuestos en que existe una relación directa entre la explotación económica y la indemnización percibida, generando en cualquier caso ingresos de la explotación que forman parte del rendimiento íntegro en el período impositivo en que se devengan.
Los supuestos aludidos son:
• **Siniestros** producidos en elementos de existencias, créditos y derechos asegurados o indemnizados por terceros.
• Ejecución de **fianzas, garantías, avales**, etc., establecidos en favor del contribuyente.
• Penalidades y **sanciones** impuestas como consecuencia del incumplimiento total o parcial de obligaciones contraídas como consecuencia del ejercicio de la actividad.
Estas indemnizaciones **se devengan** cuando resultan firmes por aplicación de las cláusulas del contrato, reconocimiento del obligado a ellas, fallo judicial, dictamen pericial o cualquier otra causa.

7675 d) **Ingresos excepcionales.** Dentro de este concepto contablemente se recogen los beneficios e ingresos originados por transacciones que, teniendo en cuenta la actividad habitual de la actividad económica, caen fuera de las actividades ordinarias y típicas y no se espera, razonablemente, que ocurran con frecuencia.
Básicamente son ingresos de esta naturaleza:
• Los procedentes de la **rehabilitación de créditos** que en su día fueron amortizados por insolvencias firmes.
• Las **quitas de deudas**. Su importe debe considerarse como un ingreso a distribuir en varios ejercicios, cuya imputación a resultados se realiza en el ejercicio en el que se cumpla total o parcialmente el convenio.

7677 e) **Excesos y aplicaciones de provisiones y deterioros.** Cuando se recupere el valor de un elemento patrimonial sobre el que se ha dotado el correspondiente deterioro, procede la imputación temporal de dicha recuperación de valor al período impositivo en el que se haya producido.
En el supuesto de dotaciones a pérdidas por deterioro no deducibles, con el correspondiente ajuste extracontable positivo, la recuperación de valor de los elementos patrimoniales sobre los que se dotó la pérdida origina el consiguiente ingreso contable, sobre el que procede practicar el correspondiente ajuste extracontable negativo.
Las **partidas más significativas** de ingresos por estos conceptos son las siguientes:
• **Exceso de provisiones**. Recoge la diferencia positiva entre el importe de la provisión existente y el que corresponda al cierre del ejercicio o en el momento de atender la correspondiente obligación.
• **Reversión del deterioro del inmovilizado**. Representa la corrección valorativa, por la recuperación de valor del inmovilizado intangible, material y de las inversiones inmobiliarias, hasta el límite de las pérdidas contabilizadas con anterioridad.
• **Reversión del deterioro de créditos**. Representa la recuperación de valor en créditos no derivados de operaciones comerciales, a largo y corto plazo.

7680 f) **Autoconsumo** (LIRPF art.28.4) El autoconsumo, interno y externo (bienes y servicios destinados al uso particular o privado, cedidos o prestados a terceros de forma gratuita), se valora por su valor normal de mercado. Cuando la contraprestación sea inferior a la normal de mercado, en todo caso se atiende a esta última. El ajuste sobre el valor pactado debe efectuarlo el contribuyente en su declaración.

Gastos (LIRPF art.30.2) Las reglas especiales en el IRPF respecto a las establecidas en el IS se refieren a las siguientes cuestiones: 7683

Precisiones En relación con la devolución de cantidades pagadas de más por aplicación de la **cláusula suelo** (LIRPF disp.adic.45ª), ver nº 7485.

a) **Gastos de manutención** (LIRPF art.30.2.5ª.c). Se considera gasto deducible para la determinación del rendimiento neto en estimación directa los gastos de manutención del propio contribuyente incurridos en el desarrollo de la actividad económica, siempre que se produzcan en establecimientos de restauración y hostelería y se abonen utilizando cualquier medio electrónico de pago, con los **límites** cuantitativos que el RIRPF art.9 establece para las dietas y asignaciones para gastos normales de manutención de los trabajadores (nº 722 s. Memento Fiscal 2024). 7685

b) **Gastos de suministros derivados del trabajo en la propia vivienda** (LIRPF art.30.2.5ª.b). Cuando el contribuyente **afecte parcialmente** su vivienda habitual al desarrollo de la actividad económica, los gastos de suministros de dicha vivienda (tales como agua, gas, electricidad, telefonía e Internet) son deducibles en el porcentaje resultante de aplicar el 30% a la proporción existente entre los metros cuadrados de la vivienda destinados a la actividad respecto a su superficie total, salvo que se pruebe un porcentaje superior o inferior. 7687

Precisiones **1)** Los gastos derivados de la **titularidad** de la vivienda afecta a la actividad económica, tales como amortizaciones, IBI, comunidad de propietarios, etc., son deducibles en proporción a la parte de la vivienda afecta al desarrollo de la actividad y al porcentaje de titularidad en el inmueble. 7690
2) Los metros cuadrados de la **vivienda habitual y ganancial** destinados a la actividad económica se deben computar en su totalidad, aunque sólo correspondan a la titularidad del cónyuge empresario o profesional en un 50%, tanto para la deducción de los gastos correspondientes a la titularidad de la vivienda, como los correspondientes a los suministros (DGT CV 7-2-23).

Ejemplo Superficie total de una vivienda: 100 m^2.
Superficie afecta a la actividad de arrendamiento de viviendas (actividad empresarial): 40 m^2.
Importe de suministros (electricidad, agua, gas, telefonía e internet): 2.000 €.
Importe deducible en concepto de suministros: 30% × (40/100) × 2.000 = 240 €.

---

c) **Aportaciones a mutualidades de previsión social** (LIRPF art.30.2.1º). Las cantidades abonadas por el empresario o profesional a mutualidades de previsión social tienen el siguiente tratamiento: 7693
• Con carácter general, no son gasto deducible. El motivo de su **no deducibilidad** es su consideración como reducción de la base imponible para calcular la base liquidable (nº 2360 s. Memento Fiscal 2024).
• No obstante, son **gasto deducible** las aportaciones realizadas en virtud de contratos de seguro concertados con mutualidades de previsión social por **profesionales** no integrados en el régimen especial de la Seguridad Social de los trabajadores por cuenta propia o autónomos, cuando, de acuerdo con el RDLeg 8/2015 disp.adic.18ª, actúen como alternativas al citado régimen especial de la Seguridad Social, en la parte que tenga por objeto la cobertura de contingencias atendidas por la Seguridad Social, con el **límite** del 100% de la cuota máxima por contingencias comunes que esté establecida, en cada ejercicio económico, en el citado régimen especial.

Precisiones **1)** Las cantidades que estos profesionales abonen por encima del citado límite pueden ser objeto de **reducción en la base imponible**, en la parte que tenga por objeto la cobertura de contingencias previstas para planes de pensiones (DGT CV 6-3-08). 7695
2) Las **cotizaciones** al régimen especial de **trabajadores autónomos** de la Seguridad Social del titular de la actividad son gasto fiscalmente deducible para determinar el rendimiento neto de la actividad económica en el método de estimación directa. No así en el método de estimación objetiva (DGT 22-6-00).

d) **Primas de seguro de enfermedad** (LIRPF art.30.2.5ª.a). Es gasto deducible para la determinación del rendimiento neto en estimación directa, las primas de seguro de enfermedad satisfechas por el contribuyente en la parte correspondiente a su propia cobertura y a la de su cónyuge e hijos menores de 25 años que convivan con él. El **límite** máximo de deducción es de 500 euros por cada una de las personas indicadas anteriormente o de 1.500 euros para cada una de ellas con discapacidad. 7697

Precisiones **1)** La deducibilidad fiscal de las primas de seguro se circunscribe exclusivamente a seguros de enfermedad y solo en la parte correspondiente a la **cobertura** de enfermedad o asistencia sanitaria, no pudiendo extenderse a seguros distintos, como es el seguro de accidentes, ni a coberturas distintas (DGT 30-3-04).
2) No son deducibles las primas de seguro de enfermedad del que es **tomador** el cónyuge que no ejerce una actividad profesional, sino una actividad por cuenta ajena (DGT CV 12-12-05).

7700 e) **Prestaciones del cónyuge e hijos menores de edad** (LIRPF art.30.2.2ª y 3ª). La Ley estima que si el cónyuge o hijos menores del contribuyente que ejerce una actividad económica aportan a la misma su trabajo personal o ceden bienes o derechos (inmobiliarios o mobiliarios), existirá un gasto deducible -para el empresario o profesional- y el correlativo rendimiento del trabajo o capital -para el cónyuge o hijo-, si bien con determinadas **condiciones**.

• **Prestaciones de trabajo**. Para que las cantidades pagadas al cónyuge o hijos menores que conviven con el contribuyente, en contraprestación por el trabajo prestado en la actividad, sea **gasto deducible** de la misma, se requiere:

- existencia de contrato laboral;
- afiliación al régimen general de la Seguridad Social;
- habitualidad y continuidad en el trabajo; y
- contraprestación estipulada, que no sea superior a la de mercado correspondiente a su cualificación profesional y trabajo desempeñado.

En esas condiciones, la retribución es gasto deducible para el empresario y rendimiento del trabajo para el cónyuge o hijo empleado.

• **Prestaciones de capital**. Si el cónyuge o los hijos menores que convivan con el contribuyente realizan **cesiones de bienes o derechos** que sirvan al objeto de la actividad, para la determinación del rendimiento neto puede deducirse la **contraprestación** estipulada, siempre que no exceda del valor de mercado y, a falta de aquella, este último.

Dicha contraprestación o su valor de mercado se computan como **rendimiento del capital** -mobiliario o inmobiliario, en función de la naturaleza del bien o derecho cedido- del cónyuge o hijo menor que sea titular del mismo.

La regla expuesta en este apartado tiene su **excepción** cuando se trate de **bienes o derechos comunes** (gananciales o comunes en cualquier otro régimen económico-matrimonial). En caso de afectación a la actividad realizada por uno solo de los cónyuges de elementos comunes, no existe gasto deducible -para el empresario o profesional- ni rendimiento de capital -para el cónyuge-. Por tanto, aunque se haya estipulado una contraprestación por la cesión, no es deducible.

7703 **Estimación directa simplificada** (LIRPF art.16.2.a, 30.1 y 30.2.4ª; RIRPF art.28 a 30) Las principales **características** de esta modalidad de estimación directa pueden resumirse como sigue:

• Se trata de un **método voluntario**, puesto que el contribuyente puede efectuar la renuncia.

• Con carácter general, se aplican las normas previstas para la modalidad normal del método de estimación directa, si bien estableciendo un método simplificado para la cuantificación de determinados **gastos deducibles**, cuyo cálculo resulta especialmente complejo en la citada modalidad normal de la estimación directa (nº 7713).

• Las **obligaciones** de índole **contable y registral** se materializan en la llevanza de determinados libros-registros, prescindiendo así, a efectos fiscales, de la obligación de llevar contabilidad ajustada al Código de Comercio (nº 8105 s.).

7705 **Requisitos** (LIRPF art.30.1; RIRPF art.28) La modalidad simplificada de estimación directa se aplica cuando las actividades económicas del contribuyente cumplan los siguientes requisitos:

- que las citadas actividades no determinen el **rendimiento neto** por el método de estimación objetiva, ni por la modalidad normal del método de estimación directa, dada la incompatibilidad existente entre los distintos métodos;
- que el **importe neto de la cifra de negocios**, para el conjunto de las actividades desarrolladas por el contribuyente, no supere los 600.000 euros anuales en el año inmediato anterior. El importe neto de la cifra de negocios es la suma de las ventas de productos y de la prestación de servicios u otros ingresos correspondientes a las actividades ordinarias desarrolladas, menos las bonificaciones y demás reducciones sobre las ventas, así como el IVA y otros impuestos directamente relacionados con la cifra de negocios, que deban ser objeto de repercusión (CCom art.35); y
- que el contribuyente **no haya renunciado** a esta modalidad (nº 7710).

En el **primer año** de actividad, al no existir la referencia del importe neto de la cifra de negocios del año anterior, se determina el rendimiento neto por esta modalidad, salvo renuncia.

En los supuestos en que se hubiese iniciado la actividad en el año inmediato anterior, el importe neto de la cifra de negocios debe elevarse al año.

7707 **Exclusión** (RIRPF art.29.2 y 3) La exclusión tiene lugar cuando se rebasa el **límite** de 600.000 euros de importe neto de la cifra de negocios del conjunto de actividades desarrolladas por el contribuyente. La exclusión no produce **efectos** en el mismo año en que se rebasa dicha cifra, sino a partir del año siguiente y supone que el contribuyente determine durante los **3 años siguientes** el rendimiento neto de todas sus actividades económicas por la modalidad normal del método de estimación directa.

Es decir, si en el año X se supera el límite, el contribuyente debe determinar los rendimientos netos de sus actividades correspondientes a dicho año en la modalidad simplificada de la estimación directa, procediendo su determinación por la modalidad normal de la estimación directa en los años X+1, X+2 y X+3. Finalmente, la modalidad aplicable en el año X+4 dependerá del importe neto de la cifra de negocios del conjunto de sus actividades correspondiente al año X+3. Si en el año X+2 se supera el límite excluyente, no se abre, a su vez, un período de exclusión de 3 años.
Cuando se produce la exclusión, el contribuyente debe comunicar la misma mediante la presentación del correspondiente **modelo de declaración censal** en el plazo de un mes desde que se hubieran producido las circunstancias que determinen la exclusión.

Renuncia y revocación (RIRPF art.29.1 y 3) La renuncia y la revocación deben efectuarse en **declaración censal** durante el mes de diciembre anterior al inicio del año natural en que deba surtir efecto. En caso de inicio de la actividad, la renuncia se efectúa en la declaración censal correspondiente. **7710**
La renuncia produce sus **efectos** para un período mínimo de 3 años, durante los cuales el contribuyente ha de determinar los rendimientos netos de todas sus actividades por la modalidad normal de la estimación directa. Una vez finalizado dicho plazo, se entiende prorrogada tácitamente para cada uno de los años siguientes en que pudiera ser aplicable la modalidad, salvo que se efectúe la revocación, en el mismo plazo que la renuncia. Evidentemente, la revocación solo resulta efectiva si se cumplen los requisitos para poder aplicar la modalidad simplificada de la estimación directa.

Especialidades en gastos fiscalmente deducibles (LIRPF art.30.2.4ª; RIRPF art.30) Además de lo señalado en el nº 7683 s., debe tenerse en cuenta: **7713**
• Para practicar las **amortizaciones** del inmovilizado material, debe considerarse:
- el **método** de amortización aplicable es el lineal; y
- se ha de utilizar la **tabla simplificada** aprobada al efecto (nº 7930). Resultan aplicables las especialidades previstas, a efectos de amortizaciones, en las normas de la LIS que regulan el régimen especial de las empresas de reducida dimensión (nº 6640 s. Memento Fiscal 2024).
• Para calcular las **provisiones** deducibles y los **gastos de difícil justificación**, se aplica un porcentaje del 5% sobre el rendimiento neto, excluyendo para el cálculo dichos conceptos. La **cuantía máxima deducible** por estos conceptos es de 2.000 euros anuales. Este porcentaje no es aplicable cuando el contribuyente opte por la aplicación de la reducción prevista en el nº 7723.

c. Reducciones sobre el rendimiento neto

(LIRPF art.32 y disp.adic.38ª redacc L 6/2023; RIRPF art.25 y 26)

Sobre el rendimiento neto de las actividades económicas es posible aplicar las siguientes reducciones. **7715**

Rendimientos irregulares (LIRPF art.32.1; RIRPF art.25) Se aplica una reducción del 30% sobre los siguientes **rendimientos netos**, cuando se apliquen en un único período impositivo: **7717**
a) Los que tengan un **período de generación** superior a 2 años.
b) Los que se califiquen reglamentariamente como obtenidos de forma **notoriamente irregular** en el tiempo, que son, en lo que a la actividad de arrendamiento se refiere, exclusivamente los siguientes:
• **Subvenciones de capital** para la adquisición de elementos del inmovilizado no amortizables (un solar o terreno).
• Indemnizaciones y ayudas por **cese de actividades** económicas.
• Las indemnizaciones percibidas en **sustitución de derechos económicos** de duración indefinida. La **cuantía máxima** sobre la que se aplica la citada reducción en cualquiera de los dos apartados, es 300.000 euros anuales.
No obstante, aunque los rendimientos tuvieran un periodo de generación superior a 2 años o pudieran ser calificados como notoriamente irregulares, **no resulta aplicable** esta reducción a los que procedan del ejercicio de una actividad económica que de forma regular o habitual obtenga este tipo de rendimientos.

Precisiones 1) El concepto de **renta irregular** es un concepto jurídico indeterminado, cuya existencia debe apreciarse a la luz de las circunstancias concurrentes en cada caso concreto, y que no viene determinado exclusivamente por la circunstancia de que el procedimiento o el contrato tenga una duración superior a 2 años y que los honorarios se giren de una sola vez a la conclusión del mismo, sino que se trate de asuntos que resulten de cierta complejidad que exijan un esfuerzo (TEAC 31-1-13). **7720**

2) La reducción opera con independencia de que los rendimientos netos sean **positivos o negativos** (DGT Inf 17-3-00).
3) El **período de generación** se computa de fecha a fecha, sin redondeos (TEAC 25-9-01).
4) Es muy frecuente que, debido a la existencia de normas especiales de imputación temporal, se confunda el período de generación con la **percepción en un único ejercicio** de los honorarios profesionales o empresariales. A este respecto, la Administración considera que una cosa son las normas de imputación temporal (p.e. porque el contribuyente ha optado por el criterio de caja y percibe en un único período impositivo varios honorarios), y otra distinta es que se trate de una renta con un período de generación superior a 2 años, de tal forma que una vez negada la generación en un plazo superior a 2 años, resulta indiferente el criterio de imputación temporal utilizado (DGT 17-5-02; 16-12-03; CV 7-6-11).
5) Hasta el 31-12-2014 era posible aplicar la reducción en los supuestos de **percepción fraccionada** de tales rendimientos, siempre que el cociente que resultara de dividir el número de años del período de generación, contados de fecha a fecha, entre el número de períodos impositivos de fraccionamiento, fuera superior a dos. Desde **1-1-2015** se ha suprimido la aplicación de la reducción en los casos de percepción fraccionada, estableciéndose un **régimen transitorio** (nº 1345 Memento Fiscal 2024).

7723 **Reducción de cuantías fijas** (LIRPF art.32.2; RIRPF art.26) Se establece una reducción del rendimiento neto de las actividades económicas acogidas al método de **estimación directa** por importe de 2.000 euros. Adicionalmente, se establece un **incremento** de dicha reducción, que se fija en las siguientes cantidades:
• Cuantías de reducción fija para los **autónomos de renta más baja** que tributan en estimación directa simplificada, esto es, aquellos cuyos rendimientos netos de actividades económicas sean inferiores a 19.747,5 euros, siempre que no tengan rentas, excluidas las exentas, distintas de las de actividades económicas superiores a 6.500 euros:- los contribuyentes con rendimientos netos de actividades económicas iguales o inferiores a 14.047,5 euros van a aplicar una reducción de 6.498 euros anuales; y- los contribuyentes con rendimientos netos de actividades económicas comprendidos entre 14.047,5 y 19.747,5 euros: 6.498 euros menos el resultado de multiplicar por 1,14 la diferencia entre el rendimiento de actividades económicas y 14.047,5 euros anuales.
• Las **personas con discapacidad** que obtengan rendimientos netos derivados del ejercicio efectivo de estas actividades económicas:
- como regla general: 3.500 euros anuales;
- si acreditan necesitar ayuda de terceras personas o movilidad reducida, o un grado de discapacidad igual o superior al 65%: 7.750 euros anuales.
Como consecuencia de la aplicación de esta reducción, el **saldo resultante** no puede ser negativo.

7725 Para la aplicación de las reducciones anteriores es necesario cumplir los siguientes **requisitos**:
- que la totalidad de las entregas de bienes o prestaciones de servicios se efectúe a una única persona, física o jurídica, no vinculada (LIS art.18); o que el contribuyente sea un trabajador autónomo económicamente dependiente de un cliente (L 20/2007), siempre que este tampoco sea una entidad vinculada;
- que el conjunto de gastos deducibles correspondientes a todas sus actividades económicas no exceda del 30% de sus rendimientos íntegros declarados;
- que se cumplan durante el período impositivo todas las obligaciones formales (nº 7740 s.);
- que no se perciban rendimientos del trabajo en el período impositivo. No se incumple este requisito cuando se perciban durante el período impositivo prestaciones por desempleo o cualesquiera de las integrantes del sistema de previsión social (nº 490 s. Memento Fiscal 2024), siempre que su importe no sea superior a 4.000 euros anuales. En este supuesto, y siempre que se cumplan todos los requisitos, procede aplicar tanto la reducción por obtención de rendimientos de trabajo como esta reducción;
- que al menos el 70% de los ingresos del período impositivo estén sujetos a retención o ingreso a cuenta; y
- que no se realice actividad económica alguna a través de entidades en régimen de atribución de rentas.

7727 Cuando el contribuyente opte por la **tributación conjunta**, tiene derecho a la reducción cuando individualmente cumpla los requisitos del nº 7725. En este caso, la cuantía de la reducción a computar en la declaración conjunta es única y se calcula teniendo en cuenta las rentas de la unidad familiar, sin que su importe pueda ser superior al rendimiento neto de las actividades económicas de los miembros de la unidad familiar que cumplan individualmente los citados requisitos.

Si el rendimiento neto se determina por la **modalidad simplificada** del método de estimación directa, la reducción es **incompatible** con la deducción del 5% en concepto de provisiones deducibles y gastos de difícil justificación (nº 7713). No obstante, en **tributación conjunta**, si solo uno de los cónyuges cumple los requisitos para aplicar la reducción, su aplicación por el cónyuge que cumple los requisitos no impide que el otro cónyuge pueda aplicar la referida deducción. De igual modo, si ambos cónyuges cumplen los requisitos para aplicar la reducción, la opción por su aplicación ejercitada por uno de ellos tampoco impide que el otro cónyuge pueda aplicar la citada deducción; en este último supuesto, el importe de la reducción no puede ser superior al rendimiento neto de las actividades del cónyuge que ha optado por su aplicación, o, en su caso, al rendimiento neto de las actividades económicas de los miembros de la unidad familiar que cumplan individualmente los requisitos para su aplicación.

Cuando **no se cumplen los requisitos** señalados en el nº 7725, los contribuyentes con rentas no exentas inferiores a 12.000 euros, incluidas las de la propia actividad económica, pueden reducir el rendimiento neto de las actividades económicas en las siguientes cuantías, en función de cuál sea el importe de la suma de las citadas rentas: **7730**
- Igual o inferior a 8.000 euros anuales: 1.620 euros anuales.
- Entre 8.000,01 y 12.000 euros anuales: 1.620 euros menos el resultado de multiplicar por 0,405 la diferencia entre las citadas rentas y 8.000 euros anuales.

Esta reducción tiene **dos límites**:
- cuando además se perciban rendimientos del trabajo, esta reducción, junto a la reducción por rendimientos del trabajo (nº 705), no puede exceder de 3.700 euros;
- en todo caso, el propio importe del rendimiento neto, ya que no puede ser negativo como consecuencia de la aplicación de esta reducción.

En **tributación conjunta**, la reducción anterior tiene como límite el saldo de la suma de rendimientos netos de actividades económicas de los miembros de la unidad familiar, sin que pueda resultar negativo por aplicación de la reducción y sin que, además, la cuantía de la reducción, conjuntamente con la reducción por rendimientos del trabajo, pueda exceder de 3.700 euros.

Precisiones **1)** Se entiende por **renta**, a estos efectos, la suma algebraica de los rendimientos netos -del trabajo, capital mobiliario e inmobiliario, y de actividades económicas-, de las imputaciones de rentas y de las ganancias y pérdidas patrimoniales computadas en el año, sin aplicar las reglas de integración y compensación. Los rendimientos deben computarse por su importe neto, una vez deducidos los gastos, pero sin aplicación de las reducciones correspondientes, salvo en el caso de rendimientos del trabajo, en los que se podrá tener en cuenta la reducción general sobre los mismos (nº 630 s. Memento Fiscal 2024), al aplicarse con carácter previo a la deducción de gastos. **7733**

2) Esta **reducción es única** para el contribuyente, con independencia del número de actividades económicas ejercidas y del método por el que se determine el rendimiento neto, por lo que, si se realizan varias actividades, habrá que distribuir el importe de forma proporcional entre todas ellas.

3) Esta reducción es **compatible** con la deducción relativa a las provisiones deducibles y gastos de difícil justificación en estimación directa simplificada (nº 7713); e **incompatible** con la reducción de cuantías fijas sobre el rendimiento (nº 7723).

Reducción por inicio de actividad económica (LIRPF art.32.3 y disp.adic.38ª) Los contribuyentes que inicien el ejercicio de una actividad económica y determinen el rendimiento neto de la misma con arreglo al **método de estimación directa**, en cualquiera de sus dos modalidades, pueden reducir en un 20% el rendimiento neto positivo declarado con arreglo a dicho método, minorado en su caso por las reducciones por rendimientos irregulares (nº 7557) y de cuantías fijas sobre el rendimiento neto (nº 7723), en el primer período impositivo en que el rendimiento neto sea positivo y en el período impositivo siguiente. **7735**

Se entiende que se produce el **inicio de una actividad económica** cuando no se ha ejercido actividad económica alguna en el año anterior a la fecha de inicio de la misma, sin tener en consideración aquellas actividades en cuyo ejercicio se haya cesado sin haber llegado a obtener rendimientos netos positivos desde su inicio.

Cuando con posterioridad al inicio de la actividad se inicia una **nueva actividad** sin haber cesado en el ejercicio de la primera, la reducción se aplica sobre los rendimientos netos obtenidos en el primer período impositivo en que los mismos sean positivos y en el período impositivo siguiente, a contar desde el inicio de la primera actividad.

Se establecen ciertas **limitaciones** para la aplicación de la reducción. Así:
- la cuantía de los rendimientos netos sobre la que se aplica la citada reducción no puede superar el importe de 100.000 euros anuales;
- la reducción no resulta de aplicación en el período impositivo en el que más del 50% de los ingresos del mismo procedan de una persona o entidad de la que el contribuyente haya obtenido rendimientos del trabajo en el año anterior a la fecha de inicio de la actividad.

7737 Precisiones 1) La reducción por inicio de actividad económica no se aplica si en el año anterior a la fecha de inicio de la misma, en que el contribuyente no era residente en España, ejerció una **actividad económica en el extranjero** (DGT CV 8-2-16).
2) Iniciada la actividad el 30-4-2014, habiendo aplicado la reducción por inicio de actividad. Al ser negativo el rendimiento neto de la actividad en 2015, no puede aplicar la citada reducción sobre el rendimiento neto positivo de 2016, ya que no se trata del **período impositivo siguiente** al primer período en el que el rendimiento neto fue positivo (DGT CV 8-6-17).

d. Obligaciones formales

(LIRPF art.104; RIRPF art.68; OM HAC/773/2019)

7740 **Obligaciones contables** Con alcance para todos los contribuyentes del IRPF, hay obligación de conservar, durante el plazo máximo de **prescripción** -con carácter general de 4 años- los **justificantes y documentos** acreditativos de las operaciones, rentas, gastos, ingresos, reducciones y deducciones de cualquier tipo que deban constar en sus declaraciones, de aportarlos conjuntamente con las declaraciones y comunicaciones del impuesto, cuando así se establezca, y de exhibirlos ante los órganos competentes de la Administración tributaria, cuando sean requeridos al efecto.
De forma específica, los empresarios y profesionales están sujetos a **obligaciones contables y registrales** que varían en función de la naturaleza de la actividad y del método de determinación de sus rendimientos.
• Si la actividad empresarial es de carácter mercantil y tributa en **estimación directa normal**, contabilidad ajustada a lo dispuesto en el Código de Comercio.
• No obstante cuando la actividad de arrendamiento esté en **estimación directa simplificada**, las obligaciones contables se limitarán a la llevanza de los siguientes libros registros:
- libro registro de ventas e ingresos;
- libro registro de compras y gastos; y
- libro registro de bienes de inversión.
Los contribuyentes que lleven **contabilidad** ajustada al Código de Comercio no están obligados a llevar los libros registros señalados anteriormente. Sin embargo, los que la lleven sin estar obligados a ello, desde el **1-1-2019**, quedan también obligados llevar estos libros (RIRPF art.68.10). La llevanza de libros-registros se regula para las anotaciones registrales correspondientes al ejercicio 2020 y siguientes en la OM HAC/773/2019.

7742 Precisiones 1) Existe cierta **discordancia** entre la normativa mercantil y fiscal, que afecta a los supuestos de actividad no mercantil (CCom art.326). Puede servir de criterio para determinar si la actividad empresarial tiene **carácter mercantil** la concurrencia de dos notas (DGT 26-11-92):
- actuación en nombre propio; y
- actividad constitutiva de empresa, comercial, industrial, de servicios, o de organización de elementos precisos para producir bienes o servicios para el mercado.
2) La forma en que deben cumplirse las obligaciones contables y registrales afecta a las **reglas de imputación temporal**, ya que los contribuyentes que están obligados a llevar contabilidad, o que opten por llevar la misma, no pueden elegir el criterio de imputación temporal de cobros y pagos (nº 7393).
3) No hay obligación de **diligenciar** los libros registros ante la Administración tributaria (DGT 9-8-00).

7743 **Obligaciones de facturación** (Rgto Fac art.26) Los contribuyentes del IRPF que obtengan rendimientos de actividades económicas, están obligados a emitir factura y copia de las mismas, por las operaciones que realicen en el desarrollo de su actividad en el método de **estimación directa**, con independencia del régimen a que estén acogidos a efectos del IVA.

Precisiones Un **estudio detallado** de las obligaciones de facturación relacionadas con los arrendamientos se realiza en nº 9105 s.

C. Deducciones

1. Estatales

7745 **Deducciones temporales por mejora de la eficiencia energética** (LIRPF disp.adic.50ª redacc RDL 8/2023) Con efectos desde 6-10-2021 y aplicación, por sus sucesivas prórrogas, también para el **ejercicio 2024,** se han aprobado tres deducciones temporales por obras de rehabilitación que contribuyan a alcanzar determinadas mejoras de la eficiencia energética de la vivienda habitual o arrendada para su uso como vivienda, cuyo destino primordial sea satisfacer la necesidad permanente de vivienda del arrendatario, y en los edificios residenciales, acreditadas a través de certificado de eficiencia energética.

Como **normas comunes** a las deducciones:

• La **base de la deducción** está constituida por las cantidades satisfechas, mediante tarjeta de crédito o débito, transferencia bancaria, cheque nominativo o ingreso en cuentas en entidades de crédito, a las personas o entidades que realicen tales obras, así como a las personas o entidades que expidan los citados certificados, debiendo descontar, en su caso, las cuantías subvencionadas a través de un programa de ayudas públicas o que vayan a serlo en virtud de una resolución definitiva de la concesión de tales ayudas. Las cantidades satisfechas mediante entregas de dinero de curso legal no dan derecho a practicar la deducción.
A estos efectos, se consideran **cantidades satisfechas** por las obras realizadas, aquellas necesarias para su ejecución, incluyendo los honorarios profesionales, costes de redacción de proyectos técnicos, dirección de obras, coste de ejecución de obras o instalaciones, inversión en equipos y materiales y otros gastos necesarios para su desarrollo, así como la emisión de los correspondientes certificados de eficiencia energética.
No se incluyen los costes relativos a la instalación o sustitución de equipos que utilicen combustibles de origen fósil.
En el caso de la deducción del nº 7748, en la que las obras se lleven a cabo por una **comunidad de propietarios**, la cuantía susceptible de formar la base de la deducción de cada contribuyente se determina por el resultado de aplicar a las cantidades satisfechas por la comunidad de propietarios el coeficiente de participación que tenga en la misma.

• Los **certificados de eficiencia energética** deben haber sido expedidos y registrados con arreglo a lo señalado en el RD 390/2021.
A efectos de acreditar el cumplimiento de los requisitos exigidos, serán válidos los certificados expedidos antes del inicio de las obras siempre que no hubiera transcurrido un plazo de 2 años entre la fecha de su expedición y la del inicio de estas.

• Todas estas deducciones se restan de la **cuota íntegra estatal** una vez aplicadas las deducciones de la LIRPF art.68.1 a 5.

Las deducciones que se han aprobado son las expuestas a continuación.

Precisiones **1)** Las deducciones por reducción de demanda de calefacción y refrigeración (nº 7746) y por mejora en el consumo de energía primaria (nº 7747) **no se aplican** cuando la obra se realice en las partes de las viviendas afectas a una actividad económica, plazas de garaje, trasteros, jardines, parques, piscinas e instalaciones deportivas y otros elementos análogos. Tampoco en los casos en los que la mejora acreditada y las cuantías satisfechas correspondan a actuaciones realizadas en el conjunto del edificio y proceda la aplicación de la deducción del nº 7748.
2) Las deducciones por reducción de demanda de calefacción y refrigeración y por mejora en el consumo de energía son **incompatibles** respecto de una misma obra realizada en la misma vivienda.

Demanda de calefacción y refrigeración (LIRPF disp.adic.50ª.1 redacc RDL 8/2023) Se puede deducir el 20% de las cantidades satisfechas por las obras realizadas desde el 6-10-2021 hasta el **7746**
31-12-2024 para la reducción de la demanda de calefacción y refrigeración de la vivienda arrendada para su uso como vivienda en ese momento o en expectativa de alquiler, siempre que, en este último caso, la vivienda se alquile antes del 31-12-2025.
Se requiere que las obras realizadas contribuyan a una reducción de al menos un 7% en la demanda de calefacción y refrigeración, acreditable a través de la reducción de los indicadores de demanda de calefacción y refrigeración del **certificado de eficiencia energética** de la vivienda expedido por el técnico competente después de la realización de las obras, respecto del expedido antes del inicio de las mismas.
La **base máxima anual** de la deducción es de 5.000 euros anuales.
La deducción se practica en el **período impositivo** en el que se expida el certificado de eficiencia energética emitido después de la realización de las obras. Si el certificado se expide en un período impositivo posterior a aquel en el que se abonaron cantidades por tales obras, la deducción se practica en este último tomando en consideración las cantidades satisfechas desde 6-10-2021 hasta el 31 de diciembre de dicho período impositivo. En todo caso, dicho certificado debe ser expedido antes del 1-1-2025.

Consumo de energía primaria no renovable (LIRPF disp.adic.50ª.2 redacc RDL 8/2023) Cabe deducir **7747**
el 40% de las cantidades satisfechas desde el 6-10-2021 hasta el 31-12-2024 por las obras realizadas durante dicho período para la mejora en el consumo de energía primaria no renovable de la vivienda arrendada para su uso como vivienda en ese momento o en expectativa de alquiler, siempre que en este último caso, la vivienda se alquile antes del 31-12-2025.
Se requiere que las obras realizadas contribuyan a una reducción de al menos un 30% del consumo de energía primaria no renovable, acreditable a través de la reducción del referido indicador de consumo de energía primaria no renovable del certificado de eficiencia energética de la vivienda, o mejoren la calificación energética de la vivienda para obtener una clase energética «A» o «B», en la misma escala de calificación, acreditado mediante certificado de

eficiencia energética expedido por el técnico competente después de la realización de las obras, respecto del expedido antes del inicio de las mismas.

La **base máxima anual** de la deducción es de 7.500 euros anuales.

La deducción se practica en el período impositivo en el que se expida el certificado de eficiencia energética emitido después de la realización de las obras. Si el certificado se expide en un período impositivo posterior a aquel en el que se abonaron cantidades por tales obras, la deducción se practica en este último tomando en consideración las cantidades satisfechas hasta el 31 de diciembre de dicho período impositivo. En todo caso, dicho certificado debe ser expedido antes del 1-1-2025.

7748 **Obras de rehabilitación energética** (LIRPF disp.adic.50ª.3 redacc RDL 8/2023) Los propietarios de viviendas ubicadas en edificios de uso predominante residencial en el que se hayan llevado a cabo obras de rehabilitación energética desde el 6-10-2021 hasta el 31-12-2025, pueden deducir el 60% de las cantidades satisfechas durante dicho período por tales obras.

A estos efectos, se consideran obras de rehabilitación energética del edificio aquellas en las que se obtenga una mejora de la eficiencia energética del edificio en el que se ubica la vivienda, debiendo acreditarse con el certificado de eficiencia energética del edificio expedido por el técnico competente después de la realización de las obras una reducción del consumo de energía primaria no renovable, referida a la certificación energética, de un 30% como mínimo, o bien, la mejora de la calificación energética del edificio para obtener una clase energética «A» o «B», en la misma escala de calificación, respecto del expedido antes del inicio de las mismas.

La **base máxima anual** de la deducción es de 5.000 euros anuales. Las cantidades satisfechas no deducidas por exceder de la base máxima anual de deducción pueden deducirse, con el mismo límite, en los cuatro ejercicios siguientes, sin que en ningún caso la base acumulada de la deducción pueda exceder de 15.000 euros.

La deducción se practica en los **períodos impositivos** 2021, 2022, 2023, 2024 y 2025 en relación con las cantidades satisfechas en cada uno de ellos, siempre que se haya expedido el certificado de eficiencia energética antes de la finalización del período impositivo en el que se vaya a practicar la deducción. Si el certificado se expide en un período impositivo posterior a aquel en el que se abonaron cantidades por tales obras, la deducción se practica en este último tomando en consideración las cantidades satisfechas hasta el 31 de diciembre de dicho período impositivo. En todo caso, el certificado debe expedirse antes del 1-1-2026.

Precisiones **1)** Se asimilan a las viviendas las **plazas de garaje y trasteros** adquiridos con estas.
2) La deducción **no se aplica** por las obras realizadas en la parte de la vivienda que se encuentre afecta a una actividad económica.

2. Comunidades Autónomas

7749 **Aragón** (DLeg Aragón 1/2005 anexo art.110.13; Orden Aragón HAP/1831/2018) Cuando el contribuyente haya puesto una o más viviendas a disposición de la Administración de la Comunidad Autónoma, o de alguna de las entidades a las que se atribuya la gestión del **Plan de Vivienda Social** de Aragón, puede aplicar una deducción del 30% en la cuota íntegra autonómica.

La **base de la deducción** es la cuota íntegra autonómica que corresponda a la base liquidable general derivada de los rendimientos netos de capital inmobiliario, una vez aplicadas las reducciones previstas para el arrendamiento de inmuebles destinados a vivienda y por rendimientos netos con un período de generación superior a 2 años o calificados reglamentariamente como obtenidos de forma notoriamente irregular en el tiempo.

En estos casos el contribuyente no ostenta **posición contractual** alguna en el arrendamiento, pues se limita a ceder la vivienda para que la Administración la ponga en alquiler.

7750 **Baleares** (DLeg Baleares 1/2014 art.4 quater redacc L Baleares 12/2023) Los arrendadores de viviendas pueden aplicar las siguientes deducciones en Baleares:

• **Alquiler de larga duración**. Con efectos desde el 1-1-2024, el arrendador que ponga viviendas en el mercado de alquiler de larga duración, podrá deducir el 30% de los importes obtenidos por este rendimiento en el período impositivo, con un máximo de 3.600 euros anuales, siempre que se cumplan los siguientes requisitos:

- que el inmueble arrendado se sitúe en las Illes Balears y se destine a vivienda habitual del arrendatario;
- que la duración del contrato de arrendamiento de vivienda sea igual o superior a 5 años;
- que se haya constituido el depósito a favor del Instituto Balear de la Vivienda; y
- que el contribuyente declare en el IRPF el rendimiento derivado de las rentas del arrendamiento de la vivienda como rendimientos del capital inmobiliario.

• **Primas de seguros de crédito.** Se aplica una deducción del 75% de los gastos satisfechos por el contribuyente durante el ejercicio en concepto de **primas de seguros de crédito** que cubran total o parcialmente el impago de las rentas a las que el contribuyente tenga derecho por el arrendamiento de un inmueble situado en las islas a un tercero destinado a vivienda, con un máximo de 440 euros anuales, siempre que se cumplan los siguientes **requisitos**:
- que la duración del contrato de arrendamiento de vivienda con un mismo arrendatario sea igual o superior a un año;
- que se haya constituido el depósito de la fianza a favor del Instituto Balear de la Vivienda;
- que el contribuyente declare en el IRPF el rendimiento derivado de las rentas del arrendamiento de la vivienda como rendimientos del capital inmobiliario.

• **Inversiones de mejora de la sostenibilidad de las viviendas**. Es deducible el 50% del importe de las inversiones que mejoren la calidad y sostenibilidad de las viviendas situadas en las Islas Baleares que sean o vayan a ser utilizadas como la vivienda habitual del contribuyente o de un arrendatario en virtud de un contrato de alquiler suscrito con el contribuyente sometido a la legislación de arrendamientos urbanos. En concreto, se refiere a aquellas inversiones que permiten utilizar energías renovables y que reduzcan el consumo de energía convencional térmica o eléctrica del edificio y las de mejora de las instalaciones de suministro e instalación de mecanismos de ahorro de agua. Estas obras han de mejorar el nivel de calificación de la eficiencia energética de la vivienda, estando obligados a solicitar y registrar el certificado anterior y posterior a las obras.

La **base de la deducción** está limitada a 10.000 euros por período impositivo, no pudiendo superar la base imponible total del contribuyente 30.000 euros en declaración individual o 48.000 euros en declaración conjunta.

Además, cuando el contribuyente sea el arrendador de la vivienda, se requiere:
- que la duración del contrato de arrendamiento de la vivienda con un mismo arrendatario sea igual o superior a un año;
- que se haya constituido el depósito de la fianza a favor del Instituto Balear de la Vivienda;
- que el contribuyente declare el rendimiento derivado de las rentas del arrendamiento de la vivienda como rendimientos del capital inmobiliario; y
- que no repercuta en el arrendatario el coste de las inversiones antes señaladas.

Canarias (DLeg Canarias 1/2009 art.15 quáter) Se establece una deducción por los **gastos en primas de seguros de crédito**. El contribuyente que satisfaga gastos durante el ejercicio en concepto de primas de seguros de crédito que cubran total o parcialmente el **impago de las rentas** a las que tenga derecho por el arrendamiento a un tercero de un inmueble situado en Canarias y que se destine a vivienda, puede deducir el 75% de dichos gastos, con un máximo de 150 euros anuales, siempre que se cumplan los siguientes **requisitos**: 7751
- la duración del contrato de arrendamiento de vivienda con un mismo arrendatario debe ser igual o superior a un año;
- se debe haber constituido el depósito de la fianza a favor del órgano competente de la Administración de esta Comunidad Autónoma;
- el contribuyente debe declarar en el IRPF el rendimiento derivado de las rentas del arrendamiento de la vivienda como rendimientos del capital inmobiliario;
- el arrendador debe estar al corriente de sus obligaciones fiscales e identificar en sus declaraciones de IRPF al arrendatario y el número de referencia catastral del bien arrendado; y
- el importe mensual del arrendamiento no puede ser superior a 800 euros.

Cantabria (DLeg Cantabria 62/2008 art.2.3 redacc L Cantabria 3/2023) Desde el **1-1-2024**, el propietario de puede deducir un 15% por las cantidades satisfechas en **obras** realizadas, durante el ejercicio fiscal, en cualquier vivienda o viviendas de su propiedad, siempre que esté situada en Cantabria, o en el edificio en la que la vivienda se encuentre, y que tengan por objeto: 7752

• Una rehabilitación calificada como tal por la Dirección General de Vivienda del Gobierno de Cantabria.

• La mejora de la eficiencia energética, la higiene, la salud y protección del medio ambiente y la accesibilidad a la vivienda o al edificio en que se encuentra.

• La utilización de energías renovables, la seguridad y la estanqueidad y, en particular, la sustitución de instalaciones de electricidad, agua, gas o calefacción.

• Obras de instalación de infraestructuras de telecomunicación que permitan el acceso a Internet y a servicios de televisión digital en la vivienda.

Sin embargo, **no dan derecho a practicar esta deducción** las obras que se realicen en viviendas afectadas a una actividad económica, plazas de garaje, jardines, parques, piscinas e instalaciones deportivas y otros elementos análogos.

La deducción tendrá un **límite anual** de 1.000 euros en tributación individual -1.500 en tributación conjunta-, que se incrementarán:
- en 500 euros en tributación individual cuando el contribuyente sea una persona con discapacidad y acredite un grado de discapacidad igual o superior al 65%;
- de 500 euros por cada contribuyente con dicha discapacidad en tributación conjunta
Las cantidades satisfechas en el ejercicio y no deducidas por exceder del límite anual, pueden deducirse en los dos ejercicios siguientes.
En ningún caso darán derecho a la aplicación de esta deducción, las cantidades satisfechas por las que el contribuyente tenga derecho a practicarse alguna deducción estatal o que provengan de subvenciones no sujetas o exentas del impuesto sobre la renta de las personas físicas que, en su caso, se hubieran percibido o estuvieran asociadas a la realización de dichas obras.

7753 **Castilla y León** (DLeg Castilla y León 1/2013 art.7.3 y 5 y art.10) Pueden deducir el 15% de las cantidades invertidas, los contribuyentes que realicen actuaciones de rehabilitación de **viviendas**:
- situadas en un municipio o entidad local menor de esta Comunidad Autónoma que, en el momento de la adquisición o rehabilitación, no exceda de 10.000 habitantes, con carácter general, o de 3.000 habitantes, si dista menos de 30 km de la capital de la provincia; y
- que tengan un valor, a efectos del impuesto que grave su adquisición, menor de 135.000 euros.
Siempre que se cumplan, además, los siguientes **requisitos**:
a) Durante los 5 años siguientes a la realización de las actuaciones de rehabilitación, la vivienda debe encontrarse **alquilada** a personas distintas del cónyuge, ascendientes, descendientes o familiares hasta el tercer grado de parentesco del propietario de la vivienda.
No obstante, si durante esos 5 años se produjeran períodos en los que la vivienda no estuviera efectivamente alquilada, la misma debe encontrarse **ofertada para el alquiler**, considerándose como tales (Orden Castilla y León EYH/668/2019):
• Aquellos cuyo arrendamiento **se anuncie o publicite** a través de uno o varios de los siguientes medios:
- carteles en el propio inmueble objeto del arrendamiento;
- diferentes medios publicitarios, incluidos los portales específicos de Internet;
- agencias inmobiliarias, incluyendo también los anuncios que estas puedan incorporar en sus propios portales inmobiliarios; o
- agentes inmobiliarios.
• No estén no pueden estar efectivamente **ocupados** durante el período de tiempo en que estén ofertados para el alquiler.
• Cuyos consumos de suministros asociados al uso de la vivienda -electricidad, agua, gas y teléfono-, evidencien que la vivienda no se encuentra ocupada durante este periodo de tiempo.
b) El importe del **alquiler mensual** no puede superar los 300 euros.
c) La **fianza** legal arrendaticia debe estar depositada conforme lo establecido en la normativa aplicable.
La **base de esta deducción** está constituida por las cantidades realmente satisfechas por el contribuyente para la realización de las actuaciones de rehabilitación, con el límite máximo de 20.000 euros.

Precisiones Si en períodos impositivos posteriores al de su aplicación **se pierde el derecho**, en todo o en parte, a la deducción practicada, el contribuyente debe sumar a la cuota líquida autonómica devengada en el ejercicio en que se hayan incumplido los requisitos las cantidades indebidamente deducidas junto con los intereses de demora.

7754 **Galicia** (L Galicia 1/2011 art.5.18ª) Los contribuyentes pueden deducir, en el ejercicio en que finalicen, los importes invertidos en las obras de mejora de eficiencia energética de los inmuebles de uso residencial vivienda, respecto a:
• El 15% de las **cantidades totales invertidas**. Constituye la base de la deducción las cantidades efectivamente satisfechas en las obras de mejora de eficiencia energética en edificios de viviendas o en viviendas unifamiliares, mediante tarjeta de crédito o débito, transferencia bancaria, cheque nominativo o ingreso en cuentas en entidades de crédito, con el límite 9.000 euros por sujeto pasivo.
No se aplica la deducción a las cantidades satisfechas mediante entregas de dinero de curso legal.• El coste de los honorarios para la obtención del **certificado** que justifique el salto de letra en la calificación energética del inmueble, así como las tasas relacionadas con su inscripción en el Registro de Certificados de Eficiencia Energética de Edificios de esta Comunidad Autónoma, con un límite único de 150 euros que será prorrateado en función del porcentaje de titularidad de la vivienda.Para poder practicar la deducción, debe presentarse, antes de que expire el plazo para presentar la **autoliquidación** correspondiente al período impositivo en que

finalice la obra de mejora energética objeto de deducción, determinada documentación a través de la plataforma electrónica del Registro de Eficiencia Energética de Edificios de esta Comunidad Autónoma (DLeg Galicia 1/2011 art.5.18.3), así como hacer constar en la declaración tributaria del sujeto pasivo el número de inscripción del certificado de eficiencia energética tras la reforma en el Registro de Certificados de Eficiencia Energética de Edificios de esta Comunidad Autónoma, proporcionado por el propio Registro en la etiqueta de eficiencia energética del inmueble.

Madrid (L Madrid 1/2010 art.3.g y 8 redacc L Madrid 13/2023) Desde 1-1-2023, los contribuyentes que tengan inmuebles arrendados como vivienda podrán deducirse el 10% de las cantidades satisfechas en el ejercicio por gastos de conservación y reparación, la formalización de contratos de arrendamiento, primas de seguros por daños e impagos y la obtención de certificados de eficiencia energética vinculados con tales arrendamientos, con un límite de deducción de 154,65. **7755**

Murcia (DLeg Murcia 1/2010 art.1.cinco redacc L Murcia 4/2023) Siempre que el arrendamiento no se considere actividad económica, los propietarios pueden deducir la inversión en instalaciones de recursos energéticos renovables que realicen en la vivienda destinada al alquiler: **7757**
• La deducción solo se aplica a las inversiones realizadas en viviendas radicadas en la Región de Murcia.
• Solo dan derecho a la deducción las inversiones en la adquisición e instalación en la vivienda habitual de sistemas que empleen energías renovables (aquellas a las que se refiere la Dir (UE) 2018/2001 art.2.a) destinadas exclusivamente al autoconsumo para las que se haya presentado la declaración responsable ante el órgano competente, cuando esta venga exigida por la normativa aplicable.
• En el caso del sistema de aprovechamiento de energía fotovoltaica, la deducción no se aplica a la modalidad con excedentes no acogida a compensación.
Constituye la **base de deducción** las cantidades satisfechas por el contribuyente durante el ejercicio por la totalidad del coste de la instalación, con exclusión de las ayudas y subvenciones percibidas para esta finalidad.El importe de la deducción no puede superar los 7.000 euros.
El **importe de la deducción** es:

Modalidad de declaración	Suma base imponible general y del ahorro	Deducción (% sobre la base de deducción)
Individual	Igual o inferior a 35.000 €	50%
	Superior a 35.000 € e inferior a 45.000 €	37,50%
	Superior a 45.000 € y hasta 60.000 € (*)	25%
Conjunta	Igual o inferior a 50.000 €	50%
	Superior a 50.000 € e inferior a 75.000 €	37,50%
	Superior a 75.000 € y hasta 95.000 € (**)	25%

Navarra (DFLeg Navarra 4/2008 disp.adic.65ª redacc LF Navarra 2/2024) Se han establecido en Navarra las siguientes deducciones por **obras de mejora de la eficiencia energética** de viviendas: **7760**
• **Reducción de la demanda de calefacción y refrigeración: d**educción del 20% por ciento de las cantidades satisfechas en 2022, 2023 y 2024 por las obras realizadas durante dicho período en la vivienda habitual o de cualquier otra titularidad del contribuyente que tuviera arrendada para su uso como vivienda en ese momento o en expectativa de alquiler, siempre que, en este último caso, la vivienda se alquile antes de 31-12-2025. A estos efectos:
- la demanda **se entiende reducida** cuando lo hagan en al menos un 7% la suma de los indicadores de demanda de calefacción y refrigeración del certificado de eficiencia energética de la vivienda expedido por el técnico competente después de la realización de las obras, respecto del expedido antes del inicio de las mismas;
- la deducción se practicará en el **período impositivo** en el que se expida el certificado de eficiencia energética emitido después de la realización de las obras que, en todo caso, deberá ser expedido antes de 1-1-2025; y
- la **base máxima** de esta deducción será de 5.000 euros anuales.
• **Reducción por mejora en el consumo de energía primaria no renovable**: deducción del 40% de las cantidades satisfechas en 2022, 2023 y 2024 por las obras realizadas en la vivienda habitual o de cualquier otra de su titularidad que tuviera arrendada para su uso como vivienda en ese momento o en expectativa de alquiler, siempre que, en este último caso, la vivienda se alquile antes de 31-1-2025. A estos efectos:
- únicamente se entenderá que **se ha mejorado el consumo** de energía primaria no renovable en la vivienda en la que se hubieran realizado tales obras cuando se reduzca en al menos un

30% el indicador de consumo de energía primaria no renovable; o se consiga una mejora de la calificación energética de la vivienda para obtener una clase energética «A» o «B», en la misma escala de calificación, acreditado mediante certificado de eficiencia energética expedido por el técnico competente después de la realización de las obras, respecto del expedido antes del inicio de las mismas;- la deducción se practicará en el período impositivo en el que se expida el certificado de eficiencia energética emitido después de la realización de las obras, que, en todo caso, deberá ser expedido antes de 1-1-2025; y
- la **base máxima** de esta deducción será de 7.500 euros anuales.
• **Obras de rehabilitación energética**: deducción del 60% de las cantidades satisfechas en 2022, 2023, 2024 y 2025 para las viviendas ubicadas en edificios de uso predominante residencial en el que se hayan llevado a cabo. A estos efectos:
- tendrán la **consideración** de obras de rehabilitación energética del edificio aquellas en las que se obtenga una mejora de la eficiencia energética del edificio en el que se ubica la vivienda, debiendo acreditarse con el certificado de eficiencia energética del edificio expedido por el técnico competente después de la realización de aquellas una reducción del consumo de energía primaria no renovable, referida a la certificación energética, de un 30% como mínimo, o bien, la mejora de la calificación energética del edificio para obtener una clase energética «A» o «B», en la misma escala de calificación, respecto del expedido antes del inicio de las mismas;
- se asimilarán a viviendas las **plazas de garaje y trasteros** que se hubieran adquirido con estas;
- no darán derecho a practicar esta deducción las obras realizadas en la parte de la vivienda que se encuentre afecta a una **actividad económica**;
- la deducción se practicará en los **períodos impositivos** 2022, 2023, 2024 y 2025 en relación con las cantidades satisfechas en cada uno de ellos, siempre que se hubiera expedido, antes de la finalización del período impositivo en el que se vaya a practicar la deducción, el citado certificado de eficiencia energética;
- cuando el **certificado** se expida en un período impositivo posterior a aquel en el que se abonaron cantidades por tales obras, la deducción se practicará en el periodo en que se expida el certificado. En todo caso, dicho certificado deberá ser expedido antes de 1-1-2026; y
- la **base máxima** de esta deducción será de 5.000 euros anuales.

7767 **Comunidad Valenciana** (L C.Valenciana 13/1997 art.4.uno.j) Se aplica una deducción por obtención de rentas derivadas de arrendamientos de vivienda del 5% de los rendimientos íntegros del período impositivo siempre que se cumplan los siguientes **requisitos**:
• Que el rendimiento íntegro derive de contratos de arrendamiento de vivienda, de conformidad con la legislación de arrendamientos urbanos, iniciados durante el periodo impositivo.
• Si la vivienda hubiera estado arrendada con anterioridad por una duración inferior a 3 años, el inquilino no puede coincidir con el establecido en el contrato anterior.
• La renta mensual pactada no puede superar el precio de referencia de los alquileres privados de la Comunidad Valenciana.
• Antes de la finalización del periodo impositivo se debe haber constituido el depósito de la fianza a la que se refiere la legislación de arrendamientos urbanos, a favor de la Generalitat.
• La **base máxima anual** de esta deducción es de 3.300 euros.
• A los efectos de limitar la deducción, se tienen ahora en cuenta las bases liquidables, no imponibles, general y del ahorro, cuya suma no puede superar los 30.000 euros, en tributación individual, o los 47.000 euros, en tributación conjunta.

D. Pagos fraccionados

(LIRPF art.99 y 10; RIRPF art.74 s.)

7770 La normativa del IRPF contempla tres tipos de pagos a cuenta del impuesto del arrendador que percibe los rendimientos:
• **Retenciones**, que se practican cuando determinados rendimientos se satisfacen en metálico. En este caso el pagador de los rendimientos debe detraer una parte de los mismos e ingresar su importe en el Tesoro Público.
• **Ingresos a cuenta**, que se efectúan cuando determinados rendimientos se satisfacen en especie. En este caso el retenedor debe ingresar en el Tesoro Público la cantidad resultante, pudiendo o no repercutir el ingreso a cuenta al perceptor de la renta en especie.
• **Pagos fraccionados**, que son realizados directamente por el contribuyente que ejerce las actividades económicas. Constituyen un medio para anticipar fondos al Tesoro Público a cuenta del impuesto definitivo, permitiendo, a la vez, graduar el esfuerzo que supone para los contribuyentes el pago de aquel. Su finalidad es, pues, similar a la de los restantes pagos a cuenta, las retenciones e ingresos a cuenta.

Precisiones Las **retenciones y los ingresos a cuenta** se practican por los sujetos que satisfacen los rendimientos, de ahí que se realice su estudio en el capítulo dedicado a la fiscalidad del arrendatario, obligado a realizarlo (nº 8850 s.).

Obligados al pago fraccionado (LIRPF art.99.7; RIRPF art.109 y 112) La obligación de efectuar pagos fraccionados del impuesto alcanza a los contribuyentes que ejercen actividades **empresariales y profesionales**, cualquiera que sea el método de determinación de sus rendimientos. **7777**

La obligación de presentar la **declaración** persiste, aunque sea cero o negativa, es decir, cuando, por aplicación de las retenciones a los ingresos o por cualquier otra causa, los pagos fraccionados no determinen una cuantía a ingresar (RIRPF art.111).

Cuando el contribuyente ejerza **varias actividades**, la obligación de efectuar pagos fraccionados es para cada una de ellas. No obstante, dichos pagos fraccionados se declararán en un **único modelo**, salvo que pueda existir compatibilidad entre el método de estimación objetiva y de estimación directa, en cuyo caso es necesario la presentación del correspondiente modelo para cada una de ellas.

Importe del fraccionamiento (LIRPF art.101.11; RIRPF art.110) En cada uno de los plazos reglamentarios previstos han de ingresarse las cantidades que se indican en los números siguientes, si bien el contribuyente puede aplicar **porcentajes superiores**, lo que no procede en el caso de retenciones. **7780**

En los arrendamientos, actividad en **estimación directa, normal o simplificada**, el pago fraccionado es el 20% del rendimiento neto correspondiente al período de tiempo transcurrido desde el primer día del año hasta el último día del trimestre de cada pago fraccionado. De la cantidad resultante se deducen:

• Los **pagos fraccionados** que habría correspondido ingresar en los trimestres anteriores del mismo año si no se hubiera aplicado la minoración por la obtención de rendimientos netos de actividades económicas en cuantía igual o inferior a 12.000 euros.

• Además, las **retenciones** practicadas e ingresos a cuenta efectuados desde el comienzo del año hasta el fin del trimestre al que se refiere el pago fraccionado.

• Cuando la cuantía de los rendimientos netos de actividades económicas del ejercicio anterior sea **igual o inferior a 12.000 euros**, pueden deducirse las siguientes cuantías: **7783**

Cuantía de los rendimientos netos del ejercicio anterior (euros)	Importe de la minoración (euros)
Igual o inferior a 9.000	100
Entre 9.000,01 y 10.000	75
Entre 10.000,01 y 11.000	50
Entre 11.000,01 y 12.000	25

Cuando dicho importe sea superior a la cantidad resultante por aplicación de las dos primeras deducciones mencionadas (nº 7780), la diferencia puede deducirse en cualquiera de los siguientes pagos fraccionados correspondientes al mismo período impositivo cuyo importe positivo lo permita y hasta el límite máximo de dicho importe.

• Cuando los contribuyentes destinen cantidades para la **adquisición o rehabilitación** de su vivienda habitual utilizando **financiación ajena** por las que vayan a tener derecho a la deducción por inversión en vivienda habitual, y siempre que sus rendimientos íntegros previsibles del período impositivo sean inferiores a 33.007,20 euros, podrá deducirse el 2% del rendimiento neto correspondiente al período de tiempo transcurrido desde el primer día del año hasta el último día del trimestre a que se refiere el pago fraccionado, con el límite de 660,14 euros en cada trimestre. A estos efectos se consideran como **rendimientos íntegros previsibles** del período impositivo los que resulten de elevar al año los rendimientos íntegros correspondientes al primer trimestre.

Es decir, **de forma esquemática**:

20% s/Rendimiento neto desde 1 enero hasta el último día trimestre.
Menos:
- Pagos fraccionados de los trimestres anteriores, con matizaciones.
- Retenciones e ingresos a cuenta desde 1 enero hasta el último día del trimestre.
- Minoración por obtención de rendimientos netos de actividades económicas en cuantía igual o inferior a 12.000 euros.
- 2% s/Rendimiento neto desde 1 de enero hasta el último día del trimestre, en caso de adquisición o rehabilitación de vivienda habitual con financiación ajena por la que se tenga derecho a la deducción por vivienda habitual, siempre que sus rendimientos íntegros previsibles < 33.007,20 euros.

= Pago fraccionado trimestral.

Si el resultado de la liquidación del pago fraccionado resulta negativo, no puede compensarse con el importe del pago fraccionado del trimestre siguiente.

7785 Precisiones 1) La **deducción del 2%** del rendimiento neto en caso de estar destinando cantidades a la adquisición o rehabilitación de la vivienda habitual utilizando financiación ajena y cumpliendo el resto de requisitos, **no resulta de aplicación** cuando:
- los contribuyentes ejerzan dos o más actividades distintas a efectos del cálculo de los pagos fraccionados (estimación directa, estimación objetiva o actividades agrícolas, ganaderas, forestales y pesqueras);
- perciban rendimientos del trabajo y hubiesen efectuado a su pagador la comunicación de datos;
- las cantidades se destinen a la construcción o ampliación de la vivienda.

2) Los porcentajes indicados anteriormente se reducen en un 60% para las actividades que tengan derecho a la deducción de la cuota propia de **Ceuta y Melilla** (nº 2515 Memento Fiscal 2021).

7787 **Procedimiento de declaración** (OM EHA/672/2007; OM HAP/2194/2013 art.1 -redacc OM HAC/72/2024-, 2 y disp.trans.única) Los contribuyentes que ejercen la actividad económica de arrendamiento, en el método de estimación directa, normal o simplificada, han de emplear el **modelo 130**.
En cuanto a los **plazos de declaración e ingreso**, para todos los obligados a realizar pagos fraccionados, su declaración e ingreso es **trimestral**, a realizar dentro de los 20 primeros días de los meses de abril, julio y octubre y dentro de los 30 primeros días de enero (RIRPF art.111).
En cuanto a la **forma de presentación** de las autoliquidaciones, puede realizarse electrónicamente por internet o mediante papel impreso generado exclusivamente mediante la utilización del servicio de impresión desarrollado a estos efectos por la AEAT en su Sede Electrónica.

II. Impuesto sobre sociedades

7800

7803 El impuesto de sociedades (IS), es un tributo de carácter directo y naturaleza personal que grava la renta de las sociedades y demás entidades jurídicas, siendo las **notas básicas** de su relación jurídico-tributaria las siguientes:
• Recae sobre la renta de las **sociedades** y demás **entidades jurídicas**, en los términos establecidos por la ley, así como sobre la de otras entidades a las que, no teniendo personalidad jurídica, la ley les otorga la condición de contribuyentes.
• La obtención de renta por el contribuyente constituye el **hecho imponible** del impuesto, cualquiera que sea su fuente u origen, procedan o no del desarrollo de actividades económicas.
• La **base imponible** en el régimen de estimación directa, aplicable a los arrendamientos, se calcula corrigiendo el resultado contable mediante la aplicación de los preceptos de la normativa del IS (ajustes fiscales positivos y negativos sobre el resultado contable).
• Una vez delimitada la base, la aplicación del tipo de gravamen determina la **cuota íntegra**. De dicha cuota hay que detraer las deducciones y bonificaciones a que se tenga derecho, así como los pagos a cuenta soportados y efectuados por la entidad. Por tanto, el cálculo de la **deuda tributaria** exige efectuar una serie de operaciones, que varían en función de las circunstancias individuales de cada contribuyente.
• Como la práctica totalidad de los tributos estatales, el IS es objeto de **declaración-liquidación**, que debe realizar el contribuyente en los plazos y con las formalidades reglamentariamente establecidas.
• La consideración particular de la naturaleza de determinados hechos, actos u operaciones, o la naturaleza de los contribuyentes afectados, permite distinguir algunos **regímenes especiales** cuyas normas se separan del régimen común.
En relación con los **arrendamientos**, analizamos aquí dos de estos regímenes:
- las sociedades cotizadas de inversión en el mercado inmobiliario (SOCIMI); y
- las entidades dedicadas al arrendamiento de viviendas.

De acuerdo con este esquema, la obtención de renta por el contribuyente es la circunstancia que determina, en su caso, la obligación de pagar la deuda tributaria, y se produce con independencia de que la entidad distribuya o no los beneficios obtenidos a sus socios.
Analizamos, asimismo, dos **regímenes fiscales especiales** del IS en relación con el ámbito arrendaticio:
- las sociedades cotizadas de inversión en el mercado inmobiliario (SOCIMI); y
- las entidades dedicadas al arrendamiento de viviendas.

Precisiones En esta obra, tratamos aquellos aspectos del impuesto sobre sociedades en los que, de forma genérica o específica, tienen incidencia las **operaciones arrendaticias** que puede llevar a cabo la empresa.
No obstante, un **estudio completo** del impuesto puede encontrarse en el nº 3160 Memento Fiscal 2024.

A. Régimen general

7805

1. Ámbito de aplicación

La definición del ámbito de aplicación del IS requiere efectuar referencias a las personas o entidades configuradas como contribuyentes del mismo, al territorio en el que el tributo es exigible, y a la influencia de determinadas cuestiones temporales, como son el período impositivo y el devengo. Todos estos aspectos contribuyen a delimitar, en definitiva, el **hecho imponible** del IS, presupuesto diseñado por la ley como origen del nacimiento de la obligación tributaria (LGT art.20.1). 7807

Contribuyente (LIS art.1 y 7) La norma considera contribuyentes del IS, con carácter general, a las personas jurídicas, excepto las sociedades civiles que no tengan objeto mercantil, y en particular a determinadas entidades, aunque no tengan personalidad jurídica. En definición de la jurisprudencia, son contribuyentes las personas jurídicas de Derecho privado y base asociativa no individuales o naturales (TS 6-3-87, EDJ 1838). 7810

Precisiones La existencia de **casos particulares** recogidos en la LIS art.7.1, en los que gozar o no de personalidad jurídica no es criterio inequívoco de sujeción al IS (LIS art.6 y 7.1), demuestran lo difícil que es en ocasiones, difícil apreciación del requisito legal.

Exenciones (LIS art.9 y 109 s.; L 49/2002; LO 8/2007) El reconocimiento de exenciones contribuye a perfilar el ámbito de aplicación del IS. En lo que afecta la actividad de arrendamiento, hay que distinguir las siguientes. 7813

Exención total (LIS art.9.1, 118.1, 124.2 y 128.4.a) Las exenciones **subjetivas**, cuyo origen está en las propias características del contribuyente, y que, por su amplitud, pueden configurarse como exenciones totales. 7815
De esta forma gozan de exención total en el IS determinados entes del **sector público** en sentido estricto (nº 7820). Supone, como efecto fundamental, que tales entes **están relevados de**:
- la obligación de presentar declaración-liquidación por el IS;
- el cumplimiento de los requisitos contables y registrales;
- darse de alta en el índice de entidades; y
- soportar retención por las rentas que obtengan.

Precisiones El **procedimiento** para no practicar retención viene establecido en la Dpto. Gestión Tributaria Resol 14-9-98.

Exención parcial (LIS art.109 a 111) En las exenciones **objetivas** o parciales se atiende de forma preponderante a la finalidad que persigue el contribuyente. Determinadas entidades (nº 7820) que no persiguen como propósito central de su actividad el ánimo de lucro, aunque ocasionalmente puedan tenerlo, gozan de una exención relativa o parcial en el IS. A estos efectos se regula el régimen especial de exención parcial, sin perjuicio del régimen propio de las fundaciones y entidades sin fines lucrativos reguladas por la L 49/2002 y el de los partidos políticos (LO 8/2007 art.9 a 13; RIS art.55 y 56). 7817

Precisiones Un **estudio detallado** del régimen especial de exención parcial puede verse en el nº 3215 s. Memento Fiscal 2024.

7820 **Cuadro-resumen** Se incluye a continuación un cuadro con la relación de exenciones, totales o parciales, y la norma que recoge la exención.

Entidad	Norma
• **Exención total**	
Estado, comunidades autónomas y entidades locales	LIS art.9.1.a
Organismos autónomos del Estado y entidades de derecho público de análogo carácter de las comunidades autónomas y de las entidades locales	LIS art.9.1.b
Banco de España, fondos de garantía de depósitos de entidades de crédito, fondos de garantía de inversiones y la Comisión Nacional del Mercado de Valores	LIS art.9.1.c y LMV art.340
Entidades gestoras y servicios comunes de la Seguridad Social	LIS art.9.1.d
Instituto de España y las reales academias oficiales integradas en el mismo, e instituciones de las comunidades autónomas con lengua oficial propia que tengan fines análogos a los de la Real Academia Española	LIS art.9.1.e
Organismos públicos (L 6/1997 disp.adic.9ª y disp.adic.10ª.1) **(*)** así como las entidades de derecho público de análogo carácter de las comunidades autónomas y de las entidades locales	LIS art.9.1.f
Agencias estatales y organismos públicos que estuvieran totalmente exentos del IS y se transformen en agencias estatales (L 28/2006 disp.adic.1ª a 3ª) **(*)**	LIS art.9.1.g
El Consejo Internacional de Supervisión Pública en estándares de auditoría, ética profesional y materias relacionadas	LIS art.9.1.h
• **Exención parcial**	
Entidades e instituciones sin ánimo de lucro a las que sea de aplicación la L 49/2002	LIS art.9.2
Entidades e instituciones sin ánimo de lucro no sujetas a la L 49/2002	LIS art.9.3.a
Uniones, federaciones y confederaciones de cooperativas	LIS art.9.3.b
Sindicatos de trabajadores, colegios profesionales, asociaciones empresariales y cámaras oficiales	LIS art.9.3.c
Partidos políticos	LIS art.9.4 LO 8/2007 art.10
Mutuas colaboradoras de la Seguridad Social	LIS art.9.3.e
Entidades de derecho público Puertos del Estado y las respectivas de las comunidades autónomas	LIS art.9.3.f

(*) Con efectos **2-10-2016** se derogan estas normas (L 40/2015 disp.derog.única.c y e). No obstante, las entidades y organismos públicos existentes tienen hasta el **1-10-2024** para adaptarse a la nueva regulación, manteniendo hasta su adaptación la regulación anterior, por lo que continuarán estando exentas (L 40/2015 disp.adic.4ª y disp.trans.2ª). Posteriormente, su régimen fiscal dependerá de la forma jurídica resultante de la adaptación.
No obstante, con efectos de **1-1-2021** se vuelven a crear las agencias estatales (L 40/2015 art.108 bis) facultadas para ejercer potestades administrativas, que son creadas por el Gobierno para el cumplimiento de los programas correspondientes a las políticas públicas que desarrolle la Administración General del Estado en el ámbito de sus competencias. Estas entidades son contribuyentes del IS al tener personalidad jurídica pública, sin perjuicio de que estén parcialmente exentas al no tener ánimo de lucro, dado que no desarrollan actividades económicas.

7823 **Territorialidad** (LIS art.8) El IS **se exige** en todo el territorio español entendiendo como tal la Península, Islas Baleares, Islas Canarias, Ceuta, Melilla, y las zonas adyacentes a las aguas territoriales sobre las que España puede ejercer los derechos que le corresponden, referentes al suelo, subsuelo marino, aguas suprayacentes, y a sus recursos naturales (LIS art.2).
Sin embargo, su auténtico ámbito espacial de aplicación viene delimitado por la concurrencia en la entidad de que se trate de la cualidad de **residente** en dicho territorio. De este modo cabe distinguir:
- una **obligación personal** que afecta a los contribuyentes residentes, por la cual son gravados por la totalidad de su renta («renta mundial»);
- una **obligación real**, limitada, que afecta a los no residentes, en la medida en que obtengan rentas en dicho territorio.

Precisiones La tributación de los **no residentes** se expone en el nº 7550 s. Memento Fiscal 2024.

7825 **Residencia** (LIS art.2 y 8) La residencia es la cualidad que determina la jurisdicción en cuyo ámbito puede ejercerse la plena soberanía fiscal española. Se consideran entidades residentes en España las que cumplen cualquiera de los siguientes **requisitos**:
- que su constitución se haya realizado conforme a las leyes españolas;
- que su domicilio social se halle en territorio español;
- que tengan la sede de dirección efectiva en dicho territorio.

La **Administración tributaria** puede, aunque no se cumplan los requisitos anteriores, presumir que una entidad es residente en territorio español cuando está radicada en un territorio calificado como jurisdicción no cooperativa o de nula tributación y:
- sus activos principales, directa o indirectamente, son bienes situados en territorio español o derechos que se cumplen o ejercitan en este territorio; o
- su actividad principal se desarrolla en territorio español.
Esta **presunción** puede destruirse si:
- la entidad acredita que la dirección y efectiva gestión tiene lugar en el país o territorio donde está radicada; y
- la constitución y operativa de la entidad responde a motivos económicos válidos y razones empresariales distintas de la simple gestión de valores u otros activos.

Precisiones **1)** Una entidad **constituida** de acuerdo con las leyes españolas es residente en España, aunque la dirección efectiva de su actividad se encuentre fuera de ese territorio. Para que sea no residente debería entablarse el procedimiento establecido en el Convenio para determinar la residencia.
2) Se entiende por **sede de dirección efectiva** de una entidad el lugar donde radica la dirección y control del conjunto de sus actividades.
3) La noción de **domicilio fiscal** (nº 7830 s.) es complementaria de la noción de residencia. Definida una entidad como residente, su domicilio fiscal sirve para delimitar las competencias territoriales de los distintos órganos administrativos (inspector, recaudador...).

Están sujetos al impuesto por **obligación personal** los contribuyentes residentes en España. **7827**
Estos contribuyentes son gravados por la totalidad de la renta que obtengan (**«renta mundial»**), con independencia del lugar donde se haya producido y cualquiera que sea la residencia del pagador.
Pese a ello, pueden concurrir algunas circunstancias que, de hecho, vienen a alterar el ámbito de la mencionada obligación personal:
- la aplicación de **regímenes especiales** por razón del territorio (regímenes forales del País Vasco y Navarra (nº 1750 s. y nº 7300 s. Memento Fiscal Foral 2024);
- los **tratados y convenios** internacionales;
- la apreciación de determinadas **exenciones**, totales o parciales, previstas por la ley para ciertos sujetos o determinadas actividades.

Precisiones Las peculiaridades propias de los territorios de **Baleares, Canarias, Ceuta y Melilla** no permiten considerarlos como auténticos regímenes especiales. Solo cabe hablar de diferencias específicas con el régimen común, como son, por ejemplo, determinadas bonificaciones o el distinto tratamiento de la deducción por inversiones para Canarias.

Domicilio fiscal (LIS art.8.2; LGT art.48; RGGI art.4.2.i y 10.2.a) El domicilio fiscal no es, en puridad, un **7830**
aspecto que afecte a la territorialidad del impuesto. Sin embargo, definida la **residencia** de un determinado contribuyente (nº 7827), el domicilio fiscal es el punto de conexión con la Administración tributaria desde el punto de vista de la competencia territorial.
El domicilio fiscal de los contribuyentes del IS residentes en España coincide con su **domicilio social**, siempre que en este se ejerza la dirección efectiva de la empresa, es decir, la gestión administrativa y la dirección de los negocios. Si dicha dirección efectiva se ejerce en lugar distinto del que constituye el domicilio social, prima el criterio de dirección efectiva para la localización del domicilio fiscal. En defecto de los criterios anteriores, el domicilio fiscal está situado en donde radique el mayor valor del **inmovilizado** de la entidad.
Si el contribuyente decide efectuar un **cambio de domicilio**, debe comunicarlo expresamente a la Delegación de la AEAT de su domicilio fiscal, mediante el modelo 036, de declaración censal (nº 9273).

Período impositivo (LIS art.27) El período impositivo coincide con el **ejercicio económico** de **7833**
la entidad. En ningún caso puede exceder de 12 meses.
- La **fecha de cierre** del ejercicio económico o ejercicio social de las sociedades de capital viene normalmente determinada en sus Estatutos; en su defecto el ejercicio económico termina el 31 de diciembre de cada año (LSC art.26).
- El **incumplimiento** por parte de los administradores de la sociedad de los **plazos** para cumplir sus obligaciones, una vez cerrado el ejercicio social (LSC art.253), o la falta de **aprobación de cuentas** por la junta general ordinaria (LSC art.164), no influyen en el período impositivo de la entidad.
- El **cambio del ejercicio fiscal** requiere previamente la modificación del ejercicio social, con los requisitos exigidos en la normativa mercantil (DGT 24-4-90).
- El concepto de **ejercicio económico** que establece la normativa del IS es más amplio que el de ejercicio social, ya que abarca todos aquellos en los que contablemente se determine el resultado de la sociedad, es decir, siempre que se liquide en la contabilidad oficial de la

empresa la cuenta de pérdidas y ganancias que determine, en su caso, un beneficio susceptible de ser distribuido entre los socios.
• La **transformación de una sociedad** no supone la conclusión de un período impositivo, pues no implica la disolución de la sociedad ni la extinción de su personalidad jurídica (DGT 12-11-97), si bien existen algunas excepciones que se analizan a continuación.

7835 **Finalización del período impositivo** (LIS art.27.2) El período impositivo se entiende concluido, en todo caso, en los siguientes supuestos:
• Cuando la entidad se extinga, siendo las causas de **extinción** las previstas en la correspondiente regulación sustantiva.
• Cuando tenga lugar un **cambio de residencia** de la entidad residente en territorio español al extranjero.
• Cuando se produzca la **transformación** de la forma jurídica de la entidad que determine la **no sujeción al IS** de la entidad resultante.
En este caso se entiende que la entidad se ha disuelto y, por tanto, debe integrarse en la base imponible de ese período impositivo toda la renta latente en su patrimonio por la diferencia entre el valor de mercado y el valor fiscal de los activos y pasivos que integran dicho patrimonio. Si contablemente en la entidad resultante los elementos conservan el mismo valor que tenían en la contabilidad de la anterior entidad, para evitar un doble gravamen de la plusvalía latente en el patrimonio de la entidad transformada resulta de aplicación la regla de valoración fiscal y contable distinta (nº 4335 s. Memento Fiscal 2024).
• Cuando se produzca una **transformación** de la forma societaria de la entidad, o la modificación de su **estatuto** o de su régimen jurídico, y en ambos casos determine la modificación del tipo de gravamen en el IS o la aplicación de un **régimen tributario distinto** de la entidad resultante.
En este caso no se presume la situación de disolución y, por tanto, en la determinación de la base imponible se aplican las reglas generales del IS, sin los efectos fiscales de la disolución de la entidad (nº 4042 s. Memento Fiscal 2024).

7837 **Ejercicios quebrados** Se denomina ejercicio quebrado al que no coincide con el **año natural**. Estos ejercicios son perfectamente admisibles y no presentan peculiaridades especiales, salvo lo indicado a continuación.
La existencia de ejercicio y período impositivo quebrados tiene importancia desde el punto de vista de la aplicación de **modificaciones legislativas** que incidan sobre el impuesto, que pueden comenzar a regir con retraso para las entidades que los adopten.
Con **carácter general** las normas tributarias, salvo que se disponga lo contrario, se aplican a los tributos cuyo período impositivo se inicie desde su entrada en vigor (LGT art.10.2).
La solución arbitrada por las últimas leyes presupuestarias -cuya vigencia en principio se refiere a años naturales- consiste en la aplicación de las mismas a los ejercicios que se inicien dentro del año a que se refieren. Para las entidades con ejercicio coincidente con el año natural las modificaciones les son aplicables desde el 1 de enero. Para las empresas que siguen un ejercicio quebrado, en fecha posterior.
No obstante, otras cláusulas de entrada en vigor producen el efecto contrario, al ser aplicables al primer ejercicio cerrado a partir de una determinada fecha. El efecto, en este caso, se produce con **antelación** para las entidades con ejercicio quebrado respecto al caso general.
La imputación y cálculo de los **pagos fraccionados** del impuesto en las empresas con ejercicio quebrado presenta ciertas peculiaridades (nº 8075 s.).

7840 **Ejercicios de duración inferior al año** En multitud de ocasiones se producen ejercicios de duración inferior a 12 meses, lo que determina los denominados **períodos impositivos cortos**. Este tipo de ejercicios están permitidos por la normativa del impuesto.
Las **causas** que pueden motivar estos ejercicios pueden ser, entre otras: constitución; cambio de ejercicio social; disolución y liquidación; cambio de residencia de España al extranjero, o viceversa; fusión y escisión de empresas; cualquier otra causa que produzca un cierre extraordinario de la cuenta de resultados.
La existencia de períodos impositivos inferiores al año resulta relevante en determinados aspectos del impuesto expresados en **referencias anuales**, como la aplicación de incentivos fiscales.

Precisiones **1)** El **pago fraccionado** del impuesto, cuando el último ejercicio cerrado es inferior al año presenta especialidades (nº 8067).
2) Las operaciones mercantiles que exijan formalizar un balance en fecha diferente al cierre del ejercicio habitual de la sociedad (transformación, fusión, escisión, aumento de capital con cargo a reservas, etc.) no determinan la conclusión de un período impositivo, en la medida en que esos **balances** tengan naturaleza **informativa**, esto es, extracontable, de acuerdo con la normativa mercantil y, por tanto, no tengan efectos en los registros contables de la sociedad.

Devengo (LIS art.28) Con **carácter general** el IS se devenga el último día del período impositivo. El devengo del tributo señala el momento en que, realizado el hecho imponible, nace la obligación tributaria. 7843
En cualquier caso, no hay que confundir el nacimiento de la obligación tributaria con la **exigibilidad** del impuesto. Esta última no se produce hasta que finaliza el plazo de declaración voluntaria.
El momento del devengo del impuesto **permite**:
- determinar la ley aplicable;
- cuantificar la base imponible;
- conocer la capacidad de obrar del contribuyente;
- determinar el domicilio fiscal del contribuyente o su representante; y
- determinar las sanciones aplicables.

2. Determinación de la renta gravable

(LIS art.4 s.)

El **hecho imponible** es el presupuesto cuya realización origina el nacimiento de la obligación tributaria. En el IS dicho presupuesto es la obtención de renta por el contribuyente, renta que es gravada en el IS y, posteriormente, en el impuesto personal de los socios de la sociedad (IS o IRPF), cuando se distribuye en forma de dividendos, sin perjuicio de que el dividendo pueda estar exento al 95% en el socio persona jurídica. 7845
La **base imponible** representa la materialización de esa renta, por lo que, una vez determinada, permite realizar las operaciones necesarias para llegar a concretar la obligación tributaria principal: el pago del impuesto.

Precisiones Si por aplicación de la doctrina del **levantamiento del velo** las rentas del arrendamiento de un inmueble se imputan al socio último de la entidad titular del mismo, la renta derivada de su transmisión también debe imputarse al socio, debiendo efectuar los ajustes extracontables que procedan para determinar la base imponible en el IS, al no existir hecho imponible en dicho impuesto (DGT CV 17-1-17).

Para mostrar gráficamente el proceso que se desarrolla desde la generación de la base imponible hasta la determinación de la cantidad a ingresar o a devolver en el respectivo período impositivo, a continuación desarrollamos un **esquema liquidatorio** del impuesto. 7850

Esquema de liquidación impuesto sobre sociedades	
	Resultado contable
+/-	Ajustes extracontables (correcciones al resultado contable, incluyendo las reducciones)
=	**Base imponible previa**
-	Compensación bases imponibles negativas de ejercicios anteriores
=	**Base imponible**
×	Tipo de gravamen
=	**Cuota íntegra**
-	Bonificaciones
-	Deducciones para evitar la doble imposición
=	**Cuota íntegra ajustada positiva**
-	Deducción por inversiones y por creación de empleo
=	**Cuota líquida positiva**
-	Retenciones e ingresos a cuenta
=	**Cuota del ejercicio a ingresar o a devolver**
-	Pagos fraccionados
=	**Cuota diferencial**
+	Incremento por pérdida de beneficios fiscales de ejercicios anteriores
+	Intereses de demora
=	**Líquido a ingresar o a devolver**

7853 **Elementos que componen la renta** (LIS art.10 y 110) En el régimen general del IS no se establecen diferentes categorías de renta, ya que esta se obtiene a partir del resultado contable. Dicho resultado es objeto de correcciones -ajustes positivos y negativos de carácter temporal o permanente- para determinar la base imponible, en los términos que la propia normativa del IS establece.
La norma no establece de forma expresa **supuestos que no constituyen renta** a efectos de la determinación de la base imponible. Por tanto, hay que estar a los criterios del Plan General Contable (PGC), para diferenciar los flujos económicos patrimoniales que no se integran en el resultado contable y, por tanto, tampoco en la base imponible.

7855 **Ingresos no computables** (LIS art.19.6, disp.adic.3ª -redacc RDL 4/2023-, disp.trans.9ª.1 y disp.trans.32ª.3.a.2º) En relación con los arrendamientos, los dividendos satisfechos por entidades que tributaron en el régimen de **transparencia fiscal** no se integran en la base imponible del socio. No obstante, si el socio adquirió las acciones o participaciones con posterioridad a la imputación de la base imponible de la que procede el dividendo, su distribución disminuye el valor de adquisición de las acciones o participaciones.
La distribución de beneficios por **sociedades civiles** con personalidad y objeto mercantil obtenidos en períodos impositivos en los que haya sido de aplicación el régimen de atribución de rentas, cualquiera que sea la entidad que reparta los beneficios, el momento en el que el reparto se realice y el régimen fiscal especial aplicable a las entidades en ese momento, no se integran en la base imponible, siempre que la sociedad civil hubiese tenido la obligación de llevar contabilidad ajustada a lo dispuesto en el Código de Comercio en los ejercicios 2014 y 2015 conforme a lo establecido en la normativa del IRPF (nº 7740 s.).

7857 **Reversión de gastos no deducibles** (LIS art.11.5) La normativa regula de forma expresa los efectos fiscales de los ingresos registrados en la cuenta de pérdidas y ganancias que representan la reversión contable de un gasto de un ejercicio anterior que no tuvo la consideración de fiscalmente deducible en la determinación de la base imponible de ese período impositivo.
La **regla general** es que dicho ingreso no se integra en la base imponible, ya que procede de un gasto que no tuvo efectos fiscales. Así, en el período impositivo en el que se registró el gasto hay que realizar un ajuste positivo al resultado contable para determinar la base imponible, y en el período impositivo en el que revierta como ingreso dicho gasto, hay que realizar un ajuste negativo al resultado contable para determinar la base imponible.
Normalmente esta situación se presenta cuando hay una **diferencia temporal** en la imputación de un gasto por deterioro, con la particularidad de que ese deterioro no se aplica a su finalidad.

7860 **Presunción de onerosidad** (LIS art.123) Con carácter general, cuando la Administración determine la base imponible mediante el método de **estimación indirecta**, tiene derecho a presumir que las cesiones de derechos y de bienes, así como las prestaciones de servicios en sus distintas modalidades, son retribuidas. Dicha retribución, cuando proceda, puede estimarse por su **valor en el mercado**, entendiendo por tal el precio que habría sido establecido en el mercado entre sujetos independientes.
Frente a tal presunción cabe oponer **prueba en contrario**, cuya carga corresponde al contribuyente. Además de constituir un prototipo de prueba diabólica o prueba de un hecho negativo, origina la dificultad de aportar el medio de prueba apto para destruirla (en principio, cualquiera de los admisibles en derecho).
Aunque no haya **precio** que determine un ingreso, sin embargo, la realidad es que hay una liberalidad, por lo que los gastos asociados a la entrega del bien o prestación del servicio gratuito no son deducibles.

Precisiones La presunción de onerosidad debe distinguirse de la regla de valoración de las **operaciones vinculadas** (nº 7980 s.), que no admite prueba en contrario. En la presunción, cuando no exista prueba en contrario, la Administración valora las cesiones de bienes y derechos por su valor de mercado aplicando las **sanciones** e intereses de demora que correspondan al tiempo de regularizar la situación tributaria del contribuyente.

7863 **Actividad económica** (LIS art.5.1) Se ha incorporado y definido de forma expresa y autónoma el concepto de actividad económica en el ámbito del IS, cuyo cumplimiento debe valorarse en todos los preceptos de la LIS que exija la existencia de tal actividad.
Con carácter general, se entiende por actividad económica la ordenación por cuenta propia de los medios de producción y de recursos humanos o de uno de ambos con la finalidad de intervenir en la producción o distribución de bienes o servicios.
Tratándose de la actividad de **arrendamiento de inmuebles**, se entiende que existe tal actividad cuando para su ordenación se utilice, al menos, una persona empleada con contrato laboral y a jornada completa. Si la actividad realizada no es la de arrendamiento de inmuebles,

deja de ser trascendente si se tiene o no empleados. Si el arrendamiento alcanza a inmuebles de distinta naturaleza (viviendas y locales) y se dispone de un empleado con contrato laboral a jornada completa, se considera que hay actividad económica (DGT CV 14-1-20).
No obstante, la **interpretación administrativa** ha ampliado considerablemente lo establecido en la normativa respecto a la existencia de actividad económica de arrendamiento de inmuebles. Así:
• Se exige el requisito de la **persona empleada** si dicha actividad es exclusiva, por lo que cabe entender que, si se desarrolla tal actividad conjuntamente con otras, no es necesaria la existencia de personal empleado, por lo que si se desarrolla tal actividad conjuntamente con otras, no es necesaria la existencia de personal empleado en estas otras actividades, pero sí respecto de la actividad de arrendamiento (DGT CV 26-11-15).
• Si se produce la **cesión de la gestión** de la actividad de arrendamiento a terceros no vinculados, que disponen de la organización de medios personales necesarios para desarrollar tal actividad, igualmente se considera cumplido dicho requisito cuando la externalización sea necesaria teniendo en cuenta la dimensión de la actividad a desarrollar y el volumen e importancia de sus ingresos (DGT CV 10-7-15; CV 17-10-16; CV 13-12-17; CV 18-9-18). Lo relevante no es que el gestor tenga empleados, sino que es necesario saber el personal y tiempo que se dedican a la gestión del arrendamiento de los inmuebles (DGT CV 13-5-16).
• A los efectos de la existencia de actividad económica de arrendamiento de inmuebles es posible que el **administrador** de la entidad sea el empleado con un contrato de trabajo y a jornada completa (DGT CV 11-5-15; CV 28-11-16).

Precisiones **1)** Tener contratadas dos personas a **media jornada** no es válido para considerar que se cumple el requisito de personal para que el arrendamiento de inmuebles sea actividad económica (DGT CV 29-5-18; CV 3-10-19). **7865**
2) La contratación de una persona y el arrendamiento del local exclusivamente para **pagar menos impuestos**, si no vulnera la normativa tributaria, no es fraudulenta (TSJ Burgos 9-3-18, EDJ 56193). No obstante, hay que tener en cuenta que la **normativa actual** ya no exige el requisito de local para considerar la actividad de arrendamiento como actividad económica, y que la normativa del IS recoge una definición de actividad económica (LIS art.5).
3) Reducir la actividad empresarial a la necesidad de tener **empleados y local** (actualmente solo empleados), y con base en ello afirmar que como no se tiene no se desarrolla actividad empresarial, no es correcto, ya que la actividad empresarial se define por la actividad que se desarrolla, siendo la existencia de empleados o no un dato a tener en cuenta, pero no lo esencial, que consiste en la ordenación de medios para desarrollar una actividad de beneficio. El hecho de percibir ingresos que proceden de la prestación de servicios de arrendamiento, no ser una empresa de reducida dimensión, y presentar declaración por el IS, demuestra que se realizó una actividad económica (TSJ Murcia 18-2-16, EDJ 18069).
4) La **intención** de realizar una actividad y las actuaciones preparatorias no son suficiente para considerar que existe actividad económica (DGT CV 19-2-18). No obstante, más recientemente la DGT se ha pronunciado en sentido contrario, al establecer que, para considerar que se desarrolla una actividad económica en las entidades de nueva creación, hay que valorar si concurren indicios serios que permitan sostener que existe una clara voluntad de realizar una actividad económica, al margen de que se hayan o no iniciado las operaciones, dado que el inicio material de las mismas puede demorarse por diversas razones (DGT CV 12-4-23; CV 26-7-23).
6) La **interpretación** del concepto de actividad económica en el ámbito del IS debe realizarse a la luz del funcionamiento empresarial societario, y puede diferir de la interpretación que se realice del mismo en el **IRPF**, ya que el mismo concepto puede tener finalidades diferentes y específicas en cada figura impositiva (DGT CV 25-11-15; CV 11-11-16). A este respecto, ver nº 7610 s.

Grupo mercantil En el supuesto de entidades que forman parte de un grupo mercantil el **concepto de actividad económica** se determina teniendo en cuenta a todas las que forman parte del grupo. Es decir, la ordenación por cuenta propia de los medios de producción y de recursos humanos o de uno de ambos con la finalidad de intervenir en la producción o distribución de bienes o servicios se computa a nivel de grupo y no en sede de cada entidad integrante del mismo individualmente. En consecuencia, en el caso de actividad de arrendamiento, hay actividad económica si el empleado con contrato laboral y jornada completa dedicada a la gestión del arrendamiento de los inmuebles es empleado de **otra entidad** del mismo grupo distinta a la propietaria de los inmuebles. **7867**

Precisiones **1)** Las referencias de la normativa del IS al **grupo mercantil** solo incluyen los grupos de subordinación, no los de coordinación (DGT CV 21-12-15; CV 13-6-16) por lo que no son grupo dos sociedades participadas por el mismo grupo familiar (DGT CV 13-4-21) o por la misma persona física (DGT CV 25-3-22).
2) Si en la actividad de arrendamiento de inmuebles, la persona contratada con contrato laboral y a jornada completa dedicada en exclusiva a la gestión de los inmuebles es **empleado de una entidad del grupo**, se entiende cumplido el requisito para realizar actividad económica, sin perjuicio de que deba producirse la correspondiente facturación entre entidades con ocasión de la cesión de la citada

persona (DGT CV 17-3-16). También, aunque se realicen distintos arrendamientos, incluido el de inmuebles **por horas o días**, si para su ordenación se utiliza al menos una persona empleada con contrato laboral y a jornada completa (DGT CV 14-1-20). No se cumple el requisito de jornada completa si el empleado se dedica a gestionar el arrendamiento de inmuebles propios de la entidad y de terceros (DGT CV 2-3-21).

7870 **Procedimientos de determinación** (LIS art.10) La base imponible se define, con carácter general, como el importe de la **renta** en el período impositivo, minorada, en su caso, por la **compensación** de bases imponibles negativas de ejercicios anteriores. Así, se define de forma sintética, esto es, sin distinguir entre los distintos componentes o categorías que integran la renta del período impositivo.

No obstante, de forma excepcional, en el régimen fiscal de determinadas entidades, como las **cooperativas** y las entidades **sin ánimo de lucro**, la base imponible se define de forma analítica, es decir, diferenciando sus componentes. En estos casos, las cuantías de las distintas partidas -positivas o negativas- que componen la renta deben integrarse y compensarse, para determinar así la base imponible. Es decir, la base imponible es igual a la suma algebraica de los rendimientos netos (positivos y negativos) más los incrementos y menos las disminuciones de patrimonio, obtenidos en el período impositivo.

Por mandato legal, la base imponible debe determinarse por el régimen de **estimación directa** y, subsidiariamente, por el régimen de **estimación indirecta**.

Precisiones La base imponible se determina por **estimación objetiva** cuando específicamente lo establece la normativa del IS, actualmente solo para las entidades navieras en función del tonelaje.

7873 **Estimación directa** (LIS art.10) La determinación de la base imponible toma como punto de partida el resultado contable de la entidad (nº 6922 s. Memento Contable 2024), el cual es objeto de corrección, en su caso, mediante la aplicación de los principios y criterios de calificación, valoración e imputación temporal recogidos en los preceptos de la normativa del IS, que dan lugar a la práctica de los denominados **ajustes extracontables** positivos y negativos permanentes o temporales.

Salvo en los casos en los que se establecen **normas específicas** de calificación, valoración e imputación temporal, la base imponible coincide con el resultado contable obtenido por la entidad, cuantificado según las normas y principios propios fijados por la normativa mercantil.

La determinación de la base imponible por este régimen exige que la contabilidad de la entidad refleje la imagen fiel del patrimonio, de la situación financiera y de los resultados de la misma.

La determinación de la base imponible parte del resultado contable, siempre que se haya determinado a su vez de acuerdo con las normas previstas en el Código de Comercio, en las demás leyes relativas a la determinación de ese resultado, así como en las demás disposiciones dictadas en desarrollo de dichas normas (LIS art.10.3).

En definitiva, esta **remisión a las normas contables** que se efectúa debe entenderse realizada a todo el conjunto normativo sobre determinación del resultado contable, cualquiera que sea su rango, legal o reglamentario, siempre que constituyan desarrollo del Código de Comercio.

En la determinación de la base imponible la **Administración tributaria** tiene competencia para analizar si la entidad ha determinado el resultado contable de acuerdo con los principios y normas en materia contable.

Cuando la entidad haya determinado el resultado contable al margen de las normas mercantiles señaladas, la Administración tributaria procede a la **regularización** de la situación del contribuyente, tomando como punto de partida, para la determinación de la base imponible, el resultado contable que se derive de la aplicación de las normas y principios contables citados, con la particularidad de que los gastos no contabilizados en los ejercicios objeto de comprobación no se integran en la base imponible (nº 7965). Dicha regularización incluye los importes correspondientes a las partidas que se integren en la base imponible en los períodos impositivos objeto de comprobación o investigación, aunque los mismos deriven de operaciones realizadas en períodos impositivos prescritos (LIS art.120.2, 131 y disp.adic.10ª).

7875 De **forma esquemática** la base imponible se determina como sigue:

Base imponible = Renta del período impositivo - Compensación de bases imponibles negativas de períodos impositivos anteriores

Renta del período impositivo = Resultado contable +/- Ajustes extracontables

Base imponible = Resultado contable +/- Ajustes extracontables - Compensación de bases imponibles negativas de períodos impositivos anteriores

Estimación indirecta (LIS art.10.2) Si la base imponible no puede determinarse por estimación directa, de forma **subsidiaria** la Administración puede recurrir a la aplicación de métodos indirectos. Supone admitir la posibilidad de determinar la base imponible, total o parcialmente, mediante estimación indirecta. En este supuesto resulta de aplicación la presunción de onerosidad del nº 7860. 7877

Valoración

La estrecha conexión existente entre fiscalidad y contabilidad en ocasiones determina ciertas fricciones, en la medida en que una y otra, al no perseguir finalidades siempre coincidentes, pueden discrepar acerca del tratamiento de aspectos concretos. 7880

Resultado contable y fiscal (LIS art.10) El resultado contable no es asumido de forma incondicional por el IS, en la medida en que ese resultado debe ser objeto de **corrección** con el propósito de determinar la base imponible. Estas correcciones sobre el resultado contable obedecen a dos motivos básicos: 7883

- la posible **compensación de bases imponibles negativas** de ejercicios anteriores;
- la necesidad de efectuar sobre el resultado contable determinados **ajustes extracontables**, positivos y negativos, exigidos por la norma fiscal.

Estos ajustes aparecen como consecuencia de la **independencia** entre ambas normas, fiscal y contable. La normativa del IS es respetuosa con esa independencia y por eso no contiene ninguna disposición sobre registro contable (aunque sí ciertos principios), sin perjuicio de que tome el resultado contable como magnitud previa para determinar la base imponible.

Precisiones En esta obra solo se estudian aquellas **partidas** que, estando relacionadas con la actividad de arrendamiento, tienen un **tratamiento fiscal distinto al contable**. En relación con los ingresos y gastos que componen el resultado contable y que tienen el mismo tratamiento en ambas normativas, ver el nº 5900 s. Memento Contable 2024.

Ajustes extracontables La determinación de la base imponible requiere previamente que el resultado contable se haya cuantificado respetando los principios y requisitos contenidos en las normas contables. Seguidamente, dicho resultado es objeto de **rectificación** al tiempo de determinar la base imponible cuando la normativa del IS disponga de un precepto diferente al establecido en la norma contable, lo cual origina la necesidad de efectuar ajustes extracontables. 7885

Las discrepancias entre el resultado contable y el resultado fiscal -base imponible- que dan lugar a los ajustes contables, pueden tener su **origen** en diferencias sobre:

• **Calificación**. Determinados gastos o ingresos registrados en contabilidad no se califican como tales a efectos de determinar la base imponible, ni en el ejercicio en que se devengan ni en otro posterior. Por ejemplo, los gastos no deducibles (nº 3835 s. Memento Fiscal 2024) y los ingresos exentos total o parcialmente (nº 4475 s. Memento Fiscal 2024).

• **Valoración**. En ciertas operaciones la norma fiscal y contable difieren en su valoración. Por ejemplo, determinadas operaciones societarias en las que los elementos se valoran fiscalmente por su valor de mercado.

• **Imputación temporal**. En otros casos, la norma fiscal se separa del principio del **devengo** como criterio de imputación de ingresos y gastos.

Por otro lado, los ingresos y gastos contabilizados en **cuentas de reservas** en cumplimiento de una norma legal o reglamentaria se deben integrar en la base imponible a través de los correspondientes ajustes extracontables al resultado contable.

La **conciliación** del resultado contable con las normas que regulan la formación del resultado fiscal (es decir, con las normas que regulan la determinación de la base imponible) debe realizarse por medio de ajustes extracontables, positivos o negativos. 7887

Los distintos ajustes extracontables (positivos o negativos), motivados por la **falta de coincidencia** entre los principios contables y fiscales de calificación, valoración e imputación, pueden ser, según que reviertan o no en períodos impositivos posteriores:

• **Diferencias permanentes.** Son las diferencias, positivas o negativas, que no revierten en períodos impositivos posteriores al de su generación y afectan tanto a la determinación del gasto contable por el IS devengado en el ejercicio como a la determinación de la base imponible correspondiente a dicho ejercicio (nº 3235 s. Memento Contable 2024).

• **Diferencias temporales.** Las diferencias temporales (temporarias en la terminología contable), positivas o negativas, revierten en períodos impositivos posteriores al de su generación y solo afectan a la determinación de la base imponible y, en consecuencia, a la cuota a pagar por el tributo.

- las diferencias temporales **positivas** dan lugar al registro contable del correspondiente activo por impuesto diferido (nº 3310 s. Memento Contable 2024); y
- las diferencias temporarias **negativas** determinan el registro contable del oportuno pasivo por impuesto diferido (nº 3320 s. Memento Contable 2024).

Finalmente, la generación de bases imponibles negativas susceptibles de ser compensadas en períodos impositivos posteriores, así como las deducciones de la cuota pendientes cuando se han producido los requisitos para su aplicación, pueden dar lugar al registro contable del correspondiente **crédito fiscal** (nº 3386 s. Memento Contable 2024).

3. Pérdida de valor de los inmuebles

(LIS art.12 y disp.trans.35ª; RIS art.3 a 7)

7900

7903 Las pérdidas de valor que sufren los inmuebles destinados al arrendamiento, contabilizados como un gasto, tienen trascendencia fiscal en el IS del arrendador:
• Cuando se trata de una pérdida de valor sistemática, se refleja mediante las correspondientes **amortizaciones**.
• Los deterioros no sistemáticos se consideran **pérdidas por deterioro**.
A continuación, analizamos el tratamiento fiscal propio de cada una de ellas.

a. Amortización del inmueble arrendado

7905 En aplicación del principio de correlación de ingresos y gastos las **pérdidas de valor sistemáticas** que experimenten los elementos del inmovilizado material e inversiones inmobiliarias deben reflejarse mediante las correspondientes amortizaciones.
Por otra parte, la aplicación del principio de prudencia determina que, en el caso de pérdidas de valor ciertas y definidas, deba darse de baja el bien o la parte del mismo que haya experimentado el deterioro.
La deducibilidad fiscal de las amortizaciones de los elementos patrimoniales del inmovilizado material, intangible e inversiones inmobiliarias se encuentra condicionada al cumplimiento de los requisitos, métodos y condiciones que se exponen a continuación.

7907 **Clasificación del inmueble** Si bien desde el punto de vista fiscal, el tratamiento es el mismo, careciendo por ello de relevancia la distinción, la clasificación contable del inmueble destinado a arrendamiento por una empresa cuya actividad es la de arrendamiento, como inmovilizado material o inversión inmobiliaria ha generado dudas:
• Un inmueble destinado al alquiler por parte de una empresa que tiene entre sus actividades principales el alquiler de inmuebles, se debe clasificar, conforme a la PGC NECA 6ª.5, como **inversión inmobiliaria**, pues se cumple que (ICAC consulta núm 9, BOICAC núm 74):
- es un activo no corriente de naturaleza inmobiliaria;
- se mantiene para generar plusvalías o rentas y no para la producción o suministro de bienes y servicios distintos del alquiler; y
- no se destina a la venta de inmuebles en el curso ordinario de sus operaciones.
• Sin embargo, hay autores que han consideran que estos inmuebles deben se clasificados como **inmovilizado material** cuando la única actividad de la empresa es el arrendamiento de inmuebles, puesto que las rentas que se generan son las típicas de la actividad, y el servicio de arrendamiento es la actividad propia de la entidad, cumpliendo las definiciones de inmovilizado material según el PGC.
Es decir, si la actividad principal de la entidad no es el arrendamiento sino otra, esta actividad es accesoria por lo que la clasificación seria de inversiones inmobiliarias, mientras que, si la única actividad es esa, o es la principal, entonces la clasificación sería de inmovilizado material.

7910 **Amortización fiscal** (LIS art.12; RIS art.3.2 y 3) Entre las excepciones al régimen general de amortización se encuentran los edificios y el inmovilizado material en curso.
Respecto de las **edificaciones**, se establece expresamente que no es amortizable la parte del precio de adquisición que corresponde al valor del suelo. Si dicho valor incluye **costes de rehabilitación**, estos costes sí son amortizables y se distinguen del valor del suelo.
Los costes relacionados con **grandes reparaciones** se amortizan durante el período que medie hasta la gran reparación.
En cuanto a las **inmovilizaciones en curso**, en el mismo sentido que mantienen los criterios contables (nº 1768 Memento Contable 2024), los elementos del inmovilizado material e inversiones inmobiliarias en curso empiezan a amortizarse desde su puesta en condiciones de funcionamiento.

Valor del suelo (RIS art.3.2) A falta de regulación a nivel legal, reglamentariamente se establecen los criterios para diferenciar el valor del suelo en la adquisición de edificaciones. 7913

Si no se conoce el valor del suelo, **se calcula** prorrateando el precio de adquisición entre los valores catastrales del suelo y de la construcción en el año de la adquisición.

Al suelo se le aplica, en su caso, la **regla excepcional** de envilecimiento de los valores en el mercado (nº 7925).

Hay que entender que la proporción entre valores catastrales aplicables es la del ejercicio en que el edificio entró en funcionamiento y se comenzó a amortizar; no la de cada uno de los ejercicios siguientes.

A efectos de este cálculo, **deben descontarse** del valor del edificio todas las mejoras, elementos y maquinaria susceptibles de amortización independiente, sin perjuicio de que el valor de estos elementos sea también deducible en la medida en que se envilezcan (DGT 23-12-92).

Es válido utilizar como base el valor catastral de un **ejercicio posterior** si no existe en el año de adquisición (TEAC 17-2-05). En sentido contrario, AN 18-12-07, EDJ 248709 y 2-10-08, EDJ 213044.

El contribuyente puede utilizar un **criterio distinto** de distribución fundamentado en el valor de mercado del suelo y de la construcción en el año de la adquisición.

Renovaciones, ampliaciones o mejoras (RIS art.3.4; PGC NRV 3ª.f; ICAC Resol 1-3-13 norma 2ª.2.2) El importe a capitalizar tiene como límite máximo el valor de mercado de los correspondientes elementos del inmovilizado material e inversiones inmobiliarias. 7915

Cuando, de acuerdo con estos criterios contables, el importe de las renovaciones, ampliaciones o mejoras se incorpore al activo como mayor valor del elemento, dicho importe se amortiza a efectos fiscales teniendo en cuenta las siguientes **reglas**:

- El **elemento patrimonial** objeto de la renovación, ampliación o mejora continúa amortizándose por el mismo método de amortización que se venía aplicando con anterioridad a la realización de estas operaciones. La base de la amortización no se modifica (nº 7917).
- El **importe de la renovación, ampliación o mejora** se amortiza en los períodos impositivos que resten para completar la vida útil del elemento patrimonial. Cuando estas operaciones alarguen su vida útil, el mayor período de vida útil debe tenerse en cuenta a los efectos de la amortización tanto del elemento patrimonial como del importe de la renovación, ampliación o mejora.
- La **imputación** a cada período impositivo es el resultado de aplicar al importe de la renovación, ampliación o mejora el coeficiente resultante de dividir la amortización contabilizada del elemento patrimonial en cada período impositivo -en la medida en que se corresponda con la depreciación efectiva- entre el valor contable que ese elemento tenía antes de realizar las operaciones de renovación, ampliación o mejora.

Precisiones **1)** Las reglas de amortización de las renovaciones, ampliaciones y mejoras son aplicables a las **revalorizaciones contables** realizadas al amparo de una norma legal o reglamentaria que obligue a incluir su importe en el resultado contable.

2) La **aceleración fiscal** de amortizaciones de los elementos objeto de la renovación o mejora no se traslada a la amortización de la renovación o mejora.

3) El gasto por la **indemnización** pagada al arrendador por el acondicionamiento de un local es un activo inmaterial (actualmente intangible) y se imputa a lo largo de la duración del arrendamiento (DGT CV 17-5-07).

Base de la amortización (RIS art.3.2) El valor sobre el que gira la amortización del inmovilizado material e inversiones inmobiliarias, es el precio de adquisición o coste de producción, que incluye todos los gastos adicionales generados hasta su puesta en condiciones de funcionamiento. Por tanto, existe coincidencia entre la norma contable y la fiscal. 7917

El **valor residual** de los elementos, que es el valor actual que se espera recuperar por la venta del elemento patrimonial una vez esté fuera de servicio, descontando los costes estimados para efectuar dicha venta, no forma parte de la base de amortización. No obstante, cuando se aplica el método de amortización según las **tablas oficialmente aprobadas**, en los edificios administrativos, comerciales, de servicios y viviendas debe considerarse que el valor de la construcción no va a tener valor residual alguno transcurrido su período máximo de amortización de 100 años (TEAC 23-11-21; 24-10-22).

Amortización individualizada (RIS art.3.3; PGC NRV 2ª.2.1; ICAC Resol 1-3-13 norma 2ª.3) Los elementos del inmovilizado material y las inversiones inmobiliarias deben amortizarse elemento por elemento. Asimismo, debe amortizarse de forma independiente cada parte de un elemento del inmovilizado material que tenga un **coste significativo** en relación con el coste total del elemento y una vida útil distinta del resto del elemento. Como excepción, pueden agruparse las partes significativas de un elemento de inmovilizado material que tengan vida útil y métodos de amortización coincidentes con otras partes significativas que formen parte del mismo elemento. 7920

Precisiones 1) Aunque la activación proceda de la regularización de gastos en actas incoadas por la inspección, y los mismos se hayan registrado contablemente como una **única partida** por ser elementos de naturaleza análoga, se debe conocer la amortización acumulada de cada bien para su deducibilidad (TS 17-7-03, EDJ 92871).
2) La amortización contable independiente de las **partes de un elemento** del inmovilizado material con un coste significativo y una vida útil distinta de la del propio elemento es fiscalmente deducible si se corresponde con una depreciación efectiva (DGT CV 26-6-09).

7923 **Inicio y periodo de amortización** (RIS art.3.3) Los elementos patrimoniales del inmovilizado material e inversiones inmobiliarias empiezan a amortizarse desde su puesta en condiciones de funcionamiento, tal y como establece la norma contable. Si el inmovilizado está compuesto por partes susceptibles de ser utilizadas independientemente, cada una de ellas comienza a amortizarse en momentos distintos.
Los elementos patrimoniales deben amortizarse dentro del período de su vida útil.

Precisiones Para los activos sometidos a **reversión** su vida útil debe ser el período concesional cuando este sea inferior a la vida útil del activo (PGC MC aptdo.6º.10).

7925 **Correcciones de valor** (LIS art.13.2.a) Con independencia de que el elemento del inmovilizado material, inversión inmobiliaria o intangible sea amortizable, el **gasto** por deterioro por la pérdida de valor de estos activos no es fiscalmente deducible.
En función del **carácter** de ese deterioro las situaciones posibles son las siguientes:
• **Deterioro reversible**. No es deducible este gasto en el período impositivo en el que se registra, siendo deducible a lo largo de la vida útil del activo en proporción a su amortización.
• **Deterioro irreversible**. Se produce la baja de una parte del activo, por el importe de la pérdida de valor irreversible. Esta pérdida debe ser deducible en el período impositivo en el que tiene lugar, ya que el PGC no considera como deterioro esta pérdida de valor y hay una baja parcial en contabilidad del activo. Sería el caso de destrucción de una parte del inmueble por causas de fuerza mayor, como un incendio.

7927 **Sistemas de amortización** (LIS art.12.1) Con carácter general los sistemas admitidos por la norma fiscal son:
- amortización según tablas (nº 7930 s.);
- amortización degresiva;
- plan especial formulado por el titular de la actividad y aprobado por la Administración tributaria (nº 7937 s.); y
- prueba de la depreciación efectiva sufrida por el elemento de que se trate, ejercicio a ejercicio.
El sistema de **amortización degresiva** no puede utilizarse para la amortización de los edificios y el mobiliario y enseres que pudieran ser arrendados con los mismo, por lo que no se trata en esta obra. No obstante, un estudio detallado de la misma puede encontrarse en el nº 3475 s. Memento Fiscal 2024.
El resultado de aplicar cualquiera de estos sistemas elegidos por la norma fiscal se presume que responde a la depreciación efectiva del elemento, sin necesidad de su justificación.
Elegido un método de amortización, el contribuyente no puede aplicar posteriormente **otro distinto**, salvo que, por causas excepcionales, que deben mencionarse y justificarse en la memoria de las cuentas anuales, sea necesario utilizar otro método de los previstos en la normativa del IS (principio de uniformidad). En caso de modificación la misma tiene efectos a partir del ejercicio en que se produce y los siguientes, sin afectar a las amortizaciones practicadas en ejercicios anteriores (PGC NRV 2ª.2.1 y Parte 3ª).

Precisiones **1)** Los sistemas expuestos son los que podríamos denominar ordinarios. Junto a ellos cabe señalar otras modalidades o **supuestos especiales** cuyo estudio pormenorizado se realiza en el nº 3510 s. Memento Fiscal 2024.
2) En general, la **prueba** de una depreciación efectiva presenta graves **inconvenientes**, derivados de los elementos probatorios a obtener (estudios históricos de la depreciación real padecida por ciertos elementos; estudio sobre previsible evolución de la depreciación...). La misma puede ser rechazada por la Administración. Para evitar esta inseguridad parece aconsejable el recurso al plan especial como medida cautelar frente a criterios subjetivos de la Administración.
3) Las causas de depreciación enunciadas por la norma contable (funcionamiento, uso, disfrute, obsolescencia técnica o comercial) no excluyen **otros factores** determinantes de la pérdida de valor de los activos: siniestros, accidentes, envilecimiento de mercados... Su incidencia contable y fiscal no viene por la vía de las amortizaciones, sino bajo otra forma de gastos: deterioro o gastos excepcionales.

7930 **Amortización según tablas** (LIS art.12; RIS art.4) Mediante este sistema las amortizaciones se ajustan a la aplicación de los coeficientes anuales fijados en la tabla oficial aprobada por la propia LIS.

Si bien tiene carácter es residual, pues resulta aplicable en la medida en que el contribuyente no opte por la aplicación de otro sistema de forma expresa, en la práctica resulta ser -por razones de simplicidad- el sistema más utilizado por los contribuyentes del IS y del IRPF.
En la medida en que las amortizaciones se mantengan en el marco de los coeficientes establecidos, la efectividad de la amortización goza del carácter de **presunción *iuris et de iure*,** es decir, sin prueba en contrario y, por tanto, es fiscalmente deducible.
Se distingue una **tabla general** de amortización de aplicación en el territorio común (nº 7933) y las **tablas simplificadas** aplicables en el procedimiento de cálculo del rendimiento neto en régimen de estimación directa simplificada y en el de estimación objetiva del IRPF (nº 1434 y nº 1517 s. Memento Fiscal 2024).
Los coeficientes contenidos en las tablas fijan dos **límites**:
- la cuantía que como máximo se puede dotar anualmente; y
- el número máximo de años en que debe amortizarse totalmente el activo fijo.

De esta forma, manteniéndose entre esos dos límites máximos, la entidad, tiene un margen en cuanto al coeficiente que puede aplicar para recoger la amortización admisible como gasto deducible del ejercicio (se presume que cumple el **requisito de efectividad**), permitiéndose el **cambio de coeficiente** de un ejercicio para otro, siempre que se respeten los límites señalados. Para realizar este cambio no se precisa autorización administrativa alguna (DGT 21-9-90).
El **coeficiente mínimo** de amortización para los elementos amortizados con base en la tabla oficial es el que resulta de cubrir el valor del elemento en el período máximo de amortización fijado en ellas.

Los **coeficientes de amortización** para los edificios y el mobiliario y enseres que en su caso pudieran alquilarse con los mismos, son los siguientes (LIS art.12.1.a): **7933**

Tipo de elemento	Coeficiente lineal máximo	Período de años máximo
Edificios		
Edificios industriales	3%	68
Terrenos dedicados exclusivamente a escombreras	4%	50
Almacenes y depósitos (gaseosos, líquidos y sólidos)	7%	30
Edificios comerciales, administrativos, de servicios y viviendas	2%	100
Mobiliario y enseres		
Mobiliario	10%	20
Lencería	25%	8
Cristalería	50%	4
Útiles y herramientas	25%	8
Moldes, matrices y modelos	33%	6

Precisiones **1)** El **exceso de amortización** sobre el resultado de aplicar los coeficientes puede admitirse, si se justifica adecuadamente (DGT CV 27-3-07). La **modificación de la vida útil** contenida en las tablas puede realizarse mediante el sistema de depreciación efectiva (DGT 10-2-87).
La **acreditación o justificación** de una mayor vida útil queda probada con la aportación por el contribuyente durante las actuaciones inspectoras de un informe y un estudio detallado que determinan una vida útil de la maquinaria superior a la recogida en tablas (TS 17-7-03, EDJ 92871).
2) Es válida la depreciación que resulte de la aplicación de las tablas de amortización oficialmente aprobadas a cada **parte del elemento** que contablemente se haya amortizado de forma independiente, en la medida en que dichas tablas diferencien las partes de ese elemento (DGT CV 26-6-09).

Ejemplo Una entidad es titular de un **inmueble** cuyo precio de adquisición fue de 100.000 €. De este importe corresponden 80.000 al valor de la construcción y 20.000 al valor del terreno (no amortizable). El coeficiente máximo de amortización según la tabla oficial es del 3%, siendo el período máximo de amortización según dicha tabla de 68 años. **7935**
La entidad ha registrado como gasto contable, en concepto de amortización de este inmueble, 3.000 €, resultado de aplicar el coeficiente máximo del 3% al precio de adquisición (100.000 × 3%).
Amortización contable practicada = 0,03 × 100.000 = 3.000 €
Amortización fiscalmente deducible = 0,03 × 80.000 = 2.400 €
Ajuste extracontable positivo = 600 €

7937 **Planes especiales** (LIS art.12.1.d; RIS art.7) Mediante este sistema, alternativo a la tabla oficial aprobada los contribuyentes pueden ajustar sus dotaciones al plan formulado por ellos, con la intención de que se admita una depreciación -y por tanto, una amortización- superior a la que resultaría de la aplicación automática de las tablas.

Al igual que ocurre en los supuestos en que el contribuyente aplica la que considera **depreciación efectiva**, debe acreditarse la realidad de dicha depreciación. La diferencia estriba en el momento de su **prueba**. En el sistema de depreciación efectiva, la prueba es valorada en el momento de proceder a la comprobación de la situación tributaria del contribuyente. En el de planes especiales, la prueba es evaluada por la Administración antes de ponerse en práctica: si el plan es aceptado, el contribuyente no tiene que probar nuevamente la depreciación.

Los contribuyentes pueden ajustar sus amortizaciones a un plan formulado a la Administración tributaria al efecto, para los elementos del inmovilizado material, intangible e inversiones inmobiliarias.

Los elementos amortizables pueden ser tanto nuevos como usados, siendo indiferente que estén situados en territorio español o en el extranjero.

7940 El **procedimiento de concesión** es el siguiente:

• **Solicitud**. El escrito de solicitud debe desarrollar los siguientes extremos:

- descripción de los elementos patrimoniales objeto del plan, indicando la actividad a la que están afectos y su ubicación;
- método de amortización propuesto, indicando la distribución temporal de las amortizaciones que se derivan del plan. Ha de justificarse dicho método, probando la efectividad de la depreciación que resulta de su aplicación;
- precio de adquisición o coste de producción de los elementos patrimoniales objeto de amortización;
- fecha de comienzo de la amortización de los elementos patrimoniales. Tratándose de elementos en construcción, debe indicarse la fecha prevista en que se iniciará la amortización.

• **Plazo de solicitud**. Debe presentarse a la Administración tributaria dentro del período de construcción o de amortización de los elementos objeto del plan.

El contribuyente, en cualquier momento del procedimiento, puede **desistir** de la solicitud formulada, así como presentar, con anterioridad al trámite de audiencia, las alegaciones, documentos y justificantes que estime pertinentes para facilitar la resolución favorable.

7943 • **Resolución**. Es **competente** para instruir y resolver el procedimiento el órgano de la AEAT que corresponda de acuerdo con sus normas de estructura orgánica.

Una vez instruido el procedimiento, pero antes de la redacción de la propuesta de resolución se pone de manifiesto al contribuyente, que dispone de 15 días para formular las **alegaciones** y presentar los documentos y justificantes que estime pertinentes.

La resolución, que ha de ser motivada, puede aprobar el plan formulado por el contribuyente o aprobar uno que difiera del inicialmente presentado, pero con la aceptación del contribuyente, o desestimarlo.

El acto administrativo que desestime el plan solicitado puede ser objeto de **impugnación** en vía económico-administrativa, siendo potestativo el recurso de reposición.

La Administración tributaria, en la resolución del plan, puede **recabar** del contribuyente los **datos**, informes, antecedentes y justificantes que considere necesarios.

• **Finalización**. El procedimiento debe finalizar antes de 3 meses contados desde la fecha en que la solicitud haya tenido entrada en cualquiera de los registros del órgano administrativo competente, o desde la fecha de su subsanación.

Transcurrido dicho plazo sin que la Administración haya resuelto de forma expresa, opera el **silencio administrativo positivo**, es decir, se entiende aprobado el plan formulado por el contribuyente.

El plazo de 3 meses se computa desde la fecha de solicitud hasta la fecha de notificación de la resolución al solicitante, siendo irrelevante la fecha de resolución del plan.

El plan de amortización aprobado surte **efectos** en los períodos impositivos que finalicen tras su presentación, salvo que expresamente se establezca una fecha distinta en el plan aprobado.

7945 • **Modificación**. Los planes de amortización pueden ser modificados a **solicitud** del contribuyente, observando los mismos requisitos que en la solicitud originaria (nº 7940 s.). El escrito de petición debe presentarse dentro del período impositivo en el que la modificación deba surtir efecto.

Si no se hubiera formulado solicitud de modificación, o hubiera sido denegada, el **exceso de amortización** sobre las dotaciones calculadas por aplicación del plan inicialmente aprobado se considera saneamiento de activo, no deducible, excepto que se pruebe la efectividad de la depreciación correspondiente a dicho exceso.

• **Extensión a otros elementos.** Los planes de amortización pueden aplicarse a otros elementos patrimoniales cuando se cumplan las siguientes **condiciones**:
- los elementos patrimoniales deben tener idénticas características;
- deben mantenerse sustancialmente las circunstancias de carácter físico, tecnológico, jurídico y económico determinantes del método de amortización aprobado;
- la amortización de esos otros elementos debe comenzar antes del transcurso de los 3 años contados desde la fecha de notificación del acuerdo de aprobación del plan de amortización.

La aplicación del anterior plan exige su **comunicación** a la AEAT con anterioridad a la finalización del período impositivo en que debe surtir efectos dicho plan.

Precisiones **1)** Este método de amortización es **similar** al método aplicable para las **ampliaciones y mejoras** (nº 7915).
2) La **deducibilidad** a efectos fiscales de ambas amortizaciones está condicionada a su contabilización.
3) Si el **método de amortización** del elemento actualizado fuera el **degresivo**, la degresividad se trasladaría indirectamente a la amortización del incremento neto de valor del elemento.
4) Las normas antes indicadas también son aplicables al incremento neto de valor de los elementos patrimoniales en régimen de **arrendamiento financiero**.
5) La **aceleración de la amortización** de la que pudiera gozar el elemento por la aplicación de algún incentivo fiscal no se traslada a la amortización del incremento neto de valor de ese mismo elemento.
6) En relación con la amortización de elementos actualizados a través de la **regularización de balances de 2012**, ver el nº 9217 s. Memento Impuesto sobre Sociedades 2023.

b. Correcciones de valor

(LIS art.13.2.a y disp.trans.5ª)

Pérdidas por deterioro Las pérdidas por deterioro constituyen la expresión contable de alguna de estas **circunstancias**: 7950
- las correcciones de valor por pérdidas sufridas por un elemento del activo;
- la cobertura de eventuales insolvencias de deudores.

Aunque la base imponible del IS parte del **resultado contable**, no se asume plenamente la norma contable en materia de pérdidas por deterioro y provisiones, bien porque se establece su no deducibilidad, bien porque se establecen límites cuantitativos a las mismas, o porque se señalan circunstancias que deben concurrir para admitir su deducibilidad.En todo lo no previsto por la norma fiscal rigen las normas contables, como es el caso, por ejemplo, de las pérdidas por deterioro de existencias.

Así, para que las pérdidas por deterioro y provisiones tengan la consideración de deducibles, con carácter general han de cumplir una serie de **reglas y requisitos**:

• La base imponible objeto de gravamen es la renta obtenida en el período impositivo, minorada por las bases imponibles negativas de ejercicios anteriores, el gasto fiscal es deducible como regla general en cuanto procede su **imputación temporal** con arreglo al principio de devengo. En caso de discordancia entre la contabilización y la imputación temporal, debe estarse a esta última (LIS art.11.3).

• Es necesario que la norma fiscal **no exceptúe la deducibilidad** de la pérdida por deterioro o provisión.

Inmovilizado material e inversiones inmobiliarias Al margen de la depreciación que 7952
sufren los elementos del inmovilizado material y las inversiones inmobiliarias, cuyo importe se reconoce a través de la amortización, de acuerdo con los criterios del PGC cuando se estime que la valoración de mercado de los mismos es inferior al valor contable, una vez descontadas las amortizaciones, el importe de la diferencia debe corregirse **contablemente** a través de la dotación de la correspondiente pérdida por deterioro, tanto si esa depreciación tiene carácter reversible como irreversible.

Con efectos para los períodos impositivos iniciados a partir del 1-1-2015 el gasto por pérdida por deterioro no es **fiscalmente** deducible, por lo que debe realizarse un ajuste positivo al resultado contable para determinar la base imponible del período impositivo.

Debido a lo anterior el valor contable del elemento es inferior a su valor fiscal. La **diferencia de valor** debe integrarse en la base imponible según las reglas previstas para los casos en los que el valor contable no coincide con el fiscal, por lo que debe tenerse en cuenta si el elemento de inmovilizado es o no amortizable:

• **Elemento no amortizable**. El deterioro es deducible en el período impositivo en el que se transmite el elemento del inmovilizado o cuando cause baja del activo de la entidad.

• **Elemento amortizable**. El importe del deterioro se deduce en los períodos impositivos que resten de vida útil del elemento de inmovilizado, aplicando al importe del deterioro el método de amortización utilizado respecto de estos elementos, salvo que sean objeto de transmisión o baja con anterioridad a la finalización de esa vida útil, en cuyo caso el importe del deterioro pendiente se integra en la base imponible del período impositivo en que tiene lugar esa transmisión o baja.

7953 Dado que en períodos impositivos iniciados antes del 1-1-2015, al no existir ninguna regla específica, el deterioro del inmovilizado material y las inversiones inmobiliarias era fiscalmente deducible (LIS/04 art.10.3), se establece un **régimen transitorio** para la reversión de las pérdidas que hubieran resultado fiscalmente deducibles en períodos impositivos iniciados antes de esta fecha. Así, las mismas se integran en la base imponible del período impositivo en que se produzca la recuperación de su valor en el ámbito contable.

No obstante, puesto que el importe del deterioro ha reducido la base de amortización contable y, en consecuencia, la amortización registrada en ejercicios posteriores será inferior a la que habría resultado de no producirse el mismo, el importe del deterioro que debe revertir tiene como **límite** el valor contable que el elemento tendría en la fecha de la reversión si no se hubiese registrado el deterioro.

A efectos fiscales el ingreso a integrar en la base imponible por la reversión del deterioro debe ser coincidente con el ingreso contable, sin que tenga sentido plantear la integración de la totalidad del deterioro practicado en un ejercicio anterior, dado que supondría que el valor contable del activo fuese superior a su valor razonable, siendo necesario entonces dotar el deterioro por el exceso de valor.

Precisiones **1)** Si la pérdida de valor es **irreversible**, se produce la baja de una parte del activo por el importe de esa pérdida de valor. Esta pérdida debe ser deducible en el período impositivo en el que tiene lugar, ya que el PGC no la considera como deterioro a esa pérdida de valor, y porque hay una baja parcial en contabilidad del activo. En este sentido se ha expresado la doctrina administrativa (DGT CV 15-4-16).

2) Si el deterioro revierte como ingreso debido a la **recuperación** de valor del elemento debe realizarse un ajuste negativo para la determinación de la base imponible (nº 7857).

3) Un **estudio detallado** de las correcciones de valor se realiza en el nº 3625 s. Memento Fiscal 2024.

7955 Ejemplo Un **terreno** adquirido por un importe de 10.000 tiene la consideración de inversión inmobiliaria. En el 2020 se registra un deterioro por un importe de 2.000. En el ejercicio 2021 se recupera parte de su valor por un importe de 1.000 y se transmite en el ejercicio 2022 por un importe de 9.000, coincidente con su valor contable.

En el **ejercicio 2020** el gasto por deterioro de 2.000 no es deducible, por lo que procede realizar un ajuste positivo al resultado contable por importe de 2.000 para determinar la base imponible de ese período. La diferencia entre el valor contable (8.000) y el valor fiscal (10.000) de ese elemento es de 2.000, coincidente con el deterioro no deducible.

En el **ejercicio 2021** el ingreso de 1.000 por la recuperación de valor del elemento no se integra en la base imponible, dado que el gasto no ha sido deducible, por lo que procede realizar un ajuste negativo por un importe de 1.000 al resultado contable para determinar la base imponible de ese ejercicio.

En el **ejercicio 2022**, como consecuencia de la transmisión de ese elemento debe integrarse en la base imponible ese gasto por importe de 1.000 correspondiente al deterioro pendiente de deducir, mediante un ajuste negativo al resultado contable.

7956 **Provisiones** (LIS art.14; PGC NRV 15ª y subgrupo 14) Contablemente se definen como **pasivos** que representan obligaciones actuales surgidas como consecuencia de sucesos pasados para cuya extinción la empresa espera desprenderse de recursos, pero que en la fecha de cierre del ejercicio son indeterminadas en cuanto a su importe exacto o en cuanto a la fecha de su cancelación.

Si la contingencia no se deriva de un hecho pasado, sino que es una simple **previsión de un riesgo** futuro asociado a un acontecimiento futuro o bien de un hecho pasado del cual se considera que no es probable la salida de recursos, no debe registrarse una provisión, sino que basta una mención en la memoria de esa contingencia.

Estas obligaciones **pueden venir determinadas** por una disposición legal, contractual o por una obligación implícita o tácita. En estas últimas su nacimiento se sitúa en una expectativa válida creada por la empresa frente a terceros de asumir una obligación.

La normativa del IS establece con carácter general la deducibilidad fiscal de los gastos asociados a las dotaciones a provisiones. No obstante, establece una lista negativa con la **no deducibilidad** de determinados gastos por provisiones: los derivados de obligaciones implícitas o tácitas, los relativos a retribuciones a largo plazo al personal, los concernientes a costes de cumplimiento de contratos onerosos, los derivados de reestructuraciones, los relativos al riesgo de devoluciones de ventas y las retribuciones de personal mediante fórmulas basadas

en instrumentos de patrimonio.Por otra parte, **se admite la deducibilidad** fiscal de, entre otras, las siguientes provisiones: para impuestos o por actuaciones medioambientales.
Ciertas **obligaciones** antes tenían la consideración de provisiones mientras que el vigente PGC las considera como integrante del valor del activo, como son, por ejemplo, los gastos de abandono de explotaciones y los costes para la recuperación del activo revertible.

Precisiones Un **estudio detallado** de las provisiones puede encontrarse en el nº 3745 s. Memento Fiscal 2024.

Recuperación del valor (LIS art.11.6 y 7) Cuando se recupera el valor de un elemento patrimonial sobre el que se ha dotado el correspondiente deterioro o corrección de valor, procede la **imputación temporal** de dicha recuperación de valor al período impositivo en el que se ha producido. 7957
Dado que a partir de los períodos impositivos iniciados desde el 1-1-2015 no es deducible el **deterioro** de los elementos de inmovilizado material, intangible (incluido el fondo de comercio), participaciones en el capital de otras entidades y de valores representativos de deuda, los efectos prácticos de este criterio fiscal de imputación parece que solo se aplican cuando el elemento patrimonial sobre el que se computó un deterioro tenga la consideración de existencias.

Precisiones En relación con los posibles **ajustes extracontables**, positivos y negativos, practicados en los períodos impositivos anteriores al 1-1-2015, se establece que en ningún caso es admisible que una misma renta no se tome en consideración o lo sea dos veces a efectos de determinar la base imponible del IS (LIS disp.trans.1ª).

4. Gastos

De acuerdo con los criterios del PGC, el **resultado de la empresa** se obtiene por diferencia entre las ventas e ingresos y las compras y gastos devengados en el ejercicio. 7960
Con carácter general, los gastos tienen carácter de deducibles fiscalmente, siempre que se cumplan los **requisitos** expuestos a continuación.

Precisiones La LIS relaciona expresamente una serie de **gastos que no considera deducibles**, si bien ninguno directamente relacionado con la obtención de rentas por arrendamientos. Un estudio detallado de los mismos se encuentra en el nº 3835 s. Memento Fiscal 2024.

Justificación (LGT art.106.4; LIS art.120.1; Rgto Fac art.6 s.) Los gastos deben ser susceptibles de su oportuna y suficiente justificación, que se debe realizar mediante el correspondiente **documento o factura**. 7963
Para la determinación de las bases tributarias en general -no solo para el IS-, los gastos necesarios para la obtención de los ingresos deben justificarse mediante **factura completa**, entregada por el empresario o profesional que haya realizado la correspondiente operación.
Los requisitos específicos para considerar la factura completa se contienen en el Reglamento de facturación (RD 1619/2012). Esta misma norma enuncia una serie de operaciones exceptuadas de la obligación genérica de facturación (nº 9110 s.).

Precisiones **1)** La **factura** no constituye un medio de prueba privilegiado respecto de la existencia de las operaciones, por lo que una vez que la Administración cuestiona fundadamente su efectividad, corresponde al obligado tributario aportar pruebas sobre la realidad de las operaciones. En los mismos términos se había pronunciado la jurisprudencia, incluyendo la prueba de su remuneración (TSJ Sevilla 20-10-08, EDJ 303792; AN 30-3-11, EDJ 26177).
2) Es criterio reiterado que en el ámbito tributario es preceptivo aportar **documentos originales o fotocopias autenticadas** (TSJ Sevilla 10-3-01, Rec 55/98). Las **fotocopias** de ciertos particulares, compulsadas por Notario y legalizadas, no garantizan el valor probatorio del libro de inventarios (TS 1-3-93, EDJ 1958).
3) Han de ponerse a disposición de la Administración los libros, **anotaciones contables** con fechas y justificantes que sirvan de fundamento al derecho del contribuyente (TEAC 25-11-92).
4) Son deducibles los gastos por servicios de **suministros a nombre de una persona física**, titular de una explotación económica, aportada a una sociedad de la que la persona física es el único accionista, abonados y contabilizados por la sociedad. No es relevante la negligencia de la entidad por no efectuar el cambio de titularidad en la contratación de esos servicios (TEAC 15-12-93).

Contabilización (LIS art.11.3) El gasto debe estar contabilizado, bien en la cuenta de pérdidas y ganancias o en una cuenta de reservas, si así lo establece una norma legal o reglamentaria. 7965
Así resulta inevitablemente del propio régimen de determinación de la base imponible que, con carácter general, se efectúa mediante **estimación directa** por diferencia entre ingresos y gastos, lo que exige la llevanza de contabilidad.
La contabilización del gasto pone de manifiesto un requisito adicional: que el gasto ha de ser **efectivo**, esto es, debe responder a una operación efectivamente realizada. Por eso no son admisibles gastos manifestados por simples anotaciones contables que responden a operaciones ficticias.

Precisiones 1) La rigidez del principio de inscripción contable deriva del principio de **valoración de los gastos**, que se efectúa con arreglo a sus valores contables. De otra parte, el mismo principio impide la deducción de un gasto en ejercicio anterior a aquel en que se impute contablemente, salvo las excepciones expresamente establecidas en la normativa del IS. Ver los criterios de imputación temporal en el nº 7985 s.
2) Este principio no cede aunque se produzca la **acreditación inequívoca de la realidad del gasto**, acudiendo a algún otro medio documental ajeno a la contabilidad. En tal caso basta con contabilizar el gasto, aunque se haya devengado en un ejercicio anterior, para que sea deducible en los términos del nº 8007. La omisión del registro contable no puede obedecer, en ningún caso, a la falta de llevanza de contabilidad, lo cual puede determinar la aplicación del régimen de estimación indirecta (nº 7877).
3) La deducibilidad de unas **cuotas de IVA soportado no deducibles** registradas en una cuenta de activo se opone a lo dispuesto en la normativa del IS, que establece como requisito de deducibilidad de un importe su registro en la cuenta de pérdidas y ganancias o, excepcionalmente, en una cuenta de reservas (TEAC unif criterio 18-12-08).

7967 **Imputación** (LIS art.11.1) Los ingresos y gastos deben ser objeto de imputación en el **ejercicio en que se devengan**, con independencia de la fecha de su pago o de su cobro, respetando la debida correlación entre unos y otros. Tal afirmación no excluye la posibilidad de reconocer criterios distintos de imputación temporal, con determinados requisitos (nº 7987 s.).

7968 **Necesidad** En la norma fiscal no existe el requisito de la necesidad del gasto para su deducibilidad, si bien tiene que estar relacionado con los ingresos de forma directa o indirecta. Todo gasto contabilizado de acuerdo con el principio de devengo que responda a una **operación efectiva y real** es deducible, salvo que el gasto en particular tenga limitada, total o parcialmente, su deducibilidad.

5. Reglas de valoración

(LIS art.17 a 19)

7970 **Criterios de valoración** (LIS art.17.1) Con carácter general los elementos patrimoniales deben valorarse, a efectos fiscales, de acuerdo con los criterios establecidos en el Código de Comercio, corregidos por la aplicación de la regulación establecida en la normativa del IS. Por tanto, el criterio general para la valoración fiscal de los elementos patrimoniales coincide con el fijado en la norma contable, siempre que no se haya tenido que hacer una corrección al mismo. Es decir, en general los elementos patrimoniales se valoran fiscalmente por su **valor contable**, que es el que se deduce de la contabilidad siempre que se lleve de acuerdo con los principios y criterios establecidos en las normas mercantiles sobre determinación del resultado contable. Dicho valor es el precio de adquisición o coste de producción del elemento minorado en las amortizaciones y demás correcciones de valor que corrijan su valor por la pérdida por deterioro sufrida por los elementos del activo. Por tanto, los componentes del valor contable de un elemento que no hayan tenido efectos fiscales no forman parte de su valor fiscal.
Cuando sea de aplicación el criterio de **valor razonable**, las variaciones de valor no tienen efectos fiscales, excepto que la norma contable determine que la variación de valor debe imputarse a la cuenta de pérdidas y ganancias (activos financieros a valor razonable con cambios en la cuenta de pérdidas y ganancias), sin perjuicio de que en este último caso no se integren en la base imponible las disminuciones de valor registradas de determinadas participaciones (nº 3956), o que la norma legal o reglamentaria determine que debe imputarse a una cuenta de reservas, como ocurre con la baja del balance de los instrumentos de patrimonio neto a valor razonable con cambios en otro resultado global de las entidades financieras (BE Circ 4/2017 norma 22ª).

Precisiones Un **completo estudio** de las reglas de valoración generales y especiales del impuesto se encuentra en el nº 4325 s. Memento Fiscal 2024.

7973 **Revalorización contable** (LIS art.17.1 y 122) La **elevación del valor** asignado en contabilidad a un elemento patrimonial puede tener consecuencias fiscales, dependiendo de si la revalorización se realiza o no al amparo de normas legales o reglamentarias que obliguen a incluir su importe en el resultado contable.
• Si el importe de la revalorización se abona contablemente a la cuenta de **pérdidas y ganancias** en virtud de una norma que así lo establezca, dicha revalorización se integra en la base imponible del período impositivo en que se realice ese apunte contable, dado que esta anotación se practica necesariamente en cumplimiento de una norma sobre determinación del resultado contable.

Sobre el **nuevo valor contable** se realizan posteriormente las amortizaciones y correcciones de valor que procedan. Sus importes, en la medida en que estén contabilizados y no se vean afectados por ninguna especialidad fiscal, forman parte de la base imponible en los períodos impositivos que correspondan.

• Si la revalorización no está amparada en una **norma legal o reglamentaria**, independientemente de que su importe se contabilice o no en la cuenta de pérdidas y ganancias, dicha revalorización no tiene ningún efecto fiscal:

- si se produce su **integración** en el resultado contable, al tiempo de determinar la base imponible debe efectuarse un ajuste negativo al resultado contable por dicho importe, para no gravarlo. Por otra parte, el nuevo valor contable del elemento no es asumido a efectos fiscales, por lo que los ingresos y gastos derivados de ese elemento deben ajustarse para determinar la base imponible, para que los mismos se determinen sobre el valor anterior a la revalorización, que es el que tiene dicho elemento a efectos del IS;
- si **no se produce su integración** en el resultado contable (se computa en una cuenta de reservas), para la determinación de la base imponible deben tenerse en cuenta los ingresos y gastos que se derivan del elemento revalorizado sin tener en cuenta dicha revalorización, lo cual exige practicar los ajustes extracontables que procedan.

Precisiones Las revalorizaciones contables no incluidas en la base imponible por haberse realizado sin amparo legal exigen al contribuyente cumplir unas determinadas **obligaciones formales**. Así, se exige mencionar en la memoria de las cuentas anuales el importe de la revalorización, los elementos afectados y el período o períodos impositivos en que se practicaron las revalorizaciones (LIS art.122).

Esta información debe aparecer en las memorias de todos y cada uno de los ejercicios en los que los elementos afectados por la revalorización estén en el patrimonio de la empresa.

El incumplimiento de esta obligación constituye una **infracción grave** sancionable con multa del 5% del importe de la revalorización practicada. Esta sanción se impone una sola vez, aunque se incumpla la obligación de información en más de un ejercicio. El **pago de la sanción** no da validez fiscal a la revalorización, es decir, el valor a efectos del IS de los elementos afectados es el que tenían con anterioridad a la realización de la revalorización.

La sanción puede **reducirse** en un 25%, por acuerdo o conformidad (LGT art.188.1 y 2).

Bienes y derechos no contabilizados o no declarados (LIS art.121) Se presume que no han sido declaradas rentas cuando el contribuyente: 7975

- tenga elementos patrimoniales **no registrados** en sus libros de contabilidad; o
- haya registrado en su contabilidad **deudas inexistentes**.

En estos casos se presume que el **importe de la renta no declarada** es el valor de adquisición de los bienes o derechos no registrados en la contabilidad, minorado en el importe de las deudas contraídas para financiar esa adquisición que igualmente no estén contabilizadas, sin que el importe neto pueda resultar negativo.

El importe de esta renta se imputa al **período impositivo más antiguo** de entre los no prescritos, salvo que el contribuyente pruebe que corresponde a otros períodos diferentes, en cuyo caso se imputa a estos siempre que no estén prescritos. No obstante, si hay pagos igualmente no declarados, el importe de la renta correspondiente a este pago se imputa al período impositivo posterior en el que se haya efectuado el pago.

Precisiones **1)** La presunción de renta no declarada alcanza igualmente al caso de **ocultación parcial del valor** de adquisición de un elemento.

2) La **simple posesión** de los elementos basta para presumir que los no registrados en contabilidad son propiedad del contribuyente.

3) El **valor de adquisición** de los elementos ocultos se determina aplicando las reglas de valoración de la LGT o bien a través de los documentos justificativos de la adquisición. La **renta** a integrar en la base imponible es el valor de adquisición del activo y no su valor económico en el momento de su integración, aunque a efectos contables deban reconocerse también las amortizaciones acumuladas, las cuales no serían fiscalmente deducibles.

4) En cuanto se proceda a la **incorporación** en la base imponible del valor de adquisición de los elementos ocultados, dicho valor es válido a efectos fiscales.

Operaciones vinculadas (LIS art.18; PGC NRV 21ª) Para la norma fiscal no resulta intrascendente que entre las partes intervinientes en una operación del tráfico económico medien o no relaciones de dependencia o vinculación. La búsqueda de ahorros fiscales ilícitos o de ventajas distorsionadoras de las condiciones que deben presidir un mercado de libre competencia aconseja que, en caso de operaciones entre partes que se consideran vinculadas, se prescinda del valor contable atribuido por las mismas, ateniéndose al valor señalado por la norma fiscal. Este es el **precio de mercado** que, en circunstancias normales, se acordaría entre entidades independientes. 7977

A efectos contables, las operaciones entre entidades de un **mismo grupo** deben valorarse por su valor razonable, coincidente con el valor de mercado a efectos fiscales. Este mismo criterio se aplica con carácter general en cualquier operación, aunque no sea realizada entre entidades de un mismo grupo.
Si el valor pactado es diferente al de mercado hay una **operación híbrida**, en la que la operación principal debe registrarse por su valor de mercado y, además, la operación secundaria debe contabilizarse atendiendo al fondo económico. Por tanto, se debe entender que el valor contabilizado se corresponde con el valor de mercado y, en consecuencia, la entidad no puede considerar que, a efectos fiscales, el valor de mercado es diferente al contabilizado, dado que el valor de mercado es único a todos los efectos. No obstante, la determinación de dicho valor de mercado por parte de la Administración tributaria puede diferir del determinado por las partes, lo cual obligaría a corregir la **valoración** convenida entre las partes en estos supuestos. La corrección de valor la realiza, en todo caso, la Administración tributaria y no los propios contribuyentes.
Las normas sobre operaciones vinculadas tratan de evitar que mediante el uso de precios distintos a los de mercado se transfieran rentas de una entidad a otra que, por regla general, tienen como resultado práctico **minorar o diferir la tributación** del IS correspondiente a las partes afectadas por la vinculación.

7980 **Entidad vinculada** (LIS art.18.2; LIRNR art.15.2) Para aplicar la valoración de determinadas operaciones por precios de mercado es necesaria la existencia de vinculación entre las partes que intervienen en la operación. A estos efectos se consideran personas o entidades vinculadas, las siguientes:
• Una **entidad y sus socios** o partícipes. En esta relación la vinculación aparece cuando el porcentaje de participación poseído es igual o superior al 25%.
Por debajo de estas participaciones las relaciones entre la entidad y sus socios o partícipes se consideran como no vinculadas a todos los efectos.
• Una entidad y sus **consejeros o administradores**, de hecho o de derecho, salvo en lo correspondiente a la retribución por el ejercicio de sus funciones, es decir, no hay vinculación en lo que se refiere a la prestación del servicio propio de administración de la entidad, o bien es la entidad la que presta o entrega al administrador bienes o servicios.
Sí hay vinculación cuando el administrador entrega bienes o presta servicios a la entidad por cualquier otra actividad.
• Una entidad y los **cónyuges, o personas unidas por relaciones de parentesco** de los socios, partícipes, consejeros y administradores, en línea directa o colateral, consanguínea o por afinidad, hasta el tercer grado.
• **Dos entidades** que reúnan las circunstancias para formar parte del mismo **grupo**, esto es, cuando una entidad ostente o pueda ostentar el control de otra u otras según los criterios establecidos para formar grupo mercantil, con independencia de la residencia de las entidades que forman el grupo y de la obligación de formular cuentas anuales consolidadas. En definitiva, todas las entidades integrantes del mismo grupo mercantil, tengan o no relación entre sí de participaciones en el capital de las otras entidades, se consideran vinculadas, cualquiera que sea su lugar de residencia.
A efectos de las entidades que integran el grupo, no forman parte del mismo las sociedades multigrupo ni las asociadas, pero sí aquellas otras que están excluidas del grupo de consolidación contable por alguna excepción.
• Una **entidad y los consejeros** o administradores **de otra entidad**, cuando ambas forman parte del **mismo grupo**. Por el contrario, no hay vinculación entre una entidad y los socios o partícipes de otra entidad, aunque ambas formen parte de un mismo grupo mercantil.
• Una **entidad y otra participada** por la primera indirectamente en, al menos, el 25% de su capital social.
• **Dos entidades** en las que los **mismos socios** o partícipes o sus cónyuges, o personas unidas por relaciones de parentesco en línea directa o colateral, consanguínea o por afinidad, hasta el tercer grado, participen, directa o indirectamente en, al menos, el 25% del capital social.
• Entidad residente en **España** y sus **establecimientos permanentes** en el extranjero.
• Establecimiento permanente situado en territorio español con su **casa central**, con otros establecimientos permanentes de la mencionada casa central y con otras personas o entidades vinculadas a la casa central o sus establecimientos permanentes, ya estén situados en territorio español o en el extranjero.

Precisiones **1)** Las operaciones entre una **cooperativa** y sus socios en el desarrollo de sus fines sociales se computan por su valor de mercado, con determinadas excepciones. Se trata de una norma de valoración imperativa, por lo que los socios deben ajustar sus resultados contables a los que hubiesen resultado de operar a precios de mercado cuando tengan que determinar sus bases imponibles.

2) Existe vinculación entre una **fundación** y sus fundadores si la aportación en la dotación fundacional supone al menos el 5% de la misma -actualmente 25%- (DGT CV 10-6-05).
Respecto a la relación entre la fundación y las asociaciones fundadoras solo existe vinculación cuando la fundadora sea a su vez miembro del **patronato**, pues se equipara a la vinculación entre la entidad y sus administradores. La asociación fundadora no integrada en el patronato y la fundación no constituyen un grupo (DGT CV 15-3-11).
3) Una sociedad participada por dos **hermanos** y otra participada por un cuñado son vinculadas (DGT CV 16-12-08).
4) Cuando una persona es **usufructuaria** de unas acciones, correspondiendo la nuda propiedad a sus hijos y siendo su mujer titular en plena propiedad de las restantes acciones y administradora única de la entidad, la vinculación entre el usufructuario y la sociedad deriva de su condición de cónyuge de la administradora única y pariente de socios vinculados con la sociedad (DGT CV 28-1-11).

Corrección de la valoración (LIS art.18.1) La normativa del IS impone el criterio de **valor de mercado** como regla de valoración de las operaciones realizadas entre partes vinculadas, es decir, se aplica el mismo criterio que establece la norma contable, por lo que si las partes operan y contabilizan una operación por importes diferentes a los de mercado, la **corrección** de los valores pactados entre partes vinculadas no es automática. Así, no son los propios contribuyentes quienes deben modificar sus resultados contables para adaptarlos a los valores de mercado por las operaciones vinculadas en las que participan (siempre que la operación principal no se haya contabilizado por su valor razonable), ya que se entiende que el valor pactado responde al de mercado. De modificar en la **declaración del IS** a efectos fiscales el valor pactado en la operación realizada con otra entidad vinculada, sería una manifestación del contribuyente de que no se respetan los criterios del PGC, pues se estaría reconociendo que se realiza una operación por un valor diferente al de mercado. Por tanto, lo normal es que sea la Administración tributaria quien modifique el valor pactado cuando determine que es diferente al valor de mercado. Solo sería posible que la propia entidad realice ajustes al resultado contable cuando no sea posible determinar un valor razonable fiable, de acuerdo con los principios del PGC pero, sin embargo, haya que aplicar alguno de los métodos de determinación del valor de mercado y del mismo resulte un valor diferente al pactado. La corrección de valor puede tener lugar con independencia de que de los precios pactados por las partes se derive o no un **perjuicio económico** para la Hacienda Pública. No obstante, en la práctica lo lógico es que la corrección de valor tenga lugar cuando se manifieste dicho perjuicio, bien porque se produce una disminución de la carga tributaria en España, bien un diferimiento de la tributación respecto de la que hubiese resultado de operar a valores de mercado, teniendo en cuenta el conjunto de personas o entidades vinculadas. 7983
La **comprobación** del valor de mercado y, en su caso, la corrección de valor se efectúa por la Administración tributaria con la documentación aportada por el contribuyente y los datos e información de que dispone.

6. Imputación temporal de ingresos y gastos

Criterio general (LIS art.11.1) La base imponible se define como el importe de la renta obtenida en el período de imposición. Dicha renta se determina a partir del **resultado contable**, el cual se calcula por diferencia entre ingresos y gastos. De ahí la importancia de determinar el **período** al que deben imputarse las partidas positivas y negativas que constituyen los ingresos y gastos. 7985
Del concepto de base imponible se desprende uno de los principios del IS, la **independencia de períodos impositivos** -con la excepción de la posible compensación de bases imponibles negativas procedentes de ejercicios anteriores, en cuya virtud se delimita el espacio temporal en el que debe medirse la renta obtenida por la empresa, siendo el período impositivo la unidad de medida temporal.
Como regla general la norma fiscal establece como criterio de imputación de los ingresos y gastos el del **devengo**. Conforme a él, los ingresos y gastos derivados de las transacciones o hechos económicos se imputan al período impositivo en que se producen, con independencia del momento en el que tenga lugar la corriente monetaria o financiera -momento en que se realizan los cobros o pagos- teniéndose en cuenta que el devengo está asociado a la corriente real de los bienes y servicios que los ingresos y gastos representan.
No obstante lo anterior, en algunas de las adaptaciones sectoriales al PGC se establecen matizaciones a este principio debido a la especialidad de la actividad.
La norma fiscal complementa el principio del devengo con el de **correlación de ingresos y gastos**, según el cual, el resultado del ejercicio está constituido por los ingresos del período

menos los gastos del mismo realizados para la obtención de aquellos, así como los beneficios y quebrantos no relacionados claramente con la actividad de la empresa.
Los ingresos y gastos devengados en el ejercicio, no imputables en resultados sino en **patrimonio neto** como consecuencia de la aplicación del valor razonable, no se integran en la base imponible.

Precisiones **1)** En el IS no se adopta, como en IRPF, la **exigibilidad** como criterio de imputación de ingresos y gastos.
2) La **variación del criterio de imputación** temporal permitida por la normativa contable aplicable y basada en el principio de devengo tiene plenos efectos fiscales (DGT CV 19-7-06).
3) La **indemnización establecida judicialmente** solo tiene efectos en la base imponible cuando la sentencia que la fija sea firme (DGT CV 11-9-14), con independencia de su exigibilidad (DGT CV 19-11-21).
4) La **rectificación a la baja** de las cuotas de IVA repercutidas implica unos mayores ingresos de ejercicios anteriores que deben imputarse en los períodos impositivos de su devengo y no en el de su registro contable (DGT CV 15-1-09).

7987 **Criterios especiales** (LIS art.11) Los contribuyentes pueden utilizar -sin que altere su calificación fiscal- criterios de imputación distintos al de devengo de los ingresos y gastos, en función de dos **motivos**:
• Porque la propia **norma fiscal** establezca la posibilidad de aplicar criterios particulares de imputación (nº 4365 Memento Fiscal 2024).
• Por **voluntad** del contribuyente, siempre que cumpla los siguientes **requisitos**:
- cuando otro criterio de imputación distinto al del devengo permita conseguir la verdadera imagen fiel del patrimonio, de la situación financiera y de los resultados de la empresa, de acuerdo con la excepción a la utilización del principio de devengo contenida en la normativa mercantil (CCom art.34.4 y 38.i);
- que los ingresos y gastos se contabilicen según el criterio de imputación adoptado diferente al de devengo; y
- que la Administración tributaria apruebe la eficacia fiscal de los criterios de imputación utilizados en contabilidad.

Precisiones Un **informe especial de auditoría** en el que se concluya que existen motivos suficientemente excepcionales para que se pueda aplicar un criterio de imputación temporal de ingresos y gastos diferente del de devengo no tiene eficacia fiscal si no se aprueba por la Administración tributaria (DGT CV 15-3-12).

7990 **Aprobación** (LIS art.11.2; RIS art.1 y 2) Los contribuyentes que contablemente registren sus ingresos y gastos por algún criterio de imputación diferente al devengo deben **solicitar su aprobación** ante la Administración tributaria, a efectos de que su resultado contable pueda tomarse para determinar la base imponible y tenga eficacia fiscal.
La **solicitud** debe contener información sobre los ingresos y gastos a los que afecta, descripción del criterio de imputación temporal cuya eficacia fiscal se solicita, justificación de su adecuación y su incidencia fiscal.
El **plazo de presentación** de la solicitud es como mínimo los 6 meses previos a la conclusión del primer período impositivo en el cual se quiere que tenga efectos.
Antes de la redacción de la propuesta de resolución, se ha de poner de manifiesto el expediente al contribuyente, el cual dispone de un plazo de 15 días para formular las **alegaciones** y presentar los documentos y justificantes que estime pertinentes.
El acto administrativo que desestime el criterio solicitado puede ser objeto de **impugnación** en vía económico-administrativa, siendo potestativo el recurso de reposición.
La Administración dispone de un plazo para su **resolución** de 6 meses contados desde la fecha en que la solicitud haya tenido entrada en cualquiera de los registros del órgano administrativo competente, o desde la fecha de subsanación de la solicitud a requerimiento de la Administración. Transcurrido dicho plazo sin resolución expresa, el criterio propuesto por el contribuyente se entiende aprobado.

Precisiones **1)** El criterio de imputación **afecta** a los ingresos y gastos, no a las rentas.
2) La imputación propuesta por el contribuyente puede referirse **solo a algunos ingresos y gastos**, sin necesidad de que afecte a todos. El criterio de imputación puede implicar en su aplicación un diferimiento de la tributación, pero nunca una tributación inferior a la que resulte del criterio del devengo.
3) La imputación por criterio distinto al del devengo debe considerarse de forma restrictiva por la Administración tributaria. Es apropiada la **denegación** cuando no se acrediten las circunstancias que justifiquen la aplicación excepcional del criterio de caja (TEAC 18-12-98).
4) El **cómputo** del plazo debe comenzar desde la fecha de entrada de la solicitud en cualquier órgano administrativo competente, aunque no sea el encargado de su resolución (AN 16-12-10, EDJ 265944; TS 28-11-12, EDJ 306234).

Incidencia de la contabilización (LIS art.11.3) Dada la coincidencia entre la normativa del IS y la norma contable en el criterio de imputación (devengo), en principio no debería producirse diferencia alguna entre resultado contable y fiscal por motivo de imputación de ingresos y gastos. 7993

No obstante, en determinados casos, aunque la entidad respete escrupulosamente el principio de devengo contabilizando los ingresos y gastos de acuerdo con el mismo, el IS establece **criterios especiales** de imputación de determinados ingresos y gastos en la base imponible.

En otros casos la entidad puede realizar una **contabilización errónea** de un ingreso o gasto en un ejercicio diferente al de su devengo, aunque no exista en el IS precepto alguno que establezca un criterio de imputación diferente al del devengo.

En estos casos, dado que la empresa está obligada a registrar sus operaciones por los criterios establecidos en el PGC, la **coordinación** entre ambos órdenes -contable y fiscal- se plasma en reglas en función de que la contabilización haya sido correcta o errónea.

Precisiones Respecto a los **cambios en criterios y estimaciones contables**, ver nº 4450 s. Memento Fiscal 2024.

Contabilización correcta (LIS art.11.3) Aun contabilizando de forma correcta los ingresos y gastos según el principio de devengo, pueden surgir **diferencias de imputación** entre la norma contable y la fiscal, al existir en esta última criterios de imputación diferentes a los establecidos en el PGC, que afecten tanto a los gastos como a los ingresos, ya sea por su anticipación o por su diferimiento. 7995

• **Anticipación de gastos** (LIS art.11.3.1º). Excepcionalmente el IS admite imputar en la base imponible gastos que no están contabilizados en el ejercicio, ya que se devengarán en otro posterior. La corriente fiscal del gasto se anticipa a la corriente contable del mismo, lo cual supone un efecto práctico de **diferimiento del IS**, estando recogido este efecto en la contabilidad a través de la cuenta de Pasivos por diferencias temporarias imponibles (PGC cuenta 479).

Si el gasto se computa fiscalmente antes de su registro contable, en el **ejercicio de su imputación fiscal**, para determinar la base imponible debe realizarse un ajuste negativo al resultado contable. Por el contrario, en el **ejercicio de su contabilización** según el criterio de devengo, se realiza un ajuste positivo al resultado contable al tiempo de determinar la base imponible, ya que fiscalmente ya se integró en la base imponible en un período impositivo anterior.

Este criterio de imputación representa una excepción al principio de **inscripción contable**, por el cual no son fiscalmente deducibles los gastos que no se hayan contabilizado en la cuenta de pérdidas y ganancias, o bien en una cuenta de reservas si así lo estableciese una norma legal o reglamentaria.

El IS contiene **excepciones** a este principio de registro contable, en las que son deducibles gastos no contabilizados, básicamente referidos a la libertad de amortización y la amortización acelerada. Son ejemplos, entre otros:

- las cuotas de **arrendamiento financiero**, por la parte representativa de la recuperación del coste del bien en la medida en que el elemento objeto del contrato sea amortizable;
- las cuotas correspondientes a **sistemas de amortización** admitidos a efectos del impuesto que exceptúen el requisito de efectividad, como es el método de libertad de amortización para determinados elementos y la amortización del inmovilizado material nuevo para las empresas de reducida dimensión (nº 3532 s. y nº 6658 s. Memento Fiscal 2024).

• **Diferimiento de gastos** (LIS art.11.3.1º) Es el caso de un gasto computado contablemente en el ejercicio según el criterio de devengo, pero que, a efectos fiscales, se integra en la base imponible en un ejercicio posterior. Se traduce en una **anticipación del IS**, recogiéndose este efecto en la contabilidad por medio de la cuenta de Activos por diferencias temporarias deducibles (PGC cuenta 4740). 7997

Si el gasto se computa contablemente antes de su imputación fiscal, en el **ejercicio de su contabilización** debe efectuarse un ajuste positivo al resultado contable para determinar la base imponible. Por el contrario, en el **ejercicio de imputación fiscal** del gasto a la base imponible, dado que el gasto no consta en el resultado contable, debe practicarse un ajuste negativo para determinar la base imponible.

En este caso se cumple el requisito de la inscripción contable necesario para que el gasto sea deducible. Aunque no esté contabilizado en el ejercicio al que se imputa a efectos fiscales, sin embargo, se contabilizó en la cuenta de pérdidas y ganancias de un ejercicio anterior.

Algunos supuestos donde la corriente del gasto fiscal es posterior a la corriente del gasto contable son, entre otros, la dotación de **pérdidas por deterioro y provisiones** contables en exceso sobre las fiscalmente deducibles, así como la dotación de **excesos** de amortizaciones sobre las fiscalmente admisibles.

8000 • **Anticipación de ingresos** (LIS art.11.3.1º). De forma excepcional el IS imputa a la base imponible ingresos que no están contabilizados en el ejercicio, dado que se devengarán en otro posterior, es decir, la imputación fiscal del ingreso se anticipa a la imputación contable, lo que supone una **anticipación del IS**, recogiéndose este efecto en la contabilidad a través de la cuenta Activos por diferencias temporarias deducibles (PGC cuenta 4740).
Es el caso en el que la corriente del ingreso fiscal es anterior a su corriente contable se presenta en la **recuperación de valor** de elementos recomprados o adquiridos por una entidad vinculada, cuando en la primera transmisión se produce una renta negativa o bien con anterioridad se produjo una corrección del valor de aquel elemento, o de adquisiciones de bienes a título gratuito o cuando dichos bienes se valoran a efectos fiscales por su valor de mercado, superior a su valor fiscal.
Si el ingreso se imputa fiscalmente antes de su cómputo contable, en el **ejercicio de imputación fiscal**, para determinar la base imponible debe realizarse un ajuste positivo al resultado contable. Por contra, en el **ejercicio de contabilización** del ingreso según el criterio de devengo, se debe realizar un ajuste negativo al resultado contable al objeto de determinar la base imponible, dado que ese ingreso ya se integró en la base imponible de un período impositivo anterior.

8003 • **Diferimiento de ingresos** (LIS art.11.3.1º). Es el caso de un ingreso contabilizado en el ejercicio según el criterio de devengo, pero que, a efectos fiscales, se integra en la base imponible en un ejercicio posterior, lo que supone un **diferimiento del IS**, recogiéndose este efecto en la contabilidad en la cuenta Pasivos por diferencias temporarias imponibles (PGC cuenta 479).
Dado que el ingreso se computa contablemente antes de su imputación fiscal, en el **ejercicio de su contabilización** debe efectuarse un ajuste negativo al resultado contable para determinar la base imponible y, por el contrario, en el **ejercicio de imputación fiscal** del ingreso a la base imponible, en la medida en que ese ingreso no forma parte del resultado contable, debe efectuarse un ajuste positivo para determinar la base imponible.
El diferimiento de ingresos se manifiesta en las operaciones a plazo o con **precio aplazado**.

8005 **Contabilización errónea** (LIS art.11.3.1º) La contabilización de forma incorrecta de los ingresos y gastos puede provocar que surjan diferencias de imputación entre la norma contable y la fiscal que afecten tanto a los gastos como a los ingresos, ya sea por su anticipación o por su diferimiento. Con **carácter general** se establece que los ingresos y los gastos imputados contablemente en la cuenta de pérdidas y ganancias o en una cuenta de reservas en un período impositivo distinto de aquel en el que proceda su imputación temporal se deben imputar en el período impositivo que corresponda en función del criterio de devengo.
• **Anticipación de gastos** (LIS art.11.3.1º). En los casos en los que la entidad haya contabilizado gastos en un ejercicio anterior al que corresponde según el criterio de devengo, y ese gasto se hubiese imputado en la base imponible del ejercicio en que se contabilizó, el error puede ser detectado por el propio contribuyente o bien por la Administración tributaria en fase de comprobación de la empresa.
Si es el propio **contribuyente** quien regulariza su situación tributaria debe presentar una declaración complementaria por el período en que computó un gasto aún no devengado, aumentando la base imponible en el importe del gasto no deducible, excepto que esté prescrito ese período impositivo.
Por el contrario, en el ejercicio en que se devenga, el gasto debe integrarse en la base imponible, aunque no esté contabilizado en dicho ejercicio, ya que se cumple el requisito de la inscripción contable, pues fue contabilizado en un ejercicio anterior al de su devengo.
Si el error se detecta **en el propio ejercicio** al que corresponde según devengo, para determinar su base imponible debe efectuarse un ajuste negativo al resultado contable por el importe del gasto. No obstante, a efectos contables puede corregirse el error abonando a reservas el importe del gasto no devengado y registrando el gasto en resultados en el propio ejercicio en que se devengue, en cuyo caso no es necesario realizar ese ajuste negativo al estar contabilizado el gasto en el ejercicio correcto.
Si ya se hubiese presentado la declaración del IS, procede instar la devolución de ingresos indebidos.
En el supuesto de que el error contable sea detectado por la **Administración** en fase de comprobación, la regularización de la situación tributaria se formaliza a través de actas de inspección.

8007 • **Diferimiento de gastos** (LIS art.11.3.1º). Ocurre cuando el gasto se contabiliza en un ejercicio posterior al que realmente se devengó. Dado que los ingresos y gastos deben imputarse al período en que se devengan y que los gastos no son deducibles en tanto no se hayan contabilizado, si el error es detectado por el **contribuyente**, debe instar la rectificación de su declaración del ejercicio en que el gasto se devengó solicitando, en su caso, la devolución de ingresos

indebidos, si este ejercicio no está prescrito. Por el contrario, en el **ejercicio de contabilización** del gasto y en el que, por tanto, forma parte del resultado contable, debe realizarse un ajuste positivo por el importe del gasto no deducible en ese ejercicio, al objeto de determinar su base imponible. Sin embargo, a efectos contables puede corregirse el error cargando a reservas el importe del gasto devengado en un ejercicio anterior, en cuyo caso no es necesario realizar ese ajuste positivo al no estar contabilizado el gasto en el resultado contable.
No obstante, la norma fiscal contempla una **excepción** al criterio de imputación del devengo admitiendo la deducibilidad fiscal del gasto en el propio ejercicio en que se contabiliza siempre que de este criterio de imputación no resulte una tributación inferior a la que hubiese resultado de aplicar el criterio del devengo. De acuerdo con esta regla, si estuviese prescrito el ejercicio al que corresponde el gasto según devengo, la deducibilidad del gasto en el ejercicio en que se contabiliza supondría una tributación inferior a la resultante de aplicar el principio de devengo. Por tanto, no se puede admitir la deducción fiscal del gasto en el ejercicio en que se contabiliza (ajuste positivo al resultado contable) ni en el ejercicio en que se devengó, al estar prescrito.

• **Anticipación de ingresos** (LIS art.11.3.1º). Si se ha contabilizado un ingreso en un ejercicio anterior al que corresponde según devengo, habiéndose integrado en la base imponible de dicho ejercicio y el error contable fuese detectado posteriormente por el **contribuyente**, en la medida en que los ingresos deben imputarse al período en que se devengan, la regularización de la situación tributaria implica instar la rectificación de la declaración del IS correspondiente al período impositivo en que se incluyó el ingreso en la base imponible para excluirlo de dicha declaración, que podría desembocar en una devolución de ingresos. **8010**
Por otro lado, en el **ejercicio de imputación fiscal** según el criterio de devengo, aunque el ingreso no esté contabilizado en el mismo, debe integrarse en su base imponible mediante un ajuste positivo al resultado contable. No obstante, a efectos contables puede corregirse el error cargando a reservas el importe del ingreso no devengado y registrando dicho ingreso en resultados en el propio ejercicio en que se devengue, en cuyo caso no es necesario realizar ese ajuste positivo al estar contabilizado el ingreso en el ejercicio correcto.
Al igual que en el caso de diferimiento de gastos, para evitar los efectos que se desprenden de esta regularización, la norma fiscal recoge una **excepción** al principio del devengo al admitir la imputación fiscal del ingreso en el ejercicio en que se contabilizó siempre que de este criterio de imputación no resulte una tributación inferior a la que hubiese resultado de aplicar el devengo como criterio de imputación.
• **Diferimiento de ingresos** (LIS art.11.3.1º). En este caso el ingreso se contabiliza en un ejercicio posterior al que corresponde según el criterio de devengo.
Dado que los ingresos deben imputarse en la base imponible del período en que se devengan, si el error contable es detectado por el **contribuyente** en el ejercicio en que se contabiliza el ingreso, la regularización de su situación tributaria implica presentar una declaración complementaria del IS correspondiente al período impositivo en que se devengó el ingreso, incluyéndolo en la base de dicha declaración complementaria, salvo que esté prescrito este último período.
Por el contrario, en el ejercicio de **contabilización** del ingreso, dado que la base imponible se calcula a partir del resultado contable y el mismo se ha contabilizado infringiendo los criterios contables, dicho ingreso no puede formar parte de la base imponible, lo cual exige realizar un ajuste negativo al resultado contable para determinar la base imponible. Este ajuste negativo no procede si la corrección se realiza contablemente contra reservas.
Si el error en la imputación contable del ingreso fuese advertido por la **Administración** en una comprobación, la regularización de la situación tributaria se formaliza a través de las correspondientes actas de inspección.

Precisiones **1)** La contabilización **puede efectuarse** en la cuenta de pérdidas y ganancias o en una cuenta de reservas, siendo deducible en ambos casos.
2) Si con carácter general **se imputan de forma errónea** los ingresos y gastos del ejercicio, esta excepción no puede interpretarse de forma literal y aislada, y se debe aplicar el mismo principio a los ingresos y a los gastos para considerar la verdadera renta gravable del ejercicio (AN 18-4-17, EDJ 94912; TS 17-6-20, EDJ 582046).

7. Compensación de pérdidas

(LIS art.26)

Se conoce normalmente como compensación de pérdidas el derecho de los contribuyentes del impuesto a compensar la renta positiva obtenida en el ejercicio con las **bases imponibles negativas** de ejercicios anteriores que hayan sido objeto de autoliquidación por el contribuyente o de liquidación realizada por la Administración tributaria. **8015**

Finalizado el ejercicio, la base imponible del impuesto obtenida por la entidad puede tener diferente signo:
- si es **positiva**, se procede a liquidar el impuesto según su esquema liquidatorio (nº 7850);
- si es **negativa**, la entidad tiene derecho a su compensación con rentas positivas de períodos impositivos posteriores, incluso si proviene exclusivamente de ajustes fiscales o de rentas pasivas, y a la devolución de la totalidad de las retenciones e ingresos a cuenta soportados, y de los pagos fraccionados efectuados en el período impositivo.

Si bien la base imponible del impuesto está íntimamente relacionada con el resultado contable del ejercicio, no tiene necesariamente que coincidir con él. Con frecuencia la empresa obtiene resultados positivos que, posteriormente y debido a los **ajustes extracontables** (nº 7885 s.), proporcionan una base imponible negativa que genera el derecho a la compensación, pese a la inexistencia de pérdidas contables. Al contrario, resultados contables negativos pueden arrojar una base imponible positiva por idénticos motivos.

8018 Precisiones **1)** La compensación de bases imponibles negativas es **opcional** para el contribuyente (TEAC 4-4-17; DGT CV 17-9-18).

2) La **forma de realizar esta compensación** se analiza con detalle en el nº 4860 s. Memento Fiscal 2024.

8020 **Plazo de compensación** (LIS art.26.1 y disp.trans.21ª) Actualmente la base imponible negativa de un período impositivo puede ser compensada con las **rentas positivas** generadas en los períodos impositivos siguientes a aquel en que se originó, sin limitación temporal alguna. Este plazo ilimitado se aplica a las bases imponibles negativas que estuviesen pendientes de compensar al comienzo del primer período impositivo iniciado a partir del 1-1-2015, cualquiera que sea el período impositivo en el que se hubiesen generado tales bases imponibles negativas.

Dentro de este plazo indefinido el contribuyente puede optar por la compensación de las bases imponibles negativas en función de la mayor **eficiencia fiscal** que se desprenda de la compensación de las mismas, como podría ser que la entidad tenga deducciones en la cuota pendientes cuyo plazo estuviese cerca de su vencimiento o rentas bonificadas. En este caso es posible que sea más eficiente aplicar esas deducciones y no compensar las bases imponibles negativas.

8023 **Cuantía de la compensación** (LIS art.26.1 y 2) Aunque no se establezca un límite temporal para ejercitar el derecho a la compensación de las bases imponibles negativas pendientes, sin embargo, existe un **límite cuantitativo** por el cual se impide que se compense la totalidad de la renta positiva obtenida. De esta manera se evita que la base imponible del período impositivo sea nula. Por tanto, puede ocurrir que la base imponible a declarar sea positiva, aunque la entidad tenga bases imponibles negativas pendientes de aplicar por importe igual o superior a dicha base imponible positiva.

Así, con carácter general, el importe de la compensación con las rentas positivas de los períodos impositivos siguientes está **limitada** al 70% de la base imponible previa a la aplicación de la reserva de capitalización (nº 4775 s. Memento Fiscal 2024) y a la propia compensación de la base imponible negativa.

Por tanto, si el importe de la base imponible negativa excede del límite, la compensación es el importe de dicho límite, sin perjuicio de que el **exceso** no compensado pueda aplicarse en la liquidación de los períodos impositivos siguientes, respetando en todos estos períodos dicho límite. No obstante, existe un importe mínimo compensable de 1.000.000 euros, cualquiera que sea el importe que resulte de aplicar el porcentaje que corresponda a la base imponible positiva previa a la compensación.

Si la entidad integrase en la base imponible gastos procedentes de la regla especial de imputación de determinadas pérdidas por deterioro y provisiones que han generado **activos por impuesto diferido**, estos gastos se tienen en cuenta para calcular la base imponible previa sobre la que gira el porcentaje del 70% como límite de deducción.

8024 Precisiones **1)** La normativa regula varias **excepciones** a la aplicación de la limitación a la compensación de bases imponibles negativas, es decir, en los que se puede compensar la totalidad siempre que la base imponible previa a la compensación sea superior: importe mínimo de 1.000.000 euros; quitas y esperas; extinción de la entidad; entidades de nueva creación; y reversión de deterioros. Ver nº 4874 s. Memento Fiscal 2024.

2) Aunque se establece de forma general la posibilidad de compensar las bases imponibles negativas obtenidas por los contribuyentes bajo determinadas condiciones existe una **exclusión total** a la compensación esas bases imponibles negativas si con posterioridad a su generación se manifiesta en la entidad una modificación sustancial en la composición de sus accionistas (nº 4920 s. Memento Fiscal 2024).

3) Respecto a la **acreditación y la comprobación** por la Administración de las bases imponibles negativas, ver nº 4945 s. Memento Fiscal 2024.

8. Deuda tributaria

8025

a. Tipos de gravamen y cuota íntegra

Los tipos o porcentajes de gravamen establecidos inicialmente por la normativa del IS han sufrido algunas variaciones, tanto por las normas presupuestarias anuales (con vigencia exclusiva durante el ejercicio correspondiente), como por disposiciones de carácter general, reguladoras de la imposición de determinadas entidades. 8027

Tipos aplicables (LIS art.29; LO 8/2007 art.11; L 11/2009 art.9.1; L 28/2022 art.7) Los tipos de gravamen aplicables en el IS, para los ejercicios que se inicien dentro de los **años 2023 y 2024** se indican en el cuadro adjunto: 8030

Entidad	2023 y 2024 (%)
En general	25
Entidades de crédito	30
Entidades de reducida dimensión	25/23 (*)
Entidades de nueva creación	15
Empresas emergentes	15
Entidades de nueva creación	15
Cooperativas fiscalmente protegidas	20/25
Cooperativas de crédito	25
Cajas rurales	25
Mutuas de seguros generales	25
Mutualidades de previsión social	25
Sociedades de garantía recíproca (SGR)	25
Sociedades de reafianzamiento de SGR	25
Entidades parcialmente exentas	25
Partidos políticos	25
Comunidades titulares de montes vecinales en mano común	25
Entidades sin fines lucrativos (L 49/2002)	10
Sociedades y fondos de inversión	1
Fondos de Activos Bancarios	1
SOCIMI	0/15/19/25
Fondos de pensiones	0
Sociedades de hidrocarburos	30/25
Entidades ZEC	4
No residentes	-

(*) El tipo de gravamen de las **empresas de reducida dimensión** está condicionado por el importe neto de la cifra de negocios del período impositivo inmediato anterior (LIS art.29.1):
- inferior a 10 millones euros, pero igual o superior a 1 millón euros, aplican el tipo de gravamen general; e
- inferior a 1 millón euros (microempresas) aplican el 23% salvo que se trate de entidades patrimoniales, que tributan al tipo general.

8033 **Entidades de nueva creación** (LIS art.29.1, disp.trans.22ª.1 y disp.trans.34ª) Las empresas de nueva creación están sometidas al tipo de gravamen del 15%, siempre que cumplan con las siguientes **condiciones:**

• **Constitución**. Es necesario que la entidad se haya constituido a partir del 1-1-2015. No obstante, no tiene la consideración de entidad de nueva creación aquella que forme parte de un grupo mercantil, con independencia de la residencia y de la obligación de formular cuentas anuales consolidadas.

• **Actividad económica**. La entidad debe iniciar el desarrollo de actividades económicas, es decir, es necesaria la ordenación por cuenta propia de los medios de producción y de recursos humanos o de uno de ambos con la finalidad de intervenir en la producción o distribución de bienes o servicios. En el caso del **arrendamiento de inmuebles** la existencia de actividad económica requiere que la entidad disponga de los medios personales mínimos exigidos (nº 7863).

• **Tipo de gravamen**. El tipo reducido es aplicable en todo caso, excepto que, por lo previsto en la regulación general del tipo de gravamen de la LIS, la entidad deba tributar a un tipo de gravamen inferior pues, en este caso, se aplicaría ese otro tipo de gravamen inferior.

• **Ámbito temporal**. El tipo de gravamen reducido es aplicable exclusivamente al primer período impositivo en el que la entidad de nueva constitución tenga bases imponibles positivas, así como en el período impositivo siguiente.

Si en el período impositivo inmediato siguiente al primero en que tenga base imponible positiva, la entidad tuviese una **renta negativa**, parece que no puede aplazarse la aplicación del tipo reducido hasta el posterior período impositivo en que la base imponible sea positiva, lo cual puede hacer que la aplicación práctica de este incentivo no sea efectiva.

Precisiones Si una entidad constituida en un ejercicio, coincidente con el año natural, tributa en el mismo al 15%, y en el ejercicio inmediato siguiente cambia el ejercicio de forma que **concluye a la mitad del año** para comenzar otro ejercicio de 12 meses, el primer período impositivo que comience en ese ejercicio, al ser el segundo, puede aplicar el tipo reducido del 15%, pero no en el siguiente, al ser este último el tercer período impositivo, con independencia de que la duración de los dos primeros períodos no sea el año (DGT CV 12-8-19).

8034 **Empresas emergentes** (L 28/2022 art.3, 6 y 7) Con efectos para los períodos impositivos iniciados a partir del 23-12-2022, las entidades que tengan la condición de empresa emergente tributan al tipo del 15% en el **primer período impositivo** en que, teniendo dicha condición, la base imponible resulte positiva y en los tres siguientes, siempre que mantengan dicha condición en estos últimos períodos. Si en alguno de estos tres períodos impositivos siguientes la base imponible fuese negativa, no impediría que se tenga en cuenta a efectos del cómputo de tales tres períodos.

Dado que la condición de empresa emergente concluye a los 5 o 7 años desde su creación, si la entidad hubiese generado **bases imponibles negativas** en los primeros períodos desde su constitución, sería más eficiente posponer la compensación de tales bases imponibles negativas a períodos posteriores en los que la entidad no pueda aplicar este tipo de gravamen reducido por haber superado el referido plazo de aplicación de este régimen fiscal.

8035 **Cuota íntegra** (LIS art.30) La cuota íntegra es la cuantía resultante de aplicar el tipo de gravamen sobre la base imponible positiva obtenida por la entidad en el período impositivo. El resultado anterior puede ser:

- **positivo**, cuando así lo sea la base imponible; o
- **cero**, si la base imponible es cero o negativa.

Tratándose de entidades que tributen según el régimen fiscal de las **empresas de reducida dimensión**, la cuota íntegra es el resultado de aplicar el tipo de gravamen a la base imponible de estas entidades minorada o incrementada, según corresponda, por las cantidades derivadas de la aplicación de la reserva de nivelación.

8036 **Cuota líquida** (LIS art.30 bis) Sobre la cuota íntegra se aplican las bonificaciones y deducciones que procedan, de acuerdo con la normativa del IS, dando lugar a la cuota líquida del período que, en ningún caso, puede ser negativa.

8037 **Tributación mínima** (LIS art.30 bis) Con efectos para los períodos impositivos iniciados a partir del 1-1-2022, para determinados contribuyentes, el importe de la cuota líquida positiva que resulta de la liquidación ordinaria en el correspondiente período impositivo, no puede ser inferior a la cuantía que resulta de aplicar la **tributación mínima**:

• En **tributación individual** es aplicable a los contribuyentes cuyo importe neto de la cifra de negocios en los 12 meses anteriores a la fecha de inicio del período impositivo sea, al menos, de 20 millones de euros y, en todo caso, a los **grupos fiscales**, con independencia del importe neto de la cifra de negocios.

No obstante, este régimen **no es aplicable** a los siguientes contribuyentes:- entidades que tributan en el régimen fiscal de las entidades sin fines lucrativos, tributando al tipo del 10%;- Instituciones de Inversión Colectiva que tributan al tipo de gravamen del 1%;- Fondos de pensiones que tributan al tipo de gravamen del 0%; y- Sociedades Anónimas Cotizadas de Inversión en el Mercado Inmobiliario (SOCIMI).
Parece razonable entender que la exclusión de la tributación mínima solo alcanza a las SOCIMI que hayan optado por la aplicación del régimen fiscal especial, con independencia de que una parte de su base imponible pueda estar sujeta al tipo general de gravamen del 25%.
• La cuota líquida positiva resultante de la liquidación ordinaria del impuesto en el período impositivo, no puede ser inferior al resultado de aplicar el porcentaje del 15% a la base imponible, reducida o incrementada por la reserva de nivelación que corresponda para las empresas de reducida dimensión.A efectos de determinar esta base imponible, se tienen en cuenta todos los ajustes positivos y negativos al resultado contable que corresponda practicar en el período impositivo incluido, por tanto, el ajuste negativo por la aplicación de la Reserva para inversiones en Canarias y el de la Reservas por Inversiones en Illes Balears y la compensación de bases imponibles negativas.El referido porcentaje es del:- 10%, cuando se trate de contribuyentes de nueva creación que tributan al tipo de gravamen del 15%;- 18%, cuando se trate de entidades de crédito o entidades que se dediquen a la exploración, investigación y explotación de yacimientos y almacenamiento subterráneos de hidrocarburos, que tributan el tipo de gravamen del 30%.La cuota que resulte de aplicar el porcentaje que corresponda a la base imponible, tiene la consideración de cuota líquida mínima.

Precisiones Un **estudio detallado** de la tributación mínima se encuentra en el nº 4981 Memento Fiscal 2024.

b. Deducciones y bonificaciones sobre la cuota íntegra

Una vez calculada la cuota íntegra del impuesto, ha de continuarse su liquidación mediante la aplicación de las deducciones, bonificaciones, retenciones, pagos fraccionados e ingresos a cuenta del mismo (nº 7850). **8040**
El resultado del proceso anterior es la cantidad líquida a ingresar o a devolver del período impositivo.
La normativa del IS no establece la obligación de seguir un orden en la aplicación de las deducciones sobre la cuota íntegra. No obstante, la secuencia natural de las mismas es la siguiente:
1. Deducción para evitar la **doble imposición interna** de fuente interna procedente de períodos impositivos iniciados antes del 1-1-2015 o generadas en períodos impositivos iniciados a partir de esa fecha por aplicación del régimen transitorio. Con la normativa vigente, las deducciones por doble imposición solo se pueden diferir si no resultan aplicables por insuficiencia de cuota (DGT CV 10-11-16).
2. Deducción para evitar la **doble imposición jurídica internacional**.
3. Deducción para evitar la **doble imposición económica internacional** sobre los dividendos distribuidos por entidades no residentes.
4. **Bonificaciones** que, en su caso, correspondan a la entidad. Cuando la entidad tenga rentas negativas junto con dividendos y rentas bonificadas, es más ventajoso practicar en primer lugar las bonificaciones.
5. Deducción para incentivar la realización de determinadas **actividades**. Estas deducciones siempre se practican después de las deducciones anteriores.
6. **Retenciones** soportadas, ingresos a cuenta y pagos fraccionados realizados por la entidad.
7. **Regularización** de incentivos fiscales indebidamente disfrutados en ejercicios anteriores.
En ningún caso pueden resultar **negativas** las diferencias obtenidas al aplicar a la cuota íntegra las deducciones que correspondan de las señaladas en los números 1 a 5 anteriores. Esto significa que, si en el proceso liquidatorio se diera esta circunstancia, automáticamente el valor de la diferencia sería cero, siguiéndose el proceso en el número 6, a partir del cual sí se pueden obtener cantidades negativas, lo cual implica que la entidad tiene derecho a devolución.

Precisiones Un **estudio pormenorizado** de estas deducciones y bonificaciones puede encontrarse en el nº 5000 s. Memento Fiscal 2024. **8041**

c. Líquido a ingresar o a devolver

La **cuota líquida** del ejercicio, minorada por las retenciones e ingresos a cuenta, da lugar a la cuota del ejercicio a ingresar o devolver. **8045**
La **cuota diferencial** se obtiene restando de la cuota del ejercicio a ingresar o devolver los pagos fraccionados realizados por la entidad. Por último, la adición sobre la cuota diferencial

de los incrementos por pérdida de incentivos fiscales aplicados en ejercicios anteriores, tales como deducción por reinversión, deducción por inversiones en determinadas actividades, etc., y los intereses de demora correspondientes, determina el importe del líquido a ingresar o a devolver a la empresa, según sea positivo o negativo respectivamente.

8047 **Regularización de incentivos fiscales** (LIS art.125.3) En determinados casos la normativa del IS cuando establece algún incentivo fiscal dispone las condiciones para su disfrute y los efectos de su incumplimiento, regulando de forma expresa el modo de regularizar la situación fiscal (por ejemplo, en la falta de reinversión por entidades parcialmente exentas), mientras que en otros supuestos no efectúa tal regulación.

Así, se establece una **norma general** que dispone que el derecho a disfrutar de exenciones, deducciones o cualquier incentivo fiscal en la base imponible o en la cuota íntegra está condicionado al cumplimiento de los requisitos exigidos en la normativa aplicable. Si con posterioridad a la aplicación del beneficio fiscal se produce la pérdida del derecho a disfrutarlo, el contribuyente debe regularizar la situación tributaria, para lo cual debe ingresar, junto con la cuota del período impositivo en el que tiene lugar el incumplimiento de los requisitos exigidos, la cuota íntegra o cantidad deducida correspondiente al beneficio fiscal aplicado en períodos anteriores, además de los intereses de demora que procedan.

La regularización no se realiza mediante la presentación de una declaración complementaria del período impositivo en el que se disfrutó del beneficio fiscal, sino que se realiza en la propia autoliquidación del período en el que tiene lugar el incumplimiento de los requisitos.

8050 Según que el beneficio fiscal disfrutado haya tenido efectos a nivel de la cuota o de la base imponible, la **forma de regularizar** es la siguiente:

• Beneficio fiscal **a nivel de cuota íntegra**. Al líquido resultante de la liquidación del período en que tiene lugar la pérdida del derecho al beneficio fiscal se adiciona el importe de la cantidad deducida en el período impositivo anterior en el que se practicó la deducción, más los intereses de demora que correspondan.

• Beneficio fiscal **a nivel de base imponible**. Se realiza en primer lugar la liquidación del período impositivo en el que tiene lugar la pérdida del derecho al beneficio fiscal. Al líquido que resulte se adiciona la parte de cuota íntegra que corresponda a la renta no integrada en la base imponible (aplicando el tipo de gravamen vigente en el período impositivo en que la renta no se integró en la base imponible) o ajuste fiscal practicado a la misma por el disfrute indebido del incentivo fiscal, más los intereses de demora. El resultado de la adición es el líquido a ingresar o a devolver de la liquidación definitiva.

Precisiones La regularización de deducciones por **circunstancias sobrevenidas** y sin que haya mediado ningún tipo de culpa o negligencia (por ejemplo, la percepción de una subvención a posteriori) debe efectuarse en la autoliquidación del ejercicio en el que se produce el incumplimiento, con los correspondientes intereses de demora, y no mediante declaración complementaria (DGT CV 25-6-07).

9. Pagos fraccionados

8055

8057 La normativa del IS considera **deducibles** de la cuota líquida los siguientes pagos a cuenta:
- las retenciones en el caso de rentas satisfechas en metálico;
- los ingresos a cuenta en el caso de rentas satisfechas o abonadas en especie; y
- los pagos fraccionados.

En los dos primeros casos los pagos a cuenta son soportados, es decir, de las rentas que percibe la entidad arrendadora se detraen unas cantidades que se ingresan a la Hacienda Pública, y posteriormente en la autoliquidación del impuesto se pueden deducir. Siendo por tanto del arrendatario la **obligación de retener e ingresar a cuenta** (nº 8850).

En el caso de los pagos fraccionados es la propia entidad arrendadora la que está obligada a realizar su cálculo e ingreso, para posteriormente deducírselo en la autoliquidación que presente.

El sistema de pagos fraccionados está establecido como una forma de periodificación anticipada del impuesto. Su importe se acumula al de las retenciones efectivamente soportadas e ingresos a cuenta para el cálculo de la cuota a ingresar o a devolver por el impuesto.

Los pagos fraccionados tienen la consideración de **deuda tributaria** a efectos de la aplicación de las disposiciones sobre infracciones y sanciones y sobre liquidación de intereses de demora.

a. Entidades obligadas al pago fraccionado

(LIS art.40.1 y disp.adic.14ª)

Con **carácter general** están obligadas a efectuar el pago por alguno de los procedimientos establecidos en la normativa, y siempre que resulte cantidad a ingresar, las entidades residentes en España. 8060

Las sociedades en período de **liquidación** están obligadas a efectuar los pagos a cuenta, ya que conservan su personalidad jurídica mientras la liquidación se realiza, por lo que mantienen su condición de contribuyente del IS y están sujetas a sus normas (TEAC unif criterio 31-10-02). Igualmente procede efectuar los correspondientes pagos a cuenta, aunque la sociedad hubiera cesado en su actividad, siempre que, en el ejercicio anterior, que sirve de base para determinar el pago a cuenta, haya tenido cuota a ingresar (DGT 30-9-91), salvo que la entidad se acoja a la segunda opción para determinar el pago a cuenta (nº 8075).

Como **excepción**, no están sujetas a esta obligación y tampoco tienen que presentar la correspondiente declaración:

- las entidades que gocen de exención total en el IS (nº 7815 s.);
- las entidades que tributan a los tipos de gravamen del 1 y 0% (nº 8030), con excepción de las SOCIMI; y
- las AIE, AEIE y UTE acogidas al régimen fiscal especial, cuando todos sus socios o miembros sean residentes en territorio español;
- las empresas emergentes (L 28/2022 art.3), respecto al período impositivo inmediato posterior a cada uno de los períodos donde se realice el aplazamiento del pago de la deuda, siempre que se mantenga la condición de empresa emergente.

Precisiones **1)** Las entidades que tributan a los tipos de gravamen del 1 y 0%, incluidas las SOCIMI, no están obligadas a realizar **pagos fraccionados mínimos** (nº 8085 s.); y con efectos para los pagos fraccionados a realizar desde el 5-7-2018 también se excluyen de la obligación de efectuar este pago fraccionado mínimo a las entidades de capital riesgo.

2) Con efectos desde 19-10-2022, queda derogada la excepción que hasta el momento se aplicaba a las denominadas **sociedades limitadas nueva empresa** de realizar pagos fraccionados durante los dos primeros periodos impositivos concluidos desde su constitución (LSC disp.adic.6ª.2 derog L 18/2022).

b. Método de cálculo

(LIS art.40)

Existen **dos modalidades** para determinar la cuantía de los pagos fraccionados: 8063

- en función de la cuota líquida de la última declaración (nº 8065 s.); o
- en función de la base imponible del ejercicio (nº 8075 s.).

Con carácter general se aplica la primera modalidad. No obstante, están **obligados** a aplicar la segunda modalidad los contribuyentes cuyo importe neto de la cifra de negocios haya sido superior a 6.000.000 euros durante los 12 meses anteriores a la fecha en que se inicie el período impositivo. Adicionalmente, si el importe neto de la cifra de negocios es superior a 10.000.000 euros existen unas reglas especiales en la aplicación de esta segunda modalidad (nº 8083).

El resto de contribuyentes tienen la **opción** de aplicar la segunda modalidad. El ejercicio de esta opción se realiza por la entidad a través de la correspondiente declaración censal -modelo 036- (nº 9273), dentro del mes de febrero del año natural en que deba surtir efectos. Si el **período impositivo** no coincide con el año natural, la opción debe igualmente hacerse mediante la correspondiente declaración censal, pero dentro de los 2 meses contados desde el inicio del período impositivo o bien dentro del plazo comprendido entre el inicio del período impositivo y la finalización del plazo para efectuar el primer pago fraccionado de ese período impositivo, siempre que este último plazo sea inferior a 2 meses.

Ejercitada esta opción, todos los pagos fraccionados correspondientes al mismo período impositivo y los siguientes deben realizarse según esta modalidad. Se puede efectuar la **renuncia** a la aplicación de esta opción a través de la correspondiente declaración censal (modelo 036) en los mismos plazos establecidos para optar por esta segunda modalidad para determinar los pagos fraccionados.

Precisiones **1)** No es posible la **opción tácita** mediante la presentación del modelo de declaración utilizando esta modalidad (DGT CV 8-2-08).

2) La normativa debe interpretarse en el sentido de que la **declaración censal** debe estar en poder de la Administración al menos en febrero del año correspondiente. No cabe aplicar un régimen de estimación no directa, y además voluntario, cuando hay una manifestación clara y explícita de renuncia, aunque fuera de plazo -octubre del año anterior- (TSJ Castilla-La Mancha 16-6-09, EDJ 134950).

8065 **Primera modalidad: cuota líquida del ejercicio anterior** (LIS art.40.2) Dentro de los 20 primeros días naturales de los meses de **abril, octubre y diciembre** del año 2024, las entidades obligadas deben efectuar un pago fraccionado del **18%** de la cuota íntegra minorada en determinadas partidas correspondiente al último período impositivo cuyo plazo reglamentario de declaración estuviese vencido el día uno de los citados meses (nº 8109). Así, en las entidades con período impositivo coincidente con el año natural que agoten el plazo reglamentario de declaración -25 de julio-, el pago a efectuar en abril de 2024 tiene como base la cuota íntegra del ejercicio 2022, mientras que los que efectúen en octubre y diciembre de 2024 tienen la del ejercicio 2023.
La **base** sobre la que se aplica este porcentaje es la cuota líquida (nº 8045) minorada en las retenciones e ingresos a cuenta correspondientes a ese período impositivo (nº 8857 s.). En ningún caso se incluyen los incrementos en la cuota producidos por pérdida del derecho a aplicar incentivos fiscales procedentes de ejercicios anteriores.
Si el resultado anterior es **cero o negativo**, no existe obligación de presentar la declaración (nº 8095).

8067 Así, la base para calcular el pago fraccionado no tiene en consideración el importe de los propios pagos fraccionados del período impositivo tomado como referencia.
El ejercicio cuya cuota sirve de base al pago fraccionado ha de tener una **duración** de 12 meses. Si el último ejercicio cerrado fuese de **duración inferior** al año, se toma también la cuota correspondiente al ejercicio o ejercicios anteriores, en la parte que sea proporcional, hasta abarcar un período de 12 meses. Para eso, la parte de cuota que corresponde al ejercicio más remoto hasta completar los 365 días se calcula aplicando el coeficiente siguiente a la cuota íntegra de ese ejercicio:

$$\text{Coeficiente} = \frac{\text{Días que restan hasta 365}}{\text{Días que dura el ejercicio}}$$

La cuota base en estos casos es la suma algebraica de las cuotas íntegras de los ejercicios considerados. Ese mismo coeficiente se aplica a las deducciones, bonificaciones, retenciones e ingresos a cuenta de ese ejercicio más remoto, cuyo resultado minora también las cuotas íntegras de los ejercicios considerados a efectos de determinar la base de cálculo del pago fraccionado.

8070 Precisiones **1)** La mecánica del pago fraccionado en esta modalidad u opción no prevé ninguna corrección en función de los **resultados previsibles** del ejercicio en curso, ni por las circunstancias especiales que pudieran haberse dado en los resultados del período cuya cuota sirve de base.
Así, si en el ejercicio van a obtenerse pérdidas y en el anterior hubo beneficios, persiste la obligación de realizar los pagos, aunque posteriormente se solicite su devolución, junto con las retenciones e ingresos a cuenta, al obtenerse una base imponible negativa.
De forma similar, si existen importantes **resultados atípicos** positivos en el año base de cálculo, los pagos fraccionados pueden tener un mayor importe que la cuota a ingresar del ejercicio, dando lugar a su devolución. No existe procedimiento alguno en esta primera opción de pago fraccionado para reducir el importe de los pagos. En esta línea, no es posible realizar los pagos fraccionados sin tener en consideración los **resultados extraordinarios** de ejercicios anteriores imputables al ejercicio (DGT 12-2-93). Tampoco se tiene en cuenta la base imponible del ejercicio en curso cuando los ingresos son **notoriamente irregulares** en el tiempo (DGT CV 28-3-08). Todos estos inconvenientes se resuelven eligiendo la segunda modalidad para calcular los pagos fraccionados (nº 8075).
2) Si en el momento en que se efectúa una **liquidación** del pago fraccionado por la Administración tributaria se conoce el resultado de un ejercicio más cercano, aunque su plazo de declaración no haya vencido en el plazo para efectuar el pago fraccionado, debe ser este último ejercicio el que se utilice para su cálculo (TSJ Cataluña 14-6-07, EDJ 159984).
3) Si se presenta una **complementaria** que afecta a la determinación del pago fraccionado, y todavía no se ha presentado la autoliquidación del ejercicio al que corresponde el pago fraccionado, este debe modificarse (DGT CV 25-2-21).
4) Las **entidades de nueva constitución** no deben presentar pagos fraccionados en el período impositivo de su constitución, dado que todavía no han presentado ninguna declaración del IS.
5) Existen una serie de supuestos en los que, debido a la existencia de operaciones de reorganización, tributación en grupo o tributación conjunta con las diputaciones forales, la determinación de la base del pago fraccionado no es automática, **existiendo reglas particulares** para su cálculo incluidas en las instrucciones de los modelos de pagos fraccionados. Ver nº 5719 Memento Fiscal 2024.

8073 Ejemplos **1)** Si el último ejercicio cerrado tuvo una duración de 292 días, con una cuota íntegra de 2.000 €, unas deducciones de 400 € y retenciones de 600 €, mientras que el anterior a este tuvo una duración de 146 días, con una cuota íntegra de 1.600 €, deducciones de 300 € y retenciones de 500 €, la base del pago fraccionado es:

$$\text{Base} = (2.000 - 400 - 600) + \frac{365 - 292}{146 \text{ días}} \times (1.600 - 300 - 500) = 1.400\ €$$

2) Una sociedad, cuyo período impositivo coincide con el año natural, presenta las siguientes liquidaciones correspondientes a los tres últimos períodos impositivos concluidos con anterioridad al año 2024. 8074

	Ejercicio 1/1/22-30/6/22	Ejercicio 1/7/22-31/12/22	Ejercicio 1/1/23-31/12/23
- Cuota íntegra	2.000,00	400,00	4.000,00
- Deducciones y bonificaciones	200,00	40,00	500,00
- Retenciones e ingresos a cuenta	250,00	380,00	400,00
- Pagos fraccionados	100,00	0,00	300,00
- Fin plazo declaración IS	24-1-21	27-7-21	26-7-21

Los pagos fraccionados que esta sociedad está obligada a efectuar de acuerdo con la primera de las modalidades son los siguientes:
- Mes de **abril del año 2024**. El primer día de este mes el último período impositivo cuyo plazo de declaración ha vencido es el correspondiente al 1-7-2022 a 31-12-2022, pero en la medida que su duración es inferior a 12 meses, debe completarse con el período impositivo anterior hasta completar dicha duración. En tal caso tenemos:
Base del pago fraccionado: 2.000,00 + 400,00 - 200,00 - 250,00 - 40,00 - 380,00 = 1.530,00 €.
Importe del pago fraccionado: 1.530,00 × 0,18 = 275,40 €.
- Meses de **octubre y diciembre del año 2024**. El primer día de cada uno estos meses el último período impositivo cuyo plazo de declaración ha vencido es el correspondiente al 1-1-2023 a 31-12-2023, por lo que el importe del pago fraccionado en cada uno es el siguiente:
Base del pago fraccionado: 4.000,00 - 500,00 - 400,00 = 3.100,00 €.
Importe del pago fraccionado: 3.100,00 × 0,18 = 558,00 €.
Estos tres pagos fraccionados son a cuenta de la liquidación del período impositivo correspondiente al año 2024, ya que el mismo es el que está en curso el primer día de cada uno de dichos meses.

Segunda modalidad: base imponible del ejercicio (LIS art.40.3 y disp.adic.14ª) El **plazo** para efectuar el pago fraccionado es, igualmente, dentro de los 20 primeros días naturales de abril, octubre y diciembre de 2024 (nº 8077). Su **importe** se determina aplicando un porcentaje a la parte de base imponible de los 3, 9 u 11 primeros meses de cada año natural, deduciendo las bonificaciones que les sean de aplicación al contribuyente, las retenciones e ingresos a cuenta practicados sobre los ingresos del contribuyente, así como los pagos fraccionados efectuados (no se consideran las deducciones). 8075

Para los períodos impositivos que se inicien durante **2024** ese porcentaje es el resultado de multiplicar por 5/7 el tipo de gravamen de la entidad, redondeado por defecto. Para el tipo de gravamen general (25%) el porcentaje a tomar para calcular el importe de los pagos fraccionados es: (5/7) × 25% = 17%.

Para las **grandes empresas** con un importe neto de la cifra de negocios de al menos 10.000.000 euros se establecen reglas especiales en su cálculo.

Si el **período impositivo** no coincide con el año natural, el pago fraccionado se realiza sobre la parte de base imponible correspondiente a los días transcurridos desde el inicio del período hasta el día anterior a cada uno de los tres períodos citados. En estos casos, el pago fraccionado es a cuenta de la liquidación del IS correspondiente al período impositivo que esté en curso en el referido día anterior. Así, si el comienzo del período impositivo es el 1 de abril, el 1 de octubre o el 1 de diciembre, hay que realizar tres pagos fraccionados, tomando para el último de ellos la totalidad de la base imponible del período impositivo.

Precisiones **1)** Están **obligados a aplicar esta modalidad** los contribuyentes cuyo importe neto de la cifra de negocios haya sido superior a 6.000.000 euros durante los 12 meses anteriores a la fecha en que se inicie el período impositivo. 8077

2) En el caso de **entidades de nueva creación** para el cálculo de los pagos fraccionados resulta aplicable el tipo de gravamen reducido del nº 8033 s.

3) En esta modalidad la **base imponible** correspondiente a los períodos en los que debe efectuarse el pago fraccionado se determina de acuerdo con las reglas generales del IS. Esto supone que si existen bases imponibles negativas pendientes de compensar, dichas bases pueden compensar las rentas de los 3, 9 u 11 primeros meses del año al objeto de determinar la base imponible de esos períodos (DGT 5-3-97). Si todavía no se ha autoliquidado el IS del período en que se ha generado la base imponible negativa porque el plazo para hacerlo no ha comenzado, no debería haber impedimento para compensar dicha base a efectos del cálculo del primer pago, pues lo contrario sitúa al contribuyente en una posición perjudicial que parece estar en contra de la finalidad de esta modalidad de pago fraccionado, aunque de la literalidad de la normativa del IS para poder compensar las

bases imponibles negativas es necesario haber autoliquidado el IS, lo que impediría compensar las bases imponibles negativas en el pago fraccionado del mes de abril para entidades cuyo ejercicio coincida con el año natural.
Mientras una base imponible negativa no sea objeto de **compensación** en una declaración del IS, puede aplicarse para el cálculo de los pagos fraccionados según la modalidad de la base imponible del ejercicio (DGT CV 16-1-15).
En los pagos fraccionados debe tenerse en consideración la limitación a la **compensación de bases imponibles negativas** establecida. El límite del millón de euros es por periodo impositivo, pudiendo el interesado distribuirlo como considere conveniente en los pagos fraccionados correspondientes al mismo, sin que se prevea su prorrateo (TEAC 22-9-21).
4) La **deducción por doble imposición internacional** de dividendos aplicable en la cuota íntegra no se tiene en consideración al tiempo de calcular el importe del pago fraccionado.
5) El **importe mínimo de la reversión** de los deterioros pendientes de integrar que han sido deducibles en períodos impositivos iniciados antes del 1-1-2013 (LIS disp.trans.16ª) no debería tenerse en cuenta en el cálculo de los pagos fraccionados, ya que dicha integración solo debe ser aplicable en función de que la participación de la que derivan esos deterioros se tenga o no al cierre del período impositivo.
6) A efectos del cálculo del pago fraccionado puede aplicarse la **libertad de amortización** y, sin embargo, a efectos de la liquidación del IS puede no tenerse en cuenta dicho incentivo fiscal (DGT CV 15-1-16).

8080 Ejemplo Una sociedad que tributa según el tipo general del 25% y cuyo importe neto de la cifra de negocios es inferior a 10 millones de €, determina los pagos fraccionados en el período impositivo correspondiente al año 2024 de acuerdo con la modalidad de la base imponible, siendo los datos de los 3, 9 y 11 primeros meses del mismo los siguientes:

Período	Base imponible	Cuota (17%)	Retenciones	Pago fraccionado
1-1 a 31-3-2024	2.000,00	340,00	100,00	240,00
1-1 a 30-9-2024	10.000,00	1.700,00	500,00	960,00 (1)
1-1 a 30-11-2024	12.000,00	2.040,00	600,00	240,00 (2)

(1) Para el cálculo del segundo pago fraccionado se descuenta el importe de 240,00 € correspondiente al primer pago fraccionado.
(2) Para el cálculo del tercer pago fraccionado se descuenta el importe de 240,00 € correspondiente al primer pago fraccionado y el importe de 960,00 € correspondiente al segundo pago fraccionado.

8083 **Grandes empresas** (LIS disp.adic.5ª y 14ª disp.adic.14ª) El **porcentaje** para determinar los pagos fraccionados por esta segunda modalidad se incrementa para las grandes empresas. El **efecto práctico** de este aumento se traduce en una menor cuota a satisfacer cuando se realice la liquidación del IS, ya que los pagos fraccionados suponen un pago a cuenta de esa liquidación.
Los **nuevos porcentajes** de determinación de los pagos fraccionados varían para las grandes empresas en función de su importe neto de la **cifra de negocios** en los 12 meses anteriores al inicio de cada uno de los períodos impositivos:
a) Importe neto de la cifra de negocios **inferior a 10.000.000 euros**. El porcentaje para determinar los pagos fraccionados es el resultado de multiplicar por 5/7 el tipo de gravamen de la entidad redondeado por defecto, por lo que estas entidades mantienen el porcentaje general (nº 8075).
b) Importe neto de la cifra de negocios de **al menos 10.000.000 euros**. El porcentaje para determinar el importe del pago fraccionado es el resultado de multiplicar por 19/20 el tipo de gravamen de la entidad redondeado por exceso. Así, si la entidad tributa según el tipo de gravamen general del 25% el porcentaje es el 24% (25% × 19/20).
En el caso de **entidades de nueva constitución** en 2024, en el primer período impositivo, al no tener la entidad cifra de negocios en los 12 meses anteriores al inicio del primer período impositivo, el porcentaje es el general (nº 8075). En cuanto al **segundo período impositivo**, aunque hay un ejercicio anterior, este tendrá siempre una duración inferior a 12 meses. Debe tenerse en consideración el importe neto de la cifra de negocios realmente obtenido en ese primer período impositivo para determinar tanto la modalidad de pago fraccionado como el porcentaje de determinación de los pagos fraccionados, sin elevarlo al año (Nota Informativa AEAT 19-10-2011).

Precisiones El importe neto de la cifra de negocios y el volumen de operaciones son los individuales de la entidad, con independencia de que pertenezca a un **grupo mercantil** (DGT CV 14-9-12).

8085 **Pago fraccionado mínimo** (LIS disp.adic.5ª y 14ª) Se establece la obligación de realizar un pago fraccionado mínimo cuando este sea superior al importe que resulte de aplicar los criterios generales para esta segunda modalidad (nº 8075 s.).

El pago fraccionado mínimo solo afecta a los contribuyentes cuyo importe neto de **cifra de negocios** en los 12 meses anteriores a la fecha de inicio de los períodos impositivos sea al menos de 10.000.000 euros. Esta obligación alcanza a todos los contribuyentes que cumpla esta condición, cualquiera que sea su régimen tributario, es decir, tanto si tributan de acuerdo con el régimen general del IS como por alguno de sus regímenes especiales, incluso si tributan en el régimen de los grupos fiscales, en cuyo caso el requisito establecido para determinar el pago fraccionado mínimo se debe referir al grupo y no a las entidades que lo integran.
Como excepción, no están obligadas a realizar este pago fraccionado mínimo las entidades que tributan a los tipos de gravamen del 1 y 0%, incluidas las **SOCIMI**, y las entidades de capital riesgo. Tampoco las entidades sin fines lucrativos
Así, el importe de los pagos fraccionados a realizar en el ejercicio **2024** no puede ser inferior, en ningún caso, al importe que resulte de aplicar el porcentaje del 23% (25% para contribuyentes con tipo de gravamen del 30%) al resultado positivo de la cuenta de pérdidas y ganancias del ejercicio de los 3, 9 o 11 primeros meses de cada año natural (si el ejercicio no coincide con el año natural, del resultado positivo desde el inicio del ejercicio hasta el día anterior al inicio de cada período de ingreso del pago fraccionado), determinado de acuerdo con lo dispuesto en el Código de Comercio y demás normativa contable de desarrollo, minorado exclusivamente en los pagos fraccionados realizados con anterioridad correspondientes al mismo período impositivo, por lo que no se tienen en cuenta las **bases imponibles negativas** pendientes de compensar al tiempo de calcular el importe mínimo del pago fraccionado, ni las retenciones y otros ingresos a cuenta que haya soportado la entidad sobre los ingresos que integran el resultado contable positivo tomado como base de cálculo del pago fraccionado mínimo.
El resultado contable positivo debe ser objeto de **minoración** en los siguientes importes:
- la parte que se corresponda con las rentas positivas integradas derivadas de operaciones de **quita o espera** consecuencia de un acuerdo con los acreedores, pero se incluye en el resultado contable, en su caso, la parte de renta positiva que deba incluirse en la base imponible del período impositivo como consecuencia de la aplicación del criterio de imputación temporal de los ingresos procedentes de quitas y esperas acordadas con los acreedores (nº 4387 s. Memento Fiscal 2024);
- el resultado positivo procedente de operaciones de aumento de capital o fondos propios por **compensación de créditos**, cuando ese resultado no se integre en la base imponible (nº 4026 Memento Fiscal 2024);
- la **Reserva para Inversiones en Canarias** que prevea realizarse, calculado en los mismos términos que para el cálculo del pago fraccionado (nº 5729 Memento Fiscal 2024);
- el 50% de los rendimientos que tengan derecho a la bonificación por la **producción de bienes corporales en Canarias** (nº 10200 s. Memento Canarias); y
- el 50% de la parte del resultado positivo que se corresponda con rentas que tengan derecho a la bonificación por rentas obtenidas en **Ceuta y Melilla** (nº 5255 s. Memento Fiscal 2024).
Una vez efectuado este cálculo se compara con el importe obtenido aplicando la segunda modalidad de cálculo (nº 8075) y se efectúa el **ingreso** del mayor de los dos.

Precisiones **1)** Para las entidades que tributen según el régimen de las **entidades parcialmente exentas**, como resultado contable positivo para calcular la base sobre la que se determina el pago fraccionado mínimo, se toma solo el que corresponda a las rentas no exentas. **8087**
2) Si la entidad aplica la **bonificación** de servicios públicos locales, se toma como resultado contable positivo exclusivamente el correspondiente a las rentas no bonificadas.

Ejemplos **1)** Una sociedad cuyo ejercicio coincide con el año natural determina los pagos fraccionados en el período impositivo correspondiente al año 2024 de acuerdo con la modalidad de la base imponible, siendo la cifra de negocios del ejercicio 2023 de 40 millones €. La sociedad no ha soportado retenciones sobre sus ingresos. **8090**
La base imponible y el resultado contable de los 3, 9 y 11 primeros meses del mismo los siguientes:

Período	Base imponible	Cuota (24%)	Resultado contable	Cuota (23%)
1-1 a 31-3-2024	2.000,00	480,00	3.000,00	690,00
1-1 a 30-9-2024	9.000,00	2.160,00	10.000,00	2.300,00
1-1 a 30-11-2024	12.000,00	2.880,00	12.200,00	2.806,00

- Mes de **abril** del año 2024. El importe que resulta de aplicar el método general (480 €) es inferior al que resulta de aplicar el importe mínimo (690 €), por lo que se tomaría el segundo y, por tanto, el importe del pago fraccionado de este período es de 690 €.

- Mes de **octubre** del año 2024. El importe que resulta de aplicar el método general (1.470 = 2.160 - 690 €) también es inferior al que resulta de aplicar el importe mínimo (1.610 = 2.300 - 690), por lo que se toma el segundo y, por tanto, el importe del pago fraccionado de este período es de 240 € una vez descontado el importe del primer pago fraccionado.
- Mes de **diciembre** del año 2024. El importe que resulta de aplicar el método general (580 = 2.880 - 690 - 1.610) es superior al que resulta de aplicar el importe mínimo (506 = 2.806 - 690 - 1.610), por lo que se toma el primero y, por tanto, el importe del pago fraccionado de este período es de 580 € una vez descontado el importe de los dos primeros pagos fraccionados de este ejercicio.

8093 **2)** Una sociedad tiene su ejercicio coincidente con el año natural y bases imponibles negativas pendientes de compensar por importe de 15.00.000 €. El resultado contable de los 3, 9 y 11 primeros meses de 2024 es el siguiente (cifras en miles de €):

Período	1-1-2024 a 31-3-2024	1-1-2024 a 30-9-2024	1-1-2024 a 30-11-2024
Resultado contable	12.000,00	20.000,00	26.000,00
Ajustes fiscales	- 8.000,00	4.000,00	20.000,00
Retenciones	200,00	400,00	400,00
Base imponible	4.000,00	24.000,00	46.000,00
Base imponible compensable	2.800,00	15.000,00	15.000,00

El importe de los pagos fraccionados a efectuar es el siguiente:

Período	BI - BI negativa	Cuota (24%)	Resultado contable	Cuota (23%)
1-1 a 31-3-2024	1.200,00	288,00	12.000,00	2.760,00
1-1 a 30-9-2024	9.000,00	160,00	20.000,00	4.600,00
1-1 a 30-11-2024	31.000,00	7.440,00	26.000,00	5.980,00

- Mes de **abril** del año 2024. El importe del pago fraccionado que resulta de aplicar el método general (88 = 288 - 200) es inferior al que resulta de aplicar el importe mínimo (2.760 €), por lo que se toma el segundo y, por tanto, el importe del pago fraccionado de este período es de 2.760 €, sin tener en cuenta el importe de las retenciones. La base imponible negativa compensable es de 2.800 € al estar limitada al 70% de la base imponible previa a la compensación (0,7 × 4.000).
- Mes de **octubre** del año 2024. El importe que resulta de aplicar el método general (400 = 2.160 - 400 - 2.760) es inferior al que resulta de aplicar el importe mínimo (1.840 = 4.600 - 2.760), por lo que se toma el segundo y, por tanto, el importe del pago fraccionado de este período es de 1.840 € una vez descontado el importe del primer pago fraccionado. La base imponible negativa compensable es de 15.000 € ya que el límite del 70% de la base previa es superior (0,7 × 24.000).
- Mes de **diciembre** del año 2024. El importe que resulta de aplicar el método general (2.440 = 7.440 - 2.760 - 1.840 - 400) es superior al que resulta de aplicar el importe mínimo (1.380 = 5.980 - 2.760 - 1.840), por lo que se toma el primero y, por tanto, el importe del pago fraccionado de este período es de 2.440 € una vez descontado el importe de los dos primeros pagos fraccionados y las retenciones, teniendo en cuenta las bases imponibles negativas pendientes de compensar a efectos de calcular el pago fraccionado por el método general.

c. Declaraciones

8095 **Modelos de presentación** (OM HFP/227/2017; OM HFP/312/2023 art.único y disp. final 2ª) Los modelos de impresos de pago fraccionado a cuenta del IS han sido aprobados con carácter de permanencia por la orden ministerial referenciada, en tanto no se aprueben otros nuevos. Son los siguientes:
- **modelo 202**: para entidades sometidas al régimen general del IS, incluidas las grandes empresas;
- **modelo 222**: para entidades en régimen de consolidación.

Respecto al **modelo 202**, no hay obligación de presentarlo si se trata de declaraciones sin ingreso o con cuota cero (esto es, aquellas en que la base del pago a cuenta sea cero o negativa), excepto que se trate de un contribuyente cuyo importe neto de la cifra de negocios sea superior a 6.000.000 euros durante los 12 meses anteriores a la fecha en que se inicie el período

impositivo al que corresponda el pago fraccionado, en cuyo caso es obligatoria la presentación de este modelo, lo que origina la existencia de autoliquidaciones negativas.
Por el contrario, es obligatoria la presentación del **modelo 222** aunque no deba efectuarse ingreso alguno en concepto de pago fraccionado. Dicha circunstancia, en su caso, debe acreditarse mediante la presentación de la declaración correspondiente del IS sin cuota positiva a ingresar (DGT 15-4-93).
Con carácter general la **forma de presentación** de estos modelos es por vía electrónica (nº 8097).
Existe la obligación de presentar una **comunicación de datos adicionales** a la declaración para los contribuyentes cuyo importe neto de la cifra de negocios, en los 12 meses anteriores a la fecha en que se inicien los períodos impositivos, sea al menos 10.000.000 euros, incluidos los grupos fiscales.
En esta comunicación se ha de facilitar la siguiente **información**:
- detalle de las correcciones netas al resultado contable, excluida la corrección por IS;
- cálculo de la limitación a la deducibilidad de gastos financieros (nº 3910 s. Memento Fiscal 2024);
- importe de las bases imponibles negativas, bonificaciones, retenciones e ingresos a cuenta y pagos fraccionados no incluidos por insuficiencia de cuota; y
- en su caso, correcciones netas por consolidación fiscal.

Presentación electrónica (OM HFP/227/2017; OM HAP/2194/2013) Los **modelos 202 y 222** deben presentarse obligatoriamente de forma electrónica por todos los contribuyentes, con sujeción a la habilitación, las condiciones y el procedimiento establecidos en la regulación de los procedimientos y las condiciones generales para la presentación de determinadas autoliquidaciones, declaraciones informativas, declaraciones censales, comunicaciones y solicitudes de devolución, de naturaleza tributaria (OM HAP/2194/2013 art.6 a 11). También se rige por esta normativa cualquier **documentación, solicitudes o manifestaciones de opciones** no contempladas expresamente en los propios modelos de declaración o en sus Anexos (OM HAP/2194/2013 art.18), y debe presentarse también por vía electrónica. **8097**
En los supuestos de **tributación conjunta** al Estado y a la Comunidad Autónoma del País Vasco o a la Comunidad Foral de Navarra, la autoliquidación a presentar ante la Administración del Estado se efectúa de forma electrónica con sujeción a la normativa estatal, mientras que la autoliquidación a presentar ante las Diputaciones Forales del País Vasco o la Comunidad Foral de Navarra, se rigen por lo establecido en la normativa foral. En cualquier caso, las autoliquidaciones que se presenten a la Administración del Estado por contribuyentes sometidos a la normativa foral también se efectúan de forma electrónica.
La **transmisión** electrónica del modelo del pago fraccionado debe realizarse en la misma fecha en que tiene lugar su ingreso.
El **plazo** de presentación es durante los primeros 20 días naturales de abril, octubre y diciembre.
No obstante, los obligados tributarios pueden utilizar como medio de pago de las deudas tributarias la **domiciliación bancaria** en la entidad de crédito que actúe como colaboradora en la gestión recaudatoria (banco, caja de ahorros o cooperativa de crédito) sita en territorio español en que tengan abierta una cuenta en la que se domicilia el pago, en cuyo caso el plazo de domiciliación es del 1 al 15 de los meses de abril, octubre y diciembre.

d. Imputación de los pagos fraccionados

(LIS art.40.1 y 3)

Con **carácter general** los pagos son a cuenta de la liquidación correspondiente al ejercicio que esté en curso el primer día de los meses de abril, octubre y diciembre en que se realizan los ingresos respectivos. Por tanto, para las empresas con **ejercicio coincidente con el año natural**, el cómputo de los pagos fraccionados se realiza en la liquidación del IS de ese mismo período. **8100**
No obstante, si el período impositivo **no coincide con el año natural** (ejercicio quebrado), los pagos realizados según la primera modalidad (nº 8065 s.) se imputan al ejercicio en curso los días uno de los meses en que se satisfacen y los realizados según la segunda modalidad (nº 8075 s.) se imputan al período impositivo que esté en curso el día anterior al inicio de cada período de cálculo y pago.
Finalmente, si el período impositivo es **inferior al año** (ejercicio corto), los pagos se imputan al ejercicio en curso los días uno de los meses en que se satisfacen.

Precisiones 1) En una sociedad con ejercicio económico del 1 de octubre al 30 de septiembre, que realiza los pagos fraccionados en función de la **primera modalidad**, el pago fraccionado realizado en abril de N se deduce en la liquidación del ejercicio cerrado a 30-9-2019, mientras que los pagos efectuados en octubre y diciembre de N se deducen en la declaración del ejercicio cerrado el 30 de septiembre de N+1. Da igual que los pagos se concentren al principio o final del ejercicio económico al que correspondan.
2) En una sociedad con ejercicio económico del 1 de abril al 31 de marzo, los pagos fraccionados se realizan por la **segunda modalidad**. En abril de N se realiza un pago a cuenta de la liquidación del ejercicio que concluye el 31-3-N, siendo la base de cálculo la obtenida entre el 1-4-N al 31-3-N. En octubre y diciembre de 2019 se realiza un pago a cuenta de la liquidación del ejercicio que concluye el 31-3-N+1, siendo la base de cálculo la obtenida entre el 1-4-2019 y el 30-9-N y entre el 1-4-N y el 30-11-N, respectivamente.

10. Declaración del IS

(LIS art.124)

8103 Los contribuyentes del IS tienen que presentar la correspondiente declaración por el impuesto. En ella han de consignarse correctamente los datos esenciales del hecho imponible, sus elementos y demás circunstancias, ajustándose a la contabilidad que de modo obligatorio debe llevar la entidad, y conforme al modelo oficial pertinente aprobado por el Ministerio de Hacienda (nº 8107 s.).
Al tiempo de presentar la declaración, los contribuyentes están obligados a efectuar una **autoliquidación**, así como a ingresar su importe o a solicitar la devolución que proceda (LIS art.125.1).

Precisiones 1) La presentación de declaraciones interrumpe determinados plazos de **prescripción** (TS 27-3-03, EDJ 7144; TSJ Canarias 6-4-04, EDJ 21659).
2) Si una declaración se presenta de forma **incorrecta**, como posibles consecuencias están su consideración como infracción tributaria, las acciones de derivación de responsabilidad solidaria o subsidiaria y la aplicación del régimen de estimación indirecta de bases.

8105 **Obligados a declarar** (LIS art.124) Como **regla general** están obligados a presentar declaración todos los contribuyentes del impuesto. No obstante, están **exceptuados** de la obligación de declarar las entidades con exención total del impuesto (nº 7815 s.) y, en determinados casos, los contribuyentes parcialmente exentos del mismo (nº 7817).

Precisiones 1) Las sociedades adquieren personalidad jurídica en el momento de la inscripción en el Registro Mercantil de su escritura pública de constitución (con efectos retroactivos a la fecha de presentación), convirtiéndose en contribuyentes del IS y, por tanto, quedando obligadas a presentar declaración por el período en que se produce la inscripción. Durante el período comprendido entre el otorgamiento de la escritura de constitución y su inscripción, la **sociedad** se encuentra **en formación**, debiendo tributar en régimen de atribución de rentas hasta que tenga personalidad jurídica, si el IS se devenga dentro de ese período de tiempo.
2) Las sociedades en **liquidación** deben presentar declaraciones hasta el momento de su extinción, con independencia de que la cuota resulte a ingresar, a devolver o nula (DGT CV 10-6-09).

8107 **Modelos de declaración** (OM HFP/523/2023 art.1 y 2) Los modelos oficiales para efectuar la declaración-liquidación del IS, así como para realizar el ingreso o solicitar la devolución, son aprobados en los primeros meses del año, con referencia a los ejercicios comenzados dentro del año natural anterior.
La orden ministerial reseñada aprueba los modelos en vigor para los **ejercicios iniciados** durante **2022**, siendo su utilización como sigue:
• **Modelo 200**. De uso **general** por los contribuyentes sometidos a la normativa común del impuesto, cualquiera que sea la actividad y el tamaño de la empresa.
• **Modelo 220**. Su empleo es obligatorio por las entidades representantes de los **grupos**, incluidos los de cooperativas, que tributen en régimen de consolidación fiscal. Además de la declaración del grupo en el modelo 220, todas las empresas que lo integran, incluso la representante, tienen que presentar las correspondientes declaraciones individuales en el modelo 200.

Precisiones Tanto las entidades **aseguradoras** como las que han de llevar su **contabilidad** conforme a normas del **Banco de España**, las sociedades de garantía recíproca, así como las instituciones de inversión colectiva, tanto financieras como inmobiliarias, están obligadas a utilizar el modelo 200 de declaración debiendo cumplimentar las páginas específicas relativas al balance y cuenta de pérdidas y ganancias, en sustitución de las que con esta finalidad se incluyen con carácter general.

Plazo de declaración (LIS art.124.1; OM HAC/523/2023 art.3.5 y 6) El plazo es durante los **25 días** naturales siguientes a los 6 meses posteriores a la conclusión del período impositivo (nº 7833 s.). Si al inicio del plazo de declaración correspondiente a un período impositivo todavía no se hubieran **aprobado las normas** para realizarla, la declaración se presenta dentro de los 25 días naturales siguientes a la fecha de entrada en vigor de la norma que determine la forma de presentación. No obstante, la entidad puede **optar** por presentar la declaración en el plazo general, cumpliendo con los requisitos formales que rigiesen para el período impositivo precedente. 8109

Precisiones **1)** En los supuestos de **domiciliación** bancaria los pagos se entienden realizados en la fecha de cargo en cuenta de las domiciliaciones, considerándose justificante del ingreso el que expida la entidad de depósito.

2) Si el ejercicio es **quebrado** y el período impositivo concluye el 30 de junio, el plazo de 6 meses computado de fecha a fecha concluye el 30 de diciembre. Por tanto, el plazo de 25 días para presentar la declaración empieza a contar desde el 31 de diciembre y concluye el 24 de enero siguiente. La misma regla se aplica siempre que el período impositivo termine el último día de un mes que no tenga 31 días (TEAC 2-3-16; TS 14-2-23, EDJ 513118).

Presentación electrónica (OM HFP/523/2023 art.2.10 y 5; OM HAP/2194/2013 art.2 -O HFP/1395/2021- y 3) Es 8110
obligatoria la presentación electrónica de declaraciones del IS correspondientes al ejercicio 2022, modelos 200 y 220.

Las normas que rigen las **condiciones generales** de presentación electrónica y su **procedimiento** son las que recoge la OM de referencia.

Para la presentación electrónica rigen los **plazos** comunes de declaración. En las declaraciones a ingresar, la **transmisión** electrónica debe efectuarse el mismo día en que se realice el ingreso de la deuda tributaria.

El **modelo 200** tiene las siguientes particularidades:

• Cuando se deba acompañar a la declaración **información adicional** o cualquier tipo de documentos, solicitudes o manifestaciones de opciones no contempladas expresamente en el propio modelo de declaración, o cuando la declaración resulte a devolver y se solicite la devolución mediante cheque del Banco de España, tales documentos, solicitudes o manifestaciones se han de presentar en el registro electrónico general de la AEAT, para lo cual el declarante debe conectarse a la sede electrónica de la AEAT en Internet y seleccionar el concepto fiscal oportuno y el trámite de aportación de documentación complementaria que corresponda según el procedimiento asignado a los modelos.

• Las declaraciones que se deban presentar ante la Administración del Estado por contribuyentes sometidos a la **normativa foral** (País Vasco y Navarra), si utilizan el modelo 200 aprobado por la normativa estatal, deben presentarse de forma electrónica.

En la declaración a presentar ante las Diputaciones Forales del País Vasco o ante la Comunidad Foral de Navarra, la forma y lugar son los que correspondan de acuerdo con la normativa foral.

Rectificación de la autoliquidación (RIS art.59 bis redacc RD 117/2024; LGT art.120.3 redacc L 13/2023) 8111
Con efectos desde el 26-5-2023, se establece la posibilidad de que la rectificación de la autoliquidación se realice por el obligado tributario mediante la presentación de una autoliquidación rectificativa cuando así lo disponga la normativa propia de cada tributo.

En el IS se ha aprobado esta posibilidad, de modo que los contribuyentes están obligados a rectificar, completar o modificar las autoliquidaciones presentadas mediante una **autoliquidación rectificativa**, utilizando el modelo de declaración aprobado al efecto.

Como **excepción**, el procedimiento de solicitud de rectificación de autoliquidaciones se puede seguir usando cuando el motivo de la rectificación sea una posible vulneración, por parte de la norma aplicada en la autoliquidación previa, de los preceptos de otra norma de rango superior (legal, constitucional, de Derecho de la Unión Europea o de un Tratado o Convenio internacional).

Las principales **características** de esta autoliquidación rectificativa son:

• El **plazo de presentación** es antes de que haya prescrito el derecho de la Administración para determinar la deuda tributaria mediante liquidación o el derecho a solicitar la devolución que proceda. Si se presenta fuera del plazo de declaración, tiene el carácter de extemporánea.

• En relación con el **contenido**, debe constar expresamente que es una autoliquidación rectificativa, la obligación tributaria y período a que se refiere, la totalidad de los datos que deban ser declarados, y otros que puedan establecerse en la Orden Ministerial reguladora del modelo de declaración, como los motivos de rectificación. A estos efectos, se deben incorporar los datos incluidos en la autoliquidación presentada con anterioridad que no sean objeto de modificación, los que sean objeto de modificación y los de nueva inclusión.

• Los **efectos** varían en función del resultado de la autoliquidación rectificativa:
- si resulta un importe a ingresar superior al de la autoliquidación anterior o una cantidad a devolver inferior a la anteriormente autoliquidada, se aplica el régimen previsto para las autoliquidaciones complementarias en la normativa general tributaria;
- si resulta una cantidad a devolver, con la presentación de la autoliquidación rectificativa se entiende solicitada la devolución, que se tramita conforme al régimen del procedimiento de devolución iniciado mediante autoliquidación, sin perjuicio de la obligación de abono de intereses de demora y
- si resulta una minoración del importe a ingresar de la autoliquidación previa y no procede una cantidad a devolver, se mantiene la obligación de pago hasta el límite del importe a ingresar resultante de la autoliquidación rectificativa.

Si la deuda resultante de la autoliquidación previa estuviera aplazada o fraccionada, con la presentación de la autoliquidación rectificativa se entiende solicitada la modificación en las condiciones del aplazamiento o fraccionamiento.

La **entrada en vigor** está prevista cuando lo haga la Orden Ministerial por la que se apruebe el modelo de declaración.

11. Obligaciones contables y registrales

8112 La contabilidad y el IS están muy ligados. Así, la base imponible en el régimen de estimación directa se calcula corrigiendo el resultado contable mediante los **ajustes fiscales** previstos por la normativa del IS. A estos efectos, la Administración tributaria puede determinar el resultado contable según las normas previstas en el Código de Comercio, en las demás leyes relativas a dicha determinación y en sus disposiciones de desarrollo (LIS art.131).

Por otro lado, la exigencia de **contabilización del gasto** para su deducibilidad fiscal, bien por su imputación contable en la cuenta de pérdidas y ganancias o en una cuenta de reservas, si así se estableciera, es un principio general exceptuado en contadas ocasiones recogidas expresamente en la normativa del IS (por ejemplo, en la libertad de amortización).

8113 **Contabilidad** (LIS art.120) La Ley establece para los empresarios, cualquiera que sea su forma, individual o societaria, la obligación genérica de llevanza de la contabilidad conforme a lo previsto en el Código de Comercio o a lo establecido en las normas por las que se rigen.

Asimismo, los empresarios deben aplicar obligatoriamente lo previsto en el Plan General de Contabilidad.

8114 **Libros obligatorios** (CCom art.25) Todo empresario debe llevar una **contabilidad ordenada** que permita el seguimiento cronológico de todas sus operaciones y la elaboración periódica de balances e inventarios.

A tal fin, la norma mercantil exige, de forma expresa, la llevanza de los siguientes libros de contabilidad:

• **Libro de inventarios y cuentas anuales** (CCom art.28.1). Este libro debe abrirse con el **balance inicial** detallado de la empresa, transcribiendo con una periodicidad al menos trimestral, con sumas y saldos, los balances de comprobación. En él han de asentarse anualmente el inventario de cierre del ejercicio y las cuentas anuales.

• **Libro diario**. Ha de registrar de forma diaria todas las operaciones relativas a la actividad de la empresa. Se admite, sin embargo, la **anotación conjunta** de los totales de las operaciones por períodos no superiores al trimestre, a condición de que su detalle se registre en otros libros o registros concordantes.

8115 **Diligenciado y legalización** (CCom art.27; RRM art.329 s.) La normativa del impuesto establece, para todos los contribuyentes del IS, la obligación de legalizar los libros y presentar las cuentas según lo señalado en la legislación mercantil. Al respecto, se dispone que los empresarios deben presentar los libros de llevanza obligatoria en el **Registro Mercantil** de su domicilio, para que antes de su utilización se ponga:
- en el primer folio de cada uno, diligencia de los que tiene el libro; y
- en todas las hojas de cada libro, el sello del registro.

Precisiones 1) Alternativamente, cabe que, si se utilizan **hojas sueltas**, estas se encuadernen, legalizando los libros resultantes antes de que transcurran los 4 meses siguientes a la fecha de cierre del ejercicio.

2) Los **libros voluntarios** no están sometidos a requisitos formales de legalización. Se admite de forma expresa la legalización voluntaria de los libros de detalle del diario, y de cualesquiera que lleven los empresarios (RRM art.329).

3) Si los **libros obligatorios** se presentan para su legalización antes de su utilización, deben estar -ya se hallen encuadernados, ya formados por hojas móviles- completamente en blanco, y sus folios numerados correlativamente.

Llevanza de la contabilidad (LIS art.120; CCom art.27 y 29) No existen en la normativa del IS normas sobre teneduría de libros y contabilidades incorrectas, remitiendo con carácter general a lo dispuesto en el Código de Comercio y demás disposiciones específicas (nº 500 s. Memento Contable 2024), y a la LGT. 8116

El Código de Comercio habilita para que la llevanza material de los libros se haga sin sujeción a procedimientos específicos. Se considera **válida** la realización de asientos y anotaciones por cualquier procedimiento idóneo. Esto supone el reconocimiento de la validez de los procedimientos informáticos, pero no excluye la imprescindible materialización en forma de libros.

En cualquier caso, la llevanza de los libros y documentos contables debe sujetarse a las siguientes **reglas**:

• Los libros deben ser llevados con **claridad**, por orden de fechas, sin espacios en blanco, interpolaciones, tachaduras ni raspaduras.

• Deben salvarse, inmediatamente que se adviertan, los **errores u omisiones** padecidos en las anotaciones contables. No pueden utilizarse abreviaturas ni símbolos cuyo significado no sea preciso con arreglo a la ley, el reglamento o la práctica mercantil.

• Las **anotaciones** contables deben hacerse expresando los valores en euros.

Precisiones Por lo que respecta al **lugar de custodia** de los libros obligatorios, el domicilio social es el ámbito idóneo. No obstante, la práctica evidencia el frecuente incumplimiento de esta previsión.

Conservación de los libros (CCom art.30) Los libros, correspondencia, documentación y justificantes concernientes a la empresa deben conservarse, debidamente ordenados, durante 6 años, a partir del último asiento realizado en los mismos. 8117

El **plazo** de conservación rige incluso en caso de cese del empresario. En caso de disolución de la sociedad, el deber de conservación recae sobre los liquidadores.

La norma solo exige, de forma específica, la conservación de los libros obligatorios. No obstante, habida cuenta de que también se exige conservar la restante documentación concerniente al negocio, parece lógico entender que la exigencia se extiende a los **libros o registros voluntarios**.

12. Obligaciones formales

Además de la obligación de tener asignado un **NIF**, que alcanza a todas las personas jurídicas y entidades en general, públicas o privadas, cualquiera que sea su forma o actividad, tengan o no fines lucrativos, que hayan de relacionarse de algún modo con la Administración pública (nº 9185 s.), a continuación, se analiza la obligación de estar dado de alta en el índice de entidades y las obligaciones de información y colaboración. 8123

a. Índice de entidades

(LIS art.118 y 119; RIS art.57)

En cada Delegación de la Agencia Tributaria (AEAT) existe un índice de entidades en el que se inscriben todas aquellas con domicilio fiscal dentro de su ámbito territorial, a excepción de las entidades totalmente exentas (nº 7815). 8125

El índice de entidades forma parte y se lleva a través del **censo** de empresarios, profesionales y retenedores. Para la inscripción en el índice, las entidades están obligadas a darse de alta en el mismo, lo que se realiza mediante la presentación de la correspondiente declaración de alta en el censo.

Precisiones El estudio pormenorizado de las **declaraciones censales** se efectúa en el nº 9230 s.

Alta (RGGI art.9 a 15; OM EHA/1274/2007 art.11 -redacc OM HPF/381/2023- y 12) La declaración de alta se formaliza a través de la correspondiente **declaración censal** de alta (modelo 036), conforme al procedimiento expuesto en el nº 9240 s. 8127

Se presenta en cualquier momento antes del inicio de actividades, de la realización de las operaciones, o del nacimiento de la obligación de retener o ingresar a cuenta sobre las rentas que se satisfagan, abonen o adeuden, por vía electrónica a través de Internet.

8130 **Baja provisional** (LIS art.119; RIS art.57) La Administración puede dictar la baja provisional en el índice de entidades en dos supuestos:
- si se declara insolvente por **fallido total** a la entidad, respecto de los débitos por cualquier tributo estatal (no solo por el IS) de conformidad con el Reglamento General de Recaudación;
- en caso de **no presentar declaración** por el IS durante tres ejercicios consecutivos, estando obligada a ello.

En ambos supuestos la entidad debe ser notificada de la apertura del expediente de baja, concediéndosele un plazo de 30 días para el pago de sus deudas tributarias o presentación de las declaraciones omitidas, respectivamente.

El efecto fundamental de la baja provisional es que, notificada al registro público pertinente, el registrador extiende una **nota marginal** en la hoja abierta a la entidad. En ella se expresa que durante su vigencia no puede realizarse la inscripción de ningún documento de la entidad en dicho registro. La cancelación de la nota marginal solo puede efectuarse con la presentación de certificación de alta en el índice de entidades.

El acuerdo de baja provisional no exime a la entidad afectada de sus obligaciones tributarias.

Cuando, con posterioridad a la baja, la entidad proceda a la **presentación de las declaraciones omitidas**, la AEAT acuerda la rehabilitación de la entidad en el índice, remitiendo el acuerdo al Registro Público en el que se hubiera extendido la nota marginal, para su cancelación.

b. Obligaciones de información o colaboración

(RGGI art.79 a 81)

8133 Formando parte de las garantías de las que goza la Administración para un mejor seguimiento del cumplimiento de las disposiciones en materia del IS, se establecen unas obligaciones de suministro de información a la misma que alcanzan a los titulares de los **registros públicos** en relación a determinadas operaciones que autorizan o inscriben.

También se regula en términos generales la **colaboración social** en la presentación y gestión de declaraciones.

Así, los titulares de registros públicos han de remitir mensualmente a la AEAT el **modelo 038**, en el que se relacionan las entidades cuya constitución, establecimiento, modificación o extinción hayan inscrito, cuyas principales características son (OM HAC/66/2002; OM HAP/2194/2013 art.1.3 -redacc OM HAC/266/2024-, 12 y 13; OM HAC/611/2021 disp.final 1ª):

• El modelo se ha de presentar, en el **plazo** del mes natural siguiente al mes natural al que se refieren las inscripciones autorizadas, ante la Delegación o Administración de la AEAT del domicilio fiscal del declarante.

• En relación con la **forma de presentación** es obligatoria la presentación electrónica por Internet mediante firma electrónica utilizando un certificado electrónico reconocido, emitido de acuerdo con las condiciones que establece la normativa reguladora de determinados aspectos de los servicios electrónicos de confianza que, según la normativa vigente en cada momento (actualmente L 6/2020), resulte admisible por la AEAT.

Cuando el obligado tributario tenga la forma jurídica de sociedad anónima o sociedad de responsabilidad limitada, o se trate de obligados tributarios respecto de los cuales las funciones de gestión están atribuidas a alguna de las Unidades de Gestión de Grandes Empresas dependientes del Departamento de Inspección Financiera y Tributaria de la AEAT o a la Delegación Central de Grandes Contribuyentes.

En el caso de obligados tributarios **personas físicas,** se permite la presentación mediante el sistema Cl@ve, sistema de identificación, autenticación y firma electrónica común para todo el Sector Público Administrativo Estatal previo registro como usuario, siempre que no sea obligatoria su presentación electrónica.

En el caso de obligados tributarios **personas físicas**, se permite la presentación mediante Cl@ve, sistema de identificación, autenticación y firma electrónica común para todo el Sector Público Administrativo Estatal previo registro como usuario, sin que exista límite en el número de registros, siempre que no sea obligatoria su presentación electrónica con firma avanzada.

B. Sociedades cotizadas de inversión en el mercado inmobiliario

8135

Las sociedades anónimas cotizadas de inversión en el mercado inmobiliario (en adelante, **SOCIMI**) se configuran como un instrumento de inversión destinado al mercado inmobiliario del alquiler, y facilitan el acceso de los ciudadanos a la propiedad inmobiliaria, obteniendo el inversor una **rentabilidad estable** de su inversión en el capital de estas sociedades, dado que las mismas están obligadas a distribuir a sus accionistas en forma de dividendos casi la totalidad de los beneficios que obtienen en cada ejercicio. 8137
La L 11/2009 por la que se regulan las SOCIMI, introduce un régimen fiscal para la actividad de **arrendamiento de inmuebles de naturaleza urbana**, tanto en lo que se refiere a la tributación en el IS de las sociedades que realizan esta actividad empresarial, como a la tributación a nivel de sus socios por las rentas derivadas de la participación en el capital de esas sociedades.

1. Ámbito de aplicación

Para poder aplicar este régimen especial, las sociedades deben cumplir una serie de **requisitos**, que a continuación se detallan: 8140

Forma jurídica (L 11/2009 art.1, 4, 5 y 13) Las SOCIMI deben adoptar necesariamente la forma de sociedad anónima, con un **capital social** mínimo de 5.000.000 euros. 8143
Las **acciones** deben ser nominativas y de una misma clase, es decir, todas tienen el mismo valor nominal y otorgan los mismos derechos políticos y económicos a sus titulares.
Se exige que las acciones de estas sociedades estén **admitidas a negociación** en un mercado regulado o en un sistema multilateral de negociación español o en el de cualquier otro Estado miembro de la Unión Europea o del Espacio Económico Europeo, o bien en un mercado regulado de cualquier país o territorio con el que exista efectivo intercambio de información tributaria, de manera ininterrumpida durante todo el período impositivo. La **exclusión de negociación** en estos mercados es causa de la pérdida del régimen fiscal especial, pasando la SOCIMI a tributar por el régimen general del impuesto en el propio período impositivo en que se manifieste esta situación, con independencia de que, posteriormente, pueda recuperar dicha negociación.

Precisiones **1)** La **normativa** reguladora de las SOCIMI incluye la LSC (RDLeg 1/2010) y la Ley del Mercado de Valores (RDLeg 6/2023), sin perjuicio de las disposiciones especiales previstas en la L 11/2009. 8145
2) Las **aportaciones no dinerarias** en bienes inmuebles para la constitución o ampliación del capital de la SOCIMI se deben **tasar** en el momento de su aportación y, a dicho fin, el experto independiente designado por el Registrador Mercantil debe ser una de las sociedades de tasación previstas en la legislación del mercado hipotecario. Lo anterior también se aplica en el caso de aportaciones no dinerarias efectuadas en inmuebles para la constitución o ampliación del capital de las SOCIMI no cotizadas (nº 8147). Puesto que estas últimas pueden ser tanto residentes en territorio español como en el extranjero, cabe plantear si la obligación de valoración se extiende a las SOCIMI no cotizadas residentes en el extranjero, siendo así que la neutralidad del régimen debería extender esta obligación a las mismas.
3) La exigencia del **carácter nominativo de las participaciones** responde a la necesidad de identificar a los socios de la entidad con el fin de garantizar la tributación mínima exigida por la L 11/2009. No obstante, en el ámbito internacional puede ocurrir que dicho carácter nominativo no sea establecido por la legislación mercantil correspondiente. El hecho de no poder acceder a la identificación del 100% de los socios de la entidad, no puede suponer que se impida la aplicación del régimen, siempre que se garantice la mencionada tributación mínima. Ello puede entenderse cumplido cuando están identificados más del 95% de los socios de la entidad (DGT CV 19-9-13; CV 21-6-22).El hecho de que las acciones estén representadas mediante **anotaciones en cuenta** no impide el cumplimiento del requisito del carácter nominativo de las mismas (DGT CV 11-2-14; CV 11-12-14).

Objeto social (L 11/2009 art.2) Las SOCIMI deben tener como objeto social principal: 8147
a) La **adquisición y promoción de bienes inmuebles** de naturaleza urbana para su arrendamiento. La actividad de promoción incluye la rehabilitación de edificaciones en los términos establecidos en la LIVA art.20.uno.22.B.

b) La **tenencia de participaciones en el capital** de:
• Otras **SOCIMI**.
• Otras entidades no residentes en territorio español que tengan el mismo objeto social que las SOCIMI y que estén sometidas a un régimen similar al de estas últimas en cuanto a la política obligatoria, legal o estatutaria, de distribución de beneficios (**SOCIMI cotizadas no residentes**). Respecto de estas entidades, se requiere:
- que, al igual que las SOCIMI, sus acciones sean nominativas y estén admitidas a negociación en un mercado regulado o en un sistema multilateral de negociación español o de cualquier otro Estado miembro de la Unión Europea o del Espacio Económico Europeo, o bien en un mercado regulado de cualquier país o territorio con el que exista efectivo intercambio de información tributaria, de forma ininterrumpida durante todo el período impositivo;
- que los bienes inmuebles situados en el extranjero tengan naturaleza análoga a los situados en territorio español.

c) La **tenencia de participaciones en el capital** de otras entidades, residentes o no en territorio español, que tengan igualmente como objeto social principal la adquisición de bienes inmuebles de naturaleza urbana para su arrendamiento y que estén sometidas al mismo régimen establecido para las SOCIMI en cuanto a la obligación, legal o estatutaria, de distribución de beneficios y de requisitos de inversión (nº 8663 s.) -**SOCIMI no cotizadas**-.
Estas entidades, residentes o no en territorio español, deben cumplir los siguientes **requisitos**:
- no pueden tener participaciones en el capital de otras entidades;
- las participaciones representativas de su capital social deben ser nominativas;
- la totalidad de su capital social debe pertenecer a otras SOCIMI o entidades no residentes a que se refiere el apartado anterior (SOCIMI cotizadas no residentes).
Si la entidad incumple cualquiera de estos requisitos, ello supone que, a la hora de determinar las inversiones afectas al objeto social principal de las SOCIMI, esta inversión no va a computar como apta.
Aun cuando no coticen en mercados regulados o en un sistema multilateral de negociación, cuando estas entidades sean **residentes** en territorio español, pueden optar por la aplicación del régimen fiscal especial en las mismas condiciones establecidas para las SOCIMI.

d) La tenencia de acciones o participaciones de **Instituciones de Inversión Colectiva Inmobiliaria** reguladas en la LIIC.

8150 Precisiones **1)** Las **entidades no residentes** en las que puede participar una SOCIMI deben ser residentes en países o territorios con los que exista efectivo intercambio de información tributaria (nº 7625 s. Memento Fiscal 2024).
2) Una SOCIMI puede participar en **SOCIMI cotizadas no residentes** en territorio español. En este caso, no parece que sean exigibles a estas últimas entidades los mismos requisitos de inversión y demás condiciones requeridos con carácter general a las SOCIMI, bastando que tengan el mismo objeto social principal que las SOCIMI y que estén sometidas a un régimen similar al de estas en cuanto a la política obligatoria, legal o estatutaria, de distribución de beneficios.
3) Una SOCIMI no cotizada residente puede optar por aplicar el **régimen fiscal especial** siempre que cumpla todos los requisitos exigidos a las SOCIMI, incluso cuando esté participada en su totalidad por entidades no residentes, siempre que estas últimas sean SOCIMI cotizadas no residentes. No se cumplen los requisitos si la SOCIMI no cotizada residente está directamente participada por una entidad no residente en **régimen fiscal de atribución**, aun cuando esta última esté directamente participada por una entidad no residente análoga a la SOCIMI (DGT CV 5-10-10).
4) No es impedimento el hecho de que la SOCIMI cotizada no residente tenga participaciones en entidades **filiales no residentes** con objeto social diferente y que no tengan política de distribución de dividendos, siempre que la SOCIMI cotice y tenga política de distribución de dividendos equivalente a la SOCIMI cotizada residente (DGT CV 19-9-13).
5) A las SOCIMI no cotizadas residentes no les resultan aplicables los **requisitos** sobre capital social, forma jurídica de sociedad anónima y denominación social (DGT CV 19-9-13). El requisito de ser participadas íntegramente por SOCIMI o por SOCIMI cotizadas no residentes debe cumplirse en el momento de la opción por este régimen fiscal especial (DGT CV 20-1-14; CV 30-7-15).

8153 **Bienes inmuebles de naturaleza urbana** (L 11/2009 art.2.3 y 2.4; RDLeg 1/2004 art.7) Se consideran bienes inmuebles de naturaleza urbana todos aquellos que se sustentan en el suelo que tenga la calificación de urbano.
No obstante, a efectos del régimen fiscal de las SOCIMI, **no se consideran bienes inmuebles**:
• Aquellos **de características especiales** a efectos catastrales.
• Los bienes inmuebles cuyo uso se ceda a terceros mediante contratos que cumplan los requisitos para ser considerados como de **arrendamiento financiero** a efectos del IS, es decir, cuando se ceda el uso de esos bienes con opción de compra y el importe de la opción sea inferior al valor residual del inmueble en el momento del ejercicio de dicha opción, así como cuando, no habiendo tal opción, sin embargo, se transfieran sustancialmente los riesgos y beneficios inherentes a la propiedad del inmueble.

Los bienes inmuebles adquiridos deben serlo **en propiedad**. A estos efectos, se incluye: 8155
• La propiedad resultante de **derechos de superficie**, vuelo o subedificación, inscritos en el Registro de la Propiedad y durante su vigencia.
• Los inmuebles poseídos por la sociedad en virtud de contratos que cumplan los requisitos para ser considerados como de **arrendamiento financiero** a efectos del IS, esto es, cuando se haya adquirido la propiedad económica aun cuando no la jurídica, en cuyo caso los mismos deberían formar parte del activo de la sociedad. En todo caso, estos inmuebles deben estar calificados como tales a efectos contables en el activo de la sociedad.
Desde este punto de vista no se exige que el arrendamiento realizado por la SOCIMI cumpla los requisitos de la LAU.

Actividades accesorias (L 11/2009 art.2.6 y 13) Además de las actividades económicas que 8157
constituyen su objeto social principal (nº 8147), las SOCIMI pueden desarrollar otras actividades accesorias. Este carácter se determina en función de las rentas que proceden del objeto social principal y las que proceden del resto de actividades. Se consideran actividades accesorias aquellas cuyas rentas en su conjunto representan **menos del 20%** de la totalidad de las rentas de la SOCIMI en cada período impositivo.
Si la sociedad viene aplicando el régimen fiscal especial, el **incumplimiento** de este requisito es causa de exclusión de la sociedad del referido régimen. No obstante, la exclusión no tiene lugar si en el ejercicio inmediato siguiente se repone la situación, es decir, si en este último ejercicio las rentas accesorias vuelven a ser menos del 20% de las rentas totales de la SOCIMI en dicho ejercicio. Si en este último ejercicio no se repone esa situación, se perderá la aplicación del régimen fiscal especial con efectos del propio período en el que se manifestó la circunstancia de que las rentas accesorias alcanzaron al menos el 20% de las rentas totales de la SOCIMI, debiendo practicar la sociedad la regularización correspondiente (nº 8275).

Precisiones 1) A efectos del cómputo de las actividades accesorias, la L 11/2009 no establece ninguna **relación con la actividad principal** de arrendamiento de inmuebles, por lo que no es necesario que esas actividades guarden relación directa o indirecta con la principal o contribuyan a la realización de la misma. Es suficiente con valorar el cumplimiento del requisito objetivo de la proporción de las rentas procedentes de actividades distintas de las que constituyen su objeto social principal en relación con la totalidad de las rentas en cada período impositivo.
2) Las **SOCIMI no cotizadas** (nº 8147) también pueden realizar actividades accesorias en los términos antes expuestos, con la salvedad de que, entre esas rentas accesorias, no puede haber rentas derivadas de la participación en el capital de otras entidades, ya que esa tenencia está prohibida.
3) En la actividad económica de **arrendamiento de inmuebles**, los requisitos se computan a nivel de grupo, aun cuando la SOCIMI no cotizada utilice medios de la SOCIMI cotizada dominante (DGT CV 4-7-13).

Contabilización (L 11/2009 art.2.5) Si la SOCIMI realiza conjuntamente la actividad de promo- 8160
ción inmobiliaria y la de arrendamiento de inmuebles urbanos, ambas actividades deben ser objeto de **contabilización separada** para cada inmueble promovido o adquirido, con el desglose que resulte necesario para identificar la renta correspondiente a cada inmueble o finca registral en que este se divida.
Asimismo, si realiza **otras actividades accesorias**, las mismas deben contabilizarse de forma separada para determinar la renta procedente de las mismas. No es necesaria la separación de cada una de estas otras actividades (DGT CV 11-5-15).

Requisitos de inversión (L 11/2009 art.3) Las SOCIMI deben tener invertido, al menos, el 80% 8163
del valor de su activo en:
• Bienes **inmuebles de naturaleza urbana** destinados al arrendamiento. No se exige que los inmuebles estén arrendados de manera efectiva en todo momento (DGT CV 30-11-15). En este porcentaje no quedan computados los inmuebles que, formando parte del activo, la sociedad no tenga en propiedad (L 11/2009 art.2.4).
• **Terrenos** para la promoción de bienes inmuebles que vayan a destinarse al arrendamiento, siempre que la promoción se inicie dentro de los 3 años siguientes a su adquisición.
• **Participaciones** en el capital de otras SOCIMI, o de SOCIMI cotizadas no residentes o SOCIMI no cotizadas, así como participaciones en el capital o patrimonio de IIC inmobiliarias (nº 8147 s.).

El cálculo de este porcentaje se efectúa sobre el balance consolidado cuando la SOCIMI sea 8165
dominante de un grupo según los criterios establecidos en el CCom art.42, con independencia de la residencia y de la obligación de formular cuentas anuales consolidadas. Dicho grupo estará integrado exclusivamente por la SOCIMI y el resto de entidades en las que participa en cumplimiento de su objeto social principal. No resulta relevante su cómputo mediante los balances formulados de acuerdo con las NIIF (DGT CV 11-2-14; CV 11-12-14).

El **valor del activo** se determina según la media de los balances individuales o, en su caso, consolidados trimestrales del ejercicio, pudiendo optar la sociedad para calcular dicho valor por sustituir el valor contable por el de mercado de los elementos integrantes de tales balances, el cual se aplicará en todos los balances del ejercicio. A estos efectos no se computan, en su caso, el dinero o derechos de crédito procedentes de la transmisión de dichos inmuebles o participaciones que se haya realizado en el mismo ejercicio o anteriores siempre que, en este último caso, no haya transcurrido el plazo de que dispone la SOCIMI para realizar la reinversión en el caso de transmisión de inmuebles o participaciones en otras entidades (nº 8185).
Tratándose de **inmuebles situados en el extranjero**, incluidos los que posean las SOCIMI no cotizadas en las que, en su caso, participe una SOCIMI, a efectos de ese cómputo, dichos inmuebles deben tener naturaleza análoga a los situados en territorio español y debe existir efectivo intercambio de información tributaria con el país o territorio donde estén situados (nº 7626 Memento Fiscal 2024). Esta regla se aplica incluso si tales inmuebles determinan un establecimiento permanente en el extranjero, de forma que el resultado contable imputable a las rentas de tales inmuebles, también está sujeto a la obligación de distribución en forma de dividendos, el cual alcanza al resultado contable global de la SOCIMI.

8167 Precisiones **1)** En relación a los activos a computar en el 80%, no se incluyen los **derechos de cobro**, aun cuando estén relacionados con la actividad arrendaticia (p.e. activos por impuesto diferido, derechos de cobro de rentas de arrendamiento, o derechos de cobro derivados de prestaciones de servicios relacionados con la actividad a entidades filiales). Por otra parte, deben computarse los **valores brutos** de los elementos patrimoniales incluidos en el activo, esto es, sin incluir disminuciones de valor como consecuencia de amortizaciones o, en su caso, deterioros, porque no suponen ninguna minoración de la inversión realizada, de manera que un deterioro de un bien inmueble podría determinar la exclusión del régimen de SOCIMI sin justificación alguna. La concurrencia de circunstancias que alteren la composición del activo, tales como la **depreciación** de los inmuebles o las variaciones de valor de las participaciones de las que la SOCIMI sea titular no inciden en el cumplimiento del requisito de inversión (DGT CV 11-2-14; CV 11-12-14).
2) Los requisitos de inversión se determinan a nivel del **grupo mercantil**, aunque la entidad matriz sea una entidad no residente en territorio español (DGT CV 21-7-23).
3) En caso de que se opte por valorar los balances individuales o consolidados por su **valor de mercado**, no se especifica quién está habilitado para realizar esa valoración. Por tanto, la valoración de mercado la podría realizar, inclusive, la propia SOCIMI, si bien, en todo caso, debe tener las **pruebas** suficientes que la sustenten; pruebas que pueden ser cuestionadas por la Administración tributaria en una comprobación posterior, lo que exige que la valoración se realice con soportes técnicos contrastados que garanticen su fiabilidad, ante las consecuencias que puedan derivarse en caso de que la misma no sea aceptada por la Administración tributaria.
4) La SOCIMI S es la dominante de un grupo integrado por cuatro sociedades dependientes que también han optado por el citado régimen especial de las SOCIMI (en adelante, **sub-SOCIMI). **A efectos de verificar el cumplimiento del **test de activos** previsto en la L 11/2009 art.3.1 las sub-SOCIMI también han de tener en cuenta el balance consolidado del grupo y no su balance individual (DGT CV 30-11-15).
5) Los activos como **instalaciones técnicas y mobiliario**, adquiridos con objeto de acondicionar el interior de las viviendas para facilitar su arrendamiento (muebles de cocina, enseres, acondicionamientos, etc.), pueden considerarse incluidos en los activos aptos a la hora de computar el requisito de inversión del 80%. siempre que no haya diferenciación respecto a los mismos en el precio pagado por el arrendatario (DGT CV 11-11-15).

8170 **6)** Los inmuebles urbanos arrendados en virtud de los contratos cesión de espacios flexibles (**coworking**), se consideran activos aptos a efectos de computar el requisito de la inversión del 80%, en la parte proporcional del valor del activo que se corresponda única y exclusivamente con la actividad arrendaticia generadora de rentas aptas de acuerdo con lo expuesto en el nº 7185 (DGT CV 29-6-23).
7) Adquisición de viviendas en procedimientos de **ejecución hipotecaria**, en los que el titular de los derechos de crédito garantizados por hipoteca cede el remate a las consultantes, previo abono de una cantidad (precio por la cesión), facultándolas para resultar adjudicatarias de la vivienda en caso de que la puja quede desierta. A efectos de determinar el cumplimiento del requisito de inversión del 80% en inmuebles destinados al arrendamiento, aquellas viviendas deben entenderse computables (DGT CV 14-11-16):
- en la medida en que el precio de la cesión se corresponda inequívocamente con la adquisición posterior de los inmuebles en proceso de ejecución hipotecaria;
- aunque por causas ajenas a los adquirentes los inmuebles estén ocupados por terceros sin justo título, de manera que no pueden ser arrendados u ofrecidos en arrendamiento, bajo la condición de que finalmente, una vez recuperada la posesión de los inmuebles, estos se destinen al arrendamiento;
- cuando los inmuebles no estén arrendados u ofrecidos en arrendamiento por estar siendo objeto de rehabilitación, reforma, acondicionamiento, o mejora para su alquiler posterior.

Ejemplos 1) Una sociedad anónima A residente en territorio español cotiza en una bolsa de valores, estando formado el 90% de su activo por inmuebles urbanos arrendados y un 10% por participaciones en el capital de otras entidades cuyo objeto social es la promoción inmobiliaria. **8173**
Esta sociedad cumple los requisitos de la composición de su activo para optar por la aplicación del régimen fiscal especial de las SOCIMI, siempre que se cumplan el resto de requisitos exigidos.
2) Una sociedad anónima A residente en territorio español cotiza en una bolsa de valores, estando formado el 20% de su activo por inmuebles urbanos arrendados, un 10% por inversiones financieras de liquidez inmediata y un 70% por participaciones en el capital de otras SOCIMI acogidas al régimen fiscal especial.
Esta sociedad cumple los requisitos de la composición de su activo para optar por la aplicación del régimen fiscal especial de las SOCIMI, siempre que se cumplan el resto de requisitos exigidos.
3) Mismo ejemplo anterior con la diferencia de que alguna de las SOCIMI participadas por la sociedad A no ha optado por la aplicación del régimen fiscal especial.
Igualmente, la sociedad A puede optar por aplicar el régimen fiscal especial.
4) Una sociedad anónima A residente en territorio español cotiza en una bolsa de valores, estando formado el 60% de su activo por inmuebles urbanos arrendados y un 40% por inversiones financieras de liquidez inmediata procedentes de la transmisión de inmuebles previamente arrendados.
Esta sociedad no cumple los requisitos de la composición de su activo para optar por la aplicación del régimen fiscal especial de las SOCIMI.

Mantenimiento de las inversiones (L 11/2009 art.3.3) Los bienes inmuebles que integren el activo de las SOCIMI deben permanecer **arrendados** durante al menos 3 años. Este mismo plazo se aplica a los bienes inmuebles que hayan sido **promovidos** por la sociedad. A efectos de ese cómputo, se suma el tiempo en que los inmuebles han estado ofrecidos en arrendamiento, con un máximo de un año. **8175**

Este **plazo** se computa:

• En el caso de **bienes inmuebles** que figuren en el patrimonio de la sociedad **antes del momento de acogerse al régimen**, desde la fecha de inicio del primer período impositivo en que se aplique el régimen fiscal especial de la SOCIMI, siempre que a dicha fecha el bien se encontrara arrendado u ofrecido en arrendamiento. De lo contrario, se aplica lo dispuesto en el punto siguiente. No se tiene en cuenta el período de mantenimiento que haya transcurrido con anterioridad (DGT CV 25-1-16).

• En el caso de bienes **inmuebles promovidos o adquiridos** con posterioridad por la SOCIMI, el plazo se computa desde la fecha en que fueron arrendados u ofrecidos en arrendamiento por primera vez.

• Tratándose de **acciones o participaciones** en el capital de entidades en las que participa en cumplimiento de su objeto social principal (nº 8147), deben mantenerse en el activo de la SOCIMI al menos durante 3 años desde su adquisición o, en su caso, desde el inicio del primer período impositivo en que se aplique el régimen fiscal especial de la SOCIMI.

Precisiones 1) La L 11/2009 no regula de forma completa todos los efectos derivados del **incumplimiento del plazo de arrendamiento**. Al respecto la norma establece que las rentas derivadas del arrendamiento de los inmuebles que incumplen el plazo exigido deben tributar según el régimen general y que ese incumplimiento no es causa de la pérdida del régimen fiscal especial (L 11/2009 art.9.1 y 13.e). No obstante, parece coherente interpretar que estos inmuebles, en caso de que permanezcan en el activo de la sociedad, no deben computar en la determinación del porcentaje del 80% de inversión en inmuebles (nº 8163) y, en caso de que se hayan transmitido, ello no parece que deba afectar a los porcentajes de inversión de ejercicios anteriores en los que se tuvieron en consideración tales inmuebles.
2) El requisito de mantenimiento de las inversiones en arrendamiento es aplicable igualmente a las **SOCIMI no cotizadas** en las que participe la SOCIMI, residentes en territorio español o en el extranjero, con independencia de que la SOCIMI no cotizada residente haya o no optado por la aplicación del régimen fiscal especial.
3) El arrendamiento puede ser **total o parcial**, sin que pueda considerarse que la falta de arrendamiento puntual de un local dentro del centro comercial suponga el incumplimiento del plazo de permanencia. Tampoco tiene incidencia en el cómputo del plazo de permanencia el hecho de que determinadas zonas comunes (zonas de acceso o plazas de parking) no sean objeto de arrendamiento individualizado (DGT CV 20-1-14).
No se considera que el hecho de que alguna de las unidades individuales (pisos, locales, etc.) que conforman la promoción o bloque de viviendas en régimen de alquiler haya podido estar vacante, suponga el incumplimiento del plazo de permanencia, siempre que el conjunto de dichas unidades haya permanecido sustancialmente arrendado durante el plazo exigido legalmente (DGT CV 30-11-15; CV 29-4-16; 17-8-20).
4) El requisito del plazo de 3 años de mantenimiento del arrendamiento se computa a nivel de **grupo**, por lo que no supone el incumplimiento de dicho plazo el hecho de que un inmueble se transmita por una SOCIMI a sus filiales SOCIMI no cotizadas (DGT CV 2-1-15).

5) El requisito de permanencia no resulta exigible a activos que no estén afectos a la actividad principal, sino a **actividades accesorias** (DGT CV 11-5-15).
6) No se considera que las viviendas están arrendadas u ofrecidas en arrendamiento a efectos del cómputo del plazo de mantenimiento cuando las viviendas adquiridas para su arrendamiento (DGT CV 14-11-16):
- por causas ajenas a los adquirentes, están **ocupados por terceros** sin justo título;
- están siendo objeto de **rehabilitación**, reforma, acondicionamiento, o **mejora** para su alquiler posterior.

8177 **Origen de las rentas** (L 11/2009 art.3.2) Otro requisito exigido a la SOCIMI es que al menos el **80% de las rentas** del período impositivo correspondientes a cada ejercicio, excluidas las derivadas de la transmisión de las participaciones y de los bienes inmuebles, afectos ambos al cumplimiento de su objeto social principal (nº 8147), siempre que la transmisión se haya realizado una vez transcurrido el plazo de mantenimiento obligado (nº 8175), debe provenir:
• Del **arrendamiento de bienes inmuebles** afectos al cumplimiento de su objeto social principal con personas o entidades respecto de las cuales no se produzca alguna de las circunstancias establecidas en el CCom art.42, con independencia de su residencia. No se computan en este porcentaje los inmuebles de que disponga la entidad, cuando no sean de su propiedad (L 11/2009 art.2.4).
• De **dividendos** o participaciones en beneficios procedentes de participaciones afectas al cumplimiento de su objeto social principal.
Este porcentaje se calcula sobre el resultado individual o bien sobre el resultado consolidado en el caso de que la SOCIMI sea dominante de un **grupo** según los criterios establecidos en el CCom art.42, con independencia de la residencia y de la obligación de formular cuentas anuales consolidadas. Dicho grupo estará integrado exclusivamente por la SOCIMI y el resto de entidades en las que participa en cumplimiento de su objeto social principal.
El **incumplimiento** de ese porcentaje determina que la SOCIMI no pueda aplicar el régimen fiscal especial en el período impositivo en que se produce ese incumplimiento, excepto que se reponga la causa del incumplimiento dentro del ejercicio inmediato siguiente (L 11/2009 art.13.e).

8180 Precisiones **1)** La renta derivada del **arrendamiento de inmuebles** está integrada, por cada inmueble, por el ingreso íntegro obtenido minorado en los gastos directamente relacionados con la obtención de dicho ingreso y en la parte de los gastos generales que correspondan proporcionalmente al citado ingreso.
Las rentas derivadas del establecimiento de una **cláusula penal** en los estatutos de la SOCIMI, por medio de la cual los socios que participen en un porcentaje igual o superior al 5% y tributen por los dividendos recibidos a un tipo impositivo inferior al 10%, quedan obligados al pago de una **indemnización** a la SOCIMI con ocasión de la distribución de dichos dividendos, si bien no derivan en sentido estricto del arrendamiento de bienes inmuebles afectos al cumplimiento del objeto social, con arreglo a una interpretación sistemática y razonable de la norma, cabe considerar que tal ingreso proviene, indirectamente, del desarrollo de la actividad principal de la SOCIMI, por lo que cabría computarlo a efectos del cálculo del límite del 80% en términos de origen de rentas (DGT CV 11-2-14).
2) La SOCIMI S es la dominante de un grupo integrado por cuatro sociedades dependientes que también han optado por el citado régimen especial de las SOCIMI (en adelante, **sub-SOCIMI**). A efectos de verificar el cumplimiento del **test de ingresos** previsto en la L 11/2009 art.3.2 las sub-SOCIMI también han de tener en cuenta el balance consolidado del grupo y no su balance individual (DGT CV 30-11-15).
3) En el caso de contratos de **arrendamiento de los edificios** de los hoteles, conjuntamente con los elementos necesarios para su explotación (**mobiliario**, enseres, etc.), en la medida en que son elementos destinados a acondicionar el interior de los hoteles, directamente relacionados con la actividad arrendaticia, se considera que las rentas generadas por dichos contratos son aptas a los efectos del régimen de rentas previsto en la L 11/2009 art.3.2 (DGT CV 29-4-16).
4) Las rentas generadas en la transmisión de inmuebles una vez pasados los 3 años del **plazo de mantenimiento** en arrendamiento, no se computan a efectos del 80% de las rentas y del 20% de las rentas accesorias. Tampoco se tiene en cuenta a efectos del resultado consolidado que pueda aplicarse (DGT CV 26-1-17).

8183 Ejemplos **1)** Una SOCIMI acogida al régimen fiscal especial obtiene en un ejercicio una renta de 1.000 de la que 600 procede del arrendamiento de inmuebles, 280 de dividendos percibidos de otra SOCIMI no cotizada residente en territorio español acogida igualmente al régimen fiscal especial y 120 de las inversiones financieras temporales realizadas con la tesorería de la sociedad.
Esta SOCIMI cumple el requisito del porcentaje mínimo del 80% de rentas procedentes del objeto social principal.
2) Una SOCIMI acogida al régimen fiscal especial obtiene en un ejercicio una renta de 1.000 de la que 600 procede del arrendamiento de inmuebles, 350 de la transmisión de inmuebles realizada

con anterioridad al plazo mínimo de mantenimiento y 50 de inversiones financieras temporales realizadas con la tesorería de la sociedad.
Esta SOCIMI no cumple el requisito del porcentaje mínimo del 80% de rentas procedentes del objeto social principal, lo cual podría suponer la pérdida del régimen fiscal especial, excepto que se reponga la causa del incumplimiento dentro del ejercicio inmediato siguiente.

Distribución de resultados (L 11/2009 art.6) Tanto las SOCIMI como las SOCIMI no cotizadas residentes en territorio español en las que participa en cumplimiento de su objeto social principal (nº 8147), que hayan optado por la aplicación del régimen fiscal especial, están obligadas a distribuir el beneficio obtenido en cada ejercicio a sus accionistas en forma de **dividendos**, una vez cumplidas las obligaciones mercantiles que correspondan, de la siguiente forma: 8185

• Beneficios procedentes de **dividendos o participaciones en beneficios** distribuidos por las entidades en las que participa en cumplimiento de su objeto social principal: se debe distribuir el **100%**.
Esta distribución total de dividendos alcanza incluso al supuesto de dividendos procedentes de participaciones en SOCIMI no cotizadas residentes en territorio español que no hayan optado por aplicar el régimen fiscal especial.

• Beneficios derivados de la **transmisión de inmuebles y acciones o participaciones** afectos al cumplimiento de su objeto social principal, realizada una vez transcurridos los plazos obligatorios de mantenimiento (nº 8175): se debe distribuir al menos el **50%**.
El **resto de estos beneficios** debe reinvertirse en otros inmuebles o participaciones afectos al cumplimiento de dicho objeto, en el plazo de los 3 años posteriores a la fecha de la transmisión. En caso de no realizarse la **reinversión**, esos beneficios deben distribuirse en su totalidad conjuntamente con los beneficios que procedan, en su caso, del ejercicio en que finaliza el plazo de reinversión.
Si los elementos objeto de reinversión se transmiten antes del plazo obligatorio de mantenimiento, aquellos beneficios deben distribuirse en su totalidad conjuntamente con los beneficios que procedan, en su caso, del ejercicio en que dichos elementos se han transmitido.
La obligación de distribuir no alcanza a la parte de los beneficios imputables a ejercicios en los que la SOCIMI no tributaba por el régimen fiscal especial, lo que se justifica por el hecho de que esa parte de renta, que se presume obtenida de forma lineal salvo prueba en contrario, está sujeta al **tipo general de gravamen**, por cuanto que la obligación de distribución de beneficios no alcanza a los sujetos al tipo general (nº 8262). Según la DGT, se puede interpretar que no solo no les alcanza la obligación de distribución, sino tampoco la obligación de reinversión (DGT CV 21-4-16).

• **Resto de los beneficios** obtenidos: se debe distribuir al menos el **80%**. Es decir, estas entidades están obligadas a distribuir al menos el 80% de los beneficios del ejercicio que procedan de:
- rentas derivadas del **arrendamiento de inmuebles urbanos** afectos a su objeto social principal;
- rentas de las **actividades accesorias**.

• Beneficios que se correspondan con rentas sujetas al **tipo general de gravamen**: parece que existe obligación de su distribución en forma de dividendos hasta el 80%, pues la L 11/2009 art.9 no establece nada al respecto.

Cuando la distribución del dividendo se realice con cargo a **reservas** procedentes de beneficios de un ejercicio en el que haya sido de aplicación el régimen fiscal especial, la distribución debe adoptarse obligatoriamente con el acuerdo de distribución de los beneficios del ejercicio. 8186
El **acuerdo de distribución** de los dividendos debe adoptarse necesariamente dentro de los 6 meses siguientes a la conclusión de cada ejercicio, debiendo pagarse el dividendo dentro del mes siguiente a la fecha del acuerdo de distribución.
La **reserva legal** de las sociedades que hayan optado por la aplicación de este régimen fiscal especial no puede exceder del 20% por ciento del capital social. Los estatutos de estas sociedades no podrán establecer ninguna otra reserva de carácter indisponible distinta de la anterior.

En función de las **rentas** obtenidas por la SOCIMI sujetas al tipo de gravamen del 0% o al tipo general de gravamen (nº 8230), y de las diferentes fuentes de renta sujetas al tipo de gravamen del 0%, las situaciones posibles son las siguientes: 8187

• Tanto las rentas sujetas al tipo de gravamen del 0% como las sujetas al tipo general de gravamen son **positivas**. Existe **beneficio contable**. En este caso, no hay que diferenciar la parte del Impuesto sobre beneficios devengado imputable a unas y otras rentas para determinar el beneficio contable que es obligatorio distribuir del que no procede su distribución obligatoria.

• Tanto las rentas sujetas al tipo de gravamen del 0% como las sujetas al tipo general son **negativas**. Existe **pérdida contable**. No hay beneficio que distribuir, de manera que la base imponible negativa que pueda resultar se compensará con las rentas positivas obtenidas en los períodos impositivos siguientes, de acuerdo con el régimen general.

• Las rentas sujetas al **tipo de gravamen del 0%** son **positivas** y las sujetas al **tipo general negativas**. Existe **beneficio contable**. En este caso, todo el beneficio contable es imputable a las rentas sujetas al tipo de gravamen del 0%, por lo que dicho beneficio debe distribuirse obligatoriamente en los porcentajes mínimos establecidos en el nº 8185.
• Las rentas sujetas al **tipo de gravamen del 0%** son **positivas** y las sujetas al **tipo general negativas**. Existe **pérdida contable**. No hay beneficio que distribuir; la base imponible negativa que pueda resultar no se compensa con las rentas positivas obtenidas en los períodos impositivos siguientes, dado que no se aplica a las SOCIMI el régimen general de compensación de bases imponibles negativas (nº 8227).
• Rentas sujetas al **tipo de gravamen del 0% negativas** y rentas sujetas al **tipo general positivas**. Existe **beneficio contable**. Todo el beneficio contable es imputable a las rentas sujetas al tipo general, por lo que existe obligación de distribución, excepto por la parte de renta imputable a períodos anteriores a la aplicación del régimen de SOCIMI, en el caso de transmisión de inmuebles o participaciones, aun cuando estén sujetas al tipo general, que, si se distribuyen, será por la libre voluntad de la SOCIMI de retribuir a sus accionistas.
• Rentas sujetas al **tipo de gravamen del 0% negativas** y rentas sujetas al **tipo general positivas**. Existe **pérdida contable**. No hay beneficio que distribuir; la base imponible negativa que pueda resultar no se compensa con las rentas positivas obtenidas en los períodos impositivos siguientes, dado que no se aplica a las SOCIMI el régimen general de compensación de bases imponibles negativas.

8190 Precisiones 1) La tributación de estas sociedades no se ve afectada por el hecho de que una **parte del beneficio no se distribuya** y, por tanto, el mismo no se someta a tributación ni en la SOCIMI ni en los socios, puesto que se difiere hasta el ejercicio en el que sea objeto de distribución o bien la sociedad deje de tributar por este régimen fiscal especial (nº 8263).

2) La **falta de acuerdo** de distribución o **pago** total o parcial de los dividendos determina la pérdida del régimen fiscal especial, lo que supone que la SOCIMI pasa a tributar según el régimen general del IS con efectos del propio período impositivo que se corresponda con el ejercicio del cual proceden tales dividendos no distribuidos, aunque sea solo en parte (L 11/2009 art.13.c).

3) El pago del dividendo se puede realizar **en especie**. Así ocurre cuando la sociedad registra una deuda contable en favor de sus accionistas y de forma inmediatamente posterior al acuerdo de distribución de dividendos, se apruebe la capitalización de dichos créditos, para proceder a su pago mediante la entrega de nuevas acciones de la sociedad, siempre que el dividendo percibido en forma de acciones tenga la consideración de ingreso en sede de los accionistas, con independencia del tratamiento fiscal que tenga en su imposición personal (DGT CV 11-2-14; CV 11-12-14). El mismo tratamiento se contempla para el supuesto en que tras generarse el crédito a favor del accionista al diferirse el pago del dividendo, la sociedad que ha acordado la distribución del dividendo realiza un aumento de capital (o un incremento de fondos propios con cargo a una cuenta de aportaciones de socios), suscribiendo el accionista dicha ampliación mediante la aportación del crédito surgido anteriormente (DGT CV 2-1-15).

4)Las dotaciones anuales de la **reserva legal** que superen el 10% del beneficio del ejercicio no se realizan en cumplimiento de las obligaciones mercantiles, sino de forma voluntaria, incumpliéndose lo establecido en la L 11/2009 art.6 (DGT CV 18-1-11).

8193 **5)** La obligación de **distribución de dividendos** también alcanza a las SOCIMI no cotizadas residentes en territorio español que estén participadas por SOCIMI cotizadas residentes en el extranjero que tengan la misma política de distribución de beneficios que las SOCIMI cotizadas residentes en territorio español.

6) La distribución durante el propio ejercicio en que se obtiene el beneficio de unas **cantidades a cuenta** de los dividendos correspondientes al beneficio del ejercicio, no se considera un obstáculo para entender cumplido el plazo para acordar la distribución del beneficio por las SOCIMI (DGT CV 11-5-15; CV 14-7-15; CV 29-4-16). Las cantidades que se hayan distribuido a cuenta de los dividendos, se han de tener en cuenta a los efectos de determinar el importe de distribución obligatoria anual que establece la norma reguladora de las SOCIMI (DGT CV 29-4-16).

7) Los porcentajes de distribución del beneficio se refieren a los **beneficios contables** de cada una de las fuentes de rentas de las que procedan, con el **límite** del beneficio contable total del ejercicio. Si este es negativo, no existe obligación de distribuir dividendos aunque sea positivo el beneficio de alguna de las fuentes de rentas (DGT CV 21-4-16; CV 29-4-16).

8) El beneficio contable procedente de la eliminación de **pasivos por impuestos diferidos** como consecuencia de la reducción del tipo de gravamen del IS, al no ser ingresos fiscales, no se tiene en cuenta en la distribución obligatoria de beneficios (DGT CV 18-11-16). Tampoco se tiene en cuenta la **diferencia negativa de escisión** derivada de la combinación de negocios (DGT CV 26-1-17), ni el ingreso contable, que en ningún caso tiene trascendencia fiscal, derivado de la reversión de un gasto por deterioro registrado en un ejercicio anterior que no tuvo la consideración de fiscalmente deducible, si se corresponde con reversiones de deterioros que, en el período impositivo en que fueron contabilizados como gasto, no hayan reducido el importe del beneficio contable a distribuir en dicho período (DGT CV 12-5-23; CV 18-5-23).

Ejemplos 1) Una SOCIMI acogida al régimen fiscal especial obtiene en un ejercicio una renta de 10.000 de la que 6.000 procede del arrendamiento de inmuebles, 3.000 de dividendos percibidos de otra SOCIMI no cotizada residente en territorio español, acogida igualmente al régimen fiscal especial, en la que participa al 100% y 1.000 de las inversiones financieras temporales realizadas con la liquidez de la sociedad. 8195
Dado que todas las rentas obtenidas en el ejercicio estarían sujetas al tipo de gravamen del 0% (nº 8230), no hay **impuesto devengado**, siendo el beneficio contable de 10.000.
Si la política de distribución de dividendos de la SOCIMI se limita a los porcentajes mínimos obligatorios de distribución de beneficios, el dividendo distribuido sería de 8.600, de los que 3.000 corresponderían a los dividendos percibidos que deben distribuirse en su totalidad, y 5.600 [0,8 × 7.000] con el resto de los beneficios sujetos al tipo de gravamen del 0% de los que hay que distribuir un 80%.

2) Una SOCIMI acogida al régimen fiscal especial obtiene en un ejercicio una renta positiva de 10.000 procedente del arrendamiento de inmuebles y una renta negativa de 2.000 procedente de las actividades accesorias que desarrolla. 8196
El beneficio contable del ejercicio asciende a 8.000 (10.000 - 2.000). Dado que todas las rentas obtenidas en el ejercicio están sujetas al tipo de gravamen del 0%, el dividendo mínimo que debe obligatoriamente distribuir asciende a 6.400 (8.000 × 0,8).

3) Una SOCIMI acogida al régimen fiscal especial obtiene en un ejercicio una renta positiva de 12.000 procedente del arrendamiento de inmuebles, otra renta negativa de 2.000 procedente de las actividades accesorias que desarrolla, así como una renta positiva de 3.000 procedente de la transmisión de un inmueble antes del plazo de 3 años de mantenimiento de la inversión. 8197
En este caso, la base imponible de la sociedad sujeta al tipo de gravamen del 0% asciende a 10.000 (12.000 - 2.000), de manera que a efectos de aplicar la compensación de la renta negativa obtenida en este ejercicio, la misma debe minorar solo las rentas sujetas al tipo de gravamen especial, es decir, la renta negativa de 2.000 procedente de las rentas accesorias, sujetas también al tipo de gravamen del 0%, compensan el resto de rentas sujetas a este tipo, sin que afecten a las rentas sujetas al tipo general.
De acuerdo con esta interpretación, el **IS devengado por cada fuente de renta** es el siguiente:
- Renta sujeta al tipo de gravamen del 0%: 12.000 - 2.000 =10.000
- IS devengado: 10.000 × 0% = 0
- Beneficio contable imputable a la renta sujeta al tipo de gravamen del 0%: 10.000
- Renta sujeta al tipo general: 3.000
- IS devengado: 3.000 × 0,25 = 750
- Beneficio contable imputable a la renta sujeta al tipo general: 2.250 (3.000 - 750)

Por tanto, el beneficio contable del ejercicio de la SOCIMI, una vez descontado el IS devengado sobre ese beneficio, asciende a 12.250 (10.000 + 2.250)
El dividendo mínimo que debe obligatoriamente distribuir asciende a 9.800 (12.250 × 0,8). El beneficio contable de 2.250 imputable a las rentas sujetas al tipo general de gravamen está sujeto a la obligación de distribución, pues la L 11/2009 art.6 no establece nada al respecto, por lo que resulta aplicable la obligación de distribuir al menos el 80% del resto de beneficios obtenidos, entre los que se encuentran todas las rentas generadas por la SOCIMI.

2. Régimen fiscal especial de la sociedad

8200

a. Opción por el régimen fiscal especial

(L 11/2009 art.8 y disp.trans.1ª)

La L 11/2009 regula la forma en la que el contribuyente tiene que optar por la aplicación de este régimen, distinguiendo según se cumplan o no todos los requisitos exigidos legalmente (nº 8207). 8203
Hay que tener en cuenta que la opción por la aplicación del régimen fiscal especial de las SOCIMI es **incompatible** con la aplicación de cualquiera de los regímenes especiales previstos en la LIS art.42 a 117, con **excepción** de los siguientes, respecto de los que se declara la compatibilidad (L 11/2009 art.8.3): reorganizaciones empresariales; transparencia fiscal internacional; contratos de arrendamiento financiero.

8205 **Cumplimiento de los requisitos** (L 11/2009 art.8) Tanto las SOCIMI cotizadas como las no cotizadas residentes, que cumplan los requisitos legales exigidos por la L 11/2009 (nº 8140 s.), pueden optar por la aplicación en el IS de un régimen fiscal especial, opción que, en caso de acogerse, arrastra a los socios de la entidad, que están obligados a aplicar asimismo el régimen fiscal especial establecido para ellos (nº 8280 s.).
La **adopción** de la opción le corresponde a la junta general de accionistas y ha de ser objeto de **comunicación** a la Delegación de la AEAT del domicilio fiscal de la SOCIMI antes de los 3 últimos meses previos a la conclusión del período impositivo en el que se quiere aplicar el régimen fiscal especial.
La **comunicación** realizada fuera de este plazo impide aplicar este régimen en dicho período impositivo, aun cuando podrá aplicarse a partir del período impositivo inmediato siguiente.
Una vez que se ha acordado la opción y se ha comunicado, el régimen fiscal especial se aplica en el período impositivo que finalice con posterioridad a dicha comunicación, así como en los sucesivos que concluyan antes de que se comunique la **renuncia** al referido régimen.

Precisiones **1)** En el caso del primer período impositivo de aplicación del régimen fiscal especial, la obligación de **negociación en mercados regulados** (nº 8143) se exige para todo el período impositivo.
2) La comunicación a la Administración tributaria de la opción por tributar según este régimen fiscal especial es un requisito sustancial para aplicar dicho régimen, por lo que la **ausencia de esa comunicación** impide aplicar el régimen especial aun cuando se haya optado por el mismo en la junta general de accionistas.
3) Si una SOCIMI cotizada no residente tuviera en territorio español un **establecimiento permanente** constituido por inmuebles urbanos destinados al arrendamiento, a dicho establecimiento le debería ser posible optar por la aplicación del régimen fiscal especial de las SOCIMI en igualdad de condiciones que hubiera correspondido de ser una filial (SOCIMI no cotizada residente), dado que en ese otro caso la filial podría optar por aplicar el referido régimen.

8207 **Incumplimiento de los requisitos** (L 11/2009 disp.trans.1ª) Aunque en la fecha de toma del acuerdo por la junta general de accionistas de tributar según el régimen fiscal especial no se cumplan los requisitos exigidos (nº 8140 s.), sin embargo, también ese **acuerdo** tomado válidamente en el plazo de los 3 meses anteriores a la conclusión del período impositivo y comunicado en dicho plazo a la Delegación de la AEAT del domicilio fiscal de la entidad, habilita para aplicar el régimen fiscal especial en dicho período impositivo y en los siguientes, a condición de que tales requisitos se cumplan dentro de los **2 años** siguientes a la fecha de la opción por aplicar dicho régimen fiscal especial.
Los efectos del **incumplimiento** de los requisitos dentro de ese plazo de 2 años se analizan en el nº 8270.

b. Particularidades del régimen fiscal especial

8220 Las sociedades que hayan optado por la aplicación del régimen fiscal especial están sujetas al IS, con las particularidades que se analizan en los números siguientes.
El **período impositivo** de la SOCIMI coincide con su ejercicio económico, el cual coincide normalmente con su ejercicio social.

8223 **Base imponible** (L 11/2009 art.9.1) La base imponible del IS se determina de acuerdo con las normas generales establecidas en la LIS (nº 7845 s.), en particular, de acuerdo con la normativa vigente el último día del período impositivo (fecha de conclusión del período impositivo y del devengo del impuesto), que determina la normativa aplicable.

8225 **Devengo** (L 11/2009 art.9) El impuesto se devenga el último día del período impositivo correspondiente al ejercicio, en igualdad de condiciones que cualquier otro contribuyente del IS.

8227 **Autoliquidación** (L 11/2009 art.9.1) **Las SOCIMI**, al igual que todos los contribuyentes del IS, están obligadas a presentar y suscribir una **declaración** por este impuesto en el lugar y en la forma que se determinen por el Ministerio de Hacienda, en el **plazo** de los 25 días naturales siguientes a los 6 meses posteriores a la conclusión del período impositivo (LIS art.124).
Las SOCIMI determinan su base imponible según los criterios generales que establece la normativa del impuesto, diferenciando la parte de la misma que se grava al tipo del 0% y la que está sujeta al tipo general de gravamen.
Dado que estas entidades no soportan una tributación efectiva, en el caso de que generen **bases imponibles negativas**, las mismas no pueden compensar rentas positivas obtenidas en los períodos impositivos siguientes (nº 8015 s.), ni tampoco pueden aplicar ninguna deducción en la cuota por doble imposición internacional, ni las **bonificaciones o deducciones** para incentivar la realización de determinadas actividades.

Tipo de gravamen (L 11/2009 art.9.1) Estas sociedades tributan al tipo de gravamen del **0%**. 8230
No obstante, tributan al **tipo general** de gravamen las rentas procedentes de:
• La **transmisión de inmuebles o participaciones** afectos a su objeto social principal cuando se haya incumplido el requisito de permanencia de 3 años (nº 8175). La aplicación del régimen general alcanza a los inmuebles promovidos que se destinen a la venta y no al arrendamiento. No obstante, tratándose de participaciones en el capital de otras entidades que no se hayan acogido al régimen fiscal especial de SOCIMI, que cumplan los requisitos de la LIS art.21, la renta generada en la transmisión puede acogerse a la exención.
• El **arrendamiento de inmuebles** que no ha cumplido el requisito de mantenimiento de 3 años (nº 8175) devengadas en el período impositivo en el que se produce el incumplimiento, así como la renta derivada del arrendamiento de esos inmuebles en ejercicios anteriores, que se integra en la autoliquidación del período impositivo en el que se produce el incumplimiento.
• Esta misma regularización procede en el caso de que la sociedad, cualquiera que sea la causa, pase a tributar por **otro régimen distinto** en el IS antes de que se cumpla el referido plazo de 3 años.

En los casos expuestos en los apartados anteriores, la **regularización** se realiza añadiendo al 8233
líquido que resulte de la liquidación del período impositivo en el que tiene lugar el incumplimiento del requisito, la parte de cuota íntegra que corresponda a la renta afectada, más los intereses de demora (LIS art.125.3). El resultado de la adición es el líquido a ingresar o a devolver de la liquidación definitiva.
La L 11/2009 establece que estas rentas no solo tributan al tipo general de gravamen del IS, sino también de acuerdo con el **régimen general** de dicho impuesto, lo cual parece suponer que pueden generar derecho a alguna de las deducciones en la cuota íntegra, pero que no tendrían efectos prácticos como consecuencia de la regularización exigida en los términos antes expuestos.
Al margen de los tres tipos de rentas del nº 8230, también tributan al **tipo general** de gravamen las rentas procedentes de:
• Los **ajustes fiscales pendientes** de integrar en la base imponible en el momento de aplicación del régimen fiscal de SOCIMI.
• La parte de renta generada en la **transmisión de inmuebles y participaciones** afectos a su objeto social principal, cuando se haya incumplido el requisito de permanencia de 3 años, imputable a los períodos impositivos anteriores a la aplicación de este régimen fiscal especial.
Las anteriores rentas se liquidan de acuerdo con el régimen general del IS, esto es, aplicando el tipo general de gravamen a las mismas para determinar la cuota íntegra, sobre la que podrán practicarse las deducciones que correspondan.
Estas rentas positivas se pueden **compensar con bases imponibles negativas** generadas en períodos anteriores a la aplicación del régimen fiscal especial, o generadas en períodos en los que sea aplicable ese régimen especial sujetas al tipo general de gravamen. No obstante, si la SOCIMI genera rentas sujetas al tipo general de gravamen y las mismas han resultado negativas, dado que a las mismas les son aplicables las reglas generales del IS, esas rentas negativas pueden ser compensadas con rentas positivas obtenida en los períodos impositivos siguientes que estas últimas estén igualmente sujetas al tipo de gravamen general del IS.

Precisiones El tipo de gravamen del 0% se aplica con independencia de que el arrendatario sea una entidad vinculada que forma parte del mismo grupo (nº 7980 s.) o bien resida en un país o territorio con el que no exista efectivo intercambio de información tributaria (nº 7626 Memento Fiscal 2024). Lo mismo es trasladable en el caso de transmisión de inmuebles o participaciones, por cuanto que no hay ningún requisito sobre la naturaleza (**vinculación o residencia**) de la entidad adquirente.

Cuota íntegra (L 11/2009 art.9.1) La **cuota íntegra total** es la que resulta de aplicar los tipos de 8235
gravamen que correspondan a las diferentes fuentes de rentas devengadas en el período impositivo (0% y el tipo general -nº 8030-). Dicha cuota íntegra no puede reducirse en las deducciones y bonificaciones establecidas en la LIS (nº 8040 s.).
No obstante, tratándose de rentas derivadas de la transmisión de elementos patrimoniales sujetas al **tipo general de gravamen**, dado que la L 11/2009 establece que se aplica la tributación del régimen general, ello parece habilitar a que pueda aplicarse cualquier deducción que la normativa del IS establezca con carácter general.

Precisiones Si la SOCIMI obtiene rentas de fuente extranjera, dividendos, plusvalías o rentas de establecimientos permanentes, puede aplicar el **régimen de exención** en los términos de la LIS art.21 y 22 (nº 7815 s.).
De obtener **rentas en el extranjero** procedentes del arrendamiento de inmuebles de naturaleza urbana, que hayan soportado tributación en el extranjero, al no generarse cuota íntegra por dichas rentas, no es posible deducir el impuesto extranjero.

8237 **Plazo de declaración** (L 11/2009 art.9.1) La declaración del IS es **única** aun cuando existan diferentes fuentes de rentas sujetas a tipos de gravamen diferentes, y se presenta en los 25 días naturales siguientes a los seis meses posteriores a la conclusión del período impositivo, de acuerdo con el régimen general del impuesto.

Esta declaración también debe presentarse aun cuando se hayan generado pérdidas en el ejercicio correspondiente al período impositivo o no haya beneficio repartible, con la **particularidad** de que la base imponible positiva obtenida en ese período será objeto de autoliquidación en esa declaración en el caso de que tribute al tipo general de gravamen.

8240 **Pagos fraccionados** (L 11/2009 art.9.1; LIS disp.adic.14ª) Las sociedades que hayan optado por la aplicación del régimen fiscal especial, están obligadas a efectuar los pagos fraccionados de acuerdo con el régimen general del impuesto (nº 8055 s.). No obstante, las SOCIMI no están obligadas a efectuar el **pago fraccionado mínimo** (nº 8085).

8243 **Retenciones** (L 11/2009 art.9.5) Los **dividendos** o participaciones en beneficios distribuidos por las SOCIMI, tanto las cotizadas como las no cotizadas, están sometidos a retención o ingreso a cuenta, cualquiera que sea la naturaleza del socio que los perciba, personas físicas o jurídicas, residentes o no en territorio español. No obstante, no existe obligación de retener cuando el **socio** sea otra SOCIMI que reúna los requisitos para la aplicación del régimen de SOCIMI.

Tampoco se practica retención en el caso de dividendos distribuidos a socios no residentes respecto de los que la SOCIMI está sujeta al gravamen especial (nº 8245).

Por otra parte, las rentas que perciba una SOCIMI estarán sujetas a retención cuando proceda según las normas generales del impuesto, con excepción de los dividendos que hayan sido distribuidos por otra SOCIMI en la que participe la primera.

Precisiones En el caso de **socios residentes en la UE** a los que se aplica la Dir 2011/96/UE (Directiva matriz-filial), se consideran rentas exentas los beneficios distribuidos a los mismos (LIRNR art.14.1.h). Por otra parte, se establece que no procede practicar retención a las rentas que están exentas en el IRNR (LIRNR art.31.4), por lo que parece que no es posible en estos casos aplicar la retención, salvo que se pueda interpretar que no es aplicable la anterior Directiva a la SOCIMI, al estar sujeta al tipo de gravamen del 0%.

8245 **Gravamen especial** (L 11/2009 art.9.2 y 3) La SOCIMI está sujeta a un tipo de gravamen del **19%** sobre el importe íntegro de los dividendos o participaciones en beneficios distribuidos cuando se cumplan estas **condiciones**:

- que el socio tenga una participación en el capital social de la SOCIMI igual o superior al 5% (la L 11/2009 parece referirse solo a la participación directa); y
- que los dividendos percibidos por los socios estén exentos o tributen a un tipo de gravamen inferior al 10%.

El gravamen especial **no se aplica** en los siguientes supuestos:

• Cuando el socio sea una entidad a la que se aplica la L 11/2009 (SOCIMI y SOCIMI no cotizadas residentes).

• Cuando el dividendo se perciba por una SOCIMI cotizada no residente respecto de aquellos socios que posean una participación igual o superior al 5% de esa entidad y tributen por dichos dividendos o participaciones en beneficios al menos al tipo de gravamen del 10%.

El **devengo** de este gravamen especial se produce el día del acuerdo de distribución de beneficios por la junta general de accionistas de la SOCIMI u órgano equivalente, y se debe **autoliquidar e ingresar** en el plazo de 2 meses desde la fecha de devengo. Se autoliquida en el **modelo 217**, que está disponible solo en formato electrónico (OM HFP/1922/2016).

8247 Precisiones **1)** El gravamen especial tiene la consideración de **cuota del IS**.

2) Para determinar si la tributación del dividendo es inferior o no al 10%, se debe tener en cuenta la **tributación efectiva** del dividendo aisladamente considerado, teniendo en cuenta los gastos directamente asociados a dicho dividendo (como pueden ser los correspondientes a la gestión de la participación o los gastos financieros derivados de su adquisición) (DGT CV 28-1-15; CV 17-11-15), pero sin tener en consideración otro tipo de rentas que pudieran alterar dicha tributación, como puede resultar, por ejemplo, de la compensación de bases imponibles negativas en sede del socio (DGT CV 11-2-14; CV 28-1-15; CV 17-11-15).

No obstante, el criterio señalado debe matizarse cuando se trate de gastos financieros asociados a **préstamos participativos** otorgados por los socios de una entidad luxemburguesa, en la medida en que el préstamo participativo genere un ingreso financiero en sede de dichos socios sometido a tributación, sin que le resulte de aplicación deducción o exención de ningún tipo. En la medida en que se pueda justificar la tributación de los ingresos financieros de los correspondientes préstamos participativos en los socios de la entidad que perciben los dividendos, los gastos financieros no son tenidos en cuenta para determinar la tributación efectiva de los referidos dividendos (DGT CV 17-11-15).

Si los perceptores de los dividendos son **entidades en régimen de atribución de rentas** no residentes en España y similares a las prevista en la LIRNR (look-through entities), el requisito de tributación de, al menos el 10% debe analizarse a nivel de los socios últimos, y no en sede de la entidad que atribuye sus rentas. De igual manera, el **porcentaje de participación** de los socios en la SOCIMI debe analizarse en sede de los partícipes en la entidad en atribución de rentas.
En el caso de **socios no residentes**, se debe considerar tanto el tipo de retención en fuente que, en su caso, grave tales dividendos con ocasión de su distribución en España, como el tipo impositivo al que esté sometido el socio no residente en su país de residencia, minorado, en su caso, en las deducciones o exenciones para eliminar la doble imposición internacional que les pudiera resultar aplicable como consecuencia de la percepción de los mencionados dividendos (DGT CV 11-2-14).

Ejemplos **1)** Una SOCIMI cuyo ejercicio social coincide con el año natural está acogida al régimen fiscal especial y obtiene en un ejercicio (n) una renta de 10.000.000 € que procede en su totalidad de la actividad de arrendamiento de inmuebles urbanos. El beneficio contable del ejercicio es igualmente de 10.000.000 €. El 1 de abril del ejercicio (n+1) acuerda distribuir el 95% del beneficio del ejercicio anterior, esto es, un importe de 9.500.000 (10.000.000 × 0,95). **8248**
La liquidación del IS de la SOCIMI es la siguiente:
Devengo: el IS se devenga el 31-12-(n).
Base imponible del ejercicio (n): 10.000.000 €.
Presentación de la declaración: debe presentarse dentro de los 25 días del mes de julio del año (n+1).
Liquidación: La base imponible objeto de liquidación asciende a 10.000.000, que no se ve afectada por el porcentaje del beneficio que es objeto de distribución.
Cuota íntegra: 10.000.000 × 0% = 0 €.

2) Una SOCIMI cuyo ejercicio social coincide con el año natural está acogida al régimen fiscal especial y obtiene en un ejercicio (n) una renta bruta de 20.000.000 € que procede en su totalidad de la actividad de arrendamiento de inmuebles urbanos, de la que 5 millones procede de un establecimiento permanente en el extranjero donde se desarrolla la actividad empresarial de arrendamiento y que ha estado sujeta a un tipo del 20%, así como otro millón de inmuebles situados en el extranjero que no determinan un establecimiento permanente gravada al tipo del 25%. **8249**
A efectos de determinar el beneficio contable del ejercicio (n) debe tenerse en cuenta que la renta bruta de 5 millones procedente del establecimiento permanente estaría exenta por aplicación de la LIS art.22, mientras que la renta de un millón igualmente procedente del extranjero no generaría ninguna cuota adicional en la SOCIMI al ser el impuesto satisfecho en el extranjero, de 250.000 €, superior al impuesto de 0 que hubiera correspondido si se aplicara el IS.
Por tanto, el beneficio contable será de 18.750.000 (20.000.000 - 1.000.000 - 250.000), una vez descontado el impuesto satisfecho por el establecimiento permanente y el impuesto satisfecho por la SOCIMI en el extranjero sobre la renta de los inmuebles que no determinan un establecimiento permanente. El 1 de abril del ejercicio (n+1) acuerda distribuir el 90% del beneficio del ejercicio anterior, esto es, un importe de 16.875.000 (18.750.000 × 0,9).
La liquidación del IS de la SOCIMI es la siguiente:
Devengo: el IS se devenga el 31-12-(n).
Base imponible del ejercicio (n): 15.000.000, una vez aplicada la exención sobre la renta del establecimiento permanente.
Presentación de la declaración: debe presentarse dentro de los 25 días del mes de julio del año (n+1).
Liquidación: La base imponible objeto de liquidación será de 15.000.000, que no se ve afectada por el porcentaje del beneficio que es objeto de distribución.
Cuota íntegra: 15.000.000 × 0 = 0 €.
La SOCIMI no puede aplicar la deducción por doble imposición internacional (nº 8220).

3) Una SOCIMI cuyo ejercicio social coincide con el año natural está acogida al régimen fiscal especial y obtiene en un ejercicio (n) una renta de 10.000.000 € que procede en su totalidad de la actividad de arrendamiento de inmuebles urbanos, así como una renta de 1.000.000 € procedente de la transmisión de un inmueble por importe de 12.000.000 €, realizada antes de que haya pasado el plazo de 3 años de mantenimiento en arrendamiento de estos inmuebles. **8250**
El beneficio contable del ejercicio es de 10.750.000 € después de descontar el IS asociado a ese resultado [11.000.000 - (0,25 × 1.000.000)].
El 1 de abril del ejercicio (n+1) acuerda distribuir el 90% del beneficio del ejercicio anterior procedente del arrendamiento y el 80% del beneficio procedente de la transmisión del inmueble. Es decir, el dividendo distribuido es de 9.600.000 [(10.000.000 × 0,9) + (750.000 × 0,8)].
La liquidación del IS de la SOCIMI es la siguiente:
Devengo: el IS se devenga el 31-12-(n).
Base imponible del ejercicio (n): 11.000.000.
Presentación de la declaración: debe presentarse dentro de los 25 días del mes de julio del año (n+1).

Liquidación: La base imponible objeto de liquidación es de 11.000.000, que no se ve afectada por el porcentaje del beneficio que es objeto de distribución.
Cuota íntegra: [(10.000.000 × 0) + (1.000.000 × 0,25)] = 250.000.

8251 **4)** Una SOCIMI cuyo ejercicio social coincide con el año natural está acogida al régimen fiscal especial y obtiene en un ejercicio (n) una renta nula. No obstante, en dicho ejercicio ha realizado una reducción de capital por importe de 4.000.000 €, entregando a un socio que se ha separado de la sociedad un inmueble con un valor contable de 4.000.000 €, aun cuando su valor de mercado es de 5.000.000 €, sin que se haya registrado ningún resultado contable en esta operación.
En este caso, aun cuando no haya beneficio distribuible, sin embargo, esa sociedad tendrá que realizar la liquidación del IS sobre la renta de 1.000.000 (5.000.000 - 4.000.000) generada en la reducción de capital.
Por tanto, la liquidación del IS será la siguiente:
Devengo: el IS se devenga el 31-12-(n).
Base imponible del ejercicio (n): 1.000.000.
Presentación de la declaración: debe presentarse dentro de los 25 días del mes de julio del año (n+1).
Cuota íntegra: 1.000.000 × 0 = 0.

8252 **5)** Una SOCIMI cuyo ejercicio social coincide con el año natural está acogida al régimen fiscal especial y obtiene en el ejercicio (n) una renta positiva de 10.000 procedente del arrendamiento de inmuebles. En ese mismo ejercicio ha obtenido una renta negativa de 15.000 procedente de la transmisión de un inmueble una vez pasado el plazo de mantenimiento en arrendamiento.
En este caso, aun cuando no haya beneficio distribuible por haberse generado una pérdida, sin embargo, esa sociedad tendrá que realizar la liquidación del IS sobre la parte de base imponible negativa generada en el período impositivo.
Por tanto, la liquidación del IS será la siguiente:
Devengo: el IS se devenga el 31-12-(n).
Base imponible del ejercicio (n): -5.000 (10.000 - 15.000).
Presentación de la declaración: debe presentarse dentro de los 25 días del mes de julio del año (n+1), con la particularidad de que la base imponible negativa generada no puede compensar las rentas positivas que se generen en períodos impositivos posteriores, al no aplicarse a estas sociedades la compensación de bases imponibles negativas que establece la normativa del IS.

8253 **Gravamen especial sobre beneficios no distribuidos** (L 11/20019 art.9.4) Con efectos para los períodos impositivos que se inicien a partir del **1-1-2021**, la SOCIMI está sujeta a un gravamen especial del 15% sobre el importe de los **beneficios** obtenidos en el ejercicio que no sea objeto de distribución, en la parte que proceda de rentas que no hayan tributado al tipo general de gravamen del Impuesto ni se trate de rentas acogidas al período de reinversión previsto en el nº 8185.
El **devengo** del gravamen especial se produce el día del acuerdo de aplicación del resultado del ejercicio por la junta general de accionistas, u órgano equivalente, y se debe **autoliquidar** e ingresar en el plazo de dos meses desde la fecha de devengo. Se autoliquida en el modelo 237 que está disponible solo en formato electrónico (OM HFP/1430/2021).

Precisiones **1)** Este gravamen especial tiene la consideración de **cuota del IS**.
2) Para determinar **importe de los beneficios** que no hayan sido objeto de distribución, no debe tenerse en cuenta el ingreso contable derivado de la reversión de un gasto por deterioro registrado en un ejercicio anterior que no tuvo la consideración de fiscalmente deducible, si se corresponde con reversiones de deterioros que, en el período impositivo en que fueron contabilizados como gasto, no hayan reducido el importe del beneficio contable a distribuir en dicho período (DGT CV 12-5-23).

c. Obligaciones de información

(L 11/2009 art.11)

8255 **Información a suministrar** (L 11/2009 art.11.1 a 3) Las sociedades que hayan optado por la aplicación del régimen fiscal especial (SOCIMI cotizadas y SOCIMI no cotizadas) deben aportar, a requerimiento de la Administración tributaria, la información detallada sobre los cálculos efectuados para determinar el resultado de la distribución de los gastos entre las distintas fuentes de renta.
Asimismo, estas sociedades han de crear en la memoria de las cuentas anuales un apartado denominado «Exigencias informativas derivadas de la condición de SOCIMI, Ley 11/2009», en el que se incluye la siguiente información:
• **Reservas** procedentes de ejercicios anteriores a la aplicación del régimen fiscal especial, mientras estas existan.
• **Reservas** procedentes de ejercicios en que ha resultado aplicable el régimen fiscal especial, diferenciando la parte que procede de rentas gravadas al tipo de gravamen del 0%, o al tipo

especial del 19%, respecto de aquellas que, en su caso, hayan tributado al tipo general de gravamen, mientras estas existan.
• **Dividendos distribuidos** con cargo a beneficios de cada ejercicio en que ha resultado aplicable el régimen fiscal especial, diferenciando la parte que procede de rentas sujetas al tipo de gravamen del 0%, o al tipo especial del 15% o del 19%, respecto de aquellas que, en su caso, hayan tributado al tipo general de gravamen.
• En caso de distribución de **dividendos con cargo a reservas**, designación del ejercicio del que procede la reserva aplicada y si las mismas han estado gravadas al tipo de gravamen del 0%, o al tipo especial del 19%, o al tipo general de gravamen.
• Fecha de **acuerdo de distribución** de los dividendos distribuidos con cargo a beneficio y con cargo a reservas (nº 8255).
• Fecha de adquisición de los **inmuebles** destinados al arrendamiento y de las **participaciones** en el capital de entidades en cumplimiento de su objeto social principal (nº 8147).
• Identificación del **activo** que computa dentro del 80% de su valor que ha de estar invertido en bienes inmuebles y participaciones aptas para tener la consideración de SOCIMI (nº 8163 s.).
• **Reservas** procedentes de ejercicios en que ha resultado aplicable el régimen fiscal especial, que se hayan dispuesto en el período impositivo, que no sea para su distribución o para compensar pérdidas. Debe identificarse el ejercicio del que proceden dichas reservas.

Infracciones (L 11/2009 art.11.3 y 4) Constituye **infracción tributaria grave** el incumplimiento, en relación con cada ejercicio, de las obligaciones de información exigidas (nº 8255 s.). Dicha infracción se **sanciona** de acuerdo con las siguientes normas: 8257
• Datos omitidos, inexactos o falsos referidos a cada una de las obligaciones de información del nº 8255: 1.500 euros por cada dato y 15.000 euros por conjunto de datos omitidos, inexactos o falsos.
A estos efectos, cada una de las informaciones contenidas en dichas letras constituye un dato. Las informaciones a que se refieren cada una de esas letras constituyen distintos conjuntos de datos.
• Datos omitidos, inexactos o falsos referidos a las obligaciones de información que se recogen en el nº 8147: 3.000 euros por cada dato o conjunto de datos omitido, inexacto o falso.
A estos efectos, cada una de las informaciones contenidas en dichas letras constituye un dato. Las informaciones a que se refieren cada una de esas letras constituyen distintos conjuntos de datos.
• Incumplimiento de la obligación de aportar información sobre los cálculos efectuados para determinar el resultado de la **distribución de los gastos** entre las distintas fuentes de renta: constituye infracción tributaria grave, sancionable con 30.000 euros.

d. Entrada-salida del régimen fiscal especial

Puesto que este régimen es de **aplicación opcional** para las SOCIMI que cumplan con los requisitos exigidos, se analizan a continuación las especialidades de entrada y salida del mismo. 8260

Entrada en la aplicación del régimen fiscal especial (L 11/2009 art.12.1) A las SOCIMI que opten por el régimen fiscal especial, que estuviesen tributando por otro régimen distinto, les son de aplicación las siguientes **reglas**: 8262
• Los **ajustes fiscales pendientes de revertir** en la base imponible en el momento de la aplicación del régimen fiscal especial se integran de acuerdo con el régimen general del IS, y se sujetan al tipo general de gravamen.
• Las **bases imponibles negativas** pendientes de compensación en el momento de aplicar el régimen fiscal especial, se compensan con las rentas positivas obtenidas en los períodos impositivos posteriores que tributen conforme al régimen general del impuesto (nº 8015 s.). Si en los períodos impositivos en que tenga lugar la compensación la SOCIMI obtiene tanto rentas sujetas al tipo de gravamen del 0% como al general, aquellas bases imponibles negativas no pueden ser compensadas con las rentas sujetas al tipo de gravamen del 0%.
• La renta derivada de la transmisión de **inmuebles poseídos con anterioridad** a la aplicación del régimen fiscal especial, realizada en períodos en que es de aplicación dicho régimen, se entiende generada de forma lineal, salvo prueba en contrario, durante todo el tiempo de tenencia del inmueble transmitido, de forma que la parte de dicha renta imputable a los períodos impositivos anteriores se grava aplicando el tipo de gravamen y el régimen tributario anterior a la aplicación del régimen fiscal especial.
Este mismo criterio se aplica a las rentas procedentes de la transmisión de las **participaciones** en otras sociedades tenidas en cumplimiento de su objeto social principal (nº 8147) así como al **resto de elementos** del activo.

• Las **deducciones** en la cuota íntegra pendientes de aplicar, se deducen -en los términos establecidos en el nº 8040 s.- de la cuota íntegra que, en su caso, proceda de la aplicación del régimen general del impuesto.

Precisiones A la parte de renta imputable al período existente **con anterioridad a la aplicación del régimen** de SOCIMI, le resulta aplicable el régimen general del IS de acuerdo con la redacción vigente en el período impositivo en que se produce la transmisión del inmueble (en este caso el 2018), por lo que no puede aplicarse la deducción por reinversión de la LIS/04 art.42 a ninguna parte de la renta generada en la transmisión del inmueble (DGT CV 13-7-20).

8263 **Salida en la aplicación del régimen fiscal especial** (L 11/2009 art.12.2) En el caso de SOCIMI que estén tributando por el régimen fiscal especial y pasen a tributar por otro régimen distinto, la renta derivada de la **transmisión de inmuebles** poseídos al inicio del período impositivo en que la sociedad pase a tributar por otro régimen fiscal distinto, realizada en períodos en que es de aplicación ese otro régimen, se entiende generada de forma lineal, salvo prueba en contrario, durante todo el tiempo de tenencia del inmueble transmitido. La parte de dicha renta imputable a los períodos impositivos en los que a la sociedad le fue de aplicación este régimen fiscal especial, se grava según lo establecido para la SOCIMI (nº 8230 s.).
Este mismo criterio se aplica a las rentas procedentes de la **transmisión de las participaciones** en otras entidades tenidas en cumplimiento de su objeto social principal (nº 8147).

8265 Precisiones La L 11/2009 no regula nada sobre los efectos de las **rentas** que tributan de acuerdo con el **régimen general** del IS obtenidas en períodos impositivos en que ha sido de aplicación el régimen de SOCIMI, en particular en el supuesto de que esas rentas hayan sido negativas, en cuyo caso, sí es posible compensarlas en períodos posteriores en los términos establecidos en el nº 8015 s.; así como si esas rentas han podido generar deducciones en la cuota íntegra (nº 8040 s.) que, en caso de estar pendientes de deducción, sí pueden aplicarse en períodos impositivos posteriores, dado que si esas rentas tributan según el régimen general del impuesto, este régimen permite la compensación de dichas bases negativas y la aplicación de deducciones en la cuota íntegra.

e. Pérdida del régimen fiscal especial

(L 11/2009 art.13 y disp.trans.1ª)

8270 La L 11/2009 regula las circunstancias que implican la pérdida del régimen especial, así como los efectos que tiene el incumplimiento de los requisitos para la aplicación del régimen especial cuando se había optado por el mismo a condición de cumplir los requisitos dentro de los 2 años siguientes a la fecha de la opción (nº 8275).

8273 **Circunstancias que suponen la pérdida del régimen especial** (L 11/2009 art.13) Las entidades que hayan optado por aplicar el régimen fiscal especial pierden dicho régimen, pasando a tributar por el régimen general del IS, en el propio período impositivo en el que se manifieste alguna de las **circunstancias** siguientes:
• La **exclusión de negociación** en mercados regulados o en un sistema multilateral de negociación. La exclusión se justifica en que un requisito exigido para aplicar el régimen especial es que la negociación tenga lugar durante todo el período impositivo.
• Incumplimiento sustancial de las **obligaciones de información** (nº 8255), excepto que en la memoria del ejercicio inmediato siguiente se subsane ese incumplimiento.
• La falta de acuerdo de distribución y pago, total o parcial, de los **dividendos** en los términos y plazos exigidos. En este caso, la tributación por el régimen general tendrá lugar en el período impositivo correspondiente al ejercicio de cuyos beneficios hubiesen procedido tales dividendos. La exclusión tiene lugar de forma **irreversible** aun cuando se trate de subsanar ese incumplimiento posteriormente.
• La **renuncia** a la aplicación de este régimen fiscal especial.
• El incumplimiento de cualquier otro de los **requisitos legales** exigidos para que la entidad pueda aplicar el régimen fiscal especial, excepto que se reponga la causa de incumplimiento dentro del ejercicio inmediato siguiente. No obstante, el incumplimiento del plazo de mantenimiento de los inmuebles y participaciones (nº 8175) no supone la pérdida del régimen fiscal especial.
La pérdida del régimen fiscal especial implica que no se puede **optar de nuevo** por su aplicación mientras no hayan transcurrido al menos 3 años desde la conclusión del último período impositivo en que fue de aplicación el referido régimen.

Precisiones **1)** La tributación por el **régimen general** alcanza a todas las rentas del período impositivo en el que tiene lugar el incumplimiento de los requisitos que suponga la pérdida del régimen fiscal especial. Además, también se deben regularizar las rentas del **arrendamiento de inmuebles** que al inicio del período impositivo en el que se tributa por el régimen general no se hayan mantenido en arrendamiento al menos 3 años.

2) Teniendo en cuenta que la entidad no ha aplicado el régimen de SOCIMI en ningún período impositivo al haber **regularizado** su situación tributaria de conformidad con lo establecido en la L 11/2009 disp.trans.1ª, y que ha tributado bajo el régimen general del IS, no ha existido ningún período impositivo en que haya tributado bajo el régimen de SOCIMI, por lo que no resulta de aplicación la limitación temporal para poder **optar de nuevo por la aplicación del régimen** especial tras la pérdida del mismo (DGT CV 11-12-14; CV 25-6-15).

Opción condicionada al cumplimiento de los requisitos (L 11/2009 disp.trans.1ª) Aunque en la fecha del acuerdo por la junta general de accionistas de la opción por el régimen fiscal especial no se cumplan los requisitos exigidos para la aplicación del mismo, la entidad puede no obstante optar por el referido régimen, a condición de que tales requisitos se cumplan dentro de los 2 años siguientes a la fecha de la opción. **8275**

Sin embargo, el **incumplimiento de los requisitos** dentro de ese plazo de 2 años determina los siguientes efectos:

a) **En la sociedad**.

• Debe tributar por el **régimen general** del IS a partir del propio período impositivo en que se manifieste dicho incumplimiento.

• Está obligada a ingresar, junto con la cuota de dicho período impositivo, la **diferencia** entre la cuota que por dicho impuesto resulte de aplicar el régimen general y la cuota que resultó de aplicar el régimen fiscal especial en los períodos impositivos anteriores, sin perjuicio de los intereses de demora, recargos y sanciones que, en su caso, resulten procedentes.

En definitiva, se regulariza el menor importe del impuesto satisfecho por haber aplicado el régimen fiscal especial respecto del que hubiese resultado de aplicar el régimen general, con la particularidad de que esa regularización no se realiza mediante la presentación de declaraciones complementarias de los períodos impositivos en los que se aplicó el régimen de la SOCIMI, sino que se realiza junto con la **autoliquidación del período impositivo** en el que vence ese plazo de 2 años que se otorgó para el cumplimiento de los requisitos exigidos para la aplicación del régimen fiscal especial.

b) **En los socios**. En función de la naturaleza del socio, los efectos del incumplimiento son los siguientes: **8277**

• Socios contribuyentes del **IRPF** o del **IRNR sin establecimiento permanente**. Si la sociedad cumple los requisitos exigidos para aplicar el régimen especial en el momento en que el contribuyente presente la autoliquidación por dichos impuestos, es aplicable el régimen fiscal especial previsto para los socios (nº 8280 s.).

En caso contrario, es decir, si al tiempo de presentar la autoliquidación la sociedad no cumple con tales requisitos, los dividendos o plusvalías procedentes de la sociedad se gravan de acuerdo con el régimen general de dichos impuestos, sin perjuicio de que si dichos requisitos se cumplen con posterioridad a la presentación de la autoliquidación y antes de la finalización del plazo de los 2 años establecido, el contribuyente pueda solicitar la rectificación de la liquidación realizada, al objeto de poder aplicar el citado régimen fiscal.

• Socios contribuyentes del **IS** o contribuyentes del **IRNR con establecimiento permanente**. Los socios aplican el régimen fiscal previsto en el nº 8280 s. aun cuando la sociedad no cumpla los requisitos exigidos en el momento en que el contribuyente presente la autoliquidación por dichos impuestos.

No obstante, si dichos requisitos no se cumplen en el plazo señalado de 2 años desde la fecha de opción por aplicar el régimen especial, el contribuyente puede solicitar la **rectificación** de la autoliquidación al objeto de poder aplicar el régimen fiscal general que corresponda, porque se habrá aplicado una deducción por doble imposición menor que la que corresponde, cualquiera que sea la participación en el capital de la sociedad.

Precisiones **1)** La L 11/2009 no establece de forma expresa la forma en que hay que valorar el cumplimiento o no de los requisitos al vencimiento del plazo de los 2 años. No obstante, una interpretación razonable, en función del tipo de requisito, puede ser la siguiente: **8279**

- **Capital**: el importe mínimo de 5.000.000 euros debe cumplirse al vencimiento de ese plazo.
- **Negociación**: la negociación en un mercado regulado o en un sistema multilateral de negociación debe cumplirse desde el inicio del período impositivo en el que vence ese plazo, de forma equivalente a lo establecido en la L 11/2009 para la aplicación por primera vez del régimen fiscal especial (nº 8203 s.).
- **Porcentaje de inversión** y de **rentas**: dado que este requisito se mide en función de la media de los balances trimestrales, puede interpretarse que el porcentaje exigido debe cumplirse desde el último balance trimestral que haya vencido antes del cumplimiento del plazo de los 2 años de que dispone la sociedad para adaptarse a las condiciones de la L 11/2009, porcentaje que debe ser mantenido en los balances trimestrales posteriores del propio ejercicio en el que vence ese plazo de 2 años.

2) El **plazo** de 2 años que se otorga a la SOCIMI para cumplir los requisitos en materia de inversión y origen de rentas, negociación en mercados regulados, capital social y denominación computa de fecha a fecha, tomando como primer día la fecha en que la sociedad opte por la aplicación de este régimen especial (DGT CV 11-2-14; CV 11-12-14).

3. Régimen fiscal especial para los socios

8280 Los socios de las SOCIMI que hayan optado por la aplicación del régimen fiscal especial establecido para estas entidades están obligados a aplicar el **régimen fiscal especial** del nº 8085 s. por las rentas que perciban de las SOCIMI en forma de dividendos o plusvalías derivadas de la transmisión de la participación en las mismas.

Asimismo, la renta generada en la transmisión de participaciones del capital de SOCIMI, realizada en períodos impositivos en los que **no sea de aplicación** a las mismas el régimen fiscal especial, está sujeta igualmente al régimen fiscal especial que corresponda según la naturaleza del socio. Lo anterior también se aplica a los dividendos distribuidos con cargo a reservas cualquiera que sea el ejercicio del que procedan. Esto se justifica en que en la salida del régimen de la SOCIMI no se ha regularizado la situación tributaria sobre los beneficios procedentes de rentas sujetas al tipo de gravamen del 0% (nº 8263 s.) y, por tanto, los beneficios no distribuidos de la SOCIMI no han soportado una tributación equivalente a la que hubiera resultado de haberse aplicado el régimen general.

En relación a las consecuencias para los socios del **incumplimiento de los requisitos** por la SOCIMI, cuando dicha entidad ha ejercitado la opción por el régimen fiscal especial condicionada al cumplimiento de tales requisitos, ver nº 8277.

8285 A efectos de analizar la incidencia en el socio del régimen fiscal especial de SOCIMI, se debe diferenciar entre rentas obtenidas por el socio en forma de dividendos (nº 8287 s.) y plusvalías derivadas de la transmisión de la participación en la SOCIMI (nº 8300 s.).

8287 **Dividendos obtenidos por los socios** (L 11/2009 art.10.1) Los dividendos distribuidos con cargo a beneficios o reservas de ejercicios en los que haya sido de aplicación el régimen fiscal especial, reciben el siguiente tratamiento:

• Perceptor **contribuyente del IS o del IRNR con establecimiento permanente** (L 11/2009 art.10.1.a). La renta a integrar en la base imponible correspondiente al dividendo distribuido con cargo a beneficios o reservas procedentes de rentas sujetas al tipo de gravamen del 0%, es el ingreso contabilizado correspondiente a los dividendos percibidos.

Sobre dicha renta no se aplica la exención para evitar la doble imposición, aunque la participación cumpla los requisitos establecidos en la LIS art.21, porque el beneficio del que procede el dividendo no ha estado sometido a tributación, al ser el tipo de gravamen del 0%. Este mismo régimen fiscal procede cuando el dividendo procede de beneficios no distribuidos generados en ejercicios anteriores, aunque hayan estado sujetos al gravamen especial del nº 8253. A los dividendos distribuidos con cargo a beneficios procedentes de rentas sujetas al **tipo general** de gravamen se les aplica el régimen general del IS, pues de lo contrario existiría una doble imposición injustificada.

• Perceptor **contribuyente del IRPF** (L 11/2009 art.10.1.b). El dividendo percibido se considera renta sujeta a dicho impuesto en igualdad de condiciones que cualquier otro dividendo percibido.

• Perceptor **contribuyente del IRNR sin establecimiento permanente** (L 11/2009 art.10.1.c). El dividendo percibido se considera renta sujeta a dicho impuesto en igualdad de condiciones que cualquier otro dividendo percibido.

Precisiones Aunque la L 11/2009 no establece la aplicación de esta exención de forma expresa al regular el régimen de los socios, sin embargo, lo anterior parece deducirse de forma indirecta de la regulación de las **obligaciones de información**, en el que se obliga a las SOCIMI a diferenciar, respecto de los dividendos distribuidos, si son con cargo a beneficios que han tributado al tipo de gravamen del 0% respecto de los que lo han hecho al tipo general de gravamen, lo cual solo tiene sentido si la tributación en los socios de esos dividendos es diferente (L 11/2009 art.11).

8293 **Obligaciones formales** (L 11/2009 art.10.3) Para facilitar la aplicación del **gravamen especial**, sobre beneficios distribuidos (nº 8245), los socios que tengan una **participación** de al menos el **5%** del capital de la SOCIMI tienen un plazo de diez días a contar desde el siguiente al que se satisfacen los dividendos para notificar a la SOCIMI que tales dividendos tributan a un tipo de gravamen de al menos el 10%, ya que, en caso de no existir esa notificación, se entiende que esos dividendos o participaciones en beneficios están exentos o tributan a un tipo inferior al 10%. Esta obligación es de fácil comprobación, al ser las acciones de la SOCIMI nominativas.

Las **SOCIMI cotizadas no residentes** socios de una SOCIMI deben acreditar en el referido plazo de diez días que, a la vista de la composición de su accionariado y de la normativa vigente en el momento del acuerdo de distribución del dividendo, este será gravado en la SOCIMI cotizada no residente o en sus socios al menos al tipo de gravamen del 10%. En este caso, la no sujeción al gravamen especial queda, no obstante, condicionada a que los referidos dividendos tributen al menos al tipo del 10% cuando se distribuyan por la SOCIMI cotizada no residente.

Plusvalías obtenidas por los socios (L 11/2009 art.10.2) Las rentas obtenidas en la transmisión de la participación en el capital de las SOCIMI que hayan optado por la aplicación del régimen fiscal especial reciben el siguiente tratamiento, en función de la naturaleza del transmitente: **8300**

Transmitente contribuyente del IS o del IRNR con establecimiento permanente (L 11/2009 art.10.2.a) Las **rentas positivas** generadas en la transmisión de estas participaciones están **sujetas y no exentas**; es decir, no se aplica el régimen de exención (LIS art.21) aunque se cumplan todos los requisitos exigidos. No obstante, aunque la L 11/2009 no señale nada al respecto, sobre la parte de plusvalía que se corresponda, en su caso, con los beneficios no distribuidos generados por la sociedad durante todo el tiempo de tenencia de la participación transmitida, procedentes de rentas que hayan estado sujetas al **tipo general** de gravamen por el IS, aun cuando se haya aplicado el régimen fiscal de SOCIMI en esos ejercicios. Sin embargo, la renta ha tributado conforme al régimen general del impuesto, lo que justificaría la aplicación de la exención del 95% sobre esta parte de renta, con el fin de evitar una doble imposición injustificada. **8303**

Por tanto, la parte de plusvalía que se corresponda, en su caso, con los beneficios no distribuidos generados por la sociedad durante todo el tiempo de tenencia de la participación transmitida procedentes de rentas que han estado sujetas al **tipo de gravamen del 0%** como consecuencia de la aplicación del régimen fiscal especial, se integra en la base imponible sin derecho a la exención, incluso por la parte de plusvalía que se corresponda con beneficios no distribuidos sujetos al gravamen especial de nº 8253.

Respecto a las **rentas negativas** obtenidas en la transmisión de las participaciones en SOCIMI, que se integran o no en la base imponible de acuerdo con los criterios generales establecidos en la LIS art.21 (nº 4480 s. Memento Fiscal 2024).

Transmitente contribuyente del IRPF (L 11/2009 art.10.2.b) La **ganancia o pérdida patrimonial** se determina de acuerdo con las reglas previstas en el IRPF para transmisión a título oneroso de valores admitidos a negociación en alguno de los mercados regulados de valores (nº 1910 s. Memento Fiscal 2024). **8305**

Transmitente contribuyente del IRNR sin establecimiento permanente (L 11/2009 art.10.2.c) La renta está sujeta en los términos establecidos en el IRNR (nº 7740 s. Memento Fiscal 2024), sin que sea aplicable la exención prevista en la LIRNR art.14.1.i, cuando la **participación** en el capital social de la entidad sea **igual o superior al 5%**. Por el contrario, si la participación en el capital es inferior al 5% de la SOCIMI, la renta positiva obtenida por el socio no residente estaría exenta de tributación en territorio español. **8306**

C. Entidades dedicadas al arrendamiento de viviendas

8310

La aplicación de este régimen es **opcional**, y su principal incentivo fiscal consiste en una **bonificación** de la cuota íntegra que corresponda a las rentas derivadas del arrendamiento de viviendas, siempre que se cumplan determinados requisitos. **8313**

1. Ámbito de aplicación

Para poder aplicar este régimen especial las sociedades deben cumplir una serie de **requisitos** que se refieren, entre otros, a su objeto social (nº 8317), a las viviendas que se ofrecen en arrendamiento (nº 8320 s.), a la contabilidad (nº 8330) y a las actividades complementarias que desarrolle (nº 8333). **8315**

8317 **Objeto social** (LIS art.48) Las sociedades que pretendan acogerse al régimen especial deben tener como objeto social principal, no exclusivo, el **arrendamiento de viviendas** situadas en territorio español. Las viviendas pueden haber sido adquiridas, o bien construidas o promovidas por la entidad. Este objeto social debe realizarse en el marco de una **actividad económica**. Este objeto principal es **compatible** con:
- la realización de otras actividades complementarias (nº 8333);
- la transmisión de los inmuebles arrendados una vez transcurrido el período mínimo de 3 años durante los cuales dichos inmuebles han de estar arrendados u ofrecidos en arrendamiento (nº 8325 s.).

Precisiones **1)** Se entiende por arrendamiento de vivienda aquel que se constituye sobre una **edificación habitable** destinada a satisfacer la necesidad permanente de vivienda del arrendatario, siempre que se cumplan los requisitos y condiciones establecidos para los contratos de arrendamiento de viviendas (L 29/1994 art.2). Esta condición excluye del ámbito de aplicación del régimen especial las viviendas que se destinen a satisfacer **necesidades temporales** de vivienda del arrendatario, como puede ser el caso de viviendas dedicadas al arrendamiento en temporada de vacaciones.
2) Se asimila a viviendas, a efectos de aplicar la bonificación, el **mobiliario**, los **trasteros**, las **plazas de garaje** con el máximo de dos, así como cualesquiera otras dependencias, espacios arrendados o servicios cedidos como accesorios de la finca por el mismo arrendador, excluidos los locales de negocio, siempre que los mismos se arrienden conjuntamente con la vivienda.
3) Las viviendas **situadas en el extranjero** no son objeto de bonificación, pero si las mismas determinan la existencia de un **establecimiento permanente** en el extranjero, la renta del mismo estaría exenta, de cumplirse los requisitos de la LIS art.22 (nº 4667 s. Memento Fiscal 2024).
4) Una vivienda cuya cesión se adquirió por el plazo de una **concesión administrativa** a cambio de un precio determinado, no puede computarse a efectos del determinar el número mínimo de viviendas arrendadas u ofrecidas en arrendamiento en el régimen especial de arrendamiento de viviendas (DGT CV 28-12-17).

8318 **5)** El arrendamiento de viviendas a otra entidad para que esta última las alquile a personas físicas no puede acogerse a la bonificación, porque es necesario que el **arrendatario utilice la vivienda** (DGT CV 23-9-16).
6) En cuanto a la **titularidad de las viviendas** arrendadas, se exige que las mismas hayan sido adquiridas, construidas o promovidas por la entidad. Por tanto, si se tiene la disponibilidad de viviendas a través de otro título jurídico, como usufructo, derecho temporal de explotación, arrendamiento, etc., las rentas que procedan del arrendamiento de las mismas no pueden acogerse a la bonificación (DGT CV 19-6-08; CV 27-1-16).
7) Cuando se adquieren **viviendas usadas** para su arrendamiento, no se exige requisito alguno en cuanto a la antigüedad de las mismas. Tampoco se exige ningún requisito respecto de la proporción de las inversiones en viviendas **en fase de construcción** respecto de las viviendas adquiridas.
8) Una entidad es titular de una finca que consta de varias viviendas y no tiene hecha la **división horizontal**, de forma que la referencia catastral es única para toda la finca. La entidad puede aplicar el régimen fiscal especial, siempre que las edificaciones arrendadas u ofrecidas en arrendamiento respondan a la definición de arrendamiento de vivienda previsto en la L 29/1994, y se cumplan los requisitos establecidos en dicha norma para los contratos de arrendamiento de viviendas, y ha de computar cada una de las viviendas de la finca como una vivienda a efectos del requisito relativo al número de viviendas que ha de estar arrendadas u ofrecidas en arrendamiento (DGT CV 27-1-16).

8320 **Viviendas arrendadas** (LIS art.48.1 y 2) Las viviendas arrendadas deben cumplir determinados **requisitos** en relación con el número de las mismas destinadas a este objeto social y el tiempo de arrendamiento.

8323 **Número de viviendas** (LIS art.48.2.a) El número de viviendas arrendadas u ofrecidas en arrendamiento por el contribuyente en cada período impositivo debe ser en todo momento **igual o superior a ocho**, sin límite máximo. Se entiende que estas viviendas deben ser las adquiridas, construidas o promovidas por la entidad.
Las entidades que tengan un número de viviendas en arrendamiento **inferior** a ocho, no pueden aplicar este régimen especial, sin perjuicio de que en el período impositivo en el que alcancen dicho número puedan optar por su aplicación, si bien la normativa del impuesto parece exigir que el número de ocho viviendas arrendadas u ofrecidas en arrendamiento se cumpla durante todo el período impositivo, lo cual supondría que la opción por aplicar este régimen se realizase en el período impositivo siguiente a aquel en el que se alcance dicho número.
Si, al comienzo del período impositivo, la entidad dispone de un número de viviendas arrendadas igual o superior a ocho, pero como consecuencia de la transmisión de alguna o algunas de ellas, el número de viviendas arrendadas queda reducido a un número inferior a ocho, no puede aplicarse este régimen, aunque al cierre del período impositivo se haya vuelto a alcanzar dicha cifra.

Las entidades que hayan optado por este régimen no pueden aplicar el mismo en aquellos períodos impositivos en los que incumplan este requisito. No obstante, dado que no se ha renunciado al mismo, en aquellos otros períodos impositivos posteriores en los que vuelva a cumplirse este requisito podrán seguir aplicando el régimen especial.

Precisiones **1)** En el cómputo de las viviendas se incluyen las tenidas a través de una **comunidad de bienes** (DGT CV 13-2-09; CV 13-6-16; CV 5-11-21).
2) Se aplica la bonificación a las rentas del arrendamiento de inmuebles adquiridos en **proindiviso** (DGT CV 13-6-16). A los efectos de este régimen, en caso de **copropiedad** de la vivienda, se considera que cada copropietario tiene una vivienda.
3) En cuanto a la **ausencia de división horizontal**, en la medida en que la edificación cumpla los requisitos para ser objeto de un arrendamiento de vivienda (LAU art.2.1), y se cumplan los requisitos establecidos en la LAU para los contratos de arrendamiento de viviendas, la edificación es válida a efectos de la aplicación del régimen especial (DGT CV 24-6-21; CV 5-11-21; CV 27-1-16).**4)** No se incluye dentro del activo susceptible de generar rentas de arrendamiento de viviendas, los inmuebles arrendados como **oficinas**, que disponen de cédula de habitabilidad como vivienda, ni las viviendas promovidas directamente por el contribuyente, cuya construcción no se ha finalizado (DGT CV 31-1-23).

Tiempo de arrendamiento (LIS art.48.2.b) Para aplicar este régimen fiscal, las viviendas deben permanecer **arrendadas u ofrecidas en arrendamiento** durante al menos **3 años**. Este plazo se computa: **8325**

- Para las viviendas que figuraban en el patrimonio de la entidad **antes** del momento de acogerse al régimen, desde la fecha de inicio del período impositivo en que se comunicó la opción por el régimen, siempre que a dicha fecha las mismas estén arrendadas.
- Para las viviendas que, aunque figuraban en el patrimonio de la entidad, no se encontraban arrendadas a la fecha de inicio del período impositivo en que se comunicó la opción por el régimen, así como las adquiridas o promovidas **con posterioridad** a dicha fecha, desde que la vivienda se arrienda por primera vez.

A estos efectos, debe valorarse si la vivienda ha estado arrendada de forma ininterrumpida durante ese plazo de 3 años y, en caso contrario, si ha estado ofrecida en arrendamiento, en el supuesto de que concluya el contrato de arrendamiento anterior. No existe en este régimen un límite de tiempo máximo en el que la vivienda puede estar ofrecida en arrendamiento.

En caso de **incumplimiento** del requisito del plazo de arrendamiento, se pierde la bonificación que la entidad haya disfrutado sobre las rentas derivadas del arrendamiento de la vivienda durante todos aquellos períodos impositivos de aplicación del régimen. En el período impositivo en que tenga lugar el incumplimiento, la entidad debe ingresar, junto con la cuota del IS de dicho período, el importe de las **bonificaciones** aplicadas en la totalidad de los períodos impositivos anteriores en los que se aplicó el régimen especial, junto con los intereses de demora, sin perjuicio de los recargos y sanciones que, en su caso, procedan.

Si posteriormente se vuelve a arrendar esta misma vivienda, a efectos de considerar si puede aplicarse de nuevo este régimen especial, de cumplirse los demás requisitos, cabe interpretar que o bien no puede volver a aplicarse el mismo o bien que puede aplicarse la bonificación siempre que la vivienda vuelva a estar arrendada u ofrecida en arrendamiento durante un nuevo plazo de 3 años, siendo esta última interpretación la más acorde con este régimen, ya que se daría el mismo trato que a las viviendas que se adquieran por la entidad.

Si el incumplimiento tiene lugar una vez pasado el plazo de 3 años, ello no afecta a la bonificación practicada en períodos anteriores, así como en los períodos impositivos posteriores en los que vuelva a estar arrendada la vivienda. **8327**

El incumplimiento puede estar motivado por cualquier causa, bien porque se afecten las viviendas a otra finalidad o incluso porque se transmitan. En este último caso, la **transmisión de viviendas arrendadas** antes del plazo de 3 años determina regularizar las bonificaciones aplicadas a las rentas procedentes del arrendamiento y, además, ello supone no poder aplicar el régimen especial en el período impositivo en el que tenga lugar la transmisión, sin perjuicio de volver a aplicar este régimen especial en los períodos impositivos siguientes, si se cumplen los requisitos exigidos.

Precisiones No resulta posible aplicar el régimen especial en el período impositivo en que se produce la transmisión antes de los 7 años (3 años para los períodos impositivos iniciados a partir de 1-1-2013), por lo que la bonificación no puede aplicarse sobre ninguna de las rentas obtenidas. No obstante, en los **períodos impositivos posteriores**, mientras la entidad no renuncie al régimen, puede seguir aplicando el mismo, siempre que reúna los requisitos exigidos. No se computa en ese plazo aquellos períodos en que no se cumplan los requisitos para aplicar el régimen (DGT CV 19-2-09).

8330 **Contabilización** (LIS art.48.2.c) La actividad de promoción inmobiliaria y la de arrendamiento de viviendas, así como las demás actividades complementarias que realice la entidad, deben ser objeto de una contabilización **separada para cada inmueble** adquirido o promovido, de manera que se disponga del desglose suficiente para conocer la renta imputable a cada vivienda, local o finca registral independiente en que el inmueble se divida. El **incumplimiento** de este requisito supone la pérdida de la aplicación de este régimen especial, con efectos similares a los del incumplimiento del plazo de mantenimiento del arrendamiento (nº 8325 s.).

Precisiones Cuando una entidad ha adquirido una finca, que consta de varias viviendas, pero que no tiene hecha la división horizontal siendo la **referencia catastral única** para toda la finca, en principio, el hecho de que a efectos registrales y catastrales las fincas tengan una consideración unitaria, no es un obstáculo para que, a efectos contables, cada una de las viviendas de las dos fincas se contabilice de forma separada (DGT CV 27-1-16; CV 6-10-16).

8333 **Actividades complementarias** (LIS art.48.2.d) La aplicación del régimen especial **requiere**:
- que la entidad realice cualquier otra actividad diferente y complementaria a la de arrendamiento de viviendas que suponga, al menos, el 55% de las rentas del período impositivo -excluidas las procedentes de la transmisión de viviendas una vez pasado el plazo de 3 años mínimo de arrendamiento- y sean susceptibles de gozar de bonificación; o, alternativamente,
- que al menos el 55% del valor del activo de la entidad sea susceptible de generar rentas que tengan derecho a la aplicación de la bonificación.

En caso **de cumplir estos requisitos** puede aplicarse la bonificación exclusivamente sobre las rentas derivadas del arrendamiento de viviendas que cumplan los requisitos del nº 8320 s., sin que la bonificación alcance a las rentas de las actividades complementarias. Se comparan las rentas del período y las procedentes del arrendamiento de viviendas, no los ingresos del ejercicio, siendo la renta la diferencia entre los ingresos y los gastos necesarios para la obtención de los mismos.

Si **no se cumple el requisito**, no puede aplicarse la bonificación sobre ninguna de las rentas de la entidad, sin perjuicio de que pueda aplicarse el régimen fiscal especial en los períodos impositivos posteriores en los que se recupere el porcentaje de rentas susceptibles de ser bonificadas. A efectos del cómputo del plazo de 3 años de arrendamiento de las viviendas (nº 8325), no se tienen en cuenta los períodos impositivos en los que no se aplica el régimen fiscal especial por incumplimiento del requisito del porcentaje de rentas no bonificadas, incluso cuando en estos períodos las viviendas estén arrendadas de forma ininterrumpida.

Precisiones **1)** La **actividad complementaria** puede ser cualquiera, como la prestación de servicios inmobiliarios o el arrendamiento de otros inmuebles no destinados a vivienda.
2) Para calcular el porcentaje del 55% de rentas bonificadas, deben computarse la **totalidad de los ingresos**, incluso dividendos que generan deducción al 100% (exentos en los períodos impositivos que se inicien a partir de 1-1-2015) así como ingresos financieros por la colocación de excedentes de tesorería (DGT CV 21-4-06).
3) Si en un ejercicio las rentas bonificadas procedentes del arrendamiento de viviendas son inferiores al 55%, no puede aplicarse el régimen fiscal en ese ejercicio, sin que ello afecte a las bonificaciones aplicadas en **períodos anteriores** y sin perjuicio de la aplicación del régimen en los **períodos posteriores** en los que se vuelvan a cumplir los requisitos exigidos (DGT CV 19-3-07).
4) Las **rentas** que tienen derecho a la aplicación de la **bonificación** son las rentas derivadas del arrendamiento de viviendas que cumplan los requisitos correspondientes, que están integradas para cada vivienda por el ingreso íntegro obtenido, minorado en los gastos directamente relacionados con la obtención de dicho ingreso y en la parte de los gastos generales que correspondan proporcionalmente al citado ingreso (DGT CV 19-3-07).
5) La **valoración de los activos** debe hacerse por su valor contable cualquiera que sea el valor de mercado, debiéndose cumplir los requisitos a la fecha de devengo del impuesto (DGT CV 17-10-16).

8335 **Incompatibilidad del régimen** (LIS art.48.4) Este régimen es incompatible con la aplicación de cualesquiera de los restantes **regímenes tributarios especiales** del IS (nº 5850 s. Memento Fiscal 2024), excepto con los regímenes especiales de consolidación fiscal, transparencia fiscal internacional, reorganizaciones empresariales y determinados contratos de arrendamiento financiero (nº 8343 s.), prevaleciendo cualquier régimen tributario especial sobre el régimen de las entidades dedicadas al arrendamiento de viviendas, de manera que si la sociedad está acogida a cualquiera de ellos no puede optar por aplicar este régimen especial.

Respecto a las entidades a las que son aplicables los incentivos fiscales para las **empresas de reducida dimensión**, ver nº 6640 Memento Fiscal 2024.

2. Opción por el régimen y renuncia al mismo

Opción por el régimen (LIS art.48.3) Este régimen especial es de aplicación **voluntaria** por el contribuyente, siempre que se cumplan los requisitos analizados en nº 8315 s. No obstante, la opción por el mismo exige la **comunicación expresa** a la Administración tributaria, siendo aplicable en el mismo **período impositivo** que finalice con posterioridad a la comunicación y durante los períodos impositivos siguientes, mientras no se renuncie. Por tanto, la bonificación alcanza a la totalidad de las rentas del primer período impositivo, aun cuando parte de las mismas corresponda a viviendas arrendadas con anterioridad a la comunicación de la opción por el régimen fiscal especial. 8337

No existe regulación específica sobre la forma de poner de manifiesto dicha opción, tan sólo se exige comunicación expresa, pudiéndose justificar que se ha ejercitado la misma por cualquier medio de **prueba** admitido en Derecho. Es válido todo acuerdo que haya sido adoptado por el órgano que tenga competencia para obligar a la entidad.

Renuncia al régimen (LIS art.48.3) La renuncia también debe comunicarse a la Administración tributaria, siendo el último **período impositivo** de aplicación del régimen el que haya finalizado antes de comunicar la misma. 8340

3. Concurrencia del régimen con otros regímenes especiales
(LIS art.48.4)

Este régimen es incompatible con la aplicación de cualesquiera de los restantes regímenes tributarios especiales del IS (nº 5850 s. Memento Fiscal 2024), excepto con los regímenes especiales de consolidación fiscal, transparencia fiscal internacional, reorganizaciones empresariales y determinados contratos de arrendamiento financiero, prevaleciendo cualquier régimen tributario especial sobre el régimen de las entidades dedicadas al arrendamiento de viviendas, de manera que si la sociedad está acogida a cualquiera de ellos no puede optar por aplicar este régimen especial. 8343

Respecto a las entidades a las que son aplicables los incentivos fiscales para las empresas de reducida dimensión, ver nº 6640 Memento Fiscal 2024.

El régimen de las entidades dedicadas al arrendamiento de viviendas es **compatible** con los siguientes regímenes especiales.

Precisiones **1)** Son aptas para el régimen de las entidades dedicadas al arrendamiento de viviendas aquellas viviendas en las que se ha materializado la Reserva para Inversiones en Canarias -**RIC**- (DGT CV 3-1-11). 8344

2) Los requisitos exigidos para la aplicación de este régimen especial deben cumplirse por aquella entidad del grupo que quiera acogerse al mismo, sin tener en cuenta las actividades y rentas del resto de entidades que integran el grupo fiscal (DGT CV 7-9-07; CV 31-7-23). La remisión de los requisitos a nivel de grupo (LIS art.62) solo es aplicable a los ajustes que deben realizarse al resultado contable para determinar la base imponible individual. Sin embargo, el régimen de entidades dedicadas al arrendamiento de viviendas no supone realizar ajustes al resultado contable, sino la reducción de la cuota íntegra, por lo que los requisitos deben cumplirse a nivel individual de las entidades del grupo fiscal que opten por este régimen.

3) La **bonificación** del nº 8363 s. se aplica sobre la parte de la cuota íntegra del grupo fiscal que corresponda a las rentas derivadas del arrendamiento de viviendas de la sociedad del grupo acogida al régimen especial de las entidades dedicadas al arrendamiento de viviendas, respecto de todas las rentas positivas que integran la base imponible del período impositivo del grupo. Para determinar qué parte de la cuota íntegra del grupo fiscal corresponde a dichas rentas, se determina la proporción que representan las rentas derivadas del arrendamiento de viviendas de la sociedad del grupo acogida a este régimen especial respecto de todas las rentas positivas que integran la base imponible del período impositivo del grupo (DGT CV 15-9-09; CV 31-7-23).

4) Cuando una **SOCIMI**, dominante de un **grupo**, acuerda el acogimiento de las entidades dedicadas al arrendamiento de viviendas al régimen de SOCIMI, se plantean los siguientes supuestos según las entidades acogidas a este último régimen especial:

• Opten por la aplicación del régimen de SOCIMI. Como ambos regímenes son incompatibles, deberían renunciar a régimen de entidades dedicadas al arrendamiento de viviendas. Si en el momento de la renuncia no se han cumplido aún los plazos de mantenimiento de las viviendas arrendadas u ofrecidas en arrendamiento (nº 8325), en la medida en que dichos plazos se cumplan con posterioridad, siempre que el resto de los requisitos objetivos para disfrutar del régimen especial de entidades dedicadas al arrendamiento de vivienda sigan cumpliéndose, no se deben regularizar las bonificaciones aplicadas en la totalidad de los períodos impositivos en los que hubiera resultado de aplicación este régimen de entidades dedicadas al arrendamiento de viviendas aunque a efectos fiscales se hubiese optado por un régimen distinto, si bien la entidad ya no podrá aplicar la bonificación aplicable en este régimen (nº 8663).

• No opten por el régimen SOCIMI: cuando siguen aplicando el régimen especial de entidades dedicadas al arrendamiento de viviendas, en la medida en que las entidades acogidas a este último régimen reúnan las condiciones para considerarse entidades de las comprendidas en la L 11/2009 art.2.1.c), formarían parte del grupo (DGT CV 30-11-15).

8345 **Consolidación fiscal** (LIS art.48.4) Si un grupo está tributando en consolidación fiscal y alguna sociedad integrante del mismo opta por aplicar el régimen de las entidades dedicadas al arrendamiento de viviendas, dicha sociedad forma parte del grupo sin perjuicio de que pueda aplicar también el régimen de arrendamiento de viviendas.
Asimismo, si un grupo tributa en el **régimen general** del IS y alguna de las sociedades que lo integran aplica el régimen de las entidades dedicadas al arrendamiento de viviendas, si dicho grupo opta posteriormente por el régimen de consolidación fiscal, aquella sociedad formará parte del grupo sin que ello impida aplicar además el régimen de arrendamiento de viviendas.
La **bonificación** sobre la cuota derivada de las rentas procedentes del arrendamiento de viviendas se aplica sobre la cuota íntegra consolidada correspondiente a dichas rentas. Si alguna de las sociedades integrantes del grupo hubiese generado **bases imponibles negativas**, estas compensan la totalidad de las rentas positivas obtenidas por el resto de sociedades del grupo y, por tanto, la bonificación se aplica sobre la renta que resulta de distribuir la cuota íntegra entre todas las rentas positivas integradas en la base imponible consolidada.
No obstante, en este caso se establecen ciertas particularidades para el caso de distribución de dividendos a otras sociedades del grupo por entidades que han generado beneficios que gozaron de bonificación, así como cuando se transmiten participaciones en el capital de aquellas entidades (nº 8377 y nº 8383).

8347 Precisiones 1) Los **requisitos** exigidos para la aplicación del régimen especial de las entidades dedicadas al arrendamiento de viviendas deben cumplirse por aquella entidad del grupo que quiera acogerse al mismo, sin tener en cuenta las actividades y rentas del resto de entidades que integran el grupo fiscal (DGT CV 7-9-07). La remisión de los requisitos a nivel de grupo (LIS art.62) solo es aplicable a los ajustes que deben realizarse al resultado contable para determinar la base imponible individual. Sin embargo, el régimen de entidades dedicadas al arrendamiento de viviendas no supone realizar ajustes al resultado contable, sino la reducción de la cuota íntegra, por lo que los requisitos deben cumplirse **a nivel individual** de las entidades del grupo fiscal que opten por este régimen.
2) La **bonificación** del nº 8363 s. se aplica sobre la parte de la cuota íntegra del grupo fiscal que corresponda a las rentas derivadas del arrendamiento de viviendas de la sociedad del grupo acogida al régimen especial de las entidades dedicadas al arrendamiento de viviendas. Para determinar qué parte de la cuota íntegra del grupo fiscal corresponde a dichas rentas, se determina la proporción que representan las rentas derivadas del arrendamiento de viviendas de la sociedad del grupo acogida a este régimen especial respecto de todas las rentas positivas que integran la base imponible del período impositivo del grupo (DGT CV 15-9-09).

8350 **Transparencia fiscal internacional** (LIS art.48.4) Cuando se apliquen ambos regímenes, la renta objeto de transparencia se integra en la **base imponible** de la entidad de arrendamiento de viviendas, siendo gravada al tipo general (nº 8030), sin que sobre la misma sea aplicable bonificación alguna.

8353 **Empresas de reducida dimensión** (LIS art.48.4) Si la entidad de arrendamiento de viviendas cumple los requisitos para ser considerada como de reducida dimensión (nº 6642 s. Memento Fiscal 2024), no prevalece un régimen sobre otro; sin embargo, el contribuyente debe **optar** por uno u otro. Si opta mediante comunicación expresa por el régimen de arrendamiento de viviendas, la entidad no puede aplicar ninguno de los incentivos en base imponible establecidos para las empresas de reducida dimensión, rigiéndose por las normas del régimen general del IS, sin perjuicio de que pueda aplicar la bonificación correspondiente a las rentas procedentes del arrendamiento de viviendas. Si no opta por el régimen de arrendamiento, se aplica el de las entidades de reducida dimensión en su totalidad.

8357 **Arrendamiento financiero** (LIS art.48.4) Las entidades que estén aplicando el régimen de los contratos de arrendamiento financiero y que cumplan, además, las condiciones para optar por el régimen de arrendamiento de viviendas, pueden ejercitar esta opción aun cuando esté vigente el régimen de arrendamiento financiero.
Igualmente, si una entidad está aplicando el régimen de arrendamiento de viviendas, puede formalizar contratos de arrendamiento financiero sin que ello afecte a la aplicación de ambos regímenes. No obstante, en este caso, para el cálculo de la bonificación, ver nº 8370.
Las viviendas en régimen de arrendamiento financiero deberían incluirse en el número de viviendas y sus rentas poder acogerse a la bonificación, dado que la normativa del IS asimila a estos contratos como una forma más de realizar una inversión.

4. Régimen de la sociedad

Este régimen no presenta ninguna particularidad en cuanto al **tipo de gravamen**, pues se aplica el general (nº 8030). Las entidades que opten por este régimen, pueden aplicar en el primer período impositivo en que la base imponible resulte positiva y en el siguiente, el tipo de gravamen reducido establecido para las entidades de nueva creación que realicen actividades económicas (nº 8033 s.), así como el tipo establecido cuando el importe neto de la cifra de negocios del período inmediato anterior es inferior a un millón euros. **8360**
Tampoco se ve afectado el **período impositivo**, que concluye con la finalización del ejercicio económico de la sociedad.
La principal característica del régimen radica en la aplicación de una **bonificación** a las rentas procedentes del arrendamiento de viviendas.
Respecto a la aplicación de la **reserva de capitalización**, existen ciertas especialidades que afectan tanto a su importe como a su límite (nº 4786 y nº 4825 Memento Fiscal 2024).

Bonificación (LIS art.49) Las entidades dedicadas al arrendamiento de viviendas que hayan optado por este régimen especial, pueden aplicar una bonificación en la cuota íntegra correspondiente a las rentas derivadas del arrendamiento de viviendas que cumplan los requisitos analizados en el nº 8315 s. **8363**
La **renta bonificada** derivada del arrendamiento está integrada para cada vivienda por el ingreso íntegro obtenido minorado en los gastos directamente relacionados con la obtención de dichos ingresos y en la parte de los gastos generales que correspondan proporcionalmente a dicho ingreso. La imputación de los gastos generales se realiza comparando la totalidad de ingresos de la entidad, sean o no objeto de bonificación.
Si para una vivienda en concreto la **renta** derivada de su arrendamiento resulta **negativa**, la misma se compensa con las rentas positivas del resto de viviendas arrendadas (DGT CV 25-5-10; TEAC 26-1-21; 20-12-21).
La bonificación no se aplica a la renta generada en la **transmisión** de cualquiera de las viviendas anteriores.

Precisiones La bonificación no se aplica a las rentas procedentes de la **subsidiación de intereses** y de las **subvenciones** recibidas directamente relacionadas con el arrendamiento de viviendas. No obstante, tales rentas tampoco minoran la referida bonificación (no se descuentan de los ingresos procedentes del arrendamiento) (DGT CV 23-7-10; CV 10-7-19; TEAC 8-2-18).

Regla general (LIS art.49.1) Se aplica una **bonificación del 40%** a la parte de cuota íntegra correspondiente a las rentas derivadas del arrendamiento de viviendas que cumplan los requisitos exigidos para aplicar este régimen fiscal (nº 8315 s.). En el caso de que la renta derivada del arrendamiento de viviendas sea positiva, pero negativa la derivada del resto de actividades complementarias, resultando una base imponible positiva, al construirse la bonificación sobre la parte de cuota íntegra, se pierde la bonificación sobre la parte de renta compensada con aquellas otras rentas negativas. **8365**
La bonificación es incompatible con la **reserva de capitalización** (nº 4775 s. Memento Fiscal 2024). Lo anterior se justifica en que, de lo contrario, sobre un mismo beneficio se tendría derecho a un doble incentivo. Por tanto, la posible reserva de capitalización que haya podido dotarse no se debería imputar a la parte de base imponible procedente del arrendamiento de tales viviendas.

Precisiones La aplicación de esta bonificación determina que el **tipo efectivo de gravamen** sobre las rentas obtenidas por la entidad sea del 3,75% (25 × 0,15).

Ejemplo **1)** Una sociedad que opta por el régimen especial de las entidades dedicadas al arrendamiento de viviendas, presenta los siguientes **ingresos y gastos** en el ejercicio: **8366**
- Ingresos por arrendamiento de viviendas: 200.000. Gastos directos imputables a estos ingresos: 80.000. Gastos generales imputables: 20.000. Esta renta goza de bonificación del 40%.
- Ingresos por arrendamiento de locales: 80.000. Gastos directos imputables a estos ingresos: 30.000. Gastos generales imputables: 10.000. Esta renta no goza de bonificación.
- Ingresos por arrendamiento de garajes independientes de las viviendas: 40.000: Gastos directos imputables a estos ingresos: 10.000. Gastos generales imputables: 2.000. Esta renta no goza de bonificación.
- Plusvalía obtenida en la venta de viviendas que fueron arrendadas en los 3 años anteriores: 100.000. Esta renta no goza de bonificación.
- Intereses: 4.000.
- Dividendos de sociedades participadas en al menos un 5% con más de un año de antigüedad: 2.000. Tales dividendos están exentos si se cumplen los requisitos de la LIS art.21 (nº 4480 s. Memento Fiscal 2024).
- Resto de gastos de la sociedad: 5.000.
- Retenciones y pagos fraccionados: 1.100 (cifra estimada).

• Base imponible: (200.000 + 80.000 + 40.000 + 100.000 + 4.000 +2.000 - 80.000 - 20.000 - 30.000 - 10.000 - 10.000 - 2.000 - 5.000 -2.000) = 267.000 (*).
• Cuota íntegra: 0,25 × 267.000 = 66.750.
• Bonificaciones: 0,85 × 0,25 × (200.000 - 80.000 - 20.000) = 21.250.
• Retenciones y pagos fraccionados: 1.100.
• Cuota a ingresar: 55.650.
(*) En este caso en que la entidad desarrolla otras actividades complementarias, las rentas totales de la entidad, excluidas las derivadas de la transmisión de inmuebles arrendados durante más de 3 años, asciende a 167.000, de las que pueden gozar de bonificación un importe de 100.000, es decir, un 59,88%, lo cual supone que puede aplicarse este régimen especial sobre las rentas derivadas del arrendamiento de viviendas.

8370 **Viviendas arrendadas adquiridas mediante arrendamiento financiero** (LIS art.49.2) Cuando las viviendas objeto de arrendamiento hayan sido adquiridas en virtud de contratos de arrendamiento financiero, a efectos de determinar la renta que es bonificada no se tienen en cuenta las correcciones derivadas de la aplicación de dicho régimen especial (nº 6760 s. Memento Fiscal 2024). Es decir, los **ajustes negativos y positivos** que resultan de aplicar el régimen de arrendamiento financiero se tienen en consideración para determinar la base imponible de la entidad, pero, sin embargo, no forman parte de la **renta bonificada**.
Esta particularidad se aplica con independencia del período impositivo en el que se haya adquirido la vivienda, con tal de que en el período impositivo en el que se aplica el régimen de arrendamiento de viviendas tengan efectos dichos ajustes fiscales.

5. Régimen de los socios

8375 En cuanto a los socios, las particularidades de este régimen se centran en el tratamiento de los dividendos procedentes de estas sociedades y en la transmisión de participaciones de las mismas (nº 8383).

8377 **Distribución de dividendos** (LIS art.49.3; LIRPF art.25) Es necesario tener en cuenta si los dividendos proceden o no de rentas a las que haya resultado de aplicación la **bonificación** de este régimen especial (nº 8663 s.), siendo indiferente la entidad que los distribuya, el momento del reparto o el régimen fiscal aplicable en ese momento a la entidad.
A tales efectos, **podemos distinguir**:
a) Dividendos generados en años en los que la sociedad aplicó el régimen especial, procedentes de **rentas bonificadas**:
• **Socio persona física**: el dividendo se integra en la base imponible del ahorro sin ninguna particularidad respecto de cualquier otro dividendo, estando sujeto a retención a cuenta (nº 1255 Memento Fiscal 2024).
• **Socio persona jurídica**: el dividendo se integra parcialmente en la base imponible, ya que se aplica la exención del 95% (LIS art.21) sobre el 50% de su importe, siempre que se cumplan los requisitos exigidos (nº 4480 s. Memento Fiscal 2024).
Si la entidad obtiene tanto rentas bonificadas como otras rentas en el mismo período impositivo, se considera que el **primer beneficio distribuido** procede de rentas no bonificadas.
Cuando la sociedad que distribuye el dividendo y la que lo percibe forman parte de un grupo que tributa en régimen de **consolidación fiscal**, el dividendo está exento en un 50% a efectos de la determinación de la base imponible de la entidad que lo percibe, es decir, un 50% de ese dividendo se integra en la base imponible y sobre el otro 50% se aplica la exención del 95%, de manera que la parte del dividendo integrado en la base imponible individual no se elimina para determinar la base imponible del grupo.
b) Dividendos generados en años en los que la sociedad aplicó el régimen general, o el régimen especial, siempre que, en este último caso, dichos dividendos procedan de **rentas no bonificadas**:
• **Socio persona física**: se aplica lo anteriormente señalado.
• **Socio persona jurídica**: la tributación correspondiente a estos dividendos es la general, esto es, está exento al 95% de los mismos, siempre que se cumplan los requisitos establecidos en la LIS art.21 (nº 4480 s. Memento Fiscal 2024). En este caso, el acuerdo social de distribución de dividendos debe diferenciar el ejercicio del que procede el beneficio que se distribuye.

8380 Ejemplos **1)** Una sociedad tributa según el régimen especial de las entidades en régimen de arrendamiento de viviendas, obteniendo en el ejercicio una única renta de 100.000 que es objeto de bonificación al 85%. La renta se distribuye a sus dos socios, persona física y jurídica, teniendo el primero el 20% de participación.

a) **Liquidación sociedad**:

Base imponible	100.000
Cuota íntegra	25.000
Bonificación (100.000 × 0,25 × 0,85)	10.000
Cuota	15.000
Beneficio susceptible de distribución	85.000

b) **Liquidación socios**. El socio **persona física** integra en su base imponible un dividendo de 17.000 (85.000 x 0,20) y el socio persona jurídica un dividendo de 77.000. El primero lo integra en la base imponible del ahorro.
En cuanto al socio persona jurídica, la cuota generada sería de 8.925 = [(68.000 × 0,05 x 0,5) + (68.000 x 0,5)] × 0,25.
En definitiva, en los socios se recupera parte del impuesto no soportado por la sociedad cuando distribuye dividendos con cargo a beneficios amparados en la bonificación.
2) Mismo ejemplo anterior con la diferencia que la **sociedad de arrendamiento y el socio persona jurídica** forman parte de un mismo **grupo fiscal**.
En este caso la sociedad que percibe el dividendo integra en su base imponible el 50% del mismo y sobre el otro 50% del dividendo aplica la exención de 95%, de manera que la renta integrada en la base imponible individual no es objeto de eliminación al tiempo de determinar la base imponible consolidada, por lo que la cuota íntegra asciende a 8.925 = [(68.000 × 0,05 x 0,5) + (68.000 x 0,5)] × 0,25.

3) Mismo ejemplo número 1 con la diferencia que la sociedad de arrendamiento obtiene otras **rentas no bonificadas** por importe de 80.000, siendo objeto de distribución un dividendo por importe de: a) 50.000; b) 130.000. **8381**
Caso a) La sociedad puede aplicar el régimen especial dado que las rentas bonificadas representan el 55,5% del total de las rentas obtenidas en el período impositivo.
La **liquidación de la sociedad** es:

- Base imponible	180.000
- Cuota íntegra	45.000
- Bonificación (100.000 × 0,25 × 0,85)	10.000
- Cuota líquida	35.000
- Beneficio susceptible de distribución	145.000

Dado que en este mismo ejercicio la sociedad obtiene rentas bonificadas y no bonificadas, el beneficio total de 180.000 se compone de un beneficio de 85.000 correspondiente a las rentas bonificadas de 100.000 y un beneficio de 85.000 (80.000 × 0,40) imputable a las rentas de 80.000 no bonificadas. Por tanto, dado que el dividendo distribuido es inferior al importe del beneficio procedente de las rentas no bonificadas, se entiende que la totalidad del dividendo distribuido procede de estas últimas y, en consecuencia, el dividendo tributa según el régimen general en el socio que lo percibe. El socio persona física integra en su base imponible del ahorro un dividendo de 10.000 (50.000 x 0,20). En cuanto al socio persona jurídica, aun cuando integra en su resultado contable un dividendo de 40.000, puede aplicar sin embargo la exención sobre el mismo, al cumplirse los requisitos de la LIS art.21 (nº 4480 s. Memento Fiscal 2024).
Caso b) La **liquidación de la sociedad** es la misma que en la situación anterior, es decir, su base imponible asciende a 180.000, la cuota líquida a 23.750 y el beneficio susceptible de distribuir a 156.250, el cual se compone de un beneficio de 96.250, correspondiente a las rentas bonificadas de 100.000, y un beneficio de 60.000, imputable a las rentas de 80.000 no bonificadas.
Dado que el dividendo distribuido es superior al importe del beneficio procedente de las rentas no bonificadas, se entiende que parte del dividendo distribuido procede de estas últimas y el resto de rentas bonificadas. En definitiva, el dividendo distribuido de 130.000 procede de un beneficio de 60.000 de rentas no bonificadas y de 70.000 de rentas bonificadas.
El **socio persona física** percibe un dividendo de 26.000 (130.000 × 0,20), que integra en la base imponible del ahorro, gravado a los tipos de gravamen del ahorro (nº 2437 Memento Fiscal 2024).
El **socio persona jurídica** percibe un dividendo de 104.000 (130.000 × 0,8), del cual 48.000 (60.000 × 0,8) procede de rentas no bonificadas que tienen derecho a la exención total, al cumplirse los requisitos de la LIS art.21 (nº 4480 s. Memento Fiscal 2024) y el resto por importe de 56.000 (70.000 × 0,8) procede de rentas bonificadas que generan una exención al 50%, por lo que el importe a integrar en su base imponible asciende a 28.000.

Transmisión de participaciones (LIS art.49.3; LIRPF art.37) En función de la naturaleza del socio (persona física o jurídica), el régimen fiscal que procede sobre la renta obtenida en la transmisión de participaciones en el capital de entidades dedicadas al arrendamiento de viviendas es el siguiente: **8383**
a) Socio persona física. La tributación sobre la renta obtenida sigue el régimen general, sin ninguna particularidad (nº 1905 s. Memento Fiscal 2024).

b) Socio persona jurídica. En este caso, es necesario distinguir:

• El **porcentaje de participación** directo o indirecto en la entidad con anterioridad a la transmisión es **inferior al 5%**: la renta se integra en la base imponible del socio, sin derecho a practicar la exención sobre plusvalías de fuente interna, al no cumplirse los requisitos de la LIS art.21 (nº 4560 s. Memento Fiscal 2024).

• El porcentaje de participación directo o indirecto en la entidad con anterioridad a la transmisión es **igual o superior al 5%** y se ha poseído de manera ininterrumpida durante el **año anterior** al día en que se transmite la participación:

- a la parte de renta que se corresponda con **beneficios no distribuidos bonificados** se le aplica la exención prevista en la LIS art.21 sobre el **50%** del importe de esos beneficios, es decir, el 50% se integra en la base imponible y sobre el otro 50% se aplica la exención del 95%; y

- a la parte del **resto de renta** se le aplica la exención en los términos de la LIS art.21.

En el caso de que la sociedad transmitente de la participación y la adquirente formen parte de un **mismo grupo** de sociedades que tributa en el régimen de consolidación fiscal, con independencia de que forme o no parte del grupo la propia entidad en régimen de arrendamiento de viviendas, las plusvalías procedentes de la transmisión de participaciones en dichas entidades que se correspondan con beneficios no distribuidos bonificados, el 50% se integra en la base imponible y sobre el otro 50% se aplica la exención del 95% y no son objeto de eliminación, quedando exenta en el 95% el resto de renta obtenida en la transmisión de esa participación.

8385 Ejemplo Una sociedad tiene el 10% de participación en el capital de una entidad de arrendamiento de viviendas desde su constitución por un importe de 1.000. Los **fondos propios** de dicha entidad lo integran: capital 10.000, beneficios no distribuidos bonificados 20.000, beneficios no bonificados 10.000. La sociedad transmite la totalidad de la participación por importe de 6.000.
En este caso, la sociedad cumple los requisitos para aplicar la exención de la LIS art.21 (nº 4560 s. Memento Fiscal 2024), siendo la renta obtenida en la transmisión de 5.000 (6.000 - 1.000), correspondiendo dicha renta con beneficios bonificados de 2.000 y con beneficios no bonificados de 1.000.
La a renta está exenta al 95% (una vez deducido el 5% en concepto de gastos de gestión de las participaciones), si bien debe tenerse en cuenta que de la parte que se corresponde con las reservas bonificadas (2.000), la exención se aplica en un 50%. Por tanto, la base imponible asciende a [1.000 + (1.000 x 0,05) + (3.000 x 0,05)] = 1.200. La liquidación que corresponde a dicha plusvalía es la siguiente:

- Base imponible	1.200
- Cuota íntegra	300
- Cuota líquida	300

8387 **Socios no residentes** La normativa del IS no establece ninguna particularidad acerca del régimen fiscal de los socios no residentes de entidades dedicadas al arrendamiento de viviendas, por lo que se aplican las **reglas generales del IRNR** (nº 7720 s. y nº 7740 s. Memento Fiscal 2024).

III. Régimen de atribución de rentas

8390

8393 Como consecuencia del régimen de atribución de rentas, las **rentas netas** de ciertas entidades, que no son contribuyentes del IRPF ni del IS, se someten a tributación mediante su atribución a los miembros que forman parte de ellas. Las rentas así atribuidas se integran en la correspondiente base imponible del IRPF, IS o IRNR del partícipe, según esté sujeto a uno u otro impuesto.

8395 **Entes sometidos a atribución de rentas** (LIRPF art.8. 3 y 87; LIS art.6) Se someten a este régimen de atribución de rentas:

• Las **sociedades civiles** que no sean contribuyentes del IS, es decir, las sociedades civiles que no tengan personalidad jurídica o que, teniéndola, carezcan de objeto mercantil (nº 8410 s.).

• Las **herencias yacentes, comunidades de bienes** y demás entidades que, carentes de personalidad jurídica, constituyan una unidad económica o un patrimonio separado susceptible de imposición (LGT art.35.4).
• Las **entidades constituidas en el extranjero** cuya naturaleza jurídica sea idéntica o análoga a las constituidas con arreglo a las normas españolas.
La característica común a todas ellas, salvo a las sociedades civiles, es su falta de **personalidad jurídica** y, por tanto, su no sujeción al IS.
Sin embargo, existen diversas **excepciones** a lo anterior. Así, no tributan en régimen de atribución, sino que son contribuyentes del IS, por disposición expresa de las leyes que los regulan, las sociedades civiles con personalidad jurídica y objeto mercantil y las siguientes entidades carentes de personalidad jurídica: las uniones temporales de empresas, los fondos de inversión, los fondos de titulización, los fondos de pensiones, los fondos de capital-riesgo, los grupos de sociedades y las comunidades titulares de montes vecinales en mano común.

Precisiones 1) Resulta muy frecuente que se cree una comunidad de bienes para desarrollar una actividad empresarial o profesional. En este caso se suele hablar de «**comunidad de rendimientos**», pues los comuneros ponen en común bienes para desarrollar una actividad y repartirse las ganancias. Distinta es la «comunidad de bienes» en sentido estricto, en que los comuneros tienen un bien en común, p.e. los hermanos propietarios de un piso que se reparten las rentas que obtienen por el alquiler del mismo. **8396**
2) Cuando la entidad constituida no desarrolla actividad económica alguna, pues la misma es realizada de forma independiente por cada uno de sus miembros, limitándose, únicamente, a sufragar unos gastos **que tienen** en común, no nos encontramos ante una entidad en atribución de rentas, sino ante una **comunidad de gastos**, lo que implica que cada uno de los miembros de la misma deberían calcular de forma separada los rendimientos de su actividad, pudiendo deducirse la parte proporcional de los gastos comunes que le corresponda (DGT CV 5-9-16).
3) La celebración de un **matrimonio** no da lugar a la constitución de una entidad de la LGT art.35.4, aunque el régimen económico sea el de gananciales (TEAC 14-4-93).
4) Las **comunidades de propietarios** se configuran como una modalidad específica de comunidades de bienes (CC art.396; L 49/1960), sometidas, en su caso, al régimen de atribución de rentas (DGT 23-5-94). Las rentas derivadas del arrendamiento de zonas comunes en una comunidad de propietarios son rendimientos del capital inmobiliario que la comunidad debe atribuir a los copropietarios en función de su grado de participación en la comunidad, salvo que en los estatutos se disponga otro reparto (DGT CV 27-12-22).
5) Las **sociedades civiles** solo tributan en atribución de rentas cuando no tengan objeto mercantil, como es el caso de las sociedades civiles profesionales de la L 2/2007 (DGT CV 28-7-15).
6) La **sociedad en formación** es un ente sin personalidad jurídica, debe tributar en el régimen de atribución de rentas hasta que se produzca su inscripción en el Registro Mercantil (TEAC 25-10-07).
7) Para que el régimen de atribución de rentas resulte aplicable es necesario que la normativa reguladora de la actividad permita su **ejercicio colectivo** (DGT CV 2-6-17; CV 5-6-18). Además, debe tenerse en cuenta que en determinadas actividades el ejercicio colectivo está permitido, pero exige una autorización administrativa previa, por lo que las rentas solamente se atribuirán a los miembros de la entidad a cuyo favor se hubiera extendido aquella (DGT CV 27-4-20).
8) Cuando la entidad constituida **no desarrolla actividad económica** alguna, pues la misma es realizada de forma independiente por cada uno de sus miembros, limitándose, únicamente, a sufragar unos gastos que tienen en común, no nos encontramos ante una entidad en atribución de rentas, sino ante una comunidad de gastos, lo que implica que cada uno de los miembros de la misma debería calcular de forma separada los rendimientos de su actividad, pudiendo deducirse la parte proporcional de los gastos comunes que le corresponda (DGT CV 5-9-16; CV 17-10-19).

Reglas de atribución (LIRPF art.86, 88 y 89.3; LIS art.6) Con carácter general, la atribución de las rentas netas a los socios, herederos, comuneros o partícipes se efectúa según las **normas o pactos** aplicables en cada caso. Si no constan a la Administración de forma fehaciente, se les atribuyen por **partes iguales**. **8397**
Las rentas atribuidas tienen la misma **naturaleza** que la actividad o fuente de la que proceden (empresarial, profesional, de capital, etc.), y su atribución se realiza en el **mismo ejercicio** en que la entidad obtiene las rentas, sin perjuicio de las normas de imputación temporal que corresponda, según la naturaleza de las rentas (nº 7390 s.).

Precisiones 1) De igual modo que las rentas, también se imputan los **restantes elementos** con trascendencia tributaria de la entidad (inversiones realizadas con derecho a deducción, retenciones soportadas, etc.). Dicha imputación se efectúa por el partícipe conforme a su régimen personal de imposición.
2) Si solo algunos de los comuneros o socios desarrollan la **actividad económica**, estos deben imputarse la totalidad de los rendimientos derivados de la misma. El socio que no desarrolla las funciones inherentes a la titularidad de la actividad económica, no obtiene rendimientos de la actividad económica, sino rendimientos del capital. Teniendo en cuenta que lo que cede el socio es su

parte correspondiente al negocio, las cantidades efectivamente satisfechas se califican como rendimientos del capital mobiliario en concepto de rendimientos derivados del arrendamiento de negocios (DGT CV 2-12-15).
No obstante, en actividades de carácter empresarial o no profesional, el hecho de que parte de los comuneros desarrollen dichas actividades, no implica que el resto no ejerza las funciones de ordenación que son propias a su condición de empresarios, por lo que, con carácter general, debe concluirse que todos los comuneros de la entidad serían titulares de la actividad económica desarrollada, atribuyéndose los rendimientos de la actividad económica a cada uno de ellos en la proporción que les corresponda y sin que en consecuencia dichos rendimientos tengan la naturaleza de rendimientos de capital ni de gasto deducible para el cálculo del rendimiento de la actividad económica desarrollada por la entidad (DGT CV 6-3-20).
3) La renta obtenida por la comunidad de propietarios por el **alquiler de la azotea** para instalar una antena de telecomunicación se atribuye a los copropietarios en función de su grado de participación en la misma, salvo que en los estatutos se disponga otro reparto, aunque su importe no haya sido distribuido entre ellos (DGT CV 20-7-16).
4) La atribución de las rentas obtenidas se efectúa, en primer lugar, en función de los pactos adoptados en materia de reparto en el documento constitutivo de la entidad en régimen de atribución, y en el caso de no haberse pactado nada al respecto, se atribuyen por partes iguales. A tal efecto no tiene trascendencia que uno de los miembros de la entidad haya estado en situación de **incapacidad temporal** durante el ejercicio (DGT CV 22-9-16).
5) Las rentas obtenidas estando la **herencia yacente** deben atribuirse a las personas llamadas a la herencia en función de su correspondiente participación (DGT CV 28-5-21). No es posible la atribución de rentas de una herencia yacente en la que se desconocen los herederos, por lo que la atribución de las rentas permanecerá pendiente (DGT CV 13-3-19; CV 7-12-21).

8400 **Cálculo de las rentas atribuibles** (LIRPF art.89.1, 4 y 5; RIRPF art.24, 31 y 39) La renta se determina en sede de la entidad, siendo las **reglas generales** las siguientes:
• La renta se determina en sede de la entidad con arreglo a las **normas del IRPF**, con independencia de que alguno de los miembros de la entidad sea contribuyente por el IRPF, por el IS o por el IRNR.
No se aplican las **reducciones** sobre el rendimiento neto previstas para las siguientes rentas, salvo que el miembro de la entidad en régimen de atribución de rentas sea contribuyente por el IRPF, en cuyo caso sí puede aplicar la reducción:
- rendimientos netos obtenidos por arrendamiento de bienes inmuebles destinados a vivienda (nº 7557);
- rendimientos netos del capital inmobiliario, mobiliario o de actividades económicas con período de generación superior a 2 años u obtenidos de forma notoriamente irregular en el tiempo (nº 7563 y nº 7715 de este Memento; nº 1173 Memento Fiscal 2024).
• La parte de la renta atribuible a los socios, herederos, comuneros o partícipes, contribuyentes por el IRPF o por el IS, que formen parte de una **entidad** en régimen de atribución de rentas **constituida en el extranjero**, se determina igualmente de acuerdo con las normas del IRPF.

Precisiones **1)** Junto a las reglas generales expuestas existen unas **reglas especiales** aplicables a la cesión de capitales propios por la entidad, contribuyentes del IRNR sin establecimiento permanente y la transmisión de elementos no afectos. Dichas reglas se exponen en el nº 282 Memento Fiscal 2024. Se establece asimismo una **norma anti-fraude** para evitar el vaciamiento de las bases imponibles españolas (nº 284 Memento Fiscal 2024).
2) Las cantidades percibidas por los **comuneros que realizan la gestión** no son un rendimiento de trabajo, ni un gasto deducible para la comunidad. Constituyen un adelanto de su participación en beneficios, según las normas y pactos de la comunidad (DGT 25-1-95; CV 22-7-05; CV 31-3-08; CV 26-6-15; CV 29-5-17). Además, se atribuirá el porcentaje que le corresponda, según los pactos establecidos, del rendimiento neto restante, es decir, una vez minorada dicha retribución (DGT CV 6-6-17).
3) Si se arrienda una **parte del inmueble** por una comunidad de propietarios, para la determinación de la renta a atribuir debe tenerse en cuenta el importe que por todos los conceptos deban satisfacer los arrendatarios, siendo deducibles los gastos necesarios incurridos por la comunidad en la parte de los mismos que, proporcionalmente y en función del tiempo arrendado, corresponda atribuir a dichos arrendamientos. El uso por los propios comuneros del resto del inmueble no tiene trascendencia a estos efectos (DGT CV 20-10-17).
4) Si el contribuyente realiza una actividad económica en régimen de atribución de rentas, se impide la aplicación de la reducción sobre los **rendimientos netos de actividades económicas** en función de su cuantía (nº 7723). Entendemos que, en su caso, el contribuyente podría aplicar la reducción por inicio de una actividad económica (nº 7735).
5) Basta con que un contribuyente por este impuesto sea **miembro de la entidad** en régimen de atribución de rentas en cualquier momento a lo largo del año, siempre y cuando esta participación sea efectiva.

Obligaciones y deberes tributarios (LIRPF art.99.2; RIRPF art.68.8, 76.1.a y 112) A pesar de carecer de personalidad jurídica, las entidades en régimen de atribución que realizan actividades empresariales o profesionales se consideran **obligados tributarios** respecto del cumplimiento de ciertas obligaciones y deberes. 8403

Las entidades que desarrollen actividades económicas han de llevar unos **únicos libros obligatorios**, acordes con la naturaleza mercantil o no de su actividad, y sin perjuicio de la atribución de rentas que efectúen.

Como consecuencia de lo anterior, se plantea la posible superposición de la entidad y sus miembros, en orden al cumplimiento de obligaciones y deberes tributarios.

En el cuadro del nº 8405 se muestra **quién resulta obligado** al cumplimiento de las citadas obligaciones, de acuerdo con distintos pronunciamientos de la Administración.

Precisiones 1) Con carácter general, cuando una entidad de las consideradas ejerza una **actividad profesional**, su matriculación en el Impuesto sobre Actividades Económicas se realiza según lo indicado en el nº 8670 s.

2) En este ámbito, los rendimientos obtenidos por un ente sometido al régimen de atribución, en el ejercicio de una actividad profesional o por el arrendamiento de bienes inmuebles, están sujetos a retención a cuenta cuando sean satisfechos por una persona o entidad obligada a retener (DGT 30-6-00; 9-3-01).

3) No procede la **devolución** a una comunidad de propietarios de las retenciones practicadas sobre intereses que le sean abonados, dado que no tiene la condición de contribuyente del IRPF ni del IS (DGT 15-12-92). Tales retenciones deben imputarse, lo mismo que los intereses, a cada uno de los comuneros según su participación, que es a quienes corresponderá, en su caso, la devolución.

4) Las entidades en régimen de atribución de rentas no están obligadas a efectuar **pagos fraccionados**, al corresponder dicha obligación a los socios o comuneros (DGT CV 6-6-17). En relación con las **retenciones** que le han de ser practicadas de arrendar un inmueble, ver nº 8850 s.

8405

Obligación/Deber	Entidad	Miembros
Declaraciones censales (1)	X	X
Declaración anual IRPF o IS por las rentas atribuidas		X
Retenciones e ingresos a cuenta (2)	X	X
Pagos fraccionados (3)		X
Declaraciones IVA	X	
Emisión de facturas	X	
Contabilidad (4)	X	
Declaración operaciones con terceros	X	
Declaración informativa anual	X	

(1) La entidad ha de presentar la declaración de comienzo para darse de alta en el censo y obtener el NIF, y la declaración de cese, así como la renuncia a la estimación objetiva y a la estimación directa simplificada del IRPF, la cual debe ser firmada por todos los miembros; sin embargo, en la revocación de esta renuncia basta con que firme cualquiera de ellos. Por su parte, los miembros han de comunicar a la Administración su obligación de efectuar pagos fraccionados. En cualquier caso, entidad y miembros han de presentar las declaraciones de modificación que procedan (nº 9230 s.).

(2) Estas entidades han de realizar retenciones e ingresos a cuenta sobre los rendimientos que satisfagan (RIRPF art.76.1.a). Las retenciones soportadas e ingresos a cuenta practicados a la entidad se imputan a los socios, conforme a lo pactado. Se ha admitido también que las retenciones se giren a nombre de la sociedad civil o, si hay problemas, de los socios según la participación de cada uno en la entidad (DGT 23-12-92).

(3) En proporción a su participación en el beneficio de la entidad (RIRPF art.112).

(4) La entidad en régimen de atribución está obligada al cumplimiento de las obligaciones contables y registrales que correspondan al método de determinación de los rendimientos que siga, que en el caso de la actividad de arrendamiento, será la estimación directa (nº 7650 s.).

Obligaciones de información (LIRPF art.90; RIRPF art.70; OM HAP/2250/2015) Las entidades en régimen de atribución de rentas mediante las que se ejerza una actividad económica o cuyas rentas excedan de 3.000 euros anuales, deben presentar una declaración informativa anual (**modelo 184**) relativa a las rentas a atribuir a sus socios, herederos, comuneros o partícipes, residentes o no en territorio español. Dicha obligación debe ser cumplida por quien tenga la consideración de representante de la entidad, o por sus miembros contribuyentes por el IRPF o por el IS en el caso de las entidades constituidas en el extranjero. 8407

El modelo 184 puede presentarse por vía electrónica, así como en soporte directamente legible por ordenador, en los términos señalados en la OM HAP/2194/2013 art.12.a.

El **plazo de presentación** de la declaración en cualquiera de las formas señaladas se establece en el mes de enero de cada año, en relación con las rentas obtenidas por la entidad y las rentas atribuibles a cada uno de sus miembros en el año natural inmediato anterior.

Precisiones Las entidades en régimen de atribución de rentas, además, deben notificar a sus socios, herederos, comuneros o partícipes, la renta total de la entidad y la renta atribuible a cada uno de ellos, las bases de las deducciones y el importe de las retenciones e ingresos a cuenta soportados por la entidad y atribuibles a cada uno de ellos.
Dicha **notificación** debe ponerse a disposición de los miembros de la entidad en el plazo de un mes desde la finalización del plazo de presentación de la declaración informativa señalada.

8410 **Sociedades civiles con personalidad jurídica y objeto mercantil** (LIS art.7.1.a y disp.trans.32; LIRPF disp.trans.30ª) Las sociedades civiles con personalidad jurídica y objeto mercantil son **contribuyentes del IS**.
El cambio de régimen fiscal -atribución de rentas hasta 31-12-2015 y tributación en el IS por la entidad a partir de 1-1-2016- obliga a establecer determinadas **reglas especiales** que afectan a los socios de las mismas a partir de 1-1-2016, siempre que la sociedad civil se convierta en contribuyente del IS:
a) Si la sociedad civil hubiese tenido la obligación de llevar **contabilidad** ajustada a lo dispuesto en el Código de Comercio en los ejercicios 2014 y 2015, se aplican las siguientes reglas especiales:
• La **distribución de beneficios** obtenidos en períodos impositivos en los que haya sido de aplicación el régimen de atribución de rentas a socios personas físicas contribuyente del IRPF, no se integran en la base imponible del contribuyente ni están sujetos a retención o ingreso a cuenta, cualquiera que sea la entidad que reparta los beneficios obtenidos por las sociedades civiles, el momento en el que el reparto se realice y el régimen fiscal especial aplicable a las entidades en ese momento (LIRPF art.25.1.a y b).
• En cuanto a las rentas obtenidas por el socio contribuyente del IRPF en la **transmisión de la participación** en las sociedades civiles que se hubieran convertido en contribuyentes del IS que se correspondan con reservas procedentes de beneficios no distribuidos obtenidos en ejercicios en los que haya sido de aplicación el régimen de atribución de rentas, la ganancia o pérdida patrimonial se computa por la diferencia entre el valor de adquisición y de titularidad y el valor de transmisión de aquellas, cualquiera que sea la entidad cuyas participaciones se transmiten, el momento en el que se realiza la transmisión y el régimen fiscal especial aplicable a las entidades en ese momento.
A tal efecto, el **valor de adquisición y de titularidad** se estima integrado:
- primero, por el precio o cantidad desembolsada para su adquisición;
- segundo, por el importe de los beneficios sociales que, sin efectiva distribución, hubiesen sido obtenidos por la sociedad durante los períodos impositivos en los que resultó de aplicación el régimen de atribución de rentas en el período de tiempo comprendido entre su adquisición y enajenación; y
- tercero, tratándose de socios que adquieran la participación con posterioridad a la obtención de los beneficios sociales, se disminuye el valor de adquisición en el importe de los beneficios que procedan de períodos impositivos en los que haya sido de aplicación el régimen de atribución de rentas.
b) Si la sociedad civil no hubiese tenido la obligación de llevar **contabilidad** ajustada a lo dispuesto en el Código de Comercio en los ejercicios 2014 y 2015, se entiende que a 1-1-2016, a efectos fiscales, la totalidad de sus fondos propios están formados por aportaciones de los socios, con el límite de la diferencia entre el valor del inmovilizado material e inversiones inmobiliarias, reflejados en los correspondientes libros registros, y el pasivo exigible, salvo que se pruebe la existencia de otros elementos patrimoniales.
Las participaciones a 1-1-2016 en la sociedad civil adquiridas con anterioridad a dicha fecha, tienen como valor de adquisición el que derive de lo dispuesto en el párrafo anterior.
c) Los contribuyentes del IRPF pueden seguir aplicando las **deducciones** en la cuota íntegra derivadas de **actividades económicas** (LIRPF art.68.2) que estuviesen pendientes de aplicación a 1-1-2016, siempre que se cumplan las condiciones y requisitos establecidos en la LIS.

IV. Impuesto sobre el valor añadido

El Impuesto sobre el valor añadido (IVA) grava el consumo de bienes y servicios producidos o comercializados en el desarrollo de actividades empresariales o profesionales. 8417

El **ámbito espacial** de aplicación del impuesto (TIVA) es el territorio peninsular español y las Islas Baleares, con inclusión de las islas adyacentes, el mar territorial hasta el límite de 12 millas náuticas (L 10/1977 art.3) y el espacio aéreo correspondiente a todos estos territorios. Se excluyen del ámbito del impuesto el Archipiélago Canario, y los territorios de Ceuta y Melilla.

La característica esencial de este impuesto es el **mecanismo de las deducciones** que se aplica en su funcionamiento, lo que, en el ámbito arrendaticio supone que el sujeto pasivo, en este caso el arrendador, repercute al arrendatario el impuesto que corresponde a la renta que este paga -**impuesto repercutido**-, deduciendo del mismo el importe del impuesto que ha gravado los elementos del coste de dicho servicio (materias primas, prestaciones de servicios, etc.) -**impuesto soportado**-, con la obligación de ingresar la diferencia entre ambos impuestos.

En todo caso, el derecho a la deducción se condiciona a que los bienes y servicios adquiridos se utilicen en el desarrollo de la actividad empresarial y solo en la medida en que se empleen en dicha actividad.

Los consumidores finales **no pueden deducir el impuesto**, soportándolo efectivamente al efectuar el consumo de bienes y servicios. A efectos del IVA, tienen esta consideración:

- los particulares, en el sentido de personas que no tienen la condición de empresarios o profesionales;
- los empresarios o profesionales, por las operaciones que realicen al margen de su actividad económica; y
- las Administraciones públicas, cuando actúen en el ejercicio de sus funciones públicas.

A. Arrendamientos sujetos al IVA

Con carácter general, están sujetas al impuesto las entregas de bienes y las prestaciones de servicios realizadas en España por empresarios o profesionales a título oneroso, con carácter habitual u ocasional, en el desarrollo de sus actividades empresariales o profesionales, incluso si se realizan con ocasión del cese en el ejercicio de sus actividades, o si se efectúan en favor de los propios socios, asociados, miembros o partícipes de las entidades que las lleven a cabo. 8423

Edificación (LIVA art.6) A efectos del IVA, son edificaciones las construcciones unidas permanentemente al suelo o a otros inmuebles, efectuadas tanto sobre la superficie como en el subsuelo, cuando son susceptibles de utilización autónoma o independiente. 8425

• En particular, **se consideran edificaciones**:

- los edificios, que son construcciones separadas e independientes, concebidas para su utilización como viviendas o para servir al desarrollo de una actividad económica;
- las instalaciones industriales no habitables, tales como diques, tanques, cargaderos, etc.;
- las plataformas para exploración o explotación de hidrocarburos;
- los puertos, aeropuertos y mercados;
- las instalaciones de recreo y deportivas que no sean accesorias de otras edificaciones;
- los caminos, canales de navegación, líneas de ferrocarril, carreteras, autopistas y demás vías de comunicación terrestres o fluviales;
- las instalaciones fijas de transporte por cable.

• Al contrario, **no se consideran edificaciones**:

- las obras de urbanización de terrenos, como las de abastecimiento y evacuación de aguas, suministro de electricidad, redes de distribución de gas, instalaciones telefónicas, accesos, calles y aceras;

- las construcciones accesorias de explotaciones agrícolas;
- los objetos de uso y ornamentación, tales como máquinas, instrumentos, estatuas, relieves y pinturas;
- las minas, canteras o escoriales, pozos de petróleo o de gas u otros lugares de extracción de productos naturales.

8427 Precisiones La normativa comunitaria establece el concepto de **bien inmueble** a efectos del IVA (Rgto UE/282/2011 art.13 ter):
a) Un área determinada de la corteza terrestre, ya sea en su superficie o en su subsuelo, en la que pueda fundarse la propiedad o la posesión.
b) Cualquier edificio o construcción fijado al suelo, o anclado en él, sobre o por debajo del nivel del mar, que no pueda desmantelarse o trasladarse con facilidad.
c) Cualquier elemento instalado que forme parte integrante de un edificio o de una construcción y sin el que estos no puedan considerarse completos, como, por ejemplo, puertas, ventanas, tejados, escaleras y ascensores.
d) Cualquier elemento, equipo o máquina instalada de forma permanente en un edificio o en una construcción, que no pueda trasladarse sin destruir o modificar dicho edificio o construcción.

1. Empresario y actividad empresarial

8430 **Empresario o profesional** (LIVA art.5) Son empresarios o profesionales las personas o entidades que realizan actividades económicas. Como tales se consideran aquellas que impliquen la ordenación por cuenta propia de factores de producción, materiales y humanos o de uno de ellos, con la finalidad de intervenir en la producción o distribución de bienes o servicios.
Normalmente, el concepto de empresario implica la realización habitual de operaciones en el desarrollo de una actividad económica. No obstante, el mero hecho de arrendar un inmueble, convierte al arrendador en empresario y, con ello, en sujeto pasivo del IVA, ya que, por una cuestión de **neutralidad**, la LIVA también considera empresario a quien, aunque sea de forma ocasional o aislada explote un bien corporal con el fin de obtener ingresos continuados en el tiempo, particularmente, los arrendadores de bienes.
A efectos del IVA, las actividades empresariales o profesionales se consideran iniciadas desde el **momento** en que se realice la adquisición de bienes o servicios con la intención, confirmada por elementos objetivos, de destinarlos al desarrollo de tales actividades. De esta forma, quienes realicen tales adquisiciones tienen desde dicho momento la condición de empresarios o profesionales a efectos del impuesto.
Así, el que adquiere un local con la intención objetivamente acreditada de dedicarlo al arrendamiento, es empresario a efectos del IVA desde el momento en que efectúa tal adquisición, sin necesidad de esperar a que comiencen de manera efectiva las operaciones de arrendamiento.
No debe confundirse la naturaleza empresarial de una persona física o jurídica con el **ánimo de lucro** en orden a su consideración como sujeto pasivo del IVA. A efectos de este impuesto lo exigible es la naturaleza empresarial de la actividad, la cual resulta de la ordenación de bienes y servicios con destino a la producción, siendo evidente que tal condición se da en la agrupación de propietarios de viviendas que gestiona bienes y servicios para mantener y mejorar la urbanización. El hecho de que la agrupación carezca de fin de lucro no modifica la naturaleza empresarial que tiene (TS 8-7-04, EDJ 142068).

8433 Ejemplos **1)** Una persona física es propietaria de **dos pisos** que no ocupa. Uno de ellos lo va a arrendar a un despacho de **abogados** por 500 € al mes, el otro lo va a alquilar para vivienda a una **familia** por 400 € mensuales.
Las dos operaciones de arrendamiento realizadas están sujetas al impuesto, pues tiene la consideración de empresario a efectos del IVA y actúa en el ejercicio de su actividad empresarial de arrendamiento. Lo que ocurre es que el arrendamiento del piso destinado exclusivamente a vivienda está exento del IVA (nº 8480), en tanto que por el otro debe repercutir el tributo sobre el arrendatario y cumplir las obligaciones que la normativa impone a los sujetos pasivos del IVA.
2) Un particular, propietario de una **plaza de garaje**, que la alquila mediante contraprestación, tiene la consideración de empresario a efectos del IVA.

8435 Precisiones **1)** La **DGT** ha resuelto los siguientes supuestos:
- el **usufructuario** de los bienes de una herencia es quien tiene la facultad de arrendar unos locales de negocio. Tal circunstancia y el hecho de que otros inmuebles le están produciendo ingresos y gastos determinan su consideración como empresario a efectos del IVA (DGT CV 11-4-05);
- una mancomunidad de propietarios realiza operaciones consistentes en el arrendamiento de una parte de las **zonas comunes**. Tales operaciones están sujetas y no exentas del IVA, debiendo la citada mancomunidad repercutir el impuesto. Sin embargo, la actividad consistente en la adquisición de los bienes y servicios necesarios para el mantenimiento, utilización, funcionamiento, etc., de los

bienes, elementos, pertenencias y servicios comunes, y en la distribución de los gastos efectuados por tal concepto entre los miembros de la misma, no constituye una actividad de carácter empresarial o profesional a efectos del IVA (DGT CV 6-5-05);
- la comunidad de bienes constituida por la propiedad indivisa del **local comercial**, si bien existe desde el mismo momento de su adquisición, tiene la consideración de empresario o profesional a efectos del IVA desde que dicho local se afecte a la actividad de arrendamiento (DGT CV 15-9-05);
- el arrendamiento de un inmueble, con carácter previo a su venta, con el único motivo de obtener un **beneficio fiscal**, esto es, con el fin de que el transmitente adquiriera la condición de empresario y la venta quede sujeta al IVA, en lugar de a TPO, puede conllevar, en los casos de práctica abusiva, que el transmitente pierda la condición de empresario o profesional (DGT CV 13-10-17);
- la actividad consistente en la **gestión de un patrimonio inmobiliario**, parte del cual está arrendado a terceros, constituye una actividad empresarial a efectos del IVA (DGT 24-2-99).

2) Está sujeto y no exento de IVA el arrendamiento por una **mutua patronal** de accidentes laborales de un local privativo de su patrimonio a la Seguridad Social (TEAC 24-11-94; AN 8-6-98, EDJ 68487; TS 10-3-04, EDJ 31502). **8437**
3) Una **persona física** arrendadora de bienes inmuebles es empresario a efectos del IVA con independencia de que no reúna tal condición a efectos del IRPF; la persona física que ya es sujeto pasivo del IVA por sus actividades principales también lo es de cualquier otra **actividad económica** ejercida ocasionalmente (TJUE 13-6-13, C-62/12); el mero registro en el **censo de contribuyentes** no es suficiente, es necesario el ejercicio de una actividad empresarial (DGT CV 29-10-07).
4) Las **comunidades de propietarios** no son empresarios cuando se limiten a distribuir entre los propietarios los gastos repercutidos a la comunidad. No obstante, sí lo serán por las actividades empresariales que realicen, p.ej. arrendamiento de un local del edificio, concesión de un usufructo, etc. en cuyo caso el derecho a la deducción corresponde a las propias comunidades y no a los socios (TS 11-6-12, EDJ 118215).

Entidades sin personalidad jurídica (LGT art.35.4; LIVA art.84.tres) Tienen la consideración de sujetos pasivos las herencias yacentes, comunidades de bienes y demás entidades que, careciendo de personalidad jurídica, constituyen una unidad económica o un patrimonio separado susceptible de imposición, cuando realicen operaciones sujetas al impuesto (nº 8460). **8440**
La consideración de la entidad como sujeto pasivo del IVA requiere que las operaciones que han de efectuarse se puedan entender referidas a una **actividad empresarial o profesional** ejercida por ella y no por sus miembros o comuneros. Para ello, es necesario que las operaciones, y el riesgo o ventura que de ellas derive, se refiera a la entidad de forma indiferenciada, y no a sus miembros o componentes, así como que la normativa sustantiva de la actividad por desarrollar sea tal que permita su ejercicio a través de una entidad con esta configuración. Si hay una **ordenación conjunta de medios** y una asunción igualmente conjunta del riesgo y ventura de las operaciones, debe considerarse que la entidad de que se trate, sociedad civil o comunidad de bienes, tiene la condición de sujeto pasivo del tributo (DGT CV 29-1-07; CV 4-4-13; CV 23-7-15).

Precisiones **1)** En un arrendamiento de bienes inmuebles el **sujeto pasivo** es la comunidad y no los comuneros (TSJ Asturias 18-12-01, EDJ 103184). **8443**
2) Una comunidad de bienes existe, sin que sea preciso un **acto formal** o un reconocimiento por parte de la Administración, desde que la propiedad de una cosa o derecho pertenece proindiviso a varias personas y, desde que existe una comunidad de bienes que, como tal comunidad, realiza operaciones sujetas al IVA. El sujeto pasivo es la misma y no cada uno de los comuneros (TEAC 1-7-00).
3) La atribución de la **condición de sujeto pasivo** a las entidades sin personalidad jurídica solo es posible cuando la Ley así lo establece y siempre respecto de obligaciones tributarias derivadas de operaciones realizadas por ellas mismas (TEAC 5-1-03).
4) Tienen la condición de empresarios y sujetos pasivos del IVA la **comunidad de bienes** constituida por varias personas sobre la propiedad indivisa de una nave industrial para destinarla al arrendamiento (DGT CV 14-9-10; CV 21-4-10). En el mismo sentido, en relación con la adquisición de un local para destinarlo al arrendamiento (DGT CV 13-9-13); la **comunidad hereditaria** propietaria de determinados bienes que destinan a su arrendamiento (terreno, local, etc.) es sujeto pasivo del impuesto (DGT CV 11-11-05; CV 19-5-15).

5) La **explotación de un hotel**, titularidad de una comunidad de bienes, en régimen de arrendamiento constituye una actividad empresarial a efectos del IVA, siendo dicha comunidad el sujeto pasivo del impuesto, obligado a repercutirlo a los destinatarios de las operaciones que realice en el desarrollo de la actividad (DGT 11-4-03; 4-4-03). En el mismo sentido, en relación con la adquisición en proindiviso de un **local comercial** para su explotación en arrendamiento (DGT CV 13-3-09; CV 3-9-09), no teniendo en estos casos la consideración de empresarios o profesionales a efectos del IVA los propios comuneros (DGT CV 11-2-10). **8445**
6) La **adquisición proindiviso** de un inmueble por varias personas determina la constitución de una comunidad de bienes que, si efectúa operaciones sujetas al IVA, tiene la condición de empresario o profesional y, por tanto, de sujeto pasivo del Impuesto (DGT 14-1-00; CV 9-6-05). Por el contrario,

cuando dos entidades adquieren un inmueble en pro indiviso para **explotarlo de manera independiente** y separada, la comunidad de bienes no tiene la consideración de sujeto pasivo del IVA, ya que no existe una asunción conjunta del riesgo y ventura derivados de la citada explotación (DGT CV 21-12-07; CV 7-8-09).

7) Es sujeto pasivo la **sociedad civil** constituida con la finalidad de adquirir inmuebles para demolición y posterior construcción de nuevos inmuebles para su venta o arrendamiento (DGT CV 1-4-08). Asimismo, una **asociación de vecinos** es sujeto pasivo del impuesto cuando arrienda un local de su propiedad situado en la propia urbanización (DGT CV 22-9-11).

8) En el régimen de **separación de bienes**, si los cónyuges son propietarios en mitades indivisas de un solar para destinarlo al arrendamiento constituye una comunidad de bienes, la cual es sujeto pasivo del IVA (DGT CV 29-10-09).

Una **sociedad de gananciales** tiene la consideración de sujeto pasivo del IVA desde que realiza operaciones sujetas a dicho impuesto, con independencia de que ambos cónyuges presenten, alternativa e indistintamente, las correspondientes declaraciones (TEAC 25-4-01).

8450 **Actividad empresarial o profesional** (LIVA art.5.dos y tres) Con carácter general, son actividades empresariales o profesionales las que implican la ordenación por cuenta propia de factores de producción, materiales y humanos, o de uno de ellos, con la finalidad de intervenir en la producción o distribución de bienes o servicios. La independencia en su ejercicio y la finalidad indicada son esenciales en el concepto de dichas actividades.

En particular, son consideradas actividades empresariales los **servicios** y, entre ellos, los arrendamientos.

Del ámbito del impuesto **se excluyen** las operaciones efectuadas en el desarrollo de actividades no empresariales:

- actividades de los entes públicos en el ejercicio de sus funciones públicas; y
- operaciones de los empresarios o profesionales con cargo a su patrimonio particular.

Precisiones **1)** La **independencia** del titular significa que el empresario o profesional asume el riesgo y ventura de los resultados. Lo decisivo es la independencia jurídica, no económica.

2) El ejercicio de una actividad empresarial o profesional **se presume**, salvo prueba en contrario:

- cuando se produce el anuncio del ejercicio del comercio mediante rótulos, circulares, periódicos, carteles, etc. (CCom art.3); y
- cuando para la realización de las operaciones sujetas al impuesto se exija contribuir por el Impuesto sobre Actividades Económicas (nº 8625).

8453 **Onerosidad** Solo están sujetas las operaciones realizadas a título oneroso, mediante contraprestación, en dinero o en especie. La sujeción al impuesto exige la existencia de una transacción entre las partes, de una relación jurídica por la que estas hayan convenido una contraprestación; debe haber una relación directa entre el bien entregado o el servicio prestado y la contraprestación recibida (TJUE 5-2-81).

Precisiones Excepcionalmente, también están sujetas, por razones de neutralidad, determinadas operaciones sin contraprestación: los **autoconsumos** (nº 9220 y nº 9248 Memento Fiscal 2024).

8455 **Administración pública** La Ley define como **no sujetas** al impuesto determinadas operaciones:

- porque se realizan por personas que no son o no actúan como empresarios (servicios prestados en régimen de dependencia, las realizadas por los entes públicos en el ejercicio de sus funciones públicas); o
- por razones de simplificación (transmisiones globales, entregas gratuitas de muestras o de objetos publicitarios) o por razones de neutralidad (determinados autoconsumos).

En relación con el ámbito arrendaticio, pueden tener incidencia las operaciones realizadas por las **Administraciones públicas** (LIVA art.7.8º), que serán una actividad empresarial cuando reúnan las características para ello (nº 8450).

En este sentido:

• Está sujeto el arrendamiento del **servicio de bar** de un centro recreativo efectuado por un ayuntamiento a título oneroso ya que, aunque el arrendador sea un ente público, tiene por dicho hecho (el arrendamiento concertado) la consideración de empresario o profesional a efectos del impuesto (DGT 29-1-98).

• El arrendamiento de un terreno propiedad de un ayuntamiento a una empresa de telefonía para la instalación de una **estación base de telefonía móvil**, si la contraprestación es una tasa que grava la cesión de suelo municipal para la instalación de la estación de telefonía, no está sujeto. Si, por el contrario, al arrendamiento no le correspondiese una contraprestación de naturaleza tributaria, el ayuntamiento realizaría una prestación de servicios sujeta y no exenta (DGT CV 3-3-05). Está sujeta la operación en virtud de la cual el ayuntamiento arrienda parte de un terreno de su propiedad para instalar una antena de telefonía móvil (DGT CV 2-9-14; CV 28-11-16).

2. Entregas de bienes y prestaciones de servicios

a. Entrega de bienes

(Dir 2006/112/CE art.14 y 15; LIVA art.8)

Como regla general, las entregas de bienes, junto con las prestaciones de servicios, constituyen los hechos imponibles propios del IVA, porque con ellas se produce el desarrollo de las actividades empresariales o profesionales. **8463**

Las entregas de bienes se definen como la transmisión del poder de disposición sobre bienes corporales, incluso mediante cesión de títulos representativos de dichos bienes.

De forma particular, se consideran entregas de bienes las cesiones de estos en virtud de contratos de **arrendamiento-venta**, en los que la transmisión de la propiedad, en términos del derecho civil, se produce a la finalización del contrato de arrendamiento, que está sujeto a determinadas condiciones. Sin embargo, a efectos del IVA, la entrega de bienes tiene lugar cuando se produce la cesión del bien, esto es, en el momento del desplazamiento posesorio del mismo en favor del arrendatario y no cuando se produce la transmisión de la propiedad. Se asimilan a los arrendamientos-venta los arrendamientos con opción de compra desde el momento en que el arrendatario se comprometa a ejercitar dicha opción y, en general, los de arrendamiento de bienes con cláusula de transferencia de la propiedad vinculante para ambas partes.

Precisiones En relación con el **autoconsumo de bienes** y las reglas para los **sectores diferenciados**, ver nº 9220 s. Memento Fiscal 2024.

b. Prestación de servicios

(Dir 2006/112/CE art.24; LIVA art.11)

El concepto «prestaciones de servicios» tiene carácter residual. Se incluyen en él todas las operaciones sujetas al IVA que no constituyen otro hecho imponible (entregas de bienes, AIB o importaciones de bienes). La LIVA contiene una lista enunciativa de operaciones entre las que se incluyen los arrendamientos y, en relación con ellos, el traspaso de local de negocio. **8465**

Arrendamiento (LIVA art.11.dos.2º) Se incluyen como servicios, de un modo muy amplio, los arrendamientos de bienes y derechos de toda clase, con o sin opción de compra, siempre que no constituyan entregas de bienes (nº 8463). **8467**

Respecto a las posibles **indemnizaciones** que pueden darse en la relación arrendaticia, hay que tener en cuenta:

• La **renuncia a derechos** inherentes a un contrato de arrendamiento mediante indemnización es una prestación de servicios sujeta si el arrendatario tiene la condición de empresario o profesional y hubiera contratado en el ejercicio de su actividad (DGT 2-3-93). El **desistimiento unilateral** del contrato por parte del arrendatario no se asimila a una renuncia de derechos. El arrendador no tiene que repercutir IVA por la indemnización recibida como consecuencia de la cancelación anticipada del contrato (DGT 22-2-96).

• Como consecuencia de la renuncia por parte del arrendatario al arrendamiento de un local donde realiza su actividad empresarial, el arrendador satisface dos indemnizaciones, una por la propia **renuncia** al arrendamiento y otra en compensación de los **perjuicios** que le ocasiona el abandono de la actividad. La primera indemnización se considera una prestación de servicios (renuncia de derechos) sujeta; la segunda no se encuentra sujeta pues no hay contraprestación alguna (DGT 13-2-04).

• Tras finalizar el plazo de vigencia de un contrato de arrendamiento, la entidad arrendataria continúa ocupando la finca arrendada, siendo demandada por el titular, que solicita el pago de determinadas cantidades por la ocupación del pleno dominio de la finca y hasta su cese efectivo. La sentencia judicial fija el pago de unas cantidades mensuales en concepto de indemnización. Considerando que la cantidad que debe percibir el titular de la finca tiene por objeto indemnizarle por el perjuicio de verse **privado del uso y disfrute** de la finca, no supone contraprestación por ninguna operación sujeta al IVA, y no ha de formar parte de la base imponible de la operación (DGT 19-5-04).

8470 Precisiones 1) Se considera prestación de servicios exenta de IVA el arrendamiento que hace una sociedad del **aprovechamiento del pasto de bellotas** y otros frutos existentes en terrenos de su propiedad, es el propio terreno el objeto del arrendamiento (DGT 18-3-99).

2) La extinción obligatoria de un derecho de subarrendamiento de unos inmuebles como consecuencia de un expediente de **expropiación forzosa** de un terreno en el que se ubican aquellos no está sujeta, puesto que el subarrendatario no efectúa a favor del órgano expropiador ninguna prestación que suponga un consumo para aquel. El justiprecio acordado constituye una indemnización (DGT 3-5-04).

3) En relación con el **autoconsumo de servicios**, ver nº 9248 Memento Fiscal 2024.

8473 Ejemplos 1) Un particular, propietario de un piso, lo arrienda por 1.000 € mensuales a la sociedad anónima A, la cual lo utiliza como sede de su actividad empresarial. Transcurridos varios meses, A decide subarrendar el piso a otra sociedad (que también va a utilizarlo como sede de su actividad) por 1.400 € al mes, por lo que el propietario incrementa la renta en un 20%.

La **tributación por IVA** de las operaciones es la siguiente:

• El **arrendamiento** efectuado por el propietario para A constituye una prestación de servicios sujeta y no exenta. Por tanto, el arrendador debe repercutir dicho tributo, siendo la base imponible del mismo la renta pagada (1.000 € mensuales).

• El **subarrendamiento** del piso por A también es una prestación de servicios, sujeta y no exenta, por lo que A debe repercutir el impuesto sobre el subarrendatario, siendo la base imponible del tributo la contraprestación pagada por este (1.400 € al mes).

Finalmente, en el momento en que el arrendador eleva la renta un 20%, A debe abonarle la cantidad de 1.200 € mensuales, con lo que sigue prestándose el servicio por el arrendador al arrendatario-subarrendador, si bien la base imponible que grava tal operación se incrementa en la cuantía correspondiente.

2) Una sociedad ha arrendado un bajo comercial a una entidad financiera que lo utiliza para el emplazamiento de una sucursal. El contrato de arrendamiento tiene una duración prevista de un año; sin embargo, transcurridos 6 meses la sociedad manifiesta a la entidad financiera su voluntad de **dar por terminado el arrendamiento**, pagando a dicha entidad una indemnización de 20.000 €.

El arrendamiento del bajo comercial a la entidad financiera constituye una prestación de servicios sujeta y no exenta. Por otra parte, y de acuerdo con reiterada doctrina administrativa, la renuncia por el arrendatario a los derechos inherentes a un contrato de arrendamiento, efectuada por aquel a favor del arrendador y mediante compensación o indemnización, constituye una prestación de servicios sujeta cuando, como ocurre en este caso, el arrendatario tenga la condición de empresario o profesional y hubiese concertado el arrendamiento en el ejercicio de su actividad empresarial o profesional.

Por tanto, en este caso, en el que la **indemnización por renuncia** a los derechos derivados del contrato de arrendamiento está sujeta, es sujeto pasivo la entidad financiera arrendataria, que debe repercutir el impuesto sobre el importe total de la indemnización percibida como contraprestación de la renuncia (20.000 €).

3) Una sociedad, **propietaria de dos pisos**, los ha arrendado durante un año. En el **primero**, los arrendatarios han efectuado obras sin contar con la preceptiva autorización de la propietaria, por lo que abonan a esta la cantidad de 600 € en concepto de indemnización.

Respecto del **segundo**, el arrendatario ha manifestado a la propietaria su voluntad de dar por finalizado el contrato, abonando al arrendador la suma de 1.500 € como compensación.

Las **indemnizaciones abonadas** a la propietaria por los arrendatarios no constituyen la contraprestación o compensación de operación alguna sujeta al IVA efectuada por la sociedad en favor de los mismos. Se trata, en estos supuestos, de indemnizaciones en sentido estricto destinadas a evitar a la propietaria un daño injusto o un perjuicio derivado del incumplimiento de sus obligaciones contractuales por parte del arrendatario. No hay, por tanto, repercusión del IVA por la propietaria sobre los arrendatarios.

8475 **Traspaso de local de negocio** (LIVA art.11.dos.7º) En estos traspasos debe distinguirse, según se desprende de la doctrina administrativa, el derecho del propietario a ceder el uso del local a un tercero y el derecho del arrendatario a ceder el fondo de comercio. El **propietario** presta un servicio al arrendatario, al consentirle que traslade el uso del local al tercero, y el **arrendatario** presta un servicio al tercero al cederle su fondo de comercio. Son sujetos pasivos el propietario y el arrendatario, quienes deben efectuar la liquidación y el pago del impuesto.

Si bien la LIVA sigue refiriéndose al «traspaso de local de negocio», figura contemplada en la LAU/64, la vigente LAU ya no la recoge de forma expresa, sino que se refiere únicamente a la **cesión del contrato y el subarriendo** (LAU art.32).

Precisiones 1) Están sujetos los servicios prestados tanto por el **arrendador** como por el **arrendatario** con ocasión de los traspasos de locales de negocio actuando en el ejercicio de su actividad empresarial o profesional (DGT CV 14-7-86); el propietario presta simultáneamente con el arrendatario los servicios en que consista el referido traspaso y, en consecuencia, están sujetos tales servicios prestados por los arrendadores a los arrendatarios y los prestados por estos a terceros con ocasión de dichos traspasos (DGT 16-12-86).

2) La enajenación del derecho de uso de un establecimiento mercantil o traspaso del mismo está sujeta en todo caso. No obsta a ello que se trate de una actividad ocasional (TEAC 17-4-98).
3) La **renuncia al derecho de traspaso** por parte del arrendatario de local de negocio está sometida a gravamen, ya que al estar sometido el traspaso, lo está su renuncia, que equivale a su traspaso al propietario del local o a un tercero (TEAC 29-1-98).

Ejemplos 1) Una entidad mercantil que tiene la sede de su actividad en un local arrendado, ha decidido adquirir uno nuevo en propiedad y, por otro lado, traspasar dicho local arrendado. El día 1-1-N llega a un acuerdo con una tercera persona traspasando el local por 125.000 €. El **porcentaje** que legalmente percibe el arrendador por su participación en el traspaso es del 10%. **8477**
Estamos ante **dos prestaciones de servicios**: por un lado, el servicio que el propietario del local (arrendador) presta al arrendatario, al consentirle que traslade el uso del local al tercero y, por otra parte, el servicio que presta el arrendatario al tercero al cederle su fondo de comercio. En consecuencia, se producen las siguientes liquidaciones:
- repercusión del arrendador al arrendatario = 12.500 × 21% = 2.625 €;
- repercusión del arrendatario al tercero = 125.000 × 21% = 26.250 €.
2) Una sociedad es arrendataria de un local de negocio en el que desarrolla su actividad, que ha decidido traspasar a un tercero. Sin embargo, el propietario del inmueble decide ejercitar su **derecho de tanteo** sobre el inmueble, pagando a la arrendataria la cantidad de 1.000 €.
De acuerdo con la doctrina administrativa, la arrendataria debe repercutir el IVA sobre el propietario del local, aplicando el tipo impositivo general de dicho tributo (21%) sobre la base imponible (1.000 €), ya que se considera que la operación por la cual la arrendataria reintegra el local comercial a cambio de un precio a su propietario es una prestación de servicios sujeta y no exenta.

c. Arrendamientos exentos

(Dir 2006/112/CE art.131 a 137; LIVA art.20; RIVA art.4 a 8)

Están exentos los arrendamientos que, siendo considerados servicios (nº 8465), tengan por objeto: **8480**
• **Terrenos**, incluidas las construcciones agrarias usadas para la explotación de una finca rústica. Se exceptúan las construcciones dedicadas a ganadería independiente.
• Edificios o partes de los mismos destinados exclusivamente a **viviendas**, incluidos los garajes y anexos accesorios, y los muebles, arrendados conjuntamente con aquellos.
La exención requiere que el edificio o parte del mismo arrendado sea **destinado directa y exclusivamente** a vivienda por el arrendatario o su familia (DGT CV 12-1-16; CV 22-6-17).
Se entiende por **vivienda** el edificio o parte del mismo destinado a habitación o morada de persona física o de una familia, constituyendo su hogar o sede de su vida doméstica, incluyéndose dentro de este concepto los «lofts» (DGT CV 3-5-10).
El ámbito de aplicación de esta exención en el IVA no coincide con el **concepto de arrendamiento de vivienda** de la LAU, en el que es esencial para tal calificación que la edificación objeto de arrendamiento tenga como destino satisfacer la necesidad permanente de vivienda del arrendatario. Sin embargo, para la aplicación de la exención del IVA es indiferente que la edificación satisfaga la necesidad permanente o temporal de alojamiento del arrendatario, siendo en cambio esencial, a efectos del IVA, que el inmueble sea destinado exclusivamente a vivienda y no, por ejemplo, a despacho profesional.
• Se admite la exención de los arrendamientos realizado por una **persona jurídica** que destina el inmueble arrendado a **vivienda para sus empleados**, cuando se cumplan los siguientes requisitos (TEAC 15-12-16):
- que en el contrato de arrendamiento aparezca designada específicamente la persona que va a ocupar la vivienda;
- se prohíba su cesión o subarriendo por el arrendatario; y
- este no pueda designar con posterioridad a la celebración del contrato las personas que la van a utilizar.

Precisiones 1) Con esta resolución, el TEAC modificó su **criterio anterior** (TEAC 23-1-14) acomodándose a diversos pronunciamientos jurisdiccionales que contradecían la doctrina administrativa que venía manteniendo hasta el momento (TSJ Baleares 22-5-01, EDJ 102320; TSJ C.Valenciana 8-2-02, EDJ 34706; TSJ Madrid 19-11-03, EDJ 247461; 2-6-04, Rec 142/01; 18-11-04, EDJ 204467).
2) El arrendamiento de una vivienda, en la que, además de este uso, se va a desarrollar una **actividad empresarial o profesional**, no queda exenta del impuesto, sino sujeta por la totalidad (DGT CV 29-5-19); sin perjuicio de la posibilidad de deducir parcialmente las cuotas de IVA soportado cuando se trate de bienes de inversión y se cumplan el resto de requisitos (DGT CV 7-2-2).

No obstante, la exención **no comprende** los siguientes arrendamientos: **8483**
• De terrenos para estacionamiento de **vehículos**; para depósito o almacenaje, o para instalar en ellos elementos de una actividad empresarial; para exposiciones o publicidad.
• De terrenos o viviendas con **opción de compra**, cuya entrega estuviese sujeta y no exenta.

• De apartamentos o viviendas amueblados cuando el arrendador se obligue a la prestación de **servicios complementarios** propios de hostelería. En particular, se consideran servicios complementarios propios de la industria hotelera los servicios de limpieza del interior del apartamento y cambio de ropa en el apartamento, ambos prestados con periodicidad.
Por el contrario, no se consideran servicios complementarios propios de la industria hotelera el servicio de limpieza del apartamento y de cambio de ropa en el prestados a la entrada y a la salida del periodo contratado por cada arrendatario; limpieza de las zonas comunes del edificio (portal, escaleras y ascensores) y de la urbanización en que está situado (zonas verdes, puertas de acceso, aceras y calles); y la asistencia técnica y mantenimiento para eventuales reparaciones de fontanería, electricidad, cristalería, persianas, cerrajería y electrodomésticos.
• De edificios o partes de los mismos para ser **subarrendados**, salvo aquellos que sean destinados a su posterior arrendamiento por entidades gestoras de programas públicos de apoyo a la vivienda o por sociedades acogidas al régimen especial del IS de entidades dedicadas al arrendamiento de viviendas.
• De edificios o partes de los mismos **asimilados a viviendas** de acuerdo con la LAU/64 (figura inexistente en la vigente LAU).

8485 Precisiones 1) Se han considerado **exentos** los arrendamientos:
- de edificios de nueva construcción a **familias** que los destinan a su uso como viviendas por **una o dos semanas** (DGT 15-3-01; 12-5-00); y de **alojamientos turísticos** en los que el arrendador no presta servicios típicos de la industria hotelera. En estos casos, el arrendador no debe presentar ni ingresar el IVA (DGT CV 28-2-19; CV 19-2-18);
- de viviendas cuyo arrendatario no tiene la condición de empresario o profesional, pues realiza exclusivamente entregas de bienes o prestaciones de servicios **a título gratuito**, o actúa, por cualquier otra razón, como consumidor final, ya sea persona física o jurídica, sin perjuicio de que este consumidor final permita el uso de la vivienda a otras personas (DGT CV 19-1-07; CV 14-5-09);
- en los que la arrendataria es una asociación que los cede después a los **voluntarios** participantes en el programa educacional, sin percibir contraprestación alguna, pues la asociación no tiene la condición de empresario o profesional (DGT CV 14-5-14; CV 9-12-14); tampoco si se cede gratuitamente a personas inmigrantes como **centros de acogida** (DGT CV 29-10-14); a personas en situación de **precariedad sanitaria o social** para lograr su rehabilitación (DGT CV 24-9-14; CV 20-9-16); a beneficiarios de un programa de **exclusión social** puesto en marcha por una fundación (DGT CV 23-10-17);
- de viviendas a **estudiantes**, siempre que el arrendador no preste los servicios propios de la industria hostelera (DGT 3-6-98);
- de parcelas o **huertos agrícolas** que son cultivadas por los clientes para su autoconsumo (DGT CV 4-2-14); de terrenos con construcciones agrarias para la explotación de una **finca rústica**. El que se cedan conjuntamente otros elementos -instalaciones de riego, maquinaria de abono, etc.-, no desvirtúa el objeto del arrendamiento (DGT CV 20-6-14; CV 20-7-16); de la parte del terreno destinada al **cultivo de olivos**, pero no el arrendamiento de la parte para la instalación de la almazara destinada a la **producción de aceite**, por tratarse de una actividad empresarial (DGT 5-2-01).

8487 2) Se ha considerado **no exento** el arrendamiento:
- de una edificación y de los garajes y anexos accesorios a la misma, arrendados conjuntamente con ella, que son objeto de una **cesión posterior** del arrendatario en el ejercicio de una actividad empresarial (DGT CV 30-5-11; CV 4-3-15);
- de un local a una **asociación de mujeres** para sus reuniones, aunque no ejerzan actividad económica alguna en dicho local (DGT CV 11-4-14; CV 21-12-15);
- de un edificio a una asociación que lo destina a la **rehabilitación y acogimiento** de drogadictos, ya que no se destina exclusivamente a vivienda por el arrendatario (DGT 20-1-99);
- por una parroquia que destina las viviendas al **acomodamiento de ancianos**, puesto que les presta otros servicios de lavado de ropa, limpieza, vigilancia, seguridad, etc. (DGT CV 28-1-05; CV 13-1-16);
- de una vivienda para **ceder su uso a un tercero** por una diputación provincial (DGT 15-6-01); ni por un ayuntamiento que cede gratuitamente su uso a un tercero (DGT 31-5-01);
- de viviendas que sean utilizadas para **otros usos** (DGT 6-11-98; CV 15-11-16), lo cual se produce cuando parte del inmueble es utilizado como despacho profesional (DGT CV 6-9-13; CV 11-4-14), como lugar de culto (DGT CV 12-7-13); o para el rodaje de películas, aun tratándose de viviendas (DGT CV 12-9-16);
- de **terrenos para la caza**, salvo que tales arrendamientos o cesiones tengan la consideración de autorizaciones o concesiones administrativas (DGT CV 10-7-17; CV 6-11-17). El hecho de que el arrendamiento de aquellos terrenos para la caza se produzca mediante **pública subasta** no afecta a esta calificación (DGT 12-1-06). Resulta el mismo régimen cuando se produce el arrendamiento de un coto de caza por un ayuntamiento (DGT CV 23-7-13; CV 22-9-15);
- de un terreno rústico para el desarrollo de una actividad de **ganadería equina** independiente de la explotación del suelo (DGT CV 1-6-16);
- de **apartamentos turísticos**, que incluyan la prestación de servicios complementarios como, p.e., la limpieza semanal (DGT CV 13-2-15; CV 23-10-17; TSJ Cataluña 18-11-04, EDJ 198427); de varios apartamentos, durante un año y por una **cantidad global** en la que se incluyen los servicios de mantenimiento y limpieza de los apartamentos (DGT 28-3-01); de casas de **turismo rural** (DGT CV 10-11-16;

CV 10-3-16), excepto que el arrendador de la misma no se obligue a la prestación de servicios complementarios propios de la industria hotelera (DGT CV 10-11-16). A estos efectos, no constituyen **servicios complementarios** propios de la industria hotelera los servicios de recepción, así como los consumos de suministros incluidos en el precio del alquiler (DGT CV 14-3-13; CV 15-7-13; CV 7-10-15);
- de apartamentos que tiene por destinatario al **subarrendador** (DGT CV 7-8-13; CV 31-10-16; CV 8-11-16). En el mismo sentido, subarrendar **habitaciones** (DGT CV 22-6-16; CV 20-1-17);
- con **opción de compra**, teniendo la arrendataria que repercutir la cuota correspondiente durante los años de vigencia del contrato de arrendamiento (DGT CV 2-12-13; CV 22-1-14; CV 28-10-15);
- de un terreno urbano cuyo destino es el uso como jardín para que los niños de la **guardería** arrendataria puedan jugar y correr (DGT CV 15-12-17);
- de **tiendas de campaña y caravanas**, aunque constituyan instalaciones fijas reservadas al alojamiento (TJUE 3-7-97, asunto C-60/96).

Ejemplos **1)** Don P, propietario de una **finca rústica**, realiza las siguientes operaciones: **8490**
a) Arrienda a una persona los pastos de la finca.
b) Arrienda a terceros una parte de la finca dedicada a invernadero para el cultivo de hortalizas, incluyéndose un almacén y una balsa de riego, así como cierto número de hectáreas (donde se han edificado naves, cuadras y viviendas necesarias al efecto) dedicadas a explotación agropecuaria.
c) Arrienda como coto de caza una parte de la finca.
En este supuesto se incluyen en el ámbito de la exención las dos primeras operaciones.
Respecto del arrendamiento de terrenos de caza debemos puntualizar que mientras la Dirección General de Tributos ha entendido que dicho arrendamiento está sujeto y no exento, pues se cede el derecho de caza o su aprovechamiento cinegético, en algunas resoluciones de varios tribunales económico administrativos han mantenido criterios opuestos, y han considerado exentos tales arrendamientos.

2) Una sociedad construye un **inmueble** y destina el sótano a garajes; la planta baja y la primera, a locales de negocios y oficinas; el resto, a viviendas. La empresa realiza las siguientes operaciones: **8493**
a) Alquila algunos garajes conjuntamente con algunas viviendas.
b) Alquila otros garajes a terceras personas.
c) Alquila la planta baja para oficinas del ayuntamiento.
d) Cambia el destino de la planta primera, que dedica a viviendas de alquiler.
e) Alquila otros pisos destinados a viviendas a un partido político, para su sede, y a una asociación sin ánimo de lucro, para sus actividades específicas.
En el **supuesto a**, procede la exención siempre que el arrendatario destine efectiva y exclusivamente el piso a vivienda. No procede la exención si utilizase el piso, por ejemplo, como despacho profesional, o si dedicase una parte del piso a vivienda y otra a despacho profesional. Esto mismo puede señalarse respecto del supuesto contemplado en la **letra d**.
En el **supuesto b**, no procede la exención, ya que se trata de un arrendamiento no destinado exclusivamente a vivienda (son garajes). Tampoco procede la exención en los **casos c y e**, ya que los pisos no se destinan exclusivamente a viviendas, aunque los pisos alquilados sean aptos, objetivamente, para su utilización como viviendas. En definitiva, es una exención finalista, cuya aplicación exige que el destino real, efectivo y exclusivo de la edificación arrendada sea el de vivienda.

3) Un propietario de un terreno vallado, donde ha construido un **campo de fútbol** y sus vestuarios, lo arrienda a un ayuntamiento, para sus actividades de tipo social y deportivo. **8495**
Procede la exención en este caso únicamente en el supuesto de que el ayuntamiento no vaya a utilizar el campo de fútbol para desarrollar una actividad de carácter empresarial.
4) Un propietario de un edificio lo arrienda a una persona física para que esta destine la primera planta a su **vivienda habitual** y utilice el sótano, que tiene acceso independiente, para sus **negocios**. Se especifica en el contrato la parte de alquiler correspondiente a cada uso.
En este supuesto, debe considerarse exento el alquiler correspondiente a la parte del edificio destinado a vivienda, siempre que se cumpla la condición de que tenga **acceso independiente**. Está sujeta y no exenta la correspondiente al negocio, aunque el contrato sea único. Si el precio del alquiler fuera único habría que determinar la base imponible correspondiente a cada servicio, aplicando el tipo general sobre la correspondiente al arrendamiento del local de negocio.
5) Una empresa alquila un piso a una persona, médico de profesión, para que lo destine a su **vivienda y consulta médica**.
Se entiende que no disfruta de exención, pues el piso alquilado se destina a usos exentos y no exentos, sin división del mismo ni especificación de usos. La LIVA exige que los inmuebles se dediquen exclusivamente a viviendas.
6) Una promotora inmobiliaria arrienda a un particular un piso de nueva construcción con **opción de compra**.
El arrendamiento no está exento, ya que la Ley excluye de la exención los arrendamientos con opción de compra de viviendas cuya entrega estuviese sujeta y no exenta. Lo que ocurre en este caso pues la entrega del piso por la promotora al arrendatario sería una primera entrega de edificación, no exenta.

B. Delimitación entre el IVA y el ITP y AJD

(LIVA art.4.cuatro)

8500 Los arrendamientos sujetos a IVA no lo están al concepto «transmisiones patrimoniales onerosas» del ITP y AJD (nº 8775 s.). Ambos impuestos son incompatibles entre sí: el IVA grava las operaciones empresariales y el ITP y AJD las no empresariales.

No obstante, quedan **también sujetas a ITP**, aunque se realicen por empresarios en ejercicio de su actividad empresarial, los arrendamientos de inmuebles y la constitución o transmisión de derechos reales de goce o disfrute sobre los mismos, cuando estén exentos del IVA (nº 8480).

Incluimos a continuación un cuadro recapitulativo de las operaciones de arrendamiento citadas en la normativa del IVA para delimitar la tributación de este impuesto y del ITP y AJD.

Hay que tener en cuenta que los arrendamientos quedan siempre sujetos al IVA, dado que el arrendador, aunque sea particular, tiene en todo caso carácter de empresario a efectos de este impuesto (nº 8430). No obstante, el tratamiento se refiere solo a los arrendamientos que tengan la consideración de prestación de servicios (nº 8465), quedando excluidos los arrendamientos-venta, considerados entregas de bienes (nº 8463).

La compatibilidad entre las distintas **modalidades del ITP y AJD** se recoge en el nº 8767 y un cuadro recapitulativo de la misma en el nº 8783.

Arrendamiento	IVA	ITP y AJD
De edificaciones		
a) En general -incluidos edificios para ser subarrendados; los asimilados a viviendas; los garajes y trasteros independientes de la vivienda; los locales comerciales- (*)	no exento	AJD DN
b) De viviendas (garajes y trasteros incluidos)	exento	TPO
Excepciones:		
• Viviendas con opción de compra	no exento	AJD DN
• Viviendas amuebladas que incluyen servicios hoteleros	no exento	AJD DN
De terrenos		
a) En general	exento	TPO
b) Excepciones:		
• Terrenos con construcciones para actividades de ganadería independiente	no exento	AJD DN
• Terrenos para estacionamiento de vehículos	no exento	AJD DN
• Terrenos para depósito o almacenaje de mercancías	no exento	AJD DN
• Terrenos para instalación de elementos de una actividad empresarial	no exento	AJD DN
• Terrenos con opción de compra cuya entrega estuviese sujeta y no exenta	no exento	AJD DN
• Terrenos para exposiciones o publicidad	no exento	AJD DN

(*) Se incluye el arrendamiento de edificios o partes de los mismos destinados a su posterior arrendamiento por **entidades gestoras de programas públicos** de apoyo a la vivienda o por sociedades acogidas al régimen especial de entidades dedicadas al arrendamiento de viviendas establecido en el IS (nº 8310 s.).

C. Liquidación del impuesto

Un amplio estudio del lugar de realización, sujeto pasivo, devengo y base imponible del IVA se desarrolla en el nº 9090 s. Memento Fiscal 2024. En esta obra, dedicada en exclusiva a los arrendamientos de inmuebles, se trata de resaltar aquellos aspectos relativos a los elementos citados que presentan especiales características en dicho ámbito. 8530

Lugar de realización (LIVA art.70 redacc L 13/2023) Tanto las entregas de bienes que tienen por objeto inmuebles como las prestaciones de servicios relacionadas con los mismos, se localizan en el lugar en que radican los inmuebles. Entre ellos, el arrendamiento, incluido el de una vivienda amueblada. 8535

Los **servicios de publicidad** relacionados con bienes inmuebles (arrendamiento de vallas, marquesinas, cabinas telefónicas y análogos, que tienen la consideración de bienes inmuebles) que se destinen a fines publicitarios, se entienden localizados donde radican los inmuebles. Se trata, en este caso, del arrendamiento a la agencia de publicidad que lo va a utilizar con fines publicitarios (DGT Resol 4/1994). No obstante, los servicios de publicidad prestados a un empresario o profesional, utilizando como soporte un bien inmueble o los que se consideran como tal, están sujetos al IVA.

La **intermediación** en el arrendamiento de bienes inmuebles, aunque el mediador actúe en nombre y por cuenta propia, prestando, por tanto, un servicio de arrendamiento, o actúe en nombre y por cuenta del destinatario del servicio, tiene la consideración, a efectos del IVA, de servicio relacionado con bienes inmuebles. Por el contrario, la intermediación en la prestación de servicios de alojamiento, cuando el mediador actúa en nombre y por cuenta del cliente y siempre que se trate de mediación en servicios de **alojamiento hotelero** o equivalentes, no constituye un servicio relacionado con bienes inmuebles, sin perjuicio que la operación sobre la que se realiza la mediación sí lo sea (DGT CV 2-3-16). Si los inmuebles respecto de los que se pretende mediar en su arrendamiento están ubicados en Italia, los servicios de intermediación prestados tanto a arrendadores como a arrendatarios, no estarían sujetos al IVA español (DGT CV 17-2-16).

Precisiones **1)** El concepto de **bien inmueble** se define a efectos de la aplicación de la normativa comunitaria sobre el IVA (nº 8427). 8537

2) Los servicios de **arrendamiento turístico** están sujetos al IVA cualquiera que sea la condición del arrendador (residente o no residente), cuando se refieran a inmuebles situados en el territorio de aplicación del IVA (DGT CV 31-5-17).

Sujeto pasivo (LIVA art.84; RIVA art.24 ter redacc RD 1496/2023) Como **regla general** el sujeto pasivo del IVA, en el arrendamiento de un inmueble, es el «**titular de la operación**/», es decir, el arrendador que alquila: 8540

- La **persona física o jurídica**, entendida esta última en sentido amplio, es decir, no exclusivamente aquellas que revistan una forma jurídica determinada, sino cualquier forma admisible en Derecho. Así, pueden ser sujetos pasivos las asociaciones, cooperativas, agrupaciones de interés económico y cualquier otra que disponga de personalidad jurídica propia e independiente. Naturalmente, la consideración de sujeto pasivo solo procede, tanto en el caso de las personas físicas como en el de las jurídicas, si tienen la condición de empresarios o profesionales y realizan operaciones sujetas al impuesto.
- Las **entidades sin personalidad jurídica** a que se refiere la LGT art.35.4 (herencias yacentes, comunidades de bienes, etc.), cuando realicen operaciones sujetas al impuesto. Es decir, que, como tales, desarrollen actividades empresariales o profesionales.

Cabe concluir, pues, que la personalidad jurídica no es una condición necesaria para adquirir la condición de sujeto pasivo del IVA.

Precisiones Con efectos desde 1-1-2023 quedaron excluidos del mecanismo de **inversión del sujeto pasivo** los arrendamientos de inmuebles sujetos y no exentos por personas o entidades no establecidas, y las prestaciones de servicios de intermediación en el arrendamiento realizadas, igualmente, por no establecidos (LIVA art.84.uno.2).

8545 **Responsables del impuesto** (LIVA art.87) El responsable principal del cumplimiento de las obligaciones materiales y formales del impuesto es el sujeto pasivo, normalmente el arrendador. No obstante, **responden solidariamente** con él los arrendatarios que, mediante acción u omisión culposa o dolosa, eluden la correcta repercusión del impuesto. La responsabilidad alcanza a las sanciones que, en su caso, pudieran proceder.
La responsabilidad procede **por acción y por omisión**, exigiéndose en todo caso la concurrencia de un elemento subjetivo (dolo o culpa) así como que se eluda la correcta repercusión del impuesto, y no solo que el destinatario se haya beneficiado indebidamente de exenciones, tipos reducidos o supuestos de no sujeción que no procedan con arreglo a derecho.

Precisiones La **responsabilidad solidaria** del destinatario de una operación no excluye la del sujeto pasivo, en los casos de incorrecta aplicación de los tipos aplicables (DGT 8-5-98).

8547 **Devengo** (LIVA art.75.uno y dos) El devengo del IVA, es decir, el momento en el que nace la obligación de pago del mismo, se produce, en las prestaciones de servicios se produce cuando se prestan, ejecutan o efectúan las operaciones gravadas. No obstante, en los arrendamientos, como operaciones de **tracto sucesivo** o continuado, el IVA se devenga en el momento en que resulta exigible la parte del precio que comprenda cada percepción.
Para determinar el devengo, ha de estarse a los términos del contrato, en el que se fija la fecha o período en que es exigible el pago de la renta, con independencia de los períodos en que se hubiera hecho efectiva la ocupación por el arrendador y cuando se produzca realmente el pago.
Existe una **regla especial** de devengo del impuesto cuando concurra alguna de las circunstancias siguientes:
- que no se haya pactado el precio;
- que no se haya determinado el momento de su exigibilidad; o
- que la exigibilidad se haya establecido con periodicidad superior al año natural.

En estos supuestos, el devengo del impuesto se produce el 31 de diciembre de cada año por la parte proporcional correspondiente al período transcurrido desde el inicio de la operación, o desde el anterior devengo, hasta esta fecha.
En los arrendamientos en los que se pacta el **pago anticipado** de la renta, el impuesto se devenga en el momento del cobro total o parcial del precio, por los importes efectivamente percibidos. El pago ha de ser efectivo, si no existe no se origina el devengo.
Para los **arrendamientos-venta** considerados entregas de bienes, el IVA se devenga cuando tiene lugar la puesta a disposición del adquirente o, en su caso, cuando se efectúa la entrega de acuerdo con la legislación aplicable.
Salvo en el supuesto de pagos anticipados, el devengo determina la exigencia de la totalidad del IVA correspondiente, aunque no se haya producido el pago total de la contraprestación de la operación sujeta.

8550 Precisiones 1) La **regla especial** de devengo no resulta aplicable si se han pactado precio y exigibilidad, procediendo esta con periodicidad no superior al año natural, pero el destinatario de la operación no paga en el plazo pactado.
2) En caso de **impago por el arrendatario**, hasta que se produce la declaración de desahucio del inquilino los pagos son exigibles y siguen devengando el IVA, pues la demanda no interrumpe el arrendamiento (DGT CV 18-4-86; 9-4-99; 18-2-00).
3) En el arrendamiento sin cláusula de transferencia de la propiedad del local y con un período de **carencia de renta** el devengo se produce en el momento en que resulte exigible por el arrendador el precio del arrendamiento, una vez cumplido el período de carencia. Salvo que la carencia corresponda a una minoración de renta a cambio de otras obligaciones asumidas por el arrendatario o concurra cualquier otro hecho que desvirtúe el concepto de carencia (DGT 4-7-01; 17-9-03).
4) El ejercicio de la **opción de compra** comunicado a la arrendadora fehacientemente sin que en la fecha señalada se persone esta para otorgarla, conlleva el devengo del IVA en el momento de la notificación fehaciente al optatario (DGT CV 25-5-12).
5) El arrendamiento de un inmueble, operación sujeta y no exenta, recibiendo como **pago anticipado** el importe de la renta correspondiente a 5 meses, determina el devengo por el importe cobrado (DGT 25-11-03).

8553 Ejemplos 1) Arrendamiento de un local de negocio, por un **período de 10 años**, que se inicia el 1-1-N. Se pacta el pago por el arrendatario de una cantidad de 200.000 €, que resultan exigibles al término del contrato.
En este supuesto, el IVA se va devengando el 31 de diciembre de cada uno de los años de duración del contrato, siendo la base imponible del impuesto correspondiente a cada uno de estos devengos, la décima parte de la renta total pactada, esto es, 20.000 €. Ello significa que, a 31 de diciembre de cada año, el arrendador debe emitir la factura y repercutir el impuesto al tipo general. El arrendatario debe soportar dicha repercusión y el arrendador debe ingresar el

impuesto devengado en la declaración-liquidación correspondiente al período en que se ha producido el devengo.
2) Arrendamiento de otro local de negocio, por un **período de 5 años**, habiéndose pactado el pago por el arrendatario de una renta mensual, exigible el día 5 de cada mes. Transcurridos 5 meses, el arrendatario deja de pagar, pese a lo cual se mantiene en el inmueble.
En este supuesto, se aplica la regla de devengo que atiende al momento de la exigibilidad de los pagos, y no al pago efectivo. Por lo tanto, el IVA sigue devengándose el día 5 de cada mes por el importe de la renta impagada, y el arrendador debe ingresar el impuesto en sus declaraciones-liquidaciones periódicas. Todo sin perjuicio de la posibilidad de modificación de la base imponible en el caso de situación de concurso del arrendatario o en el supuesto de que el crédito correspondiente a la renta debida resulte incobrable, o en el caso de que la operación quede sin efecto por resolución firme, judicial o administrativa.

Base imponible (LIVA art.78 y 79) Como regla general, en los arrendamientos la base imponible está constituida por el importe total pagado por el arrendatario, lo que incluye tanto el importe de la renta como cualquier crédito efectivo del arrendador frente a él derivado de la prestación arrendaticia y de otras accesorias a la misma, que, según la legislación aplicable o las cláusulas contractuales, se repercutan por el arrendador al arrendatario (DGT CV 13-11-09). **8555**
Hay supuestos relacionados con los arrendamientos en los que la base imponible se calcula aplicando **reglas particulares**, analizadas por la doctrina administrativa:
- en los arrendamientos con opción de compra;
- las indemnizaciones derivadas del arrendamiento;
- las contraprestaciones no dinerarias en el ámbito del contrato; y
- las expropiaciones forzosas que les afectan.

Precisiones **1)** La base imponible incluye el importe del **IBI** y los conceptos que, según contrato, se repercuten por el arrendador (DGT 14-7-04).
2) La refacturación del **gasto de agua** que la arrendadora efectúa a la entidad arrendataria es una prestación de servicios sujeta y no exenta, que se incluye en la base imponible y por la que se repercute el IVA al tipo general (DGT CV 23-5-17).
3) También se incluye en la base imponible el impuesto sobre **estancias turísticas** (DGT CV 23-2-17).
4) Si como consecuencia del estado de alarma a causa de la COVID-19, se acuerda con el arrendatario una **reducción de la renta** del local después del devengado el impuesto procederá minorar la base imponible en la cuantía oportuna mediante una rectificación de las cuotas del IVA repercutidas (DGT CV 19-5-20).

Arrendamiento con opción de compra En el caso de un derecho de opción de compra, la base imponible es el importe real de la contraprestación, es decir, el precio pactado, cuando se ejercite la opción, la base imponible es el precio fijado (DGT CV 20-7-07). **8557**
Parte del **precio** está formado por las mensualidades pagadas de antemano en concepto de arrendamiento con opción de compra del inmueble. A efectos del IVA, la base imponible es la contraprestación satisfecha y esto es independiente del modo de cálculo de la misma. Es decir, resulta irrelevante que al precio determinado inicialmente se le resten las cantidades satisfechas en concepto de arrendamiento. Lo determinante a la hora de establecer el importe de la base imponible es la cantidad satisfecha con motivo de la propia entrega. Por tanto, las cantidades pagadas con motivo del **arrendamiento** del local no forman parte de la base imponible de su entrega, sino de la base imponible del propio arrendamiento. El hecho de que estas cantidades se utilicen en el método de cálculo de la base imponible de la entrega no afecta a la configuración de dicha base imponible (DGT CV 25-5-07; CV 20-12-07; CV 28-10-15).

Precisiones **1)** Desde el momento en que el arrendatario se compromete frente al arrendador a ejercitar la opción de compra y a adquirir la propiedad del inmueble, el arrendamiento tiene la consideración de **entrega de bienes**. La base imponible de esta entrega está formada por la contraprestación que el adquirente está obligado a satisfacer como consecuencia del ejercicio de la opción (DGT CV 15-3-11). **8560**
2) La base imponible de la concesión del derecho de opción viene dada por el precio pactado para el mismo. De ejercitarse, la base imponible de la compraventa está constituida por la **contraprestación** total pactada, magnitud que, en el caso concreto, es el resultado de minorar el precio total de la compraventa en el importe abonado en su día por la constitución de la opción de compra, así como el 30% de la renta arrendaticia por haberlo pactado así expresamente las partes (DGT CV 22-1-14; CV 19-11-15).

Indemnizaciones por arrendamientos Con carácter general, las indemnizaciones pagadas en relación con el contrato de arrendamiento, no integran la base imponible del IVA. En concreto **no forman parte** de la misma: **8563**
- las **fianzas** entregadas por el arrendatario al arrendador que deban ser objeto de devolución a la resolución de la relación arrendaticia (DGT CV 24-2-86);

- la indemnización recibida del arrendatario por la **cancelación anticipada** del contrato de arrendamiento, salvo en la parte que represente percepción retenida con arreglo a Derecho por resolución del contrato (DGT CV 7-7-05);
- la indemnización abonada por una junta de compensación a un arrendatario por la **extinción del contrato** de arrendamiento y cese de la actividad desarrollada, ya que la misma tiene como objetivo permitir a la junta realizar la urbanización de los terrenos afectados para su posterior adjudicación a los junteros. Así, no constituye contraprestación de una prestación de servicios del titular de la actividad (DGT 1-4-03);
- la cantidad abonada por el arrendador al arrendatario de un local de negocio por la **resolución anticipada** del arrendamiento no se considera indemnización, sino contraprestación por la renuncia a sus derechos arrendaticios sujeta al IVA (DGT 25-4-01; CV 21-3-05). Sin embargo, la compensación económica, percibida por el arrendatario por los **perjuicios** causados por el cese de la actividad, es una indemnización no sujeta (DGT 13-2-04); ni
- la indemnización recibida por el arrendatario por las **obras** que ha realizado en el local comercial que ha arrendado, siempre que dicha indemnización realmente no constituya ningún tipo de contraprestación o compensación de entregas o prestaciones de servicios sujetas al impuesto (DGT 30-3-04).

8565 **Contraprestaciones no dinerarias** Con carácter general, la regla de valoración de la base imponible para estos supuestos es el valor acordado entre las partes, frente al valor de mercado del bien que se tenía antes en cuenta.

Cuando el arrendatario de un inmueble asume, por ejemplo, la **ejecución de obras** de acondicionamiento del mismo, pactándose un período de carencia de renta, la base imponible está constituida por el importe total de la contraprestación durante todo el contrato de arrendamiento, que incluye la totalidad de las rentas satisfechas en metálico más el valor de mercado de la obra efectuada por el arrendatario, siempre que la suma de ambos no sea inferior al valor de dicho contrato de arrendamiento en el mercado (DGT 24-11-04; CV 19-1-16).

Si se pacta, por ejemplo, la carencia de 10 años en el arrendamiento a cambio de pagar los **gastos de comunidad, IBI y tasas de basura**, la base imponible es el importe de esos gastos (DGT CV 19-1-16).

8567 **Expropiación forzosa** La extinción obligatoria de un derecho de arrendamiento de un inmueble, como consecuencia de la expropiación forzosa del terreno en que se ubica, no está sujeta al IVA puesto que la empresa arrendataria no efectúa a favor del órgano expropiador ninguna **prestación** que suponga un consumo para aquel. El justiprecio acordado constituye, por tanto, una indemnización no sujeta al impuesto (DGT 27-4-04; 3-5-04). Lo mismo ocurre cuando se trata de un **subarriendo** (DGT 16-5-05).

8570 **Tipo impositivo** (LIVA art.90 y 91) Determinada la base imponible, es preciso aplicar el tipo impositivo para cuantificar la cuota tributaria del impuesto.

En todo caso, el tipo procedente es el vigente en el momento del devengo del impuesto. En una operación de tracto sucesivo como es el arrendamiento el tipo aplicable es, conforme a la norma general, el que esté vigente en el momento del devengo del impuesto. Esto es, cuando resulte exigible la parte del precio que comprenda cada percepción, la renta (DGT CV 26-3-10; CV 22-8-17).

Los **tipos vigentes** de IVA son:
- el tipo general del 21%;
- el tipo reducido del 10%; y
- el tipo superreducido del 4%.

Los tipos reducido y superreducido se aplican exclusivamente a determinadas operaciones enumeradas expresa y limitativamente en la LIVA. Excepto cuando procede uno de estos tipos específicos, todas las demás operaciones son gravadas al tipo general.

8573 Como **regla general** los arrendamientos sujetos y no exentos de IVA tributan al tipo general del 21%.

Tributan al **tipo reducido** del 10% los arrendamientos con opción de compra de edificios o parte de los mismos destinados exclusivamente a viviendas, incluidas las plazas de garaje, con un máximo de dos unidades, y anexos en ellos situados que se arrienden conjuntamente (DGT CV 22-1-14; CV 22-8-17).

El arrendamiento con opción de compra en el que el arrendatario es una **persona jurídica** se tributa al tipo general ya que se entiende destinado a la realización de una actividad económica y no a vivienda (DGT CV 16-6-11).

Se aplica el **tipo superreducido** a los arrendamientos con opción de compra de edificios o parte de los mismos destinados exclusivamente a viviendas, calificadas administrativamente como de protección oficial de régimen especial o de promoción pública, incluidas las plazas de

garaje, con un máximo de dos unidades, y anexos en ellos situados que se arrienden conjuntamente.
Así, en ambos tipos de arrendamiento con opción de compra se equipara el tipo aplicable al arrendamiento con el tipo aplicable a la entrega definitiva de la vivienda cuando se ejercite la citada opción.

Precisiones **1)** Tributan al **tipo general**: 8575
- el arrendamiento de **plazas de garaje** (DGT CV 2-12-86) y de oficinas (DGT 6-11-00);
- el contrato de arrendamiento constituido por el **superficiario** del que será arrendador (DGT CV 30-3-06);
- el arrendamiento de una vivienda si el arrendatario es una **persona jurídica** que, a su vez, cede el uso de dicho inmueble a sus empleados (DGT CV 7-11-08; CV 9-12-09), sin cumplir con los requisitos para la exención (TEAC 15-12-16); que a su vez la va a subarrendar (DGT CV 7-6-10); o que va a desarrollar en ella una actividad empresarial (DGT CV 18-6-10);
- los subarrendamientos de **habitaciones** siempre que no resulten exentos (DGT CV 7-8-13);
- el arrendamiento de locales, oficinas y lofts-despachos al estar destinados al desarrollo de una **actividad empresarial**, con independencia de que exista o no opción de compra (DGT CV 12-4-11).

2) A las viviendas protegidas de **promoción privada** se aplica el tipo impositivo reducido, y no el superreducido (DGT CV 8-2-12). Sin embargo, si es una vivienda de protección pública promovida por una **empresa pública municipal**, el arrendamiento está sujeto al tipo superreducido (DGT CV 8-9-11), y lo mismo para una vivienda calificada de protección oficial de **régimen especial** (DGT CV 22-8-17; CV 25-4-12).

3) Resulta de aplicación el tipo superreducido a la promoción de **viviendas con protección pública** otorgada por una comunidad autónoma destinadas al alquiler a 10 años con opción de compra, siempre que se cumplan los parámetros de superficie máxima protegible, precio de la vivienda y límite de ingresos de los adquirentes o usuarios exigidos para las viviendas de protección oficial de régimen especial o de promoción pública (DGT CV 25-3-11).

D. Deducciones

(LIVA art.92 y 94 a 114)

El mecanismo de las deducciones constituye el eje del IVA y esquemáticamente **funciona como sigue**: 8580
- en cada fase del proceso de producción o distribución, el sujeto pasivo calcula y factura a su cliente el impuesto (impuesto repercutido) que corresponde al precio de venta que aplica;
- cuando liquida a la Hacienda Pública, deduce de aquel el importe del impuesto (impuesto soportado) que ha gravado los elementos de su precio de coste (materias primas, existencias, inmovilizaciones, prestaciones de servicios adquiridas, etc.); y
- no ingresa más que la diferencia entre el impuesto repercutido al cliente y el impuesto soportado.

Así, el principio fundamental sobre el que se basa todo el sistema del IVA consiste en que el impuesto que ha gravado los elementos que componen el precio de una operación es deducible del impuesto que grava dicha operación.
No obstante, este principio no **se aplica** literalmente, pues los sujetos pasivos no liquidan el impuesto operación por operación. La liquidación se efectúa por el conjunto de operaciones realizadas en un período determinado (mensual o trimestral), debiendo computarse globalmente el impuesto repercutido por todas las operaciones realizadas en cada período. Por otra parte, el principio tampoco es de aplicación absoluta, pues para tener derecho a la deducción del IVA soportado en la adquisición de bienes y servicios, se precisa que estos sean utilizados en la realización de operaciones que generan el derecho a deducir el IVA soportado.

Regularización de bienes de inversión (LIVA art.113) Con independencia de este régimen general de deducciones, existen disposiciones particulares en relación con las cuotas soportadas antes del comienzo habitual de las entregas de bienes y prestaciones de servicios que constituyen el objeto de la actividad y su regularización, dentro de las que hay que destacar, por su importancia desde la óptica inmobiliaria, la que debe practicarse durante los años siguientes del período de regularización por la parte de este que quede por transcurrir. Esta regularización complementaria **se refiere** tanto a las edificaciones y terrenos, como a cualesquiera bienes de inversión, siempre que no haya concluido el período de regularización de las deducciones correspondientes a los mismos. A estos efectos se considera como deducción efectuada en el año en el que tuvo lugar la repercusión la que resulte del porcentaje global de los 4 primeros años de realización habitual de las operaciones sujetas a IVA, es decir, el porcentaje de regularización general. 8587

Si los bienes de inversión son objeto de **entrega** antes de la finalización del período de regularización, se ha de aplicar una regularización única para los años que falten de regularización desde que se realiza la entrega.

Precisiones El arrendamiento de un inmueble **destinado a vivienda y despacho profesional** está sujeto y no exento de IVA, sin perjuicio de la posibilidad de deducir parcialmente las cuotas de IVA soportado cuando se trate de bienes de inversión y se cumplan el resto de requisitos (DGT CV 7-2-20).

8590 **Doctrina administrativa** En relación con las deducciones, desde el punto de los arrendamientos, son de interés los siguientes **pronunciamientos:**

• Una **promotora** no puede deducir las cuotas de IVA soportadas en las **adquisiciones de bienes y servicios** que emplea en la actividad de arrendamiento de viviendas, porque esta actividad no origina el derecho a deducir. No obstante, si realiza otras operaciones que originan el derecho a deducir que no constituyan sector diferenciado con las anteriores y no se solicita ni resulta aplicable la prorrata especial, puede deducir las cuotas soportadas en función de la prorrata general aplicable (DGT 15-4-99). Cuando la actividad que se vaya a realizar sea, exclusivamente, una actividad de arrendamiento de viviendas, exenta, no se tiene derecho a la deducción de las cuotas soportadas en la adquisición de bienes o servicios para el ejercicio de la actividad (DGT CV 29-3-05).

• La cuota soportada por la **adquisición de un solar** que se arrienda durante un breve período de tiempo solo puede deducirse si el arrendamiento de dicho solar está sujeto y no exento. Si no se ejerciese actividad empresarial alguna con posterioridad a la extinción del arrendamiento ni existieran motivos razonables de que se vaya a realizar en un futuro próximo, la deducción practicada debe regularizarse considerando que en los años sucesivos al del arrendamiento el solar no se ha empleado en actividades que originan el derecho a la deducción (DGT 9-7-98).

• Si la afectación del local a la actividad de arrendamiento se produjo por parte de los titulares del derecho de **usufructo**, no cabe considerar que la adquisición de la nuda propiedad se efectúe con la intención de destinar el citado local a la realización de una actuación empresarial o profesional. Por eso, no hay derecho a la deducción de las cuotas soportadas por la adquisición de la nuda propiedad del local, incluso si una vez adquirido el derecho de usufructo a sus titulares, el mismo se destina al arrendamiento (DGT CV 1-4-03).

• El importe del alquiler del local satisfecho en el período de tiempo en que **la actividad está cerrada**, dado su carácter estacional, es deducible pues se efectúan con la intención de volver a reiniciar la actividad en la temporada siguiente (DGT CV 14-2-22).

8593 • Un arrendador adquiere el 25-6-2003 varios inmuebles en construcción para destinarlos al arrendamiento, haciendo efectivo el importe total más el IVA y formalizando la escritura pública de venta en este momento. No recibe factura en esta fecha. Los inmuebles le son entregados en 2004, fecha en la que le es entregada la **factura acreditativa** de la operación. El devengo se produce en el momento de la realización del pago anticipado, es decir el 25-6-2003, si bien no se puede ejercitar el derecho a la deducción por carecer de la factura. En el momento de su recepción y, siempre que no hayan transcurrido 4 años desde el devengo, se puede ejercitar el derecho a la deducción en la correspondiente declaración-liquidación (DGT 20-9-04).

• Un arrendador de **locales de negocio** adquiere en el año N-2 un local que mantiene sin acondicionar hasta el año N, fecha en que lo arregla y lo alquila. Dado que el arrendador ejerce la actividad con anterioridad a la compra del nuevo local, las cuotas soportadas por la adquisición de este nuevo local son deducibles en su totalidad, aunque no haya sido arrendado todavía (DGT 7-4-99).

• El **arrendamiento de la azotea** por una comunidad de propietarios en régimen de propiedad horizontal está sujeto y no exento, debiendo la comunidad repercutir el impuesto, pudiendo deducir el IVA que haya soportado por las adquisiciones de bienes o servicios destinados a la actividad de arrendamiento (DGT 17-9-02).

8595 • Una comunidad de propietarios realiza la actividad económica de **arrendamiento de sus fachadas** a una empresa publicitaria. La comunidad realiza obras en el tejado del edificio, soportando IVA. En relación con la deducción de una parte del IVA soportado en la **reparación del tejado** cabe señalar (DGT CV 30-9-04):

- las operaciones de arrendamiento de la fachada para publicidad están sujetas y no exentas, debiendo la comunidad repercutir el impuesto, liquidar e ingresarlo en las correspondientes declaraciones-liquidaciones, en las que puede deducir el impuesto soportado por las adquisiciones de bienes o servicios destinados al arrendamiento de la fachada;

- la actividad consistente en la adquisición de los bienes y servicios necesarios para el mantenimiento, utilización, funcionamiento, etc. de los bienes, elementos, pertenencias y servicios

comunes, y en la distribución de los gastos efectuados por tal concepto entre los miembros de la comunidad, no constituye una actividad de carácter empresarial o profesional. Dicha comunidad tiene la condición de consumidor final y no puede deducir las cuotas soportadas en la adquisición de los referidos bienes o servicios; y
- no obstante lo anterior, tratándose de bienes y servicios adquiridos para la rehabilitación, renovación y reparación de un bien de inversión que se emplee en todo o en parte en el desarrollo de la actividad empresarial o profesional, como es la cubierta del edificio, la comunidad puede deducir las cuotas soportadas en la medida en que dichos bienes o servicios vayan a utilizarse previsiblemente, de acuerdo con criterios fundados, en el desarrollo de la actividad empresarial o profesional.

• Un empresario que es arrendador de una **nave industrial** y tiene la intención de arrendar **8597**
una **vivienda** de su propiedad puede optar por aplicar la prorrata especial, puesto que realiza operaciones que generan derecho a la deducción (arrendamiento de nave industrial) junto con otras que no originan tal derecho (DGT CV 15-6-05).
• Una entidad que posee en propiedad un **edificio no dividido horizontalmente** que consta de locales y viviendas debe proceder a la regularización de deducciones por bienes de inversión de modo independiente respecto de cada vivienda o cada local (DGT CV 14-9-05).
• Un colegio profesional que disfruta de exención adquiere una nueva edificación para trasladar allí su sede, se plantea arrendar una **parte de dicha edificación** que la utilizarán para instalar bares y despachos. Este arrendamiento es una actividad sujeta y no exenta. La edificación adquirida se considera un bien de inversión y es utilizado simultáneamente en las **dos actividades** desarrolladas por la entidad. Al no haber concluido el período de regularización y al estar el arrendamiento sujeto y no exento hay derecho a la deducción. Resulta procedente para cada uno de los años que resten de dicho período de regularización ajustar las deducciones a practicar en relación con la edificación (DGT CV 3-3-05).
• Un contribuyente, que obtiene rendimientos del capital inmobiliario derivados del alquiler de locales, adquirió el 21-12-2004 un local sujeto a IVA, habiendo celebrado contrato de arrendamiento a favor de terceros el día 25-12-2004. El 28-12-2004 procedió a la venta del local, quedando la transmisión sujeta a ITP y AJD. La adquisición del local estuvo sujeta y no exenta, mientras que la transmisión realizada en el mismo mes ha estado sujeta pero exenta. Por eso la **entrega de bienes de inversión** durante el período de regularización da como resultado una minoración en el impuesto soportado deducible de la misma cuantía que la deducción efectuada, ambas a practicar en la última declaración liquidación trimestral del 2004 (DGT CV 28-9-05).

• Una **entidad disuelta y liquidada** previamente ejerció la actividad de arrendamiento de **8600**
inmuebles. Consecuencia de su liquidación, la participación que tiene en dos naves industriales cedidas en arrendamiento se adjudican a los socios, tributando la operación por ITP y AJD al estar sujeta pero exenta del IVA. Dichas naves se adquirieron 5 y 3 años antes de la disolución-liquidación, deduciéndose íntegramente el IVA soportado en su adquisición. Así, en el momento de la liquidación no ha transcurrido el correspondiente período de regularización, por lo que la entidad debe regularizar la deducción practicada, lo cual origina una menor deducción (DGT CV 16-12-08).
• La promoción de viviendas para destinarlas a la venta, adjudicación o cesión, a través de contratos de arrendamiento con opción de compra en los que se deduzca con claridad que la intención del promotor es llevar a cabo en última instancia dicha venta, adjudicación o cesión, genera íntegramente el derecho a la deducción. Los arrendamientos **con opción de compra** posteriores se encontrarán, en estos casos, sujetos y no exentos. La promoción de viviendas para destinarlas a su arrendamiento **sin opción de compra** determina para su promotor la imposibilidad de deducir el IVA. No obstante, si la decisión de arrendar sin opción de compra fuera sobrevenida y posterior a la construcción, habrá lugar al gravamen por autoconsumo (LIVA art.9.1.c). Para cualquiera de los dos supuestos anteriores, el arrendamiento posterior está sujeto pero exento. El uso de una vivienda en virtud de contratos de arrendamiento con opción de compra no agota la primera entrega de una edificación (DGT CV 19-2-10).
• La entidad adquirió la **condición de empresario** cuando inició las obras de adecuación del local comercial, siempre que tenga la intención de destinarlo al arrendamiento. Con base en ello, puede deducir las cuotas soportadas con anterioridad al inicio de la actividad de arrendamiento por las obras de adaptación realizadas en el mismo (DGT CV 20-10-14).

• La realización de **dos actividades económicas**, una de ellas arrendamiento de locales, que **8603**
constituyen sectores diferenciados, permite deducir al contribuyente la adquisición del inmueble que vaya a afectarse a esta actividad (DGT CV 29-9-15).

• El **cambio de afectación** de las viviendas de la actividad de promoción a la actividad de arrendamiento turístico supone la realización de una operación de autoconsumo. No obstante, cuando el **autoconsumo** tiene lugar en relación con bienes por cuya adquisición no se ha atribuido al sujeto pasivo el derecho a efectuar la deducción total o parcial del impuesto, tal autoconsumo está no sujeto al IVA. Sin embargo, se deben regularizar las deducciones practicadas por la afectación de las viviendas como bienes de inversión durante su período de regularización desde la fecha de entrada en funcionamiento (DGT CV 24-9-14).
• Cuando un inmueble es utilizado como vivienda habitual por un socio y administrador de una entidad mercantil. No resultan deducibles las cuotas soportadas en el arrendamiento del mismo al no encontrarse afecto a la actividad (TEAC 10-5-11).

V. Impuesto sobre actividades económicas

8625

8627 La finalidad del Impuesto de Actividades Económicas (IAE) es, además de recaudatoria, claramente censal, en cuanto a las actividades económicas ejercidas en el territorio nacional y sus titulares.
La normativa fundamental reguladora del IAE, a nivel **estatal**, es:
• La Ley de Haciendas locales (RDLeg 2/2004).
• Las Tarifas del impuesto y su Instrucción (RDLeg 1175/1990).
• Las normas de gestión del impuesto (RD 243/1995).
Las anteriores normas, de ámbito estatal son las aplicables en relación con los **arrendamientos**, dado que la cuota aplicable a los mismos es, exclusivamente, la nacional. No obstante, para otras actividades, hay que tener también en cuenta, en su caso, las ordenanzas fiscales de las entidades locales, que pueden establecer determinados coeficientes, índices y recargos.
La **Instrucción del IAE** consiste en un conjunto de reglas cuya finalidad es la correcta aplicación de las Tarifas del impuesto, tanto en relación con el régimen de las actividades como con el de las cuotas. Un estudio de tallado de la misma se realiza en el nº 12320 memento Fiscal 2024.

A. Normas generales del impuesto

8630

8633 **Hecho imponible** (LHL art.78) El hecho imponible del impuesto está constituido por el mero ejercicio de la actividad económica de arrendamiento en territorio nacional, con independencia de que se realicen o no en local determinado y de que el tipo de arrendamiento esté especificado o no en las Tarifas del impuesto (nº 8670 s.).

Precisiones **1)** Basta con un solo acto de realización de una actividad económica para que se produzca el supuesto de hecho gravado por el Impuesto, lo que, en definitiva, viene a excluir la **habitualidad** en el ejercicio de la actividad como requisito indispensable. Además, el hecho imponible se realiza con independencia de que exista o no lucro en el ejercicio de la actividad, e, incluso, con independencia de que exista o no ánimo de lucro (DGT CV 25-7-19; CV 6-4-20; CV 28-10-20).
2) El IAE se exige con independencia de cuál sea el resultado de la actividad, e, incluso, existiendo beneficio cero o, también, pérdidas. Su **objeto material** está conectado al mero ejercicio de la actividad, que es, por sí, ya, la manifestación de riqueza susceptible de ser gravada (TS 21-1-10, EDJ 9987).
3) Cuando una **sociedad** sólo ha realizado actos relativos a su constitución social y solicitud de NIF, permaneciendo **inactiva**, no se realiza el hecho imponible del IAE. Mientras la entidad permanezca en esa situación sin ejercer ningún tipo de actuación que pudiera tener la consideración de actividad económica, no está sujeta al IAE (DGT CV 22-1-14).

Actividad económica (LHL art.79 y 80; RDLeg 1175/1990 regla 3ª) Desde el punto de vista de este impuesto, el arrendamiento se considera una actividad económica siempre que supongan la ordenación por cuenta propia de medios de producción y de recursos humanos, o de uno de ambos, con la finalidad de intervenir en la producción o distribución de bienes o servicios. 8635
El arrendamiento aislado de un bien inmueble realizado por su propietario como forma de **gestión del patrimonio propio**, no constituye actividad económica a efectos del IAE (TS 10-6-09, EDJ 143822).
A efectos del IAE, no es necesario que exista una **persona con contrato laboral** y a jornada completa, como ocurre en el IRPF, para considerar que existe actividad económica (AN 3-5-10, EDJ 75726; DGT CV 2-10-13).

Precisiones **1)** La **prueba del ejercicio** de una actividad económica puede ser realizada por cualquier medio admitido en derecho, en particular por los previstos en el CCom art.3 (anuncios, carteles, rótulos...), correspondiendo la carga de la prueba, en todo caso, a la Administración tributaria.
2) Quedan excluidas del ámbito de aplicación del impuesto las actividades que se ejerzan en régimen de **dependencia laboral**, aunque el contenido material de las mismas pueda ser de tipo empresarial, profesional o artístico (DGT CV 31-5-10; CV 6-3-12; CV 4-3-14).
3) Respecto al concepto de actividad económica de arrendamiento en el **IRPF**, ver nº 5200 s.

Sujeto pasivo (LHL art.83) Son sujetos pasivos del impuesto las personas físicas, las personas jurídicas y las entidades de la LGT art.35.4, siempre que realicen en territorio nacional cualquiera la actividad de arrendamiento que origina el hecho imponible. 8637
Quedan sujetas aquellas actividades que se ejerzan dentro del territorio español, ya sean ejercidas por personas **residentes** o no (DGT CV 4-3-14). No es relevante en orden a la sujeción a este impuesto su domicilio fiscal o residencia habitual.
Cuando una misma persona ejerce diversas actividades en uno o en **varios términos municipales** simultáneamente, pueden concurrir en ella múltiples situaciones de sujeto pasivo.

Precisiones Cuando en un conjunto de empresarios individuales realizan cada uno una actividad por su cuenta, y han constituido entre ellos una **comunidad de bienes** para gestionar los gastos comunes de todos ellos. Dicha comunidad no es sujeto pasivo del Impuesto al no realizar una actividad económica (DGT CV 5-9-16).

Exenciones (LHL art.82) Las exenciones, según requieran o no la presentación de la correspondiente solicitud, **se clasifican** en: 8638
- exenciones automáticas; y
- exenciones rogadas.

Exenciones automáticas (LHL art.82 redacc L 11/2021) Con carácter general, en este tipo de exenciones el sujeto pasivo no tiene obligación de presentar una solicitud para poder aplicarlas. Solo en la exención por razón del importe neto de la cifra de negocios (nº 8647) se exige la presentación de una comunicación: 8640
a) **Exenciones subjetivas**. Están exentos del impuesto con independencia de la naturaleza de las actividades que ejerzan y de las circunstancias que concurran en su ejercicio:
- las personas físicas -desde el 11-7-2021, ya sean residentes o no en territorio español-;
- el Estado, las comunidades autónomas, las entidades locales, los organismos autónomos del Estado y las entidades de derecho público de análogo carácter de las comunidades autónomas y de las entidades locales;
- las entidades gestoras de la Seguridad Social y las mutualidades de previsión social reguladas en la L 20/2015;
- la Cruz Roja Española; y
- los sujetos pasivos a los que les sea de aplicación la exención en virtud de tratados o convenios internacionales.

Quienes disfrutan de la exención subjetiva no están obligados a presentar una **declaración de alta** en la matrícula del Impuesto.

Precisiones No pueden aplicar esta exención las **sociedades mercantiles** participadas por las Administraciones Públicas o por los entes públicos dependientes de las mismas (DGT CV 29-11-07; CV 12-5-10; CV 27-6-12).

b) **Inicio del ejercicio de la actividad**. Los sujetos pasivos que hayan iniciado el ejercicio de su actividad en territorio español, están exentos durante los 2 primeros períodos impositivos de este impuesto en que se desarrolle la misma, no considerándose que se ha producido tal inicio cuando la actividad se ha desarrollado anteriormente bajo otra titularidad (p.e. fusión, escisión o aportación de ramas de actividad). Por tanto, se trata de una exención de carácter temporal. 8643

Al **año siguiente** al posterior al inicio de la actividad, si procede la aplicación de la exención por razón del importe neto de la cifra de negocios, el sujeto pasivo ha de presentar una comunicación a la AEAT en la conste que cumple los requisitos establecidos para su aplicación.
El inicio del ejercicio de una actividad económica **puede acreditarse** por cualquier medio de prueba admisible en Derecho, en particular, cualquier declaración tributaria formulado por los interesados o sus representantes, así como los demás medios de prueba previstos en el RD 243/1995 art.12 (DGT CV 12-5-20; DGT 1-10-03). Es el caso de la declaración de alta en el epígrafe correspondiente (DGT CV 6-10-06). En sentido contrario, existe algún pronunciamiento según el cual la declaración censal de alta no implica necesariamente, el efectivo ejercicio de las actividades económicas que constituyen en hecho imponible del IAE (TSJ Madrid 7-10-15, EDJ 190404).

8645 Precisiones **1)** La pertenencia del sujeto pasivo a un **grupo de sociedades** en el que alguna de ellas desarrolla o ha desarrollado la misma actividad, no constituye un supuesto de exclusión de la exención por inicio de actividad, salvo que pueda acreditarse que existe una sucesión en la titularidad o ejercicio de la actividad desarrollada por otra sociedad, forme o no parte de ese grupo de sociedades (TS 23-12-13, EDJ 288425; DGT CV 19-9-13).
2) No da derecho a la **aplicación de la exención** por inicio de actividad:
- la apertura de un **nuevo local**, para la misma actividad que se venía ejerciendo, en el mismo o diferente municipio (AEAT 28-4-03; DGT 7-5-03);
- el cambio del **tipo de cuota** municipal, provincial o nacional (AEAT 28-4-03); el cambio de epígrafe por modificaciones normativas o por superación de límites cuantitativos (AEAT 28-4-03);
- el inicio por una **sociedad de nueva creación** de la misma actividad con la misma denominación social, y dada de alta por el mismo epígrafe que la actividad realizada por uno de sus socios (DGT CV 20-11-12).
3) Si una sociedad inicia una nueva actividad en noviembre de ejercicio N, el **primer período impositivo** abarca desde la fecha de comienzo de la actividad hasta el 31-12-N y el segundo período impositivo abarca todo el año natural N+1. Dicha sociedad está exenta durante N y N+1 (DGT CV 24-7-14).

8647 c) **Importe neto de la cifra de negocio**. Cuando el importe neto de su cifra de negocios sea inferior a 1.000.000 euros, con independencia de la naturaleza de las actividades que ejerzan, están exentos:
• **Los contribuyentes del IS**, incluidas las sociedades civiles con objeto mercantil, y los contribuyentes por el **IRNR** con establecimiento permanente. El importe neto de la cifra de negocios es el importe correspondiente al período impositivo cuyo plazo de presentación de declaraciones por estos tributos haya finalizado el año anterior al del devengo del IAE.
• En las **restantes sociedades civiles** y entidades de la LGT art.35.4 es el que corresponde al penúltimo año anterior al devengo del IAE.
Si el período impositivo es inferior a un año natural, el importe neto de la cifra de negocios se debe elevar a un año. Aunque la aplicación de la exención es automática, se exige una comunicación **previa** de la cifra de negocios (nº 8720 s.).
Se han de tener en cuenta el **conjunto de las actividades** económicas ejercidas por el sujeto pasivo, aunque alguna de ellas no se desarrolle en territorio nacional (DGT CV 26-7-13). Es irrelevante que dichas actividades estén o no exentas del impuesto (TEAC unif criterio 27-1-09; DGT CV 4-8-14; CV 1-2-16) o tributen por cuota cero (DGT CV 18-2-10; CV 1-2-16).
En los supuestos de **inactividad previa**, la inexistencia de cifra de negocios no puede considerarse como si fuera de 0 euros. La falta de actividad supone que el rendimiento es inexistente e incuantificable, de ahí que la exención no es aplicable en estos casos (TSJ Valladolid 13-3-17, EDJ 48024).
• Cuando el sujeto pasivo que forma parte de un **grupo de sociedades**, se exige que concurra alguna de las circunstancias consideradas en el CCom art.42.1 como determinantes de la existencia de control, con independencia de la obligación de consolidación contable. Se debe referir al conjunto de entidades pertenecientes a dicho grupo.
Se considera que los casos del CCom art.42 son los recogidos en la sección 1.ª del capítulo I de las Normas para la formulación de las cuentas anuales consolidadas (RD 1159/2010).

8650 **Exenciones rogadas** (LHL art.82.1. e y f, 4 y 91.2; RD 243/1995 art.9; OM EHA/1274/2007 art.4) A solicitud del sujeto pasivo puede concederse la exención en el impuesto a:
• Los organismos públicos de **investigación**.
• Los siguientes establecimientos de **enseñanza** en todos sus grados:
- los costeados íntegramente con fondos del Estado, de las comunidades autónomas o de las entidades locales o por fundaciones declaradas benéficas o de utilidad pública; esta exención se extiende a todos los grados de la enseñanza, pero ha de ser enseñanza oficial o reglada (DGT CV 1-3-11);

- los que, careciendo de ánimo de lucro, estén en régimen de concierto educativo, incluso si facilitan a sus alumnos libros o artículos de escritorio o les prestan los servicios de media pensión o internado y aunque por excepción vendan en el mismo establecimiento los productos de los talleres dedicados a dicha enseñanza, siempre que el importe de estas ventas, sin utilidad para ningún particular o tercera persona, se destine, exclusivamente, a la adquisición de materias primas o al sostenimiento del establecimiento.
• Las **asociaciones y fundaciones** de personas con discapacidad física, psíquica y sensorial, sin ánimo de lucro, por las actividades pedagógicas, científicas, asistenciales y de empleo que realicen para la enseñanza, educación, rehabilitación y tutela de las citadas personas, aunque vendan los productos de los talleres dedicados a dichos fines, siempre que el importe de la venta, sin utilidad para ningún particular o tercera persona, se destine exclusivamente a la adquisición de materias primas o al sostenimiento del establecimiento.
• Las entidades sin fines lucrativos a las que es aplicable el régimen establecido en la L 49/2002 (nº 15237 Memento Fiscal 2024).

La **solicitud de su reconocimiento** debe realizarse mediante la presentación de las siguientes declaraciones: **8655**
• Al formular la declaración censal en el Censo de empresarios, profesionales y retenedores (nº 9240 s.), si el sujeto pasivo está exento de todas las actividades económicas que desarrolla.
• A través de los modelos propios del IAE (nº 8715 s.), si el sujeto está exento sólo por alguna o algunas de las actividades que ejerce.
El acuerdo de concesión o denegación es impugnable tanto en vía administrativa como en vía jurisdiccional.
La **competencia** para conceder o denegar la exención solicitada corresponde:
- tratándose de cuotas provinciales o nacionales, a la Administración Estatal; y
- en el caso de cuotas municipales, a los ayuntamientos de la imposición.

Período impositivo y devengo (LHL art.89) Como regla general, el período impositivo coincide con el año natural y el devengo se produce el primer día del período impositivo, esto es, el uno de enero de cada año. **8657**
En el supuesto de declaración de alta, el período impositivo abarca desde la fecha de comienzo de la actividad hasta el fin del año natural y el devengo se produce el día de comienzo de la misma.

Precisiones El pago de la cuota del IAE por una sociedad no legitima a su **sucesora** en el ejercicio de esa misma actividad, ya que cada una de estas, tienen personalidad jurídica propia, con lo que se impide, al menos en el ámbito del IAE, la posibilidad de trasladar el comienzo de los efectos de la declaración de alta más allá del trimestre propio en que la sociedad inicia la actividad (TS 23-12-09, EDJ 315078).
En consecuencia, las **sociedades absorbidas** deben efectuar el pago de las cuotas del IAE por las actividades que con anterioridad a la reorganización han venido desarrollando, y solicitar la devolución de la parte de la cuota correspondiente a los trimestres naturales en los que no hayan ejercido dichas actividades. La sociedad que suceda en la actividad a las anteriores entidades debe presentar las correspondientes declaraciones de alta (DGT CV 5-2-16).

B. Cuota tributaria

(LHL art.84 a 87 y 134)

8660

Cálculo de la cuota La cuota tributaria es la que resulta de aplicar las tarifas del impuesto, los coeficientes y las bonificaciones previstos en la ley. En el caso de los arrendamientos, los **elementos que intervienen** en su cálculo, son la cuota de tarifa, el coeficiente de ponderación y las bonificaciones. **8663**
La **deuda tributaria** a ingresar para la actividad económica de arrendamiento es:

Cuota de tarifa = Cuota de actividad la actividad de arrendamiento que proceda
Cuota tributaria IAE = Cuota de tarifa (nacional) × Coeficiente de ponderación
Deuda tributaria IAE = Cuota tributaria IAE

8665 **Prorrateo de cuotas** (LHL art.89.2) De modo general, las cuotas son irreducibles, es decir, no se pueden fraccionar.
No obstante, por **excepción** son prorrateables en los siguientes supuestos:
• Cuando el **comienzo de la actividad** no coincide con el uno de enero. La cuota se calcula proporcionalmente al número de trimestres que resten hasta el fin de año, incluido el trimestre del inicio de la actividad.
• Cuando el **cese en la actividad** se produce antes del día uno de octubre. La cuota se prorratea por trimestres naturales, excluido aquel en que se produce el cese. Para ello el sujeto pasivo puede solicitar la devolución de la parte de cuota que corresponda a los trimestres durante los que no se ejerza la actividad.

1. Cuota de tarifa

(LHL art.85; RDLeg 1175/1990 regla 9ª y regla 16ª)

8670 Las Tarifas del impuesto consisten en una relación ordenada de las distintas actividades y comprenden:
- la descripción, contenido y clasificación de las **actividades económicas**; y
- las **cuotas** de cada actividad, que se determinan mediante la aplicación de los elementos tributarios regulados en las propias Tarifas y en la Instrucción respectiva.

La **actividad de arrendamientos** se encuentra recogida del siguiente modo en la Tarifa:

<table>
<tr><td colspan="2">Sección Primera: Actividades empresariales, ganaderas, mineras, industriales, comerciales y de servicios</td></tr>
<tr><td colspan="2">División 8. Instituciones financieras, seguros, servicios prestados a las empresas y alquileres</td></tr>
<tr><td colspan="2">Agrupación 86. Alquiler de bienes inmuebles</td></tr>
<tr><td>Grupo 86. Alquiler de bienes inmuebles de naturaleza urbana</td><td rowspan="3">Grupo 862. Alquiler de bienes inmuebles de naturaleza rústica</td></tr>
<tr><td>• Epígrafe 861.1. Alquiler de viviendas</td></tr>
<tr><td>• Epígrafe 861.2. Alquiler de locales industriales y otros alquileres n.c.o.p.</td></tr>
</table>

Precisiones La clasificación de las distintas actividades en la Tarifa se realiza agrupándolas en **tres grandes secciones**:
• Sección 1ª: actividades empresariales (ganaderas independientes, mineras, industriales, comerciales y de servicios).
• Sección 2ª: actividades profesionales.
• Sección 3ª: actividades artísticas.
A su vez, dentro de cada sección se distinguen los siguientes **grados de integración**:
• Divisiones, que agrupan los sectores fundamentales. Se identifican por el primer dígito del código de clasificación y se subdividen en:
• Agrupaciones, que reúnen actividades por razón de afinidad entre ellas. Se identifican por los dos primeros dígitos del código y, a su vez, se subdividen en:
• Grupos, que se identifican por los tres primeros dígitos y se subdividen, en determinados casos, en:
• Epígrafes, que constan de cuatro dígitos.

8673 El **alquiler de vivienda** del epígrafe 861.1 comprende el arrendamiento, con o sin opción de compra de toda clase de inmuebles destinados a vivienda.
El alquiler de «**locales industriales y otros alquileres**» al que se refiere el epígrafe 861.2 comprende el arrendamiento de terrenos, locales industriales, negocios y todos los demás bienes inmuebles de naturaleza urbana que no sean considerados viviendas.
El alquiler de **inmuebles rústicos** comprende el alquiler, con o sin opción de compra, de toda clase de inmuebles de naturaleza rústica.

Precisiones En relación con los **alquileres turísticos**, hay que tener en cuenta:
• El simple alquiler de pisos o apartamentos para fines de semana o periodos determinados de tiempo, sin que el titular de la actividad de alquiler preste **ningún otro servicio** al inquilino, constituye una actividad propia del epígrafe 861.1 «Alquiler de viviendas» (DGT CV 11-4-17; CV 7-4-11; DGT 2-10-02).
• Si una persona o entidad cede a los arrendatarios, a cambio de un precio, apartamentos por periodos de tiempo determinado prestando servicios de hospedaje que comprenden la **prestación de otros servicios** tales como limpieza de inmuebles, cambio de ropa, custodia de maletas, puesta a disposición del cliente de vajilla, enseres y aparatos de cocina, y, a veces, prestación de servicios de alimentación, las Tarifas del IAE clasifican esta actividad en la agrupación 68 de la sección primera, el «Servicio de hospedaje», y, dentro de dicha agrupación, en el grupo 685 «Alojamientos turísticos extrahoteleros» (DGT CV 31-1-18; CV 22-3-17; CV 30-9-19).

• Si una persona o entidad propietaria de un apartamento turístico lo arrienda a una entidad mercantil o persona física que lo explota como **establecimiento extrahotelero**, contratando su ocupación con touroperadores, desarrolla la actividad de arrendamiento de inmuebles clasificada en el epígrafe 861.2 de la sección 1ª del IAE «Alquiler de locales industriales y otros alquileres NCOP» (DGT CV 30-12-08; DGT 31-7-02).

La cuota de tarifa es el **resultado de sumar**: **8675**
• La cuota de actividad o de rúbrica, que se determina conforme a lo dispuesto en el grupo o epígrafe que proceda.
• Valor del elemento tributario «superficie del local empleado» en el ejercicio de la actividad.
A efectos de **cálculo de la cuota** se han establecido los siguientes **límites**:
• Las cuotas no pueden exceder del 15% del beneficio medio presunto de la actividad gravada -referido a sectores económicos y no a casos concretos-, teniendo en cuenta para su fijación la superficie de los locales en que se realicen las actividades gravadas.
• A excepción de las actividades que tributan por cuota cero, el importe mínimo de las cuotas es de 37,32 euros.
Las cuotas de tarifa **se pueden clasificar**, atendiendo al territorio en que facultan para el ejercicio de la actividad, en cuotas mínimas municipales, cuotas provinciales y cuotas nacionales. No obstante, para las actividades de arrendamiento de inmuebles se ha establecido, exclusivamente, una **cuota nacional** que faculta al sujeto pasivo para ejercitar su actividad en todo el territorio nacional, sin pagar cuota provincial ni cuota mínima municipal (RDLeg 1175/1990 regla 12ª; LHL art.85.3).

Precisiones Tratándose de una cuota nacional, en la actividad de arrendamiento no se puede aplicar ni **coeficiente de situación** ni **recargo provincial** para el cálculo de la cuota tributaria (nº 12249 s. Memento Fiscal 2024).

Cuota de actividad Para los distintos epígrafes de las actividades de arrendamiento de inmuebles se han establecido las siguientes cuotas de actividad. **8677**

Viviendas y locales Para el arrendamiento de inmuebles de naturaleza urbana (epígrafes 861.1 y 861.2) se establece, exclusivamente, una **cuota nacional** del 0,10% del valor catastral que tenga la el inmueble a efectos del IBI. No obstante, también en ambos casos, tributan por **cuota 0** los sujetos pasivos cuya cuota para esta actividad sea inferior a 601,01 euros. Ello supone que el sujeto pasivo no ha de presentar declaración por el impuesto. **8680**

Alquiler de inmuebles rústicos Para el grupo 862, arrendamiento de inmuebles de naturaleza rústica, se establece una única **cuota nacional** del 0,10% del valor catastral que tenga la el inmueble a efectos del Impuesto sobre Bienes Inmuebles. No obstante, tributan por **cuota 0** los sujetos pasivos cuya cuota para esta actividad sea inferior a 601,01 euros. Ello supone que el sujeto pasivo no ha de presentar declaración por el impuesto. **8683**

Superficie del local En la actividad de arrendamiento, el único elemento tributario que se tiene en cuenta para calcular la cuota es la superficie del local. Es importante señalar que no se trata en ningún caso del propio inmueble arrendado objeto de la actividad, sino del que se emplea para desarrollar la misma, si es que se cuenta con uno. **8685**
La **forma de cálculo** de la superficie varía en función del tipo de cuota que se aplique a la actividad. En la cuota nacional, que corresponde a la de arrendamiento (nº 8663), siempre se tiene en cuenta el valor del elemento superficie de todos los locales que, directa o indirectamente, se hallen afectos a la actividad.
A tal fin, **se procede de este modo**:
1º. Agregación de todos los metros cuadrados de superficie computable de acuerdo con las fases de cálculo del RDLeg 1175/1990 regla 14ª.1.F.b, c y f.
2º. Aplicación del cuadro adjunto sobre la superficie así computada. Existen **cinco tramos**, correspondiendo a cada uno una cantidad en euros, que se multiplica por los metros cuadrados de superficie computada encuadrable en dicho tramo.
La suma de los productos así obtenidos constituye el importe total del valor del elemento superficie a adicionar a la cuota de actividad para obtener la cuota de tarifa.

m^2	€
De 0 a 500	2,34
De 500,1 a 3.000	1,71
De 3.000,1 a 6.000	1,40
De 6.000,1 a 10.000	1,15
Exceso de 10.000	1,00

8687 Precisiones Además de la superficie de los locales, la Instrucción del Impuesto define **otros elementos** para el cálculo de la cuota: potencia instalada, número de obreros, población de derecho y aforo de locales de espectáculos, si bien ninguna de ellas es aplicable a la actividad de arrendamiento.

2. Coeficiente de ponderación

(LHL art.86)

8690 Sobre las cuotas de tarifa del impuesto se debe aplicar, en todo caso, un coeficiente de ponderación determinado en función del importe neto de la cifra de negocios del sujeto pasivo. Este coeficiente **se determina** de la siguiente forma:

Importe neto de la cifra de negocios (euros)	Coeficiente
Desde 1.000.000,00 hasta 5.000.000,00	1,29
Desde 5.000.000,01 hasta 10.000.000,00	1,30
Desde 10.000.000,01 hasta 50.000.000,00	1,32
Desde 50.000.000,01 hasta 100.000.000,00	1,33
Más de 100.000.000,00	1,35
Sin cifra neta de negocio	1,31

El importe neto de la cifra de negocios del sujeto pasivo es el correspondiente al conjunto de actividades económicas ejercidas por el mismo.

Precisiones **1)** En relación a las reglas de determinación del **importe neto de la cifra de negocios**, ver lo expuesto en el nº 12237 Memento Fiscal 2024.
2) El coeficiente a aplicar inicialmente por una sociedad que **ha incumplido la obligación** de comunicar la cifra de negocios, es el previsto para el supuesto de «sin cifra de negocio», sin perjuicio de la posible regularización posterior (DGT 29-5-03).
3) A diferencia de otras actividades, en la de arrendamientos, no se aplican ni **coeficiente de situación** ni **recargos provinciales** sobre la cuota de tarifa (nº 12249 s. Memento Fiscal 2024).

3. Bonificaciones

(LHL art.88)

8693 Para los arrendamientos solo son aplicables algunas de las **bonificaciones obligatorias** pues las potestativas, que son las que pueden establecer en este impuesto los ayuntamientos, requieren la tributación por cuota municipal, que no existe en esta actividad.

Precisiones Si bien no afectan a la actividad de arrendamiento, además de por las bonificaciones, la cuota de tarifa del impuesto puede ser modificada por la existencia de las **reducciones e incrementos**.

8695 **Ceuta y Melilla** (LHL art.159.2) Existe una bonificación del 50% de la cuota tributaria exigible en Ceuta y Melilla. Se trata de una bonificación automática que no requiere **solicitud** por parte del contribuyente.

8697 **Inicio de actividad** (LHL art.88.1) Existe una bonificación del 50% de la cuota correspondiente durante los 5 años de actividad siguientes a la conclusión del segundo período impositivo de desarrollo de la misma, esto es, una vez expirado el plazo de duración de la exención por inicio de actividad (nº 8643 s.). Transcurridos esos 5 años caduca el período de aplicación de esta bonificación.
La **solicitud** de esta bonificación debe realizarse al presentar la declaración de alta en la matrícula del impuesto (nº 8715), pues no se aplica de forma automática.

C. Gestión del impuesto

8700

8703 La gestión del Impuesto de Actividades Económicas tiene **dos fases** diferenciadas: la gestión censal o de matrícula y la gestión tributaria.

1. Gestión censal

La gestión censal **comprende**, entre otras, las actuaciones de formación de la matrícula del Impuesto (nº 8707), la calificación de las actividades económicas y el señalamiento de las cuotas correspondientes. 8705
Con el fin de formar la matrícula del impuesto, los **sujetos pasivos** han de colaborar con los órganos competentes, para lo cual tienen una serie de obligaciones formales (nº 8713 s.).
Tratándose de cuotas nacionales, en la actividad de arrendamiento la gestión censal es **competencia** exclusiva de la Administración tributaria del Estado (LHL art.91.1).

Precisiones La **delegación** de la gestión censal del impuesto se regula en la OM HAC /1287/2019; y de la inspección en la OM HAC/1279/2019.

Matrícula (LHL art.90 y 91; RD 243/1995 art.2 a 4, 11 y 17) El impuesto se gestiona a partir de la matrícula, cuya **formación** es anual para cada término municipal. 8707
En el caso de los arrendamientos la matrícula **se compone** únicamente por censos comprensivos de la actividad económica concreta, sujetos pasivos y cuotas mínimas, pues no cabe el recargo provincial (nº 12253 Memento Fiscal 2024).
La **fecha de cierre** de la matrícula de un ejercicio es el 31 de diciembre del año inmediato anterior, incorporando las altas, variaciones y bajas producidas durante dicho año mediante las declaraciones de variaciones y bajas presentadas hasta el 31 de enero que se refieran a hechos anteriores al 1 de enero.
Del 1 al 15 de abril de cada año, el ayuntamiento del municipio en el que tenga su domicilio fiscal el arrendador ha de exponer al público la matrícula.
Las **variaciones** en la matrícula pueden producirse mediante actuación de los sujetos pasivos o bien de oficio por parte de la Administración.
La inclusión o exclusión de un sujeto pasivo de la matrícula, o la alteración de los datos en la misma, son **actos administrativos** reclamables mediante reclamación económico-administrativa, con o sin interposición del recurso previo de (LGT art.222 a 225; RD 520/2005 art.21 a 27). Agotada esta vía puede interponerse el recurso contencioso-administrativo.

Precisiones **1)** La **interposición del recurso** o de la reclamación contra la matrícula no suspende los actos liquidatorios subsiguientes, salvo que así lo acuerde el órgano o tribunal que deba resolver, o se constituyan las oportunas garantías. 8710
Los **plazos** para recurrir se cuentan a partir del día inmediato siguiente a aquel en que se concluya el período de exposición pública de la matrícula o de su publicación en el boletín oficial de la provincia o comunidad autónoma uniprovincial (TEAC 16-4-08).
2) La Administración Tributaria puede realizar de oficio **inclusiones, variaciones o exclusiones** en los censos cuando tenga conocimiento de las circunstancias que los motivan y no hayan sido declaradas por el sujeto pasivo, surtiendo efecto en la matrícula del período impositivo inmediato siguiente. Para ello, el órgano competente por razón del territorio ha de notificárselo al interesado, concediendo un plazo de 15 días para alegaciones. Estos actos administrativos pueden ser objeto de reclamación en vía económico-administrativa, previo el potestativo recurso de reposición (RD 243/1995 art.11 y 15).
3) Los sujetos pasivos **declarados** fallidos por los órganos de recaudación causan baja de oficio en la matrícula.
4) Al tener los datos contenidos en los registros, padrones o matrículas **carácter reservado**, en los períodos de exposición de la matrícula, una persona o entidad solo puede consultar la información tributaria correspondiente a sus datos, no a los de otros obligados tributarios sin el consentimiento de estos últimos (DGT CV 18-5-20).

Obligaciones formales (LHL art.90; RD 243/1995; OM EHA/1274/2007 art.4) Como todo tributo gestionado a partir de una matrícula, las obligaciones formales de los sujetos pasivos se reducen a **comunicar** a los órganos administrativos que gestionan la matrícula las circunstancias que provocan su inclusión o exclusión de la misma, o la variación de los datos en ella contenidos. 8713
La referida comunicación ha de realizarse mediante la presentación de las siguientes **declaraciones tributarias**:
• **Sujetos pasivos exentos** por todas las actividades económicas que desarrollan: la presentación de las declaraciones censales de alta, modificación o baja (nº 9230 s.) sustituye a la presentación de las declaraciones específicas del impuesto. A través de la declaración censal deben identificar las actividades económicas que desarrollen, los establecimientos y locales en los que se lleven a cabo dichas actividades, y han de comunicar el alta, la variación o la baja en aquellas o en estos.
• Sujetos pasivos que **no están exentos** o sólo lo están por alguna o algunas de las actividades: deben comunicar el alta, la variación o la baja en todas sus actividades económicas a través de

las declaraciones propias del IAE. Asimismo, han de solicitar, en su caso, la exención que les corresponda a través de los modelos propios del mismo.
Existe también la obligación para algunos sujetos pasivos de comunicar a la AEAT el importe neto de su cifra de negocios (nº 8720).

8715 **Declaración de alta** (RD 243/1995 art.5) Los sujetos pasivos **obligados** a presentar declaración de alta en la matrícula del impuesto y el **plazo** del que disponen para ello son los siguientes:
• Los que **no estén exentos** del IAE por la totalidad de las actividades económicas que ejerzan: antes del transcurso de un mes desde el inicio de la actividad.
• Los que **estando exentos** por todas las actividades económicas que ejerzan, hayan dejado de cumplir las condiciones para que se les aplique la exención: durante el mes de diciembre inmediato anterior al año en que está obligado a contribuir por el IAE.
Como **excepción**, no están obligados a darse de alta quienes tributen por cuota cero (nº 8677 s.).
Los sujetos pasivos que deban recabar de la Administración la concesión de **bonificaciones y beneficios fiscales** de carácter rogado en relación con alguna o algunas de las actividades económicas que ejerzan, deben solicitar su reconocimiento al presentar la declaración del alta en la matrícula (RD 243/1995 art.9).
La declaración de alta **se formula** separadamente por cada actividad, y deben comprender los datos para calificar la actividad, determinar la rúbrica a aplicar y cuantificar la cuota. Para ello, se utiliza el **modelo 840** (nº 8730 s.). No obstante, en el caso de los sujetos pasivos exentos por todas sus actividades económicas, la presentación de las declaraciones censales sustituye a la presentación de las declaraciones específicas del impuesto (nº 8713 s.).

8717 Precisiones **1)** Cuando en una misma rúbrica se incluyen **distintas actividades** y el sujeto pasivo ejerce todas o algunas de dichas actividades, materialmente diferentes unas de otras entre sí, está obligado a presentar tantas declaraciones de alta por la citada rúbrica, como actividades distintas realice (DGT CV 26-11-08).
2) Si se tributa por **cuota nacional**, como es el caso de la actividad de arrendamiento, en la declaración deben consignarse todos los locales utilizados en la actividad, sumándose su superficie para determinar el valor de este elemento tributario.
3) En el proceso de constitución de la sociedad limitada nueva empresa (RD 682/2003 art.5), de cooperativas, sociedades civiles y comunidades de bienes (RDL 44/2015 art.4), se contempla la posibilidad de emplear el **Documento Único Electrónico** (DUE), sustituyendo, entre otras, a la declaración de alta en el IAE a efectos censales.

8720 **Comunicación del importe neto de la cifra de negocios** (LHL art.90.2; OM HAC/85/2003) Están **obligados** a presentar esta comunicación (**modelo 848**) los sujetos pasivos a los que no resulte de aplicación la exención prevista por razón del importe neto de la cifra de negocios (nº 8647), así como aquellos que deban comunicar las variaciones que se produzcan en la misma que supongan la modificación de la aplicación o no de la citada exención o una modificación en el tramo a considerar a efectos de la aplicación del coeficiente de ponderación (nº 8690).
Dado que el importe neto de la cifra de negocios de los sujetos pasivos es conocido en muchos casos por la Administración Tributaria a través de la presentación de declaraciones tributarias, sólo se exige la presentación de la comunicación cuando el sujeto pasivo obligado al pago del impuesto no consigne dicha cifra en declaración tributaria alguna.

8723 Así, quedan **exonerados** de presentar esta comunicación los sujetos pasivos en los que concurra alguna de las siguientes **condiciones**:
• Los que resulten exentos del impuesto por tener un importe neto de cifra de negocios inferior a 1.000.000 euros.
• Los que estando obligados al pago del IAE por no resultar de aplicación la exención antes citada, han hecho constar el importe neto de cifra de negocios en alguna de las siguientes **declaraciones**:
- en la última **declaración del IS** presentada antes del 1 de enero del año en que la cifra ha de surtir efecto en el IAE, si son contribuyentes del IS, o del IRNR, si son contribuyentes de este impuesto que operan en España mediante un único establecimiento permanente o entidades en régimen de atribución de rentas constituidas en el extranjero con presencia en territorio español;
- en la **declaración informativa anual** que han de presentar las entidades en régimen de atribución de rentas (modelo 184), cuando se trata de sociedades civiles y entidades de la LGT art.35.4;
- las entidades que forman parte de un **grupo de sociedades** en el sentido mercantil (CCom art.42), cuando la entidad dominante del grupo ha hecho constar el importe neto de cifra de negocios del conjunto de entidades pertenecientes al grupo en la declaración del IS;
- si se trata de varios **establecimientos permanentes** situados en territorio español de una persona o entidad no residente, cuando esta ha consignado el importe neto de cifra de negocios del

conjunto de sus establecimientos permanentes en las correspondientes declaraciones del IRNR; y
- en todo caso, los contribuyentes del IRNR que no operan en España mediante establecimiento permanente.
El **plazo de presentación** de esta comunicación es el comprendido entre el 1 de enero y el 14 de febrero, ambos incluidos, del ejercicio en que la comunicación debe surtir efectos en el IAE.

Precisiones El **lugar de presentación** será uno de los recogidos en la OM HAC/85/2003 art.4.

Declaraciones de variación (RD 243/1995 art.6 y 10) Las variaciones de orden físico, jurídico o económico que tengan trascendencia en la tributación por el impuesto han de ser declaradas únicamente por los sujetos pasivos incluidos en la matrícula del impuesto. 8725
Se formulan separadamente para cada actividad en el modelo 840 (nº 8730 s.) en el plazo de un mes a contar desde la fecha de la variación y surten efecto en la matrícula en el ejercicio siguiente a aquel en que se producen. No obstante, en el caso de los sujetos pasivos exentos por todas sus actividades económicas, la presentación de las declaraciones censales sustituye a la presentación de las declaraciones específicas del impuesto (nº 9230 s.).
En relación con la actividad de arrendamiento, **se consideran** variaciones solo las oscilaciones, en más o en menos, superiores al 20% del elemento tributario superficie del local.
La declaración de variación presentada **fuera del plazo** reglamentario surte efectos en la matrícula del período impositivo inmediato siguiente al de su presentación (TEAC 13-5-08).

Declaraciones de baja (RD 243/1995 art.7 y 10) Los sujetos pasivos del impuesto están obligados a presentar esta declaración cuando concurra cualquiera de las siguientes **circunstancias**: 8727
• Cese en el ejercicio de una actividad por la que figuren inscritos en la matrícula. El plazo para ello es de un mes a partir del cese. Estas declaraciones surten efecto en la matrícula del ejercicio siguiente al de su presentación.
No obstante, cuando el cese se produzca en los ejercicios anteriores al ejercicio de presentación de la declaración de baja, y esta se presente fuera de plazo, la fecha de cese debe ser probada por el declarante.
• Acceso a la aplicación de una exención de los sujetos pasivos incluidos en la matrícula del impuesto. El plazo para ello es durante el mes de diciembre inmediato anterior al año en que quede exonerado de tributar por el impuesto.
El **modelo** a utilizar es el modelo 840 (nº 8730). No obstante, en el caso de los sujetos pasivos exentos por todas sus actividades económicas, la presentación de las declaraciones censales sustituye a la presentación de las declaraciones específicas del impuesto (nº 9230 s.).
En caso de **fallecimiento** del titular, los causahabientes han de presentar la declaración de baja en el plazo de un mes, contado a partir del fallecimiento.

Precisiones **1)** La **fecha** que debe figurar como cese en el ejercicio de la actividad es aquella en la que la sociedad deje de realizar actos u operaciones por medio de los cuales ordene por su propia cuenta medios de producción o recursos humanos con la finalidad de intervenir en la producción o distribución de bienes o servicios, con independencia de que dicha sociedad realice con posterioridad operaciones de cancelación de derechos u obligaciones que tenga contraídos con sus clientes o proveedores (DGT CV 19-12-08).
2) Es posible utilizar el **Documento Único Electrónico** (DUE), para presentar la declaración de baja en el IAE en el proceso de cese de actividad y extinción de las sociedades de responsabilidad limitada y en el de cese de la actividad de las empresas cuyos titulares sean personas físicas, incluidas las de titularidad de emprendedores de responsabilidad limitada (RD 867/2015).
3) La percepción de una prestación extraordinaria por reducción en la facturación superior al 75%, como consecuencia de la declaración del estado de alarma por el **COVID-19**, no supone por sí sola el cese en el ejercicio de la actividad de que se trate (DGT CV 8-6-20).

Modelos de declaración (OM HAC/85/2003; OM HAC/2572/2003) Los modelos de declaración del IAE a utilizar son: 8730
• **Modelo 840** (Declaración del IAE). Para tributar tanto por cuota municipal, como por cuota provincial o nacional respecto de las cuales no se haya delegado la gestión censal. Mediante este modelo, los interesados **pueden**:
- darse de alta o de baja en el IAE y declarar variaciones en la actividad;
- dar de alta o de baja un local indirectamente afecto a la actividad en el IAE, así como declarar las variaciones en dichos locales;
- rectificar datos de declaraciones anteriores (declaración complementaria).
La presentación de estos modelos debe efectuarse en los **plazos** indicados en el nº 8715 s., en los **lugares** establecidos en el RD 243/1995 art.8, si bien se admite la presentación del mismo por vía telemática.
• **Modelo 848** (IAE. Comunicación del importe neto de la cifra de negocios). Ver nº 8720 s.

Precisiones Para los **sujetos pasivos exentos** por todas sus actividades económicas, la presentación de la declaración censal de alta, modificación y alta, sustituye a la presentación de las declaraciones específicas del impuesto a través del modelo 840.

2. Gestión tributaria

8735 La gestión tributaria comprende el conjunto de actuaciones que se realizan con el fin de liquidar, recaudar e inspeccionar el impuesto y tiene, entre otras, las siguientes **funciones**: concesión y denegación de exenciones y bonificaciones; realización de las liquidaciones conducentes a la determinación de las deudas tributarias; emisión de los instrumentos de cobro; resolución de los expedientes de devolución de ingresos indebidos; resolución de los recursos que se interpongan contra dichos actos; y actuaciones para la información y asistencia al contribuyente (LHL art.91.2).

Precisiones El régimen de **infracciones y sanciones** es el general. Para un estudio detallado del mismo, ver nº 14160 s. Memento Fiscal 2024.

8737 **Órganos competentes** (LHL art.85.3 y 91.2 y 3) En principio, la **liquidación y recaudación**, así como la revisión de los actos dictados en vía de gestión tributaria de este impuesto es competencia de los ayuntamientos. No obstante, la propia LHL señala que la gestión tributaria de las cuotas nacionales, cual es el caso de los arrendamientos, corresponde a la Administración tributaria del Estado, sin perjuicio de las fórmulas de colaboración que, en relación a tal gestión, puedan establecerse con otras entidades.
Se atribuye a la Administración tributaria del Estado la **inspección** de este impuesto, sin perjuicio de las delegaciones que puedan hacerse en los ayuntamientos, diputaciones provinciales, cabildos o consejos insulares y otras entidades locales reconocidas por las leyes y comunidades autónomas que lo soliciten, y de las fórmulas de colaboración que puedan establecerse con dichas entidades (RD 243/1995 art.18).

Precisiones Las normas sobre **exacción y distribución de cuotas** se recogen en la regla 17ª de la Instrucción del Impuesto (RDLeg 1175/1990).

8740 **Pago del impuesto** (RD 243/1995 art.16) El sujeto pasivo está obligado a ingresar la deuda tributaria que proceda, cuya recaudación se realiza:
- en las declaraciones de alta o inclusiones de oficio, mediante liquidación notificada individualmente por el órgano competente para liquidar;
- en los restantes supuestos, por recibo.

Si el impuesto se exige en **régimen de autoliquidación**, el ingreso de la deuda tributaria debe realizarse en el momento de presentación de la declaración-liquidación que corresponda.
Normalmente, el plazo de ingreso en período voluntario de las cuotas nacionales y provinciales viene determinado cada año mediante Resolución del Departamento de Recaudación de la AEAT.
En las cuotas nacionales la Administración tributaria competente debe practicar y notificar las correspondientes **liquidaciones** a los sujetos pasivos, una vez que estos hayan presentado las declaraciones de alta (RD 243/1995 art.13.2 y 3).

VI. Impuesto sobre bienes inmuebles

(LHL art.60 a 77)

8743 El Impuesto sobre Bienes Inmuebles (IBI) es un tributo directo de carácter real, de titularidad municipal y exacción obligatoria que grava el valor de los bienes inmuebles.
El **hecho imponible** está constituido por la mera titularidad sobre los bienes inmuebles urbanos, rústicos y de características especiales, o de alguno de los siguientes derechos (LHL art.61.1):
- concesión administrativa sobre los propios inmuebles o sobre los servicios públicos a los que se hallan afectos;
- derecho real de superficie;
- derecho real de usufructo; o
- derecho de propiedad.

Con carácter general, la situación de arrendamiento de los inmuebles no afecta al **sujeto pasivo** del impuesto que sigue siendo quien ostente la titularidad del derecho que, en cada caso, constituya el hecho imponible. En este sentido, lo habitual es que el propietario o el usufructuario sean sujetos pasivos del IBI y arrendadores del inmueble.

Como particularidad, cuando se trata de bienes demaniales o patrimoniales de las **Administraciones públicas**, estas han de repercutir la parte de la cuota líquida del impuesto que corresponda a quienes hagan uso mediante contraprestación de los mismos, aunque no son sujetos pasivos.

A través de la regulación de este impuesto, se incluyen una serie de medidas que inciden directamente en el ámbito arrendaticio pues están destinadas a promover el mercado del alquiler, desincentivando, al tiempo, la tenencia de viviendas desocupadas: **8745**

a) En relación con bienes inmuebles de uso residencial **destinados a alquiler de vivienda** con renta limitada por una norma jurídica (LHL art.63.2 y 74.6):

• Se establece una excepción a la obligación de repercutir el Impuesto al arrendatario, cuando el arrendador de estos inmuebles sea una **Administración** o ente público (nº 8743).

• Se faculta a los ayuntamientos para que, mediante ordenanza fiscal, puedan establecer una **bonificación** de hasta el 95% en la cuota íntegra del Impuesto para estos inmuebles.

b) Respecto a al recargo para los bienes inmuebles de uso residencial desocupados con carácter permanente (LHL art.72.4 redacc L 12/2023):

• Se considera como tal el inmueble:

- que se encuentre sin ocupantes, de forma continuada y sin causa justificada, por un plazo superior a 2 años, conforme a los requisitos, medios de prueba y procedimiento que establezca la ordenanza fiscal; y
- pertenezca a titulares de cuatro o más inmuebles de uso residencial.

• En principio los ayuntamientos pueden establecer un recargo de hasta el 50% de la cuota líquida del Impuesto. No obstante, el recargo podrá ser de hasta el 100% cuando el periodo de desocupación sea superior a 3 años, pudiendo modularse en función del periodo de tiempo de desocupación y aumentarse en un 50% adicional -150% en total- si el titular tiene otros dos inmuebles o más desocupados en el mismo término municipal.

A estos efectos, son causas que **justifican la desocupación** las siguientes:

- el traslado temporal por razones laborales o de formación;
- el cambio de domicilio por situación de dependencia o razones de salud o emergencia social;
- inmuebles destinados a segunda residencia, si bien con un máximo de 4 años de desocupación continuada;
- inmuebles sujetos a actuaciones de obra o rehabilitación, u otras circunstancias que imposibiliten su ocupación efectiva;
- que la vivienda esté siendo objeto de un litigio o causa pendiente de resolución judicial o administrativa que impida el uso y disposición de la misma; o
- que se trate de inmuebles cuyos titulares, en condiciones de mercado, ofrezcan en venta, con un máximo de un año en esta situación, o en alquiler, con un máximo de 6 meses en esta situación y, si son de titularidad de alguna Administración Pública, que se encuentren en un procedimiento de venta o de puesta en explotación mediante arrendamiento.

Para la **declaración municipal** de inmueble desocupado con carácter permanente, se exige la previa audiencia del sujeto pasivo y la acreditación por el ayuntamiento de los indicios de desocupación, a regular en dicha ordenanza. Entre estos indicios pueden figurar los relativos a los datos del padrón municipal, así como los consumos de servicios de suministro.

La desocupación del inmueble se **debe constatar** a 31 de diciembre, fecha en la que se devengará el recargo.

CAPÍTULO 14

Fiscalidad del arrendatario

8750

Con la celebración de un contrato de arrendamiento puede surgir para el arrendatario la obligación de tributar, como sujeto pasivo, en el Impuesto de transmisiones patrimoniales onerosas y actos jurídicos documentados (**ITP y AJD**). 8755
Por otro lado, si el arrendamiento está sujeto a **retención** a cuenta del IRPF o el IS del arrendador, el arrendatario debe realizar esa retención sobre las rentas que pague.
Por último, en algunos casos el arrendatario puede practicar una **deducción en su IRPF** por las rentas que paga en el alquiler.

I. Impuesto sobre transmisiones patrimoniales y actos jurídicos documentados

8760

Modalidades El ITP y AJD es un tributo de naturaleza indirecta que grava diversos hechos imponibles, agrupados en tres modalidades: 8765
• Con la modalidad «**transmisiones patrimoniales onerosas**» (TPO) se grava el tráfico patrimonial entre particulares. Es el caso de los arrendamientos, en los que se considera transmitida la facultad de disfrutar del inmueble durante un periodo de tiempo.
• Las «**operaciones societarias**» (OS) gravan la financiación empresarial, las operaciones derivadas del contrato de sociedad y los desplazamientos patrimoniales ligados al mismo, como la constitución de sociedades, fusión, etc.
• La modalidad de «**actos jurídicos documentados**» (AJD) consta a su vez de tres submodalidades: documentos notariales (escrituras públicas); documentos mercantiles (letras de cambio); y documentos administrativos (grandezas, títulos nobiliarios y anotaciones preventivas).
En su caso, con respeto de las reglas de compatibilidad (nº 8767), la formalización del arrendamiento en escritura pública puede tributar por AJD.
La **regulación básica** del impuesto se contiene en el RDLeg 1/1993, por el que se aprueba el Texto Refundido de la Ley del Impuesto (**LITP**) y por su Reglamento (**RITP**), aprobado por RD 828/1995.
Analizamos a continuación este impuesto desde la perspectiva de los arrendamientos, calificados como transmisiones patrimoniales onerosas, y la posible tributación de su inscripción registral.

Compatibilidad entre impuestos El arrendamiento de un inmueble queda sujeto al impuesto sobre transmisiones patrimoniales y actos jurídicos documentados (ITP y AJD), en su modalidad de **TPO** siempre que esté exento de IVA. 8767
Asimismo, los arrendamientos de bienes inmuebles que queden sujetos y no exentos de IVA, quedan sujetos a la modalidad **AJD** cuando se formalicen en escritura pública para su inscripción en el Registro de la Propiedad (LH art.2.5). Lo mismo ocurre con los subarriendos, cesiones y subrogaciones de los mismos.
En concreto, al inscribir el arrendamiento, a la escritura pública que han de otorgar las partes para acceder al Registro:
- no se le aplica el gravamen gradual de **AJD** que recae sobre los documentos notariales cuando el contrato ha estado previamente sujeto a **TPO**; y
- se aplica el gravamen gradual de AJD que recae sobre los documentos notariales cuando el contrato está sujeto y no exento de **IVA**.

Precisiones Respecto a los **arrendamientos exentos** en el IVA, ver nº 8480 s.

8770 **Atribuciones autonómicas** (LO 8/1980 art.19.dos.d; L 22/2009 art.49) El **rendimiento** del impuesto se encuentra cedido a las comunidades autónomas, que poseen competencias normativas sobre el mismo. En concreto, las comunidades autónomas **pueden regular** en su territorio los siguientes aspectos del impuesto:
- el tipo de gravamen de determinadas operaciones;
- las deducciones y bonificaciones de la cuota; y
- la gestión del impuesto.

Como tributo cedido a las comunidades autónomas, la delimitación territorial del ITP y AJD determina la **normativa aplicable**.

8773 **Devengo** (LITP art.49; RITP art.93) Una vez realizado el hecho imponible y determinada la sujeción al ITP y AJD, nace el derecho de la Administración a exigir el pago, ya que se entiende producido el devengo del impuesto. Según la modalidad del impuesto de que se trate:
- en las **transmisiones patrimoniales onerosas**, se produce el día en que se firma el contrato de arrendamiento gravado; y
- en los **actos jurídicos documentados**, se produce el día en que se formalice la escritura pública que contiene el contrato.

A. Transmisiones patrimoniales onerosas

8775 **Hecho imponible** Con carácter general la modalidad TPO del ITP y AJD grava los desplazamientos patrimoniales onerosos y los negocios jurídicos asimilados que no están gravados por el IVA.

8777 **Arrendamientos sujetos** (LITP art.7; RITP art.10; LIVA art.20.uno.23º) Están exentos del IVA y, en consecuencia, sujetos a ITP y AJD, en la modalidad de TPO, los siguientes arrendamientos de bienes inmuebles:

• Los arrendamientos de **terrenos**, incluidas las construcciones inmobiliarias de carácter agrario utilizadas para la explotación de una finca rústica.

• En principio, están sujetos al ITP los arrendamientos de edificios o partes de los mismos destinados exclusivamente a **viviendas** o a su posterior arrendamiento por entidades gestoras de programas públicos de apoyo a la vivienda o por sociedades acogidas al régimen especial de entidades dedicadas al arrendamiento de viviendas en el IS (nº 8310 s.). Así como los **garajes y anexos** accesorios a las viviendas cuando sean arrendados conjuntamente con aquellas. No obstante, se ha establecido la **exención** del impuesto para los contratos de arrendamiento de vivienda, para uso estable y permanente. Dicha exención alcanza al mobiliario, trastero, plazas de garaje y cualquier otra dependencia, espacio arrendado o servicios cedidos como accesorios de la finca por el mismo arrendador (LITPAJD art.45.I.B.26).

• Otras **operaciones relacionadas** con el arrendamiento, como los subarriendos y cesiones onerosas relativas a arrendamientos de viviendas, y sus anexos, y de fincas rústicas. Así como las ampliaciones de su contenido que impliquen para su titular un incremento patrimonial, como la ampliación del arrendamiento a bienes distintos de los inicialmente arrendados y las prórrogas convencionales y las derivadas de tácita reconducción. También están sujetos a TPO los contratos de aparcería (nº 3900 s.).

Precisiones **1)** El ámbito de aplicación de la exención de IVA y de la correspondiente sujeción a TPO no coincide con el **concepto de arrendamiento de vivienda** de la LAU, en el que es esencial para tal calificación que la edificación objeto de arrendamiento tenga como destino satisfacer la necesidad permanente de vivienda del arrendatario. Para la aplicación de la exención del IVA es indiferente que la edificación satisfaga esta necesidad de forma **permanente o temporal**, siendo en cambio esencial, a efectos del IVA, que el inmueble sea destinado exclusivamente a vivienda y no, por ejemplo, a despacho profesional. Sin embargo, en la exención en el ITP, el concepto de vivienda habitual coincide plenamente con el de la legislación arrendaticia.

2) Están sujetos a Transmisiones Patrimoniales Onerosas del ITP aquellos arrendamientos de **alojamientos turísticos** en los que el arrendador no presta servicios típicos de la industria hotelera. En estos casos, el arrendador no debe presentar ni ingresar el IVA (DGT CV 9-2-18).

3) Salvo la relativa a la vivienda habitual del sujeto pasivo, introducida con la reforma de la LITP por el RDL 7/2019 desde 6-3-2019 y previamente por el RDL 21/2018, el resto de las **exenciones** aplicables en TPO no guardan relación directa con las operaciones arrendaticias. Un estudio detallado de las mismas se realiza en el nº 11310 s. Memento Fiscal 2024. Asimismo, las exenciones comunes a las tres modalidades del impuesto se estudian en el nº 11175 s. Memento Fiscal 2024.

8780 **Arrendamientos no sujetos** (LITP art.7.5; RITP art.32) No están sujetos a TPO, por no estar exentos de IVA, los arrendamientos de inmuebles, realizados por empresarios o profesionales, y con independencia de la condición del inquilino, de:

• Construcciones inmobiliarias dedicadas a actividades de **ganadería** independiente de la explotación del suelo.

• Terrenos para estacionamientos de **vehículos**.
• Terrenos para **depósito o almacenaje** de bienes, mercancías o productos, o para instalar en ellos elementos de una actividad empresarial.
• Terrenos para **exposiciones** o para publicidad.
• Terrenos o viviendas con **opción de compra** cuya entrega esté sujeta y no exenta del IVA.
• Apartamentos o viviendas amueblados cuando el arrendador se obligue a la prestación de alguno de los **servicios complementarios** propios de la industria hotelera, tales como los de restaurante, limpieza, lavado de ropa u otros análogos.
• Edificios o parte de los mismos para ser subarrendados, con excepción de los realizados por entidades gestoras de programas públicos de apoyo a la vivienda o por sociedades acogidas al régimen especial de entidades dedicadas al arrendamiento de viviendas en el IS, que si tributan en TPO y no en IVA.
• Edificios o parte de los mismos **asimilados a viviendas**, en los contratos de «renta antigua» (nº 2705).
• **Otras operaciones relacionadas** con los arrendamientos, como las subrogaciones convencionales, subarriendos, cesiones onerosas y traspasos relativos a arrendamientos de edificaciones para uso distinto de vivienda, que están sujetas y no exentas de IVA.

Cuadro recapitulativo Incluimos a continuación un cuadro recapitulativo sobre la tributación de las operaciones más comunes de arrendamiento. El subarrendamiento y la cesión del contrato, tributan de igual forma que el arrendamiento original del que provienen. **8783**

Arrendamiento de finca urbana para vivienda	
• Sujeto y exento de IVA • Sujeto y exento de TPO • No sujeta a AJD (DN) la formalización en escritura pública	
Arrendamiento de finca urbana para uso distinto de vivienda	
Local de negocio	• Sujeto y no exento de IVA • No sujeto a TPO • Sujeta a AJD (DN) la formalización en escritura pública
Temporada	• Sujeto y exento de IVA • Sujeto a TPO • No sujeto a AJD
Alquiler turístico	
Sin servicios típicos hoteleros	• Sujeto y exentos de IVA • Sujetos a TPO
Con servicios típicos hoteleros	• Sujeto y exentos de IVA • Sujetos a TPO
Arrendamiento de terrenos y construcciones agrarias de la explotación	
• Sujeto y exento de IVA • Sujeto a TPO • No sujeto a AJD (DN)	
Arrendamiento de industria	
• Sujeto y no exento de IVA • No sujeto a TPO • Sujeto a AJD (DN)	

Sujeto pasivo En un arrendamiento, el sujeto pasivo, obligado al pago del tributo es el arrendatario, con independencia de los que hayan podido convenir las partes (DGT CV 11-5-12). **8785**
Es el arrendatario, como beneficiario del desplazamiento patrimonial (facultad de uso), quien se constituye en obligado al pago.
En el caso de que en un mismo contrato figuren **varios arrendatarios**, quedan todos obligados solidariamente al cumplimiento de las obligaciones tributarias que se deriven. Si la Administración solo conoce la identidad de uno de ellos, le ha de notificar todas las liquidaciones tributarias y, salvo que solicite la división, está obligado a satisfacerlas en su totalidad.
En la constitución de arrendamientos, el **arrendador** que haya cobrado el primer plazo de la renta estipulada sin exigir el justificante de pago del impuesto al arrendatario, pasa a ser responsable subsidiario del pago del impuesto (LITP art.9).

8787 **Base imponible** (LITP art.10.5.e y 46.1; RITP art.48) La base imponible está constituida por la cantidad total que vaya a satisfacer el arrendatario al arrendador durante la vigencia del contrato. Tanto las cantidades que deban abonarse en concepto de renta como aquellas otras cuyo pago hubiera asumido el arrendatario, como comunidad, tributos, cargas y responsabilidades que no sean susceptibles de individualización y que correspondan al inmueble arrendado o a sus accesorios (LAU art.20 redacc L 12/2023).

En la **determinación** de la base imponible se ha de tener en cuenta lo siguiente:

• Si **consta la duración** del contrato, la base imponible coincide con las cantidades totales que se vayan a satisfacer durante el arrendamiento de acuerdo con la vigencia pactada. No obstante, si las partes hubiesen pactado un período de duración inferior al mínimo legalmente previsto en la LAU art.9, el período que debe tenerse en cuenta es este último, aunque con posterioridad el arrendatario renuncie a su derecho a las prórrogas anuales obligatorias (DGT CV 2-10-18).

• En los contratos de **fincas urbanas** sujetos a prórroga anual obligatoria, cual son los arrendamientos de vivienda, se deben computar por un mínimo de 3 años.

• Cuando **no consta el plazo** de duración del arrendamiento se computa un mínimo de 6 años, constituyendo la base imponible las rentas que se vayan a pagar durante ese tiempo. Si el contrato continúa vigente después de este tiempo, debe liquidarse el exceso no computado.

• En los contratos de **aparcería** la base imponible se fija en un 3% del valor catastral asignado a la finca, multiplicado por el número de años de duración del contrato.

Precisiones **1)** Con independencia de que las partes hayan pactado un período de duración de un año, a efectos del cálculo de la base imponible se ha de tener en cuenta un período de 3 años. En caso de **rescisión del contrato** no procede la devolución del impuesto, salvo que dicha rescisión sea declarada o reconocida judicial o administrativamente, por resolución firme, y siempre que no se hayan producido efectos lucrativos y sea reclamada dicha devolución en el plazo legalmente previsto (DGT CV 25-1-17); ni tampoco en caso de **renuncia a la prórroga forzosa** (DGT CV 2-10-18).
2) A estos efectos no se tienen en cuenta las **prórrogas forzosas** a que estén sujetos los contratos de vivienda anteriores a 6-6-2013 (RITP art.48).

8790 **Cuota tributaria** La fijación de los tipos de gravamen es una de las competencias asumidas por las comunidades autónomas. En los territorios en los que se ha hecho uso de esta facultad, se han de aplicar los **tipos** fijados en las mismas. En caso contrario, cuando no se hayan fijado tipos propios, se han de aplicar los regulados por la normativa estatal.

8793 **Tipo de gravamen estatal** (LITP art.12) Para la constitución de arrendamientos urbanos, como excepción al tipo general y los tipos especiales, la cuota se obtiene por aplicación de la siguiente **escala** de gravamen.

Arrendamientos	Euros
Hasta 30,05 euros	0,09
De 30,06 a 60,10	0,18
De 60,11 a 120,20	0,39
De 120,21 a 240,40	0,78
De 240,41 a 480,81	1,68
De 480,82 a 961,62	3,37
De 961,63 a 1.923,24	7,21
De 1.923,25 a 3.846,48	14,42
De 3.846,49 a 7.692,95	30,77
De 7.692,96 en adelante	0,024040 euros por cada 6,01 euros o fracción

Por otro lado, en los arrendamientos de fincas urbanas cabe la opción de utilizar **efectos timbrados** a los que se aplica esta misma escala.

8795 **Tipos de gravamen autonómicos** Entre las comunidades autónomas de régimen fiscal común, solo Cataluña y La Rioja han aprobado hasta la fecha sus propios tipos. En el régimen tributario foral, tanto los territorios históricos del País Vasco -Araba, Bizkaia y Gipuzkoa- como la Comunidad Foral de Navarra, tienen aprobados tipos propios:

• **Cataluña** (L Cataluña 2/2014 art.123). Los arrendamientos tributan al tipo del 0,5% sobre el importe total del mismo.

• **La Rioja** (L La Rioja 10/2017 art.44.3). Si bien la norma recoge una escala propia, la misma es idéntica a la aprobada en la regulación estatal (nº 8793).
• **Navarra** (DLeg Navarra 129/1999 art.9). Los arrendamientos de fincas tributan al tipo del 0,4%.
• **Araba** (NF Araba 11/2003 art.44). Los arrendamientos de **fincas urbanas** tributan en metálico, de acuerdo con una escala idéntica a la establecida en la norma estatal (nº 8793).
Los **arrendamientos rústicos** y del resto de inmuebles que no sean fincas urbanas tributan al tipo del 1%.
• **Bizkaia** (NF Bizkaia 1/2011 art.14). En la constitución de **arrendamientos de fincas** el impuesto se ha de satisfacer en metálico, según la siguiente escala:

Base imponible Importe de la renta media mensual (euros)	Cuota tributaria (euros)
De 0,00 a 300,00	43,25
De 300,01 a 900,00	130,00
De 900,01 en adelante	1,50 euros por cada 10 euros o fracción

• **Gipuzkoa** (NF Gipuzkoa 18/1987 art.12). En la constitución de arrendamientos de **viviendas**, incluidos los garajes y anexos accesorios a aquellas el impuesto se ha de satisfacer en metálico de acuerdo con una escala igual a la estatal.
El resto de arrendamientos sujetos al impuesto distintos del de vivienda tributan al tipo del 2%.

Precisiones **1)** En **Navarra**, **Araba y Gipuzkoa** se establece que cuando un mismo acto o contrato comprenda bienes muebles o inmuebles sin especificación de la parte de valor que a cada uno de ellos corresponda, lo cual es frecuente cuando se alquila, por ejemplo, una vivienda amueblada, se debe aplicar el tipo de gravamen de los inmuebles (DFLeg Navarra 129/1999 art.8.2; DF Navarra 165/1999 art.20.2; NF Araba 11/2003 art.43.uno.f; NF Gipuzkoa 18/1987 art.11.2).
2) En relación con la actividad de arrendamientos, en **Asturias**, cumpliéndose determinadas circunstancias, la segunda y ulteriores transmisiones de viviendas a empresas a las que sean de aplicación las normas de adaptación del PGC/90 por las empresas inmobiliarias, cuando su destino sea el arrendamiento para vivienda habitual, se les aplica un tipo especial del 3% (DLeg Asturias 2/2014 art.31).

Deducciones y bonificaciones La cuota líquida del impuesto en esta modalidad se obtiene aplicando sobre la cuota tributaria íntegra las deducciones y bonificaciones previstas por la **legislación estatal**, así como las aprobadas por cada una de las **comunidades autónomas** dentro de sus competencias normativas y siempre que sean compatibles con las del Estado. **8796**
Si bien no se ha aprobado ninguna deducción que resulte en relación con los arrendamientos, algunas comunidades autónomas han establecido **bonificaciones** en este ámbito:
a) **Aragón** (DLeg 1/2005 art.121-7). Se establece una bonificación del 100% aplicable al arrendamiento de inmuebles destinados a vivienda, así como de fincas rústicas del sujeto pasivo -con independencia del destino al que se afecte la finca-, siempre que el importe de la renta anual, en ambos casos, no supere los 9.000 euros.
b) **Canarias** (DLeg Canarias 1/2009 art.35 bis) Se establece una bonificación del 100%, aplicable en los contratos de arrendamiento con opción de compra y contratos de opción de compra cuando sucedan a la transmisión de la vivienda habitual que efectúe el propietario en favor de la entidad financiera acreedora o de una filial inmobiliaria de su grupo siempre que continúe ocupando la vivienda objeto de transmisión mediante dichos contratos y se trate de la vivienda habitual del arrendatario.
c) **Cantabria** (DLeg Cantabria 62/2008 art.15). Se reconoce una bonificación del 99%, aplicable a los arrendamientos de vivienda habitual en los que la renta anual satisfecha no supere los 8.000 euros y el arrendatario pertenezca a alguno de los siguientes **colectivos**:
- titular de familia numerosa o cónyuge;
- persona con discapacidad física, psíquica o sensorial;
- persona menor de 30 años cumplidos en la fecha del arrendamiento; o
- arrendatario de vivienda de protección pública que no goce de la exención prevista en la LITP art.45 redacc RDL 4/2023.

Asimismo, esta bonificación resulta de aplicación a los **arrendatarios que perciban** (L Cantabria 2/2014 art.25.3 redacc L Cantabria 3/2023):
- la renta social básica;
- pensiones no contributivas de jubilación o invalidez;
- subsidio por desempleo, Renta Activa de Inserción, subvención del PREPARA, o ayuda económica de acompañamiento del programa activa; o

- la ayuda a la dependencia, con capacidad económica de la unidad familiar igual o inferior a 1,5 veces el IPREM.

d) **Castilla y León** (DLeg Castilla y León1/2013 art.27 bis) Se recoge una nueva bonificación del 100% aplicable a los arrendamientos de fincas rústicas, siempre que el arrendatario sea agricultor profesional y titular de una explotación agraria prioritaria a la que se afecten los elementos arrendados.

8797 e) **Cataluña** (L Cataluña 5/2017 art.147; L Cataluña 5/2012 art.63). Existe una bonificación del 99%, aplicable a los contratos de arrendamiento de viviendas del parque público destinado a alquiler social, siendo consideradas como tales las que están adscritas al Fondo de Vivienda en Alquiler destinado a políticas sociales que coordina la Agencia de la Vivienda de Cataluña; y del 100% para los contratos de arrendamiento con opción de compra sobre las viviendas habituales que se transmiten firmados entre las entidades financieras acreedoras, o a una filial inmobiliaria de su grupo, y los propietarios personas físicas que transmiten la propiedad de su vivienda habitual a estas entidades. Se hace extensiva a la opción de compra.

f) **Ceuta y Melilla** (LITP art.57 bis). Cuando el rendimiento del impuesto corresponda a Ceuta y Melilla, existe una bonificación del 50% para el arrendamiento de inmuebles situados en dichos territorios.

g) **Galicia** (DLeg Galicia 1/2011 art.16). Se establece una **bonificación** del 100%, aplicable a los arrendamientos de viviendas entre particulares con intermediación del Instituto Gallego de la Vivienda y Suelo, al amparo de los Programas de Fomento en alquiler.

Asimismo, se establece una deducción del 100% para los siguientes casos:

- arrendamiento de terrenos incorporados al Banco de Tierras de Galicia, teniéndose que mantener durante un período mínimo de 5 años el destino agrario del terreno, salvo para la construcción de infraestructuras públicas o para la edificación de instalaciones o construcciones asociadas a la explotación agraria;
- arrendamiento de fincas rústicas, siempre que las personas arrendatarias tengan la condición de agricultores profesionales -en cuanto a la dedicación de trabajo y procedencia de rentas- o de silvicultores activos y sean titulares de una explotación agraria, a la cual queden afectos los elementos objeto del alquiler, o bien socios de una sociedad agraria de transformación, cooperativa de explotación comunitaria de la tierra o sociedad civil que sea titular de una explotación agraria a la que queden afectos los elementos arrendados; y
- arrendamientos o cesiones temporales de fincas rústicas que se lleven a cabo para su incorporación a polígonos agroforestales, proyectos de aldeas modelo o agrupaciones de gestión conjunta.

h) **Madrid** (DLeg Madrid 1/2010 art.30 quáter). Se recoge una bonificación del 100% de la cuota derivada del arrendamiento de la vivienda habitual **siempre que**:

- la vivienda no sea destinada a actividad empresarial o profesional;
- se esté en posesión de una copia del resguardo de depósito de la fianza en la Agencia de Vivienda Social de la Comunidad de Madrid formalizada por el arrendador, o copia de la denuncia presentada ante dicho organismo por no haber sido entregado dicho resguardo por el arrendador; y
- la renta anual pactada del arrendamiento sea inferior a 15.000 euros.

En estos casos, el sujeto pasivo no está obligado a presentar **autoliquidación** del impuesto.

8798 i) **Comunidad Valenciana** (L C.Valenciana 13/1997 art.14.bis.tres redacc L C.Valenciana 3/2023; L C.Valenciana 5/2019 art.32, 71.5, 75.1, 3 y 4, 82 y disp.adic.2ª) En la Comunidad Valenciana se recogen las siguientes bonificaciones:

• **Empresas inmobiliarias**. En la transmisión de la totalidad o parte de una o más viviendas y sus anexos a una persona, ya sea física o jurídica, a cuya actividad le sean de aplicación las normas de adaptación del PGC/90 a las empresas inmobiliarias se reconoce la aplicación de una bonificación cuando:

- la adquisición se realice como pago total o parcial por la entrega de una vivienda al transmitente, la cual ha de constituir su vivienda habitual;
- la entrega esté sujeta y no exenta del IVA;
- la actividad principal del adquirente sea la construcción de edificios, la promoción inmobiliaria o la compraventa o arrendamiento de inmuebles por su cuenta;
- los inmuebles adquiridos sean incorporados al activo circulante del adquirente con la finalidad de venderlos o alquilarlos, teniendo que ser transmitidos en el plazo de 3 años a una persona física para su uso como vivienda o para alquiler, debiendo ser formalizadas estas operaciones mediante documento público; y
- la empresa adquirente esté al corriente de las obligaciones tributarias con la Generalitat.

En cuanto al **porcentaje de dicha bonificación**, va a depender del destino de la vivienda arrendada:
- vivienda adquirida para realizar obras de conservación o mejora del rendimiento energético, la salubridad o la accesibilidad en la vivienda, así como a suprimir barreras arquitectónicas: 50%;
- vivienda adquirida para ser destinada al arrendamiento de vivienda (L 29/1994), siempre y cuando reúna condiciones de habitabilidad: 50%; y
- vivienda adquirida para ser destinada al arrendamiento de vivienda (L 29/1994), tras la realización de obras tendentes a conservar o mejorar el rendimiento energético, la salubridad o la accesibilidad en la vivienda, así como a suprimir barreras arquitectónicas: 70%.

La aplicación de esta bonificación es de **carácter provisional**, debiendo ser reflejado en la escritura pública de adquisición del bien que se adquiere con la finalidad de venderlo o arrendarlo para su uso como vivienda; posteriormente, se ha de acreditar la efectiva transmisión o arrendamiento.

En caso de incumplimiento de algún requisito, condicionante o plazo exigido, el sujeto pasivo ha de presentar, dentro del plazo reglamentariamente previsto contado desde el día siguiente al incumplimiento, una autoliquidación complementaria sin bonificación y con deducción de la cuota ingresada, más los intereses de demora correspondientes.

• **Red de Tierras**. Se aplica una bonificación del 99% en las transmisiones de parcelas con vocación agraria y a los contratos de cesión temporal de la explotación o uso de una o varias parcelas con vocación agraria, o parte de ellas, para su aprovechamiento agrícola, ganadero o forestal a cambio de un precio, renta o porcentaje de los resultados, siempre que sean realizadas por la mediación de oficinas gestoras de la Red de Tierras de esta Comunidad Autónoma, se mantenga la actividad agraria o actividad complementaria durante un período mínimo de 5 años, salvo en caso de fallecimiento del adquirente o arrendatario, o en casos de expropiación forzosa o concurran otras causas de fuerza mayor acreditadas de imposibilidad de ejercicio de la actividad, se documente en escritura pública (con mención del incentivo) y que las fincas estén inscritas en el Registro de la Propiedad, donde se haga constar a afección. **8799**

• **Transmisión y arrendamientos de parcelas con vocación agraria**. Se aplica una bonificación del 99% en los casos de transmisión y arrendamientos de parcelas con vocación agraria ubicados en esta comunidad autónoma, siempre que las personas adquirentes o arrendatarios sean personas agricultoras profesionales en cuanto a la dedicación de su trabajo y sean:
- personas titulares de una explotación agraria a la cual queden afectos los elementos transmitidos o alquilados; o
- personas socias de una sociedad agraria de transformación, cooperativa, sociedad civil o agrupación registrada como IGC (iniciativas de gestión común) que sea titular de la explotación agraria a la que queden afectos los elementos transmitidos o arrendados.

La bonificación también se aplica cuando el adquirente o arrendatario sea una agrupación registrada como IGC.

Como **condición** se exige el mantenimiento de la actividad agraria o complementaria durante un período mínimo de 5 años, salvo en caso de fallecimiento del adquirente o arrendatario, en casos de expropiación forzosa o si concurren otras causas de fuerza mayor debidamente acreditadas que imposibiliten el ejercicio de una actividad agraria o complementaria.

B. Actos jurídicos documentados

(LITP art.27 s.)

Hecho imponible (LITP art.28; RITP art.67) La formalización en escritura pública del arrendamiento, a fin de que este acceda al **Registro de la Propiedad** (LH art.2.5º; LAU art.7.2), queda sujeto a tributación por la modalidad de Actos Jurídicos Documentados (AJD) en la submodalidad de Documentos Notariales (DN) siempre que la constitución del arrendamiento no esté sujeta a Trasmisiones Patrimoniales Onerosas (TPO). **8800**

En definitiva, estos arrendamientos van a ser los de **local de negocio o industria** que tributan por IVA y no están sujetos a TPO (nº 8783).

Además del arrendamiento como tal, quedan sujetos al impuesto el subarriendo, la subrogación de las partes y la prórroga o modificación de contratos inscritos.

Si en la misma escritura se formalizan **más de un acto o contrato**, ha de tributarse por todos los dispuestos por los otorgantes (LITP art.4).

Precisiones 1) La concurrencia del requisito de que el documento notarial contenga **actos inscribibles** depende exclusivamente de que el negocio sea susceptible de ser inscrito y no del hecho de que haya sido inscrito, ya sea porque no se haya solicitado, se haya denegado o haya sido suspendida su inscripción (TS 15-1-15, EDJ 2129).

2) Dado que las **exenciones** aplicables en esta modalidad del impuesto no guardan relación directa con los arrendamientos, remitimos al lector para su consulta al nº 11690 s. Memento Fiscal 2024.

8803 **Sujeto pasivo** (LITP art.29; RITP art.68) Con carácter general, en la determinación del sujeto pasivo ha de seguirse un cierto **orden de prelación**:
- el adquirente del bien o derecho; en su defecto,
- la persona que inste o solicite el documento; o
- aquella en cuyo interés se expida.

Cuando se trata de documentar en escritura pública la constitución del arrendamiento, todos ellos concurren en el arrendatario.

No obstante, pueden darse situaciones particulares, por ejemplo, en una **subrogación** será la parte que se subroga, arrendador o arrendatario, la que inste la inscripción.

En la escritura de **extinción de un arrendamiento** de local de negocio, acordado por las partes, pero instado por la arrendadora con indemnización al arrendatario, es la arrendadora la que queda obligada a tributar por AJD al ser la realmente beneficiada por un desalojo tras el que va a comenzar la promoción inmobiliaria del edificio (TSJ Castilla-La Mancha 1-3-10, EDJ 37773).

8805 **Base imponible** (LITP art.30; RITP art.69 s.) Como regla general, en las primeras copias de escrituras y en las actas notariales, en cuanto al gravamen variable de esta modalidad del impuesto, sirve de base el valor declarado en el propio documento, sin perjuicio de la comprobación administrativa.

En los contratos de arrendamiento la base imponible del impuesto está constituida por la cantidad total que haya de satisfacerse por todo el período de duración del contrato, incluidas las prórrogas previstas en el mismo, aunque estas finalmente no se ejerciten por el arrendatario (DGT 23-3-99).

8807 **Cuota tributaria** (LITP art.31 y 32) El gravamen del AJD (DN) se articula, en dos formas o modalidades.

8810 **Gravamen fijo** (LITP art.31) La **norma estatal** establece un gravamen fijo de 0,30 euros por pliego o de 0,15 por folio, a elección del notario. A él están sujetas las matrices, las primeras, segundas y sucesivas copias de escrituras, las actas notariales y los testimonios notariales. Las copias simples no están sujetas.

Este gravamen se aplica en todas las comunidades autónomas de régimen común, mientras que los **territorios forales** tienen establecido los suyos propios:

Territorio	Cuota fija	Normativa
Régimen común	0,30 euros por pliego o 0,15 por folio	LITP art.31
Araba	0,300506 euros por folio	NF Araba 11/2003 art.56
Bizkaia	0,15 euros por folio	NF Bizkaia 1/2011 art.43
Gipuzkoa	0,150253 euros por folio	NF Gipuzkoa 18/1987 art.29
Navarra	0,15 euros por folio	DFLeg Navarra 129/1999 art.22

8813 **Gravamen variable** (LITP art.31) La norma estatal establece un gravamen variable al tipo del 0,5%, aplicable a las comunidades autónomas de régimen común salvo que las mismas tengan establecido otro tipo distinto. Por su parte, los territorios históricos del País Vasco -Araba, Bizkaia y Gipuzkoa- y la Comunidad foral de Navarra, tienen establecidos sus propios tipos.

El gravamen gira, para el caso de arrendamiento, sobre las primeras copias de escrituras si verifican las **tres condiciones** siguientes:
- que las copias sujetas tengan por objeto cantidad o **cosa valuable**. Es decir, que pueda cuantificarse económicamente el arrendamiento. Los actos contenidos en el documento tienen un objeto no valuable cuando en ningún momento pueda determinarse la cuantía de la base, es decir, el importe total del arrendamiento (RITP art.69.3);
- que contenga **actos inscribibles** en los Registros de la Propiedad, Mercantil, de la Propiedad Industrial o en el Registro de Bienes Muebles; y
- que el arrendamiento o acto conexo al mismo que contenga **no esté sujeto a TPO** en este impuesto.

En uso de las competencias atribuidas, las **comunidades autónomas** de régimen común que se señalan y los **territorios forales** han regulado en su territorio los tipos de gravamen aplicables a esta modalidad del impuesto. 8815

Comunidad autónoma/ Territorio foral	Cuota variable	Normativa
Andalucía	Tipo general: 1,2%	L Andalucía 5/2021 art.49 s.
Araba	Tipo único: 0,5%	NF Araba 11/2003 art.56
Aragón	Tipo general: 1,5%	DLeg Aragón 1/2005 art.122-1 s.
Asturias (*)	Tipo general: 1,2%	DLeg Asturias 2/2014 art.33 s.
Baleares	Tipo general: 1,2%	DLeg Baleares 1/2014 art.15
Bizkaia	Tipo único: 0,5%	NF Bizkaia 1/2011 art.44
Canarias (*)	Tipo general: 1%	DLeg Canarias 1/2009 art.36
Cantabria	Tipo general: 1,5%	DLeg Cantabria 62/2008 art.13
Castilla-La Mancha	Tipo general: 1,5%	L Castilla-La Mancha 8/2013 art.21
Castilla y León	Tipo general: 1,5%	DLeg Castilla y León 1/2013 art.23
Cataluña	Tipo general: 1,5%	L Cataluña 21/2001 art.7
Extremadura	Tipo general: 1,5%	DLeg Extremadura 1/2018 art.46
Galicia	Tipo general: 1,5%	DLeg Galicia 1/2011 art.15
Gipuzkoa	Tipo único: 0,5%	NF Gipuzkoa 18/1987 art.29
La Rioja	Tipo general: 1%	L La Rioja 10/2017 art.48
Madrid	Tipo general: 0,75%	DLeg Madrid 1/2010 art.36
Murcia	Tipo general: 1,5%	DLeg Murcia 1/2010 art.7
Navarra	Tipo único: 0,5%	DFLeg Navarra 129/1999 art.22
C. Valenciana	Tipo general: 1,5%	L C.Valenciana 13/1997 art.14

Precisiones **1)** En relación con la actividad de arrendamiento, en **Asturias**, se aplica un tipo reducido del 0,3% a la declaración de obra nueva o división horizontal de edificios destinados al alquiler de viviendas habituales y la segunda o ulterior transmisión de una vivienda a una empresa a la que le sean de aplicación las normas de adaptación del PGC/90 a las empresas inmobiliarias, siempre que el destino del inmueble sea el arrendamiento y concurran determinadas condiciones (RDLeg 2/2014 art.37).

2) En **Canarias** el tipo general es del 0,75% salvo que se trate de operaciones sujetas a IGIC o IVA, cual es el caso de estos arrendamientos, en cuyo caso se aplica el 1%.

Deducciones y bonificaciones La **cuota líquida** del impuesto en la modalidad AJD se obtiene aplicando sobre la cuota tributaria íntegra, además de las deducciones y bonificaciones previstas por la legislación estatal las aprobadas por cada una de las comunidades autónomas, dentro de sus competencias normativas y siempre que sean compatibles con las del Estado. 8820

En **ámbito estatal**, entre los beneficios fiscales aplicables en la modalidad AJD del impuesto, se encuentra vigente el reconocido a los programas de apoyo a acontecimientos de excepcional interés público en relación con la transmisión de bienes, pero no con los arrendamientos (nº 15340 Memento Fiscal 2024).

Respecto a las **comunidades autónomas** de régimen común y territorios forales, solo las que se indican a continuación regulan deducciones o bonificaciones con posible incidencia en las operaciones arrendaticias:

• **Cantabria** (DLeg Cantabria 62/2008 art.9.11). Se establece una bonificación del 99% sobre la cuota tributaria cuando la operación sujeta se realice por entidades pertenecientes al **sector público regional** íntegramente participadas por la Administración autonómica.

• **Ceuta y Melilla** (LITP art.57.bis). Cuando el rendimiento del impuesto corresponda a Ceuta y Melilla, existe una bonificación del 50%, aplicable a la modalidad AJD al gravamen gradual de documentos notariales.

• **Galicia** (DLeg Galicia 1/2011 art.17). Resulta aplicable una bonificación del 75% a las escrituras públicas de declaración de obra nueva o división horizontal de edificios destinados a viviendas de alquiler. Para su reconocimiento es necesario que se consigne en el documento del promotor de la edificación que va a dedicarse directamente a su explotación en el régimen de arrendamiento y a destinar a esta actividad la totalidad de las viviendas existentes en la misma. Esta bonificación **está condicionada** a que, en los 10 años siguientes a la finalización de la construcción, no se produzca ninguna de las siguientes circunstancias:
- que exista alguna vivienda sin arrendar durante 2 años de manera continuada;
- que se realice la transmisión de alguna vivienda. No se entiende como tal transmisión cuando se transmita la totalidad de la construcción a personas que continúen con la explotación de las viviendas en régimen de arrendamiento;
- que existiera algún arrendamiento por menos de 4 meses;
- que alguno de los contratos de arrendamiento tenga por objeto una vivienda amueblada y el arrendador se obligue a la prestación de alguno de los servicios complementarios de hostelería; y
- que alguno de los contratos de arrendamiento se celebrara a favor de personas que tengan la condición de parientes, hasta el tercer grado inclusive.

• **Murcia** (DLeg Murcia 1/2010 art.8 redacc L Murcia 4/2023). Se establece una bonificación del 100% en la cuota del impuesto en operaciones relativas a las comunidades de usuarios de agua en esta región.

• **Comunidad Valenciana** (L C.Valenciana 5/2019 art.82). Se aplica una bonificación del 99% en la cuota gradual del impuesto en la transmisión y arrendamientos de parcelas con vocación agraria ubicados en esta comunidad autónoma, en los mismos términos previstos a efectos de TPO (nº 8799).

C. Presentación y autoliquidación

(LITP art.54 y 56.4; RITP art.102.1 y 107 bis)

8825 Las **comunidades autónomas** tienen otorgada competencia para la regulación, en su territorio, de la gestión y liquidación del impuesto. Las reglas sobre esta materia contenidas en la LITP solo resultan aplicables cuando aquellas no hayan hecho uso de esta competencia (LITP art.56.2).

8827 Una vez firmado el contrato de arrendamiento, el sujeto pasivo debe proceder a la presentación, ya sea del documento o de la declaración sustitutiva del mismo (RITP art.101.2).

Como garantía del cumplimiento de esta obligación de presentación, ningún documento que contenga actos o contratos sujetos al ITP y AJD son admitidos ni surten efectos en cualquier **oficina o registro público**, sin la previa justificación del pago de la deuda a favor de la Administración tributaria competente, sin que conste declarada la exención por dicha Administración o se haya presentado ante ella dicho documento. De cualquier incidencia que surja a este respecto se tiene que informar oportunamente a la Administración interesada.

Por su parte, los **juzgados y tribunales** tienen que remitir a la Administración tributaria competente una copia autorizada de todos aquellos documentos que admitan y que no contengan el sello correspondiente de que ha sido debidamente liquidado.

La **justificación** del pago o de su presentación, en su caso, se puede realizar en cualquier soporte del original que sea acreditativo del mismo o de copia del original.

Asimismo, también puede ser acreditada la presentación ante la oficina gestora competente de la autoliquidación, así como el pago del impuesto, mediante **certificación** expedida por la oficina gestora de la AEAT que contenga todas las menciones y requisitos necesarios para identificar el documento notarial, judicial, administrativo o privado que contenga o en el que se relacione el acto o contrato que origine el impuesto acompañada, en su caso, por la carta de pago o del ejemplar de la autoliquidación, así como mediante cualquier medio aprobado por el ministerio competente.

8830 **Lugar de presentación** (L 22/2009 art.55.3) Los documentos y autoliquidaciones del ITP y AJD se presentan en las oficinas de la comunidad autónoma a la que corresponda el rendimiento. Además, cuando un mismo documento contenga bienes o derechos cuyo rendimiento se atribuya a **varias comunidades**, debe procederse a la presentación en la oficina competente de cada una de ellas, que surte efectos liberatorios exclusivamente en cada una de ellas, autoliquidándose en cada caso la parte del rendimiento que corresponda.

8833 **Plazo y forma de presentación** (RITP art.99, 102, 102 bis, 107 y 113) Con carácter general, el plazo de presentación de la **autoliquidación** e ingreso en las cajas de la Administración tributaria competente, o en alguna de sus entidades colaboradoras, es de **30 días hábiles**, a contar desde el momento en que se cause el acto o contrato. Una vez ingresado el importe, el sujeto

pasivo debe presentar en la oficina gestora el original y copia simple del documento en que conste o se relacione el acto o contrato que origine el tributo, con un ejemplar de cada autoliquidación practicada, siendo devuelto el documento original con la correspondiente nota estampada acreditativa del pago y presentación. En caso de **que no proceda ingresar cuota**, la presentación de la autoliquidación, junto con los documentos se ha de realizar directamente en la oficina competente, que ha de sellar la autoliquidación y extender nota en el documento original haciendo constar la calificación que proceda.
A los efectos anteriores, se emplea el **modelo 600** cuando el rendimiento no se considere producido en el territorio de ninguna comunidad autónoma y cuando el rendimiento corresponda a Ceuta o Melilla (OM 4-7-2001).
El **sujeto pasivo** es el obligado a presentar la autoliquidación del impuesto. El importe resultante de la autoliquidación se tiene que ingresar en las **entidades de depósito** que presten el servicio de caja en la Administración o en alguna de sus entidades colaboradoras.
La **falta de presentación** de los documentos que comprendan los hechos imponibles y de autoliquidaciones se califica y sanciona con arreglo a la LGT (nº 11965 Memento Fiscal 2024).
Si el documento debe acceder al **Registro de la Propiedad**, el registrador debe estampar en el margen la **nota de afección** de los bienes al pago de futuras liquidaciones que la Administración pueda girar cuando compruebe la autoliquidación practicada, para que conste como información de futuros interesados en los bienes (RITP art.122).

Precisiones En las **comunidades autónomas** el plazo de presentación puede diferir. A título de ejemplo, en Aragón, Cataluña, Castilla-La Mancha e Islas Baleares, el plazo de presentación de la autoliquidación es de **un mes** a contar desde la fecha del acto o contrato (L Cataluña 2/2014 art.125; DLeg Baleares 1/2014 art.82; L Castilla-La Mancha 8/2013 art.39; DLeg Aragón 1/2005 art.123-1.3). Además, en algunos casos se recoge que cuando el último día del citado plazo coincida con sábado, domingo o festivo, se entiende prorrogado al primer día hábil siguiente. **8835**

Devolución del impuesto (LITP art.57; RITP art.95) Puede suceder que, una vez efectuado el pago de la autoliquidación o de las liquidaciones complementarias, se ponga de manifiesto alguna circunstancia que origine su devolución. A estos efectos, aunque la LITP prevé una regulación especial, en lo no regulado de forma específica resulta de aplicación el procedimiento general en materia de devoluciones (nº 14660 s. Memento Fiscal 2024). **8837**
Con independencia de otros motivos de tipo genérico que pudieran concurrir (duplicidad de pago, errores aritméticos, etc.), los que justifican la devolución del impuesto son la declaración o reconocimiento judicial de la **nulidad, rescisión o resolución** del acto o contrato.
A estos efectos, se exige que concurran los siguientes **requisitos**:
- que el acto o contrato no haya producido efectos lucrativos;
- que la declaración judicial o administrativas sea firme; y
- que la reclamación de la devolución se produzca dentro del plazo de prescripción.

Cuando la resolución del contrato venga originada por el cumplimiento de una **condición** establecida por las partes, no es necesario que exista una declaración judicial o administrativa, a efectos de originarse el derecho a la devolución.
El **importe** de la devolución solo alcanza a la cuota tributaria, sin que se incluyan otros conceptos (sanciones, intereses, etc.).
En consecuencia, la devolución **no procede**:
- cuando el acto hubiese producido efectos lucrativos;
- cuando, aun no habiéndose producido tales efectos, la causa de la rescisión o resolución fuese el incumplimiento de las obligaciones del obligado al pago del impuesto (p.e., el impago de la renta del arrendamiento); y
- cuando el contrato quede sin efecto por mutuo acuerdo de las partes.

Gozan expresamente de derecho a la devolución de las cantidades ingresadas las **entidades sin fines lucrativos** y las entidades **religiosas**, que, teniendo derecho a la exención del impuesto, hubieran satisfecho previamente el mismo (RITP art.95.8).

II. Obligación de retener e ingresar a cuenta

Las retenciones y los ingresos a cuenta del impuesto personal del arrendador -en general IRPF o IS- se practican por el sujeto que satisface los rendimientos, es decir, el arrendatario. **8850**
Para ello, es preciso que concurran los siguientes **requisitos**:
- que el arrendatario que abona las rentas por el alquiler esté obligado a efectuar las retenciones o ingresos a cuenta; y
- que las rentas pagadas por el arrendamiento estén sujetas a retención o ingreso a cuenta.

Con carácter general, el **nacimiento** de la obligación de retener e ingresar a cuenta se produce:
• En el **IRPF**, en el momento en que se satisfagan o abonen los rendimientos (RIRPF art.78.1).
• En el **IS**, en el momento en que sean exigibles las rentas o en el de su pago si es anterior (LIS art.128.4; RIS art.65).
La **imputación temporal** de las retenciones e ingresos a cuenta se realiza al período en que se imputen las rentas sometidas a retención o ingreso a cuenta, con independencia del momento en que se hayan practicado (RIRPF art.79).

8855 **Obligados a retener** (LIS art.128 y 129; RIS art.62; LGT art.35 y 37) Están obligados a retener por las rentas que satisfagan durante el arrendamiento:
• Los arrendatarios **personas jurídicas** y demás entidades contribuyentes del IS.
• Los arrendatarios **personas físicas** que ejerzan en el inmueble arrendado su **actividad económica**. Sin embargo, el arrendatario persona física que alquila con **fines particulares** no está obligado a practicar retención alguna sobre las rentas que pague.
• Los arrendatarios que sean entidades en régimen de **atribución de rentas** (comunidades de bienes, comunidades de propietarios, sociedades civiles, etc.).

Precisiones Una entidad sin ánimo de lucro que alquila una vivienda a una persona física **para cederla**, de forma gratuita, a un colectivo de beneficiarios con el que trabaja, ha de practicar retención sobre las rentas que abona al arrendador de la misma (DGT CV 22-7-19).

8857 **Rentas sujetas a retención** (LIRPF art.101; RIRPF art.75.2.a y 3.g; LIS art.128.6; RIS art.60.1.e y 3 y 61.i) Con carácter general están sujetos a retención los arrendamientos o subarrendamientos de inmuebles urbanos, independientemente de su calificación en el IRPF del arrendador como rendimientos del capital inmobiliario o de actividades económicas.
No obstante, dado que el arrendatario persona física que alquila para **fines particulares** no está obligado a practicar retención, quedan ya exonerados de inicio todos los arrendamientos que se ajusten a estos dos parámetros, por ejemplo, el arrendamiento para vivienda, de un apartamento para vacaciones, de una plaza de garaje para el vehículo particular, etc., pues falta la obligación de retener de quien paga las rentas (nº 8855).
Están asimismo sujetas a retención o ingreso a cuenta, con arreglo a las normas del IRPF, las rentas que se satisfagan o abonen a las **entidades en régimen de atribución de rentas** (nº 8390 s.), con independencia de que todos o alguno de sus miembros sea contribuyente por el IRPF, IS o IRNR. La retención o ingreso a cuenta se deducirá en la imposición personal del comunero en la misma proporción en que se atribuyan las rentas (LIRPF art.89.2).

8858 Por otro lado, existen varios supuestos en los que aun no tratándose de un arrendatario persona física o, siéndolo no alquila para fines particulares **se exceptúa** la retención:
• Cuando el arrendatario es una empresa que alquila una **vivienda para sus empleados**.
• Cuando las rentas satisfechas por el arrendatario a un mismo arrendador no superan los **900 euros** anuales.
• Cuando en el impuesto sobre actividades económicas (**IAE**), el arrendador:
- está obligado a tributar por alguno de los epígrafes del grupo 861 y no resulta cuota cero;
- está obligado a tributar por algún otro epígrafe que faculte para la actividad de arrendamiento o subarrendamiento de bienes inmuebles urbanos, y aplicando al valor catastral de estos inmuebles las reglas para determinar la cuota establecida en los epígrafes del grupo 861, no resulta cuota cero (valor catastral de los inmuebles superior a 601.012,10 euros); o
- goza de exención subjetiva u objetiva.
La obligación de tributar en IAE **debe acreditarla** el arrendador a su arrendatario con certificación expedida por la AEAT del domicilio fiscal, que tiene vigencia durante el año natural de su expedición.

8860 Precisiones **1)** Respecto al **impuesto sobre actividades económicas**, ver nº 8625.
2) Cuando los inmuebles arrendados carecen de **valor catastral**, o están pendientes de valoración catastral, debe practicarse retención ya que, salvo que al contribuyente le resulte de aplicación otra exención, debe tributar en el IAE por cuota cero (DGT CV 29-11-06; CV 17-7-07). En este sentido, el arrendatario no está obligado a retener o ingresar a cuenta desde el momento en que reciba del arrendador la **certificación**, con independencia de su fecha de emisión (DGT CV 13-5-21). El **cálculo de la cuota** en los epígrafes que permiten la actividad de arrendamiento o subarrendamiento de bienes inmuebles urbanos debe efectuarse de forma independiente para cada epígrafe (DGT CV 15-7-21).
3) El arrendamiento de la **vivienda habitual** no está sujeto en ningún caso a retención, ya que los particulares no están obligados a practicar retenciones y los empresarios o profesionales tampoco lo están por rentas satisfechas para sus fines particulares (DGT 24-3-98). En arrendamientos de inmuebles de **uso mixto** (vivienda habitual y despacho profesional), el profesional-arrendatario

debe retener por la parte del alquiler que proporcionalmente corresponda a la superficie del inmueble arrendado que se destine efectivamente al ejercicio de la actividad (DGT CV 12-4-06; CV 26-4-12).

4) No puede asimilarse al arrendamiento de **vivienda para los empleados**, el arrendamiento efectuado por una asociación para el alojamiento de personas cuya guarda y custodia tiene atribuida (DGT 26-2-01; CV 28-6-10); ni para su personal sin relación laboral (DGT CV 4-4-07); ni el efectuado a empleados de empresas subcontratadas (DGT CV 28-9-07).

5) No existe obligación de practicar retención, por ser una actividad que va más allá del simple arrendamiento, en la actividad de **guarda y custodia de vehículos** (DGT CV 10-10-05), ni en la **cesión de un inmueble** por una empresa dedicada a la organización de eventos y fiestas a uno de sus clientes (DGT CV 10-1-07). **8863**

6) Está sujeto a retención el arrendamiento por una comunidad de propietarios de una parte de la **terraza del edificio** (DGT CV 17-4-06; CV 10-4-12); el arrendamiento de la **piscina comunitaria** de un edificio (DGT CV 9-6-16); y la indemnización por **cancelación anticipada del contrato** si los pagos del subarrendatario al subarrendador estaban sujetos (DGT 1-4-04).

7) Aunque exista un **embargo de los créditos arrendaticios**, el arrendatario está obligado a seguir practicando la retención correspondiente en las cuotas que vayan venciendo hasta cubrir la deuda (DGT CV 22-10-09).

8) Para delimitar si se trata de una **finca rústica o urbana**, y, por tanto, si hay que practicar retención en su arrendamiento, se debe acudir a la normativa del Catastro Inmobiliario (DGT CV 5-2-21).

Base y porcentaje de retención (LIRPF art.101.8; RIRPF art.100 y 106; LIS art.128.6; RIS art.64.1 y 5 y 66.a) **8865**

En el **IS** el porcentaje de retención o ingreso a cuenta es el 19%. Se aplica sobre todos los conceptos que se satisfagan al arrendador, excluido el IVA, si es en metálico, o sobre el resultado de incrementar en un 20% el valor de adquisición o coste para el pagador, si es en especie.

El tipo de retención aplicable en el **IRPF** es actualmente del 19%. Este porcentaje se aplica sobre la siguiente **base**:

- **Retribuciones dinerarias**. Se aplica sobre todos los conceptos que se satisfagan al arrendador, excluido el IVA. Implica que se incluyen todos los gastos que el arrendador repercuta al arrendatario, como los gastos de comunidad y el IBI (DGT 3-7-01; CV 16-10-08).
- **Retribuciones en especie**. Se aplica sobre el valor de mercado de estas retribuciones.

Precisiones **1)** El porcentaje se reduce en un 60% para los inmuebles urbanos situados en **Ceuta o Melilla** (LIRPF art.101.8; RIRPF art.100).

2) En el subarrendamiento de oficinas, cuando el precio satisfecho comprende además una serie de **servicios accesorios** necesarios para el normal desarrollo de la actividad en el propio inmueble, por estos últimos no existe obligación de retener (DGT CV 27-2-06; CV 27-10-08). En sentido contrario, DGT CV 11-4-05.

3) En un contrato de arrendamiento de un local de negocio en el que se pacta una **bonificación en la renta** mensual durante los primeros 21 meses de vigencia del contrato, dado que la retención se ha de practicar sobre las cantidades que el arrendatario satisfaga por el arrendamiento, la base de retención es la renta mensual minorada en la bonificación concedida (DGT CV 7-3-11).

4) En el IRPF el tipo de retención es el vigente en el momento en el que son satisfechas las rentas sujetas a retención (DGT CV 18-4-12; CV 28-4-12).

Declaración e ingreso El arrendatario retenedor u obligado al ingreso a cuenta del IS y del IRPF debe: **8867**

- detraer de los rendimientos que abone el porcentaje que corresponda, y efectuar su ingreso en el Tesoro;
- presentar periódicamente, en los correspondientes modelos oficiales, las declaraciones de las cantidades retenidas e ingresadas; y
- emitir certificado de retenciones o ingresos a cuenta.

La declaración e ingreso mensual o trimestral se efectúa en el **modelo 115** (OM 20-11-2000; OM HAP/2194/2013), mientras que la declaración anual se presenta en el **modelo 180** (OM 20-11-2000; OM HAP/2194/2013).

Ingreso (LIRPF art.99.4; RIRPF art.108.1 y 5; LIS art.128; RIS art.68.1 y 5) Los retenedores y obligados a realizar los ingresos a cuenta deben ingresar en el Tesoro el importe de las retenciones e ingresos a cuenta, en unidad de acto con la presentación de la declaración, teniendo en cuenta que el incumplimiento de la obligación de retener no excusa de la obligación de ingresar. Debe ingresarse la cantidad correspondiente, aunque no se haya practicado la retención o ingreso a cuenta (TS 17-5-86, EDJ 3277; 29-9-86, EDJ 5885). **8870**

8873 **Declaración trimestral o mensual** (LIRPF art.105; RIRPF art.108; LIS art.128.2; RIS art.68) El retenedor u obligado a ingresar a cuenta debe efectuar la presentación, en los 20 primeros días naturales de abril, julio, octubre y enero, en los modelos oficiales, de la declaración de las cantidades retenidas y de los ingresos a cuenta que correspondan por el trimestre natural anterior, ante el órgano competente de la AEAT.

La obligación de declaración e ingreso debe cumplirse en los 20 primeros días naturales de cada mes, por los retenedores u obligados cuyo **volumen de operaciones** haya excedido durante el año inmediatamente anterior de 6.010.121,04 euros.

Existe obligación de presentar **declaración negativa** cuando, a pesar de haber satisfecho rentas sometidas a retención o ingreso a cuenta, no hubiera procedido, por razón de su cuantía, la práctica de la misma. Sin embargo, no procede dicha presentación si no se ha satisfecho en el período de declaración ninguna renta sometida a retención e ingreso a cuenta.

Precisiones Si los arrendatarios tienen la consideración de **Administraciones públicas**, incluida la Seguridad Social, la obligación de presentar la declaración es mensual (en los primeros 20 días del mes siguiente) si el último presupuesto anual aprobado con anterioridad al inicio del ejercicio supera la cantidad de 6.000.000 de euros.

Cuando la entidad pagadora del rendimiento de que se trate sea la Administración del Estado y el procedimiento establecido para su pago así lo permita, la retención e ingreso correspondiente se efectúa de forma directa.

8875 **Declaración anual** (LIRPF art.105; RIRPF art.108; LIS art.128.2; RIS art.68.2; OM HAP/2194/2013 art.12) Además de la obligación de declarar las retenciones practicadas, e ingresar su importe en los plazos previstos, se establece para los retenedores otra obligación de información específica, consistente en presentar una declaración anual de retenciones e ingresos a cuenta efectuados durante el ejercicio.

En dicha declaración hay que facilitar los **datos** de identificación del retenedor, de los perceptores, de la renta, las circunstancias que hayan incidido en su determinación y la retención o ingreso a cuenta efectuado.

El **plazo** de presentación es entre el 1 y el 31 de enero del año siguiente a aquel al que corresponde la declaración anual.

La **forma** de presentación, con carácter general es de manera electrónica por Internet mediante certificados cualificados de sello electrónico y de firma electrónica o un sistema de identificación y autenticación mediante certificado electrónico, o por internet con clave de acceso (Cl@vePIN).

III. Deducción por alquiler de vivienda habitual

8880

1. Deducción estatal

(LIRPF art.68.7 derog L 26/2014 y disp.trans.15ª)

8885 Hasta el **31-12-2014**, el contribuyente podía deducirse en su IRPF el 10,05% de las cantidades satisfechas en el período impositivo por el alquiler de la vivienda habitual.

A tal efecto, se exigía que la base imponible del contribuyente fuese inferior a 24.107,20 euros anuales, siendo la base máxima de esta deducción:

- cuando la base imponible sea igual o inferior a 17.707,20 euros anuales: 9.040 euros anuales; y

- cuando la base imponible esté comprendida entre 17.707,20 y 24.107,20 euros anuales: 9.040 euros menos el resultado de multiplicar por 1,4125 la diferencia entre la base imponible y 17.707,20 euros anuales.

A partir de **1-1-2015**, tal deducción ha sido suprimida sin perjuicio de que puedan seguir aplicándola los contribuyentes que cumplan los siguientes **requisitos**:

• Que hayan celebrado un contrato de arrendamiento con anterioridad a 1-1-2015.

• Que, en relación con este contrato, hayan satisfecho, con anterioridad a dicha fecha, cantidades por el alquiler de su vivienda habitual.

• Que hayan tenido derecho a la deducción por alquiler de la vivienda habitual en relación con las cantidades satisfechas por el alquiler de dicha vivienda en un período impositivo devengado con anterioridad a 1-1-2015.

Para la aplicación del **régimen transitorio** de la deducción por alquiler es necesario que el contrato de arrendamiento se haya celebrado con anterioridad a 1-1-2015 (DGT CV 27-6-16; CV 5-10-16; CV 14-3-17). No obstante, es posible aplicar el mismo respecto de un **nuevo contrato** celebrado con posterioridad a esa fecha, al haberse agotado el período de vigencia y de prórroga del contrato anteriormente formalizado por el que venía practicando la deducción (contrato anterior a 1-1-2015), siempre que se trate de la misma vivienda y el mismo arrendador (DGT CV 7-6-16). Igualmente, se ha admitido el régimen transitorio cuando, bajo las circunstancias antes señaladas, el nuevo contrato se hubiera firmado con los herederos del arrendador del contrato anterior, al haber fallecido este último (DGT CV 7-6-16), con el cónyuge del precedente arrendador (DGT CV 16-8-19); con uno solo de los arrendatarios del contrato anterior (DGT CV 26-6-18); o con el nuevo propietario de la vivienda (DGT CV 26-3-19), siendo irrelevante que la renta a satisfacer por el alquiler sea superior (DGT CV 26-3-19). Por el contrario, no resulta aplicable el régimen transitorio cuando el nuevo contrato se firma con otro arrendatario, pues este último no ha tenido derecho a la deducción en un período impositivo anterior a 1-1-2015 (DGT CV 21-7-20), sin perjuicio de seguir aplicando la deducción cuando el contrato también se suscriba con el arrendatario original, por la parte proporcional correspondiente a este último (DGT CV 10-9-20).

Precisiones **1)** El **régimen transitorio** exige que el contribuyente haya tenido derecho a la deducción por alquiler de vivienda habitual en un período impositivo devengado con anterioridad a 1-1-2015, siendo por tanto irrelevante el hecho de que no haya ejercitado el derecho, al no estar **obligado a declarar** en esos períodos impositivos (DGT CV 18-10-17; CV 20-5-20). **8887**

Al referirse a la **base imponible**, hay que entender por tal la suma de la base imponible general y base imponible del ahorro antes de practicar las oportunas reducciones. De igual forma, la deducción debe minorar ambas cuotas a partir del 1-1-2015 (LIRPF disp.trans.15ª.2).

Esta deducción minoraba tanto la cuota íntegra **estatal** (50%) como la **autonómica** (50%), sin perjuicio de que algunas comunidades autónomas hubiesen aprobado **deducciones propias** similares.

2) Podía simultanearse la deducción por alquiler con la deducción por las cantidades satisfechas directamente por los gastos derivados de la ejecución de las obras o entregadas al promotor de la **vivienda en construcción** (DGT CV 19-11-08). No obstante, se debe tener en cuenta que desde el 1-1-2013 se ha eliminado la deducción por inversión en vivienda habitual y, desde el 1-1-2015, se ha suprimido la deducción por alquiler con establecimiento, en ambos casos, de un régimen transitorio por el que determinados contribuyentes pueden continuar aplicando la deducción.

3) Dentro de la **base de deducción** por alquiler de vivienda habitual se han de incluir, además del importe del alquiler, los gastos y tributos a satisfacer al arrendador en su condición de propietario de la vivienda y que, según las condiciones del contrato de arrendamiento, le sean repercutidos al arrendatario, tales como las cuotas de la comunidad de propietarios y el IBI (DGT CV 29-6-10). No forman parte de la base de la deducción los tributos en los que el arrendatario tenga la consideración de contribuyente ni el importe de la fianza, las cantidades satisfechas a una agencia inmobiliaria que facilita el alquiler o el aval bancario satisfecho (DGT CV 18-1-18).

4) Las **ayudas directas** para sufragar los costes del alquiler dan derecho a la deducción por alquiler, sin perjuicio de su consideración como ganancia patrimonial (DGT CV 13-4-10). **8890**

5) Resulta indiferente el lugar en el que se encuentre la vivienda, habiéndose admitido la deducción en el supuesto de que la vivienda se encuentre en el **extranjero** siempre que se trate de un contribuyente del IRPF (DGT CV 31-5-10; CV 11-10-11).

6) En el supuesto de **arrendamiento con opción de compra**, hasta el momento de ejercicio de esta última, se puede aplicar la deducción por alquiler respecto de las cantidades satisfechas por el arrendamiento de la vivienda (DGT CV 9-6-11).

7) La deducción por alquiler de vivienda habitual podrá aplicarse desde que el contribuyente haya **fijado su residencia** en la misma (DGT CV 5-8-15).

8) No cabe aplicar la deducción:

- por las cantidades pagadas en concepto de arrendamiento de una **mitad indivisa**, siendo propietario de la otra mitad, pues dicho arrendamiento no puede equipararse a aquel en el que el cesionario y arrendatario carece de propiedad, en parte indivisa alguna, sobre la vivienda (DGT CV 15-11-10);
- si como titular del contrato de arrendamiento figura solamente su **cónyuge**, aunque la renta se satisfaga con **fondos gananciales** (DGT CV 12-7-13; CV 21-1-15);
- en el caso de una persona física trasladada a una **residencia de ancianos**, por no ser vivienda habitual (DGT CV 13-5-10);
- en el hospedaje en **habitación** individual (DGT CV 24-9-13).

9) La suscripción de **dos contratos de arrendamiento sucesivos** sobre un mismo inmueble, el primero de arrendamiento de temporada y el segundo de arrendamiento de vivienda, no impide la aplicación de la deducción por arrendamiento de vivienda habitual, siempre que el contribuyente demuestre que la finalidad última de ambos contratos fue el arrendamiento de la vivienda destinada a ser su vivienda habitual (TEAC 25-10-21).

8893 Ejemplo Un contribuyente tiene una base imponible de 21.000 € en el año 2021, satisface por alquiler de la vivienda que constituye su residencia habitual 4.000 € anuales. El contrato de alquiler se celebró en el 2012 y se practicó le deducción por alquiler de vivienda en 2014. Calcular la deducción para el año 2023.

Base de deducción:

- Cantidades satisfechas	4.000,00 €
- Base máxima [9.040 - 1,4125 × (21.000 - 17.707,20)]	4.388,92 €
Deducción (10,05% de 4.000)	402,00 €

2. Deducciones autonómicas

8895

8897 Con fundamento en la **cesión de competencias** normativas para el IRPF, diversas comunidades autónomas han establecido deducciones por arrendamiento de vivienda referidas a los contribuyentes que tengan **residencia habitual** en su territorio.
A continuación, se exponen las deducciones aplicables en las comunidades autónomas de régimen común y en los territorios forales.

8900 **Andalucía** (L Andalucía 5/2021 art.10) Tienen derecho a una deducción del 15%, con un máximo de 600 euros anuales -900 euros tratándose de una persona con discapacidad-, de las cantidades satisfechas en el período impositivo por el alquiler de la que constituya su vivienda habitual, los **contribuyentes**:
- menores de 35 años;
- mayores de 65 años; o
- víctimas de violencia doméstica, víctimas del terrorismo o de personas afectadas.
Siempre que concurran los siguientes requisitos:
- la suma de las **bases imponibles** general y del ahorro no sea superior a 25.000 euros (tributación individual) o 30.000 euros (tributación conjunta); y
- que el contribuyente identifique al arrendador haciendo constar su número de identificación fiscal en la correspondiente autoliquidación.
En tributación conjunta los **requisitos** debe cumplirlos, al menos, uno de los cónyuges o el padre o la madre en el supuesto de familias monoparentales.
Cuando haya **más de un contribuyente** con derecho a la aplicación de la deducción, la misma se aplicará sobre la base de las cantidades que cada declarante hubiera satisfecho, con los límites máximos de deducción de 600 o 900 euros anuales, para cada caso.

8905 **Aragón** (DLeg Aragón 1/2005 anexo art.110.12; Orden Aragón HAP/1831/2018) En Aragón, en los supuestos de arrendamiento vinculados a las **operaciones de dación en pago** -consistentes en la adjudicación de la vivienda habitual en pago de la totalidad de la deuda pendiente del préstamo o crédito garantizados mediante hipoteca de la citada vivienda-, los arrendatarios pueden deducir el 10% de las cantidades satisfechas durante el ejercicio por el arrendamiento de la vivienda habitual, con una base máxima de inversión de 4.800 euros anuales, siempre que se cumplan los siguientes requisitos:
- que la suma de la **base imponible** general y de la base imponible del ahorro no sea superior a 15.000 euros (declaración individual) o 25.000 euros (declaración conjunta); y

- que se haya formalizado el depósito de la **fianza** correspondiente al arrendamiento ante el órgano competente en materia de vivienda de esta Comunidad Autónoma, dentro del plazo legal.

Asturias (DLeg Asturias 2/2014 art.7 redacc L Asturias 4/2023) Es deducible, con un máximo de 500 euros, el 10% del alquiler de la vivienda habitual -20% con un máximo de 1.000 euros si se trata de menores de 35 años-, siempre que: **8910**
- la **base imponible** no exceda de 26.000 euros (tributación individual) o 37.000 euros (tributación conjunta); y
- las **cantidades satisfechas** por alquiler excedan del 10% de la base imponible.
Por otro lado, con efectos desde 1-1-2023, los conceptos de residencia en el medio rural y zonas rurales en riesgo de despoblación quedan integrados en el de **concejos en riesgo de despoblación**, siendo considerados como tales aquellos con una población de hasta 20.000 habitantes, siempre que la población se haya reducido al menos un 10% desde el año 2000.
Tratándose de concejos en riesgo de despoblación el porcentaje de deducción es del 20% y el límite máximo de la deducción de 1.000 euros debiendo cumplirse los siguientes requisitos:
- que la base imponible no exceda de 35.000 euros en tributación individual ni de 45.000 euros en tributación conjunta; y
- que las cantidades satisfechas en concepto de alquiler excedan del 10% de la base imponible.

Baleares En Baleares, existen para el arrendatario **dos tipos** de deducciones. **8915**

Vivienda habitual (DLeg Baleares 1/2014 art.3 bis redacc L Baleares 11/2023) Los arrendatarios menores de 36 años o bien mayores de 65 años que no ejerzan ninguna actividad laboral o profesional pueden deducir de la cuota íntegra autonómica el 15% de los importes satisfechos en el periodo impositivo, con un máximo de 530 euros anuales, siempre que se cumplan los siguientes **requisitos**: **8917**
• Que se trate del arrendamiento de la vivienda habitual del contribuyente con un contrato de duración igual o superior a un año.
• Que, durante al menos la mitad del periodo impositivo, ni el contribuyente ni ninguno de los miembros de su unidad familiar sean titulares, del pleno dominio o de un derecho real de uso o disfrute, de otra vivienda distante a menos de 70 km de la vivienda arrendada, excepto en los casos en que la otra vivienda esté ubicada fuera de las Illes Balears o en otra isla, o genere, por el contribuyente o el resto de miembros de su unidad familiar, rendimientos del capital inmobiliario durante el mismo periodo impositivo.
• Que el contribuyente no tenga derecho en el mismo periodo impositivo a ninguna deducción por inversión en vivienda habitual.
• Que la base imponible total del contribuyente no supere los 33.000 euros (tributación individual) o 52.800 euros (tributación conjunta). En caso de tributación conjunta, solo se pueden beneficiar de esta deducción los contribuyentes integrados en la unidad familiar que cumplan las condiciones establecidas en el apartado anterior y por el importe de las cuantías efectivamente satisfechas por estos.
Por otro lado, la deducción se eleva al 20%, con un máximo de de 650 euros anuales, cumpliendo estos mismos requisitos, para los siguientes **contribuyente**s:
- menores de 30 años;
- los que tengan reconocido un grado de discapacidad igual o superior al 33%;
- los que tengan derecho al mínimo por discapacidad de ascendientes o descendientes en el IRPF; y
- que sean padre, madre o padres que convivan con el hijo o los hijos sometidos a la patria potestad y que integren una familia numerosa (L Baleares 8/2018 art.6); o
que se trate de una familia monoparental (L Baleares 8/2018 art.7.7);
Asimismo, en el supuesto de **familias numerosas o monoparentales**, los límites de renta en base imponible se incrementan en un 20%: 39.600 (tributación individual) y 63.360 (tributación conjunta).

Traslado temporal por motivos laborales (DLeg Baleares 1/2014 art.4 quinquies) Se aplica una deducción del 15% de los gastos satisfechos por el contribuyente durante el ejercicio en concepto de renta de alquiler de vivienda por razón del traslado temporal de su isla de residencia a otra isla del archipiélago balear, en el ámbito de una misma relación laboral por cuenta ajena, con un máximo de 440 euros anuales, siempre que se cumplan los siguientes requisitos: **8923**
- que se trate del arrendamiento de un inmueble destinado a **vivienda** del contribuyente y ocupado efectivamente por este;
- que se haya constituido el depósito de la **fianza** a favor del Instituto Balear de la Vivienda;
- que la **base imponible** total del contribuyente en el IRPF del ejercicio no sea superior a 33.000 euros (tributación individual) o 52.800 (tributación conjunta);

- que el contribuyente identifique al **arrendador** en la autoliquidación del impuesto;
- que el contribuyente pueda justificar documentalmente ante la Administración tributaria el **gasto** constitutivo de la base de la deducción y el resto de requisitos exigibles para su aplicación; y
- que el traslado temporal no rebase los **3 años** de duración.
En **tributación conjunta**, la deducción se aplica a cada uno de los contribuyentes que trasladen su residencia, en los términos señalados.

8925 **Canarias** (DLeg Canarias 1/2009 art.15 -redacc L Canarias 7/2023- y 15 bis) En Canarias existen **dos tipos** de deducciones que pueden aplicar los arrendatarios de vivienda:
• Los contribuyentes pueden deducir el 20% (24% en el ejercicio 2023) de las cantidades satisfechas en el período impositivo, con un **máximo** de 600 euros anuales (720 euros en el ejercicio 2023), por el alquiler de su vivienda habitual, siempre que:
- no hayan obtenido **rentas** superiores a 20.000 euros (tributación individual) o 30.000 euros (tributación conjunta), en el período impositivo (22.000 y 31.000 euros, respectivamente en el ejercicio 2023); y
- las **cantidades satisfechas** en concepto de alquiler excedan del 10% de las rentas obtenidas en el período impositivo, descontando, en su caso, el importe de las subvenciones percibidas por este concepto por el arrendatario.
La aplicación de esta deducción queda condicionada a la declaración por parte del contribuyente del NIF del arrendador, de la identificación catastral de la vivienda habitual y del canon arrendaticio anual.
• En caso de que el arrendamiento de vivienda esté vinculado a operaciones de **dación en pago** (DLeg Canarias 1/2009 art.35 bis), el arrendatario puede deducir el 25% de las cantidades satisfechas durante el ejercicio correspondiente, por el arrendamiento de la vivienda habitual, con un máximo de 1.200 euros anuales y con un nivel de renta no superior a 24.000 euros. Este importe se incrementa en 10.000 euros en el supuesto de opción por la tributación conjunta.

Precisiones Para los **periodos impositivos 2022 y 2023**, en sustitución de la deducción prevista en el DLeg Canarias 1/2009 art.15 (DLeg Canarias 1/2009 disp.adic.4ª doce redacc L Canarias 7/2023): los contribuyentes pueden deducirse el 24% de las cantidades satisfechas en el período impositivo, con un máximo de 720 euros anuales, por el alquiler de su vivienda habitual, siempre que concurran los siguientes requisitos:
- que no hayan obtenido rentas superiores a 42.900 euros en el período impositivo -57.000 euros en tributación conjunta-; y
- que las cantidades satisfechas en concepto de alquiler excedan del 10% de las rentas obtenidas en el período impositivo, descontadas las subvenciones obtenidas por el arrendatario.

8930 **Cantabria** (DLeg Cantabria 62/2008 art.2.1 y 11.1 redacc L Cantabria 3/2023) El contribuyente puede deducir el 10%, hasta el **límite** de 300 euros anuales, de las cantidades satisfechas en el período impositivo por el arrendamiento de la vivienda habitual, con los siguientes requisitos:
- que tenga **menos de 36 o 65 o más años**. El contribuyente con **discapacidad** física, psíquica o sensorial en grado igual o superior al 65% está exonerado del cumplimiento de este requisito;
- que la base de esta deducción esté constituida por **cantidades justificadas** con factura o recibo, satisfechas mediante tarjeta de crédito o débito, transferencia bancaria, cheque nominativo o ingreso en cuentas en entidades de crédito, a las personas o entidades que sean arrendadores de la vivienda. En ningún caso, pueden dar derecho a practicar esta deducción las cantidades satisfechas mediante entregas de dinero en efectivo; y
- que las **cantidades satisfechas** en concepto de alquiler excedan del 10% de la renta del contribuyente.
En caso de **tributación conjunta**, el importe máximo de la deducción es de 600 euros, pero al menos uno de los declarantes debe reunir los requisitos mencionados anteriormente para gozar de la deducción.
En los contratos de arrendamiento de viviendas situadas en **zonas rurales con reto demográfico** y que constituyan o vayan a constituir la vivienda habitual del arrendatario, este puede deducir el 20%, hasta 600 euros anuales (tributación individual) y 1.200 (tributación conjunta)- de las cantidades satisfechas en el periodo impositivo por el arrendamiento de su vivienda habitual.

Precisiones Con efectos desde **1-1-2024** se suprime el límite relativo a la **base liquidable** del periodo después de las reducciones por mínimo personal y familiar: inferior a 22.946 euros (tributación individual) o a 31.485 euros (tributación conjunta); y, en zonas rurales con reto demográfico 22.946 euros (tributación individual) o a 31.485 euros (tributación conjunta).

Castilla-La Mancha (Castilla-La Mancha 8/2013 art.9 bis a 9 quinquies y 13) Existen una serie de deducciones en las que los arrendatario puede deducir el 15% de las cantidades satisfechas durante el ejercicio por el arrendamiento de la vivienda habitual situada en Castilla-La Mancha, que constituya su residencia habitual, con un máximo de 450 euros. 8935

Como **requisitos comunes** a todas ellas, es preciso:

- que la suma de la base imponible general y de la base imponible del ahorro del contribuyente menos el mínimo por descendientes, no supere la cuantía de 12.500 euros en tributación individual o de 25.000 euros en tributación conjunta; y
- que en la autoliquidación del IRPF consigne el número de identificación fiscal del arrendador de la vivienda.

Asimismo, **en todos los casos**:

- el concepto de vivienda habitual será el fijado por la normativa reguladora del IRPF;
- el límite de las deducciones se prorrateará por el número de días en los que permanezca vigente el arrendamiento dentro del periodo impositivo; y
- cuando dos o más contribuyentes declarantes del impuesto tengan derecho a la aplicación de la deducción por una misma vivienda, el límite se prorrateará entre ellos a partes iguales.

Las deducciones son las siguientes:

• **Operaciones de dación en pago** (L Castilla-La Mancha 8/2013 art.9 bis): se aplica la deducción siempre que el contrato de arrendamiento esté vinculado a una operación de adjudicación de la vivienda habitual en pago de la totalidad de la deuda pendiente del préstamo o crédito garantizados mediante hipoteca de la citada vivienda.

Esta deducción es **incompatible** con el resto de deducciones por arrendamiento de la L Castilla La Mancha 8/2013 art.9 a 9 quinquies (L Castilla-La Mancha 8/2013 art.13.3.f).

• **Familias numerosas** (L Castilla-La Mancha 8/2013 art.9 ter): los contribuyentes deben integrar una familia numerosa de acuerdo con la L 40/2003, tener reconocida esta condición y estar en posesión del título acreditativo de la misma, a la fecha de devengo del impuesto.

Esta deducción es **incompatible** con el resto de deducciones por arrendamiento y con la deducción por familia numerosa (L Castilla-La Mancha 8/2013 art.13.3.a y f).

• **Familias monoparentales** (L Castilla-La Mancha 8/2013 art.9 quáter): pueden aplicar la deducción el padre o la madre que integre una familia monoparental, es decir la formada por la madre o el padre separados legalmente o sin vínculo matrimonial y las hijas e hijos que convivan y dependan económicamente de forma exclusiva de una u otro y que reúnan alguno de los siguientes requisitos (L Castilla-La Mancha 8/2013 art.2.bis): 8937

- ser menores de edad, con excepción de quienes, con el consentimiento de los padres, vivan independientes de estos; o
- ser mayores de edad que tengan establecidas alguna de las medidas de apoyo para el ejercicio de su capacidad jurídica de acuerdo con la legislación civil.

Esta deducción es **incompatible** con el resto de deducciones por arrendamiento y con la deducción por familia monoparental (L Castilla-La Mancha 8/2013 art.13.3.b y f).

• **Personas con discapacidad** (L Castilla-La Mancha 8/2013 art.9 quinquies): pueden aplicar la deducción los contribuyentes que tengan un grado de discapacidad acreditado igual o superior al 65% y tengan derecho a la aplicación el mínimo por discapacidad del contribuyente, de la LIRPF.

Esta deducción es **incompatible** con el resto de deducciones por arrendamiento y con la deducción por familia monoparental (L Castilla-La Mancha 8/2013 art.13.3.c y f).

• **Arrendamiento de vivienda habitual por menores de 36 años** (L Castilla-La Mancha 8/2013 art.9) Siempre que se cumplan los requisitos que a continuación se detallan, los menores de 36 años pueden aplicar una deducción del 15% de las cantidades satisfechas por el arrendamiento de la vivienda que constituya o vaya a constituir la residencia habitual en Castilla-La Mancha durante el período impositivo, con un máximo de 450 euros.Deben cumplirse estos **requisitos**:

- que, a la fecha de devengo del Impuesto, el contribuyente sea menor de 36 años;
- que la suma de la base imponible general y del ahorro menos el mínimo por descendientes no supere los 12.500 (tributación individual) o 25.000 euros (tributación conjunta); y
- que en la autoliquidación del IRPF se consigne el NIF del arrendador de la vivienda.

La deducción **puede llegar hasta el 20%**, con un máximo de 612 euros, cuando el contribuyente tenga su domicilio habitual en un municipio de Castilla-La Mancha de hasta 2.500 habitantes, o en un municipio de Castilla-La Mancha con población superior a 2.500 habitantes y hasta 10.000 habitantes, que se encuentre a una distancia mayor de 30 kilómetros de un municipio con población superior a 50.000 habitantes.

Para determinar el número de habitantes de cada municipio, se toma el establecido en el padrón municipal de habitantes en vigor a 1 de enero del año de devengo del Impuesto.

La deducción es i**ncompatible** con las anteriores deducciones por arrendamiento.

8940 **Castilla y León** (DLeg Castilla y León 1/2013 art.7.4 -redacc L Castilla y León 1/2023- y 10) Se aplica una deducción del 20% hasta un límite de 459 euros, de las cantidades satisfechas en el período impositivo por arrendamiento de la vivienda habitual y, desde 7-3-2023, la diferencia entre las cantidades efectivamente satisfechas en concepto de renta y el del total de las ayudas percibidas de cualquier Administración en este concepto.
Asimismo, deben cumplirse los siguientes **requisitos**:
- tener **menos de 36 años** a la fecha de devengo del impuesto; y
- que la **base imponible** total, menos el mínimo personal y familiar, no sea superior a 18.900 euros (tributación individual) o 31.500 euros (tributación conjunta).
La deducción es del 25%, con un límite de 612 euros, cuando la vivienda habitual esté situada en un municipio o en una entidad local menor que no exceda de 10.000 habitantes, con carácter general, o de 3.000 habitantes si dista menos de 30 km de la capital de la provincia.

8945 **Cataluña** (DLeg Cataluña 1/2024 art.612-3) Los contribuyentes pueden deducir el 10%, hasta un **máximo** de 300 euros anuales (tributación individual) o 600 euros anuales (tributación conjunta), de las cantidades satisfechas en el período impositivo en concepto de alquiler de la vivienda habitual, siempre que cumplan los requisitos siguientes:
• Que se hallen en alguna de estas **situaciones**:
- tener 32 años o menos en la fecha de devengo del impuesto;
- haber estado en paro durante 183 días o más durante el ejercicio;
- tener un grado de discapacidad igual o superior al 65%; o
- ser viudo o viuda y tener 65 años o más.
• Que su **base imponible** no sea superior a 20.000 euros (tributación individual) o 30.000 euros (tributación conjunta).
• Que las **cantidades satisfechas** en concepto de alquiler excedan del 10% de los rendimientos netos del contribuyente.
• Además, desde el **15-3-2024**, que la suma de su base imponible general y del ahorro (con anterioridad, su base imponible), menos el mínimo personal y familiar, no supere los 20.000 euros anuales (30.000 euros en tributación conjunta).
• Que las cantidades satisfechas en concepto de alquiler excedan del 10% de sus rendimientos netos.
Si, además, pertenece a una **familia numerosa** o a una **familia monoparental**, en la fecha de devengo del impuesto (L 40/2003), el máximo deducible es de 600 euros anuales, cumpliendo los requisitos mencionados sobre base imponible y cantidades satisfechas.
Esta deducción solo puede aplicarse una vez, con independencia de que en un mismo contribuyente puedan concurrir **más de una circunstancia** de las señaladas. Además, una misma vivienda no puede dar lugar a la aplicación de un importe de deducción superior a 600 euros.
Si más de un contribuyente tiene derecho a la deducción, cada uno de ellos puede aplicar una deducción por el importe que se obtenga de dividir la cantidad resultante de la aplicación del 10% del gasto total o el límite máximo de 600 euros, si procede, por el número de declarantes con derecho a la deducción.
Asimismo, debe consignarse el NIF del arrendador en la autoliquidación del IRPF.

8950 **Extremadura** (RDLeg Extremadura 1/2018 art.9 y 12 bis redacc L Extremadura 1/2024) El arrendatario puede aplicar sobre la cuota íntegra autonómica una deducción del 30% de las cantidades satisfechas en el período impositivo en concepto de alquiler de su vivienda habitual, con el límite de 1.000 euros anuales, siempre y cuando se cumplan los **requisitos** siguientes:
• Que concurra en el **contribuyente** alguna de las siguientes circunstancias:
- que tenga en la fecha del devengo del impuesto menos de 36 años cumplidos. En caso de tributación conjunta, el requisito de la edad deberá cumplirlo, al menos, uno de los cónyuges, o, en su caso, el padre o la madre;
- que forme parte de una familia que tenga la consideración legal de numerosa;
- que padezca una discapacidad con un grado reconocido igual o superior al 65%, esté judicialmente incapacitado o se haya establecido la curatela representativa del contribuyente; o
- que sea una persona separadas legalmente, o sin vínculo matrimonial, con dos hijos sin derecho a percibir anualidades por alimentos y por los que tenga derecho a la totalidad del mínimo por descendientes de la LIRPF art.58.
• Que se trate del arrendamiento de la **vivienda habitual** del contribuyente, ocupada efectivamente por el mismo y localizada dentro del territorio de la Comunidad Autónoma de Extremadura.
• Que se haya satisfecho por el arrendamiento y, en su caso, por sus prórrogas, el **ITP y AJD**.
• Que se haya constituido el depósito obligatorio en concepto de **fianza** a favor de la Comunidad Autónoma de Extremadura.

• Que el contribuyente no tenga derecho durante el mismo período impositivo a **deducción** alguna por inversión en vivienda habitual.
• Que ni el contribuyente ni ninguno de los miembros de su unidad familiar sean titulares del pleno dominio o de un derecho real de uso o disfrute de **otra vivienda** situada a menos de 75 km de la vivienda arrendada.
• Que la suma de las **bases imponibles** general y del ahorro no sea superior a 28.000 euros (tributación individual) o 45.000 euros (tributación conjunta).
No obstante, el porcentaje de deducción será del 30% con el límite de 1.500 euros en caso de alquiler de vivienda habitual en el **medio rural**, que son las que se encuentren en municipios y núcleos de población inferior a 3.000 habitantes. Además, el límite máximo de la base imponible desaparece cuando:
- formen parte de una familia que tenga la consideración legal de numerosa; o
- sean ascendientes separado legalmente, o sin vínculo matrimonial, con dos hijos sin derecho a percibir anualidades por alimentos y por los que tenga derecho a la totalidad del mínimo por descendientes, previsto en la LIRPF art.58.
Cuando dos o más contribuyentes tengan derecho a la aplicación de esta deducción respecto de los mismos bienes para un mismo período impositivo, su importe se ha de prorratear entre ellos por partes iguales.

Galicia (DLeg Galicia 1/2011 art.3.uno y 5.siete) El contribuyente puede deducir el 10%, con un **límite** de 300 euros por contrato de arrendamiento, o del 20% con un límite de 600 euros, si tiene dos o más hijos menores de edad, de las cantidades que haya satisfecho durante el período impositivo en concepto de alquiler de su vivienda habitual, cuando concurran los siguientes requisitos: 8955
• Que su edad, en la fecha del devengo del impuesto, sea **igual o inferior a 35 años**. En tributación conjunta el requisito debe cumplirse, por lo menos, por uno de los cónyuges o, en su caso, el padre o la madre en las familias monoparentales.
• Que la **fecha del contrato** de arrendamiento sea posterior al 1-1-2003.
• Que se haya constituido el depósito de la **fianza** en el Instituto Gallego de la Vivienda y Suelo, o bien se posea copia compulsada de la denuncia presentada ante dicho organismo por no entregarle dicho justificante la persona arrendadora.
• Que la **base imponible** del período, antes de la aplicación de las reducciones por mínimo personal y familiar, no sea superior a 22.000 euros.
En el caso de que el arrendatario tenga reconocido un grado de discapacidad igual o superior al 33%, las cuantías fijadas por esta deducción se duplican.
Cuando dos contribuyentes tengan derecho a la aplicación de esta deducción, el importe total de esta, sin sobrepasar el límite establecido por contrato de arrendamiento, se prorratea por partes iguales en la declaración de cada uno de ellos.

La Rioja (L La Rioja 10/2017 art.32.12) Se establecen las siguientes deducciones por arrendamiento de vivienda para arrendatarios **menores de 36 años**: 8957
- el 10% de las cantidades no subvencionadas satisfechas en el ejercicio, con el límite anual de 300 euros por contrato de arrendamiento, tanto en tributación individual como en conjunta, con carácter general; o, en su caso,
- el 20% de las cantidades no subvencionadas satisfechas en el ejercicio, con el límite anual de 400 euros por contrato de arrendamiento, tanto en tributación individual como en conjunta, siempre y cuando la vivienda habitual se encuentre situada en uno de los pequeños municipios enumerados en la L La Rioja 10/2017 anexo I.
Para ello deben cumplir los siguientes **requisitos**:
- que el contribuyente no haya cumplido los 36 años de edad a la fecha de devengo del impuesto. En caso de tributación conjunta el requisito de la edad habrá de cumplirlo al menos uno de los cónyuges;
- que se trate del arrendamiento de la vivienda habitual del contribuyente, ocupada efectivamente por el mismo y localizada en el territorio de la Comunidad Autónoma de La Rioja;
- que el contribuyente sea titular de un contrato de arrendamiento por el cual se haya presentado el correspondiente modelo del ITP y AJD (actualmente exento). En el supuesto de matrimonios en régimen de gananciales, la deducción corresponderá a los cónyuges por partes iguales, aunque el contrato de arrendamiento conste solo a nombre de uno de ellos,
- que el contribuyente no tenga derecho durante el mismo periodo impositivo a deducción alguna por inversión en vivienda habitual; y
- que la base liquidable general sometida a tributación del contribuyente, definida en la LIRPF art.50, no exceda de 18.030 euros en tributación individual o de 30.050 euros en tributación conjunta, siempre que la base liquidable del ahorro sometida a tributación, definida en dicha noma, no supere los 1.800 euros.

Cuando **dos contribuyentes** tengan derecho a la aplicación de la deducción, el importe total, sin exceder del límite establecido por contrato de arrendamiento, se prorrateará por partes iguales en la declaración de cada uno de ellos.
La práctica de esta deducción se condiciona a su justificación documental.

8960 **Madrid** (DLeg Madrid 1/2010 art.8 y 18.1 y 4 redacc L Madrid 13/2023) Es deducible el 30%, con un máximo de 1.237,20 euros, de las cantidades satisfechas en el período impositivo para el arrendamiento de su vivienda habitual por:
• Los **menores de 35 años**, siempre que dichas cantidades superen el 20% de la base imponible del contribuyente (suma de la base imponible general y del ahorro).
• Los **mayores de 35 y menores de 40 años** siempre que:
- durante el periodo impositivo, se hayan encontrado en situación de desempleo; y
- hayan soportado cargas familiares.
Se entienden cumplidos los anteriores requisitos cuando:
- el contribuyente haya estado inscrito como **demandante de empleo** en las Oficinas de Empleo de la Comunidad de Madrid, al menos 183 días dentro del período impositivo; y
- tenga al menos **dos familiares**, ascendientes o descendientes, a su cargo, considerándose como tales aquellos por los que tenga derecho a la aplicación del mínimo por ascendientes o descendientes.
En ambos casos se han de cumplir, asimismo, los siguientes requisitos:
• El límite de la **base imponible** para poder aplicar la deducción es de 26.414,22 euros (tributación individual) o 37.322,20 (tributación conjunta).
Sin perjuicio de este límite, no se tiene derecho a la deducción cuando la suma de las bases imponibles de todos los miembros de la unidad familiar de la que el contribuyente pueda formar parte sea superior a 61.860 euros.
• Para que el arrendatario pueda aplicar esta deducción se requiere:
- que esté en posesión de una copia del depósito de la **fianza** en la Agencia de Vivienda Social de la Comunidad de Madrid formalizado por el arrendador o de una copia de la denuncia presentada ante dicho organismo por no haberle entregado dicho justificante el arrendador; y
- que hayan liquidado el **ITP y AJD** derivado del arrendamiento de la vivienda, salvo que no estén obligados a presentar autoliquidación por aplicar la bonificación prevista el RDLeg Madrid 1/2010 art.30 quáter.

8963 **Murcia** (DLeg Murcia 1/2010 art.1.13 redacc L Murcia 4/2023) Los contribuyentes que durante el periodo impositivo satisfagan cantidades en concepto de alquiler de su vivienda habitual situada en Murcia pueden aplicar sobre la cuota íntegra autonómica una deducción del 10% de las cantidades no subvencionadas satisfechas en el ejercicio, con el límite de 300 euros anuales por contrato de arrendamiento, tanto en tributación individual como en conjunta.
Para la aplicación de esta deducción deberán cumplirse los siguientes **requisitos**:
• Que concurra en el **contribuyente** alguna de las siguientes circunstancias:
- que no haya cumplido los 40 años (35 años en el ejercicio 2023) de edad a la fecha de devengo del impuesto;
- que forme parte de una familia que tenga la consideración legal de numerosa; o
- que padezca una discapacidad con un grado reconocido igual o superior al 65% (en el ejercicio 2023 también estar judicialmente incapacitado).
• Que se trate del arrendamiento de la **vivienda habitual** del contribuyente, ocupada efectivamente por el mismo y localizada en el territorio de Murcia.
• Que el contribuyente sea titular de un contrato de arrendamiento por el cual se haya presentado el correspondiente **modelo del ITP y AJD**. En el supuesto de matrimonios en régimen de gananciales, la deducción corresponderá a los cónyuges por partes iguales, aunque el contrato de arrendamiento conste solo a nombre de uno de ellos.
• Que la **base imponible** general menos el mínimo personal y familiar del contribuyente sea inferior a 40.000 euros (24.380 euros en 2023), siempre que la base imponible del ahorro no supere los 1.800 euros.
• Que ni el contribuyente ni ninguno de los miembros de su unidad familiar sean titulares de más del 50% del pleno dominio o de un derecho real de uso o disfrute de otra vivienda.
• Que el contribuyente no tenga derecho durante el mismo período impositivo a deducción por **inversión en vivienda habitual**.
• Cuando **dos contribuyentes** tengan derecho a la aplicación de la deducción, el importe total, sin exceder del límite establecido por contrato de arrendamiento, se prorrateará por partes iguales en la declaración de cada uno de ellos.

Navarra (DFLeg Navarra 4/2008 art.62.2; DFLeg Navarra 4/2008 art.68 quinquies.A y B) En Navarra existen **tres tipos** de deducciones que puede aplicar el arrendatario de una vivienda. Estas deducciones son incompatibles entre sí. **8965**

Alquiler de vivienda (DFLeg Navarra 4/2008 art.62.2 redacc LF Navarra 22/2023) Se establece una deducción por alquiler de vivienda del 15%, con un máximo de 1.500 euros anuales, por las cantidades satisfechas cuando la vivienda constituya el **domicilio habitual**, con los siguientes requisitos: **8966**
- que el sujeto pasivo no tenga **rentas** superiores, excluidas las exentas, a 30.000 euros (tributación individual) o 60.000 euros (tributación conjunta); y
- que las **cantidades satisfechas** por alquiler superen el 10% de las rentas del período excluidas las exentas.

Se incrementa el porcentaje de deducción hasta el 20%, con un máximo de 1.600 euros anuales para los sujetos pasivos que cumplan los requisitos anteriores y que tengan una edad inferior a 30 años o que formen parte de una unidad familiar monoparental, salvo que, en este último caso, el padre y la madre convivan o tengan custodia compartida sobre los hijos comunes.

Emancipación y acceso a vivienda (DFLeg Navarra 4/2008 art.68 quinquies.A y B redacc LF Navarra 22/2023; LF Navarra 10/2010 art.3 quáter; L F Navarra 7/2020 art.11) En Navarra existen dos deducciones de abono anticipado, para cubrir dos situaciones específicas del arrendatario siempre que el precio del alquiler no supere los 700 euros. **8967**

a) **Deducción por emancipación**. Se establece una deducción del 50% de la renta satisfecha en el periodo impositivo por el arrendamiento de la vivienda habitual, con el límite máximo de 280 euros mensuales, para **personas**:
- Con **edad** comprendida entre:
  - 23 y 32 años en el periodo impositivo de 2023;
  - 23 y 33 años en el periodo impositivo de 2024;
  - 23 y 34 años en el periodo impositivo de 2025; y
  - 23 y 35 años a partir del periodo impositivo de 2026.
- Cuyas rentas, incluidas las exentas sean inferiores o iguales a 22.000 euros -si el solicitante no es miembro de una unidad familiar- o 33.000 euros -en conjunto con el resto de los miembros de la unidad familiar-; y
- Que acrediten unos ingresos mínimos de 3.000 euros.

b) **Deducción por acceso a vivienda**.

El arrendatario de vivienda habitual cuyos ingresos familiares ponderados sean inferiores a 1,7 veces el indicador Suficiencia Adquisitiva por Renta Adecuada (SARA), tiene derecho a una deducción:
- Del 50% de la renta por arrendamiento satisfecha en el periodo impositivo si:
  - está inscrito en el **censo de solicitantes de vivienda protegida** con una antigüedad ininterrumpida igual o superior a un año a 1 de enero de cada año natural; o
  - si es **arrendatario de una vivienda protegida** con contrato visado administrativamente con una antigüedad igual o superior a un año.

En función de los ingresos familiares ponderados de los sujetos pasivos, la deducción no puede superar los siguientes **límites**:
- para ingresos inferiores a 1 vez el indicador Suficiencia Adquisitiva por Renta Adecuada (SARA): a 340 euros mensuales;
- para ingresos iguales o superiores a 1 vez e inferiores a 1,4 veces el indicador de Suficiencia Adquisitiva por Renta Adecuada (SARA): 280 euros mensuales;
- para ingresos iguales o superiores a 1,4 veces e inferiores a 1,7 veces el indicador de Suficiencia Adquisitiva por Renta Adecuada (SARA): 220 euros mensuales.
- Del 60% de la renta por arrendamiento satisfecha en el periodo impositivo si es beneficiario del **programa de vivienda de integración social** en arrendamiento (DF Navarra 61/2013 art.72), con una antigüedad igual o superior a 1 año a 1 de enero de cada año natural. Esta deducción no puede superar los 360 euros mensuales y el plazo máximo de aplicación es de 2 años consecutivos.

En ambos casos -deducción del 50% o del 60%- se han de acreditar, como mínimo, unos ingresos iguales a los exigidos para poder inscribirse en el censo de solicitantes de vivienda protegida en la modalidad de arrendamiento, o en el caso del programa de vivienda de integración social en arrendamiento los exigidos para el acceso a este programa.

Las deducciones por emancipación y por acceso a vivienda tienen que cumplir los siguientes **requisitos comunes** a ambas: **8968**

a) El sujeto pasivo o, en su caso, todos los miembros de la unidad familiar, deberán cumplir los siguientes requisitos para ambos tipos de deducción:
- No ser titular del dominio o de un derecho real de uso o disfrute sobre alguna **otra vivienda** o parte alícuota de la misma, salvo que se cumplan conjuntamente los dos requisitos siguientes:
  - que la vivienda no sea adecuada para las necesidades de la unidad familiar, de acuerdo con el DF Navarra 25/2011; y

- que haya ofrecido la vivienda, o parte alícuota de la misma, al Gobierno de Navarra, a una sociedad instrumental del Gobierno de Navarra a la que se encomiende esta función, al Ayuntamiento en que se ubique o a una sociedad instrumental de este último, generándole un ingreso de 60.000 euros o menos, y se le haya aceptado la oferta.
• No haber **transmitido** el dominio o un derecho real de uso o disfrute sobre alguna vivienda o parte alícuota de la misma, en los últimos 5 años, de forma que dicha transmisión hubiera generado ingresos superiores a 60.000 euros.
• No haber declarado como **ingresos** de la parte especial del ahorro una cantidad superior a 5.000 euros en la declaración del IRPF que corresponda presentar para la acreditación del cumplimiento del requisito de capacidad económica.
• No tener bienes, **derechos o activos financieros** por importe superior a 90.000 euros, salvo que estuvieran afectos a una actividad empresarial o profesional.
• No tener **parentesco** en primer o segundo grado de consanguinidad o de afinidad con la persona física arrendadora titular del contrato, o con sus socios o partícipes en el caso de tratarse de una persona jurídica.
• No ser **subarrendador o subarrendatario** de la vivienda por cuyo arrendamiento solicite alguna de las dos deducciones.
b) El **precio del alquiler** de la vivienda no podrá superar 650 euros mensuales.
c) Sobre una **misma vivienda** solo puede concederse:
- una deducción por arrendamiento para emancipación. No obstante, para determinar el importe individual si existen varios solicitantes titulares del contrato de arrendamiento, el importe de la deducción que corresponda se ha de prorratear entre todos ellos por partes iguales, dividiendo el 50% de la renta mensual, o en su caso el límite de 250 euros, entre todos los titulares del contrato, cumplan estos o no los requisitos de acceso a esta deducción; o
- una deducción por arrendamiento para acceso a vivienda de la que solo podrá ser beneficiaria una única unidad familiar o solicitante individual.

8980 **País Vasco** (NF Araba 33/2013 art.86; DHA Instr 4/2020 apdo.13.5.1; NF Bizkaia 13/2013 art.86; DGHB Instr 4/2020 apdo.15.7; NF Gipuzkoa 3/2014 art.86) En los tres territorios forales, los contribuyentes pueden deducir, con carácter general, un 20% de las cantidades que satisfagan por el alquiler de su vivienda habitual, con el límite de 1.600 euros anuales.
No obstante, si el **contribuyente**:
• Es titular de **familia numerosa**, la deducción es del 25%, con un límite de 2.000 euros anuales.
• Es **menor de 30 años**, la deducción es del 30% por ciento, con un límite de 2.400 euros anuales.
En Araba, la deducción es del 35%, con un límite de deducción de 2.800 euros anuales. Para su aplicación se requiere que este resida durante todo el período impositivo en estas zonas o núcleos. Se exceptúa el supuesto de fallecimiento del arrendatario.
Además, está deducción también se aplica a los contribuyentes que, por **decisión judicial**, tengan la obligación de pagar, a su cargo exclusivo, el alquiler de la vivienda familiar. En caso de extenderse esta obligación a ambos contribuyentes, la deducción se prorratea entre ellos, aplicando, en la proporción de cada uno, el tipo y límites según los criterios generales, salvo que sean:
- Araba: sean titulares de familia numerosa, en cuyo caso, pueden aplicar el tipo y límites correspondientes.
- Bizkaia y Gipuzkoa: sean menores de 30 años o titulares de familia numerosa, en cuyo caso, pueden aplicar el tipo y límites correspondientes.
Cuando se opte por **tributación conjunta** y existan varias personas con derecho a aplicar la deducción, unas con edad inferior y otras con edad superior a 30 años el porcentaje de deducción es de un 30% con el límite de 2.400 euros, en los tres territorios.
A los efectos de calcular el importe de las rentas satisfechas, se ha de restar el importe de las subvenciones que el contribuyente hubiera, en su caso, recibido para el alquiler de vivienda que resulten exentas del IRPF.

8981 Por otro lado, en **Gipuzkoa**, se asimilan a las cantidades satisfechas por el alquiler de vivienda habitual, los cánones o rentas sociales abonados por las viviendas en régimen de cesión de uso, que tengan la consideración de vivienda habitual, por:
- los socios de cooperativas de vivienda u otras formas asociativas; o
- por los asociados de asociaciones sin ánimo de lucro.
Esto sucede siempre que no se presten **servicios complementarios** propios de la industria hotelera, tales como los de restaurante, limpieza, lavado de ropa u otros análogos, o servicios de asistencia social o sanitarios.

Por otra parte, no se consideran asimilados cuando incorporen un **derecho de opción de compra o cláusula de transferencia de la propiedad**, así los abonados por los socios de cooperativas de vivienda u otras formas asociativas, o por los asociados de asociaciones sin ánimo de lucro, en los que no se cumplan todas las condiciones previstas en la Ley de vivienda del País Vasco (L País Vasco 3/2015 disp.adic.3ª).
En caso de promociones de viviendas de **protección pública** mediante la constitución de un derecho de superficie sobre terrenos propiedad de una Administración pública, el carácter indefinido del derecho de uso se entiende cumplido cuando la duración del derecho de los asociados sea acorde a la duración del derecho de superficie citado.

En relación a esta deducción, se han emitido algunos criterios: **8983**
• En **Araba**, en los contratos con **derecho de compra** sobre un inmueble, se debe atender a los criterios de mercado y a las cláusulas del contrato para determinar si los pagos efectuados se corresponden con cuotas mensuales de arrendamiento, y no con entregas a cuenta. Así, en el ejercicio en el que el arrendatario ejercite la opción de compra, se ha de proceder de la siguiente manera:
- se mantienen las deducciones por alquiler, practicadas en años anteriores; y
- se resta del valor de adquisición de la vivienda lo pagado hasta el momento, siempre que en el contrato de arrendamiento se haya pactado que las cuotas de alquiler van a incidir en el precio final de la vivienda.
• En **Bizkaia** resulta un requisito necesario para poder aplicar la deducción, disponer de un **contrato de alquiler** y este requisito no se da cuando el contribuyente se aloja en una residencia con manutención, estancia, limpieza, etc. Por otra parte, el arrendatario de una habitación puede aplicar la deducción, siempre que cumpla los requisitos establecidos con carácter general. La cuota del ITP que debe abonar el arrendatario, forma parte de la base de la deducción.
En un arrendamiento con **opción de compra** de la vivienda habitual:
- los importes entregados a cuenta como anticipo en supuestos distintos de las viviendas en construcción, no en concepto de mero alquiler, pueden ser objeto de deducción en el ejercicio en el que se produzca esa transmisión, siempre y cuando, sean aplicados a la adquisición de la plena propiedad de la finca de que se trata en ese periodo; y
- las cantidades entregadas como pago de la renta del alquiler, dejando al margen los supuestos de arrendamiento-venta, y similares, como regla general, los contribuyentes pueden aplicar sobre estos importes, la deducción por alquiler, no la deducción por adquisición de vivienda habitual.

Comunidad Valenciana

En la Comunidad Valenciana existen **dos tipos** de deducción relacionadas con el arrendamiento de inmuebles. **8985**

Arrendamiento de vivienda habitual (L C.Valenciana 13/1997 art.4.uno.n, -redacc L C.Valenciana 7/2023- cuatro, quinto, disp.adic.6ª y disp.adic.16ª16ª) La deducción y el límite de la misma dependen de la condición del arrendatario: **8987**
• Con carácter general, la deducción se establece en el **20%** de las cantidades satisfechas en el período impositivo por el arrendamiento de la vivienda habitual, con el límite de **800 euros.**
• El porcentaje se eleva al **25%**, con el límite de **950 euros** si el arrendatario:
- tiene una edad igual o inferior a 35 años; o
- es una persona con discapacidad física o sensorial, con un grado de discapacidad igual o superior al 65%, o psíquico, con un grado de discapacidad igual o superior al 33%; o
- tiene consideración de víctima de violencia de género conforme a la L C.Valenciana 7/2012.
La deducción es del **30%**, con el límite de 1.100 euros, si en el arrendatario confluyen dos o más de estas condiciones.
El **límite** de esta deducción se prorratea por el número de días en que permanezca vigente el arrendamiento dentro del período impositivo y en que se cumplan las circunstancias personales requeridas para la aplicación de los distintos porcentajes de deducción. Además, cuando dos o más contribuyentes declarantes tengan derecho a la aplicación de esta deducción por una misma vivienda, el límite se prorrateará entre ellos por partes iguales.
Son **requisitos** para aplicar la deducción:
- que se trate del arrendamiento de la vivienda habitual del contribuyente, ocupada efectivamente por el mismo, con **contrato** posterior al 23-4-1998 y duración igual o superior a un año;
- que, durante al menos la mitad del período impositivo, ni el contribuyente ni ninguno de los miembros de su unidad familiar sean titulares del pleno dominio o de un derecho real de uso o disfrute de manera individual o conjunta, de **otra vivienda** distante a menos de 50 kilómetros de la arrendada -y en caso de tratarse de una mujer víctima de violencia de género, se considera que no forma parte de la unidad familiar el cónyuge agresor no separado legalmente, ni

tampoco computa el inmueble que la contribuyente compartía con la persona agresora como residencia habitual-;
- que el contribuyente no tenga derecho en el mismo período impositivo a deducción alguna por inversión en **vivienda habitual**, con excepción de la correspondiente a las cantidades depositadas en cuentas vivienda (actualmente suprimida);
- que la entrega de los **importes dinerarios** derivada del acto o negocio jurídico que de derecho a su aplicación se realice mediante tarjeta de crédito o débito, transferencia bancaria, cheque nominativo o ingreso en cuentas en entidades de crédito; y
- que la suma de **la base liquidable** general y de la base liquidable del ahorro no sea superior a 30.000 o 47.000 euros en tributación individual o conjunta, respectivamente.

8993 **Arrendamiento de vivienda en distinto municipio** (L C.Valenciana 13/1997 art.4.uno.ñ, cuatro, quinto y disp.adic.16ª) Por el arrendamiento de una vivienda, como consecuencia de la realización de una actividad, por cuenta propia o ajena, en municipio distinto de aquel en el que el contribuyente residía con anterioridad, es deducible el 10% de las cantidades satisfechas en el período impositivo, con el límite de 224 euros. Deben cumplirse los siguientes **requisitos**:
• La vivienda arrendada, que ha de radicar en la Comunidad Autónoma, debe distar más de **50 km** de aquella en la que el contribuyente residía inmediatamente antes del arrendamiento.
• El arrendamiento no puede ser retribuido por el **empleador**.
• La **entrega de los importes** dinerarios derivada del acto o negocio jurídico que de derecho a su aplicación se debe realizar mediante tarjeta de crédito o débito, transferencia bancaria, cheque nominativo o ingreso en cuentas en entidades de crédito.
La suma de la **base liquidable** general y de la base liquidable del ahorro no puede ser superior a 30.000 euros (tributación individual), o a 47.000 euros (tributación conjunta).

8994 El **importe íntegro** de esta deducción:
• Solo se aplica, con carácter general, a los contribuyentes cuya suma de la base liquidable general y del ahorro sea inferior a 23.000 euros en tributación individual, o 37.000 euros en tributación conjunta.
• Cuando la suma de la base liquidable general y del ahorro del contribuyente esté comprendida entre 23.000 y 25.000 euros en tributación individual, o entre 37.000 y 40.000 euros en tributación conjunta, los importes y límites de deducción son los siguientes:
- en **tributación individual**, el resultado de multiplicar el importe o límite de deducción por un porcentaje obtenido de la aplicación de la siguiente fórmula:

100 × (1 - el coeficiente resultante de dividir por 2.000 la diferencia entre la suma de la base liquidable general y del ahorro del contribuyente y 23.000);

- en **tributación conjunta**, el resultado de multiplicar el importe o límite de deducción por un porcentaje obtenido de la aplicación de la siguiente fórmula:

100 × (1 - el coeficiente resultante de dividir por 3.000 la diferencia entre la suma de la base liquidable general y del ahorro del contribuyente y 37.000).

Esta deducción es **compatible** con la deducción por arrendamiento de vivienda habitual (nº 8987), prorrateándose su límite cuando la vigencia del contrato sea menor de un año.
Cuando **dos o más contribuyentes** declarantes tengan derecho a la aplicación de esta deducción por una misma vivienda, el límite se prorratea entre ellos por partes iguales.

CAPÍTULO 15

Obligaciones formales

A. Facturas

Para una correcta gestión tributaria, la Hacienda Pública precisa una información adecuada de las transacciones económicas derivadas de las actividades empresariales. Igualmente, para justificar los **gastos o deducciones**, los contribuyentes necesitan de documentos claros y precisos. De ello se deriva la existencia de una normativa que regula la obligación de los empresarios y profesionales de expedir y entregar factura por cada una de las operaciones que realicen. 9110

La regulación se encuentra recogida, de modo general para todo el sistema impositivo, en el **Reglamento de Facturación** (RD 1619/2012).

Las **obligaciones de documentación** difieren según la persona tenga o no la condición de empresario o profesional (RD 1619/2012 art.1). Así:

• Los **empresarios o profesionales** están obligados a:

- expedir y entregar factura u otros justificantes por las operaciones que realicen en el desarrollo de su actividad empresarial o profesional (nº 9117 s.) y a conservar copia o matriz de los mismos (nº 9167 s.); y

- conservar las facturas u otros justificantes recibidos de otros empresarios o profesionales por las operaciones de las que sean destinatarios y que se efectúen en desarrollo de la citada actividad (nº 9167 s.).

• Las personas o entidades que **no son empresarios o profesionales** están obligadas a expedir y conservar factura u otros justificantes de las operaciones que realicen en los términos expuestos a continuación.

Precisiones **1)** Las obligaciones de documentación de las operaciones a efectos del IVA que se exponen a continuación resultan aplicables a efectos de cualquier **otro tributo, subvención o ayuda pública**, sin perjuicio de lo establecido por su normativa propia y de las peculiaridades de las obligaciones de documentar las operaciones en el **IRPF** (RD 1619/2012 art.25). 9113

2) Las **controversias** que surjan respecto a la expedición, rectificación o remisión de facturas y demás documentos a que se refiere el RD 1619/2012, se consideran de naturaleza tributaria, a efectos de la interposición de la correspondiente **reclamación económico-administrativa**, cuando estén motivadas por hechos o cuestiones de derecho de dicha naturaleza.

3) Entre las **infracciones** reguladas por la LGT se incluyen las relacionadas con el incumplimiento de las obligaciones de facturación (LGT art.201; RD 2063/2004 art.17).

1. Arrendamientos sujetos a facturación

(RD 1619/2012 art.2 y 3)

Existe obligación de expedir factura y copia en todo caso cuando el **arrendatario** es un empresario o profesional que actúa como tal, con independencia del régimen de tributación al que se encuentra acogido el arrendador; y cuando el arrendatario así lo exija para el ejercicio de cualquier **derecho** de naturaleza tributaria. 9115

No obstante, están exceptuados de la obligación genérica de facturación los arrendamientos **exentos** de IVA.

Precisiones Dado que el arrendamiento y subarrendamiento de inmuebles entre particulares con **fines turísticos**, están exentos de IVA, el arrendador no está obligado a emitir factura por el subarrendamiento, siempre y cuando no se comprometa a la prestación de otros servicios complementarios propios de la industria hotelera (DGT CV 27-3-19).

9117 **Obligados a expedir factura** (LIVA art.164.uno.3º redacc L 11/2023; RD 1619/2012 art.2.1) A efectos del **IVA**, los empresarios o profesionales están obligados a expedir factura y copia de esta por las entregas de bienes y prestaciones de servicios que realicen en el desarrollo de su actividad, incluso si están no sujetas o exentas del impuesto.
También debe expedirse factura y copia de esta por los pagos recibidos con anterioridad a la realización de las entregas de bienes o prestaciones de servicios por las que deba, asimismo, cumplirse esta obligación.
Los contribuyentes del **IRPF** están obligados a expedir factura y copia cuando obtienen rendimientos de actividades económicas y están acogidos al método de estimación directa en el IRPF, con independencia del régimen al que estén acogidos en el **IVA**, cual es el caso de los arrendamientos.

Precisiones **1)** El profesional que no está dado de **alta en el censo** ni en el IAE, sí que está obligado a expedir facturas esporádicas por las operaciones realizadas en el ejercicio de su actividad, porque las citadas altas no son requisitos necesarios para la calificación de un sujeto como empresario o profesional (DGT CV 7-7-05).
2) En el arrendamiento de un local comercial propiedad de un matrimonio en **régimen de gananciales**, siendo el arrendador uno de los cónyuges a título individual, la factura puede ser emitida por el cónyuge que aparece como titular de la actividad (DGT CV 15-6-06).

9120 **Expedición por el arrendatario o por un tercero** (LIVA art.164.dos; RD 1619/2012 art.5) Las facturas pueden ser expedidas por el arrendatario, destinatario de la operación, o por terceros que actúen en nombre y por cuenta del arrendador.
Los **requisitos** para que el arrendatario expida la factura son los siguientes:
• Existencia de un acuerdo previo por el que el arrendador autoriza al arrendatario a expedir las facturas correspondientes, especificando las operaciones a las que se refiere.
• Aceptación de cada factura por el arrendador. Las partes han de determinar el procedimiento al que debe ajustarse la aceptación.
• Remisión por el arrendatario de una copia de los citados documentos al arrendador.
• Expedición del documento en nombre y por cuenta del arrendador.
La obligación de expedir factura también puede ser cumplida por el arrendador mediante la **contratación de un tercero** al que se encomienda su gestión.
Cuando el destinatario de las operaciones o el tercero que expida las facturas no esté **establecido** en la UE, únicamente es posible la expedición por el destinatario o el tercero, previa comunicación a la AEAT.

Precisiones **1)** El arrendador o sujeto pasivo obligado a expedir la factura es **responsable** del cumplimiento de la obligación de documentar la operación a efectos del IVA.
2) No se exige del arrendador una nueva comunicación expresa cuando la expedición de las facturas por un tercero ha sido previamente **autorizada por la AEAT** o se ha iniciado el procedimiento de solicitud de autorización (RD 1619/2012 disp.trans.1ª).

2. Requisitos de las facturas

9125 El obligado a expedir factura puede cumplir esta obligación mediante la expedición de una factura **completa u ordinaria** o una factura **simplificada**.

Precisiones **1)** Los importes que figuran en las facturas pueden expresarse en cualquier **moneda**, siempre que se exprese en euros el importe del impuesto que, en su caso, se repercuta (RD 1619/2012 art.12.1).
2) Las facturas pueden expedirse en cualquier **lengua**. A efectos de la comprobación de la situación tributaria cuando la Administración tributaria lo considere necesario, puede exigir una traducción al castellano, o a otra lengua oficial en España (LIVA art.164.cuatro; RD 1619/2012 art.12.2).

9130 **Contenido de las facturas ordinarias** (RD 1619/2012 art.6 redacc RD 1007/2023) Con carácter general, las facturas del arrendamiento y sus copias han de contener los **datos mínimos** que se detallan a continuación. No obstante, es posible incluir cualquier otra mención, y es posible que resulten obligatorios otros datos a otros efectos (nº 9135):
• El **número** y, en su caso, la **serie**. La numeración de las facturas dentro de cada serie debe ser correlativa. Se pueden utilizar series separadas si existen razones que lo justifican (p.e. cuando el obligado a su expedición tiene varios establecimientos o realiza operaciones de distinta naturaleza). Es obligatoria la **expedición en series** específicas de las siguientes facturas:
- las expedidas por el arrendatario o por terceros, para cada uno de los cuales debe existir una serie distinta (nº 9120);

- las rectificativas (nº 9155 s.);
- las que se expidan como consecuencia de ciertas operaciones intragrupo en el régimen especial del grupo de entidades (nº 10922 Memento Fiscal 2024).
• La **fecha** de su expedición.
• El **nombre** y los apellidos, la razón o denominación social completa, del arrendador y el arrendatario.
• El **NIF** atribuido por la Administración tributaria española o por la de otro Estado miembro de la UE, con el que ha realizado la operación el **arrendador**.
• El **NIF** del **arrendatario** cuando el arrendador se considera establecido en el TIVA.
• El **domicilio** del arrendador y del arrendatario. Si alguno de ellos tiene varios lugares fijos de negocio, debe indicarse como domicilio la ubicación de la sede de actividad o establecimiento al que se refieren aquellas, si es que esta información es relevante para determinar el régimen de tributación de las operaciones.
• La **descripción de la operación de arrendamiento**, consignándose todos los datos necesarios para la determinación de la base imponible del IVA y de su importe.
• El **tipo** impositivo aplicado.
• La **cuota tributaria** que, en su caso, se repercuta, consignada por separado.
• La **fecha** de realización de las operaciones que se documentan o en la que se haya recibido el pago anticipado, cuando sea una fecha distinta a la de expedición de la factura.
• Una vez se hayan adaptado los **sistemas informáticos** de ciertos obligados a los nuevos requisitos establecidos -antes de 1-7-2025-, las facturas deberán incluir la representación gráfica de su contenido parcial mediante un código «QR». Asimismo, deben incorporar la frase «Factura verificable en la sede electrónica de la AEAT» o «VERI*FACTU» en aquellos supuestos en los que el sistema informático realice la remisión a la AEAT, por medios electrónicos y de manera inmediata, de todos los registros de facturación que se generen (RD 1007/2023 art.15 y 16).
En el caso de las **facturas electrónicas**, la representación gráfica referida puede ser sustituida por el contenido que representa el código «QR».

Precisiones **1)** En el caso de aquellos obligados tributarios que deban utilizar **sistemas informáticos de facturación** (contribuyentes del IS, contribuyentes del IRPF que realicen actividades económicas, del IRNR que obtengan rentas mediante establecimientos permanentes, entidades en régimen de atribución de rentas que desarrollen actividades económicas) tienen de plazo hasta el 1-7-2025 para adaptar dichos sistemas a los requerimientos establecidos a tal efecto en el RD 1007/2025. **9133**
Dichos sistemas y programas informáticos deben generar, por cada factura que se emita, un registro de facturación que deberá incluir una información mínima obligatoria y que permitirá garantizar los objetivos que persigue la norma. Además estos sistemas deberán estar capacitados para remitir a la AEAT, por medios electrónicos y de forma inmediata, todos los registros de facturación que se generen.
Los **desarrolladores y fabricantes** de sistemas informáticos deben tener los sistemas y programas informáticos de facturación en el mercado en un plazo de nueve meses desde la aprobación de la Orden Ministerial que especifique todos los detalles técnicos del registro (RD 1007/2023 disp.final 4ª).
2) A efectos de su consideración como documento justificativo del derecho a la **deducción en el IVA** solo se considera factura aquella que tenga los datos y reúna los requisitos expuestos del nº 9130 y, en su caso, del nº 9135.
3) Se pueden aplicar **series de facturación específicas**, siempre y cuando su utilización no constituya un impedimento para las correspondientes tareas de comprobación:
- para cada mes del año (DGT 20-4-04);
- para cada cliente cuando existen razones de carácter informático y contable que así lo justifican (DGT CV 17-1-05) o razones de mayor eficacia en la gestión administrativa de la actividad (DGT CV 22-12-06);
- en el supuesto de puesta en funcionamiento de un nuevo sistema de facturación desde una determinada fecha (DGT CV 1-12-08).
Es posible expedir facturas cuyo **inicio de numeración** se corresponda con el comienzo del año natural correspondiente, guardando una correlación entre las fechas de expedición y la correspondiente numeración (DGT CV 11-2-14).
4) Al consignar en las facturas la razón o **denominación social** pueden utilizarse abreviaturas de uso común y generalmente aceptadas cuando existen limitaciones informáticas o de otro tipo que impiden que conste el dato de identificación completo (DGT 13-4-04).
5) El **domicilio** que debe constar en las facturas es el domicilio fiscal que figure a efectos censales (DGT CV 27-1-06; CV 17-12-10). Nada impide que en las mismas se haga mención al domicilio correspondiente a la residencia habitual del expedidor (DGT CV 14-9-05). En el caso de **personas físicas** que realicen una actividad económica, el domicilio que ha de constar en las facturas que emita ha de ser el del lugar donde desarrolla la actividad y no el de su residencia habitual, siendo posible que también conste este último si la persona lo considera conveniente (DGT CV 26-3-21).

6) En las operaciones en las que se produce la **inversión del sujeto pasivo**, siendo el destinatario el sujeto pasivo del impuesto correspondiente a aquella, es preceptiva la consignación del NIF atribuido por la Administración tributaria española al destinatario (DGT CV 3-1-13).

9135 **Supuestos particulares** (RD 1619/2012 art.6.1.j a 6.1.p, 6.2 y disp.adic.4ª) Respecto al contenido de las facturas, existen las siguientes particularidades relacionadas con **operaciones arrendamiento**:
• Si la operación está **exenta** de IVA, se debe incluir en la factura:
- una referencia a las disposiciones correspondientes de la Dir 2006/112/CE o a los preceptos correspondientes de la LIVA; o
- una indicación de que la operación está exenta.
Lo expuesto es también aplicable cuando se documentan **varias operaciones** en una única factura y las circunstancias antes citadas se refieran únicamente a parte de ellas.
• Cuando es el arrendatario quien expide la factura en lugar del arrendador, la mención «**facturación por el destinatario**».
• Cuando se incluyen **varias operaciones** en la misma factura debe especificarse por separado la parte de base imponible de cada una de ellas cuando se incluyan las siguientes operaciones:
- exentas y otras en las que no se dan dichas circunstancias;
- en las que el sujeto pasivo del IVA es su destinatario y otras en las que no se dan esta circunstancia;
- sujetas a diferentes tipos del IVA.

Precisiones La **consignación agrupada de las cuotas del IVA** en la factura según el tipo impositivo aplicable por dicho impuesto no resulta suficiente para dar cumplimiento a los requisitos exigidos, pues obliga al destinatario de la factura a efectuar el correspondiente cálculo para averiguar cuáles han sido los tipos aplicados a cada una de las categorías de productos entregados (DGT CV 15-12-06).

9140 **Contenido de las facturas simplificadas** (RD 1619/2012 art.4 y 7 redacc RD 1007/2023) Con el sistema de facturación actual y en relación con los arrendamientos, el obligado a expedir factura puede cumplir esta obligación mediante la expedición de una factura simplificada cuando:
• El importe no exceda de **400 euros**, IVA incluido.
• Deba expedirse una **factura rectificativa** (nº 9155 s.).
Además, existe la posibilidad de que el Departamento de Gestión Tributaria de la AEAT **autorice la expedición** de estas facturas cuando las prácticas comerciales o administrativas del sector de actividad de que se trate, o bien las condiciones técnicas de expedición de las facturas, dificulten particularmente la inclusión en las mismas de la totalidad de los datos o requisitos exigidos para las facturas completas (nº 9130 s.).

9143 Las facturas simplificadas y sus copias han de contener los siguientes **datos**, sin perjuicio de los datos o requisitos que puedan resultar obligatorios a otros efectos y de la posibilidad de incluir cualesquiera otras menciones:
• El **número** y, en su caso, la **serie**. La numeración de las facturas simplificadas dentro de cada serie ha de ser correlativa. Se admite la posibilidad de expedir estas facturas mediante **series separadas** cuando concurran razones que lo justifiquen, como ocurre, entre otros casos, cuando:
- el arrendador tiene varios establecimientos para realizar las operaciones o realiza operaciones de distinta naturaleza;
- son expedidas por los arrendatarios de las operaciones o por terceros (nº 9120), para cada uno de los cuales debe existir una serie distinta; o
- son rectificativas (nº 9155 s.).
Si el arrendador expide facturas simplificadas y facturas completas para la documentación de las operaciones efectuadas en un mismo año natural, es obligatoria la expedición mediante series separadas de unas y otras.
• La **fecha** de su expedición.
• La fecha en que se hayan efectuado las **operaciones** que se documentan o en la que, en su caso, se haya recibido el pago anticipado, cuando se trate de una fecha distinta a la de expedición de la factura.
• El **NIF**, nombre y apellidos, razón o denominación social completa del arrendador.
• La identificación del tipo de servicios prestados.
• El **tipo impositivo** aplicado y, opcionalmente, también la expresión «IVA incluido». Cuando una misma factura comprenda operaciones sujetas a diferentes tipos impositivos del IVA debe especificarse por separado, además, la parte de base imponible correspondiente a cada una de las operaciones.

• La **contraprestación** total.
• En caso de **facturas rectificativas**, la referencia expresa e inequívoca de la factura rectificada y de las especificaciones que se modifican.
• En su caso, las **menciones** referidas en el nº 9135.
• Los siguientes datos a efectos de ejercitar el derecho a la **deducción** del impuesto o un derecho de naturaleza tributaria cuando el arrendatario así lo exige, sea o no empresario o profesional:
- NIF del arrendatario atribuido por la Administración tributaria española o, en su caso, por la de otro Estado miembro de la UE;
- domicilio del arrendatario;
- cuota tributaria que, en su caso, se repercuta, que debe consignarse por separado.
Además de todo lo anterior, se añaden varias menciones que ciertos obligados tributarios deberán incluir una vez hayan adaptado sus sistemas informáticos a tal efecto.

Precisiones Entre los datos y requisitos que han de figurar en las facturas simplificadas, no consta que deba incluirse la mención al **tipo de factura** expedida (factura simplificada), sin perjuicio de que puedan incluirse otras menciones no obligatorias como la relativa al tipo de factura (DGT CV 12-12-13).

Plazo de expedición (RD 1619/2012 art.11, 13 y 15.3) Como regla general, la expedición ha de hacerse en el momento de realizarse la operación. No obstante, el devengo de las **operaciones de tracto sucesivo**, cual es el arrendamiento, se produce en el momento en que resulte exigible la parte del precio que comprenda cada percepción, y será en dicho momento en el que deba expedirse la correspondiente factura (DGT CV 7-7-11). **9145**
Las **facturas rectificativas** ha de expedirse tan pronto como se tenga constancia de las circunstancias que obligan a su expedición (nº 9155), siempre que no hubiesen transcurrido 4 años a partir del momento en que se devengó el Impuesto o, en su caso, se produjeron las circunstancias que dan lugar a la modificación de la base imponible del IVA.

Medios de expedición (LIVA art.164.dos redacc L 11/2023; RD 1619/2012 art.8 -redacc RD 1007/2023-, 9 y 10) Se establece la posibilidad de expedir las facturas por cualquier medio, en papel o en formato electrónico. El medio de expedición de la factura utilizado **debe permitir garantizar**, desde su fecha de expedición y durante todo el periodo de conservación los siguientes extremos: **9147**
- la autenticidad de su origen: garantiza la identidad del obligado a su expedición y del emisor de la factura;
- la integridad de su contenido: garantiza que el mismo no ha sido modificado;
- su legibilidad.
Para demostrar el cumplimiento de este requisito cabe cualquier **medio de prueba** admitido en Derecho; en particular, los controles de gestión usuales de la actividad empresarial o profesional del sujeto pasivo, que deben permitir crear una pista de auditoría fiable que establezca la necesaria conexión entre la factura y la entrega de bienes o prestación de servicios que la misma documenta.
Se considera **factura electrónica** la que ha sido expedida y recibida en formato electrónico, exigiéndose que el destinatario haya dado su consentimiento.
La autenticidad del **origen e integridad del contenido** de este tipo de facturas queda garantizada por cualquiera de los siguientes medios:
• Una firma electrónica avanzada o sello electrónico (L 6/2020; OM HAP/800/2014).
• Un intercambio electrónico de datos (Recomendación 94/820/CE Anexo I art.2).
• Otros medios comunicados a la AEAT por los interesados con carácter previo a su utilización. Se exige que la AEAT los haya validado.
Si el destinatario recibe los documentos en soporte electrónico, acompañados de una firma electrónica reconocida o de cualquiera otra admitida u homologada por la AEAT, debe verificar la firma y disponer del procedimiento de control interno apropiado para verificar la validez de los certificados utilizados (OM EHA/962/2007 art.6).

Precisiones **1)** No todas las facturas emitidas en **formato electrónico** se pueden considerar factura electrónica. Las facturas emitidas en formato electrónico, por ejemplo, mediante software de contabilidad o de procesamiento de textos, que hayan sido enviadas y recibidas en papel no son facturas electrónicas. Sin embargo, sí se consideran tales las emitidas en formato papel que sean **escaneadas**, enviadas y recibidas por **correo electrónico** (DGT CV 15-9-14).
2) Con efectos a partir del **19-6-2021**, las referencias a la L 59/2003 que se recojan en la OM HAP/2194/2013 se entienden realizadas a la L 6/2020, reguladora de determinados aspectos de los servicios electrónicos de confianza (OM HAC/611/2021 disp.final 1ª).

9150 **Originales y duplicados** (RD 1619/2012 art.14) Solo se puede expedir un original de cada factura.
Es admisible la expedición de duplicados de los originales, con la misma eficacia que estos y siempre que conste en ellos la expresión «duplicado», cuando:
- se ha **perdido** el original por cualquier causa; o
- en el mismo contrato de arrendamiento de un inmueble **concurren varios arrendatarios**, de forma que debe consignarse en el original y en cada duplicado la parte de base imponible y de cuota repercutida a cada uno de ellos.

9153 **Factura electrónica** (LIVA art.164.Dos redacc L 11/2023; RD 1619/2012 art.8 -redacc RD 1007/2023-, 9 y 10; OM EHA/962/2007 art.2 a 4) Se considera factura electrónica aquella factura que se ajusta a lo establecido en el RD 1619/2012 y que ha sido **expedida y recibida** en formato electrónico, exigiéndose que el destinatario haya dado su consentimiento. La autenticidad del origen y la integridad del contenido de este tipo de facturas queda garantizada por cualquiera de los siguientes **medios**:
• Una firma electrónica avanzada (L 6/2020; OM HAP/800/2014).
• Un intercambio electrónico de datos (Recomendación 94/820/CE Anexo I art.2).
• Otros medios comunicados a la AEAT por los interesados con carácter previo a su utilización. Se exige que esta los haya validado.
Los **requisitos exigibles** para garantizar la autenticidad de origen y la integridad del contenido de facturas electrónicas recibidas de terceros países son los mismos que los que deben cumplir las expedidas y remitidas en territorio español, independientemente de su soporte y formato electrónico (OM EHA/962/2007 art.4).
Si el **destinatario** recibe los documentos en soporte electrónico, acompañados de una firma electrónica reconocida o de cualquiera otra admitida u homologada por la AEAT, debe verificar la firma y disponer del procedimiento de control interno apropiado para verificar la validez de los certificados utilizados (OM EHA/962/2007 art.6).

9155 **Factura rectificativa** (LIVA art.89; RD 1619/2012) Con carácter general, se debe expedir una factura rectificativa en los siguientes **supuestos**:
- omisión de algún dato o incumplimiento de alguno de los requisitos exigidos en relación a su contenido (nº 9130 s.);
- incorrecta fijación de las cuotas repercutidas; o
- concurrencia de circunstancias que dan lugar a la modificación de la base imponible del IVA.

Precisiones **1)** Únicamente tienen la consideración de facturas rectificativas las que se expidan por alguna de las causas citadas. No tiene esta condición las facturas que se expidan en sustitución o **canje** de facturas simplificadas expedidas con anterioridad, siempre que las facturas simplificadas expedidas en su día cumpliesen los requisitos establecidos en el RD 1619/2012 art.7.1.
2) Se pueden rectificar las facturas previamente expedidas por **causas distintas** a las previstas legalmente, cuando se trate de una causa justificada y siempre que dicha práctica permita garantizar la correspondiente comprobación por parte de la Administración tributaria, pero no se está ante la expedición de una factura rectificativa con los requisitos exigidos legalmente (DGT CV 11-3-11).

9160 **Requisitos de la nueva factura** (RD 1619/2012 art.15) La rectificación se realiza mediante la emisión de una **nueva factura** que ha de cumplir los siguientes requisitos.
• Los de cualquier factura en cuanto a su contenido (nº 9130 s.).
• En la expedición de una factura completa rectificativa los datos relativos al tipo impositivo.
• Deben constar los datos identificativos de la factura rectificada.
• Es obligatoria la expedición de este tipo de facturas en series específicas (RD 1619/2012 art.6.1.a.2º y 7.1.a.4).
• En las facturas rectificativas expedidas como consecuencia de expedientes de concurso de acreedores o cuando se produzcan créditos incobrables, debe hacerse constar las fechas de expedición de las facturas rectificadas (RIVA art.24.2).

Precisiones **1)** Puesto que el **tipo impositivo** aplicable es el vigente en el momento del devengo del IVA, si existe una variación de tipos impositivos entre el momento de realización de las operaciones y el momento de la rectificación, la modificación de la base imponible y de las cuotas repercutidas debe efectuarse teniendo en cuenta el tipo impositivo vigente cuando se produjeron las operaciones objeto de rectificación, y no el vigente en el momento de producirse la misma (DGT CV 28-12-09; CV 13-11-13).
2) No es admisible la rectificación de una factura mediante una **escritura pública** (TEAC 9-10-02).

3. Remisión y conservación

Remisión (LIVA art.164 redacc L 11/2023; RD 1619/2012 art.17) El arrendador, o el tercero que la emita en su nombre, debe remitir el **original** de las facturas al arrendatario el momento de realizarse su expedición. No obstante, cuando el arrendatario es un **empresario o profesional** que actúe como tal, se permite que se le remitan antes del día 16 del mes siguiente a aquel en que se haya producido el devengo del Impuesto. **9165**

Para la remisión, puede utilizarse cualquier **medio** y, en particular, los electrónicos (nº 9147).

Obligación de conservación (RD 1619/2012 art.19) Los empresarios o profesionales están obligados a conservar con su contenido original y ordenadamente los siguientes **documentos** durante el plazo de prescripción: **9167**

- Las facturas recibidas.
- Las copias o matrices de las facturas expedidas.
- Las facturas y justificantes contables expedidos en los supuestos en los que se realice una entrega de bienes o prestación de servicios al destinatario, sujeto pasivo del impuesto (nº 10347 Memento Fiscal 2024).

También están obligados a conservar la documentación citada: quienes, no siendo **empresarios o profesionales**, son sujetos pasivos del impuesto.

La obligación de conservación puede ser cumplida materialmente por un **tercero**, que actuará en todo caso en nombre y por cuenta del empresario o profesional o sujeto pasivo.

Es necesaria la comunicación previa a la AEAT si el **tercero no está establecido en la UE**, salvo que lo esté en Canarias, Ceuta o Melilla o en un país con el cual exista un instrumento jurídico de asistencia mutua con un ámbito de aplicación similar al previsto por la Dir 2010/24/UE y por el Rgto UE/904/2010.

Precisiones **1)** Aunque el tercero cumpla materialmente la obligación de conservar la documentación, la **responsabilidad** por el cumplimiento de todas las obligaciones recae sobre el empresario o profesional o sujeto pasivo.

2) No se exige del obligado tributario una nueva **comunicación** expresa cuando la conservación de las facturas por un tercero ha sido previamente autorizada por la AEAT o se ha iniciado el procedimiento de solicitud de autorización, conforme a lo establecido en el Rgto Fac/2003 (RD 1619/2012 disp.trans.1ª).

3) Aunque no existe un criterio determinado para el **archivo** de las facturas, se exige que la documentación se conserve de manera ordenada, vinculándose tal orden con el de las fechas (DGT CV 23-4-12).

4) El concepto de **matriz** comprende no solo el soporte físico tradicional en el que se reproducen íntegramente los datos de la factura correspondiente, sino también otros soportes electrónicos en los que consten todos los datos de la factura y los asociados a la misma que fueron utilizados en su generación (DGT 13-2-04).

5) Una **gestoría** que actúa en nombre de sus clientes frente a terceros, no está obligada a conservar fotocopias de las facturas y otros documentos expedidos por estos a nombre de sus clientes (DGT CV 31-10-06).

Formas de conservación (RD 1619/2012 art.20, 21 y 23; LIVA art.165.uno) La conservación de los documentos, en papel o formato electrónico, debe hacerse de forma que permita **garantizar** al obligado a su conservación la autenticidad de su origen, la integridad de su contenido y su legibilidad y el **acceso** a ellos por parte de la Administración tributaria sin demora, salvo causa debidamente justificada. **9170**

Esta obligación puede cumplirse utilizando medios electrónicos (nº 9177).

La normativa del IVA contiene las siguientes **normas específicas** en la materia:

- Los empresarios y profesionales han de conservar durante el **período** de prescripción del impuesto, las facturas recibidas, los justificantes contables, y las copias de las facturas expedidas. La conservación puede efectuarse por medios electrónicos y cumplirse por un tercero que actúe en nombre y por cuenta del sujeto pasivo.
- Cuando los documentos citados se refieran a adquisiciones por las cuales se hayan soportado cuotas del IVA, cuya deducción esté sometida a un **período de regularización**, deben conservarse durante su correspondiente período de regularización y los 4 años siguientes.

Medios electrónicos (RD 1619/2012 art.20, 21 y 23) La conservación por medios electrónicos es la efectuada por medio de equipos electrónicos de tratamiento, incluida la compresión numérica, y almacenamiento de datos, utilizando medios ópticos u otros medios electromagnéticos. **9177**

La conservación debe efectuarse ordenadamente de forma que se garantice la **legibilidad** de los documentos en el formato original en el que se hayan recibido o remitido, así como la de los datos asociados y mecanismos de verificación de firma u otros elementos autorizados que garanticen la autenticidad de su origen y la integridad de su contenido.

Es necesario garantizar a cualquier órgano de la **Administración tributaria** que esté realizando una actuación de comprobación de la situación tributaria del empresario o profesional o del sujeto pasivo, el **acceso** en línea a los documentos conservados, así como su carga remota y utilización ante cualquier solicitud de esta y sin demora injustificada, con independencia del lugar en el que se conserven los documentos.
Cuando la obligación del expedidor es realizada por un **tercero**, actuando este último en nombre y por cuenta del primero, han de tener el correspondiente acuerdo de prestación de servicios, si bien, el único responsable del cumplimiento de todas las obligaciones es el obligado tributario (OM EHA/962/2007 art.5).

Precisiones **1)** La Administración tributaria puede exigir en cualquier momento al remisor o receptor de los documentos su transformación en **lenguaje legible**.
2) Se entiende que es **acceso completo** aquel que permite su visualización, búsqueda selectiva, copia o descarga en línea e impresión.
3) La obligación de conservación se refiere a las facturas recibidas en el formato y soporte original en el que estas hubieran sido remitidas. No obstante, el destinatario puede optar por alguna de las formas alternativas de conversión autorizadas (**digitalización** certificada o **impresión** de los documentos) en cuyo caso la conservación se refiere a dichos formatos y soportes. Cualquier conversión distinta de las citadas da lugar a un nuevo documento que no tiene la consideración de documento original. Los documentos digitalizados según el proceso establecido en la OM EHA/962/2007, permiten que el obligado tributario pueda prescindir de los originales en papel que les sirvieron de base (OM EHA/962/2007 art.6.2 y 7).
El procedimiento para la **homologación de software** de digitalización contemplado en la Orden se regula en la AEAT Resol 24-10-07.

9180 **Lugar de conservación** (RD 1619/2012 art.22) El lugar de conservación puede ser determinado por el empresario o profesional o el sujeto pasivo obligado a la conservación de las facturas. Para ello, se exige que aquel ponga toda la documentación o información así conservada a disposición del órgano de la Administración tributaria que realice una actuación dirigida a la **comprobación** de su situación tributaria, ante cualquier solicitud de dicho órgano y sin demora injustificada.
Si la conservación se efectúa **fuera de España** se exige el cumplimiento de los siguientes **requisitos**:
- comunicación previa de esta circunstancia a la AEAT;
- utilización de medios electrónicos que garanticen el acceso en línea y la carga remota y utilización por la Administración tributaria de la documentación e información así conservada.

B. Número de Identificación Fiscal

9185

9193 El número de identificación fiscal (**NIF**) es la base del sistema de identificación de las personas físicas y jurídicas y de las entidades sin personalidad, en sus relaciones de naturaleza o con trascendencia tributaria. Su obtención y uso forman parte de las **obligaciones formales** que deben cumplir los obligados tributarios (LGT art.29.2.b).
Las obligaciones relativas al NIF se regulan en la LGT disp.adic.6ª y el RGGI art.18 a 28.
Este número es el que figura en el documento nacional de identidad y en las tarjetas que lo acreditan, así como en las etiquetas identificativas.

9195 **Obligados a disponer de NIF** (LGT disp.adic.6ª.1; RGGI art.18 a 22 y 25) Como **regla general**, las personas físicas y jurídicas y las entidades sin personalidad jurídica de la LGT art.35.4, tienen la obligación de disponer de un NIF para las relaciones de naturaleza o con trascendencia tributarias.
No obstante, existen **casos particulares**:
• **Españoles residentes en el extranjero** (RGGI art.19.2): aunque no están obligados a tener un DNI, deben obtener un NIF propio si realizan o participan en operaciones de naturaleza o con trascendencia tributaria. Para ello existen **dos alternativas**:
- obtener voluntariamente el DNI, con lo que el número que conste en él ya es su NIF; o
- solicitar directamente la asignación del NIF a la Administración tributaria.

Cuando no lo soliciten, la Administración puede asignárselo **de oficio** y darles de alta en el Censo de obligados tributarios.

• **Españoles menores de 14 años** (RGGI art.19.2 y 3): igualmente, aunque no tienen obligación de tener DNI, deben obtener un NIF propio si realizan o participan en operaciones de naturaleza o con trascendencia tributaria.

No obstante, en las operaciones que realicen deben figurar tanto los datos del menor como los de su representante legal.

• **Personas físicas de nacionalidad extranjera** (RGGI art.20): su NIF es el Número de Identificación de Extranjero (NIE) que se les asigne o facilite de acuerdo con la LO 4/2000. Es indiferente que disponga o no de establecimiento permanente en España (DGT CV 20-3-12).

Aquellas que no dispongan del NIE, de forma transitoria por estar obligados a tenerlo, o de forma definitiva al no estar obligados a ello, deben solicitar a la Administración tributaria la asignación de un NIF cuando vayan a realizar operaciones de naturaleza o con trascendencia tributaria.

Cuando no soliciten el NIF, la Administración tributaria puede asignárselo de oficio y darles de alta en el Censo de obligados tributarios.

• **Establecimientos permanentes** (RGGI art.22.2): si una persona jurídica o entidad no residente opera en territorio español mediante EP que desarrollan actividades claramente diferenciadas y cuya gestión se lleva de forma separada, cada EP debe solicitar un NIF distinto del asignado a la persona o entidad no residente.

Precisiones **1)** Las obligaciones respecto al NIF son exigibles en todo el territorio español, sin perjuicio de los regímenes especiales del **País Vasco y Navarra** (RGGI art.1.2; LGT art.1).

2) El NIF que la Administración asigne a las personas jurídicas y entidades sin personalidad jurídica es **invariable**, salvo cambio de su forma jurídica o nacionalidad (RGGI art.22; OM EHA/451/2008 art.1).

3) Los representantes legales de las **personas jurídicas extranjeras** que realicen operaciones con trascendencia tributaria, están obligados obtener un NIF español siempre que vayan a ejercer con poder suficiente la función de representación legal de la entidad en los procedimientos con la Administración tributaria española (DGT CV 3-8-11).

Asignación del NIF (LGT disp.adic.6ª.1; RGGI art.19, 20, 23 y 24) Para obtener la asignación de este número hay dos posibilidades. **9197**

Solicitud por el interesado (RGGI art.18, 23 y 24) El **procedimiento** para solicitarlos es el siguiente: **9200**

• **Modelo**. Mediante la presentación de la declaración censal de alta. Sin embargo, la solicitud del NIF definitivo cuando lo que se ha asignado es un NIF provisional (nº 9205) ha de efectuarse a través de una declaración censal de modificación (nº 9267 s. y nº 9277).

• **Plazo**:

- personas físicas empresarios o profesionales, antes de comenzar sus relaciones de naturaleza o con trascendencia tributaria; y
- personas jurídicas y entidades sin personalidad jurídica que van a realizar actividades empresariales o profesionales, antes de la realización de operaciones en desarrollo de su actividad.

En todo caso, debe solicitarse dentro del mes siguiente a la fecha de su constitución o de su establecimiento en territorio español:

• **Lugar de presentación**: como regla general es el que corresponde a las declaraciones censales.

Estimada la petición, el órgano competente de la AEAT asigna el NIF.

Existen, no obstante, algunas reglas especiales para la solicitud de asignación del NIF de las **personas jurídicas o entidades sin personalidad jurídica**. Así, deben presentarla cuando vayan a ser titulares de relaciones de naturaleza o con trascendencia tributaria, debiendo asignarlo la Delegación o Administración de la AEAT competente en el **plazo** máximo de 10 días. **9205**

El NIF tiene carácter **provisional** mientras la entidad interesada no aporte:

- copia de la escritura pública o documentos fehacientes de su constitución;
- copia de los estatutos sociales o documento equivalente;
- certificación de su inscripción, cuando proceda, en un registro público.

Una vez asignado el NIF provisional, la entidad está obligada a aportar la **documentación pendiente** en el plazo de un mes desde la inscripción en el registro público correspondiente o desde el otorgamiento de las escrituras públicas o documentos fehacientes de su constitución y de los estatutos sociales o documentos equivalentes de su constitución, si no es necesaria su inscripción en el registro correspondiente. Transcurrido este plazo de un mes o vencido el plazo de 6 meses desde la asignación de un NIF provisional, sin que se haya aportado la

documentación pendiente, la Administración tributaria puede requerirle para que la aporte, otorgándole un plazo máximo de 10 días, contados a partir del día siguiente al de la notificación del requerimiento, para presentarla o para que justifique los motivos que lo impidan, indicando el plazo necesario para su aportación definitiva.
La falta de atención de este requerimiento puede determinar, previa audiencia al interesado, la revocación del NIF.
Cumplida esta obligación, se asigna el **NIF definitivo** previa solicitud a través de la oportuna declaración censal. En ella han de constar las modificaciones producidas respecto de los datos consignados en la declaración presentada para solicitar el NIF provisional no comunicados a la Administración en anteriores declaraciones censales de modificación y debe acompañarse de la documentación pendiente.
La Administración Tributaria puede **comprobar la veracidad** de los datos comunicados por los interesados en sus solicitudes de NIF (provisional o definitivo). Si los datos comprobados no son veraces, puede **denegar la asignación** de dicho número previa audiencia a los interesados por un plazo de 10 días, contados a partir del día siguiente al de la notificación de la apertura de dicho plazo.

9207 **Asignación de oficio** (RGGI art.19, 20 y 23.1) Cuando las personas físicas, españolas o extranjeras, y las personas jurídicas o entidades sin personalidad jurídica que van a ser titulares de relaciones de naturaleza o con trascendencia tributaria no solicitan la asignación de un NIF, la Administración puede proceder de oficio a darles de alta en el Censo de obligados tributarios y asignarles el NIF que corresponda.

9210 **NIF asignado con carácter transitorio** (RGGI art.21) El NIF asignado directamente por la Administración tributaria en los **supuestos particulares** señalados en el nº 9193 tiene carácter transitorio, pues es válido mientras su titular no obtenga el DNI o su NIE.
Una vez obtenido cualquiera de estos documentos, deben comunicar en un plazo de 2 meses esta circunstancia a la Administración tributaria y a las demás personas o entidades ante las que deba constar su nuevo NIF. El anterior NIF fiscal surte efectos hasta la fecha de comunicación del nuevo.
Cuando una persona física disponga simultáneamente de un NIF asignado por la Administración tributaria y de un DNI o un NIE, prevalece este último.
La Administración tributaria, una vez detectada esta circunstancia, debe notificar al interesado la perdida de validez del NIF previamente asignado. También debe de informarle de la obligación de comunicar su número válido a todas las personas o entidades a las que deba constar dicho número por razón de sus operaciones.

9213 **Acreditación y confirmación del NIF** (RGGI art.18.2 y 3 y 25.4 y 5) Para **acreditar** el NIF ante quienes sea preciso, el titular del mismo puede exhibir el documento expedido para su constancia por la Administración tributaria, del DNI o del documento oficial en que se asigne el número personal de identificación de extranjero (NIE). El cumplimiento de esta obligación no exime de la obligación de disponer de otros códigos o claves de identificación adicionales según lo que establezca la normativa propia de cada tributo.
También se puede solicitar a la AEAT la **confirmación** del NIF atribuido por cualquiera de los Estados miembros de la UE a los destinatarios de las siguientes operaciones intracomunitarias:
• Las personas o entidades que entreguen bienes o presten servicios que se localicen en otros Estados miembros de la UE.
• Los empresarios o profesionales que realicen entregas de bienes con destino a otros Estados miembros o que presten servicios que se localicen en otros Estados miembros.

Precisiones **1)** Las personas físicas pueden acreditar su NIF mediante la **tarjeta acreditativa del NIF** (OM 14-3-1990) que entrega la Administración.
2) Puede comprobarse la existencia de un **NIF-IVA** comunitario a través del Sistema de intercambio de información automatizado sobre el IVA (**VIES**) accesible en toda la UE, o a través de la página web de la AEAT (DGT CV 4-10-11).
3) La acreditación del NIF puede efectuarse mediante la exhibición de **documento legitimado notarialmente** (DGT CV 31-3-08).

9215 **Reglas de utilización del NIF** (RGGI art.26 a 28; LGT disp.adic.6ª) La forma de utilizar el NIF es diferente según el tipo de relaciones que se establezcan. Se distingue según el NIF se utilice ante la Administración tributaria (nº 9217), en otras operaciones con trascendencia tributaria (nº 9220 s.) o en operaciones con entidades de crédito (nº 14965 Memento Fiscal 2024).

9217 **Ante la Administración tributaria** (RGGI art.26) Los obligados tributarios **deben consignar** en todas las autoliquidaciones, declaraciones, comunicaciones o escritos que presenten ante la Administración tributaria:
• Su NIF, estando obligados a solicitar su asignación cuando no se dispone de él (nº 9200). La Administración tributaria puede admitir la presentación de los documentos antes citados en

los que no conste el NIF. Cuando el obligado tributario carece de NIF, se condiciona la tramitación a la aportación del correspondiente número. Una vez transcurridos 10 días desde la presentación sin que se haya acreditado la solicitud del NIF se puede tener por no presentado el documento en cuestión, previa resolución administrativa que así lo declare.
• El NIF de las personas o entidades con las que realicen operaciones de naturaleza o con trascendencia tributaria. Para ello, pueden exigir de las citadas personas o entidades que les comuniquen su NIF, las cuales, están obligadas a facilitarlo y, en su caso, acreditarlo (nº 9213).

En operaciones con trascendencia tributaria (RGGI art.27) Los obligados tributarios han de incluir **su NIF** en todos los documentos de naturaleza o con trascendencia tributaria que expidan como consecuencia del desarrollo de su actividad, y deben comunicarlo a otros obligados. Si carecen de dicho número, deben solicitar su asignación (nº 9200). **9220**
También deben incluir en dichos documentos el NIF de las **personas o entidades con las que realicen operaciones** de naturaleza o con trascendencia tributaria. A estos efectos, los obligados tributarios pueden exigir de las citadas personas o entidades que les comuniquen su NIF. Estas están obligadas a facilitarlo y, en su caso, a acreditarlo (nº 9213).
Entre las operaciones en las que obligatoriamente debe incluirse o comunicarse el NIF se encuentran las **operaciones sobre inmuebles**. Al formalizar ante notario actos o contratos que tengan por objeto la declaración, constitución, adquisición, transmisión, modificación o extinción del dominio y los demás derechos reales sobre bienes inmuebles o cualquier otro acto o contrato con trascendencia tributaria, se debe incluir en las escrituras o documentos el NIF de las personas o entidades que comparezcan y los de las personas en cuya representación actúen. Si se incumple esta obligación, el Consejo General del Notariado tiene la obligación de presentar una declaración informativa.

Revocación del NIF (RGGI art.147 redacc RD 117/2024; LGT disp.adic.6ª.4) Se prevé que la Administración tributaria pueda revocar el NIF asignado, cuando en el curso de las actuaciones de comprobación censal realizadas conforme a lo dispuesto en RGGI art.144.1 y 2 o en las demás actuaciones y procedimientos de comprobación o investigación, se constaten, entre otras, las siguientes **circunstancias**: **9225**
• Que no se ha aportado en plazo, por las personas o entidades a las que se ha asignado un NIF provisional, la **documentación** necesaria para obtener el NIF definitivo (nº 9205), salvo que justifiquen la imposibilidad de su aportación.
• Que concurre alguno de los supuestos establecidos para que la AEAT dicte acuerdo de baja provisional en el **Índice de entidades** (nº 5829 Memento Fiscal 2024).
• La imposibilidad de practicar **notificaciones** al obligado tributario en el domicilio durante un período superior a un año y después de realizar al menos tres intentos de notificación o haberse dado de baja deudas por insolvencia durante tres períodos impositivos o de liquidación.
• La comunicación mediante declaración censal a la Administración tributaria del desarrollo de **actividades económicas inexistentes**.
• La constitución de una sociedad por uno o varios fundadores y transcurso del plazo de 3 meses desde la solicitud del NIF sin haber **iniciado la actividad** económica o los actos que de ordinario son preparatorios para el ejercicio efectivo de la misma, salvo acreditación suficiente de la imposibilidad de realizar dichos actos en el mencionado plazo.
En el supuesto de entidades constituidas con la finalidad específica de la **posterior transmisión a terceros de sus participaciones** -RGGI art.4.2.l-, se pospone el cómputo del plazo antes citado hasta la presentación de la declaración censal por la que se debe comunicar, en el plazo de un mes desde la transmisión, las modificaciones existentes respecto de los datos consignados en las declaraciones anteriores (RGGI art.12.2).
• Constatación de que el mismo **capital** ha sido utilizado para constituir una pluralidad de sociedades, de forma que, de la consideración global de todas ellas, se deduce que no se ha producido el desembolso mínimo exigido legalmente.
• La comunicación del desarrollo de actividades económicas, de la gestión administrativa o de la dirección de los negocios, en un **domicilio** aparente o falso, sin justificar la realización de dichas actividades o actuaciones en otro domicilio diferente.
• Con efectos desde 25-4-2023, que se constate el incumplimiento durante cuatro ejercicios consecutivos de la obligación de **depositar las cuentas anuales** en el Registro Mercantil; y
• Con efectos desde 1-2-2024, que concurra la **baja cautelar** de la LGT disp.adic.25ª.6.

Procedimiento (LGT disp.adic.6ª.4; RGGI art.147) El acuerdo de revocación requiere la previa **audiencia** al obligado tributario por un plazo de 10 días, contados a partir del día siguiente al de la notificación de la apertura de dicho plazo, salvo que dicho acuerdo se incluya en la propuesta de resolución a que se refiere el RGGI art.145.3 (procedimiento de rectificación censal). **9227**
La revocación debe ser objeto de **publicación** en el BOE y de **notificación** al obligado tributario.

La Administración tributaria puede **rehabilitar** el NIF mediante acuerdo, con los mismos requisitos de publicidad que los establecidos para la revocación.
Las **solicitudes** de rehabilitación solo son tramitadas cuando se acredite que han desaparecido las causas que motivaron la revocación y, en caso de sociedades, se comunique, además, quienes ostentan la titularidad del capital de la sociedad, con identificación completa de sus representantes legales, el domicilio fiscal, así como documentación que acredite cuál es la actividad económica que la sociedad va a desarrollar. Careciendo de estos requisitos, las solicitudes se archivan sin más trámite.
Si en el plazo de 3 meses no existe resolución expresa a la solicitud de rehabilitación, se entiende denegada.

Precisiones En la página web de la AEAT se puede obtener un fichero con la relación de **NIF que están revocados**, o que han sido rehabilitados. Además, en la sede electrónica de la AEAT también se puede consultar si un NIF concreto está o no revocado.

C. Declaración censal

9230

9233 La declaración censal permite a la Administración tributaria formar el censo de obligados tributarios y el de empresarios, profesionales y retenedores. El fin primordial es permitir a la Administración el seguimiento puntual del cumplimiento de sus obligaciones tributarias.
Desde la perspectiva del contribuyente, la declaración censal sirve para solicitar la asignación del número de identificación fiscal (NIF), la aplicación de determinados regímenes tributarios y para poner en conocimiento diversos hechos o situaciones relacionadas con sus obligaciones fiscales (p.e. cambio de domicilio fiscal).
Los censos tributarios se encuentran **regulados** en la LGT disp.adic.5ª y en el RD 1065/2007 art.2 a 17 (**RGGI**), sin perjuicio de los regímenes tributarios especiales por razón del territorio -País Vasco y Navarra- (RGGI disp.adic.4ª).

9235 **Censos tributarios** (LGT disp.adic.5ª; RGGI art.3 redacc RD 117/2024) Junto a otros, a los efectos de las operaciones arrendaticias, se ha previsto la formación de los siguientes censos en el ámbito de competencias estatal:
• **De empresarios, profesionales y retenedores**, integrado por todas las personas y entidades que desarrollen o vayan a desarrollar en territorio español las actividades u operaciones detalladas en el nº 9237.
• **De obligados tributarios**, formado por la totalidad de las personas o entidades que han de tener un NIF para sus relaciones de naturaleza o con trascendencia tributaria. La asignación del NIF determina la inclusión automática en este Censo de la persona o entidad de que se trate (RGGI art.9.3.a).
• **De operadores de plataforma**. Con efectos desde el 1-2-2024, el Registro de operadores de plataforma extranjeros no cualificados y el Registro de otros operadores de plataforma obligados a comunicar información (modelo 040 -OM HAC/72/2024- con entrada en vigor el 6-2-2024, fecha a partir de la cual se han de presentar las primeras declaraciones).

Precisiones **1)** Si el **alquiler de habitaciones** está exento del IVA, por no prestar servicios complementarios, y su realización no constituye el desarrollo de una actividad empresarial a efectos del IRPF, no debe presentar declaración censal de alta en el Censo de Empresarios, Profesionales y Retenedores. Sin perjuicio de las altas en las tarifas del IAE que deba presentar por las actividades que tiene previsto ofrecer (DGT CV 20-11-17).
2) Formando parte del Censo de empresarios, profesionales y retenedores, existen los **registros** siguientes: Registro de operadores intracomunitarios; Registro de devolución mensual del IVA; y Registro de grandes empresas.

9237 **Obligados a presentar la declaración censal** (RGGI art.3; OM EHA/1274/2007 art.2 y 3) A los efectos de las operaciones arrendaticias, están obligados a su presentación las personas o entidades que:
• Desarrollen o vayan a desarrollar **actividades empresariales** o profesionales.
• Abonen rentas sujetas a **retención** o ingreso a cuenta.
• No residiendo en territorio español, operen en el mismo mediante **establecimiento permanente** o satisfagan en España rendimientos sujetos a **retención** o ingreso a cuenta, así como las entidades en régimen de **atribución de rentas**, extranjeras, con presencia en España.

• No estén **establecidas** en el territorio del IVA, cuando sean sujetos pasivos de este impuesto, excepto que hubieran resultado exonerados del cumplimiento de obligaciones censales por el Departamento de Gestión Tributaria de la AEAT.
• Sean **socios**, herederos, comuneros o partícipes de entidades en régimen de **atribución de rentas** que desarrollan actividades empresariales o profesionales y tengan obligaciones tributarias derivadas de su condición de miembros de tales entidades.
No obstante, **no han de presentar declaración** censal, ya que no se incluyen en el Censo empresarios, profesionales y retenedores, las personas o entidades que no abonen rentas sujetas a retención o ingreso a cuenta que efectúen exclusivamente **arrendamientos** de bienes inmuebles exentos del IVA (nº 8480 s.), siempre que su realización no constituya el desarrollo de una actividad empresarial de acuerdo con el IRPF.

1. Censo de empresarios, profesionales y retenedores

Declaración de alta (LGT disp.adic.5ª.1; RGGI art.9 redacc RD 249/2023; OM EHA/1274/2007 art.2.1) Las personas o entidades que hayan de formar parte del Censo de empresarios, profesionales y retenedores (nº 9237) deben presentar una declaración de alta cuya finalidad, en relación con los arrendamientos, es la siguiente: 9240

Solicitar
• La asignación del NIF, provisional o definitivo. • La inclusión en el Registro de operadores intracomunitarios.
Comunicar
• El régimen que aplican en IVA. • A efectos del IVA, si el comienzo de las operaciones habituales de la actividad será posterior al comienzo de las adquisiciones e importaciones de bienes y servicios destinados al desarrollo de la actividad empresarial o profesional. • El porcentaje provisional de deducción en IVA propuesto a la AEAT. • El período de liquidación de las autoliquidaciones de retenciones e ingresos a cuenta del IRPF, IRNR e IS, en atención a la cuantía de su último presupuesto aprobado en el caso en que el retenedor u obligado a ingresar sea una Administración pública, incluida la Seguridad Social. • La condición de empresarios de responsabilidad limitada. La opción por la expedición de facturas por terceros o destinatarios de la operación en el caso de contribuyentes acogidos al SII (nº 9120).
Optar
• A la aplicación de la regla de prorrata especial del IVA. • Al cálculo de los pagos fraccionados del IS sobre la parte de la base imponible del ejercicio no concluido. • A la aplicación del régimen general previsto en el IRNR para los EP con actividad de duración limitada. • Al régimen fiscal especial de las entidades sin fines lucrativos (nº 15173 s. Memento Fiscal 2024). • Por la llevanza de los libros registro de IVA a través de la Sede electrónica de la AEAT (SII).
Renunciar
A la modalidad simplificada de estimación directa del IRPF o al régimen especial simplificado en IVA.

Precisiones **1)** Las entidades en régimen de **atribución de rentas** que desarrollan actividades empresariales o profesionales deben cumplimentar en su declaración censal la relación de socios herederos, miembros o partícipes en el impreso de la declaración al efecto. Cualquier variación en su composición ha de comunicarse a la Administración a través de una declaración de modificación salvo que la entidad tenga NIF definitivo y presente el modelo 184.
Cada **socio**, heredero, miembro o partícipe de las entidades indicadas ha de presentar también su propia declaración para comunicar las obligaciones tributarias que deriven de su condición de miembro.
2) La **renuncia** a la estimación directa simplificada en el IRPF y al régimen simplificado y del IVA tiene que ser realizada por la entidad, consignando esta circunstancia en la relación de miembros, que debe ser firmada por todos ellos. En la revocación de esta renuncia basta con que firme cualquiera de ellos (OM EHA/1274/2007 art.10.2).

Plazo de presentación (RGGI art.9.4; OM EHA/1274/2007 art.11.1) Las declaraciones han de presentarse antes del inicio de las actividades, de la realización de las operaciones o del nacimiento de la obligación de retener o ingresar a cuenta por los rendimientos que se satisfagan, abonen o adeuden, o a la concurrencia de las circunstancias que determinan la presentación de la declaración de alta en el Censo de empresarios, profesionales y retenedores. 9245
Las declaraciones que manifiestan **opciones o comunicaciones** deben presentarse en los plazos previstos en las disposiciones que regulan cada una ellas.

Precisiones 1) Se entiende **iniciada una actividad** empresarial o profesional desde que se realizan cualesquiera entregas, prestaciones o adquisiciones de bienes o servicios, se efectúan cobros o pagos o se contrata personal laboral, para intervenir en la producción o distribución de bienes o servicios.
2) Desde el momento en que se presenta una declaración censal solicitando el alta en el **Registro de operadores intracomunitarios**, la Administración dispone del plazo de 6 meses para su tramitación. Una vez acordada la procedencia del alta, esta se realiza con efectos desde la fecha solicitada por el obligado tributario en la declaración censal (DGT CV 16-6-06).

9247 **Declaración de modificación** (LGT disp.adic.5ª.4; RGGI art.10 redacc RD 117/2024; OM EHA/1274/2007 art.2.2)
En el caso de que se alteren los datos recogidos en las declaraciones de alta o en cualquier otra declaración de modificación posterior, se debe comunicar a la Administración la **variación de los datos**.
No obstante, si la modificación de datos ha sido **a iniciativa de la Administración**, no es preciso presentar estas declaraciones.
No es necesario comunicar las variaciones relativas a los **socios**, miembros o partícipes de las personas jurídicas y entidades una vez que se inscriban en el registro correspondiente y obtengan el NIF definitivo.
Como **excepción**, las entidades sin personalidad jurídica están obligadas a comunicar las variaciones relativas a sus socios, comuneros o partícipes, aunque tengan un NIF definitivo, salvo que sean comunidades de propietarios constituidas en régimen de propiedad horizontal y estén incluidas en el Censo de empresarios, profesionales y retenedores (RGGI art.12.2).

Precisiones En relación a las entidades en régimen de **atribución de rentas**, ver nº 8390 s.

9250 **Solicitud** (RGGI art.10) A través de la declaración censal de modificación, puede solicitarse:
• La inscripción y la baja en el **Registro de devolución mensual**.
• La inclusión en el **Registro de Operadores Intracomunitarios** cuando se vayan a producir, una vez presentada la declaración censal de alta, las circunstancias que originan la inclusión en el mismo (nº 9235).
También deben presentar una declaración solicitando la baja en este registro los siguientes sujetos pasivos del IVA:
- los que cesen en el desarrollo de las actividades sujetas a dicho impuesto, sin que ello determine su baja en el Censo de empresarios, profesionales y retenedores;
- los que durante los 12 meses anteriores no hayan realizado entregas o adquisiciones intracomunitarias de bienes sujetas al IVA, o no hayan prestado servicios o no hayan sido destinatarios de prestaciones de servicios a que se refiere el RGGI art.3º.3.c y d.
• La rectificación de los **datos personales** cuando resulten inexactos o incompletos.
• La asignación de un **NIF definitivo**, cuando la persona o entidad en constitución que tenga asignado el NIF provisional aporte la documentación necesaria pendiente (nº 9205). Si la AEAT, por algún convenio, tiene conocimiento a través de otros organismos e instituciones de la información necesaria para asignar el NIF definitivo, el contribuyente puede quedar exonerado de esta obligación (OM EHA/1274/2007 art.2.2).

9253 **Opciones** (RGGI art.10) Con la presentación de la declaración censal de modificación el contribuyente puede efectuar las mismas opciones recogidas para las declaraciones de alta (nº 9240), **revocando** cualquiera que hubiera escogido, con excepción de la prevista para la aplicación del régimen general contemplado en el IRNR para determinados EP con actividad de duración limitada.

9255 **Renuncia** (RGGI art.10) A través de la declaración censal de modificación se puede renunciar a:
- la opción para determinar los **pagos fraccionados** del IS sobre la parte de la base imponible del período de los 3, 9 u 11 primeros meses de cada año natural (nº 8055 s.);
- la aplicación del régimen de **consolidación fiscal** en el caso de los grupos fiscales que hayan ejercitado esta opción;
- el régimen fiscal especial de las **entidades sin fines lucrativos**.

9257 **Comunicación de variación de datos** (RGGI art.10) La declaración censal de modificación también puede ser utilizada para comunicar:
• El cambio de **domicilio fiscal**.
• La variación de cualquiera de los datos o situaciones incluidas tanto en el **Censo** de obligados tributarios, como en el Censo de empresarios, profesionales y retenedores (RGGI art.4 a 9).
• El **inicio** de la realización habitual de las **entregas de bienes o prestaciones de servicios** correspondientes a actividades empresariales o profesionales, cuando la declaración de alta se hubiese formulado indicando que el inicio de la realización de las operaciones se produciría con posterioridad al comienzo de la adquisición o importación de bienes o servicios destinados a la actividad.

• El comienzo de la realización habitual de las entregas de bienes o prestaciones de servicios correspondientes a una nueva actividad constitutiva de un **sector diferenciado** a efectos del IVA, cuando se haya comunicado que el inicio de la realización de las entregas de bienes y prestaciones de servicios en desarrollo de la nueva actividad se produciría con posterioridad al comienzo de la adquisición o importación de bienes o servicios destinados a aquella. También para proponer el porcentaje provisional de deducción que corresponda y para ejercitar la opción por la **prorrata especial** respecto de dicho sector.
• El cambio de **período de liquidación** en el IVA y a efectos de las autoliquidaciones de retenciones e ingresos a cuenta del IRPF, IRNR y del IS, según corresponda, por pasar a estar incluidos en el **Registro de gran empresa**. Cuando se trata de **Administraciones públicas**, incluida la Seguridad Social atendemos a la cuantía de su último presupuesto aprobado.
• Cualquier variación en la relación de socios, herederos, miembros o partícipes de las entidades en régimen de **atribución de rentas**, salvo que la entidad tenga NIF definitivo y además presente el modelo 184 (OM EHA/1274/2007 art.10.2).
• Las variaciones que se produzcan respecto a la condición de **empresarios de responsabilidad limitada** (OM EHA/1274/2007 art.2.1).
• La opción de la emisión de facturas por terceros o por los destinatarios de la operación, en aquellos contribuyentes acogidos al SII (RD 1619/2012 art.5.1; RD 596/2016 disp.trans.3ª).
• **Otros hechos y circunstancias** de carácter censal previstos legalmente o que se determinen por orden ministerial.

Plazo de presentación (RGGI art.10.4 -redacc RD 249/2023-,12.3 y 17; OM EHA/1274/2007 art.11.2 redacc OM HFP/381/2023) El **plazo general** para comunicar a la AEAT es de un mes desde que se produzcan los hechos que la han determinado, **salvo** en los siguientes supuestos: 9260
• Existencia de plazos específicos establecidos por la **normativa de cada tributo** o establecidos por el **Ministro** de Hacienda y Función Pública, en función de las circunstancias de cada caso.
• Cambio de **período de liquidación** en el IVA y a efectos de las declaraciones de retenciones e ingresos a cuenta del IRPF, IRNR y del IS, si no se realiza en el plazo general, hasta el vencimiento del plazo para la presentación de la primera declaración periódica afectada por la variación puesta en conocimiento de la Administración o que se hubiese tenido que presentar de no haberse producido dicha variación.
• Inicio de una nueva actividad que vaya a constituir un **sector diferenciado** a efectos del IVA, cuando la comunicación de que las operaciones activas correspondientes a la nueva actividad se iniciarán con posterioridad al comienzo de la adquisición o importación de bienes o servicios destinados a su desarrollo y resulte aplicable el régimen de deducción regulado en la LIVA art.111 a 113: con anterioridad al momento en que se inicie la nueva actividad que vaya a constituir un sector diferenciado respecto a las que se desarrollaban con anterioridad.
• **Cambio de domicilio fiscal**, si son personas físicas que no deban figurar en el Censo de empresarios, profesionales y retenedores, 3 meses.

Declaración de baja (RGGI art.11.1; OM EHA/1274/2007 art.2.3) Esta declaración ha de ser presentada por: 9263
• Quienes cesen en el ejercicio de toda **actividad** empresarial o profesional o no deben formar parte del Censo de empresarios, profesionales y retenedores.
• Quienes no teniendo la condición de empresarios o profesionales dejen de satisfacer rendimientos sujetos a **retención** o a ingreso a cuenta.

Precisiones **1)** Aunque se presente el correspondiente modelo censal de baja, si no se ha producido el **cese efectivo de la actividad**, no decae la obligación del cumplimiento de las correspondientes obligaciones tributarias (DGT CV 7-8-14; CV 27-5-14).
2) Se permite el empleo del DUE para el cese de la actividad de los empresarios individuales y los emprendedores de **responsabilidad limitada**, así como para el cese de la actividad y extinción de la sociedad limitada (RD 867/2015; RD 44/2015 art.5.3.i).

Plazo de presentación (RGGI art.11.2 a 4; OM EHA/1274/2007 art.11.3) Como **regla general**, el plazo común para presentar la declaración de baja es de un mes a partir del día siguiente al que se produzcan las circunstancias que implican la baja en el Censo de empresarios, profesionales y retenedores. 9265
En los supuestos de **sucesión** de personas físicas y de personas jurídicas y entidades sin personalidad jurídica (nº 13805 s. Memento Fiscal 2024), se ha de informar de los datos relativos a la identificación de los sucesores en la declaración de baja.
No obstante, se prevén algunos **supuestos particulares**:
• Si se trata de la **disolución** de una sociedad o entidad, el plazo es de un mes desde la cancelación efectiva de los correspondientes asientos en el Registro Mercantil. Si no constan dichos

asientos, la Administración tributaria debe poner en conocimiento del Registro Mercantil la solicitud de baja para que este extienda una nota marginal en la hoja registral de la entidad. Cuando la Administración tributaria tiene constancia del **cese de la actividad** de una entidad, lo debe comunicar al Registro Mercantil para que este extienda de oficio una nota marginal.
• En caso de **fallecimiento** del **obligado a declarar**, la obligación de presentar la baja corresponde a sus herederos, quienes también están obligados a comunicar la modificación de la titularidad de cuantos derechos y obligaciones con trascendencia tributaria permanezcan vigentes con terceros y a presentar la declaración o declaraciones de alta procedentes; todo ello en un plazo máximo de 6 meses desde el fallecimiento.

Precisiones **1)** La **fecha** que debe figurar como cese de la actividad en la declaración de baja es aquella en la que la sociedad deje de realizar actos u operaciones por las que ordene por su propia cuenta medios de producción o recursos humanos con la finalidad de intervenir en la producción o distribución de bienes o servicios, con independencia de que dicha sociedad realice con posterioridad operaciones de cancelación de derechos u obligaciones que tenga contraídos con sus clientes o proveedores (DGT CV 19-12-08).
2) Cuando se presenta **fuera de plazo**, en la declaración de baja por cese, debe hacerse constar la fecha del cese efectivo, sin perjuicio de que pueda imponerse la correspondiente sanción por infracción tributaria (DGT 14-7-06).
3) En el supuesto de **transmisión de la totalidad del patrimonio** empresarial, el plazo para presentar la declaración es de un mes desde que se efectúe aquella, pues es en ese momento cuando cesa en sus actividades empresariales (DGT CV 12-12-06).

9267 **Modelos de declaración censal** Existen dos modelos de declaración censal que se utilizan para cumplimentar estas obligaciones:
- la declaración censal simplificada (modelo 037);
- la declaración censal (modelo 036).

9270 **Modelo 037** (OM EHA/1274/2007 art.2) Solo pueden utilizar la declaración simplificada, aquellas personas físicas residentes en las que concurran conjuntamente las siguientes circunstancias:
- tener asignado un NIF;
- no actuar por medio de representante;
- coincidir su domicilio fiscal con el de gestión administrativa;
- no ser gran empresa ni sujetos pasivos de Impuestos Especiales ni del Impuesto sobre las Primas de Seguros;
- no estar incluidos en los regímenes especiales del IVA, a excepción del régimen simplificado, REAGP, régimen especial de recargo de equivalencia, o régimen especial del criterio de caja;
- no figurar inscritos en el ROI o en el Registro de devolución mensual;
- no satisfacer rendimientos de capital mobiliario.

Las personas físicas residentes en España y que no tengan la condición de **gran empresa** pueden utilizar este modelo para comunicar la modificación:
- del domicilio fiscal y del domicilio a efectos de notificaciones, así como de otros datos identificativos; y
- de los datos relativos a actividades económicas y locales; al IRPF; al IVA, si tributan en régimen general o en alguno de los regímenes especiales de recargo de equivalencia, simplificado, REAGP o criterio de caja; y a ciertas retenciones e ingresos a cuenta.

La **presentación** del modelo puede realizarse en impreso o por vía telemática, en este último caso con carácter obligatorio en determinados supuestos.

9273 **Modelo 036** (OM EHA/1274/2007 anexo) Este modelo, de declaración censal de alta, modificación y baja en el Censo de empresarios, profesionales y retenedores, es el único aprobado para todo obligado tributario. Debe ser utilizado cuando no sea posible presentar la Declaración Censal simplificada (**modelo 037**) por incumplir alguno de los requisitos exigidos.
Además de lo expuesto sobre los **plazos** de presentación (nº 9270), debe tenerse en cuenta que la **presentación** del modelo puede efectuarse en impreso o por vía telemática, en este último caso con carácter obligatorio en determinados supuestos.

2. Censo de obligados tributarios

(OM EHA/3695/2007 art.2)

9275 Aquellas **personas físicas** que no estén en el Censo de empresarios, profesionales y retenedores deben utilizar esta declaración para:
• Solicitar el **alta** en el Censo de obligados tributarios.
• Solicitar la asignación del **NIF** cuando se trate de españoles o de personas físicas extranjeras que vayan a realizar o participar en operaciones de naturaleza o con

trascendencia tributaria y no estén obligados a obtener el DNI o no dispongan de número de identidad de extranjero (NIE) (nº 9195), y no deban formar parte del Censo de empresarios, profesionales y retenedores.
• **Otros tramites**: cuando no desarrollen actividades empresariales o profesionales y no satisfagan rendimientos sujetos a retención o ingreso a cuenta deben utilizar el modelo para comunicar el cambio de domicilio fiscal, modificar datos personales, solicitar una nueva tarjeta identificativa del NIF y consignar un domicilio a efectos de notificaciones y, en su caso, la variación de este último.

Modelo 030 (OM EHA/3695/2007 anexo) En los casos expuestos, la declaración censal de **alta**, **cambio de domicilio** y/o **variación de datos personales** ha de presentarse en los supuestos recogidos en el punto anterior. 9277
La **presentación** del modelo ha de hacerse, como regla general, en cualquier momento desde que se produzca la causa que la motiva.
Como excepción, si se comunica el **cambio de domicilio fiscal** por parte de personas que no forman parte del Censo de empresarios, profesionales y retenedores, el plazo es de 3 meses desde que se produce el cambio. No obstante, si antes de su vencimiento, finaliza el plazo de presentación de la autoliquidación o comunicación correspondiente a la imposición personal que el obligado ha de presentar después del cambio de domicilio, la comunicación debe efectuarse en el correspondiente modelo de autoliquidación, salvo que se haya efectuado con anterioridad.
La **cumplimentación** del modelo es, en general, de modo individual por cada contribuyente. No obstante, puede utilizarse un único modelo firmado por **ambos cónyuges** cuando:
- se comunique el cambio de domicilio fiscal o del domicilio a efectos de notificaciones y los citados domicilios sean los mismos para ambos cónyuges;
- ambos cónyuges deseen comunicar simultáneamente una o varias de estas circunstancias: la solicitud de alta en el Censo de obligados tributarios o del NIF, la modificación de los datos identificativos o la solicitud de una nueva tarjeta acreditativa del NIF.
El modelo puede presentarse **impreso** o por **vía telemática**.

Precisiones **1)** Es posible comunicar el **cambio de domicilio fiscal** mediante llamada telefónica al Centro de atención telefónica de la AEAT o a través de diligencia formalizada por la Administración tributaria cuando un ciudadano se ponga en contacto con la AEAT, compareciendo en sus oficinas o utilizando sus servicios telefónicos o telemáticos, para realizar cualquier actuación que exija su previa identificación.
2) Se permite utilizar la figura del **apoderado**, en la presentación electrónica de una única Declaración censal de alta en el Censo de obligados tributarios, cambio de domicilio y/o variación de datos personales, formulada por ambos cónyuges (OM HAP/2194/2013 art.18 y 20.2).

3. Actuaciones y procedimiento de comprobación censal

(RGGI art.144 a 147)

La comprobación de la **veracidad** de los datos comunicados en las declaraciones censales se ha de realizar de acuerdo con los datos comunicados o declarados por el propio obligado tributario, con los que obren en poder de la Administración, así como mediante el examen físico y documental de los hechos y circunstancias en las oficinas, despachos, locales y establecimientos del obligado tributario, para lo cual, los órganos competentes tienen las facultades de entrada y reconocimiento (nº 13451 Memento Fiscal 2024). 9280
La Administración tributaria puede **requerir** la presentación de las declaraciones censales, la aportación de la documentación que deba acompañarlas, su ampliación y la subsanación de los defectos advertidos, y puede incorporar de oficio los datos que deban figurar en los censos.
Cuando se pongan de manifiesto omisiones o inexactitudes en la información que figure en el censo, la **rectificación** de la situación censal del obligado tributario se realizará de acuerdo con el **procedimiento** establecido en el RGGI art.145 y 146.
El RGGI regula las circunstancias por las que se puede acordar la **baja** (cautelar o definitiva) en los **Registros** de operadores intracomunitarios y de devolución mensual de las personas o entidades incluidos en ellos, así como el procedimiento para acordar la misma.
Entre estas actuaciones de comprobación censal se incluye la **revocación del NIF** (nº 9225).

D. Declaración anual de operaciones con terceros

La declaración o relación anual que han de presentar los empresarios, profesionales y entidades públicas acerca de sus operaciones con terceras personas tiene una **finalidad** primordial: servir como instrumento a la Inspección de los Tributos para el desarrollo de sus funciones de 9285

comprobación e inspección. Mediante estas declaraciones la Administración posee una valiosa fuente de datos que, debidamente tratados informáticamente y cruzados, facilitan en gran medida la comprobación tributaria de los obligados a presentarlas. En particular, respecto de los tributos cuya cuantía depende de las relaciones con terceros -destacando el IVA-, así como el IRPF y el IS en la medida que son función, principalmente, del volumen de operaciones.
La **regulación** de la materia constituye el desarrollo reglamentario parcial de las obligaciones de información (LGT art.93 y 94) y está contenida en RGGI art.31 a 35, sin perjuicio de las disposiciones de los regímenes forales.

9287 **Obligación de presentar la declaración** (RGGI art.31) La obligación de presentar declaración anual de operaciones con terceros alcanza a:
a) Las personas físicas o jurídicas, públicas o privadas y a las entidades a que se refiere la LGT art.35.4, siempre que desarrollen **actividades empresariales o profesionales**.
b) Las personas y entidades que se indican a continuación, las cuales han de incluir también en la declaración las adquisiciones en general de bienes o servicios que efectúen al margen de las actividades empresariales o profesionales, incluso aunque no realicen actividades de esta naturaleza:
• Las siguientes **personas y entidades públicas** (LGT art.94.1 y 2):
- las autoridades, cualquiera que sea su naturaleza, los titulares de los órganos del Estado, de las comunidades autónomas y de las entidades locales;
- los organismos autónomos y las entidades públicas empresariales;
- las cámaras y corporaciones, colegios y asociaciones profesionales;
- las mutualidades de previsión social;
- las demás entidades públicas, incluidas las gestoras de la Seguridad Social y quienes, en general, ejerzan funciones públicas.
• Los partidos políticos, sindicatos y asociaciones empresariales.
• Las entidades a las que sea de aplicación la LPH, así como las entidades o **establecimientos privados de carácter social** (LIVA art.20.tres).

Precisiones **1)** Se consideran **actividades empresariales y profesionales** las así definidas en el IVA (LIVA art.5.dos), así como las desarrolladas por quienes sean calificados como empresarios o profesionales (LIVA art.5.uno).
2) La LPH se aplica a las comunidades de propietarios constituidas con arreglo a lo dispuesto en la LPH art.5; las comunidades que reúnan los requisitos establecidos en el CC art.396 que no hayan otorgado el título constitutivo de la propiedad horizontal; complejos inmobiliarios privados; subcomunidades; entidades urbanísticas de conservación en los casos en que así lo dispongan sus estatutos (LPH art.2).

9290 Están **excluidos de la obligación de declarar** (RGGI art.32):
• Aquellos que no hayan realizado operaciones que, en su conjunto, respecto de otra persona o entidad, superen, en general, la **cuantía** de 3.005,06 euros.
• Las personas físicas y entidades en régimen de atribución de rentas en el **IRPF**, por las actividades que tributen en dicho impuesto por el método de estimación objetiva y, simultáneamente, en el **IVA** por los regímenes especiales simplificado o de la agricultura, ganadería y pesca o del recargo de equivalencia, salvo por las operaciones por las que se expida factura.
• Quienes realicen en España actividades empresariales o profesionales sin tener en territorio español la sede de su actividad, establecimiento permanente o su **domicilio fiscal** o, en el caso de entidades en régimen de atribución de rentas constituidas en el extranjero, sin tener presencia en territorio español.
• Los que hayan realizado exclusivamente operaciones no sometidas al **deber de declaración** (nº 9293 s.).
• Los obligados a informar sobre las operaciones incluidas en los **libros registros** (nº 11071 Memento Fiscal 2024).
• Los obligados tributarios que utilicen el nuevo sistema de llevanza de libros a través de la Sede electrónica de la AEAT (**SII**).

Precisiones Los sujetos obligados a presentar la declaración informativa de operaciones incluidas en los **libros registro**, que realicen operaciones en metálico por importe superior a 6.000 euros, deben presentar el modelo 347, si bien consignado solo dichas operaciones (DGT CV 27-5-10).

9293 **Contenido de la declaración** (RGGI art.32.b y 33.1 y 2) Las personas físicas o jurídicas y entidades de la LGT art.35.4 que desarrollen este tipo de actividades **deben relacionar** en la declaración a las personas o entidades, cualquiera que sea su naturaleza o carácter, con quienes hayan efectuado operaciones que, en su conjunto y para cada una de ellas, superen los 3.005,06 euros durante el año natural que se declara.

Las operaciones económicas que se consideran son tanto las **ventas** (entregas de bienes y prestaciones de servicios), realizadas por el declarante como sus **compras** (adquisiciones de bienes y servicios).
En ambos casos se incluyen las operaciones típicas y habituales, las ocasionales, las inmobiliarias y las subvenciones, auxilios o ayudas no reintegrables que puedan otorgar o recibir).
Con respecto al **IVA**, han de tenerse en cuenta las siguientes reglas:
• Han de relacionarse las **entregas, prestaciones o adquisiciones** de bienes y servicios sujetas y no exentas, y las no sujetas o exentas del mismo.
• Los sujetos pasivos que realicen operaciones a las que sea de aplicación el **régimen especial del criterio de caja**, así como los sujetos pasivos que sean destinatarios de las operaciones incluidas en el mismo, están obligados a incluir en su declaración anual, los importes devengados durante el año natural, conforme a la regla general de devengo contenida en la LIVA art.75; dichas operaciones deben incluirse también por los importes devengados durante el año natural (LIVA art.163 terdecies).
• Los sujetos pasivos acogidos al **régimen simplificado** tiene la obligación de incluir las adquisiciones de bienes y servicios que realicen que deban ser objeto de anotación en el libro registro de facturas recibidas.
La información que se suministre sobre todas las operaciones antes citadas debe estar **desglosada por trimestres**, computándose separadamente las entregas y las adquisiciones de bienes y servicios.
No obstante, como excepción, deben suministrar la siguiente información sobre una **base de cómputo anual**:
- los sujetos pasivos que realicen operaciones a las que sea de aplicación el régimen especial del criterio de caja y las entidades a las que sea de aplicación la LPH: toda información que tengan obligación de relacionar en la declaración; y
- los sujetos pasivos que sean destinatarios de las operaciones incluidas en el régimen especial del criterio de caja.

Quedan **excluidas del deber de declaración**, entre otras operaciones: **9295**
• Los **arrendamientos** de inmuebles exentos de IVA (nº 8480 s.) realizados por personas físicas o entidades sin personalidad jurídica al margen de cualquier otra actividad empresarial o profesional.
• Las que hayan supuesto entregas de bienes o prestaciones de servicios por las que los obligados a declarar no debieron expedir y entregar **factura**, así como aquellas en las que no debieron consignar los datos de identificación del destinatario.
• Con carácter general, las realizadas **al margen de la actividad** empresarial o profesional. No obstante, como **excepción**, se establece la obligación de incluir también en la declaración las adquisiciones en general de bienes o servicios que efectúen al margen de las actividades empresariales o profesionales, incluso aunque no realicen actividades de esta naturaleza para las siguientes personas y entidades:
- las entidades a las que sea de aplicación la LPH;
- las entidades o establecimientos privados de carácter social a que se refiere la LIVA;
- las personas y entidades públicas a que se refiere la LGT art.94.1 y 2.
• Las entregas, prestaciones o adquisiciones de bienes o servicios efectuadas a **título gratuito** no sujetas o exentas de IVA.
• Las operaciones realizadas por las entidades o establecimientos que tengan **carácter social** conforme a la LIVA, siempre que correspondan al sector de su actividad cuyas entregas de bienes y prestaciones de servicios estén exentos de IVA. Tampoco deben incluir las operaciones de suministros de agua, energía eléctrica y combustibles y las derivadas de seguros.
• En general, todas aquellas operaciones respecto de las que exista una **obligación periódica de información** a la Administración tributaria estatal y que como consecuencia de ello hayan sido incluidas en declaraciones específicas diferentes a la Declaración anual de operaciones con terceras personas y cuyo contenido sea coincidente.
• Las entidades a las que sea de aplicación la LPH, las operaciones de suministro de energía eléctrica, combustibles y agua con destino a su uso y consumo comunitario, así como aquellas derivadas de seguros que tengan por objeto el aseguramiento de bienes y derechos relacionados con zonas y elementos comunes.

Precisiones **1)** En las facturas completas deben consignarse los datos del **destinatario**, en todo caso. En las facturas simplificadas en principio no es necesario, si bien el destinatario puede exigir que se haga constar su NIF y su domicilio (nº 9140).
2) Con la modificación del modelo 180 efectuada mediante la OM HAP/1732/2014, coincide la información comprendida en el modelo 180, con la del modelo 347 por las operaciones de **arrendamiento de inmuebles urbanos** que sean locales de negocio y estén sujetos a retención, quedando por tanto excluidas del deber de declaración del arrendador en el modelo 347 (DGT CV 10-4-15).

9297 **Procedimiento de declaración** (RGGI art.34; OM EHA/3012/2008; OM HAP/2194/2013) La declaración ha de presentarse en el **modelo 347**, a utilizar por todos los obligados tributarios. El **plazo** para la presentación de las declaraciones es del 1 al 31 de enero del año.

La **forma de presentación** de la declaración es:

- de forma electrónica por Internet;
- las entidades a las que sea de aplicación la LPH, cuando su declaración no exceda de 15 registros declarados, pueden utilizar el servicio de impresión a través de la Sede Electrónica de la AEAT y presentar su declaración mediante el envío de un mensaje SMS (predeclaración mediante envío mensaje SMS);
- si la declaración excede de 10.000.000 de registros declarados, también pueden presentarse en soporte directamente legible por ordenador.

9300 **Cumplimentación de la declaración** (RGGI art.34) Los **datos** a consignar en la declaración son:

• Datos de identificación (apellidos y nombre, o razón social o denominación completa, en caso de entidades) y NIF del declarante y de las personas o entidades incluidas en la declaración, así como domicilio fiscal del declarante. En su caso, debe incluirse el NIF/IVA atribuido al empresario o profesional con el que se efectúe la operación por el Estado miembro de establecimiento.

• El importe total en euros de las operaciones realizadas con cada persona o entidad en el año natural al que se refiere la declaración.

• Entre otras operaciones, el **arrendamiento de locales de negocio** ha de constar separadamente de otras operaciones realizadas entre las mismas partes. Esta identificación separada se entiende sin perjuicio de incluir la operación en el importe total individualizado de las operaciones realizadas con una misma persona o entidad, si su importe total supera los 3.005,06 euros. El arrendador debe consignar las referencias catastrales y los datos necesarios para la localización de los inmuebles arrendados.

Precisiones Por **cantidades percibidas en metálico** deben entenderse exclusivamente aquellas en las que se recibe moneda o billete, sin que se comprenda a los cheques al portador o transferencias bancarias (DGT CV 8-6-09).

9305 **Importe total individualizado de las operaciones** (RGGI art.34.2) En el cálculo del importe total de operaciones con cada tercero que se relacione se han de observar las normas siguientes:

• Las operaciones **sujetas y no exentas** del IVA se declaran por el total de la contraprestación, incluyendo las cuotas y recargos repercutidos o soportados por IVA.

• Como **importe total de la contraprestación** se entiende el resultante de las normas de determinación de la base imponible del IVA (nº 8555 s.), incluso para las operaciones no sujetas o exentas del mismo que hayan de relacionarse.

• El importe total de la contraprestación **ha de declararse** neto de devoluciones o descuentos y bonificaciones concedidas y de las operaciones sin efecto en el mismo año, teniendo en cuenta las alteraciones del precio acaecidas durante ese período.

9307 **Criterios de imputación temporal** (RGGI art.35) Para discernir si una determinada operación debe o no incluirse en la declaración de un año concreto o en la del siguiente, se han de seguir estos criterios:

• Las operaciones a relacionar son las realizadas en el **año natural** al que se refiere la declaración. Las operaciones se consideran producidas en el período en el que debe efectuarse la **anotación registral** de la factura o documento contable que sirva de justificante de las mismas, según el IVA.

• Las cantidades percibidas **en metálico** previstas en el RGGI art.34.1.h (importes superiores a 6.000 euros) no incluidas en la declaración del año natural en el que se realizan las operaciones por haberse percibido con posterioridad a su presentación o por no haber alcanzado en ese momento un importe superior a señalado anteriormente deben incluirse separadamente en la declaración del año natural posterior en el que se haya cobrado o se haya alcanzado el importe señalado anteriormente.

Precisiones **1)** Si se emite una **factura rectificativa**, debe presentarse una declaración complementaria o sustitutiva de la declaración anual de operaciones con terceras personas en la que se incluyó la operación cuya factura se procede a rectificar (DGT CV 16-6-06).

2) Tras la **recepción de una factura** una vez **transcurrido el plazo** de presentación de la declaración, debe presentarse una declaración complementaria a la del año en el que debió figurar la operación no declarada (AEAT 10-2-09).

3) El criterio determinante para la inclusión de una operación es el criterio de la **fecha de recepción** de la factura. Por tanto, la consignación de una factura fechada en diciembre y recibida en febrero, debe realizarse en este último período. En el caso de una factura recibida en su momento, pero **extraviada**, y encontrada en el ejercicio siguiente, debe incluirse en la declaración anual correspondiente al ejercicio en que se recibió (DGT CV 29-6-12).

E. Alquiler turístico: suministro de información

(RGGI art.54 ter redacc RD 117/2024)

Los intermediarios entre los cedentes y cesionarios de viviendas con fines turísticos, tienen la obligación de presentar la correspondiente declaración informativa. **9320**

No obstante, con efectos desde **1-2-2024**, en transposición de la Dir (UE) 2021/514, se modifica la obligación de informar sobre la cesión de uso de viviendas con fines turísticos, que pasa a ser obligación de suministro de información fiscal por los operadores de plataformas.

Está **obligado a presentar la declaración** a la Administración tributaria española cualquier «operador de plataforma» -a excepción de los excluidos-, que se encuentre en alguna de estas situaciones:

• Que sea **residente fiscal** en España o, no siendo residente fiscal en España ni en ningún otro Estado miembro, cumpla alguno de los siguientes **criterios de conexión**:

- que se hubiera constituido con arreglo a la legislación española;
- que tenga su sede de dirección, incluida su dirección efectiva, en España; o
- que tenga un establecimiento permanente en España y no sea un «operador de plataforma cualificado externo a la Unión».

Salvo en dos supuestos:

- en el ámbito de la economía colaborativa y la economía de trabajo esporádico y por encargo; o
- cuando se cumpla con alguno de criterios de conexión en España y en otro Estado miembro o «Jurisdicción socia», en cuyo caso podrán elegir.

• Que el operador no cumpla ninguno de los criterios de conexión, se hubiera registrado en España en los términos establecidos reglamentariamente:

- facilite la realización de una «actividad pertinente» por parte de «vendedores sujetos a comunicación de información» residentes en un Estado miembro o que conlleve el arrendamiento o cesión temporal de uso de bienes inmuebles ubicados en un Estado miembro; y
- no sea un «operador de plataforma cualificado externo a la Unión».

La declaración informativa **debe contener los siguientes datos**:

• Respecto del **operador de plataforma** obligado a comunicar información:

- denominación social de la entidad;
- número de identificación fiscal y, en su caso, número de identificación individual asignado por la Administración tributaria española; y
- identificación de la plataforma.

• Respecto de cada «vendedor sujeto a comunicación de información» que haya realizado una «actividad pertinente» que conlleve el arrendamiento o cesión temporal de uso de bienes inmuebles, además con la establecida con carácter general en el RGGI art.54 ter.4.b, específicamente la siguiente:

- la dirección de cada «bien inmueble comercializado», determinado conforme a los procedimientos de diligencia debida, y el correspondiente número de referencia catastral o su equivalente en la legislación nacional del Estado miembro o «Jurisdicción socia» en que está ubicado, si se conociera; y
- el número de días que se ha arrendado o cedido cada «bien inmueble comercializado» durante el «período de referencia» y el tipo de cada «bien inmueble comercializado», si se conociera.

A estos efectos tiene la consideración de «actividad pertinente» el arrendamiento y cualquier cesión temporal de uso de un bien inmueble.

Todas las **definiciones** aplicables a estos suministros de información se recogen en el anexo del RD 117/2024.

Precisiones **1)** Si bien había sido establecida en 2018, con efectos desde 23-7-2020, el Tribunal Supremo declaró la **nulidad de obligación de informar** a la Administración tributaria sobre la cesión de uso de viviendas con fines turísticos, por considerar que, aun siendo legítima desde el punto de vista del ordenamiento jurídico interno, tratándose de una disposición general que establece una serie de obligaciones para las entidades colaborativas que prestan el servicio de la información, la norma impugnada constituye un reglamento técnico de desarrollo de la Ley de trasposición de la directiva de información y, en consecuencia, el Estado español debería haber notificado a la Comisión Europea la intención de aprobar la misma -TJUE 19-12-19- (TS 23-7-20, EDJ 63250).

2) El **gestor de apartamentos turísticos** tiene la consideración de intermediario si, entre las actividades asumidas se encuentran: efectuar las reservas, atender los pagos relativos a las viviendas y envío de los recibos, gestionar los seguros de cancelación y dudas planteadas por los inquilinos, y poner en relación a cedente y cesionario, y dichas actividades se hicieran a cambio de una retribución (DGT CV 29-10-21).

9325 Con el **modelo 179** y se establecen las condiciones y el procedimiento para su presentación (OM HAC/612/2021 art.1 a 6, anexo, disp.trans. única y disp.final 2ª: OM HAP/2194/2013 art.1 y 12; OM HAC/612/2021 disp.final 1ª redacc OM HFP/188/2023). Sus **características** principales son las siguientes:

• Están **obligados a presentar** el modelo 179, las personas y entidades que presten el servicio de intermediación entre los cedentes y cesionarios del uso de viviendas con fines turísticos, ya sea a título oneroso o gratuito.

En sentido contrario, estando excluidos del ámbito de aplicación de la obligación de información, no presentan declaración informativa, el arrendamiento de vivienda, los alojamientos turísticos que se rigen por su normativa específica y el derecho de aprovechamiento por turno de bienes inmuebles (RGGI art.54 ter).

En todo caso, la obligación de presentación solo afecta a las cesiones de viviendas con fines turísticos que se produzcan a partir del 26-6-2021, fecha de entrada en vigor de la obligación de información; y en la medida en que la intermediación de dichas cesiones se haya producido a partir de esa fecha (OM HAC/612/2021 disp.final 2ª).

• La **información a suministrar** en el modelo 179 comprende, de forma obligatoria:

- identificación del titular o titulares de la vivienda, del titular del derecho en virtud del cual se cede la vivienda -si es distinto del titular de la vivienda- y de las personas o entidades cesionarias;
- identificación del inmueble -dirección completa- con especificación de la referencia catastral, en el caso de que la tuviera asignada;
- número de días de disfrute de la vivienda con fines turísticos;
- importe percibido, en su caso, por el titular cedente del uso de la vivienda; y
- fecha de inicio de la cesión.

Asimismo, opcionalmente se puede informar también sobre:

- el número de contrato en virtud del cual el declarante intermedia en la cesión de uso de la vivienda;
- fecha de intermediación en la operación; e
- identificación del medio de pago utilizado -transferencia, tarjeta de crédito o débito u otro medio de pago-.

Siendo opcional la información contenida en los tres últimos puntos.

En todo caso, la **plasmación técnica** del contenido de la declaración informativa figura en el anexo de la OM HAC/612/2021.

El **plazo de presentación** pasa de tener una periodicidad trimestral a ser **anual**. Las declaraciones deben entre el 1 y 31 de enero de cada año en relación con la información y operaciones que correspondan al año natural inmediato anterior.

Este nuevo plazo será aplicable por primera vez a las declaraciones informativas correspondientes al ejercicio 2023 que se deberán presentar en enero de 2024.

Precisiones El **modelo 179** actual viene a sustituir al recogido por la anterior OM HFP/544/2018, anulada por la AN 16-12-20, EDJ 754468, que siguió la línea jurisprudencial establecida por la TS 23-7-20, EDJ 613250.

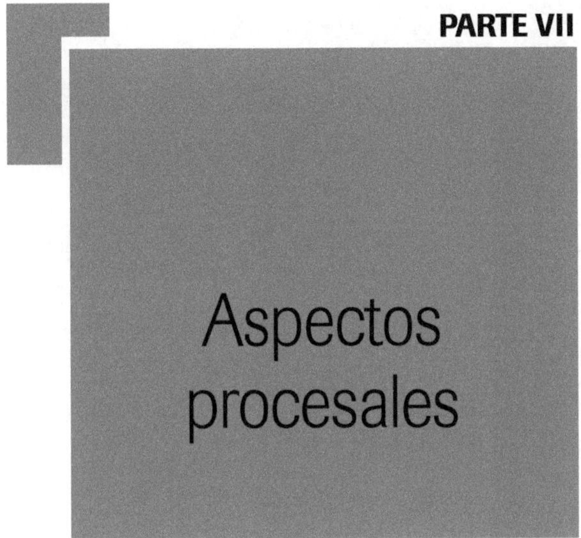

PARTE VII

Aspectos procesales

CAPÍTULO 16

Procesos arrendaticios

Las diferencias entre las partes en el contrato de arrendamiento pueden canalizarse a través de las siguientes **vías de solución**: 9500
- el acuerdo entre las partes;
- el arbitraje, ya sea de derecho o de equidad, si existe un pacto para someter los conflictos a esta fórmula de solución (nº 10950 s.); o
- la jurisdicción ordinaria.

Ya en **vía judicial**, se tramitan por el **juicio verbal** (LEC art.249.1.6º y 250.1.1º; nº 10300 s.):

• Las acciones cuantificables que ejerciten arrendador o arrendatario y cuya cuantía no supere los 15.000 euros (LEC art.250.2 redacc RDL 6/2023).

• Las acciones del arrendador que, con independencia de la cuantía, se refieran a:
- la reclamación de rentas;
- las demandas de desahucio por impago de cantidades o expiración del término contractual; o
- la acumulación de reclamación de rentas y desahucio por falta de pago o expiración del término contractual.

Para el resto de asuntos relativos a arrendamientos urbanos o rústicos de bienes inmuebles el procedimiento adecuado es el **juicio ordinario** (nº 10000 s.).

Asimismo, cabe acudir al **procedimiento monitorio** (nº 10200 s.) para la reclamación de la deuda arrendaticia, si no se solicita el desahucio.

El juicio verbal y el ordinario son **procesos declarativos**, es decir, su objeto es declarar la constitución, modificación o extinción de un derecho. Tienen en común que son las partes que intervienen las que aportan al tribunal los hechos, pruebas y pretensiones y el tribunal decide solo en base a dichas aportaciones -principio de justicia rogada-. 9506

Ambos procesos se diferencian en que el verbal es sencillo, básicamente oral, concentrado y rápido, con plazos reducidos; mientras que el ordinario es un proceso complejo y, principalmente, escrito.

En el juicio verbal por desahucio tan solo se puede discutir si se debe o no se debe la renta o la expiración o no del plazo del contrato (**carácter sumario**). Las resoluciones recaídas en estos juicios no vinculan a las partes en ulterior proceso, es decir, no tienen efecto de cosa juzgada (LEC art.447.2).

Por el contrario, se pueden discutir cuantas cuestiones sean objeto de la materia (**carácter plenario**), en:
- el juicio ordinario;
- el juicio verbal por reclamación de renta; y
- el juicio verbal por extinción del contrato por expiración del plazo.

Las resoluciones que recaigan en estos procesos vinculan a las partes a no poder iniciar otro proceso sobre las mismas cuestiones, es decir, tienen efecto de cosa juzgada.

En los **arrendamientos de industria** no se aplica la acción especial por materia para los arrendamientos urbanos o rústicos, sino que la cuantía de las rentas reclamadas en el desahucio por impago determina el procedimiento, verbal (nº 10300 s.) u ordinario, atendiendo a la cuantía (nº 10000 s.). Esto se debe a que la acción especial por materia se refiere a contratos de arrendamiento cuyo objeto lo constituye una finca, lo que no es el caso de arrendamiento de industria, cuyo objeto, según la jurisprudencia, lo compone un todo formado, no solo por elementos materiales, entre los que se incluye la maquinaria, mercaderías, etc., además del local, sino también elementos inmateriales como la organización, clientela, etc. 9509

Los conflictos derivados del **alquiler turístico**, expresamente excluidos de la LAU, que estén sometidos a la jurisdicción civil, serán objeto de procedimiento verbal u ordinario, dependiendo de la cuantía, al igual que los anteriores.

Precisiones En relación con los **arrendamientos de industria**, ver nº 7000 s.; y, respecto al **alquiler turístico**, el nº 4000 s.

Existe la posibilidad de acudir al **proceso europeo de escasa cuantía** para reclamación de rentas o importes obligados en contrato de arrendamiento, siempre que no superen el importe de 5.000 euros y una de las partes del contrato de arrendamiento tenga su domicilio en un Estado miembro de la Unión Europea, bien el arrendador, respecto a un inmueble de su propiedad 9515

arrendado en España, o bien, respecto de un arrendatario que tras la finalización del contrato haya cambiado su residencia.
Asimismo, pueden acudir al **proceso monitorio europeo** los ciudadanos de los Estados miembros de la Unión Europea, exceptuando Dinamarca, que no participa en la adopción del Reglamento. El ámbito de aplicación material del procedimiento se configura por la reclamación de créditos pecuniarios de importe determinado, vencidos y exigibles en la fecha en que se presenta la petición de requerimiento europeo de pago (Rgto (CE) 1896/2006; LEC disp.final 23ª redacc RDL 6/2023).
Es competente objetivamente el juzgado de primera instancia, de forma exclusiva y excluyente, para conocer de la instancia de este proceso, determinándose la competencia territorial de acuerdo con el Rgto CE/1215/2012 y, en lo no previsto, con arreglo a la legislación procesal española.
El proceso monitorio europeo simplifica los costes de litigación en asuntos transfronterizos en materia civil y mercantil relativos a créditos pecuniarios no impugnados, además de permitir la libre circulación de requerimientos europeos de pago a través de todos los Estados miembros, mediante el establecimiento de normas mínimas cuya observancia hace innecesario un proceso intermedio en el Estado miembro de ejecución con anterioridad al reconocimiento y a la ejecución.

Precisiones **1)** El Rgto (CE) 1896/2006 ha sido modificado por el Rgto (UE) 2023/2844, sobre la **digitalización** de la cooperación judicial y del acceso a la justicia en asuntos transfronterizos civiles, mercantiles y penales, y por el que se modifican determinados actos jurídicos en el ámbito de la cooperación judicial

2) El **procedimiento europeo de escasa cuantía** se analiza en el nº 6805 s. Memento Procesal Civil 2024 y el **proceso monitorio europeo** en el nº 9584 s. Memento Procesal Civil 2024.

9518 **Cuadro resumen** En el siguiente cuadro se reflejan las **vías judiciales disponibles** para arrendador y arrendatario según el tipo de asunto, el carácter de juicio sumario o plenario y los efectos de sus resoluciones.

Parte contratante	Asunto	Procedimiento	Carácter	Efecto de cosa juzgada
Arrendador	Impago de rentas	Juicio monitorio	Sumario	No
		Juicio verbal	Plenario	Sí
	Desahucio por falta de pago o expiración del plazo. Desahucio y reclamación de rentas.	Juicio verbal de desahucio	Sumario	No
	Resto de asuntos relativos a arrendamientos de inmuebles urbanos y rústicos -subarriendo o cesión inconsentidos, obras inconsentidas, uso distinto del contratado o actividades molestas, insalubres, nocivas y peligrosas-.	• Cuantía superior a 15.000 euros: juicio ordinario • Cuantía inferior a 15.000 euros: juicio verbal	Plenario	Sí
Arrendatario	Asuntos relativos a arrendamientos de inmuebles urbanos y rústicos -retracto, reclamación de obras y reparaciones o devolución de fianza-.	• Cuantía superior a 15.000 euros: juicio ordinario • Cuantía inferior a 15.000 euros: juicio verbal	Plenario	Sí

9521 **Competencia** (LEC art.52.1.7º y 813) En los juicios ordinarios sobre arrendamientos de inmuebles y en los de desahucio es competente el juzgado del lugar donde esté situada la **finca**, sin que quepa la sumisión, expresa o tácita, de las partes a otros tribunales (LEC art.54.1).
En los **juicios monitorios** es competente el juzgado correspondiente al domicilio del deudor. En consecuencia, cuando en el juicio monitorio hay **oposición** y el procedimiento deriva en un juicio verbal, surge la problemática de determinar si la competencia sigue correspondiendo al juzgado del domicilio del demandado o al juzgado correspondiente al lugar donde se encuentra el inmueble arrendado, como corresponde al juicio verbal.

9524 **Declinatoria por falta de jurisdicción** (LEC art.39, 65, 66 y 416.2) El demandado puede denunciar mediante declinatoria la falta de jurisdicción por pertenecer el asunto a otro orden jurisdiccional o por haberse sometido a arbitraje la controversia.

El **convenio arbitral** obliga a las partes a cumplir lo estipulado e impide a los tribunales conocer de las controversias sometidas a arbitraje, siempre que la parte a quien interese lo invoque mediante declinatoria (nº 10969).
Si el tribunal considera que **carece de jurisdicción** por corresponder el asunto de que se trate a otro tribunal, en el auto en el que se abstenga de conocer ha de señalar a las partes ante qué órganos han de acudir.
Del mismo modo procede el tribunal si estima la declinatoria fundada en haberse sometido el asunto a **arbitraje**.

Prescripción de acciones (LAU disp.adic.10ª) Todos los derechos, obligaciones y acciones que resulten de los contratos de arrendamiento contemplados en la LAU, incluidos los subsistentes a la entrada en vigor de la misma, se someten al **régimen general** de prescripción del Código Civil, cuando no exista plazo específico de prescripción previsto. Prescriben a los 5 años: **9527**
- las **acciones personales** que no tengan señalado plazo especial de prescripción, realizándose su cómputo desde que pueda exigirse el cumplimiento (CC art.1964); y
- las acciones para exigir el **cumplimiento** de la obligación de pagar el precio de los arriendos, sean de fincas rústicas o urbanas, y las de otros pagos que se hagan por años o en plazos más breves (CC art.1966).

Intervención de procurador y abogado (LEC art.23 y 31) Es preceptiva la intervención de procurador y abogado legalmente habilitados para actuar en el tribunal que conozca del juicio. **9530**
No obstante, en los **juicios verbales** cuya cuantía no exceda de 2.000 euros, las partes pueden comparecer por sí mismas.
La solicitud de reconocimiento del derecho de **asistencia jurídica gratuita** o la petición de designación de abogado y procurador de oficio en los juicios verbales de desahucio o de reclamación de rentas debe efectuarse dentro de los 3 días siguientes al de la notificación de la demanda (LEC art.33.4). Si la solicitud se realizase en un momento posterior, la falta de designación de abogado y procurador por los colegios profesionales no suspende la celebración del juicio, salvo que el juez aprecie la existencia de una posible indefensión.

Precisiones Para el estudio de la postulación en **ejecución de sentencia**, ver nº 10758.

Legitimación (LEC art.10) Se consideran **partes legítimas** quienes comparezcan y actúen en juicio como titulares del contrato de arrendamiento. **9533**
Con la demanda, la contestación o, en su caso, al comparecer a la vista de juicio verbal, han de presentarse los **documentos acreditativos** de la legitimación o la representación que el litigante se atribuya y, en particular, la certificación del **registro electrónico de apoderamientos judiciales** o referencia al número asignado por dicho registro (LEC art.264 redacc RDL 6/2023).

Precisiones La legitimación es la cualidad de un sujeto consistente en ser, dentro de una **situación jurídica determinada**, titular de un derecho subjetivo, deber u obligación y solicita el reconocimiento a su favor de la pretensión que ejercita, en el caso de la legitimación activa, o la exigencia respecto del mismo, del contenido de una concreta prestación, en el caso de la legitimación pasiva (AP Madrid 18-1-03, EDJ 220938; 2-11-05, EDJ 220531).

Notificaciones (LEC art.155.3) Como **regla especial**, se entiende que si las partes no han acordado señalar un domicilio a efectos de actos de comunicación en el contrato de arrendamiento, este será, a todos los efectos, el de la **vivienda o local arrendado**, cuando se ejercite una acción que verse sobre reclamación de cantidades por impago de rentas y cantidades debidas y las que, igualmente, con fundamento en el impago de la renta o cantidades debidas por el arrendatario, o en la expiración del plazo fijado contractual o legalmente, pretendan que el dueño, usufructuario o cualquier otra persona con derecho a poseer una finca rústica o urbana dada en arrendamiento, ordinario o financiero o en aparcería, recuperen la posesión de dicha finca (LEC art.250.1.1º). **9536**
Por lo demás, se estará a las reglas generales para la realización de notificaciones.

Demandado rebelde (LEC art.496.1 y 499) El demandado es declarado en rebeldía cuando **no comparece** en forma en la fecha o en el plazo señalado en la citación o emplazamiento. **9539**
Cualquiera que sea el estado del proceso en que el demandado rebelde comparezca, se entiende con él la sustanciación, sin que esta pueda retroceder en ningún caso.

Precisiones Respecto a los **recursos** del demandado rebelde, ver nº 10710 s.

9542 **Comunicación por medios electrónicos, informáticos y similares** (LEC art.162 redacc RDL 6/2023) Los **ciudadanos** pueden elegir en todo momento la manera de comunicarse con la Administración de Justicia, sea o no por medios electrónicos. Sin perjuicio de ello, puede establecerse legal o reglamentariamente la obligatoriedad de comunicarse con la Administración de Justicia utilizando solo medios electrónicos, cuando se trate de **personas jurídicas o colectivos** de personas físicas que, por razón de su capacidad económica o técnica, dedicación profesional u otros motivos acreditados, tengan garantizado el acceso y disponibilidad de los medios tecnológicos precisos.

Cuando las oficinas judiciales y las partes o los destinatarios de los actos de comunicación estén **obligados**, legal o contractualmente, al empleo de medios electrónicos, infotelecomunicaciones o de otra clase semejante, que permitan el envío y la recepción de escritos y documentos, de forma que se garantice la **autenticidad** de la comunicación y de su contenido y quede **constancia fehaciente** de la remisión y recepción íntegras y del momento en que se hicieron, o cuando los destinatarios opten por estos medios, así como en cualquier otro caso que establezca la ley, los actos de comunicación han de efectuarse por aquellos, con el **resguardo acreditativo** de su recepción que proceda.

Los **profesionales y destinatarios obligados** a utilizar estos medios, así como los que opten por los mismos, deben comunicar a las oficinas judiciales el hecho de disponer de los medios antes indicados y la dirección electrónica habilitada a tal efecto.

Asimismo, se constituirá en el Ministerio de la Presidencia, Justicia y Relaciones con las Cortes un **registro accesible electrónicamente** de los medios indicados y las direcciones correspondientes a los organismos públicos y profesionales obligados a su utilización.

En cualquiera de estos supuestos, cuando constando la correcta remisión del acto de comunicación por medios técnicos, salvo los practicados a través de los servicios de notificaciones organizados por los colegios de procuradores, transcurran **3 días sin que el destinatario acceda** a su contenido, se entiende que la comunicación ha sido efectuada legalmente desplegando plenamente sus efectos. En este caso, los plazos para desarrollar actuaciones procesales se computan desde el día hábil siguiente al tercero. Quedan exceptuados aquellos supuestos en los que el destinatario justifique que no pudo acceder al sistema de notificaciones durante ese periodo. Si la falta de acceso se debiera a causas técnicas que persistiesen en el momento de ponerse en conocimiento de la Administración de Justicia, el acto de comunicación se practicará mediante **entrega de copia** de la resolución. En este supuesto, no obstante, en el caso de producirse el **acceso transcurrido dicho plazo**, pero antes de efectuada la comunicación mediante entrega, se entenderá válidamente realizada la comunicación en la fecha que conste en el resguardo acreditativo de la recepción electrónica. También quedan exceptuados los supuestos de **fuerza mayor** en que los colegios de procuradores hayan suspendido el reenvío del servicio de notificaciones durante el plazo máximo de 3 días (LEC art.151.2).

No pueden practicarse **actos de comunicación a los profesionales** por vía electrónica durante el mes de agosto ni entre el 24 de diciembre y el 6 de enero del año siguiente, ambos inclusive, salvo que sean hábiles para las actuaciones que corresponda.

Cuando la **autenticidad** de resoluciones, documentos, dictámenes o informes presentados o transmitidos por los medios referidos sólo pudiera reconocerse o verificarse mediante su examen directo o por otros procedimientos, pueden, no obstante, presentarse en soporte electrónico mediante **imágenes digitalizadas** de los mismos, en la forma prevista en LEC art.267 y 268, si bien, en caso de que alguna de las partes o el Ministerio Fiscal lo solicitasen, habrán de aportarse en su soporte papel original, en el plazo o momento procesal señalado al efecto.

9548 **Plazos y términos** (LEC art.132) Las actuaciones del proceso se han de practicar en los términos o dentro de los plazos señalados para cada una de ellas.

Cuando **no se fije plazo ni término**, se entiende que han de practicarse sin dilación.

La **infracción** de estas previsiones por los tribunales y el personal al servicio de la Administración de Justicia debe ser corregida disciplinariamente con arreglo a lo previsto en la LOPJ, de no mediar justa causa y sin perjuicio del derecho de la parte perjudicada para exigir las demás responsabilidades que procedan.

9551 **Cómputo** (LEC art.133) Los plazos **comienzan** a correr desde el día siguiente a aquel en que se haya efectuado el acto de comunicación del que la ley haga depender el inicio del plazo, y se cuenta en ellos el día del vencimiento, que expira a las 24:00 h.

No obstante, cuando la ley señale un plazo que comience a correr **desde la finalización de otro**, aquel se computa, sin necesidad de nueva notificación, desde el día siguiente al del vencimiento de este.

En el cómputo de los plazos señalados **por días** se han de excluir los inhábiles.

Para los plazos que se hayan señalado en las **actuaciones urgentes** no se consideran inhábiles los días del mes de agosto y solo se excluyen del cómputo los sábados, domingos y festivos.
Los plazos señalados **por meses o por años** se computan de fecha a fecha. Cuando en el mes del vencimiento no hubiera día equivalente al inicial del cómputo, se debe entender que el plazo expira el último del mes.
Los plazos que **concluyan en día inhábil** (domingo, festivo...), se entienden prorrogados hasta el siguiente día hábil.

Cómputo en procedimientos judiciales electrónicos (RDL 6/2023 art.72) Cuando se presenten los documentos a través de los registros electrónicos, estos se rigen a efectos de cómputo de los plazos imputables tanto a los interesados como a las oficinas judiciales, por la fecha y hora oficial de la sede judicial electrónica de acceso, que debe contar con las medidas de seguridad necesarias para garantizar su integridad y figurar visibles. 9554
El **inicio del cómputo** de los plazos que hayan de cumplir los órganos judiciales, oficinas judiciales y oficinas fiscales viene determinado por la fecha y hora de presentación en el propio registro.
Los registros electrónicos permiten la **presentación** de escritos, documentos y comunicaciones todos los días del año durante las 24 horas. A los efectos del cómputo de plazo fijado en días hábiles o naturales, y en lo que se refiere a cumplimiento de plazos por los interesados, la presentación por medios electrónicos en un **día inhábil a efectos procesales**, se entiende realizada en la primera hora hábil del primer día hábil siguiente, salvo que una norma permita expresamente la recepción en día inhábil. Cada sede judicial electrónica en la que esté disponible un **registro electrónico** ha de indicar, atendiendo al ámbito territorial en el que ejerce sus competencias el titular de aquella, los días inhábiles a los efectos anteriores.

Presentación de escritos (LEC art.135 redacc RDL 6/2023) Cuando la presentación de un escrito o documento en cualquier soporte -papel o electrónico- esté sujeta a plazo, procesal o sustantivo, puede efectuarse hasta las 15:00 horas del **día hábil siguiente** al del vencimiento del plazo, en el servicio común procesal creado a tal efecto o, si no existe, en la sede del órgano judicial. 9557
En las actuaciones ante los tribunales civiles, **no se admite** la presentación de escritos en el juzgado que preste el servicio de guardia.
El funcionario designado para ello, en caso de presentación de documentos y escritos en **soporte papel** -cuando los interesados no estén obligados a utilizar los medios telemáticos y no hubieran optado por ello, cuando no sean susceptibles de conversión en formato electrónico y en los demás supuestos legalmente establecidos-, estampa en los escritos de iniciación del procedimiento y cualquier otro sujeto a plazo perentorio el sello correspondiente, con expresión de **día y hora** de presentación en la oficina judicial.
Estos documentos, así como los instrumentos o efectos que se acompañen quedan depositados y custodiados en el **archivo**, de gestión o definitivo, de la oficina judicial, a disposición de las partes, asignándoseles un número de orden, y dejando constancia en el **expediente judicial electrónico** de su existencia.
Cuando no sea posible la presentación electrónica de escritos perentorios dentro de plazo por **limitaciones en el uso de las tecnologías** de la Administración de Justicia, incluso horarias, como regla, el remitente puede hacerlo el primer día hábil siguiente, justificándolo suficientemente ante la oficina judicial. Si un documento no se puede presentar por el tipo o tamaño del archivo igualmente se debe presentar el escrito por medios electrónicos y, en la oficina judicial dentro del primer día hábil siguiente, el documento o documentos que **no se haya podido adjuntar**.

Caducidad de la instancia

En principio, la falta de impulso del procedimiento por las partes o interesados no origina la caducidad de la instancia o del recurso (LEC art.236). 9560
Corresponde al letrado de la Administración de Justicia dar al proceso el curso que corresponda, de oficio, dictando al efecto las resoluciones necesarias (LEC art.179.1).
No obstante, se tienen por abandonadas las instancias y recursos en toda clase de pleitos si, pese al impulso de oficio de las actuaciones, **no se produce actividad procesal** alguna en el plazo de 2 años, cuando el pleito se halle en primera instancia, y de 1 año, si estuviese en segunda instancia o pendiente de recurso extraordinario por infracción procesal -hasta su desaparición con efecto 20-3-2024, sin perjuicio de situaciones transitorias- o de recurso de casación (LEC art.237.1 redacc RDL 6/2023).
Estos **plazos** se cuentan desde la última notificación a las partes.
Contra el decreto que declare la caducidad solo cabe **recurso de revisión** (nº 10552).
Transcurrido el plazo o pasado el término señalado para la realización de un acto procesal de parte se produce la **preclusión** y se pierde la oportunidad de realizar el acto de que se trate (LEC art.136).

En el caso de que el curso del procedimiento se haya suspendido a petición de las partes (nº 9572), si transcurrido el plazo por el que se acuerda la **suspensión**, nadie pide en los 5 días siguientes la **reanudación** del proceso, se han de archivar provisionalmente los autos y permanecen en tal situación mientras no se solicite la continuación del proceso o se produzca la caducidad de instancia (LEC art.179).

9563 **Formas de terminación del proceso** La terminación del proceso puede producirse con la resolución judicial que resuelva las pretensiones de las partes formuladas en demanda y contestación, así como por transacción, suspensión, renuncia y desistimiento.

9566 **Transacción** (LEC art.19.2) La transacción es un **contrato** por el cual las partes, dando, prometiendo o reteniendo cada una alguna cosa, evitan un juicio o ponen término al que había comenzado (CC art.1809).

Hay que distinguir la **transacción extrajudicial**, que tiene lugar al margen de la actuación de los tribunales, de la **transacción judicial**, que tiene lugar ante los tribunales, previéndose como forma de terminación de un juicio ya iniciado.

La transacción judicial puede realizarse en cualquier momento de la primera **instancia**, de los **recursos** o de la **ejecución** de sentencia, al igual que el resto de las formas de terminación del proceso que derivan del poder de disposición de los litigantes, según su naturaleza.

Si las partes pretenden una transacción judicial, y el acuerdo o convenio que alcanzan es conforme a Derecho, debe **homologarse** por el tribunal que esté conociendo del litigio al que se pretenda poner fin.

Precisiones En el seno del proceso, el derecho de disposición de las partes ha de ejercitarse oportunamente, de forma que, además de suscribir el oportuno **acuerdo**, debe ser puesto en **conocimiento del juzgador** y, en su caso, instar la suspensión del procedimiento, antes del día o del momento del acto del juicio. Si llegado el día y hora señalados al efecto, el juzgador ignora la existencia de tal acuerdo y las partes no comparecen, no cabe sino declarar el desistimiento del demandante (AP Madrid auto 15-6-05, EDJ 141251).

9569 En cuanto a la **transacción en juicios de desahucio**, si el **allanamiento** resulta del compromiso del arrendador de condonación previsto para los juicios de desahucio por falta de pago de rentas o por expiración del plazo, la resolución que homologue la transacción debe declarar que de no cumplirse con el plazo del **desalojo** establecido en la transacción, esta quedará sin efecto y se llevará a cabo el **lanzamiento** sin más trámite y sin notificación alguna al condenado, en el día y hora fijadas en la citación si esta es de fecha posterior, o en el día y hora que se señale en dicha resolución (LEC art.21.3).

9572 **Suspensión** (LEC art.19.4) Las partes pueden solicitar la suspensión del proceso, que debe acordarse mediante **decreto**, siempre que no perjudique al interés general o a tercero y que el **plazo** de suspensión no supere los 60 días.

No se prevé que pueda ser ampliado el plazo máximo de 60 días por el que se acuerda la suspensión. Si transcurrido el mismo nadie pide, en los 5 días siguientes, la **reanudación del proceso**, procede el **archivo provisional** de los autos, que permanecen en tal situación mientras no se solicite la continuación del proceso o se produzca la caducidad de instancia (LEC art.179.2; TS auto 5-10-04, EDJ 262177). Acerca de la **caducidad de la instancia**, ver nº 9560.

También cabe la suspensión del procedimiento, **a solicitud del profesional de la abogacía**, por el fallecimiento, accidente o enfermedad graves de su cónyuge, de persona a la que esté unido por análoga relación de afectividad o de un familiar dentro del primer grado de consanguinidad o afinidad. La suspensión se producirá por entre 3 y 5 días hábiles a contar desde el día siguiente al hecho causante, en función de las circunstancias concretas. Igualmente, cabe la suspensión del procedimiento por **accidente o enfermedad del profesional** de la abogacía interviniente, durante el periodo que permanezca en situación de baja laboral y hasta una máximo de 30 días naturales (LEC art.179.3 a 5 redacc RDL 5/2023).

9575 **Renuncia y desistimiento** (LEC art.19.1) Las partes pueden disponer del objeto del juicio y renunciar o desistir de lo que sea objeto del mismo, excepto cuando la ley lo prohíba o establezca **limitaciones** por razón de interés general o en beneficio de tercero.

El desistimiento es una forma legítima de finalización de los procesos que responde al principio dispositivo que rige nuestro ordenamiento jurídico (TCo 187/1990; TS 4-3-04, EDJ 7468).

Se entiende que hay desistimiento si, **fallecido el demandante**, sus sucesores no se personan, por no ser conocidos o no poder ser localizados (LEC art.16.3).

En **primera instancia**, se entiende producido el desistimiento cuando no se produzca actividad procesal alguna en el plazo de 2 años, por lo que puede interponerse nueva demanda, sin perjuicio de la caducidad de la acción.

En **segunda fase de recurso** todo recurrente puede desistir antes de que sobre él recaiga resolución, excepto en el recurso de casación una vez señalado día para su deliberación, votación y fallo (LEC art.450 redacc RDL 6/2023).
Se trata de una declaración de voluntad unilateral del demandante o recurrente manifestando su intención de desistir del juicio o del recurso entablado con eficacia extintiva del proceso. En caso de ser **varios recurrentes** y solo alguno o algunos de ellos deseen desistir, la resolución recurrida no es firme en virtud del desistimiento, pero se tienen por abandonadas las pretensiones de impugnación que fueran exclusivas de quienes hubieran desistido. Se prevé la limitación de los **efectos** del desistimiento a los recurrentes que efectivamente se apartan de la acción impugnatoria ejercitada (AP Sevilla 31-3-09, EDJ 140984).

La renuncia se **diferencia** del desistimiento en que supone un **abandono de la acción** y, por consiguiente, del derecho, de carácter unilateral, que ha de aprobarse por el juez, salvo que sea contraria al orden público, a la ley o en perjuicio de tercero. El **efecto** más relevante de la misma consiste en que la acción abandonada no puede volver a ejercitarse (TCo 187/1990; TS 17-3-03, EDJ 6474). **9581**
Por su parte, el desistimiento supone el **abandono del proceso** en el momento procesal en que se encuentre. Requiere de audiencia del demandado, que puede instar su continuación si justifica interés al respecto. Tienen como **efecto** la finalización del proceso, pero podrá ejercerse la misma acción en otro posterior, siempre que aquella no haya prescrito.

Allanamiento (LEC art.19) Las partes pueden disponer del objeto del juicio, pudiendo el demandado allanarse a lo que sea objeto del mismo, excepto cuando la ley lo prohíba o establezca **limitaciones** por razones de interés general o en beneficio de tercero. **9584**
Se trata de un acto del demandado en el que muestra su **conformidad con la pretensión procesal** del demandante, reconociendo que debe ser estimada y que tiene como **efecto**, en virtud del principio dispositivo y siempre que no exceda los límites de este, vincular al juez a dictar una sentencia estimatoria de la pretensión (TS 18-11-05, EDJ 197570).

Precisiones El allanamiento es la **declaración de voluntad del demandado** por la que reconoce que carece de derecho alguno, que su posición es infundada y que la fundada es la del demandante. Las **consecuencias** del allanamiento alcanzan a los hechos y a la causa de pedir, salvo que se dé alguna de las circunstancias de fraude o perjuicio de tercero (AP Madrid 25-6-03, EDJ 132660; AP Granada 15-11-03, EDJ 173413).

Condena en costas (LEC art.394 a 397 y 398 -redacc RDL 6/2023-) En síntesis son dos los **criterios** seguidos: **9587**
a) Criterio subjetivo de la **temeridad o mala fe**. Solo debe condenarse en costas a una de las partes cuando actúa temerariamente, esto es, cuando conoce o notoriamente debe conocer que carece de razón. Si no se dan estas circunstancias, no debe existir condena en costas, abonando cada parte las que haya ocasionado y las comunes por mitad.
b) Criterio objetivo o del **vencimiento**. Las costas debe pagarlas siempre el vencido en el pleito, con independencia de que su actuación pueda calificarse de dolosa o culposa y ello tanto si es el demandante, que inicia un pleito sin causa suficiente, como si es el demandado, que con su conducta antijurídica obliga al actor a iniciar el litigio. De acuerdo con este criterio, se considera que quien vence en el litigio debe verse resarcido de todos los gastos que le ha ocasionado el proceso.
En los procesos declarativos, las costas de la **primera instancia** se imponen a la parte que ha visto rechazadas todas sus pretensiones, salvo que el tribunal aprecie, y así lo razone, que el caso presentaba serias dudas de hecho o de Derecho. En este último caso, y para apreciar las dudas de Derecho se tiene en cuenta la jurisprudencia recaída en casos similares.
En cuanto a las costas del **recurso de apelación** se aplica lo dispuesto en LEC art.394.
Por su parte, la desestimación total del **recurso de casación** lleva aparejada la imposición de costas a la parte recurrente, salvo que la Sala aprecie circunstancias especiales que justifiquen otro pronunciamiento. Y si el recurso fuera estimado total o parcialmente, no se imponen costas a ninguna de las partes.
Las **circunstancias excepcionales** han sido objeto de una interpretación amplia por los tribunales superando el tema de la temeridad o mala fe. Se trata, en suma, de una discrecionalidad razonada y estas razones existen y resultan justas y ponderadas.

Precisiones **1)** En los **procesos de «renta antigua»** la aplicación automática del límite del tercio conduciría a fijar los honorarios del letrado en una cifra ridícula que no se corresponde con la dedicación y el esfuerzo realizado atendiendo a la complejidad del asunto (TS auto 15-9-20, EDJ 656293).
2) Para estudio de las costas en **ejecución de sentencia**, ver nº 10789 -provisional- y nº 10852 -definitiva-.

CAPÍTULO 17

Procedimiento ordinario

Se han de decidir en el juicio ordinario (LEC art.249 redacc RDL 6/2023): 10009
• Las actuaciones, con independencia de su cuantía, que versen sobre **cualquier asunto relativo a arrendamientos** urbanos o rústicos de bienes inmuebles, **excepto**:
- el desahucio por falta de pago;
- el desahucio por extinción del plazo de la relación arrendaticia; y
- la reclamación de rentas o cantidades debidas por el arrendatario.

Han de sustanciarse mediante **juicio verbal** todos los asuntos relativos a arrendamientos rústicos o urbanos cuya cuantía no exceda de los 15.000 euros (LEC art.250.2 redacc RDL 6/2023).
El **arrendatario** ya no está abocado a acudir a un procedimiento ordinario para reclamar, por ejemplo, la devolución de la fianza o una reparación que corresponda realizar al arrendador (LEC art.249.1.6º). Anteriormente, la norma general era el uso del juicio ordinario, con independencia de la cuantía y con la única salvedad de las excepciones mencionadas -reclamación de rentas y desahucio-, todas ellas acciones del arrendador.
En el mismo caso se encuentra el **arrendador** respecto al resto de cuestiones que con anterioridad le exigían acudir al ordinario.
• Las demandas -cualquiera que sea su cuantía- en que se ejercite una acción de **retracto** de cualquier tipo.
En los juicios sobre arrendamientos de bienes inmuebles que no tienen por objeto la reclamación de rentas vencidas, la **cuantía de la demanda** a efectos procesales es el importe de una anualidad de renta, cualquiera que sea la periodicidad con que esta aparezca fijada en el contrato.

A. Arrendamientos urbanos

El **incumplimiento** por cualquiera de las partes de las obligaciones acordadas en el contrato de arrendamiento da lugar a que la otra parte, que sí ha cumplido, pueda optar por alguna de las siguientes posibilidades (LAU art.27.1; CC art.1124): 10014
• Exigir el **cumplimiento** de la obligación incumplida.
• Solicitar la **finalización** del contrato de arrendamiento.
Las acciones referidas a reclamaciones cuya cuantía no exceda los 15.000 euros, así como, con independencia de su cuantía, la reclamación de rentas, el desahucio por expiración del plazo del contrato y el desahucio por falta de pago de la renta, son objeto de **juicio verbal** (nº 10300 s.). El resto de incumplimientos que pueden dar lugar a reclamación judicial se ventilan en juicio ordinario.
Se abordan seguidamente las **más frecuentes** en la práctica.

1. Acciones del arrendador

10016

a. Resolución unilateral del arrendatario

(LAU art.11)

10019 Una de las causas más frecuentes para acudir al procedimiento ordinario son los **conflictos** derivados de la resolución unilateral del contrato por el arrendatario.

10020 **Arrendamiento de vivienda** El arrendatario puede desistir libremente del contrato pasados 6 meses. Ha de tenerse en cuenta si se ha pactado o no la **cláusula de penalización**. Existe la posibilidad de pactar en los contratos que el arrendatario indemnice al arrendador, en caso de desistimiento, con una cantidad equivalente a una mensualidad de la renta en vigor por cada año del contrato que reste por cumplir. Los períodos de tiempo inferiores al año darán lugar a la parte proporcional de la indemnización (nº 730). Fuera de dicha indemnización, cualquier otra cantidad en concepto de indemnización pactada en el contrato es nula.
Salvo pacto expreso en contrario que señale su carácter cumulativo, las cláusulas penales son sustitutivas de la **indemnización por daños y perjuicios**.

Precisiones La jurisprudencia del Tribunal Supremo ha oscilado en la posibilidad de **moderar la cláusula penal** del CC art.1154 (TS 29-5-14, EDJ 105254) a la aplicación sin moderación de la misma (TS 3-4-18, EDJ 37352).

10023 **Arrendamiento para uso distinto de vivienda** El desistimiento del arrendatario supone varias posibilidades de acción del arrendador que dependen de su aceptación o no del desistimiento (nº 1312 s.):
• Si el arrendador **no acepta la resolución** y no hay pacto al respecto en el contrato, puede exigir el cumplimiento y el arrendatario deberá pagar las rentas adeudadas (TS 16-5-17, EDJ 72580; 3-10-17, EDJ 196369), a través del ejercicio de la acción de cumplimiento (TS 23-7-18, EDJ 526228);
• Si el arrendador **acepta la resolución** podrá pedir:
- una mensualidad de la renta en vigor por cada año del contrato que le reste por cumplir, por aplicación analógica del supuesto recogido para el arrendamiento de vivienda (LAU art.11; TS 9-4-12, EDJ 216658); o bien,
- una indemnización por daños y perjuicios (CC art.1124), si bien tendrá que acreditar los daños sufridos.

Precisiones Ante la crisis económica y desistimiento unilateral del arrendatario, se admitió la **cláusula** ***rebus sic stantibus*** para modificar el contrato de arrendamiento de un hotel, reduciendo la renta anual en un 29% respecto de la renta vigente en el momento de interposición de la demanda (TS 15-10-14, EDJ 218762).

b. Subarriendo o cesión inconsentidos

(LAU art.27.2.c)

10026 El arrendatario:
- no puede **ceder** el contrato sin el consentimiento escrito del arrendador; y
- solo puede **subarrendar** el inmueble objeto de arrendamiento de forma parcial y previo consentimiento escrito del arrendador (LAU art.8).
La **ausencia de autorización** expresa y escrita del arrendador para la cesión y/o subarriendo del inmueble arrendado constituye causa de resolución del arrendamiento, siendo el juicio ordinario el cauce procesal adecuado para ejercitar la correspondiente **acción de resolución** que, en caso de prosperar, conlleva también el **lanzamiento** del subarrendatario.
Además de la posibilidad de resolver el contrato, el arrendador puede reclamar al arrendatario-subarrendador el **enriquecimiento injusto** que ha obtenido actuando al margen del contrato.

Precisiones **1)** Cuando el arrendatario actúa al margen del contrato, obtiene un **beneficio económico** que provoca un empobrecimiento en el arrendador cuantificado por la diferencia entre las rentas percibidas por la propiedad y las obtenidas simulando la condición de propietario. Al privar del uso

del local al arrendador, el arrendatario provocó un evidente menoscabo patrimonial, frustrando el lucro al que legítimamente podía aspirar (TS 28-10-15, EDJ 198463).
2) El subarriendo y la cesión inconsentidos son objeto de **estudio detallado** en nº 773 s.

c. Desperfectos y obras inconsentidas

(LAU art.27.2.d)

El arrendatario debe hacer un **correcto uso** del inmueble (nº 570). Asimismo, tiene la obligación de comunicar al arrendador los desperfectos de los que tenga conocimiento a fin de que, a su cargo, proceda a repararlos. **10029**
Por otro lado, existe un **límite legal** a la realización de obras por parte del arrendatario. No puede realizar aquellas que no cuenten con el consentimiento del arrendador y que modifiquen la configuración del inmueble o los accesorios, esto es, trasteros, plazas de garaje y demás dependencias, espacios arrendados y servicios cedidos. En ningún caso puede realizar obras que provoquen una disminución en la estabilidad o seguridad de los mismos (LAU art.23).
El **incumplimiento** de este límite por parte del arrendatario habilita al arrendador a pedir la resolución del contrato y la reposición al estado anterior a la realización de las obras y, en caso de no conseguirlo por vía extrajudicial, puede ejercitar las correspondientes acciones judiciales (AP Madrid 20-1-10, EDJ 24299: se resuelve el contrato por la realización de caseta en la terraza sin consentimiento del arrendador; AP Bizkaia 23-3-16, EDJ 70887: por la construcción de una puerta en el inmueble que convierte en cerrado lo que antes era un paso libre).

Precisiones **1)** Corresponde al arrendatario el deber de un correcto uso del inmueble, debiendo avisar al arrendador para que repare o pague los gastos a fin de mantenerlo en debidas condiciones, en relación a los daños normales del inmueble, y devolverlo en esas debidas condiciones, respondiendo de su **restauración** si incumpliera tales deberes para con el arrendador (AP Madrid 24-7-18, EDJ 565807).
2) Para el estudio de **obras inconsentidas**, ver nº 600 s.

d. Actividades molestas, insalubres, nocivas, peligrosas o ilícitas

(LAU art.27.2.e)

El arrendador **puede resolver** el contrato cuando en el inmueble tengan lugar este tipo de actividades (nº 777). **10032**
No procede la resolución del contrato, cuando el arrendador haya consentido el ejercicio de las actividades descritas, bien por pacto expreso, bien porque ha habido un asentimiento posterior por su parte. Tampoco cabe cuando la causa de las molestias, la insalubridad o la peligrosidad esté determinada por la conducta del arrendador.
En todos los supuestos, cabe la posibilidad del ejercicio de la **acción de cesación** por la junta de propietarios del inmueble donde radique la finca arrendada, en caso de no conseguirse por vía extrajudicial (TS 14-10-09, EDJ 234632).

Precisiones Se ha admitido la resolución del contrato de arrendamiento por **actividades molestas** del arrendatario consistentes en ruidos nocturnos, música alta, corrimiento de muebles, lanzamiento de colillas encendidas y tirado de basuras por el patio interior (AP Madrid 11-10-07, EDJ 257368). Igualmente, se admite la resolución por las molestias constatadas y el riesgo del tránsito de personas potencialmente peligrosas en el entorno y en la finca, que genera, con **peligro cierto y directo**, una potencial fuente de violencia y agresividad (AP Barcelona 24-4-18, EDJ 63425).

e. Destino del inmueble a un uso distinto al pactado

(LAU art.27.2.f)

Cabe distinguir dos situaciones: **10035**

Destino a vivienda Cuando la vivienda deje de estar destinada de forma primordial a satisfacer la **necesidad permanente** de vivienda del arrendatario o de la persona o personas que la vinieran ocupando (nº 780). **10036**
La ratio de la causa de la LAU es que se siga aplicando el **régimen protector** y especial del arrendamiento de vivienda, solo cuando se constate la necesidad de esta a través de su uso para tal finalidad.
Se han considerado en la jurisprudencia con gran amplitud diversidad de **causas justificativas** de la ausencia de ocupación de la vivienda: la ausencia del arrendatario para cuidar a un familiar, la hospitalización del arrendatario, el destino forzoso de un funcionario público fuera de la

ciudad, la realización del servicio militar, de prácticas, de cursos, la demolición de la finca; en negocios, el cierre para realizar obras de adaptación o de modernización del mismo, la no realización por el arrendador de las reparaciones necesarias en el local, etc. (AP Málaga 5-2-01, EDJ 57072).

Precisiones Hay casos en que los tribunales no han considerado la justa **causa de desocupación**; el denominador común de estos casos es que la causa de ausencia de la vivienda o del cierre del local tuviera visos de permanencia en el tiempo o de irreversibilidad (AP Madrid 27-4-01, EDJ 44864).

10038 **Cambio de uso** Cuando el inmueble arrendado se destine a un **uso distinto del contratado**. Si se pacta un uso residencial, no podrá ejercer industria en el mismo, y si se pacta un uso comercial, no podrá habitar en él (AP Valladolid 29-11-04, EDJ 233094).
En **ambos supuestos**, en caso de no resolverse el conflicto de forma extrajudicial, el arrendador puede acudir al juicio ordinario.

Precisiones Para el estudio de cambio de uso, ver nº 780 (vivienda) y nº 1297 (uso distinto de vivienda).

2. Acciones del arrendatario

10041 El arrendatario puede acudir a la vía judicial ordinaria en los siguientes **supuestos**:
a. No realización de **reparaciones necesarias** (nº 10044).
b. **Perturbación** en la utilización del inmueble (nº 10047).
c. Falta de devolución de la **fianza** (nº 10050).
d. Extinción por falta de **licencia de actividad** en arrendamiento de local de negocio (nº 10053).

a. No realización de reparaciones necesarias

(LAU art.21)

10044 El arrendador tiene obligación legal de realizar, sin derecho a elevar por ello la renta, todas las reparaciones que sean necesarias para la **conservación del inmueble** en las condiciones de habitabilidad para servir al uso convenido, salvo cuando el deterioro de cuya reparación se trate sea imputable al arrendatario -CC art.1563 y 1564- (nº 783).
En caso de **incumplimiento**, el arrendatario puede pedir judicialmente la realización de tales obras, e incluso si estas fueran urgentes puede hacerlas por su cuenta y posteriormente reclamar el importe de las mismas al propietario de la finca, si bien, comunicándoselo con antelación (TS 30-7-96, EDJ 5747). El cauce procesal para realizar esta reclamación es el juicio ordinario.
Si del incumplimiento del arrendador se deriva algún **perjuicio para el inquilino**, este tiene derecho a una **indemnización** por los daños acaecidos en sus propios bienes habidos en el inmueble, y perjuicios derivados de las incomodidades sufridas por las obras, a tenor de las reglas del Código Civil (AP Barcelona 22-5-02, EDJ 60344).
Se exigen tres **requisitos** para que pueda prosperar la acción de resarcimiento por este concepto (AP Barcelona 27-5-08, EDJ 135551):
- que el incumplimiento contractual sea totalmente injustificable;
- que sea importante; y
- que el incumplimiento produzca un sufrimiento o padecimiento psíquico que únicamente pueda ser reparado mediante la indemnización del daño moral.

b. Perturbación en la utilización del inmueble

10047 El arrendador tiene obligación de mantener al arrendatario en el **goce pacífico** del arrendamiento por todo el tiempo del contrato (nº 785 s.).
La perturbación que justifica la necesidad de acudir a la vía judicial para su cese ha de suponer la **privación parcial o total** del uso pacífico y útil de la finca, pudiendo consistir en una acción o en una omisión.
La perturbación de derecho normalmente consiste en la no actuación del arrendador para obtener aquellos **permisos** imprescindibles a efectos de facilitar los servicios mínimos que requiere una vivienda para su habitabilidad: p.e. cédula de habitabilidad para los correspondientes contratos de suministro de luz, agua, gas,...

Precisiones En ningún caso el arrendatario puede abandonar unilateralmente la finca arrendada, dejando de pagar la renta, por estar **descontento con la conducta del arrendador**, sino que debe instar la resolución del contrato por causa de perturbación de hecho o de derecho en el goce y disfrute de la finca (AP Granada 20-10-97, EDJ 10768).

c. Falta de devolución de la fianza

La **interpretación literal** de la ley lleva a la conclusión, de que el cauce procesal para reclamar al arrendador la devolución de la fianza tras la resolución del contrato de arrendamiento es el juicio ordinario, dado que es el procedimiento asignado para las cuestiones de arrendamientos, salvo la reclamación de rentas y cantidades asimiladas y desahucios (LEC art.249.1.6; AP Madrid 6-2-17, EDJ 41205). Sin embargo, como ya venía poniendo de manifiesto un sector doctrinal, finalizada la relación contractual, la reclamación de la fianza es una mera reclamación de cantidad, por lo que, si no excede de 15.000 euros, debe sustanciarse por el **juicio verbal** (AP Málaga 23-2-11, EDJ 149793; AP Navarra 13-9-07, EDJ 238999); no existiendo, actualmente, dudas al respecto. 10050

Precisiones Sobre la **obligación de devolución** de fianza, ver nº 540 s.

d. Extinción por falta de licencia de actividad en arrendamiento de local de negocio

El arrendatario puede instar la resolución del contrato de arrendamiento y reclamar, en su caso, **indemnización** por daños y perjuicios por falta de obtención de licencia de actividad en juicio ordinario. Tendrá que probarse en el procedimiento que la falta de licencia de la actividad para la que se arrendó el inmueble es imputable al arrendador y no al arrendatario (nº 1151 s.). 10053

Precisiones La verdadera causa del cese de actividad y precinto del local no era la falta de licencia de funcionamiento para la actividad de bar, sino la **falta de insonorización** de un local destinado a pub, actividad que no era el objeto del contrato de arrendamiento, pues esta deficiencia era la que impedía la concesión de la licencia (AP Madrid 14-6-99, EDJ 25770).

B. Arrendamientos rústicos

Cuando, siendo cuantificable, la cuantía del procedimiento exceda de los 15.000 euros, tanto arrendador como arrendatario han de hacer uso del juicio ordinario para las posibles reclamaciones derivadas de un contrato de arrendamiento rústico en la vía judicial. 10055

Acciones del arrendador En caso de incumplimiento del contrato de arrendamiento rústico, el arrendador puede: 10056

• Exigir el **cumplimiento** de la obligación a la que el arrendatario se comprometió en el contrato.
• Pedir su **resolución**, ante los siguientes incumplimientos (LAR art.25):
- incumplimiento grave de la obligación de **mejora o transformación de la finca** a las que el arrendatario se haya comprometido en el contrato y de aquellas otras que vengan impuestas por norma legal o resolución judicial o administrativa (LAR art.20 y 21);
- no explotar la finca, aun parcialmente, o destinarla, en todo o en parte, a fines o **aprovechamientos distintos** a los previstos contractualmente, salvo en los casos impuestos por programas y planes, cuyo cumplimiento sea necesario para la percepción de ayudas o compensaciones en aplicación de la normativa estatal, autonómica o comunitaria aplicable (TS 22-3-07, EDJ 16943);
- **subarrendar o ceder** el arriendo sin el **consentimiento expreso** del arrendador (LAR art.23);
- la aparición sobrevenida de alguna de las circunstancias que excluyen la aplicación de la LAR (nº 3580 s.); o
- causar graves **daños** en la finca, con dolo o negligencia manifiesta.

Precisiones Sobre **causas de resolución** por el arrendador, ver nº 3878 s.

Acciones del arrendatario El arrendatario también puede interponer acción judicial por la vía del juicio ordinario contra el arrendador para exigir el **cumplimiento** de sus obligaciones, como son: 10059

a. La realización de las **reparaciones necesarias** de conservación para mantener la finca en estado de servir al aprovechamiento o explotación a que fue destinada al concertar el contrato (LAR art.18 y 19).
b. La **no perturbación** de hecho o de derecho en el uso de la finca por el arrendatario.

Precisiones Sobre las **obligaciones del arrendador** ver nº 3735 s.

C. Acción judicial de retracto

(LAU art.25 y 32)

10062 Salvo **renuncia expresa** en el contrato de arrendamiento, el arrendatario tiene derecho de adquisición preferente en caso de venta del inmueble arrendado.

El **arrendatario** puede ejercitar el derecho de retracto cuando (LAU art.25; CC art.1518):
- no se le haya notificado la decisión de venta del inmueble arrendado;
- no se le haya notificado en la forma debida;
- se haya omitido en la notificación cualquiera de los requisitos exigidos; y
- cuando resulte inferior el precio efectivo de la compraventa o menos onerosas sus restantes condiciones esenciales.

El derecho de retracto del arrendatario tiene **preferencia** sobre cualquier otro derecho similar, con la **excepción** del retracto reconocido al condueño de la vivienda o el convencional que figurase inscrito en el Registro de la Propiedad al tiempo de celebrarse el contrato de arrendamiento (nº 635 s.).

El **procedimiento judicial** adecuado para ejercitar el derecho de retracto es el juicio ordinario (LEC art.249.1.7).

10065 **Especialidades procesales** Seguidamente se recogen las particularidades del juicio ordinario entablado para el ejercicio del derecho de retracto. Rige para todo lo no especificado, lo dispuesto con carácter general para el juicio ordinario (nº 10083 s.).

10068 **Plazo** (CC art.1524) El plazo para el ejercicio de la acción de retracto es de 9 días a contar desde la inscripción en el **Registro de la Propiedad** de la venta del inmueble arrendado, y en su defecto, desde que el arrendatario retrayente hubiera tenido conocimiento de la venta.

Se trata de un plazo de **caducidad**, por lo que no es susceptible de interrupción.

Para su **cómputo** es preciso considerar:
- La existencia de **comunicación fehaciente**. El plazo comienza a correr desde el día siguiente a la notificación fehaciente.
- La **falta de comunicación**. El plazo comienza a contar desde que se acredite el conocimiento del arrendatario (TS 24-4-07, EDJ 23331).

10071 **Legitimación pasiva** La jurisprudencia considera al adquirente como la parte pasivamente legitimada en el juicio de retracto (TS 31-1-05, EDJ 6970).

Precisiones El Tribunal Supremo ha establecido la necesidad de demandar a todas aquellas personas que pudieran verse afectadas de modo directo por la sentencia que se dicte, a todos los que tengan **interés legítimo y evidente** en el resultado del pleito y a todos los implicados en una relación jurídica que, por ser inescindible, solo permita una declaración unitaria (TS 17-7-91, EDJ 7976).

10074 **Demanda y documentación** La **admisión** de la demanda para iniciar el derecho de retracto exige:
- la **consignación**, dentro del plazo de caducidad de la acción, del precio de la venta, si se conoce el precio; o
- la constitución de **caución** que garantice la consignación en cuanto el precio se conozca (LEC art.266.2).

La **cuantía litigiosa** viene marcada por el precio real de la transmisión y no por el valor de mercado de la finca (TS 4-6-93, EDJ 5373; 11-4-95, EDJ 1604; 3-5-00, EDJ 119980).

Con la demanda han de presentarse los siguientes documentos:

1) Documento en el que funda la demanda, como es el **contrato de arrendamiento** que acredita la legitimación activa y la notificación, o en su caso, documento que acredite el conocimiento de la venta del inmueble arrendado (LEC art.266 y 269).

Dicha justificación no tiene necesariamente que realizarse mediante documento **público**, siendo suficiente un documento **privado**.

No se exige aportación del verdadero **título**, que motiva el derecho de retracto, sino la mera justificación (bastará con un recibo), sin perjuicio de que posteriormente se incorpore, en el momento procesal oportuno, la verdadera prueba documental.

2) Documento acreditativo de la **consignación** del precio del inmueble, en cumplimiento de uno de los requisitos esenciales de ejercicio del derecho de retracto (CC art.1518).

Precisiones **1)** Respecto a la **exigencia de consignación**, los gastos del contrato, pagos legítimos hechos para la venta y gastos necesarios y útiles hechos en la cosa vendida necesarios para consumar el derecho de retracto, pueden ser abonados con posterioridad a la demanda, bastando la promesa de reembolsarlos mientras no sean conocidos (TS 19-12-07, EDJ 243056).

2) La acción judicial que pone en movimiento el derecho de retracto solo se materializa a través de la presentación de una demanda que formula el titular del derecho ante el órgano jurisdiccional.

Este acto de presentación es un acto de naturaleza procesal que da lugar con su admisión a la **iniciación** del proceso (TS 29-4-09, EDJ 72815).
3) La **presentación de documentos por medios electrónicos** ha de ajustarse, en todo caso, a lo que determine la Ley que regule el uso de las tecnologías en la Administración de Justicia (LEC art.268 bis redacc RDL 6/2023).

Efectos de la sentencia firme El juicio de retracto sirve de cauce para que, en el mismo procedimiento, el retrayente pueda hacer valer las pretensiones orientadas a hacer efectivas las consecuencias derivadas del ejercicio del retracto, como es la obtención de una sentencia que condene a la parte demandada a: 10077
- la **entrega** del inmueble arrendado al arrendatario retrayente mediante el otorgamiento de escritura pública; y
- la práctica de las correspondientes modificaciones en el **Registro de la Propiedad**.

La sentencia que ponga fin al procedimiento, tras haber comprobado la concurrencia de los presupuestos exigidos por la Ley en cada caso, tendrá carácter declarativo y no constitutivo (TS 17-7-97, EDJ 49950).

Precisiones **1)** Dado el **carácter real** del derecho de retracto, la sentencia que reconozca al arrendatario retrayente su derecho a la entrega de la cosa enajenada, no podrá ser ejecutada contra el actual poseedor de la cosa, si no es el primitivo comprador (arrendador), y no ha sido demandado en el procedimiento; sin perjuicio de que el derecho de retracto así declarado sea oponible y tenga eficacia *erga omnes*, ha de iniciarse un **segundo procedimiento** (AP Alicante 13-1-00, EDJ 4868).
2) El **reconocimiento judicial** se limita a declarar la transmisión dominical, que ya se ha producido materialmente con la consumación del contrato de compraventa y la correspondiente consignación realizada por el arrendatario, sin que tenga este un alcance constitutivo ni sea preciso un acto posterior de transmisión (TS 14-1-15, EDJ 3239).

Imposibilidad de entrega del inmueble Cabe preguntarse si se puede utilizar la acción de retracto para obtener una **indemnización** de daños y perjuicios, en el caso de que no pueda obtenerse la entrega de la cosa en ejecución de sentencia, por no haber sido demandado el actual poseedor de la misma, aunque el importe de dicha indemnización se restituya posteriormente en caso de que el retrayente llegue a obtener la cosa. 10080

La respuesta debe ser negativa. La acción de retracto está pensada para que el retrayente pueda ejercitar a través de la misma la pretensión relativa a la **entrega de la cosa** frente a cualquier posible subadquirente.

El retrayente, una vez ejercitado su derecho, siempre puede hacer efectiva su pretensión por la entrega de la cosa frente al **poseedor actual**, que traiga causa de quienes fueron parte en el contrato original, aun en el caso de que dicho poseedor no haya sido demandado en el propio juicio de retracto.

Lo que sí podrá el retrayente, en el mismo juicio de retracto o fuera de él, es exigir la indemnización de los **daños y perjuicios adicionales** que haya podido experimentar, por ejemplo, porque tenga que iniciar un segundo procedimiento contra el subadquirente cuya existencia se le ocultó.

D. Procedimiento

El juicio ordinario en materia de arrendamientos no tiene ninguna especialidad procesal, por lo que seguidamente se realiza un breve estudio de las **fases** del procedimiento: 10083

1. Demanda, contestación (nº 10102) y posible reconvención (nº 10108 s.). Con ellas quedan fijados las partes y el objeto del proceso.
2. Audiencia previa. Se intenta inicialmente el acuerdo de las partes, que ponga fin al proceso y, si tal acuerdo no es posible, se resuelven las cuestiones procesales que puedan surgir, se determinan con precisión las posiciones de las partes y se propone y admite la prueba (nº 10118).
3. Juicio. Se practica la prueba y se formulan conclusiones (nº 10124 s.).
4. Diligencias finales. Son las diligencias de pruebas debidamente propuestas y admitidas que no hayan podido practicarse por causas ajenas a la parte que las interesó (nº 10136).

Demanda (LEC art.399 redacc RDL 6/2023) La demanda -como declaración de voluntad por la que se solicita la iniciación del proceso- debe comprender el siguiente **contenido**: 10086
a) Los datos y circunstancias de identificación del **actor** y el domicilio o residencia en que pueda ser emplazado.
b) Los datos y circunstancias de identificación del **demandado** y el domicilio o residencia en que puedan ser emplazado.
c) La exposición, numerada y separada, de los **hechos**. Se deben narrar de forma ordenada y clara con objeto de facilitar su admisión o negación por el demandado. Con igual orden y claridad se han de expresar los documentos, medios e instrumentos que se aporten en relación

con los hechos. Se puede, además, si parece conveniente, realizar valoraciones o razonamientos sobre los mismos.

d) La exposición, numerada y separada, de los **fundamentos de Derecho**. Además de lo relativo al fondo del asunto, se han de incluir, con separación, las alegaciones sobre capacidad de las partes, representación de ellas o del procurador, jurisdicción, competencia y clase de juicio en que se deba sustanciar la demanda. También debe alegarse acerca de cualquier otro hecho del que pueda depender la validez del juicio y la procedencia de la sentencia sobre el fondo del asunto.

e) La **pretensión**, fijada con claridad y precisión. Cuando se pretendan varios pronunciamientos judiciales, se deben expresar con la debida separación. Las peticiones formuladas subsidiariamente, para el caso en que las principales sean desestimadas, se deben hacer constar separadamente y por su orden.

Además, cuando legalmente sea necesario realizar **notificaciones, requerimientos o emplazamientos personales** directamente al demandante, cuando este actúe sin procurador, y cuando se trate de personas obligadas a relacionarse electrónicamente con la Administración de Justicia, o que elijan hacerlo a pesar de no estar obligadas, han de consignarse los medios previstos en LEC art.162.1 o, en su caso, un número de teléfono y una dirección de correo electrónico, dejando constancia del compromiso del demandante de recibir a través de ellos cualquier comunicación que le dirija la oficina judicial. Compromiso que se extiende al proceso de ejecución, en su caso.

10089 **Preclusión de alegaciones** (LEC art.400) Se impone al actor la carga de aducir en la demanda los distintos hechos y fundamentos o títulos jurídicos en los que pueda fundarse, que resulten conocidos o puedan invocarse, con la **prohibición** de que se reserven para ser alegados en un proceso ulterior.

Se establece como **excepción** la posibilidad de alegaciones complementarias y de hechos nuevos o de nueva noticia.

10092 **Efectos** La presentación de la demanda produce una serie de efectos, entre los que hay que distinguir los siguientes:

1. Efectos **materiales**:
• Constituye en mora al deudor (CC art.1100).
• Da lugar a que los intereses vencidos devenguen el interés legal (CC art.1109).
• Interrumpe la prescripción, tanto la adquisitiva como la extintiva (CC art.1945 y 1973).

2. Efectos **procesales**:
• Al iniciar el proceso, la demanda lo hace quedar pendiente de resolución, lo que da lugar al efecto de la litispendencia.
• Es la fecha de la presentación de la demanda, si esta es admitida, la que produce la litispendencia.
• Los pleitos deben resolverse conforme al estado de cosas existente al tiempo de producirse la litispendencia.

10095 **Admisión** (LEC art.404) El letrado de la Administración de Justicia, examinada la demanda, dicta **decreto** admitiendo la misma y da traslado de ella al demandado para que la conteste en el **plazo** de 20 días. No obstante, ha de dar **cuenta al tribunal** para que este resuelva sobre la admisión en los siguientes casos:
• Cuando estime **falta de jurisdicción o competencia** del tribunal.
• Cuando la demanda adolezca de **defectos formales** y no se hubiesen subsanado por el actor en el plazo concedido para ello por el letrado de la Administración de Justicia.

10098 **Inadmisión** (LEC art.403) Puede declararse la inadmisión de la demanda en los casos y por las causas expresamente previstas en la Ley. Pueden señalarse los siguientes supuestos:

a) Falta de **jurisdicción** o **competencia** objetiva o territorial -cuando esta última sea indisponible por vía de sumisión expresa o tácita-.

b) Falta de presentación de los **documentos** que la ley expresamente exija para la admisión de la demanda (LEC art.403.2).

c) Ausencia de intento de **conciliación**, de **requerimiento**, de **reclamación** o de **consignación**, cuando se exijan (LEC art.403.2).

d) Falta de **firmeza** de la resolución lesiva o de agotamiento de la vía judicial frente a ella, cuando se pretenda demandar la responsabilidad contra jueces y magistrados por los daños y perjuicios que, por dolo, culpa o ignorancia inexcusable, causen en el desempeño de sus funciones. No cabe la inadmisión si se cumple el requisito de firmeza de la resolución que puso fin al proceso en el que se causó el presunto agravio.

e) Falta de **indicación de la cuantía**. En ningún caso puede el tribunal inadmitir la demanda porque entienda inadecuado el procedimiento por razón de la cuantía. No obstante, si la demanda se limita a indicar, sin más, la clase de juicio que corresponde, o si, tras apreciarse de oficio que la cuantía fijada es incorrecta, no existen elementos suficientes para calcularla correctamente, no se da curso a los autos hasta que el actor no subsane el defecto de que se trate. El plazo para la subsanación es de 10 días, pasados los cuales se archivará definitivamente la demanda (LEC art.254.4).

Contestación a la demanda (LEC art.404 y 405 -redacc RDL 6/2023-) Se da traslado de la demanda al demandado para que la conteste en el **plazo** de 20 días. 10102
En la contestación, el demandado ha de asumir idéntico compromiso que el demandante a los efectos de recibir **notificaciones, requerimientos o emplazamientos personales** directamente procedentes del órgano judicial, en los supuestos legalmente previstos, o cuando actúe sin procurador y siempre que esté obligado a relacionarse electrónicamente con la Administración de Justicia. Dichas comunicaciones han de realizarse en la forma expuesta en nº 9536 s.

Contenido (LEC art.405 redacc RDL 6/2023) La contestación a la demanda debe tener el contenido siguiente: 10105
a) La contestación a la demanda se ha de redactar en la **forma** prevenida para la demanda (nº 10086).
b) En ella han de negarse o admitirse los **hechos aducidos por el actor**. El tribunal puede considerar el silencio o las respuestas evasivas del demandado como admisión tácita de los hechos que le sean perjudiciales.
c) También ha de aducir el demandado las **excepciones procesales** y demás alegaciones que pongan de relieve cuanto obste a la válida prosecución y término del proceso mediante sentencia sobre el fondo. Sobre esta oposición se resolverá en la audiencia previa al juicio (nº 10118). Se exceptúan los supuestos de falta de jurisdicción o de competencia objetiva o territorial que, si bien pueden ser apreciados de oficio por el juez en el trámite de admisión, no pueden ser opuestos por el demandado en la contestación, sino mediante escrito independiente, en forma de declinatoria y dentro de los 10 primeros días del plazo para contestar a la demanda o en los 5 posteriores a la citación para vista.
d) Si considera inadmisible la **acumulación de acciones**, lo ha de manifestar así, expresando las razones de la inadmisibilidad.
e) También puede manifestar en la contestación su **allanamiento** a alguna o algunas de las pretensiones del actor, así como a parte de la única pretensión aducida.
f) En la contestación el demandado debe exponer los **fundamentos de su oposición** a las pretensiones del actor, alegando las **excepciones materiales** que tenga por conveniente. El demandado puede oponerse por motivos de fondo, aduciendo los fundamentos que tenga por conveniente. La oposición por motivos de fondo puede ser simple o reconvencional:
• La **oposición simple** es aquella en la que el demandado se limita, previa la correspondiente fundamentación, a solicitar del juzgado la desestimación de las pretensiones.
• La **oposición reconvencional** (nº 10108).
El letrado de la Administración de Justicia puede solicitar del demandado la **subsanación de los errores u omisiones** apreciados en la contestación a la demanda en el plazo concedido a este efecto (LEC art.405.4).
Transcurrido el plazo para la contestación a la demanda sin haber sido presentada se produce la **preclusión** y se pierde la oportunidad de realizar su presentación, continuando el procedimiento (LEC art.136).

Reconvención (LEC art.406 a 408) En la reconvención u oposición reconvencional el **demandado** opone al actor una pretensión y solicita su estimación del órgano jurisdiccional. 10108
De la reconvención se debe dar **traslado** al actor y demás sujetos reconvenidos a fin de que la contesten en el **plazo** de 20 días.
La reconvención, que ha de formularse en hechos y fundamentos separados, **solo procede** cuando:
- exista **conexión** entre sus pretensiones y las que sean objeto de la demanda principal;
- cuando el juzgado tenga **competencia objetiva** por razón de la materia o de la cuantía; y
- cuando la acción que se ejercite no deba ventilarse en **juicio** de diferente tipo o naturaleza, salvo en juicio verbal.
Sin embargo, la reconvención puede dirigirse también **contra sujetos no demandantes**, siempre que puedan considerarse litisconsortes voluntarios o necesarios del actor reconvenido, por su relación con el objeto de la demanda reconvencional.

Precisiones En relación con la **competencia**, ha de tenerse en cuenta que, con efectos 20-3-2024, cuando se esté tramitando un proceso ante un juzgado de primera instancia y se plantee mediante reconvención una acción conexa a la principal que sea competencia de los juzgados de lo mercantil, previa audiencia del actor y demás partes personadas por un plazo de 5 días, el juzgado de primera instancia debe inhibirse, remitiendo los autos en el estado en que se hallen al juez de lo mercantil competente. Lo mismo procederá cuando el demandado alegue la nulidad prevista en LEC art.408.2 fundada en una materia competencia de los juzgados de lo mercantil. Contra el auto de inadmisión de la reconvención por falta de competencia objetiva para conocer de la acción reconvencional cabe recurso de apelación, suspendiéndose la tramitación del procedimiento principal hasta que sea resuelto (LEC art.406.2 redacc RDL 6/2023).

10115 **Nulidad del negocio jurídico** (LEC art.408) Si el demandado aduce en su defensa hechos determinantes de la nulidad absoluta del negocio -en este caso del contrato de arrendamiento-, en que se funda la pretensión o pretensiones del actor y en la demanda se hubiese dado por supuesta la validez del negocio, el actor puede pedir al letrado de la Administración de Justicia contestar a la referida alegación de nulidad en el mismo **plazo** establecido para la contestación a la reconvención, y así lo dispondrá el letrado de la Administración de Justicia mediante decreto. La sentencia que se dicte ha de resolver sobre esta cuestión y los pronunciamientos que la sentencia contenga tienen fuerza de cosa juzgada.

Teniendo en cuenta que los efectos de **cosa juzgada** se extienden a los pronunciamientos sobre las alegaciones de nulidad absoluta de los negocios jurídicos (LEC art.222.2), el tratamiento de la nulidad del negocio que el legislador le dispensa es el propio de una verdadera **reconvención**, pues así deriva de la necesidad de que la sentencia que se dicte resuelva sobre la reconvención y del hecho de que a tales pronunciamientos se les atribuya la fuerza de la cosa juzgada. Esto es, una vez contestada la alegación de nulidad, la misma se sustancia y resuelve como verdadera reconvención, siendo necesario un pronunciamiento sobre tal nulidad alegada y ostentando fuerza de cosa juzgada (AP Navarra 16-3-10, EDJ 266537).

10118 **Audiencia previa al juicio** (LEC art.414 -redacc RDL 6/2023- y 415 a 430) Tras la contestación a la demanda y, en su caso, reconvención, el tribunal debe convocar a las partes a una audiencia previa al juicio.

Esta audiencia tiene como **finalidad** intentar un acuerdo o transacción de las partes que ponga fin al proceso, examinar las cuestiones procesales que puedan obstar a la prosecución de este y a su terminación mediante sentencia sobre su objeto, fijar con precisión dicho objeto y los extremos, de hecho o de Derecho, sobre los que exista controversia entre las partes y, en su caso, proponer y admitir la prueba.

Son excepciones procesales o dilatorias todas aquellas que afectan a la válida **constitución de la relación jurídico-procesal**, oponibles por el demandado y cuando su eventual viabilidad impide u obstaculiza que el órgano judicial pueda entrar a conocer sobre el fondo de la cuestión litigiosa.

Cuando la audiencia verse sobre varias circunstancias, se deben examinar y resolver por el siguiente **orden**:

1. Defectos de capacidad o de representación.
2. Acumulación de acciones.
3. Falta del debido litisconsorcio.
4. Cosa juzgada o litispendencia.
5. Inadecuación de procedimiento.
6. Demanda defectuosa.

Cuando sea objeto de la audiencia más de una de las cuestiones y circunstancias, el tribunal, dentro de los 5 días siguientes a la audiencia, se ha de pronunciar **en un mismo auto** sobre todas las suscitadas que no resuelva oralmente en la misma audiencia.

Si no hubiese **acuerdo de las partes** para finalizar el litigio, ni existiera conformidad sobre los hechos, la audiencia proseguirá para la proposición y admisión de la prueba.

Precisiones Ha de tenerse en cuenta que, con efecto desde el 20-3-2024, la comparecencia de las partes y sus representantes procesales será por **videoconferencia** o mediante la utilización de medios electrónicos para la reproducción del sonido y, en su caso, de la imagen, con los requisitos establecidos en LEC art.137 bis redacc RDL 6/2023, cuando lo acuerde el tribunal de oficio o lo solicite alguna de las partes (LEC art.414.2 redacc RDL 6/2023).

10121 **Prueba** (LEC art.429) La **denegación** de la prueba debe motivarse razonablemente.

Cuando el tribunal considere que las pruebas propuestas por las partes puedan resultar insuficientes para el esclarecimiento de los hechos controvertidos, ha de ponerlo manifiesto a las partes, indicando el hecho o hechos que, a su juicio, podrían verse afectados por la **insuficiencia** probatoria.

10124 **Juicio** (LEC art.431, 432 -redacc RDL 6/2023- y 433) El juicio tiene por objeto la práctica de las pruebas admitidas y la formulación de **conclusiones** sobre estas. No ha lugar a practicar este trámite de conclusiones cuando la única prueba que resulte admitida sea la de documentos y estos ya se hayan aportado al proceso sin resultar impugnados, o cuando se hayan presentado

informes periciales y ni las partes ni el tribunal soliciten la presencia de los peritos en el juicio para la ratificación de su informe.
Las partes litigantes intervienen en el acto del juicio y, en concreto, en la práctica de la prueba para de esa forma dar cumplimiento al principio de tutela judicial efectiva y no causar indefensión a la parte, dado que las pruebas deben ser practicadas en la audiencia y sometidas al **principio de contradicción**, lo que supone el interrogatorio por ambas partes, quienes pueden formular sus conclusiones (AP Madrid 19-9-07, EDJ 373998).

Comparecencia Las partes comparecen en el juicio bajo la representación y asistencia de procurador y abogado. **10127**
Si **no comparece** en el juicio ninguna de las partes, se levanta acta haciéndolo constar y el tribunal, sin más trámites, declara el pleito visto para sentencia.
Si solo **comparece alguna de las partes**, se procede a la celebración del juicio.
El juicio comienza con la práctica, conforme a las reglas generales, las pruebas admitidas.

Precisiones Ha de tenerse en cuenta que, con efectos desde el 20-3-2024, la comparecencia de las partes y sus representantes procesales se realizará por **videoconferencia** o mediante la utilización de medios electrónicos para la reproducción del sonido y, en su caso, de la imagen, cuando lo acuerde el tribunal de oficio o lo solicite alguna de ellas, con los requisitos establecidos en LEC art.137 bis redacc RDL 6/2023 (LEC art.432.1 redacc RDL 6/2023).

Conclusiones Practicadas las pruebas, las partes formulan oralmente sus conclusiones sobre los **hechos controvertidos**, exponiendo de forma ordenada, clara y concisa, si, a su juicio, los hechos relevantes han sido o deben considerarse admitidos y, en su caso, probados o inciertos. A tal fin, hacen un breve resumen de cada una de las pruebas practicadas sobre aquellos hechos, con remisión pormenorizada, en su caso, a los autos del juicio. Si entienden que algún hecho debe tenerse por cierto en virtud de **presunción**, lo manifiestan así, fundamentando su criterio. Pueden, asimismo, alegar lo que resulte de la carga de la prueba sobre los hechos que reputen dudosos. **10130**
En relación con el **resultado de las pruebas** y la aplicación de las normas sobre **presunciones y carga de la prueba**, cada parte principia refiriéndose a los hechos aducidos en apoyo de sus pretensiones y sigue con lo que se refiera a los hechos aducidos por la parte contraria.
Expuestas sus conclusiones sobre los hechos controvertidos, cada parte puede informar sobre los **argumentos jurídicos** en que se apoyen sus pretensiones, que no pueden ser alteradas en ese momento.

Sentencia (LEC art.434, 435 y 436 -redacc RDL 6/2023-) La forma normal de terminación del procedimiento es la sentencia, que debe dictarse en el **plazo** de los 20 días siguientes a la terminación del juicio. **10133**

Diligencias finales (LEC art.435 y 436 -redacc RDL 6/2023-) Excepcionalmente, con carácter previo, puede acordarse a instancia de parte -solo excepcionalmente de oficio-, mediante auto, la práctica de determinadas **diligencias probatorias** llamadas diligencias finales -antiguas diligencias para mejor proveer-. Solo ha lugar a ellas en los siguientes **supuestos**: **10136**
1) Cuando no hayan podido proponerse en tiempo y forma por las partes.
2) Cuando por causas ajenas a la parte que las haya propuesto, no se haya practicado alguna de las pruebas admitidas.
3) Cuando se refieran a hechos nuevos o de nueva noticia o a hechos anteriores, oportunamente alegados, si los actos de prueba anteriores no hubieran resultado conducentes a causa de circunstancias ya desaparecidas e independientes de la voluntad y diligencia de las partes, siempre que existan motivos fundados para creer que las nuevas actuaciones permitirán adquirir certeza sobre aquellos hechos.
Tras la práctica de las diligencias finales, las partes pueden, dentro del quinto día, presentar escrito en que resuman y valoren el **resultado**.
Finalizado el plazo para presentar tal escrito, se vuelve a computar el plazo que tiene el juez para dictar **sentencia**.

CAPÍTULO 18

Procedimiento monitorio

 10200

El procedimiento monitorio es aquel mediante el cual se puede exigir el pago de una **deuda dineraria** de cualquier importe, siempre que esta sea líquida, determinada, vencida y exigible (LEC art.812 a 818). 10205
Además, dicha deuda **debe poder acreditarse** de alguna de las formas siguientes:
- documentos, cualquiera que sea su forma y clase o el soporte físico en que se encuentren, que aparezcan firmados por el deudor o con su sello, impronta o marca o con cualquier otra señal, física o electrónica; o
- facturas, albaranes de entrega, certificaciones, telegramas, telefax o cualesquiera otros documentos que, aun unilateralmente creados por el acreedor, sean de los que habitualmente documentan los créditos y deudas en relaciones de la clase que aparezca existente entre acreedor y deudor.

En el ámbito de aplicación del procedimiento monitorio se encuentra la **reclamación de rentas y cantidades asimiladas** a la renta como recibos de luz, agua, comunidad de propietarios, limpieza o impuesto sobre bienes inmuebles (IBI), es decir, aquellas cantidades que también adeude el arrendatario en función de lo pactado en el contrato de arrendamiento. 10208
Los **inconvenientes** fundamentales del procedimiento monitorio en el ámbito arrendaticio son los siguientes:
1. La imposibilidad, por la propia naturaleza del mismo, de exigir **rentas futuras**, de modo que debe tratarse de rentas vencidas y no así las que se vayan devengando durante el proceso y hasta su completo pago.
2. La **pérdida de fuero** para el caso de que haya oposición (nº 10248). En el juicio monitorio es competente el juzgado de primera instancia del domicilio del deudor, a diferencia del juicio verbal que lo es el del lugar donde se encuentra el inmueble. De forma que, para el caso de que el proceso derive en un juicio verbal, queda sin resolver la cuestión de la competencia:
- el juzgado del **domicilio del deudor**, que ha iniciado el procedimiento, debe terminarlo (LEC art.818.3; TS auto 16-12-15, EDJ 259207);
- la reclamación deriva de la relación arrendaticia y, por tanto, es competente el juzgado del lugar donde se encuentra el **bien inmueble arrendado** (LEC art.52.1.7º; TS auto 14-12-16, EDJ 228735).

Precisiones Suscita problemas la posibilidad de articular el juicio monitorio para que el arrendador reclame las rentas vencidas o cantidades debidas por el arrendatario, pero **sin instar su desahucio**. En cualquier caso, los tribunales se han decantado mayoritariamente por considerar que no procede en tales casos inadmitir la petición inicial de proceso monitorio fundada en un supuesto **principio de especialidad** en relación con la materia de arrendamientos urbanos, la LEC art.250.1.1ª remite al juicio verbal cuando se trata de la reclamación de rentas o cantidades debidas, y ello porque tal previsión general no excluye la posibilidad de llevar las reclamaciones dinerarias que deriven de la relación arrendaticia al proceso monitorio (AP Tarragona auto 29-4-03, EDJ 126083; AP Ciudad Real auto 27-9-01, EDJ 75549; AP Madrid auto 19-2-10, EDJ 118803).

Características Se trata de un proceso: 10212
- **declarativo**, porque su finalidad es la obtención de un título de ejecución;
- **plenario**, porque el auto con el que finaliza, en caso de incomparecencia del deudor, produce plenos efectos de cosa juzgada;
- **especial** por su ámbito material, deudas dinerarias sin límite cuantitativo tras la L 37/2011, pero, sobre todo, por su estructura, ya que el monitorio se basa en el silencio del deudor de manera que solo existirá fase contradictoria en caso de oposición; y
- **documental**, pues se exige la aportación de la base documental del crédito para que el juez pueda librar el mandamiento de pago, pero sus funciones de control en este momento inicial del proceso se hallan limitadas, ya que este proceso no se basa en la tenencia de un título dotado de singulares garantías, sino en el silencio del deudor.

Precisiones Lo relevante para que un crédito pueda reclamarse a través del proceso monitorio es que la deuda revista una suficiente apariencia de **verosimilitud**, que haga presuponer su carácter aparentemente incontrovertido, de suerte que constituye un proceso basado en un **principio de prueba** (AP Tarragona auto 11-5-05, EDJ 102851).

1. Requisitos

10215 La deuda para cuya reclamación se acude al proceso monitorio debe cumplir los siguientes requisitos:

10218 **Deuda dineraria, vencida y exigible** (LEC art.812) La deuda que se reclame debe ser dineraria, encontrase vencida, y ser exigible. La doble mención al vencimiento y a la exigibilidad encuentra su sentido en la propia definición del primer concepto como **término de un plazo** a partir del cual la deuda es exigible (CC art.1125). Por lo tanto, la exigibilidad de la deuda, o derecho del acreedor al pago del crédito, es consecuencia del vencimiento.
No obstante, deben tenerse en cuenta los supuestos en los que una deuda resulta **exigible antes de su vencimiento**, como sucede cuando así lo pactan las partes, o en los escenarios previstos en el CC art.1129: insolvencia del deudor sobrevenida o desconocida por el acreedor, salvo que se garantice la deuda; falta de otorgamiento por el acreedor de las garantías a que estuviese comprometido; disminución de estas por actos propios deudor, o desaparición por caso fortuito, si no se sustituyen inmediatamente por otras nuevas e igualmente seguras.
Además, la deuda debe venir determinada en **moneda de curso legal**, **nacional** o **extranjera** (AP Barcelona auto 15-4-11, EDJ 88677; auto 14-4-10, EDJ 124857; AP Sta. Cruz de Tenerife auto 3-10-05, EDJ 202431) y, en este último caso, si corresponde a un país de fuera de la Unión Europea, se exige que se acompañe certificado de cambio oficial.

Precisiones Cuando se acciona alegando la condición de acreedor con base en un **incumplimiento contractual**, es frecuente la inadmisión del procedimiento monitorio bajo el argumento de falta de liquidez y vencimiento de la deuda, reputándose necesario un pronunciamiento declarativo sobre la realidad del incumplimiento y de la correlativa consecuencia de la restitución de la prestación efectuada por el contratante cumplidor (AP Madrid auto 17-5-07, EDJ 78039; AP Barcelona auto 30-5-02, EDJ 136136. En contra, AP Barcelona auto 11-4-07, EDJ 106195; AP Asturias auto 17-2-06, EDJ 45933; y, de modo implícito, TS auto 13-11-08, Rec 1727/08). Sin embargo, en los supuestos en los que existe un contrato con cláusula de **vencimiento anticipado** por incumplimiento, sí se admite su reclamación vía monitorio.

10221 **Deuda de cantidad determinada y líquida** (LEC art.812) Esta exigencia complementa la del carácter dinerario del crédito reclamado vía monitorio y concurre también cuando la concreción del *quantum* pedido pueda ser determinado por **simples operaciones aritméticas**, partiendo de datos fijados de antemano (AP La Rioja 5-11-10, EDJ 291432; TS 30-10-95, EDJ 6661; 9-11-98, EDJ 26392; 30-12-98, EDJ 30722).

Precisiones **1)** En ocasiones, se admite la posibilidad de reclamar **intereses junto con el principal** por aplicación analógica de lo establecido en LEC art.575, con lo que se permite la reclamación de los intereses ordinarios y moratorios vencidos, así como la de los intereses que, en su caso, puedan devengarse durante la tramitación del procedimiento hasta la fecha de pago efectivo, siempre que se pre-establezcan los parámetros aplicables para ello (AP Madrid auto 15-9-08, EDJ 225364; AP Valladolid 20-11-07, EDJ 307701; AP Salamanca auto 15-11-07, EDJ 362076). No obstante, la mayoría de los pronunciamientos limitan la posibilidad de exigir intereses junto con el principal condicionándolo a que los mismos sean vencidos y exigibles al momento de presentación de la petición inicial del proceso monitorio, así como que estén perfectamente determinados de forma específica y concreta, sin que pueda por lo tanto incluirse la reclamación de aquellos intereses que se vayan devengando hasta la fecha efectiva de pago (AP Barcelona auto 21-10-08, EDJ 264257; AP Sevilla auto 7-1-04, EDJ 6950; AP Barcelona auto 19-11-01, EDJ 74217; AP Tarragona auto 10-12-02, EDJ 136267).
2) La posibilidad de que una petición inicial de procedimiento monitorio pueda ser inadmitida por apreciarse de oficio una **cláusula general abusiva** en la que se establezcan unos intereses moratorios y comisiones por recobro de descubiertos desproporcionadamente elevados a tenor de la normativa protectora de los consumidores y usuarios, se ha defendido sobre la base de considerar que el carácter abusivo de una cláusula contractual para el consumidor integra una cuestión que afecta al interés público y supone, conforme a lo dispuesto en CC art.6.1, la infracción de la norma imperativa que prohíbe la inserción de ese tipo de cláusulas en los contratos con consumidores (AP Lleida auto 27-3-09, EDJ 195080; AP Asturias auto 23-6-09, EDJ 139565, citando ambas como apoyo la sentencia TJUE 4-6-09, asunto C- 243/08). En contra de esta posibilidad revisora: AP Lleida auto 22-5-09, EDJ 214694; AP Bizkaia auto 17-11-05, EDJ 271555; AP Barcelona auto 2-3-05, EDJ 50956).
3) Se admite la posibilidad de reclamar vía monitorio el pago de **cantidad determinada de cosa o especie computable en dinero** (AP Madrid auto 8-3-05, EDJ 183250).

10224 **Soporte documental de la deuda** (LEC art.812) La regulación del proceso monitorio exige que la deuda se acredite documentalmente. Para ello, hace referencia, más que a documentos concretos, a distintas **formas** de realizar esa acreditación, enumerando una serie de posibilidades que no constituyen un *numerus clausus*, con lo que rige la libertad de forma.

En cualquier caso, la aportación de documentos es preceptiva (sistema documental), con lo que no está permitida la acreditación de la deuda por simples manifestaciones del acreedor (sistema puro).

Los **documentos legalmente necesarios** para poder reclamar una deuda a través del proceso monitorio se pueden agrupar en tres grandes bloques:

a) Documentos en los que aparece alguna forma de reconocimiento de la deuda por parte del deudor (LEC art.812.1.1ª).

b) Documentos que proceden exclusivamente del acreedor (LEC art.812.1.2ª).

c) Documentos privilegiados con respecto a los enunciados en los apartados a) y b), para los que no se exige la apreciación judicial de principio de prueba que, en cambio, sí es requerida para los otros (LEC art.812.2).

Precisiones **1)** Una de las cuestiones más controvertidas que se ha suscitado en relación con los documentos tiene que ver con determinar si es necesario aportar la documentación **original** con la petición inicial de proceso monitorio o si es suficiente acompañar meras copias o **fotocopias**: **10227**

• La **mayoría de los pronunciamientos** se decantan por exigir la documentación original para la admisibilidad del monitorio, bien porque por aplicación analógica de LEC art.268 redacc RDL 6/2023, consideran que las fotocopias no son documentos en sí mismos, no siendo así suficientes para acreditar la existencia de la deuda (AP Madrid auto 14-4-10, EDJ 107603; auto 3-5-11, EDJ 116018; AP Zaragoza auto 2-6-09, EDJ 119045; AP Málaga auto 25-3-03, EDJ 26051), o bien porque con la inadmisión de las copias como fundamento para reclamar un monitorio se elude el riesgo de que se presenten varias peticiones monitorias con base en un mismo título (AP Madrid auto 25-7-06, EDJ 350557).

La falta de aportación de los originales sería un defecto subsanable (AP Huelva auto 10-7-03, EDJ 97499).

• Sin embargo, **otro sector** considera que tan solo es preciso aportar una documental significativa de una buena apariencia jurídica de la deuda, lo que permite su soporte en copias (AP Murcia auto 16-12-04, EDJ 196649; AP Barcelona auto 27-6 01, EDJ 107390; auto 9-7-01, EDJ 64513; AP Tarragona auto 30-10-02, EDJ 136320).

• Por último, **otras resoluciones** preconizan la aplicación de las normas generales sobre el proceso declarativo, que permiten la aportación de documentos mediante fotocopia, debiendo aceptarse por tanto esta, o la impresión de un documento archivado informáticamente, máxime si tenemos en cuenta que la propia LEC art.812 alude a los documentos que justifiquen la pretensión cualquiera que sea su forma y clase o el soporte físico en que se encuentre (AP Madrid auto 10-11-04, EDJ 231620; auto 26-4-05, EDJ 137414; auto 14-6-07, EDJ 123589; AP Barcelona auto 28-2-08, EDJ 43436; auto 30-5-07, EDJ 129398; auto 13-5-08, EDJ 98969; auto 13-5-08, EDJ 98397; auto 29-5-08, EDJ 135633).

• Una **postura intermedia** admite la aportación de copias solo cuando el actor justifique la causa por la que no ha podido aportar el documento original (AP Murcia auto 27-2-04, EDJ 313108; auto 16-12-03, EDJ 196649).

2) Los **documentos en los que ha intervenido el deudor** (LEC art.812.1.1ª) son documentos bilaterales que deben aparecer firmados por él o con su sello, impronta o marca o con cualquier otra señal, física o electrónica, de manera que se presume de los mismos que el deudor tiene conocimiento de su contenido y veracidad. Se trataría aquí del contrato de arrendamiento.

3) No es necesario que se presenten **recibos** girados para el cobro de la deuda, porque los mismos no acreditarían la deuda, sino el impago (AP Málaga auto 8-11-02, EDJ 136317).

4) Los **documentos específicos** (LEC art.812.2) son aquellos a los que el legislador ha otorgado un plus acreditativo. Son, por un lado, los que acreditan una relación duradera, en clara referencia sobre todo a los de tracto sucesivo, como es el contrato de arrendamiento, y los contratos de **suministro** derivados del mismo.

2. Procedimiento

Petición inicial (LEC art.814 redacc RDL 6/2023) El procedimiento monitorio comienza por petición del **acreedor** en la que se expresan la identidad del deudor, el domicilio o domicilios del acreedor y del deudor o el lugar en que residan o puedan ser hallados y el origen y cuantía de la deuda, acompañándose el documento o documentos justificativos de la misma. **10230**

La petición puede extenderse en **impreso** o formulario, obtenido en papel o a través de la sede electrónica, que facilite la expresión de estos extremos.

Precisiones **1)** La petición inicial del procedimiento monitorio produce **efecto preclusivo** respecto de la actuación procesal que posteriormente puede desarrollarse en el juicio declarativo en el que el mismo eventualmente desemboque, ya que existe una vinculación clara entre la pretensión inicial del proceso monitorio y la pretensión que debe mantener en el declarativo posterior a la oposición (AP Asturias 27-8-07, EDJ 278980). Al acreedor le está vedado introducir en el procedimiento declarativo **cuestiones nuevas o distintas** de las planteadas en su inicial solicitud de procedimiento monitorio (AP Badajoz 12-7-07, EDJ 175746). **10233**

2) La posibilidad de solicitar **medidas cautelares** junto con la petición inicial de procedimiento monitorio podría desecharse: porque, en principio, parece que el carácter sumario y ágil del proceso debilitan la efectiva concurrencia del presupuesto básico de toda medida cautelar, cual es el peligro de mora procesal; porque la regulación del procedimiento monitorio no prevé expresamente esta posibilidad, como sí ocurre, por ejemplo, con la del procedimiento cambiario; porque no se da el requisito previsto en LEC art.721 y 726, puesto que el objetivo de toda medida cautelar es hacer efectiva la tutela de la sentencia estimatoria que pudiera dictarse, resolución esta que no se produce en el proceso monitorio; o por la dificultad de llevar a cabo el trámite contradictorio previsto en LEC art.733. Por otro lado, a favor de la posibilidad de adoptar medidas cautelares en un proceso monitorio puede alegarse: que la instrumentalidad de las medidas cautelares no solo opera respecto de las sentencias de condena, sino también respecto de cualquier otro tipo de resolución, como el auto que despacha ejecución en el proceso monitorio; que, conforme a LEC art.5, la posibilidad de instar la adopción de medidas cautelares se reconoce con carácter general y sin excepción alguna para todos los juicios civiles; y que, por sumario que sea el proceso monitorio, durante su tramitación sí puede frustrarse la tutela judicial solicitada por el actor, concurriendo así el requisito del peligro de mora procesal (AP Alicante auto 29-3-06, EDJ 282456; AP Madrid auto 12-9-05, EDJ 151284; AP Zaragoza auto 8-11-02, EDJ 68079).

10236 **Admisión de la petición y requerimiento de pago** (LEC art.815 redacc RDL 6/2023) Si los documentos aportados con la petición son de los previstos legalmente para acceder a este proceso o constituyen un **principio de prueba del derecho del peticionario**, confirmado por lo que se exponga en aquella, se requiere al deudor por el letrado de la Administración de Justicia para que:

- en el plazo de 20 días, **pague** al peticionario, acreditándolo ante el tribunal; o
- comparezca ante este y **alegue** de forma fundada y motivada, en escrito de oposición, las razones por las que, a su entender, no debe, en todo o en parte, la cantidad reclamada.

El requerimiento se notifica personalmente, con apercibimiento de que, de no pagar ni comparecer alegando **razones de la negativa al pago**, se despachará contra él ejecución.

Si de la documentación aportada con la petición se desprende que la **cantidad reclamada no es correcta**, el letrado de la Administración de Justicia da traslado al juez, quien, en su caso, mediante auto puede plantear al peticionario aceptar o rechazar una propuesta de requerimiento de pago por el **importe inferior** al inicialmente solicitado que especifique.

El demandante debe aceptar o rechazar la **propuesta** formulada en el plazo de 10 días, entendiéndose aceptada si deja transcurrir el plazo sin realizar manifestación alguna.

Si **acepta** la propuesta, se requiere de pago al demandado por dicha cantidad. En ningún caso, se entenderá la aceptación del demandante como renuncia parcial a su pretensión, pudiendo ejercitar la parte no satisfecha únicamente en el procedimiento declarativo que corresponda.

Si **no acepta**, se tiene al demandante por desistido, pudiendo hacer valer su pretensión únicamente en el procedimiento declarativo que corresponda. El auto que se dicte en este último caso será directamente apelable por la parte personada en el procedimiento.

Si el tribunal entiende que **no existe motivo para reducir la cantidad** por la que se pide el requerimiento de pago, lo declarará así y el letrado de la Administración de Justicia procederá a requerir al deudor en los términos arriba indicados (LEC art.815.1).

Precisiones: Esta posibilidad reconocida al juzgado implica una importante limitación al **principio de prueba** que inspira el proceso monitorio y, en virtud del cual, no es el momento de la petición inicial cuando deben hacerse exhaustivas operaciones o comprobaciones de la reclamación formulada, previstas para que se practiquen solo si el deudor se opone a la pretensión de forma total o, en su caso, parcial, actuaciones que en consecuencia podrían perder operatividad con la vigente regulación (AP Zamora 23-6-11, EDJ 187397).

10239 **Cláusulas abusivas** (LEC art.815.3 redacc RDL 6/2023) Cuando la reclamación de la deuda se funde en un **contrato entre un empresario o profesional y un consumidor o usuario**, el letrado de la Administración de Justicia, previamente a efectuar el requerimiento, ha de dar cuenta al juez para que pueda apreciar el posible carácter abusivo de cualquier cláusula que constituya el fundamento de la petición o que hubiese determinado la cantidad exigible.

Si el juez considera que alguna de las cláusulas que constituye el fundamento de la petición o que haya determinado la cantidad exigible puede ser calificada como abusiva, puede plantear mediante auto una **propuesta de requerimiento de pago** por el importe que resulte de excluir de la cantidad reclamada la cuantía derivada de la aplicación de dicha cláusula.

Para la **aceptación o rechazo** de dicha propuesta se procederá en los términos expuestos en nº 10236.

10242 **Incomparecencia del deudor y despacho de la ejecución** (LEC art.816) Si el deudor atiende el requerimiento de pago o no comparece, el letrado de la Administración de Justicia dicta decreto dando por terminado el proceso monitorio y dando **traslado al acreedor** para que inste el despacho de ejecución, bastando para ello con la mera solicitud. No es preciso

que transcurra el plazo establecido en LEC art.548 -plazo de congelación que excluye el despacho de la ejecución de resoluciones procesales, arbitrales o acuerdos de mediación en los 20 días posteriores a aquel en que la resolución de condena sea firme, o la resolución de aprobación del convenio o de firma del acuerdo haya sido notificada al ejecutado-.
Despachada ejecución, prosigue esta conforme a lo dispuesto para la de sentencias judiciales, pudiendo formularse la **oposición** prevista en estos casos, pero el solicitante del proceso monitorio y el deudor ejecutado no pueden pretender ulteriormente en proceso ordinario la cantidad reclamada en el monitorio o la devolución de la que con la ejecución se obtenga.

Intereses (LEC art.576.1 y 816.2) Desde que se dicte el auto despachando ejecución la deuda devengará el interés de demora, esto es, el devengo de un **interés anual** igual al del interés legal del dinero incrementado en dos puntos o el que corresponda por pacto de las partes o por disposición especial de la Ley. **10245**

Precisiones El interés legal del dinero para el año **2024** es el 3,25% (L 31/2022 disp.adic.42ª -en prórroga-).

Pago del deudor (LEC art.817) Si el deudor atiende el requerimiento de pago, tan pronto como lo acredite, se le hace entrega de **justificante de pago** y se archivan las actuaciones por el letrado de la Administración de Justicia. **10247**

Precisiones En este caso, no habrá imposición de **costas**, al no ser preceptiva la asistencia técnica (AP Barcelona auto 12-11-02, EDJ 136303).

Oposición del deudor (LEC art.818) Si el deudor presenta escrito de oposición dentro de plazo -20 días desde la fecha del requerimiento de pago- el asunto se resolverá definitivamente por el juicio que corresponda, teniendo la sentencia que se dicte fuerza de **cosa juzgada**. **10248**
La reclamación de rentas o cantidades debidas por arrendamiento de **finca urbana** que encuentre oposición del arrendatario se sustanciará por **juicio verbal**, cualquiera que sea la cuantía que se reclame.
La oposición del deudor debe formularse de **forma** escrita, sin que quepa la comparecencia ante el juzgado para manifestarla de forma oral. El escrito de oposición debe ir firmado por **abogado y procurador** cuando su intervención sea necesaria por razón de la cuantía, según las reglas generales.
Si la oposición del deudor se funda en la existencia de **pluspetición**, se actúa respecto de la cantidad reconocida como debida conforme a las normas previstas para el allanamiento parcial.

Precisiones **1)** La sustanciación del procedimiento por juicio verbal da lugar al **conflicto de competencia** (nº 9521).
2) La oposición debe formularse en el **plazo** de 20 días desde la fecha del requerimiento de pago a los que hay que añadir el día hábil siguiente al vencimiento del plazo hasta las 15 horas (LEC art.135 redacc RDL 6/2023). De este cómputo hay que descontar los **días inhábiles** a efectos procesales, que son los sábados y domingos, los días de fiesta nacional y los festivos a efectos laborales de la comunidad autónoma o localidad del juzgado que esté conociendo el asunto, los días que medien entre el 24 de diciembre y el 6 de enero del año siguiente, ambos inclusive y el mes de agosto (LEC art.130).
3) Transcurridos los 20 días sin formalizar la oposición, **precluye** el plazo para hacerlo (AP Gipuzkoa auto 12-7-06, EDJ 408310).

Motivos El escrito de oposición no puede limitarse a una **negativa al pago** genérica o expresada con una fórmula automática, sino que debe estar motivada (AP Bizkaia auto 29-11-06, EDJ 410061; AP Valladolid auto 18-5-06, EDJ 87960), no siendo los motivos de oposición tasados, de forma que el deudor puede alegar tanto razones de fondo como puramente formales o procesales, con la misma consecuencia de terminar inmediatamente el juicio monitorio y remitirse el asunto al declarativo correspondiente. **10252**
A la hora de redactar el escrito de oposición, no debe perderse de vista su **efecto preclusivo** respecto de la actuación procesal que posteriormente puede desarrollarse en el juicio declarativo en el que el mismo eventualmente desemboque, ya que existe una vinculación clara entre las causas de oposición manifestadas en el escrito de oposición al monitorio con las que debe mantener en el declarativo subsiguiente, como existe para el acreedor entre su pretensión inicial del proceso monitorio y la pretensión que debe mantener en el verbal posterior a la oposición (AP Asturias 27-8-07, EDJ 278980).
Del mismo modo que al acreedor le estaría vedado introducir **cuestiones nuevas** o distintas de las planteadas en su inicial solicitud de procedimiento monitorio, también si el deudor tiene un trámite específico para dar, sucintamente, sus razones o motivos de hecho, por los que no debe todo o parte de lo reclamado, es en tal trámite donde debe hacer valer tales motivos, si bien, claro es, no se precisa una concreta alegación o **fundamentación de carácter jurídico**, ni

tampoco una detallada exposición de los hechos que, según el deudor, obsten la pretensión del acreedor, que sí podrá realizarse en el acto de la vista en el verbal o la contestación al ordinario (AP Badajoz 12-7-07, EDJ 175746).

La exigencia de que se expongan sucintamente las razones de la oposición no es gratuita, sino que responde al principio de **buena fe procesal**, que impone a las partes el deber de no ocultar a la contraria los fundamentos de su pretensión (LEC art.815). Ni la LEC art.815, ni ningún otro precepto de los que específicamente regulan el juicio monitorio, contienen referencia ninguna a las **consecuencias** que habrán de derivarse del hecho de que en el escrito de oposición se aleguen unas razones y en el juicio posterior se expongan otras diferentes, pero no parece que fuera imprescindible esa previsión especial, pues la LEC art.136 contempla, con carácter general, el efecto preclusivo del transcurso del término señalado para la realización de los actos procesales, de modo que la conjunción de ambos principios, el de buena fe y el de preclusión, llevan a concluir que, sin constreñir el derecho de defensa, solo podrán ser desarrolladas en el juicio posterior las razones que hubieran sido alegadas en el escrito de oposición (AP Valencia 22-2-05, EDJ 341012; AP Bizkaia auto 4-1-05, EDJ 15291; en el mismo sentido, AP Girona 6-11-06, EDJ 444807; AP Valencia 23-10-06, EDJ 425903; AP Sta. Cruz de Tenerife 2-10-06, EDJ 329398).

Por el contrario, a favor de la **concepción independiente** de la oposición respecto del declarativo posterior se alega que, si no pudieran ampliarse los motivos de oposición, se limitaría el derecho a la tutela judicial efectiva, sin que exista norma alguna que establezca el carácter preclusivo de la oposición monitoria (AP Valencia 16-11-05, EDJ 291956; AP Jaén 27-4-04, EDJ 36509; AP Barcelona 8-9-05, EDJ 239248; AP Madrid auto 14-3-07, EDJ 51260).

10255 **Terminación del proceso** (LEC art.818.2 y 3) Cuando se reclamen rentas o cantidades debidas por el arrendatario de finca urbana y este formule oposición, el letrado de la Administración de Justicia dicta **decreto** dando por terminado el proceso monitorio y acordando seguir la tramitación conforme a lo previsto para el **juicio verbal** (nº 10300 s.), dando traslado de la oposición al actor, quien puede impugnarla por escrito en el plazo de 10 días. Las partes, en sus respectivos escritos de oposición y de impugnación de esta, pueden solicitar la celebración de **vista** (LEC art.438 s.).

En los supuestos en los que el acreedor haya prescindido de la **asistencia y representación** de abogado y procurador para formalizar la petición inicial de procedimiento monitorio, debe contar, sin embargo, con estos profesionales si el importe reclamado es superior a 2.000 euros.

CAPÍTULO 19

Procedimiento verbal

Para determinar el procedimiento aplicable en cuestiones de arrendamiento prevalece el criterio de la materia sobre el de la cuantía. Mediante el juicio verbal **se tramitan** (LEC art.249.1.6º y 250.1.1º): 10305
- la reclamación al arrendatario de rentas o cantidades derivadas del contrato de arrendamiento (nº 10310 s.);
- el desahucio por falta de pago (nº 10345 s.);
- el desahucio por expiración del término contractual (nº 10345 s.);
- la acumulación de desahucio y reclamación de rentas o cantidades debidas (nº 10365); así como,
- las reclamaciones derivadas de los contratos de arrendamiento urbano o rústico, tanto del arrendador como del arrendatario, cuando la cuantía no exceda los 15.000 euros.

Cuantía del procedimiento (LEC art.251.9ª) A efectos procesales y para el cálculo posterior de las **costas** es necesario determinar la cuantía del procedimiento en la demanda. Según el tipo de procedimiento iniciado, su cuantía varía: 10308
• En caso de juicio verbal por **reclamación de rentas** o cantidades derivadas del contrato, la cuantía es el importe de las adeudadas hasta la fecha y las que se vayan devengando hasta la completa extinción del contrato.
• Tanto en el **desahucio** por falta de pago de la renta como por expiración del término contractual, la cuantía viene determinada por el importe de una anualidad de renta, cualquiera que sea la periodicidad con que esta aparezca fijada en el contrato.
• En los juicios verbales en que se da **acumulación** de reclamación de renta o cantidades derivadas del contrato y el desahucio, ya sea por falta de pago de renta o por expiración del término contractual, la cuantía del procedimiento viene determinada por la acción de mayor valor, o bien la anualidad de renta o bien las rentas y cantidades derivadas del contrato reclamadas.

A. Reclamación de rentas y otras cantidades derivadas del arrendamiento

El **arrendador**, ante el impago de la renta y cantidades a cuyo pago viene obligado el arrendatario por el contrato de arrendamiento (nº 483 s.) tiene las siguientes opciones de procedimiento judicial: 10311
- verbal;
- monitorio (nº 10200 s.); o
- ejercitar de forma acumulada la reclamación de renta con el desahucio por falta de pago -opción más utilizada en la práctica- (nº 10365).

Se tramitan por el procedimiento verbal todas las reclamaciones de renta o cantidades debidas por el arrendatario derivadas del contrato de arrendamiento, con independencia de la **cuantía** y aun cuando sobrepase el límite cuantitativo de los 15.000 euros (LEC art.250.2 redacc RDL 6/2023).

Si el contrato se hubiera resuelto previamente y se reclamaran **rentas pendientes**, el procedimiento adecuado es también el verbal, pues la resolución del contrato o la extinción del mismo, no cambia su naturaleza de rentas. La Ley no distingue entre rentas reclamadas antes o después de la recuperación del inmueble (LEC art.250.1.1º).

También han de sustanciarse en un juicio verbal, tanto en los arrendamientos rústicos como en los urbanos, todos los asuntos que puedan cuantificarse dentro de los límites de este procedimiento (LEC art.249.1.6º). Por tanto, el **resto de reclamaciones del arrendador**, no relacionadas con la reclamación de rentas o desahucios, que con anterioridad debían ir a un juicio ordinario, se van a ver en un juicio verbal si no exceden de los 15.000 euros. Esta modificación de la norma permite también el acceso del **arrendatario** a este procedimiento, sin estar ya abocado a acudir a un juicio ordinario para reclamar, por ejemplo, la devolución de la fianza o una reparación que correspondía realizar al arrendador, siempre que su cuantía no supere los 15.000 euros (nº 10041 s.).

El juicio verbal por reclamación de rentas o cantidades asimiladas tiene carácter de **juicio plenario** en el que las partes pueden alegar todas las vicisitudes que hayan afectado al contrato de arrendamiento y, por lo tanto, a la existencia o no de la deuda que se reclama (nº 9506).

Precisiones 1) Por **cantidades debidas** cuyo pago hubiera asumido el arrendatario, hay que entender todas, es decir, ya sean imputables a la renta vigente en cada momento, a gastos por servicios que se individualicen mediante aparatos contadores, a gastos generales para el adecuado sostenimiento del inmueble, sus servicios, tributos, cargas y responsabilidades que no sean susceptibles de individualización, o cualquier otra que se hubiera pactado -p.e. la **tasa de recogida de basuras** (TS 30-12-15, EDJ 251125) o el impuesto sobre bienes inmuebles -**IBI** - (TS 12-1-07, EDJ 2667)-.
2) El **incumplimiento** del arrendador y las posibles reclamaciones que el arrendatario tenga contra aquel no justifica el impago de las rentas debidas (AP Alicante 5-11-14, EDJ 266989).

1. Inicio del procedimiento

(LEC art.437)

10314 **Demanda** (LEC art.437) El juicio verbal se inicia mediante demanda en la que **se consignan**:
- los datos y circunstancias de identificación del actor y del demandado;
- el domicilio o residencia en que pueden ser emplazados;
- los hechos y fundamentos de derecho; y
- lo que se pide, expuesto con claridad y precisión.

El **domicilio** o residencia a efectos de emplazamiento suele ser el del inmueble arrendado.
En la demanda debe especificarse, además de las rentas vencidas e impagadas, la reclamación de las **rentas que se devenguen** hasta que (LEC art.220):
- se pongan al día en el pago de las rentas y cantidades debidas, en caso de que el contrato de arrendamiento continúe; o
- hasta la terminación del contrato de arrendamiento.

10317 **Admisión** (LEC art.438) Examinada la demanda, el letrado de la Administración de Justicia admite o da cuenta de ella al tribunal para que resuelva lo que proceda sobre la admisión en los siguientes casos (LEC art.404):
- cuando estime falta de **jurisdicción o competencia** del tribunal; o
- cuando se detecten en la demanda **defectos formales** no subsanados por el demandante en plazo.

En los juicios verbales en que no se actúe con **abogado y procurador**, el demandante puede formular una **demanda sucinta**, donde se consignarán los datos y circunstancias de identificación del actor y del demandado y el domicilio o los domicilios en que pueden ser citados, y se fijará con claridad y precisión lo que se pida, concretando los hechos fundamentales en que se basa la petición. A tal fin, pueden cumplimentarse unos impresos normalizados que se hallan a su disposición en el órgano judicial correspondiente o en la sede judicial electrónica (LEC art.437.2 redacc RDL 6/2023).

Precisiones Al juicio verbal derivado de un arrendamiento es posible acudir **sin abogado ni procurador**, cuando su determinación se haya efectuado por razón de la cuantía y no exceda de los 2.000 euros (LEC art.31.2.1º).

10320 **Contestación a la demanda** (LEC art.438.1 a 3) Admitida la demanda se da traslado al demandado para que la conteste por escrito en el **plazo** de 10 días conforme a lo dispuesto para el juicio ordinario (nº 10102).
Si el demandado **no comparece** en el plazo otorgado es declarado en rebeldía (LEC art.496).
Cuando sea posible actuar **sin abogado ni procurador**, se indicará en el decreto de admisión y se le comunicará al demandado que están a su disposición en el órgano judicial correspondiente o en la sede judicial electrónica unos formularios o impresos normalizados, que puede emplear para la contestación a la demanda.
El demandado puede oponer en la contestación a la demanda un **crédito compensable**. En tal caso, se aplica lo dispuesto en LEC art.408. Si la **cuantía** de dicho crédito es superior a la que determina que se siga el juicio verbal, el tribunal tendrá por no hecha tal alegación en la vista, advirtiéndolo así al demandado, para que use de su derecho ante el tribunal y por los trámites que correspondan.

Reconvención (LEC art.438.2) Consiste en el ejercicio por el demandado de una **acción nueva frente al demandante**, para que se sustancie en el mismo proceso y se decida en la misma sentencia que resuelva la demanda inicial.La reconvención se formula con la contestación a la demanda y debe reunir los **requisitos** exigidos para la demanda sucinta (LEC art.437). De la reconvención se da **traslado** al demandante con al menos 5 días de antelación al señalado para la vista (AP Madrid 25-10-05, EDJ 187289). **10323**
En el juicio verbal por reclamación de cantidad cabe la reconvención sujeta a las siguientes **exclusiones**:
- no determine la improcedencia del juicio verbal; y
- exista conexión entre las pretensiones de la reconvención y las que sean objeto de la demanda principal.

Admitida la reconvención, se rige por las normas previstas en el juicio ordinario, salvo el **plazo para su contestación** que es de 10 días.

Precisiones **No se admite reconvención** en los juicios verbales que deban finalizar por sentencia sin efectos de cosa juzgada, esto es:
• Los juicios verbales sobre tutela sumaria de la posesión.
• Los juicios verbales que decidan sobre la pretensión de desahucio o recuperación de finca, rústica o urbana, dada en arrendamiento, por impago de la renta o alquiler o por expiración legal o contractual del plazo, y sobre otras pretensiones de tutela que la LEC califique como sumarias.
• Los juicios verbales en que se pretenda la efectividad de derechos reales inscritos frente a quienes se opongan a ellos o perturben su ejercicio, sin disponer de título inscrito.
• Los juicios verbales que terminen mediante sentencia o resolución judicial a las que, en casos determinados, las leyes nieguen efectos de cosa juzgada.
Cuando en los juicios verbales el demandado oponga un **crédito compensable**, resulta de aplicación lo dispuesto en LEC art.408. Si la cuantía del crédito compensable alegada por el demandado fuese superior a la que determine que se siga el juicio verbal, el tribunal tendrá por no hecha tal alegación, advirtiéndolo así al demandado, para que use de su derecho ante el tribunal y por los trámites que correspondan.

2. Vista
(LEC art.438.8 y 440 redacc RDL 6/2023)

Las partes, en sus respectivos escritos de demanda y de contestación, deben pronunciarse, necesariamente, sobre la pertinencia de la celebración de la vista. Pueden darse los siguientes supuestos (LEC art.438.8 redacc RDL 6/2023): **10326**
• Si **ninguna de las partes** la solicita y el tribunal no considera procedente su celebración, se dicta sentencia sin más trámites.
• Si **las dos partes o al menos una** de ellas piden la vista, el letrado de la Administración de Justicia ha de señalar día y hora para su celebración, dentro de los 5 días siguientes (nº 10329).
• Si una de las partes pide la vista, pero, en cualquier momento previo al día y hora señalado para su celebración, **cambia de opinión y desiste** de su solicitud, se da traslado a la otra parte por plazo de 3 días, transcurridos los cuales, si no formula alegaciones u oposición y el tribunal así lo considera, quedan los actos conclusos para sentencia sin más trámites.

Citación (LEC art.440 redacc RDL 6/2023) En caso de que se acuerde la celebración de vista, se cita a las partes en el **día y hora** que a tal efecto señale, dentro de los 5 días siguientes a la conclusión del trámite de contestación, debiendo tener lugar en el **plazo máximo** de un mes. **10329**
En la citación se realizan las siguientes **advertencias** a las partes:
• Han de acudir a la vista con los **medios de prueba** de que intenten valerse, indicando en el plazo de 5 días desde la citación las personas que han de ser llevadas a declarar por el tribunal por no poderlas presentar las partes; Si alguna de las partes hubiera anunciado la presentación de una prueba pericial (LEC art.337.1), el plazo de 5 días se computa desde que se tenga por aportado el dictamen o haya transcurrido el plazo para su presentación.
• Pueden someterse a una **negociación** para intentar solucionar el conflicto, incluso mediación, en cuyo caso las partes deben indicar en la audiencia su decisión al respecto y las razones correspondientes.
• La vista no se suspende por la **inasistencia** de las partes, si no asisten y se admite su interrogatorio, pueden considerarse admitidos los hechos del mismo conforme a lo dispuesto en LEC art.304. Si falta el demandante, se le tiene por desistido y se le imponen las costas causadas y se le condena a indemnizar al demandado comparecido. Si falla el demandado, se le declara en rebeldía y se procede a la celebración del juicio (LEC art.442) (nº 9539).

10332 **Prueba** (LEC art.445 redacc RDL 6/2023) Se proponen las pruebas y las que resulten admitidas se practican seguidamente en la misma vista.
Contra la **admisión o inadmisión** de la prueba en el acto de la vista solo cabe **recurso** de reposición, que se sustancia y resuelve en el acto. Si se desestima, la parte afectada puede formular **protesta** para poder recurrir en apelación (LEC art.446 redacc RDL 6/2023).
Practicadas las pruebas propuestas y admitidas, las partes pueden formular **conclusiones** para valorar los resultados de la prueba (LEC art.447.1).

10335 **Diligencias finales** (LEC art.435) Las diligencias finales se prevén para la práctica de **pruebas** propuestas que no se pudieron realizar, pruebas sobre hechos nuevos o aquellas otras que, excepcionalmente, se hayan podido acordar por el tribunal, de oficio o a instancia de parte. Algunas sentencias parecen oponerse a ellas, porque no están previstas para el juicio verbal (AP Gipuzkoa 7-3-02, EDJ 123192).

3. Sentencia

(LEC art.447)

10338 Practicada la prueba y formuladas las conclusiones o tras las alegaciones de las partes, en caso de no haberse admitido y practicado prueba, el tribunal da por terminada la vista y dicta sentencia en el **plazo** de 10 días.
Como **excepción**, en los juicios verbales en que se pida el **desahucio** de finca urbana se dicta sentencia en el plazo de 5 días, convocándose en el acto de la vista a las partes a la sede el tribunal para recibir la notificación, que tendrá lugar el día más próximo posible dentro de los 5 siguientes a la sentencia.
No obstante, en las sentencias de **condena por allanamiento** (LEC art.437.3 y 440.3), en previsión de que el arrendatario no efectúe voluntariamente el desalojo en el plazo señalado al efecto, se fija con carácter subsidiario el momento temporal en el que tendrá lugar el lanzamiento directo del demandado, llevado a efecto sin ulteriores trámites en plazo no superior a 15 días desde la finalización del citado periodo voluntario.
Igualmente, en las sentencias de **condena por incomparecencia del demandado**, se procede al lanzamiento en la fecha fijada sin más trámite.

10341 **Registro de sentencias firmes de impagos de rentas de alquiler** (L 4/2013 art.3) Se crea este Registro con la finalidad de ofrecer **información sobre el riesgo** que supone arrendar inmuebles a personas que tienen precedentes de incumplimiento de sus obligaciones de pago de renta en contratos de arrendamiento y que, por dicho motivo, hayan sido condenadas por sentencia firme en un procedimiento de desahucio conforme a LEC art.250.1.1º o la LEC art.438 redacc RDL 6/2023.
El **tribunal** correspondiente ha de remitir dicha información al Registro indicado.
Igualmente, los **órganos de arbitraje** competentes deben poner en conocimiento de dicho Registro los datos relativos a aquellas personas que hayan sido declaradas responsables del impago de rentas de arrendamientos por medio de laudo arbitral dictado al efecto.
Tienen **acceso** a la información obrante en el Registro, los propietarios de inmuebles que deseen suscribir contratos de arrendamiento sobre los mismos, sean personas físicas o jurídicas. Para ello, deben presentar una **propuesta de contrato** de arrendamiento en la que se identifique al eventual arrendatario, limitándose la información a la que tendrá derecho a los datos que consten en el Registro relacionados exclusivamente con dicho arrendatario.
Las personas incluidas en el Registro pueden instar la **cancelación de la inscripción** cuando en el proceso correspondiente hayan satisfecho la deuda por la que fueron condenadas. No obstante, la constancia en el citado Registro tiene una **duración máxima** de 6 años, procediéndose a su cancelación automática al fin de dicho plazo.
Esta inscripción está en todo caso sujeta a lo establecido en la LO 3/2018, respecto a la **protección de datos** de carácter personal.

Precisiones Un porcentaje muy elevado de juicios en cuestión de arrendamientos son resultado de la **acción acumulada de desahucio y reclamación de rentas** y terminan no con sentencia, sino con **decreto** del letrado de la Administración de Justicia (nº 10365 y nº 10393).

B. Juicio de desahucio

 10345

El desahucio es una acción especial de resolución por **incumplimiento** que tiene el arrendador del inmueble que, por esta vía, vuelve a tomar posesión del mismo. 10346

En el juicio de desahucio no se pueden discutir cuestiones que, por su complejidad, obliguen a una previa aclaración. Tales cuestiones deben resolverse en el procedimiento declarativo que corresponda (LEC art.250). Es el caso de que la cuantía de la renta esté sujeta a **controversia** -p.e. por la actualización de la renta-. La acción de desahucio no podría prosperar y habría que ir previamente al procedimiento correspondiente para clarificar los conceptos (AP Cantabria 16-1-00, EDJ 23226; AP Pontevedra 21-2-02, EDJ 11773).

Ahora bien, cabe la **acumulación** al desahucio de las acciones en reclamación de rentas o cantidades análogas vencidas y no pagadas, con independencia de la cantidad que se reclame (LEC art.437.4.3ª).

Precisiones **1)** En relación con la **cuantía** del procedimiento, ver nº 10308. 10347

2) Sobre la intervención de **abogado y procurador**, ver nº 9530.

3) Durante el estado de alarma derivado de la crisis sanitaria por el coronavirus se estableció la posibilidad de solicitar la **suspensión del desahucio o lanzamiento de forma extraordinaria y temporal** por el arrendatario, acreditando su situación de vulnerabilidad y la inexistencia de alternativa habitacional, con **compensación** a los propietarios o arrendadores (RD 401/2020). La aplicación de tales medidas de protección se ha ido ampliando progresivamente, estando actualmente prorrogada **hasta el 31-12-2024** (RDL 11/2020 art.1 y 1 bis redacc RDL 8/2023; RDL 37/2020 disp.adic.2ª.2, 3, 5 y 6 redacc RDL 8/2023).

1. Presupuestos

Para poder entablar la acción de desahucio del arrendatario debe haberse producido por su parte el **incumplimiento** de una de estas dos obligaciones: 10350

- la de **pago de la renta** o cantidades debidas a cuyo pago se obligó el arrendatario; o
- la de **devolver el inmueble** al arrendador tras la expiración del plazo de duración del contrato.

Ambos incumplimientos dan lugar al desahucio.

En el desahucio por **impago** de rentas y cantidades debidas se exige como requisito esencial que la deuda sea líquida, vencida y exigible (AP Zamora 13-4-00, EDJ 17532).

En el desahucio por **expiración de plazo** el procedimiento se centra en la acreditación de la extinción del contrato por terminación del plazo legal o contractual.

Precisiones **1)** El impago de **una sola mensualidad** de renta es causa suficiente para que el arrendador esté legitimado a solicitar la resolución del contrato, sin que el arrendador venga obligado a soportar que el arrendatario se retrase de ordinario en el abono de las rentas periódicas (TS 24-7-08, EDJ 128033; 19-12-08, EDJ 234528; 18-3-14, EDJ 37312). 10353

2) La presentación de la demanda en el octavo día del mes, cuando el pago debió efectuarse en los siete primeros, no permite la resolución del contrato, al no poder entenderse en el inquilino una **voluntad inequívocamente obstativa** para el pago (AP Barcelona 15-10-99, EDJ 86965).

3) Si el arrendador **obstaculiza el pago** de la renta para así dar pie a un desahucio por falta de pago, el arrendatario puede proceder al pago de la renta por **consignación** en el juzgado, pero antes debe ofrecer el pago al acreedor anunciándole que si no lo recibe procederá a su consignación judicial. En estos casos al arrendador le es imputable un incumplimiento que le impide accionar solicitando la resolución del contrato (AP Barcelona 15-6-00, EDJ 41430).

4) Cuando el arrendador ha venido aceptando, y por ello convirtiendo con sus propios actos en norma contractual el pago de la renta en cualquier día del mes, no puede promover el juicio de desahucio por falta de pago hasta que no haya transcurrido todo el mes (TS 9-9-11, EDJ 204888). Tradicionalmente, no se apreciaba en el arrendatario **ánimo de no pagar**, cuando se daba un simple retraso en el pago. Es el caso de que el pago de la renta se efectúe con pocos días de retraso y adquiere la consideración de **uso asumido por las partes**, la interposición de la demanda supone una alteración de la situación anterior y sorprende en su buena fe al arrendatario (AP Baleares 12-6-02, EDJ 40474; AP Alicante 6-9-02, EDJ 56080).

2. Procedimiento

10360

10362 Siendo el procedimiento de desahucio por expiración de plazo básicamente igual en su tramitación al **desahucio por impago de rentas** (nº 10310 s.), se exponen a continuación únicamente aquellos aspectos en los que puede diferir.

a. Demanda

10363 **Contenido y requisitos de admisión** En el desahucio rigen los mismos requisitos en cuanto al contenido de la demanda dispuestos para el juicio verbal por reclamación de rentas (nº 10314). Ahora bien, cuando se pretenda el desahucio en una finca urbana, es imprescindible indicar si el demandado puede o no **enervar la acción de desahucio**, en caso contrario se va a inadmitir la demanda (LEC art.439.3).

Asimismo, en la demanda también es conveniente incluir:

• La petición de **recuperación** del inmueble objeto de arrendamiento.

• La solicitud de ejecución del **lanzamiento** en la fecha y hora que se fije por el juzgado (LEC art.437.3). Con esta petición se consigue agilizar el procedimiento, de modo que el propietario no tiene que esperar 20 días desde la sentencia para pedir la ejecución (LEC art.548 y 549.3 y 4 -redacc RDL 6/2023-).

En relación con el lanzamiento es conveniente realizar **dos especificaciones** más en la demanda:

- en cuanto a las **personas**: que la demanda se dirige contra el arrendatario y contra cuantas personas se encuentren en la vivienda o inmueble arrendado (LEC art.437.3 bis), pues puede suceder, por ejemplo, que en la vivienda se encuentre la pareja del arrendatario, que no figure en el contrato y no haya pagado la renta, ni sea conocida por el arrendador, o una persona que desde determinada fecha haya asumido el pago de la rentas y se haya subrogado en la posición del arrendatario;

- en cuanto a los **enseres**: que en el lanzamiento se aperciba al arrendatario para retirar los muebles y enseres de su propiedad del inmueble y, para el caso de que no lo haga, que se consideren abandonados.

• En su caso, el **anuncio de condonación** al arrendatario de todo o parte de la deuda y de las costas, con expresión de la cantidad concreta, condicionándolo al **desalojo voluntario** de la finca dentro del plazo que se indique por el arrendador, que no puede ser inferior a 15 días desde que se notifique la demanda (LEC art.21.3, 437.3 y 438.5).

Con este anuncio en la demanda se pretende agilizar aún más el desahucio, a costa, eso sí, de que el arrendador sacrifique parte de su derecho. Normalmente, en los casos en los que el arrendador sabe que el arrendatario es **insolvente** lo que más le interesa es agilizar la recuperación de la finca. La aceptación de tal compromiso equivale a un **allanamiento**.

10364 Precisiones Ha de tenerse en cuenta que, por efecto de la L 12/2023, por el **derecho a la vivienda**, se establecen nuevos **requisitos para la admisión de la demanda** (LEC art.439.6 y 7 redacc L 12/2023). En la **recuperación de la posesión** de una finca con fundamento en el impago de la renta o expiración del plazo del contrato, porque se hubiera cedido en precario por quien tiene derecho a poseerla, porque hubiese sido despojado sin su consentimiento o porque, siendo el titular registral, se es perturbado o se tiene la oposición de quien no lo es, para la admisión de la demanda es imprescindible:

a) Con **carácter general** que se especifique:

• Si el inmueble constituye la **vivienda habitual** de la persona ocupante.

• Que el demandante **no es gran tenedor**, lo que debe justificar adjuntando a la demanda el correspondiente certificado Registro de la Propiedad.

• Que el demandante **es gran tenedor**, en cuyo caso, debe acreditar si el ocupante se encuentra o no en situación de **vulnerabilidad económica,** mediante:

- el **certificado** de la Administración competente expedido con el consentimiento del afectado y con una antigüedad no superior a 3 meses;

- el documento acreditativo de estas mismas Administraciones que indiquen que el **ocupante no consiente** expresamente el estudio de su situación económica; o

- la **declaración responsable** de que ha acudido a estos organismos, en los últimos 5 meses, sin que hubiera sido atendida o se hubieran iniciado los trámites correspondientes en el plazo de 2 meses desde que presentó su solicitud, junto con justificante acreditativo de la misma.

b) Si el demandante es **gran tenedor,** el inmueble constituye **vivienda habitual** de la persona ocupante y esta se encuentra en situación de **vulnerabilidad económica**, debe acreditar que se ha sometido al procedimiento de conciliación o intermediación que establezcan las Administraciones públicas competentes, analizando las circunstancias de ambas partes y de las posibles ayudas y subvenciones a su disposición. Lo que puede acreditarse, con una antigüedad no superior a 3 meses, mediante:
- la **declaración responsable** de que ha acudido a estos organismos, en los últimos 5 meses, sin que hubiera sido atendida o se hubieran iniciado los trámites correspondientes en el plazo de 2 meses desde que presentó su solicitud, junto con justificante acreditativo de la misma;
- el documento de los servicios competentes que indique el resultado del **procedimiento de conciliación o intermediación**, en el que se hará constar la identidad de las partes, el objeto de la controversia y si alguna de las partes ha rehusado participar en el procedimiento, en su caso.
Para el desarrollo de estos trámites de **intermediación y conciliación previos a la presentación de la demanda**, las comunidades autónomas pueden usar los **recursos** de los planes estatales de vivienda para cubrir los costes del proceso, así como las compensaciones que puedan acordarse a solicitud de los propietarios de los inmuebles afectados, o por decisión de la administración competente en materia de vivienda (L 12/2023 disp.adic.4ª).
c) Si la arrendadora es una **entidad pública de vivienda**, el inmueble constituye **vivienda habitual** de la persona ocupante y esta se encuentra en situación de **vulnerabilidad económica** procedimiento de conciliación o intermediación se puede sustituir por la previa concurrencia de la acción de los servicios específicos de intermediación de la propia entidad, acreditándose en los mismos términos.

Acumulación de acciones (LEC art.437.4.3ª) Cabe la acumulación de las acciones de reclamación de **rentas** o cantidades debidas a cuyo pago viene obligado el arrendatario y no pagadas, cuando se trate de juicios de desahucio por falta de pago con independencia de la **cantidad** que se reclame. 10365
Puede darse también la acumulación de desahucio por **expiración del plazo** legal o contractual y la reclamación de rentas o cantidades debidas a cuyo pago viene obligado el arrendatario y no pagadas.
En estas acumulaciones, además de lo referido en el nº 10363 se recomienda solicitar en la demanda que se condene al demandado a satisfacer las **prestaciones que se devenguen** con posterioridad al momento de presentación de la demanda y hasta la fecha del lanzamiento y recuperación del inmueble por el arrendador (AP Lleida 24-1-00, EDJ 67; AP Asturias 3-2-03, EDJ 26772; AP Valencia 18-6-01, EDJ 75809).
Asimismo, respecto a la **acumulación subjetiva**, pueden acumularse las acciones ejercitadas contra el fiador o avalista solidario, previo requerimiento de pago no satisfecho. Podrán acumularse las acciones que uno tenga contra varios sujetos o varios contra uno siempre que entre esas acciones exista un nexo por razón del título o causa de pedir. A estos efectos, se entiende que el título o causa de pedir es idéntico o conexo cuando las acciones se funden en los mismos hechos y se cumplan los requisitos establecidos en la LEC art.72 y 73.1.

Precisiones Respecto a la **cuantía de la demanda**, ver nº 10308.

Suspensión por vulnerabilidad (LEC art.441.5 a 7 redacc L 12/2023) En la recuperación de la posesión de una finca que constituya la **vivienda habitual** del demandado, con fundamento en el impago de la renta o expiración del plazo del contrato, entre otros supuestos, el letrado de la Administración de Justicia, en el **decreto de admisión** a trámite de la demanda, debe informar al demandado de la posibilidad y la forma de acudir a las **Administraciones competentes** a fin de que puedan apreciar su posible situación de vulnerabilidad. 10366
Igualmente, el **juzgado** debe comunicar a tales Administraciones, de forma inmediata y de oficio, la existencia del procedimiento a fin de que puedan verificar la situación de vulnerabilidad y, de existir esta, presentar al juzgado una **propuesta de alternativa de vivienda** y de medidas de atención inmediata, así como de las posibles ayudas económicas y subvenciones de las que pueda ser beneficiaria la parte demandada:
- si se confirma la **situación de vulnerabilidad,** se notificará al órgano judicial a la mayor brevedad y, en todo caso, en el plazo máximo de 10 días;
- si el actor es un **gran tenedor de vivienda** y junto con la demanda hubiera acreditado la vulnerabilidad del demandado, se hará ya constar en el oficio a la Administración para que efectúen directamente, en el mismo plazo, la propuesta de medidas de atención inmediata a adoptar, así como de las posibles ayudas económicas y subvenciones de las que pueda ser beneficiaria la parte demandada y las causas, que, en su caso, han impedido su aplicación con anterioridad; y
- recibida la **propuesta** de la Administración en el juzgado, el letrado de la Administración de Justicia dará traslado a las partes para que en el plazo de 5 días puedan instar lo que a su derecho convenga, procediendo a suspender la fecha prevista para la celebración de la vista o para el lanzamiento, de ser necesaria tal suspensión por la inmediatez de las fechas;

- presentados los escritos de las partes o transcurrido el plazo de 5 días, el tribunal resolverá por auto, a la vista de la información recibida de las Administraciones públicas competentes y de las alegaciones de las partes, sobre la **suspensión del proceso** para que se adopten las medidas propuestas por las Administraciones públicas, durante un **plazo máximo** de 2 meses si el demandante es una persona física o de 4 meses si se trata de una persona jurídica;
- adoptadas las medidas por las Administraciones públicas competentes o transcurrido el plazo máximo de suspensión previsto, se alzará esta automáticamente y continuará el procedimiento por todos sus trámites.

Para tomar de forma ponderada y proporcional la decisión de suspender el procedimiento, el juez tiene que apreciar también la **situación de vulnerabilidad del demandante** y cualquier otra circunstancia acreditada en autos.

En particular, cuando se trate de un juicio de **desahucio por falta de pago de la renta**, puede tener en cuenta que el importe de la renta, más el de los suministros de electricidad, gas, agua y telecomunicaciones suponga más del 30% de los ingresos de la unidad familiar y que el conjunto de estos no alcance con carácter general, el límite de 3 veces el IPREM. No obstante, este límite **se incrementará**:
- en 0,3 veces el IPREM por cada hijo a cargo en la unidad familiar;
- en 0,35 veces el IPREM en el caso de unidad familiar monoparental;
- en 0,35 veces el IPREM en el caso de cada hijo con discapacidad igual o superior al 33%;
- en 0,2 veces el IPREM por cada persona mayor de 65 años miembro de la unidad familiar o personas en situación de dependencia a cargo; y
- 5 veces el IPREM, sin perjuicio de los incrementos acumulados por hijo a cargo, en caso de que alguno de los miembros de la unidad familiar tenga declarada discapacidad igual o superior al 33% por ciento, situación de dependencia o enfermedad que le incapacite acreditadamente de forma permanente para realizar una actividad laboral.

A estos mismos efectos, para apreciar la vulnerabilidad social, el tribunal puede considerar el hecho de que, entre quienes ocupen la vivienda, se encuentren **personas dependientes** de acuerdo con lo establecido en la Ley de dependencia (L 39/2006 art.2.2).

10367 Precisiones Desde 2-4-2020, entre otras medidas de apoyo a los colectivos más vulnerables, se ha establecido la **suspensión de los desahucios o lanzamientos** tras reanudarse los plazos procesales suspendidos durante el **estado de alarma.** De esta forma, una vez finalizado el mismo y reiniciados los términos y plazos procesales (RD 463/2020 disp.adic.2ª), si durante la tramitación del procedimiento de desahucio el arrendatario puede acreditar ante el juzgado su **situación de vulnerabilidad** social o económica, derivada de la paralización de la actividad, y que le es imposible encontrar otra vivienda para sí mismo y las personas que convivan con él en la vivienda arrendada, el letrado de la Administración de Justicia debe comunicarlo a los servicios sociales competentes y, si entiende que concurre la situación de vulnerabilidad, decretará la suspensión del lanzamiento, con carácter retroactivo, y por el tiempo estrictamente necesario, de acuerdo con los servicios sociales, hasta que se adopten las medidas que estos estimen oportunas, por un periodo máximo de 6 meses desde la entrada en vigor del RDL 11/2020 -actualmente **prorrogado hasta el 31-12-2024** (RDL 11/2020 art.1 y 1 bis redacc RDL 8/2023; RDL 37/2020 disp.adic.2ª.2, 3, 5 y 6 redacc RDL 8/2023)-.

Para aplicar esta suspensión **se requiere**:
- que el contrato tenga por objeto el arrendamiento de una vivienda sujeta a la LAU;
- que se acredite la situación de vulnerabilidad con la aportación de los documentos expuestos.

En el caso de que el **arrendador** acredite, estar igualmente en una situación de vulnerabilidad sobrevenida como consecuencia de la crisis sanitaria, el letrado de la Administración de Justicia debe comunicarlo a los servicios sociales competentes para su consideración sobre el plazo de suspensión extraordinaria y las medidas de protección social a adoptar.

En todo caso, se establece la posibilidad de solicitar la correspondiente **compensación** por parte de propietarios y arrendadores (RD 401/2021).

b. Requerimiento al demandado

(LEC art.438.5 y 6 redacc RDL 6/2023)

10370 Cuando la que se ejercite sea la pretensión de desahucio por falta de pago de rentas o cantidades debidas, acumulando o no la pretensión de condena al pago de las mismas, el letrado de la Administración de Justicia, **tras la admisión de la demanda**, y previamente a la vista que se señale (nº 10326), requerirá al demandado para que, en el **plazo** de 10 días:
- desaloje el inmueble;
- pague al arrendador;
- enerve; o
- comparezca y formule oposición.

En el requerimiento se debe informar al arrendatario demandado de que puede acudir a los **servicios sociales** (nº 10366) y que, en caso de solicitar **asistencia jurídica gratuita**, debe hacerlo en los 3 días siguientes a la práctica del requerimiento, pues el derecho a la defensa y asistencia letrada debe compatibilizarse con el derecho de la parte contraria a un proceso sin dilaciones indebidas (TCo 92/1996).
Si el demandante ha expresado en su demanda que asume el **compromiso de condonar** la deuda (LEC art.437.3), se le pondrá de manifiesto en el requerimiento, y la aceptación de este compromiso equivaldrá a un allanamiento con los efectos de LEC art.21.
Asimismo, ha de indicarse **día y hora exactos** para la práctica del lanzamiento en caso de que no hubiera oposición. La falta de oposición al requerimiento supondrá la prestación del consentimiento del arrendatario a la resolución del contrato de arrendamiento que le vincula con el arrendador.
El requerimiento apercibirá al demandado de que, de **no realizar ninguna de las actuaciones** citadas, se procederá a su inmediato lanzamiento, sin necesidad de notificación posterior.

Práctica del requerimiento El requerimiento se practica en la vivienda o local arrendado. No obstante, si la demanda se dirige contra una **persona jurídica**, puede señalarse el domicilio de cualquiera que aparezca como administrador, gerente o apoderado de la empresa mercantil, presidente, miembro o gestor de la junta de cualquier asociación que apareciese en un Registro oficial. **10372**
Si **no se localiza al demandado** en la vivienda o local arrendado, y este no hubiese comunicado de forma fehaciente un nuevo domicilio al arrendador, el letrado de la Administración de Justicia mandará que se haga la comunicación a través del Tablón Edictal Judicial Único (LEC art.164 redacc RDL 6/2023).

c. Posición del demandado

Si ante el requerimiento del juzgado el arrendatario **no se opone** ni hace nada, se entiende que está prestando su consentimiento a la resolución del contrato de arrendamiento que le vincula con el arrendador (LEC art.438.5 redacc RDL 6/2023). **10375**
Se dicta **decreto**, sin necesidad de previa vista, dando por terminado el juicio de desahucio y se procede a su inmediato **lanzamiento** en la hora y fecha fijada.
Se imponen las **costas** al demandado y se incluyen las rentas devengadas con posterioridad a la presentación de la demanda hasta la completa entrega del inmueble.
También puede, en lugar de adoptar una posición pasiva frente al requerimiento, tomar alguna de las **opciones** que se indican a continuación.

Precisiones En estos procedimientos no es posible la **reconvención** del demandado (LEC art.438.2; nº 10323).

Desalojo del inmueble arrendado (LEC art.438.5 -redacc RDL 6/2023- y 703.4) Si el demandado atiende el requerimiento de desalojo del inmueble **sin formular oposición** ni pagar la cantidad que se reclama, se dicta decreto dando por terminado el procedimiento y se deja sin efecto la diligencia de lanzamiento, a menos que el demandante interese su mantenimiento para levantar acta del **estado de la finca**. **10378**
En caso de **acumulación** de desahucio con reclamación de rentas o por expiración del plazo, se seguiría el procedimiento en cuanto a la reclamación de rentas.
Si el demandante ha expresado en su demanda que asume el **compromiso de condonar** al arrendatario todo o parte de la deuda y de las costas, con expresión de la cantidad concreta, condicionándolo al desalojo voluntario de la finca dentro del plazo que se indique por el arrendador, que no puede ser inferior al plazo de 15 días desde que se notifique la demanda, la aceptación de este compromiso equivale a un **allanamiento** (LEC art.21).
En el caso anterior, así como en los que el demandado no haya desalojado el inmueble, pero se comprometa a hacerlo, en **previsión** de que no se verifique por el arrendatario el desalojo voluntario en el plazo señalado, el tribunal en la resolución fija con **carácter subsidiario** día y hora en que tendrá lugar, en su caso, el lanzamiento directo del demandado, que se llevará a término sin necesidad de ulteriores trámites en un plazo no superior a 15 días desde la finalización de dicho periodo voluntario (LEC art.447.1).
El decreto dando por terminado el juicio de desahucio, debe imponer las **costas** al demandado e incluir las **rentas debidas** que se devenguen con posterioridad a la presentación de la demanda hasta la entrega de la posesión efectiva de la finca, tomándose como base de la liquidación de las **rentas futuras**, el importe de la última mensualidad reclamada al presentar la demanda (LEC art.220.2).

10387 **Oposición** (LEC art.438.5 y 6 redacc RDL 6/2023) El demandado comparece y formula oposición, las razones por las que, a su entender, no debe, en todo o en parte, la cantidad reclamada o las circunstancias relativas a la procedencia de la enervación. Se celebra la **vista** en la fecha señalada (nº 10326).

El demandado no puede impugnar en este momento la **falta de jurisdicción o de competencia** del tribunal, sino que debió proponerlo en forma de declinatoria (nº 9524), sin perjuicio de lo previsto sobre apreciación de oficio por el tribunal de su falta de jurisdicción o de competencia.

En la resolución que se dicte teniendo por opuesto al demandado se fijará día y hora exacta para que tenga lugar, en su caso, el **lanzamiento**, que deberá verificarse antes de 30 días desde la fecha señalada para la vista, advirtiendo al demandado que, en caso de **sentencia condenatoria**, si no recurre, se procederá al lanzamiento en el día y la hora fijadas, sin necesidad de notificación posterior.

El tribunal dicta **sentencia** dentro de los 5 días siguientes a la terminación de la vista, en la que se convoca ya a las partes a la sede del tribunal para recibir la **notificación**. Esta ha de tener lugar el día más próximo posible dentro de los 5 siguientes al de la sentencia (LEC art.447).

Estas sentencias no producen efectos de **cosa juzgada** (nº 9506).

Precisiones Se vulnera el derecho a la tutela judicial efectiva en un procedimiento de desahucio en el que en no se tienen en cuenta la condición de **persona con discapacidad** del demandado, que este alega como causa de oposición (TCo 161/2021).

10393 **Enervación de la acción** (LEC art.22.4 y 5 y 438.5 redacc RDL 6/2023) Los procesos de desahucio por falta de pago de las rentas o cantidades debidas por el arrendatario pueden terminar mediante **decreto** si, una vez requerido este y en momento **anterior a la celebración de la vista**:

- paga al actor; o
- pone a su disposición en el tribunal o notarialmente, dentro del plazo concedido en el requerimiento -10 días-, el importe de las cantidades reclamadas en la demanda y el de las que adeude hasta su puesta al día en ese momento.

No obstante, la enervación **no procede**:

• Cuando el arrendatario hubiera enervado el desahucio en una **ocasión anterior**, excepto que finalmente el pago no hubiera tenido lugar por causas imputables al arrendador.

• Cuando el arrendador hubiese **requerido de pago** al arrendatario cumpliendo los siguientes **requisitos** (TS 28-5-14, EDJ 85665; 22-9-15, EDJ 167998; 13-10-15, EDJ 182090):

- de forma fehaciente, es decir, por medio que permita acreditar que llega a conocimiento del arrendatario;
- refiriéndose a rentas impagadas; y
- con, al menos, 30 días de antelación a la presentación de la demanda.

El demandante puede **oponerse a la enervación** por no cumplirse los requisitos -p.e. que se ha hecho la consignación de parte del importe, pero no del total adeudado hasta la fecha-, en cuyo caso se cita a las partes a la vista (nº 10326), tras la cual el juez dicta sentencia por la que declara enervada la acción o estima la demanda dando lugar al desahucio.

10394 Precisiones **1)** La posibilidad de enervar el desahucio existe solo cuando este es por falta de pago de renta, no por **expiración del término contractual**.

2) En el **requerimiento de pago previo a la demanda**, el arrendador no está obligado a informar al arrendatario de que procede la resolución del contrato y de que no va a poder ya enervar la acción de desahucio (TS 23-6-14, EDJ 99475).

3) El **plazo** de 30 días de antelación fijado para el requerimiento debe entenderse como un plazo sustantivo (CC art.5), no procesal, del que se excluyen los días inhábiles (AP Barcelona 8-6-16, EDJ 149770 -casada por TS 23-5-19, EDJ 600128-.

4) La configuración de la enervación como un derecho del arrendatario pugna con un derecho del arrendador tan esencial como es recibir el precio del arrendamiento (CC art.1543, 1546 y 1555.1º), de suerte que la enervación se presenta no tanto como un derecho cuanto como una **oportunidad del arrendatario** de evitar el desahucio (TS 26-3-09, EDJ 72814).

5) El pago de la renta del arrendamiento fuera de plazo, después de presentada la demanda de desahucio, no produce efectos enervatorios si hubo una **enervación anterior**, y ello, aunque la demanda se funde en el **impago de una sola mensualidad** de renta (AP Barcelona 11-5-15, EDJ 101263). El arrendador no está obligado a soportar que el arrendatario se retrase de ordinario en el abono de las rentas periódicas (TS 24-7-08, EDJ 128033).

6) Un **excesivo proteccionismo de los arrendatarios** puede generar el indeseable efecto general de retraer la oferta de viviendas en alquiler por el temor de los propietarios a tener que soportar los reiterados incumplimientos de los inquilinos, máxime cuando en muchas ocasiones la necesidad del arrendador de cobrar puntualmente la renta puede ser tan acuciante como la del inquilino de disponer de una vivienda (TS 26-3-09, EDJ 72814).

7) A efectos de la enervación es válido el requerimiento de pago hecho al arrendatario mediante un **burofax** que no es retirado por el destinatario a pesar de recibir el aviso del servicio de correos para que lo hiciera (TS 22-6-22, EDJ 613997).

Deudor concursal (RDLeg 1/2020 art.168) Una vez abierto el concurso de acreedores, la **administración concursal** puede enervar la acción de desahucio ejercitada contra el deudor con anterioridad a la declaración del concurso, así como rehabilitar la vigencia del contrato de arrendamiento urbano hasta el momento mismo de practicarse el efectivo lanzamiento. 10402
La **notificación a la otra parte** del ejercicio de la facultad de rehabilitación del contrato o de enervación de la acción de desahucio del contrato debe realizarse por la administración concursal con previo o simultáneo pago con cargo a la masa de todas las rentas y conceptos pendientes, así como con el compromiso de satisfacer las posibles **costas procesales** causadas hasta ese momento.
El ejercicio de estos derechos puede realizarse **aunque el arrendatario ya hubiera enervado** el desahucio en ocasión anterior. No se aplican en estos casos las **limitaciones** establecidas en la LEC art.22 (nº 10393).
Para una información más detallada puede consultarse nº 10980 Memento Procesal Civil 2024.

CAPÍTULO 20

Recursos

Los recursos son el medio por el que quien ha sido parte en un proceso reclama que la resolución recaída en aquel sea revisada, con la posibilidad de remediar los errores padecidos al dictarla, en aras al principio de **seguridad jurídica** (Const art.9.3). 10505

Existen unos **límites cuantitativos** que se exigen para el acceso a determinados recursos y que tienen su razón de ser, adicionalmente, en un intento de agilizar la actuación jurisdiccional en todos los órdenes, para procurar que la Justicia se imparta y se administre de la forma más rápida y eficaz posible, de acuerdo con las exigencias de Const art.24, lo que justifica el establecimiento de una **cuantía mínima** necesaria para el acceso a algunos de ellos, como puede ser el de casación, siempre que la materia no revista interés casacional (TS auto 12-12-97, EDJ 60062; 7-4-97, EDJ 57442). El establecimiento de un límite cuantitativo de esta índole se ha considerado plenamente compatible con las exigencias constitucionales y, en particular, con el derecho fundamental a la **tutela judicial efectiva** (TCo 91/2005).

Clases de recursos Son tradicionales las clasificaciones siguientes: 10507

a) La que diferencia entre recursos:

• **Ordinarios**: No tienen taxativamente establecidos en la ley los motivos en los que pueden fundarse. El recurso ordinario atribuye cognición plena sobre la resolución impugnada al órgano judicial encargado de conocerlo.

Son el recurso de reposición (nº 10530), apelación (nº 10560) y queja (nº 10700).

• **Extraordinarios**: Solo proceden contra determinadas resoluciones y por motivos tasados y concretos, por lo que ofrecen al órgano *ad quem* cognición limitada sobre la resolución que es objeto de recurso, de forma que el poder de conocimiento del juez o tribunal se contrae a lo estrictamente necesario para que el recurso cumpla su función propia (TS 29-7-05, respecto del recurso de casación).

Son los siguientes:

- casación (nº 10660); y
- extraordinario por infracción procesal -hasta su desaparición con efecto 20-3-2024 (RDL 6/2023), sin perjuicio de situaciones transitorias- (nº 10620)-;
- recurso en interés de ley (desaparecido por efecto del RDL 5/2023).

b) La que diferencia entre recursos:

• **Devolutivos**: De los que conoce un juez distinto de aquel que dictó la resolución recurrida. La devolución siempre se efectúa hacia un órgano jerárquicamente superior al órgano *a quo*.

• **No devolutivos**: De los que conoce el mismo juez que dictó la resolución recurrida.

Son devolutivos todos, salvo el recurso de reposición.

Aclaración de sentencia (LEC art.214.2 y 4) Los tribunales no pueden variar las resoluciones que pronuncien **después de firmadas**, pero sí aclarar algún concepto oscuro y rectificar cualquier error material de que adolezcan. 10508

La aclaración de algún **concepto oscuro** en la resolución judicial no debe suponer un cambio de sentido y espíritu del fallo, ya que el órgano judicial, al explicar el sentido de sus palabras, en su caso, está obligado a no salirse del contexto interpretativo de lo anteriormente manifestado o razonado (TCo 206/2005).

Las aclaraciones pueden hacerse **de oficio** por el tribunal o letrado de la Administración de Justicia, dentro de los 2 días hábiles siguientes al de la publicación de la resolución, o **a petición** de parte o del Ministerio Fiscal, formulada dentro del mismo plazo, siendo en este caso resuelta por quien hubiera dictado la resolución dentro de los 3 días siguientes al de la presentación del escrito en que se solicite la aclaración.

Los **errores materiales manifiestos y los aritméticos** en que incurran las resoluciones de los tribunales y de los letrados de la Administración de Justicia pueden ser rectificados en cualquier momento.
Para apreciar la concurrencia de errores materiales han de considerarse como tales aquellos cuya corrección no implique un **juicio valorativo**, ni exija operaciones de calificación jurídica o nuevas y distintas apreciaciones de la prueba, ni suponga resolver cuestiones discutibles y opinables por evidenciarse el error directamente al deducirse, con toda certeza, del propio texto de la resolución o del contexto procesal en la que se inscribe, sin necesidad de hipótesis, deducciones o interpretaciones (TCo 206/2005).
No cabe **recurso** alguno contra la resolución que decida sobre la aclaración ni sobre la corrección, sin perjuicio de los recursos que procedan, en su caso, contra la resolución a que se refiriera la aclaración.
Los **plazos** para estos recursos, si son procedentes, se interrumpen desde que se solicite su aclaración, rectificación, subsanación o complemento, continuando el cómputo desde el día siguiente a la notificación de la resolución que reconozca o niegue la omisión de pronunciamiento y acuerde o deniegue remediarla.

A. Disposiciones comunes

10510 Se parte del derecho legal a recurrir de quienes han sido parte en el proceso, derecho que queda configurado con base en unos presupuestos objetivos (nº 10512 s.) y otros exigidos en casos especiales (nº 10516 s.).

10512 **Legitimación** (LEC art.448.1) La Ley parte del reconocimiento del **derecho a recurrir** a los que sean parte en el proceso, de forma que las partes podrán interponer los recursos previstos en la ley contra las resoluciones de los tribunales y de los letrados de la Administración de Justicia que les afecten desfavorablemente.
La exigencia de legitimación para recurrir viene condicionada por la concurrencia de tres **requisitos**:
- ser **parte** en el proceso;
- la existencia de un **gravamen o perjuicio**; y
- la **no aceptación** de la resolución perjudicial para los intereses del recurrente.

1) Respecto del primero de los requisitos, la presencia del recurrente en el proceso en el que se dicta la resolución, hay que tener en cuenta que solo quienes se han personado en el procedimiento tienen derecho a alzarse luego contra la sentencia que afecta a sus intereses. Este requisito debe interpretarse en relación con el principio de **dualidad de partes** del proceso, de modo que no es posible que un codemandado impugne una resolución judicial, pretendiendo la condena o el agravamiento de la situación procesal de otro codemandado (TS 7-4-03, EDJ 6553).
2) Respecto del segundo de los requisitos, existe una consolidada doctrina jurisprudencial que exige un **interés legítimo** que sirva de fundamento a la legitimación para formular recursos contra las resoluciones judiciales (TS 16-5-91, EDJ 5107; 23-10-98, EDJ 23078). Es indispensable la existencia de un perjuicio o gravamen para el recurrente, negándose la legitimación para recurrir a la parte que no tiene un interés o no queda perjudicada o gravada por la resolución (AP Salamanca auto 31-10-05, EDJ 210389).
3) Respecto del tercero de los requisitos, aparte de la obvia voluntad de impugnar la resolución por considerarla contraria a Derecho o no conveniente para los intereses de la parte agraviada, es necesario que el recurso se interponga de conformidad con los **términos y condiciones impuestos por la Ley** para considerarlo admisible.

10514 **Plazo** (LEC art.448.2) Los plazos para recurrir se computan desde el día siguiente a la **notificación** de la resolución que se recurre o, en su caso, a la notificación de su **aclaración** o de la denegación de esta.
Cuando la presentación del escrito esté sujeta a plazo, procesal o sustantivo, podrá efectuarse hasta las 15 horas del día hábil siguiente al del **vencimiento del plazo**, en la secretaría del tribunal o, de existir, en la oficina o servicio de Registro central que se haya establecido (LEC art.135 redacc RDL 6/2023).
En todo caso, **transcurridos los plazos** previstos para recurrir una resolución sin haberla impugnado, esta quedará firme y pasada en autoridad de cosa juzgada, debiendo el tribunal del proceso en que recaiga estar en todo caso a lo dispuesto en ella (LEC art.207.4).

10516 **Pago de las rentas vencidas** (LEC art.449.1 redacc RDL 6/2023) En los **procesos que lleven aparejado el lanzamiento** se exige un presupuesto especial, pues no se admiten al demandado los recursos de apelación o casación si, al interponerlos, no manifiesta, acreditándolo por

escrito, tener satisfechas las rentas vencidas y las que con arreglo al contrato deba pagar adelantadas.
El requisito de pago de rentas vencidas como presupuesto especial para poder recurrir es de aplicación en todos los supuestos en los que se ejercite la **acción resolutoria** del contrato, con independencia de que la causa invocada sea o no la falta de pago de la renta (AP Murcia 31-3-10, EDJ 81666), mientras que, por el contrario, no se aplica cuando el objeto del proceso sea simplemente la **reclamación de las rentas adeudadas** o la **determinación de su importe** (TS auto 3-2-04, EDJ 304608).

Precisiones **1)** Este requisito es aplicable a todos los procedimientos que lleven aparejado el lanzamiento, con independencia de lo que se discuta en el pleito, el **juicio verbal de desahucio** evidentemente lo lleva (nº 10345 s.). Una interpretación distinta permitiría **demorar nuevamente el pago** de las rentas, manteniendo la posesión del inmueble y a la espera de la resolución del recurso, lo que justamente la ley quiere impedir (AP Lleida 11-6-15, EDJ 128334).
2) Con efecto 20-3-2024 se elimina la posibilidad de interponer **recurso extraordinario por infracción procesal** (RDL 6/2023), cuyos motivos quedan integrados en el recurso de casación.

Respecto al **concepto de rentas vencidas**, existen dos posiciones divergentes: **10518**
• Una, que realiza la **interpretación amplia** del precepto, sosteniendo que por rentas debe entenderse todas aquellas cantidades determinadas cuyo pago corresponda al arrendatario. Esta interpretación resulta adecuada, relacionando LEC art.449.1 con LEC art.250.1.1º y 22.4 -redacc RDL 6/2023-. El primero de ellos, al regular el ámbito del juicio verbal, dispone que se deciden por ese procedimiento las pretensiones para recuperar la posesión de una finca dada en arrendamiento cuando se funden en el impago de la renta o de **otras cantidades debidas** por el arrendatario; y si tal juicio se puede basar tanto en el impago estricto de lo considerado como rentas, como de aquellas otras cantidades debidas por el arrendatario (IBI o gastos de la comunidad de propietarios), carece de toda razón lógica que para interponer el recurso de apelación se pida al demandado-arrendatario tener satisfechas las cantidades estrictamente consideradas como rentas y no aquellas otras cuyo pago también le incumbe; lo que se aprecia mejor, si cabe, cuando la demanda se funda únicamente en el impago de cantidades no comprendidas en el concepto restringido de rentas. Esta conclusión la reafirma LEC art.22.4, al regular la **enervación del desahucio**, que requiere el pago no solo de la renta, sino de cuantas cantidades adeudase el arrendatario al momento del pago enervador de la acción. Por otra parte, esta interpretación es la admitida por parte de algunos tribunales (AP Asturias 31-12-02; AP Madrid auto 19-4-04, EDJ 124601).
• Otra, que propugna una **interpretación estricta y literal** de la norma, identificando la renta con la prestación pecuniaria debida al propietario a cambio de la posesión del inmueble y excluyendo del concepto, por lo tanto, las demás cantidades que puedan adeudarse como consecuencia de la relación arrendaticia, aunque se trate de cantidades asimiladas a la renta (AP Castellón 28-9-01, EDJ 46580: no es necesaria la acreditación del pago del IBI para interponer el recurso).

Rentas vencidas antes de la interposición del recurso (LEC art.449.1 redacc RDL 6/2023) La Ley **10520**
exige el pago de las rentas vencidas como **requisito esencial** para la admisibilidad del recurso, por lo que no es suficiente con la prestación de garantías de pago de las mismas. El recurso debe ser inadmitido si el arrendatario recurrente se limita a ofrecer **aval** por los conceptos debidos (AP Barcelona 17-4-07, EDJ 130060).
Tan inexcusable es este requisito, que se exige con la misma intensidad a quienes gozan del beneficio de **justicia gratuita** (AP Tarragona 13-9-18, EDJ 571647).

Precisiones El requisito del pago o consignación como **materia de orden público** y, por tanto, de carácter imperativo, escapa al poder dispositivo de las partes y del órgano judicial, por lo que su cumplimiento debe ser controlado y revisado de oficio por los tribunales al resolver los recursos para cuyo conocimiento son competentes, por lo que el tribunal *ad quem* tiene facultades para fiscalizar y revisar la decisión del órgano *a quo* cuando este haya admitido indebidamente el recurso (AP Guadalajara 5-7-02, EDJ 126228).

Rentas vencidas durante la tramitación del recurso (LEC art.449.2 redacc RDL 6/2023) Los recur- **10524**
sos de apelación o casación, se declararán desiertos, cualquiera que sea el estado en que se hallen, si durante la sustanciación de los mismos el demandado recurrente deja de pagar los **plazos que venzan** o los que deba adelantar.
El arrendatario puede **adelantar o consignar el pago** de varios períodos no vencidos, los cuales se sujetan a liquidación una vez firme la sentencia.
En todo caso, el abono de dichos importes no se considera **novación** del contrato.

Precisiones Es voluntad de la Ley exigir el pago de las rentas vencidas, no solo en el **momento** en el que se interpone el recurso, sino a lo largo de su tramitación (AP Valladolid 29-12-06, EDJ 471055).

B. Recurso de reposición

(LEC art.451 a 454)

10530 El recurso de reposición es un **recurso ordinario, no devolutivo y no suspensivo**, que tiene por objeto satisfacer una pretensión de reforma de una resolución interlocutoria dictada por el **juez o tribunal** que está conociendo el litigio o por el letrado de la Administración de Justicia correspondiente.

10532 **Resoluciones recurribles** (LEC art.451) El recurso de reposición puede interponerse frente a:
a) Las **providencias** y los **autos no definitivos**, ante el mismo tribunal que dictó la resolución recurrida.
b) Las **diligencias de ordenación** y los **decretos no definitivos**, ante el propio letrado de la Administración de Justicia que dictó la resolución recurrida, excepto en los casos en los que la Ley prevea el **recurso directo de revisión** (nº 10552).
Son **resoluciones definitivas**, las que ponen fin a la primera instancia y las que decidan los recursos interpuestos frente a ellas (LEC art.207.1).
Contra las resoluciones del tribunal sobre **admisión o inadmisión de pruebas** en el acto de la vista cabe recurso de reposición, que se sustancia y resuelve en el acto. En caso de desestimación, la parte puede formular **protesta** a efecto de hacer valer su derecho, en su caso, en la segunda instancia (LEC art.446 redacc RDL 6/2023; AP Zaragoza 14-11-06, EDJ 318235).

10534 Contra el auto que resuelve un recurso de reposición, procesalmente, no cabe interponer un **nuevo recurso de reposición** (AP Madrid 13-4-05, EDJ 215470). Ello sin perjuicio de reproducir la cuestión objeto de la reposición al recurrir, si procede, la resolución definitiva. De ahí que se haya señalado que la LEC establece dos vías separadas y distintas para recurrir las resoluciones judiciales dictadas en primera instancia:
1) De un lado, el recurso de **reposición contra todas las providencias y autos no definitivos**, sin que contra el auto que resuelve el mismo quepa recurso alguno, salvo el de **queja** en los casos que proceda, lo cual solo tiene lugar cuando el auto deniegue la admisión a trámite de un recurso de apelación. Las resoluciones definitivas no son susceptibles de este recurso -no cabe este recurso contra el auto que declara desierto un recurso de apelación, porque se trata de una resolución definitiva por cuanto pone fin al proceso (AP Huelva 13-1-06, EDJ 60377); a estos efectos se debe entender por definitivo el auto que ponga fin a la primera instancia (AP Navarra 16-3-10, EDJ 266537)-.
2) Y de otro lado, **contra las sentencias, autos definitivos** y aquellos otros que expresamente establezca la ley, en los que se debe interponer directamente el recurso de **apelación** (nº 10560 s.).
En definitiva, los recursos de reposición y de apelación son dos **vías distintas y paralelas**, sin que en ningún caso el recurso de reposición deba o pueda preceder al de apelación, salvo **excepciones** como las siguientes (AP Salamanca auto 31-10-05, EDJ 210389):
- cuando se haya despachado ejecución y el tribunal provea en contradicción con el título ejecutivo (LEC art.563.1º), en cuyo caso es posible recurrir en reposición y, posteriormente, en apelación cuando el primer recurso se desestime (AP Bizkaia 18-1-05, EDJ 15313); y
- cuando se recurra el auto que deniegue el despacho de la ejecución (LEC art.552.2º), que sigue el mismo *iter* en lo que a recursos se refiere.

10536 No es posible equiparar el **auto que resuelve la reposición** con el concepto de **auto definitivo**, a los efectos de que contra el mismo pueda interponerse el recurso de apelación, pues este auto no pone fin a la primera instancia ni decide un recurso interpuesto contra una resolución que pone fin a la primera instancia (LEC art.455.1º y 207.1).

10540 **Procedimiento** En cuanto a la **tramitación** de este recurso, hay que hacer referencia a las cuestiones que se exponen a continuación.

10541 **Traslado previo al procurador de la parte contraria** (LEC art.276 -redacc RDL 6/2023- y 277) Si, con carácter previo a la presentación del recurso de reposición, **no se da traslado** de la copia de los escritos al procurador de la parte contraria, se tienen tales escritos por no presentados.
Es un **defecto insubsanable** que tiene como consecuencia, prevista legalmente con carácter penalizador, la inadmisión del escrito y, por ende, la propia ineficacia del acto procesal de parte que la presentación del mismo suponga.

Precisiones No resulta de aplicación la **subsanación** a que se refiere con carácter general LEC art.231, porque está referida a los actos defectuosos, pero no a los no realizados, de tal modo que puede corregirse la falta de acreditación o un traslado deficiente, pero en ningún caso el acto omitido, máxime cuando se establece la referida consecuencia de la inadmisibilidad (LEC art.277; TS 19-11-02, EDJ 126238; 26-11-02, EDJ 126239; 25-2-03, EDJ 263088; 3-2-04, EDJ 304608).

Requisitos (LEC art.452) El recurso de reposición ha de interponerse de conformidad con los requisitos siguientes: 10542
a) **Plazo**: dentro del quinto día.
b) **Contenido**: expresándose la **infracción** que se considere cometida por la resolución recurrida. A estos efectos, basta con indicar el precepto y/o la doctrina jurisprudencial que el recurrente entiende que ha vulnerado la resolución que se impugna (AP Bizkaia 21-4-05, EDJ 134959).
Si no se cumplen ambos requisitos, tendrá lugar la **inadmisión** del recurso de reposición:
- mediante **providencia** no susceptible de recurso, en caso de reposición interpuesta frente a providencias y autos no definitivos; y
- mediante **decreto** directamente recurrible en revisión (nº 10552), en caso de reposición formulada contra diligencias de ordenación y decretos no definitivos.

Precisiones Según el criterio general de los tribunales, basta que se presente fuera de plazo o no se exprese la infracción en que ha incurrido la resolución a juicio del recurrente, para **inadmitir por providencia** el recurso de reposición.

Sustanciación (LEC art.453) Admitido el recurso de reposición se da **traslado** a las demás partes personadas para que en el plazo común de 5 días puedan impugnarlo. 10544
Transcurrido el plazo para impugnación, se hayan presentado o no los escritos, se ha de **resolver** en el plazo de 5 días:
- por el tribunal mediante **auto**, si se tratara de reposición interpuesta frente a providencias o autos; o
- por el letrado de la Administración de Justicia mediante **decreto**, si se trata de reposición formulada frente a diligencias de ordenación o decretos.

Efectos La interposición del recurso no impide que se lleve a efecto lo acordado en la resolución recurrida. El recurso de reposición carece de **efectos suspensivos**. 10546
La resolución que decida esta impugnación no es susceptible de **ulterior recurso**, si bien se podrá **reproducir la cuestión** objeto de la reposición al recurrir la resolución definitiva (en su caso).
Lo anterior debe entenderse a salvo de la posibilidad de interponer **recurso de queja** contra el auto que resuelva el recurso de reposición en los casos tasados en la Ley.

C. Recurso de revisión

(LEC art.454 bis redacc RDL 6/2023)

El recurso de revisión es un **medio impugnatorio ordinario** con el fin de homogeneizar el sistema de impugnación de las resoluciones de los letrados de la Administración de Justicia en todos los órganos jurisdiccionales. Se caracteriza por la especial intensidad de su **carácter devolutivo**, en la medida en que la cuestión controvertida se sustrae del conocimiento del letrado de la Administración de Justicia para atribuirse directamente al **juez o tribunal** que conoce del proceso. 10550

Resoluciones recurribles Cabe interponer recurso directo de revisión contra: 10552
1. Los **decretos resolutivos del recurso de reposición** y los decretos que **pongan fin al procedimiento** o impidan su continuación. Las resoluciones que no supongan la terminación del procedimiento no serán susceptibles de este recurso (AP Zaragoza 13-10-10, EDJ 245640).
2. Los decretos en aquellos casos en que **expresamente se prevea**, que son los siguientes:
- decreto aprobatorio de la cuenta del procurador o del abogado (LEC art.34.2 y 35.2 redacc RDL 6/2023);
- resolución que acuerde el alzamiento de la suspensión por prejudicialidad penal (LEC art.41.3);
- decreto que acuerde la interrupción y demora en el cómputo de un plazo por concurrencia de causa de fuerza mayor (LEC art.134.2);
- decreto que declare la caducidad de la instancia (LEC art.237.2 redacc RDL 6/2023);
- decreto que apruebe la tasación de costas (LEC art.244.3);
- decreto que decida la impugnación de la tasación de costas (LEC art.246); y
- diligencia de ordenación que ordene dar al litigio la tramitación procedente (LEC art.254.1).
El recurso de revisión carece de **efectos suspensivos** como norma general -no así en el supuesto específico de LEC art.134.2-, sin que, en ningún caso, proceda actuar en sentido contrario a lo que se hubiese resuelto.

10554 **Interposición y sustanciación** El recurso de revisión debe interponerse en el **plazo** de 5 días mediante escrito en el que se debe citar la infracción en que la resolución hubiera incurrido.
Cumplidos los anteriores requisitos, el letrado de la Administración de Justicia, mediante diligencia de ordenación, admitirá el recurso, concediendo a las demás partes personadas un plazo común de 5 días para impugnarlo, si lo estiman conveniente. Si no se cumplieran los requisitos de **admisibilidad** del recurso, el tribunal lo inadmitirá mediante providencia. Contra las resoluciones sobre admisión o inadmisión no cabe recurso alguno.
Transcurrido el plazo para impugnación, se hayan presentado o no escritos, el tribunal resolverá sin más trámites, mediante auto, en un plazo de 5 días. Contra el auto dictado resolviendo el recurso de revisión solo cabe **recurso** de apelación cuando ponga fin al procedimiento o impida su continuación.

D. Recurso de apelación

(LEC art.455 a 467 redacc RDL 6/2023)

10560 El recurso de apelación se concibe como un recurso **ordinario** y **devolutivo**, que tiene por objeto satisfacer una pretensión de reforma de ciertas resoluciones judiciales dictadas por los juzgados de primera instancia y por los juzgados de paz.
Cuando se interpone frente a sentencias definitivas sobre el fondo origina lo que se denomina **segunda instancia**.
El recurso de apelación no es un nuevo juicio, pero permite una **revisión plena** de la primera instancia que opera sobre el material litigioso aportado en ella, a salvo de las **pruebas nuevas** que, excepcionalmente, pueden practicarse (AP Valencia 1-4-04, EDJ 210486: los tribunales de alzada tienen competencia no solo para revocar, adicionar, suplir o enmendar las sentencias de los inferiores, sino también para dictar, respecto de todas las cuestiones debatidas, el pronunciamiento que proceda; en el mismo sentido, AP Madrid 2-6-04, EDJ 120153: cuando la apelación se formula sin limitaciones somete al tribunal el total conocimiento del litigio).

10562 En virtud del recurso de apelación puede perseguirse, con arreglo a los fundamentos de hecho y de Derecho de las pretensiones formuladas ante el tribunal de primera instancia, que se revoque un auto o sentencia y que, en su lugar, se dicte otro u otra favorable al recurrente, mediante **nuevo examen de las actuaciones** llevadas a cabo ante aquel tribunal y conforme a la prueba que, en los casos previstos en la Ley, se practique ante el tribunal de apelación (LEC art.456).
La doctrina y la jurisprudencia lo fundamentan en el **principio de inmediación** que rige el proceso civil en la primera instancia, especialmente en materia de prueba, lo que confiere un carácter necesariamente limitado a la **revisión fáctica** que, de su valoración probatoria debidamente motivada, pueda hacer la sentencia de apelación. La falta de inmediación de la que, en principio, adolece el órgano judicial de segunda instancia, difícilmente puede ser suplida a través de la documentación de las actuaciones orales mediante los sistemas de grabación y reproducción de imagen y sonido (LEC art.147 redacc RDL 6/2023), de manera que **solo cabe la revisión**:
- cuando la **prueba sea inexistente**, o no tenga el resultado que se le atribuye; o
- cuando las conclusiones fácticas impugnadas no se apoyen en medios de prueba especialmente sometidos a la percepción directa o inmediación judicial, como es el caso de la **prueba documental** o incluso la **pericial**.

10564 **Revisión de la valoración de la prueba realizada en la instancia** La naturaleza, ámbito y alcance del recurso de apelación viene determinado fundamentalmente por las posibilidades de revisión en la alzada por parte del tribunal *ad quem* de la valoración de la prueba realizada por el juzgador de instancia.
Al respecto de esta función revisora se sientan los siguientes **criterios**:
a) La amplitud del recurso de apelación permite al tribunal *ad quem* examinar el objeto de la litis con igual **amplitud y potestad** con la que lo hizo el juzgador *a quo* (TS 30-11-00, EDJ 41090; AP Ourense 12-6-06, EDJ 115503; AP Córdoba 10-7-06).
b) Lo anterior no significa que las facultades jurisdiccionales del tribunal que conoce del recurso de apelación no conozcan **límites**. La jurisprudencia es constante en señalar cómo la especial naturaleza del recurso de apelación no permite plantear **cuestiones nuevas** o **distintas** de las planteadas en primera instancia, sin tener en consideración alegaciones o acciones extemporáneas (AP Castellón 16-12-02, EDJ 136306; AP Málaga 18-1-06, EDJ 50758; AP Madrid 23-9-09, EDJ 319430; AP A Coruña 2-6-08, EDJ 324478).

c) El recurso de apelación transfiere **plena jurisdicción al órgano superior** -tribunal de alzada- para volver a conocer del asunto planteado y debatido en primera instancia; si bien dicha transferencia jurisdiccional no se produce de modo absoluto e incondicionado, sino que la misma se halla sujeta a una concreta **limitación**, consistente en que el pronunciamiento de la sentencia de primera instancia que haya sido consentido por la parte a quien debe ser tenido por firme y con autoridad de cosa juzgada, no puede volver a ser considerado y resuelto por la sentencia de apelación, de lo contrario, la sentencia estaría afectada del vicio de **incongruencia**, además de desconocer la autoridad de **cosa juzgada formal** (LEC art.207; AP Araba 11-4-06, EDJ 94234).
d) No puede desconocerse que la **prohibición de la *reformatio un peius*** es un límite inequívoco de las facultades del juzgador en apelación, de modo que la resolución del recurso de apelación no puede agravar la situación procesal del apelante. Principio procesal que forma parte del derecho a la **tutela judicial efectiva** (TS 20-7-08, EDJ 111529).

1. Disposiciones generales

Competencia (LEC art.455.2) Tienen competencia para conocer del recurso de apelación: 10570
- los **juzgados de primera instancia**, cuando la resolución impugnada proceda de un juzgado de paz de su partido; y
- las **audiencias provinciales**, cuando la resolución recurrida haya sido dictada por un juzgado de primera instancia de su circunscripción.

Resoluciones recurribles Son susceptibles de recurso de apelación: 10572
1) Las **sentencias** dictadas en toda clase de juicios, salvo en verbales cuya cuantía no supere los 3.000 euros (LEC art.455.1).
2) Los **autos definitivos**, esto es, los que ponen fin a la primera instancia y los que deciden los recursos interpuestos contra ellos, de acuerdo con lo previsto en LEC art.207.1 y en LOPJ art.245.
Se ha considerado que son autos definitivos a efectos de recurso de apelación -esta enumeración es ejemplificativa-:
- los que ponen fin al **procedimiento monitorio** (AP La Rioja 20-10-03, EDJ 158288);
- los que despachan **ejecución** por la cantidad principal, pero la deniegan respecto de los **intereses** correspondientes (AP Madrid 14-4-10, EDJ 106967);
- los que declaran la **incompetencia** del tribunal para el conocimiento de las cuestiones litigiosas, cuando esta declaración surte el efecto de poner fin al proceso instado (AP Madrid 15-10-08, EDJ 258543);
- los que ordenan el **archivo** de las actuaciones (AP Las Palmas 11-2-05, EDJ 28168);
- los que deniegan la **personación** en el proceso (AP Baleares 19-10-04, EDJ 158362, en relación con el proceso verbal).
Por el contrario, han sido objeto de **inadmisión**:
- los recursos de apelación dirigidos contra autos que no tienen el efecto definitivo de poner fin al proceso o de impedir la continuación del mismo para el recurrente, como son los que acuerdan el alzamiento de **medidas cautelares** (AP Madrid 21-7-06, EDJ 294717);
- los autos de **tasación de costas** (AP Madrid 19-10-07, EDJ 271586); o
- los que deciden la **cuantía** del litigio (AP Murcia 25-4-06, EDJ 68958).
3) Aquellos otros **autos que la ley expresamente señale**, como son:
• Auto que acuerda la suspensión por prejudicialidad penal y civil (LEC art.41 -redacc RDL 6/2023- y 43).
• Auto absteniéndose de conocer por falta de competencia internacional, por pertenecer el asunto a un tribunal de otro orden jurisdiccional, por haberse sometido el asunto a arbitraje o mediación o por falta de competencia objetiva (LEC art.66).
• Auto que deniega la práctica de diligencias preliminares (LEC art.258).
• Auto que pone fin al procedimiento resolviendo una cuestión incidental (LEC art.393.5).
• Auto que deniega la ejecución provisional (LEC art.527.4).
• Auto que resuelve la oposición a la ejecución por motivos de fondo (LEC art.561.4 redacc RDL 6/2023).
• Auto que acuerda el sobreseimiento de la ejecución (LEC art.695.4).
• Auto que acuerda o deniega medidas cautelares (LEC art.735 y 736).
• Resolución de internamiento no voluntario por razón de trastorno psíquico (LEC art.763.3).

10576 **Análisis particular de supuestos concretos** Los supuestos concretos analizados por los tribunales son numerosos. Caber destacar, entre otros, los siguientes:
a) Como regla general, se afirma el criterio de la LEC de impedir el recurso de apelación en las **resoluciones interlocutorias**, al señalar que no cabe recurso alguno contra ellas sin perjuicio de que la parte perjudicada pueda impugnar la resolución al apelar la sentencia definitiva (LEC art.454).
b) Tratándose de la **ejecución de sentencias**, o de actuaciones análogas, hay que tener en cuenta que se aplican preferentemente las normas especiales que sobre recurso existen en sede de ejecución, y, en todo caso, que es necesaria una interpretación adecuada de los términos «**auto no definitivo**» y «**auto definitivo**». Descartando las **resoluciones de mero trámite**, en los casos en que la Ley nada prevea en uno u otro sentido, se impone considerar como definitiva en fase de ejecución y, por lo tanto, susceptible de recurso de apelación, aquella resolución que lleva la ejecución a una situación irreversible (AP Bizkaia auto 31-5-05, EDJ 134748).
c) Debe atenderse a la naturaleza de la resolución para decidir sobre su **carácter de definitiva**. Definitivas son aquellas resoluciones que ponen fin a la primera instancia, así como las que deciden definitivamente el pleito o causa en cualquier instancia o recurso (LEC art.207; LOPJ art.245).
El concepto de resolución judicial definitiva es, en suma, de naturaleza **material** y no formal, de modo que será necesario un examen de los efectos propios de la resolución con objeto de discernir si verdaderamente tiene carácter definitivo (AP Valladolid 26-11-04, EDJ 191769: pertenecerán a la categoría de «autos definitivos» todas las resoluciones que, con las solemnidades de un auto, pongan fin al proceso en la primera instancia antes de que concluya su tramitación ordinaria, dejando imprejuzgada la cuestión de fondo del litigio).

10580 **d)** No es factible interponer recurso de apelación independiente contra un **auto que resuelve un previo recurso de reposición**, salvo que expresamente se disponga otra cosa, como ocurre con LEC art.563.1 (AP Sta. Cruz de Tenerife 9-3-07, EDJ 56113: al margen de que en el proceso de ejecución la concreción de las resoluciones que tienen el carácter de definitivas puede suscitar alguna duda, lo cierto es que la LEC art.454 no puede interpretarse al margen de lo que dispone LEC art.562 y 563, que establecen los **mecanismos de impugnación específicos** de las infracciones en el curso de la ejecución, preceptos que, por su especialidad respecto de esta, deben prevalecer como más específicos frente a los generales).
e) Contra el auto que resuelve el **incidente de nulidad de actuaciones** no cabe recurso alguno (LEC art.228; LOPJ art.241.2). La literalidad de la norma exime de cualquier otro tipo de argumentación.
f) La infracción de normas que regulan los **actos concretos del proceso de ejecución** se podrá hacer valer por medio del recurso de apelación cuando expresamente se prevea, y contra el auto que acuerde el **lanzamiento** de los ocupantes del inmueble en el proceso de ejecución no se prevé la posibilidad de interponer recurso de apelación, sin perjuicio de la **salvaguarda** de los derechos interesados en el proceso que corresponda, así pues el recurso de queja ha de ser desestimado (AP Las Palmas auto 16-3-06, EDJ 69474).
g) La resolución recaída en la **cuestión de competencia** es susceptible de recurso de apelación (AP Soria auto 10-4-02, EDJ 135237, que estima la apelabilidad en este caso particular por aplicación de las normas transitorias de la LEC).
h) Cuando **no hay trámite posterior** en el que pueda recaer resolución susceptible de apelación, sino que simplemente acaba el procedimiento, cabe apelación, en todo caso, porque nos encontramos ante una resolución judicial materialmente definitiva (AP Córdoba auto 12-2-03, EDJ 263172; en este sentido, respecto de un auto de inadmisión de demanda y archivo del procedimiento, AP Zaragoza 10-5-06, EDJ 97901).

2. Procedimiento

(LEC art.458 a 467)

10588 **Interposición** (LEC art.458 -redacc RDL 6/2023- y 459) El recurso de apelación se interpone, con aplicación de LEC art.276, en su caso, ante el tribunal competente para resolverlo, dentro del **plazo** de 20 días contados desde el día siguiente a la notificación de la resolución impugnada, acompañando copia de la misma.
El escrito de interposición debe poner de manifiesto las **alegaciones** en que se base la impugnación, además de citar la **resolución** apelada y los **pronunciamientos** que se impugnan.
Interpuesto el recurso, y previamente a la decisión de admisión o inadmisión a trámite, se dicta diligencia de ordenación por el letrado de la Administración de Justicia requiriendo del órgano que hubiera dictado la resolución objeto de recurso la **elevación de las actuaciones**, indicándole la parte o partes apelantes -sin perjuicio de lo cual, en el mismo día en el que se

reciba el escrito interponiendo recurso de apelación, se informará de esta circunstancia al órgano *a quo*-.
Recibido el requerimiento anterior, el letrado de la Administración de Justicia del órgano que hubiera dictado la resolución recurrida, remite de los autos, con **emplazamiento** de las partes no recurrentes al efecto de que comparezcan ante el órgano *ad quem* del recurso en el plazo de 10 días.
Recibidos los autos, si la resolución impugnada es apelable y el recurso se ha formulado dentro de plazo, en el de 3 días el letrado de la Administración de Justicia lo tendrá por interpuesto, poniéndolo, en caso contrario, en conocimiento del tribunal para que decida sobre su **admisión**.
Si el tribunal entiende que se cumplen los requisitos de admisión, dictará providencia teniendo por interpuesto el recurso, mientras que, en caso contrario, dictará auto declarando la **inadmisión**, con devolución de las actuaciones al órgano *a quo*.
Contra la resolución por la que se tenga por interpuesto el recurso de apelación no cabe recurso alguno, pero la parte recurrida puede alegar la inadmisibilidad de la apelación en el trámite de **oposición** al recurso a que se refiere la LEC art.461 redacc RDL 6/2023.

Precisiones El sistema de interposición implantado por RDL 6/2023, con efecto desde 20-3-2024, modifica sustancialmente el precedente, en tanto no se interpone ya el recurso ante el órgano *a quo*, sino ante el órgano *ad quem*, razón por la que se elimina el **recurso de queja** contra el auto de inadmisión del recurso. La **regulación vigente hasta el 20-3-2024** puede consultarse en nº 7015 s. Memento Procesal Civil 2023.

Apelación por infracción de normas o garantías procesales (LEC art.459) En el recurso de apelación se puede alegar la infracción de normas o garantías procesales en la primera instancia con los siguientes **requisitos**: 10590
- cita en el escrito de interposición de las **normas** que se consideren infringidas;
- alegación, en su caso, de la **indefensión sufrida** -no basta con la mera cita de las disposiciones vulneradas, sino que es exigible al recurrente la concreta identificación de la indefensión sufrida por dicha infracción procesal (AP Córdoba 22-3-03, EDJ 12695)-;
- acreditación por el apelante de la oportuna **denuncia** de la infracción invocada, de tener oportunidad procesal para ello.

Se considera que las infracciones deben denunciarse en la **audiencia previa** o en el **acto del juicio**, tan pronto como la parte perjudicada tenga conocimiento de las mismas. La LEC art.459 es tajante al exigir que, cuando se alegue la infracción de normas o garantías procesales en la primera instancia, se acredite por el recurrente que denunció oportunamente la infracción, si hubiera tenido oportunidad procesal para ello (AP A Coruña 11-6-09, EDJ 137104; AP Valencia 10-4-07, EDJ 98602).

Precisiones El régimen de la LEC art.459 significa que, entre las distintas peticiones que pueden formularse en el recurso de apelación, de forma autónoma o agregadas a otras, puede figurar la de **nulidad de alguna resolución interlocutoria o del pronunciamiento definitivo**, con retroacción de lo actuado al momento en que se cometió la falta, pero para ello es preciso que se cumplan los siguientes **presupuestos** (AP Madrid 19-2-16, EDJ 33580):
- la cita de los preceptos que se consideren infringidos;
- la carencia para el apelante de oportunidad anterior de denunciar la infracción cometida, porque es reiterada la jurisprudencia que establece que no puede invocar la nulidad de actuaciones o de un acto procesal el que con su conducta dolosa, negligente o errónea ha consentido un defecto procesal o causado su propia indefensión, defendiendo sus derechos e intereses legítimos a través de los medios que ofrece el ordenamiento jurídico en el momento oportuno; y
- la alegación de la indefensión sufrida.

Documentos y solicitud de prueba (LEC art.460) Al escrito de interposición pueden acompañarse los **documentos** que se hallen en alguno de los casos previstos en LEC art.270 redacc RDL 6/2023 y que no hayan podido aportarse en la primera instancia. 10592
Asimismo, se puede pedir la práctica de las **pruebas** siguientes:
a) Las que hayan sido **indebidamente denegadas en primera instancia**, siempre que se haya interpuesto recurso de reposición o se haya protestado. Si la denegación en primera instancia se considera procedente por el órgano *ad quem* este debe inadmitir la prueba propuesta (AP Murcia 10-2-04, EDJ 313107). La misma suerte corre la solicitud de recibimiento a prueba del recurso si no se formula, en su momento, la oportuna **protesta** (AP Granada 13-12-02, EDJ 136308).
b) Las que, admitidas en primera instancia, **no hayan podido practicarse** por cualquier causa no imputable al que las haya solicitado.
c) Las que proponga el **demandado declarado en rebeldía** que, por cualquier causa que no le sea imputable, se haya personado en los autos después del momento de proposición de

prueba en primera instancia. La **rebeldía voluntaria** en la instancia impide la práctica de pruebas al amparo de este motivo (AP Zaragoza 7-5-03, EDJ 40782).
d) Las que se refieran a **hechos de relevancia para el pleito ocurridos después** del comienzo del plazo para dictar sentencia en primera instancia (hechos posteriores que han de ser complementarios de los alegados en su momento). La posibilidad de tomar en consideración hechos posteriores a la presentación de la demanda solo es posible cuando tienen un carácter complementario o interpretativo (TS 5-7-10, EDJ 145089).
e) Las que se refieran a **hechos ocurridos antes**, si la parte justifica no haber tenido conocimiento anterior de ellos (hechos desconocidos).

Precisiones La interpretación de estos supuestos debe hacerse restrictivamente, en la medida en que la prueba en la segunda instancia se considera **excepcional** (AP Sevilla 28-12-05, EDJ 306235).

10596 **Oposición e impugnación de la parte apelada** (LEC art.461 redacc RDL 6/2023) Del escrito de interposición se da **traslado a la parte apelada** por el letrado de la Administración de Justicia, que, en el **plazo** de 10 días, puede presentar escrito de oposición al recurso o, en su caso, de impugnación de la resolución apelada en lo que le resulte desfavorable, ajustándose tales escritos a lo dispuesto para el escrito de interposición y pudiendo alegar en ellos lo que se estime oportuno sobre la admisibilidad de los documentos aportados y pruebas propuestas por el apelante.
Pueden acompañarse **documentos** y proponerse **pruebas** en los mismos casos en los que se permite para la interposición del recurso (nº 10592).

Precisiones El **plazo para la evacuación** de la oposición o impugnación no empieza a discurrir hasta que no se dicta y notifica la resolución judicial teniendo por presentado el escrito de interposición y trasladando el mismo a las partes apeladas (AP Castellón 24-5-02, EDJ 136157).

10598 **Impugnación de la sentencia por la parte inicialmente apelante** La oposición al recurso interpuesto por la parte apelante solo es posible para quienes no manifestaron con carácter previo su voluntad de impugnar en apelación la resolución recurrida, esto es, para quienes **no recurrieron en apelación previamente**, no para quienes recurrieron y, por los motivos que sean -en particular: inadmisión por extemporaneidad o por algún otro defecto insubsanable o no subsanado, como la falta de autoliquidación de la tasa o de constitución del depósito, o desistimiento del propio recurrente-, no sostuvieron su recurso.
No es admisible, en definitiva, que valiéndose del recurso de apelación de una de las partes, otra parte que recurrió, y que no vio prosperar su recurso o que desistió del mismo, reproduzca la impugnación planteada en dicho recurso o amplíe los argumentos esgrimidos en su recurso (AP Zaragoza 26-7-07, EDJ 205243; AP Murcia 28-1-11, EDJ 26331).
La impugnación **no puede utilizarse** para ampliar los pronunciamientos sobre los que el apelante ha formulado su recurso, aprovechando el trámite de oposición al recurso formulado por quien resulta apelado (AP Barcelona 18-1-10).
La facultad de impugnar la sentencia dictada por quien, en principio, no se opuso a la misma se reconoce solo a quien desde un primer momento tuvo la condición de apelado, precisamente por **no mostrar su disconformidad** con la misma desde que la conoció y en el plazo al efecto previsto en las normas procesales. No debe por ello reputarse admisible que la parte que ha manifestado su intención de usar la primera de dichas vías la abandone, pudiendo luego utilizar la segunda (AP Alicante 13-2-08, EDJ 73521).

10600 **Traslado al apelante del escrito de impugnación del apelado** (LEC art.461.1 -redacc RDL 6/2023- y 4) El letrado de la Administración de Justicia dará traslado al apelante principal de los escritos de impugnación del recurso de apelación, para que en el plazo de 10 días manifieste lo que tenga por conveniente sobre la admisibilidad de la impugnación y, en su caso, sobre los documentos aportados y las pruebas propuestas por el apelado. La omisión de una referencia expresa al escrito de **oposición** conduce a cuestionar si solo debe trasladarse al apelante principal el escrito de impugnación del recurso, o, dicho de otro modo, si no tiene el apelante principal derecho al **trámite de alegaciones**, previsto en caso de que solo se formule simple oposición al recurso.
Con la comunicación prevista en LEC art.461.4 nada impide al apelante evacuar alegaciones relativas tanto al **recurso de apelación sobrevenido** -y a los documentos y pruebas presentados o solicitados con este-, como a la **oposición formulada conjuntamente** con él (AP Madrid 12-1-05, EDJ 1585).

10603 **Ejecución provisional de la resolución recurrida** (LEC art.463 redacc RDL 6/2023) De haberse solicitado la ejecución provisional, quedará en el tribunal de primera instancia **testimonio** de lo necesario para dicha ejecución.

En el caso de haberse **solicitado después de la remisión de los autos** al tribunal competente para resolver la apelación, el solicitante deberá obtener previamente de este testimonio de lo que sea preciso para la ejecución.

Prueba en la segunda instancia (LEC art.464 redacc RDL 6/2023) El tribunal que conoce de la apelación debe resolver lo que proceda sobre las pruebas propuestas y los documentos aportados, en el **plazo** de 10 días. **10606**
La prueba se practicará, cuando sea posible hacerlo, en el mismo acto de la **vista** y, en otro caso, **con anterioridad** a ella. Corresponde al letrado de la Administración de Justicia fijar el día de la vista, para su celebración dentro del mes siguiente.

Vista (LEC art.464 redacc RDL 6/2023) La vista se celebra con arreglo a lo previsto para el **juicio verbal** (nº 10326). **10608**
La vista es **preceptiva** cuando se haya admitido y practicado prueba en la segunda instancia. Sin embargo, es **potestativa** cuando no se haya propuesto prueba o la prueba propuesta se haya inadmitido, sin quedar vinculado el órgano judicial a la petición formulada por las partes (TS auto 27-12-05, EDJ 296835).
Es el letrado de la Administración de Justicia quien fija **día y hora** para la vista en caso de que se acuerde su celebración.
La **incomparecencia del apelante** al acto de la vista no le priva de una decisión respecto al fondo de la litis, al asumir el órgano judicial de apelación la plenitud de conocimiento de las actuaciones (AP Madrid 17-10-02, EDJ 136218; AP Málaga 15-4-02, EDJ 136228).

Resolución (LEC art.465 redacc RDL 6/2023) El tribunal resuelve el recurso de apelación: **10610**
- mediante **auto**, cuando el recurso hubiera sido interpuesto contra un auto; y
- mediante **sentencia**, en caso contrario.

El **plazo para resolver** es de 10 días en caso de celebración de vista, a contar desde su finalización. En otro supuesto, el indicado plazo es de un mes desde la finalización de la instrucción o tramitación del recurso (LEC art.461 redacc RDL 6/2023).

Efectos La admisión de la apelación no produce **efectos suspensivos** sobre los autos que pongan fin al proceso y las sentencias desestimatorias de la demanda, pudiendo solicitarse, sin necesidad de prestar caución, la ejecución provisional de las sentencias condenatorias (LEC art.524 s.). **10612**
Si se alega una **infracción procesal cometida al dictar sentencia** en la primera instancia, el tribunal de apelación, tras revocar la sentencia apelada, ha de resolver sobre la cuestión o cuestiones objeto del proceso.
Cuando esto último no sea de aplicación -infracción procesal cometida por la sentencia recurrida- y la infracción procesal sea de las que originan la **nulidad radical de las actuaciones** o de parte de ellas, el tribunal ha de declararlo así mediante providencia, reponiéndolas al estado en que se hallasen cuando la infracción se cometió.
No se declara la nulidad de actuaciones si el **vicio o defecto procesal es subsanable** en la segunda instancia, para lo que el tribunal ha de conceder un plazo no superior a 10 días, salvo que el vicio se ponga de manifiesto en la vista y sea subsanable en el acto. Producida la subsanación y, en su caso, oídas las partes y practicada la prueba admisible, el tribunal de apelación dicta resolución sobre la cuestión o cuestiones objeto del pleito.

Alcance En términos generales, la sentencia que se dicte en la alzada debe pronunciarse exclusivamente sobre los **puntos y cuestiones planteados** en el recurso y en los escritos de oposición o impugnación a que se refiere LEC art.461, en su caso, sin que pueda perjudicar al apelante, salvo que el **perjuicio** provenga de la estimación que se haga de la impugnación de la resolución formulada por el inicialmente apelado (LEC art.465.4; AP Badajoz 15-10-10, EDJ 233639). **10614**

Inscripción de sentencias dictadas en apelación Para inscribir una **sentencia declarativa** ha de aportase al Registro, en principio, no solo la recaída en la resolución del recurso de apelación, sino también la de instancia, en tanto que en ella conste el pronunciamiento que se haya de tener en cuenta para la inscripción (DGRN Resol 15-7-10). No así en caso de que haya sido completamente revocada y de que se haya dictado otra en su lugar (DGRN Resol 18-11-15). **10616**

Remisión al órgano «a quo» (LEC art.465.7 redacc RDL 6/2023) Una vez que la resolución -sentencia o auto, según los casos- que haya resuelto el recurso de apelación gane **firmeza**, el letrado de la Administración de Justicia acordará la remisión de las actuaciones al órgano que hubiera dictado la resolución impugnada. **10617**

10618 **Recursos** (LEC art.466 redacc RDL 6/2023) La sentencia que resuelva la apelación será susceptible de **recurso de casación** (nº 10660 s.), siempre que reúna los requisitos exigidos para la interposición de este recurso extraordinario.

Precisiones Hasta su desaparición por efecto del RDL 6/2023, se daba igualmente frente a la sentencia de apelación el **recurso extraordinario por infracción procesal**.

E. Recurso extraordinario por infracción procesal

(LEC art.468 a 476 y disp.final 16ª derog RDL 6/2023)

10620 El recurso extraordinario por infracción procesal ha sido **eliminado** por el RDL 6/2023, con efecto 20-3-2024. Con arreglo al **régimen transitorio** del mismo (RDL 6/2023 disp.trans.2ª), el nuevo régimen procesal se aplica a procedimientos judiciales, incluidos los recursos, incoados desde entonces. De este modo, **hasta 19-3-2024** subsiste el recurso extraordinario por infracción procesal, bien que ya innecesario por la ampliación del ámbito objetivo de la casación a infracciones procesales, desde la entrada en vigor de la reforma operada por RDL 5/2023, el **30-7-2023**.
Puede consultarse su **regulación anterior** en nº 10620 s. Memento Arrendamiento de Inmuebles 2021-2022.

F. Recurso de casación

(LEC art.477 a 487 -redacc RDL 5/2023-, 488 y 489)

10660 El recurso de casación es el **remedio supremo y extraordinario** que concede la ley contra las ejecutorias o sentencias firmes de los tribunales de apelación, para enmendar el abuso, exceso o agravio por ellas inferido, cuando han sido dictadas contra ley o doctrina legal, o con infracción de los trámites y formas más sustanciales del juicio. En el primer caso, esto es, cuando el recurso se funda en que la ejecutoria es contra ley o contra doctrina legal, se ha convenido en llamarle recurso de **casación en el fondo**, porque versa sobre el fondo de la ejecutoria, es decir, sobre si ha sido conforme a la ley la cuestión debatida en el pleito; y **en la forma** cuando se funda en defectos sustanciales del procedimiento, es decir, en la infracción de las leyes que arreglan la forma del juicio.
El recurso de casación es por su naturaleza un mecanismo de impugnación **extraordinario** y **devolutivo** que desempeña una función de depuración de las infracciones del **ordenamiento jurídico sustantivo** en que incurran las resoluciones judiciales dictadas en apelación (TS autos 28-10-03, EDJ 186597; 9-12-03, EDJ 201849).

Precisiones La **reforma** operada por el RDL 5/2023, modifica el tratamiento del recurso de casación y afecta a su relación con el **recurso extraordinario por infracción procesal** -que desaparece, por innecesario, con efectos 20-3-2024 (RDL 6/2023), sin perjuicio de situaciones transitorias-, al poder invocarse en el régimen vigente como motivo de casación, tanto la infracción de norma sustantiva o material, como la infracción procesal o formal (LEC art.477.2 redacc RDL 5/2023).

10662 **Alcance constitucional** Reiteradamente ha declarado el Tribunal Constitucional que no existe un **derecho constitucional** a recurrir en casación y, por ende, tampoco por infracción procesal (TCo 37/1988; 196/1988; 216/1998), siendo el derecho a los recursos en el proceso civil de caracterización y contenido legal, sin que la interpretación de las normas de acceso a la casación deba ser necesariamente la más favorable al recurrente (TCo 37/1995; 138/1995; 211/1996; 132/1997; 63/2000; 258/2000; 6/2001), y sin que el **principio** ***pro actione*** opere con la misma intensidad en la fase inicial del pleito que en las posteriores (TCo 3/1983; 294/1994; 23/1999).
En particular, el Tribunal Constitucional se ha pronunciado sobre los **criterios de recurribilidad, admisión y régimen transitorio** en relación con los recursos de casación y extraordinario por infracción procesal, adoptados por los magistrados de la Sala Primera del Tribunal Supremo, considerando que estos acuerdos han integrado la regulación de la LEC, de modo que forman parte de la normativa sobre el recurso de casación, convalidando la constitucionalidad de los mismos (TCo 108/2003; 46/2004).

Precisiones El **recurso extraordinario por infracción** procesal desaparece con efecto 20-3-2024 (RDL 6/2023), sin perjuicio de situaciones transitorias.

10664 **Competencia** (LEC art.478.1 redacc RDL 5/2023) Se atribuye a la Sala Primera del **Tribunal Supremo**. No obstante, corresponde a las salas de lo civil y penal de los **tribunales superiores de justicia** conocer de los recursos de casación que procedan contra las resoluciones de los tribunales civiles con sede en la comunidad autónoma, siempre que el recurso se funde, exclusivamente o junto a otros motivos, en infracción de las normas del Derecho civil, foral o especial propio de la comunidad, y cuando el correspondiente estatuto de autonomía haya previsto esta atribución (nº 10685 s.).

1. Ámbito de aplicación

Motivos (LEC art.477.2 a 4 redacc RDL 5/2023) Debe fundarse en infracción de **norma procesal o sustantiva**, siempre que concurra **interés casacional** -salvo en el procedimiento de tutela de derechos fundamentales-. 10666

Los requisitos para que se considere concurrente interés casacional permiten diferenciar dos **supuestos**:

a) Si la competencia para conocer del recurso es del **Tribunal Supremo** concurre cuando la resolución recurrida:

- se oponga a doctrina jurisprudencial del Tribunal Supremo; o
- resuelva puntos y cuestiones sobre los que exista jurisprudencia contradictoria de las audiencias provinciales; o
- aplique normas sobre las que no exista doctrina jurisprudencial del Tribunal Supremo.

b) Si la competencia es de un **tribunal superior de justicia** existe cuando la sentencia recurrida:

- se oponga a doctrina jurisprudencial; o
- no exista doctrina del tribunal superior de justicia sobre normas de Derecho especial de la comunidad autónoma correspondiente; o
- resuelva puntos y cuestiones sobre los que exista jurisprudencia contradictoria de las audiencias provinciales.

La apreciación del **concurso o ausencia del interés casacional**, si la resolución impugnada se ha dictado en un proceso en el que la cuestión litigiosa es de interés general -por afectar potencial o efectivamente a un gran número de situaciones, bien en sí misma o por trascender del caso objeto del proceso- para la interpretación uniforme de la ley estatal o autonómica corresponde a:

- la Sala Primera del Tribunal Supremo;
- las salas de lo civil y de lo penal de los tribunales superiores de justicia.

Como **especialidades** se prevé:

• Si el recurso se funda en infracción de normas procesales es imprescindible acreditar que, de haber sido posible, previamente al recurso de casación, la infracción se ha denunciado en la instancia y que, de haberse producido en la primera, la **denuncia** se ha reproducido en la segunda instancia.

• Si la infracción procesal produce falta o defecto subsanable, debe haberse pedido la **subsanación** en la instancia o instancias oportunas.

Resoluciones recurribles (LEC art.477.1 -redacc RDL 6/2023- y 2 -redacc RDL 5/2023-) Se da este recurso frente a las siguientes resoluciones: 10668

a) Sentencias que pongan **fin a la segunda instancia** dictadas por las audiencias provinciales cuando, conforme la ley, deben actuar como órgano colegiado. **Se excluyen** las sentencias dictadas en apelación por las Audiencias cuando actúen en composición unipersonal en recursos interpuestos frente a sentencias de juzgados de primera instancia dictadas en juicio verbal por razón de la cuantía (LOPJ art.82.2.1º).

b) Autos y sentencias dictados en **apelación** en procesos sobre **reconocimiento y ejecución de sentencias extranjeras en materia civil y mercantil** al amparo de los tratados y convenios internacionales, así como de reglamentos de la Unión Europea u otras normas internacionales, cuando la facultad de recurrir se reconozca en el correspondiente instrumento.

c) Sentencias dictadas para la **tutela judicial civil de derechos fundamentales** susceptibles de recurso de amparo, aun cuando no concurra interés casacional.

d) Sentencias dictadas por las audiencias provinciales en los **recursos contra las resoluciones que agotan la vía administrativa dictadas en materia de propiedad industrial** por la Oficina Española de Patentes y Marcas (LEC art.477.1.a redacc RDL 6/2023, con aplicación a recursos interpuestos desde 20-3-2024).

Quedan **excluidas** como objeto de recurso de casación: la valoración de la prueba y la fijación de hechos, salvo error de hecho, patente e inmediatamente verificable a partir de las propias actuaciones.

2. Procedimiento

(LEC art.479 a 486 redacc RDL 5/2023)

10674 **Interposición** (LEC art.479 y 481 redacc RDL 5/2023) El recurso de casación se interpone ante el tribunal que haya dictado la resolución que se impugne dentro del **plazo** de 20 días contados desde el día siguiente a la notificación de aquella. El letrado de la Administración de Justicia en un plazo de 3 días debe:

a) Tener por interpuesto el recurso **si se acredita** que:
- la resolución impugnada es susceptible de recurso;
- este se ha formulado dentro de plazo; y,
- si se trata de recurso fundado en infracción de normas procesales, se acredite, de haber sido posible, la previa denuncia de la infracción y, en su caso, el intento de subsanación, en la instancia o instancias precedentes.

b) Ponerlo en conocimiento del tribunal para que se pronuncie sobre la admisión del recurso **si no se acreditan** los requisitos anteriores. En este caso el tribunal, en un plazo de 10 días, debe dictar:
- providencia teniendo por interpuesto el recurso si entiende que se cumplen los requisitos de **admisión**, contra la que no cabe recurso alguno, pero la parte recurrida puede oponerse a la admisión al comparecer ante el tribunal de casación;
- auto de **inadmisión**, en caso contrario, contra el que solo podrá interponerse recurso de queja.

Se debe dar **tramitación preferente** a los recursos de casación legalmente previstos contra las sentencias definitivas dictadas en la tramitación de procedimientos testigo.

El **escrito de interposición** debe tener el siguiente contenido:

• Identificar el **cauce de acceso** a la casación y, de ser este el interés casacional, identificar, asimismo, la modalidad que se invoca y la justificación, con la necesaria claridad, de la concurrencia del interés casacional invocado.

• Expresar la **norma procesal o sustantiva infringida**, precisando, en las peticiones, la doctrina jurisprudencial que se interesa de la Sala, en su caso, y los pronunciamientos correspondientes sobre el objeto del pleito.

• Pedir la **celebración de vista**, que solo tiene lugar si el tribunal lo considera necesario.

Debe estar **articulado en motivos**, sin que puedan acumularse en el mismo infracciones diferentes, y solo pueden denunciarse las infracciones que sean relevantes para el fallo, siempre que hayan sido invocadas oportunamente en el proceso o consideradas por la audiencia provincial.

Cada motivo debe iniciarse con un **encabezamiento** que contenga la cita precisa de la norma infringida y el resumen de la infracción cometida. Han de exponerse sus **fundamentos** sin apartarse del contenido esencial del encabezamiento y con la claridad expositiva necesaria para permitir la identificación del problema jurídico planteado y, en su caso, manifestar, razonadamente, cuanto se refiera a la **inexistencia de doctrina jurisprudencial** relativa a la norma que se estime infringida.

El escrito debe ir acompañado de **copia de la sentencia impugnada**, si contiene firma electrónica o código de verificación que la identifique, o **certificación** en otro caso, y, cuando sea procedente, texto de las sentencias que se aduzcan como fundamento del interés casacional.

La Sala de Gobierno del Tribunal Supremo puede determinar, mediante acuerdo publicado en el BOE, la extensión máxima y otras condiciones extrínsecas, incluidas las relativas al **formato** en el que deban ser presentados los escritos de interposición y de oposición de los recursos de casación.

Precisiones Sin perjuicio de lo que establezca el Pleno de la Sala Primera del Tribunal Supremo sobre criterios de admisión, por Acuerdo Sala Gobierno 8-9-2023, se han fijado **directrices sobre los requisitos formales** de los escritos de interposición y oposición en el recurso: extensión máxima, formato y carátula para que el recurrente, resumidamente, identifique los datos esenciales del recurso.

10676 **Simultaneidad de recursos** (LEC art.478.2) Cuando la misma parte interponga recursos de casación contra una misma sentencia ante el Tribunal Supremo y ante el tribunal superior de justicia, se tendrá, mediante providencia, por no presentado el primero de ellos, en cuanto se acredite esta circunstancia.

10677 **Remisión de los autos y emplazamiento de las partes** (LEC art.482.1 -redacc RDL 5/2023- y 482.2) Dentro de los 5 días siguientes a la resolución que tenga por interpuesto el recurso, el letrado de la Administración de Justicia debe remitir todos los autos originales al tribunal competente para conocer del recurso de casación, con emplazamiento de las partes por término de 30 días.

Si el **recurrente no comparece** en el plazo señalado, el letrado de la Administración de Justicia debe declarar desierto el recurso, quedando firme la resolución recurrida.
Si el **recurrente no ha podido obtener la certificación de sentencia** (LEC art.481), se efectuará no obstante la remisión de los autos según lo expuesto. La negativa o resistencia a expedir la certificación será corregida disciplinariamente y, si fuera necesario, la Sala de casación las reclamará del letrado de la Administración de Justicia que deba expedirla.

Admisión (LEC art.483 redacc RDL 5/2023) Una vez transcurrido el término del emplazamiento, el letrado de la Administración de Justicia debe comprobar que concurren los **requisitos de admisión**: 10678
- interposición en tiempo y forma;
- en el caso de infracciones procesales, la denuncia previa en la instancia, de haber sido posible;
- debida constitución de los depósitos para recurrir y cumplimiento, en su caso, de los requisitos previstos en LEC art.449.

Hecho esto, debe acordar:
• Elevar las actuaciones a la Sección de admisión de la Sala Primera del Tribunal Supremo o a la Sala de lo Civil y Penal del Tribunal Superior de Justicia para que se pronuncie sobre la **admisión** del recurso, si se cumplen.
• **Inadmitirlo**, si no se cumplen, mediante decreto.

El recurso:
a) **Se inadmite** por providencia sucintamente motivada que ha de declarar, en su caso, la firmeza de la resolución recurrida.
b) **Se admite** por medio de auto que exprese las razones por las que la Sala Primera del Tribunal Supremo o la Sala de lo Civil y Penal del Tribunal Superior de Justicia debe pronunciarse sobre la cuestión o cuestiones planteadas en el recurso.

Si la causa de inadmisión no afecta más que a alguna de las infracciones alegadas, ha de resolverse mediante auto la admisión del recurso respecto de las demás que el recurso denuncie.
Contra la providencia o el auto que resuelva sobre la admisión del recurso de casación no cabe **recurso** alguno.

Competencia en trámite de admisión (LEC art.484.1 -redacc RDL 5/2023- y 484.2 y 3) En este trámite la Sección de admisión de la Sala Primera del Tribunal Supremo o la Sala de lo Civil y Penal del Tribunal Superior de Justicia debe examinar su competencia para conocer del recurso de casación, antes de pronunciarse sobre la admisibilidad del mismo. 10679
Si **no se considera competente**, ha de acordar, previa audiencia de las partes y del Ministerio Fiscal por plazo de 10 días, la remisión de las actuaciones y emplazamiento de las partes para que comparezcan ante la Sala que se estime competente en el plazo de 10 días.
En este caso, recibidas las actuaciones y personadas las partes ante la Sala que se haya considerado competente, continuará la sustanciación del recurso desde el trámite de admisión.
Las Salas de los Tribunales Superiores de Justicia no pueden **declinar su competencia** para conocer de los recursos de casación que les hayan sido remitidos por la Sala Primera del Tribunal Supremo.

Traslado y oposición (LEC art.485 redacc RDL 5/2023) Admitido el recurso de casación, el letrado de la Administración de Justicia dará traslado del escrito de interposición, con sus documentos adjuntos, a la parte o partes recurridas, para que formalicen su oposición por escrito en el **plazo** de 20 días y manifiesten si consideran necesaria la celebración de vista. 10680

Resolución (LEC art.487 redacc RDL 5/2023) El recurso de casación se decide por: 10682
a) **Sentencia**.
b) **Auto**, cuando habiendo ya doctrina jurisprudencial sobre la cuestión o cuestiones planteadas, la resolución impugnada se oponga a dicha doctrina. El auto debe casar la resolución recurrida y devolver el asunto al tribunal de su procedencia para que dicte nueva resolución de acuerdo con la doctrina jurisprudencial.

La sentencia, o en su caso el auto, debe dictarse dentro de los 20 días siguientes al de la **finalización de la deliberación**. Si en el escrito de interposición se denunciaron distintas infracciones, procesales y sustantivas, la Sala ha de resolver en primer lugar el motivo o motivos cuya eventual estimación determine una reposición de las actuaciones.
Contra la sentencia o el auto que resuelva el recurso de casación no cabe **recurso** alguno.
Los **pronunciamientos** de la sentencia dictada en casación en ningún caso afectan a las situaciones jurídicas creadas por las sentencias, distintas de la impugnada, que se hubieran invocado.

En cuanto a las **costas**, se aplica la regla del vencimiento en caso de desestimación total, salvo circunstancias especiales apreciadas por la sala sentenciadora, y la no imposición a parte alguna en caso de estimación total o parcial (LEC art.398.3 y 3 redacc RDL 6/2023, con aplicación en recursos interpuestos desde 20-3-2024).

3. Recurso de casación sobre Derecho civil foral

10685 **Aragón** (L Aragón 4/2005) La Sala de lo Civil y Penal del TSJ de Aragón conoce de los recursos de casación que procedan contra las resoluciones de los tribunales civiles con sede en la comunidad autónoma, siempre que el recurso se funde, exclusivamente o junto a otros motivos, en infracción de las normas del Derecho civil aragonés.

Son **recurribles** las sentencias dictadas en segunda instancia por las audiencias provinciales:
- cuando la cuantía del asunto exceda de 3.000 euros o sea imposible de calcular ni siquiera de modo relativo;
- en los demás casos, cuando la resolución del recurso presente interés casacional, que puede invocarse, aunque la determinación del procedimiento se haya hecho en razón de la cuantía.

Se considera que un recurso presenta **interés casacional** (concepto propio) cuando la sentencia recurrida:
- se oponga a doctrina jurisprudencial del TSJ de Aragón o del Tribunal Supremo, dictada en aplicación de normas del Derecho civil aragonés, o no exista dicha doctrina en relación con las normas aplicables;
- resuelva puntos y cuestiones sobre los que exista jurisprudencia contradictoria de las audiencias provinciales;
- aplique normas del Derecho civil aragonés que no lleven más de 5 años en vigor, siempre que no exista doctrina jurisprudencial relativa a normas anteriores de igual o similar contenido.

10687 **Cataluña** (L Cataluña 4/2012) La Ley analizada se aplica al recurso de casación sustanciado por el Tribunal Superior de Justicia de Cataluña con relación a los asuntos que se rigen por el ordenamiento civil catalán.

Son **resoluciones recurribles** las dictadas en materia civil por las audiencias provinciales con sede en Cataluña dictadas a partir de 29-3-2012.

El recurso de casación debe fundamentarse, exclusivamente o junto a otros **motivos de impugnación**, en la infracción de normas del ordenamiento civil catalán. La alegación de la infracción de un precepto constitucional o de la doctrina del Tribunal Constitucional con relación al Derecho civil catalán da acceso a la casación ante el Tribunal Superior de Justicia de Cataluña, en los casos y con los requisitos establecidos por la L Cataluña 4/2012, si no procede la casación ante el Tribunal Supremo.

Tienen acceso a casación ante el Tribunal Superior de Justicia de Cataluña los **asuntos** cuyo motivo de impugnación se fundamente en una de las siguientes causas:

a) Contradicción con la jurisprudencia que resulta de sentencias reiteradas del Tribunal Superior de Justicia de Cataluña o del Tribunal de Casación de Cataluña.

b) Falta de la jurisprudencia de ambos o de uno de estos órganos. El tiempo de vigencia de la norma con relación a la cual se alega la falta de jurisprudencia no impide el acceso a la casación en ningún caso.

10689 **Galicia** (L Galicia 5/2005) Se establecen las siguientes **especialidades** en la regulación del recurso de casación en materia de Derecho civil de Galicia, como es el caso de la L Galicia 2/2006, con aplicación a las sentencias susceptibles de ser impugnadas a fecha 19-5-2005:

• Se considera **motivo casacional** el error en la apreciación de la prueba que demuestre desconocimiento por parte del juzgador de hechos notorios que supongan infracción del uso o costumbre.

• Las sentencias objeto de casación no están sometidas a limitación alguna por causa de su **cuantía** litigiosa.

10691 **País Vasco** (L País Vasco 4/2022) El recurso de casación ha de fundarse, exclusivamente o junto a otros motivos, en la infracción de normas del Derecho civil foral o especial propio del País Vasco -es decir, toda norma dictada en ejercicio de la competencia reconocida por el EAPV art.10.5 o que, sin serlo expresamente, haya sido considerada por la jurisprudencia civil como parte del Derecho civil vasco, por provenir de sus fuentes o porque su contenido sea propio del mismo- aplicables para resolver las cuestiones objeto del proceso.

Son **recurribles** en casación las sentencias dictadas en segunda instancia por las audiencias provinciales con sede en la Comunidad Autónoma y los autos definitivos de contenido sustantivo

dictados en apelación por aquellas, siempre que dichas resoluciones presenten interés casacional. **Se excluyen,** con carácter general:
- las resoluciones que no pongan fin al proceso;
- las que tengan carácter incidental o cautelar;
- las que no impidan un procedimiento posterior con el mismo objeto; y
- las basadas en la infracción de normas de naturaleza exclusivamente procesal o cuya impugnación deba, por ello mismo, encauzarse por la vía del recurso extraordinario por infracción procesal -hasta su desaparición con efecto 20-3-2024 (RDL 6/2023), sin perjuicio de situaciones transitorias-.

Se considera que un recurso presenta **interés casacional** cuando la resolución recurrida:
• Se oponga a la **doctrina jurisprudencial** del Tribunal Superior de Justicia del País Vasco dictada en aplicación de normas del Derecho civil vasco.
• Se oponga, en tanto en cuanto pudiera aún resultar vigente, a la **doctrina histórica** que, de forma reiterada, hubieran establecido las resoluciones firmes de todos aquellos tribunales a los que, con anterioridad a la creación y puesta en funcionamiento del Tribunal Superior de Justicia del País Vasco como órgano encargado de culminar la organización judicial en el ámbito territorial de la Comunidad Autónoma, correspondiera la jurisdicción para resolver los recursos presentados contra las sentencias de jueces y tribunales radicados en el País Vasco y unificar la doctrina que de estas emanase en materia de Derecho civil foral propio de los territorios históricos que integran el País Vasco.
• Resuelva una cuestión sometida a la normativa del Derecho civil vasco de la que **no exista doctrina jurisprudencial** del Tribunal Superior de Justicia del País Vasco, sea esta relativa a la propia ley o a normas anteriores de igual o similar contenido.

Asimismo, cuando la parte recurrente justifique de manera suficiente la **necesidad de modificar la doctrina** previamente establecida en relación con el problema jurídico planteado, porque hayan evolucionado el contexto, la realidad social del tiempo en el que la norma invocada ha de ser aplicada o la común opinión de la comunidad jurídica sobre el modo en que la aplicación de la norma ha de atender en última instancia a su espíritu y finalidad.

Procederá la **inadmisión** del recurso de casación, además de en aquellos casos previstos en la LEC, en los siguientes:
• Si el recurso fuera improcedente, por no ser recurrible la resolución judicial o por cualquier otro defecto de forma no subsanable.
• Si el escrito de interposición del recurso no cumpliese los requisitos legalmente establecidos para los distintos casos.
• Si no existiera interés casacional en los términos legalmente previstos.
• Cuando la Sala estime que no procede un cambio de la doctrina por no concurrir los supuestos legalmente previstos, en el último supuesto de interés casacional expuesto.

Precisiones Este régimen es aplicable desde 21-6-2022, incluso respecto de **resoluciones dictadas anteriormente**, cuando a tal fecha estén en plazo de recurso.

Comunidad Valenciana (LO 5/1982 art.37) Corresponde al Tribunal Superior de Justicia de Valencia el conocimiento de los recursos de casación y de revisión cuando afecten exclusivamente a normas emanadas de la Comunidad Autónoma -como es el caso de la L C.Valenciana 3/2013-. **10693**

G. Recurso de queja

(LEC art.494 y 495 redacc RDL 6/2023)

El recurso de queja se configura como un medio de impugnación devolutivo e instrumental, para controlar la **denegación de la tramitación de un recurso** devolutivo por el juez o tribunal *a quo*, que se resuelve por el tribunal *ad quem*, sin oír a ninguna otra parte, exclusivamente en base a las alegaciones del que ha interpuesto la queja y atendiendo al contenido de los testimonios que la ley prevé y, eventualmente, de aquellos otros que deban recabarse por considerarse necesarios en orden a la decisión que proceda adoptar (TS auto 20-3-02, EDJ 126243). **10700**
Su ámbito se limita al examen de la denegación por el órgano *a quo*, sin que pueda extenderse su función revisora a ningún otro supuesto (TS auto 23-12-03, EDJ 201812).
Los recursos de queja se tramitan y se resuelven con **carácter preferente**.

Resoluciones recurribles (LEC art.494 redacc RDL 6/2023) El recurso de queja cabe exclusivamente contra los **autos** por los que el tribunal que haya dictado la resolución deniegue la tramitación de un recurso de casación. Cuando la resolución recurrida no fuera susceptible del recurso inadmitido no procederá el **recurso de queja accesorio** (AP Murcia auto 30-3-05, EDJ 53043). **10702**

No procede el recurso de queja en los procesos de **desahucio** de finca urbana y rústica, cuando la sentencia que procediera dictar en su caso no tenga la consideración de cosa juzgada.

Precisiones Con anterioridad al RDL 6/2023 -aplicable a recursos entablados desde 20-3-2024 (RDL 6/2023 disp.trans.2ª)-, se refiere este recurso también a la denegación del trámite del **extraordinario por infracción procesal** y del de **apelación**.

10704 **Interposición** (LEC art.495.1 redacc RDL 6/2023) El recurso de queja se interpone directamente ante el órgano jurisdiccional al que corresponda resolver del recurso no tramitado, debiendo efectuarse dicha presentación, dentro del **plazo** legalmente fijado, ante el letrado de la Administración de Justicia o ante la oficina o servicio del registro general cuando estuviese establecido (LEC art.135 redacc RDL 6/2023; LOPJ art.268.1 y 272.3).

10706 **Sustanciación y decisión** (LEC art.495 redacc RDL 6/2023) El recurso de queja se interpone en el **plazo** de 10 días desde la notificación de la resolución que deniegue la tramitación de un recurso de casación, debiendo acompañarse al recurso **copia de la resolución recurrida**.
Presentado en tiempo el recurso con dicha copia, el tribunal resuelve sobre él en el plazo de 5 días. Si considera **bien denegada** la tramitación del recurso, manda ponerlo en conocimiento del tribunal correspondiente, para que conste en los autos. Si la estima **mal denegada**, ordena a dicho tribunal que continúe con la tramitación.
Contra el auto que resuelva el recurso de queja no se da **recurso** alguno.

H. Recursos que puede utilizar el demandado rebelde

(LEC art.496 a 508)

10710 La finalidad específica de este medio de **rescisión de la cosa juzgada** es que quien se encuentre perjudicado por una sentencia dictada tras un proceso en el que no ha sido oído, por causas que no le son imputables, y que no puede utilizar contra ella el recurso de apelación o de casación (LEC art.771 y 772), pueda obtener un **nuevo fallo** que reemplace a la sentencia pronunciada y que solo será dictada tras permitirle ejercer sus derechos de alegación y de prueba en defensa de sus derechos e intereses legítimos.
Para un estudio detallado puede consultarse nº 7365 s. Memento Procesal Civil 2024.

10712 **Audiencia al litigante rebelde para la rescisión de sentencias firmes** La rebeldía, entendida como ausencia del demandado del proceso en el que se dirimen sus derechos e intereses y en el que se puede dictar una resolución con incidencia sobre su esfera jurídica y patrimonial, afecta indiscutiblemente al derecho de **tutela judicial efectiva** en la medida en que el demandado rebelde no ha sido escuchado en el proceso.
De ahí que se arbitren varios cauces para que el demandado rebelde pueda ejercer sus **derechos de audiencia y oposición**.
Cuando el interesado tiene conocimiento de la sentencia que perjudica a sus derechos, sin haber tenido una oportunidad real de ser oído por el tribunal que la ha dictado, debe intentar el recurso de **apelación** o de **casación** que proceda, si tiene plazo para ello (TCo auto 324/1997).
Cuando la falta o los defectos de emplazamiento han sido causados por maquinaciones de la parte contraria, procede pedir la **revisión** de la sentencia injustamente ganada (nº 10715).
Y, en defecto a los cauces anteriores, puede pedirse la **rescisión** de la sentencia que haya ganado firmeza en rebeldía del demandado.
Este último es un **remedio extraordinario** en tanto que permite ir contra la eficacia de cosa juzgada de la sentencia, y hace prevalecer sobre la seguridad jurídica que se asocia a dicho efecto, el derecho a una tutela judicial efectiva del demandado rebelde y al principio de contradicción.
Son susceptibles de rescisión a instancia del demandado rebelde las **sentencias firmes**, esto es, aquellas contra las que no cabe recurso alguno, bien porque no lo prevé la Ley o porque las partes no han hecho uso del mismo, dejando transcurrir el plazo legal, siempre y cuando produzcan los **efectos de la cosa juzgada** (LEC art.207).
Ahora bien, **no procede** la rescisión de las sentencias firmes que, por disposición legal, carezcan de efectos de cosa juzgada, como es el caso de los **juicios por desahucio** o recuperación de finca, rústica o urbana, dada en arrendamiento, por **impago de la renta** o alquiler o por **expiración legal o contractual del plazo** (LEC art.447.2 y 503).

I. Revisión de sentencias firmes

(LEC art.509 a 516)

La LEC permite la revisión de sentencias firmes en supuestos excepcionales en los que la seguridad jurídica que deriva de los efectos de cosa juzgada que el ordenamiento jurídico reconoce a los pronunciamientos de los tribunales que ganan firmeza (LEC art.207) debe ceder ante circunstancias que aconsejan un nuevo enjuiciamiento de la cuestión que quedó decidida en su momento por medio de la sentencia firme. Este mecanismo constituye, junto con el de audiencia al demandado rebelde para la rescisión de las sentencias (nº 9539), la única excepción procesal posible respecto del principio de **intangibilidad de la cosa juzgada**. 10715
Un estudio detallado puede consultarse en nº 7410 s. Memento Procesal Civil 2024.

Resoluciones recurribles Es doctrina reiterada y constante del Tribunal Supremo que carácter limitado y la **interpretación restrictiva** que ha de hacerse de este recurso (TS auto 30-10-03, EDJ 263089) y que no es una **tercera instancia**, ni permite subsanar deficiencias procesales que pudo reparar la parte. Tampoco es posible, a través de la revisión, examinar la actuación del tribunal que dio lugar a la sentencia impugnada (TS 30-6-88, EDJ 16809; 14-7-88, EDJ 16796; 3-11-88, EDJ 8662; 4-3-91, EDJ 2320; 22-3-91, EDJ 3135). 10716
Este mecanismo revisorio solo procede contra **sentencias firmes**. La escueta dicción de la Ley en este punto ha sido interpretada de la siguiente forma:
- el requisito de firmeza debe ser interpretado como **insusceptibilidad de recurso**, por lo que solo cabe instar la revisión de la sentencia que resuelve un recurso de apelación, y no la de la sentencia que se recurrió, pues está última es la que gana firmeza;
- es preciso, además, que la sentencia despliegue efectos de **cosa juzgada material**, excluyendo cualquier proceso ulterior sobre la misma cuestión; esta condición de firmeza no es predicable para las sentencias en los juicios relativos a la tutela sumaria de la posesión y en los ejecutivos, ya que estas sentencias no producen excepción de cosa juzgada, quedando a salvo el derecho de las partes para promover el procedimiento ordinario sobre la misma cuestión.
A pesar de la restricción interpretativa de este medio de revisión, la jurisprudencia ha extendido su operatividad a resoluciones judiciales o procesales firmes que ponen **fin al procedimiento sin carácter de sentencia**, como es el caso del auto de conclusión del concurso, el decreto por el que se despacha ejecución en el proceso monitorio, el de conclusión del monitorio europeo o el decreto que pone fin al proceso de **desahucio por falta de oposición del demandado**, susceptibles por tanto de revisión por este cauce excepcional (TS 23-2-21, EDJ 507113; 28-3-19, EDJ 564249; 9-10-15, EDJ 187096; 28-10-13, EDJ 20-11-29).

Precisiones **1)** Esta posibilidad defensiva ha de quedar reservada para aquellos supuestos en que, frente a una sentencia firme, **no quepa otro medio impugnatorio** (TS auto 1-12-09, EDJ 285396).
2) Respecto de las **resoluciones recurribles**, existe una consolidada doctrina de la Sala Primera que establece que la revisión únicamente puede admitirse contra sentencias dictadas en **casación** si el Tribunal Supremo ha actuado como juzgador de **primera y única instancia**, no procediendo nunca contra aquellas sentencias si en ellas se declara no haber lugar al recurso de casación interpuesto (TS auto 25-7-02, Rec 1775/01).
3) Respecto de la **firmeza**, se ha dicho que no cabe el recurso si la sentencia permitía recurso de apelación y se dejó ganar la firmeza; no es aceptable sustituir la revisión por la apelación (TS 28-4-05, EDJ 62550).

Motivos (LEC art.510) La revisión de una sentencia firme solo procede en los siguientes supuestos que, como se ha dicho, tienen que ser interpretados de forma restrictiva y rigurosa (por todas, TS 27-1-09, EDJ 13335): 10717
1) Si después de pronunciada, se recobran u obtienen **documentos decisivos**, de los que no se haya podido disponer por fuerza mayor o por obra de la parte en cuyo favor se haya dictado.
Los **datos esenciales** para que pueda surgir este supuesto son:
- que los documentos en cuestión se hayan recobrado después de pronunciada la sentencia firme;
- que los mismos hubieran sido retenidos por causa de fuerza mayor o por la parte en cuyo favor se dictó el fallo impugnado;
- que sean decisivos para la justa decisión de la litis.
La **carga probatoria** de los citados extremos o datos corresponde a la parte recurrente (TS 19-7-06, EDJ 105543; 13-12-12, EDJ 316513; 22-4-16, EDJ 44808).
2) Si la sentencia recayó en virtud de documentos que al tiempo de dictarse ignoraba una de las partes haber sido **declarados falsos en un proceso penal** o cuya falsedad se declarase después penalmente.

3) Si la sentencia recayó en virtud de prueba testifical o pericial y los testigos o los peritos hubieran sido **condenados por falso testimonio** dado en las declaraciones que sirvieron de fundamento a la sentencia.
4) Si se ganó injustamente en virtud de **cohecho, violencia o maquinación fraudulenta**. Se declara maquinación fraudulenta del arrendador que ocultó otros posibles domicilios del demandado donde podía ser localizado (TS 7-3-18, EDJ 18331). Ante las dudas razonables sobre la **recepción del requerimiento** por el arrendatario, se estima el recurso de revisión y se declara enervada la acción (AP Lleida 15-2-18, EDJ 27320).
5) Asimismo, se puede interponer recurso de revisión contra una resolución judicial firme cuando el Tribunal Europeo de Derechos Humanos haya declarado que dicha resolución ha sido dictada en violación de alguno de los derechos reconocidos en el Convenio europeo para la protección de los **derechos humanos y libertades fundamentales** y sus protocolos, siempre que la violación, por su naturaleza y gravedad, entrañe efectos que persistan y no puedan cesar de ningún otro modo que no sea mediante esta revisión, sin que la misma pueda perjudicar los derechos adquiridos de buena fe por terceras personas (LOPJ art.5 bis; LEC art.510.2).

10718 **Plazo de interposición** (LEC art.512) En ningún caso puede solicitarse la revisión después de transcurridos **5 años** desde la fecha de la publicación de la sentencia que se pretende impugnar. Debe rechazarse toda solicitud de revisión que se presente pasado este plazo (TS 14-7-06, EDJ 105584).
Dentro del plazo anterior, se puede solicitar la revisión siempre que no hayan transcurrido **3 meses** desde el día en que se descubrieron los documentos decisivos, el cohecho, la violencia o el fraude, o en que se haya reconocido o declarado la falsedad.
En definitiva, el plazo para interponer la demanda de revisión no es de naturaleza procesal, sino civil, y es de **caducidad**, por lo que no admite interrupción alguna (TS 19-4-05, EDJ 55121). Dicho plazo comienza a contarse desde el momento en que el interesado tiene **conocimiento de los hechos** que determinan la revisabilidad del fallo.
Para un estudio detallado sobre este tema puede consultarse nº 7432 s. Memento Procesal Civil 2024.

10720 **Decisión** (LEC art.516) Si el tribunal **estima** procedente la revisión solicitada, ha de declararlo así, y rescindir la sentencia impugnada. A continuación mandará expedir certificación del fallo, y devolverá los autos al tribunal del que procedan para que las partes usen de su derecho, según les convenga, en el juicio correspondiente.
Si el tribunal **desestima** la revisión solicitada, se condena en costas al demandante y pierde el depósito realizado.
Contra la sentencia que dicte el tribunal de revisión no cabe **recurso** alguno.

CAPÍTULO 21

Ejecución

 10750

Se expone a continuación de forma resumida todo lo relativo a la ejecución de los pronunciamientos obtenidos en el correspondiente proceso declarativo y sus especialidades en materia arrendaticia.

A. Provisional

La ejecución provisional se define como una institución procesal especial de naturaleza ejecutiva que permite llevar a efecto los pronunciamientos contenidos en las **resoluciones judiciales que no han adquirido firmeza**, con el fin de evitar las consecuencias de la dilatada duración de un proceso o la utilización abusiva de recursos con efectos meramente dilatorios (Velázquez Martín). 10752
Le ejecución provisional es infrecuente en los procedimientos sobre arrendamientos que conlleven el **lanzamiento del arrendatario** del inmueble por dos razones:
1. En estos casos no se admiten al demandado los recursos de apelación o casación si, al interponerlos, no acredita tener satisfechas y **consignadas las rentas** vencidas y debidas hasta la fecha (LEC art.449 redacc RDL 6/2023), rentas que debe seguir pagando durante la tramitación de los recursos. De forma que, dado que las rentas se van consignando, el arrendador tiene garantizado el cobro y no precisa la ejecución provisional de la condena (LEC art.429).
2. Es frecuente que prospere la **oposición del ejecutado**, por ser muy difícil la restitución y reposición al ejecutado en la situación anterior a la ejecución provisional para el caso de que prospere su recurso (LEC art.528.2.2º).
En consecuencia, la ejecución provisional queda limitada a los procedimientos de arrendamientos que no conllevan el lanzamiento del inmueble arrendado, que son los **juicios verbales** relativos a la reclamación de rentas o cantidades debidas sin solicitud de desahucio y los procedimientos **ordinarios**.

Requisitos procesales (LEC art.524 a 530) Hay que distinguir entre la ejecución provisional de sentencias de condena: 10754
- dictadas en **primera instancia**; y
- dictadas en **segunda instancia**, cuya ejecución se rige por lo dispuesto con carácter general con determinadas especialidades.
En términos generales, cabe destacar lo siguiente:
1) La ejecución provisional **puede pedirse en cualquier momento** desde la notificación de la providencia en que se tenga por interpuesto el recurso de apelación, o desde el traslado a la parte apelante del escrito del apelado adhiriéndose al recurso, hasta que la sentencia gane firmeza.
2) El **tribunal competente** ante el que se debe solicitar es el que conoció del asunto en primera instancia. No obstante, se atribuye a los letrados de la Administración de Justicia la ejecución, salvo aquellas competencias que se exceptúan por estar reservadas a jueces y magistrados.
3) El **despacho de la ejecución provisional**, una vez solicitada por la parte favorecida por la sentencia, no es potestativo para el tribunal, sino obligado, salvo que concurra alguno de los supuestos de exclusión legal o que aquella no contenga pronunciamiento de condena (AP Madrid auto 26-5-10, EDJ 182421: el sentido y alcance de la ejecución provisional parecen claros. El legislador apuesta decididamente por la Justicia de primera instancia y por la anticipación de la efectividad de las sentencias, de forma que, salvo las excepciones de LEC art.525, todas las sentencias de condena dictadas en su seno son ejecutables provisionalmente; se concibe como sistema ordinario de satisfacción al acreedor, cuyo despacho es obligatorio para el juez, salvo lo previsto en LEC art.527 redacc RDL 6/2023 y, sin perjuicio de oposición de acuerdo con LEC art.528).
4) La **oposición a la ejecución provisional**, presenta caracteres y contenido diverso según sea la sentencia:
- de **condena no dineraria**, que solo prospera cuando resulte imposible o de extrema dificultad restaurar la situación anterior a la ejecución provisional o compensar económicamente al ejecutado; o

- de **condena dineraria**, en cuyo caso, sin que el legislador distinga entre liquidez o iliquidez de la condena, al ejecutado no le está permitido oponerse a la ejecución provisional en su conjunto, sino únicamente a actuaciones ejecutivas concretas siempre que estas provoquen una situación absolutamente imposible de restaurar o compensar económicamente y, al mismo tiempo, indique medios o actuaciones ejecutivas viables y ofrezca caución suficiente para responder de la demora en la ejecución.

También deben admitirse aquellos **motivos de oposición** sustantivos fundados en el pago, cumplimiento, caducidad de la acción y transacción, o procesales, fundados en las causas de LEC art.559.

5) La ejecución provisional se lleva a cabo del mismo modo que la ejecución ordinaria (nº 10790 s.), gozando las partes de los mismos **derechos y facultades procesales** que en esta, de modo que la regulación de la ejecución ordinaria es de aplicación subsidiaria (LEC art.524.2 y 3).

10756 **Legitimación** (LEC art.526) La legitimación **activa** para instar la ejecución provisional corresponde a quien haya obtenido un pronunciamiento a su favor en sentencia de condena dictada en primera instancia -también en segunda, por remisión de LEC art.535.1-. Es necesario, por tanto, que la sentencia contenga algún pronunciamiento condenatorio, que la haga susceptible de ser ejecutada a título provisional, y que este pronunciamiento beneficie directamente a quien reclama el despacho de la ejecución provisional del fallo (AP Madrid auto 11-5-07, EDJ 86795).

La legitimación **pasiva** corresponde a la parte que resulte condenada por dicha resolución judicial, esto es, desfavorecida, siempre que pueda ser considerada como deudora de acuerdo con lo previsto en la sentencia (AP Sevilla auto 23-11-09).

10758 **Postulación** (LEC art.539) Se aplican las **reglas generales** de la ejecución forzosa, de manera que el ejecutante y el ejecutado provisionales deben estar dirigidos por **letrado** y representados por **procurador**, salvo que se trate de ejecutar sentencias de condena dictadas en procesos en que no sea preceptiva la intervención de dichos profesionales.

10760 **Competencia** (LEC art.61 y 524.2) La ejecución provisional se despacha y lleva a cabo por el tribunal competente para la **primera instancia** (AP Zaragoza auto 14-6-05), regla aplicable tanto a la dictada en dicha primera instancia, como en la **segunda instancia**, al resolverse el recurso de apelación interpuesto contra la anterior (LEC art.535.2).

Esta es la regla prevista también en el ámbito de la ejecución definitiva de resoluciones judiciales firmes (LEC art.545.1).

10762 **Plazos** (LEC art.527.1) Se establece un amplio plazo para instar la ejecución provisional:

1) En **primera instancia** (LEC art.461.4): la ejecución provisional puede pedirse en cualquier momento desde la notificación de la resolución en que se tenga por interpuesto el recurso de apelación, o, en su caso, desde el traslado a la parte apelante del escrito del apelado adhiriéndose al recurso, y siempre antes de que haya recaído sentencia en dicho recurso. Por tanto, para solicitar la ejecución provisional no es preciso esperar el plazo de 20 días de LEC art.548 (AP Barcelona auto 25-4-08, EDJ 75601).

El ***dies a quo*** lo constituye aquel en el que se efectúa la notificación de la resolución por la que se admite el escrito de interposición de la apelación, mientras que el ***dies ad quem*** lo será, a falta de mayor precisión legal, el día anterior a aquel en el que se dicte la sentencia de apelación, aunque olvida el legislador que el recurso de apelación interpuesto frente a sentencias de condena también puede concluir mediante providencia (LEC art.465.3.párrafo 1º), razón por la cual la fecha límite en estos casos para instar la ejecución provisional será la del día anterior a la emisión de la indicada resolución judicial.

La petición de ejecución provisional **presentada antes de tiempo** no se puede subsanar por medio de rectificación temporánea posterior, sin perjuicio del derecho de la parte beneficiada por la sentencia de instar de nuevo su ejecución en tiempo y forma (AP León auto 4-3-10).

2) En **segunda instancia**: si la ejecución provisional se refiere a una sentencia de condena dictada no en la primera instancia, sino en la segunda, la solicitud entonces puede presentarse en cualquier momento desde la notificación de la resolución que tenga por interpuesto el recurso de casación, y siempre antes de que haya recaído sentencia en este recurso (LEC art.535.2 redacc RDL 6/2023).

10764 **Inicio** (LEC art.524 y 549 -redacc L 12/2023-) En consonancia con la similitud del régimen jurídico de la ejecución provisional con el de la ejecución definitiva, se inicia de la misma forma que esta, por **demanda** o por simple **solicitud** (nº 10806 y nº 10808).

En todo caso, el **principio de rogación** que disciplina esta materia exige que la ejecución provisional sea instada por parte de quien resulta beneficiado por los pronunciamientos condenatorios de la sentencia cuya ejecución provisional se pretende, esto es, por una de las partes del proceso que esté legitimada para instar la ejecución provisional del fallo.

Documentación Cuando la ejecución provisional se solicite después de haberse remitido los autos al tribunal competente para resolver la apelación -lo que es posible, puesto que puede instarse hasta que se dicte sentencia en los recursos de que se trate-, el ejecutante debe obtener previamente de este **testimonio** de lo que sea necesario para la ejecución, y acompañar dicho testimonio a la solicitud. Si se solicita antes de dicha remisión, el letrado de la Administración de Justicia expedirá el testimonio antes de ordenarla (LEC art.527.2). 10768
En caso de ejecución provisional de sentencia dictada en **segunda instancia**, a la solicitud de ejecución provisional ha de acompañarse **certificación** de la sentencia cuya ejecución provisional se pretenda.

Despacho (LEC art.527.3 a 5 redacc RDL 6/2023) Formalizada la demanda ejecutiva o la solicitud de ejecución provisional, el tribunal, siempre que concurran todos los presupuestos y requisitos legales, viene obligado *ope legis* a acordarla, sin necesidad de dar audiencia al ejecutado, sin citarlo ni emplazarlo. La resolución acordando el despacho de la ejecución provisional ha de revestir la forma de **auto**. 10770
Si la demanda o solicitud de ejecución provisional reúne los **requisitos** legalmente exigidos, el tribunal competente la tiene que despachar, sin que frente al auto en que así se ordene quepa **recurso** alguno, sin perjuicio de la **oposición** que pueda formular el ejecutado (AP Castellón auto 25-7-05, EDJ 180815; AP Madrid auto 26-5-10, EDJ 182421: basta con acreditar la existencia del título y su carácter de ejecutable para que la ejecución se despache, sin que el juez pueda valorar otros datos distintos de los consignados en LEC art.524 y 525).
Frente a la **denegación** judicial de la solicitud de ejecución provisional cabe recurso de apelación -sin necesidad de reposición previa, al tratarse de un auto definitivo que pone fin a las actuaciones de ejecución provisional), que se tramita y resuelve con carácter preferente.
No son a cargo del ejecutado las **costas** del proceso de ejecución provisional siempre que hubiese cumplido con lo dispuesto en el auto que despachó la ejecución dentro del plazo de 20 días desde que le fue notificado.

Oposición Frente al auto por el que se despache la ejecución el ejecutado puede: 10772
1) **Cumplir íntegramente** con la obligación a que haya sido condenado, poniendo así término a la ejecución (LEC art.531 y 570).
2) Mantener una **actitud pasiva**, en la que ni cumpla con sus obligaciones ni formule reparos y oposiciones expresas a las actuaciones ejecutivas realizadas en su contra; supuesto en el cual la ejecución proseguirá con su normal desarrollo, sin más.
3) **Oponerse** a la ejecución despachada en su contra (LEC art.528.1).

Precisiones El ejecutado solo puede **oponerse a la ejecución provisional** una vez que esta haya sido despachada, no antes (AP León auto 4-3-10, EDJ 64899).

Causas La oposición a la ejecución provisional puede deberse a: 10774
1) La **infracción de sus presupuestos condicionantes** (LEC art.527 redacc RDL 6/2023). Este motivo de oposición es alegable, tanto en caso de condena dineraria, como no dineraria.
2) La idea de la **irreversibilidad** de las situaciones jurídicas a las que conduzca la ejecución, de modo que no procederá esta cuando, por medio de la ejecución provisional, se provoquen al condenado **perjuicios** tales que impedirían la restauración del estado de cosas previo en caso de revocación de la sentencia que se ejecuta provisionalmente (AP Cantabria auto 13-7-01: el debate, por tanto, gravita sobre la imposibilidad de restaurar la situación previa a la ejecución o compensar económicamente al ejecutado provisional si la sentencia de primera instancia es posteriormente revocada, pues si la sentencia de apelación dejara sin efecto la primera debería restituirse al ejecutado en la misma posición que tenía originariamente, salvo que fuera imposible de hecho o de Derecho; pero, lógicamente, debe cuidarse de que la situación de **imposibilidad fáctica o jurídica posterior** no concurra, o, de que se adopten las **cautelas** o garantías precisas para evitar la insatisfacción del ejecutado provisional que vio sus expectativas acogidas, en todo o en parte, por el tribunal de la segunda instancia). Respecto de esta segunda causa, cabe distinguir entre:
- la oposición a la ejecución provisional de condena no dineraria (nº 10776); y
- la oposición en caso de ejecución provisional de condena dineraria (nº 10778).
Además de las causas citadas, la oposición puede estar fundada en las siguientes (LEC art.528.4):
a) El **pago o cumplimiento de lo ordenado en la sentencia**, que ha de justificarse documentalmente. Es obvio que la llevanza a efectos de la sentencia por parte del condenado, voluntariamente, le exime de soportar su ejecución provisional.
b) La existencia de **pactos o transacciones** que se hubieran convenido y documentado en el proceso para evitar la ejecución provisional.

10776 **Oposición a la ejecución provisional de condena no dineraria** (LEC art.528.2.2ª y 529.3) Puede tratarse de condena a hacer, a no hacer o a entregar cosa distinta a dinero.

El motivo específico de la oposición frente a este tipo de pronunciamientos condenatorios ha de ser que resulte **imposible o de extrema dificultad**, atendida la naturaleza de las actuaciones ejecutivas, restaurar la situación anterior a la ejecución provisional o compensar económicamente al ejecutado mediante el **resarcimiento de los daños y perjuicios** que se le causen, si aquella sentencia es revocada (AP Málaga auto 18-11-02, EDJ 81893). Se trata, por tanto, de una situación exactamente contraria al *periculum in mora* que fundamenta la ejecución provisional: no procede si de ella se siguen consecuencias de hecho que impidan la posterior retroacción de efectos asociada a la ulterior revocación del fallo en vía de recurso.

La oposición basada en este motivo prosperará, como norma general, cuando se acredite al juez de la ejecución la **imposibilidad material** de dejar sin efectos las medidas ejecutivas adoptadas, o, lo que es lo mismo, la inefectividad de la sentencia que revise el fallo recurrido; por ello, es habitual admitir la oposición respecto de pronunciamientos de condena que impliquen el **desahucio o lanzamiento** de los ocupantes de viviendas.

Precisiones **1)** La posibilidad, por tanto, de que el ejecutante provisional efectúe actos de enajenación, gravamen o de administración que ocasionen la **inejecutabilidad de la sentencia posterior** que revoque la de primera instancia, nos sitúa en el plano de las hipótesis concretas ante la certidumbre de la imposibilidad de restaurar; y, estimando que ello es suficiente para acoger la oposición (JPI Santander auto 18-10-03).

2) Si se tiene en consideración que, con independencia de lo que se decidiera en la sentencia cuya ejecución se pretende, el ejecutado afirma que el inmueble constituye su **vivienda habitual**, resulta evidente, se proceda o no a su demolición, que en el común sentir de las personas el hecho de abandonar la propia vivienda supone **graves inconvenientes**, no solo morales o afectivos, sino puramente materiales, pues una mudanza evidentemente comporta una serie de gastos y quehaceres varios, siendo la suma de dichos inconvenientes prácticamente imposible de cuantificar económicamente (AP Bizkaia auto 10-10-02, EDJ 136290).

10778 **Oposición en caso de ejecución provisional de condena dineraria** (LEC art.528.3) Si la condena que es objeto de ejecución provisional es dineraria, la oposición del ejecutado tiene **limitaciones**:

1) El ejecutado ya **no puede oponerse a la ejecución en conjunto** por la irreversibilidad de la misma. Siempre será posible la *restitutio in integrum* de la cantidad de dinero entregada al ejecutante, por la mera naturaleza de este tipo de condena.

2) Por ello, el ejecutado debe acreditar que dichas actuaciones causarán una **situación absolutamente imposible** -no basta la dificultad extrema, como en el supuesto general (AP Castellón auto 2-2-07, EDJ 101756: cuando se trata de la ejecución provisional de pronunciamientos de condena dineraria, no existen causas específicas por las que el ejecutado pueda oponerse a la ejecución provisional como conjunto, aunque sí puede hacerlo por falta de los presupuestos procesales, sino que su oposición ha de limitarse a actuaciones ejecutivas concretas del **procedimiento de apremio**, por entender que dichas actuaciones causarán una situación absolutamente imposible de restaurar o de compensar económicamente mediante el resarcimiento de daños y perjuicios)-.

3) La admisión de la oposición exige el cumplimiento, además, del requisito de que el ejecutado, al formular esta oposición, indique **otras medidas o actuaciones ejecutivas que sean posibles** y que no provoquen situaciones similares a las que causaría, a su juicio, la actuación o medida a la que se opone. De igual manera, debe ofrecer **caución suficiente** para responder de la demora en la ejecución, si las medidas alternativas no son aceptadas por el tribunal y el pronunciamiento de condena dineraria resulta posteriormente confirmado.

10780 **Resolución de la oposición del ejecutado** (LEC art.530) El auto que resuelve la oposición formulada por el ejecutado varía según el motivo que se invoca:

1) Si se trata de la **infracción de los presupuestos legales** condicionantes del despacho de ejecución provisional, esto es, si se alega que se despachó la ejecución con vulneración de algún requisito procesal (LEC art.528.2.1ª), el auto por el que se estime dicha oposición declara no haber lugar a que prosiga la ejecución provisional, alzándose los embargos y las medidas de garantía que pudieran haberse adoptado.

2) Si se trata de **oposición a la ejecución provisional de condena no dineraria** -por irreversibilidad o difícil reversibilidad de la ejecución- caben diversas posibilidades:

- que se **desestime la oposición** deducida por el ejecutado, en cuyo caso la ejecución prosigue;
- que el tribunal considere fundada la causa de oposición, pero también considere que la caución ofrecida por el ejecutante **garantiza suficientemente los daños** que pudieran originarse de seguir adelante con la ejecución, en cuyo caso ordenará que se constituya la caución, una vez prestada en forma la cual, la ejecución provisional sigue; o
- que el tribunal considere fundada la causa de oposición y considere que la caución ofrecida por el ejecutante **no garantiza suficientemente los daños** que pudieran originarse de seguir

adelante con la ejecución; en este supuesto, el auto resolutorio de la oposición dejará dicha ejecución en suspenso, subsistiendo, no obstante, los embargos y las medidas de garantía adoptadas, y acordándose, además, la adopción de aquellas otras medidas que procedan.
3) Si la oposición frente a la ejecución provisional de **condenas dinerarias** se dirige frente a **medidas ejecutivas concretas**:
- si se **desestima** la oposición, sigue la ejecución provisional respecto de la concreta actividad ejecutiva (AP La Rioja auto 11-10-02, EDJ 58020);
- si se **estima** dicha oposición, porque el tribunal considera posibles y de eficacia similar las actuaciones o medidas alternativas indicadas por el provisionalmente ejecutado, se sustituye la medida ejecutiva adoptada por la propuesta, continuando la ejecución provisional; y
- si se estima la oposición respecto de la medida ejecutiva que se trate, cuando el tribunal aprecie que concurre en el caso una **absoluta imposibilidad de restaurar la situación anterior** a la ejecución, o de compensar económicamente al ejecutado provisionalmente mediante ulterior resarcimiento de daños y perjuicios, en caso de ser revocada la condena, y si el ejecutado ha ofrecido caución que se crea suficiente para responder de la demora en la ejecución, el auto únicamente determinará que se deniegue la realización de la concreta actividad ejecutiva objeto de aquella, prosiguiendo el procedimiento de apremio.

En ninguno de los supuestos anteriores se admitirá **recurso** frente al auto resolutorio del incidente de oposición.

Confirmación o revocación de la resolución (LEC art.532) La ejecución provisional está sujeta a la **condición** de la confirmación o revocación de la sentencia. En caso de confirmación de la sentencia provisionalmente ejecutada, la ejecución continuará -como tal ejecución provisional- si aún no ha terminado, salvo **desistimiento expreso** del ejecutante. Si, además, la sentencia confirmatoria no es susceptible de recurso, o aun siéndolo, no se recurre, la ejecución, salvo desistimiento, seguirá adelante como **definitiva**, sin necesidad de declaración expresa al respecto. **10782**

Revocación de condenas dinerarias (LEC art.533) Se establecen las siguientes **reglas**: **10784**
1) Si el pronunciamiento provisionalmente ejecutado es de condena al pago de dinero, y se produce la **revocación total**, se sobresee la ejecución provisional por el letrado de la Administración de Justicia y el ejecutante debe (AP Bizkaia auto 18-6-04, EDJ 171936):
- devolver la cantidad que, en su caso, haya percibido;
- reintegrar al ejecutado las costas de la ejecución provisional que este haya satisfecho; y
- resarcirle de los daños y perjuicios que dicha ejecución le haya ocasionado -se exige que los daños y perjuicios procedan de una acción u omisión culposa o de un uso abusivo del proceso, y no se da, por ello, la **responsabilidad objetiva** en este ámbito (AP Barcelona auto 30-11-06, EDJ 422527; AP Madrid auto 17-3-05, EDJ 44837)-.

2) Si se produce una **revocación parcial** de la sentencia, solo se devuelve la diferencia entre la cantidad percibida por el ejecutante y la que resulte de la confirmación parcial, con el incremento que resulte de aplicar a dicha diferencia, anualmente, desde el momento de la percepción, el tipo del interés legal del dinero. En este caso, no hay derecho a percibir la **indemnización por daños** (AP Castellón auto 20-3-05, EDJ 63468).
3) Si la **sentencia revocatoria no es firme**, la percepción de las cantidades e incrementos puede pretenderse por vía de apremio ante el tribunal que haya sustanciado la ejecución provisional.
4) El **obligado a devolver, reintegrar e indemnizar** puede oponerse a actuaciones concretas de apremio (LEC art.528.3).
No se puede archivar la ejecución sin haber procedido a la **liquidación y abono** de las cantidades debidas al ejecutado (AP Zamora auto 22-1-03, EDJ 273520).

Revocación de condenas no dinerarias (LEC art.534) Se establecen las siguientes pautas: **10786**
1) Si la resolución provisionalmente ejecutada que se revoca ha condenado a la **entrega de un bien determinado**, se restituye este al ejecutado, en el concepto en que lo haya tenido, más las rentas, frutos o productos, o el valor pecuniario de la utilización del bien.
Si la **restitución es imposible**, de hecho o de Derecho, el ejecutado puede pedir que se le indemnicen los daños y perjuicios.
2) Si se revoca una resolución que contenga **condena a hacer** y esta obligación ha sido realizada, se puede pedir que se deshaga lo hecho y que se indemnicen los daños y perjuicios causados (AP Guadalajara auto 24-2-05, EDJ 25481, que subraya además que la retroacción de los efectos de lo ejecutado procede aunque la sentencia revocatoria no sea firme).
3) Para la **restitución** de la cosa, la **destrucción** de lo mal hecho o la **exacción** de daños y perjuicios, procede, en caso de que la sentencia revocatoria no sea firme, la vía de ejecución ante el tribunal competente para la provisional.
4) En los casos previstos en los apartados anteriores, el obligado a restituir, deshacer o indemnizar puede **oponerse**, dentro de la vía de ejecución.

10789 **Costas** (LEC art.539.2) En las actuaciones del proceso de ejecución para las que se prevea expresamente pronunciamiento sobre costas, las partes deben satisfacer los gastos y costas que les correspondan, sin perjuicio de los reembolsos que procedan tras la decisión del tribunal o, en su caso, del letrado de la Administración de Justicia sobre las costas del incidente ejecutivo.

Las costas del proceso de ejecución no comprendidas en el párrafo anterior son **a cargo del ejecutado** sin necesidad de expresa imposición, pero, hasta su liquidación, el ejecutante debe satisfacer los gastos y costas que se vayan produciendo, salvo los que correspondan a actuaciones que se realicen a instancia del ejecutado o **de otros sujetos**, que deben ser pagados por quien haya solicitado la actuación de que se trate.

Ahora bien, **no son a cargo del ejecutado** las costas del proceso de ejecución provisional cuando cumpla con lo dispuesto en el auto de despacho de ejecución dentro del plazo de 20 días desde que le fue notificado (LEC art.527.5 redacc RDL 6/2023).

B. Definitiva

10790

10792 Se denomina **ejecución forzosa** al proceso que tiene por objeto promover una actuación jurisdiccional consistente en un conjunto de **actuaciones materiales** destinadas a obtener la transmisión de bienes o elementos del patrimonio del deudor al del acreedor, quien debe enriquecerse en la cuantía de la prestación debida y no satisfecha. Es un proceso que tiene sustantividad propia y que supone la manifestación más directa del poder jurisdiccional: el ejercicio de la **potestad coercitiva** a fin de dar cumplimiento a lo declarado por él en el previo proceso de cognición.

Corresponden a los **letrados de la Administración de Justicia** las funciones en materia de ejecución, salvo aquellas competencias que exceptúen las leyes procesales por estar reservadas a jueces y magistrados.

1. Títulos ejecutivos

(LEC art.517 a 523)

10794 La acción ejecutiva consta, materialmente, de dos partes o documentos: la **demanda** ejecutiva y un **título** que tenga aparejada ejecución (LEC art.517).

Se denomina título ejecutivo al **documento** del que se deduce que el acreedor tiene derecho al despacho de la ejecución.

Dentro de los títulos ejecutivos hay que distinguir entre los **judiciales** y los **extrajudiciales**.

10796 **Títulos judiciales o equiparados** (LEC art.517.2.1º, 2º y 3º) Son títulos ejecutivos judiciales:

1) La **sentencia de condena firme**. Es firme la sentencia contra la que no quepa recurso alguno, así como aquella que no haya sido impugnada en tiempo y forma por parte de los sujetos legitimados para recurrir.

La sentencia tiene que incluir necesariamente en el fallo la condena al demandado o al demandante reconvenido a dar, hacer o no hacer alguna cosa, pues las sentencias **meramente declarativas** no son por naturaleza susceptibles de ejecución (AP Burgos auto 11-7-02, EDJ 136147; AP Madrid auto 1-10-08, EDJ 258611).

El **cumplimiento voluntario** de la sentencia impide su ejecución forzosa por resultar innecesaria (AP Ciudad Real auto 27-6-06, EDJ 258392).

2) Los **laudos o resoluciones arbitrales**. El laudo arbitral lleva aparejada ejecución cuando es **firme** (AP Madrid auto 8-11-07, EDJ 257621, el laudo firme goza de los efectos de cosa juzgada y es perfectamente susceptible de ser ejecutado).

Tiene **competencia** para conocer de esta ejecución el juzgado de primera instancia del lugar donde se haya dictado el laudo (LEC art.53 y 545.2; AP Madrid auto 17-6-03, EDJ 142179).

3) Las resoluciones judiciales que aprueben u homologuen **transacciones judiciales y acuerdos** logrados en el proceso, acompañadas, si fuera necesario para constancia de su concreto contenido, de los correspondientes **testimonios** de las actuaciones.

2. Disposiciones generales

Legitimación (LEC art.538) Como **regla general**, están legitimados para la ejecución forzosa los sujetos que figuran como tales en el título. Por un lado, quien aparezca como acreedor, titular del derecho que resulta indiscutible y que está legitimado para instar la ejecución, y, por otro, quien resulte responsable según el título, que es quien aparezca como deudor, obligado a satisfacer la prestación y frente a quien la ejecución puede ser despachada. La titularidad y la legitimación derivan directamente del título ejecutivo. 10798

Como **regla especial**, también pueden utilizar los medios de defensa que la ley concede al ejecutado aquellas personas frente a las que no se haya despachado la ejecución, pero a cuyos bienes haya dispuesto el tribunal que esta se extienda por entender que, pese a no pertenecer al ejecutado, están afectos al cumplimiento de la obligación por la que se proceda (LEC art.538.3).

Los tribunales han aplicado el precepto considerando que la actividad ejecutiva puede afectar a quien, por la relación en que se halla con la persona del deudor o con determinados bienes o derechos, y en virtud de un determinado vínculo o efecto jurídico, tenga el deber de soportar la injerencia patrimonial que aquella supone. Entre tales supuestos señalan el caso del **tercero que adquiere de mala fe** el bien litigioso, frente al que -si bien no se ha despachado ejecución, porque no aparece en el título- queda legitimado para defender el bien de su propiedad que queda afecto a la ejecución.

Competencia (LEC art.545) Sea cual sea el título en virtud del cual se despacha ejecución, la **falta de competencia** puede apreciarse de oficio y a instancia de parte antes del despacho de la ejecución. Este examen de oficio de la competencia tiene que ser anterior al despacho. 10802

Hay que distinguir según se trate de títulos judiciales o extrajudiciales y, dentro de los primeros, depende de si la ejecución es de resolución judicial o título asimilado a ella. Asimismo, se reconoce carácter de título ejecutivo a las resoluciones dictadas por los letrados de la Administración de Justicia:

1) **Resoluciones judiciales** (LEC art.545.1). Tratándose de resoluciones judiciales o de resoluciones dictadas por letrados de la Administración de Justicia a las que se reconozca carácter de título ejecutivo, el criterio para determinar la competencia es el funcional. La competencia corresponde al órgano judicial que ha conocido en primera instancia.

Cuando el título sea un **laudo arbitral** es competente para denegar o autorizar la ejecución y el correspondiente despacho el juzgado de primera instancia del lugar en que se haya dictado dicho laudo (LEC art.545.2).

2) **Títulos extrajudiciales** (LEC art.545.3). Corresponde al juzgado de primera instancia del domicilio del demandado y, si no lo tuviera en el territorio nacional, el de su residencia en dicho territorio. En el caso de que el **demandado no tenga domicilio ni residencia en España** puede ser demandado en el lugar en que se encuentre dentro del territorio nacional, o en el de su última residencia en este, y, si tampoco pudiera determinarse así la competencia, en el lugar del domicilio del actor.

3. Despacho de ejecución

(LEC art.548 a 555)

Se establece un **plazo de espera**, de modo que no se despacha ejecución de resoluciones procesales o arbitrales dentro de los 20 días posteriores a aquel en que la resolución de condena sea firme o la resolución haya sido notificada al ejecutado (LEC art.548). 10804

Este plazo de espera legal **no se aplica** a las resoluciones de condena por **desahucio**, que han de seguir su propio procedimiento (nº 10370 s.) y, específicamente, cuando se trate de la vivienda habitual del demandado, con carácter previo al lanzamiento debe haberse procedido conforme a lo previsto en nº 10366 (LEC art.441.5 y 549.4 redacc L 12/2023).

Solicitud (LEC art.549.2) Cuando el **título ejecutivo** sea una resolución del letrado de la Administración de Justicia o una sentencia o resolución dictada por el tribunal competente para conocer de la ejecución, la demanda ejecutiva puede limitarse a la solicitud de que se despache la ejecución, identificando la sentencia o resolución cuya ejecución se pretenda. 10806

Demanda ejecutiva El proceso ejecutivo se inicia por medio de demanda que ha de reunir un **contenido** fijado por la ley e ir acompañada de determinados **documentos**. 10808

La demanda ha de expresar (LEC art.549.1):

1) El **título** en que se funda el ejecutante. Ha de ser alguno de los títulos **contractuales o extrajudiciales** (LEC art.517.2.4º, 5º, 6º, 7º -redacc RDL 6/2023- y 9º). Pero cuando el título

sea **judicial** o asimilado, la demanda ejecutiva puede limitarse a la solicitud de que se despache ejecución, identificando la sentencia o resolución judicial cuya ejecución se pretenda.
2) La **tutela ejecutiva** que se pretende, en relación con el título ejecutivo que se aduce. Cuando la tutela ejecutiva pretendida sea **dineraria** con base en un título judicial, es necesario determinar la cantidad por la que se insta la ejecución (LEC art.575, en relación con LEC art.219).
3) Los **bienes del ejecutado susceptibles de embargo** de los que tuviera conocimiento y, en su caso, si los considera suficientes para el fin de la ejecución. Si el acreedor los desconoce, o resultan insuficientes los conocidos, puede instar al tribunal medidas de **localización y averiguación** para que acuerde, por providencia, dirigirse a las entidades financieras, organismos y registros públicos y personas físicas y jurídicas que el ejecutante indique, para que faciliten la relación de bienes o derechos del deudor de los que tenga constancia (LEC art.590). Por otra parte, si el acreedor y deudor han pactado antes del inicio del juicio ejecutivo cuáles deben ser los bienes a embargar, así se debe indicar en la demanda a fin de que el juez acuerde el embargo de conformidad a dicho **pacto** (LEC art.592).
4) La **persona o personas**, con expresión de sus circunstancias identificativas, frente a las que se pretenda el despacho de la ejecución, por aparecer en el título como deudores o por estar sujetos a la ejecución (LEC art.538 a 544).
La solicitud en la **demanda de desahucio** de la ejecución de la sentencia condenatoria o del decreto que termine el procedimiento en caso de falta de oposición al requerimiento, es suficiente para proceder a ejecutar dichas resoluciones, sin necesidad de ningún otro trámite para efectuar el **lanzamiento** en el día y hora exacta señalada en la sentencia o en el requerimiento al demandado, sin perjuicio de la posibilidad de suspender el procedimiento de acuerdo con lo establecido en LEC art.441.5 a 7 redacc L 12/2023. Asimismo, el plazo de espera legal referido en LEC art.548 no es de aplicación a la ejecución de resoluciones como las indicadas (LEC art.549 redacc L 12/2023; nº 10804).

10810 **Documentos que acompañan a la demanda** (LEC art.550 redacc RDL 6/2023) A la demanda ejecutiva han de acompañarse:
1) El **título ejecutivo**, salvo que la ejecución se funde en sentencia, decreto, acuerdo o transacción que conste en los autos.
2) La **certificación del registro electrónico de apoderamientos** judiciales o referencia al número asignado por este, siempre que no conste ya en las actuaciones, cuando se pida la ejecución de sentencias, transacciones o acuerdos aprobados judicialmente.
3) Los documentos que acrediten los **precios o cotizaciones** aplicados para el cómputo en dinero de deudas no dinerarias, cuando no se trate de datos oficiales o de público conocimiento.
4) Los demás **documentos** que la ley exija para el despacho de la ejecución.
5) También pueden acompañarse a la demanda ejecutiva **otros documentos** que considere el ejecutante útiles o convenientes para el mejor desarrollo de la ejecución y contengan datos de interés para despacharla.

10812 **Presupuestos** (LEC art.551.1 redacc RDL 6/2023) Presentada la demanda ejecutiva, deben concurrir los siguientes presupuestos para que se autorice el despacho de la ejecución:
1) Que en la demanda ejecutiva concurran los **requisitos procesales** exigidos, esto es:
- la **competencia** (nº 10802);
- el carácter y **legitimación** de las partes (nº 10798);
- que la **demanda** esté redactada conforme dispone LEC art.549 redacc RDL 6/2023 (nº 10808), así como que se halle acompañada de los **documentos** precisos conforme a LEC art.550 redacc RDL 6/2023 (nº 10810);
- que el ejecutante ha dejado transcurrir para interponer la demanda ejecutiva el **plazo** de espera de 20 días desde el momento en que se notificó el título al ejecutado, salvo en casos de condena por desahucio (nº 10804); y
- que no se haya excedido el plazo de **caducidad** de 5 años (nº 10826).
2) Que el título ejecutivo no adolezca de ninguna **irregularidad formal**.
3) Que los **actos de ejecución** que se hayan solicitado sean conformes con la naturaleza y contenido del título.

10814 **Auto de ejecución** (LEC art.551 redacc RDL 6/2023) La ejecución se autoriza y despacha mediante auto, que dictará el tribunal, siempre que concurran los presupuestos antes citados (nº 10812).
Contra dicho auto no cabe **recurso** alguno, sin perjuicio de la oposición que pueda formular el ejecutado en el momento procesal correspondiente.
Cuando se incluya en el auto un **examen de abusividad** de las cláusulas que sirven de fundamento a la ejecución y determinan la cantidad exigible en un contrato de consumidores o usuarios, el deudor puede oponerse a la valoración efectuada, sin que pueda hacerlo posteriormente

si no lo hace en tiempo y forma, lo que se indicará expresamente en el auto (LEC art.552.4 redacc RDL 6/2023).
Contra el **auto que deniegue el despacho** de la ejecución el actor puede, bien intentar recurso de reposición previo al de apelación, o bien interponer directamente el de apelación, sustanciándose la apelación solo con el acreedor -ya que al ejecutado no se le ha notificado todavía la apertura de la ejecución (LEC art.552.2)-.
El auto del juez autorizando y despachando la ejecución debe contener una **orden general de ejecución**, siendo el responsable último de dicha ejecución el letrado de la Administración de Justicia.
El auto ordenando el despacho de la ejecución debe contener los siguientes extremos:
1) La **persona** o personas a cuyo favor se despacha la ejecución y la persona o personas contra quien se despacha esta.
2) Si la ejecución se despacha en **forma mancomunada o solidaria**.
3) La **cantidad**, en su caso, por la que se despacha la ejecución, por todos los conceptos. Destaca la doctrina (Castillejo Manzanares) que esta cantidad ha de ser aquella que se reclame en la demanda ejecutiva en concepto de **principal e intereses** ordinarios y moratorios vencidos. No se puede despachar ejecución por una suma a cuyo abono no obliga el título ejecutivo (AP Madrid 3-4-08, EDJ 53811). Y no es posible obtener en sede ejecutiva lo que no ha sido concedido en el juicio declarativo correspondiente, aun por omisión del demandante (AP Toledo auto 17-4-07, EDJ 125300).
4) Las precisiones que resulte necesario realizar respecto de las **partes** o del **contenido de la ejecución**, según lo dispuesto en el título ejecutivo.
5) Las precisiones necesarias respecto de los **responsables personales** de la deuda o propietarios de **bienes especialmente afectos** a su pago o a los que ha de extenderse la ejecución, según LEC art.538.
6) Cuando la ejecución se fundamente en un contrato celebrado entre un empresario o profesional y un consumidor o usuario, la **ausencia de carácter abusivo de las cláusulas** que sirven de fundamento a la ejecución y que determinan la cantidad exigible insertas en los títulos ejecutivos extrajudiciales.

> Precisiones Con efectos desde **20-3-2024** en la ejecución que se fundamente en un contrato celebrado entre un empresario o profesional y un consumidor o usuario, el tribunal puede apreciar de oficio si alguna de las cláusulas que constituyen el fundamento de la ejecución o que hayan determinado la cantidad exigible, incluidas en el título ejecutivo (LEC art.557.1), puede ser calificada de abusiva. En caso de denegar la ejecución ha de dar audiencia por 15 días a las partes y, oídas estas, acordar lo procedente en el plazo de 5 días hábiles conforme a lo previsto en LEC art.561.1.3ª. Una vez firme el auto que resuelva la controversia, el **pronunciamiento sobre la abusividad** tiene eficacia de cosa juzgada, al igual que en la oposición a la ejecución basada en motivos de fondo (LEC art.551, 552 y 561 redacc RDL 6/2023).

Decreto de ejecución (LEC art.551.3 y 5 redacc RDL 6/2023) Una vez que se dicta el auto despa- **10816**
chando ejecución por parte del juez o magistrado, el letrado de la Administración de Justicia responsable de la ejecución, en el mismo día o en el siguiente día hábil a aquel en que se haya dictado el auto despachando ejecución, habrá de dictar un decreto en el que se contengan:
1) Las **medidas ejecutivas** concretas que resulten procedentes, incluido si fuera posible el embargo de bienes.
2) Las medidas de **localización y averiguación** de los bienes del ejecutado que procedan.
3) El contenido del **requerimiento de pago** que deba hacerse al deudor, en los casos en que la ley establezca este requerimiento y, si este se efectuará por funcionarios del Cuerpo de Auxilio Judicial o por el procurador de la parte ejecutante, si lo hubiera solicitado.
Contra el decreto dictado por el letrado de la Administración de Justicia cabe interponer **recurso** directo de revisión, sin efecto suspensivo, ante el tribunal que hubiera dictado la orden general de ejecución (nº 10550).

Notificación (LEC art.553) El **auto** que autorice y despache ejecución, así como el **decreto** que **10818**
en su caso hubiera dictado el letrado de la Administración de Justicia junto con copia de la demanda ejecutiva, se han de notificar simultáneamente al ejecutado o, en su caso, al procurador que le represente, sin citación ni emplazamiento, para que, en cualquier momento, pueda personarse en la ejecución, entendiéndose con él, en tal caso, las ulteriores actuaciones.
La notificación es **condición necesaria** para la procedencia de las concretas actuaciones de ejecución que correspondan.

4. Oposición a la ejecución

(LEC art.556 a 558)

10820 La oposición a la ejecución se regula con un carácter **restrictivo**.
Por un lado, se establece un sistema de *numerus clausus* de **motivos tasados** de oposición; de manera que, los que no están expresamente recogidos en la Ley, han de alegarse en un proceso declarativo posterior y, en principio, no evitan la continuación de la ejecución (LEC art.564).
De otro lado, se restringen los **medios de prueba** respecto de las cuestiones de hecho que pueda suscitar la verificación del motivo. Por ello dice la doctrina que nos hallamos ante un incidente declarativo de naturaleza sumaria (Ortells Ramos y Martín Pasto).
Cabe distinguir la oposición a la ejecución de **títulos judiciales** (nº 10822 s.) y la de los **títulos extrajudiciales** (nº 10830 s.).

10822 **Por razones de fondo** (LEC art.556) En relación con los **títulos judiciales**, la oposición por motivos de fondo no produce **efectos suspensivos** sobre el curso de la ejecución, a salvo la **consignación** de la cantidad por la que se despacha ejecución, que sí la suspende (LEC art.585 y 586).
Si el título ejecutivo fuera una resolución procesal o arbitral de condena, el ejecutado, dentro de los 10 días siguientes a la notificación del auto en que se despache ejecución, puede oponerse a ella por escrito alegando el **pago o cumplimiento** de lo ordenado en la sentencia, que habrá de justificar documentalmente, así como la **caducidad de la acción** ejecutiva, y los **pactos** y **transacciones** que se hubiesen convenido para evitar la ejecución, siempre que dichos pactos y transacciones consten en documento público.

10824 **Pago o cumplimiento de lo ordenado en la sentencia con acreditación documental** (LEC art.556.1) El pago ha de ser **posterior** al título ejecutivo (AP Cádiz 26-9-02, EDJ 126209; AP Barcelona 18-6-02, EDJ 126184) y **anterior** al despacho de la ejecución (AP La Rioja 17-5-02, EDJ 126234).
El pago ha de reunir los **requisitos subjetivos** -a favor del acreedor o persona autorizada para recibirlo en su nombre (CC art.1161)- y **objetivos**, en la forma y condiciones exigidos en el título (AP Zaragoza 8-7-02, EDJ 38517; AP Girona 23-7-02, EDJ 48027) y estar justificado **documentalmente** (AP Burgos 28-2-02, EDJ 126201; AP Córdoba 16-10-02, EDJ 126214), aunque no se exige que sea público o que tenga fuerza ejecutiva.

10826 **Caducidad de la acción ejecutiva** (LEC art.556.1) También se puede oponer la caducidad de la acción ejecutiva. Sobre la interpretación del **plazo** de 5 años (LEC art.518) se sostiene que el *dies a quo* es el de la **firmeza** de la sentencia o resolución (AP Toledo auto 29-3-10, EDJ 100399); aunque no faltan autores que defienden que no se inicia hasta que transcurran los 20 días que exige LEC art.548 para que pueda instarse la ejecución.

10828 **Existencia de un pacto o transacción entre las partes** (LEC art.556.1) Pueden oponerse los pactos y transacciones que se hayan convenido para evitar la ejecución, siempre que dichos pactos y transacciones consten en **documento público** (AP La Rioja auto 9-5-03, EDJ 273496; AP Málaga auto 12-6-03, EDJ 175330 afirma que se trata de un requisito de orden formal que obedece a la necesaria salvaguarda de la **seguridad jurídica** y que, por tanto, es insoslayable; AP Murcia auto 19-12-07, EDJ 326260, en el mismo sentido, señala que no consta en autos ningún documento público que refleje pacto o transacción alguna entre las partes, con lo que queda excluido tal motivo de oposición a la ejecución, sin que quepa oponer ningún pacto que no haya sido instrumentalizado en la forma señalada).

10830 **Títulos ejecutivos extrajudiciales** (LEC art.557) La oposición del ejecutado se admite en términos más amplios, si se tiene en cuenta que no ha existido un previo proceso judicial de cognición en el que hayan sido objeto de debate los motivos de fondo esgrimidos por las partes. La oposición a la ejecución fundada en títulos no judiciales se admite por las siguientes **causas**:
1) **Pago**, que pueda acreditar documentalmente. A fin de evitar que la oposición se convierta en un proceso declarativo, ha de reunir como requisitos:
- que la deuda sea **líquida** (CC art.1196.4); y
- que conste en **documento con fuerza ejecutiva**.
Estos requisitos han de ser objeto de examen para el despacho de la ejecución (LEC art.551 redacc RDL 6/2023).
2) **Compensación** de crédito líquido que resulte de documento que tenga fuerza ejecutiva. Para que la compensación se pueda esgrimir como causa de oposición a la ejecución despachada es preciso que concurran las **condiciones generales** exigidas a este instituto para su eficacia extintiva de la obligación en los términos del CC art.1195 y 1196, esto es, certidumbre,

vencimiento, liquidez y exigibilidad de los créditos tenidos recíprocamente por los interesados (AP Asturias 22-3-04, EDJ 49082; AP Castellón 1-9-03, EDJ 114297), y, además, que el documento en el que conste el crédito sea de aquellos a los que la ley reconoce **ejecutividad** (AP Girona auto 24-3-03, EDJ 43159).
Corresponde a quien invoca la compensación acreditar todos los requisitos concurrentes para que dicha institución opere.
3) **Pluspetición** o exceso en la computación en metálico de las deudas en especie (nº 10874). Esta causa de oposición se suele alegar respecto de los **intereses** reclamados en la ejecución, por considerarlos abusivos (AP Córdoba auto 18-2-03, EDJ 248767), o respecto de **conceptos complementarios** a la deuda principal, como pueden ser determinadas comisiones bancarias (AP Córdoba 12-1-07, EDJ 59938).

4) **Prescripción y caducidad**, que no ha de confundirse con la caducidad de la acción ejecutiva (LEC art.518), que no se aplica a los títulos extrajudiciales. **10832**
5) **Quita, espera o pacto o promesa de no pedir**, que conste acreditada documentalmente. Los tribunales interpretan de forma bastante rigurosa el requerimiento de **constancia documental** de esta causa, de forma que la estipulación correspondiente tiene que constar de modo expreso e inequívoco (AP Madrid auto 9-3-04, EDJ 114985).
6) **Transacción**, siempre que conste en documento público.
7) **Cláusulas abusivas en el título**. Sin perjuicio de la posibilidad del **control de oficio** (nº 10814), puede invocarse esta causa de oposición. Cuando se aprecie el carácter abusivo de una o varias cláusulas, el auto que se dicte determinará las consecuencias de tal carácter, decretando la improcedencia de la ejecución o despachando la misma sin aplicación de aquellas consideradas abusivas. Una vez firme el auto, el pronunciamiento sobre la abusividad tendrá eficacia de cosa juzgada.
Es el **letrado de la Administración de Justicia** quien suspende el curso de la ejecución, mediante diligencia de ordenación, si se formula oposición basada en alguno de los motivos expuestos.

Caso particular: oposición por pluspetición (LEC art.558) La oposición fundada exclusivamente en pluspetición o exceso en la computación en metálico de las deudas en especie **no suspende** el curso de la ejecución, a no ser que el ejecutado ponga a disposición del tribunal, para su inmediata entrega al ejecutante por el letrado de la Administración de Justicia la **cantidad** que considere debida. **10834**

Por defectos procesales

(LEC art.559) Los **motivos** son prácticamente los mismos que pudieron conducir al tribunal a denegar el despacho de ejecución (LEC art.551 -redacc RDL 6/2023- y 552.1), con la diferencia de que examina de nuevo las cuestiones, pero con las alegaciones y las aportaciones documentales del ejecutado, lo que aumenta la expectativa de una resolución favorable a este último. **10836**
En cuanto a sus **efectos**, la oposición por defectos procesales no suspende la ejecución. Si se consigna la cantidad por la que se ha despachado la ejecución, se suspende la práctica del embargo (LEC art.585 y 586).

El ejecutado puede oponerse a la ejecución, alegando alguno de los siguientes defectos procesales: **10838**
1. Carecer el ejecutado del carácter o de la representación con que se le demanda (LEC art.559.1.1º). Cuando se alude al «**carácter con que se le demanda**» los tribunales se refieren a la legitimación pasiva (AP Burgos 8-4-02, EDJ 36930).
2. Falta de **capacidad o de representación** del ejecutante o no acreditarlo (LEC art.559.1.2º). La capacidad para ser parte y la capacidad procesal del ejecutante se determinan conforme a la LEC art.6 s. La falta de capacidad para ser parte no es subsanable. Concurre esta circunstancia impeditiva, por ejemplo, en la persona que pretende la ejecución de un título judicial cuando no fue parte en el proceso declarativo del que la ejecución es una mera consecuencia, ni tiene interés legítimo en la ejecución (AP Barcelona auto 29-11-04, EDJ 200052).

3. **Nulidad radical del despacho de la ejecución** (LEC art.559.1.3º). Por alguna de las siguientes causas: **10840**
a) Cuando el **documento presentado no cumpla los requisitos legales** exigidos para llevar aparejada la ejecución. Dice la doctrina que este motivo sirve de cláusula de cierre para denunciar cualquier requisito del título ejecutivo, sin que ello suponga alterar el sistema de *numerus clausus* de motivos de oposición. En particular, se citan, entre otros, por la doctrina, como **motivos**:
- los defectos formales en el título ejecutivo;

- que el documento presentado no sea en verdad título ejecutivo (AP Asturias auto 24-5-05, Rec 175/05, respecto del acuerdo adoptado por la junta de una comunidad de propietarios);
- la nulidad de la obligación, que suspende la ejecución;
- la falsedad del título o del acto que le hubiese dado fuerza de tal;
- no haber transcurrido el plazo de 20 días de LEC art.548 (AP Tarragona auto 13-1-06, EDJ 36188);
- la falta de liquidez de la deuda (LEC art.219 y 572 en relación con LEC art.573 y 574);
- el despacho de ejecución por cantidades no determinadas no resulta procedente (AP Tarragona auto 26-2-09, EDJ 196692; AP Sta. Cruz de Tenerife auto 25-10-04, EDJ 179504);
- falta de exigibilidad de la deuda;
- falta de vencimiento de la obligación;
- falta de firmeza del título judicial.

b) Cuando la resolución judicial o arbitral no contenga **pronunciamiento de condena**.

c) Cuando se haya despachado la ejecución basada en **títulos no judiciales ni arbitrales** con infracción de LEC art.520.

10842 **Procedimiento** Se simplifica al máximo la tramitación de la oposición, cualquiera que sea la clase de título, a través de un **incidente declarativo** con cognición judicial limitada.

El **término** para formular la oposición es 10 días, siguientes a la notificación del auto en que se despache ejecución (AP Asturias 10-5-02, EDJ 126372). Si se otorga plazo de **subsanación** y se subsana no hay infracción del plazo (AP Madrid 29-11-02, EDJ 68241).

Si se trata de **varios ejecutados**, el plazo es personal para cada uno.

Transcurrido el plazo, precluye el derecho a formular oposición y la ejecución sigue su curso.

La oposición ha de hacerse por **escrito**, con los requisitos de una demanda (LEC art.399 redacc RDL 6/2023). Puede el ejecutado acumular tanto los motivos procesales como de fondo, si bien tiene la carga de la alegación y prueba de los **hechos** en que se fundamenta, debiendo acompañar, tanto los documentos procesales, como los relativos al fondo (LEC art.264 -redacc RDL 6/2023- y 265). Puede asimismo proponer la práctica de otros medios de prueba y solicitar la celebración de **vista** en la substanciación de la oposición por motivos de fondo.

10844 **Por defectos procesales** (LEC art.559.2) Cuando la oposición del ejecutado se funde, exclusivamente o junto con otros motivos o causas, en defectos procesales, se dará traslado al ejecutante del escrito de oposición, para que pueda **contestar** lo relativo a los defectos procesales, en el plazo de 5 días. Si el tribunal entiende que el defecto es **subsanable**, concederá al ejecutante un plazo de 10 días para subsanarlo.

Cuando el defecto o falta **no sea subsanable** o no se subsane dentro de este plazo, se dicta auto de **sobreseimiento** de la ejecución.

Si el tribunal **no aprecia la existencia** de los defectos procesales a que se limite la oposición, dicta auto desestimándola y mandando seguir la ejecución adelante.

10846 **Por motivos de fondo** (LEC art.560) Resuelta la oposición en lo relativo a defectos procesales, o no habiéndose alegado estos, se da **traslado** al ejecutante del escrito de oposición, al que se acompañan los documentos que la fundamenten, para que alegue y acredite lo que a su derecho convenga en los 5 días siguientes.

Al mismo tiempo, se decreta la **suspensión** de la ejecución -por el letrado de la Administración de Justicia mediante diligencia de ordenación (LEC art.557.2)-, salvo que esta se haya despachado en virtud de sentencia o resolución judicial o arbitral de condena o de transacción o acuerdo aprobado judicialmente.

El **procedimiento** por el que debe sustanciarse la oposición de fondo a la ejecución es el declarativo ordinario que corresponda a la cuantía de lo que se ejecute, puesto que la acción de oposición a la ejecución no está directamente regulada en la LEC (AP Madrid 20-7-02, EDJ 112625).

10848 **Eventual celebración de vista** A instancia del ejecutado o del ejecutante, el tribunal mediante **providencia** podrá acordar la celebración de vista, si la controversia sobre la oposición no pudiera resolverse con los documentos aportados, señalándose por el letrado de la Administración de Justicia, conforme a la LEC art.560, día y hora para su celebración dentro de los 10 días siguientes a la conclusión del trámite de impugnación.

10850 **Auto resolutorio de oposición por motivos de fondo** (LEC art.561 redacc RDL 6/2023) Oídas las partes sobre la oposición a la ejecución no fundada en defectos procesales y, en su caso, celebrada la vista, el tribunal adopta, mediante auto, a los solos efectos de la ejecución, alguna de las siguientes **resoluciones**:

1) Declarar procedente que la **ejecución siga adelante** por la cantidad que se hubiese despachado, cuando la oposición se desestime totalmente. En caso de que la oposición se hubiese

fundado en **pluspetición** y esta se desestime parcialmente, la ejecución se declarará procedente solo por la cantidad que corresponda.
2) Declarar que **no procede la ejecución**, cuando se estime alguno de los motivos de oposición o se considere enteramente fundada la pluspetición.
Cuando se aprecie el carácter abusivo de una o varias cláusulas, el auto determinará las consecuencias de tal carácter, decretando la improcedencia de la ejecución o despachando la misma sin aplicación de las consideradas abusivas. Una vez firme el auto, el **pronunciamiento sobre la abusividad** tendrá eficacia de cosa juzgada.

Costas El auto que **desestime totalmente la oposición** ha de condenar en las costas de esta al ejecutado, conforme a lo dispuesto en LEC art.394 para la condena en costas en primera instancia (AP Valencia auto 24-4-07, EDJ 98573, que además declara que LEC art.561 es de aplicación en materia de ejecución provisional). **10852**
Si se **estima la oposición** a la ejecución, se sobresee esta, se alzan los embargos y se dejan sin efecto las medidas de garantía de la afección que se hubieran adoptado, reintegrándose al ejecutado a la situación anterior al despacho de la ejecución. En este caso, las costas son de cargo del ejecutante (AP Murcia auto 20-9-07, EDJ 238928: conforme a LEC art.561.3 redacc RDL 6/2023 han de imponerse las costas al ejecutante cuando se estime la oposición a la ejecución, sin contemplarse excepción alguna).
En caso de que la estimación de la oposición sea **parcial** no se debe condenar en costas a ninguna de las partes (AP Toledo 27-5-08, EDJ 183397).
El auto que resuelve la oposición por motivos de fondo no tiene **efecto de cosa juzgada**, sino que se dicta a los solos efectos de la ejecución (LEC art.561.1).

Recursos (LEC art.561.4 redacc RDL 6/2023) El auto resolviendo sobre la oposición por **motivos de fondo** a la ejecución es apelable sin efecto suspensivo, si fuese desestimatorio de la oposición. **10854**
Si fuese estimatorio, el ejecutante puede solicitar el mantenimiento o la adopción de medidas de garantía, siempre que preste caución suficiente para el caso de que la estimación de la oposición sea confirmada.
Por el contrario, cuando se trata de **motivos procesales**, ningún recurso ha previsto la LEC art.559. Como consecuencia, la doctrina hace la siguiente distinción:
- cuando se **desestima** la oposición, no cabe recurso de apelación, pues no se trata de una resolución definitiva ni está expresamente previsto el recurso de apelación;
- cuando se **estima** la oposición, los tribunales no han adoptado una postura unánime, existiendo pronunciamientos en el sentido de que cabe recurso de apelación al tratarse de una resolución que pone fin al proceso respecto de aquella (AP Asturias 28-2-03,EDJ 26732), y otros que claramente sostienen que contra el auto resolutorio de la oposición, en sentido negativo o positivo, a que se refiere el último párrafo de LEC art.559, no cabe recurso de apelación al no venir expresamente previsto frente al mismo este medio de impugnación, en aplicación de la regla general enunciada en LEC art.562 y a diferencia de la resolución de la oposición por motivos de fondo respecto de la que LEC art.561.4 redacc RDL 6/2023 sí determina que contra dicho auto se podrá interponer recurso de apelación (AP Granada autos 26-4-04; 18-6-04).

5. Ejecución dineraria

La ejecución dineraria es la forma más habitual de ejecución y se define como la que tiene lugar cuando la ejecución forzosa proceda en virtud de un **título ejecutivo** del que directa o indirectamente resulte el deber de entregar una cantidad de dinero líquida (LEC art.571). **10856**
Comprende tanto la ejecución de títulos ejecutivos por cantidad líquida, como los que precisen liquidación o sea necesario acudir a la ejecución por equivalencia (LEC art.701 s.).

Contenido mínimo de la demanda ejecutiva Habida cuenta que la ejecución forzosa se encamina a la satisfacción de una obligación consistente en el pago de una **cantidad líquida** de dinero (LEC art.572), la demanda ejecutiva debe precisar la cantidad por la que se solicita despacho de ejecución y, en su caso, ir acompañada de los **documentos** que justifican su liquidación. **10858**
Tal cantidad debe tener un sustento en el título ejecutivo, previendo las siguientes posibilidades:
- que sea la **cantidad líquida** determinada que se exprese en el título; o
- que se trate de la **cantidad liquidada** con base a criterios resultantes del título ejecutivo.
La ejecución dineraria **se inicia** con el auto por el que se despacha ejecución, que debe dictar el tribunal siempre que concurran los presupuestos y requisitos procesales, el título ejecutivo no adolezca de ninguna irregularidad formal y los actos de ejecución que se solicitan sean conformes con la naturaleza y contenido del título.

10862 **Extensión objetiva del despacho de ejecución** (LEC art.575.1 y 575.1 bis) Puede distinguirse entre la extensión objetiva inicial de la ejecución y la sobrevenida:
a) Inicial. Tratándose de extensión objetiva inicial, la ejecución se despacha por las siguientes **cantidades**, denominadas en moneda nacional, aun cuando el título las fijase en moneda extranjera con arreglo a los criterios de cálculo del tipo de cambio que recoge la LEC art.577:
- la cantidad que se reclame en la demanda ejecutiva en concepto de **principal e intereses moratorios vencidos**;
- la que se prevea para hacer frente a los **intereses que puedan devengarse** durante la ejecución y a las **costas** de la ejecución.
La cantidad que reclame el demandante por **intereses moratorios procesales y costas** no es necesario que sea líquida (LEC art.572.1 *in fine*). Se fija provisionalmente en el despacho de ejecución en un importe que no superará el 30% del que se reclame en la demanda ejecutiva, salvo que el ejecutante justifique que pueda resultar superior, atendiendo a la previsible duración de la ejecución y al tipo de interés aplicable (AP Madrid auto 18-5-06, EDJ 315669). Ello sin perjuicio de lo que resulte en el momento de la liquidación definitiva por estos conceptos.
b) Sobrevenida. La extensión objetiva sobrevenida consiste en la ampliación de la ejecución. Si en la demanda ejecutiva se solicitó la **ampliación automática de la ejecución**, se entiende ampliado el despacho de ejecución por el importe correspondiente a los nuevos vencimientos de principal e intereses sin necesidad de retrotraer el procedimiento. A estos efectos, al notificarse al deudor el auto que despache la ejecución, se le advierte expresamente de que se producirá la ampliación si en las fechas de vencimiento no consigna a disposición del juzgado las cantidades correspondientes a cada vencimiento.

10864 **Ejecución dineraria de bienes especialmente hipotecados o pignorados** (LEC art.579) Cuando la ejecución se dirija exclusivamente contra bienes hipotecados o pignorados en garantía de una deuda dineraria se debe estar a lo dispuesto en LEC art.681 s. Si, subastados los bienes gravados, su producto fuera insuficiente para cubrir el crédito, el ejecutante puede pedir el despacho de la ejecución por la cantidad que falte, y contra quienes proceda, y la ejecución prosigue con arreglo a las **normas ordinarias** aplicables a toda ejecución.
Sin perjuicio de ello, en el supuesto de **adjudicación de la vivienda habitual hipotecada**, si el remate aprobado es insuficiente para lograr la completa satisfacción del derecho del ejecutante, la ejecución, que no se suspende, por la cantidad que reste, se ajusta a las siguientes **especialidades** (LEC art.579.2):
a) El ejecutado queda liberado si su responsabilidad queda cubierta, en el plazo de **5 años** desde la fecha del decreto de aprobación del remate o adjudicación, por el **65%** de la cantidad total que entonces quedara pendiente, incrementada exclusivamente en el interés legal del dinero hasta el momento del pago. Queda liberado en los mismos términos si, no pudiendo satisfacer el 65% dentro del plazo de 5 años, satisface el **80%** dentro de **10 años** desde aquella fecha. De no concurrir las anteriores circunstancias, el acreedor podrá reclamar la totalidad de lo que se le deba según las estipulaciones contractuales y normas que resulten de aplicación.
b) En el supuesto de que se hubiera **aprobado el remate o la adjudicación** en favor del ejecutante o de aquel a quien le hubiera cedido su derecho y estos, o cualquier sociedad de su grupo, dentro del plazo de 10 años desde la aprobación, procedan a la **enajenación** de la vivienda, la deuda remanente que corresponda pagar al ejecutado en el momento de la enajenación se ve reducida en un 50% de la plusvalía obtenida en tal venta, para cuyo cálculo se deducen todos los costes que debidamente acredite el ejecutante.
Si en los plazos antes señalados se produce una ejecución dineraria que exceda del importe por el que el deudor podría quedar liberado según las reglas anteriores, se pondrá a su disposición el **remanente**. El letrado de la Administración de Justicia encargado de la ejecución hará constar estas circunstancias en el decreto de adjudicación y ordenará practicar el correspondiente asiento de inscripción en el Registro de la Propiedad.

10866 **Requerimiento de pago** (LEC art.580 a 583) Una vez despachada ejecución y antes de acordar el embargo de los bienes del deudor ejecutado, se prevé un trámite de requerimiento de pago en el que se concede al demandado una **última oportunidad** para evitar la realización forzosa de sus bienes.
El requerimiento de pago se ha de dirigir contra **todos los demandados** y se extiende a la cantidad reclamada en concepto de **principal e intereses** devengados, en su caso, hasta la fecha de la demanda (LEC art.581.1 redacc RDL 6/2023).

10868 Como **regla general** se exige el previo requerimiento de pago. La omisión de este requerimiento previo no es subsanable (AP Valencia auto 10-2-04, EDJ 196946).
Sin embargo, de acuerdo con la finalidad perseguida, **se excepciona** el requerimiento de pago en los dos supuestos siguientes (AP Sevilla 30-6-04, EDJ 90978):
1) Cuando el título ejecutivo consista en resoluciones del letrado de la Administración de Justicia, resoluciones judiciales o arbitrales o que aprueben **transacciones o convenios** alcanzados

dentro del proceso y **acuerdos de mediación** (LEC art.580). Ello se debe a que por causa de un proceso judicial ya se ha efectuado una reclamación de deuda por el acreedor cuya legitimidad e importe han sido reconocidos por el deudor. En la ejecución de títulos judiciales no es preciso el previo requerimiento (JPI Barcelona auto 7-12-04).
2) Cuando a la demanda ejecutiva se haya acompañado **acta notarial** que acredite haberse requerido de pago al ejecutado con, al menos, 10 días de antelación (LEC art.581.2).

Efectos Varían en función de que el ejecutado pague, no pague o no sea hallado: **10870**
1) En caso de **pago**: si el ejecutado hallado paga en el acto del requerimiento o ha pagado antes del despacho de ejecución, se da por terminada la ejecución, poniéndose la suma de dinero a disposición del ejecutante por el letrado de la Administración de Justicia (LEC art.583.1).
Se prevé la posibilidad del pago por el ejecutado una vez **despachada ejecución y antes de que se resuelva la oposición** a la ejecución, consignando la cantidad por la que esta se hubiera despachado (LEC art.585 y 586). El efecto es la suspensión del embargo o el levantamiento del que ya se hubiera trabado. La cantidad queda depositada en el establecimiento designado por el juez o tribunal mientras se sustancia la eventual oposición a la ejecución. De no existir tal oposición, y una vez resuelta en sentido desestimatorio, se entrega al ejecutante, sin perjuicio de la ulterior liquidación de intereses y costas.
2) En caso de **impago**: si el ejecutado no puede ser hallado en el domicilio señalado en el título ejecutivo, o en cualquier otro -aun accidental- del que se tenga constancia, o en sede electrónica; o si hallado no paga, puede acordarse el embargo de sus bienes para satisfacer el pago de la cantidad por la que se despachó ejecución (LEC art.582 redacc RDL 6/2023).
3) En ambos casos, las **costas** del requerimiento son de cuenta del ejecutado, salvo que el juez acuerde otra cosa en base a una **circunstancia justificada no imputable** a aquel que le impida efectuar el pago antes de que el acreedor promueva la ejecución (LEC art.583.2).
Satisfechos intereses y costas, de haberse devengado, el letrado de la Administración de Justicia dicta **decreto** dando por terminada la ejecución (LEC art.583.3).

Precisiones Los problemas que el ejecutado pueda tener para reunir las sumas adeudadas al ejecutante no pueden ser considerados como **circunstancia no imputable** a estos efectos (AP Murcia 6-10-09, EDJ 262331).

Embargo de bienes (LEC art.584 a 633) Despachada ejecución y practicado, en su caso, el requerimiento de pago, se procede al embargo de bienes del ejecutado cuya **realización** permita satisfacer el crédito del demandante. **10872**
El embargo es un **acto procesal** que, naciendo de la voluntad del órgano jurisdiccional del Estado, se practica por el agente judicial, asistido del letrado de la Administración de Justicia o de quien haga sus veces, en virtud del cual determinados bienes del deudor son declarados adscritos y afectos a la **satisfacción del crédito** del acreedor ejecutante, todo ello en el seno de un concreto proceso (TS 28-12-99, EDJ 43930).

Si el **ejecutante no es capaz de señalar bienes del ejecutado** sobre los que trabar embargo que sea suficiente para asegurar los fines de la ejecución, el letrado de la Administración de Justicia mediante diligencia de ordenación (LEC art.589.1), de oficio, requerirá al ejecutado para que manifieste **relación de los bienes y derechos** de su pertenencia con expresión de cargas, gravámenes y -en el caso de inmuebles- si están ocupados, por qué personas y con qué título -este requerimiento se puede llevar a cabo con la representación procesal del ejecutado, sin que sea necesario que se entienda personalmente con él (AP Cáceres auto 8-6-05, Rec 117/05)-. **10874**
Si el **ejecutado no señala bienes** susceptibles de embargo o el valor de los señalados es insuficiente para el fin de la ejecución, el letrado de la Administración de Justicia ha de dictar decreto advirtiendo al ejecutado de que, en caso de probabilidad de insolvencia, de insolvencia inminente o de insolvencia actual, puede comunicar al juzgado competente el inicio o la **voluntad de iniciar negociaciones** con acreedores para alcanzar un plan de reestructuración, con paralización de las ejecuciones durante esa negociación en los términos establecidos por la ley; y que, si encontrándose en estado de insolvencia actual no lo hace, tiene el deber de solicitar la declaración de concurso de acreedores dentro de los 2 meses siguientes a la fecha en que hubiera conocido o debido conocer ese estado de insolvencia (LEC art.589.3 redacc L 16/2022).
Para asegurar la efectividad de este trámite se apercibirá del posible procesamiento por **desobediencia** grave, y se podrán imponer **multas coercitivas** por el letrado de la Administración de Justicia mediante decreto (LEC art.589.4 redacc L 16/2022).
El letrado de la Administración de Justicia, previa instancia razonada del ejecutante puede acordar, cuando aquel no pueda reclamar los datos por sí mismo o su procurador, dirigirse a **entidades financieras**, organismos y registros públicos y personas físicas o jurídicas para que faciliten una relación de bienes y derechos del ejecutado de que tengan constancia (LEC art.590).

10876 **Determinación de los bienes embargables** (LEC art.605 a 608) Una vez que se cuenta con una relación de bienes de titularidad del ejecutado o ejecutados, se procede a determinar cuáles de ellos son embargables.

En principio, todos los bienes del deudor quedan afectos al pago de sus obligaciones por ministerio del principio general de **responsabilidad patrimonial universal** reconocido en el CC art.1911, pero tradicionalmente las leyes procesales civiles han **excluido** del embargo determinados bienes, sobre la base de tres fundamentos:

- ser bienes **fuera de comercio**;
- ser bienes que atienden al **mínimo vital de subsistencia**; y
- ser bienes que permiten al ejecutado **generar rentas**.

La trascendencia de esta exclusión es que el embargo trabado sobre bienes inembargables es nulo de pleno Derecho. El ejecutado puede denunciar esta **nulidad** ante el tribunal, mediante los **recursos** ordinarios, o por simple comparecencia, si no se hubiera personado en la ejecución ni deseara hacerlo (LEC art.609).

10878 **Orden para la práctica del embargo de los bienes** (LEC art.592) Una vez que se ha determinado cuáles son los bienes susceptibles de embargo, deben señalarse criterios de orden para la verificación de los embargos hasta la completa satisfacción de la pretensión del ejecutante.

Debe atenderse primero a lo que las partes hubiesen **pactado**, dentro o fuera de la ejecución.

El letrado de la Administración de Justicia, **subsidiariamente**, aplicará (LEC art.592.1):

a) En defecto de pacto, el orden que considere oportuno atendiendo a la **facilidad de enajenación y menor onerosidad** para el ejecutado -lo dispuesto en el apartado primero de LEC art.592 es prioritario al orden establecido en el apartado segundo del mismo precepto, por lo que ha de ser el criterio de la menor onerosidad el que se tenga en cuenta de modo preferente (AP Cuenca auto 5-10-10, EDJ 243862)-.

b) Si lo pactado o los criterios genéricos anteriores son de **imposible o muy difícil aplicación**, el siguiente orden (LEC art.592.2):

1º **Dinero o cuentas corrientes** de cualquier clase.

2º Créditos y derechos **realizables en el acto o a corto plazo**, y títulos, valores u otros instrumentos financieros **admitidos a negociación** en un mercado secundario oficial de valores.

3º **Joyas y objetos de arte**.

4º **Rentas en dinero**, cualquiera que sea su origen y la razón de su devengo. Este precepto se refiere a las rentas de toda especie, incluso las **vitalicias**, provenientes de bienes muebles o inmuebles, las cuales son fácilmente diferenciables de los sueldos y pensiones de LEC art.607, que establece de forma detallada y expresa los límites del embargo de sueldos y pensiones, tratando de establecer un mínimo vital acorde a la dignidad, y que determina en relación con el salario mínimo interprofesional (AP A Coruña auto 2-5-07, EDJ 154797).

5º **Intereses**, **rentas** y **frutos** de toda especie.

6º Bienes **muebles** o semovientes, **acciones**, títulos o valores no admitidos a cotización oficial y participaciones sociales.

7º Bienes **inmuebles**.

8º **Sueldos**, salarios, pensiones e ingresos procedentes de actividades profesionales y mercantiles autónomas.

9º Créditos, derechos y valores **realizables a medio y largo plazo**.

La infracción de este orden determina la nulidad de la ejecución practicada (AP Valencia auto 9-9-02, EDJ 110329), ya que la LEC art.592 se considera una **norma de orden público** y, por tanto, de carácter imperativo (AP Zaragoza auto 22-12-09, EDJ 383732).

10880 **Procedimiento para efectuar el embargo** (LEC art.621 a 624) El embargo procede una vez despachada la ejecución (LEC art.585). Se entiende hecho desde que se decrete por resolución del letrado de la Administración de Justicia (LEC art.587.1) o se reseñe la descripción de un bien en el acta de la **diligencia de embargo**, aunque no se hayan adoptado todavía medidas de garantía o publicidad de la traba.

El letrado de la Administración de Justicia adopta inmediatamente dichas **medidas de garantía y publicidad**, expidiendo de oficio los despachos precisos, de los que, en su caso, se hace entrega al procurador del ejecutante que así lo hubiera solicitado (LEC art.587.1 *in fine*).

La LEC especifica el **contenido mínimo** de dicha resolución judicial y determina cómo debe llevarse a la **práctica** en relación con cada tipo de bienes. Así:

1) Dinero, sueldos, pensiones u otras prestaciones periódicas: se ordena su retención a la entidad depositaria o pagadora de los mismos y su ulterior ingreso en la cuenta de depósitos y consignaciones del juzgado (LEC art.621.1 y 3).

2) Saldos favorables en **cuentas** abiertas en entidades de crédito, ahorro o financiación: se ordena su retención a la entidad depositaria (LEC art.621.2).

3) Intereses, rentas y frutos: se dicta orden de retención a quien deba pagarlos o los perciba. Si son intereses se ingresan en la cuenta de depósitos o consignaciones (LEC art.622). Se permite poner los bienes bajo administración judicial cuando la naturaleza de los bienes y derechos productivos, la importancia de los intereses, las rentas o los frutos embargados o las circunstancias en que se encuentre el ejecutado razonablemente lo aconsejen, y en caso de que se compruebe que la entidad pagadora o perceptora o, en su caso, el mismo ejecutado, no cumplen la orden de retención o ingreso de los frutos y rentas (AP Valencia auto 3-2-09, EDJ 99805).

4) Bienes muebles: se hace constar en acta la diligencia de embargo en la que ha de incluirse (AP Las Palmas auto 22-7-10, EDJ 273267): **10882**

• La descripción detallada de la **situación física y jurídica** del objeto del embargo, esto es, la relación de los bienes embargados, con **descripción**, lo más detallada posible, de su forma y aspecto, características principales, estado de uso y conservación, así como la clara existencia de defectos o taras que pudieran influir en una disminución de su valor. Para ello se utilizan los medios de documentación gráfica o visual de que la oficina judicial disponga o que le facilite cualquiera de las partes para su mejor identificación.

• Las **manifestaciones** efectuadas por quienes hayan intervenido en el embargo, en especial las que se refieran a la **titularidad** de las cosas embargadas y a eventuales **derechos de terceros**.

• Persona a la que se designa **depositario y lugar** donde se depositan los bienes.

5) Bienes inmuebles: se rige por las normas generales.

6) Valores e instrumentos financieros: se ordena al obligado a reembolsar su importe y al pago de rendimientos la retención a disposición del tribunal de tales cantidades. Esta norma se precisa para:

- valores cotizables en **mercado secundario oficial**, imponiendo esta obligación al órgano rector del mercado y a la entidad encargada de la compensación y liquidación;
- participaciones en personas jurídicas que **no cotizan** en mercados secundarios oficiales, imponiendo tales obligaciones a los administradores de las mismas (LEC art.623).

Garantía de la eficacia de los embargos

10884 El embargo debe afectar a todas las personas que, tras adoptarse la medida procesal, adquieran el **dominio del bien**, cualquier derecho sobre el mismo o que pretendan hacer efectivos los créditos que les correspondan sobre el mismo. Para que tal medida pueda afectarles, en aplicación de los principios que tutelan la buena fe, debe exigirse que los mismos tengan **conocimiento** del citado acto que, ordinariamente, les viene dado por determinados actos que permiten exteriorizar la circunstancia que en un proceso judicial se ha llevado a cabo la **afección** de determinados bienes del ejecutado para asegurar el resultado del procedimiento judicial (AP Madrid 15-3-05, EDJ 20890).

En efecto, para asegurar que el embargo conserva su eficacia hasta la realización de los bienes y el pago al ejecutante, se prevén tres **medidas de garantía** (LEC art.629 s.):

1) La **anotación preventiva**.
2) El **depósito judicial** de los bienes.
3) La **administración judicial**.

Anotación preventiva (LEC art.629) Se aplica a **bienes inmuebles** o a otros bienes susceptibles de inscripción registral. **10886**

El letrado de la Administración de Justicia, a instancias del ejecutante, libra **mandamiento** para que se haga anotación preventiva de embargo en el registro correspondiente, de acuerdo con las normas aplicables en función del registro en el que la anotación haya de practicarse. Si el bien no está inmatriculado, o lo está a favor de persona distinta del ejecutado, pero que traiga causa de este, se practicará anotación preventiva de suspensión de la anotación del embargo en la forma y con los efectos previstos en la legislación hipotecaria. Desde el punto de vista registral este precepto consagra el carácter subsanable del defecto de **falta de tracto** cuando el disponente trae causa del titular registral y así lo alega en el título que presenta primero en el Registro de la Propiedad, que establece RH art.105 y que encuentra su equivalente en relación con las anotaciones preventivas de embargo en RH art.140.1 (DGRN Resol 10-5-13).

Depósito judicial de los bienes (LEC art.625 a 628) Se trata de una medida de aseguramiento que puede acordarse por el juez o tribunal para garantizar la eficacia del embargo de **bienes muebles o derechos**. **10889**

Como **efectos** del depósito se contemplan:

1) En cuanto a los **sujetos**, el depositario judicial está obligado a:

- conservar los bienes con la debida diligencia a disposición del tribunal;
- exhibirlos en las condiciones que el letrado de la Administración de Justicia indique (LEC art.627.1); y
- entregarlos a la persona que el letrado de la Administración de Justicia designe.

2) En cuanto a los **objetos**, desde que se depositen o se ordene su retención, tienen la consideración de efectos o caudales públicos. De esta manera, se otorga una especial protección al embargo respecto de posibles actos irregulares de los particulares encargados del depósito o administración de los objetos embargados mediante los tipos previstos en el CP art.432 a 435.

10890 **Administración judicial** (LEC art.630 a 633) Puede constituirse la administración judicial cuando se embarga una **empresa o grupo de empresas**, la mayoría de su capital social -no se pueden tener en cuenta a estos efectos las ampliaciones de capital no inscritas en el momento de procederse a decretar el sometimiento a administración (AP Valladolid auto 14-5-02, EDJ 45800: los requisitos para la constitución de la administración judicial a que se refiere LEC art.630 deben concurrir propiamente al tiempo de constitución de la administración y no al del embargo)-, o del patrimonio común, o de los bienes o derechos pertenecientes o adscritos a las empresas, así como en el supuesto previsto en LEC art.623.2 y 3.

10892 **Procedimiento de apremio** (LEC art.634 s.) La **realización forzosa** de un bien embargado es susceptible de verificarse por una triple vía:
- la utilización del bien en sí, en su totalidad por el ejecutante: **adjudicación forzosa**;
- la utilización del valor en cambio del bien: **enajenación forzosa**; y
- la utilización de su valor en uso: **administración forzosa**.

10894 **Adjudicación forzosa** (LEC art.634 redacc RDL 6/2023) Es un sistema de realización forzosa que consiste en la **entrega del bien embargado**, tal y como este objetivamente es, al acreedor ejecutante, para conseguir así la satisfacción de su pretensión.
Bajo la rúbrica de «**entrega directa al ejecutante**», se dispone que el letrado de la Administración de Justicia entregará directamente al ejecutante, por su **valor nominal**, los bienes embargados que sean:
1) **Dinero** efectivo.
2) Saldos de **cuentas corrientes** y de otras de inmediata disposición. También cabe, sin embargo, que esta disponibilidad no sea tan inmediata. Se añade que cuando se trate de saldos favorables en cuenta, con vencimiento diferido, el letrado de la Administración de Justicia ha de adoptar las medidas oportunas para lograr su cobro, pudiendo designar un administrador cuando sea conveniente o necesario para su realización.
3) **Divisas** convertibles, previa conversión, en su caso.
4) Cualquier **otro bien** cuyo valor nominal coincida con su **valor de mercado**, o que, aunque inferior, el acreedor acepte la entrega del bien por su valor nominal. No se hace referencia a la posibilidad de **ceder créditos** al ejecutante, como modalidad de adjudicación forzosa. Podría incluirse la cesión de créditos en este apartado 4), si bien, de admitir esta posibilidad, quedaría en pie el problema de determinar si esa adjudicación forzosa por cesión de créditos se ha efectuado *pro soluto* o *pro solvendo*, es decir, que solo se consideraría concluido el proceso de ejecución cuando se haya hecho valer con éxito el crédito adjudicado (CC art.346). Seguramente, no se hace referencia expresa a la cesión de créditos para evitar esta incertidumbre.
Asimismo, puede acordarse la **entrega de las cantidades embargadas**, cuando tengan carácter periódico, mediante resolución del letrado de la Administración de Justicia que ampare las posteriores entregas hasta el pago completo del principal. Y, una vez cubierto este y, en su caso, liquidados los intereses y tasadas las costas, puede acordarse también la entrega de las cantidades embargadas en la forma indicada y por esos conceptos mediante una sola resolución (LEC art.634.3. redacc RDL 6/2023).

10896 **Administración forzosa** (LEC art.630 a 633 y 676 a 680) Es un procedimiento de realización forzosa en el que se utilizan los **rendimientos** de un bien, sus frutos o productos, para con ellos satisfacer la pretensión del ejecutante.
Ha de diferenciarse de la **administración cautelar**, que es una modalidad de embargo caracterizada porque los frutos o productos siguen afectados al proceso, mientras que en la administración forzosa dichos frutos o productos se destinan directa e inmediatamente al acreedor ejecutante, que los hace suyos tan pronto como se produzcan o devenguen.
La LEC diferencia entre:
- la administración cautelar o modalidad de embargo, que denomina **administración judicial** (LEC art.630 a 633); y
- la administración forzosa o ejecutiva, a la que denomina **administración para pago** (LEC art.676 a 680).
Normalmente, termina cuando el ejecutante se haya hecho **pago de su crédito**, intereses y costas, con el producto de los bienes administrados.
Se supone, aunque no lo diga la Ley, que habrá de **rendir una cuenta general** o final. Lo que sí dice la Ley es que los bienes volverán al poder del ejecutado.

Enajenación forzosa La enajenación forzosa es la actividad procesal de ejecución que consiste en **cambiar el bien embargado por dinero** con el cual satisfacer la pretensión del ejecutante. Se utiliza, por tanto, el valor en cambio del bien embargado. 10898
El **avalúo** o valoración de los bienes embargados constituye el lógico presupuesto previo de cualquier modalidad de enajenación forzosa (LEC art.637).
Para valorar los bienes, el letrado de la Administración de Justicia encargado de la ejecución designa el **perito tasador**. Se prefiere a los que presten servicios a la Administración de Justicia. En su defecto, la tasación puede encomendarse a organismos o servicios técnicos dependientes de las Administraciones públicas, que dispongan de personal cualificado y hayan asumido el compromiso de colaborar, a estos efectos, con la Administración de Justicia (LEC art.638).

Subasta: procedimiento ordinario de enajenación forzosa (LEC art.643 a 674, 675 -redacc L 12/2023- y disp.adic.6ª) Funcionalmente, la subasta es un procedimiento destinado a la **elección de un adquirente** de un bien -o de un contratista, en el ámbito del Derecho administrativo, aunque el clásico término subasta ya no forma parte de la nomenclatura de las normas en materia de contratación del sector público por las que se rige la adjudicación de los contratos-. 10900
Estructuralmente, se caracteriza por la concurrencia enfrentada de los eventuales aspirantes a su adquisición, de modo que es nota definidora de toda subasta la **oposición o pugna -puja**, en sentido técnico- entre tales aspirantes.

Celebración de la subasta (LEC art.648 y 649) Se somete a las **reglas** siguientes: 10902
• Tiene lugar en el **Portal de Subastas** dependiente del BOE, a cuyo sistema de gestión han de tener acceso todas las oficinas judiciales. Todos los intercambios de información entre estas y el Portal han de ser telemáticos. Cada subasta está dotada de un **número de identificación único**.
• Se abre transcurridas al menos 24 horas desde la publicación del **anuncio** en el BOE, cuando se haya remitido al Portal de Subastas la información necesaria para su celebración.
• Abierta la subasta, solo se pueden realizar **pujas electrónicas** con sujeción a la LEC en cuanto a tipos de subasta, consignaciones y demás reglas de aplicación. En todo caso, el Portal de Subastas informa durante el desarrollo de la subasta de la existencia y cuantía de las pujas.
• Para poder participar, los interesados han de estar dados de alta como **usuarios del sistema**, accediendo al mismo mediante mecanismos seguros que permitan su identificación plena. A los **ejecutantes** se les identifica de modo que puedan participar como postores en las subastas dimanantes del proceso de ejecución instado por ellos sin necesidad de realizar consignación alguna.
• El ejecutante, el tercer poseedor o el ejecutado pueden, a través de la oficina judicial ante la que se siga el procedimiento, enviar al Portal de Subastas la **información** de que dispongan sobre el bien objeto de licitación que pueda ser de interés para los licitadores. También lo puede hacer el letrado de la Administración de Justicia de oficio.
• Las **pujas** se envían telemáticamente al Portal de Subastas, que ha de devolver **acuse técnico**, con inclusión de un sello de tiempo, del momento exacto de la postura y de su cuantía, momento en el que se publica electrónicamente cada puja. El postor ha de indicar: si consiente o no la reserva de LEC art.652.1 y si puja en nombre propio o de tercero.

• Se admiten pujas superiores, iguales o inferiores a la más alta ya realizada, entendiéndose en caso de pujas iguales o inferiores que los licitadores que las hagan consienten la **reserva de consignación**, tomándose en consideración en caso de que el licitador que haya realizado la puja más alta no consigne finalmente el resto del precio de adquisición, prefiriéndose la anterior en el tiempo en caso de pujas iguales. 10904
• Se admiten **posturas** durante un plazo de 20 días naturales desde la apertura. No se cierra hasta transcurrida una hora desde la última postura, aunque ello implique una ampliación del plazo inicial máximo, siempre con el límite de 24 horas.
• Si el letrado de la Administración de Justicia tiene conocimiento del **concurso del deudor**, se suspenderá por decreto la ejecución, dejando sin efecto la subasta, aun ya iniciada, con comunicación al Portal de Subastas.
• En caso de **suspensión de la subasta** por más de 15 días, se procede a nueva publicación de anuncio y nueva petición de información registral, como si de nueva subasta se tratase, con devolución de avales y consignaciones y retroacción al momento inmediatamente anterior a la publicación del anuncio.
• En la fecha de **cierre de la subasta** y a continuación del mismo, el Portal de Subastas remite al letrado de la Administración de Justicia información certificada de la postura que haya resultado vencedora, así como los datos del mejor licitador. Si este no completa el precio ofrecido,

el Portal remite al letrado de la Administración de Justicia, a su petición, información certificada sobre el importe de la siguiente puja por orden decreciente y la identidad del postor, siempre que este haya optado por la reserva de postura (LEC art.652.1.2º).
• Terminada la subasta y recibida esta información, se deja constancia de ella por el letrado de la Administración de Justicia.

10905 **Aprobación del remate** Cuando la mejor postura sea **igual o superior al 50% del avalúo**, el letrado de la Administración de Justicia mediante **decreto**, en el mismo día o en el siguiente al de cierre de la subasta, aprueba el remate en favor del mejor postor. El rematante ha de consignar el importe de dicha postura, menos el del depósito, en el plazo de 10 días y, realizada esta **consignación**, se le pondrá en posesión de los bienes (LEC art.650.1). Este plazo es de 40 días en el caso de inmuebles, con postura mínima igual o superior al 70% del avalúo (LEC art.670.1).
Ahora bien, cabe que se planteen las siguientes **incidencias**:
1) Si no se alcanzan los **límites mínimos**, el ejecutado puede presentar persona que mejore la postura, y el ejecutante puede pedir la adjudicación. Al ejecutante también se le ofrece esta posibilidad de adjudicarse los bienes, si la postura, superior a los límites, ofreciese pagar a plazos con garantías suficientes (LEC art.650.3).
De no hacerse uso de estos derechos, **se aprueba el remate**, siempre que las posturas fuesen superiores, respectivamente, al 30% y al 50% para los muebles y para los inmuebles.
Por último, puede aprobarse el remate cuando las **posturas sean inferiores**, oídas las partes y atendiendo las circunstancias del caso, teniendo en cuenta especialmente la conducta del deudor en relación con el cumplimiento de la obligación por la que se procede, las posibilidades de lograr la satisfacción del acreedor mediante la realización de otros bienes, el sacrificio patrimonial que la aprobación del remate suponga para el deudor y el beneficio que de ella obtenga el acreedor. Si, atendidas estas circunstancias, no se aprobase el remate, se procederá como si no hubiese ningún postor (LEC art.650.4 y 670.4).
Si por la cuantía de la puja, el ejecutado o el ejecutante pudieran ejercer las facultades expuestas, el letrado de la Administración de Justicia, una vez transcurridos los plazos correspondientes, debe practicar la notificación al licitador que hubiera resultado **mejor postor** o, en su caso, le ha de comunicar que ejecutado o ejecutante han ejercitado sus respectivas facultades (LEC art.650.5).

10907 **2)** Si no hubiese **ningún postor**, el ejecutante puede pedir la adjudicación del **bien mueble**, por el 30% del valor de tasación, o por la cantidad que se le deba por todos los conceptos -en ningún caso, ni aun cuando actúe como postor rematante, puede el acreedor ejecutante adjudicarse los bienes, ni ceder el remate o adjudicación a tercero, por cantidad inferior al 30% del valor de tasación-.
En el caso de **inmuebles o asimilados**: si no se tratara de la vivienda habitual del deudor, por el 50% del valor por el que el bien hubiera salido a subasta o por la cantidad que se le deba por todos los conceptos; si se tratara de la vivienda habitual del deudor, por importe igual al 70% del valor por el que el bien hubiese salido a subasta o si la cantidad debida por todo concepto es inferior a ese porcentaje, por el 60%; aplicando, en todo caso, la regla de imputación de pagos establecida en LEC art.654.3 (nº 7575).
Si en el plazo de los 20 días siguientes a la subasta no lo hiciera, se proceder por parte del letrado de la Administración de Justicia al **alzamiento del embargo** a instancias del ejecutado (LEC art.651 y 671).

10909 **Actividades complementarias y efectos de la subasta** El efecto inmediato de la aprobación del remate es la **devolución de los depósitos** o consignaciones por el letrado de la Administración de Justicia a los que no hubiesen resultado adjudicatarios, salvo que ellos mismos soliciten que no se devuelvan hasta que el adjudicatario cumpla en plazo su obligación de pagar el precio del remate, ya que, de no hacerlo, puede aprobarse el remate en favor de los que le sigan, por orden de sus respectivas posturas y, si fueran cuantitativamente iguales, por su orden cronológico (LEC art.652).
Para el **rematante** surge la obligación de **pagar el precio** del remate, en el plazo establecido. Puede solicitar que se suspenda dicho plazo, si hubiese obtenido un **préstamo con garantía hipotecaria** sobre ese derecho de remate (LH art.107.12). En este caso, el letrado de la Administración de Justicia expide inmediatamente testimonio del decreto de aprobación del remate, aun antes de haberse pagado el precio. Pero el plazo para pagar se reanuda una vez entregado el testimonio. Pagado el precio del remate e **inscrito el dominio** a favor del rematante, la hipoteca subsiste, pero variando el objeto y recayendo directamente sobre los bienes adjudicados (LEC art.670.6).

Se regula minuciosamente el **destino de las sumas obtenidas**, con la peculiaridad para los inmuebles de que el remanente, después de pagar el principal y las costas, se retendrá para el pago de quienes tengan su derecho inscrito o anotado con posterioridad al del ejecutante (LEC art.654.1 y 2 y 672). Para ello se regula un **incidente** encaminado a acreditar la subsistencia y exigibilidad de estos créditos.

En el caso de que la **ejecución resulte insuficiente** para saldar toda la cantidad por la que se haya despachado ejecución, más los intereses y costas devengados durante ella, dicha cantidad se imputa por el siguiente **orden**: 10910
- intereses remuneratorios;
- principal;
- intereses moratorios; y
- costas.

Además, el tribunal ha de expedir **certificación** acreditativa del precio del remate y de la deuda pendiente por todos los conceptos, con distinción de la correspondiente a principal, a intereses remuneratorios, a intereses de demora y a costas (LEC art.654.3).

Pagado el precio del remate, se produce la **transmisión de la propiedad** de la cosa subastada, subsistiendo las cargas anteriores, y cancelándose las posteriores y la propia anotación de embargo. Será título bastante para la **inscripción** en el Registro de la Propiedad el testimonio, expedido por el letrado de la Administración de Justicia, del decreto de adjudicación, comprensivo de la resolución de aprobación del remate, de la adjudicación al acreedor o de la transmisión por convenio de realización o por persona o entidad especializada, y en el que se exprese, en su caso, que se ha consignado el precio, así como las demás circunstancias necesarias para la inscripción con arreglo a la legislación hipotecaria. El **testimonio** expresa, en su caso, que el rematante ha obtenido crédito para atender el pago del precio del remate y, en su caso, el depósito previo, indicando los importes financiados y la entidad que haya concedido el préstamo, a los efectos previstos en LH art.134 (LEC art.672.2 y 674).

Se prevé, en fin, un **incidente de entrega de posesión** al adquirente que, en todo caso, habrá de plantearse en el plazo de un año, en congruencia con la naturaleza posesoria de la acción que se ejercita (LEC art.675 redacc L 12/2023), y sin perjuicio de hacer valer su derecho por el ejercicio de otras acciones.

Tanto el **decreto de adjudicación** como el testimonio se han de remitir telemáticamente al Registro de la Propiedad competente (LEC art.672.2, 673 y 674).

Regla especial: subasta de vivienda habitual del ejecutado (LEC art.655 bis redacc L 12/2023) Si el bien objeto de la subasta es la vivienda habitual del ejecutado y el acreedor es una **empresa de vivienda o un gran tenedor** (LEC art.439.6.b) y no se ha acreditado anteriormente, ha de acreditarse por la actora si concurre o no **vulnerabilidad económica** en el ejecutado, mediante documento emitido por los servicios de las Administraciones competentes en materia de vivienda y asistencia social, específicamente designadas por la legislación sectorial en materia de vivienda, con anterioridad no superior a 3 meses, previo consentimiento de este. Este requisito también puede cumplirse mediante: 10911

- **Declaración responsable** de la parte actora de que ha acudido a los servicios indicados, en un plazo máximo de 5 meses de antelación a la presentación de la solicitud de inicio de la vía de apremio, sin que hubiera sido atendida o se hubieran iniciado los trámites correspondientes en el plazo de 2 meses desde que presentó su solicitud, junto con justificante acreditativo de la misma. En tal caso, el juzgado se dirigirá a las Administraciones competentes a fin de que confirmen, en el plazo máximo de 10 días, si el hogar afectado se encuentra en situación de vulnerabilidad económica y, en su caso, social, así como las medidas previstas que se aplicarán de forma inmediata para que disponga de una vivienda.
- Documento acreditativo de los servicios competentes, emitido con anterioridad no superior a 3 meses, que indiquen que la **parte ejecutada no consiente** expresamente el estudio de su situación económica en los términos previstos por la legislación y normativa autonómica en materia de vivienda.

En el caso de que se tenga constancia de que el deudor hipotecario se encuentra en situación de vulnerabilidad económica, no se iniciará la vía de apremio si no se acredita que la parte actora se ha sometido al procedimiento de **conciliación o intermediación** que a tal efecto establezcan las Administraciones competentes, acreditando este requisito mediante:
- declaración responsable emitida por la parte actora en los términos antes indicados;
- documento acreditativo, no anterior en más de 3 meses, de los servicios competentes que indique el resultado del procedimiento de conciliación o intermediación, con expresión de la identidad de las partes, el objeto de la controversia y si alguna de las partes ha rehusado participar en el procedimiento, en su caso.

En el caso de que la parte ejecutante sea una **entidad pública de vivienda** el requisito anterior se puede sustituir, en su caso, por la previa concurrencia de la acción de los servicios específicos de intermediación de la propia entidad.

6. Ejecución no dineraria

(LEC art.703)

10912 El supuesto más frecuente en arrendamientos es el **lanzamiento** y la entrega del bien inmueble objeto de arrendamiento.
El letrado de la Administración de Justicia ordenará de inmediato lo que proceda según el **contenido de la condena** y, en su caso, para adecuar el Registro de la Propiedad al título ejecutivo.
Sin embargo, la entrega de bienes inmuebles lleva aparejada una serie de **problemas**:
1) En cuanto a la existencia en el bien inmueble de **bienes muebles** que no sean objeto del título ejecutivo, el tribunal requerirá al ejecutado para los retire dentro del plazo que señale. Si no los retirara, se considerarán bienes **abandonados** a todos los efectos, aplicándose las normas del Código Civil.
Si se tratara de **cosas no separables**, que consistan en plantaciones o instalaciones estrictamente necesarias para la utilización ordinaria del inmueble, el ejecutado podrá reclamar el abono de su valor en el plazo de 5 días a partir del desalojo (AP Huelva 13-2-03, EDJ 12989).
2) Si existieran **desperfectos** en el inmueble, habiendo estos sido ocasionados por el ejecutado o los ocupantes del mismo, se podrá acordar la retención y constitución en depósito de bienes suficientes del posible responsable, para responder de los daños y perjuicios causados.

10913 **3)** Si el inmueble fuera **vivienda habitual** del ejecutado o de quienes de él dependan, se les da un plazo de un mes para desalojarlo, que puede prorrogarse un mes más de existir motivo fundado. Transcurrido ese plazo, se procede de inmediato al lanzamiento, fijándose día y hora exacta para este tanto en la resolución inicial como en la que acuerde la prórroga o en cualquier resolución ulterior que acuerde el lanzamiento, aunque este se haya intentado practicar con anterioridad (LEC art.704.1 redacc L 12/2023).
4) En el supuesto en que el inmueble se encuentre **ocupado por tercera persona** distinta del ejecutado, el tribunal, tan pronto como conozca su existencia, le notificará el despacho de la ejecución para que, en el plazo de 10 días, presente al tribunal los títulos que justifiquen su situación. Si se tratara de **ocupantes de mero hecho** o sin título suficiente, el ejecutante puede pedir al tribunal su lanzamiento. En este caso, la petición de lanzamiento se notificará a los ocupantes, con citación a una vista dentro del plazo de 10 días, en la que podrán alegar y probar lo que consideren oportuno respecto de su situación, resolviendo el tribunal, por medio de auto, sin ulterior recurso, sobre el lanzamiento.
La entrega del bien inmueble exige la real y efectiva puesta a disposición del mismo a favor del ejecutante, lo que normalmente tiene lugar por medio de la **entrega de las llaves** (AP Barcelona auto 13-5-05, EDJ 100414).
5) En los casos de **desahucio** por falta de pago de rentas o cantidades debidas o por expiración legal o contractual del plazo, para evitar demoras en la práctica del lanzamiento, previa autorización del letrado de la Administración de Justicia, bastará con la presencia de un **único funcionario** con categoría de gestor, que puede solicitar el auxilio de la **fuerza pública** -conforme a L 4/2013, con aplicación desde 6-6-2013 y respecto de procesos incoados desde esta fecha- (LEC art.703.1.3º).

10915 **Liquidación de daños y perjuicios** (LEC art.712 a 720) En determinados supuestos, la ejecución no dineraria puede resolverse en **resarcimiento de daños y perjuicios** o en una ejecución pecuniaria derivada de la determinación del **equivalente dinerario** de una prestación no dineraria. Así, se prevé que el procedimiento tendrá lugar siempre que, conforme a esta Ley, deba determinarse en la ejecución forzosa el equivalente pecuniario de una prestación no dineraria o fijar la cantidad debida en concepto de daños y perjuicios o de frutos, rentas, utilidades o productos de cualquier clase o determinar el saldo resultante de la rendición de cuentas de una administración.

CAPÍTULO 22

Arbitraje

 10950

Legalmente, el arbitraje se define como aquella institución sustitutiva de la jurisdicción en cuya virtud, y siempre de forma voluntaria, se encomienda a un tercero o árbitro la resolución de todas o algunas de las controversias que hayan surgido o puedan surgir respecto de una determinada relación jurídica, contractual o no contractual, siempre que dichas controversias versen sobre materias de **libre disposición** para las partes conforme a Derecho (LArb art.2.1). 10952
Son dos las notas determinantes y definitorias del arbitraje:
- la **voluntariedad** del mismo para las partes; y
- su **carácter alternativo** -y sustitutivo, con efecto excluyente- de la vía judicial, con la consiguiente vinculación de las partes a la resolución arbitral o laudo.

La Ley es de aplicación, indistintamente, a todos los arbitrajes que se celebren dentro del territorio español -**principio de territorialidad**-, ya sean de carácter interno o de carácter internacional (LArb art.1 y 2). 10954
Aun cuando el lugar del arbitraje se encuentre **fuera de España**, son aplicables las normas de la Ley referidas a:
- los tribunales competentes para las funciones de adopción de medidas cautelares y ejecución forzosa del laudo (LArb art.8.3, 4 y 6);
- la forma y el contenido del convenio arbitral (LArb art.9, a excepción de art.9.2);
- el efecto positivo y negativo del convenio arbitral (LArb art.11);
- la potestad de los árbitros para la adopción de medidas cautelares (LArb art.23);
- la ejecución forzosa del laudo (nº 10830 s.; LArb art.44 y 45);
- el *exequatur* del laudo extranjero (LArb art.46 -precepto calificado de Ley especial respecto al régimen general del *exequatur*- L 29/2015 disp.adic.1ª.e).

Por otro lado, el ámbito de aplicación de la Ley viene también determinado por aquellas **materias** que son susceptibles de someterse a arbitraje, esto es, las que sean de libre disposición para las partes conforme a Derecho. 10956
Se trata de un **concepto jurídico indeterminado**, sin que la ley reguladora del arbitraje contenga ningún tipo de lista ni de supuesto ejemplificativo de aquellas materias que deban considerarse (o no) de libre disposición conforme a nuestro ordenamiento. Por el contrario, en la legislación de **arrendamientos urbanos** se dispone, en sentido negativo, que se tienen por no puestas, las estipulaciones que modifiquen, en perjuicio del arrendatario o subarrendatario, las normas del título segundo -arrendamientos de vivienda-, salvo los casos en que la propia norma expresamente lo autorice (LAU art.6). En sentido positivo, se establece para los arrendamientos urbanos que las partes pueden pactar la sumisión a mediación o arbitraje de aquellas controversias que, por su naturaleza, puedan resolverse a través de estas formas de resolución de conflictos, de conformidad con lo establecido en la legislación reguladora de la mediación en asuntos civiles y mercantiles y del arbitraje (LAU art.4.5).

Arrendamiento de vivienda Al ser la legislación de arrendamiento de vivienda imperativa, puede parecer que no es de libre disposición de las partes y está excluida del arbitraje. 10958
Parte de la doctrina y de los tribunales así lo creyeron, si bien, el Tribunal Supremo ha afirmado que el **carácter imperativo** de las normas no implica que no puedan someterse a arbitraje (TS 18-4-98, EDJ 2301).
La jurisprudencia de las audiencias provinciales, de manera casi unánime, establecen la posibilidad del arbitraje cuando se trata de un **arbitraje de Derecho** (LAU art.4.5). Debe aplicar las normas sustantivas previstas, en este caso, en la Ley de arrendamientos urbanos, así como la enervación prevista en la LEC (AP Valencia 20-7-12, EDJ 241798).
Lo que está vetado en materia de arrendamientos urbanos de vivienda es el **arbitraje de equidad**, es decir, el arbitraje al margen de las normas y de acuerdo con el saber y entender del árbitro (nº 10972).

Precisiones 1) No existe este inconveniente cuando se trata de arrendamientos de **uso distinto del de vivienda**, supuesto en que la ley de arrendamientos urbanos da a las partes una libertad casi total para pactar lo que estimen oportuno (nº 1060).
2) Es nulo el **laudo de equidad** dictado en relación a incumplimiento en un contrato de arrendamiento de vivienda. Un arbitraje de equidad no es admisible cuando, necesariamente, deben aplicarse normas de carácter imperativo (AP Madrid 22-1-09, EDJ 58340).

10960 **Arrendamientos rústicos** (LAR art.8 y 34) La norma reguladora de los arrendamientos rústicos dispone, en **sentido negativo**, que serán nulos los pactos que impongan al arrendatario cualquier restricción sobre los cultivos o sobre el destino de los productos, salvo los que tengan por fin evitar que la tierra sea esquilmada o sean consecuencia de la normativa comunitaria y de disposiciones legales o reglamentarias.
En **sentido positivo,** se establece que las partes podrán someterse libremente al arbitraje en los términos previstos en la legislación aplicable en la materia, es decir, con expresa remisión a la Ley de Arbitraje.
En este ámbito tiene especial importancia la legislación autonómica de creación de **juntas arbitrales** de arrendamientos rústicos (o denominación equivalente).

Precisiones Podemos destacar las siguientes disposiciones de las **comunidades autónomas**: L Aragón 2/1996 disp.adic.3ª; D Asturias 89/1992; L Cantabria 4/2000 art.78; D Castilla y León 272/1994; D Cataluña 326/1995; L Cataluña 3/2017 art.9; D Murcia 36/1985; Orden C.Valenciana 13-3-97; L C.Valenciana 3/2013 disp.derog.2ª.

1. Convenio arbitral

(LArb art.9, 10 y 11 a 11 ter)

10965 El convenio arbitral es el acuerdo por el que las personas, naturales o jurídicas, expresan su voluntad inequívoca de someter a arbitraje la solución de **todas o algunas de las cuestiones** litigiosas, surgidas o que puedan surgir de relaciones jurídicas determinadas, sean o no contractuales, en materia de su libre disposición conforme a Derecho, expresando la obligación de cumplir tal decisión.
El convenio arbitral puede ir incorporado a un **contrato principal** o ser independiente del mismo.

10967 **Requisitos** (LArb art.9) En el convenio arbitral debe recogerse, necesariamente, la **voluntad** de las partes de someter a arbitraje todas o algunas de las controversias que hayan surgido o puedan surgir respecto de una determinada relación jurídica, contractual o no contractual.
El convenio puede revestir distintas **formas**, aunque se exige su constancia escrita, bien como **cláusula** incorporada a un contrato, o bien como un **acuerdo independiente**, en un documento firmado por las partes o en un intercambio de cartas, telegramas, télex, fax u otros medios de telecomunicación que dejen constancia del acuerdo. Se considera cumplido tal requisito cuando el convenio arbitral conste y sea accesible para su ulterior consulta en cualquier **soporte** electrónico, óptico o de otro tipo.
Se considera incorporado al acuerdo entre las partes el convenio arbitral que conste en un documento al que estas se hayan remitido en cualquiera de las formas referidas anteriormente. Esta es la denominada **cláusula arbitral por referencia**.
Se considera igualmente que hay convenio arbitral cuando en un intercambio de escritos de demanda y contestación su existencia sea **afirmada por una parte** y no negada por la otra.
Por último, no hay que olvidar que el convenio arbitral es realmente un **contrato**, de suerte que, en lo no previsto por la Ley de arbitraje, son de aplicación las normas generales que rigen el Derecho de los contratos -p.e. en lo que se refiere a la capacidad contractual-.

Precisiones Una de las muchas manifestaciones del principio dispositivo de la Ley es la norma según la cual, si una parte, conociendo la infracción de alguna norma dispositiva o de algún requisito del convenio arbitral, no la denuncia dentro del plazo previsto para ello o, en su defecto, tan pronto como le sea posible, se considera que **renuncia a las facultades de impugnación** previstas en la Ley (LArb art.6).

10969 **Efectos** (LArb art.7 y 11; LEC art.63) La doctrina distingue entre **efectos positivos** y efectos negativos del convenio arbitral. Así, en lo que respecta a los primeros, el convenio arbitral, como cualquier otro tipo de contrato, obliga a las partes a cumplir lo pactado en el mismo (CC art.1258), en este caso, a someter a arbitraje las controversias que surjan o puedan surgir respecto a una relación jurídica determinada. De este modo, surgido el conflicto, cualquiera de las partes puede exigir a la otra el **sometimiento a arbitraje** y el respeto a la resolución o laudo que adopte el árbitro.

En cuanto al **efecto negativo**, el convenio arbitral impide a los tribunales conocer de las controversias sometidas a arbitraje, pero únicamente si la parte a quien interese -obviamente, el demandado que ve incumplido el convenio arbitral mediante una acción judicial ejercitada en su contra- alega el efecto positivo del convenio mediante la pertinente declinatoria, instrumento a través del cual el demandado puede denunciar la falta de jurisdicción del tribunal ante el que se ha interpuesto la demanda por corresponder el conocimiento del asunto a árbitros. En consecuencia, el óbice procesal que constituye la existencia de un convenio arbitral no es apreciable de oficio.
La **declinatoria** se ha de proponer dentro de los 10 primeros días hábiles del plazo para contestar a la demanda en las pretensiones que se tramiten por el procedimiento del juicio ordinario o verbal (LArb art.11.1; LEC art.64).
Por otro lado, la **pendencia de un procedimiento judicial** en el que se haya opuesto la declinatoria por existencia de un convenio arbitral no impide la iniciación o prosecución de las actuaciones arbitrales que procedan, evitándose de esta manera que el inicio malintencionado de un proceso judicial pueda entorpecer, retardar o bloquear el arbitraje pactado en un convenio.
Los tribunales tienen vedada su intervención en los asuntos sometidos a arbitraje, salvo en los casos en que así se prevé legalmente, como ocurre, por ejemplo, con las **funciones de apoyo y control jurisdiccional**: nombramiento judicial de árbitros, asistencia en la práctica de pruebas, adopción judicial de medidas cautelares, ejecución forzosa del laudo arbitral, conocimiento de la acción de anulación del laudo (nº 11016 s.).
La existencia de un convenio arbitral no impide a ninguna de las partes, con anterioridad a las actuaciones arbitrales o durante su tramitación, solicitar de un tribunal la adopción de **medidas cautelares**, ni a este concederlas. La petición de tales medidas, o la solicitud del apoyo y control jurisdiccional, no implica la renuncia tácita al arbitraje, ni tampoco hace actuar, sin más, el efecto negativo del convenio arbitral.

2. Árbitros

(LArb art.12 a 15)

Los árbitros son quienes, de forma imparcial e independiente, se encuentran encargados de resolver la cuestión sometida a arbitraje. **10972**

Designación (LArb art.12 a 15) Se deja libertad a las partes para que fijen libremente el **número** de árbitros, siempre que sea impar, así como quiénes deben ocupar tal posición. Si las partes no alcanzan un acuerdo sobre el número de árbitros, se debe proceder a designar un solo árbitro. **10974**
También gozan de amplia libertad las partes a la hora de determinar la **capacidad** que debe tener una persona para ser árbitro, exigiendo únicamente la ley los siguientes requisitos generales:
- que se trate de **persona física**;
- que tenga plena **capacidad de obrar** en el momento de la aceptación -en el pleno ejercicio de sus derechos civiles-;
- que no sufra **impedimento** por la legislación a la que esté sometido por razón de su profesión;
- que sea de la **nacionalidad** concreta que, en su caso, fijen las partes;
- en los arbitrajes que no se hayan de decidir en equidad por árbitro único, salvo acuerdo en contra de las partes, que tenga la **condición de jurista**, y en los que se hayan de resolver por 3 o más, que al menos uno sea jurista (LArb art.15.1).

El **acuerdo de las partes** sobre la designación de los árbitros -que en todo caso debe respetar el principio de igualdad- puede reflejarse en el propio convenio arbitral o en acuerdos o contratos posteriores (arbitraje *ad hoc*).
Lo habitual, no obstante, es que no sean las partes quienes designen directamente a los árbitros, sino que opten, en esos mismos instrumentos, por encomendar, tanto la administración del arbitraje, como la designación de los árbitros, a corporaciones de Derecho público que puedan desempeñar funciones arbitrales, según sus normas reguladoras, o a asociaciones y entidades sin ánimo de lucro en cuyos estatutos se prevean funciones arbitrales. Supuestos estos en los que se habla de **arbitraje institucional**.

Precisiones Las **instituciones arbitrales** han de velar por el cumplimiento de las condiciones de capacidad de los árbitros y por la transparencia en su designación, así como su independencia (LArb art.14.3).

10976 Asimismo, y con el fin de evitar la paralización del arbitraje, se establece una serie de **reglas supletorias** para aquellos supuestos en los que no exista acuerdo de las partes sobre el procedimiento a través del cual, bien por ellos mismos, o bien mediante instituciones, deban designarse los árbitros:

• En el arbitraje con **un solo árbitro**, este es nombrado por el tribunal competente, a petición de cualquiera de las partes.

• En el arbitraje con **tres árbitros**, cada parte nombra uno y los dos árbitros así designados nombran al tercero, quien actúa como presidente del colegio arbitral. Si una parte no nombra al árbitro dentro de los 30 días siguientes a la recepción del requerimiento de la otra parte para que lo haga, o si los árbitros designados no se ponen de acuerdo sobre el tercer árbitro dentro de los 30 días contados desde la última aceptación, la designación del árbitro se hace por el tribunal competente, a petición de cualquiera de las partes.

• En el arbitraje con **más de tres árbitros**, todos son nombrados por el tribunal competente a petición de cualquiera de las partes.

• Si a pesar de existir acuerdo de las partes sobre el **procedimiento de designación** de árbitros no resulta posible designar estos a través del mismo, cualquiera de las partes puede solicitar al tribunal competente el nombramiento de los árbitros o, en su caso, la adopción de las medidas necesarias para ello.

• En cuanto al **órgano judicial competente** para suplir la voluntad de las partes en lo que concierne a la designación -y remoción- de los árbitros, es competente:

- la sala de lo civil y de lo penal del tribunal superior de justicia de la comunidad autónoma del lugar del arbitraje;
- de no estar este aún determinado, la del domicilio o residencia habitual de cualquiera de los demandados;
- si ninguno de ellos tiene domicilio o residencia habitual en España, la del domicilio o residencia habitual del actor; y,
- si este tampoco los tiene en España, la de su elección.

La posibilidad que prevé la Ley para que los órganos jurisdiccionales suplan la voluntad de las partes en la designación de los árbitros tiene como lógica **finalidad** evitar que la falta de acuerdo de aquellas paralice o demore en exceso el arbitraje. Por ello, las pretensiones que se ejerciten en este ámbito se sustancian por los cauces del **juicio verbal**, no cabiendo recurso alguno contra las resoluciones definitivas recaídas en el mismo.

Precisiones Conviene tener en cuenta que la **inexistencia de convenio arbitral** es el único motivo por el que el tribunal puede rechazar la pretensión de designación judicial de árbitros, de tal modo que no puede, ni de oficio ni a instancia de parte, entrar a controlar, ni la validez del convenio arbitral, ni la disponibilidad conforme a Derecho de la materia objeto de arbitraje.

10980 **Aceptación** (LArb art.16) Cualquiera que sea el procedimiento por el que los árbitros sean designados, y salvo que las partes acuerden cosa distinta, cada árbitro debe comunicar su aceptación a quien lo designó dentro del **plazo** de 15 días a contar desde el siguiente a la comunicación del nombramiento, entendiéndose que, en caso contrario, no acepta su nombramiento.

A partir del momento de la aceptación, los árbitros -y, en su caso, la institución arbitral- quedan obligados a cumplir fielmente el encargo, incurriendo, si no lo hacen, en **responsabilidad civil** por los daños y perjuicios que causen por mala fe, temeridad o dolo.

En los casos de **arbitraje institucional** el perjudicado tiene acción directa contra la institución a quien se hubiese encomendado el arbitraje, con independencia de las acciones de resarcimiento o repetición que dicha institución pueda posteriormente ejercitar contra los árbitros.

La aceptación también obliga a los árbitros e instituciones arbitrales a guardar **confidencialidad** sobre las informaciones que conozcan a través de las actuaciones arbitrales (LArb art.24.2), así como a conservar la **documentación** del procedimiento y a remitir a las partes los documentos por ellas presentados, hasta el momento pactado por las partes o, en su defecto, hasta que transcurran 2 meses desde la terminación de las actuaciones arbitrales, siempre que ello no atente contra el secreto de la deliberación arbitral y que el solicitante asuma los gastos correspondientes al envío (LArb art.38.3).

Por otro lado, y salvo que exista pacto en contrario, desde la aceptación del nombramiento, tanto los árbitros como la institución arbitral pueden exigir a cada una de las partes las **provisiones de fondos** que estimen necesarias para atender a sus honorarios y gastos y a los que puedan producirse en la administración del arbitraje, pudiendo los árbitros, en caso de no producirse la provisión, suspender o dar por concluidas las actuaciones arbitrales, siempre previa comunicación a la parte pagadora, por si tuviera interés en suplir la provisión de la otra dentro del plazo que fijen los árbitros.

Abstención y recusación (LArb art.17, 18 a 20 y 21) La **imparcialidad e independencia** de los árbitros son esenciales en cualquier procedimiento arbitral, al igual que lo son en los procesos judiciales y, por ello, deben concurrir durante todo el procedimiento arbitral. Con el fin de garantizar las citadas notas esenciales, se establece que los árbitros no pueden mantener con las partes ningún tipo de **relación personal, profesional o comercial**, debiendo en todo caso revelar a aquellas cualquier circunstancia que pueda razonablemente poner en entredicho su imparcialidad e independencia. 10982

No se establece una enumeración de las **causas de abstención** de los árbitros, ni tampoco existe remisión a las previstas para los jueces y magistrados. La vigente regulación opta por una cláusula general y abierta, donde cabe cualquier eventualidad que pueda dar lugar a dudas justificadas sobre la imparcialidad de los árbitros. Salvo acuerdo en contra de las partes, no puede ser designado árbitro quien haya intervenido como mediador en el mismo conflicto entre estas (LArb art.17.4).

Para el supuesto de que los árbitros no se abstengan de conocer del asunto, concurriendo causa para ello, se regula un procedimiento de **recusación**, aunque con carácter subsidiario al que hayan podido pactar libremente las partes, directamente o por remisión. Así, en defecto de este acuerdo:

• La parte que recuse a un árbitro debe exponer los **motivos** por los que considera que no es imparcial o independiente o por los que no posee las cualificaciones convenidas por las partes, dentro de los 15 días siguientes a aquel en que tenga conocimiento de la aceptación o de cualquiera de las circunstancias que puedan dar lugar a dudas justificadas sobre su imparcialidad o independencia.

• Una vez realizado este trámite, corresponde a los propios árbitros **decidir sobre la recusación**, a menos que el árbitro recusado renuncie a su cargo o que la otra parte acepte la recusación.

No cabe ningún **recurso** contra la decisión desestimatoria de la recusación, aunque la parte recusante puede hacer valer los motivos de la recusación como causa de **impugnación del laudo** mediante la oportuna acción de anulación.

Cese (LArb art.19 y 20) Cuando un árbitro se vea impedido de hecho o de Derecho para ejercer sus funciones, o por cualquier otro motivo no las ejerza dentro de un plazo razonable, cesará en su cargo, bien si **renuncia**, o bien si las partes acuerdan su **remoción**. 10984

También en esta materia la Ley prevé mecanismos para que el **desacuerdo** de las partes sobre la remoción de los árbitros no suponga un motivo de ralentización excesiva del arbitraje. De este modo:

• Si solo existe **un árbitro** y las partes no se ponen de acuerdo sobre su remoción y no han estipulado un procedimiento para salvar dicho desacuerdo, se puede dirigir una petición de remoción ante el juzgado de primera instancia competente, sustanciándose la pretensión por los trámites del juicio verbal. A esta pretensión puede acumularse la petición de nombramiento de árbitros para el caso de que se estime la de remoción. Como en el procedimiento de nombramiento de árbitros, contra las resoluciones definitivas que se dicten por el órgano jurisdiccional no cabe recurso alguno.

• Cuando exista una **pluralidad de árbitros** corresponde a los demás decidir sobre la remoción. Si no llegan a un acuerdo, procede la petición de remoción ante el juzgado competente en los mismos términos expuestos para el supuesto de existencia de un solo árbitro.

Finalmente, cualquiera que sea la causa por la que haya que **designar un nuevo árbitro**, se hará según las normas reguladoras del procedimiento de designación del sustituido y, una vez nombrado el sustituto, los árbitros, previa audiencia de las partes, deben decidir si ha lugar a repetir actuaciones ya practicadas.

Competencia (LArb art.22 y 23) Los árbitros están facultados para decidir sobre su **propia competencia**, sobre las excepciones relativas a la existencia o a la validez del convenio arbitral y sobre cualesquiera otras cuya estimación sea obstativa para emitir un pronunciamiento de fondo sobre la controversia, a excepción de las relativas a las personas de los árbitros, que tienen su tratamiento específico. 10986

Además de la posible apreciación de oficio por los árbitros de su competencia, la Ley hace recaer sobre las partes la carga de oponer las **excepciones** relativas a la misma *a limine*, debiendo plantearlas, a más tardar, en el momento de presentar la contestación, salvo que la demora resulte justificada, a juicio de los árbitros, y sin que el hecho de haber designado o participado en el nombramiento de los árbitros implique una renuncia tácita a oponer tales excepciones.

Los árbitros pueden decidir las **excepciones relativas a su competencia** con carácter previo o junto con las demás cuestiones sometidas a su decisión relativas al fondo del asunto. En cualquier caso, la decisión de los árbitros sobre la ausencia de presupuestos procesales o la concurrencia de óbices de la misma naturaleza, solo puede impugnarse mediante el ejercicio de la **acción de anulación del laudo** en el que se haya adoptado. Debe tenerse en cuenta que, si la decisión laudo es desestimatoria de las excepciones y se adopta con carácter previo al laudo sobre el fondo, el ejercicio de la acción de anulación no suspenderá el procedimiento arbitral.

Precisiones **1)** La facultad de decidir sobre su propia competencia es una regla capital dentro de la institución arbitral e implica la separabilidad e **independencia del convenio arbitral** respecto del contrato principal del que trae causa, de modo que la validez del convenio arbitral no depende de la del contrato principal, teniendo los árbitros competencia para juzgar sobre la nulidad del convenio arbitral, que no entraña por sí sola la nulidad del contrato principal, y viceversa.
2) Los árbitros pueden, a lo largo del procedimiento arbitral, dictar tantos **laudos** como estimen necesarios para el desarrollo de sus funciones, se refieran a cuestiones de fondo o a cuestiones de tipo procesal.

10988 Finalmente, los árbitros tienen potestad para adoptar, siempre a instancia de cualquiera de las partes, las **medidas cautelares** que estimen necesarias respecto del objeto del litigio, pudiendo exigir caución suficiente al solicitante. Todo ello, salvo que las partes hayan pactado lo contrario.
Esta potestad de adoptar medidas cautelares no deroga ni restringe la posibilidad de que la parte interesada inste de la **autoridad judicial competente** la adopción de medidas cautelares, de suerte que las potestades arbitral y judicial en materia cautelar son alternativas y concurrentes, sin perjuicio del juego del principio de buena fe procesal (LEC art.247; LOPJ art.11.1 y 543.1).
A las decisiones arbitrales sobre medidas cautelares, cualquiera que sea la forma que revistan, les son de aplicación las normas sobre **anulación y ejecución forzosa de laudos** (nº 11016 s.).

Precisiones Dentro de la actividad cautelar cabe distinguir entre una vertiente declarativa y otra ejecutiva. Así, los árbitros tienen la facultad de hacer uso de la primera, acordando la adopción de medidas cautelares, pero la vertiente ejecutiva -**ejecución del laudo que acuerde las medidas cautelares**- corresponde en exclusiva a los órganos jurisdiccionales.

10990 **Consejo Arbitral para el alquiler en la Comunidad de Madrid** (Orden Madrid 61/2008)
La finalidad de este Consejo es fomentar la utilización y el adecuado funcionamiento del sistema arbitral en los contratos de arrendamiento de vivienda en la Comunidad de Madrid, siempre que se cumplan los requisitos relativos a las medidas de **fomento de alquiler** y se sometan al arbitraje a través de la firma del **contrato tipo** (Orden Madrid 61/2008 art.2).
Es un **órgano colegiado** adscrito a la Consejería de Vivienda, de carácter técnico y consultivo, constituido para promover y apoyar la implantación del sistema arbitral para la solución extrajudicial de los conflictos entre las partes en los arrendamientos de viviendas (Orden Madrid 61/2008 art.1).
El **precio público** por las actividades del Consejo Arbitral se regula en la Orden Madrid 1381/2012.
Con el fin de registrar adecuadamente los datos de arrendadores y arrendatarios que se sometan al sistema arbitral, se crea un nuevo **fichero de datos** de carácter personal denominado Consejo Arbitral para el Alquiler (Orden Madrid 1947/2010).
Son **funciones** del Consejo Arbitral las siguientes (Orden Madrid 61/2008 art.5):
- información y **asesoramiento** técnico y jurídico sobre los procedimientos arbitrales en materia de arrendamientos de vivienda;
- elaboración, negociación y preparación de los documentos precisos para la formalización de **convenios de colaboración** entre la Consejería de Vivienda y las instituciones arbitrales, así como el seguimiento y actualización de dichos convenios;
- realización de **seguimiento de las actuaciones arbitrales** y apoyo a las mismas, con el fin de velar por el buen funcionamiento del sistema arbitral y conseguir la máxima celeridad del proceso arbitral;
- asesoramiento técnico y jurídico a las **instituciones arbitrales** con las que, en su caso, se suscriban convenios de colaboración; y
- elaboración de **estadísticas**, estudios e informes sobre las actividades desarrolladas que, una vez aprobados por el Consejo Arbitral, se elevarán al titular de la Consejería de Vivienda en una memoria anual en la que se expresarán las solicitudes presentadas y los **laudos emitidos** por las instituciones arbitrales con las que se suscriban los convenios de colaboración.

3. Procedimiento arbitral

(LArb art.24 a 27, 28 y 29 a 33)

10992 El principio informador del procedimiento arbitral es el de **autonomía de la voluntad** de las partes, estableciéndose como únicos límites a la misma los impuestos por los principios de igualdad, audiencia y contradicción, cuyo fin es garantizar que las partes puedan hacer valer sus derechos en igualdad de condiciones, como es consustancial a cualquier proceso.

En consecuencia, siempre que queden salvaguardados los principios citados, es la voluntad de las partes la que fija el procedimiento a seguir para resolver el arbitraje, estableciendo la Ley **normas de carácter dispositivo**, aplicables solo si las partes, directamente o por remisión, no han acordado nada -o lo han hecho parcialmente- sobre el procedimiento, o si los árbitros, con sujeción a la Ley, tampoco han establecido nada al respecto para salvar la laguna.

Precisiones Se excluye la **aplicación supletoria** de las normas imperativas de la LEC reguladoras del procedimiento judicial de desahucio por falta de pago de la renta al procedimiento arbitral seguido por el mismo motivo. Ni la LEC art.4 prevé dicha posibilidad para los procedimientos arbitrales, ni la L 60/2023 contempla esa fórmula de integración. Cuestión distinta es su posible **aplicación analógica** (TSJ Madrid 14-9-22, EDJ 708376).

Notificaciones, comunicaciones y cómputo de plazos (LArb art.5) Toda notificación o comunicación se considera recibida el día en que haya sido entregada personalmente al destinatario o en que haya sido entregada en su domicilio, residencia habitual, establecimiento o dirección. Asimismo, es válida la notificación o comunicación realizada por télex, fax u otro **medio de telecomunicación** electrónico, telemático o de otra clase semejante que permita el envío y la recepción de escritos y documentos, dejando constancia de su remisión y recepción y que hayan sido designados por el interesado. En el supuesto de que no se descubra, tras una indagación razonable, ninguno de esos lugares, se considera recibida el día en que haya sido entregada o intentada su **entrega**, por correo certificado o cualquier otro medio que deje constancia, en el último domicilio, residencia habitual, dirección o establecimiento conocidos del destinatario. 10994

Los **plazos** establecidos en la Ley se computan desde el día siguiente al de recepción de la notificación o comunicación. Si el último día del plazo es festivo en el lugar de recepción de la notificación o comunicación, se prorroga hasta el primer día laborable siguiente. Cuando dentro de un plazo haya de presentarse un escrito, el plazo se entiende cumplido si el escrito se remite dentro de aquel, aunque la recepción se produzca con posterioridad. Los plazos establecidos por días se computan por días naturales y, aunque no se diga expresamente, los fijados por meses de fecha a fecha.

Precisiones En esta materia hay que aclarar que los actos de comunicación realizados dentro de un **procedimiento judicial**, aunque traigan causa de un procedimiento arbitral, no se rigen por las disposiciones expuestas, sino por las normas procesales correspondientes. Sí se aplican las reglas citadas, sin embargo, a los plazos establecidos para iniciar el procedimiento judicial, como ocurre, por ejemplo, con el ejercicio de la acción de anulación de un laudo.

Lugar de celebración (LArb art.26) En concordancia con el principio de autonomía que inspira todo el procedimiento, las **partes** pueden determinar libremente el lugar del arbitraje y, si no llegan a un acuerdo, lo deben determinar los **árbitros**, teniendo en cuenta las circunstancias del caso y la conveniencia de las partes. 10996

Se admite la posibilidad de que los árbitros celebren las audiencias para oír a los testigos, a los peritos o a las partes, o para examinar o reconocer objetos, documentos o personas, así como las deliberaciones, en cualquier **lugar distinto** de la sede del arbitraje que estimen apropiado, siempre previa consulta de las partes y salvo acuerdo en contrario de estas.

Idioma (LArb art.28) También las **partes** pueden fijar libremente el idioma o idiomas del arbitraje, tramitándose, en defecto de acuerdo, en cualquiera de las lenguas oficiales en el lugar donde se desarrollen las actuaciones. 10998

La parte que alegue **desconocimiento** del idioma tiene derecho a audiencia, contradicción y defensa en la lengua que utilice, sin suponer esta alegación posibilidad de paralización del procedimiento.

Salvo que por acuerdo de las partes se haya previsto otra cosa, el idioma o idiomas establecidos se emplean en los **escritos** de aquellas, en las audiencias, en los laudos y en las decisiones y comunicaciones de los árbitros. En todo caso, los **peritos, testigos y terceros** que intervengan en las actuaciones pueden emplear su lengua propia, habilitándose intérprete en actuaciones orales, si es preciso.

Salvo que alguna de las partes se oponga, los árbitros pueden ordenar que, sin necesidad de proceder a su traducción, cualquier documento sea aportado o cualquier actuación realizada en **idioma distinto** al oficial del arbitraje, con las ventajas prácticas que ello conlleva a los efectos de dar celeridad al procedimiento.

Inicio del procedimiento (LArb art.27 y 29) El procedimiento arbitral comienza con la recepción, por parte del demandado, del **requerimiento** de someter una determinada controversia a arbitraje, siempre que las partes no hayan convenido una cosa distinta. 11000

Pese a que la dicotomía entre posición procesal activa y posición procesal pasiva propia de los procedimientos judiciales no se produce necesariamente en el ámbito del arbitraje, resulta

innegable que, en la práctica, se suele solicitar el sometimiento a arbitraje mediante un **escrito** elaborado por una de las partes, conteniendo una pretensión frente a otra, a la que se opone el escrito del requerido, lo que permite hablar, como en el proceso civil, y siquiera formalmente, de actor y demandado, de **demanda** y **contestación**.
Partiendo de esta dualidad de posiciones en el arbitraje, y dejando a salvo lo que las partes puedan pactar en el ejercicio de la autonomía de su voluntad, dentro del **plazo** convenido por las partes o dentro del determinado por los árbitros en su defecto:
- el **demandante** debe alegar los hechos en que funda su pretensión, la naturaleza y las circunstancias de la controversia y las pretensiones que formula; y
- el **demandado** puede responder a lo planteado en la demanda.
Las partes pueden, en ambos casos, aportar todos los **documentos** que consideren pertinentes o hacer referencia a los documentos u otras pruebas que vayan a presentar o proponer.
Conviene reseñar que, salvo acuerdo en contrario, no rige para el procedimiento arbitral la regla de **preclusión** del proceso civil, de modo que cualquiera de las partes puede modificar o ampliar su demanda o contestación durante el curso de las actuaciones arbitrales, a menos que los árbitros lo consideren improcedente por razón de la demora con que se haya hecho.

11002 **Desarrollo del procedimiento** (LArb art.30, 32 y 33) El desarrollo del procedimiento arbitral, una vez presentados los escritos de demanda y contestación, está imbuido de la flexibilidad a la que se ha hecho referencia, de modo que, salvo acuerdo en contrario de las partes, los árbitros pueden decidir libremente si han de celebrarse **audiencias** para la presentación de alegaciones, la práctica de pruebas y la emisión de conclusiones o si, por el contrario, las actuaciones se deben sustanciar solamente **por escrito**, en cuyo caso, todas las alegaciones escritas -así como los documentos y demás instrumentos que una parte aporte a los árbitros- han de notificarse a la otra parte. Asimismo, se deben poner a disposición de las partes los documentos, dictámenes periciales y otros **instrumentos probatorios** en que los árbitros puedan fundar su decisión.
En cualquier caso, y salvo que las partes hubiesen acordado no celebrar audiencias, deben celebrarse todas aquellas **solicitadas por cualquiera de las partes** y, también en todo caso, la citación para toda clase de audiencia debe llevarse a cabo con la suficiente antelación, de modo que no se vea dañado el derecho de defensa de las partes. Por último, hay que indicar que las partes pueden intervenir en las actuaciones arbitrales directamente o por medio de representantes.

11004 En lo que se refiere a la **fase probatoria**, se establece una regulación específica -siempre dispositiva- de la **prueba pericial**. Se permite la práctica de la prueba pericial emitida por peritos designados libre y directamente por las partes, pudiendo también los árbitros, de oficio o a instancia de parte, designar uno o más peritos para que dictaminen sobre materias concretas, y requerir a cualquiera de las partes para que faciliten al perito toda la información pertinente, le presenten para su inspección todos los documentos u objetos pertinentes o le proporcionen acceso a ellos.
En todo caso, y salvo que exista pacto en contrario, cuando una parte lo solicite o cuando los árbitros lo consideren necesario, todo perito, después de la presentación de su dictamen, debe participar en una **audiencia** en la que los árbitros y las partes, por sí o asistidas de peritos, pueden interrogarle.
Se regula específicamente la **asistencia judicial** para la práctica de las pruebas, correspondiendo la competencia al juzgado de primera instancia -o juzgado de lo mercantil- del lugar del arbitraje o del lugar donde haya de prestarse la asistencia. Los árbitros o cualquiera de las partes, con su aprobación, pueden solicitar del tribunal competente asistencia para la práctica de pruebas. Esta asistencia puede consistir en la **práctica de la prueba** ante el tribunal competente o en la adopción por este de las concretas **medidas necesarias** para que la prueba pueda ser practicada ante los árbitros. En ambos supuestos el letrado de la Administración de Justicia debe entregar al solicitante **testimonio** de las actuaciones (LArb art.33.2).
Por último, aunque la Ley no dice nada al respecto expresamente, lo habitual es que las partes acuerden una **fase de conclusiones** posterior a la fase probatoria, con el fin de valorar esta, al igual que ocurre en el proceso civil.

4. Laudo arbitral

(LArb art.34 a 36, 37 y 39)

11006 El laudo arbitral supone, como la sentencia en el proceso judicial, la **forma normal de terminación** del procedimiento arbitral. A través del laudo, el árbitro o árbitros resuelven la controversia que se les ha planteado.

Siendo uno el árbitro, la forma de resolución no plantea ningún problema, pero cuando la resolución corresponde a un **colegio arbitral**, y salvo pacto en contrario de las partes, se debe adoptar por mayoría y, si esta no se alcanza, la decisión se debe tomar por el presidente.
La **resolución arbitral sobre el fondo** puede producirse, fundamentalmente, de dos formas:
a) Los árbitros pueden **aplicar las normas jurídicas** indicadas por las partes o las que los árbitros estimen apropiadas, de lo que se infiere que no necesariamente deben guardar relación con la relación jurídica o con la controversia sometida a arbitraje. En este caso, el laudo se dicta sobre la base de criterios jurídicos, de forma análoga a como lo hacen los órganos jurisdiccionales. Se habla en este caso de **arbitraje de Derecho** (nº 10958).
b) El arbitraje también puede resolverse **al margen de las normas jurídicas**, según el leal saber y entender del profesional que actúe como árbitro, que aplicará los usos y prácticas habituales y generalizadas en el ámbito concreto al que se refiera la controversia. En este caso se habla de **arbitraje de equidad**.
Sea el arbitraje de Derecho o de equidad, los árbitros tienen que adoptar su decisión con arreglo a las estipulaciones del **contrato**, teniendo en cuenta los usos aplicables.
La **opción** por uno u otro arbitraje corresponde a las partes. En defecto de acuerdo, se da preferencia al arbitraje de Derecho. De este modo, los árbitros solo decidirán en equidad si las partes así lo acuerdan expresamente.

Precisiones No es preciso que las partes empleen el término «equidad» en el convenio o acuerdo arbitral, basta con que se empleen **términos análogos**, como «decisión en conciencia» o actuando el árbitro como «amigable componedor».

Forma y contenido (LArb art.37) Se mantiene el mismo criterio flexible y antiformalista que en relación con el convenio arbitral. **11008**
Los árbitros pueden decidir la controversia en un solo laudo o en tantos laudos parciales como estimen necesarios. Los **laudos parciales** tienen el mismo valor que el laudo definitivo y pueden versar sobre alguna parte del fondo del asunto o sobre otras cuestiones accesorias -p.e. medidas cautelares-. Un laudo parcial podría declarar la existencia de una obligación de indemnizar daños y perjuicios, y otro la cuantía de dicha indemnización, teniendo ambos laudos parciales, respecto de la cuestión sobre la que se pronuncian, plena eficacia.
En principio, todo laudo debe constar **por escrito**, entendiéndose a todos los efectos que el laudo consta por escrito cuando de su contenido y firmas quede constancia y sean accesibles para su ulterior consulta en soporte electrónico, óptico o de otro tipo.
Debe estar **firmado** por los árbitros, quienes pueden expresar su parecer discrepante, al modo del voto particular de las sentencias. Cuando haya **más de un árbitro**, bastarán las firmas de la mayoría de los miembros del colegio arbitral o solo la de su presidente, siempre que se manifiesten las razones de la falta de aquellas.
El laudo debe ser **motivado**, a menos que las partes hayan convenido otra cosa o se trate de un laudo que recoja el acuerdo de las partes.
En todo caso, el laudo debe reflejar la **fecha** en que ha sido dictado y el **lugar** del arbitraje, considerándose dictado el laudo en ese lugar.
Asimismo, y con sujeción a lo acordado por las partes, los árbitros se deben pronunciar en el laudo sobre las **costas** del arbitraje, que incluyen:
- los honorarios y gastos de los árbitros;
- en su caso, los honorarios y gastos de los defensores o representantes de las partes;
- en su caso, el coste del servicio prestado por la institución administradora del arbitraje; y
- los demás gastos originados en el procedimiento arbitral.

El laudo puede ser protocolizado notarialmente a instancia de cualquiera de las partes, a su costa, y antes de la notificación; si bien el laudo es válido y eficaz, aunque no haya sido objeto de **protocolización**.

Plazo (LArb art.37.2 y 7) Sea el arbitraje de equidad o de Derecho, y siempre que las partes no hayan pactado otra cosa, los árbitros deben decidir la controversia -bien en un solo laudo, bien en los laudos parciales que tengan por conveniente- dentro de los 6 meses siguientes a la fecha de presentación de la contestación a la demanda o, en su defecto, de la expiración del plazo para presentarla. Este plazo es **prorrogable** por los árbitros por un plazo no superior a 2 meses, mediante decisión motivada, y siempre que no exista acuerdo en contrario de las partes. **11010**
Como ocurre en el procedimiento administrativo, estos plazos lo son tanto para dictar el laudo como para su **notificación** a las partes.
Salvo acuerdo en contrario de las partes, la **expiración del plazo** sin que se haya dictado laudo definitivo no afecta a la eficacia del convenio arbitral, ni a la validez del laudo dictado, sin perjuicio de la **responsabilidad** en que hayan podido incurrir los árbitros.

11012 **Corrección, aclaración, complemento y extralimitación** (LArb art.39) Dentro de los 10 días siguientes a su notificación, salvo que las partes hayan acordado otro plazo, cualquiera de ellas puede, con notificación a la otra, solicitar a los árbitros:
• La **corrección** de cualquier error de cálculo, de copia, tipográfico o de naturaleza similar. Estas correcciones también pueden ser llevadas a cabo de oficio por los árbitros en el plazo de 10 días, en este caso, desde la fecha del laudo.
• La **aclaración** de un punto o de una parte concreta del laudo.
• El **complemento** del laudo respecto de omisiones, es decir, de peticiones formuladas y no resueltas en él.
• La **rectificación de la extralimitación parcial** del laudo, cuando se haya resuelto sobre cuestiones no sometidas a su decisión o sobre cuestiones no susceptibles de arbitraje.
Previa audiencia de las demás partes, los árbitros deben resolver sobre las solicitudes de corrección de errores y de aclaración en el **plazo** de 10 días, y sobre la solicitud de complemento y rectificación de extralimitación en el plazo de 20 días, teniendo en cuenta que estas **resoluciones** deben cumplir con los requisitos de forma y contenido que se exigen para los laudos definitivos.

11014 **Terminación anormal del procedimiento** (LArb art.36 y 38) El laudo arbitral constituye la forma normal de terminación del procedimiento arbitral, pero no es la única. También se regulan formas anormales de terminación del procedimiento arbitral:
• El **desistimiento** del demandante determina la terminación de las actuaciones, a menos que el demandado se oponga a ello y que los árbitros le reconozcan un interés legítimo en obtener una solución definitiva del litigio.
• El **mutuo acuerdo** de las partes puede poner fin total o parcialmente a la controversia, lo que también determina la terminación de las actuaciones con respecto a los puntos acordados. El acuerdo alcanzado por las partes puede hacerse constar en forma de laudo en los términos convenidos por las mismas, siempre que así lo soliciten y que los árbitros no aprecien motivo fundado para oponerse. Dicho laudo tiene la misma eficacia jurídica que cualquier otro laudo dictado sobre el fondo del litigio, debiendo reunir los requisitos de contenido y forma expuestos (nº 11008).
• También se pone fin a las actuaciones arbitrales cuando los árbitros comprueben que la prosecución de las actuaciones resulta **innecesaria o imposible**.
• Finalmente, la **expiración del plazo** marcado sin que se haya dictado laudo definitivo determina la terminación de las actuaciones arbitrales y el cese de los árbitros, sin perjuicio de las responsabilidades civiles que puedan exigírseles.

11016 **Anulación y revisión** (LArb art.40 a 43) Contra un laudo definitivo puede ejercitarse la **acción de anulación** que, necesariamente, debe tener como fundamento alguno de los motivos tasados en la Ley.

11018 **Motivos** (LArb art.41) El laudo solo puede ser anulado cuando la parte que solicite la anulación alegue y pruebe que:
a) El **convenio arbitral** no existe o no es válido.
b) No ha sido **debidamente notificada** de la designación de un árbitro o de las actuaciones arbitrales o no ha podido, por cualquier otra razón, hacer valer sus derechos.
c) Los árbitros han resuelto sobre **cuestiones no sometidas a su decisión**.
d) La designación de los árbitros o el procedimiento arbitral no se han ajustado al **acuerdo entre las partes** -salvo cuando dicho acuerdo sea contrario a una norma imperativa de la Ley- o que, a falta de dicho acuerdo, no se han ajustado la designación o el procedimiento a lo previsto en la Ley.
e) Los árbitros han resuelto sobre **cuestiones no susceptibles de arbitraje**.
f) El laudo es **contrario al orden público**.
Los motivos contenidos en las letras b), e) y f) pueden ser **apreciados por el tribunal** que conozca de la acción de anulación de oficio o a instancia del Ministerio Fiscal en relación con los intereses cuya defensa le está legalmente atribuida. En los casos previstos en las letras c) y e), en virtud del principio de conservación, la anulación afecta solo a los pronunciamientos del laudo sobre cuestiones no sometidas a decisión de los árbitros o no susceptibles de arbitraje, siempre que puedan separarse de las demás cuestiones resueltas.
La acción de anulación se rige por el principio de legalidad procesal, de modo que no entra a controlar la corrección o incorrección de la **decisión de fondo**, sino de los requisitos formales del laudo y del arbitraje.

Procedimiento (LArb art.8.5, 42 y 43) La **competencia** para conocer de la acción de anulación del laudo corresponde a la sala de lo civil y de lo penal del tribunal superior de justicia de la comunidad autónoma donde aquel se haya dictado. **11020**
El **plazo** para ejercitar la acción de anulación del laudo es de 2 meses, a contar desde su notificación o, en caso de que se haya solicitado corrección, aclaración o complemento del laudo, desde la notificación de la resolución sobre esta solicitud, o desde la expiración del plazo para adoptarla. A estos efectos, la **protocolización** notarial del laudo, que en su caso se haya solicitado, no afecta para nada al cómputo del plazo señalado.
De todo ello se debe dar traslado por el letrado de la Administración de Justicia al demandado para que conteste en el plazo de 20 días, debiendo proponerse en este escrito de **contestación** los medios de prueba de que intente valerse. De este escrito, y de los documentos que lo acompañen, se da traslado al actor para que pueda presentar documentos adicionales o proponer la práctica de **prueba**. Contestada la demanda o transcurrido el correspondiente plazo, el letrado de la Administración de Justicia citará a las partes a la **vista**, si así lo solicitan en sus escritos de demanda y contestación. Si no lo hubieran solicitado, o cuando la única prueba propuesta sea la de documentos y estos ya se hubieran aportado al proceso sin resultar impugnados, o en el caso de los informes periciales cuya ratificación no sea necesaria, el tribunal dictará sentencia, sin más trámite.
En lo demás, se siguen los trámites del **juicio verbal** (nº 10300 s.).
Contra la sentencia que se dicte no cabe **recurso** alguno. Por tanto, el laudo deviene firme y produce **efectos de cosa juzgada**, pudiendo únicamente ejercitarse frente a él la acción de anulación o solicitarse la revisión conforme a lo establecido en LEC art.509 a 516 para las sentencias firmes.

Precisiones Sobre la **ejecución forzosa** del laudo, ver nº 10830 s.

Anexos

12000

Se recogen a continuación diversos modelos de contrato y documentos de uso frecuente en las relaciones arrendaticias, que pueden ser de utilidad para el lector. No obstante, una **versión ampliada** -con otros contratos, anexos a estos, comunicaciones habituales y modelos de demanda- pueden consultarse, con libre acceso, en extramementos.lefebvre.es.

A. Arrendamiento de vivienda

1. Contrato de arrendamiento de vivienda

12005 En *"localidad"*, a *"día, mes y año"*.

REUNIDOS

❍ Si el arrendador es una persona física:
De una parte, *"Don/Doña nombre y apellidos"*, mayor de edad, con DNI nº *"núm de DNI"* y domicilio en *"vía pública, número, localidad, código postal"*; actuando en nombre propio como propietario y arrendador de la vivienda objeto del presente contrato (en adelante el arrendador).

❍ Si el arrendador es una persona jurídica:
De una parte, *"Don/Doña nombre y apellidos"*, mayor de edad, con DNI nº *"núm de DNI"* y domicilio en *"vía pública, número, localidad, código postal"*; actuando en nombre de la sociedad *"Nombre de la sociedad"* propietaria y arrendadora de la vivienda objeto del presente contrato (en adelante el arrendador).
Y de otra parte, *"Don/Doña nombre y apellidos"*, mayor de edad, con DNI nº *"núm de DNI"* y domicilio en *"vía pública, núm, localidad, código postal"*; actuando en nombre propio como arrendatario (en adelante el arrendatario).
Ambas partes tienen y se reconocen mutuamente plena capacidad para el otorgamiento del presente contrato, y a tal fin:

EXPONEN

PRIMERO.- Que el arrendador es *"propietario/a"* de la finca urbana sita en *"localidad"*, *"vía pública, número, código postal"*; inscrita en el Registro de la Propiedad Nº *"núm de Registro"*, finca registral Nº *"núm de finca"*, inscrita al libro *"núm de libro"*, tomo *"núm de tomo"*, folio *"núm de folio"*. Su referencia catastral es *"indicar referencia catastral"*.

SEGUNDO.- Que interesando a *"Don/Doña nombre y apellidos"*, arrendar dicho inmueble para satisfacer su necesidad permanente de vivienda, y previas conversaciones mantenidas al efecto, ambas partes llevan a cabo el presente CONTRATO DE ARRENDAMIENTO DE VIVIENDA, de conformidad con las siguientes:

CLÁUSULAS

PRIMERA.- Legislación aplicable
El presente contrato se regirá por lo previsto en la L 29/1994, de 24 de noviembre, de arrendamientos urbanos (en adelante LAU), en la redacción dada por la L 12/2023, y por lo establecido en este contrato.
En defecto de norma o pacto expreso, se regirá por lo previsto en el Código Civil.

SEGUNDA.- Objeto
Es objeto de este arrendamiento la finca urbana sita en *"localidad"*, *"vía pública, núm, código postal"*. Cuenta con una superficie construida de *"núm"* m^2, y útil de *"núm"* m^2.

Nota:
Se insertará la descripción de la finca: distribución, linderos, etc.
"descripción de la finca"

Fue adquirida por el arrendador mediante compraventa en escritura autorizada por el Notario de *"localidad"*, *"Don/Doña nombre y apellidos del Notario"*, en fecha *"día, mes y año"*.
Se encuentra libre de cargas y gravámenes, arrendatarios y ocupantes, y al corriente en el pago de impuestos, según declara el arrendador bajo su personal responsabilidad.
El arrendatario declara conocer y aceptar el estado de la vivienda, recibiéndola en perfecto estado de conservación y con plena habitabilidad e idoneidad para servir al destino de vivienda permanente pactado en el presente contrato.

TERCERA.- Destino
La finca objeto del presente contrato se destinará única y exclusivamente a satisfacer la necesidad permanente de vivienda del arrendatario y su familia, excluyendo la posibilidad de instalar en ella o en parte de ella, comercio, industria, despacho profesional, oficina, hospedaje, o cualquier otra actividad distinta del fin para el cual se arrienda.

Será causa de resolución contractual la variación de dicho fin sin autorización escrita de la propiedad. **12005** (sigue)

CUARTA.- Duración del contrato

El plazo de duración de este contrato es de UN AÑO, a contar desde el otorgamiento del presente contrato, prorrogable, a voluntad de la arrendataria, por periodos anuales sucesivos hasta que el arrendamiento alcance una duración mínima de cinco años, conforme al régimen previsto en el art.9 LAU.

De conformidad con el art.10 LAU, una vez transcurrido este plazo de cinco años, si ninguna de las partes notifica a la otra, al menos con treinta días de antelación, su voluntad de no renovarlo, el contrato se prorrogará obligatoriamente durante un año más.

Al contrato prorrogado le seguirá siendo de aplicación el régimen establecido en el presente contrato.

Finalizada la duración pactada y, en su caso, la de las prórrogas sucesivas, el arrendatario deberá abandonar el inmueble, sin necesidad de requerimiento expreso del arrendador, dejándolo en el mismo estado que tenía cuando lo ocupó, con la excepción del desgaste normal derivado del uso habitual de la vivienda.

QUINTA.- Renta

La renta anual será de *"importe de la renta"* **€**, a pagar en plazos mensuales de *"importe"* **€**, por adelantado y dentro de los *"núm de días"* primeros días de cada mes.

El abono de la renta se deberá verificar por el arrendador mediante transferencia bancaria, a la cuenta del arrendador cuyos datos son los siguientes:

Titular: *"indicar titular"*

Entidad: *"nombre de la entidad bancaria"*

Oficina: *"núm o sede de la oficina"*

Cta/cte: *"núm de cuenta"*

El resguardo de ingreso emitido por la entidad bancaria acreditará el pago de la renta salvo prueba en contrario.

El retraso en el pago de la renta será causa suficiente para la resolución del contrato, siendo de cuenta del arrendatario los gastos que ello origine, incluidos los derechos y honorarios de procurador y abogado aunque ellos no fuesen preceptivos.

SEXTA.- Revisión de la renta

La renta será revisada anualmente de acuerdo con la variación porcentual experimentada por el Índice General Nacional del Sistema de Índices de Precios de Consumo en un período de doce meses inmediatamente anteriores a la fecha de cada actualización, tomando como mes de referencia para la primera actualización el que corresponda al último índice que estuviera publicado en la fecha de celebración del contrato, y en las sucesivas el que corresponda al último aplicado.

Publicado el índice correspondiente al mes de la actualización, el arrendador comunicará al arrendatario de forma fehaciente su voluntad de actualizar la renta conforme a lo establecido legalmente, expresando la cantidad en que se fija la renta revisada, y adjuntando certificación del Instituto Nacional de Estadística.

La base sobre la que se efectuará la citada revisión será la renta que se pague el mes inmediatamente anterior a la fecha de revisión.

SÉPTIMA.- Gastos

Serán de cuenta de la arrendataria el gasto por consumo, instalación, reparación, contratación o ampliación de los servicios y suministros de agua, luz, gas y teléfono, así como cualquier otro susceptible de ser individualizado por medio de contador. A tal efecto, el arrendatario se compromete a dar de alta a su nombre tales servicios en las respectivas compañías suministradoras.

OCTAVA.- Intereses de demora

En caso de impago de rentas o de las cantidades pactadas en este contrato y cuyo abono son a cargo del arrendatario, se establece que dichos impagos, si se produjeran, devengarán un interés equivalente al interés legal del dinero incrementado en tres puntos porcentuales.

NOVENA.- Fianza

A la firma del presente contrato la arrendataria hace entrega a la arrendadora de la cantidad de *"importe"* **€**, importe de una mensualidad de renta, en concepto de fianza legal arrendaticia, conforme establece el art.36.1 LAU.

El importe de dicha fianza será depositado en *"indicar Agencia de Vivienda Social u organismo de la comunidad autónoma encargado del depósito"*, según la norma *"citar norma"* de la Comunidad Autónoma de *"nombre de la comunidad autónoma"*, en relación con la disp.adic.tercera LAU.

12005 (sigue) Esta cantidad queda sujeta a cubrir las posibles responsabilidades en que pueda incurrir el arrendatario con el arrendador por deterioros que se produzcan en el inmueble, salvo los que hayan podido acaecer como consecuencia del uso normal, impago de rentas o cualquier otra causa derivada de la relación arrendaticia que establece en el presente contrato.

Le será devuelta al arrendatario a la finalización del arriendo previa la constatación por parte del arrendador de que la finca se halla en perfecto estado de conservación y siempre que no concurra la responsabilidad expresada en el párrafo anterior.

DÉCIMA.- Conservación, mejora, obras y habitabilidad

En todas estas materias, las partes se remiten a lo establecido en los art.21 a 24 y 26 de la LAU.

Queda prohibida la realización de cualquier obra sin previa autorización escrita de la propiedad, aunque no se altere la configuración de la vivienda ni la resistencia de los materiales en ella empleados.

Las obras autorizadas quedarán en beneficio de la finca, sin derecho a reintegro alguno.

Serán de cuenta de la arrendataria las pequeñas reparaciones que se deban realizar para mantener la vivienda en estado de servir al uso al que se destina.

La arrendataria declara encontrar el piso en estado de servir al destino pactado, haciéndose cargo de su conservación.

Asume la obligación de entregar la vivienda al término del arriendo, en las mismas condiciones en las que se lo encontró; sin otros desperfectos que los propios del uso normal de la vivienda conforme al fin descrito en el presente contrato.

UNDÉCIMA.- Derecho de adquisición preferente

En caso de venta de la finca arrendada, el arrendatario dispondrá del derecho de adquisición preferente de la forma y en las condiciones establecidas en el art.25 de la LAU.

DUODÉCIMA.- Cesión y subarriendo

Será aplicable el régimen establecido en el art.8 de la LAU.

DECIMOTERCERA.- Comunidad de propietarios

El arrendatario se compromete a cumplir lo dispuesto por los estatutos y normas de funcionamiento interno de la comunidad de propietarios del edificio en donde se encuentra la vivienda arrendada, que manifiesta conocer y aceptar.

DECIMOCUARTA.- Responsabilidad

Además de las causas que se mencionan en los art.27 y 28 de la LAU, conforme a lo establecido en el art.1124 del CC se establece expresamente que el arrendatario no podrá:

Nota:

*Se indicarán las causas que pueden dar lugar a la resolución del contrato, distintas de las causas reguladas en la **LAU art.27**.*

Ello llevará a la resolución del contrato, o a la exigencia de cumplir lo pactado, según decisión unilateral del arrendador. Además, se considerará incumplimiento todo aquello que el arrendatario haga en contra de lo dispuesto por los Estatutos o normas de funcionamiento interno de la comunidad de propietarios del edificio en donde se encuentra la vivienda arrendada.

El arrendatario será responsable tanto de sus propios actos como de los que cometan los restantes ocupantes de la vivienda, aun siendo estos ocasionales, a efectos de la posible indemnización que por daños y perjuicios de los mismos pueda derivarse tanto a los efectos del párrafo anterior, como de una posible indemnización de daños y perjuicios.

DECIMOQUINTA.- Eficiencia energética

En cumplimiento de lo dispuesto en el RD 235/2013, de 5 de abril, por el que se aprueba el procedimiento básico para la certificación de la eficiencia energética de los edificios, se pone a disposición del arrendatario en este acto el certificado de eficiencia energética, emitido por técnico competente.

DECIMOSEXTA.- Formalización

A instancia de cualquiera de las partes este contrato podrá ser elevado a escritura pública e inscrito en el Registro de la Propiedad. Los gastos y derechos que se deriven de esta actuación serán de cuenta de la parte arrendadora.

***"DECIMOSÉPTIMA.-"* Fijación de domicilio a efectos de notificaciones**

Queda fijado el domicilio del arrendatario el que figura en el encabezamiento del presente contrato (lugar donde se halla la vivienda arrendada), todo ello a efectos de recibir cualquier notificación derivada del conjunto de derechos y obligaciones derivados de este contrato.

"DECIMOCTAVA.-" **Jurisdicción de los tribunales** 12005 (sigue)
Las partes se someten por imperativo de la Ley a los juzgados y tribunales de *"localidad"*, lugar donde radica la finca.

Leído el presente documento por ambas partes, y estando conformes con su contenido, lo firman por duplicado en todas las páginas en el lugar y fecha reseñadas en el encabezamiento.

EL ARRENDADOR
EL ARRENDATARIO

2. Anexo: inventario de muebles y enseres de la vivienda

12010 Anexo al contrato de arrendamiento celebrado con fecha *"día, mes y año"* entre *"Don/Doña nombre y apellidos"* , mayor de edad y con DNI nº *"núm de DNI"* , con domicilio en *"vía pública, número, piso, letra, localidad, código postal"* , en calidad de parte arrendadora, y *"Don/Doña nombre y apellidos"* , mayor de edad y con DNI nº *"núm de DNI"* , con domicilio en *"vía pública, número, piso, letra, localidad, código postal"* , en calidad de parte arrendataria.
En la vivienda arrendada sita en *"vía pública, número, piso, letra, localidad"* Madrid, se encuentran los siguientes bienes muebles y enseres:

✎ **Nota:**
Se detallarán los muebles y enseres existentes en cada estancia, describiendo someramente los materiales, dimensiones, etc.

❍ **en el vestíbulo:**
En el vestíbulo:

❑ **Cómoda**
Cómoda

❑ **Espejo**
Espejo

❑ **Perchero**
Perchero

❑ **Paragüero**
Paragüero

❑ **Otros:**
"Otros"

❍ **en la cocina:**
En la cocina:

❑ **Lavadora**
Lavadora

❑ **Frigorífico**
Frigorífico

❑ **Horno**
Horno

❑ **Otros:**
"Otros"

❍ **en el dormitorio principal:**
En el dormitorio principal:

❑ **Armario**
Armario *"describir"*

❑ **Tocador**
Tocador

❑ **Cama de matrimonio**
Cama de matrimonio

❑ **Dos mesillas de noche**
Dos mesillas de noche *"describir"*

❑ **Dos lamparillas**
Dos lamparillas *"describir"*

❑ **Lámpara**
Lámpara *"describir"*

❑ **Otros:**
"Otros"

❍ **en otro dormitorio:**
En otro dormitorio:

12010 (sigue)

❑ **Armario**
Armario *"describir"*

❑ **Tocador**
Tocador

❑ **Camas**
"núm" camas

❑ **Dos mesillas de noche**
Dos mesillas de noche *"describir"*

❑ **Dos lamparillas**
Dos lamparillas *"describir"*

❑ **Lámpara**
Lámpara *"describir"*

❑ **Otros:**
"Otros"

❍ **en el salón-comedor:**
En el salón-comedor:

❑ **Sofá**
Un sofá *"describir"*

❑ **Butacas**
"núm" butacas *"describir"*

❑ **Mesa**
Mesa *"describir"*

❑ **Sillas**
"núm" sillas

❑ **Mueble**
Mueble *"describir"*

❑ **Televisor**
Televisor *"describir"*

❑ **Lámpara**
Lámpara *"describir"*

❑ **Otros:**
"Otros"

❍ **Ajuar doméstico:**
Ajuar doméstico:

❑ **Juegos de sábanas**
"núm" juegos de sábanas

❑ **Manta**
"núm" manta

❑ **Colchas**
"núm" colchas

❑ **Almohada**
"núm" almohada

❑ **Juegos de toallas**
"núm" juegos de toallas

❑ **Manteles**
"núm" manteles

❑ **Batería de acero inoxidable**
Batería de acero inoxidable de *"núm"* piezas

❑ **Cubertería de acero inoxidable**
Cubertería de acero inoxidable de *"núm"* cubiertos

12010 (sigue) ❑ **Vajilla**
Vajilla de *"núm"* piezas

❑ **Otros:**
"Otros"
Las partes corroboran la existencia de los bienes inventariados, así como su buen estado.

Y en prueba de su conformidad, firman el presente, en *"localidad"* , a *"día, mes y año"* .

EL ARRENDADOR
EL ARRENDATARIO

3. Requerimiento al arrendatario por falta de pago de la renta

"Don/Doña nombre y apellidos del arrendador" 12015
"vía pública, número, piso, letra, localidad, código postal"
"Don/Doña nombre y apellidos del arrendatario"
"vía pública, número, piso, letra, localidad, código postal"
En *"localidad"* , a *"día, mes y año"* .
Muy Sr. mío:
Como arrendador de la vivienda sita en *"vía pública, número, piso, letra, localidad, código postal"* , de la que usted es arrendatario en virtud del contrato de arrendamiento que suscribimos en fecha *"día, mes y año"* ; por medio del presente escrito le comunico que a día *"día, mes y año"* adeuda usted la cantidad de *"importe"* **€** correspondiente a las rentas de los meses siguientes:
"indicar meses impagados y, en su caso, otros conceptos adeudados"
Le recuerdo que la cláusula *"núm de cláusula"* del contrato de arrendamiento que suscribimos en fecha *"día, mes y año"* dice literalmente:

Nota:
Se transcribirá la cláusula del contrato donde figura el plazo para el pago de la renta y las consecuencias del impago.
"Insertar cláusula"
Ante la reiterada falta de pago de la renta, que de acuerdo con la cláusula reproducida del contrato y con la Ley de Arrendamientos Urbanos, artículo 27.2.a), en relación con el art.17.2, constituye justa causa de resolución del contrato, por la presente le comunico que si en el plazo de *"indicar plazo"* , a contar desde la fecha de recepción del presente escrito por conducto notarial, no procede a abonar el importe íntegro adeudado, *"importe"* **€**, más las cantidades correspondientes a los meses que periódicamente venzan, procederé a instar el correspondiente proceso judicial de desahucio por falta de pago de las rentas.
Asimismo le comunico que conforme al artículo 22, apartado 4º, párrafo 2º de la vigente Ley de Enjuiciamiento Civil, el arrendatario no puede enervar la acción de desahucio cuando el arrendador le hubiese requerido de pago, por cualquier medio fehaciente (en este caso por medio de esta carta que le llegará por conducto notarial), con, al menos, un mes de antelación a la presentación de la demanda y el pago no se hubiese efectuado al tiempo de dicha presentación.

Atentamente,

EL ARRENDADOR: *"Don/Doña nombre y apellidos"*

4. Solicitud del arrendatario de permiso para realizar de obras

12020 *"Arrendatario: Don/Doña nombre y apellidos"*
"vía pública, número, piso, letra, localidad, código postal"
"Arrendador: Don/Doña nombre y apellidos"
"vía pública, número, piso, letra, localidad, código postal"

En *"localidad"* , a *"día, mes y año"* .

Muy *"... Sr. mío..."* *"O... Sra. mía..."*:
Por medio de la presente y en mi condición de arrendatario de la vivienda sita en *"vía pública, número, piso, letra, localidad"* , en virtud de contrato de arrendamiento suscrito con fecha *"día, mes y año"* , le comunico mi deseo de realizar en la vivienda objeto del contrato obras de mejora consistentes en *"Detallar obras a realizar"* .
Tales obras se realizarán a lo largo de los meses de *"mes"* y *"mes"* del presente año.
A tal efecto, y de acuerdo con lo establecido en el apartado 1º del artículo 23 de la Ley 29/1994, de 24 de noviembre, de Arrendamientos Urbanos solicito su autorización por escrito.

Atentamente,

EL ARRENDATARIO

5. Anexo: abandono de la vivienda de uno de los arrendatarios

En *"localidad"* , a *"día, mes y año"* . 12025

A petición de la parte arrendataria mediante el presente anexo se modifica el contrato de arrendamiento de la vivienda sita en *"vía pública, número, piso, localidad, código postal"* , firmado con fecha *"día, mes y año"* , entre *"Don/Doña nombre y apellidos del/la arrendador/a"* , como PARTE ARRENDADORA y *"Don/Doña nombre y apellidos del/la arrendatario/a 1"* , y *"Don/Doña nombre y apellidos del/la arrendatario/a 2"* , *"ambos/as"* como PARTE ARRENDATARIA, en los siguientes

TÉRMINOS

Primero.- De la parte Arrendataria

"Don/Doña nombre y apellidos del/la arrendataria 1" , parte arrendataria saliente voluntariamente, decide abandonar la vivienda y desligarse del contrato a que se refiere este anexo, a partir del día *"día, mes y año"* .

"Don/Doña nombre y apellidos del/la arrendatario/a 2" , muestra su deseo de continuar con el referido contrato de arrendamiento como único/a inquilino/a, asumiendo todas las obligaciones que de él se derivan para la parte arrendataria.

Segundo.- De las obligaciones

"Don/Doña nombre y apellidos del/la arrendatario/a 2" asume INDIVIDUALMENTE como arrendataria única, todos los derechos, obligaciones y deberes a que se refiere el contrato de referencia.

Tercero.- Continuidad del contrato

Como consecuencia de las citadas modificaciones al contrato de arrendamiento a que se hace referencia en este anexo, se acepta la continuidad del mencionado contrato en los mismos términos y condiciones que hasta esta fecha existían; por lo que *"Don/Doña nombre y apellidos del/la arrendatario/a 2"* , en su condición de parte arrendataria, firma este anexo al contrato de arrendamiento.

Asimismo, la parte arrendadora firma el presente anexo aceptando la continuidad del mencionado contrato, que continúa en las mismas condiciones, con la única salvedad de la sustitución de la parte arrendataria.

Finalmente, también se recoge la firma de *"Don/Doña nombre y apellidos del/la arrendataria 1"* , arrendatario/a saliente, como muestra y aceptación de todo lo aquí indicado.

EL ARRENDADOR
EL ARRENDATARIO
EL ARRENDATARIO SALIENTE

6. Anexo: novación en la parte arrendataria

12030 En *"localidad"* , a *"día, mes y año"* .
A petición de la parte arrendataria mediante el presente anexo se modifica el contrato de arrendamiento de la vivienda sita en "*"vía pública, número, piso, localidad, código postal"* , firmado con fecha *"día, mes y año"* , entre *"Don/Doña nombre y apellidos del/la arrendador/a"* , como PARTE ARRENDADORA y *"Don/Doña nombre y apellidos del/la arrendatario/a 1"* , *"Don/Doña nombre y apellidos del/la arrendatario/a 2"* y *"Don/Doña nombre y apellidos del/la arrendatario/a 3"* todos ellos como PARTE ARRENDATARIA, en los siguientes

TÉRMINOS

Primero.- De la parte Arrendataria
"Don/Doña nombre y apellidos del/la arrendataria 1" , parte arrendataria saliente voluntariamente, decide abandonar la vivienda y desligarse del contrato a que se refiere este anexo, a partir del día *"día, mes y año"* .
"Don/Doña nombre y apellidos del/la arrendatario/a 2" , y *"Don/Doña nombre y apellidos del/la arrendatario/a 3"* muestran su deseo de continuar con el referido contrato de arrendamiento y proponen incluir, como *"nuevo/a arrendatario/a"* a *"Don/Doña nombre y apellidos del/la arrendatario/a 4"* en sustitución *"del/la arrendatario/ a saliente Don/Doña nombre y apellidos del/la arrendataria 1"* .

Segundo.- De las obligaciones
"Don/Doña nombre y apellidos del/la arrendatario/a 4" se subroga SOLIDARIAMENTE al contrato de referencia, en todos los derechos, obligaciones y deberes a que se refiere el mencionado contrato, en sustitución *"del/la arrendatario/ a saliente Don/Doña nombre y apellidos del/la arrendataria 1"* .

Tercero.- Continuidad del contrato
Como consecuencia de las citadas modificaciones al contrato de arrendamiento a que se hace referencia en este anexo, se acepta la continuidad del mencionado contrato en los mismos términos y condiciones que hasta esta fecha existían; por lo que *"Don/Doña nombre y apellidos de los/las arrendatarios/as 2, 3 y 4"* , en su condición de arrendatarias firman este anexo al contrato de arrendamiento y se obligan de forma solidaria.
Asimismo, la parte arrendadora firma el presente anexo aceptando la continuidad del mencionado contrato, que continúa en las mismas condiciones, con la única salvedad de la sustitución de una de las arrendatarias.
Por último, también se recoge la firma de *"Don/Doña nombre y apellidos del/la arrendataria 1"* , arrendataria saliente, como muestra y aceptación de todo lo aquí indicado.

EL ARRENDADOR
LOS ARRENDATARIOS
EL ARRENDATARIO SALIENTE

B. Arrendamiento para uso distinto de vivienda

1. Contrato de arrendamiento de local

Nota preliminar: 12080
Dado que el contrato para uso distinto de vivienda se regula principalmente por la ***voluntad de las partes****, siendo la aplicación de la LAU supletoria, la casuística y tipología de contratos es infinita. Hemos intentado recoger en este modelo un contrato que contemple las cláusulas más usuales en la práctica. En la mayor parte de los casos se trata de renuncias expresas a derechos recogidos en la LAU. Si no se quiere que resulten de aplicación deben excluirse de esta manera, art.4.4 LAU. Será el fruto de la negociación el que determine en cada caso la inclusión o no de estas cláusulas.*

En *"localidad"* , a *"día, mes y año"* .

REUNIDOS

De una parte, *"Don/Doña nombre y apellidos"* , mayor de edad, con DNI nº *"núm de DNI"* y domicilio en *"vía pública, número, localidad, código postal"* .
Y, de otra parte, *"Don/Doña nombre y apellidos"* , mayor de edad, con DNI nº *"núm de DNI"* y domicilio en *"vía pública, número, localidad, código postal"* .

INTERVIENEN

"Don/Doña nombre y apellidos" como arrendador, en su propio nombre y representación.
"Don/Doña nombre y apellidos" , como arrendatario, en nombre y representación de *"denominación social"* ; sociedad constituida en escritura pública de fecha *"día, mes y año"* ante el Notario de *"localidad"* , *"Don/Doña nombre y apellidos del Notario"* con número de protocolo *"núm"* , y que cuenta con NIF *"núm"* ; como *"cargo de representación o apoderado"* de la misma, según consta en la escritura otorgada ante el Notario de *"localidad, nombre y apellidos del Notario"* con número de protocolo *"núm"* , el cual manifiesta está subsistente.
Tienen y se reconocen mutuamente capacidad y legitimación para celebrar el presente contrato de ARRENDAMIENTO, el cual llevan a efecto en este acto.

EXPONEN

I. *"Don/Doña nombre y apellidos"* es *"propietario/a"* de la siguiente finca:
Local destinado a *"detallar destino"* , en la planta baja del inmueble nº *"núm"* de la calle *"vía pública, número, localidad, código postal"* .
Tiene una superficie de *"núm"* metros cuadrados. Cuenta con un coeficiente de participación en los elementos comunes del inmueble de *"indicar porcentaje"* .
Fue adquirida por *"título de adquisición"* en escritura autorizada por el Notario de *"localidad, nombre y apellidos del Notario"* con número de protocolo *"núm"* en fecha *"día, mes y año"* .
Figura inscrita en el Registro de la Propiedad nº *"núm"* de *"localidad"* , Tomo *"núm de tomo"* , Libro *"núm de libro"* Folio *"núm de folio"* , Finca *"núm de finca"* .
Su referencia catastral es: *"núm"*
El arrendador declara bajo su personal responsabilidad que la finca objeto de arriendo se encuentra libre de cargas, gravámenes y arrendamientos.
II.- Interesando a *"denominación social"* el arrendamiento del local descrito para el uso comercial que más adelante se describe, por medio de su representante *"Don/Doña nombre y apellidos"* , ambas partes acuerdan celebrar el presente contrato de ARRENDAMIENTO, que no es de adhesión y ha sido pactado por ambas partes de forma expresa y detallada, sin suscripción general del mismo, sino previa negociación particular de las diferentes estipulaciones y pactos que conforman el mismo.

CLÁUSULAS

PRIMERA.- Legislación aplicable
El presente contrato se otorga conforme a lo establecido en la Ley 29/1994, de 24 de noviembre, de arrendamientos urbanos (en adelante LAU), y conforme a su art.4, apartado 3, se regirá por lo libremente pactado en el presente contrato, y en todo lo no recogido en el mismo, por lo determinado en el Título III de la citada Ley, y supletoriamente por lo dispuesto en el Código Civil, al tratarse de un contrato para uso distinto del de vivienda, tal y como indica el art.3 de la LAU.

12080 (sigue) **SEGUNDA.- Duración del contrato**

El plazo de duración del contrato será de *"núm"* años a partir de la fecha reseñada en el encabezamiento del presente documento, finalizando por lo tanto el día *"día, mes y año"* .

Llegada la fecha de vencimiento del contrato, el arrendamiento se prorrogará de forma automática por plazos anuales si ninguna de las partes manifestare lo contrario con dos meses de antelación a la fecha del vencimiento de cada prórroga anual.

Transcurrido los primeros *"núm"* meses, cuyo plazo es de duración obligatoria para el arrendatario, este podrá rescindir el contrato anticipadamente, sin esperar a su finalización, siempre y cuando lo notifique fehacientemente a la arrendadora con un preaviso mínimo de *"... "núm meses"...""O... "núm días"..."* de antelación a la fecha de desalojo, viniendo obligado a abonar el recibo de alquiler hasta la fecha de desalojo y entrega de llaves.

No obstante, se producirá la obligación de pago en la arrendataria por uso posterior y hasta la entrega al arrendador libre y vacuo, en realización judicial o extrajudicial, en todo caso o concepto, y cantidades a exclusivo cargo de aquella.

TERCERA.- Indemnización

En cuanto a la indemnización por extinción del contrato,

➢➢

❍ Si el arrendatario renuncia a indemnización por extinción:

El ARRENDATARIO renuncia expresamente a lo establecido en el art.34 de la Ley de Arrendamientos Urbanos **LAU** de 24 de noviembre de 1994, por lo que la extinción del contrato por el transcurso del término convenido, no dará derecho al arrendatario a indemnización alguna a cargo del arrendador.

❍ Si se pacta indemnización por extinción:

✍**Nota:**

La indemnización por extinción por transcurso del término convencional del arrendamiento puede pactarse si en la finca se ha ejercido en los últimos cinco años una actividad comercial de venta al público y siempre que el arrendatario haya manifestado con cuatro meses de antelación a la expiración del plazo su voluntad de renovar el contrato por un mínimo de cinco años más y por una renta de mercado.

Si el arrendatario iniciara en el mismo municipio, dentro de los seis meses siguientes a la expiración del arrendamiento, la misma actividad a la que viniera estando dedicado, la indemnización comprenderá los gastos del traslado y los perjuicios derivados de la pérdida de clientela ocurrida con respecto a la que tuviera en el local anterior, calculada con respecto a la habida durante los seis primeros meses de la nueva actividad.

Si el arrendatario iniciara dentro de los seis meses siguientes a la extinción del arrendamiento una actividad diferente o no iniciara actividad alguna, y el arrendador o un tercero desarrollan en la finca dentro del mismo plazo la misma actividad o una afín a la desarrollada por el arrendatario, la indemnización será de una mensualidad por año de duración del contrato, con un máximo de dieciocho mensualidades.

Se considerarán afines las actividades típicamente aptas para beneficiarse, aunque sólo en parte, de la clientela captada por la actividad que ejerció el arrendatario.

En caso de falta de acuerdo entre las partes sobre la cuantía de la indemnización, la misma será fijada por el árbitro designado por aquellas.

CUARTA.- Destino

Manifiesta el arrendatario, *"Don/Doña nombre y apellidos"* , que el local objeto de este contrato será destinado única y exclusivamente a *"concretar destino"* , conforme con el objeto social de la empresa arrendataria.

En caso de desarrollarse en el local cualquier otra actividad, aunque sea afín a la antedicha, total o parcial, de hecho, notoria o encubierta, convenida o consentida, sea actividad o tenencia, principal o complementaria, podrá el arrendador resolver el contrato por infracción de la arrendataria de esta estipulación.

QUINTA.- Licencias

El arrendatario declara conocer plenamente la situación urbanística y de planeamiento del local arrendado, así como los usos administrativamente permitidos en el mismo.

Serán de cuenta y riesgo del arrendatario la obtención de los permisos y licencias que resulten necesarios para la apertura y el desarrollo de su actividad, siendo a su cargo todos los impuestos, arbitrios y demás contribuciones que se impongan, correspondientes al negocio o por razón del mismo.

La validez del presente contrato de arrendamiento no se verá afectada si el arrendatario no obtiene alguna de las licencias necesarias, incluida la de apertura, o si cualquiera de ellas es revocada en el futuro, excepto en el caso de que dichas licencias no se concedan o se revoquen por causas imputables al arrendador, según lo dispuesto en el presente contrato. 12080 (sigue)

SEXTA.- Objeto
Es objeto de este arrendamiento la superficie situada dentro de las paredes del local.
Queda especialmente excluido del arrendamiento el uso de los elementos comunes de la finca que no guardan relación con el contrato de arrendamiento, tales como la fachada, partes laterales de la entrada, la azotea, el vestíbulo de escalera, los ascensores, el garaje y las zonas recreativas.
La colocación en la fachada de rótulos o anuncios de cualquier clase, necesitará del previo consentimiento escrito del arrendador, que podrá exigir que no desmerezca del aspecto general del edificio.
Expresamente se prohíbe al arrendatario depositar en la escalera portal o pasillos del edificio, ni siquiera accidentalmente, mercancías, maquinaria u otros objetos, obligándose al pago de los desperfectos que se puedan ocasionar en los elementos comunes de la finca como consecuencia de la conducción de bultos en general, maquinaria, enseres, etc.

SÉPTIMA.- Estado actual del local
La parte arrendataria declara conocer las características y estado de conservación del local y aceptarlas expresamente.
Igualmente declara recibir el local en perfectas condiciones en cuanto a su estado de conservación y al correcto funcionamiento de todas y cada una de sus instalaciones, comprometiéndose a entregarlos como los recibe o, en su defecto, a satisfacer en metálico el importe de los desperfectos que existan a la finalización del contrato y que no sean consecuencia del uso normal del local.
Las modificaciones que se autoricen por la propiedad serán de cuenta y cargo de la parte arrendataria quien deberá presentar el informe y proyecto de la obra a realizar con el informe de las compañías suministradoras si ello fuere preciso.
No obstante lo anterior, a la finalización del contrato, la parte arrendataria deberá volver a dejar el local en el mismo estado en que se entrega en el día de hoy.

OCTAVA.- Renta
Se establece una renta de *"importe"* € anuales, pagaderos por meses adelantados en los cinco primeros días de cada mes, siendo la cantidad a abonar mensualmente de *"importe"* €.
El recibo mensual del alquiler irá incrementado con el importe correspondiente del Impuesto sobre el Valor Añadido.
El abono de la renta se deberá verificar por el arrendatario mediante transferencia bancaria, a la cuenta del arrendador cuyos datos son los siguientes:
Titular: *"indicar titular"*
Entidad: *"nombre de la entidad bancaria"*
Oficina: *"núm o sede de la oficina"*
Cta/cte: *"núm"*
El resguardo de ingreso emitido por la entidad bancaria acreditará el pago de la renta salvo prueba en contrario.
El retraso en el pago de la renta será causa suficiente para la resolución del contrato, siendo de cuenta del arrendatario los gastos que ello origine, incluidos los derechos y honorarios de procurador y abogado, aunque su intervención no fuese preceptiva.
El arrendatario deberá abonar asimismo a la Agencia Tributaria (u organismo que la sustituya) el porcentaje de retención correspondiente al Impuesto sobre la Renta de las Personas Físicas, porcentaje que se descontará en los recibos mensuales, debiendo presentar a los arrendadores al final de año, certificado acreditativo de las retenciones efectuadas.

NOVENA.- Revisión de renta
Ambas partes acuerdan que la renta se actualizará cada año según el Índice General Nacional del Sistema de Índices de Precios de Consumo en un período de doce meses inmediatamente anteriores a la fecha de cada actualización, tomando como mes de referencia para la primera actualización el que corresponda al último índice publicado en la fecha de celebración del contrato, y en las sucesivas el que corresponda al último aplicado.
La renta actualizada será exigible al arrendatario a partir del mes siguiente a aquel en que la parte interesada lo notifique a la otra parte por escrito, expresando el porcentaje de alteración aplicado. En ningún caso la demora en aplicar la revisión supondrá renuncia o caducidad de la misma.

12080 (sigue) **DÉCIMA.- Gastos asumidos por la parte arrendataria**

Serán de cuenta del arrendatario:

Los gastos derivados del presente contrato, tales como timbre, gestión, registro, honorarios de la Agencia por su formalización y tramitación, y en su caso, los de su elevación a escritura pública e inscripción en el Registro de la Propiedad.

El pago del aumento de prima en el seguro de incendios o multi-riesgo del inmueble, si esta fuera debida a la instalación o índole en el local arrendado.

A satisfacer el total del importe del Impuesto sobre Bienes Inmuebles que corresponda al local arrendado.

A abonar, independientemente de la renta pactada, los gastos generales para el adecuado sostenimiento del inmueble, así como sus servicios, tributos, cargas y responsabilidades que no sean susceptibles de individualización y que correspondan al local arrendado.

De su importe anual resulta que el coste mensual de los gastos y servicios a los que se refiere el apartado anterior, en la fecha de celebración del presente contrato, es mensualmente el siguiente:

❑ **Servicio de portería:**

Servicio de portería: *"importe"* €

❑ **Cuarto trastero:**

Cuarto trastero: *"importe"* €

❑ **Impuesto:**

Impuesto: *"importe"* €

❑ **Tasa de residuos urbanos:**

Tasa de residuos urbanos: *"importe"* €

❑ **Otros:**

"especificar otros" : *"importe"* €

Dichos gastos, se actualizarán anualmente repercutiendo al arrendatario las variaciones que se produzcan y se señalarán en concepto aparte de la renta pero integrados en el recibo del alquiler.

UNDÉCIMA.- Interés de demora

La renta, cantidades asimiladas y demás conceptos incluidos en los recibos de alquiler, devengarán un interés de demora de tres puntos porcentuales por encima del que, en cada momento, sea el interés legal del dinero.

El interés de demora se devengará desde el día en que fuese exigible el recibo de alquiler.

DUODÉCIMA.- Fianza

El arrendador recibe en este acto del arrendatario la suma de *"importe"* €, un importe igual a dos mensualidades, en concepto de fianza que queda adscrita a las responsabilidades de la parte arrendataria y que en ningún caso servirá de pretexto para retrasarse en el pago de la renta.

Asimismo, en caso de prórroga, la arrendataria queda obligada a incrementar la fianza, a fin de cumplir con la normativa vigente.

Cada vez que el arrendamiento se prorrogue, el arrendador podrá exigir que la fianza sea incrementada, o el arrendatario que disminuya, hasta hacerse igual a una mensualidad de la renta vigente al tiempo de la prórroga.

DÉCIMOTERCERA.- Aval

La arrendataria entrega en este acto aval bancario a favor de la arrendadora con la consideración de indefinido mientras dure el arrendamiento ejecutable a primer requerimiento y que garantice, por importe de *"importe"* €, importe que corresponde con *"núm"* mensualidades, "... *"especificar si cubre además un porcentaje de gastos de Comunidad, IBI u otros"*...", aval que se entrega para garantizar el pago la renta anual y demás cantidades asimilables a la renta. La presente garantía entregada, responde por tanto de:

1.- El cumplimiento íntegro de todas las obligaciones legales o pactadas, derivadas del presente contrato de arrendamiento del local reseñado en la manifestación primera de este documento.

2.- Las costas y gastos judiciales o extrajudiciales a que diere lugar el incumplimiento del presente acuerdo o del contrato de arrendamiento, incluso los honorarios y derechos de letrado y procurador aun cuando fuere voluntaria su intervención.

DECIMOCUARTA.- Servicios y suministros 12080 (sigue)

El local se arrienda en el estado actual, que el arrendatario manifiesta conocer y aceptar, de las acometidas generales y ramales o líneas existentes correspondientes al mismo, para los suministros de los que está dotado el inmueble.

El arrendatario podrá concertar con las respectivas compañías suministradoras todos o alguno de los suministros de los que está dotado el inmueble, con total indemnidad del arrendador.

Los gastos por servicios individuales, mediante aparatos contadores, tales como luz, agua, teléfono o gas, serán de cuenta exclusiva del arrendatario, así como la adquisición, conservación y reparación o sustitución de los contadores.

El arrendador queda exento de toda responsabilidad derivada de cualquier suministro del local.

Si hubiera que realizar alguna modificación, tanto en las instalaciones generales de la finca como en las particulares del local arrendado, su coste será íntegramente a cargo del arrendatario, caso de que le interese y desee continuar con el suministro de que se trate. Previamente, deberá contar con la autorización de la propiedad, a la que habrá de presentar un informe y el proyecto de reformas que en cada caso deban realizarse.

El arrendatario se hace directa y exclusivamente responsable, y exime de toda responsabilidad a la propiedad, por los daños que puedan ocasionarse a personas o cosas y sean derivadas de instalaciones para servicios y suministros del local arrendado.

DECIMOQUINTA.- Obras y gastos de conservación

Con renuncia expresa a lo dispuesto en el art.30 **LAU**, en relación con el art.21 de la LAU, el arrendatario vendrá obligado a mantener en buen estado de uso y conservación el local arrendado, así como todas las instalaciones en el existentes, debiendo realizar por su cuenta y cargo los trabajos necesarios para la conservación, reparación y reposición de todos los elementos arrendados, tales como, (a título enunciativo y no limitativo) instalaciones eléctricas, control de climatización, agua, puertas, ventanas, cristales, etc. en la medida necesaria para su uso normal.

Asimismo, será responsable de la reparación de todos los elementos que se estropeen, incluidas instalaciones generales del edificio, como consecuencia de un uso negligente o inapropiado de las mismas. En todo caso las reparaciones y reposiciones serán previamente coordinadas con el arrendador.

Si el arrendatario no efectuara los trabajos necesarios de mantenimiento, conservación y reparación, el arrendador notificará dicha circunstancia al arrendatario. Si en los quince días siguientes a la recepción de la notificación el arrendatario no hubiera acometido dichas obras, estas podrán ser realizadas por el arrendador, que facturará su importe al arrendatario. Si el arrendatario se negara a abonar al arrendador los gastos de mantenimiento, incurrirá en causa de incumplimiento y el arrendador tendrá derecho a resolver el contrato.

DECIMOSEXTA.- Obras del arrendatario

El arrendatario no podrá practicar obras de clase alguna en el local, sin previo permiso por escrito de la propiedad.

En todo caso, las obras así autorizadas serán de cargo y cuenta del arrendatario, y quedarán en beneficio de la finca, sin derecho a indemnización o reclamación en momento alguno.

El permiso municipal, será también, de cuenta y cargo del arrendatario, así como la dirección técnica o facultativa en su caso.

Tales obras no podrán, en ningún caso, atentar contra la estructura, estética o seguridad del edificio, las normas de la comunidad de propietarios y la normativa urbanística.

El arrendatario será única e individualmente responsable de los daños que puedan causarse al edificio, al local arrendado o a cualquier tercero como consecuencia de las obras llevadas a cabo por él en el local arrendado. El consentimiento previo del arrendador no implicará ninguna limitación de la responsabilidad del arrendatario. A este respecto, el arrendatario mantendrá al arrendador indemne como consecuencia de las obras efectuadas por el arrendatario.

La realización de obras sin la autorización escrita del arrendatario, dará lugar a la resolución del contrato.

DECIMOSÉPTIMA.- Obras del arrendador

Los contratantes convienen con renuncia expresa a lo dispuesto en el art.30 **LAU**, en relación con los art.22 y 26 de la LAU, que para el caso de que el arrendador deseara efectuar obras de mejora en el edificio, deberá notificarlo por escrito, con tres meses de antelación como mínimo, al arrendatario, quien no podrá oponerse a las mismas sin perjuicio del derecho que le asiste, a ejercitar dentro del plazo de un mes desde dicha notificación, de rescindir el contrato si las obras le afectan de modo relevante, sin que proceda ninguna indemnización a cargo del arrendador por tal motivo.

12080 (sigue) Asimismo, el arrendatario renuncia a toda reducción de renta por razón de la parte del local de la que sea privado a causa de aquellas y a percibir indemnización por los gastos que las obras le obliguen a efectuar.

DECIMOCTAVA.- Daños

La parte arrendataria se hace directa y exclusivamente responsable de cuantos daños puedan ocasionarse a terceras personas o cosas, y sean consecuencia directa o indirecta del negocio instalado, del mal uso del mismo, y de la actuación de sus empleados, eximiendo de toda responsabilidad a la propiedad por dichas causas.

Asimismo, el arrendatario se compromete a contratar y mantener en vigencia, a su costa y durante el plazo de vigencia del contrato, una póliza de seguro de responsabilidad civil que cubra el riesgo de daños y perjuicios que pudieran ocasionarse a personas o cosas, o al propio inmueble, como consecuencia del uso del local, sea por actos u omisiones del arrendatario o del personal dependiente.

DECIMONOVENA.- Obligaciones de la parte arrendataria

La arrendataria viene obligada:

A no instalar transmisiones, motores, máquinas, etc., que produzcan vibraciones o ruidos molestos para los demás ocupantes del inmueble o de los colindantes de la propiedad, o que puedan afectar a la consistencia, solidez o conservación del inmueble.

A no almacenar o manipular en el local materias explosivas, inflamables, incómodas o insalubres, y observar en todo momento las disposiciones vigentes.

A permitir el acceso en el local, al propietario, al administrador y a los operarios o industriales mandados por cualquiera de ambos, para la realización, inspección y comprobación de cualquier clase de obras o reparaciones que afecten al inmueble.

Hallándose el local integrado en un inmueble en régimen de comunidad en Propiedad Horizontal, a cumplir en todo momento las normas estatutarias, reglamentarias y a los acuerdos que la comunidad de propietarios tenga establecidos o establezcan, en orden a la utilización de los servicios, elementos comunes y buen régimen de convivencia.

VIGÉSIMA.- Seguro

La arrendataria se compromete a concretar una póliza de seguro por el valor actualizado del local que deberá permanecer vigente durante todo el tiempo de duración del presente contrato y sus prórrogas, cuyo beneficiario será el arrendador. Dicho seguro, deberá ser suficiente y acorde a la actividad que desarrollará la arrendataria en el local objeto del presente contrato conforme a la Ley del Seguro vigente y cubrirá los posibles daños y perjuicios que se pudieran ocasionar a terceros y/o al inmueble en el desarrollo de la actividad que se desarrolle.

En caso de incumplimiento total o parcial de la presente condición, será causa de resolución del presente contrato, con pérdida de la fianza entregada.

La arrendataria se compromete a entrega al arrendador copia de recibo de pago y póliza concertada.

VIGÉSIMOPRIMERA.- Derecho de adquisición preferente

En caso de venta de la finca arrendada, el arrendatario renuncia expresamente al derecho de adquisición preferente establecido en el art.31 de la LAU, que remite al art.25 **LAU**.

VIGÉSIMOSEGUNDA.- Cesión y subarriendo

La parte arrendataria renuncia expresamente al derecho de traspaso, así como a cualquier tipo de cesión o subarriendo del local arrendado en el régimen establecido en el art.32 de la LAU.

❑ Si el arrendatario es una sociedad mercantil:

En especial, siendo la arrendataria una sociedad mercantil, con renuncia a lo establecido en el número 3 del art.32 de la LAU, se reputará cesión el cambio producido en la persona del arrendatario por consecuencia de la fusión, transformación o escisión de la sociedad arrendataria.

VIGESIMOTERCERA.- Eficiencia energética

En cumplimiento de lo dispuesto en el RD 235/2013, de 5 de abril, por el que se aprueba el procedimiento básico para la certificación de la eficiencia energética de los edificios, se pone a disposición del arrendatario en este acto el certificado de eficiencia energética, emitido por técnico competente.

VIGESIMOCUARTA.- Extinción del arrendamiento y restitución del local

A la expiración del contrato o su resolución judicial firme, la arrendataria está obligada a desalojar el inmueble dejándolo libre, vacío y a disposición de la propiedad, debiendo hacer entrega de las llaves en el domicilio de la parte arrendadora.

VIGESIMOQUINTA.- Notificaciones y comunicaciones 12080 (sigue)
Las partes convienen que para cualquier notificación o comunicación que el arrendador realice con el arrendatario, será considerado domicilio válido el local arrendado.

VIGESIMOSEXTA.- Jurisdicción de tribunales
Las partes se someten por imperativo de la Ley a los juzgados y tribunales del lugar donde radica la finca.

VIGESIMOSÉPTIMA.- Inscripción
A instancia de cualquiera de las dos partes y en cualquier momento de vigencia del arrendamiento, el documento presente podrá ser elevado a escritura pública e inscribirse en el Registro de la Propiedad.
Los gastos y derechos derivados de esta operación correrán a cargo de las dos partes, distribuyéndose a partes iguales entre las mismas.

Y en prueba de conformidad los contratantes firman por duplicado el presente documento en el lugar y fecha arriba indicados.
EL ARRENDADOR
EL ARRENDATARIO

2. Notificación al arrendador de la cesión de local

12085 *Nota preliminar:*
Tanto la cesión como el subarriendo deberán notificarse de forma fehaciente al arrendador en el ***plazo de un mes*** *desde que aquellos se hubieran concertado (LAU art.32.4)*
"Arrendatario: Don/Doña nombre y apellidos"
"vía pública, número, piso, letra, localidad, código postal"
"Arrendador: Don/Doña nombre y apellidos"
"vía pública, número, piso, letra, localidad, código postal"

En *"localidad"* , a *"día, mes y año"* .

Muy *"... Sr. mío...""O... Sra. mía..."*:
Por medio de la presente y en mi condición de arrendatario, en cumplimiento de lo previsto en el artículo 32.4 de la vigente Ley de Arrendamientos Urbanos, le comunico que he procedido a ceder el contrato de arrendamiento para uso distinto del de vivienda, concertado con usted el día *"día, mes y año"* a *"Don/Doña nombre y apellidos y dirección del cesionario"* , el cual ha quedado subrogado en todos los derechos y obligaciones que se derivan de dicho contrato. Rogándole que, en adelante, los recibos de renta y demás notificaciones, se extiendan a nombre del cesionario.
La cesión se ha llevado a cabo el pasado *"día, mes y año"* . Adjunto le acompaño contrato de cesión de arrendamiento para uso distinto del de vivienda.
En virtud de lo previsto en el artículo 32.2 le comunico que tiene derecho a una elevación de la renta, por producirse una cesión total del contrato.

Atentamente,

EL ARRENDATARIO

3. Contrato de cesión de arrendamiento de local

En *"localidad"* , a *"día, mes y año"* . 12090

REUNIDOS

De una parte, *"Don/Doña nombre y apellidos"* , mayor de edad, con DNI nº *"núm de DNI"* y domicilio en *"vía pública, número, localidad, código postal"* , actuando como CEDENTE.
De otra parte, *"Don/Doña nombre y apellidos"* , mayor de edad, con DNI nº *"núm de DNI"* y domicilio en *"vía pública, número, localidad, código postal"* , actuando como CESIONARIO.

INTERVIENEN

En su propio nombre y derecho. Tienen y se reconocen mutuamente capacidad y legitimación para celebrar la presente CESIÓN DE CONTRATO DE ARRENDAMIENTO de LOCAL de negocio el cual llevan a efecto en este acto.

EXPONEN

I. *"Don/Doña nombre y apellidos"* es arrendatario de un local de negocio, en virtud de contrato de arrendamiento celebrado el día *"día, mes y año"* , cuya propiedad corresponde a *"Don/Doña nombre y apellidos"* , y que se constituye como arrendador.
El contrato de arrendamiento tiene una duración de *"núm de años"* AÑOS.
Se adjunta copia del contrato de arrendamiento como Anexo nº 1.
II. Se trata de una FINCA URBANA: LOCAL destinado a *"indicar actividad"* , en la planta *"núm de planta"* de la casa nº *"núm"* de la calle *"vía pública, y localidad"* .
TÍTULO.- La finca fue adquirida por *"indicar título de adquisición"* en escritura autorizada por el Notario de *"localidad"* , *"Don/Doña nombre y apellidos del notario"* , en fecha *"día, mes y año"* .
INSCRIPCIÓN.- Registro de la Propiedad nº *"núm"* de *"localidad"* , Tomo *"núm de tomo"* , Libro *"núm de libro"* , Folio *"núm de folio"* , Finca *"núm de finca"* .
III. El arrendatario-cedente tiene capacidad legal para la celebración de este contrato de cesión y se compromete a NOTIFICAR el mismo de forma fehaciente al arrendador en el plazo de un mes desde que el mismo se hubiera concertado.
IV. Que interesando a, *"Don/Doña nombre y apellidos"* , en lo sucesivo CESIONARIO, el alquiler de dicho inmueble,

ACUERDAN

PRIMERO.- Legislación aplicable
El presente contrato se otorga conforme a lo establecido en la Ley 29/1994, de 24 de noviembre, de Arrendamientos Urbanos (en adelante LAU), y se regirá por lo previsto en ella respecto a la cesión y por lo libremente pactado en el presente contrato. Así será de aplicación lo dispuesto en el artículo 32 de la referida Ley.

SEGUNDO.- Subrogación del cesionario
Ambas partes acuerdan que el cesionario quedará subrogado, en virtud de este contrato, en la posición del cedente en el contrato de arrendamiento celebrado entre el cedente *"Don/Doña nombre y apellidos"* y el arrendador-propietario de local de negocio *"Don/Doña nombre y apellidos"* .
El cesionario declara expresamente conocer y asumir todas y cada una de las estipulaciones, cláusulas y condiciones pactadas en el referido contrato de arrendamiento, que se compromete a cumplir lealmente con estricto respeto de la buena fe contractual.

TERCERO.- Destino
Manifiesta el cesionario que el local objeto de este contrato será destinado única y exclusivamente a *"concretar actividad"* , declarando conocer que según el contrato de arrendamiento será causa de resolución contractual la variación de dicho destino sin autorización expresa.

CUARTO.- Licencias
El cesionario declara conocer plenamente la situación urbanística y de planeamiento del local objeto de cesión, así como los usos administrativamente permitidos en el mismo.
Será de cuenta y riesgo del cesionario la obtención de los permisos y licencias que resulten necesarios para la apertura y el desarrollo de su actividad, siendo a su cargo todos los impuestos, arbitrios y demás contribuciones que se impongan, correspondientes al negocio o por razón del mismo.

12090 (sigue) La validez del presente contrato de cesión de arrendamiento no se verá afectada si el cesionario no obtiene alguna de las licencias necesarias, incluida la de apertura, o si cualquiera de ellas es revocada en el futuro, excepto en el caso de que dichas licencias no se concedan o se revoquen por causas imputables al cedente según lo dispuesto en el presente contrato.

QUINTO.- Estado actual del local

La parte cesionaria declara conocer las características y estado de conservación del local y aceptarlas expresamente.

Igualmente declara recibir el local en perfectas condiciones en cuento a su estado de conservación y al correcto funcionamiento de todas y cada una de sus instalaciones, comprometiéndose a entregarlo al arrendador como los recibe o, en su defecto, a satisfacer en metálico el importe de los desperfectos que existan a la finalización del contrato y que no sean consecuencia del uso normal del local. Expresamente exime al cedente de toda responsabilidad ante el arrendador por los desperfectos que pueda sufrir el local.

El local se cede en el estado actual de las acometidas generales y ramales o líneas de tensión existentes, sin que la parte cesionaria pueda exigir otras distintas ni modificarlas sin expresa autorización escrita de la propiedad, tal y como consta en el contrato de arrendamiento.

SEXTO.- Servicios y suministros

El local se arrienda en el estado actual, que el cesionario manifiesta conocer y aceptar, de las acometidas generales y ramales o líneas existentes correspondientes al mismo, para los suministros de los que está dotado el inmueble.

El cesionario podrá concertar con las respectivas compañías suministradoras todos o alguno de los suministros de los que está dotado el inmueble, con total indemnidad del cedente.

Los gastos por servicios individuales, mediante aparatos contadores, tales como luz, agua, teléfono o gas, serán de cuenta exclusiva del cesionario, así como la adquisición, conservación y reparación o sustitución de los contadores.

El cedente queda exento de toda responsabilidad derivada de cualquier suministro del local.

El cesionario se hace directa y exclusivamente responsable, y exime de toda responsabilidad al cedente, por los daños que puedan ocasionarse a personas o cosas y sean derivadas de instalaciones para servicios y suministros del local arrendado.

SÉPTIMO.- Precio

El precio de la cesión del contrato de arrendamiento de uso distinto de vivienda es de *"importe en letra"* euros (*"importe"* €), que declara recibir el cedente a la firma de este contrato, configurándose el mismo como eficaz carta de pago.

OCTAVO.- Subrogación en la obligación de pago

El cesionario queda subrogado igualmente en la obligación de pago de la renta y otras cantidades acordadas en el contrato de arrendamiento, a partir del mes de *"mes y año"* .

El cedente no será responsable en ningún caso de reclamaciones del arrendador correspondientes a rentas u otras cantidades devengadas con posterioridad a dicho mes.

Asimismo, asume el cesionario la obligación de pago de las cantidades cuyo pago corresponda al arrendatario y que por ser de devengo periódico se encuentren en este momento pendientes.

En virtud de este contrato de cesión y en base a lo dispuesto en el art.32 LAU, tendrá el arrendador derecho a una elevación de renta del 20%.

NOVENO.- Jurisdicción de Tribunales

Las partes contratantes, se someten por imperativo legal a los juzgados y tribunales del lugar donde radica la finca.

Y en prueba de conformidad los contratantes firman por duplicado el presente documento en el lugar y fecha arriba indicados.

EL ARRENDADOR
EL ARRENDATARIO

4. Notificación al arrendador de subarriendo de local

Nota preliminar: 12095
Tanto la cesión como el subarriendo deberán notificarse de forma fehaciente al arrendador en el ***plazo de un mes*** *desde que aquellos se hubieran concertado (LAU art.32.4)*
"Arrendador: Don/Doña nombre y apellidos"
"vía pública, número, piso, letra, localidad, código postal"
"Arrendatario: Don/Doña nombre y apellidos"
"vía pública, número, piso, letra, localidad, código postal"

En *"localidad"*, a *"día, mes y año"*.

Muy *"... Sr. mío..." "O... Sra. mía..."*:
Por la presente y en mi condición de arrendatario de la vivienda de la que Ud. es propietario, sita en la Calle *"vía pública, número, piso, letra, localidad"*, le comunico, en cumplimiento de lo previsto en el artículo 32.4 **LAU** de vigente Ley arrendaticia, le comunico que he procedido a ceder el contrato de arrendamiento para uso distinto del de vivienda, concertado con usted el día *"día, mes y año"*. a *"Don/Doña nombre y apellidos"*, el cual ha quedado subrogado en todos los derechos y obligaciones que se derivan de dicho contrato. Rogándole que, en adelante, los recibos de renta y demás notificaciones, se extiendan a nombre del cesionario.
La cesión se ha llevado a cabo el pasado *"día, mes y año"*. Adjunto le acompaño contrato de cesión de arrendamiento para uso distinto del de vivienda.
En virtud de lo previsto en el artículo 32.2 **LAU** le comunico que tiene derecho a una elevación de la renta, por producirse una cesión total del contrato.

Atentamente,

EL ARRENDATARIO

5. Contrato de subarriendo parcial de local

En *"localidad"*, a *"día, mes y año"*. 12100

REUNIDOS

De una parte, *"Don/Doña nombre y apellidos"*, mayor de edad, con DNI nº *"núm de DNI"* y domicilio en *"vía pública, número, localidad, código postal"*.
De otra parte, *"Don/Doña nombre y apellidos"*, mayor de edad, con DNI nº *"núm de DNI"* y domicilio en *"vía pública, número, localidad, código postal"*.
Ambas partes tienen y se reconocen mutuamente plena capacidad para el otorgamiento del presente contrato, y a tal fin:

INTERVIENEN

En su propio nombre y derecho. Tienen y se reconocen mutuamente capacidad y legitimación para celebrar el presente contrato de SUBARRENDAMIENTO PARCIAL de LOCAL de negocio, el cual llevan a efecto en este acto.

EXPONEN

I.- *"Don/Doña nombre y apellidos"* es arrendatario del referido local de negocio, en virtud de contrato de arrendamiento celebrado el día *"día, mes y año"*, cuya propiedad corresponde a *"Don/Doña nombre y apellidos"*, mayor de edad, domicilio en *"vía pública, número, localidad"* y con DNI *"núm de DNI"*, que se constituye como arrendador.
Se adjunta copia del contrato de arrendamiento como **Anexo nº 1**.
II.- La finca arrendada responde a la siguiente descripción:
Local destinado a *"indicar destino"*, en la planta *"núm de planta"* del inmueble sito en *"vía pública, número, localidad"*.
Tiene una superficie de *"núm"* metros cuadrados. Cuenta con un coeficiente de participación en los elementos comunes del inmueble de *"indicar porcentaje"*.
Figura inscrita en el Registro de la Propiedad nº *"núm"* de *"localidad"*, Tomo *"núm de tomo"*, Libro *"núm de libro"*, Folio *"núm de folio"*, Finca *"núm de finca"*.
Su referencia catastral es: *"núm de ref. catastral"*.

12100 (sigue) III.- La finca fue adquirida por *"indicar compraventa u otro título de adquisición"* en escritura autorizada por el Notario de *"localidad"* , *"Don/Doña nombre y apellidos del notario"* , en fecha *"día, mes y año"* .

IV.- El arrendatario-subarrendador tiene capacidad legal para la celebración de este contrato de subarriendo y se compromete a NOTIFICAR el mismo de forma fehaciente al arrendador en el plazo de un mes desde que dicho subarriendo se hubiera concertado.

V.- Que interesando a *"Don/Doña nombre y apellidos"* , en lo sucesivo SUBARRENDATARIO, el alquiler del espacio que más delante se delimitará dentro de dicho inmueble, ambas partes acuerdan celebrar el presente contrato de SUBARRENDAMIENTO PARCIAL de LOCAL de negocio, sometido a las siguientes

ESTIPULACIONES

PRIMERA.- Legislación aplicable

El presente contrato se otorga conforme a lo establecido en la Ley 29/1994, de 24 de noviembre, de Arrendamientos Urbanos (en adelante LAU), y conforme a su artículo 4.3, se regirá por la voluntad de las partes, manifestada en el presente contrato, en su defecto, por lo dispuesto en el tít. III de la LAU y, supletoriamente, por lo dispuesto en el Código Civil.

SEGUNDA.- Objeto

Es objeto de este subarrendamiento solamente las dependencias indicadas en el plano que se adjunta como Anexo 2, que se describen a continuación:

Nota:

Se incorporará la descripción de la superficie arrendada (límites, división, etc.)

"descripción"

Se pone de manifiesto que no es objeto de este contrato la totalidad de la superficie incluida y delimitada por las paredes del local, quedando también excluida la fachada, partes laterales de la entrada, azotea y vestíbulo de escalera.

En consecuencia, la parte subarrendataria no podrá colocar rótulos, anuncios en dichos lugares, ni en balcones o ventanas.

A los efectos de la repercusión de servicios y suministros de que dispone el inmueble, se manifiesta por ambas partes que la superficie arrendada a tener en cuenta para dichos cálculos es de *"núm de metros"* metros cuadrados, que equivale al *"indicar porcentaje"* % con respecto a la superficie total del inmueble.

TERCERA.- Duración del contrato

El plazo de duración del contrato será de *"núm de años"* años, finalizando en consecuencia el día *"día, mes y año"* .

Llegada la fecha de vencimiento del contrato, el arrendamiento se prorrogará de forma automática por plazos anuales si ninguna de las partes manifestare lo contrario con dos meses de antelación a la fecha del vencimiento de cada prórroga anual.

Transcurrido los primeros 12 meses, cuyo plazo es de duración obligatoria para el arrendatario, este podrá rescindir el contrato anticipadamente, sin esperar a su finalización, siempre y cuando lo notifique fehacientemente a la arrendadora con un preaviso mínimo de dos meses de antelación a la fecha de desalojo, viniendo obligado a abonar el recibo de alquiler hasta la fecha de desalojo y entrega de llaves.

En todo caso, a la finalización del contrato de arrendamiento se extinguirá el de subarriendo.

CUARTA.- Destino

Estando dedicado el local a *"indicar actividad"* , manifiesta el subarrendatario que la parte del local objeto de este contrato será destinada única y exclusivamente a *"indicar actividad"* , siendo causa de resolución contractual la variación de dicho destino sin autorización expresa.

QUINTA.- Licencias

El subarrendatario declara conocer plenamente la situación urbanística y de planeamiento del local arrendado, así como los usos administrativamente permitidos en el mismo.

Será de cuenta y riesgo del subarrendatario la obtención de los permisos y licencias que resulten necesarios para la apertura y el desarrollo de su actividad, siendo a su cargo todos los impuestos, arbitrios y demás contribuciones que se impongan, correspondientes al negocio o por razón del mismo.

La validez del presente contrato de subarrendamiento no se verá afectada si el subarrendatario no obtiene alguna de las licencias necesarias, incluida la de apertura, o si cualquiera de ellas es revocada en el futuro, excepto en el caso de que dichas licencias no se concedan o se revoquen por causas imputables al subarrendador según lo dispuesto en el presente contrato.

SEXTA.- Estado actual del local 12100 (sigue)

La parte subarrendataria declara conocer las características y estado de conservación del local y aceptarlas expresamente.

Igualmente declara recibir el local en perfectas condiciones en cuanto a su estado de conservación y al correcto funcionamiento de todas y cada una de sus instalaciones, comprometiéndose a entregarlos como los recibe o, en su defecto, a satisfacer en metálico el importe de los desperfectos que existan a la finalización del contrato y que no sean consecuencia del uso normal del local.

Las modificaciones que se autoricen por el subarrendador y la propiedad serán de cuenta y cargo de la parte subarrendataria, quien deberá presentar el informe y proyecto de la obra a realizar con el informe de las compañías suministradoras, si ello fuere preciso.

No obstante lo anterior, a la finalización del contrato, la parte subarrendataria deberá volver a dejar el local en el mismo estado en que se entrega en el día de hoy.

SÉPTIMA.- Renta y actualización

La renta será de *"importe"* euros (*"importe"* €) mensuales, pagaderos por meses adelantados en los cinco primeros días de cada mes.

El recibo mensual del alquiler irá incrementado con el importe correspondiente del Impuesto sobre el Valor Añadido.

El abono de la renta se deberá verificar por el subarrendatario mediante transferencia bancaria, a la cuenta del subarrendador cuyos datos son los siguientes:

Titular: *"Don/Doña nombre y apellidos"*

Entidad: *"Denominación social de la entidad"*

Oficina: *"núm de oficina"*

Cta/cte: *"núm de cuenta corriente"*

El resguardo de ingreso emitido por la entidad bancaria acreditará el pago de la renta salvo prueba en contrario.

El retraso en el pago de la renta será causa suficiente para la resolución del contrato, siendo de cuenta del arrendatario los gastos que ello origine, incluidos los derechos y honorarios de procurador y abogado, aunque su intervención no fuese preceptiva.

El subarrendatario deberá abonar asimismo a la Agencia Tributaria (u organismo que la sustituya) el porcentaje de retención correspondiente al Impuesto sobre la Renta de las Personas Físicas, porcentaje que se descontará en los recibos mensuales, debiendo presentar a los subarrendadores al final de año, certificado acreditativo de las retenciones efectuadas.

Ambas partes acuerdan que la renta se actualizará cada año según el Índice General Nacional del Sistema de Índices de Precios de Consumo en un período de doce meses inmediatamente anteriores a la fecha de cada actualización, tomando como mes de referencia para la primera actualización el que corresponda al último índice publicado en la fecha de celebración del contrato, y en las sucesivas el que corresponda al último aplicado.

La renta actualizada será exigible al subarrendatario a partir del mes siguiente a aquel en que la parte interesada lo notifique a la otra parte por escrito, expresando el porcentaje de alteración aplicado. En ningún caso la demora en aplicar la revisión supondrá renuncia o caducidad de la misma.

La renta, cantidades asimiladas y demás conceptos incluidos en los recibos de alquiler, devengarán un interés de demora de tres puntos porcentuales por encima del que, en cada momento, sea el interés legal del dinero.

El interés de demora se devengará desde el día en que fuese exigible el recibo de alquiler.

OCTAVA.- Gastos generales

Los gastos generales para el adecuado sostenimiento del inmueble, sus servicios, tributos, cargas y responsabilidades que no sean susceptibles de individualización y que correspondan al local objeto de este contrato o a sus accesorios, serán a cargo del subarrendatario. Se exceptúa la parte correspondiente a los gastos extraordinarios o por instalaciones que no deban considerarse consecuencia del uso, reparación ordinaria o entretenimiento de los elementos y servicios comunes.

Estos gastos se revalorizarán anualmente en la misma proporción que la renta.

NOVENA.- Gastos asumidos por la subarrendataria

Serán de cuenta del subarrendatario:

❑ **Opción 1**

Los gastos derivados del presente contrato, tales como gestión, registro, honorarios de la agencia por su formalización y tramitación, y en su caso, los de su elevación a escritura pública e inscripción en el Registro de la Propiedad.

12100 (sigue) ❑ **Opción 2**
El pago del aumento de prima en el seguro de incendios o multi-riesgo del inmueble, si esta fuera debida a la instalación o índole en el local arrendado.

❑ **Opción 3**
La parte proporcional del total del importe del Impuesto sobre Bienes Inmuebles que corresponda a la parte del local subarrendado.

❑ **Opción 4**
Los gastos generales para el adecuado sostenimiento del inmueble, así como sus servicios, tributos, cargas y responsabilidades que no sean susceptibles de individualización y que correspondan a la parte proporcional del local arrendado.

De su importe anual resulta que el coste mensual de los gastos y servicios a los que se refiere el apartado anterior, en la fecha de celebración del presente contrato, es mensualmente el siguiente:

❑ **Servicio de portería**
Servicio de portería: *"importe"* €

❑ **Tasa de residuos urbanos**
Tasa de residuos urbanos: *"importe"* €

❑ **Parte proporcional del IBI**
Parte proporcional del IBI: *"importe"* €

❑ **Gastos de Comunidad**
Gastos de Comunidad: *"importe"* €

❑ **Otros**
Otros: *"especificar otros"* : *"importe"* €

Dichos gastos, se actualizarán anualmente repercutiendo al subarrendatario las variaciones que se produzcan y se señalarán en concepto aparte de la renta, pero integrados en el recibo del alquiler.

DÉCIMA.- Fianza
El subarrendador recibe en este acto del arrendatario la suma de *"importe"* euros (*"importe"* €), un importe igual a dos mensualidades, en concepto de fianza que queda adscrita a las responsabilidades de la parte subarrendataria y que en ningún caso servirá de pretexto para retrasarse en el pago de la renta.
Asimismo, en caso de prórroga, la subarrendataria queda obligada a incrementar la fianza, a fin de cumplir con la normativa vigente.
Cada vez que el subarrendamiento se prorrogue, el subarrendador podrá exigir que la fianza sea incrementada, o el subarrendatario que disminuya, hasta hacerse igual a una mensualidad de la renta vigente al tiempo de la prórroga.

UNDÉCIMA.- Servicios y suministros
El local se arrienda en el estado actual, que el subarrendatario manifiesta conocer y aceptar, de las acometidas generales y ramales o líneas existentes correspondientes al mismo, para los suministros de los que está dotado el inmueble.
El subarrendatario podrá concertar con las respectivas compañías suministradoras todos o alguno de los suministros de los que está dotado el inmueble, con total indemnidad del arrendador.
Los gastos por servicios individuales, mediante aparatos contadores, tales como luz, agua, teléfono o gas, serán de cuenta exclusiva del arrendatario, así como la adquisición, conservación y reparación o sustitución de los contadores.
El subarrendador y el propietario quedan exentos de toda responsabilidad derivada de cualquier suministro del local.
Si hubiera que realizar alguna modificación, tanto en las instalaciones generales de la finca como en las particulares del local arrendado, su coste será íntegramente a cargo del subarrendatario, caso de que le interese y desee continuar con el suministro de que se trate. Previamente, deberá contar con la autorización de la propiedad, a la que habrá de presentar un informe y el proyecto de reformas que en cada caso deban realizarse.
El subarrendatario se hace directa y exclusivamente responsable, y exime de toda responsabilidad al subarrendador y a la propiedad, por los daños que puedan ocasionarse a personas o cosas y sean derivadas de instalaciones para servicios y suministros del local arrendado.

DUODÉCIMA.- Obras y gastos de conservación 12100 [sigue]

Con renuncia expresa a lo dispuesto en el artículo 30, en relación con el artículo 21 de la LAU, el subarrendatario vendrá obligado a mantener en buen estado de uso y conservación la parte del local subarrendado, así como todas las instalaciones en el existentes, debiendo realizar por su cuenta y cargo los trabajos necesarios para la conservación, reparación y reposición de todos los elementos subarrendados, tales como, (a título enunciativo y no limitativo) instalaciones eléctricas, control de climatización, agua, puertas, ventanas, cristales, etc. en la medida necesaria para su uso normal.

Asimismo, será responsable de la reparación de todos los elementos que se estropeen, incluidas instalaciones generales del edificio, como consecuencia de un uso negligente o inapropiado de las mismas. En todo caso las reparaciones y reposiciones serán previamente coordinadas con el subarrendador.

Si el subarrendatario no efectuara los trabajos necesarios de mantenimiento, conservación y reparación, el subarrendador notificará dicha circunstancia al subarrendatario. Si en los quince días siguientes a la recepción de la notificación el subarrendatario no hubiera acometido dichas obras, estas podrán ser realizadas por el subarrendador que facturará su importe al subarrendatario. Si el subarrendatario se negara a abonar al subarrendador los gastos de mantenimiento, incurrirá en causa de incumplimiento y el subarrendador tendrá derecho a resolver el contrato.

DECIMOTERCERA.- Obras del subarrendatario

El subarrendatario no podrá practicar obras de clase alguna en el local, ni en la parte subarrendada ni en el resto del mismo, sin previo permiso por escrito del subarrendador y de la propiedad.

En todo caso, las obras así autorizadas serán de cargo y cuenta del subarrendatario, y quedarán en beneficio de la finca, sin derecho a indemnización o reclamación en momento alguno.

El permiso municipal, será también, de cuenta y cargo del subarrendatario, así como la dirección técnica o facultativa en su caso.

Tales obras no podrán, en ningún caso, atentar contra la estructura, estética o seguridad del edificio, las normas de la comunidad de propietarios y la normativa urbanística.

El subarrendatario será única e individualmente responsable de los daños que puedan causarse al edificio, al local arrendado o a cualquier tercero como consecuencia de las obras llevadas a cabo por él en el local arrendado. El consentimiento previo del subarrendador y de la propiedad no implicará ninguna limitación de la responsabilidad del subarrendatario. A este respecto, el arrendatario mantendrá al subarrendador y a la propiedad indemne como consecuencia de las obras efectuadas por el subarrendatario.

La realización de obras sin la autorización escrita del subarrendatario y de la propiedad, dará lugar a la resolución del contrato.

DECIMOCUARTA.- Obras del subarrendador

Los contratantes convienen, con renuncia expresa a lo dispuesto en el artículo 30, en relación con los artículos 22 y 26 de la LAU, que para el caso de que el subarrendador, habiendo sido autorizado para ello por la propiedad, o el propio arrendador desearan efectuar obras de mejora en el edificio deberán notificarlo por escrito, con tres meses de antelación como mínimo, al subarrendatario, quien no podrá oponerse a las mismas sin perjuicio del derecho que le asiste, a ejercitar dentro del plazo de un mes desde dicha notificación, de rescindir el contrato si las obras le afectan de modo relevante, sin que proceda ninguna indemnización por tal motivo.

Asimismo, el subarrendatario renuncia a toda reducción de renta por razón de la parte del local de la que sea privado a causa de aquellas y a percibir indemnización por los gastos que las obras le obliguen a efectuar.

DECIMOQUINTA.- Daños

La parte subarrendataria se hace directa y exclusivamente responsable de cuantos daños puedan ocasionarse a terceras personas o cosas, y sean consecuencia directa o indirecta del negocio instalado, del mal uso del mismo, y de la actuación de sus empleados, eximiendo de toda responsabilidad al subarrendador y a la propiedad por dichas causas.

DECIMOSEXTA.- Obligaciones de la parte subarrendataria

La subarrendataria viene obligada:

❑ Opción 1

Al pago de la renta, aumentos, repercusiones legales y demás cantidades pactadas, dentro de los cinco primeros días de cada periodo natural acordado.

12100 (sigue) ❑ **Opción 2**
A conservar lo arrendado en perfecto estado y no instalar transmisiones, motores, máquinas, etc., que produzcan vibraciones o ruidos molestos para los demás ocupantes del inmueble, o de los colindantes o que puedan afectar a la consistencia, solidez o conservación del inmueble.

❑ **Opción 3**
A no almacenar o manipular, en el local, materias explosivas, inflamables, incómodas o insalubres y observar en todo momento las ordenanzas estatales y municipales vigentes.

❑ **Opción 4**
A abonar las reparaciones u obras de conservación que afecten al local arrendado que serán de su exclusiva cuenta.

❑ **Opción 5**
A no subarrendar todo o parte del local a un tercero. Se prohíbe el llamado subarriendo en 2º grado.

❑ **Opción 6**
A usar y destinar el local arrendado durante el plazo pactado, siendo causa de resolución de este contrato el no uso habitual o el cierre de dicho local durante seis meses en el curso de un año y asimismo la transformación del destino del mismo local, aunque sea para otra actividad análoga.

❑ **Opción 7**
A permitir el acceso en el local, al propietario, al subarrendador y a los operarios o industriales mandados por cualquiera de ambos, para la realización, inspección y comprobación de cualquier clase de obras o reparaciones que afecten al inmueble.

❑ **Opción 8**
Hallándose el local integrado en un inmueble en régimen de Comunidad en Propiedad Horizontal, a cumplir en todo momento las normas estatutarias, reglamentarias y a los acuerdos que la Comunidad de propietarios tenga establecidos o establezcan, en orden a la utilización de los servicios, elementos comunes y buen régimen de convivencia.

❑ **Opción 9: Otras obligaciones:**
"Otros"

DECIMOSÉPTIMA.- Derecho de adquisición preferente
En caso de venta de la finca arrendada, el arrendatario renuncia expresamente al derecho de adquisición preferente establecido en el artículo 31 de la LAU, que remite al artículo 25.

DECIMOCTAVA.- Extinción del arrendamiento y restitución del local
A la expiración del contrato o su resolución judicial firme, la subarrendataria está obligada a desalojar el inmueble dejándolo libre, vacío y a disposición del subarrendador, debiendo hacer entrega de las llaves en el domicilio de la parte subarrendadora.

DECIMONOVENA.- Notificaciones y comunicaciones
Las partes convienen que para cualquier notificación o comunicación que el subarrendador realice con el subarrendatario, será considerado domicilio válido el local arrendado.

VIGÉSIMA.- Jurisdicción de tribunales
Las partes se someten por imperativo de la Ley a los juzgados y tribunales del lugar donde radica la finca.

VIGESIMOPRIMERA.- Inscripción
Cualquiera de las partes podrá solicitar a su costa la inscripción del arrendamiento en el Registro de la Propiedad.

VIGESIMOSEGUNDA.- Comunicación al arrendador
Conforme dispone el artículo 32.4 de la LAU, la parte subarrendadora se compromete a notificar de forma fehaciente al arrendador en el plazo de un mes, la celebración del presente contrato de subarriendo parcial.

Y en prueba de conformidad los contratantes firman por duplicado el presente documento en el lugar y fecha arriba indicados.

EL SUBARRENDADOR
EL SUBARRENDATARIO

6. Contrato de subarriendo total de local

En *"localidad"*, a *"día, mes y año"*. 12105

REUNIDOS

De una parte, *"Don/Doña nombre y apellidos"*, mayor de edad, con DNI nº *"núm de DNI"* y domicilio en *"vía pública, número, localidad, código postal"*.
De otra parte, *"Don/Doña nombre y apellidos"*, mayor de edad, con DNI nº *"núm de DNI"* y domicilio en *"vía pública, número, localidad, código postal"*.
Ambas partes tienen y se reconocen mutuamente plena capacidad para el otorgamiento del presente contrato, y a tal fin:

INTERVIENEN

En su propio nombre y derecho. Tienen y se reconocen mutuamente capacidad y legitimación para celebrar el presente contrato de SUBARRENDAMIENTO de LOCAL de negocio, el cual llevan a efecto en este acto.

EXPONEN

I.- *"Don/Doña nombre y apellidos"* es arrendatario del referido local de negocio, en virtud de contrato de arrendamiento celebrado el día *"día, mes y año"*, cuya propiedad corresponde a *"Don/Doña nombre y apellidos"*, mayor de edad, domicilio en *"vía pública, número, localidad"* y con DNI *"núm de DNI"*, que se constituye como arrendador.
Se adjunta copia del contrato de arrendamiento como **Anexo nº 1**.
II.- La finca arrendada responde a la siguiente descripción:
Local destinado a *"indicar destino"*, en la planta *"núm de planta"* del inmueble sito en *"vía pública, número, localidad"*.
Tiene una superficie de *"núm"* metros cuadrados. Cuenta con un coeficiente de participación en los elementos comunes del inmueble de *"indicar porcentaje"*.
Figura inscrita en el Registro de la Propiedad nº *"núm"* de *"localidad"*, Tomo *"núm de tomo"*, Libro *"núm de libro"*, Folio *"núm de folio"*, Finca *"núm de finca"*.
Su referencia catastral es: *"núm de ref. catastral"*.
III.- La finca fue adquirida por *"indicar compraventa u otro título de adquisición"* en escritura autorizada por el Notario de *"localidad"*, *"Don/Doña nombre y apellidos del notario"*, en fecha *"día, mes y año"*.
IV.- El arrendatario-subarrendador tiene capacidad legal para la celebración de este contrato de subarriendo y se compromete a NOTIFICAR el mismo de forma fehaciente al arrendador en el plazo de un mes desde que dicho subarriendo se hubiera concertado.
V.- Que interesando a *"Don/Doña nombre y apellidos"*, en lo sucesivo SUBARRENDATARIO, el alquiler del espacio que más delante se delimitará dentro de dicho inmueble, ambas partes acuerdan celebrar el presente contrato de SUBARRENDAMIENTO de LOCAL de negocio, sometido a las siguientes

ESTIPULACIONES

PRIMERA.- Legislación aplicable
El presente contrato se otorga conforme a lo establecido en la Ley 29/1994, de 24 de noviembre, de Arrendamientos Urbanos (en adelante LAU), y conforme a su artículo 4.3, se regirá por la voluntad de las partes, manifestada en el presente contrato, en su defecto, por lo dispuesto en el tít. III de la LAU y, supletoriamente, por lo dispuesto en el Código Civil.

SEGUNDA.- Objeto
Es objeto de este subarrendamiento la totalidad de la superficie incluida y delimitada por las paredes del local, quedando excluida la fachada, partes laterales de la entrada, azotea y vestíbulo de escalera.
En consecuencia, la parte subarrendataria no podrá colocar rótulos, anuncios en dichos lugares, ni en balcones o ventanas.

TERCERA.- Duración del contrato
El plazo de duración del contrato será de *"núm de años"* años, finalizando en consecuencia el día *"día, mes y año"*.
Llegada la fecha de vencimiento del contrato, el arrendamiento se prorrogará de forma automática por plazos anuales si ninguna de las partes manifestare lo contrario con dos meses de antelación a la fecha del vencimiento de cada prórroga anual.

12105 (sigue) Transcurrido los primeros 12 meses, cuyo plazo es de duración obligatoria para el arrendatario, este podrá rescindir el contrato anticipadamente, sin esperar a su finalización, siempre y cuando lo notifique fehacientemente a la arrendadora con un preaviso mínimo de dos meses de antelación a la fecha de desalojo, viniendo obligado a abonar el recibo de alquiler hasta la fecha de desalojo y entrega de llaves. En todo caso, a la finalización del contrato de arrendamiento se extinguirá el de subarriendo.

CUARTA.- Destino

Manifiesta el subarrendatario que el local objeto de este contrato será destinado única y exclusivamente a *"indicar actividad"* , destino que se fija para el local arrendado en el contrato de arrendamiento que se acompaña como Anexo 1, siendo causa de resolución contractual la variación de dicho destino sin autorización expresa.

QUINTA.- Licencias

El subarrendatario declara conocer plenamente la situación urbanística y de planeamiento del local arrendado, así como los usos administrativamente permitidos en el mismo.

Será de cuenta y riesgo del subarrendatario la obtención de los permisos y licencias que resulten necesarios para la apertura y el desarrollo de su actividad, siendo a su cargo todos los impuestos, arbitrios y demás contribuciones que se impongan, correspondientes al negocio o por razón del mismo.

La validez del presente contrato de subarrendamiento no se verá afectada si el subarrendatario no obtiene alguna de las licencias necesarias, incluida la de apertura, o si cualquiera de ellas es revocada en el futuro, excepto en el caso de que dichas licencias no se concedan o se revoquen por causas imputables al subarrendador según lo dispuesto en el presente contrato.

SEXTA.- Estado actual del local

La parte subarrendataria declara conocer las características y estado de conservación del local y aceptarlas expresamente.

Igualmente declara recibir el local en perfectas condiciones en cuanto a su estado de conservación y al correcto funcionamiento de todas y cada una de sus instalaciones, comprometiéndose a entregarlos como los recibe o, en su defecto, a satisfacer en metálico el importe de los desperfectos que existan a la finalización del contrato y que no sean consecuencia del uso normal del local.

Las modificaciones que se autoricen por el subarrendador y la propiedad serán de cuenta y cargo de la parte subarrendataria, quien deberá presentar el informe y proyecto de la obra a realizar con el informe de las compañías suministradoras, si ello fuere preciso.

No obstante lo anterior, a la finalización del contrato, la parte subarrendataria deberá volver a dejar el local en el mismo estado en que se entrega en el día de hoy.

SÉPTIMA.- Renta y actualización

La renta será de *"importe"* euros (*"importe"* €) mensuales, pagaderos por meses adelantados en los cinco primeros días de cada mes.

El recibo mensual del alquiler irá incrementado con el importe correspondiente del Impuesto sobre el Valor Añadido.

El abono de la renta se deberá verificar por el subarrendatario mediante transferencia bancaria, a la cuenta del subarrendador cuyos datos son los siguientes:

Titular: *"Don/Doña nombre y apellidos"*

Entidad: *"Denominación social de la entidad"*

Oficina: *"núm de oficina"*

Cta/cte: *"núm de cuenta corriente"*

El resguardo de ingreso emitido por la entidad bancaria acreditará el pago de la renta salvo prueba en contrario.

El retraso en el pago de la renta será causa suficiente para la resolución del contrato, siendo de cuenta del arrendatario los gastos que ello origine, incluidos los derechos y honorarios de procurador y abogado, aunque su intervención no fuese preceptiva.

El subarrendatario deberá abonar asimismo a la Agencia Tributaria (u organismo que la sustituya) el porcentaje de retención correspondiente al Impuesto sobre la Renta de las Personas Físicas, porcentaje que se descontará en los recibos mensuales, debiendo presentar a los subarrendadores al final de año, certificado acreditativo de las retenciones efectuadas.

Ambas partes acuerdan que la renta se actualizará cada año según el Índice General Nacional del Sistema de Índices de Precios de Consumo en un período de doce meses inmediatamente anteriores a la fecha de cada actualización, tomando como mes de referencia para la primera actualización el que corresponda al último índice publicado en la fecha de celebración del contrato, y en las sucesivas el que corresponda al último aplicado.

La renta actualizada será exigible al subarrendatario a partir del mes siguiente a aquel en que la parte interesada lo notifique a la otra parte por escrito, expresando el porcentaje de alteración aplicado. En ningún caso la demora en aplicar la revisión supondrá renuncia o caducidad de la misma. **12105** (sigue)

La renta, cantidades asimiladas y demás conceptos incluidos en los recibos de alquiler, devengarán un interés de demora de tres puntos porcentuales por encima del que, en cada momento, sea el interés legal del dinero.

El interés de demora se devengará desde el día en que fuese exigible el recibo de alquiler.

OCTAVA.- Gastos generales

Los gastos generales para el adecuado sostenimiento del inmueble, sus servicios, tributos, cargas y responsabilidades que no sean susceptibles de individualización y que correspondan al local objeto de este contrato o a sus accesorios, serán a cargo del subarrendatario. Se exceptúa la parte correspondiente a los gastos extraordinarios o por instalaciones que no deban considerarse consecuencia del uso, reparación ordinaria o entretenimiento de los elementos y servicios comunes.

Estos gastos se revalorizarán anualmente en la misma proporción que la renta.

NOVENA.- Gastos asumidos por la subarrendataria

Serán de cuenta del subarrendatario:

❑ **Opción 1**

Los gastos derivados del presente contrato, tales como gestión, registro, honorarios de la agencia por su formalización y tramitación, y en su caso, los de su elevación a escritura pública e inscripción en el Registro de la Propiedad.

❑ **Opción 2**

El pago del aumento de prima en el seguro de incendios o multi-riesgo del inmueble, si esta fuera debida a la instalación o índole en el local arrendado.

❑ **Opción 3**

La parte proporcional del total del importe del Impuesto sobre Bienes Inmuebles que corresponda al local subarrendado.

❑ **Opción 4**

Los gastos generales para el adecuado sostenimiento del inmueble, así como sus servicios, tributos, cargas y responsabilidades que no sean susceptibles de individualización y que correspondan a la parte proporcional del local arrendado.

❑ **Opción 5**: **Otros gastos:**

"Otros"

De su importe anual resulta que el coste mensual de los gastos y servicios a los que se refiere el apartado anterior, en la fecha de celebración del presente contrato, es mensualmente el siguiente:

❑ **Servicio de portería**

Servicio de portería: *"importe"* €

❑ **Tasa de residuos urbanos**

Tasa de residuos urbanos: *"importe"* €

❑ **IBI**

IBI: *"importe"* €

❑ **Gastos de Comunidad**

Gastos de Comunidad: *"importe"* €

❑ **Otros**

Otros: *"especificar otros"* : *"importe"* €

Dichos gastos, se actualizarán anualmente repercutiendo al subarrendatario las variaciones que se produzcan y se señalarán en concepto aparte de la renta, pero integrados en el recibo del alquiler.

DÉCIMA.- Fianza

El subarrendador recibe en este acto del arrendatario la suma de *"importe"* euros (*"importe"* €), un importe igual a dos mensualidades, en concepto de fianza que queda adscrita a las responsabilidades de la parte subarrendataria y que en ningún caso servirá de pretexto para retrasarse en el pago de la renta.

12105 (sigue) Asimismo, en caso de prórroga, la subarrendataria queda obligada a incrementar la fianza, a fin de cumplir con la normativa vigente.

Cada vez que el subarrendamiento se prorrogue, el subarrendador podrá exigir que la fianza sea incrementada, o el subarrendatario que disminuya, hasta hacerse igual a una mensualidad de la renta vigente al tiempo de la prórroga.

UNDÉCIMA.- Servicios y suministros

El local se arrienda en el estado actual, que el subarrendatario manifiesta conocer y aceptar, de las acometidas generales y ramales o líneas existentes correspondientes al mismo, para los suministros de los que está dotado el inmueble.

El subarrendatario podrá concertar con las respectivas compañías suministradoras todos o alguno de los suministros de los que está dotado el inmueble, con total indemnidad del arrendador.

Los gastos por servicios individuales, mediante aparatos contadores, tales como luz, agua, teléfono o gas, serán de cuenta exclusiva del arrendatario, así como la adquisición, conservación y reparación o sustitución de los contadores.

El subarrendador y el propietario quedan exentos de toda responsabilidad derivada de cualquier suministro del local.

Si hubiera que realizar alguna modificación, tanto en las instalaciones generales de la finca como en las particulares del local arrendado, su coste será íntegramente a cargo del subarrendatario, caso de que le interese y desee continuar con el suministro de que se trate. Previamente, deberá contar con la autorización de la propiedad, a la que habrá de presentar un informe y el proyecto de reformas que en cada caso deban realizarse.

El subarrendatario se hace directa y exclusivamente responsable, y exime de toda responsabilidad al subarrendador y a la propiedad, por los daños que puedan ocasionarse a personas o cosas y sean derivadas de instalaciones para servicios y suministros del local arrendado.

DUODÉCIMA.- Obras y gastos de conservación

Con renuncia expresa a lo dispuesto en el artículo 30, en relación con el artículo 21 de la LAU, el subarrendatario vendrá obligado a mantener en buen estado de uso y conservación la parte del local subarrendado, así como todas las instalaciones en el existentes, debiendo realizar por su cuenta y cargo los trabajos necesarios para la conservación, reparación y reposición de todos los elementos subarrendados, tales como, (a título enunciativo y no limitativo) instalaciones eléctricas, control de climatización, agua, puertas, ventanas, cristales, etc. en la medida necesaria para su uso normal.

Asimismo, será responsable de la reparación de todos los elementos que se estropeen, incluidas instalaciones generales del edificio, como consecuencia de un uso negligente o inapropiado de las mismas. En todo caso las reparaciones y reposiciones serán previamente coordinadas con el subarrendador.

Si el subarrendatario no efectuara los trabajos necesarios de mantenimiento, conservación y reparación, el subarrendador notificará dicha circunstancia al subarrendatario. Si en los quince días siguientes a la recepción de la notificación el subarrendatario no hubiera acometido dichas obras, estas podrán ser realizadas por el subarrendador que facturará su importe al subarrendatario. Si el subarrendatario se negara a abonar al subarrendador los gastos de mantenimiento, incurrirá en causa de incumplimiento y el subarrendador tendrá derecho a resolver el contrato.

DECIMOTERCERA.- Obras del subarrendatario

El subarrendatario no podrá practicar obras de clase alguna en el local subarrendado sin previo permiso por escrito del subarrendador y de la propiedad.

En todo caso, las obras así autorizadas serán de cargo y cuenta del subarrendatario, y quedarán en beneficio de la finca, sin derecho a indemnización o reclamación en momento alguno.

El permiso municipal, será también, de cuenta y cargo del subarrendatario, así como la dirección técnica o facultativa en su caso.

Tales obras no podrán, en ningún caso, atentar contra la estructura, estética o seguridad del edificio, las normas de la comunidad de propietarios y la normativa urbanística.

El subarrendatario será única e individualmente responsable de los daños que puedan causarse al edificio, al local arrendado o a cualquier tercero como consecuencia de las obras llevadas a cabo por él en el local arrendado. El consentimiento previo del subarrendador y de la propiedad no implicará ninguna limitación de la responsabilidad del subarrendatario. A este respecto, el arrendatario mantendrá al subarrendador y a la propiedad indemne como consecuencia de las obras efectuadas por el subarrendatario.

La realización de obras sin la autorización escrita del subarrendatario y de la propiedad, dará lugar a la resolución del contrato.

DECIMOCUARTA.- Obras del subarrendador **12105** (sigue)

Los contratantes convienen, con renuncia expresa a lo dispuesto en el artículo 30, en relación con los artículos 22 y 26 de la LAU, que para el caso de que el subarrendador, habiendo sido autorizado para ello por la propiedad, o el propio arrendador desearan efectuar obras de mejora en el edificio deberán notificarlo por escrito, con tres meses de antelación como mínimo, al subarrendatario, quien no podrá oponerse a las mismas sin perjuicio del derecho que le asiste, a ejercitar dentro del plazo de un mes desde dicha notificación, de rescindir el contrato si las obras le afectan de modo relevante, sin que proceda ninguna indemnización por tal motivo.

Asimismo, el subarrendatario renuncia a toda reducción de renta por razón de la parte del local de la que sea privado a causa de aquellas y a percibir indemnización por los gastos que las obras le obliguen a efectuar.

DECIMOQUINTA.- Daños

La parte subarrendataria se hace directa y exclusivamente responsable de cuantos daños puedan ocasionarse a terceras personas o cosas, y sean consecuencia directa o indirecta del negocio instalado, del mal uso del mismo, y de la actuación de sus empleados, eximiendo de toda responsabilidad al subarrendador y a la propiedad por dichas causas.

DECIMOSEXTA.- Obligaciones de la parte subarrendataria

La subarrendataria viene obligada:

❑ **Opción 1**

Al pago de la renta, aumentos, repercusiones legales y demás cantidades pactadas, dentro de los cinco primeros días de cada periodo natural acordado.

❑ **Opción 2**

A conservar lo arrendado en perfecto estado y no instalar transmisiones, motores, máquinas, etc., que produzcan vibraciones o ruidos molestos para los demás ocupantes del inmueble, o de los colindantes o que puedan afectar a la consistencia, solidez o conservación del inmueble.

❑ **Opción 3**

A no almacenar o manipular, en el local, materias explosivas, inflamables, incómodas o insalubres y observar en todo momento las ordenanzas estatales y municipales vigentes.

❑ **Opción 4**

A abonar las reparaciones u obras de conservación que afecten al local subarrendado, que serán de su exclusiva cuenta.

❑ **Opción 5**

A no subarrendar todo o parte del local a un tercero. Se prohíbe el llamado subarriendo en 2º grado.

❑ **Opción 6**

A usar y destinar el local arrendado durante el plazo pactado, siendo causa de resolución de este contrato el no uso habitual o el cierre de dicho local durante seis meses en el curso de un año y asimismo la transformación del destino del mismo local aunque sea para otra actividad análoga.

❑ **Opción 7**

A permitir el acceso en el local, al propietario, al subarrendador y a los operarios o industriales mandados por cualquiera de ambos, para la realización, inspección y comprobación de cualquier clase de obras o reparaciones que afecten al inmueble.

❑ **Opción 8**

Hallándose el local integrado en un inmueble en régimen de Comunidad en Propiedad Horizontal, a cumplir en todo momento las normas estatutarias, reglamentarias y a los acuerdos que la comunidad de propietarios tenga establecidos o establezcan, en orden a la utilización de los servicios, elementos comunes y buen régimen de convivencia.

❑ **Otras obligaciones:**

"Otros"

DECIMOSÉPTIMA.- Derecho de adquisición preferente

En caso de venta de la finca arrendada, el arrendatario renuncia expresamente al derecho de adquisición preferente establecido en el artículo 31 de la LAU, que remite al artículo 25.

12105 (sigue) **DECIMOCTAVA.- Extinción del arrendamiento y restitución del local**
A la expiración del contrato o su resolución judicial firme, la subarrendataria está obligada a desalojar el inmueble dejándolo libre, vacío y a disposición del subarrendador, debiendo hacer entrega de las llaves en el domicilio de la parte subarrendadora.

DECIMONOVENA.- Notificaciones y comunicaciones
Las partes convienen que para cualquier notificación o comunicación que el subarrendador realice con el subarrendatario, será considerado domicilio válido el local arrendado.

VIGÉSIMA.- Jurisdicción de tribunales
Las partes se someten por imperativo de la Ley a los juzgados y tribunales del lugar donde radica la finca.

VIGESIMOPRIMERA.- Inscripción
Cualquiera de las partes podrá solicitar a su costa la inscripción del arrendamiento en el Registro de la Propiedad.

VIGESIMOSEGUNDA.- Comunicación al arrendador
Conforme dispone el artículo 32.4 de la LAU, la parte subarrendadora se compromete a notificar de forma fehaciente al arrendador en el plazo de un mes, la celebración del presente contrato de subarriendo parcial.

Y en prueba de conformidad los contratantes firman por duplicado el presente documento en el lugar y fecha arriba indicados.

EL SUBARRENDADOR
EL SUBARRENDATARIO

7. Notificación del desistimiento del arrendatario de local

"Don/Doña nombre y apellidos del arrendatario" 12110
"vía pública, número, piso, letra, localidad, código postal"
"Don/Doña nombre y apellidos del arrendador"
"vía pública, número, piso, letra, localidad, código postal"

En *"localidad"* , a *"día, mes y año"* .

Muy *"... Sr. mío..." "O... Sra. mía..."*:
Me dirijo a usted en mi condición de arrendatario, del local sito en *"vía pública, número, localidad, planta"* , en virtud de contrato de fecha *"día, mes y año"* , suscrito con usted en su condición de propietario del mismo y en el que durante los últimos *"núm de años"* años vengo desarrollando la actividad de *"indicar actividad"* .
Por la presente, y a los efectos legales oportunos, le comunico mi deseo de dar por extinguido el citado contrato de arrendamiento con fecha *"día, mes y año"* .
Esta extinción contractual se realiza al amparo de lo establecido en la cláusula *"núm de cláusula"* del contrato de arrendamiento referenciado, y dentro del plazo de *"núm de meses o días"* fijado al efecto en dicho contrato.
Dicha cláusula dice literalmente:
Nota:
Se transcribirá la cláusula del contrato en la que figura el plazo de duración y la posibilidad de rescisión anticipada.
"transcribir cláusula"
Asimismo, le comunico que mi intención es dejar libre el local en fecha *"día, mes y año"* , por lo que le propongo dicha fecha para reunirnos en el local a fin de comprobar el estado en el que se encuentra en este momento y proceder a la entrega de llaves y restitución de la fianza, que asciende a la cantidad de *"importe"* €.

Atentamente,

EL ARRENDATARIO

C. Arrendamiento de industria

Contrato de arrendamiento de industria

12150 En *"localidad"* , a *"día, mes y año"* .

REUNIDOS

De una parte,

❍ **Si el arrendador es persona física:**
"Don/Doña nombre y apellidos" , mayor de edad, con DNI nº *"núm de DNI"* y domicilio en *"vía pública, número, localidad, código postal"* ; actuando en nombre propio.

❍ **Si el arrendador es persona jurídica:**
"Don/Doña nombre y apellidos" , mayor de edad, con DNI nº *"núm de DNI"* y domicilio en *"vía pública, número, localidad, código postal"* ; el cual interviene en su condición *"cargo de representación"* de la mercantil *"denominación social"* , con domicilio en *"vía pública, número, localidad, código postal"* y provista de NIF *"núm de NIF"* .
El compareciente ostenta la condición de *"cargo"* y representante por tanto de la mercantil *"denominación social"* , al venir designado para tal cargo en la escritura otorgada ante el Notario de *"localidad"* , *"Don/Doña nombre y apellidos del Notario"* en fecha *"día, mes, año"* , bajo el número *"núm de protocolo"* de su protocolo e inscrita en el Registro Mercantil de *"localidad"* , al Libro *"núm de libro"* ; Tomo *"núm de tomo"* , Folio *"núm de folio"* .

Y de otra parte,

❍ **Si el arrendatario es persona física:**
"Don/Doña nombre y apellidos" , mayor de edad, con DNI nº *"núm de DNI"* y domicilio en *"vía pública, número, localidad, código postal"* ; actuando en nombre propio.

❍ **Si el arrendatario es persona jurídica:**
"Don/Doña nombre y apellidos" , mayor de edad, con DNI nº *"núm de DNI"* y domicilio en *"vía pública, número, localidad, código postal"* ; el cual interviene en su condición *"cargo de representación"* de la mercantil *"denominación social"* , con domicilio en *"vía pública, número, localidad, código postal"* y provista de NIF *"núm de NIF"* .
El compareciente ostenta la condición de *"cargo"* y representante por tanto de la mercantil *"denominación social"* , al venir designado para tal cargo en la escritura otorgada ante el Notario de *"localidad"* , *"Don/Doña nombre y apellidos del Notario"* en fecha *"día, mes, año"* , bajo el número *"núm de protocolo"* de su protocolo e inscrita en el Registro Mercantil de *"localidad"* , al Libro *"núm de libro"* ; Tomo *"núm de tomo"* , Folio *"núm de folio"* .

EXPONEN

I. Que *"Don/Doña nombre y apellidos o razón social"* es propietario de la siguiente finca:
URBANA.-LOCAL, destinado a industria también de su propiedad, en *"vía pública, número, planta, localidad"* .
TÍTULO.- La finca fue adquirida por *"compraventa u otro título de adquisición"* compraventa en escritura autorizada por el Notario de *"localidad"* , *"Don/Doña nombre y apellidos del notario"* , en fecha *"día, mes y año"* .
INSCRIPCIÓN.- Registro de la Propiedad nº *"núm"* de *"localidad"* , Tomo *"núm de tomo"* , Libro *"núm de libro"* , Folio *"núm de folio"* , Finca *"núm de finca"* .
CARGAS Y SITUACION POSESORIA DE LA FINCA.- El arrendador declara bajo su personal responsabilidad que la finca objeto de arriendo se encuentra libre de cargas, gravámenes y arrendamientos.
II. Que *"Don/Doña nombre y apellidos o razón social"* es asimismo titular del negocio de *"concretar actividad"* , instalado en dicho inmueble y los elementos que constituyen dicho negocio son los siguientes:
Nota:
Se indicarán las dependencias, maquinaria, enseres, etc. que forman parte de la industria.
"elementos de la industria"
III. Que *"Don/Doña nombre y apellidos o razón social"* está interesada en recibir y *"Don/Doña nombre y apellidos o razón social"* en ceder el arrendamiento de negocio referido, de tal manera que el objeto del contrato es una unidad patrimonial con vida propia, susceptible de ser inmediatamente explotada, por lo que suscriben el presente CONTRATO DE ARRENDAMIENTO DE INDUSTRIA.

12150 (sigue)

ACUERDAN

PRIMERA.- Legislación aplicable

El presente contrato se otorga conforme a lo establecido por las partes y supletoriamente en el Código Civil.

Queda excluido del ámbito de aplicación de la normativa especial sobre arrendamientos urbanos, en virtud de los artículos 2 y 3 de la vigente Ley de Arrendamientos Urbanos.

SEGUNDA.- Duración del contrato

El contrato se celebra por *"núm de años"* años, con efectos desde la fecha del encabezamiento, finalizando en consecuencia el día *"día, mes y año"* .

Transcurrido los primeros *"núm de meses"* meses, de duración obligatoria para el arrendatario, este podrá rescindir el contrato anticipadamente, sin esperar a su finalización, siempre y cuando lo notifique fehacientemente a la arrendadora con un preaviso mínimo de *"núm de días o meses"* de antelación a la fecha de desalojo, viniendo obligado a abonar el recibo de alquiler hasta la fecha de desalojo y entrega de llaves.

No obstante lo dispuesto en el párrafo primero, llegada la fecha de vencimiento del contrato, el arrendatario podrá prorrogar el contrato a su voluntad, por periodos anuales sucesivos hasta un máximo de *"núm de años"* anualidades finalizando en último caso el contrato, agotadas las prórrogas concedidas, el día *"día, mes y año"* .

TERCERA.- Destino

Manifiestan las partes que lo arrendado es el negocio o la industria que en el local se ha establecido, de tal manera que el objeto del contrato es una unidad patrimonial con vida propia, susceptible de ser inmediatamente explotada.

Además, como arrendamiento de industria, se comprende y entrega una serie de elementos materiales aptos para el ejercicio de la actividad a la que se va a dedicar, consistente en: *"concretar actividad"*.

CUARTA.- Estado actual de lo arrendado

La parte arrendataria declara recibir el local, el uso de la industria ya instalada, con los elementos precisos y coordinados para su puesta en marcha inmediata y en perfecto estado de conservación.

QUINTA.- Renta

La renta será de *"importe"* EUROS (*"importe"* €) mensuales, pagaderos los cinco primeros días de cada mes en la cuenta corriente que al efecto designe el arrendador.

El recibo mensual del alquiler irá incrementado con el Impuesto sobre el Valor Añadido correspondiente.

El atraso en el pago de los alquileres será causa suficiente de desahucio.

SEXTA.- Revisión de renta

Ambas partes acuerdan que la renta se actualizará cada año según el Índice General Nacional del Sistema de Índices de Precios de Consumo en un período de doce meses inmediatamente anteriores a la fecha de cada actualización, tomando como mes de referencia para la primera actualización el que corresponda al último índice publicado en la fecha de celebración del contrato, y en las sucesivas el que corresponda al último aplicado.

SÉPTIMA.- Repercusión de servicios y suministros

❍ **Si los gastos están incluidos en la renta:**

Dentro del importe de la renta se incluyen los gastos generales, tributos, servicios y suministros del inmueble.

❍ **Si los gastos no están incluidos:**

Los gastos generales para el adecuado sostenimiento del inmueble, sus servicios, tributos, cargas y responsabilidades serán a cargo del arrendatario; se exceptúa la parte correspondiente a los gastos extraordinarios o por instalaciones que no deban considerarse consecuencia del uso, reparación ordinaria o entretenimiento de los elementos y servicios comunes.

Estos gastos se revalorizarán anualmente en la misma proporción que la renta.

El importe de dichos gastos será repercutido al arrendatario en el recibo de alquiler según se vayan produciendo los mismos.

Los justificantes de los gastos, (facturas, recibos etc.) estarán en el domicilio del arrendador y a disposición de la arrendataria.

Los servicios con que cuenta el local podrán ser variados, suprimidos o sustituidos por otros sin que ello dé lugar a indemnización alguna.

12150 (sigue)

OCTAVA.- Gastos de Conservación y pequeñas reparaciones
Serán de cuenta de la parte arrendataria todos los gastos necesarios para conservar el local en perfecto estado de uso, debiendo realizar cuantas reparaciones fuesen precisas, motivadas por el normal deterioro de sus instalaciones, tanto en puertas, como en ventanas, persianas, grifos, sanitarios, etc.

NOVENA.- Daños
La parte arrendataria se hace directa y exclusivamente responsable de cuantos daños puedan ocasionarse a terceras personas o cosas, y sean consecuencia directa o indirecta del negocio instalado, del mal uso del mismo, y de la actuación de sus empleados, eximiendo de toda responsabilidad a la Propiedad y al administrador por dichas causas.

DÉCIMA.- Obligaciones de la arrendataria
La arrendataria viene obligada:
a) Al pago de la renta, aumentos, repercusiones legales y demás cantidades pactadas, dentro de los cinco primeros días de cada periodo natural acordado. De pasarse al cobro el recibo, el arrendatario vendrá obligado a abonar el premio de cobranza correspondiente.
b) A permitir el acceso al local al propietario, al administrador y a los operarios o industriales mandados por cualquiera de ellos, para la realización, inspección y comprobación de cualquier clase de obras o reparaciones que afecten al inmueble.
c) A no almacenar o manipular, en el local, materias explosivas, inflamables, incómodas o insalubres y observar en todo momento las ordenanzas estatales y municipales vigentes.
d) A no subarrendar todo o parte de la industria o de cualquiera de los elementos que la integran, salvo autorización expresa y por escrito del arrendador.
e) El arrendatario se compromete a usar la industria arrendada durante el plazo pactado y, en su caso, durante la prórroga, siendo causa de resolución de este contrato el no uso habitual o el cierre de la misma durante seis meses en el curso de un año.

UNDÉCIMA.- Interés de demora
La renta, cantidades asimiladas y demás conceptos incluidos en los recibos de alquiler, devengarán un interés de demora de *"núm de puntos"* puntos porcentuales por encima del que, en cada momento, sea el interés legal del dinero.
El interés de demora se devengará desde el día en que fuese exigible el recibo de alquiler.

DECIMOSEGUNDA.- Adquisición preferente
El arrendatario podrá ejercitar el derecho de tanteo y retracto en caso de transmisión de la industria por el arrendador.

DECIMOTERCERA.- Obras
La arrendataria no podrá practicar obras de clase alguna, sin previo permiso por escrito de la arrendadora. En todo caso, si mediare dicha autorización, las obras realizadas serán de cargo y cuenta de la arrendataria y quedarán en beneficio del inmueble, sin derecho a compensación ni indemnización alguna.

DECIMOCUARTA.- Extinción del arrendamiento
A la expiración del contrato o su resolución judicial firme, la arrendataria está obligada a no desarrollar en esta ciudad durante el tiempo de tres años, una industria análoga a la que constituye el objeto de este contrato.

DECIMOQUINTA.- Fianza
El arrendador recibe en este acto del arrendatario la suma de *"importe"* EUROS (*"importe"* €), un importe igual a dos mensualidades, en concepto de fianza que queda adsc.rita a las responsabilidades de la parte arrendataria y que no servirá de pretexto para retrasarse en el pago de la renta.
Asimismo, en caso de prórroga, la arrendataria queda obligada a incrementar la fianza.
Cada vez que el arrendamiento se prorrogue, el arrendador podrá exigir que la fianza sea incrementada, o el arrendatario que disminuya, hasta hacerse igual a una mensualidad de la renta vigente al tiempo de la prórroga.

DECIMOSEXTA.- Notificaciones
A los efectos de cualquier notificación en relación al presente contrato, las partes convienen que para cualquier notificación o comunicación que el arrendador realice con el arrendatario, será considerado domicilio válido el local arrendado. El domicilio del arrendador, a estos efectos, es el que figura en el encabezamiento de este contrato.

DECIMOSÉPTIMA.- Jurisdicción de tribunales
Las partes se someten a los juzgados y tribunales del lugar donde radique la finca.

Y en prueba de conformidad los contratantes firman por duplicado el presente documento en el lugar y fecha arriba indicados,

EL ARRENDADOR
LOS ARRENDATARIOS

D. Arrendamientos rústicos

1. Contrato de arrendamiento rústico

En *"localidad"*, a *"día, mes y año"*. 12160

REUNIDOS

De una parte, *"Don/Doña nombre y apellidos"*, mayor de edad, con DNI nº *"núm de DNI"* y domicilio en *"vía pública, número, localidad, código postal"*, en lo sucesivo, la Parte Arrendadora.
De otra parte, *"Don/Doña nombre y apellidos"*, mayor de edad, con DNI nº *"núm de DNI"* y domicilio en *"vía pública, número, localidad, código postal"*, en lo sucesivo, la Parte Arrendataria.

COMPARECEN

Ambos lo hacen en su propio nombre y derecho.
Ambas partes se reconocen mutuamente la personalidad con la que actúan y capacidad suficiente para obligarse en virtud del presente contrato.

EXPONEN

Todos los comparecientes con capacidad legal necesaria, que mutuamente se reconocen, manifiestan:
I.- Que la finca que a continuación se identifica pertenece a la Parte Arrendadora:
RÚSTICA.
Nota:
Se describirá la finca, concretando su superficie, linderos, edificaciones y dependencias.
"descripción"
Consta inscrita en el Registro de la Propiedad de *"localidad"*, como finca nº *"núm"*. Sus datos catastrales son los siguientes: *"núm de referencia catastral"*.
II.- Que ambas partes conciertan el presente contrato de Arrendamientos Rústicos sobre la finca identificada anteriormente, lo que se lleva a cabo conforme a lo dispuesto en la Ley de Arrendamientos Rústicos.

ESTIPULACIONES

PRIMERA.-Objeto del contrato
Es objeto del presente contrato la finca identificada en el Antecedente I del presente documento.

SEGUNDA.-Entrada en vigor
Este contrato entrará en vigor en el día de la fecha señalada en su encabezamiento.

TERCERA.-Duración
La duración del presente contrato se fija en *"núm"* años. La Parte Arrendadora, para recuperar la posesión de la finca al término del plazo contractual, deberá notificarlo fehacientemente a la Parte Arrendataria con un año de antelación. En caso contrario, si la Parte Arrendataria no pone la posesión de la finca arrendada a disposición de la Parte Arrendadora al término del plazo, el contrato se entenderá prorrogado por un período de otros cinco años. Tales prórrogas se sucederán indefinidamente hasta que se produzca la denuncia del contrato.

CUARTA.-Precio
Se fija una renta de *"importe"* EUROS (*"importe"* €) anuales, a pagar en los cinco primeros días del mes de *"mes"*, mediante ingreso en efectivo o transferencia bancaria al siguiente nº de cuenta cuyo titular es la Parte Arrendadora: *"núm de cuenta"*.

QUINTA.-Actualización de la renta
La renta se actualizará para cada anualidad en virtud de la variación experimentada por el IPC publicada por el INE u organismo que lo sustituya.

SEXTA.-Otros conceptos
Son cantidades asimiladas a la renta, las siguientes: *"indicar conceptos y cantidades que deba satisfacer el arrendatario"*.

SÉPTIMA.-Tipo de cultivo
La Parte Arrendataria fijará libremente el cultivo, asumiendo la obligación de devolver la finca, al terminar el arriendo, en el estado en que la recibió.

12160 (sigue) **OCTAVA.-Obras, reparaciones, gastos de conservación y mejoras**
Ambas partes se someten a lo dispuesto en la vigente Ley de Arrendamientos Rústicos.

NOVENA.-Subarriendo o cesión
La Parte Arrendataria no podrá ceder o subarrendar la finca o explotación sin el consentimiento expreso de la Parte Arrendadora.

DÉCIMA.-Elevación a público del presente contrato
En cualquier momento, las partes podrán compelerse a formalizar este contrato en documento público, cuyos gastos serán de cuenta de la parte que lo solicitante.

UNDÉCIMA.-Competencia
Para cuantas cuestiones se susciten respecto del cumplimiento e interpretación del presente contrato, serán competentes los juzgados y tribunales de *"localidad"* , al hallarse la finca arrendada sita en su partido judicial.

Y en signo de conformidad, firman el presente contrato por duplicado, y a un solo efecto en el lugar y fecha arriba indicados.

LA PARTE ARRENDADORA
LA PARTE ARRENDATARIA

2. Contrato de aparcería

En *"localidad"*, a *"día, mes y año"*. 12165

REUNIDOS

De una parte, *"Don/Doña nombre y apellidos"*, mayor de edad, con DNI nº *"núm de DNI"* y domicilio en *"vía pública, número, localidad, código postal"*, en lo sucesivo, la Parte Cedente.
De otra parte, *"Don/Doña nombre y apellidos"*, mayor de edad, con DNI nº *"núm de DNI"* y domicilio en *"vía pública, número, localidad, código postal"*, en lo sucesivo, la Parte Aparcera.

COMPARECEN

Ambos lo hacen en su propio nombre y derecho.
Ambas partes se reconocen mutuamente la personalidad con la que actúan y capacidad suficiente para obligarse en virtud del presente contrato.

EXPONEN

Todos los comparecientes con capacidad legal necesaria, que mutuamente se reconocen, manifiestan:
I.- Que la Parte Cedente es propietaria de la siguiente finca:
RÚSTICA.
"descripción de la finca, concretando su superficie, linderos, edificaciones y dependencias".
Consta inscrita en el Registro de la Propiedad de *"localidad"*, como finca nº *"núm"*. Sus datos catastrales son los siguientes: *"núm de referencia catastral"*.
II.- Que ambas partes conciertan el presente contrato de aparcería sobre la finca identificada anteriormente, lo que se lleva a cabo conforme a lo dispuesto en la Ley 49/2003 de 26 de noviembre, de Arrendamientos Rústicos.

ESTIPULACIONES

PRIMERA.- Objeto del contrato
Es objeto del presente contrato la finca identificada en el expositivo I del presente documento.

SEGUNDA.- Entrada en vigor
Este contrato entrará en vigor en el día de la fecha señalada en su encabezamiento.

TERCERA.- Duración
El contrato se fija con una duración de *"núm de años"* años, comprometiéndose la Parte Aparcera a dejar libre la finca y a disposición de la Parte Cedente el día *"día, mes y año"*.

CUARTA.- Reparto de pérdidas o ganancias
Ambas partes se comprometen por el presente a repartir las ganancias y pérdidas, en proporción a las respectivas aportaciones, que las partes fijan en los siguientes porcentajes:
a.- La Parte Cedente: *"porcentaje"* % de las pérdidas o ganancias.
b.- La Parte Aparcera: *"porcentaje"* % de las pérdidas o ganancias.
La liquidación de los frutos de la explotación se realizará por la Parte Aparcera tan pronto sea requerido para ello por la Parte Cedente.

QUINTA.- Tipo de cultivo
La Parte Aparcera fijará libremente el cultivo, asumiendo la obligación de devolver la finca, al terminar el arriendo, en el estado en que la recibió.

SEXTA.-Obras, reparaciones, gastos de conservación y mejoras
Ambas partes se someten a lo dispuesto en la vigente Ley de Arrendamientos Rústicos.

SÉPTIMA.-Elevación a público del presente contrato
En cualquier momento, las partes podrán compelerse a formalizar este contrato en documento público, cuyos gastos serán de cuenta de la parte que lo solicitante.

OCTAVA.-Competencia
Para cuantas cuestiones se susciten respecto del cumplimiento e interpretación del presente contrato, serán competentes los juzgados y tribunales de esta ciudad, al hallarse la finca objeto del presente contrato sita en su partido judicial.

Y en signo de conformidad, firman el presente contrato por duplicado, y a un solo efecto en el lugar y fecha arriba indicados.

LA PARTE CEDENTE
LA PARTE APARCERA

Contrato de aparcería

REUNIDOS

De una parte, [illegible], mayor de edad, con DNI [illegible] [illegible], en lo sucesivo, la parte cedente.

De otra parte, [illegible], mayor de edad, con DNI [illegible] [illegible], en lo sucesivo, la [illegible]

COMPARECEN

Ambos [illegible]

Ambas partes [illegible] capacidad [illegible] contrato de [illegible]

EXPONEN

[illegible] con capacidad [illegible]

[illegible]

II. [illegible] contrato de aparcería sobre la finca [illegible] conforme a lo dispuesto en la Ley [illegible], de Arrendamientos Rústicos.

ESTIPULACIONES

PRIMERA.- Objeto del contrato

El objeto del presente contrato [illegible]

SEGUNDA.- Entrada en vigor

El presente contrato [illegible] el día [illegible]

TERCERA.- Duración

El contrato [illegible]

CUARTA.- Reparto de pérdidas o ganancias

Ambas partes se comprometen [illegible]

[illegible]

QUINTA.- [illegible]

[illegible]

SEXTA.- Obras, reparaciones [illegible]

[illegible]

SÉPTIMA.- [illegible] del presente contrato

En cualquier [illegible]

OCTAVA.- [illegible]

[illegible]

[illegible] el presente contrato por duplicado, [illegible]

LA PARTE CEDENTE

LA PARTE APARCERA

Tabla Alfabética

Los **números** reenvían a los párrafos del texto. La **mención «s.»** significa que el estudio de la cuestión se prolonga en el número o los números siguientes.
Para **orientar las búsquedas** las referencias se acompañan, cuando es preciso, de una mención que designa la materia de que se trata.
Las cuestiones que se enmarcan con «estudio de conjunto» no se referencian con su propio número marginal, sino que se reenvía al inicio del estudio general.

A

B

C

D

E

F

G

H

I

J

L

M

N

O

P

Q

R

S

T

U

V

Z

Notas

Notas

Notas

LEFEBVRE

Notas

Notas

Notas

Notas

Notas

Notas

Este libro se acabó de imprimir en España,
en Abril de 2024